KÖLNER KOMMENTARE
ZUM UNTERNEHMENS- UND GESELLSCHAFTSRECHT

Kölner Kommentar zum Kartellrecht

Herausgegeben von Jan Busche und Andreas Röhling

Kölner Kommentare
zum Unternehmens- und Gesellschaftsrecht

Herausgegeben von Wolfgang Zöllner und Ulrich Noack

Carl Heymanns Verlag 2017

Kölner Kommentar zum Kartellrecht

Band 1

§§ 1–34a GWB

Herausgegeben von

Jan Busche und Andreas Röhling

Bearbeitet von

Michael Beurskens · Jan Busche · Christian Busse · Dieter Krimphove · Christian Krohs · Lars Maritzen · Lorenz Marx · Rupprecht Podszun · Andreas Röhling · Erik Staebe · Benedikt Wolfers · Burkard Wollenschläger

Carl Heymanns Verlag 2017

Zitiervorschlag: KK-KartR/*Bearbeiter*

Bibliografische Information der Deutschen Nationalbibliothek

Die Deutsche Nationalbibliothek verzeichnet diese Publikation in der Deutschen Nationalbibliografie; detaillierte bibliografische Daten sind im Internet über http://dnb.d-nb.de abrufbar.

ISBN 978-3-452-26644-6

www.wolterskluwer.de
www.carl-heymanns.de

Alle Rechte vorbehalten.
© 2017 Wolters Kluwer Deutschland GmbH, Luxemburger Straße 449, 50939 Köln.

Das Werk einschließlich aller seiner Teile ist urheberrechtlich geschützt. Jede Verwertung außerhalb der engen Grenzen des Urheberrechtsgesetzes ist ohne Zustimmung des Verlages unzulässig und strafbar. Das gilt insbesondere für Vervielfältigungen, Übersetzungen, Mikroverfilmungen und die Einspeicherung und Verarbeitung in elektronischen Systemen.

Verlag und Autor übernehmen keine Haftung für inhaltliche oder drucktechnische Fehler.

Umschlagkonzeption: Martina Busch, Grafikdesign, Homburg Kirrberg
Satz: WMTP Wendt-Media Text-Processing GmbH, Birkenau
Druck und Weiterverarbeitung: Williams Lea & Tag GmbH, München

Gedruckt auf säurefreiem, alterungsbeständigem und chlorfreiem Papier.

Verzeichnis der Bearbeiter

Prof. Dr. Michael Beurskens, LL.M.
Universität Bonn

Prof. Dr. Jan Busche
Universität Düsseldorf

RegDir Dr. Christian Busse
Bundesministerium für Ernährung, Landwirtschaft und Verbraucherschutz, Lehrbeauftragter Universität Bonn, Dozent Hagen Law School

Prof. Dr. Dieter Krimphove
Universität Paderborn

Christian Krohs
Rechtsanwalt, McDermott Will & Emery, Düsseldorf

Dr. Lars Maritzen, LLB MLE
Syndikusrechtsanwalt Kartellrecht/Compliance, BSH Hausgeräte GmbH, München

Dr. Lorenz Marx
Rechtsanwalt, Freshfields Bruckhaus Deringer LLP, Düsseldorf

Prof. Dr. Rupprecht Podszun
Universität Düsseldorf

Andreas Röhling
Rechtsanwalt, Freshfields Bruckhaus Deringer LLP, Köln

Dr. Erik Staebe
Rechtsanwalt, Deutsche Bahn AG, Berlin

Dr. Benedikt Wolfers
Rechtsanwalt, Freshfields Bruckhaus Deringer LLP, Berlin

Dr. Burkard Wollenschläger, LL.M.
Rechtsanwalt, Freshfields Bruckhaus Deringer LLP, Berlin

Aufteilung der Bearbeitung

§ 1	*Lars Maritzen*
§ 2	*Michael Beurskens*
§ 3	*Dieter Krimphove*
§ 4–17	*(weggefallen)*
Vor §§ 18–20	*Jan Busche*
§ 18	*Jan Busche*
§ 19	*Jan Busche*
§ 20	*Jan Busche*
§ 21	*Andreas Röhling*
§ 22	*Michael Beurskens*
§ 23	*(weggefallen)*
§ 24	*Erik Staebe*
§ 25	*Erik Staebe*
§ 26	*Erik Staebe*
§ 27	*Erik Staebe*
§ 28	*Christian Busse*
§ 29	*Andreas Röhling*
§ 30	*Lorenz Marx/Rupprecht Podszun*
Vor §§ 31–31b	*Benedikt Wolfers/Burkard Wollenschläger*
§ 31	*Andreas Röhling/Benedikt Wolfers/Burkard Wollenschläger*
Vor § 32	*Rupprecht Podszun*
§ 32	*Rupprecht Podszun*
§ 32a	*Rupprecht Podszun*
§ 32b	*Rupprecht Podszun*
§ 32c	*Rupprecht Podszun*
§ 32d	*Rupprecht Podszun*
§ 32e	*Rupprecht Podszun*
§ 33	*Christian Krohs*
§ 34	*Christian Krohs*
§ 34a	*Christian Krohs*

Vorwort

Mit Band 1 des Kölner Kommentars zum Kartellrecht, in dem die Vorschriften der §§ 1 bis 34a GWB erläutert werden, ist das Gesamtwerk abgeschlossen. Die Arbeiten an Band 1 wurden von den Diskussionen zur anstehenden Neunten GWB-Novelle begleitet, die insbesondere der Umsetzung der Kartellschadensersatz-Richtlinie (2014/104/EU) dient, aber auch zahlreiche andere Vorschriften des GWB betrifft. Herausgeber und Verlag haben sich entschlossen, das Gesamtwerk gleichwohl noch vor Abschluss der parlamentarischen Beratungen der 9. GWB-Novelle zu vollenden. Der vorliegende Band 1 des Kommentars dokumentiert auf diese Weise den Rechtsstand am Vorabend der Novelle. Soweit dies angesichts möglicher Änderungen im Gesetzgebungsverfahren und im Hinblick auf die Einordnung der noch geltenden Vorschriften sinnvoll erscheint, wird auf die im Entwurf vorliegenden Bestimmungen an geeigneter Stelle bereits Bezug genommen.

Herzlich gedankt sei allen Autorinnen und Autoren, die mit großer Geduld an der Vollendung des Gesamtwerks mitgewirkt haben.

Danken möchten wir ebenso allen Mitarbeiterinnen und Mitarbeitern, die an der redaktionellen Betreuung und technischen Umsetzung der Manuskripte beteiligt waren, insbesondere Frau Lioba Lamers, Frau Nadja Winnen-Goralik und Frau Sonja Wolf.

Wir hoffen, dass das Werk eine freundliche Aufnahme findet, und sind für Anregungen und Kritik aus dem Kreis der Nutzer jederzeit dankbar.

Köln und Düsseldorf, im Oktober 2016   Verlag und Herausgeber

Inhaltsverzeichnis

	Seite
Verzeichnis der Bearbeiter	V
Aufteilung der Bearbeitung	VII
Vorwort	IX
Abkürzungsverzeichnis	XIII
Allgemeines und abgekürzt zitiertes Schrifttum	XXXV

Erster Teil Wettbewerbsbeschränkungen ... 1
Erster Abschnitt Wettbewerbsbeschränkende Vereinbarungen, Beschlüsse und abgestimmte Verhaltensweisen ... 1
§ 1 Verbot wettbewerbsbeschränkender Vereinbarungen ... 1
§ 2 Freigestellte Vereinbarungen ... 404
§ 3 Mittelstandskartelle ... 466
§§ 4–17 (weggefallen) ... 538

Zweiter Abschnitt Marktbeherrschung, sonstiges wettbewerbsbeschränkendes Verhalten ... 539
Vorbemerkung zu §§ 18–20 ... 539
§ 18 Marktbeherrschung ... 551
§ 19 Verbotenes Verhalten von marktbeherrschenden Unternehmen ... 614
§ 20 Verbotenes Verhalten von Unternehmen mit relativer oder überlegener Marktmacht ... 756
§ 21 Boykott, Verbot sonstigen wettbewerbsbeschränkenden Verhaltens ... 788

Dritter Abschnitt Anwendung des europäischen Wettbewerbsrechts ... 818
§ 22 Verhältnis dieses Gesetzes zu den Artikeln 101 und 102 des Vertrages über die Arbeitsweise der Europäischen Union ... 818
§ 23 (weggefallen) ... 844

Vierter Abschnitt Wettbewerbsregeln ... 845
§ 24 Begriff, Antrag auf Anerkennung ... 845
§ 25 Stellungnahme Dritter ... 886

		Seite
§ 26	Anerkennung	891
§ 27	Veröffentlichung von Wettbewerbsregeln, Bekanntmachungen	904

Fünfter Abschnitt Sonderregeln für bestimmte Wirtschaftsbereiche 908

§ 28	Landwirtschaft	908
§ 29	Energiewirtschaft	1116
§ 30	Preisbindung bei Zeitungen und Zeitschriften	1151
Vorbemerkung zu §§ 31–31b		1185
§ 31	Verträge der Wasserwirtschaft	1214
§ 31a	Wasserwirtschaft, Meldepflicht	1268
§ 31b	Wasserwirtschaft, Aufgaben und Befugnisse der Kartellbehörde, Sanktionen	1271

Sechster Abschnitt Befugnisse der Kartellbehörden, Sanktionen 1282

Vorbemerkung zu § 32		1282
§ 32	Abstellung und nachträgliche Feststellung von Zuwiderhandlungen	1294
§ 32a	Einstweilige Maßnahmen	1323
§ 32b	Verpflichtungszusagen	1332
§ 32c	Kein Anlass zum Tätigwerden	1354
§ 32d	Entzug der Freistellung	1371
§ 32e	Untersuchungen einzelner Wirtschaftszweige und einzelner Arten von Vereinbarungen	1380
§ 33	Unterlassungsanspruch, Schadensersatzpflicht	1399
§ 34	Vorteilsabschöpfung durch die Kartellbehörde	1537
§ 34a	Vorteilsabschöpfung durch Verbände	1551

Stichwortverzeichnis.. 1563

Abkürzungsverzeichnis

a.A.	anderer Ansicht
a.a.O.	am angegebenen Ort
abl.	ablehnend
ABl.	Amtsblatt
ABl.EU	Amtsblatt der Europäischen Union
Abs.	Absatz
ACM	Niederländische Wettbewerbsbehörde
AcP	Archiv für die civilistische Praxis (Band, Jahr und Seite)
a.E.	am Ende
AEG	Allgemeines Eisenbahngesetz vom 27.12.1993 (BGBl. I S. 2378, 2396, BGBl. I 1994, S. 2439), zuletzt geändert durch das Gesetz vom 12.9.2012 (BGBl. I S. 1884)
AEUV	Vertrag über die Arbeitsweise der Europäischen Union in der Fassung der Bekanntmachung vom 1.12.2009 (ABl EG Nr. C 115, S. 47)
a.F.	alte Fassung
AfP	Archiv für Presserecht (Jahr und Seite)
AG	Amtsgericht/Die Aktiengesellschaft (Jahr und Seite)
AGB	Allgemeine Geschäftsbedingungen
AGRA-Europe	Landwirtschaftlicher Pressedienst
AgrarMSC	Agrarmarktstrukturgesetz; Neufassung vom 20.4.2013; zuletzt geändert am 8.7.2016 (BGBl. I S. 1612)
AgrarR	Agrarrecht (Jahr und Seite)
AHK	Alliierte Hohe Kommission
AJP	Aktuelle juristische Praxis (Jahr und Seite)
AktG	Aktiengesetz vom 6.9.1965 (BGBl. I S. 1089), zuletzt geändert durch Gesetz vom 10.5.2016 (BGBl. I S. 1142)
allg.	allgemein
Alt.	Alternative
a.M.	anderer Meinung
AMI	Agrarmarkt Informationsgesellschaft
AMNOG	Arzneimittelneuordnungsgesetz vom 22.12.2010 (BGBl. 1 S. 2262)
amtl.	amtlich
ÄnderungsG	Änderungsgesetz
Anh.	Anhang
Anl.	Anlage

Anm.	Anmerkung
Antitrust Law Journal	Antitrust Law Journal (Band, Jahr und Seite)
AO	Abgabenordnung in der Fassung der Bekanntmachung vom 1.10.2002 (BGBl. I S. 3866; 2003 I S. 61), zuletzt geändert durch Gesetz vom 3.12.2015 (BGBl. I S. 2178)
AOK	Allgemeine Ortskrankenkasse
AöR	Archiv des öffentlichen Rechts (Band und Seite)
ArbG	Arbeitsgericht
ArbnErfG	Arbeitnehmererfindungsgesetz, zuletzt geändert durch Gesetz vom 31.7.2009, (BGBl. I 2511)
arg.	Argumentum
ARSP	Archiv für Rechts- und Sozialphilosphie (Jahr und Seite)
ARSP-B	Beiheft zum Archiv für Rechts- und Sozialphilosophie
Art., Artt.	Artikel
AT	Allgemeiner Teil
ATF	Airline Tariff Publishers
Aufl.	Auflage
AUR	Arbeit und Recht, Zeitschrift (Jahr und Seite)
ausf.	ausführlich
AVB	Allgemeine Versicherungsbedingungen für bestimmte Versicherungsarten
AVMD-Richtlinie	Audiovisuelle Mediendienste-Richtlinie
AWD	Außenwirtschaftsdienst des Betriebsberaters (Jahr und Seite)
Az.	Aktenzeichen
B./Beschl.	Beschluss
B2B	Business to Business
BADV	Verordnung über Bodenabfertigungsdienste auf Flugplätzen (Bodenabfertigungsdienste-Verordnung)
BAFin	Bundesanstalt für Finanzdienstleistungsaufsicht
BAG	Bundesarbeitsgericht
BAGE	Bundesarbeitsgericht, amtl. Sammlung seiner Entscheidungen (Band und Seite)
Banz.	Bundesanzeiger
BayObLG	Bayerisches Oberstes Landesgericht
BB	Der Betriebsberater (Jahr und Seite)
Bbl	Baurechtliche Blätter (Jahr und Seite)
Bd.	Band
BDEW	Bundesverband der Energie- und Wasserwirtschaft
BDI	Bundesverband der Deutschen Industrie

BDM	Bund Deutscher Milchviehhalter
BDVZ	Bundesverband Deutscher Zeitungsverleger
Bearb.	Bearbeiter
BeckRS	Beck Online Rechtsprechung
Beck'scher OK BGB	Beck'scher Online Kommentar, zitiert nach §§ und Rn.
Begr., begr.	Begründung, begründet
Bek.	Bekanntmachung
Bekl.	Beklagter
Ber.	Bericht
BerlBG	Berliner Betriebegesetz in der Fassung der Bekanntmachung vom 14.7.2006 (GVBl S. 827) zuletzt geändert am 4.11.2013 (GVBl S. 578, 645)
Beschl.	Beschluss
betr.	betreffend
BFH	Bundesfinanzhof
BGB	Bürgerliches Gesetzbuch
BGBl.	Bundesgesetzblatt
BGH	Bundesgerichtshof
BGHSt	Entscheidungen des Bundesgerichtshofes in Strafsachen (Band und Seite)
BGHZ	Entscheidungen des Bundesgerichtshofes in Zivilsachen (Band und Seite)
BkartA	Bundeskartellamt
Bl.	Blatt
BLW	Bundesamt für Landwirtschaft (Schweiz)
BLwG	Landwirtschaftsgesetz des Bundes vom 5.9.1955 zuletzt geändert durch Gesetz vom 31.8.2015 (BGBl. I S. 1474)
BMEL	Bundesministerium für Ernährung und Landwirtschaft
BMI	Bundesministerium des Innern
BMJ	Bundesministerium der Justiz
BMWA	Bundesministerium für Wirtschaft und Arbeit
BMWi	Bundesministerium für Wirtschaft und Technologie
BOMilch	Branchenorganisation Milch
BRD	Bundesrepublik Deutschland
BR-Drs./Drucks.	Bundesratsdrucksache
BReg.	Bundesregierung
Brit.	British
BSG	Bundessozialgericht
BT	Bundestag
BT-Drucks.	Bundestagsdrucksache (Wahlperiode und Nummer)

BTO-Elt	Bundestarifordnung Elektrizität, aufgehoben durch Gesetz vom 7.7.2005 (BGBl. I S. 1970)
BüL	Zeitschrift für Agrarpolitik und Landwirtschaft
BüL NF	Berichte über Landwirtschaft, Neue Folge
BVerfG	Bundesverfassungsgericht
BVerfGE	Entscheidungen des Bundesverfassungsgerichts (Band und Seite)
BVerwG	Bundesverwaltungsgericht
BVerwGE	Entscheidungen des Bundesverwaltungsgerichts (Band und Seite)
BWaldG	Gesetz zur Erhaltung des Waldes und zur Förderung der Forstwirtschaft (Bundeswaldgesetz) vom 2.5.1975 (BGBl. I S. 1037), zuletzt geändert durch VO vom 31.8.2015 (BGBl. I S. 1474)
BWB	Bundeswettbewerbsbehörde (Österreich)
bzgl.	bezüglich
CAS	Court of Arbitration
CCZ	CorporateCompliance Zeitschrift (Jahr und Seite)
CDE	s. Cah.dr.eur.
CEDR	Comité Européen de Droit Rural
CEOE	Spanische Vereinigung der Wirtschaftsverbände
CFL	Corporate Finance Law (Zeitschrift, Jahr und Seite)
chap.	Chapter
CIBA	Schweizer Unternehmen
CMLR	Common Market Law Reports (Jahr, Band und Seite)
CMLRev	Common Market Law Review (Jahr und Seite)
CNC	Spanische Wettbewerbsbehörde
CNIEL	Interprofessionelles Zentrum der Milchwirtschaft
COPA	Comité des Organisations Professionnelles Agricoles
COGECA	Comité Général de la Coopération Agricole
COMP	Competition
CR	Computer und Recht (Jahr und Seite)
CRP	Rules of Civil Procedure
DB	Der Betrieb (Jahr und Seite)
DBV	Deutscher Bauernverband
DCCP	Dutch Code of Civil Proceedings
Dec.	Decembre
DeMailG	De-Mail-Gesetz in der Fassung der Bekanntmachung vom 28.4.2011 (BGBl. I S. 666) zuletzt geändert durch G. vom 18.7.2016 (BGBl. I. S. 1666)
ders.	derselbe
DESG	Deutsche Eisschnelllaufgemeinschaft

DFB	Deutscher Fußballbund
DFG	Deutsche Freiwillige Gerichtsbarkeit (Jahr und Seite)
DFL	Deutsche Fußball-Bundesliga – Zentralvermarktung
DGAR	Deutsche Gesellschaft für Agrarrecht
d.h.	das heißt
dies.	dieselbe(n)
DIN	Deutsches Institut für Normung
Diss.	Dissertation
DIW	Deutsches Institut für Wirtschaftsforschung
DMK	Deutsche Milchkontor GmbH
DnotZ	Die Deutsche Notarzeitschrift (Jahr und Seite)
Doc./dok.	Document/Dokument
DoJ	Departement of Justice
DöV	Die öffentliche Verwaltung (Jahr und Seite)
DR	Deutsches Recht (Jahr und Seite)
Drucks.	Drucksache
DRV	Deutscher Raiffeisenverband
DSD	Duales System Deutschland
DStR	Deutsches Steuerrecht (Jahr und Seite)
DVBl.	Deutsches Verwaltungsblatt (Jahr und Seite)
DVGW	Deutsche Vereinigung des Gas- und Wasserfaches e.V.
DwiR	Deutsche Zeitschrift für Wirtschaftsrecht (Jahr und Seite)
E	Entscheidung/Entwurf
EA	Europa-Abkommen
Ebd.	Ebenda
ECLR	European Competition Law Review (Jahr und Seite)
ECN	European Competition Networks
EEC	European Economic Community
EEG	Gesetz über den Vorrang Erneuerbarer Energien (Erneuerbare-Energien-Gesetz – EEG) vom 25.10.2008 (BGBl. I S. 2074), zuletzt geändert durch Gesetz vom 29.8.2016 (BGBl. I S. 2034, 2063)
EEX-Börse	Strombörse, Gewerbestrom
eG	eingetragene Genossenschaft
EG	Konsolidierte Fassung des Vertrages über die Europäische Union und des Vertrages zur Gründung der Europäischen Gemeinschaft mit den Änderungen aufgrund des am 16.4.2003 unterzeichneten Vertrags von Athen (Abl. EG Nr. C 321 E/1)
EG	Europäische Gemeinschaft(en)

EGBGB	Einführungsgesetz zum Bürgerlichen Gesetzbuch in der Fassung der Bekanntmachung vom 21.9.1994 (BGBl. 1994 I S. 2494, 1997 I S. 1061), zuletzt geändert durch Gesetz vom 27.7.2011 (BGBl. I S. 1600, 1942)
EGKS	Europäische Gemeinschaft für Kohle und Stahl
EGKSV	Vertrag über die Gründung der Europäischen Gemeinschaft für Kohle und Stahl vom 18.4.1951 (Montanunion)
EGV	Vertrag zur Gründung der Europäischen Gemeinschaft vom 25.3.1957 (BGBl. II S. 766), i.d.F. des Vertrages über die Europäische Union 1992 (BGBl. II S. 1253/1255); geändert durch Beitrittsvertrag vom 24.6.1994 (BGBl. II S. 2022), i.d.F. des Beschlusses vom 1.1.1995 (Abl. EG 1995 Nr. L 1/1)
EGWbR	Europäisches Wettbewerbsrecht
Einf.	Einführung
Einl.	Einleitung
einstw.	einstweilig
ELRev	European Law Review
ELV-Ausschuss	Ausschuss für Ernährung und Landwirtschaft
EMB	European Milk Board
EMGO	Einheitliche Gemeinsame Marktorganisation
Entsch.	Entscheidung
entspr.	entsprechend
Entw.	Entwurf
EnWG	Gesetz über die Elektrizitäts- und Gasversorgung (Energiewirtschaftsgesetz – EnWG) vom 7.7.2005 (BGBl. I S. 1970, 3621), zuletzt geändert durch Gesetz vom 29.8.2016 (BGBl. I S. 2034)
Erl.	Erläuterung
ErwGr	Erwägungsgrund
EstG	Einkommenssteuergesetz in der Fassung der Bekanntmachung vom 8.10.2009 (BGBl. I S. 3366, 3862), zuletzt geändert durch Gesetz vom 31.7.2016 (BGBl. I S. 1914)
ET	Energiewirtschaftliche Tagesfragen (Jahr und Seite)
etc.	et cetera
EU	Europäische Union
EU KOM	Europäische Kommission
EuG	(Europäisches) Gericht erster Instanz/Gericht der Europäischen Union
EuGH	Gerichtshof der Europäischen Union

EuGH Slg.	Sammlung der Rechtsprechung des Europäischen Gerichtshofs (Jahr und Seite)
EuLF	The European Legal Forum (Zeitschrift, Jahr und Seite)
EuR	Europarecht (Jahr und Seite)
EurLRev	European Law Review (Band, Jahr und Seite)
EUV	Vertrag über die Europäische Union (Maastricht-Vertrag) vom 7.2.1992 (BGBl. II S. 1253), geändert durch Beitrittsvertrag vom 24.5.1994 (BGBl. II S. 2022), i.d.F. des Beschlusses vom 1.1.1995 (Abl. Nr. L 1/1)
EuZW	Europäische Zeitschrift für Wirtschaftsrecht (Jahr und Seite)
EV	Europäische Verwaltung
e.V.	eingetragener Verein
EVG	Europäische Verteidigungsgemeinschaft
EwerK	Energie- und Wettbewerbsrecht in der kommunalen Wirtschaft (Zeitschrift, Jahr und Seite)
EWG	Europäische Wirtschaftsgemeinschaft
EWGV	Vertrag zur Gründung der Europäischen Wirtschaftsgemeinschaft vom 25.3.1957 (BGBl. II S. 753)
EwiR	Entscheidungen zum Wirtschaftsrecht (Jahr und Seite)
EWIV	Europäische Wirtschaftliche Interessenvereinigung
EWR	Europäischer Wirtschaftsraum
EWS/EWSt	Europäisches Wirtschafts- und Steuerrecht (Jahr und Seite)/Europäisches Währungssystem
FAZ	Frankfurter Allgemeine Zeitung
f., ff.	folgend
F&E	Forschung und Entwicklung
FlG	Fleischgesetz, Neufassung vom 9.4.2008 (BGBl. I S. 714) zuletzt geändert durch VO vom 31.8.2015 (BGBl. I S. 1474, 1533)
FIW	Forschungsinstitut für Wirtschaftsverfassung und Wettbewerb e.V., Köln
FIW-Schriftenreihe	Schriftenreihe des Forschungsinstituts für Wirtschaftsverfassung und Wettbewerb e.V., Köln
FK	Frankfurter Kommentar
FKVO	Verordnung (EG) Nr. 139/2004 des Rates vom 20.1.2004 über die Kontrolle von Unternehmenszusammenschlüssen (»EG-Fusionskontrollverordnung«, Abl. Nr. L 24/1)
Fn.	Fußnote
Fordham Intst.	Fordham Corporate Law Institute

ForstWZG	Gesetz über die forstwirtschaftlichen Zusammenschlüsse von 1969, Übernahme in das Bundeswaldgesetz
FRAND	fair, reasonable and non discriminatory
FS	Festschrift
G	Gesetz
GA	Generalanwalt/Goltdammer's Archiv für Strafrecht (Jahr und Seite)
GAP	Gemeinsame Agrarpolitik der EU
GasNZV	Verordnung über dfen Zugang zu Gasversorgungsnetzen (Gasnetzzugangsverordnung – GasNZV) vom 3.9.2010 (BGBl. I S. 1261), zuletzt geändert durch Gesetz vom 31.8.2016 (BGBl. I S. 1474)
GB	Gesamtbericht der Kommission über die Tätigkeit der Europäischen Gemeinschaften (Jahr, Randziffer)
Gbl.	Gesetzblatt
GbR	Gesellschaft bürgerlichen Rechts
GD Wettbewerb	Generaldirektion Wettbewerb, Teil der Europäischen Kommission
GDV	Gesamtverband der Deutschen Versicherungswirtschaft e.V.
GebrMG	Gebrauchsmustergesetz in der Fassung der Bekanntmachung vom 28.8.1986 (BGBl. I S. 1455), zuletzt geändert durch Gesetz vom 4.4.2016 (BGBl. I S. 1455)
gem.	gemäß
GEMA	Gesellschaft für musikalische Aufführungs- und mechanische Vervielfältigungsrechte
GenG	Gesetz betreffend die Erwerbs- und Wirtschaftsgenossenschaften (Genossenschaftsgesetz – GenG) in der Fassung der Bekanntmachung vom 16.10.2006 (BGBl. I S. 2230), zuletzt geändert durch Gesetz vom 10.5.2016 (BGBl. I S. 1142)
Ges.	Gesetz
GesR	Gesundheitsrecht, Zeitschrift für Arztrecht, Krankenhausrecht, Apotheken- und Arzneimittelrecht (Jahr und Seite)
GewA	Gewerbearchiv (Jahr und Seite)
GG	Grundgesetz für die Bundesrepublik Deutschland in der im Bundesgesetzblatt Teil III, Gliederungsnummer 100-1, veröffentlichten bereinigten Fassung, zuletzt geändert durch Gesetz vom 23.12.2014 (BGBl. I S. 2438)
ggf.	gegebenenfalls

GK	Gesetzliche Krankenkasse
GK	Gemeinschaftskommentar
GM	Gemeinsamer Markt
GmbH	Gesellschaft mit beschränkter Haftung
GmbHG	Gesetz betreffend die Gesellschaften mit beschränkter Haftung (GmbHG) in der im Bundesgesetzblatt Teil III, Gliederungsnummer 4123-1, veröffentlichten bereinigten Fassung, zuletzt geändert durch Gesetz vom 10.5.2016 (BGBl. I S. 1142)
GMO	Gemeinsame Marktorganisation
GMVO	Verordnung des Rates über die Gemeinschaftsmarke vom 26.2.2009 zuletzt geändert durch VO vom 23.3.2016
GO	Geschäftsordnung
GRCh	Grundrechtecharta
grds.	grundsätzlich
Großkomm. AktG	Großkommentar zum Aktiengesetz
GRUR	Gewerblicher Rechtsschutz und Urheberrecht (Jahr und Seite)
GRUR Int.	Gewerblicher Rechtsschutz und Urheberrecht, Auslands- und Internationaler Teil (Jahr und Seite)
GRUR Prax	Gewerblicher Rechtsschutz und Urheberrecht, Praxis im Immaterialgüter- und Wettbewerbsrecht (Jahr und Seite)
GRUR-RR	Gewerblicher Rechtsschutz und Urheberrecht, Rechtsprechungsreport (Jahr und Seite)
GS	Gedächtnisschrift
GU	Gemeinschaftsunternehmen
GVBl.	Gesetz- und Verordnungsblatt
GVG	Gerichtsverfassungsgesetz in der Fassung der Bekanntmachung vom 9.5.1975 (BGBl. I S. 1077), zuletzt geändert durch Gesetz vom 30.5.2016 (BGBl. I S. 1254 f.)
GVL	Gesellschaft zur Verwertung von Leistungsschutzrechten, Berlin
GVO	Gruppenfreistellungsverordnung
GWB	Gesetz gegen Wettbewerbsbeschränkungen in der Fassung der Bekanntmachung vom 26.6.2013 (BGBl. 2005 I S. 1750, 3245), zuletzt geändert durch Gesetzes vom 26.7.2016 (BGBl. I S. 1786)
GWR	Gesellschafts- und Wirtschaftsrecht (Zeitschrift, Jahr und Seite)

H.	Heft
Hdb. KartellR	Handbuch des Kartellrechts
Hdb. WettbewerbsR	Handbuch des Wettbewerbsrechts
H-Gas	Gas aus der Gruppe H (high gas)
HGB	Handelsgesetzbuch in der im Bundesgesetzblatt Teil III, Gliederungsnummer 4100-1, veröffentlichten bereinigten Fassung, zuletzt geändert durch Gesetz vom 5.7.2016 (BGBl. I S. 1578)
HGrG	Gesetz über die Grundsätze des Haushaltsrechts des Bundes und der Länder (Haushaltsgrundsätzegesetz) vom 19.8.1969 (BGBl. I S. 1273), zuletzt geändert durch Gesetz vom 5.7.2013 (BGBl. I S. 2398)
HJWG	Hamburger Jahrbuch (Jahr und Seite)
HK	Heidelberger Kommentar
h.L.	herrschende Lehre
HLG Milch	Hochrangige Expertengruppe Milch
h.M.	herrschende Meinung
Hrsg.	Herausgeber
hrsg.	herausgegeben
Hs.	Halbsatz
ICI	Britisches Unternehmen
i.d. Bek.	in der Bekanntmachung
i.d.F.	in der Fassung
i.d.R.	in der Regel
i.e.S.	im engen Sinn
IG-Farben	I. G. Farbenindustrie AG, Chemieunternehmen
i.H.v.	in Höhe von
IIC	International Review of Industrial Property and Copyright Law (Band, Jahr und Seite)
inc.	Corporation
insb.	insbesondere
IR	Infrastrukturrecht, Energie, Verkehr, Abfall, Wasser (Zeitschrift, Jahr und Seite)
i. S.d.	im Sinne der (des)
ISU	Internationale Skating Union
i. S.v.	im Sinne von
i.Ü.	im Übrigen
i.w.S.	im weiten Sinn
i. Zw.	im Zweifel
J.	Journal/Judge bzw. Justice
JA	Juristische Arbeitsblätter (Jahr und Seite)
Jb.	Jahrbuch

JBl	Juristische Blätter (Jahr und Seite)
jew.	jeweils
JheJB	Jherings Jahrbücher (Jahr und Seite)
JR	Juristische Rundschau (Jahr und Seite)
jur.	juristisch
Jura	Juristische Ausbildung (Jahr und Seite)
JurA	Juristische Analysen (Jahr und Seite)
JuS	Juristische Schulung (Jahr und Seite)
JW	Juristische Wochenschrift (Jahr und Seite)
JZ	Juristenzeitung (Jahr und Seite)
KA	Konzessionsabgabe
KAG-Rheinland Pfalz	Kommunalabgabengesetz des Landes Rheinland Pfalz vom 20.6.1995 (GVBl 1955 S. 175) zuletzt geändert am 22.12.2015 (GVBl. S. 472)
Kap.	Kapitel
KartB	Kartellbehörde
KartG	Kartellgesetz
KartNotVO	Kartellnotverordnung vom 3.8.1930
KartR	Kartellrecht
KartVO/KartellVO	Kartellverordnung vom 2.11.1923 (RGBl. I S. 1067)
KE	Konditionenempfehlung
KfZ	Kraftfahrzeug
KG	Kammergericht/Kommanditgesellschaft
KgaA	Kommanditgesellschaft auf Aktien
KK-AktG	Kölner Kommentar zum Aktiengesetz
KK-KartR	Kölner Kommentar zum Kartellrecht
KK-OwiG	Karlsruher Kommentar zum Gesetz über Ordnungswidrigkeiten
KMU	Kleine und mittlere Unternehmen
Kom.	Kommission
KOM.	Kommission der EU/Europäische Kommission
Komm.	Kommentar
Komm. COMP	Kommission Competition
K&R	Kommunikation und Recht (Jahr und Seite)
krit.	kritisch
KRT	Tagung der Kartellreferenten des Bundes und der Länder
KSzW	Kölner Schrift zum Wirtschaftsrecht (Jahr und Seite)
KV	Kassenärztliche Vereinigung
L&A Wettbewerbstag	Lademann & Associates GmbH
LAG	Landesarbeitsgericht

Abkürzungsverzeichnis

LG	Landgericht
L-Gas	Gas aus der Gruppe L (low gas)
li.Sp.	linke Spalte
lit., litt.	litera, literae (Buchstabe)
Lit.	Literatur
LK	Leipziger Kommentar zum Strafgesetzbuch
LkartB	Landeskartellbehörde
LKV	Landes- und Kommunalverwaltung (Jahr und Seite)
LL	Leitlinie/n
LMBG	Lebensmittel- und Bedarfsgegenständegesetz in der Fassung der Bekanntmachung vom 1.9.2005 (BGBl. I S. 2618, 3007) zuletzt geändert durch Verordnung vom 26.1.2016 (BGBl. I S. 108)
LMKV	Lebensmittelkennzeichenverordnung in der Fassung der Bekanntmachung vom 15.12.1999 (BGBl. I S. 2464) zuletzt geändert durch Verordnung vom 25.2.2014 (BGBl. I S. 218)
Loseblatt	Loseblattsammlung
lt.	laut
MA	Der Markenartikel (Jahr und Seite)
M&A	Mergers und Acquisitions
MarkenG	Gesetz über den Schutz von Marken und sonstigen Kennzeichen (Markengesetz) vom 25.10.1994 (BGBl. 1994 I S. 3082, 1995 I S. 156, 1996 I S. 682), zuletzt geändert durch Gesetz vom 4.4.2016 (BGBl. I S. 558)
MarkenR	Markenrecht (Zeitschrift, Jahr und Seite)
MarktStrG	Gesetz zur Anpassung der landwirtschaftlichen Erzeugung an die Erfordernisse des Marktes vom 16.5.1969 aufgehoben am 20.4.2013 (BGBl. I S. 917)
m.a.W.	mit anderen Worten
MdB	Mitglied des Deutschen Bundestages
MdEP	Mitglied des Europaparlaments
MDR	Monatsschrift für Deutsches Recht (Jahr und Seite)
ME	Mittelstandsempfehlung
M.E.	Meines Erachtens
MEG	Milcherzeugergemeinschaft
Milch- und FettG	Milch- und Fettgesetz in der Fassung der Bekanntmachung vom 10.2.1952 (BGBl. I S. 811) zuletzt geändert am 31.8.2015 (BGBl. I S. 1474, 1533)
Mio.	Million(en)
Mitt.	Mitteilungen der deutschen Patentanwälte (Jahr und Seite)

MIV	Marktinformationsverfahren
MMR	Multimedia und Recht (Jahr und Seite)
MMW	Metermengenwert
m. Nachw.	mit Nachweisen
Mot.	Motive zum BGB
MR	Militärregierung
Mrd.	Milliarde(n)
MRG	Militärregierungsgesetz
MTS-Kraftstoff-Verordnung	Verordnung zur Markttransparenzstelle für Kraftstoffe vom 22.3.2013 (BGBl. I S. 595, 3245)
MünchAnwHdb.	Münchner Anwaltshandbuch
MünchKommBGB	Münchener Kommentar zum BGB
MünchKommGWB	Münchener Kommentar zum Wettbewerbsrecht
MünchKommHGB	Münchener Kommentar zum Handelsgesetzbuch
MünchKommKartR	Münchener Kommentar zum Europäischen und Deutschen Wettbewerbsrecht (Kartellrecht)
MünchKommStGB	Münchener Kommentar zum Strafgesetzbuch
MünchKomm-EuWettR	Münchener Kommentar zum europäischen Wettbewerbsrecht
MünchKommZPO	Münchener Kommentar zur Zivilprozessordnung
MV	Markenverband
m.w.H.	mit weiteren Hinweisen
m.w.N.	mit weiteren Nachweisen
NA	Normenausschuss
NACE	Statistische Systematik der Wirtschaftszweige in der EG
Nachw.	Nachweise
n.F.	neue Fassung
N.F.	Neue Folge
NJ	Neue Justiz (Jahr und Seite)
NJOZ	Neue Juristische Online Zeitschrift
NJW	Neue Juristische Wochenschrift (Jahr und Seite)
NJW-RR	Neue Juristische Wochenschrift, Rechtsprechungsreport (Jahr und Seite)
No.	Number
Nr., Nrn.	Nummer(n)
NRW	Nordrhein-Westfalen
NStZ	Neue Zeitschrift für Strafrecht (Jahr und Seite)
NStZ-RR	Neue Zeitschrift für Strafrecht, Rechtsprechungs-Report (Jahr und Seite)
NVwZ	Neue Zeitschrift für Verwaltungsrecht (Jahr und Seite)
NWVBl	Nordrhein-Westfälische Verwaltungsblätter (Jahr und Seite)

NZBau	Neue Zeitschrift für Baurecht und Vergaberecht (Jahr und Seite)
NZG	Neue Zeitschrift für Gesellschaftsrecht (Jahr und Seite)
NZKart	Neue Zeitschrift für Kartellrecht (Jahr und Seite)
NZM	Zeitschrift Miet- und Wohnungsrecht (Jahr und Seite)
NZS	Neue Zeitschrift für Sozialrecht (Jahr und Seite)
NZV	Neue Zeitschrift für Verkehrsrecht (Jahr und Seite)
o.	oben
Öbl	Österreichische Blätter für gewerblichen Rechtsschutz und Urheberrechtsschutz (Jahr und Seite)
OHG	Offene Handelsgesellschaft
OLG	Oberlandesgericht
ORDO	Jahrbuch für die Ordnung von Wirtschaft und Gesellschaft (Band, Jahr und Seite)
ÖstGB	Österreichisches Strafgesetzbuch vom 23.1.1974 (BGBl. der Republik Österreich Nr. 60/1974) letzte Änderung (BGBl. der Republik Österreich Nr. 154/2015)
ÖstKartG	Österreichisches Kartellgesetz 2005 (BGBl. der Republik Österreich Nr. 61/2005)
OVG	Oberverwaltungsgericht
OwiG	Gesetz über Ordnungswidrigkeiten in der Fassung der Bekanntmachung vom 19.2.1987 (BGBl. I S. 602), zuletzt geändert durch Gesetz vom 18.7.2016 (BGBl. I S. 1666)
OZK	Österreichische Zeitschrift für Kartell- und Wettbewerbsrecht (Jahr und Seite)
PartGG	Partnerschaftsgesellschaftsgesetz in der Fassung der Bekanntmachung vom 25.7.1994 (BGBl. I S. 1744) zuletzt geändert durch Gesetz vom 22.12.2015 (BGBl. I S. 2565)
PatG	Patentgesetz in der Fassung der Bekanntmachung vom 16.12.1980 (BGBl. 1981 I S. 1), zuletzt geändert durch Gesetz vom 4.4.2016 (BGBl. I S. 558)
PentgV	Post-Entgeltregulierungsverordnung in der Fassung der Bekanntmachung vom 22. 11. 199 (BGBl. I S. 2386) zuletzt geändert am 29.5.2015 (BGBl. I S. 892)

PersBefG	Personenbeförderungsgesetz in der Fassung der Bekanntmachung vom 8.8.1990 (BGBl. I S. 1690), zuletzt geändert durch Gesetz vom 22.11.2011 (BGBl. I S. 2272)
PharmR	Pharmarecht – Zeitschrift für das gesamte Arzneimittelrecht (Jahr und Seite)
PlPr.	Plenarprotokoll
PostG	Postgesetz vom 22.12.1997 (BGBl. I S. 3294), zuletzt geändert durch Verordnung vom 18.7.2016 (BGBl. I S. 1666)
PSI	Pivotal supplier index
PVÜ	Pariser Verbandsübereinkunft zum Schutz des gewerblichen Eigentums
RabelsZ	Rabels Zeitschrift für ausländisches und internationales Privatrecht (Band, Jahr und Seite)
RdA	Recht der Arbeit (Jahr und Seite)
RdE	Recht der Energiewirtschaft (Jahr und Seite); früher unter dem Titel: Recht der Elektrizitätswirtschaft
RdL	Recht der Landwirtschaft (Jahr und Seite)
Rdn./Rn.	Randnummer(n)
RE	Rechnungseinheit
RE	Runderlass
Recht	Das Recht (Jahr und Seite)
RegBegr.	Regierungsbegründung
RegE	Regierungsentwurf
re.	Rechts/e
RG	Reichsgericht
RGBl.	Reichsgesetzblatt
RGZ	Entscheidungen des Reichsgerichts in Zivilsachen (Band und Seite)
RiA	Recht im Amt (Jahr und Seite)
RIW	Recht der Internationalen Wirtschaft (Jahr und Seite)
RL	Richtlinie
RML-Kunden	Kunden mit registrierender Leistungsmessung
RP	Regierungspräsidium
RPA	Reichspatentamt
Rs.	Rechtssache
RSI	Residual supply index
Rspr.	Rechtsprechung
RStV	Rundfunkstaatsvertrag vom 31.8.1991 in der Fassung des Achtzehnten Staatsvertrages zur Änderung rundfunkrechtlicher Staatsverträge in Kraft seit 1.1.2016

RTkomm	Zeitschrift für das gesamte Telekommunikationsrecht (Zeitschrift, Jahr und Seite)
RVO	Reichsversicherungsordnung vom 19.7.1911 (RGBl. S. 509) in der im Bundesgesetzblatt Teil III, Gliederungsnummer 820-1 veröffentlichten bereinigten Fassung, zuletzt geändert durch Gesetzes vom 17.3.2009 (BGBl. I S. 550)
Rz.	Randziffer
S.	Seite(n), Satz
s.	siehe
SB	Sonderbereich
S.C.	Supreme Court
SCE	Europäische Genossenschaft
SchiedsVZ	Zeitschrift für Schiedsverfahren (Jahr und Seite)
scil.	Scilicet
SE	Societas Europea
sec.	Section
SEP	Standardessentielle Patente
SGB	Sozialgesetzbuch
SGG	Sozialgerichtsgesetz in der Fassung der Bekanntmachung vom 23.9.1975 (BGBl. I S. 2535), zuletzt geändert durch Gesetz vom 21.7.2012 (BGBl. I S. 1577)
Slg.	Sammlung
SLP-Kunden	Kunden mit Belieferung nach Standardlastprofilen
SMP	Schweizer Milchproduzenten
s.o.	siehe oben
Soergel	Soergel, Kommentar zum BGB
sog.	so genannt
SortSchG	Sortenschutzgesetz in der Fassung der Bekanntmachung vom 19.12.1997 (BGBl. I S. 3164) zuletzt geändert durch Gesetz vom 18.7.2016 (BGBl. I S. 1666)
Sp.	Spalte
Spaak-Bericht	Regierungsausschuss, eingesetzt von der Konferenz von Messina, Bericht der Delegationsleiter an die Außenminister, Brüssel, den 21. April 1956 (o. J.), EG-Dok. MAE 120 d/56 (korr.)
SSO	Standardisierungsorganisation
StA	Staatsanwalt, Staatsanwaltschaft
StAnZ	Staatsanzeiger
Staudinger	Staudinger, Kommentar zum Bürgerlichen Gesetzbuch

StGB	Strafgesetzbuch in der Fassung der Bekanntmachung vom 13.11.1998 (BGBl. I S. 3322), zuletzt geändert durch Gesetz vom 26.7.2016 (BGBl. I S. 1818)
StPO	Strafprozessordnung in der Fassung der Bekanntmachung vom 7.4.1987 (BGBl. I S. 1074, 1319), zuletzt geändert durch Gesetz vom 8.7.2016 (BGBl. I S. 1610)
str.	strittig
StromNZV	Verordnung über den Zugang zu Elektrizitätsversorgungsnetzen (Stromnetzzugangsverordnung – StromNZV) vom 25.7.2005 (BGBl. I S. 2243), zuletzt geändert durch Gesetz vom 29.8.2016 (BGBl. I S. 2034)
stRspr.	ständige Rechtsprechung
s.u.	siehe unten
TB	Berichte des Bundeskartellamtes über seine Tätigkeit sowie die Lage und Entwicklung auf seinem Aufgabengebiet nach § 53 GWB, Tätigkeitsbericht (Jahr, BT-Drucks. Und Seite)
Teils.	Teilsatz
TierZG	Tierzuchtgesetz in der Fassung der Bekanntmachung vom 21.12.2006 (BGBl. I S. 3294) zuletzt geändert durch VO vom 31.8.2015 (BGBl. I S. 1474)
TKG	Telekommunikationsgesetz vom 22.6.2004 (BGBl. I S. 1190), zuletzt geändert durch Gesetz vom 26.7.2016 (BGBl. I S. 1818)
TT	Technologie
TV, tv	Television
TVG	Tarifvertragsgesetz in der Fassung der Bekanntmachung vom 25.8.1969 (BGBl. I S. 1323), zuletzt geändert durch Gesetz vom 3.7.2015 (BGBl. I S. 1130)
TWh	Terrawattstunde
Tz.	Textziffer
u.a.	unter anderem/und andere
Ubg	Die Unternehmensbesteuerung (Fachzeitschrift, Jahr und Seite)
Unterabs.	Unterabsatz
udgl.	und dergleichen
UFITA	Archiv für Urheber-, Film-, Funk- und Theaterrecht (Band, Jahr und Seite)

UKlaG	Gesetz über Unterlassungsklagen bei Verbraucherrechts- und anderen Verstößen (Unterlassungsklagegesetz) in der Fassung der Bekanntmachung vom 27.8.2002 (BGBl. I S. 3422, 4346) zuletzt geändert am 11.4.2016 (BGBl. I S. 720)
UmwG	Umwandlungsgesetz vom 28.10.1994 (BGBl. 1994 I S. 3210, 1995 I S. 428), zuletzt geändert durch Gesetz vom 24.4.2015 (BGBl. I S. 642)
unstr.	unstreitig
Unterabs.	Unterabschnitt
UNÜ	Übereinkommen über die Anerkennung und Vollstreckung ausländischer Schiedssprüche vom 10.6.1958
unveröff.	unveröffentlicht
unzutr.	unzutreffend
UPR	Umwelt- und Planungsrecht (Jahr und Seite)
UrhG	Gesetz über Urheberrecht und verwandte Schutzrechte (Urheberrechtsgesetz) vom 9.9.1965 (BGBl. I S. 1273), zuletzt geändert durch Gesetz vom 4.4.2016 (BGBl. I S. 558)
Urt.	Urteil
US/USA	United States of America
U. S.	United States Supreme Court Reports
usw.	und so weiter
u.U.	unter Umständen
UVP	Unverbindliche Preisempfehlung
UWG	Gesetz gegen den unlauteren Wettbewerb in der Fassung der Bekanntmachung vom 3.3.2010 (BGBl. I S. 254) zuletzt geändert durch Gesetz vom 17.2.2016 (BGBl. I S. 233, 235)
v.	vom
v.a.	vor allem
VA	Verwaltungsakt
VBL	Versorgungsanstalt des Bundes und der Länder
VDE	Verein der deutschen Elektriker
VDL	Verband Deutscher Lokalzeitungen
VDZ	Verband Deutscher Zeitungsverleger
Verf.	Verfasser
Verfg.	Verfügung

VerfVO	Verordnung (EG) Nr. 802/2004 der Kommission vom 7.4.2004 zur Durchdührung der Verordnung (EG) Nr. 139/2004 des Rates über die Kontrolle von Unternehmenszusammenschlüssen (ABl. Nr. L 133/1), zuletzt geändert durch VO (EG) Nr. 1033/2008 vom 20.10.2008 (ABl. Nr. L 279/3)
VergabeR	Vergaberecht
VersR	Versicherungsrecht (Jahr und Seite)
VerwA, VerwArch	Verwaltungsarchiv (Band, Jahr und Seite)
Verz.	Verzeichnis
VfZ	Vierteljahreshefte für Zeitgeschichte (Jahr und Seite)
VG	Verwaltungsgericht
vgl.	vergleiche
vH	von Hundert
VK	Vergabekammer
VKU	Verband kommunaler Unternehmen
VO	Verordnung
VO Nr. 1/2003	Verordnung (EG) Nr. 1/2003 des Rates vom 16.12.2002 zur Durchfhrung der in den Artikeln 81 und 82 des Vertrags niedergelegten Wettbewerbsregeln (ABl. Nr. L 1/1), zuletzt geändert durch VO (EG) Nr. 487/2009 vom 25.5.2009 (ABl. Nr. L 148/1)
VO Nr. 17/62	Verordnung (EWG) Nr. 17/62 des Rates: Erste Durchführungsverordnung zu den Artikeln 85 und 86 des Vertrages (Kartellverordnung) vom 6.2.1962 (ABl. S. 204/BGBl. II S. 93)
VO Nr. 1308/2013	Verordnung Nr. 1308/2013 vom 17.12.2013 über die gemeinsame Marktorganisation für landwirtschaftliche Erzeugnisse (ABl L 347 v. 20.12.2013, S. 671).
VOL	Verdingungsordnung für Leistungen
Vol.	Volume
VR	Verwaltungsrundschau, Zeitschrift für Verwaltung in Praxis und Wissenschaft (Jahr und Seite)
vs.	versus
VvaG	Versicherungsverein auf Gegenseitigkeit
VwGO	Verwaltungsgerichtsordnung in der Fassung der Bekanntmachung vom 19.3.1991 (BGBl. I S. 686), zuletzt geändert durch Gesetz vom 21.12.2015 (BGBl. I S. 2490)
VwVfG	Verwaltungsverfahrensgesetz in der Fassung der Bekanntmachung vom 23.1.2003 (BGBl. I S. 102), zuletzt geändert durch Gesetz vom 18.7.2016 (BGBl. I S. 1679)

Abkürzungsverzeichnis

VwVG	Verwaltungs-Vollstreckungsgesetz in der im Bundesgesetzblatt Teil III, Gliederungsnummer 201-4, veröffentlichten bereinigten Fassung, zuletzt geändert durch Gesetz vom 25.11.2014 (BGBl. I S. 1770)
WA	Weltwirtschaftliches Archiv (Jahr und Seite)
WahrnG	Gesetz über die Wahrnehmung von Urheberrechten und verwandten Schutzrechten
WBl	Wirtschaftsrechtliche Blätter (Österreich) (Jahr und Seite)
WBZW	Wiederbeschaffungszeitwert
WeinG	Weingesetz idF der Bekanntmachung vom 18.1.2011 (BGBl. I S. 66), zuletzt geändert durch Gesetz vom 16.1.2016 (BGBl. I S. 52)
Wettbewerbsbericht	Bericht über die Wettbewerbspolitik (Nr. und Berichtsjahr, Rn./Tz.)
WettbR	Wettbewerbsrecht
WHG	Gesetz zur Ordnung des Wasserhaushaltes in der Fassung der Bekanntmachung vom 31.7.2009 (BGBl. I S. 2585) zuletzt geändert am 4.8.2016 (BGBl. I S. 1972)
Wirtschaftsausschuss	Wirtschaftsausschuss des Bundestages
Wistra	Zeitschrift für Wirtschaft, Steuer, Strafrecht (Jahr und Seite)
WM	Wertpapier-Mitteilungen (Jahr und Seite)
WpHG	Gesetz über den Wertpapierhandel (Wertpapierhandelsgesetz- WpHG) idF der Bekanntmachung vom 9.9.1998 (BGBl. I S. 2708) zuletzt geändert durch Gesetz vom 30.6.2016 (BGBl. I S. 1514)
WpÜG	Wertpapiererwerbs- und und Übernahmegesetz idF der Bekanntmachung vom 20.12.2001 (BGBl. I S. 3822) zuletzt geändert durch Gesetz vom 18.7.2016 (BGBl. I S. 1666)
WR	Wirtschaftsrecht (Jahr und Seite)
WRP	Wettbewerb in Recht und Praxis (Jahr und Seite)
WSA	Wirtschafts- und Sozialausschuss
WUR	Wirtschaftsverwaltungs- und Umweltrecht (Jahr und Seite)
WuW	Wirtschaft und Wettbewerb (Jahr und Seite)
WuW/E	WuW-Entscheidungssammlung zum Kartellrecht
ZAAR	Zentrum für Arbeitsbeziehungen und Arbeitsrecht
z.B.	zum Beispiel
ZESAR	Zeitschrift für europäisches Sozial- und Arbeitsrecht

ZeuP	Zeitschrift für europäisches Privatrecht (Jahr und Seite)
ZfBR	Zeitschrift für deutsches und internationales Baurecht (Jahr und Seite)
ZfgGW	Zeitschrift für das gesamte Genossenschaftswesen (Jahr und Seite)
ZfZ	Zeitschrift für Zölle und Gebrauchssteuern (Jahr und Seite)
ZG	Zeitschrift für Gesetzgebung (Jahr und Seite)
ZGR	Zeitschrift für Unternehmens- und Gesellschaftsrecht (Band, Jahr und Seite)
ZHR	Zeitschrift für das gesamte Handels- und Wirtschaftsrecht (Band, Jahr und Seite)
Ziff.	Ziffer
ZIP	Zeitschrift für Wirtschaftsrecht (Jahr und Seite)
ZNER	Zeitschrift für Neues Energierecht (Jahr und Seite)
ZögU	Zeitschrift für öffentliche und gemeinwirtschaftliche Unternehmen (Band, Jahr und Seite)
ZPO	Zivilprozessordnung vom 30.1.1877 (RGBl. S. 83) in der Fassung der Bekanntmachung vom 5.12.2005 (BGBl. 2005 I S. 3202, 2006 I S. 431, 2007 I S. 1781, zuletzt geändert durch Gesetz vom 19.10.2012 (BGBl. I S. 2182)
ZRFC	Zeitschrift für Risk, Fraud & Compliance (Jahr und Seite)
ZRP	Zeitschrift für Rechtspolitik (Jahr und Seite)
ZS	Zivilsenat
ZStW	Zeitschrift für die gesamte Strafrechtswissenschaft (Jahr und Seite)
z.T.	zum Teil
ZUM	Zeitschrift für Urheber- und Medienrecht (Jahr und Seite)
ZUM-RD	Zeitschrift für Urheber- und Medienrecht, Rechtsprechungsdienst (Jahr und Seite)
zust.	zustimmend; zuständig
zutr.	zutreffend
ZVertriebsR	Zeitschrift für Vertriebsrecht (Jahr und Seite)
ZVG	Gesetz über die Zwangsversteigerung und die Zwangsverwaltung in der im Bundesgesetzblatt Teil III, Gliederungsnummer 310-14, veröffentlichten bereinigten Fassung, zuletzt geändert durch Gesetz vom 7.12.2011 (BGBl. I S. 2582)

Abkürzungsverzeichnis

ZVgR Zeitschrift für deutsches und internationales Vergaberecht (Jahr und Seite)
ZWeR Zeitschrift für Wettbewerbsrecht (Jahr und Seite)
ZZP   Zeitschrift für Zivilprozess (Jahr und Seite)

Allgemeines und abgekürzt zitiertes Schrifttum

Alexander	Alexander, Christian, Schadensersatz und Abschöpfung im Lauterkeits- und Kartellrecht, 2010
Altenmüller	Altenmüller, Reinhard, Die schiedsrichterliche Entscheidung kartellrechtlicher Streitigkeiten, 1973
Assmann/Brüggemann/ Hart/Joerges	Assmann, Hans-Dieter/Brüggemann, Gert/Hart, Dieter/Joerges, Christian, Wirtschaftsrecht als Kritik des Privatrechts, 1980
Assmann/Schütz *(-Bearbeiter)*	Assmann, Hans-Dieter/Schütz, Rolf, Handbuch des Kapitalanlagerechts, 4. Auflage 2015
Baade/Fendt	Baade, Fritz/Fendt, Franz, Die deutsche Landwirtschaft im Ringen um den Agrarmarkt Europas, 1971
Badura	Badura, Peter, Staatsrecht, 6. Auflage 2015
Badura	Badura, Peter, Wirtschaftsverfassung und Wirtschaftsverwaltung, 1971
Bartsch	Bartsch, Volker, Technische, natürliche und rechtliche Einflussfaktoren auf betriebliche Kennzahlen von Wasserversorgungsunternehmen, 2007
Baumeister	Baumeister, Peter, Der Beseitigungsanspruch als Fehlerfolge des rechtswidrigen Verwaltungsaktes, 1. Auflage 2006
Baur	Baur, Jürgen, F. (Hrsg.), Der Mißbrauch im deutschen Kartellrecht, 1972
Baur	Baur, Jürgen, F. (Hrsg.), Das Diskriminierungsverbot im Energieversorgungsbereich, 1979
Baur	Baur, Jürgen, F. (Hrsg.), Regulierter Wettbewerb in der Energiewirtschaft, 2002
Bechtold, GWB	Bechtold, Rainer/Bosch, Wolfgang, Kartellgesetz, Gesetz gegen Wettbewerbsbeschränkungen, 8. Aufl. 2015

Bechtold/Bosch/Brinker, EG-Kartellrecht	Bechtold, Rainer/Bosch, Wolfgang/ Brinker, Ingo/Hirsbrunner, Simon, EG-Kartellrecht, 3. Aufl. 2014
Bechtold, Kartellrecht	Bechtold, Rainer, Das neue Kartellrecht 1981
Becker/Hossenfelder	Becker, Carsten/Hossenfelder, Silke, Einführung in das neue Kartellrecht, 2006
Beckmann	Beckmann, Peter, Die Abgrenzung des relevanten Marktes im Gesetz gegen Wettbewerbsbeschränkungen, 1968
Begr. 1964	Regierungsbegründung zu dem Entwurf eines Gesetzes zur Änderung des GWB, BTDrucks. 4/2564
Begr. 1971	Regierungsbegründung zur Änderung des Gesetzes gegen Wettbewerbsbeschränkungen, BT-Drucks. 6/2520
Begr. 1974	Regierungsbegründung zum Entwurf des Dritten Gesetzes zur Änderung des Gesetzes gegen Wettbewerbsbeschränkungen, BT-Drucks. 7/2954
Begr. 1978	Regierungsbegründung zu dem Entwurf eines Vierten Gesetzes zur Änderung des GWB, BT-Drucks. 8/2136
Begr. 1989	Regierungsbegründung zu dem Entwurf eines Fünften Gesetzes zur Änderung des GWB, BT-Drucks. 11/4610
Begr. 1998	Regierungsbegründung zu dem Entwurf eines Sechsten Gesetzes zur Änderung des GWB, BT-Drucks. 13/9720
Begr. 2004	Regierungsbegründung zu dem Entwurf eines Siebten Gesetzes zur Änderung des GWB, BT-Drucks. 15/3640
Begr. 2012	Regierungsbegründung zu dem Entwurf eines Achten Gesetzes zur Änderung des GWB, BT-Drucks. 17/9852
Begr. 2016	Regierungsbegründung zu dem Entwurf eines Neunten Gesetzes zur Änderung des Gesetzes gegen Wettbewerbsbeschränkungen, Umdruck
Belke	Belke, Rolf, Die Geschäftsverweigerung im Recht der Wettbewerbsbeschränkungen, 1966

Bendel/Reuter	Bendel, Bernd/Reuter, Felix, Kommentar zum Marktstrukturgesetz, o.J. (1971)
Berg/Mäsch (-Bearbeiter)	Berg, Werner/Mäsch, Gerald, Deutsches und Europäisches Kartellrecht, 2. Auflage 2015
Berendes/Frenz/Müggenborg	Berendes, Konrad/Frenz, Walter/Müggenborg, Hans-Jürgen, Wasserhaushaltsgesetz-Kommentar, WHG, 2011
BerlKomm EnergieR *(-Bearbeiter)*	Berliner Kommentar zum Energierecht, hrsg. von Säcker, Franz Jürgen, 3. Aufl. 2014 ff.
Beuthin	Beuthin, Volker/Schöpflin, Martin/Wolff, Reinmar, u.a. Genossenschaftsgesetz, 15. Auflage 2011
Bien	Bien, Florian, Das deutsche Kartellrecht nach der 8. GWB-Novelle, 2013
Blaschczok	Blaschczok, Martin, Kartellrecht in zweiseitigen Wirtschaftszweigen, 2015
Blask	Blask, Holger, Die Anwendbarkeit der Single-Entity-Theorie im professionellen Fußball, 2006
Block	Block, Ulrich, Die Lizenzierung für die Herstellung und den Vertrieb von Tonträgern im europäischen Binnenmarkt, 1997
BMELF	BMELF (Hrsg.), Marktintegration und agrarpolitisch relevante Tätigkeit der Genossenschaften, 1967
Böhm	Böhm, Franz, Kartelle und Koalitionsfreiheit, 1933
Böhm	Böhm, Franz, Wettbewerb und Monopolkampf, 1933/2010
Böneker	Böneker, Werner, Rechtliche Fragen der Gemüseanbauverträge, einer Erscheinungsform der vertikalen Integration, Diss. 1968
Böttcher (-Bearbeiter)	Böttcher, Erik, (Hrsg.), Geschichte, Struktur und Politik der genossenschaftlichen Wirtschafts- und Marktverbände, 1965

Böttcher (-Bearbeiter)	Böttcher, Erik, (Hrsg.), Die Genossenschaft im Wettbewerb der Ideen – eine europäische Herausforderung, 1985
Bogdandy (-Bearbeiter)	Von Bogdandy, Armin, Bast Jürgen (Hrsg.), Europäisches Verfassungsrecht, 2. Auflage 2009
Borchardt/Fikentscher	Borchardt, Knut/Fikentscher, Wolfgang, Wettbewerb, Wettbewerbsbeschränkung, Marktabgrenzung, 1957
Bormann	Bormann, Jens, Wettbewerbsbeschränkungen durch Grundstücksrechte, 2003
Bürgers/Körber (-Bearbeiter)	Bürgers, Tobias/Körber, Torsten (Hrsg.), Heidelberger Kommentar zum AktG, 2. Auflage 2011
Bulst	Bulst, Friedrich, Wenzel, Schadensersatzansprüche der Marktgegenseite im Kartellrecht, 2006
Bunte, Kartellrecht	Bunte, Hermann-Josef, Kartellrecht, 3. Aufl. 2016
Burgi	Burgi, Martin, Funktionale Privatisierung und Verwaltungshilfe, 1999
Burgi	Burgi, Martin, Kommunalrecht, 5. Auflage 2015
Burkert	Burkert, Thomas, Die Zulässigkeit von Kopplungsgeschäften aus wettbewerbsrechtlicher Sicht, 1992
Busche	Busche, Jan, Privatautonomie und Kontrahierungszwang, 1999
Busse	Busse, Christian, Sonderrechtlicher und funktionaler Ansatz im agrarrechtlichen Widerstreit – Ein Beitrag zur agrarrechtlichen Systembildung, 2016
Busse/Haarstrick	Busse, Christian/Haarstrich, Jens, Agrarförderrecht, 2012
Calliess/Ruffert (-Bearbeiter)	Calliess, Christian/Ruffert, Matthias, EUV, AEUV, Verfassungsrecht der Europäischen Union, 5. Auflage 2016
Canaris	Canaris, Claus-Wilhelm, Die Feststellung von Lücken im Gesetz, 2. Auflage 1983

Christoph	Christoph, Michael, Wettbewerbsbeschränkungen in Lizenzverträgen über gewerbliche Schutzrechte nach deutschem und europäischen Recht, 1998
Dalheimer/Feddersen/Miersch *(-Bearbeiter)*	Dalheimer, Dorothe/Feddersen, Christoph T./Miersch, Gerald, EU-Kartellverfahrensordnung, 2005
Danner/Theobald *(-Bearbeiter)*	Danner, Wolfgang/Theobald, Christian, Energierecht, Loseblatt, 89. Auflage 2016
Dauses (-Bearbeiter)	Dauses, Manfred A. (Hrsg.), Handbuch des EU-Wirtschaftsrechts, Loseblattausgabe, Stand: 40. Lfg. 2016
De Maizièire	De Maizière, Thomas, Die Praxis der informellen Verfahren beim Bundeskartellamt, Bonn 1986
Deppe	Deppe, Hans, Genossenschaften des Lebensmitteleinzelhandels und Kartellverbot, 1967
Derleder	Derleder, Peter Wirtschaftliche Diskriminierung zwischen Freiheit und Gleichheit, 1967
Distelkamp	Distelkamp (Hrsg.), Kitagawa, Zentero/Kreiner, Josef, Zwischen Kontinuität und Fremdbestimmung – zum Einfluss der Besatzungsmächte auf die deutsche und japanische Rechtsordnung 1945–1950, 1996
Dombert/Witt *(-Bearbeiter)*	Dombert, Matthias/Witt, Karsten (Hrsg.), Münchner Anwaltshandbuch Agrarrecht, 2011 und 2. Auflage 2016
Dreher	Dreher, Meinrad, Die Versicherung als Rechtsprodukt, 1991
Dreher/Kling	Dreher, Meinrad/Kling, Michael, Kartell- und Wettbewerbsrecht der Versicherungsunternehmen, 2007
Drexl/Kerber/Podszun	Drexl, Josef/Kerber, Wolfgang/Podszun, Rupprecht (Hrsg.), Competition Policy and Economic Approach, 2012
Dreier *(-Bearbeiter)*	Dreier, Horst, GG – Grundgesetz Kommentar, 2. Auflage 2006

Dreier/Schulze (-Bearbeiter)	Dreier, Thomas/Schulze, Gernot, UrhG, Kommentar zum Urhebergesetz, 5. Auflage 2015
Driehaus/Brüning	Driehaus, Hans-Joachim, Kommunalabgabenrecht, Loseblatt, 54. Auflage 2016
Ebel	Ebel, Hans-Rudolf, Kartellrecht, 1999
Ebenroth/Boujong/Joost/ Strohn (-Bearbeiter)	Ebenroth, Carsten, Thomas/Boujong, Karlheinz/Joost, Detlev/Strohn Lutz, Handelsgesetzbuch – HGB, 3. Auflage 2014
Ebenroth/Obermann	Ebenroth, Carsten, Thomas/Obermann Siegfried, Absatzmittlungsverträge im Spannungsverhältnis zwischen Kartell- und Zivilrecht, 1980
Eberle	Eberle, Fritz, Das erlaubte Erzeugerkartell nach § 100 Abs. 1 GWB, Diss. Münster, 1965
Ebert	Ebert, Kurt, Hanns, Genossenschaftsrecht auf internationaler Ebene, 1966
Eden	Eden, Eike, Persönliche Schadensersatzhaftung von Managern gegenüber Kartellgeschädigten, 2013
Eisele	Eisele, Klaus, Marktverbände und Wettbewerb in der Agrarwirtschaft, 1978
Ellinghaus	Ellinghaus, Wilhelm, Ist § 75 des Entwurfs eines Gesetzes gegen Wettbewerbsbeschränkungen mit dem Grundgesetz vereinbar?, 1957
Emmerich, Kartellrecht	Emmerich, Volker, Kartellrecht, 13. Aufl. 2014
Emmerich, UWG	Emmerich, Volker, Unlauterer Wettbewerb, 9. Aufl. 2012
Emmerich/Habersack	Emmerich, Volker/Habersack, Mathias, Aktien- und GmbH-Konzernrecht, 8. Auflage 2016
Emmerich/Sonnenschein/ Habersack	Emmerich, Volker/Sonnenschein, Jürgen/Habersack, Mathias, Konzernrecht, 10. Auflage 2013
Enke	Enke, Harald, Kartelltheorie 1972

Ensthaler/Füller/Schmidt	Ensthaler, Jürgen/Füller, Jens/Schmidt, Burkhard, Kommentar zum GmbH-Gesetz, 2. Auflage 2009
Erbguth	Erbguth, Wilfried, Allgemeines Verwaltungsrecht, 8. Auflage 2016
Fabio, Di Fabio	Di Fabio, Udo, Verfassungsrechtliche Grenzen der Bundeskartellaufsicht im Bereich der kommunalen Daseinsvorsorge, Gutachten 2013
Fahr	Fahr Eduard, Die Rationalisierung im ländlichen Genossenschaftswesen auf Grund des Notprogramms vom 31.3.1928, 1931
Faulhaber/Growitsch/Oelmann/ Schielein/Wetzel	Faulhaber, Alexander/Growitsch, Christian/Oelmann, Marc/Schielein, Jörg/Wetzel, Heike, Gutachten zur Sicherstellung eines sachgerechten Nachweises zur Ermittlung der Kosten einer rationellen Betriebsführung in der Wasserversorgung, 2014
Fehling/Kastner/Störmer	Fehling, Michael/Kastner, Berthold/ Störmer, Rainer, Verwaltungsrecht, 4. Auflage 2016
Feldmann	Feldmann, Marcus, Kartelle, Trusts, Monopole im Verhältnis zur Handels- und Gewerbefreiheit, 1931
Fezer *(-Bearbeiter)*, UWG	Fezer, Karl-Heinz/Büscher, Wolfgang/ Obergfell, Eva, Lauterkeitsrecht – Kommentar zum Gesetz gegen den unlauteren Wettbewerb (UWG), 3. Auflage 2016
Fikentscher	Fikentscher, Wolfgang, Die Freiheit und ihr Paradox, 1997
FK (-Bearbeiter), Frankfurter Kommentar	Glassen, Helmut/von Hahn, Helmut/ Kersten, Hans Christian (Hrsg.), Frankfurter Kommentar zum GWB, Loseblattausgabe Stand: Lfg. 87, August 2016
Frenz	Frenz, Walter, Handbuch Europarecht, Bd. 1, 2. Auflage 2010, Bd. 2 Europäisches Kartellrecht, 2. Auflage 2015
Frenz	Frenz, Walter, Selbstverpflichtung der Wirtschaft, 2001

Fricke	Fricke, Karl Wilhelm, Die landwirtschaftliche Produktionsgenossenschaft, 1976
Frisch/Sacksofsky	Frisch, Thomas/Sacksofsky, Eicke, Die Angebotskonzentration im deutschen Lebensmitteleinzelhandel und die Probleme ihrer kartellrechtlichen Erfassung, 1993
Fuchs	Fuchs, Klaus, Kartellvertrag und Bereicherung, 1990
Füller	Füller, Thomas, Grundlagen und inhaltliche Reichweite der Warenverkehrsfreiheiten nach dem EG-Vertrag, 2000
Funck	Funck, Gerhard, Konzerneinheit und Kartellverbot, Diss. 1964
Gadamer	Gadamer, Hans-Georg, Wahrheit und Methode, 7. Auflage 2010
von Gamm, KartR	von Gamm, Otto Friedrich, Kartellrecht, 2. Aufl. 1990
Gandenberger	Gandenberger, Otto, Was ist ein Unternehmen? Volkswirtschaftliche Überlegungen zum GWB, 1963
Gassner	Gassner, Ulrich, Grundzüge des Kartellrechts, 1999
Gerbramdyl/de Vries	Gerbramdyl, Anna/de Vries, Sybe, Agricultural Policy an EU Competition Law- Possibilities and Limits for Self-Regulation in die Dairy Sector, 2011
Giesberts/Reinhardt *(-Bearbeiter)*	Giesberts, Ludger/Reinhardt, Michael, Umweltrecht, WHG, 2007
Giesen	Giesen, Richard, Sozialversicherungsmonopol und EG-Vertrag, 1995
Giesen/Junker/Rieble	Giesen, Richard/Junker, Abbo/Rieble, Volker, Kartellrecht und Arbeitsmarkt
GK *(-Bearbeiter)*	Hootz, Christian/Müller-Henneberg, Hans/Schwartz, Gustav (Hrsg.), Gesetz gegen Wettbewerbsbeschränkungen und Europäisches Kartellrecht, Gemeinschaftskommentar, 5. Auflage 2006 ff.

Gleiss/Hirsch	von Hirsch, Martin/Bechtold, Rainer/Hootz, Christian, Kommentar zum EWG-Kartellrecht, 4. Aufl. 1993
Gleiss/Zipfel	Gleiss, Alfred/Zipfel, Landwirtschaft und Kartellrecht, 1. Auflage 1955
Görgemanns	Görgemanns, Thomas, Der Begriff der kleineren und mittleren Unternehmen
Görner	Görner, André, Die Anspruchsberechtigung der Marktbeteiligten nach § 33 GWB, 2008
Götz	Götz, D., Missbrauch der marktbeherrschenden Stellung durch Sportverbände, 2009
Götz	Götz, Volkmar, Recht der Wirtschaftssubventionen, 1966
Götz/Kroeschell/Winkler	Götz, Volkmar/Kroeschell, Karl/Winkler, Wolfgang (Hrsg.), Handwörterbuch des Agrarrechts, Band II, 1982
Golz	Golz, Tilmann, Der sachlich relevante Markt bei Verlagserzeugnissen, 2003
Gottwald	Gottwald, Peter, Schadenszurechnung und Schadensschätzung: zum Ermessen des Richters im Schadensrecht und Schadensersatzprozess, 1996
Grabitz/Hilf/Nettesheim (-Bearbeiter)	Grabitz, Eberhard/Hilf, Meinhard/Nettesheim, Martin, Das Recht der Europäischen Union, EUV, AEUV Loseblatt, Stand: Lfg. 59, April 2016
Gramm	Gramm, Christoph, Privatisierung und notwendige Staatsaufgaben, 2001
Grandpierre	Grandpierre, Walter, Wettbewerbsbeschränkungen zwischen verbundenen Unternehmen nach dem Gesetz der Wettbewerbsbeschränkungen, 1972
Grätz	Grätz, Daniel, Missbrauch der marktbeherrschenden Stellung durch Sportverbände – eine rechtsvergleichende Untersuchung des europäischen, deutschen und schweizerischen Missbrauchsverbots, 2009
Grimm/Grimm	Grimm, Jacob/Grimm, Wilhelm, Deutsches Wörterbuch, 1999

von der Groeben/Schwarze/Hatje (-Bearbeiter)	von der Groeben, Hans/Schwarze, Jürgen, Kommentar zum Vertrag über die Europäische Union und zur Gründung der Europäischen Gemeinschaft, 7. Aufl. 2015
Groß	Groß, Herbert, Welthandel von morgen, 1950
Großkomm. AktG (-*Bearbeiter*)	Großkommentar zum Aktiengesetz von Hopt, Klaus J./Wiedemann, Herbert (Hrsg.), 5. Aufl. 2015 ff.
Gruber	Gruber, J. P., Österreichisches Kartellrecht, 2. Auflage 2013
Härtel (-*Bearbeiter*)	Härtel, Ines (Hrsg.), Handbuch des Fachanwalts Agrarrecht, 1. Auflage 2012
Hahn/Vesting (-*Bearbeiter*)	Hahn, Werner/Vesting, Thomas, Rundfunkrecht, Beck'scher Kommentar, 3. Auflage 2012
Hanau	Hanau, Peter, Die Kausalität der Pflichtwidrigkeit: Eine Studie zum Problem des pflichtmäßigen Alternativverhaltens im bürgerlichen Recht, 1968
Harms	Harms, Wolfgang, Konzerne im Recht der Wettbewerbsbeschränkungen, 1968
Hauck	Hauck, Ronny, Die wettbewerbsrechtliche Beurteilung von Lizenzverträgen in der EU und den USA, 2008
Hauptgutachten VIII	Hauptgutachten 1988/1989, Wettbewerbspolitik vor neuen Herausforderungen, 1990
Hauptgutachten XV	Hauptgutachten 2002/2003, Wettbewerbspolitik im Schatten »Nationaler Champions«, 2004
Hauptgutachten XVIII	Hauptgutachten 2008/2009, Mehr Wettbewerb, weniger Ausnahmen, 2010
Hauptgutachten XIX	Hauptgutachten 2010/2011, Stärkung des Wettbewerbs bei Handel und Dienstleistungen, 2012
Haussmann	Haussmann, Frederick, Das Dilemma eines deutschen Antitrustgesetzes, 1955

Herbers	Herbers, Björn, Die Anwendung der §§ 1, 2 GWB auf Sachverhalte mit fehlender Eignung zur Beeinträchtigung des Handels zwischen Mitgliedstaaten der EG, 2009
v. Heydek	Von Heydek, Friedrich August, Wettbewerb als Entdeckungsverfahren, 1968
Hdb. KartellR *(-Bearbeiter)*	Handbuch des Kartellrechts, hrsg. von Wiedemann, Gerhard, 3. Aufl. 2016
Heine	Heine, Robert, Wahrnehmung von Online-Musikrechten durch Verwertungsgesellschaften im Binnenmarkt, 2008
Heinemann	Heinemann, Andreas, Immaterialgüterschutz in der Wettbewerbsordnung, 2002
Helios/Strieder	Helios, Marcus/Strieder, Thomas, Beck'sches Handbuch der Genossenschaften, 1. Auflage 2009
Henk-Merten	Henk-Merten, Katrin, Die Kosten-Preis-Schere im Kartellrecht, 2004
Henssler (-Bearbeiter)	Henssler, Martin, u.a. (Hrsg.), Europäische Integration und globaler Wettbewerb, 1993
Herresthal	Herresthal, Erwin, Die Praxis der Mittelstandskooperationen nach § 5b, 1983
Heynen	Heynen, Klaus-Jörg, Allgemeinverbindlichkeitserklärungen nach europäischem Marktordnungsrecht, 1985
HK-ZPO *(-Bearbeiter)*	Saenger, Ingo, Zivilprozessordnung: Handkommentar, 2. Auflage 2007
Höppner	Höppner, Thomas, Netzveränderungen im Zugangskonzept, 2009
Hoffmann-Riem/ Schmidt-Aßmann/Voßkuhle	Hoffmann-Riem, Wolfgang/Schmidt-Aßmann, Eberhardt/Voßkuhle, Andreas, Grundlagen des Verwaltungsrechts, Bände I–III, 2. Auflage 2012
Hohmann	Hohmann, Holger, Die Essential-Facility-Doktrin im Recht der Wettbewerbsbeschränkungen, 2001
Holländer-Gutachten	Holländer-Gutachten, Trinkwasserpreise in Deutschland, 2011

Holzinger	Holzinger, Martin, Wirtschaftliche Tätigkeit der öffentlichen Hand als Anwendungsvoraussetzung des europäischen und deutschen Kartellrechts, 2011
Hommelhoff/Kirchhoff	Hommelhoff, Peter/Kirchhoff, Paul, Der Staatenverbund der Europäischen Union, 1994
Hootz	Hootz, Christian, Gesetz gegen Wettbewerbsbeschränkungen und europäisches Kartellrecht, Loseblattsammlung 2006
Hoppmann	Hoppmann, Erich, Marktmacht und Wettbewerb, 1977
Huber	Huber, Ernst Rudolf, Wirtschaftsverwaltungsrecht, Bd. 1, 2. Auflage 1953
Hübner	Hübner, Klaus, Außerkartellrechtliche Einschränkungen des Kartellverbots, 1971
Hüschelrath/Leheyda/ Müller/Veith	Hüschelrath, Kai/Leheyda, Nina/Müller, Katrin/Veith, Thomas, Schadensermittlung und Schadensersatz bei Hardcore-Kartellen, 2012
Hunger	Hunger, Kurt, Die Behandlung der landwirtschaftlichen Genossenschaften im Anti-Trust-Recht der USA, Diss. Erlangen, 1956
Ifo-Institut für Wirtschaftsforschung	Ifo-Institut für Wirtschaftsforschung (Hrsg.), Die Paritätsforderung für die westdeutsche Landwirtschaft – Zusammenfassende Darstellung des Problems und des Verfahrens, 1952
Immenga	Immenga, Ulrich, Grenzen des kartellrechtlichen Ausnahmebereichs Arbeitsrecht, 1999
Immenga/Mestmäcker (-Bearbeiter)	Immenga, Ulrich/Mestmäcker, Ernst-Joachim, Wettbewerbsrecht, Kommentar, Bd. 1: EU, 5. Aufl. 2012; Bd. 2: GWB, 5. Aufl. 2014
Inderst/Thomas	Inderst, Roman/Thomas, Stefan, Schadensersatz bei Kartellverstößen, 2015
Ingerl/Rohnke	Ingerl, Reinhard/Rohnke, Christian, Markengesetz, 3. Auflage 2010

Ipsen *(-Bearbeiter)*	Ipsen, Jörn (Hrsg.), Rekommunalisierung von Versorgungsleistungen?, 2012
Isay	Isay, Rudolf, Die Geschichte der Kartellgesetzgebung, 1955
Isay/Tschierschky	Isay, Rudolf/Tschierschky, S., Kartellverordnung, 1925
Jacob	Jacob, C.B., Die Behandlung von Gleichordnungskonzernen im deutschen und europäischen Wettbewerbsrecht im Vergleich, 1996
Jäger	Jäger, Christian, Die Anwendbarkeit des GWB auf die Verbandsarbeit der deutschen Arbeitgeberverbände, 1998
Jahn-Junckerstorff	Jahn, Georg/Junckerstorff, Kurt, Internationales Handbuch der Kartellpolitik, 1958
Jarass/Pieroth	Jarass, Hans D./Pieroth, Bodo, GG – Grundgesetz, Kompaktkommentar, 14. Auflage 2016
Joos	Joos, Ulrich, Die Erschöpfungslehre im Urheberrecht, 2001
Kämmerer	Kämmerer, Jörn Axel, Privatisierung – Typologie, Determinanten – Rechtspraxis – Folgen, 2001
Kaiser	Kaiser, Joseph H., Das Recht des Presse-Grosso, 1979
Kamberg	Kamberg, Wirtschaftliche Maßnahmen und Erfahrungen – Die amerikanische Anti-Trust-Gesetzgebung, Beilage zum Banz. Nr. 6, 11.1.1955
Kersting/Preuß	Kersting, Christian/Preuß, Nicola, Umsetzung der Kartellschadensersatzrichtlinie (2014/104/EU), 2015
Kissel	Kissel, Otto Rudolf, Arbeitskampfrecht, 2002
KK-KartR *(-Bearbeiter)*	Kölner Kommentar zum Kartellrecht, hrsg. von Busche, Jan/Röhling, Andreas, 2015
KK-OwiG *(-Bearbeiter)*	Karlsruher Kommentar zum Gesetz über Ordnungswidrigkeiten, hrsg. von Senge, Lothar, 4. Aufl. 2014

Klees	Klees, Andreas, Europäisches Kartellverfahrensrecht, 2. Auflage 2015
Klein/Seraphim	Klein, Friedrich/Seraphim, Hans Jürgen, Genossenschaften und Kartellgesetz-Entwurf, 1953
Kling/Thomas	Kling, Michael/Thomas, Stefan, Kartellrecht, 2. Auflage 2016
Klippert	Klippert, Volker, Die wettbewerbsrechtliche Behandlung von Konzernen, 1984
Kluge	Kluge, Ulrich, Vierzig Jahre Agrarpolitik in der Bundesrepublik Deutschland, 1989
Kloepfer	Kloepfer, Michael, Vielfaltsicherung durch Ebenentrennung in der Massenkommunikation, 2010
Klose/Orf	Klose, Franz/Orf, Siegfried, Forstrecht, 2. Auflage 1998
Knack/Henneke	Knack, Hans-J./Henneke, Hans Günther, Verwaltungsverfahrensgesetz, VwVfG, 10. Auflage 2014
Köhler/Bornkamm, UWG	Köhler, Helmut/Bornkamm, Joachim, Gesetz gegen den unlauteren Wettbewerb, 34. Aufl. 2016
Köhler	Köhler, Helmut, Wettbewerbsbeschränkungen durch Nachfrager, 1977
Köhler	Köhler, Helmut, Wettbewerbs- und kartellrechtliche Kontrolle der Nachfragemacht, 1979
Koller	Koller, Ingo, Der Gleichheitsmaßstab im Diskriminierungsverbot, 1972
Kooperationsfibel	Zwischenbetriebliche Zusammenarbeit im Rahmen des Gesetzes gegen Wettbewerbsbeschränkungen, Veröffentlichung des BMWi, 2. Auflage 1976, von Benisch, Werner
Kooperationsfibel 76	Stahl, Klaus, Die neue Kooperationsfibel des Bundeswirtschaftsministeriums – Unternehmenskooperation und Wettbewerbsbeschränkungen, 1976
Kopp/Ramsauer	Kopp, Ferdinand O./Ramsauer, Ulrich, Verwaltungsverfahrensgesetz, VwVfG, 17. Auflage 2016

Koppensteiner, Wettbewerbsrecht	Koppensteiner, Hans-Georg, Österreichisches und Europäisches Wettbewerbsrecht, 3. Aufl. 1997 und 4. Aufl. 2012
Kopplin	Kopplin, Dieter, Marktstellung und Marktentwicklung landwirtschaftlicher Genossenschaften, 1982
Kordel	Kordel, Guido, Arbeitsmarkt und Europäisches Kartellrecht, 2004
Kotulla	Kotulla, Michael, Wasserhaushaltsgesetz, Kommentar, 2. Auflage 2011
Kouker	Kouker, Ludwig, Die Normadressaten des Diskriminierungsverbots (§ 26 Abs. 2 und 3 GWB), 1984
Kretschmer	Kretschmer, Marc Alexander, Die Verwertung von Persönlichkeitsrechten im Profisport – eine rechtliche Analyse sogenannter Vermarktungsklauseln, 2016
Krimphove	Krimphove, Dieter, Europäische Fusionskontrolle, 1992
Krimphove	Krimphove, Dieter, Europäisches Wirtschafts- und Steuerrecht, 1992
Krimphove/Tytko	Krimphove, Dieter/Tytko, Dagmar, Handbuch der Unternehmensfinanzierung, 2002
Krüger	Krüger, Carsten, Kartellregress: Der Gesamtschuldnerausgleich als Instrument der privaten Kartellrechtsdurchsetzung, 2010
Krüger	Krüger, Hans-Wilhelm, Öffentliche und private Durchsetzung des Kartellverbots von Art. 81 EG, 2007
Lampert/Niejahr/Kübler/ Weidenbach	Lampert, Thomas/Niejahr, Nina/Kübler, Johanna/Weidenbach, Georg, EG-KartellVO, 1. Auflage 2004
Lang/Weidmüller (-Bearbeiter)	Lang, Johannes/Weidmüller, Ludwig, Genossenschaftsgesetz, 35. Auflage 2011
Langen/Bunte (-Bearbeiter)	Langen, Eugen/Bunte, Hermann, Kommentar zum deutschen und europäischen Kartellrecht, Band I – Deutsches Kartellrecht, Band II – Europäisches Kartellrecht, 12. Aufl. 2014

Langen/Niederleithinger/Ritter/ Schmidt (-Bearbeiter)	Langen/Niederleithinger/Ritter/ Schmidt, Kommentar zum Kartellrecht
Langer	Langer, L., Der Begriff Unternehmen im GWB, 1978
Lapp	Lapp, John Augustus (Hrsg.), Important Federal Laws, 1917
Lehnich	Lehnich, Oswald, Die Wettbewerbsbeschränkung, 1956
Lehnich/Fischer	Lehnich, Oswald/Fischer, Norbert, Das Deutsche Kartellgesetz, 1924
Lenz/Borchardt (-Bearbeiter)	Lenz, Carl Otto/Borchardt, Klaus Dieter, EU-Verträge Kommentar, 6. Auflage 2012
Leßmann/Würtenberger	Leßmann, Herbert/Würtenberger, Gert, Deutsches und Europäisches Sortenschutzrecht – Handbuch, 2. Auflage 2009
Lettl, Kartellrecht	Lettl, Tobias, Kartellrecht, 3. Auflage 2013
Lettl, Wettbewerbsrecht	Lettl, Tobias, Wettbewerbsrecht, 3. Auflage 2016
Liebing	Liebing, Günter, Die für Unternehmen des Agrarsektors geltenden Wettbewerbsregelungen innerhalb der EWG, Diss. Köln 1965
Liebs	Liebs, Rüdiger, Wettbewerbsbeschränkende Vertriebsverträge und unerlaubte Handlung, 1973
Liefmann	Liefmann, Robert, Kartelle und Trusts und die Weiterbildung der volkswirtschaftlichen Organisation, 5. Auflage 1922
Linder	Linder, Ludwig, Privatklage und Schadensersatz im Kartellrecht, 1980
Linnewedel	Linnewedel, Jürgen, Das Erzeugungs- und Absatzkartell in der Land- und Fischwirtschaft dargestellt am Beispiel der Seefisch-Absatz-Gesellschaft mbH und der Hochseefischerei-Fangvereinbarung, Diss. Köln, 1965

LK, Leipziger Kommentar (*-Bearbeiter*)	Laufhütte, Heinrich Wilhelm/Rissing-van Saan, Ruth/Tiedemann, Klaus (Hrsg.), Leipziger Kommentar zum Strafgesetzbuch, 12. Aufl. 2012
Loewenheim	Loewenheim, Ulrich, Handbuch des Urheberrechts, 2. Auflage 2010
Loewenheim/Belke	Loewenheim, Ulrich/Belke, Rolf, Gesetz gegen Wettbewerbsbeschränkungen, 4. Aufl. 1977 ff.
Loewenheim/Meessen/ Riesenkampff (*-Bearbeiter*)	Loewenheim, Ulrich/Meessen, Karl M./Riesenkampff, Alexander/Kersting, Christian/Meyer-Lindemann, Hans-Jürgen (Hrsg.), Kommentar zum deutschen und europäischen Kartellrecht/GWB, 3. Aufl. 2016
Mäger (*-Bearbeiter*)	Mäger, Thorsten, Europäisches Kartellrecht, 2. Auflage 2011
Mäsch	Mäsch, Gerald, Praxiskommentar zum deutschen und europäischen Kartellrecht, 2009
Mahlmann	Mahlmann, Wilfried, Genossenschaftsrecht und Wettbewerbsordnung, 1971
Makowski	Makowski, Gösta Christian, Kartellrechtliche Grenzen der Selbstregulierung, 2007
Mann/Smid	Mann, Roger/Smid, Jörg, Pressevertriebsrecht, 2008
Maritzen	Maritzen, Lars, Vielfalt als normatives Leitprinzip – Schutz der Medien und Meinungsvielfalt im Kartell- und Medienrecht am Beispiel eines Rechtsvergleichs zwischen Österreich und Deutschland
Marmulla/Brault	Marmulla, Horst/Brault, Pierre, Europäische Integration und Agrarwirtschaft, 1958
Martens	Martens, Klaus-Peter, Die existentielle Wirtschaftsabhängigkeit, 1979
Martinek/Semler/Flohr (*-Bearbeiter*)	Martinek, Michael/Semler, Franz-Jörg/Flohr, Eckhard, Handbuch des Vertriebsrechts, 4. Auflage 2016

Massenbach	Massenbach, Das Marktstruktur- und Absatzfondrecht – Der europäische Vorschlag und die deutschen Gesetze aus wirtschafts- und verfassungsrechtlicher Sicht, Diss. Göttingen 1972
Maunz/Dürig *(-Bearbeiter)*	Maunz, Theodor/Dürig, Günther/Herzog, Roman/Scholz, Rupert, Kommentar zum Grundgesetz, Loseblatt 77. Aufl. 2016
Maurer	Maurer, Hartmut, Allgemeines Verwaltungsrecht, 18. Auflage 2011
Meeßen	Meeßen, Gero, Der Anspruch auf Schadensersatz bei Verstößen gegen EU-Kartellrecht – Konturen eines europäischen Kartelldeliktsrechts?, 2011
Menz	Menz, Michael, Wirtschaftliche Einheit und Kartellverbot, 2004
Meyer/Meulenbergh/Beuthien (-Bearbeiter)	Meyer, E. H./Meulenbergh, Gottfried/Beuthien, Volker, Genossenschaftsgesetz, 12. Auflage 1983
Meyer-Cording	Meyer-Cording, Zur heutigen Situation im Antitrustrecht – Eindrücke von einer Studienreise nach den USA, Beilage zum Banz. Nr. 193 vom 7.10.1954
Mestmäcker	Mestmäcker, Ernst Joachim, Das marktbeherrschende Unternehmen im Recht der Wettbewerbsbeschränkungen, 1959
Mestmäcker/Schweitzer	Mestmäcker, Ernst Joachim/Schweitzer, Heike, Europäisches Wettbewerbsrecht, 2. Aufl. 2004, 3. Aufl. 2014
Michalski/Römermann	Michalski, Lutz/Römermann, Volker, PartGG, Kommentar zum Partnerschaftsgesellschaftsgesetz, 4. Auflage 2014
Mögele/Erlbacher	Mögele, Rudolf/Erlbacher, Friedrich (Hrsg.), Single Common Market Organisation, 2011
Möhring/Nipperdey *(-Bearbeiter)*	Möhring, Philipp/Nipperdey, Hans-Carl, (Hrsg.), Aktuelle Probleme des EWG-Kartellrechts, 1966
Möschel	Möschel, Wernhard, 70 Jahre deutsche Kartellpolitik, 1972

Möschel	Möschel, Wernhard, Entflechtung im Recht der Wettbewerbsbeschränkungen, 1979
Möschel	Möschel, Wernhardt, Pressekonzentration und Wettbewerbsgesetz, 1978
Möschel	Möschel, Wernhard, Recht der Wettbewerbsbeschränkungen, 1983
Molle	Molle, Alexander, Zur Beurteilung begleitender Wettbewerbsverbote im Rahmen von Art. 81 Abs. 1 EG und § 1 GWB, 2005
Moog	Moog, Rüdiger, Die Bildung gegengewichtiger Marktmacht, 1980
Morley	Morley, John, Nationale Gesetze des Wettbewerbs: Die Stellung der Gesellschaften landwirtschaftlicher Erzeuger, im Besonderen landwirtschaftlicher Genossenschaften, 1984
Motta	Motta, Massimo, Competition Policy, Theory and Practice, 2004
Mühlbach	Mühlbach, Tarifverträge in der europäischen Kartellkontrolle, 2007
Müller	Müller, Birgit, Entflechtung und Deregulierung: Ein methodischer Vergleich, 2004
Müller/Giessler/Scholz	Müller, Heinz/Giessler, Peter/Scholz, Ulrich, Wirtschaftskommentar: Kommentar zum Gesetz gegen Wettbewerbsbeschränkungen (Kartellgesetz), 4. Aufl. 1981
Müller-Uri	Müller-Uri, Rolf, Kartellrecht, 1989
MünchHdbArbR *(-Bearbeiter)*	Wlotzke, Otfried/Richardi, Reinhard/Wißmann, Helmut/Oetker, Hartmut, Münchner Handbuch zum Arbeitsrecht, 2009
MünchKommAktG *(-Bearbeiter)*	Goette, Wulf/Habersack, Mathias (Hrsg.), Münchener Kommentar zum Aktiengesetz, 3. Auflage 2008 ff.
MünchKommBGB *(-Bearbeiter)*	Säcker, Franz Jürgen/Rixecker, Roland/Oetker, Hartmut (Hrsg.), Münchener Kommentar zum BGB, 6. Aufl. 2012 ff.

MünchKommEuWbR (-Bearbeiter)	Bornkamm, Joachim/Montag, Frank/ Säcker, Franz-Jürgen (Hrsg.) Münchener Kommentar zum Europäischen und Deutschen Wettbewerbsrecht (Europäisches Wettbewerbsrecht), 2. Auflage 2015
MünchKommGWB/ MünchKommKartR	Bornkamm, Joachim/Montag, Frank/ Säcker, Franz-Jürgen (Hrsg.), Münchener Kommentar zum Europäischen und Deutschen Wettbewerbsrecht (Gesetz gegen Wettbewerbsbeschränkungen), 2. Auflage 2015
MünchKommHGB (-Bearbeiter)	Schmidt, Karsten (Hrsg.), Münchener Kommentar zum Handelsgesetzbuch, 4. Aufl. 2016
MünchKommStGB (-Bearbeiter)	Joecks, Wolfgang/Miebach, Klaus (Hrsg.), Münchener Kommentar zum Strafgesetzbuch, 2. Auflage 2014
MünchKommUWG (-Bearbeiter)	Heermann, Peter W./Hirsch, Günter (Hrsg.), Münchener Kommentar zum Lauterkeitsrecht, 2. Auflage 2014
MünchAnwHdb Agrarrecht (Bearbeiter)	Dombert, Matthias/Witt, Karsten (Hrsg.), Münchner Anwaltshandbuch Agrarrecht, 2011 u. 2. Auflage 2016
MünchAnwHdb Personengesellschaftsrecht (-Bearbeiter)	Gummert, Hans (Hrsg.), Münchner Anwaltshandbuch Personengesellschaftsrecht, 2. Auflage 2015
Münch/Kunig (-Bearbeiter)	Von Münch, Ingo/Kunig, Philip, Grundgesetzkommentar, 6. Auflage 2012
Muffler	Muffler, Joachim, Der Wettbewerbsvergleich, 1986
Musielak/Voit (-Bearbeiter)	Musielak, Hans-Joachim/Voit, Wolfgang, Kommentar zur ZPO, 13. Auflage 2016
Neef, Kartellrecht	Neef, Andreas, Kartellrecht, 2008
Nettersheim/Thomas	Nettersheim, Martin/Thomas, Stefan, Entflechtung im deutschen Kartellrecht, 2011
Neubauer	Neubauer, Hans, Markenrechtliche Abgrenzungsvereinbarungen aus rechtsvergleichender Sicht, 1983

Nörr	Nörr, Knut Wolfgang, Die Leiden des Privatrechts: Kartelle in Deutschland, 1994
Nothhelfer	Nothhelfer, Wolfgang, Die leverage theory im europäischen Wettbewerbsrecht, 2006
Norer (-Bearbeiter)	Norer, Roland (Hrsg.), Milchkontingentierungsrecht zwischen Aufhebung und Transformation, 2009
Oetker (-Bearbeiter)	Oetker, Hartmut, Kommentar zum Handelsgesetzbuch (HGB), 4. Auflage 2015
Oehler	Oehler, Hartmut, Wettbewerbsregeln, 1968
Ortlieb	Ortlieb, Heinz-Dietrich, Wirtschaftsordnung und Wirtschaftspolitik ohne Dogma, 1954
Palandt (-Bearbeiter)	Palandt, Kurzkommentar zum BGB, 75. Aufl. 2016
Passow	Passow, Richard, Kartelle, 1930
Paul	Paul, Kerstin, Gesetzesverstoß und Vertrag im Wettbewerbs- und Regulierungsrecht, 2009
Paul	Paul, Thomas, Behinderungsmissbrauch nach Art. 82 EG und der »more economic approach«, 2008
Petry	Petry, Horst, Die Wettbewerbsbeschränkung in der Landwirtschaft nach nationalem und europäischem Wettbewerbsrecht, Diss. Hohenheim 1974
Petry	Petry, Horst, Kartellrechtliches Risikomanagement im System der Legalausnahme, 2008
Pichler/Pleitner/Schmidt	Pichler, Hans/Pleitner, Jost/Schmidt, Bernhard Management in KMU, 3. Auflage 2000
Platt	Platt, Dörte, Quersubventionierung im Wettbewerbsrecht der Europäischen Union, 2005
Popper	Popper, Karl, Die offene Gesellschaft und ihre Feinde, 1945

Puvogel	Puvogel, Curt, Der Weg zum Landwirtschaftsgesetz, 1957
Rasch	Rasch, Harold, Wettbewerbsbeschränkungen – Kartell- und Monopolrecht, 1. Auflage 1957
Recke/Sotzeck	Recke, Hans Joachim/Sotzeck, Manfred, Marktstrukturgesetz, o.J. (1971)
Reidlinger/Hartung	Reidlinger, Axel/Hartung, Isabella, Das österreichische Kartellrecht, 3. Auflage 2014
Reif	Reif, Thomas, Preiskalkulationen privater Wasserversorgungsunternehmen, 2002
Reimers	Reimers, Hermann, Eintragungsfähigkeit wettbewerbsbeschränkender Wettbewerbsregeln, 1972
Remmert	Remmert, Elmar, Gesetz Nr. 56 – Text und Erläuterungen, 1947
Richter	Richter, Klaus W., Die Wirkungsgeschichte des deutschen Kartellrechts vor 1914, Tüb. 2007
Rieble	Rieble, Volker, Arbeitsmarkt und Wettbewerb, 1996
Rinck/Schwark	Rinck, Gerd/Schwark, Eberhard, Wirtschaftsrecht, 4. Auflage 1974, 6. Aufl. 1986
Rißmann	Rißmann, Karin, Die kartellrechtliche Beurteilung der Markenabgrenzung, 2008
Rittner/Dreher (-Bearbeiter)	Rittner, Fritz/Dreher, Meinhard, Europäisches und Deutsches Wirtschaftsrecht, 3. Aufl. 2008
Rittner, WettR	Rittner, Fritz/Kulka, Michael, Wettbewerbsrecht und Kartellrecht, 8. Aufl. 2014
Röper/Erlinghagen	Röper, Burkhardt/Erlinghagen, Peter, Wettbewerbsbeschränkungen durch Marktinformation, 1974
Rohwedder	Rohwedder, Heinz, Kartellrecht, 1954
Ruppelt	Ruppelt, Daniel, Einkaufskooperationen im Europäischen und Deutschen Kartellrecht, 2008

Allgemeines und abgekürzt zitiertes Schrifttum

Säcker/Oetker	Säcker, Franz-Jürgen/Oetker, Hartmut, Grundlagen und Grenzen der Tarifautonomie, 1992
Sandrock	Sandrock, Otto, Grundbegriffe des Gesetzes gegen Wettbewerbsbeschränkungen, 1968
Sandrock	Sandrock, Otto, Kartellrecht und Genossenschaften, 1976
Schack	Schack, Heimo, Urheber- und Urhebervertragsrecht, 7. Auflage 2015
Schäfer	Schäfer, Carsten, Die Lehre vom fehlerhaften Verband, 2002
Sieder/Zeitler/Größl	Sieder, Frank/Zeitler, Herber/Größl, Thomas, Wasserhaushaltsgesetz, Abwasserabgabengesetz – WHG, Loseblatt, 50. Auflage 2016
Schlichter	Schlichter, Bernhard, Die Beseitigung von Konzentration in der Wirtschaft durch Unternehmensentflechtung als Verfassungsfrage, 1983
K. Schmidt, Kartellverbot	Schmidt, Karsten, Kartellverbot und »sonstige Wettbewerbsbeschränkungen«, 1978
K. Schmidt, Kartellverfahrensrecht	Schmidt, Karsten, Kartellverfahrensrecht – Kartellverwaltungsrecht – Bürgerliches Recht, 1977
Schmidt-Aßmann	Schmidt-Aßmann, Eberhard, Das allgemeine Verwaltungsrecht als Ordnungsidee, 2006
Schmoller/Maier/Tobler	Von Schmoller, Gustav/Maier, Hedwig/Tobler, Achim, Handbuch des Besatzungsrechts, 1957
Schmude	Schmude, Jürgen, Der Unternehmensbegriff im Gesetz gegen Wettbewerbsbeschränkungen, 1968
Schneider	Schneider, J., Ulrich, Das Bagatellkartell, 1993
Schöler	Schöler, Florian, Die Reform des europäischen Kartellverfahrensrechts durch die Verordnung (EG) 1/2003, 2004
Schönke/Schröder (-Bearbeiter)	Schönke, Adolf/Schröder, Horst, Strafgesetzbuch, 29. Aufl. 2014

Scholz	Scholz, Rupert, Entflechtung und Verfassung, 1981
Scholz (-Bearbeiter)	Scholz, Franz, GmbH-G, Kommentar zum GmbHG, 10. Auflage 2010
Schopen	Schopen, Wilhelm, Die vertikale Integration in der Landwirtschaft, 1966
Schrader	Schrader, Sebastian, Legale Kartelle. Theorie und empirische Evidenz, 2009
Schricker	Schricker, Gerhard, Verlagsrecht, Kommentar 3. Auflage 2001
Schricker/Loewenheim *(-Bearbeiter)*	Schricker, Gerhard/Loewenheim, Ulrich, Urheberrecht, 4. Auflage 2010
Schricker/Loewenheim *(-Bearbeiter)*	Schricker, Gerhard/Loewenheim Ulrich, Handbuch des Urheberrechts, 2. Auflage 2010
Schröter/Jakob/Mederer *(-Bearbeiter)*	Schröter, Helmut/Jakob, Thinam/Klotz, Robert/Mederer, Wolfgang, Europäisches Wettbewerbsrecht, 2. Auflage 2014
Schroer	Schroer, Peter, Rechtsformen der Zusammenarbeit landwirtschaftlicher sowie fischwirtschaftlicher Erzeuger untereinander und mit ihren Marktpartnern nach dem Marktstrukturgesetz, Diss. Münster 1971
Schulte	Schulte, Josef, Handbuch Fusionskontrolle, 3. Auflage 2016
Schulte/Just *(-Bearbeiter)*	Schulte, Josef L./Just, Christoph, Kartellrecht/GWB, 2. Auflage 2016
Schulze	Schulze, Reiner, (Hrsg.), Europäische Genossenschaft, (SCE) – Handbuch, 2004
Schulze/Hoeren	Schulze, Reiner/Hoeren, Thomas (Hrsg.), Dokumente zum Europäischen Recht – Gründungsverträge, 199
Schulze/Zuleeg/Kadelbach *(-Bearbeiter)*	Schulze, Reiner/Zuleeg, Manfred/Kadelbach, Stefan (Hrsg.), Europarecht – Handbuch für die deutsche Rechtspraxis, 3. Auflage 2015
Schulze-Hagen	Schulze-Hagen, Bernhard, Die landwirtschaftlichen Zusammenschlüsse nach deutschem und europäischem Wettbewerbsrecht, 1977

Schwarz	Schwarz, Theo, Die wirtschaftliche Betätigung der öffentlichen Hand im Kartellrecht, 1969
Schwarze/Weitbrecht	Schwarze, Jürgen/Weitbrecht, Andreas, Grundzüge des europäischen Kartellverfahrensrechts, 2004
Schwinn	Schwinn, Hannes, Einseitige Maßnahmen in Abgrenzung zum europäischen Kartellrecht, 2009
Schwipps	Schwipps, Karsten, Wechselwirkungen zwischen Lauterkeitsrecht und Kartellrecht, 2009
Seraphim	Seraphim, Hans-Jürgen, Die Bedeutung des Genossenschaftswesens im Rahmen der deutschen Agrarpolitik, 1950
Seraphim	Seraphim, Hans-Jürgen (Hrsg.), Der Entwurf eines Gesetzes gegen Wettbewerbsbeschränkungen und das landwirtschaftliche Genossenschaftswesen, o.J. (1952)
Sichtermann	Sichtermann, Siegfried (Hrsg.) Das Marktstrukturgesetz, 1. Auflage 1969 und 2. Auflage 1971
Sieme	Sieme, Stefan, Der Gewinnabschöpfungsanspruch nach § 10 UWG und die Vorteilsabschöpfung nach §§ 34, 34a GWB, Diss. Münster, 2008
Sölter	Sölter, Arno, Der unvollständige Wettbewerbsbegriff, 1975
Soergel (-Bearbeiter)	Soergel, Theodor, Kommentar zum BGB, 13. Aufl. 2000 ff.
Sondergutachten 7	Missbräuche der Nachfragemacht und Möglichkeiten zu ihrer Kontrolle im Rahmen des Gesetzes gegen Wettbewerbsbeschränkungen, 1977
Sondergutachten 14	Die Konzentration im Lebensmittelhandel, 1985
Sondergutachten 28	Kartellpolitische Wende in der Europäischen Union? Zum Weißbuch der Kommission vom 28. April 1999, 1999
Sondergutachten 41	*Das allgemeine Wettbewerbsrecht in der Siebten GWB-Novelle*, 2004

Sondergutachten 47	Preiskontrollen in Energiewirtschaft und Handel? Zur Novellierung des GWB, 2007
Sondergutachten 68	Wettbewerbspolitik: Herausforderung digitale Märkte, 2015
Sondergutachten 270	Monopolkommission, Strafrechtliche Sanktionen bei Kartellverstößen, 2012
Starck	Starck, Christian, Der Gesetzesbegriff des Grundgesetzes, 1970
Staub (-Bearbeiter)	Staub, Handelsgesetzbuch – HGB, 4. Auflage
Staudinger (-Bearbeiter)	Staudinger, Kommentar zum Bürgerlichen Gesetzbuch, 13. Bearb. 1993 ff.
Steinberg	Steinberg, Katrin, Urheberrechtliche Klauseln in Tarifverträgen, 1998
Stelkens/Bonk/Sachs (-Bearbeiter)	Stelkens, Paul/Bonk, Heinz Joachim/Sachs, Michael, Verwaltungsverfahrensgesetz, 8. Auflage 2014
Stocken	Stocken, Das Recht der Gebühren nach dem preußischen Kommunalabgabengesetz, 1913
Strecker/Roller/Saft/Schuch	Strecker, Otto/Roller, G./Saft, A./Schuch, W.H., Die Landwirtschaft und ihre Marktpartner – Neue Formen der Zusammenarbeit, 1963
Streinz	Streinz, Rudolf, EUV/AEUV, 2. Auflage 2012
Thanos	Thanos, Ioannis, Die Reichweite der Grundrechte im EU-Kartellverfahrensrecht, 2015
Thomas	Thomas, Klaus, Bundeswaldgesetz, 2. Auflage 2015
Tieves	Tieves, Johannes, Der Unternehmensgegenstand der Kapitalgesellschaft, 1998
Trifftera/Rosbaud/Hinterhofer (-Bearbeiter)	Trifftera, Otto/Rosbaud, Christian/Hinterhofer, Hubert, Salzburger Kommentar zum StGB, Loseblatt, 12. Lfg. Stand 2005
Tugendreich	Tugendreich, Bettina, Die kartellrechtliche Zulässigkeit von Marktinformationsverfahren, 2004

Velte	Velte, Rainer, Duale Abfallentsorgung und Kartellverbot, 1999
Ventura	Ventura, Sergio, Principes de Droit Agraire Communautaire, 1967
Verband kommunaler Unternehmen (VKU)	Verband kommunaler Unternehmen, Leitfaden zur Wasserpreiskalkulation, 2012
Versteyl	Versteyl, Ute, Wettbewerbsregeln zum Zwecke leistungsgerechten Wettbewerbs, 1973
Vu Ngoc	Vu Ngoc, Duy, Entflechtungen nach Art. 7 Abs. 1 VO Nr. 1/2003: Grenzen der strukturellen Abhilfe, 2007
Wagner	Wagner, Klaus, Die Diskussion über ein Gesetz gegen Wettbewerbsbeschränkungen in Westdeutschland nach 1945, 1956
Wagner-von Papp	Wagner-von Papp, Florian, Kartellrecht, 2. Auflage 2015
Wallenberg	von Wallenberg, Gabriela, Kartellrecht, 3. Aufl. 2010
Wallenfels/Russ	Wallenfels, Dieter/Russ, Christian, Buchpreisbindungsgesetz, BuchPrG, 6. Auflage 2012
v. Wallwitz	von Wallwitz, Sebastian, Tarifverträge und die Wettbewerbsordnung des EG-Vertrages, 1997
Weber	Weber, Hermann (Hrsg.), Die Kabinettprotokolle der Bundesregierung – Kabinettausschuss für Wirtschaft, Bd. 2, 1954–1955
Wehrle	Wehrle, Emil, Deutsches Genossenschaftswesen, 1937
Wellhausen	Wellhausen, Marc, Die wettbewerbsrechtliche Behandlung von Technologiepools in den USA und der europäischen Union, 2007
Wener	Wener, Horst, S., Unternehmerische Kooperation zur Steigerung der Leistungsfähigkeit, 1985

Wertenbruch	Wertenbruch, Johannes, Die Rechtsfolge der Doppelkontrolle von Gemeinschaftsunternehmen nach dem GWB, 1990
Westermann	Westermann, Harry, Einkaufszusammenschlüsse und Kartellgesetzentwurf, 1956
Westermann	Westermann, Harry, Landwirtschaft und Kartellgesetz, o.J. (1955)
Westrick/Loewenheim	Westrick, Klaus/Loewenheim, Ulrich, Gesetz gegen Wettbewerbsbeschränkungen, 4. Aufl. 1977 ff., siehe auch Loewenheim/Belke
Wiedemann (-Bearbeiter)	Wiedemann, Gerhard, (Hrsg.), Handbuch des Kartellrechts, 3. Aufl. 2016
Wirtz	Wirtz, Karl-Ernst, Wettbewerbsregeln
WK, Wiener Kommentar (-Bearbeiter)	Höpfel, Frank/Ratz, Eckart, Wiener Kommentar zum StGB, Loseblatt, 97. Erg.Lfg. 2013
Wolf	Wolf, Heinz, Wettbewerbsregeln, 1972
Wollenschläger	Wollenschläger, Bernward, Effektive staatliche Rückholoptionen bei gesellschaftlicher Schlechterfüllung, 2006
Wünschmann	Wünschmann, Christoph, Die kollektive Verwertung von Urheber- und Leistungsschutzrechten nach europäischem Wettbewerbsrecht, 2000
Wurmnest	Wurmnest, Wolfgang, Marktmacht und Verdrängungsmissbrauch, 2. Auflage 2012
Zäch	Zäch, Roger, Die Rückabwicklung verbotener Kartellleistungen, 1977
Zimmer	Zimmer, Daniel, Die Zulässigkeit und Grenzen schiedsgerichtlicher Entscheidungen von Kartellrechtsstreitigkeiten, 1991
Zoeteweij-Turhan	Zoeteweij-Turhan, Margerite Helena, The Role of Producer Organizations on the Dairy Market, 2012

Verbot wettbewerbsbeschränkender Vereinbarungen **§ 1 GWB**

Erster Teil Wettbewerbsbeschränkungen

Erster Abschnitt Wettbewerbsbeschränkende Vereinbarungen, Beschlüsse und abgestimmte Verhaltensweisen

§ 1 Verbot wettbewerbsbeschränkender Vereinbarungen

Vereinbarungen zwischen Unternehmen, Beschlüsse von Unternehmensvereinigungen und aufeinander abgestimmte Verhaltensweisen, die eine Verhinderung, Einschränkung oder Verfälschung des Wettbewerbs bezwecken oder bewirken, sind verboten.

Inhaltsübersicht

	Rdn.		Rdn.
A. Grundlagen	1	a) Arbeitgeber und Arbeitgebervereinigungen	78
I. Historische Entwicklung	1	b) Arbeitnehmer und Arbeitnehmervereinigungen	79
II. Gesetzessystematik	23	2. Freie Berufe	84
1. Auslegungs- bzw. Anwendungsvorrang	23	3. Soziale und ideelle Zwecke	90
a) Parallele Anwendungsverpflichtung	25	a) Solidaritätsgrundsatz und wirtschaftliche Tätigkeit	90
b) Auslegungs- bzw. (erweiterter) Anwendungsvorrang	26	b) Gesetzliche Krankenkassen	93
c) Kein (erweiterter) Vorrang bei einseitigen Handlungen	30	aa) *AOK* vs. »nationaler Sonderweg«	93
2. Verbotsgesetz und Legalausnahme	34	bb) Gespaltener Unternehmensbegriff im GWB und UWG	95
III. Wertungsgrundlagen des § 1 GWB	37	c) Gesundheitswesen und Sozialversicherung: Einzelfälle	97
1. Schutzgut und Schutzzwecke	37	4. Sport (Sportler, Sportvereine, Sportverbände)	103
a) Individual- und Institutionenschutz	38	a) Doppelnatur der sportlichen Betätigung	103
b) Verbraucherschutz	40	b) Prüfungsmaßstab	104
2. Auslegungsgrundsätze – Verhältnis zum Unionsrecht	44	c) Unternehmerische Tätigkeit von Sportverbänden	105
B. Unternehmen als Normadressaten	49	5. Urheber und Verwertungsgesellschaften	111
I. Systematischer Überblick	49	6. Wissenschaft, Forschung und Erfindungen	114
II. Grundstruktur des Unternehmensbegriffs	54	7. Handeln der öffentlichen Hand	115
1. Anbietende Tätigkeit auf einem Markt	54	IV. Unternehmensvereinigungen	122
2. Nachfrage und Bedarfsdeckung	59	1. Erweiterte Normadressateneigenschaft	122
a) Unternehmerische Nachfrage	59	2. Begriff	123
b) Private Bedarfsdeckung	65	a) Binnenstruktur	124
3. Potentielles Unternehmen	70	b) Unternehmen als Mitglieder	125
4. Relatives Unternehmen	72	c) Beispiele	127
5. Selbständige wirtschaftliche Tätigkeit	74		
III. Besonderheiten beim Unternehmensbegriff	77		
1. Arbeitsmarkt	77		

§ 1 GWB Verbot wettbewerbsbeschränkender Vereinbarungen

	Rdn.		Rdn.

3. Vereinigungen von Unternehmensvereinigungen	128
V. Wirtschaftliche Einheit	129
1. Überblick und Grundstrukturen Konzernhaftung	129
2. Konzernprivileg	130
3. Gleichordnungskonzerne	134
C. Mittel der Wettbewerbsbeschränkung	135
I. Koordinationsformen	135
II. Vereinbarungen	137
1. Willenseinigung	138
a) Zustandekommen	139
b) Inhaltliche Bestimmtheit – Bindungswirkung	142
2. Entscheidungsautonomie der Parteien	145
3. Einseitig veranlasstes Verhalten	146
a) Maßstäbe für eine konkludente Vereinbarung	146
b) Vorweggenommene Zustimmung	150
c) Mitwirkungsbedürftige Aufforderungen	154
III. Beschlüsse von Unternehmensvereinigungen	157
1. Verhinderung von Umgehungen	158
2. Anforderungen an den Beschluss	159
3. Zurechnung des Beschlusses	165
IV. Abgestimmte Verhaltensweisen	167
1. Historie und Überblick	167
2. Zweigliedrigkeit des Tatbestandes	170
3. Begriff	172
a) Abstimmung	172
aa) Gemeinsame Sitzungen und Zusammenkünfte (Verbandstreffen)	176
bb) (Allgemeiner) Informationsaustausch	179
cc) Öffentliche Ankündigungen/Price Signalling	181
dd) Vermittelte Abstimmung und Kartellunterstützer (*cartel facilitator*)	190
ee) Akzentuierung im Vertikalverhältnis	196
b) Abstimmungsgemäßes Marktverhalten	197
c) Parallelverhalten und Abstimmung über den Markt	199
V. Beweis	202
1. Grundlagen	202
2. Direkter Beweis	204
3. Indizienbeweis	205
a) Ausmaß des gleichförmigen Verhaltens	206
b) Widerspruch zum wirtschaftlichen Eigeninteresse	207
c) Marktstrukturelle Bedingungen	209
D. Wettbewerbsbeschränkung	210
I. Systematischer Überblick	210
II. Erscheinungsformen des Wettbewerbs	211
1. Wettbewerb als Summe von Handlungsfreiheiten	211
2. Angebots- und Nachfragewettbewerb	213
3. Aktueller und potentieller Wettbewerb	214
III. Erlaubter Wettbewerb als Schutzgut	222
1. Systematische Einordnung	222
2. Arbeitsmarkt und Tarifverträge	225
a) Anwendungsfragen und Grundlagen	225
b) Tarifrechtlich erlaubte Wettbewerbsbeschränkung	227
c) Grenzen der Kartellrechtsimmunität	228
3. Berufs- und Standesrecht	231
4. Unlauterer Wettbewerb	234
IV. Beschränkungsformen	237
1. Wettbewerbsbeschränkung als gemeinsame Klammer	237
2. Anknüpfungspunkte der Wettbewerbsbeschränkung	238
3. Verfälschung des Wettbewerbs	240
V. Zweck und Wirkung von Wettbewerbsbeschränkungen	241
1. Systematische Grundlagen	241
2. Bezweckte Wettbewerbsbeschränkung	246
a) Erkennenlassen einer hinreichenden Beeinträchtigung	247
b) Primat der engen Auslegung	248
c) Im Zweifel »bewirkt«	249
d) Verhältnis bezweckte Wettbewerbsbeschränkung/Kernbeschränkung	250
e) Horizontale Beschränkungen	251
f) Vertikale Beschränkungen	254
3. Bewirkte Wettbewerbsbeschränkungen	257
a) Begriff und Analyserahmen	257
b) Wirkungsanalyse bei horizontalen Vereinbarungen	258

	Rdn.
c) Wirkungsanalyse bei vertikalen Vereinbarungen	259
VI. Spürbarkeit	260
1. Allgemeine Grundsätze	260
2. Quantitative Kriterien	263
3. Qualitative Kriterien	267
4. Kumulative Marktabschottung	270
VII. Keine Zwischenstaatlichkeit	273
E. Tatbestandseinschränkungen/notwendige Nebenabreden	274
I. Grundlagen (Rule of Reason vs. Immanenztheorie)	274
II. Wettbewerbsverbote und Unternehmenskauf	276
1. Dogmatischer Zusammenhang	276
2. Qualifikation als Unternehmenskauf	278
3. Inhaltliche Grenzen	279
4. Sonderfall »stufenweiser Anteilserwerb«	281
III. Abkauf von Wettbewerb/Stilllegungsvereinbarungen	282
IV. Gesellschaftsrecht	286
1. Systematischer Überblick	286
2. Wettbewerbsbeschränkungen bei Personalgesellschaften	288
a) OHG und Gesellschaft bürgerlichen Rechts	288
b) Wettbewerbsverbot für Kommanditisten	290
3. Wettbewerbsverbote bei Kapitalgesellschaften	293
4. Genossenschaftsimmanente Wettbewerbsbeschränkungen	296
5. Sonstige Gesellschaften	301
V. Abwerbeverbote	302
VI. Werbeverbote	304
VII. Absatzmittler	306
1. Überblick	306
2. Handelsvertreter	307
a) Echter vs. unechter Handelsvertreter	308
b) Risikoverteilung	310
c) Mehrfirmenvertretung	312
d) Eingliederung	313
e) Systemwidrigkeit des *HRS*-Prüfungssystems	315
f) Vorbehalt des Internetvertriebs durch Geschäftsherrn	316
g) Risikoausgleich durch Provisionszahlung	317
h) Alleinvertriebsklausel/Markenzwang	318
3. Kommissionäre	320

	Rdn.
4. Franchiseverträge	322
a) Übersicht	322
b) Ausgangspunkt: Funktionsfähigkeit	325
c) Preisbindung/gemeinsame Werbung	327
d) Ausschließlichkeitsbindungen	330
e) Konkurrenzschutzpflicht des Franchisegebers	334
VIII. Quantitativ-selektives Vertriebssystem	335
IX. Zuliefervereinbarungen/»umgekehrte Preisbindung«	342
X. Offene englische Klausel	343
XI. Eigentumsrecht und Nutzungsrechte	344
1. Eigentumsvorbehalt	345
2. Schuldrechtliche Nutzungsrechte	346
3. Konkurrenzschutzklauseln in Miet- und Pachtverträgen	348
4. Sachenrechtliche Nutzungsrechte	352
XII. Drei-Stufen-Test im Sportsektor	353
XIII. Vergleiche und Schiedssprüche	358
1. Wettbewerbsbeschränkende Vergleiche/pay-for delay agreements	358
2. Wettbewerbsbeschränkende Schiedssprüche	363
F. Rechtsgüterabwägung	366
I. Systematischer Standort	366
II. Dogmatische Bewertung	368
III. Einordnung der überkommenen Praxis	372
1. Gesundheits- und Umweltschutz	372
2. Selbstbeschränkungsabkommen	375
3. Streikhilfeabkommen und sozialpolitische Erwägungen	376
G. Rechtsfolgen	378
I. Überblick	378
II. Kartellrechtswidrige Gesellschaftsverträge	379
1. Körperschaften	379
2. Personalgesellschaften	381
a) Grundlagen	381
b) Keine Anerkennung kartellrechtswidriger Personalgesellschaften	382
c) Stellungnahme	383
III. Nichtigkeit wettbewerbsbeschränkender Vereinbarungen und Beschlüsse	385
1. Gesamt- bzw. Teilnichtigkeit	385
2. Salvatorische Klauseln	389
3. Nichtigkeit ex-tunc oder ex-nunc?	390
4. Geltungserhaltende Reduktion	393

§ 1 GWB   Verbot wettbewerbsbeschränkender Vereinbarungen

	Rdn.
5. Reichweite der Nichtigkeitssanktion	397
a) Ausführungsverträge	398
b) Folgeverträge	399
6. Einreden und Einwendungen gegen die Nichtigkeit	400
7. Gegen § 1 GWB verstoßende Beschlüsse	402
8. Verhaltensabstimmungen und unverbindliche Vereinbarungen	403
IV. Private Kartellrechtsdurchsetzung	404
1. Unterlassungsanspruch	404
2. Beseitigungsanspruch	405
3. Schadensersatz	407
4. Bereicherungsrechtliche Rückabwicklung	408
V. Verwaltungsverfahren	412
VI. Ordnungswidrigkeit und Strafbarkeit	413
1. Ordnungswidrigkeit	413
2. Strafbarkeit	416
3. Auslieferung wegen Kartellverstoßes	424
H. Fallgruppen	**427**
I. Horizontale Fallgruppen	429
1. Arbeits- und Bietergemeinschaften	429
a) Charakterisierung	429
b) Formen von Arbeits- und Bietergemeinschaften	434
c) Grundsätzliche Zulässigkeit bzw. Unzulässigkeit	435
d) Wettbewerbliche Beurteilung	437
aa) Fehlende Marktfähigkeit	438
bb) Inhaltliche und zeitliche Grenzen	442
2. Einkaufskooperationen	446
a) Kennzeichen	446
b) Wertungsgrundlagen	449
aa) Marktschließungsgedanke	451
bb) Bezweckte vs. bewirkte Wettbewerbsbeschränkung	453
cc) Spürbarkeitsschwelle und Gegenmacht (u.a. im LEH)	454
dd) Safe harbour: 15 % Marktanteil	456
3. Preisabsprachen	458
a) Grundsatz	458
b) Gegenstand der Vereinbarung: Preis- bzw. Preisbestandteile	459

	Rdn.
4. Ausgleichszahlungen und Preislisten	461
5. Gebietsaufteilung, Marktaufteilung, Kundenschutz	464
6. Immaterialgüterrechte	465
a) Begriffsbestimmung	465
b) Verhältnis zu § 1 GWB	466
c) Marken und geschäftliche Bezeichnungen	467
aa) Spezifischer Gegenstand	467
bb) Markenlizenzverträge	469
cc) Marktabgrenzungsvereinbarungen	474
(1) Begriffsbestimmung	474
(2) Unterschied zum Markenlizenzvertrag	474
(3) Sukzessionsschutz bei Abgrenzungsvereinbarung?	474
(4) Maßgeblicher Beurteilungszeitpunkt	475
(5) Anforderungen an die kartellrechtliche Zulässigkeit	475
(6) Einschätzungsspielraum	476
(7) Wettbewerber vs. Nicht-Wettbewerber	476
(8) Nichtangriffsklausel	476
(9) Unwirksamkeit durch Löschung der Marke	476
dd) Kollektivmarken und Gütezeichengemeinschaften	477
ee) Geschäftliche Bezeichnungen	478
d) Kollektive Wahrnehmung von Sortenschutzrechten	479
e) Urheberrechte und verwandte Rechte	480
aa) Überblick	480
bb) Gebietsbeschränkungen	482
cc) Zeitliche Beschränkungen	484
dd) Inhaltliche Beschränkungen	485
ee) Preisvereinbarungen im Urheberrecht	486
f) Verträge mit Verwertungsgesellschaften	489
7. Informationsaustausch	490
a) Typologische Erfassung	490
b) Wertungsgrundlagen	492

	Rdn.		Rdn.
aa) Geheimwettbewerb	492	(1) Gefahrenpotential von Standardbedingungen	540
bb) Gesamtbetrachtung	493	(2) Einfache AVB vs. Produkt-AVB	541
c) Maßstäbe für die Einzelfallanalyse	495	(3) Differenzierte Betrachtung bei Produkt-AVB	545
aa) Art der Informationen	495	10. Vermarktungsvereinbarungen und gemeinsamer Vertrieb	550
bb) Aktualität und Verfügbarkeit der Daten	498	a) Begriff	550
cc) Identifizierbarkeit	501	b) Wettbewerbsrechtliche Bewertung	553
dd) Marktstruktur und Markteigenschaften	503	aa) Marktschließung und Immanenzvorbehalt	553
ee) Ausgestaltung und Organisation des MIV	504	bb) Bezweckte Wettbewerbsbeschränkungen	554
d) Informationsaustausch im Rahmen von Unternehmenstransaktionen	506	cc) Marktmacht und safe harbour	555
aa) Immanenztheorie/Nebenabredendoktrin als dogmatische Grundlage	508	dd) Gemeinsame Werbung	556
bb) Art des Erwerbers und Zeitpunkt des Austausches	509	ee) Gemeinsamer Transport/gemeinsame Lagerhaltung	559
cc) Grenze: Vortäuschung der Transaktionsabsicht	511	c) Zentralvermarktung von Medienrechten	561
dd) Risikominimierungsmaßnahmen	512	II. Vertikale Fallgruppen	564
e) Informationsaustausch zu Gehältern bzw. Gehaltsbestandteilen	516	1. Verbot der Preisbindung der zweiten Hand	565
8. Produktionsvereinbarungen/Spezialisierungsvereinbarungen	520	a) Ursprung des strengen *form-based* Ansatzes	566
a) Kennzeichen	520	b) Begriff der Unverbindlichkeit	567
b) Wertungsgrundlagen	522	c) Nochmalige Kontaktaufnahme nach Bekanntgabe der UVP	568
c) Kernbeschränkungen	524	d) Korrektiv Spürbarkeitskriterium?	569
d) Wettbewerbsbeschränkende Auswirkungen	525	e) Untergrenze der Spürbarkeit	570
e) Zuliefervereinbarung als einseitige Spezialisierung	526	f) *Almased* als neue Hoffnung nach *Expedia*	571
9. Vereinbarungen über Normen und Standardbedingungen	527	g) Funktionsnotwendigkeit der vertikalen Preisbindung	572
a) Einleitung	527	h) Einzelfreistellungssituationen	573
b) Zulässigkeit von Normenvereinbarungen	529	i) Bedeutung des Marktanteils	574
aa) Ökonomische Bewertung	529	2. Doppelpreissysteme (*dual pricing*)	575
bb) Wettbewerbliche Beurteilung	530	a) Überblick/Einführung	575
c) Standardbedingungen	535	b) Entscheidungspraxis des Bundeskartellamtes	577
aa) Begriffsbestimmung	535	c) Bewertung der Entscheidungspraxis	580
bb) Bezweckte Wettbewerbsbeschränkungen	539	d) Offenlegung Absatzzahlen	584
cc) Wettbewerbsrechtliche Beurteilung	540	3. Querlieferungsverbot im selektiven Vertrieb	585

§ 1 GWB Verbot wettbewerbsbeschränkender Vereinbarungen

	Rdn.		Rdn.
4. Alleinbezugsverpflichtungen/ Markenzwang	586	III. Gegenstand der Doppelkontrolle	592
I. Gemeinschaftsunternehmen	587	IV. Kartellfreie Gemeinschaftsunternehmen	594
I. Überblick	587	V. Rechtsfolgen	595
II. Grundsatz der Doppelkontrolle	589		

Schrifttum

Basedow, Konsumentenwohlfahrt und Effizienz – Neue Leitbilder der Wettbewerbspolitik?, WuW 2007, 712; *ders.,* Kartellrecht im Land der Kartelle, WuW 2008, 270; *Bauer,* Das Kartellverbot des KartG 2005, ecolex 2005, 504; *Baums,* GWB-Novelle und Kartellverbot, ZIP 1998, 233; *Bechtold,* Das neue Kartellgesetz, NJW 1998, 2769; *ders.,* Grundlegende Umgestaltung des Kartellrechts: Zum Referenten-Entwurf der 7. GWB-Novelle, DB 2004, 235; *ders.,* Die 8. GWB-Novelle, NZKart 2013, 263; *Böge,* 50 Jahre GWB, WuW 2007, 695; *ders.,* Das Wettbewerbsprinzip: Der Feind wirtschaftlicher Macht, Wirtschaftsdienst 2007, 428; *ders.,* Zum Referentenentwurf der 6. GWB-Novelle, 1997, 1853; *Böhm,* Wettbewerb und Monopolkampf, 1933; *ders.,* Demokratie und ökonomische Macht, in: Kartelle und Monopole im modernen Recht Band 1, 1961, S. 3; *ders.,* Wettbewerbsfreiheit und Kartellfreiheit, in: Freiheit und Ordnung in der Marktwirtschaft, 1980, S. 233; *Dreher,* Kartellrechtsvielfalt oder Kartellrechtseinheit in Europa, AG 1993, 437; *Eilmansberger,* Die Bedeutung der Art 85 und 86 EG-V für das Österreichische Zivilrecht, in *Koppensteiner* (Hrsg), Österreichisches und Europäisches Wirtschaftsprivatrecht, 1998, VI/1; *Enke,* Kartelltheorie, 1972; *Fuchs,* Die 7. GWB-Novelle – Grundkonzeption und praktische Konsequenzen, WRP 2005, 1384; *v. Goetz,* 50 Jahre GWB – Die Geburt des GWB und der amerikanische Einfluss auf das Entstehen einer neuen Wettbewerbsordnung in der Bundesrepublik; WRP 2007, 741; *Gruber,* Das Wichtigste vom neuen Österreichischen Kartellrecht, EuZW 2006, 15; *Grunicke/Fellner,* Kartellgesetz 2005 und Wettbewerbsgesetznovelle 2005 – Teil 1, RdW 2005, 462; *dies.,* Kartellgesetz 2005 und Wettbewerbsgesetznovelle 2005 – Teil 2, RdW 2005, 529; *Günther,* Die geistigen Grundlagen des sog. Josten-Entwurfs, FS für Böhm zum 80. Geburtstag, 1975, S. 183; *Hartog/Noack,* Die 7. GWB-Novelle, WRP 2005, 1396; *Herbers,* Die Anwendung der §§ 1, 2 GWB auf Sachverhalte mit fehlender Eignung zur Beeinträchtigung des Handels zwischen den Mitgliedstaaten der EG, 2009; *Immenga,* Gefordertes Kartellrecht, 50 Jahre GWB, ZWeR 2008, 1; *Lammel,* Wettbewerbsfreiheit und Staatsintervention – zur Entwicklung des Wettbewerbsrechts im 19. Jahrhundert, GRUR 1985, 362; *Meessen,* Die 7. GWB-Novelle – verfassungsrechtlich gesehen, WuW 2004, 733; *Merz,* Kartellrecht – Instrument der Wirtschaftspolitik oder Schutz der persönlichen Freiheit?, FS Böhm, 1965, S. 227; *Mestmäcker,* Dekartellierung und Wettbewerb in der Rechtsprechung der deutschen Gerichte, ORDO 9 (1957), 99; *ders.,* 50 Jahre GWB: Erfolgsgeschichte eines unvollkommenen Gesetzes, WuW 2008, 6; *Möschel,* Wettbewerbspolitik vor neuen Herausforderungen, in: Ordnung und Freiheit, 1992, S. 61; *ders.* (Hrsg.), 50 Jahre Wettbewerbsgesetz in Deutschland und Europa, 2010; *ders.,* Kartellrecht in Deutschland seit Stein-Hardenberg – eine Reminiszenz, NZKart 2014, 42; *Nörr,* Die Leiden des Privatrechts, 1992; *Richter,* Die Wirkungsgeschichte des deutschen Kartellrechts vor 1914, 2007; *Schanze,* Die europaorientierte Auslegung des Kartellverbots, 2003; *Schmidtchen,* Der »more economic approach« in der Wettbewerbspolitik, WuW 2006, 6; *Siems,* Der Neoliberalismus als Modell für die Gesetzgebung, ZRP 2002, 170, 171; *van Vormizeele,* Kartellrecht und Verfassungsrecht, NZKart 2013, 386.

Zu A. II. + A. III.: *Bechtold,* EU-kartellrechtliche Beschränkungen in der Ausgestaltung und Anwendung des GWB, NZKart 2015, 331; *Bernhard,* Europarechtliche Stolpersteine der 8. GWB-Novelle, EuZW 2013, 732; *Kersting/Faust,* Krankenkassen im Anwendungsbereich des Europäischen Kartellrechts, WuW 2011, 6; *Koch,* Kartellrechtsentscheidungen des EuGH ohne zwischenstaatlichen Bezug, WuW 2006, 710; *Hoffmann,* Die gesetzlichen Krankenkassen im Anwendungsbereich des deutschen Kartellrechts, WuW 2011, 472; *Roth,* Effet utile im europäischen Kartellrecht, WRP 2013, 257.

Zu B. I.–III.: *Badtke,* Die kartellrechtliche Bewertung des »AOK-Modells« beim Abschluss von Rabattverträgen, WuW 2007, 726; *Ballerstedt,* Der private Haushalt als rechtswissenschaftliches Problem, FS Nell-Breuning, 1965, S. 212; *Boldt,* Rabattverträge – Sind Rahmenvereinbarungen zwischen Krankenkasse und mehreren pharmazeutischen Unternehmen unzulässig, PharmR 2009, 377; *Bornkamm,* Hoheitliches und unternehmerisches Handeln der öffentlichen Hand im Visier des europäischen Kartellrechts – Der autonome Unternehmensbegriff der Art. 81, 82 EG, FS G. Hirsch, 2008, S. 231; *Emmerich,* Das Wirtschaftsrecht der öffentlichen Unternehmen, 1969; *ders.,* Der Wettbewerb der öffentlichen Hand, 1971; *Fikentscher,* Kartellrecht und Sport – ökonomische und rechtsvergleichende Betrachtungen, Sport und Recht 1995, 149; *Frenz,* Krankenkassen im Wettbewerbs- und Vergaberecht, NZS 2007, 233; *Gandenberger,* Was ist ein Unternehmen? Volkswirtschaftliche Überlegungen zum GWB, 1963; *Gassner,* Arzneimittel-Festbeträge: Luxemburg locuta – causa finita, WuW 2004, 1028; *Haus/Schaper,* Das AMNOG – neues Gesundheitskartellrecht, ZWeR 2011, 48; *Hausmann,* Der Deutsche Fußballbund (DFB) – ein Kartell für Fernsehrechte?, BB 1994, 1089; *Heckelmann,* Der Idealverein als Unternehmen?, AcP 179 (1979), 1; *Hitzler,* Berufsrechtliche Maßnahmen der freien Berufe als Problem der Wettbewerbsbeschränkung, GRUR 1981, 110; *ders.,* Kartellrechtsweg wegen berufsrechtlicher Maßnahmen einer Landesapothekenkammer, GRUR 1982, 474; *Hoffmann,* Die gesetzlichen Krankenkassen im Anwendungsbereich des deutschen Kartellrechts, WuW 2011, 472; *Holzinger,* Wirtschaftliche Tätigkeit der öffentlichen Hand als Anwendungsvoraussetzung des europäischen und deutschen Kartellrechts, 2011; *Jaeger,* Die gesetzlichen Krankenkassen als Nachfrager im Wettbewerb, 2005, ZWeR 2005, 31; *Jennert,* Wirtschaftliche Tätigkeit als Voraussetzung für die Anwendbarkeit des europäischen Wettbewerbsrechts, WuW 2004, 37; *Kersting/Faust,* Krankenkassen im Anwendungsbereich des Europäischen Kartellrechts, WuW 2011, 6; *Klees,* Welcher Unternehmensbegriff gilt im GWB?, EWS 2010, 1; *Koenig/Kühling/Müller,* Marktfähigkeit, Arbeitsgemeinschaften und das Kartellverbot, WuW 2005, 126; *Krajewski,* Festbetragsregelung, Krankenkassen und europäisches Wettbewerbsrecht, EWS 2004, 356; *Lammel,* Wettbewerbsrecht contra Standesrecht, WuW 1984, 853; *Lange,* Kartellrechtlicher Unternehmensbegriff und staatliches Wirtschaftshandeln in Europa, WuW 2002, 953; *Langer,* Der Begriff Unternehmen im GWB, 1978; *Loewenheim,* Urheberrecht und Kartellrecht, Ufita 79 (1977), 175; *Mestmäcker,* Öffentlich-rechtliches und privatrechtliches Handeln im Wettbewerbsrecht, NJW 1969, 1; *Michalski,* Das Gesellschafts- und Kartellrecht der berufsrechtlich gebundenen freien Berufe, 1989; *Möschel,* Mehr Markt im Arbeitsrecht, 1986; *ders.,* Tarifautonomie – ein überholtes Ordnungsmodell?, WuW 1995, 704; *Natz,* Der neue kartellrechtliche Ordnungsrahmen in der GKV: Auswirkungen auf die AOK-Rabattverträge? A&R 2011, 58; *Roth,* Zum Unternehmensbegriff im europäischen Kartellrecht, FS Bechtold, 2006, S. 393; *ders.,* Kartellrechtliche Aspekte der Gesundheitsreform nach deutschem und europäischem Recht, GRUR 2007, 645; *ders.,* Zum Unternehmensbegriff im deutschen Kartellrecht, FS Loewenheim, 2009, S. 545; *Sauerland,* Die gesetzliche Krankenversicherung in der sozialen Marktwirtschaft: eine ordnungspolitische Analyse, ORDO 55 (2004), 209; *Schäfer-Kunz,* Strategische Allianzen im deutschen und europäischen Kartellrecht, 1995; *Schindler,* Wettbewerbsrechtlicher Unternehmensbegriff des EuGH im Rahmen des Art. 101 AEUV (ex-Art. 81 EGV) KommJur 2011, 126; *K. Schmidt,* »Unternehmen« und »Abhängigkeit«: Begriffseinheit und Begriffsvielfalt im Kartell- und Konzernrecht, ZGR 1980, 277; *Schmude,* Der Unternehmensbegriff im Gesetz gegen Wettbewerbsbeschränkungen, 1968; *Schricker,* Die wirtschaftliche Tätigkeit der öffentlichen Hand, 1974; *Schultz,* Krankenkassen als Adressaten des Kartellrechts, NZS 1998, 269; *Schwarz,* Die wirtschaftliche Betätigung der öffentlichen Hand im Kartellrecht, 1969; *Wolf,* Unternehmensbegriff, Zuständigkeit der Kartellämter und Rechtsweg bei öffentlich-rechtlichen Leistungsbeziehungen, BB 2011 6 48.

§ 1 GWB Verbot wettbewerbsbeschränkender Vereinbarungen

Zu B. V.: *Areeda*, Intraenterprise Conspiracy in Decline, 97 Harvard Law Review (1983), 451; *v. Bar*, Gleichordnungskonzerne und Kartellverbot, BB 1980, 1185; *Buntscheck*, Das »Konzernprivileg« im Rahmen von Art. 81 Abs. 1 EG-Vertrag, 2002; *ders.*, Der Gleichordnungskonzern – ein illegales Kartell?, WuW 2004, 374; *Fleischer*, Konzerninterne Wettbewerbsbeschränkungen und Kartellverbot, AG 1997, 491; *Funck*, Konzerneinheit und Kartellverbot; *Gansweid*, Gemeinsame Tochtergesellschaften im deutschen Konzern- und Wettbewerbsrecht, 1976; *Grandpierre*, Wettbewerbsbeschränkungen zwischen verbundenen Unternehmen nach dem Gesetz gegen Wettbewerbsbeschränkungen, 1972; *Gromann*, Die Gleichordnungskonzerne im Konzern- und Wettbewerbsrecht, 1979; *Harms*, Konzerne im Recht der Wettbewerbsbeschränkungen, 1968; *Heitzer*, Konzerne im Europäischen Wettbewerbsrecht unter Berücksichtigung ihrer wettbewerbsrechtlichen Behandlung durch Aufsichtsbehörden und Gerichte in den USA, 1999; *U. Huber*, Zur kartellrechtlichen Problematik der Zusammenfassung von Konzernunternehmen unter einer einheitlichen Leitung im Sinn des § 18 AktG, ZHR 131 (1968), 193; *Huie*, The Intra-Enterprise Conspiracy Doctrine in the United States and the European Economic Community, 36 American Journal of Comparative Law (1988), 307; *Immenga*, Abhängige Unternehmen und Konzerne im europäischen Gemeinschaftsrecht, RabelsZ 1984, 48; *Jacob*, Die Behandlung von Gleichordnungskonzernen im deutschen und europäischen Wettbewerbsrecht im Vergleich, 1996; *Klippert*, Die wettbewerbsrechtliche Behandlung von Konzernen, 1984; *Köhler*, Der Schutz des abhängigen Unternehmens im Schnittpunkt von Kartell- und Konzernrecht, NJW 1978, 2473; *Menz*, Wirtschaftliche Einheit und Kartellverbot, 2004; *Mulert*, Die Wettbewerbsbeschränkungen zwischen verbundenen Unternehmen, 1970; *Pohlmann*, Der Unternehmensverbund im Europäischen Kartellrecht, 1999; *Paschke/Reuter*, Der Gleichordnungskonzern als Zurechnungsgrund im Kartellrecht, ZHR 158 (1994), 390; *Potrafke*, Kartellrechtswidrigkeit konzerninterner Vereinbarungen und darauf beruhender Verhaltensweisen, 1991; *Sander*, Das Konzernprivileg im Europäischen und österreichischen Kartellrecht, OZK 2008, 20; *Schima*, Das kartellrechtliche Konzernprivileg – Anmerkungen zur »Postbus-Entscheidung« des OGH, Festschrift für Peter Doralt, 577; *K. Schmidt*, Gleichordnung im Konzern: terra incognita?, ZHR 155 (1991), 417; *ders.*, Konzentrationsprivileg und Gleichordnungskonzern – Kartellrechtsprobleme des Gleichordnungskonzerns, FS Rittner (1991), 561; *Schroeder*, Die Anwendung des Kartellverbots auf verbundene Unternehmen, WuW 1988, 274; *Steiner*, Das Konzernprivileg des Art. 101 Abs 1 AEUV, OZK 2013, 83; *Schütz*, Interne Willensbildung und Kartellrecht, WuW 1998, 335; *Thomas*, Konzernprivileg und Gemeinschaftsunternehmen – die kartellrechtliche Beurteilung konzerninterner Wettbewerbsbeschränkungen und Gemeinschaftsunternehmen, ZWeR 2005, 236 ff.

Zu C.: *Altvater*, Kartellbildung durch Abstimmung?, 1997; *Bahntje*, Gentlemen's Agreement und Abgestimmtes Verhalten, 1982; *Bailey*, »Publicly Distancing« Oneself from a Cartel, 31 World Competition (2008), 177; *Baums*, GWB-Novelle und Kartellverbot, ZIP 1998, 233; *Beuthien*, Kartellverbot und abgestimmtes Verhalten – Verhältnis der §§ 1 und 25 I GWB zueinander sowie Grenzen der kartellfreien Kooperation, in: FS Hartmann, 1976, S. 51; *Bülow*, Gleichförmiges Unternehmensverhalten ohne Kommunikation ..., 1983; *Büttner*, Kartellvertrag und Kartellverhalten, WuW 1971, 690; *Castillo de la Torre*, Evidence, Proof and Judicial Review in Cartel Cases, 32 World Competition (2009), 505; *Daig*, Zum Begriff der »aufeinander abgestimmten Verhaltensweisen«, EuR 1976, 213; *Dethloff*, Der Kartellbeschluß, 1965; *Diekmann*, Abgestimmte Verhaltensweisen und conspiracy im deutschen, europäischen und amerikanischen Antitrustrecht, 1971; *Eilmansberger*, Die Adalat-Entscheidung des EuGH – Maßnahmen von Herstellern zur Steuerung des Verhaltens von Vertriebshändlern als Vereinbarung im Sinne von Art. 81 EG, ZWeR 2004, 285; *Hansen*, Zur Unterscheidung von bewußtem Parallelverhalten und abgestimmten Verhaltensweisen in der kartellbehördlichen Praxis, ZHR 136 (1972), 52; *Hausmann*, Der deutsche Fußballbund (DFB) – Ein Kartell für »Fernsehrechte«?, BB 1994, 1089; *Heinze*, Zur Rechtsnatur wettbewerbsbeschränkender Verträge, in: FS Fechner, 1973, S. 75; *Held*, Rechtsformen zulässiger Kartelle, 1963; *Höfer*, Abgestimmtes Verhalten – ein Zentralproblem der Wettbewerbspolitik, ORDO 29 (1978), 201; *ders.*, Abgestimmtes Verhaltens – ein Zentralproblem der Wettbewerbspolitik, 1989; *Huber*, Abgestimmte Verhaltensweisen im deutschen Kartellrecht, in: FS Hefermehl, 1971, S. 87; *Immenga*, Zivilrechtsdogmatik und Kartellrecht, Rechtswissenschaft und Rechtsentwicklung, 1980, S. 197; *Kellmann*, Schuldverträge aus sozialtypischem Verhalten, NJW 1971, 265; *Kersten*, Bewußtes Parallelverhalten – aufeinander abgestimmte Verhaltensweisen – Kartellvertrag, WuW 1972, 69; *Kolonko*, Das Verbot von wettbewerbsbeschränkenden aufeinander abgestimmten Verhaltensweisen im Artikel 85 Absatz 1 des Vertrages zur Gründung einer Europäischen Wirtschaftsgemeinschaft, 1971; *Lianos*, Collusion in Vertical Relations under Article 81 EC, 45 CMLRev (1998), 1027; *Lüppert*, Das Verbot abgestimmten Verhaltens im deutschen und europäischen Kartellrecht, 1975; *Madsen*, The Concept of »Agreement« between Undertakings: It still takes Two to Tango!, ELRev 2004, 74; *Markert*, Gegenstandstheorie und Preismeldestellen, ZHR 134 (1970) 1953; *Mestmäcker*, Warum das Kartellverbot nicht am Privatrecht scheitert, WuW 1971, 835; *ders.* Parallele Geltung von Verbotsnormen des deutschen und europäischen Rechts der Wettbewerbsbeschränkungen, BB 1968, 1297; *Möhring/Illert*, Teileinigung im Kartellrecht, BB 1974, 817; *Nissen*, Beschlüsse von Unternehmensvereinigungen im Kartellrecht der Europäischen Gemeinschaften, WuW 1960, 250; *Ruge*, Begriff und Rechtsfolgen des gleichförmigen Unternehmensverhaltens in Europa und den Vereinigten Staaten von Nordamerika, 1968; *Sandrock*, Gentlemen's agreements, aufeinander abgestimmte Verhaltensweisen und gleichförmiges Verhalten nach dem GWB, WuW 1971, 858; *K. Schmidt*, Kartellverbot und »sonstige Wettbewerbsbeschränkungen«, 1978; *ders.*, Der kartellverbotswidrige Beschluß, in: FS Robert Fischer, 1979, S. 693; *Schwinn*, Einseitige Maßnahmen in Abgrenzung zum europäischen Kartellverbot, 2009; *Trimarchi*, Die rechtliche Beurteilung abgestimmter Verhaltensweisen auf oligopolistischen Märkten, GRUR Int 1970, 311; *Ulmer*, Abgestimmte Verhaltensweisen im Kartellrecht, 1975; *ders.*, Kartellvertrag und gentlemen's agreement, WuW 1962, 3; *Wagner-von Papp*, Empfiehlt sich das Empfehlungsverbot?, WuW 2005, 379; *Wilhelm*, Wo ist das Kartellverbot?, ZHR 149 (1985), 444; *Willoweit*, Rechtsgeschäft und einverständliches Verhalten, NJW 1971, 2045; *Witter*, Abstimmungsverbot und strategisches Parallelverhalten im Wettbewerbsrecht, 1999; *Zimmer*, Kartellrecht und neuerer Erkenntnisse der Spieltheorie, ZHR 154 (1990), 470.

Zu D. I.–V.: *Ackermann*, Arbeitsmarkt und Kartellrecht – Der Geltungsanspruch des § 1 GWB, in: Giesen/Junker/Rieble, Kartellrecht und Arbeitsmarkt, 2010, S. 17 (ZAAR 16); *Baake/Kuchinke/Wey*, Die Anwendung der Wettbewerbs- und Kartellvorschriften im Gesundheitswesen, WuW 2010, 502; *Baier*, Kartellrechtliche Auswirkungen des Arzneimittelmarktneuordnungsgesetzes auf die Beziehungen der Leistungserbringer zu gesetzlichen Krankenkassen sowie der Krankenkassen untereinander, MedR 2011, 345; *Bain*, Barriers to New Competition, 1956; *Barnikel*, Zum Wettbewerbsbegriff des Gesetzes gegen Wettbewerbsbeschränkungen, ZHR 131 (1968) 361; *Bartholomeyczik*, Rechtsfragen des Konzernrabatts bei der Werbung, in: Recht im Wandel, 1965, S. 307; *ders.*, Wann aktualisiert sich der potentielle Wettbewerb für die Rechtsanwendung? WuW 1971, 764; *Bechtold*, Ladenschluss, Arbeitnehmerschutz und Kartellrecht, in: FS Bauer, 2010, S. 109; *Behrens*, Abschied vom *more economic approach*?, in: FS Möschel, 2011, S. 115; *Fikentscher*, Neuere Entwicklungen der Theorie zum Tatbestandsmerkmal der Wettbewerbsbeschränkung des § 1 GWB, WuW 1961, 788; *Freitag*, Wirksamer Wettbewerb und potentielle Konkurrenz, WuW 1971, 294; *Fuchs*, Neue Entwicklungen beim Konzept der Wettbewerbsbeschränkung in Art. 81 Abs. 1 EG, ZWeR 2007, 369; *Gröner/Köhler*, Nachfragewettbewerb und Marktbeherrschung im Handel, BB 1982, S. 257; *Hellwig*, Effizienz oder Wettbewerbsfreiheit? Zur normativen Grundlegung der Wettbewerbspolitik, in: FS Mestmäcker, 2006, S. 231; *Hensel*, Selektivverträge im vertragsärztlichen Leistungserbringungsrecht, 2010; *Hertfelder*, Die »bewirkte Wettbewerbsbeschränkung in Artikel 101 Absatz 1 AEUV und der More Economic Approach, in: FS Möschel, 2011, S. 281; *Immenga*, Grenzen des kartellrechtlichen Ausnahmebereiches Arbeitsmarkt, 1989; *Jickeli*, Marktzutrittsschranken im Recht der Wettbewerbsbeschränkungen, 1990; *Kantzenbach*, Die Funktionsfähigkeit des Wettbewerbs, 2. Aufl. 1967; *Kartte*, Ein neues Leitbild für die Wettbewerbspolitik, 1969; *Kellermann*, Wettbewerbsbeschränkung durch Wettbewerbsregeln, WuW 1965, 551; *Knöpfle*, Der Rechtsbegriff »Wettbewerb« und die Realität des Wirtschaftslebens, 1966; *Kordel*, Arbeitsmarkt und Europäisches Kartellrecht, 2004; *Lademann*, Zur Methodologie des more economic approach im Kartellrecht, in: FS Möschel, 2011, S. 381; *Lenk*, Die Ausnahme standesrechtlicher Werbeverbote aus dem EG-Kartellrecht, 2006; *Lukes*, Zum Verständnis des Wettbewerbs und des Marktes in der Denkkategorie des Rechts, in: FS Böhm, 1965, S. 199; *Möschel*, Wettbewerb im Schnittfeld von Rechtswissenschaft und Nationalökonomie, in Tradition und Fortschritt im Recht, 1977, S. 333; *ders.*, Wettbewerb zwischen Handlungsfreiheit und Effizienzzielen, in: FS Mestmäcker, 2006, S. 355; *Monopolkommission*, Sondergutachten 7 und Sondergutachten 14; *Müller-Henneberg*, Die Begriffe Wettbewerb und Wettbewerbsbeschränkung im Kartellrecht, WuW 1968, 659; *Poth*, Kartellrechtliche Grenzen der Regelungen betrieblicher Nutzungszeiten durch Tarifvertrag, NZA 1989, 626; *Reichold*, Gegenmachtprinzip und arbeitsrechtliche Kartellgarantie aus Art. 9 Abs. 3 GG in: Giesen/Junker/Rieble, Kartellrecht und Arbeitsmarkt, 2010, S. 17 (ZAAR 16); *ders.*, Entmachtung des Tarifkartells durch neues Kartellrecht?, in: FS Dieter Reuter, 2010, S. 759; *Rieble*, EuGH: Kartellkontrolle von Tarifverträgen, ZWeR 2016, 165; *Sack*, Schützt § 1 GWB nur den schützenswerten Wettbewerb? WuW 1970, 395; *Satzky*, Nachfragewettbewerb und Nachfragewettbewerbsbeschränkung, FIW-Schriftenreihe 116, 1985; *Schmidt/Rittaler*, Die Chicago School of Antitrust Analysis, 1986; *Van den Bergh/Camesasca*, Wettbewerbsrechtliche Beurteilung von Tarifverträgen? in: Ott/Schäfer (Hrsg.), Ökonomische Analyse des Arbeitsrechts, 2001, 152; *Zeitler*, Der Konzernrabatt, WuW 1959, 621; *Zhang*, Die Wettbewerbsbeschränkung als zentrales Tatbestandsmerkmal des § 1 GWB, 1990; *Zimmer*, Marktmacht, FS U. Huber, 2006, S. 1173.

Zu D. VI.: *Ballerstedt*, Handlungsunwert oder Erfolgsunwert im Gesetz gegen Wettbewerbsbeschränkungen, Festschrift für Franz Böhm, 1965, S. 179; *Benkendorff*, Was ist unter »Beeinflussung der Marktverhältnisse« in § 1 GWB zu verstehen? WRP 1962, 146; *ders.*, Über den Vertrag in § 1 GWB und seine Eignung zur Marktbeeinflussung durch Wettbewerbsbeschränkungen, WRP 1962, 313; *Fikentscher*, Markt oder Wettbewerb oder beides?, GRUR Int. 2004, 731; *ders.*, Das Unrecht einer Wettbewerbsbeschränkung: Kritik am Weißbuch und VO-Entwurf zu Art. 81 und 82 EG-Vertrag, WuW 2001, 446; *Hoffer*, Mindestspürbarkeit als Untergrenze von Empfehlungskartellen, ÖBl 2013, 55; *Hollmann*, Zur Problematik der so genannten Bagatellkartelle, AWD 1973, 192; *Holtschneider*, Zur Bagatellgrenze im Kartellverbot, WuW 1980, 99; *Hoppmann*, Die so genannten Bagatellkartelle der »neuen Wettbewerbspolitik«, DB 1970, 93; *Kutsche*, Die Übergangsbestimmungen des KaWeRÄG für Bagattellkartelle – ein Lösungsvorschlag, ecolex 2014, 440; *Pfeffer/Wegner*, Neue Bekanntmachungen des Bundeskartellamts zur zwischenbetrieblichen Kooperation: Bagatellbekanntmachung 2007 und Bekanntmachung KMU 2007, BB 2007, 1173; *S. Schneider*, Das Bagatellkartell, 1993; *ders.*, Zur Behandlung der Bagatellkartelle durch den historischen Gesetzgeber, ZNR 17 (1995), 91 *Tilmanns-Schmidt*, Die Eignung zur Marktbeeinflussung, 1972; *Wollmann/Ulesberger*, Das Kartell- und Wettbewerbsrechts-Änderungsgesetz 2012, ecolex 2013, 252; *Zindel*, Die Spürbarkeit der Marktbeeinflussung als Tatbestandsvoraussetzung des § 1 GWB, WuW 1978, 411.

Zu E.: *Altenmüller*, Die schiedsrichterliche Entscheidung kartellrechtlicher Streitigkeiten, 1973; *Beater*, Kartellverbot und Vergleichsvereinbarung, WuW 2000, 584; *Bechtold/Denzel*, Weiterverkaufs- und Verwendungsbeschränkungen in Vertikalverträgen, WuW 2008, 1272; *Belke*, Grundfragen des Kartellverbots, ZHR 143 (1979), 74; *Beuthien*, Gesellschaftsrecht und Kartellrecht, ZHR 142 (1978), 259; *Bormann*, Wettbewerbsbeschränkungen durch Grundstücksrechte, 2003; *Bosch*, Schiedsgerichtliche Beilegung kartellrechtlicher Streitigkeiten?, in: FS Bechtold, 2006, S. 59; *Ehlke*, Das Wirkungsprivileg des Vergleichsvertrages, 1985; *Eilmansberger*, Die Bedeutung der Art. 81 und 82 EG für Schiedsverfahren, SchiedsVZ 2006, 5; *Fuchs*, Kartellrechtliche Grenzen der Forschungskooperation, 1990; *ders.*, Kartellrechtliche Immanenztheorie und Wettbewerbsbeschränkungen in Genossenschaftssatzungen, BB 1993, 1893; *Ivens*, Das Konkurrenzverbot des GmbH-

Gesellschafters, 1987; *ders.*, Das Konkurrenzverbot der GmbH Gesellschafter und § 1 GWB, DB 1988, 215; *Jauernig*, Wirksame Wettbewerbsbeschränkung durch Vergleich (§ 779 BGB)?, ZHR 141, 224; *Jessen*, Schiedsverträge im Recht gegen Wettbewerbsbeschränkungen, BB 1960, 1116; *Kapp*, Das Wettbewerbsverbot des Handelsvertreters: Korrekturbedarf bei den Leitlinien der Kommission, WuW 2007, 1218; *Kapp/Schumacher*, Das Wettbewerbsverbot des Minderheitsgesellschafters, WuW 2010, 481; *Kessler*, Wettbewerbsbeschränkende Abreden in Gesellschaftsverträgen im Lichte von § 1 GWB und Art. 81 EGV – eine methodische und rechtsdogmatische Betrachtung, WRP 2009, 1208; *Köhler*, Genossenschaften im Spiegel von Kartellrecht und Antitrust-Recht, ZfG 33 (1983), 105; *ders.*, Wettbewerbsverbote bei Veräußerung und Stilllegung von Unternehmen in kartellrechtlicher Sicht, ZHR 148 (1984), 487; *Krämer*, Nachvertragliche Wettbewerbsverbote im Spannungsfeld von Berufs- und Vertragsfreiheit, Festschrift Röhricht, 2005, S. 335; *Kretzer*, Immanenztheorien im Kartellrecht, 1992; *Kühn*, Kartellrecht und Schiedsgerichtsbarkeit in der Bundesrepublik Deutschland, BB 1987, 621; *Kroitzsch*, Die Nachprüfbarkeit kartellrechtlicher Schiedssprüche durch die ordentlichen Gerichte, GRUR 1969, 387; *Lammel*, Vertragsfreiheit oder Wirtschaftsfreiheit – Zur Teilnichtigkeit von Wettbewerbsabreden, AcP 189 (1989), 244; *Lieberknecht*, Kartellrechtliche Probleme im internationalen Schiedsverfahren, Festschrift Sölter, 1982, S. 311; *Lipps*, Schiedsabreden in wettbewerbsbeschränkenden Verträgen, BB 1965, 312; *Lohse*, Kartellverbot und SchirmGVO, 2001; *Mäger/Ringe*, Wettbewerbsverbote in Unternehmenskaufverträgen als kartellrechtswidriger Abkauf von Wettbewerb?, WuW 2007, 18; *Molle*, Zur Beurteilung begleitender Wettbewerbsverbote im Rahmen von Art. 81 Abs. 1 EG und § 1 GWB, 2005; *Muffler*, Der Wettbewerbsvergleich, 1986; *Polley*, Preisdämpfende Maßnahmen im Rahmen eines Gemeinschaftsunternehmens als Verstoß gegen § 1 GWB, WuW 1998, 939; *Quiring*, Wettbewerbsverbote und Rechtssicherheit, WRP 2005, 813; *Renner*, Wettbewerbsbeschränkungen in Unternehmenskaufverträgen, DB 2002, 1143; *Rittner*, Das Kartellverbot in teleologischer Reduktion, FS U. Huber, 2006, S. 1095; *K. Schmidt*, Kartellverbot und »sonstige Wettbewerbsbeschränkungen«, 1978; *ders.*, Der Vergleichsvertrag unter Konkurrenten: ein Kartell?, JuS 1978, 736; *ders.*, Kartellrechtspolitik und Verfahrensrecht in der Schiedsgerichtsbarkeit, Festschrift Pfeiffer, 1988, S. 765; *ders.*, Ausschließlichkeitsbindung, Kartellverbot und Immanenztheorie, in: FS Sandrock, 2000, S. 833; *Schmitz*, Doch eine rule of reason im deutschen Kartellverbot, WuW 2002, 6; *Schötz*, Wettbewerbsabreden beim Unternehmensverkauf, 1982; *Schwarz*, Kartellvertrag und sonstige wettbewerbsbeschränkende Verträge, 1984; *Steindorff*, Kartellrecht und Schiedsgerichtsbarkeit, WuW 1984, 189; *Ulmer*, Die kartellrechtliche Beurteilung von Wettbewerbsverboten in Unternehmenskaufverträgen, NJW 1982, 1975; *Ch. Wolf*, Zwischen Schiedsverfahrensfreiheit und notwendiger staatlicher Kontrolle, RabelsZ 57 (1993), 643; *Zimmer*, Zulässigkeit und Grenzen schiedsgerichtlicher Entscheidungen von Kartellrechtsstreitigkeiten, 1991.

Zu E. IV. 2.: *Ackermann*, Die neuen EG-Wettbewerbsregeln für vertikale Beschränkungen EuZW 1999, 741; *Freund*, Handelsvertreter und EG-Wettbewerbsrecht, EuZW 1992, 408; *Kapp*, EG-kartellrechtliche Fehlentwicklung bei Handelsvertreterverträgen? WuW 1990, 814; *ders.*, Der Mehrfirmen-Handelsvertreter in der neuen Handelsvertreterbekanntmachung, RIW 1992, 235; *U. Müller*, Die Handelsvertretung im EG-Kartellrecht, 1996; *Niederleithinger*, Neue Konfliktfelder zwischen nationalem und Gemeinschaftsrecht, in: FS Lukes 1989, S. 511; *Rittner*, Das Handelsvertreterverhältnis im Kartellrecht, WuW 1993, 592; *ders.*, Die EG-Kommission und das Handelsvertreterrecht, DB 1999, 2097; *ders.*, Die Handelsvertreterpraxis nach dem neuen EG-Kartellrecht, DB 2000, 1211; *Seemann*, Schranken des EG-Kartellrechts für die Ausgestaltung von Handelsvertreterverträgen, 1995; *Ulmer/Habersack*, Zur Beurteilung des Handelsvertreter- und Kommissionsagenturvertriebs nach Art. 85 Abs. 1 EGV, ZHR 159 (1995), 109; *Völker*, Handelsvertretervertrieb und EG-Kartellrecht, 1994; *Wilhelm*, Wettbewerbsfreiheit und Agenturvertrieb, 1995; *Wissel/Scherer*, Handelsvertreterverträge: Neue Bekanntmachung in Vorbereitung, DB 1991, 1659.

§ 1 GWB   Verbot wettbewerbsbeschränkender Vereinbarungen

Zu E. IV. 4.: *Barth/Goncalves,* Zur Zulässigkeit von Alleinbezugsbindungen in Franchise-Verträgen, GWR 2014, 263; *Billing/Lang,* Grenzen der Werbemöglichkeiten eines Franchisegebers durch die Impressumspflicht des § 5a Abs. 3 Nr. 2 UWG, ZVertriebsR 2013, 207; *Billing/Metzlaff,* E-Commerce in Franchise- und anderen Vertriebssystemen – zulässiger Vertriebskanal oder vertragswidrige Konkurrenz durch den Franchisegeber?, BB 2015, 1347; *Fritzemeyer,* Auswirkungen der EU-Gruppenfreistellungsverordnung auf die Gestaltung von Franchiseverträgen, BB 2002, 1658; *Haager,* Die Entwicklung des Franchiserechts in den Jahren 1999, 2000 und 2001, NJW 2002, 1463; *ders.,* Die Entwicklung des Franchiserechts seit 2002, NJW 2005, 3394; *Hack/Goncalves,* Kartellrechtliche Grenzen der Werbung in Franchisesystemen, GWR 2015, 514 *Haubner/Tresnak,* 7. Competition Talk: »Franchise – ein zulässiges Kartell?«, ÖZK 2013, 221; *Kiethe,* Schadensersatzansprüche von Franchisenehmern gegen Franchisegeber wegen unerlaubter Preisbindung, WRP 2004, 1004; *Metzlaff,* Franchisesysteme und EG-Kartellrecht – neueste Entwicklungen, BB 2000, 1201; *Neumayr/Simon,* Austrian and European Cartel Law Aspects of Franchise Agreements, OZK 2008, 50.

Zu E. XII.: *Becker/Ulmer,* Causa Sport, 2015, 248–258; *Haus/Heitzer,* Kartellrecht gegen (Sport-)Schiedsgerichtsbarkeit – 1:0 zum Urteil des OLG München in der Sache Claudia Pechstein, NZKart 2015, 181–186; *Heermann,* Missbrauch einer marktbeherrschenden Stellung im Sport, Teil 2, WRP 2015, 1172–1179; *ders.,* Missbrauch einer marktbeherrschenden Stellung im Sport, Teil 1, WRP 2015, 1047–1053; *ders.,* UEFA Financial Fair Play im Lichte des Europarechts, Causa Sport 2013, 263, ders., Verbandsautonomie versus Kartellrecht, Causa Sport, 2006, 345–364; *Hellmann/Bruder,* Kartellrechtliche Grundsätze der Zentralvermarktung von Sportveranstaltungen – die aktuellen Entscheidungen der Kommission zur Bundesliga und FA Premier League, EuZW 2006, 359–363;*Schwarze/Hetzel,* Der Sport im Lichte des Europäischen Wettbewerbsrechts, EuR 2005, 581.

Zu E. XIII.: *Brandner/Kläger,* Ein Sieg über (oder für) das System der Sportgerichtsbarkeit?, SchiedsVZ 2015, 112; *Duve/Rösch,* Ist das deutsche Kartellrecht mehr wert als alle Olympiasiege, SchiedsVZ 2015, 69; *Eilmansberger,* Die Bedeutung der Art. 81 und 82 in Schiedsverfahren, SchiedsVZ 2006, 5; *ders.,* Die Schiedsgerichte im neuen System der EG-Kartellvorschriften, ecolex 2005, 844; *Haus/Heizer,* Kartellrecht gegen (Sport-)Schiedsgerichtsbarkeit – 1:0 zum Urteil des OLG München in der Sache Claudia Pechstein, NZKart 2015, 181; *Horn,* Zwingendes Recht in der internationalen Schiedsgerichtsbarkeit, Schieds-VZ 2008, 209; *Jansen/Johannsen,* Die Bewertung von Vergleichsvereinbarungen in Patentstreitigkeiten nach dem europäischen Kartellverbot, EuZW 2012, 893; *Säcker,* Ausschluss und Abkauf von Wettbewerb zum Schutz von Marktmachterosion, InTeR 2015, 1.

Zu F.: *Baur,* Kartellrecht und Politik, in: FS Großfeld, 1999, S. 73; *Becker-Schwarze,* Steuerungsmöglichkeiten des Kartellrechts bei umweltschützenden Unternehmenskooperationen, 1997; *Biedenkopf,* Zur Selbstbeschränkung auf dem Heizölmarkt, BB 1966, 1113; *Bock,* Entsorgung von Verkaufsverpackungen und Kartellrecht, WuW 1996, 187; *Frenz,* Selbstverpflichtungen der Wirtschaft, 2001; *Hendriks,* Die kartellrechtliche Zulässigkeit von Streikhilfeabkommen, ZHR 141 (1977), 1; *Horstmann,* Selbstbeschränkungsabkommen und Kartellverbot, 1977; *Hübner,* Außerkartellrechtliche Einschränkungen des Kartellverbots, 1971; *Kaiser,* Industrielle Absprachen im öffentlichen Interesse, NJW 1979, 585; *Kloepfer,* Umweltschutz als Kartellprivileg?, JZ 1980, 781; *ders.,* Kartellrecht und Umweltrecht, in: Gutzler (Hrsg.), Umweltpolitik und Wettbewerb, 1981, 57; *ders.,* Umweltrecht und Kartellrecht, JZ 2003, 1117; *Köhler,* Abfallrückführungssysteme der Wirtschaft im Spannungsfeld von Umweltrecht und Kartellrecht, BB 1996, 2577; *Kraft/Hönn,* Streikhilfeabkommen im Schnittpunkt von Kartell- und Arbeitsrecht, ZHR 141 (1977), 230; *Makowski,* Kartellrechtliche Grenzen der Selbstregulierung, 2007; *Riesenkampff,* Die private Abfallentsorgung und das Kartellrecht, BB 1995, 833; *W. H. Roth,* Zur Berücksichtigung nichtwettbewerblicher Ziele im europäischen Kartellrecht – eine Skizze, in: FS Mestmäcker, 2006, S. 411;

Säcker, Streikhilfeabkommen und Kartellrecht, ZHR 137 (1973), 455; *Steinbeck*, Umweltvereinbarungen und europäisches Wettbewerbsrecht, WuW 1998, 554; *v. Wallenberg*, Die Zulässigkeit von Umweltschutzkartellen, GRUR 1980, 833; *Velte*, Duale Abfallentsorgung und Kartellverbot, 1999.

Zu G. II.: *Benner*, Kartellrechtliche Unwirksamkeit bei verfassten Verbänden, 1993; *C. Schäfer*, Die Lehre vom fehlerhaften Verband, 2002; *Lohse*, Preiskartelle als fehlerhafte Gesellschaften?, in: FS Säcker, 2011, S. 827; *Paschke*, Die fehlerhafte Korporation, ZHR 155 (1991), 1; *W.H. Roth*, Nichtigkeit von Gesellschaftsverträgen bei Verstoß gegen das europäische Kartellverbot, in: FS Hopt, 2010, S. 2881; *K. Schmidt*, Fehlerhafte Gesellschaft und allgemeines Verbandsrecht, AcP 186 (1986), 421; *ders.*, Macht das Kartellverbot Gemeinschaftsunternehmen für Zivilprozesse inexistent?, WuW 1988, 5; *ders.*, Europäisches Kartellverbot und »fehlerhafte Gesellschaft«, Festschrift für Mestmäcker, 1996, 763; *ders.*, Heilung kartellrechtswidriger Satzungsänderungen durch § 242 AktG?, AG 1996, 385; *Schwintowski*, Die Grenzen der Ankerkennung fehlerhafter Gesellschaften, NJW 1988, 937; *Wertenbruch*, Die Rechtsfolge der Doppelkontrolle von Gemeinschaftsunternehmen nach dem GWB, 1990; *Wünsche*, Die nach § 1 GWB unwirksame Kartellvereinbarung im System der gesellschaftsrechtlichen Auflösungs- und Nichtigkeitsgründe, 1978.

Zu G. III.: *J. F. Baur*, Salvatorische Klauseln, FS Vieregge, S. 31; *Bunte*, Langfristige Gaslieferverträge nach nationalem und europäischem Kartellrecht, 2003; *ders.*, Die Bedeutung salvatorischer Klauseln in kartellrechtswidrigen Verträgen, GRUR 2004, 301; *Canaris*, Nachträgliche Gesetzeswidrigkeit von Verträgen, geltungserhaltende Reduktion und salvatorische Klauseln im deutschen und europäischen Kartellrecht, DB 2002, 930; *Ehricke*, Die Auswirkungen des europäischen Wettbewerbsrechts auf das deutsche Zivilrecht, Jahrbuch Junger Zivilrechtswissenschaftler 1992, 161; *Gaedertz*, Die Teilnichtigkeit wettbewerbsbeschränkender Verträge, 1994; *Mailänder*, Privatrechtliche Folgen unerlaubter Kartellpraxis, 1964; *Odersky*, Verbundene Rechtsgeschäfte – einheitliches Rechtsgeschäft, FS Ulmer, 2003, S. 1263; *K. Paul*, Gesetzesverstoß und Vertrag im Wettbewerbs- und Regulierungsrecht, 2009; *Ritter*, Langfristige Gasbezugsverträge: Zulässigkeit, Teilnichtigkeit oder Gesamtnichtigkeit, WuW 2002, 362; *K. Schmidt*, Kartellnichtigkeit von Folgeverträgen: alles neu seit »Courage« und der Siebenten GWB-Novelle?, in: FS Möschel, 2011, S. 559; *Strohe*, Salvatorische Klauseln – Aufgabe der »Pronuptia II«-Rechtsprechung durch den BGH, NJW 2003, 1780; *Traub*, »Geltungserhaltende Reduktion« bei nichtigen vertraglichen Wettbewerbsverboten, WRP 1994, 802; *Uffmann*, Das Verbot der geltungserhaltenden Reduktion, 2010; *Ulmer*, Offene Fragen zu § 139 BGB, FS Steindorff, 1990, S. 799.

Zu G. IV.: *Basedow*, Perspektiven des Kartelldeliktsrechts, ZWeR 2006, 294; *Beninca*, Schadensersatzansprüche von Kunden eines Kartells, WuW 2004, 604; *Berrisch/Burianski*, Kartellrechtliche Schadensersatzansprüche nach der 7. GWB-Novelle, WuW 2005, 878; *Brinker/Balssen*, Von Crehan zu Manfredi – Grundlage eines kartellrechtlichen Schadensersatzanspruches für »jedermann«?, FS Bechtold, 2006, 69; *Brömmelmeyer*, Die Ermittlung des Kartellschadens nach der Richtlinie 2014/104/EU, NZKart 2016, 2; *Bulst*, Schadensersatzansprüche der Marktgegenseite im Kartellrecht, 2006; *Demper*, 7. Speyerer Kartellrechtsforum: Aktuelle Entwicklung und Rechtsprechung, Private Enforcement und Kriminalisierung von Kartellrechtsverstößen, ÖZK 2015, 96; *Dittrich*, Der passing-on-Einwand und die Anspruchsberechtigung indirekter Abnehmer eines Kartells, GRUR 2009, 123; *Fritzsche*, Der Beseitigungsanspruch im Kartellrecht nach der 7. GWB-Novelle, WRP 2006, 42; *K. Fuchs*, Kartellvertrag und Bereicherung, 1990; *Glöckner*, Individualschutz und Funktionsschutz in der privaten Durchsetzung des Kartellrechts, WRP 2007, 490; *Keßler*, Schadensersatzansprüche von Kartellabnehmern de lege lata und de lege ferenda, BB 2005, 1125; *ders.*, Private Enforcement – Zur deliktsrechtlichen Aktualisierung des deutschen und europäischen Kartellrechts im Lichte des Verbraucherschutzes, WRP 2006, 1061; *ders.*, Cui bono? Schadensersatzansprüche der Verbraucher im Kartellrecht, VuR 2007, 41; *Kießling*, Neues zur Schadensabwälzung, GRUR 2009, 733; *Koch*, Schadensersatzansprüche mittelbar be-

§ 1 GWB Verbot wettbewerbsbeschränkender Vereinbarungen

troffener Marktteilnehmer nach § 33 GWB n.F., WuW 2005, 1210; *Komninos*, New prospects for private enforcement of EC Competition Law: Courage v. Crehan and the Community Right to Damages, 39 CMLRev (2002), 447; *Köhler*, Kartellverbot und Schadensersatz, GRUR 2004, 99; *Krauskopf/Schicho*, Die Umsetzung der Schadensersatzrichtlinie – eine Herausforderung für alle Beteiligten, VbR 2015, 121; *Mäsch*, Private Ansprüche bei Verstößen gegen das europäische Kartellverbot, EuR 2003, 141; *Mir/Makatsch*, Die neue EU-Richtlinie zu Kartellschadensersatzklagen – Angst vor der eigenen »Courage«? EuZW 2015, 7; *Möschel*, Behördliche oder privatrechtliche Durchsetzung des Kartellrechts, WuW 2007, 483; *Polster/Steiner*, Zur passsing-on defence im österreichischen Kartellschadensersatzrecht, ÖZK 2014, 49; *Reich*, The Courage Doctrine: Encouraging or Discouraging compnesation for antitrust injuries?, 42 CMLRev (2005), 35; *W.-H. Roth*, Das Kartelldeliktsrecht in der 7. GWB-Novelle, FS U. Huber, 2006, 1132; *Roth*, Neue EU-Richtlinie erleichtert künftig Schadensersatzklagen bei Verstößen gegen das Kartellrecht, GWR 2015, 73; *Rust*, Kartellverstoß und Gesamtschuld – Bestandsaufnahme und Ausblick, NZK 2015, 502; *Schaper/Stauber*, Die Kartellschadensersatzrichtlinie – Handlungsbedarf für den deutschen Gesetzgeber?, NZKart 2014, 346; *K. Schmidt*, Bankrott oder Bewährung des § 823 Abs. 2 BGB? – Gedanken aus Anlass der Neufassung des § 33 GWB, FS Canaris, 2007, 1175; *Schelle*, Die Geltendmachung von Schadensersatzansprüchen im Kartellrecht nach der 7. GWB-Novelle, FS Mailänder, 2006, 195; *Schütt*, Individualrechtsschutz nach der 7. GWB-Novelle, WuW 2004, 1124; Steiner, Der neue RL-Vorschlag der Kommission zum private enforcement, ecolex 2013, 1000; *Schweizer*, Die neue Richtlinie für wettbewerbsrechtliche Schadensersatzklagen, NZKart 2014, 335; *Stadler*, Schadensersatzklage im Kartellrecht-Forum Shopping welcome! JZ 2015, 1138; *Wurmnest*, Zivilrechtliche Ausgleichsansprüche von Kartellbeteiligten bei Verstößen gegen das EG-Kartellverbot, RIW 2003, 896; *Zäch*, Die Rückabwicklung verbotener Kartelleistungen, 1977.

Zu G. VI.: *Achenbach*, Pönalisierung von Ausschreibungsabsprachen und Verselbständigung der Unternehmensgeldbuße durch das Korruptionsbekämpfungsgesetz 1997, WuW 1997, 958; *ders.*, Die Verselbständigung der Unternehmensgeldbuße bei strafbaren Submissionsabsprachen – ein Papiertiger?, wistra 1998, 168; *Bangard*, Aktuelle Probleme der Sanktionierung von Kartellabsprachen, wistra 1997, 161; *Glaser*, Unzulässige Bieterabsprachen in exekutiven Versteigerungsverfahren – ein neuer Kartellstraftatbestand im StGB, ecolex 2015, 959; *Greeve*, Zur Strafbarkeit wettbewerbsbeschränkender Absprachen nach dem neuen § 298 StGB und zu weiteren Änderungen nach dem Gesetz zur Bekämpfung der Korruption, ZVgR 1998, 463; *dies.*, Ausgewählte Fragen zu § 298 StGB seit Einführung durch das Gesetz zur Bekämpfung der Korruption vom 13.8.1997, NStZ 2002, 505; *Hefendehl*, Kollektive Rechtsgüter im Strafrecht, 2002; *Hohmann*, Die strafrechtliche Beurteilung von Submissionsabsprachen, NStZ 2001, 566; *Jaeschke*, Der Submissionsbetrug, 1999; *Jansen*, Wettbewerbsbeschränkende Abreden im Vergabeverfahren, WuW 2005, 502; *Joecks*, Zur Schadensfeststellung beim Submissionsbetrug, wistra 1992, 247; *Korte*, Bekämpfung der Korruption und Schutz des freien Wettbewerbs mit den Mitteln des Strafrechts, NStZ 1997, 513; *Kosche*, Strafrechtliche Bekämpfung wettbewerbsbeschränkender Absprachen bei Submissionen, 2000; *Kuhlen*, Anmerkungen zu § 298, in: FS Lampe, 2003, S. 743; *Manquet*, Neuer § 168b: Vom Kartellmissbrauch zu den wettbewerbsbeschränkenden Absprachen im Vergabeverfahren, ZVB 2002, 84; *Möschel*, Zur Problematik der Kriminalisierung von Submissionsabsprachen, 1980; *Moosecker*, Die Beurteilung von Submissionsabsprachen nach § 263 StGB, FS Lieberknecht, 1997, S. 407; *Oldigs*, Möglichkeiten und Grenzen der strafrechtlichen Bekämpfung von Submissionsabsprachen, 1998; *ders.*, Die Strafbarkeit von Submissionsabsprachen nach dem neuen § 298 StGB, wistra 1998, 291; *Otto*, Wettbewerbsbeschränkende Absprachen bei Ausschreibungen, § 298 StGB, wistra 1999, 41; *Paulus*, Dienstpflichten und disziplinarrechtliche Verantwortung des Beamten bei Submissionskartellen, ÖZK 2012, 98; *Rönnau*, Täuschung, Irrtum und Vermögensschaden beim Submissionsbetrug – BGH, NJW 2001, 3781; *Satzger*, Die Bedeutung des Zivilrechts für die strafrechtliche Bekämpfung von Submissionskartellen, ZStW 109 (1997), 359; *Steininger*, Zur Strafbarkeit von Preisabsprachen im Baugewerbe, RZ 2000, 116; *Tie-*

demann, Wettbewerb als Rechtsgut des Strafrechts, in: FS Müller-Dietz, 2001, S. 905; *Wagner-von Papp,* Kartellstrafrecht in den USA, dem Vereinigten Königreich und Deutschland, WuW 2009, 1236.

Zu H. I. 1.: *Barth/Gießelmann,* Die wettbewerbsrechtliche Beurteilung von Mitversicherergemeinschaften, VersR 2009, 1454; *Hausmann/Queisner,* Die Zulässigkeit von Bietergemeinschaften im Vergabeverfahren, NZBau 2015, 402; *Immenga,* Bietergemeinschaften im Kartellrecht – ein Problem potentiellen Wettbewerbs, DB 1984, 385; *Jaeger/Graef,* Bildung von Bietergemeinschaften durch konkurrierende Unternehmen, NZBau 2012, 213; *Karollus/Artmann,* Bietergemeinschaften im europäischen Kartellrecht, wbl 2001, 453; *Koenig/Kühling/Müller,* Marktfähigkeit, Arbeitsgemeinschaften und das Kartellverbot, WuW 2005, 126; *Lotz/Mager,* Grundsätzliche Unzulässigkeit von Bietergemeinschaften, NZBau 2014, 328; *Lutz,* Die Arbeitsgemeinschaft im Gesetz gegen Wettbewerbsbeschränkungen, NJW 1960, 1833; *Maasch,* Die Zulässigkeit von Bietergemeinschaften, ZHR 150 (1986), 657; *Stifter,* Bewertung von Bietergemeinschaften nach dem Kartellgesetz 2005, bbl 2006, 51; *J. Wiedemann,* Die Bietergemeinschaft im Vergaberecht, ZfBR 2003, 240.

Zu H. I. 2.: *Arndt,* Einkaufsgemeinschaften und Kartellverbot, BB 1977, 1377; *Benisch,* Einkaufsverbände und Kartellgesetz, FS Isay, 1956, S. 231; *ders.,* Spiegelbild mit Verzerrungen, in: Wettbewerbsbeschränkungen in der Nachfrage, 1985, 107; *Beuthien,* Einkaufsgenossenschaften und Kartellrecht, DB 1977, Beilage 5; *Bunte,* Die kartellrechtliche Beurteilung von Einkaufsgemeinschaften der öffentlichen Hand, WuW 1998, 1037; *Christiansen,* Gemeinsame Beschaffung und Wettbewerb: Einkaufsgemeinschaften im EG-Kartellrecht, 2003; *Dauner,* Einkaufsgemeinschaften im Kartellrecht, 1988; *Ebenroth,* Einkaufsgemeinschaften und Kartellverbot, DB 1985, 1825; *v. Einem,* Kartellcharakter von Einkaufskooperationen, 1988; *Fritzsche,* Die Auslegung des § 1 GWB und die Behandlung von Einkaufsgemeinschaften im Kartellrecht, 1993; *Hermes,* Die Erfassung von Nachfragemacht im Handel, 1988; *Immenga,* Grenzen des Ausgleichs von Strukturnachteilen durch Einkaufskooperationen, FS Pfeiffer, 1988, S. 659; *Kerber,* Evolutionäre Marktprozesse und Nachfragemacht, 1989; *Kessler,* Einkaufskooperationen im Lichte des deutschen und europäischen Kartellrechts, WuW 2002, 1162; *Köhler,* Wettbewerbsbeschränkungen durch Nachfrager, 1977; *Lademann,* Aufhebung der Begrenzungswirkung des Nachfragewettbewerbs durch Einkaufsvereinigungen, DB 1987, 725; *Lutz,* Die Beurteilung von Einkaufskooperationen nach deutschem Wettbewerbsrecht, WRP 2002, 47; *Martin,* Zulässigkeitsgrenzen für Einkaufskooperationen, WuW 1984, 534; *Nowack,* Einkaufskooperationen zwischen Kartellverbot und Legalisierung nach dem GWB, 1993; *Olesch,* Das Kartellrecht der Einkaufszusammenschlüsse, 1983; *Säcker/Mohr,* Die Beurteilung von Einkaufskooperationen gem. Art. 101 Abs. 1 und Abs. 3 AEUV, WRP 2011, 793; *Schulte,* Die kartellrechtliche Beurteilung von Einkaufs- und Verkaufsgemeinschaften, WuW 1980, 227; *Sölter,* Kartellrechtliche Praxis bei Verkaufs- und Einkaufsgemeinschaften, Schwerpunkte des Kartellrechts 1981/82, 1983, S. 1; *v. Uckermann,* Einkaufsgemeinschaften im System des GWB, 1976; *Warzecha,* Einkaufsgemeinschaften im Lichte der ZVN-Entscheidung, BB 1978, 1242; *Wendland,* Zur kartellrechtlichen Beurteilung von Einkaufskartellen, WuW 1983, 357; *K. Westermann,* Einkaufskooperationen der öffentlichen Hand nach der Feuerlöschzüge-Entscheidung des BGH, ZWeR 2003, 481; *Wilhelm,* Der Fall »Selex und Tania« und die Kartellrechtsreform, WuW 1987, 965.

Zu H. I. 3.: *Bahr,* Die Behandlung von Vertikalvereinbarungen nach der 7. GWB-Novelle, WuW 2004, 259; *Kasten,* Vertikale (Mindest-)Preisbindung im Lichte des »more economic approach«, WuW 2007, 994; *Lettl,* Kartellverbot nach Art. 101 AEUV, §§ 1, 2, GWB und vertikale Preisempfehlung/Preisbindung, WRP 2011, 710; *Polley/Rhein,* Anforderungen an die Vereinbarung bzw. abgestimmtes Verhalten bei vertikaler Preisbindung – Praxis des BKartA und europäische Rechtslage, KSzW 2011, 15; *Sosnitza/Hoffmann,* Die Zukunft der vertikalen Preisbindung im Europäischen Kartellrecht, AG 2008, 107.

§ 1 GWB   Verbot wettbewerbsbeschränkender Vereinbarungen

Zu H. I. 6.: *Andewelt*, Analysis of Patent Pools under the Antitrust Laws, 53 Antitrust Law Journal (1984), 618; *Buxbaum*, Die dem Patentmonopol innewohnenden Beschränkungen, WuW 1966, 193; *Carlson*, Patent Pools and the Antitrust Dilemma, Yale Journal on Regulation 1999, 359; *Christoph*, Wettbewerbsbeschränkungen in Lizenzverträgen über gewerbliche Schutzrechte nach deutschem und europäischen Recht, 1998; *Fikentscher*, Urhebervertragsrecht und Kartellrecht, FG Schricker, 1995, S. 149; *Folz*, Technologiegemeinschaften und Gruppenfreistellung, 2002; *Gaster*, Kartellrecht und geistiges Eigentum: Unüberbrückbare Gegensätze im EG-Recht?, CR 2005, 247; *Gottschalk*, Wettbewerbsverbote in Verlagsverträgen, ZUM 2005, 359; *Gotzen*, A New Perspective fort he Management of Copyright and Competition Law in the Internal Market, FS Schricker, 2005, S. 299; *Harte*, Die kartellrechtliche Beurteilung von Abgrenzungsvereinbarungen über Warenzeichen, GRUR 1978, 501; *Harte-Bavendamm/v. Bonhard*, Abgrenzungsvereinbarungen und Gemeinschaftsmarken, GRUR 1998, 530; *Hauck*, Die wettbewerbsrechtliche Beurteilung von Lizenzverträgen in der EU und den USA, 2008; *Heine*, Wahrnehmung von Online-Musikrechten durch Verwertungsgesellschaften im Binnenmarkt, 2008; *Heinemann*, Immaterialgüterschutz in der Wettbewerbsordnung, 2002; *ders.*, Die Relevanz des »more economic approach« für das Recht des geistigen Eigentums, GRUR 2008, 949; *Janoschek*, Abgrenzungsvereinbarungen über Warenzeichen, 1975; *Jung*, Die Zwangslizenz als Instrument der Wettbewerbspolitik, ZWeR 2004, 379; *Kartte*, Die gemeinschaftliche Nutzung von Warenzeichen im Spannungsfeld zwischen GWB und Warenzeichenrecht, FS Quack, 1991, S. 609; *Kirchner*, Patentrecht und Wettbewerbsbeschränkungen, in: Ott/Schäfer (Hrsg.), Ökonomische Analyse der rechtlichen Organisation von Innovationen, 1994, S. 166; *Kraft*, Sind Vorrechtsvereinbarungen über Warenzeichen kartellrechtlich relevant?, GRUR 1977, 760; *ders.*, Kartellrechtliche Fragen zu Abgrenzungsvereinbarungen und Vorrechtserklärungen im Kennzeichnungsrecht, Mitt. 1986, 21; *Kretschmer*, Abgrenzungsvereinbarungen vor dem europäischen Gerichtshof, GRUR 1983, 166; *Kreutzmann*, Neues Kartellrecht und geistiges Eigentum, WRP 2006, 453; *Loewenheim*, Warenzeichen und Wettbewerbsbeschränkung, 1970; *ders.*, Urheberrecht und Kartellrecht, UFITA 79 (1977), 175; *ders.*, Gewerbliche Schutzrechte, freier Warenverkehr und Lizenzverträge, GRUR 1982, 461; *Mestmäcker*, Gewerbliche Schutzrecht und Urheberrechte in der Eigentums- und Wirtschaftsordnung, FS Immenga, 2004, S. 261; *Neubauer*, Markenrechtliche Abgrenzungsvereinbarungen aus rechtsvergleichender Sicht, 1983; *Niebel*, Das Kartellrecht der Markenlizenz unter besonderer Berücksichtigung des europäischen Gemeinschaftsrechts, WRP 2003, 482; *Rißmann*, Die kartellrechtliche Beurteilung der Markenabgrenzung, 2008; *Sack*, Der »spezifische Gegenstand« von Immaterialgüterrechten als immanente Schranke des Art. 85 Abs. 1 EG-Vertrag bei Wettbewerbsbeschränkungen in Lizenzverträgen, FS Ritter, 1997, S. 753 = RIW 1997, 449; *ders.*, Zur Vereinbarkeit wettbewerbsbeschränkender Abreden in Lizenz- und Know-how-Verträgen mit europäischem und deutschem Kartellrecht, WRP 1999, 592; *Shapiro*, Antitrust Limits to Patent Settlement, 34-2 RAND Journal of Economics (2003), 391; *St. Schaub*, Zur EG-kartellrechtlichen Zulässigkeit von Nichtangriffsabreden über gewerbliche Schutzrechte, RIW 1987, 95; *Sherliker*, Trademark Delimination Agreements in the EEC, New Law Journal 1984, 545; *Schluep*, Kartellrechtliche Grenzen von warenzeichenrechtlichen Abgrenzungsverträgen, GRUR Int 1985, 543; *Schwanhäusser*, Die Auswirkungen der Toltecs-Entscheidung des Europäischen Gerichtshofs auf Abgrenzungsvereinbarungen, GRUR Int 1985, 816; *Tom/Newberg*, Antitrust and Intellectual Property: From Separate Spheres to Unified Field, 66 Antitrust Law Journal (1997), 167; *Ullrich*, Patents and Know-How, Free Trade, inter enterprise Cooperation and Competition within the Internal European Market, IIC 1992, 583; *ders.*; Lizenzkartellrecht auf dem Weg zur Mitte, GRUR Int 1996, 555; *ders.*, Patentgemeinschaften, FS Immenga, 2004, S. 403; *Wellhausen*, Die wettbewerbsrechtliche Behandlung von Technologiepools in den USA und der europäischen Union, 2007; *Wünschmann*, Die kollektive Verwertung von Urheber- und Leistungsschutzrechten nach europäischem Wettbewerbsrecht, 2000.

Zu H. I. 7.: *Aberle,* Ökonomische Bewertung von Transparenz oder Geheimhaltung der Marktdaten als Wettbewerbsparameter, FIW 150, S. 1; *Albach/Jin/Schenk* (Hrsg.), Collusion through Information Sharing?, 1996; *Albers,* Wettbewerbsbeschränkung durch Information, CuR 1987, 753; *Baker,* Identifying Horizontal Price Fixing in the Electronic Marketplace, 65 ALJ (1996), 41; *Barnikel,* Rumpfkartelle, Preisgespräche und Preismeldestellen, 1972; *F.-R. Behrens,* Marktinformation und Wettbewerb – Wirtschaftliche und rechtliche Grundlegung des Open-Price-System, 1963; *ders.,* Marktinformationsverträge, GWB und Antitrustrecht, WRP 1969, 137; *ders.,* Der Begriff des Geheimwettbewerbs, WRP 1974, 534; *Benisch,* Zur kartellrechtlichen Beurteilung der kooperativen Marktinformation, DB 1972, 1709; *ders.,* Die Kartellrechtspraxis zum »Geheimwettbewerb«, FS Steindorff (1990), S. 937; *Besen/Gronemeyer,* Kartellrechtliche Risiken bei Unternehmenskäufen: Informationsaustausch und Clean Team, CCZ 2009, S. 67; *Besen/Gronemeyer,* Informationsaustausch im Rahmen von Unternehmenskäufen – Kartellrechtliche Entwicklungen und Best Practice, CCZ 2013, 137; *Bohnemann,* Preismeldestellen und Wettbewerb, Schmollers Jahrbuch für Wirtschafts- und Sozialwissenschaften 89 (1969), 641; *Brandt,* Information, Marktform und Wettbewerb, ZHR 127 (1965), 200; *Busekist von/Timmerbeil,* Die Compliance Due Diligence in M&A Prozessen, CCZ 2013, 225; *Cooper,* Communication and Cooperation Among Competitors ..., 61 ALJ (1993), 549; *Dreher,* Die kartellrechtliche Beurteilung identifizierender Marktinformation in der Versicherungswirtschaft, FS Schirmer, 2005, S. 71; *Feldkamp,* Statistische Marktinformationsverfahren und das europäische Kartellrecht, EuZW 1991, 617; *FiW* (Hrsg.), Bewertung und Zulässigkeit von Marktinformationsverfahren, 2002; *Gounalakis/Lochen,* Elektronische Marktplätze und Kartellrecht, ZHR 167 (2003), 632; *Grauel,* Marktinformationsverfahren nach deutschem und EG-Recht, FS Sölter (1982), S. 177; *Graumann,* Marktinformation als Wettbewerbsstrategie, WuW 1992, 906; *Hefermehl/Huber/Seidenfus,* Kooperative Marktinformation, 1967; *Henry,* Benchmarking and Antitrust, 62 ALJ (1994), 483; *Hoppmann,* Preismeldestellen und Wettbewerb, WuW 1966, 97; *ders.,* Das open-price-System und § 1 GWB, WRP 1966, 16; *ders.,* Kartelle und Marktstatistik, WRP 1966, 300; *F. Immenga/Lange,* Elektronische Marktplätze: Wettbewerbsbeschränkende Verhaltensweisen im Internet?, RIW 2000, 733; *Jestaedt,* Funktionalität, Effizienz und Wettbewerb: B2B-Marktplätze und das Kartellrecht, BB 2001, 581; *Kierner,* B2B Plattformen und das Kartellrecht, 2005; *Kilian,* Marktinformationsverfahren und Wettbewerbsbeschränkung, NJW 1974, 289; *Kirchner,* Internetmarktplätze, Markttransparenz und Marktinformationssysteme, WuW 2001, 1030; *Krenn,* Gun-Jumping im österreichischen und europäischen Kartellrecht, ÖZK 2011, 183; *Krone,* Horizontale Markttransparenz im Zeichen einer Informationsgesellschaft, 2003; *Lampert/Michel,* B2B-Marktplätze im Internet – Kartellrechtliche Standortbestimmung: alter Wein in neuen Schläuchen, K&R 2002, 505; *Linke,* Gestaltungsoptionen für Vertraulichkeitsvereinbarungen bei Unternehmenstransaktionen, GWR 2014, 449; *Markert,* Gegenstandstheorie und Preismeldestellen, ZHR 134 (1970), 34; *Marx,* Kartell- und beweisrechtliche Fragen zu Marktinformationsverfahren, WuW 1975, 620; *Menze,* Marktinformation durch Marktstatistik, DB 1973, 1029; *Mestmäcker,* Verbandsstatistiken als Mittel der Beschränkung und der Förderung des Wettbewerbs in den Vereinigten Staaten und Deutschland, 1952; *Meyer/Müller,* Die Zukunft des Geheimwettbewerbs in einer vernetzten Welt, WuW 2007, 117; *Niemeyer,* Market Information Systems, ECLR 1993, 151; *Polley/Kuhn,* Kartellrechtliche Grenzen des Informationsaustausches zwischen Wettbewerbern bei M&A-Transaktionen und anderen Anlässen, CFL 2012, 117; *Rinck,* Marktinformationssysteme – Eine vergleichende Untersuchung zum geltenden Recht und zur richtigen Technik, FS Hartmann, 1976, S. 231; *Röeper/Erlinghagen,* Wettbewerbsbeschränkung durch Marktinformation ?, 1974; *J. P. Schmidt/Schreiber,* Anspruch des Minderheitsgesellschafters auf wettbewerblich erhebliche Informationen im Spannungsfeld zwischen Gesellschafts- und Kartellrecht, BB 2002, 1921; *Sedemund,* Entwicklung der kartellrechtlichen Bewertung von Marktinformationsverfahren, FS Lieberknecht, 1997, S. 572; *Stout,* B2B E-Marketplaces – The Emerging Competition Law Issues, 24(1) World Competition (2001), 125; *Trautmann,* Zur kartellrechtlichen Zulässigkeit von Preisinformationsverfahren, WuW 1977, 227;

§ 1 GWB   Verbot wettbewerbsbeschränkender Vereinbarungen

Tugendreich, Die kartellrechtliche Zulässigkeit von Marktinformationsverfahren, 2004; *Vollmer*, Die kartellrechtliche Beurteilung von Marktinformationsverfahren nach neuem GWB, FS Mailänder, 2006, S. 215; *Wagner-von Papp*, Marktinformationsverfahren: Grenzen der Information im Wettbewerb, 2004; *ders.*, Wie identifizierend dürfen Marktinformationsverfahren sein?, WuW 2005, 732; *ders.*, Identifying and Non-Identifying Information exchanges, ECLR 2007, 264; *Ziegenhain*, Marktinformationsverfahren im Deutschen und Europäischen Kartellrecht, EWS 1993, 40.

Zu H. I. 9.: *Auf'mkolk*, Der reformierte Rechtsrahmen der EU-Kommission für Vereinbarungen über horizontale Zusammenarbeit, WuW 2011, 699; *Barthelmeß/Gauß*, Die Lizenzierung standardessentieller Patente im Kontext branchenweit vereinbarter Standards unter dem Aspekt des Art. 101 AEUV, WuW 2010, 626; *Bunte*, Zur Kontrolle allgemeiner Geschäftsbedingungen und Konditionenempfehlungen, BB 1980, 325; *Dreher/Hoffmann*, Die Muster allgemeiner Versicherungsbedingungen im europäischen Kartellrecht, ZWeR 2012, 403; *Fuchs*, Kartellrechtliche Schranken für patentrechtliche Unterlassungsklagen bei FRAND-Lizenzerklärungen für standardessentielle Patente, NZKart 2015, 429; *Gruber*, Horizontale Vereinbarungen: neue Gruppenfreistellungsverordnungen und überarbeitete Leitlinien, ÖZK 2011, 7; *Hennig*, Zur Praxis des Bundeskartellamtes bei Konditionenkartellen und -empfehlungen, DB 1984, 1509; *Hartmann*, Patenthinterhalte in Normungsprozessen, 2015; *Koenig/Neumann*, Standardisierung und EG-Wettbewerbsrecht ..., WuW 2003, 1148; *Koenig/Neumann*, Standardisierung – ein Tatbestand des Kartellrechts?, WuW 2009, 382; *Körber*, Kartellrechtlicher Zwangslizenzeinwand und standardessentielle Patente, NZKart 2013, 87; *Knieps*, Standards und die Grenzen der unsichtbaren Hand, ORDO 45 (1994), 51; *Koschel*, Konditionenkartelle in der Textilindustrie und Nachfragemacht, WuW 1977, 187; *Lanzenberger*, Normen-, Typen- und Rationalisierungskartelle, 1962; *Park*, Patents and Industry Standards, 2010; *Pohlmann*, Mitversicherungsbedingungen nach Wegfall der GVO: Paradise lost?, WuW 2010, 1106; *Pohlmann*, Update: Musterversicherungsbedingungen nach Wegfall der GVO: Paradise regained?, WuW 2011, 379; *Schweitzer*, Standardisierung als Mittel zur Förderung und Beschränkung des Handels und des Wettbewerbs – zugleich eine Anmerkung zum Urteil des EuGH vom 12.7.2012 im Fall Fra.bo SpA/Deutsche Vereinigung des Gas- und Wasserfaches e.V. (Rs. C-171/11), EuZW 2012, 765. *Stefener*, DIN-Normen – Ihre Zulässigkeit nach dem Gesetz gegen Wettbewerbsbeschränkungen, 1970; *Walther/Baumgartner*, Standardisierungs-Kooperationen und Kartellrecht, WuW 2008, 158; *Zapfe*, Konditionenkartelle nach der 7. GWB-Novelle, WuW 2007, 1230.

Zu H. I. 10.: *Benisch*, Gleiches Kartellrecht für Einkaufs- und Verkaufskooperationen, FS Sölter, 1982, S. 161; *Frey*, Neue Herausforderungen für die exklusive Contentverwertung – Der wettbewerbsrechtliche Rahmen für die Vermarktung und den Erwerb von Medienrechten, GRUR 2003, 931; *Hellmann/Bruder*, Kartellrechtliche Grundsätze der zentralen Vermarktung von Sportveranstaltungen, EuZW 2006, 359; *Holznagel*, Der Zugang zu Premium-Inhalten: Grenzen einer Exklusivvermarktung nach Europäischem Recht, K&R 2005, 385; *Körber*, Die erstmalige Anwendung der Verpflichtungszusage gem. Art. 9 VO 1/2003 und die Zukunft der Zentralvermarktung von Medienrechten an der Fußballbundesliga, WRP 2005, 463; *Springer*, Die zentrale Vermarktung von Fernsehrechten im Ligasport nach deutschem und europäischen Kartellrecht unter besonderer Berücksichtigung des amerikanischen Antitrust-Rechts, WRP 1998, 477; *Stockmann*, Sportübertragungsrechte und Kartellrecht am Beispiel der Europacup-Spiele, ZIP 1996, 411; *Stopper*, Ligasportvermarktung: Verhaltenskoordination oder Gemeinschaftsproduktion, ZWeR 2008, 412; *Wertenbruch*, Die zentrale Vermarktung von Fußball-Fernsehrechten als Kartell nach § 1 GWB und Art. 85 EGV, ZIP 1996, 1417; *Weyhs*, Die zentrale Vermarktung von Fußballübertragungsrechten aus kartellrechtlicher Sicht, in: Viehweg (Hrsg.), Perspektiven des Sportrechts 19, 2005, 149.

Zu I.: *Axster*, Gemeinschaftsunternehmen als Kooperations- oder Konzentrationstatbestand im EG-Recht, in: FS Gaedertz, 1992, S. 1; *Bach*, Gemeinschaftsunternehmen nach dem »Ost-

Fleisch«-Beschluss des BGH, ZWeR 2003, 187; *Bechtold*, Zur Fusionskontrolle über Gemeinschaftsunternehmen, BB 1980, 344; *Benisch*, Verhältnis von Kartellverbot und Fusionskontrolle, in: FS Rittner, 1991, S. 17; *Beuthien*, Gesellschaftsrecht und Kartellrecht, DB 1978, 1625, 1677; *Bien*, Kartellrechtskontrolle von Gemeinschaftsunternehmen ex ante und ex post – Teil 1: Das Verfahren der Doppelkontrolle de lege lata und de lege ferenda, NZKart 2014, 214 ff.; *Börner*, ARAL-Beschluss und Gemeinschaftsunternehmen, DB 1984, 2674; *Feldkamp*, Gemeinschaftsunternehmen – als Kartelle verboten? Zu den Grenzen der Anwendbarkeit des § 1 GWB neben den §§ 23 ff. GWB, Köln 1991; *K. Fischer*, Gruppeneffekt und Fusionskontrolle über Gemeinschaftsunternehmen, in: Gemeinschaftsunternehmen – Deutsches und EG-Kartellrecht. 1987, 57; *v. Gamm*, Das Gemeinschaftsunternehmen im Kartell- und Fusionskontrollrecht unter Berücksichtigung kartellbehördlicher Unbedenklichkeitsbescheinigungen und allgemeiner Verwaltungsgrundsätze, AG 1987, 329; *Gansweid*, Gemeinsame Tochtergesellschaften im deutschen Konzern- und Wettbewerbsrecht, 1976; *v. Hahn*, Gemeinschaftsunternehmen zwischen Zusammenschlusskontrolle und Wettbewerbsverbot, in: Schwerpunkte des Kartellrechts 1974/75, 1976, 57; *Harms/König*, Gemeinschaftsunternehmen 1977–1979, in: Schwerpunkte des Kartellrechts 1978/79, 1980, 121; *G. Huber*, Das Entstehen oder Verstärken einer marktbeherrschenden Stellung durch einen Zusammenschluss, insbesondere durch Bildung eines Gemeinschaftsunternehmens, WuW 1975, 371; *U. Huber*, Gemeinschaftsunternehmen im deutschen Wettbewerbsrecht, in: U. Huber/Börner, Gemeinschaftsunternehmen im deutschen und europäischen Wettbewerbsrecht, 1978, S. 1 ff.; *ders.*, Gemeinschaftsunternehmen im Kartellrecht, in: Kontrolle von Marktmacht nach deutschem, europäischem und amerikanischem Kartellrecht, 1981, 79; *ders.*, Der Mischwerke-Beschluss des BGH und die Verwaltungsgrundsätze des BKartA zur kartellrechtlichen Beurteilung von Gemeinschaftsunternehmen, in: Gemeinschaftsunternehmen – Deutsches und EG-Kartellrecht, 1987, 1; *Immenga*, Gemeinschaftsunternehmen als Kartell und Zusammenschluss – ein Grundsatzurteil des BGH, ZHR 150 (1986), 366; *Kilian*, Kartellrechtliche Beurteilung von Gemeinschaftsunternehmen – Das gemeinsame Reservierungssystem der großen Reiseveranstalter, DB 1981, 1965; *Klaue*, Einige Bemerkungen über die Zukunft der Zweischrankentheorie, in: FS Steindorff, 1990, 979; *Knöpfle*, Zur Unterscheidung zwischen konzentrativem und kooperativem Gemeinschaftsunternehmen bei der kartellrechtlichen Beurteilung von Gemeinschaftsgründungen, BB 1980, 654; *Köhler*, Gemeinschaftsunternehmen und Kartellverbot – Besprechung der Entscheidung BGHZ 96, 69 »Mischwerke«, ZGR 1987, 271; *Leube*, Zur Anwendbarkeit der §§ 1 und 23 ff. GWB auf Gemeinschaftsunternehmen, ZHR 141 (1977), 313; *Mestmäcker*, Gemeinschaftsunternehmen im deutschen und europäischen Konzern- und Kartellrecht, in: Recht und ökonomisches Gesetz, 2. Aufl., 1984; *Pohlmann*, Doppelkontrolle von Gemeinschaftsunternehmen im europäischen Kartellrecht, WuW 2003, 473; *Polley*, Preisdämpfende Maßnahmen im Rahmen eines Gemeinschaftsunternehmens als Verstoß gegen § 1 GWB, WuW 1998, 939; *K. Schmidt*, Gemeinschaftsunternehmen im Recht der Wettbewerbsbeschränkungen, AG 1987, 333; *ders.*, Gemeinschaftsunternehmen, Wettbewerbsverbote und Immanenztheorie: »Nord-KS/Xella« (2008) und »Gratiszeitung Hallo« (2009), in FS Säcker, 2011, 949; *Schroeder*, Schnittstellen der Kooperations- und Oligopolanalyse im Fusionskontrollrecht, WuW 2004, 893; *Steindorff*, Wettbewerb durch Gemeinschaftsunternehmen, BB-Beilage 1/1988; *Stockmann*, Verwaltungsgrundsätze und Gemeinschaftsunternehmen, WuW 1988, 269; *Thomas*, Konzernprivileg und Gemeinschaftsunternehmen, ZWeR 2005, 236; *Ulmer*, Gemeinsame Tochtergesellschaften im deutschen Konzern- und Wettbewerbsrecht, ZHR 141 (1977), 466; *Wertenbruch*, Die Rechtsfolge der Doppelkontrolle von Gemeinschaftsunternehmen nach dem GWB, 1990; *Wiedemann*, Gemeinschaftsunternehmen im deutschen Kartellrecht, 1981; *ders.*, Kartellverbot und Fusionskontrolle bei kooperativen Gemeinschaftsunternehmen, BB 1980, 955; *ders.*, Aktuelle Entwicklungen bei der kartellrechtlichen Beurteilung von Gemeinschaftsunternehmen, BB 1984, 285.

§ 1 GWB *Verbot wettbewerbsbeschränkender Vereinbarungen*

A. Grundlagen

I. Historische Entwicklung

1 Kartelle sind eine alte Erscheinung im Wirtschaftsleben. Lange Zeit waren diese gewünscht und erlaubt. Gemeinhin als das Mutterland des Rechts gegen Wettbewerbsbeschränkungen und damit auch des Kartellverbots gelten die Vereinigten Staaten von Amerika. Bereits im Jahre 1890 trat dort der *Sherman-Act* in Kraft, benannt nach seinem Schöpfer *John Sherman*. Sec. 1 des Sherman Act verbietet jede vertragliche oder sonst abgestimmte Handelsbeschränkung zwischen den einzelnen amerikanischen Staaten oder mit dem Ausland.[1] Sehr weit zurückreichende Wurzeln enthält auch das österreichische Kartellrecht. Dort fand sich bereits 1803 in § 227 öStGB eine Regelung zum Verbot von Preisabsprachen, derzufolge »*die Verabredung von mehreren oder sämtlichen Gewerbsleuten eines Gewerbes, in der Absicht, den Preis einer Ware oder einer Arbeit zum Nachteil des Publikums zu erhöhen oder zu ihrem eigenen Vorteil herabzusetzen oder um Mangel zu verursachen, verboten ist*«. Eine fast inhaltsgleiche Vorschrift fand sich später auch im nachfolgenden StGB 1852.[2] Als problematisch erwies sich bei der praktischen Anwendung jedoch die Anknüpfung an eine Absicht. Durch diese Anknüpfung an das Merkmal der Absicht griff die Regelung praktisch nur selten. Systematisch war es sicher auch der Anbindung an das Strafrecht geschuldet.

2 Die Regelung in § 227 öStGB wurde sodann auf Druck wirtschaftsliberaler Kräfte mit dem Koalitionsgesetz von 1870 wieder aufgehoben, aus dem Strafrecht herausgelöst und in das Zivilrecht »befördert«. Dort wurde in § 4 Koalitionsgesetz 1870 geregelt, dass die »*Verabredung von Gewerbsleuten zu dem Zweck, den Preis einer Ware zum Nachteil des Publikums zu erhöhen*«, zivilrechtlich unwirksam ist. Die Regelung erwies sich allerdings ebenfalls als relativ stumpfe Waffe, da die zivilrechtliche Nichtigkeit als Sanktion nur dann griff, wenn sie gerichtlich geltend gemacht wurde. Dies führte in der Praxis dazu, dass man in der jeweiligen Vereinbarung stets eine Schiedsklausel vorsah, da sich die Schiedsgerichte regelmäßig über die zivilrechtliche Nichtigkeit der Kartellabsprache hinwegsetzten.[3] Diese Erkenntnis mündete in Österreich bereits 1897 und damit nur sieben Jahre nach dem Sherman-Act in den **ersten** (echten) Entwurf eines Kartellgesetzes in Europa. Die Vorlage

---

[1] »Every contract, combination in the form of trust or otherwise, or conspiracy in restraint of trade or commerce among the several States or with foreign nations is declared to be illegal«.
[2] *Koppensteiner*, Österreichisches und Europäisches Wettbewerbsrecht, 3. Auflage 1997, § 3, Rn. 3; *Lammel*, Recht zur Ordnung des Wettbewerbs, in *Cuoing*, Handbuch der Quellen und Literatur der neueren Europäischen Privatrechtsgeschichte, Bd. III/3, 1982, S. 3866 ff.
[3] *Koppensteiner*, Österreichisches und Europäisches Wettbewerbsrecht, § 3, Rn. 6.

stammte vom Finanzministerium. Der Entwurf sah vor, dass für bestimmte Verbrauchsgüter wie Zucker, Branntwein, Bier und Mineralöl, die einer indirekten Besteuerung unterlagen, Kartellvereinbarungen zum Zwecke von Preisfestlegungen, unter bestimmten Voraussetzungen einer Registrierungspflicht unterlagen.[4] Nach Registrierung sollten diese von § 4 Koalitionsgesetz 1870 ausgenommen sein.

In Deutschland setzte sich nur zögerlich die Erkenntnis durch, Kartellabsprachen zu verbieten und zu sanktionieren. Man erachtete sie als Ausfluss der mit der Stein-Hardenbergschen Reform in den Jahren 1808 bis 1813 in Deutschland eingeführten Gewerbefreiheit,[5] wie noch das RG 1897 in seiner Entscheidung zum **sächsischen Holzstoffkartell** betonte.[6] Allerdings gab es auch bereits 1813 erste Ansätze gesetzlicher Regelungen zum Schutz des Wettbewerbs. Eine diesbezügliche Regelung fand sich z.B. in der Königlichen Kabinettsordre vom 19.4.1813, in der vorgesehen war, dass Verträge zwischen verschiedenen Kontrahenten, welche die Gewerbefreiheit beschränken, nichtig sind.[7] Diese Kabinettsordre wurde allerdings nicht von der späteren Gewerbeordnung des Norddeutschen Bundes von 1869 übernommen. Vielmehr kippte die Rechtsprechung wieder zurück zur Akzeptanz von Kartellen als Ausfluss der Gewerbefreiheit, was sich zum einen anhand der Entscheidung des Reichsgerichts zum sächsischen Holzstoffkartell kennzeichnen lässt und zum anderen an einem Urteil des Reichsgerichts aus dem Jahr 1890 zum **Gruppenboykott** der deutschen Verlage gegenüber verschiedenen **Buchhändlern**, welche sich nicht an die kollektiv eingeführte Buchpreisbindung halten wollten.[8]

3

Durch das Verständnis, dass die Kartellierung Ausfluss der Gewerbefreiheit ist, wurde Deutschland zum »Land der Kartelle«. Im Jahr 1905 gab es in Deutschland bereits ca. 400 Kartelle, allen voran das Rheinisch-Westfälische Kohlensyndikat (RWKS). Als gesetzlicher Ahne des heutigen § 1 GWB lässt sich insbesondere § 2 der **Kartellverordnung von 1923** ansehen.[9] Allerdings

4

---

4 *Ender/Landau*, Kartellpolitik und Kartellgesetzgebung in Österreich, in *Jahn-Junckerstorff*, Internationales Hadbuch der Kartellpolitik, S. 392; *Resch*, Industriekartelle in Österreich vor dem Ersten Weltkrieg, S. 85.
5 Siehe dazu *van Vormizeele*, NZKart 2013, 386, 387; dazu auch ausführlich *Strauß*, Gewerbefreiheit und Vertragsfreiheit – eine rechtsgeschichtliche Erinnerung, in: Festschrift für Franz Böhm zum 80. Geburtstag, Tübingen 1975, S. 603; *Möschel*, NZKart 2014, 42.
6 RGZ 38, 155; dazu *Richter*, S. 71 ff. mit einer Darstellung der obergerichtlichen Praxis zu Kartellabsprachen (S. 38 ff.). Siehe dazu auch *Möschel*, 70 Jahre deutsche Kartellpolitik, 1972, so auch *Basedow*, WuW 2008, 270, 276.
7 Dazu ausführlich *Möschel*, NZKart 2014, 42.
8 RGZ 28, 238 und RGZ 56, 271; dazu ausführlich *Möschel*, WRP 2004, 857.
9 RGBl. I, S. 1067 ff.; ausführlich dazu: *Nörr*, Die Leiden des Privatrechts, S. 49 ff.

war die Vorschrift kein umfassender Verbotstatbestand, Kartelle waren vielmehr erlaubt. Die Kartellverordnung erfasste vielmehr nur bestimmte missbräuchliche Verhaltensweisen der Kartellmitglieder (**Missbrauchsprinzip**). Es kam daher nur zu einer Begrenzung. Zudem knüpfte die Vorschrift an einen Vertrag zu einem »gemeinsamen Zweck« an und damit an einen Gesellschaftsvertrag. Wettbewerbsbeschränkungen in **Austauschverträgen** oder sonstigen Vereinbarungen blieben sanktionslos. Dies ist heute, wie man z.B. an den Radius- und Konkurrenzschutzklausel-Fällen sieht, nicht mehr der Fall (vgl. dazu ausführlich Rdn. 348). Lange zauderte man im Inland, wettbewerbsbeschränkende Vereinbarungen mit einem Unwerturteil zu belegen und dadurch mit der deutschen Kartelltradition zu brechen.[10] Dies änderte sich erst teilweise durch die KartellNotVO vom 3.8.1930,[11] wonach immerhin Preisbindungen zwischen Lieferanten und ihren Abnehmern verboten waren. Diese Regelung gelangte allerdings nur neben anderen zur Anwendung. Von Bedeutung war hier insbesondere § 1 UWG (Verstoß gegen die guten Sitten im Wettbewerb), auf den sich auch das Reichsgericht 1931 im **Benrather Tankstellenfall** stützte.[12] Das Reichsgericht fußte seine Entscheidung trotz des bereits verabschiedeten und in Kraft getretenen § 2 Kartellverordnung 1923 vor allem auf § 1 UWG und entschied, dass ein Verstoß gegen § 1 UWG vorliegt, wenn ein zulässiges Kartell versuche, einen preisbrechenden Tankstelleninhaber im Wege einer gezielten Kampfpreisunterbietung zu zwingen, entweder die vom Kartell erwünschten Preise einzuhalten oder schlussendlich aus dem Markt auszuscheiden. Heutzutage würden Kampfpreise als Fallgruppe im Rahmen des Art. 102 AEUV (*predatory pricing*) sowie u.U. § 4 Nr. 10 UWG behandelt.

5 In seiner epochalen Habilitationsschrift aus dem Jahre 1933 setzte *Franz Böhm* das Fundament, auf dem die derzeitige Kartelltheorie ruht und sich weiterentwickelt. *Böhm* war scharfer Kritiker der reichsgerichtlichen Rechtsprechung, insbesondere der Entscheidung zum sächsischen Holzstoffkartell.[13] Nach *Böhm* bedingen Wettbewerbsfreiheit und der Wettbewerb als solcher einander. Erstere entfaltete sich im Wettbewerb, letzterer fußt auf der individuellen Freiheit.[14] Die **Freiburger Schule**, der neben *Franz Böhm* auch *Walter Eugen* zu-

---

10 Geschätzt existierten in Deutschland zum Anfang der 30iger Jahre des vorigen Jahrhunderts etwa 2000–4000 Kartelle, vgl. *Bunte*, in: Langen/Bunte, Einführung zum GWB, Rn. 3.
11 RGBl. I, S. 328.
12 RGZ 134, 342 ff.
13 *Böhm* kritisierte die Entscheidung des Reichsgerichts dahingehend, dass dieses mit der Legitimierung der Kartelle geltendes Recht nicht angewendet, sondern mit dem Urteil das geltende Recht lediglich kritisiert habe. Er argumentierte dahingehend, dass die Richter das geltende Recht hätten auslegen und anwenden sollen und im Wege der Rechtsfortbildung das Kartell hätten verbieten müssen.
14 Ein zeitgenössischer, um politische Korrektheit bemühter Rezensent warf *Böhm* vor, er habe sich über die Bedeutung der nationalsozialistischen Revolution offen-

zurechnen ist, entwickelte hieraus den **Ordoliberalismus**, der schließlich den Nährboden für das erste Kartellverbot des GWB lieferte. Der Ordoliberalismus unterscheidet sich vom (radikalen) wirtschaftlichen Liberalismus dadurch, dass ersterer erkannt hat, dass sich letzterer selbst aufheben würde. Nur eine Wettbewerbsordnung kann praktisch die Freiheit der wirtschaftlichen Entfaltung gewährleisten, da marktkonzentrative Erscheinungsformen (Monopole, Oligopole) zur Gefährdung des freien Wettbewerbs neigen.[15]

Ein Intermezzo auf dem Weg zu einem Kartellverbot bildete das **amerikanische Gesetz Nr. 56** vom 28.1.1947 über das »*Verbot übermäßiger Konzentration deutscher Wirtschaftskraft*«.[16] Grundlage dieser Gesetze war das im Potsdamer Abkommen umrissene Dekonzentrationsprogramm (vgl. Z. 12 Potsdamer Abkommen). Es wurde auch von der britischen Besatzungsmacht übernommen und lehnte sich stark an das amerikanische *Antitrust-Law* an.[17] Frankreich ging diesbezüglich seinen eigenen Weg, der Regelung kam allerdings keine praktische Bedeutung zu. Das **alliierte Dekartellierungsrecht** beseitigte alle widersprechenden inländischen Rechtsvorschriften wie die KartellVO und weitere Folgeregelungen. Es richtete sich gegen jede Form übermäßiger Konzentration deutscher Wirtschaftskraft und hatte dementsprechend das Verbot von Kartellen und kartellähnlichen Vereinbarungen in umfassender Form zum Gegenstand. Flankiert wurde das allgemeine Dekartellierungsrecht von speziellen Entflechtungsregelungen, z.B. in den Wirtschaftssektoren Kohle und Stahl.

6

Die Entflechtung sollte insbesondere dazu dienen, Konzerne und marktbeherrschende Unternehmen aufzulösen bzw. in selbständige kleinere Einheiten aufzuteilen. Eine entsprechende Rechtsgrundlage hatten sich die Alliierten im Besatzungs-Statut vorbehalten.[18] Ergebnis war u.a. die Aufspaltung der IG-Farben AG in deren Nachfolgeunternehmen Agfa, BASF, Cassella, Huels, Bayer, Hoechst, Duisburger Kupferhütte, Kalle, Wacker-Chemie, Dynamit und Wasag.[19]

7

---

bar getäuscht (*E. R. Huber*, JW 1934, 1038). Dieser Irrtum war sicherlich zu verschmerzen.
15 *Siems*, ZRP 2002, 170, 171.
16 US-Militärregierungsgesetz Nr. 56, 28.1.1947 (US-ABl. C 2, Satz 2) und Britische Militärregierungsverordnung Nr. 78, 12.2.1947 (Brit. ABl., S. 412).
17 Einen Überblick über die (spärliche) Praxis hierzu liefert *Mestmäcker*, ORDO 9 (1957), 33 ff.
18 Besatzungs-Statut vom 10.4.1949, in: *Schmoller/Maier/Tobler*, Handbuch des Besatzungsrechts, 1957, § 100.
19 Siehe dazu *Möschel*, Entflechtung-Antimonopolrecht in *Diestelkamp/Kitagawa* (Hrsg.) Zwischen Kontinuität und Fremdbestimmung – zum Einfluss der Besatzungsmächte auf die Deutsche und Japanische Rechtsordnung 1945 bis 1950, Tübingen 1996, S. 233.

§ 1 GWB *Verbot wettbewerbsbeschränkender Vereinbarungen*

8   Grundlage der Entflechtung der IG-Farben war das nach Gründung der Bundesrepublik Deutschland von der Alliierten Hohen Kommission (AHK) erlassene **Gesetz Nr. 35** zur »*Aufspaltung des Vermögens der IG Farbenindustrie AG*« vom 17.8.1950, dass die rechtlichen Voraussetzungen für die Aufspaltung der IG-Farben enthielt. Beweggrund für den Erlass des Gesetzes war die Bedeutung der IG-Farben im Verlauf des 2. Weltkriegs, da ein Großteil der von der IG-Farben hergestellten Produkte von rüstungswirtschaftlicher Bedeutung war und zentrale Denkrichtung der Alliierten Dekartellierung die Veränderung künftiger Bedrohungen der Nachbarn Deutschlands bzw. des Weltfriedens durch Deutschland war. Gegenstand des Alliierten Dekartellierungsrechts war konkret einen ein **Verbot der übermäßigen Konzentration von deutscher Wirtschaftskraft** (Art. I 1.). Hinzu kam das Verbot von Absprachen und gemeinschaftlichen Unternehmen, deren Zweck oder Wirkung in der Beschränkung des Zugangs zu Märkten bestand (Art. I 2.), wozu u.a. auch vertikale Bindungen gehörten. Zudem sah Art. I 3. eine Überprüfung aller Unternehmen mit mehr als 10.000 Beschäftigten unter dem Gesichtspunkt einer eventuellen Zerschlagung vor. Angewendet wurde das allgemeine Entflechtungsinstrumentarium lediglich in einem Fall, nämlich gegen *Robert Bosch*. *Robert Bosch* wurde insoweit gezwungen, seine Beteiligung an *Noris Zündlicht* sowie an *Adler* zu veräußern. Der Schmerz über die Zwangsveräußerung wehrte indes nicht lange, da *Noris Zündlicht* bereits 1957 zurückerworben werden konnte. In der Literatur besteht Einhelligkeit dahingehend, dass das Entflechtungsinstrument zum einen von begrenzter faktischer Relevanz war und zum anderen die Entflechtung im Fall von *Robert Bosch* vorwiegend dazu diente, der Alliierten Dekartellierungsbehörde einen »Ausstieg ohne Gesichtsverlust« zu ermöglichen.[20]

9   Schließlich trat am 1.1.1958 das GWB vom 27.7.1957 in Kraft[21] und löste das vorherige Dekartellierungsrecht[22] ab. Begleitet wurde die Einführung des GWB von massiven politischen Grabenkämpfen. Stärkster Gegner der Einführung eines Kartellverbots war insbesondere der BDI. So verwunderte auch nicht, dass der im Jahr 1955 vorgelegte Höcherl-Entwurf eines Kartellgesetzes, der im Wesentlichen vom BDI-Gutachter Rudolf Isay verfasst wurde,[23] am Ende zum Ergebnis kam, dass das Kartellverbot einen Verstoß gegen das

---

20 *Möschel*, Entflechtung im Recht der Wettbewerbsbeschränkung, 1979, S. 12; *Nettesheim/Thomas*, Entflechtung im deutschen Kartellrecht, 2011, S. 8.
21 BGBl I, 1957, 1081; Zur Entstehungsgeschichte ausführlich: *Nörr*, S. 185 ff. Die Industrie verzögerte das Gesetz erfolgreich bis in die zweite Legislaturperiode, siehe *Basedow*, WuW 2008, 270, 273.
22 Es galt trotz der zwischenzeitlich wiederhergestellten völkerrechtlichen Souveränität Deutschlands kraft des Überleitungsvertrages vom 26.5.1952 (BGBl. II, 1954, 157) bis zum Inkrafttreten eines eigenständigen Kartellgesetzes.
23 Abgedruckt in WuW 1954, 108–117.

Grundrecht auf Vereinigungsfreiheit darstelle. Noch angelehnt an die Kartell-VO 1923 knüpfte § 1 GWB wiederum an Verträge zu einem »gemeinsamen Zweck« an. Das Kartellverbot stand damit nach wie vor unter einer organisationsrechtlichen Kuratel. Ein verbotenes Kartell konnte danach nur in einem Gesellschaftsvertrag geregelt sein, dessen vertraglicher Gegenstand eine Wettbewerbsbeschränkung darstellt. Indes stellte sich bald heraus, dass dieses gesellschaftsrechtliche Vorverständnis verengt war. Die wirtschaftliche Handlungsfreiheit und der Wettbewerb als solcher lassen sich nicht nur durch Gesellschaftsverträge, sondern durch *jede* Form kollusiven Verhaltens beschränken. Als problematisch erwies sich z.B. die fehlende Möglichkeit der Erfassung von abgestimmten Verhaltensweisen. Dies zeigte insbesondere die Entscheidung des BGH zum **Teerfarben-Kartell**.[24]

Inhalt und Gegenstand des *Teerfarben*-Falles war die Beurteilung, wann ein Informationsaustausch kartellrechtlich zulässig ist und welche Grenzen zu ziehen sind; ein gerade heutzutage nicht minder aktuelles Thema, vor allem was die Beteiligung an Verbänden und deren Sitzungen und anderen Branchentreffen angeht (vgl. ausführlich zum Informationsaustausch Rdn. 490). Konkret hatte der BGH im gegenständlichen Fall zu beurteilen, ob die Ankündigung der Schweizer Firma *Geigy*, die Preise zum 16. Oktober 1967 um 8 % zu erhöhen, der sodann die anderen an der Basler Konferenz teilnehmenden Unternehmen aus Deutschland, den Niederlanden, Belgien und Luxemburg sowie Frankreich folgten, eine verbotene Kartellabsprache gemäß § 1 GWB darstellt. Das Bundeskartellamt hatte diese Frage zunächst mit »ja« beantwortet und gegen *BASF, Bayer, Hoechst und Cassella* Bußgelder zwischen 5.000 bis 70.000 Mark (insgesamt 262.000 Mark) unter erweiternder Auslegung des vertragsrechtlichen Verständnisses i.S.d. § 1 GWB verhängt. Zur Begründung führte das Bundeskartellamt an, dass in der Preiserhöhung der Firma *Geigy* ein Angebot zum Vertragsabschluss läge, welches die anderen Firmen durch zeitgleiche Preiserhöhung zum 16. Oktober 1967 angenommen hätten. Alle Unternehmen legten dagegen Rechtsmittel ein. Sie bestritten eine Abstimmung, vielmehr sei die gleichförmige Anhebung der Preise dem oligopolistischen Marktzwang geschuldet.

10

Obgleich auch das Kammergericht, welches sich mit den gegen die Entscheidung des Bundeskartellamts eingelegten Rechtsmitteln zu befassen hatte, zugestand, dass zwischen den Teerfarbenherstellern ein »**ausgeprägtes Gruppenbewusstsein**« vorläge, musste es angesichts der tatbestandlichen Grenzen des § 1 GWB von einer Bebußung absehen. Dem folgte auch der BGH. Dieser sah sich aufgrund des Analogieverbots gehindert, das Merkmal des Vertra-

11

---

24 BGH WuW/E BGH 1147 – *Teerfarben*. Zuvor KG WuW/E OLG 1018 – *Teerfarben*.

§ 1 GWB Verbot wettbewerbsbeschränkender Vereinbarungen

ges dahingehend erweiternd auszulegen, dass unter Verzicht auf das Erfordernis der Einigung auch andere Formen bewusst gleichförmigen Verhaltens erfasst werden und dementsprechend unter Buße gestellt werden können.[25] Besonders augenscheinlich wurde das **Fehlen der Tatbestandsalternative der abgestimmten Verhaltensweise** dadurch, dass der Europäische Gerichtshof parallel Geldbußen wegen des identischen Verhaltens, nämlich konzertierter Preiserhöhungen für Teerfarben in den Jahren 1964, 1967 und 1968 (hier allerdings auf dem französischen Markt) Bußgelder von knapp 2 Mio. Mark gegen die vier deutschen Hersteller *BASF, Bayer, Hoechst und Cassella* sowie das französische Unternehmen *Francolor*, das britische Unternehmen *ICI* und die drei Schweizer Unternehmen *CIBA, Geigy und Sandoz* von je 200.000 Mark und das italienische Unternehmen *ACNA* von 160.000 Mark verhängt hat.[26] Dies führte unmittelbar vor Augen, dass die bloße akzessorische Anknüpfung an den Vertragsbegriff des BGB (deutlich) zu eng war.

12 Diese Schlussfolgerung verband der BGH daher mit einem (unmissverständlichen) Auftrag an den Gesetzgeber, in dem dieser nicht unerwähnt ließ, dass für die Erfassung von *abgestimmten Verhaltensweisen* ein **dringendes rechtspolitisches Bedürfnis** bestünde. Der Gesetzgeber folgte diesem Auftrag und führte sodann mit der 2. GWB-Novelle 1973 in § 25 GWB a.F. ein, dass auch Verständigungen unterhalb der vertraglichen Ebene vom Kartellverbot erfasst seien. Damit war der rechtliche Boden bereitet, auch sog. »Frühstückskartelle« zu erfassen.

13 Allmählich wurde § 1 GWB daher eine Norm, die unabhängig vom Vertragstyp anzuwenden ist. Dies veranlasste zu teilweise kunstvollen Auslegungen, bei denen insbesondere das Tatbestandsmerkmal »gemeinsamer Zweck« schlichtweg als Beschränkung aktuellen oder potentiellen Wettbewerbs *inter partes* umgetauft wurde.[27] Eine entscheidende Schwäche des GWB war aber nach wie vor die ineffiziente Kontrolle von vertikalen Vereinbarungen. Nur Preisbindungen waren *per se* verboten – wie bereits in der KartellNotVO aus dem Jahre 1930 –, sonstige Ausschließlichkeitsbindungen hingegen unterlagen nur einer (weitgehend wirkungslosen) Missbrauchskontrolle nach § 18 GWB bzw. später § 16 GWB. Abgeschafft wurde mit der 2. GWB-Novelle auch die Ausnahme vom Preisbindungsverbot für **Markenwaren**.[28] Unter die Missbrauchskontrolle fielen demnach z.B. Ausschließlichkeitsvereinbarungen,

---

25 BGH WuW/E BGH 1147 – *Teerfarben*.
26 BT-Drucks. 7/986, S. 16 ff.
27 BGH WuW/E BGH 2285, 2286 – *Spielkarten*; BGH WuW/E DE-R 115 – *Carpartner*; so auch schon BGH WuW/E BGH 1871, 1878 – *Transportbeton-Vertrieb I*.
28 *Martinek*, ZVertriebsR 2013, 3, 6.

Franchisevereinbarungen, Bierlieferungs-/und Automatenaufstellungsverträge, Tankstellenverträge oder Lizenzverträge.

In **Österreich** herrschte im Vergleich dazu noch ein abweichendes wettbewerbsrechtliches Verständnis vor. Zwar wurde in Österreich bereits 1951 ein Kartellgesetz und damit rund über 6 Jahre vor dem GWB 1958 eine originär kartellrechtliche Regelung erlassen, allerdings folgte diese konzeptionell vor allem dem Prinzip der Missbrauchsverhinderung.[29] Damit ist gemeint, dass seit Erlass des KartG Kartelle und kartellähnliche Absprachen nicht verboten waren, sondern einem Registerzwang unterlagen.[30] Es bestand gemäß § 70 KartG a.F. aus drei Abteilungen: Einer für Kartelle, einer für unverbindliche Verbandsempfehlungen und einer für Zusammenschlüsse. Kartelle waren demnach nur dann wirksam, wenn sie innerhalb des dafür vorgesehenen Registrierungsverfahrens rechtswirksam in das Kartellregister eingetragen worden sind. Das Register war **öffentlich** einsehbar (§ 78 Abs. 1 KartG a.F.). Diese Konzeption ermöglichte es dem Staat, im Registrierungsverfahren bei den dem Staat volkswirtschaftlich schädlich erscheinenden Kartellen eine Eintragung zu verweigern bzw. Anpassungen in der Kartellvereinbarung vorzunehmen. Dahinter stand die Überlegung, Kartelle könnten wegen konjunkturausgleichender und marktstabilisierender Wirkungen in Einzelfällen volkswirtschaftlich nützlich, gelegentlich sogar unentbehrlich sein.

14

Die Eintragung der Kartelle erfolgte im Kartellregister, welches beim OLG Wien (Kartellgericht) geführt wurde. Als fortschrittlich erwies sich das Kartellgesetz z.B. beim weit gefassten Kartellbegriff, in dem auch *Gentlemen's Agreements* und auch Preisempfehlungen erfasst waren.

15

Erst mit der **6. GWB-Novelle**, in Kraft getreten am 1.1.1999, reagierte der Gesetzgeber auf die vorstehend genannten Schwachstellen. Während zuvor die »abgestimmten Verhaltensweisen« noch als eigenständiger Umgehungstatbestand in § 25 Abs. 1 GWB a.F. geregelt waren, nahm der Gesetzgeber diese Kooperationsform mit der 6. GWB-Novelle in den Tatbestand des § 1 GWB auf. Er bestätigte dadurch eine bereits in den 70iger Jahren des vorigen Jahrhunderts vertretene These, wonach das Kartellverbot ein **einheitlicher Verbotstatbestand** sei.[31] Gleichzeitig gestaltete die 6. GWB-Novelle die Vorschrift als echtes Verbotsgesetz im Sinne des § 134 BGB. Damit bekannte sich der Gesetzgeber (endlich) eindeutig zum **Verbotsprinzip**. Zuvor verlangte das GWB in der Tradition der KartellVO, dass sich die Beteiligten über das

16

---

29 *Ender/Landau*, in: Jahn-Junckerstorff, Internationales Handbuch der Kartellpolitik, S. 394.
30 *Koppensteiner*, Österreichisches und Europäisches Wettbewerbsrecht, § 3, Rn. 11; *Merkt*, Unternehmenspublizität, S. 168.
31 *K. Schmidt*, S. 33 f.; *ders.*, AG 1998, 551, 558 f.

Verbot des § 1 GWB hinwegsetzten. Erst dann konnten die Kartellbehörden einschreiten und erst dann war die Kartellvereinbarung nichtig. Zwischen der Vereinbarung und dem »unerlaubten Hinwegsetzen« war die Vereinbarung schwebend unwirksam. Eine vergleichbare Konstruktion der schwebenden Unwirksamkeit findet sich heutzutage beispielsweise noch bei einem etwaigen Verstoß gegen das Vollzugsverbot bis zur nachfolgenden Freigabe. Seit der 6. GWB-Novelle ist bereits die Kartellvereinbarung oder kartellierende Verhaltensabstimmung verboten. Allerdings hatte der Tatbestand in der Fassung des 6. GWB-Novelle noch unvollkommene Konturen. Er richtete sich gegen Vereinbarungen »zwischen miteinander im Wettbewerb stehenden Unternehmen«. In der Folgezeit entfachte dies eine intensive Diskussion darüber, wie derartige horizontale Vereinbarungen von vertikalen Vereinbarungen abzugrenzen sind. Zum vollständigen Abschluss gedieh diese Diskussion nicht mehr.

17   Die Diskussion erübrigte sich weitgehend durch die **7. GWB-Novelle**[32] Diese glich die Vorschrift des § 1 GWB (weitestgehend) an Art. 101 AEUV an. Zentraler Baustein war dabei der Übergang vom bisherigen Anmelde- und Genehmigungssystem hin zum System der Legalausnahme. Dieser brachte fundamentale Änderungen im System mit sich. Seither verbietet die Vorschrift nicht nur koordinierte Wettbewerbsbeschränkungen zwischen aktuellen oder potentiellen Wettbewerbern (**horizontale** Wettbewerbsbeschränkungen), sondern auch Verhaltenskoordinationen zwischen Unternehmen auf verschiedenen Marktstufen (**vertikale** Wettbewerbsbeschränkungen). Im Zuge der 7. GWB-Novelle strich der Gesetzgeber zudem die §§ 14–18 GWB über vertikale Wettbewerbsbeschränkungen. Diese Vorschriften unterwarfen »Inhaltsbindungen« in einem Zweitvertrag einer (bislang eher wirkungslosen) Missbrauchskontrolle, während Preisbindungen der zweiten Hand nach § 14 GWB *per se* verboten waren. Dies war zwar anfänglich noch nicht geplant (vgl. § 4 des RegE), da an einer eigenständigen Regelung zur Preisbindung der zweiten Hand festgehalten werden sollte (außerhalb von § 1 GWB). Sie wurde allerdings vom Bundestag auf Kritik des Bundesrates schlussendlich gestrichen.[33] Nicht gestrichen, sondern lediglich in § 30 GWB »verschoben«, wurde § 15 GWB a.F., der bereits zuvor eine Sonderregelung für Preisbindung bei Zeitungen und Zeitschriften enthielt. Gemäß § 30 Abs. 1 GWB gilt § 1 GWB unter den dort genannten Voraussetzungen nicht für vertikale Vereinbarungen zwischen Verleger und Wiederverkäufer. Die Zulässigkeit von Buchpreisbindungen folgt seit 2002 nicht mehr aus dem GWB, sondern aus dem BuchPrG. Die grundlegende Unterscheidung zwischen horizontalen und vertikalen Ver-

---

32 Siehe dazu *Fiedler/Lutz* (Schwerpunkte der 7. GWB-Novelle), WuW 2004, 718 ff.; *Haellmigk*, BB 2004, 389; *Meessen*, WuW 2004, 733.
33 Stellungnahme des Bundesrats, BT-Drucks. 15/3640, S. 74.

einbarungen hat durch die beidseitige Unterwerfung unter das Kartellverbot ihre ehemals zentrale Bedeutung zwar eingebüßt, ohne allerdings obsolet zu sein. Dies gilt beispielsweise für § 3 GWB (Mittelstandskartell).

Dieser unterscheidet auch heute noch zwischen horizontalen und vertikalen Vereinbarungen. Gemäß § 3 GWB können nur horizontale Vereinbarungen in den Genuss der gesetzlichen Freistellungsfiktion kommen. Bedeutung erlangt die Unterscheidung beispielsweise bei der materiellen Prüfung anhand der – jedenfalls als grobe Richtschnur heranzuziehenden – Horizontal-Leitlinien und Vertikal-Leitlinien. Beispielhaft sei hier erwähnt, dass das Konzept der »abgestimmten Verhaltensweise« nicht gleichermaßen im Horizontal- und Vertikalverhältnis angewendet werden kann.[34] Es bedarf zwingend einer Akzenturierung (vgl. dazu Rdn. 196). Zudem gelten unterschiedliche Maßstäbe für die Prüfung, wann eine horizontale und vertikale Vereinbarung den Wettbewerb spürbar beeinträchtigt. Auch die Rechtfertigung folgt teilweise einem unterschiedlichen Maßstab. Überwiegend abgeschafft hat die 7. GWB-Novelle vor allem die wettbewerbspolitisch (teilweise) umstrittenen Ausnahmebereiche der §§ 2–8 ff. a.F. GWB. Neben § 1 GWB als Generalklausel kannte das Gesetz ein System von Erlaubnis-, Widerspruchs- und kraft Gesetzes freigestellten Kartellen.

18

Während Konditionenkartelle (§ 2), Rabattkartelle (§ 3) und Spezialisierungskartelle (§ 5a) bis zur 7. GWB-Novelle als sog. Widerspruchskartelle legalisierbar waren,[35] unterlagen Normen- und Typenkartelle lediglich der Anmeldepflicht bei der Kartellbehörde, womit ihre Wirksamkeit ausschließlich von der Anmeldung abhing.[36] Die vormaligen **Mittelstandskartelle** unterlagen nach ihrer widerspruchslosen Anmeldung nur einer Missbrauchsaufsicht (§§ 4 Abs. 1, 12 GWB a.F.). Die 7. GWB-Novelle hat diesen Tatbestand leicht verändert in § 3 GWB beibehalten, ihn aber regelungstechnisch als gesetzliche Fiktion[37] konzipiert.[38] § 3 GWB ist daher der einzig verbliebene Spezial-Freistellungstatbestand im Deutschen Kartellrecht. Abgeschafft hat die 7. GWB-Novelle die Tatbestände für Spezialisierungs- und Strukturkrisenkartelle sowie das kraft Ministererlaubnis legalisierte Kartell (§§ 5a, 6–8 GWB a.F.). Eine Legalausnahme hingegen galt für Einkaufskooperationen nach § 4 Abs. 2 GWB a.F. Da diese Kooperationen oftmals den zwischenstaatlichen Handel berühren

19

---

34 So auch *Polley/Rhein*, KSzW 2011, 25, 24 die sich mit der Übertragung der in *T-Mobile Netherlands* (EuGH, C-8/08, Slg. 2009, I-4529 – *T-Mobile Netherlands*) entwickelten Grundsätze auf das Vertikalverhältnis beschäftigen.
35 Diese mussten nach § 9 GWB a.F. bei der Kartellbehörde angemeldet werden und waren erlaubt, wenn die Kartellbehörde nicht binnen 3 Monaten widersprach.
36 *Mestmäcker*, WuW 2008, 6, 10.
37 Siehe ausführlich dazu *Krimphove*, § 3 GWB, Rdn. 3.
38 BT-Drucks. 15/3640, S. 27 f.

§ 1 GWB Verbot wettbewerbsbeschränkender Vereinbarungen

und da die europäischen Maßstäbe einen weitergehenden Spielraum für derartige Kooperationen einräumen, hob die 7. GWB-Novelle § 4 Abs. 2 GWB a.F. auf.[39] Gestrichen wurde im Zuge der 7. GWB-Novelle auch das zuvor in § 22 GWB a.F. vorgesehene **Empfehlungsverbot**. Begründet wurde die Streichung unter anderem damit, dass die Aufhebung des Empfehlungsverbots der Angleichung an das europäische Recht diene.[40]

20   Die am 30.6.2013 in Kraft getretene 8. GWB-Novelle brachte für das Kartellverbot keine wesentlichen Änderungen mit sich. Die Schwerpunkte der 8. GWB-Novelle lagen auf der Neuordnung der Mißbrauchsvorschriften und der Fusionskontrolle.[41] Erwähnenswert ist die – auf den politischen Druck vom Wirtschaftsausschuss des Bundestages in den Gesetzentwurf zur 8. GWB-Novelle eingefügte – Neuregelung zum Schutz des Verhandlungsmandats des Bundesverband Presse-Grosso (BVPG) in § 30 Abs. 2a GWB.[42] Die Regelung statuiert eine Ausnahme von § 1 GWB. Zudem entfiel mit der 8. GWB-Novelle der Anspruch auf ein Negativattest im Rahmen des Mittelstandskartells (§ 3 GWB).[43]

21   Mittlerweile wirft bereits die 9. GWB-Novelle ihren Schatten voraus. Erst kürzlich, am 1. Juli 2016, hat der von Herrn Ministerialrat Dr. Jungbluth maßgeblich »entwickelte« Referentenentwurf des BMWI erstmals offiziell das Licht der Welt erblickt.[44] Dieser wurde sodann am 28.9.2016 vom Bundeskabinett in (leicht) abgeänderter Fassung beschlossen. Drei Schwerpunkte lassen sich bei dem Entwurf ausmachen. Zum einen wird das GWB an verschiedenen Stellen an die Herausforderungen der digitalen Welt angepasst. Dies geschieht beispielsweise dadurch, dass die Unentgeltlichkeit der Annahme eines Marktes nicht mehr entgegenstehen soll. Bisherige Hilfskonstruktionen wären damit absolet. Zudem soll eine neue Aufgreifschwelle in das GWB aufgenommen werden, die an den Transaktionswert anknüpft (350 Mio. EUR[45]), damit auch Erwerbsvorgänge von Startups in der Digitalwirtschaft

---

39 BT-Drucks. 15/3640, S. 26 f.
40 Siehe BR-Drucks. 441/04, S. 50 ff. Siehe dazu *Schulte*, WRP 2005, 1502.
41 *Bechtold*, NZKart 2013, 263; siehe auch *Bosch/Fritzsche*, NJW 2013, 2225; für einen Überblick der Änderungen im Jahr 2013/2014 siehe auch *Bosch*, NJW 2014, 1714 ff.
42 Ausführlich dazu aus kartellrechtlicher Sicht *Bach*, NJW 2016, 1630; *Kühling*, ZUM 2013, 18; *Schwarze*, NZKart 2013, 270. Aus verfassungsrechtlicher Sicht für viele *Paschke*, AfP 2012, 501. Siehe dazu ferner OLG Düsseldorf WuW/E DE-R 4242 – *Presse-Grosso II*; BGH, 6.10.2015, KZR 17/14.
43 Siehe dazu *Krimphove*, § 3 GWB, Rdn. 227.
44 Siehe dazu *Bischke/Brack*, NZG 2016, 99; *Rossmann/Suchsland*, NZKart 2016, 342; *Kahlenberg/Heim*, BB 2016, 1863.
45 Der Transaktionswert wurde im Regierungsentwurf auf 400 Mio. EUR angehoben.

unabhängig vom Vorliegen der zweiten Inlandsumsatzschwelle erfasst werden können. Pate für die Überlegung stand *inter alia* der Erwerb von *Whats App* durch *Facebook*.[46] Ein zweiter Schwerpunkt bildet die geplante Schließung der »**Wurstlücke**«.[47] Mit dieser wird schlagwortartig zusammengefasst, was das Bundeskartellamt bis heute durchaus verärgert hat: Die Umgehung der Bußgeldverantwortung im *Wurstkartell*-Fall durch eine Umstrukturierung im Tönnies-Konzern im Zusammenhang mit dem auf dessen Tochtergesellschaften *Böklunder* und *Könecke* entfallenden Bußgeldes von 120 Mio. EUR. Zwar wurde ein Teil der Lücke durch die Rechtsprechung »Nahezu-Identität«[48] und durch die 8. GWB-Novelle (§ 30 Abs. 2a OWiG) bereits geschlossen, dies jedoch noch nicht vollständig.

Die neue Regelung führt dazu, dass das **kartellrechtliche Risiko** insbesondere bei **M&A Transaktionen ansteigt**. Dies vor allem deshalb, da die Begrenzung der Haftung des Erwerbers auf das übernommene Vermögen (§ 30 Abs. 2a OWiG), keine Anwendung finden soll. Diese Regelung ist m.E. überschießend, da die Begrenzung der Haftung auf den Wert des übernommenen Vermögens im Lichte des Verhältnismäßigkeitsgrundsatzes eine vernünftige und erforderliche Balance findet, die auch hier platzgreifen sollte. Es bleibt abzuwarten, wie verschlungen die Wege der Novelle noch im Gesetzgebungsverfahren sein werden. Der dritte Schwerpunkt, nicht zuletzt der wesentliche Treiber der Novellierung, bildet die Umsetzung der Kartellschadenersatzrichtlinie. Erwähnenswert im Kontext von § 1 GWB erscheint in diesem Zusammenhang vor allem, dass der RefE in § 33a Abs. 1 **nicht** (direkt und ausdrücklich) den **europäischen Unternehmensbegriff** in das GWB übernimmt. Dies hat große Bedeutung für die Frage der zivilrechtlichen Konzernhaftung. Es bleibt abzuwarten, ob diese Konzeption noch bis zum Ende der Umsetzungsfrist am 27. Dezember 2016 beibehalten wird. 22

II. Gesetzessystematik

1. Auslegungs- bzw. Anwendungsvorrang

Das Scharnier für die Ausrichtung des Verhältnisses des europäischen bzw. nationalen Kartellrechts bildet Art. 3 VO 1/2003[49] bzw. § 22 GWB. Letztere 23

---

46 Kommission, 19.11.2014, COMP/M.7217 – *Facebook/Whats App* (Kaufpreis: 19 Mrd. EUR); so auch *Bischke/Brack*, NZG 2016, 99, 101.
47 Siehe dazu beispielsweise *von Schreitter*, NZKart 2016, 253 ff.
48 Siehe diesbezüglich BVerfG, 20.8.2015, 1 BvR 980/15 (§ 30 OWiG deckt Verhängung einer Geldbuße gegen Gesamtrechtsnachfolger bei »Nahezu-Identität«).
49 Verordnung (EG) Nr. 1/2003 des Rates vom 16. Dezember 2002 zur Durchführung der in den Artikeln 81 und 82 des Vertrages niedergelegten Wettbewerbsregeln, ABl. EG Nr. L 1/1 vom 4.1.2003.

Norm hat für das deutsche Recht primär eine deklaratorische Wirkung[50] und geht nur in Teilen, so z.B. in § 22 Abs. 2 S. 3 GWB bei weniger strengen inländischen Recht, über Art. 3 VO 1/2003 hinaus.[51] Art. 3 VO 1/2003 lassen sich drei zentrale Grundsätze entnehmen: Zum einen der **Grundsatz der parallelen Anwendbarkeit** von Art. 101 AEUV bzw. Art. 102 AEUV und des nationalen Kartellrechts (Art. 3 Abs. 1 S. 1 bzw. S. 2 VO 1/2003, siehe auch § 22 Abs. 1 bzw. Abs. 3 GWB), zweitens den – nach hier vertretener Ansicht – **Auslegungsvorrang** des **Art. 101 AEUV** (Art. 3 Abs. 2 S. 1 VO 1/2003, gleichlautend § 22 Abs. 2 S. 1 GWB) und die Möglichkeit **strenger nationaler Regelungen** im Bereich **einseitiger** Verhaltensweisen (Art. 3 Abs. 2 S. 2 VO 1/2003, gleichlautend § 22 Abs. 3 S. 3 GWB).

24   Flankiert wird dieses Regelungskonstrukt für die Fusionskontrolle durch Art. 3 Abs. 3 VO 1/2003 bzw. Art. 21 FKVO. Gemäß Art. 21 Abs. 2 FKVO ist die Kommission für Zusammenschlüsse von gemeinschaftsweiter Bedeutung ausschließlich zuständig (*one-stop shop*); liegt hingegen kein Zusammenschluss von gemeinschaftsweiter Bedeutung vor, sind – bei Vorliegen der jeweiligen Aufgreifkriterien (Erfüllung der Schwellenwerte und Zusammenschluss) – die nationalen Behörden zuständig. Zudem sieht Art. 21 Abs. 3 FKVO vor, dass die nationalen Behörden ihr einzelstaatliches Recht nicht auf Zusammenschlüsse von gemeinschaftsweiter Bedeutung anwenden. Diese Zuständigkeitskonzentration wird nur in den Fällen des Art. 21 Abs. 4 FKVO (z.B. bei Sonderregelungen zum Schutz der Medienvielfalt) durchbrochen. In diesen Fällen kann es auch bei Zusammenschlüssen mit gemeinschaftsweiter Bedeutung zu einer Doppelkontrolle von Kommission und nationaler Wettbewerbsbehörde kommen. Diese Doppelkontrolle ist besonders herausfordernd, wenn es nationale Sonderregelungen zum Schutz der Medienvielfalt im Kartellrecht gibt, wie z.B. in Österreich (§ 13 KartG/§ 8 KartG).

a) Parallele Anwendungsverpflichtung

25   Gemäß Art. 3 Abs. 1 VO 1/2003 **haben** die Wettbewerbsbehörden der Mitgliedstaaten und die einzelstaatlichen Gerichte, die das einzelstaatliche Wettbewerbsrecht auf wettbewerbsbeschränkende Vereinbarungen, Beschlüsse von Unternehmensvereinigungen und aufeinander abgestimmte Verhaltensweisen anwenden, welche den Handel zwischen Mitgliedstaaten zu beeinträchtigen geeignet sind (m.a.W. Zwischenstaatlichkeit aufweisen), **auch** Art. 101 AEUV anzuwenden. Aus Art. 3 Abs. 1 VO 1/2003 folgt somit grundsätzlich eine

---

50 So auch *Bardong*, in: MünchKommGWB, § 22 GWB Rn. 1.
51 Siehe allgemein zum Vorrang EuGH, 6/64, Slg. 1964, 1253, 1274 – *Costa/ENEL*; siehe auch EuGH, 14/68, Slg. 1969, 1 – *Walt Wilhelm/Bundeskartellamt*.

Anwendungsverpflichtung.[52] Der Umfang der Verpflichtung variiert je nachdem, ob es um die parallele Anwendung von nationalem Kartellrecht und Art. 101 bzw. Art. 102 AEUV geht. Es besteht m.a.W. eine **janusköpfige Anwendungsverpflichtung**. Während die parallele Anwendungsverpflichtung von Art. 101 AEUV und § 1 GWB auch dann greift, wenn nach Art. 101 AEUV überhaupt keine Wettbewerbsbeschränkung vorliegt, greift die Anwendungsverpflichtung im Verhältnis zu Art. 102 AEUV nur dann, wenn auch ein Missbrauch vorliegt.[53] Keine Anwendungsverpflichtung besteht jedoch bei Art. 101 AEUV, wenn bereits kein Unternehmen bzw. keine Unternehmensvereinigung vorliegt.

b) Auslegungs- bzw. (erweiterter) Anwendungsvorrang

Aufbauend auf dem Grundsatz der parallelen Anwendbarkeit bzw. der Anwendungsverpflichtung sieht Art. 3 Abs. 2 S. 1 VO 1/2003 sodann vor, dass das einzelstaatliche Wettbewerbsrecht **nicht** solche Vereinbarungen zwischen Unternehmen, Beschlüsse von Unternehmensvereinigungen oder abgestimmte Verhaltensweisen **verbieten darf**, die geeignet sind, den zwischenstaatlichen Handel zu beeinträchtigen. M.a.W.: Ist Art. 101 AEUV **anwendbar** und liegt eine Wettbewerbsbeschränkung vor, die freigestellt ist, darf das nationale Recht das Verhalten nicht unter Berufung auf das nationale Kartellverbot verbieten. Mit dieser Regelung wurde die alte Zwei-Schranken-Theorie verworfen.[54] Umstritten ist, welche Art von Vorrang aus der Zusammenschau von Art. 3 Abs. 1 und Abs. 2 S. 1 VO 1/2003 folgt. Nach Ansicht eines Teils der Literatur folgt daraus ein **Anwendungsvorrang**: Bei der Anwendung beider Rechtsnormen gehe das europäische Kartellverbot vor.[55] Andere sprechen hingegen von **faktischer Verdrängungswirkung**[56] oder **Konvergenzverpflichtung**.[57]

26

Nach der hier vertretenen Ansicht ergibt sich aus Art. 3 Abs. 2 S. 1 VO 1/2003 vielmehr ein **Auslegungsvorrang**.[58] Soweit Art. 101 AEUV anwendbar ist, bleibt das nationale Kartellrecht anwendbar, es dominiert und prädisponiert aber die Auslegung des § 1 GWB. Die Annahme eines Auslegungsvorrangs

27

---

52 So auch *Bardong*, in: MünchKommEuWbR, Art. 3 VO 1/2003, Rn. 49.
53 So auch *Bardong*, in: MünchKommEuWbR, Art. 3 VO 1/2003, Rn. 52.
54 Siehe dazu *Koch*, BB 1959, 241; *Bechtold*, NZKart 2015, 331.
55 So *Bardong*, in: MünchKommEuWbR, Art. 3 VO 1/2003, Rn. 69; Bechtold/Bosch/ Brinker/Hirsbrunner, Art. 3 VO 1/2003 Rn. 12; *Bechtold*, NZKart 2015, 331, 331. So auch – obwohl anderer Meinung bzgl. der Möglichkeit nationales Recht anzuwenden, wenn Art. 101 AEUV nicht anwendbar ist – *Hoffmann*, WuW 2011, 472.
56 *Rehbinder*, in: Immenga/Mestmäcker, EGWbR, Art. 3 VO 1/2003, 19; *Weitbrecht*, EuZW 2003, 69, 70.
57 So ausdrücklich *Bernhard*, EuZW 2013, 732, 735. Bardong verwendet auch diesen Begriff: *Bardong*, in: MünchKommEuWbR, Art. 3 VO 1/2003, Rn. 3.
58 So auch *Füller*, in: KK-KartR, Art. 101 AEUV, Rn. 221 m.w.N.

schafft einen normsystematischen Ausgleich zu Art. 3 Abs. 1 VO 1/2003, der zunächst von der parallelen Anwendbarkeit bzw. Anwendungsverpflichtung ausgeht. Der Auslegungsvorrang besteht jedoch nur dann, wenn auch der zwischenstaatliche Handel betroffen ist (vgl. zur negativen Voraussetzung des Nichteingreifens der Zwischenstaatlichkeitsklausel Rdn. 273). Ist dies der Fall, entfaltet Art. 3 Abs. 2 S. 1 VO 1/2003 eine Sperrwirkung gegenüber § 1 GWB. Besonders **umstritten** ist, wann diese Sperrwirkung im Einzelnen vorliegt. Es stellt sich die Frage, ob § 1 GWB nicht dann strenger sein kann, d.h. ein Verhalten als § 1 GWB unterfallend einordnet, wenn zwar die Zwischenstaatlichkeitsklausel erfüllt ist, der Tatbestand des Art. 101 AEUV aber aus anderen Gründen nicht erfüllt ist, z.B. weil kein »Unternehmen bzw. eine Unternehmensvereinigung« i.S.d. Art. 101 AEUV vorliegt, wie dies bei der Beschaffungstätigkeit der öffentlichen Hand bzw. von gesetzlichen Krankenkassen der Fall ist.[59]

28 Nach der hier vertretenen Ansicht kann in beiden Fällen § 1 GWB anwendbar sein und zu einer anderen Bewertung führen. Im erstgenannten Fall ist umstritten, ob eine Sperrwirkung des europäischen Kartellrechts besteht. Ein **Teil der Literatur** geht davon aus, dass Art. 3 Abs. 2 S. 1 VO 1/2003 eine Anwendung des nationalen Rechts sperrt.[60] Es könne nicht in das Belieben der einzelnen Staaten gestellt werden, überall dort »einzuhaken« und das nationale Kartellverbot zur Anwendung zu bringen, wo der Gerichtshof einzelne Tatbestandsmerkmale verneint und somit von der Nichtanwendbarkeit des Kartellverbots ausgeht. Die **überwiegende Ansicht** geht indes davon aus, dass **keine Sperrwirkung** besteht und ein Rückgriff auf das nationale Kartellrecht möglich ist.[61]

29 Es sei gerade Sinn und Zweck des Art. 3 Abs. 2 VO 1/2003 das nationale Recht dann für anwendbar zu erklären, wenn der Tatbestand des Art. 101 AEUV nicht erfüllt sei. Darin erschöpfe sich die **Auffangfunktion**. Genau in diesem Fall kommt § 1 GWB nach dem Grundsatz der parallelen Anwendbarkeit zum Tragen. Art. 3 Abs. 2 VO 1/2003 sperrt gerade nicht die Anwendung, wenn z.B. kein »Unternehmen« vorliegt, wie bei der Nachfrage der öffentlichen Hand. Der Vorrang entfaltet keine Wirkkraft, wenn der Tatbestand nicht erfüllt ist. Insoweit fehlt es am Fundament, auf dem der Vorrang aufbaut. Dies gilt auch dann, wenn keine Vereinbarung, kein Beschluss oder eine

---

59 Siehe dazu z.B. mit einem guten Überblick über die Argumente *Hoffmann*, WuW 2011, 472.
60 *Bechtold*, NZKart 2015, 331, 332; *ders*; WuW 2010, 727; *ders.*, NJW 2007, 3761, 3762. So auch *Bornkamm*, FS Blaurock, 2013, 41, 56.
61 *Hoffmann*, WuW 2011, 472; 475; *Bardong*, in: MünchKommEuWbR Art. 3 VO 1/2003 Rn. 78; *Nordemann*, in: Loewenheim/Meessen/Riesenkampff/Kersting/Meyer-Lindemann, § 1 GWB, Rn. 24; *Scheffler*, EuZW 2006, 601, 602.

abgestimmte Verhaltensweise vorliegt.[62] Anders verhält es sich hingegen, wenn nach europäischem Recht **keine Wettbewerbsbeschränkung** vorliegt bzw. diese freigestellt ist. In diesem Fall entfaltet Art. 3 Abs. 2 S. 1 VO 1/2003 eine Sperrwirkung. Liegt keine Wettbewerbsbeschränkung vor, kann das Verhalten auch **nicht** gemäß § 1 GWB verboten werden. Abseits dessen erschöpft sich die eigenständige Bedeutung des § 1 GWB darin, solche Wettbewerbsbeschränkungen zu kontrollieren, denen **keine** Eignung innewohnt, den zwischenstaatlichen Handel im Sinne des Art. 101 AEUV zu beeinträchtigen.[63]

c) Kein (erweiterter) Vorrang bei einseitigen Handlungen

Möglich sind **strengere innerstaatliche Vorschriften** jedoch dort, wenn es um die Unterbindung bzw. Ahndung **einseitiger** Handlungen von Unternehmen geht (Art. 3 Abs. 2 S. 2 VO 1/2003, vgl. auch § 22 Abs. 3 S. 3 GWB).[64] Durch die Einführung von § 22 Abs. 3 S. 3 GWB hat der Gesetzgeber von der Befugnis in Art. 3 Abs. 2 S. 2 VO 1/2003 Gebrauch gemacht. Die Befugnisnorm nennt man auch **deutsche Klausel**.[65] Angesprochen ist damit zuvorderst die (klassische) Missbrauchskontrolle, die an Marktbeherrschung (§ 18 GWB) oder an Marktmacht (§ 20 GWB) anknüpft. Einseitiges Verhalten wird jedoch nicht nur dort sanktioniert. Denn es besteht auch abseits des Erfordernisses von Marktbeherrschung bzw. Marktmacht sanktioniertes einseitiges Verhalten, z.B. beim Boykottverbot (§ 21 Abs. 1 GWB) bzw. bei der unerlaubten Veranlassung (§ 21 Abs. 2 GWB). Diese Vorschriften haben kürzlich eine Renaissance erfahren. Dies gilt vor allem im Zusammenhang mit dem Verbot der Preisbindung der zweiten Hand (vgl. Rdn. 565).[66] Eine einseitige Handlung liegt immer dann vor, wenn es sich (negativ abgegrenzt) nicht um eine Vereinbarung, einen Beschluss oder eine abgestimmte Verhaltensweise handelt. Prima vista erscheinen damit die Grenzlinien klar: Soweit jedenfalls eine abgestimmte Verhaltensweise (als »informellste Koordinationsform«) vorliegt, sind strengere nationale Vorschriften nicht begründbar. So eindeutig diese Abgrenzung zunächst zu sein vermag, so schwierig erweist sich diese, wenn man sich die in Teilen sehr weite Auslegung des Begriffes der »Vereinbarung« bzw. der »abgestimmten Verhaltensweise« ansieht, z.B. bei der Preisbindung zweiter Hand (Übersenden einer Preisliste + Nachfassen = Vereinbarung) oder bei **Sternkartellen** (Hub & Spoke), beim Informationsaustausch

30

---

62 So auch *Bardong*, in: MünchKommEuWbR Art. 3 VO 1/2003 Rn. 77.
63 *Bechtold*, DB 2004, 235; *Zimmer*, in: Immenga/Mestmäcker, § 1 GWB Rn. 16.
64 Hinweisend auf die Dichotomie in Art. 3 Abs. 2 VO 1/2003 hinsichtlich des Vorrangs: S. 1: Kartellverbot, S. 2: Missbrauchsverbot, vgl. *Bechtold*, NZKart 2015, 331, 331.
65 *Rittner/Dreher/Kulka*, Wettbewerbs- und Kartellrecht, Rn. 783.
66 Siehe kürzlich OLG Celle, 7.4.2016, 13 U 124/15. Diese Entscheidung und deren Folgen/Implikationen für § 1 GWB werden in Rdn. 571 dargestellt.

zwischen Wettbewerbern (**Schweigen** während einer Verbandssitzung von Wettbewerbern als **Zustimmung**) oder bei rein einseitigen (öffentlichen) Ankündigungen von Preiserhöhungen (**Price Signalling**,[67] vgl. dazu Rdn. 181).

31 Beibehalten wurde eine solche Regelung – rechtsvergleichend betrachtet – beispielsweise in Österreich. Gemäß § 1 Abs. 4 KartG sind einem Kartell Empfehlungen zur Einhaltung bestimmter Preise, Preisgrenzen, Kalkulationsrichtlinien, Handelsspannen oder Rabatte gleichgestellt, durch die eine Beschränkung des Wettbewerbs bezweckt oder bewirkt wird (**Empfehlungsverbot**). Davon ausgenommen sind lediglich jene Empfehlungen, in denen ausdrücklich auf ihre Unverbindlichkeit hingewiesen wird und zu deren Durchsetzung wirtschaftlicher oder gesellschaftlicher Druck weder ausgeübt werden soll noch ausgeübt wird. Die Vorschrift spielte in der jüngeren Rechtsanwendungspraxis der österreichischen Bundeswettbewerbsbehörde eine nicht unbeachtliche Rolle. Häufig stützte die BWB dort – wo eine Vereinbarung nicht nachweisbar war – die Zuwiderhandlung in den Randbereichen auf § 1 Abs. 4 KartG.[68] Als Ausübung von Druck gelten gemäß § 1 Abs. 4 KartG alle unmittelbaren bzw. mittelbaren Maßnahmen, durch die die Freiheit der Händler in ihrer Preissetzung beeinflusst wird. Insbesondere fallen darunter die Drohung mit Nichtbelieferung, Kündigung oder Rabattkürzungen.[69]

32 Eine Grenze besteht aber dort, wo die Ausübung des Drucks ihrerseits **nicht spürbar** ist. Unterhalb der Spürbarkeitsschwelle kann daher kein »Druck« vorliegen. Diese stellte die Untergrenze des § 1 Abs. 4 KartG dar. Dies hat der OGH eher *obiter dicta* in einer Entscheidung zur Hausdurchsuchung (§ 12 WettbG) festgestellt. In diesem Fall hatte ein Hersteller in einer Jahresvereinbarung einen »Wertsicherungsbonus« von 1,5 % davon abhängig gemacht, dass der Händler den empfohlenen Kurantpreis einhält. Der OGH als KOG entschied, dass dieses Verhalten *nicht* dem Empfehlungsverbot unterfällt. Auch bei § 1 Abs. 4 KartG sei eine gewisse Mindestspürbarkeit – vergleichbar des Kriteriums der allgemeinen Spürbarkeit – als Untergrenze zu fordern (siehe dazu auch Rdn. 260 ff.).[70] Zu überlegen wäre, ob man mit der kommenden 9. oder 10. GWB-Novelle nicht wieder eine vergleichbare Vorschrift einführt, um einseitige Verhaltensweisen entsprechend der *theory of*

---

[67] Siehe zum Price Signalling beispielsweise *Dreher/Stenitzer*, wbl 2015, 241, 245.
[68] Siehe aus der Spruchpraxis beispielsweise Kartellgericht, 9.9.2015, 29 Kt 6/15 – *KTM*; Kartellgericht, 28.4.2015, 27 Kt 5/15 – *Sporthändler St. Anton am Arlberg*. Im zuletztgenannten Fall erfasste die BWB bzw. ihr folgend das Kartellgericht die Weitergabe von Kalkulationsrichtlinien der Händler an andere Händler als verbotene Empfehlung.
[69] Siehe dazu Kartellgericht, 9.9.2015, 29 Kt 6/15 – *KTM*.
[70] OGH, 5.3.2013, 16 Ok 1/13 – *Empfohlene Verkaufspreise* (zuvor KG, 24 Kt 64, 65, 66/12). Siehe dazu Anm. *Hoffer*, ÖBl 2013, 55.

harm und den tatbestandlichen Grenzen bei vertikalen Preisbindungen ausrichten zu können. Damit würde den Herstellern die notwendige Rechtssicherheit (zurück)gegeben werden können, welche Konditionen in Jahresvereinbarungen in zulässiger Art und Weise vereinbart werden können. Die österreichische Rechtsprechung zeigt, dass eine solche Vorschrift die Funktion als **Auffangtatbestand** durchaus erfüllen kann.

Nicht in das Gesetz aufgenommen hat der Gesetzgeber die **Regelbeispiele** des Art. 101 Abs. 1 lit. a–e AEUV. Dies hat man kritisiert, da sich die Praxis der europäischen Gerichte in ihrer Auslegung auf diesen Beispielskatalog stütze und das deutsche Recht auch hiervon nicht abweichen dürfe.[71] Die Kritik geht in dieser apodiktischen Feststellung sicher etwas zu weit. Der Wortlaut des Art. 101 AEUV versteht den Katalog in Abs. 1 lit. a–e EG als Beispiele. Sie drücken »insbesondere« aus, was sich bereits aus der Anwendung des Grundtatbestandes ergibt. Wenn damit der Gesetzgeber darauf verzichtet hat, den Beispielskatalog in § 1 GWB aufzunehmen, ändert dies einerseits nichts am inhaltlichen Gleichklang dieser Vorschrift mit Art. 101 Abs. 1 AEUV.[72] Durch die Nichteinführung des Regelbeispielkatalogs ist zudem für die Anwendungspraxis des nationalen Kartellverbots nichts verloren. Eine Kasuistik lässt sich auch so herausarbeiten. Dies zeigen beispielsweise die jüngsten Diskussionen zu (i) Plattformverboten, (ii) Doppelpreissystemen oder (iii) Meistbegünstigungsklauseln. 33

2. Verbotsgesetz und Legalausnahme

Seit der 6. GWB-Novelle ist § 1 GWB ein **Verbotsgesetz** im Sinne des § 134 BGB, da das Kartellverbot seit der 6. GWB-Novelle einen echten Verbotstatbestand darstellt. Zuvor wurde stets auf die Unwirksamkeit des Kartellvertrages abgestellt. Die Nichtigkeit ergibt sich jedoch nicht direkt aus § 1 GWB, sondern erst durch einen Rückgriff auf § 134 BGB. Da bereits nach dem allgemeinen Zivilrecht wettbewerbsbeschränkende Vereinbarungen grundsätzlich nichtig sind, hat der Gesetzgeber darauf verzichtet, die Nichtigkeitsfolge i.S.d. Art. 101 Abs. 2 AEUV (ausdrücklich) zu übernehmen. Nichtigkeit bedeutet dabei nicht zwingend Gesamtnichtigkeit; auch Teilnichtigkeit oder eine geltungserhaltende Reduktion sind grundsätzlich möglich (vgl. dazu Rdn. 385 ff.). In **Österreich** ergibt sich die Rechtsfolge der Nichtigkeit direkt aus § 1 Abs. 3 KartG, demzufolge nach § 1 Abs. 1 KartG verbotene Vereinbarungen und Beschlüsse nichtig sind. Diese Nichtigkeit tritt nach der Öster- 34

---

71 *Bechtold*, DB 2004, 235, 237.
72 *Zimmer*, in: Immenga/Mestmäcker, § 1 GWB Rn. 5.

reichischen Rechtsprechung grundsätzlich mit Wirkung **ex-tunc** ein.[73] Die Nichtigkeit erstreckt sich dabei grundsätzlich nicht auf die gesamte Vereinbarung, sondern nur auf diejenigen Teile, die entweder selbst unmittelbar vom Kartellverbot erfasst sind, oder sich von den, vom Verbot erfassten Teilen nicht sinnvoll abtrennen lassen.[74] Auch eine **geltungserhaltende Reduktion** wird unter bestimmten Voraussetzungen, vor allem bei überschießender zeitlicher Vereinbarung eines Wettbewerbsverbots, für grundsätzlich **zulässig** erachtet.[75]

35 Mit der 7. GWB-Novelle hat der deutsche Gesetzgeber auch das System der **Legalausnahme** (Art. 1 Abs. 2 VO 1/2003) übernommen. Im Unterschied zur VO 17/62[76] ist im System der Legalausnahme vorgesehen, dass alle Vereinbarungen, Beschlüsse und aufeinander abgestimmte Verhaltensweisen im Sinne von Art. 81 EG (Art. 101 AEUV), die die Voraussetzung des Art. 81 Abs. 3 EG (Art. 101 Abs. 3 AEUV) erfüllen, nicht verboten sind, ohne dass es einer vorherigen Entscheidung der Kommission bedarf. Entfallen ist damit das vorherige Anmeldesystem, welches ein Verbot mit Erlaubnisvorbehalt vorsah, welches ausschließlich die Kommission dazu berechtigte, in Form von Negativattesten verbindlich festzustellen, dass kein Verstoß gegen Art. 81 EG (nunmehr Art. 101 AEUV) vorlag.[77] Dies führte dazu, dass kein Zivilgericht über das Vorliegen der Freistellungsvoraussetzungen entscheiden durfte, solange nicht die Freistellung durch die Kommission erfolgt war bzw. umgekehrt auch kein Gericht über das Nichtvorliegen der Freistellungsvoraussetzung entscheiden durfte, soweit eine Freistellung der Kommission noch nicht vorlag.[78] Im System der Legalausnahme legalisieren nicht mehr Fachbehörden mit einem administrativen Akt eine Wettbewerbsbeschränkung. Vielmehr obliegt es den Parteien selbst, ihre Vereinbarungen darauf zu prüfen, ob diese mit dem GWB vereinbar sind. Im Streitfall haben die Zivilgerichte zu entscheiden. Das Prinzip der Legalausnahme wird nur noch in wenigen Fällen durchbrochen. Eine Möglichkeit der partiellen Durchbrechung ist in Art. 10 VO 1/2003 vorgesehen, der zufolge die Kommission in bestimmten Fällen fest-

---

73 *Reidlinger/Hartung*, Das Österreichische Kartellrecht, S. 106; *Eilmansberger*, in: Streinz, Art. 101 Rn. 105; OGH, 22.2.2001, 6 Ob 322/OOx.
74 OGH, 13.3.2012, 10 Ob 10/12M – *Bierbezugsvertrag III*.
75 OGH, 22.2.2001, 6 Ob 322/00x – *Tankstellenbelieferungsübereinkommen*. In der zugrundeliegenden Entscheidung hat der OGH entschieden, dass ein für elf Jahre zzgl. eines fünfjährigen Kündigungsverzichts abgeschlossener Alleinbezugsvertrag jedenfalls für die damals zulässige Höchstdauer von 10 Jahren wirksam abgeschlossen worden sei. Lediglich der überschießende Teil (elftes Jahr + fünf Jahre Kündigungsverzicht) sei unwirksam.
76 Siehe dazu ausführlich *Schütz*, in: KK-KartR, Einl. VO 1/2003, Rn. 1.
77 *Dreher/Thomas*, WuW 2004, 8.
78 *Schmidt*, BB 2003, 1237, 1239.

stellen kann, dass die Voraussetzungen des Art. 101 AEUV nicht vorliegen bzw. die Freistellungsvoraussetzungen des Art. 101 Abs. 3 AEUV erfüllt sind.

Eine diesbezügliche Entscheidung ist hier nur aus Gründen des öffentlichen Interesses der Gemeinschaft und ausschließlich von Amts wegen möglich. Es besteht somit **kein Anspruch** der Unternehmen auf Erlass einer derartigen Entscheidung.[79] An diesem Umstand zeigt sich der Systemwechsel hin zur Eigenverantwortung der Unternehmen. Ein Negativattest kann auf Initiative des Unternehmens nicht mehr eingeholt werden. Rechtssicherheit kann »aber« über einen Zivilrechtsstreit und eine Vorlage an den Gerichtshof erreicht werden.[80] Die *Monopolkommission* hat das System der Legalausnahme daher bereits bei der Einführung der VO 1/2003 mit nachvollziehbaren Gründen kritisiert.[81] Durch die 7. GWB-Novelle übernahm der Gesetzgeber daher auch die Nachteile des Legalausnahmesystems in das GWB. Transparenzverluste und abweichende Auslegungen der Gruppenfreistellungsverordnungen sind vorprogrammiert. *Nolens volens* muss sich die Rechtsanwendung damit abfinden. Die Angleichung des GWB an das europäische Wettbewerbsrecht als erklärtes Ziel des Gesetzgebers konnte nur gelingen, indem man das europäische System weitgehend übernahm. Da die europäische Praxis die Zwischenstaatlichkeitsklausel weit auslegt, hätte anderenfalls ein nationales Desiderat nur für regional begrenzte und damit wirtschaftlich weniger bedeutsame Klauseln bestanden. Gleichwohl besteht immer noch wieder Raum für national abweichende Auslegungen. Das gilt auch trotz der Entscheidungspraxis des BGH, derzufolge § 1 GWB »grundsätzlich so auszulegen [Erg. des Verfassers: ist], wie es der Rechtsprechung des Gerichtshofes zu Art. 101 AEUV entspricht« (vgl. ausführlich zur Auslegung gleich Rdn. 44 ff.).[82]

36

III. Wertungsgrundlagen des § 1 GWB

1. Schutzgut und Schutzzwecke

Während der Anfangsjahre des GWB stritt man über den Schutzzweck und das Schutzobjekt des § 1 GWB. Diese Diskussion hat ihre Bedeutung mittlerweile stark eingebüßt. § 1 GWB dient zunächst dem **Institutionen-** *und* **Indi-**

37

---

79 Siehe dazu ausführlich *Petry*, Kartellrechtliches Risikomanagement im System der Legalausnahme, 2008. Siehe auch *Schütz*, in: KK-KartR, Art. 10 VO 1/2003, Rn. 7, der auf die andernfalls bestehende Systemwidrigkeit hinweist.
80 Siehe z.B. dazu aktuell die *Coty*-Vorlage zu Plattformverboten OLG Frankfurt, 19.4.2016, 11W 96/14 (Kart).
81 *Monopolkommission*, Kartellpolitische Wende in der Europäischen Union?, Sondergutachten 28 (1999); *Monopolkommission*, Folgeprobleme der europäischen Kartellverfahrensreform, Sondergutachten 32 (2002).
82 BGH WuW/E DE-R 3275, 3284 – *Jette Joop*, Rn. 58.

§ 1 GWB   *Verbot wettbewerbsbeschränkender Vereinbarungen*

vidualschutz.[83] Der Institutionenschutz schirmt den freien Wettbewerb vor einer »Verhinderung, Einschränkung oder Verfälschung« ab. Der Institutionenschutz schützt somit die Struktur des Marktes und damit den Wettbewerb als solchen. Allerdings ist diese Zwecksetzung reichlich abstrakt, da nach wie vor keine allgemein anerkannte Definition des Wettbewerbs existiert.[84] Anlehnen könnte man sich bei der Begriffsbestimmung beispielsweise an die amtliche Begründung bei der Einführung des GWB, die den Wettbewerb beschreibt als das Bestreben, »durch eigene Leistung, die nach Qualität und Preis besser ist als die Leistung anderer Unternehmen, den Verbraucher zum Abschluss eines Vertrages zu veranlassen«.[85] Mit zunehmender Abstraktion verlieren Zwecke ihre Leitbildfunktion für die Auslegung, so dass allein der Institutionenschutz kein bestimmtes Ergebnis absichern kann. Die europäische Praxis stellt Art. 101 AEUV ebenso in den Dienst des Wettbewerbsschutzes. Danach schützt diese Vorschrift »die Struktur des Marktes und damit den Wettbewerb als solchen«.[86] Dieser Wettbewerbsbegriff greift auf kein wettbewerbspolitisches Leitbild zurück, sondern versteht den Wettbewerb als ergebnisoffenen Prozess. Jeder Versuch, den Wettbewerb in ein Begriffskorsett zu zwängen, schränkt ihn zugleich ein. Angemessen erscheint es, das Phänomen »Wettbewerb« als **Entdeckungsverfahren** zu beschreiben.[87] Damit setzt der Wettbewerb eine wirtschaftliche Handlungsfreiheit der Akteure voraus.

a) Individual- und Institutionenschutz

38   Dieser **Individualschutz** ist mit dem Institutionenschutz verzahnt. § 1 GWB schützt neben dem Wettbewerb auch die wirtschaftliche Handlungsfreiheit der Marktteilnehmer.[88] Dieser Dualismus kann durch das **Freiheitsparadoxon** abgesichert werden. Ohne wirtschaftliche Handlungsfreiheiten ist kein Wettbewerb denkbar, während umgekehrt »die Freiheit sich selbst vernichtet,

---

83 *Krauß*, in: Langen/Bunte, Band I, Einl. Rn. 79; *Mestmäcker*, DB 1968, 787, 790; *Merz*, in: Festschrift für Franz Böhm, 1965, S. 227, 256; *K. Schmidt*, S. 63; *Zimmer*, in: Immenga/Mestmäcker, § 1 GWB Rn. 14.
84 So auch *Wiedemann*, in: Wiedemann (Hrsg.), Handbuch des Kartellrechts, § 1 Rn. 3; *Maritzen*, Vielfalt als normatives Leitprinzip – Schutz der Medien- und Meinungsvielfalt im Kartell- und Medienrecht (im Erscheinen), S. 66.
85 BT-Drucks. 2/1158, S. 31; Kritisch zur Begrenzung des Begriffs auf die Anbieterseite insoweit *Kloepfer*, Vielfaltssicherung durch Ebenentrennung in der Massenkommunikation S. 33; *Wiedemann*, in: Wiedemann (Hrsg.), Handbuch des Kartellrechts, § 1 Rn. 3.
86 EuGH Slg. 2009, I-4529 Rn. 38 – *T-Mobile Netherlands*.
87 Grdl. *v. Hayek*, Wettbewerb als Entdeckungsverfahren, 1968, S. 55 ff.; *Röpke*, Wettbewerb als Problemlösungsverfahren: in: Wirtschaftspolitische Blätter 1976, S. 38–46; so auch *Hoppmann*, Marktmacht und Wettbewerb, S. 9.
88 *Hoppmann*, Marktmacht und Wettbewerb, S. 21.

wenn sie unbegrenzt ist«.⁸⁹ Aus dieser Perspektive sind Individual- und Institutionenschutz nur **zwei Seiten einer Medaille**. Gewährleistet man die wirtschaftliche Handlungsfreiheit, belebt man nicht nur den Wettbewerb zwischen Konkurrenten, sondern sichert auch die Entscheidungsautonomie von Unternehmen auf der vor- und nachgelagerten Marktstufe.⁹⁰ Im Tatbestand des § 1 GWB schlägt sich dies derart nieder, dass die Wettbewerbsbeschränkung einerseits an die Handlungsfreiheiten der Beteiligten anknüpft und andererseits an die wettbewerbliche Außenwirkung auf den betroffenen Märkten. Dies wird beispielsweise an der Zweigliedrigkeit des Tatbestands der abgestimmten Verhaltensweise deutlich (vgl. dazu Rdn. 167).

Dem hat man unter Berufung auf den Vorrang europäischer Schutzzwecke widersprochen: Primär lasse sich das Verbot des § 1 GWB nicht mehr am Schutz wirtschaftlicher Handlungsfreiheiten ausrichten, da nach der europäischen Praxis die Wettbewerbsbeschränkung auf dem betroffenen Markt entscheide, ob Art. 101 Abs. 1 AEUV erfüllt ist.⁹¹ Dies überzeugt weder dogmatisch noch teleologisch. Schon der Hinweis auf die europäische Praxis führt in die Irre, da der EuGH den Institutionen- und Individualschutz als gleichrangige Schutzzwecke des Art. 101 Abs. 1 AEUV ansieht. Die Vorschrift ist danach »nicht nur dazu bestimmt, die unmittelbaren Interessen *einzelner Wettbewerber* ... zu schützen, sondern ... (auch) den Wettbewerb als solchen«.⁹² 39

b) Verbraucherschutz

Umstritten ist, ob § 1 GWB auch dem **Verbraucherschutz** dient.⁹³ Dies zeigt beispielsweise die im Zuge der 7. GWB-Novelle gestrichene Erweiterung der Anspruchsberechtigung von Verbraucherorganisationen.⁹⁴ Nach der hier vertretenen Ansicht sprechen die überzeugenderen Argumente dafür, dass § 1 GWB (nicht nur reflexartig) mittlerweile **auch** dem **Verbraucherschutz** dient. Dies lässt sich an einer Reihe von Argumenten festmachen, die v.a. durch die 8. GWB-Novelle an Durchschlagskraft gewonnen haben. Mit der 8. GWB-Novelle wurde nämlich zuletzt die Verbandsklagebefugnis (§ 33 Abs. 2 Nr. 2 GWB) auf Verbraucherschutzorganisationen erweitert. Die praktische Relevanz der Vorteilsabschöpfung durch Verbände wird allerdings in 40

---

89 So die berühmte Wendung von *Karl Popper*, Die offene Gesellschaft und ihre Feinde.
90 *Zimmer*, in: Immenga/Mestmäcker, § 1 GWB Rn. 12.
91 *Roth/Ackermann*, in: FK-GWB 2005, § 1 Rn. 43, 81 ff.
92 EuGH Slg. 2009, I-4529 – *T-Mobile Netherlands* Rn. 38.
93 Zum Begriff des Verbrauchers *Beurskens*, § 2 GWB, Rdn. 62 bzw. *Kersting/Walzel*, in: KK-KartR, Art. 101 AEUV, Rn. 659.
94 BT-Drucks. 15/3640, S. 53.

mehrfacher Hinsicht durch beschränkte Voraussetzungen relativiert. Zum einen durch die Anknüpfung an ein Verschuldenserfordernis, demzufolge die Vorteilsabschöpfung nur bei vorsätzlichen Zuwiderhandlungen und damit (grundsätzlich) bei schwerwiegenden (hardcore-)Verstößen möglich ist. Zudem fehlt auch der Anreiz für die Geltendmachung der Vorteilsabschöpfung, da nach § 34a Abs. 1 GWB die Abführung an den Bundeshaushalt erfolgt.[95] Ein weiteres Argument pro Verbraucherschutz ist die wettbewerblich positivere Betrachtung von Höchstpreisbindungen ggü. Mindest- bzw. Festpreisen. Der Verbraucherschutzgedanke zeigt sich zudem an den unterschiedlichen Handlungsformen, die das Bundeskartellamt verwendet, die u.a. auch das Verbraucherinteresse bedienen sollen, wie z.B. die Fallberichterstattung.[96]

41 Für die Ansicht, dass Schutzzweck des § 1 GWB auch der Schutz des Verbrauchers ist, lässt sich zudem auch die österreichische Spruchpraxis anführen. Diese hat in der Entscheidung *Rechtsanwaltssoftware* im Zuge der Abgrenzung des UWG und KartG klargestellt, dass vom Kartellrecht zum einen die Mitbewerber aber auch die Verbraucher und andere Marktteilnehmer auf der Marktgegenseite geschützt sind.[97] Zum gleichen Ergebnis kam auch der BGH im Hinblick auf die »kleine Schwester« des GWB, nämlich des Gesetz gegen den unlauteren Wettbewerb (UWG), in dem er klarstellte, dass neben den Mitbewerbern und sonstigen Marktteilnehmern auch die Verbraucher vom UWG geschützt sind. Diese Schutztrias hat nunmehr auch Eingang in § 1 UWG gefunden und ist auch für § 1 GWB wertend heran zuziehen.

42 Dieser Ansicht steht eine Ansicht entgegen, die den Schutzzweck des GWB in **erster Linie in Institutionen- und Individualschutz** sieht, nicht aber im Schutz von Verbraucherinteressen und diese allenfalls reflexartig geschützt wissen will.[98] Für diese Ansicht streitet insbesondere, dass auch eine **Absprache über Preissenkungen** nach § 1 GWB **verboten** ist, obwohl diese zumindest vorübergehend dem Verbraucher Vorteile verschafft.[99] Gleiches gilt auch für die Ansicht, dass auch Abstimmungen über Aktionspreise eine verbotene Preisbindung der zweiten Hand (**RPM**) darstellen können, obwohl der im Vergleich zum »Normalpreis« günstigere Aktionspreis letztlich dem Verbraucher zugutekommt (vgl. zur Fallgruppe der Preisbindung der zweiten Hand Rdn. 565). In der Tat führt eine einseitige Ausrichtung des § 1 GWB am Verbraucherschutz zu wettbewerbspolitischen Verwerfungen. Dies schließt es

---

95 So auch *Krohs*, § 34a GWB, Rdn. 18.
96 *Podszun*, Vor § 32 GWB, Rdn. 17.
97 KOG, 14.7.2009, 4 Ob 60/09s. – *Rechtsanwaltssoftware*.
98 *Bechtold*, Einführung, § 1 GWB Rn. 51 m.w.N.
99 *Bechtold*, Einführung § 1 GWB Rn. 51 unter Verweis auf OLG München WuW/E DE-R 4444 – *Rationalisierungsboni*.

aber jedenfalls nicht aus, den Verbraucherschutz als *zusätzlichen* Schutzzweck des § 1 GWB anzusehen.

Dieses Verständnis legt auch § 2 Abs. 1 GWB (Art. 101 Abs. 3 AEUV) nahe, da diese Vorschrift Wettbewerbsbeschränkungen dann von dem Verbot des § 1 GWB (bzw. Art. 101 Abs. 1 AEUV) freistellt, wenn diese u.a. den Verbraucher angemessen am Gewinn beteiligen. Die angemessene Beteiligung der Verbraucher am Gewinn ist allerdings nur eine von vier – kumulativ zu erfüllenden[100] – Einzelfreistellungsvoraussetzungen. Neben der angemessenen Beteiligung der Verbraucher am Gewinn muss die Vereinbarung zudem (i) zur Verbesserung der Warenerzeugung oder -Verteilung bzw. Förderung des technischen oder wirtschaftlichen Fortschritts beitragen, (ii) dürfen den Unternehmen zudem keine Beschränkungen auferlegt werden, die für die Verwirklichung dieser Ziele unerlässlich sind und (iii) darf den beteiligten Unternehmen auch keine Möglichkeit eröffnet werden, für einen wesentlichen Teil der betreffenden Waren oder Dienstleistungen den Wettbewerb (insgesamt) auszuschalten. Nachweispflichtig für das Vorliegen der Einzelfreistellungsvoraussetzungen ist derjenige, der sich auf die Voraussetzungen beruft.[101] Die kumulativ zu erfüllenden Voraussetzungen zeigen, dass der Verbraucherschutz keineswegs dem Institutionen- und Individualschutz vorgeht. Dies zeigt auch klar die europäische Rechtsprechung in *GlaxoSmithKline*.[102] Zudem ergibt sich dies aus der einschränkenden Voraussetzung, dass die Beteiligung der Verbraucher am entstehenden Gewinn angemessen sein muss. Daraus folgt, dass nicht alle Vorteile an die Verbraucher weiter gegeben werden müssen, sondern die Weitergabe der Vorteile die tatsächlichen oder voraussichtlichen negativen Auswirkungen mindestens ausgleichen muss[103] (neutrale Bilanz).

2. Auslegungsgrundsätze – Verhältnis zum Unionsrecht

Das GWB enthält im Allgemeinen und § 1 im Speziellen eine Reihe von **offenen Tatbeständen und Generalklauseln**, weswegen der Auslegung eine besondere Bedeutung zukommt. Das Gesetz enthält diesbezüglich zwar keine eigenen Auslegungsregeln, allerdings finden die allgemeinen Auslegungsgrundsätze Anwendung.[104] Maßgebend für die Auslegung ist demnach der in den Vorschriften zum Ausdruck kommende **objektivierte Wille** des Gesetz-

---

100 EuGH, 13.7.1966 58/64, Rn. 56 – *Carsten/Gundig*.
101 Art. 2 VO 1/2003 und ErwGr. 5 VO/2003; EuGH, 7.2.2013, C-68/12 – *Protimonopolny Slovenskey republiky/Slovenská sporitel'na a.s.* Weitere Nachweise bei *Kersting/Walzel*, in: KK-KartR, Art. 101 AEUV, Rn. 591.
102 EuGH, 6.10.2009, Slg. 2009 I-9291, Rn. 63 – *GlaxoSmithKline*.
103 BKartA WuW/E DE-V 1459, 1473, Rn. 186 – *Wirtschaftsprüferhaftpflicht*.
104 Allgemein zur Auslegung von § 1 GWB *Fritzsche*, Die Auslegung von § 1 GWB und die Behandlung von Einkaufsgemeinschaften im Kartellrecht.

gebers, so wie er sich aus dem Wortlaut der jeweiligen Gesetzesbestimmung und im Sinnzusammenhang ergibt, in den dieser hineingestellt ist.[105] Dabei hat sich die Auslegung nicht nur im allgemeinen Zweck der Sicherung der Wettbewerbsfreiheit zu orientieren, sondern an der konkreten Zweckbestimmung der in Frage stehenden Norm. Deshalb legt der BGH in ständiger Rechtsprechung die Verbotsnormen, so auch das Kartellverbot, unter Berücksichtigung der auf die Freiheit des Wettbewerbs gerichteten Zielsetzung des GWB aus. Darüber hinaus ist umstritten, welchen Umfanges die Tatbestandsmerkmale des § 1 GWB im Einklang mit der europäischen Praxis zu Art. 101 Abs. 1 AEUV auszulegen sind.

45 Entzündet haben sich diese Streitigkeiten unter anderem daran, dass der Gerichtshof den Unternehmensbegriff teilweise anders auslegt als die überkommene inländische Praxis. Mittlerweile ausgestanden ist die Diskussion darüber, ob der Grundsatz der loyalen Zusammenarbeit nach Art. 4 Abs. 3 Satz 1 EUV die Mitgliedstaaten dazu verpflichtet, ihr nationales Kartellrecht dem europäischen anzupassen.[106] Eine derartige **Harmonisierungspflicht ist abzulehnen**.[107] Anderenfalls wäre der Regelungsmechanismus der VO 1/2003 unerklärbar. Art. 3 Abs. 2 Satz 1 VO 1/2003 beschränkt den Vorrang des europäischen Kartellrechts auf solche Vereinbarungen zwischen Unternehmen, die geeignet sind, den zwischenstaatlichen Handel zu beeinträchtigen. Damit geht die Norm davon aus, dass § 1 GWB und Art. 101 AEUV unterschiedlich ausgelegt werden können und folgerichtig in ihrem Geltungsanspruch voneinander abweichen.[108] Aus der Regelung folgt lediglich ein Auslegungsvorrang (vgl. Rdn. 27).

46 Zu diskutieren bleibt indes, ob das nationale Recht dazu verpflichtet, für innerstaatliche Sachverhalte die Tatbestandsmerkmale des § 1 GWB deckungsgleich zur europäischen Praxis auszulegen. Dies ist entgegen einer verbreiteten Ansicht abzulehnen. Es besteht **keine Pflicht zur parallelen Auslegung**. Die Regierungsbegründung zur 7. GWB-Novelle betont, dass für innerstaatliche Sachverhalte eine »weitestgehende Übernahme des europäischen Rechts« vorgesehen sei. Eine unerwünschte »Zweiteilung« zwischen europäischen und innerstaatlichen Sachverhalten soll vermieden werden, zumal man anderenfalls Gefahr liefe, kleine und mittlere Unternehmen gegenüber Großunternehmen ungleich zu behandeln.[109] Dies nehmen einige Stimmen als Beleg dafür, dass

---

105 BVerfG, 17.5.1960, BVerfGE 11, 126, 130.
106 So noch *Dreher*, AG 1993, 437, 447.
107 *Bornkamm*, in: FS Hirsch, S. 231, 238; *Roth*, in: FS Loewenheim, S. 545, 551 f. = *Roth/Ackermann*, in: FK-GWB 2005, § 1 Rn. 18.
108 *Roth*, in: FS Loewenheim, S. 545, 551 f. = *Roth/Ackermann*, in: FK-GWB 2005, § 1 Rn. 18.
109 BT-Drucks. 15/3640, S. 22 f.

bereits die historische Auslegung es gebiete, eine inhaltliche Konvergenz zwischen inländischem und europäischem Recht herzustellen.[110] Indes übersteigert dies die Ausführungen in der Gesetzesbegründung. Diese betont, dass die *Grundsätze* des europäischen Wettbewerbsrechts bei der Auslegung des § 1 GWB zu *berücksichtigen* sind, was bereits seit der 6. GWB-Novelle galt.[111] Weiter geht indes die Entscheidungspraxis des BGH. Dieser hat im Zusammenhang mit einer markenrechtlichen Abgrenzungsvereinbarung im Fall *Jette Joop* entschieden, dass § 1 GWB »grundsätzlich so auszulegen [Erg. des Verf.:] ist, wie es der Rechtsprechung des Gerichtshofes zu Art. 101 AEUV entspricht«.[112] Aus dieser Entscheidung folgt aber entgegen der teilweise vertretenen Meinung nicht, dass das nationale Recht verpflichtet ist, für innerstaatliche Sachverhalte § 1 GWB deckungsgleich zur europäischen Praxis auszulegen, sondern lediglich, dass eine grundsätzliche **Orientierung** an der Rechtsprechung des Gerichtshofes zu Art. 101 AEUV zu erfolgen hat.

Es ist gerade **kein zwingender Gleichklang** bei der Auslegung der jeweiligen Normen erforderlich. Eine deckungsgleiche Übernahme der europäischen Praxis fordert der Gesetzgeber und auch die Rechtsprechung damit gerade nicht, obwohl seit der 6. GWB-Novelle Auslegungsunterschiede zwischen der inländischen und europäischen Praxis zu Tage traten, die dem Gesetzgeber kaum verborgen bleiben konnten.[113] Dies bestätigt eine weitere Aussage in der Gesetzesbegründung, wonach in Ausnahmefällen es gerechtfertigt sei, spezifische Regeln des deutschen Wettbewerbsrechts aufrecht zu erhalten.[114] Wollte der Gesetzgeber tatsächlich eine inhaltliche Konvergenz zwischen inländischem und europäischem Recht, wäre diese Aussage widersprüchlich. Gegen die undifferenzierte Übernahme der unionialen Auslegung durch den Gerichtshof spricht zudem die Nichteinführung der seinerzeit im Regierungsentwurf zur 7. GWB-Novelle noch vorgesehenen Regelung zur **europafreundlichen Auslegung.**[115] Der seinerzeitige Regierungsentwurf sah in § 23 eine Verpflichtung der Kartellbehörden und Gerichte vor, bei der Anwendung des Kartellverbots und des Missbrauchsverbots die Grundsätze des europäischen Wettbewerbsrechts maßgeblich zugrunde zu legen. Diese Bestimmung wurde allerdings sodann im Vermittlungsverfahren auf Initiative

47

---

110 *Roth*, in: FS Loewenheim, S. 545, 559 = *Roth/Ackermann*, in: FK-GWB 2005, § 1 Rn. 33; *Schanze*, S. 39 ff.
111 BT-Drucks. 15/3640, S. 23 [Hervorhebungen durch Verf.].
112 BGH WuW/E DE-R 3275, 3284, Rn. 58 – *Jette Joop*.
113 So treffend: *Holzinger* [Lit. Verz. sub B], S. 168 f.; *Herbers*, S. 74.
114 BT-Drucks. 15/3640, S. 23. Im Ergebnis wie hier *Hoffmann*, WuW 2011, 472, 480 [Lit. Verz. zu B], der zu Recht betont, dass der Gesetzgeber eine abweichende Entwicklung des europäischen und deutschen Kartellrechts für möglich hielt und diese auch zulassen wollte.
115 BT-Drucks. 15/3640, S. 75.

des Bundesrates fallengelassen.[116] Geschwächt wird dieses Argument aber dadurch, dass der Bundesrat, der für die Streichung des Grundsatzes der europafreundlichen Auslegung maßgeblich verantwortlich war, diese damit begründete, dass die Entscheidung der Kartellbehörden bzw. der Gerichte nicht der Gefahr der Rechtswidrigkeit ausgesetzt werden sollen, soweit in den Gründen der jeweiligen Entscheidungen nicht oder nicht hinreichend dargelegt würde, dass die genannten europäischen Grundsätze als für den Einzelfall relevant erkannt, entsprechend gewürdigt und schließlich maßgeblich zugrunde gelegt worden sind.[117] Demnach lag der Streichung des Grundsatzes der europafreundlichen Auslegung vor allem die Überlegung zugrunde, dass die nationalen Entscheidungen **nicht** unter Verweis auf die Nichtberücksichtigung der europäischen Spruchpraxis **angegriffen werden können**.[118]

48 Die Frage der Angleichung der Auslegung wird insbesondere dort relevant, in dem sich das Verständnis im deutschen und europäischen Kartellrecht nicht decken, wie etwa z.B. beim Unternehmensbegriff. Bezüglich des Unternehmensbegriffs ging der BGH in einer neueren Entscheidung, der Entscheidung »*VBL Gegenwert*«, zum Unternehmensbegriff im Rahmen des § 1 GWB davon aus, dass »auch bei uneingeschränkter Anerkennung des Grundsatzes, dass zur Auslegung des nationalen Kartellrechts die Rechtsprechung der Unionsgerichte und die Entscheidungspraxis der Europäischen Kommission heranzuziehen sind« **nicht zwingend** der autonome Unternehmensbegriff des Europäischen Rechts auch im deutschen Kartellrecht zugrunde zu legen ist.[119] Das § 1 GWB genau dann, wenn nach Art. 101 AEUV kein Unternehmen vorliegt, seine **nationale Auffangfunktion** erfüllt, zeigt auch eine Entscheidung des LG Hannover. In der Entscheidung ging es um die Zulässigkeit einer Einkaufskooperation der gesetzlichen Krankenkassen im Bereich Grippeimpfstoffe. Da die Nachfrage der Krankenkassen nicht dem europäischen Unternehmensbegriff unterfällt, prüfte das LG Hannover folgerichtig die kartellrechtliche Zulässigkeit der Einkaufskooperation anhand von § 1 GWB.[120]

---

116 BT-Drucks. 15/5735, S. 3. Siehe dazu auch *Lutz*, WuW 2004, 718, 725; *Dreher*, WuW 2005, 250; diesen Grundsatz als selbstverständlich ansehend *Hartog/Noack*, WRP 2005, 1396.
117 BT-Drucks. 441/04, S. 5 (entspricht WuW-Sonderheft 7. GWB-Novelle, 2005, S. 211).
118 So auch *Koch*, WuW 2006, 710, 716.
119 BGH WuW/E DE-R 4037, 4046, Rn. 59 – *VBL Gegenwert*; *Bunte*, EWiR 2013, 777.
120 LG Hannover, 15.6.2011, 21 O 25/11.

B. Unternehmen als Normadressaten

I. Systematischer Überblick

Die Ge- bzw. Verbotsvorschriften des GWB richten sich an Unternehmen bzw. Unternehmensvereinigungen. Durch sie wird der persönliche Geltungsbereich des § 1 GWB bestimmt. Die Begriffe sind **autonom** nach dem Schutzzweck bzw. den Schutzzwecken des Rechts gegen Wettbewerbsbeschränkungen auszulegen. Unternehmensbegriffe aus anderen Rechtsgebieten, wie etwa aus dem Gewerbe-, Gesellschafts- oder Steuerrecht, sind für die wettbewerbsrechtliche Auslegung nicht maßgeblich. Diesen Weg zeichnete bereits die Begründung zum Entwurf des GWB vor, derzufolge der Begriff des Unternehmens nicht etwa mit dem des Gewerbesteuerrechts oder der Gewerbeordnung übereinstimmen müsse, sondern entsprechend dem Zweck des GWB zu bestimmen sei.[121] Methodisch betrachtet, gibt es daher keinen vorgeformten Unternehmensbegriff, sondern es handelt sich beim Unternehmensbegriff um einen **relativen Rechtsbegriff**, dessen inhaltliche Reichweite durch den Schutzzweck des GWB bestimmt und ausgeformt wird.[122] Dieser besteht bekanntlich primär sowohl im Individual- als auch im Institutionenschutz (Rdn. 37). Dieser methodische Ansatz gebietet es, die Normadressaten des GWB nicht anhand ihres Organisationsgrades zu bestimmen, sondern anhand ihrer Tätigkeit. Bestimmt wird der autonome Unternehmensbegriff **funktional**.

49

Eine Unternehmenseigenschaft wird demnach durch jede selbständige Tätigkeit im geschäftlichen Verkehr begründet, die auf den Austausch von Waren oder gewerblichen Leistungen gerichtet ist und sich nicht allein auf die Deckung des privaten Lebensbedarfs beschränkt.[123] Erkenntnisleitend ist somit ein wirtschaftliches Verständnis des Unternehmensbegriffs. Daher ist es unerheblich, in welcher Rechtsform das Unternehmen organisiert ist (öffentlich-

50

---

[121] BT-Drucks. II/1158, S. 31; BGH WuW/E BGH, 1142 – *Volksbühne II*; *Krauß*, in: Langen/Bunte, § 1 GWB, Rn. 32.

[122] Dazu methodisch: *Müller-Erzbach*, Die Relativität der Begriffe und ihre Begrenzung durch den Zweck des Gesetzes, JheJB 61 (1913), S. 343 ff.; *Ryu/Silving*, (Was bedeutet die sogenannte »Relativität der Rechtsbegriffe«?), ARSP 59 (1973), S. 57 ff.

[123] BGH WuW/E BGH 442, 449 – *Gummistrümpfe*; BGH WuW/E BGH 1325 – *Schreibvollautomat*; BGH WuW/E BGH 1469 – *Autoanalyzer*; BGH WuW/E BGH 1474, 1477 – *Architektenkammer*; BGH WuW/E BGH 2627, 2632 – *Sportübertragungen*; BGH WuW/E BGH 2813, 2818 – *Selbstzahler*; BGH WuW/E DE-R 17, 18 f. – *Europapokalheimspiele*; BGH WuW/E DE-R 289, 291 – *Lottospielgemeinschaft*; BGH WuW/E DE-R 2327 Rn. 21 – *Krankenhaus Bad Neustadt*; *Krauß*, in: Langen/Bunte, § 1 GWB Rn. 32; *J. B. Nordemann*, in: Loewenheim/Meessen/Riesenkampff, § 1 GWB Rn. 18, 19; *Zimmer*, in: Immenga/Mestmäcker, § 1 GWB Rn. 31 ff.

rechtlich vs. privatrechtlich) und auch die **Absicht der Gewinnerzielung** und die **Art der Finanzierung** ist für die Einordnung als Unternehmen insoweit nicht maßgeblich. Die Durchdringung der kartellrechtlichen Beurteilung durch den Grundsatz der wirtschaftlichen Betrachtungsweise, der entgegen z.B. der österreichischen Regelung in § 20 KartG nicht ausdrücklich im GWB normiert ist, allerdings das Kartellrecht leitend durchzieht, zeigt sich auch bei anderen Fragestellungen, wie z.B. der Rechtsnachfolge in die Bußgeldverantwortung. Hinsichtlich dieser höchst umstrittenen Frage hat der BGH im *Kaffeeröster-Beschluss* klar gestellt, dass für die Frage der Haftung von Rechtsnachfolgern für gegen den Rechtsvorgänger verhängte Geldbuße neben dem Kriterium der Gesamtrechtsnachfolge entscheidend ist, ob bei wirtschaftlicher Betrachtungsweise eine »Nahezu-Identität« besteht.[124] Bei der Subsumption unter dem Begriff der Nahezu-Identität zeigt sich die wirtschaftliche Prägung des Kartellrechts, da der BGH in diesem Kontext darauf abstellt, ob das übernommene Vermögen des Rechtsvorgängers beim Rechtsnachfolger eine wirtschaftlich selbständige, die neue juristische Person prägende Stellung behalten hat und der neue Rechtsträger lediglich für dieses Vermögen den neuen rechtlichen und wirtschaftlichen Mantel bildet. Der Unternehmensbegriff ist insoweit **weit** auszulegen.[125]

51 Der funktionale Unternehmensbegriff gilt **einheitlich** für das **gesamte GWB**. Dies lässt sich beispielhaft an der Entscheidung des OLG München im Fall *Claudia Pechstein* festmachen. In diesem Fall hatte sich das Gericht mit der Wirksamkeit einer in der Wettkampfmeldung für die Teilnahme an den Eisschnelllauf-Mehrkampfweltmeisterschaften enthaltenen Schiedsvereinbarung zwischen der Deutschen Eisschnelllaufgemeinschaft (DESG) und der Internationalen Skating Union (ISU) zu befassen. Das Gericht führte im Zusammenhang mit dem Missbrauch einer marktbeherrschenden Stellung durch das Verlangen einer Schiedsklausel seitens DESG und ISU aus, dass »eine wirtschaftliche Tätigkeit, wie sie *der* [Hervorhebung des Verf.] Unternehmensbegriff des Gesetzes gegen Wettbewerbsbeschränkungen voraussetzt, jede ist, die daran besteht, in Güter oder Dienstleistungen auf einem bestimmten Markt anzubieten«.[126] Obgleich die Entscheidung zum Missbrauchsverbot erging, lässt sich der Wendung »der Unternehmensbegriff« entnehmen, dass ein (einheitlicher) Unternehmensbegriff im GWB zugrundezulegen ist. Dem

---

124 BGH WuW/E DE-R 4686 – *Kaffeeröster*. Dieser Beschluss baut auf BGH WuW/E BGH 2265 – *Bußgeldhaftung*, auf. Die von *Melitta* dagegen eingelegte Verfassungsbeschwerde wurde vom BVerfG nicht zur Entscheidung angenommen, vgl BVerfG WuW/DE-R 4835 – *Haftungsnachfolge*.
125 *Krauß*, in: Langen/Bunte, § 1 GWB Rn. 32; *J. B. Nordemann*, in: Loewenheim/Meessen/Riesenkampff, § 1 GWB Rn. 18; *Zimmer*, in: Immenga/Mestmäcker, § 1 GWB Rn. 32.
126 OLG München WuW/E DE-R 4543 – *Claudia Pechstein*.

Gericht ist in dieser Aussage beizupflichten, als das sowohl beim Kartell- als auch Missbrauchsverbot, sowie im Rahmen der Fusionskontrolle, ein einheitlicher, das gesamte GWB umspannender, Unternehmensbegriff zugrunde zu legen ist, da abseits von der jeweiligen unterschiedlichen materiellen Beurteilungsperspektive eine einheitliche Ausrichtung des Begriffes des Normadressaten geboten erscheint. Die **Verbundklausel** nach § 36 Abs. 2 GWB gilt für den gesamten Anwendungsbereich des GWB.[127]

Die europäische Praxis definiert den Unternehmensbegriff als »jede eine wirtschaftliche Tätigkeit ausübende Einheit, unabhängig von ihrer Rechtsform und der Art der Finanzierung«.[128] Dieses Begriffsverständnis ist ebenso wie im inländischen Recht funktional. So nimmt es nicht wunder, dass die europäische Praxis zahlreiche Auslegungsfragen ebenso löst wie die inländische Praxis. Gleichwohl bindet das europäische Vorverständnis nur faktisch, wie der Unternehmensbegriff in den Normen des GWB auszulegen ist. Denn der Unternehmensbegriff ist anhand der Rechtsprechung des BGH autonom auszulegen.[129] Es besteht daher keineswegs ipso iure ein methodisches Gebot, den Unternehmensbegriff des GWB vorbehaltlos dem AEUV anzugleichen (vgl. dazu ausführlich Rdn. 46 ff.). Man muss daher im Einzelfall prüfen, ob die europäischen Maßstäbe in das deutsche Recht zu übertragen sind. Dies gilt z.B. für die Frage, unter welchen Voraussetzungen Krankenkassen als Unternehmen einzuordnen sind. Während die europäische Praxis konzerninterne Wettbewerbsbeschränkungen als Problem des Unternehmensbegriffs abhandelt, prüft die herrschende inländische Meinung dieses Phänomen bei dem Tatbestandsmerkmal »**Wettbewerbsbeschränkung**«. Nicht nur systematische, sondern auch inhaltliche Probleme wirft die derzeit unterschiedliche Behandlung der (öffentlichen) Nachfrage auf (Rdn. 59). Dabei dissentieren das nationale und das europäische Recht bei der Beurteilung von sozialen Sicherungssystemen.

52

Wichtig ist, dass die Einordnung als Unternehmen **nicht schematisch** erfolgt, sondern in jedem Einzelfall unter Heranziehung der Kriterien des funktionalen Unternehmensbegriffs geprüft wird, ob es sich um eine wirtschaftliche Tätigkeit ausübende Entität handelt. Dies führt dazu, dass die Frage der Unternehmenseigenschaft eben nicht notwendigerweise für einen bestimmten Rechtsträger in jedem Fall einheitlich zu beantworten ist, sondern es eben im-

53

---

127 Begr. BT-Drucks. 13/9720 S. 56; BGH WuW/E DE-R 2739, 2741 Rn. 15 – *Entega; Paschke*, in: FK-GWB, § 36 Rn. 90.
128 EuGH Slg. 1991, I-1979 Rn. 21 – *Höfner und Elser/Macotron*; Slg. 1997, I-7119 Rn. 21 – *Job Centre*; Slg. 2002, I-1577 Rn. 47 – *Wouters*; Slg. 2004, I-2493 Rn. 46; Slg. 2006, I-11987 Rn. 39 – *Confederacion Española*.
129 OLG Düsseldorf WuW/De-R 4492 – *Zertifizierungspraxis*.

mer auf die von diesem Rechtsträger im konkreten Fall ausgeübte wirtschaftliche Tätigkeit ankommt.[130]

II. Grundstruktur des Unternehmensbegriffs

1. Anbietende Tätigkeit auf einem Markt

54 Kennzeichen eines Unternehmens ist es, dass es in den Wettbewerbsprozess auf einem Markt eingebunden ist. Deswegen besteht eine wirtschaftliche Tätigkeit darin, dass ein Rechtssubjekt eine bestimmte Ware und/oder Dienstleistung auf einem Markt **anbietet**. Unerheblich ist dabei, ob dies gewerblich geschieht. Deshalb ist die sog. Gewinnerzielungsabsicht kein notwendiges Merkmal, um ein Unternehmen zu bestimmen.[131] Der Unternehmensbegriff reicht weiter und erfasst auch **gemeinnützige** Organisationen, wenn und insoweit diese wirtschaftlich handeln.[132] Allerdings ist stets ein Unternehmen, wer mit Gewinnerzielungsabsicht auf dem Markt auftritt. Die teleologische Auslegung des Unternehmensbegriffes beantwortet auch die Frage, ob nur ein entgeltliches Angebot dem Unternehmensbegriff entspricht. Bietet ein Akteur eine bestimmte Ware oder Dienstleistung **entgeltlich** an, ist er stets ein Unternehmen.[133] Wiederum unerheblich ist, ob das geforderte Entgelt die Selbstkosten deckt, da ein Angebot unter Selbstkosten den Wettbewerb auf einem Markt beeinflussen kann.[134] Dieser Ansatzpunkt beantwortet die Frage, wann ein **unentgeltliches Angebot** eine unternehmerische Tätigkeit darstellt. Könnte das fragliche Angebot auch entgeltlich angeboten werden oder wird es von anderen Akteuren entgeltlich angeboten, so handelt es sich um eine unternehmerische Tätigkeit. Aus diesem Grund hat der EuGH die Arbeitsvermittlung durch die vormalige Bundesanstalt für Arbeit (nunmehr Bundesagentur für Arbeit) als wirtschaftliche Tätigkeit eingeordnet: Die Vermittlungsleistungen wurden

---

130 BGH, WuW/E DEE-R 4037, 4042 – *VBL Gegenwert*, Rn. 44; OLG Düsseldorf WuW/De-R 4492 – *Zertifizierungspraxis*.
131 BGH, WuW/E BGH 1142, 1143 – *Volksbühne II*; WuW/E BGH 1725, 1726 – *Deutscher Landseer Club*; *J. B. Nordemann*, in: Loewenheim/Meessen/Riesenkampff, § 1 GWB Rn. 19; *Zimmer*, in: Immenga/Mestmäcker, § 1 GWB Rn. 56; siehe auch EuGH Slg. 1997, I-7119 Rn. 21 – *Job Centre*; dazu *Säcker/Herrmann*, in: MünchKommEuWettbR, Einl. Rn. 1604.
132 *Säcker/Herrmann*, in: MünchKommEuWettbR, Einl. Rn. 1604. Dies folgt auch daraus, dass nach dem europäischen Unternehmensbegriff die »Art der Finanzierung« unerheblich ist.
133 Siehe etwa: EuGH Slg. 1998, I-3851 Rn. 37 – *Kommission/Italien*; EuGH Slg. 2002, I-1577 – *Wouters*; *Roth/Ackermann*, in: FK-GWB, Art. 81 Abs. 1 EG Grundfragen Rn. 41; *Säcker/Herrmann*, in: MünchKommEuWettbR, Einl. Rn. 1603.
134 Anderenfalls käme man zu dem paradoxen Ergebnis, dass eine missbräuchliche Kampfpreisstrategie nicht vom GWB erfasst ist.

nämlich in anderen Mitgliedsstaaten entgeltlich angeboten.[135] Stellt man in diesem Sinne auf die **aktuelle** oder **potentielle Marktfähigkeit** eines Angebots ab, so sind kaum Waren- und Dienstleistungsangebote denkbar, die keine wirtschaftliche Tätigkeit darstellen. Nur dieses weite Verständnis wird der Aufgabe des Unternehmensbegriffs gerecht, alle Akteure zu erfassen, die das Marktgeschehen beeinflussen oder beeinflussen können.

Die beschriebene Auslegung des Unternehmensbegriffes deckt sich mit der »geschäftlichen Handlung« im Sinne des § 2 Abs. 1 Nr. 1 UWG, so dass die hierzu ergangene Rechtsprechung bei Auslegungszweifeln herangezogen werden kann.[136] Weder die Dauer noch der Umfang einer wirtschaftlichen Tätigkeit spielen eine Rolle dafür, einen Akteur als Unternehmen einzustufen. Auch ein **einmaliger Marktauftritt** begründet eine wirtschaftliche Tätigkeit und damit die Unternehmensqualität.[137] Deswegen hat der BGH die Unternehmenseigenschaft einer Erbengemeinschaft nicht in Frage gestellt, die nur ein Grundstück im geschäftlichen Verkehr veräußerte.[138] Wer als Privater ein Unternehmen veräußert tritt ebenso als Unternehmen auf, wie eine kurzfristig zusammengestellte Musikgruppe bei einem ad hoc Konzert.[139] Erst Recht kommt es nicht darauf an, welchen Umfanges die wirtschaftliche Tätigkeit ist oder ob das Unternehmen eine Mindestgröße erreicht. Der Unternehmensbegriff setzt weder einen Mindestumfang noch einen Mindestumsatz einer wirtschaftlichen Tätigkeit voraus.[140] Ebenso wenig muss die wirtschaftliche Tätigkeit nachhaltig oder planmäßig sein.[141] Sobald ein wirtschaftliches Handeln den Wettbewerb beschränkt, gebietet es der Schutzzweck des § 1 GWB darauf zu reagieren. Es wäre widersinnig, wenn man schwerwiegende Wett-

55

---

135 EuGH Slg. Slg. 1991, I-1979 Rn. 21 – *Höfner und Elser*; Slg. 1997, I-7119 Rn. 21 f. – *Job Centre*; auf die letztgenannte Entscheidung verweisend: Slg. 2000, I-4217 Rn. 13 – *Carra*.
136 *J. B. Nordemann*, in: Loewenheim/Meessen/Riesenkampff, § 1 GWB Rn. 19 allerdings mit dem Hinweis, dass der Begriff des Unternehmens in § 2 Abs. 2 UWG nicht heranzuziehen ist.
137 *Roth/Ackermann*, in: FK-GWB, Art. 81 Abs. 1 EG Grundfragen Rn. 39, die dazu anmerken, dass in diesem Fall regelmäßig eine Wettbewerbsbeschränkung ausscheiden dürfte. Das Merkmal der »Einmaligkeit« gibt es nach *T-Mobile Netherlands* auch beim Informationsaustausch (vgl. dazu Rdn. 490).
138 BGH WuW/De-R 350 – *Beschränkte Ausschreibung* – insoweit nicht in WuW/E DE-R 349 abgedruckt.
139 Beispiele nach *Roth/Ackermann*, in: FK-GWB, Art. 81 Abs. 1 EG Grundfragen Rn. 39; *Säcker/Herrmann*, in: MünchKommEuWettbR, Einl. Rn. 1605.
140 OLG Düsseldorf WuW/E OLG 888, 889 – *Gaststättenpacht*; WuW/E OLG 1793 – *Vergütungsabrede*; *J. B. Nordemann*, in: Loewenheim/Meessen/Riesenkampff, § 1 GWB Rn. 20.
141 *Krauß*, in: Langen/Bunte, § 1 GWB Rn. 40; *Gandenberger*, S. 104; *J. B. Nordemann*, in: Loewenheim/Meessen/Riesenkampff, § 1 GWB Rn. 20; *Schwarz*, S. 58.

bewerbsbeschränkungen deswegen nicht sanktionieren würde, da die wirtschaftliche Tätigkeit nicht planmäßig ist. Aus diesen Erwägungen ist auch die ältere Entscheidung des BGH kaum haltbar, wonach die nicht gewerbliche Abgabe von Rassehunden keine wirtschaftliche Tätigkeit sein soll.[142] Schließlich kommt es auch nicht darauf an, ob eine wirtschaftliche Tätigkeit hauptberuflich ausgeübt wird. Auch eine wirtschaftliche **Nebentätigkeit** begründet die Unternehmenseigenschaft.[143]

56 Wer auf dem Markt auftritt, ist unerheblich. Nicht nur Gesellschaften, sondern auch **natürliche Personen** können Unternehmen im Sinne des GWB sein. Dies folgt schon aus dem allgemeinen Definitionsmerkmal, wonach jede wirtschaftlich handelnde Einheit **unabhängig** von ihrer **Rechtsform** Unternehmen ist. Das Angebot einer Ware und/oder Dienstleistung durch eine einzelne Person ist eine wirtschaftliche Tätigkeit.[144] Eine Rolle spielte dies bislang bei der **Verpachtung** oder **Vermietung**. Wer Gewerberäume vermietet oder verpachtet, ist ein Unternehmen.[145] Nur die rein private Bedarfsdeckung ist ausgenommen (vgl. Rdn. 65). Ein Indiz hierfür ist bereits die gewerbliche Tätigkeit, ohne dass diese konstitutiv für die Unternehmenseigenschaft ist. Für die Unternehmenseigenschaft genügt es in den beschriebenen Fällen, wenn der private Anbieter einen Gegenstand entgeltlich zur Nutzung überlässt. In diesem Sinne ist auch die ältere Rechtsprechung zu verstehen, die aus einer nachhaltigen und dauerhaften Tätigkeit auf die Unternehmenseigenschaft schloss.[146] Richtigerweise kann es darauf nicht ankommen, sondern nur auf die anbietende Tätigkeit auf einem Markt. Unzweifelhaft handelt wirtschaftlich, wer in eigenem Namen und/oder auf eigene Rechnung auf einem relevanten Markt anbietet. Fehlt es an einer zurechenbaren anbietenden Tätigkeit, mag man zweifeln, ob auch sonstige Einflussnahmen auf den Markt als wirtschaftliche Tätigkeit einzustufen sind. Zwei Konstellationen lassen sich aus der bisherigen Praxis extrahieren: Es ist dies zum einen die private Aufstellung von **Standards** für die **Vermarktung** oder Verkehrsfähigkeit eines Erzeugnisses und zum anderen die **Organisation** eines Kartells. So hat

---

142 BGH WuW/E BGH 1725, 1726 – *Deutscher Landseer Club*.
143 OLG Düsseldorf WuW/E OLG 1793 – *Vergütungsabrede*; *Roth/Ackermann*, in: FK-GWB, Art. 81 Abs. 1 EG Grundfragen Rn. 36; *Säcker/Herrmann*, in: MünchKommEuWettbR, Einl. Rn. 1606.
144 Als »Ein-Personen-Unternehmen«; siehe etwa: BGH WuW/E BGH 1661, 1663 – *Berliner Musikschule*; WuW/E BGH 1246 f. – *Feuerwehrschutzanzüge* [Vorinstanz: OLG Stuttgart WuW/E OLG 1299, 1301 f. – *Feuerwehrschutzanzüge*]; *Zimmer*, in: Immenga/Mestmäcker, § 1 GWB Rn. 37.
145 BGH WuW/E BGH 1521, 1522 – *Gaststättenverpachtung*; BGH WuW/E BGH 1745 – *Mallendarer Bürgerstube*; BGH WuW/E BGH 1841 – *Ganser Dahlke*; OLG Düsseldorf WuW/E OLG 1793 – *Vergütungsabrede*; OLG WuW/E OLG 888 – *Gaststättenpacht*.
146 So BGH WuW/E BGH 1521, 1522 – *Gaststättenverpachtung*.

der BGH in einer älteren Entscheidung die Tätigkeit eines Zuchtverbands als wirtschaftlich angesehen, indem er ein Zuchtbuch führte und Urkunden über die Abstammung von Zuchthunden ausstellte. Dadurch beeinflusste der Verband den Absatzmarkt für Zuchthunde, da die Züchter ohne die Urkunde die Tiere schwerer oder zu einem geringeren Preis verkaufen konnten.[147]

Wer ein Kartell organisiert, ohne selbst auf dem kartellierten Markt aufzutreten, kann nach der Rechtsprechung, insbesondere in *AC Treuhand II* dadurch den Markt beeinflussen. Der »Kartellwächter« kann somit ein Unternehmen sein. Es kommt jedoch auf die Umstände des Einzelfalles an. Es ist umstritten, ob der Kartellwächter bzw. cartel facilitator auch erfasst werden kann (siehe dazu ausführlich Rdn. 190 ff.).

57

Jenseits der beschriebenen Fälle kommt man nicht umhin, den Einzelfall zu analysieren. Dabei zwischen »mittelbarer« und »unmittelbarer« Einflussnahme zu unterscheiden,[148] verspricht keinen Ertrag, da es sich aus methodischer Sicht um Versatzstücke handelt. Nimmt ein Akteur Einfluss auf staatliche Organe, um bestimmte Wettbewerbsbedingungen zu seinen Gunsten durchzusetzen, tritt er dadurch nicht als Unternehmen auf. Nach dieser im amerikanischen Recht entwickelten, dort so genannten *Noerr/Pennington*-Doktrin[149] ist auch Lobbyismus dem Anwendungsbereich des Kartellrechts entzogen, so unerwünscht dessen Folgen im Einzelfall auch sein mögen.[150]

58

2. Nachfrage und Bedarfsdeckung

a) Unternehmerische Nachfrage

Der teleologische Kern des Unternehmensbegriffs besteht in der Fähigkeit eines Akteurs, die Marktverhältnisse zu beeinflussen. Dies geschieht sowohl durch unternehmerisches Angebot als auch durch eine unternehmerische Nachfrage. Seit langem erkennt deswegen die inländische Rechtsprechung Nachfragemärkte an. Dies gilt immer auch besonders im Lebensmitteleinzelhandel (LEH).[151] Deren Abgrenzung beruht auf der Erkenntnis, dass ein An-

59

---

147 BGH WuW/E BGH 1725, 1726 – *Deutscher Landseer Club*; Analyse der Entscheidung bei *D. Götz*, Missbrauch der marktbeherrschenden Stellung durch Sportverbände, 2009, S. 117 ff.
148 So jedoch *Roth/Ackermann*, in: FK-GWB, Art. 81 Abs. 1 EG Grundfragen Rn. 38.
149 United States Supreme Court, 365 U.S. 127 (1961) – *Eastern Railroad Presidents Conference v. Noerr Motor Freight, Inc.*; 381 U.S. 657 (1965) – *United Mine Workers v. Pennington*; 404 U.S. 508 (1972), – *California Motor Transport Co. v. Trucking Unlimited*.
150 *Roth/Ackermann*, in: FK-GWB, Art. 81 Abs. 1 EG Grundfragen Rn. 38.
151 Dazu *Füller*, in: MünchKommEuWettbR, Einl. Rn. 1694 ff.

bieter sein Angebot auf die Nachfrage abzustimmen hat. Daher birgt bereits die Nachfrage als solche das Potential, den Angebotsmarkt zu beeinflussen. Setzt ein marktstarker Nachfrager ein ruinöses Preisniveau durch, das nur wenige Anbieter bedienen können, ergeben sich Verdrängungseffekte zu Lasten kleinerer Anbieter und Marktschließungseffekte zu Lasten potentielle Anbieter. Daneben kann die unternehmerische Nachfrage auch einen sog. »**Wasserbetteffekt**« zeitigen. Es ist denkbar, dass die Verhandlungsmacht eines großen Nachfragers den Verhandlungsspielraum der kleineren Nachfrager einschränkt.[152] Eine denkbare Nachfragemacht vor Augen, stufte die inländische Praxis eine Nachfrage jenseits der privaten Bedarfsdeckung als wirtschaftliche Tätigkeit ein.[153] In jedem Fall ist die Nachfrage eine unternehmerische Tätigkeit, wenn die Nachfrage mit einer wirtschaftlichen Tätigkeit auf der Angebotsseite korrespondiert (**akzessorische Nachfrage**). Die Nachfrage von Zwischenhändlern fällt daher unstreitig unter den Unternehmensbegriff. Nach der ständigen inländischen Praxis kommt es nicht darauf an, ob das nachgefragte Gut weiterveräußert wird. Eine wirtschaftliche Tätigkeit und damit ein Unternehmen stellt auch die Nachfrage zur Deckung des Eigenbedarfs dar, sofern es sich dabei um keine private Bedarfsdeckung eines Verbrauchers handelt. Gebietskörperschaften oder sonstige staatliche Einrichtungen treten daher als Unternehmen auf, wenn sie Waren beschaffen, um damit eigene Aufgaben zu erfüllen.[154] Unerheblich ist nach der ständigen Rechtsprechung, welche **Zwecke** die öffentliche Hand mit den beschaffen Gütern verfolgt.[155]

60 Die europäische Praxis entscheidet anders. Nach der Ansicht des EuGH hängt der wirtschaftliche Charakter der Nachfrage davon ab, wie der Gegenstand der Nachfrage später verwendet wird. Diese Verwendung schlägt auf den wirtschaftlichen Charakter der Nachfrage durch. Nur die akzessorische Nachfrage, bei der das **nachgefragte** Gut auf einem **Markt angeboten** werden soll, ist danach eine wirtschaftliche Tätigkeit und begründet die Unter-

---

152 Dazu: *Bundeskartellamt*, Nachfragemacht im Kartellrecht – Stand und Perspektiven (Tagung des Arbeitskreises Kartellrecht am 18. September 2008); siehe außerdem: *Inderst/Wey*, Die Wettbewerbsanalyse von Nachfragemacht aus verhandlungstheoretischer Sicht, DIW Research Notes 25 (2007), S. 14 ff. [sub 4.1], S. 21; abrufbar unter: www.diw.de/documents/publikationen/73/72132/rn25.pdf.
153 BGH WuW/E BGH 442 – *Gummistrümpfe*; BGH WuW/E DE-R 1087 – *Ausrüstungsgegenstände für Feuerlöschzüge*.
154 BGH WuW/DE-R 1088 – *Ausrüstungsgegenstände für Feuerlöschzüge*; BGH WuW/E BGH 2919, 2921 – *Orthopädisches Schuhwerk*; BGH WuW/E BGH 2301 – *Gummistrumpf*; OLG Düsseldorf WuW/E OLG 5007, 5012 – *Apothekenverrechnungsstelle in den neuen Bundesländern*.
155 BGH WuW/E DE-R 1087 – *Ausrüstungsgegenstände für Feuerlöschzüge*.

nehmenseigenschaft.[156] Nach europäischem Recht ist daher die Nachfrage der öffentlichen Hand zur Deckung des Eigenbedarfs keine wirtschaftliche Tätigkeit, da die erworbenen Güter auf keinem (nachgelagerten) Markt angeboten werden. Sie unterliegt danach nur dem Vergaberecht und den allgemeinen zivilrechtlichen Grenzen.[157] Kauft die öffentliche Hand Waren, um sie anschließend selbst am Markt anzubieten, ist die Nachfrage eine wirtschaftliche Tätigkeit. Das Gericht erster Instanz begründete diese Einschränkung damit, dass nur das Anbieten auf einem bestimmten Markt eine wirtschaftliche Tätigkeit darstellen könne.[158] Allerdings geht dies aus den Entscheidungen nicht hervor, auf die der EuG in seiner Begründung verweist.[159] Außerdem sei es ohne Belang für den Unternehmensbegriff, ob durch den Einkauf eine wirtschaftliche Macht ausgeübt werde, die gegebenenfalls zu einem Nachfragemonopol führen könne.[160] Ein wenig befremdlich lapidar bestätigte der EuGH die Ansicht des EuG.[161]

Der BGH hat mittlerweile in **VBL Gegenwert** klargestellt, dass die Rechtsprechung des Gerichtshofs nicht der des BGH entspricht.[162] 61

Die europäische Praxis ist in Anlehnung/Entsprechung des BGH abzulehnen.[163] Methodisch besteht **kein Anlass**, die Grundsätze der *Fenin*-Rechtsprechung auf inländische Sachverhalte zu übertragen. Auch auf europäischer Ebene überzeugt diese Rechtsprechung nicht. Sie reanimiert die Diskussion 62

---

156 EuGH Slg. 2006, I-6295 Rn. 25–27 – *FENIN*; EuGH Slg. 2009, I-2207 Rn. 102 – *SELEX*; ähnlich: EuGH Slg. 2004, I-2493 Rn. 45 ff. – *AOK Bundesverband*. Zust.: *Gippini-Fournier/Mojzesowicz*, in: Loewenheim/Meessen/Riesenkampff, Art. 81 Abs. 1 EG Rn. 48 f.; *Krajewski/Farley*, Non-economic activities in upstream and downstream markets and the scope of competition law after »FENIN«, EurLRev. 2007, 111; *Säcker/Herrmann*, in: MünchKommEuWettbR, Einl. Rn. 1631. Krit. dazu *Bornkamm*, in: FS Blaurock (2013), S. 41 ff.
157 *Säcker/Herrmann*, in: MünchKommEuWettbR, Einl. Rn. 1628.
158 EuG Slg. 2003, II-357 Rn. 36 – *FENIN*.
159 EuG Slg. 2003, II-357 Rn. 36 – *FENIN* verweist auf die Entscheidung EuGH Slg. 1998, I-3851 Rn. 51 – *Consiglio Nazionali degli Spedizioneri Doganali/Kommission*.
160 EuG Slg. 2003, II-357 Rn. 37 – *FENIN*.
161 EuGH Slg. 2006, I-6295 Rn. 26 – *FENIN*.
162 BGH, 6.11.2013, KZR 58/11 Rn. 52 – *VBL Gegenwert*; so auch BGH, 16.6.2015, KZR 83/13, Rn. 36 – *Einspeiseentgelt*.
163 Kritisch: *Bornkamm*, FS Hirsch, S. 231 (»Dramatische Einschränkung des Unternehmensbegriffs«); *Holzinger*, S. 110–128; *Louri*, The FENIN Judgment: The Notion of Undertaking and Purchasing Activity, Legal Issues of Economic Integration 2005, S. 87 ff.; *Möschel*, JZ 2007, 601, 602 (»Begriffsjurisprudenz in ihrer übelsten Form«); *Roth*, FS Bechtold, S. 393; *Roth/Ackermann*, in: FK-GWB, Art. 81 Abs. 1 EG Grundfragen Rn. 45 ff.; so auch *Möschel*, NZKart 2014, 42, 45.

über die »Zweifrontentheorie«, die in den Anfangszeiten des GWB geführt wurde und als überstanden galt. Diese Theorie erkannte nur das Anbieten von Waren oder Dienstleistungen als wirtschaftliche Tätigkeit an und blendete die Nachfrage aus.[164] Der BGH[165] und die h.M.[166] wendeten sich dagegen. Wie einleitend dargestellt, kann bereits die Nachfrage als solche sowohl den Angebotsmarkt beeinflussen als auch Konkurrenten der Nachfrager beeinträchtigen. Diese (potentiellen) Auswirkungen genügen für eine marktbeeinflussende und somit wirtschaftliche Tätigkeit.[167]

63 Dies entkräftet auch das Argument der Gegenansicht, wonach nur eine akzessorische Nachfrage eine unternehmerische Tätigkeit sei, da anderenfalls Maßnahmen der Verbraucher unter das GWB/AEUV fielen.[168] Die Grenze verläuft nicht zwischen Anbieten und Nachfragen, sondern zwischen einer marktbeeinflussenden, unternehmerischen Nachfrage und privater Bedarfsdeckung. Diese Grenze abzustecken, mag schwierig sein, rechtfertigt aber keine Gleichbehandlung der Nachfrage insgesamt.[169] Wenn der EuGH dies anders sieht, folgt er damit kritiklos dem Schlussantrag, wonach es der mitgliedstaatlichen Praxis entspreche, die Nachfrage vom Unternehmensbegriff auszunehmen.[170] Indes beruht dies auf einem Erkenntnisdefizit und missachtet die englische und deutsche Praxis.[171]

64 Entgegen der europäischen Praxis sind die Auswirkungen auf dem nachgelagerten Angebotsmarkt von den Wirkungen auf dem Nachfragemarkt zu trennen. Das Argument, wonach sich ein Nachfragemonopol nicht zwangsläufig

---

164 So *Rittner*, DB 1957, 1091, 1093; abgeschwächt auch *Schmidt*, BB 1963, 4, 5.
165 BGH WuW/E BGH 442 – *Gummistrümpfe*.
166 *Gandenberger*, S. 69 ff.; *Schwarz*, S. 66; ausführliche Darstellung des historischen Streitstandes bei *Holzinger*, S. 112–115.
167 Ähnlich *Roth/Ackermann*, in: FK-GWB, Art. 81 Abs. 1 EG Grundfragen Rn. 46, die dies auf den relativen Unternehmensbegriff stützen.
168 Generalanwalt *Poiares Maduro*, Schlussanträge vom 10.11.2005, Slg. 2006, I-6295 Rn. 63 f. – *FENIN; Gippini-Fournier/Mojzesowicz*, in: Loewenheim/Meessen/Riesenkampff, Art. 81 Abs. 1 EG Rn. 48.
169 Treffend *Roth/Ackermann*, in: FK-GWB, Art. 81 Abs. 1 EG Grundfragen Rn. 46, wonach nicht alle Nachfrager über einen Leisten zu schlagen sind.
170 Generalanwalt *Poiares Maduro*, Schlussanträge vom 10.11.2005, Slg. 2006, I-6295 Rn. 23 f. – *FENIN*.
171 Der Generalanwalt berief sich auf Art. L. 410-1 des französischen *Code de Commerce*, der in der Tat die Nachfrage nicht als unternehmerische Tätigkeit ansieht. Die englische Praxis verfuhr anders, siehe dazu *Competition Commission Appeal Tribunal*, 1.8.2002 [2002] CAT 7 – *BetterCare*; zur Situation im Vereinigten Königreich und der Reaktion auf die *FENIN*-Entscheidung siehe näher: *Holzinger*, S. 117.

auf den nachgelagerten Markt auswirke,[172] ist damit neben der Sache, da es darauf schlichtweg nicht ankommt.[173] Deswegen verfängt auch der Einwand, dass es paradox sei, wenn eine Einrichtung zum Unternehmen werde, weil sie Waren einkauft, obwohl ihre »Haupttätigkeit« nicht unternehmerisch ist.[174] Dieser Einwand setzt die unbewiesene Prämisse, dass die »Haupttätigkeit« – wie auch immer diese zu definieren sei – auf die rechtliche Einordnung des Einkaufs durchschlagen müsse. Gerade dies ist nicht der Fall. Unerheblich ist schließlich, ob das Einkaufsverhalten der öffentlichen Hand durch das Vergaberecht geregelt wird. Das Vergaberecht knüpft an Schwellenwerte auf bestimmten Märkten an und setzt damit eine unternehmerische Tätigkeit voraus. Abgesehen davon schließen die vergaberechtlichen Vorschriften nicht aus, dass das Verhalten öffentlicher Nachfrager durch die Missbrauchskontrolle des GWB kontrolliert wird. Nach alledem sprechen die besseren Gründe dafür, an der überkommen inländischen Praxis festzuhalten, und der europäischen Rechtsprechung stünde eine (sei es auch stillschweigende) Korrektur gut.

b) Private Bedarfsdeckung

Keine wirtschaftliche Tätigkeit ist die Nachfrage nach Waren oder Dienstleistungen, mit der private Endverbraucher ihren **persönlichen Eigenbedarf** decken.[175] Hierüber herrscht Einigkeit, gleichwohl ist das allgemein geteilte Ergebnis begründungsbedürftig. Wer seinen privaten Eigenbedarf deckt, nimmt dadurch am Wirtschaftsleben teil und handelt wirtschaftlich. Aus Sicht der vollkommenen Konkurrenz tritt der Abnehmer als *homo oeconomicus* auf und beeinflusst damit auch das Verhalten der Anbieter. Allerdings gebietet es der Zweck des Rechts gegen Wettbewerbsbeschränkungen, die ausschließlich private Bedarfsdeckung dem Anwendungsbereich des GWB zu entziehen. Das »Buhlen« um Abnehmerpräferenzen ist Ziel jedes wirtschaftlichen Handelns. Auch wenn deswegen die privaten Verbraucher eine fassbare Macht

65

---

172 Generalanwalt *Poiares Maduro*, Schlussanträge vom 10.11.2005, Slg. 2006, I-6295 Rn. 63 f. – *FENIN; Krajewski/Farley*, a.a.O. EurLRev 2007, 111, 121. Der Generalanwalt (a.a.O. Rn. 66) stützte seine These auf einen Beitrag von *Noll*, Antitrust Law Journal 72 (2005), 589, der indes auf S. 613 ausführt, dass ein Monopson in den meisten Fällen die Verbraucher schädige.
173 Wiederum treffend *Roth/Ackermann*, in: FK-GWB, Art. 81 Abs. 1 EG Grundfragen Rn. 46.
174 *Gippini-Fournier/Mojzesowicz*, in: Loewenheim/Meessen/Riesenkampff, Art. 81 Abs. 1 EG Rn. 48; zust. *Säcker/Herrmann*, in: MünchKommEuWettbR, Einl. Rn. 1631.
175 BGH WuW/E BGH 442, 449 – *Gummistrümpfe*; BGH WuW/E BGH 1142, 1143 – *Volksbühne II*; BGH WuW/E BGH 1725, 1726 – *Deutscher Landseer Club*; KG WuW/E OLG 2028, 2029; *Krauß*, in: Langen/Bunte, § 1 GWB Rn. 38; *J. B. Nordemann*, in: Loewenheim/Meessen/Riesenkampff, § 1 GWB Rn. 21.

ausüben, ist deren Nachfrage nicht Gegenstand des Wettbewerbsrechts. Im Wettbewerb ist der Konsument der »Souverän« und seinetwegen stehen die Anbieter im Wettbewerb. Der private Konsum ist regelmäßig zu einer (erheblichen) Beeinträchtigung des Wettbewerbs außerstande. Das GWB ist (auch) ein Schutzinstrument *für* den Verbraucher und nicht *vor* dem Verbraucher.

66 Die Nachfrage einer Privatperson stellt aber dann eine wirtschaftliche Tätigkeit dar, wenn sie geeignet ist, den Angebotswettbewerb auf dem sachlich und räumlich **relevanten Markt** zu **beeinflussen**.[176] Deswegen ist eine Nachfrage zur Deckung des eigenen Bedarfs dann eine wirtschaftliche Tätigkeit, wenn sie wegen ihres Volumens dazu geeignet ist, den Wettbewerb auf der Anbieterseite zu beeinflussen und damit die Grenzen bzw. Dimensionen der üblichen Haushaltsführung überschritten werden. Dies setzt ein bestimmtes Nachfragevolumen voraus. Feste Grenzen existieren für die Bestimmung des Nachfragevolumens indes nicht. Unvermeidbar eröffnen sich hierbei Grauzonen. Im Zweifel kann man sich daran orientieren, ob die **Nachfrage** eines Marktteilnehmers in die **wirtschaftliche Planung eines Anbieters eingehen muss**. Die Grenzlinie verläuft bei der Abgrenzung vergleichbar derjenigen zwischen dem Begriff des Verbrauchers (§ 13 GWB) und demjenigen des Unternehmers (§ 14 BGB). Diesbezüglich wird dann von einer gewerblichen Tätigkeit ausgegangen, wenn es sich um ein selbständiges und planmäßiges, auf eine gewisse Dauer angelegtes Anbieten entgeltlicher Leistungen am Markt handelt, wobei eine Gewinnerzielungsabsicht auch hier nicht erforderlich ist. Nicht unternehmerisch und somit nicht wirtschaftlich wird beispielsweise derjenige tätig, der gelegentlich bestimmte Gegenstände des Haushalts verkauft oder gelegentlich sein Zimmer vermietet.

67 Allerdings gilt dies nicht, wenn es sich um eine gewerbliche Zimmervermietung handelt. Keine Zweifel begegnen (natürlich) die Einstufung von Hotelbuchungsportalen der Einordnung als Unternehmen.[177] Schließt demnach ein privater Hauseigentümer mit einem Unternehmer einen Gewerberaummietvertrag ab, handelt dieser unternehmerisch.[178] Besondere Fragen zur Abgrenzung der wirtschaftlichen von der nicht wirtschaftlichen Tätigkeit wirft die **Sharing-Economy** auf, wie z.B. bei *Airbnb*. M.E. ist die Grenze zur Gewerblichkeit dann überschritten, wenn eine Vermietung – auch an Privatpersonen

---

176 Zu pauschal ablehnend deswegen *Säcker/Herrmann*, in: MünchKommEuWettbR, Einl. Rn. 1607.
177 OLG Düsseldorf, 4.5.2016, VI Kart 1/16.
178 OLG Düsseldorf WuW/E OLG 1793 – *Vergütungsabrede*; LG Düsseldorf, 4.2.2010, 37 O 194/09.

– mehr als einmal im Monat, somit mehr als 12 Mal im Jahr, erfolgt.[179] Gegen die Einordnung als gewerbliche Tätigkeit könnte allerdings eingewendet werden, dass die daraus erwachsenden Einkünfte für den Vermieter Einkünfte aus Vermietung und Verpachtung darstellen und eben nicht solche aus Gewerbebetrieb und somit die steuerrechtliche Würdigung einer kartellrechtlichen Erfassung unter dem Unternehmensbegriff entgegensteht. Dieser Einwand kann allerdings dadurch wiederum entkräftet werden, dass man auf den funktionalen Unternehmensbegriff verweist, der grundsätzlich losgelöst ist von der Einordnung in anderen Rechtsgebieten. Wie das LG Düsseldorf zu Recht festgestellt hat, muss stets im Einzelfall nach Maßgabe des in Frage stehenden wirtschaftlichen Vorgangs ermittelt werden, ob ein Unternehmen vorliegt. Als Unternehmen wird demnach auch derjenige tätig, der **Gegenstände seines Privatvermögens für geschäftliche Zwecke** einsetzt.[180] Ein offenbares Beispiel hierfür ist die nachfragebedingte Abhängigkeit. Aber auch unterhalb dieser Schwelle kann die private Nachfrage eine unternehmerische Tätigkeit darstellen. Ist die Anbieterstruktur atomistisch geprägt, mag ein geringeres, gebündeltes Nachfragevolumen das wirtschaftliche Verhalten des Anbieters beeinflussen. Je konzentrierter die Anbieterseite ist, desto weniger wird sie von einer gebündelten Nachfrage beeinflusst.

Die Nachfrage durch natürliche Personen wird man nur ausnahmsweise als wirtschaftliche Tätigkeit ansehen müssen. Nicht als Unternehmen handeln Endverbraucher, wenn sie sich für die Nachfrage von Energie zu einer Einkaufsgemeinschaft zusammenschließen.[181] Die gebündelte Nachfrage ist hier wegen der konzentrierten Anbieterstruktur schwerlich in der Lage, den Wettbewerb der Anbieter untereinander zu beeinflussen. Ein derartiger Einfluss besteht, wenn eine Organisation mit 40–50.000 Mitgliedern gemeinsam für die Mitglieder Theaterkarten beschafft.[182] Manche stufen eine Sammelbestellung durch eine Privatperson, um günstigere Kondition auszuhandeln, als unternehmerische Tätigkeit ein.[183] In der Allgemeinheit lässt sich allerdings das nicht aufrechterhalten. Vielmehr kommt es nach den oben skizzierten Kriterien darauf an, ob der Sammelbesteller ein messbares wirtschaftliches Gegen-

68

---

179 Siehe diesbezüglich z.B. zur fristlosen Kündigung wegen entgeltlicher Überlassung an Touristen bei **AirBnB**; LG Berlin, 3.2.2015, 67 T 29/15; siehe allgemein zu den rechtlichen Problemen der Sharing Economy *Lengersdorf/Solmecke*, MMR 2015, 493 ff.
180 OLG München WuW/E OLG 1789 – *Flötzingerbräu*.
181 *Krauß*, in: Langen/Bunte, § 1 GWB Rn. 39; *Köhler*, WuW 1999, 445, 458; *J. B. Nordemann*, in: Loewenheim/Meessen/Riesenkampff, § 1 GWB Rn. 21.
182 BGH WuW/E BGH 1142, 1143 – *Volksbühne II*; *Krauß*, in: Langen/Bunte, § 1 GWB Rn. 39; *J. B. Nordemann*, in: Loewenheim/Meessen/Riesenkampff, § 1 GWB Rn. 21.
183 *Krauß*, in: Langen/Bunte, § 1 GWB Rn. 39 a.E.; *Zimmer*, in: Immenga/Mestmäcker, § 1 GWB Rn. 76 (3. Aufl., 1992).

§ 1 GWB   *Verbot wettbewerbsbeschränkender Vereinbarungen*

gewicht zu dem Anbieter bildet. Bei einer atomistischen Anbieterstruktur mag dies der Fall sein, nicht jedoch bei Anbietern in einer marktstarken Position. Keine wirtschaftliche Tätigkeit stellen einseitige Gegenmaßnahmen der Verbraucher dar, wie ein **Boykott** oder sonstiger »Käuferstreik.« Ruft ein Verbraucherverband hierzu auf, ist er kein Unternehmen. Das Verhalten kann nur anhand der §§ 826, 823 Abs. 1 BGB (Recht am Unternehmen) beurteilt werden, nicht anhand des § 21 Abs. 1 GWB.[184]

69   Die bloße **private Vermögensverwaltung** ist ebenfalls grds. **keine** wirtschaftliche Tätigkeit.[185] Wer zur eigenen Vermögensbildung Grundstücke oder Unternehmensbeteiligungen ankauft, handelt insoweit nicht wirtschaftlich. Dieses Verhalten lässt sich als private Bedarfsdeckung auffassen, die das GWB nicht erfasst.[186] Etwas anderes gilt, wenn diese Nachfrage wiederum das Substrat für eine eigene wirtschaftliche Tätigkeit bilden soll. Als Unternehmen handelt daher, wer Grundstücke und/oder Unternehmensbeteiligungen erwirbt, um diese weiter zu veräußern oder daran Nutzungsrechte einzuräumen. Wer seine eigenen Unternehmensbeteiligungen verwaltet, tritt dadurch als Unternehmen auf, wenn er die Tätigkeit dieses Unternehmens – sei es auch nur in wettbewerblich erheblicher Weise – beeinflusst.[187] Diese Ansicht lässt sich auch durch die **Flick-Klausel** des § 36 Abs. 3 GWB stützen. Demnach gilt auch eine natürliche Person oder Personenvereinigung als Unternehmen, wenn diese zwar nicht selbst Unternehmen ist, allerdings die Mehrheitsbeteiligung an einem Unternehmen hält. Zwar befindet sich diese Regelung systematisch im 7. Abschnitt des GWB und damit innerhalb der Regelungen für die Fusionskontrolle, allerdings findet diese nach der Gesetzesbegründung für das gesamte GWB Anwendung.[188]

---

184 *Köhler*, WuW 1999, 445, 458; *Nordemann*, in: Loewenheim/Meessen/Riesenkampff, § 1 GWB Rn. 21.
185 Dazu ausführlich *Quack*, GRUR 1980, 449.
186 EuGH Slg. 2005, I-5425 Rn. 111 – *Dansk Rorindustri* (Erwerb eines Gesellschaftsanteils); Slg. 2006, I-289 Rn. 111 – *Cassa di Risparmio di Firenze SpA*; *Roth/Ackermann*, in: FK-GWB, Art. 81 Abs. 1 EG Grundfragen Rn. 48; *Säcker/Herrmann*, in: MünchKommEuWettbR, Einl. Rn. 1608; *Zimmer*, in: Immenga/Mestmäcker, § 1 GWB Rn. 37; *Wiedemann*, in: Wiedemann (Hrsg.), Handbuch des Kartellrechts, § 4 Rn. 9.
187 *Zimmer*, in: Immenga/Mestmäcker, § 1 GWB Rn. 37; siehe auch EuGH Slg. 2006, I-289 Rn. 112 – *Cassa di Risparmio di Firenze SpA*, wonach sich der Inhaber einer »Kontrollbeteiligung« an der wirtschaftlichen Tätigkeit des kontrollierten Unternehmens beteiligt, wenn der die Kontrolle über die Gesellschaft tatsächlich ausübt.
188 RegBegr. BT-Drucks. 13/9720 = WuW Sonderheft S. 100, S. 57; siehe auch *Schütz*, in: KK-KartR, § 36 GWB Rn. 133; *Veelken*, in: Immenga/Mestmäcker, § 36, Rn. 27; *Kallfaß*, in: Langen/Bunte, § 36 GWB, Rn. 9; OLG Frankfurt WuW/E DE-R 3238.

3. Potentielles Unternehmen

Das GWB schützt nicht nur tatsächlichen, sondern auch potentiellen Wettbewerb. Dies lässt sich aus dem Institutionenschutz des § 1 GWB ableiten. So hat der Tatbestand auch sicherzustellen, dass künftigen Anbietern der Marktzutritt möglich ist. Es ist deswegen nur konsequent, wenn unter den Begriff des Unternehmens nicht nur die aktuelle wirtschaftliche Tätigkeit, sondern auch eine künftige wirtschaftliche Tätigkeit fällt. § 1 GWB erfasst damit auch **potentielle Unternehmen**. Die Frage ist eng verwoben mit der des Bestehens potentiellen Wettbewerbs (vgl. Rdn. 214)[189] Deswegen sind solche Abreden zwischen Unternehmen an den Vorgaben des § 1 GWB zu messen, wonach künftiger Wettbewerb unterlassen oder beschränkt werden soll. Dies gilt unabhängig davon, ob das potentielle Unternehmen in der Vergangenheit nicht unternehmerisch tätig war oder ob es auf eine aktuelle wirtschaftliche Tätigkeit für die Zukunft verzichtet. Die erste Konstellation findet sich bei nachvertraglichen Wettbewerbsverboten zu Lasten eines Arbeitnehmers. Auch wenn dieser während des Arbeitsverhältnisses nicht unternehmerisch handelte, wird dessen künftige unternehmerische Tätigkeit durch ein nachvertragliches Wettbewerbsverbot ausgeschlossen. Hierauf ist § 1 GWB anwendbar, vorausgesetzt, der Markteintritt des ausgeschiedenen Arbeitnehmers ist absehbar.[190] Vergleichbar damit sind nachvertragliche Wettbewerbsverbote eines Gesellschafters. War dieser in der Vergangenheit nicht unternehmerisch tätig, da er sich etwa auf das bloße Halten seines Anteils beschränkte, ist doch nicht ausgeschlossen, dass dieser Gesellschafter potentiell wirtschaftlich tätig werden könnte.

70

Allerdings darf die künftige Tätigkeit nicht rein theoretischer Natur sein. Ein potentielles Unternehmen muss aktuell in der Lage sein, innerhalb eines überschaubaren Zeitrahmens wirtschaftlich tätig zu werden. Dieser Ausgangspunkt entspricht der herrschenden Ansicht.[191] Nur vereinzelt hält man ihn

71

---

189 BGH WuW/E BGH 359, 361 – *Glasglühkörper*; BGH WuW/E BGH 1113 – *Biesenkate*, [ebenso die Vorinstanz: OLG Düsseldorf WuW/E OLG 1005, 1006]; BGH WuW/E BGH 2777, 2780 – *Freistellungsende bei Wegenutzungsrecht*; KG WuW/E OLG 357, 359 – *Hafenpacht*; OLG Hamburg WuW/E OLG 2775, 2776 – *Hauptverband für Traberzucht*; OLG München WuW/E OLG 4704 – *Isar-Amperwerke*; BKartA WuW/E BKartA 1389, 1392 – *Butter-Exportkontor*; siehe auch: LG Dortmund WuW/E LG/AG 467; *Krauß*, in: Langen/Bunte, § 1 GWB Rn. 59; *J. B. Nordemann*, in: Loewenheim/Meessen/Riesenkampff, § 1 GWB Rn. 20; anders nur: *Huber/Baums*, in: FK-GWB, § 1 GWB a.F. Rn. 47.

190 *Krauß*, in: Langen/Bunte, § 1 GWB Rn. 59; *J. B. Nordemann*, in: Loewenheim/Meessen/Riesenkampff, § 1 GWB Rn. 20.

191 *Bunte*, in: Langen/Bunte, § 1 GWB Rn. 59; *J. B. Nordemann*, in: Loewenheim/Meessen/Riesenkampff, § 1 GWB Rn. 20. Im Einzelnen wird auf Rdn. 215 ff. verwiesen.

für zweifelhaft und will erst bei der Wettbewerbsbeschränkung prüfen, ob ein potentieller Markteintritt möglich ist.[192] Zutreffend ist an dieser Kritik, dass eine wirtschaftliche Tätigkeit ohne einen damit korrespondierenden Markt und einen potentiellen Wettbewerb ein theoretisches Konstrukt ist. Diese »Marktüberlegung« greift an anderer Stelle auch bei der Erfassung von Kartellunterstützern (vgl. Rdn. 190). Allerdings stellt dies die Rechtsfigur des potentiellen Unternehmens nicht in Frage, sondern gebietet es nur, den Ansatz zu präzisieren, wann von einer potentiellen wirtschaftlichen Tätigkeit auszugehen ist. Als Orientierung bieten sich hierfür die Maßstäbe an, die nach dem Konzept der Angebotsumstellungsflexibilität angesetzt werden, um ein künftiges Angebot dem sachlich relevanten Markt zuzurechnen.

4. Relatives Unternehmen

72 Da der wettbewerbsrechtliche Begriff des Unternehmens an eine wirtschaftliche Tätigkeit anknüpft, ist dies der entscheidende, aber auch abschließende Ansatzpunkt. Nur eine bestimmte wirtschaftliche Tätigkeit, sei es als Anbieter oder Nachfrager, erfasst das GWB. Sind die sonstigen Tätigkeiten des Normadressaten nicht wirtschaftlicher Natur, ist dies insoweit unschädlich. Insbesondere hängt der wettbewerbsrechtliche Unternehmensbegriff nicht von einer Gesamtsaldierung der wirtschaftlichen und nicht wirtschaftlichen Tätigkeiten ab. Im Schrifttum bezeichnet man dies auch als »**relativen Unternehmensbegriff**«.[193] Missverständlich ist dies deshalb, weil es bei der wirtschaftlichen Tätigkeit nichts zur relativieren gibt. Entweder ein Normadressat handelt wirtschaftlich oder nicht – *tertium non datur*. Trennt man sich von einem institutionellen Unternehmensverständnis und verdichtet man die Perspektive auf eine bestimmte Tätigkeit, so ist es schlichtweg unerheblich, ob das wirtschaftlich handelnde Subjekt daneben auch nicht wirtschaftlich tätig wird. Im Gegenzug unterliegt auch nur die jeweilige wirtschaftliche Tätigkeit einer wettbewerbsrechtlichen Kontrolle.[194] Vereinzelte Stimmen im Schrifttum vertreten hingegen einen **absoluten Unternehmensbegriff**, wonach Normadressat des Wettbewerbsrechts nur solche Einheiten sein sollen, die stets und in jeder Hinsicht Unternehmen sind.[195] Dies ist entschieden abzulehnen. Eine derartige Auslegung verkennt, dass das GWB an eine Tätigkeit auf einem bestimmten Markt anknüpft.[196] Der absolute Unternehmensbegriff reißt daher

---

192 *Huber/Baums*, in: FK-GWB, § 1 GWB a.F. Rn. 47.
193 *J. B. Nordemann*, in: Loewenheim/Meessen/Riesenkampff, § 1 GWB Rn. 22; *Möschel*, Rn. 102.
194 Treffend *Roth/Ackermann*, in: FK-GWB, Art. 81 Abs. 1 EG Grundfragen Rn. 35.
195 Zuerst *Rittner*, DB 1957, 1093; so auch noch: *Rittner/Kulka*, § 8 Rn. 8.
196 Kritisch zu Recht *Roth/Ackermann*, in: FK-GWB, Art. 81 Abs. 1 EG Grundfragen Rn. 33, 35.

Schutzlücken auf, die mit dem Zweck des GWB unvereinbar sind, die Institution »Wettbewerb« zu schützen. Die Relativität des Verhältnisses spielt in mehreren Zusammenhängen eine Rolle; so. z.B. bei Arbeitnehmern oder der isolierten Betrachtung der Risikoverteilung zwischen Geschäftsherr und Prinzipal bei Mehrfirmenvertretung durch den Handelsvertreter.

Die strikt an der Tätigkeit ausgerichtete Beurteilung hat in der Praxis insbesondere eine Rolle gespielt, um das Handeln von natürlichen Personen dem Wettbewerbsrecht zuzuordnen. Das mittlerweile ältere Fallmaterial belegt, dass der relative Unternehmensbegriff oftmals als Begründungsvehikel dafür diente, einem institutionell orientierten Unternehmensbegriff eine Absage zu erteilen. Mit dem gegenwärtigen Erkenntnisstand mag man daher die zu schildernden Beispiele als selbstverständlich auffassen. Vermittelt eine Musikschule Musiklehrern Schüler, so tritt erstere als Unternehmen auf, wobei es keine Rolle spielt, ob die Musikschule im Eigentum der öffentlichen Hand steht und ihre Tätigkeit als Daseinsvorsorge begreift. Auch die jeweiligen Musiklehrer handeln als Unternehmen, wenn sie sich Aufträge durch eine (staatliche) Musikschule vermitteln lassen.[197] Schließlich ist der einzelne **Patentinhaber** ein Unternehmen, wenn er seine patentgeschützten Erfindungen verwertet. Unerheblich ist, ob er daneben ein Gewerbe betreibt, da das GWB nur an eine Tätigkeit mit mindestens potentiellen Marktfolgen anknüpft.[198]

73

5. Selbständige wirtschaftliche Tätigkeit

Unternehmen ist grundsätzlich, wer kraft eigenen und autonomen Entschlusses die Marktverhältnisse beeinflussen kann. Dies setzt die Fähigkeit voraus, eine selbständige, wirtschaftliche Entscheidung zu treffen. Zum Unternehmensbegriff der §§ 15 ff. AktG hat der BGH daher (implizit) festgestellt, dass hierunter **keine** abhängige Arbeit fällt. Diese These bedarf bei gemischter Tätigkeit von Arbeitnehmern einer Akzentuierung.[199] Die herrschende Ansicht überträgt diesen Gedanken auf den Unternehmensbegriff des GWB. Ein Unternehmen ist jede **selbständige** wirtschaftliche Tätigkeit, außerhalb der privaten Bedarfsdeckung.[200] Die Selbständigkeit wird indes beim Begriff der wirtschaftlichen Einheit **relativiert** (vgl. dazu Rdn. 129 ff.). Nach der europäischen Praxis lässt sich diese Restriktion durch das **Selbständigkeitspostulat** begründen. Wer keine autonomen wirtschaftlichen Entscheidungen treffen kann, unterliegt nicht den Schranken des Wettbewerbsrechts. Allerdings ist dieses Wertungskürzel nicht schematisch zu handhaben.[201] Der selbständige

74

---

197 BGH WuW/E BGH 1661, 1663 – *Berliner Musikschule*.
198 BGH WuW/E BGH 1253, 1257 – *Nahtverlegung*.
199 Vgl. BGH WuW/E BGH 1841, 1842 – *Ganser Dahlke*.
200 BGH WuW/E BGH 1841, 1842 – *Ganser Dahlke*.
201 So auch *Zimmer*, in: Immenga/Mestmäcker, § 1 GWB Rn. 42 für Konzerne.

Marktauftritt ist ein aussagekräftiges Kriterium, um rein **organisatorisch** getrennte Unternehmensteile vom Anwendungsbereich des GWB auszuklammern. Ein organisatorisch, aber **nicht rechtlich** selbständiger Unternehmensteil ist kein Unternehmen im Sinne des GWB. Daher sind Filialen, Zweigstellen oder Zweigniederlassungen sowie gemeindliche Eigen- oder Regiebetriebe grundsätzlich **keine** Normadressaten des GWB. Vielmehr trifft deren Rechtsträger die Verantwortung. Er muss sich das Verhalten seiner organisatorisch getrennten Unternehmensteile zurechnen lassen. Relevant wird dies insbesondere innerhalb einer »**wirtschaftlichen Einheit**«. Umgekehrt sind an den Rechtsträger keine besonderen organisatorischen Voraussetzungen zu stellen. Dies wäre ein Rückfall in den institutionellen Unternehmensbegriff. Es genügt, wenn der Rechtsträger das Marktgeschehen beeinflussen kann.[202] **Arbeitnehmer** treten grundsätzlich nicht aus eigenem und selbständigen Entschluss auf dem Markt auf (näher: Rdn. 79). Ihnen fehlt prinzipiell die Unternehmenseigenschaft.

75 In den übrigen unter dem Schlagwort »selbständige Tätigkeit« diskutierten Fällen, ist die Aussagekraft dieses Kriteriums beschränkt. Die fehlende Möglichkeit, selbständig auf dem Markt aufzutreten, kann auch darauf beruhen, dass der **Markt** keine unternehmerische Entscheidung zulässt. Ein Mangel an Selbständigkeit lässt sich als Fehlen eines beschränkbaren Wettbewerbs begreifen und mithin einer fehlenden wirtschaftlichen Handlungsfreiheit. Dieser dogmatische Ansatz ist einem Rückgriff auf den Unternehmensbegriff überlegen und erlaubt eine präzise Einzelfallbetrachtung. Abgesehen von organisatorisch unselbständigen Unternehmensteilen und Arbeitnehmern sollte man die fehlende Selbständigkeit eines Akteurs bei dem Tatbestandsmerkmal »Wettbewerbsbeschränkung« abhandeln.

76 Relevant wird dies bei der rechtlichen Einordnung von Vertriebsmittlern und konzerninternen Absprachen. Wettbewerbsbeschränkungen zu Lasten eines Vertriebsmittlers lassen sich nicht dadurch sachgemäß erfassen, indem man auf eine wirtschaftliche Einheit zum Prinzipal abstellt. Vielmehr kommt es hier darauf an, ob der Vertriebsmittler überhaupt über eine beschränkbare wirtschaftliche Handlungsfreiheit verfügt und ob eine Wettbewerbsbeschränkung im Einzelfall sachlich gerechtfertigt ist. Sieht man konzerninterne Wettbewerbsbeschränkungen als ein Problem des Unternehmensbegriffes, führt dies zu dem eigenwilligen Ergebnis, dass eine Konzerntochter gegenüber Dritten als Unternehmen auftritt, nicht aber gegenüber der Konzernmutter.[203] Ein derart relativer Unternehmensbegriff überzeugt wenig. Allerdings wendet der

---

202 *Schmude*, S. 42 f.; *Zimmer*, in: Immenga/Mestmäcker, § 1 GWB Rn. 41.
203 Kritisch auch *Zimmer*, in: Immenga/Mestmäcker, § 1 GWB Rn. 42.

BGH die **Verbundklausel** des § 36 Abs. 2 GWB auch jenseits der Fusionskontrolle an.[204] Damit hat sich die Frage, wie konzerninterne Absprachen zu beurteilen sind, kraft des gesetzlichen Verweises in den Unternehmensbegriff verlagert. Allerdings lässt sich der Konflikt zwischen Leitungsmacht und wirtschaftlicher Handlungsfreiheit nicht durch das Selbständigkeitskriterium auflösen.

III. Besonderheiten beim Unternehmensbegriff

1. Arbeitsmarkt

Auf dem Arbeitsmarkt treffen Arbeitnehmer als Nachfrager und Arbeitnehmer als Anbieter zusammen. Für das Handeln dieser Beteiligten und deren Verbände gilt der funktionale Unternehmensbegriff, insbesondere der relative Unternehmensbegriff. Denn es ist möglich in einer Relation Unternehmen, in der anderen jedoch nicht Unternehmen zu sein. 77

a) Arbeitgeber und Arbeitgebervereinigungen

Arbeitgeber werden wirtschaftlich tätig, indem sie Arbeitsleistungen nachfragen. Dies entspricht der überkommenen inländischen Praxis.[205] Auch als Tarifvertragspartei treten Arbeitgeber wirtschaftlich auf und sind insoweit Unternehmen. Wenig diskutiert ist bislang, ob die Grundsätze der *FENIN*-Rechtsprechung auf die Unternehmenseigenschaft der Arbeitgeber durchschlagen. Ist der Arbeitgeber nicht anbietend, sondern ausschließlich nachfragend tätig, müsste die europäische Praxis dessen Unternehmenseigenschaft ablehnen. Bedeutsam ist dies für die öffentliche Hand, wenn sie nur den eigenen Bedarf nachfragt oder gegenüber den Bürgern hoheitlich auftritt. Nach der hier vertretenen Ansicht verfängt diese Rechtsprechung. Die Nachfrage ist aber einem marktbeeinflussenden Volumen stets als unternehmerisch anzusehen. Unerheblich ist, ob das nachgefragte Gut seinerseits auf dem Markt angeboten wird. Kirchen und gemeinnützige Einrichtungen sind damit ebenso Unternehmen wie die öffentliche Hand. **Arbeitgeberverbände** sind keine Unternehmen, da sie weder als Anbieter noch als Nachfrager auf dem Markt auftreten. Sie sind jedoch Unternehmensvereinigungen (Rdn. 82). 78

---

204 BGH WuW/E DE-R 2739, 2741 Rn. 15 – *Entega* unter Verweis auf BT-Drucks. 13/9720, S. 56.
205 Zum europäischen Recht siehe *Roth/Ackermann*, in: FK-GWB, Art. 81 Abs. 1 EG Grundfragen Rn. 61.

b) Arbeitnehmer und Arbeitnehmervereinigungen

79 Grundsätzlich sind Arbeitnehmer nach der h.M. grundsätzlich **keine Unternehmen**.[206] Die überkommene Begründung hierfür ist, dass Arbeitnehmer nicht selbständig auf dem Markt auftreten, der Unternehmensbegriff dies aber voraussetze. Richtig ist, dass die Selbständigkeit gewiss eine Rolle beim Unternehmensbegriff spielt und eine Abgrenzung im Unternehmensbegriff erlaubt. Allerdings zeigt der Begriff der »wirtschaftlichen Einheit«, dass eine Selbständigkeit für die Einordnung **nicht** konstitutiv ist.[207] Als Anbieter von Arbeitsleistungen werden Arbeitnehmer wirtschaftlich tätig.[208] *Lettl* bezeichnet dieses Angebot als das »ob der Leistung«.[209] Auf dem Markt, auf dem der Arbeitgeber anbietet oder nachfragt, sind Arbeitnehmer hingegen keine Unternehmen. Hier kann der Arbeitgeber kraft seines Direktionsrechts anweisen und die Arbeitnehmer tragen kein wirtschaftliches Risiko aus ihrer vertraglich geschuldeten Leistung. Vereinbaren Arbeitnehmer und Arbeitgeber im Rahmen des Arbeitsverhältnisses ein Wettbewerbsverbot zu Gunsten des Arbeitgebers, fällt dies nicht unter § 1 GWB. Selbständige Nebentätigkeiten des Arbeitnehmers sind hingegen unternehmerisches Handeln.[210]

80 Ein Arbeitnehmer kann demnach bezogen auf die eine Leistung, in der er weisungsgebunden gegenüber seinem Arbeitgeber ist, kein Unternehmen, bezogen auf die selbständige Nebentätigkeit allerdings sehr wohl als Unternehmen zu qualifizieren sein.[211] Darin kommt nicht zuletzt die **Relativität des Unternehmensbegriffs** zum Ausdruck. Unterliegt der Arbeitnehmer einem nachvertraglichen Wettbewerbsverbot, ist er insoweit als ein potentielles Unternehmen anzusehen (vgl. zur Zulässigkeit von Abwerbeverboten Rdn. 302).[212] Daher können derartige Wettbewerbsverbote nicht nur anhand von § 138 BGB, sondern auch an § 1 GWB gemessen werden.

---

206 Siehe für viele: *Füller*, in: KK-KartR, Art. 101 AEUV, Rn. 57.
207 BGH WuW/E BGH 1841, 1842 – *Ganser Dahlke*; *Krauß*, in: Langen/Bunte, § 1 GWB Rn. 57; *Nordemann*, in: Loewenheim/Meessen/Riesenkampff, § 1 GWB Rn. 26. So auch *Lettl*, WRP 2015, 294, 300.
208 *Ackermann*, ZAAR 16, 19 Rn. 12; *Kordel*, Arbeitsmarkt und Europäisches Kartellrecht, 2004, S. 32 ff.; *Roth/Ackermann*, in: FK-GWB, Art. 81 Abs. 1 EG Grundfragen Rn. 53 ff. So auch *Lettl*, WRP 2015, 294, 300.
209 *Lettl*, WRP 2015, 294, 300.
210 *Nordemann*, in: Loewenheim/Meessen/Riesenkampff, § 1 GWB Rn. 26; *Zimmer*, in: Immenga/Mestmäcker, § 1 GWB Rn. 29.
211 *Lettl*, WRP 2015, 294, 300.
212 *Zimmer*, in: Immenga/Mestmäcker, § 1 GWB Rn. 29.

Diese Grundsätze gelten im Prinzip auch für **arbeitnehmerähnliche Per-** 81
sonen gem. § 12a TVG.[213] Als Anbieter von Arbeitsleistungen sind sie Unternehmen, ansonsten wirtschaftlich abhängig und vergleichbar einem Arbeitnehmer sozial schutzbedürftig. Die Wertungen, warum arbeitnehmerähnliche Personen einerseits arbeitsrechtlich geschützt sind und andererseits kein Unternehmen darstellen, stehen mit dem Vorgenannten im Einklang. Mit Selbständigen teilen arbeitnehmerähnliche Personen, dass sie typischerweise einen Dienst- oder Werkvertrag abgeschlossen haben. Sozial und wirtschaftlich abhängig sind arbeitnehmerähnliche Personen gleichwohl, da sie entweder nur für eine Person tätig werden (§ 12a Abs. 1 Nr. 1a TVG) oder von einer Person mindestens die Hälfte des Entgelts beanspruchen, das ihnen für die Erwerbstätigkeit insgesamt zusteht (§ 12a Abs. 1 Nr. 1b TVG). Im Einklang mit der Entscheidung des Gerichtshofes in *FNV Kunsten Informatie en Media* ist bei arbeitnehmerähnlichen Personen daher davon auszugehen, dass diese **Unternehmen** i.S.d. § 1 GWB sein können.[214] Verfügen die Personen über Autonomie und Flexibilität, erscheint dies auch gerechtfertigt.

Nach der bisher herrschenden Ansicht waren **Gewerkschaften** weder Unter- 82
nehmen noch eine Unternehmensvereinigung, wenn sie Tarifverträge innerhalb den Schranken ihrer Tarifautonomie verhandeln und abschließen.[215] Dies ergibt sich aus einer verfassungskonformen Auslegung. Was sich im Rahmen der von Art. 9 Abs. 3 GG geschützten **Tariffreiheit** bewegt, ist **keine unternehmerische Tätigkeit**.[216] Dies korrespondiert mit der Bereichsausnahme/immanenten Ausnahme der tarifvertraglichen Regelungen. Mithin müssen sich die Gewerkschaften darauf beschränken, die Arbeits- und Lohnbedingungen ihrer Mitglieder zu wahren und zu fördern. Errichtet eine Gewerkschaft eine Sterbekasse, um ihren Mitgliedern bei Todesfällen einen Zuschuss zu den Bestattungskosten zu zahlen, ist dies nicht mehr von der Tarifautonomie gedeckt. Die Gewerkschaft tritt bei der Errichtung der Sterbekasse als Unternehmen auf.[217]

---

213 *Nordemann*, in: Loewenheim/Meessen/Riesenkampff, § 1 GWB Rn. 28; anders *Steinberg*, Urheberrechtliche Klauseln in Tarifverträgen, 1998, S. 157 f.; unklar: *Krauß*, in: Langen/Bunte, § 1 GWB Rn. 57 (»schließt die Anwendung des KartR im Übrigen nicht aus«).
214 Vgl. EuGH, 4.12.2014, C-413/13 – *FNV Kunsten Informatie en Media*. Zum Sachverhalt siehe *Lettl*, WRP 2015, 294 f.
215 BAG WuW/E VG 347, 348; KG WuW/E OLG 4531, 4534 – *Ladenöffnungszeit*; *Krauß*, in: Langen/Bunte, § 1 GWB Rn. 58; *Immenga, Nordemann*, in: Loewenheim/Meessen/Riesenkampff, § 1 GWB Rn. 27; *Zimmer*, in: Immenga/Mestmäcker, § 1 GWB Rn. 63. Differenzierend *Lettl*, WRP 2015, 294, 299.
216 *Nordemann*, in: Loewenheim/Meessen/Riesenkampff, § 1 GWB Rn. 27.
217 OLG Hamburg WuW/E OLG 79, 80 – *Gewerkschafts-Sterbekasse*. Unerheblich ist dabei, ob es sich um eine gemeinnützige Einrichtung handelt.

83 Am Ende des Tages läuft es also unabhängig davon, ob man Arbeitnehmer und demnach auch Gewerkschaften (teilweise) als Unternehmen einordnet und dann bei der Frage der Bereichsausnahme feststellt, dass kein Verstoß gegen § 1 GWB vorliegt, wenn sich die Gewerkschaften im Rahmen der Tarifautonomie halten oder ob man diese bereits im ersten Schritt nicht als Unternehmen einordnet und sich die Frage der Bereichsausnahme nicht stellt, darauf hinaus, dass dann kein Verstoß gegen § 1 GWB vorliegt, wenn sich die Gewerkschaften im Rahmen der Tarifautonomie halten. Die Grenzen der Tarifautonomie bestimmen somit den Anwendungsbereich von § 1 GWB.[218] Ob die Grenzen eingehalten werden, kann schlagwortartig immer danach beurteilt werden, ob die Regelung im Kern ein sozialpolitisches Ziel verfolgt und der Verbesserung der Beschäftigungs- und Arbeitsbedingungen dient.[219]

2. Freie Berufe

84 Freie Berufe entziehen sich einem einheitlichen Oberbegriff.[220] Das BVerfG stellt auf typologische Merkmale ab, wie den persönlichen Einsatz bei der Berufsausübung, welchen Charakter die Verkehrsanschauung dem jeweiligen Beruf zumisst, ob und wie er allgemein und berufsrechtlich ausgestaltet ist, sowie welche Qualität und Länge, die die erforderliche Berufsausbildung einnimmt.[221] Allgemein kennzeichnet es einen freien Beruf, wenn er selbständig, eigenverantwortlich und aufgrund bestimmter beruflicher oder wissenschaftlicher Fähigkeiten ausgeübt wird. Insoweit lässt es sich erklären, dass freiberufliche Tätigkeiten in der Rechtsordnung in vielerlei Hinsicht anders behandelt werden als sonstige (allgemeine) wirtschaftliche Tätigkeiten. Allerdings ist auch die freiberufliche Tätigkeit grundsätzlich eine wirtschaftliche Tätigkeit. Ärzte, Apotheker, Architekten, Notare, Rechtsanwälte, Steuerberater und Wirtschaftsprüfer stehen beim Angebot ihrer freiberuflichen Leistung im Wettbewerb mit anderen Freiberuflern und sonstigen Unternehmen und nehmen insoweit am Wirtschaftsleben teil. Es ist daher folgerichtig, dass die freiberufliche Tätigkeit sowohl von der nationalen Rechtsprechung als auch von der europäischen Spruchpraxis als **wirtschaftliche Tätigkeit** eingeordnet wird.[222]

---

218 So auch *Füller*, in: KK-KartR, Art. 101 AEUV, Rn. 59.
219 *Lettl*, WRP 2015, 294, 296 bzw. 298.
220 BVerfGE 46, 224, 225 f.; *Krauß*, in: *Langen/Bunte*, § 1 GWB, Rn. 52.
221 BVerfGE 46, 224, 225 f. zum Beispielkatalog nach § 18 Abs. 1 Nr. 1 EStG.
222 BGH WuW/E BGH 1325 f. – *Schreibvollautomat*; BGH WuW/E BGH 1469, 1469 f. – *Autoanalyzer*; im Ergebnis BGH WuW/E BGH 1474, 1476 – *Architektenkammer*; BGH WuW/E BGH 1980 – *Ingenieurvertrag*; BGH WuW/E BGH 2326, 2328 – *Guten Tag Apotheke II*; BGH WuW/E BGH 2688, 2690 – *Warenproben in Apotheken*; KG WuW/E OLG 322, 323 f. – *Vereidigte Buchprüfer II*; WuW/E OLG 1687, 1689 f. – *Laboruntersuchungen*; WuW/E OLG 4008, 4009 –

Freie Berufe sind daher **Unternehmen** i.S.d. GWB.²²³ Dieser Erkenntnis ist 85
eine lange Rechtsprechungslinie vorangegangen. Die Rechtsprechung hatte
sich zunächst eher zurückhaltend geäußert und ließ offen, »ob gewisse freie
Berufe und gewisse Tätigkeiten der Angehörigen freier Berufe nicht dem
GWB unterliegen«.²²⁴ Umgekehrt existiert keine Entscheidung, in der die
Rechtsprechung die Unternehmenseigenschaft ablehnte, da freiberuflich gehandelt wurde. Schrittweise gab die Judikatur ihre »Skrupel« auf und erkannte, dass die freiberufliche Tätigkeit einer anbietenden Tätigkeit auf einem
Markt entspricht. Apotheker²²⁵ nehmen ebenso am Wirtschaftsleben teil, wie
Ärzte,²²⁶ Architekten,²²⁷ Buch- und Wirtschaftsprüfer²²⁸ und Ingenieure.²²⁹

Eine wirtschaftliche, dem Kartellverbot unterliegende Tätigkeit liegt auch 86
dann vor, wenn geprüften Buchhaltern von ihrer berufsständischen Vertretung ein **System obligatorischer Fortbildungen** auferlegt wird und aufgrund
eines Erlasses der berufsständischen Vertretung für die Fortbildung weitestgehend nur die berufsständische Vertretung selbst diese Fortbildungen anbietet.²³⁰ Der Einordnung als Unternehmen bzw. Unternehmensvereinigung

---

Apothekenkammer Bremen; OLG Bremen WuW/E OLG 4367, 4368 – *Proben apothekenüblicher Waren*; OLG Frankfurt WuW/E OLG 1976, 1978 – *Ärztliche Sachleistungen*; OLG München WuW/E OLG 3395 f. – *Orthopäden*; aus der **europäischen** Rechtsprechung siehe etwa EuGH Slg. 2000, I-6451 Rn. 77 – *Pavlov*; Slg. 2002, I-1577 Rn. 48 f. – *Wouters*.
223 Allgemeine Ansicht; *Nordemann*, in: Loewenheim/Meessen/Riesenkampff, § 1 GWB Rn. 29; zur europäischen Praxis *Roth/Ackermann*, in: FK-GWB, Art. 81 Abs. 1 EG Grundfragen Rn. 63.
224 BGH WuW/E BGH 647, 650 f. – *Rinderbesamung*; zurückhaltend auch BGH WuW/E BGH 1474, 1476 – *Architektenkammer*.
225 BGH WuW/E BGH 2326, 2328 – *Guten Tag-Apotheke II*; BGH WuW/E BGH 2688, 2690 – *Warenproben in Apotheken*; KG WuW/E OLG 4008, 4009 – *Apothekerkammer Bremen*; OLG Bremen WuW/E OLG 4367, 4368 – *Proben apothekenüblicher Waren*; OLG Stuttgart WuW/E OLG 545, 552 – *Rabattverbot der Apotheken*.
226 BGH WuW/E BGH 1469, 1469 f. – *Autoanalyzer* (Nachfrage nach Laborleistungen); OLG Düsseldorf WuW/E DE-R 183 – *Berliner Positivliste*; OLG Frankfurt/aM WuW/E OLG 1976, 1978 – *Ärztliche Sachleistung*; OLG Koblenz v. 22.9.2000, U 1756/98 (Kart), BeckRS 2000, 3013, 3024; OLG München WuW/E OLG 3395, 3395 f. – *Orthopäden*; EuGH Slg. 2000, I-6451 Rn. 77 – *Pavlov*.
227 BGH WuW/E BGH 1474, 1477 – *Architektenkammer*.
228 KG WuW/E OLG 322, 323 f. – *Vereidigte Buchprüfer II*.
229 BGH WuW/E BGH 1980 – *Ingenieurvertrag* (Angebot von Ingenieur- und Statikerleistungen).
230 EuGH, 28.2.2013, C-1/12 – *Ordem dos Técnicos Oficiais de Contas* (OTOC), siehe dazu Anm. von *Werner*, EuZW 2013, 386. Der Erlass sah vor, dass 12 von 35 Fortbildungspunkten bei der OTOC absolviert werden mussten. Der Fall ist m.E. ein Wegweiser für den »Marktzugang« privater Seminaranbieter, die von den berufsständischen Einrichtungen zurückgehalten werden.

steht nach der Rechtsprechung nicht entgegen, dass es sich bei der berufsständischen Vertretung für die geprüften Buchhalter um eine öffentlich-rechtliche Körperschaft handelt, da es bei der Definition des Unternehmens nicht auf die Rechtsform ankommt, sondern (**funktional**) nur entscheidend ist, ob eine **wirtschaftliche Tätigkeit** ausgeübt wird.

87 Rechtsanwälte sind Unternehmen, da sie juristische Dienstleistungen gegen Entgelt (auch als Organ der Rechtspflege) anbieten.[231] Vereinzelt hat man erwogen, ob ausnahmsweise bestimmte freiberufliche Tätigkeiten nicht unter Marktbedingungen angeboten werden können und deswegen keine Unternehmenseigenschaft begründen. Dies ist abzulehnen, da mit dem hypothetischen Markttest als Kern des Unternehmensbegriffs unvereinbar. Standesordnungen der freien Berufe oder Maßnahmen der Berufskammern schließen die Unternehmenseigenschaft der freien Berufe nicht aus. Allerdings kann es hier im Einzelfall an einem **beschränkbaren Wettbewerb** fehlen, wenn das Berufsrecht in rechtlich zulässiger Weise die Abschluss- und Inhaltsfreiheit für Angehörige der freien Berufe begrenzt und insoweit das GWB nicht anwendbar ist. Dies gilt insbesondere dann, wenn die Standesorganisation aufgrund einer mit höherrangigem Recht vereinbarten Ermächtigungsgrundlage handelt, und in deren Rahmen der Wettbewerb zwischen den Mitgliedern und mit Dritten Durchsetzungsrecht (mit der Ermächtigungsgrundlage konform) ausgestaltet wird.[232]

88 Wird im Einklang mit der Ermächtigungsgrundlage gehandelt, ist das GWB nicht anwendbar, da der Bundesgesetzgeber unstreitig durch Berufsrecht auch das GWB zulässigerweise einschränken kann. Anderes gilt dann und bedarf der Auslegung, wenn eine Satzungsregelung bei einer Kammer aufgrund einer landesgesetzlichen Ermächtigungsgrundlage erfolgt, wie das z.B. bei den Berufsordnungen der Architekten und Heilberufen der Fall ist, da es in diesem Fall erforderlich ist, dass die den Wettbewerb beschränkende Regelung sowohl im nationalen Verfassungsrecht, sonstigen vorrangigen Bundesrecht und EU-Recht vereinbar ist.

89 Daraus folgt, dass das Standesrecht die Anwendung des GWB nur insoweit ausschließt, als die betroffene Standesorganisation auch im Rahmen ihres ihr zugewiesenen Aufgabenbereichs und damit im Rahmen der Ermächtigungsgrundlage handelt. Besteht keine Rechtsgrundlage oder wird der Aufgaben-

---

231 EuGH Slg. 2002, I-1577 Rn. 48 – *Wouters*; dazu etwa *Römermann/Welige*, BB 2002, 633 ff.; *Schlosser*, The European Legal Forum 2002, 94 ff.; *van de Gronden/Mortelmans*; Ars aequi 2002, 450 ff.; BGH WuW/E BGH 1325 f. – *Schreibvollautomat* (Nachfrage nach Bürobedarf).
232 BGH WuW/E BGH 1474, 1476 – *Architektenkammer*.

bereich deutlich erkennbar überschritten, findet das GWB darauf **vollständig** Anwendung.

3. Soziale und ideelle Zwecke

a) Solidaritätsgrundsatz und wirtschaftliche Tätigkeit

Wird eine Leistung an einem Markt angeboten oder nachgefragt, begründen diese Tätigkeiten bereits die Unternehmenseigenschaft, gleichviel ob der Staat oder eine privatrechtlich verfasste Organisation handelt. Eine wirtschaftliche Tätigkeit einerseits und deren sozialer Zweck andererseits schließen einander nicht aus und sind entgegen einiger Ansichten im Schrifttum[233] kein unversöhnlicher Gegensatz.[234] Kontrovers diskutiert wird derzeit, ob und wann **Sozialversicherungsträger**, insbesondere gesetzliche Krankenkassen, wirtschaftlich auftreten. Pauschale Lösungen verbieten sich. In den Worten des EuGH »genügt der soziale Zweck eines Versicherungssystems als solcher [...] nicht, um eine Einstufung der betreffenden Tätigkeit als wirtschaftliche Tätigkeit auszuschließen«.[235] Deswegen besteht für das Sozialversicherungsrecht, wie auch das Arbeitsrecht, als solches keine Bereichsausnahme von den Vorschriften des GWB. Letzterer Bereich ist nur im Rahmen der Tarifautonomie ausgenommen (vgl. Rdn. 227). Vielmehr wird man im Einzelfall danach zu differenzieren haben, ob die Tätigkeit eines Sozialversicherungsträgers wirtschaftlich ist. Im Ausgangspunkt richtet sich dies nach dem eingangs erläuterten **hypothetischen Markttest**: Danach kommt es darauf an, ob die fragliche Tätigkeit auf einem Markt angeboten wird oder marktförmig angeboten werden könnte (Rdn. 87). Die Tätigkeiten der gesetzlichen Krankenversicherungen sind wirtschaftlicher Natur, wie bereits die Existenz privater Versicherungen belegt. Demgemäß betrachtet die traditionelle kartellrechtliche Rechtsprechung die Leistungsbeziehungen im Sozialversicherungsrecht als wirtschaftliche Tätigkeit.[236]

90

Die europäische Praxis stellt diese Rechtsprechung für den zwischenstaatlichen Handel in Frage und stellt (wenig klar) darauf ab, ob eine bestimmte Leistung eines Sozialversicherungsträgers nach ihrem Gesamtbild wirtschaft-

91

---

233 Siehe etwa *Jaeger*, ZWeR 2005, 31, 49; *Lenze*, NZS 2006, 456. 460 f.; *Ramsauer*, NZS 2006, 505, 506 ff.; *Schlegel*, in: FS Leinemann, S. 843, 859.
234 Siehe *Ackermann*, GRUR 2007, 645, 651; *Roth/Ackermann*, in: FK-GWB 2005, § 1 Rn. 98.
235 EuGH Slg. 1999, I-5751 Rn. 79 – *Albany*; Slg. 2002, I-691 Rn. 37 – *Cisal di Battistello Venanzio & C Sas*; Slg. 2009, I-1513 Rn. 42 – *Kattner Stahlbau GmbH*.
236 BGH WuW/E BGH 675, 678 – *Uhrenoptiker*; WuW/E BGH 1423, 1425 – *Sehhilfen*; BGH WuW/E DE-R 469 – *Hörgeräteakustik*; BGH WuW/E DE-R 839, 841 – *Pflegedienst*; OLG Düsseldorf WuW/E OLG 1523, 1526 f.

lichen Charakters ist.²³⁷ Besonders der **Solidaritätsgrundsatz** und eine umfassendere **staatliche Aufsicht** schließen den wirtschaftlichen Charakter einer Tätigkeit aus.²³⁸ Dieser Ansatz ist abzulehnen.²³⁹ Zum einen widerspricht der Solidaritätsgrundsatz den eigenen Prämissen des EuGH zum Unternehmensbegriff. Im Kern kennzeichnet den Solidaritätsgrundsatz eine Finanzierung über eine Umverteilung. Die *Art* der Finanzierung ist nach der ständigen Rechtsprechung des EuGH aber irrelevant für den Unternehmensbegriff.²⁴⁰ Zum anderen ist die staatliche Aufsicht ein ungeeignetes Kriterium für eine Negativauslese. Schließen die staatlichen Rahmenbedingungen jeden wirtschaftlichen Handlungsspielraum aus, so fehlt es an einem beschränkbaren Wettbewerb, wie der EuGH selbst entschieden hat.²⁴¹ Vielmehr sollte der Solidaritätsgrundsatz erst bei einer etwaigen Rechtfertigung nach Art. 106 Abs. 2 AEUV berücksichtigt werden.²⁴² Diese Vorschrift stützt die hier geäußerte Grundsatzkritik: Wenn Art. 106 Abs. 2 AEUV Dienstleistungen von allgemeinen wirtschaftlichen Interesse anspricht, so meint er damit Aufgaben, die ohne Rücksicht auf das wirtschaftliche Eigeninteresse durchzuführen sind.²⁴³

92   Darunter fallen auch durch den Solidaritätsgrundsatz geprägte Leistungen, wobei der Wortlaut des Art. 106 Abs. 2 AEUV von einem Unternehmen als Leistungserbringer ausgeht. Schließlich ist auch die Gesamtbetrachtung des EuGH selbst angreifbar, da sie eine Rechtsunsicherheit vorzeichnet. Den EuGH mag geleitet haben, mit dem europäischen Recht nicht in das nationale Recht der Sozialversicherung einzugreifen. Dieser Eingriff ist naturgemäß konfliktträchtig. Indes ist die Begründung hierfür misslungen und man sollte

---

237 EuGH Slg. 1993, I-664 Rn. 7 ff. – *Poucet & Pistre*; Slg. 1995, I-4015 Rn. 19 – *FFSA*; Slg. 1999, I-5751 Rn. 78 ff. – *Albany*; Slg. 1999, I-6029 Rn. 78 f. – *Brentjens*; Slg. 1999, I-6121 Rn. 69 f. – *Drijvende Bokken*; Slg. 2002, I-691 Rn. 38–43 – *Cisal di Battistello Venanzio & C Sas*; WuW/E EU-R 801 – *AOK Bundesverband*; Slg. 2009, I-1513 Rn. 42 – *Kattner Stahlbau GmbH*.
238 EuGH Slg. 2002, I-691 Rn. 37 – *Cisal di Battistello Venanzio & C Sas*; Slg. 2009, I-1513 Rn. 42 – *Kattner Stahlbau GmbH*.
239 Ebenso *Holzinger*, S. 104 ff., *Kersting/Faust*, WuW 2011, 6, 8; *Roth/Ackermann*, in: FK-GWB, Art. 81 Abs. 1 EG Grundfragen Rn. 102.
240 So treffend *Holzinger*, S. 104–108; *Kersting/Faust*, WuW 2011, 6, 8 f.
241 EuGH Slg. 1997, I-6265 Rn. 33 – *Ladbroke Racing*; siehe auch *Gassner*, WuW 2004, 682, 685, wonach der EuGH insbesondere in der Entscheidung *AOK Bundesverband* die Grundsätze der Ladbroke Rechtsprechung verschärft habe. In Wirklichkeit hat der EuGH diese ignoriert.
242 Monopolkommission, 18. HGA (2008/2009), S. 397; *Benicke*, EWS 1997, 373, 377; *Holzinger*, S. 147; *Kersting/Faust*, WuW 2011, 6, 8 f.; *Roth/Ackermann*, in: FK-GWB, Art. 81 Abs. 1 EG Grundfragen Rn. 102; ausführlich dazu *Giesen*, Sozialversicherungsmonopol und EG-Vertrag, 1995, S. 126.
243 EuGH Slg. 1993, I-2533 Rn. 15 – *Corbeau*; ausführlich dazu *Füller*, ARSP Beiheft 84 (2002), S. 121 ff.

hieraus keine Schlussfolgerungen für das nationale Kartellrecht ableiten.[244] Für inländische Sachverhalte sollte man daher einen gespaltenen Unternehmensbegriff in Kauf nehmen. Auf europäischer Ebene kann man nur hoffen, dass der EuGH seine Praxis ändert.

b) Gesetzliche Krankenkassen

aa) *AOK* vs. »nationaler Sonderweg«

Gesetzliche Krankenkassen (GK) und ihre Verbände werden nach der Ansicht des EuGH nicht wirtschaftlich tätig, wenn sie die Festbeiträge nach § 35 SGB V festsetzen.[245] Diese Entscheidung belegt, wie dehnbar der Solidaritätsgedanke und unvorhersehbar damit das rechtliche Ergebnis ist. Noch der Schlussantrag zur »AOK«-Entscheidung des EuGH sah dies anders und betonte die Wettbewerbselemente im inländischen System der gesetzlichen Krankenversicherung.[246] Indes folgerte der EuGH aus der inländischen Gesetzeslage das genaue Gegenteil und betonte, dass der beitragsunabhängige Katalog an Pflichtleistungen (§ 241 SGB V) und der Risikostrukturausgleich (§§ 265 ff. SGB V) zwischen den gesetzlichen Krankenkassen **gegen eine wirtschaftliche Tätigkeit** sprechen.[247] Selbst wenn man die Prämisse des EuGH teilt, wonach der Solidaritätsgedanke eine wirtschaftliche Tätigkeit ausschließt, überzeugt die Subsumtion der »AOK«-Entscheidung nicht.[248] Der Gesetzgeber beabsichtigte, sowohl mit dem Risikostrukturausgleich als auch durch begrenzte Spielräume bei der Beitragsgestaltung **Wettbewerbselemente** einzuführen.[249] Dies zeigt sich z.B. am Wettbewerb um Zusatzbeiträge (§ 242 SGB V).[250] Letzteres hielt der EuGH für unerheblich, da dies dazu diene, die Tätigkeit der gesetzlichen Krankenkassen effizient und kostengünstig auszugestalten.[251] Gleichwohl sind gesetzliche Krankenkassen nicht zur Gänze von den Vorschriften des GWB ausgenommen, sondern es kommt auch nach der Ansicht des Gerichtshofes darauf an, ob eine bestimmte Tätigkeit wirt-

93

---

244 *Kersting/Faust*, WuW 2011, 6, 15; ähnlich auch *Hoffmann*, WuW 2011, 472, 477 f.
245 EuGH WuW/E EU-R 801 – *AOK Bundesverband*; dazu etwa *Roth/Ackermann*, in: FK-GWB, Art. 81 Rn. 100; *Bechtold*, WuW 2010, 727; a.A. nunmehr EuGH 3.10.2013, L-59/12 NJW 2014, 288 – *BKK Mobil Oil* bzgl. des UWG: Dort ging der EuGH davon aus, dass es sich bei der BKK Mobil Oil um ein Unternehmen handelt, vgl. dazu Rdn. 95.
246 GA *Jacobs*, Schlussantrag Slg. 2004, I-2493 Rn. 35.
247 EuGH WuW/E EU-R 801, Rn. 52, 53 – *AOK Bundesverband*; *Roth/Ackermann*, in: FK-GWB, Art. 81 Rn. 100.
248 Kritisch wie hier *Holzinger*, S. 98–103; *Jaeger*, ZWeR 2005, 31, 50 f.; *Kingreen*, GesR 2006, 193, 196; *Reysen/Bauer*, ZWeR 2004, 568, 585.
249 BT-Drucks. 11/2237, S. 147; BT-Drucks. 12/3608, S. 117.
250 Siehe dazu *Becker/Schweitzer*, NJW 2014, 269.
251 EuGH WuW/E EU-R 801 – *AOK Bundesverband*.

schaftlichen Charakters ist.[252] Auch wenn man mit der hier vertretenen Ansicht gesetzlicher Krankenkassen als Unternehmen ansieht, heißt das nicht, dass auf deren Marktverhalten das GWB uneingeschränkt anwendbar ist. Das zeigt nicht zuletzt § 69 Abs. 2 SGB V. Der erklärt § 1 GWB im Verhältnis Krankenkasse zu Leistungserbringer für anwendbar.

94 Weder eine fehlende Gewinnerzielungsabsicht, noch eine öffentlich-rechtliche Organisation sind daher ein Ausschlusskriterium für die Anwendung des GWB. Die Unternehmenseigenschaft wird durch jede selbständige Tätigkeit im geschäftlichen Verkehr begründet, die auf den Austausch von Waren oder gewerblichen Leistungen gerichtet ist, und sich nicht auf die Deckung des privaten Lebensbedarfs beschränkt.[253] Eine Anbieterin von Gruppenversicherungsverträgen, die eine Versorgungsanstalt des Bundes und der Länder ist, wurde vom BGH als Unternehmen im Sinn des Kartellrechts beurteilt.[254] Dies zeigt, dass es immer um die **konkrete** Tätigkeit geht.

bb) Gespaltener Unternehmensbegriff im GWB und UWG

95 Spannend ist besonders, dass der EuGH in *BKK Mobil Oil*[255] – bezogen auf das **UWG** – genau zu diametral anderen Lösung bzgl. der Einordnung einer Krankenkasse als der EuGH in *AOK* bzgl. des **AEUV/GWB** kam. Der EuGH entschied nämlich, dass die *BKK Mobil Oil* als Unternehmen i.S.d. UGP-Richtlinie zu qualifizieren sei. Der BGH setzte darauf auf[256] und qualifizierte – folgerichtig – die Werbung der BKK als irreführend (§ 5 Abs. 1 S. 2 Nr. 7 UWG), da diese geeignet gewesen sei, ihre Mitglieder vom Wechsel zu einer anderen Krankenkasse abzuhalten.[257] Im konkreten Fall hatte die BKK auf ihrer Homepage u.a. damit geworben, dass bei einem Wechsel der Krankenkasse eine 18-monatige Bindungsfrist für die Kunden bestünde und diese wegen der Erhebung des Zusatzbeitrages durch eine andere Krankenkasse fi-

---

252 EuGH WuW/E EU-R 801 – *AOK Bundesverband*; dies hervorhebend *Badtke*, WuW 2007, 726, 730; verkannt von *Holzmüller*, NZS 2011, 485, 486.
253 Vgl. BGH WuW/De-R 2327 Rn. 21 – *Kreiskrankenhaus Bad Neustadt*, m.w.N.
254 BGH WuW/E BGH 57, 69 Rn. 38 – *VBL Gegenwert*.
255 EuGH, 3.10.2013, Slg. 2013 C-59/12, Rn. 37 – *BKK Mobil Oil*. Grundlage war ein Vorabentscheidungsersuchen des BGH: BGH, GRUR 2012, 288 – *Betriebskrankenkasse I*, da der BGH die Frage der Unternehmenseigenschaft im Anwendungsbereich der UGP-Richtlinie für offen hielt.
256 Durch die Vorlage war die Frage der Unternehmenseigenschaft geklärt.
257 BGH, 30.4.2014, I ZR 170/10 – *Betriebskrankenkasse II* m. Anm. *Nowak-Over* in GRUR-Prax 2014, 464. Durch diese Entscheidung ist die im Zuge der 8. GWB Novelle in § 4 Abs. 3 SGB V eingeführte Regelung, die bei unlauterer Werbung der Krankenkassen untereinander diesen einen sozialrechtlichen Unterlassungsanspruch gewährt, wieder obsolet, vgl. *Becker/Schweitzer*, NJW 2014, 269, 272.

nanzielle Nachteile erleiden könnten.²⁵⁸ Dies war nach dem SGB V jedoch nicht zutreffend, da dem Versicherungsnehmer bei Erhebung eines Zusatzbeitrages gemäß § 175 Abs. 4 S. 5 SGB V ein Sonderkündigungsrecht zusteht.

Für die Zwecke des § 1 GWB ist diese Entscheidung deshalb besonders, da sie durchaus überraschende klare Aussagen zum Unternehmensbegriff enthält, vor allem im Vergleich zur Entscheidung in der Sache *AOK*. Während Generalanwalt *Bot* in *BKK Mobil Oil* noch die Zugrundelegung eines **einheitlichen Unternehmensbegriffes** im UWG (»kleine Schwester des GWB«) und im GWB gefordert hatte,²⁵⁹ erteilte der EuGH diesem einheitlichen Verständnis eine (indirekte) Absage. Er nahm nicht explizit Stellung, ob er einen solchen einheitlichen Begriff zugrundelegen würde,²⁶⁰ entschied aber bzgl. des UWG im Sinne der Unternehmenseigenschaft und damit zugleich gegen die Einordnung in der *AOK*-Entscheidung.²⁶¹ Dies ist bedauerlich, geht man doch im Verhältnis UWG zu GWB grundsätzlich von einer **Komplementarität** aus.²⁶²

Der OGH in Österreich vertrat in seinen früheren Urteilen noch die Ansicht, dass Gebietskrankenkassen zumindest im Rahmen ihrer privatwirtschaftlichen Tätigkeiten Unternehmen im Sinne des österreichischen Kartellgesetzes sind.²⁶³ Aufgrund der aktuellen Rechtsprechung des Gerichtshofes und der deswegen vorgenommenen erneuten Prüfung der Unternehmereigenschaft von Krankenkassen, werden diese nunmehr jedoch **nicht** mehr als Unternehmer eingestuft.²⁶⁴

96

c) Gesundheitswesen und Sozialversicherung: Einzelfälle

Die Zulassung eines Leistungserbringers wie etwa eines Krankenhauses zur medizinischen Versorgung nach § 126 Abs. 1 SGB V ist ein **öffentlich-rechtlicher** Rechtsakt. Somit unterliegt die Zulassung nicht den Vorschriften des GWB, für Rechtsstreitigkeiten im Zusammenhang mit der Zulassung ist die Sozialgerichtsbarkeit zuständig.²⁶⁵ Abgesehen davon sind die Leistungen von

97

---

258 BGH, 30.4.2014, I ZR 170/10, Rn. 29 – *Betriebskrankenkasse II*.
259 Generalanwalt Bot, Schlussanträge vom 3.10.201, C-59/12, Rn. 32 – *BKK Mobil Oil*.
260 Dabei legte die Vorlage des BGH die Beantwortung der Frage durchaus nahe.
261 So auch *Becker/Schweitzer*, NJW 2014, 269, 271.
262 So auch *Becker/Schweitzer*, NJW 2014, 269, 271; von einer »Konvergenz« ausgehend *Glöckner*, Europäisches Lauterkeitsrecht (2006), S. 216; *Henning-Bodewig*, GRUR 2013, 238, 239; *Köhler*, WRP 2005, 645, 646; *Pichler*, Verhältnis von Kartell- und Lauterkeitsrecht (2009), S. 167.
263 OGH, 15.12.2003, 16 Ok 12/03 – *Gebietskrankenkasse I*.
264 OGH, 14.6.2014, 16 Ok 5/04 – *Gebietskrankenkasse II*.
265 KG WuW/E DE-R 427 – *Inkontinenzhilfen II*; LG Mannheim WuW/E LG/AG 457 – *Herzklinik*; *Zimmer*, in: Immenga/Mestmäcker, § 1 GWB Rn. 58.

Krankenhäusern wirtschaftlicher Natur, da sie gegenüber gesetzlich und privat Versicherten gegen Entgelt medizinische Behandlungsleistungen anbieten.[266] Dies ist eine anbietende Tätigkeit, so dass die (hier abgelehnte Rdn. 62) Einschränkung nach *Fenin*-Doktrin ausscheidet.[267]

98 Die sog. **Vereinigung** von gesetzlichen Krankenkassen gem. §§ 144 ff., 150, 160, 168a, 171a SGB V verlangt einen genehmigenden Beschluss der zuständigen Aufsichtsbehörde. Entgegen den Ansichten im sozialrechtlichen Schrifttum[268] handelt es sich dabei um einen Zusammenschluss von Unternehmen, so dass die Vereinigung ein anmeldepflichtiges Vorhaben gem. §§ 35 ff. GWB darstellt.[269] Seit der 8. GWB-Novelle besteht nunmehr in § 172a SGB V eine Sonderregelung für die Fusionskontrolle bei Krankenkassen.[270] § 69 SGB V steht dem nicht entgegen. Absatz 1 dieser Vorschrift regelt nicht das Rechtsverhältnis von gesetzlichen Krankenkassen untereinander, um das es bei einem Zusammenschluss gerade geht. Aus diesem Grund ist es rechtlich unerheblich, dass § 69 Abs. 2 Satz 1 SGB V nicht auf die Vorschriften der Zusammenschlusskontrolle verweist.

99 Bei § 69 SGB V ist es wichtig zwischen den betroffenen Verhältnissen zu unterscheiden. Dies wird häufig vermischt. Gemäß § 69 Abs. 2 SGB V findet § 1 GWB entsprechend Anwendung. Dies gilt jedoch nur im Verhältnis zwischen Krankenkassen und **Leistungserbringern**.[271] Diese Regelung war 2011 eingeführt worden. Sie diente vor allem der wettbewerblichen Beschaffung von Arzneimitteln.[272] § 69 Abs. 2 SGB V erklärt indes gerade **nicht** § 1 GWB im Verhältnis **zwischen den Krankenkassen** anwendbar. Eine entsprechende Überlegung wurde im Rahmen der 8. GWB Novelle schlussendlich verwor-

---

266 BGH WuW/E DE-R 2327 Rn. 21 – *Kreiskrankenhaus Bad Neustadt*; OLG Düsseldorf WuW/E DE-R 3320, 3324 – *Hörgeräteakustiker*.
267 BGH WuW/E DE-R 2327 Rn. 21 a.E. – *Kreiskrankenhaus Bad Neustadt*.
268 *Gaßner/Eggert*, NZS 2011, 249, 252; *Holzmüller*, NZS 2011, 458, 491 f.
269 So BKartA TB 2007/2008, S. 150; *Monopolkommission*, 18. HGA 2008/2009, Rn. 1208 a.E.; *Baake/Kuchinke/Wey*, WuW 2010, 502, 505; *Haus/Schaper*, ZWeR 2011, 48, 55; *Kingreen*, ZESAR 2007, 139, 143. Der Gesetzgeber billigte sogar, dass das BKartA Vereinigungen von gesetzlichen Krankenkassen als Zusammenschluss untersuchte, BT-Drucks. 16/3100, S. 156. Als Umsatz sind dabei die Zuweisungen aus dem Gesundheitsfonds sowie etwaige Einnahmen aus Zusatzbeiträgen anzusehen. S.a. BKartA Pressemitteilung über die Freigabe des Zusammenschlusses zur neuen AOK IKK Südwest vom 19.4.2011; BKartA TB 2013/2014, S. 75; BKartA WuW/DE-V 1937 – *Kliniken des Main-Taunus-Kreises/Klinikum Höchst*.
270 Dazu *Podszun*, GWR 2013, 329, 329.
271 So ausdrücklich OLG Düsseldorf WuW/E DE-R 3320, 3324 – *Hörgeräteakustiker*; *Baier*, MedR 2011, 345; *Becker/Schweitzer*, NJW 2014, 269, 270.
272 So *Podszun*, GWR 2013, 329, 329.

fen.²⁷³ Obgleich dieser Sachverhalt nicht ausdrücklich geregelt ist, sprechen m.E. gute Gründe für die Anwendbarkeit im Verhältnis zwischen den Krankenkassen. Für eine Öffnung der Kontrolle der Krankenkassen spricht – obgleich bewusst auf weitere Elemente verzichtet wurde – die Neuregelung zur Fusionskontrolle bei Krankenkassen (§ 172a SGB V).

Wettbewerbsrechtlich irrelevant ist, dass das Verhältnis der gesetzlichen Krankenkassen untereinander öffentlich-rechtlich ausgestaltet ist.²⁷⁴ Gem. § 130 Abs. 1 GWB ist das GWB auch auf Unternehmen der öffentlichen Hand anwendbar, wobei es nicht darauf ankommt, ob ein Rechtsverhältnis privat- oder öffentlich-rechtlich eingeordnet wird.²⁷⁵ 100

Gesetzliche Krankenkassen werden **wirtschaftlich** tätig, wenn sie einen **Zusatzbeitrag** gem. § 242 Abs. 1 SGB V erheben. Dieser Zusatzbeitrag beeinflusst zum einen das Wettbewerbsverhältnis der gesetzlichen Krankenkassen untereinander, da den Versicherten bei einer Beitragserhöhung im Rahmen des § 175 Abs. 4 SGB V ein Sonderkündigungsrecht zusteht.²⁷⁶ Zum anderen können die gesetzlichen Krankenkassen selbständig den Zeitpunkt und die Höhe des Zusatzbeitrags bestimmen, so dass ein immerhin rudimentärer Preiswettbewerb besteht. Ob Krankenkassen aber deshalb als Unternehmen einzustufen sind, ist umstritten. Das BKartA ermittelte daher gegen mehrere gesetzliche Krankenkassen, die auf einer gemeinsamen Pressekonferenz eine Erhöhung ihrer Zusatzbeiträge bekanntgaben, wegen des Verdachts auf eine verbotene Verhaltensabstimmung.²⁷⁷ Die Einschätzung, dass Krankenkassen bei der Erhebung der Zusatzbeiträge wirtschaftlich und damit als Unternehmen handeln, steht im **Gegensatz** zur Entscheidung des **LSG Hessen**. Dieses befand im Jahr 2011 im Zusammenhang mit der Überprüfung eines Auskunftsverlangens des Bundeskartellamtes, dass Krankenkassen **nicht** als Unternehmen i.S.d. des Kartellrechts einzuordnen sind.²⁷⁸ Zur Begründung hebt es hervor, was zutrifft, dass Krankenkassen im öffentlich-rechtlichen Pflichtversicherungssystem dafür verantwortlich sind, ihren Mitgliedern Pflichtleistungen unabhängig von der Beitragshöhe zu erbringen. Krankenkassen hätten keine Möglichkeit auf das Bündel an Pflichtleistungen Einfluss zu nehmen.²⁷⁹ 101

---

273 So auch *Becker/Schweitzer*, NJW 2014, 269, 270; *Podszun*, GWR 2013, 329, 329.
274 A.A. (und kartellrechtlich unhaltbar) *Gaßner/Eggert*, NZS 2011, 249, 253; wohl auch *Krasney*, NZS 2007, 574, 578.
275 Allgemeine Ansicht *Emmerich*, in: Immenga/Mestmäcker, § 130 GWB Rn. 75 ff.
276 Siehe dazu BGH, 30.4.2014, I ZR 170/10 – *Betriebskrankenkasse II*.
277 Vgl. dazu Tätigkeitsbericht des Bundeskartellamts 2011/2012, BT-Drucks. 17/13675, S. 76.
278 LSG Hessen, 15.9.2011, L 1 KR 89/10 L = NZS 2012, 177. Das Urteil hatte zur Folge, dass das BKartA auch die Fusionskontrollprüfung eingestellt hat, vgl. *Wallrabenstein*, NZS 2015, 48.
279 LSG Hessen, 15.9.2011, L 1 KR 89/10 L, Rn. 62.

Im Pflichtleistungsbereich hatte sich der Gesetzgeber dafür entschieden, dass es keinen Wettbewerb gäbe. Auch im Bereich der Erhebung von Zusatzbeiträgen seien die Kassen gebunden, da diesen bei fehlender Deckung des Finanzbedarfs kein Ermessen eingeräumt sei, ob dieser Beitrag erhoben wird.[280] Diese Erwägungen sind nachvollziehbar, kreisen aber um die sich nun anschliessende, entscheidende, Frage, ob die Kassen nicht beim »Wie« des Beitrags im Wettbewerb zueinander stehen. Diese Frage ist m.E. zu **bejahen**. Die Kassen können die Höhe bei Deckungsnotwendigkeit des Finanzbedarfs bestimmen. Genau hier besteht Wettbewerb. Die Gebundenheit beim »Ob« strahlt nicht auf das »Wie« der Deckung aus.

102 Die Tätigkeit von Trägern der gesetzlichen **Unfallversicherung** (§ 114 Abs. 1 SGB VII) stuft der Gerichtshof hingegen in der als überwiegend solidarisch und damit **nicht wirtschaftlich** ein.[281] Daran ist auch für die Zwecke des § 1 GWB anzuknüpfen.

4. Sport (Sportler, Sportvereine, Sportverbände)

a) Doppelnatur der sportlichen Betätigung

103 Sportliche Tätigkeiten weisen z.B. wie auch Medien eine gewisse **Doppelnatur** auf. Zum einen handelt es sich um eine kulturelle Veranstaltung, zum anderen aber auch um eine wirtschaftliche Tätigkeit. Der dem Sport innewohnende kulturelle Charakter lässt sich beispielsweise an der Listenregelung bei Großereignissen im Sinne des § 4 RStV festmachen. Durch die Listenregelung wird der Inhaber eines Exklusivrechtes verpflichtet, bei »Ereignissen von erheblicher gesellschaftlicher Bedeutung (Großereignissen)« eine Ausstrahlung dieses Ereignisses im Free-TV zu ermöglichen. Sinn und Zweck der Regelung ist, dass sich die Zuschauer live und ohne weitere Kosten über Ereignisse informieren können, die von herausragender gesellschaftlicher Bedeutung sind.[282] Als Großereignis gelten auf Grundlage des ErwGr. 52 der AVMD-Richtlinie solche Ereignisse, die von einer breiten Öffentlichkeit zumindest in einem bedeutsamen Teil des Mitgliedsstaats herausragend sind und die im Voraus von einem Veranstalter organisiert werden. Aus ErwGr 18 lässt sich ableiten, dass der Richtliniengesetzgeber dabei primär Sportveranstaltungen im

---

280 LSG Hessen, 15.9.2011, L 1 KR 89/10 L, Rn. 73.
281 EuGH Slg. 2009, I-1513 Rn. 33–68 – *Kattner Stahlbau GmbH* für Berufsgenossenschaften nach § 114 Abs. 1 Nr. 1 SGB VII; siehe auch Slg. 2002, I-691 Rn. 37 – *Cisal di Battistello Venanzio & C Sas* zum italienischen Recht.
282 Vgl. *Rossen-Stadtfeld* in: Hahn/Festing (Hrsg.), § 4 RStV, Rn. 28; siehe auch *Maritzen*, Vielfalt als normatives Leitprinzip – Schutz der Medien und Meinungsvielfalt im Kartell- und Medienrecht, S. 312 (im Erscheinen).

Blick hatte, da als Beispiele Fußball-Europameisterschaften oder Weltmeisterschaften sowie die Olympischen Spiele genannt werden.[283]

b) Prüfungsmaßstab

Ob eine sportliche Tätigkeit auch eine wirtschaftliche Tätigkeit darstellt, kann in Anlehnung an den *Walrave-Dona* Test[284] ermittelt werden. Dieser Test wurde für die Dienstleistungsfreiheit entwickelt und besagt, dass im ersten Schritt zunächst ermittelt wird, ob die sportliche Tätigkeit Teil des Wirtschaftslebens ist und im zweiten Schritt weiter eine spezifische Verhältnismäßigkeitsprüfung stattfindet. Rein sportliche Tätigkeiten **können** u.U. kartellfrei sein. Wichtig für den Unternehmensbegriff ist nur der erste Schritt. Dieser Test wurde mit der für die Schnittstelle von Sport und Kartellrecht grundlegenden Entscheidung *Meca-Medina* auf das Kartellrecht übertragen.[285] Demnach können grundsätzlich alle im Sport tätigen Beteiligten (Sportler,[286] Sportvereine bzw. Sportverbände) Unternehmen i.S.d. des Kartellrechts bzw. im Speziellen § 1 GWB sein. Eine Tätigkeit mit Verbindung zum Sport der Anwendung des Wettbewerbsrechts zum einen nicht entgegen steht und demnach Sportvereine oder Sportverbände auch als Unternehmen im kartellrechtlichen Sinn anzusehen sind, wenn diese wirtschaftlich tätig werden.[287] Der Verkauf von Eintrittskarten, der Abschluss von Werbeverträgen bzw. die Vermarktung der Sportrechte sind demnach als wirtschaftliche Tätigkeit einzuordnen. Die Maßgeblichkeit des *Meca-Medina-Tests* hat kürzlich nochmal das OLG Frankfurt in der Entscheidung zum Spielervermittlungsreglement bestätigt.[288]

104

---

283 *Maritzen*, Vielfalt als normatives Leitprinzip – Schutz der Medien und Meinungsvielfalt im Kartell- und Medienrecht, S. 313 ff. (im Erscheinen).
284 EuGH, Slg.1974, 1405 – *Walrave und Koch*; EuGH, Slg. 1976, 1333 – *Dona/Mantero*; siehe dazu ausführlich *Füller*, in: KK-KartR, Art. 101 AEUV, Rn. 86.
285 EuGH, 18.7.2006, C-519/04P, Slg. 2006 I-6991 – *Meca-Medina*. Siehe dazu beispielsweise *Heermann*, WRP 2016, 1053, 1053. So auch *Stancke*, NZKart 2015, 457.
286 Auch professionelle Sportler können hinsichtlich der Vermarktung ihrer Leistung »Unternehmen« i.S.d. § 1 GWB sein. So auch *Haus/Heitzer*, NZKart 2015, 181, 183. Offenlassend, aber zweifelnd jüngst: OLG Düsseldorf, 13.9.16, VI-W Kart 12/16 (Anspruch auf Zulassung zu den Paralympischen Spielen 2016).
287 BGH WuW/E DE-R 17, 19 – *Europapokalheimspiele*; OLG München WuW/DE-R 4544 – *Pechstein*; so auch EuGH, 1.7.2008, C-49/07 – *MOTOE*; *Zimmer*, in: *Immenga/Mestmäcker*, § 1 Rn. 60; *Krauß*, in: Langen/Bunte, § 1 GWB Rn. 44.
288 OLG Frankfurt, 2.2.2016, 11 U 7015 Kart.

§ 1 GWB *Verbot wettbewerbsbeschränkender Vereinbarungen*

c) Unternehmerische Tätigkeit von Sportverbänden

105 Es ist sehr umstritten, ob und unter welchen Voraussetzungen Sportverbände als Unternehmen bzw. als Unternehmensvereinigung i.S.d. § 1 GWB einzuordnen sind. Im Ausgangspunkt ist zunächst der Feststellung des OLG München im Fall *Claudia Pechstein* zuzustimmen, dass »*der Umstand, dass eine Tätigkeit eine Verbindung zum Sport aufweist, der Anwendung der Regelungen des Wettbewerbsrechts nicht entgegen steht*«.[289] Diese Formulierung hat das OLG München der Entscheidung des Gerichtshofs in der Rs. *MOTOE* entnommen.[290] Hinzuzufügen bzw. klarzustellen ist, dass dies **grundsätzlich** der Fall ist. Die Floskel »Der Sport hat seine eigenen Gesetze«, kommt somit hart auf dem Boden des § 1 GWB auf, kann sich aber durchaus wieder aufrichten, soweit es um die Details geht.

106 Die Entscheidungen der deutschen Gerichte zeigen im Detail ein ambivalentes Bild. Während das OLG Düsseldorf in den Entscheidungen »Anti-Doping Regelwerk«[291] und »IHF-Abstellbedingungen«[292] jeweils eine Unternehmenseigenschaft des Verbandes **verneint** hatte, ging das OLG München im Fall »Claudia Pechstein,«, nunmehr bezogen auf die Einordnung der *ISU* als Unternehmen, davon aus, dass es sich bei der ISU um ein Unternehmen i.S.d. Kartellrechts, genauer des Missbrauchsverbotes, handelt.[293] Besonders interessant ist in diesem Kontext der Vergleich der Entscheidungen »Anti-Doping Regelwerk DRV« und »Claudia Pechstein«. Im erstgenannten Fall stellte das OLG Düsseldorf fest, dass die Deutsche Reiter Vereinigung (DRV) nicht als »Unternehmen« i.S.d. des Kartellrechts gehandelt habe, als es eine Leistungsprüfungsordnung (LPO) samt Anti-Doping und Medikamentenkontrollregelung erlassen hat und einem Reiter, der gegen die Regelungen verstoßen hat, von der Teilnahme am Turnier ausschloss.

---

[289] OLG München, 15.1.2015, U 1110/14 Kart, Rn. 59 – *Claudia Pechstein*. Die Entscheidung wurde – jedenfalls bezogen auf die Einordnung der internationalen Eislaufunion (ISU) als Unternehmen – vom BGH in der Folgeinstanz bestätigt. Vgl. BGH, 7.6.2016, KZR 6/15.
[290] EuGH Slg. 2008, I-4863, C-49/07, Rn. 22 – *MOTOE*. Gegenstand der Entscheidung war die von MOTOE, dem griechischen Motorradsportverband, gegen ELPA, dem griechischen Automobil- und Reiseclub erhobene Klage auf Ersatz des Schadens, der MOTOE daraus entstanden ist, dass ELPA MOTOE keine Genehmigung zur Durchführung eines Sportwettkampfes erteilt hatte.
[291] OLG Düsseldorf, 23.7.2014, VI-U Kart 40/13 – *Anti-Doping Regelwerk*.
[292] OLG Düsseldorf, 15.7.2015, VI-U Kart 13/14 – *IHF Abstellbedingungen*.
[293] OLG München, 15.1.2015, U 1110/14 Kart, Rn. 59 – *Claudia Pechstein*; bestätigt nunmehr durch den BGH in diesem Punkt, BGH, 7.6.2016, KZR 6/15, Rn. 45. Zum Urteil des OLG München siehe u.a. *Haus/Heitzer*, NZKart 2015, S. 181 ff.

Dem OLG Düsseldorf zufolge sei die Implementierung derartiger Regelungen »**keine Markttteilnahme**«.[294] Die Implementierung der Regeln sei »alleine auf den Vereinszweck gerichtet«.[295] Diese Feststellungen bauen auf der Trennung zwischen dem Markt für die Organisation von Reitturnieren und dem Markt für die Zulassung zu Reiturnieren auf. Zuzustimmen ist dem OLG Düsseldorf darin, dass die bloße Implementierung von Regeln, die nur dem Vereinszweck dienen, bereits keine unternehmerische Tätigkeit ist. Die Gretchenfrage ist jedoch, inwieweit und wann beide Märkte **interdependent** sind.[296] M.a.W: Wann beeinflusst die bloße Aufstellung von Vereins- bzw. Verbandsstatuten die von den Statuten erfassten Sportler bzw. bis zu welchem Punkt kann eine Auswirkung auf die wirtschaftliche Tätigkeit der Sportler ausgeschlossen werden. Es muss die Frage gestellt und beantwortet werden, wieviel Raum noch für eine Vereins- bzw. Verbandstätigkeit verbleibt, die keine (auch nur mittelbaren) Auswirkungen auf den Sportler hat. *Heermann* sieht insgesamt wenig Raum und hat – durchaus nachvollziehbare[297] – Zweifel, dass selbst die Änderung der Abseitsregel durch einen Fußballverband mittelbar wirtschaftliche Auswirkungen auf die Vereine hat und damit als unternehmerisch zu qualifizieren sein könnte.[298] Denn wie die Entscheidung des OLG Düsseldorf im Fall »Anti-Doping Regelwerk« zeigt, ist die Aufstellung von Anti-Doping Regeln i.e.S. selbst sicher keine unternehmerische Tätigkeit; Zweifel kommen aber auf, wenn die Regel dazu führt, dass ein Teilnehmer bei einem Turnier, bei dem die Regeln des Verbandes zur Anwendung gelangen, ausgeschlossen wird, da er gegen die Regeln des Verbandes verstoßen hat. In dem Moment – so könnte man argumentieren – schlägt das Innen in das Außenverhältnis und damit die nicht unternehmerische in die unternehmerische Tätigkeit um. Dies vor allem auch im Vergleich mit der Entscheidung des OLG München im Fall *Claudia Pechstein*, die sich auch gegen die vom Verband verhängte Dopingsperre gewandt und vom Verband für die Sperrzeit rund 4 Mio. EUR Schadenersatz verlangt hat.

Thematisch etwas anders liegt der Fall »IHF-Abstellbedingungen«, bei dem sich das OLG Düsseldorf mit der Zulässigkeit der **unentgeltlichen Abstellungspflicht** für Nationalspieler zu befassen hatte. Ein Thema (also bzgl. der Abstellpflicht), dass auch im Fußball oft die Wogen hochschlagen lässt. Einige Handball-Clubs wehrten sich gegen die unentgeltliche Abstellpflicht und

---

294 So auch *Heermann*, WRP 2016, 1053, 1056, Rn. 64.
295 OLG Düsseldorf, 3.7.2014, VI-U Kart 40/13, Rn. 44.
296 So auch *Heermann*, WRP 2016, 1053, 1056.
297 Als nachvollziehbar erweist sich insoweit seine Begründung, dass durch eine gelockerte Abseitsregel möglicherweise mehr Tore fallen, die Liga attraktiver wird und damit mittelbar die Medienrechte für die Fußball-Bundesliga im Wert ansteigen; siehe *Heermann*, WRP 2016, 1053, 1059 (Fn. 50).
298 *Heermann*, WRP 2016, 1053, 1059.

warfen dem Deutschen Handball Bund (DHB) und dem internationalen Handballverband (IHF) vor, dass eine unentgeltliche Abstellung, die zudem nicht weiter zeitlich konkretisiert war, abzustellen sei.[299] Das OLG Düsseldorf stellte fest, dass der DHB **nicht unternehmerisch** handelt, wenn er als deutscher Verband eine Verpflichtung aus dem Dachverband erfüllt und damit lediglich eine Verpflichtung weitergibt bzw. überbordet.[300] Durch die Weitergabe der Verpflichtung handele der DHB nicht (selbst) unternehmerisch, da die Pflicht zur Abstellung zwar die Vermarktung der IHF **fördere**, der DHB sich aber mangels eigener Vermarktung des internationalen Wettkampfes selbst nicht unternehmerisch betätige.

109 Sind die Mitglieder des Vereins bzw. Verbandes selbst Unternehmen, dann kann der Verband als **Unternehmensvereinigung** eingeordnet werden. Dies trifft z.B. auf den DFB zu. Dies wurde kürzlich nochmals vom OLG Frankfurt bestätigt, dass sich mit der kartellrechtlichen Zulässigkeit des DFB-Reglements für Spielervermittlung beschäftigt hat.[301] Es stellte fest, dass der Verband Unternehmensvereinigung ist, wenn die einzelnen Mitglieder selbst ein Unternehmen im kartellrechtlichen Sinn darstellen. Diese Ansicht stimmt auch mit der europäischen Rechtsprechung des Gerichtshofes im Bezug auf die FIFA überein.[302]

110 Zusammenfassend folgt daraus, dass eine unternehmerische Tätigkeit eines Verbandes vor allem dann verneint werden kann, wenn dieser **keine Doppelrolle** einnimmt, m.a.W. nicht die Statuten aufstellt und dann über die Zulassung entscheidet. Eine Markttätigkeit kann zudem nur bei einem eigenen Handlungsspielraum vorliegen (vgl. »IHF Abstellbedingungen«). Relativ einfach fällt die Einordnung hingegen dann, wenn die UEFA »Gehaltsobergrenzen« (*Salary Caps*) beschließt.[303] Die UEFA handelt in diesem Fall eindeutig wirtschaftlich und ist als Unternehmen einzuordnen.[304]

---

299 OLG Düsseldorf, 15.7.2015, VI-U Kart 13/14 – *IHF Abstellbedingungen*. Siehe dazu auch OLG Bremen, 30.12.2014, 2 W 67/14 = SchiedsVZ 2015, 149.
300 OLG Düsseldorf, 15.7.2015, VI-W Kart 13/14, Rn. 100 – *IHF Abstellbedingungen*.
301 OLG Frankfurt, 2.2.2016, 11 U 70/15 Kart – *DFB-Spielervermittlung*.
302 EuGH, 26.1.2005, T-193/02 – *Piau*.
303 Der Vereinfachung halber wird von Gehaltsobergrenzen gesprochen, auch wenn *Heermann* in seiner Analyse der UEFA Financial Fair Play Agreements zur Lösung kommt, dass **keine** Obergrenze i.e.S. vorliegt, vgl. *Heermann*, NZKart 2015, 128, 135.
304 *Heermann*, NZKart 2015, 128, 131.

5. Urheber und Verwertungsgesellschaften

Die Tätigkeiten von Künstlern und Urhebern durchlaufen verschiedene Phasen: Der persönlichen geistigen Schöpfung folgt (meist) die Verwertung des Werkes. An der letztgenannten Phase setzt die allgemeine Ansicht an: Die wirtschaftliche Verwertung eines Werkes begründet die Unternehmenseigenschaft eines Urhebers oder Künstlers.[305] Es genügt für eine marktbeeinflussende Tätigkeit, wenn der Urheber als natürliche Person nur gelegentlich verwertet.[306] Der Unternehmensbegriff verlangt kein dauerhaftes oder planmäßiges wirtschaftliches Handeln (Rdn. 49). Unternehmen im Sinne des GWB sind daher der Inhaber eines Theaters, der die künstlerischen Leistungen der Schauspieler anbietet,[307] ein Komponist, eine selbständige Musiklehrerin[308] oder ein nebenberuflicher Sänger.[309] Während diesem Anknüpfungspunkt zu folgen ist, bleibt zu kritisieren, dass die derzeit herrschende Ansicht erst relativ spät die Tätigkeit von Urhebern den Regeln des GWB unterwirft. Die dogmatische Perspektive gebietet einen genaueren Ansatz. Auch vor der Verwertung kann der Urheber als **potentielles Unternehmen** anzusehen sein. Entscheidend hierfür ist, ob der Urheber in absehbarer Zeit sein Werk schaffen oder verwerten könnte. Vereinbaren zwei Künstler untereinander, dass ein Werk nicht dargeboten werden soll, um etwa die Lizenzeinnahmen für ein anderes konkurrierendes Werk zu konsolidieren, beeinflussen sie dadurch den Markt.[310] Scheidet ausnahmsweise eine Verwertung des Werkes aus, fällt die schöpferische Tätigkeit nicht unter das GWB. In diesem Fall ist der Urheber nicht als potentielles Unternehmen anzusehen, wenn ein Marktzutritt objektiv **nicht denkbar** ist.[311]

111

---

305 BGH WuW/E BGH 127, 131 – *Gesangbuch*; BGH WuW/E BGH 1142 f. – *Volksbühne II*; KG WuW/E OLG 29, 30 – *Filmmusik*; WuW/E OLG 4040, 4044 – *Wertungsverfahren*; OLG Düsseldorf WuW/E OLG 2071, 2072 – *Düsseldorfer Volksbühne*; OLG Hamm WuW/E OLG 4425, 4426 – *Theaterrabatt*; OLG München WuW/E OLG 2504, 2505; BKartA WuW/E BKartA 704, 708 – *Verwertungsgesellschaft*; *Loewenheim*, UFITA 79 (1977), 175, 204; *Nordemann*, in: Loewenheim/Meessen/Riesenkampff, § 1 GWB Rn. 30; *Zimmer*, in: Immenga/Mestmäcker, § 1 GWB Rn. 69.
306 BGH WuW/E BGH 1661, 1663 – *Berliner Musikschule*.
307 BGH WuW/E BGH 1142, 1143 – *Volksbühne II*; OLG Hamm WuW/E OLG 4425, 4426 – *Theaterrabatt*.
308 BGH WuW/E BGH 1661, 1663 – *Berliner Musikschule*.
309 OLG München WuW/E OLG 2504, 2505.
310 So das plastische und treffende Beispiel von *Nordemann*, in: Loewenheim/Meessen/Riesenkampff, § 1 GWB Rn. 30. Kritisch gegenüber dem auf die Verwertung beschränkten Verständnis der h.M. bereits *Loewenheim*, UFITA 79 (1977), 175, 190 ff.
311 Insoweit zutreffend *Nordemann*, in: Loewenheim/Meessen/Riesenkampff, § 1 GWB Rn. 30 mit dem Verweis auf »Spontankunst«, die sofort wieder vernichtet wird.

112 Werkschaffende Arbeitnehmer oder kraft eines Dienstvertrages tätige »Auftragsurheber« sind gemäß dem Schöpferprinzip Urheber im Sinne des § 7 UrhG, jedoch keine Unternehmen im Sinne des GWB. Das Weisungsrecht des Arbeit- oder Auftraggebers, sowie eine Vergütung als Gegenleistung schließt eine selbständige wirtschaftliche Tätigkeit aus.[312] Keine Unternehmen sind deswegen Filmdarsteller, die in einem Arbeits- oder Dienstverhältnis stehen.[313] Dies sollte man indes nicht holzschnittartig handhaben. Ein renommierter Darsteller ist als Unternehmen anzusehen, sofern er nennenswerten Umfanges am wirtschaftlichen Erfolg eines Filmes beteiligt ist, so dass das Arbeitsentgelt in eine unternehmerische Teilhabe umschlägt. In einer älteren Entscheidung sah das BKartA eine Umsatzbeteiligung von 10 % noch als Arbeitsentgelt an,[314] indes ist dies zweifelhaft. Ebenso grundsätzlich nicht als Unternehmen zu qualifizieren sind »Scheinselbständige, die auf den ersten Blick als selbständige Dienstleistungserbringer beschäftigt werden, sich aber tatsächlich in einer ähnlichen Situation wie ein Dienstnehmer befinden. Hier ist eine Abgrenzung zur arbeitnehmerähnlichen Person notwendig.[315] Kriterien dafür sind insbesondere die Nichtbeteiligung an dem wirtschaftlichen Risiko des Arbeitgebers,[316] Weisungsgebundenheit,[317] sowie die Eingliederung in das Unternehmen des Arbeitgebers.[318]

113 Ein angestellter Urheber kann ein **relatives Unternehmen** sein, wenn er außerhalb seines Vertragsverhältnisses künstlerische Leistungen anbietet oder verwertet. So sind etwa angestellte Opernsänger als Unternehmen anzusehen, die außerhalb ihres Anstellungsverhältnisses in Ausschließlichkeitsverträgen vereinbart haben, bei Film- und Fernsehaufnahmen nur an autorisierten Inszenierungen einer bestimmten Oper teilzunehmen.[319] **Verwertungsgesellschaften** sind Unternehmensvereinigungen (dazu Rdn. 122 ff.). Sie treten selbst als Unternehmen auf, wenn sie Rechte an Dritte vergeben.[320] Es spielt dabei keine Rolle, dass die Verwertungsgesellschaften die Rechte treuhände-

---

312 EuGH Slg. 2014, C-270/13, Rn. 28 – *Haralambidis/Casilli*.
313 BKartA WuW/E BKartA 502, 506 – *Gagenstoppabkommen*; *Nordemann*, in: Loewenheim/Meessen/Riesenkampff, § 1 GWB Rn. 32.
314 BKartA WuW/E BKartA 502, 506 – *Gagenstoppabkommen*.
315 EuGH WuW/EU-R 3251 – *FNV Kunsten Informatie en Media/Niederlande*.
316 EuGH, Slg.2004, I-00873, Rn. 72 – *Allonby*.
317 EuGH, Slg.1989, I-04459, Rn. 36 – *Agegate*.
318 EuGH, Slg.1999, I-05665, Rn. 26 – *Becu*.
319 Siehe dazu Kommission ABl. EG 1978, Nr. L 157 vom 15.6.1978, 39, wobei die Kommission allerdings den vollständigen Wortlaut der Verträge einforderte, um die Unternehmenseigenschaft der Urheber zu bestimmen.
320 BGH WuW/E BGH 1069, 1070 – *Tonbandgeräte*; wohl auch WuW/E BGH 2497, 2502 f. – *GEMA Wertungsverfahren*; *Nordemann*, in: Loewenheim/Meessen/Riesenkampff, § 1 GWB Rn. 33. Ebenso die **europäische** Praxis: EuGH Slg. 1974, 313, 317 – *SABAM II*.

risch für den Urheber wahrzunehmen haben. Bereits die Einräumung von Nutzungsrechten ist eine marktbeeinflussende und damit wirtschaftliche Tätigkeit. Damit unterliegen die Verwertungsgesellschaften dem GWB, sofern sie **selbständig** am Markt auftreten.

6. Wissenschaft, Forschung und Erfindungen

Eine **wissenschaftliche** Tätigkeit definiert das Bundesverfassungsgericht als eine solche, »die nach Inhalt und Form als ernsthafter, planmäßiger Versuch zur Ermittlung der Wahrheit anzusehen ist«.[321] Die Suche nach der Wahrheit ist keine wirtschaftliche Tätigkeit. Allerdings ist mittlerweile anerkannt, dass Forschung und Entwicklung (F&E) Wettbewerbsparameter sind (Rdn. 428). Dies beweist auch die Existenz der F&E GVO. So schlägt die Wissenschaft in eine wirtschaftliche Tätigkeit um, wenn ihre Forschungsergebnisse vermarktet werden. Bedeutsam ist das besonders für technische Erfindungen an Hochschulen. Der Wissenschaftler ist ein Unternehmen, der seine Erfindung vermarktet. Verwertet die Hochschule als Dienstherr die Erfindung (§ 42 ArbnErfG), ist sie insoweit Unternehmen. Ansonsten lassen sich die für Urheber geltenden Grundsätze sinngemäß auf die Erfinder einer technischen Lehre übertragen. Die erfinderische Tätigkeit als solche ist wettbewerblich neutral. Erst die Verwertung einer Erfindung begründet die Unternehmenseigenschaft. Dies kann nicht nur durch die Vergabe von Lizenzen geschehen,[322] sondern bereits dann, wenn der Erfinder seinen Anspruch auf Eintragung eines Patents an einen Dritten abtritt. Vor diesen Zeitpunkten kann der Erfinder allenfalls ein potenzielles Unternehmen sein. Bei **Arbeitnehmererfindungen** ist zu unterscheiden: Nimmt der Arbeitgeber eine gebundene Erfindung gem. §§ 4 Abs. 2, 6 Abs. 1 ArbnErfG in Anspruch und verwertet er sie, wird er dadurch wirtschaftlich tätig und ist Unternehmen im Sinne des GWB. Bei einer freien oder frei gewordenen (§ 8 ArbnErfG) Erfindung ist der Arbeitnehmer Unternehmen, wenn er sie wirtschaftlich verwertet.

114

7. Handeln der öffentlichen Hand

Der funktionale (relative) Unternehmensbegriff knüpft an ein wirtschaftliches Handeln an und ist von der konkreten **Organisationsform abgelöst**. Es genügt mithin grundsätzlich »jedwede Tätigkeit im geschäftlichen Verkehr«.[323] Deswegen kann auch das Handeln der öffentlichen Hand (Bund, Länder, Kreise, Gemeinden, sonstige öffentlich-rechtliche Körperschaften und An-

115

---

321 BVerfGE 35, 79 – *Hochschulurteil*; BVerfGE 90, 1 – *Jugendgefährdende Schriften*.
322 WuW/EV 624 – *AOIP/BEYRARD*.
323 BGH WuW/E BGB 1469 – *Autoanalyzer*.

stalten des öffentlichen Rechts) als wirtschaftliche Tätigkeit eingeordnet werden. Dies ergibt sich aus § 130 Abs. 1 S. 1 GWB, wonach das GWB auch auf solche Unternehmen anwendbar ist, die ganz oder teilweise im Eigentum der öffentlichen Hand stehen.[324] Der deutschen Entscheidungspraxis zur Folge ist demnach die öffentliche Hand immer dann als Unternehmen anzusehen, wo diese sich (i) durch das Angebot von wirtschaftlichen Leistungen oder (ii) durch die Nachfrage nach solchen Leistungen wirtschaftlich betätigt.[325]

116 Letzteres gilt unabhängig von der Europäischen Spruchpraxis des Gerichtshofs in den Rechtssachen *FENIN*[326] und *SELEX*.[327] Der Gerichtshof hatte im Rahmen der Rechtssache *FENIN* zuvor entschieden, dass eine Beschaffungstätigkeit nur dann eine wirtschaftliche Betätigung darstellt, wenn auch die **Verwendung** der beschafften Güter im Anschluss im **Rahmen** einer **wirtschaftlichen Betätigung** erfolgt. Systematisch ist dabei zwischen drei Konstellationen zu unterscheiden: (1) Eine Gesellschaft, die mehrheitlich der öffentlichen Hand gehört, handelt privatrechtlich; (2) Eine öffentlich-rechtliche Einrichtung handelt privatrechtlich und (3) eine öffentlich-rechtliche Einrichtung handelt öffentlich-rechtlich. In den Konstellationen (1) und (2) ist das GWB (jedenfalls soweit es um das Angebot wirtschaftlicher Leistungen geht) ohne Not anwendbar, wenn die privatrechtliche Tätigkeit wirtschaftlichen Charakters ist.

117 Etwas schwieriger ist die Frage indes zu beantworten, wenn eine öffentlich-rechtliche Einrichtung öffentlich-rechtlich handelt. Festzuhalten ist zunächst, dass **rein hoheitliches Handeln** der öffentlichen Hand **nicht dem GWB** unterliegt.[328] Gestaltet demnach die öffentliche Hand ihre Leistungsbeziehungen zu ihren Abnehmern in öffentlich-rechtlicher Art und Weise, war diese Leistungsbeziehung bisher dem GWB entzogen.[329] Von diesem Grundsatz hat der BGH allerdings – i.Z.m. einem Auskunftsbeschluss i.S.d. § 59 GWB – in der Entscheidung *Niederbarnimer Wasserverband* eine Ausnahme ge-

---

[324] Die nachfolgende Darstellung beschränkt sich auf das notwendige Minimum und verweist wegen der Einzelheiten auf die Kommentierung zu § 130 Abs. 1 GWB. Siehe kürzlich: OLG München, 14.3.2013, W 1891/12 Kart – *Brunnenhof*.
[325] BGH WuW/E BGH 442, 449 – *Gummistrümpfe*; BGH WuW/E BGH 1469 – *Autoanalyzer*; BGH WuW/E BGH 1475 – *Architektenkammer*.
[326] EuGH WuW/E EU-R 1213, 1214 – *FENIN*; zuvor EuG WuW/E EU-R 688, 689 – *FENIN*.
[327] EuGH WuW/E EU-R 1250, 1254 – *SELEX*.
[328] BGH WuW DE-R 2144 – *Rettungsleitstelle*; BGH WuW/De-R 4037 – *VBL-Gegenwert*, Rn. 43.
[329] *Stadler*, in: Langen/Bunte, § 130 GWB Rn. 18.

macht.[330] Die Konstellation erinnert ein wenig an diejenige bei Krankenkassen. Zwar war bisher klar, dass die öffentliche Hand dann als Unternehmen im kartellrechtlichen Sinn einzuordnen ist, wenn diese in (potentiellem) Wettbewerb zu privaten Unternehmen tritt.[331] Eine Ausnahme wurde allerdings bisher für die Konstellation gemacht, in denen die öffentliche Hand ihre Rechtsbeziehungen **öffentlich-rechtlich ausgestaltet** hatte. Diese Ausnahme schränkte der BGH nun aber wieder ein.

Problematisch an der Qualifikation des Niederbarnimer Wasserverbandes als Unternehmen auch bei öffentlich-rechtlicher Ausgestaltung der Leistungsbeziehung ist insbesondere, dass bei der öffentlich-rechtlichen Ausgestaltung kein Markt für die spätere Gebühreneinhebung besteht, da die Kunden insoweit einem Anschluss- und Benutzungszwang unterliegen. Bei Lichte betrachtet ist die Entscheidung aber »kein Erdrutsch«, da der BGH auch klargestellt hat, dass diese Einordnung dem Anspruch auf Auskunft geschuldet ist.[332] Für die **Nichterfüllung des Unternehmensbegriffs** bei öffentlich-rechtlicher Ausschreibung der Leistungsbeziehung spricht auch die im Zuge der 8. GWB-Novelle eingeführte Regelung des § 130 Abs. 1 S. 2 GWB, derzufolge die Anwendung der Missbrauchsvorschriften des GWB auf Wasserversorgung und andere Körperschaften des öffentlichen Rechts bei öffentlich-rechtlicher Ausgestaltung der Leistungsbeziehung ausgeschlossen ist. Die Schaffung technischer Regelungen durch einen nicht-wirtschaftlichen, gemeinnützigen Verein zur Förderung des Gas- und Wasserfachs und die Festlegung des dazugehörigen Zertifizierungsverfahrens stellen ein öffentlich-rechtliches Handeln nach Konstellation (3) dar und unterliegt daher nicht dem GWB.[333]

118

Der **Staat** ist also dann als Unternehmer einzuordnen, wenn dieser eine wirtschaftliche Leistung am Markt anbietet und sich damit wirtschaftlich betätigt. In der bisherigen Rechtsprechung wurden hinsichtlich des **Angebotes** des Staates von wirtschaftlichen Gütern und Leistungen eine wirtschaftliche Leistung beispielsweise bei der Lieferung von Sole oder anderen Produkten durch die Bundesländer,[334] beim Angebot von radioaktiven Isotopen durch ein staatliches Forschungsinstitut,[335] bei der Herausgabe von Zeitschriften durch Industrie und Handelskammern, z.B. bei der Aufnahme von Anzeigen Drit-

119

---

330 BGH WuW/E DE-R 3497, 3499 – *Niederbarnimer Wasserverband*; a.A. Vorinstanz OLG Düsseldorf WuW/DE-R 3170.
331 BGH WuW/E BGH 442 – *Gummistrümpfe. Wolf* bezeichnet dies als Doppelqualifikation (*Wolf*, BB 2011, 648, 651).
332 BGH, WuW/E BGH 3497, 3499, Rn. 14 – *Niederbarnimer Wasserverband*.
333 OLG Düsseldorf WuW/E OLG 70, 76 – *Zertifizierungspraxis*.
334 OLG Frankfurt WuW/E OLG 3134 – *Soleliefervertrag*.
335 OLG Karlsruhe WuW/E OLG 2215 – *Nuklearpharmaka*.

§ 1 GWB Verbot wettbewerbsbeschränkender Vereinbarungen

ter,[336] bei der Vermietung von Gewerberäumen an Schilderpräger durch Landkreise,[337] beim Vertrieb von Seekarten durch das Deutsche Hydrografische Institut,[338] sowie beim Vertrieb von Sportwetten und Lotterien durch die Bundesländer.[339] Soweit man nicht der Spruchpraxis des Gerichtshofs in den Rechtssachen *FENIN* und *SELEX* folgt, handelt der Staat auch bei der **Nachfrage** nach wirtschaftlichen Leistungen nach dem funktionellen Unternehmensbegriff unternehmerisch.[340] In Betracht kommt dabei z.B. die Nachfrage nach Gütern oder Dienstleistungen für die Zwecke der staatlichen Aufgabenerfüllung sowie auch die Teilnahme an Vergabeverfahren unter Beachtung des Grundsatzes der wirtschaftspolitischen Neutralität. Eine unternehmerische Tätigkeit wurde z.B. angenommen bei der Nachfrage nach Ingenieurs- oder Bauleistungen,[341] bei der Nachfrage nach Bauleistungen im Straßenbau,[342] bei der Nachfrage einer Büchereizentrale die ihrerseits Bibliotheken beliefert,[343] bei der Nachfrage des Bundes nach militärischen Rüstungsgütern,[344] sowie bei der Erteilung von Abschleppaufträgen.[345]

120   Auch **Gemeinden** können als Gebietskörperschaften Unternehmen im Sinne des GWB sein. Dies hat die Rechtsprechung bereits in einer Vielzahl von Fällen bestätigt. Beispielsweise wurde dann von einer **wirtschaftlichen Tätigkeit** ausgegangen, wenn die Gemeinde ambulanten Händlern auf ihren Wegen und Plätzen gegen Entgelt die Aufstellung von Verkaufsständen gestattet,[346] bei der Entsorgung von Altpapier durch einen kommunalen Abfallentsorgungsverband,[347] bei der Vermietung von Werbeflächen durch die Gemeinde,[348] beim Verkauf von Bauland,[349] bei der Vermietung von Räumen an Schilderpräger oder Bestattungsunternehmen.[350] Gleiches gilt auch bei der Vergabe von **Konzessionen** für **Strom- oder Gasleitungen** (qualifizierte Wegenutzungs-

---

336 OLG Hamburg WuW/E LG/AG 582 – *Hamburger Wirtschaft*.
337 OLG Düsseldorf NJW-RR 2002, 1404.
338 OLG Hamburg WuW/E OLG 3163 – *Seekartenvertrieb*.
339 BGH WuW/E DE-R 2408, 2412 – *Lottoblock*.
340 Allgemein zur Bieter- bzw Nachfragetätigkeit des Staates siehe *Hertwig*, NZBau 2008, 355 ff.
341 OLG Frankfurt/a.M. WuW/E OLG 5767 – *Koordinierte Vergabesperre*.
342 BGH WuW/EVerg 297 – *Tariftreuerklärung II*; BKartA WuW/EVerg 7 – *Tariftreuerklärung*.
343 Tätigkeitsbericht BKartA 1976, S. 83.
344 OLG Frankfurt WuW/E OLG 4354 – *Betankungsventile*.
345 OLG Düsseldorf WuW/E OLG 4391 – *Polizeiabschleppdienst*.
346 BGH WuW/E BGH 273 – *Nante*.
347 OVG Saarland 3 B 279/08 – *Altpapiersammlung*, Rn. 57.
348 OLG Frankfurt WuW/E OLG 245 – *Städtereklame*; LG Hamburg WuW/E LG/AG 615 – *Großflächenwerbung*.
349 BGH WuW/E DE-R 1006 – *Fernwäme Börnsen*.
350 BGH WuW/E DE-R 1003 – *Kommunaler Schilderprägebetrieb*; BGH WuW/E DE-R 1555 – *Friedhofsruhe*.

rechte i.S.d. § 46 Abs. 2 EnWG).³⁵¹ Zur Begründung führte der BGH an, dass die Gemeinde bei der Vergabe bzw. dem Abschluss von Konzessionsverträgen ihre Wegerechte wirtschaftlich verwertet.³⁵²

Auch die **Deutsche Bahn** sowie die Nachfolgeunternehmen der Bundespost, d.h. die **Deutsche Post AG** und die **Deutsche Telekom AG** sind grundsätzlich als Unternehmen zu qualifizieren. Für die Deutsche Bahn AG ergibt sich dies aus der Streichung der früheren Ausnahmebestimmungen für die Deutsche Bundesbahn in den §§ 44 u. 99 a.F. GWB im Jahr 1994.

IV. Unternehmensvereinigungen

1. Erweiterte Normadressateneigenschaft

Normadressaten des § 1 GWB sind neben Unternehmen auch **Unternehmensvereinigungen**. Deren Kennzeichen ist, dass sie nicht selbst an Anbieter oder Nachfrager im geschäftlichen Verkehr auftreten und daher kein Unternehmen sind. Wenn § 1 GWB gleichwohl Unternehmensvereinigungen erfasst, dient dies (wie auch beim Merkmal des »Beschlusses«) dem Umgehungsschutz.³⁵³ Sind Unternehmen Mitglieder einer Vereinigung, so dürfen sie eine wettbewerbsbeschränkende Kooperation nicht als Beschluss der Unternehmensvereinigung tarnen. Die Willensbildung in einer Unternehmensvereinigung ist geeignet, das Marktverhalten seiner Mitglieder zu beeinflussen. Kann sich damit das Handeln einer Unternehmensvereinigung genauso auf den Wettbewerb auswirken, wie das Handeln eines Unternehmens selbst, so gebietet es der Institutionenschutz des § 1 GWB, den Tatbestand auf Unternehmensvereinigungen als Normadressaten zu erweitern. Es ist allerdings entbehrlich, auf die Unternehmensvereinigung als Normadressat zurückzugreifen, wenn sie zugleich ein Unternehmen ist. Angesprochen sind damit z.B. **Genossenschaften**. Auch wenn deren Mitglieder typischerweise Unternehmen sind, tritt die Genossenschaft als solche auch selbst anbietend oder nachfragend auf dem Markt auf.³⁵⁴

---

351 BGH WuW/DE-R 4139 – *Stromnetz Heiligenhafen*; BGH WuW/DE-R 4159 – *Stromnetz Berkenthin*. So auch BGH WuW/E BGH 2247, 2249 – *Wegenutzungsrecht*; BGH WuW/BGH 3145 – *Erdgasdurchgangsleitung*.
352 BGH WuW/DE-R 4139 – *Stromnetz Heiligenhafen*.
353 BGH WuW/E DE-R 17, 28 – *Europapokalheimspiele*; *Krauß*, in: Langen/Bunte, § 1 Rn. 60; *Nordemann*, in: Loewenheim/Meessen/Riesenkampff, § 1 Rn. 37; *Säcker/Herrmann*, in: MünchKommEuWettbR, Einl. Rn. 1651.
354 BGH WuW/E BGH 2271, 2273 – *Taxigenossenschaft*; BGH WuW/E BGH 1313, 1314 – *Stromversorgungsgenossenschaft*.

2. Begriff

123 Eine allgemein anerkannte Definition der Unternehmensvereinigung existiert nicht. Die Praxis zeichnet ein kasuistisches Bild. Da die tatbestandliche Erweiterung auf Unternehmensvereinigungen dem Umgehungsschutz dient, verbietet es sich, durch eine allzu enge Definition den Begriff einzuschränken. Im weitesten Sinne verstanden ist eine Unternehmensvereinigung daher jede **institutionalisierte Form** einer **gemeinsamen Willensbildung** von Unternehmen. Teilweise beschreibt man eine Unternehmensvereinigung als einen beliebig strukturierten Zusammenschluss mehrerer Unternehmen, dessen Zweck darin besteht, die Interessen seiner Mitglieder wahrzunehmen.[355] Dennoch muss die Unternehmensvereinigung ein Minimum an Organisationsstruktur aufweisen, um ihre Einflussnahme auf die wirtschaftliche Tätigkeit ihrer Mitglieder zu belegen.[356] Mangelt es an der gemeinschaftlichen Organisation, kann die Betätigung nicht der Unternehmensvereinigung zugerechnet werden und fällt auf den Einzelunternehmer zurück. Eine Unternehmensvereinigung liegt nur dann vor, wenn die, ihr angehörenden Unternehmen in ihrer wirtschaftlichen Betätigung von der Tätigkeit der Unternehmensvereinigung betroffen sind. Entscheidend ist somit stets der Einfluss auf die Wirtschaftspolitik der angeschlossenen Unternehmen.[357]

a) Binnenstruktur

124 Es ist die Kernaufgabe der Unternehmensvereinigung den gemeinsamen Willen ihrer Mitglieder zu artikulieren. Auf die Rechtsform kommt es (wie auch beim Unternehmensbegriff) dabei ebenso wenig an wie auf den Zweck, die Organisation und den Sitz der Vereinigung.[358] Eine Unternehmensvereinigung kann etwa eine Gesellschaft bürgerlichen Rechts sein.[359] Unerheblich ist außerdem, ob die Unternehmensvereinigung rechtsfähig ist.[360] Ein nicht rechtsfähiger Verein eignet sich deswegen auch als Unternehmensvereinigung. Schließlich spielt es auch keine Rolle, ob die Vereinigung dem öffentlichen

---

355 OLG Düsseldorf WuW/E DE-R 2003 Rn. 82 – *Deutscher Lotto- und Totoblock*; im Anschluss an *Emmerich*, in: Immenga/Mestmäcker Art. 81 Rn. 42.
356 BGH WuW/E DE-R 17, 18 – *Europapokalheimspiele*; *Zimmer*, in: Immenga/Mestmäcker § 1 GWB Rn. 76.
357 BGH WuW/E DE-R 17, 19 – *Europapokalheimspiele*; OLG Düsseldorf, 16.2.2014, VI-U (Kart) 35/13, Rn. 41.
358 OLG Düsseldorf WuW/E DE-R 2003 Rn. 82 – *Deutscher Toto- und Lottoblock*.
359 *Nordemann*, in: Loewenheim/Meessen/Riesenkampff, § 1 Rn. 24.
360 Kommission v. 7.12.1984 – *Milchförderungsfonds (BGB-Gesellschaft)*, ABl. EG 1985 Nr. L 35,35 Rz. 27; Kommission v. 29.12.1970 – *Keramische Fliesen*, ABl. EG 1971 Nr. L 10, 15 (18).

oder dem Privatrecht zuzuordnen ist.³⁶¹ Deswegen sind beispielsweise öffentlich-rechtlich organisierte Kammern freier Berufe eine Unternehmensvereinigung (Rdn. 127). Davon zu unterscheiden ist allerdings der Fall, dass öffentlich-rechtliche Kammern mit einer gesetzlichen Ermächtigung handeln, die im Allgemeininteresse liegt und für die dem Staat die Letztentscheidungsbefugnis zukommt. In diesem Fall liegt keine Unternehmensvereinigung vor und die Kammer handelt nur als verlängerter Arm des Gesetzes.³⁶²

b) Unternehmen als Mitglieder

Der Vereinigung müssen mindestens **zwei Unternehmen** angehören.³⁶³ Gehören einer Vereinigung nur private Nachfrager oder sonstige »Nichtunternehmen« an, ist diese **keine** Unternehmensvereinigung. Zu nennen sind hier Verbraucherzentralen, wenn sie im Interesse ihrer privaten Verbraucher als Mitglieder tätig werden.³⁶⁴ Setzt sich eine Vereinigung nur aus einem Unternehmen und im Übrigen aus »Nichtunternehmen« zusammen, handelt es sich ebenso um keine Unternehmensvereinigung. Der Beschluss dieser Vereinigung ist in diesem Fall ungeeignet dazu, um den Wettbewerb zwischen zwei Unternehmen zu beschränken.³⁶⁵

125

Ansonsten ist das Tatbestandsmerkmal nach der Ansicht des BGH **funktional** zu betrachten, wobei als Leitbild hierfür der Umgehungsgedanke dient. Die durch § 1 GWB abgesicherte Wettbewerbsfreiheit darf nicht dadurch umgangen werden, indem sich Unternehmen mit einer größeren Zahl von Mitgliedern ohne Unternehmenseigenschaft umgeben und unter dem Dach einer juristischen Person wettbewerbsbeschränkende Beschlüsse fassen.³⁶⁶ Entscheidend ist damit, dass sich ein Beschluss an mindestens zwei Unternehmen als Mitglieder der Unternehmensvereinigung richtet. Unerheblich ist, ob daneben wenige oder zahlreiche Nichtunternehmen der Vereinigung angehören. Auch wenn für diese der Beschluss keine wettbewerbsbeschränkende Wirkung entfalten mag, genügt es doch, wenn er für zwei Mitgliedsunternehmen eine solche Wirkung entfalten könnte, mögen diese auch in der Minderheit sein. So wurde auch der Deutsche Fußballbund vom BGH als Unternehmensvereini-

126

---

361 *Emmerich*, in: Immenga/Mestmäcker Art. 81 Rn. 39; *Roth/Ackermann*, in: FK-GWB, Art. 81 Rn. 135.
362 *Nordemann*, in: Loewenheim/Meessen/Riesenkampff, § 1 Rn. 39.
363 So OLG Frankfurt, 2.2.2016, 11 W 70/15 (Spielervermittlung) unter Verweis auf EuG, 26.1.2005, T-193/02 – *Piau*; *Krauß*, in: Langen/Bunte, § 1 Rn. 61; *J. B. Nordemann*, in: Loewenheim/Meessen/Riesenkampff, § 1 Rn. 38.
364 BGH WuW/E BGH 1919, 1923 – *Preisvergleich*; OLG Hamburg WuW/E OLG 2092; *Zimmer*, in: Immenga/Mestmäcker § 1 Rn. 74.
365 Treffend *Nordemann*, in: Loewenheim/Meessen/Riesenkampff, § 1 Rn. 38.
366 BGH WuW/E DE-R 17, 18 – *Europapokalheimspiele*; *Hausmann*, BB 1994, 1089, 1092.

gung eingeordnet, obwohl die Mehrheit der Mitglieder nicht unter den Unternehmensbegriff fällt.[367]

c) Beispiele

127 **Arbeitgeberverbände** sind Unternehmensvereinigungen, da ihre Mitglieder Unternehmen sind. Für die Tarifverhandlungen der Arbeitgeberverbände gilt aber insoweit eine Ausnahme von der Beschränkung des § 1 GWB, als sie die Arbeits- und Beschäftigungsbedingungen einer Berufsgruppe betreffen.[368] Bei Gewerkschaften ist dies aktuell umstritten (vgl. Rdn. 82);. Gleichsam der Typfall einer Unternehmensvereinigung sind die Kammern, in denen die Angehörigen freier Berufe organisiert sind. Anerkannt ist dies für die Apothekerkammer,[369] Architektenkammern,[370] Ärztekammern,[371] Anwaltskammern;[372] die Industrie- und Handelskammern oder die Handwerkskammern. Verwertungsgesellschaften sind Unternehmensvereinigungen, da die ihr vereinten Urheber insoweit als Unternehmen anzusehen sind. Es ist unschädlich, wenn nach dem Abschluss des Wahrnehmungsvertrages nur noch die Verwertungsgesellschaft im Außenverhältnis auftritt. Diese nimmt die Rechte für die Urheber nur treuhänderisch wahr, so dass diese ihre Selbständigkeit gegenüber der Verwertungsgesellschaft behalten.[373]

3. Vereinigungen von Unternehmensvereinigungen

128 Sind Unternehmensvereinigungen wiederrum in einer Vereinigung organisiert, so ist diese ihrerseits eine Unternehmensvereinigung.[374] Diese Beurteilung fußt auf dem Umgehungsgedanken. Wollte man derartige Vereinigungen nicht den Unternehmensvereinigungen zurechnen, so hätten es die Mitglieder in der Hand, eine Organisationsform zu wählen, mit der sie sich der Fesseln des § 1 GWB entledigen könnten. Aus diesem Grunde sind auch Dachverbän-

---

367 BGH WuW/E DE-R 17, 18 – *Europapokalheimspiele* anders akzentuierend nun OLG Frankfurt, 2.2.2016, 11 W 70/15 – *Deutscher Fußballbund*.
368 GA Jacobs, Schlussanträge v. 28.1.1999 – Rs. C-67/96 – *Albany*, Slg. 1999, I-5751 Rz. 186–194; *Roth/Ackermann*, in: FK-GWB, Art 81 Abs 1 Rn. 60.
369 BGH WuW/E BGH 2326, 2328 – *Guten Tag Apotheke II*;.
370 BGH WuW/E BGH 1474, 1476 f. – *Architektenkammer*.
371 BGH (GS) WuW/E BGH 1469, 1470 – *Autoanalyzer*; KG WuW/E OLG 1687, 1690 – *Laboruntersuchungen*.
372 EuGH Slg. 2002, I-1577 Rn. 64 – *Wouters* (für die niederländische Rechtsanwaltskammer); EuGH Slg. 1975, 563, 583 f. – *Fruit en Groentenimporthandel*.
373 BGH WuW/E BGH 2497, 2502 f. – *GEMA Verwertungsverfahren*.
374 EuG Slg. 2006, II-4987 Rn. 49 – *FNCBV*; EuG Slg. 2005, II-209 Rn. 72 – *Laurent Piau*; EuG Slg. 1999, II-263 Rn. 9 – *Eurofer*; *Säcker/Herrmann*, in: MünchKommEuWettbR, Einl. Rn. 1657.

de Normadressaten des § 1 GWB.[375] Entscheidend für deren Eigenschaft als Unternehmensvereinigung ist es, dass diese Verbände, vermittelt durch die angeschlossenen Unternehmensvereinigungen, deren Mitglieder beeinflussen und damit deren Marktverhalten koordinieren können.

V. Wirtschaftliche Einheit

1. Überblick und Grundstrukturen Konzernhaftung

Der Begriff der wirtschaftlichen Einheit ist, wie *Füller* schön beschreibt, ein »Dauerbrenner«.[376] Dies vor allem auf europäischer Ebene.[377] Er hat die Funktion eines **Sammelbegriffes** und erweist sich bei näherem Hinsehen als ein trojanisches Pferd, indem verschiedengestaltige Sachverhalte zusammengefasst werden. Versteckt sind in ihm bzw. es folgen aus ihm beispielsweise die (i) Konzernhaftung[378] und (ii) das Konzernprivileg.[379] Darin sieht man sogleich Licht und Schatten des Begriffes, je nach Perspektive vice versa. Sowohl die Konzernhaftung als auch das Konzernprivileg fußen auf dem Begriff der wirtschaftlichen Einheit. Im Bereich der Konzernhaftung dient der Begriff als »Vehikel«,[380] um bei einem Handeln der Tochtergesellschaft, an dem die Muttergesellschaft nicht beteiligt gewesen ist, im Rahmen der Bebußung auf den Umsatz der Muttergesellschaft abstellen zu können. Voraussetzung ist dafür – als dem Grundanwendungsfall der Konzernhaftung – die 100 % Beteiligung der Mutter- an der Tochtergesellschaft. Liegt diese vor, wird seit *Akzo Nobel* **widerleglich vermutet**,[381] dass die Mutter- auf die Tochtergesellschaft bestimmenden Einfluss ausübt.[382] Es kommt somit zu einer rein akzessorischen,[383] auf der vermuteten Einflussnahme beruhenden, **Zustandshaf-**

129

---

375 BGH WuW/E BGH 1725, 1727 – *Deutscher Landseer Club*; BKartA WuW BKartA 2682, 2689 – *Fußball-Fernsehübertragungsrechte I*.
376 *Füller*, in: KK-KartR, Art. 101 AEUV, Rn. 41.
377 Daher wird insoweit primär auf die ausführliche Darstellung bei *Füller*, in: KK-KartR, Art. 101 AEUV, Rn. 41 ff. verwiesen.
378 Zur Frage der Konzernhaftung im Zivilrecht (m.a.W. im Rahmen des § 33 GWB) siehe zuletzt für viele *Thomas/Legner*, NZKart 2016, 155. Zur Frage der Bußgeldhaftung im Kartellbußgeldrecht (m.a.W. in Deutschland im Rahmen des § 81 GWB bzw. in Österreich § 29 KartG bzw. bei der Kommission Art. 23 VO 1/2003), siehe für viele zuletzt *Zandler*, NZKart 2016, 98. Zu den Implikationen der 9. GWB Novelle siehe *Ost/Kallfaß/Roesen*, NZKart 2016, 447.
379 Siehe *Ost/Kallfaß/Roesen*, NZKart 2016, 447, 448.
380 *Füller*, in: KK-KartR, Art. 101 AEUV, Rn. 42.
381 Zur Widerlegbarkeit siehe z.B. EuGH, 5.12.2013, C-446/11 – *Edison Spa*.
382 EuGH Slg. 2009, I-8237, Rn. 58 – *Akzo Nobel*; weitere Rechtsprechungszitate bei *Füller*, in: KK-KartR, Art. 101 AEUV, Rn. 43.
383 So *Thomas/Legner*, NZKart 2016, 155, 155.

tung (Zustand = Beteiligung).[384] Wäre die eigene Geschäftsleitung der Muttergesellschaft beteiligt, würde diese über § 31 BGB analog selbst haften.[385] Schon 2010 erschien die Zutandshaftung aus Sicht der Literatur »uferlos«.[386] Gefruchtet hat diese Kritik jedoch nicht. Im Gegenteil: Die Konzernhaftung wurde in den letzten Jahren sukzessive weiter ausgedehnt. Mittlerweile greift sie auch bei Gesellschaftern eines Vollfunktions-GU,[387] zwischen dem Prinzipal und seinen Absatzmittlern[388] sowie (in bestimmten Konstellationen) bei Minderheitsbeteiligungen.

2. Konzernprivileg

130 Das Konzept der wirtschaftlichen Seite hat indes auch eine positive Medaille: das Konzernprivileg. Demnach ist § 1 GWB **nicht** anwendbar auf Vereinbarungen, Beschlüsse oder abgestimmte Verhaltensweisen zwischen verbundenen Unternehmen, wenn »die Tochtergesellschaft ihr Vorgehen auf dem Markt nicht wirklich autonom bestimmen kann« und daher mit der Muttergesellschaft eine wirtschaftliche Einheit bildet.[389] Eine sog. *intra-enterprise conspiracy*-Doktrin, wie Sie lange Zeit in den USA vertreten wurde,[390] kennt das deutsche Kartellrecht nicht.

131 Bei der Frage »wann die Tochtergesellschaft nicht mehr autonom bestimmen kann«, kommt es entscheidend darauf an, ob eine Tochtergesellschaft in einen Wettbewerb gegenüber der Muttergesellschaft tritt oder treten könnte. Die gesellschafts- und konzernrechtliche Wertung kann hierbei hilfreich sein. Allerdings rechtfertigt allein der Umstand, dass zwei Unternehmen konzernrechtlich verbunden sind, noch keine Ausnahme vom Tatbestand des § 1 GWB. Vielmehr kommt es darauf an, ob eine Abrede aufgrund von einer Weisung erfolgt ist, was das autonome wirtschaftliche Handeln eines Tochter-

---

384 Zur Vereinbarkeit dieses Haftungskonzepts mit dem Trennungsprinzip und den rechtsstaatlichen Grundsätzen siehe *Braun/Kellerbauer,* NZKart 2015, 211. *Zandler* spricht auch treffend von einem »unechten Unterlassungsdelikt«, vgl. NZKart 2016, 98, 103. Auch *Ost/Kallfaß/Roesen* machen klar, dass Haftungsanknüpfung das »Betreiben« des Unternehmens ist, vgl. NZKart 2016, 447, 449.
385 So zu Recht *Thomas/Legner,* NZKart 2016, 155, 155.
386 *Meyring,* WuW 2010, 157 ff.
387 EuGH, 26.9.2013, C-172/12 – *Du Pont* und C-179/12 – *Dow Chemical.*
388 EuG, 15.7.2015, T-418/10 – *voestalpine.*
389 Grundlegend hierzu: EuGH Slg. 1996, I-5457, Rn. 16 – *Viho*; weitere Rechtsprechung bei *Füller,* in: KK-KartR, Art. 101 AEUV, Rn. 50.
390 Begründet wurde diese Doktrin durch die Entscheidung *Yello Cab,* 322 U.S. 218 (1947). Der Supreme Court hat Sie jedoch in der *Copperweld*-Entscheidung wieder aufgegeben, vgl. 467 U.S. 752 (1984).

konzerns ausschließt.³⁹¹ Auch das Kriterium der Mehrheitsbeteiligung kann unter Umständen eine Rolle spielen. Im Falle einer **100 %-igen Tochtergesellschaft** wird vom EuGH **keine** Wettbewerbsbeschränkung angenommen. Eine alleinige Anteilsinhaberschaft ist aber keine Voraussetzung, von einer wirtschaftlichen Einheit kann auch gesprochen werden, wenn die Tochtergesellschaft Tochter von einem weiteren Unternehmen ist, welches ebenfalls von der Muttergesellschaft innegehalten wird.³⁹²

Gleiches gilt auch für die österreichische Rechtslage; auch dort findet sich – im Unterschied zum zusammenschlussrechtlichen Konzernprivileg (§ 7 Abs. 4 KartG) – im KartG keine Regelung zum allgemeinen kartellrechtlichen Konzernprivileg. Gleichwohl erkennt aber auch der OGH in Anlehnung an die europäische Spruchpraxis an, dass Beschränkungen innerhalb eines Konzerns vom Kartellverbot dann ausgenommen sind, wenn Sie innerhalb einer wirtschaftlichen Einheit getroffen werden.³⁹³

132

Nach der zurzeit herrschenden Ansicht im Schrifttum fehlt es bei Vereinbarungen oder abgestimmten Verhaltensweisen zwischen verbundenen Unternehmen an einem **beschränkbaren Wettbewerb**. Bilden Unternehmen eine wirtschaftliche Einheit, so ist zwischen ihnen keine Wettbewerbsbeschränkung möglich.³⁹⁴ Im Gegensatz dazu knüpfte eine ältere Ansicht an den **Unternehmensbegriff** an: Sind danach Gesellschaften eines Konzerns an einer Vereinbarung oder abgestimmten Verhaltensweise beteiligt, so sind sie insoweit nicht als Unternehmen anzusehen.³⁹⁵ Am Unternehmensbegriff scheint auch die europäische Praxis anzusetzen,³⁹⁶ obwohl die fehlende Entscheidungsautonomie der Konzerntochter eher dafür spricht, dass ihr die wirtschaftliche Handlungsfreiheit fehlt, um im Wettbewerb unabhängig von der Mutter aufzutreten. Es ist dogmatisch bedenklich, die konzerninternen Wettbewerbsbeschränkungen im Unternehmensbegriff zu verorten. Dies führt dazu, dass ein Konzernunternehmen im Innenverhältnis kein Unternehmen im

133

---

391 Siehe *Füller*, in: KK-KartR, Art. 101 AEUV, Rn. 50.
392 Kom., Abl. 1994 L 104/34, Rn. 50 – *HOV-SVZ/MCN*.
393 KOG, 8.10.2008, 16 Ok 9/08; siehe auch *Sander*, OZK 2008, 20, 23.
394 *Bechtold* § 1 Rn. 33; *Bunte*, in: Langen/Bunte, § 1 GWB Rn. 146, 254 ff.; *Fleischer*, AG 1997, 491, 494; *Funck*, S. 76 ff.; *Gassner*, S. 41; *Grandpierre*, S. 104 ff.; *Jänich*, GRUR 1998, 438, 440; *Menz*, S. 202 ff. m.w.N. Fn. 135; *Schroeder*, WuW 1988, 274, 277.
395 *Harms*, S. 158; *ders.*, FS Hartmann, S. 165, 177 f.; *Schütz*, WuW 1988, 1015.
396 EuGH Slg. 1996 I-5457, Rn. 50 – *Viho*. Allerdings sind die Aussagen der Kommission und der europäischen Gerichte undeutlich, siehe dazu *Füller*, in: KK-KartellR, Art. 101 AEUV; a.A. *Steiner*, OZK 2013, 83, 84 (kein Wettbewerbsverhältnis zwischen den Konzernunternehmen).

Sinne des GWB ist, wohl aber im Außenverhältnis gegenüber Dritten.[397] Mit dem relativen Unternehmensbegriff lässt sich dieser **Januskopf** nur unzulänglich beschreiben.[398] Dieses Erklärungsmuster versagt dann, wenn ein Konzernunternehmen eine Vereinbarung vergleichbaren Inhalts sowohl im Innen- als auch im Außenverhältnis trifft. Gleichwohl wird man trotz der beschriebenen Kritik am Unternehmensbegriff ansetzen müssen: Da die Norm des § 36 Abs. 2 GWB auch im Rahmen des § 1 GWB gilt (oben Rdn. 51), sind die Konzernunternehmen kraft Gesetzes als ein Unternehmen anzusehen.

3. Gleichordnungskonzerne

134 § 18 Abs. 2 AktG umschreibt den Gleichordnungskonzern als rechtlich selbständige Unternehmen, die unter einer einheitlichen Leitung zusammengefasst sind, ohne dass eines der Unternehmen vom anderen abhängig ist. Sowohl die **Gründung** eines Gleichordnungskonzerns als auch **Abreden** zwischen gleich geordneten Unternehmen können unter § 1 GWB fallen. Da hierzu nur eine spärliche Behördenpraxis existiert[399] und die Rechtsprechung noch keine Gelegenheit dazu hatte, Absprachen im Gleichordnungskonzern mit § 1 GWB abzugleichen, ist die rechtliche Beurteilung umstritten. Der BGH hat letzteres hervorgehoben, aber bislang **offen gelassen**, ob ein Konzentrationsprivileg für Absprachen im Gleichordnungskonzern gilt.[400] Erschwerend kommt hinzu, dass die gesellschaftsrechtliche Typisierung des Gleichordnungskonzerns schwankt und dessen praktische Bedeutung außerdem stärker ist, als ursprünglich angenommen.[401] Zudem erweist sich das Kartellrecht – zum Bedauern – als oftmals resistent gegenüber dem Gesellschaftsrecht. Dies zeigt sich beispielsweise am **Trennungsprinzip**.[402] Die konzernrechtliche Unterscheidung zwischen vertraglichen und faktischen Gleichordnungskonzernen beeinflusst nicht die wettbewerbsrechtliche Bewertung. Entscheidend ist vielmehr, ob und welchen Umfanges eine wirtschaftliche Einheit besteht. Der BGH hat hierzu im Rahmen der Zurechnungsklausel des § 36 Abs. 2 GWB Stellung genommen. Danach entscheidet eine Gesamtbetrachtung, ob nicht abhängige Unternehmen unter, zum einen, einer einheitlichen Leitung stehen.

---

397 Treffend: *Fleischer*, AG 1997, 491, 493; *Klippert*, S. 105 ff.; *Langer*, S. 41; *Menz*, S. 185.
398 So allerdings *Grandpierre*, S. 77.
399 Die Praxis ist nur fragmentarisch dokumentiert: *Kommission*, 7. Wettbewerbsbericht 1977, Rn. 31 ff. – »Reißverschluss-Entscheidung«; BKartA, Tätigkeitsbericht 1973, S. 98 f. – *Intermilch*.
400 BGH WuW/E DE-R 17, 23 – *Europapokalheimspiele*.
401 Verbreitet sind Gleichordnungskonzerne bei der grenzüberschreitenden Kooperation, bei familiengeführten Unternehmensverbindungen und in der Versicherungswirtschaft; *Emmerich*, in: Ders/Habersack, Aktien- und GmbH-Konzernrecht, § 18 Rn. 26; *Gromann*, S. 10 ff.; *Jacob*, S. 17 ff.; *Mohr*, VW 1987, 560.
402 *Thomas/Legner*, NZKart 2016, 195.

Hierfür kommt es besonders darauf an, ob **personelle Verflechtungen** bestehen, **einheitliche Zielvorgaben** gelten oder ein **gleich gerichtetes Verhalten** an den Tag gelegt wird.[403] Zum anderen muss die Leitung auf eine dauerhafte Ausübung ausgelegt sein.[404] Das Bundeskartellamt definiert dabei einen Zeitraum von 10 bis 15 Jahren als dauerhaft.[405]

C. Mittel der Wettbewerbsbeschränkung

I. Koordinationsformen

Eine vereinbarte Kooperation zwischen Unternehmen, um die Marktverhältnisse zu steuern, ist gleichsam der Typfall einer Wettbewerbsbeschränkung. § 1 GWB zählt **drei** Kooperationsformen auf: **Vereinbarungen** zwischen Unternehmen, **abgestimmte Verhaltensweisen** und **Beschlüsse** von Unternehmensvereinigungen. Mit diesem Dreiklang der Kooperationsformen hat sich § 1 GWB durch die 6. GWB-Novelle erklärtermaßen an Art. 101 AEUV angeglichen. Allerdings schlich sich hierbei eine Ungenauigkeit ein. An einer Vereinbarung oder abgestimmten Verhaltensweise müssen Unternehmen beteiligt sein, wie sich aus dem Wortlaut der Vorschrift ergibt. Um keine unnötigen Schutzlücken aufzureißen, besteht Einigkeit darüber, dass auch Vereinbarungen von Unternehmensvereinigungen unter den Tatbestand des § 1 GWB fallen.[406] Jede andere Auslegung ist widersinnig, da das Gesetz abgestimmte Verhaltensweisen zwischen Unternehmensvereinigungen ausdrücklich erfasst. *Minore ad maius* müssen daher auch Vereinbarungen zwischen Unternehmensvereinigungen als intensivste Koordinationsform unter den Tatbestand fallen. Wettbewerbsbeschränkende Beschlüsse sind für Unternehmensvereinigungen reserviert. Es besteht kein Bedürfnis auch Unternehmen als Beteiligte an einem Beschluss anzusehen, da der Begriff »Unternehmensvereinigung« weit ausgelegt wird. Fassen mehrere Unternehmen einen Beschluss, sind sie bereits dadurch in einer Unternehmensvereinigung organisiert. Abgesehen davon verlangt § 1 GWB nicht, dass die Normadressaten alle Kooperationsformen verwirklichen können. Nach der europäischen Rechtsprechung lässt sich die subjektive Seite dieser Kooperationsformen unter dem Oberbegriff der **Kollusion** zusammenführen. In ihrer Art stimmen sie

135

---

403 BGH WuW/E BGH 2882, 2887 f. – *Zurechnungsklausel*; BGH WuW/E DE-R 243, 245 – *Pirmasenser Zeitung*.
404 Siehe dazu *Buntschek*, WuW 2004, 374, 382.
405 BKartA TB 1973, S. 99.
406 BGH WuW/E BGH 1147 – *Teerfarben*; *Nordemann*, in: Loewenheim/Meessen/Riesenkampff, § 1 GWB Rn. 49; *Zimmer*, in: Immenga/Mestmäcker § 1 Rn. 85 a.E. Zu Art. 81 Abs. 1 EG siehe auch EuG Slg. 1994, II-49, 80 f. – *CB*.

überein. Die Kollusionen unterscheiden sich nur in ihrer Intensität und Ausdrucksform.[407]

136 Die Kooperationsformen des § 1 GWB sind **abschließend**. Da im Zuge der 7. GWB-Novelle das deutsche Recht weitgehend an Art. 101 AEUV angeglichen werden sollte, strich der Gesetzgeber das **Empfehlungsverbot** des § 22 GWB a.F.[408] Allerdings geht die Begründung dafür fehl. Art. 3 Abs. 2 Satz 2 VO 1/2003 gestattet es den Mitgliedstaaten, strengere Vorschriften zu erlassen oder anzuwenden, die sich gegen **einseitige Handlungen** von Unternehmen richten. Hierunter ließ sich das Empfehlungsverbot als einseitige Maßnahme ohne Not subsumieren, so es nicht nur für innerstaatliche sondern auch grenzüberschreitende Sachverhalte gelten könnte.[409] Durch den Wegfall des Empfehlungsverbots haben sich nunmehr Schutzlücken aufgetan: Insbesondere in vertikalen Verhältnissen stellen Lieferanten bisweilen dem Abnehmer Nachteile für den Fall in Aussicht, wenn dieser bestimmte Vorgaben des Lieferanten nicht erfüllt. In der amerikanischen Praxis firmieren diese Fälle unter dem Schlagwort *refusal to deal*.[410] Da derartige einseitige Maßnahmen keine Vereinbarung darstellen, behilft man sich im amerikanischen Recht mit dem Rückgriff auf Generalklauseln. Auch die europäische Praxis hat Mühen, einseitige Verhaltensweisen als Koordination (Vereinbarung oder Verhaltensabstimmung) einzuordnen. Um Schutzlücken zu schließen, legt die europäische Praxis daher den Begriff »Vereinbarung« in Vertikalverhältnissen, wie auch die deutsche, bedenklich (vgl. z.B. dazu die Praxis bei der vertikalen Preisbindung) weit aus.

II. Vereinbarungen

137 **Vereinbarungen** zwischen Unternehmen sind das klassische Vehikel für wettbewerbsbeschränkende Kooperationen. Die 6. GWB-Novelle hat diesen Begriff in den Tatbestand eingefügt und dadurch die alte Formulierung »Vertrag« ersetzt. Ziel dessen war es, eine einheitliche Terminologie zu Art. 101 Abs. 1 AEUV zu schaffen.[411] Das bedeutet zugleich, dass die im europäischen

---

407 EuGH Slg. 1999, I-4125 Rn. 131 – *Anic Partecipazioni*; EuGH Slg. 2009, I-4529 Rn. 23 – *T-Mobile Netherland et al.*
408 BT-Drucks. 15/3640, S. 30. Die Rechtsprechung legte den Begriff »Empfehlung« weit aus. Darunter fiel jede Erklärung, durch die jemand einem anderen ein bestimmtes Marktverhalten als gut oder vorteilhaft bezeichnete und es ihm deswegen nahe legte, grdl. BGH WuW/E BGH 369 – *Kohleplatzhandel*.
409 Zutreffend *Wagner-von Papp*, WuW 2005, 379, 380 f.
410 Zuerst 250 U.S. 300 [1919] – *United States vs. Colgate*; 362 U.S. 29 [1960] – *United States vs. Parke, Davis & Co.*; 485 U.S. 717 [1988] – *Business Electronics vs. Sharp Electronics*.
411 BT-Drucks. 13/9720, S. 31.

Recht entwickelten Maßstäbe bei der Auslegung zu beachten sind. Dieser Ansatz und der Zweck des § 1 GWB gebieten eine eigenständige, vom zivilrechtlichen Vertragsbegriff abgelöste Definition. Der BGH hat dies bereits früh anerkannt, als das Gesetz statt »Vereinbarungen« noch »Verträge« zwischen Unternehmen nannte.[412] Selbstredend ist ein zivilrechtlicher Vertrag, verstanden als rechtliche bindende Einigung zwischen den Parteien, stets als eine Vereinbarung im Sinne des § 1 GWB einzustufen. Der Begriff Vereinbarung reicht jedoch darüber hinaus. Eine Vereinbarung bedeutet, dass »die betreffenden Unternehmen ihren **gemeinsamen Willen** zum Ausdruck gebracht haben, sich auf dem **Markt** in einer **bestimmten Weise** zu **verhalten**«.[413] Lässt sich keine inhaltliche bestimmte oder bestimmbare Willenseinigung der Parteien nachweisen, kann eine Koordination als abgestimmte Verhaltensweise anzusehen sein. Während eine Willenseinigung bereits als solche tatbestandsmäßig ist, muss bei einer abgestimmten Verhaltensweise nach der h.M. ein abstimmungsgemäßes Marktverhalten der Parteien hinzutreten.

1. Willenseinigung

Schließen die Parteien einen Vertrag im bürgerlich-rechtlichen Sinne, so ist dies eine Vereinbarung. Für das Zustandekommen dieses Vertrages gelten die §§ 145 ff. BGB. Ein zivilrechtlicher Antrag und eine damit korrespondierende Annahme gemäß den §§ 145 ff. BGB belegen damit eine Vereinbarung gemäß § 1 GWB. Allerdings sind derartige ausdrückliche Vereinbarungen die tatsächliche Ausnahme. Sind sich die Kartellparteien eines Verstoßes gegen das Kartellverbot bewusst oder haben sie sonst kein Unrechtsbewusstsein, wird die Vereinbarung in aller Regel ausdrücklich zustande kommen.[414] Eine Vereinbarung sind alle bürgerlich-rechtlichen Verträge, wie Austauschverträge, Gesellschaftsverträge, Satzungen von juristischen Personen und Vergleichsverträge. Daneben ist § 1 GWB nicht nur auf zivilrechtliche, sondern auch auf öffentlich-rechtliche Verträge anwendbar. Wie der Vertrag zustande gekommen ist, spielt keine Rolle. Das BGB geht im Grundsatz von einem **sukzessiven Vertragsschlussmodel** aus. Solange eine der Partei einen bestimmten Antrag annimmt, genügt dies für einen Vertragsschluss. Die Vorschriften über Willenserklärungen sind im Grundsatz anwendbar. Dies gilt besonders für § 116 BGB: Der stillschweigende Vorbehalt eines oder mehrerer Kartellanten, bei geänderten Marktverhältnissen von der Vereinbarung Abstand zu nehmen, ist unerheblich.[415] In aller Regel kartellieren Unternehmen, um die

138

---

412 *Krauß*, in: Langen/Bunte, § 1 GWB Rn. 90, bzw. Rn. 93.
413 So zu Art. 101 Abs. 1 EG: BGH WuW/E BGH 2408 Rn. 27 – *Lottoblock* unter Berufung auf EuG Slg. 1998, II-1751 Rn. 65 – *Mayer-Melnhof*.
414 BGH WuW/E DE-R 349 – *Beschränkte Ausschreibung*.
415 OLG Düsseldorf WuW/E DE-R 1315, 1318 – *Berliner Transportbeton I*; KG WuW/E OLG 1738, 1739 – *Feltbase*; im Ergebnis ebenso: Kommission, ABl.

§ 1 GWB *Verbot wettbewerbsbeschränkender Vereinbarungen*

Marktbedingungen im gemeinsamen Interesse zu erleichtern. Oftmals wird dieses Interesse nur solange bestehen, wie sich ein Unternehmen einen gesteigerten wirtschaftlichen Erfolg von der Absprache verspricht.

a) Zustandekommen

139 Die zivilrechtlichen Vorschriften der §§ 145 ff. BGB sind nur beschränkten Umfanges sinngemäß heranzuziehen, um festzustellen, ob eine Willenseinigung zustande gekommen ist. **Unanwendbar ist § 147 BGB.** Sofern man das Zustandekommen einer Willenseinigung an eine bestimmte Annahmefrist knüpfen will, würde man den Parteien das Mittel an die Hand geben, wie man dem Verbot des § 1 GWB entgehen kann. Dies widerspricht dem Zweck des Vereinbarungsbegriffes, alle Willenseinigungen zwischen Unternehmen zu erfassen.[416] Aus diesen Gründen sind auch die §§ 148, 149, 150 BGB unanwendbar. Sinngemäß anwendbar ist hingegen **§ 151 BGB**.[417] Nach dieser Vorschrift kann der »Antragende« auf den Zugang der Annahmeerklärung verzichten, wobei dies sich auch aus den Umständen ergeben kann. Diese Vorschrift sinngemäß anzuwenden ist umso mehr geboten, da nunmehr das Empfehlungsverbot aufgehoben wurde. Auf den ersten Blick einseitige Erklärungen eines Beteiligten können dadurch durchaus als »Antrag« auf eine Willenseinigung ausgelegt werden, die der Empfänger seinerseits annimmt, in dem er das angetragene Verhalten praktiziert.

140 Die zur analogen Anwendung des § 151 BGB diskutierten Fälle haben sich gleichwohl zu einem Gutteil erledigt. Bevor das Gesetz die abgestimmte Verhaltensweise als Koordinationsform kannte, versuchte man solche Fälle als Vereinbarung zu erfassen, in denen die Mitbewerber zu einem bestimmten Zeitpunkt die Preise erhöhten, nachdem ihnen zuvor ein Unternehmen einseitig eine Preiserhöhung zu einem bestimmten Termin ankündigte. In dem »Mitziehen« der Mitbewerber sah man eine Annahme des Antrags auf Preiserhöhung, wobei auf den Zugang der Annahme nach § 151 BGB verzichtet werden könne.[418] Für eine Vereinbarung ist nur Raum, wenn sich die Preisankündigung als bindendes Versprechen auslegen lässt und dieses Versprechen bereits vor dem »Mitziehen« konkludent angenommen wurde. Ein derartiges bindendes Versprechen wird naheliegen, wenn das ankündigende Unterneh-

---

EG 1986 Nr. L 232/15, 26 – *Belasco; Krauß*, in: Langen/Bunte, § 1 GWB Rn. 74; *Nordemann*, in: Loewenheim/Meessen/Riesenkampff, § 1 GWB Rn. 43 aE.
416 Ebenso: *Nordemann*, in: Loewenheim/Meessen/Riesenkampff, § 1 GWB Rn. 43.
417 *Mestmäcker*, WuW 1971, 835, 838; *Raiser*, JZ 1971, 394, 395; *Nordemann*, in: Loewenheim/Meessen/Riesenkampff, § 1 GWB Rn. 43; *Zimmer*, in: Immenga/Mestmäcker, § 1 GWB Rn. 81.
418 *Mestmäcker*, WuW 1971, 835, 838; *Raiser*, JZ 1971, 394, 395.

men die Ungewissheit beseitigen will, ob die Mitbewerber mitziehen werden.[419] Derartige eindeutige Fälle sind aber die praktische Ausnahme.

Umstritten ist, ob § 154 BGB auf Vereinbarungen angewendet werden kann. Diese Vorschrift ist eine gesetzliche Auslegungsregel, wonach bei einem offenen Dissens im Zweifel kein Vertrag zustande gekommen ist.[420] Nach der überwiegenden Ansicht kann eine Vereinbarung nach § 1 GWB auch an einem offenen Dissens scheitern.[421] Das überzeugt wenig. Bereits im allgemeinen Zivilrecht ist anerkannt, dass eine vertragliche Bindung auch bei einem offenen Dissens möglich ist. Denkbar ist dies, wenn die Parteien sich trotz der offenen Punkte binden wollen und der offene Dissens nur über *accidentalia negotii* herrscht. Ebenso ist ein offener Dissens **unerheblich**, wenn die Parteien dessen ungeachtet damit begonnen haben, tatsächlich den Vertrag durchzuführen.[422] Ist damit im BGB die Zweifelsregelung des § 154 BGB durchbrochen, so besteht kein Anlass, hieran im GWB festzuhalten. Führen die Parteien eine wettbewerbsbeschränkende Absprache durch, ist bereits nach der Rechtsprechung zu § 154 BGB die Zweifelsregelung widerlegt. Aber auch zuvor sollte man das Verhalten der Parteien mit § 1 GWB erfassen können. Anderenfalls könnten die Kartellparteien über diesen Tatbestand disponieren, indem sie bewusst bestimmte Bestandteile einer Vereinbarung offen lassen, um das Verbot des § 1 GWB zu umgehen.[423] Zudem beruht die Dogmatik zu § 154 BGB auf der Unterscheidung zwischen *essentialia* und *accidentalia negotii*. Dieser Ansatz ist § 1 GWB fremd, da die Vorschrift nur darauf abstellt, ob eine Vereinbarung wettbewerbsbeschränkende Wirkungen zeitigt. Es zeigt sich auch hier die wirtschaftlich geprägte Denkweise. Die zivilrechtsdogmatische Einordnung einer Abrede ist hierfür unerheblich. Es genügt, wenn sich die Parteien über ein bestimmtes Marktverhalten geeinigt haben.

141

b) Inhaltliche Bestimmtheit – Bindungswirkung

Schließen Unternehmen einen zivilrechtlichen Vertrag, ist dies stets eine Vereinbarung im Sinne des § 1 GWB. Einen derartigen Vertrag kennzeichnet der

142

---

419 Siehe KG WuW/E OLG 1015, 1019 – *Teerfarben*; *Krauß*, in: Langen/Bunte, § 1 GWB Rn. 109; *Huber/Baums*, in: FK-GWB, § 1 GWB a.F. Rn. 100, 102.
420 Zur zivilrechtsdogmatischen Einordnung siehe *Kramer*, in: MünchKommBGB, § 154 Rn. 1; *Lindacher*, JZ 1977, 604.
421 KG WuW/E OLG 1219, 1220 – *Ölfeldrohre*; *Huber/Baums*, in: FK-GWB, § 1 GWB a.F. Rn. 103; *Nordemann*, in: Loewenheim/Meessen/Riesenkampff, § 1 GWB Rn. 43.
422 Siehe hierzu etwa: BGHZ 119, 283, 288; BGH NJW 1997, 2671; OLG Karlsruhe ZiP 2006, 1289, 1290.
423 Zutreffend *Kramer*, in: MünchKommBGB, § 154 Rn. 9.

beiderseitige Rechtsfolgenwille. Demgegenüber reicht der Begriff »Vereinbarung« weiter. Eine rechtliche Bindung ist kein notwendiges Element einer Vereinbarung.[424] Wollte man für Vereinbarungen eine rechtliche Verbindlichkeit fordern, würde man die Vorschrift des § 1 GWB *ad absurdum* führen. Diese Vorschrift ist ein Verbotsgesetz im Sinne des § 134 BGB, so dass gegen sie verstoßende Vereinbarungen stets ohne zivilrechtliche Folgen sind. Deswegen geht die herrschende Ansicht davon aus, dass moralische, gesellschaftliche oder tatsächliche Bindungen ausreichen, um eine Willenseinigung der Beteiligten annehmen zu können. In neuerer Zeit hat man diesen traditionellen Ansatz in Frage gestellt. Notwendige aber auch hinreichende Bedingung für eine Vereinbarung ist danach, dass die Parteien sich über ein **inhaltlich bestimmtes** oder doch **bestimmbares Marktverhalten einigen**, dessen Befolgung die Beteiligten gegenseitig erwarten.[425] Diesem Ansatz ist zuzustimmen. Zum einen hat die Praxis der Kommission und des Gerichts erster Instanz zu Art. 101 AEUV sich von einer wie auch immer zu fassenden Bindung als konstitutives Element einer Willenseinigung verabschiedet. Danach reicht es aus, wenn die Parteien ihren gemeinsamen Willen zum Ausdruck gebracht haben, sich auf dem Markt in einer bestimmten Weise zu verhalten. Unerheblich ist, ob sich die Kartellparteien für rechtlich, tatsächlich oder moralisch verpflichtet halten, sich absprachegemäß zu verhalten.[426] Demgemäß lässt sich eine Vereinbarung beschreiben als ein **gemeinsamer Plan** über ein **künftiges Marktverhalten**. Abgesehen davon fasst die herrschende Meinung die tatbestandsmäßige »Bindung« derart weit, dass sich deren inhaltliche Konturen verflüchtigt haben. Wann sich ein Unternehmen für moralisch gebunden hält, lässt sich mit Mitteln des Rechts ohnehin kaum feststellen.[427]

143 Der europarechtliche Ansatz erlaubt es, die vielzitierten »*gentlemen agreements*« zwanglos als Vereinbarung im Sinne des § 1 GWB einzuordnen. Nach der zur Zeit vorherrschenden Ansicht sind derartige Übereinkommen deswegen als eine Vereinbarung anzusehen, da hierbei die Bindung auf außerrechtlichen Faktoren beruhe wie kaufmännischer Anständigkeit, wirtschaftlicher Rücksichtnahme, Solidaritätsbewusstsein oder moralischem Druck.[428] Darauf

---

424 KG WuW/E OLG 1018 – *Teerfarben*; KG WuW/E OLG 1739 – *Feltbase*, OLG Celle WuW/E OLG 775; *Krauß*, in: Langen/Bunte, § 1 GWB Rn. 68; *Maasch*, ZHR 150 (1986), 657, 661; *Nordemann*, in: Loewenheim/Meessen/Riesenkampff, § 1 GWB Rn. 45; so auch die europäische Praxis, z.B. EuG Slg. 1995, II-791, 830 f. – *Trefile Europe*.
425 *Roth/Ackermann*, in: FK-GWB, Grundfragen Art. 81 Rn. 158.
426 EuG Slg. 1998, II-1751 Rn. 65 – *Mayr-Melnhof*; EuG Slg. 2008, II-1333 Rn. 82 – *BPB*; Kommission ABl. EG 2004 Nr. L 75, Rn. 158 – *Geschmacksverstärker*.
427 Zutr. *Roth/Ackermann*, in: FK-GWB, Grundfragen Art. 81 Rn. 157.
428 OLG Düsseldorf WuW/E DE-R 1315, 1318 – *Berliner Transportbeton*; BGH WuW/E BGH 602, 604 – *Schiffspumpen*; wohl auch BGH WuW/E BGH 1707, 1708 – *Taxi-Besitzervereinigung*; KG WuW/E OLG 1738, 1739 – *Feltbase*; KG

kommt es indes nicht an. Haben mehrere Unternehmen in bilateralen Gesprächen oder in einem persönlichen Gespräch über einen Vermittler einen bestimmten prozentualen Anteil beim Absatz von Transportbeton akzeptiert, den sie zudem durch Produktionsmeldungen transparent gestalten, so haben sich die Beteiligten bereits dadurch auf ein bestimmbares Marktverhalten geeinigt. Dies genügt für eine Vereinbarung. Unerheblich hierfür ist außerdem, ob rechtliche oder wirtschaftliche Sanktionen zu Lasten eines Beteiligten vorgesehen sind, wenn sich dieser nicht an die Vereinbarung hält. Zeitigt eine Übereinkunft nachteilige wirtschaftliche Folgen für denjenigen, der jene nicht einhält, mag man dies als »wirtschaftliche Bindung« kennzeichnen.[429] Richtigerweise genügt auch hier der Bestimmtheitsgedanke, da man anderenfalls marktmächtige Unternehmen privilegieren würde, die einen »wirtschaftlichen Nachteil« auffangen oder ausgleichen können, wenn sie von der Vereinbarung Abstand nehmen. Verständigen sich mehrere Unternehmen über ein bestimmtes Marktverhalten, erwarten sie dessen Einhaltung. Dies ist eher ein psychologisches als ein rechtliches Phänomen und lässt sich auch nicht dadurch abbilden, indem man diese Erwartung als »**faktische Selbstbindung**« kennzeichnet.[430]

Die Vereinbarung muss erkennen lassen, **welchen Wettbewerbsparameter** die Parteien künftig koordinieren wollen. Dies kann entweder aus dem Inhalt der Vereinbarung ableitbar sein oder aus deren Auslegung. Es genügt, wenn sich die Parteien darauf verständigen, das wettbewerbsrelevante Verhalten nur eines Beteiligten zu bestimmen.[431] Zur Konkretisierung dessen kann man darauf abstellen, ob das fragliche Verhalten abstrakt geeignet ist, den Markt zu beeinflussen. Daran sollte man keine hohen Anforderungen knüpfen, sondern eine verfeinerte Prüfung unter dem Tatbestandsmerkmal »Wettbewerbsbeschränkung« vorbehalten. Im Gegensatz hierzu muss eine Verhaltensabstimmung nicht inhaltlich bestimmt sein und insbesondere keinen Wettbewerbsparameter festlegen, der künftig vereinheitlicht werden soll. Da es ausreicht, wenn die Beteiligten einen Wettbewerbsparameter festlegen, kommt es nicht darauf an, ob die Vereinbarung zum Erfolg führte oder sonst durch-

144

WuW/E OLG 1627, 1630 f. – *Mülltonnen*; OLG Stuttgart WuW/E OLG 2986, 2987 – *Heidelberger Fahrschulen*; aus der Literatur *Krauß*, in: Langen/Bunte, § 1 GWB Rn. 69.
429 BGH WuW/E BGH 1707, 1708 – *Taxi-Besitzervereinigung*; KG WuW/E OLG 1018 – *Teerfarben*; KG WuW/E OLG 1739 – *Feltbase*; OLG Celle WuW/E OLG 775 – *Naturstein*.
430 So allerdings *Paschke*, in: MünchKommEuWettbR, Art. 81 Rn. 15; *Roth/Ackermann*, in: FK-GWB, Art. 81 Abs. 1 Grundfragen Rn. 159, 168.
431 *Roth/Ackermann*, in: FK-GWB, Art. 81 Abs. 1 Grundfragen Rn. 164. Auch bei dem Tatbestandsmerkmal »Wettbewerbsbeschränkung« genügt es, wenn die wirtschaftliche Handlungsfreiheit eines Beteiligten eingeschränkt wird.

geführt wurde.⁴³² Sieht etwa eine Vertriebsvereinbarung abgeschottete Märkte vor und verbietet diese Querlieferungen, so ist dies nach wie vor eine kartellrechtsrelevante Vereinbarung, auch wenn das tatsächliche Verhalten der Vertriebspartner davon abweicht.⁴³³ Abweichungen im Kausalverlauf sind unerheblich, da das Gesetz auch »bezweckte Wettbewerbsbeschränkungen« verbietet. Deswegen greift § 1 GWB auch ein, wenn die Parteien sich untereinander als Wettbewerber verhalten, obwohl sie eine wettbewerbsbeschränkende Vereinbarung geschlossen haben.⁴³⁴

2. Entscheidungsautonomie der Parteien

145 Eine Vereinbarung setzt die Entscheidungsautonomie der Unternehmen voraus. Fehlt den Beteiligten jegliche Abschluss- und Inhaltsfreiheit, so können sie insoweit keine Vereinbarung im Sinne des § 1 GWB treffen. Ursache dessen kann eine staatliche Regulierung sein. Dabei ist systematisch zu unterscheiden: Schreibt eine staatliche Regulierung zwingend den Abschluss einer Vereinbarung bestimmten Inhalts vor, können die Beteiligten keine Vereinbarung über den staatlich vorgeschriebenen Inhalt treffen. Daneben kann eine staatliche Regulierung dazu führen, dass von vornherein kein beschränkbarer Wettbewerb existiert und in diesem Fall das Tatbestandsmerkmal »Wettbewerbsbeschränkung« nicht erfüllt ist. Das Selbständigkeitspostulat darf nicht dazu verleiten, auf die **tatsächliche** Fähigkeit einer der Parteien abzustellen, den Vertragsinhalt zu bestimmen. Deswegen fallen auch **Musterverträge** oder **allgemeine Geschäftsbedingungen** unter § 1 GWB. Eine ausreichende Entscheidungsautonomie besteht auch, wenn einer der Beteiligten wirtschaftlich von dem anderen abhängig ist.⁴³⁵ Erst bei einer konzernrechtlichen Abhängigkeit scheidet § 1 GWB aus. Allerdings fehlt es hierbei gem. § 36 Abs. 2 GWB an zwei Unternehmen als Zurechnungssubjekt. Jenseits dieser Fälle ist es unerheblich, ob der Willensentschluss eines Beteiligten durch wirtschaftli-

---

432 OLG Düsseldorf WuW/E DE-R 1315, 1319 – *Berliner Transportbeton*; ebenso die europäische Praxis: EuGH Slg. 2005, I-5425 Rn. 144 – *Dansk Rorindustri*; EuGH Slg. 2004, I-123 Rn. 85 – *Aalborg*; EuG Slg. 2003, II-5515 Rn. 208 – *Minoan Lines SA/Kommission*; *Roth/Ackermann*, in: FK-GWB, Art. 81 Abs. 1 EG Grundfragen Rn. 164.
433 Aus der europäischen Praxis siehe etwa EuG Slg. 2004, II-49 Rn. 106–108 – *JCB Service/Kommission*.
434 Kommission ABl. EG 2003 Nr. L 84, 1 Rn. 351 – *Industriegase*; 16.12.2003, C.38.240, Rn. 182, 191 – *Industrierohre*; *Roth/Ackermann*, in: FK-GWB, Art. 81 Abs. 1 EG Grundfragen Rn. 164.
435 EuGH Slg. 1979, 2435 Rn. 36 – *BMW-Belgien*; EuG Slg. 2003, II-5257 Rn. 90 – *General Motors Nederland*; *Roth/Ackermann*, in: FK-GWB, Art. 81 Abs. 1 Grundfragen Rn. 163.

chen Druck oder befürchtete Vergeltungsmaßnahmen veranlasst ist.⁴³⁶ Keine Entscheidungsautonomie besteht, wenn sich ein Beteiligter einer *vis absoluta* beugt – indes ist dies ein recht theoretischer Fall.

3. Einseitig veranlasstes Verhalten

a) Maßstäbe für eine konkludente Vereinbarung

Eine Vereinbarung ist ein konsensualer Akt (Rdn. 137). Einseitige Maßnahmen können daher nur über die Mißbrauchskontrolle kontrolliert werden, sofern sie einem marktbeherrschenden oder marktmächtigen Unternehmen zuzurechnen sind. § 1 GWB erfasst **keine** einseitige Maßnahmen. Über diesen Ausgangspunkt ist man sich einig, allerdings fügen sich Handlungen im Wirtschaftsleben nicht passgenau in juristische Systematisierungen, so dass es Grauzonen gibt, in denen die Abgrenzung zwischen einem einseitigen und einem konsensualen Akt verschwimmt. Wenn man diese Vorschrift möglichst konvergent zu Art. 101 AEUV auslegen will, muss man auch die europäische Praxis zu einseitig veranlassten Wettbewerbsbeschränkungen in die Dogmatik des § 1 GWB einpflegen.

146

Vor der 7. GWB-Novelle bestand hierfür wegen des seinerzeit geltenden Empfehlungsverbots kein Anlass (vgl. dazu Rdn. 30). Nach dessen (rechtspolitisch zweifelhafter) Streichung stellt sich nunmehr verschärft die Frage, wie auf der einen Seite der Vereinbarungsbegriff vorhersehbar zu definieren ist und auf der anderen Seite Schutzlücken in § 1 GWB tunlichst zu vermeiden sind. In der umfangreichen europäischen Praxis stellte sich diese Frage in erster Linie bei vertikalen Vereinbarungen.⁴³⁷ Bei horizontalen Verhältnissen ist das Abgrenzungsproblem theoretisch denkbar, aber praktisch bedeutungslos. Ausgangspunkt für die rechtliche Beurteilung ist, dass eine bestimmte Einigung über ein Marktverhalten ausreichend, aber auch erforderlich ist, um auf eine Vereinbarung im Sinne des § 1 GWB zu schließen. Verbirgt sich hinter einer scheinbar einseitigen Maßnahme ein gemeinsamer Wille der Beteiligten, handelt es sich um eine Vereinbarung. Durch eine einseitige Veranlassung eines Unternehmens kann eine Vereinbarung im Sinne des § 1 GWB auch erst begründet werden. Es kommt daher nicht darauf an, ob zwischen den Parteien bereits ein Vertragsverhältnis bestand.⁴³⁸

147

---

436 EuGH Slg. 2005, I-5425 Rn. 150 – *Dansk Rorindustri*; EuG Slg. 2000, II-491 Rn. 2557 – *Cimenteries*.
437 EuGH Slg. 2006, I-6586 – *VW II*; EuGH Slg. 2004, I-23 – *Bayer (Adalat)*; EuGH Slg. 1995, I-3439 – *BMW/ALD*; Slg. 1990, I-45 nur veröffentlicht Leitsätze und Tenor (Den Sachverhalt und die Entscheidungsgründe berichtet *Schwinn*, S. 70 f.); Slg. 1985, 2725 – *Ford/Kommission*; Kommission ABl Nr. L 222 vom 13.7.1987 – *Sandoz PF*; ABl Nr. L 117/15 vom 30.4.1982 – *AEG-Telefunken*.
438 *Paschke*, in: MünchKommEuWettbR, Art. 81 Rn. 28.

§ 1 GWB *Verbot wettbewerbsbeschränkender Vereinbarungen*

148 Die jeweiligen »Einigungsakte« der Parteien müssen nicht die verdichtete Form einer Willenserklärung annehmen. Eine scheinbar einseitige Maßnahme ist Bestandteil einer Willenseinigung, wenn sie stillschweigend an den Adressaten gerichtet ist und dessen Verhalten auf eine Einwilligung schließen lässt. Allerdings muss eine Einwilligung des Adressaten überhaupt vonnöten sein. **Zwei Konstellationen** lassen sich hierbei unterscheiden: In der ersten ist die **Zustimmung** des Verpflichteten **vorweggenommen**, indem sich die bindende Partei vorbehält, den Inhalt einer Vereinbarung zu konkretisieren. Die zweite Konstellation knüpft an eine **nachträgliche Zustimmung** an, die nicht in einer Vereinbarung angelegt ist. Allerdings kann eine Zustimmung nicht ohne weiteres unterstellt werden. Schweigt der Adressat, so kommt diesem Schweigen kein Erklärungswert zu: *Qui tacet non consentire videtur*. Dies gilt unabhängig davon, ob die Parteien im Rahmen einer laufenden Geschäftsbeziehung stehen.[439]

149 Nicht zu folgen ist der Ansicht der Kommission, die **Rundschreiben** innerhalb eines Vertriebssystems, mit denen der Hersteller die Lieferanten dazu aufforderte, Parallelausfuhren zu unterlassen, als eine Vereinbarung einordnete. Gestützt wurde dies darauf, dass das Schweigen der Händler nach einem Handelsbrauch als eine stillschweigende Zustimmung anzusehen sei.[440] Auf § 362 Abs. 1 Satz 1 HGB lässt sich dies nicht stützen, da die Aufforderung zu wettbewerbswidrigen Verhaltensweisen keine angetragene Geschäftsbesorgung ist.[441] Auch ein Handelsbrauch dergestalt, dass der Empfänger stillschweigend einer Aufforderung zu wettbewerbswidrigen Maßnahmen zustimmt, lässt sich nicht begründen, da ein Handelsbrauch nur innerhalb des rechtlich Zulässigen anzuerkennen ist. Deswegen ist kein Handelsbrauch anzuerkennen, der einer verbotenen Kartellansprache gleichkommt.[442] Eine ähnliche Konstellation, nur im Fall der elektronischen Mitteilungen, ordnete der EuGH in der Rs. *Lettische Reisebüros* als »abgestimmte Verhaltensweise« ein.[443]

---

439 Ausführlich: *Schwinn*, S. 102 ff.
440 Kommission ABl. Nr. L 78 vom 23.3.1988, 34 Rn. 38, 40 – *Konica*; kritisch dazu *Lübbig*, WuW 1991, 561, 565.
441 Zu dieser Voraussetzung siehe: *Joost*, in: Ebenroth/Boujong/Joost/Strohn, § 362 Rn. 15 f.; *Canaris*, in: Staub § 362 Rn. 11.
442 BGHZ 62, 71, 82; *Joost*, in: Ebenroth/Boujong/Joost/Strohn, § 346 Rn. 27; *K. Schmidt*, in: MünchKommHGB, § 346 Rn. 139.
443 EuGH, 21.1.2016, C-74/14 – *Lettische Reisebüros*; siehe auch *Eufinger*, GWR 2016, 307.

b) Vorweggenommene Zustimmung

Eine vorweggenommene Zustimmung kann sich auf eine **Konkretisierungsbefugnis** in einem Rahmen- oder Vertriebsvertrag stützen, den ein Lieferant oder Hersteller mit seinem Abnehmer abgeschlossen hat. Dabei muss es sich nicht notwendig um eine Bestimmung im Sinne des § 315 BGB handeln. Die Zustimmung und damit die Willenseinigung der Unternehmen ist hier durch den Rahmen- bzw. Vertriebsvertrag vorweggenommen.[444] Es bedarf daher keiner weiteren Zustimmung, wenn der Vertragsinhalt **konkretisiert** wird. Die hierzu ergangene europäische Praxis ist allerdings wenig konsistent. Zustimmen kann man der Einschränkung, dass die allgemeine Förder- und Interessenwahrungspflicht eines Vertriebspartners keine Grundlage für wettbewerbswidrige Konkretisierungen bildet. Vielmehr decken diese Pflichten nur wettbewerbskonforme Konkretisierungen des Vertragsinhalts.[445] Bei einem anderen Verständnis würde man den Parteien beim Vertragsschluss den Willen unterlegen, wettbewerbswidrige Entwicklungen des Vertrages billigend in Kauf zu nehmen.[446] Darüber hinaus lässt sich § 315 Abs. 1 BGB der allgemeine Rechtsgedanke entnehmen, dass eine Konkretisierungsbefugnis nach billigem Ermessen auszufüllen ist und damit sich innerhalb der wettbewerbsrechtlichen Grenzen halten muss.

150

Daher sind die Entscheidungen des EuGH in Sachen »*Ford*« sowie »*BMW/ALD*« überholt. In der erstgenannten Entscheidung ordnete der EuGH die Lieferverweigerung eines Herstellers einer vertraglich vorgesehenen Konkretisierungsbefugnis zu und hielt den (derart unterstellten) Vertragsinhalt für wettbewerbswidrig, da er Parallelausfuhren verhindern solle.[447] In der Entscheidung »*BMW/ALD*« wertete der EuGH ein vertragsauslegendes Rundschreiben an die Vertriebspartner als eine Aufforderung, die im Rahmen einer laufenden Geschäftsbeziehung ergehe und von einer Konkretisierungsbefugnis gedeckt sei. Daher handele es sich bei der Aufforderung, herstellerunabhängige Leasinggesellschaften nicht zu beliefern um eine Vereinbarung i.S.d. Art. 101 Abs. 1 AEUV.[448] Man mag in den beschriebenen Fällen eine abgestimmte Verhaltensweise erörtern, aber keine Vereinbarung. Wenn die Konkretisierungsbefugnis weder ausdrücklich noch konkludent zu wettbewerbs-

151

---

444 *Roth/Ackermann*, in: FK-GWB, Art. 81 Abs. 1 Grundfragen Rn. 99; *Schwinn*, S. 118.
445 EuG Slg. 2003, II-5141 Rn. 63, 66 f. – *VW II*; bestätigt durch EuGH Slg. 2006, I-6585 Rn. 57–59 – *VW II*; *Madsen*, ELRev 2004, 74, 75.
446 So *Lange*, EWS 2006, 481, 484 f.; *Schwinn*, S. 121.
447 EuGH Slg. 1985, 2725 Rn. 18 ff. – *Ford*; bestätigt durch EuG Slg. 1994, II-441 Rn. 56 – *Dunlop-Slazenger/Kommission*; kritisch: *Eilmannsberger*, ZWeR 2004, 285, 292.
448 EuGH Slg. 1995, I-3439 Rn. 7 – *BMW/ALD*; zust.: *Eichert*, ZIP 1995, 1703; kritisch: *Schwinn*, S. 120 f.; *Wertenbruch*, EWS 2004, 145, 149.

widrigen Maßnahmen ermächtigt, lässt sich aus ihr keine Zustimmung zu einem mit § 1 GWB (Art. 101 Abs. 1 AEUV) unvereinbaren Verhalten ableiten.[449]

152 Mit der eben beschriebenen Konstellation ist die Frage verwandt, ob der **Beitritt** eines Händlers zu einem **selektiven Vertriebssystem** eine **vorweggenommene Zustimmung** zu einseitigen Maßnahmen des Lieferanten darstellt. Die ältere europäische Praxis bejaht dies mit einer interessanten Begründung: Einseitig veranlasste Maßnahmen des Lieferanten fügten sich in das Vertragsverhältnis mit den zugelassenen Wiederverkäufern. Wer einem selektiven Vertriebssystem beitrete, billige damit ausdrücklich oder stillschweigend die künftige Vertriebspolitik des Lieferanten.[450] Dieser Kunstgriff gestattet es der europäischen Praxis, eine Lieferverweigerung (Nichtzulassung eines Händlers), den Ausschluss eines Händlers oder eine quantitative Selektion als Vereinbarung aufzufassen. Ein Gedanke, den man heutzutage durchaus aufgreifen könnte. Im deutschen Recht stellt sich dieses Problem nicht mit voller Schärfe, da §§ 19 Abs. 2 Nr. 1, Abs. 1, 20 Abs. 1 i.V.m. § 33 Abs. 3 GWB u.U. einen Kontrahierungs- und damit Aufnahmezwang in ein selektives Vertriebssystem begründet, wenn der Lieferant den Außenseiter unbillig behindert oder diskriminiert.[451] Über die Übernahme der europäischen Maßstäbe mag man erst nachdenken, wenn der Außenseiter nicht potentiell abhängig von dem Angebot des Lieferanten ist.[452]

153 Eine andere Ansicht geht davon aus, dass die Zustimmung der Händler zu einer wettbewerbswidrigen Maßnahme nicht unterstellt werden könne. Dies hat man mit dem Hinweis zu überspielen versucht, dass sich Vereinbarung und Wettbewerbsbeschränkung nicht deutlich trennen ließen und zudem das Diskriminierungsverbot nur an den Hersteller/Lieferanten, nicht hingegen an die Händler gerichtet sei.[453] Fraglich ist, ob sich eine derartige **Sonderbehandlung** selektiver Vertriebssysteme rechtfertigen lässt. Zum einen sind Ei-

---

449 Gleichwohl hat das EuG in der *VW II*-Entscheidung die Grundsätze aus der Ford-Entscheidung bestätigt, Slg. 2003, II-5141 Rn. 51 a.E. Indes sind die Grundsätze beider Entscheidungen unvereinbar und es hätte dem Gericht angestanden, von der alten Rechtsprechung Abstand zu nehmen.
450 EuGH Slg. 1983, 3151 Rn. 38 f. – *AEG-Telefunken/Kommission*; Slg. 1985, 2725 Rn. 21 – *Ford/Kommission*; Slg. 2004, I-64 Rn. 144 – *BAI und Kommission/Bayer*; EuG Slg. 2000, II-3383 Rn. 170 – *Bayer/Kommission*; Slg. 2003, II-4491 Rn. 98 – *General Motors Nederland*; siehe auch Kommission ABl. EG Nr. L 295 vom 18.10.1986, 19 Rn. 37 – *Peugeot*.
451 Siehe dazu ausführlich *Ende*, NZKart 2013, 355.
452 Diese Konstellation dürfte allerdings recht theoretisch sein, da jenseits der Spitzengruppen- und Sortimentsabhängigkeit kaum Anreize bestehen, einem selektiven Vertriebssystem beizutreten.
453 *Schwinn*, S. 181 ff.

nigung und Wettbewerbsbeschränkung zu trennen. Zum anderen kann man den Händlern kaum unterstellen, dass sie im Wege einer vorweggenommenen Zustimmung riskieren, dass das gesamte Vertriebssystem nichtig ist. Daher bleibt nur der Ausweg, eine abgestimmte Verhaltensweise zu untersuchen.

c) Mitwirkungsbedürftige Aufforderungen

Unabhängig von einer Konkretisierungsbefugnis kann eine einseitige Maßnahme in eine Vereinbarung münden, wenn der Adressat dem geäußerten Ansinnen zustimmt. Eine stillschweigende Einwilligung setzt voraus, dass eine angekündigte Maßnahme **nur** mit der **Unterstützung** des Adressaten **durchgeführt** werden kann.[454] Ist die Unterstützung des Adressaten entbehrlich, scheidet eine Vereinbarung aus. **Kündigungen** eines Vertriebsvertrages sind deswegen **einseitige** Maßnahmen, da sie ohne die Mitwirkung des Gekündigten wirksam werden.[455] Kontingentiert der Hersteller seine Erzeugnisse, um etwa Parallelausfuhren zu verhindern, so ist dies ein rein einseitiges Verhalten. Dieses Verhalten lässt sich ohne die Zustimmung der Händler umsetzen und stellt daher keine Vereinbarung dar.[456] **Lieferverweigerungen** sind einseitige Maßnahmen.[457] Entzieht der Hersteller dem Lieferanten einen Rabatt, etwa um ein bestimmtes Marktverhalten zu sanktionieren, handelt es sich dabei um keine Vereinbarung. Der Rabattentzug ist ohne die Unterstützung des Händlers durchführbar.[458] Umgekehrt verhält es sich bei Anreizsystemen: Kündigt ein Hersteller dem Händler Boni oder Gratifikationen an, wenn dieser eine bestimmte Vertriebspolitik umsetzt, handelt es sich um eine mitwirkungsbedürftige Maßnahme. Der Händler stimmt zu, indem er die Vertriebspolitik

154

---

[454] EuGH Slg. 2004, I-23 Rn. 101 – *Bayer (Adalat)*; ähnlich auch BKartA WuW/E DE-V 1813, 1817 Rn. 46 – *Kontaktlinsen*; *Paschke*, in: MünchKommEuWettbR, Art. 81 Rn. 33.

[455] *Paschke*, in: MünchKommEuWettbR, Art. 81 Rn. 42. Teilweise anders *Eilmannsberger*, ZWeR 2004, 285, 300, wonach bei einer angekündigten Sanktion die darauf folgende Kündigung als Vereinbarung aufgefasst werden müsse, da wettbewerbspolitisch der Schutz des Vertriebshändlers vor einer Kündigung gewährleistet werden müsse. Für das deutsche Recht trifft das nicht zu, da § 20 Abs. 2 GWB eine Kündigungsschranke darstellen kann.

[456] EuGH Slg. 2004, I-23 Rn. 141 – *Bayer (Adalat)*; Slg. 2008, I-7139 Rn. 34 ff. – *Sot. Lelos Kai Sia*; *Paschke*, in: MünchKommEuWettbR, Art. 81 Rn. 34; *Roth/Ackermann*, in: FK-GWB, Art. 81 Abs. 1 Grundfragen Rn. 177; *Wertenbruch*, EWS 2004, 145, 149 f.

[457] *Eilmannsberger*, ZWeR 2004, 285, 292; *Paschke*, in: MünchKommEuWettbR, Art. 81 Rn. 35; anders und überholt: EuGH Slg. 1985, 2725 – *Ford*.

[458] So treffend: *Schwinn*, S. 124; anders noch Kommission, ABl. EG Nr. L 222 vom 10.8.1987, Rn. 48 f. *Tipp-Ex*; bestätigt durch EuGH Slg. 1990, I-261 Rn. 20 f. – *Tipp-Ex/Kommission*. Diese Entscheidung ist durch die Grundsätze der *Bayer (Adalat)* – Entscheidung überholt.

umsetzt.[459] Auszuklammern sind unangekündigte Boni für ein bestimmtes Verhalten, da sich der Händler hierauf nicht einstellen konnte.[460] Freiwillig gewährte **Herstellergarantien**, die nicht im Vertriebsvertrag verankert sind, sind einseitig veranlasste Maßnahmen. Um eine Vereinbarung handelt es sich jedoch, wenn die Händler auf eine Aufforderung des Herstellers aktiv daran mitwirken, restriktive Garantiebedingungen umzusetzen. Gewährt der Hersteller nur solchen Händlern eine Garantie, die in bestimmten Gebieten kaufen oder nicht bei Parallelimporteuren, muss der Händler an der Umsetzung mitwirken, indem er bestimmte Kunden zurückweist.[461]

155 Bei zustimmungsbedürftigen Maßnahmen verschwimmen die Grenzen zwischen einer Vereinbarung und einer abgestimmten Verhaltensweise. Befolgt der Empfänger ein ihm angetragenes Verhalten, kann man dies nach einer umstrittenen Ansicht als abgestimmte Verhaltensweise einordnen. Eine Vereinbarung kann erst angenommen werden, wenn die Empfehlung oder Anregung nur mit der Zustimmung des Adressaten umsetzbar ist. Folgen einzelne Händler einer Preis- oder Konditionenempfehlung des Herstellers, lässt dies nach der Ansicht des EuG nicht auf eine konkludente Zustimmung schließen.[462] Jedes andere Verständnis ist m.E. auch ein **dogmatischer »Irrläufer«**. Aus der reinen Befolgung einer UVP kann ohne weiteres Zutun **keine** abgestimmte Verhaltensweise werden. Einen solchen »Irrläufer« produzierte jedoch das Bundeskartellamt im Kontaktlinsen-Fall. Der Verkaufspreis ergibt sich hier daraus, dass der Händler der Preisempfehlung Folge leistet oder sich ihr annähert.[463] Die Preispolitik des Herstellers oder des Lieferanten könnte daher gar nicht ohne die Zustimmung des Händlers umgesetzt werden. Weicht der Händler überhaupt nicht vom empfohlenen Preis ab, kann es dafür viele Ursachen geben: wettbewerbskonforme und wettbewerbswidrige. Dies gilt es zu erinnern.

156 Besonders im zwischenstaatlichen Handel spielen **Kontrollen des Herstellers** oftmals eine bedeutsame Rolle, um etwa ein Ausfuhrverbot, Gebietsschutz oder sonstige Verkaufsbeschränkungen zu überwachen. Ein derartiges Kontrollsystem ist keine zwingende Voraussetzung für eine Vereinbarung, auch

---

459 EuG Slg. 2003, II-4491 Rn. 98 – *General Motors*; *Eilmannsberger*, ZWeR 2004, 285, 297; *Paschke*, in: MünchKommEuWettbR, Art. 81 Rn. 41.
460 *Eilmannsberger*, ZWeR 2004, 285, 298 f.; *Paschke*, in: MünchKommEuWettbR, Art. 81 Rn. 41.
461 *Eilmannsberger*, ZWeR 2004, 285, 292. Die Nichtgewährung einer EU-weiten Herstellergarantie sieht die Kommission kritisch, vgl. Vertikal-Leitlinien, Rn. 50. Kritisch dazu zu Recht *Wegner/Johannsen*, in: KK-KartR, Art. 4 Vertikal-GVO, Rn. 54.
462 EuGH Slg. 2004, II-49 Rn. 126 – *JCB*.
463 BKartA WuW/E DE-V 1813, 1819 Rn. 60 – *Kontaktlinsen*.

dessen Fehlen ist unschädlich. Existiert ein solches System, so ist es ein Indiz für ein wettbewerbswidriges Vorgehen des Herstellers. Die notwendige Zustimmung der Händler zu den angekündigten Maßnahmen kann durch die bloße Existenz eines solchen Systems nach der Literatur indes nicht unterstellt werden.[464]

III. Beschlüsse von Unternehmensvereinigungen

Als weiteres Mittel einer verbotenen Verhaltenskoordination nennt § 1 GWB Beschlüsse von Unternehmensvereinigungen. Diese Koordinationsform ist zu unterscheiden von Vereinbarungen, die die Unternehmensvereinigung mit ihrem Unternehmen geschlossen hat bzw. von Vereinbarungen zwischen Unternehmensvereinigungen. Für diese gilt der Vereinbarungsbegriff. Urheber des Beschlusses muss stets eine Unternehmensvereinigung sein. Soweit der Beschluss lediglich von Unternehmen getroffen wird, wird dies nicht von § 1 GWB erfasst. Der historische Gesetzgeber führte diese Verhaltenskoordination unter dem Eindruck der Kartellorganisationen ein, die die inländische Wirtschaft in der ersten Hälfte des 20. Jahrhunderts bestimmten. Solche Organisationen bestehen derzeit nicht mehr, so dass der Beschluss als Koordinationsform seine praktische Bedeutung teilweise eingebüßt hat[465] und das praktische Anschauungsmaterial überschaubar ist.[466]

157

1. Verhinderung von Umgehungen

Ratio legis der Aufnahme von Beschlüssen der Unternehmensvereinigungen ist die Verhinderung von Umgehungen des Verbots wettbewerbsbeschränkender Vereinbarungen zwischen Unternehmen.[467] Die Mitglieder eines Verbandes können sich nicht hinter einem Verbandsbeschluss verbergen, wenn dieser ihr Marktverhalten ebenso koordiniert wie eine (direkte) Vereinbarung zwischen den Unternehmen.[468] Wie die Beispiele aus der Praxis belegen, dienen Verbandsbeschlüsse oftmals als »**Surrogat**« für eine wettbewerbsbeschrän-

158

---

464 So *Paschke*, in: MünchKommEuWettbR, Art. 81 Rn. 40.
465 *Krauß*, in: Langen/Bunte, § 1 GWB Rn. 84; *K. Schmidt*, FS Fischer, S. 693, 694.
466 Veröffentlichte Entscheidungen hierzu: BGH WuW/E BGH 582, 585 – *Apothekerkammer*; BGH WuW/E BGH 1205, 1210 – *Verbandszeitschrift*; BGH WuW/E BGH 1707 – *Taxi-Besitzervereinigung*; BGH WuW/E BGH 2697, 2700 – *Golden Toast*; BGH WuW/E BGH 2828, 2830 – *Taxigenossenschaft II*; BGH WuW/E DE-R 2408 – *Lottoblock* [zu Art. 101 AEUV]; OLG München WuW/E DE-R 175, 176 – *Isar Funk*.
467 BGH WuW/E DE-R 2408, 2412 – *Lottoblock*; OLG Düsseldorf WuW/E DE-R 4492 – *Zertifizierungspraxis*.
468 BT-Drucks. II/1158, S. 30; BGH WuW/E DE-R 2408 Rn. 26 – *Lottoblock*; WuW/E DE-R 17, 18 – *Europapokalheimspiele*; BGH WuW/E BGH 2697, 2700 f. – *Golden Toast*; *Krauß*, in: Langen/Bunte, § 1 GWB Rn. 84.

kende Vereinbarung zwischen den Mitgliedern. So fällt es unter § 1 GWB, wenn eine Architektenkammer einheitliche Honorare festsetzt,[469] wenn ein Verband über einen Gebietsschutz seiner Mitglieder[470] oder eine Ausschließlichkeit beschließt.[471] Ebenso verstößt der Beschluss einer Unternehmensvereinigung gegen § 1 GWB, wenn dieser einen Verzicht auf die Erteilung weiterer Taxikonzessionen enthält.[472] Im betreffenden Fall hatte eine **Vereinigung von Taxiunternehmen** beschlossen, dass sich alle Mitglieder verpflichten auf die Erteilung von Taxikonzessionen seitens des Ordnungsamtes insoweit zu verzichten, als die Wagenanzahl 73 Taxen überschreitet, bis in der Mitgliederversammlung diese freiwillige Begrenzung wiederum aufgehoben wird. Nachdem einem Taxiunternehmer, der Mitglied der Taxivereinigung war, eine weitere Konzession erteilt und diesem daraufhin die Kündigung erklärt wurde, ging dieser gegen den Ausschluss aus der Vereinigung vor. Der BGH qualifizierte diesen Beschluss als Wettbewerbsbeschränkung, da zwar jede einzelne seiner Erschließungsfreiheit (formal im Rechtssinne) behalte, allerdings aufgrund der satzungsmäßigen Bestimmungen (Kündigung) der Gebrauch der Freiheit mit Nachteilen verknüpft war. Verbreitet sind überdies auch Beschlüsse, die darauf abzielen, den Preiswettbewerb unter den Mitgliedern zu dämpfen oder aufzuheben.[473]

2. Anforderungen an den Beschluss

159   Das allgemeine Verbandsrecht definiert einen Beschluss als einen Akt (körperschaftlicher) Willensbildung. Die an der Willensbildung Beteiligten geben ihre jeweiligen Willenserklärungen dabei gegenüber dem Verband ab und nicht jeweils reziprok.[474] Im Grundsatz bindet ein solcher Verbandsbeschluss alle Mitglieder des Verbandes. Hinter dem Schleier eines solchen Beschlusses dürfen sich die Verbandsmitglieder nicht verstecken. Wenn § 1 GWB auch Beschlüsse als Kooperationsform erfasst, will die Vorschrift dadurch Gesetzesumgehungen vereiteln. Als **Umgehungstatbestand** ist der Beschlussbegriff daher eigenständig i.S.d Schutzzwecks bzw. der Schutzzwecke des GWB und daher losgelöst von dem verbandsrechtlichen Vorverständnis auszulegen.[475] Im weitesten Sinne verstanden kennzeichnet es einen Beschluss im Sinne des § 1 GWB, wenn die Unternehmensvereinigung ihren »*ernsthaften Willen zum*

---

469 BGH WuW/E BGH 1474, 1475 – *Architektenkammer.*
470 BGH WuW/E BGH 2697, 2700 f. – *Golden Toast.*
471 BGH WuW/E BGH 2828, 2830 – *Taxigenossenschaft II*; OLG München WuW/E DE-R 175, 176 – *Isar Funk.*
472 BGH WuW/E BGH 1707 – *Taxi-Besitzervereinigung.*
473 Siehe etwa BKartA WuW/E DE-V 1539 – *Arzneimittelhersteller.*
474 Reuter, in: MünchKommBGB, § 32 Rn. 23 f.
475 Vgl. BGH WuW/E DE-R 2408 Rn. 26 – *Lottoblock*; OLG Düsseldorf WuW/E DE-R 4492 – *Zertifizierungspraxis.*

Ausdruck bringt, das **Verhalten ihrer Mitglieder** *auf einem bestimmten Markt zu koordinieren«.*[476] Es kommt somit darauf an, ob der Beschluss eine **Außenwirkung** gegenüber den Verbandsmitgliedern entfaltet. Kein wettbewerbsrechtlich relevanter Beschluss ist hingegen eine Willensbildung, die sich mit bloßen Verbandsinterna befasst, wie etwa der Rechnungslegung, Organbestellungen oder sich auf die Höhe der Mitgliedsbeiträge bezieht.[477] Im Zweifelsfall wird man darauf abstellen können, ob ein Beschluss nur verbandsrechtliche Organisationsfragen regelt oder ob der gemeinsamen Willensbildung eine Marktrelevanz zukommt. Letzteres sollte man nicht allzu kleinlich auslegen, da über das Tatbestandsmerkmal »Wettbewerbsbeschränkung« weitere Fälle gefiltert werden können. Es genügt daher, wenn der Beschluss abstrakt dazu geeignet ist, den Wettbewerb auf einem bestimmten Markt zu beeinflussen. Die zentrale Frage dafür, ob es sich um einen Beschluss einer Unternehmensvereinigung handelt, ist daher stets, ob sich nach außen ein ernsthafter Koordinierungswille der Unternehmensvereinigung manifestiert hat, da nur in diesem Fall sachgerecht erscheint, auch die Unternehmensvereinigung als eigenen Normadressaten zu erfassen. An der äußerlichen Manifestation fehlt es insbesondere dann, wenn sich die Unternehmensvereinigung schlicht auf die Herausgabe von Empfehlungen, Arbeitsblättern oder sonstigen Hilfestellungen innerhalb einer bestimmten Branche beschränkt. So entschied kürzlich auch das OLG Düsseldorf. Demnach liege dann kein Beschluss vor, wenn ein nicht wirtschaftlicher, gemeinnütziger Verein zur Förderung des Gas- und Wasserfachs lediglich Arbeitsblätter mit technischen Regeln für UV-Geräte zur Desinfektion in der Wasserversorgung herausgibt, auf die sodann in der Trinkwasserverordnung Bezug genommen wird.[478]

Erforderlich ist aber indes, dass es sich bei den Mitgliedern der Unternehmensvereinigung selbst um **Unternehmen** handelt.[479] Durch dieses Erfordernis wird klar, dass der persönliche Geltungsbereich des § 1 GWB immer auch an den Unternehmensbegriff anknüpft. Denn entweder sind die Mitglieder der Unternehmensvereinigung ein Unternehmen, oder die Unternehmensvereinigung ist selbst als Unternehmer einzuordnen, oder es kommt zu einer Verhaltensabstimmung zwischen der Unternehmensvereinigung und einem Unternehmen im vertikalen Verhältnis. Eine diesbezügliche Klarstellung war bis zum Inkrafttreten der 6. GVB-Novelle seinerzeit noch in § 1 Abs. 2 a.F.

160

---

476 BGH WuW/E DE-R 2408 Rn. 26 – *Lottoblock* [zu Art. 101 AEUV]; BKartA WuW/E DE-V 1539 Rn. 23 – *Arzneimittelhersteller*; OLG Düsseldorf, 26.2.2014, VI-U (Kart) 35/13, Rn. 43.
477 BGH WuW/E DE-R 2408 Rn. 28 – *Lottoblock* [zu Art. 101 AEUV]; BKartA WuW/E DE-V 1539 Rn. 25 – *Arzneimittelhersteller; Krauß*, in: Langen/Bunte, § 1 GWB Rn. 87.
478 OLG Düsseldorf WuW/E DE-R 4492 – *Zertifizierungspraxis*.
479 *Krauß*, in: Langen/Bunte, § 1 GWB, Rn. 84.

geregelt. Diese Regelung wurde aber im Zuge der 6. GVB-Novelle gestrichen, da sie für entbehrlich gehalten wurde.[480]

161 Um den Umgehungsschutz effektiv sicherzustellen, ist es unerheblich, ob der jeweilige Beschluss einer Unternehmensvereinigung die statutarischen bzw. gesellschaftsvertraglichen oder gesetzlichen Voraussetzungen eingehalten hat und danach überhaupt (wirksam) gefasst werden konnte.[481] Dies ist schon deswegen folgerichtig, da auch der Begriff »Vereinbarung« keinen rechtlich verbindlichen Konsens zwischen den Parteien verlangt. Es spielt damit keine Rolle, ob der Beschluss nach dem ihm zugrundeliegenden Verbandsrecht wirksam ist. Anderenfalls würde man das Verbot wettbewerbsbeschränkender Beschlüsse als Umgehungstatbestand geradezu *ad absurdum* führen. Die Mitglieder der Unternehmensvereinigung könnten sich dann dem Verbotstatbestand entziehen.[482] Dies ist gerade nicht gewollt. Insbesondere kommt es nicht darauf an, ob der Beschluss auf einem ordnungsgemäßen Abstimmungsverfahren beruht, ob bei der Beschlussfassung eine ausreichende Mitgliederanzahl zugegen war, ob bestimmte Mehrheitserfordernisse bei der Stimmabgabe eingehalten wurden oder ob das zuständige Organ den Beschluss gefasst hat.[483] So sind etwa satzungsdurchbrechende Beschlüsse, nichtige Beschlüsse oder rechtswidrige Beschlüsse vom Tatbestand des § 1 GWB umspannt.

162 Auch ohne Belang ist es, ob der Beschluss vom Unternehmensgegenstand oder Verbandszweck gedeckt ist. In einer älteren Entscheidung hatte der BGH allerdings gefordert, dass das zuständige Organ den Beschluss gefasst haben müsse. So soll der Beschluss eines Vereinsvorstands die Vereinsmitglieder nur binden, wenn der Vorstand »zur Fassung eines Beschlusses kartellrechtlichen Inhalts ermächtigt ist«.[484] Diese Entscheidung dürfte überholt sein. Wenn der BGH neuerdings betont, dass es unerheblich ist, ob der Beschluss verbindlich gefasst werden konnte,[485] kann es auch nicht darauf an-

---

480 BegrRegE, WuW-Sonderheft 1998, S. 85.
481 BGH WuW/E DE-R 2408 Rn. 27 – *Lottoblock* [zu Art. 101 AEUV]; ebenso die Vorinstanz: OLG Düsseldorf WuW/E DE-R 2003, 2006 – *Deutscher Lotto- und Totoblock*; BKartA WuW/E DE-V 1539 Rn. 23; *Krauß*, in: Langen/Bunte, § 1 GWB Rn. 87; *J. B. Nordemann*, in: Loewenheim/Meessen/Riesenkampff, § 1 GWB Rn. 51; *Paschke*, in: MünchKommEuWettbR, Art. 81 Rn. 55; *Roth/Ackermann*, in: FK-GWB, Grundfragen Art. 81 Abs. 1 EG Rn. 146.
482 *Paschke*, in: MünchKommEuWettbR, Art. 81 Rn. 51, 55.
483 *Paschke*, in: MünchKommEuWettbR, Art. 81 Rn. 51, 54; s.a. *Mestmäcker/Schweitzer*, § 9 Rn. 10.
484 BGH WuW/E BGH 1205, 1210 – *Verbandszeitschrift*; zust. *Krauß*, in: Langen/Bunte § 1 GWB Rn. 87; wohl auch *Zimmer*, in: Immenga/Mestmäcker, § 1 GWB Rn. 90.
485 BGH WuW/E DE-R 2408 Rn. 27 – *Lottoblock* [zu Art. 101 AEUV].

kommen, ob das zuständige Organ den Beschluss gefasst hat.[486] Deswegen muss sich die Unternehmensvereinigung auch faktisches Handeln ihrer Organe oder Organmitglieder zurechnen lassen, wenn diese die Grenzen ihrer gesetzlichen oder statutarischen Befugnisse überschritten haben. Entscheidend ist allein der ausgedrückte Wille, das Verhalten der Mitglieder zu koordinieren.[487] Der wesentliche Unterschied zwischen der Vereinbarung und dem Beschluss einer Unternehmensvereinigung ist insbesondere, dass im Rahmen von Beschlüssen nicht jedes Mitgliedsunternehmen daran mitgewirkt haben muss, sondern auch ein Mehrheitsbeschluss genügt im Unterschied zur Vereinbarung, bei der eine Partizipation jedes Unternehmens notwendig ist.

Da die rechtliche Verbindlichkeit unerheblich ist, können auch **Empfehlungen** eines Verbands an dessen Mitglieder einen **Beschluss** im Sinne des § 1 GWB darstellen. Allerdings sind die Voraussetzungen hierfür noch nicht abschließend geklärt. Nach einer verbreiteten Formulierung soll »eine Empfehlung einer Unternehmensvereinigung selbst wenn sie nicht verbindlich ist«, als Beschluss anzusehen sein, »wenn die Annahme der Empfehlung durch die Unternehmen, an die sie gerichtet ist, einen spürbaren Einfluss auf den Wettbewerb auf dem betreffenden Markt ausübt«.[488] Das ist missverständlich. Es kann nicht darauf ankommen, ob der Wettbewerb auf dem betroffenen Markt »spürbar« beeinflusst wird. Zum einen genügt bei Beschlüssen bereits die bloße **Marktrelevanz** (Rdn. 159), zum anderen ist die »Spürbarkeit« ein gesondertes Tatbestandsmerkmal. Es ist untunlich, den Beschlussbegriff mit Einschränkungen zu versehen, die bei anderen Tatbestandsmerkmalen des § 1 GWB (und des Art. 101 Abs. 1 AEUV) zu prüfen sind.

163

Entscheidender Ansatzpunkt ist vielmehr wiederum der **Umgehungsgedanke**: Legt eine Verbandsempfehlung den Mitgliedern nahe, sich gleichförmig zu verhalten, so genügt dies für einen Beschluss im Sinne des § 1 GWB. Unerheblich ist, ob die Mitglieder den Beschluss auch tatsächlich befolgen. Im Gegensatz zum Verbot abgestimmter Verhaltensweisen setzt das Verbot wettbewerbsbeschränkender Beschlüsse **kein beschlussgemäßes Marktverhalten**

164

---

486 Zutr. *J. B. Nordemann*, in: Loewenheim/Meessen/Riesenkampff, § 1 GWB Rn. 51.
487 OLG Düsseldorf WuW/E DE-R 2003, 2006 – *Deutscher Lotto- und Totoblock*; BKartA WuW/E DE-V 1539 Rn. 23 – *Arzneimittelhersteller*.
488 So grdl. BKartA WuW/E DE-V 1539 Rn. 26 – *Arzneimittelhersteller* im Anschluss an: EuGH Slg. 1983, 3369, 3410 Rn. 20 = WuW/E EWG/MUV 639, 640 – *Nawea/Anseau*; EuGH Slg. 1980, 3125 – *van Landewyck*; EuGH Slg. 1975, 563 – *Frubo*; *Krauß*, in: Langen/Bunte, § 1 GWB Rn. 119. Entgegen *J. B. Nordemann*, in: Loewenheim/Meessen/Riesenkampff, § 1 GWB Rn. 60 (zweiter Absatz) geht es hier um keine abgestimmte Verhaltensweise.

voraus.[489] Ruft ein Verband seine Mitglieder dazu auf, sich an unverbindliche Preisempfehlungen zu halten, legt er dadurch seinen Mitgliedern nahe, auf Preiswettbewerb zu verzichten. Bereits diese Empfehlung fällt als Beschluss unter § 1 GWB und wäre auch als Vereinbarung zwischen den Verbandsmitgliedern verboten.[490] Die bis zur 7. GWB-Novelle geltende Freistellung bestimmter Empfehlungen spricht nicht gegen diese Einordnung. Diese Freistellung erfasste tatbestandsmäßige Empfehlungen und beeinflusste daher nicht die Einordnung einer Verhaltensweise als Empfehlung. Vielmehr gebietet es die weitgehende Angleichung des § 1 GWB an das europäische Recht, Empfehlungen in Beschlussform zu erfassen.[491] Seit der 7. GWB-Novelle ist durch die Streichung des Merkmals »zwischen miteinander in Wettbewerb stehenden« auch geklärt, dass es sich bei den an Unternehmensvereinigungen beteiligten Unternehmen nicht um Wettbewerber handeln muss, sondern auch solche erfasst sind, die sich auf unterschiedlichen Marktstufen befinden.

3. Zurechnung des Beschlusses

165 Der Beschluss muss einer Unternehmensvereinigung (zum Begriff: Rdn. 122) zurechenbar sein. Verbotsadressat ist daher die Unternehmensvereinigung als solche. Gegen sie haben sich behördliche Maßnahmen, z.B. die Verhängung eines Bußgeldes (§ 81 GWB), zu richten oder gegenüber ihr sind zivilrechtliche Ansprüche nach § 33 GWB geltend zu machen. Überdies ist es auch unabhängig von der Beschlussfassung einer Unternehmensvereinigung möglich, diese bußgeldrechtlich zur Verantwortung zu ziehen, beispielsweise wenn ein Organmitglied oder ein anderer Verantwortlicher der Vereinigung eine Vereinbarung zwischen den Mitgliedsunternehmen oder dritten Unternehmen schuldhaft unterstützt hat i.S.d § 14 OWiG.[492] Ist die Vereinigung nicht rechtsfähig, richten sich zivilrechtliche Ansprüche bzw. behördliche Maßnahmen gegen ihre Mitglieder. Dies ist deswegen sachgerecht, da die Mitglieder anstelle der Unternehmensvereinigung haften.[493] Daneben kann die Beschlussfassung auch zugleich eine Vereinbarung oder abgestimmte Verhaltensweise zwischen den Mitgliedern darstellen.[494] Ist dies der Fall, so sind die Mitglieder der Unter-

---

489 Treffend: *Paschke*, in: MünchKommEuWettbR, Art. 81 Rn. 56. Inkonsistent: *Roth/Ackermann*, in: FK-GWB, Grundfragen Art. 81 Abs. 1 EG, die einerseits zu Recht den Gleichlauf mit dem Begriff »Vereinbarung« betonen (Rn. 145 a.E.) und andererseits darauf abstellen, ob die Mitglieder den Beschluss angenommen haben (Rn. 146).
490 Siehe BKartA WuW/E DE-V 1539 Rn. 26 – *Arzneimittelhersteller*.
491 BKartA WuW/E DE-V 1539 Rn. 26 – *Arzneimittelhersteller*; *Krauß*, in: Langen/Bunte, § 1 GWB Rn. 86; a.A. *Möhlenkamp*, WuW 2008, 428, 437 f.
492 BKartA, 27.5.2013, B11-13/06 – *Mühlen*; BKartA 14.6.2013, B11-17/06 – *Drogerieartikel*; BKartA, 20.7.2012, B10-102/11 – *Automatische Türsysteme*.
493 *Roth/Ackermann*, in: FK-GWB, Grundfragen Art. 81 Abs. 1 EG Rn. 148.
494 EuG Slg. 2003, II-5761 Rn. 371 – *Nederlandse Federatieve*.

nehmensvereinigung verantwortlich, die an der Vereinbarung beteiligt sind. Hierbei ist zu unterscheiden: Die Mitglieder, die an der Beschlussfassung teilgenommen haben, sind verantwortlich. Durch ihre bloße Teilnahme an dem Beschluss haben sie sich der Mehrheitsentscheidung gebeugt.[495]

Umstritten ist, ob auch solche Mitgliedsunternehmen in Anspruch zu nehmen sind, die an der Beschlussfassung nicht teilgenommen haben. Der EuGH nimmt dies begründungslos an.[496] Dem ist **nicht** zu folgen.[497] Auch wenn der Beschluss als solcher für die überstimmten oder nicht anwesenden Mitglieder der Unternehmensvereinigung gilt, so kann er doch als Vereinbarung nur den Unternehmen zugerechnet werden, die an deren Zustandekommen aktiv mitgewirkt haben. Deswegen sollte man solche Mitglieder von der Verantwortlichkeit ausnehmen, die an der Beschlussfassung nicht teilgenommen haben oder dem Beschlussergebnis ausdrücklich widersprochen haben. Allerdings ist dieser Grundsatz wieder einzuschränken: Wurde der Beschluss auf mehreren Verbandstreffen vorbereitet und stellt sich die Beschlussfassung auch als eine Vereinbarung oder abgestimmte Verhaltensweise zwischen den Mitgliedern dar, ist es nicht erforderlich, dass das fragliche Unternehmen an jedem Treffen mitgewirkt hat. Hier schwingt auch ein wenig die Rechtsprechung aus *T-Mobile Netherlands* mit. Einer Verantwortlichkeit entgeht dieses Unternehmen nur, wenn es sich **offen** vom Beschlussergebnis **distanziert**.[498] Dieses Kriterium spielt beim Informationsaustausch eine große Rolle.

166

IV. Abgestimmte Verhaltensweisen

1. Historie und Überblick

Als dritte Koordinationsform zwischen Unternehmen erfasst das Kartellverbot schließlich »abgestimmte Verhaltensweisen«. Der Erfassung der Kategorie der abgestimmten Verhaltensweisen ist eine sehr lange Diskussion vorausgegangen. Nachdem das GWB 1958 zunächst nur die Vereinbarung zwischen Unternehmen bzw. die Beschlüsse von Unternehmensvereinigungen erfasst hatte und der Begriff der Vereinbarung im Lichte der sog. **Gegenstandstheorie** einschränkend ausgelegt wurde, bedurfte es eines »Anstoßes« der Rechtsprechung, um den Tatbestand auch auf implizitere Koordinationsformen zu erweitern. Dieser Anstoß erfolgte insbesondere im Zuge der Entscheidung des BGH im **Teerfarbenkartell**.[499] Gegenstand der Entscheidung

167

---

495 *Roth/Ackermann*, in: FK-GWB, Grundfragen Art. 81 Abs. 1 EG Rn. 149.
496 EuGH Slg. 1980, 3125 Rn. 90 f. – *van Landewyck*.
497 *Paschke*, in: MünchKommEuWettbR, Art. 81 Rn. 56; *Roth/Ackermann*, in: FK-GWB, Grundfragen Art. 81 Abs. 1 EG Rn. 149.
498 *Roth/Ackermann*, in: FK-GWB, Grundfragen Art. 81 Abs. 1 EG Rn. 149.
499 BGH WuW/E BGH 1147 – *Teerfarben*.

war die Frage, ob die im Zuge von Treffen zwischen den führenden Herstellern von Teerfarbstoffen und Mineralfarbstoffen in Basel angekündigte Preiserhöhung von 8 % zum 16. Oktober 1967, der sodann alle Unternehmen folgten, gegen § 1 GWB verstößt. Das BKartA kam genau zu diesem Ergebnis und verhängte gegen die Gruppe der vier deutschen Farbenhersteller sowie zwei Vorstandsmitglieder und einen Leiter des Farbenverkaufs eine Geldbuße mit der Begründung, dass die Unternehmen bzw. die Vorstandsmitglieder und der Leiter des Farbenverkaufs ihr Marktverhalten im Wege der **vertraglichen Verhaltensabstimmung** koordiniert haben.[500]

168 Das Kammergericht teilte die Ansicht des BKartA allerdings nicht und hob den Beschluss unter anderem mit der Begründung auf, dass der Senat nicht zu der Überzeugung gelangt sei, dass die betroffenen Farbenhersteller sich gegenseitig vertraglich zu einer Preiserhöhung verpflichtet hätten oder aufgrund einer Ankündigung eines der Beteiligten mit dessen Unternehmen bzw. untereinander eine gleichförmige Preiserhöhung abgestimmt hätten.[501] Die Beweisanforderung, dass das Vorliegen einer Vereinbarung oder einer vertragsähnlichen Abstimmung *die einzige vernünftigerweise denkbare Erklärung* für das gleichartige Verhalten der Betroffenen ist, sei in diesem Fall nicht erfüllt. Diese Ansicht wurde sodann vom BGH im *Teerfarben*-Beschluss bestätigt. Der BGH stützte die Nichtmöglichkeit der Bebußung insbesondere darauf, dass der zu entscheidende Sachverhalt keinesfalls unter den Vertragsbegriff des § 1 GWB zu erfassen sei. Eine erweiternde Auslegung des Vertragsbegriffs in die Richtung, dass auch andere Formen bewusst gleichförmigen Verhaltens unter diesem erfasst würden, scheitere insoweit am Wortlaut (Analogieverbot). Da sich parallel auch der Gerichtshof mit dem *Teerfarben*-Kartell befasste und dieser – aufgrund der bereits vorhandenen Koordinationsform »abgestimmte Verhaltensweise« gegen die Unternehmen ein Bußgeld verhängte – kam es rasch zu einer intensiven Diskussion darüber, ob es nicht auch im GWB der Aufnahme einer impliziteren Kategorie bedürfe. Dies vor allem deshalb, da gerade an einer Novelle für das GWB gearbeitet wurde.[502] Nach längerer Diskussion wurde sodann auf Antrag der SPD-Fraktion der ursprüngliche Entwurf der 2. GWB-Novelle kurzfristig um eine Neuregelung in § 25 GWB a.F. erweitert. Diese wurde schlussendlich am 14.7.1973 vom Bundestag in zweiter und dritter Lesung einstimmig angenommen.[503]

---

500 BKartA WUW/E BKartA 1179, 1185 – *Farbenhersteller*.
501 KG WuW/E OLG 1018 – *Teerfarben*.
502 Siehe dazu BT-Drucks. 7/6690.
503 Siehe dazu ausführlich *Witter*, Abstimmungsverbot und strategisches Parallelverhalten im Wettbewerbsrecht, S. 35 ff.

Verbot wettbewerbsbeschränkender Vereinbarungen **§ 1 GWB**

Mit der 6. GWB-Novelle wurde § 25 GWB a.F. sodann in § 1 GWB überführt.[504] Das legislatorische Vorbild ist – wie nicht zuletzt aus *Teerfarben* deutlich wird – Art. 101 Abs. 1 AEUV, der diese Koordinationsform seinerseits aus dem mittlerweile aufgehobenen Art. 65 Abs. 1 EGKS-Vertrag übernahm (*concerted practices*; *pratiques concertées*). Zu abgestimmten Verhaltensweisen existiert mittlerweile eine umfangreiche europäische Praxis. Im Inland spielt der Tatbestand mittlerweile auch eine bedeutende Rolle.[505] Bei der Auslegung des Begriffs der »abgestimmten Verhaltensweise« orientiert sich die deutsche Praxis grundsätzlich an europäischen Maßstäben.[506] Zuletzt hat sich das OLG Düsseldorf intensiv mit dem Begriff der abgestimmten Verhaltensweise im Fall *Silostellgebühren I* beschäftigt.[507] In Anlehnung an die europäische Spruchpraxis[508] wird von einer abgestimmten Verhaltensweise »bei jeder unmittelbaren oder mittelbaren Fühlungnahme zwischen Konkurrenten ausgegangen, die bezweckt oder bewirkt, entweder das Marktverhalten eines Wettbewerbers zu beeinflussen oder einen Konkurrenten über das eigene beschlossene oder in Erwägung gezogene Marktverhalten ins Bild zu setzen«.[509]

169

2. Zweigliedrigkeit des Tatbestandes

Der Begriff »abgestimmte Verhaltensweise« setzt sich nach der überwiegenden Ansicht aus zwei rechtlichen Elementen zusammen. *Heyers* bezeichnet dies zutreffend als **Zweigliedrigkeit des Tatbestandes** der abgestimmten Verhaltensweise.[510] Erforderlich sind (i) eine **Abstimmung** und (ii) ein dementsprechendes (ursächliches) **abstimmungsgemäßes Marktverhalten**. Dies erfordert inter alia eine Tätigkeit auf dem kartellbetroffenen Markt, da an-

170

---

504 KG WuW/E OLG 1015 – *Teerfarben*; dazu ausführlich *Ruge*, GRUR 1970, 503.
505 BGH WuW/E BGH 1985 – *Altölpreise*; BGH vom 19.4.1983 KRB 1/83 – *Rebenveredler*; BGH WuW/E BGH 2923, 2925 – *Mustermietvertrag*; KG WuW/E OLG 2369, 2372 f. – *Programmzeitschriften*; OLG Celle WuW/E DE-R 327, 333 – *Unfallersatzwagen*; OLG Frankfurt/M WuW/E OLG 4944, 4946 – *Fahrschullehrerabsprache*; OLG Düsseldorf WuW/E OLG 2488 – *Heizöl Spediteure*; OLG Düsseldorf WuW/E DE-R 1917, 1918 – *OTC-Präparate*; OLG Düsseldorf WuW/E DE-R 1429, 1430 – *KfZ-Spedition*; OLG München WuW/E OLG 3395 – *Orthopäden*; OLG Stuttgart WuW/E OLG 3332, 3333 – *Familienzeitschrift II*.
506 OLG Düsseldorf WuW/DE-R 4342 – *Einspeiseentgelt*.; OLG Düsseldorf WuW/E DE-R, 3889 – *Silostellgebühren I*; OLG Düsseldorf WuW/E DE-R 1917, 1918 – *OTC-Präparate*; OLG Düsseldorf WuW/E DE-R 1429, 1430 – *KfZ-Spedition*.
507 OLG Düsseldorf WuW/E DE-R, 3889 – *Silostellgebühren I*. Kürzlich bestätigt in OLG Düsseldorf WuW/E DE-R 4342 – *Einspeiseentgelt*.
508 Zuletzt wurde insbesondere auf die Entscheidung des EuG, 8.8.2008, T-53/03, Slg. 2008, II-1333 – *BPB*, Bezug genommen.
509 OLG Düsseldorf WuW/E DE-R, 3889 – *Silostellgebühren I*, Rn. 120.
510 *Heyers*, NZKart 2013, 99, 103. Siehe dazu auch *Krauß*, in: Langen/Bunte, § 1 GWB Rn. 92.

dernfalls kein »abstimmungsgemäßes« Marktverhalten denkbar ist. Bedenklich erscheint in diesem Zusammenhang die Loslösung bzw. Ausweitung dieses Konzepts in *AC Treuhand II* (vgl. ausführlich zur Erfassung von *Cartel facilitation* Rdn. 190).[511] Es handelt sich somit um eine **erfolgsqualifizierte Koordinationsform**.[512] Dies soll die Verhaltensabstimmung von Vereinbarungen und Beschlüssen im Sinne des § 1 GWB abgrenzen. Die abgestimmte Verhaltensweise stellt überdies ein **echtes Dauerdelikt** dar.[513] Es fällt schwer, dem Begriff der »abgestimmten Verhaltensweise« justiziable und praktisch handhabbare Konturen zu verleihen. Ursache dessen ist zunächst ein empirischer Befund. Vereinbarungen und Beschlüsse knüpfen an mehr oder weniger fassbare Erscheinungen im Wirtschaftsleben an. Abgestimmte Verhaltensweisen beruhen hingegen oft auf einer undurchsichtigeren Kommunikation, so dass erst ein einheitlicher Marktauftritt den Verdacht einer Verhaltensabstimmung erhärten kann. Allerdings ist der Rückschluss von einem Marktauftritt auf eine abgestimmte Verhaltensweise mit Unsicherheitsfaktoren belastet. Wettbewerbsrechtliche Ziele bestimmen, wie der Begriff der abgestimmten Verhaltensweise in § 1 GWB auszulegen ist. Ein Verdikt der Maßgeblichkeit der teleologischen Auslegung folgt daraus indes nicht. Soweit andere Gesetze auf diesem Begriff aufbauen (etwa §§ 30 Abs. 2 Satz 1 WpÜG, 22 Abs. 2 Satz 1 WpHG), sind die dort gewonnenen Auslegungsmaßstäbe für das Wettbewerbsrecht unergiebig. Insoweit gilt der **Grundsatz von der Relativität der Rechtsbegriffe**.

171 Das Verbot einer abgestimmten Wettbewerbsbeschränkung ist in gewisser Art und Weise der **Grundtatbestand** für alle Erscheinungsformen eines koordinierten Marktauftritts. Damit korrespondiert zugleich die Funktion als **Auffangtatbestand**.[514] Misslingt der Nachweis, dass eine Wettbewerbsbeschränkung auf einer Vereinbarung oder einem Beschluss beruht, kann auf eine abgestimmte Verhaltensweise zurückgegriffen werden. Dadurch lässt sich etwa das Zusammenspiel mehrerer Vereinbarungen und Beschlüsse bewältigen, die für sich genommen keine Wettbewerbsbeschränkung entfalten, aber doch in ihrer Gesamtheit. Beide Funktionen ergänzen einander. Auch wenn eine Vereinbarung und eine abgestimmte Verhaltensweise abweichende Tat-

---

511 EuGH, 22.10.2015, C-194/14 – *AC Treuhand II*.
512 Siehe auch *Mestmäcker/Schweitzer*, § 9 Rn. 16; *Paschke*, in: MünchKommEuWettbR, Art. 81 Rn. 60, die jeweils von einem »Erfolgsdelikt« sprechen. Dies ist insoweit etwas missverständlich, da sich der wettbewerbsrechtlich missbilligte Erfolg erst in einer spürbaren Wettbewerbsbeschränkung niederschlägt.
513 OLG Düsseldorf WuW/E DE-R, 3889 – *Silostellgebühren*, Rn. 201. Dies entspricht auch grun sätzlich der Ansicht in Österreich, vgl. OGH, 12.9.2007, 16 Ok 4/07 – *Bankomatvertrag*, Rn. 9.2.
514 *Paschke*, in: MünchKommEuWettbR, Art. 81 Rn. 59; s.a. *Krauß*, in: Langen/Bunte, § 1 GWB Rn. 90.

bestandsmerkmale aufweisen, sind beide Verhaltensweisen in den Worten des EuGH »untereinander nicht unvereinbar«.515 Haben die Beteiligten über einen längeren Zeitraum verschiedene Koordinationsformen verfolgt, um ein wirtschaftliches Ziel zu erreichen, kann dies nach der Rechtsprechung eine einheitliche und fortgesetzte Zuwiderhandlung darstellen.516 Wird etwa nach einer gemeinsamen Sitzung ein Vermerk an alle Teilnehmer geschildert, der das Sitzungsergebnis zusammenfasst, ist es zwar müßig, das Verhalten zuzuordnen. Eine abgestimmte Verhaltensweise kann komplexe Zuwiderhandlungen aber nur verklammern, wenn sich ein abstimmungsgemäßes Marktverhalten nachweisen lässt.517 Regelmäßig kann dieser Zusammenhang zwischen Abstimmung und Verhalten vermutet werden (Rdn. 209). Diese Vermutung dürfte schwer zu widerlegen sein, wenn die Parteien über einen längeren Zeitraum zusammengearbeitet haben.

3. Begriff

a) Abstimmung

Die Rechtsprechung definiert eine abgestimmte Verhaltensweise als »jede unmittelbare oder mittelbare Fühlungnahme zwischen Unternehmen …, welche bezweckt oder bewirkt, entweder das Marktverhalten eines gegenwärtigen oder potentiellen Wettbewerbers zu beeinflussen oder einen solchen Mitbewerber über das Marktverhalten in Bild zu setzen, welches man selbst an den Tag zu legen entschlossen ist oder in Erwägung zieht«.518 Aus der Formulierung wird deutlich, dass die Definition begrifflich auf den Informationsaustausch zugeschnitten ist. Eine Abstimmung ist daher jede denkbare Art einer **Kommunikation** zwischen Unternehmen, um die Risiken des Wettbewerbs durch ein einförmiges Verhalten zu ersetzen.519 Die europäische Praxis folgert aus dem **Selbständigkeitspostulat**, was eine Abstimmung ausmacht.520 Gleichsam klassisch ist die Formulierung, wonach eine Abstimmung »jede unmittelbare oder mittelbare Fühlungnahme« zwischen Unternehmen

172

---

515 EuGH Slg. 1999, I-4125 Rn. 132 – *Anic Partecipazioni*.
516 Grundlegend: EuGH Slg. 1999, I-4125 Rn. 132 – *Anic Partecipazioni*; EuG Slg. 1991, II-1711 Rn. 264 – *Hercules Chemicals*; Slg. 1992, II-1021 Rn. 259 – *ICI*; Slg. 1999, II-931 Rn. 696–698 – *LVM Kommission*; Kommission ABl. EG 2006 Nr. L 335/5 Rn. 97 – *Souris-Topps*; zust.: *Roth/Ackermann*, in: FK-GWB, Art. 81 Abs. 1 EG Grundfragen Rn. 210. Diese Rechtsfigur begegnet grundlegenden Bedenken: Ausführlich *Maritzen*, OZK 2010, 92.
517 Zutr.: *Roth/Ackermann*, in: FK-GWB, Art. 81 Abs. 1 EG Grundfragen Rn. 210.
518 OLG Düsseldorf WuW/E DE-R 1429, 1430 – *KfZ-Spedition*. Siehe dazu auch OLG Düsseldorf, 21.5.2014, VI-U Kart 16/13 – *Kabeleinspeisung*.
519 *J. B. Nordemann*, in: Loewenheim/Meessen/Riesenkampff, § 1 Rn. 59: »willentliche Kommunikation«.
520 So besonders deutlich EuG 1991, II-1177 Rn. 98 – *Atochem*.

darstellt, deren Zweck oder Folge ist, das Marktverhalten des Mitbewerbers zu beeinflussen oder den Mitbewerber über künftiges eigenes Verhalten ins Bild zu setzen, das man in Erwägung zieht. Die Abstimmung kann damit auf jeder Art von Kommunikation beruhen. Deswegen sind **einseitige Maßnahmen keine Abstimmung**.[521] Dies gilt es immer wieder zu erinnern, da sich – gerade auch in jüngerer Zeit – die Entscheidungspraxis immer wieder in »neue Bereiche der Einseitigkeit« vorwagt, wie z.B. bei öffentlichen Ankündigungen/Price Signalling (vgl. Rdn. 181 ff.), in denen eine tatbestandlich notwendige Zweiseitigkeit doch mehr **konstruiert**, als dogmatisch überzeugend erscheint.

173 Erfreulicherweise sieht dies auch die Rechtsprechung so, wie beispielsweise aus der Entscheidung des OLG Düsseldorf in *Kabeleinspeisung* abgleitet werden kann.[522] In der betreffenden Entscheidung hat das OLG Düsseldorf klargestellt, dass bei der Frage, ob eine »Abstimmung« vorliegt nicht außer Acht gelassen werden darf, dass nicht jeder Austausch bzw. jede gegenseitige Unterrichtung zwischen Wettbewerbern per se verboten ist, sondern nur eine solche, die die **wettbewerblichen Risiken** beseitigt.[523] Dies darf bei der Einordnung des Informationsaustausches als bezweckte Wettbewerbsbeschränkung nicht vergessen werden. Es geht nicht darum und es darf auch nicht darum gehen, den Informationsaustausch zwischen Wettbewerbern **per se** zu sanktionieren. Dies wäre aus Sicht der Funktionen des Kartellrechts verfehlt. Es geht immer und kann nur darum gehen den Austausch unter § 1 GWB zu würdigen, der den Charakter des Wettbewerbs als Geheimwettbewerb jedenfalls (stark) beeinflusst, wenn nicht gar beseitigt. Dies ist zu sanktionieren.

174 Andererseits nimmt eine Abstimmung noch nicht die Intensität einer Vereinbarung an. Vielmehr geschieht sie im **Vorfeld**.[524] Dies beschreibt der EuGH mit der weiteren Formulierung, dass eine abgestimmte Verhaltensweise eine »Form der Koordinierung zwischen Unternehmen« sei, »die zwar noch nicht bis zum Abschluss eines Vertrages im eigentlichen Sinne gediehen ist, jedoch bewusst eine praktische Zusammenarbeit an die Stelle des mit Risiken verbundenen Wettbewerbs treten lässt«.[525] Eine Verhaltensabstimmung schafft eine **gegenseitige Gewissheit** über das geplante oder aktuelle Marktverhalten. Negativ formuliert es die europäische Praxis. Es genügt für eine Abstimmung,

---

521 So völlig zutreffend *Paschke*, in: MünchKommEuWettbR, Art. 81 Rn. 69.
522 OLG Düsseldorf, 21.5.2014, VI-U Kart 16/13 – *Kabeleinspeisung*.
523 OLG Düsseldorf, 21.5.2014, VI-U Kart 16/13 – *Kabeleinspeisung*, Rn. 2.2.2.1.
524 *Roth/Ackermann*, in: FK-GWB, Art. 81 Rn. 186.
525 Grdl. EuGH Slg. 1972, 619 Rn. 64 – *ICI*.

wenn ein Wettbewerber seine Absicht bekundet und dadurch die Unsicherheit über sein eigenes Marktverhalten beseitigt oder wesentlich verringert.[526]

Um dem Charakter als Auffangtatbestand Rechnung zu tragen, sind weder Formalien noch Förmlichkeiten ausschlaggebend.[527] Auch ein wie auch immer zu verstehender »Plan« ist nicht von Nöten.[528] Haben die Unternehmen einen gemeinsamen Plan ausgearbeitet, wird dieser hinreichend bestimmt sein und sich daher als Vereinbarung im Sinne des § 1 GWB einordnen lassen. Im Gegensatz zur älteren inländischen Rechtsprechung kommt es deswegen auch nicht darauf an, dass ein Unternehmen das angekündigte Marktverhalten von dem der anderen abhängig gemacht hat.[529] Entscheidend ist allein die praktische Zusammenarbeit der abstimmenden Parteien. 175

aa) Gemeinsame Sitzungen und Zusammenkünfte (Verbandstreffen)

Einen typischen Anlass für eine »Fühlungnahme« und damit eine Verhaltensabstimmung bieten gemeinsame Sitzungen, Tagungen oder sonstige Zusammenkünfte von Unternehmen. Je bestimmter die Willenseinigung der Beteiligten auf einer derartigen Sitzung ist, desto eher liegt eine Vereinbarung nahe. Die bloße Organisation und Vorbereitung dieser Zusammenkunft ist ebenso wenig eine Verhaltensabstimmung, wie die schlichte Teilnahme als solche (vgl. zur Inkriminierung der bloßen Organisation Rdn. 190).[530] Die ältere europäische Praxis neigte zu einer weiten Auslegung und sah bereits in der bloßen gemeinsamen Zusammenkunft eine Abstimmung.[531] Im Anschluss an eine nachfolgende Entscheidung stellte man darauf ab, ob die Sitzung oder Zusammenkunft einem »**wettbewerbsfeindlichen Zweck**« diente.[532] Kartellrechtsneutrale Zusammenkünfte sind daher keine relevante Fühlungnahme im Sinne des § 1 GWB, Art. 101 Abs. 1 AEUV. Die europäische Praxis vermengt den wettbewerbsfeindlichen Zweck einer gemeinsamen Sitzung mit einer be- 176

---

526 EuGH Slg. 1998, I-3111 Rn. 90 – *Deere/Kommission*; Slg. 2003, I-10821 Rn. 81 – *Thyssen Stahl/Kommission*; Slg. 2009, I-4529 Rn. 35 – *T-Mobile Netherlands*; Kommission ABl. EG Nr. L 353/5 Rn. 92 – *Souris-Topps*.
527 *Paschke*, in: MünchKommEuWettbR, Art. 81 Rn. 65.
528 EuGH Slg. 1975, 1663 Rn. 173 – *Suiker Unie*; EuGH Slg. 1981, 2021 Rn. 13 – *Züchner*; EuGH Slg. 1998, I-3111 Rn. 86 – *John Deere*; *Paschke*, in: MünchKommEuWettbR, Art. 81 Rn. 65.
529 Ebenso: *Zimmer*, in: Immenga/Mestmäcker, § 1 GWB Rn. 95.
530 EuGH Slg. 1999, I-4539 Rn. 137 f. – *Montecatini*; *Paschke*, in: MünchKommEuWettbR, Art. 81 Rn. 65.
531 EuG Slg. 1991, II-1523 Rn. 241 – *BASF*; EuG Slg. 1992, II-1155 Rn. 233 – *Montedipe*; EuG Slg. 1995, II-791 Rn. 84 – *Tréfileurope*.
532 EuG Slg. 2001, II-2035 Rn. 43 – *Tate & Lyle*; *Paschke*, in: MünchKommEuWettbR, Art. 81 Rn. 71; *Roth/Ackermann*, in: FK-GWB, Art. 81 Abs. 1 EG Grundfragen Rn. 204.

§ 1 GWB *Verbot wettbewerbsbeschränkender Vereinbarungen*

zweckten Wettbewerbsbeschränkung, so dass nicht nachzuweisen ist, ob sich die Abstimmung auf dem Markt auswirkt.[533] Allerdings ist der wettbewerbsfeindliche Zweck nicht das ausschlaggebende Kriterium, da anderenfalls bewirkte Wettbewerbsbeschränkungen aus dem Raster fielen. Diese Frage spielt seit den Entscheidungen Rs. *T-Mobile Netherlands* und *Dok* indes nicht mehr so eine starke Rolle, da die Tendenz zur bezweckten Wettbewerbsbeschränkung geht. Es kommt darauf an, ob durch eine gemeinsame Sitzung die **Unsicherheiten** des **Wettbewerbs beseitigt** werden. Dies ist stets der Fall, wenn Gegenstand der Sitzung solche Themen sind, die das Marktverhalten der Beteiligten beeinflussen und dadurch in eine Wettbewerbsbeschränkung münden.[534] Unerheblich ist, zu welchem Zweck die Zusammenkunft einberufen wurde. Eine ursprünglich kartellrechtsneutrale Sitzung kann in eine Wettbewerbsfeindliche umschlagen und umgekehrt. Die Betonung liegt jedoch auf kann. Immer ist darauf zu referenzieren, ob Unsicherheiten, die mit dem Wettbewerb als solchen zusammenhängen, stark beeinflusst bzw. beseitigt werden.

177 Fällt eine gemeinsame Sitzung unter den Abstimmungstatbestand, so genügt nach der Rechtsprechung bereits die bloße (passive) Teilnahme an der Sitzung die Beteiligung an der Kartellabsprache. Für § 1 GWB hat dies das OLG Düsseldorf in *Silostellgebühren I* festgestellt. Bereits die **passive Teilnahme** an der Koordinierungsmaßnahme genügt demnach.[535] Diesem Vorwurf kann nur entgehen, wer sich **offen** von den abgestimmten Wettbewerbsbeschränkungen **distanziert**.[536] Ein innerer Vorbehalt, sich nicht am abgestimmten Verhalten beteiligen zu wollen, beseitigt nicht den Kartellierungsvorwurf, sondern lässt den anderen Teilnehmer annehmen, dass die abgestimmte Wettbewerbsbeschränkung Zustimmung findet.[537] Entscheidend ist ein Verhalten, welches die gegenseitige Gewissheit beseitigt und den übrigen Beteiligten verdeutlicht, dass sie auf das sich distanzierende Unternehmen nicht zählen

---

533 Deutlich: EuG Slg. 2001, II-2035 Rn. 73 – *Tate & Lyle* zu einer Preisabstimmung.
534 Das Gericht erster Instanz spricht in einer neueren Entscheidung von einer »wettbewerbswidrigen Zusammenkunft«, EuG Slg. 2003, II-5349 Rn. 91 – *Adriatica di Navigazione*.
535 OLG Düsseldorf WuW/E DE-R, 3889 – *Silostellgebühren I*.
536 EuGH Slg. 1999, I-4287 Rn. 155 – *Hüls*; EuGH Slg. 1999, I-4539 Rn. 181 – *Montecatini*; EuG Slg. 1998, II-1043 Rn. 130 – *Gruber & Weber*; EuG Slg. 1995, II-791 Rn. 85 – *Tréfileurope*; ähnlich: EuG Slg. 1991, II-1177 Rn. 98 – *Atochem; Krauß*, in: Langen/Bunte, § 1 GWB Rn. 105; *Paschke*, in: MünchKommEuWettbR, Art. 81 Rn. 71; *Roth/Ackermann*, in: FK-GWB, Art. 81 Abs. 1 EG Grundsatzfragen Rn. 204; *Zimmer*, in: Immenga/Mestmäcker, § 1 GWB Rn. 97. Das Gericht erster Instanz bezeichnet das etwas hochtrabend als »**Lehre von der offenen Distanzierung**«, EuG Slg. 2003, II-5349 Rn. 135 – *Adriatica di Navigazione*.
537 EuGH Slg. 2004, I-123 Rn. 81 – *Aalborg Portland u.a.*; EuGH Slg. 2007, I-729 Rn. 48 – *Sumitomo Metal Industries & Nippon Steel*.

können. Wie diese Distanzierung zu erfolgen hat, sollte offen sein, denn entscheidend ist, **dass** die Distanzierung erfolgt, **nicht** in welcher **Form**. Die europäische Praxis knüpft jedoch strenge Maßstäbe an diese offene Distanzierung. Das betreffende Unternehmen hat sie nachzuweisen. Es wird nicht dadurch entlastet, indem es dartut, dass es das Ergebnis der Zusammenkunft nicht befolgt hat.[538] Eindeutig entgeht ein Unternehmen dem Abstimmungsversuch, wenn die offene Distanzierung **dokumentiert** ist. Praktisch bedeutet dies, dass das Unternehmen sich dadurch »enthaften« sollte sobald unzulässige Inhalte besprochen wurden, dass die Distanzierung bzw. der Widerspruch **zu Protokoll** gegeben wird. Zudem sollte nach der Protokollierung in der Sitzung vor der Archivierung nochmals die Möglichkeit bestehen, die richtige Aufnahme der Distanzierung bzw. des Protokolls zu kontrollieren. Daneben genügt auch eine unverzügliche Anzeige bei der zuständigen Kartellbehörde.[539]

Ausreichend distanziert sich ein Unternehmen, welches *nach* der Abstimmung dem verantwortlichen Verband oder den Wettbewerbern mitteilt, dass es nicht als Mitglied eines Kartells betrachtet werden will und künftig zu keinen Sitzungen teilnehmen werde, die einen heimlichen Rahmen für wettbewerbswidrige Abstimmungen darstellen.[540] Auch eine offene Distanzierung gegenüber der **Öffentlichkeit**, den Medien oder gegenüber den **Abnehmern** genügt.[541] Verlässt ein Teilnehmer eine wettbewerbsbeschränkende Sitzung, genügt dies alleine noch nicht für eine offene Distanzierung. Vielmehr kommt es darauf an, wie weit die Abstimmung zu dem Zeitpunkt gediehen ist, zu dem ein Beteiligter die Zusammenkunft verließ. War bereits das »Wesentliche« abgestimmt, bedarf es u.U. einer stärkeren offenen Distanzierung. Indes sind dies tatsächliche Fragen. Das Verlesen des »allgemeinen Kartell-Compliance« Hinweises am Anfang der Sitzung ersetzt nicht die ordnungsgemäße Protokollierung.

178

---

538 EuGH Slg. 1999, I-4287 Rn. 155 – *Hüls*; EuGH Slg. 1999, I-4539 Rn. 181 – *Montecatini*; EuGH Slg. 2004, I-123 Rn. 81 – *Aalborg Portland u.a.*; EuGH Slg. 2005, I-6689 Rn. 46 – *Acerinox*; EuGH Slg. 2005, I-5425 Rn. 142 – *Dansk Rørindustri u.a.*; EuGH Slg. 2007, I-729 Rn. 47 – *Sumitomo Metal Industries & Nippon Steel*; EuG Slg. 1998, II-1751 Rn. 135 – *Mayr-Melnhof*; EuG Slg. 2000, II-491 Rn. 1389 – *Cimenteries CBR u.a.*; EuG Slg. 2003, II-5349 Rn. 91 – *Adriatica di Navigazione*.
539 EuGH Slg. 2005, I-5425 Rn. 142 – *Dansk Rørindustri u.a.*
540 EuG Slg. 2006, II-4567 Rn. 103 – *Westfalen Gassen Nederland*. Unzureichend ist damit der bloße Hinweis, künftig nicht mehr an wettbewerbsbeschränkenden Sitzungen teilzunehmen (a.A. offenbar *Roth/Ackermann*, in: FK-GWB, Art. 81 Abs. 1 EG Grundfragen Rn. 204).
541 *Behlke*, ZHR 139 (1975), 76; *Zimmer*, in: Immenga/Mestmäcker, § 1 GWB Rn. 97.

§ 1 GWB Verbot wettbewerbsbeschränkender Vereinbarungen

bb) (Allgemeiner) Informationsaustausch

179 Der Wettbewerb lebt (auch) von der Ungewissheit der Akteure über das künftige Wettbewerbsverhalten der Konkurrenten (»strategische Ungewissheit«). Beseitigen oder schmälern die Unternehmen diese Ungewissheit, in dem sie durch einen Informationsaustausch eine künstliche Markttransparenz herstellen, stimmen sie dadurch möglicherweise ihr Marktverhalten ab. Beispiele hierfür sind der gegenseitige Austausch von Preisen, der Austausch interner Kalkulationen, Mitteilungen über Umsätze, Geschäftsvolumina und Lagerbestände oder Informationen über Bezugskosten. Unerheblich ist für die Verhaltensabstimmung, ob mehrere Unternehmen untereinander Informationen austauschen oder ob nur ein Unternehmen gegenüber seinen Wettbewerbern bestimmte Informationen preisgibt.[542] Auch eine einseitige Preisgabe von Informationen begründet eine kartellrechtlich relevante »Fühlungnahme«, sofern die Informationen auf Wunsch der Beteiligten weitergegeben werden oder falls die Adressaten die Informationen widerspruchslos entgegennehmen.[543] Der letztgenannte Fall lässt sich als stillschweigendes Einverständnis deuten. Vergleichbar zu der Konstellation bei gemeinsamen Sitzungen (Rdn. 176 ff.) entgeht der Informationsadressat dem Abstimmungsvorwurf, indem er sich gegenüber dem Informanten jeglicher Informationsübermittlung verwehrt. Unterbleibt dies, geht die europäische Praxis davon aus, dass der Empfänger sein Marktverhalten angepasst hat.[544]

180 Nicht jeder Austausch von Informationen begründet eine Verhaltensabstimmung. Handelt es sich hingegen um Daten, zu deren Veröffentlichung ein Unternehmen verpflichtet ist, fällt deren Austausch nicht unter § 1 GWB, Art. 101 Abs. 1 AEUV. Darüber hinaus ist nur der Austausch von Informationen abstimmungsrelevant, die **abstrakt geeignet** sind, die gegenseitige Ungewissheit und damit die Marktrisiken zu vermindern. Diese Konkretisierung stellt einen systematischen Gleichklang zur vergleichbaren Frage her, wann eine Einigung hinreichend bestimmt ist (Rdn. 55 ff.) und sollte weit ausgelegt werden. Die Horizontal-Leitlinien stellen hierbei darauf ab, dass die ausgetauschten Daten strategisch relevant sind.[545] Indes ist dies zu eng und spiegelt sich nicht in der europäischen Judikatur wider. Zudem weicht diese Einschränkung die systematische Trennung zwischen Verhaltensabstimmung und Wettbewerbsbeschränkung auf. Das letztgenannte Tatbestandsmerkmal ist besser geeignet, um die Auswirkungen der ausgetauschten Informationen auf den Wettbewerb

---

542 So ausdrücklich die Horizontal-Leitlinien, Rn. 62.
543 EuG Slg. 2000, II-491 Rn. 1894 – *Cimenteries CBR et al./Kommission*.
544 EuGH Slg. 1999, I-4287 Rn. 162 – *Hüls*; EuGH Slg. 1999, I-4125 Rn. 121 – *Anic Partecipazioni*. Darauf, dass die Maßnahme zustimmungsbedürftig ist, stellt die europäische Praxis – im Gegensatz zu Vereinbarungen (oben Rdn. 155) – nicht ab.
545 Horizontal-Leitlinien Rn. 61.

zu analysieren. Dieser Standpunkt entspricht auch der Praxis des Gerichts erster Instanz. Es hat den Austausch **globaler statistischer** Daten dem Grundsatz nach als Verhaltensabstimmung gewertet und will dieses Verhalten erst unter das Kartellverbot subsumieren, wenn dessen *konkrete* wettbewerbsbeschränkende Auswirkungen festgestellt sind.[546] Subsumiert man einen Informationsaustausch unter das Merkmal »abgestimmte Verhaltensweise«, sagt dies noch nichts über die wettbewerbliche Beurteilung aus, da hierfür eine Reihe weiterer Faktoren Ausschlag gebend sind.

cc) Öffentliche Ankündigungen/Price Signalling

Einer besonderen Abgrenzung bedürfen inter alia einseitige (öffentliche) Ankündigungen eines Unternehmens über dessen zukünftiges Marktverhalten, z.B. über eine künftige Preiserhöhung oder eine geplante Investition. Hier zeigt sich im Besonderen die Trennlinie zwischen abgestimmter Verhaltensweise und bewusstem Parallelverhalten. Festzuhalten ist zunächst, dass die bloße (öffentliche) **Ankündigung** eines Unternehmens hinsichtlich des zukünftigen Marktverhaltens, z.B. über die Presse (Presseaussendung/Interview), im Rahmen von Artikeln in Fachzeitschriften, auf Messen oder im Rahmen von Investor Calls, keine verbotene Abstimmung bzw. **keine abgestimmte Verhaltensweise** darstellt.[547] Dies gilt unabhängig davon, ob die Wettbewerber auf die angekündigte Preiserhöhung des Unternehmens A auch durch eine eigene Preiserhöhung reagieren. Im Grundsatz gilt daher: Kündigt ein Anbieter (auch wiederholt) eine Preiserhöhung, z.B. im Rahmen einer Presseaussendung gegenüber der Öffentlichkeit, an, liegt darin weder eine Verhaltensabstimmung, noch begründet das Nachziehen der Wettbewerber eine solche bzw. stellt dies auch kein Indiz für eine der Ankündigung zugrundeliegende verbotene Abstimmung dar.[548]

181

Es muss Wettbewerbern erlaubt sein, die Konkurrenten zu beobachten und ihr Verhalten autonom an die Marktlage anzupassen. Andernfalls würde die Grenze zum bewussten Parallelverhalten überschritten. Zudem wäre dies auch realitätsfern und ganze Abteilungen in Unternehmen bald ohne Arbeit. Ankündigungen dienen der Planbarkeit (auch von Abnehmern) und sind ein normales **Gestaltungsmittel des Leistungswettbewerbs**. Die Unternehmen

182

---

546 EuG Slg. 1998, II-2111 Rn. 112 – *Stora Kopparbergs Bergslags AB*. Anders gedeutet allerdings von *Paschke*, in: MünchKommEuWettbR, Art. 81 Rn. 67.
547 So auch *Krauß*, in: Langen/Bunte, § 1 GWB, Rn. 109.
548 BGH WuW/E BGH 2182 – *Altölpreise*; EuGH, 31.3.1993, Slg. 1993, I-1307 Rn. 64 – *Zellstoff*; *J. B. Nordemann*, in: Loewenheim/Meessen/Riesenkampff, § 1 GWB Rn. 65; *Roth/Ackermann*, in: FK-GWB, Art. 81 Abs. 1 EG Grundfragen Rn. 206–208; *Daig*, EuR 1976, 213, 227; a.A. grundsätzlich *Zimmer*, ZHR 154 (1990), 470, 485.

erfüllen mit den Ankündigungen ihre Informationsfunktion für den Wettbewerb, zu dessen Wahrnehmung diese überdies z.T. aufgrund gesetzlicher Berichtspflichten, vor allem bei Börsennotierung, auch als verpflichtet anzusehen sind. Dies entspricht auch der Linie des Europäischen Gerichtshofs.[549] Dieser entschied bereits 1993 im *Zellstoff*-Fall, dass öffentliche Preisankündigungen (die im konkreten Fall fast zeitgleich vierteljährlich erfolgten) **für sich genommen** grundsätzlich **keine** verbotene Abstimmung begründen oder ein Indiz für eine der Ankündigung vorgelagerte Abstimmung darstellen.[550] Zur Begründung führte der Gerichtshof an, dass durch die Ankündigung nicht die dem Wettbewerb immanente Unsicherheit über das Marktverhalten der Wettbewerber aufgehoben oder vermindert werde. Vielmehr seien die Preisankündigungen als eine vernünftige Reaktion daraufhin anzusehen, dass es sich beim Zellstoffmarkt um einen langfristigen Markt handelt und sowohl Lieferanten als auch Abnehmer ein gemeinsames Interesse an der Reduktion der geschäftlichen Risiken haben. In die gleiche Richtung weisen auch die **Horizontal-Leitlinien**. Aus diesen ergibt sich eindeutig, dass die einseitige öffentliche Bekanntmachung von Informationen, z.B. über die Presse, »*im Allgemeinen keine abgestimmte Verhaltensweise*« begründet.[551] Im Zusammenhang mit dem Kriterium der »Öffentlichkeit des Austausches« von Informationen wird sodann weiter ausgeführt, dass bei einem öffentlichen Austausch von Informationen ein Kollusionsergebnis unwahrscheinlich sei.[552] Daraus folgt m.E. jedenfalls eine umfassende **Privilegierung des öffentlichen Informationsaustausches**. Eine öffentlich ausgetauschte Information kann nur im absoluten Ausnahmefall und bei Vorliegen besonderer Bedingungen, Gegenstand eines kollusiven Verhaltens sein.

183 Es ist demnach bei der näheren Beurteilung grundlegend zwischen »**private announcements**« und »**public announcements**« zu unterscheiden. Ein »private announcement« liegt dann vor, wenn sich die Ankündigung direkt und ausschließlich an den Wettbewerber richtet.[553] Ein »public announcement« liegt hingegen vor, wenn sich die Ankündigung (jedenfalls auch) an die Öffentlichkeit, d.h. vor allem auch an die Nachfrager/Kunden richtet. Private

---

549 EuGH, 31.3.1993, Slg. 1993, I-1307 Rn. 64 – *Zellstoff*.
550 EuGH, 31.3.1993, Slg. 1993, I-1307 Rn. 64 bzw. Rn. 65 – *Zellstoff*. So auch EuG, T-227/95 – *Zellstoff*, Rn. 27.
551 Horizontal-Leitlinien, Rn. 63. Kritischer insoweit *Bechtold*, der aus der Rn. 63 folgert, dass auch einseitige Bekanntmachungen grundsätzlich unter Art. 101 AEUV fallen (*Bechtold*, GRUR 2012, 107, 111). Dies ist gewiss nicht unrichtig, wohl aber wird in Rn. 63 durchaus eine Akzentuierung dahingehend vorgenommen, ob regelmäßig oder eher nur im Ausnahmefall eine abgestimmte Verhaltensweise vorliegt.
552 Horizontal-Leitlinien, Rn. 94.
553 Vgl. dazu ausführlich *Athey/Bagwell*, Rand Journal of Economics (32), 428–465.

announcements sind nicht per se problematisch, sie unterliegen aber einem erhöhten Begründungsaufwand. Dies insbesondere dann, wenn der Gegenstand der Ankündigung **nicht verbindlich** ist und/oder der Markt oligopolistisch strukturiert ist. Besonders dann, wenn der angekündigte Gegenstand nicht verbindlich ist und der Ankündigende über die Ankündigung als »Preisführer« lediglich den Markt testet, wie z.B. im Fall *Airline Tariff Publishers (ATP*[554]*)*, wird die Ankündigung als eher bedenklich eingeordnet. Anders stellt es sich jedoch dar, auch nach der empirischen (ökonomischen) Theorie, wenn die Ankündigung verbindlich an die Öffentlichkeit erfolgt. In diesem Fall sorgt die Ankündigung empirisch (wenn nicht eine zuvor getroffene Abstimmung zugrundeliegt) dafür, dass der Preis insgesamt fällt.[555] Zudem kann die öffentliche Preisankündigung (v.a. dann, wenn diese endgültig verbindlich ist) auch als Kommunikation eines zulässigen Höchstverkaufspreises gegenüber den Abnehmern gesehen werden. Wichtiges Kriterium der Prüfung ist daher die **Verbindlichkeit** des Kommunikationsinhaltes.

Diese Unterscheidung findet sich auch in der jüngeren Entscheidungspraxis europäischer Wettbewerbsbehörden wieder, die teilweise eine kritischere Haltung als der Gerichtshof im *Zellstoff*-Fall eingenommen haben. Dies gilt auch für die Kommission, die sich zuletzt mit dem Thema Price Signalling im Verfahren *Containerlinien* beschäftigt hat.[556] Während das spanische Berufungsgericht durch die Aufhebung der Entscheidung der spanischen Wettbewerbsbehörde CNC im Fall *CEOE/Gaspart* eher auf die Linie des Gerichtshofs eingeschwenkt ist und – gleich wie dieser – davon ausging, dass die öffentliche Ankündigung des Vize-Präsidenten der spanischen Vereinigung der Wirtschaftsverbände (CEOE) auf der internationalen Tourismusmesse, »*spanische Hotelketten würden eine Preiserhöhung von sechs bis sieben Prozent benötigen*«, keine abgestimmte Verhaltensweise oder gar eine Vereinbarung darstellt, haben die niederländische Wettbewerbsbehörde ACM und die Competition Commission sich im Fall *KPN*[557] (ACM) bzw. im Fall *Zement*[558] (Competition Commission) eher kritischer geäußert.

184

Gegenstand des Falls *KPN* waren öffentliche Aussagen von Vertretern der KPN auf einer Messe bzw. in einem Presseinterview im Journal *Telecom Time*, dass KPN eine bestimmte Gebühr einführen und die Preise erhöhen wolle. Der Markt für MNO ist in den Niederlanden oligopolistisch strukturiert; neben KPN gibt es zwei weitere Anbieter. Die niederländische Wettbewerbs-

185

---

554 Airline Tariff Publishers vs. US, 1994 WL 454730 [DDC 1994], 154, 189.
555 Siehe dazu *Motta*, Competition Policy Theory and Practice, S. 156.
556 Kommission, AT.39850 – *Container Shipping*.
557 ACM, Fall 13.0612.53. Siehe dazu auch *Dreher/Stenitzer*, wbl 2015, 242, 245.
558 Siehe CC Aggregates, cement and ready-mix concrete market investigation, Abschlussbericht 14.1.2014.

behörde sah in den Ankündigungen auf der Messe und im Fachjournal die Gefahr, dass es zu einer Koordinierung des Wettbewerbsverhaltens zwischen den Anbietern, m.a.W. zu koordinierten Effekten kommt. Dies gerade in einem schon transparenteren Markt. Die strategische Ungewissheit über das Marktverhalten der anderen Anbieter werde verringert.[559] Zwei Kriterien lassen sich aus der Entscheidung ableiten, anhand derer die Zulässigkeit der einseitigen Ankündigung geprüft werden kann. Zum einen, ob es aufgrund der Ankündigung (auch) zu einem **Vorteil für den Verbraucher** kommt und – damit durchaus verbunden – ob die Ankündigung lediglich auf einer vorübergehenden oder einer **endgültigen Unternehmensentscheidung** beruht.[560] Zusammengefasst lässt sich demnach die Kontrollfrage ableiten, ob die öffentlich bekanntgegebene Information in der mitgeteilten Form einen direkten Vorteil für den Verbraucher mit sich bringt, oder in der Form (weil zu unspezifisch oder über Medien mitgeteilt, die von den Kunden nicht gelesen werden) diesem keinen Vorteil bringt. Ist letzteres der Fall, besteht tendenziell die Gefahr, dass die Wettbewerbsbehörden eher von einer abgestimmten Verhaltensweise ausgehen. Zweifel sind indes angebracht, ob das Kriterium des Verbrauchervorteils – da ohnehin immanenter Bestandteil der Freistellungsprüfung – überhaupt eigenständig neben dem Element der Verbindlichkeit der kommunizierten Entscheidung zum Tragen kommt. M.E. sollte es vor allem auf die Verbindlichkeit der kommunizierten Entscheidung ankommen.

186   Kommuniziert das Unternehmen einer bereits intern verbindlich getroffenen Feststellung nach außen und ist diese aus Sicht des kommunizierenden Unternehmens endgültig und verbindlich, dann liegt regelmäßig **keine verbotene Ankündigung bzw. Abstimmung** vor. Dafür spricht, dass die Kommunikation Ergebnis einer autonomen Entscheidung des Unternehmens ist. Das Unternehmen will nicht über den Markt etwas mitteilen, was bei einem nicht-öffentlichen Austausch jedenfalls unter das Kapitel »Informationsaustausch« fallen würde, sondern teilt eine finale, intern bereits abschließend, getroffene Information dem Markt bzw. den Kunden mit. Daraus folgt im Umkehrschluss allerdings nicht zwingend, dass jede nicht bereits final abgestimmte Information nicht mitgeteilt werden kann. Jedoch wird in diesem Fall eine gewisse Grauzone betreten, obgleich die Unzulässigkeit keinesfalls bereits aus dem Umstand der nicht finalen internen Abstimmung des künftigen Marktverhaltens und trotzdem erfolgender Kommunikation alleine folgen kann.

---

559 ACM, Fall 13.0612.53, Rn. 45.
560 ACM, Fall 13.0612.53, Rn. 41 bzw. 46 ff.

Im Fall *Zement* hat sich die Competition Commission mit jährlichen Kundenschreiben im Zementsektor im Rahmen einer Untersuchung beschäftigt.[561] Diese förderte zu Tage, dass die jährlichen **(generischen) Kundenschreiben** einen Bezugspunkt für die Abstimmung unter den Zementherstellern bildeten und dazu verwendet werden könnten, einander das erwartete Abstimmungsergebnis zu signalisieren. Die Competition Commission stellte das Verfahren sodann jedoch gegen Abgabe von Verpflichtungszusagen ein. Diese beinhalteten unter anderem ein Verbot von generischen Preiserhöhungsschreiben an Kunden; erlaubt wurden hingegen **spezifische Kundenschreiben**.

187

Obgleich die vorstehend genannten Entscheidungen von ausländischen Behörden stammen, lassen sich aus diesen wertvolle Rückschlüsse für § 1 GWB ziehen. Dies v.a. im Kontext der Entscheidung des OLG Düsseldorf in *Silostellgebühren*.[562] Gegenstand der Entscheidung war die Frage nach der Zulässigkeit des Informationsaustausches zwischen Mörtelherstellern und Händlern über die Höhe von Aufstellgebühren bei Trockenmörtel-Silos nach einem zuvor von den Herstellern gefassten Entschluss. Das OLG Düsseldorf würdigte dies als verbotenen Informationsaustausch. Dabei stützte es sich darauf, dass durch den Informationsaustausch (beim Spitzentreffen) ein »**Klima der Gewissheit**« erzeugt worden sei. Bezüglich der hier interessierenden Preisankündigungen in der Baubranche führte es weiter aus, dass es sich bei diesen – in der Baubranche üblichen Preisankündigungen nicht um eine »abgestimmte Verhaltensweise« handele.[563] Diese würden kein unzulässiges Kommunikationsangebot darstellen. Als Prüfkriterium verwendet das OLG Düsseldorf in diesem Kontext, ob es sich um eine »**unangemessen frühe Ankündigung**« handelt.[564] Es stellte diesbezüglich fest, dass eine Preisankündigung von acht bis zwölf Wochen vor dem Zeitpunkt des Wirksamwerdens in der Baustoffbranche nicht unangemessen sei, da eine solche Vorlaufzeit benötigt werde.

188

---

561 CC Aggregates, cement and ready-mix concrete market investigation, Abschlussbericht 14.1.2014, Rn. 7.190.
562 OLG Düsseldorf, WuW/E DE-R 3889 – *Silostellgebühren I*. Hinsichtlich des Tatbestandes voll bestätigt durch BGH WuW/E DE-R 4317 – *Silostellgebühren III*. Kritischer insoweit indes *Heyers*, NZKart 2013, 99, 102 der auf eine »Verschärfung« der Beurteilung des Informationsaustausches, gerade auch im Kontext von Ankündigungen, hinweist.
563 OLG Düsseldorf, WuW/E DE-R 3889 – *Silostellgebühren I*, Rn. 29 in der darauf hingewiesen wird, dass Preisankündigungen in der Baustoffbranche regelmäßig acht bis zwölf Wochen vor deren Wirksamwerden angekündigt werden, damit die Verarbeiter auch ihre Preise gegenüber deren Kunden – bei erhöhten Einkaufskosten – anpassen können.
564 OLG Düsseldorf, WuW/E DE-R 3889 – *Silostellgebühren I*, Rn. 137.

§ 1 GWB *Verbot wettbewerbsbeschränkender Vereinbarungen*

189 Aus der Entscheidung ist zwar **nicht** zu folgern, dass in jeder Branche stets eine Ankündigung von acht bis zwölf Wochen vor dem Zeitpunkt des Wirksamwerdens ohne Verstoßrisiko gegen § 1 GWB erfolgen kann. Dies würde die Strahlkraft der Entscheidung wohl übersteigen. Vielmehr kommt es immer auf den Einzelfall an. Leider lassen sich der Entscheidung keine weiteren allgemeinen Maßstäbe entnehmen, anhand welcher Kriterien die Angemessenheit zu prüfen ist. M.E. sollte anhand von **sechs Kriterien** die **Zulässigkeit** einer (öffentlichen) Preisankündigung **geprüft werden**: (i) Anhand des Zeitpunktes der Ankündigung (Vorlaufzeit bis zum Wirksamwerden), (ii) anhand der Häufigkeit der Ankündigungen (jährlich, quartalsweise, monatlich), (iii) Genauigkeit der Ankündigung (allgemeine Aussage bzw. Nennung einer Bandbreite der Erhöhung vs. Genaue Angabe der absoluten bzw. relativen Höhe der Erhöhung) und (iv) anhand des Hintergrunds der Ankündigung (eigener Antrieb vs. Gesetzliche Änderungen, die Anpassung seitens des Unternehmens mit sich bringen) und (v) anhand der Verbindlichkeit der Ankündigung (wird finale Entscheidung kommuniziert oder ist die Entscheidung intern noch nicht final abgestimmt) und schließlich (vi) anhand der Branchenüblichkeit. Für eine kartellrechtliche Unbedenklichkeit kommt es auf eine Gesamtschau der Kriterien an. Liegen einzelne Kriterien nicht vor, bedeutete dies noch nicht, dass die Ankündigung unzulässig ist.

dd) Vermittelte Abstimmung und Kartellunterstützer (*cartel facilitator*)

190 Eine gegenseitige Gewissheit der Parteien kann auch durch bzw. über **Dritte** hergestellt werden.[565] Diese allgemein geteilte Ansicht bedarf der Präzisierung. Man wird zunächst verlangen müssen, dass die Abstimmungsparteien die Person des Dritten kennen und dessen Vermittlung mindestens billigend in Kauf nehmen. Bindeglied einer vermittelten Abstimmung können eine gemeinsame Vertriebsgesellschaft, eine Preismeldestelle, eine gemeinsame Werbe- oder Vermarktungsagentur sowie eine Einrichtung sein, mit der die Parteien Parallelimporte aufdecken. Die Rechtsform des vermittelnden Dritten ist unerheblich. Ein Gemeinschaftsunternehmen kann daher ebenso Dritter sein, wie ein bloßer Informant. Sogar die Marktgegenseite der Kartellanten kann Dritter sein. Besonders umstritten ist, ob erforderlich ist, dass der Dritte Kartellwächter bzw. Unterstützer (*cartel facilitator*[566]) auch auf dem Markt der Kartellanten tätig ist bzw. von diesem insoweit ein Wettbewerbsdruck auf die Kartellanten

---

565 *Krauß*, in: Langen/Bunte, § 1 GWB Rn. 106.
566 Vorliegend wird der Begriff des Unterstützers bzw. *facilitators* abgestellt, da dieser vom EuGH in der Entscheidung *AC Treuhand II* so verwendet wird: EuGH, 22.10.2015, C-194/14 – *AC Treuhand II*, Rn. 20; siehe dazu Anm. *Slobodenjuk*, GWR 2015, 480.

ausgeht.⁵⁶⁷ Hintergrund dieser Überlegung ist, dass ein abgestimmtes Verhalten immer auch – wie zuvor gezeigt – einen **Marktbezug** erfordert. Diese Frage war bis zu der Entscheidung des EuGH in *AC Treuhand II*⁵⁶⁸ noch sehr umstritten, kann aber vorläufig (wenn auch dogmatisch nicht überzeugend) für die Praxis als geklärt gelten. Der EuGH hat nämlich entgegen der Schlussanträge des Generalanwaltes *Wahl* (vgl. dazu Rdn. 193) entschieden, dass auch Beratungsunternehmen cartel facilitator sein können; eine Tätigkeit bzw. ein Einfluss auf den beschränkten Markt sei **nicht erforderlich**. Inkriminiert ist daher im Ergebnis bereits die bloße **(lose) Komplizenschaft**.⁵⁶⁹

Erfasst werden damit z.B. Beratungsunternehmen (Wirtschaftsprüfer/Unternehmensberater) oder Verbände, die für ihre Mitglieder bestimmte Dienstleistungen erbringen. Die Bandbreite der Dienstleistungen die eine Beteiligung nach *AC Treuhand II* begründen *können*, ist theoretisch breit: Sie reicht von der bloßen Organisation von Treffen (Raumbuchung, Unterkünfte buchen, Agenda aufstellen) über die Aufbewahrung von Dokumenten der Mitglieder, die diese nicht bei sich lagern wollen, bis hin zur Moderation zwischen den Mitgliedern, wenn diese sich bei »kartellrechtlich kritischen« Themen, wie z.B. dem Abgabepreis an den Kunden, nicht einigen können. Zwischen diesen Verhaltensweisen liegen jedoch nicht nur Nuancen, sondern Welten. Es muss im Lichte des Erfordernisses »Tätigkeit bzw. Auswirkung der Kartellunterstützungsleistung« zwingend zwischen den einzelnen Unterstützungsformen und dessen keineswegs nur graduellen Differenzen, zwingend unterschieden werden. Andernfalls würde man den Marktbezug verstanden als eine Einschränkung des Marktverhaltens über Bord werfen. Die Kontrollfrage muss sein: Hat sich der Unterstützer auf dem (relevanten) Markt in seinem Marktverhalten eingeschränkt bzw. von einem bestimmten Marktverhalten Abstand genommen. Es ist dogmatisch daher nicht haltbar, dass jedes kollusive Verhalten, von dem keinerlei Wettbewerbsdruck auf den Markt ausgeht, Teil einer Vereinbarung oder (was häufiger Ansatzpunkt sein wird) abgestimmten Verhaltensweisen ist. Andernfalls würde man die Zweigliedrigkeit des Tatbestandes der abgestimmten Verhaltensweise ignorieren. Dies missachten die Entscheidungen des Gerichtshofs in *AC Treuhand I*⁵⁷⁰ und *AC Treuhand II* jedenfalls teilweise.⁵⁷¹

191

---

567 Siehe dazu die Anmerkung von *Kleine/Hagenmair* zu *AC Treuhand II* in Newsdienst Compliance 2015, Heft 11/12.
568 EuGH, 22.10.2015, C-194/14 – *AC Treuhand II*.
569 Auf den Begriff der Komplizenschaft abstellend *Bosch*, NJW 2016, 1700, 1704.
570 EuG Slg. 2008. II-1501 – *AC Treuhand I* (zuvor Kommission, 10.12.2003, COMP/ E-2/38.857 – *Organische Peroxide*). Sie zu dieser Entscheidung *Eufinger*, WRP 2012, 1488; *Baudenbacher/Weitbrecht*, EuR 2010, 230; *Schuhmacher*, ZfRV 2009, 9.
571 EuGH, 22.10.2015, C-194/14 – *AC Treuhand II* = EuZW 2016, 19 m. Anm. *Berg* = GWR 2015, 480 m. Anm. *Slobodenjuk*.

§ 1 GWB Verbot wettbewerbsbeschränkender Vereinbarungen

192 Worum ging es in den Entscheidungen: *AC Treuhand* ist ein Schweizer Beratungsunternehmen, welches in Zürich ansässig ist und für seine Mitglieder verschiedene Dienstleistungen erbracht und – den Feststellungen der Kommission zufolge – an zwei Kartellen beteiligt gewesen ist. Dies waren das Peroxidkartell und das Wärmestabilisatorenkartell. Während die Kommission gegen *AC Treuhand* im Peroxidkartell noch lediglich eine »symbolische Geldbuße« von 1.000 EUR verhängt hat, die von AC Treuhand nach erstinstanzlicher Bestätigung nicht weiter im Rechtsmittel bekämpft worden ist, verhängte die Kommission im Wärmestabilisatorenkartell zwei (pauschale) Geldbußen von jeweils 174.000 EUR. Die »aktive Rolle« von AC Treuhand im zweiten Fall bestand beispielsweise darin, dass Liefermengen für die Hersteller erfasst und gegenseitig zur Verfügung gestellt worden sind (bei einem Kartell, welches u.a. in der Festsetzung von Lieferquoten bestand) und AC Treuhand zudem – im Konfliktfall – zwischen den Herstellern als »Moderator« auftrat.

193 Soweit ersichtlich unterscheidet sich *AC Treuhand II* damit von den Bußgeldentscheidungen des Bundeskartellamtes – soweit ein Vergleich mit diesen Fällen möglich ist, da oftmals nur rudimentäre Informationen veröffentlicht worden sind –, an denen Verbände bzw. Vereine beteiligt gewesen sind. Diese scheinen im Gewicht der Unterstützung jedenfalls unterhalb der Moderatorrolle zu verbleiben. Ein Beispiel bildet das gegen den *Verband Deutscher Mühlen e.V.* verhängte Bußgeld im Mühlenkartell. Nach den Feststellungen des Bundeskartellamtes hat der Verband bzw. ein Vertreter des Verbandes an zwei »Kartellrunden« in Südwestdeutschland teilgenommen und dabei *»die Vertreter der Mühlen bei der Organisation der Kartelltreffen und der Koordination der Absprachen unterstützt«*. Welche Art von der Unterstützung dahintersteckt, ist öffentlich nicht erkennbar. Zu fordern ist, dass sich die Untertützung auf das »Marktverhalten« des Verbandes jedenfalls mittelbar auswirkt. Davon kann z.B. dann die Rede sein, wenn der Verband seine Mitglieder bei Benchmarkings durch klare Hinweise darauf aufmerksam macht, welches Unternehmen hinter den aggregierten Zahlen steckt, da in diesem Fall der Geheimwettbewerb zwischen den Mitgliedern (teilweise) aufgehoben wird. In diesem Fall besteht ein unmittelbarer Marktbezug. Auch eine teleologische Auslegung kommt schließlich an ihre Grenzen und darf nicht dazu führen, dass auch bei Vorhandensein eines rechtspolitischen Bedürfnisses (Erfassung von Kartellunterstützern) die Lücke über den Tatbestand hinaus geschlossen wird. Dies wurde nicht zuletzt beim Teerfarbenkartell deutlich (vgl. Rdn. 11), dass seinerzeit zur Erweiterung des Tatbestandes des § 1 GWB auf den Begriff der »abgestimmten Verhaltensweise« geführt hat.

194 Etwas »Hoffnung« macht indes die Aussage des Gerichtshofes, dass *»rein nebensächliche Dienstleistungen (...) die nichts mit den von den Herstellern eingegangenen Verpflichtungen und den sich daraus ergebenden Wettbewerbs-*

beschränkungen zu tun« haben, nicht auseichend dafür sind, dass diese als Kartellunterstützer erfasst werden können.⁵⁷² Grenzt man daher über das Erfordernis »rein nebensächliche Dienstleistungen« irrelevante und marginale Unterstützungsleistungen aus, kann über diesen Pfad wieder ein ausreichender Bezug zum Marktverhalten hergestellt werden, da nebensächliche Dienstleistungen zumeist auch keinen Einfluss auf das Marktverhalten haben wreden. Die Gretchenfrage ist daher, wann eine **rein nebensächliche Dienstleistung** vorliegt. Meines Erachtens zählen dazu jedenfalls alle bloßen organisatorischen Unterstützungsleistungen (Raum- und Unterkunftsbuchung); dies gilt vor allem dann, wenn der Dritte, z.B. der Verband, nicht einmal an der späteren Sitzung teilnimmt. Diese haben – wie der Generalanwalt ausführt – nichts damit zu tun, was auf der Sitzung selbst (inhaltlich) besprochen wird. Ob die Dienstleistung etwas mit der Wettbewerbsbeschränkung »zu tun haben«, kann in gewisser Art und Weise im Sinne einer *conditio sine qua non* Überlegung beantwortet werden. Ist die Dienstleistung ursächlich für die spätere Wettbewerbsbeschränkung, jedenfalls dafür mitursächlich? Im Fall der bloßen Organisation muss dies wohl verneint werden. Die Kartellanten hätten sich auch ohne den gebuchten Raum untereinander treffen können. Die Buchung hat die Zusammenkunft allenfalls erleichtert. Dies vermag aber nicht für die Erfassung unter dem Begriff der abgestimmten Verhaltensweise zu genügen.

Es ist – wie auch Generalanwalt *Wahl* in der Sache *AC Treuhand II* festgestellt hat – vielmehr zu fordern, dass es erforderlich ist, *um Partei einer Absprache mit wettbewerbsbeeinträchtigendem Ziel oder Auswirkungen zu sein (…), dass das betreffende Unternehmen im normalen Wettbewerb auf die anderen Beteiligten der Absprache Wettbewerbsdruck (»competitive constraint«) ausübt. Nur wenn das betreffende Unternehmen einen Wettbewerbsdruck ausübt, der es wert ist, beschränkt zu werden, kann von einem solchen Druck die Rede sein«.*⁵⁷³ 195

ee) Akzenturierung im Vertikalverhältnis

Unerheblich ist, auf welcher Marktstufe die abstimmenden Unternehmen stehen. Seit der 7. GWB-Novelle verbietet § 1 GWB gleichermaßen **horizontale** wie **vertikale** Verhaltensabstimmungen.⁵⁷⁴ Damit ist jedoch noch nicht die 196

---

572 EuGH, 22.10.2015, C-194/14 – *AC Treuhand II*, Rn. 39.
573 Siehe dazu Schlussanträge GA Wahl, 21.5.2015, C-194/14 – *AC Treuhand II*, Rn. 51.
574 *J. B. Nordemann*, in: Loewenheim/Meessen/Riesenkampff, § 1 GWB Rn. 54. Zum europäischen Recht: *Paschke*, in: MünchKommEuWettbR, Art. 81 Rn. 72; *Roth/Ackermann*, in: FK-GWB, Art. 81 Abs. 1 EG Grundfragen Rn. 185, 211. Vor der 7. GWB-Novelle bestand hier eine Schutzlücke, die allerdings wegen

Frage beantwortet, ob der Begriff der abgestimmten Verhaltensweise nicht **unterschiedlich zu akzentuieren** ist, je nachdem ob es um einen horizontalen oder vertikalen Sachverhalt geht. Dies ist mit einer Ansicht in der Literatur zu befürworten. Zwar wurde in der – vor allem im Franchisekartellrecht bekannten – *Pronuptia*- Entscheidung festgehalten, dass der Begriff der abgestimmten Verhaltensweise auch bei vertikalen Abstimmungen anzuwenden ist, dies bedeutet jedoch nicht, dass die Anwendung gleich erfolgen muss.[575] Eine Kollusion sei im Vertikal-Verhältnis eher unwahrscheinlich. Häufig bestehen eher gegenläufige Interessen. Das zeigt auch die Schutzrichtung bzw. *theory of harm* der vertikalen Wettbewerbsbeschränkungen. Diese schützen zumeist entweder Anbieter (Hersteller) oder Abnehmer (Händler). **Unanwendbar** ist m.E. vor allem die **Vermutung**, dass sich die Abstimmung auch entsprechend ausgewirkt hat. Diese Vermutung ist ersichtlich für Horizontal-Sachverhalte konzipiert. Im Vertikalverhältnis gäbe es keine dem Horizontal-Verhältnis vergleichbare kollusive Interessenlage.[576] Dem ist zuzustimmen. Es komme nicht darauf an, dass die Beteiligten identische Marktrisiken vermeiden. Vielmehr ersetzen die Beteiligten in einem Vertikalverhältnis unterschiedliche Risiken, seien es Risiken gegenüber ihren jeweiligen Wettbewerbern oder solche im Vertikalverhältnis. Der Hersteller stärkt seine Vertriebskanäle und damit den Absatz seiner Waren, während die Händler ihre Gewinne maximieren können.[577] Typischerweise geschieht dies durch eine Marktabschottung, indem sich der Hersteller Parallelimporten oder Querlieferungen aus anderen räumlichen Märkten widersetzt. Dies kann etwa auf einem Informationssystem zwischen Händler und Hersteller beruhen, bei dem die Händler dem Lieferanten mitteilen, welche Erzeugnisse importiert wurden.[578] Denkbar ist auch, dass der Händler auf eine Veranlassung der (inländischen) Alleinvertriebshändler tätig wird.[579]

b) Abstimmungsgemäßes Marktverhalten

197 Der Wortlaut des § 1 GWB (Art. 101 Abs. 1 AEUV) legt nahe, dass nicht schon die Abstimmung, sondern erst die abgestimmte *Verhaltensweise* – verstanden als **Marktverhalten** – verboten ist. Deswegen qualifiziert die h.M.

---

des damals geltenden Empfehlungsverbot folgenlos blieb, *Bechtold*, NJW 1998, 2769, 2770.
575 So auch *Polley/Rhein*, KsZW 2011, 15, 24; *Aurrichio*, ECLR 2010, 167, 169; *Lianos*, 45 CMLRev 2008, 1027, 1061 ff.
576 So auch *Polley/Rhein*, KsZW 2011, 15, 24.
577 Kommission vom 26.5.2004 ABl. EG Nr. L 353, 5 – *Souris-Topps*.
578 Kommission vom 21.12.1994 ABl. EG Nr. L 378/45 Rn. 58 – *Tretorn und andere*.
579 Kommission vom 12.6.1982 ABl. EG Nr. L 161/18 Rn. 42–47 – *Hasselblad*; ähnlich: 5.3.1980 ABl. EG Nr. L 60/21 Rn. 60 ff. – *Pioneer Hi-Fi Geräte*.

das Abstimmungsverbot als »erfolgsqualifizierten« Tatbestand und **zweiaktigen** Tatbestand. Die Abstimmung als solche ist alleine (ohne Marktverhalten) nicht verboten. M.a.W. besteht **kein bloßes Abstimmungsverbot**.[580] Erforderlich ist vielmehr (i) eine Abstimmung und (ii) ein auf dieser Abstimmung beruhendes Marktverhalten. Dies geht eindeutig aus der Entscheidung *Silostellgebühren I* hervor.[581] Auch die ständige europäische Praxis betont, dass erst das abstimmungsgemäße Marktverhalten, für welches die Abstimmung ursächlich gewesen ist, verboten ist.[582] Deswegen muss eine bestimmte Verhaltensweise einer Abstimmung zugerechnet werden, die Abstimmung muss **ursächlich** für die jeweilige Verhaltensweise sein.[583] Sie darf nicht hinweggedacht werden können, ohne dass das bestimmte Marktverhalten entfiele. Demgemäß muss die Abstimmung dem Marktverhalten **zeitlich vorangehen**.[584] Es genügt, wenn die Abstimmung für das Marktverhalten **mitursächlich** ist.[585] Diese Grundsätze schränkt die europäische Praxis materiell- und beweisrechtlich wieder ein. Verfolgt die Verhaltensabstimmung eine **bezweckte** Wettbewerbsbeschränkung, kann bekanntlich darauf verzichtet werden, deren Auswirkungen zu prüfen. In diesem Fall genügt es, wenn die abgestimmte Verhaltensweise **konkret geeignet** ist, den Wettbewerb zu beschränken.[586] Stimmen sich mehrere Unternehmen bei einem gemeinsamen Treffen über die Preispolitik gegenüber den Vertragshändlern ab, ist bereits dadurch § 1 GWB (Art. 101 Abs. 1 AEUV) erfüllt, ohne dass es darauf ankommt, ob sich dieses Verhalten in den Verbraucherpreisen niederschlägt.[587] Folgerichtig muss bei einer **bezweckten** Wettbewerbsbeschränkung (grundsätzlich) kein Ursachenzusammenhang zwischen Abstimmung und Marktverhalten festgestellt werden.

Auch den Ursachenzusammenhang zwischen Abstimmung und Marktverhalten hat die europäische Rechtsprechung auf der beweisrechtlichen Ebene aufgeweicht. Danach besteht eine **widerlegliche Vermutung**, dass die Abstimmungsbeteiligten (z.B. beim Informationsaustausch) bei ihrem Marktverhalten die Informationen berücksichtigen, die sie bei einem vorangegangenen

---

580 BGH WuW/E BGH 1985 – *Familienzeitschrift*; OLG München WuW/E OLG 3395 – *Orthopäden*.
581 OLG Düsseldorf, WuW/E DE-R 3889 – *Silostellgebühren I*.
582 EuGH, 21.1.2016, C-74/14 – *Eturas*, Rn. 42; EuGH, 19.3.2015, C-286/13 – *Dole*, Rn. 126; EuGH Slg. 1999, I-4125 Rn. 118 – *Anic Partecipazioni*; Slg. 1999, I-4287 Rn. 161 – *Hüls*; Slg. 1999, I-4539 Rn. 125 – *Montecantini*.
583 BGH WuW/E BGH 1985 – *Familienzeitschrift; Paschke*, in: MünchKommEuWettbR, Art. 81 Rn. 74; *J. B. Nordemann*, in: Loewenheim/Meessen/Riesenkampff, § 1 Rn. 64.
584 *J. B. Nordemann*, in: Loewenheim/Meessen/Riesenkampff, § 1 Rn. 64.
585 *Roth/Ackermann*, in: FK-GWB, Art. 81 Rn. 200.
586 EuGH Slg. 2009, I-4529 Rn. 31 – *T-Mobile Netherlands*.
587 EuGH Slg. 2009, I-4529 Rn. 31 – *T-Mobile Netherlands*.

Informationsaustausch mit den Wettbewerbern erlangt haben.[588] Dies gilt sogar bereits dann, wenn die Unternehmen sich nur einmalig getroffen haben.[589] Aus Unternehmenssicht ist eine **sorgfältige Distanzierung** und **Dokumentation** erforderlich. Diese Vermutung lockert die ältere Rechtsprechung des EuG, wonach entscheidend war, dass Wettbewerber solche Informationen zwangsläufig berücksichtigen müssten, die ihnen durch einen Informationsaustausch zur Verfügung gestellt wurden.[590] Diese Praxis hat man kritisiert, da sie einen Ursachenzusammenhang fingiere.[591] Nach der neueren Praxis ist der Ursachenzusammenhang durch die Beteiligten widerlegbar. Indes ist dieser Gegenbeweis (leider) eher selten zu erbringen,[592] so dass sich die neuere Praxis, vergleichbar zur älteren, aufgegebenen Rechtsprechung, auswirkt. Es wird davon ausgegangen, dass ein rational handelndes Unternehmen die Informationen beachtet, die es bei einem gegenseitigen Informationsaustausch erlangt hat.[593] Der Ursachenzusammenhang kann nur widerlegt werden, indem sich die Beteiligten **öffentlich** von Informationsaustausch **distanzieren** und damit die **gegenseitige Erwartung** über das künftige Marktverhalten **erschüttern**. Für den Austausch in einer Verbandssitzung bedeutet dies praktisch, dass das die Information passiv treffende Unternehmen seinen Widerspruch zu Protokoll geben muss und dies auch nachträglich im Hinblick auf die korrekte Aufnahme seines Widerspruchs kontrollieren sollte. Das Distanzierungserfordernis gilt nach neuester Rechtsprechung auch bei Empfang eines **Rundschreibens**.[594]

c) Parallelverhalten und Abstimmung über den Markt

199 Der Wortlaut des § 1 GWB verlangt **keine bestimmte zeitliche Abfolge** zwischen Verhaltensabstimmung und Marktverhalten.[595] Im Typfall geht dem einheitlichen Marktverhalten der Unternehmen eine Abstimmung in Gestalt einer »Fühlungnahme« voraus. Abstimmung und Marktverhalten können auch *uno actu* zusammenfallen. Verlangt man mit der nunmehr ganz vorherrschenden Ansicht ein abstimmungsgemäßes Marktverhalten, so ist die Abstimmung

---

588 EuGH, 19.3.2015, C-286/13 – *Dole*, Rn. 127; EuGH Slg. 1999, I-4162 Rn. 121 – *Anic Partecipazioni*; Slg. 1999, I-4336 Rn. 162 – *Hüls*; Kommission, 20.11.2007 COMP/38.432 Rn. 107 – *Professional Videotape*.
589 EuGH Slg. 2009, I-4529 Rn. 31 – *T-Mobile Netherlands*.
590 EuG Slg. 1999, II-347 Rn. 269 – *Thyssen Stahl*; Slg. 1991, II-867 Rn. 123 – *Rhône Poulenc*.
591 Krit. etwa: *Paschke*, in: MünchKommEuWettbR, Art. 81 Rn. 74.
592 So auch *Emmerich*, in: Immenga/Mestmäcker, Art. 81 Abs. 1 Rn. 116; *Roth/Ackermann*, in: FK-GWB, Art. 81 Abs. 1 EG Grundfragen Rn. 200, 201.
593 Zutr. *Emmerich*, in: Immenga/Mestmäcker, Art. 81 Abs. 1 Rn. 116.
594 EuGH, 21.1.2016, C-74/14 – *Lettische Reisebüros*; siehe dazu *Eufinger*, GWR 2016, 307.
595 *Jungermann*, S. 38 mit dem Hinweis, dass man anderenfalls das Partizip »abgestimmt« verkünstelt auslegen würde.

die Grundlage bzw. Ursache für das Marktverhalten und nicht umgekehrt. Eine **Abstimmung über den Markt** ist keine abgestimmte Verhaltensweise.[596] Das bloße Parallelverhalten der Wettbewerber fällt daher nicht unter § 1 GWB (und Art. 101 Abs. 1 AEUV).[597] Dies ist auch im Hinblick auf die Fallgruppe des Price Signalling (vgl. dazu zuvor Rdn. 181) zu erinnern.

Den hier vertretenen Standpunkt erhärtet das **Selbständigkeitspostulat**.[598] Die abstimmenden Unternehmen wiegen sich in der gegenseitigen Gewissheit, dass sie die Marktrisiken vermindert haben. Dadurch beseitigen sie die Unsicherheit darüber, welche Aktionsparameter die andere Partei künftig einsetzen wird. Wohl kann das Parallelverhalten ein Indiz für eine damit korrespondierende Abstimmung der Beteiligten sein. Jedoch **nur** ein Indiz. Im Ergebnis ist dies eine Beweisfrage, die sich nicht pauschal beantworten lässt, sondern nur anhand der Marktverhältnisse. Sukzessive Preiserhöhungen von Wettbewerbern belegen für sich genommen daher noch keine Verhaltensabstimmung. Ziehen die Wettbewerber einen Preisführer nach, kann dies mehrere Ursachen haben, die alle wettbewerbskonform sein können.

200

Das **Parallelverhalten** von **Oligopolisten** ist nach der h.M. keine verbotene Verhaltensabstimmung. Dabei unterscheidet man zwischen den Ursachen für ein gleichförmiges Verhalten. Beruht es auf einer **impliziten** Koordination, folgt es mithin aus der Reaktionsverbundenheit der Oligopolisten, drückt der gleichförmige Marktauftritt keine Abstimmung aus. Dies hat man allerdings mit beachtlichen Argumenten bestritten.[599] Der gemeinsame Marktauftritt der Oligopolisten unterscheidet sich äußerlich nicht von einem abgestimmten, gleichförmigen Verhalten. Gleichwohl will die herrschende Ansicht nach den Ursachen für diesen Marktauftritt fahnden, da man anderenfalls zu einem Preiserhöhungsverbot im Oligopol käme. Vordergründig trifft dies zu und umgekehrt unterliegen die Mitglieder eines Oligopols auch keinem Preissenkungsverbot.

201

V. Beweis

1. Grundlagen

In der Praxis steht die Frage im Vordergrund, ob und wie die Koordinationstatbestände des § 1 GWB nachzuweisen sind. Die formelle und die materielle Beweislast richtet sich hierbei nach den allgemeinen Grundsätzen: **Wer** eine Vereinbarung, einen Beschluss oder eine abgestimmte Verhaltensweise be-

202

---

596 So auch *Heyers*, NZKart 2013, 99, 103.
597 EuGH Slg. 1981, 2021 Rn. 14 – *Züchner*; *Jungermann*, S. 37 ff.; *Roth/Ackermann*, in: FK-GWB, Art. 81 Abs. 1 EG Grundfragen Rn. 220.
598 Dazu jüngst *Eufinger*, GWR 2016, 307.
599 *Zimmer*, ZHR 154 (1990), 470, 486 ff.

hauptet, hat deren Existenz darzulegen und **zu beweisen**. Häufig trifft daher die Beweislast naturgemäß die Kartellbehörde, das Bundeskartellamt. Insbesondere bei einer abgestimmten Verhaltensweise muss der Kläger oder die Kartellbehörde daher dartun, dass ein gleichförmiger Marktauftritt auf einer Kommunikation zwischen den Beteiligten beruht. Dies wirft meist enorme Probleme auf, da ein gleichförmiger Marktauftritt nunmal verschiedene Ursachen haben kann. Der Begriff »abgestimmte Verhaltensweise« ist weit gesteckt und bedarf daher einer klaren und vollständigen Nachweiskette. Das gilt insbesondere für Konstrukte wie der »einheitlichen und fortgesetzten Zuwiderhandlung«, dass dogmatisch gleich mehrfach zweifelhaft erscheint; vgl. dazu ausführlich *Maritzen*, OZK 2010, 92 ff.; sowie *ders.*, OZK 2013, 68 zur Entscheidung des Gerichtshofs in der Rs. Coppens (EuGH, 6.12.2012, C-441/11 – *Coppens*). Nichts anderes gilt für den Begriff »Vereinbarung« und »Beschluss«. Das einheitliche Marktverhalten ist zunächst wettbewerbsneutral (bewusstes Parallelverhalten). Dies zu erinnern, sollte auch helfen, z.B. die Fälle des »*Price Signalling*« (vgl. dazu ausführlich Rdn. 181) wie in § 1 GWB einzuordnen. Daneben spielt die Nachweispflicht auch eine große Rolle beim Begriff der Wettbewerbsbeschränkung, vor allem bei der bezweckten Wettbewerbsbeschränkung (vgl. dazu Rdn. 246). Dies gilt insbesondere seit den Entscheidungen des Gerichtshofes in den Rs. »*Cartes Bancaires*«[600] und »*Maxima Latvija*«[601] (zu den Auswirkungen dieser Urteile auf den Begriff der bezweckten Wettbewerbsbeschränkung und die damit erfreulicherweise einhergehende Neujustierung bzw. Rückführung des Begriffs der bezweckten Wettbewerbsbeschränkung auf die Beschränkungen, die in sich selbst eine hinreichende Beeinträchtigung des Wettbewerbs erkennen lassen, Rdn. 246). Mit diesen Entscheidungen ist wieder klargestellt worden, dass die Wettbewerbsbehörden grundsätzlich die wettbewerbsbeschränkenden Auswirkungen nachzuweisen haben, m.a.W. der **Regelfall** die **Wirkungsprüfung** ist und lediglich im **Ausnahmefall** die »Abkürzung«[602] über die Annahme einer **bezweckten** Wettbewerbsbeschränkung erfolgen darf.[603] Letztere kommen nur noch in wenigen Fällen in Betracht, wenn z.B. die Regelungen ihrem Wesen nach schädlich für das Funktionieren des Wettbewerbs sind.[604]

203 Zu führen ist der Beweis entweder direkt oder indirekt, z.B. anhand von Indizien. Vom Indizienbeweis ist der **Anscheinsbeweis** zu unterscheiden.[605] Dieser knüpft an einen typischen Geschehensablauf an, aus dem sich Rückschlüs-

---

600 EuGH, 11.9.2014, C-67/13 – *Cartes Bancaires*.
601 EuGH, 26.11.2015, C-345/14 – *Maxima Latvija*.
602 So *Wolf*, NZKart 2015, 78, 83.
603 *Wolf*, NZKart 2015, 78, 83; *Kuhn*, ZWeR 2014, 143, 163.
604 EuGH, 11.9.2014, C-67/13, Rn. 50 – *Cartes Bancaires*, dies aufnehmend EuGH, 26.11.2015, C-345/14, Rn. 18 – *Maxima Latvija*.
605 Ausführlich zum Anscheinsbeweis *Galle*, NZKart 2016, 214.

se auf die Existenz der zu beweisenden Tatsache ergeben, wobei es sich erübrigt, einzelne Tatsachen zu belegen. Der Anscheinsbeweis kann von der Gegenseite **erschüttert** werden, indem Tatsachen dargestellt werden, die einen atypischen Sachverhalt begründen.[606] Unanwendbar ist der Anscheinsbeweis im kartellrechtlichen Bußgeld- und Strafverfahren. Im Kartellverwaltungsverfahren gilt der Amtsermittlungsgrundsatz (§ 57 GWB i.V.m. § 24 VwVfG), mit dem sich der Anscheinsbeweis nur schwer verträgt. Er kommt nur dann in Betracht, wenn die Kartellbehörde alle Untersuchungsmöglichkeiten ausgeschöpft hat und unvermeidbare Restzweifel bestehen. Besonders intensiv wird der Anscheinsbeweis derzeit bei privaten Schadenersatzklagen (§ 33 GWB) z.B. bei (i) der Beteiligung am Kartellverstoß, (ii) beim Schadenseintritt oder (iii) bei der Schadensbezifferung diskutiert.[607] Da sich kartellrechtliche Sachverhalte meist einer Typizität entziehen, und er systematisch nicht überzeugend ist, dürfte der Anscheinsbeweis oftmals scheitern.

2. Direkter Beweis

Der **direkte Nachweis** einer Verhaltensabstimmung wird nur eher selten möglich sein. Direkt nachweisen lässt sich eine abgestimmte Verhaltensweise nur, wenn die Abstimmung und das daraus ableitbare Marktverhalten mit den anerkannten Beweismitteln zu belegen sind. Zu denken ist hierbei an den Schriftwechsel zwischen den Beteiligten,[608] Protokolle von Sitzungsniederschriften, Tagesordnungspunkte von Versammlungen, Notizen oder auch Zeugenaussagen.[609] Die Praxis zeigt, dass sich insbesondere in der E-Mail Kommunikation häufig (bestenfalls als unbedacht) auszulegende Äußerungen finden. Auch Kalender (soweit diese nicht rein privat genutzt werden oder daher bei einer Hausdurchsuchung nicht angesehen werden dürfen) sind eine gute Quelle von Beweismitteln für die Behörde. Auch erlaubte Tonaufnahmen über gemeinsame Treffen der Beteiligten oder deren Kommunikation sind als Beweismittel geeignet.[610] Immerhin sorgt die **Kronzeugen** bzw. **Bonusregelung** dafür, dass der direkte Nachweis eines abgestimmten Marktverhaltens erleichtert wird, indem diese der Kartellbehörde viele direkte Beweismittel beibringen, die der Kartellbehörde einen gerichtsfesten Nachweis des Kartellverstoßes ermöglichen.[611] Hinzu kommen Vernehmungsprotokolle

204

---

606 *Thiede/Träbing*, NZKart 2016, 422, 422.
607 Siehe dazu ausführlich m.w.N. *Galle*, NZKart 2016, 214 ff. oder *Thiede/Träbing*, NZKart 2016, 422.
608 EuGH Slg. 1984, 883 Rn. 24 – *Hasselblad*.
609 Siehe auch *Krauß*, in: Langen/Bunte, § 1 GWB Rn. 113.
610 Verdeckte Ton- und Bildaufnahmen sind beispielsweise zur Aufdeckung des *Marineschläuche*-Kartells verwendet worden.
611 Vgl. *Roth/Ackermann*, in: FK-GWB, Grundfragen Art. 81 EG Rn. 214. Die Vorlage aller im Besitz des Kronzeugen befindlichen Beweismittel ist Ausfluss der

3. Indizienbeweis

205 In der Mehrzahl der Fälle lässt sich ein abgestimmtes Verhalten nur anhand von **Indizien** nachweisen. Ein Indizienbeweis knüpft an eine – sei es auch tatbestandsfremde – Tatsache an, aus der sich eine zu beweisende Tatsache rekonstruieren lässt. Geführt ist der Indizienbeweis, wenn keine anderen Schlussfolgerungen in Betracht kommen, als das aus den Indizien abgeleitete Ergebnis. Ein Anknüpfungspunkt ist hierbei das **gleichförmige Marktverhalten** bzw. **Parallelverhalten** der kooperationsverdächtigen Unternehmen. Allerdings hat dieses gleichförmige Marktverhalten lediglich dann eine Indizwirkung, wenn die konkreten Marktverhältnisse nur den rationalen Schluss zulassen, dass dem gleichförmigen Verhalten eine Abstimmung oder Vereinbarung voranging. Mit anderen Worten muss eine Vereinbarung, eine Verhaltensabstimmung oder ein Beschluss die **einzig rationale Ursache** dafür sein, warum sich die Unternehmen gleichförmig verhalten.[612] Dies unterscheidet den Indizienbeweis von dem Anscheinsbeweis: Während dieser tatsächliche Lücken bei typisierten Geschehen hinnimmt, muss der Indizienbeweis möglichst lückenlos den Rückschluss auf eine Tatsache stützen. Lückenlosigkeit erfordert (i) sachliche und (ii) zeitliche Lückenlosigkeit. Methodisch betrachtet, ist eine indiziengestützte Beweisführung ein **hermeneutisches Verfahren**. Es stützt sich auf eine Gesamtbetrachtung aller tatsächlichen Umstände.[613] Demgemäß wertet der EuGH ein gleichförmiges Verhalten dann als ein Indiz für eine Koordinierung, »wenn es zu Wettbewerbsbedingungen führt, die im Hinblick auf die Art der Ware, die Bedeutung und Anzahl der beteiligten Unternehmen sowie den Umfang dessen in Betracht kommenden Marktes nicht den normalen Marktbedingungen entsprechen«.[614] Die betroffenen Unternehmen können den Indizienbeweis entkräften, indem sie darlegen und beweisen, dass das gleichförmige Marktverhalten auf keiner Koordination beruht. So mag der gleichzeitige Abbruch von Geschäftsverbindungen auf den

---

ihm obliegenden Kooperationsverpflichtung. In Österreich folgt diese Verpflichtung direkt aus § 11 WettbG. Vgl. zu den Folgen mangelnder Kooperation des Kronzeugen ausführlich *Maritzen/Ondrejka*, RdW 2011, 323 ff.; bzw. *Maritzen/Holterhus*, ecolex 2010, 778.

612 *Krauß*, in: Langen/Bunte, § 1 GWB Rn. 114.
613 Siehe dazu etwa BGH WuW/E DE-R 115, 117 – *Carpartner*. Aus der europäischen Rechtsprechung siehe EuGH Slg. 2004, I-123 Rn. 57 – *Aalborg*; EuG Slg. 2008, II-1333 Rn. 63 – *BPB*; EuG Slg. 2006, II-3567 Rn. 63 – *Dresdner Bank*. Aus der Lit.: *Roth/Ackermann*, in: FK-GWB, Grundfragen Art. 81 Rn. 215; *J. B. Nordemann*, in: Loewenheim/Meessen/Riesenkampff, § 1 GWB Rn. 70.
614 EuGH Slg. 1972, 619 Rn. 66 – *ICI (Teerfarben)*; EuGH Slg. 1993, I-1307 Rn. 71 – *Zellstoff*.

ersten Blick als gleichförmiges Verhalten erscheinen. Allerdings entfällt die Indizwirkung, wenn Betroffene darlegen, dass sie Geschäftsverbindungen deswegen abgebrochen haben, weil ausstehende Rechnungen nicht beglichen wurden.[615] Die betroffenen Unternehmen können daher den Indizienschluss »erschüttern«,[616] ohne dass dies als eine Beweislastumkehr einzustufen ist. Vielmehr handelt es sich hierbei um einen eingeschränkten Gegenbeweis.[617]

a) Ausmaß des gleichförmigen Verhaltens

Stehen Unternehmen vielfältige Verhaltensalternativen zur Verfügung, mag man zweifeln, wenn und warum die Unternehmen diese nicht ausschöpfen. Daher wertet man es als Indiz für eine Kooperation, wenn Unternehmen mehrere Aktionsparameter identisch ausfüllen, obwohl ein differenzierter Marktauftritt wirtschaftlich und rechtlich möglich wäre. Je mehr Aktionsparameter angeglichen seien, desto mehr spreche dies für eine Koordination zwischen den Unternehmen.[618] Allerdings ist auch hier zu beachten, dass mehrere identisch gesetzte Aktionsparameter nur dann den Rückschluss auf eine Abstimmung zwischen den Beteiligten gestatten, wenn eine andere Erklärung ausscheidet. Geben die Unternehmen nur eine sie gleichmäßig treffende **Kostenerhöhung** (gestiegene Steuerbelastungen oder Beschaffungspreise) **weiter**, spricht dies gegen eine Kollusion. In der berühmten Teerfarben-Entscheidung sah es der Gerichtshof als Indiz für eine Verhaltensabstimmung an, wenn alle Teerfarbenhersteller einer Preisankündigung eines Wettbewerbers binnen kurzer Zeit folgen, ohne dass dies durch Kostenerhöhungen gerechtfertigt war.[619] Liegt umgekehrt eine längere Zeitspanne zwischen der Preisankündigung und dem einheitlich geforderten Preis, spricht dies gegen eine Koordination.[620] Sowohl der Marktanteil der kartellverdächtigen Unternehmen als auch Marktanteilsschwankungen können den Rückschluss von einer einheitlichen Preisstrategie auf eine Koordination entkräften. Zum einen muss der zusammengefasste Marktanteil der kartellverdächtigen Unternehmen eine kritische Größe erreichen, die für die Stabilität des Kartells spricht. Kommen die Kartellaußenseiter etwa auf 40 % des Marktanteils, kann ein einheitliches Preisverhalten der übrigen Anbieter schwerlich als funktionierendes Preiskartell eingestuft werden.[621]

206

---

615 EuGH Slg. 1984, Slg. 1984, 1679 Rn. 20 – *CRAM und Rheinzink*.
616 Erschüttern ist in Abgrenzung zum Anscheinsbeweis nicht wörtlich zu verstehen.
617 EuGH Slg. 1984, Slg. 1984, 1679 Rn. 216 – *CRAM und Rheinzink*; *Krauß*, in: Langen/Bunte, § 1 GWB Rn. 114; a.A. unzutr. *Bechtold*, § 1 GWB Rn. 16.
618 *Belke*, ZHR 139 (1975), 129, 144; *J. B. Nordemann*, in: Loewenheim/Meessen/Riesenkampff, § 1 GWB Rn. 72; auch *Ulmer*, S. 282.
619 EuGH Slg. 1972, Slg. 1972 – *Teerfarben*; siehe dazu ausführlich zuvor Rdn. 11 ff.
620 EuGH Slg. 1993, I-1575 Rn. 49 – *Ahlström* (1–2 Jahre).
621 EuGH Slg. 1993, I-1575 Rn. 116 – *Ahlström*.

Ein angeglichenes Preisniveau ist auch dann wettbewerbsrechtlich irrelevant, wenn die Marktanteile der Unternehmen schwanken. In diesem Fall kann auch bei einem einheitlichen Preisniveau von einem Wettbewerb untereinander ausgegangen werden.[622] Die beschriebenen, eine Kollusion entkräftenden Umstände sind auf Ausschreibungen zu übertragen. Geben die Bieter ein gemeinsames Angebot ab und zugleich teurere Einzelangebote, so ist für letztere eine Preisabsprache indiziert. Erklären lässt sich das damit, dass rational handelnde Unternehmen sich von dem teuren Einzelangebot keinen Erfolg versprechen und eine Einkommenseinbuße hinnehmen, wenn sie dadurch gleichzeitig die Möglichkeit erhöhen, einen gemeinsamen Zuschlag zu erhalten.[623]

b) Widerspruch zum wirtschaftlichen Eigeninteresse

207 Verhalten sich die kooperationsverdächtigen Unternehmen gleichförmig, so ist der Rückschluss auf ein abgestimmtes Verhalten erst zulässig, wenn weitere **Zusatzfaktoren hinzutreten**. Widerspricht ein Verhalten dem vernünftigen wirtschaftlichen Eigeninteresse, indiziert dies ein abgestimmtes Verhalten. Allerdings birgt dieser Gesichtspunkt ersichtliche Tücken, da die Rechtsordnung den Unternehmen kein ökonomisch vernünftiges Verhalten vorschreiben kann und darf. Deswegen ist zu unterscheiden: Verhält sich nur ein Unternehmen unvernünftig, ist dieses Indiz relativ schwach. Man wird es dem betroffenen Unternehmen allerdings zumuten können, darzulegen, warum es sich ökonomisch irrational verhält.[624] Als Beispiel hierfür wird angeführt, dass ein Anbieter seine jederzeit aktivierbaren Produktionskapazitäten ungenutzt lässt, obwohl auf dem Markt ein Nachfrageüberhang besteht.[625] Verhalten sich mehrere Unternehmen auf demselben sachlich und räumlich relevanten Markt wider das vernünftige wirtschaftliche Eigeninteresse, steigert dies grundsätzlich die Indizwirkung.

208 Die Beispiele für derartiges **irrationales Marktverhalten** sind zahlreich. So spricht es etwa für eine internationale Marktaufteilung, wenn Hersteller ihre Exportpreise derart hoch ansetzen, dass potentielle Abnehmer vom Angebot keinen Gebrauch machen werden. Irrational ist dieses Verhalten deswegen, da die einzelnen Anbieter in einen Preiswettbewerb treten könnten. Umso erklärungsbedürftiger ist es, wenn ein Hersteller außerhalb seines Heimatmarktes nur andere Hersteller beliefert, nicht aber Abnehmer auf anderen Marktstufen bzw. dass er bestimmte Gebiete oder Kundengruppen nicht beliefert; eine Er-

---

622 EuGH Slg. 1993, I-1575 Rn. 119 – *Ahlström*; zust. *J. B. Nordemann*, in: Loewenheim/Meessen/Riesenkampff, § 1 GWB Rn. 72.
623 LG Düsseldorf WuW/E DE-R 2087, 2088 – *Polizeipräsidium Düsseldorf*.
624 *Emmerich*, in: Immenga/Mestmäcker, Art. 81 Rn. 125; *Roth/Ackermann*, in: FK-GWB, Grundfragen Art. 81 EG Rn. 229.
625 Siehe *Roth/Ackermann*, in: FK-GWB, Grundfragen Art. 81 EG Rn. 229.

klärung dafür mag eine bestimmte zulässige Vertriebsstruktur (z.B. Exklusivvertrieb/selektiver Vertrieb) oder der Vorbehalt bestimmte Vertriebswege zu bedienen, leitend sein. Indizwirkung entfalten auch gemeinsame Verhaltensweisen, die nicht durch den Zufall erklärbar sind.[626] Hierbei wird es sich jeweils um überraschende oder doch unerwartete Maßnahmen handeln. Gleichen Unternehmen unvermittelt ihre Geschäftsbedingungen an, verwenden sie gleichartige Standardisierungen, ohne dass dies technisch veranlasst ist, geben sie gleichartige oder zeitlich gestaffelte Angebote bei Ausschreibungen ab oder brechen Unternehmen unvermittelt Geschäftsbeziehungen ab, so sind dies Indizien für ein abgestimmtes Verhalten. Nicht weniger, aber auch **nicht mehr**. Besonders drastische Indizien hierfür sind gleichartige Kalkulations- oder Druckfehler. Konservieren die Unternehmen über einen längeren Zeitraum einen **einheitlichen Preis**, spricht dies regelmäßig nicht für eine zugrundeliegende Verhaltensabstimmung. Diese liegt in diesem Falle allerdings nahe, sofern einheitliche Preisstellung mit einer Marktaufteilung einhergeht. Insgesamt ist Vorsicht beim Indizienschluss geboten, da bei zu vorschneller Annahme von Indizien für eine abgestimmte Verhaltensweise die Grenze zum zulässigen bewussten Parallelverhalten bzw. die Verbindung von »Druckfehler« und Korrektur eines Händlerpreises bei zu »starker Abweichung« von UVP (siehe zur vertikalen Preisbindung Rdn. 566) überschritten wird.

c) Marktstrukturelle Bedingungen

Von besonderer Bedeutung für den Indizienbeweis ist die Marktstruktur. Allerdings ist diese Bewertung komplex (zu Oligopolen siehe Rdn. 201). Kann nach dem Gesagten (ausnahmsweise) ein Marktverhalten mit bestimmten Zusatzfaktoren eine zugrundeliegende Verhaltensabstimmung geschlossen werden, muss der Beweisbelastete außerdem dartun, dass das Marktverhalten kausal auf der Abstimmung beruht. Auch hier hilft die europäische Praxis mit Beweiserleichterungen. Es wird vermutet, dass das Marktverhalten kausal auf einer Abstimmung beruht, wenn beide deckungsgleich sind.

D. Wettbewerbsbeschränkung

I. Systematischer Überblick

Die Verhaltenskoordination zwischen den Normadressaten muss nach dem Gesetzeswortlaut »eine Verhinderung, Einschränkung oder Verfälschung des Wettbewerbs bezwecken oder bewirken«. Besonders dieses Tatbestandsstück des § 1 GWB schafft die meisten Auslegungsprobleme. Den »Wettbewerb« als zentralen Anknüpfungspunkt der Tatbestandsmerkmale definiert das Gesetz nicht. Einigkeit herrscht, dass der Begriff tunlichst weit auszulegen ist,

---

626 *Jungermann*, S. 44.

um das Anwendungsspektrum des § 1 GWB nicht unnötig einzuschränken. Sieht man den Zweck dieser Vorschrift auch im Individualschutz, so ist der Wettbewerb die Summe der individuellen wirtschaftlichen Handlungsfreiheiten (Rdn. 37 f.). Diese dürfen weder verhindert, eingeschränkt oder verfälscht werden. Dieser Dreiklang geht auf die gleich lautende Formulierung des Art. 101 Abs. 1 AEUV zurück, allerdings ist noch nicht abschließend geklärt, wie sich die drei Beschränkungsformen zueinander verhalten (Rdn. 135). Als Klammerbegriff ist jedoch die Bezeichnung »Wettbewerbsbeschränkung« aussagekräftig. Schließlich muss der eingeschränkte wirtschaftliche Handlungsspielraum auf einer Verhaltenskoordination beruhen. Deswegen verlangt § 1 GWB, dass die Wettbewerbsbeschränkung durch eine Vereinbarung »bezweckt« oder »bewirkt« sein muss. Schränken die Marktverhältnisse die wirtschaftliche Handlungsfreiheit ein, fehlt es an der rechtlichen Zurechnung. Da § 1 GWB auch den Wettbewerb als Institution schützt, muss die Wettbewerbsbeschränkung *inter partes* auch den Wettbewerb auf einem bestimmten Markt beeinflussen. Als ungeschriebenes Tatbestandsmerkmal verlangt die Rechtsprechung daher eine »spürbare« Wettbewerbsbeschränkung (Rdn. 260). Bis zur 6. GWB-Novelle ließ sich dies auch im Tatbestand des § 1 GWB verankern. Die Vorschrift verlangte seinerzeit, dass eine vertragliche Wettbewerbsbeschränkung geeignet sein muss, »die Erzeugung oder die Marktverhältnisse für den Verkehr mit Waren oder gewerblichen Leistungen ... zu beeinflussen«. Dies war nach der damaligen Rechtsprechung nur der Fall, wenn eine Wettbewerbsbeschränkung »spürbare« Wirkungen zeitigte.

II. Erscheinungsformen des Wettbewerbs

1. Wettbewerb als Summe von Handlungsfreiheiten

211 Die Begründung zum ersten Regierungsentwurf des GWB beschrieb den Wettbewerb als »das Streben, durch eigene Leistung, die nach Qualität oder Preis besser ist als die Leistung anderer Unternehmen, den Verbraucher zum Abschluss eines Vertrages zu veranlassen«. Ersichtlich hat diese Umschreibung eine ordoliberale Prägung. Allerdings hat der Gesetzgeber darauf verzichtet, den Begriff des Wettbewerbs legaliter zu definieren.

212 Seit dem Aufkommen der Wettbewerbspolitik hat sich die Ökonomik intensiv um das Phänomen »Wettbewerb« bemüht. Der betriebene theoretische Aufwand steht in keinem Verhältnis zum juristisch verwertbaren Ertrag. Zum einen mag dies daran liegen, dass ökonomische und juristische Erkenntnisziele auseinander liegen. Zum anderen ist es der Ökonomik bislang nicht gelungen, einen Wettbewerbsbegriff zu entwickeln, der einerseits präzise subsumierbar und andererseits ausreichend weit gefasst ist. Dem definitorischen Dilemma entgeht die Rechtspraxis, indem sie den Begriff des Wettbewerbs

weit definiert. § 1 GWB schützt die **wirtschaftliche Handlungsfreiheit**. Unternehmen haben die Freiheit, ihre Wettbewerbsparameter selbst zu setzen.

2. Angebots- und Nachfragewettbewerb

§ 1 GWB schützt den Angebotswettbewerb und damit die Wettbewerbsparameter eines Anbieters wie **Konditionen, Preis, Menge, Qualität, Werbung**. Nach der ständigen Rechtsprechung und der allgemeinen Ansicht im Schrifttum schützt § 1 GWB auch den **Nachfragewettbewerb**.[627] Durch eine gemeinsame Beschaffung bzw. durch einen gemeinsamen Einkauf verzichten die Beteiligten untereinander auf eine eigenständige wirtschaftliche Tätigkeit. Bereits dies genügt als Anknüpfungspunkt für § 1 GWB.

3. Aktueller und potentieller Wettbewerb

Geschützt von § 1 GWB wird sowohl der aktuelle, als auch der potentielle Wettbewerb. **Aktueller Wettbewerb** herrscht zwischen den Unternehmen, die aktuell auf einem relevanten Markt anbietend oder nachfragend tätig sind. Die Beurteilung, ob sich zwei oder mehr Unternehmen auf dem sachlich und räumlich relevanten Markt gegenüber stehen, setzt tautologisch eine Abgrenzung des relevanten Marktes voraus. Daneben spielt die Marktabgrenzung im Rahmen des § 1 GWB u.a. eine Rolle bei der Spürbarkeit oder bei der Bestimmung der Anwendungsvoraussetzungen der Gruppenfreistellungsverordnungen. Auf die einzelnen Abgrenzungsmethoden braucht hier nicht weiter eingegangen werden, wohl aber darauf, wie die Marktabgrenzung den Tatbestand des § 1 GWB bestimmt. Beschränken zwei Unternehmen auf **demselben sachlich und räumlich relevanten Markt** einen Wettbewerbsparameter, handelt es sich um den Typfall eines Kartells, mithin um eine **horizontale Wettbewerbsbeschränkung**. Sind Unternehmen auf dem identischen sachlich relevanten, aber auf räumlich getrennten Märkten tätig, ist zu differenzieren: Könnte ein Unternehmen in den räumlich getrennten Markt eintreten, handelt es sich um potentiellen Wettbewerb. Sollte mit diesem Markteintritt nicht zu rechnen sein, handelt es sich entweder um ein Vertikalverhältnis oder um einen Fall des Drittwettbewerbs.

---

627 BGH WuW/E BGH 2049 – *Holzschutzmittel*; WuW/E BGH 3737, 3741 – *Selex-Tania*; BGH WuW/E DE-R 1087 – *Ausrüstungsgegenstände für Feuerlöschzüge*; KG WuW/E OLG 1745, 1751 – *HFGE*; OLG Düsseldorf WuW/E DE-R 150 – *Löschfahrzeuge*; OLG Koblenz WuW/E Verg 184 – *Feuerlöschgeräte*; *Bechtold*, § 1 Rn. 26; *Lutz*, WRP 2002, 47, 49; *J. B. Nordemann*, in: Loewenheim/Meessen/Riesenkampff, § 1 GWB Rn. 85; *Zimmer*, in: Immenga/Mestmäcker, § 1 GWB Rn. 144.

§ 1 GWB *Verbot wettbewerbsbeschränkender Vereinbarungen*

215 § 1 GWB schützt – in Übereinstimmung mit Art. 101 AEUV – auch den **potentiellen Wettbewerb** zwischen Unternehmen.[628] Dies untermauert die wettbewerbstheoretische Perspektive: Die Austauschprozesse auf den relevanten Märkten sind gleichermaßen betroffen, wenn die Beteiligten ihren aktuellen Wettbewerb beschränken oder eine Wettbewerbsposition verfestigen, indem sie potentiellen Wettbewerb ausschließen. In beiden Fällen erliegen die Wettbewerbsprozesse. Nicht zuletzt deswegen nennt § 18 Abs. 3 Nr. 6 GWB den potentiellen Wettbewerb als einen Faktor, um die Marktmacht eines Unternehmens zu bestimmen. Der potenzielle Wettbewerb setzt die Fähigkeit eines Unternehmens voraus, auf einem relevanten Markt entweder nachzufragen oder anzubieten. Warum dies unterbleibt, kann zwei Ursachen haben. Im »Typfall« war ein Unternehmen noch nicht auf dem relevanten Markt tätig, könnte dies aber in »absehbarer« Zeit. Im anderen Fall unterbleibt die Markttätigkeit aus autonomen oder (kartellrechtlich zu erfassenden) kollusiven Motiven.

216 Abzugrenzen ist im Ausgangspunkt bloß **theoretischer denkbarer**, von potentiellem Wettbewerb.[629] Potentieller Wettbewerb wird allgemein definiert als die Möglichkeit künftigen Wettbewerbs durch den Marktzutritt des Unternehmens, wobei dafür jedenfalls bei Eintritt bestimmter Voraussetzungen bereits gegenwärtig eine – mehr oder weniger große – **Wahrscheinlichkeit** bestehen muss.[630] Relevant wird potentieller Wettbewerb beispielsweise dort, wo sich ein noch nicht auf einem Markt tätiges Unternehmen bereits vorab verpflichtet, (i) nicht in den Markt einzutreten bzw. (ii) sich bereits vorab bestimmten Beschränkungen unterwirft. Als potentieller Wettbewerber gilt in Anlehnung an Rn. 10 der Horizontal-Leitlinien derjenige, bei dem **wahrscheinlich** ist, dass er ohne die Vereinbarung im Falle eines geringen aber anhaltenden Anstiegs der relativen Preise innerhalb kurzer Zeit die zusätzlichen Investitionen tätigen oder sonstige Umstellungskosten auf sich nehmen würde, die erforderlich wären, um in den relevanten Markt einzutreten.[631] Eine Aufnahme der Tätigkeit ist nicht erforderlich. Es genügt, wenn bereits erste Vorbereitungshandlungen getroffen wurden, z.B. der Abschluss von Miet-

---

628 Allgemeine Ansicht, siehe dazu: BGH WuW/E 359, 361 – *Glasglühkörper* bestätigt durch BGH, 27.1.1966, KRB 2/65, Rn. 41 – *Klinker*; *Zimmer*, in: Immenga/Mestmäcker, § 1 GWB Rn. 116; *Krauß*, in: Langen/Bunte, § 1 GWB, Rn. 59.
629 BGH, 7.7.1962 KZR 6/60 – *Spar*; siehe auch BGH, 15.12.2015, KZR 92/13 Rn. 28 – *Pelican/Pelikan*.
630 BGH WuW/E BGH 1732, 1734 – *Fertigbeton II*; BGH WuW/E BGH 1501 – *KFZ-Kupplung*; BGH WuW/E BGH 2150, 2156 – *Edelstahlbestecke*. Das Kriterium der Wahrscheinlichkeit ist das Zentrale; weiterer Ausgangspunkt ist die wirtschaftliche Zweckmäßigkeit und kaufmännische Vernunft.
631 Horizontal-Leitlinien, Rn. 10; so auch LG München WuW/E DE-R 3532, 3542 – *Presse-Grosso*.

oder Pachtverträgen.⁶³² Auch ein neu gegründeter Trabrennverein, der zwar noch keine Rennen veranstaltet hat, ist im Hinblick auf seine Zielsetzung und künftige beabsichtigte Tätigkeit als Unternehmen anzusehen.⁶³³

Grundlage der Wahrscheinlichkeitsprognose muss eine **realistische Grundlage** sein, die rein theoretische Möglichkeit eines Marktzutritts reicht hingegen nicht aus.⁶³⁴ Grundlage der Prognose muss eine (konkrete) Tatsachenfeststellung sein. Obgleich man mit dieser Definition dem abstrakten Begriff der Wahrscheinlichkeitsprognose den abstrakten Begriff des Eintritts innerhalb einer kurzen Zeit bei einem relativen Preisanstieg hinzufügt, kann den vorstehend genannten Definitionen jedenfalls entnommen werden, dass die allgemeine abstrakte und sehr unkonkrete Möglichkeit, dass ein Unternehmen in einen Markt eintreten würde, für die Annahme eines potentiellen Wettbewerbs nicht ausreichend ist. Um nicht bei dieser abstrakten Aussage stehen zu bleiben, ist es notwendig im Rahmen einer Gesamtbetrachtung die innerhalb der Definition vorhandenen Einzelkriterien im Rahmen einer ex-ante-Prognose⁶³⁵ einzeln zu prüfen. Zerlegt man demnach die Definition des potentiellen Wettbewerbers in seine Einzelteile, ergibt sich, dass insbesondere zwei neuralgische Punkte vertieft zu prüfen sind.

217

Zum einen, welche Anforderungen an die Wahrscheinlichkeitsprognose des Markteintritts zu stellen sind und zum anderen die Frage, welchen Zeitraum man für den Markteintritt als maßgeblich erachtet. Hinsichtlich der Wahrscheinlichkeitsprognose ist eine Anlehnung an die Fusionskontrolle denkbar. Dort hat der BGH in der Entscheidung *Haller Tagblatt* entschieden, dass für die Annahme eines potentiellen Wettbewerbers erforderlich ist, dass dieser mit **hoher Wahrscheinlichkeit** in den Markt eintritt.⁶³⁶ Jedoch sind auch die Unterschiede zwischen prognostischer Fusionskontrolle und dem Kartellverbot zu berücksichtigen.

218

Hinsichtlich des zweiten Merkmals des möglichen Zeitabstandes des Markteintritts, verbietet sich eine schematische, verallgemeinernde Darstellung.

219

---

632 BGH WuW/E BGH 1113 – *Biesenkate*; BKartA WuW/E BKartA 1389, 1392 – *Butter-Exportkontor*; so auch für den Begriff des potentiellen Wettbewerbers im UWG: BGH, GRUR 1984, 823 – *Chartergesellschaften*; KG, 30.6.2006, ZUM-RD 2006, 503.
633 OLG Hamburg, WuW/E OLG 2775, 2776 – *Hauptverband für Traberzucht*.
634 BGH, 7.7.1962 KZR 6/60 – *Spar*; siehe auch BGH, 15.12.2015, KZR 92/13 Rn. 28 – *Pelican/Pelikan*.
635 Auf die Beurteilungsperspektive der ex-ante-Prognose abstellend auch der österreichische OGH, 2.12.2013, 16 Ok 6/12 – *Wiener Wohnen*, Rn. 4.7.
636 BGH WuW/E DE-R 3695, 3697 – *Haller Tagblatt*; anders noch BGH WuW/E BGH 1435 – *Vitamin B 12*. Die Entscheidung *Haller Tagblatt* auch zitierend BGH, 19.12.2015, KZR 92/13, Rn. 36 – *Pelican/Pelikan*.

§ 1 GWB Verbot wettbewerbsbeschränkender Vereinbarungen

Was unter einem Markteintritt innerhalb einer kurzen Zeit zu verstehen ist, hängt immer von der Sachlage im konkreten Fall und dem rechtlichen und ökonomischen Kontext sowie dem betroffenen Markt ab. Denkbar erscheint z.B. eine Anlehnung an die FuE-GVO oder die Spezialisierungs-GVO, die einen Zeitraum von höchstens drei Jahren als »kurze Zeit« ansehen. Denkbar ist überdies auch wieder eine Anlehnung an die Fusionskontrolle. Dort stellt der BGH i.d.R. auf einen Prognosezeitraum von **3–5 Jahren** ab.[637] Allerdings muss bei der Anlehnung die Fusionskontrolle auch immer bedacht werden, dass die Perspektive ex-post und ex-ante Fusionskontrolle zum Teil andere Einordnungen gebietet. Demnach kommen als potentielle Wettbewerber insbesondere die Unternehmen in Betracht, die einen Markteintritt erkennbar beabsichtigen, oder die relevante Waren oder Dienstleistungen bereits für den Eigenbedarf, z.B. unter einer Eigenmarke, herstellen[638] oder auf räumlich nahen Märkten anbieten bzw. über rasch umrüstbare Kapazitäten verfügen, um auf den vor- oder nachgelagerten Märkten tätig zu sein.[639]

220 Bei **Ausschreibungen** stellt sich im Besonderen die Frage, ob als potentieller Wettbewerber nur derjenige gilt, der sich (i) am Vergabeverfahren auch selbst durch Angebotslegung beteiligt hat, oder ob (ii) auch all diejenigen Unternehmen als potentieller Wettbewerber einzubeziehen sind, die in der Lage wären, sich auf den ausgeschriebenen Auftrag zu bewerben. Diese Frage ist soweit ersichtlich bisher noch nicht entschieden. Möglich wäre eine Anlehnung an die Entscheidung des österreichischen KOG in der Rechtssache *Wiener Wohnen*, der entschieden hat, dass in den relevanten Markt alle Anbieter mit vergleichbarem Know-How einzubeziehen sind, die aufgrund ihrer Angebotsumstellungsflexibilität **in der Lage wären, den ausgeschriebenen Auftrag auszuführen**. Ob diese sich dann am nachfolgenden Ausschreibungsverfahren beteiligen oder nicht, ist für die Frage der Marktabgrenzung nach Ansicht des OGH unter Berufung auf *Opitz*[640] unerheblich.

221 Ein weiteres Sonderproblem stellt die Frage des potentiellen Wettbewerbs bei Abschluss einer markenrechtlichen Abgrenzungsvereinbarung dar (vgl. dazu ausführlich Rdn. 475).

---

637 BGH WuW/E DE-R 3695, 3702 – *Haller Tagblatt*, Rn. 38; so auch OLG Düsseldorf WuW/DE-R 4050 – *Signalmarkt*.
638 BKartA WuW/E BKarA 2249 – *Hüls-Condea*.
639 BGH WuW/E BGH 1952 – *Braun-Almo*.
640 *Opitz*, WuW 2003, 37, 34; österreichisches KOG, 2.12.2013, 16 Ok 6/12 – *Wiener Wohnen*, Rn. 3.3.

III. Erlaubter Wettbewerb als Schutzgut

1. Systematische Einordnung

Entzieht das Gesetz ein bestimmtes Verhalten der wirtschaftlichen Handlungsfreiheit, so fallen Beschränkungen dieser Freiheit nicht unter § 1 GWB. Hierüber bestand bisher Einigkeit und man fasst dies schlagwortartig zusammen, dass das GWB nur den **erlaubten Wettbewerb** schützt und keinen rechtswidrigen.[641] Entzieht das Gesetz eine bestimmte Tätigkeit überhaupt dem Wettbewerb, kann dies bereits die Unternehmenseigenschaft ausschließen. Schreibt das Gesetz den Parteien eine bestimmte Vereinbarung vor, fehlt es an einem Koordinationstatbestand. In diesem Fall haben die Beteiligten keine Inhaltsfreiheit, um ein Rechtsverhältnis auszugestalten. Folge der Einordnung, dass das GWB keinen rechtswidrigen Wettbewerb schütze war, dass sich diejenigen, die rechtswidrig handelten, nicht auf den Schutz von § 1 GWB berufen konnten.

222

Möglicherweise ist diese ständige Rechtsprechung angesichts der EuGH-Entscheidung in *Slowakische Banken* zu überdenken.[642] Im zugrundeliegenden Fall stimmten sich drei Banken darüber ab, Verträge über Kontokorrentkonten mit einem Unternehmen zu kündigen, welches – nach Ansicht der Banken – rechtswidrig Dienstleistungen für Devisengeschäfte in der Slowakei anbot. Der EuGH entschied, dass die – angebliche[643] – Rechtswidrigkeit des Angebots von Dienstleistungen für Devisengeschäfte nichts daran ändere, dass sich die drei Banken (grds. kartell-rechtswidrig) abgestimmt hätten. Der EuGH entschied jedoch, dass die Einordnung als rechtmäßiges oder rechtswidriges Verhalten nichts daran ändere, dass das Verhalten gegen Art. 101 AEUV verstößt.[644] Aus der Entscheidung ist für § 1 GWB zu folgern, dass § 1 GWB jedenfalls dann Anwendung finden sollte, wenn Gegenstand des Verhaltens eine **bezweckte Wettbewerbsbeschränkung** ist. Diese sollte – auch bei rechtswidrigem Verhalten auf der Marktgegenseite – nicht von der Rechtsordnung geschützt werden. So könnte eine m.E. sinnvolle Grenzlinie gezogen werden.

223

Die Frage, ob zwischen den Parteien ein beschränkbarer Wettbewerb besteht, stellt sich damit erst, wenn die wirtschaftliche Tätigkeit der Parteien als sol-

224

---

641 BGH WuW/E BGH 451, 455 – *Export ohne WBS*; BGH WuW/E BGH 2347 – *Aktion Rabattverstoß*; BGH WuW/E BGH 2326, 2328 – *Guten Tag Apotheke II*; BGH WuW/E BGH 2688, 2690 f. – *Warenproben in Apotheken*; OLG Düsseldorf WuW/E OLG 3859, 3862 – *Tanzlehrerverband*; OLG Hamburg WuW/E OLG 3454 – *BMW-Vertragshändler*.
642 EuGH WuW/EU-R 2644 – *Slowakische Banken*.
643 Zu Recht darauf hinweisend, dass der EuGH primär auf die **angebliche** und nicht die tatsächliche Illegalität eingeht *Lettl*, NZKart 2014, 207.
644 EuGH WuW/E EU-R 2644 – *Slowakische Banken*.

che erlaubt ist und die Parteien im Rahmen dieser Tätigkeit über eine Inhaltsfreiheit verfügen. Ein Beispiel hierfür bildet § 40 Absatz 1 BWaldG, wonach § 1 GWB auf Beschlüsse von forstwirtschaftlichen Vereinigungen u.ä. unanwendbar ist, soweit sie die forstwirtschaftliche Erzeugung und den Absatz von Forsterzeugnissen betreffen.

2. Arbeitsmarkt und Tarifverträge

a) Anwendungsfragen und Grundlagen

225 Tarifverträge regeln die Rechte und Pflichten der Tarifvertragsparteien (**Inhaltsnormen**) und Rechtsnormen, die den Inhalt, den Abschluss und die Beendigung von Arbeitsverhältnissen ordnen können. Daneben können Tarifverträge betriebliche und betriebsverfassungsrechtliche Fragen ausgestalten, § 1 Abs. 1 TVG (**Betriebsnormen**). Jedem Tarifvertrag wohnt eine Wettbewerbsbeschränkung inne:[645] Sowohl die Inhalts- als auch Betriebsnormen berühren wirtschaftliche Handlungsfreiheiten. Dennoch erfüllen Tarifverträge im Arbeitsrecht eine wichtige **sozialpolitische Befriedigungsfunktion**.[646] Die ökonomische Analyse betrachtet Tarifvereinbarungen daher januskäpfig: So können Gewerkschaften eine wirksame Gegenmacht zu den Arbeitgebern aufbauen und diese zu einer effizienteren Unternehmensführung anhalten.[647] Umgekehrt zeitigen Tarifverträge aus neoklassischer Sicht negative Wirkungen. Sie gehen oftmals zu Lasten der Außenseiter, schaffen Arbeitslosigkeit und halten ein Lohnniveau künstlich hoch, das über einem markträumenden Preis liegt.[648] Aus der juristischen Warte mag man dies anzweifeln, da Tarifverträge weder ausschließlich noch zwangsläufig ein überhöhtes Lohnniveau schaffen.[649] Indes kann sich das GWB nicht auf ökonomische Grundsatzdebatten einlassen. Zudem fehlt bei § 1 GWB ein tatbestandlicher Anker, an dem man die ökonomischen Erwägungen festzurren könnte.

---

645 EuGH, 4.12.2014, C-413/13 – *FNV Kunsten Informatie en Media*, Rn. 22; siehe dazu ausführlich *Lettl*, WRP 2015, 294 ff., sowie *Rieble*, ZWeR 2016, 165 ff.
646 EuGH, 4.12.2014, C-413/33 – *FNV Kunsten Informatie en Media*, Rn. 22.
647 *Rieble*, Arbeitsmarkt und Wettbewerb (1996), Rn. 629 ff.; *Kordel*, S. 78 ff., der weitere effizienzfördernde Wirkungen von Tarifverträgen erläutert. So bereits *Böhm*, Kartelle und Koalitionsfreiheit, 1933, S. 28 f.
648 Grdl. *Möschel*, ZRP 1988, 48; *ders.*, WuW 1995, 704; *ders.*, FIW 2007, S. 11 ff.; *Immenga*, S. 9 ff.; Zur rechtspolitischen Diskussion siehe etwa: *Bayreuther*, Tarifautonomie als kollektiv ausgeübte Privatautonomie, 2005, S. 83 ff.; *Reichold*, RdA 2002, 321, 324; *Rieble*, Rn. 1 ff.; *Rüthers/Franz*, RdA 1999, 32 ff. Aus ökonomischer Sicht s. etwa: *Haucap/Pauly/Wey*, 21 International Review of Law and Economics (2001), 287 ff.
649 Zusammenfassend: *Ackermann*, ZAAR 16 (2010), 17 Rn. 2 unter Verweis u.a. auf *Akerlof*, Labor Contracts and Partial Gift Exchange, 97 Quarterly Journal of Economics (1982), 543, der psychologische und außerökonomische Kalküle als weitere Motive für Löhne anführt, die über dem markträumenden Preis liegen.

226 Rechtssystematisch durchläuft die Anwendung des § 1 GWB auf Tarifverträge folgenden Filter: Zunächst müssen die Parteien als Unternehmen auftreten (vgl. Rdn. 77). Da nur die Arbeitgeber und ihre Verbände als Unternehmen eingestuft werden, ist der Tarifvertrag **als solcher** keine Vereinbarung im Sinne des § 1 GWB, da den Gewerkschaften die Unternehmenseigenschaft fehlt.[650] Der wettbewerbsbeschränkende Charakter eines Tarifvertrages äußert sich daher im horizontalen Verhältnis der Arbeitgeber untereinander. Dabei stellt der Abschluss des Tarifvertrages durch einen Arbeitgeberverband einen Beschluss einer Unternehmensvereinigung dar, weil dieser Außenwirkung gegenüber den Verbandsmitgliedern entfaltet und diesen ein einheitliches Verhalten vorschreibt.[651] Darüber hinaus wird man auch eine Vereinbarung zwischen den verbandszugehörigen Arbeitgebern annehmen dürfen, da diese untereinander davon ausgehen können, dass die Tarifvereinbarung eingehalten wird und sie sich demgemäß »implizit« verständigt haben.[652] Ein **Haus-** oder **Firmentarifvertrag** beruht auf keiner hinreichend bestimmten Willenseinigung zwischen den Arbeitsgebern, sondern lässt sich allenfalls als abgestimmtes Verhalten werten. Dieses setzt eine gegenseitige Gewissheit der Arbeitgeber über den gemeinsamen Inhalt der Haustarifverträge voraus, was nur bei einer identischen Übernahme des Flächentarifvertrags nahe liegen dürfte.[653]

b) Tarifrechtlich erlaubte Wettbewerbsbeschränkung

227 Welchen Umfanges die horizontalen Wirkungen eines Tarifvertrages auf der Arbeitgeberseite kartellrechtlich kontrolliert werden können, ist heute im Grundsatz geklärt. Das BAG hat in einer Grundsatzentscheidung erkannt, dass wettbewerbsbeschränkende Wirkungen von Tarifverträgen **hinzunehmen** sind, sofern diese Wirtschafts- und Arbeitsbedingungen im Sinne des § 1 TVG regeln.[654] Diese Einschätzung geht damit einher, dass bestimmte Sachverhalte »über« Tarifverträge dem Kartellverbot entzogen werden sollen, z.B. Gehaltsobergrenzen im Fußball.[655] Im Ergebnis entsprach dies bisher der europäischen Rechtsprechung. Der EuGH entschied mehrfach, dass »die im Rahmen von Tarifverhandlungen zwischen den Sozialpartnern zur Verbesserung der Arbeits- und Beschäftigungsbedingungen geschlossenen Verträge aufgrund ih-

---

650 So ausdrücklich BAGE 62, 171 = AP Nr. 113 zu Art. 9 GG Arbeitskampf = NZA 1989, 989, 972.
651 *Mühlbach*, S. 144; *von Wallwitz*, S. 152 ff.; *Reichold*, ZAAR 16 (2010), 55 Rn. 13; *Roth/Ackermann*, in: FK-GWB, Art. 81 Abs. 1 EG Grundfragen Rn. 103.
652 So Generalanwalt *Jacobs*, Schlussantrag vom 28.1.1999 zu Rs. C-67/96 – *Albany*; siehe außerdem: *Reichold*, ZAAR 16 (2010), 55 Rn. 12.
653 Im Ergebnis: *Reichold*, ZAAR 16 (2010), 55 Rn. 14.
654 BAGE 62, 171 = AP Nr. 113 zu Art. 9 GG Arbeitskampf = NZA 1989, 989, 972.
655 *Heermann*, NZKart 2015, 128, 128.

rer Art und ihres Gegenstands nicht unter Art. 101 Abs. 1 AEUV fallen«.[656] Offen ließ der EuGH, wie die Parteien und die kartellfreien Bedingungen einer Kollektivvereinbarung näher zu beschreiben sind. Für das nationale Recht müssen diese Begriffe nicht ausgefüllt werden, weil nach Art. 153 Abs. 5 AEUV das Koalitions- und damit das Tarifrecht (noch) Domäne der Mitgliedstaaten ist. Ohne Rücksicht auf europäische Vorgaben garantiert Art. 9 Abs. 3 GG die Tarifautonomie und prägt deren Inhalt. Art. 9 Abs. 3 GG überwölbt das Tarifrecht und wirkt sich durch das einfache Gesetzesrecht auf die Anwendung des § 1 GWB aus. Dies überlagert eine etwaige unionsrechtskonforme Auslegung des § 1 GWB, da das Verfassungsrecht nicht hinter dem Unionsrecht zurücktritt.[657] **Dogmatisch** begründet man das Kartellprivileg von Tarifverträgen damit, dass das TVG *lex specialis* gegenüber dem GWB sei.[658] Dies bleibt präzisierungsbedürftig. Art. 9 Abs. 3 GG überlagert den Wettbewerbsschutz und billigt wettbewerbsbeschränkende Folgewirkungen von Tarifverträgen.[659] Im Rahmen der tarifrechtlichen Regelungsmacht ist es daher den Koalitionsparteien gestattet, den Wettbewerb für bestimmte Märkte auszuschließen.

c) Grenzen der Kartellrechtsimmunität

228 Kartellrechtlich erlaubt sind Wettbewerbsbeschränkungen in und durch Tarifvertrage(n), deren Inhalt sich im Rahmen der nach Art. 9 Abs. 3 GG verbürgten Koalitionsfreiheit hält. Unter das Kartellprivileg fallen nur solche Kollektivverträge, die zwischen den Koalitionen abgeschlossen werden. Einigen sich die Arbeitnehmer außerhalb eines Tarifvertrages über »Wirtschafts- und Arbeitsbedingungen«, ist § 1 GWB hierauf **uneingeschränkt anwendbar**, selbst wenn die Bedingungen für die Arbeitnehmer günstig sein sollten. Deswegen wertete das BKartA eine Vereinbarung zwischen Arbeitgebern (Unternehmen)

---

656 EuGH Slg. 1997, I-6121 Rn. 56 f. – *Brentjens'*; Slg. 1999, I-5751 Rn. 59 f. – *Albany*; Slg. 1999, I-6121 Rn. 56 f. – *Drijvende Bokken*; Slg. 2000, I-7111 Rn. 22 – *van der Woude* (Quelle des Zitats).
657 Der Sache nach wird aber kein Widerspruch zwischen der europäischen und inländischen Praxis auftreten. Der EuGH hat ein Privileg für wettbewerbsbeschränkende Tarifverträge auch deswegen anerkannt, weil die Tarifautonomie in der Zuständigkeit der Mitgliedstaaten liegt. Die *»Albany«*-Doktrin und eine Art. 9 Abs. 3 GG gestützte Kartellgarantie dürften daher gleich laufen, so im Ergebnis: *Ackermann*, ZAAR 16 (2010), 19 Rn. 26.
658 *J. B. Nordemann*, in: Loewenheim/Meessen/Riesenkampff, § 1 GWB Rn. 193; *W. H. Roth*, S. 22 f.; *Säcker/Oetker*, Grundlagen und Grenzen der Tarifautonomie, 1992, S. 217; *Zimmer*, in: Immenga/Mestmäcker, § 1 GWB Rn. 180.
659 *Rieble*, Arbeitsmarkt und Wettbewerb, 1996, Rn. 654 ff.; *Löwisch/Rieble*, in: MünchHdbArbR § 158 Rn. 6, 9; ähnlich: *Ackermann*, ZAAR 16 (2010), 19 Rn. 26 ff.; *Poth*, NZA 1989, 626, 631; *Reichold*, ZAAR 16 (2010), 55 Rn. 19; *Zimmer*, in: Immenga/Mestmäcker, § 1 GWB Rn. 193.

über einen einheitlichen Geschäftsschluss am Samstag und eine einheitliche Lage der Betriebsferien als kartellrechtswidrig.[660] Hier ergibt sich von vornherein kein Konflikt mit der Koalitionsfreiheit, da an der Vereinbarung keine Tarifvertragsparteien gem. § 2 Abs. 1 TVG beteiligt waren und deswegen der Schutzbereich der Koalitionsgarantie nach Art. 9 Abs. 3 GG nicht eröffnet war.[661] Uneingeschränkt anwendbar ist § 1 GWB auf wettbewerbsbeschränkende Regelungen in Tarifverträgen, die nicht unter § 1 Abs. 1 TVG fallen und somit **außerhalb** der verfassungsrechtlich verbürgten **Koalitionsfreiheit** angesiedelt sind. Die inhaltlichen Grenzen der Tarifautonomie kann nur das Tarifrecht selbst ausloten. Dabei sind die Grenzen umstritten, was nicht weiter verwundert. Das BAG ordnete Regelungen über **Ladenöffnungszeiten** der Tarifmacht zu (Betriebsnormen).[662] Das heutige Schrifttum ist demgegenüber zu Recht skeptisch. Das Arbeitszeitgesetz regelt mittlerweile die Arbeitszeiten, so dass sich kein Zusammenhang zwischen Ladenöffnungs- und Arbeitszeiten herstellen lässt.[663] Damit haben sich die Gründe für die seinerzeit berechtigte richterliche Zurückhaltung des BAG erledigt. Zweifelsohne außerhalb der Tarifmacht liegen Kernbeschränkungen im Sinne des § 1 GWB.[664]

Bewegt sich umgekehrt eine Tarifvertragsklausel innerhalb der verfassungsrechtlich geschützten Tarifautonomie, sind deren wettbewerbsbeschränkende Auswirkungen zwischen den Arbeitgebern **kartellrechtsimmun**.[665] Das Schrifttum beschreibt diese Wirkungen (unpräzise) als »mittelbar« oder »reflexartig«.[666] Auch eine Interessenabwägung zwischen der Koalitionsfreiheit

229

---

660 BKartA WuW/E BKartA 339 – *Sonnabendarbeitszeit*.
661 *Ackermann*, ZAAR 16 (2010), 17 Rn. 33; *Nacken*, WuW 1988, 475, 481; *J. B. Nordemann*, in: Loewenheim/Meessen/Riesenkampff, § 1 GWB Rn. 191. Ebenso im Ergebnis aber mit anderer Begründung: *Löwisch/Rieble*, in: MünchHdbArbR § 158 Rn. 24, wonach derartige einseitige Verhaltensweisen eine einfache Koalitionsbetätigung seien, aber unverhältnismäßig, da das Tarifrecht ein effektiverer Weg sei.
662 BAGE 62, 171 = AP Nr. 113 zu Art. 9 GG Arbeitskampf – zu dem »Tarifvertrag zur Sicherung humaner Arbeitszeiten im Berliner Einzelhandel«; zust. *Krauß*, in: Langen/Bunte, § 1 GWB Rn. 250; a.A. Kommission, 30.9.1986, WuW/E EV 1182 – *Irish banks Standing Committee*.
663 Treffend: *Reichold*, ZAAR 16 (2010), 55 Rn. 24; *Rieble*, Arbeitsmarkt und Wettbewerb, 1996, Rn. 351 ff.; *Zimmer*, in: Immenga/Mestmäcker, § 1 GWB Rn. 193.
664 *Rieble*, Arbeitsmarkt und Wettbewerb, 1996, Rn. 467; ders., ZWeR 2016, 165, 177.
665 KG WuW/E OLG 4531, 4535 – *Ladenöffnungszeit*; *J. B. Nordemann*, in: Loewenheim/Meessen/Riesenkampff, § 1 GWB Rn. 193.
666 So z.B. *J. B. Nordemann*, in: Loewenheim/Meessen/Riesenkampff, § 1 GWB Rn. 193; *Reichold*, ZAAR 16 (2010), 55, Rn. 22, der sich auf die rechtsdogmatische (?) Unterscheidung zwischen unmittelbaren Wettbewerbsbeschränkungen und reflexartigen Auswirkungen stützt.

§ 1 GWB *Verbot wettbewerbsbeschränkender Vereinbarungen*

und den Schutzzwecken des § 1 GWB scheidet aus.[667] Sie würde nicht nur die Tarifautonomie diskreditieren, sondern kann auch dogmatisch nicht im Tatbestand des § 1 GWB verankert werden. Regelt ein Tarifvertrag die Höhe der Gagen, die Filmproduzenten zu entrichten haben, wirkt dies wie ein Preiskartell auf der Arbeitgeberseite, ist aber als Ausfluss der Koalitionsfreiheit hinzunehmen.[668] Arbeits- und Betriebsnormen stehen unter einem Missbrauchsvorbehalt. Bewegt sich eine Klausel im formalen Rahmen der Tarifmacht, ist sie gleichwohl nichtig, wenn sie rechtsmissbräuchlich zur Verdeckung eines nach § 1 GWB unzulässigen Vertrages abgeschlossen wurde.[669] In diesem Fall genießt der Tarifvertrag keinen Schutz nach Art. 9 Abs. 3 GG, der ihn vor § 1 GWB abschirmen könnte.

230 Die Monopolkommission hat einen Missbrauch der Tarifautonomie für einen Mindestlohntarifvertrag im Postsektor angenommen.[670] Unzulässig sind danach Tarifvertragsklauseln zu Lasten Dritter, die Marktzutrittsschranken für Konkurrenten der Arbeitgeber errichten oder vertiefen. Für den tariflichen Mindestlohn in der Postbranche nahm die Monopolkommission dies an, da sich die Kosten (potentieller) Wettbewerber eines dominanten Anbieters signifikant erhöhten und dadurch dessen Marktstellung abgesichert wurde.[671] In jedem Falle sollte man eine subjektive wettbewerbsbeschränkende Tendenz der Parteien verlangen, da man anderenfalls über die »Hintertür des Missbrauchsvorbehalts« Tarifverträge einer Kartellkontrolle unterwürfe.[672]

---

667 BAGE 62, 171 = AP Nr. 113 zu Art. 9 GG Arbeitskampf = NZA 1989, 989, 972; *Ackermann*, ZAAR 16 (2010), 17, Rn. 21; *Poth*, NZA 1989, 626, 631.
668 BKartA WuW/E BKartA 502, 506 – *Gagenstoppabkommen*.
669 BAGE 62, 171 = AP Nr. 113 zu Art. 9 GG Arbeitskampf = NZA 1989, 989, 973; wohl auch KG WuW/E OLG 4531, 4535 – *Ladenöffnungszeit*; AG Berlin WuW/E VG 346; AG Frankfurt/M WuW/E VG 345 f.; *Ackermann*, ZAAR 16 (2010), 17 Rn. 31; *Krauß*, in: Langen/Bunte, § 1 GWB Rn. 248 ff.; *J. B. Nordemann*, in: Loewenheim/Meessen/Riesenkampff, § 1 GWB Rn. 193.
670 Monopolkommission, Wettbewerbsentwicklung bei der Post 2007: Monopolkampf mit allen Mitteln, Sondergutachten 51 (2007), Rn. 76–78 = WuW/E DE-V 1534 – *Post-Mindestlohn*.
671 Monopolkommission (vorige Fußn.) Rn. 76 f.; ebenso Monopolkommission, Mehr Wettbewerb, wenig Ausnahmen, Hauptgutachten 18 2008/2009, BT-Drucks. 17/2600 Rn. 975; im Grundsatz zustimmend, im Ergebnis offen lassend: *Ackermann*, ZAAR 16 (2010), 17 Rn. 31.
672 Diese subjektive Tendenz fordert auch das BAG: BAGE 62, 171 = AP Nr. 113 zu Art. 9 GG Arbeitskampf = NZA 1989, 969, 973 (»wettbewerbsbeschränkende Absicht«); *J. B. Nordemann*, in: Loewenheim/Meessen/Riesenkampff, § 1 GWB Rn. 193.

3. Berufs- und Standesrecht

Angehörige freier Berufe sind Unternehmen im Sinne des GWB, gleichwohl unterliegt ihre Tätigkeit bestimmten Wettbewerbsbeschränkungen. Die Rechtsquellen hierfür sind zum einen das gesetzesspezifische Berufsrecht, zum anderen Berufsrecht der Kammern freier Berufe. Beschränkt bereits das **Gesetz** das Marktverhalten, kann dies nicht mit den Mitteln des GWB angegriffen werden.[673] Wohl kann eine derartige Wettbewerbsbeschränkung wegen eines Verstoßes gegen Art. 12 GG nichtig sein,[674] mit den Grundfreiheiten des AEUV unvereinbar[675] oder in besonderen Fällen gegen die Verpflichtung der Mitgliedstaaten aus Art. 101 Abs. 1 AEUV, Art. 4 Abs. 3 EUV verstoßen.[676] Die Anwendung des § 1 GWB (Art. 101 Abs. 1 AEUV) setzt aber voraus, dass die Wettbewerbsbeschränkung einem Beschluss der Berufsvereinigung zuzuordnen ist. Nach der Rechtsprechung des EuGH ist dabei wie folgt zu differenzieren: **Überträgt** ein Mitgliedstaat **Rechtsetzungsbefugnisse** an einen Berufsverband, definiert er dabei das Allgemeininteresse sowie die wesentlichen Grundsätze, die die Satzungsgebung zu beachten hat und behält er die Letztentscheidungsbefugnis, handelt es sich um eine staatliche Regelung und damit eine gesetzliche Wettbewerbsbeschränkung. Unerheblich ist hierfür, ob die Wettbewerbsbeschränkung formal in einer Berufsordnung niedergelegt ist.[677] In diesem Fall schließt das Gesetz einen beschränkbaren Wettbewerb aus und berufsregelnde Satzung ist einer Wettbewerbskontrolle unzugänglich.[678] Hat die Berufsvereinigung umgekehrt einen **Gestaltungsspielraum**, wie sie das Berufsrecht ausgestaltet und ist sie nicht ausschließlich dem All-

231

---

673 *Taupitz*, ZHR 153 (1989), 681, 687 ff.
674 Zur verfassungsrechtlichen Rechtsprechung: BVerfG GRUR 2003, 966, 967 – *Internetwerbung von Zahnärzten*; BVerfG GRUR 2003, 965, 966 – *Interessenschwerpunkt »Sportrecht«*; BVerfG GRUR 2004, 164 – *Arztwerbung im Internet*. Siehe außerdem: BGH WuW/E BGH 2688, 2690 – *Warenproben in Apotheken*; BGH GRUR 1999, 1014, 1015 – *Verkaufsschütten vor Apotheken*; BGH GRUR 2003, 798, 799 – *Sanfte Schönheitschirurgie*.
675 Z.B.: EuGH Slg. 1995, I-4165 – *Gebhard* (zur Niederlassungsfreiheit von Rechtsanwälten).
676 EuGH Slg. 2002, I-1561 – *Arduino* (im konkreten Fall abgelehnt).
677 EuGH Slg. 2002, I-1577 Rn. 68 – *Wouters*; Slg. 2002, I-1561 Rn. 35 ff. – *Arduino* (im konkreten Fall abgelehnt). Treffend bezeichnet *J.B. Nordemann* die Berufsvereinigung insoweit als **verlängerten Arm des Gesetzgebers**, in: Loewenheim/Meessen/Riesenkampff, § 1 GWB Rn. 187.
678 A.A. *J. B. Nordemann*, in: Loewenheim/Meessen/Riesenkampff, § 1 GWB Rn. 187, der hier bereits den Charakter der Berufsorganisation als Unternehmensvereinigung ablehnt. Im Ergebnis deckt sich das mit der hier vertretenen Ansicht. Allerdings ist zu beachten, dass der Charakter der Berufsorganisation als Unternehmensvereinigung davon abhängt, ob deren Mitglieder Unternehmen sind. Deren Unternehmenseigenschaft lässt die gesetzliche Wettbewerbsbeschränkung unberührt.

§ 1 GWB   Verbot wettbewerbsbeschränkender Vereinbarungen

gemeininteresse verpflichtet, ist § 1 GWB auf eine Wettbewerbsbeschränkung in der Satzung der Berufsvereinigung anwendbar. Für diese Gestaltungsautonomie genügt es, wenn das Gesetz einer Berufsvereinigung gestattet, Regeln für die ordnungsgemäße Berufsausübung zu erlassen.[679] Über einen ausreichenden Gestaltungsspielraum verfügt eine Kammer, die eine bestimmte Gebührenordnung erlässt, deren Erlass ein staatlicher Rechtsakt nahelegte, aber keineswegs verbindlich vorschrieb.[680]

232 Wettbewerbsbeschränkungen kraft Kammerrechts sind zulässig, wenn sie sich **eindeutig** in den Rahmen einer gesetzlichen Ermächtigung fügen.[681] Insoweit existiert kein **beschränkbarer Wettbewerb**, da der Gesetzgeber einer Körperschaft öffentlichen Rechts die Befugnis eingeräumt hat, den Wettbewerb auszuschließen. Typischerweise bilden die Satzungen der Kammern die Grundlage für solche Wettbewerbsbeschränkungen, sie können aber auch auf einem (einfachen) Kammerbeschluss beruhen. Kartellrechtlich ist in beiden Fällen an den Kammerbeschluss als Beschluss einer Unternehmensvereinigung anzuknüpfen. In der überkommenen Praxis zeichnete sich ein wiederkehrendes Muster ab: Oftmals versuchten Kammern, Preisabsprachen oder -empfehlungen durchzusetzen, beschränkten den Zugang zum Berufsverband oder setzten Werbeverbote. Derartige Wettbewerbsbeschränkungen sind nur erlaubt, wenn sie sich einer **gesetzlichen Ermächtigung** zuordnen lassen. So verstößt ein Verbot der Außenwerbung in der Berufsordnung einer Apothekerkammer gegen § 1 GWB, das auf keiner gesetzlichen Grundlage beruhte (vgl. ausführlich zu Werbeverboten Rdn. 304).[682] Ebenso kartellrechtswidrig ist es, wenn eine Berufsordnung ohne gesetzliche Ermächtigung den Apothekern die Werbung durch die unentgeltliche Abgabe von Warenproben verbietet[683] oder die Benutzung einer bestimmten Marke untersagt.[684] Mit § 1 GWB unvereinbar war es, dass die Berufsordnung der Bundessteuerberaterkammer die freie Mitarbeit auf sog. Befugnisträger beschränkte, da dies unter anderem den Wettbewerb zwischen den Steuerberatern beschränkte und nicht durch § 78 SteuerberatungsG gedeckt war.[685] Im Rahmen der berufsrechtlichen Gebühren-

---

679 EuGH Slg. 2002, I-1577 Rn. 44 ff. – *Wouters* zum damals geltenden Sozietätsverbot in den Niederlanden.
680 Kommission vom 24. Juni 2004, COMP/A.38549 Rn. 50 ff. – *Belgische Architektenkammer*.
681 BGH WuW/E BGH 2688, 2690 – *Warenproben in Apotheken*; WuW/E BGH 2326, 2328 – *Guten Tag-Apotheke II*; WuW/E BGH 2141, 2144 – *Apothekenwerbung*; WuW/E BGH 1474, 1477 – *Architektenkammer*; J. B. Nordemann, in: Loewenheim/Meessen/Riesenkampff, § 1 GWB Rn. 188.
682 KG WuW/E OLG 4008, 4011 – *Apothekenkammer Bremen*.
683 OLG Bremen WuW/E OLG 4367, 4368 f. – *Proben apothekenüblicher Waren*.
684 BGH WuW/E BGH 2326, 2328 – *Guten Tag-Apotheke II*.
685 BKartA TB 2003/2004, BT-Drucks.15/5790, S. 143. Diese Restriktion wurde aufgehoben.

nungen dürfen Angehörige freier Berufe das Entgelt für ihre Dienstleistung selbst bestimmen. Deswegen erachtete der BGH es als Kartellverstoß, dass eine um Gewinnmaximierung besorgte Architektenkammer ihren Mitgliedern die Unterschreitung von bestimmten Höchsthonorarsätzen untersagte, obwohl das Berufsrecht keine derartige Ermächtigung vorsah.[686]

Lässt sich eine wettbewerbsbeschränkende Berufsordnung auf eine Legitimationskette zum Gesetzesrecht zurückführen, bleibt für eine kartellrechtskonforme Auslegung dieser Ermächtigungsgrundlage kein Raum.[687] Daneben wird diskutiert, ob eine Wettbewerbsbeschränkung in einer Berufsordnung dem **Immanenzvorbehalt** (siehe allgemein zur Immanenztheorie Rdn. 274) unterstellt werden kann. Dogmatisch betrachtet geht es hierbei nicht um kraft Gesetzes ausgeschlossenen Wettbewerb, sondern darum, ob eine Wettbewerbsbeschränkung notwendig ist, um einen kartellrechtsrechtsneutralen Hauptzweck zu sichern. Teilweise nimmt man dies im Anschluss an die *Wouters*-Entscheidung des EuGH an, sofern die wettbewerbsbeschränkende Bestimmung notwendig sei, um »die ordnungsgemäße Ausübung« eines freien Berufes sicherzustellen.[688] Das Sozietätsverbot für Rechtsanwälte und Wirtschaftsprüfer, wie es die »*Samenwerkingsverordening 1993*« der niederländischen Rechtsanwaltskammer vorsah, hielt der EuGH deswegen für vereinbar mit Art. 101 Abs. 1 AEUV.[689] Indes belegt diese Entscheidung nicht, dass für das Berufsrecht freier Berufe ein Immanenzvorbehalt gilt.[690] Vielmehr gestattete ein niederländisches Gesetz der Kammer, Verordnungen im Interesse der »ordnungsgemäßen Berufsausübung« zu treffen. Der EuGH prüfte im Ergebnis nur, ob das Sozietätsverbot in der Berufsregelung einer gesetzlichen Ermächtigung zuzuordnen war und bejahte dies.[691] Die Immanenztheorie auf berufsrechtliche Wettbewerbsbeschränkungen anzuwenden, ist bar jedes dogmatischen Fundaments.

233

---

686 BGH WuW/E BGH 1474, 1476 f. – *Architektenkammer*; Kommission, 24. Juni 2004, COMP/A.38549 Rn. 50 – *Belgische Architektenkammer* zu einer vergleichbaren Regelung in der Honorarordnung für belgische Architekten.
687 *J. B. Nordemann*, in: Loewenheim/Meessen/Riesenkampff, § 1 GWB Rn. 189.
688 EuGH Slg. 2002, I-1577 Rn. 107 – *Wouters*; *J. B. Nordemann*, in: Loewenheim/Meessen/Riesenkampff, § 1 GWB Rn. 188 a.E.
689 EuGH Slg. 2002, I-1577 Rn. 107–110 – *Wouters*.
690 Der dogmatisch wesentlich deutlichere Schlussantrag zur *Wouters*-Entscheidung betonte, dass die fragliche Wettbewerbsbeschränkung in der niederländischen Berufsordnung keiner Wettbewerbsbilanz zugänglich sei, Schlussantrag GA *Léger* vom 10. Juli 2001 zu Rs. C-309/99, Rn. 99 ff.
691 EuGH Slg. 2002, I-1577 Rn. 110 – *Wouters*.

§ 1 GWB   Verbot wettbewerbsbeschränkender Vereinbarungen

4. Unlauterer Wettbewerb

234 Lauterkeitsrecht und Kartellrecht ergänzen einander und sind Bausteine einer einheitlichen Wettbewerbsordnung.[692] Das Lauterkeitsrecht kann als Marktverhaltensrecht durchaus als »kleine Schwester« des GWB bezeichnet werden, dass sich der Marktstrukturkontrolle verschrieben hat. Das Verhältnis ist daher ein anderes als noch seinerzeit im Benrather Tankstellen-Fall (vgl. Rdn. 3). § 1 GWB schützt (grundsätzlich) nur den lauteren Wettbewerb und steht deswegen mit dem UWG in einem Sinnzusammenhang. Beide Rechtsgebiete durchdringen sich gegenseitig, so dass einerseits § 1 GWB keine lauteren Wettbewerbshandlungen verhindern darf und andererseits das UWG den unlauteren Wettbewerb nicht zu weit fassen darf. Der BGH hat dies besonders für die allgemeine Marktbehinderung betont: Bei der lauterkeitsrechtlichen Beurteilung ist die Zielsetzung des GWB zu beachten und ein auf das UWG gestütztes Verbot darf nicht bestehende Marktzutrittsschranken erhöhen und damit zur Marktabschottung beitragen.[693] Deswegen greift es zu kurz, die Vorschriften des Lauterkeitsrechts *per se* als Einschränkung der wirtschaftlichen Handlungsfreiheit anzusehen.[694] Kartellrechtlich **erlaubt** ist eine Vereinbarung zwischen Unternehmen, **unlauteren Wettbewerb zu unterlassen**.[695] Selbstredend gilt dies auch für Verbandsbeschlüsse, nach deren Beschlussgegenstand die Mitglieder des Verbandes einen unlauteren Wettbewerb zu unterlassen haben.[696] Diese Erwägungen sind auf die lauterkeitsrechtlichen Nebengesetze wie PangVO, HWG, LMBG und LMKV zu übertragen. Soweit diese Gesetze ein bestimmtes Marktverhalten verbieten, ist es kartellrechtlich unbedenklich, wenn Unternehmen vereinbaren, eben dieses Verhalten zu unterlassen.[697] Es liegt ohnehin bereits ein Verstoß gegen das UWG vor.

---

692 *Köhler*, WRP 2005, 645; *ders.*, in: Köhler/Bornkamm, Einl. Rn. 6.11; ausführlich: *Schwipps*, Wechselwirkungen zwischen Lauterkeitsrecht und Kartellrecht, 2009, S. 60, 74 ff.
693 BGHZ 157, 55 = GRUR 2004, 602 – *20 Minuten Köln*; ähnlich auch BGH GRUR 1999, 256, 258 – *1000 DM Umweltbonus* (Wettbewerbsbehinderung ist kein geschützter Leistungswettbewerb); *Köhler*, in: Köhler/Bornkamm, Einl. Rn. 6.13; *J. B. Nordemann*, in: Loewenheim/Meessen/Riesenkampff, § 1 GWB Rn. 200 (»Wertungsvorrang des GWB bei Ausübung von Marktmacht«).
694 Ebenso: *Köhler*, in: Köhler/Bornkamm, Einl. Rn. 6.12.
695 BGH WuW/E BGH 2052, 2055 – *Abonnentenwerbung*; OLG Hamburg WuW/E OLG 3454 – *BMW-Vertragshändler*; EuGH Slg. 1981, 181 Rn. 15 – *Toltecs/Dorcet*; *Krauß*, in: Langen/Bunte, § 1 GWB Rn. 135; *Köhler*, in: Köhler/Bornkamm, Einl. Rn. 614; *J. B. Nordemann*, in: Loewenheim/Meessen/Riesenkampff, § 1 GWB Rn. 200. So auch schon die Gesetzesmaterialien zum GWB, BT-Drucks. IV/2564, S. 31.
696 OLG Düsseldorf WuW/E OLG 3859, 3862 – *Tanzlehrerverband*.
697 Zu denken wäre etwa an eine Vereinbarung zwischen Unternehmen, bei der Werbung gegenüber Endverbrauchern nur Endpreise (§ 1 Abs. 1 PangVO) anzugeben.

Trotz des klaren Ausgangspunktes bleiben einige Grauzonen auszuloten. Die Liberalisierung des Lauterkeitsrechts hat den Geltungsanspruch des UWG teilweise zurückgenommen. Ein besonderes Einfallstor für viele Fallgestaltungen bietet aber § 4 Nr. 11 UWG (Rechtsbruch). Hier stellt sich die Frage, ob Bestimmungen des GWG eine »Marktverhaltensregel« sind.[698] Ein weiterer »Spannungsfall« bildet z.B. der **Verkauf unter Einstandspreis**. Gemäß § 20 Abs. 3 S. 2 (Ziff. 2) GWB ist der nicht nur gelegentliche erfolgende und nicht gerechtfertigte Verkauf unter Einstandspreis eine unbillige Wettbewerbsbehinderung. Die Regelung befindet sich seit der 6. GWB-Novelle im GWB. Sie ist immer wieder Gegenstand des politischen Diskurses; aktuell wird im Zuge der 9. GWB-Novelle wieder diskutiert, ob die Regelung nicht aus dem GWB gestrichen werden soll.[699] Im Verhältnis zum UWG ist das Verbot – solange es (i) existiert und (ii) greift – gegenüber dem UWG abschliessend.[700] Es entfaltet gegenüber dem UWG eine **Sperrwirkung**. Diese Sperrwirkung greift dann nicht mehr, wenn zusätzliche Umstände hinzutreten, die das GWB nicht erfasst, wie z.B. wenn der Verkauf unter Einstandspreis mit einer Täuschung über den Preis zusammentrifft. In diesem Fall kommt das UWG neben dem GWB zur Anwendung.

235

Das Rechtsanwendungsproblem besteht darin, dass die Parteien auf einer hohen Abstraktionsebene sich dazu verpflichten können, unlauteren Wettbewerb zu unterlassen, während diese Vorschriften ihrerseits eine Abwägung voraussetzen, deren Ergebnis bisweilen ungewiss ist. Anerkannte Wettbewerbsregeln oder Vereinbarungen, solche einzuhalten, sind nicht *per se* vom Kartellverbot ausgenommen: Nach § 26 Abs. 1 Satz 2 GWB hat die Anerkennung nur die Rechtsfolge, dass die Kartellbehörde eine Selbstbindung eingeht und gegen die Wettbewerbsregeln nicht mehr nach §§ 1, 32 ff. GWB vorgehen kann. Darüber hinaus kommt (anerkannten) Wettbewerbsregeln aber keine Rechtsnormqualität zu, so dass in einem Zivilprozess deren Vereinbarkeit mit dem UWG geprüft werden kann.[701] Die entgegenstehende ältere Ansicht, wonach nur nicht anerkannte Wettbewerbsregeln unter § 1 GWB fie-

236

---

698 Dies ist z.B. bei den Regelungen aus dem Vergaberecht der Fall, vgl. BGH, 3.7.2008, I ZR 145/05.
699 Eine solche Streichung befürwortet unter anderem der Handelsverband Deutschland (HDE), der sich mit einem Positionspapier in die aktuelle Diskussion eingebracht hat, vgl. Positionspapier HDE vom 31.8.2016, abrufbar unter www.einzelhandel.de.
700 So auch *Alexander*, WRP 2010, 727, 731.
701 BGHZ 166, 154 Rn. 20, 27 – *Probeabonnement*; ähnlich schon WuW/E BGH 2052, 2055 – *Abonnentenwerbung*; im Ergebnis wohl auch *Krauß*, in: Langen/Bunte, § 1 GWB Rn. 135.

len,⁷⁰² ist durch die Entscheidung *Probeabonnement* überholt.⁷⁰³ In anderen Fällen werden über das UWG Fallgestaltungen erfasst, die prima vista auch kartellrechtlich relevant wären, wie z.B. das Verbot der Zuweisung von Kunden mit Verschreibungen durch einen Arzt an eine Apotheke (§ 11 Abs. 1 S. 1 ApoG).⁷⁰⁴ Diese Regelung stellt eine Marktverhaltensregelung i.S.d. § 4 Nr. 11 UWG dar.⁷⁰⁵

IV. Beschränkungsformen

1. Wettbewerbsbeschränkung als gemeinsame Klammer

237 § 1 GWB verbietet im Gleichklang zu Art. 101 Abs. 1 AEUV solche Verhaltensweisen, die eine **Verhinderung**, **Einschränkung** oder **Verfälschung** des Wettbewerbs bezwecken oder bewirken. Weder die Praxis noch das Schrifttum messen diesem Dreiklang der Beschränkungsformen eine besondere systematische Bedeutung zu. Als gemeinsame Klammer dient der Begriff **Wettbewerbsbeschränkung**.⁷⁰⁶

2. Anknüpfungspunkte der Wettbewerbsbeschränkung

238 Umstritten ist, ob die Wettbewerbsbeschränkung im Sinne des § 1 GWB, Art. 101 Abs. 1 AEUV an das Binnenverhältnis zwischen den Parteien anknüpft oder an das Außenverhältnis. Ursache dessen ist der wertungsoffene Wettbewerbsbegriff. Die Rechtsprechung und die herrschende Meinung betonen das **Innenverhältnis**: Eine koordinierte Wettbewerbsbeschränkung charakterisiert es, wenn die Parteien ihr künftiges Marktverhalten festlegen.⁷⁰⁷ Die Folgen auf dem relevanten Markt, die »Außenwirkung«, untersucht dieses Modell erst unter dem ungeschriebenen Tatbestandsmerkmal, ob die Wettbewerbsbeschränkung spürbar ist. Dem entspricht auch die europäische Rechtsprechung.⁷⁰⁸

---

702 *J. B. Nordemann*, in: Loewenheim/Meessen/Riesenkampff, § 1 GWB Rn. 200.
703 BGHZ 166, 154 Rn. 19 – *Probeabonnement*; a.A. *J. B. Nordemann*, in: Loewenheim/Meessen/Riesenkampff, § 1 GWB Rn. 200 Fußn. 1030 hat sich der BGH in der Entscheidung *Probeabonnement* inzident unter Rn. 20 mit § 1 GWB beschäftigt.
704 Siehe dazu BGH, 18.6.2015, I ZR 26/14 = GRUR 2016, 213.
705 BGH, 18.6.2015, I ZR 26/14; BGH, GRUR 2014, 1009, Rn. 13 – *Kooperationsapotheke*; moderater bzgl. des Zuweisungsverbots LG Dessau/Roßlau, 25.9.2015, 3 O 22/15.
706 BGH WuW/E BGH 1337, 1342 = BGHZ 63, 389 – *Aluminium Halbzeug*; EuGH Slg. 1977, 1875, 1908 – *Metro*; *J. B. Nordemann*, in: Loewenheim/Meessen/Riesenkampff, § 1 GWB Rn. 97.
707 *Zimmer*, in: Immenga/Mestmäcker, § 1 GWB Rn. 153.
708 EuG Slg. 2008, I-1501 Rn. 125 – *AC Treuhand AG*.

Eine literarische Gegenansicht will bei der Wettbewerbsbeschränkung ausschließlich an die »Außenwirkungen« einer Vereinbarung anknüpfen: Gestützt wird dies auf eine harmonisierende Auslegung zu Art. 101 AEUV einerseits und andererseits darauf, dass sich der Schutzzweck der § 1 GWB, Art. 101 AEUV darin erschöpfe, den Wettbewerb als solchen zu schützen.[709] Dem sollte man nicht folgen. Zum einen belegt das Selbständigkeitspostulat aus der europäischen Praxis das Gegenteil. Begibt sich mindestens einer der Beteiligten eines Wettbewerbsparameters, ist dadurch eine Grundlage für eine Wettbewerbsbeschränkung gelegt. Da der Begriff »Wettbewerb« einer allgemeinen Definition unzugänglich ist und sich näherungsweise als Prozess begreifen lässt, bedeutet der eingeschränkte Gebrauch eines Wettbewerbsparameters, dass dieser Prozess gestört ist.

3. Verfälschung des Wettbewerbs

Beschränken die Beteiligten den Wettbewerb eines Dritten, lässt sich dieser Sachverhalt als eine »Verfälschung« des Wettbewerbs betrachten. Nur hierfür hat diese Beschränkungsvariante eine eigenständige Bedeutung,[710] während sich die verbleibenden Fälle unter den Oberbegriff »Wettbewerbsbeschränkung« subsumieren lassen.

V. Zweck und Wirkung von Wettbewerbsbeschränkungen

1. Systematische Grundlagen

Nach dem Wortlaut des § 1 GWB muss eine koordinierte Wettbewerbsbeschränkung »bezweckt« oder »bewirkt« sein. Auch bei dieser Formulierung hat sich die 7. GWB-Novelle an den Wortlaut des Art. 101 Abs. 1 AEUV angelehnt.[711] Die europäischen Maßstäbe dienen deswegen als Auslegungshilfe. Rechtssystematisch verknüpfen die Verben »bezwecken« und »bewirken« die Koordination zwischen den Unternehmen mit der Wettbewerbsbeschränkung.[712] Dabei unterscheiden sich eine »bezweckte« und eine »bewirkte« Wettbewerbsbeschränkung **konzeptionell**: Eine bezweckte Wettbewerbsbeschränkung ähnelt einem **Gefährdungstatbestand**. Bezweckt die Koordination zwischen den Unternehmen eine Wettbewerbsbeschränkung, so ist es entbehrlich, etwaige nachteilige Folgen für den Wettbewerb zu prüfen. Es kommt mithin nicht darauf an, ob bestimmte Marktteilnehmer oder die Allgemein-

---

709 *Roth/Ackermann*, in: FK-GWB 2005, § 1 Rn. 82–84.
710 So *Hengst*, in Art. 101 AUEV Rn. 1; *Krauß*, in: Langen/Bunte, § 1 GWB Rn. 120 ff.; *J. B. Nordemann*, in: Loewenheim/Meessen/Riesenkampff, § 1 GWB Rn. 123; *Zimmer*, in: Immenga/Mestmäcker, § 1 GWB Rn. 150.
711 Begr BT-Drucks. 13/9720.
712 Treffend: *Emmerich*, in: Immenga/Mestmäcker, Art. 81 Abs. 1 EGV Rn. 223.

heit benachteiligt wurden.[713] Bezweckte Wettbewerbsbeschränkungen sind daher typisierte Fallgruppen, in denen es **empirisch** gerechtfertigt ist, eine Koordination zwischen Unternehmen mit dem Verdikt des Kartellverbots zu belegen. In diesem Sinne lässt sich von einer *per-se* Regel reden.[714] Der Begriff der bezweckten Wettbewerbsbeschränkung ist jedoch **nicht** identisch mit demjenigen der Kernbeschränkung (vgl. dazu Rdn. 250). Im Gegensatz dazu knüpft eine »bewirkte« Wettbewerbsbeschränkung an eine umfassende Analyse an, ob und welche Folgen eine Wettbewerbsbeschränkung auf dem relevanten Markt zeitigt.[715] Es handelt sich daher um ein »**Erfolgsdelikt**«.

242 Diese konzeptionellen Unterschiede und der Wortlaut des § 1 GWB verdeutlichen, dass Zweck und Wirkung einer Wettbewerbsbeschränkung **alternativ** zu prüfen sind.[716] Mithin müssen beide Tatbestandsmerkmale nicht kumulativ erfüllt sein, auch wenn die europäische Praxis bisweilen offen lässt, welche Tatbestandsvariante einschlägig ist. Indes geht letzteres nur an, wenn sich die wettbewerbsschädlichen Folgen einer Vereinbarung leicht nachzeichnen lassen, so dass die Abgrenzung zwischen »Zweck« und »Wirkung« entbehrlich ist. Methodisch vorrangig ist zu prüfen, ob eine Wettbewerbsbeschränkung »bezweckt« ist. Erst im Anschluss ist zu untersuchen, ob und welche Wettbewerbsbeschränkung bewirkt wird. Wenn zusätzlich zu dem wettbewerbsbeschränkenden Zweck einer Maßnahme auch deren Wirkung untersucht wird, ist dies durch den Tatbestand des § 1 GWB (nicht veranlasst, sondern nur ein Faktor, der für die Höhe einer etwaigen Geldbuße eine Rolle spielen mag.[717] Die Abgrenzung von »bezweckten« und »bewirkten« Wettbewerbsbeschränkungen spielt damit eine zentrale Rolle bei der Anwendung des § 1 GWB.

243 Bevor auf die Einzelheiten eingegangen wird: Im Vordergrund steht immer das **Marktergebnis**: Wirkt sich eine Vereinbarung negativ auf Preise, Produktion, Innovation, Vielzahl und Qualität der Waren oder Dienstleistungen aus,

---

713 Grdl. EuGH Slg. 1966, 322, 390 – *Consten & Grundig/Kommission*; Slg. 2006, I-8725 Rn. 125 – *Nederlandse Federatieve Vereniging voor de Groothandel*; Slg. 2008, I-8637 Rn. 16 – *BIDS*; Slg. 2009, I-4529 Rn. 29 – *T-Mobile Netherlands BV*; *Krauß*, in: Langen/Bunte, § 1 GWB Rn. 153; *Roth/Ackermann*, in: FK Art. 81 Rn. 311; wohl auch *Nordemann*, in: Loewenheim/Meessen/Riesenkampff, § 1 GWB Rn. 128.
714 So zutr. *Roth/Ackermann*, in: FK-GWB, Art. 81 Rn. 311 mit dem Hinweis, dass es sich insoweit um kein *per se* Verbot handele.
715 *Roth/Ackermann*, in: FK-GWB, Art. 81 Rn. 311.
716 *J. B. Nordemann*, in: Loewenheim/Meessen/Riesenkampff, § 1 GWB Rn. 128; *Roth/Ackermann*, in: FK-GWB, Art. 81 Rn. 310. Siehe auch *Lettl*, WM 2015, 1037, 1040.
717 Siehe etwa Kommission vom 24.2.1999 ABl. EG Nr. L 88/26, 43 – *Withbread*; so im Ergebnis: *Emmerich*, in: Immenga/Mestmäcker, Art. 81 Abs. 1 Rn. 226.

so stellt sie *prima vista* eine zu sanktionierende Wettbewerbsbeschränkung dar. Steigert eine Vereinbarung umgekehrt die **Allokationseffizienz**, fällt sie nicht unter den Tatbestand des § 1 GWB. Dabei bildet der Marktanteil der Beteiligten eine wichtige Schwelle. Die Horizontal-Leitlinien der Kommission gehen davon aus, dass ab einem bestimmten Marktanteil der Beteiligten der Effizienzvorteil egalisiert wird.

Im inländischen Schrifttum haben vor allem Juristen den Ansatz kritisiert,[718] während ihn die Wirtschaftswissenschaft (verständlicherweise) überwiegend begrüßt.[719] Methodisch irritiert der begriffsjuristische Ansatz, der in das Tatbestandsmerkmal »bewirkte« Wettbewerbsbeschränkung ein Bündel an Wertungen hineinliest, die sich eher im Wortlaut des § 2 Abs. 2 GWB, Art. 101 Abs. 3 AEUV verankern lassen. Darüber hinaus lässt der »stärkere ökonomische Ansatz« offen, was früher zu wenig der Ökonomie war. Dies degradiert ihn zu einem politischen Postulat, dem die Rechtsanwendung mit Skepsis zu begegnen hat. In sich ist der stärkere ökonomische Ansatz unausgegoren. Wenn man annehmen möchte, dass ein effizientes Marktergebnis keine Wettbewerbsbeschränkung darstellt, ist es zweifelhaft, warum die Marktstruktur und damit der Marktanteil der Beteiligten diese Effizienz wieder Frage stellen soll.

244

Überholt sind die alten Streitfragen darüber, wie Wettbewerbsbeschränkung und Vereinbarung miteinander zu verknüpfen sind. Nach der sog. **Gegenstandstheorie** sollte die Wettbewerbsbeschränkung gerade der Gegenstand der Vereinbarung oder des Beschlusses sein. Diese »Theorie« wurde bald aufgegeben, da sie zum einen nicht auf abgestimmte Verhaltensweisen passte und zum anderen § 1 GWB seiner praktischen Wirksamkeit beraubt hätte. Seit der berühmten »*ZVN*«-Entscheidung neigt der BGH zu einer **Zwecktheorie**.

245

2. Bezweckte Wettbewerbsbeschränkung

Kaum eine Frage wurde in den vergangenen Jahren in der Rechtsprechung und Literatur so intensiv behandelt und diskutiert, wie diejenige, wann von einer bezweckten Wettbewerbsbeschränkung auszugehen ist.[720] Bezweckt ist eine Wettbewerbsbeschränkung grundsätzlich, wenn der Inhalt der Koordi-

246

---

718 *Emmerich*, in: Immenga/Mestmäcker, Art. 81 Abs. 1 Rn. 145, 234; *Fuchs*, ZWeR 2007, 369, 385; *F. Immenga/Stopper*, RIW 2001, 241, 248 f.; *U. Immenga*, ZWeR 2006, 343, 363 ff.; *Mestmäcker/Schweitzer*, § 10 Rn. 14, 25; *Möschel*, in: FS Mestmäcker, 2006, S. 362 ff.; *Stopper*, EuZW 2001, 426, 430; zustimmend: *Bueren*, WRP 2004, 567, 575; *Fritzsche*, ZHR 160 (1996), 31, 56 ff.
719 *Schmidtchen*, WuW 2006, 6; *v. Weizsäcker*, WuW 2007, 1078, 1084.
720 Siehe dazu beispielsweise *Fiebig*, WuW 2015, 462; *Lettl*, WM 2015, 1037; *Wolf*, NZKart 2015, 78.

§ 1 GWB Verbot wettbewerbsbeschränkender Vereinbarungen

nation zwischen den Unternehmen **objektiv geeignet** ist, sich negativ auf den Markt auszuwirken.[721] Auf den subjektiven Zweck der Kartellparteien kommt es nicht an. Diese wäre ein Rückfall in die überholte Gegenstandstheorie. Zudem darf der Institutionenschutz wie in § 1 GWB gewährleistet nicht von den Absichten der Beteiligten abhängen.[722] Auf der anderen Seite könnte eine rein subjektive Auslegung auch zu weit gehen. Gehen die Parteien irrig davon aus, den Wettbewerb zu beschränken, ist allerdings die fragliche Abrede ungeeignet, den Markt zu beeinflussen, so besteht kein Anlass, diese Abrede anhand § 1 GWB zu messen.[723] Damit entscheidet der **objektiv** auszulegende **Inhalt** einer Vereinbarung darüber, ob eine Wettbewerbsbeschränkung bezweckt ist. Grund für die Diskussion um den Begriff der bezweckten Beschränkung ist die zuvor angedeutete »Vorteilhaftigkeit« der Annahme einer bezweckten Wettbewerbsbeschränkung (für die Wettbewerbsbehörden), die sich im Falle des Vorliegens den Nachweis der wettbewerbswidrigen Auswirkungen »ersparen«.[724] Antreiber der Diskussion war vor allem der Gerichtshof, der den Begriff der bezweckten Beschränkung von anfänglichen offensichtlichen Fällen, wie z.B. einem Exportverbot,[725] der Festetzung von Mindestpreisen[726] auf Fälle erweiterte, in denen der wettbewerbswidrige Zweck aus dem »Kontext«,[727] m.a.W., aus dem »wirtschaftlichen und rechtlichen Zusammenhang« der Verhaltensweise gespeist wurde. Dies war z.B. der Fall in der Rs. *Consten/Grundig*, in der der Gerichtshof eine bezweckte Wettbewerbsbeschränkung bei einem seitens Grundig dem Händler Consten gewährten absoluten Gebietsschutz für Frankreich damit begründete, dass es durch den Schutz zu negativen Auswirkungen auf den Hersteller- bzw. Händlerwettbewerb kommt.[728] Diese Rechtsprechungslinie baute er stets weiter aus, mündend in dem viel kritisierten Urteil *Allianz Hungaria*.[729] Das Urteil führte – verallgemeinert gesprochen – fast zur **Gleichsetzung von bewirkter und be-**

---

721 BKartA WuW/E DE-V 209, 212 – *Stellenmarkt für Deutschland II*; Kommission vom 13.12.1989 ABl. EG Nr. L 21/71, 76 – *Bayo-noxtl*; ABl. EG 2002 Nr. L 253/21 Rn. 61 – *Luxemburgische Banken*; *Bahr*, WuW 2000, 954, 961; *Krauß*, in: Langen/Bunte, § 1 GWB Rn. 156.
722 *Krauß*, in: Langen/Bunte, § 1 GWB Rn. 156; *Zimmer*, in: Immenga/Mestmäcker, § 1 GWB Rn. 157.
723 So auch *Zimmer*, in: Immenga/Mestmäcker, § 1 GWB Rn. 157.
724 *Wolf*, NZKart 2015, 78, 78 weist in diesem Zusammenhang auf die Anreizwirkung hin.
725 EuGH, 1.2.1978, Slg. 1978, 131, 147 – *Miller*.
726 EuGH, 30.1.1985, 123/83, Slg. 1985, 402, 423 – *BNIC*.
727 *Wolf* verschlagwortet die Fälle überzeugend als Kontextfälle; vgl. *Wolf*, NZKart 2015, 78, 79 ff.
728 EuGH, 13.7.1966, 58/64, Slg. 1966, 325, 391 – *Consten/Grundig*.
729 EuGH, 14.3.2013, C-32/11 – *Allianz Hungaria*. Siehe dazu beispielsweise die Anmerkung von *Barth*, GWR 2013, 254. Einen sehr guten Überblick über die Entwicklung in der Rechtsprechug bietet *Wolf*, NZKart 2015, 78 ff.

zweckter Wettbewerbsbeschränkung. Erfreulicherweise gehört dieses Urteil nun der Rechtsgeschichte an, da der Gerichtshof zuletzt – und ihm folgend auch das Bundeskartellamt[730] – wieder den Weg zu den Ursprüngen des Begriffs der bezweckten Wettbewerbsbeschränkung einschlug. Dieser Rückschritt wurde mit dem Urteil *Cartes bancaires*[731] angetreten und in den Entscheidungen *Dole* und *Maxima Latvija*[732] weiter beschritten. Dieses Urteil legt auch das Bundeskartellamt seiner autonomen Prüfung des § 1 GWB zugrunde, wie an der Entscheidung zur Zulässigkeit von Radiusklauseln bei Factory Outlet Centern (FOC) deutlich wurde.[733] In der Zusammenschau aller Entscheidungen, ergibt sich für § 1 GWB nachfolgendes Prüfprogramm bzw. nachfolgende Maßgaben, die einzuhalten bzw. zu beachten sind, wenn von einer bezweckten Wettbewerbsbeschränkung ausgegangen werden soll.

a) Erkennenlassen einer hinreichenden Beeinträchtigung

Die erste und auch maßgebliche Stellschraube ist, ob die in Rede stehende Beschränkung »in sich selbst eine hinreichende Beeinträchtigung des Wettbewerbs erkennen« lässt.[734] Entscheidend ist somit, dass nicht nur eine hinreichende Beeinträchtigung vorliegt, sondern die Beschränkung **in sich selbst** die **hinreichende Beeinträchtigung** erkennen lässt. Nur dann kann die Beschränkung als ihrer **Natur nach** schädlich für das Funktionieren des Wettbewerbs angesehen werden.[735] Die Horizontal-Leitlinien sprechen davon, dass die Beschränkung **dem Wesen nach** geeignet sein muss, den Wettbewerb zu beeinträchtigen.[736] Gemein ist all diesen Anforderungen, dass die Beschränkung bereits inhärent, angelegt, enthalten sein muss. Daran führt kein Weg vorbei. Liegt diese Voraussetzung nicht vor, kommt es auf weitere Umstände, wie z.B. den wirtschaftlichen und rechtlichen Zusammenhang nicht an. *Fiebig* ist voll zuzustimmen, dass diese Zusammenhangsprüfung nur dazu dienen kann, eine prima facie angenommene Wettbewerbsbeschränkung zu entkräften, sie vermag diese aber gerade nicht umgekehrt zu begründen.[737] Am Anfang steht die dem Wesen bzw. der Natur schädliche Beeinträchtigung, danach kommen die ausfüllenden Einzelkriterien, nicht umgekehrt. Das genau diese Wechselwirkung ins Gegenteil verkehrt wurde, und doch die Einzelkriterien, wie z.B. die Zusammenhangsprüfung herangezogen werden, um

247

---

730 BKartA 26.2.2015, B1 62/13 – *FOC Wertheim* (Entscheidung zu Radiusklauseln).
731 EuGH, 11.9.2014, C-67/13 – *Cartes bancaires*.
732 EuGH, 26.11.2015, C-345/14 – *Maxima Latvija*.
733 BKartA 26.2.2015, B1 62/13, Rn. 173 ff. – *FOC Wertheim*.
734 So EuGH, 11.9.2014, C-67/13, Rn. 57 – *Cartes bancaires*.
735 EuGH, 11.9.2014, C-67/13, Rn. 50 und Rn. 58 – *Cartes bancaires*.
736 Horizontal-Leitlinien, Rn. 24.
737 *Fiebig*, WuW 2015, 462, 476.

den Grundfall zu stützen, drängt sich beim Lesen der Entscheidung *FOC Wertheim* des Bundeskartellamtes auf.[738]

b) Primat der engen Auslegung

248 Zweite zentrale Stellschraube ist die Notwendigkeit, den Begriff der bezweckten Wettbewerbsbeschränkung **eng** auszulegen.[739] *Wolf* sieht darin zurecht einen **Anwendungshinweis** für die Anwendung des Kartellverbots.[740] Dieser gilt auch für § 1 GWB. Die enge Auslegung baut auf dem ersten Grundsatz auf. Durch die Verknüpfung beider wird der Begriff der bezweckten Wettbewerbsbeschränkung auf die Grundfälle zurückgeführt, für die er auch gedacht und geplant war. Eine kreative Suche nach der theory of harm ist nicht mehr notwendig.

c) Im Zweifel »bewirkt«

249 Hinzu kommt noch ein weiterer Grundsatz, der gerade aktuell angesichts der vielen vertikalen Kernbeschränkungen in der Anwendungspraxis des Bundeskartellamtes, z.B. bei **Doppelpreissystemen**. Der Gerichtshof hat nämlich auch klargestellt, dass bei wettbewerblich ambivalenten/zweifelhaften Verhaltensweisen **keine bezweckte** Wettbewerbsbeschränkung vorliegt.[741] Demnach verschiebt sich das Alternativverhältnis beider Tatbestände in der Fo-rm, dass grundsätzlich zwar die bezweckte Wettbewerbsbeschränkung zuerst zu prüfen ist, bei Ambivalenz aber eine Vermutung dafür spricht, dass allenfalls eine bewirkte Beschränkung vorliegt. Bei der Prüfung spielen dann die weiteren Kriterien, wie z.B. der (i) Inhalt der Vereinbarung, (ii) die Ziele und (iii) der wirtschaftliche und rechtliche Zusammenhang eine Rolle.

Bezogen z.B. auf Doppelpreissysteme lassen sich diese m.E. künftig nicht mehr als bezweckte Wettbewerbsbeschränkung einordnen. Zum einen deshalb, da die Systeme primär dazu dienen, den stationären Handel für Anstrengungen zu belohnen und Trittbrettfahrer abzuhalten. Genau diesen **Schutz vor Trittbrettfahrern** erkennt der EuGH in *Cartes bancaires* an[742] und führt dazu in seltener Klarheit aus, dass dieser Schutz ein legitimes Ziel sei. Übertragen auf Doppelpreissysteme bedeutet dies, dass diese u.a. wegen des legitimen Schutzes vor Trittbrettfahrern nicht ein der Natur oder dem Wesen nach schädliches System darstellen **können**.[743]

---

738 BKartA 26.2.2015, B1 62/13, Rn. 175 – *FOC Wertheim*.
739 EuGH, 11.9.2014, C-67/13, Rn. 58 – *Cartes bancaires*.
740 *Wolf*, NZKart 2015, 78, 82.
741 Darauf hinweisend ebenfalls *Wolf*, NZKart 2015, 78, 82.
742 EuGH, 11.9.2014, C-67/13, Rn. 75 – *Cartes bancaires*.
743 So auch ausführlich *Pautke/Billinger*, ZWeR 2016, 40, 54.

d) Verhältnis bezweckte Wettbewerbsbeschränkung/Kernbeschränkung

Oftmals werden die Begriffe bezweckte Wettbewerbsbeschränkung und Kernbeschränkung mehr oder minder synonym verwendet.[744] Dies ist in dieser Pauschalität nicht zutreffend. Es handelt sich bei beiden vielmehr um zwei **eigenständige Begriffe**.[745] Eine Kernbeschränkung wird zwar oftmals eine bezweckte Wettbewerbsbeschränkung darstellen, jedoch nicht immer.[746] Es gibt noch einen gewissen Raum dazwischen, indem eine Kernbeschränkung **keine** bezweckte Wettbewerbsbeschränkung ist.[747] Es gibt keinesfalls einen Automatismus. Vielmehr liegt ein Regel-Ausnahme-Verhältnis vor.[748] Gerade wenn eher fraglich ist, ob ein Sachverhalt unter eine Kernbeschränkung fällt (Beispiel: Beschränkungen des Internetvertriebs oder über Plattformen sowie Doppelpreissysteme), sollte genau geprüft werden, ob die angenommene Kernbeschränkung auch wirklich eine bezweckte Wettbewerbsbeschränkung darstellt. Das gilt nicht zuletzt vor der Vorgabe des Gerichtshofes, die auch für § 1 GWB zugrundezulegen ist, dass bei ambivalenten Verhaltensweisen im Zweifel keine bezweckte Wettbewerbsbeschränkung vorliegt.

250

e) Horizontale Beschränkungen

Preisvereinbarungen zwischen aktuellen oder potentiellen Wettbewerbern sind der Typfall einer bezweckten Wettbewerbsbeschränkung. Ihre Freistellung nach § 2 Abs. 1 GWB ist theoretisch denkbar, scheitert jedoch in aller Regel an den Freistellungsvoraussetzungen. Absprachen zwischen Wettbewerbern über **Konditionen** stellen eine bezweckte Beschränkung dar.[749] Was Konditionen ausmacht, ist noch nicht abschließend geklärt. Unter dem Eindruck des alten § 2 Abs. 2 GWB a.F., der Konditionenkartelle freistellte, vertritt die überwiegende Meinung eine enge Auslegung. Die Horizontal-Leitlinien der Kommission neigen dazu, unter bestimmten Voraussetzungen

251

---

744 Dies hat beispielsweise etwas den Anschein bei *Mäger/von Schreitter*, NZKart 2015, 62, 63, die Kernbeschränkung als Klammerausdruck hinter dem Terminus der bezweckten Wettbewerbsbeschränkung verwenden.
745 So Generalanwalt *Mazak*, Schlussanträge vom 3.3.2011, C-439/09, Rn. 24 – *Pierre Fabre*.
746 Damit soll indes nicht gesagt werden, dass Kernbeschränkungen grundsätzlich keine bezweckte Wettbewerbsbeschränkung darstellen: Aufgrund des festgestellten Sachverhaltes war vermutlich an diesem Punkt wenig Raum für eine abweichende Auslegung z.B. in der Spar-Entscheidung des österreichischen OGH, vgl. OGH, 8.10.2015, 16 Ok 2/15b, Rn. 5.5.3 – *Spar*.
747 So auch *Fiebig*, WuW 2015, 462, 478.
748 Siehe auch *Fiebig*, WuW 2015, 462, 478 unter Verweis auf die Leitlinien der Kommission zu Art. 81 Abs. 3, Rn. 23.
749 EuGH Slg. 1970, 769 Rn. 36 f. – *Chinin*; EuG Slg. 1995, II-1063 Rn. 109; *J. B. Nordemann*, in: Loewenheim/Meessen/Riesenkampff, § 1 GWB Rn. 135; *Roth/Ackermann*, in: FK-GWB, Art. 81 Abs. 1 EG Grundfragen Rn. 321.

Standardbedingungen großzügiger zu behandeln. Anbieter und Nachfrager haben frei zu entscheiden, in welchem räumlich relevanten Markt sie tätig werden. Eine klassische Kernbeschränkung ist deswegen eine **Markt-** oder **Kundenaufteilung** zwischen Wettbewerbern.[750]

252 Eine abgesprochene **Produktionsbeschränkung** ist eine bezweckte Wettbewerbsbeschränkung.[751] Dabei ist unerheblich, wie die Beteiligten die Produktion beschränken. Das abgesprochene Ruhenlassen von Produktionskapazitäten fällt ebenso unter § 1 GWB wie deren Stilllegung.[752] **Quotenabsprachen** zwischen Wettbewerbern sind eine verbotene Kernbeschränkung.[753] Diese können unterschiedlich ausgestaltet sein: Setzen Wettbewerber die **Angebotsmenge** fest, verknappen sie dadurch künstlich das Angebot und beeinflussen dadurch den Preisbildungsmechanismus.[754] Unerheblich ist, wie die Angebotsmenge durch die Beteiligten gesteuert wird. Entscheidend ist nur, dass mindestens einer der Beteiligten nicht mehr autonom darüber entscheiden soll, wie viel er anbietet.

253 Unter § 1 GWB fallen Vereinbarungen über eine **Höchstmenge** oder **Durchschnittsmengen**.[755] Auch Vereinbarungen über eine anzubietende **Mindestmenge** verstoßen gegen § 1 GWB. Diese lassen sich nicht damit rechtfertigen, dass sie die Auswahlmöglichkeiten der Abnehmer unberührt lassen. Vereinbarungen über Mindestmengen verfälschen den Preis als Knappheitsindikator und hemmen Produktinnovationen.[756] Sie setzen damit Quantität über Quali-

---

750 BGH WuW/E BGH 118 – *Zement*; WUW/E BGH 1293 – *Platzschutz*; WuW/E BGH 605 – *Fußspat*; WuW/E BGH 1353 – *Schnittblumentransport*; WuW/E BGH 1597 – *Erbauseinandersetzung*; WuW/E 2637, 2701 – *Golden Toast*; WuW/E WUW/E BGH 3137 – *Sole*; WuW/E DE-R 131 – *Eintritt in Gebäudereinigungsvertrag*; OLG Düsseldorf WuW/E OLG 2715. 2718 – *Subterra-Methode*.
751 BGH WuW/E BGH 605 – *Flussspat*; BKartA WuW/E BKartA 1244, 1245 – *Kalksandstein*; *Zimmer*, in: Immenga/Mestmäcker, § 1 GWB Rn. 253.
752 Zu einer Vereinbarung, die Kapazitäten abzubauen siehe etwa Kommission vom 4.12.1986 ABl. EG Nr. L 5/13 – *ENI/Montedison*.
753 KG WuW/E OLG 1219, 1224 – *Ölfeldrohre*; WuW/E OLG 1339, 1340 – *Linoleum*; BKartA WuW/E BKartA 1417, 1420 – *Süddeutsche Zementindustrie*; WuW/E DE-V 132, 134 – *Osthafenmühle II*; *J. B. Nordemann*, in: Loewenheim/Meessen/Riesenkampff, § 1 GWB Rn. 133.
754 Die Kommission geht davon aus, dass im Regelfall Quotenabsprachen die Verbraucherpreise erhöhen, so: ABl. EG 2002 Nr. L 21/16 Rn. 159 – *Zitronensäure*.
755 *J. B. Nordemann*, in: Loewenheim/Meessen/Riesenkampff, § 1 GWB Rn. 133.
756 *Zimmer*, in: Immenga/Mestmäcker, § 1 GWB Rn. 252 spricht von einer »mittelbar wirkenden Wettbewerbsbeschränkung«, da die Fähigkeit zur Produktinnovation gehindert sei. Nach der hier vertretenen Ansicht wirken sich Mindestmengenbeschränkungen bereits auf die **Auswahlchancen** der Abnehmer aus, da diese

tät und enthalten dadurch dem Abnehmer potentiell nützlichere Produkte vor. Wann eine Vereinbarung die Angebotsmenge festlegt, bestimmt die objektive Vertragsauslegung und somit das wirtschaftliche Ziel. Eine verbotene Quotenabsprache ist eine Vereinbarung, die den Beteiligten jeden Anreiz nimmt, durch eine Erhöhung der Angebots- oder Ausbringungsmenge neue Marktanteile zu gewinnen. Das Mittel hierzu sind Ausgleichsregelungen. Eine verbotene Quotenvereinbarung stellt es dar, wenn ein Beteiligter, der eine die bestimmte Angebotsmenge überschritten hat, **Ausgleichszahlungen** an die Beteiligten leisten soll, die ihre Quote unterschritten haben.[757] Ein derartiger Ausgleich kann auch durch **Kollegenlieferungen** geleistet werden, wonach der Überschuss eines Unternehmens in einer Referenzperiode dadurch kompensiert wird, indem es in der nächsten Referenzperiode bestimmten Umfanges die quotierten Erzeugnisse von den übrigen Beteiligten beziehen soll.[758]

f) Vertikale Beschränkungen

Im vertikalen Bereich wird häufig von Kernbeschränkungen gesprochen. In Anlehnung an Art. 4 Vertikal-GVO sind grundsätzlich **fünf** Kernbeschränkungen zu unterscheiden. Die erste Kernbeschränkung ist das Verbot der Preisbindung der zweiten Hand (RPM) gemäß Art. 4 lit. a Vertikal-GVO. Verboten ist demnach die Beschränkung der Möglichkeit des Abnehmers, seinen Verkaufspreis selbst festzusetzen. Erlaubt sind in vertikalen Vereinbarungen hingegen **Höchstpreisvereinbarungen** und **unverbindliche Preisempfehlungen**. Sofern der Lieferant keine kritische Anteilsschwelle erreicht, darf er dem Abnehmer festschreiben, zu welchem Höchstpreis er ein Erzeugnis verkaufen darf. Auch verboten sind **Gebiets- oder Kundengruppenaufteilungen** in vertikalen Vereinbarungen, wie etwa ein Gebietsschutz. Hiervon gestatten die einzelnen Spiegelstriche zu Art. 4 lit. b Vertikal-GVO insgesamt **vier** Ausnahmen. Erlaubt ist demnach, wenn der Lieferant dem Händler den sog. **aktiven Verkauf**[759] in ein Gebiet untersagt, das sich der Lieferant vorbehalten hat oder einem anderen Händler zugewiesen hat. Dies ermöglicht Exklusivvertrieb.

254

---

nicht der Qualität oder Eigenschaften eines Gutes nutzen können, die ohne die Wettbewerbsbeschränkung wenigstens potentiell verfügbar wären.
757 BKartA WuW/E DE-V 132, 134 – *Osthafenmühle II*; Kommission ABl. EG 1989, Nr. L 260/1 Rn. 60 – *Betonstahlmatten*; ABl. EG 1983 Nr L 317/1 Rn. 53d – *Gusseisen- und Gussstahlwalzen*.
758 Siehe Kommission ABl. EG 2002 Nr. L 21/16 Rn. 159 – *Zitronensäure*.
759 Die Vertikal-Leitlinien definieren in Rn. 51 den aktiven Verkauf als »die direkte Ansprache einzelner Kunden«, sei es durch Direktwerbung, elektronische Post oder direkte Ansprache.

255 **Passive Verkäufe**,[760] müssen hingegen erlaubt sein. Untersagt dies eine vertikale Vereinbarung, handelt es sich um eine verbotene Kernbeschränkung. Erlaubt ist hingegen ein **Sprunglieferungsverbot**. Demnach darf der Lieferant einem Großhändler sowohl den aktiven als auch den passiven Verkauf an »Endverbraucher« untersagen. Dies gilt sowohl in und außerhalb des selektiven Vertriebs. Diese Bestimmung greift die europäische Rechtsprechung auf, wonach Großhändler wegen ihrer Einkaufsvolumina und regelmäßig geringerer Belastungen gegenüber Einzelhändlern einen Wettbewerbsvorsprung haben, der nicht vom Kartellverbot geschützt wird.[761] Folgerichtig darf der Lieferant den Großhändler auch vom Wettbewerb um die Endkunden ausschließen.

256 Im Rahmen eines **selektiven Vertriebssystems** erfolgt eine Auswahl der Händler anhand qualitativer bzw. quantitativer Merkmale. Wesentlicher Vorteil ist, dass der Lieferant die Händler verpflichten kann, an keine Händler zu verkaufen, die nicht zum selektiven Vertrieb zugelassen sind, Art. 4 lit. b dritter Spiegelstrich i.V.m. Art. 4 lit. c Vertikal-GVO (Endverbraucher müssen beliefert werden können). Dies ist das besondere am selektiven Vertrieb. Der Anbieter/Hersteller hat im **geschlossenen System** eine besondere Kontrolle über sein Vertriebssystem, die ihm kein anderes Vertriebssystem gibt. Dies erfordert aber ein gleichartiges Vertragsnetz. Ist der Lieferant zugleich Hersteller eines Erzeugnisses, das sein Abnehmer in ein anderes Erzeugnis einfügt,[762] darf er diesem untersagen, das gelieferte Erzeugnis an seine – des Lieferanten – Wettbewerber zu liefern, Art. 4 lit. b vierter Spiegelstrich.[763]

3. Bewirkte Wettbewerbsbeschränkungen

a) Begriff und Analyserahmen

257 Eine Koordination bewirkt eine Wettbewerbsbeschränkung, wenn jene den Wettbewerb auf dem relevanten Markt negativ beeinflusst oder potentiell ne-

---

760 Beim passiven Verkauf geht die **Initiative** nach der Leitidee der Europäischen Kommission zum Vertragsschluss vom **Kunden** aus, näher: Vertikal-Leitlinien, Rn. 51.
761 EuGH Slg. 1977, 1875, 1908 f. – *Metro/SABA* (bezog sich auf selektiven Vertrieb); Kommission vom 16.12.1985 ABl. EG Nr. L 376/15 – *Villeroy & Boch; Nolte*, in: Langen/Bunte, Art. 81 Fallgruppen Rn. 572; *Veelken*, in: Immenga/Mestmäcker, Vertikal-GVO Rn. 217.
762 Dabei handelt es sich um industrielle Zulieferverträge, *Nolte*, in: Langen/Bunte, Art. 81 Fallgruppen Rn. 575. »Hinzufügen« wird im zivilrechtlichen Sinne meist eine Verarbeitungshandlung nach § 950 Abs. 1 BGB sein, notwendig ist dies jedoch nicht. Hier ist auch die **Zulieferbekanntmachung** zu beachten.
763 So schon: EuGH Slg. 1975, 1663 – *Zucker*; Slg. 1978, 207 – *United Brands*; Kommission vom 26.1.1990 ABl. EG Nr. L 21/71 – *Bayo-n-ox*.

gativ beeinflussen könnte. Während eine bezweckte Wettbewerbsbeschränkung typisierte Fallgruppen kennzeichnet, in denen der Wettbewerb mindestens beschränkt ist, ist bei einer »bewirkten« Wettbewerbsbeschränkung zu analysieren, wie Folgen diese für den Wettbewerb zeitigt. Die europäische Praxis will dies durch einen **hypothetischen Wettbewerbsvergleich** ermitteln: Zu vergleichen sind der Wettbewerb, wie er ohne die Vereinbarung bestünde, mit dem aktuellen, durch die Koordination geprägten Zustand.[764] Dieser Ansatz weist naturgemäß die Schwächen auf, die jedem Vergleich von Wettbewerbsbedingungen immanent sind. Kennzeichnet den relevanten Markt eine länger geübte Koordination, ist der Vergleich kaum darstellbar, wie die Wettbewerbsverhältnisse im koordinationslosen Zustand ausgestaltet wären. Da potentielle Auswirkungen auf den Wettbewerb zu berücksichtigen sind, hinkt auch hier der Wettbewerbsvergleich und läuft Gefahr, sich im Hypothetischen zu verlieren. Abgesehen von diesen Ausnahmefällen ist der Wettbewerbsvergleich immerhin ein erster Näherungswert. Die Unsicherheiten bei der Vergleichsmethode lassen sich dadurch abmildern, indem man die Vergleichsfaktoren präzisiert. Indes ist auch hier die europäische Praxis vage. Danach entscheiden **Art** und **Inhalt** der **Vereinbarung** sowie der hiervon erfassten Waren oder Dienstleistungen, die **Markteigenschaften** sowie die **Marktmacht** der beteiligten Unternehmen.

b) Wirkungsanalyse bei horizontalen Vereinbarungen

Ermöglicht eine Abrede den Beteiligten die Teilnahme am Wettbewerb, eröffnet sie mithin den Marktzutritt, fehlt es begrifflich an einem beschränkbaren Wettbewerb. Eine derartige Vereinbarung fällt nicht unter § 1 GWB (Art. 101 Abs. 1 AEUV). In der inländischen Praxis ist dieser **Arbeitsgemeinschaftsgedanke** (Fallgruppen Rdn. 427 ff.) anerkannt. Die europäische Praxis ist demgegenüber missverständlich und verortet den Arbeitsgemeinschaftsgedanken bei der Frage, ob eine horizontale Vereinbarung eine Wettbewerbsbeschränkung bewirkt: Können mehrere Unternehmen eine bestimmte Nachfrage nicht unabhängig voneinander bedienen, sollen hiervon keine wettbewerbsbeschränkenden Wirkungen ausgehen, sofern die Beteiligten das Projekt nicht mit weniger spürbaren Wettbewerbsbeschränkungen umsetzen konnten.[765] Dieser Ansatz ist abzulehnen, da er den Arbeitsgemeinschaftsgedanken zu sehr einschränkt und den Beteiligten die Möglichkeit nimmt, Märkte zu erschließen. Es ist denkbar, dass die Beteiligten ihre jeweilige Marktunfähigkeit nur beseitigen können, indem sie eine bezweckte Wettbewerbsbeschränkung vereinbaren. In diesem Fall scheitert der europäische Ansatz, da er für bezweckte

258

---

764 EuGH Slg. 1998, I-3111 Rn. 76 – *Deere*; EuGH Slg. 1998, I-3175 Rn. 90 – *New Holland Ford*; Slg. 1999, I-135 Rn. 33 – *Bagnasco*.
765 Horizontal-Leitlinien Rn. 30.

§ 1 GWB *Verbot wettbewerbsbeschränkender Vereinbarungen*

Wettbewerbsbeschränkungen kein Arbeitsgemeinschaftsprivileg kennt. Dies zeigt, dass der dogmatische Ansatz überlegen ist, den Arbeitsgemeinschaftsgedanken bei der Wettbewerbsermöglichung anzusiedeln und nicht bei der bewirkten Wettbewerbsbeschränkung.

c) Wirkungsanalyse bei vertikalen Vereinbarungen

259 Jedem Austauschvertrag ist eine Wettbewerbsbeschränkung immanent, da er den Abnehmer dazu verpflichtet, den Bedarf bei seinem Lieferanten zu decken und da dieser Bedarf konkurrierende Lieferanten als Absatzmöglichkeit entzogen ist. Das Kartellrecht darf solche Vereinbarungen nicht verbieten, da es anderenfalls den Grundsatz *pacta sunt servanda* aushebeln würde. Beschränkt eine vertikale Vereinbarung nur die Handlungsfreiheit einer Partei, bildet dies noch keine bewirkte Wettbewerbsbeschränkung,[766] sondern ist nur ein erster Anknüpfungspunkt. Deshalb ist beispielsweise eine englische Klausel (vgl. Rdn. 343) eher unkritischer zu beurteilen, als beispielsweise eine Alleinbezugsverpflichtung/Wettbewerbsverbot (vgl. dazu Rdn. 586).

VI. Spürbarkeit

1. Allgemeine Grundsätze

260 Da § 1 GWB – neben dem Verbraucherschutz (vgl. Rdn. 40) – gleichrangig dem Institutionen- und Individualschutz dient, muss eine Wettbewerbsbeschränkung dazu geeignet sein, sich spürbar auf dem relevanten Markt auszuwirken. Es handelt sich dabei um ein **ungeschriebenes Tatbestandsmerkmal** des § 1 GWB.[767] Der Tatbestand des § 1 GWB in seiner Ursprungsfassung drückte dies bis zur 6. GWB-Novelle dadurch aus, indem er verlangte, dass die Wettbewerbsbeschränkung geeignet sein muss, die »Marktverhältnisse« zu beeinflussen.[768] Der Gesetzgeber strich diese Voraussetzung, um § 1 GWB dem Wortlaut des Art. 101 Abs. 1 AEUV anzupassen, in der Sache sollte sich allerdings nichts ändern.[769] Auch die europäische Praxis zu Art. 101 Abs. 1 AEUV kennt ein ungeschriebenes Spürbarkeitskriterium, jedoch in einem **doppelten Sinne**: Nicht nur die Wettbewerbsbeschränkung muss spürbar sein, sondern

---

766 So auch *Roth/Ackermann*, in: FK-GWB, Art. 81 Abs. 1 EG Grundfragen Rn. 344.
767 BGH WuW/E DE-R 289, 295 – *Lottospielgemeinschaft*; WuW/E DE-R 711, 717 – *Ost-Fleisch*; BKartA WuW/E DE-V 209, 213 – *Stellenmarkt für Deutschland*; *Bahr*, WuW 2000, 954, 963; *Krauß*, in: Langen/Bunte, § 1 GWB Rn. 163; *Fuchs*, ZWeR 2007, 369, 388; *J. B. Nordemann*, in: Loewenheim/Meessen/Riesenkampff, § 1 GWB Rn. 141.
768 Zur alten Rechtsprechung zusammenfassend: *Schneider*, S. 7 ff.
769 BT-Drucks. 13/9720 S. 31 li. Sp. mit dem unverständlichen Hinweis, dass die europäische Regelung konsequenter sei und deshalb übernommen werde.

auch der zwischenstaatliche Handel muss spürbar betroffen sein.⁷⁷⁰ Letzteres scheidet bei § 1 GWB naturgemäß aus. Der **Zweck** des Spürbarkeitskriteriums gründet sich auf dem eingangs erwähnten Institutionenschutz. Eine nur theoretisch denkbare Marktbeeinflussung ist nicht tatbestandsmäßig, da sie den Wettbewerb auf dem relevanten Markt nicht berührt, m.a.W. es zu keiner Marktstrukturveränderung kommt.⁷⁷¹ Verbunden ist demnach mit dem Kriterium der Spürbarkeit immer auch eine Prüfung der Marktstrukturauswirkungen. Nach einer anderen Formulierung ist eine Wettbewerbsbeschränkung nicht spürbar, »wenn die Außenwirkungen eines Kartells praktisch nicht ins Gewicht fallen«.⁷⁷² Auch diese Formulierung verlangt die **Wettbewerbsrelevanz** einer Absprache.

Es entscheidet nach der inländischen und europäischen Rechtsprechung eine **Gesamtbeurteilung** aller relevanten Umstände im Einzelfall, ob sich eine Wettbewerbsbeschränkung spürbar auswirkt.⁷⁷³ Für diese Gesamtbeurteilung kann auch auf die Rechtsprechung vor der 6. GWB-Novelle zurückgegriffen werden, zumal die inländischen Gerichte damals den Gleichklang zur europäischen Praxis betonten.⁷⁷⁴ Spürbar ist nicht wesentlich.⁷⁷⁵ Es reicht ein wettbewerbsrelevanter Einfluss, so dass eine Wettbewerbsbeschränkung auch solche Märkte spürbar beeinträchtigen kann, auf denen wesentlicher Wettbewerb herrscht.⁷⁷⁶ Da § 1 GWB auch Beschränkungen des Drittwettbewerbs erfasst (Rdn. 190), müssen die Beteiligten nicht notwendig auf dem Markt tätig sein, auf dem sich die Wettbewerbsbeschränkung spürbar auswirken kann.⁷⁷⁷ Im Einzelnen unterscheidet die inländische und europäische Praxis zwischen **quantitativen** und **qualitativen** Spürbarkeitskriterien.⁷⁷⁸ Je nach Art der Vereinbarung sind diese unterschiedlich zu gewichten. Für horizontale Wettbe-

261

---

770 Zuerst: EuGH Slg. 1966, 281, 366 f. – *Maschinenbau Ulm*; EuGH Slg. 1998, I-1983 Rn. 17 – *Javico*; Slg. 1999, I-135 Rn. 46 – *Bagnasco*. Siehe zur Abgrenzung dieser Spürbarkeitskriterien *Füller*, in: KK-KartR, Art. 101 AEUV, Rn. 224.
771 BGH WuW/E DE-R 289, 295 – *Lottospielgemeinschaft*; OLG Düsseldorf WuW/DE-R 4688 – *Melitta*; Bagatellbekanntmachung BKartA 2007 615, Rn. 13; so bereits zur § 1 GWB in der Fassung vor der 6. GWB-Novelle: BGH WuW/E BGH 1458, 1461 f. – *Fertigbeton*; *Krauß*, in: Langen/Bunte, § 1 GWB Rn. 163 ff.
772 BGH WuW/E DE-R 711, 718 – *Ost-Fleisch*; WuW/E BGH 2469, 2470 – *Brillenfassung*; OLG Düsseldorf WuW/E DE-R 2146, 2150 – *Nord-KS/Xella*.
773 BGH WuW/E BGH 1458, 1462 – *Fertigbeton I*; WuW/E BGH 1733 – *Fertigbeton II*; EuGH Slg. 1991, I-935 Rn. 14 – *Delimitis*; Slg. 1994, I-1477 Rn. 36 – *Almelo*.
774 *Zimmer*, in: Immenga/Mestmäcker, § 1 GWB Rn. 167.
775 BGH WuW/E BGH 1458, 1462 – *Fertigbeton*; OLG München WuW/E DE-R 478, 480 – *Biegebetrieb*; *Bunte*, in: Langen/Bunte, § 1 GWB Rn. 234.
776 OLG München WuW/E DE-R 478, 480 – *Biegebetrieb*; *Bunte*, in: Langen/Bunte, § 1 GWB Rn. 234, erster Spiegelstrich a.E.
777 BGH WuW/E DE-R 115, 120 – *carpartner*.
778 OLG München WuW/E DE-R 478, 480 – *Biegebetrieb*.

werbsbeschränkungen ist die quantitative Spürbarkeitsschwelle herabgesetzt. Handelt es sich um eine Kernbeschränkung, mithin um eine bezweckte Wettbewerbsbeschränkung, drängen qualitative Kriterien die quantitativen Spürbarkeitskriterien zurück. Sie werden jedoch **nicht obsolet**, wie die Rs. Expedia konstutiert.[779] Dieser Grundsatz findet sich bereits in der älteren Rechtsprechung: Je schwerwiegender eine Wettbewerbsbeschränkung ist, desto eher ist sie spürbar, ohne dass eine bestimmte Mindestschwelle der quantitativen Spürbarkeit erreicht werden müsste.[780] Die Wertungen für eine »bewirkte« und eine »spürbare« Wettbewerbsbeschränkung fließen ineinander. Kommt es in beiden Fällen auf den Marktanteil an, lassen sich in der Tat die Wertungen zusammenfassen.

262 Um dem Spürbarkeitskriterium Konturen (für die Rechtsanwendungspraxis) zu verleihen, haben sowohl das Bundeskartellamt als auch die Kommission eine **Bagatellbekanntmachung** veröffentlicht.[781] Während die Bekanntmachung der Kommission erklärtermaßen die Auslegungsgrundsätze der Kommission wiedergibt, beschränkt sich die Bagatellbekanntmachung des BKartA auf eine reine Ermessensbindung.[782] Vor der Veröffentlichung der Bagatellbekanntmachung 2007, hatte das BKartA bereits im Jahr 1980 eine erste Bagatellbekanntmachung erlassen, die sich allerdings nur auf horizontale Vereinbarungen bezog. Diese wurde sodann durch die Bagatellbekanntmachung 2007 vollständig ersetzt. Sie definiert mithin keine Auslegungsgrundsätze, sondern ist eine ermessenskonkretisierende Verwaltungsvorschrift.[783] Ist eine koordinierte Wettbewerbsbeschränkung eine Bagatelle im Sinne der Bekanntmachung, wird das BKartA »in der Regel« diesen Fall nicht aufgreifen.[784] Gleichwohl behält sich das BKartA vor, im Einzelfall einzugreifen, wird aber zuvor den Parteien die Gelegenheit geben, innerhalb einer angemessenen Frist

---

779 EuGH, 13.11.2012, C-226/11, Rn. 37 – *Expedia*.
780 OLG Düsseldorf WuW/E DE-R 585, 588 – *KfZ-Werkstätten*; OLG München WuW/E OLG 3946, 3948 – *Fassadenbau*; OLG München WuW/E DE-R 478, 480 – *Biegebetrieb*.
781 Bekanntmachung Nr. 18/2007 des Bundeskartellamtes über die Nichtverfolgung von Kooperationsabreden mit geringer wettbewerbsbeschränkender Bedeutung (»**Bagatellbekanntmachung**«) vom 13. März 2007 [Nur abrufbar im Netz unter www.bundeskartellamt.de]; Bekanntmachung der Kommission über Vereinbarungen von geringer Bedeutung, die im Sinne des Art. 101 Abs. 1 AEUV den Wettbewerb nicht spürbar beschränken (**de minimis Bekanntmachung**), ABl. EG Nr. C 291/1 vom 22.12.2001.
782 Diese Regelungstechnik entspricht der alten Bagatellbekanntmachung des BKartA aus dem Jahre 1980, BAnz vom 23. Juli 1980, Nr. 133 (»alte Bagatellbekanntmachung BKartA«).
783 *Pfeffer/Wagner*, BB 2007, 1173.
784 Bagatellbekanntmachung BKartA, Rn. 1; *Krauß*, in: Langen/Bunte, § 1 GWB Rn. 174.

das beanstandete Verhalten abzustellen. Das BKartA wird dabei »regelmäßig« davon absehen, ein Kartellordnungswidrigkeitenverfahren einzuleiten.[785] Damit hat die Bagatellbekanntmachung des BKartA nur eine abgeschwächte Bindungswirkung gegenüber der *de minimis*-Bekanntmachung der Kommission.[786] Diese Regelungstechnik hat man kritisiert, da sie keine zuverlässige Risikoabschätzung erlaube.[787] Indes wollte das BKartA eine Ermessenbindung offenbar vermeiden. Immerhin erlaubt die Bagatellbekanntmachung des BKartA eine Orientierung, da sie im Wesentlichen der *de minimis*-Bekanntmachung entspricht, die sich als Auslegungshilfe versteht. Bevor das BKartA die Bagatellbekanntmachung erließ, hat die inländische Praxis ihre Auslegung teilweise auf die *de minimis*-Bekanntmachung gestützt.[788] Es besteht kein Anlass diese Orientierung aufzugeben, da die Bekanntmachung des BKartA nicht jene der Kommission sperrt.

2. Quantitative Kriterien

Die **quantitative** Spürbarkeitsschwelle setzt an dem Marktanteil an, der auf die Beteiligten entfällt. Dabei wird die Spürbarkeitsschwelle für horizontale und vertikale Wettbewerbsbeschränkungen unterschiedlich bestimmt, so dass die Abgrenzung zwischen horizontalen und vertikalen Wettbewerbsbeschränkungen hier eine zentrale Rolle einnimmt. Nach den allgemeinen Grundsätzen setzt die Marktanteilsberechnung voraus, den sachlich und räumlich relevanten Markt abzugrenzen, auf dem die Beteiligten tätig sind. Wie auch sonst im GWB ist sodann der Marktanteil bei heterogenen Gütern oder Dienstleistungen nach dem Umsatz zu bemessen, bei homogenen Gütern entscheidet der Wertanteil.

263

Eine **horizontale** Wettbewerbsbeschränkung ist nach den Bagatellbekanntmachungen spürbar, wenn der Marktanteil aller Beteiligten 10 % auf dem relevanten Markt überschreitet.[789] Diese Schwelle gilt nur für bewirkte, horizontale Wettbewerbsbeschränkungen. Auf Kernbeschränkungen, mithin auf bezweckte Wettbewerbsbeschränkungen, ist sie unanwendbar, da sich hier die Spürbarkeit nach qualitativen Kriterien richtet (unten Rdn. 267 ff.). Nach der

264

---

785 Bagatellbekanntmachung BKartA, Rn. 12.
786 Die inländische Rechtsprechung betrachtete deswegen die alte Bagatellbekanntmachung weder als Indiz noch als Richtschnur bei der Beurteilung, ob eine Wettbewerbsbeschränkung sich spürbar auswirkt: KG WuW/E OLG 5588, 5598 – *Selektive Exklusivität*; LG München I, WuW/E DE-R 633, 637 – *Deggendorfer Transportbeton*.
787 *Pfeffer/Wagner*, BB 2007, 1173.
788 OLG München WuW/E DE-R 968, 970 – *Regele*.
789 Bagatellbekanntmachung BKartA 2007, Rn. 8; *de minimis*-Bekanntmachung Rn. 7a.

de minimis-Bekanntmachung sollen kurzfristige Marktanteilsschwankungen unschädlich sein: Übersteigt der Marktanteil aller Beteiligten die 10 % Schwelle um bis zu 2 % während zwei aufeinander folgender Kalenderjahre, soll dies keine spürbare Wettbewerbsbeschränkung sein.[790] Eine vergleichbare Regelung zur Schwankungsbreite findet sich in der Bagatellbekanntmachung des BKartA jedoch nicht. Dieser Vorbehalt entwertet die 10 %-Schwelle und ist fragwürdig. Haben die Beteiligten einen aktuellen Marktanteil von 11–12 %, müssten die Marktanteile aus den vorangegangenen zwei Kalenderjahren ermittelt werden. Indes kann der gestiegene Anteil auch gerade Ausdruck einer gestiegenen Marktmacht sein und deswegen ein Eingreifen der Kartellbehörde gebieten. Die 10 %-Schwelle gilt auch bei Zweifeln darüber, ob eine Vereinbarung als horizontal oder vertikal einzustufen ist.[791] Ein **safe-harbour** besteht somit (insbesondere bei Zweifeln zwischen der Einstufung als horizontale oder vertikale Wettbewerbsbeschränkung) nur **bis zu 10 %**. Unterhalb der 10 %-Schwelle kann das BKartA ausnahmsweise eingreifen, sofern durch die Wettbewerbsbeschränkung zu erwarten ist, dass sich für die Lieferanten oder die Abnehmer die Austauschbedingungen auf dem Markt (Preise, Konditionen) insgesamt verschlechtern werden. Vor der Einleitung eines Kartellordnungswidrigkeitenverfahrens wird das BKartA den Beteiligten regelmäßig eine angemessene Übergangsfrist einräumen, um das beanstandete Marktverhalten abzustellen.[792] Die *de minimis*-Bekanntmachung der Kommission kennt keine derart verschärfte Kontrolle. Gleichwohl gilt kein Wertungsvorrang der *de minimis*-Bekanntmachung, so dass der beschriebene Eingriffsvorbehalt des BKartA europarechtskonform ist.

265 Eine **vertikale** Wettbewerbsbeschränkung ist hingegen spürbar, sofern die beteiligten Unternehmen auf den betroffenen Märkten einen Marktanteil von mehr als 15 % innehaben. Die Bagatellbekanntmachung des BKartA drückt dies negativ aus. Von der Einleitung eines Kartellverfahrens wird das BKartA danach absehen, »wenn der von jedem an einer nicht-horizontalen Vereinbarung beteiligten Unternehmen gehaltene Marktanteil auf keinem der betroffenen Märkte 15 % überschreitet.[793] Die spürbaren Auswirkungen von vertikalen Wettbewerbsbeschränkungen sind danach **sowohl** anhand der Marktstellung des Lieferanten (Unternehmen auf der vorgelagerten Marktstufe) **als auch** an der des Abnehmers (Unternehmen auf der nachgelagerten Marktstufe) zu beurteilen. Etwas ungenau stellen die Bagatellbekanntma-

---

790 De minimis-Bekanntmachung Rn. 9. Die Bagatellbekanntmachung des BKartA kennt keine derartige Einschränkung.
791 Bagatellbekanntmachung BKartA 2007, Rn. 10; *de minimis*-Bekanntmachung Rn. 7b.
792 Bagatellbekanntmachung BKartA 2007 Rn. 12.
793 Bagatellbekanntmachung BKartA 2007 Rn. 9; gleichlautend: De minimis Bekanntmachung Kommission 2001 Tz. 7b.

chungen auf die »betroffenen« Märkte ab. Dies sind die jeweiligen Angebotsmärkte, auf denen die Beteiligten auftreten.

Auf die vorstehend genannten quantitativen Spürbarkeitsgrenzen, kommt es dann nicht an, wenn eine **Kernbeschränkung** vorliegt. Gemeint sind damit die Festsetzung von Preisen oder Preisbestandteilen beim Ein- oder Verkauf von Erzeugnissen oder Dienstleistungen, die Beschränkung von Produktion, Bezug oder Absatz von Waren oder Dienstleistungen, insbesondere durch Aufteilung von Versorgungsquellen, Märkten oder Abnehmern. Dies ergibt sich zum einen aus der Bagatellbekanntmachung des BKartA selbst. Zudem ist auch in einigen Fällen in der Rechtsprechung eine leichte Tendenz zu erkennen, der Rechtsprechung des Gerichtshofes in der Rechtssache *Expedia* zu folgen, aus der sich ergibt, dass es bei bezweckten Wettbewerbsbeschränkungen auf die Spürbarkeit nicht mehr ankommt.[794]

266

3. Qualitative Kriterien

Qualitative Kriterien stellen nicht auf den Marktanteil ab, sondern auf den Inhalt und die Auswirkung einer Wettbewerbsbeschränkung. Dabei hat eine Gesamtabwägung aller Faktoren zu erfolgen. Entscheidend ist grundsätzlich die Eignung, die Verhältnisse auf den Märkten mehr als nur in unbedeutendem Umfang zu beeinflussen.[795] Vor dem Hintergrund des Zwecks des Spürbarkeitskriteriums, nur theoretisch denkbarer Marktbeeinflussungen auszuscheiden, ist es überzeugend darauf abzustellen, dass die Marktverhältnisse in einem nicht lediglich unbedeutenden Umfang beeinflusst werden. Eine wesentliche Beeinflussung der Marktverhältnisse ist hingegen nicht erforderlich.[796] Ziel des qualitativen Spürbarkeitskriteriums ist es daher vor allem diejenigen Wettbewerbsbeschränkungen auszusortieren, die **praktisch** im Hinblick auf den Wettbewerb **nicht ins Gewicht** fallen. Bei dieser Prüfung, ob eine Wettbewerbsbeschränkung praktisch ins Gewicht fällt oder nicht, erfolgt eine Anlehnung an die (i) Zahl der Wettbewerber bzw. wiederum an den Marktanteil auf dem relevanten Markt.[797] Allerdings ist der Marktanteil nicht das einzige Kriterium, welches im Rahmen der qualitativen Prüfung heranzuziehen ist. An der Spürbarkeit kann es z.B. fehlen, wenn insbesondere die Marktgegenseite noch andere Wettbewerber überhaupt **keinen Anlass zu zur**

267

---

794 OLG Schleswig WuW/DE-R 4293 – *Digitalkameras*, Rn. 69; so auch OLG Düsseldorf WuW/DE-R 4117 – *Badarmaturen*, Rn. 64.
795 BGH WuW/E DE-R 115, 120 – *carpartner*; OLG Naumburg WuW/E DE-R 1426, 1428 – *Düngemittellagerung*; OLG Düsseldorf WuW/E DE-R 1453, 1460 – *PTK-Entsorgung*.
796 BGH WuW/E BGH 1458, 1462 – *Fertigbeton I*; OLG München WuW/E DE-R 478, 480 – *Biegebetriebe*.
797 Siehe OLG Düsseldorf WuW/DE-R 4688 – *Kaffeeröster*, Rn. 438.

Reaktionsmaßnahmen sehen.[798] Bezogen auf den Marktanteil liegt eine Spürbarkeit jedenfalls dann nicht vor, wenn auf dem relevanten Markt lediglich ein Marktanteil von 0,16 % erreicht wird.[799] Unter Heranziehung dieser Kriterien begründete z.B. das OLG Düsseldorf im *Kaffeeröster*-Fall die Spürbarkeit damit, dass auf der Endabsatzstufe lediglich vier Marken-Kaffeeröster konkurrieren und sich die Erheblichkeit bzw. der nicht nur unbedeutende Umfang der Verhaltenskoordinierung auch daraus ergibt, dass die zwischen den Kaffeeherstellern abgesprochenen Preiserhöhungen zu einer Anhebung des Preisniveaus in den Endverkaufs- und Aktionspreisen im Lebensmitteleinzelhandel geführt haben.[800]

268 **Kernbeschränkungen** sind ohne Rücksicht auf den Marktanteil dazu geeignet, den Wettbewerb auf dem relevanten Markt spürbar zu beeinflussen. Kernbeschränkungen sind alle horizontalen Festsetzungen von Preisen oder Preisbestandteilen, beim Einkauf oder Verkauf von Erzeugnissen sowie beim Bezug oder bei der Erbringung von Dienstleistungen.[801] Bei **horizontalen Preisabsprachen** oder Absprachen über Preisbestandteile neigt die Rechtsprechung überwiegend zu einem *per se* Verbot. Danach sind derartige Absprachen auch dann eine spürbare Wettbewerbsbeschränkung, wenn der gemeinsame Marktanteil der Kartellanten 5 % unterschreitet.[802] Qualitative Spürbarkeitskriterien verdrängen damit eine quantitative Spürbarkeitsschwelle (fast vollständig).[803] Demgemäß beschränkt eine horizontale Preisabsprache auch dann den Wettbewerb, wenn die Parteien auf einen marginalen, nominellen Marktanteil von 0,2 % bis 0,5 % kommen.[804] Das zeigt auch die Übernahme der Rechtsprechung des Gerichtshofs in der Rechtssache *Expedia* durch das OLG Düsseldorf bzw. OLG Schleswig.[805] Sollten ausnahmsweise horizontale Preisabsprachen zu einem niedrigeren Preisniveau führen, ändert dies nichts an deren spürbaren Auswirkungen. So hat der BGH es für unerheblich gehalten, ob eine Preisvereinbarung zwischen Haftpflichtversicherern vorteilhaft ist oder »gestörten Marktverhältnissen« auf einem Drittmarkt entgegentreten soll.[806] Derartige Vereinbarungen können allenfalls nach § 2

---

798 BGH WuW/E BGH 2469, 2470 – *Brillenfassungen*.
799 OLG Düsseldorf WuW/E DE-R 1410, 1412 – *Tschechisches Bier*.
800 Siehe OLG Düsseldorf WuW/E DE-R 4688 – *Kaffeeröster*, Rn. 438.
801 Bagatellbekanntmachung des BKartA 2007, Rn. 14.
802 So ausdrücklich: LG München I WuW/E DE-R 633, 637 – *Deggendorfer Transportbeton*; im Ergebnis auch OLG Düsseldorf WuW/E DE-R 2146, 2150 – *Nord-KS/Xella*.
803 OLG Düsseldorf WuW/E DE-R 2146, 2150 Rn. 33 a.E. – *Nord-KS/Xella*.
804 OLG München WuW/E OLG 3946, 3948 – *Fassadenbau*. So für einen Anteil von 4 % bei einem horizontalen Preiskartell: BGH WuW/E BGH 2697, 2707.
805 OLG Düsseldorf, 13.11.2013, VI.-U (Kart) 11/13 – *Badarmaturen*; OLG Schleswig, 5.6.2014, 16 U Kart 154/13 – *Digitalkameras*.
806 BGH WuW/E DE-R 115, 117 – *Carpartner*.

Abs. 1 GWB freigestellt sein. Keinem Bagatellprivileg zugänglich sind außerdem horizontale Vereinbarungen oder Verhaltensabstimmungen, die die Produktion, den Bezug oder den Absatz von Waren oder Dienstleistungen beschränken. **Horizontale Markt-** oder **Kundenaufteilungen** sowie die **Aufteilung** von **Versorgungsquellen** unterliegen damit im Ergebnis einem *per se* Verbot. Setzen die Beteiligten durch eine **Submissionsabsprache** den Bietermechanismus außer Kraft, beeinträchtigt dies spürbar den Wettbewerb um den Ausschreibungsgegenstand. Unerheblich ist hierfür, ob sich die Kartellmitglieder an keiner weiteren Ausschreibung beteiligen oder ob die Parteien (zusätzlich) vereinbaren, sich wechselseitig bei weiteren Ausschreibungen durch höhere Scheinangebote zu schützen.[807]

Für **vertikale Kernbeschränkungen** weicht die Bagatellbekanntmachung des BKartA signifikant von der Bekanntmachung der Kommission ab. Das BKartA differenziert für Kernbeschränkungen nicht danach, ob sie aus einer horizontalen oder vertikalen Wettbewerbsbeschränkung folgen. Vertikale Preisbindungen sind danach ebenso spürbare Wettbewerbsbeschränkungen wie Gebiets- oder Kundenschutzvereinbarungen in Lieferverträgen, die Beschränkung eines Vertriebssystems auf zugelassene Händler oder Verkaufsverbote des Abnehmers an Wettbewerber des Lieferanten. Diese Ansicht steht auch im Einklang mit der Entscheidungspraxis in der Rechtssache *Expedia*, derzufolge bei bezweckten Wettbewerbsbeschränkungen ein per se Verbot besteht und eine bezweckte Wettbewerbsbeschränkung demnach immer spürbar ist. Im Schrifttum sah man darin einen Widerspruch zur *de minimis*-Bekanntmachung der Kommission,[808] auf den es nach *Expedia* wohl nicht mehr ankommt.

269

4. Kumulative Marktabschottung

Die quantitativen Spürbarkeitskriterien knüpfen im Grundsatz an den Marktanteil der Parteien an. Marktanteile weiterer Marktteilnehmer sind nur zu berücksichtigen, wenn deren Vereinbarungen den Wettbewerb auf dem relevanten Markt kumulativ abschotten, sog. »**kumulativer Marktabschottungseffekt**«. Diese auch »**Bündeltheorie**« genannte Wertung fußt auf der Erkenntnis, dass nicht nur ein einzelner Vertrag, sondern auch vergleichbare

270

---

807 BGH WuW/E DE-R 349 – *Beschränkte Ausschreibung*; WuW/E BGH 2000, 2002 – *Beistand bei Kostenangeboten*. Die Verpflichtung, künftige Aufträge durch überhöhte Scheinangebote einander zuzuschanzen, ist ihrerseits eine spürbare Kartellabsprache, BGH WuW/E 495, 497 – *Stukkateure*.
808 *Krauß*, in: Langen/Bunte, § 1 GWB Rn. 173 f.; *Pfeffer/Wegner*, BB 2007, 1173, 1174.

§ 1 GWB Verbot wettbewerbsbeschränkender Vereinbarungen

Verträge anderer Parteien den Markt insgesamt beeinflussen können.[809] Ist eine Vereinbarung diesem Vertragsnetz zuzuordnen, so ist die quantitative Spürbarkeitsschwelle für jene herabgesetzt. Nach den Bagatellbekanntmachungen des BKartA und der Kommission wird in diesem Fall die quantitative Marktanteilsschwelle auf 5 % herabgesetzt.[810] Bei Kernbeschränkungen erübrigen sich Ausführungen zur Bündeltheorie, da die spürbaren Auswirkungen bereits aus den qualitativen Kriterien folgen. Die Praxis prüft den kumulativen Marktabschottungseffekt in **zwei** Stufen:[811] Zunächst ist zu untersuchen, ob die Vertragsbündel den Marktzutritt zum relevanten Markt beeinträchtigen es also zu einer kumulativen Marktabschottung kommt. Im zweiten Schritt ist sodann zu analysieren, in welchem Umfang eine einzelne Vereinbarung zu der Marktabschottung beiträgt. Nach der de-minimis Bekanntmachung der Kommission ist diesbezüglich ein wesentlicher Beitrag zum kumulativen Abschottungseffekt notwendig. Leistet sie einen wesentlichen bzw. »erheblichen Beitrag«, unterliegt sie dem Verbot des § 1 GWB (Art. 101 Abs. 1 AEUV). Ein unerheblicher Beitrag bleibt außen vor. Feste Grenzen für die Bestimmung der Erheblichkeitsschwelle bestehen jedoch nicht. Entwickelt hat man die »Bündeltheorie« anhand von vertikalen Vereinbarungen wie Lieferverträgen. Die Bagatellbekanntmachungen des BKartA und der Kommission gehen davon aus, dass auch horizontale Vereinbarungen den Markt kumulativ abschotten können.[812] Da horizontale Marktaufteilungen als Kernbeschränkungen *per se* spürbar sind, bleiben nur wenige Fälle übrig, in denen horizontale Vereinbarungen als *bewirkte* Wettbewerbsbeschränkungen kumulativ den Markt abschotten. Zu denken ist an ein Bündel von Normenvereinbarungen oder die Vereinbarung zwischen einigen Lieferanten, ihre Kunden nur langfristig zu binden.

271 Eine kumulative Marktabschottung kann sich nur ergeben, wenn die Beteiligten oder Vertragspartner auf demselben sachlich und räumlich relevanten Markt tätig sind. Ebenso entscheidet die kumulative Marktabschottung darü-

---

809 BGH WuW/E BGH 1780 – *Subterramethode*; BGH WuW/E DE-R 2697 Rn. 26 – *Gaslieferverträge*; EuGH Slg. 1991, I-935 Rn. 40 ff. – *Delimitis/Hennigerbräu*; Slg. 1994, I-1477 Rn. 36 – *Almelo*; Slg. 2000, I-11121 Rn. 25 ff. – *Neste Markkinointi Oy/Yötuuli Ky*; Slg. 2008, I-6681 Rn. 43 – *Cepsa Estaciones de Servicio/LV Tobar e Hijos*; KG WuW/E OLG 4885, 4891 – *Branche Heizung, Klima, Lüftung*; OLG Düsseldorf WuW/E DE-R 1435 – *Boykott Landkreis Neu Ulm*; OLG Koblenz WuW/E DE-R 184, 186 – *Feuerlöschgeräte*; OLG München WuW/E DE-R 968, 970 – *Riegele*.
810 Bagatellbekanntmachung BKartA 2007, Rn. 11; *De minimis* Bekanntmachung Kommission Rn. 10.
811 Deutlich: OLG München WuW/E DE-R 968, 970 – *Riegele*.
812 Dies folgt für die Bagatellbekanntmachung BKartA 2007 aus dem Verweis in Rn. 11 auf Rn. 8. Die *de minimis*-Bekanntmachung der Kommission (2001) spricht diesen Fall ausdrücklich in Tz. 8 erster Satz an.

ber, welche Vereinbarungen zu einem ein Vertragsnetz zusammenzufassen sind. Mithin müssen die *Vertragsinhalte* nicht zwingend gleichwertig oder vergleichbar sein,[813] sondern nur deren marktabschottende Wirkung.[814] Paradigmatisch hierfür sind langfristige Lieferverträge. Diese versperren in ihrer Gesamtheit oftmals (potentiell) konkurrierenden Lieferanten den Marktzutritt, indem sie die Abnehmer dazu verpflichten, langfristig ihren Bedarf bei einem bestimmen Anbieter zu decken. Ein Vertragsnetz bilden etwa mehrere langfristige Gaslieferverträge mit Gesamtbedarfsdeckungsklauseln, wobei der Lieferant einen Marktanteil von 75 % hat.[815] Auch langfristige Getränkebezugsverpflichtungen können ein marktabschottendes Vertragsnetz bilden.[816] Decken diese zusammengefassten »Vertragsnetze« mindestens 30 % des relevanten Marktes ab, schotten sie in ihrer Gesamtheit diesen Markt ab.[817] Unterhalb dieser Schwelle ist ein kumulativer Marktabschottungseffekt unwahrscheinlich, aber nicht ausgeschlossen.[818] Allerdings erscheint es auch nicht sehr wahrscheinlich, dass ein kumulativer Abschottungseffekt immer dann vorliegt, wenn die Grenze von 30 % (wenn auch nur leicht) überschritten wird. Es erscheint nicht überzeugend, dass eine kumulative Marktabschottung dann vorliegen soll, wenn grundsätzlich 70 % der Nachfrage nicht gebündelt wird, sondern noch frei für den Markt zur Verfügung steht. Daher sollte nicht aus der bloßen Unwahrscheinlichkeit des Vorliegens kumulativer Abschottungseffekte bei einer Schwelle unterhalb von 30 % zwingend gefolgert werden, das Vorliegen der Abschottungseffekte wahrscheinlich ist, wenn die Schwelle überschritten wird. Vielmehr ist davon auszugehen, dass zwischen 30 bis 50 % Bindungsgrad am Markt eine gleitende, den Einzelfall in den Fokus stellende, Gesamtbetrachtung zu erfolgen hat. Erst ab einem Bindungsgrad von mehr als 50 % ist tendenziell von einer kumulativen Marktabschottungswirkung auszugehen. Dass es sich bei der Grenze von 30 % um keinen starren Schwellenwert handelt, lässt sich auch damit begründen, dass es jedenfalls denkbar erscheint, dass bei der Berechnung der Kumulationswirkung kleinere Marktanteile wiederum außer Betracht bleiben können.[819]

---

813 A.A. und missverständlich *Bunte*, in: Langen/Bunte, § 1 GWB Rn. 244, wonach auf die Existenz »gleichartiger« Verträge abzustellen sei.
814 So deutlich Erwägungsgrund 16 der VO 330/2010: »gleichartige wettbewerbsbeschränkende Auswirkungen«.
815 BGH WuW/E DE-R 2679, 2682 Rn. 26 – *Gaslieferverträge*. Der BGH hat dabei das sog. »Laufzeit-Mengen-Gerüst« akzeptiert, wonach 80 % des Bedarfs für zwei Jahre gebunden werden dürfen und 50 % der Liefermenge bis 4 Jahre, a.a.O. Rn. 33.
816 OLG München WuW/E DE-R 968, 970 – *Riegele*.
817 Bagatellbekanntmachung BKartA 2007 Rn. 11.
818 *De minimis* Bekanntmachung Kommission 2001 Tz. 8.
819 So EuGH 28.2.1991, EUZW 1991, 376 – *Delimitis*, Rn. 24; siehe dazu auch OLG Stuttgart, 2.10.1992, 2 U 207/91.

§ 1 GWB Verbot wettbewerbsbeschränkender Vereinbarungen

272 Nur die Vereinbarung beschränkt spürbar den Wettbewerb, die **wesentlich zur Marktabschottung beiträgt** (oben Rdn. 270).[820] Dieser Vorbehalt begrenzt die Verantwortlichkeit von Unternehmen für die Wettbewerbsbeschränkung und ist notwendig, um zeitliche Verwerfungen zu vermeiden. Erreichen vergleichbar marktabschottende Vertragsnetze die kritische Marktanteilsschwelle von 30 %, schlagen zuvor kartellrechtlich unbedenkliche Verträge grundsätzlich in eine spürbare Wettbewerbsbeschränkung um. Hierauf § 1 GWB anzuwenden, ist sachlich gerechtfertigt, sofern die Vereinbarungen mit einem quantitativen Mindestmaß zur Marktabschottung beitragen.[821] Anhand von zwei Kriterien beurteilt die Praxis den kartellrechtsrelevanten Beitrag:[822] (1) Im Vordergrund stehen die Marktanteile des bindenden und gebundenen Unternehmens. Die Bagatellbekanntmachungen setzen hierfür ein Quorum von mindestens 5 % an.[823] Dieses Quorum beschreibt nicht nur den Schwellenwert, auf den die Spürbarkeitsschwelle abgesenkt wird, sondern beantwortet auch zugleich die Frage mit, wann ein wesentlicher Beitrag zur Marktabschottung vorliegt. Überschreitet weder der Marktanteil des Lieferanten noch des Händlers diese Schwelle, leistet eine Bindung regelmäßig keinen wesentlichen Beitrag zu einer Marktabschottung.[824] (2) Verursacht die lange Vertragsbindung eine Marktabschottung, ist im Anschluss die jeweilige Vertragsdauer zu vergleichen. Auch bei einem geringen Marktanteil des bindenden Unternehmens wirkt sich eine überdurchschnittlich lange Vertragslaufzeit spürbar aus. Eine starke Marktstellung der Beteiligten kompensiert eine geringere Vertragslaufzeit und kann für sich genommen den Markt abschotten. Diese Kriterien lassen sich nur durch eine Würdigung der tatsächlichen Gesamtumstände ausfüllen und stellen die entscheidenden Determinanten für die Prüfung dar, die flexibel je nach Einzelfall entsprechend zu gewichten sind. Nur unbedeutend wirken sich **Tankstellenverträge** aus, die innerhalb eines Jahres kündbar sind und 1,5 % aller Tankstellen im räumlichen Markt binden.[825] Eine 10jährige Alleinbezugsbindung in einem **Bierliefervertrag** schottet den relevanten Markt nicht wesentlich ab, wenn der Marktanteil der Braue-

---

[820] OLG München WuW/E DE-R 968, 970 – *Riegele*; De minimis-Bekanntmachung Kommission 2001 Tz. 7b.
[821] *Bunte*, in: Langen/Bunte, § 1 GWB Rn. 246.
[822] EuGH Slg. 2000, I-11121 Rn. 27 – *Neste Markkinointi Oy/Yötuuli Ky*; OLG München WuW/E DE-R 968, 970 – *Riegele*.
[823] Bagatellbekanntmachung BKartA 2007 Rn. 11. *De minimis* Bekanntmachung Kommission 2001 Tz. 8.
[824] Dieser Vorbehalt nennt nur die *De minimis* Bekanntmachung der Kommission 2001 Tz. 7b.
[825] EuGH Slg. 2000, I-11121 Rn. 29 ff. – *Neste Markkinointi Oy/Yötuuli Ky*.

rei bei 0,1 % liegt.[826] Regelt eine GVO im Einzelfall die höchstzulässige Vertragsdauer, kann man sich auch an diesen Maßstäben orientieren.[827]

VII. Keine Zwischenstaatlichkeit

Negative Anwendungsvoraussetzung des § 1 GWB ist zudem, dass keine »Zwischenstaatlichkeit« vorliegt, d.h. der Handel zwischen den Mitgliedstaaten nicht beeinträchtigt ist. Ist dies der Fall, greift Art. 101 AEUV.[828] Die Zwischenstaatlichkeitsklausel erfüllt daher die Aufgabe einer **Kollisionsnorm**.[829] Die herrschende Ansicht in Literatur und Rechtsprechung sowie Behördenpraxis geht davon aus, dass das Merkmal **weit** auszulegen ist.[830] Dies zeigt sich beispielsweise daran, dass eine Zwischenstaatlichkeit auch dann gegeben sein kann, wenn die Wettbewerbsbeschränkung sich zwar nur regional auswirkt,[831] aber dennoch eine »Eignung« den zwischenstaatlichen Handel zu beeinträchtigen gegeben ist. Dennoch hat § 1 GWB immer noch – auch seit der 7. GWB Novelle – seinen eigenen Anwendungsbereich, da gerade **keine** Harmonisierungspflicht im Verhältnis zur Auslegung des Art. 101 AEUV bzw. **keine Pflicht zur parallelen Auslegung** besteht (vgl. dazu ausführlich Rdn. 45 ff.).

273

E. Tatbestandseinschränkungen/notwendige Nebenabreden

I. Grundlagen (Rule of Reason vs. Immanenztheorie)

Das Verbot wettbewerbsbeschränkender Koordinationen nach § 1 GWB gilt nicht einschränkungslos. Dies zeigen bereits die verschiedenen Freistellungsmöglichkeiten (vgl. § 2 GWB). Es ist jedoch anerkannt, dass auch bereits **vor** der Analyse der Freistellungsfähigkeit, bestimmte Wettbewerbsbeschränkungen systeminhärent anzuerkennen und auszuscheiden sind. Dies beruht auf dem empirischen Befund, dass bestimmten Austausch- oder Gesellschaftsverträgen ein wettbewerbsbeschränkendes Element zwangsläufig innewohnt. Diese Erkenntnis ist Verdienst des amerikanischen Supreme Court in der Ent-

274

---

826 OLG München WuW/E DE-R 968, 971 – *Riegele*. Vergleichbare Entscheidungen: OLG Hamm NJW-RR 1993, 46; OLG Nürnberg RIW 1993, 327; OLG Stuttgart WuW/E OLG 5073 – *Gaststättengrundstück*.
827 So BGH WuW/E DE-R 2679, 2685 Rn. 36 – *Gaslieferverträge*.
828 Siehe dazu ausführlich *Enchelmaier*, in: KK-KartR, Art. 101 AEUV, Rn. 369 ff.
829 *Enchelmaier*, in: KK-KartR, Art. 101 AEUV, Rn. 370.
830 Siehe für viele BKartA, 20.12.2013, B9 66/10 – *HRS*, Rn. 142.
831 Vgl. Zwischenstaatlichkeits-Bekanntmachung, Rn. 17; Ausführlich dazu *Enchelmaier*, in: KK-KartR, Art. 101 AEUV, Rn. 384.

§ 1 GWB Verbot wettbewerbsbeschränkender Vereinbarungen

scheidung »Standard Oil & Co. of New Jersey vs. US«.[832] Das oberste Gericht hat diesen Ansatz zu einer umfassenden »**Rule of Reason**« ausgebaut, wonach sich Sec. 1 Sherman Act nur auf solche Wettbewerbsbeschränkungen erstrecke, die »*undue restraints*« zeitigen, mithin dem Wettbewerb abträglich sind. Verbunden ist damit eine Abwägung zwischen den wettbewerblichen Vor- und Nachteilen einer Vereinbarung. Eine derartige »Gesamtsaldierung« ist dem deutschen Recht gegen Wettbewerbsbeschränkungen fremd und auch im europäischen Recht nicht etabliert. Anerkannt ist lediglich der Ansatz: Bestimmte Wettbewerbsbeschränkungen sind hinzunehmen, wenn sie einer Vereinbarung »immanent« sind, deren Hauptzweck im Übrigen »kartellrechtsneutral« ist (**Immanenztheorie**).[833] Der wesentliche Unterschied zwischen der *rule of reason* und der Immanenztheorie besteht darin, dass die Wettbewerbsbeschränkungen aussortiert werden, die für den »Vertragserfolg« erforderlich sind; es findet gerade keine Abwägung im eigentlichen Sinn statt. Über die konzeptionellen Grundlagen dieser »Theorie« hat man lange gestritten. Überholt ist der Ansatz, dass das Wettbewerbsrecht nicht verbieten könne, was das Zivilrecht gestatte.[834] Weder das allgemeine Zivilrecht noch das Gesellschaftsrecht gehen dem GWB vor und sind deswegen ungeeignet, das Wettbewerbsrecht in ein normatives Korsett zu zwängen.[835] Deswegen kann die »Immanenztheorie« nur auf einem wettbewerbspolitisch gegründeten Fundament ruhen.[836] Ein subsumtionsfähiger Obersatz lässt sich aus diesem Ansatz zwar nicht ableiten, wohl aber Wertungsparameter für die Einzelfallentscheidung.

275 Vereinbarte Wettbewerbsbeschränkungen müssen durch den kartellrechtsneutralen Hauptzweck **notwendig geboten** bzw. **erforderlich** sein. Hierfür ist ein anzuerkennendes Interesse unzureichend. Zuvor hielt der BGH Wettbewerbsbeschränkungen in Austauschverträgen für zulässig, wenn für sie »bei wertender Betrachtungsweise im Hinblick auf die Freiheit des Wettbewerbs

---

832 S.C. 221 U.S. 1 (1910). In der Sache betraf der Fall eine gezielte Kampfpreispolitik, vgl. dazu ausführlich *Wurmnest*, Marktmacht und Verdrängungsmissbrauch, S. 376.
833 Geprägt hat den Begriff *Rittner*, ZHR 135 (1971), 289, 294; siehe dazu *Zimmer*, in: Immenga/Mestmäcker, § 1 Rn. 175; *Beater*, WuW 2000, 584, 591; *Dück/Maschemer*, WRP 2013, 167, 170.
834 So noch *K. Schmidt*, S. 81; *Steindorff*, BB 1977, 569, 570 f.
835 Grdl. *Schwarz*, S. 147 f. Siehe implizit bereits BGHZ 38, 306, 312 – *Kino/Bonbonnière*.
836 So die vorherrschende Meinung: *Ackermann*, S. 235; *Lammel*, AcP 1989 (1989), 244, 273 ff.; nunmehr auch *K. Schmidt*, ZHR 149 (1985), 1, 11; *Schwarz*, S. 147 f.; *Säcker*, in: MünchKommGWB, § 1 Rn. 16; *Zimmer*, in: Immenga/Mestmäcker, § 1 GWB Rn. 176.

ein **anzuerkennendes Interesse**« bestand.[837] In der Entscheidung »Subunternehmervertrag II« hat der BGH diese (ohnehin kaum handhabbare) Rechtsprechung mit überzeugenden Gründen aufgegeben.[838] Bereits die Regierungsbegründung zur 7. GWB-Novelle hielt es für obsolet, »anerkennenswerte Interessen« als Tatbestandsausnahme zu § 1 GWB beizubehalten.[839] Da zudem das GWB horizontale und vertikale Vereinbarungen gleich- sowie auf das System der Legalausnahme (§ 2 GWB) umgestellt hat, ist das ursprüngliche Anliegen weggefallen, warum Wettbewerbsbeschränkungen in Austauschverträgen bei einem anerkennenswerten Interesse vom Tatbestand des § 1 GWB ausgenommen waren.[840] Auch als Ausprägung der Immanenztheorie lässt sich die alte Praxis weder begreifen noch in der damaligen Form aufrechterhalten. Jene setzt unter anderem voraus, dass eine Wettbewerbsbeschränkung geboten ist. Ein schlichtes anerkennenswertes Interesse ist kein zwingendes Gebot.[841]

II. Wettbewerbsverbote und Unternehmenskauf

1. Dogmatischer Zusammenhang

Eine bedeutsame Rolle spielt die Immanenztheorie bei Wettbewerbsverboten in Unternehmenskaufverträgen.[842] Bei diesen kommt es zu einer parallelen Kontrolle anhand von § 1 GWB und § 138 BGB. Einigkeit herrscht über die teleologischen Grundlagen, warum dem Verkäufer ein zeitlich begrenztes Wettbewerbsverbot gegenüber dem Erwerber auferlegt werden kann: Der Veräußerer verhielte sich treuwidrig, wenn er dem Erwerber einerseits den Kundenstamm verschafft, diesen aber andererseits durch eine eigene wirtschaftliche Tätigkeit wieder entzieht oder doch schmälert.[843] Damit stellen sich Wettbewerbsverbote in Unternehmenskaufverträgen als eine Spielart der **ausgleichenden Vertragsgerechtigkeit** dar. Dieser Gedanke begrenzt zugleich die Zulässigkeit von Wettbewerbsverboten. Sind diese kein funktionales

276

---

[837] Begründet 1997 durch BGH WuW/E BGH 3115, 3118 – *Druckgussteile*; WuW/E BGH 3121, 3125 – *Bedside Testkarten*. Fortgeführt durch BGH WuW/E BGH 3137, 3138 – *Solelieferung*; WuW/E DE-R 131 – *Eintritt in Gebäudereinigungsvertrag*; WuW/E DE-R 1119 – *Verbundnetz II*.
[838] BGH WuW/E DE-R 2554, 2555 f. – *Subunternehmervertrag II*; dazu etwa: Thomas, WuW 2010, 177 ff.
[839] BT-Drucks. 15/3640, S. 24; Karl/Reichelt, DB 2005, 1436, 1437; a.A. R.G. Schmitt, WuW 2007, 1096, 1100 f.
[840] BGH WuW/E DE-R 2554, 2555 f. – *Subunternehmervertrag II*.
[841] BGH WuW/E DE-R 2554, 2555 f. – *Subunternehmervertrag II*; Thomas, WuW 2010, 177, 178; a.A. unzutr. R.G. Schmitt, WuW 2007, 1096, 1100 f.
[842] BGH WuW/E BGH 1898 – *Holzpaneele*; WuW/E BGH 2085 – *Strohgäu Wochenjournal*; KG WuW/E DE-R 228 – *Osthafenmühle*; OLG Stuttgart WuW/E OLG 3492 – *Tanzschule* Grundlegend dazu Rudersdorf, RNotZ 2011, 509.
[843] BGH WuW/E BGH 1898, 1899 – *Holzpaneele*; WuW/E BGH 2085 – *Strohgäu Wochenjournal*; Mäger/Ringe, WuW 2007, 18, 20.

§ 1 GWB *Verbot wettbewerbsbeschränkender Vereinbarungen*

Gegenstück eines Leistungsaustauschs oder scheidet nach der Art des übertragenen Gutes ein Wettbewerb des Veräußerers aus, ist ein Wettbewerbsverbot unzulässig. Das GWB verbietet nicht den Unternehmenskauf als solchen, wie die Vorschriften über die Zusammenschlusskontrolle belegen.[844]

277 Als **horizontale Wettbewerbsbeschränkung** sind Wettbewerbsverbote in Unternehmensveräußerungen systematisch einzuordnen, da sich der Veräußerer hierbei verpflichtet, potentiellen Wettbewerb gegenüber dem Erwerber zu unterlassen. Diese Verpflichtung hat keinen vertikalen Charakter, so dass die Regelungen (Art. 5 Vertikal-GVO) Vertikal-GVO nicht zur Anwendung kommen.[845] Die dort genannten zeitlichen Schranken sind nicht einmal sinngemäß übertragbar. Die Maßstäbe aus der Bekanntmachung der Kommission über Nebenabreden bei Unternehmenszusammenschlüssen[846] sind nach einer verbreiteten Ansicht ebenso unanwendbar. Daran ist zutreffend, dass eine Freigabeentscheidung nach Art. 6 Abs. 1 lit. b, 8 Abs. 1, 2 FKVO nur berücksichtigen kann, ob wettbewerbsbeschränkende Nebenabreden mit Art. 101 AEUV vereinbar sind. Allerdings können die Vorgaben in der Bekanntmachung über Nebenabreden durchaus Auslegungshilfen dafür liefern, wie Wettbewerbsverbote unter der Ägide des § 1 GWB zu bewerten sind.[847]

2. Qualifikation als Unternehmenskauf

278 Ein Unternehmenskauf ist ausgestaltet entweder als Anteilsübertragung (»Share Deal«) oder als Übertragung von Wirtschaftsgütern (»Asset Deal«). Wirtschaftliches Ziel des Unternehmenskaufs ist es, dem Erwerber den Marktauftritt mit den Ressourcen des Veräußerers zu ermöglichen oder zu erweitern. Dieses Vorverständnis findet eine bemerkenswerte Parallele in der Rechtsprechung des BGH zum Vermögenserwerb im Sinne des § 37 Abs. 1 Nr. 1 GWB. Erfüllt ist dieser Tatbestand stets, wenn der Erwerber in die Lage versetzt wird, in die Marktstellung des Veräußerers einzurücken.[848] Unter dieser Voraussetzung stellt auch die Veräußerung eines Teilbetriebs einen Vermögenserwerb dar, da es nicht darauf ankommt, ob und welchen Umfanges ein Restvermögen beim Veräußerer verbleibt.[849] Stellt sich damit ein Vorgang

---

844 *Köhler*, ZHR 148 (1984), 487, 491; *Mäger/Ringe*, WuW 2007, 18, 20.
845 So auch *Nordemann*, in: Loewenheim/Meessen/Riesenkampff, § 1 Rn. 162.
846 Bekanntmachung der Kommission über Einschränkungen des Wettbewerbs, die mit der Durchführung von Unternehmenszusammenschlüssen unmittelbar verbunden und für diese notwendig sind, ABl. EG vom 5.3.2005 Nr. C 56/24.
847 Treffend: BGH WuW/E DE-R 2742, 2745 Rn. 21 – *Gratiszeitung Hallo* unter Verweis auf EuGH Slg. 2000, I-5047 Rn. 87 ff. – *Kommission/Griechenland*.
848 BGH WuW/E BGH 2783, 2785 f. – *Warenzeichenerwerb*. Siehe auch *Schütz*, in: KK, § 37 GWB, Rn. 19.
849 BGH WuW/E BGH 1379 f. – *Zementmahlanlage*; WuW/E BGH 1573 ff. – *Kettenstichnähmaschinen*.

demgemäß als ein Vermögenserwerb dar, besteht ein prinzipielles Bedürfnis für Wettbewerbsverbote. Typischerweise bildet der Kundenstamm einen besonders wertvollen Bestandteil eines Unternehmens. Aus diesem Grunde sieht der BGH in der Übertragung eines Kundenstammes einen Vorgang, der einem Unternehmenskauf gleichkommt.[850] Gleichzustellen ist dem die Abtretung der jeweiligen Forderungsrechte aus den Verträgen mit den Kunden. Erlangt der Erwerber keine rechtlich gesicherte Position, sondern nur eine Kundenliste oder sonstige Kundeninformationen, so ist dies nur dann als eine Übertragung des Kundenstamms zu werten, wenn die Kunden beim Marktaustritt des Veräußerers zwangsläufig dem Erwerber zufallen, was allerdings voraussetzt, dass auf dem relevanten Markt ohnehin nur zwei Unternehmen tätig waren.[851] Haben die Kunden nur einen Rahmenvertrag mit dem Veräußerer abgeschlossen, der jeweils durch einen Abruf konkretisiert wird, kommt die Übertragung dieses Rahmenvertrags noch keiner Übertragung des Kundenstamms gleich.[852]

3. Inhaltliche Grenzen

Ein Wettbewerbsverbot in einem Unternehmenskauf muss überhaupt **erforderlich** sein. Je nach Art des übertragenen Vermögenswerts kann ein Bedürfnis hierfür fehlen. Entscheidend ist dafür, ob der Veräußerer durch eine eigene wirtschaftliche Tätigkeit die Marktstellung des Erwerbers schwächen könnte. Überträgt der Veräußerer (nur) Immaterialgüterrechte an den Erwerber, so bedarf es grundsätzlich keines Wettbewerbsverbots. Der Erwerber könnte mit Abwehr- und Unterlassungsansprüchen einen Wettbewerb des Veräußerers unterbinden.[853] Umgekehrt ist ein Wettbewerbsverbot erforderlich, wenn immaterielle Werte übertragen werden, die nicht kraft Gesetzes als Ausschließlichkeitsrechte geschützt sind und dem Erwerber Abwehr- und Unterlassungsansprüche einräumen. Denkbar ist dies bei Betriebsgeheimnissen oder Know-How, die etwa auf den Märkten für Informationstechnologie einen hohen Stellenwert einnehmen. Da die Übertragung des Kundenstammes der entscheidende Ansatzpunkt dafür ist, einen Vorgang als Unternehmenskauf zu qualifizieren, kommt es nicht darauf an, ob und welche Sachwerte der Erwerber erworben hat. Ein Wettbewerbsverbot kann daher auch dann erforderlich sein, wenn der Erwerber die übertragenen Betriebsmittel nicht

279

---

850 BGH WuW/E BGH 1898, 1899 – *Holzpaneele*; WuW/E BGH 2085, 2087 – *Strohgäu Wochenjournal*; KG WuW/E DE-R 228, 230 – *Osthafenmühle*.
851 BGH WuW/E BGH 2085, 2087 – *Strohgäu Wochenjournal*; *Mäger/Ringe*, WuW 2007, 18, 21 f.; siehe aber auch KG WuW/E OLG 4095, 4102 – *W+I-Verlag/Weiss Druck*: zur Übergabe einer Kundenkartei als Vermögenserwerb im Sinne des § 37 Abs. 1 Nr. 1 GWB.
852 Dies problematisieren *Mäger/Ringe*, WuW 2007, 18, 21.
853 Zutreffend *Mäger/Ringe*, WuW 2007, 18, 21.

nutzt.⁸⁵⁴ Erschöpft sich der Unternehmenskauf umgekehrt nur in der Übertragung der materiellen Vermögenswerte, ist ein Wettbewerbsverbot zu Lasten des Veräußerers nicht erforderlich.⁸⁵⁵

280 Ist nach dem Gesagten ein Wettbewerbsverbot erforderlich, so muss es **sachlich, räumlich** und **zeitlich angemessen** sein.⁸⁵⁶ Unter welchen Voraussetzungen das Wettbewerbsverbot sachlich und räumlich angemessen ist, bestimmt die Marktabgrenzung. Angemessen ist ein Wettbewerbsverbot, wenn sich der Veräußerer verpflichtet, nicht auf dem relevanten Markt tätig zu werden, für den er seine Marktstellung an den Erwerber übertragen hat. War der Veräußerer auf einem Erzeugungsmarkt tätig, so hat er sich künftig eines Angebots der fraglichen Produkte zu enthalten. Potentieller Wettbewerb ist dabei zu berücksichtigen: Auch solche Erzeugnisse darf der Veräußerer nicht anbieten, die zum Zeitpunkt des Unternehmenskaufs entwickelt oder jedenfalls weitgehend entwickelt waren, aber noch nicht auf dem Markt angeboten wurden.⁸⁵⁷ Der sachliche Ausschluss darf/muss auch für die Tätigkeit des Verkäufers **für** einen **Dritten** in diesem Bereich umfassen. In welchem **geografischen** Gebiet künftig der Wettbewerb zu unterlassen ist, hängt davon ab, woher sich der Kundenstamm des Veräußerers rekrutierte. Bei einem lokal oder regional begrenzten Kundenstamm ist das Wettbewerbsverbot entsprechend lokal oder regional zu begrenzen.⁸⁵⁸ Allerdings wird man ein Wettbewerbsverbot auch für solche räumlichen Märkte anerkennen müssen, auf denen der Veräußerer zum Veräußerungszeitpunkt noch nicht tätig war, für deren Markteintritt er aber bereits investiert hat. Dabei genügt bereits ein geringes Investitionsvolumen.⁸⁵⁹ Bloße Planungen genügen hierfür jedoch nicht. Welche **zulässige Dauer** das Wettbewerbsverbot einnehmen darf, hängt davon ab, innerhalb welchen Zeitraumes der Erwerber die erworbene Marktstellung konsolidieren kann. Der BGH neigt hierbei dazu, einen Zeitraum

---

854 BGH WuW/E BGH 1898, 1899 – *Holzpaneele; Hirte*, ZHR 154 (1990), 443, 463; *Köhler*, ZHR 148 (1984), 487, 491; *Mäger/Ringe*, WuW 2007, 18, 23.
855 Dies stellt klar: Bekanntmachung der Kommission über Einschränkungen des Wettbewerbs, die mit der Durchführung von Unternehmenszusammenschlüssen unmittelbar verbunden und für diese notwendig sind (Nebenabredenbekanntmachung), ABl. EG vom 5.3.2005 Nr. C 56/24 Rn. 21; außerdem: *Mäger/Ringe*, WuW 2007, 18, 23. Im Ergebnis auch: *Renner*, DB 2002, 1143, 1144.
856 BGH WuW 1898, 1899 – *Holzpaneele*; WuW/E BGH 2085 – *Strohgäu-Wochenjournal*; OLG Naumburg WuW/E DE-R 1426, 1427 – *Düngemittellagerung*; *Hirte*, ZHR 154 (1990), 443, 463; *Köhler*, ZHR 148 (1984), 487, 491; *Mäger/Ringe*, WuW 2007, 18, 24; *Renner*, DB 2002, 1143; *Rudersdorf*, RNotZ 2011, 509, 520.
857 Nebenabredenbekanntmachung, Rn. 23; *Säcker/Molle*, in: MünchKommEuWettbR, Art. 81 EG Rn. 520.
858 BGH WuW/E BGH 2085, 2087 – *Strohgäu-Wochenjournal*; *Mäger/Ringe*, WuW 2007, 18, 25.
859 Nebenabredenbekanntmachung, Rn. 22.

von 2–3 Jahren anzusetzen.[860] Ein Zeitraum von 10 Jahren ist in jedem Falle unangemessen lange.[861] Auch wenn nicht zu verkennen ist, dass jede zeitliche Schwelle willkürlich sein mag, bietet es sich an, sich an der Bekanntmachung der Kommission über Nebenabreden bei Zusammenschlüssen zu orientieren. Danach ist nach dem Gegenstand des Unternehmenskaufs zu unterscheiden: Sofern nur der **Geschäftswert**, wie etwa der Kundenstamm übertragen wird, beträgt die zulässige Höchstdauer für Wettbewerbsverbote **zwei Jahre**. Wird zusätzlich **Know-How** übertragen, ist ein nachvertragliches Wettbewerbsverbot bis zu **drei Jahren** zulässig.[862] Daraus folgt indes kein zwingender Gleichklang; im Ergebnis sollte eine Laufzeit von fünf Jahren aber jedenfalls nicht überschritten werden.[863]

4. Sonderfall »stufenweiser Anteilserwerb«

Als besonders schwierig erweist sich die Frage der zeitlichen Grenzen des Wettbewerbsverbotes dann, wenn der Erwerber das Zielunternehmen stufenweise erwirbt, z.B. indem bereits im Unternehmenskaufvertrag angelegt ist, dass das Zielunternehmen in mehreren Schritten erworben wird oder dem Erwerber Optionsrechte eingeräumt werden. Wird z.B. zunächst eine Minderheitsbeteiligung von 25 %, zwei Jahre später eine Beteiligung von 50 % und in fünf Jahren die alleinige Kontrolle erworben, stellt sich die Frage, für wie lange man dem Verkäufer ein Wettbewerbsverbot auferlegen kann bzw. ab wann die zwei- bzw. dreijährige Begrenzung greift. Dies wird in der Literatur unterschiedlich beurteilt. Während eine Ansicht davon ausgeht, dass der Veräußerer für die Zeit, in der er noch am Unternehmen beteiligt ist, einem **unbefristeten** (gesellschaftsvertraglichen) Wettbewerbsverbot unterworfen werden kann,[864] geht eine andere Ansicht davon aus, dass die Frist dann zu laufen beginnt, wenn der Verkäufer nur noch eine **reine Finanzbeteiligung** an der Gesellschaft hält.[865] Von einer reinen Finanzbeteiligung wird dann ausgegangen, wenn diese nur noch im Umfang von weniger als 10 % besteht. Dies wird damit begründet, dass der Erwerber erst ab dem Zeitpunkt, an dem der Verkäufer nur noch eine reine Finanzbeteiligung hält, sich den Unternehmenswert sichern kann. Eine gesicherte Position besteht zuvor nicht. Dem ist

281

---

860 BGH WuW/E BGH 1898, 1899 – *Holzpaneele*: **2 Jahre**; NJW 1964, 2203: **3 Jahre**.
861 OLG Naumburg NZBau 2001, 579, 581; *Renner*, DB 2002, 1143, 1145; *Wagner*, NZG 2001, 197.
862 Nebenabredenbekanntmachung, Rn. 20.
863 So auch *Rudersdorf*, RNotZ 2011, 509, 521; a.A. *Weidenbuch/Mühle*, EWS 2011, 353, 355 (maximal 3 Jahre).
864 So *Linsmeier/Lichtenegger*, BB 2011, 328, 330.
865 *Weidenbach/Mühle*, EWS 2010, 353, 355; *Kapp/Schuhmacher*, WuW 2010, 481, 487; *Rudersdorf*, RNotZ 2011, 509, 521.

§ 1 GWB *Verbot wettbewerbsbeschränkender Vereinbarungen*

zuzustimmen. Andernfalls würde man den Erwerber in einer nicht vertretbaren Art und Weise bei der Sicherung seines Beteiligungserwerbs behindern. Dies ist noch nicht bei einer gemeinsamen Kontrolle der Fall.[866] Das Erreichen der Schwelle der reinen Finanzbeteiligung schafft eine klare und transparente Grenze, an die sich jeder halten kann. Daher knüpft die Frist von zwei bzw. drei Jahren noch nicht an den Erwerb gemeinsamer Kontrolle an.

III. Abkauf von Wettbewerb/Stilllegungsvereinbarungen

282 Unter dem Schlagwort »Abkauf von Wettbewerb« erfasst man Vereinbarungen, bei denen ein entrichtetes Entgelt kein funktionales Äquivalent für die Übertragung des Kundenstammes ist, sondern dafür gezahlt wird, dass sich der Konkurrent vom Markt zurückzieht bzw. nicht auf diesem tätig wird (Abgrenzung/Parallele zu *pay-for-delay agreements*).[867] Derartige Vereinbarungen verfolgen keinen kartellrechtsneutralen Hauptzweck und verstoßen gegen § 1 GWB.[868] Im Einzelfall mag es schwierig sein, diese Fälle zu identifizieren. Regelmäßig wird es hierbei auf den Gesamtcharakter der Vereinbarung ankommen. Soll das Entgelt dafür gewährt werden, dass ein Unternehmen aus dem Markt ausscheidet, ohne den Kundenstamm zu übertragen, spiegelt dies einen verbotenen Abkauf von Wettbewerb wider.[869] In diesem Fall wird das Wettbewerbsverbot »gekauft« und nicht das Unternehmen.[870] Folgerichtig hat der BGH einen verbotenen Abkauf von Wettbewerb darin

---

[866] Diesen Umstand für »berücksichtigungswürdig« haltend *Rudersdorf*, RNotZ 2011, 509, 521; zuvor auch bereits *Weidenbach/Mühle*, EWS 2010, 353, 355.
[867] Siehe dazu aus der Rechtsprechung: BGH WuW/E BGH 2085 – *Strohgäu Wochenjournal*; WuW/E BGH 2675, 2678 – *Nassauische Landeszeitung*; KG WuW/E DE-R 228, 230 – *Osthafenmühle*; OLG München WuW/E DE-R 478, 479 – *Biegebetrieb*; WuW/E OLG 3118 – *Stadler Kessel*; OLG Stuttgart WuW/E 3485, 3486 – *Strohgäu Wochenjournal II*.
[868] BGH WuW/E BGH 2085 – *Strohgäu Wochenjournal*; WuW/E BGH 2675, 2678 – *Nassauische Landeszeitung*; KG WuW/E DE-R 228, 230 – *Osthafenmühle*; OLG München WuW/E DE-R 478, 479 – *Biegebetrieb*; *Mäger/Ringe* WuW 2007, 18, 19; *Molle*, S. 165 ff.; *J. B. Nordemann*, in: Loewenheim/Meessen/Riesenkampff, § 1 Rn. 163; *K. Schmidt*, BB 1979, 1173; *Ulmer*, NJW 1979, 1585. Überholt ist die ältere Instanzrechtsprechung, wonach der Abkauf von Wettbewerb unbedenklich war, so noch OLG Düsseldorf WuW/E OLG 3096 – *Sicherheitsgurte*; OLG Frankfurt a.M. WuW/E 1417, 1420 – *Nachbargrundstück*; ebenso und abwegig *Knöpfle*, DB 1986, Beilage Nr. 11, S. 11 f.; wonach es sich um einen erlaubten Verkauf von Marktchancen handele.
[869] OLG Stuttgart WuW/E OLG 3485, 3486 – *Strohgäu Wochenjournal*; WuW/E OLG 3492, 3493 – *Tanzschule*.
[870] BGH 3.2.1980 – DB 191, 736; *Krauß*, in: Langen/Bunte, § 1 Rn. 194.

gesehen, dass eine Abstandssumme für das Ausscheiden eines Wettbewerbers aus dem Markt geleistet wird.[871]

Stilllegungsvereinbarungen, wonach ein Unternehmen erworben wird, um es anschließend stillzulegen und dabei den Veräußerer einem Wettbewerbsverbot zu unterwerfen, weisen eine gewisse Ambivalenz auf. Dem Erwerber muss es freigestellt sein, wie er mit dem Unternehmen verfährt.[872] Ist der Erwerber jedoch auf den Kundenstamm oder die Vermögensgegenstände des Veräußerers gar nicht angewiesen, liegt der Schluss nahe, dass das gezahlte Entgelt kein funktionales Äquivalent für die erworbenen Vermögenswerte darstellt. Unterstellt man den Parteien ein ökonomisch rationales Verhalten, so kann auch die Höhe des gezahlten Entgelts als Maßstab dafür dienen, ob Wettbewerb abgekauft wird. Weicht der objektive Wert der übertragenen Vermögensgegenstände erheblich von dem gezahlten Kaufpreis ab, spricht dies deutlich für einen Abkauf von Wettbewerb.[873] Pauschalierende Aussagen verbieten sich allerdings, so es stets auf die Wertung ankommt, wofür das gezahlte Entgelt ein funktionales Äquivalent darstellen soll.

283

Eine Stilllegungsvereinbarung kann sowohl im Zusammenhang mit einem Unternehmenserwerb, jedoch auch **unabhängig** davon getroffen werden, um z.B. den Wettbewerb in einem bestimmten Markt »zu beruhigen«. Ein solcher Fall lag beispielsweise dem Beschluss »Osthafenmühle« des Bundeskartellamtes zugrunde.[874] In diesem Fall qualifizierte das Bundeskartellamt die gezielte Stillegung der Berliner Osthafenmühle zur »Normalisierung des Berliner Mehlmarktes« als Abkauf von Wettbewerb. Diese Praxis hat das Bundeskartellamkt jüngst fortgeschrieben, indem es gegen drei Verlagshäuser ein Bußgeld von 12,44 Mio. EUR verhängt hat, da diese sich durch die koordinierte Einstellung von Anzeigenblättern den Markt für Anzeigenblätter in Dresden und Chemnitz aufgeteilt hätten.[875] Der Sachverhalt ist schnell erzählt: Ein Dresdner Verlagshaus brachte im Raum Dresden die Anzeigenblätter »DaWo« und »FreitagsSZ« heraus, ein Verlag aus Monschau das Anzeigenblatt »Wochenkurier« und ein Chemnitzer Verlag das Anzeigenblatt »Sächsischer Bote«. Im Raum Chemnitz wurde vom Chemnitzer Verlag das

284

---

871 BGH WuW/E BGH 2085 – *Strohgäu Wochenjournal*; WuW/E 2675, 2678 – *Nassauische Landeszeitung* (Zahlung einer Umsatzbeteiligung).
872 *Bechtold*, § 1 Rn. 44; *Köhler*, ZHR 148 (1984), 487, 492; *Säcker*, in: MünchKommGWB § 1 Rn. 19; a.A. nur *K. Schmidt*, S. 86.
873 BKartA WuW/E BKartA 2297, 2303 – *Heidelberger Zement*; zust. *Krauß*, in: Langen/Bunte, § 1 Rn. 195; krit. jedoch *Ulmer*, NJW 1982, 1975, 1976.
874 BKartA, 2.7.1997 BJ 1/95 – *Osthafenmühle*.
875 Bundeskartellamt, Pressemitteilung vom 8.12.2015.

§ 1 GWB   *Verbot wettbewerbsbeschränkender Vereinbarungen*

Anzeigenblatt »Blick« herausgegeben, von dem Dresdner und dem Monschauer Verlag gemeinsam das Anzeigenblatt »WochenSpiegel Sachsen«. Die drei Verlagshäuser haben nach den Feststellungen des Bundeskartellamtes sodann beschlossen, dass im Raum Chemnitz das Anzeigenblatt »WochenSpiegel Sachsen« und in Dresden im **Gegenzug** das Blatt »Sächsischer Bote« eingestellt wird, um den Wettbewerb in beiden Regionen »zu beruhigen«. Das Bundeskartellamt sah in diesem Verhalten einen Abkauf von Wettbewerb in Form der Stilllegungsvereinbarung. Im Kern steckt dahinter eine anders akzentuierte horizontale Markt- bzw. Kundenaufteilung. Der Vorwurf knüpft im Wesentlichen daran an, dass die Stilllegung koordiniert erfolgt. Erst darin liegt die Wettbewerbsbeschränkung. Daraus folgt, dass die **isolierte Stilllegung zulässig** ist und auch weiterhin zulässig bleibt, sogar bleiben muss. Die Entscheidung ist Ausfluss der wirtschaftlichen Handlungsfreiheit und nicht Gegenstand einer Prüfung anhand von § 1 GWB. Zudem ist die Entscheidung einseitig und unterfällt damit nicht dem Zweiseitigkeit erfordernden Kartellverbot.

285 Eine weitere »Spielvariante« des Abkaufs von Wettbewerb ist die **Nichteinlegung bzw. (bewusste) Zurückziehung eines Rechtsmittels**. Für diese Variante steht der Fall »DB Regio/Abellio«.[876] Das Bundeskartellamt erfuhr »aus Branchenkreisen«, dass Abellio sich mit DB Regio in einem laufenden Rechtsstreit (Vergabenachprüfungsverfahren) beim BGH einigen und insoweit seinen Vergabenachprüfungsantrag zurückziehen wollte, mit dem überprüft werden sollte, ob eine Direktvergabe durch den VRR an DB Regio zulässig war. Der Vergleich vor dem BGH sollte beinhalten, dass Abellio sein Rechtsmittel zurückzieht und DB Regio dafür im Gegenzug Abellio als Subauftragnehmer auf bestimmten S-Bahn Linien beauftragt. Noch bevor der Vergleich geschlossen werden konnte, informierte das Bundeskartellamt beide Parteien, dass dies als Abkauf von Wettbewerb gewertet werden könnte und das Amt daher gedenke, ein Ordnungswidrigkeitenverfahren einzuleiten. Dies lässt aufhorchen, da durchaus mit gewichtigen und überzeugenden Gründen eine »Privilegierung« für Vergleiche befürwortet wird (vgl. dazu Rdn. 358). Abellio nahm daraufhin sein Rechtsmittel nicht zurück, der BGH entschied schlussendlich zu Gunsten von Abellio.

---

[876] Bundeskartellamt, Fallbericht vom 25.2.2011 – *DB Regio/Abellio*. Dazu *Bischke/Milde*, NZG 2011, 424. Zur nachfolgenden Entscheidung des BGH: BGH, 8.2.2011, X ZB 4/10 = NZBau 2011, 175. Ausführlich zur Entscheidung des Bundeskartellamtes *Dreher/Glöckle*, NZBau 2015, 929, 933 ff.

IV. Gesellschaftsrecht

1. Systematischer Überblick

In Gesellschaftsverträgen finden sich meist Wettbewerbsverbote zu Lasten eines oder mehrerer Gesellschafter.[877] Das Tatbestandsmerkmal einer »Vereinbarung« erfüllen diese Verbote, gleichviel ob sie in einer Satzung geregelt sind oder durch eine schuldrechtliche Nebenabrede wie einem Konsortialvertrag. Die Gesellschaft ist unzweifelhaft als Unternehmen im Sinne des § 1 GWB anzusehen. Gleiches gilt für den Verpflichteten. Verpflichtet sich ein Gesellschafter – sei es als natürliche Person oder als Gesellschaft – dazu, aktuellen Wettbewerb gegenüber der Gesellschaft zu unterlassen, verzichtet er auf eine aktuelle wirtschaftliche Tätigkeit. Bestand kein aktueller Wettbewerb zu dem Zeitpunkt, zu dem die Wettbewerbsbeschränkung vereinbart wurde, wie dies etwa bei nachvertraglichen Wettbewerbsverboten der Fall sein kann, so kann der Verpflichtete als potentielles Unternehmen anzusehen sein.[878]

286

Systematisch sind Wettbewerbsverbote im Gesellschaftsrecht als **horizontale** Wettbewerbsbeschränkungen einzuordnen. Eine Freistellung nach der Vertikal-GVO i.V.m. § 2 Abs. 2 GWB scheidet daher aus. Gleichwohl darf das Wettbewerbsrecht volkswirtschaftlich erwünschte Gesellschaftsformen und damit auch deren vertragliche Grundlage nicht ohne Not beeinträchtigen.[879] Zulässig sind daher Wettbewerbsverbote eines Gesellschafters, wenn sie dazu dienen, den **Bestand** und die **Funktionsfähigkeit** der im Übrigen »kartellrechtsneutralen« Gesellschaft zu sichern. Kann ein Gesellschafter die Gesellschaft **aushöhlen**, da er in der Lage ist, die **Geschäftsführung maßgeblich zu beeinflussen**, darf er einem Wettbewerbsverbot unterworfen werden.[880] Erst spät hat der BGH diese Wertungsgesichtspunkte mit dem **Immanenzgedanken** untermauert.[881] Über diesen dogmatischen Ausgangspunkt ist man sich gleichwohl einig.[882] Er gebietet eine dreistufige Prüfung: (1) Das Gesellschaftsunternehmen muss kartellrechtsneutral sein; (2) der jeweilige Gesellschafter muss einen maßgeblichen Einfluss auf die Gesellschaft ausüben kön-

287

---

877 *Schmid-Diemitz*, GRUR 1980, 18.
878 Siehe etwa OLG Frankfurt/M WuW/E DE-R 2603, 2604 – *Musikalienhandel* zum Wettbewerbsverbot eines Kommanditisten.
879 BGHZ 38, 306 = WuW/E BGH 519, 522 – *Kino/Bonbonnière*.
880 BGH WuW/E BGH 1517, 1519 – *Gabelstapler*; WuW/E BGH 2047, 2048 – *Werbeagentur*; BGHZ 104, 264, 251 ff. = WuW/E BGH 2505, 2507 f. – *neuform-Artikel*; BGHZ 120, 161, 166 f. – *Taxigenossenschaft II*; WuW/E BGH 2271, 2273 – *Taxigenossenschaft I*; WuW/E BGH 2285, 2288 – *Spielkarten*; WuW/E DE-R 2742, 2744 Rn. 17 – *Gratiszeitung Hallo*; OLG Frankfurt/M WuW/E DE-R 2603, 2604 – *Musikalienhandel*; *Kapp/Schumacher*, WuW 2010, 481, 483.
881 BGH NJW 1994, 384 – *Ausscheidender Gesellschafter*.
882 *Kapp/Schumacher*, WuW 2010, 481, 483; *Zimmer*, in: Immenga/Mestmäcker (3. Aufl.), § 1 GWB Rn. 282.

nen und (3) das Wettbewerbsverbot muss inhaltlich angemessen sein. Ist bereits das Unternehmen als solches nicht kartellrechtsneutral, besteht kein schutzwürdiges Interesse daran, dessen Bestand und Funktionsfähigkeit zu sichern. Ein statutarisches Wettbewerbsverbot ist in diesem Fall nichtig.[883] Um den kartellrechtsneutralen Charakter zu ermitteln, ist auf alle statutarischen bzw. vertraglichen Bestimmungen abzustellen, welche die Tätigkeit der Gesellschaft umreißen.

2. Wettbewerbsbeschränkungen bei Personalgesellschaften

a) OHG und Gesellschaft bürgerlichen Rechts

288 Wettbewerbsverbote in Personalgesellschaften sind der paradigmatische Anwendungsfall für die Wertungsgrundlagen der Immanenztheorie. § 112 HGB verbietet es dem Gesellschafter einer OHG, ohne Einwilligung der Mitgesellschafter zu der Gesellschaft in Wettbewerb zu treten. Diese Vorschrift verdrängt nicht § 1 GWB. Bereits früh hat der BGH klargestellt, dass § 112 HGB als gesetzliches Wettbewerbsverbot eine Vereinbarung im Sinne des § 1 GWB darstellt: Die dispositiven §§ 112, 113 HGB werden erst wirksam, wenn sie von dem gemeinsamen Willen der Gesellschafter getragen sind. Um § 1 GWB anzuwenden, spielt es keine Rolle, ob das Wettbewerbsverbot in den Gesellschaftsvertrag aufgenommen wurde oder sich aus dem ergänzenden dispositiven Gesetzesrecht ergibt.[884] Umgekehrt verbietet § 1 GWB nicht jedes Wettbewerbsverbot in einer OHG, sondern ist mit den Grundprinzipien abzugleichen, auf denen § 112 HGB beruht. Diese sind in der handelsrechtlichen Diskussion nach wie vor umstritten, während man sich im Wettbewerbsrecht über die Ergebnisse mittlerweile verständigt hat. Entscheidend ist, ob das Wettbewerbsverbot erforderlich ist, um die **Grundlagen der Gesellschaft** zu sichern. Dies richtet sich nicht nach der personalistischen oder kapitalistischen Struktur der OHG, sondern danach, welchen Einfluss der einzelne Gesellschafter auf die Gesellschaft nehmen kann.[885]

289 Inhaltlich angemessen ist ein Wettbewerbsverbot, wenn es sachlich, räumlich und zeitlich angemessen ist. Um das sachliche und räumliche Maß zu ermitteln, kann man sich an den Maßstäben orientieren, wie sie für Unternehmenskaufverträge entwickelt wurden.[886] Maßstab ist dabei der gleiche Handels-

---

[883] BGHZ 38, 306, 316 – *Kino/Bonbonnière*; BGHZ 70, 331, 333 f.; BGHZ 104, 246, 251 – *neuform-Artikel*; BGH WuW/E DE-R 2742, 2744 f. Rn. 17 – *Gratiszeitung Hallo*.
[884] BGHZ 38, 306, 316 – *Kino/Bonbonnière*.
[885] Zutr. *Armbrüster*, ZIP 1997, 261, 265 gegen *Lutter*, AcP 180 (1980), 85, 112 [zur GmbH].
[886] Siehe genauer dazu *Rudersdorf*, RNotZ 2011, 509, 510.

zweig. Die Zeitspanne für ein Wettbewerbsverbot ist nicht ausschließlich an die Gesellschafterstellung gebunden. Auch ein **nachvertragliches** Wettbewerbsverbot kann erforderlich sein, um die Gesellschaft davor zu schützen, dass der ausgeschiedene Gesellschafter illoyal die Kenntnisse und Verbindungen ausnutzt, die er aufgrund seiner Funktion in der Gesellschaft erworben hat.[887]

b) Wettbewerbsverbot für Kommanditisten

Nach § 165 HGB ist ein Wettbewerbsverbot zu Lasten eines Kommanditisten **grundsätzlich ausgeschlossen**. Rechtstechnisch wird dies durch einen Ausschluss der Anwendbarkeit von § 112 HGB bewirkt. Eine gleichlautende Vorschrift findet sich in Österreich auch in § 165 UGB; auch dort ist ein Wettbewerbsverbot zu Lasten eines Kommanditisten grundsätzlich ausgeschlossen. Von diesem Grundsatz sind allerdings Ausnahmen im Gesellschaftsvertrag möglich, da es sich um eine dispositive Regelung handelt. Bei der Ausgestaltung sind allerdings die sich aus § 1 GWB und § 138 BGB ergebenden Grenzen einzuhalten. Ein Wettbewerbsverbot ist demnach zulässig, wenn es (i) den Bestand und die Funktionsfähigkeit der Gesellschaft gewährleistet und (ii) nicht über das zum Schutz der Gesellschaft erforderliche Maß hinausgeht.[888] Die Terminologie erinnert an die allgemeinen Überlegungen zur Funktionsnotwendigkeit von Nebenbestimmungen. Abzugrenzen ist demnach das »funktionsnotwendige« Wettbewerbsverbot vom »funktionsfördernden« Wettbewerbsverbot. Für notwendig und damit für zulässig wird das dem Kommanditisten auferlegte Wettbewerbsverbot dann gehalten, wenn der Kommanditist in der Lage ist, die Geschäftsführung der KG maßgeblich zu beeinflussen und von »innen auszuhöhlen«.[889]

290

Hat ein Kommanditist die **umfassende** Geschäftsführungsbefugnis, unterliegt er einem Wettbewerbsverbot.[890] In diesem Fall hat ein vereinbartes Wettbewerbsverbot auch Bestand vor § 1 GWB. Gleiches gilt, wenn der Kommanditist eine Weisungsbefugnis gegenüber den Komplementären innehat.[891] Umstritten ist, ob eine **bloße Mehrheitsbeteiligung am Kommanditkapital** alleine ausreicht.[892] Einerseits ließe sich argumentieren, dass dann bereits ein

291

---

887 A.A. *Rudersdorf*, RNotZ 2011 509, 512.
888 Kammergericht Berlin, 2 W 1/14 Kart, NZKart 2014, 368 – *Bittergetränke*.
889 OLG Frankfurt/M WuW/E DE-R 2603, 2604 – *Musikalienhandel*.
890 BGH NJW 1989, 2687; BGH NJW 1984, 1351, 1352; *Oetker*, HGB § 165 Rn. 12 m.w.N.
891 *Grunewald*, in: MünchKommHGB, § 165 Rn. 5; *Oetker*, HGB § 165 Rn. 12.
892 Dagegen *Grunewald*, in: MünchKommHGB, § 165 Rn. 10; *Oetker*, HGB § 165 Rn. 15; dafür *Müller*, NJW 2007, 1724, 1726; *Weitnauer/Grob*, GWR 2014, 185, 186. Siehe dazu auch *Rubner/Leuering*, NJW-Spezial 2011, 79.

erheblicher Einfluss auf die Gesellschaft möglich ist, andererseits vermittelt die Beteiligung als solche noch keinen maßgeblichen Einfluss auf die Geschäftsführung. Entscheidend bleibt immer, ob aus der Beteiligung selbst auch ein (maßgeblicher) Einfluss auf die Geschäftsführung der KG möglich ist.[893] Umstritten ist zudem, ob **erweiterte Informations- und Kontrollrechte** eines Kommanditisten genügen, um ihn mit einem Wettbewerbsverbot zu belegen. Eine verbreitete Ansicht bejaht dies,[894] indes zu Unrecht. Etwaigen Umtrieben eines derartigen Kommanditisten können die Gesellschafter Einhalt gebieten. Sie können sich gegen die missbräuchliche Verwendung von Unternehmensinterna dadurch schützen, indem sie die Einsicht verweigern. Dafür genügt es bereits, wenn eine missbräuchliche Verwendung der Unternehmensinterna droht. Ist damit die Gesellschaft präventiv abgesichert, so ist nicht zu befürchten, dass ein Kommanditist mit erweiterten Informations- und Kontrollrechten die Gesellschaft aushöhlen kann. Ein Wettbewerbsverbot zu dessen Lasten hat damit einen überschießenden Charakter und widerspräche § 1 GWB.[895]

292 Darüber hinaus sind aber auch noch weitere Fälle denkbar, in denen dem Kommanditisten ein Wettbewerbsverbot in kartellrechtlich wirksamer Art und Weise auferlegt werden kann. So hat das Kammergericht Berlin kürzlich entschieden, dass dem Kommanditisten auch dann ein Wettbewerbsverbot auferlegt werden könne, wenn der Kommanditist – aufgrund der Aufgabenteilung – **faktisch den gesamten Vertrieb kontrolliert** und dieser als »defacto Geschäftsführer« für die Gesellschaft handelt.[896] Im betreffenden Fall stützte sich das Gericht darauf, dass der Kommanditist »der Macher« im Betrieb gewesen sei. Die Ansicht korrespondiert mit der gesellschaftsrechtlichen Treuepflicht.[897] Er kannte die Vertriebsstruktur, die Abnehmer und die entsprechenden Konditionen. Obgleich aus dieser Darstellung erkennbar wird, dass die zugelassenen Ausnahmen stark vom Einzelfall abhängen, lässt sich als große Linie festhalten, dass es stets um die Frage geht, ob und in welchem Umfang der Kommanditist Einfluss auf die Geschäftsführung nehmen kann, die es möglicherweise ausnahmsweise rechtfertigt, dass auch dem Kommanditisten ein Wettbewerbsverbot auferlegt werden kann.

---

893 Siehe dazu auch OLG Oldenburg, 8.3.2013, 6 U 205/12.
894 *Müller*, NJW 2007, 1724, 1726; *Oetker*, HGB § 165 Rn. 13.
895 *Armbrüster*, ZIP 1997, 261, 267; *Grunewald*, in: MünchKommHGB, § 165 Rn. 9; *Kellermann*, FS Fischer, S. 307, 318.
896 Kammergericht Berlin, 6.3.2014 2 W 1/14 Kart, NZKart 2014, 368 – *Bittergetränke*; m. Anm. *Goncalves*, GWR 2014, 355.
897 *Weitnauer/Grob*, GWR 2014, 185.

3. Wettbewerbsverbote bei Kapitalgesellschaften

Vorstandsmitglieder einer AG unterliegen einem gesetzlichen Wettbewerbsverbot, § 88 Abs. 1 AktG. § 1 GWB steht diesem Wettbewerbsverbot nicht entgegen, da es notwendig für den Bestand der AG ist. Deswegen fallen auch allfällige Wettbewerbsverbote in Anstellungsverträgen für Vorstandsmitglieder nicht unter § 1 GWB, zumal sie nur wiederholen, was ohnehin gesetzlich vorgeschrieben ist.[898] Diese Erwägungen lassen sich auf Geschäftsführer einer GmbH übertragen, da für deren Tätigkeit § 88 AktG analog gilt.[899] Aus diesem Grunde sind auch vertraglich vereinbarte Wettbewerbsverbote zu Lasten eines Geschäftsführers mit § 1 GWB vereinbar.[900] Allerdings müssen die vertraglich vereinbarten Wettbewerbsverbote den durch § 88 AktG gesteckten Rahmen einhalten. Zu unterlassen haben Geschäftsleiter nur solche wirtschaftlichen Tätigkeiten, die in den »Geschäftszweig« der Gesellschaft fallen. Zeitgemäß ausgelegt, ist damit der sachlich und räumlich relevante Markt gemeint, auf dem die Gesellschaft tätig ist. Bestimmen lässt sich dieser anhand des Unternehmensgegenstands. Überschreitet die wirtschaftliche Tätigkeit der Gesellschaft den durch den Unternehmensgegenstand gezogenen Rahmen, so kommt es auf diese tatsächliche Tätigkeit an.[901] Bleibt umgekehrt die Tätigkeit der Gesellschaft hinter dem statutarischen Unternehmensgegenstand zurück, so kommt es gleichwohl auf diesen an, da keine Anreize für die Geschäftsleiter gesetzt werden sollen, die Tätigkeit der Gesellschaft zu Gunsten der eigenen wirtschaftlichen Tätigkeit zu verengen.[902]

293

Für Wettbewerbsverbote einzelner Gesellschafter gelten andere Maßstäbe. In Kapitalgesellschaften wie der AG und der GmbH ist die mitgliedschaftliche Bindung der Gesellschafter untereinander nicht derart stark ausgeprägt wie in Personalgesellschaften. Anerkannt ist, dass auch hier die Gesellschafter untereinander und gegenüber der Körperschaft einer Treuepflicht unterliegen. Allerdings begrenzen diese Pflichten nicht die Reichweite des § 1 GWB. Die konsolidierten Kompetenzen in einer AG sprechen regelmäßig gegen den maßgeblichen Einfluss eines Aktionärs. Vorbehaltlich etwaiger Grundlagen-

294

---

898 *Säcker*, in: MünchKommGWB, § 1 Rn. 24.
899 BGH WM 1964, 1320, 1321; BGH NJW 1997, 2055, 2056; *Ensthaler/Füller/Schmidt*, GmbHG, § 43 Rn. 36; *Paefgen*, in: Ulmer, GmbHG § 43 Rn. 38.
900 *Säcker*, in: MünchKommGWB, § 1 Rn. 24.
901 *Armbrüster*, ZIP 1997, 1269, 1270; *Mertens*, in: KK-AktG, § 88 Rn. 9; *Spindler*, in: MünchKommAktG, § 88 Rn. 14 jeweils m.w.N.
902 So die zutreffende und vordringende Ansicht: *Fleischer*, AG 2005, 336, 343; *U.H. Schneider*, in: Scholz, GmbHG § 43 Rn. 127; *Spindler*, in: MünchKommAktG, § 88 Rn. 15; ausführlich: *Tieves*, Der Unternehmensgegenstand der Kapitalgesellschaft (1998), S. 296 f. **A.A.** BGHZ 70, 331, 332 sowie BGHZ 89, 162, 170 zu § 112 HGB; *Armbrüster*, ZIP 1997, 1269, 1270; *Mertens*, in: KK-AktG, § 88 Rn. 9.

geschäfte sperrt die umfassende und eigenverantwortliche Leistungsmacht des Vorstands (§ 76 Abs. 1 AktG) die Fähigkeit eines Aktionärs, die Gesellschaft auszuhöhlen. Kann ein Aktionär einen maßgeblichen Einfluss auf die AG ausüben, dürfte es sich meist um Konzernsachverhalte innerhalb einer »wirtschaftlichen Einheit« handeln, auf die ohnehin § 1 GWB unanwendbar ist (oben Rdn. 129 ff.).

295 Im praktischen Vordergrund standen daher bislang Wettbewerbsverbote eines GmbH-Gesellschafters. Dieses kann sich aus der Satzung oder der Treuepflicht ergeben.[903] Das Weisungsrecht nach § 37 Abs. 1 GmbHG erlaubt es dem Gesellschafter, auch ohne Konzernierung die Geschäftsleitung anzuweisen. Nicht zwingend begründet dieses Recht allerdings einen maßgeblichen Einfluss, der ein Wettbewerbsverbot rechtfertigen könnte. Der BGH stellt auf eine »Gesamtwürdigung aller für das konkrete Gesellschaftsverhältnis wirksamen Umstände« ab.[904] Trotz dieses wenig genauen Ausgangspunkts lassen sich immerhin einige Anhaltspunkte liefern: Wettbewerbsrechtlich erlaubt und unbedenklich ist ein Wettbewerbsverbot eines Mehrheitsgesellschafters oder eines Gesellschafters, der kraft satzungsgemäßer Sonderrechte **maßgeblich** die Geschäftsführung **beeinflussen** kann. Hierfür reicht nach der Ansicht des BGH das Recht, einen von zwei Geschäftsführern zu bestellen und abzuberufen.[905] Auch ein solcher Gesellschafter kann die Gesellschaft aushöhlen, der satzungsgemäß strategische Unternehmensentscheidungen blockieren kann.[906] Teleologisch betrachtet trifft dies zu: Auf das Schicksal der Gesellschaft wirkt es sich gleichermaßen aus, wenn ein Mehrheitsgesellschafter seinen Willen durchsetzen kann oder eine Blockadeposition die Gesellschaft zu Starre verdammt und ihr damit die Möglichkeit nimmt, auf Anforderungen des Marktes zu reagieren. Entsteht kraft der Satzung oder eines Konsortialvertrages eine **Pattsituation**, ist ein Wettbewerbsverbot zu Lasten jedes Gesellschafters zulässig, der diese Situation heraufbeschwören kann. Eine derartige Rechtsstellung entspricht einer gemeinsamen Kontrolle im Sinne des § 37 Abs. 1 Nr. 2 GWB, Art. 3 FKVO.[907] Auch dem **Minderheitsgesellschafter** darf ein Wettbewerbsverbot auferlegt werden, wenn dieser strategisch wichtige Entscheidungen blockieren kann.[908]

---

903 *Wilde*, NZG 2010, 292.
904 BGH WuW/E DE-R 2742, 2745 Rn. 18 – *Gratiszeitung Hallo*.
905 BGH WuW/E BGH 2505 – *neuform-Artikel*; bestätigt durch BGH WuW/E DE-R 2742, 2745 Rn. 18 – *Gratiszeitung Hallo*.
906 BGH WuW/E DE-R 2742, 2746 Rn. 24 – *Gratiszeitung Hallo*.
907 BGH WuW/E DE-R 2742, 2746 Rn. 22 – *Gratiszeitung Hallo* für ein Gemeinschaftsunternehmen, an dem drei Gesellschafter je zu einem Drittel beteiligt waren; siehe auch EuG Slg. 2006, II-319 Rn. 42 – *Cementbouw/Kommission*.
908 BGH, NZG 2010, 76, 78.

4. Genossenschaftsimmanente Wettbewerbsbeschränkungen

Genossenschaften verfolgen den gemeinsamen Zweck, ihre Mitglieder zu fördern (§ 1 Abs. 1 GenG). Hieraus und aus der personalistischen Struktur der Genossenschaft leitet man eine besondere **genossenschaftsrechtliche Treupflicht** ab.[909] Gleichwohl rechtfertigen diese Besonderheiten im Grundsatz keine wettbewerbsrechtliche Bereichsausnahme für Genossenschaften.[910] Anderenfalls könnte man sich durch die Wahl der Rechtsform den Schranken des GWB entziehen. Deswegen sind ältere Ansichten überholt, wonach Wettbewerbsbeschränkungen erlaubt sein sollten, wenn sie Ausfluss der besonderen genossenschaftlichen Treupflicht sind.[911] Außerdem ist diese Pflicht ungeeignet dazu, die Reichweite des § 1 GWB abzustecken, da eine Treupflicht nur im Rahmen des wettbewerbsrechtlich zulässigen geschuldet wird.[912] Standhalten müssen den Vorgaben des § 1 GWB sowohl die Satzung der Genossenschaft als auch ihre Satzungsbeschlüsse sowie etwaige begleitenden Nebenabreden. Darin enthaltene Wettbewerbsbeschränkungen sind nur erlaubt, wenn sie **genossenschaftsimmanent** sind und damit erforderlich, um den **Zweck** oder die **Funktionsfähigkeit** der Genossenschaft zu sichern.[913] Das Element der Funktionsfähigkeitsabsicherung begrenzt häufiger den Anwendungsbereich, so z.B. auch bei der Zulässigkeit von Bindungen des Franchisenehmers (vgl. dazu Rdn. 322 ff.). Erst im Jahre 1992 hat der BGH diesen Gesichtspunkt präzisiert: Dem Erforderlichkeitstest ist die Prüfung vorgeschaltet, ob der Zweck und die Struktur der Genossenschaft als solche **kartellrechtsneutral** sind.[914] Dabei ist der wettbewerbsneutrale Hauptzweck nicht an zivilrechtlichen Kriterien zu messen, sondern ausschließlich an wettbewerbsrechtlichen Maßstäben. Wann eine wettbewerbsbeschränkende Klausel in einer Genossenschaftssatzung darüber hinaus funktionsnotwendig ist, ist **generalisierend** zu beurteilen, wobei der **Geschäftsgegenstand** und die **Struktur** der jeweiligen Genossenschaft entscheidend zu berücksichtigen

296

---

909 *Schulte*, in: Lang/Weidmüller, GenG, § 18 Rn. 38 ff.
910 BGH WuW/E BGH 1313, 1315 – *Stromversorgungsgenossenschaft*; WuW/E DE-R 1983 Rn. 14 – *Autoruf-Genossenschaft*; OLG Frankfurt/M WuW/E OLG 4495, 4496 – *Doppelgenossen*; *Fuchs*, BB 1993, 1893.
911 So *Großfeld/Strümpell*, S. 23; *Sandrock*, S. 60 ff.
912 *Beuthien*, ZHR 142 (1978), 259, 275; *Fuchs*, BB 1993, 1893, 1895; *Schwarz*, S. 11.
913 BGH WuW/E BGH 2828 – *Taxigenossenschaft II*; BGH WuW/E BGH 2341, 2342 f. – *Taxizentrale Essen*; WuW/E BGH 2271, 2273 – *Taxigenossenschaft*; WuW/E BGH 1313, 1315 – *Stromversorgungsgenossenschaft; J. B. Nordemann*, in: Loewenheim/Meessen/Riesenkampff, § 1 Rn. 171; *Säcker*, in: MünchKomm-GWB, Rn. 25.
914 BGH WuW/E BGH 2828 – *Taxigenossenschaft II*; *Fuchs*, BB 1993, 1893, 1895. Diese wesentliche Restriktion fehlt oftmals in den Entscheidungen der Instanzgerichte: OLG München DE-R 175 – *Isar-Funk*; LG Köln DE-R 2318, 2321 – *Kölner Taxis*.

sind.⁹¹⁵ Dieser Anknüpfungspunkt berücksichtigt zum einen die Besonderheiten des Marktes, auf dem die Mitglieder der Genossenschaft satzungsgemäß tätig sind. Zum anderen trägt das Strukturmerkmal dem Umstand Rechnung, dass der personalistische Charakter von Genossenschaften fließend ist. Besteht ein relativ loses mitgliedschaftliches Band, nähert sich die Genossenschaft einer reinen Kapitalgesellschaft an. Hier kann es gerechtfertigt sein, nur ein Wettbewerbsverbot zu Lasten eines Gesellschafters mit bestimmendem Einfluss zu gestatten. Allerdings darf sich die Abwägung auch nicht in den Partikularinteressen der jeweiligen Genossenschaft verlieren. Deswegen ist die generalisierende Betrachtung wiederum das notwendige Korrektiv.

297 In der Praxis stehen **Wettbewerbsverbote** in Genossenschaftssatzungen im Vordergrund. Allgemein müssen diese Wettbewerbsverbote sachlich, zeitlich und räumlich auf das Maß beschränkt sein, das notwendig ist, um den Hauptzweck der Genossenschaft zu sichern. Eine besondere Rolle spielt dabei das statutarische **Verbot** der **Doppelmitgliedschaft**. A priori widerspricht eine Doppelmitgliedschaft weder dem Zweck noch der Funktion einer Genossenschaft.⁹¹⁶ Deswegen ist ein Verbot des einzelnen Genossen, sich an einem Konkurrenzunternehmen zu beteiligen, nicht ohne weiteres funktionsnotwendig und damit grundsätzlich mit § 1 GWB unvereinbar.⁹¹⁷ Zulässig ist das Verbot einer Doppelmitgliedschaft jedoch, wenn anderenfalls einem greifbaren Missbrauch eines Genossen Vorschub geleistet würde, indem er Unternehmensinterna zum Schaden der Genossenschaft an einen Konkurrenten übermittelt (**Missbrauchsgefahr**).⁹¹⁸ So hat der BGH das Verbot der Doppelmitgliedschaft bei **Taxigenossenschaften** als Verstoß gegen § 1 GWB angesehen. Bei Taxigenossenschaften kann den sog. »Umleitungen« von Fahraufträgen dadurch begegnet werden, indem hierfür Sanktionen vorgesehen werden.⁹¹⁹ Ein Verbot einer Doppelmitgliedschaft ist jedoch dann nicht zu beanstanden, wenn ein wettbewerbsschädlicher Gruppeneffekt zwischen den Genossenschaften zu erwarten steht.⁹²⁰ Allerdings setzt dies voraus, dass der Gesellschafter in den jeweiligen Gesellschaften einen bestimmenden Einfluss

---

915 BGH WuW/E BGH 2828 – *Taxigenossenschaft II.*
916 BGH WuW/E BGH 2828 – *Taxigenossenschaft II*; *Beuthien*, ZHR 142 (1978), 259, 289 ff.; *Fuchs*, BB 1993, 1893, 1897; teilweise anders und überholt *Sandrock*, S. 67 f.
917 BGH WuW/E BGH 2828 – *Taxigenossenschaft II*; LG Köln WuW/E DE-R 2318, 2321 – *Kölner Taxis.*
918 BGH WuW/E BGH 2828 – *Taxigenossenschaft II*; *Fuchs*, BB 1993, 1893, 1897; *J. B. Nordemann*, in: Loewenheim/Meessen/Riesenkampff, § 1 Rn. 171.
919 BGH WuW/E BGH 2828 – *Taxigenossenschaft II.*
920 BKartA TB 2003/2004 S. 156.

ausüben kann.⁹²¹ Immer kommt es auf den genauen Geschäftsgegenstand und die Besonderheiten des jeweiligen Marktes an.

Diese vom BGH zur »Doppelmitgliedschaft« bei Funkzentralen aufgestellten Grundsätze wurden kürzlich vom OLG Nürnberg fortgeschrieben und auf das Verhältnis von Funkzentrale (in Form einer Genossenschaft) zu einer Taxi-App, im konkreten Fall »myTaxi«, angewendet bzw. erweitert.⁹²² Gegenstand der Entscheidung war die Frage, ob die Taxifunkzentrale Nürnberg es ihren Genossen satzungsmäßig verbieten darf, dass (i) diese Dritten (im konkreten Fall der App »myTaxi«) während der von der Taxifunkzentrale vermittelten Fahrt bzw. auch während der Standzeiten auf dem von der Taxifunkzentrale angemieteten Platz Positionsdaten an die App übermitteln und (ii) das auf den Taxis nicht für Wettbewerber geworben werden darf.

298

Zutreffend stellte das Gericht fest, dass das **Verbot der Weitergabe von Positionsdaten** in der **Wirkung** mit dem Verbot der Doppelmitgliedschaft vergleichbar sei. Den Taxiunternehmern werde gerade dann, wenn Sie ihre Leistung (= Beförderungsangebot) über myTaxi anbieten könnten, nämlich im Anschluss an eine Fahrt für die Funkzentrale bzw. während der Zeit am Standplatz, eine Tätigkeit für den Wettbewerber verboten. Dass Leerfahrten ausgenommen seien, vermag diese Einschätzung nicht zu verändern. Das OLG Nürnberg führte in Anlehnung an die BGH-Leitentscheidung aus 1992 aus, dass eine Bestimmung, die Taxiunternehmer davon abhält, sich auch vom App-Anbieter »myTaxi« Aufträge vermitteln zu lassen«, **nicht** mit § 1 GWB vereinbar sei.⁹²³ **§ 1 GWB schützt nicht vor Wettbewerb**, sondern den Wettbewerb. Das Verbot der Weitergabe von Positionsdaten sei nicht deshalb als erforderlich anzusehen, um den Zweck oder die Funktionsfähigkeit der Genossenschaft zu sichern.⁹²⁴ Das Abhalten eines Wettbewerbers vom Bezug marktrelevanter Informationen sei deshalb »nicht kartellrechtsneutral«.⁹²⁵

299

Bei einer **Einkaufs-** oder **Bezugsgenossenschaft** ist das Verbot einer Doppelmitgliedschaft funktionsnotwendig, wenn die Genossenschaft eine Verhandlungsmacht gegenüber einem marktstarken Anbieter aufbauen soll. In diesem Fall gefährdet eine Doppelmitgliedschaft in einer Konkurrenzgesellschaft die

300

---

921 Zu pauschal daher *J. B. Nordemann*, in: Loewenheim/Meessen/Riesenkampff, § 1 Rn. 171 a.E.
922 OLG Nürnberg, 22.1.2016, 1 U 907/14 = NZKart 2016, 231. Siehe auch OLG München, 10.11.2011, U 2023/11 Kart. Zur Anwendbarkeit des PBefG auf myTaxi LG Stuttgart, 16.6.2015, 440 23/15 KfH. Zum Geschäftsmodell von myTaxi *Ingold*, NJW 2014, 3334.
923 OLG Nürnberg, 22.1.2016, 1 U 907/14 = NZKart 2016, 231, Rn. 76.
924 OLG Nürnberg, 22.1.2016, 1 U 907/14 = NZKart 2016, 231, Rn. 78.
925 OLG Nürnberg, 22.1.2016, 1 U 907/14 = NZKart 2016, 231, Rn. 79.

§ 1 GWB Verbot wettbewerbsbeschränkender Vereinbarungen

Funktion der Genossenschaft und schmälert ihre Verhandlungsmacht gegenüber der Marktgegenseite.[926]

5. Sonstige Gesellschaften

301 Bei sonstigen Gesellschaften wird § 112 HGB *analog* herangezogen, um ein Wettbewerbsverbot zu begründen. Wie auch bei der OHG ist ein derartiges Wettbewerbsverbot mit § 1 GWB vereinbar, wenn es dazu dient, einen kartellrechtsneutralen Gesellschaftszweck zu fördern und im Übrigen sachlich, räumlich und zeitlich angemessen ist (Rdn. 288). Ein **geschäftsführender** Gesellschafter einer **BGB-Gesellschaft** unterliegt *analog* § 112 HGB einem Wettbewerbsverbot. Gestützt wird dies auf die Treuepflicht, so dass es auch ohne vertragliche Verankerung besteht.[927] Wird die BGB-Gesellschaft wirtschaftlich tätig und ist sie deswegen als Unternehmen anzusehen, sind Wettbewerbsverbote anhand von § 1 GWB zu messen, sonst anhand von § 138 BGB.[928] Gleiches gilt auch für ein nachvertragliches Wettbewerbsverbot.[929] Für Partner einer **PartG** gilt § 112 HGB analog. Auch hier bestimmen sich die zulässigen Inhalte von Wettbewerbsverboten nach den Grundsätzen zur OHG.[930] Allerdings richtet sich die Inhaltskontrolle vorrangig nach § 1 GWB, da Angehörige freier Berufe als Unternehmen im Sinne des GWB einzustufen ist. Dies gilt entgegen einer Minderheit auch für nachvertragliche Wettbewerbsverbote.[931] Einen gesetzestypischen stillen Gesellschafter trifft kein Wettbewerbsverbot.[932] Umgekehrt unterliegt ein **atypischer stiller Gesellschafter** *analog* § 112 HGB einem Wettbewerbsverbot, wenn er an der Geschäftsführung beteiligt ist.[933] In diesem Fall hat er die Möglichkeit, die Geschäftschancen der Gesellschaft zu beeinträchtigen.[934]

---

926 EuGH Slg. 1994 I-5641 Tz. 32 ff. – *Gøttrup-Klim*; für das deutsche Recht bestätigend: BGH WuW/E DE-R 2742, 2745 Rn. 20 – *Gratiszeitung Hallo*.
927 *Armbrüster*, ZIP 1997, 261, 272; *Habermeier*, in: Staudinger, § 705 Rn. 52; *Ulmer*, in: MünchKommBGB, § 705 Rn. 235.
928 *Ulmer*, in: MünchKommBGB, § 705 Rn. 237.
929 Dazu: BGH NJW 1991, 699; BGH WM 1997, 1707; *Krämer*, FS Röhricht, S. 335, 337 ff.
930 Im Überblick dazu: *Ulmer/Schäfer*, in: MünchKommBGB, § 6 PartGG Rn. 28 f.
931 So zutr. *Ulmer/Schäfer*, in: MünchKommBGB, § 6 PartGG Rn. 30; a.A.: *Michalski/Römermann*, PartGG, § 6 Rn. 25.
932 Siehe etwa *Armbrüster*, ZIP 1997, 261, 272.
933 BGHZ 89, 162, 166; *Armbrüster*, ZIP 1997, 261, 272; *Gehrlein*, in: Ebenroth/Boujong/Joost/Strohn, HGB § 230 Rn. 44; *K. Schmidt*, in: MünchKommHGB, § 230 Rn. 154 f.; *Zutt*, in: Staub, HGB § 230 Rn. 71.
934 Den Geschäftsinhaber trifft stets ein Wettbewerbsverbot, *Armbrüster*, ZIP 1997, 261, 272.

V. Abwerbeverbote

302 Ein mit der Beurteilung von Wettbewerbsverboten verbundenes,[935] jedoch davon gesondert einzuordnendes Thema, ist das der Zulässigkeit von (nachvertraglichen) Abwerbeverboten von Mitarbeitern. Wegen der Sachnähe wird das Thema im Kapitel E dargestellt. Ausgangspunkt für die Festlegung der Grenzen etwaiger Abwerbeverbote ist der **Grundsatz der Abwerbefreiheit**. Arbeitgeber haben es (auch verfassungsrechtlich) grundsätzlich hinzunehmen, dass Mitarbeiter abgeworben werden, da die Unternehmen grundsätzlich keinen Anspruch darauf haben, dass der Bestand ihrer Mitarbeiter vor Konkurrenz von Wettbewerbern geschützt wird.[936] Dies korrespondiert mit der UWG-rechtlichen Einordnung, dass auch eine Ansprache am Arbeitsplatz durch einen Personalvermittler/Headhunter **grundsätzlich erlaubt** ist, soweit am Arbeitsplatz nur kurz die Stelle beschrieben wird.[937]

303 Vom Grundsatz der Abwerbefreiheit bestehen aber Ausnahmen. Eine Ausnahme ist für den Fall zu machen, wenn das Abwerbeverbot nicht den Hauptzweck der Vereinbarung darstellt, sondern dieses gleichsam – wie das Wettbewerbsverbot im Zusammenhang mit einer M&A-Transaktion – eine notwendige Nebenbestimmung zum Hauptvertrag darstellt.[938] Eine weitere Ausnahme wird dann vorgeschlagen, wenn die Abwerbung (ausnahmsweise) gegen das UWG verstößt.[939] Abseits des Transaktionskontextes soll ein Abwerbeverbot nach einer jüngeren Entscheidung des BGH aber auch dann in Betracht kommen, wenn zwei Unternehmen im Vertrieb miteinander kooperieren.[940] Fraglich ist jedoch, ob ein Abwerbeverbot immer dann zulässig ist, wenn bereits irgendeine Form der Vertriebskooperation zwischen zwei Unternehmen besteht. Denkbar erscheint ein solches Verständnis. Die Entscheidung des BGH spricht wörtlich von »*Vetriebsvereinbarungen zwischen selbständigen Unternehmen*«. In **zeitlicher Hinsicht** wird man etwaige Abwerbeverbote besser auf **zwei Jahre** begrenzen.[941] Der BGH begründete dies unter Rückgriff auf seine Rechtsprechung zur Begrenzung des Wettbewerbsverbotes bei Mandantenschutzklauseln.[942] Zwar erging die Entscheidung des

---

935 Vgl. Nebenabredenbekanntmachung, Rn. 26.
936 BGH, 30.4.2014, I ZR 245/12 – *Abwerbeverbot*.
937 BGHZ 158, 174 – *Direktansprache am Arbeitsplatz I*; BGH, 9.2.2006, I ZR 73/02 – *Direktansprache am Arbeitsplatz II*; siehe dazu auch für viele *Wulf*, NJW 2004, 2424; *Grobys*, NJW-Spezial 2007, 225. Siehe zur Ansprache per E-Mail *Ernst*, GRUR 2010, 963.
938 BGH, 30.4.2014, I ZR 245/12, Rn. 32 – *Abwerbeverbot*.
939 So *Linsmeier/Mächtle*, NZKart 2015, 258, 260.
940 BGH, 30.4.2014, I ZR 245/12, Rn. 33 – *Abwerbeverbot*.
941 BGH, 30.4.2014, I ZR 245/12, Rn. 37 ff. – *Abwerbeverbot*.
942 BGH, 29.1.1996, II ZR 286/94.

BGH nicht zu § 1 GWB,[943] sondern zu § 75f HGB. Es wird aber wohl nicht zu leugnen sein, dass der Entscheidung auch für § 1 GWB eine **gewisse Leitbildfunktion** zukommt.[944] Kritischer werden Abwerbeverbote hingegen in den USA angesehen.[945]

VI. Werbeverbote

304 Nicht klar den Kategorien »vertikal« bzw. »horizontal« zuordnen lassen sich Werbeverbote. Gemeint sind ausdrückliche oder implizite Verbote, z.B. in einer Satzung, dass das Mitglied M in der Zeit der Mitgliedschaft bei A nicht für den Wettbewerber B direkt oder indirekt werben darf. Werbung ist als Form der wirtschaftlichen Verwertung der beruflichen Leistung von Art. 12 GG geschützt. Es gilt grundsätzlich die **Werbefreiheit**.[946] Letztere wird lediglich in bestimmten Branchen und bei bestimmten Berufsgruppen, z.B. bei Rechtsanwälten (dort durch § 43b BRAO), eingeschränkt. Dies gilt jedoch nicht im allgemeinen Wirtschaftsleben. Daher hat das OLG Nürnberg ein **Verbot der Außenwerbung**, welches in einer Genossenschaftssatzung einer Taxifunkzentrale befunden hatte, demzufolge eine *»Fahrzeugaußenwerbung für den eigenen Taxibetrieb, für ein eigenes oder fremdes Mietwagenunternehmen, für Wettbewerber der Taxi-Zentrale oder Fahrzeugaußenwerbung mit politischem oder religiösem Inhalt«* zu unterlassen sei, auch als Verstoß gegen § 1 GWB eingeordnet.[947] Dabei ließ das Gericht eine Einordnung als vertikale oder horizontale Beschränkung (bezogen auf das Außenwerbeverbot) offen.[948] Will man es einordnen, wäre zu konstatieren, dass es zwar vertikal vereinbart wurde (im Verhältnis Taxifunkzentrale und Mitglied), es sich aber horizontal (im Verhältnis der Taxifunkzentrale zu den Wettbewerbern) auswirkt.

305 Das Außenwerbeverbot führte dazu, dass die Mitglieder der einzigen Taxigenossenschaft in Nürnberg, der 98,7 % aller Taxen in Nürnberg angeschlossen waren, nicht dafür werben konnten, dass sie z.B. auch für die App »myTaxi«, die im konkreten Fall gegen die Bestimmungen vorgegangen war, fahren. Die Frage ist eng verwandt mit der allgemeinen Frage, ob bestimmte Beschrän-

---

943 Vielmehr noch, wird § 1 GWB dort nicht erwähnt.
944 So auch *Brinker*, NZKart 2015, 209, 210.
945 *Linsmeier/Mächtle*, NZKart 2015, 258 ff.
946 Zum Grundsatz der Werbefreiheit bei Notaren siehe *Kleine-Cosack*, NJW 2005, 1230. Die grundrechtliche Fundierung zeigt sich bei Abwerbeverboten z.B. am Grundsatz der Abwerbefreiheit.
947 OLG Nürnberg, 22.1.2016, 1 U 907/14 = NZKart 2016, 231. So auch bereits OLG München, 10.11.2011, U 2023/11 Kart.
948 OLG Nürnberg, 22.1.2016, 1 U 907/14 = NZKart 2016, 231, eingeordnet hat das Gericht hingegen das Verbot der Weitergabe von Positionsdaten. Dieses qualifizierte es als vertikale Wettbewerbsbeschränkung, siehe Rn. 19.

kungen **genossenschaftsimmanent** sind (vgl. dazu oben Rdn. 296). Sie kann aber auch davon losgelöst betrachtet werden. Es ist anzuerkennen, dass es bestimmte Situationen gibt, in denen der Grundsatz der Werbefreiheit einzuschränken ist. Ein solcher Fall wird sich bei dem zuvor geschilderten Sachverhalt nur eher schwer begründen lassen. Denkbar wäre dies allenfalls, wenn der Kunde durch die Werbung schwer darüber getäuscht werden würde, durch wen das Taxi vermittelt worden ist. Dies wird jedoch nur in Ausnahmefällen in Betracht kommen, da es für den Kunden zumeist unerheblich sein wird, ob die Vermittlungsleistung von der Taxifunkzentrale oder von der App erbracht worden ist. Zudem wären diese Erwägungen wohl – wenn überhaupt – erst im Rahmen der Einzelfreistellung, nicht aber bereits auf der Ebene des Tatbestands zu berücksichtigen.[949]

VII. Absatzmittler

1. Überblick

Wettbewerbsbeschränkungen in Verträgen zwischen dem Geschäftsherrn und Absatzmittlern sind ein weiterer Anwendungsfall der Immanenztheorie. Absatzmittlerverträge sind dabei der Oberbegriff für Handelsvertreter-, Kommissions- und Franchiseverträge. Vor der 7. GWB-Novelle stellte die inländische Rechtsprechung darauf ab, ob der Absatzmittler in eigenem oder im fremden Namen Rechtsgeschäfte abschloss. Im letzten Fall sollte es an einem Zweitvertrag fehlen und damit an einem »beschränkbaren Wettbewerb«.[950] Dieser Anknüpfungspunkt ist nunmehr überholt, da die 7. GWB-Novelle die formale Trennung zwischen horizontalen und vertikalen Wettbewerbsbeschränkungen bekanntlich aufgehoben hat. Überzeugend ist daher der Ansatz, Wettbewerbsbeschränkungen in Absatzmittlerverträgen nur dann anzuerkennen, wenn sie Ausdruck **institutioneller Gegebenheiten** sind und mithin dem konkreten Absatzmittlungsverhältnis immanent. Ein »anerkennenswertes Interesse« ist hierfür unzureichend (Rdn. 275). Für die Beurteilung, ob eine Wettbewerbsbeschränkung »immanent« ist, kommt es nach der inländischen Praxis vor allem auf die **Risikoverteilung** zwischen Geschäftsherrn und Absatzmittler an.[951] Dies gilt insbesondere beim Handelsvertreter. Beim Franchisenehmer kommt es hingegen primär auf die Funktionsnotwendigkeit an. Trägt der Geschäftsherr weiten Umfanges das wirtschaftliche Risiko, stehen ihm auch **Weisungsrechte** und sonstige **Steuerungsbefugnisse** zu, um das wirtschaftliche Risiko überschau- und beherrschbar zu gestalten. Eine methodische Parallele findet dieser Gesichtspunkt in der Rechtsprechung zu § 20

306

---

949 OLG Nürnberg, 22.1.2016, 1 U 907/14 = NZKart 2016, 231, Rn. 101 ff.
950 BGH WuW/E BGH 2238 – *EH Partnervertrag*.
951 BGH WuW/E BGH 2238 – *EH Partnervertrag*; BGHZ 112, 218 – *Pauschalreiseveranstalter*.

GWB: Danach steht es auch einem Marktbeherrscher grundsätzlich frei, wie er seinen Vertrieb gestaltet. Daraus lässt sich der Leitgedanke herausschälen, dass Vertriebssystemen bestimmte Wettbewerbsbeschränkungen immanent sind, wenn diese dazu dienen, die wirtschaftliche Verantwortung einerseits und das wirtschaftliche Risiko andererseits in Einklang zu bringen. Für die einzelnen Vertriebsgestaltungen bleibt dieser Aspekt noch auszufüllen.

2. Handelsvertreter

307 Der (echte) Handelsvertreter genießt ein Privileg: Das sog. **Handelsvertreterprivileg**. Soweit es sich demnach um einen Handelsvertreter im kartellrechtlichen Sinn handelt, wird dieser als in die Absatzorganisation des Prinzipals eingegliedert angesehen. Beide bilden in diesem Fall ein Unternehmen, m.a.W. eine **wirtschaftliche Einheit**. Vereinbarungen zwischen dem Prinzipal und dem Handelsvertreter, die der Prinzipal dem Handelsvertreter auf dem Markt für die Vertragswaren bzw. Dienstleistungen, d.h. dem »Zweitmarkt« auferlegt, fallen nicht unter das Kartellverbot.[952] Dies beinhaltet beispielsweise die Vorgabe von Preisen (Preisbestimmungsrecht), z.B. beim Provisionsab- bzw. weitergabeverbot.[953]

a) Echter vs. unechter Handelsvertreter

308 Dies gilt jedoch nur dann, wenn es sich um einen **echten Handelsvertreter** handelt. Diese Begrifflichkeit wurde durch den BGH mit der Entscheidung *Telefunken* (indirekt) in die Literatur übernommen und bildet seitdem den üblichen Ausgangspunkt für die Einordnung der Absatzmittler.[954] In der Entscheidung *Telefunken* führte der BGH aus, dass dann kein Handelsvertreter vorläge, wenn dieser nur innerhalb der äußeren Form eines Handelsvertretervertrages agiere. Dieser Aussage ist zuzustimmen. Heute kommt es folgerichtig auf eine Risikoabwägung auf Basis der vertraglich bzw. tatsächlich vom Absatzmittler (hier: Handelsvertreter) übernommenen Risiken an. Einen echten Handelsvertreter kennzeichnet es, wenn er nach der internen Risikoverteilung keine **wesentlichen** wirtschaftlichen und finanziellen Risiken aus den für den Geschäftsherrn vermittelten Geschäften trägt. Hierfür kommt es eben nicht auf das rechtliche Gewand des Absatzmittlerverhältnisses an, sondern allein auf die tatsächlichen wirtschaftlichen und finanziellen Faktoren.

---

952 Für viele *Semler*, ZVertriebsR 2012, 156, 157.
953 Beim echten Handelsvertreter wird dieses für zulässig erachtet. *Ellger*, in: Immenga/Mestmäcker, Art. 4 Vertikal-GVO, Rn. 13; *Zöffler*, ZVertriebsR 2015, 71. Zum Meinungsstand siehe auch *Füller*, in: KK, Art. 101 AEUV, Rn. 73.
954 BGH, WuW/E BGH 2238 – *EH-Partnervertrag*.

In einem echten Handelsvertretervertrag darf der Prinzipal weitgehende Vorgaben für die Rechtsgeschäfte vorsehen, die der **Handelsvertreter mit Dritten** abschließt. Gemeint ist also der nachgelagerte Markt (»Zweitmarkt«), auf dem der Handelsvertreter seine Leistungen anbietet. Zulässig sind damit Preisbindungen, Inhaltsbindungen für den Zweitvertrag, räumliche Beschränkungen des Absatzgebiets und Beschränkungen des Kundenkreises.[955] Dieser Ansatzpunkt entspricht auch den Vertikal-Leitlinien.[956]

309

b) Risikoverteilung

Die Vertikal-Leitlinien zählen insgesamt **sechs Risiken** auf, auf die es bei der Risikoverteilung ankommt ergänzt um eine »Generalklausel«, zudem ist der Katalog nicht erschöpfend.[957] Einen echten Handelsvertreter kennzeichnet es, wenn er *erstens* keine Kosten trägt, die mit der Lieferung der Ware bzw. der Erbringung der Dienstleistung verbunden sind. Dies schließt **Transportkosten** ein, wobei ein echter Handelsvertreter Transportleistungen erbringen kann, wenn der Prinzipal die Kosten übernimmt. In der Vertragsgestaltung sollte daher eine Kostenersatzregelung enthalten sein, derzufolge der Prinzipal die Kosten trägt. *Zweitens* hat der Prinzipal etwaige **Lagerkosten** zu tragen. Dies umfasst die Kosten für die Finanzierung der Lagerbestände und deren Verlust. Zudem muss ein echter Handelsvertreter das Recht haben, unverkaufte Waren unentgeltlich zurückzugeben, sofern ihn kein Verschulden trifft. *Drittens* darf der Handelsvertreter auch nicht die **Produkthaftung bzw. Produzentenhaftung** übernehmen. *Viertens* muss der Prinzipal das **Risiko einer Pflichtverletzung** aus den abgeschlossenen Verträgen mit Dritten tragen. Unschädlich ist es, wenn der echte Handelsvertreter das Risiko trägt, seinen Provisionsanspruch zu verlieren, wenn ihm die Umstände hierfür zurechenbar sind.[958] Hat der Handelsvertreter deswegen eine **Delkredereprovision** (§ 86b Abs. 1 S. 2 HGB) mit dem Prinzipal vereinbart, muss er das Risiko des Provisionsausfalls selbst tragen, ist aber wettbewerbsrechtlich nach wie vor als echter Handelsvertreter anzusehen.[959] (Siehe dazu ausführlicher sogleich Rdn. 317). *Fünftens* muss der Geschäftsherr die Kosten für **Werbeaufwendungen** tragen

310

---

955 BGH WuW/E BGH 2238 – *EH Partnervertrag*; *Zimmer*, in: Immenga/Mestmäcker, § 1 GWB Rn. 358.
956 Vertikal-Leitlinien, Rn. 12–21.
957 Vertikal-Leitlinien, Rn. 14–17. Dass es sich um einen nicht-erschöpfenden Katalog handelt, ergibt sich aus Rn. 17.
958 Die Leitlinien führen hier beispielhaft auf, dass der Handelsvertreter es versäumt, zumutbare Sicherheitsmaßnahmen oder Diebstahlsicherungen vorzusehen oder es unterlässt, dem Geschäftsherrn alle bekannten Informationen über die Zahlungsmoral der Kunden zu übermitteln, Vertikal-Leitlinien, Rn. 16 lit. d.
959 Es ist umstritten, ob die Tragung des Delkredererisikos alleine zum Wegfall des Privilegs führt, siehe zum Streitstand *Semler*, ZVertriebsR 2012, 156, 158. Für den Wegfall: *Füller*, in: KK, Art. 101 AEUV, Rn. 70.

und *sechstens* darf der Handelsvertreter auch nicht dazu verpflichtet sein, in **marktspezifische** Ausrüstungen, Räumlichkeiten oder Mitarbeiterschulung zu investieren. Schließlich hebt Rn. 16 lit. g der Vertikal-Leitlinien hervor, dass ein echter Handelsvertreter keine Tätigkeiten auf Verlangen des Auftraggebers auf demselben sachlich relevanten Markt wahrnehmen darf, sofern der Prinzipal hierfür nicht die Kosten übernimmt. Angesprochen sind damit unter anderem Kunden-, Reparatur- und Garantieleistungen.

311 Bei der Beurteilung der Übernahme der Einzelrisiken ist jedoch darauf zu achten, dass man sich nicht verleiten lässt, jedwede Risikoübernahme durch den Handelsvertreter als schädlich für die Einordnung des Handelsvertreterverhältnisses zu qualifizieren. Es entspricht der herrschenden Ansicht, dass die Übernahme **geschäftstypischer Risiken** der Einordnung als echter Handelsvertreter nicht entgegensteht.[960] Investiert demnach ein Hotelbuchungsportal in die Weiterentwicklung des Internetauftritts, nimmt es diese Investitionen nicht deshalb vor, weil die Hotels das Portal dazu verpflichtet hätten, sondern weil diese erforderlich sind, um die Geschäftstätigkeit »Betrieb eines Hotelbuchungsportals« aufnehmen und bewältigen zu können. Sie sind damit mit denjenigen Kosten vergleichbar, die auch für eine stationäre Tätigkeit in einem *brick and mortar* Shop erforderlich sind und dort anfallen.[961] Verfehlt ist daher die in der *HRS*-Entscheidung vom Bundeskartellamt geäußerte Ansicht, dass die Übernahme von wirtschaftlichen und finanziellen Risiken der Einordnung von *HRS* als echter Handelsvertreter deshalb entgegensteht, da es sich bei diesen Investitionen um vertrags- bzw. marktspezifische Investitionen handelt, die getätigt werden müssen, um die Hotelzimmer eines bestimmten Geschäftsherrn (Hotelbetreiber) vermitteln zu können.[962] Abseits der Tatsache, dass geschäftstypische Risiken der Einordnung als echter Handelsvertreter nicht entgegenstehen, ist weiter zu bedenken, dass die vertrags- bzw. marktspezifischen Investitionen nur dann beachtlich sind, wenn der Geschäftsherr die Absatzmittler **verpflichtet**, diese zu tragen.[963] Demnach bleibt es dem Handelsvertreter unbenommen, aus eigenem Antrieb diese Investitionen zu tätigen. Es wäre ja auch etwas »schief«, wenn dem Geschäftsherrn das Privileg dadurch abhanden kommt, dass der Absatzmittler autonom entscheidet, bestimmte Investitionen zu tätigen. Dies käme ansonsten einem nicht steuerbaren Zwangsverlust des Privilegs gleich.

---

[960] Vertikal-Leitlinien, Rn. 15 S. 2. Siehe *Schultze/Pautke/Wagener*, Vertikal-GVO, Rn. 307; *Nolte*, WuW 2006, 252, 260; *Stauber*, NZKart 2015, 423, 426.
[961] Zustimmung verdient daher *Stauber*, NZKart 2015, 423, 426.
[962] BKartA, 20.12.2013, B9 66/10 – *HRS*.
[963] Vertikal-Leitlinien, Rn. 16; *Stauber*, NZKart 2015, 423; *Nolte*, WuW 2006, 252, 258.

c) Mehrfirmenvertretung

In der europäischen Rechtsprechung ist anerkannt, dass der Einordnung als echter Handelsvertreter **nicht** entgegensteht, wenn der Handelsvertreter für mehrere Firmen tätig ist. Dies hat das EuG in der Entscheidung *voestalpine* nochmals bestätigt.[964] Diese Ansicht entspricht auch den Vertikal-Leitlinien.[965] Es ist demnach in **jedem Verhältnis** zwischen Geschäfsherrn und Absatzmittler **individuell** zu prüfen, ob eine schädliche Risikotragung vorliegt oder nicht. Diese Frage kann für zwei Firmen, die der Handelsvertreter vertritt, unterschiedlich beantwortet werden. Diese Ansicht wird von einem Teil der Literatur kritisiert.[966] Dies vermag insofern nicht überzeugen, als dass immer nur auf das konkrete Rechtsverhältnis für die Beurteilung kommen kann. Der Handelsvertreter kann mit jedem Geschäftsherrn eine wirtschaftliche Einheit bilden, soweit die Kriterien für die Risikoverteilung erfüllt sind. Schwierig wird die Beurteilung hingegen bei einer Doppelprägung im Hinblick auf den gleichen Geschäftsherrn und dasselbe Produkt. Ist ein Handelsvertreter ohne Risikoübernahme und als Eigenhändler parallel tätig, dann bedarf es einer eingehenden Prüfung und Abwägung im Einzelfall, ob das Privileg im konkreten Fall (noch) gerechtfertigt ist. Demnach ist die Ansicht des Bundeskartellamtes in der *HRS*-Entscheidung abzulehnen, die die Mehrfachvertretung ebenfalls als Argument gegen den Status als echter Handelsvertreter unter Verweis auf eine vereinzelte Entscheidung des Gerichtshofes in der Sache *Vlaamse Reisbureaus*[967] in Stellung gebracht hat.[968]

312

d) Eingliederung

Es entsprach lange Zeit der ständigen Rechtsprechung des Gerichtshofes, dass für die Einordnung als Handelsvertreter auch maßgeblich war, ob der Handelsvertreter in das Absatzsystem des Geschäftsherrn **eingegliedert** ist und **Weisungen** des Geschäftsherrn unterliegt.[969]

313

---

964 EuG, 15.7.2015, T-418/10 – *Voestalpine*, Rn. 157, 160. Kritisch mit Blick auf eine Passage des Urteils, dass eine Eigenhändlertätigkeit in »beträchtlichem Umfang« auf die Einordnung als echtes Handelsvertreterverhältnis negativ ausstrahlen kann, *Stauber*, NZKart 2015, 423, 427.
965 Vertikal-Leitlinien, Rn. 13.
966 *Pfeffer/Wegner*, EWS 2006, 296, 301. Anders jetzt *Wegner*, in: KK-KartR, Art. 2 Vertikal-GVO, Rn. 28.
967 EuGH, 1.10.1987, C-311/85 – *Vlaamse Reisbureaus*.
968 BKartA, 20.12.2013, B9 66/10, Rn. 149 – *HRS*.
969 EuGH Slg. 1966, 322, 387 – *Consten & Grundig*; EuGH Slg. 1966, 458, 485 – *Italienische Klage*; EuGH Slg. 1975, 1663 – *Suiker Unie*; EuGH Slg. 1995, I-3477; EuG Slg. 2003, II-5515 – Rn. 121 – *Minoan Lines*; EuG Slg. 2005, II-3319, Rn. 84 – *Daimler Chrysler*. Vgl. für viele *Funke/Just*, DB 2010, 1389; *Füller*, in: KK-KartR, Art. 101 AEUV, Rn. 67; *Wegner/Johanssen*, in: KK, Art. 2 Vertikal-GVO, Rn. 27.

314 Sofern der Absatzmittler kein wirtschaftliches Risiko trug und im Namen des Prinzipals auftrat, wurde er als in das Unternehmen des Geschäftsherrn **eingegliedert** angesehen.[970] Mithin leitete der EuGH aus interner Risikoverteilung ab, ob der Handelsvertreter in das Unternehmen des Prinzipals eingegliedert ist.[971] Im Laufe der Zeit verselbständigte sich das Eingliederungskriterium.[972] Diese Rechtsprechung hat der EuGH schrittweise zurückgenommen und später die Eingliederung nur noch als Folge der internen Risikoverteilung verstanden und damit als ein Wertungskürzel. Trägt der Handelsvertreter die o.g. Risiken, so ist er kein eingegliedertes Unternehmen, während im umgekehrten Fall, wenn er kein Risiko trägt, als ein eingegliedertes Unternehmen anzusehen ist.[973] Dies gilt auch noch heute, trotz zuletzt unklarer Formulierung in der Sache *Voestalpine*. Dort sprach der Gerichtshof vom »eingegliederten Hilfsorgan«. Sieht man sich die Entscheidung jedoch im Kontext an, fällt auf, dass dies lediglich eine begriffliche Unschärfe, denn ein konzeptioneller Unterschied ist.[974] Der Begriff ist als Synonym zu verstehen zu demjenigen der »wirtschaftlichen Einheit«.[975] Er hat damit keine selbständige Bedeutung und entgegenstehende Ansichten im Schrifttum dürften weithin überholt sein.[976]

e) Systemwidrigkeit des *HRS*-Prüfungssystems

315 Wie zuvor ausgeführt, kommt es bei der Beurteilung, ob ein Handelsvertreter ein »echter« Handelsvertreter ist, entscheidend auf die Risikoverteilung an. Die Eingliederung spielt nach *CEPSA II* keine eigenständige Rolle mehr. Überraschend ist daher, wie das Bundeskartellamt die Handelsvertretereigenschaft in *HRS* abgelehnt hat. Es führte insbesondere zwei Kriterien in die Prüfung ein, die **stark** von der **europäischen Rechtsprechung abweichen**. Das erste Kriterium wird von *Stauber* zutreffend mit »**Ursprung der Vertragskondition**« umschrieben.[977] Gemeint ist damit Folgendes: Das Bundeskartellamt hat die Eigenschaft als Handelsvertreter damit abgelehnt, dass die in Rede stehende Meistbegünstigungsklausel nicht von den Hotels ausgehe,

---

[970] EuGH Slg. 1975, 1663, Rn. 480 ff.; 538 ff. – *Suiker Unie*.
[971] Treffend: *Eilmannsberger*, ZWeR 2006, 64, 70; *Wolf*, Festbeigabe Säcker (2006), 163, 167.
[972] EuGH Slg. 1995, I-3477 Rn. 19 – *VAG Leasing*; EuG Slg. 2003, II-5515 Rn. 126 – *Minoan Lines*; EuG Slg. 2005, II-3319 Rn. 88, 102 – *Daimler-Chrysler*.
[973] EuGH Slg. 2006, I-11987 Rn. 43–46 – *CEPSA*; EuGH, 11.9.2008, C-279/06 – *CEPSA II*, Rn. 35 ff.
[974] EuG, 15.7.2015, T-418/10 – *Voestalpine*, Rn. 139–141.
[975] So auch *Stauber*, NZKart 2015, 423, 424.
[976] So auch *Wolf*, Festbeigabe Säcker (2006), 163, 167; zuvor: *Eilmannsberger*, ZWeR 2006, 64, 70 f.; *Ensthaler/Gesmann-Nuissl*, EuZW 2006, 167, 168 ff.; *Roth/Ackermann*, in: FK-GWB Art. 81 Abs. 1 EG Grundfragen Rn. 76. Überholt etwa: *Pfeffer/Wegner*, EWS 2006, 296, 301.
[977] *Stauber*, NZKart 2015, 423, 425.

sondern von *HRS*.⁹⁷⁸ Dieses Kriterium überrascht. Es ist neu und erscheint nicht geeignet, die Einstufung als Handelsvertreter zu ermöglichen, da unklar bleibt, warum die Stoßrichtung der Vorgabe von Vertragskonditionen und damit letztlich verbunden die Marktmacht wichtig sein sollen für die Einordnung als Handelsvertreter. Als weiteres Kriterium etabliert das Bundeskartellamt dasjenige der **Weisungen** des Geschäftsherrn.⁹⁷⁹ Dem Bundeskartellamt zufolge sei für die Qualifizierung als Handelsvertreter entscheidend, dass der Geschäftsherr dem Absatzmittler Weisungen erteile, z.B. im Hinblick auf das Gebiet- oder den Kundenkreis.⁹⁸⁰ Auch dies überzeugt nicht.

f) Vorbehalt des Internetvertriebs durch Geschäftsherrn

Bereits 2008 hat der Kartellsenat des BGH in der Entscheidung »Post-Wettannahmestelle« entschieden, dass sich der Geschäftsherr gegenüber den Handelsvertretern den Internetvertrieb **zulässigerweise** vorbehalten kann.⁹⁸¹ M.a.W. kann somit im Verhältnis Geschäftsherr – Handelsvertreter festgelegt werden, dass der Handelsvertreter nicht berechtigt ist, über das Internet zu vertreiben. Dieses Ergebnis steht auch im Einklang mit dem Diskriminierungsverbot.⁹⁸² Die Zulässigkeit des Vorbehalts erweist sich als überzeugend. Die Vertikal-GVO findet keine Anwendung, da zwischen Geschäftsherrn und Handelsvertreter eine wirtschaftliche Einheit besteht. Auch nicht von Belang ist die Rechtsprechung des Gerichtshofes in der Rs. *Pierre Fabre*⁹⁸³ (Verbot des Ausschlusses des Internetvertriebs im selektiven Vertrieb). Dem Vorbehalt sind aber Grenzen gesetzt, wenn z.B. der Hersteller aktiv Kunden des Handelsvertreters abwirbt.⁹⁸⁴ Nur als Fußnote sei an dieser Stelle festgehalten, dass sich in der Entscheidung des BGH die spannende Feststellung findet, dass der Internetvertrieb ein »besonderer Vertriebsweg« ist.⁹⁸⁵ Dies ist anderenorts durchaus umstritten, beispielsweise im Rahmen der Diskussion um die Zulässigkeit von Beschränkungen des Verkaufs über das Internet inner- und außerhalb des selektiven Vertriebs.⁹⁸⁶

316

---

978 BKartA, 20.12.2013, B9 66/10 – *HRS*, Rn. 147.
979 BKartA, 20.12.2013, B9 66/10 – *HRS*, Rn. 147.
980 Kritisch dazu mit überzeugenden Argumenten *Stauber*, NZKart 2015, 423, 426.
981 BGH, 4.3.2008, KZR 36/05 – *Post-Wettannahmestelle*.
982 BGH WuW/E 2360, 2366 – *Freundschaftswerbung*.
983 EuGH, 13.10.2011, C-439/09 – *Pierre Fabre*.
984 *Billing/Metzlaff*, BB 2015, 1347, 1353.
985 BGH, 4.3.2008, KZR 36/05 – *Post-Wettannahmestelle*, Rn. 40.
986 Siehe dazu für viele *Herrlinger*, NZKart 2014, 92; aktuell die sog. »Coty-Vorlage« des OLG Frankfurt vom 19.4.2016, 11 U 96/14 (Kart). Siehe dazu jüngst *Rohrßen*, ZVertriebsR 2016, 278 ff. Auf eine nähere Darstellung der einzelnen Fragen rund um die Zulässigkeit von Beschränkungen im selektiven Vertrieb wird im Hinblick auf die umfassende Kommentierung von *Wegner/Johannsen*, in: KK-KartR, Art. 4, Rn. 80 ff. verzichtet.

g) Risikoausgleich durch Provisionszahlung

317 Ambivalent beurteilt wird die Frage, ob selbst bei Übernahme bestimmter Risiken eine Einstufung als echter Handelsvertreter deshalb möglich ist, da die übernommenen Risiken durch eine entsprechende Provisionszahlung ausgeglichen werden können.[987] Die Kommission[988] und einige Teile der Literatur[989] stehen dem – z.B. insbesondere bezogen auf die Übernahme des Delkredererisikos (§ 86b Abs. 1 S. 2 HGB) – kritisch gegenüber. Es sprechen die besseren Argumente dafür, dass der Risikoausgleich möglich ist.[990] Zwar handelt es sich um ein klassisches Absatzrisiko, dass bei erster Annäherung an die Antwort den Wegfall des Handelsvertreterprivilegs begründen könnte, allerdings blendet man in diesem Fall aus, dass die Höhe der Provision durchaus so bemessen sein kann, dass eine Kompensation des Risikos stattfindet. Erhält der Absatzmittler eine entsprechende Vergütung, steht er bezogen auf das übernommene Risiko nicht in einem »normalen« Wettbewerbsverhältnis zu anderen Marktteilnehmern. Die Provisionskompensation katapultiert das Risiko somit in den außerwettbewerblichen Bereich, wenn die Provisionszahlung so bemessen ist, dass diese dem übernommenen Risiko entspricht. Will man dieser Ansicht nicht folgen, wäre jedenfalls zu erwägen, ob nicht die »Altfälle«, d.h. die Fälle, in denen das Delkredererisiko bereits vor Veröffentlichung der Vertikal-Leitlinien übernommen wurde, vom Privileg weiterhin erfasst bleiben.[991]

h) Alleinvertreterklausel/Markenzwang

318 Nicht vom **Handelsvertreterprivileg** umfasst sind indes **Alleinvertreterklauseln** und der sog. **Markenzwang**. Unter einer Alleinvertreterklausel erfasst man die Beschränkung des Geschäftsherrn, andere Vertreter für bestimmte Arten von Geschäften, Kunden oder Gebieten zu bestellen. Bei einem Markenzwang wird hingegen der Absatzmittler daran gehindert, für Unternehmen tätig zu werden, die mit dem Geschäftsherrn auf anderen Gebieten als dem Vertragsprodukt in Wettbewerb stehen.[992] Übertragen auf das Vertikalverhältnis könnte man auch von Alleinbelieferungs- und Alleinbezugsverpflichtung sprechen. Eine Ausnahme vom Kartellverbot des § 1 GWB

---

[987] Dafür: *Stauber*, NZKart 2015, 423, 426.
[988] Vertikal-Leitlinien, Rn. 16 lit. d.
[989] So auch *Füller*, in: KK-KartR, Art. 101 AEUV, Rn. 70 mit der Begründung, dass die Provision den möglichen Verlust aus einer Delkrederehaftung nicht ausgleichen kann; so auch *Wollmann/Herzog*, in: MünchKommKartR, Art. 101 AEUV, Rn. 300.
[990] So auch *Kapp/Schuhmacher*, EuZW 1988, 167, 170; *Kapp*, EuZW 2008, 167, 168; in diese Richtung auch *Nolte*, in: Langen/Bunte, Nach Art. 101 AEUV, Rn. 701.
[991] Siehe dazu *Schultze/Pautke/Wagener*, Vertikal-GVO, Rn. 306.
[992] Vgl. Vertikal-Leitlinien, Rn. 19.

über das Handelsvertreterprivileg steht entgegen, dass beide Klauseln **nicht** den nachgelagerten **Zweitmarkt** (Absatzmarkt), auf dem der Handelsvertreter seine Waren bzw. Dienstleistungen anbietet, betreffen, sondern den **Primärmarkt**, auf dem der Handelsvertreter dem Prinzipal gegenübersteht.

Auf dem Primärmarkt[993] gelten prima vista die »allgemeinen kartellrechtlichen Regelungen«. Hier tritt der Handelsvertreter gegenüber dem Geschäftsherrn als selbständiger Wirtschaftsteilnehmer auf. Demnach unterfällt das Verhältnis zwischen Geschäftsherr und Handelsvertreter grundsätzlich (voll) § 1 GWB. Die Immanenztheorie gebietet es aber, von diesem Grundsatz Ausnahmen zu machen. Dies gilt zunächst für die sog. **Alleinvertreter-Klausel**, derzufolge es dem Auftraggeber untersagt ist, anderer Vertreter für eine bestimmte Art von Geschäften zu betrauen. Die Klausel ist mit der Alleinbelieferungsverpflichtung vergleichbar. In Anlehnung an die Vertikal-Leitlinien ist diese Klausel kraft Immanenztheorie vom Tatbestand des § 1 GWB auszunehmen.[994] Differenzierter sind indes die Bindungen zu beurteilen, die dem Handelsvertreter auferlegt werden. Zu nennen sind hier (i) vertragliche und (ii) nachvertragliche Wettbewerbsverbote.[995] Hier kommt es zu einer Beschränkung des inter-brand Wettbewerbs, da der Handelsvertreter nicht mehr für konkurrierende Marken tätig werden kann. Dies kann eine bewirkte Wettbewerbsbeschränkung darstellen, muss es aber nicht. Überzeugend erscheint mir die Ansicht, dass Wettbewerbsverbote während der Vertragslaufzeit nur im Fall eines Bündelungseffektes eine Beschränkung darstellen. Erst bei einer gewissen Marktabdeckung mit »gleichartigen Verträgen« wird die Alleinbezugsverpflichtung zum wettbewerblichen »Problem«. Solange das Wettbewerbsverbot sich nur darauf bezieht, dass ein bestimmtes Produkt nur vom Geschäftsherrn bezogen werden kann, eine Mehrfirmenvertretung im Übrigen aber zulässig bleibt, sollte hier ein großzügiger Maßstab angelegt werden. Bei **nachvertraglichen Wettbewerbsverboten** gelten im Grundsatz auch die allgemeinen Regeln. Die Interessenlage ist insoweit in gewisser Art und Weise vergleichbar mit der Zulässigkeit der Auferlegung von Wettbewerbsverboten im Zusammenhang mit Unternehmenskäufen.[996] Würde der Handelsvertreter nach Ausscheiden aus der wirtschaftlichen Einheit keinem gewissen nachvertraglichen Wettbewerbsverbot unterliegen, würde dieser sofort die Kunden

319

---

993 *Füller* bezeichnet diesen als »Dienstleistungsmarkt«, vgl. *Füller*, in: KK-KartR, Art. 101 AEUV, Rn. 74.
994 Die Kommission geht in Rn. 19 der Vertikal-Leitlinien davon aus, dass Alleinvertreterklauseln in der Regel keine wettbewerbsschädigenden Wirkungen entfalten.
995 Der Begriff wird an dieser Stelle als Oberbegriff für Markenzwangklauseln und Alleinbezugsverpflichtungen verwendet.
996 Siehe dazu *Dück*, NJW 2016, 368, 369. Zu den Grenzen des nachvertraglichen Wettbewerbsverbots BGH, 3.12.2015, VII ZR 100/15 = NJW 2016, 401.

des Geschäftsherrn, mit dem dieser zuvor eine wirtschaftliche Einheit gebildet hat, abwerben können.[997] Es besteht daher zumeist ein Schutzbedürfnis des Geschäftsherrn. Es gelten demnach die Grundsätze gemäß Art. 5 Abs. 1 lit. b, Abs. 3 Vertikal-GVO. Zeitlich ist das nachvertragliche Wettbewerbsverbot auf **ein Jahr** limitiert (im Unterschied zu § 90a HGB, der maximal zwei Jahre vorsieht).[998] Als Ausgleich für das auferlegte Wettbewerbsverbot ist für diese Zeit eine (angemessene) Karenzentschädigung zu zahlen (§ 90a Abs. 1 S. 3 HGB).

3. Kommissionäre

320 Wettbewerbsbeschränkungen, die der Kommittent dem Kommissionär auferlegt, sind grundsätzlich nach denselben Maßstäben zu beurteilen, wie Beschränkungen im Verhältnis Geschäftsherr zu Handelsvertreter. Im Gegensatz zum Handelsvertreter tritt der Kommissionär im Außenverhältnis zwar in **eigenem Namen** auf (§§ 383, 406 HGB), trägt aber gleichwohl nicht die wirtschaftlichen Folgen des Geschäfts, sondern ist »mittelbarer Stellvertreter« der Kommittenten. Deswegen kann dieser dem Kommissionär zu einem bestimmten Verhalten anweisen (§§ 384 Abs. 1, 385 Abs. 1 HGB, 675, 665 BGB). Trägt der Kommissionär kein wirtschaftliches bzw. finanzielles Risiko, so besteht zwischen dem Kommittenten und dem Kommissionär **kein beschränkbarer Wettbewerb**. Daraus folgt, dass der Kommissionär regelmäßig auch dem **Handelsvertreterprivileg** unterfällt.[999]

321 Trägt der Kommissionär umgekehrt eines[1000] oder mehrere[1001] der Risiken, die zum Verlust des Handelsvertreterprivilegs führen, ist § 1 GWB anwendbar. Kürzlich hatte sich das OLG Frankfurt in einem Fall mit der Risikoverteilung in einem Kommissionsagenturvertrag im Zusammenhang mit einer dort vereinbarten Preisbindung zu beschäftigen; letztere wäre zulässig, da § 1 GWB immanent, gewesen, wenn das Privileg gegriffen hätte.[1002] Das OLG Frankfurt kam jedoch unter Rückgriff auf die **Risikoverteilung** im Vertrag zum gegenteiligen Ergebnis. Die wenig überraschende Folge war, dass das Preisbindungsverbot selbst (mangels Anwendbarkeit des Privilegs) sodann gegen § 1 GWB verstieß. Im konkreten Fall hatte der Kommissionär ins-

---

997 Dies anerkennend BGH, 28.1.1993, I ZR 294/90.
998 Zudem macht § 90a HGB auch gewisse Vorgaben zum örtlichen und sachlichen Bereich, den das Wettbewerbsverbot in handelsrechtlicher Sicht abdecken darf.
999 Vgl. Vertikal-Leitlinien, Rn. 12. So auch *Stein*, ZVertriebsR 2015, 372, 373.
1000 Die Kommission geht davon aus, dass bereits die Übernahme eines der Risiken zum Verlust des Handelsvertreterprivilegs führt, vgl. Rn. 17 Vertikal-Leitlinien. Diese Ansicht ist jedoch zu streng.
1001 So zu Recht *Stein*, ZVertriebsR 2015, 372 ff.
1002 OLG Frankfurt a.M., 16.9.2014, 11 U 46/13.

gesamt fünf Risiken übernommen, mit denen das OLG den Wegfall des Privilegs begründete: (i) Verpflichtung zur Teilnahme an Verkaufsförderungsmaßnahmen mit eigenen Mitteln, (ii) Unterhaltung der Einrichtungen zur Verkaufsförderung und Lagerung auf eigene Kosten, (iii) Übernahme der Versicherung des Lagers, (iv) Übernahme Produkthaftung, (v) Übernahme **Delkredererisiko**.[1003] Der Entscheidung ist im Ergebnis beizupflichten. Für eine Kartellrechtsimmunität genügt zwar nicht bereits die Übernahme jedweden Risikos, vielmehr bedarf einer nicht nur unwesentlichen Risikotragung von Risiken, die nicht lediglich geschäftstypisch sind, die Fülle der hier übernommenen Risiken weist aber klar den Weg hin zum Wegfall des Privilegs. Leider konnte das OLG Frankfurt damit eine viel diskutierte[1004] Frage offenlassen, nämlich ob die bloße Übernahme des Delkredererisikos alleine das Privileg entfallen lässt. Die Kommission ist dieser Ansicht. Für das deutsche Recht ist aber m.E. ein abweichender Weg zu gehen. Die alleinige Übernahme des Delkredere-Risikos führt noch **nicht** zum Wegfall des Handelsvertreter- bzw. des Kommissionärsprivilegs.

4. Franchiseverträge

a) Übersicht

Zivilrechtsdogmatisch betrachtet sind Franchiseverträge **Typenkombinationen**. Sie enthalten u.a. Elemente eines Pacht-, Lizenz- und Vertriebsvertrages. In der berühmten und wegweisenden *Pronuptia*-Entscheidung kennzeichnete der Gerichtshof den Franchisevertrag als die »wirtschaftliche Verwertung eines Wissensschatzes ohne Einsatz von jeglichem Kapital«.[1005] Typischerweise stellt der Franchisegeber dem Franchisenehmer entgeltlich ein (umfassendes) Geschäftskonzept zur Verfügung. Je nach dessen Zuschnitt ist es dem Franchisenehmer dabei gestattet, Marken-, immaterielle Schutzrechte oder Know-how[1006] des Franchisegebers zu benutzen. Dabei kann der Franchisegeber bestimmte Qualitäts-, Organisations- und Vermarktungsstandards festlegen und deren Einhaltung durch Kontroll- und Weisungsrechte sicherstellen.[1007] In der Praxis gibt es eine Vielzahl von Franchisekonzepten, z.T. auch dort, wo man diese gemeinhin gar nicht vermutet. Neben *McDonalds*, *BurgerKing* und *Vapiano* sowie *Subway* basieren auch *Body-Shop*, *Schülerhilfe* oder das *HolidayInn* auf einem Franchisekonzept.

322

1003 OLG Frankfurt a.M., 16.9.2014, 11 U 46/13, Rn. 36.
1004 Vgl. zum Streitstand *Semler*, ZVertriebsR 2012, 156, 158.
1005 EuGH Slg. 1986, 353 Rn. 15 – *Pronuptia*. Die Entscheidung bildet den zentralen Ankerpunkt bei Franchisevereinbarungen, siehe *Tresnak/Haubner*, OZK 2013, 221, 222; *Bunte*, NJW 1986, 1406.
1006 Zum Begriff des Know-Hows siehe z.B. Art. 1 lit. g Vertikal-GVO.
1007 Siehe ausführlich dazu *Metzlaff*, BB 2000, 1201 ff.

323 Zu unterscheiden sind im Wesentlichen drei Arten des Franchising:[1008] Das Herstellungs- bzw. Produktionsfranchising, das Dienstleistungsfranchising und das Vertriebsfranchising. Mit dem **Produktionsfranchising** ist eine Situation gemeint, in der der Franchisenehmer ein Erzeugnis nach den Vorgaben des Franchisegebers und unter dessen geschäftlicher Bezeichnung oder Marke herstellt. In der Praxis kommt diese Situation beispielsweise bei der Getränkeabfüllung durch den Franchisenehmer vor, wie z.B. bei *Coca Cola*. Vergleichbar ist diese Situation m.E. auch mit derjenigen der Herstellung von Eigenmarken des Handels durch die Hersteller.[1009] Beim **Dienstleistungs- bzw. Vertriebsfranchising** steht dagegen im Mittelpunkt, dass ein Franchisenehmer geschäftliche Bezeichnungen oder Marken des Franchisgebers benutzt, um damit im geschäftlichen Verkehr aufzutreten. Diese kommen in der Praxis am häufigsten vor. Beispiele für das Vertriebsfranchising in der Praxis sind (zum Teil) *OBI*, *Body-Shop*, *Fressnapf* oder *Mango*. Innerhalb des Vertriebs-Franchsising kann man weiter in Hersteller- und Händler-Franchise unterteilen, je nachdem, wer die Produkte herstellt.

324 Ein Franchisevertrag ist als besondere Form eines Absatzmittlungsverhältnisses im Verhältnis zwischen Franchisegeber und Franchisenehmer grundsätzlich eine vertikale Vereinbarung.[1010] In diesem Verhältnis gilt bei der Auslegung von Vertragsklauseln der **Grundsatz der kundenfreundlichsten Auslegung**.[1011] Das **Konzernprivileg** findet nach der herrschenden Ansicht im Verhältnis zwischen Franchisegeber und Franchisenehmer **keine Anwendung**, da es sich bei beiden um selbständige Unternehmen handelt.[1012] Zweifel könnten an dieser apodiktischen Aussage lediglich im Hinblick auf die fusionskontrollrechtliche Bewertung aufkommen, da dort Franchisegeber und Franchisenehmer teilweise als ein einheitliches Unternehmen angesehen werden.

b) Ausgangspunkt: Funktionsfähigkeit

325 Franchisevereinbarungen unterfallen in vielen Fällen bereits nicht dem Tatbestand des § 1 GWB. Der Gerichtshof geht dann von einer immanenten und damit kartellrechtlich neutralen (weil tatbestandlich ausgenommenen) Wettbewerbsbeschränkung aus, wenn diese aus (i) Gründen der Qualitätssicherung

---

1008 EuGH, Slg. 1986, 353 – *Pronuptia*, Rn. 13.
1009 Die Vertikal-Leitlinien stellen diesbezüglich klar, dass Händler und Hersteller nicht als Wettbewerber anzusehen sind, vgl. Rn. 27 Vertikal-Leitlinien.
1010 Im Verhältnis der **Franchisenehmer untereinander** handelt es sich hingegen um ein **Horizontal**-Verhältnis, da die Franchisenehmer zueinander im Wettbewerb stehen, vgl. dazu *Hack/Goncalves*, GWR 2015, 514, 514.
1011 BGH, WuW/E DE-R 1170 – *Apollo Optik*; siehe dazu ausführlich *Fluhr*, DStR 2004, 93.
1012 *Hack/Goncalves*, GWR 2015, 514, 514.

bzw. (ii) zur Gewährleistung der Wiedererkennung der Marke für die **Funktionsfähigkeit** eines (Vertriebs-)Franchisesystems **unerlässlich** ist.[1013] Dabei unterscheidet der Gerichtshof zwei Klauselgattungen: (1) Erlaubt sind Bestimmungen, die verhindern, dass das vermittelte Know-How und Unterstützung einem Konkurrenten zu Gute kommt. (2) Ebenso wenig sind solche Klauseln wettbewerbsbeschränkend, die die »unerlässliche Kontrolle« regeln, um die Identität der Vertriebsorganisation und deren Namen zu schützen.[1014] Die inländische Rechtsprechung folgt diesen Grundsätzen und ordnet sie als ein Problem der Wettbewerbsbeschränkung und damit der Immanenztheorie ein.[1015]

Allgemein gesprochen werden solche Beschränkungen zwischen Franchisegeber und Franchisenehmer als funktionsnotwendig angesehen, die zum **Schutz des übermittelten Know-Hows**, der geleisteten Unterstützung sowie der Identität und des Ansehens des Systems unerlässlich sind. Sinn und Zweck der Tatbestandsreduktion ist es diejenigen Vereinbarungen auszunehmen, ohne die das System »Franchise« (schlichtweg) nicht funktionieren würde, da der Franchisegeber über das System eine bestimmte Form der Marktteilnahme durch den Franchisenehmer erst ermöglicht. Die Ermöglichung der Marktteilnahme ist daher neuralgischer Punkt jeder Kontrollüberlegung, ob eine Vereinbarung im Franchisesystem noch vom Kartellverbot ausgenommen werden kann oder nicht. 326

c) Preisbindung/gemeinsame Werbung

Weitgehend geklärt ist, dass **vertikale Preisbindungen** im Verhältnis des Franchisegebers zum Franchisenehmers grundsätzlich eine verbotene **Kernbeschränkung** i.S.d. Art. 4 lit. a Vertikal-GVO darstellen (vgl. dazu allgemein unter Rdn. 254).[1016] Das Verbot der vertikalen Preisbindung war seinerzeit auch bereits Gegenstand der Franchise-GVO. Zulässig sind nur – wie allgemein – Höchstpreisbindungen und unverbindliche Preisempfehlungen. Unzulässig sind jedoch die Festlegung eines Fest- bzw. Mindestpreises.[1017] Al- 327

1013 EuGH Slg. 1986, 353 Rn. 15 – *Pronuptia.*
1014 EuGH Slg. 1986, 353 Rn. 16 f. – *Pronuptia.*
1015 OLG Düsseldorf, 11.4.2007 – VI-U (Kart) 13/06, Rn. 23 – *Body Shop*; so auch OLG Schleswig, 26.9.2013, 16 U Kart 50/13 – *Subway*; ebenfalls LG Düsseldorf, 21.11.2013, 14c O 129/12 Rn. 72 – *Subway* m. Anm. *Barth/Goncalves*, GWR 2014, 263; offen gelassen in BGH: WuW/E DE-R 2514, Rn. 16 – *Bau und Hobby* (zu § 20 GWB), allerdings erkennt der BGH ausdrücklich die im Text genannte Funktionsbedingung (2) an – a.a.O. Rn. 17.
1016 Dies nochmal unterstreichend *Tresnak/Haubner*, OZK 2013, 221 ff.
1017 Insoweit nach wie vor aktuell: BGHZ 140, 342, 346 ff.; – BGH WuW/DE-R 264 – *Preisbindung durch Franchisegeber I (Sixt)*; BGH WuW/E DE-R 1170, 1174 – *Preisbindung durch Franchisegeber II (Apollo)*. Siehe dazu beispielsweise *Haager*, NJW 2005, 3394. Siehe ferner BGH KZR 3102, GRUR 2003, 637.

lenfalls Richtpreise sind erlaubt, sofern die Vorgaben unverbindlich sind und der Franchisenehmer ohne rechtliche und wirtschaftliche Nachteile davon abweichen darf.[1018] Erfasst sind sowohl unmittelbare als mittelbare Maßnahmen, die darauf abzielen den Franchisenehmer in seiner Preisgestaltungsfreiheit einzuschränken. Eine Ausnahme ist jedoch bei kurzfristigen Aktionen (von i.d.R. zwei bis sechs Wochen) in Anlehnung an Rn. 225 der Vertikal-Leitlinien zu machen (vgl. dazu ausführlich Rdn. 573).[1019]

328 Weiter ist zu beachten, dass eine **einheitliche Preisstrategie** beim dualen Vertrieb über eigene Märkte und Franchise-Märkte **nicht möglich** ist. Diese Grundsätze sind vor allem bei der Planung von einheitlichen Werbekampagnen zu beachten. Wird demnach eine Werbung für eigene Filialen und Franchisenehmer zugleich geplant, sollte der Eindruck eines einheitlichen Festpreises für die eigene Filiale und die des Franchisenehmers verhindert werden.[1020] Entsteht aufgrund der gemeinsamen Werbung der Eindruck, dass durch die Werbung **Druck auf den Franchisenehmer** ausgeübt wird und sich der angegebene Preis dadurch faktisch/tatsächlich wie ein Mindest- bzw. Festpreis auswirkt, dann liegt darin nach Ansicht der Rechtsprechung eine vertikale Preisbindung zweiter Hand.

329 Zusammengefasst hat der BGH die Unzulässigkeit von Preisbindungen zweiter Hand im Franchisesystem somit vor allem in zwei Entscheidungen entwickelt: Zuerst in der *Sixt*-Entscheidung,[1021] die sodann später in der *Apollo*-Entscheidung[1022] bestätigt wurde. Wenn, so der BGH nachvollziehbar, gemeinsam für die eigenen Standorte und die Franchise-Standortee geworben werde, entstünde für die Franchisenehmer der (faktische) Zwang die Preise zu übernehmen. Insbesondere sei es diesen verwehrt, höhere Preise zu verlangen. Der Preis wirke faktisch wie ein Mindestpreis.

d) Ausschließlichkeitsbindungen

330 Anders stellt sich die Lage indes bei (**ausschließlichen**) **Bezugsbindungen** des Franchisenehmers dar, denen zufolge der Franchisenehmer nur Waren des Franchisegebers oder von diesem ausgewählten Lieferanten beziehen darf. Bezugsbindungen werden von der Spruchpraxis dann als funktionsnotwendig angesehen, wenn diese für die Sicherung der Qualität oder zur Gewährleistung der Wiedererkennung der Marke und damit zur Sicherung der Funktionsfähig-

---

1018 EuGH Slg. 1986, 353 Rn. 25 – *Pronuptia*.
1019 Siehe dazu auch *Martinek*, ZVertriebsR 2013, 3, 10.
1020 BGH. 20.5.2003, KZR 27/02. Siehe dazu auch *Hack/Goncalves*, GWR 2015, 514, 515.
1021 BGH, 2.2.1999, KZR 11/97 – *Sixt* (Preisbindung durch Franchisegeber I).
1022 BGH, 20.5.2003, KZR 27/02 – *Apollo* (Preisbindung durch Franchisgeber II).

keit des Systems notwendig sind. In der ausschließlichen Bindung liegt auch keine unbillige Behinderung.[1023] Im Kern geht es stets darum, ob auch anderweitig sichergestellt werden könnte, dass das Warenangebot des Franchisenehmers einen bestimmten **Qualitätsstandard** erfüllt.[1024] Dies ist nicht pauschal für das gesamte Lieferspektrum des Franchisegebers zu beurteilen, sondern muss jeweils für die **einzelne Ware** untersucht werden. Insbesondere bei Modeartikeln ist es unmöglich, objektive Qualitätsstandards aufzustellen, da Mode dem Zeitgeschmack unterliegt. Eine ausschließliche Bezugsverpflichtung des Franchisenehmers ist hier gerechtfertigt.[1025]

Bezieht der Franchisenehmer ein Warensortiment vom Franchisegeber, bei denen einzelne Waren Modeartikel sind, »absorbiert« dies nicht den Charakter der übrigen Waren. Für die bezogenen Modeartikel sind Ausschließlichkeitsbindungen **zulässig**, für die übrigen hingegen nicht. Vergleichbar hat die Spruchpraxis auch für den Bereich der Systemgastronomie entschieden. Es komme bei der Systemgastronomie nicht primär auf die Sicherstellung eines (objektiven) Qualitätsstandards an, sondern es sei vor allem die Einheitlichkeit des Geschmacks der verkauften Speise und die Wiedererkennbarkeit der Marke entscheidend.[1026] Es werde ein Produkt von gleichem Format, gleicher Qualität und einem gleichen Geschmack an jedem Gastronomiebetrieb erwartet. Auf diesem Wiedererkennungswert beruhe die Kundenbindung.[1027] Eine nachträgliche Kontrolle sei nicht geeignet die Notwendigkeit der Bezugsbindung in Frage zu stellen. Insoweit bestünden in der Systemgastronomie zur Bezugsbindung keine Alternativen. **Unzulässig** sei die Bezugsbindung jedoch dann, wenn auch Produkte bezogen werden müssen, die für die Wiederkennbarkeit und Markenbildung bei den Kunden keine Rolle spielen, wie z.B. Reinigungsmittel, H-Milch und Dosenthunfisch.[1028]

331

Unerlässlich ist eine ausschließliche Bezugsbindung für das Franchisesystem, wenn die Überwachung der Qualitäts- und/oder Sortimentsvorgaben übermäßig **hohe Kosten** verursacht.[1029] Indes wird dies eher die Ausnahme sein, da typischerweise der Franchisegeber sich das Recht vorbehält, vor Ort zu überprüfen, ob die Qualitätsstandards eingehalten werden. Auch **zulässig** ist

332

1023 BGH, 11.11.2008, KVR 17/08 – *Praktiker*.
1024 EuGH Slg. 1986, 353 Rn. 21 – *Pronuptia*; OLG Düsseldorf, 11.4.2007, VI-U (Kart) 13/06 Rn. 27 – *Body Shop; Jäger*, S. 103–106.
1025 EuGH Slg. 1986, 353 Rn. 21 – *Pronuptia*; OLG Düsseldorf 11.4.2007, – VI-U (Kart) 13/06 Rn. 27 – *Body Shop*.
1026 LG Düsseldorf WuW/DE-R 4416 – *Subway*.
1027 OLG Schleswig, 26.9.2013, 16 U Kart 50/13 – *Subway*.
1028 LG Düsseldorf WuW/DE-R 4416 – *Subway*.
1029 EuGH Slg. 1986, 353 Rn. 21 – *Pronuptia*; OLG Düsseldorf, 11.4.2007, VI-U (Kart) 13/06 Rn. 28 – *Body Shop*.

die Vereinbarung eines **nachvertraglichen Wettbewerbsverbotes** nach Beendigung des Franchise-Vertrages.[1030] Der Franchisegeber ist nur bereit dem Franchisenehmer die Marktteilnahme i.S.d. *Pronuptia*-Doktrin zu ermöglichen, wenn dieser sich im Gegenzug auch verpflichtet, den am Standort geschaffenen *goodwill* nicht direkt nach Beendigung des Franchise-Vertrages »auszubeuten«. Eine Ausbeutung liegt dann vor, wenn ein ehemaliger Franchise-Nehmer, wie in dem vom OLG Schleswig entschiedenen Fall *Subway*, (unmittelbar) nach Beendigung des Vertrages am selben Ort eine weitere Systemgastronomie-Filiale, hier »fresh!«, eröffnet.[1031] Das Interesse am Schutz des Goodwills ist – vergleichbar der Überlegung bei der Zulässigkeit von Nebenabreden im Zusammenhang mit Fusionskontrollverfahren – als schutzwürdig anzuerkennen und gebietet eine Einbeziehung in den Schutzkern des vom Kartellverbot ausgenommenen Teils.

333 Dabei ist jedoch (wie auch allgemein) zu beachten, dass das nachvertragliche Wettbewerbsverbot sich sachlich und räumlich auf das für die Durchführung des vorherigen Vertrages notwendige Maß beschränkt. Bezogen auf die Systemgastronomie kann dem ehemaligen Franchisenehmer von *Subway* demnach nur insoweit ein Wettbewerbsverbot auferlegt werden, soweit es um das Angebot von Sandwiches geht. Vereinbart daher ein Franchisegeber mit dem Franchisenehmer insoweit eine Vertragsstrafe für den Fall der Zuwiderhandlung und sieht zudem einen pauschalierten Schadensersatz (in Höhe der jährlichen Franchisegebühr) vor, ist dies prima vista nicht zu beanstanden.

e) Konkurrenzschutzpflicht des Franchisegebers

334 In der Rechtsprechung wurde bereits mehrfach diskutiert, ob den Franchisegeber gegenüber dem Franchisenehmer eine kartellrechtliche (über die vertragliche Verpflichtung hinausgehende) Konkurrenzschutzpflicht trifft. Von einer solchen Pflicht wird in der Rechtsprechung nur im **Ausnahmefall** ausgegangen. Ein solcher läge dann vor, wenn die konkurrierende Tätigkeit des Franchisegebers die wirtschaftliche Existenz des Franchise-Nehmers **nachhaltig gefährdet**.[1032] Eine bloße Beeinträchtigung der Absatzchancen reicht dafür indes nicht aus.[1033] Steigt der Franchisegeber daher in den Online-Direktvertrieb ein, liegt darin per se noch kein Verstoß gegen die kartellrechtliche Konkurrenzschutzpflicht.[1034]

1030 So OLG Schleswig, 26.9.2013, 16 U Kart 50/13 – *Subway*.
1031 So OLG Schleswig, 26.9.2013, 16 U Kart 50/13 – *Subway*.
1032 So ständige Rechtsprechung: OLG Celle, 28.8.2008, 13 U 178/08; OLG Düsseldorf, 10.2.2012, I-16 W 62/11; OLG Düsseldorf, 15.10.2014, VI-U (Kart) 4/14.
1033 OLG Düsseldorf, 15.10.2014, VI-U (Kart) 4/14, Rn. 32.
1034 OLG Düsseldorf, 15.10.2014, VI-U (Kart) 4/14, Rn. 31.

VIII. Quantitativ-selektives Vertriebssystem

Die Selektion der Händler kann neben der qualitativen Selektion auch quantitativ erfolgen. Qualitative Selektion meint i.e.S., dass die **Anzahl** der **Verkaufsstellen** bzw. der **Händler** festgelegt und dadurch **beschränkt** wird, z.B. durch die Vorgabe, dass es nur eine bestimmte Anzahl von Händlern (in einem bestimmten Gebiet)[1035] geben darf oder durch die Vorgabe eines bestimmten Mindestumsatzes.[1036] Darin liegt nicht unbedingt ein »Mehr« der Selektion im Vergleich zum qualitativen selektiven Vertrieb.[1037] In der Praxis ist sorgfältig abzugrenzen, ob die Selektion (rein) qualitativ oder (auch) quantitativ erfolgt; neben Mindestumsatzverpflichtungen stellt sich die Frage z.B. bei Beschränkungen der Nutzung des Verkaufraums für ein bestimmtes Produkt oder nur eine bestimmte Händlerkategorie zu beliefern. Ein quantitativ-selektives Vertriebssytem zeichnet sich daher dadurch aus, dass der Anbieter direkt (durch ausdrückliche oder konkludente Begrenzung) oder indirekt im Ergebnis die Zahl der Händler steuert.[1038] Die zahlenmäßige Bestimmung der Händler stellt die »Auswahl der Händler anhand festgelegter Merkmale« i.S.d. Art. 1 Abs. 1 lit. e Vertikal-GVO dar.[1039] Darin liegt auch der Unterschied im Vergleich zum Alleinvertrieb.

335

Die quantitative Selektion kommt in Reinform[1040] in der Praxis eher selten vor. Viel häufiger sind Kombinationen (**Mischformen**) von qualitativer und quantitativer Selektion. Eine solche Mischform war auch Gegenstand des *Asics*-Verfahrens des Bundeskartellamtes.[1041] *Asics* definierte innerhalb des 2011 neu eingeführten selektiven Vertriebssytems in qualitativer Hinsicht anhand verschiedener Vertriebskanäle und innerhalb dieser nach Händlerkategorien. Diesen über 20 Händlerkategorien wurden im Rahmen eines Produkt-Mappings sodann bestimmte Produktportfolios zugewiesen. Neben dieser Selektion wurde auch die absolute Anzahl der Händler (pro Region) beschränkt.[1042]

336

Durch die Beschränkung der Anzahl der Händler kommt es zu einer Ein- bzw. Beschränkung des markeninternen (intrabrand) Wettbewerbs. Es gibt zahlenmäßig weniger Wettbewerber, die zueinander in Preiswettbewerb hin-

337

1035 Siehe dazu für *Haslinger*, WRP 2009, 279, 280.
1036 Bei dem Mindestumsatzerfordernis ist umstritten, ob es sich um ein qualitatives oder quantitatives Kriterium handelt: *Schultz*, in: Langen/Bunte, § 20, Rn. 168 (qualitativ); *Pischel*, GRUR 2008, 1066, 1068 (quantitativ).
1037 In diese Richtung aber *Pischel*, GRUR 2008, 1066, 1067.
1038 Vertikal-Leitlinien, Rn. 175.
1039 Siehe dazu LG Nürnberg, 16.4.2010, 4 HK O 2611/09 – *JPG »Le Male«*.
1040 *Bechtold*, NJW 2003, 3729.
1041 BKartA, 26.8.2015, B2 98/11 – *Asics*.
1042 BKartA, 26.8.2015, B2 98/11 – *Asics*, Rn. 6.

sichtlich des Produkts des Lieferanten treten. In Anlehnung an die *Auto 24*-Entscheidung des Gerichtshofes[1043] wird man zunächst auch für § 1 GWB auch davon auszugehen haben, dass es sich bei der Beschränkung der Anzahl der Händler – im Gegensatz zur Auswahl der Händler anhand qualitativer Merkmale – um eine Wettbewerbsbeschränkung handelt, die nicht kraft Immanenztheorie vom Tatbestannd ausgenommen ist. Dies gilt jedoch nur dann, wenn dem Händler auch eine **Wiederverkaufsbeschränkung** auferlegt wird, d.h. diesem verboten wird, nicht an die Händler zu liefern, die vom Anbieter nicht zugelassen worden sind. In diesem Fall liegt nämlich bereits kein selektives Vertriebssystem vor. Es handelt sich (lediglich) um eine unilaterale Maßnahme, die anhand des Missbrauchsverbotes (Art. 102 AEUV bzw. §§ 19, 20 GWB) zu prüfen ist.[1044]

338 Allerdings wird die qualitative Selektion regelmäßig vom Kartellverbot freigestellt sein, soweit ein **Marktanteil von 30 %** nicht überschritten wird.[1045] Dies naturgemäß unter dem Vorbehalt, dass in der Vereinbarung zwischen Hersteller und Händler keine sonstigen Kernbeschränkungen (Art. 4 Vertikal-GVO) enthalten sind. Dies wurde im kürzlich erschienenen Zwischenbericht zur Sektoruntersuchung e-Commerce nochmals bestätigt.[1046] Unzutreffend und im eklatanten Widerspruch zur europäischen Rechtslage ist daher die Schlussfolgerung des Bundeskartellamtes in *Asics*, dass ein quantitatives Selektionskriterium im selektiven Vertriebssystem dieses bereits zu einer bezweckten Wettbewerbsbeschränkung macht, die niemals gruppenfreigestellt werden kann, sondern immer (der dann auch schwierigeren) Einzelfreistellung bedarf.[1047] Diese Schlussfolgerung weist systematische Lücken auf und lässt sich auch nicht unter Rückgriff auf *Pierre Fabre* konstruieren.

339 Auch im Anwendungsbereich von § 1 GWB hat fortzugelten, dass sowohl die Reinform der quantitativen Selektion, als auch die Mischform der Gruppenfreistellung zugänglich sind und von dieser bis zu 30 % erfasst werden. Denn nimmt man die Rechtsprechung des Gerichtshofes in *Cartes Bancaires* ernst, dass der Begriff der bezweckten Wettbewerbsbeschränkung »eng auszulegen ist«,[1048] dann ist kein Platz für diese Ansicht des Bundeskartellamtes. Es kann nicht richtig sein, dass dem Anbieter die ihm nach der Rechtsprechung aus-

---

1043 EuGH, 14.6.2012, C-158/11 – *Auto 24*. Siehe dazu *Beutelmann*, ZWeR 2013, 346.
1044 *Wegner/Johannsen*, in: KK-KartR, Art. 4 Vertikal-GVO, Rn. 149; *Wegner*, BB 2010, 1873.
1045 Siehe auch Vertikal-Leitlinien, Rn. 176. Bei der qualitativen Selektion fehlt es regelmäßig an einer Wettbewerbsbeschränkung.
1046 Europäische Kommission, 15.9.2016, SWD(2016) 312 final, Rn. 225.
1047 Vgl. dazu ausführlich *Spenner/Kiani*, NZKart 2016, 208, 210.
1048 EuGH, 11.9.2014, C-67/13 – *Cartes Bancaires*, Rn. 58.

drücklich zugestandene **Vertriebshoheit** wieder dadurch genommen wird, dass es ihm nicht einmal erlaubt ist, die Anzahl der Händler festzulegen. Wäre dies der Fall, würde man den Anbieter zwingen, den Vertrieb wieder zu internalisieren, indem die Händler in die wirtschaftliche Einheit eingebunden werden, z.B. durch Umstellung auf den Vertrieb über Handelsvertreter. Es bleibt zu hoffen, dass das OLG Düsseldorf oder der BGH in der Entscheidung über das gegen die Entscheidung des Bundeskartellamtes eingelegte Rechtsmittel eine diesbezügliche Klarstellung vornehmen und für Unternehmen wieder die Rechtssicherheit schaffen, (i) wo die Grenzen des Begriffes der bezweckten Wettbewerbsbeschränkung liegen und (ii) dass die Begrenzung der Händleranzahl ein zulässiges Selektionskriterium ist, welches insbesondere bei einem geringen Marktanteil keinen Einfluss auf den markeninternen Wettbewerb hat. Eine *theory of harm* ist in diesem Fall nämlich nicht erkennbar.

Dem Hersteller ist zuzugestehen, dasss er nach seinem Ermessen[1049] sein Vertriebssystem gestalten können muss, wie er es für sinnvoll und angemessen hält. Nur so kann der Anbieter, wie es das LG Nürnberg in der Sache *JPG »Le Male«* festgestellt hat, *»flexibel auf die jeweilige Marktsituation bzw. auf Marktveränderungen reagieren«*.[1050] Aber auch oberhalb der Marktanteilsschwelle von 30 % besteht die Möglichkeit, dass das quantitativ selektive Vertriebssystem freigestellt werden kann. Dies gilt vor allem dann, wenn die Selektion Effizienzvorteile mit sich bringt. Diese entstehen beispielsweise, wenn durch die Beschränkung der Händleranzahl für den jeweiligen Händler erst die Möglichkeit geschaffen wird, dass dieser seine Investitionen amortisieren kann.[1051]

340

Bis zu 30 % Marktanteil hat der Hersteller bzw. Lieferant zudem mehr Freiheiten hinsichtlich der Auswahl der Händler, als im qualitativen selektiven Vertrieb. Dies folgt insbesondere daraus, dass die Entscheidung, welche Händler vom Anbieter ausgewählt werden, **keiner (objektiven) Rechtfertigung** bedarf. Es besteht **keine Pflicht zur Gleichbehandlung**. Der Anbieter ist vor allem auch nicht verpflichtet, seine Auswahl der Händler offenzulegen. Ferner muss der Anbieter auch nicht darlegen, ob und warum er ggf. auch ein qualitatives selektives Vertriebssytem hätte aufsetzen können. Diesbezüglich besteht kein – wie auch immer geartetes – Vorrangverhältnis. **Umstritten** ist in-

341

1049 *Beutelmann* weist daraufhin, dass dieses Ermessen beim quantitativen Vertrieb nicht überprüfbar ist, da der Hersteller beliebig den numerus clausus absenken oder erhöhen kann, vgl. *Beutelmann*, ZWeR 2013, 346, 354.
1050 Siehe dazu LG Nürnberg, 16.4.2010, 4 HK O 2611/09 – *JPG »Le Male«*. Siehe dazu auch OLG Nürnberg, 4.10.2010, 1 U 1228/10 mit Anm. *Bonacker*, GRUR-Prax 2011, 157.
1051 Siehe dazu ausführlich *Wegner/Johannsen*, in: KK-KartR, Art. 4 Vertikal-GVO, Rn. 150 unter Verweis auf die Investionen im KfZ-Werkstattbereich.

des, ob ein Händler sich auch im quantitativen selektiven Vertrieb einen **Anspruch auf Belieferung** hat, der ihm umzweifelhaft grundsätzlich bei Erfüllung der Voraussetzungen im quantitativen selektiven Vertrieb zusteht.[1052] Ein Teil der Literatur geht da-von aus, dass auch im quantitativen selektiven Vertrieb ein Anspruch **besteht**.[1053] *Ende* sieht den Anspruch dann als gegeben an, wenn (i) die Anzahl der Händler noch nicht erschöpft ist bzw. (ii) das System in sich unzulässig ist. Eine andere Ansicht in der Literatur geht indes davon aus, dass kein Belieferungsanspruch besteht.[1054] Es sei gerade Sinn des Systems, dass der Hersteller die Anzahl steuern kann. Dem wohnt eine gewisse Willkür inne. Dem Hersteller steht es – wie ausgeführt auch zu – jederzeit die Selektion zu ändern. Dies schließe einen Anspruch systematisch aus. Eine Diskriminierung sei bereits nicht möglich.[1055] Es besteht **kein** Kontrahierungszwang.

IX. Zuliefervereinbarungen/»umgekehrte Preisbindung«

342   Inhalt einer Zuliefervereinbarung ist die Beauftragung eines Unternehmens durch den Auftraggeber, dass dieses Unternehmen, der Zulieferer, nach Weisung des Auftraggebers Erzeugnisse herstellt, Dienstleistungen verrichtet oder Arbeiten ausführt, die für den Auftraggeber bestimmt sind bzw. auf dessen Rechnung ausgeführt werden.[1056] Diese Vereinbarungen kommen in der Praxis im industriellen Bereich sehr häufig vor, vor allem zwischen Herstellern und Komponentenlieferanten. Bestimmte Vereinbarungen, die zwischen Auftraggeber und Zulieferer getroffen werden, fallen nach der **Immanenztheorie** bereits nicht unter den Tatbestand des § 1 GWB. Zulässig ist beispielsweise die zwischen Auftraggeber und Zulieferer getroffene Vereinbarung, dass der Zulieferer die vom Auftraggeber stammenden Kenntnisse oder Betriebsmittel **Dritten nicht zur Verfügung stellen** darf bzw. die mit der Hilfe der Kenntnisse und Betriebsmittel gefertigten **Produkte nur für den Auftraggeber** bestimmt sind. M.a.W. kann eine Alleinbelieferung vereinbart werden. Dies gilt jedoch nur, wenn die Kenntnisse und Betriebsmittel für die Auftragserfüllung **erforderlich bzw. notwendig** sind. Dies ist insbesondere dann der Fall, wenn der Zulieferer nicht über die Kenntnisse und Betriebsmittel verfügt und der Transfer des Know-Hows bzw. der Betriebsmittel diesen erst in die Lage versetzt, den Auftrag zu erfüllen. Dahinter steckt ein wenig der Markterschließungsgedanke. In diesem Fall agiert der Zulieferer lediglich als **verlängerte Werk-**

1052 Vgl. dazu ausführlich *Ende*, NZart 2013, 355 ff.
1053 So *Ende*, NZart 2013, 355, 363.
1054 *Bechtold*, NJW 2003, 3279, 3730; *Haslinger*, WRP 2007, 926, 927.
1055 Kritisch dazu *Harte-Bavendamm/Kreutzmann*, DB 2003, 682, 691.
1056 Vgl. dazu Rn. 1 der Bekanntmachung der Kommission vom 18.12.1978 über die Beurteilung von Zuliefervereinbarungen nach Art. 81 Abs. 1 EG, ABl 1979, C 1/2, kurz: **Zulieferbekanntmachung**. Siehe dazu *Hoffer/Innerhofer*, ÖBl 2011, 48 ff.

bank.[1057] In Fällen der »verlängerten Werkbank« besteht kein Bedürfnis, diese Sachverhalte dem Kartellverbot zu unterstellen. Auch nicht § 1 GWB unterfällt die »umgekehrte Preisbindung«, wenn z.B. der Hersteller seinen Lieferanten verpflichtet, zu einem bestimmten Preis bei einem vom Hersteller genannten Vorlieferanten seinerseits zu bestellen. Diese häufige Verpflichtung bei mehrstufigen Lieferbeziehungen fällt gerade **nicht** unter das Verbot der Preisbindung der zweiten Hand i.S.d. Vertikal-GVO.

X. Offene englische Klausel

Unter einer englischen Klausel ist in Anlehnung an Rn. 129 der Vertikal-Leitlinien eine Regelung zu verstehen, die – entgegen der Alleinbezugsverpflichtung – den Abnehmer zwar nicht verpflichtet alle Vertragsprodukte bzw. die Dienstleistung vom Anbieter zu beziehen, dieser aber verplichtet wird, dem Anbieter (i) das günstigere Angebot eines konkurrierenden Anbieters zu melden und (ii) dem Anbieter ein Eintrittsrecht gewähren.[1058] Eine englische Klausel kann daher als **gelockerte Alleinbezugsverpflichtung** angesehen werden.[1059] Bei der Ausgestaltung sind im Wesentlichen zwei unterschiedliche Typen von englischen Klauseln zu unterscheiden: Zum einen die sog. offenen englischen Klauseln, bei denen der Anbieter im Zuge der Meldung des Konkurrenzangebots nicht erfährt, wer das andere Angebot abgegeben hat, m.a.W. **Anonymität** gewahrt wird und nicht-offene englische Klauseln, bei denen der konkurrierende Anbieter offengelegt wird. Obgleich die Kommission in den Vertikal-Leitlinien englische Klauseln dem Wettbewerbsverbot annähert, indem ausgeführt wird, dass diese die gleiche Wirkung »haben dürften«, wie das Wettbewerbsverbot (Markenzwang), besteht m.E. Raum zu argumentieren, dass jedenfalls die offenen, wenn nicht auch die nicht-offenen englischen Klauseln, bereits **keine Wettbewerbsbeschränkung** darstellen.[1060] Dafür spricht, dass der konkurrierende Anbieter durch sein Angebot in unmittelbaren Preiswettbewerb zum bindenden Anbieter treten kann und dieser dann die Möglichkeit, nicht aber die Pflicht hat, in das Angebot einzusteigen. Zudem liegt gerade keine Verpflichtung, sondern lediglich ein optionales Eintrittsrecht des Lieferanten vor. Es kann nicht davon gesprochen werden, dass dem Abnehmer die Lieferantenquellen verstopft werden (*foreclosure effect*), da er frei darin bleibt, auch von anderen Lieferanten zu beziehen.

343

1057 So beispielsweise *Budde/Geks*, ZVertriebsR 2012, 37, 37.
1058 Vgl. dazu Rn. 129 Vertikal-Leitlinien; *Dallmann*, WRP 2005, 347, 347. Ausführlich zu englischen Klauseln *Lin*, Die sog. »englische Klausel« in Bezugsbindungsverträgen.
1059 *Dallmann*, WRP 2005, 347, 347. Kritischer *Wegner/Johannsen*, KK-KartR, Art. 5 Vertikal-GVO, Rn. 8 m.w.N.
1060 Dies auch für offene englische Klauseln erwägend *Dallmann*, WRP 2005, 347, 350 unter Verweis auf *Schultze/Pautke/Wagener*, Vertikal-GVO (2001), Rn. 78.

§ 1 GWB Verbot wettbewerbsbeschränkender Vereinbarungen

XI. Eigentumsrecht und Nutzungsrechte

344 Das zivilrechtliche Eigentum kann keine vertraglichen Wettbewerbsbeschränkungen »rechtfertigen«.[1061] Weder sind tatbestandliche Restriktionen geboten, noch eine Freistellung. Dies folgt bereits aus der grundsätzlichen Erwägung, dass eine Wettbewerbsordnung auf dem Privateigentum aufbaut und hierzu nicht im Widerspruch steht. Zudem ist der Ansatz überholt, wonach wettbewerbsrechtlich (stets) erlaubt sein müsse, was zivilrechtlich geboten ist. Damit ist das Zivilrecht permeabel gegenüber wettbewerblichen Wertungen. Konflikte zwischen dem Eigentumsrecht und § 1 GWB können hauptsächlich bei **vertikalen** Vereinbarungen entstehen. Im Typfall räumt der Eigentümer seinem Vertragspartner ein obligatorisches oder sachenrechtliches Nutzungsrecht ein und schreibt dem Berechtigten vor, wie er mit der überlassenen Sache zu verfahren hat. Denkbar ist eine derartige Konstellation auch beim Eigentumsvorbehalt. Wettbewerbsbeschränkungen in schuldrechtlichen Gebrauchsüberlassungsverträgen wie Miete, Pacht oder Leasing sind nicht nach § 2 Abs. 2 GWB i.V.m. Vertikal-GVO freistellungsfähig. Art. 1 lit. a, Art. 2 Abs. 1 Satz 1 Vertikal-GVO erfassen nur solche Vereinbarungen, die die Bedingungen regeln, zu denen die Vertragsparteien beziehen, verkaufen oder weiterverkaufen dürfen. Die Nutzungsüberlassung bleibt außen vor.[1062] Erlaubt sind Wettbewerbsbeschränkungen in einer Nutzungsüberlassung daher nur, wenn sie dem kartellrechtsneutralen Vertrag immanent sind. Hierfür genügt nicht der bloße Hinweis auf den Vertragstyp, sondern es ist darauf abzustellen, was Gegenstand der Nutzungsüberlassung ist. Danach ist auszurichten, ob eine Wettbewerbsbeschränkung **funktionsnotwendig** ist.

1. Eigentumsvorbehalt

345 Beim **Eigentumsvorbehalt** ist zu unterscheiden: Haben die Parteien einen verlängerten Eigentumsvorbehalt vereinbart, so ist diese Vereinbarung wettbewerbsrechtlich unbedenklich. Die Verpflichtung des Vorbehaltskäufers, die Sache nur gegen Abtretung der Forderung an den Drittkäufer zu veräußern, ist mit § 1 GWB vereinbar. Sie beschränkt weder die Abschluss- noch die Inhaltsfreiheit des Vorbehaltskäufers bei Verträgen mit Dritten.[1063] Umstritten und ungeklärt ist die Rechtslage beim **erweiterten** Eigentumsvorbehalt. Dieser verpflichtet den Vorbehaltskäufer dazu, die gekaufte Ware seinerseits nur

---

[1061] So deutlich: LKartB Bayern WuW/E DE-V 1548, 1550 – *Außenwerbeflächen*; außerdem: OLG Karlsruhe WuW/E OLG 3968 – *Apothekenpacht*; J. B. Nordemann, in: Loewenheim/Meessen/Riesenkampff, § 1 GWB Rn. 179.
[1062] Vertikal-Leitlinien, Rn. 26 zu Miet- und Leasingverträgen; J. B. Nordemann, in: Loewenheim/Meessen/Riesenkampff, § 1 GWB Rn. 164.
[1063] *J. B. Nordemann*, in: Loewenheim/Meessen/Riesenkampff, § 1 GWB Rn. 179; *Wolter*, in: FK-GWB, § 14 GWB (a.F.) Rn. 53; *Emmerich*, in: Immenga/Mestmäcker, 3. Aufl., § 14 GWB Rn. 41.

unter einem Eigentumsvorbehalt zu veräußern. Diese Abrede bestimmt, zu welchen Konditionen der Vorbehaltskäufer an einen Dritten weiter veräußern kann. Gleichwohl sieht die herrschende Lehre in derartigen Vereinbarungen keinen Verstoß gegen § 1 GWB: Sie sei deswegen gerechtfertigt, da der Käufer nur ein Anwartschaftsrecht habe und über fremdes Eigentum verfüge.[1064] Bereits zivilrechtsdogmatisch ist diese Ansicht schief. Das Anwartschaftsrecht ist ein dem Eigentum wesensgleiches Minus und über dieses könnte der Vorbehaltskäufer jederzeit als eigenes Recht verfügen. Deswegen obliegt auch ihm die Entscheidung, ob er die Vorbehaltssache unter Eigentumsvorbehalt weiterveräußert, da er dadurch letztlich nur ein weiteres Anwartschaftsrecht begründet. Auch vor der wettbewerblich fundierten Immanenztheorie hat die herrschende Ansicht keinen Bestand. Das Interesse des Vorbehaltsverkäufers als Eigentümer erschöpft sich darin, solange gesichert zu sein, wie der Vorbehaltskäufer noch nicht alle Raten gezahlt hat und sein Eigentum in der Insolvenz oder in der Zwangsvollstreckung gegen den Vorbehaltskäufer durchsetzen zu können. Dieses Interesse kann der Vorbehaltsverkäufer auch ohne einen weitergeleiteten Eigentumsvorbehalt durchsetzen.[1065] Zu folgen ist der herrschenden Ansicht jedoch in ihrer Beurteilung eines erweiterten Eigentumsvorbehalts. Danach hängt der Eigentumsübergang auf den Vorbehaltskäufer davon ab, dass dieser weitere Forderungen tilgt. Insbesondere als Konzernvorbehalt ist eine derartige Vereinbarung nach § 449 Abs. 3 BGB nichtig, da sie den Käufer übermäßig in seiner wirtschaftlichen Freiheit beschränkt.[1066] Ansonsten beschränken derartige Klauseln den Käufer nicht in seiner Inhaltsfreiheit für Zweitverträge, so dass § 1 GWB nicht einschlägig ist.[1067]

2. Schuldrechtliche Nutzungsrechte

Gleicht eine Nutzungsüberlassung funktional einem Kauf, so sind hierfür anerkannte immanente Grenzen auch auf die Nutzungsüberlassung übertragbar. Zu unterscheiden ist bei der Beurteilung zwischen Miet- und Pachtverträgen. Ein **Unternehmenspachtvertrag** (vgl. § 292 Abs. 1 Nr. 3 AktG) muss daher sicherstellen, dass der Pächter das überlassene Unternehmen auch tatsächlich nutzen kann. Während des Pachtvertrages sind daher **Wettbewerbsverbote** zu Lasten des Verpächters ebenso grundsätzlich zulässig wie nach

346

1064 *J. B. Nordemann*, in: Loewenheim/Meessen/Riesenkampff, § 1 GWB Rn. 179; *Rahlmeyer*, in: Martinek/Semler, Handbuch des Vertriebsrechts, § 25 Rn. 55; *Wolter*, in: FK-GWB, § 14 Rn. 54.
1065 Wie hier ohne nähere Begründung: *Emmerich*, in: Immenga/Mestmäcker, 3. Aufl., § 14 Rn. 41.
1066 Näher: *H.P. Westermann*, in: MünchKommBGB, § 449 Rn. 85 f.
1067 *J. B. Nordemann*, in: Loewenheim/Meessen/Riesenkampff, § 1 GWB Rn. 179.

§ 1 GWB Verbot wettbewerbsbeschränkender Vereinbarungen

Beendigung des Pachtvertrages.[1068] Inhaltlich müssen diese Wettbewerbsverbote sich allerdings den Maßstäben fügen, wie sie für Unternehmenskaufverträge entwickelt wurden (Rdn. 276 ff.).[1069] Jene müssen daher sachlich, räumlich und bei nachvertraglichen Wettbewerbsverboten auch zeitlich angemessen sein. Bei Unternehmenspachtverträgen entscheidet das schutzwürdige Interesse des (vormaligen) Pächters, welche Dauer statthaft ist.[1070] Dieses zu ermitteln und daraus die Dauer des Wettbewerbsverbots abzuleiten, sind tatrichterliche Fragen. Wie bei Unternehmenskaufverträgen kann man sich jedoch an einer Grenze von zwei bis drei Jahren orientieren. Für Pachtverträge ist die Grenze regelmäßig sogar bei **zwei Jahren** zu ziehen. Nach Ablauf dieser Frist haben sich die vormaligen Bindungen meist so gelockert, dass ein Zusammenhang mit dem ehemals zu schützenden Betrieb nicht mehr hergestellt werden kann.[1071] Darüber hinaus rechtfertigen weder das Nutzungsinteresse als solches oder das Eigentum des Überlassenden eine Wettbewerbsbeschränkung. Vielmehr setzt sich hier die wettbewerbliche Fundierung der Immanenztheorie durch. Es kommt nicht darauf an, was zivilrechtlich geboten ist, sondern nur darauf, ob die Nutzungsüberlassung als solche kartellrechtsneutral ist und zu deren Durchführung ein Wettbewerbsverbot zwingend erforderlich ist.

347 Nachdem der BGH mit überzeugenden Gründen das Dogma von den anerkennenswerten Interessen aufgegeben hat (Rdn. 275), ist es mit § 1 GWB unvereinbar, wenn in einem gewerblichen Miet- oder Pachtvertrag Wettbewerbsverbote zu Lasten der Parteien vereinbart werden. Sofern kein Unternehmen verpachtet wird, ist ein Wettbewerbsverbot auch nicht funktionsnotwendig für einen Mietvertrag. Die Nutzungsüberlassung von Gütern oder Grundstücken ist auch ohne Wettbewerbsverbot möglich, während eine Unternehmenspacht ohne Wettbewerbsverbot sinnlos ist. Die bisherige Entscheidungspraxis zu Wettbewerbsverboten in Überlassungsverträgen ist daher teilweise in der Begründung zu revidieren und teilweise auch im Ergebnis. **Wettbewerbsverbote zu Gunsten des Vermieters sind** regelmäßig nicht funktionsnotwendig. Vermietet ein Eigentümer Werbeflächen an ein Außenwerbunternehmen, so darf er diesem nicht verbieten, diese Werbeflächen seinen – des Eigentümers – Konkurrenten zur Verfügung zu stellen.[1072] Das Interesse des Eigentümers beschränkt sich bei einem Mietvertrag darauf, dass der Mieter die gesetzestypischen Pflichten einhält. Nicht funktionsnotwendig ist daher auch das Ver-

---

1068 Zu letzteren siehe OLG Karlsruhe WuW/E OLG 3968 – *Apothekenpacht*.
1069 *J. B. Nordemann*, in: Loewenheim/Meessen/Riesenkampff, § 1 GWB Rn. 164 a.E.
1070 OLG Karlsruhe WuW/E OLG 3968 – *Apothekenpacht*.
1071 LG Berlin, 22.9.2009, 65 S 52/09 (Pachtvertrag); a.A. noch OLG Stuttgart, NJW 1978, 2340 und OLG Celle, NJW-RR 1990, 974, die noch ein nachvertragliches Wettbewerbsverbot von drei Jahren für zulässig anerkannt haben.
1072 LKartB Bayern WuW/E DE-V 1548, 1550 – *Außenwerbeflächen*.

bot in einem Mietvertrag über Musiknoten, wonach der Mieter die überlassenen Noten nicht für Tonaufnahmen verwenden darf. Vertragsgemäß darf das Material für eine Aufführung des Musikwerkes genutzt werden. Zur Durchführung des Mietvertrages ist es jedoch nicht zwingend erforderlich, dass der Vermieter vorschreibt, wie der Mieter die Aufnahme nach der Aufführung zu verwenden hat.[1073] Die beschriebenen Grundsätze gelten auch für Pachtverträge. Immanent sind Wettbewerbsverbote nur, wenn anderenfalls die kartellrechtsneutrale Nutzung der verpachteten Sache unmöglich ist. Dabei wird es sich indes um Ausnahmefälle handeln. In jedem Fall sind jedoch **nachvertragliche** Wettbewerbsverbote in Mietverträgen mit § 1 GWB unvereinbar. Nach der Beendigung des Mietvertrages besteht erst Recht kein Bedürfnis, den Hauptzweck des Vertrages zu sichern, da sich dieser schlichtweg erledigt hat.[1074]

3. Konkurrenzschutzklauseln in Miet- und Pachtverträgen

Bei Konkurrenzschutzklauseln in Miet- und Pachtverträgen ist zwischen solchen i.e.S. und solchen i.w.S. zu unterscheiden. Bei **Konkurrenzschutzklauseln i.e.S.** wird dem Vermieter expressis verbis verboten, an einen anderen Mieter, z.B. im selben Einkaufszentrum, zu vermieten. Dem gleichzustellen ist eine Klausel, die die Vermietung an einen anderen Mieter von der Zustimmung des bereits vorhandenen Mieters abhängig macht. Das Zustimmungserfordernis kommt faktisch einem Verbot gleich, da der Mieter die Zustimmung bei »unliebsamer Konkurrenz« wohl niemals erteilen wird. **Konkurrenzschutzklauseln i.w.S.** sind solche, bei denen der Mieter dem Vermieter zwar nicht die Vermietung untersagt, sich aber auf andere Art und Weise Einflussrechte bei der Auswahl anderer Mieter sichert. 348

Hinsichtlich der **Konkurrenzschutzklauseln i.e.S.** ist die Rechtsprechung noch eher uneinheitlich. So soll es nach einer älteren obergerichtlichen Entscheidung zulässig sein, wenn in einem gewerblichen Mietvertrag dem Vermieter ein Verbot auferlegt wird, an Konkurrenten des Mieters im selben Haus zu vermieten. Dies sei zur Durchführung des Mietvertrages notwendig, da anderenfalls die benachbarte Konkurrenz dem Mieter ernstlich schaden würde.[1075] Das ist in dieser apodiktischen Art und Weise abzulehnen, ob- 349

1073 So jedoch Ziff. 10c des Muster-Materialmietrevers des Deutschen Musikverlegerverbands. Wie hier: *Hillig/Blechschmidt*, ZUM 2005, 505, 511 unter Verweis auf BKartA TB 1963, BT-Drucks. IV/2370, S. 56; unentschieden: *J. B. Nordemann*, in: Loewenheim/Meessen/Riesenkampff, § 1 GWB Rn. 164.
1074 OLG Stuttgart WuW/E OLG 3965 – *Marienapotheke*; s.a. *J. B. Nordemann*, in: Loewenheim/Meessen/Riesenkampff, § 1 GWB Rn. 164.
1075 OLG Frankfurt/M WuW/E OLG 4488, 4490 – *Konkurrenzschutz im selben Haus*.

§ 1 GWB *Verbot wettbewerbsbeschränkender Vereinbarungen*

gleich das Bedürfnis durchaus nachvollziehbar und kartellrechtlich schützenswert ist. Wenn ein Mietvertrag ein derartiges Verbot vorsieht, schmälert er dadurch die Auswahlmöglichkeiten des Verbrauchers. Dies kollidiert mit dem (auch) durch § 1 GWB bezweckten Verbraucherschutz. Es mag misslich für den Mieter sein, wenn er ohne ein Vermietungsverbot an Konkurrenten Verluste erleidet oder befürchten muss. Indes sind **enttäuschte Gewinnerwartungen** oder Gewinneinbußen im Ausgangspunt keine Umstände, die eine zwingende Notwendigkeit eines Vermietungsverbots bzw. eines Zustimmungsvorbehaltes rechtfertigen.

350 Diese Wertung bestätigt der Vergleich zu Wettbewerbsverboten in Unternehmenskauf- oder Pachtverträgen. Hier ist ein Wettbewerbsverbot zwingend erforderlich und mit § 1 GWB vereinbar, da anderenfalls die vertragstypische Hauptleistung unerfüllbar ist. Gerade dies ist bei einfachen Mietverträgen nicht der Fall. Die hier entwickelte Ansicht deckt sich teilweise mit der Rechtsprechung zu den bekannten »Schilderprägerfällen.« Ein marktbeherrschender Vermieter darf danach maximal bis zu einem Zeitpunkt von **fünf Jahren** Mietverträge abschließen, wenn das Angebot an Mieträumen beschränkt ist. Anderenfalls werden die Wettbewerber des Mieters unbillig behindert, da vom Marktzutritt ausgeschlossen.[1076] Daraus lässt sich immerhin ableiten, dass ein marktbeherrschender Vermieter kein generelles Vermietungsverbot vereinbaren darf, da er dadurch die Konkurrenten des Mieters vom Markt ausschließt.[1077] In den Schilderprägerfällen waren deswegen die Mietverträge öffentlich auszuschreiben.[1078] Ein allgemeiner **Schutz vor Konkurrenz** ist somit in kartellrechtskonformer Weise **nicht möglich**. Allerdings ist auf der anderen Seite aber auch anzuerkennen, dass Konkurrenzschutzklauseln in gewerblichen Mietverträgen entscheidend dafür sind, dass die Unternehmen bereit sind, die Verträge abzuschließen.[1079]

351 Eine andere Frage ist, ob ein solches Vermietungsverbot bzw. ein Zustimmungserfordernis als bezweckte oder bewirkte Wettbewerbsbeschränkung einzuordnen wäre. Mit dieser Frage hat sich kürzlich der EuGH in eine Vorlageentscheidung des Obersten Gerichtshofes aus Lettland in der Sache *Maxi-*

1076 BGH WuW/E DE-R 1099, 1101 – *Konkurrenzschutz für Schilderpräger*; WuW/E DE-R 1003 – *Kommunaler Schilderprägebetrieb*; OLG Saarbrücken WuW/E DE-R 2025, 2027 f. – *Mietvertrag für Schilderpräger*.
1077 So im Ergebnis auch *J. B. Nordemann*, in: Loewenheim/Meessen/Riesenkampff, § 1 GWB Rn. 164.
1078 Siehe zu den Rahmenbedingungen der öffentlichen Ausschreibung der Schilderprägerverträge ua OLG Karlsruhe WuW/DE-R 4668.
1079 Zur Bedeutung von Konkurrenzschutzklauseln und zu den Fallstricken aus zivilrechtlicher Sicht siehe ausführlich *Opree/Reinhard*, NZM 2013, 16.

ma Latvija beschäftigt.[1080] Im zugrundeliegenden Fall hatte der LEH *Maxima Latvija* mit mehreren Betreibern von Einkaufszentren Mietverträge abgeschlossen, die den Abschluss weiterer Mietverträge durch die Betreiber der Einkaufszentren, z.B. mit Konkurrenten, davon abhängig machten, dass *Maxima Latvija* die Zustimmung erteilt. Der EuGH entschied, dass das Zustimmungserfordernis **keine bezweckte Wettbewerbsbeschränkung** darstelle.[1081] Das Erfordernis schränke zwar den Zugang weiterer Wettbewerber ein, die Klausel sei aber nicht bereits wesensmäßig schädlich für das Funktionieren des Wettbewerbs. Vielmehr läge eine bewirkte Wettbewerbsbeschränkung vor, die eine Prüfung im Einzelfall, z.B. anhand der Verfügbarkeit und Zugänglichkeit des Gewerbegrundes bzw. anhand wirtschaftlicher, administrativer oder rechtlicher Hindernisse, erfordere. Die Entscheidung des Gerichtshofes verdient Zuspruch und sollte auch Leitlinie bei der Anwendung von § 1 GWB sein. Der Anwendungsbereich von bezweckten Wettbewerbsbeschränkungen sollte auf die schlechterdings wettbewerblich schädlichen Verhaltensweisen beschränkt bleiben.[1082] Die Berufung auf eine bezweckte Wettbewerbsbeschränkung sollte **nicht zum Allheilmittel** der Wettbewerbsbehörden werden, wenn es um den Nachweis der Wettbewerbsbeschränkung geht. Schutzgut ist der Wettbewerb. Die Kategorie der bezweckten Wettbewerbsbeschränkung ist – ohne dass dies aus dem Wortlaut direkt hervorgehe – als Ausnahmefall konzipiert. Im Verhältnis zur bewirkten Wettbewerbsbeschränkung ist sie die Ausnahme und die bewirkte Wettbewerbsbeschränkung die Regel. Wichtig ist diese Einordnung u.a. für die Frage der Spürbarkeit. Denn folgt man der Rechtsprechung in Folge von *Expedia*,[1083] ist eine **bezweckte Wettbewerbsbeschränkung immer spürbar**.

4. Sachenrechtliche Nutzungsrechte

Wettbewerbsbeschränkende **Dienstbarkeiten** sind nach wie vor verbreitet in der Energie- und Mineralölwirtschaft und werden außerdem bei Bierlieferverträgen sowie in der Bauwirtschaft vereinbart. Die dem dinglichen Nutzungsrecht zugrunde liegenden obligatorischen Verträge unterliegen der zivilrechtlichen Inhaltskontrolle nach §§ 134, 138 BGB. Anwendbar hierauf sind außerdem §§ 1, 2 GWB. Ist das schuldrechtliche Grundgeschäft nach §§ 134, 138 BGB nichtig, so berührt dies nach der neueren Rechtsprechung des BGH nicht die Dienstbarkeit. So hat der BGH eine 30jährige ausschließliche Be-

---

1080 EuGH, 26.11.2015, C-345/14 – *Maxima Latvija*. Die identische Frage ist gerade auch in Österreich bei den Kartellgerichten anhängig. Eine Entscheidung ist demnächst zu erwarten.
1081 EuGH, 26.11.2015, C-345/14 – *Maxima Latvija*, Rn. 24.
1082 Siehe zum Begriff der bezweckten Wettbewerbsbeschränkung in der jüngeren Rechtsprechung auch *Fiebig*, WuW 2015, 462–479.
1083 EuGH WuW/E EU-R 2638 – *Expedia*.

§ 1 GWB *Verbot wettbewerbsbeschränkender Vereinbarungen*

zugsverpflichtung für Bier für sittenwidrig erklärt, hielt jedoch die darauf aufbauende Dienstbarkeit für wirksam, da diese abstrakt sei.[1084] Unausgesprochen ist, ob der Verstoß gegen § 1 GWB auf die Dienstbarkeit durchschlägt.[1085] Die primärrechtskonforme Auslegung zu Art. 101 EG spricht dafür. In der *Courage*-Entscheidung hat der EuGH den Mitgliedstaaten aufgegeben, für eine effektive Durchsetzung des Kartellverbots zu sorgen, die durchaus als Gesamtnichtigkeit von schuldrechtlichem Geschäft und dinglichem Vollzug verstanden werden kann. Soweit sich die Zivilrechtswissenschaft hiermit beschäftigt hat, versucht man die Kartellrechtsimmunität von Dienstbarkeiten damit zu rechtfertigen, dass man durch das Kartellrecht keine anerkannten zivilrechtlichen Typen schleifen dürfe.[1086] Abgesehen davon ist dem europäischen Recht das Trennungs- und Abstraktionsprinzip fremd.[1087] so dass die Anwendbarkeit des § 1 GWB bzw. Art. 101 AEUV nur von der Frage abhängt, welche Rechtsgeschäfte eine Wettbewerbsbeschränkung zeitigen.

XII. Drei-Stufen-Test im Sportsektor

353 Wie bereits im Zuge der Darstellung des Unternehmensbegriffs gezeigt wurde (vgl. Rdn. 103 ff.), führt die Verbindung einer Tätigkeit zum Sport nicht dazu, dass § 1 GWB nicht anwendbar ist; jedoch sind dessen Besonderheiten z.B. im *Walrave-Dona Test* zu würdigen. Allerdings unterscheidet sich der sportliche Wettbewerb wie gezeigt in einigen Aspekten vom allgemeinen wirtschaftlichen Wettbewerb.[1088] Zum einen hätten die in der Profiliga tätigen

---

1084 BGH NJW 1988, 2364; NJW-RR 1989, 519; WM 1992, 519; anders noch MDR 79, 922; BGH NJW 1979, 2149, 2150; NJW 1981, 343, 344; OLG Karlsruhe NJW-RR 1987, 1419.
1085 Immerhin scheint BGH WuW/E BGH 2158, 2160 – *Anschlussvertrag* einer Gesamtbetrachtung zuzuneigen.
1086 *Münch*, ZHR 157 (1993), 559, 595–597. Siehe auch *Amann*, DNotZ 1986, 578, 583 wonach das Kartellrecht unanwendbar sei, da es das Sachenrecht mit einem ständigen Wandel überladen würde. Die Kommentierung sieht davon ab, auf dieses Argument zu replizieren.
1087 So bereits *Füller*, Eigenständiges Sachenrecht?, S. 510. A.A. *Bormann*, S. 237, wonach das Subsidiaritätsprinzip und Art. 345 AEUV es geböte, die Nichtigkeitsfolge nur auf das schuldrechtliche Geschäft anzuwenden. Das ist abzulehnen. Das Subsidiaritätsprinzip beschränkt nur bestehende Kompetenzen und enthält außerdem keine Auslegungsregel, näher: *Füller*, a.a.O., S. 510 Fn. 460.
1088 Schlussanträge Generalanwalt (GA) Lenz, 20.9.1995, C-415/93, Slg. 95, 4921 Nr. 227 ff., 270 – *Bosman*; vgl. hierzu auch Commission Staff Working Document, View and Sport: Background and Context, Accompanying Document to the White Paper on Sport, COM (2007) 391 final, S. 35 ff.; Mitteilung der Kommission vom 18.1.2011. Zur Entwicklung der Europäischen Dimension des Sports – KOMM (2011) 12, endg., S. 13 (»Sonderstellung des Sports«); *Wlask*, Die Anwendung des Single-Entity-Theorie im professionellen Fußball, 2006, S. 71 ff.; *Heermann*, WRP 2015, 1047, 1048.

Vereine grundsätzlich nicht das Ziel, ihre Konkurrenten auf dem Markt – wie im allgemeinen wirtschaftlichen Wettbewerb im Rahmen des Verdrängungswettbewerbs – auszuschalten. Dies liegt u.a. daran begründet, dass der wirtschaftliche Gesamterfolg z.B. im Zuge der Vermarktung der Medienrechte der Liga nicht zuletzt davon abhängt, dass zwischen den Klubs – wenn auch nur gewisses – Gleichgewicht innerhalb der Liga herrscht. Dies lässt sich z.B. an der spanischen Liga im Vergleich zur deutschen Bundesliga realtiv gut kennzeichnen, dass es in der spanischen Liga dort nur wenige Vereine gibt, die aufgrund der Vermarktungsregelungen und der Einnahmenumverteilung in der Liga besonders erfolgreich sind und dementsprechend attraktive Spieler einkaufen können und dadurch ein großer Marktanteilsabstand zu den anderen Vereinen besteht. Anders verhält es sich trotz Dominanz des FC Bayerns und des BVB z.B. in der deutschen Fußballbundesliga. Dort gibt es aufgrund der Einnahmenumverteilung ein stärkeres Gleichgewicht zwischen den Bundesligisten.

Diese Besonderheiten des sportlichen Wettbewerbs gegenüber dem wirtschaftlichen Wettbewerb sind auch im rechtswissenschaftlichen Schrifttum grundsätzlich auf Zustimmung gestoßen.[1089] Einigkeit besteht darüber, dass den vorstehend genannten Besonderheiten des Sports im Rahmen des Kartellverbotstatbestands Rechnung zu tragen ist. Uneinigkeit besteht aber dahingehend, ob dies im Rahmen einer **tatbestandsimmanenten Restriktion** bzw. Konkretisierung des Tatbestandsmerkmals der Wettbewerbsbeschränkung im Sinne von § 1 GWB[1090] erfolgen soll oder es sich beim Sport um einen zusätzlichen, **außergesetzlichen Rechtfertigungstatbestand**[1091] handelt. Überzeugend erscheint, den Besonderheiten des Sportsektors bereits im Rahmen des Tatbestands im Wege einer Restriktion nach der Immanenztheorie Rechnung zu tragen. Für diese Tatbestandsrestriktion lässt sich beispielsweise der Gedanke der Arbeitsgemeinschaft fruchtbar machen. Voraussetzung dafür ist, dass die Zusammenarbeit z.B. zwischen den Ligamitgliedern notwendig ist, um überhaupt am Wettbewerb teilnehmen zu können.[1092] Entscheidend ist, dass die diesbezügliche Koordination allerdings auf das zur Durchführung

354

1089 *Grätz*, Missbrauch der marktbeherrschenden Stellung durch Sportverbände – eine rechtsvergleichende Untersuchung des europäischen, deutschen und schweizerischen Missbrauchsverbots, 2009, S. 249–252; *Heermann*, ZWeR 2009, 472, 474; *ders.*, WRP 2015, 1047, 1049.
1090 In diese Richtung tendenziell *Heermann*, WRP 2015, 1172, 1174. *Heermann* bezeichnet den Drei-Stufen-Test an anderer Stelle als »tatbestandsimmanenten Rechtfertigungsgrund«, vgl. NZKart 2015, 128, 131.
1091 *Kretschmer*, Die Verwertung von Persönlichkeitsrechten im Profisport – eine rechtliche Analyse sogenannter Vermarktungsklauseln, 2015, 5. Kapitel C II 1.C.
1092 *Emmerich*, in: Immenga/Mestmäcker, Art. 1 Abs. 1 AEUV, Rn. 123; *Heermann*, WRP 2015, 1172, 1179.

des von der Arbeitsgemeinschaft verfolgten Projektes notwendige Maß beschränkt wird.[1093]

355 Ob eine Ausnahme vom Kartellverbot möglich ist, sollte im Anwendungsbereich des § 1 GWB in Anlehnung an die Entscheidung des Gerichtshofes in der Rs. *Meca-Medina* bestimmt werden.[1094] Gegenstand der Entscheidung war eine Beschwerde auf Feststellung der Unvereinbarkeit bestimmter, vom Internationalen Olympischen Komitee (IOC) und vom Internationalen Schwimmverband (FINA) vorgesehener Dopingkontrollregulungen, mit dem Grundfreiheiten und dem Kartellverbot. In dieser Entscheidung hat der Gerichtshof für die Frage, ob es sich im Sportsektor um eine Wettbewerbsbeschränkung handelt, den sogenannten **Dreistufentest** etabliert. Demzufolge ist zu prüfen, (i) in welchem Gesamtzusammenhang der (wettbewerbsbeschränkende) Beschluss eines Sportverbandes zustande gekommen ist, oder welche Wirkung dieser entfaltet, mit anderen Worten, ob der Beschluss eine legitime Zielsetzung verfolgt, (ii) ob die wettbewerbsbeschränkenden Wirkungen notwendig mit der Verfolgung dieser legitimen Zielsetzung zusammenhängen, und (iii) ob die mit dem Beschluss verbundenen wettbewerbsbeschränkenden Wirkungen ihrerseits verhältnismäßig sind, d.h. insbesondere angemessen im Hinblick auf die verfolgten legitimen Zielsetzungen.[1095] Die vorstehend genannten Voraussetzungen müssen **kumulativ** erfüllt sein.

356 Zunächst ist festzustellen, dass kein Katalog für die Verbände besteht, aus denen sich etwaige legitime Zielsetzungen im Allgemeinen ergeben (können). Dies ist auch insoweit nicht notwendig, da sich immer erst im Einzelfall ermitteln lässt, ob eine Zielsetzung für den konkreten Verband auch legitim ist. Als legitim sind im Allgemeinen solche Verbandsregelungen zu betrachten, die die Organisation des Verbandes sowie die ordnungsgemäße Durchführung des Wettkampfsports als solche betreffen, da die diesbezügliche Zielsetzung im primären Aufgabenbereich (m.a.W. im Kernbereich) des Verbandes liegt. Allerdings verfolgen Verbände zugleich oftmals auch oft wirtschaftliche Zielsetzungen, weswegen die Abgrenzungsfrage schwierig zu beantworten ist, ob es sich um eine primär dem eigentlichen Verbandszweck dienende Zielsetzung oder mehr um eine wirtschaftliche Zielsetzung handelt. Eine Anlehnung an die Abgrenzung beim Unternehmensbegriff erscheint insoweit geboten. Allgemein lässt sich dies in der Form abgrenzen, dass man eher dann eine legitime Zielsetzung annimmt, je **enger** der **Zusammenhang** zwischen

---

[1093] *Blask*, Die Anwendung der Single Entity Theorie im professionellen Fußball, 2006, S. 191; *Heermann*, ZWeR 2009, 472, 485; *ders.*, WRP 2015, 1172, 1179.
[1094] EuGH WuW/E EU-R 1493 – *Meca-Medina*, Rn. 42; EuGH WuW/E EU-R 533 – *Wouters*, Rn. 97.
[1095] EuGH, WuW/E EU-R 1493 – *Meca-Medina*, Rn. 27; ausführlich dazu *Heermann*, WuW 2009, 394 ff.

einer **Verbandsregelung** und der **Organisation des Wettkampfes** bzw. der Durchführung ist, und je weiter der Zusammenhang ist, desto eher eine primäre oder sekundäre Zielsetzung vorliegt. Selbst wenn indes eine primäre wirtschaftliche Zielsetzung vorliegt, ist eine Ausnahme vom Kartellverbot nicht per se ausgeschlossen. Allerdings ist in diesem Fall eine umfassende Interessenabwägung auf zweiter Stufe bzw. eine intensive Verhältnismäßigkeitsprüfung auf dritter Stufe erforderlich. Im Fall *Meca-Medina* gelangte der Gerichtshof zu der Überzeugung, dass die streitige Anti-Doping-Regelung durch einen legitimen Zweck gerechtfertigt sei, da diese Beschränkung untrennbar mit der Organisation und dem ordnungsgemäßen Ablauf des sportlichen Wettkampfs verbunden ist und dazu diene, einen fairen Wettbewerb zwischen den Sportlern zu gewährleisten.[1096] Als ein legitimes Ziel wird beispielsweise auch die Wahrung der finanziellen Stabilität und Leistungsfähigkeit eines Sportverbandes bewertet, weswegen in Übereinstimmung mit *Heermann* ebenfalls davon auszugehen ist, dass die Vermarktungsregelungen als legitim eingestuft werden können.[1097] Nicht gedeckt von der Verbandsautonomie und somit nicht vom Kartellverbot ausgenommen sind allerdings die Verfolgung primärer wirtschaftlicher Ziele gegenüber Nichtmitgliedern (Dritten), da insoweit keine Deckung durch die Verbandsautonomie vorliegt.[1098]

Auf der **zweiten Stufe** ist sodann zu prüfen, ob die wettbewerbsbeschränkenden Wirkungen notwendig mit der Verfolgung der zuvor ermittelten legitimen Ziele zusammenhängen. Dabei sind an die Erfüllung des Merkmals der Notwendigkeit **keine erhöhten Anforderungen** zu stellen. Es ist lediglich zu prüfen, ob die aus der Verfolgung der legitimen Ziele resultierende wettbewerbsbeschränkenden Wirkungen untrennbar mit der Zweckverfolgung zusammenhängen und somit »gleichsam in der Natur der Sache liegen«.[1099] Im Anschluss ist dann im Rahmen der **dritten Stufe** zu prüfen, ob die aus der Verfolgung der legitimen Zielsetzung resultierende wettbewerbsbeschränkende Wirkung zur Erreichung des legitimen Ziels geeignet ist und nicht über das hinausgeht, was zu deren Erreichung erforderlich und angemessen ist.[1100] Dabei ist ein objektiver Maßstab anzulegen. Eine dem Verband auf der ersten

357

1096 EuGH WuW/E EU-R 1493 – *Meca-Medina*, Rn. 45; siehe dazu auch ausführlich *Heermann*, causa Sport 3/2006, 345, 346 ff.
1097 *Heermann*, WRP 2015, 1172, 1174.
1098 *Kretschmer*, Die Verwertung von Persönlichkeitsrechten im Profisport – Eine rechtliche Analyse sogenannter Vermarktungsklauseln, 2015, dritt. Kap. A.I. und fünf. Kap. C.II.1.C.1).
1099 *Kretschmer*, Die Verwertung von Persönlichkeitsrechten im Profisport – Eine rechtliche Analyse sogenannter Vermarktungsklauseln, 2015, fünf. Kap. C.II.1.C.1); *Heermann*, WRP 2015, 1172, 1175.
1100 *Grätz*, Missbrauch der marktbeherrschenden Stellung durch Sportverbände – eine rechtsvergleichende Untersuchung des europäischen, deutschen und schweizerischen Missbrauchsverbots, 2009, S. 259–264.

Stufe im Rahmen der legitimen Zielsetzung zukommenden Einschätzungsprärogative ist im Rahmen der Verhältnismäßigkeitsprüfung abzulehnen.[1101]

XIII. Vergleiche und Schiedssprüche

1. Wettbewerbsbeschränkende Vergleiche/pay-for delay agreements

358 Gerichtliche und außergerichtliche Vergleiche **können** eine wettbewerbsbeschränkende Vereinbarung zwischen den Vertragsparteien darstellen.[1102] Im Grundsatz ist ein Vergleich aber erstmal kartellrechtsneutral. Anerkannt ist, dass ein Vergleich dann vom Kartellverbot ausgenommen sein kann, wenn mit ihm ein bestehender Streit oder die Ungewissheit darüber ausgeräumt wird, »ob der Vertragspartner die in Frage stehenden Leistungen überhaupt rechtmäßig auf dem Markt anbieten darf und seinem Vorgehen ein Abwehr-(Unterlassungs-)anspruch des anderen Vertragsbeteiligten entgegensteht.«[1103] Da dem Vergleich aber eine Einigung und ein gegenseitiges Nachgeben begriffsimmanent sind, liegt der Vergleich an der Grenzlinie zwischen zulässiger Handlung und unzulässigem Verzicht auf eine andernfalls getätigte Wettbewerbshandlung. Im Kern ist der Vergleich jedenfalls dann kartellrechtsimmun, wenn dieser der reinen Beendigung eines anhängigen bzw. rechtshängigen Rechtsstreits dient. Eine andere Bewertung könnte jedoch angezeigt sein, wenn sich eine der Vertragsparteien im Vergleichswege gegenüber der anderen dazu verpflichtet, eine bestimmte Wettbewerbshandlung zu unterlassen.[1104] Der Begriff der Wettbewerbshandlung ist weit zu verstehen. Erfasst sind alle wettbewerblichen Handlungen, die aufgrund des Vergleiches im Vorhinein oder aufgrund des Vergleiches unterlassen werden. Der Vergleich bildet in manchen Konstellationen nur die äußere verfahrensrechtliche Hülle für die Wettbewerbsbeschränkung. Einen dieser Anwendungsfälle bildet der **Abkauf von Wettbewerb** (vgl. Rdn. 282). Diese vielgestaltige Fallgruppe kann auch im Rahmen von Vergleichen relevant werden, z.B. bei einem Vergleich in einem Vergabenachprüfungsverfahren.[1105] Weiter lassen sich unter der Überschrift auch **pay-**

1101 *Heermann*, WRP 2015, 1172, 1175.
1102 Zutreffend weisen *Jansen/Johannsen* (EuZW 2012, 893) daher daraufhin, dass auch die Doppelnatur des Prozessvergleichs keine andere Einordnung gebietet. Der Umstand, dass der Vergleich auch Prozesshandlung ist, entzieht diesen nicht dem Kartellverbot.
1103 BGHZ 65, 147; dies hervorhebend *Dreher/Glöckle*, NZBau 2015, 529, 534.
1104 So auch *Zimmer*, in: Immenga/Mestmäcker, § 1 Rn. 161; *Conrad*, ZfBR 2014, 658, 663. Siehe auch *Rittwage*, NZBau 2007, 484 ff.
1105 BKartA, Fallbericht vom 25.2.2011, B9-1/10-68 – *DB Regio/Abelio Rail*; siehe dazu *Bischke/Milde*, NZG 2011, 424. Die Fallgruppe des Abkaufs von Wettbewerb erlangt zunehmend mehr Bedeutung in der Entscheidungspraxis des BKartA, siehe dazu jüngst BKartA, Pressemitteilung vom 8.12.2015 bzgl. der

for-delay agreements erfassen.[1106] Die Kommission verhängte in drei Entscheidungen im Pharabereich beispielsweise Bußgelder dafür, dass ehemalige Patentinhaber mit Generikaherstellern Vergleiche über Schutzrechtsverletzungen geschlossen haben und für den Abschluss des Vergleichs von den Patentinhabern eine Geldzahlung erhalten haben.[1107] Sinn und Zweck dieser Vereinbarung war es, die Generikahersteller vom Eintritt in den nach Ablauf des Immaterialgüterrechts nunmehr »freien Markt« abzuhalten. Nach der strengen Entscheidungspraxis der Kommission stellt die **erhebliche** und bewusste Gegenleistung des Schutzrechtsinhabers für den Nicht-Wettbewerb (m.a.W. für das Wettbewerbsverbot) durch den Generikahersteller, eine **bezweckte Wettbewerbsbeschränkung** dar.

Der wettbewerbsrechtliche Anknüpfungspunkt reicht über den zivilrechtlichen Vergleichsbegriff hinaus. So ist § 1 GWB bereits anwendbar, wenn nur eine der Parteien in ihrer wirtschaftlichen Freiheit beschränkt wird, mithin einseitig nachgibt.[1108] Unerheblich ist außerdem, ob der Vergleich eine horizontale oder eine vertikale Vereinbarung darstellt. In neuerer Zeit ist die Diskussion in Fluss geraten, ob und wann wettbewerbsbeschränkende Vergleiche vom Kartellverbot ausgenommen sind. Die Grundsatzentscheidung des BGH aus dem Jahre 1976 betont einerseits, dass ein Vergleich wie jeder Vertrag die Schranken aus § 1 GWB zu beachten hat. Ein Vergleich soll nicht »Deckmantel« für eine wettbewerbsbeschränkende Vereinbarung zwischen verschiedenen Parteien sein. Maßgeblich ist deshalb insoweit der **materielle Gehalt** des Vergleichs. Allerdings sind die durch diese Vorschrift geschützten Interessen nach der Ansicht des BGH nicht berührt, wenn ein »ernsthafter, objektiv begründeter Anlass zu der Annahme besteht, der begünstigte Vertragspartner habe einen Anspruch auf Unterlassung der durch den Vergleich untersagten Handlung«. Dabei kommt es auf die Prognose an, ob in einem Rechtsstreit dem Wettbewerber das umstrittene Vorgehen aller Voraussicht nach untersagt würde. Ist diese Prognose erfüllt, so muss sich der Vergleich die Grenzen des-

359

Verhängung eines Bußgeldes gegen drei Herausgeber von Anzeigenblättern; dazu ausführlich Rdn. 285.
1106 Siehe zum Prozessvergleich im Patentrecht *Jansen/Johannsen*, EuZW 2012, 893.
1107 Kommission, 19.6.2013, AT.39226 – *Lundbeck* (Antidepressivums citalopram); siehe auch EuG, 8.9.2016, T-472/13; Kommission, 10.12.2013, AT.39685 – *Fentanyl*; Kommission, 9.7.2014, AT.39612 – *Perindopril (Servier)*.
1108 *Muffler*, Der Wettbewerbsvergleich, S. 171 ff.; im Anschluss daran ebenso *Beater*, WuW 2000, 584.

§ 1 GWB Verbot wettbewerbsbeschränkender Vereinbarungen

sen einhalten, was objektiv zweifelhaft ist.[1109] Bloße Zweifel an der Existenz eines Unterlassungsanspruchs genügen allerdings nicht.[1110]

360 Mit der Immanenztheorie lässt sich diese Rechtsprechung nur schwer dogmatisch einfangen.[1111] Bereits begriffsnotwendig fehlt es bei wettbewerbsbeschränkenden Vergleichen an einem kartellrechtsneutralen Hauptzweck, auch die Nebenabredendoktrin greift nicht. Der Ausgangspunkt der Rechtsprechung ist, dass die Interessen des § 1 GWB in bestimmten Fällen hinter dem Interesse der Parteien zurücktreten, einen Prozess zu vermeiden. Damit öffnet sich die Rechtsprechung einer »Rule of Reason«, die sonst durchweg abgelehnt wird. Warum das Prozessvermeidungsinteresse dem Schutz des Wettbewerbs vorgeht, begründet der BGH nicht, sondern setzt diese Wertung und sich damit gewissermaßen dem Verdacht einer Tautologie aus.[1112]

361 Vielmehr begrenzt § 1 GWB die Inhaltsfreiheit in Vergleichen unabhängig davon, ob ein Wettbewerbsverstoß objektiv zu befürchten ist oder nicht. Wollte man anders entscheiden, schüfe man eine Rezeptur dafür, wie das Verbot des § 1 GWB zu umgehen ist. Im Schrifttum hat man deswegen vorgeschlagen, Vergleiche **oberhalb** der **Spürbarkeitsschwelle** und unterhalb der Marktbeherrschungs- oder Marktstärkeschwelle zuzulassen.[1113] Auch das überzeugt nicht. Oberhalb der Spürbarkeitsschwelle ist § 1 GWB anwendbar und hängt nicht von der Marktstellung der Beteiligten ab. Zudem unterstellt diese Ansicht, dass sich unterhalb der Marktbeherrschung die wettbewerbsbeschränkenden und wettbewerbsfördernden Wirkungen in der Summe aufheben. Solange eine Wettbewerbsbeschränkung an die Einschränkung der wirtschaftlichen Handlungsfreiheit anknüpft, lässt sich diese Saldierung nicht ernsthaft vertreten. Schließlich führt das kritisierte Konzept über einen Umweg eine immerhin typisierte »Rule of Reason« ein. Eine derartige Abwägung ist § 1 GWB fremd und es besteht auch kein Anlass, sie bei Vergleichen einzuführen. Diesen Bedenken ist auch eine weitere Ansicht im Schrifttum ausgesetzt, wonach ein wettbewerbsbeschränkender Vergleich zulässig sein soll, wenn eine **summarische Prüfung** den fraglichen Unterlassungsanspruch rechtfertigen

---

1109 BGH WuW/E BGH 2003, 2005 – *Vertragsstrafeückzahlung*; WuW/E DE-R 1537, 1539 – *Abgasreinigungsvorrichtung*; OLG Karlsruhe WuW/E OLG 2958, 2959 f. – *plissierte Textilien*; OLG Stuttgart ZIP 1989, 60, 63; *Krauß*, in: Langen/Bunte, § 1 Rn. 254; *Ehlke*, S. 179; *J. B. Nordemann*, in: Loewenheim/Meessen/Riesenkampff, § 1 Rn. 183; siehe auch *Jauernig*, ZHR 141 (1977), 224, 225 auf der Grundlage des gemeinsamen Zwecks in § 1 GWB a.F.
1110 BGH WuW/E DE-R 1537, 1539 – *Abgasreinigungsvorrichtung*.
1111 Anders unter Betonung wettbewerbsfördernder Wirkungen: *Zimmer*, in: Immenga/Mestmäcker, § 1 Rn. 163.
1112 Kritisch insoweit *Beater*, WuW 2000, 584, 586.
1113 *Beater*, WuW 2000, 584, 591 ff.

würde.¹¹¹⁴ Vereinzelt versuchte man, Vergleichsvereinbarungen dann vom Kartellverbot auszunehmen, wenn die Parteien einen Verbotsverstoß ernsthaft prüfen und die Frage zur Klärung der zuständigen Wettbewerbsbehörde vorlegen.¹¹¹⁵ Auch das überzeugt nicht vollkommen, zumal diese Ansicht einer materiellen Wertung aus dem Weg geht. Zudem führt die Entziehung summarisch geprüfter Ansprüche dazu, dass man rechtswidrigen Wettbewerb schützt.

Die dargestellte Kritik an den vertretenen Ansätzen zeichnet die Lösung vor. Mit einer vordringenden Ansicht verstoßen spürbare Wettbewerbsbeschränkungen in Vergleichen **grundsätzlich** gegen § 1 GWB.¹¹¹⁶ Hierfür spricht bereits das methodische Gebot, Vergleichbares gleich zu behandeln. Sowohl gerichtliche als auch außergerichtliche Vergleiche sind zivilrechtliche Verträge und müssen damit wie jeder Vertrag einer wettbewerbsrechtlichen Inhaltskontrolle standhalten.¹¹¹⁷ Die Parteien mögen ein Interesse daran haben, Prozesse zu vermeiden oder einen Streit im Vergleichswege beizulegen. Indes hat sich dieses Interesse in die Wettbewerbsordnung einzufügen, da der Institutionenschutz in § 1 GWB einen höheren Stellenwert einnimmt und § 1 GWB auch als Norm der »öffentlichen Ordnung« begriffen wird. Aus dieser Perspektive betrachtet, erscheint eine ungeschriebene Tatbestandsrestriktion des § 1 GWB als ein Atavismus aus den »vorkartellrechtlichen« Zeiten, in denen man unter Berufung auf die Inhaltsfreiheit weitgehende Kartellabsprachen zuließ. Vielmehr kommt es – schlichtweg allgemein – darauf an, ob die Parteien in dem Vergleich Wettbewerb beschränken oder nicht. Der hier vertretene Standpunkt entspricht weitgehend der Rechtsprechung des EuGH. Eine ungeschriebene Ausnahme vom Verbot des Art. 101 Abs. 1 AEUV lehnt auch der EuGH für Vergleiche ab.¹¹¹⁸ Eine Wettbewerbsbeschränkung kommt vor allem dann in Betracht, wenn ein Wettbewerber bewusst (i) kein Angebot abgibt bzw. (ii) von einem bestehenden Angebot Abstand nimmt.¹¹¹⁹

362

1114 *K. Schmidt*, JuS 1978, 736, 740; *Krauß*, in: Langen/Bunte, § 1 Rn. 256; kritisch dazu *Zimmer*, in: Immenga/Mestmäcker § 1 Rn. 162.
1115 *Muffler*, Der Wettbewerbsvergleich S. 201 ff.
1116 *Emmerich*, in: Immenga/Mestmäcker (Band 1), Art. 101 Abs. 1 Rn. 137; *Säcker*, in: MünchKommGWB, § 1 Rn. 48. So auch die europäische Rechtsprechung: Kein allgemeines Vergleichsprivileg: EuGH, 8.6.1982, 298/78, Slg. 1982, 2015 – *Maissaatgut*; EuGH, 27.9.1988, 65/86, Slg. 1988, 5249 – *Bayer/Süllhöfer*.
1117 *Muffler*, Der Wettbewerbsvergleich, S. 177, 195 f.; *Säcker/Jaecks*, in: MünchKommEuWettbR, Art. 81 Rn. 807.
1118 EuGH Slg 1982, 2015 Tz. 88 f. – *Nungesser* (für einen gerichtlichen Vergleich); EuGH Slg 1988, 5249 Tz. 15 – *Bayer u.a./Süllhöfer* (für einen außergerichtlichen Vergleich).
1119 *Conrad*, ZfBR 2014, 658, 663.

§ 1 GWB Verbot wettbewerbsbeschränkender Vereinbarungen

2. Wettbewerbsbeschränkende Schiedssprüche

363 Im europäischen Recht diskutiert man derzeit, ob und wann wettbewerbsbeschränkende Schiedssprüche mit Art. 101 AEUV vereinbar sind. Aufgeworfen wird eine solche Frage, wenn ein Schiedsspruch den Parteien eine wettbewerbsbeschränkende Abrede vorschreibt oder eine wettbewerbsbeschränkende Vereinbarung für bindend erklärt. Der rechtsdogmatische Ausgangspunkt ist dabei klar: Die Anerkennung und Vollstreckbarkeitserklärung von Schiedssprüchen steht unter dem **Vorbehalt des ordre public**. Der Begriff *ordre public* umfasst – wie auch § 6 EGBGB und § 328 Abs. 1 Ziff. 4 ZPO – alle diejenigen Vorschriften des zwingenden Rechts, welche der Gesetzgeber in einer, die Grundlagen des staatlichen oder wirtschaftlichen Lebens berührenden Frage, auf Grund bestimmter staatspolitischer oder wirtschaftlicher Anschauungen, nicht nur aus bloßen Zweckmäßigkeitserwägungen, vorgesehen hat.[1120] Die Einhaltung des ordre public ist von den Gerichten bei inländischen Schiedssprüchen gem. §§ 1059 Abs. 2 Nr. 2 lit. b, 1060 Abs. 2 Satz 1 ZPO zwingend zu prüfen, bei ausländischen Schiedssprüchen (z.B. des CAS) folgt die Prüfpflicht aus dem Übereinkommen vom 10.6.1958 über die Anerkennung und Vollstreckung ausländischer Schiedssprüche (UNÜ).[1121] Gemäß Art. V Abs. 2 lit. b UNÜ kann die Anerkennung und Vollstreckung eines Schiedsspruchs dann verweigert werden, wenn durch die zuständige Behörde des Landes, in dem um die Anerkennung und Vollstreckung nachgesucht wird, feststellt, dass die Anerkennung und Vollstreckung des Schiedsspruchs der öffentlichen Ordnung des Landes widersprechen würde. Der *ordre public* Vorbehalt gilt auch, wenn sich die Anerkennung und Vollstreckbarkeit aus Staatsverträgen ergibt.

364 Art. 101 Abs. 1 AEUV ist Bestandteil des inländischen *ordre public*.[1122] Auch **§ 1 GWB gehört zum ordre public**, da der Gleichlauf mit Art. 101 AEUV legislatorisch beabsichtigt ist und die Verbotsnormen des GWB als wirtschaftslenkendes Gesetz das Allgemeininteresse an der Erhaltung des Wettbewerbs bzw. die Wettbewerbsfreiheit schützen.[1123] Noch allgemeiner hat es kürzlich das OLG München im Fall *Pechstein* formuliert, in dem es zum ordre public i.S.d. Art. V Abs. 2 lit. b UNÜ die »Einhaltung der grundlegenden Bestim-

---

1120 So bereits RGZ 169, 245; OLG Dresden SchiedsVZ 2005, 210.
1121 BGBl. II, 961, S. 122; siehe dazu auch OLG Düsseldorf WuW/DE-R 1647 – *Regenerative Wärmeaustauscher*.
1122 BGH GRUR 1967, 378 – *Schweißbolzen*; BGH, NJW 1969, 978 – *Fruchtsäfte*; BGH NJW 1972, 2180 – 1 *Eiskonfekt*; Zimmer, S. 91; *Säcker/Jaecks*, in: MünchKommEuWettbR, Art. 81 Rn. 803.
1123 So ausdrücklich *Duve/Rösch*, SchiedsVZ 2015, 69, 75; *Altenmüller*, S. 251 ff.; *Kroitzsch*, BB 1987, 621, 624; *Säcker*, in: MünchKommGWB, § 1 Rn. 46; so auch ausdrücklich OLG Dresden, 20.4.2005, 11 Sch 01/05.

mungen des Kartellrechts« zählt.[1124] Bei der Anerkennung und Vollstreckung ausländischer Schiedssprüche wird indes regelmäßig Art. 101 AEUV einschlägig sein. An der Kontrollfunktion des Kartellverbots ändert auch § 11 AntiDopG nichts.[1125] Die Aufhebung eines Schiedsspruchs bzw. die Unwirksamkeit einer Schiedsvereinbarung bzw. einer Schiedseinrede wegen Verstoß gegen § 1 GWB bzw. Art. 101 AEUV wird aber nur im Ausnahmefall in Betracht kommen. Über den Wortlaut des § 1059 Abs. 2 Ziff. 2 lit. b ZPO hinaus ist für die Aufhebung erforderlich, dass es sich um einen **offensichtlichen** Verstoß gegen den »ordre public« handelt. Dies hat der BGH kürzlich nochmal bekräftigt.[1126] Hintergrund des zusätzlichen »Offensichtlichkeitskriteriums« ist das Verbot der *revision au fond*, d.h. das Verbot ausländische Entscheidungen oder einen Schiedsspruch auf seine materielle Richtigkeit zu überprüfen. Die Aufhebung eines Schiedsspruchs unter Berufung auf den ordre public muss der Ausnahmefall bleiben. Für die Schnittstelle zum Kartellverbot folgt daraus, dass bei konsequenter Anwendung des Erfordernisses der Offensichtlichkeit **nur bezweckte Wettbewerbsbeschränkungen** in Betracht kommen.[1127] Eine Offensichtlichkeit wird bei lediglich bewirkten Wettbewerbsbeschränkungen wohl regelmäßig ausscheiden. Der Ansatz des BGH vermag zu überzeugen, da er beide Rechtsmaterien (Schieds- und Kartellrecht) in einen harmonischen Ausklang bringt. Über den ordre public Vorbehalt wird somit die Einhaltung des Kartellrechts auch bei einem voran gegangenen (anders lautenden) Schiedsspruch sichergestellt. Diese Sicherstellungsfunktion kann auch nicht durch rügelose Einlassung im Prozess umgangen werden.[1128]

Es besteht daher – wie auch bei Vergleichen – **kein allgemeines** wettbewerbliches Privileg für Schiedssprüche. Der Institutionenschutz wird als höherwertiges Rechtsgut eingestuft und dem Interesse der Parteien übergeordnet, im Wege eines Schiedsspruches abschließend die Rechtslage zu klären. Die Abwägung zwischen dem Institutionenschutz und dem Interesse an einer zügigen, außergerichtlichen Streitbeilegung zeichnet das sachgerechte Ergebnis vor: Auch ein zügiger Rechtsschutz muss den Vorgaben des objektiven Rechts genügen und damit auch des § 1 GWB. Auf der anderen Seite besteht

365

1124 OLG München WuW/DE-R 4543 – *Pechstein*; siehe zur Entscheidung des OLG München für viele *Zimmermann*, ZWeR 2016, 66; OLG Düsseldorf WuW/DE-R 1647 – *Regenerative Wärmeaustauscher*; *Wilske/Makart*, in: *Vorwerk/Wolf*, Beck'scher OK, § 1061 Rn. 52.1; *Voit* in: Musilak, Kommentar zur ZPO, 2. Auflage 2014, § 1041, Rn. 27.
1125 *Zimmermann*, ZWeR 2016, 66, 78.
1126 BGH NJW 2014, 1597. Zuvor bereits BGH NJW 2014, 1215.
1127 In diese Richtung auch *Kroitzsch*, GRUR 1969, 387, 393 f.
1128 So eindeutig OLG München, 15.1.2015, U 1110/14; anders noch die Vorinstanz LG München, 26.2.2014, 37 O 28331/12. Dem zustimmend *Brandner/Kläger*, SchiedsVZ 2015, 112, 118.

jedoch auch keine Notwendigkeit und Verpflichtung zur uneingeschränkten Anwendung. Vorzugswürdig erscheint eine Kontrolle anhand des § 1 GWB nur bei **bezweckten** Wettbewerbsbeschränkungen (nicht immer, aber oftmals sind diese identisch mit offenkundigen Verstößen). Eine vermittelnde Ansicht erlaubt dem Schiedsgericht eine Einschätzungsprärogative. Danach soll das Kartellverbot auf eine schiedsrichterlich legitimierte Wettbewerbsbeschränkung unanwendbar sein, wenn die Entscheidung rechtlich vertretbar ist.[1129] Dies setzt allerdings voraus, dass das Schiedsgericht einen möglichen Verstoß gegen § 1 GWB bzw. Art. 101 AEUV überhaupt erkannt und erörtert hat.[1130] Zweifelsohne sind die Schiedsgerichte verpflichtet, § 1 GWB bzw. Art. 101 AEUV anzuwenden. Gleichwohl verfehlt auch die vermittelnde Ansicht eher ihr Anliegen, einen zügigen Rechtsschutz mit dem wettbewerbsrechtlichen Institutionenschutz in Einklang zu bringen. Wann eine schiedsrichterliche Entscheidung unvertretbar § 1 GWB abgelehnt hat, lässt sich kaum objektiv bestimmen, sondern hängt von einer subjektiven Betrachtung ab. Dies führt zwangsläufig zu Unwägbarkeiten.

F. Rechtsgüterabwägung

I. Systematischer Standort

366 Ist der Tatbestand des § 1 GWB erfüllt, stellt sich die Frage, ob im Rahmen einer Rechtsgüterabwägung der Verbotsausspruch verhindert werden kann. Diese Abwägung ist von der Immanenztheorie (Rdn. 274) zu unterscheiden: Letztere nimmt aus wirtschaftlichen Erwägungen bestimmte kartellrechtsneutrale Sachverhalte die § 1 GWB »immanent« sind, vom Verbot des § 1 GWB aus. Sie greift mithin auf der Verbotsebene. Im Gegensatz dazu prüft die Rechtsgüterabwägung, ob außerwettbewerbliche Rechtsgüter dem Schutzzweck des Kartellverbots vorgehen. Diese Abwägung setzt folglich voraus, dass der Verbotstatbestand des § 1 GWB erfüllt ist. Das Bundeskartellamt hatte in älteren Beschlüssen Kartelle geduldet, die dem Gesundheits- und Umweltschutz dienen. In dem »Doppelstecker«-Beschluss billigte das BKartA eine (damals) in § 1 erfasste Empfehlung des VDE, keine Doppelstecker mehr herzustellen. Begründet wurde dies damit, dass diese Empfehlung eine Sicherheitsbestimmung sei, die außerhalb des Schutzbereiches von § 1 GWB liege.[1131] Das BKartA hat in der Zwischenzeit von dieser Rechtsgüterabwägung

---

1129 *Kroitzsch*, GRUR 1969, 387, 393 f.; *Säcker/Jaecks*, in: MünchKommEuWettbR, Art. 81 Rn. 803; *Ch. Wolf*, RabelsZ 57 (1993), 643, 656.
1130 Zutr. insoweit *Säcker/Jaecks*, in: MünchKommEuWettbR, Art. 81 Rn. 805.
1131 BKartA WuW/E BKartA 145, 149 – *Doppelstecker*; ebenso zu einer (seinerzeit vom GWB erfassten) Verbandsempfehlung, für Handfeuerlöscher nur Originalabfüllungen und Ersatzteile zu verwenden: BKartA WuW/E BKartA 370 – *Handfeuerlöscher*.

Abstand genommen. Es siedelte diese Erwägungen nicht mehr auf der Tatbestands-, sondern auf der Rechtsfolgenebene an. Der BGH hat in mehreren Entscheidungen eine Rechtsgüterabwägung auf der Tatbestandsebene des § 1 GWB **abgelehnt**.[1132] In der Entscheidung »Europapokalheimspiele« lehnte er beispielsweise die Erfassung sportpolitischer Ziele ab.[1133]

In der Sache »Ausrüstungsgegenstände für Feuerlöschzüge« hat der BGH diese Ansicht im Jahr 2002 nochmals bestätigt und festgehalten, dass der Grundsatz der haushaltsrechtlichen Sparsamkeit nicht geeignet ist, das Kartellverbot einzuschränken.[1134] Gegenstand der Entscheidung war die Frage, ob Gemeinden gegen das Kartellverbot verstoßen, wenn diese ihre Nachfrage bündeln und ihre Ausschreibung über eine von einem kommunalen Spitzenverband gegründete Gesellschaft abwickeln. Der BGH beantwortete die Frage mit »Ja« und stellte fest, dass die Gemeinden in diesem Fall grundsätzlich ein horizontales Einkaufskartell begründen.[1135] Aus der Entscheidung lassen sich zwei interessante Passagen für die Frage der (Un-)zulässigkeit der Rechtsgüterabwägung herausschälen. Zum einen, dass die Gemeinden die Gebote der Wirtschaftlichkeit und Sparsamkeit nur innerhalb der Schranken des GWB befolgen und verwirklichen können und dass das Gebot der Sparsamkeit insoweit dem Kartellverbot **nachgelagert** ist.

367

II. Dogmatische Bewertung

Mit der überwiegenden Ansicht ist es grundsätzlich **abzulehnen**, den Verbotstatbestand des § 1 GWB für eine Abwägung mit **außerwettbewerblichen Rechtsgütern** zu öffnen.[1136] Eine derartige Rechtsgüterabwägung ist bereits methodisch mangelhaft, sie fußt auf einer Tautologie. Wer eine Rechtsgüter-

368

1132 BGH WuW/E DE-R 17 – *Europapokalheimspiele*; WuW/E DE-R 289, 293 – *Lottospielgemeinschaft*; WuW/E DE-R 1087, 1089 – *Ausrüstungsgegenstände für Feuerlöschzüge*. Siehe dazu auch *Bunte*, WuW 1998, 1037, 1042.
1133 BGH WuW/E DE-R 17, 22 – *Europapokalheimspiele*; WuW/E DE-R 289, 293 – *Lottospielgemeinschaft*; WuW/E DE-R 1087, 1089 – *Ausrüstungsgegenstände für Feuerlöschzüge*.
1134 BGH WuW/E DE-R 1087, 1089 – *Ausrüstungsgegenstände für Feuerlöschzüge*. Siehe dazu auch die Anmerkung von *Lotze*, ZIP 2003, 1813 oder die Anmerkung von *Beser-Wiesmann*, EWiR 2003, 821.
1135 Im konkreten Fall erfüllten die Gemeinden aber die Voraussetzungen des § 4 Abs. 2 GWB a.F. und verstießen demnach nicht gegen das Kartellverbot. Die Vorschrift wurde allerdings nunmehr im Zuge der 7. GWB-Novelle aufgehoben.
1136 *Krauß*, in: Langen/Bunte, § 1 GWB Rn. 149; *Hübner*, S. 51 ff.; *J. B. Nordemann*, in: Loewenheim/Meessen/Riesenkampff, § 1 GWB Rn. 246; *Säcker*, in: MünchKommGWB § 1 Rn. 53; *Zimmer*, in: Immenga/Mestmäcker, § 1 GWB Rn. 201.

abwägung verlangt,[1137] muss nachweisen, dass tatsächlich eine Antinomie zwischen Kartellrecht und einem anderen Rechtsgut besteht, und dass diese nur durch den Vorrang des besagten Rechtsguts aufzulösen ist. Die Vertreter einer Rechtsgüterabwägung konnten dies nicht schlüssig begründen. Ökonomisch betrachtet, handelt es sich bei außerwettbewerblichen Rechtsgütern um externe Effekte. Deren wünschenswerte Internalisierung obliegt dem Gesetzgeber. Entzieht er ein Rechtsgut dem Wettbewerb, das diesem gegenüber als vorrangig eingestuft wurde, fehlt es an einem beschränkbaren Wettbewerb. Unterbleibt dies, setzt sich das Verbotsprinzip des § 1 GWB durch. Das Kartellverbot soll umfassend reichen, so dass dessen Einschränkung ohne gesetzliche Grundlage *contra legem* ist. Abgesehen davon, beeinträchtigt eine Rechtsgüterabwägung die Trennung zwischen Legislative und Judikative. Über außerwettbewerbliche Gründe hat der Gesetzgeber zu entscheiden. Die Gerichte sind zur Entscheidung hierüber grundsätzlich weder berufen noch legitimiert.[1138] Zu befürworten ist die Berücksichtigung außerwettbewerblicher Aspekte jedoch bei der Fusionskontrolle in der Abwägungsklausel.

369 § 2 Abs. 1 GWB sichert diesen Befund ab. Diese Vorschrift gestattet es, außerwettbewerbliche Ziele zu berücksichtigen. Dies allerdings unter dem Vorbehalt, dass sie die Warenerzeugung oder -verteilung verbessern, den technischen oder wirtschaftlichen Fortschritt fördern und im Übrigen verhältnismäßig sind.[1139] Im Schrifttum hat man aus dem Freistellungstatbestand allerdings zum Teil das Gegenteil geschlossen und meint, eine systematische Lücke zwischen dem Verbotstatbestand des § 1 GWB und dem Freistellungstatbestand nach § 2 Abs. 1 GWB nur durch eine Rechtsgüterabwägung schließen zu können.[1140] Das überzeugt wenig. Während bis zur 7. GWB-Novelle § 8 GWB a.F. eine Genehmigung von Kartellen vorsah, die durch überwiegende Gründe der Gesamtwirtschaft und des Gemeinwohls gerechtfertigt war, hat der Gesetzgeber der 7. GWB-Novelle von einer derartigen Vorschrift Abstand genommen.[1141] Die praktische Bedeutung des § 8 GWB a.F. war marginal und beschränkte sich auf vier Fälle.[1142] Zudem wird bei überwiegenden Gründen des Gemeinwohls ohnehin der zwischenstaatliche Handel und damit Art. 101 Abs. 1 AEUV betroffen sein.[1143] Der Gesetzgeber hielt mit anderen Worten den Verbotstatbestand des § 1 GWB einerseits und den Freistellungstatbestand

---

1137 Eine derartige Abwägung befürworten: *Kaiser*, NJW 1979, 585, *v. Wallenberg*, GRUR 1980, 833, 837 f.
1138 *Koch*, ZHR 169 (2005), 625, 633 ff.; *Zimmer*, in: Immenga/Mestmäcker, § 1 GWB Rn. 173.
1139 *Zimmer*, in: Immenga/Mestmäcker, § 1 GWB Rn. 170.
1140 *W.H. Roth*, in: FS Mestmäcker, S. 411, 433 ff.
1141 Siehe dazu OLG Celle, 13.2.1998, 11 Ho 88/97.
1142 BT-Drucks. 15/3640 S. 27 r. Sp.
1143 BT-Drucks. 15/3640 S. 27 r. Sp.

des § 2 GWB andererseits als ausreichendes gesetzessystematisches Gefüge, um außerwettbewerbliche Interessen einfließen zu lassen.[1144]

Außerdem weicht eine Rechtsgüterabwägung im Rahmen des § 1 GWB nicht nur die Gesetzessystematik auf, sondern **verschiebt** auch drastisch die **Beweislast**. Verankert man eine Rechtsgüterabwägung im Tatbestand des § 1 GWB, müsste ein Kläger oder die Kartellbehörde nachweisen, dass auch außerwettbewerbliche Gründe einen Verstoß gegen § 1 GWB **nicht** rechtfertigen. Diese Nachweispflicht würde auf Seiten der Anwälte (soweit diese sich gegenüber dem Bundeskartellamt verteidigen; anders jedoch im Kartellzivilstreit, wenn sich der Kläger aktiv auf § 1 GWB stützt). Freude, beim Bundeskartellamt wohl eher jedoch Leid hervorrufen.

370

Schließlich lässt sich eine Rechtsgüterabwägung auch nicht auf eine unionsrechtskonforme Auslegung stützen. Abwegig ist der Vorschlag, Art. 101 Abs. 1 AEUV stets einer Abwägung zu öffnen, da die Wettbewerbsregeln und Grundfreiheiten konvergente Ziele verfolgen und letztere einer Abwägung aus zwingenden Allgemeininteressen zugänglich seien.[1145] Hiergegen spricht bereits, dass sich ab einer bestimmten Abstraktionshöhe Normzwecke angleichen. Auf eine »Zielkonvergenz« kommt es daher nicht an. Abgesehen davon wenden sich die Grundfreiheiten des AEUV gegen staatliches Handeln, so dass die dort anerkannte Anerkennung zwingender Allgemeininteressen zugleich einem Souveränitätsrest der Mitgliedstaaten Rechnung trägt.[1146] Dieser Gedanke lässt sich nicht auf § 1 GWB (Art. 101 Abs. 1 AEUV) übertragen, da es hier um private Maßnahmen geht und Art. 106 AEUV für staatlich veranlasste Wettbewerbsbeschränkungen ein besonderes Schrankenregime vorsieht. Teilweise meint man, dass der EuGH in den Entscheidungen *Albany* und *Wouters* eine Rechtsgüterabwägung für Art. 101 Abs. 1 AEUV anerkannt habe.[1147] Dies als richtig unterstellt, bedeutet noch nicht, dass man dies auf § 1 GWB zu übertragen hat.

371

III. Einordnung der überkommenen Praxis

1. Gesundheits- und Umweltschutz

Die Entscheidungspraxis zum Gesundheitsschutz ist widersprüchlich. Noch in früheren Beschlüssen betonte das BKartA, dass vereinbarte oder empfohle-

372

1144 Ebenso *Zimmer*, in: Immenga/Mestmäcker, § 1 GWB Rn. 166.
1145 Dies befürwortend: *Makowski*, S. 144 ff.
1146 Ausführlich zu der irreführenden »Konvergenzdebatte«: *Füller*, Grundlagen und inhaltliche Reichweite der Warenverkehrsfreiheiten nach dem EG-Vertrag, 2000, S. 29 ff.
1147 *W.H. Roth*, in: FS Mestmäcker, 2006, S. 411, 433 ff.

§ 1 GWB   *Verbot wettbewerbsbeschränkender Vereinbarungen*

ne Sicherheitsbestimmungen außerhalb des Schutzbereiches von § 1 GWB liegen.[1148] Ebenso entschied das Bundeskartellamt für eine (seinerzeit verbotene) Verbandsempfehlung, Handfeuerlöscher nur mit Originalabfüllungen zu versehen und nur Originalersatzteile auszutauschen.[1149] In neueren Entscheidungen verlagerte das BKartA die Diskussion auf die Rechtsfolgenebene. Es ging nicht gegen eine Verbandsvereinbarung der chemischen Industrie vor, wonach sich die Mitglieder verpflichteten, gefährliche Bedarfsgegenstände in kindergesicherten Gebinden anzubinden. Auf der einen Seite werde durch diese Vereinbarung das Angebot nicht eingeschränkt und zum anderen berief sich das BKartA auf das Opportunitätsprinzip (§ 47 OWiG), wonach es davon absah, gegen diese Vereinbarung einzuschreiten.[1150] Besonders uneinheitlich war die Praxis zu **Werbebeschränkungen** in der **Zigarettenindustrie**. Im Jahr 1972 wurden diese aus gesundheitspolitischen Gründen durch das BMWI kraft der damals geltenden Ministererlaubnis freigestellt.[1151] Zuvor hatte das Bundeskartellamt derartige Vereinbarungen durch eine Rechtsgüterabwägung den Tatbestand des § 1 GWB entzogen.[1152] Im Ergebnis lag den beschriebenen Fällen kein geschlossenes Konzept zu Grunde. Während Werbebeschränkungen in der Zigarettenindustrie durch das BMWI offenbar als tatbestandsmäßiges Kartell gewertet wurden,[1153] setzte das BKartA eine Rechtsgüterabwägung an. Diese schwankende systematische Einordnung belegt, dass das Konzept einer Rechtsgüterabwägung verfehlt ist. Mittlerweile hat sich diese Diskussion teilweise erledigt, da das vorläufige Tabakgesetz (**VTabakG**) in den §§ 21a ff. umfassende Werbeverbote für Tabakerzeugnisse gesetzlich geregelt hat.[1154] Aktuell wird gerade eine Erweiterung auf elektronische Zigaretten erwogen und eine Ersetzung des VTabakG durch das Tabakerzeugnisgesetz geplant. Dies bestätigt die eingangs vertretene These, dass es dem Gesetzgeber obliegt, externe Effekte zu identifizieren, zu beschreiben und gesetzlich festzulegen, welche Rechtsgüter dem Wettbewerbsschutz durch § 1 GWB vorgehen. Solange der Gesetzgeber bestimmte Vereinbarungen über den Gesundheitsschutz nicht vom Kartellverbot ausnimmt, ist es verfehlt, im

---

[1148] BKartA WuW/E BKartA 145, 149 – *Doppelstecker*; ebenso für eine Vereinbarung der Kraftfahrzeughersteller, auf Kühlerfiguren zu verzichten, TB 1959, 18.
[1149] BKartA WuW/E BKartA 370 – *Handfeuerlöscher*.
[1150] TB 1983/84, S. 86.
[1151] BMWI WuW/E BWM 143, 145 – *Fernsehwerbung für Zigaretten*.
[1152] TB 1966, 58; TB 1976, 9, 79.
[1153] *Möschel*, BB 1972, 464 f.; *Zimmer*, in: Immenga/Mestmäcker, § 1 GWB Rn. 203.
[1154] Vorläufiges Tabakgesetz vom 9. September 1997, zuletzt geändert am 9. Dezember 2010. Das Gesetz setzt folgende Richtlinie um: Richtlinie 2003/33 EG des Europäischen Parlaments und des Rates vom 26. Mai 2003 zur Angleichung der Rechts- und Verwaltungsvorschriften der Mitgliedstaaten über Werbung und Sponsoring zu Gunsten von Tabakerzeugnissen, ABl. EG Nr. L 152 S. 16 sowie ABl. EG 2004 Nr. L 67 S. 34.

Wege einer Rechtsgüterabwägung § 1 GWB einzuschränken, sondern allenfalls durch eine Einzelfreistellung gemäß § 2 Abs. 1 GWB.

Auch der Umweltschutz als solcher ist kein Rechtsgut, das im Wege einer Abwägung den Tatbestand des § 1 GWB gegenüber gestellt werden kann.[1155] Wie schon beim Gesundheitsschutz neigt das BKartA dazu, bestimmte Wettbewerbsbeschränkungen zu dulden, deren Ziel der Umweltschutz ist. Gerechtfertigt wurde dies mit dem Opportunitätsprinzip nach § 47 OWiG.[1156] Auch dies ist abzulehnen. Vielmehr handelte es sich bei dieser Duldungspraxis um einen Ermessensfehlgebrauch.[1157] Das Opportunitätsprinzip darf nicht unter dem Vorbehalt allgemein politischer Interessen gestellt werden. Eine Duldung käme allenfalls in Betracht, wenn die Auswirkungen einer Wettbewerbsbeschränkung gering sind. Indes ist dies eine andere Abwägung und hat für sich genommen nichts mit dem Umweltschutz zu tun. Erst recht abzulehnen sind die vereinzelten Versuche, den Umweltschutz durch die Immanenztheorie auszuklammern.[1158]

373

Eine wettbewerbsbeschränkende Umweltschutzvereinbarung kann hingegen nach § 2 Abs. 1 GWB vom Kartellverbot freigestellt sein. Dies ist der Fall, wenn ökologische Vorteile ein Akzidens des durch die Vereinbarung geförderten technischen oder wirtschaftlichen Fortschritts sind. Umstritten ist, ob der Umweltschutz als solcher eine Freistellung vom Kartellverbot rechtfertigt. Das BKartA hat dies bislang offen gelassen.[1159] Die Europäische Kommission neigte zu einer großzügigen Betrachtung: Eine wettbewerbsbeschränkende Produktionsvereinbarung zwischen Pumpenherstellern hielt sie für freistellungsfähig, da die entwickelten Pumpen unter anderem umweltfreundlich arbeiteten.[1160] Indes ist die Praxis der Kommission abzulehnen. Umwelt-

374

1155 *Bock*, WuW 1996, 187, 193; *Kloepfer*, JZ, 1980, 781; *Mertens*, S. 88; *Velte*, S. 205; *Zimmer*, in: Immenga/Mestmäcker, § 1 GWB Rn. 199, 204 im Ergebnis auch *Köhler*, BB 1996, 2577, 2579.
1156 BKartA TB 1983/84, 86.
1157 *Bock*, WuW 1996, 187, 193; *Zimmer*, in: Immenga/Mestmäcker, § 1 GWB Rn. 201; kritisch dazu auch *Säcker*, in: MünchKommGWB, § 1 Rn. 54.
1158 So *Köhler*, BB 1996, 2577; ablehnend wie hier: *Steinbeck*, WuW 1998, 554 ff.
1159 BKartA WuW/E DE-V 1392 Rn. 188 – *Altglas*.
1160 Kommission ABl. EG 1990 Nr. L 19/34 Rn. 27 – *KBS/Goulds/Lowarra/ITT*. S.a Kommission ABl. EG 2000 Nr. L 148, 47 Rn. 56 – *CECED*, wonach vermiedene Emissionen durch energieeffiziente Waschmaschinen als wirtschaftlicher Vorteil angesehen wurde. Das gesamtwirtschaftliche Ergebnis für die Umwelt lasse den Verbrauchern eine angemessene Beteiligung am Gewinn zukommen, selbst wenn keine Vorteile für den einzelnen Verbraucher bestehen sollten. Diese Argumentation ist nicht nur methodisch abwegig und tatbestandsfremd, sondern auch paternalistisch, da die energieeffizienten Waschmaschinen wesentlich teurer als die herkömmlichen waren.

schutzinteressen als solche rechtfertigen keine Freistellung, da sie sich nicht unter die Tatbestandsmerkmale »wirtschaftlicher« oder »technischer Fortschritt« subsumieren lassen.[1161] Eine derartige Auslegung ist nicht restriktiv,[1162] sondern verhindert, dass Allgemeininteressen in die Beurteilung nach § 2 Abs. 1 GWB einfallen. Nach der herrschenden und zutreffenden Ansicht sind im Rahmen dieser Vorschrift nur wirtschaftliche Effizienzgewinne mit der Wettbewerbsbeschränkung zu saldieren.[1163] Allgemeininteressen hat man schon deswegen auszublenden, da dies inkommensurable Größen zu wirtschaftlicher Effizienz sind. In einem System der Legalausnahme geht es nicht an, den Freistellungstatbestand mit inoperationalen Kriterien zu überfrachten.

2. Selbstbeschränkungsabkommen

375 Vollen Umfanges dem Kartellverbot unterliegen sogenannte Selbstbeschränkungsabkommen. Derartige Vereinbarungen beruhen typischerweise auf staatlicher Veranlassung und sollen das Surrogat für eine staatliche Regelung bilden.[1164] Da diese Vereinbarungen staatlich inspiriert sind und oftmals politische Ziele erfüllen sollen, wurde diskutiert, ob Wettbewerbsbeschränkungen in Selbstbeschränkungsabkommen nicht legitimiert werden können. Dies bejahte man, da die Beteiligten nur einen öffentlichen Willen vollzögen.[1165] Indes überzeugt dies nicht. Es steht den Parteien frei, ob sie dem staatlichen Regelauftrag Folge leisten. Daher besteht nach wie vor ein beschränkbarer Wettbewerb, zumal die Unternehmen autonom entscheiden dürfen und zu keinem bestimmten Marktverhalten gezwungen sind. Teilweise meint man, dass Selbstverpflichtungen durch die Immanenztheorie gedeckt seien, wenn der hoheitliche Regelungsauftrag dies impliziere.[1166] Dies fußt auf einem Missverständnis. Die Immanenztheorie knüpft an kartellrechtsneutrale Hauptzwecke an und eignet sich nicht dazu, staatliche Maßnahmen oder staatlich gesetzte Handlungsspielräume zu rechtfertigen. Schließlich können Selbstbeschränkungsabkommen durch eine Güterabwägung dem Verbot des § 1 GWB entzogen werden.[1167] Ältere Ansichten nahmen dies an und stützten ihre

---

1161 *Fuchs*, in: Immenga/Mestmäcker, § 2 GWB Rn. 7 bzw. 214; *J. B. Nordemann*, in: Loewenheim/Meessen/Riesenkampff, § 2 GWB Rn. 3; a.A. *Säcker*, in: Münch-KommGWB § 1 GWB Rn. 56.
1162 So jedoch *Steinbeck*, WuW 1998, 554, 568 f.
1163 *Fuchs*, in: Immenga/Mestmäcker, § 2 GWB Rn. 67 f.; *ders.*, ZWeR 2005, 1, 17 f.; *Koch*, ZHR 169 (2005), 625, 633 ff.; *J. B. Nordemann*, in: Loewenheim/Meessen/Riesenkampff, § 1 GWB Rn. 42 f.; ausführlich zum europäischen Recht: *Pohlmann*, in: FK-GWB, Grundfragen Art. 81 Abs. 3 EG Rn. 67 f.
1164 Zur Typologie derartiger Vereinbarungen ausführlich: *Frenz*, S. 49 ff.
1165 *Kaiser*, NJW 1971, 585, 588.
1166 *Frenz*, S. 363 ff.
1167 *Zimmer*, in: Immenga/Mestmäcker, § 1 GWB Rn. 206.

Ansicht darauf, dass der erklärte staatliche Wille eine Güterabwägung vorwegnehme.[1168] Das ist entschieden abzulehnen. Eine derartige Güterabwägung öffnet den Tatbestand des § 1 GWB für diskretionäre Entscheidungen der öffentlichen Hand. Wirtschaftspolitische Entscheidungen obliegen dem Gesetzgeber. Will er einen bestimmten Markt dem Wettbewerb entziehen, bedarf es dazu eines Gesetzes. Diese Verantwortung darf nicht in die Hände der Akteure gelegt werden;[1169] dies nicht, weil diese es nicht können, sondern weil es systematisch überzeugender ist.

3. Streikhilfeabkommen und sozialpolitische Erwägungen

376 Weitgehend geklärt ist, wie **Streikhilfeabkommen** kartellrechtlich zu bewerten sind. Derartige Abkommen sehen bisweilen Wohlverhaltensklauseln vor, wonach mehrere Unternehmen vereinbaren, aus der streikbedingten Notlage anderer Beteiligter keine wirtschaftlichen Vorteile zu ziehen. Gehört zu dem vereinbarten Wohlverhalten eine Kundenschutzklausel, etwa ausgestaltet als Verbot, die Kunden des streikbelegten Unternehmens abzuwerben oder zu beliefern, verstößt dies gegen § 1 GWB.[1170] Teile des Schrifttums halten im Anklang an die **Immanenztheorie** derartige Wettbewerbsbeschränkungen für erlaubt, wenn sie notwendig für das Funktionieren einer kartellrechtlich erlaubten Arbeitskampforganisation sind.[1171] Das ist abzulehnen. Schon der Zusammenhang mit einem erlaubten Arbeitskampf ist zweifelhaft, da Kundenschutzklauseln nicht notwendig dafür sind, um die Kampfparität herzustellen.[1172] Die Immanenztheorie ist auch dogmatisch nicht einschlägig, da sie an kartellrechtsneutrale und *ökonomisch* erwünschte Erscheinungen im Rechtsleben anknüpft. Bei einem Arbeitskampf lässt sich dies schwerlich behaupten.[1173] Abzulehnen sind auch die Versuche, Wettbewerbsbeschränkungen in Streikhilfeabkommen durch eine Rechtsgüterabwägung zu legitimie-

---

1168 *Wolf*, BB 1989, 160, 165. Der Sache nach auch *Baur*, FS Großfeld, S. 73, 78 ff.
1169 *Immenga*, S. 17 ff.; *Velte*, S. 204; *Zimmer*, in: Immenga/Mestmäcker, § 1 GWB Rn. 206.
1170 So: *Ackermann*, in: Giesen/Junker/Rieble, 17, 38; *J. B. Nordemann*, in: Loewenheim/Meessen/Riesenkampff, § 1 GWB Rn. 246; *Säcker*, ZHR 137 (1971), 455, 474 ff.; *ders.*, in: MünchKommGWB, § 1 Rn. 55.
1171 *Rieble*, Arbeitsmarkt und Wettbewerb, 1996, Rn. 480; so bereits *Huber/Baums*, in: FK-GWB, § 1 GWB a.F. Rn. 219; erwogen von *Zimmer*, in: Immenga/Mestmäcker, § 1 GWB Rn. 209.
1172 *Hendriks*, ZHR 141 (1977), 1, 14 ff.; *Säcker*, ZHR 137 (1971), 455, 474. Aus der arbeitsrechtlichen Literatur siehe etwa: *Scholz/Konzen*, Die Aussperrung im System von Arbeitsverfassung und kollektivem Arbeitsrecht, 1980, S. 189 f.
1173 Ebenso: *Säcker*, in: MünchKommGWB, § 1 GWB Rn. 55 »wettbewerbstranszendente Ziele«.

ren.[1174] Dies folgt aus den oben genannten grundsätzlichen Erwägungen. Die verfassungsrechtlich abgesicherte Arbeitskampffreiheit und die daraus abgeleitete Kampfparität legitimieren keine Wettbewerbsbeschränkungen, da auch während eines Arbeitskampfes rechtliche Normen zu beachten und bindend sind.[1175] Eine Duldung wettbewerbsbeschränkender Streikhilfeabkommen aus Opportunitätsgründen scheidet aus.[1176]

377 Soziale oder sozialpolitische Belange schränken die Normaussage des § 1 GWB nicht ein. Diskutiert hat man einen Vorrang dieser Belange gegenüber § 1 GWB bei Vereinbarungen von Unternehmen über Betriebsferien oder Ladenschlusszeiten.[1177] Das BKartA hatte bereits früh den wettbewerbsbeschränkenden Charakter derartiger Abreden festgestellt. Die Beteiligten verzichten dadurch auf zusätzlichen Umsatz, den sie bei längeren Öffnungszeiten oder kürzeren Betriebsferien erzielen könnten.[1178] Eine Güterabwägung ist im Rahmen des Tatbestands unstatthaft.[1179] Seinerzeit verfolgte das BKartA diese Vereinbarungen nicht, da kein öffentliches Interesse daran bestünde, sofern die Belange der Betroffenen bei der Umsetzung der Vereinbarungen angemessen berücksichtigt würden.[1180] Indes dürfte das Opportunitätsprinzip hier fehl gewichtet sein. Die praktische Bedeutung dieser Fallgruppe beschränkt sich auf nicht tarifgebundene Branchen. Bei tarifgebundenen Branchen stellt sich indes die Frage, ob Vereinbarungen über Öffnungszeiten und Betriebsferien § 1 GWB entzogen sind, da in den Grenzen der Tarifautonomie eine »Bereichsausnahme« besteht (Rdn. 228). Wenig diskutiert ist, ob (bei nicht tarifgebundenen Branchen) derartige Vereinbarungen durch § 2 Abs. 1 GWB freigestellt werden können. Für soziale oder sozialpolitische Belange sind Zweifel angebracht, da sie als konturenschwache Allgemeininteressen eher schwer mit den wettbewerblichen Nachteilen saldiert werden können.[1181]

1174 So jedoch *Hübner*, S. 66 f.; *Kraft/Hönn*, ZHR 141 (1977), 230, 244 ff.; ebenso: *Kissel*, Arbeitskampfrecht, 2002, § 43 Rn. 138.
1175 *Hendriks*, ZHR 141 (1977), 1, 14 f.; *Säcker*, ZHR 137 (1971), 455, 475 ff.; *ders.*, in: MünchKommGWB, § 1 GWB Rn. 55; *Zimmer*, in: Immenga/Mestmäcker, § 1 GWB Rn. 209.
1176 *Säcker*, ZHR 137 (1971), 455, 480 f.
1177 *Hübner*, S. 64 ff.
1178 BKartA WuW/E BKartA 339, 340 – *Sonnabendsarbeitszeit*.
1179 Ablehnend auch: *J. B. Nordemann*, in: Loewenheim/Meessen/Riesenkampff, § 1 GWB Rn. 246; *Zimmer*, in: Immenga/Mestmäcker, § 1 GWB Rn. 208.
1180 BKartA WuW/E BKartA 339, 340 – *Sonnabendsarbeitszeit*.
1181 A.A. offenbar *Säcker*, in: MünchKommGWB, § 1 GWB Rn. 56.

G. Rechtsfolgen

I. Überblick

Ein Verstoß gegen die Vorschrift des § 1 GWB kann zivilrechtliche Folgen nach sich ziehen, er kann ein kartellverwaltungsrechtliches Untersagungsverfahren (§ 32 GWB) auslösen und schließlich eine Ordnungswidrigkeit oder gar eine Straftat darstellen. Vereinheitlicht hat die 7. GWB-Novelle den Anknüpfungspunkt für diese Rechtsfolgen. Es kommt darauf an, ob das Verhalten eines Normadressaten alle Tatbestandsmerkmale des § 1 GWB erfüllt; in zivilrechtlicher Terminologie gegen die Vorschrift »verstößt«, in öffentlich-rechtlicher Terminologie gegen die »Vorschrift« zuwiderhandelt. Die Durchsetzung der zivilrechtlichen Folgen richtet sich nach den Vorschriften der ZPO. Dabei trägt der Kläger die objektive Beweislast. Dies lässt sich aus Art. 2 VO 1/2003 ableiten. Darzulegen und zu beweisen hat der Kläger danach nicht nur die geschriebenen, sondern auch die ungeschriebenen Tatbestandsmerkmale wie die Spürbarkeit der Wettbewerbsbeschränkung.[1182] Zu Gute kommen dem Beweisbelasteten die Beweiserleichterungen, die insbesondere für die Koordinationstatbestände des § 1 GWB entwickelt wurden. Umgekehrt trägt der Beklagte die Beweislast für die Voraussetzungen einer Gruppen- oder Einzelfreistellung sowie für die Tatbestandsrestriktionen. Im Grundsatz stehen diese Verfahren unabhängig nebeneinander. So hindert weder die Einleitung noch der Abschluss eines kartellbehördlichen Verfahrens den Verletzten an der privaten Rechtsdurchsetzung. Allerdings schränkt § 34 Abs. 2 GWB eine mögliche Vorteilsabschöpfung ein: Diese scheidet aus, sofern der wirtschaftliche Vorteil bereits durch Schadensersatzleistungen (§ 33 Abs. 3 GWB), eine Geldbuße (§ 81 Abs. 5 GWB i.V.m. § 17 Abs. 4 OWiG) oder Verfall (§ 29a OWiG, §§ 73 Abs. 3, 73a StGB) abgeschöpft ist.

378

II. Kartellrechtswidrige Gesellschaftsverträge

1. Körperschaften

Materieller Anknüpfungspunkt des § 1 GWB ist eine **einzelne Bestimmung** in der Satzung einer Körperschaft.[1183] Regelt der **Unternehmensgegenstand** eine nach § 1 GWB verbotene Wettbewerbsbeschränkung, so ist diese Bestimmung nichtig. Kraft Gesetzes ist eine Körperschaft mit einem nichtigen Unternehmensgegenstand aufzulösen, § 275 Abs. 1 AktG für die AG, §§ 75, 77 Abs. 1 für die GmbH, §§ 95, 97 Abs. 1 GenG für die Genossenschaft. Verstößt eine sonstige Satzungsbestimmung gegen § 1 GWB, wie etwa ein nichti-

379

[1182] *J. B. Nordemann*, in: Loewenheim/Meessen/Riesenkampff, § 1 GWB Rn. 261; a.A. *Fikentscher*, WuW 2001, 446, 448.
[1183] BGH WuW/E BGH 2271, 2273 – *Taxigenossenschaft*; BGH WuW/E BGH 2505, 2508 – *neuform Artikel*.

§ 1 GWB *Verbot wettbewerbsbeschränkender Vereinbarungen*

ges Wettbewerbsverbot,[1184] kommt es darauf an, ob die Nichtigkeit dieser Klausel die gesamte Satzung infiziert. Ist dies der Fall, so fehlt der Körperschaft ein Unternehmensgegenstand und sie ist bereits kraft Gesetzes aufzulösen. Allerdings ist gerade für Satzungen von Körperschaften umstritten, ob der Rechtsgedanke des § 139 BGB überhaupt anwendbar ist. Der Bundesgerichtshof hat dies für eine unwirksame Bestimmung in einer Vereinssatzung abgelehnt. Danach ist § 139 BGB unanwendbar, »wo eine sachgerechte Entscheidung über die Fortgeltung des übrigen Teils eines Rechtsgeschäfts nicht nach dem Parteiwillen, sondern aus besonderen Gründen nur nach anderen, objektiven Maßstäben getroffen werden kann«.[1185] Überträgt man diese Rechtsprechung auf die übrigen Körperschaften, so ist die Teilnichtigkeit der Satzung die Regel. Eine Ausnahme gilt nur für solche Satzungsbestandteile, die wesentlich für das Zusammenwirken der Gesellschafter sind.[1186] Zu einer Auflösung der Gesellschaft kommt es daher nicht.[1187] Allerdings enthalten Satzungen von Körperschaften typischerweise salvatorische Klauseln, so dass es auf das beschriebene Problem nur ausnahmsweise ankommen wird.

380 Einigkeit besteht darüber, dass die Vorschriften über nichtige Körperschaften ein gesetzlich vertypter Fall der Lehre von der **fehlerhaften Gesellschaft** sind.[1188] Für die Lehre von der fehlerhaften Gesellschaft, wie sie im Personalgesellschaftsrecht gilt, ist bei Kapitalgesellschaften kein Raum. Eine gesellschaftsrechtliche Frage ist es, wie sich die Rechte und Pflichten der Gesellschafter gestalten, wenn eine Körperschaft wegen eines kartellrechtswidrigen Unternehmensgegenstands aufzulösen ist. Kraft Gesetzes hinzunehmen sind **fehlerhafte Strukturänderungen**. So lassen Mängel des Umwandlungsvorganges die Wirkungen einer Eintragung unberührt (§ 20 Abs. 2 UmwG für die Verschmelzung; § 131 Abs. 2 UmwG für die Spaltung; § 202 Abs. 2 UmwG für den Formwechsel). Sollte einer dieser Vorgänge gegen § 1 GWB verstoßen, ist er mit der Eintragung gleichwohl wirksam. In diesen Fällen verbleibt es bei Sekundäransprüchen der Betroffenen oder kartellverwaltungsrechtlichen Sanktionen. Auch **Satzungsänderungen** können gegen § 1 GWB verstoßen. Dabei handelt es sich um die (seltenen) Fälle, in denen § 1 GWB

1184 Dies sind die paradigmatischen Fälle, siehe dazu: BGH WuW/E BGH 2271 – *Taxigenossenschaft*; BGH WuW/E BGH 2505 – *neuform Artikel*; BGH WuW/E DE-R 2742 – *Gratiszeitung Hallo; K. Schmidt*, FS Mestmäcker, S. 763, 764.
1185 BGH NJW 1967, 1268; ebenso OLG Stuttgart WuW/E OLG 2790, 2794 – *Ziegelvertrieb; Zimmer*, in: Immenga/Mestmäcker, § 1 GWB Rn. 224.
1186 BGH WM 1976, 1027, 1029; *Schäfer*, S. 236 ff.; *ders.*, in: Staub (HGB), § 105 Rn. 185.
1187 Siehe etwa *Paschke*, ZHR 155 (1991), 1, 18 f.; *Lohse*, in: FS Säcker, S. 827, 841.
1188 Grdl. *Paschke*, ZHR 155 (1991), 1, 5; *K. Schmidt*, AcP 186 (1986), 421, 424 ff.; *Füller*, in: Bürgers/Körber, Heidelberger Kommentar zum AktG (2. Aufl., 2011), § 275 Rn. 1.

an den Beschluss eines Unternehmens anknüpft. Die Nichtigkeitsfolge derartiger Satzungsänderungen ergibt sich aus § 241 Nr. 3 AktG.[1189] Vergleichbar zu den Umwandlungstatbeständen wird man jedoch nur die Änderung **korporativer** (echter) Satzungsbestandteile einer fehlerhaften Strukturänderung gleichstellen können. Unechte Satzungsbestandteile hingegen genießen keinen Bestandsschutz.[1190] Siehe dazu Rdn. 402.

2. Personalgesellschaften

a) Grundlagen

Auch bei Personalgesellschaften ist an eine einzelne Bestimmung im Gesellschaftsvertrag anzuknüpfen und zu prüfen, ob diese mit § 1 GWB vereinbar ist. Widerspricht der gemeinsame Zweck einer Personalgesellschaft dem Tatbestand des § 1 GWB, so ist diese Bestimmung nichtig. **Umstritten** ist, welche Rechtsfolgen daraus für den Bestand der Personalgesellschaft abzuleiten sind. Allgemein gelten bei Mängeln im Gesellschaftsvertrag einer Personalgesellschaft die Grundsätze der fehlerhaften Gesellschaft. Danach ist eine fehlerhafte Gesellschaft nicht *ex tunc* nichtig, sondern nur *ex nunc* unwirksam. Zu beseitigen ist der Fehler durch eine außerordentliche Kündigung oder Ausschließung eines Gesellschafters (§§ 723 Abs. 1 Satz 2, 737 BGB) oder durch eine Auflösungs-/Ausschussklage (§§ 133, 140 HGB).[1191] Nach der herrschenden Auffassung im Gesellschaftsrecht setzen diese Rechtsfolgen einen **dreigliedrigen** Tatbestand voraus: Neben einer zurechenbaren Einigung der Gesellschafter muss die Gesellschaft in Vollzug gesetzt worden sein. »Vollzogen« ist die Gesellschaft, wenn der Gesellschaftsvertrag durchgeführt oder der Geschäftsbetrieb aufgenommen wird.[1192] Gesellschaftsrechtliche Akte im Innenverhältnis reichen aus. So begründen Leistungen der Gesellschafter an die Gesellschaft ebenso den Vollzug, wie gefasste Gesellschafterbeschlüsse.[1193] Folgerichtig kann eine **Innengesellschaft** als fehlerhafte Gesellschaft vorläufig anzuerkennen sein.[1194] Schließlich dürfen nach der h.M. keine schutzwürdigen

381

1189 Wobei diese Vorschrift *analog* für Satzungsänderungen in einer GmbH gilt. Verstößt eine Satzungsänderung gegen Art. 101 Abs. 1 AEUV, so ergibt sich die Nichtigkeitsfolge bereits aus Art. 101 Abs. 2 AEUV: *K. Schmidt*, in: GroßKommAktG, § 241 Rn. 61 ff.
1190 Im Ergebnis: *K. Schmidt*, AG 1996, 385, 387.
1191 BGH NJW 1952, 500; BGH NJW 1954, 1562; BGH NJW 1971, 375; BGH NJW 1980, 638; BGH NJW 1992, 1501, 1502; siehe bereits RGZ 165, 193.
1192 BGH ZIP 1992, 29; BGH NJW 1992, 1501, 1502.
1193 BGH ZIP 1992, 29; BGH NJW 1954, 1562; *K. Schmidt*, in: MünchKommHGB, § 105 Rn. 236.
1194 BGHZ 8, 157, 166; BGH NJW 1971, 375; BGH NJW 1974, 1201; BGH ZIP 2005, 753; BGH ZIP 2005, 2060, 2062; *Weitemeyer*, in: Oetker, HGB § 105 Rn. 71; **a.A.** *C. Schäfer*, S. 143 ff.; *Wertenbruch*, NJW 2005, 2823.

Interessen vorgehen.[1195] An dieser letzten Voraussetzung hat sich die streitige Frage entzündet, ob ein Verstoß gegen das Kartellverbot ein vorrangiger Gesichtspunkt ist, der einer Anerkennung der fehlerhaften Gesellschaft entgegensteht.

b) Keine Anerkennung kartellrechtswidriger Personalgesellschaften

382 Die Praxis der OLG bejaht dies und versagt den Personalgesellschaften die rechtliche Existenz, deren Gesellschaftsvertrag gegen § 1 GWB verstößt.[1196] Der BGH hat dies bislang nur für fehlerhafte Personal**innen**gesellschaften entschieden: Vereinbaren zwei Unternehmen, ihre Tageszeitungen zu vereinigen, wobei ein kartellverbotswidriges, gegenseitiges Wettbewerbsverbot vereinbart wurde, entsteht keine fehlerhafte Innengesellschaft. § 1 GWB stufte der BGH insoweit als Norm ein, die im öffentlichen Interesse zur institutionellen Sicherung der Wettbewerbsfreiheit erlassen wurde und deswegen die Anerkennung einer fehlerhaften Gesellschaft vereitelt.[1197] In einer neueren Entscheidung hat der BGH ohne weitere Begründung die Ansicht der Berufungsinstanz bestätigt und hält es für zutreffend, wenn eine kartellrechtswidrige Personal**außen**gesellschaft mangels eines wirksamen Gesellschaftsvertrages als nicht existent angesehen wird.[1198] Die Folgen dessen reichen weit: Verstößt der gemeinsame Zweck gegen § 1 GWB, so ist diese Gesellschaft nicht wirksam entstanden und damit nicht parteifähig.[1199] Sie fällt als Ver-

---

1195 Zu dieser Voraussetzung: BGH NJW 1952, 500; BGH NJW 1955, 1067; BGHZ 65, 5, 9; BGH NJW 1980, 638; BGH NJW 2003, 1252; BGH NJW 1992, 1501, 1503 f.; BGH NJW 2005, 1784 f. In der Literatur ist umstritten, ob schutzwürdige Interessen dem Bestands- und Verkehrsschutz vorgehen. Dies befürwortend: *Paschke*, ZHR 155 (1991), 1, 16 ff.; *Weitemeyer*, in: Oetker, HGB § 105 Rn. 72; *Ulmer*, in: MünchKommBGB, § 705 Rn. 332 f., ablehnend: *K. Schmidt*, AcP 186 (1986), 421, 444 ff.; *ders.*, WuW 1988, 5, 7; *Schäfer*, S. 260 ff.; *ders.*, in: Staub, HGB § 105 Rn. 337 ff.; *Wertenbruch*, in: Ebenroth/Boujong/Joost/Strohn, HGB § 105 Rn. 182; *ders.*, NJW 2005, 2823, 2826.
1196 OLG Düsseldorf WuW/E DE-R 344, 378 – *Rhein-Sieg-Verkehrsverbund*; OLG Düsseldorf WuW/E DE-R 2146 – *Nord-KS/Xella*; OLG Frankfurt/M WuW/E OLG 4323, 4324; OLG Hamm WuW/E OLG 3748, 3749 – *Fehlende Parteifähigkeit*.
1197 BGH WuW/E BGH 2675, 2678 – *Nassauische Landeszeitung*; OLG Düsseldorf WUW/E DE-R 344, 348 – *Rhein-Sieg-Verkehrsverbund*.
1198 BGH WuW/E DE-R 2361, 2362 – *Nord-KS/Xella*. Die Beschwerdeinstanz ging ausdrücklich davon aus, dass § 1 GWB die Grundsätze der fehlerhaften Gesellschaft verdränge, OLG Düsseldorf WuW/E DE-R 2146 Rn. 51 – *Nord-KS/Xella*.
1199 OLG Hamm WuW/E OLG 3748, 3749 – *Fehlende Parteifähigkeit*; OLG Hamm WuW/E OLG 4033 – *Gemeinsamer Zeitungsverlag*; *Bunte*, in: Langen/Bunte, § 1 GWB Rn. 293; *J. B. Nordemann*, in: Loewenheim/Meessen/Riesenkampff, § 1 GWB Rn. 254.

tragspartnerin oder Anspruchsgegner aus und folgerichtig auch als Steuerschuldnerin. Zu verklagen sind damit die Gründer der Personalgesellschaft. Deren Leistungen an die »Gesellschaft« fehlt der Rechtsgrund. Beiträge und sonstige geldwerte Leistungen an die Gesellschaft sind daher nach § 812 Abs. 1 Satz 1 BGB zurückzufordern.[1200] Hierbei stellt sich dann die bange Frage, ob der Rückforderung der erbrachten Leistungen die §§ 814, 817 BGB entgegenstehen (dazu Rdn. 409). Zur Begründung führt die h.M. an, dass die Rechtsordnung sich nicht selbst widersprechen dürfe und eine Gesellschaft nicht anerkennen dürfe, die verboten sei.[1201]

c) Stellungnahme

Eine verbreitete Ansicht im Schrifttum wendet dagegen die Grundsätze der fehlerhaften Gesellschaft uneingeschränkt auf kartellrechtswidrige Personalgesellschaften an.[1202] Dem ist zuzustimmen. Stellt man den Widerspruch zur Rechtsordnung dem teleologischen Anliegen der fehlerhaften Gesellschaft gegenüber, wird man *sine ira et studio* eine kartellrechtswidrige Personalgesellschaft als fehlerhafte Gesellschaft anerkennen müssen. Die Gesellschaftsgläubiger haben ein Interesse daran, dass ihnen die Gesellschaft als Schuldner erhalten bleibt. Der gesellschaftsrechtliche Bestandsschutz im Gläubigerinteresse ist aus deren Perspektive kartellrechtsneutral. Nimmt man hingegen an, dass die Gesellschaft als solche nichtig ist, haftet der Rechtsschein an den Gesellschaftern. Diese kann der Gläubiger allenfalls als Scheingesellschafter in Anspruch nehmen und verliert dadurch seine Vorzugsstellung gegenüber privaten Gläubigern.[1203] Der Schutzzweck des § 1 GWB überwölbt nicht diese Gläubigerbenachteiligung. Vielmehr bietet die Präventionswirkung des § 1 GWB keinen rechtlichen Anlass, Gesellschaftsverträge *ex tunc* für nichtig an-

383

1200 BGH WuW/E BGH 2675, 2678 – *Nassauische Landeszeitung*; OLG Düsseldorf WuW/E DE-R 334, 338 – *Rhein-Sieg-Verkehrsverbund*.
1201 *Bunte*, in: Langen/Bunte, § 1 GWB Rn. 304 ff.; *Habermeier*, in: Staudinger (2003) § 705 Rn. 68; *Ulmer*, in: MünchKommBGB, § 705 Rn. 334. So im Ergebnis auch die Begründung des OLG Hamm WuW/E OLG 4033, 4037 – *Gemeinsamer Zeitungsverlag*; WuW/E OLG 3748, 3749 f. – *Zeitungsverlag*.
1202 *Benner*, S. 105 ff.; *W.H. Roth*, in: FS Hopt, S. 2881, 2896 ff.; *K. Schmidt*, AcP 186 (1986), 421, 448 ff.; *ders.*, WuW 1988, 5, 8 ff.; *ders.*, in: MünchKommHGB, § 105 Rn. 243; *Schwintowski*, NJW 1988, 937, 941 ff.; *Wertenbruch*, S. 56 ff.; *ders.*, in: Ebenroth/Boujong/Joost/Strohn, HGB, § 105 Rn. 184; *ders.*, NJW 2005, 2823, 2826; *Zimmer*, in: Immenga/Mestmäcker, § 1 GWB Rn. 226.
1203 Treffend: *Lohse*, in: FS Säcker, S. 827, 836; ebenso: *K. Schmidt*, WuW 1988, 5, 7; *ders.*, AcP 186 (1986), 419, 448; *ders.*, in: FS Mestmäcker, S. 763, 768 ff. Hieraus stellt auch *C. Schäfer*, S. 262 f. ab, der zugleich treffend darauf hinweist, dass eine Haftung als Scheingesellschafter einer kartellverbotswidrigen Gesellschaft nicht nur § 179 Abs. 2 BGB widerspricht, sondern auch keine akzessorische Haftung sein kann, da eine Gesellschaftsschuld fehlt.

zusehen. Mit der Vereinbarung einer kartellrechtswidrigen Personengesellschaft ist das »Kind in den Brunnen gefallen« und rückwirkend lässt sich der Wettbewerb nicht mehr herstellen.[1204]

384 Die These von der Nichtigkeit einer kartellrechtswidrigen Personalgesellschaft beruht weniger auf dem Präventionszweck des § 1 GWB, sondern auf dem juristischen Störgefühl, dass eine kartellverbotswidrige Gesellschaft fortbesteht. Dem lässt sich mit hierauf abgestimmten Sanktionen begegnen. Nach einer Untersagungsverfügung gem. § 32 GWB kann die Kartellbehörde Bußgelder verhängen, wenn die Beteiligten ungeachtet dessen das Kartell fortsetzen.[1205] Daneben kommen Schadensersatzansprüche der Betroffenen in Betracht, § 33 GWB. Wie im Kapitalgesellschaftsrecht stellt eine Abstellungsverfügung der Kartellbehörde allerdings noch keinen Auflösungsgrund dar.[1206] Deswegen ist es denkbar, dass die Gesellschafter die kartellrechtswidrige Gesellschaft fortsetzen. Indes sind diese Bedenken theoretisch. Zum einen werden die Bußgelder und Schadensersatzansprüche die Beteiligten davon abhalten, das Kartell weiter durchzuführen. Zum anderen rechtfertigt diese Situation eine gerichtliche Auflösungsverfügung nach § 131 Abs. 1 Nr. 4 HGB. Man wird noch weiter gehen können und den Gesellschaftern eine Pflicht aufbürden, den kartellrechtswidrigen Gesellschaftsvertrag wettbewerblich konform zu ändern oder – falls dies scheitert – die Gesellschaft aufzulösen.[1207] Offen bleiben mag hier, ob der Tatbestand einer fehlerhaften Personengesellschaft wie im Kapitalgesellschaftsrecht zweigliedrig zu gestalten ist und demnach höherrangige Schutzzwecke allgemein unbeachtlich sind.[1208] Nach der vordringenden Ansicht im Schrifttum aber entgegen der Rechtsprechung bleibt festzuhalten, dass § 1 GWB kein Allgemeininteresse begründet, welches eine fehlerhafte Gesellschaft aufhebt.

1204 *Huber/Baums*, in: FK-GWB, § 1 GWB a.F. Rn. 663; *Lohse*, in: FS Säcker, S. 827, 837 f.; *C. Schäfer*, S. 266 ff.; *Wertenbruch*, S. 61; *Zimmer*, in: Immenga/Mestmäcker, § 1 GWB Rn. 226.
1205 Hierauf weist hin: *K. Schmidt*, AcP 186 (1986), 419, 450 f.; *ders.*, in: FS Mestmäcker, S. 763, 767 f.; dem folgend: *Lohse*, in: FS Säcker, S. 827, 837 f.; *C. Schäfer*, S. 267.
1206 *Paschke*, ZHR 155 (1991), 1, 18 ff.; *Lohse*, in: FS Säcker, S. 827, 841 f.; *K. Schmidt*, in: MünchKommHGB, § 131 Rn. 50.
1207 *K. Schmidt*, in: MünchKommHGB, § 131 Rn. 50.
1208 So *Schwintowski*, NJW 1988, 937, 941 ff.

III. Nichtigkeit wettbewerbsbeschränkender Vereinbarungen und Beschlüsse

1. Gesamt- bzw. Teilnichtigkeit

Seit der 6. GWB-Novelle ist klar, dass § 1 GWB ein Verbotsgesetz i.S.d. § 134 BGB ist. Gemäß § 134 BGB ist ein Rechtsgeschäft, das gegen ein gesetzliches Verbot verstößt, nichtig, wenn sich nicht aus dem Gesetz ein anderes ergibt. Anders als bei Art 101 Abs. 2 AEUV, demzufolge Vereinbarungen die gegen das Verbot des Art. 101 Abs. 1 AEUV verstoßen und nicht gemäß Art. 103 AEUV frei gestellt sind, nichtig sind, folgt die Nichtigkeit eines Verstoßes gegen § 1 GWB aus der Einordnung als gesetzliches Verbot und der kombinierten Anwendung von § 134 BGB i.V.m. § 1 GWB. In der vor der 6. GWB-Novelle geltenden Fassung waren wettbewerbsbeschränkende Verträge und Beschlüsse lediglich unwirksam. Die Unwirksamkeitssanktion erklärt sich vor dem Hintergrund, dass Verträge und Beschlüsse gültig werden konnten, wenn eine Legalisierung über §§ 2–8 a.F. GWB erfolgte. Die Kartellbehörde hatte sodann bei Ausführung eines unwirksamen Vertrages oder Beschlusses z.B. die Möglichkeit nach § 37a Abs. 1 a.F. GWB deren Durchführung zu untersagen. Weiterhin war auch möglich das Hinwegsetzen über die Unwirksamkeit als Ordnungswidrigkeit nach § 38 Abs. a.F. GWB zu behandeln. Die Nichtigkeit führt dazu, dass die Vereinbarung keine rechtliche Wirkung entfaltet und insoweit nicht gerichtlich durchgesetzt werden kann.[1209] Die Nichtigkeitssanktion erfasst grundsätzlich die von ihr betroffenen Vereinbarungen in allen ihren vergangenen und zukünftigen Wirkungen.[1210] Die nichtige Vereinbarung erzeugt in den Rechtsbeziehungen zwischen den jeweiligen Vertragspartnern grundsätzlich keine Wirkung und kann von beiden Seiten grundsätzlich geltend gemacht werden.

385

Nähert man sich unbefangen § 134 BGB, scheint dieser nahzulegen, dass Rechtsfolge eines gegen ein gesetzliches Verbot verstoßenden Rechtsgeschäftes immer die Gesamtnichtigkeit (mit Wirkung ex tunc) sei. Dieser Schluss ist allerdings unzutreffend. Ein Verstoß gegen ein Verbotsgesetz i.S.d. § 134 BGB führt gerade nicht stets zur Gesamtnichtigkeit. Vielmehr reicht die Nichtigkeit der Vereinbarung bzw. der entsprechenden Vertragsklausel nur soweit, wie die Voraussetzungen des § 1 GWB erfüllt sind.[1211] Die Reichweite der Nichtigkeitssanktion ist demnach dem Zweck der Verbotsnorm zu entnehmen.[1212] Die

386

1209 So allgemein *Rittenauer/Richter*, ecolex 2015, 877, 877.
1210 *Krauß*, in: *Langen/Bunte*, § 1 GWB Rn. 318; EuGH 28.9.2001, Slg. 2001, I-6297 – *Courage on Crehan*, Rn. 22; EuGH WuW/E EuGH 1108 – *Manfredi*.
1211 OLG Frankfurt WuW/E DE-R 4748 – *Bezirkshändlervertrag*; *Bunte*, in: Langen/Bunte, Kommentar zum Kartellrecht, § 1 GWB, Rn. 320.
1212 *Mayer-Maly*, in: MünchKommBGB, 134, BGB Rn. 89; *Topel*, in: *Wiedemann* (Hrsg.), Handbuch des Kartellrechts, § 50, Rn. 10.

§ 1 GWB *Verbot wettbewerbsbeschränkender Vereinbarungen*

Verbotsnorm des § 1 GWB lässt eine Teilnichtigkeit von Vertragsabreden grundsätzlich zu, soweit (i) der von der Nichtigkeit nicht betroffene Teil als selbständiges Rechtsgeschäft Bestand haben kann und somit **objektiv abtrennbar** ist und (ii) die Parteien das Rechtsgeschäft auch ohne den nichtigen Teil vorgenommen hätten. Entscheidend ist dabei nicht die Intention der Parteien, sondern ob bei objektiver Betrachtung der wirkliche bzw. hypothetische Wille darauf gerichtet ist, an dem Rechtsgeschäft fortan festzuhalten.[1213] Soweit demnach eine Abtrennbarkeit der Klausel vorliegt und auch noch ein bestandsfähiger Rest verbleibt, richtet sich das Schicksal des übrigen Vertrages nach § 139 BGB. Gemäß § 139 BGB ist, wenn ein Teil des Rechtsgeschäfts nichtig ist, Gesamtnichtigkeit dann anzunehmen, wenn nicht davon auszugehen ist, dass dem Rechtsgeschäft nach dem (hypothetischen) Willen der Parteien dieses auch ohne den nichtigen Teil vorgenommen worden wäre. Daraus folgt, dass die Nichtigkeit von Teilen einer Vereinbarung grundsätzlich zur Gesamtnichtigkeit führt, es sei denn, der hypothetische Parteiwille steht dem entgegen.

387 Entscheidend ist somit den Ausgangspunkt festzustellen, ob und inwieweit die kartellrechtskonformen Klauseln (z.B. in einem Vertrag) von der kartellrechtswidrigen Klausel »infiziert« werden. Dabei sind durchaus verschiedene Sachverhaltskonstellationen denkbar. Es kann sich zum einen die Frage stellen, ob eine kartellrechtswidrige Klausel Auswirkung auf eine oder wenige weitere Klauseln innerhalb eines Vertrages hat, oder es kann sich die Frage stellen, ob die kartellrechtswidrige Klausel so wesentlich für den Vertrag ist, dass sich lediglich die Frage der Auswirkung auf den Gesamtvertrag stellt. An einer Teilbarkeit im Sinne von § 139 BGB fehlt es vor allem dann, wenn die nichtige Vereinbarung der eigentliche Kern des Rechtsgeschäfts ist und die kartellrechtswidrige Vertragsklausel in einem untrennbaren wirtschaftlichen Zusammenhang mit dem übrigen Vertrag steht.[1214] Kriterien bei der Prüfung der Trennbarkeit der Klauseln sind z.B., ob die Durchführung des Vertrages im Übrigen von der kartellrechtswidrigen Klausel abhängt bzw. ob die kleine Klausel ohne die andere noch Sinn ergibt oder funktionslos wird. Ein untrennbarer Zusammenhang liegt insbesondere dann vor, wenn bestimmte Klauseln in einem synallagmatischen Zusammenhang stehen.[1215] Eine Trennbarkeit wurde z.B. in einem Bezirkshändlervertrag angenommen, in dem den Bezirkshändlern (unter der Annahme, dass es sich bei diesen um echte Handelsvertreter handle) ein fester Verkaufspreis vorgegeben wurde, der Vertrag

---

1213 OLG Frankfurt WuW/E DE-R 4748 – *Bezirkshändlervertrag*, Rn. 26; von der Notwendigkeit einer objektiven Betrachtung wird auch in der österreichischen Literatur und Spruchpraxis ausgegangen: *Eilmansberger*, JBl 2009, 337, 338; *Rittenauer/Richter*, ecolex 2015, 877, 878.
1214 OLG Schleswig, 28.3.1996, MDR 1996, 931.
1215 So für Österreich OGH, 13.3.2012, 10 Ob 10/12m.

im Übrigen aber noch durchführbar war.[1216] Die kartellrechtswidrige Absprache bildet jedoch dann die Hauptleistungspflicht, wenn es z.B. um eine Preisabsprache zwischen Wettbewerbern oder einen Verstoß gegen den Gesellschaftszweck geht.[1217] Von einer Untrennbarkeit der Klauseln ist in Anlehnung an den österreichischen OGH auch dann auszugehen, wenn in einem langfristigen Gaslieferungsvertrag eine Mengenreduktionsklausel mit einer Mindestabnahmeverpflichtung kombiniert wird.[1218] Der österreichische OGH stellte diesbezüglich fest, dass eine Mengenreduktionsklausel, derzufolge die im Vertrag vereinbarte Mindestabnahmemenge in dem Maße sinkt, in dem der Lieferant des Kunden dessen Abnehmer beliefert, in einem untrennbaren Zusammenhang mit der Mindestabnahmeverpflichtung selbst steht, da beide Vertragsbestimmungen einander bedingen und im Gegenzug für die jeweils andere Klausel vereinbart wurden und insoweit Gegenstücke bzw. »die andere Seite der Medaille« sind. Übertragen auf das deutsche Recht folgt daraus, dass zwar nicht immer ein synallagmatischer Zusammenhang zwischen den Klauseln erforderlich ist, sondern vielmehr entscheidend sein muss, ob die Klauseln in einem rechtlichen bzw. wirtschaftlichen Zusammenhang stehen und die Klauseln bei verständiger objektiver Würdigung nicht ohne die andere vereinbart worden wäre bzw. der Vertrag im Ganzen so nicht geschlossen worden wäre. Daneben ist entscheidend, worauf der objektiv zu ermittelnde hypothetische Parteiwille gerichtet ist. Das Verstehen des Willens muss derjenige darlegen und beweisen, der sich auf § 139 BGB und damit auf die Aufrechterhaltung des allnichtigen Geschäftes beruft.[1219] Etwas anderes gilt jedoch, wenn sich im Vertrag eine salvatorische Klausel befindet. Daraus folgt allerdings nicht, dass hinsichtlich der Frage der Abtrennbarkeit ein grundsätzlicher Unterschied zwischen horizontalen und vertikalen Vereinbarungen vorgenommen werden kann. Vielmehr bedarf es immer der Analyse im Einzelfall.

Ableiten lassen sich aus dem Verstoß gegen § 1 GWB keine Argumente für oder gegen eine Restgültigkeit des Vertrages. Der Zweck dieser Vorschrift begründet nicht nur die Nichtigkeit, sondern grenzt die Nichtigkeitsfolgen umgekehrt wieder ein. Da § 1 GWB dazu dient, den Wettbewerb vor beschränkenden Einflüssen freizuhalten, bedarf es keiner Nichtigkeitssanktion, wenn die wettbewerbsbeschränkende Klausel entfallen ist.[1220] Dem Präventions-

388

1216 OLG Frankfurt WuW/E DE-R 4749 – *Bezirkshändlervertrag*.
1217 OLG Hamm, WuW/E OLG 3748, 3749, OLG Frankfurt, WuW/E OLG 3498, 3501 – *Nassauische Landeszeitung*.
1218 OGH, 18.2.2015, 2 Ob 22/14w; siehe dazu *Wollmann/Hlina*, ecolex 2015, 253; siehe dazu auch die Besprechung von *Rittenauer/Richter*, ecolex 2015, 877 ff.
1219 OLG Frankfurt, Rn. 26.
1220 BGH WuW/E BGH 2909, 2913 – *Pronuptia II* (insoweit nicht aufgegeben durch BGH WuW/E DE-R – *Tennishallenpacht*); *Bunte*, in: Langen/Bunte, § 1 GWB Rn. 284 a.E.

zweck des § 1 GWB ist entsprochen, wenn nur eine kartellrechtswidrige Abrede nichtig ist und der abtrennbare Vertragsrest im Übrigen wirksam. Auch in diesem Falle kann der Verletzte wegen der kartellrechtswidrigen Klausel etwaige Schadensersatzansprüche geltend machen, ohne dass dem die rechtliche Wirksamkeit des Vertragsrests entgegenstünde.[1221] Umgekehrt kann es der Wettbewerbsschutz gebieten, dass ein Vertrag soweit wie möglich aufrechterhalten bleibt. Verallgemeinerungen verbieten sich allerdings. So hat der BGH für **Lizenzverträge** über **technische Schutzrechte** entschieden, dass es regelmäßig dem Interesse der Parteien entspricht, den Vertrag im Übrigen aufrecht zu erhalten.[1222] Dies kann sogar geboten sein, da mit Lizenzverträgen über technische Schutzrechte oftmals erhebliche Investitionen verbunden sind und es nicht Aufgabe des § 1 GWB ist, versunkene Kosten zu erzeugen.[1223] Hingegen ist es bei schlichten Austauschverträgen nicht geboten, den Vertrag so weit wie möglich aufrecht zu erhalten, wenn eine Klausel kartellrechtswidrig ist. Hier fehlt es typischerweise an erheblichen Vertragsinvestitionen, so dass der zu Lizenzverträgen über technische Schutzrechte entwickelte Gedanke nicht übertragbar ist.[1224]

2. Salvatorische Klauseln

389 Salvatorische Klauseln bestehen typischerweise aus zwei Bestandteilen: Zum einen aus einer salvatorischen **Erhaltensklausel**, nach der die »Unwirksamkeit oder Nichtigkeit einer oder mehrerer Vertragsbestimmungen« die Wirksamkeit des Vertrages im Übrigen nicht berührt. Ergänzt wird diese Klausel meist durch eine **Ersetzungsklausel**. Diese verpflichtet die Parteien dazu, eine unwirksame oder nichtige Klausel durch eine solche zu ersetzen, die dem wirtschaftlichen Vertragszweck am Nächsten kommt.[1225] Derartige Klauseln bedeuten nicht, dass die vom Nichtigkeitsgrund ausgenommenen Vertragsklauseln unmittelbar wirksam sind.[1226] Bei einem teilweisen Kartellverstoß

1221 Siehe auch *Bunte*, in: Langen/Bunte, § 1 GWB Rn. 284.
1222 BGHZ 17, 41, 59 ff. – *Kokillenguss* = WuW/E BGH 100; BGH WuW/E BGH 2565, 2570 – *Kaschierte Schaumstoffplatten*; OLG Hamburg WuW/E OLG 4429, 4433 – *Diamant Zeichen*.
1223 Auf die Investitionskosten hat maßgeblich abgestellt: BGH WuW/E BGH 2565, 2570 – *Kaschierte Hartschaumplatten*. Entgegen *Krauß*, in: Langen/Bunte, § 1 GWB Rn. 318 spielte die Monopolstellung des Inhabers eines gewerblichen Schutzrechts keine Rolle.
1224 BGH WuW/E BGH 1732, 1735 – *Fertigbeton*.
1225 Siehe zur Typologie etwa *Bunte*, GRUR 2004, 301.
1226 Ausdrücklich BGH WuW/E DE-R 1031, 1032 – *Tennishallenpacht* gegen die Vorinstanz OLG Düsseldorf WuW/E DE-R 661. Ausdrücklich hat der BGH in der Entscheidung »Tennishallenpacht« von der entgegenstehenden früheren Rechtsprechung des Kartellsenats Abstand genommen. Überholt insoweit BGH WuW/E 2909, 2913 – *Pronuptia II*.

können die Parteien daher nicht vereinbaren, dass der Vertragsrest ohne weiteres automatisch wirksam ist.[1227] Vielmehr entbindet die Vereinbarung einer salvatorischen Klausel nicht von der nach § 139 BGB vorzunehmenden Prüfung, ob die Parteien das teilnichtige Geschäft als Ganzes verworfen hätten.[1228] Eine salvatorische Klausel kehrt lediglich die **Beweislast** im Rahmen des § 139 BGB um[1229] und weist demjenigen, der entgegen der salvatorischen Klausel den Vertrag als Ganzes für unwirksam hält, die diesbezügliche Darlegungs- und Beweislast zu.[1230] Grundsätzlich trifft denjenigen die Darlegungs- und Beweislast im Rahmen des § 139 BGB, der sich auf die Teilnichtigkeit eines Rechtsgeschäftes beruft und somit den Vertrag im Übrigen aufrechterhalten will. Dies gilt jedoch nicht, wenn eine salvatorische Klausel vereinbart wurde. Enthält ein Vertrag eine solche salvatorische Erhaltensklausel, so muss dieser darlegen und beweisen, dass der gesamte Vertrag nichtig ist. Die Beweislast trifft hier nicht denjenigen, der das Rechtsgeschäft aufrechterhalten will, sondern denjenigen, der das Rechtsgeschäft insgesamt verwerfen will, obwohl eine salvatorische Klausel im Vertrag enthalten war.[1231] Entscheidender Vorteil der salvatorischen Klausel ist somit, dass es zu einer Umkehrung der Beweislast kommt, nicht aber dass der Vertrag ipso iure aufrechterhalten und wirksam bleibt.

3. Nichtigkeit ex-tunc oder ex-nunc?

Grundsätzlich tritt die Nichtigkeitsfolge mit Wirkung ex-tunc ein, d.h. dass der Vertrag von Anfang an als nichtig zu betrachten ist. Grundsätzlich bestimmt sich die Wirksamkeit eines Vertrages nach dem zum Zeitpunkt des Vertragsabschluss geltenden Rechts. Allerdings kann es Fälle geben, in denen Verbotsgesetze im Einzelfall auch wirksam begründete Dauerschuldverhältnisse derweise erfassen, dass diese erst ex-nunc unwirksam werden. dies setzt nach der Rechtsprechung voraus, dass das Verbotsgesetz die für die Zukunft eintretende Nichtigkeit nach seinem Sinn und Zweck erfordert.[1232] Dies sei

390

1227 *Säcker/Jaecks*, in: MünchKommEuWettbR, Art. 81 Rn. 789.
1228 So überzeugend BGH WuW/E DE-R 4499 – *Stromnetz Olching*.
1229 BGH WuW/E DE-R 1031, 1032 f. – *Tennishallenpacht*; so auch die anderen Zivilsenate des BGH: BGH NJW 1996, 773, 774; BGH LM Nr. 85 zu § 139 BGB; BGH NJW-RR 1997, 684, 685; außerdem: OLG Hamm GRUR 1980, 183, 185; OLG Stuttgart ZIP 1989, 60, 63; *Bunte*, GRUR 2004, 301, 303; *Busche*, in: MünchKommBGB, § 139 Rn. 8; *Ulmer*, FS Steindorff, S. 799, 804 f.; zweifelnd: *Roth*, in: Staudinger § 139 Rn. 22; a.A. – nicht überzeugend: *Canaris*, DB 2002, 930, 934.
1230 BGH WuW/E DE-R 4499 – *Stromnetz Olching*; BGH WuW/E DE-R 2921 – *Endschaftsbestimmung II*, Rn. 30.
1231 BGH WuW/E DE-R 1031, 1032 – *Tennishallenpacht*; *Bunte*, GRUR 2004, 301, 303.
1232 BGH WuW/E DE-R 1119 – *Verbundnetz II*.

§ 1 GWB Verbot wettbewerbsbeschränkender Vereinbarungen

bei § 1 GWB dann der Fall, wenn z.B. der Inhalt der wettbewerbsbeschränkenden Vereinbarung erst nach der im Zeitpunkt der gerichtlichen Entscheidung geltenden Normlage gegen das GWB verstößt.[1233] Daraus folgt, dass ein ursprünglich kartellrechtlich wirksam abgeschlossener Vertrag im Zeitablauf kartellrechtswidrig werden kann.[1234] Dies wird damit begründet, dass der von § 1 GWB und auch dem Missbrauchsverbot bezweckte Wettbewerbsschutz dann unzureichend bliebe, wenn bestimmte Dauerschuldverhältnisse von der Nichtigkeitsfolge nur deshalb ausgenommen werden würden, weil der Vertrag bei seinem Abschluss noch einen kartellrechtlich unbedenklichen Inhalt hatte. Vielmehr gebietet es der Schutzzweck der Kartellrechtsnorm, einem solchen Vertrag dann die rechtliche Wirksamkeit zu versagen, sobald der Inhalt gegen das Kartell- bzw. Missbrauchsverbot verstößt und somit der freie Wettbewerb in unzulässiger Weise beeinträchtigt wird. Von dem Grundsatz der ex-tunc-Nichtigkeit gibt es allerdings einige – allgemein – anerkannte Ausnahmen, in denen die Nichtigkeit ausnahmsweise erst mit Wirkung für die Zukunft eintritt. Eine ex-nunc-Nichtigkeit kommt beispielsweise dann in Betracht, wenn sich aus dem Verbotsgesetz selbst etwas anderes ergibt, ein sogenanntes fehlerhaftes Arbeitsverhältnis oder eine fehlerhafte Gesellschaft vorliegt.[1235] Während die erste Ausnahme beim Kartellverbot eher nicht einschlägig erscheint, da § 1 GWB als Verbotsgesetz diesbezüglich nichts hergibt, verbleiben jedoch die beiden Fallgruppen des fehlerhaften Arbeitsverhältnisses und der fehlerhaften Gesellschaft. Eine ausnahmsweise ex-nunc-Nichtigkeit beim fehlerhaften Arbeitsverhältnis wird damit begründet, dass aufgrund der besonderen persönlichen Beziehung zwischen Arbeitgeber und Arbeitnehmer der Arbeitnehmer bei einer Nichtigkeit des Arbeitsvertrags nicht in die für ihn nachteilige Situation gebracht werden soll, gegen Rückzahlung des Arbeitslohns seine eigene Leistung bereicherungsrechtlich geltend machen zu müssen. Ein Grund für die Ausnahme von der ex-tunc Nichtigkeit ist auch eine besondere Schutzbedürftigkeit des Arbeitnehmers. Vergleichbares gilt auch bei der Fallgruppe der fehlerhaften Gesellschaft.[1236] Nach der **Lehre der fehlerhaften Gesellschaft** wird eine Gesellschaft, die an einem Gründungsmangel leidet und dennoch in Verzug gesetzt worden ist, grundsätzlich als wirksam behandelt. Einem Gesellschafter, der sich auf einen Mangel an der Gesellschaft berufen will, steht lediglich ein Recht zur außerordentlichen Kündigung mit Wirkung ex-nunc zu.[1237]

1233 BGH WuW/E DE-R 1119 – *Verbundnetz II*.
1234 So auch OLG Düsseldorf WuW DE-R 1522 – *Schilerprägemarkt*.
1235 So *Armbrüster*, in: MünchKommBGB, § 134 BGB, Rn. 104; *Czibere/Weise*, VertrR 2014, 275, 279.
1236 *Czibere/Weise*, ZVertriebsR 2014 275, 279 m.w.N.
1237 BGH ZIP 2010, 2497; BGH WuW DE-R 4649 – *Dentalartikel*.

Verbot wettbewerbsbeschränkender Vereinbarungen **§ 1 GWB**

Keine Anwendung finden die Grundsätze der fehlerhaften Gesellschaft nach neuerer Rechtsprechung auf den **Erwerb eines Geschäftsanteils** an einer **GmbH**.[1238] Allerdings stellt sich dort die Frage, ob der Erwerb des Geschäftsanteils nach § 16 Abs. 1 GmbHG a.F. gegenüber der Gesellschaft wirksam ist, auch wenn der Beitritt selbst gegen § 1 GWB verstößt. Dahinter steht die Frage, ob auch bei einem kartellrechtswidrigen Beitritt gegenüber der Gesellschaft ein wirksamer Erwerb des Geschäftsanteils vorliegt, oder ob § 16 GmbHG a.F. hinter § 1 GWB zurücktritt. Letztere Ansicht wurde damit begründet, dass eine Anwendung des § 16 GmbHG a.F. den Zielen des GWB widerspräche und der gute Glaube an die kartellrechtliche Wirksamkeit der Anteilsabtretung nicht geschützt sei.[1239] Die Gegenansicht tritt dem entgegen und hält den Erwerb des Geschäftsanteils auch dann für wirksam, wenn der Beitritt selbst gegen § 1 GWB verstößt.[1240] Begründet wird diese Ansicht insbesondere mit dem Sinn und Zweck des § 16 Abs. 1 GmbHG a.F., demzufolge für die Gesellschaft auch bei einem unwirksamen Beitritt durch die Fiktion eines wirksamen Erwerbs der Gesellschaftsdarstellung Rechtssicherheit geschaffen werden soll. Intention ist es ferner einen Streit darüber zu vermeiden, wer zur Zahlung der Einlage verpflichtet ist. Insoweit dient die Vorschrift insbesondere dem Gläubigerschutz. Dieses Gläubigerschutzbedürfnis besteht auch bei einem Verstoß gegen § 1 GWB. Der Rechtsprechung des BGH und der überwiegenden vertretenen Ansicht ist insoweit beizupflichten, als das § 1 GWB nicht in jedem Fall gebietet, dass eine Nichtigkeit ex-tunc eintreten muss, sondern es bestimmte Fallkonstellationen gibt, in denen nachvollziehbare Interessen (wie z.B. das Gläubigerschutzinteresse, das öffentliche Interesse an der institutionellen Sicherung der Wettbewerbsfreiheit) auch überlagern können mit der Folge, dass ein Erwerb als wirksam eingeordnet wird.

391

Der Gedanke einer Anordnung einer möglichst weitgehenden Wirksamkeitssanktion lässt sich auch in anderen Bereichen des Kartellrechts feststellen, beispielsweise bei der Anordnung einer ex-tunc Wirksamkeit von zunächst bei **Nichtanmeldung von Zusammenschlüssen schwebender Unwirksamkeit** der Rechtsgeschäfte. Diesbezüglich hat das OLG Frankfurt entschieden, dass eine ex-tunc Wirksamkeit der zunächst schwebend unwirksamen Rechtsgeschäfte auch dann vorliege, wenn ein zunächst eingeleitetes Entflechtungs-

392

1238 BGH WuW/DE-R 4649 – *Dentalartikel*; NZG 2015, 478.
1239 OLG Frankfurt a.M., WuW/E OLG, 5035; *Münch/Espar*, HDB GesR III, 3. Auflage, § 24 Rn. 235; *Zimmer*, in: Immenga/Mestmäcker, Kommentar zum Wettbewerbsrecht, 5. Aufl., GWB, § 1 Rn. 196.
1240 *Winter/Löbbe*, in: *Ulmer Habersack/Habersack/Winter*, Kommentar zum GmbH-Gesetz, 1. Aufl. 2005, § 16, Rn. 51; *Winter/Seibt*, in: Scholz, Kommentar zum GmbH-Gesetz, 10. Aufl. 2006, § 16, Rn. 23; *Kraus*, in: Langen/Bunte, Kommentar zum Kartellrecht, 12. Aufl., Kommentar zum GWB, § 1 Rn. 338; so auch BGH WuW/DE-R 4649 – *Dentalartikel*.

verfahen eingestellt wurde, wettbewerbliche Bedenken insoweit aber nicht bestünden.[1241]

4. Geltungserhaltende Reduktion

393 Überschreitet eine wettbewerbsbeschränkende Abrede das zeitlich, räumlich oder sachlich erlaubte Maß, bleibt die Frage, ob jene auf das erlaubte Maß zurückgeführt werden kann. Angesprochen ist damit die Frage, ob eine geltungserhaltende Reduktion möglich ist. Praktisch bedeutsam ist diese Frage beispielsweise bei überlangen Bezugsbindungen, Wettbewerbsverboten oder Markenabgrenzungsvereinbarungen. Erstere finden sich oft in Gestalt von Gebiets- und Kundenschutzklauseln oder als überlanges Wettbewerbsverbot in einem Gesellschaftsvertrag. Die primärrechtskonforme Auslegung beantwortet die Frage nicht, ob eine geltungserhaltende Reduktion zulässig ist, so dass sich aus Art. 101 AEUV weder Argumente für noch gegen eine geltungserhaltende Reduktion gewinnen lassen.[1242] Wie sich das zivilrechtliche Schicksal einer wettbewerbswidrigen Abrede bestimmt, ist nach wie vor Domäne des nationalen Rechts. Besonders umstritten ist, ob eine kartellrechtswidrige Vereinbarung einer geltungserhaltenden Reduktion zugänglich ist. Ob eine geltungserhaltende Reduktion möglich ist, hängt nach der höchstrichterlichen Rechtsprechung des BGH entscheidend von der jeweiligen Wettbewerbsbeschränkung ab. Der BGH anerkennt dann eine geltungserhaltende Reduktion beispielsweise für zulässig, wenn im Zuge der Vereinbarung eines (nachvertraglichen) Wettbewerbsverbots bei diesem lediglich die **zeitlichen Grenzen** überschritten werden, die Klausel im Übrigen aber unbedenklich ist.[1243] Dahinter steht die Überlegung, dass sich eine auf Dauer angelegte Beziehung in Zeitabschnitte unterteilen lässt und sich die zeitlichen Grenzen übersteigenden Teile von dem Rest abtrennen lassen. Eine Grenze bildet insoweit jedoch § 138 BGB (Sittenwidrigkeit). Denn führt ein Wettbewerbsverbot dazu, dass eine Vertragspartei ihre berufliche Tätigkeit in einem bestimmten Geschäftsbereich faktisch die Bindung in zeitlicher Hinsicht aufgeben muss, ist die Klausel unabhängig von der Möglichkeit der geltungserhaltenden Reduktion bei zeitlichem Überschießen sittenwidrig und somit nichtig und bedarf keiner weiteren Prüfung.[1244] Anders als teilweise in der Literatur vertreten gilt die Schranke des § 138 BGB allerdings dann nicht, wenn es an der Spürbarkeit der durch das Wettbewerbsverbot bewirkenden Wettbewerbsbeschränkung fehlt.[1245] An-

---

1241 OLG WuW/DE-R 4864 – *Verspätete Anmeldung bei Übernahmevertrag*.
1242 *Säcker/Jaecks*, in: MünchKommEuWettbR, Art. 81 EG Rn. 851.
1243 BGH NZG 2005, 843; BGH NZG 2000, 2584; so auch OLG Stuttgart NZG 1999, 252 zu einem die zeitlichen und sachlichen Schranken überschreitenden nachvertraglichen Wettbewerbsverbots zwischen ehemals soziierten Ärzten.
1244 So auch *Bernhard*, NJW 2013, 2785, 2786.
1245 So jedoch *Bernhard*, NJW 2013, 2785, 2786; *Thomas*, WuW 2010, 177, 182.

ders entschied der BGH jedoch für den Fall, dass die **gegenständlichen/sachlichen Grenzen** des Wettbewerbsverbots überschritten werden.[1246] Konkret war dem Subunternehmer nachvertraglich verboten worden, jegliche Tätigkeit für Mitbewerber seines ehemaligen Auftraggebers in dem vom Subunternehmervertrag erfassten Bereich auszuüben. Der BGH ging in diesem Fall gegenständliche Überschreitung der Grenzen des Wettbewerbsverbots davon aus, dass eine geltungserhaltende Reduktion nicht möglich ist. Zur Begründung wird angeführt, dass die Gerichte bei einer sachlichen bzw. gegenständlichen Überschreitung des (nachvertraglichen) Wettbewerbsverbots anderenfalls rechtsgestaltend auf den Inhalt eines Vertrages einwirken müssten, um diesen wiederum in Einklang mit der Rechtsordnung zu bringen.

Eine gegenständliche Überschreitung des Wettbewerbsverbots hat der BGH beispielsweise in einem Fall angenommen, in dem einem aus einer Gemeinschaftspraxis ausscheidenden Tierarzt nicht nur eine konkurrierende Tätigkeit zur Gemeinschaftspraxis verboten wurde, sondern ihm jede Ausübung des Tierarztberufes im Umkreis von 30 km untersagt war.[1247] An diese Rechtsprechung des BGH zur gegenständlichen Überschreitung der Grenzen des Wettbewerbsverbotes oder des (nachvertraglichen) Wettbewerbsverbotes, reiht sich auch eine Entscheidung des OLG Düsseldorf an, welches sich mit der Zulässigkeit eines (nachvertraglichen) Wettbewerbsverbotes bei **räumlicher Überschreitung** der Grenzen des Wettbewerbsverbotes (hier für Colostrum für Jungrinder bzw. Jungziegen) zu beschäftigen hatte.[1248] Im konkreten Fall galt das (nachvertragliche) Wettbewerbsverbot in räumlicher Hinsicht unbeschränkt und hatte weltweite Geltung, was angesichts der konkreten Verhältnisse überschießend war, da das nachvertragliche Wettbewerbsverbot in räumlicher Hinsicht immer nur dann gerechtfertigt ist, wenn eine räumliche Überschneidung der Wettbewerbsaktivitäten durch die Parteien vorliegt.

394

Für die Vertragsgestaltungspraxis bei (nachvertraglichen) Wettbewerbsverboten folgt daraus, dass bei diesen nur dann eine geltungserhaltende Reduktion bei überschießendem Anwendungsbereich möglich ist, wenn der zeitlich zulässige Rahmen überschritten wird. Ausgeschlossen ist die geltungserhaltende Reduktion hingegen bei sachlicher oder räumlicher Überschreitung des (nachvertraglichen) Wettbewerbsverbots. Diese Differenzierung vermag bei genauerem Hinsehen jedoch nicht zu überzeugen. Soweit der Vertrag eine Er-

395

1246 BGH WuW/E DE-R 2554 – *Subunternehmervertrag II*. So auch bereits BGH NJW 1997, 3089 zum Verbot geltungserhaltender Reduktion für ein nachvertragliches Wettbewerbsverbot in einem Gesellschaftsvertrag einer Tierarztpraxis.
1247 BGH NJW 1997, 3089.
1248 OLG WuW/DE-R 4431 – *Nachvertragliches Wettbewerbsverbot*; krit/a.A. *Hirte*, ZHR 154 (1990), 443, 459; *Melullis*, WRW 1994, 686, 691.

setzungsklausel enthält und somit die Beweislast im Rahmen des § 139 BGB (Teilnichtigkeit) umgedreht wird, vermag es nicht einleuchten, warum es dem Richter möglich sein soll, eine Klausel in zeitlicher Hinsicht von drei auf zwei Jahre herabzusetzen, diesem es aber unmöglich ist, unter zur Hilfenahme der zivilprozessualen Instrumente nach der Tatsachenfeststellung zu beurteilen, ob sich beispielsweise in räumlicher Hinsicht die Wettbewerbsaktivitäten der beiden Parteien überschneiden bzw. inwieweit und wann sich diese nicht mehr überschneiden. Ein rechtsgestaltender Einfluss wird auch bei der Zurückführung der zeitlichen Grenzen eines (nachvertraglichen) Wettbewerbsverbotes ausgeübt. Dem ließe sich zwar entgegen halten, dass es für die Frage der geltungserhaltenden Reduktion und der Teilbarkeit der Bestimmungen an einem entsprechenden Parteiwillen fehlt, weil anderenfalls der Vertragsgestalter schlimmstenfalls nur in die Lage versetzt würde, dass die von ihm vorgesehene Klausel gerichtlich auf dasjenige Maß zurückgestuft wird, was die Parteien redlicherweise vereinbart hätten. Allerdings vermag diese Begründung auch nicht die Differenzierung zwischen der zeitlichen und gegenständlichen bzw. räumlichen Überschreitung des Wettbewerbsverbots zu rechtfertigen. Das Verbot der geltungserhaltenden Reduktion bei räumlicher oder gegenständlicher Überschreitung kann auch nicht durch die Einfügung einer salvatorischen Klausel geändert werden. Denn durch diese ändert sich lediglich in Bezug auf die gesetzliche Vermutung des § 139 BGB die Beweislast, nicht aber ergibt sich daraus eine Änderung für die Zulässigkeit der geltungserhaltenden Reduktion.[1249] Dieser Ansicht steht allerdings auch eine Gegenströmung in der Rechtsprechung und Literatur gegenüber, die bei Vereinbarung einer salvatorischen Klausel von der Möglichkeit einer geltungserhaltenden Reduktion grundsätzlich ausgehen.[1250] Dies wird damit begründet, dass die Vertragsparteien in diesem Fall bei Verwendung einer salvatorischen Klausel ausdrücklich zu erkennen gegeben haben, dass die Nichtigkeit einer Bestimmung nicht zu einer Gesamtnichtigkeit des Vertrages führen soll und darüber hinaus auch die angegriffene Bestimmung auf ein zulässiges Maß reduziert werden kann.

396 Von der Zulässigkeit der geltungserhaltenden Reduktion – auch bei gegenständlicher oder räumlicher Überschreitung – wird indes bei **Markenabgrenzungsvereinbarungen** ausgegangen.[1251] Dies begründet der BGH damit, dass die Gefahr der rechtsgestaltenden Einwirkung auf den Vertragsinhalt, bei Markenabgrenzungsvereinbarungen nicht vorliegt. Vielmehr würden sich die Benutzungsbeschränkungen für die Marke »Jette Joop«, welche nach der

---

1249 OLG GWR 2010, 58; so auch *Spindler*, in: MünchKommAktG, § 88 AktG, Rn. 47; *Thüsing*, NZG 2004, 9.
1250 OLG BB 2001, 538; OLG Zweibrücken, MDR 1990, 336; *Sack*, in: Staudinger, § 138 BGB, Rn. 136, 138; *Kamanabrou*, ZGR 2002, 898.
1251 BGH WuW/DE-R 3275 – *Jette Joop*, Rn. 53 ff.

Markenabgrenzungsvereinbarung nur für den Bereich Schmuck und Modeschmuck verwendet werden konnte, als ein Bündel von auf die jeweilige Rechtsordnung beschränkten Unterlassungspflichten für die einzelnen davon erfassten Waren oder Dienstleistungen darstellen. Dieses Bündel könne gleichsam – bildlich gesprochen – durch Aufteilung auf die einzelnen Produkt- und Dienstleistungsmärkte entfochten werden. Des Weiteren stützte der BGH die Zulässigkeit darauf, dass das Verbot der geltungserhaltenden Reduktion dann nicht gelte, wenn die Umformulierung der Klausel dazu dienen soll, dass der Vertrag seinen hauptsächlichen Leistungsinhalt behält.[1252] Hinzu kommt – und das ist m.E. wesentlich –, dass Markenabgrenzungsvereinbarungen im Gegensatz zu Wettbewerbsverboten nicht den Marktzugang bzw. die Markttätigkeit an sich betreffen, sondern lediglich die Möglichkeit mit einer bestimmten Marke auf diesem Markt zu werben.[1253]

5. Reichweite der Nichtigkeitssanktion

Der Nichtigkeitssanktion unterliegen horizontale und vertikale Vereinbarungen. Diese Vereinbarungen bilden jedoch oftmals nur ein Glied in einer längeren Vertragskette. Zumeist setzen weitere Verträge das wirtschaftliche Ziel einer verbotenen Absprache durch bzw. um. Eine Preisabsprache zwischen Wettbewerbern verschafft diesen erst dann wettbewerbswidrige Vorteile, in dem die Kartellanten mit Dritten Austauschverträge zu künstlich erhöhten Preisen abschließen. Die herrschende Meinung unterscheidet daher wie folgt, ob es sich um **Ausführungsverträge** handelt, die grundsätzlich nichtig sind, oder um **Folgeverträge**,[1254] die die Beteiligten an einer wettbewerbswidrigen Absprache mit Dritten treffen. Letztere sind nach Ansicht der Rechtsprechung grundsätzlich wirksam.[1255] Allerdings ist die Abgrenzung von Ausfüh-

397

1252 BGH NJW 1995, 2553.
1253 BGH WuW/DE-R 3275 – *Jette Joop*, Rn. 55; kritisch dazu *Streicher*, WuW 2011, 954, 958.
1254 OLG Düsseldorf WuW/E OLG 4182, 4184 – *Delkredere-Übernahme*; OLG Frankfurt WuW/E OLG 945, 948; auch OLG Brandenburg vom 18. April 2006, Kart U 4/05, BeckRS 15138 Entscheidungsgründe sub II 1; *Krauß*, in: Langen/Bunte, § 1 GWB Rn. 339; *J. B. Nordemann*, in: Loewenheim/Meessen/Riesenkampff, § 1 GWB Rn. 255; *Zimmer*, in: Immenga/Mestmäcker, § 1 GWB Rn. 211.
1255 BGH WuW/E BGH 152 f. – *Spediteurbedingungen*; WuW/E BGH 2100, 2102 – *Schlussrechnung*; OLG Celle WuW/E OLG 559, 560 – *Brückenbauwerk*; OLG Düsseldorf WuW/E OLG 4182, 4184 – *Delkredere-Übernahme*; OLG Stuttgart WuW/E OLG 1083, 1089 f. – *Fahrschulverkauf*; im Ergebnis: LG Hamburg WuW/E LG/AG 71, 72 – *Filmverleih*; Bechtold, § 1 Rn. 73; *Krauß*, in: Langen/Bunte, § 1 GWB Rn. 340; *J. B. Nordemann*, in: Loewenheim/Meessen/Riesenkampff, § 1 GWB Rn. 256; *Zimmer*, in: Immenga/Mestmäcker, § 1 GWB Rn. 215.

rungs- und Folgeverträgen nicht derart klar, wie es die unterschiedlichen Rechtsfolgen gebieten.

a) Ausführungsverträge

398 Ausführungsverträge dienen dazu, eine verbotene Vereinbarung entweder durchzuführen, zu ergänzen oder abzusichern.[1256] Als Durchführung einer verbotenen Vereinbarungen kommen folgende Konstellationen in Betracht: Schließt eine kartellrechtswidrige Verkaufsgemeinschaft mit den Beteiligten Vertriebsverträge, führen diese ein verbotenes Kartell durch und sind deswegen nichtig.[1257] Gleiches gilt spiegelbildlich für eine kartellrechtswidrige Einkaufsgemeinschaft. Ausführungsverträge sind auch Lizenzverträge zwischen den Mitgliedern einer kartellrechtswidrigen Patentgemeinschaft.[1258] Bei einem verbotenen Spezialisierungskartell sind alle Verpflichtungen zu sog. Kollegenlieferungen verbotene Ausführungsverträge. Typischerweise geht dabei eine Produktionsbeschränkung mit einer ausschließlichen Bezugsverpflichtung einher.[1259] Haben mehrere Beteiligte ein kartellrechtswidriges, kooperatives Gemeinschaftsunternehmen gegründet, so erstreckt sich das Nichtigkeitsverdikt der Gründungsvereinbarung auch auf alle Vereinbarungen zwischen den Gründern und dem Gemeinschaftsunternehmen. Um einen Ausführungsvertrag handelt es sich auch bei dem mit dem neuen Konzessionsnehmer abgeschlossenen Konzessionsvertrag nach Ablauf eines Konzessionierungsverfahrens zur Vergabe von Strom- und Gaskonzessionen im Sinne des § 46 EnWG. Soweit die Gemeinde also bei der Vergabe der Strom- oder Gaskonzessionen kartellrechtswidrig handelt, führt dies auch zur Nichtigkeit des späteren Wegenutzungsvertrages/qualifizierten Konzessionsvertrages.[1260] Beispiele für Ausführungsverträge, die eine Wettbewerbsbeschränkung ergänzen, sind rar. Zu denken ist hier an wettbewerbswidrige **Rahmenvereinbarung**, deren Nichtigkeit auch die ausfüllenden Verträge als Ausführungsverträge erfasst. Dies gilt unabhängig davon, ob sich in den Einzelverträgen wettbewerbswidrige Klauseln finden.

1256 OLG Düsseldorf WuW/E OLG 4182, 4184 – *Delkredere-Übernahme*; OLG Frankfurt WuW/E OLG 945, 948; *J. B. Nordemann*, in: Loewenheim/Meessen/Riesenkampff, § 1 GWB Rn. 255.
1257 BGH WuW/E BGH 1367, 1373 – *Zementverkaufsstelle Niedersachsen*.
1258 *Krauß*, in: Langen/Bunte, § 1 GWB Rn. 339; *J. B. Nordemann*, in: Loewenheim/Meessen/Riesenkampff, § 1 GWB Rn. 255.
1259 KG WuW/E OLG 1339, 1344 f. – *Linoleum*; OLG Stuttgart WuW/E OLG 2799, 2801 – *Pulverbeschichtungsanlage*; ev. ebenso *Krauß*, in: Langen/Bunte, § 1 GWB Rn. 339; *J. B. Nordemann*, in: Loewenheim/Meessen/Riesenkampff, § 1 GWB Rn. 255.
1260 BGH WuW/E DE-R 4139 – *Stromnetz Heiligenhafen*; OLG Düsseldorf WuW/E DE-R 4378 – *Vergabe von Wegenutzungsrechten*.

b) Folgeverträge

Unter Folgeverträgen versteht die herrschende Ansicht alle Vereinbarungen, die die Parteien einer wettbewerbsbeschränkenden Vereinbarung mit Dritten in Umsetzung des Grund- bzw. Vorvertrages abschließen. Verständigen sich beispielsweise Wettbewerber horizontal über den Preis, den sie von ihren Kunden verlangen wollen und schließen sie in der Folge sodann Kaufverträge mit ihren Kunden mit den zuvor horizontal vereinbarten Preisen, handelt es sich bei dem Kaufvertrag um einen Folgevertrag. Will man innerhalb der Folgeverträge noch weiter differenzieren, bietet sich eine Unterscheidung zwischen Folgeverträgen niederer und höherer Ordnung an, je nachdem, ob der Folgevertrag durch den an der Wettbewerbsvereinbarung beschränkenden Vereinbarung Beteiligten selbst im Nachgang geschlossen wird (Folgevertrag niederer Ordnung), oder ob der Folgevertrag auf einer nachgelagerten Marktstufe ohne Beteiligung der Partei an der wettbewerbsbeschränkenden Vereinbarung geschlossen wird (Folgevertrag höherer Ordnung).[1261] Die erste Entscheidung des BGH hierzu – des 5. Strafsenats –, hielt derartige Vereinbarungen für teilnichtig und wollte die teilnichtigen Vereinbarungen auf einen zulässigen Inhalt zurückführen. Das damalige Schrifttum kritisierte diese Entscheidung, da eine richterliche Vertragsanpassung an wettbewerbsanaloge Bedingungen mit dem Wettbewerbsprinzip unvereinbar sei.[1262] Erstmals in der Entscheidung »Spediteurbedingungen« befand der BGH, dass Folgeverträge **wirksam** sind.[1263] Diese Ansicht wird auch von der Rechtsprechung in Österreich vertreten.[1264] Folgeverträge seien nicht tatbildlich im Sinne des § 1 KartG, da sie nicht Mittel der Durchführung einer verbotenen Kartellvereinbarung sind, sondern der Durchführung eines eigenen Schuldverhältnisses zwischen den Vertragsparteien dienen. Das entspricht nunmehr der herrschenden Ansicht.[1265] Gestützt wird diese Ansicht in erster Linie auf die Rechtssicher-

399

1261 Diese Differenzierung in der Lehre findet sich beispielsweise im Schweizerischen Kartellrecht, vgl. *Jacobs*, Flexible Nichtigkeit kartellrechtswidriger Verträge, Festschrift für Roland von Büren, Wirtschaftsrecht in Theorie und Praxis, S. 585.
1262 *Ballerstedt*, JZ 1956, 267, 268; *Flume*, WuW 1956, 457, 461 ff.; *Strickrodt*, WuW 1957, 75, 90.
1263 BGH WuW/E BGH 152 – *Spediteurbedingungen*.
1264 OGH, 8.10.2008, 16 Ok 8/08 – BUWOG; m.Anm. *Wollmann*, ecolex 2010, 688; a.A. *Graf*, ecolex 2010, 646, mit Herleitung, warum Folgeverträge teilnichtig sein sollen.
1265 *Bechtold*, § 1 Rn. 73; *Krauß*, in: Langen/Bunte, § 1 GWB Rn. 340; *Säcker/Jaecks*, in: MünchKommEuWettbR, Art. 81 Rn. 814; *J. B. Nordemann*, in: Loewenheim/Meessen/Riesenkampff, § 1 GWB Rn. 256; *Zimmer*, in: Immenga/Mestmäcker, § 1 GWB Rn. 215; siehe auch: *K. Schmidt*, Kartellverfahrensrecht – Kartellverwaltungsrecht – Bürgerliches Recht, 1977, S. 393 f.

§ 1 GWB   *Verbot wettbewerbsbeschränkender Vereinbarungen*

heit. Während man zunächst eine »Klageflut« Dritter befürchtete,[1266] rückte man später den Schutz des Dritten in den Vordergrund. Der Folgevertrag soll deswegen wirksam sein, da anderenfalls der Dritte über die Gültigkeit seines Vertrages und seiner daraus folgenden Ansprüche im Ungewissen sei.[1267] Die Wirksamkeitsanordnung unterliegt allerdings auch einigen Grenzen. Damit der Folgevertrag als wirksam angesehen werden kann, ist wiederum erforderlich, dass auch der Folgevertrag selbst nicht von der Rechtsordnung missbilligt wird. Das ist insbesondere der Fall, wenn der Folgevertrag seinerseits wiederum gegen ein gesetzliches Verbot (§ 134 BGB) oder gegen die guten Sitten (§ 138 BGB) verstößt.[1268] Auch wenn die Folgeverträge wirksam sein sollen, steht der Marktgegenseite ein Schadensersatzanspruch nach § 33 GWB zu. Die These von der Wirksamkeit der Folgeverträge hat man in neuerer Zeit kritisiert.[1269] In der Tat begründet die vorherrschende Ansicht mit empfundenen Praktikabilitätserwägungen und lässt ein dogmatisches Fundament vermissen.

6. Einreden und Einwendungen gegen die Nichtigkeit

400   Im Grundsatz kann sich jede Partei eines kartellrechtswidrigen Vertrages auf die Nichtigkeit berufen, ohne damit beispielsweise gegen Treu und Glauben (§ 242 BGB) zu verstoßen.[1270] Die Berufung auf die kartellrechtliche Nichtigkeit stellt daher im Allgemeinen keinen Rechtsmissbrauch dar, was sich insbesondere damit begründen lässt, dass die im GWB geregelten Verbotsgesetze, so auch § 1 GWB, im öffentlichen Interesse liegen.[1271] Das im öffentlichen Interesse liegende Verbotsgesetz rechtfertigt insoweit eine zurückhaltende Anwendung des Nichtigkeitseinwands. Dies ist im Ausgangspunkt überzeugend, da § 1 GWB (immer noch vor allem) dem Institutionenschutz dient und das Ziel hat, im öffentlichen Interesse einen freien und unverfälschten Wettbewerb zu gewährleisten. Dem Interesse kann insbesondere dadurch gedient werden, dass man nur in Ausnahmefällen davon ausgeht, dass der Einwand

---

1266   BGH WuW/E BGH 152 f. – *Spediteurbedingungen*; OLG Frankfurt WuW/E OLG 945, 948.
1267   BGH WuW/E BGH 2100, 2102 – *Schlussrechnung*; WuW/E BGH 2044, 2046 – *Druckereikonditionen*; OLG Düsseldorf WuW/E OLG 4182, 4184 – *Delkredere Übernahme*; im Ergebnis auch OLG Düsseldorf WuW/E OLG 3993 – *Eismann Partner*.
1268   OLG Frankfurt WuW/E DE-R 2015 – *Bieterhaftung*.
1269   *Paul*, S. 31 ff.; teilweise auch *Ehricke*, S. 161, 166.
1270   BGH WuW/E BGH 1226, 1232 – *Eiskonfekt*; BGH WuW/E BGH 1313, 1316 – *Stromversorgungsgenossenschaft*; BGH WuW/E BGH 2565, 2567 – *Schaumstoffplatten*.
1271   *Topel*, in: Wiedemann (Hrsg.); Handbuch des Kartellrechts, § 50 Rn. 37; so kürzlich auch bestätigt durch OLG Düsseldorf WuW/E DE-R 4858 – *Flughafenhotel*.

der Nichtigkeit eines Verstoßes gegen § 1 GWB die Geltendmachung versagt wird. Die Berufung darauf, dass der Nichtigkeitseinwand wegen Verstoß gegen Treu und Glauben ausgeschlossen ist, kommt somit nur im Ausnahmefall in Betracht. Ein solcher Ausnahmefall liegt nicht vor, wenn der alte und der neue Netzeigentümer im Zusammenhang bei der Netzübernahme eines Strom- oder Gasnetzes über die Modalitäten der Netzübernahme verhandeln.[1272] Dieser in der Literatur vertretenen Ansicht folgte kürzlich das OLG Düsseldorf bei der Beurteilung der Kartellrechtskonformität eines zwischen dem Flughafen Köln/Bonn und dem Hotelunternehmen *Queens Moat Houses* (QMH), welches u.a. die Hotel-Kette *Holiday Inn* betreibt, vereinbarten Wettbewerbsverbots. Im zugrundeliegenden Fall hat sich der Flughafen Köln/Bonn auf die Kartellrechtswidrigkeit eines in einem notariellen Vertrag von 1972 enthaltenen Wettbewerbsverbotes berufen, da der Flughafen Köln/Bonn weitere Hotels ansiedeln wollte. Die Beklagte hatte sich u.a. damit verteidigt, dass die Klägerin gemäß § 242 BGB daran gehindert sei, sich nach nunmehr nach einer knapp 42-jährigen Vertragslaufzeit auf die Kartellrechtswidrigkeit zu berufen. Das OLG Düsseldorf verwarf allerdings diesen Einwand mit der Begründung, dass § 1 GWB vor allem im öffentlichen Interesse die Gewährleistung eines freien und unverfälschten Wettbewerbs gewährleisten will und damit der Einwand per se nicht durchgreifen könne. Dieser Ansicht ist dann soweit zuzustimmen, als dass sich die Rechtsfolge der Gesamtnichtigkeit bereits unmittelbar aus dem Verstoß gegen das Kartellverbot ergibt und nicht aus der Anwendung des § 139 BGB folgt.[1273]

Besonders virulent diskutiert wurde in jüngerer Vergangenheit im Zusammenhang mit Strom- und Gaskonzessionsverträgen, ob der Nichtigkeitseinwand nicht deswegen ausgeschlossen sein kann, da nicht die in § 101b Abs. 2 Satz 1 GWB geregelte Präklusionsfrist eingehalten wurde. Gemäß § 101b Abs. 2 Satz 1 GWB kann die Unwirksamkeit eines Vertrages im förmlichen Vergabeverfahren nur dann festgestellt werden, wenn sie im Vergabenachprüfungsverfahren innerhalb von 30 Kalendertagen ab Kenntnis des Verstoßes, jedoch nicht später als 6 Monate nach Vertragsschluss geltend gemacht worden ist. Diese Vorschrift war Gegenstand einiger Rechtsstreitigkeiten im Zusammenhang mit Netzübernahmen im Zuge von Rekommunalisierungen der Strom- und Gasnetze. Obgleich für die Anwendung der Vorschrift des § 101b Abs. 2 Satz 1 GWB spricht, dass das Vergabeverfahren und das Konzessionierungsvergabeverfahren durchaus gewisse systematische Ähnlichkeiten aufweisen und eine analoge Anwendung der Vorschrift durchaus geboten erscheint, ist mittlerweile durch die Rechtsprechung des BGH geklärt, dass § 101b Abs. 2 Satz 1 GWB im Konzessionsvergabeverfahren keine An-

401

1272 So LG München I WRP 2012, 1612.
1273 So auch *Czibere/Weise*, ZVertriebsR, 2014, 275, 279.

wendung findet.¹²⁷⁴ Zur Begründung führt die Rechtsprechung an, dass die Vorschrift ausschließlich auf das Vergabeverfahren bzw. Vergabenachprüfungsverfahren anwendbar sei und die ratio legis der Vorschrift nicht auf das Konzessionsvergabeverfahren Anwendung finden kann, da gerade kein förmliches Vergabenachprüfungsverfahren zur Überprüfung der Rechtmäßigkeit einer Konzessionsvergabeentscheidung zur Verfügung steht und insoweit der Grundsatz der Rechtssicherheit auch keine Präklusion des Einwandes erfordert.

7. Gegen § 1 GWB verstoßende Beschlüsse

402 Führt eine Satzungsänderung ein Wettbewerbsverbot ein, dass überschießenden Charakters ist und deswegen mit § 1 GWB unvereinbar, so genießt diese Bestimmung keinen Bestandsschutz, da die Unterlassungspflicht nicht in die Struktur der Gesellschaft eingreift. Davon zu trennen ist die Frage, ob eine kartellverbotswidrige Satzungsbestimmung nach § 242 Abs. 2 AktG geheilt werden kann. Soweit sich das Schrifttum hiermit befasst, wird dies abgelehnt.¹²⁷⁵ In diesem Fall kann die Anwendung des § 139 BGB nach Treu und Glauben ausgeschlossen sein, wenn sich z.B. die Berufung auf die Nichtigkeit des Gesamtvertrags als unzulässige Rechtsausübung darstellt.¹²⁷⁶ Mit *Bunte* sind zwei Konstellationen zu unterscheiden: zum einen die sogenannte **Vorteilsregel**, derzufolge sich derjenige nicht auf § 139 BGB berufen kann, zu dessen Lasten die nichtigen Bestimmungen gingen, da dieser durch die zusätzliche Berufung auf § 139 BGB nicht doch einen Vorteil dadurch erlangen soll, dass er über § 139 BGB auch die Unwirksamkeit weiterer, an sich unbedenklicher, Vertragsbestimmungen herleiten kann. M.a.W. soll es der von der Nichtigkeit einer Klausel begünstigten Partei verwehrt sein, sich auf die Gesamtnichtigkeit zu berufen. Sollte sich demnach die bevorteilte Partei auf Gesamtnichtigkeit berufen, kann die benachteiligte Partei sich der Berufung auf § 139 BGB widersetzen. Auf der anderen Seite, und damit ist die sogenannte **Nachteilsregel** angesprochen, kann derjenige, der durch den Wegfall der nichtigen Klausel benachteiligt wird, sich ohne Verstoß gegen Treu und Glauben allerdings darauf berufen, dass er durch die Nichtigkeit der Klausel

---

1274 BGH WuW/E DE-R 4159 – *Stromnetz Berkenthin*; BGH WuW/E DE-R 4322 – *Stromnetz Homberg*, Rn. 61; BGH, 18.11.2014, EnZR 33/13 – *Stromnetz Schierke*, Rn. 27b so auch bereits LG München I = WRP 2012, 1612.
1275 *K. Schmidt*, AG 1996, 385, 387 zu einem Verstoß gegen Art. 101 AEUV; *Säcker/Jaecks*, in: MünchKommEuWettbR, Art. 81 Rn. 813.
1276 BGH WuW/E BGH 1039, 1041 – *Auto-Lok*; BGH WuW/E BGH 1168, 1172 – *Blitzgeräte*; siehe dazu auch ausführlich *Bunte*, GRUR 2004, 301, 302.

schlechter gestellt sei und den Vertrag ohne die nichtige Klausel nicht beschlossen hätte und dieser somit gesamtnichtig sei.[1277]

8. Verhaltensabstimmungen und unverbindliche Vereinbarungen

Die Nichtigkeitssanktion setzt eine Abrede voraus und greift daher nur bei Verträgen und Beschlüssen. Beruht eine Wettbewerbsbeschränkung auf einer abgestimmten Verhaltensweise, greift die Nichtigkeitssanktion ins Leere.[1278] Hier fehlt der Anknüpfungspunkt für die Nichtigkeitsfolge. Grenzt man wie hier Vereinbarungen und abgestimmte Verhaltensweisen nach dem Grad ihrer inhaltlichen Bestimmtheit ab (Rdn. 142), so ist zu unterscheiden: Ist die Vereinbarung inhaltlich bestimmt und rechtlich verbindlich, handelt es sich mithin um einen zivilrechtlichen Vertrag, unterliegt die Vereinbarung dem Nichtigkeitsverdikt. Handelt es sich um eine inhaltlich bestimmte, aber rechtlich nicht verbindliche Vereinbarung, erübrigt sich die Nichtigkeitssanktion. Zu demselben Ergebnis muss die herrschende Meinung kommen, die eine Vereinbarung anhand einer gesellschaftlichen, tatsächlichen oder moralischen Bindung bestimmt (Rdn. 142). Derartige Bindungen sind mit den Mitteln des Rechts nicht durchsetzbar, so dass eine zivilrechtliche Nichtigkeit ausscheidet. Bei abgestimmten Verhaltensweisen und rechtlich unverbindlichen Vereinbarungen erschöpfen sich die Rechte des Betroffenen daher in Abwehr-, Beseitigungs-, Unterlassungs- und Schadensersatzansprüchen nach den §§ 32 ff. GWB.

403

IV. Private Kartellrechtsdurchsetzung

1. Unterlassungsanspruch

Gemäß § 33 Abs. 1 Satz 1 GWB steht den Betroffenen ein Unterlassungsanspruch gegenüber den Beteiligten an einer verbotenen wettbewerbsbeschränkenden Vereinbarung zu. Betroffene sind dabei nach § 33 Abs. 1 Satz 3 GWB alle, die als Mitbewerber oder sonstige Marktbeteiligte durch den Verstoß **beeinträchtigt** sind. Eine Beeinträchtigung im Sinne von § 33 Abs. 1 Satz 3 GWB liegt dann vor, wenn der Kartellverstoß in die Rechtsstellung Dritter gesetzeswidrig eingreift, sodass der Dritte in seinen wirtschaftlichen Interessen nachteilig berührt ist.[1279] Diese Aktivlegitimation gilt für alle Ansprüche

404

[1277] BGH, 21.2.1991 – *Kaschierte Hartschaumplatten*, GRUR Int 1991, 734, 736, auch in WuW 1989, 603.
[1278] *Zimmer*, in: Immenga/Mestmäcker, § 1 GWB Rn. 217. Deswegen erwähnt Art. 101 Abs. 2 AEUV auch keine abgestimmten Verhaltensweisen, siehe *Füller*, in: KK-KartR, Art. 101 Abs. 2 Rn. 422 ff.
[1279] BGHZ WuW/E DE-R 1163 – *HABET/Leckerland*; BGHZ WuW/E DE-R 1857 – *Pepcom*, Rn. 11.

des § 33 GWB. Der Gesetzgeber wollte damit die Grundsätze in das GWB aufnehmen, die der EuGH in der Sache *Courage&Crehan* für Schadensersatzansprüche entwickelt hat. Nach dieser Entscheidung soll jedermann den Ersatz des Schadens verlangen können, der ihm durch eine wettbewerbsbeschränkende Vereinbarung entstanden ist.[1280]

2. Beseitigungsanspruch

405 Wer durch eine nach § 1 GWB verbotene Wettbewerbsbeschränkung betroffen ist, hat gegenüber dem oder den Störern einen Anspruch auf Beseitigung, § 33 Abs. 1 Satz 1 GWB. Der Anspruch besteht **verschuldensunabhängig**. Dieser Beseitigungsanspruch steht nicht den Beteiligten an einer Wettbewerbsbeschränkung zu, wohl aber den Mitbewerbern (»Kartellaußenseiter«) und der Marktgegenseite. Zu beseitigen ist die **fortdauernde** Störung.[1281] Grundsätzlich ist der Anspruch auf Beseitigung gerichtet und bei Wiederholungsgefahr auf Unterlassung. Welche Reichweite ein Beseitigungsanspruch gegenüber einer wettbewerbsbeschränkenden Vereinbarung hat, ist noch weitgehend ungeklärt und hängt davon ab, welche fortwirkenden Störungen man einer wettbewerbsbeschränkenden Vereinbarung zuordnen kann. Es bietet sich an, dabei an die Marktfolgen einer wettbewerbsbeschränkenden Vereinbarung anzuknüpfen. Werden Kartellaußenseiter durch langfristige Ausschließlichkeitsbindungen am Marktzutritt gehindert, können sie die Beseitigung dieser Folge verlangen. Die Kartellanten sind in diesem Fall dazu verpflichtet, verbotene Ausschließlichkeitsbindungen aus den Lieferverträgen zu streichen. Im Einzelfall kann der Beseitigungsanspruch sogar einen Zahlungsanspruch mitumfassen, wenn das Vorenthalten einer angemessenen Vergütung eine immer noch fortdauernde (unbillige) Beeinträchtigung darstellt.[1282]

406 Umstritten ist, ob **Folgeverträge** als fortdauernde Störung einer verbotenen Kartellabsprache anzusehen sind. Teilweise bejaht man dies, da ein Folgevertrag als »Durchführung« einer verbotenen Wettbewerbsbeschränkung ordnungswidrig im Sinne des § 81 Abs. 2 Nr. 1 GWB sei.[1283] Das geht zu weit. Mit der Erfüllung des Folgevertrages dauert die Störung nicht mehr fort, sondern ist vielmehr abgeschlossen. Diese Ansicht korreliert auch damit, dass die Nichtigkeit aller bestimmten Klauseln bzw. eines Vertrages aufgrund eines Kartellverstoßes grundsätzlich nicht Folgeverträge, die auf Basis der Klauseln

---

1280 EuGH WuW/E EU-R 479 – *Courage Ltd/Grehan*.
1281 So auch *Bechtold*, Kommentar zum GWB, 6. Aufl. 2010, § 33 Rn. 12; *Topel*, in: *Wiedemann*, Handbuch des Kartellrechts, 2. Aufl. 2008, § 50 Rn. 111; *Ostendorf*, NZKart 2013, 323.
1282 So auch *Ostendorf*, NZKart 2013, 23, 323.
1283 *W.H. Roth*, FS Huber, S. 1133, 1145 f.

bzw. des Vertrages geschlossen wurden, umfasst. Umgekehrt ist es aber auch zu eng, Folgeverträge generell von der Beseitigungspflicht auszunehmen.[1284] Vielmehr ist zu differenzieren: Handelt es sich bei dem Folgevertrag um ein Dauerschuldverhältnis, kann mit dem Beseitigungsanspruch dessen Anpassung für die Zukunft verlangt werden. Vergangene Nachteile oder Nachteile aus erfüllten Verträgen sind mit dem Schadensersatzanspruch auszugleichen.[1285] Etwaige Überschneidungen des Beseitigungsanspruchs mit dem verschuldensabhängigen Schadensersatzanspruch müssen dabei hingenommen werden und sind Konsequenz des verstärkten privaten Rechtsschutzes, wie ihn die 7. GWB-Novelle beabsichtigt.[1286]

3. Schadensersatz

Verstoßen die Kartellmitglieder vorsätzlich oder fahrlässig gegen § 1 GWB, so sind sie den Betroffenen zum Ersatz des Schadens verpflichtet, der durch den Verstoß verursacht wurde, § 33 Abs. 3 Satz 1, Abs. 1 GWB. Die Einzelheiten sind bei § 33 Rdn. 243 ff. dargestellt, hier beschränkt sich die Erläuterung auf einen Überblick. Betroffener und damit anspruchsberechtigt ist »jedermann«, dem ein Schaden entstanden ist, der durch eine wettbewerbsbeschränkende Vereinbarung verursacht wurde. Diese weite Auslegung wurzelt in der Praxis des EuGH. Sie gilt nicht nur, wenn ein Kartellverstoß nach Art. 101 Abs. 1 AEUV, § 823 Abs. 2 BGB sanktioniert wird, sondern auch für § 33 Abs. 3 Satz 1 GWB. Die Einschränkung, wonach nur derjenige Schadensersatz verlangen konnte, gegen den sich das Kartell gezielt richtet, hat der BGH aufgegeben.[1287] Denn seit der Entscheidung des BGH in *ORWI* ist klar gestellt, dass auch indirekte Abnehmer anspruchsberechtigt sind.[1288] Im Gegenzug wird den indirekten/mittelbaren Abnehmern allerdings abverlangt, dass sie einen adequat kausalen Zusammenhang zwischen dem Kartell und dem ihnen selbst entstandenen Vermögensnachteil nachweisen müssen.[1289] Durch einen Kartellverstoß Betroffene sind die Marktgegenseite des Kartells, sowie weitere Folgeabnehmer bis zum Verbraucher. Der Schaden wird regelmäßig in der Differenz zwischen hypothetischem Marktpreis und kartellbedingtem Preisaufschlag liegen. Neben vielen weiteren Fragen im Hinblick auf den kartellrechtlichen Schadensersatz, ist unter anderem auch umstritten,

407

1284 So jedoch wenig überzeugend *Paul*, S. 91.
1285 *A. Fritzsche*, WRP 2006, 42, 51.
1286 *W. H. Roth*, FS Huber, S. 1133, 1144 f.
1287 Rn. 16 f.; so bereits KG WuW/E DE-R 2773, 2775 f. – *Berliner Transportbeton*; *Bulst*, NJW 2004, 2201, 2202; *Berrisch/Burianski*, WuW 2005, 878, 881.
1288 Für viele *Zöttl/Schlepper*, EuZW 2012, 573, 574.
1289 Für viele *Zöttl/Schlepper*, EuZW 2012, 573, 574., Rn. 44.

ob zur Vereinfachung des Schadensnachweises die Vereinbarung einer schadenspauschalierenden Klausel (z.B. i.H.v. 15 %) zulässig ist.[1290]

4. Bereicherungsrechtliche Rückabwicklung

408 Verstößt eine Vereinbarung gegen § 1 GWB oder gegen Art. 101 Abs. 1 AEUV, bildet sie keinen Rechtsgrund für vereinbarungsgemäß erbrachte Leistungen. Deswegen können bei kartellrechtswidrigen Vereinbarungen bereicherungsrechtliche Rückabwicklungsansprüche gem. §§ 812 ff. BGB in Betracht kommen. Allerdings haben derartige Ansprüche in der Praxis bislang nur eine untergeordnete Rolle gespielt.[1291] Denkbar ist eine bereicherungsrechtliche Rückabwicklung von kartellrechtswidrigen Austauschverträgen und fehlerhaften Innengesellschaften. Hingegen scheidet diese bei kartellrechtswidrigen Personalgesellschaften nach der hier vertretenen Ansicht aus, da die Gesellschaft zu liquidieren ist und bis zum Abschluss der Liquidation fortbesteht. Das »erlangte etwas« im Sinne des § 812 Abs. 1 BGB kann Alles sein, was Gegenstand eines Austausch- oder Rechtsgeschäfts sein kann. In Betracht kommen dabei etwa das Eigentum an einer Sache, Rechtsverschaffungen bei kartellrechtswidrigen Lizenzverträgen oder Geldzahlungen. Letztere werden oft als »Provision« für ein wettbewerbswidriges Verhalten getarnt, sei es als »Gebietsprovision« bei einer verbotenen Marktaufteilung oder für den Verzicht auf Wettbewerb.[1292] Zweifelhaft ist, was bei einem nichtigen Wettbewerbsverbot im Sinne des § 812 Abs. 1 BGB erlangt ist. Teilweise meint man, dass dadurch dem Begünstigten eine Geschäftschance zugewendet sei.[1293] Das überzeugt nicht. Bereits die Verpflichtung, Wettbewerb zu unterlassen, kann Gegenstand eines Austauschvertrags sein, so dass der Verzicht auf den Wettbewerb als solcher erlangtes Etwas ist.[1294] Ist ein Wettbewerbsverbot im Rahmen eines Unternehmenskaufs nichtig, da es sachlich oder räumlich unangemessen ist, kann die Verpflichtung, den Wettbewerb zu unterlassen, kondiziert werden. Wenn sich der Umfang des Wettbewerbsverbots auf die Bewertung des Unternehmens und des Kaufpreises niedergeschlagen hat, ist nach § 818 Abs. 2 BGB dem Käufer die Differenz zu dem objektiven

---

1290 Dafür LG Mannheim WuW/E DE-R 3584 – *Feuerwehrfahrzeuge*; dem LG Mannheim folgend OLG Karlsruhe NZKart 2014, 366 – *Feuerwehrfahrzeuge*; a.A. LG Potsdam, NZKart 2015, 152, das von der Unwirksamkeit einer Schadenspauschalierung iHv. 50 % des Auftragswertes der Unzulässigkeit ausging, da die Pauschale nicht im typischen Schadensumfang entspricht.
1291 Siehe immerhin: OLG Stuttgart WuW/E OLG 3485, 3488 – *Strohgäu Wochenjournal*; OLG Saarbrücken WuW/E OLG 3243, 3247 – *Zementimport* (zu einer gem. Art. 101 Abs. 2 AEUV nichtigen Gebietsschutzabrede).
1292 *K. Fuchs*, S. 99 mit weiteren Beispielen.
1293 *Zäch*, S. 64 ff.
1294 *K. Fuchs*, S. 96–98; *Köhler*, AcP 190 (1990), 496, 531 f.; *M. Schwab*, in: MünchKommBGB, § 812 Rn. 4.

Wert zu erstatten, den das Unternehmen bei einem wirksam vereinbarten Wettbewerbsverbot hätte.

Umstritten ist, ob und wann einem Rückgewähranspruch die Kondiktionsausschlussgründe der **§§ 814, 817 BGB** entgegenstehen.[1295] Diese Streitfrage hat zwei Ursachen: Zum einen hat der EuGH in Sache *Courage/Crehan* die Mitgliedstaaten dazu verpflichtet, innerstaatliche Sanktionsmechanismen vorzusehen, die eine effektive Durchsetzung des Kartellverbots sicherstellen (Effektivitätsgrundsatz). Zum anderen ist besonders der Tatbestand des § 817 Satz 2 BGB rechtspolitisch zweifelhaft und man müht sich um dessen sinnvolle Auslegung. Dieser Befund zeichnet eine differenzierende Lösung vor:[1296] Wusste der Leistende, dass er nicht zur Leistung verpflichtet ist, so kann er das *solvendi causa* Geleistete gem. § 814 BGB nicht zurückfordern. Der Leistende soll nicht kondizieren dürfen, wenn er geleistet hat, obwohl er positive Kenntnis darüber hatte, dass er zur Leistung nicht verpflichtet war. Der BGH verlangt eine qualifizierte Kenntnis des Leistenden: Er muss **positiv wissen**, dass er nach der geltenden Rechtslage nichts schuldet.[1297] Allein die Kenntnis der Tatsachen, aus denen sich das Fehlen der rechtlichen Verpflichtung ergibt, genügt insoweit nicht.[1298] Weiß hingegen auch der Empfänger positiv, keinen Anspruch auf die Leistung zu haben, scheidet § 814 BGB aus, da dann § 817 BGB einschlägig ist und als speziellere Vorschrift vorgeht.[1299] Der positiven Kenntnis vom Nichtbestehen der Verbindlichkeit steht die Kenntnis von der Anfechtbarkeit des Grundgeschäftes gleich (§ 142 Abs. 2 BGB).[1300] Da die Rechtsprechung § 814 BGB restriktiv auslegt, schließt die Vorschrift nur dann einen Bereicherungsanspruch aus, wenn der Leistende positiv wusste, dass seine Leistung kartellrechtswidrig ist. Dieser Vorsatz wird sich nicht immer leicht nachweisen lassen. Erforderlich ist daher, keine übertriebenen Anforderungen an die Feststellung der Kenntnis zu stellen, sondern es vielmehr ausreichend zu lassen, dass eine Parallelwertung in der Laiensphäre ergibt, dass die Vereinbarung unwirksam ist.[1301]

Größere Probleme bereitet der Kondiktionsausschluss nach § 817 Satz 2 BGB. Nach allgemeiner Ansicht ist diese Norm erweiternd ausgelegt auch

---

1295 Zu diskutieren sind nur die §§ 814, 817 BGB. Da § 815 BGB an die *condictio ob rem* anknüpft, scheidet diese Vorschrift bei kartellrechtswidrigen Leistungen aus, siehe *K. Fuchs*, S. 125 f.
1296 Im Ergebnis auch: *Säcker/Jaecks*, in: MünchKommEuWettbR, Art. 81 EG Rn. 868.
1297 BGH NJW 2009, 580, Rn. 17; BGH NJW 1997, 2381, 2382; so auch BGH, 22.10.2015, IX. ZR 100/13, Rn. 9.
1298 BGH MDR 2015, 1445.
1299 BGH NJW-RR 2001, 1044, 1046; MDR 2001, 981.
1300 *Wendehorst*, in: Beck'scher OK BGB, § 814, Rn. 8.
1301 So auch *Zibere/Weiser*, ZVertriebsR 2014, 275, 280.

§ 1 GWB   Verbot wettbewerbsbeschränkender Vereinbarungen

dann anwendbar, wenn nicht nur der Leistende, sondern auch der Empfänger gegen ein Verbotsgesetz verstößt.[1302] Dabei legt die umstrittene Rechtsprechung den subjektiven Tatbestand dieser Vorschrift großzügig aus: Es genügt, wenn sich die Parteien leichtfertig der Erkenntnis verschließen, gegen das Kartellverbot zu verstoßen.[1303] Eine derart weite Auslegung des § 817 Satz 2 BGB wirft die Frage auf, ob dadurch nicht die bereicherungsrechtliche Rückabwicklung kartellverbotswidriger Vereinbarungen *ad absurdum* geführt wird. Teile des Schrifttums halten diese Vorschrift mit der *Courage*-Doktrin für unvereinbar und wollen sie deswegen bei Verstößen gegen Art. 101 AEUV nicht anwenden.[1304] Keine Anwendung findet die Kondiktionssperre i.S.d. § 817 Satz 2 BGB regelmäßig bei Folgeverträgen mit Dritten, da es sich bei diesen um sittlich-neutrale Vorgänge handelt, bei denen die Kondiktionssperre regelmäßig nicht eingreift.[1305]

411 Da auch das Rechtsfolgenregime im Rahmen des *effet utile* zur staatlichen Verpflichtung gehört, Kartellverstöße zu ahnden, wird man Art. 3 VO 1/2003 heranziehen können. Die *Courage*-Doktrin kann damit auch die Auslegung des § 817 Satz 2 BGB beeinflussen. Da allerdings das inländische Recht bereits Schadensersatzansprüche bei Kartellverstößen vorsieht, folgt aus der europäischen Rechtslage noch nicht zwingend, dass § 817 Satz 2 BGB teleologisch zu reduzieren ist. Im Ergebnis mag dies aber offenbleiben, da es auch ohne europäische Wertungen geboten ist, die Vorschrift des § 817 Satz 2 BGB bei kartellrechtswidrigen Leistungen einzuschränken.[1306] Auch wenn die wettbewerbsbeschränkende Vereinbarung nichtig ist, kann gleichwohl ohne eine Rückabwicklung ein wettbewerbswidriger Zustand fortbestehen. Zu denken ist hier an überlassene Filialen bei einer verbotenen Gebietsaufteilung[1307] oder an Produktionsmittel, Unterlagen u.Ä., die die Parteien im Rahmen einer verbotenen Spezialisierungsabsprache ausgetauscht haben.[1308] Würde § 817 Satz 2 BGB einen wettbewerbswidrigen Zustand perpetuieren, so ist die Vorschrift teleologisch zu reduzieren und damit unanwendbar. Diese Auslegung beeinflusst auch den Entreicherungseinwand nach § 818 Abs. 3 BGB. Der

---

1302 BGHZ 44, 1, 6; BGHZ 50, 90, 91; *M. Schwab*, in: MünchKommBGB, § 817 Rn. 10 m.w.N.
1303 OLG Stuttgart WuW/E OLG 3485, 3488 – *Strohgäu Wochenjournal*; zust. *Köhler*, ZHR 148 (1984), 487, 495.
1304 *Säcker/Jaecks*, in: MünchKommEuWettbR, Art. 81 Rn. 867; *Stockenhuber*, in: Grabitz/Hilf Art. 81 Rn. 241; *Wurmnest*, RiW 2003, 896, 899 f.; unentschlossen: *Weyer*, in: FK-GWB, Art. 81 EG Zivilrechtsfolgen Rn. 156.
1305 So auch *Mayer*, WuW 2010, 29, 37; *Dreher*, in: FS für Canenbley, 2012, 167, 177; *Roth*, in: FK-KartR, § 33 Rn. 215; *Dück/Schultes*, NZKart 2013, 228, 231.
1306 So grdl. *K. Fuchs*, S. 136 ff.; *Säcker/Jaecks*, in: MünchKommEuWettbR, Art. 81 Rn. 867; *Wurmnest*, RiW 2003, 896, 899 f.
1307 Darauf weist *Köhler*, ZHR 148 (1984), 487, 496 hin.
1308 So das Beispiel von *K. Fuchs*, S. 142.

Kartellant wird sich regelmäßig nicht auf eine Entreicherung berufen können, da ihm dieser Einwand wegen Bösgläubigkeit gemäß §§ 818 Abs. 4, 819 Abs. 1 i.V.m. § 142 Abs. 2 BGB abgeschnitten ist.[1309] Der Empfänger der Leistung kann sich hierauf nicht berufen, wenn er verschärft haftet. Reduziert man § 817 Satz 2 BGB teleologisch, so ist nach allgemeiner Ansicht § 819 Abs. 2 BGB *analog* anwendbar.[1310] Deswegen greift § 818 Abs. 3 BGB nicht ein. Die traditionelle Ansicht lehnte eine Befugnis der Kartellbehörden ab, einem Bereicherungsausgleich im Verwaltungsverfahren zu verfügen.[1311] Seit der 7. GWB-Novelle ist diese Ansicht überholt, da nunmehr die Kartellbehörde auch Gebotsverfügungen aussprechen (Rdn. 412) und damit eine bereicherungsrechtliche Rückabwicklung anordnen kann.

V. Verwaltungsverfahren

Gem. § 32 Abs. 1 GWB kann die Kartellbehörde verfügen, dass die Beteiligten den Verstoß gegen § 1 GWB abstellen. Dies ist eine von vier Handlungsmöglichkeiten im Rahmen des § 32 GWB. Die 7. GWB-Novelle gleicht die Vorschrift des § 32 GWB weitgehend an Art. 7 VO 1/2003 an.[1312] Nir ist seit der 7. GWB-Novelle insbesonders, dass die Kartellbehörde gemäß § 32 Abs. 2 GWB den Unternehmen auch die für die Abstellung notwendigen verhaltensorientierten bzw. strukturellen Abhilfemaßnahmen vorschreiben kann, die für die Abstellung verhältnismäßig und erforderlich sind. Sowohl bei der Abschreibung als auch bei der Festlegung der erforderlichen Abhilfemaßnahmen steht der Kartellbehörde ein Ermessen zu. § 32 Abs. 3 GWB sieht zudem die Befugnis zur nachträglichen Feststellung von Zuwiderhandlungen vor.

412

VI. Ordnungswidrigkeit und Strafbarkeit

1. Ordnungswidrigkeit

Wer vorsätzlich oder fahrlässig dem Verbot des § 1 GWB zuwiderhandelt, begeht eine Ordnungswidrigkeit, § 81 Abs. 2 Nr. 1 GWB. Ordnungswidrig ist bereits eine wettbewerbsbeschränkende Vereinbarung, Beschluss oder abgestimmte Verhaltensweise als solche. Es kommt seit der 7. GWB-Novelle nicht mehr darauf an, ob die verbotene Koordination auch durchgeführt wird. Vielmehr handelt bereits ordnungswidrig, wer den Tatbestand des § 1 GWB vor-

413

1309 BGHZ 57, 137, 150; *Dreher*, in: FS für Canenbley, 2012, 167, 176; *Mayer*, WuW 2010, 29, 36.
1310 BGH NJW 1958, 1725; OLG München NJW 2000, 2592, 2595; *M. Schwab*, in: MünchKommBGB, § 819 Rn. 21.
1311 Siehe nur *K. Fuchs*, S. 156.
1312 Siehe dazu ausführlich *Podszun*, § 32 Rdn. 1 ff.

sätzlich oder fahrlässig erfüllt.[1313] Diese Erweiterung ist aus generalpräventiver Sicht ein deutlicher Fortschritt gegenüber der ehemaligen Rechtslage. Sie erhöht die Präventionswirkung des § 1 GWB, da bereits der Abschluss einer Vereinbarung oder ein abstimmungsgemäßes Marktverhalten bußgeldbewehrt sind, sofern die Beteiligten mindestens fahrlässig handeln. Für die Zuwiderhandlung gegen § 1 GWB sieht § 81 Abs. 4 GWB bei natürlichen Personen einen Bußgeldrahmen bis zu EUR 1 Mio. vor (§ 81 Abs. 4. Satz 1 GWB). Gegen Unternehmen ist hingegen eine Verhängung einer Geldbuße von bis zu 10 % der Umsätze des letzten Geschäftsjahrs vor der Bußgeldentscheidung möglich (§ 81 Abs. 4 Satz 2 GWB). Seit der bahnbrechenden Entscheidung des Bundesgerichtshofs in der Sache »Grauzement« ist durch die Rechtsprechung geklärt, dass es sich entgegen der stets vom Bundeskartellamt vertretenen Ansicht, dass es sich um eine Kappungsgrenze handele, davon auszugehen sei, dass es sich in verfassungskonformer Auslegung um die **Obergrenze** der Bußgeldandrohung, m.a.W. um den Bußgeldrahmen, handelt.[1314] Damit weicht das deutsche Verständnis von Art. 23 Abs. 2 S. 2 VO 1/2003 ab. Dieser umsatzbezogener Bußgeldrahmen gilt auch bei einer Verletzung des § 130 OWiG, soweit sich die Aufsichtspflichtverletzung auf eine Tat i.S.d. § 81 Abs. 4 Satz 1 GWB bezieht.[1315] Bei der Berechnung der Bußgeld-Obergrenze ist gemäß § 81 Abs. 4 Satz 3 GWB auf den weltweiten Umsatz aller natürlichen und juristischen Personen (der wirtschaftlichen Einheit) abzustellen. Als in einer wirtschaftlichen Einheit verbunden gelten alle Unternehmen im Sinne des § 36 Abs. 2 GWB, d.h. alle Unternehmen, die mit der betroffenen juristischen Person durch Abhängigkeit und/oder Beherrschung miteinander verbunden sind oder mit ihr unter einheitlicher Leitung stehen.

414 Die im Bußgeldbescheid festgesetzten Geldbußen für juristische Personen und Personenvereinigungen sind gemäß § 81 Abs. 6 GWB auch zu **verzinsen**.[1316] Die Verzinsung beginnt zwei Wochen nach Zustellung des Bußgeldbescheids, wenn die Unternehmen das Bußgeld nicht zahlen (bzw. auch dann, wenn sie Einspruch gegen den Bußgeldbescheid einlegen). Obgleich die Verzinsung nur für juristische Personen und Personenvereinigungen und nicht für einzelkaufmännische Unternehmen gilt, und auch keine Anwendung gegenüber natürlichen Personen findet, und zudem außerhalb des Kartellrechts keine vergleichbare Vorschrift besteht, hat das Bundesverfassungsgericht die

---

1313 *Krauß*, in: Langen/Bunte, § 1 GWB, Rn. 361.
1314 BGH WuW/E DE-R 3862 – *Grauzementkartell*; siehe dazu für viele *Barth/Budde*, NZKart 2013, 311. Das BKartA hat daraufhin neue Bußgeldleitlinien erlassen.
1315 *Ost*, NZKart 2013, 25, 26; *Vollmer*, in: MünchKommGWB, § 81 GWB, Rn. 103; *Raum*, in: Langen/Bunte, § 81 GWB, Rn. 163.
1316 Die Vorschrift wurde durch die 7. GWB-Novelle 2005 in das Gesetz eingeführt.

Vorschrift als verfassungskonform erklärt.[1317] Die Entscheidung des Bundesverfassungsgerichts, die im Zuge der Vorlage des OLG Düsseldorf in Düsseldorfs *Industrieversicherer*-Kartell erging, begegnet einigen verfassungsrechtlichen Bedenken, insbesondere im Hinblick auf den Gleichheitssatz (Art. 3 GG). Neben der Ungleichbehandlung zwischen verschiedenen Betroffenen, führt die Verzinsungspflicht von Geldbußen auch dazu, dass Unternehmen von Einsprüchen gegen die Kartellbußgeldbescheide abgehalten werden, da während des laufenden – zeitintensiven – Einspruchsverfahrens vor dem OLG Düsseldorf tagtäglich die Zinslast für die Unternehmen ansteigt.[1318]

Ein anderes Ordnungswidrigkeitensystem besteht beispielsweise in Österreich. Dort kann gemäß § 29 Z. 1 lit. a KartG gegen das Unternehmen oder die Unternehmensvereinigung eine Geldbuße bis zu einem Höchstbetrag von 10 % des im vorausgegangenen Geschäftsjahr erzielten Gesamtumsatzes bei vorsätzlicher oder fahrlässiger Zuwiderhandlung verhängt werden, eine Bebußung einer natürlichen Person ist indes aber nicht möglich. Die 10 % Grenze wird seit der Spar-Entscheidung des OGH, 8.10.2015, 16 Ok 2/15b; siehe dazu *Wallmann*, ÖBl 2016, 1 als **Strafrahmen** ausgelegt. Dies wird insbesondere damit begründet, dass § 29 KartG *expressis verbis* auf die Begriffe des Unternehmens bzw. des Unternehmers und der Unternehmensvereinigung Bezug nimmt, Organe von dieser Vorschrift allerdings nicht erfasst werden. Einer juristischen Person ist aber das wettbewerbswidrige Verhalten ihrer Organe und sonstigen Entscheidungsträger insoweit zuzurechnen, als diese in Wahrnehmung ihrer dienstlichen Aufgaben handeln oder ihr Verhalten auf dienstlichen Weisungen beruht.[1319]

2. Strafbarkeit

Grundsätzlich ist das Kartellrecht entkriminalisiert, (das gilt sowohl für das deutsche als auch für das österreichische Kartellrecht[1320]) allerdings können wettbewerbsbeschränkende Absprachen unter bestimmten Voraussetzungen die Straftatbestände des **Betrugs** (§ 263 StGB) bzw. des **Submissionsbetrugs** (§ 298 StGB) erfüllen. Es bleibt abzuwarten, ob dies auch im Zuge der

---

1317 BVerfG, 19.12.2012, 1 BvL 18/11; der Entscheidung folgend sodann OLG Düsseldorf, 20.2.2014, V 4 Kart 8/13 OWi; krit. dazu *Meinhold-Heerlein/Engelhofen*, NZKart 2013, 104; siehe dazu auch *Ost*, NZKart 2013, 173. Die Entscheidung des Bundesverfassungsgerichts ging zurück auf eine Vorlage des OLG Düsseldorf (NZKart 2013, 463).
1318 Siehe dazu auch *Murach*, GWR 2013, 353, 354.
1319 KOG, 8.10.2008, 16 Ok 5/08 – *Aufzugs- und Fahrtreppenkartell*, siehe dazu auch *Koppensteiner*, GeS 2013, 432, 433.
1320 Vgl. KartG-Nov 2002, BGBl I 2002/62; *Gruber*, Österreichisches Kartellrecht, 2. Auflage, § 29 KartG, E.2.

§ 1 GWB *Verbot wettbewerbsbeschränkender Vereinbarungen*

9. GWB-Novelle so bleibt (vgl. allgemein zur 9. GWB-Novelle Rdn. 21). Zuletzt hatte sich die Monopolkommission in ihrem Sondergutachten für eine **stärkere Kriminalisierung** ausgesprochen.[1321] Wer bei einer Ausschreibung ein (Schein-)angebot abgibt, oder sich der Abgabe bewusst zugunsten eines Kartellmitgliedes enthält, das auf einer rechtswidrigen Absprache beruht, um den »Veranstalter« einer Ausschreibung zur Annahme des Angebots zu veranlassen, macht sich strafbar. Folgerichtig hat der BGH daher die mit der 7. GWB-Novelle Gleichstellung von horizontalen und vertikalen Vereinbarungen im Tatbestand des § 1 GWB auch im § 298 StGB aufgrund der Kartellrechtsakzessorietät nachvollzogen und entschieden, dass § 298 StGB nicht nur die horizontale Verständigung zwischen Bietern erfasst, sondern auch die vertikale Verständigung zwischen Anbieter und Bietern bzw. Bietern ihrerseits auch gegen § 298 StGB verstoßen kann.[1322] Demnach kann auch derjenige Täter des § 298 StGB sein, der nicht Bestandteil der Kartellvereinbarung, jedoch an dieser auch (mittelbar) beteiligt war, sofern diesem nach den allgemeinen Regeln der Abgrenzung von Täterschaft und Teilnahme die Abgabe der Submissionsangebote i.S.d. § 25 StGB zurechenbar ist.

417 Ungeachtet der ausufernden Diskussionen im Strafrecht über das Schutzgut und den Charakter des § 298 StGB, ist noch nicht abschließend geklärt, ob die wettbewerbsrechtliche Auslegung des § 1 GWB auch für das Strafrecht gilt. Eine rechtswidrige Absprache im Sinne des § 298 Abs. 1 StGB ist zunächst jede Vereinbarung im Sinne des § 1 GWB. Insoweit ist § 298 StGB akzessorisch zum GWB, als eine rechtswidrige Absprache im Sinne des § 298 StGB nur dann vorliegt, wenn es sich um eine auch gegen das GWB verstoßende kartellrechtswidrige Absprache handelt.[1323] Die Akzessorietät des Tatbestandes des § 298 StGB an das GWB wird besonders deutlich, wenn man sich vor Augen führt, dass § 298 StGB auch den Fall vertikaler Absprachen erfasst.[1324]

418 Insgesamt hat der Gesetzgeber eine Strafbarkeit von Kartellverstößen nicht ausgeschlossen, sondern er hat sich lediglich im Ausgangspunkt systematisch

---

1321 BGH, 17.10.2013, 3 StR 167/13; BGH, 11.7.2001, 1 StR 576/00; BGH, 21.11.2000, 1 StR 300/00; im Einzelfall kann auch ein Betrug außerhalb von Submissionsabsprachen in Betracht kommen, siehe BGH, 4.5.1993, VI ZR 81/92; vgl. dazu *Deutsch*, VersR 2004, S. 137 und Sondergutachten 72 der Monopolkommission, Strafrechtliche Sanktionen bei Kartellverstößen (2015), S. 191 ff.
1322 BGH WuW/E DE-R 3691 – *Submissionsabsprachen*.
1323 BGH WuW/E DE-R 3691 – *Submissionsabsprachen*.
1324 BGH, 17.10.2013, 3 StR 167/13; BGH, 11.7.2001, 1 StR 576/00; BGH, 21.11.2000, 1 StR 300/00; im Einzelfall kann auch ein Betrug außerhalb von Submissionsabsprachen in Betracht kommen, siehe BGH, 4.5.1993, VI ZR 81/92; vgl. dazu *Deutsch*, VersR 2004, S. 137 und Sondergutachten 72 der Monopolkommission, Strafrechtliche Sanktionen bei Kartellverstößen (2015), S. 46 ff.

für die Ahndung im Rahmen des Ordnungswidrigkeitenrechts entschieden.¹³²⁵ Kartellrecht ist daher, wie Stancke zu Recht betont, Ordnungswidrigkeitenrecht.¹³²⁶

Nach der hier entwickelten Ansicht setzt eine Vereinbarung keinen wie auch immer zu beschreibenden Bindungswillen voraus, sondern eine inhaltliche Bestimmtheit voraus (Rdn. 142 ff.). Abzulehnen sind daher die strafrechtlichen Auslegungsversuche, wonach eine Absprache einen Bindungswillen der Täter voraussetzt.¹³²⁷ Dem steht auch nicht die Entscheidung des BGH entgegen, dass dieser eine von einem faktischen Bindungswillen getragene Verständigung gefordert hat, da offensichtlich auch die Abgabe von Scheinangeboten zu einer Strafbarkeit wegen Submissionsbetrug gemäß § 298 StGB führen kann. Denn als Täter handelt auch, wer ein Angebot nur zum Schein abgibt. Dies folgt zum einen aus § 116 BGB und ist zum anderen auch teleologisch geboten, will man dem Täter keine allzu leichte Ausflucht zur Verfügung stellen. 419

Umstritten ist, ob auch eine abgestimmte Verhaltensweise eine »Absprache« im Sinne des § 298 StGB sein kann. Eine verbreitete strafrechtliche Ansicht meint, dem Wortlaut des § 298 StGB die Voraussetzung entnehmen zu können, dass der Tatbestand eine verbale Verständigung oder wenigstens ein konkludentes Handeln verlange.¹³²⁸ Das ist alles andere als zwingend und widerspricht auch der Regierungsbegründung.¹³²⁹ Auch teleologisch wird man die abgestimmte Verhaltensweise unter § 298 StGB fassen müssen, da der Wettbewerb als Schutzgut dieser Vorschrift gleichermaßen bei einer Vereinbarung oder Absprache beeinträchtigt ist. Dabei ist allerdings dem Bestimmtheitsgebot Rechnung zu tragen. 420

Bei Submissionsabsprachen kann in Tateinheit auch (grundsätzlich) § 263 StGB verwirklicht sein.¹³³⁰ Die Idealkonkurrenz setzt allerdings eine voll- 421

1325 Vgl. Begründung zu dem Entwurf eines Gesetzes gegen Wettbewerbsbeschränkung, BT-Drucks. 02/1158, Anlage 1, S. 28. Siehe hierzu auch *Biermann*, ZWeR 207, S. 1, S. 47; siehe dazu auch Monopolkommission (2015) Sondergutachten 72, Strafrechtliche Sanktionen bei Kartellverstößen, S. 47.
1326 *Stancke*, CCZ 2014, 217.
1327 Unklar *Hohmann*, in: MünchKommStGB, § 298 Rn. 73 (wonach es auf einen rechtsgeschäftlichen Bindungswillen nicht ankomme) und Rn. 75, wonach eine Absprache einen Bindungswillen voraussetze).
1328 *Hohmann*, in: MünchKommStGB, § 298 Rn. 75; *Kuhlen*, in: FS Lampe, S. 743, 755.
1329 RegE BT-Drucks. 13/5584 S. 14; *König*, JR 1997, 397, 402.
1330 *Achenbach*, WuW 1997, 958, 959; *Bangard*, wistra 1997, 161, 168; *Heine*, in: Schönke/Schröder § 298 Rn. 22; *Hohmann*, in: MünchKommStGB, § 298 Rn. 119; *Korte*, NStZ 1997, 513; *Tiedemann*, in: Leipziger Kommentar StGB, § 298 Rn. 51; a.A. (§ 298 StGB sei *lex specialis*) nur *Walter*, JZ 2002, 254, 256;

endete Tat voraus. Ist der durch die Kartellabsprache verursachte Betrug im Versuchsstadium steckengeblieben, verdrängt § 298 StGB als Spezialgesetz die Norm des § 263 StGB. Besondere Schwierigkeiten bereitet es, den Vermögensschaden zu bestimmen, zumal sich die Rechtsprechung hier solcher Maßstäbe bedient, die aus der Preiskontrolle entlehnt sind und bereits dort auf tatsächliche Schwierigkeiten stoßen. Deshalb hatte man auf genau dieses Merkmal bei § 298 StGB verzichtet. Der Vermögensschaden ist damit die Differenz zwischen dem (angenommenen) Angebotspreis und dem hypothetischen Marktpreis. Welchen Umfanges eine derartige Differenz besteht, obliegt der tatrichterlichen Beweiswürdigung.

422 Eine vergleichbare Rechtslage besteht auch in Österreich. Dort kam es mit der Kartellgesetznovelle 2002 (KartG-Novelle 2002) zu einer weitgehenden Entkriminalisierung des Kartellrechts. Eine Strafbarkeit kommt auch dort allenfalls wegen Betrugs (§ 146 StGB) oder wegen wettbewerbsbeschränkender Absprachen bei Vergabeverfahren (§ 168b StGB) in Betracht. Bei letzterer wird mit Freiheitsstrafe von bis zu 3 Jahren derjenige bestraft, der bei einem Vergabeverfahren einen Teilnahmeantrag stellt, ein Angebot legt oder Verhandlungen führt, die auf einer rechtswidrigen Absprache beruhen, welche darauf abzielen, den Auftraggeber zur Annahme eines bestimmten Angebots zu veranlassen. Unklar ist bisher in der Spruchpraxis, ob § 168b StGB nur die Fälle erfasst, in denen es sich um ein Vergabeverfahren nach dem BVergG handelt, oder ob auch **privatrechtliche Ausschreibungen** von nichtöffentlichen Auftraggebern, z.B. Privatunternehmen, davon umfasst sind.[1331]

423 Zwischen dem Betrug und dem Submissionsbetrug besteht nach herrschender Ansicht echte Konkurrenz, derzufolge ein und dieselbe Handlung sowohl als Submissionsbetrug als auch als Betrug geahndet werden kann, wenn die jeweiligen Tatbestandsvoraussetzungen erfüllt sind.[1332] Hinzu gekommen ist zum 1.1.2016 durch das StRÄG 2015[1333] noch ein neuer Straftatbestand für **unzulässige Bieterabsprachen im exekutiven Versteigerungsverfahren** (§ 292c StGB). Diese Vorschrift tritt neben die nach der Exekutionsordnung mögliche Ordnungsstrafe und soll eine Rechtsschutzlücke schließen, die bei Versteigerungsverfahren aufgetreten ist. Die Vorschrift schützt neben der Rechtspflege auch die Unverfälschtheit des Wettbewerbs.[1334]

Wolters, JuS 1998, 1100, 1102. Siehe noch zur Erfassung unter § 263 StGB vor Einführung des § 298 StGB: BGH, 31.8.1994, 2 StR 256/94 = NJW 1995, 737.
1331 Siehe *Zeder* JBl 2007, 477; *Schuhmann/Bruckmüller/Gappmayer*, RPA 2009, 224.
1332 *Lurger*, ecolex 2003, 109.
1333 BGBl I 2015/112.
1334 Siehe dazu *Ottel*, ZVB 2013, 147, offen lassend insoweit *Glaser*, ecolex 2015, 959; a.A. *Kirchbacher*, in: WK, 2. Aufl., § 168b StGB, Rn. 56.

3. Auslieferung wegen Kartellverstoßes

Gerade bei Kartellen mit internationaler Dimension ist hinsichtlich der strafrechtlichen Rechtsfolgen noch ein weiterer (exotischer) Aspekt mit zu bedenken, der in jüngerer Zeit im Fall des *Marineschläuche*-Kartells[1335] praktisch schlagend geworden ist: die Auslieferung in Kartellsachen an einen Drittstaat, wenn dort z.B. ein (internationaler) Haftbefehl vorliegt und die Wettbewerbsbehörde einen Verstoß gegen das Kartellverbot festgestellt hat.[1336] In vielen Ländern, insbesondere in den USA, drohen den an Kartellverstößen beteiligten Personen (auch tatsächlich) Freiheitsstrafen. Dort kann für eine Zuwiderhandlung gemäß Sec 1 Sherman Act eine Gefängnisstrafe von bis zu zehn Jahren plus Geldstrafe bis zu 1 Mio USD verhängt werden. Die tatsächliche Haftdauer bei Kartellsachen in den USA liegt bei rund 25 Monaten.[1337] Aber auch in der EU sehen viele Staaten, darunter z.B. Frankreich oder Großbritannien, strafrechtliche Sanktionen vor.

424

In dem zuvor genannten Fall *Marineschläuche* ging es um die Auslieferung von *Romano Pisciotti*, eines italienischen Staatsangehörigen und ehemaligen Managers von *Parker ITR*, der am weltweiten *Marineschläuche*-Kartell beteiligt war und auf einem Zwischenstopp in Frankfurt vorläufig festgenommen wurde.[1338] Gegen diesen wurde trotz Einigung mit dem DOJ auf eine grundsätzliche Nichtverfolgung in strafrechtlicher Hinsicht Anklage vor dem District Court in Florida erhoben, da *Pisciotti* von dieser Einigung mit dem DOJ ausdrücklich ausgenommen war (*carve-out*). Die US-Behörden ersuchten daraufhin die BRD um Auslieferung. Eine der **Kernvoraussetzungen** für die Auslieferung ist, dass eine **gegenseitige Strafbarkeit** in beiden Staaten vorliegt (§ 3 IRG). Die Voraussetzung lag im gegebenen Zusammenhang vor, da der Kartellverstoß in Deutschland den Tatbestand des Submissionskartells gemäß § 298 StGB erfüllte. Nicht zu entscheiden werden musste daher, ob auch eine Strafbarkeit nach § 263 StGB von den Gerichten für die Zwecke der Er-

425

1335 Kommission, 28.1.2009, COMP/39.406 – *Marineschläuche*. Gegenstand des Falles waren Preisabsprachen und Marktaufteilungen im Bereich Hochseeschläuche. Sowohl die Kommission als auch das DOJ verhängten gegen die Unternehmen Geldbußen (Kommission: 131,51 Mio. EUR (abgesenkt von den Gerichten auf 112,3 Mio. EUR) und DOJ: 40,33 Mio. EUR).
1336 OLG Frankfurt NStZ-RR 2014, 288; siehe *Jungermann*, NZKart 2014, 311; *ders.* WuW 2014, 563; *Bischke/Brack*, NZG 2014, 735. In diesem Fall kommt es zu einer Interpol Red Notice. Herr Pisciotti hat wegen der Auslieferung Klage auf Schadenersatz gegen die BRD eingelegt (LG Berlin, 28 O 111/14).
1337 DOJ Antitrust Division 2013 Criminal Enforcement Update, siehe dazu www.justice.gov; siehe dazu insgesamt *Jungermann*, NZKart 2014, 311, 315.
1338 Kommission, 28.1.2009, COMP/39.406 – *Marineschläuche*. Vgl. für eine Übersicht der Jurisdiktionen, in denen Geldbußen verhängt wurden: *Stancke*, CCZ 2014, 217.

füllung der Gegenseitigkeit trotz grundsätzlicher Entkriminalisierung des Kartellrechts (mit Ausnahme von Submissionsabsprachen) angenommen werden wäre. Gegenstand der Beurteilung durch das OLG Frankfurt und später des Bundesverfassungsgerichts war auch, ob sich Herr Pisciotti auf das »Deutschenprivileg« (Art. 16 Abs. 2 S. 1 GG) berufen kann, der auch im Auslieferungsübereinkommen Deutschland-USA garantiert war (Art. 7 Abs. 1). Auch damit drang Herr Pisciotti indes nicht durch. Denn nur eine **Auslieferung eines deutschen Staatsbürgers** wäre **nicht möglich**. Art. 16 Abs. 2 Satz 1 GG sperrt nur dessen Auslieferung.[1339] Dieses Privileg ist m.E. auch mit Art. 18 AEUV vereinbar, da der Anwendungsbereich des AEUV insoweit nicht eröffnet ist.

426   Das OLG Frankfurt entschied daher im Ergebnis, dass die Auslieferung zulässig sei. Der italienische Staatsbürger einigte sich mit DoJ auf ein plea agreement und wurde zu einer Gefängnisstrafe von zwei Jahren und Geldstrafe von 50.000 US-Dollar verurteilt.[1340]

H. Fallgruppen

427   Die Rechtsbegriffe des § 1 GWB entziehen sich oftmals einer axiomatisch-deduktiven Methode. Demgemäß ist die konkrete Normaussage meist nur *induktiv-hermeneutisch* zu gewinnen. Diese Herangehensweise wird auch dem »ökonomischen Ansatz« gerecht und verlangt, im Einzelfall die Wertungsparameter abzuwägen. Dies ist weder ein Bekenntnis für noch gegen den »stärkeren ökonomischen Ansatz« (*more economic approach*). Eine normative Bewertung richtet sich nicht an den Kategorien »mehr« oder »weniger« aus, sondern muss offenlegen, welche Maßstäbe nach dem gegenwärtigen Erkenntnisstand ein Urteil falsifikationsresistent tragen. Daneben haben sich im Wirtschaftsleben typische Konstellationen für wettbewerbsbeschränkende Kooperationen herausgebildet, die einer Fallgruppensystematik zugänglich sind. Im Rahmen des § 1 GWB werden diese insoweit dargestellt, als diese dort eine Rolle spielen, z.B. das Bundeskartellamt oder deutsche Gerichte sich damit (verstärkt) auseinander gesetzt haben. Naturgemäß ist eine derartige Systematik nicht abschließend, kann aber die jeweiligen Rechtsfragen kumuliert beantworten und nicht fragmentarisch wie in einer am Tatbestandsmerkmal ausgerichteten Darstellung. Für die Systematisierung ist nach der Art des beschränkten Wettbewerbsparameters zu unterscheiden. Daneben spielt die Unterscheidung zwischen horizontalen und vertikalen Wettbewerbsbeschränkungen nach wie vor eine Rolle. Für die Übersichtlichkeit wird daher im Folgenden grundlegend zwischen (i) horizontalen Fallgruppen (vgl. Rdn. 429)

1339 Darauf hinweisend auch *Jungermann*, NZKart 2014, 311, 314.
1340 Siehe *Bischke/Brack*, NZG 2014, 735, 737.

und (ii) vertikalen Fallgruppen (vgl. Rdn. 564) unterschieden. In diese lassen sich viele Typen einsortieren; daneben gibt es aber auch einige **hybride** Gebilde.

Im inländischen Recht diskutiert man im Wesentlichen die identischen Fallgruppen wie im europäischen Recht. Teilweise regeln Gruppenfreistellungsverordnungen diese Fallgruppen und sind im Rahmen des § 2 Abs. 2 GWB abzuhandeln. Zwei im Wesentlichen horizontale Typen von Wettbewerbsbeschränkungen fallen unter Gruppenfreistellungsverordnungen. Zum einen sind dies **Forschungs-** und **Entwicklungsvereinbarungen**, deren Zulässigkeit sich nach der VO 1217/2010 (FdE-GVO) der Kommission richtet.[1341] Zum anderen sind dies **Spezialisierungsvereinbarungen**, für die die VO 1218/2010 der Kommission rechtliche Maßstäbe aufstellt.[1342] Für **vertikale Vereinbarungen** bilden § 2 Abs. 2 GWB i.V.m. VO 330/2010 (Vertikal-GVO) den rechtlichen Rahmen.[1343] Hinzu kommt die zuletzt erneuerte **Technologietransfer-Verordnung** (TT-GVO).[1344] Daneben bestehen noch eine Reihe von branchenspezifischen Gruppenfreistellungsverordnungen, z.B. für den **Kraftfahrzeugsektor**,[1345] für den **Versicherungssektor**,[1346] über **Konsortien** von **Schiffahrtsunternehmen**[1347] sowie für den **Luftfahrts-**

428

[1341] Verordnung (EU) Nr. 1217/2010 der Kommission vom 14.12.2010 über die Anwendung von Artikel 101 Absatz 3 des Vertrages über die Arbeitsweise der Europäischen Union auf bestimmte Gruppen von Vereinbarungen über Forschung und Entwicklung, ABl. EG Nr. L 335/36 vom 18.12.2010.

[1342] Verordnung (EU) Nr. 1218/2010 der Kommission vom 14.12.2010 über die Anwendung von Artikel 101 Absatz 3 des Vertrages über die Arbeitsweise der Europäischen Union auf bestimmte Gruppen von Spezialisierungsvereinbarungen, ABl. EG Nr. L 335/43 vom 18.12.2010.

[1343] Verordnung (EU) vom 20.4.2010 der Kommission über die Anwendung von Artikel 101 Absatz 3 des Vertrages über die Arbeitsweise der Europäischen Union auf Gruppen von vertikalen Vereinbarungen und abgestimmten Verhaltensweisen, ABl. EG Nr. L 102/1 vom 23.4.2010.

[1344] Verordnung (EU) Nr. 316/2014 der Kommission v. 21.3.2014 über die Anwendung von Artikel 101 AEUV auf Gruppen von Technologietransfer-Vereinbarungen, ABl. EU 2014 L 93, S. 17.

[1345] Verordnung (EG) Nr. 461/2010 der Kommission vom 28.5.2010 über die Anwendung von Artikel 101 Absatz 3 auf Gruppen von vertikalen Vereinbarungen und abgestimmten Verhaltensweisen im Kraftfahrzeugsektor, ABl. EG Nr. L 129/52.

[1346] Verordnung (EU) Nr. 267/2010 der Kommission vom 24.3.2010 über die Anwendung von Artikel 101 Absatz 3 auf Gruppen von Vereinbarungen, Beschlüssen und abgestimmten Verhaltensweisen im Versicherungssektor, ABl. EG Nr. L 83/1 vom 30.3.2010.

[1347] Verordnung (EG) Nr. 906/2009 der Kommission vom 28.9.2010 über die Anwendung von Artikel 101 Absatz 3 auf bestimmte Gruppen von Vereinbarungen, Beschlüssen und aufeinander abgestimmten Verhaltensweisen zwischen Schiffahrtsunternehmen (Konsortien), ABl. EG Nr. L 256/31 vom 29.9.2009. Außer-

ektor.[1348] Hinzu kommen eine Reihe von Leitlinien, die für die deutschen Gerichte (rechtlich) grundsätzlich nicht bindend sind.

I. Horizontale Fallgruppen

1. Arbeits- und Bietergemeinschaften

a) Charakterisierung

429 Bei Arbeits- und Bietergemeinschaften handelt es sich um zwei unterschiedliche, aber (häufig) miteinander verwobene Formen der horizontalen bzw. vertikalen Zusammenarbeit von (mindestens) zwei Unternehmen. Unter einer **Arbeitsgemeinschaft** wird verallgemeinernd die Zusammenarbeit mehrerer Unternehmen zur Ausführung eines gemeinsamen Auftrages, also in der Terminologie der Horizontal-Leitlinien, die gemeinsame Produktion verstanden, z.B. zur Durchführung eines industriellen Großauftrages. Von einer **Bietergemeinschaft** spricht man hingegen bei einem Zusammenschluss mehrerer Unternehmen zur Abgabe eines gemeinsamen Angebotes im Vergabeverfahren. Gesellschaftsrechtlich handelt es sich zumeist um eine **GbR** i.S.d. § 705 ff. BGB.[1349] Kennzeichen der GbR ist – in Abgrenzung z.B. zum Gemeinschaftsunternehmen (vgl. dazu Rdn. 587) –, dass es sich um eine Gelegenheitsgesellschaft handelt, die gerade nicht auf Dauer angelegt ist. Dies gilt v.a. für die Bietergemeinschaft. Bei Arbeitsgemeinschaften ist auch eine institutionalisierte Form der Zusammenarbeit über einen längeren Zeitraum möglich.[1350]

430 Häufig treten Arbeits- und Bietergemeinschaften, v.a. im Kontext von Vergabeverfahren, zusammen auf (**kombinierte Bieter- und Arbeitsgemeinschaften**).[1351] Die Bietergemeinschaft lässt sich insoweit als das vergaberechtliche Pendant der Arbeitsgemeinschaft bzw. dessen Vorstufe[1352] kennzeichnen. Erst

---

dem: Verordnung (EG) 1419/2006 des Rates vom 25.9.2006 über die Einzelheiten der Anwendung von Artikel 85 und 86 des Vertrages auf den Seeverkehr und zur Ausweitung des Anwendungsbereichs der VO (EG) 1/2003 auf Kabotage und internationale Trampdienste, ABl. EG Nr. L 269/1 vom 28.9.2006.

1348 Verordnung (EG) Nr. 487/2009 des Rates vom 25.5.2009 über die Anwendung von Artikel 81 Absatz 3 des Vertrages auf bestimmte Vereinbarungen und abgestimmte Verhaltensweisen im Sektor für den Luftverkehr, ABl. EG Nr. L 148/1 vom 11.6.2009.

1349 Für viele *Immenga*, DB 1984, 385, 385.

1350 Vgl. BKartA, 10.8.2007, WuW/DE-V 1459, 1460 – *Wirtschaftsprüferhaftpflicht*. Das BKartA hat in diesem Fall eine Mitversicherungsgemeinschaft für das Prüfungs- und Treuhandwesen, die bereits 75 Jahre bestand, als Arbeitgemeinschaft eingeordnet. Noch differenzierend insoweit *Koenig/Kühling/Müller*, WuW 2005, 126, 133.

1351 *Krauß*, in: Langen/Bunte, § 1 GWB, Rn. 197; *Stifter*, bbl 2006, 51, 52.

1352 So *Immenga*, DB 1984, 385, 385.

bieten die Unternehmen gemeinsam und bemühen sich um gemeinschaftliche Vergabe, dann führen Sie den Auftrag im Anschluss arbeitsteilig im Rahmen der Arbeitsgemeinschaft aus. Neben dieser häufig auftretenden kombinierten Bieter – und Arbeitsgemeinschaft kann eine Zusammenarbeit von Unternehmen aber auch darin bestehen, dass diese unabhängig von Vergabeverfahren arbeitsteilig zusammenarbeiten, z.B. einen Bauauftrag gemeinsam ausführen.[1353] Häufig treten Arbeits- und Bietergemeinschaften in der Baubranche auf.[1354] Sie sind jedoch keineswegs darauf beschränkt. In der Praxis kommen Sie z.B. auch dort vor, wenn sich selbständige Taxi-Unternehmen zusammenschließen und ihr Angebot vereinen,[1355] Unternehmen gemeinsam Abfallentsorgungsleistungen,[1356] Anzeigen[1357] oder Abschleppaufträge[1358] anbieten bzw. sich auf diese bewerben.

Arbeits- und Bietergemeinschaften sind aus der wettbewerbsrechtlichen Perspektive das Wertungskürzel für Vereinbarungen zwischen Unternehmen, die einen gemeinsamen Marktauftritt erst ermöglichen. Diese Ermöglichung ist gemeint, wenn man vom Arbeitsgemeinschaftsgedanken spricht. Kern ist die Erschließung von Märkten durch die Arbeits- bzw. Bietergemeinschaft. Umstritten ist nur, wann diese Erschließung kartellrechtlich zu privilegieren ist, wenn z.B. zwei Unternehmen sich zusammenschließen, die dieses Produkt oder die Dienstleistung auch (tatsächlich oder potentiell) alleine anbieten können. Der BGH hat den Arbeitsgemeinschaftsgedanken erstmalig für Bietergemeinschaften mehrerer Bauunternehmen entwickelt: Ist es einem einzelnen Unternehmen aus tatsächlichen oder wirtschaftlichen Gründen unmöglich oder ist es jedenfalls kaufmännisch unvernünftig, sich als selbständiger Wettbewerber dem Markt zu stellen, dürfen solche Unternehmen miteinander kooperieren und gemeinsam auf dem Markt auftreten.[1359] Seither ist dieser Gedanke in der Rechtsprechung grundsätzlich etabliert und gilt **marktunab-**

431

1353 *Krauß*, in: Langen/Bunte, § 1 GWB, Rn. 197 die darauf verweist, dass sich verschiedene Handwerksbetriebe (Installateure, Fliesenleger, Maurer etc) bei der Bauausführung zusammenschließen.
1354 *Koenig/Kühling/Müller*, WuW 2005, 126, 127; *Immenga*, DB 1984, 385, 385.
1355 BGH WuW/E DE-R 876 – *Jugendnachtfahrten*; zuvor OLG Schleswig, WuW/E DE-R 62. Im zugrundeliegenden Fall haben sich mehrere Taxiunternehmer zusammengeschlossen und Jugend- bzw. Frauennachtfahrten gemeinsam angeboten. Siehe zu einer Bietergemeinschaft bei der Ausschreibung eines Schülerfreistellungsverkehrs OLG Celle, 23.3.2000, 13 Verg 1/00, OLGR Celle 2001, 55.
1356 OLG Frankfurt WuW/E Verg 823, 825 – *Zweckverband*; BKartA, 17.12.2002, B10-104/02 – *Nehlsen/Rethmann/Bremerhavener Entsorgungsbetriebe* (Untersagung).
1357 OLG Schleswig WuW/E OLG 3260, 3262 – *Kombinationstarif Kleinanzeigen*.
1358 OLG Naumburg WuW/E Verg 493 – *Abschleppaufträge*.
1359 BGH WuW/E BGH 2050 – *Bauvorhaben Schramberg*; Vorinstanz: OLG Stuttgart WuW/E OLG 3108 – *Parkhaus*.

hängig.[1360] Auch die europäische Praxis erkennt den Arbeitsgemeinschaftsgedanken an.[1361]

432 Eine Arbeitsgemeinschaft beruht in aller Regel auf einer Vereinbarung zwischen Unternehmen; eine abgestimmte Verhaltensweise als Kooperationsgrundlage ist theoretisch denkbar, scheidet aber *in praxi* zumeist aus, da die Parteien ihren gemeinsamen Marktauftritt gerade vertraglich regeln wollen. Die hier schlagwortartig als »Arbeitsgemeinschaften« zusammengefassten Kooperationen verfolgen je nach Marktphase unterschiedliche Zwecke. Dies zeigt sich nicht zuletzt an der Vorstufe, der Bietergemeinschaft.

433 Ökonomisch und wettbewerbsrechtlich erwünscht sind Arbeitsgemeinschaften dann, wenn erst eine Kooperation zwischen mehreren Unternehmen deren konkreten Marktzutritt erlaubt. Zwei Konstellationen sind zu unterscheiden: Entweder erschließt die Arbeitsgemeinschaft einen Markt, indem sie ein Angebot einer Nachfrage gegenüberstellt (**Markterschließung**), oder es tritt mit der Arbeitsgemeinschaft ein weiterer Wettbewerber auf dem Markt hinzu (**Markterweiterung**). In diesem zweiten Fall belebt eine Arbeitsgemeinschaft den Wettbewerb.

b) Formen von Arbeits- und Bietergemeinschaften

434 Arbeits- und Bietergemeinschaften können zwischen Unternehmen eingegangen werden, die auf dem gleichen sachlich relevanten Markt tätig sind (horizontale Kooperation) oder zwischen Unternehmen vereinbart werden, die auf unterschiedlichen relevanten Märkten tätig sind (vertikale Kooperation). Welche Form vorliegt, hängt von der Abgrenzung des räumlich und sachlich relevanten Marktes ab. Die Unterscheidung ist nicht nur theoretischer Natur. An diese knüpft eine unterschiedliche wettbewerbliche Beurteilung an. Arbeits- und Bietergemeinschaften zwischen Nichtwettbewerbern im Vertikalverhältnis sind in der Regel wettbewerbsrechtlich unproblematisch.[1362] Dies wird damit begründet, dass unter vertikal miteinander verbundenen Unter-

---

1360 BGH WuW/E DE-R 876 – *Jugendnachtfahrten*; Vorinstanz: OLG Schleswig WuW/E DE-R 623; BGH WuW/E DE-R 17, 20 – *Europapokalheimspiele* (im konkreten Fall abgelehnt); OLG Brandenburg VergR 2012, 866; OLG Schleswig WuW/E OLG 3260, 3262 – *Kombinationstarif für Kleinanzeigen*; BKartA WuW/E 2659, 2667 f. – *ATG-Menke-Silcock &Colling*; WuW/E DE-V 759, 765 f. – *Nehlsen/Rethmann/BEG*.
1361 Kommission ABl. EG 1988 Nr. L 311, 36 – *Eurotunnel*; ABl. EG 1990, Nr. L 209, 15 – *Elopak/Metal Box – Odin*; ABl. EG 1990 Nr. L 228, 31 – *Konsortium ECR 900*; ABl. EG 1999 Nr. L 218, 14 – *Cégétel + 4*; ABl. EG 2000 Nr. L 58, 16 – *GEAE/P&W*.
1362 So OLG Düsseldorf NZBau 2012, 252; *Krauß*, in: Langen/Bunte, § 1 GWB, Rn. 199; kritisch dazu *Stifter*, bbl 2006, 51, 58.

nehmen regelmäßig kein beschränkbarer Wettbewerb vorliegt. Der Ansicht ist beizupflichten. Zwar kann u.U. durchaus im Vertikalverhältnis auch ein künftiges (potentielles) horizontales Wettbewerbsverhältnis liegen, diese Möglichkeit rechtfertigt es aber nicht, auch vertikale Kooperationen (grundsätzlich) als wettbewerbsschädlich einzustufen und regelmäßig eine Wettbewerbsbeschränkung anzunehmen. Auch der pauschale Hinweis auf Marktabschottungseffekte verfängt nicht. Einer differenzierten Betrachtung bedürfen indes horizontale Arbeits- und Bietergemeinschaften.

c) Grundsätzliche Zulässigkeit bzw. Unzulässigkeit

Der BGH hat in der Entscheidung »Bauvorhaben Schramberg« entschieden, dass eine Arbeits- und Bietergemeinschaft **grundsätzlich zulässig** ist.[1363] Die Eingehung einer solchen Gemeinschaft wird also grundsätzlich von der Kartellrechtsordnung akzeptiert. Nur ausnahmsweise erweist sich die Eingehung einer Arbeits- und Bietergemeinschaft als unzulässig. Dies ist dann der Fall, wenn es durch die Arbeits- und Bietergemeinschaft zu einer **spürbaren Marktbeeinflussung** kommt. Dies entspricht mittlerweile ständiger Rechtsprechung.[1364] Wann diese spürbare Marktbeeinflussung vorliegt, ist anhand gemischt objektiv-subjektiver Kriterien (dazu sogleich) zu prüfen. Diese Ansicht verdient Zustimmung, da Sie zu Recht hervorhebt, dass Arbeits- und Bietergemeinschaften im Ausgangspunkt nicht schädlich für den Wettbewerb sind. Erst durch den Zusammenschluss werden kleine- und mittlere Unternehmen häufig in die Lage versetzt, überhaupt ein Angebot legen zu können. Bei größeren Vorhaben würden diese bei einer Einzelbewerbung häufig andernfalls nicht zum Zug kommen. Nachdem lange Zeit umstritten war, wo die Arbeits- und Bietergemeinschaft systematisch im Tatbestand des § 1 GWB zu verorten ist, ist seit der Grundsatzentscheidung »Bauvorhaben Schramberg« geklärt, dass diese beim Kriterium der **Spürbarkeit** (siehe dazu Rdn. 260 ff.) verortet werden.[1365] Entscheidend sei, ob es durch die Eingehung der Arbeits- bzw. Bietergemeinschaft zu einer spürbaren Marktbeeinflussung kommt.

435

1363 BGH WuW/E BGH 2050 – *Bauvorhaben Schramberg*.
1364 BGH WuW/E BGH 2050 – *Bauvorhaben Schramberg*; OLG Brandenburg, 16.2.2012, Verg W 1/12; VK Sachsen, 23.5.2013, 1/SVK/011-14; *OLG Naumburg* WuW/E Verg 493 ff.; OLG Frankfurt am Main, NZBau 2004, 60; OLG Koblenz, ZfBR 2005, 619.
1365 BGH WuW/E BGH 2050 – *Bauvorhaben Schramberg*. Dieser Rechtsprechung folgend, für viele, OLG Brandenburg VergR 2012, 866; das Kriterium der Spürbarkeit übersehend bzw. nicht prüfend KG Berlin NZBau 2013, 792. Diese Entscheidung zu Recht kritisierend *Mager/Lotz*, NZBau 2014, 328. Den Autoren ist insofern darin beizupflichten, dass die Entscheidung der ständigen Rechtsprechung des BGH und eine Reihe anderer Obergerichte widerspricht, da Sie die etablierte Prüfungssystematik nicht anwendet.

436 Dieser vorherrschenden Ansicht trat kürzlich jedoch das KG Berlin entgegen. Es entschied, dass das Eingehen einer Bietergemeinschaft »ohne Weiteres« den Tatbestand des § 1 GWB erfülle und eine Bietergemeinschaft damit **grundsätzlich unzulässig** sei.[1366] Die Entscheidung drehte somit die »Vorzeichen« der ständigen Rechtsprechung des BGH und der weiteren Obergerichte schlichtweg um. Das KG Berlin ging davon aus, dass grundsätzlich der Tatbestand erfüllt sei und nur im Ausnahmefall eine Vereinbarkeit mit § 1 GWB vorläge, wenn (i) die Mitglieder der Bietergemeinschaft lediglich einen unerheblichen Marktanteil innehaben (wann Unerheblichkeit vorliegt, wird nicht näher erläutert) oder (ii) wenn diese erst durch das Eingehen der Bietergemeinschaft in die Lage versetzt werden, ein Angebot abzugeben. Diese Ansicht verdient keine Zustimmung. Sie lässt vermissen, wie man dogmatisch eine Unzulässigkeit herleiten soll. Der bloße Umstand, dass weniger Angebote bei einer Bietergemeinschaft abgegeben werden, stellt noch keine Wettbewerbsbeschränkung dar. Die Entscheidung verkennt die wettbewerbsfördernden Elemente der Gemeinschaft, z.B. dass die Eingehung für viele Unternehmen erst die Möglichkeit der Partizipation eröffnet.

d) Wettbewerbliche Beurteilung

437 Eine wettbewerbsfördernde Arbeits- bzw. Bietergemeinschaft setzt voraus, dass die Beteiligten **selbständige** Unternehmen sind.[1367] Gehören demnach die Bieter einer Bietergemeinschaft zu einer »wirtschaftlichen Einheit« (vgl. zum Begriff der wirtschaftlichen Einheit Rdn. 594) und bilden diese daher ein Unternehmen, greift § 1 GWB **nicht** ein.[1368] Bilden sie eine wirtschaftliche Einheit, ist der Arbeitsgemeinschaftsgedanke nicht einschlägig. Wirtschaftlich ist dies als Angebot eines Unternehmens anzusehen. Eine Arbeitsgemeinschaft reagiert auf eine bestimmte Nachfrage nach Waren und/oder Leistungen.[1369] Mithin trägt der Arbeitsgemeinschaftsgedanke keine vereinbarte Kooperation für eine unbestimmte oder prognostizierte Nachfrage. Nur aus der bestimmten Nachfrage lässt sich ableiten, ob die Beteiligten einzeln unfähig sind, der Nachfrage zu entsprechen. Die Rechtsprechung folgt grundsätzlich unisono der Konzeption des BGH im Fall »**Bauvorhaben Schramberg**«.[1370] Aus der Entscheidung lassen sich zwei Voraussetzungen herausschälen, von

---

1366 KG Berlin NZBau 2013, 792. Kritisch dazu *Mager/Lotz*, NZBau 2014, 32. In die Richtung auch bereits OLG Düsseldorf, VII-Verg 35/11, NZBau 2012, 255 – *HMV-Rohschlacke*.
1367 BGH WuW/E DE-R 876 – *Jugendnachtfahrten*.
1368 VK Bund, 23.1.2015, VK 1 122/14, ZtBR 2016, 511.
1369 So implizit BGH WuW/E DE-R 876 »... überhaupt die Möglichkeit geschaffen wird, eine bestimmte, am Markt nachgefragte Leistung zu erbringen«.
1370 BGH WuW/E BGH 2050 – *Bauvorhaben Schramberg*; so auch OLG Düsseldorf, 23.3.2005, VII-Verg 68/04; OLG Düsseldorf, 3.6.2004, VI-W Kart 13/04.

denen – nach der hier vertretenen Ansicht – aber die eine die andere dominiert. Dem BGH zufolge kommt es (i) **objektiv** darauf an, dass die Unternehmen für sich genommen zu einer Teilnahme an der Ausschreibung mit einem eigenständigen Angebot auf Grund ihrer betrieblichen oder geschäftlichen Verhältnisse (z.B. mit Blick auf Kapazitäten, technische Einrichtungen und/oder fachliche Kenntnisse) nicht fähig sind und erst der Zusammenschluss zu einer Bietergemeinschaft sie in die Lage versetzt, sich daran zu beteiligen und (ii) in **subjektiver Sicht** die Zusammenarbeit die im Rahmen wirtschaftlich zweckmäßigen und kaufmännisch vernünftigen Handelns liegende Unternehmensentscheidung darstellt.[1371] Entgegen vielfacher Äußerungen, dass es sich um zwei getrennt zu prüfende und voneinander unabhängige Voraussetzungen handelt, ist vielmehr davon auszugehen, dass die zweite subjektive Voraussetzung die erste, objektive Voraussetzung, dominiert, mithin dessen Auslegung versubjektiviert. Beide gehen insoweit ineinander auf, da sie nicht getrennt voneinander betrachtet werden können. Es kommt also gerade nicht primär darauf an, ob die Unternehmen objektiv in der Lage gewesen wären, den Auftrag auch alleine auszuführen.[1372] Entscheidend ist vielmehr, ob die Kooperation Ausdruck der »wirtschaftlich zweckmäßigen und kaufmännisch vernünftigen Unternehmensentscheidung« ist.

aa) Fehlende Marktfähigkeit

Marktunfähig ist ein Unternehmen, wenn es tatsächlich nicht in der Lage ist, alleine auf dem relevanten Markt anzubieten. Hauptursache hierfür sind Kapazitätsmängel, sei es bei der personellen Ausstattung, bei den Betriebsmitteln oder den Produktionskapazitäten. Die fehlende Marktfähigkeit lässt sich nur durch die jeweils geforderte Bezugsgröße des Nachfragers und damit dessen Nachfragevolumen ermitteln. Es kommt immer auf die konkrete Situation an. Deswegen können auch größere Unternehmen marktunfähig sein, wenn ein ausgeschriebener Auftrag ein bestimmtes Volumen erreicht, wie dies etwa bei größeren Bauvorhaben der Fall ist.[1373] Warum ein Unternehmen unzureichende Kapazitäten hat, spielt keine Rolle. Aus diesem Grund ist auch ein Unternehmen im konkreten Fall nicht marktfähig, wenn es nur zeitweise unzureichende Kapazitäten aufweist, da diese für einen anderen Auftrag gebunden sind oder vorgehalten werden müssen.[1374] Ebenso begründen fehlendes *know how* eine Marktunfähigkeit sowie fehlende Transport- oder Logistikkapazitäten. Es gibt jedoch Grenzfälle, in den zweifelhaft ist, ob man ein bestimmtes Defizit eines Unternehmens als »Marktunfähigkeit« kennzeichnen

438

1371 BGH WuW/E BGH 2050 – *Bauvorhaben Schramberg*; OLG Düsseldorf VergabeR 2012, 628 – *HMV-Rohschlacke*.
1372 OLG Frankfurt WuW/E Verg 823 – *Zweckverband*.
1373 OLG Stuttgart WuW/E OLG 3108, 3110 – *Parkhaus*.
1374 *J. Wiedemann*, ZfBR 2003, 240, 242; a.A. *Maasch*, ZHR 150 (1986), 657, 658.

kann. So soll eine Arbeitsgemeinschaft auch gerechtfertigt sein, wenn die Zusammenarbeit die Beteiligten in die Lage versetzt, ein wettbewerbsfähiges Angebot abzugeben.

439 Bei der Beurteilung, ob die Eingehung der Arbeits- bzw. Bietergemeinschaft Ausdruck einer wirtschaftlich zweckmäßigen und kaufmännisch vernünftigen Unternehmensentscheidung ist, ist zwar wiederrum auf objektive – nachvollziehbare – Kriterien abzustellen.[1375] Jenseits dieser Fälle, in denen bereits **objektiv** der Marktzutritt scheitert und das fragliche Unternehmen nicht anbieten könnte, selbst wenn es wollte, ist **umstritten**, ob und inwieweit **subjektive** Kriterien eine Marktunfähigkeit begründen können. Anlass dessen ist die Formulierung in der Entscheidung *Bauvorhaben Schramberg*, wonach es den Arbeitsgemeinschaftsgedanken auch trägt, wenn der Marktauftritt eines einzelnen Unternehmens »aus ... wirtschaftlichen Gründen unzweckmäßig oder ... kaufmännisch unvernünftig ist«. Diese subjektive Markteintrittskomponente hat man teilweise stark kritisiert.[1376] Wiederum andere rechtfertigen sie damit, dass der Markteintritt auch eine unternehmerische Entscheidung sei und deswegen ein unternehmerischer Beurteilungsspielraum zugebilligt werden müsse. Wie schon zuvor klargestellt (vgl. Rdn. 437), spielt diese subjektive Komponente eine besondere Rolle.

440 Die Entscheidung *Jugendnachtfahrten* hat einen anderen Zungenschlag in die Diskussion gebracht: Der BGH stellt nunmehr darauf ab, ob der Markteintritt tatsächlich oder wirtschaftlich *unmöglich* ist oder »jedenfalls« kaufmännisch unvernünftig.[1377] Auf die »Zweckmäßigkeit« kommt es danach nicht mehr an. Zudem stellt sich die Frage nach der kaufmännischen Vernunft nur, wenn einem Unternehmen objektiv der Marktzutritt möglich ist, aber subjektiv für unmöglich gehalten wird. Hier ist die Frage berechtigt, ob das jeweilige Unternehmen seine Markteintrittschancen verkennt. Auf eine derartige Fehleinschätzung lässt sich eine unternehmerische Entscheidung sehr wohl überprüfen, wie die Praxis zur »*business judgement rule*« im Gesellschaftsrecht belegt. Lässt sich in diesem Sinne eine kaufmännische Entscheidung verobjektivieren, verflüchtigen sich die Bedenken an einer subjektiven Komponente. Dies entspricht auch der gegenwärtigen Praxis.

441 Einer abschließenden Klärung harren sog. **gemischte** Arbeitsgemeinschaften. Hier kooperieren markt**un**fähige mit marktfähigen Unternehmen. Mindestens einer der Beteiligten ist mithin in der Lage, ein eigenes Angebot abzugeben. **Zu eng** ist es, Arbeitsgemeinschaften nur als wettbewerbsrechtlich er-

---

1375 Siehe *Krauß*, in: Langen/Bunte, § 1 GWB, Rn. 202.
1376 *J. Wiedemann*, ZfBR 2003, 240, 242.
1377 BGH WuW/E DE-R.

laubt einzuordnen, wenn alle Kooperationspartner jeweils unfähig sind, die Nachfrage zu bedienen.[1378] Eine gemischte Arbeitsgemeinschaft versetzt mindestens eine der Parteien in die Lage, ein Angebot abzugeben oder einen Auftrag durchzuführen. Sie ermöglicht insoweit den Marktzutritt.[1379] Aus diesem Grund hält man gemischte Arbeitsgemeinschaften generell für zulässig.[1380] Indes geht dies vermutlich zu weit, da diese Ansicht einseitig den Marktzutritt eines Unternehmens betrachtet, ohne die Folgen für den relevanten Markt in den Blick zu nehmen. So wünschenswert und charmant ein solcher Ansatz ist, er lässt sich wohl vermutlich nur eher schwer in das Marktstrukturkontrollkonzept des GWB einpassen. Verfestigt oder begründet eine gemischte Arbeitsgemeinschaft die marktbeherrschende Stellung einer der Parteien, so egalisiert dies die wettbewerblichen Vorteile, die mit dem Marktzutritt eines Unternehmens verbunden sein mögen.[1381] Dieser Ansatz ähnelt denen in den Leitlinien über die horizontale Zusammenarbeit. In diesem Fall ist zu befürchten, dass Marktzutrittsschranken gegenüber Dritten aufgebaut werden und die gemischte Arbeitsgemeinschaft weiterer Anbieter vom Markteintritt abhält.

bb) Inhaltliche und zeitliche Grenzen

Stellt sich eine Kooperation zwischen Unternehmen als eine Arbeitsgemeinschaft dar, so sind deswegen nicht alle Abreden zwischen den Beteiligten kartellfrei.[1382] Eine Arbeitsgemeinschaft erschließt den Markt und ist kein Vehikel, um sich dem Druck des Wettbewerbs zu entziehen. Preisabsprachen sind keine notwendigen Nebenabreden einer Arbeitsgemeinschaft. Deswegen ist eine Mindestpreisvereinbarung für den Verkauf von Werbezeiten kartellrechtswidrig, auch wenn diese auf einer an sich kartellfreien Arbeitsgemeinschaft zwischen privaten Rundfunkanbietern beruht.[1383] Vergleichbare Fragen stellen sich bei der zentralen Vermarktung von Fernsehrechten für Fußballspiele (vgl. dazu Rdn. 561). Beabsichtigt war dadurch, die einzelnen Sendetermine zu koordinieren um den Erlös für die urheberrechtliche Gestattung bei der Über-

442

1378 So jedoch *Maasch*, ZHR 150 (1986), 657, 658 f.
1379 Treffend: *Koenig/Kühling/Müller*, WuW 2005, 126, 134 f.
1380 *J. Wiedemann*, ZfBR 2003, 240, 241 unter pauschaler Berufung auf »Synergieeffekte«. Welche das sein könnten, wird allerdings ebenso offengelassen wie die Frage, ob zu Gunsten des markteintrittsfähigen Unternehmens überhaupt »Synergieeffekte« denkbar sind.
1381 Im Ergebnis auch: *Koenig/Kühling/Müller*, WuW 2005, 126, 135 f.
1382 KG WuW/E OLG 5565, 5576 (Vorinstanz zu BGH WuW/E DE-R 17 – *Europapokalheimspiele*; der BGH bestätigte die Rechtsansicht des KG); OLG Naumburg WuW/E Verg 493, 495 – *Abschleppaufträge*; LG München WuW/E LG/AG 655, 657 – *AirPlay*; *Koenig/Kühling/Müller*, WuW 2005, 126, 129.
1383 Vgl. LG München WuW/E LG/AG 655, 657 – *Air Play*. Das LG ließ im entschiedenen Fall offen, ob es sich um eine Arbeitsgemeinschaft handelte.

tragung der einzelnen Spiele zu maximieren. Dies erwies sich allerdings nicht als legitimes Ziel einer Arbeitsgemeinschaft, sondern als koordinierte Gewinnmaximierung und wurde deshalb als § 1 GWB unterfallend eingeordnet.

443 Eine **Versicherergemeinschaft** zwischen mehreren Versicherungsunternehmen erlaubt der Arbeitsgemeinschaftsgedanke dann, wenn ohne die Zusammenarbeit (aus subjektiver Perspektive) nur eine unzureichende Versicherungsdeckung vorläge.[1384] Auch hier tritt der Markterschließungsgedanke eindeutig zu Tage. Kann das Angebot entweder objektiv gar nicht durch einen Versicherer erbracht werden liegt ohnehin kein beschränkbarer Wettbewerb zwischen den Beteiligten vor. Kann das Angebot zwar (objektiv) erfolgen, erweist sich aber – im Rahmen der Einschätzungsprärogative – aus Sicht der Unternehmen als wirtschaftlich zweckmäßig und kaufmännisch vernünftig, dann liegt auch bei Versicherergemeinschaften keine Wettbewerbsbeschränkung vor. Erstreckt sich eine Versicherergemeinschaft jedoch auf solche Risiken, die jeder alleine zeichnen könnte, so scheidet der Arbeitsgemeinschaftsgedanke nach Ansicht des OLG Düsseldorf aus.[1385] Ob die Entscheidung bei der hier vertretenen Betonung des subjektiven Elements auch so getroffen worden wäre, darf hinterfragt werden. Denn das subjektive Kriterium kann zwar objektiviert ausgelegt werden. Diese Auslegung darf aber nicht dazu verleiten, aufgrund der Feststellung, dass jedes Unternehmen hätte auch alleine anbieten können, sogleich auch vom Vorliegen des subjektiven Elements ausgegangen wird. Das ist gerade nicht der Fall. Dies gilt nach der hier vertretenen Ansicht auch bei Anwendung von Art 101 AEUV.[1386] Subjektive Elemente sind auch dem Tatbestand des Art. 101 AEUV nicht fremd. Auch unionsrechtlich werden Unternehmen, z.B. im Gesellschaftsrecht, Einschätzungsspielräume zugestanden, innerhalb derer Sie ihre unternehmerischen Entscheidungen zu treffen haben. Es vermag nicht einzuleuchten, warum dies nicht auch bei der kartellrechtlichen Bewertung von Arbeits- und Bietergemeinschaften gelten soll.

444 Inhaltliche Grenzen bei Bietergemeinschaften bestehen auch dort, wo es zu einem Austausch von Informationen zwischen den Bietern kommt. Dieser

---

1384 Erwägungsgrund 13 der VO 267/2010 der Kommission vom 24. März 2010 über die Anwendung des Art. 101 Abs. 3 AEUV auf Gruppen von Vereinbarungen, Beschlüssen und abgestimmten Verhaltensweisen im Versicherungssektor, ABl. EG Nr. L 83/1.
1385 OLG Düsseldorf WuW/E DE-R 2540, 2542 f. – *Wirtschaftsprüferhaftpflicht*; Barth/Gießelmann, VersR 2009, 1454.
1386 Kritisch insoweit *Krauß*, in: Langen/Bunte, § 1 GWB Rn. 204; so auch *Jaeger/Graef*, NZBau 2012, 213, 215 die darauf verweisen, dass sowohl die Horizontal-LL als auch die Kommission in ihrer Enscheidungspraxis stets auf objektive Gründe abstellt.

hat zum einen u.U. strafrechtliche Relevanz (§ 298 StGB), aber auch kartellrechtliche (siehe allgemein und ausführlich zum Informationsaustausch Rdn. 490 ff.). Geschützt wird der **Geheimwettbewerb**.[1387] Dieser ist jedoch dann nicht tangiert, wenn der Informationsaustausch zwischen den Mitgliedern einer **Bietergemeinschaft**, m.a.W. innerhalb der wirtschaftlichen Einheit, erfolgt. In diesem Fall liegt ein Unternehmen bzw. kein beschränkbarer Wettbewerb vor. Daher liegt in diesem Fall **keine Gefährdung des Geheimwettbewerbs** vor.[1388] Anders liegt der Fall jedoch, wenn (i) ein Mitglied einer Bietergemeinschaft neben der Bietergemeinschaft auch noch ein Einzelangebot abgibt[1389] oder (ii) einem anderen Bieter Angebotsunterlagen zur Kenntnisnahme überreicht hat.[1390]

Die Marktfähigkeit der einzelnen Unternehmen ist **kein statischer Begriff**. Vielmehr richtet sie sich nach den unternehmerischen Kapazitäten eines der Beteiligten. Deswegen ist es denkbar, dass im Laufe der Zeit ein Unternehmen der Arbeitsgemeinschaft heranreift und die nachgefragte Leistung nunmehr allein erbringen könnte. Diese Fälle sind wie gemischte Arbeitsgemeinschaften zu behandeln. Es kommt damit darauf an, ob wenigstens noch ein markt**un**fähiges Unternehmen in der Arbeitsgemeinschaft existiert und darauf, ob die Arbeitsgemeinschaft eine Marktmacht erlangt hat, die potentiellen Wettbewerb verhindert. Das nötigt die Beteiligten an der Arbeitsgemeinschaft zur ständigen Marktbeobachtung. Diese Pflicht ist zumutbar, da die Unternehmen nunmehr selbst zu prüfen haben, ob ihre Vereinbarungen mit dem Wettbewerbsrecht vereinbar sind. Davon zu trennen ist die Frage, ob eine Arbeitsgemeinschaft nur wettbewerbsrechtlich erlaubt ist, wenn sie zeitlich befristet vereinbart wird, um ein bestimmtes Ziel zu erreichen. Dies ist mit der neueren Rechtsprechung abzulehnen. Eine Arbeitsgemeinschaft muss nicht notwendig zeitlich beschränkt sein. Sie kann auch als dauerhaft angelegte Zusammenarbeit zulässig sein und ist solange wettbewerbsrechtlich erlaubt, wie der Arbeitsgemeinschaftsgedanke trägt. Auch in diesem Falle obliegt den Beteiligten eine Marktbeobachtungspflicht. Die Umsetzung dieser Pflicht richtet sich nach der Art der jeweiligen Kooperation.

2. Einkaufskooperationen

a) Kennzeichen

Kennzeichen einer Einkaufskooperation ist ein koordinierter, gemeinsamer Bezug von Erzeugnissen durch mindestens zwei Unternehmen. Derartige

---

1387 Siehe dazu OLG Düsseldorf, 4.2.2013, VII-Verg 31/12.
1388 VK Bund, 23.1.2015, VK 1-122/14 = ZfBR 2016, 511.
1389 OLG Düsseldorf, 13.9.2004, VI-W Kart 24/04.
1390 OLG München, 11.8.2008, Verg 16/08.

§ 1 GWB   Verbot wettbewerbsbeschränkender Vereinbarungen

Kooperationen nehmen verschiedene Gestalten an:[1391] Am unteren Ende der Skala stehen Vereinbarungen über den gemeinsamen Einkauf ohne eine besondere verbandsrechtliche Form. Typischerweise ermächtigen die Beteiligten hierbei einen oder mehrere Kooperationspartner dazu, die Einkaufsverhandlungen zu führen und die Lieferverträge abzuschließen. Oft institutionalisieren die Beteiligten den gemeinsamen Einkauf, sei es als (Einkaufs-)Genossenschaft oder als Personalhandels- oder Kapitalgesellschaft.[1392] In jüngster Zeit treten zunehmend Einkaufsgemeinschaften der öffentlichen Hand als Nachfrager auf.[1393] Dient die vergemeinschaftete Nachfrage dazu, den hoheitlichen Eigenbedarf zu decken, würde die europäische Rechtsprechung kein Unternehmen annehmen. Diese Ansicht ist wie bereits dargestellt im Ausgangspunkt für § 1 GWB abzulehnen. Für die Unternehmenseigenschaft ist es unerheblich, ob das nachgefragte Gut auf einem nachgelagerten Absatzmarkt angeboten wird oder angeboten werden soll.[1394] Einkaufsgemeinschaften der öffentlichen Hand und unternehmerischer Nachfrager gleich zu behandeln. Das **haushaltsrechtliche Sparsamkeitsgebot**[1395] geht dem Kartellverbot **nach**. Es rechtfertigt keine Rechtsgüterabwägung im Tatbestand des § 1 GWB, da anderenfalls die wirtschaftliche Tätigkeit der öffentlichen Hand zu Lasten anderer Wettbewerber privilegiert würde.[1396]

447   Die wettbewerbspolitischen Vorteile einer Einkaufskooperation liegen darin, dass es zu einer **gewissen Entmachtung im Vertikalverhältnis**, vor allem gegenüber marktbeherrschenden bzw. marktstarken Lieferanten kommt.[1397] Die Einkaufskooperation dient insoweit gewissermaßen der Herstellung von Marktgegenmacht (bzw. gegengewichtiger Marktmacht) zur Neutralisierung der Marktposition des Lieferanten. Ob eine solche Marktsituation vorliegt, hängt indes stark von der jeweiligen Branche ab.

1391 Die Horizontal-Leitlinien der Kommission reden hier *pars pro toto* von einer »Allianz« (Rn. 196), ohne sich auf eine rechtliche Klassifikation festzulegen.
1392 Siehe dazu ausführlich *Säcker/Mohr*, WRP 2011, 793, 794.
1393 Dazu: BGH WuW/E DE-R 1089 – *Ausrüstungsgegenstände für Feuerlöschzüge*. Siehe dazu Westermann, ZWeR 2003, 481 ff.
1394 Wie hier: *Fuchs*, in: Immenga/Mestmäcker, § 2 GWB Rn. 164; *Zimmer*, ebda, § 1 GWB Rn. 264; anders: *Bunte*, in: Langen/Bunte, § 1 GWB Rn. 152.
1395 Für den Bund: § 6 Abs. 1 HGrG. Gleichlautende Bestimmungen kennt das Landesrecht, siehe etwa: Baden-Württemberg § 77 Abs. 2 GemO; Bayern – Art. 61 Abs. 2 Satz 1 GemO; Brandenburg – § 74 Abs. 2 GemO; Niedersachsen – § 82 Abs. 2 GemO; Nordrhein-Westfalen – § 75 Abs. 1 Satz 2 GemO; Sachsen – § 72 Abs. 2 Satz 1 GemO.
1396 BGH WuW/E DE-R 1087, 1089 – *Ausrüstungsgegenstände für Feuerlöschzüge*; Bunte, WuW 1998, 1037, 1042 f. Dies hinsichtlich der Stringenz begrüßend *Westermann*, ZWeR 2003, 481, 487.
1397 So *Säcker/Mohr*, WRP 2011, 793, 794.

Bündelt eine Einkaufsgemeinschaft die Nachfrage, stellt dies eine **horizontale** Wettbewerbsbeschränkung dar. Ist einer der Beteiligten zum gemeinsamen Einkauf bevollmächtigt, verzichten die Beteiligten dadurch untereinander auf eine eigenständige Nachfrage.[1398] Das Nachfrageverhalten koordinieren die Beteiligten auch, wenn sie über **Sternverträge** einen Dritten mit dem gemeinsamen Einkauf beauftragen. Die horizontale Verhaltensabstimmung der Nachfrager ist hierbei in der **Vielzahl gleichartiger** Beauftragungen eines Dritten zu sehen.[1399] Entscheidend ist hierfür, dass der Dritte als Kartellorgan auftritt und die gemeinsamen Interessen der beteiligten Unternehmen bündelt. Abzugrenzen sind diese Konstellationen von rein vertikalen Vereinbarungen. Im Gegensatz zu horizontalen Vereinbarungen haben hier die einzelnen Nachfrager unterschiedliche Verträge und Konditionen mit der Einkaufsorganisation vereinbart.[1400] Derartige Verträge sind nach der Vertikal-GVO i.V.m. § 2 Abs. 2 GWB zu beurteilen. Anknüpfungspunkt für § 1 GWB ist nicht nur die Gründung, sondern **auch der Beitritt** zu einer Einkaufsgemeinschaft.[1401] Es ist unerheblich, ob ein Unternehmen bereits an der Gründung einer Einkaufsgemeinschaft beteiligt war oder sich erst später der Gemeinschaft anschließt. In beiden Fällen herrscht ein Konsens zwischen den Beteiligten über die Wettbewerbsbeschränkung.

448

b) Wertungsgrundlagen

Vor der 7. GWB-Novelle stellte § 4 Abs. 2 GWB Einkaufsgemeinschaften vom Kartellverbot frei. Danach galt § 1 GWB nicht für Vereinbarungen über den gemeinsamen Einkauf, wenn die Beteiligten kleine oder mittlere Unternehmen waren und diese keinem über den Einzelfall hinausreichenden Bezugszwang unterlagen. Dies ließ sich dogmatisch nur als Legalausnahme vom Tatbestand des § 1 GWB auffassen. Eine Einkaufsgemeinschaft beschränkt als solche die Absatzmöglichkeiten der Anbieter und damit den Nachfragewettbewerb unabhängig davon, ob die Mitglieder keinem Bezugszwang unterliegen.[1402] Der Regierungsentwurf zur 7. GWB-Novelle strich § 4 Abs. 2 GWB a.F., da Einkaufsgemeinschaften regelmäßig den grenzüberschreitenden Handel berühren. Das europäische Recht erlaube demgegenüber weitere Hand-

449

1398 Siehe BGH WuW/E DE-R 1087, 1088 – *Ausrüstungsgegenstände für Feuerlöschzüge*.
1399 BGH WuW/E DE-R 1087, 1089 – *Ausrüstungsgegenstände für Feuerlöschzüge*; LG Düsseldorf WuW/E DE-R 769, 770 – *Sportartikeleinkaufsgesellschaft*; so bereits *Warzecha*, BB 1978, 1242.
1400 LG Düsseldorf WuW/E DE-R 669, 770 – *Sportartikeleinkaufsgesellschaft*.
1401 KG WuW/E OLG 2961, 2962 – *REWE*; *Zimmer*, in: Immenga/Mestmäcker, § 1 GWB Rn. 269.
1402 KG WuW/E OLG 3737, 3742 – *Selex und Tania*; BKartA TB 1995/1996, S. 35 ff.; *Keßler*, WuW 2002, 1162, 1164.

lungsspielräume als das inländische Recht.¹⁴⁰³ Indes ist die spärliche europäische Praxis hierzu nicht konsolidiert.¹⁴⁰⁴ So führt die Streichung des § 4 Abs. 2 GWB a.F. zu einer Rechtsunsicherheit, veranlasst durch die Angleichung des nationalen Rechts an das europäische. Einige Anhaltspunkte dafür, wann Einkaufsgemeinschaften erlaubt sind, liefern die Leitlinien der Kommission zu horizontalen Vereinbarungen.¹⁴⁰⁵ Dieser hat sich das Bundeskartellamt in seiner Beurteilung von Einkaufskooperationen ausdrücklich angeschlossen.¹⁴⁰⁶

450 Verboten ist eine Einkaufsvereinbarung dann, wenn sie (i) ein Mittel für eine bezweckte Wettbewerbsbeschränkung ist. Unabhängig davon kommt es (ii) auf die Marktmacht der Beteiligten an. Schließlich darf (iii) eine Einkaufsgemeinschaft keine Wettbewerbsbeschränkung auf dem nachgelagerten Absatzmarkt nach sich ziehen. Ein generelles Privileg für Einkaufsgemeinschaften existiert jedoch nicht. Im Ergebnis eröffnen die Leitlinien aber deutliche Wertungsspielräume, wie Einkaufsgemeinschaften rechtlich zu behandeln sind.

aa) Markterschließungsgedanke

451 Keine Wettbewerbsbeschränkung folgt aus einer Einkaufsgemeinschaft, wenn erst eine gebündelte Nachfrage es den Beteiligten gestattet, eine bestimmte Ware zu beziehen, da ein bestimmter Anbieter einer Mindestabnahmemenge fordert.¹⁴⁰⁷ In diesem Fall greift spiegelbildlich der **Arbeitsgemeinschaftsgedanke**, wenn die einzelnen Nachfrager für sich genommen nicht in der Lage sind, das angebotene Gut zu beziehen.¹⁴⁰⁸ Die »Nachfragegemeinschaft« erweitert die Absatzmöglichkeiten eines Anbieters, da sie einen zusätzlichen Nachfrager schafft. Ermöglicht hingegen die Einkaufsgemeinschaft den Beteiligten, schlichtweg günstiger zu beziehen, lässt sie sich nicht mit dem Arbeitsgemeinschaftsgedanken rechtfertigen.¹⁴⁰⁹ Dies folgt daraus, dass weder Effizienzsteigerungen noch Kosteneinsparungen den Markterschließungs-

---

1403 BT-Drucks. 11/3640 S. 26 f.
1404 Veröffentlichte Entscheidungen: EuGH Slg. 1994, I-5641 – *Gøttrup-Klim*; Kommission ABl 1968 Nr. L 201/14 – *Socemas*; ABl 1975 Nr. 212/25 – *Intergroup*; ABl 1980 Nr. L 260/24 – *National Sulphuric Acid*.
1405 Horizontal-Leitlinien Rn. 194–216.
1406 Siehe BKartA, Merkblatt über Kooperationsmöglichkeiten kleinerer und mittlerer Unternehmen (2007), Rn. 6 und Rn. 38.
1407 Siehe KG WuW/E OLG 4907, 4912 – *Offizieller Volleyball*.
1408 *Monopolkommission*, Sondergutachten 14 Rn. 81; *Bunte*, in: Langen/Bunte, § 1 GWB Rn. 155; *Köhler*, S. 151 f.; *Zimmer*, in: Immenga/Mestmäcker, § 1 GWB Rn. 270.
1409 BGH WuW/E BGH 3137 – *Carpartner* bezeichnet dies als Wettbewerbsbeschränkung.

gedanken tragen. Gewährt der Anbieter Mengenrabatte für bestimmte Bezugsgrößen, so rechtfertigt allein dieser Umstand keine Einkaufsgemeinschaft. Diese können allerdings ein Indiz dafür sein, dass die Einkaufsgemeinschaft ein wettbewerbsförderndes Gegengewicht gegenüber der Verhandlungsmacht der Anbieter darstellt.[1410] Da die Unternehmen in der Praxis oftmals in der Lage sein werden, die Güter und Dienstleistungen am Markt zu beschaffen, scheidet eine Anwendung des Arbeitsgemeinschaftsgedankens oft aus.[1411]

Auch die Horizontal-Leitlinien behandeln Effizienzgewinne nicht unter dem Gedanken der Markterschließung, sondern als Frage des Art. 101 Abs. 3 AEUV. Erspart eine Einkaufsgemeinschaft Kosten, sei es durch niedrige Bezugspreise, geringere Transaktions-, Transport- oder Lagerkosten, so müssen diese Kostenersparnisse an die Verbraucher weitergegeben werden.[1412] Diese Einsparungen müssen nicht vollen, sondern nur angemessenen Umfanges an die Verbraucher weitergereicht werden.[1413] Allerdings gilt hier ein gleitender Maßstab: Je mehr Marktmacht die Einkäufer auf dem Absatzmarkt haben, desto unwahrscheinlicher ist es, dass Effizienzgewinne an die Verbraucher weitergereicht werden.[1414]

452

bb) Bezweckte vs. bewirkte Wettbewerbsbeschränkung

Fraglich ist, ob es sich bei der Nachfragebündelung zur Erzielung besserer Einkaufsbedingungen um eine bezweckte oder bewirkte Wettbewerbsbeschränkung handelt. Dies ist in der Literatur **umstritten**. Eine Ansicht geht davon aus, dass es sich bei dem gemeinsamen Einkauf um eine bezweckte Wettbewerbsbeschränkung handelt.[1415] Dies wird mit einem Vergleich zur Angebotsseite begründet. Würden sich Anbieter über den Preis abstimmen, wäre dies unzweifelhaft eine bezweckte Wettbewerbsbeschränkung in Form der Kernbeschränkung. Es sei nicht einzusehen, warum die Nachfrageseite derart privilegiert werden muss. Dies gelte unabhängig davon, ob die Mitglieder der Kooperation einem Bezugszwang unterliegen oder nicht. Eine andere Ansicht, der ich mich ausdrücklich anschließe, geht davon aus, dass eine Einkaufskooperation in der Regel **keine bezweckte Wettbewerbsbeschränkung** darstellt, vor allem dann, wenn die Mitglieder **keinem Bezugszwang** unterlie-

453

1410 Siehe EuGH Slg. 1994, I-5641, Rn. 32 – *Gøttrup Klim.*
1411 So auch *Säcker/Mohr*, WRP 2011, 793, 802.
1412 Horizontal-Leitlinien Rn. 217, 219.
1413 Hierzu näher KK-KartR, Art. 101 AEUV; außerdem: *Pohlmann*, in: FK-GWB, Art. 81 Abs. 3 Rn. 272 ff.
1414 Horizontal-Leitlinien Rn. 219 a.E.; *Pohlmann*, in: FK-GWB, Art. 81 Abs. 3 Rn. 269.
1415 *Arndt*, BB 1977, 1377, 1379; *Herrmann/Dick*, WuW 1999, 1071, 1072; *Lotze*, WRP 2003, 1813, 1818; *Bontrup*, WRP 2006, 225, 231.

§ 1 GWB *Verbot wettbewerbsbeschränkender Vereinbarungen*

gen.[1416] So sieht es auch die EU-Kommission in den Horizontal-Leitlinien.[1417] Eine Einkaufskooperation diene vor allem der Rationalisierung und somit der leistungssteigernden Zusammenarbeit. Zudem werde dort, wo es marktbeherrschende bzw. marktstarke Lieferanten gibt, ein Marktgleichgewicht und damit im Ergebnis auch ein gewisses Vertragsgleichgewicht hergestellt.

cc) Spürbarkeitsschwelle und Gegenmacht (u.a. im LEH)

454 Bereits nach allgemeinen Grundsätzen kann es bei einer Einkaufsgemeinschaft an einer spürbaren Wettbewerbsbeschränkung fehlen (Rdn. 260 ff.). Abzustellen ist dabei auf den Anteil, den die Beteiligten auf dem relevanten Nachfragemarkt haben. Liegt damit der Anteil der horizontalen Kooperation auf dem relevanten Markt **unter 10 % bewirkt sie keine spürbare Wettbewerbsbeschränkung.** Darüber hinaus kann auch eine Einkaufsgemeinschaft mit einem höheren Marktanteil erlaubt sein. Feste Maßstäbe dazu haben sich nicht eingebürgert. Der Gerichtshof stellt darauf ab, ob eine Einkaufsgemeinschaft »ein bedeutsames Gegengewicht zur Vertragsgestaltungsmacht« der Anbieter bildet. In diesem Fall gehen wettbewerbsfördernde Wirkungen von einer Einkaufsgemeinschaft aus.[1418] Damit fußt die die materielle Bewertung auf dem Gedanken der **Gegenmachtbildung**, der bereits § 4 GWB a.F. zugrunde lag.[1419] Keine Rolle spielt es, ob die Mitglieder der Einkaufsgemeinschaft kleinere oder mittlere Unternehmen sind. Auch »größere« Nachfrager können wettbewerbsfördernde Impulse setzen.[1420] Dies erweitert die gegenwärtige Rechtslage gegenüber dem Zustand vor der 7. GWB-Novelle und ist zu begrüßen, da seinerzeit nicht rechtssicher geklärt werden konnte, was kleinere und mittlere Unternehmen ausmacht. Erledigt hat sich dadurch auch die Streitfrage, ob »Großunternehmen« überhaupt an einer Einkaufsgemeinschaft teilnehmen dürfen. So hat das BKartA eine Einkaufskooperation zwischen zwei Bundesländern, die sich mit der gemeinsamen Beschaffung und Bewirt-

---

1416 *Ruppelt*, Einkaufskooperationen im Europäischen und Deutschen Kartellrecht, S. 42 ff.; Mestmäcker/Schweitzer, Europäisches Wettbewerbsrecht, 2. Auflage 2004, § 11 Rn. 27.
1417 Horizontal-LL, Rn. 205 f.
1418 EuGH Slg. 1994, I-5641, Rn. 32 – *Gøttrup Klim*.
1419 So *Fuchs*, in: Immenga/Mestmäcker, § 2 GWB Rn. 162 »horizontale Gegenmachtbildung«; *Keßler*, WuW 2002, 1162, 1164: »countervailing power«; von einer Gegenmachtbildung im Vertikalverhältnis reden *Mestmäcker/Schweitzer*, § 11 Rn. 27, 30; wiederum anders: *J. B. Nordemann*, in: Loewenheim/Meessen/Riesenkampff, § 2 GWB Rn. 89 »Nebengewichtsbildung im Horizontalverhältnis«.
1420 *Fuchs*, in: Immenga/Mestmäcker, § 2 GWB Rn. 162; *J. B. Nordemann*, in: Loewenheim/Meessen/Riesenkampff, § 2 GWB Rn. 89.

schaftung von Polizeidienstkleidung geduldet, obwohl die Bundesländer nicht als kleine oder mittlere Unternehmen anzusehen sind.[1421]

Besonders spannend ist die Gegenmachtsanalyse im LEH. Dort bestehen auf Seite des LEH eine Reihe von (verschachtelten) Einkaufskooperationen. Das Bundeskartellamt hat diesbezüglich mittlerweile eine kritische Haltung eingenommen. Dies wird insbesondere anhand der Ergebnisse und Schlussfolgerungen der Sektoruntersuchung Lebensmitteleinzelhandel deutlich.[1422] Dort führt das Bundeskartellamt aus, dass es weitere neue Kooperationen bzw. Erweiterungen bestehender Kooperationen unter Einbeziehung der »Spitzengruppe« (Edeka, REWE, Schwarz-Gruppe, Aldi), die insgesamt rund 85 % des Beschaffungsvolumens auf sich vereinen, jedenfalls »intensiv prüfen« wird. Strategisch folgt daraus, dass Kooperationen immer dort möglich sind, wo nicht die Spitzengruppe beteiligt ist, wie z.B. bei der Kooperation von Kaisers/Tengelmann und Bünting.[1423]

455

dd) Safe harbour: 15 % Marktanteil

Sowohl die Kommission als auch das Bundeskartellamt gehen davon aus, dass dann keine wettbewerbsschädigenden Effekte entstehen, wenn die an der Kooperation beteiligten Unternehmen nicht über Marktmacht verfügen.[1424] Das Vorliegen von Marktmacht scheidet regelmäßig dann aus, wenn die Beteiligten sowohl (i) auf dem Nachfragemarkt als auch (ii) auf dem Absatzmarkt einen Markanteil **von weniger als 15 %** haben.[1425] Die Schwelle muss dabei (kumulativ) sowohl auf dem Nachfrage- als auch Absatzmarkt eingehalten werden. Diesem Ansatz folgt auch das Bundeskartellamt.[1426] Dieser Ansatz ist aus Sicht der Praxis grundsätzlich zu begrüßen, da er Rechtssicherheit für die Beteiligten schafft und sodann die Diskussion vor allem darum geführt werden wird, wie der Markt im Einzelfall abzugrenzen ist. Aus dogmatischer Sicht ist indes zu bemängeln, dass die Leitlinien nicht trennscharf unterscheiden, ob in diesen Fällen bereits der Tatbestand des Art. 101 Abs. 1 AEUV (§ 1 GWB) ausgeschlossen ist oder eine Einzelfreistellung nach Art. 101 Abs. 3 AEUV (§ 2 Abs. 1 GWB) einschlägig ist. Hinzu kommt, dass wettbewerbs-

456

1421 BKartA TB 2003/2004, BT-Drucks.15/5790 S. 40.
1422 Vgl. BKartA vom 24.9.2014, Sektoruntersuchung LEH, Ergebnisse und Schlussfolgerungen.
1423 Siehe dazu auch Fallbericht vom BKartA vom 6.7.2015, B2 96/14 – *Edeka/Kaisers Tengelmann*.
1424 So auch LG Hannover, 15.6.2011, 21 O 25/11.
1425 Horizontal-Leitlinien Rn. 208; a.A. im Hinblick auf die Einordnung als bezweckte Wettbewerbsbeschränkung, *Bontrup*, WRP 2006, 225, 231. So auch LG Hannover, 15.6.2011, 21 O 25/11.
1426 Siehe Fallbericht vom BKartA vom 6.7.2015, B2 96/14 – *Edeka/Kaisers Tengelmann*.

theoretisch zweifelhaft ist, ob es auch auf die Einhaltung der 15 % Schwelle auf dem Absatzmarkt ankommt. Die wettbewerbsfördernden Wirkungen auf der Nachfrageseite sind unabhängig vom Marktanteil der Einkaufgemeinschaft auf den Absatzmärkten zu betrachten. Zudem stellt der Gerichtshof nicht auf diese Wirkungen ab, sondern nur auf die Verhandlungsmacht der Einkaufsgemeinschaft gegenüber den Anbietern.[1427] Auch die inländische Praxis vor der Kodifizierung in § 4 Abs. 2 GWB a.F. beachtete nicht, welchen Marktanteil die Einkaufsgemeinschaft auf ihren Absatzmärkten hatte. Die marktübergreifende Gesamtbetrachtung der Kommission ist daher abzulehnen, zumal sie nicht aus der Rechtsprechung der europäischen Gerichte ableitbar ist. Nach der hier vertretenen Ansicht sollte man **nur** auf den Marktanteil der Einkaufsgemeinschaft auf dem **Nachfragemarkt** abstellen.

457 Überschreitet der Marktanteil der Beteiligten entweder auf dem Einkaufs- oder auf dem Absatzmarkt die 15 %-Schwelle, so müssen die wettbewerbsbeschränkenden Auswirkungen der Einkaufsgemeinschaft geprüft werden.[1428] Die Horizontal-Leitlinien rekurrieren hierbei auf den Grad der **Marktzutrittsschranken**. Wettbewerbsrechtlich bedenklich ist danach eine Einkaufsgemeinschaft, wenn sie das Angebotsvolumen ganz oder zu einem erheblichen Teil abschöpft und damit konkurrierende Nachfrager ausschließt. Denkbar ist dies indes nur, wenn ein spürbarer Nachfrageüberhang besteht. Besteht umgekehrt ein Angebotsüberhang, ist ein Marktausschluss unwahrscheinlich. Ist der Angebotsmarkt konzentriert, wird man der Einkaufsgemeinschaft einen höheren Marktanteil als 15 % auf dem Nachfragemarkt gestatten müssen. Anderenfalls kann die Einkaufsgemeinschaft kein wirksames Gegengewicht bilden. Bestimmte Anteilsrelationen lassen sich kaum angeben, sondern allenfalls Näherungswerte. Bilden die Anbieter etwa ein enges Oligopol mit einem gemeinsamen Marktanteil von 70 %, so sollte man eine Einkaufsgemeinschaft für erlaubt halten, deren Marktanteil an der Grenze zur Marktbeherrschungsvermutung des § 19 Abs. 4 GWB liegt. Umgekehrt wird man bei einem zersplitterten Angebotsmarkt ohne Marktbeherrscher eher keinen Anlass finden, die 15 %-Schwelle für nicht maßgeblich zu halten. Nach der hier vertretenen Ansicht ist es unerheblich, welchen Marktanteil die Nachfrager auf dem Absatzmarkt einnehmen, so dass die rechtliche Bewertung nur von Anteilsrelation zwischen Angebots- und Nachfragemarkt abhängt.

1427 EuGH Slg. 1994, I-5641, Rn. 32 – *Gøttrup Klim*.
1428 So der Hinweis in den Horizontal-Leitlinien Rn. 209.

3. Preisabsprachen

a) Grundsatz

Preisabsprachen zwischen Unternehmen sind das Paradebeispiel für eine verbotene, koordinierte Wettbewerbsbeschränkung. Die rechtliche Beurteilung hat danach zu differenzieren, ob aktuelle oder potentielle Wettbewerber den Preis absprechen (horizontale Preisabsprache) oder ob Unternehmen auf verschiedenen Marktstufen eine Preisabsprache treffen (vertikale Preisabsprache bzw. Preisbindung zweiter Hand, engl.: resale price maintenance). Eine horizontale Preisabsprache ist der Grund- bzw. Urtyp der Kartellierung. Handelt es sich um eine vertikale Vereinbarung, so sind Höchstpreisvereinbarungen zulässig, wenn der Marktanteil des Lieferanten bzw. des Abnehmers 30 % nicht übersteigen. Alle übrigen Preisbindungen innerhalb einer vertikalen Vereinbarung sind mit § 1 GWB unvereinbar. Zwischen Wettbewerbern sind Preisabsprachen stets verboten. Das absolute Verbot von Preisabsprachen von Wettbewerbern beruht auf der empirischen Erkenntnis, dass eine Preisvereinbarung zwischen Wettbewerbern zu einem Preis führt, den die Parteien am Markt nicht hätten durchsetzen können. Derartige Vereinbarungen neigen dazu, das geforderte Preisniveau dem möglichen Grenzerlös anzupassen und führen daher zu höheren Verbraucherpreisen. Sind 6 Preisinformationen Gegenstand des Austausches, liegt darin auch ein Informationsaustausch.

458

b) Gegenstand der Vereinbarung: Preis- bzw. Preisbestandteile

Verboten ist zwischen Wettbewerbern nicht nur eine Absprache über den am Markt geforderten An- bzw. Verkaufspreis, sondern auch eine Absprache über die Höhe der (jeweiligen) Preisbestandteile.[1429] Unerheblich ist, mit welcher »Technik« die Parteien bei einem bestimmten Preis vereinbaren. Ein besonders drastisches Preiskartell ist eine **Festpreisvereinbarung**. Dabei vereinbaren die Parteien, dass für eine bestimmte Ware oder Dienstleistung nur ein bestimmtes Entgelt verlangt werden darf, von dem weder nach oben, noch nach unten abgewichen werden darf. Derartige Vereinbarungen führen zu einer völligen Erstarrung des Preiswettbewerbes.[1430] Neben diesen relativ eindeutigen Fällen sind ansonsten alle Vereinbarungen verboten, die die Freiheit der Parteien einschränken, einen Preis autonom zu setzen. Diese Bindung kann auch in **Preisrelationen** oder **Preismeridianen** festgelegt werden. Vereinbaren die Parteien eine Preisrelation, so begeben sie sich der Freiheit, den Preisabstand selbst zu definieren. Dies ist eine Wettbewerbsbeschränkung, da

459

1429 BGH WuW/E BGH 40 – *Schulspeisung*; WuW/E BGH 118 – *Zement*; WuW/EBGH 148 – *Freisinger Bäckermeister*; WuW/E BGH 1259 = BGHZ 60, 312 – *Bremsrollen*; J. B. Nordemann, in: Loewenheim/Meessen/Riesenkampff, § 1 GWB Rn. 130–132; Zimmer, in: Immenga/Mestmäcker, § 1 GWB Rn. 237.
1430 Zimmer, in: Immenga/Mestmäcker, § 1 GWB Rn. 244.

§ 1 GWB Verbot wettbewerbsbeschränkender Vereinbarungen

der Markt über den Preisabstand von substituierbaren Erzeugnissen entscheidet und nicht die Anbieter. **Mindestpreisvereinbarungen** sind nicht nur zwischen Wettbewerbern, sondern auch zwischen Unternehmen auf verschiedenen Marktstufen (vertikale Vereinbarungen) verboten. Dabei spielt es keine Rolle, ob der Mindestpreis die Selbstkosten oder den üblichen Marktpreis unterschreitet.[1431] Der BGH hat ausdrücklich anerkannt, dass es einem Unternehmen auch frei stehen müsse, unter Einstandspreis zu veräußern.[1432] Etwas anderes gilt nur, wenn ein Verkauf unter Einstandspreis nach § 20 Abs. 3 Satz 2 GWB verboten ist. In diesem Fall besteht keine rechtlich geschützte Freiheit, unter Einstandspreis zu verkaufen, vielmehr wird ein derartiges Verhalten missbilligt und stellt einen unerlaubten Wettbewerb dar. Über die Unterlassung eines solchen unerlaubten Wettbewerbes können die Parteien jederzeit eine Vereinbarung treffen.

460 Auch über **Preisbestandteile** dürfen sich mehrere Unternehmen nicht verständigen. Selbst wenn man dies politisch betrachtet, ist es unerheblich, ob die Beteiligten sich über den geforderten Endpreis einigen oder nur über Bestandteile dieses Preises. In beiden Fällen ist die freie Preisbildung über dem Markt blockiert. Vereinbaren Gastwirte die Höhe eines »Bedienungszuschlages«, verstoßen sie damit gegen § 1 GWB.[1433] § 1 GWB verbietet es mithin den Unternehmen, die Kalkulationsfaktoren zu vereinheitlichen, oder festzulegen, welche davon in die Preisbildung eingehen.[1434] Erhöht sich etwa die Steuerbelastung, verstößt es gegen § 1 GWB, wenn die Beteiligten vereinbaren, zusätzliche Steuerbelastungen einzupreisen.[1435] Gegen § 1 GWB verstößt es auch, wenn die Beteiligten Teuerungszuschläge vereinbaren, da die Bezugs- oder Rohstoffpreise gestiegen sind.[1436] Ebenso ist es eine verbotene Preisabsprache, wenn Ziegelhersteller vereinbaren, beim Direktvertrieb ohne Zwischenhändler einen angemessen Zuschlag für den üblichen Herstellerabgabepreis zu fordern.[1437] Auch Vereinbarungen über Rabatte sind eine unzulässige Preisabsprache.

1431 *Zimmer*, in: Immenga/Mestmäcker, § 1 GWB Rn. 243.
1432 BGHZ 60, 312 – *Bremsrollen*; *Zimmer*, in: Immenga/Mestmäcker, § 1 GWB Rn. 243.
1433 *Schoch*, BB 1965, 477; *Zimmer*, in: Immenga/Mestmäcker, § 1 GWB Rn. 238.
1434 So zutr. *Zimmer*, in: Immenga/Mestmäcker, § 1 GWB Rn. 238.
1435 *J. B. Nordemann*, in: Loewenheim/Meessen/Riesenkampff, § 1 GWB Rn. 131; *Zimmer*, in: Immenga/Mestmäcker, § 1 GWB Rn. 238.
1436 BKartA WuW/E BKartA 1779 – *Schweißelektroden*.
1437 *Zimmer*, in: Immenga/Mestmäcker, § 1 GWB Rn. 238.

4. Ausgleichszahlungen und Preislisten

In Gebietsschutzabreden vereinbaren Konkurrenten bisweilen Ausgleichszahlungen. Dabei zahlt der Lieferant oder Dienstleistungserbringer seinem Konkurrenten einen Ausgleich dafür, dass dieser nicht zum Zuge gekommen ist. Derartige Ausgleichszahlungen verstoßen gegen § 1 GWB.[1438] Eine derartige Vereinbarung mindert die Gewinnspanne des Anbieters. Bereits dieser finanzielle Nachteil stellt eine Wettbewerbsbeschränkung dar. Andere Fälle von Ausgleichszahlungen fallen unter § 1 GWB. So untersagte das Bundeskartellamt eine Vereinbarung, die einem Großhändler gegenüber den betroffenen Einzelhändler zu einer Ausgleichszahlung in Höhe von 10 % des Warennettowertes verpflichtete, sofern der Großhändler die Waren direkt an den Verbraucher lieferte.[1439] Die einzelnen Marktstufen genießen als solche keinen Bestandsschutz. Deswegen ist auch bei einem Ausgleich für eine Direktlieferung die Preisgestaltungsfreiheit des Großhändlers betroffen. § 1 GWB ist nur einschlägig, wenn Wettbewerber untereinander einen Ausgleich dafür versprechen, in dem sie auf unerlaubte Wettbewerbshandlungen verzichten. Wie eine Vertragsstrafe hat es das Bundeskartellamt bewertet, wenn eine Vereinbarung zwischen Wettbewerbern einen Ausgleich bestimmt, sofern ein Kartellant die für ihn bestimmte Kapazität überschreitet.[1440]

461

Vereinbarungen zwischen Wettbewerbern darüber, jeweils eine Preisliste zu führen, sind erlaubt, wenn sie die Freiheit der Beteiligten weder tatsächlich noch rechtlich beeinträchtigen, den Preis selbst festzusetzen. Den Parteien muss es dabei unbenommen sein, die Preisliste insgesamt zu ändern oder im Einzelfall davon abzuweichen.[1441] Aus diesen Gründen ist eine Vereinbarung für eine Führung von Preislisten mit § 1 GWB unvereinbar, wenn sie den Beteiligten die spontane Freiheit nimmt, die Preisliste zu ändern oder im Einzelfall davon abzuweichen. In diesem Fall wirkt sich eine Vereinbarung über eine Preisliste wie eine Festpreisvereinbarung aus und ist deswegen nach § 1 GWB verboten.[1442]

462

Mit § 1 GWB ist es unvereinbar, wenn die Parteien einheitlich Bruttopreise vereinbaren. Eine derartige Vereinbarung beschränkt den Preiswettbewerb,

463

[1438] OLG Düsseldorf WuW/E OLG 2715, 2718 – *Subterramethode*; BKartA WuW/E BKartA 205, 208 – *Buchenfaserholz*; *Zimmer*, in: Immenga/Mestmäcker, § 1 GWB Rn. 248.
[1439] OLG Düsseldorf WuW/E-OLG 495, 496 – *Installateure*; *Zimmer*, in: Immenga/Mestmäcker, § 1 GWB Rn. 249.
[1440] BKartA WuW/E-BKartA 1244, 1246 – *Kalksandstein*.
[1441] *J. B. Nordemann*, in: Loewenheim/Meessen/Riesenkampff, § 1 GWB Rn. 131; *Zimmer*, in: Immenga/Mestmäcker, § 1 GWB Rn. 246.
[1442] BKartA WuW/E-BKartA 1297 – *Grundpreisliste*; *Zimmer*, in: Immenga/Mestmäcker, § 1 GWB Rn. 247.

§ 1 GWB *Verbot wettbewerbsbeschränkender Vereinbarungen*

wenn der Bruttopreis Rechnungsgrundlage für Preisnachlässe ist. Den Beteiligten verbleibt damit nur noch, individuelle Preisnachlässe zu vereinbaren. Derartige Vereinbarungen frieren die Preisstrukturen ein und gleichzeitig die Preisbestandteile.[1443] Erst recht ist es eine verbotene Preisabsprache, wenn die Beteiligten vereinbaren, die Bruttopreise zu erhöhen.[1444]

5. Gebietsaufteilung, Marktaufteilung, Kundenschutz

464 Anbieter und Nachfrager haben grundsätzlich frei zu entscheiden, in welchem räumlich relevanten Markt sie tätig werden. Eine klassische bezweckte Wettbewerbsbeschränkung ist deswegen eine **Marktaufteilung** zwischen Wettbewerbern. Handelt es sich um eine vertikale Vereinbarung, sind Marktaufteilungen nur innerhalb der engen Grenzen des § 2 Abs. 2 GWB i.V.m. Art. 4 lit. b Vertikal-GVO zulässig. Teilen sich die Wettbewerber den Markt nach räumlichen Merkmalen bzw. Märkten auf, ist darin eine Gebietsaufteilung zu erblicken. Das Gebiet kann sich auf einen Staat, ein Bundesland oder auch ein Teilgebiet erstrecken. Darin liegt regelmäßig eine bezweckte Wettbewerbsbeschränkung. Im vertikalen Bereich sind Marktaufteilungen, z.B. beim exklusiven Vertrieb oder selektiven Vertrieb, hingegen unter bestimmten Voraussetzungen zulässig. Denkbar ist auch eine Aufteilung anhand der zu beliefernden Kunden. Stimmen sich zwei Hersteller ab, dass einer die stationären Kunden beliefert und ein anderer die Online-Kunden, liegt darin auch eine Wettbewerbsbeschränkung. Erfasst ist auch die Aufteilung zwischen den Kunden zweier Pensionsfonds im Zuge einer Teilprivatisierung.[1445] Die horizontale Aufteilung von Kunden ist jedoch streng davon zu unterscheiden, ob und wann sich ein Hersteller den Internetvertrieb zulässigerweise vorbehalten kann (vgl. dazu insbesondere Rdn. 316) und damit den Internetvertrieb quasi vertikal aufteilt. Hier gelten andere Maßstäbe.

6. Immaterialgüterrechte

a) Begriffsbestimmung

465 Immaterialgüterrechte sind Vermögensrechte an verselbständigten, i.d.R. unbeschränkt verkehrsfähigen geistigen Gütern.[1446] Sie dienen der Befriedigung von Vermögensinteressen und schützen ein geistiges Gut. In ihrer Wirkung

---

1443 BKartA WuW/E BKartA 1297, 1299 – *Grundpreisliste*; TB 1975, 52.
1444 KG WuW/E OLG 1449, 1452 – *bitumenhaltige Bautenschutzmittel II*; WuW/E OLG 1339, 1344 – *Linoleum*; BKartA WuW/E BKartA 1297, 1299 – *Grundpreisliste*.
1445 EuGH, 16.7.2015, C-172/14.
1446 *Götting*, Gewerblicher Rechtsschutz, S. 58.

sind Patente, Gebrauchsmuster, Geschmacksmuster, Marken und geschäftliche Bezeichnungen, Topographie- und Sortenschutzrechte sowie Urheberrechte absolute Rechte, die positiv gewendet die Benutzungsbefugnis gewähren und negativ die Befugnis zur Abwehr von Nachahmungen und Ausbeutungen des Schutzgegenstandes. Diese Funktion zeigt sich beispielsweise an § 823 Abs. 1 BGB, über den Immaterialgüterrechte als »sonstige Rechte« geschützt sind.

b) Verhältnis zu § 1 GWB

Das Verhältnis der Immaterialgüterrechte zum Kartellrecht war lange Zeit besonders umstritten. Die h.A. vertrat lange Zeit die sog. **Inhaltstheorie**. Diese ging von einer Unanwendbarkeit des Kartellrechts, genauer des Kartellverbots i.S.d. § 1 GWB aus, wenn es um den **Inhalt** des entsprechenden Immaterialgüterrechtes ging.[1447] Dies hatte zur Folge, dass der Kernbereich des Immaterialgüterrechtes einer Kontrolle am Kartellverbot entzogen war. Im Ergebnis folgte daraus ein gewisser Vorrang des Immaterialgüterrechtes. Dies wurde (sogar) in § 17 GWB a.F. (für Patente, Gebrauchsmuster, Topographien und Sortenschutzrechte) bzw. § 18 GWB a.F (für geheimes Know-How) auch gesetzlich festgehalten. Seit der 7. GWB-Novelle kann die Inhaltstheorie – mehr oder minder[1448] – als ein Relikt alter Kartellrechtszeiten angesehen werden. An die Stelle der Inhaltstheorie ist eine (umfassende) **Interessenabwägung** zwischen Immaterialgüterrecht und Kartellverbot getreten. Leitend für die Abwägung ist der spezifische Gegenstand des Schutzrechtes. Dieser rekurriert sodann wieder *inter alia* auf den Inhalt. Nach dem Wegfall dieser Vorschriften ist noch nicht abschließend geklärt, an welcher Stelle im Tatbestand des § 1 GWB die einschlägigen Fälle zu verorten sind. Teilweise will man nach den Grundsätzen der **Immanenztheorie** das Verhältnis zwischen Wettbewerbs- und Immaterialgüterrecht ordnen. Indes verfängt dieser Ansatz in Reinform nicht. Die Immanenztheorie setzt eine Vereinbarung mit einem wettbewerbsneutralen Hauptzweck voraus, an dem es etwa bei Li-

466

1447 Siehe BGH WuW/E 823 – *Schweißbolzen*; BGH WuW/E 1034 – *Rüben-Verladeeinrichtung*; *Axster*, in: Großkomm. z. GWB, 4. Aufl. (1980), §§ 20, 21 Rn. 152; *v. Gamm*, KartellR, 2. Aufl. (1990), § 20 GWB Rn. 12; *Gaul/Bartenbach*, Hdb. des gewerblichen Rechtsschutzes, Bd. II, Rn. 591 ff.; *Heinemann*, GRUR 2006, 705, 706; *Nordemann*, GRUR 2007, 203, 204.

1448 Die These von der eingeschränkten Aufgabe der Inhaltstheorie lässt sich damit begründen, dass der Inhalt des jeweiligen Schutzrechtes nach wie vor den Ausgangspunkt der Analyse bildet; so auch *Götting*, Gewerblicher Rechtsschutz, S. 85 (Rn. 30). So auch *Sack*, WRP 1999, 592, 599; *Nordemann*, GRUR 2007, 203, 205.

zenzverträgen von vornherein fehlt. Immaterialgüterrechte beschränken *per se* den kurzfristigen Imitationswettbewerb, so dass kein kartellrechtsneutraler Hauptzweck ersichtlich ist.[1449] Dogmatisch stimmig ist daher der Ansatz, den Wettbewerbsbegriff mit den positiven Wirkungen des Immaterialgüterschutzes abzugleichen und demgemäß zu normativieren. Wenn und insoweit Immaterialgüterrechte einen Markt erschließen oder den Wettbewerb eröffnen, hat das Wettbewerbsrecht beschränkende Folgewirkungen hinzunehmen. Normativ betrachtet, besteht in diesen Fällen kein Wettbewerb, der beschränkt werden kann. Deswegen ist die Immanenztheorie unanwendbar, da sie an einen beschränkbaren Wettbewerb anknüpft.[1450] Gleichwohl dürfte die systematische Einordnung kaum die Rechtsanwendung beeinflussen, da sowohl der hier vertretene Standpunkt als auch die Immanenztheorie eine normative Bewertung verlangen. Die Komplementarität von Immaterialgüter- und Kartellrecht wird z.B. auch deutlich, wenn es um den ergänzenden wettbewerbsrechtlichen Leistungsschutz geht (§ 4 Nr. 3 lit. a–c) UWG). Von einem Spannungsverhältnis zwischen Wettbewerbs- und Immaterialgüterrecht muss man ausgehen, wenn man auf die *statische* Effizienz abstellt. Da ein Ausschließlichkeitsrecht die Nachahmung solcher Erzeugnisse verbietet, für die ein Schutzrecht besteht, schließt es den kurzfristigen ad-hoc Imitationswettbewerb aus. Auf der anderen Seite fördern Immaterialgüterrechte die *dynamische* Effizienz, da sie zu Innovationen anspornen und damit langfristig betrachtet den Wettbewerb beleben. Der Wettbewerb als solcher hat auch eine **Innovationsfunktion**, weswegen Immaterialgüterrechte eine notwendige Erscheinung im Wirtschaftsleben darstellen. Die zentrale Aufgabe für die Rechtsanwendung besteht darin, die kurzfristige Perspektive mit der langfristigen in Einklang zu bringen. Darauf aufbauend betont die überwiegende Ansicht zu Recht, dass Immaterialgüter- und Wettbewerbsrecht einander ergänzen (**Komplementarität**).[1451] Allerdings lassen sich aus diesen abstrakten Standortbestimmungen noch keine Schlussfolgerungen für die Rechtsanwendung ableiten. Eine umfassende Regelung über das Verhältnis von Immaterialgüter- und Wettbewerbsrecht fehlt.

1449 *Heinemann*, Immaterialgüterschutz in der Wettbewerbsordnung, S. 422.
1450 Grundlegend und ausführlich zu dem Konzept: *Heinemann*, Immaterialgüterschutz in der Wettbewerbsordnung, S. 387 ff. und zusammenfassend: S. 425 ff.
1451 *Heinemann*, S. 25 ff.; *J. B. Nordemann*, in: Loewenheim/Meessen/Riesenkampff, § 1 GWB Rn. 203; *Jaglarz*, Die fusionskontrollrechtliche Behandlung von Immaterialgüterrechtsakquisitionen, S. 36; *Fuchs*, NZKart 2015, 429, 429.

c) Marken und geschäftliche Bezeichnungen

aa) Spezifischer Gegenstand

Das Recht aus der Marke beschränkt als solches den Wettbewerb. Gleichwohl sind Wettbewerbsbeschränkungen in Markenlizenzverträgen und sonstigen markenrechtlichen Vereinbarungen erlaubt, wenn sie durch den **spezifischen Gegenstand** des Markenrechts gedeckt sind.[1452] Der spezifische Gegenstand des Markenrechts ist europäisch und damit einheitlich zu bestimmen,[1453] unabhängig davon, ob es sich um eine Gemeinschaftsmarke oder eine nationale Marke handelt. Er wird durch die anerkannten Markenfunktionen geprägt.[1454] Erlaubt sind damit Wettbewerbsbeschränkungen, um die **Herkunftsfunktion** des Markenrechts abzusichern.[1455] Zu sichern hat die Marke damit die Ursprungsidentität der gekennzeichneten Waren oder Dienstleistungen. Bei bekannten Marken rechnet der EuGH auch den Schutz des Rufes (»Markenimage«) zum spezifischen Gegenstand eines Markenrechts.[1456] Allerdings sollten die Markenfunktionen nicht überspannt werden. Die Funktionenlehre in erster Linie eine deskriptive Bedeutung.[1457] Sie mag als Näherungswert dazu dienen, wann der spezifische Gegenstand des Markenrechts eine Wettbewerbsbeschränkung rechtfertigt.

467

Auch Beschränkungen des Lizenznehmers rechtfertigt der spezifische Gegenstand des Markenrechts.[1458] Allerdings streitet man hierüber und eine Gegenansicht klammert derartige Beschränkungen vom spezifischen Gegenstand aus, da das Markenrecht als ausschließliches Recht nur Verbietungsansprüche gegenüber Dritten regle.[1459] Das überzeugt nicht. Der spezifische Gegenstand des Markenrechts lässt sich nicht auf ausschließliche Rechte gegenüber Drit-

468

1452 EuGH Slg. 1974, 69 – *Sirena/Eda*; Slg. 1974, 1183 – *Centrafarm Winthrop*; Slg. 1994, I-2789 – *Ideal Standard*.
1453 *Sack*, WRP 1999, 592, 595.
1454 Zu den Markenfunktionen siehe: *Hacker*, MarkenR 2009, 333; *Vanzetti*, GRUR Int 1999, 205; *Völker/Eiskamp*, WRP 2010, 64.
1455 EuGH Slg. 1996 I-3457, 3540 Rn. 75 – *Bristol Myers/Squibb*; Zur Herkunftsfunktion: EuGH Slg. 2002 I-10273 – *Arsenal Football Club*; Slg. 2005 I-2337 – *Gilette*; EuGH Slg. 2007, I-1017 – *Adam Opel*; BGH GRUR 2002, 1070, 1071 – *Bar jeder Vernunft*.
1456 EuGH Slg. 1997 I-6013 – *Christian Dior/Evora*; EuGH Slg. 2009, I-3412 – *Copad/Dior*; Slg. Rn. 32 ff. – *L'Oreal*; Slg.
1457 Zutr. *Ingerl/Rohnke*, Einleitung Rn. 73; teilweise anders: *J. B. Nordemann*, in: Loewenheim/Meessen/Riesenkampff, § 1 GWB Rn. 209.
1458 *J. B. Nordemann*, in: Loewenheim/Meessen/Riesenkampff, § 1 GWB Rn. 211; *Sack*, WRP 1999, 592, 595, 601; *ders.*, RIW 1997, 449, 455; ohne Diskussion auch: *Niebel*, WRP 2003, 482, 485.
1459 *Axster*, GRUR 1985, 521, 582; *Christoph*, S. 112 (allgemein); so auch die ältere Praxis der Kommission: WuW/E EV 623, 624 – *AOIP/Beyard*.

ten beschränken. Dies bestätigen die § 30 MarkenG, Art. 22 Abs. 1 Satz 2 GMVO. Wenn diese Vorschriften ausschließliche Lizenzen erlauben, gebieten sie damit zugleich, dass das Wettbewerbsrecht Beschränkungen des Lizenzgebers hinnimmt.[1460] Den Parteien eines Lizenzvertrages bleibt es unbenommen, auch den Lizenznehmer zu begünstigen. An einer ausschließlichen Lizenz des Lizenznehmers hat auch der Lizenznehmer ein Interesse, wenn dadurch das lizenzierte Schutzrecht besser verwertet werden kann.

bb) Markenlizenzverträge

469 Der spezifische Gegenstand des Markenrechts umfasst **Gebietsbeschränkungen**, wonach der Lizenznehmer dazu verpflichtet ist, die Vertragswaren nur in einem bestimmten Vertragsgebiet zu verkaufen.[1461] Dies lässt sich aus § 14 Abs. 3 Nr. 4 MarkenG, Art. 9 Abs. 2 lit. c GMVO ableiten, wonach der Inhaber des Markenrechts die Ein- und Ausfuhr verbieten kann. Diese Vorschriften gestatten es dem Markeninhaber sein Markenrecht auf ein- oder mehrere Mitgliedstaaten der EU zu begrenzen. Die entgegen stehende, ältere Ansicht der Kommission, wonach Gebietsbeschränkungen allenfalls nach Art. 101 Abs. 3 AEUV freistellungsfähig sind,[1462] ist abzulehnen. Die Erschöpfung nach § 24 MarkenG, Art. 13 GMVO begrenzt dieses Recht. Ist eine markierte Ware mit der Zustimmung des Inhabers in den Verkehr gebracht,[1463] darf er deren Weitervertrieb nicht verbieten. Daher umfasst der spezifische Gegenstand eines Markenrechts keine Verpflichtung des Lizenznehmers, etwaige Gebietsbeschränkungen seinen Abnehmern aufzuerlegen; eine derartige Abrede ist nach § 1 GWB, Art. 101 Abs. 2 AEUV nichtig.[1464]

470 Keine tatbestandliche Wettbewerbsbeschränkung ist die Verpflichtung des Lizenznehmers, einen **Lizenzvermerk** auf den Lizenzprodukten anzubringen

---

1460 Dieser Gedanke gilt auch für die übrigen Immaterialgüterrechte, siehe §§ 15 Abs. 2 PatG, 22 Abs. 2 GebrMG, 31 Abs. 1, 3 UrhG. Ausführlich: *Sack*, WRP 1999, 592, 600 f.
1461 OLG Frankfurt/M WuW/E DE-R 2018, 2021 f. – *Harry Potter*; *Niebel*, WRP 2003, 482, 486; *J. B. Nordemann*, in: Loewenheim/Meessen/Riesenkampff, § 1 GWB Rn. 211; *Sack*, WRP 1999, 595, 603 ff.
1462 Kommission GRUR Int 1977, 275 – *BBC & The Old Man and the Sea*.
1463 Die Erschöpfungswirkung tritt erst mit dem »Inverkehrbringen« ein und nicht bereits mit der Lizenzvergabe, OLG Frankfurt/M WuW/E DE-R 2018, 2021 – *Harry Potter*.
1464 EuGH Slg. 1966, 390 f. – *Grundig/Consten*; Kommission ABl. EG 1990 Nr. L 100, S. 32 – *Mousehead/Whitebread*; *Niebel*, WRP 2003, 482, 486; *J. B. Nordemann*, in: Loewenheim/Meessen/Riesenkampff, § 1 GWB Rn. 211; *Sack*, WRP 1999, 595, 604.

oder in der Werbung auf die Markenlizenz hinzuweisen.[1465] **Mengenbeschränkungen** zu Lasten des Lizenznehmers betrachtet die (europäische) Praxis differenziert: Die Verpflichtung des Lizenznehmers, bestimmte **Mindestmengen** abzusetzen oder abzunehmen, führt zu keiner Wettbewerbsbeschränkung.[1466] Vielmehr hat der Inhaber des Markenrechts ein berechtigtes Interesse daran, dass der Lizenznehmer die Marke auswertet und zu deren Bekanntheit beiträgt. Deswegen darf der Lizenzgeber den Lizenznehmer auch dazu verpflichten, regelmäßige Kontakte zur Kundschaft zu unterhalten und einen festen Mindestbetrag für Werbemaßnahmen aufzuwenden.[1467] **Höchstmengenbeschränkungen** sind nach der wohl herrschenden Ansicht eine verbotene und nicht freistellungsfähige Wettbewerbsbeschränkung.[1468] Das ist abzulehnen. *Maiore ad minus* sind Höchstmengenbeschränkungen erlaubt, da der Markeninhaber bereits die Benutzung insgesamt untersagen könnte.[1469]

Der spezifische Gegenstand des Markenrechts umspannt keine **Preisbindungen** in Lizenzverträgen. Daher darf der Lizenzgeber dem Lizenznehmer nicht vorschreiben, zu welchen Preisen dieser die gekennzeichneten Waren oder Dienstleistungen anbietet.[1470] Derartige Abreden sind auch nicht freistellungsfähig, da sie nicht dazu geeignet sind, die Warenverteilung (§ 2 Abs. 1 GWB, Art. 101 Abs. 3 AEUV) zu verbessern.[1471] Abzulehnen ist eine vereinzelte Gegenansicht, wonach der Schutzrechtsinhaber ein berechtigtes Interesse an einer Preisbindung habe, wenn von den Preisen die Höhe seiner Lizenzgebühr abhängt.[1472] Diese Ansicht vermengt die Befugnis des Schutzrechtsinhabers, die Lizenzgebühr festzusetzen mit einem Gewinnmaximierungsinte-

471

1465 EuGH Slg. 1986, 611 Rn. 72 – *Windsurfing International* (zu einer Patentlizenz); *Jestadt*, in: Langen/Bunte, Art. 81 Fallgruppen Rn. 273; *Niebel*, WRP 2003, 482, 484; *Sack*, WRP 1999, 592, 612.
1466 Inzident Kommission GRUR Int 1978, 371, 374 – *Campari*; *Jestaedt*, in: Langen/Bunte, Art. 81 Fallgruppen Rn. 274; *Niebel*, WRP 2003, 482, 484; im Ergebnis auch *Sack*, WRP 1999, 592, 605 f., wonach solche Klauseln wettbewerbsbeschränkend sind, aber vom spezifischen Gegenstand des Schutzrechts gedeckt.
1467 GRUR Int 1978, 371, 374 – *Campari*.
1468 Kommission GRUR Int 1979, 109, 111 – *Maissaatgut* (zum Sortenschutz); *Jestaedt*, in: Langen/Bunte Art. 81 Fallgruppen Rn. 278; *Niebel*, WRP 2003, 482, 485; *Tilmann*, GRUR 1977, 446, 458.
1469 Zutr. *Sack*, WRP 1999, 592, 606 f.
1470 *Christoph*, S. 229 f.; *J. B. Nordemann*, in: Loewenheim/Meessen/Riesenkampff, § 1 GWB Rn. 210; siehe zum Sortenschutzrecht: EuGH Slg. 1988, 1919 Rn. 15 – *Eurauw-Jacquery/Hesbignonne*; Kommission GRUR Int. 1979, 108, 111 – *Maissaatgut*.
1471 *Ellger*, in: Immenga/Mestmäcker, Art. 81 Abs. 3 EGV Rn. 202; Kommission GRUR Int. 1979, 109, 113 – *Maissaatgut* (zum Sortenschutzrecht).
1472 *Sack*, WRP 1999, 592, 610.

resse zu Lasten der Abnehmer. Auch eine Höchstpreisbindung ist unzulässig. Wiederum entgegen einer vereinzelten Ansicht[1473] ist die Wertung in Art. 4 lit. a VO 330/2010 nicht auf Markenlizenzverträge übertragbar. Art. 1 Abs. 1 lit. a VO 330/2010 erfasst nur reine Lieferverträge, unter die sich eine Markenlizenz weder direkt noch analog subsumieren lässt.

472 **Qualitätssicherungsklauseln** sind zulässig, wenn und insoweit sie notwendig sind, um die gleichmäßige Qualität der gekennzeichneten Erzeugnisse sicher zu stellen, was im Einzelfall genau zu analysieren ist. Der spezifische Gegenstand des Markenrechts deckt die Vorgabe von Qualitätsstandards und damit korrespondierende Kontrollrechte des Lizenznehmers.[1474] Deswegen darf der Lizenzgeber die Lizenz auf solche Betriebe oder Unternehmen beschränken, die die Qualität der Erzeugnisse garantieren können.[1475] Bezugsbindungen des Lizenznehmers für bestimmte Rohstoffe oder Vorprodukte sind mit Art. 101 Abs. 1 AEUV, § 1 GWB vereinbar, wenn sie notwendig sind, um die Qualität zu gewährleisten.[1476] Dient die Bezugsbindung dazu, den Absatz zu sichern, indem sie alternative und gleichwertige Bezugsquellen verstopft, handelt es sich um eine verbotene Wettbewerbsbeschränkung.[1477] Dies liegt im Ergebnis nahe, wenn eine Bezugsverpflichtung für ein homogenes Massengut auferlegt wird, da solche Güter die Qualität eines Erzeugnisses nicht beeinflussen. Qualitätsstandards in Markenlizenzverträgen verstoßen gegen Art. 101 Abs. 1 AEUV, § 1 GWB, wenn sie eine Marktaufteilung unter den Lizenznehmern zur Folge haben. Schwankende, stark abweichende Qualitätsstandards deuten ebenso auf eine Marktaufteilung wie Qualitätsanforderungen für weitere Erzeugnisse, die der Markenschutz nicht umfasst.[1478] Oft hängt die Qualität eines Markenerzeugnisses von einem geheimen Herstellungsverfahren ab. Eine **Geheimhaltungsverpflichtung** des Lizenznehmers ist keine Wettbewerbs-

---

1473 *Werner*, in: FK-GWB, Art. 101 Abs. 1, 3 AEUV Fallgruppen IV Rn. 91.
1474 EuGH Slg. 1994, I- *Ideal Standard II*; Kommission GRUR Int 1978, 371, 374 – *Campari*; *Jestaedt*, in: Langen/Bunte, Art. 81 Fallgruppen Rn. 274; *J. B. Nordemann*, in: Loewenheim/Meessen/Riesenkampff, § 1 GWB Rn. 210; *Niebel*, WRP 2003, 482, 484; *Sack*, WRP 1999, 592, 608.
1475 Kommission GRUR Int 1978, 371, 374 – *Campari*; ABl. EG 1990 Nr. L 100/32 Rn. 13 – *Moosehead/Whitbread*.
1476 Kommission GRUR Int 1986, 116, 122 (sub c) – *Velcro/Alpix*; (zu einer Bezugsbindung bei einer Patentlizenz); *J. B. Nordemann*, in: Loewenheim/Meessen/Riesenkampff, § 1 GWB Rn. 210 (dort beschränkt auf Zutaten für geheime Rezepturen); *Sack*, WRP 1999, 592, 609.
1477 Kommission GRUR Int. 1979, 109, 113 – *Maissaatgut* (zum Sortenschutzrecht); *Sack*, WRP 1999, 592, 609.
1478 Zur vergleichbaren Situation im Patentrecht: EuGH Slg. 1986, 611 Rn. 49, 53 – *Windsurfing* (Qualitätsanforderung für ein lizenzfremdes Erzeugnis); *Sack*, WRP 1999, 592, 609.

beschränkung und auch nach Ablauf des Lizenzvertrages (»nachvertraglich«) wirksam.[1479]

Um das Ansehen und die Bekanntheit einer Marke zu erhalten, darf der Lizenzgeber den Lizenznehmer dazu verpflichten, die mit der Lizenzmarke versehenen Waren nur innerhalb eines selektiven Vertriebssystems zu verkaufen.[1480] an Kollektivbetriebe, Großhändler, Discounter, an den Versandhandel oder an den Haustürhandel verkauft. 473

cc) Markenabgrenzungsvereinbarungen

Die kartellrechtliche Konformität bzw. Kontrolle anhand des Kartellverbots hat eine Renaisscance in den letzten Jahren erlebt. Dies zeigt die Vielzahl der Entscheidungen in den verschiedenen Instanzen.[1481] Bevor auf die Einzelheiten nachfolgend eingegangen wird, sei am Anfang einleitend festgehalten, dass Markenabgrenzungsvereinbarungen im Grundsatz erlaubt und **kartellrechtsneutral** sind.[1482] Dies deshalb, da primär nur die markenrechtliche Schutzbereiche (zur Vermeidung bzw. Beilegung eines Kennzeichenstreits) festgelegt werden.[1483] 474

(1) Begriffsbestimmung

Die Markenabgrenzungsvereinbarung ist ein Dauerschuldverhältnis (Vertrag sui generis) indem die Inhaber von Markenrecht (prioritätsälteren und prioritätsjüngeren) Rechts in einem bilateralen Vertrag im beiderseitigen Interesse den Benutzungsumfang ihrer Zeichen festlegen.[1484] Ziel der Vereinbarung soll es sein, einen möglichen oder bestehenden Konflikt der Zeichen im Vereinbarungsweg gütlich beizulegen. Oft geschieht dies auch im laufenden Widerspruchsverfahren.[1485] Die Regelung der Nutzungsbefugnis und der Beschrän-

---

1479 Kommission GRUR Int 1978, 371, 374 – *Campari; Niebel*, WRP 2003, 482, 484; *Sack*, WRP 1999, 592, 615.
1480 EuGH Slg. 2009 I-342 – *Copad/Dior*.
1481 Siehe BGH, 7.12.2010, KZR 71/08 – *Jette Joop*; LG Braunschweig, 28.8.2013, 9 O 2367/12 – *Kräuterspirituosen*; OLG Hamburg, 30.4.2014, 3 U 139/10; OLG Düsseldorf, 15.10.2014, VI-U (Kart) 42/13; BGH, 15.12.2015, KZR 92/13, Rn. 21 – *Pelican/Pelikan*. Zeitgleich hat – was nicht verwundert – auch die wissenschaftliche Beschäftigung mit diesem Thema wieder zugenommen, siehe So *Dück/Maschemer*, WRP 2013, 167 ff; *Wolf*, NZKart 2015, 90 ff; *Lorenz*, NZKart 2016, 160 ff.
1482 OLG Hamburg, 20.6.2013, 3 U 64/11, Rn. 47.
1483 *Dück/Maschemer*, WRP 2013, 167, 171 m.w.N.
1484 So *Lorenz*, NZKart 2016, 160, 161 (ausführlich zur Begriffsbestimmung).
1485 Ausführlich dazu *Lorenz*, NZKart 2016, 160, 161.

kungen hinsichtlich der kollidierenden Markenrechte, stellen die **Hauptleistungspflichten** der Vereinbarung dar.[1486]

Die Abgrenzungsvereinbarung kann zwar verschiedene Formen annehmen und hat zum Teil hybride Strukturen, allerdings enthält diese typischerweise bestimmte Klauseln. Dazu gehört inter alia die **Vorrechtserklärung**. Darunter versteht man die Verpflichtung des Prioritätsjüngeren, dass er zukünftige Zeichennutzungen oder Markeneintragungen des Prioritätsälteren nicht angreift.[1487] Sie wird häufig mit dem Begriff der Markenabgrenzungsvereinbarung gleich gesetzt. Dies ist jedoch unzutreffend. Es handelt sich, wie *Lorenz* zu Recht betont, um ein *pars pro toto*.[1488]

(2) Unterschied zum Markenlizenzvertrag

Teilweise wurde in der Literatur vertreten, dass die Markenabgrenzungsvereinbarung selbst eine Lizenz darstellt. Dies ist indes mit der Rechtsprechung und h.A. in der Literatur abzulehnen. Dies wird damit begründet, dass eine Erteilung einer Markenlizenz für »ähnliche (verwechselbare) Zeichen« **nicht möglich** ist.[1489] Der Lizenzgeber kann die Nutzung der Marke nur soweit erlauben, wie diese im Markenregister eingetragen ist.[1490] Nur insoweit gewährt das Markenrecht ein **positives Benutzungsrecht**. Nicht anderes ergibt sich auch aus § 14 Abs. 2 Nr. MarkenG, der es dem Markeninhaber gestattet, die Verwendung ähnlicher verwechselungsfähiger Zeichen zu untersagen, da die Untersagung ein »**negatives Verbotsrecht**«[1491] darstellt. Die Lizenzierungsmöglichkeit knüpft jedoch nicht an ein Verbot, sondern ein positives Benutzungsrecht an. Genau dieses enthalte das MarkenG jedoch nicht.[1492]

(3) Sukzessionsschutz bei Abgrenzungsvereinbarung?

Gemäß § 30 Abs. 5 MarkenG muss der Erwerber einer Marke eine vom Verkäufer zuvor erteilte Lizenz gegen sich gelten lassen, sog. Sukessionsschutz. Die Veräußerung beeinträchtigt demnach nicht die zuvor erteilte Lizenz.[1493] Der Erwerber kann ohne Zustimmung des (alten) Lizenznehmers nicht in den Lizenzvertrag eintreten oder diesen kündigen. Fraglich ist, ob § 30 Abs. 5

1486 OLG Düsseldorf, 15.10.2014, VI-U (Kart) 42/13, Rn. 51.
1487 *Wolf*, NZKart 2015, 90, 97.
1488 *Lorenz*, ZVertriebsR 2016, 160, 160.
1489 BGH 13.4.2000, I ZR 220/97, GRUR 2001, 54 – *Subway/Subwear*. So auch OLG Hamburg, 19.12.2003, 5 U 43/03 - *Löwenkopf*.
1490 Vgl. § 4 MarkenG.
1491 So die Formulierung bei *Krüger/Kamlah*, WRP 2004, 1464, 1467.
1492 BGH 13.4.2000, I ZR 220/97, GRUR 2001, 54 – *Subway/Subwear* ; kritisch dazu *Krüger/Kamlah*, WRP 2004, 1464, 1467.
1493 So für viele *Bomhard/Albrecht*, in: Beck-OK, § 30 MarkenG, Rn. 164.

MarkenG auch direkt oder entsprechend auf die schuldrechtlich wirkende Markenabgrenzungsvereinbarung anzuwenden ist. Dies wird in der Literatur durchaus unterschiedlich beurteilt. Während ein Teil § 30 Abs. 5 MarkenG analog auf Markenabgrenzungsvereinbarungen anwenden will,[1494] spricht sich ein anderer Teil dafür aus, dass die Interessenlage unterschiedlich ist und der schuldrechtliche Charakter gegen eine Erstreckung auf Markenabgrenzungsvereinbarungen sprechen würde.[1495] Für die Praxis gilt daher, dass in die Vereinbarung unbedingt eine **Sukzessionsklausel** aufgenommen werden sollte, die den Fall der Übertragung absichert. Diese sollte mit einer **Konzernklausel** verbunden werden.[1496]

(4) Maßgeblicher Beurteilungszeitpunkt

Seit der Entscheidung des BGH in »*Jette Joop*« ist für die Praxis geklärt, dass es bei der kartellrechtlichen Beurteilung von Markenabgrenzungsvereinbarungen auf die Rechtslage zum **Zeitpunkt** des **Abschlusses** der Markenabgrenzungsvereinbarung (Vertragsschluss) abzustellen ist.[1497] Dies hat der BGH jüngst in der Entscheidung »*Pelican/Pelikan*« bestätigt.[1498] Entscheidend ist demzufolge, ob die Markenabgrenzungsvereinbarung zum Zeitpunkt des Vertragsschlusses mit den kartell- und markenrechtlichen Abgrenzungsvereinbarungen in Einklang stand. Der BGH begründete dies in »*Jette Joop*« (i) mit dem Bedürfnis nach Rechtssicherheit, (ii) mit dem Schutzbedürfnis der Investition in die Marke und (iii) damit, dass die Abgrenzungsvereinbarung nicht den Marktzugang beschränke, sondern nur die (weniger schlimme) Möglichkeit, mit einer Marke zu werben.[1499] In der Literatur wird diese Rechtsprechung überwiegend zu Recht begrüßt.[1500] Dieser Ansicht schließe ich mich an. Das Kartellrecht sollte – wie auch in anderen »Randbereichen« des Kartellrechts, wie z.B. an der Schnittstelle zum Datenschutzrecht, nur dort eingreifen, wo es einen hinreichenden Konnex zum Schutzgut gibt. Da

475

1494 Ausführlich dazu *Krüger/Kamlah*, WRP 2004, 1464, 1468-1470.
1495 So *Bomhard/Albrecht*, in: Beck-OK, § 30 MarkenG, Rn. 168 unter Verweis auf BGH, 6.2.2013, I ZR 112/18, wobei unklar bleibt, woraus die Autoren die Ablehnung der Anwendbarkeit des § 30 Abs. MarkenG ableiten wollen.
1496 Siehe dazu auch *Lorenz*, ZVertriebsR 2016, 160, 170.
1497 BGH, 7.12.2010, KZR 71/08, Rn. 17 (so auch erster Leitsatz) – *Jette Joop*. Dem folgten sodann auch die Instanzengerichte: LG Braunschweig, 28.8.2013, 9 O 2367/12 – *Kräuterspirituosen*; OLG Hamburg, 30.4.2014, 3 U 139/10, Rn. 32.
1498 BGH, 15.12.2015, KZR 92/13, Rn. 21 – *Pelican/Pelikan*.
1499 BGH, 7.12.2010, KZR 71/08, Rn. 57 – *Jette Joop*.
1500 *Lorenz*, NZKart 2016, 161, 162. Kritisch beispielsweise *Wolf*, NZKart 2015, 90, 90 der von einer »Unsterblichkeit« bzw »Ewigkeitsgarantie« spricht. So gut dieser Einwand nachzuvollziehen ist, zeigt Wolf in seinem Beitrag selbst, dass die Vereinbarung doch nicht unsterblich ist, da an diese eine Reihe von inhaltlichen Anforderungen gestellt werden.

das Kartellrecht auch dem Individualschutz dient, ist das Argument des Schutzes der Rechtssicherheit auch prima vista dogmatisch überzeugend verankert. *Wolf* fragt auf der anderen Seite – nicht völlig von der Hand zu weisend – warum Unternehmen nicht zugemutet werden könne, bei Dauerschuldverhältnissen fortlaufend die Kartellrechtskonformität zu prüfen.[1501] Es wird daher vorgeschlagen, dass ein Verstoß gegen § 1 GWB bzw. Art. 101 AEUV ab dem Zeitpunkt vorläge, ab dem das **Entfallen der Kollisionslage hinreichend sicher** ist.[1502] Wäre dies der Fall, würde sich u.a. die Folgefrage stellen, ob der Vertrag durch außerordentliche Kündigung gemäß § 314 BGB selbst beendet werden muss oder nachträglich ex nunc wegfällt.[1503] Dies ließ der BGH zuletzt ausdrücklich offen.[1504]

(5) Anforderungen an die kartellrechtliche Zulässigkeit

Mittlerweile ständige Rechtsprechung ist, dass für die kartellrechtliche Konfirmität entscheidend ist, ob (i) mit der Vereinbarung eine Wettbewerbsbeschränkung *bezweckt* wurde oder (ii) eine Wettbewerbsbeschränkung dadurch bewirkt wurde, dass bei ihrem Abschluss kein »*ernsthafter, objektiv begründeter Anlass zu der Annahme bestand, dass dem begünstigten Vertragspartner ein entsprechender Unterlassungsanspruch*« zustehe.[1505] Eine **bezweckte** Wettbewerbsbeschränkung wird in der Regel nur im **Ausnahmefall** vorliegen. Ein solcher liegt dem BGH zufolge dann vor, wenn eine Vertragspartei die Vereinbarung in der **Absicht** geschlossen hat, die andere Partei der Markenabgrenzungsvereinbarung in ihrem Wettbewerb mit Dritten zu beschränken. Gemeint sind dabei vor allem bewusste Marktaufteilungen, die nur unter »Deckmantel« der Markenabgrenzungsvereinbarung geschlossen werden.[1506] In diesem Fall bildet die Vereinbarung nur die äußere Hülle einer wettbewerbsbeschränkenden Vereinbarung. Vergleichbare Überlegungen gibt es z.B. beim Vergleich oder einer Schiedsabrede. Die zweite Voraussetzung ist indes oftmals nicht leicht zu prüfen.

Das Merkmal dient der Abgrenzung von Markenkonflikten, die nur scheinbar bestehen. Ein gezielt herbeigeführter Markenkonflikt, der dann die

---

1501 *Wolf*, NZKart 2015, 90, 96.
1502 *Wolf*, NZKart 2015, 90, 96; ähnlich auch *Althaus*, Markenrechtliche Abgrenzungsvereinbarungen, S. 150; *Harte-Bavendamm/v. Bomhard*, GRUR 1998, 530.
1503 So *Wolf*, NZKart 2015, 90, 96; a.A. *Müller*, Abgrenzungsvereinbarungen im Markenrecht, S. 244.
1504 BGH, 15.12.2015, KZR 92/13, Rn. 60 – *Pelican/Pelikan*.
1505 BGH, 15.12.2015, KZR 92/13, Rn. 23 – *Pelican/Pelikan;* So bereits zuvor BGH, 15.2.1955, I ZR 86/53 – *Herzwandvasen*; BGH, 22.5.1975, KZR 9/74 – *Thermalquelle*, BGH, 21.4.1983, I ZR 201/80 = WuW/E BGH 2003, 2005 – *Vertragsstrafenrückzahlung*; BGH WuW/E DE-R 3275, Rn. 19 – *Jette Joop*.
1506 Siehe dazu auch OLG Düsseldorf, 15.10.2014, VI-U (Kart) 42/13, Rn. 51.

»Geschäftsgrundlage«[1507] für die Markenabgrenzungsvereinbarung bilden soll, genügt hingegen nicht. Es bedarf vielmehr eines **ernsthaften und begründeten Anlasses** für die Annahme eines Unterlassungsanspruches. Nicht erforderlich ist es, dass das Bestehen eines Anspruches auf Unterlassung auch gerichtlich festgestellt wurde.[1508] Es geht stets darum, ob ein Zeichenkonflikt, der ernsthaft gedroht hätte, durch die Vereinbarung beseitigt wird. Um dieser Voraussetzungen zu genügen, muss jedoch auch nicht sämtliche, hypothetisch denkbare, Verwechslungsgefahr ausgeschlossen werden. Hier ist eine maßvolle Herangehensweise angezeigt. Kein Markenkonflikt liegt beispielsweise vor, wenn Ansprüche des Prioritätsälteren überhaupt nicht bestehen, da (i) ein bestandskräftiges Zwischenrecht eingetragen wurde (§ 22 MarkenG) oder (ii) das Markenrecht wegen Duldung verwirkt[1509] wurde (§ 21 MarkenG).[1510]

Im Einzelnen muss die Vereinbarung (i) sachliche, (ii) örtliche und (iii) zeitliche Grenzen beachten.[1511] Insgesamt gilt, dass die Vereinbarung im Ausgangspunkt immer auf das beschränkt sein und bleiben sollte, was der Beilegung des (potentiellen) Markenkonflikts dient. Am wenigsten einschneidend wird sicher sein, wenn wie im Fall »*Kräuterspirituosen*« die Zeichen z.B. nur der Farbe nach abgegrenzt werden (grün vs. orange).[1512] Genügt dies nicht, kann auch vereinbart werden, dass eine Marke nur (i) für bestimmte Produkte oder (ii) nur in bestimmten Gebieten verwendet werden soll. Hier ist die kartellrechtliche Gefahr meist besonders hoch, dass dies als verbotene **Gebietsbeschränkung** gesehen werden kann.[1513] Es ist immer zu prüfen, ob ein Markenkonflikt noch ernsthaft droht. Hierbei ist zu beachten, dass das Markenrecht grundsätzlich mit Inverkehrbringen erschöpft ist (§ 24 MarkenG).

Spannend ist vor allem, ob sich die Vereinbarung auch auf Gebiete erstrecken kann, in denen bisher **(noch) keine Markenkonfliktlage** besteht. Diese Frage betrifft den territorialen (örtlichen) Geltungsbereich. Im Unterschied zur sachlichen Abgrenzung zu lediglich theoretischen Zeichenkonflikten, die nicht einer Abgrenzung zugänglich sind, ist mit *Wolf* davon auszugehen, dass sich ein räumlich noch nicht bestehender Zeichenkonflikt leicht ergeben kann.[1514] Daher ist es überzeugend, dass eine noch nicht tatsächlich bestehende Markenkonfliktlage einer kartellrechtlichen Zulässigkeit prima vista nicht

---

1507 So *Wolf*, NZKart 2015, 90, 92.
1508 So *Wolf*, NZKart 2015, 90, 92.
1509 Siehe dazu ausführlich *Müller*, WRP 2013, 1301
1510 Beispiele nach *Wolf*, NZKart 2015, 90, 93.
1511 So OLG Düsseldorf, 15.10.2014, VI-U (Kart) 42/13, Rn. 53.
1512 LG Braunschweig, 28.8.2013, 9 O 2367/12 – *Kräuterspiriuousen*.
1513 Dazu auch ausführlich *Wolf*, NZKart 2015, 90, 95.
1514 *Wolf*, NZKart 2015, 90, 96.

im Wege steht.[1515] Zulässig und üblich ist es, in der Vereinbarung eine **weltweite Geltung** vorzusehen.[1516] Die Geltung ist aber vom territorialen Geltungsbereich zu unterscheiden (s.o.).

Die **Laufzeit** kann – im Gegensatz zu anderen vertikalen Lieferverhältnissen, wo aufgrund des foreclosure effects eine Laufzeitbegrenzung, vor allem bei Bezugsverpflichtungen vorgesehen ist –, bei Markenabgrenzungsvereinbarungen **unbeschränkt** sein.

(6) Einschätzungsspielraum

476 Bei der Beurteilung der vorstehenden Kriterien ist den Parteien ein Einschätzungsspielraum zuzubilligen. Dieser sollte angesichts der wettbewerbsfördernden Effekte der Vereinbarung auch **nicht zu eng** sein.[1517] Sofern nicht mal theoretisch eine Kollisionslage besteht, wird der sachliche Anwendungsbereich verlassen; die Vereinbarung ist sodann an § 1 GWB zu messen.[1518] Liegt jedoch lediglich eine nicht eindeutige Kollisionslage vor, dann muss den Parteien auch eine gewisse Fehlbewertung im Rahmen des § 1 GWB zugestanden werden, ohne das § 1 GWB »berührt« ist.

(7) Wettbewerber vs. Nicht-Wettbewerber

Bei der Beurteilung spielt überdies eine Rolle, ob die Vereinbarung zwischen Wettbewerbern oder zwischen Nicht-Wettbewerbern abgeschlossen wird. Dogmatischer Ankerpunkt ist hier oftmals der Begriff des »potentiellen Wettbewerbers« bzw. des »potentiellen Wettbewerbsverhältnisses«, da ein tatsächlicher Wettbewerb bei Eintragung oftmals noch nicht besteht. Wie der Begriff auszulegen ist, war lange umstritten. Diese Diskussion gehört seit der Entscheidung des BGH in *Pelican/Pelikan* nunmehr aber der Geschichte an.[1519] Diesbezüglich stellte der BGH fest, dass der **bloße Abschluss** einer markenrechtlichen Abgrenzungsvereinbarung alleine nicht genüge, um von einem potentiellen Wettbewerbsverhältnis auszugehen. Damit setzte er sich in Widerspruch zur Vorinstanz, dem OLG Hamburg. Das OLG folgerte noch aus dem Umstand des Abschlusses der Markenangrenzungsvereinbarung, dass sich die beiden Parteien »*wechselseitig als zumindest potenzielle Marktteilnehmer wahrgenommen haben*«.[1520]

1515 Kritischer insoweit *Lorenz*, ZVertriebsR 2016, 160, 170 unter Verweis auf *Althaus*, Markenrechtliche Abgrenzungsvereinbarungen (2010), S. 149.
1516 *Lorenz*, ZVertriebsR 2016, 160, 170.
1517 So auch OLG Hamburg, 20.6.2013, 3 U 64/11, Rn. 47.
1518 So auch *Kirchhoff*, in: FS Canenbley (2012), 273, 277.
1519 BGH, 15.12.2015, KZR 92/13 – *Pelican/Pelikan*, GRUR-Prax 2016, m. Anm. *Knaak*.
1520 OLG Hamburg, 20.6.2013, 3 U 64/11, Rn. 46.

Diesem Umstand komme **keine erhebliche Bedeutung** zu.[1521] Dies gelte auch für die zusätzlichen markenrechtlichen Erwägungen. Bevor auf diese eingegangen wird, sei kurz der Sachverhalt umrissen: Im zugrundeliegenden Fall hatte sich der Kläger, *Pelican*, ein Hersteller von wasserdichten mobilen Sicherheits- und Taschenlampen 2004 in einer Abgrenzungsvereinbarung mit Pelikan, einem Hersteller von Büroartikeln, insbesondere Schreibgeräten, verpflichtet, das Zeichen »Pelican« in Europa weder als Marke zu benutzen noch als solche anzumelden; im Gegenzug verzichtete »Pelikan« auf Eintragung des Zeichens »Peli«. Pelikan hatte im Zuge der Eintragung der Marke »Pelikan« diese auch in der Klasse »Beleuchtungsapparate« eingetragen, in die auch der Kläger »Pelican« eingetragen war.

Aus der gleichen markenrechtlichen Klasseneintragung folgerte der Kläger ein potentielles Wettbewerbsverhältnis, nicht zuletzt auch deshalb, da in der markenrechtlichen Rechtsprechung anerkannt ist, dass bei **gleicher Klasseneintragung** davon auszugehen sei, dass der Eintragende in naher Zukunft in diesem Produktbereich tätig werden würde.[1522] Der **Übertragbarkeit** der vorstehend genannten markenrechtlichen Rechtsprechung in das Kartellrecht erteilte der BGH jedoch eine **Absage**. Entscheidend sei vielmehr die Austauschbarkeit der Produkte in kartellrechtlicher Hinsicht.[1523] Die Entscheidung beweist einmal mehr, dass Begriffe in den Rechtsgebieten oftmals autonom zu bestimmen sind.

(8) Nichtangriffsklausel

Besonders umstritten ist zudem, ob die Vereinbarung auch eine Nichtangriffsklausel enthalten darf, die häufig Pendant zur Vorrechtserklärung ist. Durch diese verpflichtet sich eine bzw. verpflichten sich beide Parteien, die Gültigkeit des Schutzrechtes der anderen Partei nicht anzugreifen. Der Gerichtshof steht einer solchen Klausel kritisch gegenüber.[1524] Der Ansicht hat sich das OLG Düsseldorf insoweit angeschlossen, als es um den Nichtangriff einer Marke ging, die dem **Verfall wegen Nichtbenutzung** unterlag.[1525] Eine Nichtangriffsklausel sei **im Übrigen** aber durchaus zulässig. In der Literatur wird dies ebenfalls virulent diskutiert.[1526] Kritischer wird die Nichtangriff-

---

1521 BGH, 15.12.2015, KZR 92/13, Rn. 31 – *Pelican/Pelikan*; eine andere Ansicht vertrat noch die Vorinstanz, das OLG Hamburg (20.6.2013), siehe Rn. 15 der BGH-Entscheidung.
1522 So BGH, 13.3.2008, I ZR 151/05 – *Metrosex*.
1523 BGH, 15.12.2015, KZR 92/13, Rn. 35 – *Pelican/Pelikan*.
1524 EuGH, 30.1.1985, Rs. 365/83 – *Toltecs/Dorcet II*, Rn. 35 (vor allem dann, wenn Löschungsreife vorliegt).
1525 OLG Düsseldorf, 15.10.2014, VI U (Kart) 42/13, Rn. 71.
1526 Einen guten Überblick über den Meinungsstand bietet *Lorenz*, ZVertriebsR 2016, 160, 169. Aus Platzgründen wird auf eine nähere Darstellung verzichtet.

abrede in der TT-GVO unterfallenden Lizenzverträgen gesehen. Dort verstößt eine solche Abrede in der Regel gegen Art. 5 Abs. 1 lit. b **TT-GVO** (eine Ausnahme wird nach den TT-LL indes bei einer kostenlosen Lizenzierung gemacht). Es handelt sich jedoch nicht um eine Kernbeschränkung, sondern um eine graue Klausel.

(9) Unwirksamkeit durch Löschung der Marke

Auch klargestellt hat der BGH in *Pelican/Pelikan*, das die bloße Löschung der Marke **nicht** dazu führt, dass eine im Übrigen kartellrechtskonforme Abgrenzungsvereinbarung **unwirksam** ist.[1527] Es bedürfe immer der Kündigung. Diese erfolge nach § 314 BGB, da es sich – wie gezeigt – um ein Dauerschuldverhältnis handelt.[1528] Gleiches gilt erst recht für die bloße **Nichtbenutzung** der Marke. Diese führe gemäß § 49 Abs. 1 MarkenG nur zur Löschungsreife, die noch ex tunc heilbar ist. Daher bestünde bei Nichtbenutzung die Kollisionslage fort.[1529]

dd) Kollektivmarken und Gütezeichengemeinschaften

477 Die § 97 ff. MarkenG, Art. 64 ff. GMVO erlauben den Schutz einer Kollektivmarke. Diese Marken dienen dazu, die die Herkunft von Waren oder Dienstleistungen solcher Unternehmen, die Mitglieder eines Verbands als Inhaber der Kollektivmarke sind, von verbandsfremden Unternehmen zu unterscheiden.[1530] Auch hier bestimmt der spezifische Gegenstand des Markenrechts, wie weit der Geltungsanspruch des § 1 GWB reicht und welche Wettbewerbsbeschränkungen in der Markensatzung nach § 102 MarkenG zulässig sind. Die Vorschriften über die Kollektivmarke als solche rechtfertigen keine Wettbewerbsbeschränkungen, da sie nur den markenrechtlichen Rahmen für Kollektivmarken aufstellen und daneben keine besonderen Markenfunktionen etablieren.[1531] Mit der Herkunftsfunktion der Kollektivmarke ist es vereinbar, wenn die Verbandsmitglieder im Wettbewerb stehen. Unerheblich ist dabei, ob die Verkehrskreise die Kollektivmarke einem einzigen Geschäftsbetrieb (irrig) zuordnen, da dies an der Funktion dieser Marke als Herkunfts-

---

[1527] BGH, 15.12.2015, KZR 92/13, Rn. 60 – *Pelican/Pelikan*.
[1528] § 314 BGB geht hier auch § 313 BGB (Störung der Geschäftsgrundlage) vor. So auch OLG Düsseldorf, 15.10.2014, VI U (Kart) 42/13, Rn. 90.
[1529] BGH, 15.12.2015, KZR 92/13, Rn. 61 – *Pelican/Pelikan*.
[1530] Zur Definition siehe näher: *Fezer*, § 97 MarkenG Rn. 1; *Ingerl/Rohnke*, Vor § 97 MarkenG Rn. 1, § 97 MarkenG Rn. 4. Siehe außerdem Art. 7bis PVÜ zu Verbandszeichen als Vorbild für die Kollektivmarke.
[1531] BGH WuW/E BGH 2697 – *Golden Toast*; *J. B. Nordemann*, in: Loewenheim/Meessen/Riesenkampff, § 1 GWB Rn. 214.

hinweis auf eine Gruppe von Unternehmen nichts ändert.[1532] Aus diesem Grunde verstößt ein Gebietsschutz bzw. eine Markt- oder Kundenaufteilung zwischen den Verbandsmitgliedern gegen § 1 GWB, da dies nicht vom Inhalt des Schutzrechts umspannt ist.[1533] Ebenso wenig erlaubt sind Preis- oder Mengenbeschränkungen zwischen den Verbandsmitgliedern.[1534] Qualitätsvorgaben gehören nach der h.M. nicht zum spezifischen Gegenstand einer Kollektivmarke. Vielmehr sei es von den Verbandsmitgliedern hinzunehmen, das unter der Marke Waren unterschiedlicher Qualität vertrieben werden.[1535] Diese Ansicht überzeugt nicht, da sie noch auf dem alten Warenzeichengesetz beruht, das einem Warenzeichen grundsätzlich keine Qualitätsfunktion zumaß.

ee) Geschäftliche Bezeichnungen

Lizenzen an geschäftlichen Bezeichnungen und damit an Unternehmenskennzeichen (§ 5 Abs. 2 MarkenG) und Titeln (§ 5 Abs. 3 MarkenG) unterliegen weitgehend den Maßstäben, die für Markenlizenzen gelten. Allerdings sind die Funktionen von geschäftlichen Bezeichnungen nicht derart weit ausgeprägt wie bei Marken, so dass die erlaubten Wettbewerbsbeschränkungen in Lizenzverträgen tendenziell geringer sind. Nach der Rechtsprechung hat der **Werktitel** nur eine Unterscheidungsfunktion und dient dazu, ein Werk von einem anderen abzugrenzen.[1536] Nur erlaubt sind deswegen solche Wettbewerbsbeschränkungen, die diese Funktion sichern. Der spezifische Gegenstand des Titelschutzrechts deckt eine Einschränkung der Vertriebswege.[1537]

478

d) Kollektive Wahrnehmung von Sortenschutzrechten

Nach § 1 SortSchG ist ein Sortenschutz für solche Pflanzensorten zu erteilen, die unterscheidbar, homogen, beständig, neu und durch eine eintragbare Sor-

479

1532 BGHZ 114, 40, 47 ff. – *Verbandszeichen (»Golden Toast«)*, ebenso die Beschwerdeinstanz: KG WuW/E OLG 4459 – *Golden Toast*; Ausgangsbeschluss: BKartA WuW/E BKartA 2313.
1533 BGHZ 114, 40, 47 ff. – *Verbandszeichen (»Golden Toast«)*, KG WuW/E OLG 4459, 4462 – *Golden Toast*; *J. B. Nordemann*, in: Loewenheim/Meessen/Riesenkampff, § 1 GWB Rn. 214; *Zimmer*, in: Immenga/Mestmäcker, § 1 GWB Rn. 345. Anders und überholt: BGH WuW/E BGH 1293, 1297 – *Platzschutz* und BGH GRUR 1961, 381 – *WKS Möbel*.
1534 BKartA TB 1975, 48; TB 1977, 60 (jeweils zum Warenzeichengesetz); *Zimmer*, in: Immenga/Mestmäcker, § 1 GWB Rn. 345.
1535 BGH WuW/E BGH 2697 – *Golden Toast*.
1536 BGH GRUR 2005, 264, 265 f. – *Das Telefon-Sparbuch*; GRUR 2003, 342, 343 – *Winnetou*.
1537 OLG Frankfurt/M WuW/E DE-R 2018, 2024 – *Harry Potter*.

tenbezeichnung bezeichnet sind. Die Definition der Gemeinschaftssorte stimmt damit überein (Art. 6 VO 2100/94). Der Sortenschutz gewährt ein Ausschließlichkeitsrecht (§ 10 SortSchG, Art. 13 VO 2100/94), dessen Reichweite zugleich die Grenzen einer Lizenzvereinbarung absteckt. Unter anderem ist nur der Sortenschutzinhaber dazu berechtigt, Vermehrungsmaterial der geschützten Sorte zu erzeugen, aufzubereiten und in den Verkehr zu bringen. Gemäß § 10a Abs. 2 SortSchG, Art. 14 VO 2100/94 erstreckt sich das Ausschließlichkeitsrecht des Sortenschutzinhabers nicht auf den sog. **Nachbau** durch Landwirte. Vielmehr ist der Landwirt nach den § 10a Abs. 3–6 SortSchG, Art. 14 Abs. 3 VO 2100/94 gegenüber dem Inhaber des Sortenschutzrechtes zur Zahlung eines angemessenen Entgelts verpflichtet. Dabei gestatten § 10a Abs. 4 SortSchG sowie Art. 3 Abs. 2, 5 Abs. 4 VO 1768/95[1538] eine kollektive Wahrnehmung der Lizenzansprüche. Bündeln die Inhaber von Sortenschutzrechten ihre Vergütungsansprüche in einem zentralen Verband, der die Vergütungsansprüche einheitlich bemisst und geltend macht, ist § 1 GWB auf diese Vereinbarung **un**anwendbar.[1539, 1540] Sie führt auf der einen Seite dazu, dass die Sortenschutzinhaber im Wesentlichen dieselben Nachbauvergütungen verlangen und wirkt daher wie ein Kartellorgan. Allerdings verdrängt nach der Ansicht des Gesetzgebers § 10a Abs. 4 SortenSchG insoweit § 1 GWB: Vereinbarungen zwischen berufsständischen Vereinigungen über ein angemessenes Nachbauentgelt sind damit erlaubt.[1541] Das SortSchG nimmt daher einheitliche Vergütungssätze für den Nachbau in Kauf, ist aber darüber hinaus keine Bereichsausnahme zum GWB.[1542] So scheidet eine analoge Anwendung des § 10a Abs. 4 SortSchG auf andere Vereinbarungen aus, mit denen Inhaber eines Sortenschutzrechts bestimmte Preise festlegen. Darauf abstellend stufte es das BKartA als eine unzulässige Mindestpreisfestsetzung ein, wenn mehrere Verbände einen Vergütungssatz für vermehrtes und Basissaatgut beschließen.[1543]

1538 Verordnung (EG) Nr. 1768/95 über die Ausnahmeregelung gemäß Art. 14 Abs. 3 der Verordnung (EG) Nr. 2100/94 des Rates über den gemeinschaftlichen Sortenschutz, ABl. EG Nr. 258 vom 28.10.1995, S. 3.
1539 BGH WuW/E DE-R 1267, 1269 f. – *Nachbaugebühr*; zust. *J. B. Nordemann*, in: Loewenheim/Meessen/Riesenkampff, § 1 GWB Rn. 207.
1540 Ebenso unanwendbar ist die VO 316/2014 (TT-GVO). Sortenschutzrechte erfasst die TT-GVO zwar (Art. 1 Abs. 1 lit. b (vi) TT-GVO), nicht jedoch Verwertungsabreden. Zum grundlegenden Verhältnis zwischen Sortenschutz- und Kartellrecht: EuGH, 298/78, Slg. 1982, 2015 – *Nungesser*.
1541 Begr. der Bundesregierung zum Entwurf eines Gesetzes zur Änderung des Sortenschutzgesetzes, BT-Drucks. 13/7038 S. 14 li. Sp: »lex specialis«. So auch *Busse*, in: KK-KartR, § 28 GWB, Rdn. 330.
1542 BGH WuW/E DE-R 1267, 1270 – *Nachbaugebühr*; im Anschluss an die Regierungsbegründung BT-Drucks. 13/7038 S. 14 li. Sp.
1543 BKartA TB 2005/2006, BT-Drucks.16/5710, S. 67 f.; zweifelnd *J. B. Nordemann*, in: Loewenheim/Meessen/Riesenkampff, § 1 GWB Rn. 207 (Fußn. 1083).

e) Urheberrechte und verwandte Rechte

aa) Überblick

Urheber, Inhaber eines Leistungsschutzrechts und Verwertungsgesellschaften sind Unternehmen (Rdn. 111). Die ehemals geltende Sondervorschrift für Verwertungsgesellschaften ist aufgehoben und das Urheberrecht begründet **keinen** allgemeinen Ausnahmebereich des GWB.[1544] Weitgehend ungeregelt ist das Verhältnis zwischen Urheberrecht und Kartellrecht. Einen schmalen Ausschnitt fangen § 2 Abs. 2 GWB i.V.m VO 316/2014 (Technologietransfer-GVO bzw. TT-GVO) auf, während in den verbleibenden Fällen der spezifische Gegenstand des Urheberrechts bestimmt, ob es sich um eine Wettbewerbsbeschränkung handelt bzw. ob diese erlaubt ist. Nach der TT-GVO zu beurteilen sind Lizenzen an Softwarerechten, die wie Urheberrechte behandelt werden. Auch wenn nach § 69a Abs. 4 UrhG diese Programme den Sprachwerken gleichstellt werden, ändert dies nichts daran, dass Rechnerprogramme einer technischen Lehre näher stehen, als einem urheberrechtlichen Werk. Steht ein Urheberrecht im Dienste einer Technologie, so richten sich die Lizenzierung und die Übertragung ebenso nach der Technologietransfer-VO, Art. 1 lit. b VO 772/04. Die Urheberlizenz darf dabei nicht »Hauptgegenstand« der Vereinbarung sein, sondern nur eine begleitende Vereinbarung zum Technologietransfer.[1545] Ist ein Designrecht ausnahmsweise[1546] auch ein schutzfähiges Werk, so ist auf die Lizenzverträge die TT-GVO anwendbar. Dies folgt aus Art. 1 lit. b (iii) TT-GVO. Eine designschutzfähige Gestaltung ist dem Urheberschutz grundsätzlich zugänglich, wenn sie die »Durchschnittsgestaltung deutlich überragt«.[1547] Im Kern lässt sich dies u.a. am Merkmal der »Eigenart« (§ 2 DesignG) festmachen. Konflikte zwischen Urheberrecht und Designrecht sind daher selten.

480

Umstritten ist, welchem Rechtsregime urheberrechtliche Lizenzverträge unterliegen. Die Kommission will Lizenzen für die Vervielfältigung und Verbreitung eines urheberrechtlich geschützten Werks nach der TT-GVO beurteilen. Bei der Lizenzierung von Wiedergabe- und anderen Rechten des Urhe-

481

1544 Keine allgemeine Privilegierung bzw. Bereichsausnahme; so auch *Ahrens*, in: Berger/Wündisch (Hrsg.), Urhebervertragsrecht, § 12, Rn. 13.
1545 Technologietransfer-Leitlinien, Abl. EG Nr. C 101/2 vom 27.4.2004 Rn. 50; *J. B. Nordemann*, GRUR 2007, 203, 205.
1546 Das Designrecht bzw. vormals Geschmacksmusterrecht wurde seit 2004 (Einführung GeschmG zum 1.6.2004) immer stärker vom Urheberrecht gelöst. So bestehen nur noch wenige Überschneidungspunkte, vgl. *Eichmann*, in: Eichmann/von Falckenstein/Kühne, Designgesetz, Einleitung, Rn. 34.
1547 BGH GRUR 1995, 581, 582 – *Silberdistel*; GRUR 1998, 830, 831 – *Les Paul Gitarren*; GRUR 2004, 941, 942 – *Metallbett*. Die unterschiedlichen Schutzschwellen sind verfassungsgemäß, BVerfG (Nichtannahmebeschluss), GRUR 2005, 410, 411 – *Laufendes Auge*.

§ 1 GWB *Verbot wettbewerbsbeschränkender Vereinbarungen*

bers hält sich die Kommission zurück und will hierauf die VO 772/04 nicht anwenden, da solche Vereinbarungen »ganz spezielle Fragen« aufwerfen.[1548] Die inländische Rechtsprechung lässt offen, ob der Ansicht der Kommission zu folgen ist.[1549] Mit einer Gegenansicht im Schrifttum ist eine Anwendung der VO 772/04 auf Urheberlizenzen abzulehnen.[1550] Die Freistellung durch die VO 772/04 ist auf den spezifischen Gegenstand von technischen Schutzrechen und *know-how* abgestimmt. Damit sind systematische Spannungen vorgezeichnet, will man die VO 772/04 auf bestimmte Urheberlizenzen anwenden. Das urheberrechtliche Vervielfältigungs- und Verbreitungsrecht (§§ 16, 17 UrhG) lässt sich mit den Ausschließlichkeitsrechten eines Patentinhabers nicht über einen Kamm scheren. In den überwiegenden Fällen müssen Wettbewerbsbeschränkungen in Urheberlizenzverträgen mit dem **spezifischen Gegenstand bzw. Inhalt** des **Urheberrechts** und dem Schutzzwecken des Kartellrechts abgeglichen werden.[1551] Dies läuft im Ergebnis auf einen Immanenztest hinaus. Dabei bestimmen die einzelnen Rechte des Urhebers nach dem UrhG den spezifischen Gegenstand des Urheberrechts. Grundlegende Aussagen über den spezifischen Gegenstand des Urheberrechts in der europäischen Rechtsprechung lassen sich der Entscheidung *Phil Collins* (1993) entnehmen.[1552] Demnach ist spezifischer Gegenstand des Urheberrechts der kombinierte Schutz (i) des Urheberpersönlichkeitsrechts und (ii) der wirtschaftlichen Verwertungsrechte.[1553] So schlägt man als »Faustregel« vor, dass alle Begrenzungen kartellrechtsfest sind, die mit »dinglicher Wirkung« (absolute Wirkung) vom Urheberrecht abgespalten werden können.[1554] Es ist zweifelhaft, ob sich diese eher rechtstechnische Einordnung als Faustregel eignet.[1555]

bb) Gebietsbeschränkungen

482   Gem. § 31 Abs. 1 Satz 2 UrhG darf der Urheber ein Nutzungsrecht räumlich beschränkt einräumen. Umgekehrt darf bei einer ausschließlichen Lizenz der Urheber davon ausgeschlossen werden, das Werk in einem bestimmten räum-

---

1548 Technologietransfer-Leitlinien, Abl. EG Nr. C 101/2 vom 27.4.2004 Rn. 51 f.; dem folgend: *Fuchs*, in: Immenga/Mestmäcker, TT-VO Rn. 79; *Kreutzmann*, WRP 2006, 453, 458.
1549 OLG Frankfurt/M WuW/E DE-R 2018, 2022 – *Harry Potter*.
1550 *J. B. Nordemann*, GRUR 2007, 203, 205; *ders.*, in: Loewenheim/Meessen/Riesenkampff, § 1 GWB Rn. 216; im Ergebnis auch: *Dolmans/Pilola*, 26 World Competition (2003), 541, 550.
1551 OLG Frankfurt/M WuW/E DE-R 2018, 2020 – *Harry Potter*; *J. B. Nordemann*, in: Loewenheim/Meessen/Riesenkampff, § 1 GWB Rn. 219.
1552 EuGH, 2010, 1993, C-92/92, Slg. 1993, I-5145, Rn. 20 – *Phil Collins*.
1553 Siehe dazu *Wolf*, in: MünchKommEuWettbR, Einl., Rn. 1308 ff.
1554 *J. B. Nordemann*, GRUR 2007, 203, 205 f.; *ders.*, in: Loewenheim/Meessen/Riesenkampff, § 1 GWB Rn. 216.
1555 *Ullrich/Heinemann*, in: Immenga/Mestmäcker, GRUR Rn. B 29.

lichen Gebiet zu nutzen.¹⁵⁵⁶ Derartige Vereinbarungen führen zu einer Marktaufteilung oder Marktabschottung. Sie sind jedoch erlaubt, wenn das Urheberrecht derartige räumliche Beschränkungen gestattet. Dies muss differenziert für das jeweilige Werk und die jeweilige Verwertung betrachtet werden. Das **Verbreitungsrecht** nach § 17 Abs. 1 UrhG gewährt dem Urheber nur das Recht, das Werk **erstmalig** in den Verkehr zu bringen. Ist das Verbreitungsrecht gem. § 17 Abs. 2 UrhG erschöpft, darf sich der Urheber den weiteren Vertrieb nicht mehr steuern und keine räumlichen Beschränkungen vereinbaren, wenn das Werk mit seiner Zustimmung in den Verkehr gebracht ist.¹⁵⁵⁷ Eine Marktaufteilung oder Gebietsbeschränkung beim Absatz solcher Werkexemplare, die mit der Zustimmung des Urhebers in den Verkehr gebracht wurden, verstößt gegen § 1 GWB, Art. 101 Abs. 1 AEUV und ist deswegen nichtig. So darf der Urheber den ersten Lizenznehmer nicht dazu verpflichten, eine räumliche Beschränkung mit seinen Abnehmern zu vereinbaren. Damit hängt die Reichweite des Kartellrechts entscheidend davon ab, wie weit man die urheberrechtliche Erschöpfung steckt.¹⁵⁵⁸ Nur das Verbreitungsrecht unterliegt der Erschöpfung für das jeweils in den Verkehr gebrachte Werkexemplar.¹⁵⁵⁹ Der Erschöpfungsgrundsatz gilt außerdem für Rechnerprogramme (§ 69c Nr. 3 UrhG) sowie für Tonträger und die verwandten Schutzrechte (§§ 70 ff. UrhG).

Abgesehen von erschöpften Verbreitungsrechten darf der Urheber festlegen, in welchen räumlichen Markt der Lizenznehmer das Werk nutzen darf. Im Grundsatz darf der Urheber das Nutzungsrecht auf das geschützte Territorium beschränken (Territorialitätsprinzip). Mit Art. 101 Abs. 1 AEUV, § 1 GWB vereinbar ist somit eine Nutzungsbeschränkung für einen einzelnen oder mehrere Mitgliedstaaten der EU, sofern keine Erschöpfung des Urheberrechts eingetreten ist oder nach der Natur des Nutzungsrechts eintreten kann.¹⁵⁶⁰ Die ältere Praxis der Kommission und Teile des Schrifttums sehen 483

1556 *J. B. Nordemann*, in: Loewenheim/Meessen/Riesenkampff, § 1 GWB Rn. 219.
1557 *J. B. Nordemann*, GRUR 2007, 203, 206; *ders.*, in: Loewenheim/Meessen/Riesenkampff, § 1 GWB Rn. 219.
1558 Im Gegensatz zur markenrechtlichen Erschöpfung erfasst die urheberrechtliche Erschöpfung nicht alle Nutzungsrechte des Berechtigten, so wohl BGH GRUR 2000, 699, 701 – *Kabelweitersendung für das Senderecht*; dazu ausführlich: *Joos*, Die Erschöpfungslehre im Urheberrecht, 2001, S. 216 ff.; *Schulze*, in: Dreier/Schulze, UrhG § 17 Rn. 30; *v. Ungern-Sternberg*, in: Schricker/Loewenheim, § 15 Rn. 31 ff.
1559 BGH GRUR 2005, 940, 942 – *Marktstudien*.
1560 OLG Frankfurt/M WuW/E DE-R 2018, 2021 ff. – *Harry Potter*; *J. B. Nordemann*, GRUR 2007, in: Loewenheim/Meessen/Riesenkampff, § 1 GWB Rn. 219.

dies anders und halten eine derartige Lizenz für kartellrechtswidrig.[1561] Das überzeugt weder für das Markenrecht (oben Rdn. 467) noch für das Urheberrecht. Der spezifische Gegenstand des Urheberrechts verleiht dem Urheber die Befugnis darüber zu entscheiden, *ob* er sein Werk in den Verkehr bringen will. Folgerichtig muss er auch darüber befinden, *wo* dies geschieht. Die folgt aus dem Erschöpfungsgrundsatz.[1562] Anderenfalls hätte der Urheber nur die Wahl, ob er in der gesamten EU sein Werk in den Verkehr bringt oder überhaupt nicht. Im Einzelfall könnte der Urheber danach gezwungen sein, sein Werk in solchen Mitgliedstaaten in den Verkehr zu bringen, in denen keine realistischen Absatzchancen bestehen. Das schränkt das Verwertungsrecht unangemessen ein. Unterliegt ein Verwertungsrecht der Erschöpfung, so ist der minimale räumliche Markt, für den eine Lizenz erteilt werden kann, das Staatsgebiet und damit der Geltungsbereich des UrhG. Innerhalb des Staatsgebiets sind Marktaufteilungen beim Vertrieb von körperlichen Werkstücken unzulässig. Dies gebietet die Rechtsklarheit und -sicherheit.[1563] Umgekehrt kann der räumliche Markt innerhalb des Staatsgebiets für solche Nutzungsarten aufgespalten werden, die keiner Erschöpfung zugänglich sind.[1564] So darf das Vorführrecht lokal oder regional begrenzt werden.[1565] Gleiches gilt für das Senderecht.[1566]

cc) Zeitliche Beschränkungen

484 Der Urheber darf bestimmen, für welche Zeitspanne er ein Nutzungsrecht einräumt. Zeitliche oder quantitative Nutzungsbeschränkungen folgen aus dem spezifischen Inhalt des Urheberrechts. Sie sind deswegen *prima facie* kartellrechtlich unbedenklich[1567] und darüber hinaus in der Praxis üblich. § 1

1561 Kommission GRUR Int. 1977, 275 – *BBC & The Old Man and the Sea*; Kommission WuW/E EV 759 – *Campari*.
1562 OLG Frankfurt/M WuW/E DE-R 2018, 2021 ff. – *Harry Potter; Sack*, WRP 1999, 592, 604.
1563 *J. B. Nordemann*, in: Loewenheim/Meessen/Riesenkampff, § 1 GWB Rn. 219; *Schricker/Loewenheim*, in: Schricker/Loewenheim, Vor § 28 Rn. 90 m.w.N.; *Schulze*, in: Dreier/Schulze § 31 Rn. 31.
1564 EuGH Slg. 1980, 881 – *Coditel/Cine'Vog I*; Slg. 1982, 3381 – *Coditel/Cine'Vog II*; Kommission ABl. EG Nr. L 284/36 – *Filmeinkauf; Fikentscher*, FS Schricker, S. 149, 158; *J. B. Nordemann*, in: Loewenheim/Meessen/Riesenkampff, § 1 GWB Rn. 219; s.a. *Schricker/Loewenheim*, in: Schricker/Loewenheim, Vor § 28 Rn. 90; *Schulze*, in: Dreier/Schulze, § 31 Rn. 32.
1565 EuGH Slg. 1980, 881 – *Coditel/Cine'Vog I*; *J. B. Nordemann*, in: Loewenheim/Meessen/Riesenkampff, § 1 GWB Rn. 219; *Schricker/Loewenheim*, in: Schricker/Loewenheim, Vor § 28 Rn. 90.
1566 BGH GRUR 2000, 699, 700 – *Kabelweitersendung für das Senderecht*.
1567 *J. B. Nordemann*, GRUR 2007, 203, 206; *ders.*, in: Loewenheim/Meessen/Riesenkampff, § 1 GWB Rn. 218.

GWB verbietet zeitliche Schranken eines Nutzungsrechts nur, wenn diese im Einzelfall nicht vom spezifischen Gegenstand des Urheberrechts gedeckt sind. Dies dürfte indes eine theoretische Ausnahme sein. Zeitliche Schranken **kraft Gesetzes** sind kartellrechtskonform. Bei der Aufnahme eines Werkes in eine periodische Sammlung darf sich der Verleger sich das Vervielfältigungs- und Verbreitungsrecht für einen längeren Zeitraum ab 1 Jahr nach Erscheinen des Periodikums vorbehalten, § 38 Abs. 1 Satz 2 UrhG. Eine kartellrechtsneutrale Frist regelt außerdem § 88 Abs. 2 Satz 2 UrhG. Das Wiederverfilmungsrecht des Urhebers entsteht 10 Jahre, nach dem Vertragsabschluss, wobei die Parteien eine längere Frist vereinbaren können. Schließlich kann und darf nach § 5 Abs. 1 Satz 2 VerlagsG der Verleger die Auflagenzahl mit dem Urheber vorab vereinbaren.

dd) Inhaltliche Beschränkungen

Das Nutzungsrecht kann gem. § 31 Abs. 1 Satz 2 UrhG inhaltlich beschränkt eingeräumt werden. Systematisch ist dabei zu unterscheiden zwischen einer Beschränkung auf eine oder mehrere Verwertungsarten sowie einer Beschränkung auf eine bestimmte Nutzungsart. Letzteres ist urheberrechtlich nur zulässig, wenn die Nutzungsart nach der Verkehrsauffassung klar abgrenzbar ist sowie wirtschaftlich-technisch sich als einheitlich und selbständig darstellt.[1568] Ist dies nicht der Fall, ist die Beschränkung auf eine bestimmte Nutzung bereits urheberrechtlich **un**zulässig, so dass sich die Beurteilung erübrigt, ob das Kartellrecht dieser Beschränkung entgegensteht. **Wettbewerbsverbote** in urheberrechtlichen Lizenzverträgen oder in Verlagsverträgen sind nur in engen Grenzen zulässig.

485

ee) Preisvereinbarungen im Urheberrecht

Gemeinsame Vergütungsregeln nach § 36 UrhG sind Vereinbarungen zwischen Vereinigungen von Urhebern auf der einen Seite und Vereinigungen von Werknutzern oder einzelnen Werknutzern auf der anderen Seite, um die Angemessenheit der Vergütung nach § 32 UrhG festzusetzen soweit diese nicht tarifvertraglich geregelt ist (§ 36 Abs. 1 S. 3 UrhG). Die Regelung wurde 2002 in das UrhG aufgenommen. Dabei handelt es sich kartellrechtlich grundsätzlich um einen Beschluss von Unternehmensvereinigungen, der in eine horizontale Preisfestsetzung mündet. Die einzelnen Werknutzer konkurrieren bei der Nachfrage nach bestimmten Werken. Der Gesetzgeber hat die Vorschrift als **Legalausnahme** zum Verbot des § 1 GWB ausgestaltet. Dafür spricht zu-

486

1568 BGH GRUR 2005, 48, 49 – *man spricht deutsh*; GRUR 2005, 937, 939 – *der Zauberberg*; näher: *J. B. Nordemann*, in: Schricker, Handbuch des Urheberrechts, § 27 Rn. 2, 12–14.

dem, dass der Gesetzgeber die Ausnahme vom Kartellverbot als gerechtfertigt ansieht, weil sie Urheber und ausübenden Künstlern gestatte, angemessene Vertragsbedingungen auszuhandeln und durchzusetzen.[1569, 1570] Fraglich ist, ob dies auch im Verhältnis zu Art. 101 AEUV gilt. Dies ist (immer noch) sehr umstritten. Ein Teil der Literatur geht davon aus, dass es sich um eine bezweckte Wettbewerbsbeschränkung handelt.[1571] Teile des urheberrechtlichen Schrifttums halten § 36 UrhG für vereinbar mit Art. 101 Abs. 1 AEUV, § 1 GWB, da die Regelung nur bestimme, **was angemessen** ist und damit die redliche und übliche Untergrenze einer Vergütung regle.[1572] Indes zeugt dies eher von einem kartellrechtlichen Fehlverständnis. Auch Mindestpreisvereinbarungen zwischen Wettbewerbern sind bekanntlich nach § 1 GWB verboten (Rdn. 442). Gleiches gilt auch im Vertikalverhältnis. Selbst wenn man (unzutreffend) die gesetzlich erlaubte Preiskartellierung dem spezifischen Gegenstand des Urheberrechts zuordnen möchte, bedeutet dies noch nicht, dass sie deswegen *per se* erlaubt ist.[1573] Man wird vielmehr abwägen müssen, ob gemeinsame Vergütungsregeln notwendig sind, um die ungleiche Verhandlungsstärke zwischen Urhebern und Werknutzern auszugleichen. Das ist aus wettbewerbspolitischer Sicht zweifelhaft, da gemeinsame Vergütungsregeln eine Preistransparenz schaffen und dadurch die Anreize für Werknutzer nehmen, im Einzelfall eine höhere Vergütung zu entrichten. Der dogmatisch überzeugendere Weg erscheint derjenige über die Tarifvertragsausnahme. Allerdings hält sich derzeit die praktische Bedeutung von gemeinsamen Vergütungsregelungen in Grenzen, so dass keine verlässlichen empirischen Aussagen möglich sind.

487 Ein **Preisbestimmungsrecht** des **Urhebers** ist **nicht** spezifischer Gegenstand des Urheberrechts.[1574] Der Abgleich mit § 32 UrhG bestätigt diese Ansicht. Gesetzlich geschützt ist das Interesse des Urhebers an einer angemessenen Vergütung. Nicht beeinflussen kann und darf der Urheber hingegen den Preis, zu dem ein Verwerter die Nutzung des Urheberrechts anbietet. Der Erstlizenzvertrag zwischen Urheber und Verwerter darf dem Verwerter daher nicht vorschreiben, zu welchem Preis er seinerseits Lizenzen vergeben darf. Zweifelhaft ist, ob bei Lizenzen für die Vervielfältigung und Verbreitung ei-

---

1569 BT-Drucks. 14/6433, S. 12.
1570 BT-Drucks. 14/6433, S. 12; *Schack*, GRUR 2002, 853, 857.
1571 *Ory*, AfP 2002, 93, 104; *Schack*, GRUR 2002, 853, 857; *Schmitt*, GRUR 2003, 294.
1572 *Dietz*, in: Schricker, UrhG § 36 Rn. 27 f.; *Schulze*, in: Dreier/Schulze, UrhG § 36 Rn. 3.
1573 *J. B. Nordemann*, in: Loewenheim/Meessen/Riesenkampff, § 1 GWB Rn. 224.
1574 *Loewenheim*, UFITA 79 (1977), 175, 206; *J. B. Nordemann*, GRUR 2007, 203, 210; *ders.*, in: Loewenheim/Meessen/Riesenkampff, § 1 GWB Rn. 223; a.A. *Fikentscher*, FS Schricker, S. 149, 171.

nes geschützten Werks und damit die Herstellung von Kopien für den Weiterverkauf eine Preisfestsetzung möglich ist. Wendet man mit der Kommission die TT-GVO auf solche Vereinbarungen an, so kann der Urheber lediglich **Preisempfehlungen** und **Höchstpreise** für den Zweitvertrag aussprechen, vgl. Art. 4 Abs. 2 lit. a TT-GVO.[1575] Das ist zu begrüßen. Zwar ist die TT-GVO auf urheberrechtliche Vervielfältigungs- und Verbreitungslizenzen grundsätzlich unanwendbar. Allerdings erscheint eine wertende Heranziehung überzeugend. Zu erwägen bleibt, ob man der VO 330/2010 den allgemeinen Rechtsgedanken entnehmen kann, dass in vertikalen Verhältnissen stets Preisempfehlungen und Höchstpreisbindungen zulässig sind. Dagegen spricht, dass sich die VO auf die Lieferung von Waren beschränkt und keine Einräumung eines Nutzungsrechts erfasst. Solange die Vergütung des Urhebers nicht europäisch harmonisiert ist, verbietet es sich, aus dem europäischen Sekundärrecht Rechtsgedanken abzuleiten.

Ungeklärt ist, ob das Prinzip einer angemessenen Vergütung nach § 11 Satz 2 UrhG den spezifischen Gegenstand des Urheberrechts anreichert. Für horizontale Sachverhalte ist dies zweifelhaft. In vertikalen Sachverhalten mag man dies anders sehen, da hier tatsächlich eine ungleiche Verhandlungsstärke zu Lasten des Urhebers auszugleichen ist. Allerdings darf das Prinzip einer angemessenen Vergütung nicht überzogen werden, da der Marktmechanismus angemessene Preise herausbildet. Einen praktisch weniger bedeutsamen Anhaltspunkt für die beschriebene Abwägung liefert § 21 S. 2 VerlagsG. Nach dieser Vorschrift darf der Verleger den Ladenpreis ermäßigen, soweit nicht berechtigte Interessen des Verfassers verletzt werden. Diese Interessen werden nicht verletzt, wenn der Verleger den Ladenpreis herabsetzt, um den Absatz einer Auflage zu steigern, mag dies auch den Honoraranspruch des Autors verkürzen.[1576] Ein vertikales Preisbestimmungsrecht steht dem Urheber hier nicht zu. Um die Makulierung einer Restauflage zu vermeiden, kann der Verleger als letztes Mittel den Ladenpreis aufheben und die Restexemplare an Grossisten, Restbuchhändler, moderne Antiquariate oder an branchenfremde Händler verkaufen (»Verramschung«). Hierfür benötigt er die Zustimmung des Urhebers, da die Verramschung den Eindruck erweckt, das Werk sei über die üblichen Absatzkanäle unverkäuflich.[1577] Der Verleger darf den üblichen

488

1575 So *J. B. Nordemann*, GRUR 2007, 203, 210; *ders.*, in: Loewenheim/Meessen/Riesenkampff, § 1 GWB Rn. 223. Im Unterschied zum Verbot der Preisbindung der zweiten Hand in der Vertikal-GVO gilt die Kernbeschränkung in Art. 4 Abs. 2 lit. a TT-GVO für **beide** Vertragsparteien; Art. 4 Vertikal-GVO gilt hingegen nur für den Abnehmer.
1576 *Schricker*, Verlagsrecht, § 21 Rn. 9.
1577 *J. B. Nordemann*, in: Loewenheim, Handbuch des Urheberrechts, § 64 Rn. 164; *Schack*, Urheber- und Urhebervertragsrecht, Rn. 1029; teilweise anders: *Schricker*, Verlagsrecht, § 21 Rn. 10.

§ 1 GWB *Verbot wettbewerbsbeschränkender Vereinbarungen*

Marktmechanismus damit nicht willkürlich außer Kraft setzen, so dass der Urheber hier ein faktisches Preisbestimmungsrecht hat, da ohne seine Zustimmung die Ladenpreisbindung nicht aufgehoben werden kann. Allgemein lässt sich hieraus ein Recht des Urhebers ableiten, dass sein Werk überhaupt entgeltlich angeboten wird. Er darf über das »Ob« bestimmen, aber nicht über die Höhe.

f) Verträge mit Verwertungsgesellschaften

489   Verwertungsgesellschaften nehmen die Rechte der Urheber treuhänderisch wahr.[1578] Sie unterliegen auf der einen Seite einem Wahrnehmungszwang (§ 6 WahrnG) und auf der anderen Seite einem Abschlusszwang gegenüber den Nutzern (§ 11 WahrnG). Die 7. GWB-Novelle hob § 30 GWB a.F. auf, wonach § 1 GWB weder für die Bildung von Verwertungsgesellschaften galt, noch die Verträge und Beschlüsse der Verwertungsgesellschaften einer Kartellkontrolle unterlagen, sofern sie zur Wahrnehmung von Schutzrechten erforderlich waren. Begründet wurde dies damit, die inländische an die europäische Rechtslage anzugleichen.[1579] Die wirtschaftliche Tätigkeit der Verwertungsgesellschaften legt in der Tat eine Angleichung nahe. Verwertungsgesellschaften nehmen die Rechte für das inländische Territorium wahr und damit für einen »wesentlichen Teil des gemeinsamen Marktes«. Der zwischenstaatliche Handel im Sinne des Art. 101 Abs. 1 AEUV dürfte damit in aller Regel betroffen sein.[1580] Die europäische Rechtsentwicklung hinkt diesem tatsächlichen Befund hinterher und konzentriert sich derzeit (auf wirtschaftlich bedeutsame) sog. »Online-Musikdienste«.[1581] Nach dem Gemeinschaftskartellrecht sind **Gegenseitigkeitsverträge** zu untersuchen. Dies sind typischerweise zweiseitige Verträge, in denen sich die nationalen Verwertungsgesellschaften gegenseitig damit betrauen, die Rechte ihrer Mitglieder im Gebiet der jeweils anderen Verwertungsgesellschaft wahrzunehmen.[1582]

1578 Es bestehen zur Zeit insgesamt 12 nationale Verwertungsgesellschaften.
1579 BT-Drucks. 15/3640, S. 32, 49 f.
1580 *Heine*, S. 80 f.
1581 Siehe dazu Empfehlung der Kommission vom 18.5.2005 für die länderübergreifende kollektive Wahrnehmung von Urheberrechten und verwandten Schutzrechte, die für legale Online-Musikdienste benötigt werden, ABl. EG 2005 Nr. L 276/54.
1582 Siehe etwa: *Block*, Die Lizenzierung für die Herstellung und den Vertrieb von Tonträgern im europäischen Binnenmarkt, 1997, S. 54 ff.; *Heine*, 2008, S. 109 f.; *Wünschmann*, S. 25 f.

7. Informationsaustausch

a) Typologische Erfassung

Der Begriff des »Informationsaustausches« erfasst als Sammelbegriff eine Vielzahl von unterschiedlichen Fallgestaltungen.[1583] Interagiert ein Unternehmen mit einem Wettbewerber oder Lieferanten bzw. Kunden, kommt es naturgemäß (immer) auch zu einem Austausch von Informationen. Dies will das Kartellrecht, genauer § 1 GWB, auch keinesfalls verhindern. Entscheidend ist aus kartellrechtlicher Sicht, ob Gegenstand des Austausches wettbewerbssensibler Daten, m.a.W.: strategische Daten, wie z.B. Preise, Kundenlisten, Produktionskosten- bzw. mengen, Kapazitäten etc. sind. Häufige Anwendungsfälle in der Praxis sind der Informationsaustausch im Zusammenhang mit Verbandstreffen, sonstigen Branchenvereinigungen bzw. Tagungen, die Erstellung von Statistiken und Benchmarkings, die Zusammenarbeit in Vereinigungen (Standardisierungsinstitutionen) und die Zusammenarbeit von Wettbewerbern in Gemeinschaftsunternehmen. Hinzu kommt der »Austausch«[1584] von Informationen im Zuge einer M&A Transaktion, z.B. im Rahmen der Due Diligence.[1585]

490

Zu einem Austausch kann es sowohl horizontal zwischen Wettbewerbern oder vertikal zwischen Nicht-Wettbewerbern kommen. Sie folgen jedoch einer unterschiedlichen Bewertung. Während der Austausch im Horizontalverhältnis, vor allem über strategische Informationen, eher kartellrechtskritisch ist, gilt dies nicht für das Vertikalverhältnis. Unter einem Marktinformationsverfahren (MIV) versteht man den Austausch oder eine Mitteilung wettbewerbssensibler Daten zwischen aktuellen oder potentiellen Konkurrenten.[1586] Die Leitlinien der Kommission über die horizontale Zusammenarbeit sprechen schlagwortartig von einem »Informationsaustausch«.[1587] MIV sind unterschiedlich ausgestaltet, was sich auf deren rechtliche Bewertung auswirkt. So können Wettbewerber vereinbarungsgemäß Daten direkt untereinander austauschen. Hierbei liegt es nahe, dass sich der Datenaustausch als koordinierte Wettbewerbsbeschränkung darstellt. Verbreitet sind auch gemeinsame Einrichtungen, an die die Unternehmen ihre Daten weiterleiten.

491

1583 Siehe auch *Braun*, in: Langen/Bunte, Kommentar Kartellrecht (Band 1), Nach § 2 GWB, Rn. 76.
1584 Zu Recht aus der dogmatischer Perspektive kritisch zum Begriff des »Austausches« bei einer Due Diligence, in das Zielunternehmen dem bzw den Bietern lediglich bestimmte Informationen einseitig offenlegt, es aber begrifflich zu keinem Austausch kommt, *Besen/Gronemeyer*, CCZ 2009, 67, 68.
1585 Siehe dazu insbesondere *Besen/Gronemeyer*, CCZ 2013, 67.
1586 Siehe etwa *Wagner-von Papp*, S. 33; *Wollmann/Schedl*, in: MünchKommEuWettbR, Art. 81 Rn. 211.
1587 Horizontal-Leitlinien Rn. 54, insbesondere Rn. 55 ff.

Dies können Preismeldestellen, Verbände, Interessenvertretungen oder sonstige Institutionen sein. Es spielt keine Rolle, auf welcher Kooperationsform der Informationsaustausch beruht. Oftmals mag dies eine Vereinbarung sein, denkbar ist auch eine abgestimmte Verhaltensweise. Daneben kann man auch auf einen Beschluss einer Unternehmensvereinigung abstellen. In jedem Fall müssen die Unternehmensdaten im gemeinsamen Einverständnis ausgetauscht werden. Typischerweise sind die Beteiligten an einem Informationsaustausch aktuelle oder potentielle Wettbewerber, so dass sich MIV als eine weitere Spielart **horizontaler** Wettbewerbsbeschränkungen darstellen. Beispiele hierfür sind gemeinsame Preismeldestellen, eine institutionalisierte Marktbeobachtung für eine Branche[1588] oder das sog. Benchmarking.

b) Wertungsgrundlagen

aa) Geheimwettbewerb

492 Der Aufwand der teilweise umfangreichen wettbewerbstheoretischen Analysen über MIV steht in keinem Verhältnis zum rechtlichen Ertrag. Die wettbewerbspolitische Bewertung von MIV ist ambivalent. Auf der einen Seite erhöhen MIV die Markttransparenz. Auf der anderen Seite besteht die Gefahr, dass die Beteiligten ein Marktinformationssystem als Plattform für eine wettbewerbsbeschränkende Kooperation benutzen. Lange Zeit versuchte man, die Auswüchse von MIV durch das Modell vom **Geheimwettbewerb** zu bändigen.[1589] So hielt das BKartA in älteren Beschlüssen Preismeldeverfahren deswegen für verbotene Kartellabsprachen, da sie die Unternehmen von dem Zwang befreien, scharf zu kalkulieren, um tunlichst die Konkurrenten zu unterbieten.[1590] Die Rechtsprechung bestätigte diesen Ansatz betrachtet identifizierende MIV als kartellrechtswidrig, da sie die Unsicherheit über den Kreis der Wettbewerber und deren Angebot beseitigen und damit vorstoßenden Wettbewerb dämpfen.[1591] Diesen Ansatz hat man kritisiert.[1592] Indes ist die

---

1588 Siehe dazu die Entscheidung des BKartA vom 12. Mai 2011, B2 118/10 – *Sektoruntersuchung Milch*.
1589 Als Urheber wird meist und unzutreffend *Hoppmann*, WuW 1966, 97, 108 genannt. Entwickelt hat das Modell das BKartA und in einer Arbeitsgrundlage für den Arbeitskreis Kartellrecht im Oktober 1965 vorgestellt, *Hoppmann* nahm daran teil. Das BKartA ist der Urheber, *Markert*, ZHR 134 (1970), 53, 56 (Fußn. 11), *Sedemund*, in: FS Lieberknecht, S. 571, 576.
1590 BKartA WuW/E BKartA 1351, 1353 – *Tubenhersteller*; WuW/E BKartA 1369, 1370 f.
1591 BGH WuW/E BGH 2313, 2316 – *Baumarkt-Statistik*; ebenso die Vorinstanz KG WuW/E OLG 3675, 3677 f.; BGH WuW/E BGH 1337, 1342 f. – *Aluminium Halbzeug* (Vorinstanz: KG WuW/E OLG 1327, 1329 f.); BKartA TB 1971, BT-Drucks. 6/3570 S. 56 – *Messing-Halbzeug*.
1592 *Behrens*, WRP 1974, 534, 536; *Hefermehl*, S. 13; *Sölter*, S. 9, 20 ff.; *Röper/Erlinghagen*, S. 50 f.

Kritik überzogen. Sie verkennt, dass Markttransparenz bei vollkommener Konkurrenz bestehen mag, aber umgekehrt die Schaffung von Markttransparenz nicht notwendig zu Wettbewerb führt. Deswegen ist es naiv, den Informationsaustausch als grundsätzlich wettbewerbsfördernd einzustufen. Allerdings ist die These vom Geheimwettbewerb auch nicht absolut zu setzen, da sie für Preismeldestellen entwickelt wurde und damit nur einen beschränkten Ausschnitt koordinierten Informationsaustauschs. Der Geheimwettbewerb beschreibt einen im Einzelfall erwünschten Wettbewerbszustand, sagt aber nichts darüber aus, wann dieser Zustand beeinträchtigt ist. Zu wenig Markttransparenz schadet ebenso wie zu viel Markttransparenz.

bb) Gesamtbetrachtung

Im Anschluss an die europäische Rechtslage setzt die inländische Praxis eine **Gesamtbetrachtung** an. Dies gebietet daher eine Analyse des Einzelfalls, so dass sich MIV nicht über einen kartellrechtlichen Kamm scheren lassen. Ein **erster** und gleichzeitig wesentlicher **Wertungsgrundsatz** ist, ob der Informationsaustausch als **Surrogat für** eine **Kernbeschränkung** dient. Tauschen sich die Beteiligten über ihr gegenwärtiges oder künftiges Preis- oder Mengenverhalten aus, handelt es sich um eine bezweckte Wettbewerbsbeschränkung. Dies ist deswegen sachgerecht, da sich die Grenzen zwischen einer verbotenen Preisabsprache und einer gegenseitigen Information über Preise begrifflich ziehen lassen, aber in der Praxis verschwimmen mögen. Vielmehr richtet es sich nach dem jeweiligen Erwartungshorizont der Parteien, ob sie eine Willensübereinkunft über Preise als gegenseitiges Einvernehmen über das Marktverhalten auffassen oder als Mitteilung hierüber. Die Anwendung des § 1 GWB hängt von solchen Unwägbarkeiten nicht ab. Ein **zweiter** Faktor ist die **Identifizierbarkeit**, oftmals hängt die praktische Anwendung des § 1 GWB (und des Art. 101 Abs. 1 AEUV) ganz entscheidend davon ab. Dabei ist zu unterscheiden:[1593] Bedenklich ist ein MIV, wenn es die **Anonymität** aller oder mehrerer Beteiligter aufhebt, da dies einen Wettbewerber der Gefahr aussetzt, dass seine Konkurrenten Vergeltungsmaßnahmen einleiten, wenn er von dem vereinbarten Marktverhalten abweicht.[1594] Nach der hier vertretenen Ansicht ist die Identifizierbarkeit eine hinreichende, aber keine notwendige Voraussetzung für die Anwendung des § 1 GWB. Weiter hängt die rechtliche Beurteilung davon ab, ob und welchen Umfanges ein MIV es ermöglicht, bestimmte

493

1593 Grundlegend herausgearbeitet hat dies: *Wagner-von Papp*, S. 237 ff.
1594 OLG Düsseldorf WuW/E DE-R 949, 951 – *Transportbeton Sachsen*; EuGH Slg. 2000, I-1470 Rn. 89 ff. – *Compagnie Maritime Bélge*; *Wagner-von Papp*, S. 237–242.

Wettbewerbshandlungen nachzuvollziehen. Aggregierte Daten lassen weniger Rückschlüsse auf das Marktverhalten zu als disaggregierte Daten.[1595]

494 Weitere Faktoren können im Einzelfall eine Rolle spielen: Es sind dies die besonderen **Eigenschaften** des betroffenen **Marktes**, die **Marktstruktur**, die **Aktualität** der ausgetauschten Daten sowie die **Organisation** des Informationssystems. Die skizzierten Faktoren sind nicht abschließend, sondern schildern die derzeitige wettbewerbstheoretische Erkenntnis, die naturgemäß eine vorläufige ist. Die Praxis handhabt die Faktoren nicht schematisch. Methodisch gebietet dies ein induktiv-hermeneutisches Abwägungsverfahren, dessen Ergebnis *a priori* nicht feststeht.[1596] Gleichwohl seien einige Orientierungssätze zusammengefasst: Sind die ausgetauschten Daten aggregiert, ist das MIV in aller Regel unbedenklich, falls nicht andere Umstände die Aggregierung aufheben. Dies ist denkbar auf konzentrierten Märkten für homogene Güter, auf denen ohnehin eine hohe Markttransparenz herrscht. Handelt es sich umgekehrt um ein identifizierendes Preismeldeverfahren, verstößt dies regelmäßig gegen § 1 GWB. Demgemäß bewertete die inländische Praxis derartige Vereinbarungen als Kartellverstoß. Anders muss man den Austausch von Preisen betrachten, wenn diese derart alt sind, dass sie keinen Rückschluss auf die Preispolitik eines der Beteiligten zulassen. Diese Einschränkung ist anerkannt,[1597] sollte allerdings vorsichtig gehandhabt werden.

c) Maßstäbe für die Einzelfallanalyse

aa) Art der Informationen

495 Für die rechtliche Beurteilung ist besonders bedeutsam, was die Information preisgibt. Die Rechtsprechung sieht die Mitteilung solcher Daten als bedenklich an, die üblicherweise dem **Geschäftsgeheimnis** unterliegen.[1598] Dieser Ausgangspunkt ist abzulehnen, da er nicht die entscheidenden wettbewerbs-

---

1595 OLG Düsseldorf WuW/E DE-R 949, 951 – *Transportbeton Sachsen*; Kommission ABl. EG 1994 Nr. L 243/1, 19 Rn. 64 – *Karton*; ABl. EG 1985, Nr. L 35/1, 9 Rn. 30 – *Peroxyd*.
1596 Zum hermeneutischen Abwägungsverfahren siehe die grundlegenden Ausführungen von *Gadamer*, Wahrheit und Methode, Band I (7. Aufl., 2010) S. 312 ff.; im Ergebnis auch *Wagner-von Papp*, S. 259 f.
1597 Kommission ABl. EG 1992, Nr. L 68/19, 29 Rn. 50 – *UK Agricultural Tractor Registration Exchange*; ABl. EG 1998, NR. L 1/10, 19 Rn. 52 – *Wirtschaftsvereinigung Stahl*; *Wagner-von Papp*, S. 234 ff.
1598 BGH WuW/E BGH 2313, 2315 – *Baumarkt-Statistik*; KG WuW/E OLG 1327, 1328 – *Aluminium Halbzeug* (insoweit unbeanstandet von BGH WuW/E BGH 1337 – *Aluminium Halbzeug*); KG WuW/E OLG 1253, 1256 – *Tubenhersteller II*. Aus der Lit.: *Benisch*, FS Steindorff, S. 937, 943; *Wollmann/Schedl*, in: MünchKommEuWettbR, Art. 81 Rn. 216.

politischen Wertungen widerspiegelt.[1599] Zum einen ist diese Sichtweise auf den Geheimwettbewerb verengt, zum anderen führt der Hinweis auf »übliche« Geschäftsgeheimnisse in die Irre und hebt sich selbst auf. Normativ betrachtet, widerspricht es § 1 GWB, solche Daten mitzuteilen, die eine wettbewerbsbeschränkende Koordination von Unternehmen ermöglichen. Damit entscheidet die Wettbewerbsrelevanz einer Information darüber, ob deren Mitteilung kartellverdächtig ist. Demgemäß nennen die Horizontal-Leitlinien der Kommission **strategisch relevante Daten** als Gegenstand eines MIV.[1600] Trotz des ungenauen Ausgangspunktes hat die Praxis die wettbewerbsrelevanten Daten mittlerweile mittlerweile identifiziert. Der Austausch von **Preisen, Preisbestandteilen** oder **preisbildenden Faktoren** ist in aller Regel kartellrechtswidrig, da er eine bezweckte Wettbewerbsbeschränkung surrogiert.[1601] Auch der Austausch von **Listenpreisen** ist kartellrechtswidrig, da diese einen Anknüpfungspunkt dafür bilden, welche Endpreise von den Verbrauchern gefordert werden können. Demgemäß spielt es keine Rolle, dass die Adressaten von den Listenpreisen abweichen können.[1602]

Durchschnittspreise einer bestimmten Periode (Preismeridiane) dürfen nicht ausgetauscht werden, wenn sie eine Rückrechenbarkeit auf individuelle und aktuelle Preise ermöglichen.[1603] Teilweise geht das Schrifttum noch weiter und hält den Austausch historischer, statistischer Durchschnittspreise für zulässig.[1604] Dem wird man nur zustimmen können, wenn die Daten aggregierbar sind und die Marktstruktur keinen Rückschluss auf das Preisverhalten der einzelnen Anbieter gestattet.[1605] Dies sind indes tatsächliche Fragen. Kritisch ist der Austausch von **Absatz-** oder **Produktionsmengen**. Bei homogenen Gütern liegt dies auf der Hand, weil sich der Marktanteil eines Anbieters nach der Absatzmenge richtet und damit der Austausch Rückschlüsse auf die

496

1599 *Dreher*, S. 15, 30 f.; *Tugendreich*, S. 154 f.; 207; *Wagner-von Papp*, S. 219.
1600 Horizontalleit-Leitlinien Rn. 61 f.
1601 Die Horizontal-Leitlinien sind insoweit nicht widerspruchsfrei, da sie einerseits den Austausch von Preisen als bezweckte Wettbewerbsbeschränkung einordnen (Rdn. 104), während die folgende Rn. hervorhebt, dass die voraussichtlichen Wirkungen des Informationsaustauschs auf den Wettbewerb in *jedem* Einzelfall geprüft werden müssen (Hervorhebung durch Verf.).
1602 EuGH Slg. 2000, I-9991 Rn. 57 – *Serrió/Kommission*; Kommission ABl. EG 1986, Nr. L 230/1, 29 Rn. 90 – *Polypropylen*; ebenso die amerikanische Praxis: *High Fructose Corn Syrup Antitrust Litigation* 295 F.3d 651, 656 (7th Cir. 2000); *Wagner-von Papp*, S. 223.
1603 So BKartA B2 118/10 – *Sektorenuntersuchung Milch* zum »gleitenden Milchpreisvergleich« der Agrarmarkt Informations-Gesellschaft mbH. Das BKartA hatte den gleitenden Milchpreisvergleich nicht angegriffen, jedoch einem Praxistest unterzogen.
1604 *Bunte*, in: Langen/Bunte, § 1 GWB Rn. 291.
1605 Ähnlich *Wagner-von Papp*, S. 224 f.

Marktanteile gestattet.¹⁶⁰⁶ Daneben ist der Austausch von Absatz- und Produktionsmengen deswegen wettbewerbsschädlich, da er sich dazu eignet, eine Preisabsprache zu ersetzen. Teile des Schrifttums halten gleichwohl den Austausch von Mengendaten für erlaubt, sofern sie keine Quotenabsprache darstellen.¹⁶⁰⁷ Diese offenbar durch die Beratersicht geprägten Ansichten verkennen, dass bei wenig schwankender Nachfrage jede Mengenabweichung eine Abweichung vom abgestimmten Marktverhalten darstellt.¹⁶⁰⁸

497 Die **Identität** der Wettbewerber bei einem **Bieterverfahren** ist als solche eine wettbewerbssensible Information, die nicht ausgetauscht werden darf.¹⁶⁰⁹ Diese Ansicht ist verallgemeinerungsfähig und lässt sich auf alle Märkte übertragen, in denen eine bestimmte Leistung oder Ware ausgeschrieben wird. Es entspricht der Lebenserfahrung, dass bereits die Kenntnis eines Bieters Rückschlüsse auf die Konditionen des Angebots zulässt.¹⁶¹⁰ **Kosten** sind ein wesentlicher preisbildender Faktor. Selbst bei einem angeglichenen Preisniveau entscheiden die Herstellungs- oder Vertriebskosten über die Marge und damit den Markterfolg des Unternehmens. Die Einsicht in die Kosten eines Wettbewerbers mag brachliegende Rationalisierungsmöglichkeiten aufdecken. Indes kann dies allenfalls im Rahmen des § 2 Abs. 2 GWB abgewogen werden, wobei die Verbraucher zusätzlich von den ersparten Kosten profitieren müssen. So hielt es die Kommission für kartellrechtswidrig, dass mehrere Stahlhersteller ihre Durchschnittskosten austauschen, da dies die Preispolitik der Beteiligten harmonisiere.¹⁶¹¹ Der Austausch von **Kundenlisten** verursacht die Gefahr einer verbotenen Kundenaufteilung.¹⁶¹² Schließlich bilden **Forschungsergebnisse** wettbewerbssensible Daten.¹⁶¹³ Dies ist nur folgerichtig,

---

1606 A.A. zum Marktanteil: *Niemeyer*, ECLR 1993, 151, 155; da dies keine Geschäftsgeheimnisse seien. Das ist allerdings abwegig, da es darauf nicht ankommt, Wie hier: *Wagner-von Papp*, S. 228 Fn. 899.
1607 *Feldkamp*, EuZW 1991, 617, 620; *Grauel*, in: FS Sölter, S. 177, 183; *Sedemund*, in: FS Lieberknecht, S. 571, 573 f.; *Sölter*, Der unvollständige Wettbewerbsbegriff, S. 84.
1608 Treffend: *Wagner-von Papp*, S. 227.
1609 BGH WuW/E BGH 2313 – *Baumarktstatistik*; BKartA TB 1978, BT-Drucks. 8/2980, S. 53 – *Feuerschutzanlage*.
1610 *Wagner-von Papp*, S. 233 f.; *Zimmer*, in: Immenga/Mestmäcker, § 1 GWB Rn. 400; a.A. und überholt: *Immenga*, in: Immenga/Mestmäcker, § 1 GWB (2. Aufl.) Rn. 367.
1611 Kommission ABl. EG 1980 Nr. L 62/28 Rn. 26–28 – *Walzstahlerzeugnisse*.
1612 BKartA TB 1983/84 BT-Drucks. 10/3550, S. 82 – *Flüssige Kohlensäure*; Kommission Abl. EG 2003, Nr. L 200/1 Rn. 251 ff. – *Interbrew & Alken-Maes*.
1613 *Wagner-von Papp*, S. 232. Dem hat man im amerikanischen Schrifttum widersprochen, siehe *Teece*, in: Albach/Jin/Schenk, S. 51 ff. Weder die europäische noch die inländische Praxis haben diese Ansicht bislang aufgegriffen, wie sich aus dem Text ergibt, zu Recht.

da Forschung und Entwicklung Wettbewerbsparameter darstellen und eine besondere GVO für Vereinbarungen darüber besteht.

bb) Aktualität und Verfügbarkeit der Daten

Je älter die ausgetauschten Daten sind, desto geringer eignen sie sich dazu, Aufschluss über das künftige Marktverhalten eines Wettbewerbers zu liefern. Ab welchem Alter ausgetauschte Daten wettbewerbsrechtlich unbedenklich (»historisch«) sind, lässt sich nicht allgemein bestimmen, sondern nur nach den Einzelfallumständen. Entscheidend ist, ob die Daten dazu geeignet sind, Abweichungen von der Kartelldisziplin zeitig zu erkennen, damit Vergeltungsmaßnahmen eingeleitet werden können.[1614] Deswegen ist der Austausch von Kennzahlen abgeschlossener Geschäfte bedenklich, sofern er einen Aufschluss über die Konditionen künftiger Geschäfte verspricht.[1615] Sind die ausgetauschten Daten mehrfach älter als die durchschnittliche branchenübliche Laufzeit von Verträgen, sind sie als »historische Daten« kartellrechtlich bedenkenfrei.[1616] Als grobe Richtschnur setzt die die Praxis eine Mindestalter von **einem Jahr** an.[1617] Die Horizontal-Leitlinien beurteilen einen häufigeren Informationsaustausch kritischer, da dieser es gestatte, das Kartell zu überwachen.[1618] Indes genügt auch ein einmaliger Informationsaustausch, um den Beteiligten den Kenntnisstand zu vermitteln, um Abweichungen zu erkennen und zu sanktionieren. Der einmalige und punktuelle Austausch eines Wettbewerbsparameters kann ebenso den Wettbewerb beeinträchtigen, wie ein kontinuierlicher Austausch.[1619]

498

Unerheblich ist, ob Gegenstand des MIV solche Daten sind, die in **allgemein zugänglichen** Fundstellen verfügbar sind.[1620] Eine vereinzelte Gegenansicht beruft sich hierbei auf ein rechtmäßiges Alternativverhalten, da die Daten ohnehin allgemein zugänglich seien und durch den Austausch Kosten eingespart würden.[1621] Teilweise differenziert man und hält den Austausch solcher all-

499

1614 So der Ansatzpunkt der Kommission: ABl. EG 1992 Nr. L 68/19 Rn. 50 – *UK Agricultural Registration Exchange*; ABl. EG 1998 Nr. L 1/10 Rn. 17 – *Wirtschaftsvereinigung Stahl*; Horizontal-Leitlinien Rn. 90.
1615 Zutr. *Wagner-von Papp*, S. 234; teilweise anders: *Tugendreich*, S. 171.
1616 Horizontal-Leitlinien Rn. 90.
1617 ABl. EG 1998 Nr. L 1/10 Rn. 52 – *Wirtschaftsvereinigung Stahl; Ziegenhain*, EWS 1993, 50, 54.
1618 Horizontal-Leitlinien Rn. 91.
1619 EuGH Slg. 2009, I-4529 Rn. 59–62 – *T-mobile Netherlands*; dort thematisiert bei der Kausalität zwischen Abstimmung und Marktverhalten.
1620 So EuG Slg. 2001, II-2035 Rn. 60 – *Tate & Lyle*; *Albers*, CR 1987, 753, 755; *Albers*, CR 1987, 753, 755; *Niemeyer*, ECLR 1993, 151, 154, *Wagner-von Papp*, S. 246 f.; *Ziegenhain*, EWS 1993, 50, 54.
1621 Z. Bsp. *F. Immenga/Lange*, RIW 2000, 733, 737.

§ 1 GWB *Verbot wettbewerbsbeschränkender Vereinbarungen*

gemein zugänglicher Daten für erlaubt, wenn sich diese »auf Knopfdruck« über jederzeit verfügbare Quellen beschaffen ließen.[1622] Indes übergehen beide Gegenansichten die entscheidenden Wertungsgesichtspunkte. Es kommt darauf an, dass die Teilnehmer am MIV sich sicher sein können, den gleichen Wissensstand zu haben. So bewertete der EuG gemeinsame Sitzungen zwischen Wettbewerbern, in denen die geforderten Preise ausgetauscht wurden, auch dann als wettbewerbsbeschränkend, wenn die Preise öffentlich bekannt sein sollten, da der Informationsaustausch ein Klima gegenseitiger Gewissheit über die künftige Preispolitik schaffe.[1623] Außerdem verringern MIV die Transaktionskosten bei der Beschaffung auch solcher Daten, die allgemein zugänglich sind.[1624]

500 Die Vorbehalte in den Horizontal-Leitlinien demgegenüber sind eigenwillig und abzulehnen. Die Kommission stellt entscheidend auf die Zugangskosten ab. Diese seien bei »echten« öffentlichen Informationen für die Wettbewerber und Kunden gleich. In diesem Fall sei ein Informationsaustausch unwahrscheinlich, da Verbraucher und Konkurrenten die Daten ebenso leicht über den Markt beziehen könnten. Strenger will die Kommission hingegen den Informationsaustausch betrachten, wenn ihm »nicht echte öffentliche Daten« zugrunde liegen, selbst »wenn er im öffentlichen Bereich stattfindet«.[1625] Diese hier wörtlich wiedergegebenen Maßstäbe sind sprachlich misslungen und in der Sache abwegig. Zum einen verabsolutieren die Leitlinien den Kostengesichtspunkt. Außerdem erzeugt auch die Beschaffung »echter öffentlichen Informationen« Transaktionskosten. Zum anderen widersprechen die Leitlinien der europäischen Rechtsprechung (vorige Rdn. 499) und lassen offen, wie es zu beurteilen ist, wenn Wettbewerber »echte öffentliche Informationen« tatsächlich austauschen. Der Austausch bekannter Daten verringert die (letzte) Unsicherheit der Beteiligten über ihr Marktverhalten. Dies genügt für eine Verhaltensabstimmung und begründet je nach Art des ausgetauschten Parameters eine Kernbeschränkung.

cc) Identifizierbarkeit

501 Identifiziert das Informationsaustauschsystem einzelne Unternehmen, können die Beteiligten die Kartelldisziplin überwachen und Abweichler sanktionieren.[1626] Ein rational handelndes Unternehmen wird deswegen auf einen

---

1622 *Dreher*, S. 15, 18.
1623 EuG Slg. 2001, II-2035 Rn. 59, 60 – *Tate & Lyle*.
1624 *Wagner-von Papp*, S. 247 mit dem Hinweis, dass die Transaktionskosten bei der Informationsbeschaffung ohne MIV in vielen Fällen prohibitiv sind.
1625 Horizontal-Leitlinien Rn. 92.
1626 OLG Düsseldorf WuW/E DE-R 949, 951 – *Transportbeton Sachsen*; Horizontal-Leitlinien Rn. 89.

Wettbewerbsvorstoß verzichten, da der Vorteil hieraus erwartungsgemäß durch sofortige Vergeltungsmaßnahmen der Wettbewerber aufgezehrt wird. Wann ein Informationsaustausch identifizierend ist, hat das OLG Düsseldorf mit der These vom Geheimwettbewerb konkretisiert: Es müssen die Marktbewegungen einem einzelnen Marktteilnehmer *oder* einem einzelnen Geschäftsvorgang zugeordnet werden.[1627] Ein unternehmensidentifizierendes Austauschsystem ist grundsätzlich wettbewerbswidrig. Entgegen einer verbreiteten Ansicht[1628] ist die Identifizierbarkeit eines Unternehmens ein hinreichender, aber kein notwendiger Faktor dafür, um die Wettbewerbsschädlichkeit eines Informationsaustauschs zu bestimmen.[1629] Plastisch formulieren dies die Horizontal-Leitlinien: »Um eine Kollusion stabil zu halten, müssen die Unternehmen nicht immer wissen, **wer** abgewichen ist; es mag ausreichen zu wissen, **dass** jemand abgewichen ist«.[1630] Entscheidend ist damit, dass das MIV die Beteiligten in die Lage versetzt, vorstoßenden Wettbewerb zu erkennen. Dies ist stets der Fall bei einem Verfahren, das ein Unternehmen identifiziert. Erkennen die beteiligten Unternehmen, dass abgewichen wurde, bleiben ihnen nur allgemeine Sanktionsmechanismen wie eine kollektive Preissenkung. Dies genügt indes für den wettbewerbsbeschränkenden Charakter eines MIV. Hierfür lässt sich ein Gedanke aus der Dogmatik zu Oligopolen fruchtbar machen. Die beteiligten Unternehmen werden deswegen zur Kartelldisziplin neigen, weil sie vermeiden wollen, dass die Kooperation zeitweise zusammenbricht, wenn eine Abweichung entdeckt wird.[1631]

Bei der Ausgestaltung von MIV spielt die **Aggregation** der Daten eine erhebliche Rolle. Der notwendige Aggregationsgrad lässt sich nur allgemein festlegen: Er darf weder einen Rückschluss auf die einzelnen Geschäftsvorfälle noch auf die Akteure erlauben. In diesem Fall verhallt ein Wettbewerbsvorstoß im allgemeinen Marktrauschen. Damit beeinflussen die Marktverhältnisse, welchen Umfanges die Daten aggregiert sein müssen.[1632] Zunächst muss überhaupt eine aggregationsfähige Datenmasse bestehen. Organisiert eine

---

1627 OLG Düsseldorf WuW/E DE-R 949, 951 – *Transportbeton Sachsen*.
1628 *Feldkamp*, EuZW 1991, 617, 620 hält ein MIV nur für wettbewerbswidrig, wenn es *kumulativ* Rückschlüsse auf das abweichende Unternehmen und den Geschäftsvorgang erlaube; ebenso wohl *Krauß*, in: Langen/Bunte, § 1 GWB Rn. 232. Das ist zu eng, da es nur darauf ankommen kann, ob Sanktionsmaßnahmen eingeleitet werden können.
1629 Im Ergebnis: OLG Düsseldorf WuW/E DE-R 749, 751 – *Transportbeton Sachsen*: »eine Identifizierung einzelner Kunden oder Lieferanten *sowie* Rückschlüsse auf einzelne Geschäftsvorfälle« (Herv. durch Verf.); *Wagner-von Papp*, WuW 2005, 732, 736 ff.
1630 Horizontal-Leitlinien Rn. 89 a.E.
1631 EuG Slg. 2002, II-2585 Rn. 194 f. – *Airtous*; *Wagner-von Papp*, WuW 2005, 732, 737.
1632 OLG Düsseldorf WuW/E DE-R 749, 751 – *Transportbeton Sachsen*.

Meldestelle den Datenaustausch, so darf sie die Daten erst ab einer bestimmten Anzahl von Meldungen weiterreichen.

dd) Marktstruktur und Markteigenschaften

503 Umstritten ist, ob und wie sich die **Marktstruktur** auf die rechtliche Beurteilung von MIV auswirkt. Ältere Stimmen im Schrifttum hielten die Marktstruktur als ein ungeeignetes Kriterium, um MIV rechtlich zu bewerten.[1633] Diese Kritik ist heute überholt. Umgekehrt ist die Marktstruktur auch nicht überzubewerten. Es gibt keinen Erfahrungssatz, dass ein MIV erst ab einem bestimmten Marktanteil der Beteiligten schädlich ist oder erst in einem Oligopol wettbewerbsschädlich wirken.[1634] So hat der EuGH betont, dass ein Informationsaustauschsystem auch auf einem solchen Markt kartellrechtswidrig sein kann, die nicht oligopolistisch konzentriert sind.[1635] Die Marktstruktur ist vielmehr ein Kriterium, das *zusätzliche* Rückschlüsse für die Identifizierbarkeit der einzelnen Parteien und Geschäftsvorfälle erlaubt. An die Zulässigkeit eines MIV sind erhöhte Anforderungen zu stellen, wenn die Marktinformation auf einem oligopolistisch geprägten Markt für homogene Massengüter ausgetauscht wird.[1636] Damit wirkt sich die Marktstruktur auf den Aggregationsgrad aus, dem die ausgetauschten Informationen genügen müssen, um kartellrechtlich unbedenklich zu sein. Spiegelbildlich spielt die Marktstruktur nur eine geringe oder gar keine Rolle, wenn die Informationen besonders detailgenau ausgetauscht werden. Es liegt im methodischen Ansatz der Gesamtbetrachtung, dass die Grenzen fließend sind.

ee) Ausgestaltung und Organisation des MIV

504 Tauschen die beteiligten Unternehmen selbst Daten aus, verschwimmen die Grenzen zu einer Kartellabsprache. Organisiert dagegen ein neutraler Dritter den Informationsaustausch, kann dies kartellrechtlich erlaubt sein. Dies setzt zunächst voraus, dass der Dritte tatsächlich neutral ist. Neutral sind solche Institutionen, die kraft Gesetzes zur Geheimhaltung verpflichtet sind und sich (straf-)rechtlicher Sanktionen versehen müssen, wenn sie die Geheimhal-

---

1633 *Stuhr*, WRP 1973, 505, 506.
1634 So jedoch *Tugendreich*, S. 2 f. unter irriger Berufung auf EuGH Slg. 1998, I-3111 Rn. 88 ff. – *Derre/Kommission*.
1635 EuGH Slg. 2003, Slg. 2003, I-10821 Rn. 86 – *Thyssen/Kommission* zu dem damals geltenden Art. 65 EGKS-Vertrag. Der EuGH hält diese Erwägungen für übertragbar auf Art. 101 Abs. 1 AEUV, Rn. 81.
1636 OLG Düsseldorf WuW/E DE-R 949, 951 – *Transportbeton Sachsen*; BKartA WuW/E BKartA 1809, 1815; *Wagner-von Papp*, S. 186–204; *Zimmer*, in: Immenga/Mestmäcker, § 1 GWB Rn. 307.

tungspflicht verletzen.[1637] Das OLG Düsseldorf sieht auch einen Treuhänder als neutralen Dritten an, unabhängig davon, ob dieser vertraglich zur Geheimhaltung verpflichtet ist.[1638] Daran trifft zu, dass der Treuhänder bereits wegen einer Pflichtverletzung nach § 280 BGB haftet, sofern er die anvertrauten Daten weitergibt. Allerdings ist der Ansporn zu Vertraulichkeit größer, wenn zusätzliche Sanktionsmaßnahmen wie etwa Vertragsstrafen vorgesehen sind.[1639] Weiter muss der neutrale Dritte sicherstellen, dass die Informationen kartellrechtsneutral ausgetauscht werden. Dabei darf der Informationszufluss durchaus eine Identifizierung erlauben.[1640] Der Informationsabfluss hingegen muss anonymisiert und aggregiert an die Wettbewerber übermittelt werden. Anderenfalls ist die Meldestelle als Kartellorgan zu betrachten. Kartellrechtskonform ist nach diesen Maßstäben ein Meldeverfahren, wonach die Meldestelle keine Einzelmeldungen übermitteln darf, da hierbei die Gefahr besteht, dass ein Teilnehmer identifiziert werden kann. Um die Anonymität zu wahren, kann es geboten sein, erst ab einer bestimmten Mindestzahl von Meldungen die (aggregierten) Daten weiterzureichen.[1641]

Die Kartellrechtskonformität von B2B-Marktplätzen hängt entscheidend von deren Ausgestaltung ab. Derartige Plattformen können zum einen Marktzutrittsschranken für übrige Plattformbetreiber errichten, indem sie über Ausschließlichkeitsbindungen die teilnehmenden Unternehmen an sich binden. Zum anderen besteht auch die Gefahr, dass der Zugang zu einer B2B-Plattform ohne sachlichen Grund gesperrt wird und dadurch Konkurrenten der abgeschlossenen Unternehmen im Wettbewerb behindert werden. Man wird fordern müssen, dass der Zugang zur B2B-Plattform transparent und diskriminierungsfrei zu gewähren ist. Eine B2B-Plattform darf keine Transparenz zwischen den Wettbewerbern herstellen. 505

d) Informationsaustausch im Rahmen von Unternehmenstransaktionen

Im Rahmen von Unternehmenskäufen besteht seitens des (potentiellen) Erwerbers naturgemäß ein großes (und auch nachvollziehbares) Bedürfnis, einen vertieften Einblick in das Geschäft des möglichen Akquisitionsobjektes zu erhalten. Eine Due-Diligence im Vorfeld von Unternehmenstransaktionen 506

1637 So das BKartA zu beamten- und standesrechtliche Geheimhaltungspflichten, Beschluss vom 9.8.2001, B 1-63/00, Beschlussausfertigung S. 23 – *Transportbeton Sachsen*.
1638 OLG Düsseldorf WuW/E DE-R 949 – *Transportbeton Sachsen*.
1639 So die durch das OLG Düsseldorf (vorige Fußn.) abgelehnte Ansicht des BKartA, Beschluss vom 9.8.2001, B 1-63/00, Beschlussausfertigung S. 23 – *Transportbeton Sachsen*. Restriktiv auch: *Wagner-von Papp*, S. 249.
1640 Darauf weist zu recht hin: *Wagner-von Papp*, S. 245.
1641 OLG Düsseldorf WuW/E DE-R 949, 951 – *Transportbeton Sachsen*.

ist daher absolut gängige Praxis.[1642] Eine (genaue) Bestimmung des Wertes des Unternehmens und der finanziellen und rechtlichen Risiken ist oftmals jedoch nur dann möglich, wenn bestimmte, kartellrechtlich als sensibel zu qualifizierende, Daten ausgetauscht werden.[1643] Daher muss bei der Prüfung der kartellrechtlichen Vereinbarkeit des Informationsaustausches[1644] ein anderer, **transaktionsakzentuierter Maßstab** gelten. Eine zu restriktive Haltung gegenüber der kartellrechtlichen Zulässigkeit des Austausches würde zu einer hemmenden Wirkung (*chilling-effect*) in Bezug auf Unternehmenstransaktionen führen.[1645]

507 Bisher existiert zur Frage der Grenzen des Informationsaustausches im Kontext von Unternehmenskäufen kaum Spruchpraxis. Grundsätzlich gilt, dass der Austausch je eher dann kartellrechtlich zulässig ist, wenn sich (i) die Verhandlungen in einem fortgeschrittenen Stadium befinden, (ii) keine Wettbewerber bzw. jedenfalls möglichst wenige Unternehmen an dem Austausch beteiligt sind und (iii) je weniger wettbewerbssensibel die ausgetauschten Informationen sind.[1646] Abseits der Zulässigkeit des Informationsaustausches, sollte auch immer noch ein weiterer Themenkomplex mitbedacht werden: **Gun-Jumping**. Einzelne vorbereitende Maßnahmen innerhalb einer Transaktion könnten möglicherweise (auch) einen bußgeldbewährten Verstoß gegen das Durchführungsverbot darstellen.[1647]

aa) Immanenztheorie/Nebenabredendoktrin als dogmatische Grundlage

508 Die soeben befürwortete transaktionsorientierte Privilegierung des Austausches von Informationen im Zuge von Unternehmenstransaktionen lässt sich dogmatisch auf die Immanenztheorie/Nebenabredendoktrin stützen. Demnach verstoßen bestimmte Beschränkungen des Wettbewerbs dann nicht

---

1642 *von Busekist/Timmerbeil*, CCZ 2013, 225, 226 m.w.N.
1643 So *Polley/Kuhn*, CFL 2012, 117; *Besen/Gronemeyer*, CCZ 2009, 67, 69; *Reysen/Jaspers*, WuW 2006, 602, 609.
1644 Zu Recht darauf hinweisend, dass die einseitige Offenlegung von Informationen durch das Zielunternehmen bei einer Due Diligence begrifflich bereits keinen Austausch darstellt: *Besen/Gronemeyer*, CCZ 2009, 67, 69. Dem zustimmend auch *Polley/Kuhn*, CFL 2012, 117, 125, allerdings – ebenfalls zu Recht – mit dem Hinweis, dass auch der einseitige Informationstransfer, zB im Zuge von Verbandstreffen mit Schweigen der Gegenseite, einen kartellrechtswidrigen Informationsaustausch begründen kann.
1645 So *Besen/Gronemeyer*, CCZ 2013, 137, 141; *dies.*, CCZ 2009, 67, 69; *Müller*, NJW 2000, 3452, 3454.
1646 Siehe *Linke/Fröhlich*, GWR 2014, 449, 451. So auch *Badtke*, KSzW 2011, 418, 422; *Besen/Gronemeyer*, CCZ 2013, 137, 142; *Schubert*, ZWeR 2013, 54, 66.
1647 *von Wartenburg/Titze*, GWR 2014, 364; *Balssen/Linsmeier*, BB 2008, 741; *Bosch/Marquier*, EWS 2010, 113; *Krenn*, ÖZK 2011, 183.

gegen das Kartellverbot, wenn diese für die Verwirklichung des (kartellrechtsneutralen) Hauptzwecks erforderlich und angemessen sind.[1648] Die Nebenabredendoktrin wurde gerade für Unternehmenstransaktionen entwickelt. Eine Anwendung liegt aufgrund der Sachnähe daher auch in diesem Kontext nahe. Als kartellrechtsneutraler Hauptzweck kommt die (Durchführung der) Transaktion in Betracht. Damit ein Bieter ein Angebot legen kann, muss er sich (wie zuvor geschildert) über das Zielunternehmen informieren können. Diese Informationen sind (in vielen Fällen) für eine Bewertung essentiell. Allerdings ist zu berücksichtigen, dass die kartellrechtsneutrale Hauptabrede bei Transaktionen zumeist noch nicht besteht und daher ein gewisses (latentes) Risiko gegeben ist, dass es zu einem (umfassenden) Austausch zwischen den Unternehmen kommt, die Transaktion jedoch im Nachhinein nach der Due Diligence oder auch nach Signing bzw. Freigabe durch die zuständigen Wettbewerbsbehörden scheitert. In diesem Fall stellt sich die Frage, wie mit den bereits ausgetauschten Informationen aus kartellrechtlicher Sicht umgegangen werden muss.

bb) Art des Erwerbers und Zeitpunkt des Austausches

Für die kartellrechtliche Zulässigkeit des Informationsaustausches sind neben weiteren Aspekten v.a. (i) der Zeitpunkt der Offenlegung bzw. des Austausches und (ii) die Art des (potentiellen) Erwerbers entscheidend. Hinsichtlich des Zeitpunktes gilt der Grundsatz, dass die Offenlegung von strategischen Informationen in einem frühen Stadium des M&A-Prozesses eher kartellrechtskritisch, zu einem späteren Zeitpunkt eher kartellrechtsneutraler ist. Zu Anbeginn sollte (soweit möglich) auf eine Offenlegung von wettbewerbssensiblen Daten grundsätzlich verzichtet werden.[1649] Es sollte möglichst mit rein öffentlichen Daten gearbeitet werden. Dies gilt insbesondere in Konstellationen, in denen in einem Bieterverfahren zunächst mit mehreren Bietern verhandelt wird. Dafür spricht u.a., dass der potentielle Erwerber durch den zumeist von Investmentbanken erstellten Teaser bzw. das Informationsmemorandum für die erste Prüfung des Zielunternehmens ausreichend informiert wird. Ein anderer Maßstab gilt jedoch, wenn das Verfahren bereits weiter fortgeschritten ist und u.U. bereits mit einem oder zwei Bietern exklusiv verhandelt wird.[1650] In diesem Fall ist eine erweiterte Offenlegung (auch unter Verwendung der nachfolgend dargestellten Risikominimierungsmaßnahmen vgl. Rdn. 510) als eher zulässig anzusehen. Grundlage ist aber immer eine Abgrenzung im Einzelfall. Leitend für diese Abgrenzung sind vor allem zwei

509

1648 *Polley/Kuhn*, CFL 2012, 117, 124.
1649 *Besen/Gronemeyer*, CCZ 2013, 137, 143.
1650 *Besen/Gronemeyer*, CCZ 2009, 67, 69.

Kriterien: (i) die Erforderlichkeit und (ii) die Angemessenheit des konkreten Austausches für die gegenständliche Transaktion.

510 Daneben ist aber auch entscheidend, um wen es sich bei dem Bieter handelt. Je nach Eigenschaft des Bieters ist der Austausch insgesamt eher kartellrechtlich kritischer oder weniger kritisch zu bewerten. Eher unkritisch ist die Offenlegung beispielsweise gegenüber **Finanzinvestoren** zu bewerten.[1651] Dies gilt allerdings nicht, wenn der Finanzinvestor im Portfolio Unternehmensbeteiligungen hält, die im identischen Geschäftsfeld der Zielgesellschaft tätig sind. In diesem Fall ist der Finanzinvestor Wettbewerber; auch fusionskontrollrechtlich läge in diesem Fall eine horizontale Überlappung vor. Daneben spielt auch eine Rolle, ob eine der Portfoliogesellschaften in einem vor- bzw. nachgelagerten Markt tätig ist. Handelt es sich jedoch bei den Bietern eindeutig um **aktuelle oder potentielle Wettbewerber**,[1652] bedarf der Austausch einer vertieften Analyse im Einzelfall anhand der Kriterien der Erforderlichkeit und Angemessenheit. Daraus folgt zwar im Ergebnis eine gewisse Ungleichbehandlung zwischen Finanzinvestoren und industriellen Bietern in einem Bieterverfahren, da der Finanzinvestor die Informationen aus kartellrechtlichen Gründen früher in einem anderen Detaillierungsgrad offengelegt bekommen kann, als der industrielle Bieter. Diese Ungleichbehandlung ist aber aus der Perspektive des Kartellrechts hinzunehmen. Dies nicht zuletzt deshalb, da diese Ungleichbehandlung durch **Risikominimierungsmaßnahmen**, wie z.B. die Einrichtung von **verschiedenen Datenräumen** (red data room/ yellow data room/green data room) und der Einrichtung von **Clean Teams**, zwischen den Bietern ausgeglichen wird. Fusionskontrollrechtlich wird ein Ausgleich überdies z.B. dadurch bewirkt, dass man beim industriellen Bieter eher von einer Anmeldefähigkeit der Transaktion bei einem Bieterverfahren ausgeht, als beim Finanzinvestor, da das Verfahren beim industriellen Bieter aufgrund einer möglichen erheblichen Behinderung des Wettbewerbs durch Entstehung bzw. Verstärkung einer marktbeherrschenden Stellung u.U. problematischer werden könnte (mögliches Hauptprüfverfahren bzw. Verhandlungen von Auflagen etc.).

cc) Grenze: Vortäuschung der Transaktionsabsicht

511 Damit es nur dort zu einem kartellrechtlich zulässigen Informationsaustausch kommt, wo beide Unternehmen auch eine ernsthafte und nachhaltige Absicht des Kaufs bzw. Verkaufs von Anteilen bzw. Vermögensgegenständen (assets) haben, ist erforderlich, dass die kartellrechtliche Zulässigkeit dort ihre Grenze

---

1651 Linke/Fröhlich, GWR 2014, 449, 451.
1652 Für die Frage, wann ein Unternehmen als potentieller Wettbewerber zu qualifizieren ist, kann auf Rn. 10 der Horizontal-Leitlinien abgestellt werden.

finden muss, wo der Bieter seine **Erwerbsabsicht wissentlich vortäuscht** und eine Due-Diligence einzig und allein zu dem Zweck durchführt, um Informationen über das andere Unternehmen, wohlmöglich seinen Wettbewerber, zu erlangen, die er abseits einer Transaktionsumgebung niemals in kartellrechtlich zulässiger Weise erhalten könnte.[1653] Fraglich ist, welche objektiven und subjektiven Anforderungen an eine Täuschungshandlung zu stellen sind. Aufgrund der Strafrechtsähnlichkeit des Kartellrechts wäre eine Anlehnung an die zum Betrugstatbestand (§ 263 StGB) entwickelte Spruchpraxis denkbar. In Betracht kommt häufig eine konkludente Täuschung. In subjektiver Hinsicht ist jedenfalls bedingter Vorsatz zu fordern.

dd) Risikominimierungsmaßnahmen

Um das Risiko eines verbotenen Informationsaustausches im Rahmen von Transaktionen, die zwar privilegiert zu behandeln sind, weiter abzusenken und eine möglichst frühzeitige Information im Transaktionsprozess, auch über strategische Informationen zu ermöglichen, haben sich in der Praxis **zwei Risikominimierungsmodelle** herausgebildet: Zum einen die Einrichtung von **Datenräumen** mit **verschiedenen Zutrittsberechtigungen** (red data rooms/yellow data rooms/green data rooms) und die Einrichtung von sog. **Clean Teams**, die abseits des ohnehin üblichen Abschlusses einer Vertraulichkeitsvereinbarung für den Zugang zum Datenraum dafür sorgen (in der auch zwischen kartellrechtlichen sensiblen und nicht sensiblen Daten unterschieden werden sollte), dass die gewonnenen Informationen nur für die Zwecke der Due Diligence verwendet und bei Scheitern der Transaktion vernichtet bzw. wieder herausgegeben werden müssen.[1654]

In der Praxis hat sich bei der Datenraumeinrichtung zumeist ein zwei- bzw. dreigeteiltes Vorgehen etabliert. Entweder wird ein »green data room« und »red data room« eingerichtet oder (beim dreigeteilten Vorgehen) noch ein »yellow data room« dazwischengeschaltet. Für alle Datenräume gelten unterschiedliche Datenraumregeln, v.a. unterschiedliche Regelungen bezüglich des Datenraumzugangs. Im »**green data room**« sollten vom Unternehmen diejenigen Daten bereitgestellt werden, die nicht wettbewerbssensibel sind. Oft finden sich dort die wesentlichen (auch öffentlich verfügbaren) Informationen, die z.B. aus den Finanz- und Geschäftsberichten des Unternehmens entnommen werden können. Diese Daten können grundsätzlich allen Vertretern

---

1653 So zu Recht *Besen/Gronemeyer*, CCZ 2013, 137, 141 (in Fn. 50); *Polley/Kuhn*, CFL 2012, 117, 124; *Schubert*, ZWeR 2013, 54 ff.
1654 Vgl. hierzu *Schubert*, ZWeR 2013, 54, 65.

§ 1 GWB Verbot wettbewerbsbeschränkender Vereinbarungen

des Unternehmens auf Basis einer »normalen Vertraulichkeitserklärung« zugänglich gemacht werden.[1655]

514 Anders verhält es sich hingegen beim red data room. Die Einrichtung eines »**red rooms**« bedarf aus kartellrechtlicher Sicht einer besonders genauen Planung. In den Datenraum-Regeln ist zunächst eindeutig zu regeln, welche Informationen als »red file information« gelten. Tendenziell bietet sich eine weite Definition einzelner Dokumente an, um z.B. nicht nur einzelne Lieferverträge, sondern »alle Lieferverträge erfassen zu können. Welche Informationen sodann welchem Personenkreis offengelegt werden, hängt (i) vom Bieter, (ii) vom Stadium der Transaktion bzw. (iii) von der Notwendigkeit der Information für die Bewertung des Zielunternehmens ab.[1656] Es gilt auch hier der Grundsatz der Offenlegung auf »**need-to-know-Basis**«.[1657] Die kartellrechtlich »sauberste Lösung« hinsichtlich des Zugangs zum »red data room« ist die Beschränkung des Zugangs auf externe Berater (Wirtschaftsprüfer, Rechtsanwälte).[1658] Ist seitens des bzw. der Bieter auch der Zugang von Vertretern des Unternehmens gewünscht, sollte ein Clean-Team eingerichtet und eine gesonderte **Clean-Team Vereinbarung**[1659] abgeschlossen werden. Mitglieder des Clean-Teams sind zumeist Mitarbeiter des (potentiellen) Bieters, die das Zielunternehmen für den Bieter analysieren. Es gilt die Grundregel, dass die Mitglieder des Clean-Teams grundsätzlich vom **operativen Geschäft** des Bieters **getrennt** sein sollten.[1660] Oftmals werden deshalb Mitarbeiter aus dem Bereich Business Development oder pensionierte Führungskräfte eingesetzt. Aber auch hier ist Vorsicht geboten, wenn z.B. das Business Development für die Preissetzung verantwortlich ist und aus dem Datenraum wertvolle Kenntnisse über die Preissetzungsstrategie des Targets erfährt. Es geht stets darum die Person auszuwählen, die die Information nicht direkt operativ verwenden kann. Es empfiehlt sich diese Clean-Team Mitglieder nochmal separat auf die Einhaltung der Vertraulichkeit zu verpflichten und eine gesonderte Vereinbarung aufzusetzen. Wichtig ist, dass die operativ im Unternehmen tätigen Mitarbeiter unter keinen Umständen (weder direkt noch indirekt) die Möglichkeit haben, auf die den Clean-Team Mitgliedern offenbarten Unterlagen zuzugreifen. So-

---

1655 So auch *Polley/Kuhn*, CFL 2012, 117, 126.
1656 So auch *Polley/Kuhn*, CFL 2012, 117, 126. *Polley/Kuhn*, CFL 2012, 117, 126; *Badtke*, KSzW 2011, 418, 422; *Linsmeier/Balssen*, BB 2008, 747; *Gottschalk*, RIW 2005, 906.
1657 Siehe dazu *Linke/Fröhlich*, GWR 2014, 449, 451.
1658 *Besen/Gronemeyer*, CCZ 2013, 137, 144.
1659 Neben dem gesonderten Abschluss einer Clean-Team Vereinbarung bietet sich auch die Integration der Regelungsgegenstände in die Datenraum-Regeln an.
1660 So auch *Besen/Gronemeyer*, CCZ 2013, 137, 143; *Linke/Fröhlich*, GWR 2014, 449, 451.

wohl in tatsächlicher als auch technischer Hinsicht sind hier Vorkehrungen zu treffen, z.B. durch Einrichtung gesonderter Serverberbereiche.

Bei der Zusammensetzung der Clean-Teams ist auch der Fall mit zu bedenken und zu regeln, dass das bietende Unternehmen sich mit dem Zielunternehmen nicht einigt und die Transaktion nicht zustande kommt. Um einen Informationsaustausch über den »Informationsträger« des Clean Team Mitgliedes zu unterbinden, sollte in der Vereinbarung geregelt werden, in welchem Bereich die Mitglieder des Clean-Teams bei einer gescheiterten Transaktion arbeiten. Es sollte dabei jedenfalls eine Tätigkeit im Gegenstandsbereich des Unternehmenskaufs ausgeschlossen werden. Für angrenzende Bereiche, die nicht direkt von der gescheiterten Transaktion betroffen gewesen sind, bietet es sich an, eine gewisse **cooling-off-period** vorzusehen.[1661] Obgleich die genaue Dauer dieser Periode immer von den konkreten Umständen des Einzelfalls, u.a. vom Tätigkeitsbereich, der Transaktion bzw. der Gesellschaft, abhängen wird, bietet sich für die Festlegung der Dauer eine **Anlehnung** an die zweijährige cooling-off period i.S.d. § 100 Abs. 2 Satz 1 Ziff. 4 AktG für den Wechsel vom Vorstand in den Aufsichtsrat an.[1662] Auch diese Vorschrift dient der Vermeidung von systemimmanenten Interessenskonflikten beim Wechsel von der Leitungs- in die Aufsichtsverantwortung.

515

e) Informationsaustausch zu Gehältern bzw. Gehaltsbestandteilen

Bisher in der Wissenschaft – soweit ersichtlich – nur wenig diskutiert wurde das Thema des Informationsaustausches im Zusammenhang mit Personalthemen. Denkbar sind hier vielfältige Konstellationen, z.B. (i) ob ein verbotener Informationsaustausch zwischen Wettbewerbern vorliegen kann, wenn ein Mitarbeiter vom Unternehmen A zum Wettbewerber B wechselt oder (ii) ob ein verbotener Informationsaustausch dann vorliegt, wenn sich zwei oder mehr Wettbewerber untereinander z.B. die Gehälter der Mitarbeiter, Firmenwagenregelungen, Vergütungsmodelle absprechen. Im ersten Fall ist der **Mitarbeiter** selbst **Informationsträger**. Lässt er die gewonnenen Informationen in die neue Tätigkeit einfließen, z.B. in dem er bei der Preissetzung strategische Geschäftsinformationen des Unternehmens A aktiv benutzt, kommt es grundsätzlich (vermittelt über den Mitarbeiter) zu einem Informationsaustausch über nicht-öffentliche strategische Informationen. Abseits der Frage, ob in diesem Fall überhaupt eine aktuelle Information vorliegt, ist dieser Fall m.E. aber tendenziell als **immanente Wettbewerbsbeschränkung** § 1 GWB entzogen.

516

1661 *Polley/Kuhn*, CFL 2012, 117, 126. *Schubert* spricht in diesem Zusammenhang von »Gardening Leave«, vgl. *Schubert*, ZWeR 2013, 54, 69.
1662 Vgl. dazu ausführlich *Gaul*, AG 2015, 742 ff.

517 Der zweite Fall ist ein Grenzfall. Zunächst ist zu fragen, ob überhaupt ein Markt vorliegt, auf den sich die Wettbewerbsbeschränkung bezieht. Diesbezüglich kann man jedenfalls zweifeln. Abzustellen sein könnte in diesem Fall auf den **Markt für die Beschaffung von Personal**.[1663] Erkennt man einen solchen Markt nicht an, wäre auf den nachgelagerten Produktmarkt, auf dem das Unternehmen seine Leistung anbietet, abzustellen. Weiters stellt sich die Frage, ob ein solcher Informationsaustausch eine bezweckte oder eine bewirkte Wettbewerbsbeschränkung darstellen würde. M.E. kommt **allenfalls eine bewirkte Wettbewerbsbeschränkung** in Betracht, für eine bezweckte Wettbewerbsbeschränkung ist regelmäßig kein bzw. wenig Raum.

518 Das gilt vor allem angesichts des Postulats aus *Cartes bancaires*, demzufolge der Begriff der bezweckten Wettbewerbsbeschränkung eng auszulegen ist (vgl. dazu zuvor Rdn. 517). Nachdem sich das Bundeskartellamt lange Zeit mit diesem Thema nicht näher auseinander gesetzt hat, begründete es kürzlich ein gegen drei Fernsehstudiobetreiber verhängtes Bußgeld inter alia damit, dass der verbotene Informationsaustausch auch darin liege, dass sich die Betreiber über die anzusetzenden **Personalkostensätze** für **freie Mitarbeiter** und sonstige Spezialkräfte, sowie die Höhe von Wochenend- und Feiertagszuschlägen sowie zu zahlende Versicherungsbeiträge **abgestimmt** hätten.[1664] Dies lässt aufhorchen. Nicht sonderlich überraschend ist diese Feststellung, dass es sich bei diesen Informationen um strategische Informationen handelt. Allerdings ist auch erforderlich, dass sich der Austausch auf einen Markt bezieht. Ist dies nicht der Fall, kann dem Austausch nicht mit den Mitteln des § 1 GWB beigekommen werden. Ausnahmen wie die Erfassung von Kartellunterstützern sollen auch solche bleiben. Dem Fallbericht des Bundeskartellamtes kann allerdings nicht entnommen werden, inwieweit das Amt diesen Aspekt gewürdigt hat.

519 In die Richtung des Bundeskartellamtes geht auch eine Entscheidung aus den USA im Fall *Todd v. Exxon Corporation* aus dem Jahr 2001.[1665] Gegenstand des Falles war ein Austausch über Gehälter bzw. Gehaltsinformationen von Mitarbeitern zwischen verschiedenen Unternehmen im Ölgeschäft. Das Gericht sah darin einen Verstoß gegen § 1 Sherman Act, da der Austausch dazu gedient hat, das Gehaltsniveau für die Mitarbeiter niedrig zu halten.

1663 So jedenfalls *Linsmeier/Mächtle*, NZKart 2015, 258. 261.
1664 BKartA, 26.7.2016, B12 23/15.
1665 United States Court of Appeals for Second Circuit, Urteil vom 20.2.2001 – *Todd v. Exxon Corporation*. Siehe dazu *Linsmeier/Mächtle*, NZKart 2015, 258, 259. Grundlage der Entscheidung war eine 1997 von Roberta Todd erhobene Klage gegen ihren Arbeitgeber Exxon und dreizehn andere Ölfirmen. Todd warf Exxon vor, pro Jahr dadurch 20 Mio EUR eingespart zu haben.

8. Produktionsvereinbarungen/Spezialisierungsvereinbarungen

a) Kennzeichen

Vereinbarungen über die gemeinsame Produktion sind vielgestaltig. Je nach dem Inhalt der Vereinbarung unterscheidet man *zwei* Erscheinungsformen: Der Ausgangsfall ist eine Vereinbarung zwischen Unternehmen über eine **gemeinsame Produktion** eines Erzeugnisses. Dabei kann diese Zusammenarbeit in einem Gemeinschaftsunternehmen verdichtet oder durch **Zuliefervereinbarungen** ausgestaltet sein.[1666] Bei Zuliefervereinbarungen ist – soweit diese nicht als immanente Beschränkung dem Anwendungsbereich des § 1 GWB ohnehin entzogen sind (Rdn. 274) – zwischen Wettbewerbern und Nicht-Wettbewerbern zu unterscheiden. Während Zuliefervereinbarungen zwischen Wettbewerbern eine (zulässige) Spezialisierung darstellen können (siehe sogleich dazu (Rdn. 521), handelt es sich bei Zuliefervereinbarungen zwischen Unternehmen auf verschiedenen Marktstufen um vertikale Vereinbarungen, die nach § 2 Abs. 1 GWB i.V.m. Vertikal-GVO zu beurteilen sind.[1667] Die Vertikal-GVO erfasst gerade keine Zuliefervereinbarungen zwischen Wettbewerbern in der Produktion (Art. 2 Abs. 4 Vertikal-GVO).[1668]

520

Typischerweise bilden **Spezialisierungsvereinbarungen** den rechtlichen Trabanten zu Produktionsvereinbarungen. Diese regeln einen einseitigen oder wechselseitigen Produktionsverzicht und sind nach eigenen Maßstäben zu beurteilen (Rdn. 526). Eigenständig zu bewerten sind auch begleitende Vereinbarungen über eine gemeinsame Vermarktung des gemeinsam hergestellten Erzeugnisses. In der inländischen Praxis spielten Produktionsvereinbarungen eine untergeordnete Rolle, was zum einen daran liegen mag, dass eine gemeinsame Produktion oftmals als **Arbeitsgemeinschaft** kartellrechtlich erlaubt ist und zum anderen an den umfangreichen Legalisierungsmöglichkeiten für Kartelle vor der 7. GWB-Novelle. Entgegengesetzt dazu existiert eine beachtliche europäische Praxis zu Produktionsvereinbarungen. Während diese bis Mitte der 90iger Jahre des vorigen Jahrhunderts streng beurteilt wur-

521

1666 Horizontal-Leitlinien Rn. 150. Außerdem: Bekanntmachung der Kommission vom 18.12.1978 über die Beurteilung von Zulieferverträgen nach Art. 85 Absatz 1 des Vertrages (= Art. 101 Abs. 1 AEUV), ABl. EG 1979 Nr. C 1/2.
1667 *Bahr*, in: Langen/Bunte, Nach § 2 GWB Rn. 279.
1668 So *Baron*, in: Loewenheim/Meessen/Riesenkampff/Kersting/Meyer-Linderman (Hrsg.) Europäisches und Deutsches Kartellrecht (3. Auflage), Art. 2 Vertikal-GVO, Rn. 128.

§ 1 GWB Verbot wettbewerbsbeschränkender Vereinbarungen

den,[1669] hat die neuere Linie im Windschatten des »stärkeren ökonomischen Ansatzes« die kartellrechtliche Kontrolle (teilweise drastisch) gelockert.[1670]

b) Wertungsgrundlagen

522 Die wettbewerbspolitische Beurteilung von Produktionsvereinbarungen ist janusköpfig. Einerseits können sie Effizienzgewinne schaffen, sei es durch eine kostengünstigere Produktion und/oder eine verbesserte Produktqualität. Effizienzgewinne als solche rechtfertigen keine wettbewerbsbeschränkende Produktionsvereinbarung. Vielmehr sind derartige Gewinne unter dem Blickwinkel des § 2 Abs. 1 GWB zu betrachten und können ausnahmsweise eine Wettbewerbsbeschränkung rechtfertigen, wenn sie an die Verbraucher weitergegeben werden. Auf der anderen Seite eignen sich Produktionsvereinbarungen als Vehikel für schwerwiegende Wettbewerbsbeschränkungen. Besonders bei horizontalen Vereinbarungen über eine gemeinsame Produktion besteht die Gefahr, dass die Parteien Produktionsmengen, die Qualität oder die Preise des Erzeugnisses festlegen sowie die Märkte aufteilen. Insbesondere bei Gemeinschaftsunternehmen sah es die ältere europäische Praxis als Wettbewerbsbeschränkung an, wenn eine der Parteien nicht produzierte, obwohl sie alleine zur Produktion in der Lage gewesen wäre.[1671] Diese strenge Linie milderte eine neue Praxis zu Gemeinschaftsunternehmen.

523 Der **Arbeitsgemeinschaftsgedanke** lässt sich auch auf Produktionsvereinbarungen übertragen: Versetzt eine koordinierte Produktion die Parteien in die Lage, eine neue Ware oder Dienstleistung anzubieten, zu deren Angebot sie einzeln nicht in der Lage sind, so ist § 1 GWB nicht erfüllt.[1672] In diesem Fall entsteht ein neuer Markt und damit Wettbewerb. Ein Beispiel hierfür liefert die Entscheidung des EuG in Sachen *European Night Services*.

1669 Kommisson ABl. EG 1977 Nr. L 327/26, 31 f. – *GEC-Weir Natriumwälzpumpen*; ABl. EG 1983, Nr. L 376/11 Rn. 17–19 – *VW/MAN*; ABl. EG 1993 Nr. L 20/14 Rn. 19 f. – *Ford/VW*; ABl. EG 1994, Nr. L 144/20 Rn. 60 ff. – *Exxon/Shell*; ABl. EG 1994 Nr. L 224/28 Rn. 30 f. – *ACI*; ABl. EG 1999 Nr. L 1312/1 Rn. 145 ff. – *British Interactive Broadcasting/Open*; Abl. EG 2000 Nr. L 58/16 Rn. 75 – *GEAE/P&W*.

1670 Kommission ABl. EG 1999 Nr. L 163/61 Rn. 46 ff. – *P&O Stena Line*; Abl. EG 1999, Nr. L 218/14 Rn. 45 ff. – *Cégétel + 4*.

1671 Kommission ABl. EG 1977 Nr. L 327/26, 31 f. – *GEC-Weir Natriumwälzpumpen*; ABl. EG 1983, Nr. L 376/11 Rn. 17–19 – *VW-MAN*; ABl. EG 1993 Nr. L 20/14 Rn. 19 f. – *Ford/VW*; ABl. EG 1994, Nr. L 144/20 Rn. 60 ff. – *Exxon/Shell*; ABl. EG 1994 Nr. L 224/28 Rn. 30 f. – *ACI*; ABl. EG 1999 Nr. L 1312/1 Rn. 145 ff. – *British Interactive Broadcasting/Open*; ABl. EG 2000 Nr. L 58/16 Rn. 75 – *GEAE/P&W*.

1672 *Zimmer*, in: Immenga/Mestmäcker, § 1 GWB Rn. 280.

c) Kernbeschränkungen

Bezweckte Wettbewerbsbeschränkungen in Produktionsvereinbarungen sind mit § 1 GWB, Art. 101 Abs. 1 AEUV unvereinbar. Die Parteien dürfen daher weder die Preise festsetzen, die Produktion auf eine Quote beschränken sowie Märkte oder Kunden aufteilen. Die Horizontal-Leitlinien sehen hier jedoch für zwei Konstellationen eine Ausnahme vor, in denen die wettbewerbsbeschränkenden Auswirkungen von Kernbeschränkungen besonders zu prüfen sind und daher kein *per se* Verbot besteht:[1673] **(1)** Die Parteien dürfen die Ausbringungsmenge des Erzeugnisses festlegen, das Gegenstand der Produktionsvereinbarung ist. Angesprochen ist damit die Kapazität oder das Produktionsvolumen eines Gemeinschaftsunternehmens. Zulässig ist eine solche Mengenbeschränkung jedoch nur, wenn die Parteien die übrigen Wettbewerbsparameter unangetastet lassen und über deren Einsatz frei entscheiden können. **(2)** Erstreckt sich eine Produktionsvereinbarung auch auf den gemeinsamen Vertrieb der gemeinsam hergestellten Erzeugnisse, dürfen sich die Parteien **nur** für diese Erzeugnisse auf einen Verkaufspreis einigen. Keineswegs rechtfertigt der gemeinsame Vertrieb eine Preisfestsetzung der Erzeugnisse, die nicht Gegenstand der Produktionsvereinbarung sind. Aber auch für gemeinsam hergestellte und vertriebene Erzeugnisse darf nur ein Verkaufspreis festgesetzt werden, wenn dies für die gemeinsame Produktion erforderlich ist und anderenfalls kein Anreiz bestünde, die Produktionsvereinbarung zu schließen. Diese ungenaue Einschränkung lässt sich – mangels sinnvoller Alternativen – anhand einer kostenorientierten Betrachtung konkretisieren. Die Parteien dürfen jedenfalls einen **kostendeckenden** Verkaufspreis für das gemeinsam hergestellte und vertriebene Erzeugnis festsetzen. Wann darüber hinaus ein Anreiz für eine gemeinsame Produktion besteht, der eine Preisfestsetzung erforderlich werden lässt, geht aus den Horizontal-Leitlinien nicht hervor. Eine Obergrenze bildet das Konzept der **Gewinnspannenbegrenzung**.[1674] Im Rahmen der Missbrauchskontrolle sah die Kommission einen Preis als missbräuchlich an, der die Durchschnittskosten um mehr als **25 %** der angenommenen Durchschnittskosten übersteigt.[1675]

524

d) Wettbewerbsbeschränkende Auswirkungen

Enthält eine Produktionsvereinbarung keine oder eine erlaubte Kernbeschränkung, sind die wettbewerbsbeschränkenden Auswirkungen der Vereinbarung zu würdigen. Die Wahrscheinlichkeit solcher Auswirkungen hängt von der **Marktmacht** der Parteien und den Merkmalen des Erzeugungsmarktes ab.

525

1673 Horizontal-Leitlinien Rn. 160.
1674 Dazu *Eilmannsberger*, in: MünchKommEuWettbR, Art. 82 EG Rn. 200 f.
1675 Komm. ABl. EG Nr. L 331/40 Rn. 166, 167 – *Deutsche Post AG*.

§ 1 GWB *Verbot wettbewerbsbeschränkender Vereinbarungen*

e) Zuliefervereinbarung als einseitige Spezialisierung

526 Zuliefervereinbarungen **zwischen Wettbewerbern**[1676] können als eine **einseitige** Spezialisierung in der Produktion angesehen werden und damit der Spezialisierungs-GVO unterfallen.[1677] Voraussetzung ist, dass (i) eine Partei auf die Produktion einstellt bzw. auf die Produktion verzichtet und die Produkte von einem konkurrierenden Unternehmen bezieht und (ii) dass der **gemeinsame Marktanteil 20 %** nicht übersteigt. Hinsichtlich des Marktanteilserfordernisses hat die Verordnung 1218/2010 zuletzt eine Verschärfung mit sich gebracht, da es für die Marktanteilsberechnung nicht nur auf den gemeinsamen Marktanteil auf dem Markt für das Zwischenprodukt ankommt (das zugeliefert wird), sondern auch auf den gemeinsamen Marktanteil auf dem nachgelagerten Produktmarkt.[1678] Zu unterscheiden sind diesbezüglich die (i) einseitige Spezialisierung von der (ii) beidseitigen Spezialisierung, Kraft einer *einseitigen* Spezialisierung verpflichtet sich ein Wettbewerber dazu, die Herstellung bestimmter Produkte einzustellen oder davon abzusehen und diese nur von dem liefernden Unternehmen zu beziehen. Dieses Unternehmen ist im Gegenzug dazu verpflichtet, die fraglichen Produkte herzustellen und zu liefern. Stellt der Auftraggeber die Produktion ein, wäre dieser Produktionsverzicht bis zu einem gemeinsamen Marktanteil von 20 % (auf beiden Märkten) freigestellt. Bei einer *gegenseitigen* Spezialisierung hingegen kreuzen sich gleichsam Herstellungsverpflichtung und Herstellungsverzicht. Die Parteien verpflichten sich hier, die Herstellung unterschiedlicher Erzeugnisse einzustellen oder nicht aufzunehmen und das fragliche Erzeugnis von der anderen Vertragspartei zu beziehen.

9. Vereinbarungen über Normen und Standardbedingungen

a) Einleitung

527 Vereinbarungen über Normen oder Standards kommt im Wirtschaftsleben eine große Bedeutung zu. Dazu kontrastiert die wettbewerbsrechtliche Aufbereitung dieser Fälle.[1679] Normen legen die technischen Eigenschaften oder Qualitätsmerkmale von Erzeugnissen, Herstellungsverfahren, Dienstleistungen und Methoden fest.[1680] Keiner Vereinbarung zugänglich sind solche Normen, die durch hoheitliche Befugnisse gesetzt werden. Bekanntes Beispiel hierzu sind die sog. DIN-Normen. Derartige Normen sind deswegen dem An-

---

1676 Vgl. zum Begriff des Wettbewerbers Art. 1 lit. n Spezialisierungs-GVO.
1677 So auch *Bahr*, in: Langen/Bunte, Nach § 2 GWB Rn. 281. Zuliefervereinbarungen zwischen Nicht-Wettbewerbern unterfallen der Vertikal-GVO.
1678 Siehe auch *Fritzsche*, EuZW 2011, 208, 210.
1679 Darauf weisen hin: *Walther/Baumgartner*, WuW 2008, 158.
1680 So die Definition in den Horizontal-Leitlinien Rn. 257.

wendungsbereich des Kartellverbots entzogen.[1681] Zu differenzieren ist bei Normen, die von europäischen Normenorganisationen im Sinne der Richtlinie 93/34/EG erlassen werden.[1682] Die von diesen Organisationen erlassenen Normen können nur dann wettbewerbsrechtlich kontrolliert werden, wenn die Normgeber als Unternehmensvereinigung oder Unternehmen einzustufen sind.

Ein Unterfall von Vereinbarungen über Normen sind allgemeine Geschäftsbedingungen. Derartige Geschäftsbedingungen oder sonstige Standardverkaufsbedingungen sind besonders im Banken- und Versicherungssektor verbreitet. Bis zur 7. GWB-Novelle waren Vereinbarungen über Normen, Typen und Konditionen in § 2 a.F. GWB geregelt.[1683] Deren wettbewerbspolitische Berechtigung war seinerzeit umstritten und die praktische Bedeutung eher gering. Die hierzu ergangene Praxis hilft bei Definitionsfragen, während die materiellen Wertungen sich mittlerweile überholt haben. Vielmehr wird man sich an den Horizontal-Leitlinien der Kommission orientieren können, die Vereinbarungen über Normen und Standardbedingungen einen eigenen Abschnitt widmen.[1684] Im Wege der rechtsvergleichenden Methode wird man ergänzend die amerikanischen Erfahrungen berücksichtigen können, da hier Absprachen über gemeinsame Normen traditionell einen großen Stellenwert einnehmen.

528

b) Zulässigkeit von Normenvereinbarungen

aa) Ökonomische Bewertung

Normenvereinbarungen wirken sich ambivalent auf den Wettbewerb aus.[1685] Sie beschränken nicht ohne weiteres den Wettbewerb, sondern stimulieren ihn oftmals. Wettbewerbspolitisch zu begrüßen sind **positive Netzwerkeffekte**. Diese entstehen, indem die vereinheitlichten Normen Austauschbarkeit, Kompatibilität und Interoperabilität von Gütern verbessern bzw. erhö-

529

1681 EuGH Slg. 2009, I –2207, Rn. 92 – *Selex Systeme Integrate SpA; Braun*, in: Langen/Bunte, § 2 GWB, Rn. 32.
1682 Richtlinie 98/23/EG des Europäischen Parlaments und des Rates vom 22.7.1998 über ein Informationsverfahren auf dem Gebiet der Normen und technischen Vorschriften; ABl. Nr. L 204, S. 37.
1683 »(1) Vereinbarungen und Beschlüsse, die lediglich die einheitliche Anwendung von Normen oder Typen zum Gegenstand haben, können vom Verbot des § 1 freigestellt werden.
(2) Vereinbarungen und Beschlüsse, die die einheitliche Anwendung allgemeiner Geschäfts-, Lieferungs- und Zahlungsbedingungen einschließlich der Skonti zum Gegenstand haben, können vom Verbot des § 1 freigestellt werden, soweit die Regelungen sich nicht auf Preise oder Preisbestandteile beziehen.«
1684 Horizontal-Leitlinien Rn. 257 ff.
1685 So auch *Loest/Bartlik*, ZWeR 2008, 41, 43; *Schweitzer*, EuZW 2012, 765, 765.

hen.[1686] So kann die Vereinheitlichung des Produktspektrums, beispielsweise der Wettbewerb im Hinblick auf weitere Wettbewerbsparameter, wie z.B. den Preis, erhöht werden.[1687] Positiv wirken sich die gesetzten Normen außerdem aus, wenn sie zur Entwicklung neuer Märkte beitragen und/oder die Produktqualität steigern. Insoweit hängt die Entwicklung von Normen auch unmittelbar mit den Grundfreiheiten der EU zusammen, insoweit eine Vereinheitlichung von Normen auch den Marktzutritt von Unternehmen aus anderen Staaten fördern kann. Die wettbewerbspolitische Einordnung von Normenvereinbarungen kommt gleichwohl einer Gratwanderung gleich. Normen tragen zu einer verbesserten Produktqualität bei, und wirken sich u.U. positiv auf andere Wettbewerbsparameter aus, wenn sie auf dem relevanten Markt etabliert sind. Diese Marktdurchdringung kann jedoch in eine Marktzutrittsschranke zu Lasten potentieller Konkurrenten umschlagen. Erreicht eine vereinbarte Norm eine hohe Marktdurchdringung, können konkurrierende Normen gar nicht oder nur erschwert durchgesetzt werden.[1688] Dies zwingt Entwickler konkurrierender Normen faktisch dazu, sich der Norm anzupassen. Der Produktqualität und dem Innovationswettbewerb ist das abträglich. In engen oligopolistischen Märkten kann die Vereinbarung von Normen zudem dazu beitragen, dass ein Kartell leichter gebildet und überwacht werden kann. Außerdem neigen vereinbarte Normen dazu, eine **Pfadabhängigkeit** zu schaffen. Kann ein Unternehmen durch ein Immaterialgüterrecht den Inhalt einer Norm steuern, besteht die Gefahr, dass dieses Unternehmen von den Normanwendern überhöhte Gebühren verlangt (*hold-up*).

bb) Wettbewerbliche Beurteilung

530 Vereinbarungen über Normen dürfen keine Kernbeschränkungen enthalten. Ist die gemeinsam vereinbarte Norm aus einem Immaterialgüterrecht ableitbar, besteht oftmals eine Gefahr, dass gemeinsame Festpreisvereinbarungen getroffen werden. Dies ist nach § 1 GWB verboten. So ist es etwa unzulässig, wenn die Beteiligten an einer Vereinbarung über Normen sich vor deren Annahme über die Bedingungen der Lizenzvergabe einigen. Unzulässig ist es auch, wenn eine Normenvereinbarung ihre Normung als ausschließlich auffasst. Hierzu führen die Leitlinien als Beispiel der Normsetzung durch einen nationalen Herstellerverband an, der dabei Druck auf Dritte ausübt, keine Produkte auf den Markt zu bringen, die den Vorgaben der Norm widerspre-

---

1686 *König/Neumann*, WuW 2003, 1138, 1141; *Shapiro*, S. 83, 88 f.
1687 *Barthelmeß/Gauß*, WuW 2010, 626, 627; *Emanuelson*, ECLR 33 (2012) 69, 74; *Schweitzer*, EuZW 2012, 765, 765.
1688 *Knieps*, ORDO 45 (1994), 51, 60; *König/Neumann*, WuW 2003, 1138, 1141 f.

chen.[1689] Sofern eine Normenvereinbarung keine Kernbeschränkung enthält, ist sie unter **drei** kumulativen Voraussetzungen erlaubt: **(1)** Die Beteiligung am Normungsprozess muss uneingeschränkt möglich sein; **(2)** das Verfahren für die Annahme einer Norm muss offen und transparent sein; **(3)** die Normvereinbarung darf keine Marktzutrittsschranke errichten. Eine uneingeschränkte Verteidigungsmöglichkeit der Unternehmen ist dadurch zu gewährleisten, dass sich alle (aktuellen und potentiellen) Wettbewerber am Normungsprozess beteiligen können und die Stimmrechte entsprechend objektiv und diskriminierungsfrei zugewiesen und ausgeübt werden können. Vorsicht ist daher bei der Festlegung bestimmter Mehrheitserfordernisse geboten. Letzteres bedeutet, dass die Vereinbarung weder rechtlich noch wirtschaftlich zur Normeinhaltung verpflichten darf und Dritte sich zu fairen, zumutbaren und diskriminierungsfreien Bedingungen der Normenvereinbarung anschließen können.

Besondere Vorsicht hinsichtlich der kartellrechtlichen Vereinbarkeit von Normenvereinbarung ist dann geboten, wenn auf die von einer privatrechtlichen Organisation erstellte Norm in einer gesetzlichen Regelung Bezug genommen und an die Einhaltung der Norm einer Vermutungsregelung bzw. unmittelbare Rechtsfolge geknüpft wird. Dies war beispielsweise im Fall *Fra.bo* der Fall.[1690] Im zugrunde liegenden Fall hatte die Deutsche Vereinigung des Gas- und Wasserfaches e.V. (DVGW) bestimmte technische Standards für Produkte im Bereich der Trinkwasserversorgung, u.a. für Rohre und Verbindungsstücke zwischen den Rohren, sog. Kupferfittings, aufgestellt. Obgleich die vom DVGW aufgestellten Normen für die Mitglieder nicht verbindlich waren, nahm eine Regelung in § 12 Abs. 4 AVB WasserV auf diese Normen Bezug und vermutete, dass bei Zertifizierung durch die DVGW den anerkannten Regeln der Technik entsprochen werde. Dies führte dazu, dass der Vertrieb von Trinkwasserrohren oder Kupferfittings ohne DVGW-Zertifikat in Deutschland de facto nicht möglich war. Ist dies der Fall, sollte auch bei Einhaltung der zuvor genannten Voraussetzungen für die kartellrechtliche Vereinbarkeit von Normenvereinbarungen eine Wettbewerbsbeschränkung angenommen werden, da die gesetzliche Inbezugnahme der Norm bereits dann wettbewerbswidrig ist, wenn sie von der Normungsorganisation aufgestellt wird, auch wenn – im zugrunde liegenden Fall – die Einhaltung der Norm seitens der Normungsorganisation selbst unverbindlich ist. Denn faktisch liegt hier keine Freiwilligkeit durch die gesetzliche Inbezugnahme vor. Zwar kann man dagegen

531

1689 Vgl. Horizontal-Leitlinien, Rn. 273. Die Kommission verweist in dieser Randnummer auf die Entscheidung im *Fernwärmetechnik*-Kartell, in der der Verstoß gegen Art. 101 AEUV zum Teil in der Nutzung von Normen und Standards stand, um die Einführung einer neuen Technik, die eine Verringerung der Preise zur Folge gehabt hätte, zu verhindern bzw. zu verzögern.
1690 EuGH EuZW 2012, 797 – *Fra.bo SpA/Deutsche Vereinigung des Gas- und Wasserfaches e.V.*

einwenden, dass der Vereinbarung von Normen inhärent ist, dass der Wettbewerb um Qualität und Produktinnovation eingeschränkt wird und sich der Wettbewerb somit auf andere Wettbewerbsparameter konzentriert, allerdings ist die Voraussetzung für die wettbewerbsrechtliche Vereinbarkeit, dass sich die Normvereinbarung als Marktzutrittsschranke auswirkt. An diese Voraussetzung sind im Einzelfall erhöhte Anforderungen zu stellen. Erhöhte Anforderungen an die kartellrechtliche Vereinbarkeit von Normenvereinbarungen sind insbesondere dann zu stellen, wenn es um besonders innovative Produkte geht, bei denen eine Offenhaltung der Märkte im Besonderen geboten ist.

532 Besondere praktische Relevanz hat die Festlegung von (technischen) Normen insbesondere dann, wenn Teil der festgelegten Normen **standardessentielle Patente (SEP)** sind. Hierbei handelt es sich verallgemeinert gesagt um Patente, die für die Nutzung eines Industriestandards unerlässlich sind. Ist ein SEP Bestandteil einer Norm, zeigt sich unmittelbar die Grenzlinie zwischen Kartell- und Immaterialgüterrecht, demgegenüber sich das Kartellrecht im Ausgangspunkt grundsätzlich neutral verhält.[1691] Das Immaterialgüterrecht weist dem Inhaber eine Ausschließlichkeitsbefugnis zu, die den Rechtsinhaber beispielsweise in die Lage versetzt eine Lizenzierung des für die Nutzung des normerforderlichen Patents (i) zu verweigern oder (ii) nur gegen die Zahlung einer hohen Lizenzgebühr zu gestatten. Diese Situation wird als »*Patent Holdup*«[1692] bzw. als »Patenthinterhalt« bezeichnet, da die Patentrechtsinhaber zunächst als Teilnehmer am Normierungsverfahren teilgenommen haben, und innerhalb des Prozesses ihre für den standardrelevanten Schutzrechte verschwiegen haben und erst nach Annahme des Standards sodann ihre strategische Position gegenüber den Lizenznehmern durch Forderung überhöhter Lizenzgebühren ausgenutzt haben.[1693] Um dieser Gefahr vorzubeugen, verlangen die Horizontal-LL und im Folgenden die Statuten der Standardisierungsorganisation (SSOs) die Abgabe einer FRAND-Selbstverpflichtung.[1694] Inhalt der FRAND-Selbstverpflichtung (fair, reasonable and non discrimina-

---

1691 Siehe dazu ausführlich *Walz*, GRUR-Int 2013, 718 ff.
1692 *Barthelmeß/Gauß*, WuW 2010, 626, 628.
1693 *Hartmann*, Patenthinterhalte in Normungsprozessen, 2015; *Fuchs*, NZKart 2015, 429, 430. Umstritten ist, ob der Patentinhaber bei Patenthinterhalt noch seinen patentrechtlichen Unterlassungsanspruch aus dem verschwiegenen Patent geltend und durchsetzen kann: kritisch insoweit *Korb*, Der Patenthinterhalt, S. 77, der für den Fall eines Patenthinterhalts zwar den Unterlassungsanspruch bejaht, allerdings als Rechtsfolge eine Freilizenz für den Lizenznutzer vorschlägt; anders jedoch insoweit LG Düsseldorf WuW/E DE-R 3638 – *Franderklärung*; LG Düsseldorf WuW 2016, 93 – *Huawei*. Das LG Düsseldorf stellt insoweit darauf ab, dass Rechtsfolge des Patenthinterhalts nicht eine Versagung des Unterlassungsanspruchs ist, sondern vielmehr eine Lizenzierungspflicht zu FRAND-Bedingungen besteht.
1694 Horizontal-Leitlinien, Rn. 285.

tory) ist eine unwiderrufliche schriftliche Verpflichtung des Inhabers des Immaterialgüterrechtes, Dritten zu fairen, zumutbaren und diskriminierungsfreien Bedingungen Lizenzen für das entsprechende Immaterialgüterrecht (Patent) zu erteilen. Diese Verpflichtung soll nach den Horizontal-LL vor der Annahme der Norm abgegeben werden. Neuralgischer Punkt der FRAND-Selbstverpflichtung ist, wann die Lizenz zu fairen, zumutbaren und diskriminierungsfreien Bedingungen angeboten wird, m.a.W. welche Lizenzgebühr diesen Bedingungen entspricht, und in weiterer Folge in welchem Zusammenhang das Kartellverbot bei dieser Beurteilung eine Rolle spielt (auf das Kartellverbot gestützter Zwangslizenzierungseinwand). Dahinter steht die Frage, ob der (potentielle) Lizenznutzer sich gegenüber einem Unterlassungs- bzw. Schadensersatzanspruch des Patentrechtsinhabers neben dem kartellrechtlichen Missbrauchseinwand (Art. 102 AEUV) auch damit verteidigen kann, dass auch ein Verstoß gegen das Kartellverbot vorliegt.

Geklärt ist durch die Rechtsprechung inzwischen, wann und unter welchen Voraussetzungen die Erhebung einer Patentverletzungsklage durch den SEP gegenüber dem Lizenznutzer als solche einen Missbrauch einer marktbeherrschenden Stellung im Sinne von Art. 102 AEUV darstellt.[1695] In Abkehr von der Rechtsprechung des BGH in *Orange Book* ist nur mehr das nachfolgend genannte Prozedere einzuhalten, wenn ein Missbrauch ausgeschlossen werden soll: zunächst ist erforderlich, dass (i) der Inhaber des SEP den angeblichen Patentverletzer auf die Patentverletzung hinweist, bevor er den Anspruch schriftlich geltend macht,[1696] (ii) der Patentverletzer auf diesen Hinweis ein konkretes schriftliches Angebot auf Lizenzierung zu SEP dem SEP unterbreitet,[1697] (iii) der Patentverletzer nach Treu und Glauben, insbesondere ohne Verzögerungstaktik, auf dieses Angebot reagiert,[1698] bzw. für den Fall der Nichtannahme des Angebots (iv) innerhalb kurzer Frist ein Gegenangebot erstattet.[1699] Lehnt der SEP dieses Gegenangebot ab, hat der Lizenznutzer/Patentverletzer ab dem Zeitpunkt der Ablehnung des Gegenangebots für die Zahlung der Lizenzgebühren entsprechend Sicherheit zu leisten. Das daraus resultierende Wechselspiel von Abmahnung, Angebot und Gegenangebot erweist sich bei näherer Betrachtung als überzeugende Risikoverteilung zwischen Patentinhaber und Lizenzsucher. Diese Grundsätze gelten direkt für die Geltendmachung und Durchsetzung von Unterlassungsansprü-

---

1695 EuGH WuW/E EU-R 3321 – *Huawei Technologies*; siehe dazu *Fuchs*, NZK 215, 429; dem Urteil folgend LG Düsseldorf WuW 2016, 93 – *Huawei*.
1696 EuGH, 16.7.2015, C-170/13 – *Huawei Technologies/ZTE*, Rn. 63. Das Lizenzangebot muss insbesondere die verlangte Lizenzgebühr sowie die Art und Weise der Berechnung der Lizenzgebühr enthalten.
1697 EuGH, 16.7.2015, C-170/13 – *Huawei Technologies/ZTE*, Rn. 64.
1698 EuGH, 16.7.2015, C-170/13 – *Huawei Technologies/ZTE*, Rn. 65.
1699 EuGH, 16.7.2015, C-170/13 – *Huawei Technologies/ZTE*, Rn. 66.

chen. Für die Ansprüche auf Rechnungslegung oder Schadensersatz gelten diese einschränkenden Voraussetzungen nicht.[1700]

534 Für die Normenorganisation besteht keine Verpflichtung selbst zu überprüfen, ob die Lizenzierung nach den FRAND-Grundsätzen erfolgt.[1701] Diesbezüglich besteht keine Nachforschungspflicht. Vielmehr darf sich die Normenorganisation in kartellrechtlich zulässiger Weise auf die ihr gegenüber abgegebene FRAND-Selbstverpflichtung verlassen. Anderenfalls bestünde für die Normenorganisation ein für sie nicht kalkulierbares kartellrechtliches Risiko, an einer verbotenen Normenvereinbarung auch selbst beteiligt zu sein. Hinsichtlich der Höhe der Lizenzgebühr, die den FRAND-Bedingungen entspricht, gibt es in der Entscheidungspraxis bisher noch keine klaren und festen Maßstäbe. Die Horizontal-LL stellen darauf ab, ob die Gebühren in einem angemessenen Verhältnis zum wirtschaftlichen Wert der Patente stehen.[1702] Eher kritisch steht die Kommission einer Berechnungsweise entgegen, die auf die im Zuge der Patenterteilung entstandenen Kosten abstellt. Vielmehr wird die Einholung eines unabhängigen Expertengutachtens befürwortet, in dem der objektive Stellenwert des Immaterialgüterrechts und dessen Notwendigkeit für die betreffende Norm untersucht werden. Genauere Hinweise, welchen Anforderungen das Expertengutachten genügen muss bzw. anhand welcher Grundsätze es zu erstellen ist, ist den Horizontal-LL insoweit nicht zu entnehmen. Da das Instrument des Expertengutachtens auch von anderen Zusammenhängen ein in europäischen Rechtsmaterien durchaus verbreitetes Instrument ist, könnte insoweit beispielsweise eine Anlehnung an die Grundsätze des Expertengutachtens bei der beihilferechtlichen konformen Veräußerung von Grundstücken angelehnt werden.

c) Standardbedingungen

aa) Begriffsbestimmung

535 In Anlehnung an die Horizontal-Leitlinien lassen sich Standardbedingungen als Bedingungen für den Kauf oder Verkauf von Waren bzw. Dienstleistungen beschreiben, die (indirekt) von Wirtschaftsverbänden oder Wettbewerbern ausgearbeitet werden, und die die Bedingungen für Verträge zwischen einem Verbraucher und einem Wettbewerber über den Kauf- bzw. direkt zwischen Verkauf austauschbarer Produkte festlegen.[1703] Standardbedingungen sind im weitesten Sinne alle vereinheitlichten Konditionen zwischen Wettbewerbern

---

1700 EuGH, 16.7.2015, C-170/13 – *Huawei Technologies/ZTE*, Rn. 74 ff.
1701 Horizontal-Leitlinien, Rn. 288.
1702 EuGH Slg. 1978, 207 Rn. 250 – *United Brands/Kommission*; EuGH WuW/E EU-R 1596 Rn. 142 – *Der Grüne Punkt*.
1703 Horizontal-Leitlinien, Rn. 259.

über Umsatzgeschäfte mit Dritten. Wie diese vereinheitlichten Konditionen zustande gekommen sind, spielt keine Rolle. Entscheidend ist nur, dass die Wettbewerber **einvernehmlich** die Konditionen **anwenden**. Dies geschieht bisweilen durch eine Vereinbarung zwischen den Wettbewerbern, meist über einen Beschluss der Wirtschaftsverbände, denen die Wettbewerber angehören.[1704] Häufig kommen Standardbedingungen in der Bank- bzw. Versicherungsbranche vor.[1705] Dort erfüllen sie eine Funktion, die zum Teil deutlich über die Funktion der Allgemeinen Geschäftsbedingungen hinausgeht. Im Bereich der Versicherungswirtschaft erfüllen die Allgemeinen Versicherungsbedingungen für bestimmte Versicherungsarten (AVB) nicht nur die Funktion der Standardisierung bestimmter Geschäftsbedingungen, sondern sie erfüllen primär die Funktion der Leistungsbeschreibung, indem sie das versicherte Risiko festlegen und eingrenzen.[1706]

Überträgt man dies auf die Terminologie der Schuldverhältnisse, beschreiben die AVB somit den Hauptleistungsinhalt, und enthalten nicht nur lediglich Nebenleistungen, sondern konstituieren das Produkt Versicherung erst durch die Ausformung der AVB.[1707] Diese besondere Funktion der AVB als produktkonstituierendes Element hatte in der Vergangenheit dazu geführt, dass die entsprechenden Gruppenfreistellungsverordnungen Versicherungswirtschaft (GVO 3932/92 und 358/2003) insoweit einen allgemeinen Freistellungstatbestand für die Erstellung von Musterbedingungen für die Versicherungswirtschaft enthalten haben. Dieser wurde allerdings nicht in der neuen Versicherungs-Gruppenfreistellungsverordnung 267/2010 fortgeführt mit dem Argument seitens der Kommission, dass eine vergleichbare Situation auch in anderen Branchen bestehe und dort keine Sonderregelung für den jeweiligen Wirtschaftszweig vorhanden sei.[1708] 536

Das Paradigma für Standardbedingungen sind **AGB** im Sinne des § 305 Abs. 1 BGB. Während § 310 Abs. 1 Satz 1, Absatz 2 BGB bestimmte AGB privile- 537

1704 So haben etwa Muster für allgemeine Versicherungsbedingungen aufgestellt der Gesamtverband der Deutschen Versicherungswirtschaft e.V. sowie der Verband der privaten Krankenversicherung e.V.
1705 So für die Versicherungswirtschaft *Dreher/Hoffmann*, ZWeR 2012, 403, 403.
1706 *Dreher/Hoffmann*, ZWeR 2012, 403, 404; *Dreher*, Die Versicherung als Rechtsprodukt, 1991, S. 159 f.; *Rittner/Dreher*, Europäisches und deutsches Wirtschaftsrecht, 3. Aufl. 2008, § 31 Rn. 82.
1707 *Dreher/Hoffmann*, ZWeR 2012, 403, 404; *Dreher/Kling*, Kartell- und Wettbewerbsrecht der Versicherungsunternehmen, 2007, 1. Teil, Rn. 350; *Gruber*, JBl 2011, 477, 483; insoweit auch der Horizontal-Leitlinien-Entwurf der Kommission (SEK 2010, 528, Rn. 263) in dem dieser ausdrücklich die Versicherungsverträge als Beispiel dafür genannt hatte, dass in Standardbedingungen auch der Anwendungsbereich des Endprodukts festgelegt wird.
1708 Kritisch dazu *Dreher/Hoffmann*, ZWeR 2012, 403, 405 m.w.N.

giert, gilt dieses Privileg nicht für die Vereinbarungen oder Beschlüsse, auf denen diese AGB beruhen. Vereinheitlichte Versorgungsbedingungen bei der Energie- und Wasserversorgung unterliegen daher einer wettbewerbsrechtlichen Kontrolle nach § 1 GWB. Die den Standardbedingungen innewohnende wettbewerbsrechtliche Gefahr, ergibt sich begriffsimmanent aus dem Terminus Standardbedingungen, welcher impliziert, dass es zu einer gewissen Standardisierung und damit Vereinheitlichung und gleichzeitig einem Abnehmen der Vielfalt kommt.

538 Die Parteien müssen die Standardbedingungen selbst oder über Verbände ausarbeiten. Im Gegensatz zur alten Rechtslage wird man daher Vereinbarungen über Handelsbräuche nicht den Maßstäben unterwerfen, die für Standardbedingungen gelten.[1709] Vereinbaren Unternehmen, dass in den Verträgen mit Dritten bestimmte Handelsbräuche gelten sollen, begeben sie sich dadurch ihrer Freiheit, von den Bräuchen abzuweichen. Darin kann eine spürbare Wettbewerbsbeschränkung liegen. Einen Standard setzen die Unternehmen dadurch nicht, da sie bereits auf Vorgefundenes verweisen. Schon nach alter Rechtslage war es keine Wettbewerbsbeschränkung, wenn sich Unternehmen auf eine einheitliche Sprachregelung einigen und für Definitionsfragen beispielsweise auf Incoterms verweisen.

bb) Bezweckte Wettbewerbsbeschränkungen

539 In jedem Fall widersprechen Standardbedingungen dem Kartellverbot des § 1 GWB, wenn diese eine **Kernbeschränkung** enthalten. Relevant sind diesbezüglich insbesondere solche Standardbedingungen, die sich (direkt) auf den Preis auswirken (die Horizontal-LL nennen diesbezüglich Preisempfehlungen und Rabatte).[1710] Wirkt sich eine Standardbedingung auf den Verkaufspreis oder einen preisbildenden Faktor aus, kommt sie einer Kernbeschränkung gleich und ist deswegen verboten. Unerheblich ist für diese Beurteilung, ob die Standardbedingung verbindlich für alle gesetzt ist oder unverbindlich gelten soll. Darauf kommt es in diesem Fall nicht an. Bezogen auf Versicherungsstandardbedingungen ist somit – auch in Übereinstimmung mit der vormals schwarzen Klausel in Art. 6 Abs. 1 lit. A VO, 358/2003 – eine Erwähnung der Bruttoprämien zwingend zu vermeiden. Zudem sollten auch weitere Prämienkomponenten, wie Rabatte, Sicherheitszuschläge, Verwaltungs- und Vertriebskosten, nicht Bestandteil der Musterbedingungen sein um die Einordnung als bezweckte Wettbewerbsbeschränkung zu vermeiden. Strittig, aber nicht final entschieden ist, ob dies auch für die Angabe der Versicherungssum-

---

1709 Siehe zur Rechtslage nach § 2 Abs. 2 GWB a.F.: *Immenga*, in: Immenga/Mestmäcker, § 2 GWB Rn. 17 ff.
1710 Horizontal-Leitlinien, Rn. 276.

me oder von Selbstbehalten gilt. Diesbezüglich hat die Kommission zwar im Fall *Lloyds Underwriters* entschieden, dass eine prozentuale Anpassung von Selbstbehalten als wettbewerbsbeschränkend anzusehen ist, diese Entscheidung bezog sich allerdings auf eine Vereinbarung zwischen Versicherungsunternehmen und nicht auf eine Klausel in den Musterstandardbedingungen. Geht man sohin jedoch von einer Übertragbarkeit auf die kartellrechtliche Zulässigkeit von Musterstandardbedingungen aus, wird hieraus zu folgern sein, dass auch eine Angabe von Versicherungssummen und Selbstbehalten zu unterbleiben hat.[1711] Vor diesem Hintergrund sind die verbreiteten Musterkonzessionsverträge mit § 1 GWB unvereinbar. Diese Verträge erklären ein bestimmtes Niveau von Konzessionsabgaben für allgemein verbindlich und fixieren damit einen preisbildenden Faktor.

cc) Wettbewerbsrechtliche Beurteilung

(1) Gefahrenpotential von Standardbedingungen

Wie auch bei Normenvereinbarungen besteht bei Standardvereinbarungen die wettbewerbsrechtliche Gefahr, dass es durch die Standardisierung zu einer **Einschränkung des Produktangebots** und der Innovation kommt und somit die Produktvielfalt bzw. Innovationskraft abnimmt.[1712] Dies gilt insbesondere dann, wenn ein Großteil der Standardbedingungen von den Unternehmen der jeweiligen Branche übernommen wird. 540

(2) Einfache AVB vs. Produkt-AVB

Im Ausgangspunkt ist zwischen allgemeinen Standardbedingungen und solchen Standardbedingungen zu unterscheiden, die unmittelbar produktbezogen sind (am Beispiel der Versicherungswirtschaft ist demnach zu unterscheiden zwischen »einfachen AVB« und »Produkt-AVB«). Letztere kommen häufig in der Versicherungswirtschaft vor. In Anlehnung an die Horizontal-LL ist somit allgemein davon auszugehen, dass es bei allgemeinen Standardbedingungen dann nicht zu wettbewerbsbeschränkenden Auswirkungen kommt, wenn die nachfolgenden drei Voraussetzungen erfüllt sind: Erstens muss (i) eine uneingeschränkte Beteiligung der Wettbewerber auf dem relevanten Markt an der Festlegung der Standardbedingungen gewährleistet sein, (ii) zudem muss es sich um nicht verbindliche Standardbedingungen handeln, die (iii) auch uneingeschränkt zugänglich sind.[1713] Diese Voraussetzungen gelten unterschiedslos und sind nicht abhängig davon, ob es sich um einfache AVB oder Produkt-AVB handelt. 541

1711 So auch *Pohlmann*, WuW 2010, 1106, 1111.
1712 Horizontal-Leitlinien, Rn. 270.
1713 Horizontal-Leitlinien, Rn. 301.

§ 1 GWB *Verbot wettbewerbsbeschränkender Vereinbarungen*

542 Mit dem Erfordernis der Beteiligung der Wettbewerber soll zunächst sichergestellt werden, dass es nicht nur zu einer Ausarbeitung von Standardbedingungen zwischen einigen (wenigen) Wettbewerbern kommt, ohne dass Konkurrenten die Möglichkeit der Mitgestaltung hatten, da anderenfalls im kleineren Wettbewerberkreis leichter ein kollusives Ergebnis erzielt werden könnte. Unklar ist dabei, ob auch Voraussetzung ist, dass jeder Wettbewerber an der Erstellung der Standardbedingungen beteiligt wird und demnach ein Wettbewerber bei Nichtberücksichtigung bei der Aufstellung der Standardbedingungen einwenden könnte, er sei nicht beteiligt worden und somit liege eine Voraussetzung dafür, dass wettbewerbsbeschränkende Auswirkungen unwahrscheinlich sind, nicht vor. Grundsätzlich ist die Frage so zu beantworten, dass die Beteiligung aller Wettbewerber nach der *ratio legis* als Voraussetzung anzusehen ist. Dem wird aber auch durch das Beteiligungserfordernis dadurch Genüge getan, dass eine Beteiligung über die Wettbewerberverbände erfolgt, in denen diese vertreten sind und durch den Verband entsprechend repräsentiert werden.[1714] Der Gesamtverband der Deutschen Versicherungswirtschaft e.V. (GDV) stellt die Beteiligung aller Mitgliedsunternehmen dadurch sicher, dass die Mitgliedsunternehmen bei allen AVB die Möglichkeit der Stellungnahme binnen 4 Wochen haben und somit eine Partizipationsmöglichkeit durch alle Mitglieder gesichert wird. Weiterhin ist unklar, ob der Begriff des Wettbewerbers sich nur auf aktuelle, oder sogar auch auf potentielle Wettbewerber bezieht. Angesichts des Umstandes, dass der Wettbewerberbeteiligung dadurch Genüge getan werden kann, dass eine Beteiligung über einen Wirtschaftsverband erfolgt, ist davon auszugehen, dass der Begriff des Wettbewerbers nur aktuelle auch am Markt tätige Wettbewerber erfasst, da nur entsprechend aktuell am Markt tätige Wettbewerber auch über den Wirtschaftsverband repräsentiert sein können.

543 Daneben ist erforderlich, dass die Standardbedingungen unverbindlich sind.[1715] Wann eine Unverbindlichkeit vorliegt, ist der Rechtsprechung und den Horizontal-Leitlinien nicht eindeutig zu entnehmen. Grundsätzlich ist zu fordern, dass eine Standardbedingung dann unverbindlich ist, wenn sie sowohl rechtlich als auch faktisch Unverbindlichkeit aufweist. Allerdings ist diese Voraussetzung auch im Wechselspiel mit dem Sinn und Zweck von Standardbedingungen auszulegen. Insoweit bietet sich beispielsweise eine Anlehnung an die Rechtsprechung zur Unverbindlichkeit von Preisempfehlungen (UVP) an, eine undifferenzierte Übernahme sollte allerdings unterbleiben. Demnach muss dem Unternehmen sowohl rechtlich als auch tatsächlich frei bleiben,

---

1714 *Pohlmann*, WuW 2011, 379, 379 mit einem Vergleich der verschiedenen Wortfassungen der Horizontal-Leitlinien und der Bemerkung, dass die Beteiligung der Wettbewerber an der Erstellung der Bedingungen in der finalen Fassung der Horizontal-Leitlinien klarer herausgearbeitet wurde.
1715 Horizontal-Leitlinien, Rn. 301, 306.

auch andere Bedingungen als die in dem Muster-AVB vorgesehenen Bedingungen zu verwenden. Ein Grenzfall liegt dann vor, wenn seitens der Verbände sogenannte Bedingungsbausteine vorformuliert werden, die einzelne Elemente oder sogar bestimmte Vorschläge enthalten, und aus denen sich die Versicherer ihre AVB zusammenstellen können.[1716] Hierbei bleiben die Versicherer zwar einerseits frei darin zu entscheiden, welche der vorgeschlagenen Bausteine sie verwenden, allerdings kann sich je nach Gestaltung der Bausteine (attraktive vs. nicht attraktive Bausteine) auch schnell eine Priorisierung durch die Versicherer ergeben und somit eine vereinheitlichende Wirkung der Bausteine begründet werden. Kontrollüberlegung der Selbsteinschätzung sollte immer sein, ob dem Versicherer insoweit eine echte Wahlentscheidung verbleibt, oder die Muster-AVB eher einer Direktive gleichkommen. Kommen sie eher einer Direktive gleich und werden immer die gleichen Bedingungsbausteine von allen Versicherern verwendet, liegt keine Wahlentscheidung vor und die formale Freiheit rechtfertigt es nicht, die Standardbedingung insoweit vom Kartellverbot auszunehmen. Schließlich ist auch erforderlich, dass die Standardbedingungen auch für jeden uneingeschränkt zugänglich sind. Bei der uneingeschränkten Zugänglichkeit sind keine zu hohen Anforderungen zu stellen. Insoweit reicht die Möglichkeit der physischen oder elektronischen Kenntnisnahme. Obgleich die vorstehend genannten Voraussetzungen in der Literatur und Entscheidungspraxis bisher eher nur rudimentär behandelt worden sind, sollte bei der Rechtsanwendung erkenntnisleitend immer die Frage beantwortet werden, ob es bei den Standardbedingungen zu einem Einfluss auf die Produktvielfalt bzw. die Innovation kommt.[1717]

544 Von dem Grundsatz, dass bei allgemeinen Standardbedingungen regelmäßig nicht damit zu rechnen ist, dass es zu wettbewerbsbeschränkenden Auswirkungen kommt, wird dann eine wesentliche Ausnahme gemacht, wenn sich Standardbedingungen »aus anderen Gründen« als entscheidender Teil eines Kundengeschäftes erweisen, z.B. weil Kunden den Bedingungen so große Bedeutung beimessen, dass diese den Charakter einer *de-facto* Norm erhalten.[1718] Eine solche *de-facto* Norm würde z.B. dann vorliegen, wenn die Standardbedingungen zwar nicht verbindlich (weder rechtlich noch wirtschaftlich) sind, allerdings die Unternehmen die Norm erfüllen müssten, um am Markt (erfolgreich) tätig zu sein. Dies sei z.B. beim Online Shopping der Fall, wenn es um die einheitliche Verwendung von Zahlungssystemen oder einheitlichen Regelungen zum Rückgaberecht geht. Die Begründung des Begriffs der *de-facto* Norm erinnert stark an die Argumentationslinien beim Begriff der

---

1716 Siehe dazu *Pohlmann*, WuW 2010, 1106, 1113; *Gruber*, JBl 2011, 477, 491 die insoweit von Bedingungskatalogen sprechen; *Horowitz*, VR 6/2010, 5, 7 der von »Tool Boxes« spricht; siehe auch *Dreher/Hoffmann*, ZWeR 2011, 403, 410.
1717 Siehe dazu Horizontal-Leitlinien, Rn. 270.
1718 Horizontal-Leitlinien, Rn. 305; siehe auch *Auf'mkolk*, WuW 2011, 699, 710.

abgestimmten Verhaltensweise und erfüllt im Rahmen der Beurteilung von Standardbedingungen ebenso wie der Begriff der abgestimmten Verhaltensweise eine gewisse Auffangfunktion unterhalb der Schwelle der Verbindlichkeit. Der GDV stellt die Unverbindlichkeit dadurch sicher, dass dieser auf der Homepage einen Unverbindlichkeitshinweis aufnimmt.[1719]

(3) Differenzierte Betrachtung bei Produkt-AVB

545 Wie zuvor gezeigt, erfolgt eine erste Weichenstellung bei der Beurteilung dadurch, dass zwischen allgemeinen/einfachen AVB und Produkt-AVB unterschieden wird. Zwar gelten die vorstehend genannten Grundsätze auch für Produkt-AVB, allerdings ist für diese eine vertiefte Prüfung angezeigt.[1720] Dies deshalb, weil Produkt-AVB entscheidend auch zur Gestaltung des Produktes Versicherung beitragen und ihnen die zuvor beschriebene konstituierende Wirkung beigemessen wird. Bei Produkt-AVB besteht generell ein höheres Risiko, dass es zu einer Einschränkung der Produktvielfalt und damit zu wettbewerbsbeschränkenden Auswirkungen kommt. Es würde dadurch der Anreiz vermindert werden, hinsichtlich differenzierter Produkte unter den Wettbewerbern zu konkurrieren. Bezogen auf Versicherungen könnte sich eine wettbewerbliche Gefahr dadurch ergeben, dass es zu eingeschränkten Wahlmöglichkeiten des Versicherungsnehmers hinsichtlich der Kernelemente eines Versicherungsvertrags durch die Muster-Produkt-AVB kommt.[1721] Als Kernelemente sind bei Versicherungsverträgen insbesondere die Beschreibung bzw. Definition des Versicherungsfalls (**primäre Risikobeschreibung**) sowie die entsprechenden Ausschlussgründe (**sekundäre Risikobeschreibung**) zu sehen.[1722] Stein des Anstoßes waren in der Vergangenheit u.a. Globaldeckungsklauseln, die einen umfassenden Versicherungsschutz auch für solche Risiken vorsahen, den eine erhebliche Zahl von Versicherungsnehmern *nicht* gleichzeitig ausgesetzt waren.[1723] Die Verwendung solcher Globaldeckungsklauseln hatte nach der alten GVO (Art. 6 Abs. 1 lit. c GVO 358/2003) zur Folge, dass die Freistellung für die gesamten Muster-AVB entfiel, da es sich hierbei um eine *Schwarze Klausel* handelte. Diese Wertung ist auch heute noch zugrunde zu legen.

1719 Vgl. dazu www.gdv.de: »Unverbindliche Bekanntgabe des Gesamtverbandes der Deutschen Versicherungswirtschaft e.V. (GDV) zur fakultativen Verwendung. Abweichende Vereinbarungen sind möglich.«
1720 Horizontal-Leitlinien, Rn. 103; so auch *Pohlmann*, WuW 2010, 1106, 1113; *dies.*, WuW 2011, 379; *Auf'mkolk*, WuW 2011, 699, 710.
1721 Horizontal-Leitlinien, Rn. 303.
1722 Siehe dazu ausführlich *Pohlmann*, WuW 2010, 1106, 1109 ff.
1723 Vgl. alte Schwarze Klausel in Art. 6 Abs 1 lit. c GVO 358/2003; siehe dazu auch *Dreher/Hoffmann*, ZWeR 2012, 403, 410.

Fraglich ist, ob über die primäre und sekundäre Risikobeschreibung hinaus auch die **Obliegenheiten der Versicherungsnehmer** zum Kerninhalt zählen.[1724] Entscheidend bei der Beurteilung der wettbewerbsbeschränkenden Auswirkungen von Produkt-AVB sind die Marktabdeckung und die Abdeckung des Produktes durch die Standardbedingungen. Hinsichtlich der Abdeckung des Marktes bzw. der Marktstruktur gilt Folgendes: gibt es beispielsweise eine größere Anzahl kleinerer Wettbewerber, ist das Risiko einer Einschränkung des Produktangebots geringer, als wenn es nur einige große Wettbewerber gibt.[1725] Erforderlich für die Beurteilung ist somit, dass der relevante Markt abgegrenzt, die Marktanteile der beteiligten Unternehmen festgestellt und daraufhin untersucht werden, ob eine Einschränkung der Produktvielfalt bzw. der Innovationskraft droht. Bei welchem **Marktanteil** der einzelnen Unternehmen bzw. bei welcher Fragmentierung des Marktes von einer problematischen Konzentration und somit der Gefahr einer Übernahme der Muster-AVB auszugehen ist, ist **nicht** (näher) **festgelegt**. Entgegen anderer Gruppenfreistellungsverordnungen wurde in diesem Zuge leider auf die Einführung einer festen Marktanteilsschwelle verzichtet. Hinzu kommt, dass bei Veränderungen der Marktstruktur bzw. weitgehender Übernahme der Standardbedingungen durch viele Unternehmen das Risiko besteht, dass die Standardbedingungen im Zeitablauf kartellrechtlich unzulässig werden können. Um daher sicher zu gehen, dass eine ursprünglich zulässige Musterstandardbedingung nicht im Zeitablauf kartellrechtlich unzulässig wird, hat somit eine laufende Beobachtung durch die Unternehmen zu erfolgen.

546

Im Ergebnis besteht daher für die Unternehmen eine erhebliche **Rechtsunsicherheit** dahingehend, wann Muster-Standardbedingungen kartellrechtlich zulässig sind. Hinzu kommt noch ein weiteres Kriterium, nämlich der Abdeckungsgrad der Standardbedingungen am Gesamtprodukt. Damit ist gemeint, dass ebenfalls analysiert werden muss, welchen Anteil die Standardbedingungen insbesondere hinsichtlich der Kernklauseln der Endkundenverträge ausmachen. In Anlehnung an die Horizontal-Leitlinien ist zu folgern, dass je kleiner der Anwendungsbereich der Standardbedingungen ist, desto unwahrscheinlicher ist es auch, dass diese insgesamt zu einer Beschränkung des Produktangebots führen.[1726]

547

Offen ist, ob im Rahmen der Gestaltung der Produkt-Standardbedingungen, z.B. bei Versicherungen, in den Muster-AVB bestimmte Spezifikationen oder Qualitäten von Sicherheitsvorkehrungen (z.B. Sprinkleranlagen oder Alarmanlagen) vorgesehen werden können. Die Horizontal-Leitlinien enthalten

548

1724 Ablehnend insoweit *Pohlmann*, WuW 2010, 1106, 1113.
1725 Horizontal-Leitlinien, Rn. 304.
1726 Horizontal-Leitlinien, Rn. 304.

diesbezüglich keine Vorgaben, auch in der Rechtsprechung erscheint dies noch nicht entschieden. Entsprechende Vorgaben zu **Spezifikationen** oder **Qualitäten von Sicherheitsvorkehrungen** erscheinen damit möglich, allerdings sollte dennoch tendenziell vermieden werden, z.B. durch einheitliche Definition von Sicherheitsvorkehrungen oder durch ein regelmäßiges Prüfungserfordernis von Sicherheitsvorkehrungen durch einen Sachverständigen, dass es zu einer Einschränkung der Produktvielfalt kommt.

549 Auch für Produkt-Standardbedingungen gibt es allerdings eine Ausnahme, derzufolge wettbewerbsbeschränkende Auswirkungen sehr unwahrscheinlich sind, wenn es nämlich – in Anlehnung an den **Arbeitsgemeinschaftsgedanken** – nicht möglich wäre, ein bestimmtes Produkt anzubieten. Dahinter steht die Überlegung, dass anderenfalls eine Markterschließung nicht möglich wäre. Denn in diesem Fall kommt es durch die Standardbedingungen nicht zu einer Verengung des Produktangebots oder zu einer Verminderung der Innovationstätigkeit, sondern zu einer Ausweitung des Angebots. Relevant wird diese Überlegung vor allem dann, wenn es um die Formulierung von Produkt-Standardbedingungen bei **neuen Produkten oder Risiken** geht, was in der Versicherungsbranche beispielsweise bei der Aufstellung der Muster-Standardbedingungen für die **Umweltschadensversicherung** der Fall war. Hier ist insoweit eine andere Beurteilung geboten, die dazu führt, dass wettbewerbsbeschränkende Auswirkungen unwahrscheinlich sind, und die Produkt-AVB insoweit kartellrechtlich zulässig sind (soweit keine Kernbeschränkung vorliegt).

10. Vermarktungsvereinbarungen und gemeinsamer Vertrieb

a) Begriff

550 Vermarktungsvereinbarungen sind der **Oberbegriff** für die Koordination mehrerer Unternehmen bei der Absatzförderung ihrer Waren und/oder Erbringung von Dienstleistungen. Diese Koordination kann verschiedene (horizontale und vertikale) Formen annehmen. Je nach Form unterliegt die Vermarktungsvereinbarung einem unterschiedlichen Regime. Es handelt sich daher um **hybride Gebilde**. Die Erscheinungsformen reichen von schlichten Kooperationsvereinbarungen bis hin zu Gemeinschaftsunternehmen (GU). Dieses wird in aller Regel ein Teilfunktions-GU sein.[1727] Gegenstand der gemeinsamen Vermarktung können einzelne oder mehrere Parameter beim Warenabsatz sein. Möglich ist sowohl eine gegenseitige als auch eine nicht-gegenseitige Vereinbarung.

1727 *Füller*, in: KK-KartR, Art. 101 AEUV, Rn. 359 m.w.N.

Eine Vermarktung in **horizontaler Hinsicht** liegt beispielsweise dann vor, wenn es um die gemeinschaftliche Nutzung von Verkaufsstellen, Ausstellungsräumen oder die Gründung einer gemeinsamen Vertriebsgesellschaft geht. Ein häufiges Anwendungsfeld sind auch die gemeinsame Verwertung von gewerblichen Schutzrechten, wie z.B. in der Film – und Musikindustrie[1728] und die gemeinsame Vermarktung von Exklusivrechten im Sport, wie z.B. bei der Zentralvermarktung der Deutschen Fußball Bundesliga durch den *Ligaverband* und die *DFL* (vgl. dazu sogleich Rdn. 561).[1729]

551

Handelt es sich hingegen um eine vertikale Vereinbarung, so sind die jeweiligen Abreden anhand § 2 Abs. 2 GWB i.V.m. Vertikal-GVO zu prüfen. Vermarktungsvereinbarungen zwischen aktuellen oder potentiellen Wettbewerbern unterliegen nur dann der Vertikal-GVO, wenn es sich gem. Art. 2 Abs. 4 Vertikal-GVO um bestimmte, **nicht gegenseitige vertikale** Vereinbarungen handelt. Gemeint ist damit der duale Vertrieb, also eine Situation, in der der Hersteller mit seinem Eigenvertrieb in Konkurrenz zu seinen Händlern tritt. Dieser Fall ist grundsätzlich von der Vertikal-GVO freigestellt.[1730] Eine solche liegt dann nicht vor, wenn ein Bundesland (hier: Baden-Württemberg) mit den Privat- und Körperschaftswaldbesitzern eine gemeinsame Vermarktung des Nadelstammholzes vereinbart.[1731] Jenseits dieser Fälle sind Vermarktungsvereinbarungen zwischen aktuellen und potentiellen Wettbewerbern stets anhand der allgemeinen Maßstäbe des § 1 GWB unter Heranziehung der Horizontal-Leitlinien zu beurteilen,[1732] deren Erwägungen sich teilweise mit denen der inländischen Praxis decken.[1733] Daneben ist noch zu bedenken, dass horizontale Vermarktungsvereinbarungen auch nach Spezialisierungs-GVO (Verordnung Nr. 1218/2010) oder nach der F&E-GVO (Verordnung Nr. 1217/2010) gruppenfreigestellt sein können. Zu einer gemeinsamen Vermarktung kann es nach einer FdE z.B. bei der Spezialisierung im Rahmen der Verwertung kommen, wenn bei drei Partnern einer herstellt und zwei vertreiben.

552

1728 Vgl. dazu EuG, T-224/95, Slg. 1997, II-2215 – *Tremblay*; EuGH, C-395/87, Slg. 1989, 2521 – *Tournier*. Vgl. allgemein zur Marktsituation im Musikbusiness *Mestmäcker*, ZUM 2001, 185 ff.
1729 Grundlegend *Hellmann/Bruder*, EuZW 2006, 359 ff. Siehe zuletzt insbesondere BKartA 12.1.2012, B6 114/10 – *Ligaverband/DFL*.
1730 *Wegner/Johannsen*, in: KK-KartR, Art. 2 Vertikal-GVO, Rn. 51.
1731 Siehe BKartA, 9.7.2015, B1 72/12, Rn. 447 – *Holzvermarktung*.
1732 Horizontal-Leitlinien, Rn. 225–256.
1733 BGH WuW/E BGH 1901 – *Transportbetonvertrieb II*; BGH WuW/E BGH 1367 – *ZVN*; KG WuW/E OLG 2259 – *Siegerländer Transportbeton*. Siehe außerdem die »Beschlussreihe« des BKartA zu den Vermarktungsvereinbarungen der Bundesländer für Rohholz: BKartA vom 29.1.2009 – B 2 – 90/01-2 (Nordrhein-Westfalen); BKartA 3.3.2009 – B 2 – 90/01 – 3 (Rheinland-Pfalz); BKartA 17.9.2009 B 2 – 90/01 – 1 (Thüringen). Siehe auch BKartA 9.7.2015, B1 72/12 – *Holzvermarktung*.

§ 1 GWB Verbot wettbewerbsbeschränkender Vereinbarungen

b) Wettbewerbsrechtliche Bewertung
aa) Markterschließung und Immanenzvorbehalt

553 Der Arbeitsgemeinschaftsgedanke lässt sich grundsätzlich auf Vermarktungsvereinbarungen übertragen. Sie sind daher kartellrechtlich unbedenklich, wenn sie mindestens einer oder allen Parteien den Eintritt in einen Markt erlaubt bzw. erlauben, auf dem sie einzeln oder in einer kleineren Gruppe nicht hätten auftreten können.[1734] Erlaubt ist es, wenn die Unternehmen einer Bietergemeinschaft vereinbaren, einen von ihnen entwickelten digitalen Mobilfunkstandard gemeinsam zu vertreiben, da sie dazu einzeln nicht in der Lage wären.[1735] Eine kartellfreie Arbeitsgemeinschaft stellen Vereinbarungen über einen gemeinsamen Transport dar, sofern ein individueller Transport nicht kostendeckend ist.[1736] Anders entschied das BKartA jedoch in Bezug auf die Rundholzvermarktung in Baden-Württemberg.[1737]

bb) Bezweckte Wettbewerbsbeschränkungen

554 Lassen sich aus Vermarktungsvereinbarungen direkt oder indirekt Kernbeschränkungen ableiten, so können diese gegen § 1 GWB verstoßen. Zu prüfen ist aber immer, ob (i) eine Kernbeschränkung vorliegt und sich (ii) daraus überhaupt eine bezweckte Wettbewerbsbeschränkung ergibt (beide stimmen nicht notwendigerweise überein). Gemeinsame Verkaufspreise, Markt- bzw. Kundenaufteilungen oder Mengenbeschränkungen sind damit verboten, mögen sie auch als »Vermarktungsvereinbarung« getarnt sein.[1738] Erfasst sind davon vor allem klassische »Verkaufssyndikate«. Dies gilt auch dann, wenn die Kooperationseinander jeweils frei verkaufen dürfen, mithin also keine Exklusivität (Andienung) vereinbart wurde.[1739] Mit der *ZVN*-Entscheidung hat sich die Rechtsprechung somit von der Gegenstandstheorie verabschiedet. Denn auch ohne formale Exklusivität bzw. Andienungspflicht ist bei einer Kooperation, z.B. im Rahmen eines gemeinsamen Vertriebs, davon auszugehen, dass sich die Gesellschaften primär der gemeinsamen Vertriebsstelle bedienen.[1740] Etwas anderes gilt hingegen bei einer nicht gegenseitigen Vertriebsvereinbarung.

1734 Horizontal-Leitlinien, Rn. 232.
1735 Kommission ABl. EG 1990 Nr. L 152/54 Rn. 25 – *Konsortium ECR 900*.
1736 *Krauß*, in: Langen/Bunte, § 1 GWB Rn. 224.
1737 Siehe auch BKartA 9.7.2015, B1 72/12, Rn. 421 ff. – *Holzvermarktung*
1738 Siehe dazu Horizontal-Leitlinien, Rn. 232; So im Ergebnis für Preise auch *Krauß*, in: Langen/Bunte, Art. 81 Rn. 222; siehe auch *Wollmann/Herzog*, in: MünchKommWbR, Art. 101 AEUV, Rn. 233.
1739 BGH WuW/E BGH 1367 – *ZVN*; so auch Horizontal-Leitlinien, Rn. 235.
1740 So auch *Krauß*, in: Langen/Bunte, § 1 GWB Rn. 224.

cc) Marktmacht und safe harbour

Lässt sich der in einer Vermarktungsvereinbarung festgelegte Aktionsparameter keiner bezweckten Wettbewerbsbeschränkung zuordnen, stellen die Horizontal-Leitlinien der Kommission für die rechtliche Beurteilung vor allem auf den **Marktanteil** der Beteiligten ab. Indes sind die Ausführungen dazu wenig klar und inkonsistent, so dass sie sich nur *cum grano salis* als Richtschnur für die Auslegung des § 1 GWB empfehlen. Offen bleibt zunächst, welche vergemeinschafteten Vermarktungsfunktionen erfasst sein sollen. Vorläufig sind hier zu nennen: gemeinsame Werbung, gemeinsame Markennutzung (durch Markengemeinschaften oder Kollektivmarken), gemeinsamer Kundendienst, Lieferung und Transport oder gemeinsame Vertriebskanäle. Beträgt der Marktanteil der Beteiligten **weniger als 15 %, sei wahrscheinlich** Art. 101 Abs. 3 AEUV (§ 2 Abs. 2 GWB) erfüllt, während bei einem Marktanteil über 15 % die wettbewerbsbeschränkenden Auswirkungen der Vereinbarung zu prüfen seien.[1741] Daran sollte auch die Orientierung im Rahmen von § 1 GWB erfolgen. Wie bei Einkaufskooperation kann daher bei einem Marktanteil von 15 % prima vista von einem **safe harbour** ausgegangen werden. Hinzu kommt, dass aber auch oberhalb von 15 % nicht per se davon auszugehen ist, dass die Vermarktungsvereinbarung problematisch ist.

555

dd) Gemeinsame Werbung

Eine vergemeinschaftete **Werbung** wirkt wettbewerbsbeschränkend, wenn die Werbung ein maßgebender Aktionsparameter im Wettbewerb ist. Solange es den Beteiligten **freisteht, eigenständig zu werben**, sind »Werbegemeinschaften« kartellrechtlich bedenkenfrei.[1742] Es muss möglich sein, die Aufmerksamkeit des Käufers auf eine bestimmte Branche zu lenken. Zu beachten ist indes, dass es zu keiner Koordinierung von Parametern kommt, die bei einer isolierten Abstimmung einen Hardcore-Verstoß begründen. Dies war beispielsweise bei der gemeinsamen Werbung von (einigen) *Hildesheimer Apothekern* der Fall. Diese entschlossen sich 2007 angesichts des bevorstehenden Markteintritts einer Discount-Apotheke zu einer gemeinsamen Werbung für nicht-rezeptpflichtige, aber apothekenpflichtige Medikamente zusammen. Die Werbung enthielt gemeinsame Preise.[1743] Das Bundeskartellamt sah in dieser Werbung mit verbindlichen Preisangaben einen Verstoß gegen § 1

556

1741 Horizontal-Leitlinien, Rn. 240 f.
1742 So auch *Wollmann/Herzog*, in: MünchKommWbR, Art. 101 AEUV, Rn. 238.
1743 Siehe dazu Pressemitteilung BKartA vom 8.1.2008: Bundeskartellamt verhängt Geldbußen gegen Apotheker wegen Preisabsprachen für nicht verschreibungspflichtige Arzneimittel.

§ 1 GWB   *Verbot wettbewerbsbeschränkender Vereinbarungen*

GWB und verhängte gegen acht Apotheker ein Bußgeld von 150.000 EUR.[1744] Bestimmt man mit einer Ansicht die Wettbewerbsbeschränkung nur anhand ihrer Außenwirkung, ist dieses Ergebnis nicht selbstverständlich. Eröffnet eine Werbegemeinschaft den Beteiligten eine *zusätzliche* Option, belässt sie ihnen die Freiheit, die Aktionsparameter im Wettbewerb zu setzen. Erst der wirtschaftliche oder rechtliche Zwang zu einer gemeinsamen Werbung ist damit kartellrechtsrelevant.[1745] Diese Grundsätze sind auch bei einer gemeinsamen Werbung im Franchiseverhältnis zu beachten, z.B. bei einer Doppelrolle des Franchisegebers, der Franchisegeber und Wettbewerber ist.

557 Fraglich ist, ob auch bei einer gemeinsamen Werbung von zwei Franchisenehmern, auch dann eine Kernbeschränkung vorliegt, wenn beide Unternehmen mit einem »**unverbindlichen Wiederverkaufspreis**« werben. Denkbar wäre einerseits darauf abzustellen, da diese Werbung vom Kartellverbot freigestellt sein muss, da eine solche Angabe im Vertikalverhältnis in jedem Fall erlaubt ist (vgl. zur Zulässigkeit von UVP Rdn. 565). Andererseits kommt es durch die gemeinsame Werbung unter dem »Deckmantel der Unverbindlichkeit« zu einer horizontalen Preisabsprache bzw. zu einem Informationsaustausch über Preisinformationen. So sah es auch das Kammergericht in der Sache *Bettenpreise* und entschied, dass bei einer gemeinsamen Werbung mit unverbindlichen Wiederverkaufspreisen de facto eine Abweichung vom empfohlenen Preis nicht möglich bzw. lebensfremd sei.[1746] Auch das OLG Frankfurt beurteilte eine gemeinsame Werbung von Kfz-Händlern unter Angabe eines einheitlichen Preises als Verstoß gegen § 1 GWB.[1747]

558 Die europäische Praxis differenziert hier, lässt aber den systematischen Anknüpfungspunkt offen. Unbedenklich soll eine gemeinsame Werbung für homogene Produkte sein, da hier die Erzeugungskosten im Vordergrund stünden.[1748] Für heterogene Güter und Dienstleistungen ist entscheidend, welches Ausmaß die Vermarktungs- und Werbekosten im relevanten Markt ausmachen. Gegen § 1 GWB (Art. 101 Abs. 1 AEUV) werden derartige Vereinbarungen verstoßen, sofern sie ein Preiskartell surrogieren. Gleichen sich die variablen Kosten der Beteiligten an, liegt dies nahe.[1749] Kein Verstoß gegen § 1 GWB liegt mithin auch dann vor, wenn sich Unternehmen verpflichten ei-

---

1744 Siehe auch *Hack/dos Santos Goncalves*, GWR 2015, 514, 516.
1745 EuGH Slg. 1975, 1491 Rn. 34 – *Tapetenhersteller*; Slg. 1989, 2117 Rn. 29 – *Belasco*; Kommission ABl. EG 1999 Nr. L 106/14 Rn. 39 ff. – *EPI Richtlinien* (Verbot vergleichender Werbung); im Überblick: *Krauß*, in: Langen/Bunte, § 1 GWB Rn. 226.
1746 KG WuW/E OLG 4351, 4352 – *Bettenpreise*.
1747 OLG Frankfurt, 28.3.1995, 11 U Kart 7/95 – *Gemeinschaftsanzeige*.
1748 Horizontal-Leitlinien Rn. 243.
1749 Horizontal-Leitlinien Rn. 242.

ne Werbung zu unterlassen, die nach anderen Vorschriften ohnehin rechtswidrig ist.[1750]

ee) Gemeinsamer Transport/gemeinsame Lagerhaltung

Für die rechtliche Beurteilung eines **vergemeinschafteten Transports** (oder gemeinsamer Logistik) spielt die räumliche Marktabgrenzung eine Rolle. Eröffnen derartige Vereinbarungen den Zutritt zu neuen räumlichen Märkten, trägt der Arbeitsgemeinschaftsgedanke. Beträgt der Transportkostenanteil 5 % an den gesamten Produktions- oder Vertriebskosten, sind die Transportkosten relevant für die räumliche Marktabgrenzung. Allerdings ist in jedem Fall zu prüfen, ob sich die Senkung der Transportkosten tatsächlich auf Einsparungen beim Transport zurückführen lässt. Beruhen diese auf einer (verdeckten) Kundenaufteilung, handelt es sich um eine verbotene Kernbeschränkung, die außerdem vermutlich eher keinen Effizienzgewinn schafft.[1751] Soweit der Arbeitsgemeinschaftsgedanke nicht einschlägig ist, kommt es nach der Ansicht der Kommission auf eine Marktanteilsbetrachtung an. Zusätzlich wird teilweise verlangt, dass sich die Beteiligten nicht dazu verpflichtet haben, *ausschließlich* die gemeinsame Transporteinrichtung zu benutzen.[1752]

559

Eine **gemeinsame Lagerhaltung** ist nur im Ausnahmefall kartellrechtlich bedenklich. In einer älteren Entscheidung sah die Kommission in dem Verzicht auf eine eigene Lagerhaltung eine (bewirkte) Wettbewerbsbeschränkung.[1753] Die Horizontal-Leitlinien beurteilen dies im Gefolge des ökonomischen Ansatzes (*more economic approach*) großzügiger und stellen auf den Marktanteil oder die Kostenangleichung ab. Werden die Kosten derart angeglichen, dass sie im Ergebnis einem Preiskartell gleichkommen, verstößt die vereinbarte gemeinsame Lagerhaltung gegen § 1 GWB, sonst indes nicht.[1754]

560

c) Zentralvermarktung von Medienrechten

Die Zentralvermarktung von Medienrechten wird vor allem im Zusammenhang mit der zentralen Rechtevermarktung im Fußball diskutiert. In Deutschland bezieht sich diese Diskussion präziser auf die Zentralvermarktung der Übertragungsrechte an der 1. und 2. Bundesliga durch den Ligaverband und

561

1750 BGH WuW/E BGH 451, 455 – *Export ohne WBS*; BGH WuW/E BGH 2688, 2690 – *Warenproben in Apotheken*.
1751 Horizontal-Leitlinien Rn. 247.
1752 *Zimmer*, in: Immenga/Mestmäcker (4. Auflage), § 1 GWB Rn. 347 unter Verweis auf *Baur*, ZHR 134 (1970), 136 Fußn.135.
1753 Kommission WuW/E EV 510 – *Servicelager für Jernbranchen*; zust. *Zimmer*, in: Immenga/Mestmäcker (4. Auflage), § 1 GWB Rn. 347.
1754 *Zimmer*, in: Immenga/Mestmäcker (4. Auflage), § 1 GWB Rn. 347.

die Deutsche Fußball Liga (DFL). Wie bereits dargestellt, werden zur Schnittstelle von Sport- und Kartellrecht eine Reihe von Ausnahmen vertreten bzw. Besonderheiten berücksichtigt, so z.B. beim Unternehmensbegriff (vgl. Rdn. 54 ff.) oder beim Begriff der Wettbewerbsbeschränkung und dem Dreistufen-Test (vgl. Rdn. 355). So überrascht auch nicht, dass auch versucht wurde, dass die zentrale Vermarktung von Medienrechten nicht unter das Kartellverbot, respektive § 1 GWB falle, da die Vermarktung im Sinne der Mitglieder erfolge und nur aus Gründen der besseren wirtschaftlichen Ausgangslage (Stichwort: Verhandlungsgewicht) diese gemeinsam erfolge.

562 Vertreten wurde in diesem Kontext die **Single-Entity doctrine**. Grundgedanke ist, wie auch im Konzept der wirtschaftlichen Einheit (*single undertaking*), dass die Liga zusammen mit den Vereinen ein »Unternehmen« bildet und daher zwischen diesen – wie auch im Konzept der wirtschaftlichen Einheit – kein beschränkbarer Wettbewerb besteht.[1755] Diese Doktrin, die auch z.T. als Single-Entity Defense bezeichnet wurde, entspringt vor allem der US-amerikanischen Kartellrechtsschule. Dort hatte der United States Court of Appeals im Fall *American Needle/NFL* entschieden, dass der zwischen der *NFL* und *Reebok* abgeschlossene langfristige Exklusivausrüstervertrag nicht dem Kartellverbot unterfällt.[1756] Ein Teil der Literatur befürwortete die Anwendung der Single-Entity Doctrine auch für Deutschland.[1757]

563 Dem scheint das Bundeskartellamt allerdings nicht zuzuneigen. Dieses hat sich zuletzt im April 2016 mit der Vermarktung ab 2017/2018 beschäftigt. Wertvolle Rückschlüsse lassen sich aus dem vom BKartA veröffentlichten Beschluss aus dem Jahr 2012 für die Spielzeiten bis 2016/2017 gewinnen. Demnach handelt es sich bei der Vermarktung um keine klassische horizontale Wettbewerbsbeschränkung, sondern um eine **Mischform**. Vereine und Ligaverband bzw. DFL seien nur bedingt Wettbewerber.[1758] Dennoch läge jedenfalls eine Wettbewerbsbeschränkung vor, da durch die Zentralvermarktung zum einen eine (i) Einzelvermarktung durch die Vereine verhindert werde und (ii) der Preis für die Rechterwerber ansteige, da das Produkt sich gesamthaft besser aus der Perspektive des Ligaverbands/DFL vermarkten ließe. Diese Ansicht stimmt auch mit derjenigen der Kommission bzgl. der UEFA überein.[1759] Jedenfalls sei die horizontale Wettbewerbsbeschränkung nicht

---

1755 Siehe dazu ausführlich mit weiteren Nachweisen *Heermann*, ZWeR 2009, 472, 486; *ders.*, WRP 2011, 36, 37.
1756 538 F.3d 736 (2008).
1757 *Mentzel*, Solidarität im professionellen Fußballsport vs. Europäisches Wettbewerbsrecht, S. 53; *Stopper*, ZWeR 2008, 412, 423.
1758 BKartA 12.1.2012, B6 114/10 – *Ligaverband/DFL*, Rn. 44.
1759 Kommission, ABl. EG 2003 Nr. L 291/25 – UEFA.

bezweckt, jedoch bewirkt.[1760] Bisher ist das BKartA jedoch immer zum Ergebnis gekommen, dass die Zentralvermarktung jedenfalls freigestellt bzw. gegen Abgabe von Verpflichtungszusagen erlaubt werden kann. Neu war jedoch die Feststellung des Bundeskartellamtes im Zuge der letzten Prüfung, dass die Zentralvermarktung an sich eine schwerwiegende Wettbewerbsbeschränkung darstelle, da in der Zwischenzeit seit dem letzten Beschluss des Bundeskartellamtes im Jahr 2012 der Substitutionswettbewerb durch freie Angebote zugenommen und die Abschottungswirkung daher – nicht zuletzt aufgrund der Vergabe für vier weitere Jahre – zugenommen habe.[1761] Daher werde der für den Wettbewerb so wichtige **Innovationswettbewerb** beschränkt. Den vom frei empfangbaren Fernsehen ausgehenden Wettbewerbsdruck qualifizierte das Bundeskartellamt als »nicht hinreichenden Impuls« für den Innovationswettbewerb.[1762] Um dieser Beschränkung entgegenzuwirken und den Innovationswettbewerb – aus Sicht des Bundeskartellamtes – nicht zu ersticken, verlangte das Amt die Abgabe der Verpflichtungszusage, dass der Alleinerwerb (z.B. durch Sky) nicht mehr möglich ist. Die Regel wird **no-single buyer rule** genannt.[1763] Eine derartige Zusage musste bisher noch nicht abgegeben werden.

II. Vertikale Fallgruppen

Vertikale Wettbewerbsbeschränkungen »feiern« – vor allem in Europa – in den letzten Jahren eine Renaisscance und beschäftigen vor allem die mitgliedstaatlichen Wettbewerbsbehörden. Um mit *Brinkers* Worten zu sprechen, ist eine »erneute Begeisterung für das Vertikale« unzweifelhaft erkenn- und spürbar.[1764] Dies zeigt sich z.B. an der (Neu-)justierung der Grenzen des Verbots der Preisbindung der zweiten Hand (*resale price maintenance*), Fragen der Zulässigkeit von unmittelbaren (Totalverbot) bzw. mittelbaren Beschränkungen des Internet- bzw. des Plattformvertriebs bzw. durch den steigenden Anteil des E-Commerce völlig neu aufkommenden Fragen, wie z.B. der Zulässigkeit von (i) Verboten das Markenzeichen des Herstellers für Online-Werbezwecke, z.B. bei Google AdWords, zu verwenden oder (ii) von Verboten, Preisvergleichswebseiten zu unterstützen.[1765] Nachfolgend wird auf einige dieser Entwicklungen vertieft eingegangen, soweit diese insbesondere

564

1760 BKartA, 11.4.2016 B6 32/15 Rn. 107.
1761 BKartA, 11.4.2016, B6 32/15 – *Ligaverband/DFL*, Rn. 112.
1762 BKartA, 11.4.2016, B6 32/15 – *Ligaverband/DFL*, Rn. 117.
1763 BKartA, 11.4.2016, B6 32/15 – *Ligaverband/DFL*, Rn. 121.
1764 *Brinker*, NZKart 2014, 161.
1765 Diese zuletztgenannten Beschränkungen waren beispielsweise Gegenstand des *Asics*-Verfahrens beim Bundeskartellamt, vgl. dazu BKartA, 26.8.2015, B2 98/11 – *Asics*.

von der deutschen Praxis des Bundeskartellamtes und der deutschen Gerichte mitgeprägt worden sind.

1. Verbot der Preisbindung der zweiten Hand

565 Einigkeit besteht in den meisten Jurisdiktionen, so auch in Deutschland, dass zwei preisbezogene Maßnahmen im Verhältnis Hersteller bzw. Anbieter zum Handel **zulässig** sind: Zum einen die Abgabe von **unverbindlichen Preisempfehlungen** (UVP) und zum anderen die Festlegung eines **Höchstverkaufspreises**.[1766] Unzulässig sind hingegen, in Anlehnung an Art. 4 lit. a Vertikal-GVO, alle Mindest- bzw. Festpreisbindungen des Abnehmers. Eine solche Preisbindung des Abnehmers, also über eine Marktstufe hinweg, hätte zur Folge, dass der Preiswettbewerb zwischen den Händlern (also inter *intrabrand* Wettbewerb) ausgeschaltet werden würde, da der Preis auf Handelsebene gleichgeschaltet wäre. Daraus folgt indes nicht, dass eine Preisbindung der zweiten Hand immer unzulässig wäre. Es gibt eine Reihe von Situationen, in denen es auch kartellrechtlich geboten ist, einen Preis für den Händler zu binden. Dogmatisch wäre dies einerseits darüber umsetzbar, dass man den Ansatz aus der Entscheidung **Leegin** des US Supreme Court[1767] auch für die deutsche Analyse fruchtbar macht, demzufolge nicht von einem strengen per-se Verbot auszugehen ist, sondern eine rule-of-reason Analyse durchzuführen ist, obgleich damit auch nicht der Boden für eine rule-of-reason bereitet werden soll. Systematisch überzeugender erscheint jedoch die Verortung der Prüfung im Rahmen der Einzelfreistellung (vgl. dazu Rdn. 573).

Das Bundeskartellamt hat in den letzten Jahren eine Vielzahl von Fällen geführt, in denen das Thema Preisbindungen zweiter Hand den Schwerpunkt bildete. Betroffen waren *Microsoft*,[1768] *CIBA Vision*,[1769] *Phonak*,[1770] *Garmin*,[1771] *TTS Tooltechnic*,[1772] *United Navigation*,[1773] und *Lego*.[1774]

[1766] Dies stellt auch die Kommission in ihrem Zwischenbericht zur Sektoruntersuchung E-Commerce klar, vgl. dort Rn. 506 m.w.N.
[1767] US Supreme Court vom 28.6.2007, WL 1835892 = WuW/E KRInt 185 – *Leegin v. PSKS*. Siehe dazu für viele *Fritzsche*, GRUR-Int 2008, 381; *Hofmann*, WM 2010, 920; *Lao*, IIC 2008, 253.
[1768] Pressemitteilung BKartA vom 9.4.2008.
[1769] BKartA, 25.9.2009, B3 123/08 = WuW/E DE-V – *Ciba Vision*.
[1770] BKartA, 14.10.2009, B3 69/08 – *Phonak*.
[1771] BKartA, 18.6.2010, B5 100/09 – *Garmin*.
[1772] Pressemitteilung BKartA vom 20.8.2012.
[1773] Pressemitteilung BKartA vom 12.5.2015 (Bußgeld: 300.000 EUR). Das Verfahren gegen *United Navigation* wurde auf Grundlage von Hinweisen der BWB in Gang gesetzt.
[1774] Pressemitteilung BKartA vom 12.1.2016.

a) Ursprung des strengen *form-based* Ansatzes

Wie eingangs erläutert, erweist sich das Bundeskartellamt in den bisher entschiedenen Fällen und der Vorsitzendenhandreichung als sehr strikt bei der Beurteilung vertikaler Preisbindungen.[1775] Sowohl der Gerichtshof als auch viele andere nationale Wettbewerbsbehörden gestatten mehr und weitere Spielräume, z.B. bei der Frage, wann bereits bei augenscheinlicher Einseitigkeit eine »abgestimmte Verhaltensweise« vorliegt oder dass das nochmalige Thematisieren der UVP bereits die Unverbindlichkeit in Frage stellt. Eine mögliche Ursache könnte sein, wie streng vertikale Preisbindungen vor der 7. GWB Novelle beurteilt worden sind. Denn seinerzeit wurden vertikale Wettbewerbsbeschränkungen nur einer Missbrauchsaufsicht unterworfen, mit Ausnahme der vertikalen Preis- und Konditionenbindung. Diese waren stets per-se verboten.[1776] Deshalb war im Zuge der 7. GWB Novelle auch zunächst vorgesehen, dass dieses Verbot wieder in einer eigenständigen Regelung (§ 4) überführt wird. Dies zeigt die Bedeutung, die dem per-se Verbot in der deutschen Praxis zugekommen ist, dass dann in § 1 GWB »aufgegangen« ist.

566

b) Begriff der Unverbindlichkeit

Will man die Grenzen zwischen erlaubter unverbindlicher Preisempfehlung und verbotener Mindest- bzw. Festpreisbindung bzw. zulässiger Höchstpreisbindung und Mindest- bzw. Festpreisbindung ausloten,[1777] dreht sich – da eher selten eine klare Vorgabe des Herstellers besteht, dass der Händler den Endverkaufspreis X zwingend einzuhalten hat – alles darum, wann eine Empfehlung unverbindlich ist und wann nicht. Wichtige und grundlegende Aussagen lassen sich diesbezüglich für die deutsche Praxis der Handreichung des Bundeskartellamtes aus dem April 2010 entnehmen. Demnach liegt eine unzulässige Preisbindung des Wiederverkaufspreises vor, wenn der Hersteller entweder (i) negativ Druck- bzw. Lockmittel gegenüber dem Händler einsetzt, damit dieser den Wiederverkaufspreis einhält bzw. (ii) positiv gewendet dem Händler Unterstützung bei Werbemaßnahmen (WK-Zuschüsse), Boni oder Rabatte dafür verspricht, dass dieser das Wiederverkaufspreisniveau einhält. Beide Varianten zielen darauf ab, den Preis auf der nächsten Marktstufe zu binden.

567

1775 *Lettl*, WRP 2011, 710, 710 nennt diese Sichtweise zu Recht *form-based*-Ansatz.
1776 Vgl. dazu auch BT-Drucks. 15/3640, S. 28.
1777 Wenn sich die Höchstpreisbindung wie eine Mindest- bzw. Festpreisbindung auswirkt, verlässt diese den »grünen« zulässigen Bereich. Es kann von einer »Pseudohöchstpreisbindung« gesprochen werden, so *Rittner/Dreher/Kulka*, Wettbewerbs- und Kartellrecht, Rn. 1035.

c) Nochmalige Kontaktaufnahme nach Bekanntgabe der UVP

568 Auch das Bundeskartellamt hat betont, dass das **bloße Überreichen** einer Liste mit UVP[1778] bzw. die reine Übermittlung der UVP[1779] nicht als Kriterium gewertet werden kann, m.a.W. keine Ausübung von Druck darstellt, die eine unzulässige Preisbindung zweiter Hand nach sich ziehen würde. Dem ist absolut zuzustimmen. Geht man geschäftlich einen Schritt weiter und fragt sich, ob der Hersteller nach Bekanntgabe der UVP nochmal mit dem Händler über diese sprechen darf, ist die Praxis des Bundeskartellamtes nicht eindeutig. Während das Amt im Fall »Ciba Vision« sich noch auf den Standpunkt stellte, dass **jede** nachträgliche und erneute Thematisierung des UVP die Unverbindlichkeit in Frage stellen würde und als Aus-übung von Druck zu werten sei,[1780] scheint die Handreichung großzügiger zu sein, da diese betont, dass die nochmalige Thematisierung des UVP zwar ausreichen könne, um eine verbotene Abstimmung zwischen Hersteller und Handel zu begründen, es hierfür aber – nicht näher bezeichneter – **Plusfaktoren** bedürfe. Aus der Betonung der Notwendigkeit des Vorliegens von Plusfaktoren ist zu schließen, dass nach der Handreichung die bloße erneute Thematisierung alleine nicht mehr inkriminiert ist.[1781] Die Plusfaktoren liegen m.E. erst dann vor, wenn eine gezielte und wiederholte Kontaktaufnahme dazu dient, dass der Händler den als »UVP« ausgegebenen Preis befolgt bzw. den Mindestpreis nicht unterschreitet. Liegt demnach keine **Zielgerichtetheit** in der Kommunikation vor, in dem Sinne, dass die Kommunikation des Herstellers nicht auch objektiv der Einhaltung des Preisniveaus dient, dann sind die Plusfaktoren nicht gegeben. Zudem ist auch eine mehrfache Thematisierung zu fordern, da das Verhalten erst dann in Richtung eines systematischen Monitorings geht und somit auch mit dem nötigen Beweismaß als Ausübung von Druck verstanden werden kann. Deutet man in diese Richtung den Hinweis der österreichischen Bundeswettbewerbsbehörde (BWB) in ihrem Standpunkt zu vertikalen Preisbindungen, dass eine »**gezielte und wiederholte Bearbeitung**« von Händlerm für den Nachweis der Unverbindlichkeit erforderlich ist, dann weist dieses Verständnis den Weg. Beide Kriterien müssen kumulativ vorliegen. Nur eine zielgerichtete und wiederholte, d.h. mehr als bloß einmalige Thematisierung des UVP, kann die Unverbindlichkeit in Frage stellen. Alles andere wäre auch bezogen auf den Handel nicht nur unrealistisch, sondern auch kartellrechtlich eine Fehlsteuerung. Dieser Gedanke lässt sich auch mit der Äuße-

---

[1778] Vgl. BKartA-Handreichung, S. 3. Dem stimmt auch die österreichische BWB in ihrem viel beachteten Standpunkt zu vertikalen Preisbindungen (»**BWB-Standpunkt**«) zu, siehe S. 10. Diese Aussage findet sich auch nochmals in Rn. 12.

[1779] Siehe BKartA, 25.9.2009, B3 123/08 – *Ciba Vision*, Rn. 44.

[1780] Siehe BKartA, 25.9.2009, B3 123/08 – *Ciba Vision*, Rn. 44.

[1781] Den weiteren Ansatz des BKartA in der Handreichung hevorhebend auch *Polley/Rhein*, KSzW 2011, 15, 22.

rung der BWB verbinden, dass es dem Hersteller erlaubt sein muss, die Gründe für seine UVP zu erläutern und zu erklären, welche Strategie er im Hinblick auf die Positionierung und Vermarktung seiner Produkte verfolgt.[1782] Die Frage mag andernfalls erlaubt sein, welchen Dialog sich das Bundeskartellamt andernfalls zwischen Hersteller und Händler vorstellt. Sollen sich beide isoliert gegenüberstehen und nicht mehr über die Stellung eines Produktes im Markt und der gewünschten Positionierung sprechen können? Das kann nicht gewollt und auch nicht richtig sein.

d) Korrektiv Spürbarkeitskriterium?

Das Merkmal der Spürbarkeit fristet im Bereich der vertikalen Preisbindungen ein Schattendasein. Eine notwendige Gesamtbetrachtung der Umstände des Einzelfalles findet – entgegen der Anforderungen aus der Rechtsprechung des Gerichtshofes – nicht statt.[1783] Stattdessen greift der Schwellenformalismus um sich, indem die Spürbarkeit auf eine rein quantitative Betrachtung verengt wird; qualitative Kriterien spielen insoweit keine Rolle. Das ist abzulehnen. Noch weiter verstärkt wird diese Überlegung, wenn es um »Kernbeschränkungen« geht, da seit der Entscheidung des Gerichtshofes in der Rs. *Expedia*[1784] davon ausgegangen wird, dass eine **Kernbeschränkung immer spürbar** ist. Diese totalitäre Sichtweise erscheint nicht überzeugend, gerade auch im Bereich vertikaler Preisbindungen. Denn es gibt vielfältige Konstellationen, in denen von einer »spürbaren Beeinträchtigung des Wettbewerbs« nach bereits festgestellter Wettbewerbsbeschränkung kaum ausgegangen werden kann (dazu gleich Rdn. 570 ff.).

569

Festzuhalten ist zunächst, dass die unverbindliche Preisempfehlung oder Höchstpreisbindung sowie die befolgte unverbindliche Preisempfehlung (vgl. dazu Rdn. 254) bereits nicht einmal eine Vereinbarung bzw. abgestimmte Verhaltensweise darstellen.[1785] Die Frage der Filterfunktion der Spürbarkeit stellt sich daher schon nicht im Ansatz. Diese kommt erst dann auf, wenn es um eine Verhaltensweise geht, die jedenfalls eine abgestimmte Verhaltensweise darstellt und unter den Begriff der Wettbewerbsbeschränkung fällt. Aus meiner Sicht erscheint es überzeugend, dass das Kriterium der Spürbarkeit eine Filterfunktion ausüben soll, wo es um marginale Beeinträchtigungen geht. Dem

---

1782 Vgl. BWB Standpunkt, Rn. 13. Dies erkennt auch das BKartA an, vgl. S. 7 der Handreichung, derzufolge die grundsätzliche Erklärung der Strategie bei Positionierung und Vermarktung der Produke zulässig ist.
1783 EuGH, Slg. 1966, 281 – *LTM*; EuGH, Slg. 1998 I-1997, Rn. 17 – *Javico*. Diese betonend *Lettl*, WRP 2011, 710, 716.
1784 EuGH, 13.12.2012, C-226/11 – *Expedia*, Rn. 37.
1785 So zu Recht *Lettl*, WRP 2011, 710, 717; siehe dazu auch Veelken, in: Immenga/Mestmäcker (4. Auflage), Art. 4 Vertikal-GVO, Rn. 182; *Stancke*, ZLR 2010, 543, 552.

§ 1 GWB *Verbot wettbewerbsbeschränkender Vereinbarungen*

Kriterium soll daher an dieser Stelle gleichsam zum »aufleben« geholfen werden.[1786] Von einem »Aufleben« ist deshalb zu sprechen, da seit der Entscheidung des Gerichtshofes in der Rs. *Expedia*[1787], die sodann Eingang in die aktuelle de-minimis Bekanntmachung der Kommission gefunden hat, für die Beratungspraxis zumeist davon ausgegangen wird, dass eine **Kernbeschränkung** – wie zuvor geschildert – **immer spürbar** ist. Dies ist allerdings nicht der Fall.

Planen Hersteller und Händler beispielsweise eine **kurzzeitige Aktion**, die rund drei Wochen laufen soll und nur wenige Produkte sowohl des Sortiments des Herstellers als auch des Händlers betrifft und gibt es eine Reihe von – vitalen – Wettbewerbern, und bindet der Hersteller mit dem Händler in diesem Kontext den Aktionsverkaufspreis, erscheint es überzeugend, dass es in diesem Fall an der Spürbarkeit der Wettbewerbsbeschränkung fehlt. Die Spürbarkeit muss immer aus Sicht des Wettbewerbs beurteilt werden. Die Kontrollfrage sollte lauten: Kommt es für die Händler zu einer Beeinträchtigung des vom Verbot des Preisbindung der zweiten Hand geschützten Preiswettbewerbs? Zu dieser Überlegung gesellt sich im Fall von **Sortimentsmärkten**, die von der wettbewerbsbehördlichen Praxis z.B. im (i) Lebensmitteleinzelhandel, (ii) DIY-Bereich oder (iii) SHK-Bereich angenommen werden, noch ein weiterer. Fragt der Händler bzw. auch Kunde ein Bündel an Waren nach, dann kommt es auf den Preis des einzelnen Produktes schlichtweg nicht an.[1788] Es gibt keinen Preiswettbewerb um das einzelne Produkt; der Preis ist insoweit kein Wettbewerbsparameter. Preiswettbewerb gibt es nur beim Sortimentsbündel. Wird nur ein marginaler Anteil des Bündels bzw. Sortiments gebunden, dann ist dies für den Preiswettbewerb ebenfalls irrelevant; eine Ausnahme könnte allenfalls dann gemacht werden, wenn die gebundenen Produkte im Sortimentsbündel ihrerseits einen Großteil des Produktwertes bzw. des damit verbundenen Umsatzes umfassen.

Auch in der Rechtsprechung lassen sich Stützen für eine Differenzierung im Rahmen der Spürbarkeit, z.B. zwischen kurz- und langfristigen Aktionen, finden. Vielfach angeführt wird in diesem Kontext die Entscheidung des BGH »*1 Riegel extra*«,[1789] die 2003 noch zu § 14 GWB a.F. ergangen ist.

1786 Dafür auch *Polley/Rhein*, KSzW 2011, 15, 23. *Polley/Rhein* verweisen insoweit auf den beim BKartA behandelten Fall »Microsoft«, bei dem es um den Einfluss auf einen kurzzeitigen Aktionspreis gegenüber einem Händler für »Office Home & Student 2007« ging, vgl. dazu BKartA, Pressemitteilung vom 8.4.2009.
1787 EuGH, 13.12.2012, C-226/11, Rn. 37 – *Expedia*.
1788 In diese Richtung auch *Lettl*, WRP 2011, 710, 717, der auf die Bedeutung der Mischkalkulation hinweist.
1789 BGH GRUR 2003, 637, 639 – *1 Riegel Extra*; zustimmende Anmerkung *Köhler*, ZLR 2003, 470. Mit der Entscheidug *1 Riegel Extra* gab der BGH explizit seine vorherige Rechtsprechung zu »4 zum Preis von 3« aus dem Jahr 1978 auf, vgl. BGH, 21.2.1978, KZR 7/76 – *4 zum Preis von 3*.

e) Untergrenze der Spürbarkeit

Dieser Gedanke lässt sich rechtsvergleichend zunächst unter Rückgriff auf eine österreichische Entscheidung stützen, die in ihrer Aussagekraft beachtlich ist. Im Zusammenhang mit einer Entscheidung im Rahmen einer Hausdurchsuchung (§ 12 WettbG), führte der OGH aus, dass ein in einer Jahresvereinbarung vorgesehener »Wertsicherungsbonus« in Höhe von 1,5 % »evident« nicht geeignet sei, eine Spürbarkeit zu begründen.[1790] Genauer führte das Gericht aus, dass bei der Frage, ob ein »wirtschaftlicher Druck« ausgeübt worden sei, der eine Preisbindung zu begründen vermag, auch eine **Mindestspürbarkeit als Untergrenze** zu fordern sei.[1791] Diese Spürbarkeit sei bei einem Bonus von 1,5 % »evident« nicht gegeben. Aus der Entscheidung kann man folgern, dass eine Preisbindung – wenn keine weiteren Maßnahmen hinzutreten – dann nicht spürbar ist, wenn dem Händler lediglich ein marginaler Bonus oder Rabatt gewährt wird. Das erscheint in der Sache überzeugend, da die Spürbarkeit die Maßnahmen herausfiltert, die nicht geeignet sind, den Wettbewerb bzw. genauer das Verhalten des Händlers zu beeinflussen. Etwas Vorsicht ist jedoch angebracht, ob bei einem Bonus von 1,5 % stets ein *safe harbour* besteht. Zum einen deshalb, da es sich um eine österreichische Entscheidung handelt und nicht um eine zu § 1 GWB, obgleich ich den Ansatz des OGH sehr begüßenswert finde. Zum anderen auch deshalb, da die Aussage eher *en passant* getroffen wurde, da es sich um eine Feststellung im Rahmen eines Rekurses gegen einen Hausdurchsuchungsbefehl gehandelt hat.

570

f) *Almased* als neue Hoffnung nach *Expedia*

Einen anderen Weg wählte indes trotz *Expedia* das OLG Celle im Fall *Almased*.[1792] Im zugrundeliegenden Fall hatte das OLG Celle zu beurteilen, ob die von *Almased* gegenüber seinen Apothekern gemachte Vorgabe, dass diese nur dann in den Genuss eines 30 %-igen Rabattes kommen, wenn ein Verkaufspreis von 15,95 EUR nicht unterschritten wird,[1793] m.a.W. eine Mindestpreisvorgabe, mit § 1 GWB (und § 21 Abs. 2 GWB) vereinbar ist. Zunächst stellte das OLG Celle fest, dass eine Mindestpreisvorgabe grundsätzlich eine Kernbeschränkung darstellt.[1794] Hätte das OLG sodann *Expedia* bzw. die de-minimis Mitteilung streng angewendet, hätte es einen Verstoß feststellen müssen. Dazu kam es jedoch nicht, da das OLG Celle – durchaus überraschend – feststellte, dass eine **bezweckte** Wettbewerbsbeschränkung gerade **nicht immer spürbar** ist. Das Gericht sei weder an die de-minimis Bekanntmachung ge-

571

1790 OGH, 5.3.2013, 16 Ok 1/13, Rn. 5.3.
1791 OGH, 5.3.2013, 16 Ok 1/13, Rn. 5.3.
1792 OLG Celle, 7.4.2016, 13 U 124/15 Kart – *Almased*.
1793 OLG Celle, 7.4.2016, 13 U 124/15 Kart – *Almased*, Rn. 12.
1794 OLG Celle, 7.4.2016, 13 U 124/15 Kart – *Almased*, Rn. 41.

bunden,[1795] was auf Basis der Rechtsprechung vollkommen zutreffend ist, noch ergäbe sich aus *Expedia*, dass es auf die Spürbarkeit bei einer bezweckten Wettbewerbsbeschränkung nicht mehr ankommt.[1796] Zur Begründung verweist das OLG Celle darauf, dass ein Marktanteil von 20 % nicht alleine ausreiche, damit Spürbarkeit vorliegt. Dies beantwortet jedoch nicht die Frage, warum eine Kernbeschränkung denn nicht immer spürbar sein soll. Insoweit leidet die Entscheidung an einer Argumentationslücke. Dies soll aber nicht darüber hinwegtäuschen, dass die Überlegung des OLG Celle, dass bei dem Schluss, dass eine bezweckte Wettbewerbsbeschränkung immer spürbar ist, das qualitative Spürbarkeitskriterium negiert wird. Das kann nicht richtig sein. Dogmatisch etwas besser verortet erscheinen diese Überlegungen im Rahmen der Einzelfreistellung. Gerade bei einer mengenmäßig beschränkten Aktion (die Aktion betraf maximal 90 Dosen des Abnehmproduktes Almased) und auch zeitlich beschränkten Aktion wäre es rechtlich und auch ökonomisch angezeigt, dass die Behörden in diesem Fall nicht von einer bezweckten Wettbewerbsbeschränkung ausgehen. Das Dogma, dass »eine vertikale Preisbindung« immer verboten sei und nicht freigestellt werden könne, erweist sich als wettbewerbsrechtliche Fehlsteuerung.[1797]

g) Funktionsnotwendigkeit der vertikalen Preisbindung

572 Abseits des Korrektivs des Spürbarkeitskriteriums sollten – ohne dass man sicher einen *rule of reason approach* prinzipiell öffnet – bestimmte vertikale Preisbindungen als tatbestandsimmanente Ausnahme § 1 GWB entzogen sein.[1798] Wie bereits gezeigt wurde, erkennt die Rechtsprechung *inter alia* bei (i) Franchisevereinbarungen (vgl. Rdn. 322 ff.) (ii) beim (qualitativen) selektiven Vertrieb (vgl. Rdn. 335) oder auch (iii) beim Handelsvertreter bzw. Kommissionär (vgl. Rdn. 307 ff.) an, dass bestimmte Vereinbarungen vom Kartellverbot immanent ausgenommen sind. Eine solche Ausnahme ist auch für vertikale Preisbindungen in manchen Konstellationen zu machen, ohne dass diese Konstellationen einzig und allein in die Einzelfreistellungsprüfung »verschoben« werden. Maßstab für die Frage, ob eine tatbestandsimmanente Ausnahme zu machen ist, sollte sein, ob die Bindung im Einzelfall **funktionsnotwendig** ist. Dieses Kriterium ist der Rechtsprechung zu Bindungen im

---

1795 OLG Celle, 7.4.2016, 13 U 124/15 Kart – *Almased*, Rn. 53.
1796 OLG Celle, 7.4.2016, 13 U 124/15 Kart – *Almased*, Rn. 58.
1797 In diesem Zusammenhang weisen *Polley/Rhein* auch daraufhin, dass die Einzelfreistellung nicht in der BKartA-Handreichung thematisiert werde, vgl. *Polley/Rhein*, KSzW 2011, 15, 23.
1798 Zustimmend *Kapp*, WuW 2011, 38; *Kasten*, WuW 2007, 994, 1006; *Lettl*, WRP 2011, 710, 733; *Möschel*, WuW 2010, 1229, 1236; kritisch *Sosnitza/Hoffmann*, AG 2008, 107, 111.

Franchiseverhältnis entlehnt. Im Unterschied zum Franchiseverhältnis ist aber nicht die Rechtsprechungslinie zur Unzulässigkeit von Preisbindungen zwischen Franchisegeber und Franchisenehmer heranzuziehen (vgl. Rdn. 322 ff.).

Warum eine Funktionsnotwendigkeit vorliegen kann, lässt sich daran zeigen, dass der maßgeblichen Gefahr vertikaler Preisbindungen, der Gefahr der Beschränkung des intrabrand-Preiswettbewerbs, bereits in der Rechtsprechung des Gerichtshofes keine so maßgebliche Bedeutung zukommt. Dies ergibt sich z.B. aus der Entscheidung des Gerichtshofes in *Metro I*, der Leitentscheidung für die Zulässigkeit des selektiven Vertriebs. Dort hat der Gerichtshof betont, dass der Preiswettbewerb »*nicht die einzige wirksame Form des Wettbewerbs*« sei und »*auch nicht diejenige Form, die unter allen Umständen absoluten Vorrang erhalten müsse*«.[1799] Dieser Gedanke scheint bisweilen von den Wettbewerbsbehörden nicht ausreichend berücksichtigt zu werden. Preiswettbewerb auf Händlerebene ist wichtig, gewiss, aber er ist nicht der einzige Wettbewerb bzw. das einzige schützenswerte Parameter des Wettbewerbs. Zudem kann man auch durchaus die Frage stellen, ob ein funktionsfähiger interbrand-Wettbewerb nicht einen geminderten intrabrand-Wettbewerb ansatzweise ausgleichen oder gar kompensieren kann. Es gibt auch noch eine Reihe wichtiger Funktionen, z.B. die Innovationsfunktion. Das Spannungsfeld zu dieser Funktion wird deutlich, wenn es um die Zulässigkeit der Bindung bei der Einführung von neuen Produkten geht. Ein anderes Spannungsfeld, das m.E. eine tatbestandsimmanente Ausnahme rechtfertigt, zeigt sich im Verhältnis zu den Markenfunktionen beim **Vertrieb von Markenprodukten**.

Hier treffen die Funktionen des Markenrechts und diejenigen des Kartellrchts aufeinander. Anerkannt ist, dass der Marke eine **Garantiefunktion** zukommt. Darunter versteht man die Verantwortung des Markeninhabers für die Qualität seiner Produkte,[1800] m.a.W. steht dieser qua »Garantie« für die Qualität seiner Produkte ein. Die Garantiefunktion ist neben der Her-kunftsfunktion eine der wesentlichen Funktionen der Marke.[1801] Für den Anbieter entstehen mit der Gewährleistung der Garantie Kosten, der Abnehmer erspart sich zudem Transaktionskosten, da er bei einem bestimmten Markenprodukt davon ausgehen kann, dass das gekaufte Produkt qualitativ hochwertiger und langlebiger ist, als vergleichbare Produkte von Nicht-Markenherstellern. Es wird in vielen Fällen der Wettbewerbsbehörden rund um das Thema vertikale Preisbindung verkannt, dass hier zwei Schutzdimensionen aufeinander treffen, die zueinander in ein ausgewogenes Verhältnis zu bringen sind.

1799 EuGH, Slg. 1977 I-1875, Rn. 6 – *Metro I*.
1800 Siehe dazu für viele EuGH, Slg 1996 I-3545, Rn. 43 – *Bristol-Myers-Squibb/Paranova*.
1801 So auch *Lettl*, WRP 2011, 710, 735.

§ 1 GWB Verbot wettbewerbsbeschränkender Vereinbarungen

Funktionsfähiger Wettbewerb trifft auf die Garantiefunktion der Marke. Es kann und sollte nicht ignoriert werden, dass der Markenhersteller viele Kosten auf sich nimmt, um ein qualitativ hochwertiges Produkt auch entsprechend vermarkten zu können. Nur durch den Aufbau der Marke entsteht ein tragfähiges Vertriebskonzept für den Markenhersteller. Wie *Lettl* zu Recht betont, ist der Markenhersteller daher auf die vertikale Preisbindung angewiesen.[1802] Es kann doch nicht Sinn und Zweck des Verbots der vertikalen Preisbindung und auch nicht richtig sein, dass der Markenhersteller sich in ein Terrain der Rechtsunsicherheit und ein praktisches Minenfeld begeben muss, um sein Interesse an der Positionierung des Produktes, das über ein striktes Verbot der vertikalen Preisbindung nicht ausgeschaltet werden kann, mit dem umfassenden Verbot der Preisbeeinflussung der nachgelagerten Marktstufe in Einklang zu bringen. Daher sollte den Markenherstellern bezogen auf § 1 GWB ein größerer Spielraum zuerkannt werden. Pate könnte insoweit die im Zuge der 2. GWB Novelle 1973 abgeschaffte Ausnahme vom Preisbindungsverbot für Markenwaren stehen (vgl. zu den Änderungen im Rahmen der zweiten GWB-Novelle auch Rdn. 13).[1803] Befürworter einer solchen Ausnahme war kein Geringerer als *Ludwig Erhard*.[1804] Es soll nicht geleugnet oder verschwiegen werden, dass historische Grundlage wohl auch ein protektionistisches Streben gewesen ist, die deutschen Markenhersteller zu schützen.[1805] Im Gegenzug legalisierte man aber unverbindliche Preisempfehlungen für Markenwaren (§ 38 Abs. 1 Nr. 12 bzw. § 38a GWB a.F.). Dies zeigt, dass der Gesetzgeber trotz Abschaffung der Zulässigkeit der Preisbindung für Markenwaren auch damals schon erkannte, dass Preisbindungen bei Markenwaren einer besonderen Akzentuierung bedürfen.

Dabei soll indes nicht gesagt werden, dass sich jeder Markenhersteller für jede geschützte Marke auf die tatbestandsimmanente Ausnahme berufen können soll. Das wäre überschießend und nicht sachgerecht, zumal man es damit in die Hand des Herstellers legen würde, die Zulässigkeit selbst durch Eintragung der Marke herbeizuführen. Es wird zwischen den Marken nach dem systematischen Anknüpfungspunkt der »Garantiefunktion« zu differenzieren sein. Die Ausnahme fußt darauf, dass der Markenhersteller mehr Handlungsspielräume haben soll, der in seine Marke investiert, damit das Produkt entsprechend der Qualität positioniert werden kann. Deshalb ist im Ausgangspunkt zwischen Eigen- und Herstellermarken zu unterscheiden. Eigenmarken können nur im Ausnahmefall sich auf die tatbestandsimmanente Aus-

---

1802 *Lettl*, WRP 2011, 710, 735.
1803 Siehe dazu *Martinek*, ZVertriebsR 2013, 3, 6.
1804 Siehe ausführlich zu den historischen Hintergründen der damaligen Ausnahme *Sattler*, Emanzipation und Expansion des Markenrechts, S. 190 ff.
1805 So auch *Sattler*, Emanzipation und Expansion des Markenrechts, S. 192.

nahme berufen. Bei Herstellermarken bieten sich mehrere Wege der Abgrenzung an. Zum einen könnte wiederum unter Querbezug zum Merkmal der Notwendigkeit einer Beratung bzw. eines Service unterschieden werden, ob es sich um eine Marke handelt, die viel Beratung beim Verkauf erfordert. Dies erscheint indes nicht überzeugend, da es viele Marken gibt, man nehme nur eine Handtasche von *Michael Kors* o.ä, die nicht viel Beratung erfordert, wohl aber eine Marke darstellt. Eine tragfähigere Abgrenzung könnte beispielsweise anhand des **Markenwertes** vorgenommen werden. Dieser lässt sich objektiv anhand festgelgter Bewertungsmethoden feststellen und erscheint damit als objektiver Anknüpfungspunkt geeignet, da Grundlage – wie in der Unternehmensbewertung auch allgemein – die *weighted average cost of capital* (**WACC**) sind. Bei der Bewertung werden zudem häufig IDW S 5 (IDW Standard zur Bewertung immaterieller Vermögensgegenstände) oder ISO-Norm 10668 herangezogen. Will man eine Grenze festlegen, steht man vor einer großen Hürde. Setzt man den Wert höher an, fördert man oftmals – mit Ausnahme der Unternehmen aus der IT-Branche – länger bestehende Unternehmen, da diese über einen längeren Zeitablauf ihre Marke aufbauen konnten. Dieser Umstand erscheint aber auch schützenswert. Hinzu kommt, dass junge Unternehmen (Start-ups) sich zudem noch auf die Freistellungsmöglichkeit »Einführung eines neuen Produktes« berufen können. Die größten deutschen Unternehmen kommen auf einen Markenwert von über 1 Mrd. EUR. Viele rangieren aber auch deutlich darunter. Abzustellen ist auch nicht auf den Unternehmenswert, sondern auf den Markenwert des konkret gebundenen Produktes. Denkbar erscheint eine Anknüpfung an einen Markenwert des Produktes von 200.000 EUR. Feste Schwellenwerte können aber allenfalls eine erste Orientierung liefern. Die konkrete Beurteilung bleibt den besonderen Umständen des Einzelfalles überlassen.

h) Einzelfreistellungssituationen

573 Wie zuvor bereits ausgeführt, gibt es m.E. eine Reihe von geradezu typischen Situationen, in denen die vertikale Preisbindung für eine Einzelfreistellung »geöffnet« werden bzw. zugänglich sein sollte.[1806] Ausgangspunkt dieser Überlegung sollten die Fälle sein, die auch die Vertikal-Leitlinien bereits genannt sind. Allen voran ist in diesem Zusammenhang auf Rn. 225 abzustellen. Eine Einzelfreistellung kommt demnach (i) zur Einführung eines neuen Produkts, (ii) für Sonderangebotskampagnen in Franchisesystemen[1807] oder

---

1806 So auch Vertikal-Leitlinien, Rn. 223. Allgemein zum Vorliegen der Einzelfreistellungskriterien noch vor Erlass der Vertikal-Leitlinien siehe *Schulte*, WRP 2005, 1500 ff.
1807 Wenn nicht ohnehin bei kurzfristigen Aktionen nicht einmal eine Wettbewerbsbeschränkung vorliegt, vgl. *Polley/Rhein*, KSzW 2011, 15, 22.

(iii) zur Abwehr von Trittbrettfahrern in Betracht. Gemeinsamer Nenner dieser Freistellungstatbestände sind die Funktionen des Wettbewerbs. Das GWB will den Wettbewerb schützen. Dieser hat auch eine Innovationsfunktion. Diese würde aber missachtet werden, wenn man bei einem neuen Produkt dieses nicht auch für kurze Zeit am Markt zu einem bestimmten Preis platzieren könnte. Der Hersteller wird nur in die Forschung und Entwicklung investieren, wenn er auch weiß, dass er eine bestimmte Positionierung im Markt bekommt.

Eine Freistellung erscheint indes **unwahrscheinlicher**, jedoch nicht völlig ausgeschlossen, wenn die vertikale Vereinbarung eher den Charakter einer **hub & spoke** Absprache bzw. einer vertikalen Vereinbarung mit »horizontaler Absicherung« hat.[1808] In diesem Fall wird es den Unternehmen – abseits der explizit in Rn. 225 genannten Gründe – wohl eher schwerfallen, die Voraussetzungen der Einzelfreistellung, darzulegen.[1809]

i) **Bedeutung des Marktanteils**

574 In Deutschland und z.B. auch in Österreich tragen die Behörden mantrahaft vor, dass es sich bei der vertikalen Preisbindung um eine Kernbeschränkung handle, die (grundsätzlich) nicht der Freistellung zugänglich ist. Rn. 225 der Vertikal-Leitlinien wird damit ignoriert (siehe dazu zuvor Rdn. 573). Nicht beachtet wird zu Unrecht auch nicht, welchen Marktanteil der bindende Anbieter auf dem betreffenden Markt hat. Dabei spielt dieser eine entscheidende Rolle. Gibt es auf dem relevanten Markt eine Reihe von Substitutionsprodukten, dann kann die vertikale Preisbindung keine Auswirkung auf den Wettbewerb haben. Ausgehend davon, dass der Begriff der bezweckten Wettbewerbsbeschränkung eng auszulegen ist und nur schlechterdings für den Wettbewerb schädliche Beschränkungen bezweckt sein können, wäre zu hinterfragen, ob der Marktanteil nicht doch eine Rolle spielt.

So hat es auch die schwedische Wettbewerbsbehörde *Konkurrensverket* im Fall *13e: Protein Import* gesehen.[1810] In dem dazu erschienen Fallbericht führt die Behörde aus, »*the lower the market share, the less likely it is that resale price maintenance will lead to harm for competition and consumers*«.[1811] Daher sei bei einem Marktanteil von 3 % auf dem relevanten Markt von einer so geringen Möglichkeit der Preisbeeinflussung auszugehen, dass trotz einer Mindestpreisvorgabe nicht von einer vertikalen Preisbindung im Ergebnis auszugehen sei. Diese Einschätzung verdient Zustimmung. Denn andernfalls

---

1808 So die gängige Formulierung in den österreichischen Entscheidungen, siehe beispielsweise OGH, 8.10.2015, 16 Ok 2/15b – *Spar*.
1809 So auch OGH, 8.10.2015, 16 Ok 2/15b, Rn. 5.9 – *Spar*.
1810 Konkurrensverket, 10.3.2014, 559/2013 – *13e: Protein Import*.
1811 Konkurrensverket, 10.3.2014, 559/2013 – *13e: Protein Import*, S. 4.

verliert man die dogmatische Fundierung aus dem Auge, will man vielen Verhaltensweisen eine schlechterdings wettbewerbsschädliche Wirkung andichten, die nicht besteht, oder gerade wie im Fall der vertikalen Preisbindung, auch von zahlreichen Ökonomen bezweifelt wird. Wettbewerbstheoretische Konzepte sind immer auf ihre sinnvolle Steuerung zu überdenken. Behörden trifft hier eine Pflicht der aktiven Anpassung an die hinter den Konzepten liegenden Grundlagen. Auf die vorherige Rechtsprechung zu referenzieren, ersetzt keine Auseinandersetzung mit den konzeptionellen Grundlagen. Es geht darum den intrabrand-Wettbewerb zu schützen. Gibt es indes eine Vielzahl von Händlern, von denen nur einige gebunden sind, und gehören zum betreffenden Markt auch die Produkte einiger anderer Hersteller, dann sollte gerade bei Marktanteilen unterhalb der Spürbarkeitsgrenze entweder über die Spürbarkeit oder im Wege der Einzelfreistellung eine Ausnahme vom generellen Verbot der vertikalen Preisbindung gemacht werden.

So sieht es im Übrigen auch die australische Wettbewerbsbehörde im Fall *Tooltechnic*. In diesem Fall ging die Behörde aufgrund des (i) bestehenden intrabrand-Wettbewerbs, (ii) der Notwendigkeit zum Schutz von free-riding und (iii) eines Marktanteils von 10 % davon aus, dass die vertikale Preisbindung nicht kartellrechtswidrig war. Der Fall lässt aufhorchen, gerade auch wegen der internationalen Parallelen. Das Bundeskartellamt hatte *Tooltechnic* noch vor einigen Jahren mit einem Bußgeld belegt. Die australische Behörde entscheidet abweichend und stützt sich dabei inter alia auf den Marktanteil. Was sollte man daraus für die Zwecke von § 1 GWB festhalten: Der Marktanteil ist auch bei der Zulässigkeitsprüfung vertikaler Empfehlungen bzw. Bindungen des Preises mitzubedenken. Übersteigt der Marktanteil nicht die Grenze von 15 %, sollte ein Verstoß gegen § 1 GWB ausscheiden.

2. Doppelpreissysteme (*dual pricing*)

a) Überblick/Einführung

Wenn in der deutschen Diskussion von »Doppelpreissystemen« (*dual pricing*) gesprochen wird, meint fast jeder Doppelpreisstrategien im Verhältnis offline/online. Dies ist allerdings nicht der Ursprung der Fallgruppe. Diese will all diejenigen Fälle erfassen, in denen dem Abnehmer ein geringerer Preis für solche Waren vereinbart wird, die in einem (i) bestimmten Gebiet bzw. (ii) an bestimmte Kunden verkauft werden.[1812] Aus der diesbezüglichen Rechtsprechung lassen sich wichtige Erkenntnisse ableiten (vgl. dazu gleich Rdn. 581).

575

1812 Siehe dazu ausführlich *Wegner/Johanssen*, in: KK-KartR, Art. 4 Vertikal-GVO, Rn. 48.

576 Ein weiteres Thema im Zusammenhang mit der Zulässigkeit von Differenzierungen zwischen On- und Offline-Vertrieb sind sog. Doppelpreissysteme (*dual pricing*). Nach der Definition des Bundeskartellamtes wird darunter eine Situation erfasst, in der ein (hybrider) Händler (unmittelbar oder mittelbar) **unterschiedliche Einkaufspreise** gewährt bekommt, je nachdem, ob er ein Produkt offline (über das Ladengeschäft) oder online vertreibt.[1813] Die Unterschiedlichkeit der Einkaufspreise kann sich direkt oder indirekt ergeben. Ein direkter Unterschied liegt beispielsweise dann vor, wenn der Hersteller dem Händler einen höheren Preis X für den stationären Verkauf und einen niedrigeren Preis Y für den Verkauf über das Internet gewährt. Ein indirekter Unterschied kann sich z.B. über **unterschiedliche Rabatte** für den stationären Verkauf und den Online-Verkauf ergeben, entweder in dem beide Vertriebskanäle eindeutig benannt werden oder indem Rabattkriterien aufgestellt werden, die für Online-Händler nicht oder nicht gleichermaßen erfüllbar sind und sich dadurch mittelbar für den Online-Händler ein anderer Preis ergibt. Aufgrund der Unterschiedlichkeit der sich in der Folge ergebenden Preise wird insoweit von einem Doppelpreissystem gesprochen.

b) Entscheidungspraxis des Bundeskartellamtes

577 Bei Doppelpreissystemen handelt es sich nach Ansicht des **Bundeskartellamtes** um eine **bezweckte** Wettbewerbsbeschränkung in Form einer vertikalen **Kernbeschränkung** i.S.d. Art. 4 lit. b Vertikal-GVO.[1814] Diese Ansicht wurde vom OLG Düsseldorf in der Entscheidung *Dornbracht* grundsätzlich bestätigt.[1815] Die Einordnung wird darauf gestützt, dass es durch das Doppelpreissystem zu einer Beschränkung des Online-Vertriebs in Form einer Gebiets- bzw. Kundengruppenbeschränkung kommt, da den Händlern unterschiedliche Anreize für den On- bzw. Offline-Verkauf gesetzt werden würden bzw. diese vom Aufbau eines Online-Vertriebs abgehalten werden würden. Durch die unterschiedliche finanzielle Intensivierung des On- und Offline-Vertriebs (zu Lasten des Online-Vertriebs) würden die (hybriden) Händler im Vertrieb an die Kundengruppe »Online« beschränkt werden. Da

---

1813 Vgl. Hintergrundpapier Bundeskartellamt, S. 21. Siehe auch *Mäger/von Schreitter*, NZKart 2015, 62, 64.
1814 Vgl. Hintergrundpapier Bundeskartellamt, S. 21; siehe auch Rn. 52d Vertikal-Leitlinien. Zustimmend bzgl. der Einordnung als Kernbeschränkung *Mäger/von Schreitter*, NZKart 2015, 62, 64.
1815 Vgl. dazu OLG Düsseldorf, 13.11.2013, VI-U (Kart) 11/13 – *Dornbracht*. Das OLG Düsseldorf hat zwar nicht bestätigt, dass es sich um eine Kernbeschränkung i.S.d. Art. 4 lit. b Vertikal-GVO handelt, da *Dornbracht* nicht ausreichend dazu vorgetragen hatte, dass ein Marktanteil von unter 30 % vorliegt und damit die Vertikal-GVO grundsätzlich anwendbar ist, wohl aber hat es die Beschränkung als **bezweckte Wettbewerbsbeschränkung** eingeordnet.

es sich beim Online-Verkauf – wie bereits gezeigt – um einen Passivverkauf handelt, sind Rückausnahmen grds. nicht anwendbar. Die wettbewerbliche Gefahr liegt dabei in der Beschränkung des **intrabrand Wettbewerbs**.

Entwickelt wurde die vorstehend dargestellte Ansicht in den Verfahren *Dornbracht*,[1816] *Gardena*[1817] und *Bosch Siemens Hausgeräte*.[1818] Bei allen handelte es sich um Verwaltungsverfahren, die nach Änderung der jeweiligen Preissysteme schlussendlich eingestellt worden sind.[1819] Gegenstand des Verfahrens *Dornbracht* war eine von *Dornbracht* mit dessen Großhändlern abgeschlossene Fachhandelsvereinbarung, die diesen bei Erfüllung bestimmter Qualitätskriterien einen besonderen Rabatt gewährte. Als Kriterien wurden u.a. (i) die Gewährleistung fachgerechter Montage und (ii) ein After-Sales-Service festgelegt. Einige (hybride) Online-Händler sahen sich durch diese Kriterien benachteiligt, da diese die Produkte von *Dornbracht* nicht mehr bzw. nicht mehr zu wettbewerbsfähigen Preisen erhielten. Das Bundeskartellamt leitete in der Folge ein Verfahren ein und sah in den Kriterien für die Rabattgewährung ein Doppelpreissystem eine Kernbeschränkung, die nicht freigestellt werden könne.

578

Im Fall *Gardena* hatte sich das Bundeskartellamt ebenfalls mit einem Rabattsystem auseinandergesetzt. *Gardena* gewährte seinen (hybriden) Händlern Funktions- und Leistungsrabatte. Beim **Funktionsrabatt** handelte es sich um einen Rabatt, mit dem die Händler für die Übernahme konkreter verkaufsfördernder Maßnahmen (Beratung, Warenpräsentation etc.) vergütet werden sollten und dessen Höhe sich an den Kosten der übernommenen Funktion orientierte.[1820] Der Funktionsrabatt war so ausgerichtet, dass bestimmte Rabattbestandteile an Kriterien wie z.B. an das Vorhalten einer Reparaturwerkstatt vor Ort oder eine persönlichen Beratung anknüpften, die – im Ergebnis nach den Feststellungen – grundsätzlich nur von stationären Händlern erfüllt werden konnten. Daneben gab es noch **Leistungsrabatte**, mit denen die hochwertigen Handelsleistungen des stationären Vertriebs »finanziell belohnt« wurden. Das Bundeskartellamt sah insbesondere die Funktionsrabatte

579

1816 Siehe dazu Fallbericht Bundeskartellamt, 13.12.2011, B5 100/10 – *Dornbracht*, S. 3. Siehe dazu weiter OLG Düsseldorf, 13.11.2013, VI-U (Kart) 11/13 = NZKart 2014, 68.
1817 Fallbericht vom 5.12.2013, B5 144/13 – *Gardena*. Siehe dazu *Rinne/Kolb*, NZKart 2015, 377 ff.
1818 Fallbericht vom 23.12.2013, B7 11/13 – *Bosch Siemens Hausgeräte (BSH)*; jetzt BSH Hausgeräte.
1819 *Mäger/von Schreitter* weisen insoweit auf die »Sanktionsschere« im Vergleich zu den Verfahren wegen Preisbindung zweiter Hand an, bei denen ein Bußgeldverfahren eingeleitet wurde und entsprechende Bußgelder verhängt worden sind, vgl. *Mäger/von Schreitter*, NZKart 2015, 62, 65.
1820 Vgl. dazu ausführlich *Rinne/Kolb*, NZKart 2015, 377 ff.

als kritisch an, da durch diese Online-Händler nicht in den Genuss des vollen Rabatts kommen konnten. Im Fall *Bosch Siemens Hausgeräte (BSH)*, jetzt BSH Hausgeräte, ging es um ein ähnliches System, jedoch mit einer anderen Nuancierung. Gegenstand der Beurteilung war ein von *BSH* eingeführtes Leistungsrabattsystem, demzufolge der dem hybriden Händler gewährte Rabatt umso **niedriger** ausfiel, je **mehr** Umsätze der Händler in seinem Webshop machte. Im Ergebnis kam es nach Ansicht des Bundeskartellamtes dadurch zu ca. fünfmal so hohen Rabatten im Offline-Bereich. Eine Freistellung wurde in beiden Fällen abgelehnt.[1821]

c) Bewertung der Entscheidungspraxis

580 Verständlich ist, dass das Amt den Bereich e-Commerce schützen will. Das ist verständlich und richtig. Dies jedoch nur nicht um jeden Preis. Das gilt sowohl wettbewerbspolitisch als auch konkret tatbestandlich im Rahmen der dogmatischen Einzelheiten. Dabei soll nicht in das Lied vom Bundeskartellamt als dem Totengräber des stationären Handels eingestimmt werden das allenthalben oft gesungen wird.[1822] Vielmehr soll der Blick in Richtung einer Neubewertung im Lichte der veränderten Rechtsprechung zur »bezweckten« Wettbewerbsbeschränkung geschwenkt und die europäischen Rechtsprechung zu *dual pricing* einbezogen werden. Zuerst soll dabei auf den letztgenannten Aspekt eingegangen werden. In der europäischen Rechtsprechung zu dual pricing ist anerkannt, dass nur dann eine Kernbeschränkung vorliegt, wenn der Preisunterschied so gewählt wird, dass die Lieferung an die Kundengruppe **nicht mehr durchgeführt** werden kann oder **jedenfalls unattraktiv** für den Abnehmer wird.[1823] Wird lediglich die Handelsspanne des Abnehmers unerheblich verringert, liegt kein Doppelpreissytem vor.[1824] Insbesondere das erste Kriterium (»nicht mehr durchführbar«) sticht, da es die Fallgruppe des Dopppelpreissytems an der strengen Rechtsprechung zu bezweckten Wettbewerbsbeschränkungen ausrichtet. Nicht jede noch so marginale Abweichung in der Preisstruktur wird erfasst, sondern nur solche, die die Lieferung faktisch verhindern. Im Lichte des Erfordernisses der engen Auslegung des Begriffes der bezweckten Wettbewerbsbeschränkung scheint dadurch das Ergebnis vorgezeichnet zu werden.

Hinsichtlich der Höhe des Preises bzw. der Rabatte wird gefordert, dass offline- und online **vergleichbare Preise bzw. Rabatte** gewährt werden müssen. Es besteht jedoch **kein allgemeines Gleichbehandlungsgebot** zwischen

---

1821 Kürzlich hat das Bundeskartellamt zudem in der Sache »*Lego*« eine weitere Entscheidung geroffen.
1822 Siehe dazu *Rinne/Kolb*, NZKart 2015, 377, 382.
1823 EuG, 21.10.2003, T-368/00, Slg. 2003 II-4491, Rn. 100 – *General Motors*. Siehe dazu auch *Wegner/Johannsen*, in: KK-KartR, Art. 4 Vertikal-GVO, Rn. 48.
1824 EuG, 21.10.2003, T-368/00, Slg. 2003 II-4491, Rn. 100 – *General Motors*.

Offline- und Online-Händlern, vor allem in Konstellationen, wo es nicht nur um einen Hybridhändler geht. Ein allgemeines Gleichbehandlungsgebot kann sich systematisch nicht aus § 1 GWB ergeben, da es insoweit bereits an der »Vereinbarung« fehlt. In diese Richtung scheint aber die Pressemitteilung des Bundeskartellamtes in Sachen *Lego* zu gehen.[1825] Dort führt das Bundeskartellamt aus, dass sich Lego verpflichtet habe, dass Rabattsystem »*künftig so auszugestalten, dass Händler auch über den Online-Vertrieb die gleiche Rabatthöhe erreichen können wie im stationären Vertrieb.*« Dies klingt so, als Lego weitergingr als die bisherigen Fälle *Dornbracht*, *BSH* und *Gardena*. Genaueres lässt sich der Mitteilung aber nicht entnehmen.

Die Höhe muss nicht vollkommen gleich sein. Auch ist nicht erforderlich, dass beide tatsächlich in den Genuss kommen, da insoweit die bloße Möglichkeit genügt. In diesem Fall, so gesteht auch das Bundeskartellamt zu, ist es die eigene Entscheidung des Händlers, dass dieser nicht den vollen Rabatt erhält.[1826] Überdies erscheinen auch marginale Abweichungen in der Möglichkeit der Erzielung des Rabatts noch hinnehmbar. Bei der Abgrenzung könnte man sich beispielsweise an den Grenzen der Spürbarkeit orientieren und eine 10 %-ige Abweichung in der theoretischen Höhe als noch zulässig ansehen. Ob das Bundeskartellamt dieser Ansicht folgen wird, bleibt indes abzuwarten. Bisher sieht es eher so aus, dass das Bundeskartellamt in der theoretischen Beurteilung der Gleichwertigkeit der Rabatte für On- und Offline-Vertrieb keine Abweichungen zulässt und vergleichbare Leistungskriterien fordert, wie z.B. die Qualität der Warenpräsentation im Geschäft/Online-Shop bzw. die Qualifikation der Mitarbeiter.[1827] Ein Anreiz könne seitens des Herstellers nur durch Zahlung eines **fixen Zuschusses** (*fixed fee*) an den Händler gesetzt werden, der von der Verkaufsmenge unabhängig ist.[1828]

581

Bei Lichte betrachtet wirft diese Entscheidungspraxis einige Fragen auf. Zunächst ist zu hinterfragen, ob ein Doppelpreissystem in jedem Fall bereits eine, auch noch bezweckte, Wettbewerbsbeschränkung darstellt. Dies vor allem dann, wenn der Rabatt sich allenfalls höchst mittelbar auf den Online-Vertrieb auswirkt. M.E. müsste hier zunächst stärker zwischen flagaranten (offensichtlichen) unmittelbaren Preisdifferenzierungen zwischen dem On- und Offline-Vertrieb und mittelbaren Differenzierungen unterschieden werden. Nur im ersten Fall kann von einer bezweckten Wettbewerbsbeschränkung gesprochen werden (vor allem im Lichte von *Cartes bancaires*). Im letzten Fall

582

1825 BKartA, Pressemitteilung vom 18.7.2016.
1826 Fallbericht vom 23.12.2013, B7 11/13 – *Bosch Siemens Hausgeräte (BSH)*, S. 5.
1827 Fallbericht vom 23.12.2013, B7 11/13 – *Bosch Siemens Hausgeräte (BSH)*, S. 5. Siehe auch *Rinne/Kolb*, NZKart 2015, 377, 379.
1828 Vgl. Hintergrundpapier Bundeskartellamt, S. 21. Kritisch zu Recht *Rinne/Kolb*, NZKart 2015, 377, 379 und 381 wegen der fehlenden Anreizwirkung.

könnte allenfalls eine bewirkte Wettbewerbsbeschränkung erwogen werden. Hinzu kommt, dass man eine kostenbasierte Differenzierung im Rabattsystem jedenfalls auf der Ebene der Einzelfreistellung (§ 2 GWB bzw. Art. 101 Abs. 3 AEUV) berücksichtigen sollte. Es ist systematisch nicht überzeugend, dass (auch rein tatsächlich) höhere Kosten des stationären Handels weder tatbestandlich, noch auf Ebene der Freistellung, Berücksichtigung finden. Es kann nicht vollkommen geleugnet werden, dass es eher im Verhältnis Off- zu Online (und weniger umgekehrt) ein Trittbrettfahrer-Problem gibt.[1829] Dieses besteht aber auch in die andere Richtung.

583 Fixe Zuschüsse sind im Ergebnis eher kein taugliches effizientes Gestaltungsmittel, durch das die Situation »kartellrechtlich aufgelöst« werden könnte. Sie sind zu starr, setzten für den Händler keine Leistungsanreize, v.a. dann, wenn bei Vorabzahlung keine Anpassung mehr möglich ist. Es kann nicht Ziel des effizienten Leistungswettbewerbs sein, dass der unerfolgreiche Händler über den Fixzuschuss unabhängig von der Verkaufszahl schlichtweg eine bessere Marge erhält. Dies ist für keinen Hersteller eine sinnvolle Gestaltungsoption.

d) Offenlegung Absatzzahlen

584 Ein Sonderproblem stellt die **Offenlegung** der Absatzzahlen durch den Händler gegenüber dem Hersteller dar. Diese Frage war z.B. Gegenstand der *Dornbracht*-Entscheidung des Bundeskartellamtes.[1830] Das Bundeskartellamt beurteilte die Offenlegung als kritisch, da es sich bei den Absatzzahlen um zu schützende Geschäftsgeheimnisse handeln würde. Dies ist m.E. zu hinterfragen; nicht, dass es sich um zu schützende Geschäftsgeheimnisse handelt. Dies ist unzweifelhaft zutreffend. Fraglich ist aber, wie die Gewährung von Rabatten und Erfüllung der Kriterien kontrolliert werden soll, wenn die Absatzzahlen nicht offengelegt werden.[1831] Die Offenlegung sollte daher jedenfalls dort erfolgen, wo der Händler kein Hybridhändler ist (d.h. nicht offline und online für den Hersteller verkauft). Bei einem Hybridhändler könnte allenfalls eine andere Auslegung geboten sein. Umgehen ließe sich das Problem in der Praxis jedoch dadurch, dass – vergleichbar der Ausgestaltung beim Informationsaustausch im Transaktionskontext – unabhängige Mittler, z.B. Wirtschaftsprüfer oder Steuerberater damit beauftragt werden, den konkreten, den Händlern zu gewährenden Rabatt auszurechnen.[1832]

1829 So auch *Rinne/Kolb*, NZKart 2015, 377, 380.
1830 Vgl. Fallbericht Bundeskartellamt, 13.12.2011, B5 100/10 – *Dornbracht*, S. 3.
1831 So auch *Rinne/Kolb*, NZKart 2015, 377, 382.
1832 Zuzustimmen ist daher *Rinne/Kolb*, NZKart 2015, 377, 382.

3. Querlieferungsverbot im selektiven Vertrieb

Der Hersteller hat im qualitativen selektiven Vertrieb weitgehende Möglichkeiten, seinen Vertrieb zu steuern. Insbesondere darf er – auch über eine Marktstufe hinweg – den zum System zugelassenen Händlern zulässigerweise verbieten, an nicht zum System zugelassene Händler zu liefern. Er kann damit die **externen** (d.h. systemexternen) Warenströme kontrollieren. **Nicht zulässig** ist es hingegen, wenn er auch die internen Warenströme kontrolliert, indem der Hersteller einigen oder allen Händlern verbietet, dass diese an andere Händler des Systems, d.h. innerhalb des Systems, liefern. Dies stellt nach Art. 4 lit. d Vertikal-GVO eine Kernbeschränkung dar.[1833] Die Schadenstheorie ist, dass es – wie auch bei der Preisbindung der zweiten Hand – zu einer Beschränkung des *intrabrand* Preiswettbewerbs zwischen den Händlern kommt. Im selektiven Vertrieb ist zudem der Kundenkreis der Händler bereits stark eingeschränkt.[1834] Der Händler darf nur an Endverbraucher und an andere zugelassene Händler liefern. Da im selektiven Vertrieb als einem geschlossenen System daher die Absatzmöglichkeiten stark eingeschränkt sind, soll es nicht zu einer weiteren Beschränkung des Wettbewerbs kommen. Folgerichtig hat das Bundeskartellamt daher im Fall *WALA* festgestellt, dass das von WALA ausgesprochene und an die Großhändler gerichtete Verbot, bestimmte »gesperrte« Einzelhändler, die das neue Erstausstattungspaket nicht bestellt hatten, nicht zu beliefern, eine Kernbeschränkung darstellt.[1835] Dies deshalb, da die Einzelhändler allesamt (noch) Teilnehmer des selektiven Vertriebssystems gewesen sind. Anders wäre der Fall dann zu beurteilen gewesen, wenn der Hersteller den Händler zuvor **gekündigt** hätte. Dann wären die Händler nicht mehr Teil des selektiven Systems gewesen, eine Querlieferung hätte infolgedessen wirksam untersagt werden können. Hersteller sollten daher, wollen Sie nicht die Gefahr der Vereinbarung einer Kernbeschränkung eingehen, erst dem Händler kündigen. Dieser hat sodann jedoch die Möglichkeit wiederrum einen Aufnahmeanspruch in das selektive Vertriebssytem zu relivieren, wenn er die Voraussetzungen des selektiven Vertriebssytems erfüllt.

Zulässig ist es hingegen, eine **nicht-exklusive** Bezugspflicht vorzusehen, derzufolge der Händler verpflichtet ist, die Vertragsprodukte nur beim Anbieter <u>oder</u> einem anderen autorisierten Händler zu beziehen.[1836] Denn in diesem Fall wird eine Querlieferung nicht untersagt, da damit Querlieferungen möglich bleiben. **Nicht zulässig** im selektiven Vertrieb ist daher eine **Direktbezugsverpflichtung**. Bei der Ausgestaltung können auch bestimmte

585

1833 Siehe dazu *Buerskens*, § 2 GWB, Rn. 112.
1834 Siehe dazu unter anderem BKartA, 26.8.2015, B2 98/11, Rn. 284 – *Asics*.
1835 BKartA, 6.5.2014, B2 52/14 – *WALA*.
1836 *Schultze/Pautke/Wagener*, Vertikal-GVO (3. Auflage), Rn. 815; *von Hülsen*, ZVertriebsR 2012, 290.

Quoten festgelegt werden, z.B. dass die Händler X% ihrer Produkte immer beim Hersteller beziehen müssen.[1837] Welche Quote noch zulässig ist, erscheint offen. M.E. darf die Quote nur so bemessen sein, dass eine Querlieferung anreizseitig und tatsächlich möglich bleibt. Eine rein theoretische Möglichkeit erscheint als zu wenig.

4. Alleinbezugsverpflichtungen/Markenzwang

586 Bei Alleinbezugsverpflichtungen des Abnehmers, m.a.W. der Verpflichtung, die Waren oder Dienstleistungen (i) ausschließlich (**Alleinbezugsverpflichtung**) oder jedenfalls – bezogen auf den Bedarf – zu mehr als 80 % oder mehr vom Anbieter zu beziehen (**Bezugsbindung**), ist vor allem zu beachten, dass die 5-Jahres-Grenze i.S.d. Art. 5 Vertikal-GVO eingehalten wird.[1838] Nicht eingehalten ist die 5-Jahres Begrenzung z.B. auch dann, wenn sich der Anbieter eine **einseitige Verlängerungsoption** einräumt, auch wenn der Vertrag prima vista auf fünf Jahre begrenzt ist.[1839] Von der Begrenzung auf fünf Jahre macht die Vertikal-GVO in Art. 5 Abs. 2 Vertikal-GVO z.B. dann eine Ausnahme, wenn der Abnehmer Waren oder Dienstleistungen in »Räumlichkeiten und auf Grundstücken verkauft, die im Eigentum des Anbieters stehen oder von diesem angemietet bzw. gepachtet worden sind«. In diesen Fällen kann das Wettbewerbsverbot solange vereinbart werden, wie der Abnehmer das Grundstück nutzt. Diese Ausnahme spielte kürzlich eine Rolle im vom Bundeskartellamt geprüften Radiusklausel-Fall Factory Outlet Center (FOC) Wertheim Village (vgl. zur Beurteilung der Radius-Klauseln Rdn. 4).[1840] Die zwischen dem FOC und den Mietern geschlossenen Mietverträge sahen u.a. ein Verbot der Anmietung eines Ladenlokals in einem anderen FOC in einem Umkreis von 150km rund um das FOC Wertheim vor.[1841] Dieses bestand – größtenteils – für die gesamte Laufzeit des Mietvertrages, nämlich **zehn Jahre**. Unabhängig von der m.E. richtigen Feststellung, dass die Vertikal-GVO mangels Verkaufs von Waren oder Angebot von Dienstleistungen beim Abschluss von Mietverträgen bereits nicht anwendbar ist,[1842] stellt sich aber die

---

1837 So *Wegner/Johannsen*, in: KK-KartR, Art. 5 Vertikal-GVO, Rn. 11.
1838 Für die Einzelheiten wird auf die Kommentierung zu Art. 5 Vertikal-GVO verwiesen: *Wegner/Jo-hannsen*, in: KK-KartR, Art. 5 Vertikal-GVO, insbesondere zu den Fragen »Kettenverträge« und »Evergreen-Klauseln« bei der Laufzeitbestimmung.
1839 OLG Düsseldorf, WuW/E DE-R 4730, 4740; *Nolte*, BB 2013, 1667, 1669. Siehe dazu ausführlich *Wegner/Johannsen*, in: KK-KartR, Art. 5 Vertikal-GVO, Rn. 17.
1840 Bundeskartellamt, 26.2.2015, B1 62/13 – *Factory Outlet Center Wertheim*.
1841 Bundeskartellamt, 26.2.2015, B1 62/13, Rn. 1– *Factory Outlet Center Wertheim*.
1842 Bundeskartellamt, 26.2.2015, B1 62/13, Rn. 317– *Factory Outlet Center Wertheim*.

spannende Folgefrage, ob hier nicht Art. 5 Abs. 2 Vertikal-GVO greift. Das Bundeskartellamt lehnte dies ab. Zur Begründung trug das Amt vor, dass der Schutzzweck von Art. 5 Abs. 2 Vertikal-GVO nicht erfüllt sei.[1843] Dieser bestünde darin, dass vom Anbieter nicht erwartet werden kann, dass er qua Mietvertrag sich die eigene Konkurrenz »ins Haus holt«, jedenfalls nicht, ohne dass der Anbieter dem zuzustimmen hat. Zuzustimmen ist dem Bundeskartellamt, dass Rn. 67 der Vertikal-Leitlinien klarstellt, dass verhindert werden soll, dass der Anbieter den Verkauf konkurrierender Produkte zulassen muss bzw. diesen nur für fünf Jahre verhindern kann. M.E. kann Art. 5 Abs. 2 Vertikal-GVO aber auch durchaus weiter verstanden werden. Der Regelung liegt die Vermeidung von Interessenskonflikten zugrunde. Der Anbieter würde dem Wettbewerber andernfalls wohl nicht gestatten, sein Eigentum für den Betrieb eines Konkurrenzgeschäftes zur Verfügung zu stellen. Der Anbieter darf sich – zulässigerweise – (etwas pointiert gesprochen) **vor Wettbewerb** auf der Ebene des Produkangebots **schützen**, indem er ein Wettbewerbsverbot vereinbart. Eine solche Konkurrenzsituation besteht aber auch im Verhältnis zu einem anderen FOC.[1844] Vereinbart der FOC-Betreiber kein langes Wettbewersbverbot, kann dieser seine Investitionen nicht (ausreichend) amortisieren. Diese Erwägungen greifen nicht nur Platz bei der Freistellung, sondern bereits bei der Zulässigkeit der Dauer.

I. Gemeinschaftsunternehmen

I. Überblick

Die wettbewerbsrechtliche Bewertung von Gemeinschaftsunternehmen (GU) beansprucht traditionell einen breiten Raum in der wissenschaftlichen Diskussion. Dies vermag auch an der mittlerweile umfangreichen inländischen[1845] Entscheidungspraxis sowie Kommissionspraxis liegen.[1846] Ein GU

587

1843 Bundeskartellamt, 26.2.2015, B1 62/13, Rn. 320 – *Factory Outlet Center Wertheim*.
1844 Die Notwendigkeit eines gewissen »Gebietsschutzes« erkennt auch das Bundeskartellamt selbst an einigen Stellen an, vgl. Bundeskartellamt, 26.2.2015, B1 62/13, Rn. 281 – *Factory Outlet Center Wertheim*.
1845 BGH WuW/E BGH 1810 – *Transportbeton Sauerland*; BGH WuW/E BGH 1901 – *Transportbeton-Vertrieb II*; BGH WuW/E BGH 2169 – *Mischwerke (OAM)*; BGH WuW/E BGH 2675 – *Nassauische Landeszeitung*; BGH WuW/E BGH DE-R 2361 – *Nord-KS/Xella*; BGH WuW/E DE-R 115 – *Carpartner*; BGH WuW/E DE-R 711 – *Ost-Fleisch*; KG WuW/E OLG 1377 – *Starkstromkabel*; KG WuW/E OLG 3685 – *ARAL*; BKartA WuW/E BKartA 2445 – *Daimler Benz/MAN-ENASA*; BGH WuW/E DE-V 100 – *Stellenmarkt für Deutschland GmbH*.
1846 Umfassend dazu KK-KartR, Art. 101. Dennoch erweist sich die Komisionspraxis im Ergebnis als nicht (so kritisch), da bislang keine Untersagung wegen

kennzeichnet, dass sich mehr als zwei Unternehmen an einem anderen Unternehmen beteiligen. Unerheblich ist, ob diese dabei gemeinsame Zwecke verfolgen.[1847] Ebenso spielen die zeitlichen Abläufe keine Rolle. § 37 Abs. 1 Nr. 3 Satz 3 GWB klassifiziert sowohl die Gründung eines GU als auch den sukzessiven Anteilserwerb daran als kartellrechtsrelevanten, weil fusionskontrollrechtlich anmeldepflichtigen Tatbestand.[1848] Gründen die Beteiligten ein neues Unternehmen und entsteht dadurch ein GU, so unterliegen die Gründungsvereinbarungen einer wettbewerbsrechtlichen Kontrolle. Ein GU kann auch entstehen, indem sich zwei oder mehr Unternehmen gleichzeitig oder nacheinander an einem bestehenden Unternehmen beteiligen. In diesem Fall sind alle Beteiligungsvorgänge wettbewerbsrechtlich zu analysieren. Gemäß § 37 Abs. 1 Nr. 3 Satz 2 GWB ist das Mindestquorum für eine Beteiligung 25 %. Daraus ergibt sich, dass maximal vier Unternehmen als Mütter eines GU in Betracht kommen.

588 Das deutsche Verständnis weicht dabei von dem europäischen ab. Art. 3 Abs. 4 FKVO definiert als GU, wenn mindestens zwei Unternehmen ein anderes **gemeinsam kontrollieren** (»joint control«). Das GWB setzt unterhalb dieser Schwelle an und verklammert auch solche Gesellschaften zu Muttergesellschaften eines GU, die wegen abweichender Beteiligungsquoten das GU nicht gemeinsam kontrollieren.[1849] Es wird damit unterhalb der Schwelle des § 37 Nr. 2 GWB angesetzt. Halten zwei Muttergesellschaften zu je 50 % Anteile an einem GU, spricht man von einem **paritätischen GU**.[1850]

II. Grundsatz der Doppelkontrolle

589 Die h.M. geht davon aus, dass GU sowohl dem Verbot wettbewerbsbeschränkender Absprachen (§ 1 GWB) als auch der Fusionskontrolle unter-

---

Gefahr einer wettbewerbswidrigen Koordinierung erfolgt ist, vgl. *Bien*, NZKart 2014, 214, 215.
1847 *Lindemann*, in: Loewenheim/Meessen/Riesenkampff, Anhang zu § 1 GWB Rn. 1; a.A. offenbar *Krauß*, in: Langen/Bunte, § 1 GWB Rn. 291.
1848 Diese Vorschrift führt § 23 Abs. 2 Satz 3 a.F. GWB (bis 1998) fort, der seinerzeit in einem Klammerzusatz das Wort »Gemeinschaftsunternehmen« erwähnte. In Österreich unterfällt (nur) die Neugründung eines Vollfunktionsgemeinschaftsunternehmens § 7 Abs. 2 KartG. Die Beteiligung mit mindestens 25 % an einem bereits bestehenden GU kann hingegen unter § 7 Abs. 1 KartG fallen.
1849 *Thomas*, in: Immenga/Mestmäcker, Band 2 (5. Auflage) § 37 Rn. 288.
1850 *Krauß*, in: Langen/Bunte, § 1 GWB, Rn. 291.

fallen können.¹⁸⁵¹ Es besteht kein Konzentrationsprivileg.¹⁸⁵² In der Rechtsprechung ist dies seit dem »Mischwerke« Beschluss des BGH geklärt. Diese sog. **Zweischrankentheorie** oder auch **Doppelkontrolle** begründet der BGH mit denkbaren Überschneidungen zwischen dem fusionskontrollrechtlich relevanten Zusammenschlusstatbestand und vereinbarten Wettbewerbsbeschränkungen.¹⁸⁵³ Auch die Systematik des GWB stützt keine alternative Zuordnung eines Sachverhalts, vielmehr können Fusionskontrolle und Kartellverbot *idealiter* konkurrieren.

Hiervon weicht das europäische Recht signifikant ab. Die dort geltende **Trennungslehre** fußt auf dem Gegensatz von Vollfunktions- und Teilfunktions-GU und damit auf einer alternativen Zuordnung entweder zur Fusionskontrolle oder zum Kartellverbot des Art. 101 Abs. 1 AEUV.¹⁸⁵⁴ Eine europafreundliche Auslegung gebietet es nicht, die Systematik aus dem europäischen Primär- und Sekundärrecht in das GWB zu übernehmen. Fällt ein Zusammenschlussvorhaben in den Anwendungsbereich der FKVO, sperrt diese das nationalen Recht, Art. 21 Abs. 2, 3 FKVO (*one-stop-shop*). In diesem Fall sind wettbewerbsbeschränkende Gruppeneffekte ausschließlich anhand Art. 2 Abs. 4 FKVO zu messen und eine zusätzliche Kontrolle nach § 1 GWB scheidet aus.¹⁸⁵⁵ Erreicht ein Vorhaben nicht die Schwellen der FKVO, sondern fällt es unter die §§ 35 ff. GWB, kann das GU zusätzlich anhand des § 1 GWB *und* Art. 101 Abs. 1 AEUV geprüft werden. Hat ein Zusammenschluss daher keine gemeinschaftsweite Bedeutung, gilt die Zweischrankentheorie. Die Zweischrankentheorie leitet sich aus der FKVO ab und nimmt schon deswegen am Anwendungsvorrang des europäischen Rechts nicht teil,

590

1851 BGH WuW/E BGH 2169 – *Mischwerke*; WuW/E BGH 1810 – *Transportbeton Sauerland*; BGH WuW/E DE-R 115 f. – *Carpartner*; BGH WuW/E DE-R 711 – *Ostfleisch*; *Lindemann*, in: Loewenheim/Meessen/Riesenkampff, Anhang zu § 1 GWB Rn. 4; *Zimmer*, in: Immenga/Mestmäcker, § 1 GWB Rn. 285 ff.; *Bien*, NZKart 2014, 214, 215.
1852 So auch *Schütz*, in: KK-KartR, Vor § 35 GWB, Rn. 94.
1853 BGH WuW/E BGH 2169 – *Mischwerke*; WuW/E DE-R 711 – *Ostfleisch*; BGH WuW/E DE-R 2742 – *Gratiszeitung Hallo*; OLG Düsseldorf WuW/E DE-R 1625 – *Rethmann/GfA Köthen*.
1854 *Zimmer*, in: Immenga/Mestmäcker, Art. 81 Abs. 1 EGV Rn. 379; Gleichwohl sind nach Artt. 2 Abs. 4, 3 Abs. 4 FKVO die Gruppeneffekte eines VollfunktionsGU anhand des Art. 101 Abs. 1 AEUV zu prüfen. Dies stufen einige wiederrum als Doppelkontrolle ein, so *Schroeder*, WuW 2004, 893, 895. Man wird einräumen müssen, dass die Trennungstheorie im europäischen Recht aufgeweicht ist. Dies mag man als **eingeschränkte Trennungstheorie** bezeichnen.
1855 *Zimmer*, in: Immenga/Mestmäcker, § 1 GWB Rn. 287. Eine Art. 2 Abs. 4 FKVO entsprechende Regelung wurde im Rahmen der 8. GWB-Novelle zuletzt bewusst – trotz einiger Forderungen – nicht eingeführt, dies begrüßend *Bardong*, NZKart 2013, 303, 308.

wenn ein GU auf der einen Seite den zwischenstaatlichen Handel berührt, aber auf der anderen Seite die Schwellenwerte der FKVO nicht erreicht.

591 Zu einer Doppelkontrolle kann es sowohl im Zuge der Gründung des GU als auch im Nachhinein kommen.[1856] Problematisch ist an der europäischen Regelung in Art. 2 Abs. 4 FKVO vor allem die Fristenbindung; die Prüfung hat innerhalb des Zeitrahmens der Fusionskontrolle zu erfolgen (Art. 10 FKVO). In der Praxis hat die parallele Kontrolle durch die Kommission innerhalb des Fristenrahmens der Fusionskontrolle zur Folge, dass die Prüfung der koordinierten Effekte schneller absolviert[1857] wird und die Unternehmen schnell – was ausdrücklich zu begrüßen ist – Rechtssicherheit erlangen. Aus Sicht der Kommission schafft die Regelung aber durchaus einen Fristendruck. Anders stellte sich die Lage indes im deutschen System dar. Dort gelangte das BKartA in der Sache *CVH* insgesamt **16 Jahre** nach der Freigabe im Fusionskontrollverfahren[1858] zu der Erkenntnis, dass es durch die Gründung des Joint-Ventures *CVH Chemie* zu einer Koordinierung zwischen den GU-Muttergesellschaften *Brenntag Germany Holding* und *CG Chemikalien Holding* kam.[1859] In der Sektoruntersuchung *Walzasphalt*[1860] setzte sich das BKartA sogar mit GU auseinander, die z.T. bereits vor Einführung der Fusionskontrolle im Jahr 1973 gegründet wurden und damit **rund 40 Jahre** kartellrechtskonform. Diese Rechtsunsicherheit ist in der Praxis nur schwer zu ertragen. Denkbar wäre de lege ferenda, dass z.B. in Anlehnung an die Fristen bei der Verfolgungsverjährung (§ 81 Abs. 8 bzw. Abs. 9 GWB) eine Prüfung am Maßstab des § 1 GWB ausscheidet.

III. Gegenstand der Doppelkontrolle

592 Durch die Gründung eines GU kann es (i) zwischen den Muttergesellschaften des GU bzw. (ii) zwischen einem Mutterunternehmen und dem GU zu einem sog. **Gruppeneffekt** kommen. Als Synonym zum Gruppeneffekt werden auch die Begriffe »spill-over Effekt«, Ausstrahlungseffekt oder überschwappender Koordinierungseffekt verwendet.[1861] Im erstgenannten Fall besteht die Gefahr darin, dass die Muttergesellschaften untereinander auf Wettbewerb verzichten, damit sich die Marktchancen des GU erhöhen oder wenigstens ungeschmälert bleiben.[1862] Ob ein Verstoß gegen § 1 GWB vorliegt, ist in einem zweistufi-

---

1856 So auch *Schmidt*, BB 2014, 515, 520.
1857 Soweit es nicht zu umfangreichen Erörterungen in der Pränotifikation kommt.
1858 BKartA, 25.3.1996, B3-25/96.
1859 BKartA, 12.11.2012, B3 19/08 – *CVH*.
1860 BKartA, Sektoruntersuchung Walzasphalt (September 2012), B1 33/10.
1861 *Bien*, NZKart 2014, 214, 216 m.w.N.
1862 *Bien*, NZKart 2014, 214, 216.

gen Verfahren zu prüfen: Zunächst ist zu analysieren, ob die Muttergesellschaften und das GU entweder noch auf demselben relevanten Markt oder ob die Muttergesellschaften auf einem dem GU vor- bzw. nachgelagerten Markt tätig sind.[1863] Sind die Muttergesellschaften noch auf demselben Markt wie das GU tätig, ist dies nach der Rechtsprechung des BGH ein »Indiz für eine Zusammenarbeit der Muttergesellschaften«; eine Beschränkung des Verhaltens sei in diesem Fall regelmäßig zu erwarten.[1864] Ist dies nicht der Fall, findet **keine** Doppelkontrolle statt.[1865] In *Gratiszeitung Hallo* führte der BGH aus, dass eine Tätigkeit auf demselben Markt« im Regelfall für eine kartellrechtswidrige Zusammenarbeit im Rahmen des kooperativen Gemeinschaftsunternehmens« spreche.[1866] Das BKartA folgert daraus eine **Regelvermutung**, dass ein Verstoß gegen § 1 GWB vorliege.[1867] Dieser Schluss ist indes zu vorschnell. Trotz der vermeintlichen Regelvermutung darf nicht vergessen werden, dass es im zweiten Schritt auch noch einer **tatsächlichen Koordinierung im Einzelfall** bedarf. Diese Koordinierung folgt nicht bereits aus der Vermutung. Vielmehr bedarf es einer Gesamtbetrachtung anhand der wirtschaftlichen Zusammenhänge und Auswirkungen im Einzelfall.[1868] Das diese Voraussetzung eine eigenständige ist und ihre Filterfunktion auch ausübt, hat das OLG Düsseldorf im Fall *CVH* (zum Leidwesen des Bundeskartellamtes) klargestellt. Es hielt fest, dass dem BKartA der Nachweis der tatsächlichen Koordinierung im Einzelfall nicht gelungen sei. Im Besonderen ließ das BKartA unberücksichtigt, dass es zwischen einer Muttergesellschaft und dem GU aufgrund eines gegen eine Mutter verhängten Bußgeldes »nach allgemeiner Lebenserfahrung zu erheblichen Spannungen« gekommen sein dürfte.[1869] Zu diesem Bußgeld kam es aufgrund des Bonusantrages einer der Gesellschafter. Obgleich die Kartellbeteiligung der GU-Gesellschaften gewiss ein besonderes Sachverhaltselement ist, lässt sich daraus ableiten, dass die tatsächliche Koordinierung als Voraussetzung nicht übergangen werden darf.

Der alten Dichotomie zwischen **konzentrativen** und **kooperativen** GU kommt mittlerweile nur noch die Funktion einer **Abgrenzungshilfe** zu.[1870]

593

1863 Siehe zu vor- und nachgelagerten Märkten OLG Düsseldorf, 8.8.2012, VI – Kart 4/11 V.
1864 BGH WuW/E DE-R 711 – *Ostfleisch*, Rn. 32 ff. BGH WuW/E DE-R 2361 – *Nord-KS/Xella*, Rn. 14; BGH WuW/E DE-R 2742, 2744 – *Gratiszeitung Hallo*, Rn. 17.
1865 So auch das österreichische KOG, 27.1.2014, 16 Ok 11/13.
1866 BGH WuW/E DE-R 2742 – *Gratiszeitung Hallo*, Rn. 17.
1867 BKartA, 12.11.2012, B3 19/08 – *CVH*, Rn. 52.
1868 OLG Düsseldorf, 15.7.2013, VI Kart 9/12 V – *CVH*, Rn. 24.
1869 OLG Düsseldorf, 15.7.2013, VI Kart 9/12 V – *CVH*, Rn. 26. Dies auch neutral anerkennend *Krauß*, in: Langen/Bunte, § 1 GWB, Rn. 297.
1870 BGH WuW/E DE-R 711 – *Ostfleisch*; *Krauß*, in: Langen/Bunte, § 1 GWB, Rn. 295.

Entscheidend sind stets die materiellen Auswirkungen, die anhand der vorstehend genannten Prüfungsfolge zu analysieren sind.

IV. Kartellfreie Gemeinschaftsunternehmen

594 Ein GU ist dann kraft des einheitlichen Unternehmensbegriffs des GWB kartellfrei, wenn die GU-Gesellschafter auf das GU einen **beherrschenden Einfluss** ausüben, da die Gesellschafter und das GU in diesem Fall Teil **eines (einheitlichen) Unternehmens**, m.a.W. einer wirtschaftlichen Einheit, sind.[1871] Demnach unterliegt beispielsweise ein zwischen den beherrschenden Gründungsgesellschaften und dem GU (für die Dauer des Bestandes des GU) abgeschlossenes Wettbewerbsverbot, nicht § 1 GWB.[1872] Kartellfrei ist das GU zudem dann, sofern zwischen den Gründern weder aktueller noch potentieller Wettbewerb besteht.[1873] Für diese Beurteilung spielt es keine Rolle, ob das GU ein »Vollfunktions-GU« ist oder als selbständige wirtschaftliche Einheit auf dem Markt auftritt. Bedeutsam wird dies, wenn die Gründer zu Gunsten des GU auf einen Wettbewerb untereinander verzichten. Dieses mag dabei als selbständige wirtschaftliche Einheit auf dem Markt auftreten, gleichwohl verzichten die Gründer untereinander auf Wettbewerb. Gleiches gilt, wenn die GU-Gesellschafter am GU lediglich eine **Minderheitsbeteiligung** erworben bzw. halten.[1874] In diesem Fall wird es regelmäßig zu keinem kollusiven Verhalten zwischen GU-Gesellschaftern und dem GU kommen. Es fehlt an einem Einfluss auf die Geschäftsführung, zudem ist eine Koordinierung mehrerer Minderheitsgesellschafter schwieriger und unwahrscheinlicher. Etwaige spill-over bzw. Gruppeneffekte sind regelmäßig eher fernliegend. Anders mag der Fall bei Vetorechten liegen.

V. Rechtsfolgen

595 Ein kooperatives GU unterliegt nach der h.M. einer Doppelkontrolle durch die §§ 35 ff. GWB und die §§ 1, 2, 3 GWB. Deswegen kann das BKartA eine Untersagung *alternativ* mit den §§ 36, 40 Abs. 2 Satz 1 Var. 1 GWB als auch mit den §§ 1, 32 GWB begründen.[1875] Materiell begründet ist die Untersagung, wenn entweder die Vorschriften der Fusionskontrolle oder die des Kar-

---

1871 BGH WuW/E BGH 1901, 1903 – *Transportbeton-Vertrieb II*; OLG Düsseldorf, 15.7.2013, VI Kart 9/12 V – *CVH*, Rn. 22.
1872 OLG Düsseldorf, 15.7.2013, VI Kart 9/12 V – *CVH*, Rn. 20. So auch BGH WuW/E DE-R 2742 – *Gratiszeitung Hallo*, Rn. 21 (notwendige Nebenabrede).
1873 *K. Schmidt*, FS Säcker, S. 949, 952.
1874 So überzeugend *Bien*, NZKart 2014, 247, 249.
1875 OLG Düsseldorf WuW/E DE-R 1625 – *Rethmann/GfA Köthen*; BKartA WuW/E DE-V 759 – *Nehlsen/Rethmann/BEG*.

tellverbotes erfüllt sind.[1876] Eine derart alternativ begründete Untersagung beruht auf zwei verschiedenen Streitgegenständen, gleichwohl ist jene ein einheitlicher Untersagungsakt.[1877] Sie ist anzugreifen mit einer Beschwerde, über die das Gericht in einem einheitlichen Beschluss und nicht etwa in zwei Teilbeschlüssen zu entscheiden hat.[1878] Stellt sich heraus, dass die Gründung eines GU nach § 1 GWB verboten ist, ist der Rückgriff auf § 36 GWB entbehrlich,[1879] wenngleich nicht unstatthaft. Umgekehrt sperren weder eine Untersagung nach § 36 GWB noch eine Freigabe nach § 40 Abs. 2 Satz 1 Var. 2 GWB die Prüfung, ob die Gemeinschaftsgründung mit § 1 GWB vereinbar ist (siehe zu den dadurch auftretenden Fristenproblemen Rdn. 591). Selbst bei einer Untersagung eines Zusammenschlusses mag zusätzlich § 1 GWB zu prüfen sein, da diese Vorschrift einer Ministererlaubnis nach § 42 GWB entgegensteht und damit eine Legitimierung des Vorhabens endgültig blockiert. Eine Freigabeentscheidung gem. § 40 Abs. 2 Satz 1 Var. 2 GWB stellt nur fest, dass die Gründung eines GU fusionskontrollrechtlich unbedenklich ist, sagt aber nichts darüber aus, ob die Gründung des GU mit dem Kartellverbot vereinbar ist.[1880] Im Gegensatz zur inländischen Rechtslage legitimiert die Freigabe nach Art. 6 Abs. 1 lit. b Satz 2, 8 Abs. 1 Satz 2 FKVO wettbewerbsbeschränkende Vereinbarungen, die mit der Gründung des GU einhergehen. Dies folgt wie beschrieben aus Art. 2 Abs. 4 FKVO.

1876 BGH WuW/E DE-R 711 – *Ostfleisch*.
1877 *Zimmer*, in: Immenga/Mestmäcker, § 1 GWB, Rn. 302.
1878 BGH WuW/E DE-R 711, 719 – *Ostfleisch*.
1879 BGH WuW/E DE-R 711, 719 – *Ostfleisch*; *Zimmer*, in: Immenga/Mestmäcker, § 1 GWB Rn. 302.
1880 BGH WuW/E DE-R 115, 116 – *Carpartner* (zur damals geltenden Freigabemitteilung); BKartA WuW/E DE-V 100 – *Stellenmarkt für Deutschland*; *Bechtold* § 40 GWB Rn. 20; *Lindemann*, in: Loewenheim/Meessen/Riesenkampff, Anhang zu § 1 GWB Rn. 11

§ 2 Freigestellte Vereinbarungen

(1) Vom Verbot des § 1 freigestellt sind Vereinbarungen zwischen Unternehmen, Beschlüsse von Unternehmensvereinigungen oder aufeinander abgestimmte Verhaltensweisen, die unter angemessener Beteiligung der Verbraucher an dem entstehenden Gewinn zur Verbesserung der Warenerzeugung oder -verteilung oder zur Förderung des technischen oder wirtschaftlichen Fortschritts beitragen, ohne dass den beteiligten Unternehmen
1. Beschränkungen auferlegt werden, die für die Verwirklichung dieser Ziele nicht unerlässlich sind, oder
2. Möglichkeiten eröffnet werden, für einen wesentlichen Teil der betreffenden Waren den Wettbewerb auszuschalten.

(2) ¹Bei der Anwendung von Absatz 1 gelten die Verordnungen des Rates oder der Europäischen Kommission über die Anwendung von Artikel 101 Absatz 3 des Vertrages über die Arbeitsweise der Europäischen Union auf bestimmte Gruppen von Vereinbarungen, Beschlüsse von Unternehmensvereinigungen und aufeinander abgestimmte Verhaltensweisen (Gruppenfreistellungsverordnungen) entsprechend. ²Dies gilt auch, soweit die dort genannten Vereinbarungen, Beschlüsse und Verhaltensweisen nicht geeignet sind, den Handel zwischen den Mitgliedstaaten der Europäischen Union zu beeinträchtigen.

Übersicht

	Rdn.		Rdn.
A. Allgemeines	2	4. Fortbestehen von Wettbewerb	76
I. Entstehungsgeschichte und Kritik	5	IV. Übernahme von Entscheidungen zum GWB vor der 7. GWB-Novelle	81
1. Deutsches und Europäisches Kartellverbot	8	C. Gruppenfreistellungsverordnungen (Abs. 2)	87
2. Kompetenzen der EU im Hinblick auf §§ 1, 2 GWB	13	I. Anwendungsbereich	91
3. Kritik an der Regelung	19	1. »Entsprechende« Anwendung, Auslegung	93
II. Anwendungsbereich	21	2. Rechtswidrige Gruppenfreistellungsverordnungen	97
III. Rechtsfolge der Freistellung	27	3. Gruppenfreistellungsverordnungen und Tatbestände des GWB a.F.	101
1. Selbstfreistellung als Risiko	28		
2. Beweislast im Verwaltungs- und Bußgeldverfahren	37		
3. Auswirkungen auf Privatklagen	39	II. Struktur der Verordnungen	103
B. Generalklausel (Abs. 1)	44	III. Einzelne Gruppenfreistellungsverordnungen	108
I. Auslegung, Verhältnis zu Art. 101 Abs. 3 AEUV	48	1. Vertikal-GVO	109
II. Verhältnis zu Absatz 2	50	2. Technologie-Transfer-GVO	114
III. Voraussetzungen der Freistellung	52	3. KfZ-GVO	121
1. Effizienzgewinn	55	4. F&E-GVO	123
2. Zugunsten der Marktgegenseite	62	5. Spezialisierungs-GVO	127
3. Verhältnismäßigkeit der Beschränkung	68	6. Verkehr	131

	Rdn.		Rdn.
7. Versicherungswirtschaft	133	2. Bedeutung für die Anwendung von §§ 1, 2 GWB	143
IV. Leitlinien und Bekanntmachungen	136		
1. Bedeutung für die Anwendung von Art. 101 durch nationale Kartellbehörden	138	3. Insbesondere: Horizontal-Leitlinien	146

Schrifttum

Bahr, Die Behandlung von Vertikalvereinbarungen nach der 7. GWB-Novelle, WuW 2004, 159; *Baron*, Die Rechtsnatur der Gruppenfreistellungsverordnungen im System der Legalausnahme – ein Scheinproblem, WuW 2006, 358; *Bechtold*, Leitlinien der Kommission und Rechtssicherheit – am Beispiel der neuen Horizontal-Leitlinien, GRUR 2012, 107; *ders.*, Faktische Rechtssätze aus Brüssel – Zur Bedeutung von Bekanntmachungen, Leitlinien und Mitteilungen der Kommission für die Auslegung europäischen und deutschen Kartellrechts, in: FS Hirsch, 2008, S. 223; *ders.*, Grundlegende Umgestaltung des Kartellrechts: Zum Referentenentwurf der 7. GWB-Novelle, DB 2004, 235; *ders.*, EG-Gruppenfreistellungsverordnungen – eine Zwischenbilanz, EWS 2001, 49; *Bechtold/Buntscheck*, Die 7. GWB-Novelle und die Entwicklung des deutschen Kartellrechts 2003 bis 2005, NJW 2005, 2966; *Bernhard*, Grenzen vertraglicher Wettbewerbsverbote zwischen Unternehmen, NJW 2013, 2785; *Bornkamm*, Richterliche Kontrolle von Entscheidungen im deutschen und europäischen Kartellverwaltungsverfahren, ZWeR 2010, 34; *Bornkamm/Becker*, Die privatrechtliche Durchsetzung des Kartellverbots nach der Modernisierung des EG-Kartellrechts, ZWeR 2005, 213; *Brettel/Thomas*, Der Verbotsirrtum im europäischen und nationalen Kartellbußgeldrecht – Zugleich Besprechung des Schenker-Urteils des EuGH ZWeR 2013, 272; *de Bronett*, Der »More Economic Approach« bei der Anwendung des europäischen Kartellverwaltungsrechts und Kartellstrafrechts, EWS 2013, 1; *Dreher*, Kartellrechtscompliance, ZWeR 2004, 75; *Ehricke/Blask*, Dynamischer Verweis auf Gruppenfreistellungsverordnungen im neuen GWB?, JZ 2003, 722; *Ewald*, Ökonomie im Kartellrecht: Vom more economic approach zu sachgerechten Standards forensischer Ökonomie, ZWeR 2011, 15; *Fuchs*, Die 7. GWB-Novelle – Grundkonzeption und praktische Konsequenzen, WRP 2005, 1384; *ders.*, Die Gruppenfreistellungsverordnung als Instrument der europäischen Wettbewerbspolitik im System der Legalausnahme, ZWeR 2005, 1; *ders.*, Neue Entwicklungen beim Konzept der Wettbewerbsbeschränkung in Art. 81 Abs. 1 EG, ZWeR 2007, 369; *Gregor*, Die Gruppenfreistellungsverordnungen als kartellrechtliche Allgemeinverfügungen, WRP 2008, 330; *Hackl*, Verbot wettbewerbsbeschränkender Vereinbarungen und nichtwettbewerbliche Interessen, 2010; *Hartmann-Rüppel/Wagner*, Die »Stellenmarkt für Deutschland«-Entscheidung des BGH, ZWeR 2004, 128; *Hartog/Noack*, Die 7. GWB-Novelle, WRP 2005, 1396; *Herbers*, Die Anwendung der §§ 1, 2 GWB auf Sachverhalte mit fehlender Eignung zur Beeinträchtigung des Handels zwischen Mitgliedstaaten der EG, 2009; *Herrlinger*, Änderungen der 7. GWB-Novelle im Rahmen des Gesetzgebungsverfahrens, WRP 2005, 1136; *Herrlinger/Kahlert*, Strukturkrisenkartelle als zulässige Reaktion auf die Wirtschafts- und Finanzkrise?, BB 2009, 1930; *Herrmann*, Legalausnahmen und relative Doppelwirkung im neuen Europäischen Wettbewerbsnetz, NWiR 2005, 1; *Heutz*, Legalausnahme und Gruppenfreistellungsverordnungen im System der VO (EG) Nr. 1/2003, WuW 2004, 1255; *Hirsch*, Anwendung der Kartellverfahrensordnung (EG) Nr. 1/2003 durch nationale Gerichte, ZWeR 2003, 233; *Immenga/Stopper*, Die europäischen und US-amerikanischen Leitlinien zur horizontalen Kooperation, RIW 2001, 241; *Jaeger*, Die möglichen Auswirkungen einer Reform des EG-Wettbewerbsrechts für die nationalen Gerichte, WuW 2000, 1062; *ders.*, Renaissance der Krisenkartelle?, EuZW 2010, 881; *Jung*, Kartelle als Gegengift bei krisenbedingtem Ausscheidungswettbewerb – Eine vergleichende Betrachtung des deutschen, europäischen und US-amerikanischen Kartellrechts, ZWeR 2007, 141; *Kahlenberg/Haellmigk*, Referentenentwurf der 7. GWB-Novelle: Tief greifende Änderungen des deutschen Kartellrechts, BB 2004, 389; *dies.*, Neues Deutsches Kartellgesetz, BB 2005, 1509; *Karbaum*, Kartellrechtliche Compliance – Rechtsgrundlagen und Umsetzung, 2010; *Karl/Reichelt*, Die Änderungen des Gesetzes gegen Wettbewerbsbeschränkungen durch die 7. GWB-Novelle, DB 2005, 1436; *Karst*, Kartellrechtscompliance im Konzern, WuW 2012, 150; *Kasten*, Vertikale (Mindest-)Preisbindung im Licht des »more economic approach«, WuW 2007, 994; *Kersting*, Behandlung des unvermeidbaren Verbotsirrtums im europäischen Kartellrecht, WuW 2013, 845; *Kirchhoff*, Sachverhaltsaufklärung und Beweislage bei der Anwendung des Art. 81 EG-Vertrag, WuW 2004, 745; *Klindt*, Die Zulässigkeit dynamischer Verweisungen auf EG-Recht aus verfassungs- und europarechtlicher Sicht, DVBl. 1998, 373; *Koch*, Kartellrechtsentscheidungen des EuGH in Fällen ohne zwischenstaatlichen Bezug?, WuW 2006, 710; *ders.*, Die Einbeziehung nichtwettbewerblicher Erwägungen in die Freistellungsentscheidung nach Art. 81 Abs. 3 EG, ZHR 169 (2005) 625; *ders.*, Beurteilungsspielräume bei der Anwendung des Art. 81 Abs. 3 EG, ZWeR 2005, 380; *Körber*, Kartellrecht in der Krise, WuW 2009, 873; *Lettl*, Kartellverbot nach Art. 101 AEUV, §§ 1, 2 GWB und vertikale Preisempfehlung/Preisbindung, WRP 2011, 710; *Lutz*, Schwerpunkte der 7. GWB-Novelle, WuW 2005, 718; *Martinek*, Schwankt das Preisbindungsverbot? Zur erneuten kartellrechtlichen und wettbewerbspolitischen Diskussion über die Preisbindung der zweiten Hand, ZVertriebsR 2013, 3; *Meyer*, Salto rückwärts im Kartellrecht? Meistbegünstigungsklauseln nach der siebten GWB-Novelle, WRP 2004, 1456; *Meyer-Lindemann*, Die Entscheidungen zum Fall »Wirtschaftsprüferhaftpflicht«, ZWeR 2009, 522; *ders.*, Kartellrecht: Unbeachtlichkeit eines Verbotsirrtums – Bedeutung nationaler Kronzeugenprogramme für Geldbuße wegen Verstoß gegen EU-Recht – Schenker –, EuZW 2013, 624; *Möschel*, Markenartikel und vertikale Kooperation, WuW 2010, 1229; *Müller*, Neue Leitlinien zur Anwendung des Art. 81 III EG im Legalausnahmesystem der Kartellverordnung 1/2003, WRP 2004, 1472; *Pischel*, Preisfestsetzung nach Art. 81 EG und Novellierung des GWB, EuZW 2005, 459 und EuZW 2005, 518; *Quellmalz*, Die Justitiabilität des Art. 81 Abs. 3 EG und die nichtwettbewerblichen Ziele des EG-Vertrags, WRP 2004, 461; *Pampel*, Europäisches Wettbewerbsrecht – Rechtsnatur und Rechtswirkungen von Mitteilungen der Kommission im europäischen Wettbewerbsrecht, EuZW 2005, 11; *ders.*, Rechtsnatur und Rechtswirkungen horizontaler und vertikaler Leitlinien im reformierten europäischen Wettbewerbsrecht, 2005; *Pfeffer/Wegner*, Neue Bekanntmachungen des Bundeskartellamts zur zwischenbetrieblichen Kooperation: Bagatellbekanntmachung 2007 und Bekanntmachung KMU 2007, BB 2007, 1173; *Podszun*, Kartellrecht in der Internet-Wirtschaft: Zeit für den more technology approach, WuW 2014, 249; *Pohlmann*, Keine Bindungswirkung von Bekanntmachungen und Mitteilungen der Europäischen Kommission, WuW 2005, 1005; *Rösner*, Aktuelle Probleme der Zulässigkeit von Selektivvertriebssystemen vor dem Hintergrund der Reform der Vertikal-GVO, WRP 2010, 1114; *Schanze*, Die europaorientierte Auslegung des Kartellverbots, 2003; *Schweda*, Die Bindungswirkung von Bekanntmachungen und Leitlinien der Europäischen Kommission, WuW 2004, 1133; *Schwintowski/Klaue*, Kartellrechtliche und gesellschaftsrechtliche Konsequenzen des Systems der Legalausnahme für die Kooperationspraxis der Unternehmen, WuW 2005, 370; *Sosnitza/Hoffmann*, Die Zukunft der vertikalen Preisbindung im Europäischen Kartellrecht, AG 2008, 107; *Wagner*, Der Systemwechsel im EG-Kartellrecht – Gruppenfreistellungen und Übergangsproblematik, WRP 2003, 1369; *Weiß*, Das Leitlinien(un)wesen der Kommission verletzt den Vertrag von Lissabon, EWS 2010, 257; *Weitbrecht*, Das neue EG-Kartellverfahrensrecht, EuZW 2003, 69; *Wiring*, Kartellrecht und eCommerce – Neue Leitlinien der Kommission konkretisierenkartellrechtliche Vorgaben für den Onlinehandel, MMR 2010, 659; *Zapfe*, Konditionenkartelle nach der 7. GWB-Novelle, WuW 2007, 1230; *ders.*, Die Ausnahmen vom Kartellverbot zwischen Annäherung und Angleichung an das europäische Recht, 2005; siehe im Übrigen die Literatur zu § 1 GWB, zu Art. 101 Abs. 3 AEUV und zu den jeweils zitierten Gruppenfreistellungsverordnungen.

§ 2 Abs. 1 GWB übernimmt weitgehend wörtlich die **Ausnahmeregelung des Art. 101 Abs. 3 AEUV**. Diese Generalklausel konkretisiert § 2 Abs. 2 GWB, indem auch die Gruppenfreistellungsverordnungen der EU-Kommission entsprechend auf das deutsche Kartellverbot (§ 1 GWB) anwendbar erklärt werden. Anders als bei der unmittelbaren Anwendung des Art. 101 AEUV durch deutsche Behörden bedurfte es hierzu einer ausdrücklichen Regelung, da die EU-Kommission nicht unmittelbar von den Wirkungen des nationalen Kartellrechts freistellen kann, soweit es an einer Auswirkung auf den Handel zwischen den Mitgliedstaaten fehlt. Aber auch wenn deutsche Behörden in einem Fall mit zwischenstaatlicher Bedeutung zusätzlich deutsches Recht anwenden (Art. 3 Abs. 1 VO 1/2003, § 22 Abs. 1 GWB) würde eine Freistellung auf europäischer Ebene nur dazu führen, dass ein etwaiges deutsches Verbot unanwendbar wird (Art. 3 Abs. 2 VO 1/2003, § 22 Abs. 2 GWB), ohne dass das deutsche Recht als solches beeinflusst würde. Es handelt sich um eine zentrale Norm, deren Bedeutung sich wegen § 22 Abs. 2 GWB vor allem in Sachverhalten mit rein nationaler Bedeutung zeigt. Erklärtes Ziel des Gesetzgebers ist ein Gleichlauf von deutschem und europäischem Kartellrecht.[1]

1

A. Allgemeines

Das Verbot von Vereinbarungen, Beschlüssen und abgestimmten Verhaltensweisen (§ 1 GWB) steht unter der Prämisse, dass Wettbewerb als Prozess eine effiziente Verteilung der begrenzten Ressourcen gewährleistet und so den sozialen Wohlstand begünstigt. Ein **absolutes Verbot jeglicher Koordination** hätte jedoch eine erhebliche Ressourcenverschwendung zur Folge. Kooperation führt zur Vermeidung überflüssigen Aufwands, dient regelmäßig der Effizienzsteigerung und ist daher als solche ökonomisch vorteilhaft. Eine Vereinbarung, ein Beschluss oder eine abgestimmte Verhaltensweise soll nach dem Willen des Gesetzgebers daher erlaubt sein, wenn die tatsächlichen positiven Auswirkungen gegenüber den (auch nur potentiellen) Nachteilen der Koordination überwiegen.[2] Tatsächlich kann hierdurch der Wettbewerb als solcher gefördert werden, indem der Markteintritt neuer Konkurrenten erleichtert oder eröffnet wird (etwa durch Standardisierung von Schnittstellen, Typen oder einheitliche Geschäftsbedingungen).

2

Das Verhältnis von § 1 GWB (grundsätzliches Verbot) zu § 2 GWB (ausnahmsweise Rechtfertigung) verdeutlicht, dass im Zweifel die **Konkurrenz Vorrang gegenüber der Kooperation** haben soll. Ergänzend stellt die Voraussetzung des § 2 Abs. 1 Nr. 2 GWB klar, dass die vollständige Ausschal-

3

---

[1] BegrRegE 7. GWB-Novelle, BT-Drucks. 15/3640, S. 24 f.
[2] *Fuchs*, in: Immenga/Mestmäcker, GWB, § 2 Rn. 4.

tung des Wettbewerbs selbst bei erheblichen Gewinnen eine Freistellung in jedem Fall ausschließt. Zudem stellt das Gesetz klar, dass die Vorteile nicht nur volkswirtschaftlich zu beurteilen sind, sondern konkret der jeweiligen Marktgegenseite[3] zugutekommen müssen. Die volkswirtschaftliche Effizienz genügt als solche hingegen ebensowenig wie der individuelle betriebswirtschaftliche Gewinn der beteiligten Unternehmen.

4 Gemeinsam mit § 1 GWB übernimmt § 2 GWB die **gesamte Regelung des Art. 101 AEUV**.[4] Damit ist gewährleistet, dass ein Verhalten, welches spürbare Auswirkungen auf den zwischenstaatlichen Handel hat, nicht nur nach Art. 101 AEUV, sondern auch nach deutschem GWB verboten ist, während ein Verhalten, das nach Art. 101 Abs. 3 AEUV ausnahmsweise erlaubt ist, auch durch das deutsche GWB zugelassen wird.

I. Entstehungsgeschichte und Kritik

5 Die geltende Fassung von § 2 GWB ist das Ergebnis der **schrittweisen Angleichung** des nationalen Kartellverbots an das Verbot des Art. 101 AEUV. In der ursprünglichen Fassung des GWB fand sich keine Generalklausel, sondern stattdessen in den §§ 2–13 GWB a.F. ein Katalog mit (mitunter freilich sehr weiten) Ausnahmetatbeständen. Insbesondere durch die separate Regelung vertikaler Beschränkungen erreichte man so oft divergente Ergebnisse bei Anwendung des europäischen und des deutschen Kartellrechts. Die nach früherem Recht ergangenen (ohnehin nur befristeten) Einzelfreistellungen auf nationaler Ebene sind nach Ablauf einer Übergangsfrist zum 31. Dezember 2007 erloschen (§ 131 GWB a.F.).[5]

6 Während § 1 GWB schon mit der 6. GWB-Novelle weitgehend an Art. 101 Abs. 1 (bzw. Art. 81 Abs. 1 EG) AEUV angeglichen wurde, wurde § 2 GWB erst durch die **7. GWB-Novelle 2005** an den Wortlaut von Art. 101 Abs. 3 AEUV (entsprechend Art. 81 Abs. 3 EG) angepasst. Vorher versuchte der Gesetzgeber über einen nur für Horizontalvereinbarungen (»*sonstige Kartelle*« im Sinne von § 7 GWB a.F.)[6] geltenden, an Art. 81 Abs. 3 EG angelehnten Auffangtatbestand die Fälle aufzufangen, in denen das deutsche strenger als das europäische Recht war. Die Fälle in denen das deutsche Recht ein Verhal-

---

3 Entgegen EuG Slg. 2006, II-2969 – *GlaxoSmithKline* (Rz. 118 ff.) aber nicht zwingend der *Letzt*verbraucher.
4 Eine Übernahme des Art. 101 Abs. 2 AEUV war entbehrlich, da die Nichtigkeitsfolge sich unmittelbar aus § 134 BGB ergibt.
5 Aufgehoben durch die 8. GWB-Novelle, da die Regelung nach Fristablauf gegenstandslos war.
6 BegrRegE 6. GWB-Novelle, BT-Drucks. 13/9720, S. 1, 30 ff.

ten erlaubte, das nach europäischen Maßstäben verboten war, wurden hingegen als unproblematisch erachtet.

Die **8. GWB-Novelle 2013** hat die 2005 erlassene Regelung in zwei Details modifiziert, um sie dem Vertrag von Lissabon anzupassen; namentlich wurde der Verweis auf Art. 81 EG durch den nunmehr einschlägigen Art. 101 Abs. 3 AEUV ersetzt und die »*Kommission der Europäischen Gemeinschaft*« zutreffend als »*Europäische Kommission*« bezeichnet. Im Übrigen entspricht Abs. 1 weiterhin dem Freistellungtatbestand des Art. 101 Abs. 3 AEUV mit der Modifikation, dass die Verhaltensweisen »*freigestellt sind*« und nicht nur das Kartellverbot auf sie »*für nicht anwendbar erklärt*« werden kann. Damit ist das Prinzip der Legalausnahme unmittelbar im Gesetzeswortlaut verankert. Auch die Regelung zur entsprechenden Heranziehung der Gruppenfreistellungsverordnungen (Abs. 2) ist seit 2005 inhaltlich unverändert geblieben. 7

1. Deutsches und Europäisches Kartellverbot

Hintergrund der (im Gesetzgebungsverfahren zur 7. GWB-Novelle unumstrittenen) Regelung war die durch die VO 1/2003 eingeführte Pflicht der deutschen Kartellbehörden, europäisches Kartellrecht anzuwenden (Art. 3 Abs. 1 VO 1/2003; § 22 Abs. 1, Abs. 3 GWB).[7] Da sich im Rahmen des Kartellverbots nicht nur das Verbot des Art. 101 Abs. 1 AEUV, sondern auch die Befreiung nach Art. 101 Abs. 3 AEUV gegenüber deutschem Recht durchsetzt (klarstellend § 22 Abs. 2 GWB), wäre bei zwischenstaatlichen Sachverhalten ein strengeres Verbot, das aber nicht angewandt werden dürfte, schlicht unsinnig. Zur Entlastung der Behörden, aber auch zur Gleichbehandlung kleinerer Marktteilnehmer (Art. 3 Abs. 1 GG) wurde konsequent auch für rein innerstaatliche Sachverhalte ohne Spürbarkeit im grenzüberschreitenden Handel eine Freistellung unter den Kriterien des Art. 101 Abs. 3 AEUV sowie die Anwendung der europäischen Gruppenfreistellungsverordnungen festgeschrieben. Damit sollten schwierige **Abgrenzungsfragen vermieden** werden und ein »*level playing field*«[8] für rein national und grenzüberschreitend tätige Unternehmen geschaffen werden.[9] 8

Soweit in den Gesetzesmaterialien die **höhere Rechtssicherheit des früheren Systems** einzelner Ausnahmetatbestände hervorgehoben wurde,[10] geht dieses Argument fehl. Denn auch die Tatbestände der §§ 2 ff. GWB a.F. waren kei- 9

---

7 Ausf. BegrRegE 7. GWB-Novelle, BT-Drucks. 15/3640, S. 24.
8 Im Sinne von diskriminierungsfreier Chancengleichheit durch einheitliche Verbote und Rechtfertigungsgründe.
9 Eckpunkte des BMWA zur GWB-Novelle vom 24.2.2003; *Fuchs*, in: Immenga/Mestmäcker, GWB, § 2 Rn. 15.
10 BegrRegE 7. GWB-Novelle, BT-Drucks. 15/3640, S. 24.

neswegs klar und eindeutig (insbesondere nicht die dem jetzigen § 2 Abs. 1 GWB ähnelnde Generalklausel des § 7 GWB a.F.). Durch den Verweis des § 2 Abs. 2 GWB auf die Gruppenfreistellungsverordnungen steht nunmehr stattdessen eine Vielzahl ungleich präziser formulierter Regelungen zur Verfügung, unter die man ein Verhalten subsumieren kann. Der zentrale Vorteil der Rechtslage vor 2005 war nicht die höhere Präzision des Gesetzes, sondern vor allem das Erfordernis einer verbindlichen behördlichen Entscheidung, selbst wenn diese im Nichteinlegen eines Widerspruchs liegen sollte. Die oft durch Sentimentalität geprägte Erinnerung an das frühere Recht sollte nicht darüber hinwegtäuschen, dass ökonomisch komplexe Sachverhalte sich nicht mit unzweideutigen Formulierungen umreißen lassen und die derzeitige Regelung jedenfalls im Grundkonzept durchaus schneidig ist.

10 Diskutiert wurde 2005 allerdings die konkrete Formulierung der Regelung. Dabei standen sich **zwei verschiedene Ansätze** gegenüber:[11] Teilweise wurde befürwortet, die nationale Regelung konkretisierend mit Inhalten der Rechtsprechung und der (insb. durch Leitlinien konkretisierten) Verwaltungspraxis der Kommission auszufüllen. So wurde erörtert, ob die Beschränkung auf »Waren« (statt »Waren und Dienstleistungen«) in § 2 Abs. 1 Nr. 2 GWB nicht Verwirrung stiften könnte. In der Tat ist gerade im Rahmen der Selbstfreistellung eigentlich eine besonders klare und verständliche Formulierung gefordert. Um möglicherweise unbeabsichtigte Diskrepanzen zu vermeiden, wurde letztlich doch die Regelung des Art. 101 Abs. 3 AEUV (bzw. damals Art. 81 Abs. 3 EG) wörtlich übernommen.

11 Dennoch ist man (trotz ursprünglich anderer Einschätzung)[12] nicht zu einer **Vollharmonisierung des nationalen und des europäischen Wettbewerbsrecht** gelangt. Das kann freilich nicht darauf gestützt werden, dass der ursprünglich geplante § 23 GWB-E, der eine europafreundliche Auslegung auch im nationalen Recht ausdrücklich vorschreiben sollte, nie Gesetz geworden ist.[13] Denn Ursache hierfür war gerade, dass man dies für selbstverständlich und überflüssig hielt, nicht etwa der Zweifel an der Zweckmäßigkeit einer einheitlichen Anwendung.[14] In den Eckpunkten und im Referentenentwurf klang allerdings auch noch das Ziel an, die bisherige Entscheidungspraxis der nationalen Kartellbehörden und Gerichte weiterzuverwerten und insoweit

---

11 Vgl. Stellungnahme Bundesrat 7. GWB-Novelle, BR-Drucks. 441/1/04.
12 OLG Düsseldorf, WuW/E DE-R 1869, 1872 – *Deutscher Lotto- und Totoblock*; *Säcker*, in: MünchKommKartR, § 2 GWB Rn. 1.
13 Dies betont freilich *Braun*, in: Langen/Bunte, nach § 2 GWB Rn. 4, 23.
14 Der Bundesrat befürchtete eine Begriffsverwirrung, nahm aber die Prämisse der Regelung als »methodische Selbstverständlichkeit« hin, BT-Drucks. 15/3640, S. 75; siehe aber auch *Dreher*, WuW 2005, 251.

trotz der systematischen Umgestaltung Pfadabhängigkeit zu gewährleisten.¹⁵ Ein völliger Gleichklang scheitert praktisch zudem daran, dass die EU-Kommission bei neuen Sachverhalten nur angefragt werden darf, soweit es um die Anwendung des europäischen Kartellrechts geht (Art. 11 Abs. 5 VO 1/2003). Eine Überprüfung der Anwendung von Leitlinien und Bekanntmachungen kann praktisch nur in einem Verfahren vor dem EuGH erfolgen,¹⁶ dessen Einleitung bei einem Sachverhalt ohne zwischenstaatliche Bedeutung nur auf Umwegen möglich ist (Rdn. 14 ff.). Vor diesem Hintergrund war es nicht tunlich, eine einheitliche Auslegung (wie in § 23 GWB-E 2005 vorgesehen) vorzuschreiben; der Preis ist aber eine divergente Anwendung des nationalen und des europäischen Kartellverbots im Einzelfall (zum grundsätzlichen Gleichlauf vgl. Rdn. 48).

Vor diesem Hintergrund rechtfertigen sich etwa die verbleibenden rein **nationalen Ausnahmetatbestände** (§ 3 GWB, § 30 GWB). Soweit ein zwischenstaatlich relevantes Verhalten aufgrund der Auslegung des § 2 GWB (oder durch Anwendung dieser Ausnahmetatbestände) erlaubt, aber nach dem EU-Kartellrecht nicht freigestellt wäre, setzt sich nach Art. 3 Abs. 2 VO 1/2003 (§ 22 Abs. 2 GWB) ohnehin das europäische Kartellrecht durch. Praktisch bietet es sich dann an, von der in § 22 Abs. 1 GWB angebotenen Möglichkeit Gebrauch zu machen, das deutsche Kartellverbot schlicht nicht anzuwenden.¹⁷ Dass ein nur eingeschränkt abgestimmtes nationales Kartellrecht neben dem europäischen Kartellrecht funktionieren kann hat sich zudem praktisch in der (von der Bundesregierung nicht geplanten) Phase zwischen dem Inkrafttreten der VO 1/2003 und der 7. GWB-Novelle gezeigt, in der noch eine Freistellung nach §§ 8 ff. GWB a.F. für das deutsche Recht erforderlich war, während auf europäischer Ebene schon eine Selbstfreistellung auf Grundlage von Art. 101 Abs. 3 AEUV erfolgen konnte.¹⁸

12

2. Kompetenzen der EU im Hinblick auf §§ 1, 2 GWB

Die §§ 1, 2 GWB werden ausschließlich durch die deutschen Kartellbehörden (§ 50 GWB) angewandt. Die EU-Kommission ist ausschließlich für die Anwendung des primärrechtlichen Kartellverbots (Art. 101, 102 AEUV) zuständig und kann daher nicht unmittelbar Einfluss auf die Anwendung deutschen Rechts nehmen. Aufgrund des durch Art. 3 Abs. 1 VO 1/2003 und § 22 Abs. 1 GWB geregelten Verhältnisses zwischen deutschem und europäischem Recht

13

---

15 *Braun*, in: Langen/Bunte, nach § 2 GWB Rn. 4.
16 Siehe nur EuGH EuZW 2013, 113 (115) – *Expedia*, wonach die Leitlinien selbst bei Anwendung des EU-Kartellrechts durch nationale Behörden eine bloße Entscheidungshilfe darstellen.
17 Tendenziell so auch *Bechtold*, Einführung GWB Rn. 62.
18 Tätigkeitsbericht des Bundeskartellamts 2003/2004, S. 40, 90 f.

§ 2 GWB   *Freigestellte Vereinbarungen*

kann sie aber von den deutschen Behörden erwarten, dass sie ein Verhalten auf Grundlage der europäischen Regelung ahnden, selbst wenn es nicht vom deutschen Recht erfasst wäre. Aufgrund der weiten Auslegung des Erfordernisses einer »*spürbaren Beeinträchtigung des zwischenstaatlichen Handels*«[19] bildet diese **Konkurrenz** allerdings den Regelfall; selbst rein innerstaatliche Vereinbarungen können dem Europarecht unterfallen.[20]

14   Über den bei konkurrierender Anwendung bestehenden (und unter der Drohung eines Einschreitens nach Art. 16 VO 1/2003 stehenden) Zwang zur unmittelbaren Anwendung des Art. 101 AEUV hinaus, stellt sich aber mitunter die Frage, wie die im deutschen Recht wörtlich übernommenen Tatbestandsvoraussetzungen sowie die Gruppenfreistellungsverordnungen **auszulegen** sind. Da §§ 1, 2 GWB Europarecht nicht (wie etwa bei einer Richtlinie) umsetzen und auch nicht Art. 101 AEUV nur redundant wiederholen, stellt sich insoweit die Frage, ob der EuGH als zentrale Auslegungsinstanz angerufen werden kann. Auf den ersten Blick steht dem entgegen, dass die bloß zufällige, von der EU nicht vorgegebene Übereinstimmung nationaler Regelungen mit Europarecht keine Pflicht deutscher Gerichte begründen kann, diese Regelungen im Sinne der EU zu verstehen.[21] Die entsprechende ausdrückliche Anordnung in § 23 GWB-E ist gerade nicht Gesetz geworden. Jedenfalls unmittelbar auf Art. 267 AEUV lässt sich eine Vorlage an den EuGH daher nicht stützen.

15   Nach der Rechtsprechung des EuGH besteht jedoch »*ein klares Gemeinschaftsinteresse daran, dass die vom Gemeinschaftsrecht übernommenen Bestimmungen oder Begriffe unabhängig davon, unter welchen Voraussetzungen sie angewandt werden sollen, einheitlich ausgelegt werden, um künftige Auslegungsunterschiede zu vermeiden*«.[22] Daraus leitet er seine **Zuständigkeit zur Auslegung durch Verweis einbezogener europarechtlichen Regelungen** her, soweit der nationale Gesetzgeber bewusst innerstaatliche Sachverhalte und gemeinschaftsrechtliche Sachverhalte einer identischen Behandlung unterziehen wollte.

---

19 EuGH Slg. 1966, 282, 303 – *Maschinenbau Ulm*; unverbindlich konkretisierend Leitlinien über den Begriff der Beeinträchtigung des zwischenstaatlichen Handels in den Artikeln 81 und 82 des Vertrags, Abl. C 101 vom 27.4.2004.
20 EuGH Slg. 1972, 977, 991 – *Vereeniging van Cementhandelaren*; EuGH Slg. 1984, 2117, 2194 – *Belasco u.a.*
21 *Heyers*, in: FK-GWB, § 2 GWB Rn. 102; *Mestmäcker*, in: Immenga/Mestmäcker, GWB, Einl. Rn. 35 ff.
22 EuGH Slg. 2006, I-11987 – *Confederación Española* (Rz. 20); EuGH Slg. 2006, I-2505 – *Poseidon Chartering* (Rz. 16); EuGH Slg. 1997, I-4161 – *Leur-Bloem* (Rz. 32).

Der EuGH sieht sich aber nicht als **bloß beratendes, unverbindliches Gutachtergremium**; Voraussetzung einer Vorlage ist daher, dass die Antwort auf die Vorlagefrage für das vorlegende Gericht verbindlich ist. Es obliegt insoweit dem nationalen Gericht zu entscheiden, ob im konkreten Fall die Auslegung des Europarechts oder stattdessen eine Frage der Systematik des deutschen GWB zu beurteilen ist. Nur im ersteren Fall kommt eine Vorlage in Betracht.[23] Wenn danach das Europarecht streitentscheidend ist, besteht für das letztinstanzliche Gericht konsequenterweise nicht nur ein Vorlagerecht, sondern sogar eine Vorlagepflicht auch in Bezug auf das eigentlich autonom gesetzte, aber absichtlich an die EU angeglichene nationale Recht.[24] Dementsprechend wäre bei unterbliebener Vorlage auch eine Verfassungsbeschwerde wegen Vorenthaltens des gesetzlichen Richters (Art. 101 GG) statthaft.

16

Jedenfalls grundsätzlich war es erklärtes **Ziel des deutschen Gesetzgebers**, eine Vollharmonisierung des nationalen mit dem europäischen Rechts zu erreichen, wodurch der EuGH zur Auslegung der Begriffe in § 2 Abs. 1 GWB und in den nach § 2 Abs. 2 GWB entsprechend anwendbaren Gruppenfreistellungsverordnungen auch im nationalen Recht berufen ist (Rdn. 11).[25] Vor diesem Hintergrund können deutsche Gerichte (jedoch nicht die Kartellbehörden oder die Staatsanwaltschaft) dem EuGH Fragen zur Auslegung von Begriffen in Art. 101 AEUV oder in Gruppenfreistellungsverordnungen vorlegen, soweit sie diese Auslegung für die Anwendung von §§ 1, 2 GWB als verbindlich einschätzen (letztlich wäre diese Frage im Rahmen der Verfassungsbeschwerde im Hinblick auf das Vorenthalten des gesetzlichen Richters i.S.v. Art. 101 Abs. 1 S. 2 GG zu klären). Soweit sie hingegen davon ausgehen, dass die »entsprechende« Anwendung nach § 2 Abs. 2 GWB ihnen eine Abweichung ermöglichen würde oder aber die Voraussetzungen des § 2 Abs. 1 GWB autonom auszulegen seien, ist eine Vorlage bereits unzulässig. Nach dem Willen des Gesetzgebers sollen die Auslegungsunterschiede jedoch so gering wie möglich bleiben, so dass eine Vorlage grundsätzlich erforderlich ist.

17

Große praktische Relevanz kommt der Frage freilich nicht zu – **in den meisten Fällen** wird ohnehin die Zwischenstaatlichkeit zu bejahen sein und neben §§ 1, 2 GWB auch Art. 101 AEUV unmittelbar angewandt. Dann ist der EuGH in jedem Fall zur Auslegung des primärrechtlichen Kartellverbots zuständig.

18

---

23 *Mestmäcker*, in: Immenga/Mestmäcker, GWB, Einleitung Rn. 35.
24 A.A. *Heyers*, in: FK-GWB, § 2 GWB Rn. 101 a.E. (kein Vorlagerecht); *Fuchs*, in: Immenga/Mestmäcker, GWB, § 2 Rn. 34 (Vorlagerecht, aber keine Vorlagepflicht).
25 *Roth/Ackermann*, in: FK-GWB, § 1 GWB Rn. 27; *Koch*, WuW 2006, 710.

3. Kritik an der Regelung

19 Keine Berücksichtigung in § 2 GWB finden **über die ökonomische Effizienz hinausgehende Interessen** (Meinungsvielfalt, Umweltschutz, Gesundheitsschutz, Arbeitnehmerschutz, etc.).[26] Die Wettbewerbsbehörden sind weder dazu ausgebildet noch demokratisch legitimiert über solche Interessen zu entscheiden. Damit ist es der Kartellbehörde nicht möglich, etwa den Schutz der Umwelt im Rahmen des § 2 Abs. 1 GWB zu berücksichtigen. Ausgangspunkt hierfür müssen vielmehr spezialgesetzliche Regelungen sein. Bis 2005 bestand insoweit die Möglichkeit einer Ministererlaubnis aufgrund von überwiegenden Gründen der Gesamtwirtschaft oder des Gemeinwohls (§ 8 GWB a.F.).

20 Man könnte darüber hinaus Bedenken gegen den dynamischen Verweis auf Verordnungen der EU-Kommission aus Sicht des Demokratieprinzips (**Wesentlichkeitsgrundsatz**; Art. 20 I, II GG) äußern.[27] Immerhin sind für die Delegation von Rechtssetzungsbefugnissen auf Exekutivorgane auf der nationalen Ebene strenge Anforderungen vorgesehen (Art. 80 Abs. 1 GG). Die »entsprechende« Heranziehung der Gruppenfreistellungsverordnungen bedeutet aber gerade nicht, dass diese unmittelbar als solche Gesetzeskraft erlangen, sondern ermöglicht eine Anpassung und Abweichung aufgrund der besonderen Gegebenheiten des rein innerdeutschen Marktes im Einzelfall. Zudem wird durch § 2 Abs. 1 GWB (und Art. 101 Abs. 3 AEUV) ein Rahmen für die Rechtsetzung der Kommission gesetzt, der vollumfänglich justiziabel ist. Durch die Einführung der Generalklausel des § 2 Abs. 1 GWB hat der deutsche Gesetzgeber seinen Willen hinreichend geäußert.[28] Die Gruppenfreistellungsverordnungen konkretisieren die ansonsten hoch abstrakte Rechtfertigung nach § 2 Abs. 1 GWB, wirken also zugunsten der Rechtsunterworfenen, so dass auch der Bestimmtheitsgrundsatz (Art. 19 Abs. 1 GG) nicht entgegensteht. Würde das deutsche Recht stattdessen enumerativ die jeweils einschlägigen Gruppenfreistellungsverordnungen nennen, wäre damit kein relevanter Erkenntnisgewinn verbunden. Auch im Rahmen von Art. 80 GG wird der Name der für die Anwendung maßgeblichen Rechtsverordnungen im jeweiligen Gesetz nicht genannt, sondern nur deren zulässiger Inhalt und die Zuständigkeit umrissen.

---

26 *Fuchs*, in: Immenga/Mestmäcker, GWB, § 2 Rn. 7; *Nordemann*, in: Loewenheim/Meessen/Riesenkampff, § 2 GWB Rn. 3.
27 *Heyers*, in: FK-GWB, § 2 GWB Rn. 12 ff.; *Klindt*, DVBl. 1998, 373 ff.; *Ehricke/Blask*, JZ 2003, 733.
28 Im Ergebnis ebenso *Fuchs*, in: Immenga/Mestmäcker, GWB, § 2 Rn. 234.

II. Anwendungsbereich

Anwendbar ist § 2 GWB nur in den Fällen des § 1 GWB, d.h. soweit ein Verhalten gegen das nationale Kartellverbot verstößt. Dabei spielt es keine Rolle, ob das Kartellverbot auf einen rein nationalen Sachverhalt oder einen Fall, in dem der zwischenstaatliche Handel spürbar beeinträchtigt wird, angewandt wird. Anders als in der Zusammenschlusskontrolle ordnet § 22 Abs. 1 GWB (in Übereinstimmung mit Art. 3 Abs. 1 VO 1/2003) nämlich grundsätzlich die konkurrierende Anwendung von deutschem und europäischem Recht an.

Soweit allerdings die deutschen Kartellbehörden nach §§ 15 Abs. 1, 22 Abs. 1 GWB das europarechtliche Kartellverbot des Art. 101 Abs. 1 AEUV anwenden, findet nicht § 2 GWB Anwendung, sondern es ist unmittelbar auf die Ausnahme des Art. 101 Abs. 3 AEUV abzustellen. Die deutsche Regelung dürfte insoweit theoretisch ein europarechtlich nicht gerechtfertigtes Verhalten erlauben, aber auch ein nach Europarecht gerechtfertigtes Verhalten verbieten. Die **Unabhängigkeit der Rechtsordnungen** (klargestellt in § 22 Abs. 2 S. 3 GWB, siehe auch Art. 3 Abs. 2 VO 1/2003) stellt sicher, dass Art. 101 AEUV hiervon unberührt bleibt. Denn ein nationales Gesetz kann nicht die Auslegung von Europarecht bestimmen.

Die geltende Fassung des § 2 GWB versucht dennoch, die mit einer nationalen Ausnahmeregelung verbundenen **Abgrenzungsschwierigkeiten so gering wie möglich zu halten** (Rdn. 8). Hätte man das frühere System einzelner Ausnahmetatbestände beibehalten, wäre stets eine trennscharfe Ermittlung des zwischenstaatlichen Bezugs erforderlich gewesen.[29] Eine Sonderbehandlung gilt nunmehr nur noch für Mittelstandskartelle (§ 3 GWB) und für die Preisbindung bei Zeitungen und Zeitschriften (§ 30 GWB).

Zwingend erforderlich wäre die Harmonisierung freilich nicht gewesen. Nach § 22 Abs. 1 GWB (Art. 3 Abs. 1 VO 1/2003) können die deutschen Behörden nämlich in Fällen, in denen auch Art. 101 Abs. 1 AEUV zur Anwendung kommt, von der Anwendung des deutschen Rechts absehen (§ 22 Rdn. 23). Soweit das deutsche Recht ein nach europäischem Recht erlaubtes Verhalten verbieten würde, greift die Sperrwirkung des § 22 Abs. 2 S. 1 GWB und das deutsche Verbotsgesetz bleibt wirkungslos. Da zudem nach § 22 Abs. 2 S. 3 GWB (der den ungeschrieben Vorrang des Europarechts zu kodifizieren versucht) nationale Erlaubnistatbestände die Anwendung des europäischen Kartellrechts unberührt lassen, wäre auch eine weitergehende Freistellung faktisch wirkungslos. Relevant wird dies auch de lege lata noch im Zusammenhang mit § 3 GWB und § 30 GWB, die keine Entsprechung auf europäischer Ebene haben.

---

29 *Bechtold*, § 2 GWB Rn. 4.

25 Die **Privilegierung von Mittelstandskartellen (§ 3 GWB)** bildet einen eigenständigen Ausnahmetatbestand,[30] dessen Wirkung aber wie bei § 2 Abs. 1 GWB kraft Gesetzes, d.h. ohne vorherige behördliche Entscheidung eintritt. Der Wortlaut der Regelung ist insoweit irreführend, als scheinbar eine Fiktion des Vorliegens der Voraussetzungen des § 2 Abs. 1 GWB angeordnet wird (»erfüllen die Voraussetzungen des § 2 Absatz 1«).[31] Die Existenz der Regelung rechtfertigt sich jedoch dadurch, dass in diesen Fällen oftmals weder eine Gruppenfreistellungsverordnung greift noch die Voraussetzungen der Generalklausel des § 2 Abs. 1 GWB erfüllt sind. Soweit daher Zwischenstaatlichkeit vorliegt, verstoßen solche Vereinbarungen gegen Art. 101 AEUV, so dass die deutschen Kartellbehörden in Anwendung des Europarechts das Verhalten untersagen können. Damit ist freilich nicht ausgeschlossen, dass Vereinbarungen zwischen mittelständischen Unternehmen auch (unmittelbar) nach § 2 GWB und damit auch im Sinne von Art. 101 Abs. 3 AEUV gerechtfertigt sein können. Gerade aufgrund der Gefahr, dass der Sachverhalt als zwischenstaatlich beurteilt wird, sollte daher soweit irgend möglich versucht werden, von Kernbeschränkungen (die nach § 3 GWB, nicht aber nach § 2 GWB freistellungsfähig wären) abzusehen. Vor diesem Hintergrund ist § 3 GWB zwar logisch vorrangig (da er weitergehende Beschränkungen erlaubt), in der praktischen Anwendung aber eher als Auffangtatbestand zu § 2 GWB zu prüfen.

26 Ähnliches gilt für die Erlaubnis der **vertikalen Preisbindung für Zeitungen und Zeitschriften in § 30 GWB**. Auch diese kann Verhaltensweisen, die nicht ohnehin nach § 2 GWB (und damit auch nach Art. 101 Abs. 3 AEUV) gerechtfertigt wären, nur erlauben, soweit es an der Zwischenstaatlichkeit fehlt. Eine Höchstpreisbindung wäre hingegen auch nach § 2 GWB grundsätzlich möglich und hätte daher auch im grenzüberschreitenden Verkehr Bestand. Obgleich das deutsche Kartellverbot (§ 1 GWB) auch im zwischenstaatlichen Bereich durch § 30 GWB ausgeschlossen wird, hat diese Privilegierung keinerlei Auswirkungen auf Art. 101 AEUV, welcher von den deutschen Kartellbehörden parallel anzuwenden ist.[32]

III. Rechtsfolge der Freistellung

27 Soweit eine Vereinbarung, ein Beschluss oder eine abgestimmte Verhaltensweise im Sinne von § 1 GWB aufgrund der entsprechenden Anwendung einer Gruppenfreistellungsverordnung (Absatz 2) oder aufgrund der Generalklausel (Absatz 1) freigestellt ist, ist ein Einschreiten der Kartellbehörden ebenso

---

30 *Schneider*, in: Langen/Bunte, GWB, § 3 Rn. 10; *Fuchs*, in: Immenga/Mestmäcker, GWB, § 3 Rn. 16.
31 Unklar auch BegrRegE 7. GWB-Novelle, BT-Drucks. 15/3640, S. 45.
32 *Fuchs*, in: Immenga/Mestmäcker, GWB, § 2 Rn. 27.

ausgeschlossen wie privatrechtliche Ansprüche nach § 33 GWB. Wie im europäischen Recht (Art. 1 Abs. 2 VO 1/2003) hat der deutsche Gesetzgeber im nationalen Kartellrecht das System der Legalausnahme an die Stelle der behördlichen Freistellung von Erlaubniskartellen (§ 10 GWB a.F.) bzw. der Nichterhebung eines Widerspruchs trotz Anzeige (§ 9 GWB a.F.) gesetzt. Dies macht der gegenüber Art. 101 Abs. 3 AEUV leicht modifizierte Wortlaut des § 2 Abs. 1 GWB deutlich: Statt dass Verbote für nicht anwendbar erklärt werden »*können*«, »*sind*« diese vom Verbot freigestellt. Eine **Entscheidung oder Feststellung der Einhaltung der Freistellungskriterien** ist daher nicht erforderlich. Da das deutsche Kartellrecht insgesamt nur als einfaches Gesetz gilt, ist die Kritik gegen die auf Ebene der EU bloß auf Verordnungsebene (statt unmittelbar im AEUV selbst) vorgesehene automatische Freistellung[33] insoweit nicht übertragbar.

1. Selbstfreistellung als Risiko

Im europäischen Kartellrecht darf die Kommission nur noch »*aus Gründen des öffentlichen Interesses der Gemeinschaft*« eine ausdrückliche (klarstellende) Freistellungsentscheidung treffen (Art. 10 VO 1/2003); die Behörden der Mitgliedstaaten können »*entscheiden, dass für sie kein Anlass besteht, tätig zu werden*« (Art. 5 VO 1/2003). Das geltende deutsche Recht sieht für die Kartellbehörden konsequent keine Möglichkeit einer **verbindlichen Freistellungsentscheidung** vor. Nach § 32c S. 1 GWB können die Behörden aber auch im Hinblick auf das deutsche Kartellverbot (§ 1 GWB) nur (wie nach Art. 5 VO 1/2003 für das Verbot des Art. 101 AEUV vorgesehen) klarstellen, dass »*für sie kein Anlass besteht, tätig zu werden*«. Klarstellend bestimmt das Gesetz in § 32c S. 3 GWB noch, dass diese Entscheidung gerade keine Freistellung beinhaltet. Damit entfaltet die Entscheidung auch keine Bindungswirkung für Zivilgerichte oder Dritte.[34] Inhaltlich muss dafür auch nicht etwa festgestellt werden, dass das Verhalten erlaubt ist – vielmehr genügt die Überzeugung der Behörde, dass (derzeit) kein Verfolgungsinteresse besteht. Selbst diese Handlungsmöglichkeit hat aber in der Verwaltungspraxis keine besondere Bedeutung entfaltet.[35] Ein Anspruch auf eine entsprechende Entscheidung besteht nicht.[36] Da das Bundeskartellamt »*kein Beratungsinstitut*« sein

28

---

33 *K. Schmidt*, BB 2003, 1237, 1238; *Wagner*, WRP 2003, 1369, 1370; *Heutz*, WuW 2004, 1255, 1260 f.
34 *Keßler*, in: MünchKommKartR, § 32c GWB Rn. 14; *K. Schmidt*, BB 2003, 1237, 1242; die faktische Wirkung betont *Bechtold*, § 32c GWB Rn. 2.
35 *Bach*, in: Immenga/Mestmäcker, GWB, § 32c Rn. 3; *Karl/Reichelt*, DB 2005, 1436, 1439.
36 *Bornkamm*, in: Langen/Bunte, GWB, § 32c Rn. 6, 15; *Bechtold*, § 32c GWB Rn. 3.

§ 2 GWB *Freigestellte Vereinbarungen*

will,[37] wird das Risiko fast ausschließlich den Betroffenen zugewiesen. Die Bundesregierung hofft freilich beharrlich auf eine Ausweitung der Anwendung des § 32c GWB in der Praxis.[38]

29 Stattdessen müssen **die beteiligten Unternehmen selbst** überprüfen, ob ihre Vereinbarung ausnahmsweise gerechtfertigt ist.[39] Während im System behördlicher Freistellung wettbewerbsbeschränkende Vereinbarungen durch Auflagen oder Bedingungen in Koordination mit den Kartellbehörden an die gesetzlichen Anforderungen angepasst werden konnten, müssen die Beteiligten nunmehr selbst den Rahmen und die Grenzen ihres Verhaltens sowie ggf. kompensierende Maßnahmen bestimmen.[40] Immerhin ist eine gewisse ex post Korrektur durch rechtzeitige Abgabe von Verpflichtungszusagen möglich, welche ein Einschreiten der Behörden abwehren können (§ 32b GWB, Art. 9 VO 1/2003). Darüber hinaus haben die beteiligten Unternehmen eine Überwachungspflicht während der gesamten Dauer der Vereinbarung (Rdn. 31). Sie müssen daher sowohl bei Begründung als auch während der gesamten Fortdauer der kartellrechtlichen Abrede die Zulässigkeit sicherstellen. Die Unsicherheit ist dabei allerdings enorm.[41]

30 Damit ist das breite Problemfeld der **Compliance** (§ 91 Abs. 2 AktG) eröffnet.[42] Von der Unternehmensleitung wird insoweit neben der bloßen Instruktion der Mitarbeiter auch deren Überwachung und die repressive Sanktionierung von Verstößen verlangt. Der Informationsfluss ist soweit möglich zu optimieren, so dass die zuständige Stelle zeitnah Kenntnis von relevanten Tatsachen erlangt. Dies gilt sogar weitergehend für etwaige Tochtergesellschaften. Im Zweifel ist stets externer Sachverstand heranzuziehen, bevor kartellrelevante Vereinbarungen getroffen werden.[43] Da es sich nicht etwa um eine Stichtagsentscheidung, sondern einen dauerhaften Sachverhalt handelt, ist zudem eine Prognose nach objektiven Maßstäben unter Anwendung anerkannter Methoden, im Zweifel gleichfalls durch externe Sachverständige, erforderlich.[44] Soweit für die Beurteilung Marktdaten erforderlich sind, müssen diese (in möglichst aktueller Form) eingeholt werden, notfalls durch Durchführung von Studien.

---

37 *Karl/Reichelt*, DB 2005, 1436, 1439.
38 Stellungnahme der Bundesregierung zum TB 2005/2006 des BKartA, BT-Drucks. 16/5710, S. VI.
39 *Nordemann*, in: Loewenheim/Meessen/Riesenkampff, § 2 GWB Rn. 5: »Selbsteinschätzung«; *Bechtold*, § 2 GWB Rn. 3: »Selbstveranlagung«.
40 *Fuchs*, in: Immenga/Mestmäcker, GWB, § 2 Rn. 28.
41 *Heyers*, in: FK-GWB, § 2 GWB Rn. 7; *Lober*, in: Schulte/Just, § 2 GWB Rn. 5.
42 *Heyers*, in: FK-GWB, § 2 GWB Rn. 78 ff.; *Karst*, WuW 2012, 150 ff.; *Dreher*, ZWeR 2004, 75 ff.
43 *Fuchs*, in: Immenga/Mestmäcker, GWB, § 2 Rn. 54.
44 *Nordemann*, in: Loewenheim/Meessen/Riesenkampff, § 2 GWB Rn. 202.

In regelmäßigen, tendenziell eher kurzen, Abständen ist eine **erneute Überprüfung** vorzunehmen. Durch Anpassungsvorbehalte und zeitliche Beschränkungen sind schon prophylaktisch im Vertrag Vorkehrungen gegen eine spätere Wettbewerbsbeschränkung zu treffen. Zum Nachweis ist eine umfassende Dokumentation erforderlich. Selbst bei Einhaltung all dieser Pflichten ist aber nach den oben erwähnten strengen Anforderungen des EuGH nicht gesichert, dass die Verhängung von Geldbußen unterbleibt.[45] Die Beurteilung wird nicht als »unternehmerische Entscheidung« im Sinne des § 93 Abs. 1 S. 2 AktG privilegiert,[46] sondern unterliegt vollumfänglich der gerichtlichen Kontrolle. Es gelten objektiv höchste Anforderungen im Sinne von § 276 Abs. 2 BGB.[47] So soll noch nicht einmal das Vertrauen auf externen Rechtsrat und eine zu Unrecht erteilte behördliche Genehmigung genügen.[48] Ein konkreter Maßstab lässt sich der insoweit kaum nachvollziehbaren EuGH-Entscheidung in Sachen Schenker jedoch nicht entnehmen.[49] Ob dies die richtigen Anreize zum erwünschten Verhalten setzt ist höchst fraglich. Denn eine Überabschreckung hat tendenziell eher die Folge, dass überhaupt keine Sorgfalt angewandt wird.

31

Nur ausnahmsweise kann die Haftung auf Schadensersatz[50] und die ordnungswidrigkeitenrechtliche Verantwortlichkeit[51] (etwa wegen eines **Verbotsirrtums**) verneint werden – dann verbleiben nur die verschuldensunabhängigen Folgen der Nichtigkeit der Vereinbarung sowie etwaige Unterlassungs- und Beseitigungsverfügungen. Die Nichtigkeitsfolge greift auch in diesen Fällen rückwirkend (ex tunc), ein Vertrauensschutz (etwa im Sinne eines »fehlerhaften Vertrages«) ist de lege lata nicht anzuerkennen.[52]

32

Anders als die frühere behördliche Freistellung (§ 10 Abs. 4 GWB a.F.) ist die kraft Gesetzes eintretende **Befreiung vom Kartellverbot nicht befristet**.[53] Entfällt allerdings eine der Voraussetzungen der angewandten Gruppenfreistellungsverordnung oder wird diese aufgehoben, erlischt die Freistellungswirkung ex nunc, wenn nicht eine andere Regelung oder die Generalklausel des § 2 Abs. 1 GWB das Verhalten erfasst. Problematisch ist dabei insbeson-

33

---

45 *Dreher*, ZWeR 2004, 75, 83 ff.
46 In diese Richtung immerhin *Bechtold*, WuW 2003, 343, der einen »Beurteilungsspielraum« fordert.
47 *Bechtold*, § 2 GWB Rn. 9; *Fuchs*, in: Immenga/Mestmäcker, GWB, § 2 Rn. 281; *Jaeger*, WuW 2000, 1062, 1073 f.; *Röhling*, GRUR 2003, 1019, 1020 f.
48 EuGH EuZW 2013, 624 – *Schenker*.
49 Krit. *Brettel/Thomas*, ZWeR 2013, 272, 297; *Meyer-Lindemann*, EuZW 2013, 624, 627 f.
50 Siehe nur *Dreher/Thomas*, WuW 2004, 8, 16 ff.; *Kersting*, WuW 2013, 845, 846.
51 *Dreher*, ZWeR 2004, 75, 83 ff.
52 De lege ferenda wäre freilich darüber nachzudenken, siehe *Bechtold*, § 2 GWB Rn. 11.
53 *Lober*, in: Schulte/Just, § 2 GWB Rn. 3.

dere die denkbare Konstellation, dass aufgrund vorübergehender, von den Beteiligten nicht zu beeinflussenden Marktschwankungen (etwa aufgrund von Naturkatastrophen, politischen Krisen oder Entwicklungen auf anderen Märkten) der Effizienzgewinn vorübergehend absinkt.[54] Nach dem eindeutigen Wortlaut von § 2 Abs. 1 GWB müsste dann die Freistellungswirkung für diesen Zeitraum entfallen. Praktisch wird man aber solche Schwankungen jedenfalls dann hinnehmen müssen, wenn diese ersichtlich nur kurzfristig und vorübergehend sind. Erst wenn die prognostizierten Gewinne auch langfristig nicht mehr erreichbar scheinen, erlischt die Freistellungswirkung.

34 Ausnahmsweise kann die Freistellung zudem aufgrund einer Gruppenfreistellungsverordnung mit Wirkung für die Zukunft nach § 32d GWB (in Bezug auf § 2 GWB) bzw. nach Art. 29 Abs. 2 VO 1/2003 (für das Kartellverbot aus Art. 101 AEUV) **wieder entzogen werden**, soweit trotz Vorliegens des in der GVO typisierten Tatbestands im Einzelfall »im Gebiet eines Mitgliedstaats oder in einem Teilgebiet dieses Mitgliedstaats, das alle Merkmale eines gesonderten räumlichen Marktes aufweist« eine ungerechtfertigte Wettbewerbsbeschränkung auftritt.

35 Umgekehrt besteht im geltenden System aber **kein Beurteilungsspielraum** der das Kartellrecht anwendenden Stellen. Weder die Kommission noch die deutschen Kartellbehörden dürfen eigenständige, gerichtlich nicht überprüfbare Wertungen in Bezug auf das Vorliegen eines Kartellverstoßes anstellen.[55] Letztinstanzlich kann das Vorliegen eines Verstoßes gegen Art. 101 AEUV daher immer nur durch den EuGH entschieden werden; im Hinblick auf §§ 1, 2 GWB gilt nach hier vertretener (wenngleich hoch umstrittener) Auffassung nichts anderes. Damit wird langfristig mehr Sicherheit geschaffen als durch ein System kaum überschaubarer Einzelfreistellungen.

36 Soweit in der Literatur teilweise die mit der Umstellung verbundene **Rechtsunsicherheit** beklagt wird, muss auf die kaum bessere Praxis der EU-Kommission vor Inkrafttreten der VO 1/2003 hingewiesen werden: Obwohl in vielen Fällen über die generellen Freistellung durch Gruppenfreistellungsverordnungen hinaus eine förmliche Freigabeentscheidung erforderlich gewesen wäre, beschränkte sich die Kommission in aller Regel auf unverbindliche »comfort letters«, durch die sie (ohne über die materielle Zulässigkeit zu entscheiden) nur erklärte, gegen die angemeldete Vereinbarung nicht vorzugehen. Damit war freilich schon weit vor Inkrafttreten der VO 1/2003 das in Art. 101 Abs. 3 AEUV angedeutete System konterkariert. Bei allen berechtig-

---

54 *Schwintowski/Klaue*, WuW 2005, 370, 374.
55 *Fuchs*, ZWeR 2005, 1, 22; *Koch*, ZWeR 2005, 380 ff.; *ders.*, ZHR 169 (2005), 625, 632 ff.

ten Bedenken hinsichtlich der Schwierigkeit der rechtlichen Beurteilung von Absprachen zwischen Unternehmen ist schließlich noch anzumerken, dass durch den Wegfall des Anmelde- bzw. Erlaubnissystems eine Vielzahl von Fällen schon mangels Kenntnis der Kartellbehörden schlicht nicht aufgedeckt wird,[56] so dass die fehlende Durchsetzung gerade in Kleinstfällen die von den Unternehmen einzukalkulierenden Kosten und Risiken begrenzt. Zudem waren schon vor Inkrafttreten der 7. GWB-Novelle kaum Anträge auf Legalisierung von Kartellen beim Bundeskartellamt gestellt worden, so dass trotz der vermeintlich klaren Regelungen auch schon früher die praktische Handhabung des Kartellverbots bedenklich war. Ein praktischer Nachteil besteht vor allem für empirische Untersuchungen – mangels Anmeldezwang fehlen nunmehr konkrete Vergleichszahlen erlaubter Kooperationen, anhand derer die Wirksamkeit des Kartellrechts eingeschätzt werden könnte.[57]

2. Beweislast im Verwaltungs- und Bußgeldverfahren

Da die Freistellungswirkung kraft Gesetzes eintritt, müssen die deutschen Kartellbehörden das Vorliegen einer Ausnahme nach § 2 GWB **von Amts wegen** ermitteln (Untersuchungsgrundsatz im Verwaltungs- und Bußgeldverfahren, § 24 VwVfG bzw. § 160 Abs. 2 StPO i.V.m. § 46 Abs. 1 OWiG).[58] Ein Einschreiten aufgrund der Regelungen des GWB ist danach nur zulässig, wenn sicher feststeht, dass eine Rechtfertigung ausscheidet.[59] Erst Recht gilt dies in Strafverfahren nach § 298 StGB. Den Betroffenen kann es insoweit egal sein, ob ein Einschreiten unterbleibt, weil es schon an den Voraussetzungen des § 1 GWB fehlt oder aber eine Freistellung nach § 2 GWB bejaht wird. Bedeutung erlangt die Differenzierung zwischen grundsätzlichem Verbot (§ 1 GWB) und ausnahmsweiser Erlaubnis (§ 2 GWB) daher in Fällen ohne zwischenstaatliche Bedeutung ausschließlich in der Beweislastverteilung in zivilrechtlichen Streitigkeiten.

37

Etwas anderes gilt jedoch, soweit die deutschen Behörden **europäisches Kartellrecht** unmittelbar anwenden (§ 50 GWB). Nach Art. 2 VO 1/2003 müssen insoweit die Unternehmen eine Freistellung nach Art. 101 Abs. 3 AEUV darlegen und beweisen. Freilich entscheidet selbst die EU-Kommission erst, nachdem der Sachverhalt umfassend ermittelt wurde und nicht pauschal nach Beweislast.[60] Lässt sich aber nach Ausschöpfung aller verfügbaren Erkennt-

38

---

56 Siehe schon BegrRegE 7. GWB-Novelle, BT-Drucks. 15/3640, S. 34.
57 *Nordemann*, in: Loewenheim/Meessen/Riesenkampff, § 2 GWB Rn. 11.
58 BegrRegE, BT-Drucks. 15/3640, S. 23, 44; *Bechtold*, § 2 GWB Rn. 7; *Schneider*, in: Langen/Bunte, GWB, § 2 Rn. 9.
59 A.A. *Hirsch*, ZWeR 2003, 233, 241, der im Fall eines non liquet Maßnahmen der Kartellbehörden erlauben will.
60 *Bechtold*, DB 2004, 235, 237.

nisquellen und der insoweit schon aus Eigeninteresse erfolgten Beteiligung der Betroffenen nicht aufklären, ob ausnahmsweise eine Freistellung nach Art. 101 Abs. 3 AEUV erfolgen kann, ist das Verhalten zu untersuchen. Formal darf der Bescheid insoweit nicht auf §§ 1, 2 GWB, sondern ausschließlich auf Art. 101 AEUV gestützt werden. Demgegenüber kann aufgrund der verfassungsrechtlich gewährleisteten Unschuldsvermutung, die auch im Ordnungswidrigkeitenrecht Anwendung findet, kein Bußgeld verhängt werden.

3. Auswirkungen auf Privatklagen

39 Im Fall eines Verstoßes gegen das deutsche und europäische Kartellrecht gewährt § 33 GWB den Betroffenen Schadensersatz- und Unterlassungsansprüche; für das europäische Recht folgt dieser Anspruch unmittelbar aus dem Primärrecht[61] und wird durch die Kartellschadensersatzrichtlinie[62] ausgestaltet. Dabei trifft den Betroffenen die **Beweislast** in Bezug auf das Vorliegen eines Kartellverstoßes, d.h. er muss die Voraussetzungen des § 1 GWB (bzw. des Art. 101 Abs. 1 AEUV) beweisen. Umgekehrt muss der potentielle Kartellant beweisen, dass sein Verhalten nach § 2 GWB (bzw. Art. 101 Abs. 3 AEUV) gerechtfertigt ist. Nichts anderes gilt, wenn sich eine Partei auf die Nichtigkeit einer Vereinbarung nach Art. 101 Abs. 2 AEUV bzw. § 134 BGB beruft – auch dann genügt es, den Verstoß gegen das Verbot darzulegen und zu beweisen, die Rechtfertigung muss der die Wirksamkeit behauptende Prozessgegner vortragen und beweisen.

40 Für das Europarecht folgt dies aus Art. 2 VO 1/2003, für die parallelen deutschen Regelungen aus allgemeinen Grundsätzen der Beweislast (»*Günstigkeitsprinzip*«).[63] Die Darlegungs- und Beweislast bezieht sich dabei entweder auf die konkreten Voraussetzungen aus der jeweiligen Gruppenfreistellungsverordnung (Marktanteilsschwelle, Fehlen von Kernbeschränkungen) oder aber kumulativ auf die vier eher abstrakten Voraussetzungen des Absatzes 1. Die negative Formulierung von § 2 Abs. 1 Nr. 1 und Nr. 2 GWB bedeutet insoweit nicht etwa eine Beweislastumkehr.

---

61 EuGH Slg. 2001, I-6297 – *Courage*.
62 Richtlinie 2014/104/EU des Europäischen Parlaments und des Rates vom 26. November 2014 über bestimmte Vorschriften für Schadensersatzklagen nach nationalem Recht wegen Zuwiderhandlungen gegen wettbewerbsrechtliche Bestimmungen, ABl. EU 2014 L 349, 1 ff.
63 *Bornkamm/Becker*, ZWeR 2005, 213, 230; bei zwischenstaatlichen Sachverhalten folgt dies zudem mittelbar aus Art. 3 VO 1/2003 bzw. § 22 GWB, der Ergebnisgleichheit bei der Anwendung des deutschen und des europäischen Kartellverbots vorschreibt, *Bechtold*, § 2 GWB Rn. 6; *Fuchs*, in: Immenga/Mestmäcker, GWB, § 2 Rn. 47.

Schwierigkeiten bereitet insoweit die Frage, wer die konkreten ökonomischen Auswirkungen des Verhaltens **darlegen und beweisen muss**.[64] Die EU-Kommission hat in den Horizontal-Leitlinien die ökonomische Beurteilung bereits auf Ebene des Verbotstatbestands angesiedelt, so dass sie nach den obigen Ausführungen (Rdn. 39) im Zivilprozess vom durch das Kartell Betroffenen zu beweisen wären. Allein der Umstand, dass die Kommission die ökonomische Bewertung bereits auf Tatbestandsebene vorgenommen hat jedoch weder für die nationalen (Zivil-)Gerichte, noch für den EuGH Bindungswirkung. Es wäre durchaus denkbar, dass insoweit die behördliche Durchsetzung und die privatrechtliche Sanktionierung verschiedener Wege gehen. 41

Die **Verlagerung der Beweislast auf den durch das Kartell Betroffenen** i.S.v. § 33 GWB ist vor allem bedenklich, weil die Ermittlung der relevanten Marktdaten mit hohen Kosten und Unsicherheiten verbunden ist. Hierdurch könnte die vom EuGH[65] betonte wirksame Durchsetzung des Kartellrechts in Frage gestellt werden. Denn die diesbezügliche Beweislast könnte die Verwirklichung des Unionsrechts praktisch unmöglich machen. Dies spräche dafür, die ökonomischen Folgen erst auf Rechtfertigungsebene zu prüfen, d.h. der vermeintliche Kartellant müsste sich exkulpieren. 42

Andererseits ist zu berücksichtigen, dass Kartellanten, die im Rahmen des Kronzeugen-/Bonusprogramms mit den Behörden kooperieren die Beweisführung bereits erleichtern. Freilich ist eine **Kompensation durch Verlagerung des Prognoserisikos** auf die durch das Kartell Geschädigten. Daher sind ökonomische Vorteile oder fehlende Auswirkungen auf den Wettbewerb allein als Rechtfertigung zu berücksichtigen und unter § 2 Abs. 1 GWB zu fassen, wobei die Kriterien der Kommission Berücksichtigung finden sollten. Dafür spricht letztlich der Wortlaut der deutschen Regelungen: In § 2 Abs. 1 GWB wird ausdrücklich die »Verbesserung der Warenerzeugung oder -verteilung oder zur Förderung des technischen oder wirtschaftlichen Fortschritts« erwähnt, während man in § 1 GWB die volkswirtschaftlichen Konsequenzen allenfalls mit Mühe in die Worte »bezwecken« und »bewirken« fassen kann. Die Beweislast liegt damit beim Kartellanten, der sich rechtfertigen muss. 43

B. Generalklausel (Abs. 1)

Nach § 2 Abs. 1 GWB werden die drei in § 1 GWB genannten Verhaltensweisen ausnahmsweise trotz ihrer grundsätzlich wettbewerbsbeschränkenden Wirkung zugelassen; hierdurch ist eine weitergehende Rechtfertigung möglich als in der bis 2005 geltenden Fassung, da die §§ 2–8 GWB a.F. nicht für 44

---

64 *Kirchhoff*, WuW 2004, 745.
65 EuGH EuZW 2011, 598 – *Pfleiderer*.

abgestimmte Verhaltensweisen anwendbar waren.[66] Keine Anwendung findet § 2 GWB auf Verstöße gegen §§ 19–21 GWB. Insoweit kann im Einzelfall eine **Abgrenzung** erforderlich sein. Hierbei wollte der deutsche Gesetzgeber die Kriterien zur Abgrenzung einseitiger Beeinträchtigungen im Sinne von Art. 102 AEUV entsprechend herangezogen wissen.

45 Das Verhältnis zwischen Art. 101 Abs. 1 AEUV und Art. 101 Abs. 3 AEUV bzw. parallel zwischen § 1 GWB und § 2 GWB wird dadurch erschwert, dass diese zwar eine »**zweistufige Einheit**«[67] bilden, allerdings bereits auf Ebene des Verbotstatbestands im Rahmen der sog. Immanenztheorie bestimmte Verhaltensweisen ausgeschlossen werden.[68] Vor Inkrafttreten der VO 1/2003 (bzw. der 7. GWB-Novelle) hatte dies die praktisch bedeutsame Folge, dass eine Freistellung durch die Kommission nicht erforderlich war, sondern automatisch freigestellt war. Moralisch wurde zudem hervorgehoben, dass ein Verhalten, das im Regelfall eine wettbewerbsbelebende Transaktion ermöglicht, kaum durch das Kartellverbot untersagt werden dürfte.[69] Voraussetzung für eine tatbestandsimmanente Ausnahme ist allerdings nach der neueren Rechtsprechung und Literatur, dass diese auf spezifisch wettbewerblichen Erwägungen beruht. Hierzu wird geprüft, ob gerade die Vereinbarung zu einer Intensivierung des Wettbewerbs insgesamt beiträgt.[70] Eine umfassend tatbestandsbegrenzende »rule of reason« wurde hingegen unter Hinweis auf den Freistellungstatbestand des Art. 101 Abs. 3 AEUV (bzw. des § 2 GWB) zu Recht abgelehnt.[71]

46 Vor diesem Hintergrund muss aber das **Bedürfnis nach der Immanenztheorie** als solcher hinterfragt werden: Die typischen Fälle (Wettbewerbsverbote in Unternehmenskauf- und Gesellschaftsverträgen sowie Kundenschutzklauseln in Lieferverträgen) lassen sich auch unter die Generalklausel des § 2 Abs. 1 GWB (bzw. Art. 101 Abs. 3 AEUV) subsumieren. Dieser liefert zudem genauere Anhaltspunkte für die erforderliche Interessenabwägung, die dem Verbotstatbestand selbst nicht entnommen werden können. Ein Unwerturteil ist allein mit Bejahung des § 1 GWB (bzw. Art. 101 Abs. 1 AEUV) noch nicht gesprochen, vielmehr muss hierzu kumulativ die gesetzliche Freistellung im Sinne von § 2 GWB (bzw. Art. 101 Abs. 3 AEUV) fehlen. Das ähnelt offenen Tatbeständen, die sowohl im Zivil- als auch im Strafrecht be-

---

66 *Fuchs*, in: Immenga/Mestmäcker, GWB, § 2 Rn. 69.
67 So *Schneider*, in: Langen/Bunte, GWB, § 2 Rn. 59.
68 *Zimmer*, in: Immenga/Mestmäcker, GWB, § 1 Rn. 147 ff.; BGHZ 38, 306 – *Kino-Bonbonnière*.
69 Vgl. etwa EuGH Slg. 1985, 2545, 2571 (Rz. 18 ff.) – *Remia*.
70 *Zimmer*, in: Immenga/Mestmäcker, GWB, § 1 Rn. 149; *Köhler*, WuW 1999, 445, 453 ff.
71 BGH 10.12.2008 WuW/E DE-R 2554, 2556 f. – *Subunternehmervertrag II*.

kannt sind: So muss bei mittelbaren Verletzungshandlungen im Rahmen von § 823 Abs. 1 BGB das Handlungsunrecht trotz nachweisbarer Kausalität einer Handlung für die Rechtsgutsverletzung positiv festgestellt werden und wird gerade nicht durch den zurechenbaren Erfolgseintritt indiziert.[72] Im Strafrecht drängt sich der Vergleich zur Nötigung (§ 240 Abs. 1 StGB) auf, in deren Rahmen das Unrecht erst durch die Verwerflichkeit der Mittel-Zweck-Relation bejaht werden kann (§ 240 Abs. 2 StGB). Durch die Freistellung kraft Gesetzes besteht kein rechtliches Bedürfnis mehr, bereits auf Tatbestandsebene Verhaltensweisen auszuschließen. Der bisherige verfahrensrechtliche Gesichtspunkt (Entlastung der Kartellbehörden von der Freistellung von alltäglichen Geschäften, Vermeidung einer breiten Illegalität aufgrund der Unkenntnis des Kartellrechts und des Bedürfnisses nach einer Freistellung) sind damit ohne Bedeutung. Vielmehr handeln die Beteiligten in beiden Fällen rechtmäßig, ihr Verhalten ist weder verboten noch sind getroffene Vereinbarungen nichtig. Die Konsequenzen für die Beweislast (Art. 2 VO 1/2003) mögen auf den ersten Blick anderes nahelegen. Aber schon bislang wird im Zivilprozess Vortrag zu den zeitlichen, räumlichen und inhaltlichen Grenzen von Wettbewerbsverboten vom durch solche Vereinbarungen Begünstigten verlangt. Im Verwaltungs-, Bußgeld- und Strafverfahrensrecht gilt zudem ohnehin der Amtsermittlungsgrundsatz. Eine Parallele zur US-amerikanischen Rechtspraxis verbietet sich schon deshalb weil § 1 Sherman Act gerade keine Freistellungsmöglichkeiten oder Ausnahmetatbestände vorsieht und daher die Abwägung allein auf Tatbestandsebene erfolgen kann.[73] Eine vergleichbare Regelungslücke besteht im deutschen wie im europäischem Kartellrecht nicht.

Angesichts der Zielrichtung und der klaren Formulierung der Regelung werden im Rahmen von Art. 101 Abs. 3 AEUV bzw. § 2 GWB **außerwettbewerbliche Interessen** nicht erfasst.[74] Die EU-Kommission hat sich davon freilich wenig beeindrucken lassen und hat etwa Umwelt- oder Gesundheitsschutz als Grundlage einer Freistellungsentscheidung herangezogen.[75] Naheliegend erscheint es freilich, diese Abwägung auf Ebene des Verbotstatbestandes (§ 1 GWB bzw. Art. 101 Abs. 1 AEUV) zu verorten.[76] Denn man kann diese abstrakt-sozialen Gewinne allenfalls bei weiter Auslegung unter die Ef-

47

---

72 *Wagner*, in: MünchKommBGB, § 823 BGB I Rn. 21; *Spickhoff*, in: Soergel, § 823 BGB Rn. 13.
73 Grundlegend Northern Pacific Railway Co. v. U.S., 302 U. S. 1, 5 (1958); *Mestmäcker/Schweitzer*, § 8 Rn. 42.
74 *Koch*, ZHR 169 (2005) 625, 647.
75 Z.B. Kommission ABl.EG Nr. L 309/1 – *Pasteur/Mérieux* (Rz. 89); näher *Mestmäcker/Schweitzer*, § 13 Rn. 75.
76 EuGH Slg. 1999 I-5751 – *Albany* (Rz. 64); EuGH Slg. 2002 I-1577 – *Wouters* (Rz. 97–110); *Roth*, in: FS Mestmäcker, S. 411, 431–435; a.A. *Zimmer*, in: Immenga/Mestmäcker, GWB, § 1 Rn. 171 f.

fizienzgewinne im Sinne des § 2 Abs. 1 GWB subsumieren. Insoweit ähnelt die Problematik im Europarecht der auch im deutschen Verfassungsrecht bekannten Frage schrankenloser Grundrechte, die durch konkurrierendes Verfassungsrecht beschränkt werden.[77] Als letztmögliche Variante wäre im Hinblick auf die behördliche Praxis eine negative Ausübung des Aufgreifermessens in Betracht zu ziehen, so dass keine Maßnahmen gegen das verbotene Verhalten ergriffen werden.[78] Im Hinblick auf den privaten Rechtsschutz ist dies freilich wenig hilfreich.

I. Auslegung, Verhältnis zu Art. 101 Abs. 3 AEUV

48 Mit Einführung des Systems der Legalausnahme wurden teilweise[79] Bedenken im Hinblick auf die **Bestimmtheit der Regelung** geltend gemacht. Diese sind unberechtigt – denn die Regelung des Art. 101 Abs. 3 AEUV als solche (bzw. ihre Vorgängerregelungen in Art. 81 EG bzw. Art. 85 EGV) konnten in den vorangegangenen 50 Jahren durch die Kommission und den EuGH hinreichend konkretisiert werden.[80] Insoweit ist die Rechtslage nicht anders als bei anderen weiten Rechtfertigungs- und Ausnahmetatbeständen. Vor diesem Hintergrund sind aber auch die deutschen Kartellbehörden und Gerichte gehalten, sich an der Anwendung der europäischen Regelungen zu orientieren, die sich der deutsche Gesetzgeber zum Vorbild genommen hat.[81] Dies entspricht ausdrücklich auch dem Willen des Gesetzgebers.[82] Selbst wenn man eine besondere europarechtskonforme Auslegung aufgrund der parallelen Anwendbarkeit der deutschen und der europäischen Verbote ablehnt (Rdn. 11), würde man auch durch Anwendung der klassischen Auslegungsmethoden[83] nichts abweichendes ergeben: Bei gleichem Wortlaut innerhalb einer Rechtsordnung (die EU-Regeln sind wegen Art. 23 GG auch Bestandteil des deutschen Rechts), Würdigung der Entstehungsgeschichte (die Materialien stellen ausdrücklich auf die Gleichbehandlung deutscher und europäischer Sachverhalte ab) und des Sinns und Zwecks der Regelung (beide Normen sollen den Wettbewerb als solchen schützen und effizienzsteigernde Verhaltensweisen ausnahmsweise erlauben) ist eine einheitliche Auslegung geboten.[84] Verstärkend treten der Wunsch nach der Vermeidung einer Inländerdiskriminierung

---

77 *Hommelhoff/Kirchhoff*, S. 136.
78 *Zimmer*, in: Immenga/Mestmäcker, GWB, § 1 Rn. 173.
79 *Mestmäcker/Schweitzer*, § 13 Rn. 15 ff.; *Monopolkommission*, Sondergutachten 28, 1999 (Rz. 18).
80 *Schaub*, WuW 1999, 1055, 1063 f., 1066.
81 *Fuchs*, in: Immenga/Mestmäcker, GWB, § 2 Rn. 33; *Nordemann*, in: Loewenheim/Meessen/Riesenkampff, § 2 GWB Rn. 13; *Schneider*, in: Langen/Bunte, GWB, § 2 Rn. 5.
82 BegrRegE 7. GWB-Novelle, BT-Drucks. 15/3640, S. 23.
83 *Mestmäcker*, in: Immenga/Mestmäcker, GWB, Einl. Rn. 27 ff.
84 *Bechtold*, § 2 GWB Rn. 4 a.E.

(vor dem Hintergrund von Art. 3 Abs. 1 GG) und die Kostenersparnis für die betroffenen Unternehmen (die möglichst rechtssicher über die Freistellung entscheiden können sollen) hinzu.

Ausnahmen sind nur dann vorstellbar, wenn ausnahmsweise **überwiegende nationale Interessen** der Anwendung des Europarechts entgegenstehen. Dafür genügt es nicht, dass ein unionsrechtlicher Grundsatz einem originär europäischen Ziel, etwa der Schaffung des Binnenmarkts dient.[85] Denn es steht dem deutschen Gesetzgeber frei, sich auch solche Ziele zu eigen zu machen (was insb. Art. 23 GG ausdrücklich begünstigt). Der Gesichtspunkt der Vermeidung von Kosten, die durch Rechtsunsicherheit entstehen, würde sonst völlig unterlaufen. Eine rein autonome Auslegung der §§ 1, 2 GWB würde den betroffenen Unternehmen unlösbare Prognosefragen aufbürden. Zudem ist eine autonome Auslegung ohnehin irrelevant, soweit Art. 101 AEUV parallele Anwendung findet – denn dann entfalten sowohl eine weitergehende Freistellung als auch eine strengere Handhabung des Verbots keine Auswirkungen (Art. 3 VO 1/2003, § 22 GWB). Der Preis, dass hierdurch auch andere Unionspolitiken[86] einen (wenngleich geringen) Einfluss auf das deutsche Kartellrecht entfalten, ist hinzunehmen. 49

II. Verhältnis zu Absatz 2

Systematisch bietet es sich an, zunächst anhand der nach § 2 Abs. 2 S. 1 GWB entsprechend anwendbaren Gruppenfreistellungsverordnungen zu entscheiden, ob eine Verhaltensweise schon typisierend aus dem Anwendungsbereich des Kartellverbots herausgenommen ist.[87] Nur soweit dies nicht der Fall ist, muss auf die Generalklausel des § 2 Abs. 1 GWB zurückgegriffen werden.[88] Die Norm ist mithin **von hinten nach vorne** zu lesen. 50

Weitergehend kommt den in den Gruppenfreistellungsverordnungen erfassten Konstellationen **Indizwirkung für die Anwendung des § 2 Abs. 1 GWB** zu (»*Ausstrahlungswirkung*«):[89] Soweit die für die Gruppenfreistellungsver- 51

---

85 So aber *Fuchs*, Immenga/Mestmäcker, GWB, § 2 Rn. 36; *Heyers*, in: FK-GWB, § 2 GWB Rn. 95–99.
86 *Quellmalz*, WRP 2004, 461, 464; *Koch*, ZHR 169 (2005), 625, 627 ff.
87 *Bechtold*, § 2 GWB Rn. 9; *Nordemann*, in: Loewenheim/Meessen/Riesenkampff, § 2 GWB Rn. 8; *Fuchs*, in: Immenga/Mestmäcker, GWB, § 2 Rn. 23; *Schneider*, in: Langen/Bunte, GWB, § 2 Rn. 61.
88 Ebenso für das Verhältnis von Art. 101 Abs. 3 AEUV zu den Gruppenfreistellungsverordnungen Leitlinien zu Art. 81 Abs. 3 EG, Nr. 35.
89 *Fuchs*, in: Immenga/Mestmäcker, GWB, § 2 Rn. 23, 43; *Bechtold*, § 2 GWB Rn. 9; *Bechtold*, BB 2000, 2425, 2427; *Fuchs*, ZWeR 2005, 1, 15 f.; *Bornkamm/Becker*, ZWeR 2005, 213, 227 ff.

ordnung maßgeblichen Erwägungen in vergleichbarer Weise vorliegen, spricht vieles für eine Freistellung nach § 2 Abs. 1 GWB (bzw. Art. 101 Abs. 3 AEUV). Eine negative Indizwirkung besteht umgekehrt immer dann, wenn ein Verhalten als »*Kernbeschränkung*« gerade vom Anwendungsbereich einer Gruppenfreistellungsverordnung ausgenommen ist. Dann müssen außergewöhnliche Umstände vorliegen, damit eine Freistellung nach § 2 Abs. 1 GWB (bzw. Art. 101 Abs. 3 AEUV) erfolgen kann.[90] Keine entscheidende Wirkung hat hingegen der Umstand, dass ein Verhalten nicht unter eine Gruppenfreistellungsverordnung fällt[91] – hier ist vielmehr die Entscheidung, ob die Generalklausel eingreift, völlig offen. Entsprechend kann auch die Überschreitung von in Gruppenfreistellungsverordnungen festgesetzten Marktanteilsschwellen als solche noch keine Vermutung für die Freistellungsunfähigkeit begründen.[92] Erst Recht genügt für die Annahme fehlender Rechtfertigungsmöglichkeit nicht, dass eine früher geltende Freistellung zwischenzeitlich außer Kraft getreten ist.[93]

III. Voraussetzungen der Freistellung

52 Die Generalklausel hat **zwei positive und zwei negative Voraussetzungen**: Zunächst müssen (1) positive Effizienzgewinne festgestellt werden die zudem (2) gerade der Marktgegenseite zugutekommen. In einem zweiten Schritt muss beurteilt werden, ob (3) die Beschränkungen über das hierzu erforderliche hinausgehen oder (4) die Möglichkeit zur Ausschaltung jeglichen Wettbewerbs für einen wesentlichen Teil der Waren oder Dienstleistungen besteht. Fehlt auch nur eine der vier Voraussetzungen, scheidet eine Freistellung aus.[94] Weitere, über § 2 Abs. 1 GWB hinausgehende, Bedingungen dürfen aber an eine Freistellung nicht geknüpft werden.[95] Da die Regelung gemäß dem Willen des Gesetzgebers soweit möglich parallel zu Art. 101 Abs. 3 AEUV auszulegen ist, sind die im Rahmen der Kommentierung von Art. 101 Abs. 3 AEUV (Band III/1) näher dargelegte Rechtsprechung des EuGH und die Beurteilung der Freistellung durch die EU-Kommission grundsätzlich entsprechend heranzuziehen.

53 Die besondere Schwierigkeit der Regelung liegt darin, dass sie eine **Häufung unbestimmter Tatbestandsmerkmale** enthält, die überwiegend eine **Prog-**

---

90 BGH WuW/E DE-R 1335, 1338 f. – *Citroën*; *Pukall*, NJW 2000, 1375, 1378; *Bornkamm/Becker*, ZWeR 2005, 213, 228.
91 *Bechtold*, § 2 GWB Rn. 29; *Fuchs*, in: Immenga/Mestmäcker, GWB, § 2 Rn. 43; *Wagner*, WRP 2003, 1369, 1378.
92 *Meyer-Lindemann*, ZWeR 2009, 522, 533.
93 *Wagner*, WRP 2003, 1369, 1378 f.
94 BegrRegE, BT-Drucks. 15/3640, S. 25; *Nordemann*, in: Loewenheim/Meessen/Riesenkampff, § 2 GWB Rn. 15.
95 *Fuchs*, in: Immenga/Mestmäcker, GWB, § 2 Rn. 66.

noseentscheidung über die künftigen Folgen der Wettbewerbsbeschränkung voraussetzen. Dabei haben weder die Beteiligten (die ex ante über die kraft Gesetzes bestehende Freigabe zu entscheiden haben) noch die Kartellbehörden (die ein nicht freigegebenes, gegen das Kartellverbot verstoßendes Verhalten ahnden) einen Beurteilungsspielraum. Vielmehr unterliegt die Freistellung uneingeschränkt der gerichtlichen Überprüfung, wobei das Gericht allerdings nur die Prognose nach damaliger Kenntnis, nicht aber die zwischenzeitig tatsächliche eingetretene Marktlage als Grundlage nehmen darf.

Ein gewisser Ausgleich kann im Erfordernis eines **Verschuldens** für Schadensersatzansprüche (§ 33 GWB bzw. § 823 Abs. 2 BGB) und die Verhängung von Bußgeldern gesehen werden. Jedoch ist dies vor dem Hintergrund der Rechtsprechung des EuGH die einen sehr strengen (und praktisch nicht zu erfüllenden) Sorgfaltsmaßstab (Rdn. 31) anlegt[96] nur ein geringer Schutz. Auch der Hinweis auf das Aufgreifermessen der beteiligten Behörden ist insoweit nur ein vermeintlicher Schutz, da diesbezüglich grundsätzlich eine Ermessensbindung (Art. 20 Abs. 3 GG) eingreifen dürfte; vor Schadensersatzklagen i.S.v. § 33 GWB besteht erst Recht kein Schutz. 54

1. Effizienzgewinn

Nach § 2 Abs. 1 GWB muss durch das unter § 1 GWB fallende Verhalten zunächst ein »*Gewinn zur Verbesserung der Warenerzeugung oder -verteilung oder zur Förderung des technischen oder wirtschaftlichen Fortschritts*« entstehen. Damit will das Gesetz (in der Auslegung des Art. 101 Abs. 3 AEUV durch den EuGH und die Kommission) beispielhaft einen »*objektiven wirtschaftlichen Effizienzgewinn*« umschreiben.[97] In Abgrenzung zu den Befreiungstatbeständen der §§ 3–5 GWB a.F. ist also nicht entscheidend, ob auf Ebene der beteiligten Unternehmen eine Ersparnis eingetreten ist, sondern es wird verlangt, dass sich dies gesamtwirtschaftlich positiv auswirkt. Praktisch dürfte dies aber keinen Unterschied machen, soweit nicht durch das Verhalten eine zusätzliche, die Ersparnis übersteigende Wohlfahrtseinbuße bei Dritten auftritt.[98] 55

Der Gewinn kann entweder in **der Einsparung von Kosten** oder in der **Steigerung des Nutzens**, d.h. in qualitativen Effizienzgewinnen liegen.[99] Er muss nicht zwingend in einer nachweisbaren Steigerung des Wohlstands liegen, sondern kann auch in der Abwendung einer ansonsten sicher drohenden Ver- 56

---

96 EuGH EuZW 2013, 624 – *Schenker*.
97 Kommission, Leitlinien zu Art. 81 Abs. 3 EG, Nr. 59.
98 In diesem Sinne *Fuchs*, in: Immenga/Mestmäcker, GWB, § 2 Rn. 84.
99 Kommission, Leitlinien zu Art. 81 Abs. 3 EG, Nr 59 ff.

schlechterung liegen.[100] Ansonsten müssten die Kartellbehörden die Vereinbarung nämlich zunächst verbieten und die prognostizierte Verschlechterung abwarten. Wäre diese aber erst einmal eingetreten, müsste bei einer erneuten Freistellung die Rückkehr zum früheren Zustand als rechtfertigender Gewinn berücksichtigt werden. Dieses Hin-und-Her wäre kaum zweckmäßig und würde den Markt mit unnötigen Schwankungen belasten. In Bezug auf die Kosteneinsparung geht es vor allem um Fragen der Skalenökonomie und Synergieeffekte. Zur Ermittlung sind möglichst transparente und nachvollziehbare Angaben erforderlich.[101]

57 Demgegenüber führt eine **bloß interne Ersparnis** durch die Reduktion von Leistungen, etwa bei einer Gebietsaufteilung, gerade nicht zu einem volkswirtschaftlichen Gewinn. Hierdurch wird regelmäßig das Preisniveau steigen und somit den Ersparnissen mindestens gleich hohe Ausgaben Dritter gegenüberstehen.[102] Erst Recht kann die Verhinderung eines Marktzugangs Dritter nicht als Effizienzgewinn angesehen werden.[103]

58 Die »*Verbesserung der Warenerzeugung*« bezieht sich auf die Herstellung von Waren und Dienstleistungen aller Art.[104] Diese kann etwa in schnelleren, weniger fehleranfälligen oder mit geringerem Personal umzusetzenden Herstellungsverfahren, in der Senkung der Lager- und Transportkosten und ähnlichen Veränderungen auf der Produktionsebene liegen.[105] Hierzu kommen etwa die Spezialisierung der Beteiligten sowie die Kombination von Kenntnissen oder Fähigkeiten in Betracht. Insoweit sind freilich vorrangig die F&E-GVO (Rdn. 123)[106] sowie die Spezialisierungs-GVO (Rdn. 127)[107] zu prüfen. Ebenfalls umfasst sind neben Waren auch Dienstleistungen. Im Vordergrund stehen insoweit Vertriebsabreden, in deren Rahmen die Distributionskosten durch schlichtes Volumen sinken und die Händler eher zu Investitionen bereit sind.[108]

59 Die »*Förderung des technischen Fortschritts*« betrifft selbstverständlich Forschungs- und Entwicklungsvereinbarungen und Lizenzverträge. Gegenüber

---

100 *Schneider*, in: Langen/Bunte, GWB, § 2 Rn. 35; *Mundt/Buch*, WM 2001, 2142, 2147.
101 BKartA WuW/E DE-V 1392, 1400 – *Altglas* (Rz. 144).
102 *Schneider*, in: Langen/Bunte, GWB, § 2 Rn. 12; *Bechtold*, § 2 GWB Rn. 12.
103 Komm., ABl. 1992, L 235/9 – *Quantel* (Rz. 53).
104 *Nordemann*, in: Loewenheim/Meessen/Riesenkampff, § 2 GWB Rn. 18.
105 *Fuchs*, in: Immenga/Mestmäcker, GWB, § 2 Rn. 89.
106 VO 1217/2010 vom 14.12.2010 für Vereinbarungen über Forschung- und Entwicklung, ABl. 2010, L 335/36.
107 VO 1218/2010 vom 14.12.2010 für Spezialisierungsvereinbarungen, ABl. 2010, L 335/43.
108 *Fuchs*, in: Immenga/Mestmäcker, GWB, § 2 Rn. 90.

freiem Wettbewerb beschleunigen diese oft die Entwicklung und Verbreitung neuer Technologien und vermeiden redundante Forschungsaufwendungen.[109] Für Forschungs- und Entwicklungsvereinbarungen genügt es insoweit, dass neue Waren oder Dienstleistungen gerade auf Grund der Vereinbarung schneller, kostengünstiger oder auf höherem technischem Standard angeboten werden können.[110] Die Regelung darf allerdings nicht so verstanden werden, dass dadurch allgemeine industriepolitische Ziele Eingang in die Bewertung finden dürften.[111] Zu deren Beurteilung sind die zur Anwendung des Kartellrechts berufenen Stellen nicht kompetent.

Nur ausnahmsweise genügt die Hoffnung auf einen Effizienzgewinn durch den Aufbau einer Gegenposition zu bereits vorgefundener Marktmacht (sog. »*Aufholkartell*«).[112] Denn dadurch droht die Gefahr, dass sich die Situation für die außenstehenden Wettbewerber und den Marktzugang für Dritte erheblich verschlechtert. Dies gilt auch im Vertikalverhältnis zu einer als übermächtig empfundenen Marktgegenseite – fehlende Marktmacht kann keine Wettbewerbsbeschränkung zu Lasten Dritter auf einem anderen Markt rechtfertigen.[113]

60

Keinen Effizienzgewinn im Sinne von § 2 Abs. 1 GWB (bzw. Art. 101 Abs. 3 AEUV) stellen bloß **beschäftigungspolitische Vorteile** dar.[114] Dies wurde zwar in einer älteren Entscheidung[115] angenommen, ist aber mit dem »*more economic approach*« nicht vereinbar.[116] Die Kartellbehörden sollen gerade nicht wirtschaftspolitische Entscheidungen treffen; bis 2005 wäre die Ministererlaubnis (§ 8 GWB a.F.) hierfür ein probates Mittel gewesen. Zudem würde eine solche Befugnis die Kompetenzen der EU zu Lasten der deutschen Wirtschaftspolitik erheblich erweitern.

61

2. Zugunsten der Marktgegenseite

Die Feststellung eines gesamtwirtschaftlichen Gewinns als solche genügt jedoch nicht, um eine Freistellung zu bejahen. § 2 Abs. 1 GWB verlangt in Übereinstimmung mit Art. 101 Abs. 3 AEUV weitergehend, die angemessene

62

---

109 *Schneider*, in: Langen/Bunte, GWB, § 2 Rn. 39.
110 Kommission, Horizontal-Leitlinien, Nr. 141.
111 BegrRegE 6. GWB-Novelle, BT-Drucks. 15/3640, S. 27; *Fuchs*, ZWeR 2005, 1, 17 f. m.w.N.
112 *Nordemann*, in: Loewenheim/Meessen/Riesenkampff, § 2 GWB Rn. 140.
113 BKartA WuW/E DE-V 209, 213 ff. – Stellenmarkt für Deutschland; *Hartmann-Rüppel/Wagner*, ZWeR 2004, 128, 152; kritisch *Schneider*, in: Langen/Bunte, GWB, § 2 Rn. 33.
114 *Schneider*, in: Langen/Bunte, GWB, § 2 Rn. 32.
115 EuGH Slg. 1977, 1875 – *Metro*.
116 Kommission, Abl. 1992 L 235/9, 17 Rn. 53 – *Quantel*.

»*Beteiligung der Verbraucher an dem entstehenden Gewinn*«. Die Vorteile müssen also nicht bei den Kartellanten verbleiben, sondern gerade auch der Marktgegenseite zugutekommen. Insbesondere an dieses Merkmal knüpft auch der »more economic approach« der EU-Kommission an:[117] Sie folgert daraus, dass Ziel des Kartellverbots die Konsumentenwohlfahrt und eine effiziente Ressourcenallokation sei. »*Verbraucher*« im Sinne von Art. 101 Abs. 3 AEUV (und damit im Sinne von § 2 Abs. 1 GWB) sind nicht nur die unter § 13 BGB fallenden nicht-beruflich tätigen Endkonsumenten, sondern alle Marktteilnehmer, welche die vertragsgegenständlichen Produkte beziehen.[118] Umfasst sind alle nachgelagerte Stufen, für welche die betroffene Leistung eine bloße Vorstufe eigener Waren oder Dienstleistungen darstellt, unabhängig von der Zahl der Zwischenschritte zu den betroffenen Unternehmen.[119] Dabei muss der Gewinn nicht durch alle Stufen durchgereicht werden, es genügt vielmehr, dass andere in der Kette Beteiligte profitieren, solange die Wohlfahrtsteigerung nicht allein bei den Kartellanten verbleibt.[120]

63   Wie bereits erörtert (oben Rdn. 55 f.) ist unter »*Gewinn*« der aus der Vereinbarung resultierende, volkswirtschaftliche Vorteil zu verstehen.[121] Er muss nicht unmittelbar in einer Veränderung des Preises liegen, sondern kann z.B. auch in qualitativ höherwertigen Produkten oder einer Erweiterung des potentiellen Abnehmerkreises liegen.[122] Selbst eine höhere Umweltfreundlichkeit kann insoweit als »Gewinn« gewertet werden.[123]

64   Eine Weitergabe des Gewinns wird nicht etwa zwingend durch den **fortbestehenden Wettbewerb mit außenstehenden Konkurrenten** indiziert.[124] Gerade bei Märkten mit geringem Wettbewerb ist vielmehr positiv darzulegen, wodurch und in welchem Umfang sich die Leistungen zugunsten der Marktgegenseite verändert haben.[125] Umgekehrt wird ein besonders intensiver Wettbewerb als Abwägungsfaktor sowohl im Verbotstatbestand des Art. 101 Abs. 1 AEUV (§ 1 GWB) als auch im Rahmen der Freistellung zu berücksichtigen sein. Insoweit ist also eine Erleichterung der Beweislast denkbar. Ein fak-

---

117 Kommission, Leitlinien zu Art. 81 Abs. 3 EG, Nr. 33.
118 Kommission, Leitlinien zu Art. 81 Abs. 3 EG, Nr. 84; *Fuchs*, in: Immenga/Mestmäcker, GWB, § 2 Rn. 94.
119 Kommission, Leitlinien zu Art. 81 Abs. 3 EG, Nr. 84; *Heyers*, in: FK, § 2 GWB Rn. 61; *Bechtold*, § 2 GWB Rn. 16.
120 *Fuchs*, in: Immenga/Mestmäcker, GWB, § 2 Rn. 94; *Nordemann*, in: Loewenheim/Meessen/Riesenkampff, § 2 Rn. 32; enger *Heyers*, in: FK, § 2 GWB Rn. 60.
121 *Schneider*, in: Langen/Bunte, GWB, § 2 Rn. 42 ff.
122 *Fuchs*, in: Immenga/Mestmäcker, GWB, § 2 Rn. 94.
123 Komm. ABl. 2000, L 187/47 – *CECED*.
124 *Fuchs*, in: Immenga/Mestmäcker, GWB, § 2 Rn. 99; **a.A.** *Schneider*, in: Langen/Bunte, GWB, § 2 Rn. 43.
125 Kommission, Leitlinien zu Art. 81 Abs. 3 EG, Nr. 94, 96.

tischer Verzicht auf das Merkmal der Weitergabe unter Hinweis auf die grundlegende Struktur kompetitiver Märkte würde jedoch die Struktur der Regelung sprengen.[126] Im Extremfall wird bei vollständiger Einbehaltung aller Gewinne freilich ohnehin ein Ausschalten von Wettbewerb im Sinne der vierten Voraussetzung naheliegen – denn wenn eine Einsparung ohne Vorteile für die Marktgegenseite verbleibt, erfolgt augenscheinlich auch keine wettbewerbliche Preisbildung.[127]

Die Vorteile müssen nicht jedem einzelnen Mitglied der Marktgegenseite **zugutekommen** und nicht unmittelbar (»*stoffgleich*«) dem durch die Wettbewerbsbeschränkung entstandenen Nachteil entspringen. Vielmehr ist insoweit wiederum eine volkswirtschaftliche Betrachtung erforderlich, bei der auf Ebene der Kartellanten einerseits und der Marktgegenseite andererseits jeweils die Gesamtheit der Nachteile der Gesamtheit der Vorteile gegenübergestellt werden. Ergibt sich dabei ein positiver (oder nach hM ein ausgeglichener, Rdn. 66) Saldo auf der Ebene der Marktgegenseite, ist das Kriterium erfüllt. So muss einem Preisanstieg in der Regel ein Qualitätsgewinn gegenüberstehen.[128] Eine Verrechnung ist sogar zwischen verschiedenen von der Wettbewerbsbeschränkung betroffenen Waren oder Dienstleistungen möglich (Preissteigerung bei Produkt A, aber höhere Preisreduzierung bei Produkt B).[129] Hier ist freilich besonderes Augenmerk auf die Kausalität (Vorteil als Auswirkung der Wettbewerbsbeschränkung) zu legen. 65

Die Beteiligung am Gewinn muss nur »*angemessen*« sein, d.h. eine Weitergabe in vollem Umfang ist keinesfalls erforderlich – warum sollte auch sonst ein Anreiz zur Vornahme der Handlung bestehen. Angemessenheit liegt in jedem Fall vor, wenn die Vorteile für die Marktgegenseite die mit der Wettbewerbsbeschränkung einhergehenden Nachteile überschreiten. Überwiegend wird sogar angenommen, dass es genügt, wenn sich Vor- und Nachteile auch nur die Waage halten, sich die Vereinbarung aus Verbrauchersicht letztlich als neutral herausstellt.[130] Das ist freilich nicht ganz unproblematisch, insbesondere wenn die Marktlage (etwa wegen hoher Konzentration) schon vor der Wettbewerbsbeschränkung nachteilig zu Lasten der Verbraucher verschoben war. Im Kern geht es wohl vor allem um Unwägbarkeiten bei der genauen Beurteilung der Verteilung der oft gerade nicht in Geld bestehenden Vorteile. 66

---

126 *Fuchs*, in: Immenga/Mestmäcker, GWB, § 2 Rn. 99; *Bechtold*, § 2 GWB Rn. 17.
127 Kommission, Leitlinien zu Art. 81 Abs. 3 EG, Nr. 97.
128 Kommission, Leitlinien zu Art. 81 Abs. 3 EG, Nr. 86; OLG Düsseldorf WuW/E DE-R 2146, 2150 – *Nord-KS/Xella* (Rz. 37).
129 *Schneider*, in: Langen/Bunte/, § 2 GWB Rn. 45; *Fuchs*, in: Immenga/Mestmäcker, GWB, § 2 Rn. 95.
130 *Schneider*, in: Langen/Bunte, GWB, § 2 Rn. 45; *Bechtold*, § 2 GWB Rn. 16; *Fuchs*, in: Immenga/Mestmäcker, GWB, § 2 Rn. 96.

§ 2 GWB   *Freigestellte Vereinbarungen*

Freilich wird es bei fehlendem messbaren Gewinn im Regelfall an der Erforderlichkeit der Beschränkung fehlen, so dass es letztlich nicht darauf ankommt. Die Verrechnung erfolgt **nicht stichtagsbezogen**, sondern kann auch einen längeren Zeitraum erfassen. Das bedeutet: Selbst wenn eine Vereinbarung, ein Beschluss oder eine Verhaltensabstimmung zunächst ausschließlich nachteilige Folgen für die Marktgegenseite haben sollte, können die langfristig sicher erwarteten Gewinne dies kompensieren.[131] Dabei muss freilich der Gegenwartswert der zukünftigen Gewinne berücksichtigt werden, d.h. es sind Inflation und entgangene Zinsen in Abzug zu bringen. Die beteiligten Unternehmen müssen hierzu eine hinreichend gesicherte Prognose darlegen und beweisen.[132] Es sind hierbei hohe Anforderungen anzulegen.

67 Bei der Bewertung der Vor- und Nachteile stellt sich die Schwierigkeit, dass hierfür mitunter kein geeigneter **Maßstab** zur Verfügung steht. Die Regelungen des Bilanzrechts passen nur für konkrete Vermögensvorteile (etwa Veränderungen in der Preisgestaltung), nicht aber für die oft als Vorteil angeführten immateriellen Gesichtspunkte (früherer Zugang zu einem Produkt, Eröffnung neuer Märkte, höhere Qualität)[133] und erst Recht nicht im Hinblick auf den für § 2 Abs. 1 GWB (bzw. Art. 101 Abs. 3 AEUV) ebenfalls maßgeblichen Fortschritt. Grundsätzlich lässt die Kommission etwa eine Preissteigerung zu, soweit der Markt hierdurch Zugang zu einem wesentlich verbesserten Produkt früher erhält als ohne entsprechende Absprachen.[134] Die Beweisregel des Art. 2 VO 1/2003 deutet insoweit immerhin an, dass im Zweifel erhöhter Begründungsaufwand erforderlich ist, wenn behauptet wird, dass immaterielle Vorteile einen messbaren Nachteil ausgleichen. Dennoch sind die Kriterien hier bislang weitgehend unklar; eine Pauschalierung verbietet sich.[135]

3. Verhältnismäßigkeit der Beschränkung

68 § 2 Abs. 1 Nr. 1 GWB schließt alle Beschränkungen aus, die für die Verwirklichung des Effizienzgewinns »*nicht unerlässlich*« sind. Die EU-Kommission unterscheidet insoweit bei der Anwendung von Art. 101 Abs. 3 AEUV zwei Schritte:[136] Die Vereinbarung muss zunächst insgesamt »vernünftigerweise notwendig sein«, um überhaupt Effizienzgewinne zu erzielen. Soweit dies der

---

131 *Fuchs*, in: Immenga/Mestmäcker, GWB, § 2 Rn. 97; Kommission, Leitlinien zu Art. 81 Abs. 3 EG, Nr 87.
132 *Schneider*, in: Langen/Bunte, GWB, § 2 Rn. 40; *Hartmann-Rüppel/Wagner*, ZWeR 2004, 128, 151.
133 Kommission, Leitlinien zu Art. 81 Abs. 3 EG, Nr 103.
134 Kommission, Leitlinien zu Art. 81 Abs. 3 EG, Nr 89.
135 *Fuchs*, in: Immenga/Mestmäcker, GWB, § 2 Rn. 98.
136 Kommission, Leitlinien zu Art. 81 Abs. 3 EG; siehe auch BKartA 10.8.2007 WuW/E DE-V 1459, 1473 – *Wirtschaftsprüferhaftpflicht* (Rz. 171).

Fall ist, müssen auch die einzelnen daraus resultierenden Beschränkungen »vernünftigerweise notwendig sein«.

Mit der »Unerlässlichkeit« ist der **Verhältnismäßigkeitsgrundsatz** angesprochen:[137] Die Vorteile müssen mindestens mitursächlich für den konkreten Effizienzgewinn sein (Geeignetheit) und es darf kein gleich geeignetes, im Hinblick auf den Wettbewerb milderes Mittel zur Erreichung dieses Zweck geben (Erforderlichkeit). Schließlich muss die Beschränkung in einem angemessenen Verhältnis zum erreichten Gewinn stehen (Angemessenheit).[138]

69

Es ist also zunächst zu klären, ob die Vereinbarung und alle durch sie bezweckten oder bewirkten Beschränkungen es ermöglichen (d.h. **geeignet** sind), die fraglichen Tätigkeiten effizienter durchzuführen.[139] Soweit man die betreffenden Fälle nicht bereits im Rahmen der Immanenztheorie auf Ebene des Verbotstatbestands ausschließt (Rdn. 45 f.), wäre dies etwa bei Wettbewerbsverboten in Unternehmenskaufverträgen offensichtlich.[140]

70

Besondere Bedeutung hat diese Prüfung auf der **zweiten Stufe**, d.h. der Überprüfung der einzelnen Klauseln. Eine wichtige indizielle Wirkung entfalten insoweit nämlich die in den Gruppenfreistellungsverordnungen im Sinne von § 2 Abs. 2 S. 1 GWB enthaltenen Kernbeschränkungen.[141] Solche Vereinbarungen (z.B. Preisfestsetzungen, Produktions- und Absatzbeschränkungen oder die Zuweisung von Märkten und Kunden)[142] sind im Regelfall nicht geeignet, um volkswirtschaftlich relevante Effizienzgewinne zu erzielen.[143] Es fehlt dann bereits an der Geeignetheit, die Erforderlichkeit ist nicht mehr zu prüfen. Die Rechtsfolge ist freilich besonders drakonisch – bei Vorliegen einer solchen Vereinbarung wird die Freistellung der gesamten Abrede ausgeschlossen – eine geltungserhaltende Reduktion soll gerade ausgeschlossen sein.[144] Dies ist im Hinblick auf § 139 BGB jedenfalls im deutschen Zivilrecht eine Abweichung vom allgemeinen Vertragsrecht, insbesondere wenn der Wille der Parteien durch eine salvatorische Klausel zum Ausdruck kommt.[145] Recht-

71

---

137 *Fuchs*, in: Immenga/Mestmäcker, GWB, § 2 Rn. 101; *Bechtold*, § 2 GWB Rn. 18.
138 BGHZ 151, 260 – *Stellenmarkt für Deutschland II*; OLG Frankfurt a.M. WuW/E DE-R 2721, 2723 – *Service-Taxi*; *Bechtold*, § 2 GWB Rn. 18; *Hirsch*, ZWeR 2003, 233, 238.
139 Kommission, Leitlinien zu Art. 81 Abs. 3 EG, Nr. 74.
140 In diese Richtung auch *Fuchs*, in: Immenga/Mestmäcker, GWB, § 2 Rn. 103.
141 *Schneider*, in: Langen/Bunte, GWB, § 2 Rn. 50; *Bechtold*, § 2 GWB Rn. 19; Kommission, Leitlinien zu Art. 81 Abs. 3 EG, Nr. 79.
142 BKartA WuW/E DE-V 1579, 1582 f. – *KS-Quadro*.
143 *Fuchs*, in: Immenga/Mestmäcker, GWB, § 2 Rn. 106.
144 *Bechtold*, § 2 GWB Rn. 20.
145 *Nordemann*, in: Loewenheim/Meessen/Riesenkampff, § 2 GWB Rn. 30.

fertigen lässt sich diese Folge allein damit, dass das öffentliche Interesse an der Unwirksamkeit eine effektive Sanktionierung erfordert und ansonsten das Risiko der Unwirksamkeit auf die jeweilige Marktgegenseite verlagert würde. Außerhalb der Kernbeschränkungen ist hingegen die Aufrechterhaltung des Vertrages im Übrigen zuzulassen, soweit nicht besondere Umstände auch die Vereinbarung im Übrigen infizieren.

72 Sodann sind denkbare **Alternativen zu der konkreten Vereinbarung** auf ihre Auswirkungen zu untersuchen. Dabei kann sich der Vergleich auf »realistisch erscheinende und weniger wettbewerbsbeschränkende Alternativen«[146] beschränken. Ein Irrtum der Beteiligten führt dabei selbstverständlich nicht dazu, dass die »Unerlässlichkeit« zu bejahen ist.[147] In gewisser Weise wird aber das Interesse der Beteiligten berücksichtigt, so dass »unzumutbare« oder »wirtschaftlich nicht sinnvolle« Alternativen außer Betracht bleiben.[148] Dabei wird ihnen sogar eine gewisse Pfadabhängigkeit zugebilligt, so dass sie von ihrer bisherigen Unternehmensstrategie ausgehen dürfen. Auch hier ist zwischen den beiden Stufen zu differenzieren.

73 Naheliegende Alternativen auf der **ersten Stufe** (dem Abschluss der Vereinbarung als solcher) sind vor allem die Möglichkeit, den Effizienzgewinn aus eigener Kraft[149] oder durch Preiswettbewerb[150] zu erreichen und so eine Kooperation als solche ganz zu vermeiden.[151] Zudem müssen die Beteiligten sich gegebenenfalls entgegenhalten lassen, dass auch ein kleineres Kartell (mit geringerer Marktmacht) zur Erreichung der Ziele genügen würde und so einige Kartellanten ausscheiden müssen.[152]

74 Auf der **zweiten Stufe** (dem Inhalt der einzelnen Beschränkungen) ist jede einzelne Vereinbarung hinwegzudenken und die Auswirkung auf die erwarteten Gewinne zu überprüfen. Dabei sind auch denkbare zeitliche,[153] räumliche oder sachliche Beschränkungen in Betracht zu ziehen.[154] Es genügt, dass ohne die Beschränkung erheblich geringere Gewinne erzielt würden oder zumindest die Wahrscheinlichkeit der Vorteilserzielung nachweisbar sinkt. Soweit eine

---

146 Kommission, Leitlinien zu Art. 81 Abs. 3 EG, Nr. 75.
147 *Schneider*, in: Langen/Bunte, GWB, § 2 Rn. 48.
148 *Fuchs*, in: Immenga/Mestmäcker, GWB, § 2 Rn. 103; *Nordemann*, in: Loewenheim/Meessen/Riesenkampff, § 2 GWB Rn. 29.
149 BKartA WuW/E DE-V 1459, 1473 – *Wirtschaftsprüferhaftpflicht* (Rz. 179).
150 BKartA WuW/E DE-V 1392, 1402 – *Altglas* (Rz. 190).
151 *Fuchs*, in: Immenga/Mestmäcker, GWB, § 2 Rn. 104.
152 *Hartmann-Rüppel/Wagner*, ZWeR 2004, 128, 144.
153 *Fuchs*, in: Immenga/Mestmäcker, GWB, § 2 Rn. 107.
154 Kommission, Leitlinien zu Art. 81 Abs. 3 EG, Nr. 78.

wettbewerbsbeschränkende Absprache allerdings keinen Einfluss auf den Gewinn hat oder aber die Effizienz sogar vermindert, ist sie nicht »unerlässlich«.[155]

Schließlich muss eine **Abwägung** zwischen den Nachteilen für den Wettbewerb und den positiven Auswirkungen der Kooperation stattfinden.[156] § 7 GWB a.F. verlangte insoweit in etwas klarerer Formulierung, dass die Vorteile »in einem angemessenen Verhältnis zu der damit verbundenen Wettbewerbsbeschränkung« stehen.[157] Eine erhebliche Wettbewerbsbeschränkung kann also zur Folge haben, dass auf die erzielbaren Gewinne verzichtet werden muss oder zu ihrer Erreichung andere, aufwändigere oder weniger wirksame Schritte einzusetzen sind. Zu berücksichtigen ist dabei vor allem das mit der von der Vereinbarung betroffenen Maßnahme verbundene wirtschaftliche Risiko und das Bedürfnis, Trittbrettfahrer auszuschließen.[158] Insbesondere bei hohen Investitionen sollen die Beteiligten Gelegenheit erhalten, diese wieder zu amortisieren.[159] Es sind alle Umstände des Einzelfalls, insbesondere der betroffene Markt zu würdigen.

75

4. Fortbestehen von Wettbewerb

Schließlich ist nach § 2 Abs. 1 Nr. 2 GWB eine Freistellung ausgeschlossen, wenn den Beteiligten »*Möglichkeiten eröffnet werden, für einen wesentlichen Teil der betreffenden Waren den Wettbewerb auszuschalten*«. Dahinter steht die Überlegung, dass selbst ein nachweisbarer Effizienzgewinn langfristig nicht das Fehlen von Wettbewerb kompensieren kann, sondern Konkurrenz im Regelfall zu optimalen Ergebnissen führen wird.[160] Der **(Rest-)Wettbewerb** unterwirft das Außenverhalten der Kartellmitglieder einer Kontrolle, wodurch andere Marktteilnehmer geschützt werden.[161]

76

Die Bestimmung der »*betreffenden Waren*« erfordert eine Abgrenzung des relevanten Marktes nach allgemeinen Grundsätzen.[162] Sodann sind die Marktanteile der beteiligten Unternehmen zu ermitteln. Je höher diese sind, desto

77

---

155 BKartA 17.3.2011, B6–94/10 – *ProSiebenSat.1 Media/RTL interactive* (Rz. 237 ff.).
156 *Hartmann-Rüppel/Wagner*, ZWeR 2004, 128, 134.
157 *Schneider*, in: Langen/Bunte, GWB, § 2 Rn. 47; *Fuchs*, in: Immenga/Mestmäcker, GWB, § 2 Rn. 101.
158 BKartA WuW/E DE-V 1813, 1815 – *Kontaktlinsen* (Rz. 29 ff.).
159 Kommission, Leitlinien zu Art. 81 Abs. 3 EG, Nr. 44, 81; krit. *Fuchs*, in: Immenga/Mestmäcker, GWB, § 2 Rn. 82.
160 Kommission, Leitlinien zu Art. 81 Abs. 3 EG, Nr. 105; *Nordemann*, in: Loewenheim/Meessen/Riesenkampff, § 2 GWB Rn. 36; *Bechtold*, § 2 GWB Rn. 21.
161 *Nordemann*, in: Loewenheim/Meessen/Riesenkampff, § 2 GWB Rn. 36.
162 *Mestmäcker/Schweitzer*, § 13 Rn. 70.

wahrscheinlicher ist es, dass der Wettbewerb ausgeschaltet wird.[163] Ein Indiz dafür bilden die Marktanteilsschwellen in den Gruppenfreistellungsverordnungen im Sinne von § 2 Abs. 2 S. 1 GWB, die in der Regel die Gruppenfreistellung bei ca. 40 % ausschließen.[164] Freilich handelt es sich um ein bloßes Indiz, welches eine Prüfung der konkreten Umstände des Einzelfalls nicht entbehrlich macht. Insbesondere potentielle Konkurrenz[165] und Nachfrageflexibilität sind zu berücksichtigen. Fehlen Marktzutrittsschranken ist größere Flexibilität möglich; zudem kann auch schon vor der Abrede nur eingeschränkter Wettbewerb geherrscht haben. Indizien für eine Ausschaltung des Wettbewerbs sind in der Regel (erhebliche) Preiserhöhungen,[166] die Begründung wirtschaftlicher Abhängigkeit in vertikaler Richtung[167] oder die Schaffung neuer Zugangsschranken, insbesondere in einem jungen Markt.[168]

78 Die »*Ausschaltung*« des Wettbewerbs ist ein Mehr gegenüber der bloßen »*Beeinträchtigung*« im Sinne von § 3 Nr. 1 GWB.[169] Es ist erforderlich, dass die beteiligten Unternehmen keinem wesentlichen Wettbewerb im Sinne von § 18 Abs. 1 Nr. 2 GWB mehr ausgesetzt sind.[170] Eine bloß überragende Marktstellung im Sinne von § 18 Abs. 1 Nr. 3 GWB genügt dafür nicht, da auch bei dieser noch relevanter Wettbewerb bestehen kann. Soweit Art. 101 AEUV zur Anwendung kommt, kann nicht auf die Vermutungen des § 18 Abs. 4, Abs. 6 GWB zurückgegriffen werden. Nach dem Willen des Gesetzgebers darf auch für § 2 Abs. 1 GWB nichts anderes gelten, selbst wenn es sich um einen Sachverhalt ohne jeden zwischenstaatlichen Bezug handelt. Ansonsten wäre die einheitliche Anwendung zum Nachteil der rein innerstaatlichen Märkte gefährdet.

79 Ein »*wesentlicher Teil*« der betreffenden Produkte ist in jedem Fall betroffen, soweit ein marktbeherrschendes Unternehmen an der Vereinbarung beteiligt ist.[171] Im Zweifel wird darin zudem der Missbrauch einer marktbeherrschenden Stellung liegen.[172] Im Übrigen ist die Intensität des Wettbewerbs vor der

---

163 EuG Slg. 1980, 3125, 3280 – *Van Landewyk* (Rz. 189).
164 *Fuchs*, in: Immenga/Mestmäcker, GWB, § 2 Rn. 112.
165 Kommission, Leitlinien zu Art. 81 Abs. 3 EG, Nr. 109.
166 EuGH Slg. 1987, 405, 461 f. – *Sachversicherer*.
167 EuGH Slg. 1973, 215, 245 f. – *Continental Can*.
168 EuG Slg. 2002, II-3808 – *EBU* (Rz. 67 ff.).
169 *Fuchs*, in: Immenga/Mestmäcker, GWB, § 2 Rn. 109.
170 *Fuchs*, in: Immenga/Mestmäcker, GWB, § 2 Rn. 109; *Bechtold*, § 2 GWB Rn. 25.
171 BKartA WuW/E DE-V 1459, 1474 – Wirtschaftsprüferhaftpflicht (Rz. 195); BKartA WuW/E DE-V 1392, 1404 – Altglas (Rz. 221); *Nordemann*, in: Loewenheim/Meessen/Riesenkampff, § 2 GWB Rn. 37.
172 EuGH Slg. 1989, 838, 848 – *Flugreisen* (Rz. 41 ff.); EuGH Slg. 2000, I-1442, 1480 f. – *CMB* (Rz. 130, 135); *Fuchs*, in: Immenga/Mestmäcker, GWB, § 2 Rn. 109.

Vereinbarung zu ermitteln – je stärker dieser ist, desto eher ist eine Beschränkung zulässig, war der Wettbewerb bereits geschwächt, sind bereits geringfügige Beschränkungen nur ausnahmsweise freistellungsfähig.[173] Die Beteiligten müssen sich also mit dem konkreten Wettbewerbsdruck (durch tatsächliche oder potentielle Konkurrenten) und den Auswirkungen der Vereinbarung auf diesen auseinandersetzen. Gemeint ist damit sowohl der zwischen ihnen bestehende Wettbewerb als auch der Außenwettbewerb mit Dritten (insb. auch etwaige Marktzugangsschranken). Es handelt sich also um eine Prognoseentscheidung.

Obwohl es der Wortlaut nicht nahelegt, ist auch im Rahmen des zweiten Ausschlusskriteriums eine **Abwägung** geboten.[174] Denn die Beschränkung bestimmter Wettbewerbsparameter (etwa Schnittstellen und Protokolle, aber auch Maße) kann zur Standardisierung von Produkten und damit erst zur Schaffung vor Preis- und Qualitätswettbewerb führen. Ausnahmsweise kann auch ein horizontaler Zusammenschluss gerechtfertigt sein, um ein Gegengewicht zu einer übermächtigen (in der Regel marktbeherrschenden) Marktgegenseite zu finden.[175] Die Ausschaltung des Horizontalwettbewerbs setzt dann aber voraus, dass hierdurch zumindest potentieller Wettbewerb ermöglicht wird.[176]

IV. Übernahme von Entscheidungen zum GWB vor der 7. GWB-Novelle

Trotz der Einbeziehung der (detaillierten) Gruppenfreistellungsverordnungen durch § 2 Abs. 2 S. 1 GWB in die Prüfung der Kartellbehörden und -gerichte werden in der Literatur noch immer die Vorteile des früheren, kasuistischen Systems betont.[177] Auch der Gesetzgeber hat in der Begründung zur 7. GWB-Novelle die Auffassung vertreten, dass die **frühere Entscheidungspraxis** auch in Zukunft Bedeutung haben solle.[178] Soweit diese nicht durch die (aufgrund der angestrebten Synchronisierung) vorrangige Entscheidungspraxis des EuGH bzw. der Kommission zu Art. 101 Abs. 3 AEUV hinfällig geworden ist, sind daher die früher relevanten Aspekte auch weiterhin zu berücksichti-

---

173 Kommission, Leitlinien zu Art. 81 Abs. 3 EG, Nr. 107.
174 *Nordemann*, in: Loewenheim/Meessen/Riesenkampff, § 2 GWB Rn. 38; *Fuchs*, in: Immenga/Mestmäcker, GWB, § 2 Rn. 114.
175 Kommission, Horizontal-Leitlinien, Nr. 209.
176 *Nordemann*, in: Loewenheim/Meessen/Riesenkampff, § 2 GWB Rn. 38; *Fuchs*, in: Immenga/Mestmäcker, GWB, § 2 Rn. 114.
177 *Fuchs*, in: Immenga/Mestmäcker, GWB, § 2 Rn. 115; *Fuchs*, WRP 2005, 1384, 1388; *Nordemann*, in: Loewenheim/Meessen/Riesenkampff, § 2 GWB Rn. 45.
178 BegrRegE 7. GWB-Novelle, BT-Drucks. 15/3640, S. 26, 32; *Braun*, in: Langen/Bunte, GWB, Nach § 2 Rn. 4 mit Hinweis auf die Eckpunkte, sowie die Referentenentwürfe zur 7. GWB-Novelle.

gen. Insoweit stehen sie als »*Meinungsäußerung*« in etwa auf dem Rang der Leitlinien und Bekanntmachungen der Kommission.[179]

82 Jedenfalls dürfte die Bedeutung der Praxis auf Grundlage früheren Rechts allein durch Zeitablauf zunehmend verblassen; bereits heute, zehn Jahre nach Inkrafttreten der 7. GWB-Novelle sollte das geltende Recht vorrangig autonom angewandt werden. Insbesondere sind die teilweise von der früheren Rechtslage deutlich **abweichenden Ansatzpunkte** des primär auf volkswirtschaftliche Effizienz und Konsumentenvorteile ausgerichteten europäischen Rechts, das daneben andere Ziele nicht zulässt, nunmehr auch auf nationaler Ebene zu berücksichtigen.[180] Soweit allerdings früher der bloße betriebswirtschaftliche Vorteil der Rationalisierung maßgeblich war, begründet dieser in aller Regel auch einen (volkswirtschaftlichen) Effizienzgewinn im Sinne von § 2 Abs. 1 GWB.[181]

83 Die größte Nähe besteht zwischen § 2 Abs. 1 GWB und **§ 7 GWB a.F.**, da diese Regelung die kasuistischen Einzelfreistellungstatbestände im deutschen Kartellrecht gerade mit Blick auf die europarechtliche Generalklausel auflockern sollte.[182] Jedoch war diese Regelung ausdrücklich subsidiär zu den besonderen Freistellungstatbeständen. Wegen der kurzen Zeitspanne zwischen der 6. (1998) und der 7. GWB-Novelle (2005) und dieser ausdrücklich angeordneten Subsidiarität ist das insoweit vorhandene Fallmaterial sehr überschaubar. Hervorzuheben ist vor allem die Entscheidung des BGH zu einem Anzeigenkombinationstarif für Stellenanzeigen in Wochenendausgaben konkurrierender überregionaler Zeitungen.[183] Ein Hauptziel der Einführung von § 7 GWB a.F., die erleichterte Freigabe von Umweltschutzkartellen,[184] ist jedenfalls im Rahmen des heutigen § 2 Abs. 1 GWB nicht mehr erreichbar (Rdn. 47).

84 Umgekehrt ersatzlos weggefallen und damit ohne jede Bedeutung für die Auslegung von § 2 Abs. 1 GWB ist die **Möglichkeit zur Erteilung einer Ministererlaubnis** (§ 8 GWB a.F.). Anders als bei § 2 Abs. 1 GWB ging es dabei gerade nicht um konkrete wettbewerbliche Ziele, sondern vielmehr um allgemeine wirtschaftspolitische Fragestellungen. Es wäre kaum vertretbar, diese komplexen, politischen Entscheidungen nunmehr den Kartellbehörden, erst

---

179 *Nordemann*, in: Loewenheim/Meessen/Riesenkampff, § 2 GWB Rn. 45; *Hartog/ Noack*, WRP 2005, 1396, 1398.
180 *Fuchs*, WRP 2005, 1384, 1388.
181 *Fuchs*, in: Immenga/Mestmäcker, GWB, § 2 Rn. 117.
182 BegrRegE 6. GWB-Novelle, BT-Drucks. 13/9720, S. 49.
183 BGH WuW/E DE-R 919 – *Stellenmarkt für Deutschland II*.
184 BegrRegE 6. GWB-Novelle BT-Drucks. 13/9720, S. 48; *Braun*, in: Langen/Bunte, GWB, Nach § 2 Rn. 171.

Recht auf europäischer Ebene, zuzuweisen. Vielmehr ist insoweit allein der Gesetzgeber zur Entscheidung berufen.[185]

Durch die Erweiterung des § 1 GWB a.F. auf alle Vereinbarungen (unabhängig davon, ob zwischen den Beteiligten aktueller oder potentieller Wettbewerb besteht) konnten die bisherigen **Sonderregelungen für vertikale Beschränkungen** in den §§ 15 ff. GWB a.F. aufgehoben werden. Es ist in der Ökonomie allerdings weitgehend unstreitig, dass von vertikalen Absprachen nur geringe nachteilige Folgen für den Wettbewerb ausgehen und im Regelfall die Vorteile überwiegen. Vor diesem Hintergrund gibt es auf europäischer Ebene mit der Schirm-GVO,[186] welche durch die GVOen für Technologietransfer-Vereinbarungen[187] und (jedenfalls noch teilweise) für den Kfz-Vertrieb[188] flankiert wird, eine weitgehende Freistellung der hiervon umfassten Vereinbarungen, die nach § 2 Abs. 2 S. 1 GWB auch für das deutsche Kartellverbot gilt (näher Rdn. 109 ff.). Statt jedoch bereits den Verbotstatbestand auszuschließen erfolgt die Erlaubnis nunmehr erst auf der Ebene der Freistellung (§ 2 GWB bzw. Art. 101 Abs. 3 AEUV). 85

Ergänzend greifen zudem nach herrschender Auffassung Beschränkungen auf Tatbestandsebene (sog. **Immanztheorie**), wonach die mit einem Austauschvertrag zwingend einhergehenden Beschränkungen schon nicht in den Anwendungsbereich des Kartellverbots fallen sollen.[189] Betroffen hiervon ist vor allem die Fachhandelsbindung in selektiven Vertriebssystemen, um ungeeignete Händler vom Vertrieb bestimmter Produkte mit hohem Beratungs- und Kundendienstbedarf auszuschließen.[190] Zudem werden in der Literatur stets Wettbewerbsverbote für den Verkäufer bei einem Unternehmenskauf bzw. Kundenschutzklauseln angeführt.[191] Freilich treten dabei im Einzelfall schwierige Abgrenzungsfragen auf. So sollen Weisungen im Rahmen eines Handelsvertreter- bzw. Kommissionsvertrags nur dann nicht unter Art. 101 Abs. 1 AEUV bzw. § 1 GWB fallen, wenn die Risiken der abgeschlossenen oder vermittelten Verträge ausschließlich den Geschäftsherrn treffen.[192] Es erscheint überlegenswert, diese Fälle ebenfalls über Art. 101 Abs. 3 AEUV bzw. § 2 Abs. 1 GWB zu lösen (oben Rdn. 46). 86

---

185 *Fuchs*, in: Immenga/Mestmäcker, GWB, § 2 Rn. 119.
186 VO 330/2010 vom 20.4.2010 für Gruppen von vertikalen Vereinbarungen und aufeinander abgestimmten Verhaltensweisen, ABl. 2010, L 102/1.
187 VO 772/2004 vom 27.4.2004 für Vereinbarungen über Technologietransfer, ABl. 2004, L 123/11.
188 VO 461/2010 vom 27.5.2010 für Gruppen von vertikalen Vereinbarungen und abgestimmten Verhaltensweisen im Kraftfahrzeugsektor, ABl. 2010, L 129/52.
189 Näher *Fuchs*, in: Immenga/Mestmäcker, GWB, § 2 Rn. 225.
190 EuGH Slg. 1977, 1875, 1904 ff. – *Metro I*.
191 EuGH Slg. 1985, 2545 – *Remia*; *Schmitt*, WuW 2007, 1096 ff.
192 Zum alten Recht BGHZ 97, 317, 321 f. – *EH-Partnervertrag*.

C. Gruppenfreistellungsverordnungen (Abs. 2)

87 Unabhängig von der Generalklausel nach § 2 Abs. 1 GWB sind Vereinbarungen, Beschlüsse und abgestimmte Verhaltensweise auch von Gesetzes wegen vom Verbot des § 1 GWB freigestellt, soweit sie die Voraussetzungen einer Gruppenfreistellungsverordnung erfüllen. Eine gesonderte Prüfung des § 2 Abs. 1 GWB durch die Betroffenen in diesen Fällen ist dann nicht mehr erforderlich; es genügt, dass sie die **spezielleren Vorgaben der Gruppenfreistellung** für ihre Vereinbarung feststellen. Eine auf Grundlage des § 2 Abs. 2 S. 1 GWB automatisch bestehende Freistellung kann nur für den Einzelfall mit Wirkung ex nunc nach § 32d GWB entzogen werden.[193] Dem entspricht in Bezug auf das europäische Verbot des Art. 101 Abs. 1 AEUV die ebenfalls nur mit Wirkung für die Zukunft mögliche Entziehung einer Gruppenfreistellung nach Art. 29 VO 1/2003.

88 § 2 Abs. 2 S. 1 GWB enthält eine **dynamische Verweisung**[194] auf die jeweils geltenden Gruppenfreistellungsverordnungen. Es sind also nicht etwa nur die bei Inkrafttreten des § 2 Abs. 2 GWB (2005) gültigen Regelungen zu ermitteln, sondern auch alle seither neu erlassenen, geänderten oder aufgehobenen Verordnungen.[195] Hintergrund ist, dass das deutsche Gesetzgebungsverfahren eine schnelle Reaktion auf Änderungen möglicherweise verzögert hätte und so ein Auseinanderfallen der Anwendung des deutschen und des europäischen Kartellverbots gedroht hätte. Der deutsche Gesetzgeber muss besondere Regelungen nur noch erlassen, soweit er für Fälle ohne zwischenstaatlichen Bezug eine weitergehende Freistellung will (wie es etwa bei § 3 GWB bereits der Fall war). Die Gefahr einer übermäßigen Beeinflussung der nationalen Wirtschaftspolitik durch die EU-Kommission wird durch das einschränkende Korsett der Wettbewerbsbezogenheit im Rahmen von Art. 101 Abs. 3 AEUV erheblich verringert.[196]

89 Die von § 2 Abs. 2 S. 1 GWB umfassten Gruppenfreistellungsverordnungen werden entweder aufgrund von **Ermächtigungsverordnungen** (insb. VO 19/64, VO 2821/71, VO 3976/87, VO 1534/91, VO 479/92) des Rates (Art. 103 Abs. 1, Abs. 2 lit. b AEUV) durch die Kommission erlassen[197] oder in seltenen Fällen unmittelbar vom Rat selbst. Eine generelle Ermächtigung zum Erlass von Gruppenfreistellungsverordnungen wurde der Kommission (trotz eines entsprechenden Vorstoßes) bislang nicht erteilt. Auf europäischer

---

193 Daher wird mitunter auch von »partiellen Legalausnahmen« gesprochen, *K. Schmidt*, BB 2003, 1237, 1241; *Baron*, WuW 2006, 358, 359 f.
194 *Ehricke/Blask*, JZ 2003, 722 ff.
195 *Bechtold*, DB 2004, 235, 236.
196 Kritisch aber *Fuchs*, ZWeR 2005, 1, 25 ff.
197 *Fuchs*, ZWeR 2005, 1, 4 ff.

Ebene antizipieren die Verordnungen die ansonsten für jeden Einzelfall zu beurteilende Freistellung nach Art. 101 Abs. 3 AEUV für eine ganze »*Gruppe*« von Vereinbarungen.[198] Sie wirken nach Art. 288 Abs. 2 AEUV unmittelbar in den Mitgliedstaaten. Im deutschen Recht sollen sie dieselbe Funktion für das Verbot des § 1 GWB und dessen Ausnahme in § 2 Abs. 1 GWB erfüllen.[199]

Der dynamische Verweis setzt die Gruppenfreistellungsverordnungen (soweit sie auf das deutsche Kartellverbot und nicht auf Art. 101 Abs. 3 AEUV Anwendung finden) in den **Rang eines einfachen Gesetzes**; nicht etwa einer Rechtsverordnung im Sinne von Art. 80 GG und auch nicht in den einem Gesetz übergeordneten Rang europarechtlicher Regelungen (Art 288 Abs. 2 AEUV).[200] Eine unmittelbare Vorlagepflicht für Gerichte aus Art. 267 AEUV besteht daher nur, soweit ein Verstoß gegen das europarechtliche Kartellverbot in Rede steht. Ob darüber hinaus eine Vorlage erlaubt oder sogar geboten ist, wenn nur die Anwendung über die Verweisung im deutschen Kartellrecht streitentscheidend ist, ist umstritten (oben Rdn. 14 ff.).[201]

90

I. Anwendungsbereich

Für Sachverhalte, die den zwischenstaatlichen Handel spürbar beeinträchtigen wenden die deutschen Kartellbehörden zumindest Art. 101 AEUV an, für den die Gruppenfreistellungsverordnungen unmittelbar gelten (Art. 3 Abs. 1 VO 1/2003 = § 22 Abs. 1 AEUV). Allerdings gelten auch oberhalb der Zwischenstaatlichkeitsgrenze die Gruppenfreistellungsverordnungen nicht unmittelbar **für das deutsche Kartellverbot**.[202] Die unmittelbare Geltung der Verordnung nach Art. 288 Abs. 2 AEUV bezieht sich schon ihrem Wortlaut nur auf das europäische Kartellverbot. In Bezug auf das nationale Kartellver-

91

---

198 In der Literatur umstritten ist, ob sie insoweit »konstitutive« (originär befreiende) oder »deklaratorische« (nur Art. 101 Abs. 3 AEUV beschreibende) Wirkung haben, vgl. nur *Bechtold*, BB 2000, 2425, 2426 f.; *Hirsch*, ZWeR 2003, 233, 246 f.; *Heyers*, in: FK-GWB, § 2 GWB Rn. 36 ff. Im Ergebnis kommt es darauf nicht an – aus Sicht der Normadressaten entfalten sie in jedem Fall konstitutive Wirkung, da selbst bei Fehlen der Voraussetzungen des Art. 101 Abs. 3 AEUV die Freistellungswirkung bis zum Widerruf im Einzelfall eintritt. Insoweit hat die Freistellung eine Doppelwirkung – *K. Schmidt*, BB 2003, 1237, 1241; *Fuchs*, ZWeR 2005, 1, 13.
199 BegrRegE 7. GWB-Novelle, BT-Drucks. 15/3640, S. 44.
200 *Fuchs*, in: Immenga/Mestmäcker, GWB, § 2 Rn. 41; *Schneider*, in: Langen/Bunte, GWB, § 2 Rn. 78.
201 *Heyers*, in: FK-GWB, § 2 GWB Rn. 92 f.; *Koch*, WuW 2006, 710 ff.
202 Zutreffend *Fuchs*, in: Immenga/Mestmäcker, GWB, § 2 Rn. 232; anders *Braun*, in: Langen/Bunte, GWB, nach § 2 Rn. 25; *Nordemann*, in: Loewenheim/Meessen/Riesenkampff, § 2 GWB Rn. 194.

bot des § 1 GWB wäre es möglich gewesen, auf die Anwendung zu verzichten – das deutsche Verbot würde dann nur wegen Art. 3 Abs. 2 VO 1/2003 = § 22 Abs. 2 AEUV keine Folgen entfalten. Insoweit eröffnet § 2 Abs. 2 S. 1 GWB auch bei zwischenstaatlichen Sachverhalten konstitutiv die »entsprechende« Anwendung.

92 Nach dem Wortlaut des § 2 Abs. 2 S. 1 GWB steht die Gruppenfreistellung unter dem Vorbehalt, dass sie der »*Anwendung von Absatz 1*« dient. Dies darf aber nicht so verstanden werden, dass die Kartellbehörden (bzw. ein Gericht) stets über die Voraussetzungen der Gruppenfreistellungsverordnung hinaus auch feststellen muss, ob zusätzlich die Voraussetzungen der Generalklausel gegeben sind.[203] Liegen die Voraussetzungen der Gruppenfreistellungsverordnung vor, hat dies vielmehr zur Folge, dass unabhängig von den Voraussetzungen des § 2 Abs. 1 GWB die Anwendung des Kartellverbots unterbleibt.[204] Es handelt sich also um eine klassische »safe harbor«-Konstruktion, die als Ausgleich für die fehlende Möglichkeit einer verbindlichen behördlichen Freistellungsentscheidung (§ 32c S. 3 GWB = Art. 29 Abs. 2 VO 1/2003) zumindest in gewissem Rahmen Rechtssicherheit schafft. Für den Fall, dass ein Verhalten ausnahmsweise nicht die in der Gruppenfreistellungsverordnung typisierten überwiegenden Vorteile mit sich bringt, besteht die Möglichkeit zur Entziehung der Freistellung im Einzelfall (§ 32d GWB) und einer daran anschließenden Untersagung, sobald die Behörde Kenntnis von dem Verhalten erlangt.[205] Bis zu diesem Zeitpunkt greift hingegen die Freistellung nach § 2 Abs. 2 i.V.m. der jeweiligen Gruppenfreistellungsverordnung.

1. »Entsprechende« Anwendung, Auslegung

93 Die bloß »*entsprechende*« Anwendung der Gruppenfreistellungsverordnungen ist geboten, da sich die GVO ausdrücklich **nur auf Art. 101 Abs. 3 AEUV** und nicht auf die nationalen Regelungen beziehen. Soweit es an der Zwischenstaatlichkeit fehlt bedarf es zudem der Klarstellung des § 2 Abs. 2 S. 2 GWB, dadie Freistellungen von ihrem primären Zweck auf rein innerstaatliche Sachverhalte ohne spürbare Beeinträchtigung des zwischenstaatlichen Handels nicht passen. Umstritten ist, ob diese »*entsprechende*« Anwendung auch punktuelle Abweichungen von den Vorgaben der Gruppenfreistellungsverordnungen ermöglicht.[206] Jedenfalls in Ausnahmefällen wird dies unter-

---

203 *Bornkamm*, ZWeR 2010, 34, 47 ff.; *Fuchs*, in: Immenga/Mestmäcker, GWB, § 2 Rn. 22.
204 *Schneider*, in: Langen/Bunte, GWB, § 2 Rn. 61; *Fuchs*, in: Immenga/Mestmäcker, GWB, § 2 Rn. 235.
205 *Fuchs*, in: Immenga/Mestmäcker, GWB, § 2 Rn. 52.
206 *Säcker*, in: MünchKommKartR, § 2 GWB Rn. 1.

halb der Zwischenstaatlichkeitsklausel für möglich gehalten.[207] Unstreitig erforderlich ist es jedenfalls soweit in einer GVO konkret das Gesamtgebiet der Gemeinschaft oder der gesamte Binnenmarkt in Bezug genommen wird, der konkrete Sachverhalt aber nur einen Teil des nationalen Markts betrifft.

Das Gebot bloß *entsprechender* Anwendung darf nicht so verstanden werden, dass damit eine in dem Belieben der Kartellbehörden gestellte **inhaltliche Modifikation** einzelner Freigabetatbestände erfolgen dürfte.[208] Dies gilt unabhängig davon, ob die Kommission im Einzelfall auch andere Unionspolitiken mit der Freistellung verfolgt.[209] Vielmehr sind die Regelungen der Gruppenfreistellungsverordnungen so anzuwenden, wie sie in der jeweiligen Verordnung geregelt sind, ohne dass eine Überprüfung auf die damit verfolgten Ziele nötig wäre.[210] Dies folgt schon aus dem Bedürfnis der betroffenen Unternehmen nach Rechtssicherheit. Gleichzeitig hätte eine eingeschränkte Anwendung der Gruppenfreistellungsverordnungen im Rahmen von § 2 Abs. 2 GWB zur Folge, dass Unternehmen bei Sachverhalten, die nicht auch Art. 101 AEUV unterfallen, strengeren Regelungen unterworfen wären. Dadurch würden aber zumeist kleine und mittlere Unternehmen im Hinblick auf Kooperationen gegenüber ihren grenzüberschreitend tätigen Konkurrenten benachteiligt. Dies liegt sicher nicht im Sinne einer wettbewerbsorientierten Wirtschaftspolitik und ist im Hinblick auf Art. 3 Abs. 1 GG bedenklich.

94

Praktisch hat dies im Hinblick auf die in den Gruppenfreistellungsverordnungen vorgesehenen **Umsatz- und Schwellenwerte** zur Folge, dass diese in Fällen ohne zwischenstaatlichen Bezug zumeist nicht erreicht werden. Jedoch fehlen für eine Anpassung an den (kleineren) nationalen Markt konkrete Umrechnungsmaßstäbe.[211] De lege ferenda ließe sich ein solcher Umsetzungsschlüssel im Einzelfall im GWB oder delegiert durch eine Verordnung festsetzen.[212] Als Ausweg de lege lata bleibt nur die Entziehung der Freistellung nach § 32d GWB, sofern das Bundeskartellamt Kenntnis von der Vereinbarung erlangt.

95

---

207 *Fuchs*, in: Immenga/Mestmäcker, GWB, § 2 Rn. 232 ff.; *Fuchs*, in: Langen/Bunte, GWB, nach § 2 Rn. 26.
208 In diese Richtung aber *Nordemann*, in: Loewenheim/Meessen/Riesenkampff, § 2 GWB Rn. 14 a.E.; *Heyers*, in: FK-GWB, § 2 GWB Rn. 41 ff.
209 Kritisch dazu u.a. *Koch*, ZWeR 2005, 380, 392 f.; *Weyer*, ZHR 164 (2000), 611, 628.
210 *Fuchs*, in: Immenga/Mestmäcker, GWB, § 2 Rn. 36; *Bechtold*, § 2 GWB Rn. 27.
211 So zurecht *Fuchs*, in: Immenga/Mestmäcker, GWB, § 2 Rn. 241.
212 Kritisch aber *Ehricke/Blask*, JZ 2003, 722, 723.

96 Unklar ist, ob Gruppenfreistellungsverordnungen als Ausnahme vom grundsätzlich geltenden Kartellverbot **prinzipiell eng auszulegen** sind.[213] Auf europäischer Ebene wird hierfür vor allem betont, dass die nationalen Gerichte nicht durch extensive Auslegung der Gruppenfreistellungsverordnungen die Verfolgungsbefugnis der EU-Kommission unterlaufen dürften.[214] Das überzeugt in einem System, in dem das Kartellrecht ohnehin von mitgliedstaatlichen Behörden angewandt wird und die Betroffenen selbst über die Freistellung entscheiden müssen, nur noch bedingt.[215] Jedenfalls in Bezug auf die Anwendung des nationalen Kartellverbots (ohne Zwischenstaatlichkeitsbezug) passt dieses Argument jedoch gar nicht. Denn es ist gerade Aufgabe der Gerichte, die Tätigkeit der Behörden zu überwachen (Art. 19 Abs. 4 GG). Auch der Grundsatz der engen Auslegung von Ausnahmetatbeständen ist vor dem Hintergrund der bewusst weiten Auffangregelung des § 2 Abs. 1 GWB bzw. des Art. 101 Abs. 3 AEUV nicht unangreifbar. Immerhin müssen auch die Vertreter einer engen Auslegung eingestehen, dass die Wertungen der Gruppenfreistellungsverordnungen bei der Auslegung von Art. 101 Abs. 3 AEUV bzw. § 2 Abs. 1 GWB zu berücksichtigen sind. Dann kann man aber genauso gut die Tatbestände der Gruppenfreistellungsverordnungen extensiv auslegen oder sogar analog anwenden.

2. Rechtswidrige Gruppenfreistellungsverordnungen

97 Im hypothetischen Fall, dass die Kommission bei Erlass einer Gruppenfreistellung die ihr zustehende **Ermächtigung überschreitet** (also letztlich generell Verhaltensweisen erlaubt, die Art. 101 AEUV und damit § 1 GWB zuwiderlaufen), kann die Nichtigkeit der Gruppenfreistellungsverordnung nur durch den EuGH festgestellt werden. Soweit also deutsche Kartellbehörden Art. 101 AEUV anwenden oder in einem Zivilrechtsstreit auf Art. 101 AEUV abzustellen ist, muss das Gericht die entsprechende Verordnung dem EuGH nach Art. 267 AEUV vorlegen.

98 Zugunsten der Betroffenen dürfte aber bis zu dessen Entscheidung (auch auf europäischer Ebene in begrenztem Umfang anerkannter)[216] **Vertrauensschutz** greifen. Jedenfalls wäre es widersprüchliches Verhalten der Kommission, gegen ein Verhalten vorzugehen, das sie selbst durch eine Gruppenfreistellungsverordnung vom Verbot des Art. 101 AEUV ausgenommen hat. In jedem Fall fehlt es an dem für die Verhängung einer Geldbuße oder die Forderung von Schadensersatz erforderlichen Verschulden. Anders als die

---

213 In diesem Sinne *Fuchs*, in: Immenga/Mestmäcker, GWB, § 2 Rn. 42.
214 EuGH Slg. 1991 I, S. 935, 992 – *Delimitis/Henninger Bräu*.
215 *Bechtold*, BB 2000, 2425, 2427.
216 Siehe nur EuG Slg. 1997, II–1265 – *Interhotel/Kommission* (Rz. 45); EuG Slg. 1999, II–2793 – *Sonasa/Kommission* (Rz. 33).

Anknüpfungspunkte vom EuGH in der Rechtssache Schenker[217] als unzureichend erachteten Gesichtspunkte hat eine Gruppenfreistellungsverordnung einen kaum anzuzweifelnden Vertrauensschutz zur Folge. Hierauf wird sich der Betroffene selbst dann verlassen dürfen, wenn sich die Regelung als unwirksam herausstellt.

Für die Freistellung vom nationalen Kartellverbot des § 1 GWB im Rahmen eines Sachverhalts ohne zwischenstaatliche Bedeutung wird freilich überwiegend angenommen, dass eine rechtswidrige Gruppenfreistellungsverordnung von Anfang an **keine Freistellungsfolge nach § 2 Abs. 2 S. 1 GWB** entfalten könne.[218] Diese Auffassung ist aber nicht überzeugend: Auch eine rechtswidrige, aber nicht für unwirksam erklärte Gruppenfreistellungsverordnung fällt unter den Wortlaut des § 2 Abs. 2 S. 1 GWB, denn es handelt sich um eine Verordnung »des Rates oder der Europäischen Kommission über die Anwendung von Artikel 101 Absatz 3 des Vertrages über die Arbeitsweise der Europäischen Union auf bestimmte Gruppen von Vereinbarungen, Beschlüsse von Unternehmensvereinigungen und aufeinander abgestimmte Verhaltensweisen«. Die Einschränkung »bei der Anwendung von Absatz 1« ist im Lichte der bezweckten einheitlichen Anwendung der beiden Kartellverbote zu sehen. Eine divergente Beurteilung der Freistellung wäre damit nicht zu vereinbaren. Auch insoweit ist daher eine Vorlagepflicht an den EuGH analog Art. 267 AEUV (oben Rdn. 14 ff.) mit der möglichen Folge einer Unwirksamkeitserklärung und des Wegfalls der Befreiungswirkung für die Zukunft vorzuziehen.

99

Wenn der deutsche Gesetzgeber eigene Ausnahmen schaffen will, bleibt ihm dies unbenommen; den Kartellbehörden (und den Gerichten) ist die Beurteilung der Rechtfertigung der Gruppenfreistellung jedoch verwehrt. Auch aus einer **verfassungskonformen Auslegung** kann man hier wenig ziehen: Zwar ist die »*Ermächtigungsgrundlage*« des § 2 Abs. 2 S. 1 GWB beschränkt auf die Konkretisierung des Tatbestandes des § 2 Abs. 1 GWB. Dies kann und muss der Normadressat jedoch nicht beurteilen. Das Bedürfnis an Rechtsklarheit hat insoweit Vorrang. Der Preis des Wechsels von einem System der Einzelfreistellung zur Legalausnahme ist, dass den Betroffenen ein eindeutiger Beurteilungsmaßstab für ihr Verhalten bereitgestellt werden muss. Würde man ihnen das Risiko der Unwirksamkeit einer auch nur scheinbar für maßgeblich erklärten Regelung zuweisen, würde dies die Gültigkeit der gesamten Regelung in Frage stellen.

100

---

217 EuGH EuZW 2013, 624 – *Schenker*.
218 *Fuchs*, in: Immenga/Mestmäcker, GWB, § 2 Rn. 237; *Schneider*, in: Langen/Bunte, GWB, § 2 Rn. 77.

3. Gruppenfreistellungsverordnungen und Tatbestände des GWB a.F.

101 Im **Vergleich zur Rechtslage vor der 7. GWB-Novelle** wurde die Privilegierung von Mittelstandskartellen für das nationale Kartellverbot (§ 4 GWB a.F.) in § 3 GWB aufrechterhalten und die Ministererlaubnis für Gemeinwohlkartelle (§ 7 GWB a.F.) ersatzlos gestrichen. Die Normen-, Typen- und Konditionenkartelle (§ 2 GWB a.F.), Rationalisierungskartelle (§§ 3, 5 GWB a.F.) und Strukturkrisenkartelle (§ 6 GWB a.F.) lassen sich regelmäßig unter Gruppenfreistellungsverordnungen bzw. die Generalklausel des § 2 Abs. 1 GWB subsumieren.[219] Die in Bezug auf die alten Regelungen ergangenen Entscheidungen lassen sich jedenfalls nicht uneingeschränkt auf die neue Rechtslage übertragen, können aber als Auslegungshilfe herangezogen werden.[220]

102 Jedenfalls in der Systematik spürbarer sind die **Unterschiede im Bereich der vertikalen Vereinbarungen**. Im früheren Recht waren grundsätzlich nur Preis- und Inhaltsbindungen verboten (§ 14 GWB a.F.), während andere Formen vertikaler Vereinbarungen nur einer Missbrauchsaufsicht unterlagen (§ 16 GWB a.F.). Freilich ist die geringere Gefährlichkeit vertikaler Vereinbarungen für den Wettbewerb[221] auch auf europäischer Ebene bekannt. Daher ist nur eine Verlagerung von der Tatbestands- auf die Rechtfertigungsebene erfolgt: Nunmehr folgt die überwiegende Zulässigkeit von Abreden über verschiedene Marktstufen hinweg aus § 2 Abs. 2 GWB i.V.m. der Schirm-GVO.[222] Insoweit wird die Prüfung im Aufbau verlagert. Für kartellbehördliche Sanktionen hat diese dogmatische Umstellung freilich keine unmittelbaren Konsequenzen.[223] Bei der Anwendung des originär deutschen Rechts behält die Unterscheidung zwischen Horizontal- und Vertikalvereinbarungen auf der Rechtfertigungsebene praktische Relevanz – § 3 GWB gilt nur für Horizontalvereinbarungen, während § 30 GWB nur auf vertikale Preisbindungen Anwendung findet.[224] Durch die Anwendung der Schirm-GVO wurde die Zulässigkeit von Preis- und Konditionenbindungen gegenüber dem bis 2005 geltenden Recht im Übrigen erleichtert;[225] das geplante weitergehende nationale Verbot (§ 4 GWB-E) ist nicht Gesetz geworden.

---

[219] BegrRegE, BT-Drucks. 15/3640, S. 26; *Fuchs*, in: Immenga/Mestmäcker, GWB, § 2 Rn. 17; *Fuchs*, WRP 2005, 1384, 1388.
[220] *Rißmann*, WuW 2006, 881, 889; *Hartog/Noack*, WRP 2005, 1396, 1398.
[221] *Zimmer*, in: Immenga/Mestmäcker, GWB, § 1 Rn. 318 ff.
[222] Verordnung (EU) Nr. 330/2010 der Kommission vom 20. April 2010 über die Anwendung von Artikel 101 Absatz 3 des Vertrags über die Arbeitsweise der Europäischen Union auf Gruppen von vertikalen Vereinbarungen und abgestimmten Verhaltensweisen, Abl. EU NR. L 102 vom 23.4.2010, S. 1.
[223] *Braun*, in: Langen/Bunte, GWB, Nach § 2 Rn. 305; *Fuchs*, in: Immenga/Mestmäcker, GWB, § 2 Rn. 17.
[224] *Fuchs*, in: Immenga/Mestmäcker, GWB, § 2 Rn. 19.
[225] *Bahr*, WuW 2004, 259, 263 ff.; *Meyer*, WRP 2004, 1456 ff.

II. Struktur der Verordnungen

Alle seit 1999 von der Kommission erlassenen Gruppenfreistellungsverordnungen folgen einer ähnlichen Struktur.[226] Eingangs wird zunächst die freizustellende Vereinbarung **typologisch** definiert und ein maximaler **Marktanteil** festgesetzt, bis zu dem die Freistellung eingreifen soll. Konkretisierend enthalten die Verordnungen sodann Regelungen zu den maßgeblichen Definitionen, zur Ermittlung der relevanten Marktanteile sowie zur Behandlung von Unternehmensgruppen. Je nach Verordnung werden auch Nebenabreden zur generell freigestellten Verhaltensweise mitumfasst.

103

Die **Schaffung einer Höchstschwelle**, bis zu welcher die pauschale Freistellung eingreift, begründet sich dadurch, dass bei relevanter Marktmacht eine Vereinbarung Auswirkungen haben kann, die über die mit der erlaubten Verhaltensweise sonst verbundenen Folgen hinausgehen. Die Vertikal-GVO, die KfZ-GVO und die Technologietransfer-GVO erlauben der Kommission zudem, die Freistellung in Märkten, in denen bereits mehr als 50 % des relevanten Marktes von gleichartigen Vereinbarungen betroffen sind, nur noch einzelfallabhängig zu gestalten. Die hierzu erlassenen Nichtanwendungsverordnungen sind Bestandteil der Gruppenfreistellungsverordnung und daher ebenfalls im Rahmen des § 2 Abs. 2 S. 1 GWB als deutsches Recht zu prüfen. In diesem Rahmen tragen die beteiligten Unternehmen das (nicht unerhebliche) Risiko einer Fehlbeurteilung der Marktanteile. Liegt der Marktanteil oberhalb der Schwelle, kann eine Freistellung nur noch aufgrund der Generalklausel (§ 2 Abs. 1 GWB bzw. Art. 101 Abs. 3 AEUV) im Einzelfall erfolgen.

104

Die von der Kommission als Höchstschwelle ermittelten relevanten Marktanteile mögen auf einem anders strukturierten rein nationalen Markt unpassend wirken. So kann etwa der Marktzugang leichter oder schwieriger sein als auf dem Gesamtbinnenmarkt oder die Nachfrageelastizität mag anders ausfallen. Im Interesse der einfachen Rechtsanwendung hat der deutsche Gesetzgeber in § 2 Abs. 2 GWB dennoch bewusst die **uneingeschränkte einheitliche Anwendung** angeordnet und damit eine ggf. zu weitgehende Freistellung bewusst in Kauf genommen wurde.

105

Über die grundsätzliche Freistellung aller Vereinbarungen unterhalb der Höchstschwelle hinaus sehen die Gruppenfreistellungsverbote eine Liste von Kernbeschränkungen vor (*»schwarze Klauseln«*), bei deren Vorliegen die Gruppenfreistellung wegen der besonders schwerwiegenden Konsequenzen für den Wettbewerb entfällt. Teilweise werden auch nur einschränkend bestimmte Klauseln von der Gruppenfreistellung ausgenommen, die Vereinba-

106

---

[226] Näher *Fuchs*, in: Immenga/Mestmäcker, GWB, § 2 Rn. 249 ff.

rung im Übrigen aber freigestellt (»*graue Klauseln*«). In beiden Fällen bleibt der Rückgriff auf die Generalklausel des § 2 Abs. 1 GWB (bzw. des Art. 101 Abs. 3 AEUV) möglich.

107 Schließlich wird in einigen Gruppenfreistellungsverordnungen ausdrücklich der **Entzug der Freistellung** vorbehalten und zum Teil an bestimmte Voraussetzungen geknüpft; im Übrigen kann eine Entziehung nach Art. 29 VO 1/2003 bzw. § 32d GWB erfolgen. Da die vom Rat erlassenen Ermächtigungsverordnungen die Kommission nur zum Erlass einer zeitlich begrenzten Gruppenverordnung ermächtigen, müssen zudem Inkrafttreten und Geltungsdauer (bis zu zehn Jahre) geregelt werden.

III. Einzelne Gruppenfreistellungsverordnungen

108 Die umfassendste Freistellung eröffnet die Vertikal-GVO (auch Schirm-GVO),[227] die wiederum durch die speziellere Technologie-Transfer-GVO[228] und in Teilen noch durch die KfZ-GVO[229] verdrängt wird. Darüber hinaus gibt es die F&E-GVO[230] sowie die Spezialisierungs-GVO,[231] welche sich primär auf horizontale Abreden beziehen. Der Rat hat darüber hinaus zwei noch geltende GVOs im Verkehrssektor erlassen;[232] zudem gibt es eine Sonderregelung für die Versicherungswirtschaft.[233] Einzelheiten zu diesen Freistel-

---

227 VO 330/2010 vom 20.4.2010 über die Anwendung von Artikel 101 Absatz 3 des Vertrags über die Arbeitsweise der Europäischen Union auf Gruppen von vertikalen Vereinbarungen und abgestimmten Verhaltensweisen, ABl. 2010, L 102/1.
228 VO 772/2004 vom 27.4.2004 über die Anwendung von Artikel 81 Absatz 3 EG-Vertrag auf Gruppen von Technologietransfer-Vereinbarungen, ABl. 2004, L 123/11.
229 VO 461/2010 vom 27.5.2010 über die Anwendung von Artikel 101 Absatz 3 des Vertrags über die Arbeitsweise der Europäischen Union auf Gruppen von vertikalen Vereinbarungen und abgestimmten Verhaltensweisen im Kraftfahrzeugsektor, ABl. 2010, L 129/52.
230 VO 1217/2010 vom 14.12.2010 über die Anwendung von Artikel 101 Absatz 3 des Vertrags über die Arbeitsweise der Europäischen Union auf bestimmte Gruppen von Vereinbarungen über Forschung und Entwicklung, ABl. 2010, L 335/36.
231 VO 1218/2010 vom 14.12.2010 über die Anwendung von Artikel 101 Absatz 3 des Vertrags über die Arbeitsweise der Europäischen Union auf bestimmte Gruppen von Spezialisierungsvereinbarungen, ABl. 2010, L 335/43.
232 VO 169/2009 des Rates vom 26.2.2009 über die Anwendung von Wettbewerbsregeln auf dem Gebiet des Eisenbahn-, Straßen- und Binnenschiffsverkehrs; VO 906/2009 der Kommission vom 28.9.2009 für Gruppen von Vereinbarungen, Beschlüssen und aufeinander abgestimmten Verhaltensweisen zwischen Seeschifffahrtsunternehmen (Konsortien).
233 VO 267/2010 vom 24.3.2010 über die Anwendung von Artikel 101 Absatz 3 des Vertrags über die Arbeitsweise der Europäischen Union auf Gruppen von Verein-

lungsregelungen sind deren jeweiliger Kommentierung zu entnehmen. Im Folgenden soll nur ein grober Überblick zur **Abgrenzung der Anwendungsbereiche und der wesentlichen Inhalte** gegeben werden.

1. Vertikal-GVO

Aufgrund der grundsätzlich geringeren Gefahr, die von vertikalen Vereinbarungen ausgeht, erlaubt die Vertikal-GVO solche Vereinbarungen, soweit nicht ausnahmsweise bestimmte Marktanteilsschwellen überschritten werden oder bestimmte Kernbeschränkungen vorliegen. Weil sie ein komplettes Segment von der Anwendung des Kartellverbots abschirmt, wird sie auch als »*Schirm-GVO*« bezeichnet. Insoweit ähnelt der Grundgedanke § 16 GWB a.F. Wie bereits im Rahmen der früheren Missbrauchsaufsicht kann jedoch nach Entzug der Freistellung (§ 32d GWB) die Abstellung der Vereinbarung angeordnet werden (§ 32 GWB), es handelt sich insoweit um eine bloß verfahrenstechnische Änderung. 109

Die Verordnung erfasst als »*vertikale Vereinbarung*« alle **Vertriebs- und Zulieferervereinbarungen** mit anderen Unternehmen auf einer vor- oder nachgelagerten Wirtschaftsstufe (Art. 1 Abs. 1 lit. a Vertikal-GVO). Nach Art 2 Abs. 4 Vertikal-GVO sind »*vertikale Vereinbarungen zwischen Wettbewerbern*« grundsätzlich nicht freigestellt. Etwas anderes gilt jedoch, soweit diese ersichtlich keine horizontalen Effekte haben, also das Konkurrenzverhältnis als solches nicht beeinflussen. Dazu darf die Vereinbarung nicht gegenseitig sein und es muss ein Fall bloßer »*Dual Distribution*« (Direktvertrieb neben Vertrieb über eine Abnehmerkette) durch den Anbieter vorliegen.[234] Freigestellt sind also Fälle, in denen der Abnehmer Händler ist und keine mit den Vertragswaren konkurrierende Waren herstellt, aber der Hersteller auch auf dem Vertriebsmarkt konkurriert (Art 2 Abs. 4 lit. a Vertikal-GVO). Zudem wird die Konstellation freigestellt, dass der Abnehmer auf der Stufe, auf der er die Leistungen bezieht, keine konkurrierenden Dienstleistungen zum Anbieter erbringt, umgekehrt der Anbieter jedoch auf der Stufe, auf welcher sein Abnehmer seinerseits tätig ist, Leistungen anbietet (Art 2 Abs. 4 lit. b Vertikal-GVO). 110

Die Vertikal-GVO ist ausdrücklich **subsidiär** zu anderen Gruppenfreistellungsverordnungen (Art. 2 Abs. 1, Abs. 5 Vertikal-GVO). Dies betrifft vor allem die Technologietransfer-Gruppenfreistellungsverordnung sowie (in ihrem reduzierten Anwendungsbereich) die VO 461/2010 für vertikale Vereinbarun- 111

---

barungen, Beschlüssen und abgestimmten Verhaltensweisen im Versicherungssektor.
234 *Fuchs*, in: Immenga/Mestmäcker, GWB, § 2 Rn. 260.

gen im Kfz-Sektor. Dementsprechend sind nach Art. 2 Abs. 3 Vertikal-GVO Vereinbarungen über die Übertragung oder Nutzung von Rechten des geistigen Eigentums nur erfasst, wenn diese Bestimmungen nicht den Hauptgegenstand der Vereinbarung ausmachen und sich unmittelbar auf die Nutzung, den Verkauf oder den Weiterverkauf von Waren oder Dienstleistungen durch den Käufer oder seine Kunden beziehen.

112 Die früher verbotenen **Preisbindungen** (§ 14 GWB a.F.) sind als Kernbeschränkungen auch im Rahmen der Vertikal-GVO weiterhin grundsätzlich unzulässig und führen zur Unwirksamkeit der gesamten Abrede.[235] Allerdings sind nunmehr Preisempfehlungen, Höchstpreisbindungen und Meistbegünstigungsklauseln zu Lasten des Lieferanten zulässig (Art. 4 lit. a Vertikal-GVO).[236] Freilich ist das Verbot der Preisbindung als solches in letzter Zeit in Kritik geraten.[237] Insoweit ist im Rahmen der Prüfung einer (durch den Wegfall der Gruppenfreistellung nicht ausgeschlossenen) Freistellung aufgrund der Generalklausel des § 2 Abs. 1 GWB bzw. des Art. 101 Abs. 3 AEUV eine Abwägung im Einzelfall geboten.[238] Zur Unwirksamkeit der gesamten Freistellung führen zudem Beschränkungen des Gebiets- oder Kundenkreises (Art. 4 lit. b Vertikal-GVO), Beschränkungen des Verkaufs an Endverbraucher (Art. 4 lit. c Vertikal-GVO) und von Querlieferungen in selektiven Vertriebssystemen (Art. 4 lit. d Vertikal-GVO) sowie Beschränkungen beim Vertrieb von Ersatzteilen (Art. 4 lit. e Vertikal-GVO). Demgegenüber werden die nach § 14 GWB a.F. generell verbotenen Konditionenbindungen nicht mehr umfassend als Kernbeschränkung von der Freistellung ausgenommen.

113 Gegenüber § 16 GWB a.F. ist die Anwendbarkeit der Verordnung insoweit enger, als diese nach Art. 3 Abs. 1 Vertikal-GVO nur bis zu einem **Marktanteil von 30 %** (für den Anbieter auf dem Verkaufsmarkt und für den Abnehmer auf dem Einkaufsmarkt) gilt. Dieser Ansatz ist jedoch berechtigt – wenn das bindende Unternehmen relevante Marktmacht besitzt, droht eine Beschränkung des Wettbewerbs gegenüber der jeweils anderen Marktseite. Indiz hierfür ist der Marktanteil. Allerdings liegt gerade hier ein Überschneidungsbereich zum Missbrauch einer marktbeherrschenden Stellung im Sinne von §§ 18 ff. GWB.

---

235 *Bahr*, WuW 2004, 259 ff.; *Bischke/Boger*, NZG 2010, 663; *Möschel*, WuW 2010, 1229; *Lettl*, WRP 2011, 710; *Imgrund*, BB 2012, 787.
236 *Meyer*, WRP 2004, 1456 ff.
237 Vor dem Hintergrund der US-amerikanischen Entscheidung Leeegin Creative Leather Products, Inc. v. PSKS, Inc., 551 U.S. 877 (2007); vgl. *Kasten*, WuW 2007, 994 ff.; *Sosnitza/Hoffmann*, AG 2008, 107 ff.; *Gey/Kamann*, ZWeR 2008, 208 ff.
238 Kommission, Leitlinien für vertikale Beschränkungen, ABl. 2010, C 130/01, Nr. 223–225; *Fuchs*, in: Immenga/Mestmäcker, GWB, § 2 Rn. 260.

2. Technologie-Transfer-GVO

Die Technologie-Transfer-GVO (auch TT-GVO) beruhen auf der Überlegung, dass die **Lizenzvergabe an technischen Schutzrechten** im Regelfall Vorteile für den Wettbewerb mit sich bringt.[239] Wie schon die (allgemeine) Vertikal-GVO wird daher eine grundsätzlich umfassende Freistellung ausgesprochen, soweit hierdurch nicht ausnahmsweise jeglicher Anreiz des Lizenznehmers zur Innovation unterbunden wird.[240] Insoweit ähnelt die Zielsetzung den §§ 17, 18 GWB a.F., die ebenfalls Lizenzverträge unter bestimmten Einschränkungen grundsätzlich erlaubten.

Gegenstand der Verordnung sind (in Abgrenzung zur allgemeinen Vertikal-GVO) Vereinbarungen zwischen zwei Unternehmen »*über die Lizenzierung von Technologierechten mit dem Ziel der Produktion von Vertragsprodukten durch den Lizenznehmer und/oder seine Zulieferer*« (Art. 1 Abs. 1 TT-GVO). Dabei muss der Veräußerer weiterhin das mit der Verwertung der Technologie verbundene Risiko jedenfalls anteilig tragen, so dass die vollständige Übertragung nicht umfasst ist. Der Begriff der »*Technologierechte*« wird weit verstanden und umfasst neben Patenten und Gebrauchsmustern auch Datenbankrechte (§ 87a UrhG) oder Urheberrechte an Software (§§ 69a ff. UrhG) und sogar Know-How (Art. 1 Abs. 1 lit. b TT-GVO). Ausgenommen sind demgegenüber Marken und Urheberrechte an anderen Werken als Software oder durch Geschmacksmuster geschützte Gegenstände.

Die Freistellung umfasst neben dem **Technologietransfer** (d.h. in der Regel der Lizenzierung) als solchen (Art. 2 Abs. 1 TT-GVO) auch **Nebenabreden**, die sich auf den Erwerb von Produkten durch den Lizenznehmer oder auf die Lizenzierung selbst beziehen, wenn diese »*unmittelbar mit der Produktion oder dem Verkauf von Vertragsprodukten verbunden*« sind (Art. 2 Abs. 3 TT-GVO). Die Freistellung entfällt, sobald der Schutz der lizenzierten Technologie erlischt, d.h. insbesondere mit Nichtigerklärung, Ablauf der Schutzfrist oder Bekanntwerden von Geschäftsgeheimnissen (Art. 2 Abs. 2 TT-GVO).

Für horizontale Vereinbarungen greift die Freistellung nur, soweit die beteiligten konkurrierenden Unternehmen nicht einen **Marktanteil** von mehr als 20 % erreichen; zwischen Nicht-Konkurrenten greift eine höhere Schwelle von 30 % (Art. 3 TT-GVO). Soweit das Gesetz insoweit von den »relevanten Märkten« spricht, sind damit der Produktmarkt einerseits und der Technologiemarkt andererseits gemeint.

---

239 *Bechtold*, § 2 GWB Rn. 47; *Conrad/Lejeune/Stögmüller/Brandi-Dohrn*, CR 2013, 412 ff.; *Batchelor/Jenkins*, ECLR 2013, 348 ff.
240 *Leistner/Königs*, WRP 2014, 268; *Fuchs*, in: Immenga/Mestmäcker, GWB, § 2 Rn. 266.

118 In Art. 4 TT-GVO finden sich Kernbeschränkungen, deren Vorliegen zur Folge hat, dass die **gesamte Vereinbarung** der Freistellung nicht (mehr) unterfällt und sie allenfalls nach der Generalklausel des Art. 101 Abs. 3 AEUV bzw. des § 2 Abs. 1 GWB freigestellt werden kann.

119 Die Schranken des Art. 5 GVO lassen die Freistellung hingegen **nur für die betroffene Regelung** entfallen; die Vereinbarung im Übrigen bleibt freigestellt. Soweit also die jeweilige Vereinbarung nicht ausnahmsweise nach Art. 101 Abs. 3 AEUV bzw. § 2 Abs. 1 GWB in unmittelbarer Anwendung freigestellt ist, bleibt die Vereinbarung im Übrigen (unter den Voraussetzungen des § 139 BGB) wirksam. Hierunter fallen z.B. die Einräumung eines Kündigungsrechts bei Geltendmachung der Ungültigkeit des zugrundeliegenden Schutzrechts durch den Lizenznehmer (Art. 5 Abs. 1 lit. b TT-GVO) oder die Pflicht zur exklusiven Rücklizenzierung von Verbesserungserfindungen (Art. 5 Abs. 1 lit. a TT-GVO).

120 **Ausgeklammert** werden Forschungs- und Entwicklungsvereinbarungen, die der insoweit spezielleren F&E-GVO unterfallen (Art. 9 VO 316/2014). Ebenso beansprucht die Spezialisierungs-GVO in ihrem Anwendungsbereich Vorrang (Art. 9 VO 316/2014). Schließlich stellt die bloß unveränderte Verkörperung eines ausschließlich insoweit lizenzierten Urheberrechts an Software auf einem Datenträger oder die Bereitstellung des Programms zum Download keine »Produktion von Vertragsprodukten« dar. In diesem Fall ist (mangels Vorrangs der TT-GVO) die Vertikal-GVO anwendbar.[241]

3. KfZ-GVO

121 Die aktuelle Kfz-Gruppenfreistellungsverordnung verweist für vertikale Vereinbarungen über den Verkauf und Weiterverkauf neuer Kraftfahrzeuge seit 1. Juni 2013 (Art. 3 kfz-GVO) und für den Bezug, Verkauf oder Weiterverkauf von Kfz-Ersatzteilen und die Erbringung von Instandsetzungs- und Wartungsdienstleistungen seit dem 1. Juni 2010 auf die **Vorschriften der Vertikal-GVO**. Damit sind die weitgehend aus der früheren VO 123/85 übernommenen sektorspezifischen Freigaberegelungen entfallen.[242]

122 Bedeutung hat damit allein die Auflistung von Kernbeschränkungen für den **Bezug, Verkauf oder Weiterverkauf von Kfz-Ersatzteilen und die Erbringung von Instandsetzungs- und Wartungsdienstleistungen** in Art. 5 KfZ-

---

[241] Mitteilung der Kommission, Leitlinien zur Anwendung von Artikel 101 des Vertrages über die Arbeitsweise der Europäischen Union auf Technologietransfer-Vereinbarungen, ABl. C 89 v. 28.3.2014, Nr. 63; kritisch *Leistner/Königs*, WRP 2014, 268, 274.
[242] *Schumacher/Erdmann*, WuW 2011, 462 ff.

GVO. Eine Freistellung scheidet damit über die Fälle der Vertikal-VO hinaus aus, soweit die Vereinbarung den Verkauf von Kfz-Ersatzteilen durch Mitglieder eines selektiven Vertriebssystems an unabhängige Werkstätten, den Verkaufs von Originalersatzteilen oder qualitativ gleichwertigen Ersatzteilen, Instandsetzungsgeräten, Diagnose- oder Ausrüstungsgegenständen sowie die Anbringung von Waren- und Firmenzeichen beschränkt. Für den Verkauf und Weiterverkauf von Neuwagen gibt es hingegen keine besonderen Kernbeschränkungen.

4. F&E-GVO

Grundsätzlich erfüllen Vereinbarungen über die bloße gemeinsame Durchführung von Forschungsarbeiten oder die gemeinsame Weiterentwicklung von Forschungsergebnissen bis zur Produktionsreife noch nicht einmal die **Voraussetzungen des Kartellverbots** (§ 1 GWB bzw. Art. 101 Abs. 1 AEUV).[243] Auf die genaue Prüfung kommt es in der Anwendungspraxis nicht an, soweit jedenfalls eine Freistellung nach der F&E-GVO greift, die nach § 2 Abs. 2 S. 1 GWB bzw. Art. 101 Abs. 3 AEUV die Anwendung des Verbots ausschließt. Die F&E-GVO erfasst insoweit zwei verschiedene Gestaltungen: Einerseits geht es um die gemeinsame Forschung und Entwicklung durch zwei oder mehr Unternehmen (Art. 1 Abs. 1 lit. a i–iii F&E-GVO), andererseits um Auftragsforschung und -entwicklung (Art. 1 Abs. 1 lit. a iv-vi F&E-GVO). Grundsätzlich müssen alle Parteien uneingeschränkten Zugang zu den Ergebnissen der Forschungs- und Entwicklungstätigkeit erhalten und diese verwerten dürfen (Art. 3 F&E-GVO). Neben der Kooperation als solcher wird aber auch die »Verwertung der Ergebnisse« freigestellt, d.h. die Herstellung und der Vertrieb der aus der Zusammenarbeit resultierenden Produkte, die Anwendung der neu entwickelten Technologien oder die Lizenzierung von Schutzrechten bzw. Weitergabe von Know-how (Art. 1 Abs. 1 lit. g). Darüber hinaus sind auch alle Nebenvereinbarungen, die unmittelbar mit der Durchführung der Kooperation verbunden und für diese notwendig sind, freigestellt (Art. 2 Abs. 2 F&E-GVO).

123

Bei horizontalen Kooperationen ist die Freistellung aufgrund der F&E-GVO (wie bei anderen Gruppenfreistellungsverordnungen) durch eine **Marktanteilsschwelle** von 25 % begrenzt (Art. 4 Abs. 2 F&E-GVO). Stehen die Beteiligten hingegen nicht im Wettbewerb zueinander, greift eine solche Begrenzung erst sieben Jahre nach dem ersten Inverkehrbringen der aus der Kooperation resultierenden Produkte (Art. 4 Abs. 1 F&E-GVO). Ab diesem Zeitpunkt gilt auch insoweit die Schwelle von 25 % Marktanteil (Art. 4 Abs. 3).

124

---

243 Erwägungsgrund 6 VO 1217/2010.

125 Enthält die Vereinbarung eine der in Art. 5 F&E-GVO aufgezählten **Kernbeschränkungen**, entfällt die Freistellung für die Vereinbarung insgesamt. Es ist dann allenfalls eine Einzelfreistellung aufgrund der Generalklausel des § 2 Abs. 1 GWB bzw. Art. 101 Abs. 3 AEUV möglich. Demgegenüber führen die in Art. 6 F&E-GVO aufgezählten Vereinbarungen nur dazu, dass diese nicht freigestellt sind und damit (soweit nicht ausnahmsweise § 2 Abs. 1 GWB oder Art. 101 Abs. 3 AEUV eingreift) unwirksam sind. Der Rest der Vereinbarung wäre dann freigestellt und jedenfalls nicht aufgrund von § 134 BGB bzw. Art. 101 Abs. 2 AEUV unwirksam. Ob die Regelung wirksam ist, richtet sich nach § 139 BGB.

126 Über die F&E-GVO hinaus kann eine **Freistellung auf Grundlage der Generalklausel** des § 2 Abs. 1 GWB (bzw. Art. 101 Abs. 3 AEUV) erfolgen. Hierbei ist eine umfassende Abwägung unter besonderer Berücksichtigung der Reichweite und Intensität der Kooperation sowie der unabhängig davon bestehenden wettbewerblichen Beziehungen der Beteiligten zueinander und zu anderen Marktteilnehmern vorzunehmen. Gerade bei aufwändigen Projekten werden der durch die Versagung der Kooperation drohende Nachteil, dass der Markt Produkte gar nicht oder erheblich verspätet erhält, sowie die ansonsten verhinderte Forschung für eine Freistellung sprechen. Im Kern geht es daher um den Umfang der mit der Kooperation verbundenen Folgevereinbarungen bezüglich Lizenzierung, Produktion und Vertrieb.

5. Spezialisierungs-GVO

127 Spezialisierungsvereinbarungen ermöglichen es den beteiligten Unternehmen, arbeitsteilig tätig zu werden und so redundante Tätigkeiten einzusparen. Dabei wird die eigene Produktion beschränkt und die so entstandene Lücke durch Vertrieb der Produkte der anderen Beteiligten geschlossen; hierzu wird eine gegenseitige Lieferpflicht vereinbart. Hierdurch können **Skaleneffekte** (»*economies of scale*« bzw. »*economies of scope*«) ausgenutzt werden, was insbesondere kleineren und mittelständischen Unternehmen zugutekommt. Auch die Abnehmer können davon profitieren, indem durch Spezialisierung Kompetenz gebündelt und die Qualität der Produkte gesteigert wird; durch Vermeidung von Überproduktion bzw. der Bereithaltung unnötiger Kapazitäten kann zudem der Preis gesenkt werden. Dennoch begründen Spezialisierungsabreden selbstverständlich ein erhebliches Gefahrenpotential, da sie im Kern gerade den Wettbewerb unter den Beteiligten ausschließen. Im früheren deutschen Recht wurde die Problematik durch die Regelung zu den Rationalisierungskartellen (§ 3 GWB a.F.) erfasst, so dass insoweit die frühere Rechtsprechung und Verwaltungspraxis jedenfalls noch mittelbar Berücksichtigung finden kann.

Die Spezialisierungs-GVO ermöglicht primär die **gegenseitige Spezialisierung** und die **gemeinsame Produktion** (Art. 2 Abs. 1 Spezialisierungs-GVO). Erfasst ist darüber hinaus auch der Fall, dass nur ein Unternehmen auf die Produktion eines bestimmten Erzeugnisses verzichtet, um es von der anderen Vertragspartei zu beziehen (**einseitige Spezialisierung**). Darüber hinaus werden Regelungen freigestellt, die mit der Durchführung der Produktion unmittelbar verbunden und für sie notwendig sind (Art. 2 Abs. 2 Spezialisierungs-GVO),[244] u.a. sogar Alleinbezugs- und Alleinbelieferungsvereinbarungen (Art. 2 Abs. 3 Spezialisierungs-GVO). Andere Beschränkungen werden nicht von der Gruppenfreistellungsverordnung erfasst und können allenfalls auf Grundlage anderer GVOs (etwa die gegenüber der Spezialisierungs-GVO vorrangige F&E-GVO) oder der Generalklausel (§ 2 Abs. 1 GWB bzw. Art. 101 Abs. 3 AEUV) freigestellt werden.[245]

128

Die Kommission hat den Anwendungsbereich der Spezialisierungs-GVO nicht auf kleine und mittlere Unternehmen beschränkt. Allerdings greift für die Gesamtheit der Beteiligten eine **Marktanteilsschwelle** von 20 % (Art. 3 Spezialisierungs-GVO).

129

Wie die anderen Gruppenfreistellungsverordnungen enthält auch die Spezialisierungs-GVO einen Katalog verbotener **Kernbeschränkungen** (Art. 4 Spezialisierungs-GVO). Dazu gehören etwa Preisfestsetzungen für Verkäufe an Dritte, Absatz- und Produktionsbeschränkungen sowie die Zuweisung von Märkten oder Kunden. Auch hier führt das Vorhandensein einer solchen Vereinbarung dazu, dass nicht nur dieser Teil, sondern die gesamte Vereinbarung nicht mehr der Gruppenfreistellung unterfällt. Sie kann daher nur noch aufgrund der Generalklausel (§ 2 Abs. 1 GWB bzw. Art. 101 Abs. 3 AEUV) gerechtfertigt werden. § 139 BGB findet keine Anwendung.

130

6. Verkehr

Die Gruppenfreistellung für **Konsortien** zwischen Seeschifffahrtsunternehmen (VO 906/2009) betrifft insb. gemeinsame Liniendienste zu oder von Häfen der Union, Kapazitätsanpassungen (allerdings nur soweit diese befristet sind), sowie den Betrieb oder die Nutzung von Hafenumschlagsanlagen. Für den Luftverkehr gibt es eine Ermächtigungsverordnung des Rates, die aber bislang noch nicht ausgefüllt wurde.

131

---

244 Für eine weite Auslegung zu Recht *Fuchs*, in: Immenga/Mestmäcker, GWB, § 2 Rn. 268.
245 *Bechtold*, § 2 GWB Rn. 32; skeptisch *Fuchs*, in: Immenga/Mestmäcker, GWB, § 2 Rn. 268 (Fn. 834).

§ 2 GWB Freigestellte Vereinbarungen

132 Die VO 169/2009 stellt u.a. »*Gemeinschaften*« von unwirtschaftlich arbeitenden Kleinbetrieben[246] des Eisenbahn-, Straßen- und Binnenschiffsverkehrs vom Kartellverbot frei. Bemerkenswert daran ist, dass nach dem Wortlaut der Verordnung keine Freistellung im Sinne von Art. 101 Abs. 3 AEUV festgestellt, sondern stattdessen konstitutiv die **Unanwendbarkeit des Art. 101 Abs. 1 AEUV** angeordnet wird (»*Das Verbot des Artikels 81 Absatz 1 des Vertrags gilt nicht ...*«, »*Die in Artikel 81 Absatz 1 des Vertrags genannten Vereinbarungen, Beschlüsse und aufeinander abgestimmte Verhaltensweisen sind von dem dort ausgesprochenen Verbot ausgenommen...*«). Dies ist schon rechtstechnisch bedenklich, da das Sekundärrecht (hier eine Verordnung) nicht den Inhalt des Primärrechts, also von Art. 101 Abs. 1 AEUV, bestimmen kann. Soweit deutsche Behörden Europarecht vollziehen, ist die Vorgabe der Verordnung jedoch bis zur Aufhebung durch den EuGH auch für diese verbindlich und setzt sich nach Art. 3 Abs. 2 VO 1/2003 (der ohne Anwendungsbereich in § 22 Abs. 2 GWB übernommen wurde) gegen ein nach deutschem Recht ggf. mögliches Verbot durch. Unter § 2 Abs. 2 S. 1 GWB lässt sich ein Tatbestandsausschluss jedoch unmittelbar nicht subsumieren, da es schon an der Anwendungsvoraussetzung einer Gruppenfreistellungsverordnung fehlt. Vor diesem Hintergrund darf man nicht am Wortlaut der Verordnung haften bleiben, sondern muss diese im Sinne der Intention des Normgebers als Freistellung nach Art. 101 Abs. 3 AEUV interpretieren, um zur (ggf. analogen) Anwendung von § 2 Abs. 2 GWB zu gelangen.

7. Versicherungswirtschaft

133 Für Versicherungen ist es zur Kalkulation von Risiken und zur Ermittlung der Prämienhöhe zwingend notwendig, **unternehmensübergreifend** Statistiken aufzustellen und auf diese Zugriff zu erlangen, sowie zur Vermeidung von Versicherungsfällen Unfallforschung, Sicherheitsstandards und Informationsaustausch zur Vermeidung des »*moral hazard*« zu betreiben. Insoweit kann man schon daran zweifeln, ob dies eine Wettbewerbsbeschränkung im Sinne des Kartellverbots darstellt. Bedeutsamer ist das Bedürfnis, die betreffenden Produkte vergleichbar auszugestalten, was in der Regel einheitliche Versicherungsbedingungen voraussetzt, sowie die wirtschaftlich sinnvolle Möglichkeit, Risiken in **Versicherungsgemeinschaften** zu bündeln. Dadurch entstehen freilich erhebliche (messbare) Vorteile für die (potentiellen) Versicherungsnehmer, so dass eine weitgehende Freistellung gerechtfertigt ist.

---

246 Das sind Unternehmen, deren Kapazität jeweils 1.000 Tonnen bei Beförderungen im Straßenverkehr oder 50.000 Tonnen bei Beförderungen im Binnenschiffsverkehr nicht übersteigt.

Diese Freistellung soll durch die VO 267/2010 erfolgen. Die Verordnung erfasst bislang jedoch nur Kooperationen zur **Festsetzung einheitlicher Risikoprämientarife** auf Grundlage abgestimmter Statistiken oder des Schadensverlaufs sowie die gemeinsame **Deckung bestimmter Arten von Risiken**, nicht jedoch (wie in der Ermächtigungsgrundlage vorgesehen) auch Muster für allgemeine Versicherungsbedingungen, die gemeinsame Abwicklung von Schadensfällen, die Aufstellung von Regeln für die Prüfung und Anerkennung von Sicherheitsvorkehrungen und den Informationsaustausch, insb. die Erstellung von Verzeichnissen über erhöhte Risiken.

134

Wie andere Gruppenfreistellungsverordnungen gibt es **Marktanteilsschwellen** (20 % bzw. 25 %), die aber nur für die gemeinsame Deckung gelten (Art. 6 Versicherungs-GVO). Im Übrigen wird jedoch vorausgesetzt, dass die Vereinbarungen und Beschlüsse unverbindlich bleiben (Art. 2–4 Versicherungs-GVO). Ergänzend schließen Kernbeschränkungen die Anwendung der gesamten Freistellung aus (vgl. Art. 3–4 und 6–7 Versicherungs-GVO).

135

IV. Leitlinien und Bekanntmachungen

Die EU-Kommission hat durch Leitlinien und Bekanntmachungen, u.a. etwa die Horizontal-Leitlinien,[247] die Vertikal-Leitlinien,[248] die de-Minimis-Bekanntmachung[249] oder die Leitlinien für Technologietransfervereinbarungen[250] oder den Kraftfahrzeugsektor[251] versucht, die bisherige und beabsichtigte **Auslegung und Durchsetzung des EU-Kartellrechts transparent zu machen**. Auch in Bezug auf die Freistellung nach Art. 101 Abs. 3 AEUV hat die Kommission Leitlinien bekanntgemacht.[252] § 2 Abs. 2 S. 1 GWB verweist nicht auf diese Regelungen, sondern umfasst ausschließlich Gruppenfreistellungsverordnungen, so dass sie in Deutschland keinen Gesetzesrang haben. Auch auf europäischer Ebene handelt es sich bei den genannten Instrumenten

136

---

247 Leitlinien zur Anwendbarkeit von Artikel 101 des Vertrags über die Arbeitsweise der Europäischen Union auf Vereinbarungen über horizontale Zusammenarbeit, ABl. Nr. C 11 vom 14. Januar 2011, S. 1.
248 Leitlinien für vertikale Beschränkungen, ABl. Nr. C 130 vom 13.8.2010, S. 1.
249 Bekanntmachung der Kommission über Vereinbarungen von geringer Bedeutung, die den Wettbewerb gemäß Artikel 81 Absatz 1 des Vertrags zur Gründung der Europäischen Gemeinschaft nicht spürbar beschränken (de minimis), ABl. C 368 vom 22.12.2001, S. 13.
250 Leitlinien zur Anwendung von Artikel 81 EG-Vertrag auf Technologietransfer-Vereinbarungen, ABl. 2004, C 101/2.
251 Ergänzende Leitlinien für vertikale Beschränkungen in Vereinbarungen über den Verkauf und die Instandsetzung von Kraftfahrzeugen und den Vertrieb von Kraftfahrzeugersatzteilen, ABl. 2010, C 138/16.
252 Leitlinien zur Anwendung von Artikel 81 Absatz 3 EG-Vertrag, Amtsblatt Nr. C 101 vom 27.4.2004, S. 97.

nicht um formale Rechtsakte, sondern am ehesten um ermessensleitende Verwaltungsvorschriften (siehe auch § 53 Abs. 1 S. 3 GWB zu Verwaltungsgrundsätzen des BKartA).[253]

137 Dennoch haben Leitlinien und Bekanntmachungen erhebliche Bedeutung in der **praktischen Anwendung des Kartellrechts**. Dabei ist zu differenzieren nach der Bedeutung für die unmittelbare Anwendung des europäischen Kartellrechts durch die nationalen Behörden (unter 1) und der Bedeutung im Rahmen der Anwendung des autonomen deutschen Kartellrechts, d.h. der §§ 1, 2 GWB (unter 2).

1. Bedeutung für die Anwendung von Art. 101 durch nationale Kartellbehörden

138 Die Leitlinien entfalten nach der Rechtsprechung des EuGH bei der Anwendung des europäischen Kartellrechts keine unmittelbaren Rechtswirkungen für die Behörden und Gerichte der Mitgliedstaaten sondern dienen allenfalls als **Entscheidungshilfe**.[254] Dies deckt sich mit der Entscheidungspraxis deutscher Gerichte und der herrschenden Meinung im Schrifttum.[255]

139 Demgegenüber wird in der Literatur teilweise bei Anwendung des Art. 101 AEUV auch insoweit ein **Vorrang vor einer eigenständigen nationalen Auslegung** des Europarechts befürwortet.[256] Aus Binnenmarktsicht hat dieses Verständnis durchaus Charme: Solange (wie in den meisten Fällen) keine Entscheidung durch den EuGH erfolgt, droht eine divergente Anwendung des Kartellrechts Wettbewerbsvorteile durch zu weitgehende Freistellungen (bzw. Tatbestandsbeschränkungen) oder umgekehrt Nachteile durch eine zu restriktive Anwendung des Art. 101 Abs. 3 AEUV und damit ein Marktgefälle zu schaffen. Auch aus Sicht der Marktteilnehmer würden hierdurch Kosten in erheblichem Umfang reduziert und Rechtssicherheit geschaffen.[257] Immerhin sind die Mitgliedstaaten nach Art. 4 Abs. 3 EU zur Loyalität, insbesondere zur Ergreifung geeigneter Maßnahmen zur Erfüllung der Pflichten aus dem Vertrag verpflichtet.[258] Im Hinblick auf die Kompetenzverteilung innerhalb der EU würde hierdurch aber die Kommission ein erhebliches Übergewicht erlangen, das mit dem Subsidiaritätsprinzip und den gegebenenfalls bestehenden nationalen Bindungen der Behörden kaum vereinbar wäre. Die

---

253 *Schneider*, in: Langen/Bunte, GWB, § 2 Rn. 80.
254 EuGH EuZW 2013, 113, 115 – *Expedia*; EuGH EuZW 2011, 598 – *Pfleiderer*.
255 Siehe nur *Bornkamm/Becker*, ZWeR 2005, 213, 230 m.w.N.
256 *Bechtold*, GRUR 2012, 107, 108; *Hirsch*, ZWeR 2003, 233, 247; *Weiß*, EWS 2010, 257 ff.; *Schweda*, WuW 2004, 1133, 1140 ff.
257 *Esken*, WRP 2013, 443, 444; *von Graevenitz*, EuZW 2013, 169, 172.
258 *Thomas*, EuR 2009, 423, 435; *Mäsch*, GRUR-Prax 2013, 51.

Mitgliedstaaten (und deren Behörden bzw. Gerichte) sind aufgrund von Art. 4 Abs. 3 EU nur an das Primär- und das Sekundärrecht, nicht aber an rein tatsächliche Praktiken der EU-Organe gebunden.[259] Soweit eine verbindliche Regelung gewollt ist, kann diese auf der Grundlage von Art. 103 AEUV als Richtlinie oder Verordnung erlassen werden[260] – Art. 3 VO 1/2003 ist insoweit keine »Ermächtigungsverordnung«, die eine sture Befolgung formloser Vorgaben der Kommission verlangt; Art. 105 Abs. 3 AEUV räumt ausdrücklich nur die Befugnis zum Erlass von Gruppenfreistellungsverordnungen ein. Zudem hat die Kommission stets die Möglichkeit ein Verfahren (über das sie nach Art. 11 Abs. 3 VO 1/2003 zu informieren ist) an sich zu ziehen und so die Zuständigkeit der Kartellbehörden der Mitgliedstaaten auszuschließen (Art. 11 Abs. 6 VO 1/2003).[261] Soweit eine Marktverzerrung droht, wird man insoweit eine Ermessensbindung der Kommission und eine daraus folgende Pflicht zum Einschreiten annehmen müssen.

Eine andere Art der Adaption der Leitlinien der EU-Kommission zeigt sich bei der Beurteilung von Kooperationen mit geringer wettbewerbsbeschränkender Bedeutung: Die EU-Kommission hat ihre diesbezüglichen Kriterien in einer »*De-Minimis-Bekanntmachung*«[262] zusammengefasst. Das Bundes- 140

---

259 *Weitbrecht/Mühle*, EuZW 2013, 255, 258; *Grune*, EuZW 2013, 116, 117.
260 *Braun*, in: Langen/Bunte, GWB, nach § 2 Rn. 15.
261 Vgl. dazu Bekanntmachung der Kommission über die Zusammenarbeit innerhalb des Netzes der Wettbewerbsbehörden, ABl. C 101 vom 27.4.2004, S. 43 (Nr. 54): »Nach der Fallverteilungsphase wendet die Kommission Artikel 11 Absatz 6 der Ratsverordnung im Prinzip nur an, wenn eine der folgenden Situationen vorliegt:
 a) Netzmitglieder beabsichtigen im selben Fall den Erlass widersprüchlicher Entscheidungen.
 b) Netzmitglieder beabsichtigen den Erlass einer Entscheidung, die offensichtlich in Widerspruch zur gesicherten Rechtsprechung steht; dabei sollen die in den Urteilen der Europäischen Gerichte und in früheren Entscheidungen und Verordnungen der Kommission aufgestellten Standards als Maßstab dienen; bei der Bewertung der Fakten (z.B. der Marktdefinition) wird nur eine erhebliche Abweichung ein Eingreifen der Kommission auslösen.
 c) Ein oder mehrere Netzmitglieder ziehen Verfahren in dem Fall unangemessen in die Länge.
 d) Eine Kommissionsentscheidung ist erforderlich zur Weiterentwicklung der gemeinschaftlichen Wettbewerbspolitik, insbesondere dann, wenn in mehreren Mitgliedstaaten ein ähnliches Wettbewerbsproblem auftritt, oder um eine effektive Durchsetzung sicherzustellen.
 e) Die betroffene(n) nationale(n) Wettbewerbsbehörde(n) erhebt/erheben keine Einwände.«.
262 Bekanntmachung der Kommission über Vereinbarungen von geringer Bedeutung, die den Wettbewerb gemäß Artikel 81 Absatz 1 des Vertrags zur Gründung der Europäischen Gemeinschaft nicht spürbar beschränken (de minimis), ABl. C 368 vom 22.12.2001, S. 13.

kartellamt hat seinerseits in der **Bagatellbekanntmachung**[263] die eigenen Grundsätze für ein Einschreiten dargelegt. Dabei orientiert sich das Bundeskartellamt bewusst an den Kriterien, welche die EU-Kommission für die Spürbarkeit anwendet. Hierdurch entsteht eine eigene Selbstbindung nach den Grundsätzen des deutschen Verwaltungsrechts (Art. 3 Abs. 1, 20 Abs. 3 GG). Soweit Leitlinien in dieser Weise durch die deutschen Behörden adaptiert bzw. transformiert werden, entfalten sie als deutsches Rechtsinstrument Bindungswirkung. Freilich ist auch mit der Bagatellbekanntmachung keine Vollangleichung erreicht worden – insbesondere sind Einkaufskooperationen nach der deutschen Bekanntmachung als »Kernbeschränkung« nicht von einer Verfahrenseinleitung ausgeschlossen, während die Kommission diese in der De-Minimis-Bekanntmachung wie andere Vereinbarungen bei entsprechend geringer Bedeutung privilegiert.

141 Trifft die Kommission eine Entscheidung aufgrund der Leitlinien und Bekanntmachungen, bindet diese nach Art. 16 VO 1/2003 auch die nationalen Gerichte und Kartellbehörden (nach Art. 16 Abs. 1 S. 2 VO 1/2003 besteht sogar eine Vorwirkung »*beabsichtigter Entscheidungen*«).[264] Die Kommission selbst ist dabei selbstverständlich an ihre in Leitlinien und Bekanntmachungen geäußerte Rechtsauffassung gebunden;[265] aus deutscher Sicht würde man sie als »*ermessensleitende Verwaltungsvorschriften*« qualifizieren, deren Anwendung zumindest aus dem Gleichbehandlungsgrundsatz folgt. Dadurch erlangen die Leitlinien und Bekanntmachung tatsächliche Durchsetzung in den Mitgliedstaaten, **soweit die Kommission tätig wird**. Unabhängig von der im darüber hinausgehenden Bereich fehlenden rechtlichen Verpflichtung, orientiert sich das Bundeskartellamt auch im Übrigen an den Leitlinien und Bekanntmachungen der Kommission.[266] Deutlich ist dies etwa bei den Horizontal-Leitlinien, die mitunter ausdrücklich in Bezug genommen werden,[267] ebenso in der Entscheidungspraxis der Gerichte.[268] Das ist aus den oben dargestellten ökonomischen Erwägungen (Vermeidung von Marktverzerrungen, Verringerung von Kosten für Marktteilnehmer), erst Recht aber im Interesse des Netzwerks der Wettbewerbsbehörden und der Vermeidung doppelten Ermittlungsaufwands zu befürworten.[269]

---

[263] Bekanntmachung über die Nichtverfolgung von Kooperationsabreden mit geringer wettbewerbsbeschränkender Bedeutung vom 13. März 2007; dazu *Pfeffer/Wegner*, BB 2007, 1173.
[264] *Pohlmann*, WuW 2005, 1005, 1008 f.
[265] EuGH EuZW 2013, 113, 115 – *Expedia*.
[266] Tätigkeitsbericht des BKartA 2011/2012, BT-Drucks. 17/13675, S. 33.
[267] BKartA WuW/E DE-V 1392, 1400 ff. – *Altglas*; WuW/E DE-V 1623, 1633 – *MBS*.
[268] Etwa OLG Düsseldorf WuW/E DE-R 2146, 2151 f. – *Nod-KS/Xella*.
[269] *Thomas*, EuR 2009, 423, 437 f.

Umgekehrt ist die Kommission selbstverständlich nicht an die Handhabung des Europarechts durch die nationalen Kartellbehörden oder -gerichte gebunden; die bisherige **Anwendungspraxis durch nationale Behörden** begründet noch nicht einmal die Unvermeidbarkeit eines Verbotsirrtums.[270]

2. Bedeutung für die Anwendung von §§ 1, 2 GWB

Im Rahmen von §§ 1, 2 GWB stellt sich die Lage noch komplexer dar: Der deutsche Gesetzgeber wollte ausweislich der Gesetzesmaterialien das deutsche und das europäische Recht »*synchronisieren*«.[271] Im Hinblick auf zwischenstaatliche Sachverhalte bedeutet das praktisch, dass jedes durch Art. 101 AEUV verbotene Verhalten auch nach §§ 1, 2 GWB untersagt sein soll, während ein nach Art. 101 AEUV erlaubtes Verhalten, das allerdings Einfluss auf den zwischenstaatlichen Handel hat, nach den deutschen Regelungen nicht verboten sein darf. Hierdurch wird der in Art. 3 Abs. 2 VO 1/2003 und § 22 Abs. 2 GWB anklingende Konflikt im Keim erstickt, da unabhängig von der Anwendung deutschen Rechts stets dieselben Ergebnisse erreicht werden.

Dies setzt aber voraus, dass auch **bei der Anwendung des eigentlich autonomen deutschen Rechts** die gleichen Maßstäbe anzulegen sind, wie für die entsprechenden europäischen Regelungen (oben Rdn. 21 ff., 14 ff.). Insoweit geben die Leitlinien und Bekanntmachungen in weiten Zügen die bisherige Entscheidungs- und Verwaltungspraxis wieder und bilden eine wichtige Orientierungshilfe.[272] Deren Existenz wurde sogar in den Gesetzgebungsmaterialien ausdrücklich erwähnt.[273] Daher werden die deutschen Gerichte und Kartellbehörden »nicht ohne Not« von den Vorgaben der Leitlinien und Bekanntmachungen abweichen.[274] Konsequent wird man auch die von der Kommission vorgeschlagene Auslegung bei der Anwendung von §§ 1, 2 GWB heranziehen; bei Abweichungen liegt eine Vorlage an den EuGH nahe.[275]

Eine gewisse Einschränkung gilt freilich, soweit die Kommission prospektiv und gestaltend durch die Leitlinien **Wirtschaftspolitik** betreibt. Dies ist namentlich der Fall, wenn nicht die bisherige Entscheidungspraxis dargestellt wird, sondern stattdessen im Rahmen des »more economic approach« der

---

270 EuGH NZKart 2013, 147 – *Schenker*; a.A. *Fleischer*, EuZW 2013, 326; *Boll*, GWR 2013, 319.
271 BegrRegE 7. GWB-Novelle, BT-Drucks. 15/3640, S. 22 ff., 27.
272 OLG Düsseldorf 10.6.2005 WuW/E DE-R 1610, 1613 – *Filigranbetondecken*.
273 BegrRegE 7. GWB-Novelle, BT-Drucks. 15/3640, S. 27.
274 *Fuchs*, in: Immenga/Mestmäcker, GWB, § 2 Rn. 39.
275 *Bornkamm/Becker*, ZWeR 2005, 213, 230.

Tatbestand des Art. 101 AEUV neuartig umgestaltet wird.[276] Insoweit handelt es sich um eine bloße Meinungsäußerung der Kommission. Auch diesbezüglich ist allerdings der Schutz der betroffenen Unternehmen im Blick zu halten: Die Vermeidung von Rechtsunsicherheit und Recherchekosten ist ein Aspekt, der von den Kartellbehörden jedenfalls ermessensleitend zu berücksichtigen ist. Eine gewisse Bindung ist daher auch für diese Regelungen zweckmäßig.

3. Insbesondere: Horizontal-Leitlinien

146 Die **Horizontal-Leitlinien**[277] betonen (in Anlehnung an die Erkenntnisse der Chicago School und der US-amerikanischen Kartellrechtspraxis) die Berücksichtigung wirtschaftlicher Aspekte gegenüber dem vormals allein im Vordergrund stehenden Selbstständigkeitspostulat.[278] Sie wollen dies aber nicht etwa nur im Rahmen der Rechtfertigung nach Art. 101 Abs. 3 AEUV, sondern bereits auf Tatbestandsebene (also im Rahmen von Art. 101 Abs. 1 AEUV) berücksichtigen. Dabei wird zwischen den Varianten des »*Bezweckens*« und des »*Bewirkens*« differenziert:

147 Bei einer sog. »Kernbeschränkung« wird die Wettbewerbsbeschränkung insoweit »*bezweckt*«, als das Verhalten bereits seinem Wesen nach geeignet ist, den Wettbewerb negativ zu beeinflussen. Es bedarf insoweit keiner Prüfung, ob tatsächlich Auswirkungen eingetreten sind oder diese auch nur wahrscheinlich waren. Privilegiert sind hier nur Produktionskooperationen.

148 In allen übrigen Fällen muss die Wettbewerbsbeschränkung tatsächlich »*bewirkt*« sein. Dazu sind zunächst die Marktstellung der Beteiligten und die Konzentration des Marktes zu ermitteln, sowie die Stabilität der Anteile und die Wahrscheinlichkeit eines Zugangs neuer Teilnehmer sowie die Marktmacht der jeweiligen Marktgegenseite zu berücksichtigen. Ausgehend von diesen Kennziffern sind messbare negative Auswirkungen auf die Wettbewerbsparameter (insb. Qualität, Preis, Produktion, Innovation) zu ermitteln. Dabei sollen Beschränkungen in bestimmten Fällen (insbesondere Forschungs- und Entwicklungskooperationen, Produktions-, Einkaufs- und Vermarktungskooperationen) unterhalb gewisser Marktanteilsgrenzen unbedenklich sein.

149 Das **Bundeskartellamt** meint hingegen, ökonomische Aspekte seien allein auf Ebene der Rechtfertigung, also im Rahmen des § 2 GWB (bzw. des

---

276 Dazu *Fuchs*, in: Immenga/Mestmäcker, GWB, § 2 Rn. 40.
277 Leitlinien zur Anwendbarkeit von Artikel 101 des Vertrags über die Arbeitsweise der Europäischen Union auf Vereinbarungen über horizontale Zusammenarbeit, Abl. Nr. C 11 vom 14. Januar 2011, S. 1.
278 Näher *Frenz*, WRP 2013, 428, 431.

Art. 101 Abs. 3 AEUV) zu berücksichtigen.[279] Für eine abstrakt-generelle Absenkung des tatbestandlichen Schutzniveaus gäbe es keinen Anlass, vielmehr würde dadurch das Regel-Ausnahme-Verhältnis innerhalb der Regelung in irreführender Weise verwischt. Dies wird im deutschen Schrifttum ähnlich gesehen.[280] Dementsprechend finden die Horizontal-Leitlinien nach der Entscheidungspraxis des Bundeskartellamts mittelbar Berücksichtigung bei der Auslegung des § 2 Abs. 1 GWB, wodurch zwar kein Begründungs- wohl aber ein Ergebnisgleichklang erreicht wird.[281] Immerhin hat die Kommission in der Netzwerkbekanntmachung für den Fall der Abweichung die Ausübung ihres Evokationsrechts aus Art. 11 Abs. 6 VO 1/2003 angedroht.[282] Unabhängig von der konkreten systematischen Einordnung geben die Leitlinien daher gewichtige Anhaltspunkte für die Anwendung des Kartellverbots.[283]

---

[279] Diskussionspapier »Wettbewerbsschutz und Verbraucherinteressen im Lichte neuerer ökonomischer Methoden« vom 27.9.2004, S. 16.
[280] *Mestmäcker*, WuW 2008, 1 ff.; *Braun*, in: Langen/Bunte, GWB, nach § 2 Rn. 58; *Jungermann*, in: FK-GWB, Art. 101 Abs. 1, 3 AEUV Fallgruppen Rn. 17.
[281] Krit. *Pohlmann*, WuW 2005, 1005.
[282] Bekanntmachung der Kommission über die Zusammenarbeit innerhalb des Netzes der Wettbewerbsbehörden, ABl. C 101 vom 27.4.2004, S. 43 (Nr. 54).
[283] *Bechtold*, DB 2004, 235, 237.

§ 3 GWB *Mittelstandskartelle*

§ 3 Mittelstandskartelle

Vereinbarungen zwischen miteinander in Wettbewerb stehenden Unternehmen und Beschlüsse von Unternehmensvereinigungen, die die Rationalisierung wirtschaftlicher Vorgänge durch zwischenbetriebliche Zusammenarbeit zum Gegenstand haben, erfüllen die Voraussetzungen des § 2 Abs. 1, wenn
1. dadurch der Wettbewerb auf dem Markt nicht wesentlich beeinträchtigt wird und
2. die Vereinbarung oder der Beschluss dazu dient, die Wettbewerbsfähigkeit kleiner oder mittlerer Unternehmen zu verbessern.

Übersicht

		Rdn.
A.	**Allgemeines**	1
I.	Die rechtliche Funktion des § 3 GWB	3
II.	Die Sonderstellung des § 3 GWB im aktuellen Recht des GWB und im europäischen Kartellrecht	6
III.	Der Zweck der Vorschrift	10
IV.	Die wesentlichen Neuerungen	13
V.	Die Bedeutung des § 3 GWB innerhalb des Gesetzes gegen Wettbewerbsbeschränkungen	16
B.	**Die materiellen Freistellungsvoraussetzungen des § 3 GWB**	17
I.	Rechtspersönlichkeit	17
II.	Vereinbarungen und Beschlüsse	18
	1. Vereinbarungen	23
	2. Beschlüsse	25
	3. Mischformen	26
	4. Änderungen bestehender Vereinbarungen und Beschlüsse	27
	5. Keine abgestimmten Verhaltensweisen	29
	6. Sonderproblematik: Mittelstandsempfehlungen	32
III.	Die ungeschriebenen Tatbestandsmerkmale der »Kartellfähigkeit«, der fehlenden »Spürbarkeit« und »Zwischenstaatlichkeit«	36
	1. Das Erfordernis des Vorliegens eines nach § 1 GWB verbotenen Kartells	37
	a) Kein Grund zur Freistellung von Mittelstandskooperationen, welche sich im Rahmen der kartellfreien Kooperationen i.S.d. »Kooperationsfibel« halten	38

		Rdn.
	b) Mittelstandskooperationen unterhalb der »Bagatellbekanntmachung«	40
	2. Das Erfordernis des Nicht-Vorliegens eines nach Art. 101 Abs. 1 AEUV verbotenen »Europäischen Kartells«	43
	a) Die zwischenstaatliche Wirkung der Absprache	45
	b) Die Spürbarkeit der Kartellabsprache	48
	c) Regionalkartelle	54
IV.	Die »Rationalisierung wirtschaftlicher Vorgänge« als Inhalt der Kooperationsvereinbarungen und -beschlüssen	57
	1. Der Begriff der Rationalisierung wirtschaftlicher Vorgänge	58
	a) Entscheidungspraxis	59
	b) Die vermeintliche Notwendigkeit einer Kausalität zwischen der beschlossenen Zusammenarbeit und der Rationalisierung	60
	2. Beispielsfälle	65
	3. Die Verteilung des Rationalisierungserfolges auf die Kartellpartner	69
	4. Fehlender Rationalisierungszweck	74
	a) Reine Spezialisierungskartelle	77
	b) Spezialisierungskartelle mit Rationalisierungswirkung	85
	c) Einkaufskooperationen	87

	Rdn.
5. Freistellungspotenzial von gemischten Preiskartellen, Mengen- und Gebietsabsprachen, Spezialisierungskartellen bzw. Einkaufskooperationen u.a.	91
V. Das Merkmal »Zum Gegenstand haben«	94
VI. Die zwischenbetriebliche Zusammenarbeit	100
1. Beispielsfälle zwischenbetrieblicher Zusammenarbeit	103
2. Produktionsstilllegung als Maßnahme »zwischenbetrieblicher Zusammenarbeit«	104
VII. Die Verbesserung der Wettbewerbsfähigkeit kleiner und mittlerer Unternehmen i.S.d. § 3 Nr. 2 GWB	107
1. Die Definition kleiner und mittlerer Unternehmen	108
a) Absolute Grenzen	111
b) Die relative Bestimmung	115
c) Die Berücksichtigung der Marktgegenseite bei der Bestimmung der relativen Unternehmensgröße	120
2. Sonderfälle der Umsatzberechnung	125
a) Berechnung des Umsatzes von Unternehmen im Konzern	126
b) Mehrproduktunternehmen	133
3. Die Verbesserung der Wettbewerbsfähigkeit kleiner und mittlerer Unternehmen	134
a) Die Definition der »Wettbewerbsfähigkeit« i.S.d. § 3 GWB	135
b) Beispielsfälle einer Wettbewerbsverbesserung i.S.d. § 3 Nr. 2 GWB	137
4. Die Beziehung zwischen Beschlüssen und Vereinbarungen sowie der Verbesserung der Wettbewerbsfähigkeit – Das Merkmal »dazu dienen«	139
a) Die Notwendigkeit einer Förderung aller am Kartell beteiligten Unternehmen	142
b) Die Förderung der Wettbewerbsfähigkeit kleiner und mittlerer Unternehmen mittels Beteiligung von Großunternehmen	144

	Rdn.
c) Die Kriterien einer zulässigen Beteiligung von Großunternehmen an Kooperationen kleiner und mittlerer Unternehmen	146
VIII. Das Verbot der wesentlichen Beeinträchtigung des Wettbewerbs i.S.d. § 3 Nr. 1 GWB	147
1. Die »Beeinträchtigung« des Wettbewerbs	149
2. Die »Wesentlichkeit« der Wettbewerbsbeeinträchtigung	153
3. Einzelkriterien zur näheren Bestimmung der »Wesentlichkeit« der Wettbewerbsbeeinträchtigung	158
a) Grober Rahmen der Wesentlichkeitsbetrachtung	159
b) Die quantitative Beurteilung nach der Marktanteilsgrenze	162
c) Die qualitative Bestimmung der »Wesentlichkeit« der Wettbewerbsbeeinträchtigung	164
d) Gesamtschau	167
e) Sonderfall: Kartelle in wettbewerbsschwachen Märkten (sog. Gegenkartelle)	172
4. Der relevante Markt/Bedeutung des Merkmals	176
a) Die Definition des Marktes für Wettbewerbsbeeinträchtigungen kleiner und mittlerer Absatz- und Vertriebskartelle i.S.d. § 3 GWB	178
b) Der räumlich relevante Markt bei »Mittelstandskartellen« i.S.d. § 3 GWB	181
aa) Regionalkartelle	184
bb) Märkte mit unterschiedlicher Absatzdichte	186
C. Rechtsfolgen	188
D. Beweislast	193
E. Konkurrenzen	195
I. Das Verhältnis des § 3 GWB zu § 2 Abs. 1 und Abs. 2 GWB	195
II. Das Verhältnis des § 3 GWB zur Zusammenschlusskontrolle nach § 35 ff. GWB – Gemeinschaftsunternehmen	197
III. Das Verhältnis des § 3 GWB zu Marktbeherrschungstatbeständen i.S.d. §§ 19 f. GWB	200
F. Europäisches Recht	201

§ 3 GWB *Mittelstandskartelle*

	Rdn.			Rdn.
I.	Europarechtliche Besonderheiten bei der Festlegung von kleinen und mittleren Unternehmen	204	1. Freistellungen mittelständischer Kooperationen nach den Gruppenfreistellungsverordnungen	214
II.	Europarechtliche Besonderheiten bei der Feststellung der Wettbewerbsbeeinträchtigung	208	2. Verfahren der Einzelfreistellung	220
			3. Beweislastfragen im Europäischen Kartellrecht	223
III.	Europarechtliche Besonderheiten bei der Feststellung des Marktbegriffs	209	VI. Die Berücksichtigung von kleinen und mittleren Unternehmen bei der Sanktionierung von Kartellverstößen	226
IV.	Vom europäischen Kartellverbot ausgenommene mittelständische Kooperationen	210	G. Der vormalige § 3 Absatz 2 GWB: Der Prüfungs- und Entscheidungsanspruch/Befristete Ausnahme vom Prinzip der Legalausnahme	227
V.	Die Freistellung von Mittelstandskartellen (Art. 101 Abs. 3 AEUV)	213		

Schrifttum

Bauns, GWB-Novelle und Kartellrecht, ZIP 1998, 233; *Bayerisches Staatsministerium für Wirtschaft und Verkehr,* Pressemitteilung des Bayerischen Staatsministeriums für Wirtschaft und Verkehr v. 28.5.1990, WuW 1990, 630; *Bechtold,* Das neue Kartellgesetz, NJW 1998, 2769; *ders.,* Die Entwicklung des deutschen Kartellrechts seit Anfang 1990, NJW 1993, 1896; *ders.,* Grundlegende Umgestaltung des Kartellrechts. Zum Referentenentwurf der 7. GWB-Novelle, BB 2004, 235 ff.; *Bechtold/Bosch/Brinker* EU-Kartellrecht, 3. Aufl. München 2014; *Benisch,* in: Gemeinschaftskommentar, Gesetz gegen Wettbewerbsbeschränkungen und Europäisches Kartellrecht, 4. Aufl. Köln 1984, § 5b (a.F.); *Berg,* in: Berg/Mäsch, Deutsches und Europäisches Kartellrecht, 2. Aufl. Neuwied 2015; *Beuthien,* Handbuch des Genossenschaftswesens, Stuttgart/Nürtingen 1980, S. 1009; *Bundeskartellamt,* Merkblatt Kooperationsmöglichkeiten für kleinere und mittlere Unternehmen, Januar 1999; *ders.,* Merkblatt Kooperationserleichterung vom 16. Dezember 1998; *Blaurock,* Kartellrechtliche Grenzen von Franchise-Systemen, FS Werner Berlin 1984; *Borchard/Fikenscher,* Wettbewerb, Wettbewerbsbeschränkung und Marktbeherrschung, ZHR 1957, 57; *Bundesministerium für Wirtschaft,* Information des BMWi, WuW 1979, S. 225 f.; *Bundesregierung,* Gegenäußerungen der Bundesregierung, in: WuW-Sonderheft 2005, 230; *ders.,* Entwicklungen in der Kartellrechtsprechung und -praxis seit der 4. GWB-Novelle 1980, Teil JZ, S. 725; *ders.,* Vertrauensschutz und Verwirkung in Kartellrecht, BB 1980, 1073; *ders.,* Das Verhältnis von deutschem zu europäischem Kartellrecht, WuW 1989, 7; *Canellos/Silber,* Concentration in the Common Market, Common Market Law Review 1970, 5; *Deutscher Bundestag/Wirtschaftsausschuss,* Bericht des Wirtschaftsausschusses zur GWB-Novelle von 1973, WuW 1973, 585; *Diester,* in: Schulte/Just, Kartellrecht, GWB, Kartellvergaberecht, EU-Kartellrecht, 2. Auflage 2016; *Dittfurth,* Möglichkeiten, Voraussetzungen und Grenzen bei Vereinbarungen zum Zwecke der Rationalisierung unter Geltung des GWB (Teil II), DB 1965, 244; *Dörnickel,* Die Kooperationserleichterungen nach der Kartellnovelle 1937, WuW 1973, 827; *Emmerich,* Die Zulässigkeit der Kooperation von Unternehmen, in: Schriften zur Kooperationsforschung, Vorträge Bd. 2, Tübingen 1974; *ders.,* Kartellrecht, 9 Aufl. München 2001; *Europäische Union (EU),* ENSER, The European Observatory for SMEs, 5 Jahresbericht 1997; *Fuchs,* Die 7. GWB-Novelle-Grundkonzeption und praktische Konsequenzen, WRP 2005, 1384; *Frenz,* Handbuch Europarecht, Bd. 2, Europäisches Kartellrecht, 2. Aufl. 2015; *Galbraith,* American Capitalism – The Concept of Countervailing Power, Boston 1952, 2d Ed. London 1961; *Görgemanns,* Der Begriff der kleinen und mittleren Unternehmen im Gesetz gegen Wettbewerbsbeschränkungen, Frankfurt a.M. 1998; *Herresthal,* Die Praxis der Mittelstandskooperationen nach § 5b, Berlin 1983; *Hirsch,* Anwendung der Kartellverfahrensordnung (EG) Nr. 1/2003 durch nationale Gerichte, ZWeR 2003, 233;

Hoppmann, Die sogenannten Bagatellkartelle der »neuen Wettbewerbspolitik«, DB 1970, 93; *Huer/Brauns* § 1 in: Jaeger/Pohlmann/Schroeder, Frankfurter Kommentar zum Kartellrecht, Bd. 2 Kartellrecht (GWB), 85 Erg. 2016; *ders.*, Kommentar zum Deutschen Kartellrecht, 5. Aufl. München 2014; *Bundesministerium der Wirtschaft*, Information des BMWi, WuW 1979, 225; *Kapteina*, § 5 GWB – Mittelstandskooperationen, Köln 1980; *Knöpfle*, Ist die Grenze von 15 % für den Marktanteil von Mittelstandskartellen (§ 5 GWB) berechtigt?, BB 1986, 2346; *Köhler*, Das Kartellverbot und die Zukunft der Koordinierungsgruppen des Handels, DB 1984, 2022; *Koenig/Kühling/Müller*, Marktfähigkeit, Arbeitsgemeinschaften und das Kartellverbot, WuW 2005, 126; *Krimphove*, Europäische Fusionskontrolle, Köln 1992; *ders.*, Der Begriff des »Europäischen Marktes« im Lichte der Rechtsprechung des Europäischen Gerichtshofes und der Entscheidungspraxis der Kommission der Europäischen Gemeinschaften, Europäisches Wirtschafts- & Steuerreicht 1992, 357; *ders.*, Rechtstheoretische Aspekte der »Neuen Ökonomischen Theorie des Rechts«, Rechtstheorie 2000, 497; *Krimphove*, Europäische Kreditsicherheiten. Eine rechtsvergleichende, ökonomische Analyse bestehender Kreditsicherungsrechte in Europa, in: Krimphove/Tytko: Handbuch der Unternehmensfinanzierung, S. 517; *Loewenheim/Belke*, Gesetz gegen Wettbewerbsbeschränkungen, München 1973; *Lutz*, Schwerpunkte der 7. GWB-Novelle, WuW 2005, 718; *Mäsch*, in: Berg/Mäsch, Deutsches und Europäisches Kartellrecht, 2. Aufl. Neuwied 2015; *Moog*, Die Bildung gegengewichtiger Marktmacht nach dem Gesetz gegen Wettbewerbsbeschränkungen, Diss. 1980; *Möschel*, Recht der Wettbewerbsbeschränkungen, Köln 1983; *Müller-Uri*, Kartellrecht (GWB), München 1989; Münchener Kommentar Europäisches und Deutsches Wettbewerbsrecht, Bd. 1, 2 Aufl., München 2015; *Nowack*, Einkaufskooperationen zwischen Kartellverbot und Legalisierung nach dem Gesetz gegen Wettbewerbsbeschränkungen, Bochum 1993; *Pfeffer/Wegner*, Neue Bekanntmachungen des Bundeskartellamtes zur zwischenbetrieblichen Kooperation: Bagatellbekanntmachung 2007 und Bekanntmachung KMU 2007, BB 2007, 1177; *Pichler/Pleitner/Schmidt*, Management in kleinen und mittleren Unternehmen, Stuttgart 1999; *Rißman*, Kartellverbot und Kooperation zwischen kleinen und mittleren Unternehmen nach der 7. GWB-Novelle, WuW 2006, 881; *Rittner*, Thesen zur Kartellrechtsnovelle, DB 1973, 318; *ders.*, Wettbewerbs- und Kartellrecht – Eine systematische Darstellung des deutschen und europäischen Rechts für Studium und Praxis, 6. Aufl., Heidelberg. 1999; *ders.*, Wettbewerbs- und Kartellrecht – Eine systematische Darstellung des deutschen und europäischen Rechts für Studium und Praxis, 6. Aufl., Heidelberg. 1999; *Schneider*, Einführung in die Wirtschaftstheorie, II. Teil, Wirtschaftspläne und wirtschaftliches Gleichgewicht in der Verkehrswirtschaft, 6. Aufl., Tübingen 1960; *ders.*, in: Langen/Niederleithinger/Ritter/Schmidt, Kommentar zum Kartellgesetz, Gesetz gegen Wettbewerbsbeschränkungen mit Erläuterungen für die Praxis unter Einbeziehung des EG-Kartellrechts, 6. Auflage 1982; *Schrader*, Legale Kartelle. Theorie und empirische Evidenz, Köln 2009; *Schröter*, Le concept de marché en cause dans l'application de l'Art. 66 paragraphe 7, du traité CECA et 86 du traité CEE, in: van Damme, La réglementation du comportement des monopoles et entreprises dominantes en droit communautaire, Semaine de Bruges 1977, cahiers de Bruges N, 36, Bruges 1977, S. 460 ff.; *Schüller*, Property Rights und ökonomische Theorie, München 1983; *Streit*, Anpassungsverhalten ökonomischer Systeme, Wirtschaftsdienst, Bd. 61 (1981); *ders.*, Demand Management and Catallaxy – Reflections on a Poor Policy Record, ORDO Bd. 32; *Teichmann*, Die »wesentliche Beeinträchtigung des Wettbewerbs« als Schranke für Kooperationsvereinbarungen, WuW 1974, 449; *v. Gamm*, Kartellrecht Kommentar zu Gesetz gegen Wettbewerbsbeschränkungen und zu Art. 85, 86, 2. Aufl. Köln 1990; *Veltins*, die Mittelstandskooperationen in Kartellrecht und Praxis, DB 1978, 239; *Wagner-von Papp*, Brauchen wir eine Missbrauchskontrolle von Unternehmen mit nur relativer oder überlegener Marktmacht? Novellierung der allgemeinen Missbrauchskontrolle, in: Bien (Hrsg.), Das deutsche Kartellrecht nach der 8. GWB-Novelle, S. 95; *Wener*, Unternehmerische Kooperation zur Steigerung der Leistungsfähigkeit, München 1985; *Westrick/Loewenheim*, Gesetz gegen Wettbewerbsbeschränkungen, 4. Aufl. 1977; *Wilhelm*, Gemeinsamer Zweck und Wettbewerbsbeschränkung. Dogmatische Ein-

§ 3 GWB *Mittelstandskartelle*

ordnung und praktische Konsequenzen der Eingrenzung des § 1 um Hinblick auf § 18 GWB, ZHR 1986, 434; *ders.*, Der Fall »Selex und Tania« und die Kartellrechtsreform, WuW 1987, 965; *Wimmer-Leonhardt*, Zur zwischenstaatlichen Bedeutung von Mittelstandskartellen, WuW 2006, 486; *Woll*, Allgemeine Volkswirtschaftslehre, 8. Aufl., München 1984.

A. Allgemeines

1 Erst mit der 2. GWB-Novelle im Jahre 1973 eröffnete der deutsche Gesetzgeber die Möglichkeit einer kartellrechtlichen Sonderbehandlung der Kooperationen kleiner und mittelständischer Unternehmen. Seitdem behielt der Gesetzgeber die kartellrechtliche Privilegierung der Kooperation kleiner und mittelständischer Unternehmen kontinuierlich – zuletzt in den Vorschriften der § 5b GWB (v. 20.2.1990) (5. GWB-Reform) und § 4 GWB (v. 26.8.1998) (6. GWB-Reform) – bis heute bei.[1]

2 § 3 GWB ist derzeit – neben der allgemeinen Freistellungsmöglichkeit des § 2 GWB – der einzige und letzte im Deutschen Kartellrecht verbleibende Spezial-Freistellungstatbestand. Sein Bestand weicht von der Systematik des Europäischen Kartellrechts, dem spezielle Freistellungstatbestände grundsätzlich fremd sind, und das Ausnahmeregelungen allenfalls in Gestalt von Freistellungstatbeständen bzw. Gruppenfreistellungs-Verordnungen[2] kennt, ab.

Gleichzeitig durchbricht es, speziell zur Regelung von Mittelstandskartellen, den Grundsatz der Europarechtskonformität nationalen, hier deutschen Rechts.

§ 3 GWB ist aufgrund dieser Sonderstellung als Ausnahmetatbestand des Deutschen wie des Europäischen Kartellrechts zu werten.

I. Die rechtliche Funktion des § 3 GWB

3 § 3 GWB enthält in seinem Verweis auf § 2 Abs. 1 GWB eine »Gesetzes-Fiktion«: Liegen die Voraussetzungen des § 3 GWB vor, das heißt dient die Kooperation von kleinen und mittelständischen Unternehmen der Steigerung der Wettbewerbsfähigkeit dieser Unternehmen, ohne den Wettbewerb wesentlich zu beeinträchtigen, so ist per Gesetz davon auszugehen, dass diese Kooperationen im Sinne des § 2 Abs. 1 GWB vom Kartellverbot des § 1 GWB ausgenommen sind. Einer gesonderten Feststellung der Voraussetzungen des § 2 Abs. 1 GWB bedarf es neben der Prüfung des § 3 GWB nicht.[3]

---

1 Eingehend zur Entstehungsgeschichte des § 3 Abs. 1 GWB siehe: *Bunte*, in: FK-GWB, § 3 Rn. 2 ff. (m.w.H.); *Nordemann*, in: Loewenheim/Meessen/Riesenkampff, § 3 Rn. 1 ff. (m.w.H.).
2 Dazu siehe unten Kapitel F. V. 1 (m.w.H.).
3 Begr. RegE 7. GWB-Novelle, BT-Drucks. 15/3640, S. 45.

Mit der 7. GWB-Novelle entfällt die Notwendigkeit einer behördlichen Genehmigung beziehungsweise Freistellung des Mittelstandskartells. Die Absprache der Unternehmen ist schon dann kartellrechtlich unproblematisch, wenn die Voraussetzungen des GWB gegeben sind (*Prinzip der Legalausnahme*).

4

Das Prinzip der Legalausnahme verlangt von den Unternehmen eine eigenständige Beurteilung der rechtlichen Voraussetzungen des § 3 GWB. Bis zum 30.6.2009 ermöglichte der vormalige § 3 Abs. 2 GWB den Unternehmen zumindest die Prüfung, ob ein Kartell vorliegt, welches der Beurteilung nach dem europäischen Recht (Art. 101 AEUV) unterliegt, nach § 32c GWB den Kartellbehörden zu überlassen.[4] Entgegen der Kritik der Literatur[5] hat der Gesetzgeber mit der 8. GWB-Novelle, den Absatz 2 des § 3 GWB, und damit die Möglichkeit einer kartellbehördlichen Prüfung, ersatzlos gestrichen.

5

II. Die Sonderstellung des § 3 GWB im aktuellen Recht des GWB und im europäischen Kartellrecht

§ 3 GWB nimmt – nach der 7. GWB-Novelle im Jahr 2005 – nicht nur systematisch, sondern auch rechtsdogmatisch eine einzigartige Stellung im deutschen Kartellrecht ein: Der Anlass zur 7. GWB-Reform besteht vorwiegend in der Angleichung des deutschen an das europäische Kartellrecht; respektive dessen Art. 81 EGV bzw. seit dem Lissabonner Vertragswerk vom 1.12.2009 des Art. 101 AEUV und der europäischen Kartellverfahrensverordnung (VO 1/2003).[6] Durch diese Angleichung sollten Friktionen vermieden werden, die sich aus der Anwendung des nationalen bzw. des europäischen Kartellrechts ergaben. Besonders fragwürdig erschien, dass man – je nach Zuordnung ein und desselben kartellrechtlichen Sachverhalts zu dem nationalen bzw. dem europäischen Recht – zu wettbewerbspolitisch und kartellrechtlich unterschiedlichen Ergebnissen gelangte. Dabei erfolgte die Zuordnung anhand der Feststellung, ob das Kartell europaweite, zwischenstaatliche Bedeutung hat (sog. Zwischenstaatlichkeitsklausel).[7] Die Feststellung dieses Merkmals ist nicht nur in der Rechtspraxis ein – ex ante – schwer nachweisbarer Umstand, sie machte auch die Anwendung unterschiedlichen Rechts von Gegebenheiten abhängig, die nicht originärer wettbewerblicher Natur sind.

6

---

4 Dazu siehe unten: Kapitel B. III. 2 (m.w.H.).
5 Siehe: *Fuchs*, in: Immenga/Mestmäcker, § 3 Rn. 10 (m.w.H.); *Bunte*, in: FK-GWB, § 3 Rn. 132 (m.w.H.).
6 Verordnung (EG) Nr. 1/2003 des Rates vom 16.12.2002 zur Durchführung der in den Artikeln 81 und 82 des Vertrags niedergelegten Wettbewerbsregeln (ABl. L v. 4.1.2003, Nr. 1, S. 1).
7 Dazu siehe unten: Kapitel B. III. 2. (m.w.H.).

7 Aus dem Grunde der Angleichung des deutschen an das europäische Kartellrecht sah sich der deutsche Gesetzgeber gezwungen, den bislang bestehenden Katalog von immerhin 10 Kartell-Sondererlaubnistatbeständen (Konditionen-, Rabatt-, Strukturkrisen-, Rationalisierungs-, Spezialisierungs-, Ausfuhr-, Einfuhr-, Sonderkartellen sowie Einkaufskooperationen) in der 7. GWB-Reform zu streichen.

8 § 3 GWB überstand diesen Angleichungsprozess. Er bildet heute die einzige Ausnahme, mit der der deutsche Gesetzgeber nicht nur ausdrückliche Sonderregelungen für die kartellrechtliche Behandlung von Mittelstandskartellen aufrechterhalten hat, sondern auch aus der Systematik des europäischen Kartellrechts ausbricht.

9 Der isolierte Fortbestand der Privilegierung von Mittelstandskartellen – m.a.W. ihre rechtssystematisch, – dogmatisch außergewöhnliche Behandlung im System des deutschen und europäischen Kartellrechts – spricht für die Größe der Bedeutung, die der deutsche Gesetzgeber den Kooperationen kleiner und mittelständischer Unternehmen in wettbewerblicher Hinsicht zugesteht.[8]

III. Der Zweck der Vorschrift

10 Sowohl die vornehmlich von der Literatur der 60er Jahre des 20. Jahrhunderts vertretene Begründung zur Privilegierung von Mittelstandskartellen, nämlich die Etablierung einer bestimmten *Marktstruktur*, namentlich die eines engen Oligopols, als auch die Ansicht, kleine und mittelständische Unternehmen sollen danach wettbewerblich mehr Handlungsmöglichkeiten auf dem Markt erhalten, um ihre Position gegenüber den mit ihnen konkurrierenden Groß- bzw. Industrieunternehmen zu stärken (*Gegenmachtsbildung*), erscheinen heute obsolet: So schreibt das GWB selbst keine bestimmte Marktstruktur vor.[9] Zudem ist nicht erwiesen, dass die kartellrechtliche Privilegierung kleiner und mittelständischer Unternehmen tatsächlich deren Bestand auf den Markt gewährleistet. Zweitens kann eine reine Verstärkung unternehmerischer Macht kleiner und mittlerer Unternehmen im Verhältnis zu Großunternehmen die wettbewerbspolitisch erwünschten Effekte einer bestehenden Konkurrenz der mittelständischen Unternehmen untereinander gerade nicht fördern.[10] Auch mit der ersatzlosen Streichung der Privilegierung für mittelständische Einkaufskooperationen (§ 4 Abs. 1 GWB (a.F.)) – für die das Argument der Bil-

---

[8] Begr. RegE 7. GWB-Novelle, BT-Drucks. 15/3640, S. 119.
[9] Siehe auch: *Nordemann*, in: Loewenheim/Meessen/Riesenkampff, § 1 Rn. 79 (m.w.H.).
[10] *Fuchs*, in: Immenga/Mestmäcker, § 3 Rn. 3 (m.w.H.); auch *Moog*, Die Bildung gegengewichtiger Marktmacht, 1980, S. 75 (m.w.H.).

dung von unternehmerischer Gegenmacht durch die Bildung von Nachfragemacht besondere Bedeutung hatte[11] – macht der deutsche Gesetzgeber deutlich, dass der Aspekt der Gegenmachtbildung keine Rechtfertigung von Mittelstandskartellen bilden soll.

Obschon jede der oben dargestellten Sichtweisen isoliert zweifelhaft erscheint, weisen vielmehr mittelständische Unternehmen auf den Grund der Privilegierung von Kooperationen hin: Dieser besteht in dem Ausgleich jener wettbewerblichen Nachteile, die kleinen und mittelständischen Unternehmen aufgrund ihrer Größenverhältnisse »*typischerweise*« gegenüber großen und industriellen Konkurrenzunternehmen entstehen. Der Sinn des § 3 GWB lässt sich daher als Ausgleichkompensation struktureller Wettbewerbsnachteile kleiner und mittlerer Unternehmen fassen.[12]

Derartige mittelstandstypische strukturbedingte Nachteile kleiner und mittelständischer Unternehmen ergeben sich nicht nur aus einer erschwerten Situation Kapital am Markt zu beschaffen,[13] sondern auch aus dem individualistisch, unkoordinierten Marktverhalten kleiner und mittelständischer Unternehmen selbst. Aus letzterem resultieren *mittelstandsspezifische Probleme* etwa bei der Durchführung von Vertrieb, Marketing, Marktforschung, Distribution, aber auch im Zusammenhang mit der Organisation von Buchhaltung, Personalabrechnung, Vertragsmanagement bzw. allen internationalen unternehmerischen Aktivitäten sowie Forschung und Entwicklung. Gerade diese *mittelstandstypischen* wettbewerblichen Defizite kleiner und mittlerer Unternehmen gegenüber den Marktkonkurrenten der Industrie möchte die Privilegierung des § 3 GWB ausgleichen. Der neugefasste § 3 GWB stellt daher – zwar vorwiegend – aber nicht ausschließlich die bloße Übernahme der Privilegierung von Rationalisierungskartellen dar.[14] Mit der hier vertretenen Sicht ist eine richtungweisende Aussage zur Auslegung aller Tatbestandsmerkmale des § 3 GWB gefunden, der den § 3 GWB nicht nur auf die Etablierung einer bestimmten, oligopolistischen Marktstruktur oder auf die Etablierung von unternehmerischer Gegenmacht festlegt.

---

11 Siehe *Krimphove*, in: GK, § 5c (a.F.).
12 Begr. RegE 5. GWB-Novelle, BT-Drucks., S. 11/4610; auch Ber. des Wirtschaftsausschusses, WuW 1973, 584.
13 *Krimphove*, in: Krimphove/Tytko: Handbuch der Unternehmensfinanzierung, S. 517, 520 f. (m.w.H.).
14 Auch: *Schneider*, in: Langen/Bunte, § 3 Rn. 11; a.A. bereits: *Nordemann*, in: Loewenheim/Meessen/Riesenkampff, § 3 Rn. 3. Zu der umstrittenen Möglichkeit auch Spezialisierungskartelle in den Regelungsbereich des § 3 GWB aufzunehmen, siehe insbesondere: *Nordemann*, in: Loewenheim/Meessen/Riesenkampff, § 3 Rn. 3; Einzelheiten unten: Kapitel B. IV. 3. a (m.w.H.).

IV. Die wesentlichen Neuerungen

13   Für die kartellrechtliche Beurteilung von sog. *Absatzkartellen* besitzt der jetzige § 3 GWB keine grundsätzlichen Neuerungen zu seiner Vorgängervorschrift, dem § 4 Abs. 1 (a.F.). § 3 GWB führt lediglich als Neuerung auf, dass die Kooperierenden in einem Wettbewerb stehen müssen. Eine inhaltliche Neuerung der kartellrechtlichen Mittelstandprivilegierung war vom Gesetzgeber auch nicht gewollt.[15] Lediglich die Angleichung der Systematik an das europäische Recht, insbesondere die Überführung der behördlichen Freistellungsmöglichkeiten in das System der Legalausnahme, machte die Neufassung des jetzigen § 3 GWB erforderlich.

14   Etwas anderes gilt für die bisherigen Regelungen von *Beschaffungs-* und *Einkaufskooperationen* i.S.d. § 4 Abs. 2 GWB (a.F.). Die Privilegierung sog. Beschaffungs- und Einkaufskooperationen des Mittelstandes hat nun der Gesetzgeber aus dem deutschen Recht gestrichen. Mit dieser Streichung gleicht der deutsche Gesetzgeber die deutsche Rechtslage den europäischen Vorgaben an. Er antwortet damit insbesondere auf die Vorgaben der Kartell-Verordnung (VO 1/2003), die eine Sonderregelung von Einkaufskooperationen – also von dem Tatbestand der Koordination von Nachfragemacht – ebenfalls nicht aufweist.[16]

15   Der Wegfall der Sonderregelungen von Einkaufs- und Bezugskooperationen bedeutet nicht, dass diese im aktuellen Kartellrecht unzulässig seien. Ihre kartellrechtliche Bewertung unterliegt im derzeitigen System des deutschen GWB den allgemeinen Regeln des § 1 GWB. In diesen Systemen erlaubt wiederum § 3 GWB Einkaufs- und Bezugsoperationen vom Kartellverbot des § 1 GWB gänzlich auszunehmen, wenn diese Kooperationen den Kriterien des § 3 GWB genügen, das heißt insbesondere, wenn sie dazu dienen die Wettbewerbsfähigkeit kleiner und mittelständischer Unternehmen zu verbessern.

V. Die Bedeutung des § 3 GWB innerhalb des Gesetzes gegen Wettbewerbsbeschränkungen

16   Innerhalb des GWB hat der Inhalt des § 3 GWB Ausstrahlungswirkung, insbesondere auf:
   1. § 19 Abs. 3 GWB (*Verbotenes Verhalten von marktbeherrschenden Unternehmen*)

---

15 Begr. RegE zur 7. GWB-Novelle, BT-Drucks. 15/3640, S. 27, 44.
16 Zur Berücksichtigung von Nachfragemacht im derzeitigen deutschen Kartellrecht siehe oben Kapitel A. III. (m.w.H.).

2. § 21 Abs. 3 Nr. 1 GWB (*Boykottverbot, Verbot sonstigen wettbewerbsbeschränkenden Verhaltens*) und auf
3. § 26 Abs. 2 GWB (*Anerkennung von Wettbewerbsregeln*)

B. Die materiellen Freistellungsvoraussetzungen des § 3 GWB

I. Rechtspersönlichkeit

Der Gesetzgeber schränkt die Art und Organisation der Kooperation nicht in § 3 GWB ein. Freistellungsberechtigt sind daher die Beschlüsse und Vereinbarungen von Unternehmen mit oder ohne eigene Rechtspersönlichkeit. Auch öffentlich-rechtliche Körperschaften können Unternehmen im Sinne des § 3 GWB sein.[17] Ebenfalls ist die Rechts- und Unternehmensform des Kartelles unerheblich für die Freistellung nach § 3 GWB. Entscheidend ist nur, ob die Unternehmen dem Tatbestand des § 1 GWB unterfallen.

II. Vereinbarungen und Beschlüsse

§ 3 GWB greift nur ein, wenn die Rationalisierung wirtschaftlicher Vorgänge auf Vereinbarungen und Beschlüssen beruht. Die angestrebte Rationalisierungsmaßnahme muss allerdings nicht ausdrücklich im Text der Vereinbarung oder des Beschlusses aufgeführt sein. Es genügt, wenn sie aus dem Inhalt hervorgeht.[18]

§ 3 GWB gilt, entsprechend seinem Wortlaut, nicht für *abgestimmte Verhaltensweisen*.[19] Im Gegensatz zu § 1 GWB und der europäischen Kartellverbotsnorm des Art. 101 Abs. 1 AEUV führt § 3 GWB[20] diese Alternative nicht auf.[21] Die Beschränkung der Freistellungsklausel des § 3 GWB entspricht der Intention des Gesetzgebers, die nur schwer zu erfassenden abgestimmten Verhaltensweisen, nicht als eine weitere Freistellungsalternative zu privilegieren, und nur jene Alternativen (*Vereinbarungen* bzw. *Beschlüsse*) zuzulassen, die einen Mindestbestand von nachweisbaren Verbindlichkeiten enthalten.[22] § 3 GWB zeichnet somit die vormals bestehende Rechtslage des § 4 Abs. 1 (a.F.) GWB nach.

---

17 BGH WuW/E DE-R 1087, 1 = WRP 2003, 765 ff. – *Feuerlöschzüge*; Tätigkeitsbericht 1999/2000, BT-Drucks. 14/6300, S. 45 ff.
18 Dazu im Einzelnen siehe unten: Kapitel B. V (m.w.H.).
19 *Pfeffer/Wegner*, BB 2007, 1177 ff.; dazu siehe unten: Kapitel: B. II. 5 (m.w.H.).
20 Dazu siehe *Frenz*, Handbuch Europarecht, S. 251 ff. (m.w.H.).
21 Einzelheiten dazu siehe unten: Kapitel B. II. 5 (m.w.H.).
22 *Schneider* begründet dies problematisch mit einer angeblichen Unfähigkeit der Parteien, aufgrund abgestimmter Verhaltensweisen kartellrechtlich kooperieren zu können. *Schneider*, in: Langen/Bunte, § 3 Rn. 20.

Da abgestimmte Verhaltensweisen nicht – wie etwa Vereinbarungen – unter § 3 GWB fallen, ist eine exakte Abgrenzung beider rechtlich unterschiedlich zu behandelnden Alternativen im Rahme des § 3 GWB zwingend erforderlich.[23]

20 § 3 GWB gilt ausschließlich für Vereinbarungen, die *horizontal wirkende Wettbewerbsbeschränkungen* zwischen den Unternehmen schaffen.[24] Vertikale Wettbewerbsbeschränkungen erfasst § 3 GWB somit nicht.[25] Dies ergibt sich speziell für Vereinbarungen aus dem Wortlaut des § 3 GWB, der in seinem Abs. 1 von Vereinbarungen spricht, »*die zwischen miteinander im Wettbewerb stehende Unternehmen*« treffen. Der Inhalt dieses Wortlautes ist aber auch auf Beschlüsse anzuwenden.[26] Eine Differenzierung zwischen den Vereinbarungen und Beschlüssen erscheint in diesem Zusammenhang nicht nur impraktikabel, da zu komplex, sondern wettbewerbsrechtlich insbesondere deswegen nicht zu rechtfertigen, da in der Praxis auch Mischformen von Beschlüssen und Vereinbarungen[27] auftreten.[28] Obige Feststellungen – insbesondere der Wortlaut der Norm – schließen auch eine analoge Anwendung des § 3 GWB aus.[29]

21 In dem Ausschluss vertikaler Wettbewerbsbeschränkungen aus dem Anwendungsbereich des § 3 GWB liegt eine inhaltliche Abweichung zu den Freistellungsmöglichkeiten des europäischen Kartellrechtes für kleine und mittelständische Unternehmen.[30] Im Bereich des Europäischen Rechts lassen sich nämlich auch vertikale Wettbewerbsbeschränkungen freistellen.[31] Zu diesem Zweck gelten insbesondere zahlreiche entsprechende *Gruppenfreistellungsverordnungen*.[32]

---

23 Zur inhaltlichen Bestimmung und Abgrenzung der abgestimmten Verhaltensweisen siehe oben § 1 Rdn. 172 ff. (m.w.H.).
24 *Berg*, in: Berg/Mäsch, § 3 Rn. 8.
25 Auch *Bechtold*, GWB, § 3 Rn. 7.
26 *Fuchs*, WRP 2005, 1393 (m.w.H.).
27 Siehe oben: Kapitel B. II. 3.
28 Siehe auch: Begr. RegE, v. 7.6.2004, BT-Drucks. 3640, S. 44.
29 Auch *Nordemann*, in: Loewenheim/Meessen/Riesenkampff, § 3 Rn. 24.
30 Siehe unten: Kapitel F. I (m.w.H.).
31 Siehe unten: Kapitel F. I (m.w.H.).
32 Insbesondere die
  – Verordnung (EU) Nr. 330/2010 der Kommission vom 20. April 2010 über die Anwendung von Artikel 101 Absatz 3 des Vertrags über die Arbeitsweise der Europäischen Union auf Gruppen von vertikalen Vereinbarungen und abgestimmten Verhaltensweisen (sog. *Vertikal-GVO*), ABl. L 102 v. 23.4.2010, S. 1
  – Verordnung (EU) Nr. 461/2010 der Kommission vom 27. Mai 2010 über die Anwendung von Artikel 101 Absatz 3 des Vertrags über die Arbeitsweise der Europäischen Union auf Gruppen von vertikalen Vereinbarungen und abgestimmten

Gleichzeitig besteht ein wettbewerbsrechtlich relevanter Unterschied des § 3 GWB zu den Kartellerfassungstatbeständen des § 1 Abs. 1 GWB und des Art. 101 AEUV. Wie schon bei der unterschiedlichen Berücksichtigung von abgestimmten Verhaltensweisen finden auch diese und vertikale Wettbewerbsbeschränkungen in den Kartellerfassungstatbeständen des § 1 Abs. 1 GWB und des Art. 101 AEUV Berücksichtigung. Beide Phänomene erfasst aber die Freistellungsnorm des § 3 GWB nicht.

Nach deutschem Recht verbleibt die Freistellung *vertikaler Wettbewerbsbeeinträchtigungen* kleiner und mittelständischer Unternehmen nach § 2 Abs. 1 GWB. 22

1. Vereinbarungen

Den Wortlaut des vormaligen § 5b GWB (a.F.) »Verträge und Beschlüsse« hat der Gesetzgeber bereits in § 4 Abs. 1 GWB aufgegeben. § 3 GWB spricht statt von »Verträgen« nunmehr von »Vereinbarungen«. Der Begriff »Vereinbarung« ist insofern inhaltlich weiter als der des »Vertrages«, als er keine – nach den Regeln über Verträge des BGB – wirksame vertragliche rechtliche Bindung i.S.d. § 145 ff. BGB voraussetzt.[33] Eine solche Bindung wurde bislang nach ständiger Rechtsprechung für widersinnig gehalten, da gemäß § 1 GWB (a.F.) und dem heutigen § 1 GWB i.V.m. § 134 BGB einem nicht legalisierten Kartellvertrag i.S.d. § 145 ff. BGB die rechtliche Wirksamkeit versagt bleibt.[34] Absprachen, welche daher auf ein nicht legalisiertes Kartell abzielten, waren und sind daher immer nichtig und somit nicht bindend. Der Begriff Vereinbarung umfasst im Gegensatz zu dem des Vertrages auch jene Willensübereinstimmungen, welche keine rechtlich bindende Abmachung über die mit ihr verbundenen Wettbewerbsbeeinträchtigungen bezwecken.[35] 23

Die Vereinbarung i.S.d. § 3 GWB kann formfrei, sogar stillschweigend sein. Allerdings wird bei letzterer Alternative eine genaue Abgrenzung zu den sog. *abgestimmten Verhaltensweisen* erforderlich.[36] 24

Verhaltensweisen im Kraftfahrzeugsektor (*sog. GVO-Kraftfahrzeuge*), ABl. L 129 v. 28.5.2010, S. 52.
Einzelheiten siehe Kapitel F. I (m.w.H.), F. V. 1 (m.w.H.).
33 Vgl. BGH, Beschl. v. 17.12.1970, WuW/E BGH 1147, 1153, *Teerfarben* = BGHSt 24, 54, 61.
34 Siehe oben: § 1 Rdn. 16, 34 (m.w.H).
35 BGH, Beschl. v. 19.6.1975; siehe oben: § 1 Rdn. 137 ff., 146 ff. (m.w.H.).
36 Siehe oben: Kapitel B. II.

2. Beschlüsse

25 Rationalisierungsmaßnahmen i.S.d. § 3 GWB können auch in Form von Beschlüssen festgelegt werden. Unter einem »Beschluss« verstehen die Rechtsprechung und Lehre jene internen Entscheidungen der Organe (Mitgliederversammlung, Geschäftsführer, Aufsichtsrat) juristischer Personen (Vereinen oder Gesellschaften), die zur Regelung ihres Verhaltens getroffen werden. Auch eine Satzung kann daher ein Beschluss i.S.d. § 1 GWB sein.[37] Zu denken ist hier insbesondere an den Entschluss zweier oder mehrerer mittelständischer Kapitalgesellschaften (i.d.R. in der Rechtsform der GmbH), zum Zweck der Rationalisierung ihre Lagerorganisation oder ihre Vertriebswege gemeinsam zu nutzen.

3. Mischformen

26 Die getrennte Aufführung der beiden Begriffe »Vereinbarung« und »Beschluss« schließt nicht aus, dass freistellungsfähige Kartellabsprachen im Einzelfall auch auf beiden Elementen beruhen können. Dies ist etwa dann der Fall, wenn mehrere Unternehmen in Form eines Beschlusses der Kooperation beitreten, an der sich andere Unternehmen auf Grund von Vereinbarungen beteiligen.

4. Änderungen bestehender Vereinbarungen und Beschlüsse

27 Jede inhaltliche Erweiterung und Modifikation bestehender Vereinbarungen und Beschlüsse eines nach § 3 GWB zulässigen Kartells bedarf seitens der Kartellpartner einer erneuten Prüfung der Frage, ob die Kooperation – entsprechend ihren abgeänderten Bedingungen – noch den Voraussetzungen des § 3 GWB genügt. Dies gebietet der Schutzzweck des Kartellrechts sowie der Ausnahmecharakter der Freistellungsmöglichkeit des § 3 GWB. Kartellrechtsrelevante und nichtfreistellungsfähige Vereinbarungsinhalte, sollen nicht allein deswegen der Prüfung des § 3 GWB entzogen werden, weil sie lediglich in Gestalt von Modifikationen bereits bestehender Vereinbarungen abgeschlossen werden.

28 Prüfungsgegenstand ist dann die Änderung, bzw. ihr Inhalt, wie er im Kontext der Gesamtvereinbarung bzw. des Beschlusses erscheint. In diesem Sinne ist stets im Einzelfall zu prüfen, ob die Änderung gegenüber der Ausgangsvereinbarung, bzw. dem Ausgangsbeschluss einen, neuen kartellrechtlich relevanten Inhalt besitzt.[38] Nach § 1 Abs. 1 GWB und § 3 GWB bleiben etwa Neuformulierungen des vormaligen Inhaltes eines Beschluss oder einer Ver-

---

37 Siehe oben: § 1 Rdn. 157 ff. (m.w.H.).
38 So wohl auch *Schneider*, in: Langen/Bunte, § 3 Rn. 26.

einbarung ebenso unberücksichtigt wie lediglich deren inhaltsneutrale sprachliche oder kontextuale Veränderungen.

5. Keine abgestimmten Verhaltensweisen

Der Wortlaut des § 3 GWB hat den Tatbestand der Kartellbildung durch »*abgestimmtes Verhalten*« nicht aufgenommen, obschon § 1 GWB und die entsprechende europarechtliche Vorschrift des Art. 101 Abs. 1 AEUV auch »abgestimmte Verhaltensweisen« dem Kartellverbot unterstellt. Dieser Systematik ist zu entnehmen, dass ein Kartell, das lediglich auf abgestimmten Verhaltensweisen beruht, nicht der Mittelstandsprivilegierung des § 3 GWB unterfällt.[39] Eine solche Ausnahme abgestimmter Verhaltensweisen aus dem Freistellungstatbestand des § 3 GWB erscheint auch sinnvoll, nicht nur weil abgestimmte Verhaltensweisen einen problematisch nachweisbaren Bestand an Kooperationsverpflichtungen besitzen.[40] § 3 GWB ist im deutschen GWB und in der Systematik des europäischen Kartellrechts eine Ausnahmevorschrift und somit eng auszulegen. Der formale, rechtssystematische Grund der fehlenden Erwähnung von »abgestimmten Verhaltensweisen« im § 3 GWB ist darin zu sehen, dass abgestimmte Verhaltensweisen kein »Rechtsgeschäft« i.S.d. § 134 BGB darstellen. Sie sind daher – im Gegensatz zu »Vereinbarungen« und »Beschlüssen« – nicht automatisch gemäß § 134 BGB nichtig, sondern lediglich i.S.d § 1 GWB verboten.[41]

29

Die Ausnahme von »abgestimmten Verhaltensweisen« aus der Freistellungsmöglichkeit des § 3 GWB hat zudem den pragmatischen Vorteil, das Kartellprüfungsverfahren von dem im Einzelfall schwer zu führenden Nachweis »abgestimmter Verhaltensweisen« zu entlasten. Allerdings müssen abgestimmte Verhaltensweisen dann auch im Rahmen des § 3 GWB als solche eindeutig erkannt werden.[42] »Mittelstandskartelle«, welche lediglich auf einem »abgestimmten Verhalten« beruhen, können daher nicht nach § 3 GWB freigestellt werden.[43]

30

Erfüllt eine Kartellvereinbarung die Freistellungsvoraussetzungen des § 3 GWB nicht, ist seine Freistellung nach § 2 GWB in Erwägung zu ziehen.[44]

31

---

39 *Pfeffer/Wegner*, BB 2007, 1177 ff.
40 Siehe oben: Kapitel B. II.
41 Auch *Rittner*, Wettbewerbs- und Kartellrecht, S. 214, Rn. 62.
42 Siehe oben Kapitel B. II; auch *Schneider*, in: Langen/Bunte, § 3 Rn. 22.
43 Bereits: *Bunte*, in: FK-GWB (9. Aufl.), § 5b Rn. 14; *Loewenheim/Belke* (1973), § 25 (a.F.) Rn. 5; *Immenga* (3. Aufl.), § 25 (a.F.), Rn. 10 ff.
44 Zu dem Konkurrenzverhältnis beider Normen siehe unten: Kapitel C (m.w.H.).

6. Sonderproblematik: Mittelstandsempfehlungen

32 Der Gesetzgeber geht davon aus, dass die vormals in § 22 Abs. 2 GWB (a.F.) geregelten *Mittelstandsempfehlungen* grundsätzlich in den Anwendungsbereich des § 3 GWB fallen können. Dies ergibt sich aus der Begründung zum Regierungsentwurf.[45] Offen ist allerdings, ob diese Alternative mittelständischer Kooperationsvereinbarungen dem Tatbestand der Vereinbarung i.S.d. § 3 GWB oder dem des Beschlusses entspricht. Mittelstandsempfehlungen sind von Vereinigungen kleiner und mittlerer Unternehmen ausgesprochene Anregungen zu einem bestimmten, gemeinsamen Verhalten im Wettbewerb.[46] Ihnen fehlt daher grundsätzlich die für Vereinbarungen oder Beschlüssen charakteristische Verbindlichkeit.

33 Die derzeitige Literatur überschätzt die Problematik der rechtlichen Behandlung von Mittelstandsempfehlungen bzw. seine praktische Bedeutung. § 3 GWB kommt nämlich nur dann zur Anwendung, wenn der Freistellungstatbestand – also die Mittelstandsempfehlungen – zunächst dem Kartellverbot des § 1 GWB unterfällt.[47] Letzteres ist aber insofern ausgeschlossen, als Mittelstandsempfehlungen gerade keine Verbindlichkeit begründen wollen. Eine Mittelstandsempfehlung kann daher nur insofern kartellrechtlich relevant sein, als sie eben keine lediglich von Empfehlenden ausgehende unverbindliche Maßnahme ist,[48] sondern Gegenstand einer Vereinbarung, eines Beschlusses bzw. einer abgestimmten Verhaltensweise wurde.[49] Diese sind dann ohnehin selbständig kartellrechtlich zu untersuchen.

34 Entsteht, nach Aussprache einer Mittelstandsempfehlung, ein wettbewerblich gleichgeartetes Verhalten mittelständischer Unternehmen, basiert dieses i.d.R. auf einer *abgestimmten Verhaltensweise* der mittelständischen Parteien i.S.d. § 1 GWB.[50] Eine Freistellung aufgrund einer *abgestimmten Verhaltensweise* ermöglicht § 3 GWB allerdings gerade nicht.[51] In derartigen Fällen bleibt ausschließlich die Freistellung nach § 2 Abs. 1 GWB.

---

45 WuW-Sonderheft 2005, 154 ff.
46 BKartA: Merkblatt Kooperationsmöglichkeiten kleiner und mittlerer Unternehmen v. 16.12.1998, S. 23.
47 Einzelheiten siehe unten: Kapitel B. III. 1 (m.w.H.).
48 Siehe bereits: EuGH, 28.2.1984, Slg. 1984, 1129 – »*Ford I*«; EuGH, 17.9.1985, Slg. 1985, 2725 – »*Ford II*«; EuGH 6.1.2004 WuW/E EU-R 769, 771 Tz. 78 ff. – »*Bayer*«; EuGH, 3.12.2003, WuW/E EU-R 761, 762 f. – »*VW-Händlerverträge*«.
49 So *Wagner-von Papp*, WuW 2005, 379, 382 ff.; *Bechtold*, GWB, Einführung Rn. 21.
50 *Wagner-von Papp*, WuW 2005, 379 (m.w.H.).
51 Siehe oben: Kapitel B. II und Kapitel B. II. 5 (m.w.H.).

Insofern erscheint daher die Entscheidung des BKartA zutreffend, in dem es beispielsweise Kalkulations- und Preisempfehlungen mittelständischer Hörgeräteakustiker nicht für freistellungsfähig erachtet hat.[52]

III. Die ungeschriebenen Tatbestandsmerkmale der »Kartellfähigkeit«, der fehlenden »Spürbarkeit« und »Zwischenstaatlichkeit«

Die Erwähnung von Vereinbarungen und Beschlüssen als Grundlage der Kooperation des Rationalisierungskartells hat im Wesentlichen zweierlei kartellrechtliche Bedeutungen:

1. Das Erfordernis des Vorliegens eines nach § 1 GWB verbotenen Kartells

Die Übernahme der in § 1 GWB verwandten Begriffe »Vereinbarungen zwischen Unternehmen« und »Beschlüsse von Unternehmensvereinigungen« in § 3 GWB stellt klar, dass die Anwendung von § 3 GWB nur dann in Betracht kommt, wenn ein verbotenes Kartell i.S.d. § 1 GWB vorliegt. Besteht schon kein Kartell i.S.d. § 1 GWB, so besteht auch kein Anlass, eine nicht kartellrechtlich relevante Unternehmenskooperation vom Kartellverbot auszunehmen.[53] Diese an sich selbstverständliche Aussage bedürfte grundsätzlich keiner besonderen Erwähnung, wenn sie nicht in der Praxis der behördlichen Beurteilung von »Mittelstandskartellen« i.S.d. § 3 GWB besondere Relevanz hätte:

a) Kein Grund zur Freistellung von Mittelstandskooperationen, welche sich im Rahmen der kartellfreien Kooperationen i.S.d. »Kooperationsfibel« halten

Speziell zur Förderung der Wirtschafts- und Wettbewerbstätigkeit kleiner und mittlerer Unternehmen hat das BMWi bereits im Jahre 1963 die sogenannte Kooperationsfibel erlassen.[54] Diese – sowie seine aktuelle Entsprechung, das *Merkblatt des Bundeskartellamtes über Kooperationsmöglichkeiten für kleinere und mittlere Unternehmen (Stand März 2007)* – typisiert klein- und mittelständische Kooperationsformen, welchen – mangels wettbewerbsbeschränkender Wirkung – bereits keine Kartellqualität zukommt. Dies ist gegeben, wenn der Marktanteil aller am Kartell beteiligten Unterneh-

---

52 Tätigkeitsbericht 2007/2008, BT-Drucks. 16/13500, S. 101.
53 *Koenig/Kühling/Müller*, WuW 2005, 126, 128 f. (m.w.H.); *Schneider*, in: Langen/Bunte, § 3 Rn. 33.
54 Dem entspricht heute das *Merkblatt des Bundeskartellamtes über Kooperationsmöglichkeiten für kleinere und mittlere Unternehmen (Stand März 2007)*.

men auf dem vom Kartell betroffenen, relevanten Markt insgesamt 10 % nicht überschreitet.[55]

39 Da diese Kooperationsformen keine Kartelle i.S.d. § 1 GWB darstellen, unterfallen sie schon nicht dem Kartellverbot und somit auch nicht der Freistellungsmöglichkeit aus § 3 GWB.[56]

b) Mittelstandskooperationen unterhalb der »Bagatellbekanntmachung«

40 Ein Kartell liegt ebenfalls nicht vor, wenn etwa die vermeintliche Wettbewerbsbeeinträchtigung der Kooperation unterhalb der »Bagatellgrenze« des § 1 GWB[57] liegt.[58] Das Erreichen der Bagatellgrenze besitzt insbesondere bei Kooperationen von kleinen und mittelständischen Unternehmen eine besondere Relevanz.[59]

41 Die Entscheidungspraxis des BKartA verneint die »Kartellbedeutung« von Mittelstandskartellen großzügig: Aus Gründen der Verfahrensvereinfachung schließt das BKartA die Kartelleigenschaft kleiner und mittlerer Unternehmen – in seiner »*Bagatellbekanntmachung*« v. 13. März 2007[60] – sogar pauschal bei einem Marktanteil der Kooperationsmitglieder, die in einem horizontalen Wettbewerbsverhältnis stehen, von 10 %, und bei Konkurrenten auf vor- bzw. nachgelagerten Märkten von 15 % aus.[61] Die Anwendung der 15 %-Marktanteilsgrenze erscheint deswegen im Rahmen des § 3 GWB zweifelhaft, als dieser gerade keine vertikalen wettbewerbsbeschränkenden Vereinbarungen oder Beschlüsse erfasst.[62]

---

55 Merkblatt des Bundeskartellamtes über Kooperationsmöglichkeiten für kleinere und mittlere Unternehmen (Stand März 2007) S. 4, Rn. 7, Fn. 6.
56 BKartA: Merkblatt über Kooperationsmöglichkeiten für kleinere und mittlere Unternehmen, S. 13; zur Fortgeltung der Kooperationsvereinbarung: amtliche Begründung BR-Drucks. 265/71; *Ebel*, Kartellrecht, Gesetz gegen Wettbewerbsbeschränkungen und EG-Vertrag, § 4 Rn. 3.
57 Siehe dazu § 1 Rdn. 262 (m.w.H.).
58 StRspr.: BGH WuW/E 2469 f.; BGH GRUR 1998, 739 ff., 743; BGH WuW/E 2050 f., 2051; BGH WuW/E 2025 ff., 2027; *Hootz*, in: GK, § 1 Rn. 144 (m.w.H.).
59 Vgl.: BGH WuW/E 2000 ff., 2001; KG WuW/E OLG 4885 ff., 4891.
60 Bek. Nr. 18/2007 des Bundeskartellamtes über die Nichtverfolgung von Kooperationsabreden mit geringer wettbewerbsbeschränkender Bedeutung; 1 »Bagatellbekanntmachung« vom 13. März 2007, S. 3, Rn. 7–9.
61 Zur Parallelproblematik der Bestimmung der Wettbewerbsbeeinträchtigung auf Grund fester Marktanteilsgrenzen siehe unten: Kapitel B. VIII. 3. b (m.w.H.).
62 Siehe oben Kapitel B. II (m.w.H.).

Bestehen Zweifel über die Art der Konkurrenzverhältnisse der Kartellpartner bzw. ihrer Marktstellungen, entscheidet die 10 % Grenze.[63]

Die hier angegebenen Marktanteilsgrenzen dienen lediglich als Anhaltspunkte. Die Kartellbehörde kann – trotz Unterschreitens der Bagatell-Grenzwerte – im Einzelfall zur Vermeidung von erheblichen Beeinträchtigungen des Waren- bzw. Dienstleistungsaustausches einschreiten und insbesondere die Unternehmen zu einer inhaltlichen Korrektur ihrer abgesprochenen Verhaltensweisen auffordern.

42

2. Das Erfordernis des Nicht-Vorliegens eines nach Art. 101 Abs. 1 AEUV verbotenen »Europäischen Kartells«

Die systematische Stellung des § 3 GWB zum Art. 101 AEUV – insbesondere der Vorrang des europäischen Kartellrechts vor dem Nationalen[64] – macht für die Anwendung des § 3 GWB die Feststellung erforderlich, dass kein Kartell im Sinne des Art. 101 AEUV, also kein *europäisches Kartell* vorliegt. Auf »Europäische Kartelle« sind ausschließlich die europarechtlichen Regelungen des Art. 101 AEUV und nicht die nationalen anwendbar. Die Möglichkeit der Freistellung vom Kartellverbot Europäischer Kartelle ergibt sich spezialgesetzlich aus den Voraussetzungen des Art. 101 Abs. 3 AEUV.[65] Die Voraussetzungen des Art. 101 Abs. 3 AEUV entsprechen dabei dem deutschen § 2 Abs. 1 GWB. Es würde eine Umgehung des dem deutschen Recht vorgehenden europäischen Kartellrechts darstellen, wenn der deutsche Gesetzgeber für Kartelle, die den Anforderungen des § 2 Abs. 1 GWB bzw. denen des Art. 101 Abs. 3 AEUV nicht entsprechen, die Möglichkeit eröffnet, sie als Mittelstandskartelle vom nationalen Kartellverbot des § 3 GWB auszunehmen.[66] Als Sondervorschrift des deutschen Kartellrechts, die zudem im europäischen Kartellrechtssystem keine Entsprechung findet,[67] ist § 3 GWB daher nur auf solche Mittelstandskooperationen anwendbar, die dem europäischen Kartellrecht des Art. 101 AEUV nicht unterliegen.[68]

43

---

63 Bek. Nr. 18/2007 des Bundeskartellamtes über die Nichtverfolgung von Kooperationsabreden mit geringer wettbewerbsbeschränkender Bedeutung; 1 »Bagatellbekanntmachung« vom 13. März 2007, S. 3, Rn. 10.
64 Siehe EuGH v. 15.7.1964 (Rs. 6/64), *Costa/ENEL*, Slg. 1964, 1251 ff.; auch: EuGH v. 13.2.1969 (Rs. 14/68), *Walt Wilhelm/Bundeskartellamt*, Slg. 1969, S. 1 ff.; siehe: *Krimphove*, Europäische Fusionskontrolle, S. 349 ff. (m.w.H.); auch: Begr. RegE 7. GWB-Novelle BT-Drucks. 15/3640, S. 45; *Fuchs*, in: Immenga/Mestmäcker, § 3 Rn. 18 (m.w.H.).
65 Einzelheiten siehe unten: Kapitel F. I und Kapitel F. V (m.w.H.).
66 Ähnlich: *Schneider*, in: Langen/Bunte, § 3 Rn. 14; siehe oben Kapitel B. II.
67 Siehe oben Kapitel B. II; Kapitel B. II. 5; siehe unten Kapitel B. IV. 4.
68 Berg. RegE, BT-Drucks. 15/3640 v. 7.6.2004, S. 28 ff., 45.

§ 3 GWB *Mittelstandskartelle*

44 Mittelstandskartelle unterliegen speziell dann nicht dem europäischen Kartellverbot des Art. 101 AEUV, wenn sie nicht geeignet sind, den Handel *zwischen Mitgliedstaaten* in *spürbarer* Weise zu beeinträchtigen. Dieser Umstand erfordert bei der kartellrechtlichen Prüfung mittelständischer Kooperationen die Untersuchung zweier im Tatbestand des § 3 GWB nicht ausdrücklich erwähnten, ungeschriebenen Tatbestandsmerkmale; nämlich der *Zwischenstaatlichkeitsklausel* und der europamarktlichen *Spürbarkeit* der Wettbewerbsbeeinträchtigung.[69] Gerade diese beiden Tatbestandsmerkmale sind bei der kartellrechtlichen Überprüfung von Kooperationen kleiner und mittlerer Unternehmen – wegen der oft wirtschaftlich geringen Bedeutung dieser Kooperationen – von besonderer Relevanz.

a) Die zwischenstaatliche Wirkung der Absprache

45 Zur näheren Bestimmung, ob die Kooperation kleiner und mittlerer Unternehmen[70] den zwischenstaatlichen Handel i.S.d. Art. 101 Abs. 1 AEUV berührt, eignet sich ein Rückgriff auf die von der Kommission Europäischer Gemeinschaften entwickelten »*Leitlinien über den Begriff der Beeinträchtigung des zwischenstaatlichen Handels in den Artikeln 81 und 82 des Vertrages*« (»*EU-Leitlinien-Zwischenstaatlichkeit*«).[71] Da es sich bei der EU-Leitlinie lediglich um eine Bekanntmachung der Kommission handelt, ist deren Inhalt zwar für deutsche Kartellbehörden und Gerichte nicht unmittelbar bindend.[72] Allerdings übernehmen das BKartA und die Rechtsprechung die Inhalte dieser europäischen Leitlinie.[73] Die »EU-Leitlinien-Zwischenstaatlichkeit« können somit als Auslegungshilfe des sonst inhaltlich schwer zu fassenden unbestimmten Merkmals der Beeinträchtigung des zwischenstaatlichen Wettbewerbs herangezogen werden. Als solche nutzen sie auch die Rechtsprechung des EuGH.[74]

---

69 So auch BKartA: Merkblatt über Kooperationsmöglichkeiten für kleinere und mittlere Unternehmen, Rn. 18 ff.
70 Zur Begriffsbestimmung »kleiner und mittlerer Unternehmen« nach dem Europäischen Recht siehe unten: Kapitel B. VII. 1. a (m.w.H.) und Kapitel: F. I (m.w.H.).
71 ABl. EU Nr. C 101/7 v. 27.4.2004, S. 81 ff.
72 OLG Düsseldorf WuW/E DE-R 1610, 1613 – »*Filigranbetondecken*«.
73 BKartA: Merkblatt Kooperationserleichterung vom März 2007, S. 10, Rn. 22 ff. und S. 5 Rn. 10; OLG Düsseldorf WuW/E DE-R 1610.
74 EuGH v. 11.7.2013 (Rs. C-439/11), Ziegler gegen Kommission Rechtsmittel ECLI:EU:C:2013:513, Rn. 95 (m.w.H.); EuGH v. 16.6.2011 (Rs. T-199/08), *Ziegler gegen Kommission*, Slg. II 2011, S. 3507 ff., insbesondere Rn. 53 ff.; auch EuGH v. 30.6.1966 (Rs. 56/65), »*Maschinenbau Ulm*«, Slg. 1966, S. 337 ff., EuGH v. 8.10.1996 (Rs. T-24/93), »*Compagnie maritime belge u.A.*«, Slg. 1996, II, 1201, Rn. 203; EuGH v. 16.3.1974 (Rs. 6/73 und 7/73), »*Commercial Solvents*«, Slg. 1974, 223, Rn. 23; EuGH v. 14.12.1983 (Rs. 319/82), »*Kerpen und Kerpen*«, Slg. 1985, S. 4173 ff.

Ein Kooperationsverhalten kleiner und mittlerer Unternehmen besitzt dann 46
eine zwischenstaatliche Wirkung, wenn es sich auf die grenzüberschreitende
wirtschaftliche Tätigkeit zwischen mindestens zwei europäischen Mitgliedsstaaten auswirkt.[75] Dabei müssen die Wirkungen der mittelständischen Kooperation nicht das gesamte Gebiet des europäischen Staats betreffen. Es genügt, wenn hiervon lediglich ein Teil betroffen ist.[76] Zudem erfasst der Begriff
der wirtschaftlichen Tätigkeit nicht nur den grenzüberschreitenden Warenaustausch. Um den Zielen des AEUV-Vertrages möglichst gerecht zu werden, umfasst er u.a. auch den Austausch von Dienstleistungen.[77]

Um eine solche Beeinträchtigung festzustellen, sind alle objektiven recht- 47
lichen oder tatsächlichen Gründe anzuführen, die für die Zukunft nahe legen,
dass die kartellrechtliche Absprache den Warenverkehr zwischen Mitgliedstaaten unmittelbar oder mittelbar, tatsächlich oder potenziell beeinflusst.[78]
Weder genügt die bloße Vermutung das Kartell könne in Zukunft zwischen
mindestens zwei Mitgliedsländern wettbewerbsbeschränkend wirken, noch
die Feststellung lediglich abstrakter, wettbewerblich/zwischenstaatlicher Wirkungen der Unternehmenskooperation.[79]

b) Die Spürbarkeit der Kartellabsprache

An der Spürbarkeit der wettbewerbsbeschränkenden Wirkung mittelstän- 48
discher Unternehmensabsprachen fehlt es, wenn die Kartellvereinbarung –
aufgrund der schwachen Marktstellung der beteiligten Unternehmen – lediglich dazu geeignet ist, den betroffenen Markt nur geringfügig zu beeinträchtigen.[80]

Zur Prüfung der Spürbarkeit geht die Kommission Europäischer Gemein- 49
schaften seit ihrer »*Bekanntmachung über Vereinbarungen von geringer Bedeutung, die den Wettbewerb gemäß Artikel 81 Absatz 1 des Vertrags zur*

---

75 Siehe auch: *Wimmer-Leonhardt*, WuW 2006, 486 ff.
76 EU-Leitlinien-Zwischenstaatlichkeit, Ziff. 20 f.; auch *Bechtold*, BB 2004, 235, 237
   (m.w.H.); auch EuGH v. 16.6.2011 (Rs. T-199/08), *Ziegler gegen Kommission*, Slg.
   II 2011, S. 3507 ff., insbesondere Rn. 53; EuGH v. 11.7.2013 (Rs. C-439/11), Ziegler
   gegen Kommission Rechtsmittel ECLI:EU:C:2013:513, Rn. 95 (m.w.H.).
77 EU-Leitlinien-Zwischenstaatlichkeit, Ziff. 19; auch EuGH v. 8.10.1996 (Rs.
   T-24/93), »*Compagnie maritime belge u.A.*«, Slg. 1996, II, 1201, Rn. 203; schon
   EuGH v. 16.3.1974 (Rs. 6/73 und 7/73), »*Commercial Solvents*«, Slg. 1974, 223,
   Rn. 23.
78 EuGH v. 30.6.1966 (Rs. 56/65), »*Maschinenbau Ulm*«, Slg. 1966, S. 337 ff.
79 EuGH v. 14.12.1983 (Rs. 319/82), »*Kerpen und Kerpen*«, Slg. 1985, S. 4173 ff.
80 BKartA B1 – 248/04 v. 25.10.2005; auch EuGH v. 9.7.1969 (Rs. 5/69), »*Franz Voelk*«, Slg. 1965, S. 295 ff. Rn. 7; EuGH v. 6.5.1971, (Rs. 1/71), »*Cadillon*«, Slg. 1971,
   S. 351 ff., Rn. 7 ff., 10.

§ 3 GWB *Mittelstandskartelle*

Gründung der Europäischen Gemeinschaft nicht spürbar beschränken (de minimis)«[81] *und in der aktuell gültigen »Bekanntmachung über Vereinbarungen von geringer Bedeutung, die im Sinne des Artikels 101 Absatz 1 des Vertrags über die Arbeitsweise der Europäischen Union den Wettbewerb nicht spürbar beschränken« (De-minimis-Bekanntmachung) v. 30.8.2014*,[82] die ausdrücklich auf die EU-Leitlinien-Zwischenstaatlichkeit[83] verweist,[84] von folgendem Prüfungsablauf aus: Sie verneint zunächst – im Rahmen einer *Negativvermutung* (EU-Leitlinien-Zwischenstaatlichkeit, Ziff. 52) – die Spürbarkeit der Kartellabsprachen, wenn der gemeinsame Marktanteil aller Kartellpartner auf dem betroffenen Markt bzw. den betroffenen Märkten unter 5 % bleibt und der europaweite Jahresumsatz der beteiligten Unternehmen unterhalb der Grenze von 40 Mio. Euro liegt.[85]

50 Für die die Grenzwerte der Negativvermutung überschreitenden Fälle schließt die Kommission positiv auf die Spürbarkeit eines Kartelles (sog. *Positivvermutung*; EU-Leitlinien-Zwischenstaatlichkeit, Ziff. 53), sofern die Absprachen Ein- bzw. Ausfuhren in einen oder mehrere Staaten der Europäischen Gemeinschaften oder Drittstaaten betreffen, oder für nur einen Markt eines europäischen Mitgliedstaates Preis-, Mengen- oder Marktabschottungsabsprachen enthalten (sog. *Hardcore-Kartelle*).[86] Allerdings geht die Kommission sowohl bei der Negativ- wie bei der Positivvermutung von der Möglichkeit deren Widerlegung aus (EU-Leitlinien-Zwischenstaatlichkeit, Ziff. 59 i.V.m. Ziff. 50 bzw. 53).

51 Die nach obigen Grundsätzen nicht eindeutig zuortbaren Sachverhalte bewertet die Kommission in einer Einzelfallprüfung. Hierzu zieht sie folgende Kri-

---

81 ABl. C v. 22.12.2001 Nr. 368, S. 13 ff.
82 ABl. C v. 30.8.2014 Nr. 291, S. 1.
83 Leitlinien über den Begriff der Beeinträchtigung des zwischenstaatlichen Handels in den Artikeln 81 und 82 des Vertrages« (»EU-Leitlinien-Zwischenstaatlichkeit«, ABl. EU Nr. C 101 v. 27.4.2004, S. 81 ff.; dazu siehe oben: Kapitel B. III. 2. a (m.w.H.).
84 Bek. über Vereinbarungen von geringer Bedeutung, die im Sinne des Artikels 101 Absatz 1 des Vertrags über die Arbeitsweise der Europäischen Union den Wettbewerb nicht spürbar beschränken (De-minimis-Bekanntmachung) v. 30.8.2014, ABl. C v. 30.8.2014 Nr. 291, S. 1, Rn. 4.
85 EU-Leitlinien-Zwischenstaatlichkeit, Ziff. 50; auch Bek. über Vereinbarungen von geringer Bedeutung, die im Sinne des Artikels 101 Absatz 1 des Vertrags über die Arbeitsweise der Europäischen Union den Wettbewerb nicht spürbar beschränken (De-minimis-Bekanntmachung) v. 30.8.2014, ABl. C v. 30.8.2014 Nr. 291, S. 1, Rn. 4 und EuGH v. 11.7.2013 (Rs. C-439/11), Ziegler gegen Kommission Rechtsmittel ECLI:EU:C:2013:513, Rn. 44, 36.
86 Siehe auch: BKartA v. 25.10.2005, B1 – 248/04; Vgl. EU-Leitlinien-Zwischenstaatlichkeit, Ziff. 78.

terien heran: Die voraussichtliche Wirkung der Absprachen auf den Wettbewerb, die Marktstellung der Kartellpartner, die Art und Menge der betroffenen Wirtschaftsgüter (Waren und Dienstleistungen) und das Exportvolumen der operierenden Unternehmen auf dem europäischen Markt (EU-Leitlinien-Zwischenstaatlichkeit, Ziff. 44 bis 49 i.V.m. Ziff. 29 bis 36).

Zur grundsätzlichen Akzeptanz der europäischen Leitlinien durch das BKartA und die deutsche Rechtsprechung siehe oben.[87]

Die Geschäftstätigkeit kleiner und mittelständischer Unternehmen bezieht sich häufig lediglich auf regionale Märkte. Ein zu den obigen Anhaltspunkten tretendes Indiz für die Spürbarkeit der Wettbewerbsbeeinträchtigung mittelständischer Kooperationen liegt dann vor, wenn diese Absprachen marktabschottend wirken und der Umsatz der betroffenen Unternehmen auf dem betroffenen Regionalmarkt oder ihr Warenumsatz auf dem sachlich relevanten Markt erheblich ist (EU-Leitlinien-Zwischenstaatlichkeit, Ziff. 90).

c) Regionalkartelle

Kooperationen, deren Wirkung ausschließlich auf lokalen oder regionalen Märkten eintreten – sog. *Lokal-* bzw. *Regionalkartelle* – scheiden, wegen ihrer fehlenden zwischenstaatlichen Wirkung, aus dem Anwendungsbereich des europäischen Kartellrechts grundsätzlich aus.[88] Allerdings können selbst Vereinbarung bzw. Beschlüsse zwischen lediglich regionalen Anbietern, die auch nur in einem Mitgliedsland ansässig sind, spürbare Auswirkungen auf den innergemeinschaftlichen Handel und Wettbewerb besitzen.[89] Ob eine solche im zwischenstaatlichen Handel spürbare Wirkung einer regionalen Kartellvereinbarung vorliegt, ist im jeweiligen Einzelfall dezidiert zu prüfen.

Pampel will – unter Berufung auf die oben angeführte *EU Leitlinie Zwischenstaatlichkeit*[90] und die Entscheidung des EuGH im Fall *Ambulanz Glöckner*[91] – auf einen bedeutenden Marktanteil abstellen, den die Unternehmen des Re-

---

87 Kapitel B. III. 2. a (m.w.H.) mit Hinweis auf: BKartA: Merkblatt Kooperationserleichterung vom März 2007, S. 10, Rn. 22 ff. und S. 5, Rn. 10; OLG Düsseldorf WuW/E DE-R, 1610.
88 Siehe: BKartA Merkblatt Kooperationserleichterung vom März 2007, S. 12, Rn. 25; BKartA WuW/E DE-V 1142, 1145.
89 Siehe beispielsweise EuGH v. 22.10.1997 (verb. Rs. T-213/95 und T-18/96), SCK und FNK, Slg. II 1997, S. 1739 ff.
90 EU-Leitlinien-Zwischenstaatlichkeit«, ABl. EU Nr. C 101 v. 27.4.2004, S. 81 ff., Rn. 92.
91 EuGH vom 25.10.2001 (Rs. C-475/99), *Ambulanz Glöckner*, Slg. I 2002, 8089, Rn. 38.

gionalkartells in ihrem Mitgliedsland einnehmen.[92] So soll ein erheblicher Marktanteil bei einer vom Regionalkartell betroffenen Fläche von 20.000 km² und einer Einwohnerzahl von 4 Millionen vorliegen.[93]

56 Eine solche, allein auf den mitgliedstaatlichen Bedeutungsumfang einer mittelständischen Kartellvereinbarung abstellende Betrachtung, ist – nach Ansicht des Verfassers – verfehlt. Sie verwechselt die Wettbewerbsbeschränkungsformen des Kartells i.S.d. § 1 GWB bzw. hier i.S.d. Art. 101 AEUV mit dem des *Missbrauchs marktbeherrschender Unternehmensstellung* in Art. 102 AEUV. Nur im Rahmen des Missbrauchs einer marktbeherrschenden Unternehmensstellung – und eben nicht in dem des Art. 101 AEUV – kann die Wirkung einer wettbewerbsbeschränkenden Maßnahme auf einem *»wesentlichen Teil des gemeinsamen Marktes«* von rechtlicher Bedeutung sein. § 1 GWB und Art. 101 AEUV betrachten für Kartelle ausschließlich deren Wirkung auf dem gemeinsamen Markt, und nicht auf dessen wesentlichen Teil. Nur im Zusammenhang des Artikels 102 AEUV erscheinen *Pampels* Ausführungen – auch unter Bezugnahme auf die EU-Leitlinie-Zwischenstaatlichkeit – verständlich. Auch die von *Pampel* in diesem Zusammenhang zitierten Stellen des EU-Leitlinie-Zwischenstaatlichkeit und der Entscheidung des EuGHs beziehen sich auf die Feststellung eines Missbrauchs einer marktbeherrschenden Unternehmensstellung i.S.d. Art. 102 AEUV, und nicht auf die zwischenstaatlich spürbare Wirkung von Regionalkartellen. Zur Feststellung deren grenzüberschreitender spürbaren Wirkung bleibt daher nur eine Prüfung des Einzelfalls.

IV. Die »Rationalisierung wirtschaftlicher Vorgänge« als Inhalt der Kooperationsvereinbarungen und -beschlüssen

57 Nach dem Wortlaut des § 3 GWB genügt nicht jede Vereinbarung oder jeder Beschluss, welcher die Wettbewerbsfähigkeit kleiner und mittlerer Unternehmen fördert. Nur jene Vereinbarungen bzw. Beschlüsse können i.S.d. § 3 GWB vom Kartellverbot freigestellt werden, welche die Rationalisierung wirtschaftlicher Vorgänge der Kooperationspartner zum Ziel haben.[94]

1. Der Begriff der Rationalisierung wirtschaftlicher Vorgänge

58 Der Begriff »Rationalisierung wirtschaftlicher Vorgänge« entspricht dem Wortlaut des vormaligen § 4 (a.F.), § 5 (a.F.) GWB 1999 und des § 5 Abs. 2,

---

92 *Pampel*, in: MünchKommGWB, § 3 Rn. 18.
93 EuGH v. 25.10.2001 (Rs. C-475/99), *Ambulanz Glöckner*, Slg. I 2002, 8089, Rn. 38.
94 Auch: BKartA: Merkblatt über Kooperationserleichterungen für kleine und mittlere Unternehmen, 1999, S. 3.

und 5a Abs. 1 (a.F.), § 5b (a.F.) GWB aus dem Jahre 1990. Insofern besteht eine weitgehend gefestigte Beurteilungspraxis.

a) Entscheidungspraxis

Die behördliche und gerichtliche Beurteilungspraxis sowie die einschlägige Literatur zu § 5b GWB (a.F.) ist sehr großzügig in der Annahme eines *Rationalisierungseffektes*. Auch die oben wiedergegebene, hier vertretene Sicht zum Regelungszweck des § 3 GWB stützt diese Ansicht.[95] Nach dem BKartA liegt ein Rationalisierungseffekt vor, wenn, unter Anwendung des ökonomischen Prinzips, durch innerbetriebliche Maßnahmen[96] das Verhältnis zwischen Aufwand und Ertrag verbessert wird.[97] Die Förderung der Wettbewerbsfähigkeit i.S.d. § 3 GWB ist somit als innerbetriebliche *Effizienzsteigerung* durch *Rationalisierung* wirtschaftlicher Vorgänge des Unternehmens zu verstehen.[98]

59

b) Die vermeintliche Notwendigkeit einer Kausalität zwischen der beschlossenen Zusammenarbeit und der Rationalisierung

Insbesondere *Pampel* hält eine objektive kausale Beziehung zwischen der vereinbarten bzw. beschlossenen zwischenbetrieblichen Zusammenarbeit und der Rationalisierung für erforderlich. Dieses Kausalitätserfordernis soll sich aus dem Wort »*durch*« in § 3 GWB ergeben.[99]

60

Eine solche rechtstechnische Sicht ist abzulehnen. Zum einen gibt der Wortlaut des § 3 GWB nichts für diese inhaltliche Eingrenzung der Freistellungsmöglichkeit her. Ganz im Gegenteil spricht der Wortlaut unmissverständlich davon, dass die Kooperationsabsprachen bzw. -beschlüsse die »*Rationalisierung durch die zwischenbetriebliche Zusammenarbeit lediglich zum Gegenstand*« haben sollen. Damit ist die echte Kausalbetrachtung im rechtstechnischen Sinne eines Ursachen-Folge-Bezugs nicht gemeint.

61

Auch inhaltlich ist ein objektiv naturwissenschaftlicher Kausalzusammenhang zwischen der Zusammenarbeit der Kartellpartner und der Rationalisierung zu verneinen.

62

Die Rechtsprechung sowie die kartellrechtliche Verwaltungspraxis – und gerade auch die zur Stützung der abzulehnenden Meinung herangezogene Ent-

63

---

95 Siehe oben Kapitel: A.III m.w.H.
96 BGH WuW/E 1367, 1371.
97 BKartA WuW/W 205 f.; Tätigkeitsbericht 1976, BT-Drucks. 8/704, S. 49; BKartA WuW/E 1616/1623 – *Pallas*; BGH 137, 314.
98 Auch: Tätigkeitsbericht 1993/1994, BT-Drucks. 13/1660, S. 32.
99 *Pampel*, in: MünchKommGWB, § 3 Rn. 37.

§ 3 GWB *Mittelstandskartelle*

scheidung des OLG Frankfurt[100] – lässt eine von den Kartellpartnern gewünschte inhaltliche Verbindung der Zusammenarbeit der Kartellpartner und der Rationalisierung genügen.[101] Die Gegenmeinung übersieht, dass die Rationalisierung beim Abschluss der Vereinbarung bzw. beim Fassen des Beschlusses nicht bereits eingetreten sein muss. Insofern spricht das BKartA einleuchtend von einer nach § 3 GWB ausreichenden inhaltlichen Beziehung der Zusammenarbeit mit der Rationalisierung davon, dass eine »hinreichende Wahrscheinlichkeit« dafür bestehen wird, dass eine von den Kartellpartnern vereinbarte Zusammenarbeit zukünftig bestimmte Rationalisierungsmaßnahmen fördern wird.[102]

64 Die Verbesserung des Aufwand-Ertragsverhältnisses kann auf vielerlei Weise erfolgen, insbesondere durch Verbesserungen auf den Gebieten der Produktion, Forschung und Entwicklung, Finanzierung, Verwaltung, Werbung, Einkauf und Vertrieb.[103]

2. Beispielsfälle

65 Folgende Fälle zeigen nur exemplarisch, wann eine nach § 3 GWB freistellungsfähige Rationalisierung vorliegt:[104]
- gemeinsame Forschung und Entwicklung, bei denen die Mitglieder Beschränkungen hinsichtlich der Vermarktung der Forschungs- und Entwicklungsergebnisse unterliegen[105]
- Organisation in einer gemeinsamen Produktion (gemeinsame Herstellung von Fernsprechapparaten »*Mittelstandsvereinigung Telefon*«;[106] »*Beton-Fertigdecken*«;[107] »*Mischwerke für Straßenbau*«;[108] »*Herstellung alkoholfreier Getränke*«;[109] gemeinsame »*Herstellung von Kartonagen*«[110])

---

100 OLG WuW/E 4405 und 90,4 1498 – *Doppelgenossen*.
101 BKartA WuW/E 271, 276 – *Einheitshydraulik*; OLG WuW/E 4405 und 90,4 1498 – *Doppelgenossen*; *Schneider*, in: Langen/Bunte, § 3 Rn. 38.
102 BKartA WuW/E 271, 276 – *Einheitshydraulik*.
103 BKartA, Merkblatt: Kooperationserleichterung vom März 2007, Kapitel E. III. 2, Rn. 29; Information des BMWi, WuW 1979, 225 f.; *Wener*, Unternehmerische Kooperation zur Steigerung der Leistungsfähigkeit, S. 172; *Bunte*, in: FK-GWB, § 3 Rn. 50 ff.
104 Vgl. auch *Benisch*, in: GK (4. Aufl.), § 5b Rn. 9 (m.w.H).
105 Tätigkeitsbericht 1978, BT-Drucks. 8/2980, S. 48, 67.
106 Bek. BKartA Nr. 15/89 4.3.1989, WuW/E 1989, 479.
107 Pressemitteilung des Bayerischen Staatsministeriums für Wirtschaft und Verkehr v. 28.5.1990, WuW/E 1990, 630.
108 Tätigkeitsbericht 1978, BT-Drucks. 8/2980, S. 48.
109 Tätigkeitsbericht 1978, BT-Drucks. 8/2980, S. 71.
110 Bek. BKartA Nr. 40/83, WuW 1983, 535.

- Entwicklung und Koordination einer gemeinsamen, für alle Partner der Kooperation verbindlichen Werbung
- gemeinsame Planung und Berechnung von Stahlbeton-Fertigteil-Gebäuden[111]
- Zusammenarbeit mehrerer Bauunternehmungen in sog. »Arbeitsgemeinschaften«
- gemeinschaftliche Ausführung von Gleisbauarbeiten[112]
- Zusammenwirken in der Projektplanung und -bearbeitung[113]
- Koordination der Annahme von Aufträgen und deren Verteilung im Bereich der Entsorgung
- gemeinsame Beilage für eine Tageszeitung[114]
- gemeinschaftliche Zuweisung von Kundenaufträgen unter den beteiligten Unternehmen nach Berücksichtigung insbesondere der Frachtlage, des Auslastungsgrades des Werkes und der Einsparung unternehmerischer Vertriebsleistungen (»*Leichtbauplatten*«),[115] »*Wärmedämmstoffe*«[116]
- Zusammenarbeit im gemeinsam organisierten, zeitweise wechselseitig von den Kooperationspartnern übernommenen Vertrieb
- Zusammenarbeit in der Entwicklung eines einheitlichen Marketingkonzeptes
- Erstellung eines Angebotes nach einem einheitlichen Marketingkonzept (»*Typenhäuser*«)[117]
- gegenseitiges Abstimmen von Transportleistungen[118]
- Kooperation mehrerer Dienstleistungsanbieter zur Sicherstellung eines flächendeckenden überregionalen Transportwesens sowie der zugehörigen Dienstleistungen[119]
- Organisation und Zusammenarbeit mehrerer regionaler Händler in dem Angebot eines überregionalen Services (»*Vorhangschienen*«)[120]
- gemeinsame Finanzierung von Investitionen

Obiger Beispielskatalog ist nicht abschließend. Auch in anderen unternehmerischen Bereichen sind Kooperationen zum Zwecke der Rationalisierung unternehmerischer Aufgaben denkbar. Besonders häufig tritt die mittelstän-

66

---

111 Tätigkeitsbericht 1979/80, BT-Drucks. 9/565, S. 50.
112 Tätigkeitsbericht 1981/82, BT-Drucks. 10/243, S. 71.
113 Bek. BKartA Nr. 57 v. 22.3.1989, WuW 1989, 480.
114 Tätigkeitsbericht 1976, BT-Drucks. 8/704, S. 73.
115 Tätigkeitsbericht 1974, BT-Drucks. 7/3791, S. 49.
116 Tätigkeitsbericht 1975, BT-Drucks. 7/5390, S. 46.
117 Tätigkeitsbericht 1978, BT-Drucks. 8/2980, S. 72.
118 Tätigkeitsbericht 1976, BT-Drucks. 8/704, S. 81.
119 Bek. BKartA Nr. 57 v. 22.3.1989, WuW 1989, 480; Bek. BKartA Nr. 98/89 v. 1.12.1989, WuW 1990, 126.
120 Tätigkeitsbericht 1979/80, BT-Drucks. 9/565, S. 65.

dische Kooperation im Bereich kapitalintensiver Produktion[121] und des Erbringens von kapitalintensiven Dienstleistungen[122] auf.

67 In diesem Bereich und zur Beseitigung wettbewerblicher Nachteile kleiner und mittelständischer Unternehmen treten insbesondere die sog. *Arbeitsgemeinschaften* auf.[123] Diese fassen die wirtschaftliche Leistung einzelner Unternehmen zusammen und ermöglichen kleinen und mittelständischen Unternehmen erst in den Wettbewerb zu Groß- bzw. Industrieunternehmen zu treten.[124] Ihre kartellrechtliche Wirkung besitzen sie insofern, als bei diesem Vorgang die beteiligten Unternehmen z.B. ihre Ein- und Verkaufspreise, ihre Preisnachlässe, insbesondere ihre sonstigen Vertriebs- bzw. Transportbedingungen koordinieren können. Den grundsätzlichen Ausschluss von Arbeitsgemeinschaften aus dem Anwendungsbereich des GWB, wie ihn *Pampel* ohne nähere Begründung nahelegt,[125] widerspricht damit gerade dem Sinn des § 3 GWB.

68 Der spezielle wirtschaftliche Vorteil von Kooperationen kleiner und mittelgroßer Unternehmen auf dem Gebiet der Produktion und Dienstleistungserbringung, aber auch Forschung und Entwicklung, Unternehmens- bzw. Projektfinanzierung, Unternehmensverwaltung, Werbung und Vertrieb, besteht i.d.R. in der Einsparung von Unternehmenskapital durch die gemeinsame Anschaffung und Nutzung von hochpreisigen Produktionsmitteln. Hier sind es insbesondere gemeinsame Projekte von »Arbeitsgemeinschaften« im Baubereich sowie die gemeinsame Nutzung flächendeckender Transportsysteme durch Dienstleistungsanbieter, welche von der Möglichkeit ihrer Kartellfreistellung i.S.d. § 3 GWB profitieren.

3. Die Verteilung des Rationalisierungserfolges auf die Kartellpartner

69 Alle Kartellpartner müssen grundsätzlich von dem Rationalisierungserfolg ihrer Vereinbarung, wenn auch nicht gleichmäßig, so doch gemeinschaftlich – zumindest nach ihren Vorstellungen – profitieren.[126] Dies ergibt sich aus dem

---

121 Bek. BKartA Nr. 15/89 v. 4.3.1989, WuW 1989, 479; Tätigkeitsbericht 1978, BT-Drucks. 8/2980, S. 48, 71, 72; Bek. BKartA Nr. 40/83, WuW 1983, 535.
122 Tätigkeitsbericht 1979/80, BT-Drucks. 9/565, S. 65; Bek. BKartA Nr. 57 v. 22.3.1989, WuW 1989, 480; Bek. BKartA Nr. 98/89 v. 1.12.1989, WuW 1990, 126.
123 Siehe dazu: BKartA Merkblatt Kooperationsmöglichkeiten 1999 Teil I.A.I; auch BGH WuW/E 2050, 2051.
124 Tätigkeitsbericht 1981/82, BT-Drucks. 10/243, S. 71; *Krauß*, in: Langen/Bunte, § 1 Rn. 200 ff. (m.w.H.).
125 *Pampel*, in: MünchKommGWB, § 3 Rn. 27.
126 *Immenga*, in: Immenga/Mestmäcker, § 3 Rn. 35 (m.w.H.); schon *Benisch*, in: GK (4. Aufl.), § 5a (a.F.), Rn. 17 (m.w.H.).

ökonomischen Zweck des § 3 GWB, liegt doch in § 3 GWB die Förderung kleiner und mittelständischer Unternehmen und ihres Bestandes im Wettbewerb gegenüber Anbietern und Industrieunternehmen vor.[127]

An den Eintritt dieses ungeschriebenen Tatbestandsmerkmals sind keine zu engen Voraussetzungen zu knüpfen, will man speziell Großunternehmen nicht vollständig die Möglichkeit der Kooperation mit kleinen und mittleren Unternehmen nehmen. Ein Teil der Literatur will daher – wohl zu weitgehend und in einer nicht gerechtfertigten Ungleichbehandlung von Groß- und Klein- bzw. mittleren Unternehmen – von der Erfüllung dieser Bedingung speziell für Großunternehmen ganz absehen.[128] 70

Das Vorliegen eines gemeinschaftlichen Profitierens der Kartellpartner von der Rationalisierung kann im Einzelfall zweifelhaft sein, insbesondere, wenn kleine und mittelständische Unternehmen mit *Großunternehmen* kooperieren. Der Streit über eine Sonderbehandlung von Großunternehmen hinsichtlich deren Partizipation am Kooperationserfolg ist in der Praxis kaum von Relevanz, denn die Parteien gehen eine Kooperation freiwillig ein. Lediglich in Konstellationen, in denen sie (z.B. ein mittelständisches Unternehmen) seitens eines oder mehrerer Großunternehmen zur Kooperation gezwungen wird, können ernsthafte Zweifel an der Verteilung des Kooperationserfolgs bestehen. Allerdings ist diese Situation juristisch danach zu befragen, ob hier zugleich ein Missbrauch einer marktbeherrschenden Unternehmensstellung vorliegt. 71

Die hier vertretene weite Sichtweise, nach der kein zahlenmäßig bestimmter und zuvor festgelegter wirtschaftlicher Erfolg der Maßnahme bei allen Kartellmitgliedern eintreten muss, führt zu praxisnahen Ergebnissen. 72

Dass alle Beteiligten vom Rationalisierungserfolg profitieren, ist allerdings dann ausgeschlossen, wenn etwa eine Leistung eines Kartellpartners (z.B. *Einschränkung oder Modifikation der Herstellung eines Gutes*) mit einer gänzlich anderen Kooperationsleistung (z.B. *Geldzahlung*) nicht mit dem vereinbarten Rationalisierungszweck im Zusammenhang steht.[129] 73

---

127 Siehe oben Kapitel A. III (m.w.H.).
128 *Nordemann*, in: Loewenheim/Meessen/Riesenkampff, § 3 Rn. 44 ff. (m.w.H.); siehe aber schon *Kieker*, in: Langen/Bunte, § 4 Rn. 12.
129 Schon *Benisch*, in: GK (4. Aufl.), § 5a Rn. 15 (m.w.H.).

4. Fehlender Rationalisierungszweck

74 Keine Rationalisierungsmaßnahmen wirtschaftlicher Vorgänge sind die sog. ausschließlichen »*Preiskartelle*«. Zwar verbessert das koordinierte Festlegen von Preisen das Verhältnis von Unternehmensertrag zum Unternehmensaufwand. Diese Verbesserung beruht jedoch nicht auf der Rationalisierung unternehmerischer Funktionen, wie der Produktion, der Forschung und Entwicklung, der Unternehmensverwaltung, der Werbung sowie des Einkaufs und Vertriebes, sondern unmittelbar und ausschließlich auf der Beschränkung des Wettbewerbs. Sie sind daher keine selbständigen Rationalisierungsmaßnahmen i.S.d. § 3 GWB.[130]

75 Ebenfalls fehlt es an einer für § 3 GWB erforderlichen Rationalisierung wirtschaftlicher Vorgänge im Fall
– der durch mehrere Unternehmen koordinierten Mengenbeschränkungen zur künstlichen Verknappung des Angebotes, d.h. zum Zweck der Aufrechterhaltung hoher Verkaufspreise.
– des gegenseitigen – zu dem obigen Zweck vorgenommenen – Gebietsschutzes[131] sowie
– der Koordination von Rabattvereinbarungen.[132]

76 Auch der gegenseitigen Erstattung von Planungskosten zwischen Anbietern spricht das BKartA den Rationalisierungscharakter ab, geht es bei dieser Kostenerstattung – aus Sicht des BKartA – doch nur um eine willkürliche Veränderung betriebswirtschaftlicher Daten, und nicht um eine tatsächliche Rationalisierung.[133] Etwas anderes könnte in diesem Fall dann gelten, wenn die anbietenden Unternehmen kooperieren, um die Angebotserstellung zu vereinfachen und im Rahmen dieser Rationalisierung die entstehenden Kosten erstatten. In diesem Fall läge eine echte Vereinfachung des wirtschaftlichen Vorgangs der Verwaltung oder des Marketings vor, deren Zweck von § 3 GWB gedeckt wäre.[134]

a) Reine Spezialisierungskartelle

77 § 3 GWB schließt solche Kooperationen aus seinem Anwendungsbereich aus, welche die Verbesserung wirtschaftlicher Vorgänge nicht durch deren *Rationalisierung*, sondern durch Spezialisierung der Kartellpartner zum Gegen-

---

130 Auch *Benisch*, in: GK (4. Aufl.), § 5b (a.F.) Rn. 10 (m.w.H.).
131 Tätigkeitsbericht 1976, BT-Drucks. 8/704, S. 85.
132 Tätigkeitsbericht 1976, BT-Drucks. 8/704, S. 60.
133 Tätigkeitsbericht 1976, BT-Drucks. 8/704, S. 49.
134 Zu dieser Konstellation siehe unten: Kapitel B. VII. 3. b.

stand haben.[135] Der Grund der Ausnahme von reinen Spezialisierungskartellen aus dem Freistellungsbereich des § 3 GWB liegt in den unterschiedlichen Zwecksetzungen der beiden Kartellfreistellungstatbestände: Während § 3 GWB Unternehmensabsprachen zur Verbesserung der Produktion, des Vertriebs, der Beschaffung, der Distribution bzw. der Werbung und damit der Sicherung der Wettbewerbsfähigkeit kleiner und mittlerer Unternehmen dient, haben reine Spezialisierungskartelle das Ziel die Wettbewerbsfähigkeit ihrer Teilnehmer allein durch die Spezialisierung des Angebots- und Geschäftsbereichs der beteiligten Unternehmen zu fördern.[136] Die Unternehmen eines Spezialisierungskartells vereinbaren z.B., dass keiner von ihnen das Gesamtsortiment herstellen darf. Sie teilen vielmehr die Produktion des Gesamtsortimentes unter sich auf und beliefern sich wechselseitig mit den nicht von ihnen hergestellten Segmenten (zur Problematik der »Produktionseinstellung« als »zwischenbetriebliche Vereinbarung« i.S.d. § 3 GWB[137]). Eine solche Arbeitsteilung senkt zwar die Fixkosten der Herstellung bei gleichzeitiger Erhöhung der Stückzahlen der beim Unternehmen verbleibenden Produktion.[138] Spezialisierungskartelle wirken daher wie auch Rationalisierungskartelle betriebswirtschaftlich vorteilhaft.

Dennoch birgt die Arbeitsaufteilung bzw. die Aufteilung des Produktionsprogramms der reinen Spezialisierungskartelle andere wettbewerbliche Gefahren.[139] Diese sind nicht mit dem Instrumentarien des § 3 GWB ökonomisch wirksam zu erfassen.

Die Kontrolle der ökonomischen Gefahren von Spezialisierungskartellen beinhaltete der vormalige § 3 GWB (a.F.). Diesen hat aber der Gesetzgeber gerade nicht in die aktuelle Fassung des deutschen Kartellrechts übernommen.

Reine Spezialisierungskartelle können daher grundsätzlich nicht dem § 3 GWB unterfallen. Ihre Freistellung kann allerdings nach den allgemeinen Regeln des § 2 Abs. 1 und des § 2 Abs. 2 GWB in bzw. der Verordnung (EG) Nr. 1218/2010 der Kommission vom 14.12.2010 über die Anwendung von Artikel 101 Absatz 3 des Vertrags über die Arbeitsweise der Europäischen

---

135 A.A. *Nordemann*, in: Loewenheim/Meessen/Riesenkampff, § 3 Rn. 46 (m.w.H.); *Schneider*, in: Langen/Bunte, § 3 Rn. 11; *Bunte*, in: FK-GWB, § 3 Rn. 45 ff.
136 *Schrader*, Legale Kartelle. Theorie und empirische Evidenz, S. 57 f. (m.w.H.), auch Tätigkeitsbericht 1976, BT-Drucks. 8/704, S. 44.
137 LKartB NRW, WuW/E LKartB 196; Tätigkeitsbericht 1970, BT-Drucks. VI/2380, S. 54; Tätigkeitsbericht 1977, BT-Drucks. 8/1925, S. 74; BKartA WuW/E 984; *Bechtold*, GWB, § 3 Rn. 1.
138 *Bechtold*, GWB, § 3 Rn. 1; *Benisch*, in: GK (4. Aufl.), § 5a Rn. 2.
139 Hierzu siehe: Bericht des Wirtschaftsausschusses zur GWB-Novelle von 1973, WuW 1973, 585; auch *Veltins*, DB 1978, 239 ff.

§ 3 GWB *Mittelstandskartelle*

Union auf Gruppen von Spezialisierungsvereinbarungen[140] (gültig bis 31.12.2022)[141] (GVO Spezialisierungsvereinbarungen) freistellungsfähig sein.

81 Die Gegenansicht, reine Spezialisierungskartelle unter § 3 GWB zu subsumieren,[142] übersieht zunächst, dass der Wortlaut des § 3 GWB ausdrücklich nur Rationalisierungskartelle erwähnt und nicht den Begriff der Spezialisierung eingefügt hat. Zu diesem Schritt wäre der Gesetzgeber mit der 7. GWB-Novelle durchaus in der Lage gewesen, wenn er die vormalige Rechtslage, nach der Spezialisierungskartelle ebenfalls von der Privilegierung mittelständischer Kartelle ausgeschlossen waren,[143] hätte ändern wollen.[144]

82 Ferner verkennt die Gegenansicht den Ausnahmecharakter des jetzigen § 3 GWB.[145] Um dem europäischen Recht zu entsprechen, hat der deutsche Gesetzgeber mit der 7. GWB-Novelle nahezu alle Freistellungstatbestände – und auch die bisherige Freistellungsmöglichkeit für Spezialisierungskartelle (§ 3 GWB (a.F.)) – ersatzlos gestrichen. Nur für die Kooperationen kleiner und mittelständischer Unternehmen behielt der deutsche Gesetzgeber in § 3 GWB die Möglichkeit bei, Unternehmensabsprachen vom Kartellverbot auszunehmen. § 3 GWB darf nun nicht ausgeweitet werden, um dennoch wieder Spezialisierungskartelle – unter dem Etikett der Rationalisierung kleiner und mittelständischer Unternehmen – kartellrechtlich zu privilegieren.

83 Auch aus inhaltlichen Vorgaben des europäischen Kartellrechts ist die Anwendung der Privilegierung des § 3 GWB – als eine inhaltlich, wie rechtstechnische Ausnahmevorschrift[146] – eher restriktiv auszuführen. Das europäische Kartellrecht kennt ebenso wenig wie die meisten europäischen Kartellrechtsordnungen eine Privilegierung von Mittelstandskartellen. Die deutsche Regelung des § 3 GWB stellt daher im gesamten europäischen Raum einen Fremdkörper dar.[147] Auch im europäischen Recht erfolgt daher eine Freistellung von Spezialisierungskartellen nach der, dem deutschen § 2 GWB entsprechenden, Regelung des Art. 101 Abs. 3 AEUV. Das deutsche Kartellrecht sollte

---

140 ABl. L 335 v. 18.12.2010, S. 43.
141 Zum Rechtszustand vor dem 1.1.2011 siehe: Verordnung (EG) Nr. 2658/2000 der Kommission vom 29.11.2000 über die Anwendung von Artikel 81 Absatz 3 des Vertrages auf Gruppen von Spezialisierungsvereinbarungen, ABl. L 304 v. 5.12.2000, S. 3.
142 Siehe oben in diesem Kapitel Rdn. 77.
143 *Benisch*, in: GK (4. Aufl.), § 5b Rn. 30 (m.w.H.); auch *Kiecker*, in: Langen/Bunte (9. Auflage), § 4 Rn. 32 (m.w.H.).
144 Eine bloße Absichtserklärung in der Begr. RegE 7. GWB-Novelle, BT-Drucks. 15/3640, S. 44 f. reicht hierzu nicht aus.
145 Dazu siehe oben: Kapitel A. II.
146 Siehe oben: Kapitel A.
147 *Schneider*, in: Langen/Bunte, § 3 Rn. 43.

daher seine Rechtslage – auch hinsichtlich der Beurteilung von Spezialisierungskartellen – der Rechtslage des ihm vorgehenden europäischen Kartellrechts[148] anpassen. Dies gebietet letztlich auch der Grundsatz des Vorranges des Europäischen gegenüber dem nationalen Recht.[149] Diesem Erfordernis genügt die hier vertretene enge Auslegung des § 3 GWB.

Die hier kritisierte Gegenansicht führt zudem zu rechtsdogmatischen Widersprüchen: Für Spezialisierungskartelle gilt § 2 Abs. 1 und § 2 Abs. 2 GWB i.V.m. der GVO-Spezialisierungsvereinbarungen. Ist das Spezialisierungskartell ein Mittelstandskartell soll ausschließlich § 3 GWB – und nicht § 2 GWB und die GVO-Spezialisierungsvereinbarungen – anwendbar sein. Weist jedoch dieses mittelständische Spezialisierungskartell zwischenstaatliche Wirkung auf, finden zu seiner Beurteilung Art. 101 Abs. 1 AEUV bzw. wieder die GVO-Spezialisierungsvereinbarungen Anwendung.[150] Eine solche uneinheitliche Rechtspraxis findet keine Rechtfertigung der zu regelnden Materie und ist auch den Kartellpartnern, die nach der 7. GWB-Novelle die Zulässigkeit ihrer Kooperation selbst beurteilen müssen, nicht zumutbar. 84

b) Spezialisierungskartelle mit Rationalisierungswirkung

In der Praxis weisen oft Spezialisierungskartelle einen rationalisierenden Effekt auf, denn häufig generiert eine Spezialisierung Rationalisierungseffekte. Derartige Kartelle (sog. gemischte Rationalisierungsartelle) können unter besonderen Voraussetzungen den Anforderungen des § 3 GWB genügen und nach § 3 GWB freistellungsfähig sein.[151] Letzteres ist der Fall, wenn ihre vereinbarten bzw. beschlossenen Rationalisierungsvorteile – nicht ihre Spezialisierungseffekte – der Wettbewerbsverbesserung kleiner und mittlerer Unternehmen dienlich ist und sie keine wesentliche Wettbewerbsbeeinträchtigung nach sich ziehen. 85

Der Streit, ob Spezialisierungskartelle auch dem Anwendungsbereich des § 3 GWB unterfallen, ist daher in der Kartellrechtspraxis grundsätzlich von ge- 86

---

148 EuGH v. 15.7.1964 (Rs. 6/64), *Costa/ENEL*, Slg. 1964, S. 1251 ff.; auch: EuGH v. 13.2.1969 (Rs. 14/68), *Walt Wilhelm/Bundeskartellamt*, Slg. 1969, S. 1 ff.; *Krimphove*, Europäische Fusionskontrolle, S. 349 ff. (m.w.H.).
149 Siehe: EuGH v. 15.7.1964 (Rs. 6/64), *Costa/ENEL*, Slg. 1964, S. 1251 ff.; auch: EuGH v. 13.2.1969 (Rs. 14/68) *Walt Wilhelm/Bundeskartellamt*, Slg. 1969, S. 1 ff.; siehe: *Krimphove*, Europäische Fusionskontrolle, S. 349 ff. (m.w.H.); auch: Begr. RegE 7. GWB-Novelle, BT-Drucks. 15/3640, S. 45; *Fuchs*, in: Immenga/Mestmäcker, § 3 Rn. 18 (m.w.H.).
150 *Nordemann*, in: Loewenheim/Meessen/Riesenkampff, § 3 Rn. 46 (m.w.H.); siehe: Begr. RegE 7. GWB-Novelle, BT-Drucks. 15/3640, S. 45.
151 Im Ergebnis auch *Bunte*, in: FK-GWB, § 3 Rn. 45, 105 (m.w.H.).

ringer Bedeutung. Er erscheint allenfalls dann relevant, wenn die getroffenen Spezialisierungsvereinbarungen wettbewerbsrelevante Kernbeschränkungen aufweisen, die ihre Freistellung nach den GVO-Spezialisierungsvereinbarungen ausschließen.[152] Allerdings dürften gerade diese Kartelle nach den wettbewerbsorientierten Kriterien des § 2 Abs. 1 GWB – insbesondere § 2 Abs. 1 Nr. 2 GWB – zu untersuchen sein, oder bereits gänzlich aus dem Bereich der Freistellungsmöglichkeit des § 3 GWB herausfallen.[153]

c) Einkaufskooperationen

87 Die Streichung der kartellrechtlichen Privilegierung von sog. *Einkaufs-* bzw. *Bezugskooperationen* aus den Vorgängernormen (§§ 4 Abs. 2, 5c GWB (a.F.)) des jetzigen § 3 GWB wirft die Frage auf, ob und inwieweit diese Kartellformen weiterhin den Schutz des § 3 GWB in Anspruch nehmen können. Entscheidend ist auch hier der Wortlaut des jetzigen § 3 GWB; also die Frage, inwieweit die Unternehmenskooperation die Rationalisierung wirtschaftlicher Vorgänge zum Gegenstand hat.

88 Einkaufs- und Bezugskooperationen haben prinzipiell den Zweck, durch die Steigerung der Nachfragemacht der an ihnen beteiligten Unternehmen, vorteilhaftere Preise oder Konditionen zu erlangen.[154]

89 Eine bloße Steigerung der Nachfragemacht, etwa durch die Bündelung von Bezugs- oder Abgabemengen, stellt – auch bei weiter Fassung der Definition der Rationalisierung[155] – keine Rationalisierung i.S.d. § 3 GWB dar.[156] Denn sie folgt lediglich der Struktur einer Genossenschaft und nicht wirtschaftlich, organisatorischen Vereinfachungen.

90 In der Praxis vorstellbar ist jedoch, dass die Kooperation gerade kleiner und mittlerer Unternehmen in Einkaufs- und Bezugskooperationen der Verbesserung ihres Warenbezugs, der Rationalisierung von Leistungen (z.B. Buchführung) u.a. dient. In diesen Fällen – etwa der Zusammenlegung von Abteilungen, der Aufteilung betriebswirtschaftlicher Aufgaben, oder des Leistungsangebotes – verfolgen Einkaufs- und Bezugskooperationen einen

---

152 So auch: *Lutz*, WuW 2005, 718, 721; *Rißman*, WuW 2006, 881, 886.
153 Dazu im Einzelnen siehe oben: Kapitel B.IV.4. a (m.w.H.).
154 Zur kartellrechtlichen Beurteilung von Einkaufs- und Bezugskooperationen siehe § 1 Rdn. 446 ff. (m.w.H.).
155 Tätigkeitsbericht 1976, BT-Drucks. 8/704, S. 49; siehe oben: Kapitel B. IV. 1 (m.w.H.).
156 BKartA, WuW, 1616, 1624 – *Pallas*; auch schon zu § 5c GWB (a.F.) Begr. BT-Drucks. 11/4610, S. 15.

Rationalisierungszweck. Sie unterfallen daher dann grundsätzlich der Privilegierung des § 3 GWB.[157]

5. Freistellungspotenzial von gemischten Preiskartellen, Mengen- und Gebietsabsprachen, Spezialisierungskartellen bzw. Einkaufskooperationen u.a.

Der Gesetzgeber will Preiskartelle, Mengen- und Gebietsabsprachen, Spezialisierungskartelle bzw. Einkaufskooperationen nicht per se – d.h. auf Grund ihrer dogmatischen Zuordnung zu einer bestimmten Kartellform – ausschließen. Entscheidendes Kriterium für die Freistellung nach § 3 GWB ist vielmehr die Frage, ob eine Maßnahme der Kooperation Rationalisierungsvorteile bietet.[158] Dies kann sogar bei Preis-, Mengen- und Gebietsabsprachen der Fall sein. Allerdings dürfen sich diese Absprachen dann nicht auf das ausschließliche Ausnutzen kartellrechtlicher Macht beschränken (sog. »reine« Preis-, Mengen- und Gebietsabreden). Sie müssen vielmehr darüber hinaus zur Durchführung einer rationalisierenden zwischenbetrieblichen Zusammenarbeit erforderlich sein.[159]

91

In der Kooperationspraxis kleiner und mittlerer Unternehmen kommt es vor, dass Rationalisierungsmaßnahmen in einem untrennbar engen Zusammenhang mit der Festlegung von Preisen, Konditionen, oder Liefer- und Leistungsgebieten stehen. Diese Kartellrechtsabsprachen unterfallen der Privilegierung des § 3 GWB, wenn sie zur Durchführung weiterer Rationalisierungen erforderlich sind. Aus diesem Grund hat das BKartA folgende unternehmerische Kooperationen freigestellt:
- Absprachen über Preise und Konditionen: »*Brauereien*«;[160] »*Fachübersetzer*«;[161] »*Typenhäuser*«[162]
- Gebietsaufteilung: Brauereien;[163] »*Typenhäuser*«;[164] »*Vorhangschienen*«;[165] »*Verpackungsmaterial*«.[166]

92

---

157 So auch *Pampel*, in: MünchKommGWB, § 3 Rn. 43 (m.w.H.).
158 Vgl. BR-Drucks. 265/71.
159 Tätigkeitsbericht 1974, BT-Drucks. 7/3791, S. 72; Tätigkeitsbericht 1975, BT-Drucks. 7/5390, S. 81; Tätigkeitsbericht 1978, BT-Drucks. 8/2980, S. 27; Tätigkeitsbericht 1979/80, BT-Drucks. 9/565, S. 65; BR-Drucks. 265/71, vgl. auch: BMWi/BKartA, Merkblatt: Kooperationserleichterung, v. Dezember 1998, TEIL I, A. I; auch Begr. zur 6. GWB-Novelle, in: BR-Drucks. 265/71.
160 Tätigkeitsbericht 1974, BT-Drucks. 7/3791, S. 72.
161 Tätigkeitsbericht 1975, BT-Drucks. 7/5390, S. 81.
162 Tätigkeitsbericht 1978, BT-Drucks. 8/2980, S. 27.
163 Tätigkeitsbericht 1974, BT-Drucks. 7/3791, S. 72.
164 Tätigkeitsbericht 1978, BT-Drucks. 8/2980, S. 27.
165 Tätigkeitsbericht 1979/80, BT-Drucks. 9/565, S. 65.
166 Tätigkeitsbericht 1979/80, BT-Drucks. 9/565, S. 69.

93 Obige Grundsätze gelten auch für jene Spezialisierungskartelle, deren Absprachen über die reine Aufteilung ihrer unternehmerischen Tätigkeit hinausgehen und die Rationalisierungszwecke enthalten (*gemischte Spezialisierungskartelle*[167])[168] sowie grundsätzlich auch für Einkaufs- und Bezugskooperationen mittelständischer Unternehmen mit Rationalisierungseffekt.[169]

V. Das Merkmal »Zum Gegenstand haben«

94 Die Vereinbarung bzw. der Beschluss muss die Rationalisierung nicht bewirken. Es genügt für die Freistellung nach § 3 GWB, wenn die Vereinbarung bzw. der Beschluss die Rationalisierung lediglich »*zum Gegenstand haben*«. Dieses bedeutet zweierlei:

95 Erstens ist weder die konkrete Realisierung der Rationalisierung noch deren erfolgversprechender Einsatz Voraussetzung für die Freistellung nach § 3 GWB.[170] Der Gesetzgeber überlässt den Unternehmen die Entscheidung oder Wahl, ob sich eine Kooperation in Zukunft lohnen wird oder nicht. Er wollte durch diese Fassung einem grundgesetzrelevanten Eingriff in die unternehmerische Entscheidungsfreiheit vorbeugen.

96 Hingegen bleibt für eine Freistellung dann kein Raum, wenn die Rationalisierung nur vorgeschoben ist.[171] Hier fehlt es auch an einer *zwischenbetrieblichen Zusammenarbeit*[172] und/oder der Rationalisierung wirtschaftlicher Vorgänge.[173] Der Nachweis vorgeschobener Kooperation dürfte jedoch in der Praxis nur schwer zu führen sein.[174]

97 Zweitens muss die angestrebte Rationalisierung Inhalt der Vereinbarung bzw. des Beschlusses sein (*finales Element der Kartellmaßnahme*). Sie braucht nicht deren bzw. dessen wörtlichen Bestandteil zu bilden. Ausreichend ist, wenn sie aus dem Inhalt der Vereinbarung bzw. des Beschlusses hervor-

---

167 Dazu siehe oben: Kapitel B. IV. 4. b (m.w.H.); im Ergebnis auch *Bunte*, in: FK-GWB, § 3 Rn. 45 (m.w.H.).
168 Tätigkeitsbericht 1966, BT-Drucks. V/1950, S. 63.
169 Siehe oben: Kapitel B.IV. 3.
170 Tätigkeitsbericht 1975, BT-Drucks. 7/5390, S. 46.
171 Tätigkeitsbericht 1976, BT-Drucks. 8/704, S. 12; *Benisch*, in: GK (4. Aufl.), § 5b Rn. 11.
172 *Immenga*, in: Immenga/Mestmäcker, § 4 Rn. 30; zum Merkmal der zwischenbetrieblichen Zusammenarbeit siehe unten: Kapitel B.VI (m.w.H.).
173 BKartA, Merkblatt Kooperationserleichterung v. Dezember 1998, S. 4.
174 Siehe folgendes Kapitel B. VI.

geht.¹⁷⁵ Auch verlangt dieses finale Element keine exakt planerische Vorwegnahme des Rationalisierungserfolges. Der Gesetzgeber greift somit nicht die mittlerweile als überholt geltende *Gegenstandstheorie* auf.¹⁷⁶

Jene andere gegenteilige Meinung, die andererseits auch den unbeabsichtigten und zufälligen Eintritt des Rationalisierungserfolgs zur Freistellung nach § 3 GWB genügen lässt,¹⁷⁷ führt insbesondere dann zu willkürlichen und ökonomisch unangemessenen Freistellungen, insbesondere wenn sich im Nachhinein heraus stellt, dass ein beliebiger, von den Parteien nicht intendierter Rationalisierungserfolg lediglich zufällig eingetreten ist. Auch für diesen Fall ist eine restriktive Auslegung der Ausnahmevorschrift des § 3 GWB geboten.¹⁷⁸ 98

Der Gesetzgeber hat durch die Wahl des Wortlautes des § 3 GWB »zum Gegenstand haben« auf die von ihm gewollte Kontinuität des § 3 GWB zur bisherigen Rechtslage verwiesen.¹⁷⁹ 99

VI. Die zwischenbetriebliche Zusammenarbeit

Der Begriff der zwischenbetrieblichen Zusammenarbeit ist inhaltlich sehr weit gefasst: Die zwischenbetriebliche Zusammenarbeit umfasst nahezu jede Form unternehmerischer Kooperation.¹⁸⁰ Dabei ist es gleichgültig, in welcher juristisch/betriebswirtschaftlichen Organisationsform oder mit welchem Grad an Intensität die zwischenbetriebliche Zusammenarbeit betrieben wird.¹⁸¹ Auch die Anzahl der beteiligten Unternehmen, deren betriebliche Größenordnung und die bisherige Stellung als Konkurrenten bzw. Nichtkonkurrenten entscheidet nicht über das Vorliegen des Merkmals der zwischenbetrieblichen Zusammenarbeit i.S.d. § 3 GWB.¹⁸² 100

---

175 *Nordemann*, in: Loewenheim/Meessen/Riesenkampff, § 3 Rn. 41, 44 (m.w.H.); bereits: *Bunte*, in: FK-GWB, § 5b Rn. 19; *Benisch*, in: GK (4. Aufl.), § 5b Rn. 11; *Kapteina*, § 5 GWB – Mittelstandskooperationen.
176 *Bunte*, in: FK-GWB, § 3 Rn. 32.
177 *Nordemann*, in: Loewenheim/Meessen/Riesenkampff, § 3 Rn. 51 (m.w.H.).
178 Dazu siehe insbesondere Kapitel B. IV. 4. b (m.w.H.).
179 Siehe: *Bunte*, in: FK-GWB, § 3 Rn. 31 (m.w.H.); auch Gegenäußerungen der Bundesregierung, WuW-Sonderheft 2005, 230 ff.
180 Vgl. Begründung zu § 5b, 1971, S. 3; *Benisch*, in: GK (4. Aufl.), § 5b Rn. 6; *Schneider*, in: Langen/Bunte, § 3 Rn. 28 ff.
181 BKartA, Merkblatt: Kooperationsmöglichkeiten (März 2007), Kapitel E. III. 2 Rn. 29; schon *Benisch*, in: GK (4. Aufl.). § 5b Rn. 6; *Schneider*, in: Langen/Bunte, § 3 Rn. 32.
182 Tätigkeitsbericht 1977, BT-Drucks. 8/1925, S. 81; Tätigkeitsbericht 1978, BT-Drucks. 8/2980, S. 72; *Schneider*, in: Langen/Bunte, § 3 Rn. 31 ff.

§ 3 GWB *Mittelstandskartelle*

101 Beteiligen sich *Großunternehmen* an der mittelständischen Kooperation, so bleiben insbesondere die Merkmale der »Verbesserung der Wettbewerbsfähigkeit kleiner und mittlerer Unternehmen« und/oder das Vorliegen einer »wesentlichen Wettbewerbsbeeinträchtigung« i.S.d. § 3 GWB zu prüfen.[183]

102 Durch diese sehr weite Fassung hat das Tatbestandsmerkmal der zwischenbetrieblichen Zusammenarbeit in der Praxis keine eigene Bedeutung. Es fehlt ihm an konkreter Abgrenzungsfunktion im Rahmen der Tatbestandsvoraussetzungen der Freistellungsvorschrift des § 3 GWB.[184]

1. Beispielsfälle zwischenbetrieblicher Zusammenarbeit

103 Zwischenbetriebliche Zusammenarbeit kann sich auf einzelne oder mehrere, außenwirksame oder nur interne Unternehmensfunktionen beziehen; wie etwa Produktion, Forschung und Entwicklung,[185] Lagerhaltung, Finanzierung, Verwaltung, Werbung, Einkauf und Vertrieb.[186] Das Merkmal einer »zwischenbetrieblichen Zusammenarbeit« ist daher sowohl bei der unternehmensübergreifenden Koordination und organisatorischen Aufteilung von Produktion und Vertrieb in eigenständigen rechtsfähigen Kapitalgesellschaften, als auch in einer nur losen Zusammenarbeit in unbedeutenden Teilbereichen des Unternehmens (z.B. bei der Entwicklung einzelner Werbemaßnahmen) zu bejahen.[187]

2. Produktionsstilllegung als Maßnahme »zwischenbetrieblicher Zusammenarbeit«

104 Umstritten ist, ob der Produktionsverzicht, insbesondere die Stilllegungsvereinbarung, eine »zwischenbetriebliche Zusammenarbeit« i.S.d. § 3 GWB darstellt.[188] Unterstellt man dem Merkmal der »zwischenbetrieblichen Zusam-

---

183 Dazu siehe unten: Kapitel B. VII.
184 Schon *Kiecker*, in: Langen/Bunte (9. Aufl.), § 5b Rn. 4.
185 Siehe dazu – wenngleich in dem anderen Freistellungszusammenhang des § 2 GWB bzw. des Art. 101 Abs. 3 AEUV – insbesondere die Verordnung (EG) Nr. 2659/2000 der Kommission vom 29.11.2000 über die Anwendung von Artikel 81 Absatz 3 des Vertrages auf Gruppen von Vereinbarungen über Forschung und Entwicklung, ABl. L 304 v. 5.12.2000, S. 7.
186 BKartA, Merkblatt: Kooperationsmöglichkeiten (März 2007), Kapitel E. III. 2 Rn. 29; Information des BMWi, WuW 1979, 225 f.; *Wener*, Unternehmerische Kooperation zur Steigerung der Leistungsfähigkeit, S. 172; *Bunte*, in: FK-GWB, § 3 Rn. 50 ff.
187 *Bunte*, in: FK-GWB, § 5b Rn. 22 (m.w.H.); *Schneider*, in: Langen/Bunte, § 3 Rn. 32 f. (m.w.H.).
188 Vgl.: *Loewenheim/Belke*, § 5b Rn. 9; *Kieker*, in: Langen/Bunte (9. Aufl.), § 5b Rn. 4 (m.w.H.); *Immenga*, § 5b Rn. 38 (m.w.H.).

menarbeit« einen besonderen unternehmens- oder produktionsabhängigen Charakter, liegt es nahe, alle Beschlüsse oder Vereinbarungen aus dem Anwendungsbereich des § 3 GWB auszuschließen, die die Produktion eines Kartellpartners einstellen.[189]

Für eine solche Sicht besteht nach der Fassung des jetzigen § 3 GWB keine Notwendigkeit: Zwar ist in der Regel die Produktion elementarer Bestandteil des Unternehmensbestandes, der Wortlaut des § 3 GWB weist jedoch keinen typischen produktionsabhängigen Bezug auf. Vielmehr sind sämtliche der einzelnen Bereiche, in denen die Kooperation erfolgen kann, gleichgestellt.[190] Eine Produktionsaufgabe kann daher ebenso Gegenstand und Ergebnis einer zwischenbetrieblichen Koordination sein, wie etwa die Aufgabe und Ausgliederung der internen Verwaltung oder der Werbung, denn auch eine Produktionsstilllegung kann zu einer verbesserten Unternehmensauslastung, mit gleichzeitiger Reduktion von Kosten und einer Erhöhung der unternehmerischen Leistungsbilanz führen. Bezeichnenderweise wird das Merkmal der »zwischenbetrieblichen Zusammenarbeit« bei den letztgenannten Beispielen der Verwaltung und der Werbung – wohl wegen der eingeschränkteren Bedeutung für den Bestand und die Funktion des Unternehmens – nicht in Zweifel gezogen.[191]

105

Zur Überprüfung der Freistellungsmöglichkeit einer Produktionseinstellung sind zudem weitere Tatbestandsmerkmale des § 3 GWB zu konsultieren. So ist bei einer Einstellung der Produktion stets zu fragen, in wie weit sie rationalisierenden Charakter i.S.d. § 3 GWB hat[192] oder zur Verbesserung der Wettbewerbsfähigkeit der Unternehmen i.S.d. § 3 GWB beiträgt.[193] Letztgenannte Merkmale sind inhaltlich geeignete und materiell rechtlich ausreichende Kriterien, um die Freistellungsmöglichkeit von Produktionseinstellungen angemessen i.S.d. § 3 GWB zu überprüfen.

106

VII. Die Verbesserung der Wettbewerbsfähigkeit kleiner und mittlerer Unternehmen i.S.d. § 3 Nr. 2 GWB

Nur dann ist eine Wettbewerbsbeeinträchtigung durch Vereinbarungen und Beschlüsse hinnehmbar, wenn diese der Verbesserung der Wettbewerbsfähigkeit kleiner und mittlerer Unternehmen dienen (i.S.d. § 3 Nr. 2 GWB). Der

107

---

189 *Westrick/Loewenheim*, § 5b Rn. 9; *Loewenheim/Belke*, § 5b Rn. 9; bereits: *Langen/Niederleithinger/Ritter/Schmidt*, § 5b (a.F.) Rn. 6; sowie: *Kiecker*, in: Langen/Bunte (9. Aufl.), § 5b Rn. 4.
190 Siehe oben: Kapitel B. IV.
191 Im Ergebnis auch: *Bunte*, in: FK-GWB, § 5b Rn. 18.
192 Dazu siehe oben: Kapitel B. IV.
193 Dazu siehe unten: Kapitel B. VII.

Gesetzgeber sieht damit die wettbewerbsverbessernde Wirkung von »Mittelstandskartellen« als Ausgleich der mit ihnen verbundenen gesamtwirtschaftlichen Nachteile.

1. Die Definition kleiner und mittlerer Unternehmen

108 Seit der Etablierung einer kartellrechtlichen Privilegierung kleiner und mittlerer Unternehmen ist die Definition dieser Unternehmen umstritten. Eine Begriffsbestimmung enthält auch der jetzige § 3 GWB nicht.

109 Einen ersten Anhaltspunkt bezüglich der Unternehmensgröße beinhaltet nach der 7. GWB-Novelle das ungeschriebene Merkmal der »Spürbarkeit« des Kartells.[194] Denn die neue Systematik des § 3 GWB und seines Anwendungsverhältnisses zum europäischen Kartellrecht[195] schließt die Anwendung des § 3 GWB für jene Unternehmen aus, deren Kartelle eine europaweit spürbare Wirkung haben. Damit unterfallen dem § 3 GWB ohnehin nur solche Unternehmen, deren Jahresumsatz auf dem betroffenen Markt unter 5 % und unter 40 Mio. € liegt.[196]

110 Der Konkretisierung des Begriffs der kleinen und mittelständischen Unternehmen anhand der Kriterien, die die Entscheidungspraxis und die Literatur für die *Spürbarkeit* und die *Zwischenstaatlichkeit der Wirkung der Kartellabsprache* entwickelt und anwendet,[197] sei an dieser Stelle aus methodischen Gründen eine deutliche Absage erteilt. Das Wiederaufgreifen der in zwei anderen Sachzusammenhängen (der Spürbarkeit;[198] der Zwischenstaatlichkeit[199]) zu untersuchenden Kriterien kann nur zu redundanten Ergebnissen für die Frage führen, ob ein kleines oder mittleres Unternehmen vorliegt. Ein solcher Rückgriff ist daher nicht nur methodisch zweifelhaft, sondern inhaltlich unergiebig.

a) Absolute Grenzen

111 Die betriebswirtschaftliche Literatur[200] sowie weite Teile der früheren juristischen Literatur[201] arbeiten vorwiegend mit festen, absoluten Marktdaten.

---

194 Siehe oben: Kapitel B. III. 2. B.
195 Siehe oben: Kapitel A. II. (m.w.H.).
196 Einzelheiten siehe Kapitel B. III. 2. B.
197 So für viele: *Schneider*, in: Langen/Bunte, § 3 Rn. 42.
198 Siehe oben Kapitel B. III. 2. B (m.w.H.).
199 Einzelheiten siehe Kapitel B. III. 2. a).
200 *Pichler/Pleitner/Schmidt*, Management in KMU, S. 12 ff., S. 14 (m.w.H.); EU: ENSER, The European Observatory for SMEs, 5. Jahresbericht 1997.
201 Vgl. *Dörnickel*, WuW 1973, S. 827 ff., 828; *Benisch*, in: GK (4. Aufl.), § 5b (a.F.), Rn. 25 (m.w.H.); auch *Kiecker*, in: Langen/Bunte (9. Aufl.), § 5b Rn. 14 f. (m.w.H.); *Schmitt*, ZRP 1979, S. 42.

Auch die Europäische Kommission verwendet bei der Bestimmung von kleinen und mittleren Unternehmen feste Umsatzzahlen: Nach Art. 2 Abs. 1 der *Empfehlung 2003/361/EG der Kommission vom 6.5.2003 betreffend die Definition der Kleinstunternehmen sowie der kleinen und mittleren Unternehmen*[202] liegt ein kleines beziehungsweise mittleres Unternehmen dann vor, wenn das Unternehmen maximal 250 Personen beschäftigt sowie einen Jahresumsatz von höchstens 50 Mio. € bzw. eine Jahresbilanzsumme von höchstens 43 Mio. € hat. Dabei dürfen die kleinen und mittleren Unternehmen nicht zu 25 % oder mehr ihres Kapitals oder ihrer Stimmenanteile im Besitz eines oder mehrerer nicht-mittelständischer Unternehmen stehen.

Die Erhöhung der Werte des Jahresumsatzes von 40 Mio. € auf 50 Mio. € und der Bilanzsumme von 27 Mio. € auf 43 Mio. € mit Wirkung zum 1.1.2005 hat dazu geführt, dass Kooperationen kleiner und mittlerer Unternehmen, ab diesem Zeitraum, nur noch selten dem europäischen Kartellrecht unterfallen.[203]

112

Die Orientierung an absoluten Werten besitzt den unbestreitbaren Vorteil, durch feste Obergrenzen zu einer Rechtssicherheit in der Beurteilung der Freistellungsvoraussetzung des § 3 GWB zu führen. Rechtssicherheit ist ein an Bedeutung nicht zu unterschätzender Wirtschaftsfaktor, denn sie schafft Planungssicherheit für Unternehmen und fördert hierdurch deren Bereitschaft zur Kooperation. Gerade das Kriterium der Planungs- oder Rechtssicherheit hat mit der 7. GWB-Novelle an Bedeutung zugenommen, da im Rahmen des Prinzips der Legalausnahme es nun jedem Kartellpartner (hier den kleinen und mittleren Unternehmen) selbst obliegt die Zulässigkeit bzw. Unzulässigkeit ihrer Absprachen, und mithin auch ihre Eigenschaft, ein Unternehmen kleiner oder mittlerer Größenordnung zu sein, selbst zu beurteilen.

113

Trotz der oben genannten Vorteile ist eine Begriffsbestimmung nach absoluten Zahlen i.S.d. § 3 GWB nicht immer ökonomisch zweckmäßig:[204] Insbesondere kommt – auf Grund unterschiedlicher Marktvolumina der Unternehmen – die Orientierung an festen absoluten Zahlen zu verzerrten Ergebnissen: Ein Unternehmen mit einem Jahresumsatz von 200 Mio. € kann durchaus in einem Markt, auf dem mehrere Umsatzmilliardäre tätig sind, als mittelständisches Unternehmen angesehen werden.[205] Dasselbe Unternehmen würde – bei Geltung einer festen absoluten Umsatzgrenze – auf einem Markt mit geringerem

114

---

202 ABl. L v 20.5.2003, Nr. 124, S. 36 ff.
203 So auch *Bechtold/Bosch/Brinker*, EU-Kartellrecht, Art. 3 VO 330/2010, Rn. 2.
204 Schon Begr. RegE zur 5. GWB-Novelle, BT-Drucks. 11/4610.
205 BKartA: Merkblatt Kooperationsmöglichkeiten (März 2007), S. 6, Rn. 12; *Bunte*, in: FK-GWB, § 3 Rn. 85 ff.

Umsatzvolumen seiner Marktteilnehmer als Großunternehmen zu werten sein.[206]

b) Die relative Bestimmung

115 Die herrschende Meinung tendiert heute dazu, die Klassifizierung eines Unternehmens als kleines oder mittelständisches Unternehmen an Hand relativer Bezugsgrößen vorzunehmen.[207] Absolute Größenwerte finden nur eingeschränkt als Indizien, oder als widerlegbare Vermutung Berücksichtigung zur Bestimmung kleiner und mittlerer Unternehmen.[208]

116 Als vorrangiges Kriterium der Größenzuordnung dient der *Umsatz* der Unternehmen.[209]

117 Zur Bestimmung eines Unternehmens als klein oder mittleres innerhalb eines Marktes kommt es notwendigerweise auch auf die Umsätze der Unternehmen der *Marktgegenseite* an.[210] Auch diese bestimmen die relative Unternehmensgröße und -bedeutung klein und mittlerer Unternehmen, wie sich insbesondere bei Einkaufs- und Bezugsgenossenschaften, und ihrem unmittelbaren Bezug zur Marktgegenseite zeigt.[211]

118 Während sich dieser bei Produktions- und Dienstleistungsunternehmen aus dem Umsatzerlös und/oder der Bilanzsumme ergibt, drückt sich der Umsatz von Banken, Kreditinstituten und Bausparkassen[212] in der Regel in deren *Bilanzsumme* aus. Bei Versicherungen[213] ist eine dem Umsatz entsprechende Größe die *Prämieneinnahme* pro Jahr.[214] Zur Beurteilung treten weitere Faktoren hinzu: So sind Kriterien wie die *Beschäftigungszahl*, die *Produktions-*

---

206 Auch schon: BKartA, Merkblatt: Kooperationserleichterungen v. Dezember 1998, Vorbemerkung; Kooperationsfibel 1976, S. 48; *Bunte*, in: FK-GWB, § 5b Rn. 43 (m.w.H.).
207 *Fuchs*, in: Immenga/Mestmäcker, § 3 Rn. 35 (m.w.H.); *Bunte*, in: FK-GWB, § 3 Rn. 85 ff. (m.w.H.); *Schneider*, in: Langen/Bunte, § 3 Rn. 44 ff. (m.w.H.); bereits *Benisch*, in: GK (4. Aufl.), § 5b Rn. 25.
208 BGH, NJW 2003, S. 205, 206 f.
209 *Schneider*, in: Langen/Bunte, § 3 Rn. 44 (m.w.H.); *Benisch*, in: GK (4. Aufl.), § 5b Rn. 25.
210 A.A. *Schneider*, in: Langen/Bunte, § 3 Rn. 45.
211 Siehe oben: Kapitel B. IV. 4. c (m.w.H.).
212 Zur wettbewerbsrechtlichen Bedeutung dieser Unternehmen siehe: *Krimphove*, in: Busche/Röhling, KK-KartR Bd. 4 Kapitel VI.
213 Siehe: *Krimphove*, in: Busche/Röhling, KK-KartR Bd. 4, Kapitel VII.
214 Vgl. *Bunte*, in: FK-GWB, § 5b Rn. 43; Zur Problematik der Umsatzberechnung siehe unten: Kapitel. B. VII. 1. B.

kapazität, die *Kundenbeziehung*, das *Eigenkapital* und die *Finanzierung* des Unternehmens und auch der *Werkstoffeinsatz* zur Beurteilung der Unternehmensgröße ergänzend heranzuziehen.[215]

Die Flexibilität der relativen Größengrenzen lässt es zu, die Unternehmensgröße marktspezifisch zuzuordnen. Somit können die Eigenheiten der Struktur des betreffenden Marktes, auf dem die Kooperation tätig wird, angemessen i.S.d. § 3 GWB berücksichtigt werden.

c) Die Berücksichtigung der Marktgegenseite bei der Bestimmung der relativen Unternehmensgröße

Der Zweck der Förderung der Wettbewerbsfähigkeit kleiner und mittlerer Unternehmen gegenüber ihren Mitbewerbern[216] erfordert die Bestimmung der Größenordnung kleiner und mittlerer Unternehmen durch das Verhältnis zu ihren Mitbewerbern.[217] Hierbei kommt es zur Beurteilung der Frage, ob ein kleines oder mittleres Unternehmen vorliegt, auf die jeweilige Branche an. So ergeben sich für den Einzelhandel andere Größengrenzen wie für den Großhandel. Entscheidend ist aber auch hier vorrangig der Umsatz der Unternehmen.[218] Dabei kommt es nicht nur auf den Umsatz des bzw. der jeweiligen Kartellpartner, sondern auf den aller im relevanten Markt[219] agierenden Unternehmen an.[220] Auch hierbei sind stets die näheren Umstände des Einzelfalls zu berücksichtigen. Allerdings lässt sich aus obigen Angaben eine vorläufige Orientierungsregel ableiten:[221]

Von einem mittleren Unternehmen ist danach zunächst auszugehen, wenn das Unternehmen weniger als 50 % des Umsatzes des umsatzstärksten Unternehmens auf demselben Markt tätigt.

Ein kleines Unternehmen liegt vor, wenn dies weniger als 10 % des Umsatzes des umsatzstärksten Unternehmens auf dem sachlich und örtlich relevanten Markt generiert.

---

215 *Veltins*, DB 78, 239, 240; *Werner*, Unternehmerische Kooperation zur Steigerung der Leistungsfähigkeit, S. 180.
216 Siehe oben: Kapitel A. I (m.w.H.).
217 So auch *Bunte*, in: FK-GWB, § 3 Rn. 85 ff. (m.w.H.).
218 *Bunte*, in: FK-GWB, § 3 Rn. 88 (m.w.H.); *Nordemann*, in: Loewenheim/Meessen/Riesenkampff, § 3 Rn. 12 (m.w.H.); siehe unten: Kapitel B. VII. 2. a (m.w.H.).
219 Dazu siehe unten: Kapitel B. VIII. 4. a (m.w.H.).
220 Siehe *Görgemanns*, Der Begriff der kleinen und mittleren Unternehmen, S. 21 ff. (m.w.H.).
221 Nach *Nordemann*, in: Loewenheim/Meessen/Riesenkampff, § 3 Rn. 15 ff.; siehe auch: *Bunte*, in: FK-GWB, § 3 Rn. 88.

123 Diese ersten Rahmengrenzen sind durch Sonderbedingungen des Einzelfalles zu korrigieren bzw. zu konkretisieren.[222]

124 Die Marktgegenseite bleibt notwendig zur Bestimmung des Unternehmens als klein oder mittel außer Acht.[223] Dies bedeutet folgerichtig, dass ein, im Verhältnis zu seinen Mitbewerbern, als Großunternehmen einzustufendes Unternehmen nicht auf Grund seiner vergleichsweise geringen Größe zu Unternehmen der Marktgegenseite als klein oder mittelständisch i.S.d. § 3 GWB zu qualifizieren ist.

2. Sonderfälle der Umsatzberechnung

125 Je nach Eigenheit des Unternehmens kann seine Umsatzberechnung anders ausfallen:

a) Berechnung des Umsatzes von Unternehmen im Konzern

126 Problematisch erscheint die Umsatzberechnung immer dann, wenn auf dem Markt Konzernunternehmen auftreten. Inwieweit sich das Tochterunternehmen den Umsatzerlös seiner Mutter im Rahmen der kartellrechtlichen Feststellung seiner Freistellungsmöglichkeit nach § 3 GWB zurechnen lassen muss, bestimmt sich nach dem tatsächlichen Verhältnis des Tochter- zum Mutterunternehmen; insbesondere nach der rechtlichen wie wirtschaftlichen Selbständigkeit der Tochter.[224] Dabei ist eine rein wirtschaftliche Betrachtungsweise entscheidend. Ein wirtschaftlich selbstständiges Tochterunternehmen muss sich nicht die Umsätze seiner Mutter zurechnen lassen.

127 Die wettbewerbliche Selbständigkeit des Tochterunternehmens liegt insbesondere in jenen Fällen vor, in denen[225]
- die Produktion der Tochter für die Mutter keine oder nur unterrangige Bedeutung hat,
- die Konzernmutter weder nach ihrem Unternehmenskonzept, noch in der Praxis Einfluss auf die Leitung der Tochter nimmt, und

---

222 Siehe insbesondere die Ausführungen unter Kapitel B. VII. 2.
223 *Werner*, Unternehmerische Kooperation zur Steigerung der Leistungsfähigkeit, S. 181; *Benisch*, in: GK (4. Aufl.), § 5b Rn. 24; *Schneider*, in: Langen/Bunte, § 3 Rn. 92 (m.w.H.).
224 Kooperationsfibel 1976, S. 48 f.; Tätigkeitsbericht 1978, BT-Drucks. 8/2980, S. 48, Mischgüterhersteller (WuW/E BGH 2321, 2323), aber auch KG (WuW/E OLG 3663, 3666) und German Parcel Paket-Logistik (WuW/E BKartA 2384, 2389).
225 Vgl. Tätigkeitsbericht 1978, BT-Drucks. 8/2980, S. 48: Mischgüterhersteller (WuW/E BGH 2321, 2323), aber auch KG (WuW/E OLG 3663, 3666) und German Parcel Paket-Logistik (WuW/E BKartA 2384, 2389).

– das Konzernunternehmen die Tochter weder fördert, noch deren unternehmerische Aktivitäten absichert.

Die gegenteilige Meinung, welche Töchtern in jedem Fall den Umsatz der Mutter zurechnen will,[226] verkennt, dass wettbewerblich eigenständige Tochterunternehmen nie in die Möglichkeit der Freistellung nach § 3 GWB kämen.

128

Das BKartA schlägt in seinem Merkblatt über Kooperationsmöglichkeiten vom März 2007 die Anwendung des § 36 Abs. 2 GWB als Zurechnungsnorm des Konzernerlöses an ein Konzernunternehmen vor.[227] Die Geltung dieser weiteren Zurechnungsregel hat zur Folge, dass eine Tochtergesellschaft in der Regel nicht als kleines und mittleres Unternehmen gelten kann.

129

Diese Sicht findet insbesondere ihre Berechtigung, will man manipulative Umgehungshandlungen von Konzernunternehmen ausschließen. Diese könnten nämlich durch ein geschicktes Outsourcing einzelner ihrer Aufgaben in eigenständige Betriebe kleiner und mittlerer Größenordnung die Kooperationsfreistellung des § 3 GWB nutzen, ohne diese kleinen und mittleren Unternehmen ihre Wettbewerbsfähigkeit zu fördern.[228]

130

Eine solche Gefahr besteht aus Sicht des Verfassers nicht, denn § 3 GWB begegnet einer solchen Umgehung schon durch das Erfordernis, dass der Rationalisierungserfolg bei allen Kartellteilnehmern eintreten muss.[229] Ein genereller Ausschluss von Tochterunternehmen eines Konzerns ist daher grundsätzlich nicht nötig.

131

Zur Bestimmung der Qualität eines Tochterunternehmens als klein und mittleres Unternehmen i.S.d. § 3 GWB bzw. zur Zurechnung des Konzernumsatzes bietet es sich vielmehr an oben aufgeführten Kriterien zu prüfen.[230] Dies entspricht auch den im gesamten deutschen Kartellrecht maßgeblichen funktionsbezogenen Unternehmensbegriff.[231]

132

---

226 *Immenga*, § 5b, (3. Aufl.) Rn. 69.
227 BKartA: Merkblatt Kooperationsmöglichkeiten (März 2007), S. 6, Rn. 13.
228 *Bunte*, in: FK-GWB, § 3 Rn. 96.
229 Zu diesem Erfordernis siehe oben: Kapitel B. IV. 4 (m.w.H.).
230 Im Ergebnis auch *Nordemann*, in: Loewenheim/Meessen/Riesenkampff, § 3 Rn. 17.
231 BGH WuW/E DE-R 289, 291 – *Lottospielgemeinschaft*; BGH WuW/E 1142, 1143 – *Volksbühne II*; BGH WuW/E DE-R 1718 f. – *Europapokalheimspiele*; *Zimmer*, in: Immenga/Mestmäcker, § 1 Rn. 30 (m.w.H.); *Nordemann*, in: Loewenheim/Meessen/Riesenkampff, § 1 Rn. 19 ff. (m.w.H.), *Bunte*, in: FK-GWB, § 3 Rn. 96; *Möschel*, Recht der Wettbewerbsbeschränkungen, Rn. 100 (m.w.H.).

§ 3 GWB *Mittelstandskartelle*

b) Mehrproduktunternehmen

133 Das Mehrproduktunternehmen – also ein Unternehmen, welches seinen Geschäftsbetrieb auf verschiedenen Märkten erstreckt – ist, aus kartellrechtlicher Sicht, als Einheit zu beurteilen. Dies legt nicht nur der »einheitliche Unternehmensbegriff« des § 1 GWB nahe.[232] Auch die wirtschaftliche Betrachtungsweise erfordert – zumindest zur Berechnung seines Umsatzes aus wettbewerblicher Sicht – das Einbeziehen aller von diesem Unternehmen tangierten Märkte. Eine wettbewerbliche Aufspaltung des Mehrproduktunternehmens in seine jeweiligen, auf einem bestimmten Markt agierenden Betriebsstellen erscheint zur Berechnung seines Umsatzes abwegig. Das Mehrproduktunternehmen profitiert nämlich auch vom Rationalisierungserfolg als Ganzes, so dass eine Aufsplitterung seines Umsatzes begrifflich ausgeschlossen ist.

3. Die Verbesserung der Wettbewerbsfähigkeit kleiner und mittlerer Unternehmen

134 Kooperationen kleiner und mittlerer Unternehmen sind nur dann vom Kartellverbot freizustellen, wenn die der Kooperation zu Grunde liegenden Vereinbarungen und Beschlüsse der Verbesserung der Wettbewerbsfähigkeit der an der Kooperation beteiligten Unternehmen dienen.

a) Die Definition der »Wettbewerbsfähigkeit« i.S.d. § 3 GWB

135 Der Begriff der »Verbesserung der Wettbewerbsfähigkeit« ist inhaltlich verknüpft mit dem angestrebten Rationalisierungserfolg der mittelständisch zwischenbetrieblichen Zusammenarbeit: Erreicht eine Kooperation kleiner und mittlerer Unternehmen eine Rationalisierung, so ist diese in der Regel aus betriebswirtschaftlicher Sicht kostensenkend. Die Rationalisierung eröffnet daher grundsätzlich die Verbesserung der unternehmerischen Wettbewerbsfähigkeit der an der Zusammenarbeit Beteiligten.[233] Der einzig wesentliche Unterschied zwischen dem Rationalisierungserfolg und der »Verbesserung der Wettbewerbsfähigkeit« besteht in der Betrachtungsweise beider Tatbestandselemente des § 3 GWB: Während der Rationalisierungserfolg die freizustellende Kooperation selbst charakterisiert und daher aus Gesamtsicht der Kooperation zu beurteilen ist,[234] kommt es bei der Bestimmung der Wett-

---

232 Dazu: BGH E v. 11.4.1978 WuW/E BGH, 1521; 23.10.1979 WuW/E BGH, 1661, 1662. *Nordemann*, in: Loewenheim/Meessen/Riesenkampff, § 1 Rn. 19 ff. (m.w.H.); bereits: *Hootz*, in: GK § 1 Rn. 13; *v. Gamm*, Kartellrecht (2. Aufl.), § 1 Rn. 8, *Huber/Baum*, in: FK-GWB, § 1 Rn. 38 (m.w.H.).
233 Vgl. *Bechtold*, GWB, § 4 Rn. 3.
234 Siehe oben: Kapitel B. IV. 1 (m.w.H.).

bewerbsfähigkeit auf die unternehmerische, d.h. betriebswirtschaftliche Sicht des einzelnen kleinen bzw. mittleren Kartellpartners an.

Die hier deutlich gemachte Verquickung der beiden Tatbestandsmerkmale eröffnet dem Begriff der Verbesserung der Wettbewerbsfähigkeit einen weiten Raum, denn jede innerbetriebliche Kostensenkung dient der Zunahme der Wettbewerbsfähigkeit der Unternehmen. Eine derart weite Auslegung entspricht auch dem Sinn des § 3 GWB; nämlich dem Aufgreifen sämtlicher – auf einer Rationalisierung beruhenden – gesamtwirtschaftlich positiven Effekte von Mittelstandskartellen.

b) Beispielsfälle einer Wettbewerbsverbesserung i.S.d. § 3 Nr. 2 GWB

Eine Verbesserung der Wettbewerbsfähigkeit kleiner und mittlerer Unternehmen tritt schon dann ein, wenn die Kooperation durch Rationalisierungsmaßnahmen eine Senkung von Unternehmenskosten herbeiführt und das Unternehmen dadurch effizienter (d.h. häufiger oder/und qualifizierter) am Markt auftreten kann. Unter den weiten Begriff der Wettbewerbsverbesserung i.S.d. § 3 GWB fällt somit u.a. auch der Umstand, dass ein Unternehmen ein wettbewerbsfähiges Angebot auf den Markt bringen kann.[235]

Aus der Vielzahl möglicher denkbarer Beispiele sind hier für eine Verbesserung der Wettbewerbsfähigkeit kleiner und mittlerer Unternehmen i.S.d. § 3 GWB nur einzelne charakteristische anzuführen:[236]
– Ausweitung der Produktion oder Leistungserbringung
– umfassende Auslastung von Produktionsanlagen
– Verbreiterung des Waren- oder Dienstleistungssortiments
– Erhöhung der Qualität von Waren und/oder Dienstleistungen
– umfassendere Berücksichtigung der Kundenwünsche
– kundenorientierte Kombination von Waren- und Dienstleistungen unterschiedlicher Art
– Verkürzung von Lieferwegen und Lieferfristen
– vereinfachte Gestaltung der Logistik, Beschaffung oder des Vertriebes
– rationellere Gestaltung der internen Verwaltung, insbesondere des Abrechnungs- und Mahnwesens
– effiziente Organisation der Kundenansprache und des Kundenkontaktes
– Einsparungen bei Fracht-, Lager- und Werbekosten
– effizientere Auftragslenkung

---

235 Noch zu dem Begriff der Leistungsfähigkeit in ähnlicher, gleicher Auslegung BKartA v. 5.9.1977 WuW/E BKartA 1697; Tätigkeitsbericht 1977, BT-Drucks. 8/1925, S. 51.
236 Vgl. auch: BMWi/BKartA, Merkblatt: Kooperationserleichterungen v. Dezember 1998, TEIL I, A. II.

– kostengünstigere Finanzierung des Unternehmens und Absicherung der Unternehmensaktivitäten

4. Die Beziehung zwischen Beschlüssen und Vereinbarungen sowie der Verbesserung der Wettbewerbsfähigkeit – Das Merkmal »dazu dienen«

139 Die Vereinbarungen und Beschlüsse müssen im Einzelfall nicht tatsächlich zu einer Verbesserung der Wettbewerbsfähigkeit führen oder geführt haben.[237] Es genügt nach dem Wortlaut des § 3 Nr. 2 GWB, wenn sie hierzu lediglich dienen.[238] Die Kartellvereinbarung muss daher lediglich objektiv *geeignet* sein, eine Wettbewerbsverbesserung der oben angegebenen Art herbeizuführen. Folglich kann eine Wettbewerbsverbesserung auch erst zukünftig eintreten.

140 Nicht ausreichend ist allerdings, dass die Beteiligten eine Wettbewerbsverbesserung lediglich fälschlicherweise erwarten.

141 Durch das Tatbestandselement des »*Dienens*« enthält das Merkmal »Verbesserung der Wettbewerbsfähigkeit« einen großen Anwendungsbereich, aus dem sich zahlreiche Sonderfragen der kartellrechtlichen Zulässigkeit von Mittelstandskooperationen ergeben:

a) Die Notwendigkeit einer Förderung aller am Kartell beteiligten Unternehmen

142 § 3 GWB erfordert nicht, dass alle an der Kooperation beteiligten Unternehmen insgesamt und gleichmäßig gefördert werden. Dies ergibt ein Vergleich zum anderslautenden Wortlaut des § 5 GWB (a.F.). § 5 Abs. 2 GWB (a.F.) forderte noch die Steigerung der Leistungsfähigkeit oder Wirtschaftlichkeit aller am Kartell beteiligten Anschlussunternehmen. Bei jedem einzelnen Mitglied eines Kartells nach § 5 GWB (a.F.) musste also ein wesentlicher Rationalisierungserfolg eintreten.[239] Diese Anforderung will § 3 GWB nicht mehr an die Freistellung stellen.[240] Der Wortlaut des § 3 GWB spricht nur allgemein von der »Förderung kleiner und mittlerer Unternehmen«.

143 In der Praxis mittelständischer Kooperationen ist die Bedeutung der obigen Abweichung zwischen dem heutigen und dem vormaligen Recht gering: Ein Unternehmen, welches keinerlei der vielfältigen, oben bezeichneten wett-

---

237 Missverständlich BKartA v. 29.12.1960 – *Textilveredlung* – WuW/E BKartA S. 322 ff., 327.
238 *Bunte*, in: FK-GWB, § 3 Rn. 81 (m.w.H.).
239 BGH, Beschl. v. 18.5.1982, WuW/E 1929, 1931 – *Basalt Union*; auch Bericht BKartA 1981/82, S. 44.
240 A.A.: *Bunte*, in: FK-GWB, § 3 Rn. 83.

bewerblichen Verbesserungen von der Kooperation zumindest in Zukunft zu erwarten hat, wird dieser Kooperation entweder schon deshalb nicht beitreten oder diese verlassen.

b) Die Förderung der Wettbewerbsfähigkeit kleiner und mittlerer Unternehmen mittels Beteiligung von Großunternehmen

Der Wortlaut des § 3 GWB schließt die Beteiligung von Großunternehmen an einer Kooperation nicht aus.[241] Die gegenteilige Ansicht *Imengas*,[242] Großunternehmen generell von der Möglichkeit sich an Kooperationen kleiner und mittlerer Unternehmen zu beteiligen, zu versagen, verkennt, dass die Beteiligung von Großunternehmen an mittelständischen Kooperationen durchaus zur Förderung der Wettbewerbsfähigkeit kleiner und mittlerer Unternehmen vorteilhaft sein kann.[243]

144

Bei einer Besetzung eines Kartells mit mehreren (z.T. wirtschaftlich bedeutenden) Großunternehmen und nur einigen wenigen klein- oder mittelständischen Einheiten kann allerdings der »mittelständische« Charakter einer Kooperation oder/und ihre »*Rationalisierungswirkung*«[244] entfallen und somit eine Anwendung des § 3 GWB zu verneinen sein.[245]

145

c) Die Kriterien einer zulässigen Beteiligung von Großunternehmen an Kooperationen kleiner und mittlerer Unternehmen

Die Entscheidung über das ob und das Ausmaß der Zulassung von Großunternehmen ist im jeweiligen Einzelfall anhand des Normzweckes zu beurteilen. Folgende Kriterien sind in der Praxis als Entscheidungshilfen heranzuziehen:
– Die Beteiligung von Großunternehmen stärkt die Wettbewerbsfähigkeit kleiner und mittlerer Unternehmen.[246]

146

---

241 BGH WuW 2321 – *Mischguthersteller*; BGH WRP 2003, S. 765 ff. – *Feuerlöschzüge*.
242 *Immenga*, in: Immenga/Mestmäcker, § 4 Rn. 71; auch *Fuchs*, in: Immenga/Mestmäcker, § 3 Rn. 75; siehe dazu: *Emmerich*, Kartellrecht, S. 76; *Möschel*, Recht der Wettbewerbsbeschränkungen, Rn. 297; siehe auch *Herresthal*, Die Praxis der Mittelstandskooperationen nach § 5b (1983), S. 56.
243 BKartA, Merkblatt: Kooperationserleichterungen v. Dezember 1998, TEIL I, A. II; BKartA WuW 2384, 2388 – *German Parcel Logistik*; BGH WuW 2321 – *Mischguthersteller*; BGH, WRP 2003, S. 765 ff. – *Feuerlöschzüge*; siehe auch: *Benisch*, in: GK (4. Aufl.), § 5b, Rn. 26; *Bunte*, in: FK-GWB, § 5b Rn. 57.
244 Dazu siehe oben: Kapitel B. VII. 1. und Kapitel B. IV. (m.w.H.).
245 Auch: BKartA WuW 1108, 1109, WuW/E BGH 2321, 2325 – *Mischguthersteller*.
246 Begründung des Regierungsentwurfes der 5. GWB-Novelle, BT-Drucks. XI/4610 = WuW 1990, 332, 339; vgl. BKartA, Tätigkeitsbericht 1974, BT-Drucks. 7/3791,

- Die Beteiligung von Großunternehmen beschränkt sich auf die Förderung der Wettbewerbsfähigkeit kleiner und mittlerer Unternehmen. Sie beinhaltet keine weiteren, hierüber hinausgehenden, eigenen, erheblichen Wettbewerbsbeeinträchtigungen.[247]
- Das Unternehmen gehört nicht einer Spitzengruppe an (anderenfalls erscheint ein Nachteilsausgleich[248] nicht möglich[249]).
- Einen weiteren Ausschlusspunkt der Beteiligung von Großunternehmen sieht insbesondere das BKartA in dem Umstand, dass Großunternehmen in mittelständischen Kooperationen ihre Wettbewerbsvorsprünge weiter ausbauen.[250] Auch in diesem Fall reduziert der Normzweck – nämlich die Möglichkeit zum Nachteilsausgleich[251] – die Teilnahme des Großunternehmens am »Mittelstandskartell«.

VIII. Das Verbot der wesentlichen Beeinträchtigung des Wettbewerbs i.S.d. § 3 Nr. 1 GWB

147 Eine »negative« Grenze der Freistellungsmöglichkeiten von Kooperationen kleiner und mittlerer Unternehmen zieht der Gesetzgeber durch § 3 Nr. 1 GWB: Vereinbarungen und Beschlüsse i.o.S. sind nur dann freistellungsfähig i.S.d. § 3 GWB, wenn sie keine wesentliche Beeinträchtigung des Wettbewerbs auf dem Markt hervorrufen.

148 Speziell Absatz- und Vertriebskartelle kleiner und mittlerer Unternehmen können im Wesentlichen folgende wettbewerblichen negativen Auswirkungen aufweisen:
- Eine Kooperation schließt ihrem Wesen nach zunächst den Wettbewerb der Mitglieder untereinander aus. Diese dürfen beispielsweise keine anderen als die festgelegten Preise verlangen, oder ihr volles Sortiment nicht mehr produzieren, bzw. in den Handel geben etc.[252]

S. 4; Tätigkeitsbericht 1975, BT-Drucks. 7/5390, S. 56; Tätigkeitsbericht 1976, BT-Drucks. 8/704, S. 13; WuW/E BGH 2321, 2325 – *Mischguthersteller*, BKartA v. 1.6.1989 WuW/E BKartA 2384, 2388 – *German Parcel Paket Logistik*; Tätigkeitsbericht 1976, BT-Drucks. 8/704, S. 13.

247 WuW/E BGH 2321, 2325 – *Mischguthersteller*; Beschl. v. 30.9.1986; BKartA v. 1.6.1989 WuW/E BKartA 2384, 2388 – *German Parcel Paket Logistik*.
248 Siehe oben Kapitel A. III (m.w.H.).
249 Drucks. XI/4610 = WuW 1990, 332, 339; BMWi/BKartA, Merkblatt: Kooperationserleichterungen v. Dezember 1998, TEIL I, A. II.
250 Tätigkeitsbericht 1985/86, BT-Drucks. 11/554, S. 94; BKartA v. 1.6.1989 WuW/E BKartA 2384, 2388 – *German Parcel Paket Logistik*.
251 Kapitel A. III.
252 Zur kartellrechtlichen Bedeutung der Reduktion ausschließlich internen Wettbewerbs siehe unten: Kapitel B. VIII. 3.

- Hieraus kann, infolge eines fehlenden oder herabgesetzten Innovationsdruckes, eine Reduktion der Forschungs- und Entwicklungstätigkeit resultieren.
- Kartelle sind in der Lage, Newcomern Markteintrittschancen zu versperren. Newcomer müssen erst Aufnahme in das Kartell finden, um gegenüber der in ihm organisierten Konkurrenz zu bestehen.
- Gerade das Versperren von Marktzutrittschancen stellt ein besonderes Problem der Freistellung von »Mittelstandskartellen« dar: Denn es sind oft kleine und mittlere Unternehmen, die neu auf den Markt drängen. Zum Zweck der Verbesserung des Wettbewerbs von freigestellten Mittelstandskartellen i.S.d. § 3 GWB würde gerade durch marktstarke Mittelstandskartelle der Zugang von kleinen und mittelständischen Newcomern auf den Markt verhindert.
- Aus einer abgestimmten Verknappung des Angebotes (Produktionskartell) oder der kooperativen Festsetzung von Preisen und/oder Nebenleistungen resultiert ein nicht angebots- und nachfragegerechter Wettbewerb.
- Dieser führt nicht nur zur Erhöhung von Preisen und zur Zulässigkeit eines Preiskartells i.S.d. § 3 GWB (s.o.).
- Er kann sich auch in der Verschlechterung der Qualität von Waren, Dienstleistungen und/oder Konditionen oder in der
- quantitativen Verschlechterung des Waren- und Dienstleistungsangebotes ausdrücken.
- Künstliche, d.h. unter den Kartellmitgliedern abgesprochene Angebotsverknappung bewirkt nicht nur höhere Preise bei gleichbleibender oder geringerer Qualität (s.o.). Sie kann insbesondere bei kooperativen Mengen- oder Gebietsabsprachen auch zu Unterversorgung führen.
- Nicht ausgeschlossen ist auch, dass das Kartell durch eine gezielt koordinierte Sortimentspolitik die Abnehmer an ein kooperativ festgelegtes Waren- oder Dienstleistungsangebot bindet.

1. Die »Beeinträchtigung« des Wettbewerbs

Zur Feststellung der Beeinträchtigung des Wettbewerbs i.S.d § 3 Nr. 1 GWB kommt es auf das Verhältnis des Kartells zu seinen Kunden, und nicht auf die Wettbewerbsbeziehungen der Kartellpartner untereinander, an.[253] Hierfür steht zum einen der Wortlaut des § 3 Nr. 1 GWB, der ausdrücklich von dem »*Wettbewerb auf dem Markt*« spricht.[254]

149

---

253 Siehe: *Schneider*, in: Langen/Bunte, § 3 Rn. 45, 53 (m.w.H.).
254 *Schneider*, in: Langen/Bunte, § 3 Rn. 55 (m.w.H.); siehe auch: *Bunte*, in: FK-GWB, § 3 Rn. 105 (m.w.H.).

150 Die Aufgriffsschwelle des Merkmals »Beeinträchtigung des Wettbewerbs« hat der Gesetzgeber sehr niedrig angesetzt. Eine Beeinträchtigung des Wettbewerbs setzt nämlich weder dessen irreversible Aufhebung, noch dessen Defekt oder Beschädigung voraus. Bereits eine Behinderung, Erschwerung, Hemmung, Minderung oder nachteilige Störung des Wettbewerbs genügt. Nach Ansicht des Wirtschaftsausschusses kann eine wesentliche Wettbewerbsbeeinträchtigung selbst dann vorliegen, wenn ein wesentlicher Wettbewerb fortbesteht.[255]

151 Allerdings weist der BGH zu Recht darauf hin, dass eine i.S.d. § 3 GWB relevante Wettbewerbsbeeinträchtigung nicht schon dann besteht, wenn die Kooperation Wettbewerbsstrukturen lediglich *verändert*, sondern sich eine entsprechende Beeinträchtigung des Wettbewerbs nur ergibt, falls die Kooperation mittels der Strukturveränderung ihre Marktstellung wesentlich erhöht und dadurch eine umfassende, beherrschende Marktstellung erlangt.[256]

152 Unter Berücksichtigung der o.g. Kriterien kann ein Absatz- oder Vertriebskartell insbesondere dann wettbewerbsbeeinträchtigend sein, wenn es zur Gewinnmaximierung:
– durch die künstliche Verknappung des Angebotes die Preise erhöht
– bei Beibehaltung oder Erhöhung der Preise die Qualität der Ware oder Dienstleistung reduziert
– Konditionen verschlechtert
– das Warensortiment künstlich knapp hält
– die Kombination von Warenlieferung und hierauf abgestimmten, komplementären Dienstleistungen unterbricht
– Newcomern den Zugang zum Markt versperrt
– Absatzgebiete willkürlich aufteilt und somit Kunden vom Bezug bestimmter Waren und Leistungen ganz ausschließt bzw. diesen erheblich erschwert und verteuert
– durch die Steuerung des Angebotes die Kundenwünsche ignoriert
– Serviceleistungen einseitig einstellt
– Mitglieder überlang und/oder übermäßig an das Kartell bindet
– dauerhafte Bezugsabhängigkeiten der Kunden schafft.

2. Die »Wesentlichkeit« der Wettbewerbsbeeinträchtigung

153 Ein zentrales Problem in der Beurteilungspraxis der Freistellungsmöglichkeiten von Mittelstandskartellen stellt das Tatbestandsmerkmal der »Wesentlichkeit« der Wettbewerbsbeeinträchtigung dar. Es dient der Eingrenzung der

---

[255] Bericht des Wirtschaftsausschusses, WuW 1973, 585.
[256] BGH, WRP 2003, 765 ff. – *Feuerlöschzüge*.

Freistellungsbegrenzung aus § 3 Nr. 1 GWB und damit der Erweiterung der kartellrechtlichen Zulässigkeit der Kooperationen kleiner und mittlerer Unternehmen. Denn nur jene Vereinbarungen bzw. Beschlüsse sind nach § 3 GWB nicht freistellungsfähig, die den Wettbewerb wesentlich beeinträchtigen.

Der gesetzgeberische Zweck des Merkmals der Wesentlichkeit der Wettbewerbsbeeinträchtigung besteht darin, einerseits eine ausgewogene Wettbewerbsstruktur zu gewährleisten oder aufrechtzuerhalten, die einerseits strukturelle Wettbewerbsnachteile kleiner und mittelständischer Unternehmen ausgleicht, andererseits die Wettbewerbsmacht ihrer Kooperation, insbesondere zum Schutz von Kartellaußenseitern, auf das Nötigste reduziert.[257] Anders wäre es nämlich nicht möglich auf den jeweiligen Märkten jenen ausreichenden Wettbewerbsdruck zu garantieren, der die Kartellpartner veranlasst, die erzielten Vorteile ihrer Kartellabsprache auch an die Nachfrager weiterzuleiten.[258]

154

Bei der Beurteilung der »Wesentlichkeit« der Wettbewerbsbeeinträchtigung ist nach dem Ebengesagten die typische Relation zwischen
– erstens der Marktanteilsgrenze der Unternehmen,
– zweitens dem auf dem relevanten Markt vorhandenen Wettbewerbsgeschehen und
– drittens der jeweiligen Wettbewerbsbeeinträchtigung der Kooperation zu beachten.

155

Je gesicherter das Wettbewerbsgeschehen auf dem Markt, und je geringer der Marktanteil der Kooperationspartner ist, desto gravierender kann der Inhalt ihrer Kartellabsprachen ausfallen. Je fragiler sich das Wettbewerbsgeschehen auf dem Markt, und je bedeutender der Marktanteil der Kartellpartner darstellt, desto kritischer ist der Inhalt der Vereinbarungen bzw. der Beschlüsse zu beurteilen.[259] Bei geringfügigen wettbewerbsbeschränkenden Maßnahmen der Unternehmen können deren Marktanteile größer sein. Bei niedrigen Marktanteilen dagegen können weitergehende Wettbewerbsbeeinträchtigungen der Unternehmen vorliegen, ohne dass eine wesentliche Wettbewerbsbeeinträchtigung i.S.d. § 3 Nr. 1 GWB zu bejahen ist.[260]

156

---

257 *Nordemann*, in: Loewenheim/Meessen/Riesenkampff, GWB, § 3 Rn. 53; *Bunte*, in: FK-GWB, § 3 Rn. 105 (m.w.H.).
258 BKartA, Merkblatt Kooperationserleichterungen, S. 7.
259 Auch: *Nordemann*, in: Loewenheim/Meessen/Riesenkampff, GWB, § 3 Rn. 53; *Bunte*, in: FK-GWB, § 3 Rn. 105.
260 Auch: Bericht BKartA 1976, S. 84, auch OLG Frankfurt, Beschl. v. 20.9.1982, WuW/E OLG 2771, 2774 – *Taxi-Funk-Zentrale Kassel*; *Bechtold*, in: GWB, § 4

157 Zur Feststellung der Wesentlichkeit der Wettbewerbsbeeinträchtigung gelten auch hier die Besonderheiten des jeweiligen Einzelfalls.[261]

3. Einzelkriterien zur näheren Bestimmung der »Wesentlichkeit« der Wettbewerbsbeeinträchtigung

158 Der Gesetzgeber hat ausdrücklich von der Etablierung einer festen Schwelle zur Bestimmung der »Wesentlichkeit« der Wettbewerbsbeeinträchtigung abgesehen. Trotz der gravierenden Bedeutung des Merkmals der Wesentlichkeit der Wettbewerbsbeeinträchtigung für die Freistellungsmöglichkeit der mittelständischen Kooperation[262] verzichtete er, zu Gunsten einer abwägenden *Gesamtschau*, auf die Etablierung größtmöglicher Rechtssicherheit für die Kartellbehörden, aber auch für die mittelständischen Kooperationspartner, die nach der 7. GWB-Novelle über die Möglichkeit der Freistellung nach § 3 GWB selbst zu entscheiden haben.[263]

a) Grober Rahmen der Wesentlichkeitsbetrachtung

159 Ein erster Rahmen zur Festlegung der »Wesentlichkeit« ist aus der Systematik des § 3 GWB ableitbar: Die systematische Stellung des § 3 GWB zu § 1 GWB[264] ergibt, dass die Untergrenze der Wettbewerbsbeeinträchtigung über der *Spürbarkeitsgrenze*[265] liegen muss. § 3 GWB ist nämlich nur anwendbar, wenn die Voraussetzungen des § 1 GWB – mithin auch das Vorliegen einer spürbaren Wettbewerbsbeeinträchtigung – erfüllt sind.[266]

160 Die absolute Obergrenze der Wesentlichkeit ist die Schwelle zur *Marktbeherrschung* i.S.d. § 19 GWB.[267] Ist diese erreicht oder überschritten, ist von der »Wesentlichkeit« einer Wettbewerbsbeeinträchtigung auszugehen. Anderenfalls ergeben sich erhebliche wettbewerbspolitische Gefahren: Ließe man das Anwachsen von Kooperationen bis zur Marktbeherrschung zu, so würde

---

Rn. 3; Bericht des Wirtschaftsausschusses, WuW 1973, 585; OLG Stuttgart, Beschl. v. 17.12.1982, WuW/E OLG 2807, 2810 – *gebrochener Muschelkalkstein*.
261 *Bechtold*, in: GWB, § 3 Rn. 10 (m.w.H.); *Schneider*, in: Langen/Bunte, § 3 Rn. 55 (m.w.H.).
262 *Schneider*, in: Langen/Bunte, § 3 Rn. 58.
263 Zur Gesamtschau siehe: Kapitel B. VIII. 3. d (m.w.H.).
264 Siehe oben: Kapitel A. II (m.w.H.).
265 Siehe oben: Kapitel B. III. 2. B.
266 Zur Spürbarkeit siehe oben: § 1 Rdn. 454 (m.w.H.); und Kapitel B. III (m.w.H.).
267 Zur Ermittlung dieser Grenze siehe: *Diester*, in: Schulte/Just, Kartellrecht, § 19 Rn. 53 ff. (m.w.H.).

dies ferner der weitgehenden Aufhebung des für Kartelle geltenden Verbotsprinzips gleichkommen.[268]

Zwischen den Extremen der Spürbarkeit und der Marktbeherrschung muss die für § 3 Nr. 1 GWB relevante Schwelle der »wesentlichen« Wettbewerbsbeeinträchtigung gefunden werden: 161

b) Die quantitative Beurteilung nach der Marktanteilsgrenze

Die Kartellrechtspraxis, insbesondere des BKartA, legt nahe, die kritische Grenze zur Annahme der »Wesentlichkeit« einer Wettbewerbsbeeinträchtigung dann anzunehmen, wenn die Kooperation einen Marktanteil von 10–15 % erreicht hat.[269] Allerdings kann auch diese Schwelle nicht vollständig alle Folgen der mittelständischen Kooperation auf das Wettbewerbsgeschehen graduell erfassen.[270] Sie kann daher lediglich eine »erste Orientierung« bieten.[271] 162

Zur Bestimmung des Marktanteils von Unternehmen ist allein auf das Umsatzvolumen abzustellen.[272] Ist das Unternehmen in einem Konzern verbunden, kommt es zur Berechnung seines Umsatzes auf die Frage an, inwieweit das Unternehmen als wettbewerblich eigenständig gilt.[273] Die zur Problematik der Förderung kleiner und mittlerer Unternehmen durch die Beteiligung von Konzernen gemachten Feststellungen gelten entsprechend.[274] 163

c) Die qualitative Bestimmung der »Wesentlichkeit« der Wettbewerbsbeeinträchtigung

Für die Annahme derart starrer Grenzwerte spricht die Gewährleistung der Rechtssicherheit zu Gunsten der betroffenen Unternehmen und Kartellbehörden. Absolute Grenzwerte sind jedoch aus folgenden Gründen abzulehnen: 164

---

268 Vgl. auch Begründung zur Einführung des § 5c (a.F.), BT-Drucks. 11/4610, S. 16 links unten.
269 Zu dem ehemaligen § 5b: Bericht des Wirtschaftsausschusses, WuW 1973, 585; zu § 4: BMWi/BKartA, Merkblatt: Kooperationserleichterungen v. Dezember 1998, TEIL I, A. III.
270 Im Einzelnen siehe unten: Kapitel B. VIII. 3. c) (m.w.H.).
271 Auch: *Knöpfle*, BB 1986, 2346 ff.
272 Siehe auch oben Kapitel: B. VII. 2. a) (m.w.H.).
273 Tätigkeitsbericht 1978, BT-Drucks. 8/2980, S. 48; WuW/E BGH 2321, 2323; aber auch KG WuW/E OLG 3663, 3666 und *German Parcel Paket-Logistik* WuW/E BKartA 2384, 2389.
274 Siehe oben: Kapitel B. VII. 2. a (m.w.H.).

§ 3 GWB *Mittelstandskartelle*

165 Aus praktischer Sicht stellt sich erstens die Frage nach der Effizienz dieses starren Aufgriffskriteriums. Im Einzelfall kann die Schwelle von 10–15 % Marktanteilsgrenzen nämlich zu hoch angesetzt sein. Insbesondere auf *Spezialmärkten* oder sich gerade entwickelnden Märkten können Kartelle kleiner und mittlerer Unternehmen stark beeinträchtigend wirken, ohne dass sie bereits die oben genannte Marktanteilsgrenze erreicht haben.[275] Die starre Grenze der Marktanteile der Kooperation ermöglicht zweitens nur sehr unvollkommen das Erfassen ihrer wettbewerblichen Bedeutung: Die bloße Festlegung von Marktanteilsgrenzen als Bestimmungsfaktor der »Wesentlichkeit« der Wettbewerbsbeeinträchtigung berücksichtigt zwar die Quantität der Marktanteile der Kooperation, nicht aber die Qualität der Wettbewerbsbeeinträchtigung selbst. Die Qualität der Wettbewerbsbeeinträchtigung kann aber von wettbewerblich weitaus größerer Relevanz sein, als die Marktanteile der an ihr Beteiligten: Beispielsweise kann die Grenze von 10–15 % bei qualitativ bedeutenden Wettbewerbsverstößen – etwa die kooperative Festsetzung von Preisen, Qualitäten, Konditionen, Quotenabsprachen und/oder die Verpflichtung der Kartellmitglieder, ausschließlich über das Kartell Waren oder Dienstleistungen zu verkaufen – auf die Wesentlichkeit der Wettbewerbsbeeinträchtigung hindeuten.[276] Weniger massiv in das Wettbewerbsgeschehen eingreifende Wettbewerbsbeeinträchtigungen (z.B.: Verbot der Doppelmitgliedschaft in einem Kartell oder/und Konkurrenzverbote) können auch bei einem über der 10–15 % Grenze liegenden Marktanteil noch keine »wesentliche« Beeinträchtigung darstellen.

166 Entsprechend den obigen Grundsätzen hat die Rechtsprechung die Schwelle von 10–15 % ausschließlich auf jene Fälle angewandt, in denen das Kartell wesentliche Wettbewerbsparameter – wie *Preise*, *Rabatte* oder *Zahlungsbedingungen*, die im konkreten Fall als *Preisbestandteile* anzusehen waren, oder *Quoten* – festgelegt hat.[277] Bei weniger signifikanten Wettbewerbsparametern – z.B. einer gemeinsamen *Werbung*, *Produktionsservice* und *Versandvorgängen* – können die Marktanteile der Unternehmen wesentlich höher ausfallen[278] und sogar im Einzelfall branchenübergreifend sein.[279]

---

275 Zur Bedeutung der Marktbestimmung für die Feststellung wettbewerbsrelevanten Verhaltens siehe: *Krimphove*, Europäisches Wirtschafts- & Steuerrecht 1992, 357 ff. (m.w.H.); siehe unten Kapitel B. VIII. 4 (m.w.H.).
276 *Bechtold*, in: GWB, § 4 Rn. 3; *Bunte*, in: FK-GWB, § 5b Rn. 62; *Benisch*, in: GK (4. Aufl.), § 5b Rn. 20 (m.w.H.).
277 Zu § 5b; Bericht des Wirtschaftsausschusses, WuW 1973, 585; OLG Stuttgart, Beschl. v. 17.12.1982, WuW/E OLG 2807, 2810 – *gebrochener Muschelkalkstein*.
278 Bericht BKartA 1976, S. 84; auch OLG Frankfurt, Beschl. v. 20.9.1982, WuW/E OLG 2771, 2774 – *Taxi-Funk-Zentrale Kassel*; *Bechtold*, in: GWB, § 4 Rn. 3.
279 *Benisch*, in: GK (4. Aufl.), § 5b Rn. 20.

d) Gesamtschau

Der Gesetzgeber hat aus oben dargestellten Gründen die Grenze von 10–15 % der Marktanteile nicht als einzig entscheidendes Kriterium, sondern lediglich als »Groborientierung«, speziell in dem Fall verstanden wissen wollen, in dem die Wettbewerbsbeeinträchtigung in einer *Preisfestsetzung* besteht. Bei weniger wettbewerblich einschneidenden Kooperationsinhalten (wie etwa: Koordination der Werbemaßnahmen oder des Versandes) verliert die obige Marktanteilsschwelle ohnehin ihre Signifikanz.[280]

167

Um die Qualität der Beeinträchtigung erfassen zu können, hat der Gesetzgeber bewusst auf die Aufnahme bestimmter Marktanteilsgrenzen in § 3 GWB verzichtet,[281] und statt dessen zur Beurteilung der »Wesentlichkeit« der Wettbewerbsbeeinträchtigung eine *Gesamtschau* vorgesehen.

168

Diese Gesamtschau beeinflussen die Wertungen und Zielsetzungen des § 3 GWB.[282] Hier sind es insbesondere die Zielsetzungen des *strukturellen Wettbewerbsausgleiches* kleiner und mittlerer Unternehmen gegenüber Großunternehmen und die der ausgewogenen Marktstruktur, welche die Annahme der »Wesentlichkeit der Wettbewerbsbeschränkung« bedingen.

169

In Anlehnung an die bisherige Entscheidungs- und Beurteilungspraxis zu § 5b GWB (a.F.) bzw. § 4 GWB (a.F.) ist daher – zusätzlich zu der Groborientierung an der Marktanteilsschwelle – u.a. folgender Katalog zu durchlaufen:[283]
– Verbleibt zwischen den Anschlussunternehmen des Mittelstandskartells ein wirksamer Wettbewerb?
– Sind auf dem betroffenen Markt ein oder mehrere marktstarke Unternehmen tätig?
– Bestehen (weitere) Zutrittschancen Dritter?
– Wie hoch ist die Marktaktivität und -stärke nicht an der Kooperation beteiligter Unternehmen auf dem Markt?
– Besteht Substitutionswettbewerb?
– Wie ist die Marktstruktur?
– In welcher Marktphase befindet sich das Wettbewerbsgeschehen? Gehen von diesem entscheidende Impulse für den Wettbewerb aus?

170

---

280 Siehe oben: Kapitel B. VIII. 3. c.
281 Bericht des Wirtschaftsausschusses 7/765, S. 3.
282 Dazu siehe oben: Kapitel A., insbesondere Kapitel A. II (m.w.H.) und Kapitel A. III (m.w.H.).
283 *Teichmann*, WuW 1974, 460 ff.; BKartA Beschl. v. 12.2.1982, WuW/E BKartA 2047, 2048; Tätigkeitsbericht 1977/78, BT-Drucks. 11/4611, 65, 76, 99 f. vgl. *Benisch*, in: GK (4. Aufl.), § 5b Rn. 14; Bericht BKartA 1979/80, S. 49; Bericht BKartA 1980/81, S. 8; Bericht BKartA 1981/82, S. 43; Kooperationsfibel, Abschnitt III Ziff. 1.4., S. 49.

171 In die Gesamtbewertung – insbesondere im Rahmen der Untersuchung der Marktstruktur, der *Marktphase* und der *Marktentwicklung* – können auch spezielle Gesichtspunkte der gesamtwirtschaftlichen Vorteile von Kooperationen einfließen: Kooperationen verhindern durch ihre Mitgliederförderung das Ausscheiden von Anbietern (vorwiegend kleiner und mittlerer Unternehmen) aus dem Markt und damit die Monopolisierung bzw. Oligopolisierung des Marktes. Sofern Absatz- bzw. Vertriebskooperationen im obigen Sinne *marktstrukturwahrend* wirken, beeinträchtigen sie grundsätzlich nicht wesentlich den Wettbewerb i.S.d. § 3 Nr. 1 GWB. Sie könne daher nach § 3 GWB vom Kartellverbot des § 1 GWB freigestellt werden.[284] Ferner vermindern Kooperationen kleiner und mittelständischer Unternehmen den wirtschaftlichen und wettbewerblichen Druck, der vorwiegend diese Unternehmen zu Unternehmenszusammenschlüssen veranlasst. Mittelständische Kooperationen sichern so ihre Wettbewerbstätigkeit und ihren Bestand kleiner und mittlerer Unternehmen am Markt. Sie wirken somit konzentrationshemmend und auch auf diese Weise *marktstrukturwahrend*. Ihre marktstrukturerhaltende Bedeutung ist in die Gesamtschau zur Ermittlung der »Wesentlichkeit« ihrer Wettbewerbsbeeinträchtigung i.S.d. § 3 Nr. 1 GWB einzubeziehen.[285]

e) Sonderfall: Kartelle in wettbewerbsschwachen Märkten (sog. Gegenkartelle)

172 Gegenkartelle sind mittelständische Kooperationen, die sich auf einem Markt zusammenfinden, dessen Wettbewerb bereits durch einige wenige (Groß-)Unternehmen bestimmt wird. Das Problem ihrer Freistellung beruht darauf, dass sie auf Märkten tätig werden, auf denen somit ohnehin kein oder kein wesentlicher Wettbewerb stattfindet.

173 Der Wortlaut des § 3 GWB schließt eine Freistellung auch dieser Kartelle grundsätzlich nicht aus.[286] Denn § 3 GWB wendet sich gegen die Beeinträchtigung des vorhandenen Wettbewerbs. Dabei ist das Ausmaß des vorhandenen Wettbewerbs gleichgültig. Entscheidend für die Zulassung eines Gegenkartells ist daher die Frage, ob der noch bestehende »Restwettbewerb« auf dem Markt wesentlich beeinträchtigt wird.

---

284 Vgl. KG, Urt. v. 26.2.1986, WuW/E OLG 3737, 3746 = WRP 1986, 476, 479 S & T.
285 Zu der marktstrukturerhaltenden Wirkung kleiner und mittlerer Unternehmen siehe auch unten: Kapitel B. VIII. 3. d.
286 *Bunte*, in: FK-GWB, § 3 Rn. 110; *Benisch*, in: GK (4. Aufl.), § 5b Rn. 21.

Zum Schutze des noch bestehenden und der Entwicklung des zukünftigen Restwettbewerbs sind strengere Maßstäbe an die Zulässigkeit der Kartellabsprachen anzulegen als bei der Beurteilung dieser Frage in einem Markt mit verbliebenem vollfunktionsfähigem Wettbewerb,[287] denn die kartellrechtliche Zulassung von Gegenkartellen kann auch zur »*Vermachtung*« des Marktes führen.[288] Die Annahme dieser Gefahr ist jedoch eine Frage des Einzelfalles und nicht verallgemeinerbar.[289]

174

Zur Beantwortung dieser Frage ist entscheidend, ob das »Mittelstandskartell« gegenüber anderen (Groß-)Unternehmen derselben Marktseite die Wettbewerbsstellung kleiner und mittlerer Unternehmen stärken kann.[290] Eine Absatz- oder Vertriebskooperation, die durch den gemeinsam organisierten Vertrieb von Waren oder gewerblichen Leistungen ihre mittelständischen Anschlussunternehmen gegenüber einem marktbeherrschenden Unternehmen erst wettbewerbsfähig macht, fördert den Wettbewerb auf diesem Markt und ist grundsätzlich zuzulassen.[291]

175

4. Der relevante Markt/Bedeutung des Merkmals

Entscheidend zur Annahme oder Verneinung einer wesentlichen Wettbewerbsbeeinträchtigung ist das Festlegen des für die Wettbewerbsbeeinflussung »relevanten« Marktes.

176

Durch die inhaltliche Bestimmung des »relevanten Marktes« lassen sich verschiedene Verhaltensweisen der Kooperation in unterschiedlichem Umfang als wettbewerbsbeeinträchtigend i.S.d. § 3 Nr. 1 GWB erfassen: Je spezieller ein Markt definiert ist, desto inhaltlich begrenzter und kleiner ist er. Auf ihm wird eine wettbewerbsrelevante Maßnahme folglich intensiver empfunden, als auf inhaltlich allgemein bestimmten und damit größeren Märkten.[292]

177

a) Die Definition des Marktes für Wettbewerbsbeeinträchtigungen kleiner und mittlerer Absatz- und Vertriebskartelle i.S.d. § 3 GWB

Ein Markt ist gekennzeichnet durch das räumliche, zeitliche Zusammentreffen von Angebot und Nachfrage betreffend eines bestimmten Gutes. Der re-

178

---

[287] Auch *Benisch*, in: GK (4. Aufl.), § 5b Rn. 21; *Teichmann*, WuW 1974, 449 ff., 459.
[288] *Fuchs*, in: Immenga/Mestmäcker, § 3 Rn. 71.
[289] *Benisch*, in: GK (4. Aufl.), § 5b Rn. 25.
[290] Ähnlich *Westrick-Loewenheim*, § 5b Rn. 25; *Kratte*, BB 1965, 1042 ff.
[291] Siehe *Teichmann*, WuW 1974, 449, 460.
[292] *Krimphove*, EWSt 1992, 357 ff. (m.w.H.).

levante Markt i.S.d. § 3 GWB setzt sich also zusammen aus einem *sachlich relevanten Markt* und einem *räumlich* und *zeitlich*[293] *relevanten Markt*.[294]

179 Zur Bestimmung des *sachlich relevanten Marktes* hat sich in der deutschen Rechtsprechung, Literatur und Kartellverwaltungspraxis das sog. *Bedarfsmarktkonzept* durchgesetzt. Nach ihm bilden jene Produkte und Dienstleistungen einen einheitlichen, eigenständigen Markt, die der Verbraucher entsprechend seinen Zwecken als austauschbar ansieht.[295] Entscheidend ist hierfür vornehmlich die Eigenschaft des Produktes bzw. der Dienstleistung.[296] Die Bereitschaft der Kunden bei Preiserhöhung auf ein anderes Produkt bzw. eine andere Dienstleistung auszuweichen (*cross-price elasticity*) indiziert dessen Austauschbarkeit i.S.d. Verständnisses des sachlich relevanten Marktes.[297]

180 Während die Bestimmung des sachlich relevanten Marktes den allgemeinen Regeln folgt,[298] existieren Besonderheiten bei der Feststellung des *räumlich relevanten Marktes* für kleine und mittlere Unternehmen im Sinne des § 3 GWB:

b) Der räumlich relevante Markt bei »Mittelstandskartellen« i.S.d. § 3 GWB

181 Der Berücksichtigung des räumlichen Elementes des Marktes – also des Gebietes, auf dem die vermeintliche Wettbewerbsbeeinträchtigung zu erwarten ist – kommt speziell im Rahmen der kartellrechtlichen Beurteilung von »Mittelstandskartellen« gleich zweifach besondere Bedeutung zu:

182 Rein faktisch ist insbesondere die Tätigkeit von Absatz- und Vertriebskooperationen kleiner und mittlerer Unternehmen dadurch gekennzeichnet, dass sie oft nur regionale Märkte bedienen und/oder eine in einzelnen Regionen sehr unterschiedliche Absatzdichte aufweisen.[299] Typischerweise liegt hier ein Schwerpunkt der Kartellrechtsprüfung auf der Frage, ob bzw. wann mittel-

---

293 Der zeitlich relevante Markt, sofern seine eigene Existenz allenfalls für *Saisonangebote* angenommen werden kann (BGH WuW/E 2406, 2408 f. (Inter Mailand)), hat speziell zur kartellrechtlichen Beurteilung kleiner und mittelständischer Kooperationen kaum Bedeutung. Auch: *Herresthal*, Die Praxis der Mittelstandskooperationen, S. 72.
294 *Krimphove*, Europäische Fusionskontrolle, S. 181 ff. (m.w.H.).
295 BKartA WuW/E 2591; BGH WuW/E DE-R 3591 – *Total/OMV* (m.w.H.); BGH WuW/E 3058, 3062 – *Backofenmarkt* (m.w.H.).
296 BGH WuW/E 3058, 3062 (Backofenmarkt) (m.w.H.).
297 *Krimphove*, Der Begriff des »Europäischen Marktes«, EWSt 1992, 357.
298 Siehe oben § 1 Rdn. 141, auch Rdn. 41.
299 Vgl. *Fuchs*, in: Immenga/Mestmäcker, § 3 Rn. 68 (m.w.H.).

ständische Kooperationen unter diesen räumlichen Gegebenheiten eine wettbewerbsbeeinträchtigende Stellung aufweisen können.

Märkte, die einen räumlich größeren Einzugsbereich haben, besitzen den Effekt, dass sie im Einzelfall den »*zwischenstaatlichen Handel*« tangieren.[300] In diesem Fall ist Art. 101 AEUV als einschlägige Norm, und nicht § 3 GWB anzuwenden.[301] Somit verbleiben der nationalen Freistellungsmöglichkeit mittelständischer Kooperationen i.S.d. § 3 GWB grundsätzlich nur jene Kooperation deren Wettbewerbseffekte allein auf lokalen bzw. regionalen Märkten eintreten.

aa) Regionalkartelle

Bei regional wirkenden Absatz- und Vertriebskartellen ist der räumlich relevante Markt das Gebiet, in welches die Kartellmitglieder üblicherweise geliefert haben.

Der räumlich relevante Markt eines Vertriebskartells, etwa für Baustoffe, besteht in einem Umkreis von etwa 50 km des Standortes der Kooperation. Nicht den Bereich des räumlich relevanten Marktes vergrößernd sind gelegentlich weiter entfernte Lieferungen.[302] Auch hier ist die Beurteilung stark einzelfallabhängig: Beim Vertrieb eines anderen Gutes (z.B. abgepackter Kaffee) kann der räumlich relevante Markt ungleich größer sein. Entscheidend ist, neben dem vormaligen Kundenstamm, hier auch die Transportfähigkeit des Produktes.

bb) Märkte mit unterschiedlicher Absatzdichte

Oft erreichen Absatz- und Vertriebskooperationen kleiner und mittlerer Unternehmen in einem Vertriebsgebiet nicht die gleiche Absatzdichte. Hier stellt sich die Frage, ob zur Beurteilung des Wettbewerbsverhaltens auf den Durchschnittsmarktanteil in dem gesamten Gebiet oder auf den höheren Marktanteil einzelner Regionalmärkte abzustellen ist. Die Kartellrechtspraxis entscheidet sich – zu Recht – ausschließlich für die Berücksichtigung der Regionalmärkte.[303] Für diese Meinung spricht die Möglichkeit, die wettbewerbliche Gefährlichkeit des Kartells speziell an den durch ihn gefährdeten Märkten zu messen.

---

300 Siehe: OLG WuW/E 2807, 2810 (Muschelkalk).
301 Dazu im Einzelnen siehe oben: Kapitel B. III (m.w.H.).
302 *Veltins*, DB 1978, 241.
303 OLG Stuttgart WuW/E OLG 2007, 2810; a.A. *Knöpfle*, BB 1986, 2346, 2354.

187 Wenn auf die Selbständigkeit der Regionalmärkte im Rahmen der Beurteilung der Wettbewerbsbeeinträchtigung von Absatz- und Vertriebskartellen des Mittelstandes abgestellt wird, so darf der räumlich relevante Regionalmarkt jedoch nicht zu eng angegeben werden. Ansonsten kämen insbesondere stark spezialisierte Kartelle – allein aufgrund der geringen Größe ihrer (Regional-)Märkte – rasch in die Gefahr, als wesentlich wettbewerbsbeeinträchtigend i.S.d. § 3 Nr. 1 GWB klassifiziert zu werden.

C. Rechtsfolgen

188 Für Vereinbarungen, die die Voraussetzungen des § 3 GWB erfüllen, greift – i.S.e. *Rechtsfolgenverweisung* – die *Gesetzes-Fiktion*,[304] nach der die Voraussetzungen des § 2 Abs. 1 GWB als erfüllt anzusehen und damit vom Kartellverbot des § 1 GWB freigestellt sind.

189 Eine gesonderte Prüfung des § 2 Abs. 1 GWB findet in diesen Fällen somit nicht statt.[305]

190 Unternehmensabsprachen und Beschlüsse, die den Voraussetzungen des § 3 GWB nicht entsprechen, können allerdings noch nach § 2 Abs. 1 GWB freistellungsfähig sein.[306]

191 Eine kartellrechtliche *Missbrauchsaufsicht*, die den beteiligten Unternehmen im Fall des Missbrauchs ihrer Freistellung Sanktionen androhen kann, besteht nicht mehr. Dieses kartellrechtliche Korrektiv, das bis zur 6. GWB-Novelle für die damals existierenden Freistellungstatbestände (§ 2 GWB (Normen- und Typenkartelle, Konditionenkartelle), § 3 GWB (Spezialisierungskartelle), § 4 GWB (Mittelstandskartelle und Einkaufskooperationen)) Geltung beanspruchte (siehe § 12 GWB a.F.), ist seit der 7. GWB-Reform vollständig gestrichen und damit auch für die einzig verbleibende Freistellung nach § 3 GWB entfallen.

192 Daneben bestehen die Ansprüche der §§ 33 und 34 GWB auf Beseitigung, Unterlassung (§ 33 GWB Abs. 1) sowie Schadenersatz (§ 33 Abs. 3 GWB) gegenüber dem Mitbewerber bzw. dem sonstigen Marktteilnehmer.[307]

---

304 Begr. RegE 7. GWB-Novelle, BT-Drucks. 15/3640, S. 44 f.
305 *Schneider*, in: Langen/Bunte, § 3 Rn. 64 (m.w.H.).
306 Begr. RegE 7. GWB-Novelle, BT-Drucks. 15/3640, S. 45; *Bunte*, in: FK-GWB, § 3 Rn. 125; *Nordemann*, in: Loewenheim/Meessen/Riesenkampff, § 3 Rn. 7 ff.
307 Im Einzelnen zum Betroffenen des § 33 GWB: *Mäsch*, in: Berg/Mäsch, § 33 Rn. 3, 18, 59 (m.w.H.).

D. Beweislast

Für das Vorliegen der Voraussetzungen des § 3 GWB tragen die Parteien des Kartells die Darlegungs- und Beweislast.[308]

193

Dies gilt allerdings nicht für das kartellrechtliche Untersagungs- und Bußgeldverfahren der Kartellbehörden. Hier gilt sowohl der Untersuchungsgrundsatz als auch die – verfassungsrechtlich garantierte – Unschuldsvermutung im Bußgeldverfahren.[309]

194

E. Konkurrenzen

I. Das Verhältnis des § 3 GWB zu § 2 Abs. 1 und Abs. 2 GWB

§ 3 GWB stellt eine Rechtsfolgenverweisung – und keine Rechtsgrundverweisung – zu § 2 GWB dar. Folglich stellt § 3 GWB zu § 2 GWB einen eigenständigen Freistellungstatbestand dar, der – bei dessen Vorliegen – die Anwendung von § 2 GWB ausschließt.[310] § 2 GWB kommt allenfalls dann zur Anwendung, wenn die tatbestandlichen Anwendungsvoraussetzungen des § 3 GWB nicht vorliegen.[311]

195

Die in § 3 GWB freigestellten »Mittelstandskartelle«, speziell die im Absatz- und Vertriebssektor, weisen zahlreiche wettbewerbsrechtliche Berührungspunkte zu weiteren Normen des GWB auf:

196

II. Das Verhältnis des § 3 GWB zur Zusammenschlusskontrolle nach § 35 ff. GWB – Gemeinschaftsunternehmen

Unternehmerische Kooperationen des Mittelstands kommen häufig in Form des sog. »Gemeinschaftsunternehmens« vor. Dabei können Gemeinschaftsunternehmen als eine lose kartellrechtliche Zusammenarbeit mehrerer Unternehmen (sog. *kooperatives Gemeinschaftsunternehmen*) bestehen. Sie können aber auch gleichzeitig eine dermaßen organisatorische Verbundenheit der in ihnen beteiligten Unternehmen erreichen, dass diese ihre rechtlich/wirtschaftliche Eigenständigkeit in diesem Verbund verlieren und in ihm aufgehen (sog. *konzentratives Gemeinschaftsunternehmen*).[312]

197

---

308 Begr. RegE 7. GWB-Novelle, BT-Drucks. 15/3640, S. 23, 44.
309 Begr. RegE 7. GWB-Novelle, BT-Drucks. 15/3640, S. 23, 44; siehe auch *Hirsch*, ZWeR 2003, 233, 242.
310 Siehe oben: Kapitel C (m.w.H.); ebenso: *Bunte*, in: FK-GWB, § 3 Rn. 125 (m.w.H.).
311 Begr. RegE, WuW-Sonderheft 2005, 13.
312 BGH WuW/E 359 ff. 365 – *Glasglühkörper*.

198 Da Gemeinschaftsunternehmen sowohl kartellrechtliche als auch fusionskontrollrechtliche Elemente enthalten,[313] erfolgt grundsätzlich eine *Doppelkontrolle* nach kartellrechtlichen wie nach fusionskontrollrechtlichen Normen.[314]

199 Zu einer ausschließlichen Anwendung fusionskontrollrechtlicher Vorschriften kommt es allerdings, wenn die im Gemeinschaftsunternehmen Beteiligten ihre rechtliche, insbesondere aber ihre wirtschaftliche Selbständigkeit verlieren.[315] Dies ist grundsätzlich der Fall, wenn sie entscheidende unternehmerische Funktionen (etwa Produktion, Absatz, Auftragssteuerung, Abrechnung und Buchhaltung) auf das Gemeinschaftsunternehmen übertragen.[316]

III. Das Verhältnis des § 3 GWB zu Marktbeherrschungstatbeständen i.S.d. §§ 19 f. GWB

200 Unternehmerisch eigenständige Kooperationen, z.B. Gemeinschaftsunternehmen, können zu Marktbeherrschern i.S.d. §§ 19 f. GWB werden. Dies gilt insbesondere, wenn Großunternehmen an ihnen beteiligt sind.[317] Aber auch auf hochspezialisierten Märkten können kleine und mittlere Unternehmen im Einzelfall eine marktbeherrschende Stellung begründen und diese durch Kooperationen missbrauchen. Nehmen sie die in §§ 19 f. GWB untersagten Handlungen vor, unterliegen sie auch der wettbewerbsrechtlichen Kontrolle dieser Vorschriften.

F. Europäisches Recht

201 Normen zur Privilegierung der Kooperationen speziell kleiner und mittlerer Unternehmen – vergleichbar dem § 3 GWB – fehlen im europäischen Recht.[318] Obschon die Kommission Europäischer Gemeinschaften, insbesondere seit dem Jahr 1992, kontinuierlich Programme zur Förderung kleiner und mittlerer Unternehmen aufgelegt hat, sah sich der europäische Gesetzgeber grundsätzlich nicht in der Lage, ihre Kooperation durch die Schaffung besonderer, mittelstandsspezifischer Normen kartellrechtlich zu begünstigen. Für sie gelten

---

313 Siehe: BGH WuW/E BGH 2169, 2171 – *Mischwerke*; WuW/E BGH 1810, 1814 – *Transportbeton Sauerland*; BGH, GRUR 1998, 739 ff., 741 – *Car-Partner*.
314 WuW/E BGH 2169, 2171 – *Mischwerke*; Deringer/Benisch, § 5 Rn. 9; Immenga, § 1 Rn. 501 ff. (m.w.H.); Hootz, § 1 Rn. 176 ff. (m.w.H.); Bechtold, in: GWB, § 1 Rn. 41 (m.w.H.).
315 Vgl.: BGH WuW/E 359 ff. 365 »*Glasglühkörper*«.
316 Einzelheiten zur kartellrechtlichen Beurteilung von Gemeinschaftsunternehmen siehe oben: § 1 Rdn. 587 ff. (m.w.H.).
317 Zu der Problematik der Beteiligung von Großunternehmen, siehe oben: Kapitel B. IV. 3 (m.w.H.), B.VI (m.w.H.), B. VII. 4. b und c (m.w.H.), B. VII. d (m.w.H.).
318 Zu den hieraus folgenden rechtlichen Konsequenzen siehe oben: Kapitel A. II.

somit die allgemeinen Vorschriften, namentlich die des Art. 101 AEUV[319] (vormals Art. 81 EG-V) i.V.m. den einschlägigen Gruppenfreistellungsverordnungen (GVO).[320]

Art. 101 AEUV steht zu § 3 des deutschen GWB in einem *Ausschließlichkeitsverhältnis*: Unterfällt eine Kooperation dem europäischen Kartellverbot, ist sie unwirksam. Sie kann dann auch nicht nach § 3 GWB freigestellt werden.[321]   202

Art. 101 AEUV ist – im Gegensatz zu § 3 GWB – nur anwendbar, wenn das Mittelstandskartell *spürbare* Wirkung auf den *zwischenstaatlichen* Handel von mindestens zwei Mitgliedstaaten ausübt.[322] In der Regel erfüllen Kooperationen kleiner und mittlerer Unternehmen, die in der *Bekanntmachung über Vereinbarungen von geringer Bedeutung, die im Sinne des Artikels 101 Absatz 1 des Vertrags über die Arbeitsweise der Europäischen Union den Wettbewerb nicht spürbar beschränken (De-minimis-Bekanntmachung) v. 30.8.2014*,[323] festgelegten Voraussetzungen der *Spürbarkeit* nur in Ausnahmefällen.[324] Wohl auch aus diesem Grund hat sich der europäische Gesetzgeber nicht zur Etablierung kartellrechtlicher Sondervorschriften für kleine und mittlere Unternehmen entschieden.   203

I. Europarechtliche Besonderheiten bei der Festlegung von kleinen und mittleren Unternehmen

Obschon das Europäische Kartellrecht keine dem § 3 GWB vergleichbare Sondervorschrift zur Beurteilung von Kooperationen kleiner und mittelständischer Unternehmen entwickelt hat, ist ihm die wettbewerbliche Stellung, die diese Unternehmen bekleiden, nicht unbekannt. Zahlreiche europarechtliche Vorschriften, vor allem solche des Beihilferechts,[325] führen den Begriff *kleine* und *mittlere Unternehmen* auf.   204

---

319 Einzelheiten zu Art. 101 AEUV siehe oben: Kapitel: B. III. 2 (m.w.H.).
320 Hierzu siehe: Kapitel F. V (m.w.H.).
321 Bereits: *Bunte*, WuW 1989, 7, 15 (m.w.H.); vgl. BGH WuW/E 1993, S. 849 – *Pauschalreisen-Vermittlung II*.
322 Zur Beschreibung der Merkmale »Spürbarkeit« und »Zwischenstaatlichkeit« mittelständischer Kooperationen siehe oben: Kapitel B. III.2 (m.w.H.).
323 ABl. C v. 30.8.2014 Nr. 291, S. 1.
324 Einzelheiten siehe oben: Kapitel B. III. 2 (m.w.H.).
325 Siehe insbesondere Anhang I der Verordnung (EG) Nr. 70/2001 der Kommission vom 12.1.2001 über die Anwendung der Artikel 87 und 88 EG-Vertrag auf staatliche Beihilfen an kleine und mittlere Unternehmen, ABl. L 10 v. 13.1.2001, S. 33 ff.

205 Die Kommission bestimmt – im Unterschied zum deutschen Wettbewerbsrecht – kleine und mittlere Unternehmen vorwiegend *numerisch*: Nach Art. 2 Abs. 1 der oben bereits erwähnten[326] *Empfehlung 2003/361/EG der Kommission vom 6.5.2003 betreffend die Definition der Kleinstunternehmen sowie der kleinen und mittleren Unternehmen*[327] liegt ein kleines beziehungsweise mittleres Unternehmen dann vor, wenn
– das Unternehmen maximal 250 Personen beschäftigt sowie
– einen Jahresumsatz von höchstens 50 Mio. € bzw.
– eine Jahresbilanzsumme von höchstens 43 Mio. € hat.

206 Dabei dürfen die kleinen und mittleren Unternehmen nicht zu 25 % oder mehr des Kapitals oder der Stimmanteile im Besitz eines oder mehrerer nicht-mittelständischen Unternehmen stehen.

207 Noch die Vorgängerregelung, die *Empfehlung 96/280/EG der Kommission vom 3.4.1996 betreffend die Definition der kleinen und mittleren Unternehmen*[328] kannte weitaus niedrigere Werte für den Jahresumsatzes der Unternehmen (40 Mio. €) und deren Bilanzsumme (27 Mio. €). Die Erhöhung dieser beiden Werte zum 1.1.2005 hat dazu geführt, dass Kooperationen kleiner und mittlerer Unternehmen weitaus weniger dem europäischen Kartellrecht unterfallen.[329]

II. Europarechtliche Besonderheiten bei der Feststellung der Wettbewerbsbeeinträchtigung

208 Von der deutschen Betrachtungsweise abweichend bemisst die Kommission bei ihrer Feststellung, ob die mittelständische Kooperation geeignet ist den Wettbewerb i.S.d. Art. 101 Abs. 1 AEUV zu beeinträchtigen, einem besonderen Stellenwert der *Unternehmensgröße der Kooperationspartner* zu. Im Fall der »*Natursteinplatten*«[330] bejaht sie zwar in diesem besonders gelagerten Einzelfall, aufgrund der Qualität des Produkts Natursteinplatten, die zwischenstaatliche Wirkung des Kartells, verneint aber eine Verhinderung, Einschränkung oder Verfälschung des europäischen Wettbewerbs durch die Ko-

---

326 Siehe oben: Kapitel B. VII. 1.a).
327 ABl. L v 20.5.2003, Nr. 124, S. 36 ff.
328 ABl. L 107 v. 30.4.1996, S. 4.
329 So auch die Bek. der Kommission über Vereinbarungen von geringer Bedeutung, die den Wettbewerb gemäß Artikel 81 Absatz 1 des Vertrags zur Gründung der Europäischen Gemeinschaft nicht spürbar beschränken (de minimis) ABl. C v. 22.12.2001 Nr. 368, S. 13 ff., Rn. 3 insbes. Fn. 3; siehe oben: Kapitel: B. VII. 1. a (m.w.H.).
330 Entscheidung der Kommission v. 16.12.1971, ABl. L v. 17.1.1972, Nr. 13, S. 44 ff.

operation, an der zahlreiche mittelständische Unternehmen beteiligt waren.[331]

III. Europarechtliche Besonderheiten bei der Feststellung des Marktbegriffs

Neben der – auch dem deutschen Recht geläufigen[332] – begrifflichen Aufteilung des Marktes in den sachlich und räumlich relevanten Markt[333] kann im europäischen Wettbewerbsrecht zur Bestimmung des sachlich relevanten, europäischen Marktes[334] auch die *Unternehmensgröße* von eigener, besonderer Entscheidungsrelevanz sein: In einem Einzelfall unterscheidet der EuGH den Tourismusmarkt nach der Unternehmensgröße der Reiseveranstalter, denn Reiseunternehmen kleiner und mittlerer Größenordnung haben typischerweise einen anderen Kundenstamm und zählen damit zu einem sachlich anderen Markt.[335]

209

IV. Vom europäischen Kartellverbot ausgenommene mittelständische Kooperationen

Anders noch als die *Bekanntmachung der Kommission vom 6. Januar 2001: Leitlinien zur Anwendbarkeit von Artikel 81 EG-Vertrag auf Vereinbarungen über horizontale Zusammenarbeit*[336] und ihre Vorläuferregelung, die »*Bekanntmachung der Kommission v. 27.7.1968 über Vereinbarungen, Beschlüsse und abgestimmte Verhaltensweisen, die eine zwischenbetriebliche Zusammenarbeit betreffen*« (Kooperationsvereinbarung[337]),[338] kennt die aktuelle *Mitteilung der Kommission: Leitlinien zur Anwendbarkeit von Artikel 101 des Ver-

210

---

331 Kommission v. 16.12.1971, ABl. L v. 17.1.1972, Nr. 13, S. 44 ff.; siehe auch: EuGH v. 21.1.1999 (Rs. C-215/96 u. C-216/96) – *Bagnasco (Carlos)/Banca Popolare di Novara und Casa di Risparmio di Genova e Imperia* (1999), Slg. I 135, Rn. 34 f.
332 Dazu siehe oben: Kapitel B. VIII. 4 (m.w.H.).
333 Siehe: Bek. der Kommission über die Definition des relevanten Marktes im Sinne des Wettbewerbsrechts der Gemeinschaft, *ABl. C v. 9.12.1997, Nr. 372, S. 5 ff.*
334 Dazu im Einzelnen: *Krimphove*, EWSt 1992, 357 ff. (m.w.H.).
335 EuGH v. 6.6.2002 (Rs. T-342/99), Slg. II 2002, S. 2585, Rn. 18, 31–41 – *Airtours plc/Kommission der Europäischen Gemeinschaften*.
336 ABl. Nr. C 3, S. 2 ff.
337 ABl. 1968, Nr. C 75, S. 3 ff.
338 Bereits die letzten vier Vorgängerregelungen der Leitlinien der Kommission v. 6.1.2001 – die Leitlinien ABl. C. v. 2.6.1970, Nr. 64, S. 1; ABl. C. v. 29.12.1977, Nr. C 313, S. 3; ABl. C. v. 12.9.1986, Nr. C 231, S. 2 und ABl. C. v. 9.12.1997, Nr. C 372, S. 13 – kannten eine derart konkrete Auflistung von kartellrechtlichen Ausschlusstatbeständen, wie sie die Bek. der Kommission vom 29.7.1968 enthielt, nicht. Zu den Vorgängerregelungen, siehe: Kommission, Entscheidung v. 23.12.1971, ABl. L 1972, S. 14 ff.

trags über die Arbeitsweise der Europäischen Union auf Vereinbarungen über horizontale Zusammenarbeit vom 14.1 2011[339] keine pauschale Ausnahme kleiner und mittelständischer Kooperationen aus dem Kartellverbot des Art. 101 Abs. 1 AEUV.[340]

211 Stattdessen führt sie – neben allgemeinen wettbewerbsrechtlichen Grundsätzen – eine Vielzahl von Kooperationsmöglichkeiten (Vereinbarungen über *Forschung und Entwicklung*; über gemeinsame *Produktion, Einkaufsvereinbarungen, Vermarktungsvereinbarungen*, Vereinbarungen über *Normen*) sowie deren spezielle wettbewerbliche Gefahren und Vorteile auf, um so dem Rechtsanwender umfangreiches Abwägungsmaterial zu einer Einzelfall-Entscheidung zu bieten.

212 Seit dem 28.3.2014 existiert ebenfalls die Spezialleitlinie der Kommission für Kooperationen im Bereich des Technologietransfers: *Leitlinien zur Anwendung von Artikel 101 des Vertrags über die Arbeitsweise der Europäischen*

---

339 ABl. C v. 14.1.2011, Nr. 11, S. 1 ff.
340 Die Leitlinie 2001 nahm grundsätzlich vom Kartellverbot aus:
  – Kooperationen zwischen Nichtwettbewerbern (Rn. 24, 86, 143)
  – die Zusammenarbeit, wenn die erfasste Tätigkeit oder das Projekt nicht eigenständig durchzuführen war
  – Vereinbarungen, die Forschung und Entwicklung betreffen (Rn. 55); wenn die Zusammenarbeit eher theoretischen Wert hat, so dass die wirtschaftliche Verwertung ihrer Ergebnisse nicht unmittelbar zu erwarten ist
  – Zuliefervereinbarungen zwischen Wettbewerbern, wenn sie auf Einzelkäufe und -verkäufe im Einzelhandelsmarkt beschränkt sind, und keine weiteren Verpflichtungen zwischen den Partnern begründen (Rn. 89)
  – Die gemeinsame Festlegung von allgemeinzugänglichen und transparenten Normen, die keine Verpflichtung zu ihrer Einhaltung enthalten, oder Bestandteil einer umfassenderen Vereinbarung zur Gewährleistung der Kompatibilität von Erzeugnissen sind (Rn. 163) oder die sich nur auf einen geringen Teil des relevanten Marktes beziehen (Rn. 164)
  – Vereinheitlichungen der Formen oder Bedingungen des Zugangs zu gemeinsamen Ausschreibungen (Rn. 164)
  – Umweltschutzvereinbarungen, die den Partnern keine bestimmte Verpflichtung auferlegen oder die sie lediglich verpflichten, zur Erfüllung eines Umweltschutzzieles eines Wirtschaftszweiges beizutragen (Rn. 184 f.)
  – Vereinbarungen, mit denen die Umweltergebnisse von Produkten oder Verfahren festgesetzt werden, welche die Vielfalt von Erzeugnissen oder Produktionen in dem relevanten Markt nicht spürbar beeinträchtigen, oder deren Bedeutung für die Beeinflussung von Kaufentscheidungen unerheblich ist (Rn. 186)
  – Vereinbarungen – etwa Verwertungsvereinbarungen –, die zur Entstehung neuer Märkte beitragen, sofern die Beteiligten nicht in der Lage sind, die entsprechenden Tätigkeiten einzeln durchzuführen, und Alternativen und/oder Wettbewerber nicht existieren (Rn. 187)

*Union auf Technologietransfer-Vereinbarungen.*³⁴¹ Wie auch die *Leitlinien zur Anwendbarkeit von Artikel 101 des Vertrags über die Arbeitsweise der Europäischen Union auf Vereinbarungen über horizontale Zusammenarbeit vom 14.1.2011*³⁴² vermittelt auch diese Spezial-Leitlinie-Technologietransfer lediglich Anhaltspunkte für die rechtliche Zuordnung einer Technologie-Transfer-Kooperation nach Art. 101 Abs. 1 AEUV.

V. Die Freistellung von Mittelstandskartellen (Art. 101 Abs. 3 AEUV)

Sollten Kooperationen kleiner und mittlerer Unternehmen dem Kartellverbot des Art. 101 Abs. 1 AEUV unterfallen, so liegt deren Freistellung der Kooperation auf Grund Art. 101 Abs. 3 AEUV nahe. 213

1. Freistellungen mittelständischer Kooperationen nach den Gruppenfreistellungsverordnungen

Zur Regelung einer Vielzahl von Verfahren hat die Kommission der Europäischen Gemeinschaft i.S.d. Art. 101 Abs. 3 AEUV Spezialregelungen in Form von *Gruppenfreistellungsverordnungen* erlassen. Vergleichbar der Systematik des § 1 GWB und des § 2 GWB stellt sie gemäß Art. 101 Abs. 3 AEUV jene Kooperationen – sei es mittels *Gruppen-* oder durch *Einzelfreistellungen* – vom Kartellverbot des Art. 101 Abs. 1 AEUV frei, deren gesamtwirtschaftliche und wettbewerbliche Vorteilhaftigkeit ihren Fortbestand rechtfertigen. 214

Methodisch schlägt die Europäische Kommission allerdings bei der Bildung von *Gruppenfreistellungsverordnungen* seit dem 1.6.2000 einen neuen Weg ein: Statt die zum Jahresende 1999 auslaufenden Gruppenfreistellungsverordnungen – insbesondere die *Alleinvertriebs-Gruppenfreistellungsverordnung Nr. 1983/83 v. 22.6.1983*,³⁴³ die *Alleinbezugs-Gruppenfreistellungsverordnung Nr. 1984/83 v. 22.6.1983*³⁴⁴ und die *Franchise-Gruppenfreistellungsverordnung Nr. 4087/88 v. 30.11.1988*³⁴⁵ zu verlängern oder durch weitere Gruppenfreistellungsverordnungen zu ergänzen, hat die Kommission mit der *Verordnung (EU) Nr. 330/2010 der Kommission vom 20. April 2010 über die Anwendung von Artikel 101 Absatz 3 des Vertrags über die Arbeitsweise der Europäischen Union auf Gruppen von vertikalen Vereinbarungen und abgestimmten Verhaltensweisen (sog. Vertikal-GVO)*³⁴⁶ die oben genannten Gruppenfreistellungsverordnungen in sie aufgehen lassen. 215

---

341 ABl. C. v. 28.3.2014, Nr. 89, S. 3.
342 ABl. C v. 14.1.2011, Nr. 11, S. 1 ff.
343 ABl. L 173/1.
344 ABl. L 173/5.
345 ABl. L 359/46.
346 ABl. L 102 v. 23.4.2010, S. 1.

216 Neben der generalklauselartigen »Vertikal-GVO Nr. 330/2010« besteht die inhaltlich speziellere
– GVO-Kraftfahrzeuge (Verordnung (EU) Nr. 461/2010 der Kommission vom 27. Mai 2010 über die Anwendung von Artikel 101 Absatz 3 des Vertrags über die Arbeitsweise der Europäischen Union auf Gruppen von vertikalen Vereinbarungen und abgestimmten Verhaltensweisen im Kraftfahrzeugsektor[347] (gültig bis zum 31.5.2023)

217 und die hier besonderes interessierenden, eigens für horizontale Vereinbarungen geltenden
– Verordnung (EG) Nr. 1218/2010 der Kommission vom 14. Dezember 2010 über die Anwendung von Artikel 101 Absatz 3 des Vertrags über die Arbeitsweise der Europäischen Union auf Gruppen von Spezialisierungsvereinbarungen[348] (gültig bis zum 31.12.2022)[349]
– Verordnung (EU) Nr. 267/2010 der Kommission vom 24. März 2010, über die Anwendung von Artikel 101 Absatz 3 des Vertrags über die Arbeitsweise der Europäischen Union auf Gruppen von Vereinbarungen, Beschlüssen und abgestimmten Verhaltensweisen im Versicherungssektor[350] (gültig bis 31.3.2017)
– Verordnung (EU) Nr. 316/2014 der Kommission vom 21. März 2014 über die Anwendung von Artikel 101 Absatz 3 des Vertrags über die Arbeitsweise der Europäischen Union auf Gruppen von Technologietransfer-Vereinbarungen[351] (gültig bis zum 30.4.2026)
– Verordnung (EU) Nr. 1217/2010 der Kommission vom 14. Dezember 2010 über die Anwendung von Artikel 101 Absatz 3 des Vertrags über die Arbeitsweise der Europäischen Union auf bestimmte Gruppen von Vereinbarungen über Forschung und Entwicklung[352] (gültig bis 31.12.2022)[353]

---

347 ABl. L 129 v. 28.5.2010, S. 52.
348 ABl. L 335 v. 18.12.2010, S. 43.
349 Zum Rechtszustand vor dem 1.1.2011 siehe: Verordnung (EG) Nr. 2658/2000 der Kommission vom 29.11.2000 über die Anwendung von Artikel 81 Absatz 3 des Vertrages auf Gruppen von Spezialisierungsvereinbarungen, ABl. L 304 v. 5.12.2000, S. 3.
350 ABl. L 83 v. 30.3.2010, S. 1; Siehe auch: Mitteilung der Kommission über die Anwendung von Artikel 101 Absatz 3 des Vertrags über die Arbeitsweise der Europäischen Union auf Gruppen von Vereinbarungen, Beschlüssen und abgestimmten Verhaltensweisen im Versicherungssektor (ABl. C 82 vom 30.3.2010, S. 20).
351 ABl. Nr. L 93, S. 17.
352 ABl. L 335/v. 18.12.2010, S. 36.
353 Zur Rechtslage nach dem 1.1.2011 siehe: Verordnung (EG) Nr. 2659/2000 der Kommission vom 29.11.2000 über die Anwendung von Artikel 81 Absatz 3 des Vertrages auf Gruppen von Vereinbarungen über Forschung und Entwicklung ABl. L 304 v. 5.12.2000, S. 7.

– Verordnung (EG) Nr. 906/2009 der Kommission vom 28. September 2009 über die Anwendung von Artikel 81 Absatz 3 EG-Vertrag auf bestimmte Gruppen von Vereinbarungen, Beschlüssen und aufeinander abgestimmten Verhaltensweisen zwischen Seeschifffahrtsunternehmen (Konsortien)[354] (gültig bis 25.4.2015) bzw. die
– Verordnung (EU) Nr. 697/2014 der Kommission vom 24. Juni 2014 zur Änderung der Verordnung (EG) Nr. 906/2009 hinsichtlich ihrer Geltungsdauer[355] (gültig bis 25.4.2020)

Die o.g. Gruppenfreistellungsverordnungen enthalten – für den jeweiligen Industrie-Sektor – Sonderbedingungen zur Freistellung von Kooperationen zwischen Teilnehmern jeglicher Größenordnung vom Kartellverbot nach Art. 101 Abs. 3 AEUV.

218

Als Auslegungshilfe ihrer z.T. erheblich unbestimmten Tatbestandsmerkmale dient dabei wiederum die *Mitteilung der Kommission: Leitlinien zur Anwendbarkeit von Artikel 101 des Vertrags über die Arbeitsweise der Europäischen Union auf Vereinbarungen über horizontale Zusammenarbeit vom 14.1.2011*.[356]

219

2. Verfahren der Einzelfreistellung

Erscheint eine Freistellung der mittelständischen Kooperation nach einer Gruppenfreistellung nicht möglich, können die beteiligten Unternehmen ihre Freistellung noch in dem sog. »Verfahren der *Einzelerlaubnis*« nach Art. 101 Abs. 3 AEUV erreichen.[357]

220

Vormals – d.h. entsprechend den »*Leitlinien der Kommission zur Anwendbarkeit von Artikel 81 EG-Vertrag auf Vereinbarungen über horizontale Zusammenarbeit*«[358] und den »*Leitlinien zur Anwendung von Artikel 81 Absatz 3 EG-Vertrag*«[359] – mussten horizontale Absprachen der wirtschaftlichen Effizienzsteigerung dienen, die Verbraucher angemessen an den aus dem Kartell resultierenden wirtschaftlichen Vorteilen beteiligen. Hierüberhinaus ist generell eine Vereinbarung nicht freistellungsfähig, wenn durch sie auch nur ein an der Kooperation beteiligtes Unternehmen eine marktbeherrschende Stellung hat oder infolge der Vereinbarung erlangt.[360] Das Kartell musste ferner

221

---

354 ABl. *L 256 v. 29.9.2009, S. 31.*
355 ABl. L 184 v 25.6.2014, S. 3.
356 ABl. C v. 14.1.2011, Nr. 11, S. 1 ff.; schon oben Kapitel F. IV (m.w.H.).
357 Einzelheiten hierzu: Art. 101 AEUV.
358 ABl. C v. 6.1.2001, S. 2.
359 ABl. C v. 17.4.2004, Nr. 101, S. 4.
360 Kommission: Leitlinien über horizontale Zusammenarbeit, Rn. 36.

unerlässlich zur Erreichung der wirtschaftlichen Vorteile sein. Könnte der wirtschaftliche Vorteil durch andere, weniger einschneidende Mittel erreicht werden, ist das Kartell nicht freistellungsfähig i.S.d. Art. 101 Abs. 3 AEUV.

222 Heute, d.h. mit der Geltung der *Leitlinien zur Anwendbarkeit von Artikel 101 des Vertrags über die Arbeitsweise der Europäischen Union auf Vereinbarungen über horizontale Zusammenarbeit vom 14.1.2011*[361] und den *Leitlinien zur Anwendung von Artikel 101 Absatz 3 AEUV (ex-Artikel 81 Absatz 3 EG-Vertrag*[362] *(in der Fassung v. 21.2.2011*[363]*)* sind an die Stelle obiger tatbestandlicher Anforderungen einzelfallbezogene Abwägungskriterien getreten. Damit hat sich der Europäische Gesetzgeber für eine andere Beurteilungsmethodik kleiner und mittelständischer Kartelle entschieden.

3. Beweislastfragen im Europäischen Kartellrecht

223 Die Kartellpartner selbst tragen nach Art. 2 der Europäischen Kartellverordnung (VO 1/2003)[364] die Beweislast für das Vorliegen der o.g. Freistellungsvoraussetzungen. Sie müssen auch nachweisen, dass die Zusammenarbeit wahrscheinlich zu Leistungsgewinnen führt, die nicht durch weniger beschränkende Mittel herbeigeführt werden können.

224 Art. 1 i.V.m. Art 2 VO 1/2003 erscheint gerade im Zusammenhang der Beweislastfragen bei zum Nachweis der Wettbewerbswidrigkeit kleiner und mittlerer Unternehmen überaus zweifelhaft. Die hier dargestellte Entwicklung des Europäischen Kartellrechts belegt, dass dieses, anstatt einer »klassischen« rechtlichen Zuordnung von Kartellen – sowohl im Bereich der kartellrechtlichen Aufgriffsschwellen (Art. 101 Abs. 1 AEUV) als auch bei den kartellrechtlichen Freistellungsmöglichkeiten (Art. 101 Abs. 3 AEUV) – immer weitgehender von wertenden und abwägenden Kriterien ausgeht. Derart »*weiche*« Maßstäbe, wie sie insbesondere die derzeitige Fassung der europäischen *Leitlinien zur Anwendbarkeit von Artikel 101 des Vertrags über die Arbeitsweise der Europäischen Union auf Vereinbarungen über horizontale Zusammenarbeit vom 14.1.2011*[365] vorsehen, führen im Europäischen Beweislastrecht zu inhaltlichen Unschärfen und Abgrenzungsschwierigkeiten zwischen den dogmatisch streng auseinanderzuhaltenden Regelungen des Art. 101 Abs. 1 AEUV und denen des Art. 101 Abs. 2 AEUV. Diese Problematik stellt sich insbesondere für den

---

361 ABl. C v. 14.1.2011, Nr. 11, S. 1.
362 ABl. C v. 17.4.2004, Nr. 101, S. 4.
363 EUR-Lex – l26114.
364 Verordnung (EG) Nr. 1/2003 des Rates v. 16.12.2002 zur Durchführung der in den Artikeln 81 und 82 des Vertrags niedergelegten Wettbewerbsregeln (ABl. L v. 4.1.2003, Nr. 1, S. 1.
365 ABl. C v. 14.1.2011, Nr. 11, S. 1.

Fall, dass kleine und mittelständische Unternehmen kartellrechtlich zu untersuchen sind. So verdeutlichen obige Ausführungen, dass speziell kleine und mittelständische Kooperationen in Einzelfällen den Tatbestandsmerkmalen des Kartellverbots unter denselben Schwierigkeiten zuzuordnen sind, wie unter denen eines Freistellungstatbestandes. In der europäischen Vorgehensweise fallen gerade bei ihnen Kriterien der einen Prüfung mit der anderen zusammen.

Die obige Kritik stellt sich eigens für das Beweislast-Recht des Europäischen Kartellrechts. Speziell das deutsche Kartellrecht kennt eine strenge Unterscheidung der kartellrechtlichen Zuordnungselemente von Aufgriffstatbestand und Kooperationsfreistellung und der mit ihnen verbundenen Beweislast. Wohl aus diesem Grunde macht der europäische Gesetzgeber im Erwägungsgrund Nr. 5 S. 4 der VO 1/2003 deutlich, dass nach der VO 1/2003 zumindest die Regelung des *Beweismaßes* den nationalen Rechtsordnungen überlassen bleibt.[366] 225

VI. Die Berücksichtigung von kleinen und mittleren Unternehmen bei der Sanktionierung von Kartellverstößen

Hinsichtlich der Festsetzung von Bußgeldern bei Kartellverstößen kleiner und mittlerer Unternehmen ergeben sich Besonderheiten. So bedarf eigens die Prüfung der *Verhältnismäßigkeit* der Höhe der Bußgelder im Fall von unzulässigen Mittelstandskartellen eines besonderen Augenmerkes: In zahlreichen Verfahren wenden kleine und mittler Unternehmen ein, die Kommission berechne die Geldbuße bei Kartellverstößen absolut. Das heißt, die Kommission behandle, hinsichtlich der Bußgeldhöhe, kleine und mittlere Unternehmen wie Großunternehmen, was zu einer – im Vergleich zu Großunternehmen – erheblichen Mehrbelastung der kleinen und mittelständischen Unternehmen führt. Der EuGH konnte diesen Vorwurf bislang durch den Verweis darauf entkräften, dass die *Leitlinien* der Kommission *für das Verfahren zur Festsetzung von Geldbußen gemäß Artikel 23 Absatz 2 Buchstabe a) der Verordnung (EG) Nr. 1/2003*[367] geeignet sind, bei der Festsetzung der Sanktionshöhe zwischen Großunternehmen und kleinen und mittleren Unternehmen zu differenzieren, und dass die Kommission eine solche Differenzierung auch nachvollzieht.[368] 226

---

366 So O. *Weber*, Art. 2 V. 1/2003, Rn. 19, unter Verweis auf: EuGH, v. 21.9.1983 (Verb. Rs. 205/82) Deutsche Milchkontor, Slg. 19:00 1983 S. 2633, EuGH v. 20.9.2001 (Rs. C-453/99) Courage/Ceran, Slg. 2001, 6207 90.
367 ABl. C v. 1.9.2006, Nr. 210, S. 2.
368 EuGH v. 29.11.2005 (Rs. T–52/02), SNCZ, Slg. II 2005, S. 5005, Rn. 35, 82 ff.; auch: EuGH v. 28.6.2005 (Rs. C-189/2 P) – *Dansk Rørindustri*, Slg. 2005, S. 5425, Rn. 272 und EuGH v. 15.6.2005 (Rs. T–71/03, T–74/03, T–87/03 und T–91/03) – *Tokai Carbon*, Slg. II 2005 S. 10, Rn. 49; EuGH v. 20.3.2002 (Rs. T–23/99), LR

G. Der vormalige § 3 Absatz 2 GWB: Der Prüfungs- und Entscheidungsanspruch/Befristete Ausnahme vom Prinzip der Legalausnahme

227 Bis zum 30. Juni 2013[369] enthielt § 3 GWB (a.F.) noch den Absatz 2.[370] Dieser ermöglichte es den Kartellunternehmen – zumindest mit Wirkung bis zum 30.6.2009 – die Prüfung, ob ein Kartell vorliegt, welches der Beurteilung nach dem europäischen Recht (Art. 101 AEUV) unterliegt, den Kartellbehörden zu überlassen.

228 Diese Regelung schuf eine Erleichterung in der Anwendung des Kartellrechts für kleine und mittelständische Unternehmen. Diese Ausnahme von dem sonst geltenden Prinzip der Legalausnahme war und ist auch heute noch speziell für den Adressatenkreis der Norm – nämlich kleiner und mittelständischer Unternehmen – von großer ökonomischer Bedeutung: So unterhalten diese Unternehmen i.d.R. keine eigenen Rechts- und Markbeobachtungsabteilungen. Sie sind daher in den meisten Fällen inhaltlich und organisatorisch mit der Beantwortung der Frage, ob ihr Verhalten ein Kartell darstellt, das der Beurteilung nach dem europäischen Recht unterliegt, auf fremde kostenintensive Unterstützung angewiesen. Die Möglichkeit der Prüfung durch die Kartellbehörden sicherte ferner die einheitliche Anwendung des Kartellrechts und führte somit zu einer größeren Rechtsklarheit. Bedauerlicherweise trat § 3 Absatz 2 GWB (a.F.) am 30.6.2009 außer Kraft. Entgegen der Kritik der Literatur[371] hat der Gesetzgeber mit der 8. GWB-Novelle, den Absatz 2 des § 3 GWB, und damit die Möglichkeit einer kartellbehördlichen Prüfung, ersatzlos gestrichen.

§§ 4 bis 17 (weggefallen)

AF 1998 A/S, Slg. II. 2002, S. 1705, Rn. 214; auch EuGH v. 28.4.2010 (Rs. T–446/05) – *Amann & Söhne*, ECLI:EU:T:2010:165, Rn. 187.
369 Art. 6, 7 S. 1 der Neubekanntmachung des Gesetzes v. 26. Juni 2013, Bek. v. 26. Juni 2013 (BGBl. I, S. 1750).
370 § 3 Abs. 2 GWB (a.F.) *[1] Unternehmen oder Unternehmensvereinigungen haben, sofern nicht die Voraussetzungen nach Artikel 81 Abs. 1 des Vertrages zur Gründung der Europäischen Gemeinschaft erfüllt sind, auf Antrag einen Anspruch auf eine Entscheidung nach § 32c, wenn sie ein erhebliches rechtliches oder wirtschaftliches Interesse an einer solchen Entscheidung darlegen. [2] Diese Regelung tritt am 30. Juni 2009 außer Kraft.*
371 Siehe: *Fuchs*, in: Immenga/Mestmäcker, GWB, § 3 Rn. 10 (m.w.H.); *Bunte*, in: FK-GWB, § 3 Rn. 132 (m.w.H.).

Zweiter Abschnitt Marktbeherrschung, sonstiges wettbewerbsbeschränkendes Verhalten

Vorbemerkung zu §§ 18–20

Übersicht

	Rdn.			Rdn.
A. Überblick	1	C.	Erscheinungsformen des Marktmachtmissbrauchs	4
B. Normzweck	3	D.	Normgenese	5

Schrifttum

Alexander, Privatrechtliche Durchsetzung des Verbots von Verkäufen unter Einstandspreis, WRP 2010, 727 ff.; *Ballerstedt*, Zur Systematik des Mißbrauchsbegriffs im GWB, in: FS Hefermehl, 1976, S. 37 ff.; *Bartling*, Leitbilder der Wettbewerbspolitik, 1980; *J. F. Baur*, Der Mißbrauch im deutschen Kartellrecht, 1972; *Bechtold*, Die Kontrolle von Sekundärmärkten – Eine juristische und ökonomische Untersuchung im Kartell- und Immaterialgüterrecht, ZWeR 2008, 459 ff.; *Bergmann*, Maßstäbe für die Beurteilung einer Kosten-Preis-Schere im Kartellrecht, WuW 2001, 234 ff.; *Billing/Lettl*, Franchising und § 20 Abs. 1 GWB, WRP 2012, 773 ff.; *Blaschczok*, Kartellrecht in zweiseitigen Wirtschaftszweigen, 2015; *Bodenstein*, Kartellrechtliche Bewertung von Rabatten marktbeherrschender Unternehmen, 2013; *Borchardt/Fikentscher*, Wettbewerb, Wettbewerbsbeschränkung, Marktbeherrschung, 1957; *Brück*, Wettbewerb auf nachgelagerten Märkten, WRP 2008, 1160 ff.; *Büdenbender*, Die Bedeutung der Preismissbrauchskontrolle nach § 315 BGB in der Energiewirtschaft, NJW 2007, 2945; *Bunte*, 6. GWB-Novelle und Mißbrauch wegen Verweigerung des Zugangs zu einer »wesentlichen Einrichtung«, WuW 1997, 302; *ders.*, Die Bedeutung salvatorischer Klauseln in kartellrechtswidrigen Verträgen, GRUR 2004, 301 ff.; *Burkert*, die Zulässigkeit von Kopplungsgeschäften aus wettbewerbsrechtlicher Sicht, 1992; *Busche*, Privatautonomie und Kontrahierungszwang, 1999; *ders.*, Marktmachtmissbrauch durch Ausübung von Immaterialgüterrechten?, FS Tilmann, 2003, S. 645 ff.; *Casper*, Die wettbewerbsrechtliche Begründung von Zwangslizenzen, ZHR 166 (2002), 685 ff.; *Daiber*, Wasserversorgung und Vergleichsmarktkonzept, NJW 2013, 1990 ff.; *Deselaers*, Die »Essential Facilities«-Doktrin im Lichte des Magill-Urteils des EuGH, EuZW 1995, 563; *Dewenter/Rösch/Terschüren*, Abgrenzung zweiseitiger Märkte am Beispiel von Internetsuchmaschinen, NZKart 2014, 387 ff.; *Dreher*, Die Zukunft der Missbrauchsaufsicht in einem ökonomisierten Kartellrecht, WuW 2008, 23 ff.; *ders.*, Die Kontrolle des Wettbewerbs in Innovationsmärkten, ZWeR 2009, 149 ff.; *Dworschak*, Frühe Marktzutritte im Arzneimittelsektor, 2016; *Ebenroth/Obermann*, Absatzmittlungsverträge im Spannungsverhältnis von Kartell- und Zivilrecht, 1980; *Emmerich*, Das Wirtschaftsrecht der öffentlichen Unternehmen, 1969; *ders.*, Der Wettbewerb der öffentlichen Hand, insbesondere das Problem der staatlichen Versorgungsmonopole, 1971; *Eufinger/Maschemer*, Durchsetzung von Vorzugsbedingungen als Missbrauch relativer Marktmacht, WRP 2016, 561 ff.; *Ewald*, Predatory Pricing als Problem der Missbrauchsaufsicht, WuW 2003, 1165 ff.; *Faustmann/Raapke*, Zur Neuregelung des Preismissbrauchs im Energie- und Lebensmittelsektor – Fortschritt für den Wettbewerb?, WRP 2008, 67 ff.; *Fleischer*, Behinderungsmißbrauch durch Produktinnovation, 1997; *Foerster*, Marktbeherrschende Stellung und Förderung fremden Wettbewerbs, WuW 2015, 233 ff.; *Franck*, Eine Frage des Zusammenhangs: Marktbeherrschungsmissbrauch durch rechtswidrige Konditionen, ZWeR 2016, 137 ff.; *Frenz*, Abschied vom more economic approach, WRP 2013, 428 ff.; *Fuchs*, Entwicklung und Praktizierung von Industriestandards, in: Lange/Klippel/Ohly,

Geistiges Eigentum und Wettbewerb, 2009, S. 147 ff.; *ders.*, Der »ebenso effiziente Wettbewerber« als Maßstab für die Missbrauchskontrolle über marktbeherrschende Unternehmen – eine kritische Würdigung, in: FS Möschel, 2011, S. 241 ff.; *Gersdorf*, Regulierung von Entgelten und Gebühren in Netzwirtschaften, ZWeR 2016, 113 ff.; *Gildhoff/Tubis*, Die kartellrechtswidrige Behinderung von Wettbewerbern durch Verunglimpfung, BB 2016, 835 ff.:, *Görgemanns*, Der Begriff der kleinen und mittleren Unternehmen im Gesetz gegen Wettbewerbsbeschränkungen, 1998; *Golz*, Der sachlich relevante Markt bei Verlagserzeugnissen, 2003; *R. Hahn*, Behinderungsmißbräuche marktbeherrschender Unternehmen, 1984; *Hartmann-Rüppel/Engelhoven*, Kartellrecht und Eigentum – Die Soda-Club-II-Entscheidung des BGH, ZWeR 2008, 290 ff.; *Hauck*, »Erzwungene« Lizenzverträge – Kartellrechtliche Grenzen der Durchsetzung standardessentieller Patente, NJW 2015, 2767 ff.; *Heinemann*, Immaterialgüterschutz in der Wettbewerbsordnung, 2002; *Heise*, Das Verhältnis von Regulierung und Kartellrecht im Bereich der Netzwirtschaften, 2008; *Henk-Merten*, Die Kosten-Preis-Schere im Kartellrecht, 2005; *Heuchert*, Die Normadressaten des § 26 Abs. 2 GWB – Eine ökonomische Analyse des Rechts, 1987; *Heyers*, Wettbewerbsrechtliche Bewertung sog. Preisparitätsklauseln – ein juristisch-ökonomischer Ansatz, GRUR Int. 2013, 409 ff.; *Höft*, Die Kontrolle des Ausbeutungsmissbrauchs im Recht der Wettbewerbsbeschränkungen, 2013; *Hölzler/Satzky*, Wettbewerbsverzerrungen durch nachfragemächtige Handelsunternehmen, 1980; *Höppner*, Netzveränderungen im Zugangskonzept, 2009; *Hohmann*, Die Essential-Facility-Doktrin im Recht der Wettbewerbsbeschränkungen, 2001; *Hoppmann*, Die Abgrenzung des relevanten Marktes im Rahmen der Mißbrauchsaufsicht, 1974; *ders.*, Preiskontrolle und Als-ob-Konzept, 1974; *ders.*, Marktmacht und Wettbewerb, 1977; *ders.*, Das Konzept des wirksamen Preiswettbewerbs, 1978; *ders.*, Behinderungsmißbrauch, 1980; *ders.*, Marktbeherrschung und Preismißbrauch, 1983; *Immenga*, Ökonomie und Recht in der europäischen Wettbewerbspolitik, ZWeR 2006, 346 ff.; *Jaeger*, Neue kartellrechtliche Entwicklungen aus Sicht des Düsseldorfer Kartellsenats, in: Baur (Hrsg.), Regulierter Wettbewerb in der Energiewirtschaft, 2002, S. 17 ff.; *Jickeli*, Marktzutrittsschranken im Recht der Wettbewerbsbeschränkungen, 1990; *Jüngst*, Marktbeherrschungsbegriff, überragende Marktstellung und Diversifikation, 1980; *Jung*, Die Zwangslizenz als Instrument der Wettbewerbspolitik, ZWeR 2004, 379 ff.; *Junghanns*, Preis-Kosten-Scheren in der Telekommunikation, WuW 2002, 567 ff.; *Kahlenberg/Haellmigk*, Aktuelle Änderungen des Gesetzes gegen Wettbewerbsbeschränkungen, BB 2008, 174 ff.; *Kellerbauer*, Die Bedeutung des »as efficient competitor« bei der Feststellung von Verstößen gegen Art. 102 AEUV, EuZW 2015, 261 ff.; *Kersting/Dworschak*, Leistungsschutzrecht für Presseverlage: Müsste Google wirklich zahlen? – eine kartellrechtliche Analyse, NZKart 2013, 46 ff.; *Klein/Burianski*, Ordnungsgeld statt Zwangsgeld – Effektivere Durchsetzung von Belieferungsansprüchen, NJW 2010, 2248 ff.; *Kleinlein/Schubert*, Kontrolle von Entgelten monopolistischer und marktbeherrschender Anbieter, NJW 2014, 3191 ff.; *Kleinmann*, Die Rabattgestaltung durch marktbeherrschende Unternehmen, EWS 2002, 466 ff.; *Klimisch/Lange*, Zugang zu Netzen und anderen wesentlichen Einrichtungen als Bestandteil der kartellrechtlichen Mißbrauchsaufsicht, WuW 1998, 15; *Knauss*, Die räumliche Marktabgrenzung in der Fusionskontrolle und Missbrauchsaufsicht über marktbeherrschende Unternehmen im deutschen und europäischen Recht, 2003; *Knöpfle*, Zulässigkeit und Eignung des Maßstabes des Als-ob-Wettbewerbs für die Mißbrauchsaufsicht über Versorgungsunternehmen, 1975; *ders.*, Indiziert der Marktanteil den Wettbewerbsgrad?, BB 1982, 1805 ff.; *Köhler*, Wettbewerbsbeschränkungen durch Nachfrager, 1977; *ders.*, Wettbewerbs- und kartellrechtliche Kontrolle der Nachfragemacht, 1979; *ders.*, Nachfragewettbewerb und Marktbeherrschung, 1986; *ders.*, Kartellverbot und Schadensersatz, GRUR 2004, 99 ff.; *ders.*, Zur Kontrolle von Nachfragemacht nach dem neuen GWB und dem neuen UWG, WRP 2006, 139 ff.; *Körber*, Geistiges Eigentum, essential facilities und »Innovationsmissbrauch«, RIW 2004, 881 ff.; *ders.*, Drittzugang zu Fernwärmenetzen, 2011; *ders.*, Google im Focus des Kartellrechts, WRP 2012, 761 ff.; *ders.*, Standardessentielle Patente, FRAND-Verpflichtungen und Kartellrecht, 2013; *ders.*, Kartellrechtlicher Zwangslizenzeinwand und standardessentielle Patente, NZKart 2013,

87 ff.; *ders.*, Analoges Kartellrecht für digitale Märkte?, WuW 2015, 120 ff.; *ders.*, Marktabgrenzung und SIEC-Test im Lebensmittelhandel, ZWeR 2016, 89 ff.; *ders.*, »Ist Wissen Marktmacht?« Überlegungen zum Verhältnis von Datenschutz, »Datenmacht« und Kartellrecht, NZKart 2016, 303 ff.; *Körber/Zagouras*, Übertragungsrechte und Kartellrecht, WuW 2004, 1144 ff.; *Kouker*, Die Normadressaten des Diskriminierungsverbots (§ 26 Abs. 2 und 3 GWB), 1984; *Krah*, Missbrauch einer marktbeherrschenden Stellung: Kampfpreise – selektive Preissenkungen – Quersubventionen, EuZW 2012, 207 ff.; *Kroitzsch*, Zum Begriff der Abhängigkeit im Sinn des § 26 Abs. 2 Satz 2 GWB, GRUR 1976, 182 ff.; *Kühne*, Das Verhältnis zwischen allgemeinem und sektorspezifischem (Sonder-)Kartellrecht beim Zugang zu wesentlichen Einrichtungen, FS Immenga, 2004, S. 243 ff.; *Kühnert/Xeniadis*, Missbrauchskontrolle auf Sekundärmarkten, WuW 2008, 1054 ff.; *Lademann*, Methodologische und erfahrungswissenschaftliche Probleme bei der Abgrenzung des relevanten Marktes, WuW 1988, 575 ff.; *ders.*, Erfahrungswissenschaftliche Ansatzpunkte bei der Marktabgrenzung im Kartellverfahren, in: Schwerpunkte des Kartellrechts 1999, 2000, S. 67 ff.; *Lenßen*, Der kartellrechtlich relevante Markt, 2009; *Lettl*, Zur Anwendung von § 19 Abs. 2 Nr. 5 GWB (ggf. i.V.m.§ 20 Abs. 2 GWB) insbesondere auf Preisverhandlungen zwischen marktmächtigen Unternehmen und Lieferanten, WRP 2016, 800 ff.; *ders.*, Missbräuchliche Ausnutzung einer marktbeherrschenden Stellung nach Art. 102 AEUV, § 19 GWB und Rechtsbruch, WuW 2016, 214 ff.; *Lommler*, Das Verhältnis des kartellrechtlichen Verbots der Kosten-Preis-Schere zum Verbot der Kampfpreisunterbietung, WuW 2011, 244 ff.; *Ludwigs*, Die Rolle der Kartellbehörden im Recht der Regulierungsverwaltung, WuW 2008, 534 ff.; *Markert*, Langfristige Energiebezugsbindungen als Kartellrechtsverstoß, WRP 2003, 356 ff.; *ders.*, Die Verweigerung des Zugangs zu »wesentlichen Einrichtungen« als Problem der kartellrechtlichen Missbrauchsaufsicht, WuW 1995, 560 ff.; *ders.*, Die Anwendung des US-amerikanischen Monopolisierungsverbots auf Verweigerungen des Zugangs zu »wesentlichen Einrichtungen«, FS Mestmäcker, 1996, S. 661 ff.; *Mestmäcker*, Über das Verhältnis des Rechts der Wettbewerbsbeschränkungen zum Privatrecht, AcP 168 (1968), 235 ff.; *ders.*, Zum Begriff des Mißbrauchs in Art. 86 des Vertrages über die Europäische Gemeinschaft, in: FS Raisch, 1995, S. 441 ff.; *Möschel*, Der Oligopolmißbrauch im Recht der Wettbewerbsbeschränkungen, 1974; *ders.*, Preiskontrollen über marktbeherrschende Unternehmen, JZ 1975, 393; *Nägele/Jacobs*, Zwangslizenzen im Patentrecht – unter besonderer Berücksichtigung des kartellrechtlichen Zwangslizenzeinwands im Patentverletzungsprozess, WRP 2009, 1062 ff.; *Nette*, Die kartell- und wettbewerbsrechtliche Beurteilung der Preisunterbietung, 1984; *Ostendorf*, Probleme bei der zivilrechtlichen Umsetzung kartellrechtlicher Beseitigungspflichten im Fall von Preisdiskriminierungen marktbeherrschender Unternehmen, NZKart 2013, 320 ff.; *Ritter/Lücke*, Die Bekämpfung des Preismissbrauchs im Bereich der Energieversorgung und des Lebensmittelhandels – geplante Änderungen des GWB, WuW 2007, 698 ff.; *Rittner*, Das Handelsvertreterverhältnis im GWB und EG-Kartellrecht und die Figur der unternehmensbedingten Abhängigkeit, WuW 1993, 592 ff.; *Röper*, Die Mißbrauchsaufsicht vor dem Hintergrund der Entwicklungen der neueren Wettbewerbstheorie, 1982; *Rudowicz*, Plattformverbote in selektiven Vertriebssystemen: Kritische Auseinandersetzung mit dem Urteil des KG in der Sache Sternjacob, NZKart 2014, 253 ff.; *Säcker*, Abschied vom Bedarfsmarktkonzept, ZWeR 2004, 1 ff.; *ders.*, Freiheit durch Wettbewerb – Wettbewerb durch Regulierung, ZNER 2004, 98 ff.; *ders.*, Die kartellrechtliche Missbrauchskontrolle über Wasserpreise und Wassergebühren, NJW 2012, 1105 ff.; *Säcker/Mohr*, Forderung und Durchsetzung ungerechtfertigter Vorteile, WRP 2010, 1 ff.; *Chr. Schmidt*, Kein einheitlicher Wärmemarkt in der kartellrechtlichen Missbrauchskontrolle, WuW 2008, 550 ff.; *Schmidt-Volkmar*, Das Verhältnis von kartellrechtlicher Missbrauchsaufsicht und Netzregulierung, 2010; *Schnelle*, Die Öffnung von leistungsnotwendigen Einrichtungen für Dritte und der Schutz des Eigentums, EuZW 1994, 556 ff.; *Schuhmacher*, Altes und Neues zur Kampfpreisunterbietung, ZWeR 2007, 352 ff.; *Tamke*, Kartellrechtliche Beurteilung der Bestpreisklauseln von Internetplattformen, WuW 2015, 594 ff.; *Telle*, Konditionenmissbrauch durch Ausplünderung von Plattform-Nutzerdaten, WRP 2016, 814 ff.; *Traugott*, Zur Abgrenzung von Märkten, WuW 1998,

Vor §§ 18–20 GWB *Vorbemerkung*

929 ff.; *P. Ulmer*, Schranken zulässigen Wettbewerbs marktbeherrschender Unternehmen, 1977; *Velte*, Verbot des Vertriebs von Produkten über das Internet als Wettbewerbsbeschränkung, EuZW 2012. 19 ff.; *v. Wallenberg*, Diskriminierungsfreier Zugang zu Netzen und anderen Infrastruktureinrichtungen, K&R 1999, 152 ff.; *Wirtz/Holzhäuser*, Die kartellrechtliche Zwangslizenz, WRP 2004, 682 ff.; *Wurmnest*, Marktmacht und Verdrängungsmissbrauch, 2. Aufl. 2012.

A. Überblick

1   Die §§ 18 bis 20 GWB enthalten die für das deutsche Kartellrecht maßgeblichen Regeln zum Marktmachtmissbrauch. Soweit ein Zwischenstaatlichkeitsbezug gegeben ist, kommt parallel Art. 102 AEUV zur Anwendung. Im Gegensatz zum Kartellverbot, das ein koordiniertes Verhalten von zwei oder mehreren Unternehmen voraussetzt, erfasst das Marktmachtmissbrauchsverbot das einseitige Verhalten marktmächtiger Unternehmen. Neben dem Kartellverbot und der Fusionskontrolle bildet das Marktmachtmissbrauchsverbot den dritten Eckpfeiler des deutschen Kartellrechts. Während auf europäischer Ebene nur solche Unternehmen in den Anwendungsbereich des Missbrauchsverbots fallen, die über eine beherrschende Stellung auf dem Binnenmarkt verfügen (Art. 102 AEUV Rn. 3), greift das deutsche Recht weiter aus. Es bezieht sich nicht nur auf **marktbeherrschende** Unternehmen i.S.v. § 18 GWB, sondern auch auf lediglich **marktstarke Unternehmen**, zu denen andere Unternehmen in einem wirtschaftlichen Abhängigkeits- oder Wettbewerbsverhältnis stehen (§ 20 GWB). Das deutsche Recht unterscheidet sich freilich nicht nur im Hinblick auf die Normadressaten vom europäischen Rechtsrahmen, sondern zum Teil auch in der inhaltlichen Ausgestaltung des Marktmachtmissbrauchsverbots. Der für das Kartellverbot charakteristische Gleichlauf des europäischen und deutschen Rechts existiert also nicht. Das ist Folge der Regelung in Art. 3 Abs. 2 S. 2 VO (EG) 1/2003, wonach es den Mitgliedstaaten nicht verwehrt ist, in ihrem Hoheitsgebiet **strengere innerstaatliche Vorschriften** zur Unterbindung oder Ahndung einseitiger Handlungen von Unternehmen zu erlassen oder anzuwenden. Eine entsprechende Regelung enthält § 22 Abs. 3 S. 3 GWB.

2   Den Vorschriften der §§ 18 bis 20 GWB kommt im Gefüge des Kartellrechts eine erhebliche Bedeutung zu, ausgehend von der Erkenntnis, dass der Wettbewerb mit zunehmender **Vermachtung von Märkten** zu erlahmen droht. Diese Marktmacht kann aus zwei- oder mehrseitigen Kartellabsprachen resultieren, die zu einer **Abstumpfung der Wettbewerbsimpulse** führen. Sie kann aber auch auf internem Wachstum eines Unternehmens beruhen oder auf Unternehmenszusammenschlüsse zurückgehen. Der Gesetzgeber reagiert auf diese Formen der Wettbewerbsbeeinträchtigung durchaus unterschiedlich. Während das Kartellverbot und die Fusionskontrolle präventiven Charakter haben, indem Vermachtungstendenzen von vornherein unterbunden werden, begeg-

net das Kartellrecht dem **internen Wachstum** zunächst einmal neutral, selbst wenn sich dieses zu Lasten anderer Marktbeteiligter auswirkt und zu einer Beruhigung des Wettbewerbs führt. Erst dann, wenn die **Marktmacht missbräuchlich ausgenutzt** wird, unterwirft das Kartellrecht auch das interne Wachstum eines Unternehmens einer (repressiven) Kontrolle. Insoweit unterscheidet sich der Ansatz etwa vom US-amerikanischen Kartellrecht, das mit Art. 2 Sherman Act bereits der Begründung von Marktmacht Einhalt zu gebieten versucht (dazu Art. 102 AEUV Rn. 5).

B. Normzweck

Sinn und Zweck des Missbrauchsverbots ist die **Unterbindung von marktmachtbedingten Verhaltensspielräumen**, die durch den Wettbewerb nicht mehr hinreichend kontrolliert werden können. Insoweit geht es einerseits um die **Aufrechterhaltung des Wettbewerbs als Institution**, nämlich in seiner Funktion als Garant bestmöglicher Marktergebnisse, andererseits um den **Schutz Dritter**, nämlich solcher Marktbeteiligter, die von dem Verhalten des marktmächtigen Unternehmens negativ betroffen sind. Ziel des Marktmachtmissbrauchsverbots ist es mithin, die wettbewerbsbeschränkenden Wirkungen von Marktmacht zu beseitigen, um auf diese Weise eine allseitige, möglichst autonome Entfaltung der Marktkräfte zu gewährleisten. In diesem Sinne stattet das Gesetz marktmächtige Unternehmen mit einer besonderen **Marktverhaltensverantwortung** aus, die freilich nicht mit einer Marktstrukturverantwortung verwechselt werden darf.[1] Um eine Marktstrukturverantwortung kann es schon deshalb nicht gehen, weil das Marktmachtmissbrauchsverbot die Begründung des internen Wachstums nicht antastet. Auch marktbeherrschenden Unternehmen ist es im Grundsatz unbenommen, von den ihnen zur Verfügung stehenden Aktionsparametern nach Belieben Gebrauch zu machen. Dies ist konstitutiver Bestandteil der unternehmerischen Freiheit in einer marktwirtschaftlich fundierten Wettbewerbsordnung, die als Leitbild sowohl der deutschen als auch der europäischen Wirtschaftsverfassung zugrunde liegt.[2] **Grenzen** sind **der unternehmerischen Freiheit** dort zu setzen, wo die Marktmacht dazu benutzt wird, den Marktzutritt anderer Unternehmen zu behindern oder diese in der freien Wahl ihrer Aktionsparameter zu behindern.

3

C. Erscheinungsformen des Marktmachtmissbrauchs

Zu einem Missbrauch von Marktmacht kann es sowohl im **Vertikalverhältnis** zwischen einem marktbeherrschenden Unternehmen und Unternehmen auf

4

---

1 Undeutlich insofern *Kühnen*, in: Loewenheim/Meessen/Riesenkampff, § 18 GWB Rn. 3.
2 Näher dazu *Busche*, Privatautonomie und Kontrahierungszwang, 1999, S. 30 ff.

vor- oder nachgelagerten Marktstufen kommen als auch im **Horizontalverhältnis** zwischen einem marktbeherrschenden Unternehmen und seinen auf dem selben Markt tätigen (aktuellen oder potenziellen) Wettbewerbern. Rein tatsächlich überwiegen die Fälle des vertikalen Marktmachtmissbrauchs. Die Bedeutung dieser Fallgruppe spiegelt sich auch in § 20 GWB wider, dessen Zweck im Wesentlichen darin besteht, kleine und mittlere Unternehmen, die in einem besonderen vertikalen Abhängigkeitsverhältnis oder in einem Wettbewerbsverhältnis zu marktbeherrschenden Unternehmen stehen, schon dann vor einem Marktmachtmissbrauch zu schützen, wenn der Normadressat selbst noch nicht marktbeherrschend ist, aber immerhin über eine marktstarke Stellung verfügt. Die damit angedeutete Marktverhaltensverantwortung trifft marktmächtige Unternehmen ohne Weiteres auf dem vermachteten Markt, da die marktmächtige Stellung unmittelbar auf diesem Markt ausgespielt werden kann. Nicht ganz so klar zu beantworten ist die Frage, ob die Marktverhaltensverantwortung auch auf **Drittmärkte** ausstrahlt (dazu § 19 Rdn. 22 ff.).

D. Normgenese

5 Der Marktmachtmissbrauch unterliegt einem unmittelbar wirkenden Verbot. Dieser Rechtszustand geht zurück auf die am 1.1.1999 in Kraft getretene 6. GWB-Novelle 1998,[3] mit der § 19 GWB 1998 in Anlehnung an Art. 82 EG (jetzt: Art. 102 AEUV) als **drittschützender Verbotstatbestand** etabliert wurde. Zuvor bestand im Falle eines Marktmachtmissbrauchs lediglich eine Eingriffsermächtigung für die zuständigen Kartellbehörden (§ 22 Abs. 4 GWB 1957; § 26 GWB 1957). Eine effektive Marktmachtmissbrauchskontrolle konnte durch die Kartellbehörden freilich schon aufgrund ihrer begrenzten Ressourcen nicht geleistet werden. Daher war es nur folgerichtig, den Missbrauchstatbestand zu einem Verbotstatbestand auszubauen, der es den von einem Marktmachtmissbrauch betroffenen Marktteilnehmern ermöglicht, eigene Ansprüche gegen die Normadressaten geltend zu machen. Zunächst gewährte § 33 GWB 1998 den Betroffenen lediglich einen Anspruch auf Unterlassung und Schadensersatz. Daneben trat die Befugnis der Kartellbehörden, im Falle eines Marktmachtmissbrauchs neben entsprechenden Untersagungsverfügungen auch Bußgelder zu verhängen (§ 81 Abs. 1 Nr. 1, Abs. 2 GWB 1998). Mit der 7. GWB-Novelle 2005[4] wurde den Betroffenen zudem ein Beseitigungsanspruch eingeräumt (§ 33 Abs. 1 S. 1 GWB 2005). Darüber hinaus hat der Gesetzgeber in § 33 Abs. 1 S. 3 GWB 2005 ausdrücklich geregelt, wer als Betroffener zur Geltendmachung von Ansprüchen berechtigt ist,

---

3 Sechstes Gesetz zur Änderung des Gesetzes gegen Wettbewerbsbeschränkungen v. 26.8.1998, BGBl. I S. 2521.
4 Siebtes Gesetz zur Änderung des Gesetzes gegen Wettbewerbsbeschränkungen v. 7.7.2005, BGBl. I S. 1954.

nämlich **Mitbewerber** und **sonstige Marktbeteiligte**, die durch den Verstoß gegen das Marktmachtmissbrauchsverbot beeinträchtigt sind. Da zu den sonstigen Marktbeteiligten auch Endverbraucher zählen,[5] führte diese Änderung zu einer weiteren Stärkung des Missbrauchsverbots, wenngleich nicht übersehen werden darf, dass die **praktische Rechtsdurchsetzung**, insbesondere was die Durchsetzung von Schadensersatzansprüchen angeht, den Endverbraucher vor erhebliche Beweisprobleme stellen kann. Letztlich ist die Konzeption, Privatrechtssubjekte als »Funktionäre der Rechtsordnung« zur Durchsetzung marktgerechten Verhaltens zu instrumentalisieren aber Erfolg versprechender als das bloße Vertrauen auf die Durchschlagskraft kartellbehördlicher Tätigkeit.

Der Standort der Vorschriften zum Marktmachtmissbrauch hat im Laufe der Gesetzesfortschreibung mehrmals gewechselt. Die einzelnen Novellierungen gingen zudem mit einer Verdichtung der gesetzlichen Regelungen einher. Entsprechendes gilt für das Behinderungs- und Diskriminierungsverbot (dazu Rdn. 7). An seinem ursprünglichen Standort im Dritten Abschnitt des GWB 1957[6] (§ 22) bestand der Marktmachtmissbrauchstatbestand lediglich aus fünf Absätzen, von denen sich zwei mit der Bestimmung von Marktmacht (§ 22 Abs. 1 und 2 GWB 1957), einer mit den materiellrechtlichen Voraussetzungen des Missbrauchs (§ 22 Abs. 3 GWB 1957) und zwei weitere mit den Befugnissen der Kartellbehörden beschäftigten (§ 22 Abs. 4 und 5 GWB 1957), die nach Abs. 3 Nr. 1 und 2 nur im Falle eines Konditionen- und Kopplungsmissbrauchs bestanden. Mit der **1. GWB-Novelle 1965**[7] wurde die Beschränkung des Tatbestandes auf den Konditionen- und Kopplungsmissbrauch aufgegeben. Fortan konnten die Kartellbehörden von ihren Befugnissen Gebrauch machen, soweit Unternehmen ihre marktbeherrschende Stellung »auf dem Markt für diese oder andere Waren oder gewerbliche Leistungen missbräuchlich ausnutzen« (§ 22 Abs. 3 GWB 1965).[8] Im Rahmen der **2. GWB-Novelle 1973**[9] wurden die Regelungen zur Feststellung der Marktbeherrschung (§ 22 Abs. 1 bis 3 GWB 1973) novelliert und durch Vermutungsregelungen ergänzt.[10] Diese Struktur blieb im Wesentlichen bis zur 8. GWB-Novelle erhalten (vgl. § 19

6

---

5 Vgl. auch die *Courage*-Rechtsprechung des EuGH zu Art. 85 EG (Slg. 2001 I-6314 Tz. 26).
6 Gesetz gegen Wettbewerbsbeschränkungen v. 27.7.1957, BGBl. I S. 1081.
7 Gesetz zur Änderung des Gesetzes gegen Wettbewerbsbeschränkungen v. 15.9.1965, BGBl. I S. 1363.
8 Dazu BReg., Begr. zur Änderung des Gesetzes gegen Wettbewerbsbeschränkungen, BT-Drucks. 4/2564, S. 7 f., 15 f.
9 Zweites Gesetz zur Änderung des Gesetzes gegen Wettbewerbsbeschränkungen v. 3.8.1973, BGBl. I S. 917.
10 Dazu BReg., Begr. zur Änderung des Gesetzes gegen Wettbewerbsbeschränkungen, BT-Drucks. 6/2520, S. 14, 21 ff.

Abs. 1 bis 3 GWB 2005). Während die **3. GWB-Novelle 1976**[11] für das Missbrauchsverbot lediglich redaktionelle Änderungen brachte,[12] wurde mit der **4. GWB-Novelle 1980**[13] der Missbrauchstatbestand durch (nicht abschließende) Regelbeispiele ergänzt (§ 22 Abs. 4 S. 2 Nr. 1 bis 3 GWB 1980),[14] die sich bis zur 8. GWB-Novelle sachlich unverändert im GWB fanden (zuletzt § 19 Abs. 4 Nr. 1 bis 3 GWB 2005) und zwischenzeitlich mit der 6. GWB-Novelle 1998 um die »essential facilities«-Klausel (§ 19 Abs. 4 Nr. 4 GWB 2005) erweitert wurden. Die Vorschriften sind de lege lata in modifizierter und erweiterter Form in § 19 Abs. 2 GWB enthalten. Mit der **5. GWB-Novelle 1989**[15] wurden die Kriterien zur Bestimmung einer überragenden Marktstellung neu gefasst (§ 22 Abs. 1 Nr. 2 GWB 1989).[16] Die Gesetzesfassung hatte bis zur 8. GWB-Novelle Bestand (vgl. § 19 Abs. 2 S. 1 Nr. 2 GWB 2005). De lege lata finden sich entsprechende Bestimmungen in § 18 Abs. 3 GWB. Die **6. GWB-Novelle 1998**[17] beinhaltete eine Umstrukturierung der gesetzlichen Bestimmungen, wodurch die Vorschrift des § 22 ihren Standort wechselte und nunmehr als § 19 GWB 1998 in das Gesetz eingestellt war.[18] Zudem fand die bereits erwähnte »essential facilities«-Klausel Eingang in das Gesetz (§ 19 Abs. 4 Nr. 4 GWB 2005).[19] Anlässlich der **7. GWB-Novelle 2005**[20] wurde in § 19 Abs. 2 Satz 1 GWB 2005 klargestellt, dass die Marktmacht in Bezug auf den sachlich und räumlich relevanten Markt festzustellen ist, und darüber hinaus geregelt, dass der räumlich relevante Markt weiter sein kann als der Gel-

---

11 Drittes Gesetz zur Änderung des Gesetzes gegen Wettbewerbsbeschränkungen v. 28.6.1976, BGBl. I S. 1697.
12 Dazu BReg., Begründung zum Entwurf eines Dritten Gesetzes zur Änderung des Gesetzes gegen Wettbewerbsbeschränkungen, BT-Drucks. 7/2954, S. 5, 6.
13 Viertes Gesetz zur Änderung des Gesetzes gegen Wettbewerbsbeschränkungen v. 26.4.1980, BGBl. I S. 458.
14 Dazu BT-Ausschuss für Wirtschaft, Beschlussempfehlung und Bericht zum Entwurf eines Vierten Gesetzes zur Änderung des Gesetzes gegen Wettbewerbsbeschränkungen, BT-Drucks. 8/3690, S. 22, 24 f.
15 Fünftes Gesetz zur Änderung des Gesetzes gegen Wettbewerbsbeschränkungen v. 22.12.1989, BGBl. I S. 2486.
16 Dazu BReg., Begründung zum Entwurf eines Fünften Gesetzes zur Änderung des Gesetzes gegen Wettbewerbsbeschränkungen, BT-Drucks. 11/4610, S. 10, 17 f.
17 Sechstes Gesetz zur Änderung des Gesetzes gegen Wettbewerbsbeschränkungen v. 26.8.1998, BGBl. I S. 2521.
18 Dazu BReg., Begründung zum Entwurf eines Sechsten Gesetzes zur Änderung des Gesetzes gegen Wettbewerbsbeschränkungen, BT-Drucks. 13/9720, S. 30, 35 ff.
19 Dazu BReg., Begründung zum Entwurf eines Sechsten Gesetzes zur Änderung des Gesetzes gegen Wettbewerbsbeschränkungen, BT-Drucks. 13/9720, S. 30, 36 f.
20 Siebtes Gesetz zur Änderung des Gesetzes gegen Wettbewerbsbeschränkungen v. 7.7.2005, BGBl. I S. 1954.

tungsbereich des Gesetzes.[21] Maßgeblich ist also eine Marktabgrenzung nach wirtschaftlichen Gesichtspunkten, die an Gebietsgrenzen nicht Halt macht. De lege lata wird dies in § 18 Abs. 1 und 2 GWB 2013 angesprochen. Mit der **8. GWB-Novelle 2013**[22] hat der Gesetzgeber inhaltlich wenig geändert, aber die Normstruktur erneut verändert, womit die Vorschriften zur Feststellung der Marktbeherrschung ihren Platz in § 18 GWB gefunden haben, während in § 19 GWB das Marktmachtmissbrauchsverbot mit den zuvor auf §§ 19 Abs. 4 und 20 Abs. 1 und 3 GWB 2005 verteilten Regelbeispielen zusammengeführt wurde.[23] Diese systematische Bereinigung befördert im Zusammenspiel mit § 20 GWB 2013, der Marktverhaltensverbote für marktstarke Unternehmen sowie Wirtschafts- und Berufsvereinigungen und Gütezeichengemeinschaften enthält, die Transparenz der gesetzlichen Regelung erheblich (dazu auch Rdn. 7). Aus materiellrechtlicher Sicht ist zudem hervorzuheben, dass die Marktanteilsschwelle für die Vermutung der Einzelmarktbeherrschung von einem Drittel auf 40 vH angehoben wurde.[24] Der Entwurf der Bundesregierung für ein Neuntes Gesetz zur Änderung des Gesetzes gegen Wettbewerbsbeschränkungen (**9. GWB-Novelle**) sieht vor, dass § 18 GWB durch einen Absatz 2a ergänzt wird, wonach es der Annahme eines Marktes nicht entgegensteht, dass eine Leistung unentgeltlich erbracht wird (dazu § 18 Rdn. 11).[25] Darüber hinaus soll ein neuer, mit Absatz 2a in sachlichem Kontext stehender Absatz 3a die Bewertung der Marktstellung von Unternehmen bei mehrseitigen Märkten und Netzwerken erleichtern.[26] Schließlich ist beabsichtigt, die Vorschrift des § 19 Abs. 2 Nr. 5 GWB inhaltlich zu ändern und zu ergänzen.[27]

Neben den Vorschriften im Dritten Abschnitt zu marktbeherrschenden Unternehmen (§§ 22 bis 24 GWB 1957) enthielt schon das GWB 1957[28] weitere Regelungen zu wettbewerbsbeschränkendem und diskriminierendem Verhalten (§§ 25 bis 27 GWB 1957). Im Zusammenhang mit der Marktbeherrschung

7

---

21 Dazu BReg., Begründung zum Entwurf eines Siebten Gesetzes zur Änderung des Gesetzes gegen Wettbewerbsbeschränkungen, BT-Drucks. 15/3640, S. 21, 45.
22 Achtes Gesetz zur Änderung des Gesetzes gegen Wettbewerbsbeschränkungen v. 26.6.2013, BGBl. I S. 1738.
23 Dazu BReg., Begründung zum Entwurf eines Achten Gesetzes zur Änderung des Gesetzes gegen Wettbewerbsbeschränkungen, BT-Drucks. 17/9852, S. 17, 20.
24 Dazu BReg., Begründung zum Entwurf eines Achten Gesetzes zur Änderung des Gesetzes gegen Wettbewerbsbeschränkungen, BT-Drucks. 17/9852, S. 17, 23.
25 BReg., Begründung zu dem Entwurf eines Neunten Gesetzes zur Änderung des Gesetzes gegen Wettbewerbsbeschränkungen, Umdruck, S. 40, 51 f.
26 BReg., Begründung zu dem Entwurf eines Neunten Gesetzes zur Änderung des Gesetzes gegen Wettbewerbsbeschränkungen, Umdruck, S. 40, 52 ff.
27 BReg., Begründung zu dem Entwurf eines Neunten Gesetzes zur Änderung des Gesetzes gegen Wettbewerbsbeschränkungen, Umdruck, S. 40, 56 f.
28 Gesetz gegen Wettbewerbsbeschränkungen v. 27.7.1957, BGBl. I S. 1081.

von Interesse ist insoweit das in § 26 Abs. 2 GWB 1957 enthaltene Behinderungs- und Diskriminierungsverbot, das gem. § 27 GWB 1957 auch für die Aufnahme in Wirtschafts- und Berufsvereinigungen sowie Gütezeichengemeinschaften galt. Während die **1. GWB-Novelle 1965**[29] insoweit keine Änderungen brachte, wurde das Behinderungs- und Diskriminierungsverbot mit der **2. GWB-Novelle 1973**[30] auf marktstarke Unternehmen und Unternehmensvereinigungen ausgedehnt, »soweit von ihnen Anbieter oder Nachfrager einer bestimmten Art von Waren oder gewerblichen Leistungen in der Weise abhängig sind, daß ausreichende und zumutbare Möglichkeiten, auf andere Unternehmen auszuweichen, nicht bestehen« (§ 26 Abs. 2 S. 2 GWB 1973).[31] Im Kern handelt es sich um den Regelungsansatz, der – mittlerweile seit der 5. GWB-Novelle auf kleine oder mittlere Anbieter und Nachfrager verengt – bis heute Bestand hat (vgl. § 20 Abs. 1 Satz 1 GWB). Nachdem die **3. GWB-Novelle**[32] nicht mit Änderungen verbunden war, hat der Gesetzgeber im Rahmen der **4. GWB-Novelle 1980**[33] die de lege lata in § 20 Abs. 1 Satz 2 GWB 2013 enthaltene Regelung der Vermutung eines missbräuchlichen Nachfrageverhaltens im Falle der Einräumung unsachlicher Vergünstigungen erstmals in das GWB eingeführt (§ 26 Abs. 2 Satz 3 GWB 1980) und darüber hinaus den Tatbestand des Forderns unsachlicher Vorteile in § 26 Abs. 3 GWB 1980 verankert (jetzt § 19 Abs. 2 Nr. 5 GWB).[34] Mit der **5. GWB-Novelle 1989**[35] hat § 26 GWB eine neue Struktur erhalten. Zugleich wurde das für marktstarke Unternehmen geltende Behinderungs- und Diskriminierungsverbot im Vertikalverhältnis auf Handlungen gegenüber kleinen und mittleren Unternehmen verengt (§ 26 Abs. 2 Satz 2 GWB 1989), aber auch auf das Horizontalverhältnis gegenüber kleinen und mittleren Wettbewerbern erstreckt (§ 26 Abs. 4 GWB 1989; jetzt § 20 Abs. 3 Satz 1 GWB).[36] Letzteres entsprach in

---

29 Gesetz zur Änderung des Gesetzes gegen Wettbewerbsbeschränkungen v. 15.9.1965, BGBl. I S. 1363.
30 Zweites Gesetz zur Änderung des Gesetzes gegen Wettbewerbsbeschränkungen v. 3.8.1973, BGBl. I S. 917.
31 Dazu BReg., Begr. zur Änderung des Gesetzes gegen Wettbewerbsbeschränkungen, BT-Drucks. 6/2520, S. 14, 34.
32 Drittes Gesetz zur Änderung des Gesetzes gegen Wettbewerbsbeschränkungen v. 28.6.1976, BGBl. I S. 1697.
33 Viertes Gesetz zur Änderung des Gesetzes gegen Wettbewerbsbeschränkungen v. 26.4.1980, BGBl. I S. 458.
34 Dazu BReg., Begründung zum Entwurf eines Vierten Gesetzes zur Änderung des Gesetzes gegen Wettbewerbsbeschränkungen, BT-Drucks. 8/2136, S. 12, 16, 24 f.
35 Fünftes Gesetz zur Änderung des Gesetzes gegen Wettbewerbsbeschränkungen v. 22.12.1989, BGBl. I S. 2486.
36 Dazu BReg., Begründung zum Entwurf eines Fünften Gesetzes zur Änderung des Gesetzes gegen Wettbewerbsbeschränkungen, BT-Drucks. 11/4610, S. 10, 21 ff.

modifizierter Form der Vorgängerregelung in § 37a Abs. 3 GWB 1980.[37] Die **6. GWB-Novelle 1998**[38] brachte eine Neuordnung der Vorschriften des GWB mit sich.[39] Das Behinderungs- und Diskriminierungsverbot wurde nunmehr als § 20 GWB 1998 in das Gesetz eingereiht, wobei § 20 Abs. 1 GWB 1998 das Verbot für marktbeherrschende Unternehmen enthielt, Abs. 2 das Verbot für marktstarke Unternehmen (gegenüber kleinen und mittleren als Anbietern oder Nachfragern), Abs. 3 das Fordern unsachlicher Vorteile durch marktbeherrschende Unternehmen regelte und Abs. 4 das für marktstarke Unternehmen geltende Verbot der Behinderung und Diskriminierung von Wettbewerbern enthielt. Dieses wurde in Abs. 4 Satz 2 durch den Tatbestand des Anbietens unter Einstandspreis ergänzt.[40] Die **7. GWB-Novelle 2005**[41] war für das Behinderungs- und Diskriminierungsverbot des § 20 GWB im Wesentlichen nur mit redaktionellen Änderungen verbunden. Unabhängig von inhaltlichen Fragen blieb das Manko, dass die Regelung des Behinderungs- und Diskriminierungsverbots infolge zahlreicher Erweiterungen und Ergänzungen zunehmend intransparent geworden war. Diesem Missstand hat der Gesetzgeber mit der **8. GWB-Novelle 2013**[42] abgeholfen, indem der Gesetzgeber eine klare Trennung nach Normadressaten vorgenommen hat:[43] Die Vorschriften, die marktbeherrschende Unternehmen adressieren sind seitdem in § 19 GWB zusammengefasst, jene, die sich auf marktstarke Unternehmen beziehen, in § 20 GWB. Dies hat nun zwar dazu geführt, dass das Behinderungs- und Diskriminierungsverbot nicht mehr zusammenhängend in einer Vorschrift geregelt ist, führt aber insgesamt zu einer stärkeren Konturierung der an die einzelnen Normadressaten gerichteten Gebote und damit zu einem besseren Verständnis der Regelungszusammenhänge. Inhaltlich wurde aus dem Tatbestand des Behinderungs- und Diskriminierungsverbots das Merkmal des

---

37 Dazu BT-Ausschuss für Wirtschaft, Beschlussempfehlung und Bericht zum Entwurf eines Vierten Gesetzes zur Änderung des Gesetzes gegen Wettbewerbsbeschränkungen, BT-Drucks. 8/3690, S. 22, 28 ff.
38 Sechstes Gesetz zur Änderung des Gesetzes gegen Wettbewerbsbeschränkungen v. 26.8.1998, BGBl. I S. 2521.
39 Dazu BReg., Begründung zum Entwurf eines Sechsten Gesetzes zur Änderung des Gesetzes gegen Wettbewerbsbeschränkungen, BT-Drucks. 13/9720, S. 30, 35 ff.
40 Dazu BReg., Begründung zum Entwurf eines Sechsten Gesetzes zur Änderung des Gesetzes gegen Wettbewerbsbeschränkungen, BT-Drucks. 13/9720, S. 30, 37 f.
41 Siebtes Gesetz zur Änderung des Gesetzes gegen Wettbewerbsbeschränkungen v. 7.7.2005, BGBl. I S. 1954; dazu BReg., Begründung zum Entwurf eines Siebten Gesetzes zur Änderung des Gesetzes gegen Wettbewerbsbeschränkungen, BT-Drucks. 15/3640, S. 21 ff.
42 Achtes Gesetz zur Änderung des Gesetzes gegen Wettbewerbsbeschränkungen v. 26.6.2013, BGBl. I S. 1738.
43 Dazu BReg., Begründung zum Entwurf eines Achten Gesetzes zur Änderung des Gesetzes gegen Wettbewerbsbeschränkungen, BT-Drucks. 17/9852, S. 17, 20.

»üblicherweise zugänglichen Geschäftsverkehrs« (§ 19 Abs. 2 Nr. 1 GWB 2013 bzw. § 20 Abs. 1 S. 1 i.V.m. § 19 Abs. 2 Nr. 1 GB 2013) gestrichen.[44] Der Entwurf der Bundesregierung zum Neunten Gesetz zur Änderung des Gesetzes gegen Wettbewerbsbeschränkungen (**9. GWB-Novelle**) sieht vor, dass § 20 Abs. 3 GWB nach Satz 2 durch einen neuen Satz 3 ergänzt wird, der eine Definition des Begriffes »Einstandspreis« enthält.[45]

---

44 Dazu BReg., Begründung zum Entwurf eines Achten Gesetzes zur Änderung des Gesetzes gegen Wettbewerbsbeschränkungen, BT-Drucks. 17/9852, S. 17, 23.
45 BReg., Begründung zu dem Entwurf eines Neunten Gesetzes zur Änderung des Gesetzes gegen Wettbewerbsbeschränkungen, Umdruck, S. 40, 58.

§ 18 Marktbeherrschung

(1) Ein Unternehmen ist marktbeherrschend, soweit es als Anbieter oder Nachfrager einer bestimmten Art von Waren oder gewerblichen Leistungen auf dem sachlich und räumlich relevanten Markt
1. ohne Wettbewerber ist,
2. keinem wesentlichen Wettbewerb ausgesetzt ist oder
3. eine im Verhältnis zu seinen Wettbewerbern überragende Marktstellung hat.

(2) Der räumlich relevante Markt im Sinne dieses Gesetzes kann weiter sein als der Geltungsbereich dieses Gesetzes.

(3) Bei der Bewertung der Marktstellung eines Unternehmens im Verhältnis zu seinen Wettbewerbern ist insbesondere Folgendes zu berücksichtigen:
1. sein Marktanteil,
2. seine Finanzkraft,
3. sein Zugang zu den Beschaffungs- oder Absatzmärkten,
4. Verflechtungen mit anderen Unternehmen,
5. rechtliche oder tatsächliche Schranken für den Marktzutritt anderer Unternehmen,
6. der tatsächliche oder potenzielle Wettbewerb durch Unternehmen, die innerhalb oder außerhalb des Geltungsbereichs dieses Gesetzes ansässig sind,
7. die Fähigkeit, sein Angebot oder seine Nachfrage auf andere Waren oder gewerbliche Leistungen umzustellen, sowie
8. die Möglichkeit der Marktgegenseite, auf andere Unternehmen auszuweichen.

(4) Es wird vermutet, dass ein Unternehmen marktbeherrschend ist, wenn es einen Marktanteil von mindestens 40 Prozent hat.

(5) Zwei oder mehr Unternehmen sind marktbeherrschend, soweit
1. zwischen ihnen für eine bestimmte Art von Waren oder gewerblichen Leistungen ein wesentlicher Wettbewerb nicht besteht und
2. sie in ihrer Gesamtheit die Voraussetzungen des Absatzes 1 erfüllen.

(6) Eine Gesamtheit von Unternehmen gilt als marktbeherrschend, wenn sie
1. aus drei oder weniger Unternehmen besteht, die zusammen einen Marktanteil von 50 Prozent erreichen, oder
2. aus fünf oder weniger Unternehmen besteht, die zusammen einen Marktanteil von zwei Dritteln erreichen.

(7) Die Vermutung des Absatzes 6 kann widerlegt werden, wenn die Unternehmen nachweisen, dass

§ 18 GWB   *Marktbeherrschung*

1. die Wettbewerbsbedingungen zwischen ihnen wesentlichen Wettbewerb erwarten lassen oder
2. die Gesamtheit der Unternehmen im Verhältnis zu den übrigen Wettbewerbern keine überragende Marktstellung hat.

Übersicht

	Rdn.
A. Allgemeines	1
I. Normgenese	1
II. Normzweck	3
III. Normadressaten	5
B. Marktbeherrschung	6
I. Allgemeines	6
II. Marktabgrenzung	8
1. Allgemeines	8
2. Angebotsmärkte	12
a) Sachlich relevanter Markt	12
aa) Allgemeines	12
bb) Bedarfsmarktkonzept	13
(1) Überblick	13
(2) Kriterien für die funktionale Austauschbarkeit	19
(a) Grundsatz	19
(b) Verwendungszweck/Produkteigenschaften	20
(aa) Homogene Produkte	20
(bb) Heterogene Produkte	22
(c) Preis	23
(3) Angebotsumstellungsflexibilität	29
(4) Alternativmodelle	30
cc) Räumlich relevanter Markt	34
dd) Zeitlich relevanter Markt	37
b) Nachfragemärkte	38
c) Besondere Wirtschaftsbereiche	40
aa) Presse	40
bb) Elektronische Medien	43
cc) Energie	45
3. Beherrschung des relevanten Marktes	46
a) Allgemeines	46
b) Kriterien und Formen der individuellen Marktbeherrschung (Abs. 1, 3 und 4)	51
aa) Allgemeines	51

	Rdn.
bb) Monopolstellung (§ 18 Abs. 1 Nr. 1 GWB)	52
cc) Fehlen wesentlichen Wettbewerbs (§ 18 Abs. 1 Nr. 2 GWB)	55
dd) Überragende Marktstellung (§ 18 Abs. 1 Nr. 3 GWB)	56
(1) Allgemeines	56
(2) Kriterien	58
(a) Marktanteil (§ 18 Abs. 3 Nr. 1 GWB)	58
(b) Finanzkraft (§ 18 Abs. 3 Nr. 2 GWB)	63
(c) Zugang zu Beschaffungs- oder Absatzmärkten (§ 18 Abs. 3 Nr. 3 GWB)	65
(d) Verflechtungen mit anderen Unternehmen (§ 18 Abs. 3 Nr. 4 GWB)	66
(e) Marktzutrittsschranken (§ 18 Abs. 3 Nr. 5 GWB)	68
(f) Tatsächlicher oder potenzieller Wettbewerb (§ 18 Abs. 3 Nr. 6 GWB)	71
(g) Umstellungsflexibilität (§ 18 Abs. 3 Nr. 7 GWB)	72
(h) Ausweichmöglichkeit der Marktgegenseite (§ 18 Abs. 3 Nr. 8 GWB)	73
ee) Marktbeherrschungsvermutung (§ 18 Abs. 4 GWB)	74
(1) Allgemeines	74
(2) Voraussetzung und Wirkungen	76
c) Kriterien und Formen der kollektiven Marktbeherrschung (§ 18 Abs. 5 bis 7 GWB)	77

		Rdn.			Rdn.
aa)	Allgemeines	77	dd)	Marktbeherrschungs-	
bb)	Fehlender Binnenwett-			vermutung (§ 18 Abs. 6,	
	bewerb (§ 18 Abs. 5			7 GWB)	87
	Nr. 1 GWB)	80	(1)	Allgemeines	87
cc)	Kollektive Marktbe-		(2)	Voraussetzung und	
	herrschung im Außen-			Wirkungen	88
	verhältnis (§ 18 Abs. 5		(3)	Widerlegung der	
	Nr. 2 GWB)	85		Vermutung (§ 18	
				Abs. 7 GWB)	90

Schrifttum[*]

Siehe Schrifttum Vor §§ 18–20 GWB.

A. Allgemeines

I. Normgenese

Die Vorschrift des § 18 GWB enthält die für das deutsche Kartellrecht relevanten Regeln zur **Bestimmung der marktbeherrschenden Stellung** eines Unternehmens. Daran anknüpfend ergibt sich aus § 19 GWB, unter welchen Voraussetzungen der Missbrauch einer marktbeherrschenden Stellung vorliegt. In § 20 GWB ist darüber hinaus geregelt, welche Verhaltensanforderungen für marktstarke Unternehmen, also solche mit relativer oder überlegener Marktmacht, gelten. 1

Die Vorschrift des § 18 GWB ist durch die 8. GWB-Novelle 2013 neu geschaffen worden. Ihr **sachlicher Anwendungsbereich** ist weitgehend deckungsgleich mit § 19 Abs. 2 und 3 GWB a.F. (zur Kodifikationsentwicklung Vor §§ 18 bis 20 Rdn. 7). Die dazu vorliegenden Erkenntnisse können daher in weitem Umfang auch für die Interpretation von § 18 GWB herangezogen werden. Mit der Neufassung der Vorschriften zum Marktmachtmissbrauch in §§ 18 ff. GWB hat der Gesetzgeber neben einzelnen materiellen Änderungen und Ergänzungen vorrangig den Zweck verfolgt, die Struktur der Regelungen zu verbessern.[1] In materiellrechtlicher Hinsicht ist hervorzuheben, dass die Schwelle für die Vermutung einer Einzelmarktbeherrschung, die nach früherem Recht bei einem Marktanteil von mindestens einem Drittel lag (§ 19 Abs. 3 S. 1 GWB a.F.), auf einen Marktanteil von mindestens 40 Prozent heraufgesetzt wurde (§ 18 Abs. 4 GWB; dazu Rdn. 74 ff.). 2

---

[*] Herrn Jörn Lenz dankt der Verfasser für wertvolle Vorarbeiten.
[1] BReg., Begr. zum Entwurf eines Achten Gesetzes zur Änderung des Gesetzes gegen Wettbewerbsbeschränkungen, BT-Drucks. 17/9852, S. 17, 20.

II. Normzweck

3 Wie bereits erläutert (Vor §§ 18 bis 20 Rdn. 2) steht das deutsche Kartellrecht der Begründung von Marktmacht, sofern sie auf internem Wachstum beruht, neutral gegenüber. In wettbewerblicher Hinsicht problematisch wird Marktmacht erst dann, wenn sie zu wettbewerbsfremden Zwecken missbraucht wird. Vor diesem Hintergrund kommt der Vorschrift des § 18 GWB eine wichtige »**Erschließungsfunktion**« zu. Diese besteht darin, durch die Definition der Marktbeherrschung die Voraussetzungen für eine wirksame private und behördliche Marktverhaltenskontrolle über marktbeherrschende Unternehmen zu schaffen. Es gilt jene Unternehmen zu identifizieren, die aufgrund der von ihnen ausgehenden Marktbeherrschung in der Lage sind, den (Rest-)Wettbewerb auf den betroffenen Märkten zu behindern, indem sie die wettbewerbliche Entfaltung anderer Marktakteure einschränken oder potenzielle Wettbewerber an einem Marktzutritt hindern. Ergänzt wird § 18 GWB insoweit durch die Vorschrift des § 20 GWB, der den sachlichen Anwendungsbereich der Marktmachtmissbrauchskontrolle auf Unternehmen mit relativer oder überlegener Marktmacht erweitert.

4 Dem Merkmal der Marktbeherrschung kommt nicht nur für den Tatbestand des Marktmachtmissbrauchs eine zentrale Rolle zu; er wird auch im Rahmen der **Zusammenschlusskontrolle** relevant, wie die Vorschrift des § 36 Abs. 1 GWB zeigt. Danach ist ein Zusammenschluss zu untersagen, durch den wirksamer Wettbewerb erheblich behindert würde, insbesondere wenn zu erwarten ist, dass er eine marktbeherrschende Stellung begründet oder verstärkt. Der Umstand, dass der Gesetzgeber an mehreren Stellen des GWB die Marktbeherrschung durch ein Unternehmen bzw. dessen marktbeherrschende Stellung zum Anknüpfungspunkt für kartellrechtliche Regelungen macht, lässt darauf schließen, dass insoweit von einem einheitlichen Begriffsverständnis auszugehen ist. Für ein gegenteiliges Verständnis müssten sich konkrete Anhaltspunkte ergeben, die freilich nicht ersichtlich sind. Offenbar wird der Tatbestand der Marktbeherrschung in § 36 GWB als bekannt vorausgesetzt. Jedenfalls hat der Gesetzgeber von einer eigenständigen Konkretisierung abgesehen. Das spricht dafür, die aus § 18 GWB folgenden Grundsätze für die Feststellung der Marktbeherrschung auch im Rahmen der Fusionskontrolle heranzuziehen,[2] obwohl § 18 GWB bei systematischer Betrachtung eindeutig der Marktverhaltenskontrolle zugeordnet ist (dazu auch § 36 Rn. 9). Dieser Befund darf auf der anderen Seite nicht den Blick darauf verstellen, dass es im Hinblick auf die Feststellung der Voraussetzungen der Marktbeherrschung einen gewichtigen Unterschied gibt: im Rahmen der Fusionskontrolle beruht

---

2 *Emmerich*, § 27 Rn. 33a.

diese auf einer **Prognoseentscheidung ex ante**;[3] dagegen ist nach § 18 GWB die Marktbeherrschung und im Weiteren der darauf beruhende Missbrauch im Wege einer ex post-Betrachtung zu ermitteln. Das der Fusionskontrolle immanente Prognoseelement ist insoweit Ausdruck der Unsicherheit bei der Bestimmung der tatsächlichen Grundlagen der Marktbeherrschung und führt zu einer **eher weiten Marktabgrenzung**. Dem gegenüber fällt die Marktabgrenzung im Rahmen von § 18 GWB aufgrund der abweichenden gesetzlichen Rahmenbedingungen tendenziell enger aus.[4] Schon aus diesem Grunde können etwa die Vermutungstatbestände aus § 18 Abs. 4, 6 und 7 nicht ohne Weiteres zur Ausfüllung des Tatbestandes von § 36 GWB fruchtbar gemacht werden.[5]

III. Normadressaten

Regelungsadressaten von § 18 GWB sind nach dem maßgeblichen **funktionalen Unternehmensbegriff**, der auch dem Kartellverbot zugrunde liegt (vgl. § 1 Rdn. 47 ff.), alle Rechtssubjekte, die unternehmerisch handeln. Daher unterfällt auch die wirtschaftliche **Betätigung der öffentlichen Hand** unabhängig von der Handlungsform (administrativ oder legislativ) und der Organisationsform (Körperschaft, Anstalt, Regiebetrieb, Eigengesellschaft privaten Rechts[6]) dem Marktmachtmissbrauchsverbot, es sei denn, es handelt sich um eine originär hoheitliche Tätigkeit.[7] Für die Anwendung der §§ 18 ff. GWB kommt es insoweit nicht darauf an, ob die öffentliche Hand im Falle einer Nachfragetätigkeit das nachgefragte Gut später auf einem (anderen) Markt wirtschaftlich verwertet, also zugleich auch als Anbieter von Waren oder Dienstleistungen tätig ist.[8] Die gegenteilige Auffassung, die der EuGH[9] ohne hinreichende Begründung zu Art. 82 EG (jetzt Art. 102 AEUV) geäußert hat, vermag nicht zu überzeugen. Damit wird negiert, dass die Nachfragetätigkeit marktmächtiger Akteure der öffentlichen Hand erhebliche Auswirkungen auf die Angebotsseite haben kann. Insbesondere wohnt ihr ein erhebliches Potenzial zur Marktverzerrung und Diskriminierung anderer Marktbeteiligter in-

5

---

3 BGHZ 136, 268, 276 – *Stromversorgung Aggertal* = WuW/E DE-R 24, 27 f.; WuW/E BGH 1749, 1752 – *Klöckner-Becorit*; OLG Düsseldorf ZUM-RD 2005, 488, 493.
4 Vgl. auch *Fuchs/Möschel*, in: Immenga/Mestmäcker, § 18 GWB Rn. 20.
5 I.d.S. wohl auch *Kühnen*, in: Loewenheim/Meessen/Riesenkampff, § 18 GWB Rn. 9 (Fn. 14).
6 BGH WuW/E DE-R 1144, 1145 – *Schülertransporte*.
7 S. auch *Wiedemann*, in: Handbuch des Kartellrechts, § 23 Rn. 7.
8 *Fuchs/Möschel*, in: Immenga/Mestmäcker, § 18 Rn. 3; *Kühnen*, in: Loewenheim/Meessen/Riesenkampff, § 18 GWB Rn. 2; vgl. auch BGH WuW/E DE-R 1144, 1145 – *Schülertransporte*.
9 EuGH Slg. 2006 I-6319, Tz. 26 – *FENIN/Kommission*.

§ 18 GWB *Marktbeherrschung*

ne.[10] Anbieter können dadurch widrigenfalls zu einem Ausscheiden aus dem Markt gezwungen sein und andere Nachfrager in ihrer Auswahlfreiheit beeinträchtigt werden. Wollte man daher die isolierte Nachfragetätigkeit der öffentlichen Hand nicht als unternehmerisches Handeln auffassen, würde dies aus wettbewerblicher Sicht zu einer nicht hinnehmbaren Privilegierung öffentlicher Beschaffungstätigkeit führen, der die Anwendung des Vergaberechts nicht ausreichend entgegenwirken kann. Im Übrigen ist ein Vorrang des europäischen Kartellrechts in dieser Frage nicht gegeben, da das Abweichungsverbot (Art. 3 Abs. 2 S. 2 VO 1/2003, § 22 Abs. 3 S. 3 GWB) für die nationalen Marktmachtmissbrauchsvorschriften nicht gilt.

B. Marktbeherrschung

I. Allgemeines

6   Das Verbot missbräuchlichen Verhaltens nach § 19 GWB setzt die **missbräuchliche Ausnutzung einer marktbeherrschenden Stellung** voraus. Bevor überhaupt ein Marktmachtmissbrauch festgestellt werden kann, muss daher zunächst in einem ersten Schritt die Marktbeherrschung festgestellt werden. Steht die Marktbeherrschung fest, folgt daraus für das marktbeherrschende Unternehmen eine besondere, in § 19 GWB zum Ausdruck kommende Marktverhaltensverantwortung (dazu bereits Vor §§ 18 bis 20 Rdn. 3). Vor diesem Hintergrund kommt dem Merkmal der »Marktbeherrschung« eine Erschließungsfunktion für § 19 GWB zu. Diese Aufgabe übernimmt seit Inkrafttreten des GWB 2013 die Vorschrift des § 18 GWB (Rdn. 3).

7   Das Merkmal der **Marktbeherrschung** beschreibt, wie sich aus dem Wortlaut von § 18 Abs. 1 und 5 GWB ergibt, die **Eigenschaft eines Unternehmens oder einer Mehrzahl von Unternehmen**. Diese Eigenschaft ergibt sich aus der Betätigung als Anbieter oder Nachfrager von Waren oder gewerblichen Leistungen auf einem (konkreten) Markt, der damit Bezugspunkt für die Feststellung der Marktbeherrschung des Unternehmens (oder der Mehrzahl der Unternehmen) ist. Voraussetzung für die Feststellung der Marktbeherrschung ist mithin zunächst die Festlegung des relevanten Marktes. Es stellt sich also die Aufgabe der **Marktabgrenzung** (dazu Rdn. 8 ff.). Erst dann sind in einem zweiten Schritt die Gründe der Marktbeherrschung festzustellen (dazu Rdn. 46 ff.). Nach dem Wortlaut von § 18 Abs. 1 GWB ist die Marktabgrenzung »**sachlich**« und »**räumlich**« determiniert. Der Gesetzeswortlaut lässt insoweit auf den ersten Blick außer Acht, dass Märkte auch vorübergehender Natur, also **zeitlich** begrenzt sein können. Beispiele für vorübergehende »Marktplätze« sind Messen, Volksfeste oder Sportereignisse. Freilich zeigt sich bei näherer Betrachtung, dass das Zeitmoment bereits für die sachli-

---

10 *Scheffler*, EuZW 2006, 600, 601 f.

che und räumliche Marktabgrenzung mitbestimmend ist und daher keine eigenständige Relevanz hat. Zu einem sächlichen Markt, der nur ein bestimmtes Sportereignis umfasst, gelangt nämlich nur, wer implizit bereits die vorübergehende Natur des Ereignisses als Gesichtspunkt für die sachliche Marktabgrenzung anerkennt. Insoweit kommt der Marktabgrenzung nach sachlichen Gesichtspunkten regelmäßig die »Führungsrolle« zu.

II. Marktabgrenzung

1. Allgemeines

Märkte sind reale oder virtuelle **Handelsplattformen**, auf denen sich Angebot und Nachfrage treffen. Zu unterscheiden ist bei der Marktabgrenzung, wie sich bereits aus dem Wortlaut von § 18 Abs. 1 GWB ergibt, zwischen **Angebotsmärkten** (dazu Rdn. 12 ff.) und **Nachfragemärkten** (dazu Rdn. 38 f.). Während es für Angebotsmärkte entscheidend ist, ob aus Sicht der Marktgegenseite, also der Abnehmer von Waren und Dienstleistungen, ein bestimmtes Angebot durch konkurrierende Waren oder Dienstleistungen ersetzt werden kann (sog. **Bedarfsmarktkonzept**), kommt es bei **Nachfragemärkten** auf die Absatzmöglichkeiten bestimmter Produkte aus Sicht des jeweiligen Anbieters an und damit auf seine **Fähigkeit**, das **Produkt am Markt zu platzieren**. Es geht jeweils darum, diejenigen Akteure zu identifizieren, die aufgrund ihres Angebots oder ihrer Nachfrage in einem (potenziellen) Wettbewerbsverhältnis um die Gunst der Marktgegenseite stehen.

8

Angebots- und Nachfragemärkte können des Weiteren danach unterschieden werden, ob sie sich auf Waren oder gewerbliche Leistungen beziehen. Diese Kategorisierung ist bereits im Wortlaut von § 18 Abs. 1 GWB angelegt. Eine randscharfe Abgrenzung der Sachverhalte ist zuweilen schwierig, aber im Grunde auch entbehrlich, da mit den Begriffen alle wirtschaftlich relevanten Vorgänge erfasst werden sollen, ohne dass sich aus der Zuordnung zu Waren oder gewerblichen Leistungen besondere Rechtsfolgen ergeben. Die Begriffe sind daher in einem denkbar weiten Sinne zu verstehen. Das GWB schreibt insoweit sein eigenes Lexikon. Den »**Waren**« sind daher nicht nur körperliche Gegenstände zuzuordnen, sondern etwa auch Unternehmensanteile, gewerbliche Schutzrechte, Wertpapiere oder Elektrizität und Gas.[11] Als »**gewerbliche Leistungen**« kommen insbesondere Dienstleistungen jeder Art, aber auch Vermietung und Verpachtung oder Vermittlungstätigkeiten in Betracht,[12] nicht je-

9

---

11 Dazu auch *Fuchs/Möschel*, in: Immenga/Mestmäcker, § 18 Rn. 38; *Kühnen*, in: Loewenheim/Meessen/Riesenkampff, § 18 GWB Rn. 21.
12 BGHZ 165, 62 Rn. 19 – *Hörfunkrechte* = WuW/E DE-R 1597 – *Vermarktung von Fußballspielen*; KG WuW/E DE-R 124, 126 – *Verkehrsdienstleistungen*; WuW/E OLG 2259, 2259 f. – *Siegerländer Transportbeton*; OLG Düsseldorf WuW 2015,

doch Dienstleistungen von Arbeitnehmern, da diese nicht unternehmerisch tätig sind.[13] Vom Einzelfall abhängig ist, ob **Vertriebsformen** als marktgenerierende Dienstleistungen in Betracht kommen. Häufig wird es den Nachfragern nicht darauf ankommen, bei wem oder auf welchem Vertriebsweg er das begehrte Produkt bezieht.[14] Denkbar ist andererseits aber auch, dass gerade der Vertriebsweg den Ausschlag für den Erwerb des Produkts gibt.[15] Möglich erscheint dies etwa beim Erwerb von Musiktiteln über bestimmte Plattformen im Internet. Das Waren- und Dienstleistungsangebot kann im Übrigen nicht nur aus **einzelnen Produkten** bestehen, sondern auch aus **Produktgruppen (Sortimenten)**, soweit diese als solche nachgefragt werden (dazu auch Rdn. 21).[16] Keine Waren und Dienstleistungen im Sinne des § 18 GWB sind bloße **Nebenwaren** oder **Nebenleistungen**, die im sachlichen (wirtschaftlichen oder technisch-funktionellen) Zusammenhang mit den Hauptprodukten stehen, aber nicht Gegenstand einer selbstständigen Nachfrage sind.[17]

10 Der **Vorgang der Marktabgrenzung** und die **Feststellung der Marktbeherrschung** können, obwohl sie gedanklich voneinander abzuschichten sind (dazu Rdn. 7), dennoch nicht vollkommen isoliert betrachtet werden. Eine enge Marktabgrenzung führt der Sache nach dazu, dass die Schwelle der Marktbeherrschung tendenziell eher überschritten wird als bei einer weiten Marktabgrenzung. Entsprechend liegt der Vorwurf eines missbräuchlichen Verhaltens näher. Diese Zusammenhänge müssen normativ wertend bei der Anwendung von §§ 18, 19 GWB beachtet werden, zumal die einem Unter-

---

394, 396 = ZVertriebsR 2015, 182 – *HRS-Bestpreisklausel* (Vermittlung von Hotelzimmerbuchungen); BKartA WuW/E BKartA 1771 – *Transportbetonvertrieb*.
13 *Fuchs/Möschel*, in: Immenga/Mestmäcker, § 18 Rn. 38.
14 I.d.S. BGH WuW/E BGH 2231, 2235 – *Metro-Kaufhof* = NJW 1987, 1822; OLG Düsseldorf WuW 2015, 394 Rn. 29 ff. = ZVertriebsR 2015, 182 – *HRS-Bestpreisklausel*; *Fuchs/Möschel*, in: Immenga/Mestmäcker, § 18 Rn. 39; *Paschke*, in: FK-GWB, § 19 GWB 2005 Rn. 34; anders wohl *Bechtold*, GWB, § 18 Rn. 10.
15 *Fuchs/Möschel*, in: Immenga/Mestmäcker, § 18 Rn. 39.
16 BGH WuW/E BGH 2231, 2234 – *Metro-Kaufhof* = NJW 1987, 1822 (food-Sortiment); BGHZ 175, 333 Rn. 57 – *Kreiskrankenhaus Bad Neustadt* = WuW/E DE-R 2327 = NJW-RR 2008, 1426 (akutstationäre Behandlungsleistungen); WuW/E BGH 2771, 2773 – *Kaufhof-Saturn* = NJW 1992, 2289 (Einzelhandel mit Unterhaltungselektronik); WuW/E DE-R 3303 Rn. 15 – *MAN-Vertragswerkstatt* = NJW 2011, 2730 (Produkte, Dienstleistungen und Rechte für Kfz-Werkstattleistungen); KG WuW/E OLG 3917, 3918 f. – *Coop-Wandmaker*; OLG Düsseldorf WuW/E DE-R 2798, 2799 – *Bau- und Heimwerkermarkt (Baumarktsortiment)*; WuW/E DE-R 3421, 3427 – *Private Label* (Tiernahrung); BeckRS 2015, 03537 (Handelsmarkt für Laborchemikalien); *Kühnen*, in: Loewenheim/Meessen/Riesenkampff, § 18 GWB Rn. 25.
17 BGH WuW/E BGH 2451, 2454 – *Cartier-Uhren* = NJW 1988, 2175; *Kühnen*, in: Loewenheim/Meessen/Riesenkampff, § 18 GWB Rn. 21, 23; *Paschke*, in: FK-GWB, § 19 GWB 2005 Rn. 78.

nehmen im Wettbewerb zur Verfügung stehenden Verhaltensspielräume häufig Rückschlüsse auf die Marktabgrenzung und die Marktbeherrschung zulassen. Letztlich bedarf es also einer **wertenden Gesamtbetrachtung**.[18] Dabei sind auch ökonomische Aspekte zu berücksichtigen. Freilich können die Spielarten der Marktabgrenzung, die sich allein auf **industrieökonomische Grundlagen** stützen, für sich genommen nicht zu rechtlich verwertbaren Ergebnissen führen, weshalb sie im Folgenden nicht detailliert behandelt werden.[19]

Allgemeine Voraussetzung für die Abgrenzung von Märkten ist zunächst, dass ein Handelsplatz überhaupt als **Markt** im Sinne des GWB qualifiziert werden kann. Mit anderen Worten ist zu hinterfragen, ob es neben der funktionalen Umschreibung, dass sich Angebot und Nachfrage auf einem Markt treffen, weitere Merkmale gibt, die notwendig erfüllt sein müssen, um von einem kartellrechtlich relevanten Handelsplatz sprechen zu können. Dabei muss zunächst bedacht werden, dass es Aufgabe des Kartellrechts ist, die wirtschaftliche Leistung von Unternehmen zu »messen«. Wirtschaftliche Leistungen werden in der Regel nur gegen ein Entgelt oder andere geldwerte Gegenleistungen erbracht, so dass es nahe liegt, von einem »Markt« nur dann auszugehen, wenn auf dem Handelsplatz Produkte gegen Entgelt angeboten werden, ohne dass es insoweit auf eine Gewinnerzielungsabsicht ankommt. Dafür spricht auch § 18 Abs. 1 GWB, der voraussetzt, dass ein Unternehmen in Bezug auf Waren oder »gewerbliche« Leistungen marktbeherrschend ist. »Gewerblich« ist eine Betätigung nach allgemeinem Sprachverständnis immer dann, wenn sie auf einen ökonomischen Erfolg, also auf eine Gegenleistung für die Erbringung der eigenen Leistung ausgerichtet ist. Dieser Erfolg ist letztlich auch Ziel jeder unternehmerischen Betätigung und macht damit das Wesen eines Unternehmens aus. Das bedeutet jedoch nicht notwendig, dass Handelsplätze auf denen vordergründig **keine unmittelbare Gegenleistung** erbracht wird, damit die Qualifikation als »Markt« im Sinne des § 18 GWB fehlt.[20] Vielmehr ist stets zu untersuchen, ob der Handelsplatz in einer Reaktionsverbundenheit mit einem anderen Markt steht, auf dem der potenzielle Normadressat ebenfalls gewerblich tätig ist. Unter diesen Umständen ist nämlich nicht auszuschließen, dass die gewerbliche Tätigkeit auf diesem Markt auf den vermeintlich unentgeltlichen Handelsplatz ausstrahlt mit der Folge, dass der Handelsplatz ebenfalls als Markt anzusehen ist. Diese Betrachtungsweise entspricht dem Ansatz des Kartellrechts, alle wirtschaftlich relevanten Vorgänge zu erfassen. Beispielhaft sei auf Handels- oder Dienstleistungsplattfor-

11

---

18 *Fuchs/Möschel*, in: Immenga/Mestmäcker, § 18 GWB Rn. 25.
19 Zu industrieökonomischen Methoden der Marktabgrenzung und ihren Defiziten *Wurmnest*, S. 278 ff.
20 Für wertvolle Hinweise danke ich Herrn *Benedikt Walesch*.

men im Internet verwiesen, die zuweilen dadurch gekennzeichnet sind, dass die Plattformbetreiber anderen Unternehmen gegen Entgelt die Möglichkeit eröffnen, auf der Plattform eigene Angebote einzustellen, während Nachfrager nach diesen Angeboten, zumeist Endverbraucher, auf der Plattform kostenfrei recherchieren können. Dabei zeigt sich, dass das Entgelt für die Anbieter häufig abhängig ist von der Nutzungsfrequenz der Plattform durch die Nachfrager. In dieser Hinsicht besteht eine Reaktionsverbundenheit zwischen dem für sich genommen unentgeltlichen Dienstleistungsangebot an die Nachfrager und der entgeltlichen Beziehung zu den Anbietern. Entsprechendes gilt, wenn nicht die Anbieter die Plattform finanzieren, sondern der Betreiber aufgrund der Nutzungsfrequenz in der Lage ist, Werbeeinnahmen von Dritten zu generieren. Der für die Nachfrager »formal« unentgeltliche Handelsplatz ist in den genannten Fällen in ein Netzwerk mit einem anderen Markt eingebunden. Das hat zur Folge, dass der (für sich genommen) unentgeltliche Handelsplatz bei wirtschaftlicher Betrachtung mittelbar selbst gewerblichen Charakter annimmt, indem die Anbieter oder Werbetreibenden die den Nachfragern eröffnete Möglichkeit zur unentgeltlichen Recherche mitfinanzieren. Dieser **Netzwerkeffekt** führt dazu, dass auch das Nutzungsverhältnis des Plattformbetreibers zu den Nachfragern entgeltlichen Charakter annimmt. Dass diese selbst das Entgelt nicht bezahlen, kann nach der für das Kartellrecht geltenden wirtschaftlichen Betrachtungsweise nicht entscheidend sein.[21] Es ist daher zu kurz gegriffen, wenn zuweilen gesagt wird, dass eine Leistung, soweit sie nach der einen Seite entgeltlich, nach der anderen Seite unentgeltlich erbracht wird, nur mit der entgeltlichen Seite Teil des Marktes sei,[22] weshalb dann Netzwerkeffekte im Sinne einer Einbahnstraße nur als Ausstrahlungswirkung der unentgeltlichen auf die entgeltliche Seite in Betracht gezogen werden.[23] Die »formale« Unentgeltlichkeit einer Leistungserbringung schließt nicht von vornherein aus, dass gleichwohl ein kartellrechtlich relevanter Markt vorliegt.[24] Dem entsprechend sieht der Regierungsentwurf für eine 9. GWB-Novelle vor, dass in § 18 GWB ein neuer Absatz 2a eingefügt wird, wonach der Annahme eines Marktes nicht entgegenstehen soll, dass eine Leistung unentgeltlich erbracht wird.[25]

---

21 Vgl. zur Fusionskontrolle BGHZ 175, 333 Rn. 32 f. = WuW/E DE-R 2327 – *Kreiskrankenhaus Bad Neustadt*.
22 So aber BGHZ 175, 333 Rn. 26 – *Kreiskrankenhaus Bad Neustadt* = WuW/E DE-R 2327 = NJW-RR 2008, 1426; OLG Düsseldorf WuW 2015, 394, 398 – *HRS-Bestpreisklausel* = ZVertriebsR 2015, 182; *Kühnen*, in: Loewenheim/Meessen/Riesenkampff, § 18 GWB Rn. 22.
23 I.d.S. *Kühnen*, in: Loewenheim/Meessen/Riesenkampff, § 18 GWB Rn. 22.
24 *Blaschczok*, S. 65; *Körber*, WuW 2015, 120, 125; a.A. *Buchholtz*, ZUM 1998, 108, 111; *Kersting/Dworschak*, NZKart 2013, 46, 47 f.
25 Dazu BReg. Begründung zu dem Entwurf eines Neunten Gesetzes zur Änderung des Gesetzes gegen Wettbewerbsbeschränkungen, Umdruck, S. 40, 51 f.

2. Angebotsmärkte

a) Sachlich relevanter Markt

aa) Allgemeines

Der für die Marktabgrenzung sachlich relevante Markt wird durch die **Struktur von Angebot und Nachfrage** bestimmt. Diese bezieht sich nach der Systematik des Gesetzes entweder auf Waren oder gewerbliche Leistungen. Bei beiden Kategorien handelt es sich im weiteren Sinne um Produkte, deren Nachfrage von den jeweiligen Produktmerkmalen und sonstigen (allgemeinen) Wettbewerbsbedingungen beeinflusst wird.[26]

bb) Bedarfsmarktkonzept

(1) Überblick

Grundanliegen der sachlichen Marktabgrenzung ist es, solche Waren und Dienstleistungen (Produkte) einem Markt zuzuordnen, die miteinander im wirksamen Wettbewerb stehen. Dabei ist von einer zweistufigen Prüfung auszugehen: Zunächst kommt es in einem **ersten Schritt** darauf an festzustellen, ob die **Produkte aus Sicht der Marktgegenseite austauschbar** sind.[27] Dabei handelt es sich um eine Rechtstatsache. Diese kann von den dazu berufenen Rechtsanwendern (Kartellbehörde, Gerichte) selbst beurteilt werden, soweit sie über einschlägige eigene Lebenserfahrung und Sachkunde verfügen.[28] Davon ist regelmäßig auszugehen, wenn sie selbst dem maßgeblichen Abnehmerkreis angehören.[29] Anderenfalls ist ein Sachverständiger hinzuziehen[30] oder eine (repräsentative) Befragung der Abnehmer auf der Marktgegenseite durchzuführen.[31]

Maßgebend für die Austauschbarkeit ist, ob sich die Produkte aus Sicht der Marktgegenseite zur **Befriedigung eines gleichbleibenden Bedarfs** besonders eignen (sog. **Bedarfsmarktkonzept**). Der BGH ordnet dem entsprechend in ständiger Rechtsprechung solche Waren oder gewerbliche Leistungen einem Markt zu, »die aus Sicht der Nachfrager nach Eigenschaft, Verwendungszweck und Preislage zur Deckung eines bestimmten Bedarfs austauschbar

---

26 *Fuchs/Möschel*, in: Immenga/Mestmäcker, § 18 GWB Rn. 34.
27 *Fuchs/Möschel*, in: Immenga/Mestmäcker, § 18 GWB Rn. 32 ff.
28 BGHZ 170, 299 Rn. 15 – *National Geographic II* = WuW/E DE-R 1925; WuW/E BGH 2433, 2437 – *Gruner+Jahr/Die Zeit II* = NJW-RR 1988, 484.
29 BGHZ 170, 299 Rn. 15 – *National Geographic II* = WuW/E DE-R 1925 = NJW 2007, 1823.
30 BGH NJW 1977, 675, 676 = WuW/E BGH 1445, 1447 – *Valium* (insoweit nicht in BGHZ 68, 23).
31 KG WuW/E OLG 1921, 1923 – *Thyssen/Hüller*.

sind«.³² Dabei ist ein **objektiver Maßstab** anzulegen,³³ der sich am **Leitbild eines verständigen Nachfragers** orientiert.³⁴ Dies impliziert, dass die Sichtweise eines repräsentativen Querschnitts von Durchschnittsabnehmern der jeweiligen Nachfragergruppe zugrunde zu legen ist. Irrationale Vorstellungen oder außergewöhnliche Präferenzen einzelner Abnehmer haben außer Betracht zu bleiben. Der verständige Abnehmer zeichnet sich dadurch aus, dass er sich aufgrund sachlicher Abwägung eine begründete und nicht nur oberflächliche und flüchtige Auffassung bildet.³⁵ Stets kommt es auf die tatsächliche Handhabung an, nicht darauf, ob darüber hinaus theoretische Bezugsalternative bestehen, von denen der Sache nach kein Gebrauch gemacht wird.³⁶ Daher kann es auch nicht darauf ankommen, ob theoretische Erkenntnisse gegen die Praxis der Abnehmer sprechen.³⁷ Es geht darum, die Marktmacht aufgrund tatsächlicher Marktverhältnisse festzustellen und nicht eine hypothetische Marktmacht.

15 **Nachfrager**, auf deren Sichtweise es für die Bestimmung des zu befriedigenden Bedarfs ankommt (Rdn. 14), können etwa private Letztverbraucher, gewerbliche Endkunden, Einzelhändler oder Großhändler sein. Wer als Nachfrager und damit als Marktgegenseite in Betracht kommt, ist jeweils im Einzelfall zu bestimmen. Maßgebend ist grundsätzlich die **Sichtweise der unmittelbaren Abnehmer.**³⁸ Handelt es sich bei diesen selbst nur um Vertriebsmittler, kommt es also nicht auf den Bedarf an, der von deren Kunden bei den Vertriebsmittlern (auf einem Drittmarkt) nachgefragt wird. Die Marktbeherrschung ist zunächst auf dem Markt festzustellen, auf dem der potenzielle Normadressat selbst tätig ist und seine Marktmacht unmittelbar entfalten kann. Die (zusätzliche oder gar alleinige) Berücksichtigung von **Drittmarkt-**

---

32 BGHZ 189, 94 Rn. 12 = WuW/E DE-R 3303 – *MAN-Vertragswerkstatt*; BGHZ 178, 285 Rn. 15 = NJW-RR 2009, 264 – *E.ON/Stadtwerke Eschwege*; BGHZ 170, 299 Rn. 14 = NJW 2007, 1823 – *National Geographic II*; BGHZ 131, 107, 110 = WuW/E BGH 3026, 3028 – *Backofenmarkt*; WuW/E BGH 3058, 3062 = GRUR 1996, 808, 810 – *Pay-TV-Durchleitung*.
33 BGH WuW/E DE-R 1355 = NJW 2004, 3711, 3712 – *Staubsaugerbeutelmarkt* (zu § 36 GWB).
34 *Kühnen*, in: Loewenheim/Meessen/Riesenkampff, § 18 GWB Rn. 19.
35 Vgl. *Fuchs/Möschel*, in: Immenga/Mestmäcker, § 18 GWB Rn. 33.
36 BGHZ 175, 333 Rn. 65 = WuW/E DE-R 2327 – *Kreiskrankenhaus Bad Neustadt*; BGHZ 166, 165 Rn. 29 = NJW-RR 2006, 836 – *DB Regio/Üstra*; BGHZ 156, 379, 384 f. = WuW/E DE-R 1206 – *Strom und Telefon I*.
37 BGHZ 67, 104, 114 = WuW/E BGH 1435, 1440 – *Vitamin-B-12*; BGH WuW/E BGH 1445, 1447 = NJW 1977, 675, 676 – *Valium* (insoweit nicht in BGHZ 68, 23).
38 OLG Düsseldorf WuW 2015, 394 Rn. 24 = ZVertriebsR 2015, 182 – *HRS-Bestpreisklausel*; s. auch BGH WuW/E DE-R 2267 Rn. 2 = NJOZ 2008, 330 – *Münchener Fernwärme*; *Paschke*, in: FK-GWB, § 19 GWB 2005 Rn. 72; *Nothdurft*, in: Langen/Bunte, § 19 GWB Rn. 23.

interessen bei der Ermittlung des Nachfragebedarfs auf dem Primärmarkt würde dagegen die dortigen Marktgegebenheiten nicht korrekt abbilden. Im Übrigen werden die Drittmarktinteressen regelmäßig bereits in die Nachfrage des unmittelbaren Abnehmers auf dem Primärmarkt einfließen. Eine andere, hiervon zu trennende Frage des Marktmachtmissbrauchs ist es, ob ein marktbeherrschendes Unternehmen auch eine Marktverhaltensverantwortung für Drittmärkte hat (dazu § 19 Rdn. 22 ff.).

Auf den unmittelbaren Abnehmer kann es freilich dann nicht ankommen, wenn dieser den Bedarf nicht autonom festlegt, sondern nur als Mittler einer anderweitigen Nachfrage auftritt (**Nachfragemittler**),[39] denn nur derjenige, der die Auswahlentscheidung im Hinblick auf den vorhandenen Bedarf determiniert, legt fest, welche Marktteilnehmer durch Angebot und Nachfrage zusammengeführt werden.[40] Diese Sachverhalte sind von den zuvor (Rdn. 15) erwähnten zu unterscheiden, in denen der Bedarf des unmittelbaren Abnehmers lediglich von der Nachfrage seiner Abnehmer beeinflusst wird. Nachfragemittler haben dagegen keinen eigenen Entscheidungsspielraum. Sinnfälliges Beispiel ist die Nachfrage nach verschreibungspflichtigen Arzneimitteln. Diese werden von dem behandelnden Arzt ausgewählt und nicht von dem Patienten oder Apotheker, von dem der Patient die Arznei bezieht. Es kommt daher allein auf die Sicht des Arztes an.[41]

16

Für die Marktabgrenzung von Bedeutung ist überdies, dass sich das Angebot von Waren und Dienstleistungen an Abnehmer mit unterschiedlichen Nachfragebedürfnissen und auf verschiedenen Marktstufen richten kann. Das kann zur Ausbildung mehrerer sachlich relevante Märkte führen, so dass ein und dasselbe Produkt mehreren (Teil-)Märkten zuzuordnen ist. **Unterschiedliche Nachfragebedürfnisse** (Abnehmerkreise) bestehen etwa, wenn ein Produkt sowohl als Vorprodukt zur Herstellung anderer Waren, aber auch als Endprodukt zum Verbrauch nachgefragt wird, auf unterschiedliche Nachfragepräferenzen trifft wie bei Reiseleistungen,[42] in unterschiedlichen Endprodukten Verwendung findet wie etwa bei Antriebseinheiten,[43] oder einen Erst- und Folgebedarf bedient wie beim Handel mit Kfz- oder Fahrradzubehörteilen[44] oder

17

---

39 OLG Düsseldorf WuW 2015, 394 Rn. 26 = ZVertriebsR 2015, 182 – *HRS-Bestpreisklausel*; BKartA WuW/E BKartA 2820, 2823 – *Straßenmarkierungsmaterial*.
40 Vgl. BGHZ 175, 333 Rn. 29 f. = WuW/E DE-R 2327 – *Kreiskrankenhaus Bad Neustadt*.
41 BGHZ 67, 104, 114 = WuW/E BGH 1435, 1440 – *Vitamin-B-12*.
42 BKartA WuW/E DE-V 113, 114 – *HTU/First* (Reisevermittlung an Touristen und Geschäftskunden).
43 BGHZ 77, 279, 288 – *Hydrostatischer Antrieb* = GRUR 1980, 1012, 1014.
44 BGHZ 71, 102, 109 – *Kfz-Kupplungen* = WuW/E BGH 1501, 1502.

Staubsaugerbeuteln.[45] Ein Indiz für die Ausbildung derartiger (Teil-)Märkte sind an die jeweiligen Abnehmerkreise angepasste Marktstrategien.[46] Schwierigkeiten bereitet die Marktabgrenzung in diesen Fällen insbesondere dann, wenn sich die Verwendungsmöglichkeiten von Produkten nur zum (größeren) Teil überschneiden, also nur im Wesentlichen funktionell austauschbar sind.[47] (Teil-)Märkte können sich auch ausbilden, wenn ein Produkt über **mehrere Marktstufen** hinweg, etwa zwischen Herstellern/Großhändlern (Herstellermarkt), Großhändlern/Einzelhändlern (Großhandelsmarkt) und Einzelhändlern/Endverbrauchern (Einzelhandelsmarkt), gehandelt wird.[48]

18 Das Bedarfsmarktkonzept ist, obwohl es sich in der Praxis bewährt hat, gleichwohl nur ein **Modell zur Abbildung von Märkten**. Daher muss die Anwendung des Bedarfsmarktkonzepts im Einzelfall stets daraufhin hinterfragt werden, ob das Ergebnis plausibel erscheint. Der BGH bezeichnet das Bedarfsmarktkonzept deshalb auch als »Hilfsmittel«[49] und sieht einen **Korrekturbedarf** dann, wenn Warenströme nicht richtig abgebildet werden.[50] Wird das Kriterium der Austauschbarkeit ohne weitere sachliche Eingrenzung herangezogen, kann dies etwa dazu führen, dass in die sachliche Marktabgrenzung auch solche Produkte einbezogen werden, die regelmäßig nur am Rande geeignet sind, bestimmte Bedürfnisse der Marktgegenseite zu befriedigen. In diesem Sinne besteht zwar ein latentes Wettbewerbsverhältnis mit anderen Produkten, die den fraglichen Bedarf originär befriedigen; der Wettbewerb zwischen den Produkten ist freilich nur marginal ausgebildet und damit bei wertender Betrachtung eine zu vernachlässigende Größe. Aus diesem Grunde ist in einem **zweiten Schritt** stets zu prüfen, ob die Austauschbarkeit der Produkte aus Sicht der Marktgegenseite zu einer Marktabgrenzung führt, die wirksamen Wettbewerb zwischen den einbezogenen Produkten hervorbringt. Es geht schließlich darum, die Wettbewerbskräfte zu ermitteln, denen die beteiligten Unternehmen ausgesetzt sind.[51] Davon ist nur dann auszugehen, wenn im Hinblick auf die gleiche Verwendung ein **hinreichender Grad von Aus-**

---

45 BGHZ 160, 321, 326 – *Staubsaugerbeutelmarkt* = NJW 2004, 3711 = WuW/E DE-R 1355, 1357.
46 BGHZ 77, 279, 290 – *Hydrostatischer Antrieb* = GRUR 1980, 1012, 1015.
47 BGHZ 77, 279, 288 – *Hydrostatischer Antrieb* = GRUR 1980, 1012, 1014.
48 BGHZ 178, 285 Rn. 18 f. – *E.ON/Stadtwerke Eschwege* = NJW-RR 2009, 264 = WuW/E DE-R 2451, 2452 f. (Strom: Erstabsatz- und Weiterverteilermarkt).
49 BGHZ 178, 285 Rn. 17 – *E.ON/Stadtwerke Eschwege.*= NJW-RR 2009, 264 = WuW/E DE-R 2451, 2454.
50 BGHZ 178, 285 Rn. 17 = NJW-RR 2009, 264 – *E.ON/Stadtwerke Eschwege*; BGHZ 170, 299 Rn. 19 = NJW 2007, 1823 – *National Geographic II*.
51 BGHZ 178, 285 Rn. 17 = NJW-RR 2009, 264 – *E.ON/Stadtwerke Eschwege*; BGHZ 170, 299 Rn. 19 = NJW 2007, 1823 – *National Geographic II*; BGHZ 166, 165 Rn. 29 – *DB Regio/Üstra* = NJW-RR 2006, 836; BGHZ 156, 379, 384 – *Strom und Telefon I* = WuW/E DE-R 1206 = NJW-RR 2004, 1178.

tauschbarkeit zwischen den Waren oder Dienstleistungen besteht. Nicht ausreichend für die Zuordnung zu einem sachlich relevanten Markt sind daher in jedem Fall bloß periphere Überschneidungen der Verwendungsmöglichkeiten einzelner Produkte, die sich daraus ergeben können, dass diese Produkte aus Sicht der Marktgegenseite multifunktional verwendbar sind und damit unterschiedliche Bedürfnisse befriedigen. Eine in Bezug auf die Verwendungsmöglichkeiten nur periphere (marginale) Austauschbarkeit führt daher dazu, dass die Produkte verschiedenen sachlich relevanten Märkten zuzuordnen sind.[52] **Multifunktional verwendbare Produkte** können nach alledem mehreren separaten Märkten angehören.[53]

(2) Kriterien für die funktionale Austauschbarkeit

(a) Grundsatz

Wie bereits (Rdn. 13 ff.) erwähnt, sind nach dem Bedarfsmarktkonzept diejenigen Produkte (Waren oder gewerbliche Leistungen) einem Markt zuzuordnen, die aus der Sicht eines verständigen Abnehmers zur Bedarfsdeckung gleichermaßen geeignet und deshalb funktional austauschbar sind. Zur Feststellung dieser funktionalen Austauschbarkeit haben sich in Rechtsprechung und Schrifttum bestimmte (nicht abschließende) Kriterien herausgebildet, auf die im Folgenden näher einzugehen ist. Zu diesen Kriterien gehören die Eigenschaften (und Qualität) des Produkts, sein Verwendungszweck (für einen definierten Bedarf), die Verfügbarkeit, (ergänzende) Serviceleistungen und der Preis. Welcher dieser Umstände im Vordergrund steht oder gar den Ausschlag gibt, lässt sich nicht allgemein sagen. Es kommt vielmehr auf die **Wettbewerbsbedingungen des konkreten sachlich relevanten Marktes** an, insbesondere dessen Angebotsstruktur und die dort herrschenden Verbraucherpräferenzen.[54] Aus der Sicht der Marktgegenseite liegt es zwar nahe, den Eigenschaften und der Qualität von Waren und Dienstleistungen eine besondere Bedeutung zuzumessen, da sich das auf eine bestimmte Bedarfsdeckung ausgerichtete Nachfrageverhalten zunächst daran orientieren wird, ob die Produkteigenschaften eine Befriedigung des autonom definierten Bedarfs erwarten lassen.[55] Im Einzelfall können die von dem Nachfrageverhalten bestimmten Marktverhältnisse aber durchaus abweichen. Insoweit kommt es auch darauf an, ob die Produkteigenschaften weitgehend homogen sind, was für die Zuordnung zu ein und demselben Markt spricht, oder heterogen sind, wodurch die Ausbildung von (Teil-)Märkten befördert wird.

19

---

52 Vgl. zu Art. 102 AEUV auch EuGH Slg. 1979, 461, Tz. 28 – *Hoffmann-La Roche*.
53 *Fuchs/Möschel*, in: Immenga/Mestmäcker, Art. 102 AEUV Rn. 56.
54 Vgl. zu Art. 102 AEUV EuGH Slg. 1983, 3461, Tz. 37 – *Michelin*.
55 Vgl. zu Art. 102 AEUV EuGH Slg. 1978, 207, Tz. 23/33 – *United Brands* (zur Marktabgrenzung bei Bananen).

(b) Verwendungszweck/Produkteigenschaften

(aa) Homogene Produkte

20 Aus Sicht der Nachfrager ist eine funktionale Austauschbarkeit von Produkten regelmäßig dann gegeben, wenn sie ein bestimmtes Nachfragebedürfnis und damit einen nachfrageseitig definierten Bedarf (Verwendungszweck) befriedigen. Ob das der Fall ist, wird nicht zuletzt durch die **Produkteigenschaften** determiniert. Sind diese **homogen**, in dem Sinne, dass jedes Produkt geeignet ist, einen gleichbleibenden Bedarf zu decken, spricht das für die Austauschbarkeit der Produkte und damit für die Zugehörigkeit zu einem sachlich relevanten Markt. Bei entsprechender Preissensibilität der Nachfrager und der Möglichkeit der Anbieter zur Preisdifferenzierung kann allerdings der Produktpreis zu einer Marktaufspaltung in einen Teilmarkt für höherpreisige und niedrigpreisige Produkte führen. Eine derartige **Marktsegmentierung** wird befördert, wenn an sich austauschbare, weil von den Produkteigenschaften her homogene Produkte, durch den Einsatz von Marken, die ein bestimmtes Produktimage vermitteln, durch unterschiedliche Vertriebswege oder Vertriebsmodalitäten,[56] durch Verbrauchsgewohnheiten,[57] (vorherige) Festlegung auf ein bestimmtes (technisches) System[58] oder divergierende Abnehmerbedürfnisse[59] ihre Austauschbarkeit verlieren.

21 Als im weiteren Sinne homogen sind auch ganze **Sortimente** anzusehen. Solche Sortimente, die sich aus der Zusammenstellung bestimmter Warengruppen ergeben, können von der Marktgegenseite, typischerweise von Endverbrauchern, in ihrer Gesamtheit nachgefragt sein. Das ist immer dann der Fall, wenn die Nachfrager von dem Anbieter eine bestimmte (repräsentative) Auswahl an Produkten erwarten,[60] ohne dass ein konkreter Bedarf nach jedem einzelnen Produkt bestehen muss.[61] Denkbar ist das bei Warenhäusern, im Lebensmittel-

---

56 KG WuW/E OLG 4167, 4168 – *Kampffmeyer/Plange* (Lieferung von Mehl in Säcken (Industriemehl) oder in haushaltsgerechten Packungen); BKartA WuW/E BKartA 2319, 2322 – *Messer-Griesheim/Buse* (Lieferung von Stickstoff in Tanks/Flaschen oder durch Rohrleitungen).
57 BKartA Die AG 1992, 363 – *Gillette/Wilkenson* (Trocken- oder Nassrasur).
58 BGHZ 176, 1 = WuW/E DE-R 2268 – *Soda Club II* (Herstellung von Sprudel aus Leitungswasser statt Fertigsprudel).
59 Vgl. zur Unterscheidung von Erstaustatter- und Ersatzteil-/Zubehörmärkten BGHZ 71, 102, 109 = WuW/E BGH 1501, 1502 – *Kfz-Kupplungen*; BGH WuW/E BGH 2589, 2590 – *Frankiermaschinen* = GRUR 1989, 701, 701 f.; KG WuW/E OLG 4951, 4964 f. – *Kälteanlagen-Ersatzteile*; OLG Düsseldorf WuW/E OLG 4901, 4904 – *Dehnfolien-Verpackungsmaschinen*.
60 OLG Düsseldorf WuW/E DE-R 2798, 2799 – *Bau- und Heimwerkermarkt* (sortimentstypische Zusammensetzung).
61 *Kühnen*, in: Loewenheim/Meessen/Riesenkampff, § 18 GWB Rn. 26.

groß- und -einzelhandel,[62] im Handel mit Tiernahrung,[63] bei Drogeriemärkten,[64] Parfümerieabteilungen[65] und Baumärkten,[66] im Einzelhandel mit Produkten der Unterhaltungselektronik,[67] im Handel mit Laborchemikalien,[68] aber auch bei Behandlungsdienstleistungen,[69] deren Vorhaltung das Publikum bei einem Krankenhaus voraussetzt. Darauf, dass die einzelnen dem Sortiment zugehörigen Produkte gegeneinander austauschbar sind, kommt es nicht an.[70] Auch derartige Sortimentsmärkte werden von § 18 Abs. 1 GWB erfasst, da dem Wortlaut (»als Anbieter oder Nachfrager einer bestimmten Art von Waren oder gewerblichen Dienstleistungen«) keine Festlegung auf eine Marktabgrenzung nach einzelnen Produkten zu entnehmen ist.[71] In der Natur sortimentsbezogener Märkte liegt es, dass nur solche Anbieter dem Markt angehören, die in der Lage sind, entsprechende Sortimente anzubieten, nicht jedoch Anbieter, deren Angebot sich nur in Randbereichen oder hinsichtlich einzelner Produkte mit dem Sortiment überschneidet. Zieht die Marktgegenseite auch solche Anbieter für die Bedarfsdeckung in Erwägung, spricht dies dafür, dass gerade kein Sortimentsmarkt vorliegt.[72]

(bb) Heterogene Produkte

Umgekehrt kann es Fälle geben, in denen Produkte trotz **heterogener Beschaffenheit** einen einheitlichen Verwendungszweck befriedigen. Häufig wird es sich dann allerdings so verhalten, dass der Verwendungszweck von den einzelnen Produkten nur mehr oder minder erfüllt wird, ohne dass insoweit deren Austauschbarkeit von der Marktgegenseite in Zweifel gezogen wird. Ein Anwendungsfall sind Medikamente unterschiedlicher chemischer Zusammensetzung, aber mit (weitgehend) gleicher therapeutischer Wirkung oder Antriebseinheiten[73] mit differierenden technischen Konstruktionsmerkmalen, die sämtlichst zur Energieumformung geeignet sind. Als gleichwirkend und

22

---

62 BGHZ 152, 361, 366 = WuW/E DE/R 1042, 1043 – *Wal Mart* (food-Sortiment); BGH WuW/E BGH 2231, 2234 = NJW 1987, 1822 – *Metro-Kaufhof* (food-Sortiment).
63 OLG Düsseldorf WuW/E DE-R 3421, 3427 – *Private Label*.
64 OLG Düsseldorf BeckRS 2009, 19329.
65 OLG Düsseldorf BeckRS 2009, 19329.
66 OLG Düsseldorf WuW/E DE-R 2798, 2799 – *Bau- und Heimwerkermarkt*.
67 BGH WuW/E BGH 2771, 2773 = NJW 1992, 2289 – *Kaufhof/Saturn*.
68 OLG Düsseldorf BeckRS 2015, 03537.
69 BGHZ 175, 333 Rn. 57 = WuW/E DE-R 2327 – *Kreiskrankenhaus Bad Neustadt*.
70 BGHZ 175, 333 Rn. 57 = WuW/E DE-R 2327 – *Kreiskrankenhaus Bad Neustadt*.
71 BGHZ 175, 333 Rn. 57 = WuW/E DE-R 2327 – *Kreiskrankenhaus Bad Neustadt*; BGH WuW/E BGH 2231, 2234 = NJW 1987, 1822 – *Metro-Kaufhof*.
72 A.A. (zu Baumärkten) OLG Düsseldorf WuW/E DE-R 2798, 2799 – *Bau- und Heimwerkermarkt*; *Kühnen*, in: Loewenheim/Meessen/Riesenkampff, § 18 GWB Rn. 26.
73 BGHZ 77, 279, 288 = WuW/E OLG 2120, 2122 – *Hydrostatischer Antrieb*.

damit funktional austauschbar wurden in der Entscheidungspraxis ebenfalls angesehen Halbfertigprodukte für die Herstellung von Backwaren[74] und Energiequellen zur Erzeugung von Strom.[75] Anders liegen die Dinge freilich, wenn nicht der Stromerzeugungsmarkt, sondern der Endkundenmarkt für Wärmenergie betrachtet wird. Fehlt es an einer funktional gleichwertigen Bedürfnisbefriedigung, liegen unterschiedliche Märkte vor. Als **nicht austauschbar** sind etwa angesehen worden die Möglichkeit der Onlinevermittlung von Hotelbuchungen über Hotelportale und Metasuchmaschinen,[76] weil aus Sicht der Nachfrager insoweit nicht vergleichbare Dienstleistungen erbracht werden. Unterschiedlichen Märkten zuzuordnen ist auch die Befüllung von Gaskartuschen zur Herstellung von Sprudel aus Leitungswasser mittels eines Besprudelungsgerätes und das Angebot von verkaufsfertigem Sprudelwasser.[77] In diesem Fall hat der Kunde mit der Anschaffung des Besprudelungsgerätes eine Systementscheidung zu Gunsten der Eigenherstellung von Sprudel getroffen, so dass sich im Hinblick auf die Befüllung der dafür erforderlichen Gaskartuschen nicht (mehr) die Frage stellt, ob Fertigsprudel eine Bezugsalternative bildet, sondern welche Anbieter zur Befüllung der Kartuschen in Betracht kommen.

(c) **Preis**

23 Auch der Preis von Waren und Dienstleistungen hat auf Wettbewerbsmärkten eine erhebliche Bedeutung, zumal die Nachfrageseite gerade auf die Preisstellung sensibel reagiert, insbesondere wenn es sich um Endverbraucher handelt. Aus diesem Grund ist Preiswerbung, weil sie für die Marktgegenseite offenkundige Anknüpfungspunkte für Angebotsvergleiche bietet, für Anbieter attraktiv und besonders wirksam. Für Zwecke der Marktabgrenzung ist dem Preis daher eine gewisse Relevanz nicht abzusprechen. Allerdings ziehen Nachfrager einzelne Produkte oder Sortimente zunächst einmal deshalb in Betracht, weil sie einen bestimmten Bedarf decken wollen. Dem entsprechend steht die Verwendungsmöglichkeit im Vordergrund. In die engere Auswahl kommen damit Produkte, die aufgrund ihrer Eigenschaften einem bestimmten Verwendungszweck gerecht werden. Der Preis ist insoweit ein **sekundäres Entscheidungskriterium**, dessen Gewicht zudem davon abhängt, ob der Verwendungszweck durch homogene oder heterogene Produkte befriedigt wird. Der BGH betont daher zu Recht, dass es keine allgemeine Regel gibt, wonach ein bestimmtes Maß an Preisunterschieden zur Annahme sachlich ge-

---

74 KG WuW/E OLG 3759, 3760 – *Pillsbury/Sonnen-Bassermann*; BKartA WuW BKartA 2421, 2423 – *Unilever/Braun*.
75 KG WuW/E OLG 2113, 2116 – *Steinkohlenstromerzeuger*.
76 OLG Düsseldorf WuW 2015, 394 Rn. 37 ff. = ZVertriebsR 2015, 182 – *HRS-Bestpreisklausel*.
77 BGHZ 176, 1 Rn. 15 = WuW/E DE-R 2268 – *Soda Club II*.

trennter Märkte führt.⁷⁸ Dabei ist auch stets zu berücksichtigen, ob die in einem bestimmten Preissegment tätigen Anbieter in der Lage sind, ihr Sortiment kurzfristig und ohne spürbare Zusatzkosten umzustellen, um auf diese Weise zusätzliche Produkte in einem anderen Preissegment anzubieten.⁷⁹ Besteht eine derartige Angebotsumstellungsflexibilität, spricht dies gegen getrennte Märkte. Für eine gegenteilige Wertung müssen hinreichend konkrete Anhaltspunkte bestehen.⁸⁰

Sind die **Produkteigenschaften homogen**, kann das Preiskriterium zur Ausbildung von Teilmärkten führen. Das gilt etwa dann, wenn es Anbietern gelingt, dem Publikum über die Preisstellung ein bestimmtes Warenimage zu vermitteln. So kann ein hoher Preis mit Luxus in Verbindung gebracht werden, insbesondere wenn zur Produktkennzeichnung entsprechende Marken verwendet werden. Dadurch können die Produkte trotz gleicher Eigenschaften verschiedene Verwendungszwecke erfüllen. Separate Teilmärkte für Luxuswaren sind auf diese Weise etwa bei Parfümeriewaren und Uhren denkbar.⁸¹ 24

Dagegen kommt dem Preis für die Marktabgrenzung bei **heterogenen Produkteigenschaften** nur eine untergeordnete Bedeutung zu. Für die Marktabgrenzung sind vielmehr regelmäßig die Eigenschaften der jeweiligen Produkte maßgeblich, nämlich insoweit, als sie aus Verbrauchersicht einer Austauschbarkeit nicht entgegenstehen (dazu bereits Rdn. 23). Freilich tritt der Aspekt der **Preisstellung** nicht vollständig in den Hintergrund. Dem Preis kann nämlich immer noch eine Indizwirkung für eine umfassendere, mehrere Teilmärkte einbeziehende Marktabgrenzung zukommen, wenn davon auszugehen ist, dass Kunden bei kleinen gleich bleibenden Preiserhöhungen in der Größenordnung von 5 bis 10 vH der relativen Preise auf Produkte anderer Qualität ausweichen (sog. **Kreuzelastizität** oder »cross-elasticity of demand«).⁸² Allerdings muss bei einer derartigen, auf die Kreuz-Preis-Elastizität abstellenden Betrachtung immer bedacht werden, dass im Falle der Marktbeherrschung bereits der Ausgangspreis des potenziellen Normadressaten missbräuchlich überhöht sein kann. Wird dieser Preis dennoch zur Marktabgrenzung herangezogen und resultiert daraus ein tendenziell weiter sachlich relevanter Markt, kann dies im Ergebnis dazu führen, dass die Marktbeherr- 25

---

78 BGH WuW/E DE-R 2905 Rn. 50 = BeckRS 2010, 11494 – *Phonak/GN ReSound*; s. auch BGH WuW/E BGH 2231, 2236 – *Metro-Kaufhof*.
79 BGH WuW/E DE-R 2905 Rn. 50 = BeckRS 2010, 11494 – *Phonak/GN ReSound*.
80 BGH WuW/E DE-R 2905 Rn. 50 = BeckRS 2010, 11494 – *Phonak/GN ReSound*.
81 Vgl. BGH WuW/E BGH 2451 = NJW 1988, 2175 – *Cartier-Uhren*.
82 In diesem Sinne zu Art. 102 AEUV EuGH Slg. 1978, 207, Tz. 23/33 – *United Brands*; vgl. auch Komm., Bekanntmachung über die Definition des relevanten Marktes im Sinne des Wettbewerbsrechts der Gemeinschaft, ABl. 1997, Nr. C 372/1, Tz. 15 ff., 39.

§ 18 GWB Marktbeherrschung

schung zu verneinen ist.[83] Aus diesem Grunde kann der Aspekt der Kreuz-Preis-Elastizität nicht mehr als ein (widerlegbares) Indiz für die Marktabgrenzung sein. Das Beispiel zeigt die Notwendigkeit einer wertenden Betrachtung.

26 Im Vergleich zum Verwendungszweck haben auch andere Aspekte wie die **Verfügbarkeit** von Produkten oder **ergänzende Serviceleistungen** des jeweiligen Anbieters zumeist nur geringen Einfluss auf die Marktabgrenzung. Es sind aber auch in dieser Hinsicht spezifische Marktverhältnisse denkbar, die zu einer anderen Beurteilung führen. Beispielsweise können (zusätzliche) Serviceleistungen bei homogenen Gütern ein Indiz für eine Marktdifferenzierung liefern. Entsprechendes gilt, wenn an sich austauschbare Produkte über unterschiedliche Vertriebswege (stationärer Einzelhandel, Versandhandel, Reisegewerbe) angeboten werden.[84] Zuweilen hat auch die Bezugsquelle für die Marktabgrenzung eine gewisse Bedeutung. So wird bei Kfz-Komponenten danach unterschieden, ob solche für die Erstausrüstung oder zur Ersatzteilbeschaffung (Original-Ersatzteile oder Fremd-Ersatzteile) gehandelt werden.[85] Ein Indiz zur Bildung (enger) Teilmärkte kann auch sein, dass einzelne Produkte über die reine Bedarfsdeckung hinaus ein gewisses Sozialprestige vermitteln, das anderen Produkten, die an sich funktional austauschbar sind, nicht anhaftet. Das betrifft vornehmlich Märkte für Luxuswaren.[86] Enge Teilmärkte ergeben sich überdies, wenn Angebot oder Nachfrage durch **spezifische gesetzliche Vorgaben**[87] oder allgemein **anerkannte technische Standards**[88] bestimmt werden. Schließlich können auch **Immaterialgüterrechte**

---

83 Vgl. zur sog. cellophane fallacy GD Wettbewerb, Diskussionspapier zur Anwendung von Art. 82 EG, 2005, Tz. 15; Bekanntmachung über die Definition des relevanten Marktes im Sinne des Wettbewerbsrechts der Gemeinschaft, ABl. 1997, Nr. C 372/1, Tz. 19.
84 *Fuchs/Möschel*, in: Immenga/Mestmäcker, § 18 Rn. 39.
85 Dazu EuGH Slg. 1988, 6211, Tz. 33 f. – *Volvo/Veng*; Komm., Bekanntmachung über die Definition des relevanten Marktes im Sinne des Wettbewerbsrechts der Gemeinschaft, ABl. 1997, Nr. C 372/1, Tz. 36.
86 Zur Marktabgrenzung bei (Luxus-)Kosmetika Komm., ABl. 1991 Nr. L 75/57, Tz. 11 ff. – *Vichy*; ABl. 1992 Nr. L 12/24, Tz. I. B. – *Yves Saint Laurent*; ABl. 1992 Nr. L 236/11, Tz. I. B. – *Parfums Givenchy*; bei Schuhen Komm., ABl. 1989, Nr. L 35/31, Tz. I. B. – *Charles Jourdan*; bei Spiegelreflexkameras EuGH Slg. 1984, 883, Tz. 21 – *Hasselblad* (jeweils zu Art. 85 EWG-V).
87 Zur Marktabgrenzung aufgrund des Erfordernisses der Erteilung von Übereinstimmungsbescheinigungen für reimportierte Fahrzeuge EuGH Slg. 1975, 1367, Tz. 7/9 – *General Motors Continental*; Slg. 1986, 3263, Tz. 4 f. – *British Leyland*; vgl. zu Zusatzdiensten, die das gesetzlich geschützte Briefbeförderungsmonopol ergänzen, Komm., ABl. 1990 Nr. L 10/47, Tz. 3 f. – *Niederländische Eil-Kurierdienste*; ABl. 1990 Nr. L 233/19, Tz. 2 f. – *Internationale Eilkurierdienste in Spanien*.
88 S. aus der deutschen Entscheidungspraxis BGHZ 160, 67 Rn. 36 – *Standard-Spundfass*.

zu einer engen sachlichen Marktabgrenzung führen.[89] Voraussetzung dafür ist, dass der Gegenstand des Schutzrechts eine Bedarfsdeckung ermöglicht, die anderweitig nicht substituierbar ist. Offensichtlich ist dies, wenn das Schutzrecht eine Schlüsseltechnologie schützt, die sich zum Marktstandard entwickelt hat.[90]

Auf der anderen Seite kann die **(mangelnde) Verfügbarkeit** von Produkten bei heterogenen Angebotsstrukturen eine tendenziell eher weite Marktabgrenzung nahelegen. Sind nämlich Produkte, die aufgrund ihrer Eigenschaften an sich eine Alleinstellung haben, (über einen längeren Zeitraum) nur begrenzt verfügbar, wird die Marktgegenseite zur Bedarfsdeckung auch Produkte anderer Qualität in Betracht ziehen. 27

Schwierigkeiten bereitet die sachliche Marktabgrenzung auf **zweiseitigen Märkten**.[91] Diese sind dadurch kennzeichnet, dass der Anbieter unterschiedlichen Nachfragern gegenüber steht, die kein einheitliches Nachfragebedürfnis haben. Beispielhaft ist auf die als Vertriebsintermediäre tätigen **Online-Plattformen** hinzuweisen, bei denen sowohl Verbindungen zu Online-Händlern, Endkunden als Nutzern der Plattform und dort Werbung Treibenden bestehen. Zwischen diesen Nachfragergruppen gibt es Interdependenzen, so dass es zu Netzwerkeffekten kommt. Zweifelhaft ist, ob insoweit von einem einheitlichen (zweiseitigen) Markt auszugehen ist, oder ob jeweils gesonderte Märkte zwischen den Anbietern und den jeweiligen Nachfragergruppen bestehen. Das Bundeskartellamt hat in der Sache *immowelt*, die allerdings einen Anteilserwerb betrifft, zwischen »reinen« Transaktionsplattformen als einheitlichen Märkten (mit identischem Nachfragebedürfnis von Anbietern und Endkunden nach der Vermittlungsleistung) und Werbeplattformen mit getrennten Märkten (infolge unterschiedlichen Nachfragebedürfnissen) unterschieden.[92] Solange kein überzeugenderes Modell als das Bedarfsmarktkonzept existiert, erscheint es freilich geboten, jeweils nach den Nachfragerseiten getrennte Märkte abzugrenzen.[93] Die Interdependenzen zwischen den Märkten sind sodann bei der Feststellung des Marktmachtmissbrauchs zu berücksichtigen.[94] Jedenfalls schließt die **Unentgeltlichkeit von Leistungen**, wie sie etwa im Verhältnis zwischen Plattformbetreibern und Endkunden regelmäßig vorliegt, 28

---

89 EuGH Slg. 1995, I-743, Tz. 46 f. – *Magill*.
90 Vgl. aus der deutschen Entscheidungspraxis BGHZ 180, 312 Rn. 23 ff. – *Orange-Book-Standard*.
91 Näher dazu *Dewenter/Rösch/Terschüren*, NZKart 2014, 387, 388 ff.
92 BKartA, Fallbericht v. 25.6.2015, B6-39/15, S. 2 – *immowelt*.
93 Ebenso *Körber*, WuW 2015, 120, 125.
94 *Körber*, WuW 2015, 120, 125.

nicht aus, dass ein Markt im kartellrechtlichen Sinne vorliegt.[95] Diese Wertung liegt auch dem Regierungsentwurf für eine 9. GWB-Novelle zu Grunde, der vorsieht, dass § 18 GWB durch einen Absatz 2a ergänzt wird, wonach der Annahme eines Marktes nicht entgegen steht, dass eine Leistung unentgeltlich erbracht wird.[96]

(3) Angebotsumstellungsflexibilität

29 Für eine weite, nämlich nicht nur am aktuellen Wettbewerb orientierte Marktabgrenzung, spricht bei heterogener Produktstruktur auch die Möglichkeit zur Angebotsumstellung auf Anbieterseite (sog. **Angebotselastizität**).[97] Wenn nämlich Anbieter verwandter Produkte (auf benachbarten Produktmärkten) jederzeit in der Lage sind, durch einfache Produktionsumstellung mit einem Produkt in Wettbewerb zu treten, das aus Sicht der Nachfrager über Alleinstellungsmerkmale verfügt, besteht insoweit jedenfalls potenzieller Wettbewerb, der eine enge, nur auf das Referenzprodukt beschränkte Abgrenzung des sachlich relevanten Marktes nicht zulässt. Ansonsten würde nämlich das Ziel einer umfassenden, alle Wettbewerbsbedingungen realistisch erfassenden Marktanalyse verfehlt. Das **Konzept der Angebotsumstellungsflexibilität** führt damit im Ergebnis zu einer **Korrektur der Bedarfsmarkt-Betrachtung**,[98] die als solche nicht in der Lage ist, potenziellen Wettbewerb hinreichend abzubilden.[99] Die Angebotsumstellungsflexibilität soll insoweit eine Antwort darauf geben, welchen Wettbewerbskräften die beteiligten Unternehmen tatsächlich ausgesetzt sind. Das ist letztlich das Ziel der Marktabgrenzung.[100] Ein die Verhaltensspielräume kontrollierender Wettbewerb geht auch von solchen Anbietern ähnlicher Produkte aus, die ihr Angebot zur Erzielung eines

---

95 *Blaschczok*, S. 65; *Körber*, WuW 2015, 120, 125; a.A. *Buchholtz*, ZUM 1998, 108, 111; *Kersting/Dworschak*, NZKart 2013, 46, 47 f.
96 Dazu BReg., Begründung zum Entwurf eines Neunten Gesetzes zur Änderung des Gesetzes gegen Wettbewerbsbeschränkungen, Umdruck, S. 40, 51 f.
97 BGH WuW/E DE-R 2538 Rn. 10 – *Stadtwerke Uelzen* = NJW 2009, 1212; WuW/E DE-R 1355, 1356 – *Staubsaugerbeutelmarkt* = NJW 2004, 3711; EuGH Slg. 1973, 215, Tz. 33 – *Continental Can*; Komm., ABl. 1999 Nr. C 122/8, Tz. 11 – *Bertelsmann/Wissenschaftsverlag Springer*; WuW/EV 2157 Tz. 26 – *Mc Cormick/CPC/Rabobank/Ostmann*; *Fuchs/Möschel*, in: Immenga/Mestmäcker, Art. 102 AEUV Rn. 64.
98 Vgl. auch *Säcker*, ZWeR 2004, 1, 2 (»Die Fähigkeit der Unternehmen, ihr Angebot ohne größere Schwierigkeiten in kurzer Zeit auf andere Produkte umzustellen (Angebotsumstellungsflexibilität), bleibt außerhalb des begrifflichen Rahmens des Bedarfsmarktkonzepts.«).
99 *Säcker*, ZWeR 2004, 1, 9 f.
100 BGHZ 166, 165 Rn. 26 – *DB Regio/Üstra* = NJW 2006, 836; BGHZ 156, 379, 384 = NJW-RR 2004, 1178 – *Strom und Telefon I*; BGH WuW/E DE-R 2538 Rn. 10 = NJW 2009, 1212 – *Stadtwerke Uelzen*.

besseren Preises kurzfristig und mit wirtschaftlich vertretbarem Aufwand umstellen können, um eine bestehende Nachfrage zu befriedigen.[101] Ob die Möglichkeit zur einfachen Produktionsumstellung besteht, ist anhand der technischen und wirtschaftlichen Gegebenheiten des Einzelfalls zu beurteilen.[102] Dabei sind die Besonderheiten des jeweiligen Marktes in den Blick zu nehmen.[103] Insoweit kann von Bedeutung sein, ob marktnahe Unternehmen über geeignete Produktionsanlagen, die erforderliche Technologie, einschlägiges Know how und die notwendigen Bezugsquellen und Vertriebswege verfügen.[104] Die Wahrscheinlichkeit potenziellen Wettbewerbs kann überdies davon abhängen, ob weitere Marktzutrittsschranken vorhanden sind.[105] Diese können etwa in behördlichen Genehmigungserfordernissen bestehen.[106] Zudem können die Spezialisierung von Unternehmen auf bestimmte Produkte oder Vertriebswege und die fehlende Bereitschaft der Marktgegenseite zum Vertrieb neuer Produkte gegen eine Angebotsumstellungsflexibilität sprechen.[107] Die Umstellung muss schließlich kurzfristig, nämlich innerhalb eines wirtschaftlich überschaubaren Zeitraums, zu erwarten sein,[108] da nur dann potenzieller Wettbewerbsdruck besteht. Auch in der Marktabgrenzungs-Bekanntmachung der Kommission wird insoweit von einer kurzfristigen Umstellungsmöglichkeit gesprochen.[109]

(4) Alternativmodelle

Das vorherrschende Konzept zur Abgrenzung des sachlich relevanten Marktes beruht, wie deutlich geworden ist, auf zwei Säulen in Gestalt der Nachfrageelastizität (Bedarfsmarktkonzept) und der Angebotselastizität (Angebotsumstellungsflexibilität). Nur eine Zusammenschau beider Gesichtspunkte führt zu einer realitätsnahen Marktanalyse. Angesichts der Vielzahl der zu be- 30

---

101 BGHZ 176, 1 Rn. 21 = WuW/E DE-R 2268 – *Soda-Club II*; BGHZ 170, 299 Rn. 19 = NJW 2007, 1823 – *National Geografic II*; BGH WuW/E DE-R 2538 Rn. 10 = NJW 2009, 1212 – *Stadtwerke Uelzen*; WuW/E DE-R 1355, 1356 = NJW 2004, 3711 – *Staubsaugerbeutelmarkt*; OLG Düsseldorf WuW/E DE-R 2462, 2465 – *A-TEC/Norddeutsche Affinerie*.
102 Vgl. EuGH Slg. 1983, 3461, Tz. 41 – *Michelin*; Slg. 1979, 1869, Tz. 9 – *Hugin*; *Fuchs/Möschel*, in: Immenga/Mestmäcker, Art. 102 AEUV Rn. 64.
103 BGHZ 119, 117, 133 = WuW/E BGH 2783, 2789 – *Warenzeichenerwerb*.
104 Dazu *Säcker*, ZWeR 2004, 1, 10.
105 BGHZ 176, 1 Rn. 23 = WuW/E DE-R 2268 – *Soda-Club II*; Komm., 24.3.2004, COMP/37.792, Tz. 448 ff. – *Microsoft*.
106 *Kühnen*, in: Loewenheim/Meessen/Riesenkampff, § 18 GWB Rn. 45.
107 OLG Düsseldorf WuW/E DE-R 2477, 2486 – *Phonak/GN Store*.
108 BGHZ 170, 299 Rn. 20 = NJW 2007, 1823 – *National Geografic II*; BGH WuW/E DE-R 1355, 1356 = NJW 2004, 3711 – *Staubsaugerbeutelmarkt*.
109 Komm., Bekanntmachung über die Definition des relevanten Marktes im Sinne des Wettbewerbsrechts der Gemeinschaft, ABl. 1997, Nr. C 372/1, Tz. 20.

rücksichtigenden Faktoren ist diesem System der Marktabgrenzung eine kritische **Komplexität** zu attestieren, die nicht notwendig zu Rechtssicherheit für die Marktbeteiligten führt. Aus diesem Grunde werden im Schrifttum andere Modelle für die Marktabgrenzung vorgeschlagen.

31 Das »**Konzept der Wirtschaftspläne**«[110] beinhaltet insoweit eine Synthese der tradierten Abgrenzungsfaktoren, die unter den Gesichtspunkten der Nachfrageelastizität und Angebotselastizität zusammengefasst werden. Maßgebend ist nach dem Wirtschaftsplankonzept, auf welche im Markt bereits etablierten beziehungsweise mutmaßlich vor der Markteinführung stehenden Produkte anderer Unternehmen der Anbieter einer Ware Rücksicht nimmt, wenn er den Preis oder die Qualität seiner Ware verändert.[111] Der Wirtschaftsplan eines Unternehmens wird damit gleichsam als Spiegel der objektiven Marktstruktur betrachtet. Das Konzept versteht sich als Ergänzung des Bedarfsmarktkonzeptes durch den Aspekt der Angebotsumstellungsflexibilität, die abweichend von der bekannten Praxis aus Sicht der Unternehmen und nicht »von außen« bestimmt wird.[112] Da die Bedarfsmarktbetrachtung im Ausgangspunkt unangetastet bleibt, geht es im Kern also darum, die Beurteilung der Angebotselastizität auf eine andere Grundlage zu stellen. Inwieweit der Rückgriff auf die Wirtschaftspläne der betroffenen Unternehmen dabei zu mehr Rechtssicherheit führt, erscheint allerdings zweifelhaft. Das wäre nur dann der Fall, wenn in den Wirtschaftsplänen ein zutreffendes Bild der Marktverhältnisse gezeichnet wird. Eine Gewähr dafür gibt es freilich nicht.[113] Auf der anderen Seite ist nicht ausgeschlossen, dass Wirtschaftspläne im Einzelfall indizielle Bedeutung für die Feststellung der Angebotsumstellungsflexibilität haben können.[114]

32 Von anderer Seite wird vorgeschlagen, die Marktabgrenzung an allgemeinen **ökonomischen Modellen** im Sinne eines »**more economic approach**« auszurichten. Damit korrespondierend hat die GD Wettbewerb im Jahre 2005

---

110 Dazu *Borchardt/Fikentscher*, Wettbewerb, Wettbewerbsbeschränkung, Marktbeherrschung, 1957, S. 72 f.; *Mestmäcker*, Das marktbeherrschende Unternehmen im Recht der Wettbewerbsbeschränkungen, 1959, S. 9 f.
111 *Golz*, Der sachlich relevante Markt bei Verlagserzeugnissen, 2003, S. 258 f.; *Säcker*, ZWeR 2004, 1, 14.
112 *Säcker*, ZWeR 2004, 1, 18, 24.
113 Bedenken auch bei *Borchardt/Fikentscher*, Wettbewerb, Wettbewerbsbeschränkung, Marktbeherrschung, 1957, S. 73 f.
114 In diesem Sinne *Beckmann*, Die Abgrenzung des relevanten Marktes im Gesetz gegen Wettbewerbsbeschränkungen, 1968, S. 117 f.; *Mestmäcker*, Das marktbeherrschende Unternehmen im Recht der Wettbewerbsbeschränkungen, 1959, S. 10; vgl. aus der deutschen Fusionskontrollpraxis BKartA – B6-56/01, Tz. 16 f., 21 – *SV-Verwaltungs GmbH/WEKA*.

ein entsprechendes Diskussionspapier vorgelegt.[115] Der Sache nach wird mit dem »more economic approach« das Ziel verfolgt, auf der Basis ökonometrischer Modelle eine Marktstruktur zu schaffen, die für den Wettbewerbsprozess möglichst günstig ist. Dieser Ansatz deckt sich vordergründig durchaus mit dem Zweck von Art. 102 AEUV, der eine Einflussnahme marktbeherrschender Unternehmen auf den Wettbewerbsprozess dort unterbinden soll, wo sie zur Beeinträchtigung effektiver wettbewerblicher Strukturen führt (s. auch Art. 102 AEUV Rn. 30 f.). Insoweit besteht durchaus auch ein Gleichklang mit dem Regelungsansatz der §§ 18 ff. GWB. Auf der anderen Seite gilt für das deutsche Marktmachtmissbrauchsverbot nichts anderes als für das europäische Kartellrecht: Ziel der Vorschriften ist es nicht, eine ganz bestimmte Marktstruktur herzustellen, sondern wettbewerbsbehindernde missbräuchliche Verhalten marktbeherrschender Unternehmen zu unterbinden. Soweit also der »more economic approach« auf der Stufe der Marktabgrenzung dazu herangezogen wird, Märkte unter dem Aspekt ökonomischer Vorteilhaftigkeit abzugrenzen, führt das von der realen Marktstruktur, die § 18 GWB unangetastet lässt, weg zu einer **modellhaften Umgestaltung der Marktstruktur**. Damit wird der Boden des Gesetzes verlassen. Jedenfalls lässt sich eine an dem Gedanken der ökonomischen Effizienz ausgerichtete Marktabgrenzung mit dem deutschen Kartellrecht weit weniger in Einklang bringen, als dies möglicherweise im US-amerikanischen Kartellrecht der Fall ist. Das US-amerikanische Kartellrecht verfolgt insoweit einen anderen Regelungsansatz: Anders als das Unionsrecht sanktioniert Sec. 2 Sherman Act bereits den »attempt to monopolize«, womit schon die Entstehung bestimmter wettbewerbsbehindernder Marktstrukturen verhindert werden soll, unabhängig von der Machtstellung der Normadressaten. Vor diesem Hintergrund ist es aus US-amerikanischer Sicht durchaus naheliegend, anhand eines »more economic approach« zu evaluieren, welche Marktstruktur mit dem Regelungsansatz von Sec. 2 Sherman Act vereinbar ist. Auf das deutsche Kartellrecht ist dieses Konzept allerdings nicht übertragbar.[116]

Selbst wenn man sich über diese Bedenken hinwegsetzen wollte, bliebe die Frage zu beantworten, ob die einem »more economic approach« zu Grunde liegenden **ökonometrischen Modelle** überhaupt hinreichend belastbar sind. Das scheint angesichts der Komplexität der Modellannahmen kaum gesi-

33

---

115 Komm., Discussion Paper on the Application of Article 82 of the Treaty to exclusionary abuses, Dec. 2005.
116 Kritisch auch *Drexl*, GRUR Int. 2004, 716, 719, 727; *Immenga*, ZWeR 2006, 346, 356 ff.; *ders.*, WuW 2006, 463; *Möschel*, FS Tilmann, 2003, S. 705, 716 f.; aufgeschlossen dagegen *Paul*, Behinderungsmissbrauch nach Art. 82 EG und der »more economic approach«, 2008, S. 123 f.; *Böge*, WuW 2004, 726 ff.

chert.[117] Damit aber geht die Anwendung des »more economic approach« zulasten der Rechtssicherheit.

cc) Räumlich relevanter Markt

34 Die Feststellung der Marktbeherrschung setzt nicht nur die Bestimmung des sachlich relevanten Marktes voraus, sondern erfordert auch eine Marktabgrenzung nach räumlichen Kriterien. Das ergibt sich bereits unmittelbar aus dem Wortlaut von § 18 Abs. 1 und 2 GWB. Aus § 18 Abs. 2 GWB folgt überdies, dass der räumlich relevante Markt **nicht durch den Geltungsbereich des GWB begrenzt** wird. Die räumliche Marktabgrenzung kann daher etwa zu weltweiten, europaweiten, deutschlandweiten, regionalen oder lokalen Märkten führen. Maßgebend sind also nicht politische (oder rechtliche) Grenzen, sondern Grenzen für Angebot und Nachfrage, die sich bei ökonomischer Betrachtung herausbilden. Beispiele für räumlich eng umgrenzte Märkte sind Flughäfen und Seehäfen, die in der Entscheidungspraxis der Kommission schon des Öfteren eine Rolle gespielt haben.[118]

35 Für die Beurteilung der marktbeherrschenden Stellung räumlich relevant ist derjenige **geographisch umgrenzte Raum**, in dem bezogen auf die sachliche Marktabgrenzung hinreichend **homogene Wettbewerbsbedingungen** vorzufinden sind,[119] die sich von den Wettbewerbsbedingungen in benachbarten Räumen spürbar unterscheiden.[120] Homogen sind Wettbewerbsbedingungen dann, wenn sie sich bei dem relevanten Produkt für alle Unternehmen objektiv gleichen.[121] Hierfür verantwortlich ist neben der **Marktstruktur** primär die **Nachfragestruktur**.[122] Die Verhältnisse gleichen also denen bei der sachlichen Marktabgrenzung. Auch die räumliche Marktabgrenzung ist daher auf der Grundlage des Bedarfsmarktkonzepts vorzunehmen.[123] An sich bestehende, aber räumlich entfernte Bezugsalternativen sind bei der räumlichen Markt-

---

117 Mit diesem Ergebnis auch *Wurmnest*, S. 293.
118 Vgl. Komm., ABl. 1994 Nr. L 15/8, Tz. 11 ff. – *Sealink*; ABl. 1994 Nr. L 55/52, Tz. 7 ff. – *Rødby*; ABl. 1998 Nr. L 72/30, Tz. 56 – *Flughafen Frankfurt/Main AG*.
119 S. zu Art. 102 AEUV EuGH Slg. 1978, 207, Tz. 10/11, 44 – *United Brands*; vgl. auch Komm., Bekanntmachung über die Definition des relevanten Marktes im Sinne des Wettbewerbsrechts der Gemeinschaft, ABl. 1997, Nr. C 372/1, Tz. 8.
120 Komm., ABl. 2009, Nr. C 165/05, Tz. 196 – *Clearstream* (zu Art. 102 AEUV).
121 EuGH Slg. 1978, 207, Tz. 44 – *United Brands* (zu Art. 102 AEUV).
122 *Fuchs/Möschel*, in: Immenga/Mestmäcker, § 18 GWB Rn. 53; *Wiedemann*, in: Handbuch des Kartellrechts, § 23 Rn. 18.
123 BGHZ 156, 379, 385 = NJW-RR 2004, 1178 – *Strom und Telefon I*; WuW/E BGH 3058, 3062 = NJW 1996, 2656 – *Pay-TV-Durchleitung*; BGH WuW/E BGH 3037, 3042 = NJW 1996, 1820 – *Raiffeisen*; vgl. auch BGH WuW/E BGH 2483, 2488 – *Sonderungsverfahren*.

abgrenzung nicht zu berücksichtigen, wenn sie von den Nachfragern tatsächlich nicht oder nur in geringem Umfang wahrgenommen werden.[124]

Für geographisch beschränkte Teilmärkte spricht die **Ortsgebundenheit von** **Angeboten**, die daraus resultiert, dass Nachfrager für gewöhnlich nicht gewillt sind, längere Wege in Kauf zu nehmen. Das ist bei Gütern des täglichen Bedarfs wie Lebensmitteln und Kraftstoffen tendenziell eher der Fall als bei längerlebigen und hochwertigen Gütern wie Möbeln oder Kraftfahrzeugen.[125] Maßgebend sind die tatsächlichen Verbrauchergewohnheiten und etwaige Ausweichmöglichkeiten aufgrund bestehender Verkehrsverbindungen.[126] Bei Erbringung von (Service-)Dienstleistungen kann die räumliche Markterschließung ebenfalls von der Präsenz vor Ort abhängen, wie etwa bei Schilderprägern für Kfz-Kennzeichen, die regelmäßig auf einen Standort in der Nähe von Kfz-Zulassungsstellen angewiesen sind.[127] Fehlt die Präsenz vor Ort, kommt es für die räumliche Marktabgrenzung darauf an, ob unter Berücksichtigung der Kosten für den Aufbau eines Vertriebssystems potenzieller Wettbewerb zu erwarten ist. Haben Produkte bestimmte Eigenschaften, die ihre **Transportfähigkeit** begrenzen, führt auch das zu räumlichen Teilmärkten.[128] Zu räumlich abgrenzbaren Märkten können auch hohe **Transportkosten**,[129] die **Zeitgebundenheit** der Leistungserbringung[130] oder die **Leitungsgebundenheit von Angeboten**[131] führen. Denkbar sind zudem **Produkt- und Markendiffe-**

---

124 BGHZ 175, 333 Rn. 65 = NJW-RR 2008, 1426 – *Kreiskrankenhaus Bad Neustadt*; BGHZ 166, 165 Rn. 29 = NJW-RR 2006, 836 – *DB Regio/Üstra*; BGHZ 156, 379, 384 f. = NJW-RR 2004, 1178 – *Strom und Telefon I*.
125 Vgl. BGHZ 192, 18 Rn. 35 = WuW/E DE-R 3591 – *Total/OMV*; KG WuW/E OLG 4657 (4659) – *Kaufhof/Saturn*; WuW/E OLG 3917, 3920 – *Coop/Wandmaker*.
126 BGHZ 192, 18 Rn. 35 = WuW/E DE-R 3591 – *Total/OMV*; BGHZ 175, 333 Rn. 67 = NJW-RR 2008, 1426 – *Kreiskrankenhaus Bad Neustadt*; vgl. auch BGH WuW/E BGH 3037, 3042 = NJW 1996, 1820 – *Raiffeisen*.
127 BGH WuW/E DE-R 201, 202 = NJW 1998, 3778, 3779 – *Schilderpräger im Landratsamt*.
128 KG WuW/E OLG 2862, 2862 – *Rewe/Florimex* (Blumen); WuW/E OLG 2093, 2095 – *Bituminöses Mischgut* (Bitumen).
129 KG WuW/E 5364, 5371 – *HaGE Kiel*; vgl. auch BGH WuW/E DE-R 1301, 1302 – *Sanacorp/ANZAG* = GRUR 2004, 1048, 1049 (Transportbeton im Gegensatz zur Belieferung von Apotheken); zu Art. 102 AEUV auch EuGH Slg. 1973, 215, Tz. 35 – *Continental Can*; EuG Slg. 1991, II-1439, Tz. 81 – *Hilti*; Komm., ABl. 1992 Nr. L 72/1 Tz. 98 – *Tetra Pak II*; ABl. 1989 Nr. L 33/44, Tz. 77 – *Flachglas II*; ABl. 1989, Nr. L 10/50, Tz. III – *BPB Industrois PLC*.
130 BGH WuW/E DE-R 1301, 1302 = GRUR 2004, 1048, 1049 – *Sanacorp/ANZAG* (Apothekenbelieferung).
131 BGHZ 156, 379 = NJW-RR 2004, 1178 – *Strom und Telefon I* (Mobilfunknetz); BGH GRUR Int. 2011, 165 Rn. 24 ff. – *GSM-Wandler*; WuW/E BGH 3058, 3062 = GRUR 1996, 808 – *Pay-TV-Durchleitung* (Breitbandkabelnetz); OLG Düssel-

renzierungen, die zur Ausbildung räumlich begrenzter Märkte führen. **Indizien** für das Vorhandensein räumlich abgrenzbarer Teilmärkte können sich auch aus Preisunterschieden[132] und räumlich differierenden Marktanteilen ergeben.[133] Je höher die Differenzen ausfallen, desto mehr spricht für räumlich getrennte Märkte.[134] Im Übrigen kann die Existenz räumlich abgrenzbarer Teilmärkte auch dadurch indiziert sein, dass sich missbräuchliche Verhaltensweisen nur in einem geographisch umgrenzten Raum auswirken.[135]

dd) Zeitlich relevanter Markt

37 Im Vergleich zu den beiden anderen Spielarten der Marktabgrenzung ist die zeitliche Marktabgrenzung nur von untergeordneter Bedeutung. Allenfalls in Ausnahmefällen tritt die zeitliche Marktabgrenzung ergänzend zur sachlichen und räumlichen Bestimmung des relevanten Marktes hinzu. Vorzugsweise handelt es sich um Sachverhalte, die durch ein singuläres, zeitlich begrenztes Angebot gekennzeichnet sind. Das kann für **Sportveranstaltungen**,[136] **Volksfeste und Messen**[137] zutreffen. Darüber hinaus können auch zeitlich begrenzte Mangellagen dazu führen, dass ein bestimmtes Produkt keinem oder nur vermindertem Wettbewerb ausgesetzt ist, woraus sich wiederum ein Indiz für eine zeitlich motivierte Marktabgrenzung ergibt.[138] Lediglich **saisonal bedingte Angebotsschwankungen** reichen jedoch für gewöhnlich nicht zur Begrenzung eines zeitlich umgrenzten Marktes aus.[139] Auch bei **gewerblichen Schutzrechten** kommt eine auf die jeweilige Schutzdauer bezogene Marktabgrenzung nicht in Betracht. Das folgt aus dem Umstand, dass das Schutzrecht als solches keine Marktmacht vermittelt, sondern dem Schutzrechtsinhaber lediglich das Potenzial zur Begründung einer überlegenen Marktposition verschafft (s. auch § 19 Rdn. 166 ff.).[140] Da das Ende der Schutzdauer oder eine sonstige Aufgabe des Schutzrechts demnach nicht automatisch den Verlust

---

dorf WuW/E DE-R 4342 Rn. 69 = NZKart 2014, 285 – *Einspeisung von Fernsehprogrammsignalen* (Breitbandkabelnetz).
132 *Fuchs/Möschel*, in: Immenga/Mestmäcker, § 18 GWB Rn. 35; KG WuW/E OLG 995, 996 f. – *Handpreisauszeichner*; offen gelassen von BGH WuW/E BGH 2433, 2438 = NJW-RR 1988, 484 – *Gruner+Jahr-Zeit II*.
133 Vgl. zu Art. 102 AEUV Komm., ABl. 2002 Nr. L 143/1, Tz. 132 – *Michelin*.
134 *Schroeter/Bartl*, in: v. d. Groeben/Schwarze/Hatje, Art. 102 AEUV Rn. 150.
135 Vgl. *Fuchs/Möschel*, in: Immenga/Mestmäcker, Art. 102 AEUV Rn. 66.
136 BGH WuW/E BGH 2406, 2408 f. – *Inter Mailand-Spiel* = NJW 1987, 3007.
137 BGHZ 52, 65, 67 f. – *Sportartikelmesse* = GRUR 1969, 629, 631; OLG Frankfurt WuW/E OLG 5027, 5028 f. – *Kunstmesse Art Frankfurt II* = GRUR 1992, 554, 555; GRUR 1989, 777, 779 – *Kunstmesse Art Frankfurt I*.
138 Vgl. zu Art. 102 AEUV EuGH Slg. 1978, 1513, Tz. 16 ff. – *BP*.
139 EuGH Slg. 1978, 207, Tz. 34/35 – *United Brands* (zu Art. 102 AEUV).
140 *Busche*, FS Tilmann, S. 645, 649 m.w.N.

der bis dahin erreichten Marktposition bedeuten,[141] fehlt insoweit die Grundlage für eine an der Schutzrechtsdauer orientierte Marktabgrenzung.

b) Nachfragemärkte

Wie bereits einleitend (Rdn. 8) dargelegt, ist bei der Marktabgrenzung zwischen Angebotsmärkten und Nachfragemärkten zu unterscheiden. Zwar gelten für Nachfragemärkte an sich die selben Grundsätze, so dass im Ausgangspunkt ebenfalls auf die Gesichtspunkte der sachlichen, räumlichen und zeitlichen Marktabgrenzung abzustellen ist. Auf der anderen Seite ergeben sich naturgemäß gewisse Besonderheiten, da sich auf Nachfragemärkten die Frage stellt, ob Nachfrager bestimmter Produkte und Dienstleistungen aus Sicht des jeweiligen Anbieters substituierbar sind.[142] In diesem Zusammenhang sind auch alternative Absatzkanäle zu berücksichtigen, soweit sie für den Anbieter wirtschaftlich in Betracht kommen, und sei es auch erst nach einer (zumutbaren) Umstellung des Vertriebes und/oder der Produktion.[143] Dagegen kommt es für die Marktabgrenzung grundsätzlich nicht auf die Substituierbarkeit des nachgefragten Produkts an. Diese ist jedoch für die Bestimmung des Grades der Marktbeherrschung durch den Nachfrager relevant (dazu Rdn. 46 ff.).[144] Für die Marktabgrenzung unerheblich ist es, welche Art von Wertschöpfung der Nachfrager mit dem nachgefragten Produkt erzielt, insbesondere ob er dieses konsumiert, verarbeitet oder weiterveräußert.[145]

38

Auf Nachfragemärkten kann es zu relativ engen Marktabgrenzungen kommen. Dies ist insbesondere dann der Fall, wenn der Anbieter sein Produktportfolio auf die Bedürfnisse eines bestimmten Nachfragers ausgerichtet hat und dieser seinerseits über keine alternative Lieferquelle verfügt. Unter diesen Umständen besteht der relevante Markt einzig und allein aus dem konkreten Produkt des Anbieters. Derartige Sachverhalte können auf Märkten beobachtet werden, die dadurch gekennzeichnet sind, dass die Nachfrager bestimmte **Standards** für die von ihnen nachgefragten Produkte vorgeben. Weichen diese Standards von sonst üblichen Produktspezifizierungen ab, kommt ein Anbieter, der mit einem konkreten Nachfrager ins Geschäft kommen will, nicht umhin, sein Angebot auf diesen Nachfrager auszurichten. Beispielhaft kann in diesem Zusammenhang auf die Verhältnisse im Bereich der Bahninfra-

39

---

141 Vgl. Komm., ABl. 1989 Nr. L 43/27 Tz. 95 ff. – *Decca Navigator System*.
142 BGH WuW/E DE-R 1087, 1090 – *Ausrüstungsgegenstände für Feuerlöschzüge* = GRUR 2003, 633, 635; WuW/E BGH 2483, 2487 f. – *Sonderungsverfahren*; *Kühnen*, in: Loewenheim/Meessen/Riesenkampff, § 18 GWB Rn. 46.
143 *Bardong*, in: Langen/Bunte, § 18 Rn. 42; *Kühnen*, in: Loewenheim/Meessen/Riesenkampff, § 18 GWB Rn. 48.
144 *Fuchs/Möschel*, in: Immenga/Mestmäcker, Art. 102 AEUV Rn. 71.
145 KG WuW/E 3917, 3927 – *Coop/Wandmaker*.

struktur (Gleisbau, Lokomotiven) und im Kfz-Zulieferbereich verwiesen werden. Die Automobilhersteller sind zunehmend dazu übergegangen, ihre Fertigungstiefe zu verringern. Aus diesem Grunde werden Komponenten für den Fahrzeugbau heutzutage vielfach von anderen Herstellern zugeliefert. Diese siedeln sich zur Vermeidung einer kostenintensiven Lagerhaltung häufig in unmittelbarer Nähe zu den Werken der Automobilhersteller an und können aufgrund der spezifischen Marktverhältnisse damit in ein wirtschaftliches Abhängigkeitsverhältnis zu diesen Nachfragern geraten. Unter diesen Umständen kommt es für die Frage der Marktabgrenzung (und damit der Marktbeherrschung) auch darauf an, ob die Anbieter über eine hinreichende **Angebotsumstellungsflexibilität** verfügen, die sie in die Lage versetzt, andere Nachfrager zu bedienen und sich dadurch aus der Abhängigkeit von einem konkreten Nachfrager zu befreien. Kann davon ausgegangen werden, ist eine weitere Marktabgrenzung angezeigt.[146]

c) Besondere Wirtschaftsbereiche

aa) Presse

40 Das Angebot von Presseerzeugnissen ist dadurch gekennzeichnet, dass den Verlegern zwei Nachfragergruppen gegenüberstehen, nämlich einerseits die Leser der Presseerzeugnisse, andererseits die Werbekunden, die durch Schaltung von Anzeigen zur Finanzierung des Presseerzeugnisses beitragen. Aus diesem Grunde wird im Pressebereich zwischen **Leser- und Anzeigenmärkten** unterschieden.[147] Insoweit ist von Bedeutung, dass die beiden Nachfragergruppen **unterschiedliche wirtschaftliche Bedürfnisse** haben: den Lesern geht es um die Befriedigung ihres Informationsinteresses; die Werbekunden verfolgen das Interesse, durch Schaltung von Anzeigen die Aufmerksamkeit des Publikums auf sich zu lenken. Damit bestehen in der Tat zwei sachlich getrennte Märkte, wobei freilich der Umstand, dass die Informations- und Werbeleistung eines Presseerzeugnisses jeweils nur nach einer Seite entgeltlich ist, kein (zusätzliches) Argument für die Marktabgrenzung liefert.[148] Im Gegenteil weist dieser Umstand auf Interdependenzen zwischen den Märkten

---

146 *Markert*, in: Immenga/Mestmäcker, § 20 GWB Rn. 46; *Schröter/Bartl*, in: v.d. Groeben/Schwarze/Hatje, Art. 102 AEUV Rn. 148.
147 BGH WuW/E DE-R 3695 Rn. 22 ff. – *Haller Tagblatt* = NZKart 2013, 36 = BeckRS 2012, 21653; OLG Düsseldorf WuW/E DE-R 3173, 3138. – *Anzeigengemeinschaft*; *Bardong*, in: Langen/Bunte, § 18 Rn. 39; *Kühnen*, in: Loewenheim/Meessen/Riesenkampff, § 18 GWB Rn. 38.
148 A.A. offenbar *Kühnen*, in: Loewenheim/Meessen/Riesenkampff, § 18 GWB Rn. 38.

hin,[149] wie sie für zwei- und mehrseitige Märkte (dazu Rdn. 28) typisch sind. Sie sind bei der Feststellung des Marktmachtmissbrauchs zu berücksichtigen.

Der **Lesermarkt** bedarf mangels einheitlicher Nachfragebedürfnisse einer Unterteilung in Teilmärkte.[150] Ausschlaggebend ist insoweit das unterschiedliche Informationsinteresse der Nachfrager, weniger die Vertriebsform (Abonnement, Straßenverkauf, Onlinenutzung),[151] wenngleich nicht von der Hand zu weisen ist, dass Presseerzeugnisse, die ein bestimmtes Informationsbedürfnis befriedigen, häufig (und vorrangig nur) über bestimmte Vertriebskanäle vertrieben werden. Auf der anderen Seite ist festzustellen, dass Print- und Online-Angebote mittlerweile mehr und mehr ineinander übergehen und aus Sicht der Nutzer durchaus funktionell austauschbar sein können. Deshalb verbieten sich pauschale Aussagen, dass Internet-Angebote den Print-Ausgaben nicht gleichwertig sind.[152] Soweit das Interesse des Lesers insbesondere darauf gerichtet ist, über lokal und regional bedeutsame Ereignisse unterrichtet zu werden, wird dieses durch wochentäglich erscheinende **regionale oder lokale (Abonnement-)Tageszeitungen** bedient, die damit einem eigenen sachlich relevanten Markt zuzurechnen sind.[153] Mit diesen Presseerzeugnissen nicht funktionell austauschbar sind wegen fehlender Breite und Tiefe der Berichterstattung sowie häufig nur wöchentlicher oder monatlicher Erscheinungsweise lokale **Gemeinde- oder Anzeigenblätter** bzw. **Stadt- und Szenemagazine**, die jeweils gesonderte Leserbedürfnisse befriedigen.[154] Während sich die vorbenannten Presseerzeugnisse durch eine breite regionale oder lokale Berichterstattung auszeichnen, liegt der Nachrichten- und Berichtsschwerpunkt von wochentäglich erscheinenden **überregionalen Tageszeitungen** auf nationalen und internationalen Themen aus Politik, Wirtschaft, Kultur und Sport, die tagesaktuell und mit einem Blick auf neuere Entwicklungen dargeboten werden. Davon zu unterscheiden sind **Straßenverkaufszeitungen**, die zwar ebenfalls Tagesinteressen bedienen, aber in der Breite und Tiefe der

41

---

149 I.d.S. auch BGH NJW 1980, 1381, 1384 f. – *Elbe-Wochenblatt* (insoweit nicht in BGHZ 76, 55).
150 BGHZ 76, 55, 70 – *Springer-Elbe-Wochenblatt I*; BGH WuW/E BGH 2433, 2436 – *Gruner + Jahr/Die Zeit II* = NJW-RR 1988, 484; WuW/E BGH 2112, 2121 – *Gruner+Jahr/Die Zeit I* = NJW 1985, 1626, 1627; OLG Düsseldorf WuW/E DE-R 1361, 1362 – *Tagesspiegel/Berliner Zeitung II*; BeckRS 2011, 01213 (unt. B 1 b) – *Haller Tagblatt*.
151 OLG Düsseldorf BeckRS 2011, 01213 (unt. B 1 b bb) – *Haller Tagblatt*.
152 Bedenklich daher OLG Düsseldorf WuW/E DE-R 1361, 1362 – *Tagesspiegel/Berliner Zeitung II*; BeckRS 2011, 01213 (unt. B 1 b bb (3)) – *Haller Tagblatt*.
153 BGH WuW/E BGH 2425, 2428 – *Ni. Anzeigenblätter*; WuW/E BGH 1854, 1856 – *Zeitungsmarkt M*; OLG Düsseldorf WuW/E DE-R 1361, 1362 – *Tagesspiegel/Berliner Zeitung II*; BeckRS 2011, 01213 (unt. B 1 b aa) – *Haller Tagblatt*.
154 OLG Düsseldorf WuW/E DE-R 1361, 1363 – *Tagesspiegel/Berliner Zeitung II*; BeckRS 2011, 01213 (unt. B 1 b aa) – *Haller Tagblatt*.

Berichterstattung sowie der Themenauswahl, die häufig auf Boulevard- und Sportberichte konzentriert ist, nicht mit den überregionalen Tageszeitungen konkurrieren. Sie bilden deshalb wiederum einen eigenen Teilmarkt. Das gilt auch für **überregionale (politische) Wochenzeitungen.** Sie decken den nicht auf die Tagesaktualität fixierten Bedarf an wöchentlicher, vertiefender Darstellung und Kommentierung ab.[155] Bei **Zeitschriften** wird aus Nachfragersicht danach differenziert, ob sie dem allgemeinen Publikumsinteresse dienen oder auf bestimmte Spezialinteressen ausgerichtet sind.[156] Darüber hinaus bilden Zeitschriften, die sich an ein bestimmtes **Fachpublikum** richten, ebenfalls einen eigenen sachlich relevanten Markt.[157] Die **räumliche Marktabgrenzung** orientiert sich an dem jeweiligen Kernverbreitungsgebiet des Presseerzeugnisses.[158]

42 Der **Anzeigenmarkt** wird dadurch geprägt, welche **Zielgruppen** die Werbenden durch eine **Anzeigenbelegung** erreichen können. Ferner kann von Bedeutung sein, welche gestalterischen Möglichkeiten das Werbemedium bietet. Aus diesem Grunde ist von einem einheitlichen Anzeigenmarkt für (Abonnement-)**Tageszeitungen, Straßenverkaufszeitungen und Anzeigenblättern** auszugehen,[159] wobei räumlich zwischen lokalen/regionalen und überregionalen Presseerzeugnissen zu differenzieren ist.[160] Der unterschiedliche Erscheinungsrhythmus von wochentäglich und nur wöchentlich erscheinenden Presseerzeugnissen steht im Gegensatz zum Lesermarkt der Annahme eines gemeinsamen sachlich relevanten Anzeigenmarkts nicht entgegen, da bei den Werbenden häufig kein Interesse an täglicher Werbung besteht; vielmehr liegt eine wöchentliche Werbefolge näher, welche die erwähnten Presseer-

---

155 BGHZ 92, 223, 239 – *Gruner+Jahr/Zeit I* = NJW 1985, 1626; BGH WuW/E BGH 2433, 2436 f. – *Gruner+Jahr/Zeit II* = NJW-RR 1988, 484, 485.
156 BGHZ 170, 299 Rn. 20 f. – *National Geographic II* = WuW/E DE-R 1925 = NJW 2007, 1823 (populäre Wissensmagazine); BKartA WuW/E BKartA 1921, 1928 – *Burda/Springer* (Programmzeitschriften).
157 OLG Düsseldorf WuW/E DE-R 1501, 1502 – *G+J/RBA*; BKartA WuW/E BKartA 1709, 1710 – *Bertelsmann/Deutscher Verkehrsverlag*.
158 OLG Düsseldorf WuW/E DE-R 3173, 3118 – *Anzeigengemeinschaft*; WuW/E DE-R 1361, 1363 – *Tagesspiegel/Berliner Zeitung II*.
159 BGH WuW/E BGH 2443, 2449 – *Singener Wochenblatt* = NJW 1988, 1850, 1852; BGHZ 96, 337, 342 = WuW/E BGH 2195, 2196 – *Abwehrblatt II*; = NJW 1986, 1877, 1878; BGH NJW 1980, 1381, 1385 – *Elbe-Wochenblatt* (insoweit nicht in BGHZ 76, 55); KG WuW/E OLG 5907, 5914 – *Rheinpfalz/Medien Union*; WuW/W OLG 3875, 3879 – *Südkurier/Singener Wochenblatt*; OLG Düsseldorf WuW/E DE-R 1973, 1975 – *SZ-Lokalzeitung*; BKartA WuW/E BkartA 2251, 2252 – *Hamburger Wochenblatt/Schlei-Verlag*.
160 BGH WuW/E BGH 1905, 1907 – *Münchner Anzeigenblätter* = GRUR 1982, 439.

zeugnisse als austauschbar erscheinen lässt.[161] Bei **Zeitschriften** wird durch **Publikums- und Programmzeitschriften** ein bestimmter Kreis von Werbeadressaten angesprochen, so dass diese Zeitschriften einen abgrenzbaren Anzeigenmarkt bilden.[162] Ob diesem Markt auch **special interest – Magazine** zuzurechnen sind,[163] erscheint zweifelhaft, bedarf jedenfalls einer Prüfung im Einzelfall, wobei eine Rolle spielen dürfte, welche Art von Produkten beworben wird. **Fachzeitschriften** sind entsprechend ihrer inhaltlichen Ausrichtung in jedem Fall einem eigenen Anzeigenmarkt zuzuordnen.[164] An einer funktionellen Austauschbarkeit mit anderen Werbemedien dürfte es auch bei **Stadtmagazinen** fehlen.[165] In **räumlicher Hinsicht** ist für die Marktabgrenzung auf das Erscheinungsgebiet des Presseerzeugnisses abzustellen.[166]

bb) Elektronische Medien

Beim **Fernsehen** kann im Grundsatz ähnlich wie bei der Presse (dazu Rdn. 40 ff.) zwischen einem Zuschauermarkt und einem Werbemarkt unterschieden werden.[167] Der **Zuschauermarkt** ist dadurch gekennzeichnet, dass Programme entweder frei empfangbar sind (**free tv**) oder nur gegen Zahlung eines Entgelts (**pay tv**). Aus Sicht der Nachfrager sind beide Programmangebote nicht ohne weiteres austauschbar und bilden daher eigene Teilmärkte. Soweit für free tv-Angebote kein Entgelt zu zahlen ist, ändert dies nichts daran, dass es sich um einen Markt handelt, auf dem sich Angebot und Nachfrage treffen.[168] Der **Fernsehwerbemarkt** ist aufgrund der Unterschiede bei der Werbedarbietung, aber auch aufgrund des unterschiedlichen Preisniveaus von den Werbemärkten im Hörfunk sowie im Print- und Onlinebereich abzugrenzen.[169] Es handelt sich angesichts der Empfangbarkeit der Fernsehsender um einen bundesweiten Markt,[170] wobei allerdings entsprechend der unter-

43

---

161 BGH WuW/E BGH 2443, 2449 – *Singener Wochenblatt* = NJW 1988, 1850, 1852.
162 BKartA WuW/E BKartA 1921, 1924 – *Burda/Springer*.
163 I.d.S. BKartA WuW/E BKartA 1921, 1924 – *Burda/Springer*.
164 BKartA WuW/E BKartA 1709, 1713 – *Bertelsmann/Deutscher Fachverlag*.
165 OLG Düsseldorf WuW/E DE-R 3173, 3174 – *Anzeigengemeinschaft*.
166 BGHZ 96, 337, 342 = WuW/E BGH 2195, 2196 – *Abwehrblatt II* = NJW 1986, 1877, 1878; OLG Düsseldorf WuW/E DE-R 3173, 3173 – *Anzeigengemeinschaft*.
167 A.A. *Kühnen*, in: Loewenheim/Meessen/Riesenkampff, § 18 GWB Rn. 41.
168 A.A. *Kühnen*, in: Loewenheim/Meessen/Riesenkampff, § 18 GWB Rn. 41.
169 OLG Düsseldorf WuW/E DE-R 2593, 2595 – *Springer/ProSiebenSat.1*; WuW/E DE-R 1413, 1414 – *Radio TON-Regional*; *Kühnen*, in: Loewenheim/Meessen/Riesenkampff, § 18 GWB Rn. 41.
170 OLG Düsseldorf WuW/E DE-R 2593, 2595 – *Springer/ProSiebenSat.1*.

schiedlichen Zuschauerreichweite der Sender, die sich in den Werbepreise niederschlagen, von einer Segmentierung in Teilmärkte auszugehen ist.[171]

44 Die Verhältnisse beim **Hörfunk** gleichen in sachlicher Hinsicht denjenigen beim Fernsehen. Es ist zwischen einem **Zuhörermarkt** und einem **Werbemarkt** zu unterscheiden.[172] In **räumlicher Hinsicht** sind die Märkte freilich stärker segmentiert, da die Reichweiten der Sender stark variieren. Das führt insbesondere im Werbemarkt entsprechend dem jeweiligen (Kern-)Verbreitungsgebiet zu teils regionalen oder gar lokalen Marktabgrenzungen.[173]

cc) Energie

45 Besondere Schwierigkeiten wirft die sachliche Marktabgrenzung im Energiebereich auf. Dies rührt einerseits daher, dass Energie aus verschiedenen Primärenergieträgern gewonnen wird (Steinkohle, Braunkohle, Atomenergie, regenerative Energien), zu **verschiedenen Zwecken** eingesetzt wird (Stromerzeugung, Wärmeerzeugung) und auf **unterschiedlichen Vertriebsstufen** (Erzeugermarkt, Verteilermarkt, Endverbrauchermarkt) gehandelt wird. Die Marktabgrenzung folgt damit sehr disparaten Abnehmerbedürfnissen. Im Hinblick auf den **Erzeugermarkt** ist davon auszugehen, dass dieser bezogen auf die Stromerzeugung alle Energiequellen umfasst, da diese als solche funktional austauschbar sind.[174] Dagegen kann im **Endkundenmarkt** nicht von einem einheitlichen Wärmemarkt ausgegangen werden,[175] soweit die Umstellung von einer Heizenergie auf die andere mit erheblichen Kosten verbunden ist.[176] Das ist beispielsweise beim Wechsel von Erdöl auf Gas der Fall, da regelmäßig die Anschaffung eines neuen Brenners und die Herstellung eines Anschlusses an das öffentliche Versorgungsnetz erforderlich sind. Zudem müssen Öltanks zurückgebaut und entsorgt werden. Umgekehrt ist beispielsweise bei einem Umstieg von Gas auf Erdöl die Anschaffung einer Tankanlage zur Ölbevorratung erforderlich. Diese Umstellungskosten stellen Nachfrageschwellen dar, die aus Sicht der Marktgegenseite zu keiner funktionalen Austauschbarkeit der Wärmeenergieträger führen. Daher bildet etwa der Gas-

---

171 NZKart 2013, 162 – *Fernsehwerbezeiten*.
172 A.A. *Kühnen*, in: Loewenheim/Meessen/Riesenkampff, § 18 GWB Rn. 41 (nur Werbemarkt).
173 BGH WuW/E DE-R 1890 Rn. 8 – *Radio TON* = GRUR 2007, 347; OLG Düsseldorf WuW/E DE-R 1413, 1415 – *Radio TON-Regional*.
174 KG WuW/E OLG 2113, 2116 – *Steinkohlenstromerzeuger*.
175 BGH WuW/E DE-R 2538 Rn. 8 – *Stadtwerke Uelzen* = NJW 2009, 1212; *Kühnen*, in: Loewenheim/Meessen/Riesenkampff, § 18 GWB Rn. 28.
176 BGH WuW/E DE-R 2538 Rn. 8 – *Stadtwerke Uelzen* = NJW 2009, 1212; KG WuW/E OLG 3443, 3445 – *Energieversorgung Schwaben/Technische Werke Stuttgart*; BKartA WuW/E BKartA 1647, 1649 – *Erdgas Schwaben*; WuW/E BKartA 1840, 1841 – *Texaco-Zerssen*.

versorgungsmarkt einen separaten (Teil-)Markt für Wärmenergie.[177] Soweit es um die Beschaffung von Heizungsanlagen für privat genutzte Gebäude geht, wird angenommen, dass diese unabhängig vom Energieträger bei vergleichbarer Preislage zum selben Markt gehören.[178] Das erscheint angesichts möglicher rechtlicher (Bau-, Immissionsschutzrecht) oder tatsächlicher Restriktionen (Leistungsanschluss etc.) zweifelhaft. Im Hinblick auf die räumliche Marktabgrenzung ist von Bedeutung, dass die Energieversorgung weitgehend leitungsgebunden ist. Die Inhaber der Leitungsnetze sind daher in der Lage, den Zugang von Energieanbietern zu den Netzen und damit den Wettbewerb um die an die Netze angeschlossenen Abnehmer zu kontrollieren. Ohne regulatorische Eingriffe besteht insoweit bezogen auf das von dem jeweiligen Leitungsnetz abgedeckte Gebiet ein natürliches Monopol. Dem entsprach das bis Ende der 1990er-Jahre praktizierte und rechtlich abgesicherte System geschlossener Versorgungsgebiete. Seit der Deregulierung der Energieversorgung und der damit eröffneten Möglichkeit wettbewerbsbegründender Durchleitungen kann sich die **räumliche Marktabgrenzung** im Energiebereich nicht mehr ohne Weiteres an bestehenden Leitungsnetzen (und dadurch definierten Versorgungsgebieten) orientieren. Es kommt vielmehr auf die tatsächlichen Marktverhältnisse an.[179] Diese werden dadurch beeinflusst, ob ein rechtlich abgesichertes und tatsächlich handhabbares Durchleitungssystem besteht, das Anbietern von Energie die Möglichkeit einräumt, Nachfrager in dem in Rede stehenden Gebiet zu Wettbewerbsbedingungen zu beliefern.[180]

3. Beherrschung des relevanten Marktes

a) Allgemeines

Das Merkmal der Marktbeherrschung dient dazu, solche Unternehmen zu identifizieren, die aufgrund ihrer Marktstellung in der Lage sind, die freie Entfaltung der Marktkräfte auf den von ihnen dominierten Märkten zu behindern oder gar zu unterbinden. Es geht darum, durch Inpflichtnahme jener Normadressaten die Bedingungen für wirksamen Wettbewerb zu erhalten oder zu schaffen. Dahinter steht wie bei Art. 102 AEUV ein normativ-funktionales Verständnis der Marktbeherrschung. Es soll verhindert werden, dass

46

---

177 BGHZ 176, 244 Rn. 12 – *Erdgassondervertrag* = WuW/E DE-R 2295; BGHZ 151, 274, 282 – *Fernwärme für Börnsen* = NJW 2002, 3779; BGH WuW/E DE-R 2538 Rn. 12 – *Stadtwerke Uelzen* = NJW 2009, 1212; s. auch BGHZ 178, 362 Rn. 18 = NJW 2009, 502.
178 Mit diesem Ergebnis *Kühnen*, in: Loewenheim/Meessen/Riesenkampff, § 18 GWB Rn. 28.
179 BGH WuW/E DE-R 1726 Rn. 16 – *Stadtwerke Dachau* = NVwZ 2006, 962.
180 BGH WuW/E DE-R 1726 Rn. 16 – *Stadtwerke Dachau* = NVwZ 2006, 962 (zur Marktabgrenzung bei regionaler Weiterverteilung).

ein marktbeherrschendes Unternehmen durch sein Verhalten in der Lage ist, die ihm in Folge der Marktbeherrschung eröffneten **Verhaltensspielräume** zu Lasten des Wettbewerbs und damit der anderen Marktbeteiligten missbräuchlich auszunutzen, weil es an einer wirksamen Kontrolle seines Verhaltens durch den Markt fehlt. Die fehlende Kontrolle durch den Markt wird zu diesem Zweck durch eine gesetzliche Pflichtenbindung ersetzt, die den Normadressaten eine besondere **Marktverhaltensverantwortung** auferlegt. Ein Missbrauchsvorwurf folgt freilich noch nicht aus der marktbeherrschenden Stellung als solcher, sondern erst aus deren zweckwidriger Ausnutzung i.S.v. § 19 GWB. Auch marktbeherrschende Unternehmen haben das Recht, ihre eigenen wirtschaftlichen Interessen zu wahren und auf dem Markt so vorzugehen, wie sie es für wirtschaftlich sinnvoll und richtig halten. Sie dürfen freilich ihre marktbeherrschende Stellung nicht instrumentalisieren, um andere Unternehmen gezielt auszubeuten oder zu behindern.

47 Das in § 18 GWB zu Tage tretende Konzept der Marktbeherrschung stimmt insoweit mit dem Regelungsansatz von Art. 102 AEUV überein, wonach von einer Marktbeherrschung dann auszugehen ist, wenn ein Unternehmen in der Lage ist, die Aufrechterhaltung eines wirksamen Wettbewerbs auf dem relevanten Markt dadurch zu verhindern, dass es sich gegenüber seinen Wettbewerbern und Abnehmern, aber auch den Verbrauchern gegenüber in einem nennenswerten Umfang unabhängig verhält.[181] Auch aus europäischem Blickwinkel beruht der Tatbestand der Marktbeherrschung damit auf einem **wettbewerblich nicht kontrollierten Verhaltensspielraum** (näher dazu § 102 AEUV Rn. 45).

48 Da es für das Marktmachtmissbrauchsverbot entscheidend darauf ankommt, wie sich das marktbeherrschende Unternehmen im Wettbewerb verhält, ist es **unerheblich, auf welche Art und Weise die marktbeherrschende Position erlangt wurde**. Diese kann auf einer wettbewerbsbeschränkenden Vereinbarung, beispielsweise einer Marktaufteilung zwischen Wettbewerbern, beruhen oder auch Folge einer Unternehmensfusion sein, so dass die Begründung

---

181 Std. Rspr. seit EuGH Slg. 1978, 207, Tz. 63/66 – *United Brands*; vgl. ferner EuGH Slg. 1979, 461, Tz. 38 – *Hoffmann-La Roche*; Slg. 1980, 3775, Tz. 26 – *L'Oréal*; Slg. 1983, 3461, Tz. 30 – *Michelin*; Slg. 1985, 3261, Tz. 16 – *Télémarketing*; Slg. 1988, 2479, Tz. 26 – *Bodson*; Slg. 1988, 5987, Tz. 12 – *Alsatel*; Slg. 2011, I-527 Tz. 79 – *TeliaSonera Sverige*; EuG Slg. 1991, II-1439, Tz. 90 – *Hilti*; Slg. 2003, II-5917, Tz. 189 – *Virgin/British Airways*; Slg. 2012, II-000, Tz. 147 – *Telefónica*; zur Entscheidungspraxis der Kommission vgl. nur Komm., ABl. 1985 Nr. L 374/1, Tz. 67 – *ECS/AKZO II*; ABl. 1987 Nr. L 286/36, Tz. 16 – *BBI/Boosey & Hawkes*; ABl. 1989 Nr. L 10/50, Tz. 114 – *BPB*; ABl. 1991 Nr. L 152/21 – Tz. 40 – *Soda-Solvey*; ABl. 1991 Nr. L 152/40, Tz. 41 – *Soda-ICI*; vgl. auch GD Wettbewerb, Diskussionspapier zur Anwendung des Art. 82 EG, 2005, Tz. 20.

der marktbeherrschenden Stellung unabhängig von §§ 18 ff. GWB anderen kartellrechtlichen Vorschriften unterliegt.[182] Das Unternehmen kann freilich auch für sich genommen so leistungsfähig sein, dass alleine unternehmensinternes Wachstum zur Marktbeherrschung führt. Schließlich muss der Marktbeherrscher an der Begründung der marktbeherrschenden Stellung selbst gar nicht beteiligt sein. So liegen die Dinge, wenn Nachfrager von Gütern und Dienstleistungen ihr Nachfrageverhalten koordinieren und einseitig auf einen bestimmten Anbieter ausrichten, der alleine in der Lage ist, ein Produkt mit der gewünschten Spezifikation herzustellen.[183] Eine marktbeherrschende Stellung wird gelegentlich auch durch gesetzliche Regelungen vermittelt, soweit diese zur Begründung rechtlicher Monopole führen.[184] Die Rechtsinhaberschaft an einem Immaterialgüterrecht, wie einem Urheberrecht oder Patent, führt für sich genommen noch nicht zu einer marktbeherrschenden Stellung (dazu auch § 19 Rdn. 166 ff.).

Unter welchen Voraussetzungen ein Unternehmen »marktbeherrschend« ist, bedarf der Konkretisierung. Der Gesetzgeber unterscheidet zwischen der individuellen Marktbeherrschung durch ein Unternehmen (§ 18 Abs. 1, 3 und 4 GWB) und der kollektiven Marktbeherrschung durch mehrere Unternehmen (§ 18 Abs. 5 bis 7 GWB). Eine **individuelle Marktbeherrschung** liegt vor, wenn ein Unternehmen entweder ohne Wettbewerber ist (§ 18 Abs. 1 Nr. 1 GWB) oder keinem wesentlichen Wettbewerb ausgesetzt ist (§ 18 Abs. 1 Nr. 2 GWB) oder eine im Verhältnis zu seinen Wettbewerbern überragende Marktstellung hat (§ 18 Abs. 1 Nr. 3 GWB). Letzteres ist insbesondere anhand der in § 18 Abs. 3 GWB genannten Kriterien festzustellen. Die Vorschrift des § 18 Abs. 4 GWB enthält zudem eine Marktbeherrschungsvermutung. Sind mehrere Unternehmen konzernmäßig miteinander verbunden (verbundene Unternehmen) und treten sie deshalb am Markt als »wettbewerbliche Einheit«[185] auf, sind sie im Hinblick auf die Feststellung der Marktmacht als ein Unternehmen anzusehen und daher in ihrer Gesamtheit zu betrachten.[186] Eine **kollektive Marktbeherrschung** ist gegeben, wenn zwei oder mehr Unternehmen die in § 18 Abs. 5 GWB genannten Voraussetzungen erfüllen. Danach sind zwei oder mehr Unternehmen marktbeherrschend, soweit zwischen ihnen für eine bestimmte Art von Waren oder gewerblichen Leistungen ein wesentli-

49

---

182 Ebenso *Fuchs/Möschel*, in: Immenga/Mestmäcker, Art. 102 AEUV Rn. 81.
183 Ein derartiger Sachverhalt liegt BGHZ 160, 67 – *Standard-Spundfass* zugrunde.
184 Vgl. BGHZ 205, 354 Rn. 46 – *Einspeiseentgelt* = NJW 2016, 74 (Nachfrage auf dem regulierten Markt für Einspeisekapazitäten in Kabelnetze).
185 Dazu BGHZ 63, 75, 77 = WuW/E BGH 1533 – *Erdgas Schwaben*; BGHZ 74, 359, 364 ff. = WuW/E BGH 1608, 1610 – *Westdeutsche Allgemeine Zeitungsverlagsgesellschaft*.
186 BGH WuW/E BGH 3037, 3041 – *Raiffeisen*; *Kühnen*, in: Loewenheim/Meessen/Riesenkampff, § 18 GWB Rn. 70.

cher Wettbewerb nicht besteht (§ 18 Abs. 5 Nr. 1 GWB) und sie in ihrer Gesamtheit die Voraussetzungen des § 18 Abs. 1 GWB erfüllen (§ 18 Abs. 5 Nr. 2 GWB). Neben die positive Feststellung der Marktbeherrschung durch mehrere Unternehmen nach Absatz 5 tritt eine unter den Voraussetzungen des Absatzes 7 widerlegliche Marktbeherrschungsvermutung, die auf eine Marktbeherrschung durch drei oder weniger Unternehmen (§ 18 Abs. 6 Nr. 1 GWB) oder fünf oder weniger Unternehmen (§ 18 Abs. 6 Nr. 2 GWB) abstellt.

50 Der Begriff der Marktbeherrschung deutet schon von seinem Wortsinn her an, dass der Normadressat oder die Normadressaten über einen nicht kontrollierten Verhaltensspielraum gegenüber ihren Mitbewerbern verfügen müssen. Individuelle oder kollektive Marktbeherrschung muss daher im **Horizontalverhältnis** der Mitbewerber untereinander vorliegen.[187] Damit ist nicht ausgeschlossen, dass auch eine starke Marktstellung der Marktgegenseite bei der Beurteilung der Marktbeherrschung zu berücksichtigen sein kann. Das bestätigt § 18 Abs. 3 Nr. 8 GWB, wonach bei der Feststellung der überragenden Marktstellung die Möglichkeit der Marktgegenseite zu berücksichtigen ist, auf andere Unternehmen auszuweichen. Verfügt die Marktgegenseite (als Nachfrager) über erhebliche Marktmacht, schließt dies freilich nicht von vornherein aus, dass ein Unternehmen (als Anbieter) im Verhältnis zu seinen Mitbewerbern selbst marktbeherrschend ist, weil etwa bei den Marktanteilen ein erheblicher Abstand besteht.[188]

b) Kriterien und Formen der individuellen Marktbeherrschung (Abs. 1, 3 und 4)

aa) Allgemeines

51 Die in § 18 Abs. 1 GWB genannten Tatbestände stehen, wie bereits aus dem Gesetzeswortlaut deutlich wird, in einem Alternativverhältnis zueinander.[189] Das ist insbesondere für das Verhältnis von § 18 Abs. 1 Nr. 2 zu Nr. 3 GWB von Bedeutung. Steht fest, dass ein Unternehmen keinem wesentlichen Wettbewerb ausgesetzt ist, bedarf es nicht der ergänzenden Prüfung und positiven Feststellung, dass auch eine überragende Marktstellung vorliegt. Eine überragende Marktstellung setzt umgekehrt nicht das Fehlen wesentlichen Wettbewerbs voraus. Der Gesetzgeber hat die Tatbestände des § 18 Abs. 1 Nr. 2 und Nr. 3 GWB bewusst als voneinander unabhängige Formen der Markt-

---

[187] BGH WuW/E 1749, 1754 – *Klöckner/Becorit*; *Kühnen*, in: Loewenheim/Meessen/Riesenkampff, § 18 GWB Rn. 66.
[188] BGHZ 119, 117, 132 – *Warenzeichenerwerb* = GRUR 1992, 877, 881.
[189] BGHZ 67, 104, 112 – *Vitamin-B-12* = WuW/E BGH 1435, 1439; *Bardong*, in: Langen/Bunte, § 18 GWB Rn. 66; *Fuchs/Möschel*, in: Immenga/Mestmäcker, § 18 Rn. 78; a.A. *Paschke*, in: FK-GWB, § 19 Rn. 229 m.w.N.

beherrschung formuliert. Mit der Einfügung der Vorgängerbestimmung von § 18 Abs. 1 Nr. 3 (= § 22 Abs. 1 S. 2 GWB 1973) in das GWB wollte der Gesetzgeber der 2. GWB-Novelle einen zusätzlichen Tatbestand der Marktbeherrschung schaffen, um Schwierigkeiten zu begegnen, die sich in der Praxis bei der Feststellung fehlenden Wettbewerbs ergaben.[190] Die Intention der gesetzlichen Regelung war dabei erklärtermaßen, den Tatbestand der Marktbeherrschung über die bereits geregelten »Extremfälle« hinaus (heute § 18 Abs. 1 Nr. 1 und 2 GWB) zu erweitern. Damit ist nicht ausgeschlossen, dass es zwischen § 18 Abs. 1 Nr. 2 und 3 GWB inhaltliche Überschneidungen gibt. Insbesondere können einzelne der in § 18 Abs. 3 GWB zur Konkretisierung von § 18 Abs. 1 Nr. 3 GWB genannten Kriterien auch Anhaltspunkte für das Fehlen wesentlichen Wettbewerbs geben.[191]

bb) Monopolstellung (§ 18 Abs. 1 Nr. 1 GWB)

Unter den Tatbestand der individuellen Marktbeherrschung fallen zunächst Unternehmen, die **ohne Wettbewerber** sind, also über eine **Monopolstellung ieS** verfügen. Dabei ist es, wie bereits Rdn. 48 ausgeführt, unerheblich, auf welche Weise die Monopolstellung begründet wurde und damit auch, ob es sich um ein faktisches, natürliches oder rechtliches Monopol handelt.[192] 52

Ist das Unternehmen auf dem relevanten Markt ohne Wettbewerber, weil es weder aktuellem noch potenziellem Wettbewerb ausgesetzt ist, bedarf es keiner weiteren Feststellungen zur Marktbeherrschung. Diese ist ohne Weiteres gegeben. Der Anbieter verfügt über eine Monopolstellung, die es ihm erlaubt, seinen Willen ohne wettbewerbliche Kontrolle am Markt durchzusetzen. Ein derartiger Sachverhalt wird freilich nur in Ausnahmefällen vorkommen. Die **Ursache** für eine »absolute« Alleinstellung eines Unternehmens kann **auf wirtschaftlichem Gebiet** zu suchen sein, wird aber zumeist auf einem technologischen Vorsprung des Anbieters beruhen, dem andere potenzielle Marktakteure nichts entgegen zu setzen haben. Unternehmen, die sich in einer derartigen Position befinden, sind mit Hilfe ihrer Produkte in der Lage, Märkte selbst zu definieren. Es handelt sich um **faktische Monopole**.[193] In einer der- 53

---

190 Dazu BReg., Begründung zum Entwurf eines Zweiten Gesetzes zur Änderung des Gesetzes gegen Wettbewerbsbeschränkungen, BT-Drucks. 6/2520, S. 14, 21.
191 *Bardong*, in: Langen/Bunte, § 18 GWB Rn. 67.
192 Vgl. BGHZ 205, 354 Rn. 46 – *Einspeiseentgelt* = NJW 2016, 74 (Nachfrage auf dem regulierten Markt für Einspeisekapazitäten in Kabelnetze).
193 Vgl. aus der Entscheidungspraxis zun Art. 102 AEUV EuGH Slg. 1983, 483, Tz. 44 f. – *GVL* (Urheberrechtsverwertung); Komm., ABl. 1971 Nr. L 134/15, 21 – *GEMA I* (Urheberrechtsverwertung); ABl. 1981 Nr. L 370/49, Tz. 45 – *GVL* (Urheberrechtsverwertung); ABl. 2009, Nr. C 165/05, Tz. 203 – *Clearstream* (Clearingstelle für Wertpapierdienstleistungen).

artigen Konstellation wird der in der Marktposition zum Ausdruck kommende Vorsprung häufig nicht nur auf einschlägigem Know how basieren, sondern darüber hinaus durch entsprechende Schutzrechte wie Patente, Gebrauchsmuster, Geschmacksmuster oder das Urheberrecht abgesichert sein.[194] Zu bedenken ist freilich stets, dass die Schutzrechtsinhaberschaft selbst noch keine marktbeherrschende Stellung begründet, sondern dem Rechtsinhaber zunächst nur die Möglichkeit eröffnet, das wirtschaftliche Potenzial des Schutzrechts im Markt zu entfalten.[195]

54 Eine Monopolstellung kann darüber hinaus **rechtlich vermittelt** sein[196] oder als sog. »**natürliches Monopol**« darauf zurückzuführen sein, dass sich die für die Produktgenerierung erforderlichen Ressourcen in der Hand eines Unternehmens befinden und einer Duplizierung durch andere Unternehmen zu wirtschaftlich vertretbaren Bedingungen nicht zugänglich sind. Beispiele dafür sind Energieversorgungsnetze und Eisenbahninfrastrukturen. Die fehlende oder zumindest nur begrenzt mögliche Duplizierbarkeit derartiger Einrichtungen bildet den tatsächlichen Anknüpfungspunkt für eine rechtlich vermittelte Marktöffnung im Wege der Anwendung der sog. Essential facilities-Doktrin (dazu § 19 Rdn. 147 ff.) oder auch regulatorischer Eingriffe in das Marktgeschehen.

cc) Fehlen wesentlichen Wettbewerbs (§ 18 Abs. 1 Nr. 2 GWB)

55 Als marktbeherrschend werden nach § 18 Abs. 1 Nr. 2 GWB auch Unternehmen angesehen, die keinem wesentlichen Wettbewerb ausgesetzt sind. Die Gesamtschau der von Absatz 1 Nr. 1, 2 und 3 GWB erfassten Sachverhalte zeigt,

---

194 Vgl. aus der Entscheidungspraxis zu Art. 102 AEUV EuGH Slg. 1995, I-743, Tz. 46 f. – *Magill/RTE* (Urheberrecht an Programminformationen); EuG Slg. 1991, II-575, Tz. 49 – *ITP* (Urheberrecht an Programminformationen); Komm., ABl. 1978 Nr. L 22/23, 30 f. – *Hugin/Liptons* (Schutzrechte an Ersatzteilen für Registrierkassen); ABl. 1989 Nr. L 78/43, Tz. 22 f. – *Magill TV Guide/ITP, BBC und RTE* (Urheberrecht an Programminformationen).
195 Busche, FS Tilmann, 2003, S. 645, 649 f.; *Emmerich*, in: Dauses, H I § 3 Rn. 40 f.
196 Vgl. aus der Entscheidungspraxis zu Art. 102 AEUV EuGH Slg. 1974, 409, Tz. 7/8 – *Sacchi* (Fernsehwerbesendungen); Slg. 1975, 1367, Tz. 7/9 – *General Motors Continental* (Kfz-Übereinstimmungsbescheinigungen); Slg. 1985, 3261, Tz. 17 f. – *Télémarketing* (Fernsehen); Slg. 1991, I-1979, Tz. 28 – *Höfner u. Elser/Macotron GmbH* (Vermittlung von Führungskräften); Slg. 1991, I-2925, Tz. 31 – *ERT* (Fernseh-Ausstrahlungsrechte); Slg. 1991, I-5889, Tz. 14 – *Hafen von Genua I* (Hafendienste); Slg. 1991, I-5941, Tz. 17 – *GB-Inno-BM* (Fernmeldewesen); Komm., ABl. 1982 Nr. L 360/36, Tz. 33 f. – *British Telecommunications* (Fernmeldewesen); ABl. 1984 Nr. L 207/11, Tz. 24 ff. – *BL* (Kfz-Übereinstimmungsbescheinigungen); ABl. 1994 Nr. L 104/34, Tz. 140 ff. – *HOV-SZV/MCN* (Bahnverkehrsleistungen).

dass der Gesetzgeber offenbar von einem Stufenverhältnis der Tatbestände ausgegangen ist. Wer keinen wesentlichen Wettbewerb zu vergegenwärtigen hat, ist damit zwar nicht ohne Wettbewerber i.S.v. Nr. 1, verfügt aber über eine mehr als überragende Marktstellung i.S.v. Nr. 3. Im Schrifttum wird daher angenommen, dass solche Unternehmen unter § 18 Abs. 1 Nr. 2 GWB fallen, die einen Markt quasi dominieren. Das liegt nahe, wenn sich der Marktanteil deutlich über 90 vH bewegt.[197]

dd) Überragende Marktstellung (§ 18 Abs. 1 Nr. 3 GWB)

(1) Allgemeines

Den Maßstab dafür, ob ein Unternehmen über eine überragende Marktstellung verfügt und damit marktbeherrschend ist, liefert das »Verhältnis«, also die Wettbewerbsposition des Unternehmens im Vergleich zu seinen Wettbewerbern. Wie bereits Rdn. 51 dargelegt, soll mit der Vorschrift des § 18 Abs. 1 Nr. 3 GWB der Tatbestand der Marktbeherrschung über den Kreis der Unternehmen mit Monopolstellung oder monopolähnlicher Stellung auf weitere Unternehmen erstreckt werden, die zwar nicht über eine außerordentliche Marktstellung verfügen, aber gleichwohl aufgrund ihrer Marktstärke in der Lage sind, die Verhaltensspielräume von Mitbewerbern deutlich einzuengen. Das führt auf der anderen Seite dazu, dass sie auf dem betreffenden Markt von den Konkurrenten nicht hinreichend »kontrolliert« werden und damit in der Lage sind, von einzelnen Aktionsparametern autonom Gebrauch zu machen. Damit ist eine im Vergleich zu den Mitbewerbern überragende Marktstellung beschrieben. Die dafür maßgeblichen Gründe führt das Gesetz in § 18 Abs. 3 GWB auf. Die dort genannten Kriterien sind, wie sich aus dem Wortlaut (»insbesondere«) ergibt, nicht abschließend. Es bedarf insoweit einer Gesamtwürdigung des jeweiligen Einzelfalls.[198] Regelmäßig wird es zur Begründung einer überragenden Marktstellung nicht ausreichen, wenn nur eines der in Absatz 3 genannten Kriterien erfüllt ist, wenngleich dies nicht ausgeschlossen ist.[199] Auf der anderen Seite darf die Aufzählung nicht dahingehend missver-

56

---

197 *Kühnen*, in: Loewenheim/Meessen/Riesenkampff, § 18 GWB Rn. 64; vgl. aber auch BGH NJW-RR 1989, 485 – *Lüsterbehangsteine* (Marktanteil von mindestens 80 %).
198 *Bardong*, in: Langen/Bunte, § 18 GWB Rn. 77; *Kühnen*, in: Loewenheim/Meessen/Riesenkampff, § 18 GWB Rn. 66.
199 Vgl. BGHZ 68, 23, 28 – *Valium* = WuW/E BGH 1445, 1449 f. = NJW 1977, 675, 676 f. (Marktanteil); KG WuW/E DE-R 35, 37 – *Großbildprojektoren* (Marktanteil); WuW/E DE-R 124, 127 – *Flugpreise Berlin-Frankfurt/M.* (Marktanteil); OLG Düsseldorf WuW/E DE-R 1049, 1070 – *Post/trans-o-flex* (Marktanteil).

standen werden, dass alle genannten Merkmale erfüllt sein müssen.[200] Es handelt sich letztlich nur um Indikatoren für eine überragende Marktstellung, die im Einzelfall durch andere Gesichtspunkte wie die Sogwirkung einer bekannten Marke,[201] eigene Fertigungsstätten,[202] die überragende Qualität der angebotenen Produkte, ein etabliertes Vertriebssystem,[203] oder den Zugang zu Forschungsergebnissen flankiert werden können. Den einzelnen Faktoren kann im jeweiligen Fall ein erhebliches Gewicht beizumessen sein oder auch nicht, weshalb es sich auch verbietet, der Reihung der Merkmale in § 18 Abs. 3 GWB einen Hinweis auf deren Bedeutung für die Gesamtwürdigung des Sachverhalts beizumessen.[204] Stets geht es darum festzustellen, ob ein Unternehmen in der Lage ist, die **Wettbewerbsbedingungen unabhängig vom Verhalten anderer Marktteilnehmer zu kontrollieren.**

57 **Anhaltspunkte** für den Tatbestand der überragenden Marktstellung können sich insbesondere aus der Struktur des Unternehmens (Abs. 3 Nr. 1, 2, 4, 7), aus der Struktur des Marktes (Abs. 3 Nr. 3, 5, 6, 8), auf dem sich das Unternehmen bewegt, und aus seinem Verhalten gegenüber anderen Marktbeteiligten (z.B. Preisgestaltung) ergeben. Letzteres ist freilich im Zusammenhang mit der Marktbeherrschung mehr oder weniger nur Folge und äußeres Anzeichen für bestimmte Unternehmens- und Marktstrukturen. Auf einen bestimmten Grad der Marktbeherrschung kommt es im Rahmen von § 18 Abs. 1 Nr. 3 nicht an. Auf der anderen Seite ist nicht zu verkennen, dass dem in der Aufzählung des Absatzes 3 an erster Stelle genannten Marktanteil in der Praxis erhebliche Bedeutung zukommt. Es gilt der Grundsatz: Desto höher der Marktanteil ist, umso mehr spricht für das Vorliegen einer marktbeherrschenden Stellung.[205] Im Zuge der **9. GWB-Novelle** soll nach § 18 Abs. 3 GWB ein weiterer Absatz 3a eingefügt werden, der weitere Kriterien zur Bewertung der Marktstellung insbesondere bei mehrseitigen Märkten und Netzwerken enthält.[206] Danach wären direkte und indirekte Netzwerkeffekte, die parallele Nutzung mehrerer Dienste und der Wechselaufwand für die Nutzer, Größenvorteile im Zusammenhang mit Netzwerkeffekten, der Zugang zu wettbewerbsrelevanten Daten und ein etwaiger innovationsgetriebener Wettbewerbsdruck zu berücksichtigen.

---

200 *Bardong*, in: Langen/Bunte, § 18 GWB Rn. 78 (kein »mechanisches Abhaken der gesetzlichen Kriterien nach Art einer Checkliste«).
201 BGH WuW/E BGH 2150, 2157 – *Edelstahlbestecke* = GRUR 1986, 180, 183.
202 BGH WuW/E BGH 2150, 2157 – *Edelstahlbestecke* = GRUR 1986, 180, 183.
203 BGH WuW/E BGH 2150, 2157 – *Edelstahlbestecke* = GRUR 1986, 180, 183.
204 *Bardong*, in: Langen/Bunte, § 18 GWB Rn. 80.
205 *Kühnen*, in: Loewenheim/Meessen/Riesenkampff, § 18 GWB Rn. 73; EuG Slg. 2012, II-000 Tz. 149 f. – *Telefónica* (zu Art. 102 AEUV).
206 Art. 1 Nr. 4c des Entwurfs eines Neunten Gesetzes zur Änderung des Gesetzes gegen Wettbewerbsbeschränkungen; dazu Begründung, Umdruck, S. 40, 52 ff.

(2) Kriterien

(a) Marktanteil (§ 18 Abs. 3 Nr. 1 GWB)

Der Marktanteil ist ein wichtiger Indikator für die Marktstellung eines Unternehmens. Das liegt darin begründet, dass er im Vergleich zu anderen in § 18 Abs. 3 GWB genannten Faktoren leichter festzustellen ist und als quantitatives Kriterium vordergründig **aussagekräftig** ist. Ein hoher oder überragender Marktanteil lässt nämlich auf einen nicht hinreichend kontrollierten Verhaltensspielraum eines Unternehmens schließen. Das gilt jedenfalls dann, wenn er über einen **längeren Zeitraum** gehalten wird, ohne dass es Mitbewerbern gelingt, die Marktposition des betreffenden Unternehmens zu erschüttern.[207] Dabei schadet es nicht, wenn der Marktanteil schwankt oder auch (gelegentliche) Marktanteilsverluste eintreten. Das steht der Annahme einer Marktbeherrschung nicht per se entgegen.[208]

Zu unterscheiden ist dabei zwischen dem **absoluten Marktanteil**, der sich auf das Marktvolumen des relevanten Marktes bezieht, und dem **relativen Marktanteil**, der den Marktanteilsvorsprung vor Mitbewerbern auf dem relevanten Markt angibt. Beide Größen sind gesondert zu betrachten und in eine Gesamtwürdigung der Marktverhältnisse einzubeziehen.[209] Dabei spielt auch eine Rolle, ob der relevante Markt durch eine **homogene oder heterogene Produktstruktur** geprägt wird. Gleichbleibend hohe absolute und relative Marktanteile bei homogener Produktstruktur sind ein Indikator dafür, dass ein Unternehmen sich der wirksamen Kontrolle durch Mitbewerber entziehen kann, da diese offenbar nicht über hinreichende Mittel (Finanzkraft, Zugang zu Ressourcen etc.) verfügen, um dem nach Marktanteilen führenden Unternehmen wirksame Konkurrenz zu bereiten. Unabhängig von der Produktstruktur ist bei der **Gesamtwürdigung der Marktverhältnisse** stets zu berücksichtigen, ob sich der Marktanteil dadurch relativiert, dass (potenzielle) Mitbewerber aufgrund ihrer Unternehmensstruktur (Finanzkraft, Verflechtung mit anderen Unternehmen etc.) in der Lage sind, die Marktposition des nach Marktanteilen führenden Unternehmens zu erschüttern, indem sie etwa in einen Preis-, Innovations- oder Werbewettbewerb eintreten.[210] In diesem Zusammenhang kommt dem Umstand relevante Bedeutung zu, in welcher

---

[207] BGH WuW/E DE-R 1301, 1303 – *Sanacorp/ANZAG* = GRUR 2004, 1048, 1050.
[208] KG WuW/E OLG 5549, 5560 – *Fresenius/Schiwa*; WuW/E OLG 2403, 2405 – *Fertigfutter*; Bardong, in: Langen/Bunte, § 18 GWB Rn. 90.
[209] BGHZ 176, 1 Rn. 27 – *Soda Club II* = NJW-RR 2008, 996 = WuW/E DE-R 2268; BGHZ 170, 299 Rn. 21 – *National Geographic II* = NJW 2007, 1823; BGHZ 119, 117, 130 – *Warenzeichenerwerb* = NJW 1993, 264.
[210] Vgl. auch BGH WuW/E DE-R 1301, 1303 – *Sanacorp/ANZAG* = GRUR 2004, 1048, 1050.

Marktphase sich der relevante Markt befindet. Ein **nachstoßender Wettbewerb** im vorbenannten Sinne, der geeignet ist, eine marktbeherrschende Stellung zu relativieren, wird am ehesten bei »jungen«, erst in der Entwicklung befindlichen Märkten zu erwarten sein. Dagegen spielt er bei etablierten Märkten, die womöglich stagnieren oder im Rücklauf begriffen sind, regelmäßig keine erhebliche Rolle, weshalb dort gleichbleibend hohen Marktanteilen in Bezug auf die Marktbeherrschung eine größere Indizwirkung zukommt.[211]

60 Die Begründung einer überragenden Marktstellung ist nicht an die **Überschreitung** einer bestimmten **Marktanteilsschwelle** gebunden. Das ergibt sich bereits daraus, dass der Marktanteil nur ein, wenn auch gewichtiger Gesichtspunkt für das Vorhandensein einer überragenden Marktstellung ist. In der Entscheidungspraxis der Gerichte ist daher eine überragende Marktstellung bei höchst unterschiedlichen absoluten und relativen Marktanteilen bejaht worden.[212] Verallgemeinerungen lassen sich daraus nicht ableiten. Nicht ohne Weiteres heranziehen lässt sich auch die für die individuelle Marktbeherrschung geltende Vermutungsschwelle des § 18 Abs. 4 GWB. Der dort genannte Marktanteil von mindestens 40 Prozent soll nur darauf hindeuten, dass bei einem entsprechenden Marktanteil eine Marktbeherrschung naheliegt, ersetzt aber keine Einzelfeststellungen (dazu Rdn. 76).

61 Der **Berechnung des Marktanteils** ist der nach der Marktabgrenzung relevante Markt zugrunde zu legen. Soweit es die Feststellung des absoluten Marktanteils betrifft, kann diese entweder auf der Basis von Umsatz- oder Absatzzahlen erfolgen. Welche Art der Berechnung herangezogen wird, hängt letztlich von den konkreten Marktverhältnissen ab. Ist die Produktstruktur auf dem jeweiligen Markt (eher) heterogen, wird regelmäßig auf die erzielten Umsätze abzustellen sein.[213] Eine Betrachtung nach Stückzahlen gibt die tatsächlichen Marktverhältnisse bei heterogener Produktstruktur unter Umständen nur verzerrt wieder, insbesondere wenn erhebliche Preisunterschiede

---

211 KG WuW/E OLG 3051, 3058 – *Morris/Rothmans*; WuW/E OLG 1745, 1752 – *GKN/Sachs*.
212 BGHZ 176, 1 Rn. 27 – *Soda Club II* = NJW-RR 2008, 996 = WuW/E DE-R 2268 (absoluter Marktanteil von rund 70 % bei Marktanteilsvorsprung von rund 50 %); BGHZ 170, 299 Rn. 21 – *National Geographic II* = NJW 2007, 1823 (absoluter Marktanteil von 70 %); KG WuW/E OLG 2403, 2405 – *Rewe/Florimex* (Marktanteil von 12 % bei zersplitterter Konkurrenz); OLG Düsseldorf WuW/E DE-R 2818, 2820 – *Flüssiggas*.
213 *Bardong*, in: Langen/Bunte, § 18 GWB Rn. 92; BGH WuW/E BGH 2150, 2154 – *Edelstahlbestecke* = GRUR 1986, 180, 182; BGH NJW 1980, 1164, 1166 – *Valium II* (insoweit nicht in BGHZ 76, 142) = WuW/E BGH 1678, 1681.

zwischen den zum Markt gehörigen Produkten bestehen.[214] Anders liegen die Dinge bei weitgehend homogener Produktstruktur. Dann ist auch eine Marktanteilsberechnung nach Stückzahlen in der Lage, die Marktanteile realitätsnah abzubilden.[215] Bei atypischen Sachverhaltsgestaltungen ist es schließlich nicht von vornherein ausgeschlossen, auch noch andere Kriterien zur Marktanteilsberechnung heranzuziehen.[216] **Nicht in die Marktanteilsberechnung einzubeziehen** sind Produkte, die für den **Eigenverbrauch** des Unternehmens bestimmt sind, da insoweit davon auszugehen ist, dass sie nicht auf den relevanten Markt gelangen.[217] Dazu gehören sowohl die Fälle der Eigenkonsumtion als auch der Weiterverarbeitung. Letztere auch dann, wenn die Weiterverarbeitung bei einem vertikal integrierten Unternehmen erfolgt.[218] Die Nichtberücksichtigung des Eigenverbrauchs schließt freilich nicht aus, dass die zur Herstellung der dafür vorgesehenen Produkte vorhandenen Facilitäten bei der Gesamtwürdigung der Marktverhältnisse eine Rolle spielen können, zumal dann, wenn von ihnen Wettbewerbsdruck auf den Markt ausgeht.[219] Entsprechendes gilt für etwaige, aktuell nicht genutzte **Kapazitätsreserven**.[220]

Zur Ermittlung des Marktanteils sind regelmäßig nicht nur die aktuellen Bezugszahlen heranzuziehen. Da gerade ein über längere Zeit gleichbleibend hoher Marktanteil für eine überragende Marktstellung spricht (dazu bereits Rdn. 58), ist vielmehr die Betrachtung der **Marktanteilsentwicklung** über einen Zeitraum von mehreren Jahren besonders aussagekräftig. Die aktuellen Marktanteile können überdies »manipuliert« sein, wenn sich ein Unternehmen bewusst (vorübergehend) aus dem Markt nimmt, um einer Inanspruchnahme wegen Marktmachtmissbrauchs zu entgehen.

(b) Finanzkraft (§ 18 Abs. 3 Nr. 2 GWB)

Als weiterer Gesichtspunkt, der auf eine marktbeherrschende Stellung hindeuten kann, führt das GWB in § 18 Abs. 3 Nr. 2 die Finanzkraft eines Unternehmens an. Diese kann ein Unternehmen in den Stand setzen, nachstoßen-

---

214 BGHZ 119, 117, 130 – *Warenzeichenerwerb* = WuW/E BGH 2783, 2790 = GRUR 1992, 877, 880 f.; BGH WuW/E BGH 2150, 2154 – *Edelstahlbestecke* = GRUR 1986, 180, 182.
215 *Kühnen*, in: Loewenheim/Meessen/Riesenkampff, § 18 GWB Rn. 77.
216 *Bardong*, in: Langen/Bunte, § 18 GWB Rn. 92.
217 Siehe jedoch auch KG WuW/E OLG 2633, 2638 f. – *Bituminöses Mischgut* (kurzzeitige Verfügbarkeit auf dem Markt).
218 *Kühnen*, in: Loewenheim/Meessen/Riesenkampff, § 18 GWB Rn. 77.
219 OLG Düsseldorf WuW/E DE-R 2462, 2466 – *A-TEC/Norddeutsche Affinerie*.
220 *Kühnen*, in: Loewenheim/Meessen/Riesenkampff, § 18 GWB Rn. 75.

den Wettbewerb effektiv abzuwehren.[221] Sie wirkt zugleich als faktische Marktzutrittsschwelle, da potenzielle Wettbewerber in Kenntnis der Finanzkraft des überlegenen Marktakteurs von vornherein von einem Markteintritt Abstand nehmen werden, wenn sie nicht selbst aufgrund eigener Finanzkraft oder anderer überlegener Ressourcen in der Lage sind, den Wettbewerb mit einem finanzstarken Wettbewerber aufzunehmen. Da es mit entsprechender Finanzkraft möglich ist, günstige Voraussetzungen für den Einsatz besonders wirkungsvoller Aktionsparameter wie bei der Preisstellung, der Entwicklung qualitativ verbesserter und innovativer Produkte[222] oder der Optimierung des Vertriebssystems zu schaffen, kommt diesem Faktor erhebliche Bedeutung für den Markterfolg zu. Über die erforderliche Finanzkraft verfügen in der Regel nur marktmächtige Unternehmen, so dass auch die Finanzkraft ein tauglicher Indikator für Marktmacht ist. Wie die jüngere Entwicklung zeigt, gibt es freilich auch newcomer (Start ups), die durch Kapitaleinwerbung bereits in einem relativ frühen, von Marktmacht weit entfernten Stadium über erheblichen finanziellen Rückhalt verfügen. Dies zeigt, dass das Kriterium der Finanzkraft zumeist nicht den allein ausschlaggebenden Hinweis auf eine marktbeherrschende Stellung gibt.

64 Der **Begriff** der Finanzkraft bezeichnet im Allgemeinen die Eigen- und Fremdmittel eines Unternehmens sowie die Möglichkeit des Zugangs zum Kapitalmarkt.[223] In der Entscheidungspraxis der Gerichte wird die Finanzkraft freilich regelmäßig allein anhand des Unternehmensumsatzes – ggf. unter Einbeziehung verbundener Unternehmen – beurteilt.[224] Begründet wird dies damit, dass das Merkmal der Finanzkraft – in dem Rdn. 63 beschriebenen Sinne – einen Abschreckungseffekt auf aktuelle und potenzielle Wettbewerber ausübe, weshalb es allein auf deren Vorstellungen ankomme.[225] Aus diesem Grunde sei vorrangig auf den Umsatz abzustellen, da andere Kriterien wie die Verfügbarkeit von Mitteln, der Öffentlichkeit nicht bekannt seien.[226] Das überzeugt

---

221 Vgl. BGH WuW/E BGH 2150, 2157 – *Edelstahlbestecke* = GRUR 1986, 180, 183; BGHZ 71, 102, 117 – *Kfz-Kupplungen* = WuW/E BGH 1501, 1509 = GRUR 1978, 439, 441 f.; KG WuW/E BGH 3303, 3311 – *Süddeutscher Verlag-Donau Kurier*; *Kühnen*, in: Loewenheim/Meessen/Riesenkampff, § 18 GWB Rn. 79.
222 Vgl. OLG Düsseldorf WuW/E DE-R 195, 1971 – *Rhön-Grabfeld* (Qualität von Krankenhausleistungen).
223 *Kühnen*, in: Loewenheim/Meessen/Riesenkampff, § 18 GWB Rn. 78.
224 BGH WuW/E BGH 2150, 2157 – *Rheinmetall/WMF*; KG WuW/E OLG 4167, 4171 – *Kampffmeyer/Plange*.
225 BGHZ 71, 102, 122 – *Kfz-Kupplungen* = WuW/E BGH 1501, 1509 = GRUR 1978, 439, 441 f.; BGH WuW/E BGH 2150, 2157 – *Edelstahlbestecke* = GRUR 1986, 180, 183.
226 BGH WuW/E BGH 2150, 2157 – *Edelstahlbestecke* = GRUR 1986, 180, 183; KG WuW/E OLG 3303, 3311 – *Süddeutscher Verlag-Donau Kurier*; OLG Düsseldorf WuW/E DE-R 1973, 1978 – *SZ/Lokalzeitung*.

schon im Ansatz nicht, da nicht recht nachvollziehbar ist, weshalb es bei der Finanzkraft im Unterschied zu den anderen in § 18 Abs. 3 GWB genannten Kriterien auf die subjektive Sicht der Mitbewerber und nicht auf die objektiven Gegebenheiten ankommen soll. Eine besondere Marktverhaltensverantwortung von Unternehmen kann nur bestehen, wenn diese objektiv durch eine marktbeherrschende Stellung ausgelöst wird. Dazu passt eine (auch) auf subjektive Vorstellungen von Mitbewerbern gegründete Inpflichtnahme nicht. Vielmehr ist die Finanzkraft entsprechend der eingangs genannten Begriffsbestimmung im umfassenden Sinne festzustellen. Dabei können auch Verluste zu berücksichtigen sein, allerdings nur, wenn sie über einen längeren Zeitraum auftreten, da nur unter diesen Umständen ein Rückschluss auf eine schwindende oder fehlende Finanzkraft nahe liegt, nicht jedoch bei temporären Ergebnisschwankungen,[227] die (noch) nicht notwendig mit Einbußen bei der Finanzkraft einhergehen.

(c) **Zugang zu Beschaffungs- oder Absatzmärkten (§ 18 Abs. 3 Nr. 3 GWB)**

Der Zugang zu Beschaffungs- oder Absatzmärkten ist für die Beurteilung von Marktmacht deshalb von Bedeutung, weil er Auskunft darüber gibt, inwieweit ein Unternehmen seine Ziele autonom am Markt verfolgen kann, also nicht von anderen Unternehmen, ggf. sogar seinen Wettbewerbern, abhängig ist. Dadurch ist ein Unternehmen in der Lage, flexibler auf Änderungen der Marktparameter zu reagieren und sich zudem durch die **vertikale Integration vor- oder nachgelagerter Marktstufen** zusätzlichen Einfluss zu sichern. Dabei spielt die Form der Integration keine entscheidende Rolle.[228] Diese kann »vollkommen« sein im Sinne eines Tätigwerdens durch eigene Betriebsabteilungen oder (beherrschte) Tochterunternehmen, aber auch »unvollkommen« durch Beteiligungen an Unternehmen oder die Absicherung der Beschaffungs- und Absatzwege mittels (langfristiger) Vertragsbeziehungen.[229] Bei langanhaltenden Lieferbeziehungen mag zusätzlich eine Rolle spielen, dass sich der potenzielle Marktbeherrscher im Laufe der Zeit einen Leistungs- und Vertrauensvorsprung vor seinen Mitbewerbern erwirbt.[230] Ein »Vorsprung« kann auch

65

---

227 BGH WuW/E BGH 1749, 1756 – *Klöckner/Becorit*.
228 OLG Düsseldorf WuW/E DE-R 2622, 2625 – *Faber/Basalt*; WuW/E DE-R 2383, 2385 – *Asphaltmischwerke Langenthal*; WuW/E DE-R 1817, 1818 – *Staubsaugerbeutelmarkt II*.
229 OLG Düsseldorf WuW/E DE-R 2885, 2887 – *ASSA ABLOY/Simons Voss*; BKartA WuW/E BKArtA 2363, 2366 – *Linde/Lansing*; WuW/E BKartA 1781, 1782 – *Identteile*.
230 BGHZ 71, 102, 122 – *Kfz-Kupplungen* = WuW/E BGH 1501, 1503 = GRUR 1978, 439, 442; BGH WuW/E BGH 2150, 2156 – *Rheinmetall/WMF*; KG WuW/E OLG 1599, 1604 – *Vitamin B 12*.

auf **tatsächlichen Liefer- und Absatzbeziehungen** beruhen, soweit diese eine Verfestigung über einen längeren Zeitraum erfahren haben. Schließlich kann für die Begründung von Marktmacht von Bedeutung sein, dass die jeweilige Marktgegenseite wegen der besonderen Bekanntheit des Unternehmens oder seiner Produkte oder der Breite des Sortiments[231] faktisch auf Vertragsbeziehungen zu dem potenziellen Marktbeherrscher Wert legt oder angewiesen ist, woraus sich wiederum eine faktische Vorzugsstellung des Unternehmens ergeben kann.[232] Davon ist insbesondere dann auszugehen, wenn die Verfügbarkeit von (Vor-)Produkten auf den Beschaffungsmärkten oder die Absatzkanäle limitiert sind. Welche Relevanz dem Zugang zu Beschaffungs- und Absatzmärkten zukommt, ist letztlich branchenabhängig und kann nur im Einzelfall entschieden werden. Beispielsweise kann der Zugang zu Rohstoffen, die von Unternehmen zur Weiterverarbeitung nachgefragt werden, von erheblicher Bedeutung sein, wenn die Verfügbarkeit dieser Rohstoffe limitiert ist und diese zudem nur über kurze Strecken zu vertretbaren Kosten transportiert werden können.

(d) Verflechtungen mit anderen Unternehmen (§ 18 Abs. 3 Nr. 4 GWB)

66   Das Kriterium der Verflechtung mit anderen Unternehmen (§ 18 Abs. 3 Nr. 4 GWB) weist gewisse Überschneidungen mit § 18 Abs. 3 Nr. 2 und 3 GWB auf. Sowohl bei dem Zugang eines Unternehmens zu Beschaffungs- und Absatzmärkten als auch bei der Verflechtung mit anderen Unternehmen geht es um die Begründung von Vorzugsstellungen, die als Indikator für eine Marktbeherrschung in Betracht kommen. Die Vorschrift des § 18 Abs. 3 Nr. 4 GWB ist freilich insofern weiter gefasst, als sich die Verflechtung nicht auf den Zugang zu Absatz- und Beschaffungsmärkten beziehen muss. Dem entsprechend unterfallen dem Anwendungsbereich von § 18 Abs. 3 Nr. 4 GWB nicht nur Verflechtungen mit Unternehmen auf vor- oder nachgelagerten Marktstufen, sondern auch Verflechtungen mit Mitbewerbern oder mit Unternehmen auf benachbarten Märkten.[233] Diese Verflechtungen wiederum können zu einer Stärkung der Finanzkraft i.S.v. § 18 Abs. 2 Nr. 2 GWB führen.

67   Unter den **Begriff** der Verflechtung i.S.v. § 18 Abs. 3 Nr. 4 GWB fallen sowohl rechtliche als auch tatsächliche Verbindungen zu anderen Unternehmen. Dazu gehören etwa (Minderheits-)Beteiligungen an anderen Unternehmen, personelle Verflechtungen zwischen Unternehmen oder auch gefestigte lang-

---

231 KG WuW/E 3759, 3762 – *Pillsbury/Sonnen-Bassermann*; OLG Düsseldorf WuW/E DE-R 2885, 2887 *ASSA ABLOY/Simons Voss*.
232 BGHZ 119, 117, 132 – *Warenzeichenerwerb* = WuW/E BGH 2783, 2784 = GRUR 1992, 877, 880 f.
233 OLG Düsseldorf WuW/E DE-R 3173 3180 – *Anzeigengemeinschaft*.

jährige Geschäftsbeziehungen. Entscheidend ist jeweils, dass aufgrund der Verflechtung die begründete Erwartung besteht, dass das andere Unternehmen Rücksicht auf den potenziellen Marktbeherrscher nimmt.[234] Die Vorschrift des § 18 Abs. 3 Nr. 4 GWB erfasst mithin nicht nur konzernmäßige Verflechtungen i.S.v. § 36 Abs. 2 GWB, da verbundene Unternehmen kartellrechtlich ohnehin als ein Unternehmen behandelt werden und insoweit eine wettbewerbliche Einheit bilden (vgl. auch Rdn. 49). Sie geht vielmehr über den Ansatz des § 36 Abs. 2 GWB hinaus. Anderenfalls würde § 18 Abs. 3 Nr. 4 GWB seines Sinngehalts entleert.[235]

(e) **Marktzutrittsschranken (§ 18 Abs. 3 Nr. 5 GWB)**

Die Wettbewerbsfähigkeit eines Unternehmens muss sich im Markt stets aufs Neue bewähren. Unternehmen müssen auf Veränderungen im Nachfrageverhalten ihrer Abnehmer ebenso reagieren wie auf Angebotsanpassungen ihrer Wettbewerber. Zu diesen gehören nicht nur Mitbewerber, die bereits auf dem relevanten Markt tätig sind, sondern auch (potenzielle) Wettbewerber, die erst in den Markt eintreten wollen. Gerade auf Märkten, deren im Laufe der Zeit verfestigte Strukturen zur Aufrechterhaltung marktbeherrschender Positionen beitragen, ist es wichtig, dass diese durch nachstoßenden Wettbewerb von außen (wieder-)belebt werden. Dem können freilich Marktzutrittsschranken entgegenstehen, die einen Markteintritt potenzieller Wettbewerber erschweren oder sogar verhindern. Bestehen derartige Marktzutrittsschranken, ist dies ein Indikator dafür, dass die etablierten Anbieter jedenfalls insoweit keinen (zusätzlichen) Wettbewerb fürchten müssen.[236] Es ist dabei völlig unerheblich, ob ein potenzieller Marktbeherrscher selbst – in der Regel faktisch – zur Errichtung der Marktzutrittsschranke beigetragen hat. Es handelt sich vielmehr um ein Marktstrukturkriterium, das sich allein nach den Marktgegebenheiten beurteilt.[237]

68

Wie bereits aus dem Gesetzeswortlaut ersichtlich, kommen als »Schranken für den Marktzutritt« sowohl rechtliche als auch tatsächliche Zutrittssperren in Betracht. **Rechtliche** Schranken sind dabei solche, die von Rechts wegen bestimmte Anforderungen an die Qualifikation von Marktteilnehmern stellen oder den Marktzutritt von einer Bedürfnisprüfung abhängig machen. Zu denken ist etwa an § 4 GaststättenG, §§ 29 ff. GewO oder §§ 17 ff. DeMailG. Der Begriff der **tatsächlichen** Marktzutrittsschranke ist in einem umfassen-

69

---

234 OLG Düsseldorf WuW/E DE-R 1413, 1414 – *RadioTON-Regional*.
235 Dazu auch BGH WuW/E BGH 3037, 3040 f. – *Raiffeisen*.
236 Vgl. OLG Düsseldorf WuW/E DE.-R 424, 4245 – *Presse-Grosso II*; WuW/E DE-R 3173, 3176 – *Anzeigengemeinschaft*; WuW/E DE-R 2798, 2799 – *Bau - und Heimwerkermarkt*.
237 *Kühnen*, in: Loewenheim/Meessen/Riesenkampff, § 18 GWB Rn. 86.

den Sinne zu verstehen. Unter ihn fallen sowohl vertragliche Zugangshindernisse[238] als auch bloß faktische, etwa solche wirtschaftlicher Natur. Als **vertragliche** Marktzutrittssperren können etwa Bezugsverträge mit Vorlieferanten wirken. Deren Marktverschließungspotenzial ist umso größer, je länger der Vertrag läuft und je größer der Anteil des Bedarfs ist, der durch den Vertrag erfasst wird.[239] Unter diesen Umständen wird es nämlich Wettbewerbern des potenziellen Marktbeherrschers erschwert oder unmöglich gemacht, ebenfalls mit dem Vorlieferanten in eine Lieferbeziehung einzutreten, um dadurch Zugang zu dem relevanten Markt zu erhalten. In **tatsächlicher** Hinsicht ergeben sich Marktzutrittsschranken bei leitungsgebundenen Produkten (Strom, Gas, Fernwärme, TV-/Hörfunksignale), da insoweit das Leitungsnetz limitierend wirkt.[240] Tatsächliche Hürden für den Marktzugang können auch aus der fehlenden aktuellen Verfügbarkeit geeigneter Gewerberäume[241] und Grundstücke oder von Produktionsanlagen[242] erwachsen. Insoweit besteht ein fließender Übergang zu **wirtschaftlichen** Schranken, die regelmäßig darin bestehen, dass für den Marktzutritt ein erheblicher zusätzlicher Kapitalbedarf erforderlich ist.[243]

70 Marktzutrittsschranken sind für die Entstehung oder Verfestigung einer marktbeherrschenden Stellung immer dann relevant, wenn sie in der Lage sind, **potenziellen Wettbewerb zu unterbinden**. Potenzieller Wettbewerb ist nämlich dadurch gekennzeichnet, dass von ihm bereits ein gegenwärtiger Einfluss auf den wirtschaftlichen Entscheidungs- und Verhaltensspielraum der Marktteilnehmer ausgeht.[244] Dies setzt freilich nicht nur die theoretische Möglichkeit, sondern die Wahrscheinlichkeit eines demnächst erfolgenden Marktzutritts voraus. Der Marktzutritt eines potenziellen Wettbewerbers muss im Rahmen einer Gesamtbetrachtung der Marktverhältnisse aufgrund objektiver und nachprüfbarer Umstände realistisch und nahe liegend erscheinen.[245] Dabei spielen neben etwaigen Marktzutrittsschranken die sächlichen und finanziellen Ressourcen und dessen aktuelle Geschäftspolitik eine Rolle. Besteht im vorbenannten Sinne potenzieller Wettbewerb, spricht dies eher gegen ei-

---

238 A.A. (für Einordnung als rechtliche Marktzutrittsschranke) *Kühnen*, in: Loewenheim/Meessen/Riesenkampff, § 18 GWB Rn. 87.
239 BGH WuW/E DE-R 2679 Rn. 37 – *Gaslieferverträge*; vgl. auch OLG Düsseldorf WuW DE-R 1845 Rn. 1849 – *SES/DPC*.
240 OLG Düsseldorf WuW DE-R 1845 Rn. 1851 – *SES/DPC*.
241 BGH WuW/E DE-R 3591 Rn. 91 – *Total/OMV* (Tankstellenstandorte); OLG Düsseldorf WuW/E DE-R 2522, 2524 – *Schilderprägestelle Bad Salzuflen*.
242 OLG Düsseldorf WuW/E DE-R 2462, 2465 – *A-TEC/Norddeutsche Affinerie*.
243 BGH WuW/E DE-R 1925 Rn. 20 – *National Geographic II* (Publikation von Wissenschaftsmagazinen); KG WuW/E OLG 3051, 3079 – *Morris/Rothmans* (Werbeaufwand zum Aufbau einer Marke).
244 *Kühnen*, in: Loewenheim/Meessen/Riesenkampff, § 18 GWB Rn. 86.
245 *Kühnen*, in: Loewenheim/Meessen/Riesenkampff, § 18 GWB Rn. 86.

nen nicht kontrollierten Verhaltensspielraum des potenziellen Marktbeherrschers.

(f) Tatsächlicher oder potenzieller Wettbewerb (§ 18 Abs. 3 Nr. 6 GWB)

Die Vorschrift des § 18 Abs. 3 Nr. 6 GWB stellt klar, dass bei der Feststellung der marktbeherrschenden Stellung sowohl tatsächlicher als auch potenzieller Wettbewerb anderer Unternehmen zu berücksichtigen ist. Dabei spielt es keine Rolle, ob diese Unternehmen im Inland oder Ausland ansässig sind. Bedeutung hat diese Aussage für den Fall eines national begrenzten Marktes, da sie deutlich macht, dass der Einfluss im Ausland ansässiger Unternehmen auf das nationale Marktgeschehen selbst dann im Rahmen einer Gesamtbetrachtung zu berücksichtigen sein kann, wenn sie nur auf einem ausländischen Markt agieren. Es ist nämlich nicht ausgeschlossen, dass potenzielle Marktbeherrscher ihr Verhalten an ausländischen Marktakteuren ausrichten, obwohl von diesen kein aktueller Wettbewerb ausgeht, dies aber für die Zukunft nicht ausgeschlossen erscheint. Betätigen sich im Ausland ansässige Unternehmen auf einem nationalen (deutschen) Markt, stehen sie ohnehin in einem Wettbewerbsverhältnis zu einem Marktbeherrscher. Der von ihnen ausgehende Wettbewerb ist damit ohne Weiteres zu berücksichtigen. Entsprechendes gilt für räumlich relevante Märkte, die weiter sind als der Geltungsbereich des GWB. Das ergibt sich aus § 18 Abs. 2 GWB.

71

(g) Umstellungsflexibilität (§ 18 Abs. 3 Nr. 7 GWB)

Die Umstellungsflexibilität von potenziellen Wettbewerbern (auf Angebotsmärkten) und von Nachfragern (auf Nachfragemärkten) ist nicht nur im Rahmen der Marktabgrenzung zu berücksichtigen (dazu bereits Rdn. 29, 39), sondern hat auch für die Feststellung der Marktbeherrschung eine gewisse Bedeutung. Diesen Umstand greift § 18 Abs. 3 Nr. 7 GWB auf: Anbieter, die ähnliche Produkte wie das potenziell marktbeherrschende Unternehmen offerieren und die ihr Angebot zur Erzielung eines besseren Preises kurzfristig und mit wirtschaftlich vertretbarem Aufwand umstellen können, um eine bestehende Nachfrage zu befriedigen, sind in der Lage, relevanten **Wettbewerbsdruck** aufzubauen und damit etwaige am Markt bestehende Verhaltensspielräume zu beeinflussen. Damit erschweren sie es potenziell marktbeherrschenden Unternehmen, sich der Kontrolle des Wettbewerbs zu entziehen. Insoweit ist die Angebotsumstellungsflexibilität ein Indikator, der tendenziell gegen eine Marktbeherrschung spricht. Dagegen gibt die Nachfrageumstellungsflexibilität auf Nachfragermärkten einen Hinweis auf bestehende Marktmacht: Je größer nämlich die Fähigkeit eines Nachfragers ist, seine Nachfrage auf andere Produkte umzulenken, desto unabhängiger ist er von bestimmten Anbietern. Freilich wird Marktmacht unter diesen Umständen nur dann indiziert, wenn

72

Wettbewerber nicht über eine entsprechende Nachfrageumstellungsflexibilität verfügen.[246]

(h) Ausweichmöglichkeit der Marktgegenseite (§ 18 Abs. 3 Nr. 8 GWB)

73 Während es in § 18 Abs. 3 Nr. 6 und 7 GWB darum geht, ob Wettbewerbsdruck von aktuellen oder potenziellen Wettbewerbern eines mutmaßlich marktbeherrschenden Unternehmens ausgeht, nimmt sich § 18 Abs. 3 Nr. 8 GWB des Sachverhalts an, dass für die Marktgegenseite, also die Nachfrager auf dem relevanten Markt, die Möglichkeit des Ausweichens auf andere Unternehmen besteht. Ist dies bei einer **Gesamtschau der Marktverhältnisse** der Fall, kann dadurch der Verhaltensspielraum eines potenziellen Marktbeherrschers eingeengt werden, mit der Folge, dass eine Marktbeherrschung eher zu verneinen ist. Ein entsprechender Effekt wird freilich voraussetzen, dass die Nachfrageseite nicht allzu zersplittert ist.[247] Die fehlende Marktbeherrschung wird im Übrigen nur dann indiziert, wenn sich der **Wettbewerbsdruck** gerade gegen den potenziellen Marktbeherrscher und nicht oder zumindest nur in geringem Umfang auch gegen dessen Wettbewerber richtet. Anderenfalls bleibt nämlich die relative Marktmacht des fraglichen Unternehmens gegenüber seinen Konkurrenten unangetastet, so dass die Annahme einer überragenden Marktstellung nicht von vornherein ausgeschlossen ist.

ee) Marktbeherrschungsvermutung (§ 18 Abs. 4 GWB)

(1) Allgemeines

74 Die Vorschrift des § 18 Abs. 4 GWB enthält eine Vermutung der individuellen Marktbeherrschung. Danach wird vermutet, dass ein Unternehmen marktbeherrschend ist, wenn es einen Marktanteil von mindestens 40 Prozent hat. Bis zur GWB-Novelle 2013 lag die erforderliche Marktanteilsschwelle nur bei einem Drittel. Die Anhebung auf 40 Prozent wurde mit der Anpassung an den Stand ökonomischer Erkenntnisse und dem Umstand begründet, dass nach der behördlichen Praxis des Bundeskartellamts die Annahme einer Marktbeherrschung bei einem Marktanteil von nur einem Drittel nur in Ausnahmefällen gegeben sei.[248] Die für die individuelle Marktbeherrschung geltende Vermutungsregelung des § 18 Abs. 4 GWB wird ergänzt durch die für eine kollektive Marktbeherrschung geltende Vermutung in § 18 Abs. 6 und 7 GWB (dazu Rdn. 87 ff.). Bei Lichte betrachtet hat die Vermutung der indivi-

---

246 *Kühnen*, in: Loewenheim/Meessen/Riesenkampff, § 18 GWB Rn. 95.
247 KG WuW/E OLG 4167, 4173 – *Kampffmeyer/Plange*.
248 Dazu BReg., Begründung zum Entwurf eines Achten Gesetzes zur Änderung des Gesetzes gegen Wettbewerbsbeschränkungen, BT-Drucks. 17/9852, S. 17, 23.

duellen Marktbeherrschung nur begrenzte praktische Bedeutung (dazu Rdn. 76). Im Zuge der 6. GWB-Novelle 1998 ist daher erwogen worden, für den Tatbestand des Marktmachtmissbrauchs auf derartige Vermutungen zu verzichten und diese allein der Fusionskontrolle vorzubehalten. Zur Begründung wurde zutreffend darauf verwiesen, dass die Marktbeherrschung in einer ex post-Betrachtung festzustellen sei,[249] weshalb eine Marktmachtvermutung nur begrenzt hilfreich ist. Darüber hinaus spielte das Fehlen vergleichbarer Vermutungsregelungen im europäischen Kartellrecht eine Rolle.[250] Durchgesetzt hat sich dieser Ansatz im Gesetzgebungsverfahren freilich nicht.[251]

Die **Vermutungstatbestände** für die individuelle und kollektive Marktbeherrschung stehen selbstständig (kumulativ) nebeneinander. Dies bedeutet, dass sie, soweit ihre Voraussetzungen erfüllt sind, **parallel anwendbar** sind.[252] Dem könnte zwar entgegengehalten werden, dass nicht zugleich eine individuelle und kollektive Marktbeherrschung vorliegen kann. Freilich ist Sinn und Zweck der Vermutungen zunächst nur, einen (widerleglichen) Hinweis auf eine marktbeherrschende Stellung zu geben. Das Eingreifen der Vermutungen entbindet deshalb nicht von der Prüfung, ob tatsächlich eine marktbeherrschende Stellung vorliegt, zumal der Marktanteil, wie ein Blick auf § 18 Abs. 3 GWB bestätigt, nur ein Gesichtspunkt unter mehreren ist, die eine marktbeherrschende Stellung begründen können.[253] Insoweit kann auch erst die konkrete Betrachtung der Gesamtumstände ergeben, ob von einer individuellen oder kollektiven Marktbeherrschung auszugehen ist. Die Vermutung bedarf mithin der Verifikation. Können die Voraussetzungen einer individuellen oder kollektiven Marktbeherrschung nicht aufgeklärt werden, spricht freilich auch nichts gegen eine parallele Anwendung, da es angesichts der übereinstimmenden Rechtsfolgen im Ergebnis nicht relevant ist, ob ein Unternehmen gehal-

75

---

[249] BReg, Begründung zum Entwurf eines Sechsten Gesetzes zur Änderung des Gesetzes gegen Wettbewerbsbeschränkungen, BT-Drucks. 13/9720, S. 30, 36.
[250] BReg, Begründung zum Entwurf eines Sechsten Gesetzes zur Änderung des Gesetzes gegen Wettbewerbsbeschränkungen, BT-Drucks. 13/9720, S. 30, 36.
[251] S. Beschlussempfehlung und Bericht des BT-Ausschusses für Wirtschaft zum Entwurf eines Sechsten Gesetzes zur Änderung des Gesetzes gegen Wettbewerbsbeschränkungen, BT-Drucks. 13/10633, S. 65, 72.
[252] *Bardong*, in: Langen/Bunte, § 18 Rn. 235 ff.; *Kühnen*, in: Loewenheim/Meessen/Riesenkampff, § 18 GWB Rn. 106; a.A. *Fuchs/Möschel*, in: Immenga/Mestmäcker, § 18 Rn. 180; KG WuW/E OLG 2234, 2235 – *Blei- und Silberhütte Braubach* (gegenseitige Aufhebung der Vermutungen); *Paschke*, in: FK-GWB, § 18 Rn. 481 (Schwerpunktbetrachtung); offen gelassen von BGH WuW/E DE-R 2905 Rn. 54 – *Phonak/GN ReSound* = BeckRS 2010, 11494; WuW/E BGH 1824, 1825 – *Tonolli/Blei- und Silberhütte Braubach*.
[253] BGH WuW/E 1749, 1754 – *Klöckner/Becorit*; KG WuW/E OLG 2234, 2235 – *Blei- und Silberhütte Braubach*.

ten ist, einen Marktmachtmissbrauch wegen individueller oder kollektiver Marktbeherrschung abzustellen.[254]

(2) Voraussetzung und Wirkungen

76 **Voraussetzung** für die Vermutung einer individuellen Marktbeherrschung ist ein Marktanteil von mindestens 40 Prozent. Der Marktanteil auf dem relevanten Markt errechnet sich dabei nach den zu § 18 Abs. 3 Nr. 1 GWB entwickelten Grundsätzen (dazu Rdn. 61 f.). Die **Wirkung** der Vermutung muss differenziert betrachtet werden, und zwar danach, in welchem Verfahrenskontext sie zur Anwendung kommt. Jedenfalls ist die Vermutung als solche widerleglich. Im Rahmen des **Kartellzivilverfahrens** führt die Vermutung des § 18 Abs. 4 GWB nicht zu einer Umkehr der objektiven Beweislast, wie dies bei Vermutungen i.S.v. § 292 ZPO der Fall ist, sofern die maßgebliche Vermutungsbasis feststeht.[255] Vielmehr trifft das Unternehmen, das den Vermutungstatbestand erfüllt, eine sekundäre Darlegungslast.[256] Es muss also substantiiert darlegen, warum es trotz Erfüllung der Marktbeherrschungsvermutung nicht marktbeherrschend ist, und kann sich nicht auf ein bloßes Bestreiten zurückziehen.[257] Der klagenden Partei wiederum obliegt es, diesen Sachvortrag zu widerlegen.[258] Weniger weitgehend ist die Wirkung im **Kartellverwaltungsverfahren**, weil dort der Amtsermittlungsgrundsatz zum Tragen kommt.[259] Dieser verpflichtet die Kartellbehörden und das Beschwerdegericht den Sachverhalt von Amts wegen zu erforschen, also die Markt- und Wettbewerbsverhältnisse auch daraufhin zu untersuchen, ob eine marktbeherrschende Stellung vorliegt. Die Vermutung des § 18 Abs. 4 GWB wirkt sich daher erst dann aus, wenn es nach Erforschung des Sachverhalts bei einem non liquet bleibt: Unter diesen Umständen nimmt die Vermutungsregelung die Gestalt einer materiellen Beweislastregel an, mit der Folge, dass daraus die marktbeherrschende Stellung abzuleiten ist.[260] Nicht anwendbar ist § 18 Abs. 4 GWB im Rahmen von **Kartellbußgeldverfahren**. Vielmehr erfor-

---

254 *Bardong*, in: Langen/Bunte, § 18 Rn. 237; *Kühnen*, in: Loewenheim/Meessen/Riesenkampff, § 18 GWB Rn. 106.
255 Dazu *Saenger*, in: HK-ZPO, § 292 Rn. 8.
256 *Fuchs/Möschel*, in: Immenga/Mestmäcker, § 18 Rn. 173; *Kühnen*, in: Loewenheim/Meessen/Riesenkampff, § 18 GWB Rn. 111; wohl auch *Bardong*, in: Langen/Bunte, § 18 Rn. 213.
257 BGH WuW/E BGH 2483, 2489 – *Sonderungsverfahren*.
258 *Kühnen*, in: Loewenheim/Meessen/Riesenkampff, § 18 GWB Rn. 111.
259 S. auch BGH WuW/E BGH 2231, 2237 – *Metro/Kaufhof*; *Bardong*, in: Langen/Bunte, § 18 Rn. 210 f.
260 BGH WuW/E 1749, 1754 – *Klöckner/Becorit*; WuW/E BGH 2231, 2237 f. – *Metro/Kaufhof*; KG WuW/E OLG 2234, 2235 – *Blei- und Silberhütte Braubach*; *Bardong*, in: Langen/Bunte, § 18 Rn. 213; *Kühnen*, in: Loewenheim/Meessen/Riesenkampff, § 18 GWB Rn. 110.

dert die Unschuldsvermutung, dass der volle Tatbestand des § 19 GWB nachgewiesen wird.[261]

c) Kriterien und Formen der kollektiven Marktbeherrschung (§ 18 Abs. 5 bis 7 GWB)

aa) Allgemeines

Eine Marktbeherrschung ist nicht nur durch ein einzelnes Unternehmen denkbar (individuelle Marktbeherrschung; dazu Rdn. 6 ff.), sondern kann auch durch mehrere Unternehmen erfolgen (kollektive Marktbeherrschung). Individuelle und kollektive Marktbeherrschung stehen in einem **Alternativverhältnis** zueinander. Davon zu unterscheiden ist die Frage, ob die Vermutungsregelungen in § 18 Abs. 4 GWB (Vermutung der individuellen Marktbeherrschung) und § 18 Abs. 6 und 7 GWB (Vermutung der kollektiven Marktbeherrschung) parallel anwendbar sind (dazu Rdn. 75).

77

Die kollektive Marktbeherrschung steht nach dem Willen des Gesetzgebers der individuellen Marktbeherrschung gleich. Allerdings müssen nach § 18 Abs. 5 GWB bestimmte Voraussetzungen erfüllt sein, damit zwei oder mehreren Unternehmen eine marktbeherrschende Stellung zugeschrieben werden kann. Danach darf zwischen ihnen für eine bestimmte Art von Waren oder gewerblichen Leistungen ein wesentlicher Wettbewerb nicht bestehen (§ 18 Abs. 5 Nr. 1 GWB). Zudem müssen sie in ihrer Gesamtheit die Voraussetzungen einer Marktbeherrschung i.S.v. § 18 Abs. 1 GWB erfüllen. Kennzeichen einer kollektiven Marktbeherrschung sind also fehlender Binnenwettbewerb (§ 18 Abs. 5 Nr. 1 GWB) und eine gemeinsame Marktbeherrschung im Außenverhältnis (§ 18 Abs. 5 Nr. 2 GWB). Dazu ist es erforderlich, dass die fraglichen Unternehmen nicht als individuell handelnde Marktteilnehmer wahrgenommen werden, sondern als wirtschaftliche Einheit, deren Verhalten durch eine enge Reaktionsverbundenheit gekennzeichnet ist. Neben § 18 Abs. 5 GWB, der die Voraussetzungen der kollektiven Marktbeherrschung positiv regelt, tritt die **Marktbeherrschungsvermutung** des § 18 Abs. 6 GWB, die danach unterscheidet, ob die Gesamtheit von Unternehmen aus drei oder weniger Unternehmen (Nr. 1) oder fünf oder weniger Unternehmen besteht (Nr. 2). Unter den Voraussetzungen des § 18 Abs. 7 GWB ist die Vermutung der kollektiven Marktbeherrschung nach § 18 Abs. 6 GWB widerleglich.

78

Während die Marktbeherrschungsvermutung des § 18 Abs. 6 GWB in ihren beiden Varianten an eine konkrete Anzahl von Unternehmen anknüpft, ist der Tatbestand des § 18 Abs. 5 GWB offener gefasst. Er setzt, was schon begrifflich aus der Marktbeherrschung durch eine »Gesamtheit« von Unterneh-

79

---

261 *Kühnen*, in: Loewenheim/Meessen/Riesenkampff, § 18 GWB Rn. 112.

men folgt, jedenfalls das Vorhandensein von zwei Unternehmen auf der fraglichen Marktseite voraus. Ein derartiges »Duopol« stellt die einfachste Form eines Oligopols dar. Im Übrigen kommt es, wenn es um den Nachweis der Marktbeherrschung durch »mehrere« Unternehmen geht, nicht auf eine bestimmte Anzahl von Unternehmen an. Jedenfalls kann aus der Marktbeherrschungsvermutung des § 18 Abs. 6 GWB kein diesbezüglicher Rückschluss gezogen werden. Auf der anderen Seite ist klar, dass der Nachweis einer kollektiven Marktbeherrschung umso schwieriger ist, desto mehr Unternehmen die »Gesamtheit« der Unternehmen bilden.[262] Die Wahrscheinlichkeit einer Reaktionsverbundenheit der Unternehmen ist jedenfalls bei einem »weiten« Oligopol, an dem mehrere Unternehmen beteiligt sind, geringer als bei einem »engen« Oligopol. Dafür sprechen bereits die notwendigerweise geringeren Marktanteile, die einen funktionsfähigen Wettbewerb begünstigen.[263]

bb) Fehlender Binnenwettbewerb (§ 18 Abs. 5 Nr. 1 GWB)

80 Eine kollektive Marktbeherrschung setzt, wie bereits Rdn. 78 angedeutet, ein einheitliches Verhalten der fraglichen Unternehmen voraus, da sie nur auf diese Weise als »Gesamtheit« agieren können und am Markt wahrgenommen werden. Die Unternehmen müssen mit anderen Worten als »Gesamtheit« den anderen Marktteilnehmern gegenüber treten und als »Gesamtheit« über einen wettbewerblich nicht kontrollierten Verhaltensspielraum verfügen. Diese nach § 18 Abs. 5 Nr. 2 GWB im Außenverhältnis zu Wettbewerbern erforderliche Marktstellung erfordert implizit, dass auch im Binnenverhältnis der Unternehmen untereinander kein wesentlicher Wettbewerb herrscht (§ 18 Abs. 5 Nr. 1 GWB), da eine einheitliche Außenwahrnehmung (und gemeinsame Marktbeherrschung) nicht denkbar ist, wenn die Unternehmen sich im Binnenverhältnis wie autonome Wettbewerber verhalten. Entscheidendes Merkmal einer kollektiven Marktbeherrschung ist also zunächst die Abwesenheit wesentlichen Wettbewerbs im Binnenverhältnis. Ob dies der Fall ist, entscheidet sich anhand einer **Gesamtbetrachtung der Marktverhältnisse**.[264]

81 Die Gesamtbetrachtung der Marktverhältnisse hat die den relevanten Markt prägenden Marktstrukturen in den Blick zu nehmen. Es sind diejenigen Fak-

---

262 BGHZ 88, 284, 289 – *Gemeinschaftsunternehmen für Mineralölprodukte* = NJW 1984, 2700, 2701.
263 BGHZ 88, 284, 289 – *Gemeinschaftsunternehmen für Mineralölprodukte* = NJW 1984, 2700.
264 BGHZ 192, 18 Rn. 48 – *Total/OMV* = WuW/E DE-R 3591; BGHZ 178, 285 Rn. 39 = NJW-RR 2009, 264 = WuW/E DE-R 2094 – *E.ON/Stadtwerke Eschwege*; BGHZ 49, 367, 377 – *Fensterglas II* = NJW 1968, 1037; BGH WuW/E DE-R 2905 Rn. 55 – *Phonak/GN ReSound* = BeckRS 2010, 11494; WuW/E BGH 1824, 1827 – *Tonolli/Blei- und Silberhütte Braubach*.

toren zu identifizieren, die ein wettbewerbsbeschränkendes Parallelverhalten begünstigen und damit gegen das Vorhandensein wesentlichen Wettbewerbs im Binnenverhältnis der Unternehmen untereinander sprechen. Ein derartiges Parallelverhalten ist sinnvoll, wenn es für die am Markt agierenden Unternehmen wirtschaftlich nicht vorteilhaft erscheint, sich gegenseitig im Wettbewerb herauszufordern, weil ein Parallelverhalten eine insgesamt höhere Gewinnmaximierung verspricht.[265] Ein Anreiz zu einem derartigen Verhalten ist gegeben, wenn jedes Unternehmen, das sich wirtschaftlich zweckmäßig und kaufmännisch vernünftig verhält, davon ausgehen muss, dass eine auf Vergrößerung seines Marktanteils gerichtete, wettbewerbsorientierte Maßnahme die gleiche Maßnahme seitens der anderen Unternehmen auslösen würde, so dass es keinerlei Vorteil aus seiner Initiative ziehen könnte.[266] Dies führt zu einer engen **Reaktionsverbundenheit** zwischen den Unternehmen, die noch verstärkt wird, wenn die Unternehmen über kurzfristig wirksame **Abschreckungs- und Sanktionsmittel** verfügen, um gegen Wettbewerbsvorstöße eines anderen Unternehmens vorzugehen.[267]

Ein Indiz, das unter den vorbenannten Umständen ein Parallelverhalten begünstigt, ist eine hohe **Markttransparenz**,[268] die vornehmlich bei homogenen Produkten zu erwarten ist. Sinnfällig ist, dass sich die Anbieter von Kraftstoffen durch die Preisauszeichnung an Tankstellen und die gegenüber der Markttransparenzstelle bestehende Meldepflicht für Kraftstoffpreise[269] jederzeit einen Überblick über die Preispolitik der anderen Anbieter verschaffen können.[270] Für ein Parallelverhalten sprechen auch **ähnliche Strukturen der beteiligten Unternehmen**,[271] z.B. hinsichtlich Kostenstruktur, Ertragskennzahlen, Produktpalette und Technologieeinsatz, **gesellschaftsrechtliche Ver-** 82

---

265 Vgl. zur Fusionskontrolle BGHZ 192, 18 Rn. 48 – *Total/OMV* = WuW/E DE-R 3591.
266 BGHZ 178, 285 Rn. 39 = NJW-RR 2009, 264 = WuW/E DE-R 2094 – *E.ON/Stadtwerke Eschwege*; BGH WuW/E DE-R 3067 Rn. 21 – *Springer/ProSieben II* = NJOZ 2011, 849; WuW/E DE-R 2905 Rn. 55 – *Phonak/GN ReSound* = BeckRS 2010, 11494.
267 BGHZ 178, 285 Rn. 39 = NJW-RR 2009, 264 = WuW/E DE-R 2094 – *E.ON/Stadtwerke Eschwege*; BGH WuW/E DE-R 3067 Rn. 21 – *Springer/ProSieben II* = NJOZ 2011, 849.
268 BGHZ 178, 285 Rn. 39 = NJW-RR 2009, 264 = WuW/E DE-R 2094 – *E.ON/Stadtwerke Eschwege*.
269 Verordnung zur Markttransparenzstelle für Kraftstoffe (MTS-Kraftstoff-Verordnung) v. 22.3.2013, BGBl. I S. 595.
270 Dazu BGHZ 192, 18 Rn. 54 – *Total/OMV* = WuW/E DE-R 3591.
271 BGHZ 192, 18 Rn. 55 – *Total/OMV* = WuW/E DE-R 3591; BGHZ 178, 285 Rn. 39 = NJW-RR 2009, 264 = WuW/E DE-R 2094 – *E.ON/Stadtwerke Eschwege*; BGH WuW/E DE-R 3067 Rn. 21 – *Springer/ProSieben II* = NJOZ 2011, 849; WuW/E DE-R 2905 Rn. 56 f. – *Phonak/GN ReSound* = BeckRS 2010, 11494.

flechtungen untereinander,[272] langfristige **Lieferbeziehungen**[273] oder die **Zusammenarbeit auf vor- oder nachgelagerten Marktstufen**.[274] Daneben kann im Hinblick auf die **Marktstruktur** zum Tragen kommen, ob hinreichender **Wettbewerbsdruck fehlt**, weil etwa der Produkt- und Qualitätswettbewerb eingeschränkt ist.[275] Darüber hinaus ist von Bedeutung, inwiefern der Wettbewerb durch **Marktzutrittssperren** beeinflusst wird[276] und ob die Marktgegenseite über **Nachfragemacht** verfügt.[277] Zu berücksichtigen sind auch die **Preiselastizität der Nachfrage**[278] und eine geringe **Kundenwechselfrequenz**.[279] Dagegen kommt der Marktanteilsverteilung im Oligopol keine überragende indizielle Bedeutung zu (vgl. aber auch Rdn. 79). So kann eine **gleichgewichtige Verteilung der Marktanteile** im Oligopol nicht per se als Anzeichen für eine Reaktionsverbundenheit der Unternehmen gewertet werden.[280] Sie schließt nicht aus, dass Verhaltensspielräume bestehen und von diesen auch Gebrauch gemacht wird. Andererseits ist es nicht fernliegend, dass über längere Zeit unveränderte Marktanteile, unabhängig davon, ob die Marktanteilsverteilung im Oligopol gleichgewichtig ist oder nicht, auf eine Reaktionsverbundenheit schließen lassen.[281]

83 Die in Rdn. 82 erwähnten Indizien müssen nicht kumulativ vorliegen. Ihre Belastbarkeit hängt entscheidend von den konkreten Marktverhältnissen ab,

---

272 BGHZ 192, 18 Rn. 55 – *Total/OMV* = WuW/E DE-R 3591; BGHZ 178, 285 Rn. 39 = NJW-RR 2009, 264 = WuW/E DE-R 2094 – *E.ON/Stadtwerke Eschwege*; BKartA WuW/E BKartA 2669, 2676 – *Lindner Licht GmbH*.
273 BGHZ 192, 18 Rn. 55 – *Total/OMV* = WuW/E DE-R 3591; BKartA WuW/E BKartA 2247, 2249 – *Hüls/Condea*; WuW/E BKartA 2143, 2145 – *Glasfaserkabel*.
274 BGHZ 192, 18 Rn. 55 – *Total/OMV* = WuW/E DE-R 3591.
275 BGHZ 192, 18 Rn. 49 – *Total/OMV* = WuW/E DE-R 3591; BGHZ 178, 285 Rn. 39 = NJW-RR 2009, 264 = WuW/E DE-R 2094 – *E.ON/Stadtwerke Eschwege*; BGHZ 88, 284, 290 – *Gemeinschaftsunternehmen für Mineralölprodukte* = NJW 1984, 2700.
276 BGHZ 178, 285 Rn. 39 = NJW-RR 2009, 264 = WuW/E DE-R 2094 – *E.ON/Stadtwerke Eschwege*; BGH WuW/E DE-R 3067 Rn. 21 – *Springer/ProSieben II* = NJOZ 2011, 849.
277 BGHZ 178, 285 Rn. 39 = NJW-RR 2009, 264 = WuW/E DE-R 2094 – *E.ON/Stadtwerke Eschwege*; BGH WuW/E DE-R 3067 Rn. 21 – *Springer/ProSieben II* = NJOZ 2011, 849.
278 BGHZ 178, 285 Rn. 39 = NJW-RR 2009, 264 = WuW/E DE-R 2094 – *E.ON/Stadtwerke Eschwege*; BGH WuW/E DE-R 3067 Rn. 21 – *Springer/ProSieben II* = NJOZ 2011, 849.
279 BGHZ 178, 285 Rn. 39 = NJW-RR 2009, 264 = WuW/E DE-R 2094 – *E.ON/Stadtwerke Eschwege*.
280 BGH WuW/E DE-R 2905 Rn. 57, 65 – *Phonak/GN ReSound* = BeckRS 2010, 11494; WuW/E DE-R 3067 Rn. 25 – *Springer/ProSieben II* = NJOZ 2011, 849.
281 BGH WuW/E DE-R 3067 Rn. 25 – *Springer/ProSieben II* = NJOZ 2011, 849.

so dass stets eine **wertende Gesamtbetrachtung** erforderlich ist.[282] Auf eine irgendwie geartete Absprache zwischen den Unternehmen kommt es dabei nicht an. Vielmehr reicht es aus, wenn die genannten Indikatoren den Rückschluss auf ein (stillschweigendes) gleichförmiges Verhalten (»**implizite Kollusion**«) zulassen. Dieser kann durch die Feststellung entkräftet werden, dass zwischen den Unternehmen tatsächlich wesentlicher Wettbewerb besteht.[283] Darauf können etwa erhebliche Marktanteilsverschiebungen innerhalb eines Oligopols,[284] aber auch ein intensiver Konditionen-[285] und Innovationswettbewerb[286] hindeuten. Bleibt das zu Tage getretene Verhalten der Unternehmen **mehrdeutig**, können also mit anderen Worten die Indizien, die für ein gleichförmiges Verhalten sprechen, nicht substanziell erschüttert werden, spricht dies im Anwendungsbereich der Oligopolvermutungen des § 18 Abs. 6 GWB für fehlenden Binnenwettbewerb.[287]

Ob die wertende Gesamtbetrachtung der Marktverhältnisse auf fehlenden Binnenwettbewerb schließen lässt, ist Tatfrage.[288] Das Rechtsbeschwerdegericht ist auf die Prüfung beschränkt, ob Verfahrensregeln verletzt worden sind und ob das Beschwerdegericht unzutreffende rechtliche Erwägungen angestellt, insbesondere gegen Denkgesetze oder allgemeine Erfahrungssätze, einschließlich anerkannter Gesetzmäßigkeiten der Ökonomie, verstoßen hat.[289]

84

---

282 BGH WuW/E DE-R 3067 Rn. 21 – *Springer/ProSieben II* = NJOZ 2011, 849; vgl. zu Art. 102 AEUV auch EuGH Slg. 2008 I-4951 Rn. 125 f. – *Bertelsmann/Impala* = WuW/E EU-R 1498.
283 BGHZ 192, 18 Rn. 50 – *Total/OMV* = WuW/E DE-R 3591; BGH WuW/E DE-R 3067 Rn. 22 – *Springer/ProSieben II* = NJOZ 2011, 849; WuW/E DE-R 2905 Rn. 72 – *Phonak/GN ReSound* = BeckRS 2010, 11494.
284 BGHZ 192, 18 Rn. 58 – *Total/OMV* = WuW/E DE-R 3591; BGH WuW/E DE-R 2905 Rn. 84 – *Phonak/GN ReSound* = BeckRS 2010, 11494.
285 BGH WuW/E DE-R 2905 Rn. 84 – *Phonak/GN ReSound* = BeckRS 2010, 11494 (Rabattwettbewerb).
286 BGH WuW/E DE-R 2905 Rn. 84 – *Phonak/GN ReSound* = BeckRS 2010, 11494.
287 BGHZ 192, 18 Rn. 58 – *Total/OMV* = WuW/E DE-R 3591.
288 BGHZ 192, 18 Rn. 51 – *Total/OMV* = WuW/E DE-R 3591; BGHZ 178, 285 Rn. 26 = NJW-RR 2009, 264 = WuW/E DE-R 2094 – *E.ON/Stadtwerke Eschwege*; BGHZ 49, 367, 377 – *Fensterglas II* = = NJW 1968, 1037; BGH WuW/E DE-R 2905 Rn. 56 – *Phonak/GN ReSound* = BeckRS 2010, 11494.
289 BGHZ 192, 18 Rn. 51 – *Total/OMV* = WuW/E DE-R 3591; BGHZ 178, 285 Rn. 26 = NJW-RR 2009, 264 = WuW/E DE-R 2094 – *E.ON/Stadtwerke Eschwege*; BGH WuW/E DE-R 3067 Rn. 23 – *Springer/ProSieben II* = NJOZ 2011, 849; WuW/E DE-R 2905 Rn. 56 – *Phonak/GN ReSound* = BeckRS 2010, 11494; *Bornkamm*, ZWeR 2010, 34, 40.

§ 18 GWB Marktbeherrschung

cc) Kollektive Marktbeherrschung im Außenverhältnis (§ 18 Abs. 5 Nr. 2 GWB)

85 Neben dem fehlenden Binnenwettbewerb (dazu Rdn. 80 ff.) ist weitere Voraussetzung für eine kollektive Marktbeherrschung i.S.v. § 18 Abs. 5 GWB eine gemeinsame Marktbeherrschung der Oligopolunternehmen im Außenverhältnis (§ 18 Abs. 5 Nr. 2 GWB). Soweit synonym von »fehlendem Außenwettbewerb«[290] gesprochen wird, handelt es sich dabei eher um eine schlagwortartige, etwas unpräzise Verkürzung der gesetzlichen Anforderungen. Nach dem Wortlaut von § 18 Abs. 5 Nr. 2 GWB setzt eine kollektive Marktbeherrschung nämlich voraus, dass von dem Oligopol auch die **Voraussetzungen des Absatzes 1** erfüllt werden. Außenwettbewerb fehlt insoweit nur, wenn die Oligopolunternehmen ohne Wettbewerber i.S.v. § 18 Abs. 1 Nr. 1 GWB sind, während nach den anderen Varianten (kein wesentlicher Wettbewerb, § 18 Abs. 1 Nr. 2 GWB/überragende Marktstellung, § 18 Abs. 1 Nr. 3 GWB) durchaus noch ein Restwettbewerb und damit Außenwettbewerb vorhanden ist.

86 In materieller Hinsicht müssen die Oligopolunternehmen einen Marktbeherrschungstatbestand i.S.v. § 18 Abs. 1 GWB verwirklichen (dazu bereits Rdn. 85), und zwar in ihrer Gesamtheit. Es bedarf daher ähnlich wie bei der Feststellung fehlenden Binnenwettbewerbs erneut einer **Gesamtbetrachtung aller relevanten Umstände**, die darüber Aufschluss geben müssen, ob tatsächlich ein Fall kollektiver Marktbeherrschung vorliegt.[291] Indikatoren dafür können die Unternehmensstrukturen der fraglichen Unternehmen[292] und bestehende Unternehmensverflechtungen,[293] aber auch der gemeinsame Marktanteil des Oligopols,[294] der Abstand zu den nächststarken Wettbewerbern,[295] etwaige Marktzutrittsschranken,[296] und die tatsächlichen Wettbewerbsverhältnisse[297] sein. Der Umstand, dass die Marktanteile der einzelnen Oligolisten regional unterschiedlich verteilt sind, weil dort Außenseiter eine (regional

---

290 *Kühnen*, in: Loewenheim/Meessen/Riesenkampff, § 18 GWB Rn. 104.
291 BGHZ 192, 18 Rn. 79 – *Total/OMV* = WuW/E DE-R 3591; BGHZ 178, 285 Rn. 52 = NJW-RR 2009, 264 = WuW/E DE-R 2094 – *E.ON/Stadtwerke Eschwege*.
292 BGHZ 192, 18 Rn. 79 – *Total/OMV* = WuW/E DE-R 3591.
293 BGHZ 192, 18 Rn. 79 – *Total/OMV* = WuW/E DE-R 3591; BGHZ 178, 285 Rn. 52 = NJW-RR 2009, 264 = WuW/E DE-R 2094 – *E.ON/Stadtwerke Eschwege*.
294 BGHZ 192, 18 Rn. 79 – *Total/OMV* = WuW/E DE-R 3591; BGHZ 178, 285 Rn. 52 = NJW-RR 2009, 264 = WuW/E DE-R 2094 – *E.ON/Stadtwerke Eschwege*.
295 BGHZ 192, 18 Rn. 79 – *Total/OMV* = WuW/E DE-R 3591; BGHZ 178, 285 Rn. 52 = NJW-RR 2009, 264 = WuW/E DE-R 2094 – *E.ON/Stadtwerke Eschwege*.
296 BGHZ 192, 18 Rn. 79 – *Total/OMV* = WuW/E DE-R 3591; BGHZ 178, 285 Rn. 52 = NJW-RR 2009, 264 = WuW/E DE-R 2094 – *E.ON/Stadtwerke Eschwege*.
297 BGHZ 192, 18 Rn. 79 – *Total/OMV* = WuW/E DE-R 3591; BGHZ 178, 285 Rn. 52 = NJW-RR 2009, 264 = WuW/E DE-R 2094 – *E.ON/Stadtwerke Eschwege*.

oder lokal) herausgehobene Marktposition haben, spricht nicht ohne Weiteres für wesentlichen Außenwettbewerb, wenn die Außenseiter ihre Marktstellung wettbewerbsneutralen Einflüssen verdanken.[298]

dd) Marktbeherrschungsvermutung (§ 18 Abs. 6, 7 GWB)

(1) Allgemeines

Die Vorschrift des § 18 Abs. 6 GWB enthält zwei Marktbeherrschungsvermutungen, nämlich »zu Lasten« von drei oder weniger Unternehmen (Nr. 1) und von fünf oder weniger Unternehmen (Nr. 2). Der Wortlaut der Vorschrift ist freilich missverständlich. Soweit dort am Satzanfang davon die Rede ist, dass eine **Gesamtheit von Unternehmen** als marktbeherrschend »gilt«, deutet dies auf den ersten Blick auf eine gesetzliche Fiktion hin. Was tatsächlich gemeint ist, erschließt sich aus § 18 Abs. 7 GWB, wonach die »Vermutung« des Absatzes 6 widerlegt werden kann. Die beiden Vermutungstatbestände stehen parallel nebeneinander und schließen sich nicht gegenseitig aus,[299] so dass die Unternehmen eines »engen« Oligopols i.S.v. § 18 Abs. 6 Nr. 1 GWB zugleich Teil eines »weiten« Oligopols i.S.v. § 18 Abs. 6 Nr. 2 GWB sein können. Neben den auf eine kollektive Marktbeherrschung hindeutenden Vermutungen ist zudem die Vermutung der individuellen Marktbeherrschung (§ 18 Abs. 4 GWB) anwendbar (dazu bereits Rdn. 75), wenn etwa das nach Marktanteilen stärkste Oligopolunternehmen die nach Absatz 4 erforderliche Marktanteilsschwelle von 40 Prozent erreicht. 87

(2) Voraussetzung und Wirkungen

Voraussetzung für die Vermutung einer kollektiven Marktbeherrschung ist das Erreichen bestimmter **Marktanteilsschwellen**, die sich danach bemessen, wie viele Unternehmen die »Gesamtheit« von Unternehmen ausmachen. Handelt es sich um drei oder weniger Unternehmen, müssen diese, um die Vermutung der kollektiven Marktbeherrschung auszulösen, zusammen einen Marktanteil von 50 Prozent erreichen (§ 18 Abs. 6 Nr. 1 GWB). Handelt es sich um fünf oder weniger Unternehmen, muss der gemeinsame Marktanteil mindestens zwei Drittel betragen (§ 18 Abs. 6 Nr. 2 GWB). Der Marktanteil auf dem relevanten Markt errechnet sich dabei nach den zu § 18 Abs. 3 Nr. 1 88

---

[298] BGHZ 192, 18 Rn. 81 – *Total/OMV* = WuW/E DE-R 3591 (Vergabe von Tankstellen-/-konzessionen nach der deutschen Wiedervereinigung).
[299] KG WuW/E OLG 3051, 3070 f. – Morris/Rothmans; *Bardong*, in: Langen/Bunte, § 18 Rn. 42; *Kühnen*, in: Loewenheim/Meessen/Riesenkampff, § 18 GWB Rn. 114; a.A. *Bechtold*, GWB, § 18 GWB Rn. 75; *Paschke*, in: FK-GWB § 19 GWB Rn. 476, 493 (Vorrang der »engen« Oligopolvermutung); *Schütz*, § 36 GWB Rn. 131 (Vorrang der »engen« Oligopolvermutung).

§ 18 GWB   *Marktbeherrschung*

GWB entwickelten Grundsätzen (dazu Rdn. 61 f.). In die Betrachtung einzubeziehen sind jeweils die ersten drei bzw. fünf auf dem relevanten Markt nach Marktanteilen führenden Unternehmen,[300] und zwar einschließlich der jeweils verbundenen Unternehmen (§ 36 Abs. 2 GWB). Anderenfalls, nämlich bei Berücksichtigung beliebiger anderer dem Oligopol zuzurechnenden Unternehmen, würde die Vermutung (kollektive Marktbeherrschung) nicht von der Vermutungsbasis gestützt, da es sich bei den in die Berechnung einbezogenen Unternehmen nicht notwendig um die marktstarken Oligopolisten handeln würde.

89   Die **Wirkungen** der kollektiven Marktbeherrschungsvermutungen unterscheiden sich von denjenigen der individuellen Marktbeherrschungsvermutung. Während es sich bei der Vermutung einer individuellen Marktbeherrschung i.S.v. § 18 Abs. 4 GWB der Rechtsnatur nach nur um eine »unechte« Vermutung handelt (dazu Rdn. 76), folgt aus § 18 Abs. 6 GWB eine »echte« Vermutung. Bezogen auf das **Kartellzivilverfahren** führt das nicht nur zu einer Verlagerung der materiellen Beweislast, sondern zu einer **Umkehr der formellen Beweislast**.[301] Die unter den Vermutungstatbestand fallenden Oligopolunternehmen haben mithin die Vermutung zu widerlegen, indem sie nachweisen, dass die Voraussetzungen des § 18 Abs. 7 GWB vorliegen (dazu Rdn. 90). Die Verschiebung der formellen Beweislast auf die Unternehmen, die unter die Oligopolvermutungen fallen, hat im **Kartellverwaltungsverfahren** in ähnlicher Weise wie beim Kartellzivilverfahren zur Folge, dass die Kartellbehörde zunächst nur die Erfüllung eines Vermutungstatbestandes nachweisen muss. Auch insoweit haben die betroffenen Unternehmen vorzutragen und unter Beweis zu stellen, dass die Marktbeherrschungsvermutung widerlegt ist. Freilich kann das dann zu Problemen führen, wenn den Unternehmen maßgebliche Umstände nicht zugänglich sind. Insoweit ist die Kartellbehörde gem. § 57 Abs. 1 GWB gehalten, die Tatsachen selbst aufzuklären. Entsprechendes gilt bei neuem Tatsachenvortrag der Unternehmen oder anderen Erkenntnissen der Behörde, die für die Beurteilung der Marktbeherrschung von Bedeutung sind.[302] Im **Kartellbußgeldverfahren** sind die Oligopolvermutungen vor dem Hintergrund der Unschuldsvermutung nicht anwendbar.[303]

---

300 *Bechtold*, GWB, § 18 Rn. 75; *Fuchs/Möschel*, in: Immenga/Mestmäcker, § 18 GWB Rn. 175; *Kühnen*, in: Loewenheim/Meessen/Riesenkampff, § 18 GWB Rn. 114; a.A. *Bardong*, in: Langen/Bunte, § 18 Rn. 246.
301 *Kühnen*, in: Loewenheim/Meessen/Riesenkampff, § 18 GWB Rn. 115, 117.
302 KG WuW/E OLG 3051, 3071 – *Morris-Rothmans*.
303 *Kühnen*, in: Loewenheim/Meessen/Riesenkampff, § 18 GWB Rn. 118.

(3) Widerlegung der Vermutung (§ 18 Abs. 7 GWB)

Eine Widerlegung der Oligopolvermutungen kommt unter den Voraussetzungen des § 18 Abs. 7 GWB in Betracht. Danach müssen die Unternehmen entweder nachweisen, dass Binnenwettbewerb zwischen ihnen zu erwarten ist (§ 18 Abs. 7 Nr. 1 GWB) oder dass die Gesamtheit der Unternehmen im Verhältnis zu den übrigen Wettbewerbern über keine überragende Marktstellung verfügt (§ 18 Abs. 7 Nr. 2 GWB). Der **Nachweis wesentlichen Binnenwettbewerbs** ist, wie der Wortlaut von § 18 Abs. 7 Nr. 1 GWB zeigt, anhand der auf dem relevanten Markt bestehenden Wettbewerbsbedingungen zu führen. Insoweit ist wie im Rahmen von § 18 Abs. 5 Nr. 1 GWB eine wertende Gesamtbetrachtung unter Rückgriff auf die dort genannten Kriterien anzustellen (dazu Rdn. 80 ff.). Freilich reicht es nicht aus, wenn die Gesamtwürdigung zu dem Ergebnis führt, dass aktuell wesentlicher Wettbewerb besteht.[304] Erforderlich ist vielmehr, ähnlich wie im Rahmen der Fusionskontrolle (vgl. § 36 Abs. 1 GWB), eine prognostische, in die Zukunft gerichtete Betrachtung, ob die Wettbewerbsbedingungen wesentlichen Wettbewerb »erwarten« lassen. Widerlegt werden kann die Oligopolvermutung auch durch den Nachweis, dass die Oligopolunternehmen im Außenverhältnis zu den übrigen Wettbewerbern keine überragende Marktstellung haben, also **wirksamem Außenwettbewerb** ausgesetzt sind. Diesbezüglich ist ebenfalls eine Gesamtbetrachtung aller relevanten Umstände vorzunehmen. Diese entsprechen den zu § 18 Abs. 5 Nr. 2 GWB herangezogenen Kriterien (dazu Rdn. 85 f.).

90

---

[304] *Bardong*, in: Langen/Bunte, § 18 Rn. 228; *Bechtold*, GWB § 18 GWB Rn. 78; *Kühnen*, in: Loewenheim/Meessen/Riesenkampff, § 18 GWB Rn. 119.

§ 19 GWB   *Verbotenes Verhalten von marktbeherrschenden Unternehmen*

§ 19 Verbotenes Verhalten von marktbeherrschenden Unternehmen

(1) Die missbräuchliche Ausnutzung einer marktbeherrschenden Stellung durch ein oder mehrere Unternehmen ist verboten.

(2) Ein Missbrauch liegt insbesondere vor, wenn ein marktbeherrschendes Unternehmen als Anbieter oder Nachfrager einer bestimmten Art von Waren oder gewerblichen Leistungen
1. ein anderes Unternehmen unmittelbar oder mittelbar unbillig behindert oder ohne sachlich gerechtfertigten Grund unmittelbar oder mittelbar anders behandelt als gleichartige Unternehmen;
2. Entgelte oder sonstige Geschäftsbedingungen fordert, die von denjenigen abweichen, die sich bei wirksamem Wettbewerb mit hoher Wahrscheinlichkeit ergeben würden; hierbei sind insbesondere die Verhaltensweisen von Unternehmen auf vergleichbaren Märkten mit wirksamem Wettbewerb zu berücksichtigen;
3. ungünstigere Entgelte oder sonstige Geschäftsbedingungen fordert, als sie das marktbeherrschende Unternehmen selbst auf vergleichbaren Märkten von gleichartigen Abnehmern fordert, es sei denn, dass der Unterschied sachlich gerechtfertigt ist;
4. sich weigert, einem anderen Unternehmen gegen angemessenes Entgelt Zugang zu den eigenen Netzen oder anderen Infrastruktureinrichtungen zu gewähren, wenn es dem anderen Unternehmen aus rechtlichen oder tatsächlichen Gründen ohne die Mitbenutzung nicht möglich ist, auf dem vor- oder nachgelagerten Markt als Wettbewerber des marktbeherrschenden Unternehmens tätig zu werden; dies gilt nicht, wenn das marktbeherrschende Unternehmen nachweist, dass die Mitbenutzung als betriebsbedingten oder sonstigen Gründen nicht möglich oder nicht zumutbar ist;
5. seine Marktstellung dazu ausnutzt, andere Unternehmen dazu aufzufordern oder zu veranlassen, ihm ohne sachlich gerechtfertigten Grund Vorteile zu gewähren.

(3) Absatz 1 in Verbindung mit Absatz 2 Nummer 1 und Nummer 5 gilt auch für Vereinigungen von miteinander im Wettbewerb stehenden Unternehmen im Sinne der §§ 2, 3 und 28 Absatz 1, § 30 Absatz 2a und § 31 Absatz 1 Nummer 1, 2 und 4. Absatz 1 in Verbindung mit Absatz 2 Nummer 1 gilt auch für Unternehmen, die Preise nach § 28 Absatz 2 oder § 30 Absatz 1 Satz 1 oder § 31 Absatz 1 Nummer 3 binden.

Übersicht

	Rdn.		Rdn.
A. Allgemeines	1	III. Normadressaten	6
I. Überblick	1	IV. Rechtsnatur	8
II. Normzweck	4	**B. Voraussetzungen**	9

	Rdn.
I. Missbrauch der marktbeherrschenden Stellung	9
1. Allgemeines	9
2. Begriff der missbräuchlichen Ausnutzung	13
a) Allgemeines	13
b) Interessenabwägung	15
3. Marktbezug	22
4. Fallgruppen	25
a) Allgemeines	25
b) Ausbeutungsmissbrauch	27
aa) Grundsatz	27
bb) Einzelfälle	28
(1) Preis-/Konditionenmissbrauch (§ 19 Abs. 2 Nr. 2 GWB)	28
(a) Überblick	28
(b) Nachweis	32
(2) Preis-/Konditionenspaltung (§ 19 Abs. 2 Nr. 3 GWB)	37
(3) Erzwingung unangemessener Vertragsbedingungen (Konditionenmissbrauch iwS; § 19 Abs. 2 Nr. 1 GWB)	41
(a) Allgemeines	41
(b) Fallgruppen	43
(aa) Ausschließlichkeitsbindungen	43
(aaa) Allgemeines	43
(bbb) Unmittelbare Bindungen	48
(ccc) Mittelbare Bindungen	51
(bb) Vertriebs- und Verwendungsbindungen	60
(aaa) Allgemeines	60
(bbb) Einzelfälle	61
(cc) Wettbewerbsverbote	67
(dd) Kopplungsgeschäfte	70
(aaa) Allgemeines	70
(bbb) Voraussetzungen	74
(ccc) Rechtfertigungsgründe	78

	Rdn.
(4) Diskriminierung von Handelspartnern	81
(a) Allgemeines	81
(b) Voraussetzungen	82
(c) Einzelfälle	86
c) Behinderungsmissbrauch	88
aa) Grundsatz	88
bb) Einzelfälle	97
(1) Gezielte Kampfpreisunterbietung (Predatory Pricing)	97
(2) Geschäftsverweigerung	107
(a) Allgemeines	107
(b) Geschäftsverweigerung ieS.	115
(aa) Überblick	115
(bb) Aufnahmeverweigerung	121
(cc) Teilhabe an selektiven Vertriebssystemen	122
(dd) Zugang zu Ausstellungen, Messen und Handelsplattformen im Internet	127
(ee) Zugang zu Werbemedien	128
(ff) Lieferverweigerung bei Engpässen	129
(gg) Lizenzverweigerung	131
(c) Konstruktive Weigerung	134
(d) Verzögerungstaktik	136
(e) Geschäftsabbruch	137
(3) Verweigerung des Zugangs zu wesentlichen Einrichtungen (»essential facilities«; § 19 Abs. 2 Nr. 4 GWB)	147
(a) Allgemeines	147
(b) Normzweck	150
(c) Voraussetzungen	151
(d) Verhältnis zu § 19 Abs. 1, Abs. 2 Nr. 1 GWB	165

§ 19 GWB Verbotenes Verhalten von marktbeherrschenden Unternehmen

		Rdn.			Rdn.
(4)	Verweigerung von Lizenzen an Immaterialgüterrechten	166	(7)	Weitere Einzelfälle	187
			d)	Marktstrukturmissbrauch	191
			II.	Missbrauch durch freigestellte Kartelle und Preisbinder (§ 19 Abs. 3 GWB)	192
(a)	Allgemeines	166			
(b)	Einzelheiten	170			
(5)	Kosten-Preis-Schere (»prize squeeze/margin squeeze«)	171		1. Allgemeines	192
				2. Normadressaten	193
			C.	**Rechtsfolgen**	196
			I.	Allgemeines	196
(6)	Aufforderung oder Veranlassung zur Vorteilsgewährung (§ 19 Abs. 2 Nr. 5 GWB)	175	II.	Verwaltungsverfahren	197
			III.	Zivilrecht	199
			D.	**Konkurrenzen**	206
			I.	Verhältnis zum Unionsrecht	206
			II.	Verhältnis zu sektorspezifischen Missbrauchsverboten	207
(a)	Allgemeines	175	III.	Verhältnis zu § 1 GWB	212
(b)	Normzweck	180	IV.	Verhältnis zur Fusionskontrolle	214
(c)	Voraussetzungen	181	V.	Verhältnis zum Lauterkeitsrecht	215

Schrifttum

Siehe Schrifttum Vor §§ 18–20 GWB.

A. Allgemeines

I. Überblick

1   Die Vorschrift des § 19 GWB definiert die **Voraussetzungen für den Missbrauch einer marktbeherrschenden Stellung** und knüpft insoweit an § 18 GWB an, dem die für das deutsche Kartellrecht relevanten Regeln zur Bestimmung der marktbeherrschenden Stellung eines Unternehmens zu entnehmen sind. In § 20 GWB ist darüber hinaus geregelt, welche Verhaltensanforderungen für marktstarke Unternehmen, also solche mit relativer oder überlegener Marktmacht, gelten.

2   Mit der 8. GWB-Novelle 2013 hat § 19 GWB eine umfassende Umgestaltung erfahren (zur **Kodifikationsentwicklung** Vor §§ 18 bis 20 Rdn. 7). Bis dahin enthielt die Vorschrift sowohl die nunmehr in § 18 GWB ausgelagerten Regeln zur Bestimmung der Marktbeherrschung (§ 19 Abs. 2 und 3 GWB a.F.) als auch die für marktbeherrschende Unternehmen geltenden Regeln zur Feststellung des Missbrauchs einer marktbeherrschenden Stellung (§ 19 Abs. 1 und 4 GWB a.F.). Die letztgenannten Vorschriften sind seit der GWB-Novelle 2013 in § 19 Abs. 1 und 2 GWB aufgegangen (zur Kodifikationsentwicklung Vor §§ 18 bis 20 Rdn. 7). Die dazu vorliegenden Erkenntnisse können daher in weitem Umfang auch für die Interpretation von § 18 GWB herangezogen werden. Entsprechendes gilt für das bis zur GWB-Novelle 2013 in § 20 GWB enthaltene

Behinderungs- und Diskriminierungsverbot, soweit es sich an marktbeherrschende Unternehmen richtete (§ 20 Abs. 1 und 3 GWB a.F.). Während § 20 Abs. 1 GWB a.F. unter Fortfall der »Geschäftsverkehrsklausel« in § 19 Abs. 2 Nr. 1 GWB integriert wurde, hat das Anzapfverbot (§ 20 Abs. 3 GWB a.F.) seinen Platz in § 19 Abs. 2 Nr. 5 GWB gefunden. Mit § 19 Abs. 3 S. 1 GWB wird schließlich das Behinderungs- und Diskriminierungsverbot und das Anzapfverbot auf freigestellte Kartelle erstreckt (zuvor § 20 Abs. 1, 3 GWB a.F.). Zudem bezieht § 19 Abs. 3 S. 2 GWB preisbindende Unternehmen in das Behinderungs- und Diskriminierungsverbot ein (zuvor § 20 Abs. 1 GWB a.F.).

Mit der Neufassung der Vorschriften zum Marktmachtmissbrauch hat der Gesetzgeber vorrangig den Zweck verfolgt, die **Struktur der Regelungen zu verbessern**, ohne damit den materiellen Gehalt der Normen verändern zu wollen.[1] Die »Entflechtung« der vorherigen Vorschriften und die damit einhergehende Zusammenfassung der Regeln zur Bestimmung der Marktbeherrschung (§ 18 GWB), zum Marktmachtmissbrauch (§ 19 GWB) und zur »Erstreckung« dieser Regeln auf marktstarke Unternehmen (§ 20 GWB) hat in der Tat zu einer stringenteren Ordnung der Regelungsmaterie geführt. Sie geht freilich zuweilen mit einer etwas unübersichtlichen Verweisungstechnik einher. Zudem vermag der Regelungsstandort von § 19 Abs. 3 GWB nicht zu überzeugen. Bei den dort erfassten freigestellten Kartellen und preisbindenden Unternehmen handelt es sich nicht per se um marktbeherrschende Unternehmen. Die Eingliederung der Vorschrift in den Regelungszusammenhang des § 19 GWB lässt sich allenfalls dadurch rechtfertigen, dass die vom Handeln derartiger Unternehmen ausgehenden Marktwirkungen denen marktbeherrschender Unternehmen ähneln.[2] Unter diesem Blickwinkel hätte es freilich näher gelegen, die Regelung weiterhin in § 20 GWB zu verorten.[3]

II. Normzweck

Wie bereits erläutert (Vor §§ 18 bis 20 Rdn. 2) steht das deutsche Kartellrecht der Begründung von Marktmacht, sofern sie auf internem Wachstum beruht und ohne Rechtsverstöße vonstatten geht, neutral gegenüber.[4] Dies impliziert, dass auch marktbeherrschende Unternehmen zunächst einmal nicht gehindert

---

1 BReg., Begr. zum Entwurf eines Achten Gesetzes zur Änderung des Gesetzes gegen Wettbewerbsbeschränkungen, BT-Drucks. 17/9852, S. 17, 20.
2 In diesem Sinne bereits Schriftlicher Bericht des BT-Ausschusses für Wirtschaftspolitik über den Entwurf eines Gesetzes gegen Wettbewerbsbeschränkungen, zu BT-Drucks. 2/3644, S. 28; vgl. auch *Loewenheim*, in: Loewenheim/Meessen/Riesenkampff, § 19 GWB Rn. 8 (zur Preisbindung).
3 *Fuchs*, in: Immenga/Mestmäcker, § 19 GWB Rn. 2.
4 Dazu auch *Fuchs*, in: Immenga/Mestmäcker, § 19 GWB Rn. 7.

§ 19 GWB Verbotenes Verhalten von marktbeherrschenden Unternehmen

sind, ihr Marktverhalten an eigenen Interessen auszurichten, nämlich daran, was sie für wirtschaftlich sinnvoll und vernünftig halten. Sie dürfen (und sollen sich) am Wettbewerb beteiligen und können dabei auch etwaige Effizienzvorteile ausspielen. Aufgrund der marktbeherrschenden Stellung trifft die Normadressaten freilich eine Marktverhaltensverantwortung (dazu bereits § 18 Rdn. 46), die sich im Marktmachtmissbrauchsverbot des § 19 GWB ausdrückt. Diese ist nicht auf eine umfassende Verhaltenskontrolle ausgerichtet.[5] Vielmehr soll verhindert werden, dass bestehende Marktmacht im Einzelfall zu wettbewerbsfremden Zwecken ausgenutzt wird. Es geht mit anderen Worten darum, Verhaltensmuster zu identifizieren, die auf einen vom Wettbewerb nicht (hinreichend) kontrollierten Verhaltensspielraum und damit auf eine missbräuchliche Ausnutzung der marktbeherrschenden Stellung hindeuten.[6] Das ist regelmäßig dann der Fall, wenn es einem Unternehmen gelingt, Wettbewerbsbedingungen durchzusetzen, die sich bei funktionierendem Wettbewerb nicht einstellen würden. Mit § 19 GWB soll damit vorrangig der Schutz freier Wettbewerbsprozesse sichergestellt werden.[7] **Schutzobjekt** ist insoweit der **Wettbewerb als Institution**.[8] Dabei geht es (reflexiv) auch um den **individuellen Schutz der Wettbewerbsfreiheit der Marktteilnehmer**, da diese den institutionellen Rahmen durch ihr Handeln nutzen sollen, um ein sich selbst verwirklichendes Wettbewerbssystem zu erhalten.[9] Geschützt werden insoweit die Angehörigen vor- und nachgelagerter Marktstufen ebenso wie (potenzielle) Wettbewerber auf der selben Marktstufe und gegebenenfalls auch Akteure auf Drittmärkten (dazu auch Rdn. 23 f.), sofern es einem marktbeherrschenden Unternehmen gelingt, seine Marktmacht dorthin auszudehnen.[10] Aufgabe des Marktmachtmissbrauchsverbots ist es mit anderen Worten, den in Folge der Anwesenheit des marktbeherrschenden Unternehmens bereits geschwächten, aber noch vorhandenen **Restwettbewerb** zu erhalten.[11] Dies darf freilich nicht mit einem Bestandsschutz zu Gunsten verbliebener Konkurrenten verwechselt werden.[12]

5 Mit dem Schutz des Wettbewerbs als Institution verträgt sich kein Wettbewerbsverständnis, das einseitig auf **Konsumentenwohlfahrt** oder eine vorrangige **ökonomische Orientierung** des Missbrauchsverbots fixiert ist. Selbst-

---

5 *Fuchs*, in: Immenga/Mestmäcker, § 19 Rn. 15.
6 Dazu auch *Fuchs*, in: Immenga/Mestmäcker, § 19 Rn. 23 ff.
7 *Wurmnest*, S. 95.
8 *Fuchs*, in: Immenga/Mestmäcker, § 19 Rn. 21; *Markert*, in: Immenga/Mestmäcker, § 19 GWB Rn. 96.
9 Dazu *Busche*, Privatautonomie und Kontrahierungszwang, 1999, S. 319 f.; *Fuchs*, in: Immenga/Mestmäcker, § 19 Rn. 16, 21.
10 *Fuchs*, in: Immenga/Mestmäcker, § 19 Rn. 19.
11 *Fuchs*, in: Immenga/Mestmäcker, § 19 GWB Rn. 25.
12 *Fuchs*, in: Immenga/Mestmäcker, § 19 GWB Rn. 22.

verständlich ist es nicht ausgeschlossen, derartige Gesichtspunkte bei der Auslegung von § 19 GWB zu berücksichtigen, insbesondere wenn es darum geht, im Rahmen einer Interessenabwägung der auf die Freiheit des Wettbewerbs gerichteten Zielsetzung des Gesetzes die erforderliche Wirkmacht zu geben.[13] Das ist etwas anderes, als die vollständige Überformung des Gesetzes durch an sich nicht primär wettbewerbsbasierte Ziele. Mit dem Ziel des Marktmachtmissbrauchsverbots unvereinbar wäre es jedenfalls, § 19 GWB für wirtschaftspolitische Zwecke in Dienst zu nehmen.[14] Diese Aufgabe bleibt spezialgesetzlichen Vorschriften vorbehalten, die auf die Regulierung einzelner Wirtschaftsbereiche abzielen.[15]

III. Normadressaten

Regelungsadressaten von § 19 GWB sind alle marktbeherrschenden Unternehmen. Auch im Rahmen von § 19 GWB bestimmt sich die Unternehmenseigenschaft nach dem allgemein im Kartellrecht geltenden funktionellen Unternehmensbegriff. Es genügt also jedwede Tätigkeit im geschäftlichen Verkehr unabhängig von der Rechtsform und einer Gewinnerzielungsabsicht (dazu § 1 Rdn. 49 ff.). Ob ein Fall der Marktbeherrschung vorliegt, richtet sich nach § 18 GWB. Darüber hinaus bedarf es der Feststellung des Missbrauchs der marktbeherrschenden Stellung i.S.v. § 19 GWB. Was unter einer »missbräuchlichen Ausnutzung« einer marktbeherrschenden Stellung zu verstehen ist, wird im Gesetz allerdings nicht legal definiert. Es handelt sich vielmehr um einen **offenen Tatbestand**, der anhand des Schutzzwecks der Norm zu konkretisieren ist. Einen gewissen Anhalt für die Normkonkretisierung bieten die in § 19 Abs. 2 GWB genannten **Regelbeispiele**, die ihrer Natur nach **nicht abschließend** sind (s. auch Rdn. 10), wie sich bereits aus dem Wortlaut (»insbesondere«) ergibt.[16] Generell kann zwischen den Fallgruppen des **Behinderungsmissbrauchs**, des **Ausbeutungsmissbrauchs** und des **Marktstrukturmissbrauchs** unterschieden werden (dazu Rdn. 25). Der Missbrauch beruht auf objektiven Umständen. Ob das missbräuchliche Verhalten einem Unternehmen subjektiv vorwerfbar ist, kann dahinstehen, denn darauf kommt es nicht an. Ähnlich wie

6

---

13 Die auf die Freiheit des Wettbewerbs gerichtete Zielsetzung des GWB ist in der Rechtsprechung des BGH zu einer stehenden Wendung geworden; vgl. nur BGHZ 38, 90, 102 = WuW/E BGH 502, 508 – *Grote-Revers*; BGH WuW/E DE-R 1329, 1332 – *Standard-Spundfass II*.
14 *Mestmäcker*, AcP 168 (1968) 235, 253; *Möschel*, Pressekonzentration und Wettbewerbsgesetz, S. 76; *Fuchs*, in: Immenga/Mestmäcker, § 19 Rn. 16.
15 So bereits *J. Baur*, Der Mißbrauch im deutschen Kartellrecht, 1972, S. 81; zur Unterscheidung von allgemeinem, deliktsrechtlichem und besonderem Kontrahierungszwang *Busche*, Privatautonomie und Kontrahierungszwang, 1999, S. 117 ff.
16 *Fuchs*, in: Immenga/Mestmäcker, § 19 GWB Rn. 3; missverständlich *Bechtold*, GWB, § 19 Rn. 2, 5.

im Lauterkeitsrecht, in dem subjektive Elemente zunehmend in den Hintergrund treten, kann es nicht auf die Gesinnung des Handelnden ankommen, sondern allein auf die Marktwirkungen.[17] Darin unterscheidet sich § 19 GWB auch von der früheren Monopolrechtsprechung des Reichsgerichts, die sich auf §§ 138, 826 BGB gründete.[18]

7 Die Normadressateneigenschaft kann, wie bereits erläutert (dazu § 18 Rdn. 49), auf einer individuellen oder kollektiven Marktbeherrschung beruhen. Während bei der **individuellen Marktbeherrschung** die den Missbrauchsvorwurf begründende Verhaltenszurechnung in der Regel keine besonderen Probleme aufwirft, ergeben sich für die kollektive Marktbeherrschung in diesem Punkt zusätzliche Fragen. Da sich die **kollektive Marktbeherrschung** in einem gleichförmigen Verhalten der Oligopolmitglieder äußert, bedarf es der Klärung, ob ein solches auch im Hinblick auf das missbräuchliche Verhalten erforderlich ist. Dafür könnte sprechen, dass sich darin gerade das Wesensmerkmal einer kollektiven Marktbeherrschung widerspiegelt,[19] nämlich die Möglichkeit, andere Marktteilnehmer zu dominieren. Tritt diese Marktwirkung freilich auch dann ein, wenn nur ein einzelnes (dann in der Regel besonders marktstarkes) Oligopolmitglied oder **einzelne Oligopolmitglieder** handeln, so dass die Wirkungen des gleichförmigen Verhaltens aller Oligopolmitglieder quasi simuliert werden, spricht nichts dagegen, bereits das Handeln eines einzelnen Oligopolmitglieds ausreichen zu lassen, um die Normadressatenstellung des Oligopols zu begründen.[20]

IV. Rechtsnatur

8 Mit der Vorschrift des § 19 GWB hat der Gesetzgeber ein **unmittelbar wirkendes Verbot** der missbräuchlichen Ausnutzung einer marktbeherrschenden Stellung statuiert (dazu auch Rdn. 199).[21] Dieses ist mit der 6. GWB-Novelle 1998 eingeführt worden. Bis dahin erlaubte der Missbrauchstatbestand lediglich eine kartellbehördliche Kontrolle. Der unmittelbar wirkende Verbotstatbestand effektuiert die Durchsetzung des Marktmachtmissbrauchsverbots

---

17 Vgl. BGH WuW/E BGH 1965, 1966 = NJW 1984, 1116 – *Gemeinsamer Anzeigenteil*; *Fuchs*, in: Immenga/Mestmäcker, § 19 GWB Rn. 17; zum Lauterkeitsrecht *Bähr*, in: MünchKommUWG, § 2 UWG Rn. 101 ff.
18 Zu dieser *J. Baur*, Der Mißbrauch im deutschen Kartellrecht, 1972, S. 78 ff.
19 Anders offenbar OLG Celle WuW/E OLG 3564, 3566 – *Krankentransportdienste*; OLG Düsseldorf WuW/E OLG 2642, 2646 f. – *Siegener Kurier*.
20 BGHZ 96, 337, 345 = WuW/E BGH 2195, 2198 – *Abwehrblatt II* = NJW 1986, 1877, 1878; *Fuchs*, in: Immenga/Mestmäcker, § 19 GWB Rn. 13.
21 EuGH Slg. 1989, 803, Tz. 32 – *Ahmed Saeed Flugreisen*.

ganz erheblich, da damit zugleich die Marktteilnehmer als »Funktionäre der Rechtsordnung« aktiviert werden. Es bedarf also nicht der (vorgelagerten) Feststellung der Wettbewerbswidrigkeit des Handelns durch eine Kartellbehörde. Vielmehr ist die Vorschrift von den Normadressaten ohne Weiteres zu beachten und von den Gerichten im Rahmen zivilrechtlicher Verfahren unmittelbar anzuwenden. Die Möglichkeit einer Freistellung wie im Anwendungsbereich von § 1 GWB besteht nicht.[22] Die Vorschrift spielt in der kartellrechtlichen Praxis eine erhebliche Rolle, wie sich auch aus der Fülle der dazu vorliegenden Entscheidungen ersehen lässt. Insoweit lassen sich gewisse Unterschiede zu Art. 102 AEUV erkennen (dazu Art. 102 AEUV Rn. 10).

B. Voraussetzungen

I. Missbrauch der marktbeherrschenden Stellung

1. Allgemeines

Zwischen dem Tatbestand der **Marktbeherrschung** (§ 18 GWB) und dem **missbräuchlichen Verhalten** muss ein **funktionaler Zusammenhang** bestehen. Sinn und Zweck des § 19 GWB ist es nicht, jegliches Marktverhalten einer Kontrolle zu unterwerfen, sondern nur solches, das von einem marktbeherrschenden Unternehmen ausgeht. Die Marktbeherrschung ist nämlich dafür verantwortlich, dass Verhaltensspielräume potenzieller Normadressaten vom Wettbewerb nicht angemessen kontrolliert werden können. Dies rechtfertigt einen Eingriff in die Privatautonomie und damit in die wettbewerbliche Gestaltungsfreiheit marktbeherrschender Unternehmen, soweit sie sich auf dem relevanten Markt missbräuchlich verhalten. Soweit hier von einem funktionalen Zusammenhang zwischen Marktbeherrschung und missbräuchlichem Verhalten die Rede ist, soll damit verdeutlicht werden, dass marktbeherrschende Unternehmen in der Lage sind, jedes Verhalten, das unter Wettbewerbsbedingungen nicht zu beanstanden wäre, in den Dienst der Marktbeherrschung zu stellen.[23] Diese Tatsache ist nicht zu verwechseln mit dem Erfordernis eines kausalen Zusammenhangs zwischen Marktbeherrschung und Missbrauch. Ein derartiges **Kausalitätserfordernis** besteht nicht.[24] Vielmehr reicht die objektive Verwirklichung des Missbrauchstatbestandes aus.[25] Das ist dann der Fall, wenn sich die Marktbeherrschung durch das missbräuchliche Verhalten auf

9

---

22 EuGH Slg. 1989, 838, Tz. 32 – *Ahmed Saeed Flugreisen*.
23 *Fuchs/Möschel*, in: Immenga/Mestmäcker, EUWbR, Art. 102 AEUV Rn. 136.
24 *Fuchs*, in: Immenga/Mestmäcker, Wettbewerbsrecht, GWB, § 19 GWB Rn. 82b.
25 EuGH Slg. 1973, 215, Tz. 27 – *Continental Can*; Komm., ABl. 1985 Nr. L 374/1, Tz. 85 – *ECS/AKZO II*; *Fuchs/Möschel*, in: Immenga/Mestmäcker, EUWbR, Art. 102 AEUV Rn. 136.

den Markt auswirkt. Die wettbewerbsschädlichen Folgen des Verhaltens müssen also die Marktbeherrschung erkennen lassen.[26]

10 Allerdings wird in § 19 GWB nicht allgemein definiert, unter welchen Voraussetzungen ein Missbrauch vorliegt. Die Vorschrift ist in Absatz 1 generalklauselartig formuliert und setzt ersichtlich voraus, dass ein bestimmtes Verhalten als »**missbräuchliche Ausnutzung**« einer beherrschenden Stellung qualifiziert werden kann. Der Rechtsbegriff der »missbräuchlichen Ausnutzung« ist insoweit ein offener Tatbestand. Er bedarf der Konkretisierung. Zur Verdeutlichung dessen, was gemeint ist, enthält Absatz 2 fünf **Regelbeispiele**, die nach ganz überwiegender Auffassung nebeneinander anwendbar sind.[27] Das gilt freilich nicht für das Verhältnis von § 19 Abs. 2 Nr. 4 GWB (Verweigerung des Zugangs zu Netzen oder anderen Infrastruktureinrichtungen) zur Generalklausel des § 19 Abs. 1 GWB und zu den weiteren Regelbeispielen des § 19 Abs. 2 GWB, weil es sich bei § 19 Abs. 2 Nr. 4 GWB um eine quasi-regulatorische Sondervorschrift handelt (näher dazu Rdn. 147 ff.). Die übrigen Regelbeispiele können untereinander und im Verhältnis zur Generalklausel nicht in jeder Hinsicht trennscharf voneinander abgegrenzt werden. Als missbräuchlich angesehen werden neben der bereits erwähnten Zugangsverweigerung (Abs. 2 Nr. 4) die unbillige Behinderung oder sachlich nicht gerechtfertigte Ungleichbehandlung von Unternehmen (Nr. 1), das Fordern nicht wettbewerbsgerechter Entgelte oder Geschäftsbedingungen (Nr. 2), das Fordern ungünstigerer Entgelte oder Geschäftsbedingungen als auf vergleichbaren Märkten (Nr. 3) und die Ausnutzung der Marktstellung, um andere Unternehmen zu einer sachlich nicht gerechtfertigten Vorteilsgewährung aufzufordern (Nr. 5). Durch die Erwähnung der Beispielsfälle macht der Gesetzgeber deutlich, dass es sich insoweit um **besonders gravierende Sachverhalte** handelt, die für den Missbrauchstatbestand Maßstab bildend sind. In diesen Fällen ist regelmäßig von einer missbräuchlichen Ausnutzung der beherrschenden Stellung auszugehen. Aber bereits der Gesetzeswortlaut (»insbesondere«) zeigt den nicht abschließenden Charakter der Aufzählung.[28] Ergänzend dazu hat sich in der Entscheidungspraxis der Kartellbehörden und der Gerichte, aber auch im Schrifttum eine umfangreiche Kasuistik entwickelt (dazu Rdn. 25 f.).

11 Die **Generalklausel** des § 19 Abs. 1 GWB bleibt im Grundsatz **neben den Regelbeispielen** des § 19 Abs. 2 GWB anwendbar (s. Rdn. 10). Das ergibt sich bereits aus dem nicht abschließenden Charakter der Beispielsfälle. Wie bereits

---

26 *Bechtold*, GWB, § 19 Rn. 5; *Fuchs*, in: Immenga/Mestmäcker, § 19 GWB Rn. 82b (»Ergebniskausalität«); *Loewenheim*, in: Loewenheim/Meessen/Riesenkampff, § 19 GWB Rn. 6; *Nothdurft*, in: Langen/Bunte, § 19 GWB Rn. 99.
27 Vgl. nur *Nothdurft*, in: Langen/Bunte, GWB § 19 GWB Rn. 92.
28 EuGH Slg. 2007 I-2331, Tz. 57 – *British Airways*; Slg. 1996, I-5951, Tz. 37 – *Tetra Pak*.

erwähnt (Rdn. 10), hat der Gesetzgeber mit den Regelbeispielen besonders gravierende Fälle des Marktmachtmissbrauchs erfassen wollen. Ein Vergleich mit der Vorschrift des Art. 102 AEUV zeigt aber bereits, dass es, was den Inhalt der Regelbeispiele angeht, offensichtlich Unterschiede zwischen dem deutschen und dem europäischen Kartellrecht gibt, obwohl § 19 GWB und Art. 102 AEUV einem vergleichbaren Regelungsansatz folgen. So werden die in Art. 102 Satz 2 lit. d AEUV angesprochenen Kopplungspraktiken in § 19 Abs. 2 GWB nicht erwähnt. Die Regelbeispiele wirken, auch was die Anwendung der Generalklausel angeht, zwar in gewissem Sinne maßstabgebend; sie dürfen aber nicht dahingehend missverstanden werden, dass die Generalklausel nur zur Erfassung rechtstatsächlich ähnlicher Sachverhalte zur Verfügung steht. Eine derartige Sichtweise wäre schon deshalb nicht überzeugend, weil sie ein Einfallstor für Umgehungsstrategien bilden könnte.[29] Im Übrigen würde vollständig außer Acht gelassen, dass Wettbewerb keine statische Veranstaltung ist, sondern ein prozesshafter Vorgang, dessen einzige Kontinuität in der steten Veränderung besteht. Aus diesem Grund ist es von nicht zu unterschätzender Bedeutung, dass § 19 GWB als »offener« Tatbestand ausgestaltet ist, der es ermöglicht, die Anwendung des Marktmachtmissbrauchsverbots flexibel zu handhaben. Stellt man zudem in Rechnung, dass eine wertungsparallele Anwendung des deutschen und des europäischen Kartellrechts zwar nicht rechtlich zwingend, aber doch sachlich wünschenswert ist (dazu bereits Rdn. 206), kann eine »offene« Anwendung der Generalklausel des § 19 Abs. 1 GWB letztlich auch zu einer Harmonisierung des Kartellrechts insgesamt beitragen.[30]

Wie sich aus den Verweisungen in § 20 Abs. 1 und 2 GWB ergibt, erstreckt das Gesetz das in § 19 GWB verankerte Verbot missbräuchlichen Verhaltens auch auf **Unternehmen mit relativer oder überlegener Marktmacht** (»marktstarke« Unternehmen). Das ist insbesondere dann von Bedeutung, wenn die nach § 19 GWB erforderliche Marktbeherrschung nicht nachgewiesen werden kann. Unabhängig davon bleibt § 20 GWB stets neben § 19 GWB anwendbar.[31] Es ist nämlich denkbar, dass ein Unternehmen nicht nur marktbeherrschend i.S.v. § 19 GWB ist, sondern zugleich eine marktstarke Stellung i.S.v. § 20 GWB hat, weil andere (kleine und mittlere) Unternehmer als Anbieter oder Nachfrager bestimmter Produkte von ihm abhängig sind.

12

---

29 *Nothdurft*, in: Langen/Bunte, § 19 GWB Rn. 190.
30 I.d.S. auch *Fuchs*, in: Immenga/Mestmäcker, § 19 GWB Rn. 82a (»Brückenfunktion«).
31 KG WuW/E OLG 3124, 3132 – *Milchaustauschfuttermittel*; WuW/E OLG 907, 911 – *Sportartikelmesse*; *Fuchs*, in: Immenga/Mestmäcker, § 19 GWB Rn. 43; vgl. auch BGH GRUR 1982, 691, 692 – *Anzeigenraum* (insoweit nicht in BGHZ 84, 320).

2. Begriff der missbräuchlichen Ausnutzung

a) Allgemeines

13 Eine Gesamtschau der in § 19 GWB benannten Fallgruppen lässt deutlich werden, dass von einem Missbrauch einer marktbeherrschenden Stellung immer dann gesprochen werden kann, wenn ein Unternehmen den aufgrund seiner beherrschenden Stellung erlangten wettbewerblichen Verhaltensspielraum dazu ausnutzt, am Markt solche **Wettbewerbsbedingungen durchzusetzen, die sich bei funktionierendem Wettbewerb nicht ergeben würden**. In der Rechtsprechung der Unionsgerichte zu Art. 102 AEUV hat sich für diesen Sachverhalt die Umschreibung herausgebildet, dass mit dem Begriff der »missbräuchlichen Ausnutzung« solche Verhaltensweisen eines Unternehmens in beherrschender Stellung gemeint sind, die die Struktur eines Marktes beeinflussen können, auf dem der Wettbewerb gerade wegen der Anwesenheit des fraglichen Unternehmens bereits geschwächt ist, und die die Aufrechterhaltung des auf dem Markt noch bestehenden Wettbewerbs oder dessen Entwicklung durch die Verwendung von Mitteln behindern, welche von den Mitteln eines normalen Produkt- oder Dienstleistungswettbewerbs auf der Grundlage der Leistungen der Marktbürger abweichen.[32] Damit könnte angedeutet sein, dass die Abgrenzung zwischen (zulässigem) **Leistungswettbewerb** und (unzulässigem) **Nichtleistungswettbewerb** darüber entscheidet, ob das Verhalten des marktbeherrschenden Unternehmens missbräuchlich ist oder nicht. Ähnliche Anklänge gibt es zum Teil auch in der Rechtsprechung des BGH.[33] Eine derartige Sichtweise wäre freilich wenig zielführend, da sie belastbare Ergebnisse in Aussicht stellt, ohne dass diese sich tatsächlich einstellen können. Die Unterscheidung zwischen Leistungs- und Nichtleistungswettbewerb wirkt nämlich nur auf den ersten Blick eingängig. Sie täuscht darüber hinweg, dass sich auf Märkten, die ständig in Bewegung sind und damit den Marktteilnehmern die fortlaufende Anpassung und Weiterentwicklung von Aktionsparametern abverlangen, eine Kategorisierung von Verhaltensweisen in solche des Leistungs- und des Nichtleistungswettbewerbs von vornherein verbietet. Der Wettbewerb als Entdeckungsverfahren lebt im Gegenteil davon, dass die Marktakteure (auch) von üblichen Verhaltensmustern abweichen, ohne dass dies von vornherein als Nichtleistungswettbewerb gebrandmarkt werden darf.

---

[32] EuGH Slg. 1979, 461, Tz. 91 – *Hoffmann-LaRoche*; Slg. 2010, I-9555, Tz. 174 – *Deutsche Telekom/Kommission*; Slg. 2011, I-527, Tz. 27 – *TeliaSonera Sverige*; vgl. auch EuG Slg. 2007, II-1607, Tz. 120 – *Der Grüne Punkt – DSD*.

[33] Vgl. nur BGHZ 176, 1 Rn. 44 = WuW/E DE-R 2268 – *Soda-Club II*; BGHZ 96, 337, 345 = WuW/E BGH 2195, 2198 – *Abwehrblatt II*, wo im Hinblick auf eine bestimmte Form des »Leistungswettbewerbs« (Unterbieten des Konkurrenzpreises) sogar davon die Rede ist, dies sei ein wesentliches Element »gesunden« Wettbewerbs.

Mit der Unterscheidung zwischen Leistungs- und Nichtleistungswettbewerb ist also nichts gewonnen.[34]

Die **Feststellung des Missbrauchs** kann sich letzten Endes nur auf **Indizien** stützen, die mehr oder weniger für einen Marktmachtmissbrauch sprechen. Da es um die **Aufrechterhaltung noch bestehenden Restwettbewerbs** geht (dazu Rdn. 4), liegt es nahe, danach zu fragen, ob das marktbeherrschende Unternehmen durch sein Verhalten am Markt zusätzliche Hindernisse schafft, die geeignet sind, den noch bestehenden Restwettbewerb weiter einzuschränken oder auszuschalten.[35] Darauf können objektive Tatsachen hindeuten wie die vom Marktbeherrscher verwendeten **Mittel**, aber auch (und insbesondere) die dadurch ausgelösten Wirkungen oder **Marktergebnisse**.[36] Freilich können auch **subjektive Elemente** wie ein Handeln in schädigender Absicht, die an sich für die Ausfüllung des Missbrauchstatbestandes unerheblich sind (dazu bereits Rdn. 6), durchaus als Indizien zur Ausfüllung des objektiven Tatbestandes herangezogen werden.[37] Auf der Rechtsfolgenseite beeinflussen sie in der Regel auch die Höhe etwaiger Bußgelder, die von der Kartellbehörde bei Zuwiderhandlungen gegen § 19 GWB verhängt werden können.[38]

b) Interessenabwägung

Angesichts der Komplexheit der wirtschaftlichen Vorgänge, die jeweils durch den Einzelfall geprägt sind und sich einer generalisierenden Betrachtung entziehen, hat sich in der Rechtspraxis das Instrument der **Interessenabwägung** als zielführend erwiesen, um missbräuchliche Verhaltensweisen marktbeherrschender Unternehmen zu identifizieren. Die Rechtsprechung hat diese Methode ursprünglich zum Behinderungsverbot des § 20 Abs. 1 GWB a.F. (zuvor § 26 Abs. 2 GWB) entwickelt. Sie ist freilich auf § 19 GWB, der de lege lata den »Überbau« für alle Fälle mit Marktbeherrschungsbezug darstellt, ohne Weiteres übertragbar, da es jeweils darum geht, die gegenläufigen Interessen der Marktteilnehmer zum Ausgleich zu bringen. Das Instrument der Interessenabwägung kann insoweit unabhängig davon fruchtbar gemacht werden, ob es sich um ein Marktverhalten handelt, das sich im Horizontalverhältnis

---

34 *Busche*, Privatautonomie und Kontrahierungszwang, 1999, S. 377 ff.; *Köhler*, Wettbewerbs- und kartellrechtliche Kontrolle der Nachfragemacht, 1979, S. 24 ff.; *Rittner*, FS Kraft, 1998, S. 519, 530; *Kling/Thomas* § 5 Rn. 63; *Fuchs*, in: Immenga/Mestmäcker, § 19 GWB Rn. 28 f.; *Markert*, in: Immenga/Mestmäcker, § 19 GWB Rn. 133 ff., 185; vgl. auch *v. Ungern-Sternberg*, in: FS Odersky, 1996, S. 987, 989.
35 *Fuchs*, in: Immenga/Mestmäcker, § 19 GWB Rn. 29.
36 *Fuchs*, in: Immenga/Mestmäcker, § 19 GWB Rn. 22.
37 Komm., COMP/38096 = ABl. 2009, Nr. C 165/05, Tz. 218 – *Clearstream*.
38 *Eilmannsberger/Bien*, in: MünchKommKartR, Art. 102 AEUV Rn. 157; *Fuchs/Möschel*, in: Immenga/Mestmäcker, Wettbewerbsrecht, Art. 102 AEUV Rn. 151.

gegenüber Wettbewerbern oder im Vertikalverhältnis gegenüber vor- oder nachgelagerten Marktstufen auswirkt. In der Rechtsprechung hat sich für dieses Vorgehen die stehende Wendung etabliert, dass es auf eine »umfassende Abwägung der Interessen der Beteiligten unter Berücksichtigung der auf die Freiheit des Wettbewerbs gerichteten Zielsetzung des Gesetzes« ankomme.[39] Damit wird zu Recht der Schutz der Freiheit des Wettbewerbs in den Vordergrund gerückt, wenn es um die Beurteilung der Individualinteressen geht.[40] Angesichts der Unbestimmtheit des Begriffs »Wettbewerb« besteht freilich auch in diesem Punkt Konkretisierungsbedarf. Für die Rechtsanwendungspraxis geht es dabei vornehmlich um die Bildung von Fallgruppen, die typischerweise auf den Missbrauch einer marktbeherrschenden Stellung hindeuten.[41] Das entbindet allerdings nicht von einer Einzelfallprüfung.

16 Trotz der Unbestimmtheit des Wettbewerbsbegriffs (dazu bereits Rdn. 4) lassen sich zumindest Umstände definieren, die für die Organisation von Wettbewerb förderlich sind. Dies sind die **Offenhaltung von Märkten**,[42] damit neue Anbieter in den Markt eintreten können, und mit ähnlicher Zielrichtung die **Aufrechterhaltung und Förderung von Restwettbewerb** auf bereits vermachteten Märkten, da dieser einerseits erst das Hinzutreten von Newcomern ermöglicht, andererseits aber auch aktuellen Wettbewerbern wirtschaftliche Entfaltungsmöglichkeiten eröffnet. Sowohl die Offenhaltung von Märkten als auch die Stärkung des Restwettbewerbs kommen letzten Endes dem Endverbraucher zu Gute, dessen Auswahlmöglichkeiten damit geschützt werden. Dagegen vermag die vielfach angeführte **Sicherung des Leistungswettbewerbs**[43] keine konkreten Anhaltspunkte für die Interessenabwägung zu liefern. Es ist nämlich nicht klar, was Leistungswettbewerb ausmacht und wie dieser von Erscheinungsformen des Nichtleistungswettbewerbs abzugrenzen wäre (dazu Rdn. 13).

---

39 BGHZ 199, 289 Rn. 55 = WuW/E DE-R 4159, 4168 – *Stromnetz Berkenthin*; BGHZ 62, 65, 71 – *Sportartikelmesse*; 38, 90, 102 – *Treuhandbüro*; BGH BGH DE-R 3446 Rn. 37 = NJW 2012, 773 – *Grossistenkündigung*; WuW/E BGH 1238, 1243 = GRUR 1973, 277, 278 f. – *Registrierkassen*; OLG Düsseldorf WuW/E DE-R 3974, 3977 – *Deutsche Triathlon Union*; *Belke*, S. 335 ff.; *Nothdurft*, in: Langen/Bunte, § 19 GWB Rn. 215; *Weyer*, in: FK-GWB, § 19 GWB 2005 Rn. 935; *Westermann*, in: MünchKommGWB, § 19 GWB Rn. 46.
40 Dazu auch BGH WuW/E BGH 2990, 2997 = NJW 1995, 2415, 2418 – *Importarzneimittel*; *Markert*, in: Immenga/Mestmäcker, § 19 GWB Rn. 131; *v. Ungern-Sternberg*, in: FS Odersky, 1996, S. 987, 993.
41 *Fuchs*, in: Immenga/Mestmäcker, § 19 GWB Rn. 35.
42 BGH DE-R 3446 Rn. 37 = NJW 2012, 773 – *Grossistenkündigung*.
43 Vgl. nur BGHZ 96, 337, 345 = WuW/E BGH 2195, 2199 – *Abwehrblatt II*; BGH DE-R 3446 Rn. 37 = NJW 2012, 773 – *Grossistenkündigung*; *Nothdurft*, in: Langen/Bunte, § 19 GWB Rn. 214.

Im Hinblick auf die Interessenabwägung stellt sich zunächst die Frage, welche **Individualinteressen** dabei überhaupt berücksichtigungsfähig sind. Das ist deshalb bedeutsam, weil das Ziel der Interessenabwägung der Schutz der Freiheit des Wettbewerbs ist, und zwar nicht nur der Freiheit der individuellen Marktteilnehmer, sondern auch gerade des Wettbewerbs als Institution. Wie sich bereits aus dem Wortlaut von § 19 Abs. 2 GWB ergibt, kommen als **Träger abwägungsfähiger Individualinteressen** nur die involvierten Unternehmen in Betracht, also der Normadressat auf der einen Seite und die dem inkriminierten Verhalten ausgesetzten (unmittelbar oder mittelbar ungleich behandelten) Unternehmen auf der anderen Seite.[44] Entgegen verbreiteter Auffassung nicht unmittelbar in die Interessenabwägung einzustellen sind dagegen die Interessen (unbeteiligter) Unternehmen (Dritter).[45] Entsprechendes gilt für die Interessen von Verbrauchern.[46] Die Interessenabwägung ist insoweit auf das bipolare Verhältnis zwischen dem Normadressaten und dem behinderten oder ungleich behandelten Unternehmen ausgerichtet. Da die Abwägung ihrer Interessen, soweit diese selbst wiederum überhaupt abwägungsfähig sind (dazu Rdn. 18), im Lichte der auf die Freiheit des Wettbewerbs abzielenden Schutzrichtung des Gesetzes zu erfolgen hat, ist es andererseits nicht ausgeschlossen, dass Aspekte des Dritt- und Verbraucherschutzes in diesem Rahmen implizit aufgegriffen werden können.[47]

Nicht alle Interessen, die ein Interessenträger geltend macht, sind **abwägungsfähig**. Das ist nur dann der Fall, wenn sie mit dem Leitgedanken des Wettbewerbsschutzes übereinstimmen.[48] Der Individualschutz ist insoweit im Schutz der Institution Wettbewerb »gefangen«.[49] Angesichts der auf die Freiheit des Wettbewerbs gerichteten Zielsetzung des Gesetzes können insbesondere solche Interessen keine Berücksichtigung finden, die sich gegen Verbote des GWB oder AEUV richten[50] oder mit wertungskongruenten Vor-

---

44 So bereits *Lukes*, BB 1986, 2074, 2078.
45 A.A. BGH WuW/E BGH 2875, 2880 = GRUR 1993, 592, 594 – *Herstellerleasing*; WuW/E 1829, 1832 – *Original-VW-Ersatzteile II*; WuW/E BGH 1527, 1528 f. – *Zeitschriften-Grossisten*; KG WuW/E OLG 2247, 2255 – *Parallellieferteile*; *Markert*, in: Immenga/Mestmäcker, § 19 GWB Rn. 125.
46 *Markert*, in: Immenga/Mestmäcker, § 19 GWB Rn. 125.
47 *Busche*, Privatautonomie und Kontrahierungszwang, 1999, S. 372 f.; *Markert*, in: Immenga/Mestmäcker, § 19 GWB Rn. 139.
48 BGH WuW/E BGH 2535, 2540 – *Lüsterbehangsteine*; WuW/E BGH 1829, 1838 – *Original-VW-Ersatzteile II*; *Derleder*, Wirtschaftliche Diskriminierung zwischen Freiheit und Gleichheit, 1967, S. 186; *v. Ungern-Sternberg*, in: FS Odersky, 1996, S. 987, 990 f.
49 *Busche*, Privatautonomie und Kontrahierungszwang, 1999, S. 375.
50 BGH WuW/E BGH 2647, 2652 = NJW-RR 1990, 1190, 1191 – *Nora-Kunden-Rückvergütung*; WuW/E BGH 1629, 1632 = GRUR 1980, 125, 128 – *Modellbauartikel II*; WuW/E BGH 1783, 1785 – *Neue Osnabrücker Zeitung*; WuW/E BGH

§ 19 GWB *Verbotenes Verhalten von marktbeherrschenden Unternehmen*

schriften des UWG kollidieren.[51] Da die Interessenabwägung auf die Individualinteressen der Beteiligten ausgerichtet ist, können zu deren Gunsten überdies keine wirtschaftspolitischen (gesamtwirtschaftlichen) Ziele in die Interessenabwägung eingestellt werden.[52] Entsprechendes gilt für andere außerwirtschaftliche Interessen.[53] Nicht ausgeschlossen ist allerdings, unabhängig davon, ob es sich bei dem Normadressaten um ein öffentliches Unternehmen handelt oder nicht,[54] die Berufung auf Gemeinwohlbelange, solange diese mit dem Ziel des Wettbewerbsschutzes konform gehen.[55] Im Übrigen ist zwischen dem Normadressaten und den vom Behinderungsmissbrauch betroffenen Unternehmen zu unterscheiden. Zu Gunsten eines **Normadressaten** können – abgesehen von den vorbenannten Einschränkungen – grundsätzlich alle Interessen berücksichtigt werden.[56] Es kommt dabei nicht darauf an, ob diese (objektiv betrachtet) wirtschaftlich vernünftig sind. Insoweit gilt der Satz, dass auch ein marktbeherrschendes Unternehmen seinen Geschäftsbetrieb so ausgestalten kann, wie es dies für sinnvoll hält, um ein betriebswirtschaftliches Optimum zu erreichen.[57] Dagegen können sich die **Missbrauchsbetroffenen** nur auf solche Interessen berufen, die geeignet sind, Beeinträchtigungen ihrer wettbewerblichen Betätigungsmöglichkeiten durch das machtbedingte Verhalten des Normadressaten abzuwehren. Nur in dieser Beziehung werden die betroffenen Unternehmen nämlich durch § 19 GWB geschützt. Zu den abwägungsfähigen Interessen gehören damit die Freiheit des Marktzugangs,[58] die Aufrechterhaltung von Restwettbewerb oder der Schutz vor Beeinträchtigun-

---

1391, 1395 = NJW 1976, 801, 803 – *Rossignol*; OLG Frankfurt/M WuW/E OLG 1998, 2000 – *robbe-Modellsport*; OLG Stuttgart WRP 1998, 434, 442 – *Spitzenparfüm*; BKartA WuW/E Verg 7, 16 f. – *Tariftreueerklärung*; v. Ungern-Sternberg, FS Odersky, 1996, S. 987, 997; *Markert*, in: Immenga/Mestmäcker, § 19 GWB Rn. 126.

51 BGHZ 116, 47, 57 = WuW/E BGH 2762, 2767 – *Amtsanzeiger*; BGHZ 96, 337, 346 = WuW/E BGH 2195, 2199 – *Abwehrblatt II*; BGH WuW/E BGH 2535, 2540 f. = NJW-RR 1989, 485, 486 – *Lüsterbehangsteine*; *Markert*, in: Immenga/Mestmäcker, § 19 GWB Rn. 126.

52 BGH WuW/E BGH 2707, 2715 = GRUR 1991, 868, 871 – *Einzelkostenerstattung*; WuW/E BGH 1629, 1632 = GRUR 1980, 125, 128 – *Modellbauartikel II*; *Markert*, in: Immenga/Mestmäcker, § 19 GWB Rn. 139.

53 *Markert*, in: Immenga/Mestmäcker, § 19 GWB Rn. 127.

54 BGH WuW/E DE-R 1951 Rn. 15 = GRUR 2007, 616 – *Bevorzugung einer Behindertenwerkstatt*.

55 BGH WuW/E DE-R 1951 Rn. 15 f. = GRUR 2007, 616 – *Bevorzugung einer Behindertenwerkstatt*.

56 *Markert*, in: Immenga/Mestmäcker, § 19 GWB Rn. 126.

57 *Markert*, in: Immenga/Mestmäcker, § 19 GWB Rn. 126.

58 BGH WuW/E BGH 1027, 1031 = GRUR 1969, 629, 631 – *Sportartikelmesse II*, Messezugang).

gen der Chancengleichheit im Wettbewerb mit anderen Unternehmen.[59] Mit der Vorschrift des § 19 GWB ist freilich kein Sozialschutz der Betroffenen intendiert,[60] in dem Sinne, dass sie in ihrem Bestand zu schützen wären. Einen derartigen **Bestandsschutz** kann es unter Wettbewerbsbedingungen nicht geben. Dem haben sich auch missbrauchsbetroffene Unternehmen zu stellen. Das gilt auch für kleine und mittlere Unternehmen,[61] die der Gesetzgeber aus wirtschaftspolitischen Motiven zuweilen bevorzugt behandelt (s. § 20 Abs. 3 GWB; dazu § 20 Rdn. 29 ff.). Eine **Berufung auf** die vorbenannten **Individualinteressen** ist dem Normadressaten und den Missbrauchsbetroffenen ohne Weiteres möglich; deren Berechtigung muss nicht vorab in einem gesonderten Verfahren festgestellt werden.[62]

Zu berücksichtigen sind bei der Interessenabwägung stets auch die **Wertungen des europäischen Kartellrechts**. Wie an anderer Stelle ausgeführt (s. Rdn. 206), ist eine möglichst wertungskongruente Anwendung des deutschen und europäischen Marktmachtmissbrauchsverbots anzustreben. Das führt dazu, dass Individualinteressen, die mit Art. 102 AEUV, aber auch mit Art. 101 AEUV kollidieren, im Rahmen der Interessenabwägung nach § 19 Abs. 2 Nr. 1 GWB nicht berücksichtigungsfähig sind. Auf der anderen Seite stellt sich die Frage, wie mit Sachverhalten umzugehen ist, die nach Art. 101 Abs. 3 AEUV vom Kartellverbot freigestellt sind, aber gleichwohl das Potenzial eines Marktmachtmissbrauchs in sich bergen. Der BGH hat offen gelassen, ob unter diesen Umständen die Annahme eines Behinderungsmissbrauchs zwingend ausscheidet.[63] Das ist im Ergebnis zu verneinen, da die Wertungen der Gruppenfreistellungsverordnungen im Rahmen der Interessenabwägung zu Gunsten des Normadressaten berücksichtigt werden können.[64]

In den Vorgang der Interessenabwägung einzubeziehen sind alle von den Interessenträgern angeführten abwägungsfähigen Interessen. Diese können, soweit sie erst nach der Behinderung oder Ungleichbehandlung eines Unternehmens

---

59 BGH WuW/E BGH 1027, 1031 = GRUR 1969, 629, 631 – *Sportartikelmesse II* (Messepräsenz).
60 NJW 2016, 2504 – *Jaguar-Vertragswerkstatt*; WuW/E DE-R 134, 137 = GRUR 1988, 1049, 1051 – *Bahnhofsbuchhandel*; WuW/E BGH 2491, 2495 = GRUR 1988, 642, 644 – *Opel-Blitz*.
61 *Markert*, in: Immenga/Mestmäcker, § 19 GWB Rn. 127.
62 BGH WuW/E BGH BGH 2535, 2540 f. = NJW-RR 1989, 485, 486 – *Lüsterbehangsteine*.
63 BGH WuW/E DE-R 2514 Rn. 14 = NJW 2009, 1753 – *Bau und Hobby*; befürwortend wohl *Wirtz*, WuW 2003, 1040, 1042.
64 *Markert*, in: Immenga/Mestmäcker, § 19 GWB Rn. 141; *Nothdurft*, in: Langen/Bunte, § 19 GWB Rn. 240; *Westermann*, in: MünchKommGWB, § 19 GWB Rn. 47.

entstanden sind, auch nachgeschoben werden.⁶⁵ Die Interessenabwägung hat unter Heranziehung aller Gesichtspunkte im Wege einer **Gesamtwürdigung** zu erfolgen, wobei die Individualinteressen, bevor eine abschließende normative Bewertung erfolgt, bereits vorab zu gewichten sind. Daraus kann sich nämlich bereits ergeben, dass die Interessen einer Seite dermaßen überwiegen, dass sich eine ins Einzelne gehende Betrachtung von vornherein erübrigt.⁶⁶ Zumeist wird es jedoch auf eine ins Einzelne gehende Interessenabwägung ankommen. Dabei ist zu berücksichtigen, dass das **Gewicht der Interessen des Normadressaten** typischerweise umso geringer ist, je mehr die Auswirkungen des Aktionsparametereinsatzes allein auf der herausgehobenen Marktstellung des Normadressaten beruhen. Auf der anderen Seite darf der **Stärkegrad der Marktmacht** als solcher nicht pauschal zu Lasten des marktbeherrschenden Unternehmens in Ansatz gebracht werden, da die Begründung von Marktmacht für sich genommen nicht missbräuchlich ist und damit nicht notwendig einen Rückschluss auf ein nicht wettbewerbskonformes Verhalten zulässt.⁶⁷ Im Übrigen ist vor dem Hintergrund des Wettbewerbsschutzes im Zweifel demjenigen Interesse der Vorrang einzuräumen, das eine effektivere Wettbewerbsentfaltung erwarten lässt. Schließlich ist das normative Abwägungsergebnis anhand des **Verhältnismäßigkeitsgrundsatzes** daraufhin zu überprüfen, ob es bei dem »unterlegenen« Interessenträger zu unangemessenen wirtschaftlichen Belastungen führt. Diese werden sich bei marktbeherrschenden Unternehmen aufgrund ihrer besonderen Marktverantwortung freilich nur im Ausnahmefall einstellen. Daraus kann jedoch nicht der Umkehrschluss gezogen werden, dass Missbrauchsbetroffene von dem Marktbeherrscher die **Wahl des** jeweils **mildesten Mittels** verlangen können.⁶⁸ Eine derartige Einschränkung der Handlungsfreiheit kann von § 19 GWB schon deshalb nicht ausgehen, weil die Interessenabwägung keine randscharfe Abgrenzung zwischen missbräuchlichem und missbrauchsfreiem Verhalten zulässt. Vielmehr gibt es immer eine gewisse Bandbreite von Verhaltensweisen, die (noch) missbrauchsfrei sind. In diesem Sinne kann wohl auch die BGH-Rechtsprechung verstanden werden, wenn sie nicht nach dem mildesten Mittel fragt, sondern im Rahmen der Interessenabwägung zu bedenken gibt, ob

---

65 BGH WuW/E BGH 1671, 1676 – *robbe Modellsport*; WuW/E BGH 675, 677 – *Uhrenoptiker*.
66 *Markert*, in: Immenga/Mestmäcker, § 19 GWB Rn. 130.
67 Dazu auch *Busche*, Privatautonomie und Kontrahierungszwang, 1999, S. 384; anders offenbar *Markert*, in: Immenga/Mestmäcker, § 19 GWB Rn. 138.
68 *Lukes*, BB 1986, 2074, 2080; *Weyer*, in: FK-GWB, § 19 GWB 2005 Rn. 109; vgl. auch OLG Düsseldorf WuW/E OLG 2274, 2278 – *Errichtung von Fernmeldetürmen*; a.A. *Emmerich*, Kartellrecht, § 27 Rn. 73; *Markert*, in: Immenga/Mestmäcker, § 19 GWB Rn. 137; *Westermann*, in: MünchKommGWB, § 19 GWB Rn. 50.

das Ziel auch durch ein anderes, weniger beeinträchtigendes Mittel hätte erreicht werden können.[69]

Für die Feststellung eines Missbrauchs ist es im Übrigen nicht erforderlich, dass eine bestimmte **Wettbewerbsbeschränkung** tatsächlich eingetreten ist. Es genügt der Nachweis, dass sie aufgrund des Verhaltens des Marktbeherrschers **eintreten kann**.[70] Dies ergibt sich aus der Formulierung der Regelbeispiele, die allein ein bestimmtes Verhalten des marktbeherrschenden Unternehmens beschreiben, ohne dieses tatbestandlich mit einem konkreten Erfolg zu verknüpfen.

3. Marktbezug

Der Wortlaut von § 19 GWB gibt keinen unmittelbaren Aufschluss darüber, auf welchem Markt sich das missbräuchliche Verhalten des Marktbeherrschers auswirken muss, um von dem Verbot der missbräuchlichen Ausnutzung einer marktbeherrschenden Stellung erfasst zu sein. Zu unterscheiden sind der **Markt, auf dem die Marktbeherrschung vorliegt**, und **Drittmärkte**, auf denen der Marktbeherrscher nicht beherrschend ist. Liegt auch auf diesen Märkten eine beherrschende Stellung des Marktbeherrschers vor, stellt sich die Frage nicht.

Auf den ersten Blick erscheint es naheliegend, nur den **beherrschten Markt** mit dem Missbrauchsverbot zu belegen. Freilich lässt der Normwortlaut auch eine andere Deutung zu, da dort nur allgemein von dem Verbot der missbräuchlichen Ausnutzung einer marktbeherrschenden Stellung die Rede ist.[71] Für eine **Einbeziehung von Drittmärkten** spricht letztlich der Sinn und Zweck der Vorschrift.[72] Der Gesetzgeber hat marktbeherrschenden Unternehmen mit § 19 GWB eine besondere Marktverantwortung auferlegt. Diese

---

69 Vgl. BGH WuW/E 2683, 2687 – *Zuckerrübenanlieferungsrecht*; WuW/E BGH 1829, 1832 – *Original-VW-Ersatzteile II*; WuW/E BGH 1429, 1432 = GRUR 1976, 711, 713 – *Bedienungsgroßhändler*; in diesem Sinne auch *Koller*, Der Gleichheitsmaßstab im Diskriminierungsverbot, 1972, S. 78; *Tetzner*, JZ 1977, 321, 326.
70 KG WuW/E OLG 3124, 3129 – *Milchaustauschfuttermittel*; WuW/E OLG 2403, 2410 – *Fertigfutter*; a.A. offenbar *Markert*, in: Immenga/Mestmäcker, § 19 GWB Rn. 104 (zum Behinderungsverbot: »tatsächliche Beeinträchtigung (…) erforderlich«; relativierend aber wohl in Fn. 261).
71 I.d.S. bereits BReg., Begründung zu dem Entwurf eines Gesetzes zur Änderung des Gesetzes gegen Wettbewerbsbeschränkungen, BT-Drucks. 4/2564, S. 7 (15, re. Sp.).
72 I.d.S. BGHZ 158, 334, 338 f. = WuW/E DE-R 1283, 1284 f. – *Der Oberhammer*; BGHZ 156, 379, 382 = WuW/E DE-R 1206, 1207 – *Strom und Telefon I*; BGH WuW/E DE-R 1210, 1211 – *Strom und Telefon II*; BGH WuW/E DE-R 3879 Rn. 38 = NVwZ-RR 2013, 604 – *Gasversorgung Ahrensburg*; vgl. auch BReg., Be-

bezieht sich zunächst selbstverständlich auf den von dem Unternehmen beherrschten Markt. Sie kann jedoch nicht an dessen Grenzen enden. Häufig wird es sich so darstellen, dass das Unternehmen über den für die Marktbeherrschung relevanten Markt hinaus in der Lage ist, auf andere vor- oder nachgelagerte Märkte Einfluss zu nehmen,[73] ohne dass es darauf ankommt, ob der Marktbeherrscher auf diesen Märkten selbst tätig ist.[74] Beispiele dafür sind **Kopplungspraktiken**, die zur Behinderung von Anbietern auf Zubehör- und Ersatzteilmärkten führen (dazu Rdn. 70 ff.), oder die **Kontrolle von Ressourcen**, die auf einem abgeleiteten Markt unentbehrlich sind, um dort als Wettbewerber agieren zu können (dazu Rdn. 147 ff.). Es wäre insoweit mit dem Ziel der Offenhaltung von Märkten unvereinbar, wenn derartiges Marktverhalten, soweit es sich als missbräuchlich erweist, deshalb nicht erfasst werden kann, weil das handelnde Unternehmen nur einen anderen Markt beherrscht, nicht aber denjenigen, auf dem sich die missbräuchliche Handlung tatsächlich auswirkt. Daher muss es für die Anwendung von § 19 GWB ausreichen, dass das Unternehmen aufgrund seiner Marktbeherrschung den Wettbewerb auf irgendeinem Markt verfälschen kann. Nur auf diese Weise ist es möglich, einer Ausdehnung der beherrschenden Stellung auf Drittmärkte wirksam zu begegnen. Erforderlich ist freilich ein **Kausalzusammenhang** zwischen dem missbräuchlichen Verhalten auf dem Drittmarkt und der Beherrschung eines anderen Marktes.[75] Dieser ist auch deshalb erforderlich, um eine unangemessene Ausdehnung der Marktverhaltensverantwortlichkeit marktbeherrschender Unternehmen zu vermeiden. Das kann auch im Kontext der Interessenabwägung (dazu Rdn. 20) zu berücksichtigen sein.[76]

24 Im Grundsatz entspricht die Einbeziehung von Drittmärkten in das Missbrauchsverbot auch der **Entscheidungspraxis** der Kommission und der Uni-

---

gründung zum Entwurf eines Achten Gesetzes zur Änderung des Gesetzes gegen Wettbewerbsbeschränkungen, BT-Drucks. 17/9852, S. 17, 23.

73 Vgl. nur EuGH Slg. 1985, 3261, Tz. 25 – *Télémarketing*; Slg. 1991, I-3359, Tz. 43, 45 – *AKZO*.

74 *Markert*, in: Immenga/Mestmäcker, § 19 GWB Rn. 99; a.A., aber jedenfalls nach der Zusammenführung von § 20 Abs. 1 GWB a.F. und § 19 Abs. 4 Nr. 1 GWB a.F. in § 19 Abs. 2 Nr. 1 GWB nicht mehr haltbar, BGH WuW/E 2483, 2490 = GRUR 1989, 142, 146 – *Sonderungsverfahren*; WuW/E DE-R 1283, 1284 f. – *Der Oberhammer*; offen gelassen von BGHZ 156, 379, 383 = WuW/E DE-R 1206, 1207 – *Strom und Telefon I*; WuW/E DE-R 1283, 1284 f. – *Der Oberhammer*.

75 BGHZ 156, 379, 382 = WuW/E DE-R 1210 – *Strom und Telefon I*; *Fuchs*, in: Immenga/Mestmäcker, § 19 GWB Rn. 20.

76 Vgl. *Markert*, in: Immenga/Mestmäcker, § 19 GWB Rn. 99 (mit. Fn. 251; dort unter unzutreffender Berufung auf BGH WuW/E 2483, 2490 f. – *Sonderungsverfahren*).

onsgerichte.[77] Dort ist allerdings eine Tendenz erkennbar, den Missbrauch auf Drittmärkten nur unter zusätzlichen Voraussetzungen zu erfassen.[78] Die Kommission möchte die Anwendung von Art. 102 AEUV auf Drittmärkte regelmäßig auf solche Fälle beschränken, in denen die Missbrauchshandlung dazu dient, die Stellung des Unternehmens auf dem primär beherrschten Markt abzusichern.[79] Das soll nahe liegen, wenn zwischen dem beherrschten Markt und dem Drittmarkt eine enge Verbindung besteht, weil beispielsweise Komplementär- oder Substitutionsprodukte auf dem Drittmarkt gehandelt werden. In ähnlicher Weise fordert auch das EuG eine hinreichend enge Verbindung zwischen den Märkten.[80] Diese Eingrenzung, die recht unbestimmt erscheint, ist mit dem Normzweck von Art. 102 AEUV kaum vereinbar.

4. Fallgruppen

a) Allgemeines

Die Interpretation der missbräuchlichen Ausnutzung einer beherrschenden Stellung wird durch eine umfangreiche **Kasuistik** bestimmt, die sich durch die Entscheidungspraxis der Kartellbehörden und der Gerichte und deren Reflexion im Schrifttum herausgebildet hat. Bei systematischer Betrachtung ist zwischen den Fallgruppen des **Ausbeutungsmissbrauchs** (dazu Rdn. 27 ff.), des **Behinderungsmissbrauchs** (dazu Rdn. 88 ff.) und des **Marktstrukturmissbrauchs** (dazu Rdn. 191 ff.) zu unterscheiden. In dem Beispielskatalog des § 19 Abs. 2 GWB wird der Ausbeutungsmissbrauch in Nr. 2 (Fordern nicht wettbewerbsgerechter Entgelte oder Geschäftsbedingungen) und Nr. 3 (Fordern ungünstigerer Entgelte oder Geschäftsbedingungen als auf vergleichbaren Märkten angesprochen, während es sich bei Nr. 1 (unbillige Behinderung oder sachlich nicht gerechtfertigte Ungleichbehandlung von Unternehmen) um den Grundfall des Behinderungsmissbrauchs handelt. Gewisse Bezugspunkte dazu, aber auch zum Marktstrukturmissbrauch weist § 19 Abs. 2 Nr. 4 GWB (Verweigerung des Zugangs zu Netzen oder anderen Infrastruktureinrichtungen) auf, der innerhalb von § 19 zudem eine Sonderstellung einnimmt (dazu Rdn. 10). Das Regelbeispiel des § 19 Abs. 2 Nr. 5 GWB (Ausnutzung der Marktstellung, um andere Unternehmen zu einer sachlich nicht gerechtfertigten Vorteilsgewährung aufzufordern) weist sowohl Bezüge zum Behinderungs- als auch zum Ausbeutungsmissbrauch auf. Die Fallgruppen des Aus-

25

---

77 In diesem Sinne EuGH Slg. 2006, I-5951, Tz. 25 ff. – *Tetra Pak II*; EuG Slg. 2003, II-5917, Tz. 127 – *British Airways*; Komm., ABl. 1992 Nr. L 72/1, Tz. 104 – *Tetra Pak II*; COMP./37.792, Tz. 544 – *Microsoft*.
78 Vgl. EuGH Slg. 1996, I-5951, Tz. 27 f. – *Tetra Pak II*; ähnlich *Bulst*, in: Langen/Bunte, Art. 102 AEUV Rn. 132 f.
79 GD Wettbewerb, Diskussionspapier zur Anwendung des Art. 82 EG, 2005, Tz. 101 (m. Fn. 67).
80 EuG Slg. 2003, II-5917, Tz. 127 – *British Airways*.

beutungs-, Behinderungs- und Marktstrukturmissbrauchs stehen nicht im Verhältnis der Ausschließlichkeit zueinander. Vielmehr kann eine Handlung, die als Ausbeutungsmissbrauch zu werten ist, gegenüber demselben oder einem anderen Betroffenen zugleich einen Behinderungsmissbrauch darstellen. Zugleich kann es sich auch um einen Marktstrukturmissbrauch handeln. Insoweit kommt es zu mannigfachen Überschneidungen. Soweit im Folgenden gleichwohl systematisch zwischen dem Ausbeutungs-, Behinderungs- und Marktstrukturmissbrauch unterschieden wird, ist das in dem Sinne zu verstehen, dass bei den behandelten Sachverhalten jeweils eine der Missbrauchsformen im Vordergrund steht. Grundsätzlich lässt sich sagen, dass der Ausbeutungsmissbrauch durch die Fruchtziehung aus der vorhandenen Marktmacht geprägt wird,[81] während es beim Behinderungsmissbrauch um die Mehrung der Marktmacht gegenüber dem Behinderten[82] und beim Marktstrukturmissbrauch um die Verfestigung der eigenen Marktstellung geht.

26 In dem selben Maße, wie es zu einer Überschneidung der einzelnen Erscheinungsformen des Marktmachtmissbrauchs kommen kann, können auch die Anwendungsbereiche der Generalklausel (§ 19 Abs. 1 GWB) und der Regelbeispiele (§ 19 Abs. 2 GWB) nicht randscharf voneinander getrennt werden, soweit es sich nicht um Anwendungsfälle von § 19 Abs. 2 Nr. 4 GWB handelt (dazu bereits Rdn. 10). Das gilt entsprechend auch für die Regelbeispiele untereinander (dazu Rdn. 10). Aus diesem Grunde orientiert sich die folgende Darstellung nicht an der Systematik des § 19 GWB, sondern strebt eine **fallgruppenbezogene Konkretisierung des Tatbestands** anhand der bereits benannten Erscheinungsformen des Ausbeutungs-, Behinderungs- und Marktstrukturmissbrauchs an.

b) Ausbeutungsmissbrauch

aa) Grundsatz

27 Der Ausbeutungsmissbrauch ist dadurch gekennzeichnet, dass das handelnde Unternehmen aufgrund seiner marktbeherrschenden Stellung in der Lage ist, im Umgang mit der Marktgegenseite **geschäftliche Vorteile in einem Ausmaß** zu erlangen, **die sich bei hinreichend wirksamem (»normalem«) Wettbewerb nicht ergeben** würden.[83] Beispiel dafür ist der von § 19 Abs. 2 Nr. 2 GWB erfasste Preismissbrauch. Soweit § 19 GWB vor einem solchen schützt, kommt dies sowohl vor- als auch nachgelagerten Marktstufen zu Gute. Zumindest mittelbar werden damit auch die Verbraucher geschützt.[84] Ein dies-

---

81 *Nothdurft*, in: Langen/Bunte, § 19 GWB Rn. 97.
82 *Nothdurft*, in: Langen/Bunte, § 19 GWB Rn. 97.
83 EuGH Slg. 1978, 207, Tz. 248/257 – *United Brands*.
84 S. auch *Fuchs/Möschel*, in: Immenga/Mestmäcker, § 19 Rn. 246.

bezüglicher Ausbeutungsmissbrauch lässt sich in der Praxis allerdings häufig nur schwer feststellen. Die Kartellbehörden und Gerichte stehen vor dem methodischen Problem, wie der »richtige« Wettbewerbspreis, der den Maßstab für den Missbrauchsvorwurf abgibt, zu ermitteln ist (dazu Rdn. 32 ff.). Auf der anderen Seite muss bei der Feststellung eines Konditionenmissbrauchs etwa bedacht werden, dass eine für sich genommen unangemessen erscheinende Geschäftsbedingung unter Berücksichtigung der Besonderheiten der konkreten Geschäftsbeziehung dennoch zu einem aus wettbewerbsrechtlicher Sicht vertretbaren Interessenausgleich führen kann. Diese Überlegungen zeigen, dass es gerade im Bereich der Ausbeutungstatbestände einer **belastbaren Herleitung des Marktmachtmissbrauchs** bedarf. Nur so kann dem Vorwurf begegnet werden, dass die Anwendung des Kartellrechts zu einer unverhältnismäßigen Einschränkung der privatautonomen Gestaltungsfreiheit führt, die im Grundsatz auch der Marktbeherrscher für sich in Anspruch nehmen kann (vgl. dazu bereits Vor §§ 18 bis 20 Rdn. 3 und Rdn. 4). Dabei ist zu beachten, dass die **Rechtsfolgen**, die aus der Feststellung eines Ausbeutungsmissbrauchs resultieren, im Einzelfall weitaus einschneidender sein können als bei einem Behinderungsmissbrauch. Während nämlich der Behinderungsmissbrauch regelmäßig durch Unterlassung des inkriminierten Verhaltens beendet werden kann, wobei der Normadressat im Grundsatz selbst entscheiden kann, wie er den Missbrauch abstellt, geht der Ausbeutungsmissbrauch wie beim Preismissbrauch zuweilen mit einer **Kontrolle von Marktergebnissen** einher, die in ein Diktat bestimmter Verhaltensweisen münden. Das ist in einer auf die Freiheit des Wettbewerbs angelegten Wirtschaftsordnung, bei der sich die Marktergebnisse an sich allein aufgrund des freien Spiels der Marktkräfte einstellen, nur dann vertretbar, wenn dies zur Erhaltung des Wettbewerbsprozesses unabdingbar ist.[85] Bemerkenswert ist es daher, dass der Gesetzgeber mit § 32 Abs. 2 GWB eine Vorschrift geschaffen hat, die »positive« Abstellungsverfügungen – unter dem Vorbehalt der Verhältnismäßigkeit und Erforderlichkeit – ausdrücklich erlaubt. Von dieser Möglichkeit sollte im vorbenannten Sinne nur mit äußerster Zurückhaltung Gebrauch gemacht werden. Jedenfalls darf sie nicht zur »wirtschaftslenkenden Aktivierung« von § 19 GWB genutzt werden.[86] Zudem ist zu bedenken, dass eine auf § 19 GWB gestützte Preishöhenkontrolle negative Auswirkungen auf den Wettbewerb haben kann, weil ein niedrigeres Preisniveau finanzschwache Anbieter unter Umständen zu einem Ausscheiden aus dem Markt zwingt und zudem weniger Anreize für nachstoßenden Wettbewerb bietet.[87]

---

85 Ebenso *Fuchs*, in: Immenga/Mestmäcker, § 19 GWB Rn. 38.
86 *Fuchs*, in: Immenga/Mestmäcker, § 19 GWB Rn. 69.
87 *Fuchs/Möschel*, in: Immenga/Mestmäcker, § 19 Rn. 249 ff.

bb) Einzelfälle

(1) Preis-/Konditionenmissbrauch (§ 19 Abs. 2 Nr. 2 GWB)

(a) Überblick

28 Nach § 19 Abs. 2 Nr. 2 GWB ist es missbräuchlich, wenn ein marktbeherrschendes Unternehmen als Anbieter oder Nachfrager einer bestimmten Art von Waren oder gewerblichen Leistungen Entgelte oder sonstige Geschäftsbedingungen fordert, die von denjenigen abweichen, die sich bei wirksamem Wettbewerb mit hoher Wahrscheinlichkeit ergeben würden. Der **Begriff des Entgelts** beschreibt, dass für eine bestimmte Leistung eine Gegenleistung, ein Entgelt, gefordert wird. Da es darauf ankommt, dass sich dieses Entgelt von einem hypothetischen Entgelt, nämlich demjenigen, das bei wirksamem Wettbewerb mit Wahrscheinlichkeit gefordert würde, unterscheiden muss, ist es erforderlich, dass das tatsächlich geforderte Entgelt bezifferbar ist. Ansatzpunkt für eine **Preishöhenkontrolle** kann mithin nur ein **konkreter Preis** sein,[88] nicht jedoch die Preisfindung als solche.[89] Das schließt aber nicht aus, dass sich einzelne Preisbildungsfaktoren (und mit ihnen der Preis als Ergebnis des Preisfindungsprozesses) als missbräuchlich erweisen, wenn nämlich anzunehmen ist, dass der auf der Grundlage der Preisbildungsfaktoren kalkulierte Preis bei wirksamem Wettbewerb nicht durchgesetzt werden könnte.[90] Unter **sonstigen Geschäftsbedingungen** sind im weiteren Sinne alle Vertragsbedingungen zu verstehen. Mit Ausnahme des Preises werden damit alle vertraglichen Regelungen erfasst, die aufgrund individueller Aushandlung oder durch Einbeziehung Allgemeiner Geschäftsbedingungen die Modalitäten der Leistungserbringung betreffen.[91] Beide Sachverhalte, der Preismissbrauch und der Konditionenmissbrauch, folgen, was die Anwendung von § 19 Abs. 2 Nr. 2 GWB angeht, im Grundsatz denselben Regeln, wenngleich nicht zu verkennen ist, dass ein Konditionenmissbrauch angesichts der Vielgestaltigkeit möglicher Vertragsmerkmale im Einzelfall noch schwieriger zu verifizieren sein kann als ein Preismissbrauch,[92] der in der Praxis auch die größere Rolle spielt. Die Bedeutung von § 19 Abs. 2 Nr. 2 GWB für die Feststellung eines Konditionenmissbrauchs ist gering. Erscheinungsformen des Konditionenmissbrauch iwS können jedoch auch über das Regelbeispiel des § 19 Abs. 2 Nr. 1 GWB und über die Generalklausel (§ 19 Abs. 1 GWB) erfasst werden.

---

88 Vgl. BGHZ 164, 336 Rn. 29 = WuW/E DE-R 1617 – *Stromnetznutzungsentgelt*; BGHZ 163, 282, 290 = WuW/E DE-R 1513, 1516 f. – *Stadtwerke Mainz*.
89 BGHZ 164, 336 Rn. 29 = WuW/E DE-R 1617 – *Stromnetznutzungsentgelt*.
90 BGHZ 164, 336 Rn. 29 = WuW/E DE-R 1617 – *Stromnetznutzungsentgelt*.
91 *Fuchs/Möschel*, in: Immenga/Mestmäcker, § 19 GWB Rn. 253.
92 So auch BGH WuW/E BGH 2103, 2105 = GRUR 1985, 318, 319 – *Favorit*.

Von einem **Preismissbrauch** ist auszugehen, wenn ein Missverhältnis zwischen dem vom Marktbeherrscher von der Marktgegenseite verlangten Entgelt und der dafür erbrachten Leistung vorliegt. Dies kann einerseits im Falle marktbeherrschender Anbieter bei überhöhten Angebotspreisen der Fall sei, andererseits bei marktbeherrschenden Nachfragern auch bei missbräuchlich niedrigen Entgelten.[93] Entscheidend ist dabei die Überlegung, ob die von dem Marktbeherrscher zu einem bestimmten Preis angebotene oder nachgefragte Leistung auch Ergebnis wirksamen Wettbewerbs sein könnte oder ob die Konditionen des konkreten Geschäfts von dem marktbeherrschenden Unternehmen nur deshalb durchgesetzt werden können, weil das Unternehmen dazu aufgrund seiner beherrschenden Stellung in der Lage ist.[94] Die Feststellung eines Preismissbrauchs stößt in der Praxis, wie bereits angedeutet, freilich auf Schwierigkeiten, da ein »wettbewerbsgerechter« Preis, der als Maßstab für die »wettbewerbsfremde« Preisstellung heranzuziehen ist, immer nur näherungsweise bestimmt werden kann.[95]

29

Während es beim Preismissbrauch darum geht, im Rahmen einer quantitativen Betrachtung bestimmte Preise miteinander zu vergleichen, gestaltet sich die **Bewertung von sonstigen Geschäftsbedingungen** deutlich schwieriger, da es insoweit eher um eine qualitative Analyse geht. Zudem erscheint es wenig sachgerecht, nur einzelne Geschäftsbedingungen zu betrachten, da sich deren Missbrauchspotenzial im Grunde erst im Gesamtkontext des vertraglichen Austauschverhältnisses erschließt. Aus diesem Grunde befürwortet der BGH zu Recht eine **Gesamtbetrachtung**.[96] Es stellt sich sodann die Frage, an welchem Leitbild die Geschäftsbedingungen zu messen sind. Aufschluss darüber, welche Konditionen sich bei wirksamem Wettbewerb bilden könnten, ließe sich etwa durch einen Blick auf die zumindest in bestimmten Branchen verbreiteten Standards für Vertragsbedingungen gewinnen.[97] Denkbar ist freilich auch, den durch die AGB-Kontrolle in §§ 307 ff. BGB vorgegebenen Maßstab der Abweichung von wesentlichen Grundgedanken der gesetzlichen Regelung heranzuziehen.[98] Letzteres erscheint vorzugswürdig, da der Maßstab des dispositiven Rechts einen vom Gesetzgeber autorisierten Bewertungsmaßstab beinhaltet, während Branchenstandards nicht notwendig

30

---

93 *Fuchs/Möschel*, in: Immenga/Mestmäcker, § 19 GWB Rn. 246; *Nothdurft*, in: Langen/Bunte, § 19 GWB Rn. 103.
94 Siehe nur EuG Slg. 2007, II-1607, Tz. 58, 119 ff., 148 – *Der grüne Punkt/DSD* (Lizenzentgelt).
95 Dazu im Überblick *Paul*, Behinderungsmissbrauch nach Art. 82 EG und der »more economic approach«, 2008, S. 18 ff.
96 BGH WuW/E BGH 2103, 2105 = GRUR 1985, 318, 319 f. – *Favorit*.
97 *Fuchs/Möschel*, in: Immenga/Mestmäcker, § 19 GWB Rn. 255.
98 BGHZ 199, 1 Rn. 65 f. = WuW/E DE-R 4037 – *VBL Gegenwert*; *Fuchs/Möschel*, in: Immenga/Mestmäcker, § 19 GWB Rn. 256.

die Gewähr für eine missbrauchsfreie Gestaltung bieten. Der **Rückgriff auf §§ 307 ff. BGB** sollte freilich nicht so verstanden werden, dass damit die Methode der Gesamtbetrachtung zur Disposition gestellt wird.[99] Diese ist aus den genannten Gründen einer isolierten Prüfung einzelner Geschäftsbedingungen in jedem Fall vorzuziehen, zumal die GWB-Missbrauchskontrolle eine andere Funktion hat als die an einzelnen Geschäftsbedingungen orientierte AGB-Kontrolle. Deshalb erscheint es auch zweifelhaft, ob ein Erheblichkeitszuschlag, wie er bei der Preismissbrauchskontrolle erforderlich ist, tatsächlich mit der Begründung entfallen kann, dieser sei schon in die Kontrolle einzelner AGB nach § 307 BGB eingepreist.[100]

31 Das GWB gibt in § 19 Abs. 2 Nr. 2 für die Feststellung eines Preis- und Konditionenmissbrauchs den **Maßstab des Als-ob-Wettbewerbs** vor (näher dazu Rdn. 32). Insoweit unterscheidet sich die Rechtslage vom Unionsrecht, da in Art. 102 AEUV für Zwecke der Preismissbrauchskontrolle keine konkrete Methodik benannt wird (dazu Art. 102 AEUV Rn. 86). Da es sich bei § 19 Abs. 2 Nr. 2 GWB nur um ein Regelbeispiel handelt, ist es auf der anderen Seite denkbar, unter Rückgriff auf die Generalklausel des § 19 Abs. 1 GWB auch andere Kontrollmethoden heranzuziehen.[101] In diesem Sinne könnten wohl auch die Gesetzesmaterialen verstanden werden, wenn es dort heißt, der Tatbestand in Nr. 2 umschreibe »als primären Grundsatz für die Feststellung eines Mißbrauchs beim Fordern von Entgelten oder sonstigen Geschäftsbedingungen das sog. Als-ob-Wettbewerbsprinzip«.[102] Ob damit tatsächlich ein Rückgriff auf andere Methoden nicht ausgeschlossen werden soll,[103] erscheint freilich im Kontext der dann folgenden Ausführungen fraglich, mit denen eher ein Verständnis nahe gelegt wird, dass auch das Als-ob-Wettbewerbsprinzip im Einzelfall gewisser Korrekturen bedarf. Unabhängig davon und trotz nicht von der Hand zu weisender konzeptioneller Bedenken ist freilich nicht ersichtlich, dass andere Konzepte zu sachgerechteren Lösungen führen. Im Gegenteil leiden sie entweder daran, dass sie den Wettbewerbsprozess nicht als Entdeckungsverfahren begreifen, wenn etwa als Prüfungsmaßstab starre **Gewinnbegrenzungen**[104] oder **kostenbasierte Erlösobergren-**

---

99 I.d.S. offenbar *Fuchs/Möschel*, in: Immenga/Mestmäcker, § 19 GWB Rn. 256.
100 So ausdrücklich BGHZ 199, 1 Rn. 66 = WuW/E DE-R 4037 – *VBL Gegenwert*; *Fuchs/Möschel*, in: Immenga/Mestmäcker, § 19 GWB Rn. 256.
101 So offenbar BGH WuW/E BGH 2103, 2105 = GRUR 1985, 318, 319 – *Favorit*.
102 Beschlussempfehlung und Bericht des BT-Ausschusses für Wirtschaft zum Entwurf eines Vierten Gesetzes zur Änderung des Gesetzes gegen Wettbewerbsbeschränkungen, BT-Drucks. 8/3690, S. 22, 25.
103 I.d.S. *Fuchs/Möschel*, in: Immenga/Mestmäcker, § 19 GWB Rn. 260.
104 Vgl. EuGH Slg. 1978, 207, Tz. 248/257 – *United Brands*; Slg. 1989, 838, Tz. 43 – *Ahmed Saeed Flugreisen*; BKartA WuW/E DE-V 722, 725 ff. – *TEAG*; *Knöpfle*, BB 1974, 862 ff.

zen[105] herangezogen werden, oder versucht wird, das Verfahren mit **wettbewerbstranszendenten Zwecken**[106] aufzuladen, die mit dem Schutzzweck von § 19 GWB nicht kompatibel sind.

(b) Nachweis

Das **Konzept des Als-ob-Wettbewerbs** stößt in der Praxis, wie bereits erwähnt, auf zahlreiche tatsächliche Hindernisse. Der Sache nach wird es kaum je gelingen, **Vergleichsmärkte** zu finden, die in struktureller Hinsicht in jeder Beziehung vergleichbar sind. Aus diesem Grund müssen bei der Bestimmung eines wettbewerbsanalogen Preises stets Zu- oder Abschläge vorgesehen werden, um überhaupt ein näherungsweise belastbares Ergebnis formulieren zu können. Die dabei zu Tage tretenden **Unwägbarkeiten** sind offenkundig und entwerten das Vergleichsmarktkonzept in erheblichem Umfang. Nach dem Gesetzeswortlaut (§ 19 Abs. 2 Nr. 2 Hs. 2 GWB) sind die Bedingungen des Als-ob-Wettbewerbs anhand vergleichbarer Märkte mit wirksamem Wettbewerb zu ermitteln. Herangezogen werden können damit räumlich verschiedene Märkte (dazu Rdn. 33), aber auch andere sachliche Vergleichsmärkte (dazu Rdn. 34). Zweifelhaft ist, ob dies auch für den Markt gilt, auf dem das marktbeherrschende Unternehmen tätig ist, nämlich insoweit, als das frühere Verhalten des Normadressaten auf diesem Markt betrachtet wird (sog. **zeitliches Vergleichsmarktkonzept**).[107] Befürwortend wird angeführt, der Wortlaut von § 19 Abs. 2 Nr. 2 Hs. 2 GWB, wonach »insbesondere« die Verhaltensweisen von Unternehmen auf vergleichbaren Märkten zu berücksichtigen seien, schließe einen Rückgriff auf den beherrschten Markt nicht aus.[108] Dagegen spricht freilich, dass der Gesetzgeber offenbar, wie es auch der Sinnzusammenhang nahelegt, an die Heranziehung anderer Vergleichsmärkte gedacht hat.[109] Hinzu kommt, dass das frühere Verhalten des Normadressaten auf dem beherrschten Markt, auch soweit es erheblich von dem aktuellen differiert, nicht notwendig für eine mißbrauchsfreie Handhabung von Preise und sonstigen Geschäftsbedingungen spricht. Daher soll das zeitliche Vergleichsmarktmarktkonzept nur dann zur Anwendung kommen, wenn feststeht, dass sich die früheren Konditionen auf einem Wettbewerbsmarkt he-

---

105 Vgl. *Haus/Jansen*, ZWeR 2006, 77, 88.
106 Vgl. *Hart/Joerges*, in: Assmann/Brüggemann/Hart/Joerges, Wirtschaftsrecht als Kritik des Privatrechts, 1980, S. 83, 196 ff.); *Reich*, ZRP 1975, 159 ff.
107 Mit diesem Ansatz OLG Frankfurt WuW/E DE-R 3163, 3167 – *Arzneimittelpreise* (unter Berufung auf *Bechtold*, GWB, § 19 GWB Rn. 58.
108 *Fuchs/Möschel*, in: Immenga/Mestmäcker, § 19 GWB, Rn. 266.
109 Vgl. Beschlussempfehlung und Bericht des BT-Ausschusses für Wirtschaft zum Entwurf eines Vierten Gesetzes zur Änderung des Gesetzes gegen Wettbewerbsbeschränkungen, BT-Drucks. 8/3690, S. 22, 25.

rausgebildet haben.[110] Das dürfte angesichts unterschiedlichster Einflussfaktoren freilich nur schwer nachzuweisen sein. Jedenfalls ist es zu kurz gegriffen, allein aus einer früheren vertraglichen Aushandlung eines Preises und anschließender längerer Preisstabilität auf einen marktgerechten Preis zu schließen.[111] Die Praxis sollte sich daher auf den Vergleich mit anderen räumlichen und sachlichen Vergleichsmärkten beschränken.

33 In der Praxis vorherrschend ist das **räumliche Vergleichsmarktkonzept**, bei dem entweder auf **inländische Teilmärkte** oder **ausländische Märkte** abgestellt werden kann. Nach dem Wortlaut von § 19 Abs. 2 Nr. 2 Hs. 2 GWB muss es sich um vergleichbare Märkte mit wirksamem Wettbewerb handeln. Häufig wird es sich jedoch so darstellen, dass auch diese Vergleichsmärkte branchenbedingt vermachtet sind, weshalb es im Ansatz ausreicht, wenn dort eine höhere Wettbewerbsintensität festzustellen ist als auf dem vom Normadressaten beherrschten Markt.[112] Unter Umständen, wenn nämlich branchenbedingt nur Monopolmärkte als Vergleichsmaßstab zur Verfügung stehen, können nach Auffassung des BGH sogar diese herangezogen werden.[113] Dabei ist freilich zu berücksichtigen, dass sich diese Rechtsprechung auf staatlich regulierte Märkte bezieht, die insoweit einen Sonderfall bilden. Sie kann daher nicht ohne Weiteres auf Wettbewerbsmärkte übertragen werden.[114] Daher ist es erst recht ausgeschlossen, ausländische regulierte Märkte als Vergleichsmaßstab heranzuziehen.[115] Die Heranziehung von Vergleichsmärkten dient dazu, das Wettbewerbsverhalten der dort tätigen Unternehmen mit demjenigen des Normadressaten zu vergleichen. Dabei können **Strukturunterschiede zwischen den Märkten** selbstverständlich nicht unberücksichtigt bleiben. Es muss vielmehr untersucht werden, welche (anderen) Parameter ein auf dem Vergleichsmarkt tätiges Unternehmen zu berücksichtigen hätte, wenn es auf dem Markt des Normadressaten tätig wäre.[116] Die dabei zu Tage tretenden Unterschiede, beispielsweise Besonderheiten in der Ab-

---

110 *Bechtold*, GWB, § 19 Rn. 58; *Fuchs/Möschel*, in: Immenga/Mestmäcker, § 19 GWB, Rn. 266.
111 So aber OLG Frankfurt WuW/E DE-R 3163, 3167 – *Arzneimittelpreise*; wohl auch *Nothdurft*, in: Langen/Bunte § 19 GWB Rn. 112.
112 *Fuchs/Möschel*, in: Immenga/Mestmäcker, § 19 GWB Rn. 267.
113 Vgl. zur Entscheidungspraxis im Energiebereich BGHZ 163, 282, 291 = WuW/E DE-R 15113, 1517 – *Stadtwerke Mainz*; BGH WuW/E BGH 2309, 2311 = NJW-RR 1987, 554, 555 – *Glockenheide*; WuW/E 2967, 2973 – *Strompreis Schwäbisch Hall*.
114 Weitergehend *Nothdurft*, in: Langen/Bunte § 19 GWB Rn. 111, der auch kartellierte Märkte als Vergleichsgrundlage heranziehen will.
115 *Nothdurft*, in: Langen/Bunte § 19 GWB Rn. 111.
116 BGHZ 184, 168 Rn. 42 = WuW/E DE-R 2841 – *Wasserpreise Wetzlar*; BGHZ 163, 282, 292 = WuW/E DE-R 1513, 1518 – *Stadtwerke Mainz*.

satzstruktur oder Topographie der Märkte,[117] sind gegebenenfalls durch **Zu- und Abschläge** auszugleichen. Dagegen bleiben **unternehmensindividuelle Unterschiede** zwischen dem Normadressaten und dem Vergleichsunternehmen, die auf die individuelle Entscheidungen des Normadressaten oder dessen Unternehmensstruktur beruhen wie die Unternehmensgröße, Kapitalausstattung oder gesellschaftsrechtliche Verflechtungen außer Betracht,[118] da diese gerade auf dem unkontrollierten Verhaltensspielraum des Normadressaten beruhen können. Soweit in der Entscheidungspraxis auch auf den **Vergleich von Erlöshöhen** abgestellt wird, ist dies aus den bereits bei Rdn. 31 genannten Gründen nicht unproblematisch, aber im Ergebnis vertretbar, soweit der Erlösvergleich lediglich ergänzend zur Beurteilung der Marktsituation herangezogen wird. Dies kann etwa erforderlich sein, wenn keine Vergleichsmärkte mit wirksamem Wettbewerb oder wenigstens höherer Wettbewerbsintensität existieren.[119] Das darf freilich nicht darüber hinwegtäuschen, dass die Erlöshöhe letztlich nur ein Hilfskriterium ist, das keinen hinreichenden Bezug zum Wettbewerb aufweist.[120] Bei wirksamem Wettbewerb hat kein Unternehmen einen Anspruch auf einen bestimmten Erlös.

Das **sachliche Vergleichsmarktkonzept** ist angesichts der damit zielbaren Ergebnisse noch weit größeren methodischen Bedenken ausgesetzt als die Heranziehung eines räumlichen Vergleichsmarkts. Abgesehen davon, dass es bereits Schwierigkeiten bereitet, überhaupt ähnliche sachliche Vergleichsmärkte zu identifizieren, müssen die Unschärfen, die damit notwendigerweise verbunden sind, durch einen im Vergleich zum räumlichen Vergleichsmarktkonzept zumeist noch großzügigen Umgang mit Zu- und Abschlägen auf Preise und Geschäftsbedingungen ausgeglichen werden. Wohl auch aus diesem Grunde, wird von dem Verfahren in der Praxis nur zurückhaltend Gebrauch gemacht.[121] 34

Der unter Berücksichtigung von Zu- und Abschlägen ermittelte »Als-ob-Wettbewerbs-Preis« markiert noch keine absolute Grenze, deren Überschreitung den Tatbestand eines missbräuchlichen Verhaltens i.S.v. § 19 Abs. 2 Nr. 2 35

---

117 BGHZ 184, 168 Rn. 32, 46, 59 = WuW/E DE-R 2841 – *Wasserpreise Wetzlar*.
118 BGHZ 184, 168 Rn. 42 = WuW/E DE-R 2841 – *Wasserpreise Wetzlar*; BGHZ 163, 282, 293 = WuW/E DE-R 1513, 1518 – *Stadtwerke Mainz*; *Fuchs/Möschel*, in: Immenga/Mestmäcker, § 19 GWB Rn. 268; *Nothdurft*, in: Langen/Bunte, § 19 GWB Rn. 118.
119 Vgl. BGHZ 163, 282, 292 = WuW/E DE-R 1513, 1518 – *Stadtwerke Mainz* (zur Situation bei leitungsgebundener Energieversorgung).
120 Zurückhaltend auch *Fuchs/Möschel*, in: Immenga/Mestmäcker, § 19 GWB Rn. 270, 274.
121 S. aber BGH WuW/E BGH 3009, 3012 – *Stadtgaspreis Potsdam*; KG WuW/E OLG 4640, 4644 – *Hamburger Benzinpreise*.

GWB begründet,[122] auch wenn der Wortlaut der Vorschrift eine gegenteilige Schlussfolgerung nahelegen mag. Insoweit ist zu bedenken, dass der errechnete Vergleichspreis selbst nur Aufschluss über die Höhe eines möglichen marktgerechten Preises ergibt, jedoch regelmäßig nicht den allein marktgerechten Preis widerspiegelt. Vielmehr ist es auch einem marktbeherrschenden Unternehmer im Grundsatz nicht verwehrt, seinen Preis innerhalb einer gewissen Bandbreite festzusetzen, innerhalb derer die Preisstellung als (noch) missbrauchsfrei zu betrachten ist. Entsprechendes gilt für sonstige Geschäftsbedingungen. Insoweit hat es sich in der Rechtspraxis eingebürgert, den wettbewerbsanalogen Preis um einen weiteren Zuschlag zu erhöhen, der häufig als **Sicherheits- oder Erheblichkeitszuschlag** bezeichnet wird.[123] Zumindest der Begriff »Sicherheitszuschlag« ist freilich eher missverständlich, da er suggeriert, dass die Ermittlung des wettbewerbsanalogen Preises noch mit weiteren Unsicherheiten behaftet ist. Das ist aus den genannten Gründen freilich nicht der Fall. Vielmehr liegt die Notwendigkeit des Zuschlags im Sachverhalt des Missbrauchs begründet.[124] Treffender erscheint daher die Bezeichnung **»Missbrauchszuschlag«**.[125] Die Höhe des Missbrauchszuschlags kann nur im jeweiligen Einzelfall bestimmt werden, wobei eine Orientierung am Grad der Marktbeherrschung denkbar ist.[126] Der Gesetzgeber hat einen derartigen Missbrauchszuschlag nicht definitiv ausgeschlossen.[127] Die Gesetzgebungsmaterialien sind insoweit widersprüchlich. Während der Ausschuss für Wirtschaft vor einer »Überdehnung der ohnehin erforderlichen Sicherheitszuschläge« durch die Einführung eines (zusätzlichen) Spürbarkeits- oder Erheblichkeitserfordernisses warnt,[128] hat sich der Rechtsausschuss gerade dafür ausgesprochen.[129] Dabei ist zudem unklar, ob sich die Ausführungen auf den hier so bezeichneten Missbrauchszuschlag beziehen oder auf die Zu- und Abschläge,

---

122 BGHZ 163, 282, 292 = WuW/E DE-R 1513, 1516 – *Stadtwerke Mainz*.
123 Ablehnend *Nothdurft*, in: Langen/Bunte, § 19 GWB Rn. 122.
124 I.d.S. BGHZ 163, 282, 295 f. = WuW/E DE-R 1513, 1516 – *Stadtwerke Mainz*; BGHZ 142, 239, 251 = WuW/E DE-R 375, 379 – *Flugpreisspaltung*; BGHZ 68, 23, 36 f. = WuW/E BGH 1445, 1454 – *Valium*; BGH WuW/E DE-R 3632 Rn. 26 = NJW 2012, 3243 – *Wasserpreise Calw*; WuW/E DE-R 3145 Rn. 32 = NJW-RR 2011, 774 – *Entega II*; *Bechtold*, GWB, § 19 Rn. 61; vgl. auch *Fuchs/Möschel*, in: Immenga/Mestmäcker, § 19 GWB Rn. 276.
125 So auch *Fuchs/Möschel*, in: Immenga/Mestmäcker, § 19 GWB Rn. 275 f.
126 I.d.S. BGHZ 163, 282, 292 = WuW/E DE-R 1513, 1519 – *Stadtwerke Mainz*.
127 So aber *Nothdurft*, in: Langen/Bunte, § 19 GWB Rn. 122.
128 Beschlussempfehlung und Bericht des BT-Ausschusses für Wirtschaft zum Entwurf eines Vierten Gesetzes zur Änderung des Gesetzes gegen Wettbewerbsbeschränkungen, BT-Drucks. 8/3690, S. 22, 25.
129 Stellungnahme des Rechtsausschusses zu dem Entwurf eines Vierten Gesetzes zur Änderung des Gesetzes gegen Wettbewerbsbeschränkungen, BT-Drucks. 8/3690, S. 35.

die im Rahmen der Ermittlung des wettbewerbsanalogen Preises notwendig sind.

Aus dem Wortlaut von § 19 Abs. 2 Nr. 2 GWB lässt sich nicht entnehmen, dass die konkrete Gestaltung von Preisen und sonstigen Geschäftsbedingungen, soweit sie sich dem Vorwurf des Marktmachtmissbrauchs ausgesetzt sieht, der **Rechtfertigung** zugänglich ist. Allerdings hat der BGH gerade dies in der *Valium*-Entscheidung, wenn auch eher beiläufig, angenommen.[130] Einer dezidierten Begründung bedarf es freilich auch nicht, da die Möglichkeit einer Rechtfertigung des Verhaltens dem Tatbestand des Missbrauchs gewissermaßen immanent ist.[131] Daher muss eine **Interessenabwägung** ergeben, ob der Normadressat gewichtige Interessen anführen kann, die sich gegen die Interessen der Missbrauchsbetroffenen durchsetzen. Insoweit gelten die allgemeinen Grundsätze (dazu bereits Rdn. 15 ff.). Freilich ist die Bedeutung der Interessenabwägung im Falle eines Preishöhenmissbrauchs naturgemäß weniger ausgeprägt als in den Fällen des Behinderungsmissbrauchs.[132] Interessen, die auf Seiten des Normadressaten in Betracht kommen können, sind etwa seine individuelle Kostensituation oder rechtliche Wertungen, welche die Geschäftspolitik beeinflussen.[133]

36

(2) Preis-/Konditionenspaltung (§ 19 Abs. 2 Nr. 3 GWB)

Im Unterschied zu dem in § 19 Abs. 2 Nr. 2 GWB geregelten Tatbestand des Preis- und Konditionenmissbrauchs, der eine Vergleichsmarktbetrachtung beinhaltet, geht es bei der Preis- und Konditionenspaltung darum, den Normadressaten an seinem eigenen **Verhalten auf vergleichbaren Märkten** »festzuhalten«. Nach § 19 Abs. 2 Nr. 3 GWB verhält sich ein marktbeherrschendes Unternehmen missbräuchlich, wenn es von einem Abnehmer ungünstigere Entgelte fordert als auf vergleichbaren Märkten von gleichartigen Abnehmern. Die Regelung ist mit der 4. GWB-Novelle 1980 als § 22 Abs. 4 S. 2 Nr. 3 GWB 1980 in das Gesetz eingefügt worden (dazu Vor §§ 18 bis 20 Rdn. 6) und weist Überschneidungen mit dem Verbot der Ungleichbehandlung in § 19 Abs. 2 Nr. 1 GWB auf.[134] Allerdings bezieht sich § 19 Abs. 2 Nr. 1 GWB nur auf die Diskriminierung von Unternehmen, während in den sachlichen Anwendungsbereich von § 19 Abs. 2 Nr. 3 GWB alle »Abnehmer« fallen, also auch private Endverbraucher. Eine Einschränkung gegenüber § 19 Abs. 2 Nr. 1

37

---

130 BGHZ 68, 23, 36 f. = WuW/E BGH 1445, 1454 – *Valium*.
131 I.d.S. BGH WuW/E BGH 1965, 1966 = NJW 1984, 1116 – *Gemeinsamer Anzeigenteil*.
132 *Fuchs/Möschel*, in: Immenga/Mestmäcker, § 19 GWB Rn. 279; *Nothdurft*, in: Langen/Bunte, § 19 GWB Rn. 126.
133 *Nothdurft*, in: Langen/Bunte, § 19 GWB Rn. 127 f.
134 BGH WuW/E DE-R 3145 Rn. 24 = NJW-RR 2011, 774 – *Entega II*.

§ 19 GWB Verbotenes Verhalten von marktbeherrschenden Unternehmen

GWB ergibt sich andererseits daraus, dass sich das Verbot der Preis- und Konditionenspaltung – anders als der Eingangssatz von § 19 Abs. 2 GWB zunächst vermuten lässt – nur auf **Fälle der Angebotsmacht** bezieht, da nur das Fordern ungünstigerer Entgelte und sonstiger Geschäftsverbindungen erfasst wird.

38 Voraussetzung für das Eingreifen des Regelbeispiels der Preis- und Konditionenspaltung ist, dass diese **zwischen gleichartigen Abnehmern** erfolgt. Insoweit kann sinngemäß auf die Ausführungen zum Merkmal der Gleichartigkeit von Unternehmen in § 19 Abs. 2 Nr. 1 GWB verwiesen werden (dazu Rdn. 94).). Die Preis- und Konditionenspaltung muss zudem zwischen **vergleichbaren Märkten** (Erst- und Zweitmarkt) stattfinden. Allzu hohe Anforderungen dürfen an die Vergleichbarkeit nicht gestellt werden. Der BGH misst dem Merkmal allein die Funktion zu, eine grobe Sichtung unter den als Vergleichsmärkte in Betracht kommenden Märkten zu ermöglichen.[135] Entscheidend ist, dass sich die wirtschaftlichen Rahmenbedingungen der Märkte nicht wesentlich unterscheiden.[136] Zweifelhaft ist, ob als Zweitmarkt auch ein **Teilmarkt des Erstmarktes** in Betracht kommt.[137] Der Normwortlaut spricht lediglich von »vergleichbaren Märkten«. Nach Sinn und Zweck können das auch Teilmärkte eines einheitlichen Marktes sein. Entscheidend sollte sein, dass es dem Marktbeherrscher möglich ist, wie auf »selbstständigen« Märkten eine unabhängige Preispolitik zu betreiben. Inwieweit die vom Normadressaten verlangten Entgelte und sonstigen Geschäftsbedingungen ungünstiger sind als auf vergleichbaren Märkten ist anhand eines Preis- und Konditionenvergleichs festzustellen, bei dem wie im Anwendungsbereich von § 19 Abs. 2 Nr. 2 GWB etwaige Strukturunterschiede durch Zu- und Abschläge (dazu Rdn. 33) auszugleichen sind.[138] Zudem kann ein Missbrauchszuschlag (dazu Rdn. 35) in Betracht kommen.[139] Wie sich aus § 19 Abs. 2 Nr. 3 letzter Hs. GWB ergibt, kann die **Preis- und Konditionenspaltung sachlich gerechtfertigt** sein. Das ist anhand einer Interessenabwägung unter Berücksichtigung der auf die Freiheit des Wettbewerbs gerichteten Zielsetzung des § 19 GWB zu ermitteln. Als Rechtfertigungsgründe kommen wie bei § 19 Abs. 2 Nr. 2 GWB insbesondere die indi-

---

135 BGH WuW/E DE-R 3145 Rn. 18 = NJW-RR 2011, 774 – *Entega II*.
136 BGH WuW/E DE-R 3145 Rn. 18 = NJW-RR 2011, 774 – *Entega II*.
137 Befürwortend BGH WuW/E DE-R 2739 Rn. 20 – *Entega*; mangels Entscheidungserheblichkeit offen gelassen von BGH WuW/E DE-R 3145 Rn. 54 = NJW-RR 2011, 774 – *Entega II*; a.A. *Nothdurft*, in: Langen/Bunte, § 19 GWB Rn. 134.
138 *Fuchs/Möschel*, in: Immenga/Mestmäcker, § 19 GWB Rn. 289; *Nothdurft*, in: Langen/Bunte § 19 GWB Rn. 137.
139 BGH WuW/E DE-R 3145 Rn. 32 = NJW-RR 2011, 774 – *Entega II*; *Fuchs/Möschel*, in: Immenga/Mestmäcker, § 19 GWB Rn. 289; a.A. *Nothdurft*, in: Langen/Bunte § 19 GWB Rn. 137.

viduelle Kostensituation[140] des Normadressaten und rechtliche Wertungen in Betracht, aber auch strategische Motive und die Marktsituation auf Erst- und Zweitmarkt.[141] Denkbar ist etwa, dass die Niedrigpreispolitik des Normadressaten auf einem Zweitmarkt und damit eine unterschiedliche Behandlung des Erstmarkts dadurch beeinflusst ist, dass das betreffende Produkt dort neu eingeführt werden soll. Derartige **Markteinführungsphasen** sind auch marktbeherrschenden Unternehmen insbesondere zur Überwindung von Marktzutrittsschranken zuzugestehen, so dass Preisdifferenzierungen für einen begrenzten (angemessenen) Zeitraum gerechtfertigt sind.[142] Jedenfalls darf § 19 Abs. 2 Nr. 3 GWB nicht als Meistbegünstigungsklausel missverstanden werden. Der Normadressat darf selbstverständlich auf unterschiedliche Marktgegebenheiten differenziert reagieren.[143]

Eine missbräuchliche, möglicherweise auch **diskriminierende Preisspaltung** 39 liegt etwa vor, wenn ein marktbeherrschendes Unternehmen bestimmte Kunden im Vergleich zu anderen Kunden ohne rechtfertigenden Grund zu Sonderkonditionen beliefert.[144] Unter diesen Umständen werden die anderen, nicht von den Sonderkonditionen profitierenden Kunden diskriminiert und ausgebeutet, da sie über die von ihnen zu entrichtenden höheren Entgelte die Sonderkonditionen der Sache nach finanzieren. Indirekt kann eine derartige Preisspaltung auch zu einer Behinderung von Wettbewerbern des marktbeherrschenden Unternehmens führen, wenn die Sonderkonditionen gerade den (Haupt-)Kunden der Wettbewerber gewährt werden.[145]

Berührungspunkte kann die Preis- und Konditionenspaltung mit den unter 40 dem Begriff »**Kosten-Preis-Schere**« (oder auch »Preis-Kosten-Schere«) bekannten Sachverhalten aufweisen (näher dazu Rdn. 171 ff.). Ein Element des damit bezeichneten Verhaltensmusters ist es nämlich, dass ein marktbeherrschendes Unternehmen die Preise für Vorleistungen, die von Wettbewerbern auf einem nachgelagerten Markt benötigt werden, systematisch erhöht, um die Konkurrenzfähigkeit der Wettbewerber zu schmälern.[146] Der **Schwer-**

---

140 Vgl. BGHZ 142, 239, 246 = WuW/E DE-R 375, 377 f. – *Flugpreisspaltung*; WuW/E KG DE-R 124, 128 – *Flugpreis Berlin – Frankfurt/M.*; WuW/E OLG 2617, 2619 – *regional unterschiedliche Tankstellenpreise*; krit. *Fuchs/Möschel*, in: Immenga/Mestmäcker, § 19 GWB Rn. 291.
141 *Nothdurft*, in: Langen/Bunte § 19 GWB Rn. 138 f.
142 BGH WuW/E DE-R 3145 Rn. 26, 29 = NJW-RR 2011, 774 – *Entega II*.
143 BGH WuW/E DE-R 3145 Rn. 25 = NJW-RR 2011, 774 – *Entega II*; *Nothdurft*, in: Langen/Bunte, § 19 GWB Rn. 139; *Fuchs/Möschel*, in: Immenga/Mestmäcker, § 19 GWB Rn. 292.
144 Siehe zu Art. 102 AEUV Komm., ABl. 1988 Nr. L 65/19, Tz. 80 – *Eurofix-Bauco/Hilti*.
145 Zu Art. 102 AEUV Komm., ABl. 1988 Nr. L 65/19, Tz. 80 – *Eurofix-Bauco/Hilti*.
146 Vgl. BKartA WuW/E DE-V 289 – *Freie Tankstellen*.

punkt des missbräuchlichen Verhaltens liegt jedoch nicht in der damit verbundenen Ausbeutung der Wettbewerber, sondern in der Behinderung ihrer wettbewerblichen Entfaltung, die dadurch bewirkt wird, dass der Marktbeherrscher parallel zur Erhöhung des Preises für die Vorleistung den Preis für sein Endprodukt im nachgelagerten Markt senkt. Die dadurch entstehende Kosten-Preis-Schere entfaltet gegenüber den Wettbewerbern eine **behindernde Wirkung**, die ihr Ausscheiden aus dem Markt begünstigt. Insoweit handelt es sich bei der Kosten-Preis-Schere originär um eine Fallgruppe des Behinderungsmissbrauchs. Gleichwohl kann der darin enthaltene Aspekt des Preismissbrauchs eigenständige Bedeutung erlangen, wenn die Niedrigpreisstrategie auf dem nachgelagerten Markt und damit das zweite Element der Kosten-Preis-Schere nicht nachgewiesen werden kann.

(3) Erzwingung unangemessener Vertragsbedingungen (Konditionenmissbrauch iwS; § 19 Abs. 2 Nr. 1 GWB)

(a) Allgemeines

41 Nach allgemeinen zivilrechtlichen Grundsätzen ist es jedem Marktteilnehmer möglich, seine wirtschaftlichen Interessen so zu ordnen, wie er es für sinnvoll und richtig hält. Die daraus folgende **vertragliche Gestaltungsfreiheit** steht an sich auch marktbeherrschenden Unternehmen zu, allerdings nur, soweit die beherrschende Stellung **nicht zur Durchsetzung unangemessener Bedingungen** ausgenutzt wird (vgl. auch Rdn. 42). Um dies festzustellen, ist eine umfassende Interessenabwägung vorzunehmen, in die sowohl die Interessen des Marktbeherrschers und der Marktgegenseite, aber auch diejenigen anderer Marktteilnehmer einzubeziehen sind. Dies folgt aus dem Normzweck von Art. 102 AEUV, der nicht nur dem Individualschutz der unmittelbar von dem missbräuchlichen Verhalten Betroffenen dient, sondern über den Schutz des Wettbewerbs als Institution darüber hinaus auch den übrigen Marktteilnehmern. In die Interessenabwägung einzubeziehen ist deshalb neben dem inkriminierten Verhalten des Marktbeherrschers auch das wirtschaftliche Umfeld, in das das Wettbewerbsgeschehen eingebettet ist.[147] Dabei ist insbesondere das mit § 19 GWB bezweckte Ziel der Freiheit des Wettbewerbs zu berücksichtigen.

42 In Abgrenzung zum Preismissbrauch handelt es sich um eine Erzwingung unangemessener Vertragsbedingungen (Konditionenmissbrauch), wenn sich das missbräuchliche Verhalten nicht nur auf die Durchsetzung von Preisen und Preisbestandteilen beschränkt, sondern auch auf die **Durchsetzung anderer Vertragsbedingungen** bezieht. Ein Konditionenmissbrauch kann beispielsweise mit der Auferlegung von **Ausschließlichkeitsbindungen** (dazu

---

[147] Dazu exemplarisch EuGH Slg. 1978, 207, Tz. 152/160 – *United Brands*.

Rdn. 43 ff.) oder **Vertriebs- und Verwendungsbindungen** (dazu Rdn. 60 ff.) verbunden sein, aber auch mit **Wettbewerbsverboten** (dazu Rdn. 67 ff.) und **Kopplungsgeschäften** (dazu Rdn. 70 ff.) einher gehen.[148]

(b) Fallgruppen

(aa) Ausschließlichkeitsbindungen

(aaa) Allgemeines

Ausschließlichkeitsbindungen wirken sich als Beschränkungen der wirtschaftlichen Handlungsfreiheit aus. Häufig sind sie auf den **Bezug** bzw. die **Abnahme von Produkten** gerichtet und dadurch gekennzeichnet, dass sie einen Nachfrager dazu veranlassen, seinen gesamten Bedarf oder doch zumindest einen wesentlichen Teil davon bei dem Marktbeherrscher zu decken.[149] Ausschließlichkeitsbindungen können dabei auf einer rechtsgeschäftlichen Vereinbarung beruhen (unmittelbare Bindung) oder auch rein faktischer Natur sein (mittelbare Bindung).[150] Neben der Bezugs- bzw. Abnahmebindung zielt eine andere Spielart der Ausschließlichkeitsbindung auf die **Andienung** bzw. **Lieferung von Produkten** ab.[151] Beide Erscheinungsformen der Ausschließlichkeitsbindung führen zu einer sachlichen, räumlichen oder zeitlichen Bindung des Betroffenen an den Marktbeherrscher. Betroffen ist insoweit regelmäßig ein Unternehmen der Marktgegenseite. Denkbar ist jedoch auch die Bindung eines Wettbewerbers, beispielsweise im Hinblick auf die Belieferung mit Vorprodukten. 43

Primär behindern Ausschließlichkeitsbindungen die Entfaltungsmöglichkeiten des Gebundenen, reflexiv aber auch diejenigen Dritter. Aus Sicht des Marktbeherrschers dienen sie dazu, seine **Machtstellung abzusichern**, indem 44

---

148 Vgl. EuGH Slg. 1974, 409, Tz. 17 – *Sacchi* (Preisgestaltung); Slg. 1991, I-3359, Tz. 149 – *AKZO* (Ausschließlichkeitsbindung); Slg. 1994, II-755, Tz. 137 – *Tetra Pak II* (Ausschließlichkeitsbindung); EuG Slg. 1993, II-389, Tz. 68 – *BPB* (Ausschließlichkeitsbindung).
149 EuGH Slg. 1979, 461, Tz. 89 – *Hoffmann-LaRoche*; *Markert*, in: Immenga/Mestmäcker, § 19 GWB Rn. 195.
150 EuGH Slg. 1979, 461, Tz. 89 – *Hoffmann-LaRoche* (Treuerabatt); EuG Slg. 2003, II-4653, Tz. 159 f. – *van den Bergh Foods* (Bereitstellung einer Kühltruhe für Speiseeis); Komm., ABl. 2001 Nr. L 166/1, Tz. 114 – *DSD*; VII. Wettbewerbsbericht, 1977, Tz. 12; *Markert*, in: Immenga/Mestmäcker, § 19 GWB Rn. 195 (Treuerabatt); *Nothdurft*, in: Langen/Bunte, § 19 GWB Rn. 265.
151 S. dazu EuGH Slg. 1974, 313, Tz. 12/14 – *BRT II* (Globalabtretung von Urheberrechten an Verwertungsgesellschaften); Komm., ABl. 1971 Nr. L 134/15, 22 – *GEMA I* (Abtretung ausländischer Rechte); XXVI. Wettbewerbsbericht, 1996, Tz. 64 (»Nielsen«: Kauf von Marktdaten durch Marktforschungsinstitute).

(potenzielle) Wettbewerber von Geschäftschancen abgeschnitten werden,[152] weshalb regelmäßig der Missbrauchstatbestand des § 19 Abs. 2 Nr. 1 GWB in Betracht kommt. Darüber hinaus kann bei Erzwingung unangemessener Geschäftsbedingungen § 19 Abs. 1 Nr. 2 GWB einschlägig sein, da der Begriff »Geschäftsbedingung« im weiteren Sinne alle Vertragsbedingungen, also auch Ausschließlichkeitsbindungen, umfasst.[153] Schließlich ist § 19 Abs. 1 Nr. 3 GWB (Anwendung unterschiedlicher Bedingungen) zu beachten, wenn der Marktbeherrscher sein Bindungssystem diskriminierend anwendet. Im Übrigen bleibt der Rückgriff auf die Generalklausel des § 19 Abs. 1 GWB unbenommen. Dies lässt bereits erkennen, dass Ausschließlichkeitsbindungen ein nicht unerhebliches Missbrauchspotenzial in sich bergen.

45 Ein **Marktmachtmissbrauch** durch Anwendung von Ausschließlichkeitsbindungen ist, wie bereits angedeutet, gegeben, wenn der Marktbeherrscher seine Marktmacht als Anbieter oder Nachfrager von Waren und Dienstleistungen dazu ausnutzt, um die **wettbewerblichen Entfaltungsmöglichkeiten** der Marktgegenseite im Verhältnis zum Marktbeherrscher, aber auch zu Dritten **übermäßig** zu **beschränken**. Da es nach § 19 GWB allein auf die Marktwirkung ankommt, ist es insoweit unerheblich, ob das marktbeherrschende Unternehmen auf die Betroffenen Druck ausübt[154] oder ob die Ausschließlichkeitsbindung einvernehmlich, möglicherweise sogar auf Wunsch der gebundenen Unternehmen zustande kommt.[155]

46 Im **Verhältnis zu Dritten** wirkt sich die Erzwingung unangemessener Vertragsbedingungen insbesondere dann negativ aus, wenn die Marktgegenseite aufgrund fehlender wirtschaftlicher Bewegungsfreiheit nicht mehr in der Lage ist, ihre Bezugsquelle frei zu wählen und damit (komplementäre) Produkte bei Dritten nachzufragen, so dass die Ausschließlichkeitsbindung für den Dritten zu einer **Verstopfung möglicher Absatzwege** oder zur Errichtung einer **Marktzutrittsschranke** führt.[156] In jedem Fall bedarf es einer umfassenden

---

152 S. Komm., ABl. 1989 Nr. L 43/27, Tz. 100 ff. – *Decca Navigator System*.
153 S. zu Art. 102 AEUV auch EuGH Slg. 1974, 313, Tz. 12/14 – *BRT II*; a.A. *Jung*, in: Grabitz/Hilf/Nettesheim, Art. 102 AEUV Rn. 344 ff.
154 EuGH Slg. 1979, 461, Tz. 120 – *Hoffmann-LaRoche* (zu Art. 102 AEUV).
155 S. zu Art. 102 AEUV EuGH Slg. 1979, 461, Tz. 89 – *Hoffmann-LaRoche*; Slg. 1991, I-3359, Tz. 149 – *AKZO*; Slg. 1994, I-1477, Tz. 44 – *Almelo*; Slg. 2006 I-9094, 9133 Tz. 129 – *Unilever Bestfoods*; EuG Slg. 1993, II-389, Tz. 68 – *BPB*.
156 Zu derartigen Fallgestaltungen EuGH Slg. 1979, 461, Tz. 89 f. – *Hoffmann-LaRoche*; EuG Slg. 1994, II-755, Tz. 137 – *Tetra Pak II*; EuG Slg. 1993, II-389, Tz. 68 – *BPB*; Slg. 2007, II-1610, Tz. 119 – *Der grüne Punkt/DSD*; s. auch Komm., XXIV. Wettbewerbsbericht, 1994, Tz. 41; GD Wettbewerb, Diskussionspapier zur Anwendung des Art. 82 EG, 2005, Tz. 139; *Emmerich*, in: Dauses, H I § 3 Rn. 87; *Fuchs/Möschel*, in: Immenga/Mestmäcker, EUWbR, Art. 102 AEUV Rn. 217.

Einzelfallprüfung, in die im Wege einer Gesamtschau die wirtschaftlichen Umstände des Verhaltens wie auch die Interessen aller Marktbeteiligten einzubeziehen sind.[157] Dabei kommt dem Umstand der **Offenhaltung der Märkte** besonderes Gewicht zu.[158] Dabei ist zu berücksichtigen, dass die Marktstruktur durch die beherrschende Stellung des Normadressaten bereits geschwächt ist (s. auch Rdn. 47).

Den negativen Wirkungen von Ausschließlichkeitsbindungen auf den Wettbewerb stehen auf der anderen Seite durchaus berechtigte Interessen der beteiligten Unternehmen, aber auch **positive Impulse** für das Marktgeschehen gegenüber. Ausschließlichkeitsbindungen können nämlich durch die damit einhergehende Verstetigung von Marktbeziehungen[159] sowohl zu einer **Verbesserung der Produktqualität** beitragen als auch **Investitionen in innovative Vertriebswege** begünstigen. Ausschließlichkeitsbindungen dürfen daher nicht von vornherein als wettbewerbsfremd qualifiziert werden, wie im Übrigen auch die Parallelwertung in Art. 2, 4 der VO (EU) Nr. 330/2010 bestätigt. Freilich werden die positiven Wirkungen von Ausschließlichkeitsbindungen umso stärker von den wettbewerbsbehindernden Begleiterscheinungen überdeckt, je mehr die betroffenen Märkte vermachtet sind. Nicht zuletzt deshalb ist auch die Freistellung vertikaler Vereinbarungen vom Kartellverbot gem. Art. 3 VO (EU) Nr. 330/2010 davon abhängig, dass bestimmte Marktanteilsschwellen nicht überschritten werden. Für die Feststellung des Marktmachtmissbrauchs bedeutet dies, dass die grundsätzlich erforderliche **Interessenabwägung** im Falle der Auferlegung von Ausschließlichkeitsbindungen zwar nicht entbehrlich ist,[160] aber grundsätzlich **zu Lasten des Marktbeherrschers** ausfällt. Es darf jedenfalls keine objektiv nicht zu rechtfertigende Bindung der Gegenseite eintreten.[161] Entscheidend ist, dass der aufgrund der Marktbeherrschung ohnehin schon geschwächte (Rest-)Wettbewerb nochmals geschwächt wird, wenn die wirtschaftliche Bewegungsfreiheit der betroffenen Marktteilnehmer weiter abnimmt.[162] Deshalb hat es der EuGH in Bezug auf ein Rabattsystem abgelehnt, eine **Spürbarkeits- oder De-minimis-Schwelle** festzulegen, die überwunden werden muss, um die missbräuchliche Ausnut-

47

---

157 Vgl. zur Preisgestaltung EuGH Slg. 1989, 838, Tz. 42 f. – *Ahmeed Saaed Flugreisen* (Flugtarife); zu Ausschließlichkeitsbindungen Slg. 1974, 313, Tz. 12/14 – *BRT II* (Verwertungsgesellschaft).
158 In diesem Sinne zu Ausschließlichkeitsbindungen EuGH Slg. 1979, 461, Tz. 90 – *Hoffmann-LaRoche*; vgl. auch EuG Slg. 2007-II 1610, 1655, Tz. 122 – *Der grüne Punkt/DSD*.
159 S. dazu EuG Slg. 1993, II-389, Tz. 65 – *BPB*.
160 A.A. zu Preisvorgaben *Bechtold/Bosch/Brinker*, Art. 102 Rn. 36.
161 Vgl. EuGH Slg. 1974, 313, Tz. 12/14 – *BRT II* (Verwertungsgesellschaft).
162 GD Wettbewerb, Diskussionspapier zur Anwendung des Art. 82 EG, 2005, Tz. 148.

zung einer beherrschenden Stellung festzustellen.[163] Damit kann festgehalten werden, dass wettbewerbsschädliche Wirkungen von Ausschließlichkeitsbindungen unabhängig vom Ausmaß der Bindung eintreten können. Selbst bei weniger schwer wiegenden Beschränkungen der wirtschaftlichen Bewegungsfreiheit geht ein wettbewerbsrechtlich relevanter Teil des noch bestehenden Restwettbewerbs verloren.[164] In jedem Fall ist auch der dann noch bestehende Restwettbewerb als solcher schutzwürdig. Es ist daher nicht überraschend, dass Ausschließlichkeitsbindungen, die von einem marktbeherrschenden Unternehmen ausgehen, in der europäischen Entscheidungspraxis des EuGH[165] und des EuG[166] zu Art. 102 AEUV durchweg als missbräuchlich angesehen werden.[167] Auf der anderen Seite lässt der EuGH auch bei Ausschließlichkeitsbindungen eine Rechtfertigung des Verhaltens durch den Nachweis von **Effizienzvorteilen** zu.[168] Die **deutsche Entscheidungspraxis** zur missbräuchlichen Handhabung von Ausschließlichkeitsbindungen ist wenig ausgeprägt und bezieht sich zum Teil auf nicht mehr aktuelle Sondermaterien.[169] Als Maßstab für die Anwendung des Marktmachtmissbrauchsverbots aus § 19 GWB auf Ausschließlichkeitsbindungen kann freilich die Judikatur zu Art. 102 AEUV herangezogen werden. Die nachfolgenden Ausführungen nehmen daher die Erläuterungen zu Art. 102 AEUV auf (vgl. dort Art. 102 AEUV Rn. 92 ff.)

(bbb) Unmittelbare Bindungen

48 Von einer unmittelbaren Bindung des Abnehmers mit den Rdn. 43 f. beschriebenen Folgen ist auszugehen, wenn der Abnehmer verpflichtet wird, seinen Bedarf bei dem marktbeherrschenden Unternehmen zu decken. Derartige **Bedarfsdeckungsklauseln** spielen in der Energiewirtschaft eine gewisse Rolle. Bedarfsdeckungsklauseln werden vom Verbot des Missbrauchs einer marktbeherrschenden Stellung nicht nur dann erfasst, wenn sie darauf angelegt sind, dass der Betroffene seinen Gesamtbedarf beim Marktbeherrscher deckt;[170]

---

163 EuGH GRURInt. 2016, 68, Tz. 70, 73 – *Post Danmark/Konkurrencerådet*.
164 EuG Slg. 1993 II-389, Tz. 95 – *BPB*.
165 EuG Slg. 1979, 461, Tz. 89 – *Hoffmann-LaRoche*; Slg. 1991, I-3359, Tz. 149 – *AKZO*; Slg. 1994, I-1477, Tz. 44 – *Almelo*.
166 EuG Slg. 1993 II-389, Tz. 68 – *BPB*; Slg. 1994 II-755, Tz. 137 – *Tetra Pak II*.
167 Zustimmend etwa Komm., VII. Wettbewerbsbericht, 1977, Tz. 9 ff.; XXV. Wettbewerbsbericht, 1995, Tz. 41; *Emmerich*, in: Dauses, H I § 3 Rn. 88; *Fuchs/Möschel*, in: Immenga/Mestmäcker, EUWbR, Art. 102 AEUV Rn. 217.
168 EuGH GRURInt. 2016, 68, Tz. 48 f. – *Post Danmark/Konkurrencerådet*.
169 Vgl. zu Gesamtbedarfsbezugsverpflichtungen bei der Strom- und Gasversorgung *Markert*, in: Immenga/Mestmäcker, § 19 GWB Rn. 197; *Nothdurft*, in: Langen/Bunte § 19 GWB Rn. 267.
170 Zu derartigen Sachverhalten EuGH Slg. 1979, 461, Tz. 89 – *Hoffmann-LaRoche*; Slg. 1991, I-3359, Tz. 149 – *AKZO*; Slg. 1994, I-1477, Tz. 44 – *Almelo*.

ausreichend ist es nach der europäischen Rechtsprechung auch, wenn ein »**überwiegender Teil**« des Bedarfs einer Bindung unterliegt.[171] Demnach fallen bereits Bindungen, die über die Hälfte des Bedarfs hinausgehen, unter das Missbrauchsverbot. Zuweilen wird in der Entscheidungspraxis statt vom »überwiegenden« vom »beträchtlichen« Teil des Bedarfs gesprochen,[172] wobei die Begriffe offenbar synonym gebraucht werden. Jedenfalls sollte deutlich sein, dass in diesem Bereich eine zweifelsfreie Grenzziehung zwischen schon missbräuchlichem oder noch missbrauchsfreiem Verhalten allein anhand des numerischen Bedarfsdeckungsgrads nicht möglich ist. Vielmehr kommt es wie stets auf eine umfassende **Gesamtschau der Marktgegebenheiten** an. Nur auf diese Weise lässt sich feststellen, ob eine »schwache« Ausschließlichkeitsbindung den bestehenden Restwettbewerb in relevanter Weise weiter einschränkt oder weitgehend unangetastet lässt.

Selbst »starke« Ausschließlichkeitsbindungen können im Übrigen durch andere Vertragsbedingungen derart geschwächt sein, dass von ihnen kein zureichendes Missbrauchspotenzial ausgeht. Nicht unproblematisch sind in diesem Zusammenhang freilich sog. »**Englische Klauseln**«,[173] die dem von einer Bedarfsbindung betroffenen Vertragsteil das Recht einräumen, ein günstigeres Konkurrenzangebot wahrzunehmen, wenn der Marktbeherrscher nach Mitteilung des Konkurrenzangebots und entsprechender Aufforderung dem anderen Teil nicht ebenfalls den günstigeren Konkurrenzpreis einräumt.[174] Diese Verfahrensweise erscheint zunächst vorteilhaft, weil sie dem Abnehmer, ohne dass er den Verlust anderer Vorteile wie eines Rabatts (dazu Rdn. 51 ff.) fürchten muss, zumindest hinsichtlich einzelner Gegenstände seiner Nachfrage die Auswahlfreiheit belässt, falls der Marktbeherrscher nicht in den niedrigeren Preis einsteigt. Auf der anderen Seite muss jedoch bedacht werden, dass sich ein marktbeherrschendes Unternehmen mit Hilfe englischer Klauseln einen umfassenden **Überblick über Konkurrenzangebote** verschaffen und bei Bedarf gezielte Gegenmaßnahmen ergreifen kann.[175] Auf Sicht gesehen birgt dies die **Gefahr einer Erlahmung des interbrand-Wettbewerbs** in sich, weshalb englische Klauseln das Missbrauchspotenzial von Ausschließlichkeitsbindungen im Ergebnis nicht neutralisieren können. Vielmehr können sie wie mittelbare Wettbewerbsverbote wirken (s. auch Rdn. 67).

49

---

171 EuGH Slg. 1979, 461, Tz. 97 ff. – *Hoffmann-LaRoche;* Komm., VII. Wettbewerbsbericht, 1977, Tz. 12.
172 EuG Slg. 1993, II-389, Tz. 68 – *BPB* (»beträchtlicher Teil«).
173 Dazu *Dallmann,* WRP 2006, 347, 351 f.
174 S. dazu EuGH Slg. 1979, 461, Tz. 102, 104 – *Hoffmann-La Roche.*
175 EuGH Slg. 1979, 461, Tz. 107 f. – *Hoffmann-La Roche*; Komm., XIX. Wettbewerbsbericht, 1989, Tz. 62.

50 Als unmittelbare Bindung ist im Übrigen auch die Forderung einer Verwertungsgesellschaft gegenüber den ihr angeschlossenen Urhebern anzusehen, sämtliche Urheberrechte ohne Rücksicht auf die Verwertungsformen auch für einen längeren Zeitraum nach Austritt des Urhebers aus der Vereinigung an diese abzutreten.[176] Dadurch kann die **freie Verfügung des Urhebers über sein Werk** über Gebühr **eingeschränkt** werden, wenn es für die Rechtewahrnehmung nicht erforderlich ist, dass der Urheber auch nach Beendigung der Mitgliedschaft an die Verwertungsgesellschaft gebunden bleibt.

(ccc) Mittelbare Bindungen

51 Auf Bedarfsdeckung angelegte missbräuchliche Ausschließlichkeitsbindungen können im Übrigen nicht nur aus vertraglichen Vereinbarungen resultieren, sondern ebenso aufgrund wirtschaftlicher (faktischer) Gegebenheiten, etwa durch die **Einräumung von (konditionierten) verhaltensleitenden Rabatten**,[177] die einen Marktteilnehmer davon abhalten, die Geschäftsverbindung zu dem marktbeherrschenden Unternehmen zu beenden.[178] Ein Rabatt liegt vor, wenn ein Anbieter seinem Abnehmer einen Nachlass auf den allgemein geforderten Preis gewährt. Derartige Preisnachlässe sind, auch soweit sie von einem marktbeherrschenden Unternehmen gewährt werden, in der Regel unbedenklich, wenn sie sachlich gerechtfertigt sind, also auf wirtschaftlich vernünftigen Erwägungen beruhen.[179] Davon ist grundsätzlich auszugehen, wenn dem Abnehmer ein **Mengenrabatt** bezogen auf die Auftragsgröße (Auftragsgrößenrabatt) oder die gelieferte einzelne Sendung (Partierabatt/Waggonrabatt) gewährt wird,[180] weil sich bei Abnahme einer besonders großen Warenmenge oder bei häufiger Inanspruchnahme einer Dienstleistung beim Anbieter regelmäßig eine Kostenersparnis ergibt. Diese muss sich freilich sachgerecht in der Rabattstaffel abbilden.[181] Denkbar ist auch, dass die Gewährung eines Mengenrabatts von einer angemessenen Mindestabnahmemenge abhängig ge-

---

176 EuGH Slg. 1974, 313, Tz. 12/14 – *BRT II*; vgl. zur Übertragung von Auslandsrechten auch Komm., ABl. 1971 Nr. L 134/15, 22 – *GEMA I*.
177 Dazu GD Wettbewerb, Diskussionspapier zur Anwendung des Art. 82 EG, 2005, Tz. 152 ff., 166 ff.
178 S. zu Treuerabatten EuGH Slg. 1979, 461, Tz. 89 – *Hoffmann-La Roche*; Komm., ABl. 1991 Nr. L 152/21, Tz. 57 – *Soda Solvay*; Komm., ABl. 1989 Nr. L 10/50, Tz. 148 ff. – *BPB*.
179 S. EuG NZKart 2014, 267, Tz. 75 – *Intel*; Slg. 2003, II-4071, Tz. 98, 100 – *Michelin*; 2003, II-5917, Tz. 246 – *Virgin/British Airways*.
180 BGHZ 38, 90, 101 = WuW/E BGH 502, 508 – *Grote-Revers*; BGH WuW/E BGH 1413, 1415 – *Mehrpreis von 11 %*; OLG Düsseldorf WuW/E OLG 917, 922 – *Partierabatt*; *Koller*, S. 104 ff.; *Wurmnest*, S. 582 ff.; *Markert*, in: Immenga/Mestmäcker, § 19 GWB Rn. 174.
181 OLG Düsseldorf BeckRS 2013, 13541 (unt. B 3c) – *Laborchemikalien*; WuW/E OLG 4601, 4609 f. – *Interlining*.

macht wird.[182] Übernimmt der Abnehmer für den Anbieter im Rahmen der Warendistribution bestimmte Aufgaben, z.B. als Großhändler[183] oder Fachhändler,[184] kann ihm dafür ein **Funktionsrabatt**, auch zusammen mit einem Mengenrabatt,[185] eingeräumt werden.[186] Zu den durch einen Preisnachlass honorierten Aufgaben können etwa die Werbung im Zuge der Markteinführung neuer Produkte oder die Übernahme der Lagerhaltung gehören. Kartellrechtsneutral und damit nicht missbräuchlich sind derartige Rabattierungen jedenfalls dann, wenn ein **ebenso leistungsfähiger Wettbewerber** ebenfalls in der Lage wäre, entsprechende Preisnachlässe zu gewähren,[187] ohne deshalb zu einem Marktaustritt gezwungen oder an einem Marktzutritt gehindert zu sein (equally efficient competitor-Test[188]). Nicht zulässig, da mit einer Vertriebswegdiskriminierung einhergehend, ist eine **Differenzierung** zwischen dem stationären **Fachhandel** und dem **Online-Handel**.[189]

Auf der anderen Seite kann die Gewährung verhaltensleitender Rabatte **missbräuchlich** sein, wenn ihre Einräumung an **weitere verhaltensleitende** Voraussetzungen (**Bedingungen**) geknüpft wird, **die aus wirtschaftlichen Gründen nicht gerechtfertigt sind,** sondern dem Ziel dienen, die Marktposition des marktbeherrschenden Unternehmens dadurch abzusichern, dass der Abnehmer sich ausschließlich an den Marktbeherrscher bindet,[190] wodurch im Ergebnis eine Verdrängung von Wettbewerbern bewirkt wird. Ob ein derartiges Ziel verfolgt wird, ist anhand der objektiven Umstände des Gesamtverhaltens festzustellen.[191]

52

Denkbar ist dies etwa, wenn ein **Mengenrabatt** nicht proportional zur abgenommenen Menge ansteigt, sondern erst bei einer relativ hohen Abnahmemenge einsetzt, so dass sich der Abnehmer aufgrund der Sogwirkung, die von diesem Angebot ausgeht, veranlasst sieht, seinen gesamten oder weit überwie-

53

---

182 KG WuW/E OLG 891, 904 f. – *IGZ*.
183 Vgl. BGH WuW/E BGH 1429, 1433 = GRUR 1976, 711, 713 f. – *Bedienungsgroßhändler*.
184 KG WuW/E OLG 877, 882 f. – *Zigaretten-Einzelhandel*; OLG Stuttgart WuW/E OLG 3791, 3793 – *Verlagsauslieferer*.
185 KG WuW/E OLG 891, 904 f. – *IGZ*.
186 GD Wettbewerb, Diskussionspapier zur Anwendung des Art. 82 EG, 2005, Tz. 170.
187 Zur Anwendbarkeit dieses Kriteriums EuGH GRURInt. 2016, 68, Tz. 61 – *Post Danmark/Konkurrencerådet*.
188 Dazu Komm., Prioritätenmitteilung, ABl. 2009 Nr. C 45/7, 17 Tz. 41 ff.
189 Vgl. OLG Düsseldorf NZKart 2014, 68, 69 f. – *Fachhandelsvereinbarung Sanitär*.
190 S. EuGH Slg. 1983, 3461, Tz. 72 – *Michelin/Kommission*; EuG Slg. 1999, II-2969, Tz. 114 – *Irish Sugar*; 2003, II-5917, Tz. 247 – *Virgin/British Airways*.
191 EuGH GRURInt. 2016, 68, Tz. 68 – *Post Danmark/Konkurrencerådet*.

genden Bedarf bei dem Marktbeherrscher zu decken. Dieser ist aufgrund seines überragenden Verhaltensspielraums in besonderer Weise in der Lage, Rabatte zum Nachteil der Konkurrenten einzusetzen, indem der verhaltensleitende Impuls solcher Preisnachlässe dazu benutzt wird, das Verbleiben von Konkurrenten im Markt zu erschweren oder deren Marktzutritt zu verhindern.[192] Zugleich verringern sich dadurch die Auswahlmöglichkeiten der Marktgegenseite. Ein derartiges Verhalten, das geeignet ist, die marktbeherrschende Position eines Unternehmens abzusichern, ist missbräuchlich.[193]

54 Mengenrabatte, die aufgrund ihrer verhaltensleitenden Wirkung als missbräuchlich anzusehen sind, können in Anlehnung an eine vom EuG erstmalig in der Rechtssache *Michelin*[194] vorgenommene und von der Kommission[195] übernommene Differenzierung danach unterschieden werden, ob sie bei Überschreiten eines Schwellenwertes auf die gesamte Bezugsmenge Anwendung finden (**Gesamtrabattsystem**) oder nur auf den Teil der Bezugsmenge, der den Schwellenwert übersteigt (**Stufenrabattsystem**). Wird die Gesamtabnahmemenge von dem Preisnachlass erfasst, entfaltet das Rabattsystem eine erhebliche größere Sogwirkung als bei einem Stufenrabatt,[196] weshalb ein von einem Marktbeherrscher praktiziertes Gesamtrabattsystem den Wettbewerb ungleich stärker behindert.

55 Eine mittelbare Ausschließlichkeitsbindung kann auch durch die Gewährung von **Treuerabatten** hervorgerufen werden, die es dem Begünstigten wirtschaftlich nicht sinnvoll erscheinen lässt, **andere Bezugsquellen** in Betracht zu ziehen,[197] weshalb er seine geschäftlichen Aktivitäten auf das marktbeherrschende Unternehmen konzentriert.[198] Dieser Effekt, der mit dem Schutzzweck von § 19 GWB unvereinbar ist,[199] kann unter Umständen noch dadurch verstärkt werden, dass die Rabattbedingungen nicht transparent gemacht werden, so dass potenziell begünstigte Abnehmer im Unklaren darüber bleiben,

---

192 EuG Slg. 2003, II-4071, Tz. 57 – *Michelin*.
193 *Fuchs/Möschel*, in: Immenga/Mestmäcker, EUWbR, Art. 102 AEUV Rn. 249 f.
194 EuG Slg. 2003, II-4071, Tz. 86 f. – *Michelin*.
195 GD Wettbewerb, Diskussionspapier zur Anwendung des Art. 82 EG, 2005, Tz. 152 ff., 166 ff.
196 EuG Slg. 2003, II-4071, Tz. 87 f. – *Michelin*.
197 EuGH Slg. 1975, 1663, Tz. 518 – *Suiker Unie*; Slg. 1979, 461, Tz. 89 f. – *Hoffmann-LaRoche*; Slg. 1983, 3461, Tz. 71 – *Michelin*; EuG Slg. 1999, II-2969, Tz. 197 – *Irish Sugar*; Slg. 2003, II-4071, Tz. 65 – *Michelin*; Slg.2003, II-5925, Tz. 244 – *Virgin/British Airways*; s. auch EuG NZKart 2014, 267, Tz. 76 – *Intel* (dort »exclusivity rebates« genannt).
198 Zu wettbewerbstheoretischen Aspekten *Wurmnest*, S. 520 ff.
199 Vgl. nur KG WuW/E OLG 2403, 2407 f. – *Fertigfutter*; WuW/E OLG 831, 833 – *Baukeramik*; *Koller*, S. 110; *Markert*, in: Immenga/Mestmäcker, § 19 GWB Rn. 177.

welche Abnahmemenge sie erreichen müssen, um in den Genuss des Preisnachlasses zu kommen.[200] Eine derartige **Intransparenz der Rabattbedingungen** kann zugleich den Tatbestand der Diskriminierung erfüllen. Unabhängig von der Ausgestaltung, auf die es nicht entscheidend ankommt,[201] geht es bei Treuerabatten regelmäßig darum, die Begünstigten in missbräuchlicher Weise zu veranlassen, ihren gesamten Bedarf oder einen wesentlichen Teil davon bei dem Marktbeherrscher zu decken.[202] Der Missbrauchsvorwurf beruht auf der wirtschaftlichen Wirkung des Handelns.[203] Nicht maßgeblich ist daher, wie der Preisnachlass bezeichnet wird,[204] ob er möglicherweise sogar auf Initiative des Begünstigten zustande gekommen ist[205] oder ob dieser aus freien Stücken mit dem Marktbeherrscher in Kontakt getreten ist.[206] Die Ausschließlichkeitsbindung wird regelmäßig noch verstärkt, wenn nicht ein einzelnes Unternehmen, sondern eine Gruppe von Unternehmen im vorbenannten Sinne rabattiert wird. Ein derartiger **Gruppenrabatt** führt nämlich dazu, dass ein einzelnes der Gruppe zugehöriges Unternehmen bestrebt sein wird, den Bezug bei Wettbewerbern des Marktbeherrschers nicht nur deshalb zu unterlassen, um seinen eigenen Rabatt zu erhalten, sondern auch um den Rabatt der anderen Gruppenangehörigen nicht zu gefährden.[207] Durch den Gruppenrabatt wird insoweit das Phänomen des Gruppendrucks zur Stabilisierung der marktbeherrschenden Stellung ausgenutzt. Wie ein Treuerabatt können auch **Jahresumsatzrabatte**,[208] nach Mengen gestaffelte **Stufenrabatte** und **Zielrabatte**[209] wirken, wenn sie in gleicher Weise auf eine Ausschließlichkeitsbindung abzielen. Entsprechendes gilt für **Sortimentsrabatte**[210] und

---

200 EuGH Slg. 1983, 3461, Tz. 78, 83, 85 f. – *Michelin/Kommission*; EuG Slg. 2003, II-4071, Tz. 140 ff. – *Michelin*; GD Wettbewerb, Diskussionspapier zur Anwendung des Art. 82 EG, 2005, Tz. 160.
201 EuG Slg. 2003, II-4071, Tz. 210, 212 – *Michelin* (geldwerter Vorteil durch Clubmitgliedschaft).
202 EuGH GRURInt. 2016, 68, Tz. 27 – *Post Danmark/Konkurrencerådet*; EuZW 2012, 741, Tz. 70 – *Tomra*; Slg. 1983, 3461, Tz. 71; Slg. 1979, 461, Tz. 89 f. – *Hoffmann-LaRoche*; Komm., ABl. 1989 Nr. L 10/50, Tz. 123 ff. – *BPB*.
203 EuG NZKart 2014, 267, Tz. 80 ff. – *Intel*.
204 EuG Slg. 2003, II-4071, Tz. 115 ff. – *Michelin* (»Serviceprämie«).
205 *Fuchs/Möschel*, in: Immenga/Mestmäcker, EUWbR, Art. 102 AEUV Rn. 249.
206 EuG NZKart 2014, 267, Tz. 104 – *Intel*.
207 Komm., ABl. 1988 Nr. L 284/41, Tz. 74 ff. – *British Sugar*.
208 EuGH GRURInt. 2016, 68, Tz. 8, 34 – *Post Danmark/Konkurrencerådet*; EuG Slg. 2003, II-4071, Tz. 61 ff. – *Michelin* (»Jahresmengenrabatt«).
209 S. EuGH Slg. 1983, 3461, Tz. 76 ff. – *Michelin/Kommission*; EuG Slg. 1999, II-2969, Tz. 214 – *Irish Sugar*; Slg. 2003, II-4071, Tz. 57 – *Michelin*; Slg. 2003, II-5917, Tz. 245 – *Virgin/British Airways*; GD Wettbewerb, Diskussionspapier zur Anwendung des Art. 82 EG, 2005, Tz. 158.
210 S. EuGH EuZW 2012, 741, Tz. 75 – *Tomra*; Komm., ABl. 1976 Nr. L 223/27, Tz. 22, 24 – *Vitamine*.

gleichwirkende **Gesamtumsatzrabatte**,²¹¹ mit denen bezweckt wird, dass der Abnehmer seinen gesamten Bedarf aus dem Sortiment des Marktbeherrschers bezieht. Insgesamt betrachtet sind Treuerabatte, wenn sie von einem marktbeherrschenden Unternehmen zur »Lenkung« seiner Abnehmer eingesetzt werden, ein probates Mittel, um Konkurrenten des Marktbeherrschers vom Markt fernzuhalten oder ihre Geschäftschancen erheblich einzuschränken, da die vom Preisnachlass profitierenden Abnehmer des Marktbeherrschers für dessen Konkurrenten nicht als Nachfrager zur Verfügung stehen.²¹² Selbst wenn die Abnehmer nicht ihren Gesamtbedarf beim marktbeherrschenden Unternehmen decken, ist es für Konkurrenten des Marktbeherrschers angesichts der Rabattierung zumeist wirtschaftlich unattraktiv, für den **Restbedarf** ein eigenes Angebot abzugeben.

56 Von den zuvor besprochenen verhaltensleitenden Rabatten sind systematisch die **selektiven (diskriminierenden) Rabatte** zu unterscheiden.²¹³ Ebenso wie verhaltensleitende Rabatte können auch selektive Rabatte kartellrechtlich unbedenklich sein, wenn sie sachlich gerechtfertigt sind. Problematisch sind derartige Preisnachlässe freilich, wenn sie, ohne sachlich gerechtfertigt zu sein, dazu dienen, einzelne Marktteilnehmer zu bevorzugen und andere zu benachteiligen, um auf diese Weise die Marktverhältnisse im Sinne des marktbeherrschenden Unternehmens zu beeinflussen.²¹⁴ Ein derartiges Verhalten ist missbräuchlich (§ 19 Abs. 2 Nr. 1, 3 GWB), weil das marktbeherrschende Unternehmen seine Marktmacht ausnutzt, um die wirtschaftliche Entfaltung einzelner Marktteilnehmer zu behindern. Im Verhältnis zu Abnehmern hat das diskriminierende Verhalten regelmäßig eine Quersubventionierung der durch den Rabatt begünstigten Abnehmer seitens derjenigen Konkurrenten zur Folge, die in diskriminierender Weise vom Preisnachlass ausgeschlossen sind.²¹⁵ Knüpft die diskriminierende Praxis daran an, dass Abnehmer auch Geschäftsverbindungen zu Wettbewerbern des Marktbeherrschers unterhalten, führt die Rabattverweigerung auch zu einer Behinderung des interbrand-Wettbewerbs.²¹⁶

---

211 Dazu *Markert*, in: Immenga/Mestmäcker, § 19 GWB Rn. 175 f.
212 EuGH Slg. 1975, 1663, Tz. 526/527 – *Suiker Unie*; Slg. 1979, 461, Tz. 90 – *Hoffmann-La Roche*.
213 Dazu GD Wettbewerb, Diskussionspapier zur Anwendung des Art. 82 EG, 2005, Tz. 171.
214 EuGH Slg. 1975, 1663, Tz. 522 f. – *Suiker Unie*; EuG Slg. 2003, II- 5917, Tz. 233 ff. – *Virgin/British Airways*; Komm., ABl. 1989 Nr. L 10/50, Tz. 124 – *BPB*.
215 EuGH Slg. 1975, 1663, Tz. 522 f. – *Suiker Unie*; EuG Slg. 1999, II-2969, Tz. 188 – *Irish Sugar*.
216 Komm., ABl. 1988 Nr. L 65/19, Tz. 82 f. – *Eurofix-Bauco/Hilti*.

Eine ähnliche Wirkung wie verhaltensleitende Rabatte (dazu Rdn. 51 ff.) haben **Zahlungen** des marktbeherrschenden Unternehmens an seine Abnehmer, die diese bei der **Absatzförderung** unterstützen sollen, aber nur im Falle des Alleinbezugs beim Marktbeherrscher gewährt werden.[217] Entsprechendes gilt, wenn ein marktbeherrschendes Unternehmen besonders treuen Kunden eine **bevorzugte Belieferung im Falle von Lieferengpässen** in Aussicht stellt. Treten Lieferengpässe ein, kann die Dauer einer Geschäftsbeziehung freilich eine bevorzugte Belieferung nicht rechtfertigen, da sich unter diesen Umständen das Nachfrageverhalten von vornherein auf den Marktbeherrscher konzentrieren würde (s. zur Repartierung auch Rdn. 129 ff.). Müssen die Nachfrager nämlich davon ausgehen, dass (kleinere) Wettbewerber des marktbeherrschenden Unternehmens im Falle von Mangellagen ohnehin nicht in der Lage sind, ihren Bedarf zu decken, werden sie von Geschäftsbeziehungen zu diesen Anbietern Abstand nehmen und sogleich eine Belieferung durch den Marktbeherrscher anstreben.[218] Nicht anders liegen die Dinge, wenn Aufträge an Wettbewerber des marktbeherrschenden Unternehmens zusätzlich zu der dadurch entstehenden Entgeltforderung des Wettbewerbers eine **Lizenzzahlung an den Marktbeherrscher** in nicht unbeträchtlicher Höhe auslösen. Zur Vermeidung einer derartigen »Doppelzahlung« liegt es für die Nachfrager nahe, von vornherein (und ausschließlich) mit dem marktbeherrschenden Unternehmen zu kontrahieren, wodurch der Marktzugang für Konkurrenten erheblich erschwert wird.[219]

57

Die Wirkung einer Ausschließlichkeitsbindung mag auch von **langfristigen Verträgen** und **Kündigungsbeschränkungen** ausgehen, wenn sie den Vertragspartner des marktbeherrschenden Unternehmers in wirtschaftlich unvertretbarer Weise davon abhalten, Konkurrenzangeboten näher zu treten. Selbstverständlich ist es marktbeherrschenden Unternehmen nicht per se verwehrt, langfristige Verträge einzugehen oder mit dem Vertragspartner bestimmte Kündigungsfristen zu vereinbaren. Beides kann im Hinblick auf erforderliche Investitionen,[220] die Auslastung des Maschinenparks oder die frühzeitige Anpassung des Angebots an veränderte Kundenwünsche wirtschaftlich sinnvoll sein. Die wirtschaftliche Sinnhaftigkeit des Handelns besagt jedoch nichts über die wettbewerbsrechtliche Legitimität des Vorgehens. Gerade in dieser Beziehung bedarf das Wettbewerbsverhalten marktbeherrschender Unternehmen einer verstärkten sachlichen Rechtfertigung. Langfristige Verträge, die auf unbestimmte Zeit angelegt sind oder automatische Verlängerungsklauseln ent-

58

---

217 EuG Slg. 1993, II-389, Tz. 65 ff. – *BPB*.
218 In diesem Sinne EuG Slg. 1993, II-389, Tz. 94, 96 – *BPB*; Komm., ABl. 1989 Nr. L 10/50, Tz. 144, 146 – *BPB*.
219 Dazu Komm., ABl. 2001 Nr. L 166/1, Tz. 115 – *DSD*.
220 Dazu auch *Markert*, in: Immenga/Mestmäcker, § 19 GWB Rn. 198.

halten (sog. evergreen-Verträge),[221] können daher von einer dem Prinzip der Marktöffnung verpflichteten Wettbewerbsordnung im Grundsatz nur toleriert werden, wenn der gebundene Teil die Möglichkeit hat, sich innerhalb angemessener Auslauffristen jederzeit vom Vertrag zu lösen.[222] Kündigungsbeschränkungen, die dieses Lösungsrecht aushöhlen oder ausschließen, müssen deshalb in besonderer Weise sachlich gerechtfertigt sein. Denkbar ist etwa, dass das marktbeherrschende Unternehmen langfristige Investitionen getätigt hat, die sich allein durch die Geschäftsbeziehung zu dem gebundenen Unternehmen amortisieren lassen.

59 Auch **Marktinformationssysteme** können zu einer mittelbaren Ausschließlichkeitsbindung führen. Diese sind dadurch gekennzeichnet, dass sich ein Unternehmen detaillierte Informationen über das Angebot von Konkurrenten oder über das Nachfrageverhalten seiner Kunden verschafft. Marktinformationssysteme, die zwischen Konkurrenten etabliert werden, sind anhand des Kartellverbots zu beurteilen. Dagegen können Informationssysteme, die darauf ausgerichtet sind, dass Kunden ihren jeweiligen Nachfragebedarf einem marktbeherrschenden Unternehmen periodisch melden, dem Marktmissbrauchsverbot unterfallen. Mit Hilfe solcher Systeme kann sich ein marktbeherrschendes Unternehmen einen (nahezu) vollständigen Marktüberblick verschaffen und auf Kundenwünsche schneller reagieren als mögliche (nicht marktbeherrschende) Wettbewerber.[223] Die daraus resultierende Kundenbindung behindert die geschäftliche Entfaltung der Wettbewerber und kann zu einer (wirtschaftlichen) Bindung der Kunden an den Marktbeherrscher führen, insbesondere dann, wenn die Meldung des Nachfragevolumens von dem marktbeherrschenden Unternehmen zu weitergehenden Abstimmungen über Produktionsmengen und Liefermodalitäten genutzt wird.

(bb) Vertriebs- und Verwendungsbindungen

(aaa) Allgemeines

60 Während Ausschließlichkeitsbindungen darauf abzielen, die geschäftlichen Aktivitäten von Anbietern oder Nachfragern exklusiv auf das marktbeherrschende Unternehmen auszurichten, sollen Vertriebs- und Verwendungsbindungen es dem marktbeherrschenden Unternehmen ermöglichen, die **weitere**

---

221 Zu einer derartigen Fallgestaltung EuGH Slg. 1988, 5987, Tz. 10 – *Alsatel* (missbräuchliche Ausgestaltung eines 15-jährigen Telekommunikationsvertrages mit automatischer Verlängerung).
222 S. Komm., ABl. 1991 Nr. L 152/21, Tz. 59 – *Soda Solvay*, ABl. 2003 Nr. L 10/10, Tz. 176 – *Solvay* (jew. verneint für 24-monatige Kündigungsfrist).
223 Zu einer derartigen Fallgestaltung Komm., ABl. 1991 Nr. L 152/21, Tz. 58 – *Soda Solvay*, ABl. 2003 Nr. L 10/10, Tz. 174 – *Solvay*.

Verwendung und den Vertrieb seiner Produkte zu kontrollieren. Damit kann erreicht werden, dass Abnehmer des marktbeherrschenden Unternehmens nicht zu diesem in Konkurrenz treten. Vertriebs- und Verwendungsbindungen können sowohl **aufgrund vertraglicher Verpflichtung** (unmittelbar) als auch **faktisch** (mittelbar) **aufgrund wirtschaftlicher Notwendigkeit** entstehen.[224] Vertriebs- und Verwendungsbindungen sind wie Ausschließlichkeitsbindungen keine per se wettbewerbswidrigen Handlungsformen, auch dann nicht, wenn sie von marktbeherrschenden Unternehmen ausgehen. Die **Vertriebspolitik** ist unabhängig von der Marktstärke eines Anbieters ein legitimes **Marketinginstrument**, um den Absatz von Produkten zu befördern. Aus Sicht der Abnehmer kann es für die Wertschätzung eines Produkts von erheblicher Bedeutung sein, in welchem Umfeld die Ware angeboten wird. Die Vertriebsmodalitäten ermöglichen es einem Anbieter daher, sich (positiv) von konkurrierenden Angeboten abzusetzen, die Qualität des Angebots zu sichern und ein (positives) Markenimage aufzubauen.[225] Sie entscheiden in nicht zu unterschätzendem Umfang über den geschäftlichen Erfolg. Diese positiven Wirkungen von Vertriebs- und Verwendungsbindungen dürfen aus Sicht des Kartellrechts jedoch nicht dadurch konterkariert werden, dass sie zu **wettbewerbsfremden Zielen** missbraucht werden. Derartige Ziele lassen sich regelmäßig nur ab einer gewissen Marktstärke des Anbieters erreichen. Deshalb stellen Vertriebs- und Verwendungsbindungen, soweit sie von einem marktbeherrschenden Unternehmen ausgehen, eine Gefahr für den Wettbewerb dar. Inwieweit damit ein Marktmachtmissbrauch einhergeht, muss im Rahmen einer umfassenden Interessenabwägung ermittelt werden. Leitgedanke ist dabei wie bei der Kontrolle von Ausschließlichkeitsbindungen, dass Vertriebs- und Verwendungsbindungen weder zur Marktverschließung noch zur Marktaufteilung oder allgemein zur Behinderung von Konkurrenten eingesetzt werden dürfen. Selbst wenn das marktbeherrschende Unternehmen mit ihnen ein legitimes Ziel im Sinne des Distributionswettbewerbs verfolgt, muss es dafür Sorge tragen, dass die **Bindungen objektiv ausgestaltet** sind, das dafür erforderliche Maß nicht überschreiten und insgesamt diskriminierungsfrei angewendet werden.[226] Soweit Vertriebs- und Verwendungsbindungen missbräuchlich eingesetzt werden, wird sich der Marktmachtmissbrauch regelmäßig aus § 19 Abs. 2 Nr. 1 GWB ergeben. Denkbar ist aber auch ein Rückgriff auf die Generalklausel in § 19 Abs. 1 GWB.

---

224 *Fuchs/Möschel*, in: Immenga/Mestmäcker, EUWbR, Art. 102 AEUV Rn. 225.
225 Zu diesem Aspekt Komm., Leitlinien für vertikale Beschränkungen, ABl. 2010 Nr. C 130/1, 24 Tz. 107 lit. i.
226 EuGH Slg. 1978, 207, Tz. 152/160 – *United Brands*.

(bbb) Einzelfälle

61 Wie bereits dargelegt, sind **Vertriebs- und Verwendungsbindungen per se nicht wettbewerbsfremd** und daher auch im Falle der Marktbeherrschung des Normadressaten nur im Ausnahmefall geeignet, schon für sich genommen einen Marktmachtmissbrauch zu begründen. Daher ist im Einzelfall stets eine **Gesamtschau aller Marktfaktoren** und eine darauf aufbauende **Interessenabwägung** erforderlich. Entscheidendes Gewicht kommt dabei dem Gesichtspunkt der Offenhaltung der Märkte zu.

62 Ein **Missbrauch** liegt etwa vor, wenn Indizien dafür sprechen, dass **Vertriebsbindungen**, beispielsweise das Verbot der Lieferung an Konkurrenten des marktbeherrschenden Unternehmens, eingesetzt werden, um **Wettbewerber vom Primärmarkt oder dem Markt für Ersatzteile fernzuhalten**.[227] Verstärkt wird diese wettbewerbsfremde Wirkung gegebenenfalls noch dadurch, dass die der Vertriebsbindung unterliegenden Produkte unter Patentschutz stehen, da es Konkurrenten dann kaum möglich ist, unter Umgehung des Patentschutzes mit Alternativprodukten auf den Markt zu kommen.[228] Derartige Vertriebsbindungen behindern im Übrigen nicht nur den interbrand-Wettbewerb, sondern beschränken auch die (potenzielle) Auswahlfreiheit der Abnehmer. Entsprechendes gilt, wenn marktbeherrschende Unternehmen zu Vertriebsbindungen greifen, um zu verhindern, dass ihre Absatzmittler andere Absatzmittler beliefern, die dem Absatzmittlungssystem nicht angehören.[229] Dadurch erlahmt der intrabrand-Wettbewerb mit wiederum negativen Folgen für die Auswahlfreiheit der Marktgegenseite. Derartige **(Weiter-)Lieferungsverbote** können auch dazu benutzt werden, nationale Märkte gegeneinander abzuschotten,[230] um dort etwa eine unterschiedliche Preispolitik betreiben zu können.[231] Ein derartiges Vorgehen behindert den Handel zwischen den Mitgliedstaaten und ist mit Art. 102 AEUV nicht vereinbar.

---

227 Komm., ABl. 1988 Nr. L 65/19, Tz. 76 – *Eurofix-Bauco/Hilti* (Verbot der Ausführung von Aufträgen bestimmter Kunden, um deren Konkurrenz auszuschalten).
228 Zu einer derartigen Fallgestaltung Komm., ABl. 1988 Nr. L 65/19, Tz. 76 – *Eurofix-Bauco/Hilti* (Kartuschenstreifen).
229 Komm., ABl. 1978 Nr. L 22/23, 31 f. – *Hugin/Liptons* (Verbot der Lieferung von Ersatzteilen an Abnehmer außerhalb des eigenen Vertriebsnetzes).
230 EuGH Slg. 1978, 207, Tz. 152/160 – *United Brands* (Exportverbot für unreife Bananen); Komm., ABl. 1976 Nr. L 95/1, 14 – *Chiquita* (Exportverbot für unreife Bananen); Komm., ABl. 1978 Nr. L 22/23, 32 f. – *Hugin/Liptons*; ABl. 1982 Nr. L 360/36, Tz. 34 f. – *British Telecommunications* (Verbot der Nutzung von Telefonleitungen zur Nachrichtenübermittlung ins Ausland); ABl. 1988 Nr. L 65/19, Tz. 76 – *Eurofix-Bauco/Hilti*.
231 Zu derartigen Fallgestaltungen Komm., V. Wettbewerbsbericht, 1975, Tz. 33 (»Brasilianisches Kaffeeinstitut«); XVI. Wettbewerbsbericht, 1986, Tz. 54 (»Brasilianisches Kaffeeinstitut II«).

Verwendungsbindungen marktbeherrschender Unternehmen, die Werkstätten zur **Verwendung von Original-Ersatzteilen** anhalten, sind nicht missbräuchlich, wenn sie zur Erhaltung eines Qualitätsstandards sachlich gerechtfertigt sind.[232] Erfüllen dagegen auch Ersatzteile unabhängiger Hersteller die Qualitätsanforderungen, ist die Verwendungsbindung missbräuchlich.[233] Eine **mittelbare Bindung** an das marktbeherrschende Unternehmen kann im Übrigen wie in der Rechtssache *Tetra Pak* auch in der Weise erfolgen, dass es den Nutzern von Abfüllanlagen unabhängig davon, ob sie die Anlagen käuflich erworben oder gemietet hatten, **untersagt** ist, andere Geräte an die Anlagen anzuschließen, die **Anlagen umzubauen, zu erweitern oder Teile abzubauen und die Anlagen umzusetzen**. Auf diese Weise sollten die Abnehmer in missbräuchlicher Weise an das marktbeherrschende Unternehmen gebunden und zugleich davon abgehalten werden, sich Wettbewerbern zuzuwenden.[234] Freilich wird im Einzelfall bei vergleichbaren Sachverhalten auch in Betracht zu ziehen sein, ob es sich um Anlagen mit hohem Störungs- und Gefährdungspotenzial handelt, wodurch gegebenenfalls auch eine weiter gehende Bindung gerechtfertigt sein mag. Nicht ohne Weiteres zu überzeugen vermag der Hinweis des EuGH in der Rechtssache *Alsatel*, dass der marktbeherrschende Eigentümer mietweise überlassener Telefonanlagen den Nutzern ergänzende Bindungen in Bezug auf Änderungen der Anlagen auferlegen kann.[235] Insoweit wäre zu begründen, warum derartige Änderungen nicht durch Dritte vorgenommen werden können. 63

Zu der Fallgruppe der Vertriebsbindungen gehört auch der Tatbestand der **Preisbindung**, der dadurch gekennzeichnet ist, dass Unternehmen sich gegenüber ihren Abnehmern ein **vertragliches Preisbestimmungsrecht** für den Fall ausbedingen, dass der Abnehmer die an ihn gelieferten Waren an Dritte weiterveräußert (Third Parties Agreement). Diese Konstellation war typisch für die bis zum Jahre 1973 in Deutschland zulässige Markenwarenpreisbindung. Seither wird die Problematik immer wieder im Zusammenhang mit preisbezogenen Vertriebsbindungen beim Handelsvertretervertrieb und in anderen **Absatzmittlungssystemen** (Kommissionsagenten, Franchising) diskutiert (zu Einzelheiten Art. 102 Rn. 113). 64

---

232 *Markert*, in: Immenga/Mestmäcker, § 19 GWB Rn. 199; weitergehend, nämlich im Sinne einer zulässigen Bindung an Original-Ersatzteile BGHZ 81, 322 (331 ff.) = WuW/E BGH 1829, 1834 ff. – *Original-VW-Ersatzteile II*; BGH WuW/E BGH 509 – *Original-Ersatzteile* (zu Nachbauteilen).
233 *Markert*, in: Immenga/Mestmäcker, § 19 GWB Rn. 199.
234 EuG Slg. 1994, II-755, Tz. 135 – *Tetra Pak II*; Komm., ABl. 1992 Nr. L 72/1, Tz. 106 f. – *Tetra Pak II*.
235 EuGH Slg. 1988, 5987, Tz. 10 – *Alsatel*.

65 Als missbräuchlich anzusehen ist auch der Versuch, an sich **zulässige Vertriebs- und Verwendungsbindungen mit zusätzlichem wirtschaftlichem Druck durchzusetzen.** Insoweit ist von Bedeutung, dass marktstarke Unternehmen im Unterschied zu anderen Anbietern in der Lage sind, mit ihrem wirtschaftlichen Potenzial abhängige Marktteilnehmer ohne große Rücksicht auf andere Wettbewerber »gefügig« zu machen,[236] so dass deren wettbewerbliche Entfaltungsfreiheit beeinträchtigt wird.[237] Sie verlieren mithin die für die Entfaltung der Marktkräfte wichtige Fähigkeit, autonome Entscheidungen zu treffen.

66 Der mit Vertriebs- und Verwendungsbindungen einhergehende »Kontrollverlust« kann auch dazu führen, dass es marktbeherrschenden Unternehmen gelingt, ihre **Marktpartner** dazu **zu zwingen, ihre Abnehmer oder Lieferanten ohne sachlich gerechtfertigten Grund unterschiedlich zu behandeln.** Auf diese Weise liegt eine indirekte (mittelbare) Diskriminierung seitens des marktbeherrschenden Unternehmens vor, mit der es dem Marktbeherrscher gelingt, auf weitere Marktstufen Einfluss zu nehmen. Auch darin liegt ein missbräuchliches Verhalten i.S.v. § 19 GWB.[238]

(cc) **Wettbewerbsverbote**

67 **Wettbewerbsverbote** spielen ähnlich wie Preisbindungen insbesondere (aber nicht nur) in Absatzmittlungssystemen eine Rolle. Sie werden eingesetzt, um andere Unternehmen, in der Regel Vertriebsmittler, davon abzuhalten, gleichzeitig für Konkurrenten des marktbeherrschenden Unternehmens tätig zu werden. Insoweit sind unterschiedliche **Ausgestaltungen** denkbar. Ein Wettbewerbsverbot liegt vor, wenn das gebundene Unternehmen von einzelnen, den Produktvertrieb kennzeichnenden Handlungen abgehalten wird. Es bedarf also nicht zwingend des Verbots, überhaupt nicht für Konkurrenten tätig zu werden.[239] Eine ähnliche, den Marktzugang behindernde Wirkung lässt sich auch dadurch erzielen, dass dem gebundenen Unternehmen die Werbung

---

236 Komm., ABl. 1973 Nr. L 140/17, Tz. E 1 ff. – *Europäische Zuckerindustrie*.
237 Komm., ABl. 1973 Nr. L 140/17, Tz. E 1 ff. – *Europäische Zuckerindustrie* (Lieferverweigerung für den Fall, dass Zucker zu anderen als zugelassenen Zwecken weiterverkauft wird); ABl. 1973 Nr. L 140/17, Tz. E 3 ff. – *Europäische Zuckerindustrie* (Einbindung von Konkurrenten in eigenes Absatzsystem durch Drohung konkurrierende Geschäftstätigkeit zu unterbinden).
238 Vgl. zu Art. 102 AEUV auch EuGH Slg. 1975, 1663, Tz. 398/399 – *Suiker Unie*.
239 Zu derartigen Fallgestaltungen (mit Bezug zu Art. 101 AEUV) Komm., ABl. 1979 Nr. L 286/32 Tz. 26, 62 f. – *BP Kemi/DDSF* (englische Klausel); ABl. 2000 Nr. L 195/49, Tz. 65 ff. – *Inntrepreneur/Spring* (Werbebeschränkung).

für Konkurrenzprodukte[240] oder deren Einfuhr aus dem Ausland[241] unmöglich gemacht wird. Dies kann auch **mittelbar** geschehen, beispielsweise durch die Verpflichtung, die Produkte des marktbeherrschenden Unternehmens in einer Weise zu präsentieren, die es dem gebundenen Unternehmen de facto unmöglich macht, für einen Konkurrenten des Marktbeherrschers tätig zu werden. Wie Wettbewerbsverbote wirken auch **Exklusivvereinbarungen**, mit denen Normadressaten sich den alleinigen Zugriff auf Leistungen anderer Unternehmen sichern.[242]

Wettbewerbsverbote führen nicht nur zu einer **Behinderung der Marktaktivitäten des gebundenen Unternehmens**. Sie behindern zugleich den interbrand-Wettbewerb und damit die **Auswahlfreiheit der Marktgegenseite**. Diese Wirkung ist umso gravierender je mehr Marktmacht das bindende Unternehmen in die Waagschale werfen kann. Verhaltensweisen marktbeherrschender Unternehmen, von denen die Wirkung eines Wettbewerbsverbots ausgeht, sind daher per se wettbewerbsfremd und unterliegen grundsätzlich dem Marktmachtmissbrauchsverbot nach § 19 GWB.

Auf der anderen Seite gibt es Absatzmittlungsverhältnisse wie den **Handelsvertretervertrieb**, dem jedenfalls nach deutschem Recht eine Interessenwahrungspflicht des Handelsvertreters gegenüber dem Geschäftsherrn immanent ist. Daraus resultiert nach allgemeiner Auffassung auch ein Wettbewerbsverbot,[243] dessen Einforderung durch den Normadressaten im Ergebnis nicht als missbräuchlich einzuordnen ist (zu Einzelheiten Art. 102 AEUV Rn. 118). Entsprechendes gilt für Wettbewerbsverbote in Form von Alleinbezugsverpflichtungen, die im Rahmen von **Franchisesystemen** gebräuchlich sind.[244] Insoweit ist zu berücksichtigen, dass das Franchising im Wesentlichen darauf aufbaut, dass Identität und Ansehen der Vertriebsorganisation und darüber hinaus auch bestimmte Qualitätsstandards gesichert bleiben.[245]

---

240 S. dazu EuGH Slg. 1978, 207, Tz. 184/194 – *United Brands*; Komm., ABl. 1976 Nr. L 95/1, 16 f. – *Chiquita*.
241 S. dazu EuGH Slg. 1975, 1663, Tz. 398/399 – *Suker Unie*; Komm., ABl. 1973 Nr. L 140/17, Tz. E 3 ff. – *Europäische Zuckerindustrie*.
242 Zu derartigen Fallgestaltungen BGHZ 110, 371, 391 = WuW/W BGH 2627, 2636 ff.) – *Sportübertragungen* (zu § 18 GWB a.F.); BGH WuW/E DE-R 89, 93 = NJW-RR 1998, 764, 767 – *Selektive Exklusivität* (zu Art. 85 EGV); KG WuW/E DE-R 1595, 1596 – *Blumengroßhandel*; WuW/E OLG 3254, 3259 – *Gasbeton*; BKartA WuW/E BKartA 2283, 2289 – *Touristik Union*.
243 Näher dazu *Busche*, in: Oetker, HGB, 4. Aufl. 2015, § 86 Rn. 24 ff.
244 BGH WuW/E DE-R 2514 Rn. 16 f. = NJW 2009, 1753 – *Bau und Hobby*; *Markert*, in: Immenga/Mestmäcker, § 19 GWB Rn. 199.
245 BGH WuW/E DE-R 2514 Rn. 17 = NJW 2009, 1753 – *Bau und Hobby*.

(dd) **Kopplungsgeschäfte**

(aaa) **Allgemeines**

70 Die Marktmacht eines Unternehmens kann dazu eingesetzt werden, die marktbeherrschende Stellung auf einem Produktmarkt zum Absatz anderer Produkte auszunutzen, indem die Produkte, auf welche die Nachfrager infolge der marktbeherrschenden Stellung des Anbieters angewiesen sind, nur verkoppelt mit anderen Produkten angeboten werden.[246] Wird eine derartige **Strategie**[247] von einem marktbeherrschenden Unternehmen eingesetzt, potenzieren sich dadurch die **Gefahren für den Wettbewerbsprozess**.[248] Kopplungsgeschäfte[249] marktbeherrschender Unternehmen sind deshalb als missbräuchlich anzusehen, wenn die »zusätzliche Leistung« mit dem eigentlichen Vertragsgegenstand in keiner sachlichen Beziehung steht. Denkbar bleiben also etwa Kopplungen, die mit dem Ziel der Funktions- und Qualitätssicherung erfolgen, wie beispielsweise beim Zubehörverkauf (s. dazu Rdn. 79).[250] Erfasst werden von § 19 Abs. 2 Nr. 1 GWB auch Kopplungspraktiken marktbeherrschender **Nachfrager**. Im Unionsrecht wird der Sachverhalt ausdrücklich im Regelbeispiel des Art. 102 S. 2 lit. d AEUV erwähnt. Im Gegensatz zum deutschen Recht, zu dem der Sache nach keine Unterschiede bestehen, liegt zum Unionsrecht eine breitere Entscheidungspraxis vor. Die nachfolgenden Ausführungen basieren daher im Wesentlichen auf den Erläuterungen zu Art. 102 AEUV.

71 Kopplungsstrategien führen im Ergebnis zu einer missbräuchlichen **Einschränkung der Entschließungsfreiheit** auf Seiten der Nachfrager, da diese durch die Verkopplung gezwungen werden Produkte zu erwerben, für die sie entweder keine Nachfrage haben[251] oder aber es am Interesse fehlt, die Produkte gerade bei dem koppelnden Anbieter zu beziehen. Nach anderer Auffassung soll die bloße Einschränkung der Entschließungsfreiheit für sich genommen noch nicht ausreichen. Vielmehr sei die Feststellung erforderlich, dass die Kopplung eine **preiserhöhende Wirkung** hat, entweder weil der Ab-

---

246 Komm, ABl. 1988 Nr. L 65/19, Tz. 75 – *Eurofix-Bauco/Hilti* (Verkauf patentierter Kartuschenstreifen nur bei Abnahme einer entsprechenden Menge Bolzen).
247 Zu den Motiven Monopolkommission, Hauptgutachten IX, Tz. 1248 ff.; *Burkert* S. 57 ff.
248 Anders zum US.-amerikanischen Recht die Vertreter der Chicago-School; s. etwa *Bork*, S. 372 ff.; *Posner*, Antitrust Law, 1976, S. 173.
249 Näher dazu GD Wettbewerb, Diskussionspapier zur Anwendung des Art. 82 EG, 2005, Tz. 177 ff.; *Bellamy/Child*, Rn. 10, 122 ff.; *Burkert*, S. 31 ff.
250 Dazu auch GD Wettbewerb, Diskussionspapier zur Anwendung des Art. 82 EG, 2005, Tz. 179.
251 Komm., ABl. 1988 Nr. L 65/19, Tz. 75 – *Eurofix-Bauco/Hilti*; *Bulst*, in: Langen/Bunte, Art. 102 AEUV Rn. 219; *Emmerich*, in: Dauses, H. I. § 3 Rn. 132; *Jung*, in: Grabitz/Hilf/Nettesheim, Art. 102 AEUV Rn. 194.

nehmer das gekoppelte Produkt gar nicht wünscht, weil er es bei einem Dritten günstiger beziehen könnte oder weil das gekoppelte Produkt nicht seinen Wünschen entspricht, so dass er bei einem Dritten einen zusätzlichen Deckungskauf tätigen muss.[252] Letztlich liegt aber auch insoweit eine Beeinträchtigung der Entschließungsfreiheit vor.

Freilich wirken sich Kopplungsgeschäfte nicht nur dahingehend aus, dass die Entschließungsfreiheit der Marktgegenseite eingeschränkt wird;[253] insofern liegt ein **Ausbeutungsmissbrauch** vor (dazu Rdn. 27 ff.).[254] Sie beinhalten im Verhältnis zu Wettbewerbern, welche das gekoppelte Gut, die »zusätzliche Leistung«, ebenfalls anbieten, zugleich einen **Behinderungsmissbrauch**, da das marktbeherrschende Unternehmen seine überragende Stellung auf dem Markt des zu koppelnden Produkts dazu ausnutzt, diese auf einen anderen Produktmarkt, nämlich denjenigen des gekoppelten Produkts, zu übertragen (sog. leveraging[255]), um die geschäftliche Entfaltung (potenzieller) Wettbewerber auf dem anderen Produktmarkt zu behindern (Marktverschließungseffekt). Aufgrund einer derartigen Sog- und Hebelwirkung kann der Marktbeherrscher nicht nur seine Position auf dem Markt für das gekoppelte Produkt ausbauen, sondern zugleich auch seine marktbeherrschende Stellung auf dem dominierten Markt des zu koppelnden Produkts absichern.[256] Besonders plastisch lässt sich der Marktverschließungseffekt am Beispiel der Rechtssache *Microsoft* zeigen: Die Verkopplung des Windows-Betriebssystems mit dem (vorinstallierten) Windows Media Player barg aufgrund der überragenden Verbreitung des Betriebssystems die Gefahr in sich, dass Medieninhalte fortan vornehmlich im Format des Windows Media Player angeboten werden,[257] mit der weiteren Folge, dass die Nachfrage nach anderen Media Playern nachlässt[258] und damit der Zugang für Wettbewerber mit möglicherweise überlegener Software er-

72

---

252 *Burkert*, S. 140; *Nothhelfer*, Die leverage theory im europäischen Wettbewerbsrecht, 2006, S. 76 f., 78 (»Missbrauch nur (…), wenn tatsächlich eine Schädigung der Konsumenten eintritt«).
253 Dazu BGHZ 158, 334, 342) = WuW/E DE-R 1283, 1285 f. – *Der Oberhammer*.
254 Komm., ABl. 1988 Nr. L 65/19, Tz. 75 – *Eurofix-Bauco/Hilti*.
255 Zum Ursprung und zur ökonomischen Fundierung der leverage theory: *Nothhelfer*, Die Leverage Theory im europäischen Wettbewerbsrecht, 2006, S. 27 ff.
256 BGHZ 158, 334, 342 = WuW/E DE-R 1283, 1285 f. – *Der Oberhammer*; vgl. auch BGHZ 156, 379, 388 f. = WuW/E DE-R 1206, 1209 – *Strom und Telefon I*; BGH WuW/E DE-R 1210, 1211 = GRUR 2004, 259, 261 – *Strom und Telefon II*; zu Art. 102 AEUV Komm., Prioritätenmitteilung, ABl. 2009 Nr. C 45/7, Tz. 52 ff.; COMP/C-3/39530, Tz. 36 – *Microsoft (Kopplung);* GD Wettbewerb, Diskussionspapier zur Anwendung des Art. 82 EG, 2005, Tz. 181.
257 Komm., COMP/37792 Tz. 880 – *Microsoft*; s. zum Webbrowser »Internet Explorer« auch Komm., COMP/C-3/39530, Tz. 37 – *Microsoft (Kopplung)*.
258 Komm., COMP/37792 Tz. 845 – *Microsoft*; s. zum Webbrowser »Internet Explorer« auch Komm., COMP/C-3/39530, Tz. 45 ff. – *Microsoft (Kopplung)*.

schwert wird.²⁵⁹ Der Sachverhalt zeigt, dass die Kopplung von Produkten mit einer wettbewerbsrechtlich weit reichenden **Streuwirkung** verbunden sein kann. Die Kommission spricht insoweit von einem indirekten **Netzwerkeffekt**.²⁶⁰

73 Der **Typus** des Kopplungsgeschäfts hat rechtstatsächlich verschiedene Ausprägungen. Die stärkste Form der Kopplung liegt vor, wenn das koppelnde Produkt nicht ohne das gekoppelte erworben werden kann. Die Kommission bezeichnet diesen Sachverhalt als *pure bundling*.²⁶¹ Denkbar ist auch, dass beide Produkte separat erworben werden können, wobei das Bündel aus beiden Produkten mit einem Preisvorteil angeboten wird (sog. **mixed bundling**²⁶²). Möglich ist auch, dass das koppelnde Produkt nicht ohne das gekoppelte erworben werden kann, während das gekoppelte auch separat erhältlich ist (sog. *tying*²⁶³).

(bbb) Voraussetzungen

74 Ein Kopplungsgeschäft ist dadurch gekennzeichnet, dass der Abschluss einer vertraglichen Vereinbarung seitens des Marktbeherrschers an die **Bedingung** geknüpft wird, dass der andere Vertragsteil eine **zusätzliche Leistung** annimmt.²⁶⁴ Die Kopplung kann insoweit sowohl Gegenstand eines einheitlichen Vertrages sein, aber sich auch aus getrennten Vereinbarungen ergeben. Der Vertrag muss zwischen dem Marktbeherrscher als Anbieter und einem anderen Vertragsteil, der die zusätzliche Leistung »annehmen« soll, zustandekommen. Jedenfalls die Verpflichtung zur Erbringung des »eigentlichen« Vertragsgegenstandes muss das den Markt für das zu koppelnde Produkt beherrschende Unternehmen treffen, da an dessen Marktstellung der Missbrauchstatbestand anknüpft. Unerheblich ist dagegen, ob das Unternehmen auch auf dem Markt für das gekoppelte Produkt eine marktbeherrschende Stellung hat.²⁶⁵ Die zusätz-

---

259 Komm., COMP/C-3/39530, Tz. 56 – *Microsoft (Kopplung)* (zum Webbrowser »Internet Explorer).
260 Komm., COMP/37792 Tz. 878 – *Microsoft*; s. auch *Dreher*, ZWeR 2009, 149, 152 ff.
261 GD Wettbewerb, Diskussionspapier zur Anwendung des Art. 82 EG, 2005, Tz. 177; s. dazu EuG Slg. 2007, II-3601, Tz. 961 ff. – *Microsoft/Kommission*; Komm., COMP/37792 Tz. 826 ff. – *Microsoft*.
262 GD Wettbewerb, Diskussionspapier zur Anwendung des Art. 82 EG, 2005, Tz. 177.
263 GD Wettbewerb, Diskussionspapier zur Anwendung des Art. 82 EG, 2005, Tz. 177.
264 Vgl. KG WuW/E OLG 995, 1000 – *Handpreisauszeichner*; OLG Koblenz WuW/E OLG 4517, 4521 – *Dürkheimer Wurstmarkt*; OLG Stuttgart WuW/E OLG 2126, 2128 f. – *Kombinationstarif I*; WRP 1990, 780, 782.
265 *Mestmäcker/Schweitzer*, § 18 Rn. 32; a.A. *Burkert*, S. 288 f.

liche Leistung kann auch durch einen Dritten erbracht werden.[266] **Nicht ausreichend** ist dagegen, wenn das marktbeherrschende Unternehmen lediglich ein **Angebot unter der Bedingung der Kopplung** abgibt.[267] Ein derartiger Sachverhalt kann allerdings unter dem Blickwinkel der Geschäftsverweigerung (dazu Rdn. 107 ff.) zu würdigen sein.[268]

Auf die **Ausführung des Vertrages**, die freilich im Hinblick auf die Höhe einer etwaigen Geldbuße von Bedeutung sein kann,[269] kommt es nicht an. Vielmehr reicht die durch den Vertragsschluss eingetretene Bindungswirkung aus, mit der die Entschließungsfreiheit des Vertragspartners eingeengt wird. Nach dem Schutzzweck der Norm ist es insoweit unerheblich, ob der Vertragspartner des Marktbeherrschers den Vertrag aus freien Stücken geschlossen hat. Selbst ein von ihm ausgehender Wunsch, den Verkauf bestimmter Produkte aneinander zu koppeln, schließt die Verwirklichung des Missbrauchstatbestandes nicht aus. **Entscheidend** für die Feststellung des Missbrauchs ist, welche **Auswirkungen** die Kopplung auf die **Marktverhältnisse** insgesamt hat.[270] 75

Inhalt des Vertrages zwischen dem Marktbeherrscher und dem Abnehmer ist bei einem Kopplungsgeschäft neben dem eigentlichen Vertragsgegenstand, dem zu koppelnden Produkt (Hauptleistung), eine »zusätzliche Leistung« (gekoppeltes Produkt), deren Abgabe an den Abnehmer mit dem zu koppelnden Produkt verbunden ist. Nicht erforderlich ist, dass der Abnehmer für das gekoppelte Produkt ein zusätzliches Entgelt zahlt.[271] Ebensowenig kommt es darauf an, ob er gezwungen ist, das gekoppelte Produkt zu nutzen, oder gehindert, Konkurrenzprodukte zu erwerben.[272] Die **zusätzliche Leistung** lässt sich dadurch charakterisieren, dass sie von dem eigentlichen Vertragsgegenstand verschieden ist.[273] Dies ist die anhand eines **marktbezogenen (wirtschaftlichen) Maßstabs** zu beurteilen. Um eine zusätzliche Leistung handelt es sich demnach immer dann, wenn für diese Leistung (auch) ein **eigener Markt** existiert, also eine entsprechende **separate Nachfrage** vorhanden ist.[274] Dies ist an- 76

---

266 *Fuchs/Möschel*, in: Immenga/Mestmäcker, EUWbR, Art. 102 AEUV Rn. 275.
267 *Fuchs/Möschel*, in: Immenga/Mestmäcker, EUWbR, Art. 102 AEUV Rn. 277; a.A. noch Komm., ABl. 1988 Nr. L 317/47, Tz. 31 – *London European/SABENA*.
268 EuGH Slg. 1985, 3261, Tz. 26 – *Télémarketing*.
269 *Fuchs/Möschel*, in: Immenga/Mestmäcker, EUWbR, Art. 102 AEUV Rn. 275.
270 S. exemplarisch EuG, Slg. 2007, II-3601, Tz. 1089 – *Microsoft/Kommission*; Komm., COMP/37792 Tz. 842 ff., 878 ff., 946 ff. – *Microsoft*.
271 EuG Slg. 2007, II-3601, Tz. 969 – *Microsoft/Kommission*.
272 Vgl. BGHZ 158, 334, 341 = WuW/E DE-R 1283, 1285 f. – *Der Oberhammer*; EuG Slg. 2007, II-3601, Tz. 970 – *Microsoft/Kommission*.
273 Vgl. BGHZ 158, 334, 341 = WuW/E DE-R 1283, 1285 f. – *Der Oberhammer*.
274 EuG, Slg. 2007, II-3601, Tz. 917 – *Microsoft/Kommission*; Komm., Prioritätenmitteilung, ABl. 2009 Nr. C 45/7, Tz. 51; *Fuchs/Möschel*, in: Immenga/Mestmäcker, EUWbR, Art. 102 AEUV Rn. 279; a.A. (nur auf separate Nachfrage abstellend)

hand der allgemeinen Grundsätze der Marktabgrenzung (dazu § 18 Rdn. 8 ff.) festzustellen. Ein Indiz dafür ist, dass das Kopplungsprodukt und das gekoppelte Produkt unabhängig voneinander von verschiedenen Produzenten hergestellt werden und auch getrennt voneinander nachgefragt werden.²⁷⁵

77 Abgrenzungsschwierigkeiten ergeben sich naturgemäß, wenn **Warengesamtheiten** angeboten werden. Es stellt sich insoweit die Frage, ob eine einheitliche Hauptleistung oder eine Hauptleistung nebst zusätzlicher Leistung vorliegt. Insoweit kann es für die Bestimmung der Hauptleistung nicht auf die Sicht des Anbieters ankommen, etwa die von dem Anbieter gewählte Angebotsbezeichnung.²⁷⁶ Die Bezeichnung eines Angebots als »Befestigungssystem«, bestehend aus Dübel und Schraube, macht aus dieser Warengesamtheit noch keine einheitliche Hauptleistung. Vielmehr ist auch bezogen auf die Bestimmung der Hauptleistung eine marktorientierte (funktionale) Betrachtung (aus Sicht der Nachfrager) geboten.²⁷⁷ Hauptleistung kann demnach sein, was isoliert betrachtet geeignet ist, einen bestimmten Nachfragebedarf zu befriedigen. Aus diesem Grunde handelt es sich bei dem im Beispiel angeführten Dübel um die Hauptleistung und bei der Schraube um eine zusätzliche Leistung, wenn der Dübel nur unter der Bedingung verkauft wird, dass der Käufer zugleich auch die Schraube abnimmt. Für beide Produkte gibt es bei wirtschaftlicher Betrachtung einen eigenen Markt. Von dieser Sachverhaltsgestaltung abzugrenzen sind Warengesamtheiten, die aus Sicht der Nachfrager von vornherein eine **funktionale Einheit** darstellen, selbst wenn die einzelnen Bestandteile für sich genommen ein separates Nachfragebedürfnis befriedigen

---

GD Wettbewerb, Diskussionspapier zur Anwendung des Art. 82 EG, 2005, Tz. 185; *Eilmannsberger/Bien*, in: MünchKommKartR, Art. 102 AEUV Rn. 458.
275 Komm., Prioritätenmitteilung, ABl. 2009 Nr. C 45/7, Tz. 51; s. auch EuGH Slg. 1986, 611, Tz. 11 f. – *Windsurfing International* (Einzelmärkte für Surfbretter und Segel); EuG Slg. 1994, II-755, Tz. 82 – *Tetra Pak II* (Einzelmärkte für Verpackungsmaschinen und Verpackungskartons); Komm., ABl. 1988 Nr. L 65/19, Tz. 72 f. – *Eurofix-Bauco/Hilti* (Einzelmärkte für Bolzenschussgeräte, Kartuschenstreifen und Bolzen); ABl. 1989 Nr. L 43/27, Tz. 83 ff. – *Decca Navigator System* (Einzelmärkte für Funksignale und Empfangsgeräte); COMP/37792 Tz. 800 ff. – *Microsoft* (Einzelmärkte für PC-Betriebssystem und Mediaplayer-Software); COMP/C-3/39530 Tz. 36 – *Microsoft (Kopplung)* (Einzelmärkte für PC-Betriebssystem und Webbrowser-Software); XIV. Wettbewerbsbericht, 1984, Tz. 94 f. (IBM) (Einzelmärkte für Prozessoren, Speicherchips und Basis-Software); XVII. Wettbewerbsbericht, 1987, Tz. 84 (Oliofiat) (Einzelmärkte für Vertrieb/Wartung von Fahrzeugen und für Schmierstoffe).
276 S. etwa Komm., ABl. 1992 Nr. L 72/1, Tz. 118 – *Tetra Pak II* (»integriertes Distributionssystem für flüssige und halbflüssige Nahrungsmittel« als Bezeichnung für Kombination aus Verpackungsmaschine und Verpackungskartons).
277 *Nothdurft*, in: Langen/Bunte, § 19 GWB Rn. 260.

können.[278] Beispielhaft sei auf den Erwerb von Werkzeugsets oder eines Kaffeeservice verwiesen.

(ccc) **Rechtfertigungsgründe**

Vor dem Hintergrund des Schutzzwecks von § 19 GWB ist zu bedenken, dass Kopplungsgeschäfte marktbeherrschender Unternehmen per se ein hohes Risiko für eine Marktverschließung in sich bergen (s. Rdn. 71). Aus diesem Grunde kommt eine Rechtfertigung des Verhaltens nur ausnahmsweise in Betracht. Dem entsprechend ist im Rahmen einer Einzelfallabwägung stets zu prüfen, ob das mit der Kopplung verfolgte vertriebsstrategische Ziel aus wettbewerblicher Sicht anerkannt werden kann und ob die Kopplung zur Verfolgung des Ziels unerlässlich ist.[279] Im Zweifel gehen der **Schutz der Entschließungsfreiheit der Marktgegenseite** und der **Schutz (potenzieller) Wettbewerber vor einer Marktverschließung** vor. 78

Ein **sachlicher Zusammenhang** zwischen dem zu koppelnden Produkt und dem gekoppelten Produkt kann sich aus funktionalen (technischen) Gründen und aus **wirtschaftlichen Gründen** ergeben. In wirtschaftlicher Hinsicht kann, wie bereits Rdn. 70 erläutert, eine Kopplung sinnvoll sein, um etwa die Produktqualität von Zubehörteilen sicherzustellen und damit auch den goodwill des marktbeherrschenden Unternehmens zu erhalten. Die Sicherung der Produktqualität wird zudem häufig im Interesse der Abnehmer liegen. Auf der anderen Seite ist zur Erreichung dieses Ziels regelmäßig keine Produktkopplung erforderlich. Das marktbeherrschende Unternehmen hat vielmehr die Möglichkeit, ein selektives Vertriebssystem aufzubauen und auf diese Weise die Präsenz seiner Produkte am Markt zu steuern,[280] sofern daraus keine Marktabschottung zur Abwehr von Parallelimporten resultiert. Im Ergebnis überwiegt jedenfalls das schützenswerte Interesse der Marktgegenseite im Rahmen einer autonomen Nachfrageentscheidung darüber zu bestimmen, welche Produktqualität den Vorzug erhalten soll. Entsprechendes gilt regelmäßig, wenn **funktionale (technische) Gründe** für eine Kopplung angeführt 79

---

278 *Bellamy/Child*, Rn. 10.124; wohl auch *Mestmäcker/Schweitzer*, § 18 Rn. 30; a.A. *Jung*, in: Grabitz/Hilf/Nettesheim, Art. 102 AEUV Rn. 196; krit. *Nothhelfer*, Die leverage theory im europäischen Wettbewerbsrecht, 2006, S. 75 f.; *Emmerich*, in: Dauses, H I § 3 Rn. 134; *Jung*, in: Grabitz/Hilf/Nettesheim Art. 102 AEUV Rn. 196.
279 Ebenso Komm., Prioritätenmitteilung, ABl. 2009 Nr. C 45/7, Tz. 28; *Fuchs/Möschel*, in: Immenga/Mestmäcker, EUWbR, Art. 102 AEUV Rn. 290; ähnlich (kein »milderes Mittel« darf zu Gebote stehen) *Bulst*, in: Langen/Bunte, Art. 102 Rn. 238; *O. Weber*, in: Schulte/Just, Art. 102 AEUV Rn. 90.
280 Vgl. Komm., Leitlinien für vertikale Beschränkungen, ABl. 2010 Nr. C 130/1, Tz. 107 lit. i), 222.

werden. Für das funktionale Zusammenwirken von Hauptprodukt und Zusatzprodukt ist eine Kopplung regelmäßig nicht unerlässlich.[281] Ist nämlich die erforderliche technische Spezifikation für das Zusatzprodukt bekannt und ein Dritter dem entsprechend in der Lage das Produkt herzustellen, mögen wiederum die Abnehmer entscheiden, welches Produkt sie präferieren. Denkbar ist freilich, dass **Sicherheitserwägungen** für eine Kopplung sprechen.[282] Der Tatbestand der Marktbeherrschung auf dem Markt für das Hauptprodukt gibt einem Unternehmen jedenfalls nicht das Recht, über das Instrument der technisch-funktionalen Kopplung einseitig eine Standardisierung der Produktmerkmale auf dem Markt für das gekoppelte Produkt zu forcieren. Anders können die Dinge liegen, wenn das technisch-funktionale Zusammenwirken von Hauptprodukt und Zusatzprodukt in den **Schutzbereich eines technischen Schutzrechts** (Patent, Gebrauchsmuster) fällt, dessen Inhaber das marktbeherrschende Unternehmen ist.[283] Unter diesen Umständen wäre der Marktbeherrscher nämlich qua Schutzrecht in der Lage, Dritten die Herstellung des Zusatzprodukts zu untersagen. Bei wertender Betrachtung kann dann ein Kopplungsgeschäft kartellrechtlich nicht missbräuchlich sein. Auf dieser Linie liegt es, wenn die Kommission bezogen auf vertikale Beschränkungen feststellt, dass die Kopplung von Lizenzen an die Abnahme eines Produkts wettbewerbsfördernd sein kann, wenn es gerade dadurch ermöglicht wird, die lizenzierte Technologie effizient zu nutzen.[284] Eine sachliche Rechtfertigung der Kopplung wird auch bei der **Lizenzierung der Nutzung einer Marke** durch ein marktbeherrschendes Unternehmen in Betracht kommen, soweit etwa durch die Kopplung der Lizenzerteilung an den Erwerb von Produkten zur Herstellung der mit der Marke zu kennzeichnenden Ware sichergestellt werden soll, dass die Markenfunktionen nicht gefährdet werden.[285] Große Vorsicht ist geboten, soweit deutlich wird, dass die Kopplung allein der **Umsatzsteigerung** des Normadressaten dient.[286] Entsprechendes gilt, wenn dieser geltend macht, das Kopplungsgeschäft führe zu **Effizienzge-**

---

281 Für strenge Anforderungen auch *Markert*, in: Immenga/Mestmäcker, § 19 GWB Rn. 201.
282 Komm., XIX. Wettbewerbsbericht, 1989, Tz. 62 (»Industriegase«).
283 In der Rechtssache *Eurofix-Bauco/Hilti* (s. dazu Komm., ABl. 1988 Nr. L 65/19, Tz. 75) verfügte das marktbeherrschende Unternehmen nur über ein Patent für das zu koppelnde Produkt (Kartuschenstreifen), nicht aber für das gekoppelte Produkt (Bolzen).
284 Komm., Leitlinien zur Anwendung von Art. 81 EG-Vertrag auf Technologietransfervereinbarungen, ABl. 2004 Nr. C 101/2, 35 Tz. 194 f.
285 Zur rechtlichen Beurteilung bei vertikalen Beschränkungen Komm., Leitlinien zur Anwendung von Art. 81 EG-Vertrag auf Technologietransfervereinbarungen, ABl. 2004 Nr. C 101/2, 35 Tz. 194.
286 *Markert*, in: Immenga/Mestmäcker, § 19 GWB Rn. 202.

winnen, die auch den Verbrauchern zu Gute kämen.²⁸⁷ Die Kommission führt in ihrer Prioritätenmitteilung in diesem Zusammenhang an, auf Seiten der Anbieter seien Einsparungen bei Verpackungs- und Vertriebskosten und die Erleichterung der Vermarktung der gekoppelten Produkte in Betracht zu ziehen, während sich bei den Abnehmern die Transaktionskosten verringern könnten.²⁸⁸ Derartige Effizienzgewinne können im Anwendungsbereich von Art. 102 AEUV/§ 19 GWB schon deshalb keine Berücksichtigung finden, weil mit ihrer Anerkennung letzten Endes nur die Marktposition des marktbeherrschenden Unternehmens zu Lasten etwaiger Wettbewerber abgesichert würde. Die Kommission zeigt insoweit selbst eine gewisse Zurückhaltung, wenn Sie zu Recht meint, dass gerade »(d)ie Rivalität zwischen Unternehmen (…) ein wichtiger Faktor wirtschaftlicher Effizienz« sei.²⁸⁹

Die auf Kopplungspraktiken zugeschnittene Vorschrift des Art. 102 S. 2 lit. d) AEUV verweist zur Rechtfertigung von Kopplungen ausdrücklich auf Handelsbräuche. In diesem Zusammenhang wird im Schrifttum auch diskutiert, ob weitere »objektive« Rechtfertigungsgründe in Betracht kommen. In beiderlei Hinsicht ist größte Zurückhaltung geboten (dazu Art. 102 AEUV Rn. 130 f.). 80

(4) Diskriminierung von Handelspartnern

(a) Allgemeines

Die Diskriminierung von Handelspartnern fällt unter das Regelbeispiel des § 19 Abs. 2 Nr. 1 GWB. Ein Missbrauch kann danach durch die Anwendung unterschiedlicher Bedingungen bei gleichwertigen Leistungen begründet sein, womit die Handelspartner im Wettbewerb untereinander benachteiligt werden. Regelmäßig handelt es sich um Sachverhalte, die durch eine nach Handelspartnern **differenzierende, sachlich nicht gerechtfertigte Anwendung von Vertragsbedingungen** gekennzeichnet sind. Es bestehen daher in weitgehendem Umfang strukturelle Überschneidungen mit anderen Erscheinungsformen des Ausbeutungs- und Behinderungsmissbrauchs. **Sinn und Zweck** des Verbots der Diskriminierung von Handelspartnern ist es, Wettbewerbs- 81

---

287 *Markert*, in: Immenga/Mestmäcker, § 19 GWB Rn. 202; großzügiger BGH WuW/E BGH 1965, 1967 ff.) = NJW 1984, 1116, 1117) – *Gemeinsamer Anzeigenteil*; offen gelassen von BGHZ 156, 379, 387 = WuW/E 1206, 1209 – *Strom und Telefon I*; vgl. zu Art. 102 AEUV auch Komm., Prioritätenmitteilung, ABl. 2009 Nr. C 45/7, 16 Tz. 62; *Nothhelfer*, Die leverage theory im europäischen Wettbewerbsrecht, 2006, S. 85 f.; im Hinblick auf vertikale Beschränkungen auch Komm., Leitlinien für vertikale Beschränkungen, ABl. 2010 Nr. C 130/1, Tz. 222.
288 Komm., Prioritätenmitteilung, ABl. 2009 Nr. C 45/7, Tz. 62.
289 Komm., Prioritätenmitteilung, ABl. 2009 Nr. C 45/7, 12 Tz. 30, 4. Anstrich.

verfälschungen vorzubeugen, die dadurch entstehen, dass marktbeherrschende Unternehmen durch wettbewerblich nicht gerechtfertigte Ungleichbehandlungen ihrer Marktpartner zugleich Einfluss auf vor- oder nachgelagerte Marktstufen gewinnen.[290] Geschützt werden damit sowohl die Handelspartner auf den entsprechenden Marktstufen als auch (reflexiv) aktuelle und potenzielle Konkurrenten des marktbeherrschenden Unternehmens, da sie von der marktöffnenden Wirkung des Diskriminierungsverbots indirekt profitieren.[291]

(b) Voraussetzungen

82 Die Diskriminierung eines Handelspartners setzt voraus, dass es sich dabei um ein **anderes Unternehmen** handelt, mit dem das marktbeherrschende Unternehmen in geschäftlichem Kontakt steht. Das andere Unternehmen kann sich dabei **auf einer vor- oder nachgelagerten Marktstufe** betätigen. Eine Diskriminierung dieses anderen Unternehmens ist freilich nur denkbar, wenn es seinerseits (auf seiner Marktstufe) zu Unternehmen in (potenziellem) Wettbewerb steht, die ihrerseits Handelspartner des marktbeherrschenden Unternehmens sind oder sein könnten.[292] Die Betätigung des diskriminierten Handelspartners auf der vor- oder nachgelagerten Marktstufe kann also auch nur potenzieller Natur sein.[293] Anderenfalls ließen sich die besonders einschneidenden Wettbewerbsbeschränkungen, die von diskriminierenden Vertragsverweigerungen ausgehen, nicht adäquat erfassen.

83 **Kein Handelspartner** im vorbenannten Sinne sind **Tochterunternehmen** oder **andere verbundene Unternehmen** des marktbeherrschenden Unternehmens. Nach dem Sinn und Zweck des Diskriminierungsverbots können nämlich nur solche Unternehmen Anknüpfungspunkt für die Feststellung einer sachlich nicht gerechtfertigten Ungleichbehandlung sein, die über eigenen wettbewerblichen Entscheidungsspielraum verfügen. Freilich kann sich die Ungleichbehandlung von Tochterunternehmen als anderweitiger Behinderungsmissbrauch darstellen, beispielsweise bei Anwendung einer Kosten-Preis-Schere (dazu Rdn. 171 ff.).

---

290 Vgl. *Markert*, in: Immenga/Mestmäcker, § 19 GWB Rn. 172; zu Art. 102 S. 2 lit. c AEUV auch *Mestmäcker/Schweitzer*, § 17 Rn. 16; *Eilmannsberger/Bien*, in: MünchKommKartR Art. 102 AEUV Rn. 273; *Fuchs/Möschel*, in: Immenga/Mestmäcker, EUWbR, Art. 102 AEUV Rn. 377.
291 Vgl. zu Art. 102 AEUV EuGH Slg. 1975, 1663, Tz. 526/527 – *Suiker Unie*.
292 Vgl. zu Art. 102 AEUV *O'Donoghue/Padilla*, S. 797.
293 Vgl. zu Art. 102 AEUV Komm., ABl. 1981 Nr. L 370/49, Tz. 51 – *GVL*; *Eilmannsberger/Bien*, in: MünchKommKartR Art. 102 Rn. 274; a.A. *Fuchs/Möschel*, in: Immenga/Mestmäcker, EUWbR, Art. 102 AEUV Rn. 377.

Eine Diskriminierung von Handelspartnern geht, wie bereits Rdn. 81 angedeutet, mit der **Anwendung unterschiedlicher Bedingungen bei ansonsten gleichen Leistungen** einher. Daraus ergibt sich zunächst, dass die Leistungen, auf die sich die unterschiedliche Behandlung der Handelspartner durch den Marktbeherrscher bezieht, als solche vergleichbar sein müssen. Das folgt bereits aus dem Wortlaut von § 19 Abs. 2 GWB, wonach der Normadressat als »Anbieter oder Nachfrager einer *bestimmten* Art von Waren oder gewerblichen Leistungen« handelt (Hervorh v. Verf.). Vergleichbar in dem Sinne, dass eine »**bestimmte**« **Art von Waren und Dienstleistungen** vorliegt, sind nach dem Sinn und Zweck der Regelung solche Leistungsgegenstände, die nach Art, Güte und Menge sowie den Umständen der Leistungserbringung (Transportkosten, Steuern, Abgaben, Bonität des Handelspartners etc.) austauschbar sind. Mit anderen Worten müssen die Merkmale der Waren und Dienstleistungen im Wesentlichen übereinstimmen. Nur soweit dies festgestellt werden kann, greift das Diskriminierungsverbot, denn nur **gleiche Sachverhalte** dürfen nach § 19 Abs. 2 Nr. 1 GWB **nicht unterschiedlich behandelt** werden.

84

Auf der anderen Seite ist das marktbeherrschende Unternehmen immer dann, wenn **Sachgründe für eine Differenzierung** vorliegen, nicht gehindert, die betroffenen Handelspartner unterschiedlich zu behandeln. Freilich muss sich diese unterschiedliche Behandlung im Rahmen dessen halten, was durch die Sachgründe geboten ist. Dabei wird man auch marktbeherrschenden Unternehmen einen **gewissen Gestaltungsspielraum** nicht absprechen können.[294] Jedenfalls ist die Verpflichtung zur Gleichbehandlung nicht notwendig gleichbedeutend mit der Verpflichtung zur Gewährung absolut identischer Bedingungen.[295]

85

(c) Einzelfälle

Wie bereits Rdn. 81 ausgeführt, überschneidet sich die Fallgruppe der Diskriminierung von Handelspartnern in mannigfacher Hinsicht mit anderen Fällen des Ausbeutungs- und Behinderungsmissbrauchs. Insoweit sei auf die bereits dort behandelten Fallgestaltungen verwiesen. Dazu gehören diskriminierende **Preisspaltungen** (dazu Rdn. 37 ff.) und **Rabattsysteme** (dazu Rdn. 52 ff.) sowie **Geschäftsverweigerungen** (dazu Rdn. 115 ff.) und **Geschäftsabbrüche** (dazu Rdn. 137 ff.).

86

---

[294] BGH WuW/E BGH 1429, 1434 f. = GRUR 1976, 711, 714 – *Bedienungsgroßhändler*; OLG Düsseldorf WuW/E OLG 917, 922 f. – *Partierabatt*; OLG Stuttgart WuW/E 3791, 3794 f. – *Verlagsauslieferer*; *Markert*, in: Immenga/Mestmäcker, § 19 GWB Rn. 172.
[295] BGH WuW/E BGH 3058, 3064 f. = GRUR 1996, 808, 811 – *Pay-TV-Durchleitung*; *Markert*, in: Immenga/Mestmäcker, § 19 GWB Rn. 172.

§ 19 GWB   *Verbotenes Verhalten von marktbeherrschenden Unternehmen*

87   Zweifelhaft ist, ob und inwieweit **wohlfahrtssteigernde Wirkungen** die Anwendung unterschiedlicher Bedingungen rechtfertigen können. Wie an anderer Stelle ausgeführt (dazu Art. 102 AEUV Rn. 1, 30 f.), ist ein derartiger Ansatz, der mit der Lehre des »more economic approach« verbunden ist abzulehnen. Entsprechendes gilt für die **Berücksichtigung individueller Effizienzvorteile**.

c) Behinderungsmissbrauch

aa) Grundsatz

88   Der von einem Marktbeherrscher ausgehende Behinderungsmissbrauch ist dadurch gekennzeichnet, dass die **wettbewerblichen Entfaltungsmöglichkeiten anderer Marktteilnehmer** durch die Anwesenheit des Marktbeherrschers in einer Weise **beeinträchtigt** werden, die von den Verhältnissen bei funktionierendem Produktwettbewerb negativ abweicht. Ein Behinderungsmissbrauch kann sich sowohl **in horizontaler Beziehung** gegen Wettbewerber des Marktbeherrschers richten als auch **in vertikaler Beziehung** auf vor- oder nachgelagerte Märkte abzielen. In der Praxis spielt der vertikale Missbrauch eine größere Rolle. Freilich strahlt der vertikale Behinderungsmissbrauch regelmäßig auf den beherrschten Markt aus und führt dort zu einer Reduzierung der wettbewerblichen Entfaltungsmöglichkeiten anderer Marktteilnehmer. Missbräuchliches Verhalten in der Vertikalbeziehung führt damit mittelbar zu einer Absicherung der marktbeherrschenden Stellung des Marktbeherrschers im Verhältnis zu seinen Wettbewerbern.

89   Zentraler **Anknüpfungspunkt** für Fälle des Behinderungsmissbrauchs ist das in § 19 Abs. 2 Nr. 1 als **Regelbeispiel** aufgeführte Verbot, ein anderes Unternehmen unmittelbar oder mittelbar unbillig zu behindern (Behinderungsverbot) oder ohne sachlich gerechtfertigten Grund unmittelbar oder mittelbar anders zu behandeln als gleichartige Unternehmen (Diskriminierungsverbot). Daneben tritt das Verbot von einem anderen Unternehmen ohne sachliche Rechtfertigung ungünstigere Entgelte oder sonstige Geschäftsbedingungen zu fordern, als sie das marktbeherrschende Unternehmen selbst auf vergleichbaren Märkten von gleichartigen Abnehmern fordert (§ 19 Abs. 2 Nr. 3 GWB). Wäre dieser Sachverhalt nicht ausdrücklich in § 19 Abs. 2 Nr. 3 GWB geregelt, ließe er sich ohne Weiteres durch § 19 Abs. 2 Nr. 1 GWB erfassen, dessen weite Formulierung der Vorschrift den Charakter einer »kleinen Generalklausel« verleiht, der einen ergänzenden Rückgriff auf die Generalklausel des § 19 Abs. 1 GWB im Anwendungsbereich des Behinderungsmissbrauchs weithin entbehrlich macht.

90   Wie bereits in Rdn. 89 beschrieben, hat der Gesetzgeber in § 19 Abs. 2 Nr. 1 GWB eine Unterscheidung zwischen dem Behinderungs- und Diskriminie-

rungsverbot getroffen. Der Sache nach zielte der Behinderungstatbestand ursprünglich eher auf Beeinträchtigungen von Wettbewerbern des Normadressaten ab, soweit nämlich in § 23 GWB-E 1957 die Behinderung von Kartellaußenseitern den Anknüpfungspunkt für das Behinderungsverbot abgab.[296] Dagegen scheint der Diskriminierungstatbestand eher auf die Ungleichbehandlung von Marktteilnehmern (Lieferanten und Abnehmern) auf vor- oder nachgelagerten Marktstufen zugeschnitten zu sein.[297] Eine klare Unterscheidung zwischen den beiden Tatbeständen lässt sich freilich regelmäßig nicht treffen,[298] so dass es sich de facto um einen **einheitlichen Tatbestand des Behinderungsmissbrauchs** iwS handelt.[299] Das kommt auch in der Entscheidungspraxis zum Ausdruck.[300] Gerade auch wegen der übereinstimmenden Rechtsfolgen erscheint eine Differenzierung im Einzelfall entbehrlich. Diese kann jedoch im Hinblick auf die Unterschiede bei der Darlegungs- und Beweislast gleichwohl von Bedeutung sein (dazu Rdn. 205).

Die Normstruktur des § 19 Abs. 2 Nr. 1 GWB erfordert eine **zweistufige Prüfung** des Behinderungsmissbrauchs. Zunächst ist festzustellen, ob eine Behinderung oder ungleiche Behandlung von Unternehmen vorliegt (objektiver Tatbestand). Der Begriff der **Behinderung** ist weit zu verstehen. Er erfasst jedes Marktverhalten, das objektiv nachteilige Auswirkungen für den Betroffenen hat.[301] Entsprechend ist auch das Merkmal der **Ungleichbehandlung** in einem formalen Sinne weit zu fassen (dazu Rdn. 94). Dies für sich genommen vermag noch keinen Marktmachtmissbrauch zu begründen. Eine faktische Behinderung von anderen Marktteilnehmern kann im Grunde mit jeder wirtschaftlich relevanten Handlung einhergehen; in ähnlicher Weise spricht auch eine Ungleichbehandlung von Unternehmen, die sich in einer Benachtei- 91

---

296 Dazu BReg., Entwurf eines Gesetzes gegen Wettbewerbsbeschränkungen, BT-Drucks. 2/1158, S. 10, dazu Begründung S. 21, 27.
297 Vgl. BGHZ 52, 65, 71 = WuW/E BGH 1027, 1031 – *Sportartikelmesse II*; BGHZ 49, 90, 93 = WuW/E BGH 886, 888 – *Jägermeister*; BGHZ 38, 90, 102 = GRUR 1963, 86, 89 – *Grote-Revers*; *Markert*, in: Immenga/Mestmäcker, § 19 GWB Rn. 106.
298 BGHZ 52, 65, 71 = WuW/E BGH 1027, 1031 – *Sportartikelmesse II*; BGHZ 49, 90, 93 = WuW/E BGH 886, 888 – *Jägermeister*; *Koller*, S. 109 ff.; anders liegen die Dinge, wenn eine Diskriminierung der Sache nach ausgeschlossen ist, vgl. BGH WuW/E DE-R 3549 Rn. 11 ff. = NJW 2012, 2110 – *Werbeanzeigen*; WuW/E BGH 2360, 2364 f. = GRUR 1987, 393, 396 – *Freundschaftswerbung*.
299 *Markert*, in: Immenga/Mestmäcker, § 19 GWB Rn. 100.
300 S. nur BGHZ 129, 53, 60 = WuW/E BGH 2990, 2995 – *Importarzneimittel*; BGH WuW/E DE-R 201, 203 = NJW 1998, 3778, 3779 – *Schilderpräger im Landratsamt*; WuW/E DE-R 3446 Rn. 30 ff., 35 ff. = NJW 2012, 773 – *Grossistenkündigung*.
301 BGHZ 81, 322, 327 = WuW/E BGH 1829, 1832 – *Original-VW-Ersatzteile II*; BGH WuW/E DE-R 201, 203 = NJW 1998, 3778, 3779 – *Schilderpräger im Landratsamt*.

ligung oder Bevorzugung einzelner Unternehmen gegenüber anderen niederschlagen kann, per se noch nicht für eine missbräuchliche Verhaltensweise.[302] Es kommt vielmehr jeweils auf die Umstände des zu Tage tretenden Verhaltens an. Dem entsprechend muss dieses in einem zweiten Schritt **normativ bewertet** werden, nämlich dahingehend, ob es »unbillig« ist oder »ohne sachlich gerechtfertigten Grund« erfolgt. Der **Normzweck** des Behinderungsmissbrauchs besteht nämlich darin, die Wettbewerbsmöglichkeiten anderer Unternehmen vor solchen Beeinträchtigungen durch den Normadressaten zu schützen, die sich nachteilig auf die Wettbewerbsposition des betroffenen Unternehmens auswirken.[303]

92 Erfasst werden von § 19 Abs. 2 Nr. 1 GWB sowohl **unmittelbare** als auch **mittelbare Behinderungen und Ungleichbehandlungen**. Es kommt insoweit nicht darauf an, dass sich das Verhalten gezielt (unmittelbar) gegen einen Marktteilnehmer richtet.[304] Ausreichend ist es, wenn er mittelbar betroffen ist, weil beispielsweise ein potenzieller Abnehmer aufgrund der diesem von dem Normadressaten eingeräumten Rabatte nur noch Waren von dem Normadressaten bezieht. Das rechtfertigt sich aus dem wirkungsbezogenen Ansatz des Marktmachtmissbrauchsverbots. Der Markt soll vor solchen Beeinträchtigungen geschützt werden, die sich gerade aufgrund des nicht kontrollierten Verhaltensspielraums eines marktbeherrschenden Unternehmens einstellen. Dann aber kann es schon aus Gründen der **Wirkmächtigkeit des Missbrauchsverbots** nicht darauf ankommen, ob diese Beeinträchtigungen unmittelbarer oder (nur) mittelbarer Natur sind.

93 Die Vorschrift des § 19 Abs. 2 Nr. 1 GWB soll die **Ungleichbehandlung gleichartiger Unternehmen** verhindern. Sie steht damit nicht einer Gleichbehandlung ungleichartiger Unternehmen entgegen.[305] Anderenfalls würde die Anwendung des Missbrauchsverbots den Wortlaut von § 19 Abs. 2 Nr. 1 GWB sprengen und in Konflikt mit der Bußgeldbewehrung des Missbrauchstatbestandes geraten. Die Ungleichbehandlung, die anhand eines **formalen Gleichheitsmaßstabes** zu bestimmen ist,[306] muss im Verhältnis zwischen dem marktbeherrschenden Unternehmen und anderen Unternehmen erfolgen. Sie kann sich etwa darin niederschlagen, dass ein marktbeherrschendes

---

302 BGH WuW/E DE-R 201, 203 = NJW 1998, 3778, 3779 – *Schilderpräger im Landratsamt*.
303 BGH WuW/E DE-R 3446 Rn. 32 = NJW 2012, 773 – *Grossistenkündigung*.
304 *Markert*, in: Immenga/Mestmäcker, § 19 GWB Rn. 105.
305 BGHZ 65, 284, 291 = NJW 176, 709, 710 – *Wasserpreis*; BGHZ 38, 90, 101 = WuW/E BGH 502, 508 – *Treuhandbüro*; *Markert*, in: Immenga/Mestmäcker, § 19 Rn. 117.
306 *Koller*, S. 98 ff.; *Markert*, in: Immenga/Mestmäcker, § 19 GWB Rn. 118; *Grave*, in: FK-GWB § 20 GWB Rn. 83, 93.

Unternehmen bestimmte Produkte nur an bestimmte andere Unternehmen liefert. Bezugspunkt für die Feststellung einer Differenzierung ist dabei die technisch-physikalische Identität der Produkte, wobei geringfügige, der Sache nach nicht wahrnehmbare Modifikationen keine Rolle spielen.[307] Denkbar ist eine Ungleichbehandlung aber etwa auch bei der Preisstellung (dazu Rdn. 37 ff.) oder beim Einsatz anderer Aktionsparameter. Im Übrigen ist eine Ungleichbehandlung nach dem Wortsinn nur möglich, wenn es sich bei den anderen Unternehmen um **unabhängige Wirtschaftssubjekte** handelt. Dem entsprechend scheidet eine Ungleichbehandlung aus, sobald ein Unternehmen mit dem Normadressaten eine **unternehmerische Einheit** bildet,[308] wie dies bei Konzernunternehmen der Fall ist. Eine bevorzugte Behandlung von verbundenen Unternehmen kann im Einzelfall freilich über das Behinderungsverbot erfasst werden.[309] Nicht unter § 19 Abs. 2 Nr. 1 GWB, unter Umständen jedoch unter § 19 Abs. 2 Nr. 5 GWB fallen die Sachverhalte der sog. »**passiven Diskriminierung**«, bei denen sich ein Unternehmen bestimmte Sondervorteile einräumen lässt, die der Gewährende anderen vergleichbaren Unternehmen nicht in gleicher Weise einräumt.[310]

Das **Verbot der ungleichen Behandlung** von Unternehmen setzt nach dem Gesetzeswortlaut voraus, dass sich diese auf eine »**bestimmte**« **Art von Waren und Dienstleistungen** beziehen muss, für die der Normadressat als Anbieter oder Nachfrager auftritt. Das bedeutet, dass die Merkmale der Waren und Dienstleistungen im Wesentlichen übereinstimmen müssen (dazu bereits Rdn. 93). Überdies ist es erforderlich, dass die ungleich behandelten **Unternehmen** »**gleichartig**« sind. Mit dem Erfordernis der Gleichartigkeit sollen, wie sich bereits aus dem Wortlaut ergibt, die ungleich behandelten Unternehmen miteinander verglichen werden, nämlich im Hinblick darauf, ob sie gegenüber der Marktgegenseite gleichartige Funktionen ausüben. Dieses Erfordernis soll zunächst nur eine verhältnismäßig grobe Sichtung ermöglichen.[311]

94

---

307 *Markert*, in: Immenga/Mestmäcker, § 19 GWB Rn. 119.
308 BGH GRUR 1982, 691, 692 = WuW/E BGH 1947, 1949 – *Anzeigenraum*, insoweit nicht in BGHZ 84, 320; BGH DE-R 3446 Rn. 31 = NJW 2012, 773 – *Grossistenkündigung*; DE-R 1003, 1004 = NJW 2003, 752 – *Kommunaler Schilderprägebetrieb*; WuW/E BGH 2360, 2365 = NJW 1987, 3197 – *Freundschaftswerbung*; OLG Frankfurt/M WuW/E DE-R 1901, 1904 – *Bahnstrom*.
309 BGH DE-R 4139 Rn. 50 ff. = NVwZ 2014, 817 – *Stromnetz Heiligenhafen*; DE-R 3446 Rn. 35 ff. = NJW 2012, 773 – *Grossistenkündigung*; BGH WuW/E DE-R 1983 Rn. 15 f. = GRUR-RR 2008, 181 – *Autoruf-Genossenschaft II*.
310 Zur passiven Diskriminierung *Ulmer*, WuW 1980, 474, 475 f.; *Markert*, in: Immenga/Mestmäcker, § 19 GWB Rn. 122; *Nothdurft*, in: Langen/Bunte, § 19 GWB Rn. 150.
311 BGHZ 114, 218, 231 = WuW/E BGH 2707, 2714 – *Einzelkostenerstattung*; BGH WuW/E DE-R 1203, 1204 = GRUR 2004, 351, 352 – *Depotkosmetik im Internet*; WuW/E DE-R 134 f. = GRUR 1998, 1049, 1050 – *Bahnhofsbuchhandel*;

§ 19 GWB   Verbotenes Verhalten von marktbeherrschenden Unternehmen

Das Hauptaugenmerk muss letzten Endes auf einer umfassenden Interessenabwägung liegen (s. Rdn. 15 ff.),[312] mit deren Hilfe die Merkmale »unbillig« und »ohne sachlich gerechtfertigten Grund« auszufüllen sind. Aus diesem Grunde sind als »gleichartig« alle Unternehmen anzusehen, die im Verhältnis zur Marktgegenseite eine im Wesentlichen gleiche unternehmerische Tätigkeit und wirtschaftliche Funktion ausüben.[313] Entscheidend ist insoweit entgegen verbreiteter Ansicht[314] nicht das Verhältnis zum Normadressaten, sondern das Verhältnis der ungleich behandelten Unternehmen zu ihren Kunden.[315] Das ergibt sich bereits aus dem Schutzzweck des Diskriminierungsverbots, wonach die ungleich behandelten Unternehmen vor einer negativen Beeinträchtigung ihrer Wettbewerbsposition geschützt werden sollen.[316] Diese kann jedoch nur eintreten, wenn sich das missbräuchliche Verhalten tatsächlich auf dem Markt auswirkt, auf dem das Unternehmen tätig ist. Damit stehen »gleichartige« Unternehmen, da sie denselben Abnehmerkreis ansprechen, in einem **aktuellen oder potenziellen Wettbewerbsverhältnis**.[317] Ausreichend ist dafür eine Übereinstimmung in den für die jeweilige Marktstufe und die konkreten Produkte typischen Handlungsformen (bei Großhändlern z.B. Bezug von Waren und deren Weiterveräußerung an Einzelhändler oder

---

WuW/E BGH 3058, 3063 = GRUR 1996, 808, 810 – *Pay-TV-Durchleitung*; *Busche*, Privatautonomie und Kontrahierungszwang, 1999, S. 355.

312 BGHZ 114, 218, 231 = WuW/E BGH 2707, 2714 – *Einzelkostenerstattung*; BGHZ 101, 72, 79 = NJW 1988, 772, 773 – *Krankentransporte*.
313 BGHZ 114, 218, 230 = WuW/E BGH 2707, 2714 – *Einzelkostenerstattung*; BGH WuW/E DE-R 3967 Rn. 20 = NZKart 2013, 462 – *Laborchemikalien*; WuW/E DE-R 1203, 1204 = GRUR 2004, 351, 352 – *Depotkosmetik im Internet*; WuW/E DE-R 134 f. = GRUR 1998, 1049, 1050 – *Bahnhofsbuchhandel*; *Markert*, in: Immenga/Mestmäcker, § 19 GWB Rn. 108.
314 Vgl. nur BGHZ 52, 65, 69 = WuW/E BGH 1027, 1030 – *Sportartikelmesse II*; WuW/E DE-R 1251, 1252 = GRUR 2007, 527, 529; WuW/E BGH 2990, 2994 – *Importarzneimittel*; WuW/E BGH 2683, 2686 – *Zuckerrübenanlieferungsrecht*; WuW/E BGH 1493, 1494 – *medizinischer Badebetrieb*; WuW/E BGH 675, 678 – *Uhrenoptiker*.
315 BGH WuW/E BGH 3058, 3063 = GRUR 1996, 808, 810 – *Pay-TV-Durchleitung*; WuW/E BGH 2967, 2972 – *Weiterverteiler* (zu § 103 Abs. 5 S. 2 Nr. GWB aF); KG WuW/E OLG 1581, 1584 – *Provision für Bedienungsfachgroßhandel*; OLG Stuttgart WuW/E OLG 3899, 3900 – *Dental-Versand*; *Belke*, Geschäftsverweigerung, 1966, S. 344; *Busche*, Privatautonomie und Kontrahierungszwang, 1999, S. 354.
316 BGH DE-R 3446 Rn. 32 f. – *Grossistenkündigung*.
317 *Belke*, Geschäftsverweigerung, 1966, S. 347; *Busche*, Privatautonomie und Kontrahierungszwang, 1999, S. 355 m.w.N.; a.A. *J.F. Baur*, Das Diskriminierungsverbot im Energieversorgungsbereich, 1979, S. 26 ff.; *Martens*, Die existentielle Wirtschaftsabhängigkeit, 1979, S. 75 f.; *Markert*, in: Immenga/Mestmäcker, § 19 GWB Rn. 109.

gewerbliche Verbraucher).[318, 319] Dagegen spielt es keine Rolle, was für eine Struktur (Rechtsform, Anteilseigner,[320] Unternehmensgröße,[321] Ausgestaltung der Tätigkeit[322] etc.) die Unternehmen haben.[323] **Gleichartig** können daher etwa (inländische) Hersteller und Importeure (ausländischer Hersteller) als Anbieter ihrer Erzeugnisse an den Pharmagroßhandel sein,[324] ferner der stationäre Einzelhandel, der Versandeinzelhandel und der Internethandel im Verhältnis zu Endverbrauchern,[325] ebenfalls im Verhältnis zum Endverbraucher die freien Tankstellen und die als Handelsvertreter der Mineralölgesellschaften tätigen Markentankstellen.[326] Gleichartig sind Hersteller und Großhändler mit oder ohne Direktvertrieb an Verbraucher im Hinblick auf die Zulassung zu Messeveranstaltungen[327] sowie Mitglieder und Nicht-Mitglieder einer Autoruf-Genossenschaft bezogen auf die Teilnahme an der telefonischen Vermittlung von Taxifahrten.[328] Beim Absatz von Ersatzteilen an Kfz-Händler und Kfz-Werkstätten sind Teilehersteller, Werksvertreter und Teilegroßhändler gleichartig.[329] Betreiber von Free-TV von Pay-TV sind als Anbieter von Fernsehprogrammen an Endverbraucher gleichartig im Hinblick auf den Zugang zu Kabelfernsehnetzen.[330] **Nicht gleichartig** sind SB-Großhändler und Verbrauchermärkte im Hinblick auf ihre Einzelhandelsfunktion,[331] da sie unterschiedliche Abnehmerkreise ansprechen. Entsprechendes gilt für Hörfunkver-

---

318 KG WuW/E OLG 1828, 1830 – *Englisch-Wörterbuch*.
319 S. auch BKartA WuW/E BKartA 1781, 1785 – *Identteile*; *Markert*, in: Immenga/Mestmäcker, § 19 GWB Rn. 108 (übereinstimmende »einzelmarktbezogene Grundfunktion«).
320 BGH WuW/E BGH 1527 f. = GRUR 1979, 177, 178 – *Zeitschriften-Grossisten*.
321 Dazu BGH WuW/E DE-R 3967 Rn. 20 = NZKart 2013, 462 – *Laborchemikalien*.
322 OLG Frankfurt/M WuW/E OLG 3347, 3350 – *Kürschnerhandwerk*.
323 *Markert*, in: Immenga/Mestmäcker, § 19 GWB Rn. 108.
324 BGH WuW/E BGH 2990, 2994 = NJW 1995, 2415, 2417 – *Importarzneimittel*; vgl. im Hinblick auf die Urheberrechtsverwertungsgesellschaften zu zahlende Geräteabgabe auch BGH WuW/E BGH 1069, 1070 = GRUR 1970, 200, 201 – *Tonbandgeräte-Importeur*.
325 BGH WuW/E BGH 1629, 1631 = GRUR 1980, 125, 127 – *Modellbauartikel II*; WuW/E DE-R 1203, 1204 = GRUR 2004, 351, 352 – *Depotkosmetik im Internet*; KG WuW/E OLG 3501, 3502 f. – *Märklin*.
326 KG WuW/E OLG 1499, 1502 – *AGIP II*; vgl. auch BGHZ 97 317, 329 = WuW/E BGH 2238, 2246 – *EH-Partnervertrag* (Gleichartigkeit von Eigenhändlern und Handelsvertretern beim Vertrieb von Geräten der Unterhaltungselektronik).
327 BGHZ 52, 65, 69 = WuW/E BGH 1027, 1030 – *Sportartikelmesse II*.
328 BGH WuW/E DE-R 1983 Rn. 11 = GRUR-RR 2008, 181 – *Autoruf-Genossenschaft II*.
329 BGHZ 81, 322, 330 = WuW/E BGH 1829, 1833 – *Original-VW-Ersatzteile II*.
330 BGH WuW/E BGH 3058, 3063 = GRUR 1996, 808, 810 – *Pay-TV-Durchleitung*.
331 OLG Saarbrücken WuW/E OLG 2997, 2999 – *Irisette*.

anstalter und die Presse bei der Sportberichterstattung.[332] Bei dem Bezug leitungsgebundener Energie (Strom, Gas) sind weiterverteilende und eigenverbrauchende Sonderabnehmer nicht gleichartig.[333]

95 Seit der 8. GWB-Novelle 2013 fehlt in § 19 Abs. 2 Nr. 1 GWB der noch in der Vorgängerbestimmung (§ 20 Abs. 1 GWB a.F.) enthaltene Passus, wonach der Behinderungsmissbrauch auf einen **Geschäftsverkehr** bezogen sein muss, **der gleichartigen Unternehmen üblicherweise zugänglich ist.** Wie sich aus den Gesetzesmaterialien ergibt, ist Grund für die Streichung der Wendung der »vor allem durch die Rechtsprechung verursachte (…) kontinuierliche (…) Bedeutungsverlust«.[334] Das ändert freilich nichts daran, dass ein Behinderungsmissbrauch als solcher nur denkbar ist, wenn er im Rahmen eines (bestimmten) Geschäftsverkehrs stattfindet.[335] Ohne dessen Eröffnung können einem marktbeherrschenden Unternehmen zusätzliche Verhaltenspflichten nur auferlegt werden, wenn es dafür eine besondere (zusätzliche) Rechtfertigung gibt.[336] Bedeutung kann dies in Fällen haben, in denen marktbeherrschende Unternehmen ihre Ressourcen selbst nutzen, ohne sie Konkurrenten zur Verfügung zu stellen. Ebenfalls nicht in § 19 Abs. 2 Nr. 1 GWB enthalten ist das früher in § 19 Abs. 4 Nr. 1 GWB a.F. für die Behinderung aufgestellte **Erfordernis einer erheblichen Wettbewerbsbeeinträchtigung.** Der Gesetzgeber hat dieses im Zuge der Zusammenführung von § 19 Abs. 4 Nr. 1 GWB a.F. und § 20 Abs. 1 GWB a.F. in § 19 Abs. 2 Nr. 1 GWB fallen gelassen und insoweit die weiter gehende Formulierung von § 20 Abs. 1 GWB a.F. übernommen, die eine Beschränkung des Marktmachtmissbrauchs auf Fälle einer erheblichen Wettbewerbsbeeinträchtigung nicht vorsah. Eine Änderung des materiellen Gehalts des Behinderungsmissbrauchs soll damit nicht einher gehen.[337]

96 Wie bereits an anderer Stelle hervorgehoben haben sich zum Zwecke der Strukturierung der Sachverhalte, die als Behinderungsmissbrauch angesehen

---

332 Vgl. auch BGHZ 165, 62 Rn. 28 = WuW/E DE-R 1597, 1601 – *Hörfunkrechte,* wo die Ungleichartigkeit allerdings mit der unterschiedlichen Intensität der Stadionnutzung begründet wird.

333 OLG Düsseldorf WuW/E OLG 3606.

334 BReg., Begründung zum Entwurf eines Achten Gesetzes zur Änderung des Gesetzes gegen Wettbewerbsbeschränkungen, BT-Drucks. 17/9852, S. 17, 23.

335 Das vernachlässigt BGH WuW/E BGH 1238, 1242 = GRUR 1977, 277, 278 – *Registrierkassen.*

336 Anders *Markert,* in: Immenga/Mestmäcker, § 19 GWB Rn. 100, der dem Merkmal des Geschäftsverkehrs insoweit Bedeutung zumisst, »als Abs. 2 Nr. 1 nur unternehmerisches Verhalten im privatrechtlich geregelten Waren- und Dienstleistungsverkehr erfasst«.

337 BReg., Begründung zum Entwurf eines Achten Gesetzes zur Änderung des Gesetzes gegen Wettbewerbsbeschränkungen, BT-Drucks. 17/9852, S. 17, 23.

werden können, diverse **Fallgruppen** herausgebildet. Zu beachten ist insoweit, dass diese einerseits keinen abschließenden Charakter haben, andererseits nicht die Prüfung des jeweiligen Einzelfalls entbehrlich machen. Vielmehr stehen die Fallgruppen für Sachverhalte, die typischerweise im Rahmen einer normativen Bewertung des Wettbewerbsverhaltens als Behinderungsmissbrauch identifiziert werden können. Daher können atypische Sachverhaltsgestaltungen oder generell Besonderheiten des Einzelfalls zu einer abweichenden Bewertung führen.

bb) Einzelfälle

(1) Gezielte Kampfpreisunterbietung (Predatory Pricing)

Die Fallgruppe der gezielten Kampfpreisunterbietung (Predatory Pricing) ist dadurch gekennzeichnet, dass ein marktbeherrschendes Unternehmen den **Preis als Mittel** zur Verdrängung seiner Konkurrenten instrumentalisiert.[338] Das Mittel der Niedrigpreisstrategie wird dabei bewusst eingesetzt, **um Konkurrenten zum Ausscheiden aus dem Markt zu bewegen oder (potenzielle) Wettbewerber von vornherein vom Markteintritt abzuhalten.** Nicht jede Niedrigpreisstrategie darf freilich als wettbewerbsfremder Marktmachtmissbrauch eingeordnet werden. Auch marktbeherrschenden Unternehmen ist es nicht von vornherein verwehrt, den Preis als besonders wirksamen Aktionsparameter einzusetzen, selbst wenn sie aufgrund ihrer marktbeherrschenden Stellung einen anderen wirtschaftlichen Verhaltensspielraum haben als ihre Konkurrenten.[339] Gerade der Preiswettbewerb ist aus Sicht eines Anbieters in besonderer Weise geeignet, sich gegenüber der Marktgegenseite als wettbewerbsaktives Unternehmen zu profilieren. 97

Missbräuchlich ist eine **Niedrigpreisstrategie** daher in der Regel erst dann, wenn sie **nicht** mehr **als Mittel zur Kundengewinnung oder Kundenbindung** eingesetzt wird wie etwa bei selektiven Sonderangeboten, sondern (ausschließlich) um (potenzielle) Wettbewerber aus dem Feld zu schlagen oder zumindest zu disziplinieren.[340] Ob dies gelingen kann, wird von der Europäischen Kommission anhand des *equally efficient competitor*-Tests beurteilt,[341] 98

---

338 Ausführlich zu dieser Fallgruppe und zu den ökonomischen Hintergründen *Wurmnest*, S. 375 ff.
339 Ebenso *Markert*, in: Immenga/Mestmäcker, § 19 Rn. 188.
340 BGHZ 116, 47, 55 = WuW/E BGH 2762, 2767 – *Amtsanzeiger*; BGHZ 96, 337, 345 = WuW/E BGH 2195, 2199 f. – *Abwehrblatt II*; OLG Düsseldorf WuW/E OLG DE-R 867, 869 ff. – *Germania*; *Markert*, in: Immenga/Mestmäcker, § 19 Rn. 189; s. zu Art. 102 AEUV auch Komm., Prioritätenmitteilung, ABl. 2009 Nr. C 45/7, Tz. 69.
341 Komm., Prioritätenmitteilung, ABl. 2009 Nr. C 45/7, Tz. 67.

§ 19 GWB *Verbotenes Verhalten von marktbeherrschenden Unternehmen*

den die Kommission auch auf Rabattsysteme[342] und den Sachverhalt der Kosten-Preis-Schere[343] anwenden will. Dieser Test beinhaltet die Frage, ob ein hypothetischer Wettbewerber, der die gleiche Kostenstruktur wie das marktbeherrschende Unternehmen aufweist, aber nicht über die entsprechende Marktmacht verfügt, kostendeckend am Markt agieren könnte, wenn er die Preise des marktbeherrschenden Unternehmens verlangen würde.[344] Muss die Frage verneint werden, deutet dies darauf hin, dass die Preisstrategie eine marktverschließende und damit missbräuchliche Wirkung hat. Diese würde es dem Marktbeherrscher ermöglichen, eine von Konkurrenzangeboten weitgehend unbeeinflusste Preispolitik zu Lasten der Verbraucher zu betreiben. Dabei kommt es nicht darauf an, ob der Preis nach der Niedrigpreisphase über das zuvor bestehende Niveau angehoben werden kann, um gegebenenfalls zuvor entstandene Verluste wieder auszugleichen.[345] Ein Schaden für die Verbraucher tritt nämlich schon dann ein, wenn durch die ausgeschaltete Konkurrenz anderer Anbieter ein Preisrückgang verhindert oder zumindest verzögert wird.[346] Kennzeichnend für derartige **Kampfpreisstrategien** ist, dass der Marktbeherrscher für eine gewisse Zeit in Kauf nimmt, dass die Preisstellung am Markt zu betriebswirtschaftlichen Verlusten führt, deren Hinnahme unter normalen Umständen an sich wirtschaftlich unvernünftig ist. Der Nachweis eines derartigen Verhaltens ist naturgemäß schwer und wird regelmäßig nur in eindeutigen Fällen gelingen.[347] Allerdings kann es missbräuchlich sein, wenn ein Unternehmen aufgrund seiner beherrschenden Stellung über erhebliche finanzielle Ressourcen und die Möglichkeit zur Mischkalkulation verfügt und diese im Rahmen einer **Quersubventionierung** dazu einsetzt, auf vor- oder nachgelagerten Märkten Niedrigpreisstrategien in größerem Umfang als weniger potente Wettbewerber zu betreiben, um diese vom Markt zu verdrängen (s. auch Rdn. 103).[348] Zu bedenken ist aber immer auch, dass marktbeherrschende Unternehmen per se **keine Marktstrukturverantwortung** trifft.[349] Nicht zweifelsfrei ist daher etwa die Tendenz, Marktbeherrschern im Wege der Missbrauchsaufsicht zusätzliche Marktverhaltenspflichten zugunsten kleinerer und mittlerer Unternehmen aufzuerlegen, wie sie im deutschen Kartellrecht in § 20 Abs. 3 GWB sichtbar wird. Eine gewisse Zurückhaltung bei Eingriffen in den Preiswettbewerb ist auch deshalb angezeigt, weil gerade der

---

342 Komm., Prioritätenmitteilung, ABl. 2009 Nr. C 45/7, Tz. 41 ff.
343 Komm., Prioritätenmitteilung, ABl. 2009 Nr. C 45/7, Tz. 80.
344 Komm., Prioritätenmitteilung, ABl. 2009 Nr. C 45/7, Tz. 23, 25 ff.
345 EuGH Slg. 1996, I-5951, Tz. 44 – *Tetra Pak*; EuG Slg. 2007, II-107, Tz. 228 – *France Télécom/Kommission*; Slg. 2011, I-527 Tz. 102 f. – *TeliaSonera Sverige*; Komm., COMP/38233 Tz. 333 ff. – *Wanadoo Interactive*.
346 Komm., Prioritätenmitteilung, ABl. 2009 Nr. C 45/7, Tz. 71.
347 S. auch Komm. ABl. 1985 Nr. L 374/1, Tz. 80 – *ECS/AKZO*; Komm., Prioritätenmitteilung, ABl. 2009 Nr. C 45/7, Tz. 66.
348 EuG Slg. 2002, II-1915, Tz. 64 – *UPS Europe* (zu Art. 102 AEUV).
349 *Markert*, in: Immenga/Mestmäcker, § 19 GWB Rn. 184.

Preiswettbewerb von der Marktgegenseite als besonders effektives Marketinginstrument wahrgenommen wird. Dies ändert freilich nichts daran, dass Untereinstandspreisverkäufe i.S.v. § 20 Abs. 3 S. 1 Nr. 1 und 2 GWB (dazu § 20 Rdn. 36 ff.) auch i.S.v. § 19 Abs. 2 Nr. 1 GWB als missbräuchlich anzusehen sind.[350]

Wohl nicht zuletzt aufgrund der schweren Nachweisbarkeit spielen missbräuchliche Niedrigpreisstrategien in der **Rechtspraxis** kaum eine Rolle. Aus der europäischen Entscheidungspraxis ist die Rechtssache *ECS/AKZO II*[351] zu erwähnen (zu Einzelheiten Art. 102 AEUV Rn. 142). Die Kartellbehörden und Gerichte stehen häufig vor erheblichen **Nachweisschwierigkeiten**. Schriftliche Aufzeichnungen über die Motive des Wettbewerbsverhaltens werden nur in den seltensten Fällen greifbar sein.[352] Es führt daher kein Weg daran vorbei, den Missbrauchsvorwurf anhand anderer objektiver Kriterien zu konkretisieren.[353] Dabei ist das unternehmerische **Gesamtverhalten** vor dem Hintergrund des Marktumfeldes in den Blick zu nehmen.[354] Ein Aspekt ist dabei, ob nach kaufmännischen Gesichtspunkten eine **vertretbare Kalkulation** erkennbar ist.[355] In der deutschen Rechtspraxis, die häufig mit Parallelwertungen zum UWG arbeitet,[356] finden sich hierzu nur wenig konkrete Ansätze. Es liegt daher nahe, insoweit auf die vom EuGH zu Art. 102 AEUV entwickelten Grundsätze zurückzugreifen.[357]

99

Der **EuGH** hat in seiner *AKZO*-Entscheidung (näher dazu Art. 102 AEUV Rn. 143, 145) ein Verhalten als missbräuchlich angesehen, das darauf angelegt ist, **Produkte unterhalb der eigenen durchschnittlichen variablen Kosten anzubieten**.[358] Dahinter steht die Überlegung, dass kein Unternehmer bereit

100

---

350 *Markert*, in: Immenga/mestmäckrer, GWB, § 19 GWB Rn. 189.
351 EuGH Slg. 1991, I-3359 – *AKZO*; Komm. ABl. 1985 Nr. L 374/1 – *ECS/AKZO*.
352 S. insoweit jedoch EuG Slg. 2007, II-107, 174 ff. Tz. 198 ff. – *France Télécom/ Kommission*.
353 BGHZ 116, 47, 55 = WuW/E BGH 2762, 2767 – *Amtsanzeiger*; BGHZ 96, 337, 350 = WuW/E BGH 2195, 2200 – *Abwehrblatt II*; OLG Düsseldorf WuW/E DE-R 867, 869 ff. – *Germania*; *Markert*, in: Immenga/Mestmäcker, § 19 GWB Rn. 189.
354 EuGH EuZW 2012, 540, Tz. 27 – *Post Danmark* (zu Art. 102 AEUV).
355 *Markert*, in: Immenga/Mestmäcker, § 19 GWB Rn. 189.
356 Vgl. zum Verkauf unter Einstandspreis BGH WuW/E BGH 2547 = NJW-RR 1989, 356 – *Preiskampf*; WuW/E BGH 1579 = NJW 1979, 2611 – *Verkauf unter Einstandspreis I*.
357 *Markert*, in: Immenga/Mestmäcker, § 19 GWB Rn. 189.
358 EuGH Slg. 1991, I-3359, Tz. 71 – *AKZO*; s. auch EuGH EuZW 2012, 540, Tz. 27 – *Post Danmark*; EuG Slg. 2007, II-107, Tz. 227 – *France Télécom/Kommission*.

und in der Lage ist, seine Produkte (über längere Zeit) zu einem Preis zu offerieren, der weder die Fixkosten noch die (vollen) variablen Kosten deckt.

101 Darüber hinaus soll ein Behinderungsmissbrauch auch dann vorliegen, wenn **Preise unterhalb der durchschnittlichen Gesamtkosten** (Fixkosten plus variable Kosten), **aber oberhalb der durchschnittlichen variablen Kosten** verlangt werden, da ein marktbeherrschendes Unternehmen auch unter diesen Umständen in der Lage sei, andere Unternehmen mit geringerer Finanzkraft aus dem Markt zu drängen.[359]

102 Bei der Beurteilung des **Gesamtverhaltens** ist im Übrigen von Bedeutung, ob die Preispolitik durch Wettbewerbshandlungen von Konkurrenten herausgefordert worden ist.[360] In den Kontext des Gesamtverhaltens bezieht der EuGH in seiner Entscheidungspraxis zu Art. 102 AEUV auch die Möglichkeit einer Rechtfertigung der Preisstellung durch **Effizienzvorteile** ein, die auch dem Verbraucher zu Gute kommen.[361] Das marktbeherrschende Unternehmen muss insoweit nachweisen, dass die Effizienzvorteile die durch die Preispolitik entstehenden negativen Auswirkungen auf den Wettbewerb und die Interessen der Verbraucher aufwiegen. Allerdings sollen Effizienzvorteile nur dann zu berücksichtigen sein, wenn sie durch das konkrete Marktverhalten erzielt worden sind oder erzielt werden können und das Verhalten sowohl für das Erreichen der Effizienzvorteile notwendig ist als auch einen wirksamen Wettbewerb nicht ausschaltet, »indem es alle oder die meisten bestehenden Quellen tatsächlichen oder potenziellen Wettbewerbs zum Versiegen bringt«.[362]

103 Im Hinblick auf das Gesamtverhalten ist jedenfalls zu berücksichtigen, dass es selbst marktbeherrschenden Unternehmen nicht per se verwehrt ist, in (Niedrig-)Preise eines Konkurrenten einzusteigen (»**meeting competition defense**«), um die Abwanderung von Kunden zu verhindern.[363] Unter bestimmten Voraussetzungen, z.B. bei aggressivem Vorgehen, kann selbst eine Unterbietung der Wettbewerberpreise missbrauchsfrei sein, wenn diese etwa im Rahmen einer ihrerseits marktüblichen, nur kurzfristig angelegten Preisaktion er-

---

359 EuGH Slg. 1991, I-3359, Tz. 72 – *AKZO*.
360 S. EuGH Slg. 1991, I-3359, Tz. 139, 142 – *AKZO*.
361 EuGH EuZW 2012, 540, Tz. 41 f. – *Post Danmark*; Slg. 2011, I-527, Tz. 76 – *TeliaSonera Sverige*.
362 EuGH EuZW 2012, 540, Tz. 42 – *Post Danmark*; s. auch EuGH Slg. 2011, I-527, Tz. 76 – *TeliaSonera Sverige*.
363 *Markert*, in: Immenga/Mestmäcker, § 19 GWB Rn. 189; *Moritz*, in: Henssler ua. (Hrsg.), Europäische Integration und globaler Wettbewerb, 1993, S. 563, 579; *Fuchs/Möschel*, in: Immenga/Mestmäcker, EUWbR, Art. 102 AEUV Rn. 246; anders aber GD Wettbewerb, Diskussionspapier zur Anwendung des Art. 82 EG, 2005, Tz. 82, 132.

folgt. Freilich kann auf der anderen Seite nicht ohne Weiteres davon ausgegangen werden, dass kurzfristige oder punktuelle Preisunterbietungen ein missbräuchliches Verhalten von vornherein ausschließen.[364] Insgesamt ist das **Zeitmoment** bei der Betrachtung des Gesamtverhaltens von erheblicher Bedeutung.[365] Das ist offensichtlich, wenn Produkte über einen längeren Zeitraum unter den durchschnittlichen variablen Kosten verkauft werden.[366] Ein derartiges Wettbewerbsverhalten, das betriebswirtschaftlich nicht zu rechtfertigen ist,[367] kann überdies auf eine (missbräuchliche) **Quersubventionierung** hindeuten.[368] Eine solche liegt vor, wenn die Erlöse eines Produkts oder eines Unternehmensbereichs die stand-alone-Kosten übersteigen und dazu verwendet werden, die Erlösdefizite in einem anderen Produkt- oder Unternehmensbereich auszugleichen.[369] Von einem Marktmachtmissbrauch kann allerdings nur dann gesprochen werden, wenn die Quersubventionierung auf Dauer angelegt ist und mit dem durch weitere Indizien belegten Ziel erfolgt, Wettbewerber aus dem Markt zu drängen oder von diesem fern zu halten. Davon zu unterscheiden sind temporäre Quersubventionen, die z.B. anlässlich der **Markteinführung eines Produkts** (bis zum Erreichen des break even point) erfolgen.[370] Unbenommen ist es marktbeherrschenden Unternehmen selbstverständlich auch, Erlöse aus dem beherrschten Markt in anderen (nicht beherrschten) Märkten zu investieren, sofern dadurch keine Subventionstatbestände geschaffen werden. Das ist mit allgemeinen kaufmännischen Grundsätzen vereinbar und kann dem Marktbeherrscher nicht deshalb verwehrt sein, weil er auf dem »Ursprungsmarkt«, aus dem die Erlöse stammen, eine marktbeherrschende Stellung inne hat.[371] Für einen **Missbrauch** sprechen jedenfalls **Drohungen**, die von dem Marktbeherrscher wie im Falle *AKZO* gegenüber Konkurrenten im Zusammenhang **mit** der **Niedrigpreisstrategie** ausgesprochen werden.

Denkbar ist freilich, dass sich eine missbräuchliche **selektive Preisspaltung** gegenüber Abnehmern oder Nachfragern des marktbeherrschenden Unternehmens, die unabhängig von einer bestimmten Preis-/Kosten-Relation gegeben sein kann, mittelbar auch als Behinderung von Wettbewerbern des marktbeherrschenden Unternehmens auswirkt. Insoweit kann auch eine Preisstel-

104

---

364 S. EuG Slg. 1994, II-755, Tz. 202 – *Tetra Pak II*.
365 So auch Komm., Prioritätenmitteilung, ABl. 2009 Nr. C 45/7, Tz. 73.
366 S. Komm., ABl. 1992 Nr. L 72/1, Tz. 149 – *Tetra Pak II*.
367 S. Komm., ABl. 2001 Nr. L 125/27, Tz. 36 – *Deutsche Post AG I*.
368 Dazu *Platt* Quersubventionierung im Wettbewerbsrecht der Europäischen Union, 2005.
369 GD Wettbewerb, Diskussionspapier zur Anwendung des Art. 82 EG, 2005, Tz. 125; ABl. 2001 Nr. L 125/27, Tz. 6 – *Deutsche Post AG I*.
370 *Fuchs/Möschel*, in: Immenga/Mestmäcker, EUWbR, Art. 102 AEUV Rn. 248.
371 EuG Slg. 2002, II-1915, Tz. 58 – *UPS*.

lung oberhalb der durchschnittlichen Gesamtkosten des Marktbeherrschers zu einer Wettbewerberbehinderung führen. Allerdings liegt der Schwerpunkt des Missbrauchsvorwurfs unter diesen Umständen im wettbewerbsfremden Ausbeutungsmissbrauch. Berührungspunkte weist das predatory pricing auch mit der Behinderung von Wettbewerbern durch die sog. **Kosten-Preis-Schere** auf. Kennzeichnend dafür ist ebenfalls, dass ein Marktbeherrscher auf einem nachgelagerten Markt mit einer Niedrigpreisstrategie operiert. Diese flankiert das marktbeherrschende Unternehmen jedoch zusätzlich durch die Erhöhung der Preise für eine von den Wettbewerbern auf dem nachgelagerten Markt benötigte Vorleistung, so dass die Wettbewerber von zwei Seiten angegriffen werden und in eine ihre Konkurrenzfähigkeit behindernde Kosten-Preis-Schere geraten. Es handelt sich also im Gegensatz zur Kampfpreisunterbietung um einen zusammengesetzten Tatbestand, der insoweit eine eigenständige Fallgruppe des Behinderungswettbewerbs begründet (näher dazu Rdn. 171 ff.).

105 Die **GD Wettbewerb** hat sich in ihrem Diskussionspapier zur Anwendung des Art. 82 EG aus dem Jahre 2005 der in der *AKZO*-Entscheidung zum Ausdruck kommenden Sichtweise des EuGH weitgehend angenähert.[372] Abweichend von der Linie des EuGH will die Kommission im **Regelfall** jedoch nicht auf die durchschnittlichen variablen Kosten abstellen, sondern auf die **durchschnittlichen vermeidbaren Kosten**, die neben den durchschnittlichen variablen Kosten zusätzlich solche Fixkostenanteile umfassen, die vermeidbar gewesen wären, wenn die für die Niedrigpreisstrategie zusätzlich produzierte Ausbringungsmenge nicht hergestellt worden wäre.[373] Diesen Ansatz führt die Kommission in der Prioritätenmitteilung fort.[374] Er ist dort in den *sacrifice*-Test eingebettet, wonach ein marktbeherrschendes Unternehmen dann ein missbräuchliches Opfer (*sacrifice*) erbringt, wenn es für seine gesamte oder einen Teil seiner Produktion die Preise senkt bzw. seine Produktion erhöht und zu vermeidende Verluste erzielt hat bzw. erzielt.[375] Inwieweit der Maßstab der durchschnittlichen vermeidbaren Kosten in der Praxis zu anderen Ergebnissen führt als der Rückgriff auf die durchschnittlichen variablen Kosten, ist allerdings zweifelhaft. Letzlich ist es eine Frage der Subsumtion, welche Kostenbestandteile den Fixkosten und welche den variablen Kosten zugeordnet werden. Das kann jeweils nur im Einzelfall entschieden werden.[376] Daher ist mit der weiteren Kategorie der »durchschnittlichen vermeidbaren Kosten« der

---

[372] GD Wettbewerb, Diskussionspapier zur Anwendung des Art. 82 EG, 2005, Tz. 64 ff., 103 ff.
[373] GD Wettbewerb, Diskussionspapier zur Anwendung des Art. 82 EG, 2005, Tz. 65; s. auch Komm., ABl. 2001 Nr. L 125/27, Tz. 6 – *Deutsche Post AG I*.
[374] Komm., Prioritätenmitteilung, ABl. 2009 Nr. C 45/7, Tz. 64 (i.V.m. Tz. 26).
[375] Komm., Prioritätenmitteilung, ABl. 2009 Nr. C 45/7, Tz. 64.
[376] EuGH Slg. 1991, I-3359, Tz. 94 – *AKZO*.

Sache nach wenig gewonnen.[377] Diese Bezugsgröße ist für die Kommission freilich nicht der einzige Maßstab zur Feststellung einer Kampfpreisunterbietung. Vielmehr soll das *sacrifice*-Konzept zum Nachweis von Kampfpreisunterbietungen auch dann zur Anwendung kommen, wenn das Verhalten **kurzfristig** zu einem **niedrigeren Nettoertrag** geführt hat, als er bei einem vernünftigen anderen Verhalten zu erwarten gewesen wäre.[378] Als Maßstab will die Kommission insoweit ein wirtschaftlich vernünftiges (gewinnbringenderes) und praktikables Alternativverhalten heranziehen, mit dem der Minderertrag (Verlust) vermieden worden wäre.[379] Freilich wird dem Marktbeherrscher stets der Nachweis offen stehen müssen, dass er die eingeschlagene Strategie ex ante als gewinnbringend ansehen konnte.[380] Soweit im Diskussionspapier der GD Wettbewerb im Übrigen angenommen wird, dass bei einer Preisstellung, die höher als die durchschnittlichen vermeidbaren Kosten, aber niedriger als die durchschnittlichen Gesamtkosten liegt, zusätzliche Anhaltspunkte für einen Behinderungsmissbrauch vorliegen müssen, während dieser bei Preisen unterhalb der durchschnittlichen variablen Kosten ohne Weiteres gegeben sei,[381] beruht dies offensichtlich auf einer Fehlinterpretation der *AKZO*-Entscheidung des EuGH. Danach sind nämlich auch bei Preisen unterhalb der durchschnittlichen variablen Kosten stets zusätzliche Indizien für den Missbrauchsvorwurf erforderlich.[382] Unter **besonderen Umständen**, nämlich bei rechtlich abgesicherten Monopolen[383] und in liberalisierten Sektoren,[384] soll der Behinderungsmissbrauch nach der Darlegung im Diskussionspapier der GD Wettbewerb nicht anhand des Maßstabs der durchschnittlich vermeidbaren Kosten festgestellt werden, sondern unter Zugrundelegung der langfristigen durchschnittlichen inkrementellen Kosten. Darunter sind alle fixen und variablen Kosten eines bestimmten Produkts zu verstehen. Demnach wäre eine Preisstellung unterhalb der durchschnittlichen Gesamtkosten und oberhalb der inkrementellen Kosten missbräuchlich.[385]

---

377 Die Kommission (Prioritätenmitteilung, ABl. 2009 Nr. C 45/7, 16 Tz. 64 mit Fn. 3) hält das Modell der durchschnittlichen vermeidbaren Kosten gleichwohl für vorteilhafter.
378 Komm., Prioritätenmitteilung, ABl. 2009 Nr. C 45/7, Tz. 65.
379 Komm., Prioritätenmitteilung, ABl. 2009 Nr. C 45/7, Tz. 65.
380 I.d.S. auch Komm., Prioritätenmitteilung, ABl. 2009 Nr. C 45/7, Tz. 65 (mit Fn. 3).
381 GD Wettbewerb, Diskussionspapier zur Anwendung des Art. 82 EG, 2005, Tz. 106 ff., 111 ff.
382 EuGH Slg. 1991, I-3359, Tz. 71, 72, 74 – *AKZO*.
383 GD Wettbewerb, Diskussionspapier zur Anwendung des Art. 82 EG, 2005, Tz. 125.
384 GD Wettbewerb, Diskussionspapier zur Anwendung des Art. 82 EG, 2005, Tz. 126.
385 GD Wettbewerb, Diskussionspapier zur Anwendung des Art. 82 EG, 2005, Tz. 124.

106 Unabhängig davon, welche Preis-/Kosten-Relation der Missbrauchsprüfung im Einzelfall zugrunde zu legen ist, bleibt festzuhalten, dass das Preis-/Kosten-Verhältnis in der europäischen Rechtspraxis niemals der allein entscheidende Gesichtspunkt für die Feststellung einer missbräuchlichen Kampfpreisunterbietung ist. Vielmehr kommt es entscheidend auf die Gesamtumstände des Preisgebarens an. Damit unterscheidet sich das europäische Kartellrecht grundlegend von dem **US-amerikanischen Ansatz**, der in der sog. **Areeda-Turner-Formel**[386] zum Ausdruck kommt. Danach wird der Missbrauchsvorwurf ausschließlich daran festgemacht, ob der Preis unter den kurzfristigen Grenzkosten bzw. ersatzweise unter den kurzfristigen variablen Kosten liegt. Das führt zu einer eindimensionalen Betrachtung, die Gefahr läuft, den Missbrauchsvorwurf von dem eigentlichen Marktgeschehen abzukoppeln.[387]

(2) Geschäftsverweigerung

(a) Allgemeines

107 In die Fallgruppe des Behinderungsmissbrauchs einzuordnen sind ebenfalls die Sachverhalte der Geschäftsverweigerung. Darunter zu verstehen ist die Weigerung eines Unternehmens, mit einem anderen Unternehmen überhaupt in eine vertragliche Geschäftsbeziehung zu treten (**Geschäftsverweigerung ieS.**, dazu Rdn. 115 ff.), die Weigerung, einen Vertrag zu zumutbaren Bedingungen abzuschließen (**konstruktive Weigerung**, dazu Rdn. 134 f.),[388] die Weigerung, schon begonnene Vertragsverhandlungen in einem überschaubaren Zeitraum zu Ende zu führen (lang anhaltende und beharrliche **Verzögerungstaktik**, dazu Rdn. 136),[389] oder die Weigerung, ein bestehendes Vertragsverhältnis fortzuführen (**Geschäftsabbruch**, dazu Rdn. 137 ff.).[390] Derartige Verhaltensweisen sind an sich nicht wettbewerbsfremd, da es in einer auf dem **Primat der Privatautonomie** und der Wettbewerbsfreiheit aufgebauten Wirtschaftsordnung jedermann – und damit an sich auch marktbeherrschenden Unternehmen – unbenommen bleibt, von einem Vertragsschluss Abstand zu

---

386 *Areeda/Turner*, 88 Harv. L. Rev. 697 ff. (1975); dazu auch *Moritz*, in: Henssler ua. (Hrsg.), Europäische Integration und globaler Wettbewerb, 1993, S. 563, 568.
387 Aus diesem Grunde kritisch *Mestmäcker*, Der verwaltete Wettbewerb, 1984, S. 195 ff.; *Fuchs/Möschel*, in: Immenga/Mestmäcker, EUWbR, Art. 102 AEUV Rn. 235.
388 S. nur EuGH Slg. 1974, 409, Tz. 17 – *Sacchi*; Komm., ABl. 2001 Nr. L 331/40, Tz. 141 – *Deutsche Post AG II*; ABl. 1999 Nr. L 95/1, Tz. 553 – *Trans-Atlantic Conference Agreement*; Prioritätenmitteilung, ABl. 2009 Nr. C 45/7, Tz. 79.
389 S. nur Komm., COMP/39.525, Tz. 722 ff. – *Telekomunikacja Polska*; COMP/38.096, Tz. 223 – *Clearstream*.
390 EuGH, Slg. 1978, 207, Tz. 182/183 – *United Brands*; Slg. 2008, I-7319, Tz. 34 – *GlaxoSmithKline AEVE*.

nehmen und damit seinen Vertragspartner frei zu wählen.[391] Es gilt nichts anderes als nach allgemeinen zivilrechtlichen Grundsätzen. Auch diese kennen **im Regelfall keine Vertragsabschlusspflicht**, denn damit würde das Prinzip der Vertragsfreiheit ad absurdum geführt. Selbst die Aufnahme von Vertragsverhandlungen begründet keine Verpflichtung zum Vertragsschluss, sondern führt im Falle des Abbruchs unter den Voraussetzungen des § 311 Abs. 2 BGB allenfalls zu einer am negativen Interesse des Vertragsgegners orientierten Schadensersatzverpflichtung. Freilich gibt es Ausnahmen. Die Vertragsfreiheit und die Wettbewerbsfreiheit sind wie alle Rechtsprinzipien nicht all umfassend gewährleistet. Bei rein zivilrechtlicher Betrachtung kommt es daher zu einem allgemeinen Kontrahierungszwang, wenn durch die (einseitige) Geschäftsverweigerung die Partizipation anderer Privatrechtssubjekte am Vertragsprozess als Instrument der individuellen Interessenverfolgung verhindert wird.[392] Der **allgemeine Kontrahierungszwang** dient auf diese Weise der **Aufrechterhaltung der Vertragsfreiheit**.

Zu einer entsprechenden Verpflichtung zum Vertragsschluss führt es aus wettbewerbsrechtlicher Sicht, wenn die Geschäftsverweigerung zur Folge hat, dass die durch das Verbot des Marktmachtmissbrauchs geschützten Unternehmen ihre wettbewerbsgerichteten Entfaltungsmöglichkeiten verlieren. Das **besondere Gewicht der Marktmacht** führt nämlich dazu, dass die Nachfrager weitestgehend auf die Produkte des marktbeherrschenden Unternehmens angewiesen sind, weshalb es in Bezug auf sein Marktverhalten eine besondere Verantwortung trifft,[393] die bei nicht wettbewerbskonformem Verhalten zu besonderen Verhaltenspflichten führt. Umgekehrt, wenn auch in abgeschwächter Form, gilt das auch im Falle von Nachfragemacht (s. Rdn. 114). Eine Geschäftsverweigerung, für die es keine sachliche Rechtfertigung gibt,[394] zieht insoweit einen **besonderen Kontrahierungszwang** nach sich; im Falle von Nachfragemacht freilich nur im Ausnahmefall, da der Bezugsfreiheit der Nachfrager grundsätzlich ein größerer Spielraum einzuräumen ist als der Belieferungsfreiheit auf der Anbieterseite.[395] Es handelt sich um einen besonderen Kontrahierungszwang, weil im Gegensatz zum allgemeinen Kontrahierungszwang nicht der Schutz der individuellen Interessenverfolgung (durch Aufrechterhaltung des Vertragsprozesses) im Vordergrund steht, sondern der **Schutz des Allgemeininteresses** an der Aufrechterhaltung der im wirtschafts-

108

---

391 Komm., Prioritätenmitteilung, ABl. 2009 Nr. C 45/7, 18, Tz. 75; GD Wettbewerb, Diskussionspapier zur Anwendung des Art. 82 EG, 2005, Tz. 207.
392 Dazu näher *Busche*, Privatautonomie und Kontrahierungszwang, 1999, S. 236 ff.
393 EuGH Slg. 1983, 3461, Tz. 57 – *Michelin/Kommission*; EuG ABl. 2009, II-3155, Tz. 132 – *Clearstream/Kommission*.
394 Dazu Komm., ABl. 1987 Nr. L 286/36, Tz. 21 – *BBI/Boosey & Hawkes*.
395 *Markert*, in: Immenga/Mestmäcker, § 19 GWB Rn. 205.

politischen Leitbild des Kartellrechts verankerten Marktfunktionen.[396] Es geht also um die Herstellung einer bestimmten, normativ vorgegebenen wettbewerblichen Rahmenordnung oder – anders ausgedrückt – um den **Schutz des Wettbewerbs als Instrument zur wirtschaftlichen Entfaltung der Marktteilnehmer**. Aus den unterschiedlichen Schutzzwecken ergibt sich zwangsläufig, dass allgemeiner und besonderer Kontrahierungszwang parallel und unabhängig voneinander eingreifen können.

109 Der kartellrechtliche, an §§ 18 ff. GWB (im europäischen Recht: Art. 102 AEUV) anknüpfende besondere Kontrahierungszwang infolge missbräuchlicher Geschäftsverweigerung unterscheidet sich von anderen Formen des besonderen Kontrahierungszwangs, die den Geschäftsverweigerer zu einem Vertragsschluss mit ganz bestimmtem Inhalt verpflichten (z.B. §§ 36 EnWG, 5 Abs. 2 PflVG), dadurch, dass die **Vertragsbedingungen**, zu denen im Falle eines Marktmachtmissbrauchs abzuschließen ist, **nicht von vornherein vorgegeben** sind. Vielmehr wird die Vertragsgestaltungsfreiheit durch das wirtschaftspolitische Lenkungsziel des Kartellrechts nur im weiteren Sinne gebunden. Mit anderen Worten gibt es nicht nur eine denkbare Vertragsgestaltung, die aus dem Missbrauchstatbestand herausführt und damit als wettbewerbskonform angesehen werden kann. Dies führt zu Problemen bei der Rechtsdurchsetzung.

110 Die mit Hilfe der Rechtsfigur des Behinderungsmissbrauchs zu erfassenden Sachverhalte der Geschäftsverweigerung sind im Regelfall dadurch gekennzeichnet, dass sich das **marktbeherrschende Unternehmen aus eigenem Antrieb auf einem bestimmten Markt betätigt** und im Rahmen dieser Geschäftsbetätigung ein anderes Unternehmen durch die Geschäftsverweigerung im Verhältnis zu dessen Mitbewerbern ungleich behandelt. Typischerweise geschieht dies im Vertikalverhältnis zwischen einem marktbeherrschenden Anbieter und dessen Abnehmern. Denkbar sind freilich auch Geschäftsverweigerungen im Horizontalverhältnis zu Mitbewerbern, beispielsweise in den Fällen, in denen die Mitbewerber von dem marktbeherrschenden Unternehmen mit (Vor-)Produkten beliefert werden, die dann (in verarbeitetem Zustand) in Konkurrenz zum Marktbeherrscher angeboten werden. Von diesen Sachverhalten **abzugrenzen** sind Geschäftsverweigerungen, mit denen marktbeherrschende Unternehmen ihren Konkurrenten den Zugang zu wesentlichen Einrichtungen (**essential facilities**) verwehren (dazu Rdn. 147 ff.). Damit werden die in § 19 Abs. 2 Nr. 4 GWB angesprochenen, im Eigentum oder in der Verfügungsmacht des Marktbeherrschers stehenden Einrichtungen (Netze oder Infrastrukturen) bezeichnet, die das marktbeherrschende Unternehmen selbst für seinen internen Geschäftsbetrieb nutzt, ohne (bisher) einen Ge-

---

396 *Busche*, Privatautonomie und Kontrahierungszwang, 1999, S. 579.

schäftsverkehr für die Nutzung dieser Einrichtungen durch Dritte (Konkurrenten) eröffnet zu haben, während die Konkurrenten geltend machen, der Zugang zu diesen Einrichtungen sei für sie wesentlich (erforderlich), um zu dem marktbeherrschenden Unternehmen auf einem (abgeleiteten) Markt in Konkurrenz treten zu können. Soweit dem marktbeherrschenden Unternehmen unter diesen Umständen ein besonderer Kontrahierungszwang auferlegt wird, wiegt dieser Eingriff in die wirtschaftliche Betätigungsfreiheit erheblich schwerer als in den »klassischen« Fällen der Geschäftsverweigerung, da der Marktbeherrscher auf diese Weise in einen Markt kontrahiert wird, auf dem er eigentlich gar nicht tätig sein will. Der Kontrahierungszwang bedarf also einer besonderen Rechtfertigung.[397]

Beide Fallgruppen der Geschäftsverweigerung, also die »klassischen« Diskriminierungsfälle und die Fälle des Zugangs zu wesentlichen Einrichtungen, werden in der **Rechtspraxis** häufig nicht (mehr) differenziert behandelt. Exemplarisch lässt sich das aus der Prioritätenmitteilung der **Kommission** ablesen, die für die Feststellung eines Marktmachtmissbrauchs durch geschäftsverweigernde Praktiken einen einheitlichen Ansatz verfolgt, ohne zwischen den spezifisch gelagerten Fallgruppen zu unterscheiden (näher dazu Art. 102 AEUV Rn. 153).[398] Das wird der Bedeutung der wirtschaftlichen Betätigungsfreiheit nicht gerecht, zumal mit Hilfe der essential facilities-Doktrin ein quasi-regulatorischer Zugriff auf bisher den Märkten entzogene Ressourcen genommen wird.[399] Es geht also gerade nicht um Geschäftsverweigerungen aus einem bestehenden Geschäftsbetrieb heraus.

111

Die behindernde Wirkung von Geschäftsverweigerungen marktbeherrschender Unternehmen erklärt sich daraus, dass andere Unternehmen, in der Regel also die Abnehmer auf nachgelagerten Märkten, wozu sowohl **in vertikaler als auch in horizontaler Beziehung abgeleitete Märkte** gehören,[400] entweder überhaupt nicht oder nur in geringem Umfang die Möglichkeit haben, auf andere Anbieter auszuweichen. Das wiederum hat zur Folge, dass bestimmte Produkte von den Nachfragern nicht mehr angeboten werden können, sei es, weil sie mit diesen Produkten nicht beliefert werden, sei es, weil sie die verweigerten Leistungen als Vorprodukte für eigene Waren oder Dienstleistungen benötigen. Kann ein Abnehmer unter diesen Umständen ohne die vorenthaltenen Produkte des marktbeherrschenden Unternehmens nicht auskommen, verliert

112

---

397 Ebenso *Höppner*, S. 42 ff.
398 Komm., Prioritätenmitteilung, ABl. 2009 Nr. C 45/7, Tz. 79.
399 Zu diesem Aspekt *Gerber* 74 Va. L. Rev. (1988), 1108 ff.; *Höppner*, S. 196 ff.; *Körber/Zagouras*, WuW 2004, 1144, 1153.
400 Dazu GD Wettbewerb, Diskussionspapier zur Anwendung des Art. 82 EG, 2005, Tz. 212 (m. Fn. 131); s. auch *Bulst*, in: Langen/Bunte, Art. 102 AEUV Rn. 283; *Fuchs/Möschel*, in: Immenga/Mestmäcker, EUWbR, Art. 102 AEUV Rn. 343.

er an Wettbewerbsfähigkeit und läuft Gefahr über kurz oder lang aus dem Markt auszuscheiden.[401] Aufgrund der dadurch eintretenden **Behinderung des intrabrand-Wettbewerbs** reduziert sich zugleich die Auswahlfreiheit der Kunden (Verbraucher) auf der nachgelagerten Marktstufe.[402] Auf diese Weise kann ein Unternehmen seine marktbeherrschende Stellung auf dem vorgelagerten Markt als Hebel einsetzen, um bestimmenden, den Wettbewerb beschränkenden Einfluss auf den nachgelagerten Markt zu nehmen,[403] ohne dort selbst marktbeherrschend sein zu müssen.[404]

113 Ob es sich bei einer Geschäftsverweigerung um eine Form des Behinderungswettbewerbs handelt, ist wie auch in anderen Fällen des potenziellen Marktmachtmissbrauchs anhand einer umfassenden **Interessenabwägung** festzustellen (dazu bereits Rdn. 15 ff.). Insoweit ist einerseits das Interesse der von einer Geschäftsverweigerung betroffenen Unternehmen auf Teilhabe an einem Marktprozess in Betracht zu ziehen, andererseits das Interesse des marktbeherrschenden Unternehmens, über seine wirtschaftliche Betätigung, also das Ob und Wie der Geschäftstätigkeit, autonom bestimmen zu können. Für die Auferlegung eines Kontrahierungszwangs streitet dabei die **Offenhaltung der Märkte** und damit die Stärkung des Wettbewerbs,[405] zumal wenn es der Marktbeherrscher durch sein Verhalten auf die Verdrängung von Wettbewerbern angesehen hat.[406] Dagegen spricht möglicherweise, dass dem Marktbeherrscher der Anreiz genommen wird, in die dem Kontrahierungszwang unterliegenden Produkte zu investieren.[407]

114 Bei der Interessenabwägung ist zwischen den Fällen der Nachfragerbehinderung (durch Angebotsmacht) und der **Anbieterbehinderung** (durch **Nachfragemacht**) zu differenzieren. Zwar gelten für beide Fälle grundsätzlich dieselben Regeln (dazu Rdn. 107 ff.). Es ist jedoch zu berücksichtigen, dass

---

401 Komm., ABl. 1978 Nr. L 22/23, 32 – *Hugin/Liptons*; ABl. 1987 Nr. L 286/36, Tz. 21, 22 – *BBI/Boosey & Hawkes*; *Fuchs/Möschel*, in: Immenga/Mestmäcker, EUWbR, Art. 102 AEUV Rn. 306.
402 Komm., COMP/38096, Tz. 224, 228 ff. – *Clearstream*; ABl. 1978 Nr. L 22/23, 31 – *Hugin/Liptons*.
403 EuGH Slg. 1974, 223, Tz. 25 – *Commercial Solvents*; Slg. 1985, 3261, Tz. 25 f. – *Télémarketing*; Slg. 2008, I-7319, Tz. 34 – *GlaxoSmithKline AEVE*.
404 Dazu auch *Eilmannsberger/Bien*, in: MünchKommKartR, Art. 102 AEUV Rn. 354; *Fuchs/Möschel*, in: Immenga/Mestmäcker, EUWbR, Art. 102 AEUV Rn. 306.
405 Komm., Prioritätenmitteilung, ABl. 2009 Nr. C 45/7, Tz. 75; GD Wettbewerb, Diskussionspapier zur Anwendung des Art. 82 EG, 2005, Tz. 213.
406 Zu einem derartigen Sachverhalt Komm., ABl. 1988 Nr. L 284/41, Tz. 62, 64 – *Napier Brown/British Sugar*.
407 Komm., Prioritätenmitteilung, ABl. 2009 Nr. C 45/7, Tz. 75; GD Wettbewerb, Diskussionspapier zur Anwendung des Art. 82 EG, 2005, Tz. 213.

marktbeherrschenden Unternehmen im Hinblick auf ihr Bezugsverhalten ein tendenziell größerer kaufmännischer Gestaltungsspielraum zuzubilligen ist,[408] der dazu führt, dass ein Bezugszwang nur im Ausnahmefall zu begründen ist.[409] Das Interesse von Anbietern, in einen Geschäftskontakt mit dem marktbeherrschenden Nachfrager zu treten, ist zwar wirtschaftlich begründet, kann aber nicht allein deshalb dazu führen, dass der Normadressat alle in Betracht kommenden Anbieter (anteilig) berücksichtigen muss.[410] Er kann sich für das (preis-)günstigste Angebot entscheiden.[411] Die Vorschrift des § 19 Abs. 2 Nr. 1 GWB hat insoweit nicht den Zweck, den Absatz aller Anbieter zu sichern.[412] Es geht allein darum, diese (und Wettbewerber des Normadressaten) vor sachlich nicht begründetem Verhalten des Nachfragers zu schützen. Deshalb ist es nicht missbräuchlich, wenn der Normadressat nach möglichst günstigen Geschäftsabschlüssen mit jedem einzelnen Anbieter strebt und dabei Leistung und Gegenleistung nicht immer in einem übereinstimmenden Verhältnis zueinander stehen.[413] Freilich kann der marktbeherrschende Nachfrager verpflichtet sein, jedenfalls alle in Betracht kommenden Anbieter nach objektiven Kriterien auszuwählen und vor diesem Hintergrund seine Auswahlentscheidung zu treffen.[414] Für die Nichtberücksichtigung bestimmter Anbieter können wie bei der Geschäftsverweigerung gegenüber Nachfragern wirtschaftliche, funktionale und verhaltensbedingte Gründe eine Rolle spielen (vgl. dazu Rdn. 139 ff.).

Das sog. **Anzapfen** als besondere Form der Anbieterbehinderung hat der Gesetzgeber gesondert in § 19 Abs. 2 Nr. 5 GWB geregelt (dazu Rdn. 175 ff.). Eine Behinderung von Wettbewerbern des Normadressaten wird regelmäßig nur in Betracht kommen, wenn das Verhalten des marktbeherrschenden Nachfra-

---

408 BGHZ 101, 72, 82 = WuW/E BGH 2399, 2405 – *Krankentransporte*; BGH WuW/E BGH 2683, 2686 f. = NJW-RR 1991, 825, 826 – *Zuckerrübenanlieferungsrecht*.
409 BGH WuW/E BGH 2683, 2686 f. = NJW-RR 1991, 825, 826 – *Zuckerrübenanlieferungsrecht*; *Markert*, in: Immenga/Mestmäcker, § 19 GWB Rn. 205; einen Bezugszwang bejahend BGHZ 129, 53, 65 = WuW/E BGH 2990, 2995 – *Importarzneimittel*; BGHZ 133, 177, 179 = WuW/E BGH 3074, 3075 f. – *Kraft-Wärme-Kopplung*.
410 BGHZ 101, 72, 82 = WuW/E BGH 2399, 2405 – *Krankentransporte*; BGH WuW/E BGH 2683, 2687 = NJW-RR 1991, 825, 826 – *Zuckerrübenanlieferungsrecht*.
411 Vgl. BGHZ 101, 72, 82 = WuW/E BGH 2399, 2405 – *Krankentransporte*.
412 BGHZ 101, 72, 82 = WuW/E BGH 2399, 2405 – *Krankentransporte;* BGH WuW/E BGH 2683, 2686 f. = NJW-RR 1991, 825, 826 – *Zuckerrübenanlieferungsrecht*.
413 BGH WuW/E BGH 3058, 3064 f. = GRUR 1996, 808, 810 – *Pay-TV-Durchleitung*; *Markert*, in: Immenga/Mestmäcker, § 19 GWB Rn. 212; enger BGH WuW/E DE-R 839, 842 f. = GRUR 2002, 461, 463 – *Privater Pflegedienst* (besonderes Rechtfertigungsbedürfnis).
414 BGH WuW/E BGH 2683, 2686 f. = NJW-RR 1991, 825, 826 – *Zuckerrübenanlieferungsrecht*.

gers darauf abzielt, diesen bestimmte Vorteile aus der Geschäftsverbindung mit Lieferanten vorzuenthalten.[415]

(b) Geschäftsverweigerung ieS.

(aa) Überblick

115 Eine Geschäftsverweigerung im engeren Sinne liegt vor, wenn es das marktbeherrschende Unternehmen ablehnt, mit einem anderen Unternehmen eine vertragliche Beziehung einzugehen. Dabei geht es im Folgenden um Fälle der **Nachfragerbehinderung** (zu Besonderheiten der Anbieterbehinderung Rdn. 114). Zu betrachten sind an dieser Stelle überdies nur die Fälle der »klassischen« Geschäftsverweigerung, die dadurch gekennzeichnet sind, dass der Geschäftsverweigerer für die betreffende Ware oder Dienstleistung zwar an sich schon einen **Geschäftsverkehr eröffnet** hat und die Produkte damit am Markt anbietet, aber den Geschäftsverkehr mit einem einzelnen oder mehreren anderen Unternehmen ablehnt. Davon zu unterscheiden sind die unter dem Stichwort »essential facilities« zu rubrizierenden und in § 19 Abs. 2 Nr. 4 GWB angesprochenen Fallgestaltungen, bei denen es von vornherein keinen eröffneten Geschäftsverkehr seitens des Marktbeherrschers gibt. Diese Sachverhalte sind gesondert zu behandeln (dazu Rdn. 147 ff.), weil der Missbrauchsvorwurf und der damit in der Rechtsfolge regelmäßig einhergehende Kontrahierungszwang eine andere rechtliche Qualität haben (dazu bereits Rdn. 110). Es macht nämlich gerade auch im Hinblick auf die Interessenabwägung einen erheblichen Unterschied, ob sich der Normadressat an seinem bisherigen Verhalten im Geschäftsverkehr messen lassen muss oder ob er über die Missbrauchsfeststellung überhaupt erst zu einem Marktakteur gemacht wird.

116 Wie bereits dargestellt, können sich auch marktbeherrschende Unternehmen im Grundsatz auf die zivilrechtlich gewährleistete (negative) Vertragsabschlussfreiheit berufen. Der Tatbestand der Marktbeherrschung führt freilich dazu, dass die Normadressaten des § 19 Abs. 2 Nr. 1 GWB im Unterschied zu anderen (nicht marktbeherrschenden) Unternehmen eine besondere Marktverhaltensverantwortung trifft,[416] die sich begrenzend auf die Vertragsabschlussfreiheit auswirkt. Insoweit werden die allgemeinen zivilrechtlichen Grundsätze durch die Lenkungsziele des Kartellrechts überlagert. Danach geht es darum, die Marktmacht zum Schutz der anderen Marktteilnehmer und des Wettbewerbs als Institution durch das Instrument der Missbrauchskontrolle einzuhegen. Je größer die Marktmacht eines Unternehmens ist, umso mehr be-

---

415 *Markert*, in: Immenga/Mestmäcker, § 19 GWB Rn. 217.
416 EuGH Slg. 1983, 3461, Tz. 57 – *Michelin/Kommission*; EuG Slg. 2007, II-3601, Tz. 229 – *Microsoft/Kommission*; Slg. 1999, II-2969, Tz. 112 – *Irish Sugar/Kommission*.

steht Anlass, sein Marktverhalten zu kontrollieren. Mit der **Marktmacht und ihren Auswirkungen auf den Wettbewerb steigt** damit auch die **Marktverhaltensverantwortung**, womit letztlich auch die Anforderungen an die sachlichen Gründe einer Geschäftsverweigerung steigen.[417] Fehlt es nämlich für die Marktgegenseite an Ausweichmöglichkeiten, ist sie zur Verwirklichung ihrer geschäftlichen Interessen auf eine geschäftliche Verbindung mit dem marktbeherrschenden Unternehmen angewiesen.

Die **Geschäftsverweigerung im engeren Sinne** ist dadurch gekennzeichnet, dass nicht nur bestimmte Bedingungen (wie bei der konstruktiven Weigerung), sondern die **Geschäftsverbindung überhaupt vorenthalten** wird.[418] Voraussetzung für den Missbrauchsvorwurf ist, dass Unternehmen auf der Marktgegenseite infolge der Geschäftsverweigerung entweder der Zugang zu bestimmten Produkten abgeschnitten oder zumindest doch erheblich erschwert wird. Zwischen dem marktbeherrschenden Unternehmen und Unternehmen, die zu dem Marktbeherrscher in einer Vertikal-, unter Umständen aber auch Horizontalbeziehung stehen, muss also in gewisser Weise ein Abhängigkeitsverhältnis bestehen, das es dem abhängigen Unternehmen unmöglich macht, ohne Zugriff auf die Produkte des Marktbeherrschers am Marktgeschehen teilzunehmen.[419] In diesem Sinne muss im Falle der Abnehmerbehinderung das nachgefragte Produkt für das abhängige Unternehmen »unerlässlich« sein.[420] Soweit zuweilen gefordert wird, dass die Geschäftsverweigerung geeignet sein müsse, jeglichen Wettbewerb auf dem abgeleiteten Markt auszuschalten,[421] wird übersehen, dass dies in den »klassischen« Fällen der Geschäftsverweigerung gerade keine Rolle spielt. Es geht dem Marktbeherrscher nämlich regelmäßig nicht darum, sich einen abgeleiteten Markt vorzubehalten, sondern darum, einzelne Unternehmen auf dem abgeleiteten Markt durch die Geschäftsverweigerung zu behindern. Damit wird der Wettbewerb auf dem abgeleiteten Markt zwar geschwächt, aber nicht notwendig ausgeschlossen, wenn noch andere, von dem Martktbeherrscher belieferte Unternehmen vorhanden sind. Nur unter der Voraussetzung, dass neben dem

117

---

417 Ebenso *Fuchs/Möschel*, in: Immenga/Mestmäcker, EUWbR, Art. 102 AEUV Rn. 321.
418 Zu derartigen Fallgestaltungen EuGH Slg. 1974, 409, Tz. 17 – *Sacchi* (Verkauf von Werbezeit); Slg. 1983, 483, Tz. 53 ff. – *GVL* (Dienste einer Verwertungsgesellschaft); Komm., ABl. 1971 Nr. L 134/15, 21 – *GEMA I* (Dienste einer Verwertungsgesellschaft); ABl. 1981 Nr. L 370/49, Tz. 47 – *GVL* (Dienste einer Verwertungsgesellschaft).
419 Vgl. BGH WuW/E BGH 2535, 2539 f. = NJW-RR 1989, 485, 486 – *Lüsterbehangsteine*; zu Art. 102 AEUV auch GD Wettbewerb, Diskussionspapier zur Anwendung des Art. 82 EG, 2005, Tz. 228.
420 Dazu EuG Slg. 2009, II-3155, Tz. 147 – *Clearstream/Kommission*.
421 *Fuchs/Möschel*, in: Immenga/Mestmäcker, EUWbR, Art. 102 AEUV Rn. 322; s. auch Komm., Prioritätenmitteilung, ABl. 2009 Nr. C 45/7, Tz. 81.

von der Geschäftsverweigerung betroffenen Unternehmen keine weiteren Wettbewerber vorhanden sind, kann es dazu kommen, dass der Wettbewerb auf dem abgeleiteten Markt vollständig ausgeschlossen wird. Dann aber dürfte ein Fall des Geschäftsabbruchs (s. Rdn. 137 ff.) und nicht der Geschäftsverweigerung ieS vorliegen.

118 Eine missbräuchliche Geschäftsverweigerung des Marktbeherrschers kommt im Übrigen, wie bereits angedeutet, selbst dann in Betracht, wenn es sich bei dem zu beliefernden Unternehmen um einen (potenziellen) **Wettbewerber** handelt.[422] Zu denken ist insbesondere an Fälle, in denen ein um Belieferung nachsuchendes Unternehmen auf (Vor-)Produkte oder Dienstleistungen des marktbeherrschenden Unternehmens angewiesen ist.[423] Missbräuchlich ist das Verhalten jedenfalls, wenn der Grund für die Geschäftsverweigerung darin liegt, dass sich das betreffende Unternehmen einer Kontrolle seines Geschäftsbetriebs im Hinblick auf die Weiterverarbeitung oder den Weitervertrieb der vom Marktbeherrscher bezogenen Produkte widersetzt.[424] Entsprechendes gilt, wenn mit der Geschäftsverweigerung durchgesetzt werden soll, dass sich das zu beliefernde Unternehmen dem (höheren) **Preisniveau** des Marktbeherrschers auf dem nachgelagerten Markt anpasst.[425] Das Vorbringen, die Belieferung werde zu einer **Abhängigkeit** von dem zu beliefernden Unternehmen führen, kann jedenfalls dann eine Geschäftsverweigerung nicht rechtfertigen, wenn der Normadressat bereits andere weitaus umsatzstärkere Abnehmer beliefert.[426] Ebenso kann der Hinweis nicht verfangen, die bisherigen **Abnehmer** seien im Falle der Belieferung eines Newcomers **nicht mehr konkurrenzfähig**.[427] Das Verbot des Marktmachtmissbrauchs hat nämlich nicht den Zweck, den Bestand bestimmter Marktakteure zu schützen.

119 Für die Verweigerung der Aufnahme einer Geschäftsbeziehung kommen aus Sicht des Normadressaten unterschiedliche **Motive** in Betracht. Diese können

---

422 BGH WuW/E BGH 2535, 2539 f. = NJW-RR 1989, 485, 486 – *Lüsterbehangsteine*.
423 BGH WuW/E BGH 2535, 2539 f. = NJW-RR 1989, 485, 486 – *Lüsterbehangsteine*; vgl. aus der Entscheidungspraxis zu Art. 102 AEUV auch EuGH Slg. 1985, 3261 f. Tz. 25 – *Télémarketing*; Slg. 1986, 3263, Tz. 13 f. – *British Leyland*; Komm., ABl. 1984 Nr. L 207/11, Tz. 26 f. – *BL*; ABl. 1988 Nr. L 317/47, Tz. 30 – *London European/SABENA*; ABl. 1992 Nr. L 96/34, Tz. 25 f. – *British Midland/Aer Lingus*.
424 Zu einer derartigen Fallgestaltung Komm., XIII. Wettbewerbsbericht, 1983, Tz. 155.
425 BGH WuW/E BGH 2351, 2359 = GRUR 1987, 459, 463 – *Belieferungsunwürdige Verkaufsstätten II*.
426 BGH WuW/E 1793, 1795 = NJW 1981, 2355, 2356 – *SB-Verbrauchermarkt*.
427 *Markert*, in: Immenga/Mestmäcker, § 19 GWB Rn. 156; zweifelnd BGH WuW/E 1793, 1797 = NJW 1981, 2355, 2356 – *SB-Verbrauchermarkt*.

wirtschaftlicher, funktionaler oder verhaltensbedingter Natur sein. Damit ähneln die im Rahmen der Interessenabwägung zu berücksichtigenden Gesichtspunkte denjenigen beim Geschäftsabbruch (dazu Rdn. 139 ff.). In **wirtschaftlicher Hinsicht** wird es dabei regelmäßig darum gehen, den Geschäftsbetrieb möglichst effizient zu gestalten und finanzielle Nachteile, etwa in Folge fehlender Kreditwürdigkeit des Vertragspetenten,[428] abzuwenden, während **funktionale Gründe** für eine Geschäftsverweigerung häufig dann geltend gemacht werden, wenn die betroffenen Unternehmen bestimmte Anforderungen, die etwa die Geschäftsausstattung oder die Beratungs- oder Servicekompetenz betreffen, nicht erfüllen. Beide Motivlagen treten regelmäßig bei Geschäftsverweigerungen im Zusammenhang mit selektiven Vertriebssystemen zu Tage (dazu Rdn. 122 ff.). Vielfach werden es aber auch **verhaltensbedingte Gründe** wie etwa schwerwiegende Vertragsverletzungen oder ein geschäftsschädigendes Verhalten des Kunden sein, die den Normadressaten zu einer Geschäftsverweigerung motivieren. Diese sind freilich regelmäßig der Anlass für Geschäftsabbrüche und werden daher im dortigen Zusammenhang behandelt (dazu Rdn. 137 ff.). Wird eine Geschäftsaufnahme deshalb verweigert, weil von dem Vertragspetenten bekannt ist, dass er durch UWG-Verstöße oder anderweitig geschäftsschädigendes Verhalten auffällig geworden ist, kann dies eine Geschäftsverweigerung nur rechtfertigen, wenn der Normadressat unmittelbar und nachhaltig betroffen ist.[429] Das ist regelmäßig zu verneinen, wenn die Geschäftsbeziehung kein besonderes Vertrauensverhältnis voraussetzt.[430]

Im Folgenden werden einzelne **Fallgruppen** herausgegriffen, die in der deutschen Entscheidungspraxis zum Marktmachtmissbrauchsverbot eine besondere Bedeutung haben. Die zuvor benannten Gründe für Geschäftsverweigerungen werden insoweit fallgruppenbezogen wieder aufgegriffen. Im Einzelnen geht es dabei um Geschäftsverweigerungen, die im Zusammenhang mit Aufnahmeverweigerungen (dazu Rdn. 121) und der Teilhabe an selektiven Vertriebssystemen stehen (dazu Rdn. 122 ff.) 120

---

428 Die fehlende Kreditwürdigkeit kann freilich nur dann eine Rolle spielen, wenn Lieferung gegen Rechnung begehrt wird (dazu OLG Frankfurt WuW/E OLG 3149, 3150 – *Messe-Dauerstandplatz*, nicht dagegen bei der Erbringung von Leistungen gegen Vorkasse (dazu BGH WuW/E DE-R 1541, 1543 = NJW 2005, 2014, 2015 – *Sparberaterin II*; OLG Karlsruhe, WuW/E DE-R 2213, 2216 – *BGB-Kommentar*; OLG Schleswig NJW 1977, 1886, 1887 – *Anzeigensperre*; OLG Stuttgart WuW/E OLG 3343, 3346 – *Skibindungen*.
429 *Markert*, in: Immenga/Mestmäcker, § 19 GWB Rn. 169.
430 KG WuW/E OLG 2213, 2214 – *Haushaltsnähmaschinen*; OLG Düsseldorf WuW/E OLG 2167, 2169 – *Nordmende*.

(bb) Aufnahmeverweigerung

121 Zuweilen ist es für die Ausübung eines Geschäftsbetriebs erforderlich, dass einem Unternehmen die Mitgliedschaft in einer **Unternehmensvereinigung** oder einem **Interessenverband** offen steht, wenn anderenfalls der Zugang zu Waren oder Dienstleistungen, die für den Geschäftsbetrieb unerlässlich sind, nicht gesichert ist.[431] Unter diesen Voraussetzungen kann ein Behinderungsmissbrauch vorliegen, wenn einem Unternehmen, das anderen Mitgliedern der Vereinigung oder des Verbandes gleichartig ist, die Aufnahme in den Verband verweigert wird. Relevant ist dies etwa bei Waren-Einkaufsvereinigungen[432] und Taxigenossenschaften,[433] aber auch bei anderen Vereinigungen, die einer gemeinsamen Interessenverfolgung der Mitglieder dienen. Allerdings ist eine Aufnahmeverweigerung nicht missbräuchlich, wenn auch Nichtmitgliedern die Leistungen der jeweiligen Vereinigung gegen angemessenes Entgelt zugänglich sind.[434] Der Umstand, dass Nichtmitglieder nicht im Verband mitbestimmen können, ist kein Aspekt des Wettbewerbsschutzes und kann daher nicht zu Gunsten des Zugangspetenten in die Interessenabwägung einfließen.[435]

(cc) Teilhabe an selektiven Vertriebssystemen

122 Besondere Bedeutung kommt der Fallgruppe der Geschäftsverweigerung ieS. im Rahmen **selektiver Vertriebssysteme** zu, die darauf ausgerichtet sind, die Produkte des marktbeherrschenden Unternehmens nur über ausgewählte externe Absatzmittler zu vertreiben. Dabei kann es sich beispielsweise um Einzelhändler, Handelsvertreter, Kommissionsagenten oder Franchisenehmer handeln. Die Auswahl der Vertriebspartner durch den Normadressaten bedingt, dass es objektiv zu einer Behinderung und Ungleichbehandlung potenzieller Absatzmittler kommt, soweit sie nicht in das Vertriebssystem aufgenommen werden. Inwieweit darin zugleich ein missbräuchliches Verhalten

---

431 Vgl. BGHZ 33, 259, 264 = WuW/E BGH 407, 411 – *Molkereigenossenschaft*; OLG Düsseldorf WuW/E OLG 2719 – *Taxistände Flughafen Düsseldorf*; OLG Hamburg WuW/E OLG 4669, 4671 – *Blumengroßmarkt Hamburg*.
432 OLG München WuW/E OLG 1473, 1475 – *Reformhaus-Genossenschaft*.
433 BGH WuW/E DE-R 1983 Rn. 15 ff. = GRUR-RR 2008, 181 – *Autoruf-Genossenschaft II*; WuW/E BGH 1495, 1496 f. – *Autorufgenossenschaft*; OLG Düsseldorf WuW/E OLG 3708, 3712 ff. – *Taxizentrale Essen*; WuW/E OLG 2719 – *Taxistände Flughafen Düsseldorf*; OLG Frankfurt WuW/E OLG 3011, 3013 f. – *Funktaxi-Zentrale Langen*; OLG Koblenz GRUR 1989, 290, 291 – *Taxigemeinschaft*.
434 BGHZ 33, 259, 264 = WuW/E BGH 407, 410 ff. – *Molkereigenossenschaft*; WuW/E BGH 1495, 1496 f. – *Autorufgenossenschaft*; OLG Düsseldorf WuW/E OLG 3708, 3712 ff. – *Taxizentrale Essen*; OLG Frankfurt WuW/E OLG 3011, 3013 f. – *Funktaxi-Zentrale Langen*.
435 Vgl. auch BGHZ 33, 259, 265 = WuW/E BGH 407, 410 ff. – *Molkereigenossenschaft*.

liegt, entscheidet sich wie allgemein beim Behinderungsmissbrauch aufgrund einer Interessenabwägung. Für potenzielle Absatzmittler, die eine Aufnahme in das Vertriebssystem begehren, streitet dabei das Ziel einer allseitigen Offenhaltung der Märkte, während sich der Normadressat darauf berufen kann, dass es auch marktbeherrschenden Unternehmen grundsätzlich nicht verwehrt ist, ihr Absatzsystem nach eigenem Ermessen so zu gestalten, wie sie es für wirtschaftlich sinnvoll und richtig erachten.[436] Für eine Begrenzung der Zahl der Absatzmittler können insoweit betriebswirtschaftliche Gründe sprechen, die sich in **quantitativen** oder **qualitativen Auswahlkriterien** niederschlagen, wobei qualitative Kriterien, die von den potenziellen Absatzmittlern aufgrund eigener Anstrengung erbracht werden können, eine weniger marktverschließende Wirkung haben als quantitative Kriterien. Diese bedürfen daher einer besonderen Rechtfertigung, um nicht als missbräuchlich angesehen zu werden. Qualitative Kriterien muss der Marktbeherrscher, soweit er sich zu deren Anwendung erschließt, gleichmäßig auf alle (potenziellen) Absatzmittler anwenden.[437] Diese können etwa darin bestehen, dass von dem Absatzmittler eine bestimmte Geschäftsausstattung[438] und Warenpräsentation (auch in Schaufenstern),[439] spezielle Fachkunde des Personals,[440] die Erbringung von Beratungs-[441] und Serviceleistungen (Kundendienst)[442] oder auch die Erzielung von Mindestumsätzen verlangt wird. In letztgenannter Hinsicht werden die Übergänge zur quantitativen Selektion fließend.[443]

Selektive Vertriebssysteme, die allein auf der **Anwendung qualitativer Auswahlkriterien** beruhen, gehen regelmäßig nicht mit einem Behinderungsmissbrauch einher, sofern sie sachgerecht ausgestaltet sind und diskriminierungs- 123

---

436 BGH WuW/E DE-R 1051, 1053 = NJW-RR 2003, 834, 835 – *Vorleistungspflicht*; WuW/E DE-R 134, 136 = NJW-RR 1998, 1730, 1731 – *Bahnhofsbuchhandel*; WuW/E BGH 2535, 2539 f. = NJW-RR 1989, 485, 486 – *Lüsterbehangsteine*; WuW/E BGH 2360, 2366 = NJW 1987, 3197, 3197 – *Freundschaftswerbung*; BGH WuW/E BGH 2351, 2357 = GRUR 1987, 459, 462 – *Belieferungsunwürdige Verkaufsstätten II*.
437 NJW 2016, 2504 – *Jaguar-Vertragswerkstatt*; WuW/E BGH 2351, 2357 = GRUR 1987, 459, 462 – *Belieferungsunwürdige Verkaufsstätten II*.
438 Dazu BGH WuW/E BGH 2351, 2357 = GRUR 1987, 459, 462 – *Belieferungsunwürdige Verkaufsstätten II*.
439 Dazu BGH WuW/E 1793, 1797 f. = NJW 1988, 2355, 2357 – *SB-Verbrauchermarkt*.
440 BGH WuW/E BGH 2351, 2357 = GRUR 1987, 459, 462 – *Belieferungsunwürdige Verkaufsstätten II*.
441 Vgl. BGH WuW/E 1793, 1797 f. = NJW 1988, 2355, 2357 – *SB-Verbrauchermarkt*; WuW/E BGH 1995, 1997 ff. = GRUR 1983, 396, 397 f. – *Modellbauartikel III*; KG WuW/E OLG 3501, 3503 ff. – *Märklin*.
442 BGH WuW/E BGH 2351, 2357 = GRUR 1987, 459, 462 – *Belieferungsunwürdige Verkaufsstätten II*.
443 *Markert*, in: Immenga/Mestmäcker, § 19 GWB Rn. 148.

frei angewendet werden.[444] Insoweit besteht eine Wertungsparallele zur Rechtslage bei § 1 GWB/Art. 101 AEUV.[445] Die Sachgerechtigkeit der Auswahlkriterien ist davon abhängig, welche Produkte vertrieben werden und welche Verbrauchererwartungen insoweit bestehen.[446] Bei Luxusprodukten erwartet das Publikum regelmäßig eine ansprechende Geschäftsausstattung und Warenrepräsentation, so dass diesbezügliche Bedingungen für die Belieferung eines Absatzmittlers sachgerecht sein können. Entsprechendes gilt für die Vorhaltung fachlich geschulten Personals zu Beratungszwecken. Dieses kann regelmäßig auch verlangt werden, wenn die zu vertreibenden Produkte technisch anspruchsvoll und erklärungsbedürftig sind. In diesem Zusammenhang macht es auch Sinn, von dem Vertriebsmittler die Fähigkeit zur Erbringung von Reparaturleistungen zu verlangen. Zuweilen geht die Erwartung des Publikums auch dahin, bei bestimmten Absatzmittlern ein **Vollsortiment** vorzufinden, so dass ein Anbieter nur konkurrenzfähig ist, wenn er ein solches auch vorhält. Daher kann es sachgerecht sein, wenn ein Hersteller die Aufnahme in ein Vertriebssystem davon abhängig macht, dass der Absatzmittler nicht nur einzelne Artikel, sondern das gesamte Sortiment des Herstellers führt, oder zumindest bereit ist, weniger gängige Artikel auf Kundennachfrage zu beschaffen.[447] Im Einzelfall, wenn nämlich auch insoweit eine Publikumserwartung besteht, ist es denkbar, die Belieferung darüber hinaus davon abhängig zu machen, dass der Absatzmittler auch Artikel anderer Hersteller führt.[448]

124 Die für die Absatzmittlerselektion maßgeblichen qualitativen Kriterien müssen so ausgestaltet sein, dass sie nicht von vornherein bestimmte **Vertriebswege** ausschließen.[449] Dies wäre nämlich eine Ungleichbehandlung, wenn im Übrigen alle Sachanforderungen erfüllt werden. Bedeutung hat dies etwa für den Vertrieb von Produkten über SB-Märkte, den Versandhandel oder über das Internet. Auf der anderen Seite ist es nicht ausgeschlossen, diese Vertriebswege von der Belieferung auszuschließen, wenn dies durch Sachgründe legitimiert ist. Zu denken ist an eine besonders hohe Beratungsbedürftigkeit der vertriebenen Produkte.[450]

---

444 *Markert*, in: Immenga/Mestmäcker, § 19 GWB Rn. 149; *Westermann*, in: MünchKommKartR, § 19 GWB Rn. 54.
445 Zu § 1 GWB BGH WuW/E DE-R 206, 207 = GRUR 1999, 276, 277 – *Depotkosmetik*; zu Art. 101 AEUV EuGH Slg. 1983, 3151 Tz. 35 – *AEG-Telefunken*; Slg. 1980, 3775, Tz. 15 – *L`Oreal*; Slg. 1977, 1875 Tz. 20 – *Metro I*.
446 *Markert*, in: Immenga/Mestmäcker, § 19 GWB Rn. 149.
447 BGH WuW/E BGH 1814, 1820 f. – *Allkauf-Saba*; *Markert*, in: Immenga/Mestmäcker, § 19 GWB Rn. 149.
448 OLG Düsseldorf WuW/E OLG 2500, 2503 f. – *Stendhal Cosmetic*; zweifelnd *Markert*, in: Immenga/Mestmäcker, § 19 GWB Rn. 149.
449 *Markert*, in: Immenga/Mestmäcker, § 19 GWB Rn. 151.
450 *Markert*, in: Immenga/Mestmäcker, § 19 GWB Rn. 152.

Beruht die Absatzmittlerselektion auf sachgerechten qualitativen Kriterien kann der Normadressat die **Aufnahme einer Geschäftsverbindung** regelmäßig solange verweigern bis der Absatzmittler die **Voraussetzungen tatsächlich erfüllt**,[451] es sei denn, der Vertragspetent kann den qualitativen Anforderungen überhaupt erst nach Aufnahme der Geschäftsbeziehung nachkommen. Das ist denkbar, wenn er etwa wie bei Franchisevereinbarungen auf die Zugänglichmachung von Know how seitens des Normadressaten angewiesen ist.[452] Im Übrigen ist die bloße Bereitschaft des Absatzmittlers zur Erfüllung der an ihn gestellten Anforderungen nicht ausreichend.[453] Die Anforderungen müssen darüber hinaus für jede Verkaufsstätte des Petenten erfüllt sein.[454] Ist das nicht der Fall, muss der Absatzmittler sicherstellen, dass Vertragsware nicht über belieferungsunwürdige Verkaufsstätten vertrieben wird.[455] Dem entsprechend kann er verpflichtet werden, die Vertragsware nur an Händler weiterzuliefern, die wiederum selbst die Anforderungen des Vertriebssytems erfüllen.[456] Möglich ist es, Absatzmittler zunächst nur auf Probe in ein Vertriebssystem aufzunehmen,[457] auch unter Auflegung angemessener Mindestabnahmemengen und -umsätze.[458]

125

Wie bereits Rdn. 122 erwähnt, hat eine **quantitative Abnehmerselektion** tendenziell eine stärkere Marktverschließung zur Folge, weshalb sie die Schwelle zum Behinderungsmissbrauch regelmäßig überwindet. Unter Anlegung quantitativer Auswahlkriterien werden nämlich unter Umständen gerade diejenigen Petenten von der Aufnahme in ein Vertriebssystem ausgeschlossen, die bei qualitativer Auswahl an sich die erforderlichen Anforderungen erfüllen würden.[459] Eine quantitative Selektion lässt sich daher nur im absoluten Ausnahmefall rechtfertigen. Ein solcher kann vorliegen, wenn das zu vertreibende Produkt eine zahlenmäßige Begrenzung des Kreises der Absatzmittler erfor-

126

---

451 BGH WuW/E BGH 2351, 2357 = GRUR 1987, 459, 462 – *Belieferungsunwürdige Verkaufsstätten II*.
452 Vgl. auch BGH WuW/E BGH 1814, 1819 ff. – *Allkauf-Saba* (Erzielung eines Mindestumsatzes).
453 BGH WuW/E BGH 1814, 1820 – *Allkauf-Saba*; Markert, in: Immenga/Mestmäcker, § 19 GWB Rn. 150.
454 BGH WuW/E BGH 2351, 2357 ff. = GRUR 1987, 459, 462 – *Belieferungsunwürdige Verkaufsstätten II*.
455 BGH WuW/E BGH 1814, 1820 – *Allkauf-Saba*.
456 BGH WuW/E BGH 1885, 1888 – *Adidas*; Markert, in: Immenga/Mestmäcker, § 19 GWB Rn. 150.
457 BGH WuW/E BGH 1200, 1203 = GRUR 1972, 377, 378 – *Vermittlungsprovision für Flugpassagen*.
458 Vgl. BGH WuW/E BGH 1200, 1203 f. = GRUR 1972, 377, 378 – *Vermittlungsprovision für Flugpassagen*; WuW/E BGH 1646, 1647 = BeckRS 2008, 14131 – *Vermittlungsprovision für Flugpassagen II*.
459 Vgl. auch NJW 2016, 2504 – *Jaguar-Vertragswerkstatt*.

derlich macht, insbesondere weil es keine sinnvolle wirtschaftliche Alternative zu einem derartig ausgestalteten Vertriebssystem gibt.[460] Dafür reichen freilich bloße Kostengesichtspunkte auf Seiten des Normadressaten nicht aus. Eine Verringerung der Zahl der Absatzmittler lässt sich nämlich auch durch eine qualitative Selektion nach Mindestumsätzen erreichen. Ähnlich wie eine quantitative Abnehmerselektion kann sich die Verwendung von **Konkurrenzklauseln** auswirken, die darauf angelegt sind, solche Absatzmittler nicht zu beliefern, die Produkte von Wettbewerbern führen. Konkurrenzklauseln stellen daher regelmäßig einen Behinderungsmissbrauch dar,[461] insbesondere wenn der Normadressat selbst Konkurrenzprodukte vertreibt oder andere Absatzmittler von der Konkurrenzklausel befreit hat.[462]

(dd) Zugang zu Ausstellungen, Messen und Handelsplattformen im Internet

127 Ausstellungen und Messen, aber auch Handelsplattformen im Internet sind Marktplätze, auf denen das angesprochene Publikum regelmäßig einen repräsentativen Querschnitt eines branchen- oder themenbezogenen Angebots vorfindet. Es besteht daher die Erwartungshaltung, dass entsprechende Anbieter auch Zugang zu solchen Marktplätzen haben, wenn sie sich dort präsentieren wollen. Allerdings ist insoweit zu berücksichtigen, dass die Betreiber von Marktplätzen selbstverständlich das Recht haben, den äußeren Rahmen und die Ausgestaltung des Marktplatzes selbst festzulegen.[463] Unter Berücksichtigung dieser Gestaltungsfreiheit, die im Hinblick auf die Etablierung von Messen und Ausstellungen größer sein kann,[464] dürfen allerdings »einschlägige« (gleichartige) Unternehmen, die dort Zugang begehren, nicht ungleich behandelt werden, wenn dafür kein sachlicher Grund erkennbar ist.[465] Das gilt bei Verbänden, die als Veranstalter solcher Marktplätze auftreten, unabhängig da-

---

460 Vgl. zur quantitativen Selektion von Franchisenehmern *Billing/Lettl* WRP 2012, 906, 911.
461 BGH WuW/E BGH 1891, 1893 f. – *Ölbrenner II*; WuW/E BGH 1729, 1731 – *Ölbrenner*.
462 BGH WuW/E BGH 1891, 1893 f. – *Ölbrenner II*; WuW/E BGH 1455, 1457 = GRUR 1977, 49, 50 – *BMW-Direkthändler*.
463 OLG Celle WuW/E 3897, 3898 – *Kunstmesse*; OLG Düsseldorf WuW/E 4173, 4176 – *Art Cologne*; OLG Frankfurt GRUR 1989, 777, 779 – *Kunstmesse Art Frankfurt*.
464 Dazu OLG Frankfurt GRUR 1989, 777, 779 f. – *Kunstmesse Art Frankfurt*.
465 BGHZ 52, 65, 71 ff. = WuW/E 1027, 1032 ff. – *Sportartikelmesse II*; OLG Frankfurt WuW/E OLG 5027, 5029 ff. – *Art Frankfurt 1992*; WuW/E OLG 3347, 3352 ff. – *Kürschnerhandwerk*; OLG Hamburg WuW/E DE-R 2, 4 f. – *Dentalmesse*; OLG Koblenz WuW/E OLG 4517, 4520 f. – *Dürkheimer Wurstmarkt*; OLG München WRP 1977, 431 – *Handwerksmesse*.

von, ob der Zugangspetent selbst Mitglied des Verbandes ist oder nicht.[466] Mitgliedern kann freilich unter Anrechnung auf Mitgliedsbeiträge ein Preisnachlass gewährt werden.[467] Die Zulassung zu dem Marktplatz darf jedenfalls nicht unter die Bedingung eines Beitritts zum Verband gestellt werden.[468] Bei analogen Marktplätzen (Ausstellungen, Messen) kann sich überdies das Problem ergeben, dass die Kapazität für die Anzahl der Aussteller nicht ausreicht. In diesem Fall ist der Normadressat verpflichtet, die zur Verfügung stehenden Ausstellerplätze nach sachgerechten Gesichtspunkten zu repartieren.[469] Dabei sind alle Interessenten, unabhängig davon, ob sie mit dem Veranstalter in Verbindung stehen oder bereits regelmäßig als Aussteller vertreten gewesen sind, grundsätzlich gleich zu behandeln,[470] damit etwa auch Newcomer die Möglichkeit haben, sich auf dem Marktplatz präsentieren zu können, wobei dem Veranstalter allerdings ein gewisser Gestaltungsspielraum zuzubilligen ist.[471] Lassen sich keine sachgerechten Gesichtspunkte für eine Repartierung (dazu auch Rdn. 129 f.) finden, kommt als ultima ratio auch ein Rotations- oder Losverfahren in Betracht.[472]

(ee) **Zugang zu Werbemedien**

Ein Behinderungsmissbrauch kann auch vorliegen, wenn Presse-, Rundfunk- und Fernsehunternehmen, soweit sie Normadressaten des Missbrauchsverbots sind, ihre Medien einzelnen Nachfragern nicht als Werbemedium zur Verfügung stellen, also die **Veröffentlichung von Werbeanzeigen** oder das **Senden von Werbespots** ablehnen, ohne dass dafür ein rechtfertigender Grund ersichtlich ist. Entsprechendes gilt für die Anbieter von **Werbeplätzen im Internet**. Der Inhalt von Anzeigen kann deren Zurückweisung grundsätzlich

128

---

466 BGHZ 52, 65, 72 = WuW/E 1027, 1032 ff. – *Sportartikelmesse II.*
467 Vgl. BGH WuW/E BGH 1495, 1497 – *Autorufgenossenschaft*; OLG Düsseldorf WuW/E OLG 1766 – *Bootsausstellung*; *Markert*, in: Immenga/Mestmäcker, § 19 GWB Rn. 157.
468 Vgl. auch BGHZ 78, 190, 198 = WuW/E BGH 1740, 1744 – *Rote Liste* (Ausschluss von der Insertion nach unbilliger Verweigerung der Wiederaufnahme).
469 OLG Frankfurt GRUR 1989, 777, 780 – *Kunstmesse Art Frankfurt*; *Markert*, in: Immenga/Mestmäcker, § 19 GWB Rn. 157.
470 OLG Celle WuW/E OLG 3897, 3899 – *Kunstmesse*; *Markert*, in: Immenga/Mestmäcker, § 19 GWB Rn. 157.
471 OLG Celle WuW/E OLG 3897, 3898 f. – *Kunstmesse*; OLG Düsseldorf WuW/E DE-R 994, 995 – *Stefanelli*; WuE/E OLG 4173, 4176 ff. – *Art Cologne*; OLG Frankfurt GRUR 1989, 777, 779 f. – *Kunstmesse Art Frankfurt*.
472 OLG Düsseldorf WuW/E OLG 4173, 4176 f. – *Art Cologne*; OLG Frankfurt GRUR 1989, 777, 780 – *Kunstmesse Art Frankfurt*; OLG Schleswig WuW/E OLG 4138, 4140 – *Internord*.

nicht rechtfertigen.⁴⁷³ Insoweit kommt eine aus Art. 5 Abs. 1 GG abgeleitete einschränkende Anwendung von Wettbewerbsnormen nicht in Betracht.⁴⁷⁴ Ausnahmen sind denkbar, wenn ein Verstoß gegen gesetzliche Verbote vorliegt, etwa gegen Vorschriften des UWG,⁴⁷⁵ oder wenn das Ansehen bei Kunden durch die Publikation der Anzeige erheblich leidet.⁴⁷⁶ Es kommt freilich stets auf den konkreten Inhalt an. Allein der Umstand, dass bei früheren Anzeigen ein Verstoß gegen lauterkeitsrechtliche Vorschriften vorlag, rechtfertigt nicht die Zurückweisung weiterer, aber inhaltlich unproblematischer Anzeigen.⁴⁷⁷ Entsprechendes gilt, wenn frühere Rechnungen nicht beglichen wurden, der Inserent aber bereit ist, Vorkasse zu leisten.⁴⁷⁸ Allgemein können wirtschaftliche Einbußen, die der Normadressat aufgrund der Veröffentlichung einer Anzeige erwartet, jedenfalls dann nicht berücksichtigt werden, wenn sie auf Boykottdrohungen anderer Inserenten beruhen.⁴⁷⁹

(ff) **Lieferverweigerung bei Engpässen**

129 Eine (teilweise) Einschränkung der Belieferung von Abnehmern kann gerechtfertigt sein, wenn der Normadressat aufgrund einer Mangelsituation, die alle oder einzelne Unternehmen der Branche betrifft, nicht in der Lage ist, allen Belieferungswünschen nachzukommen. In einer derartigen Situation ist das marktbeherrschende Unternehmen, unabhängig davon, ob es gegenüber dem konkreten Nachfrager bereits vertraglich gebunden ist oder nicht, zu einer **Repartierung** berechtigt. Es gelten dabei ähnliche Grundsätze, wie sie bereits im Zusammenhang mit der Nachfrage nach Messe- und Ausstellungsplätzen entwickelt wurden (dazu Rdn. 127). Dies bedeutet, dass alle Kunden, also sowohl Stammkunden als auch neue Nachfrager,⁴⁸⁰ im Ausgangspunkt grundsätzlich gleich zu behandeln sind. Gleichartige Abnehmer sind unter Anlegung

---

473 BGH WuW/E BGH 1783, 1785 = BeckRS 1980 31177291 – *Neue Osnabrücker Zeitung* (Verweigerung des Abdrucks einer Stellenanzeige für Setzer); KG WuW/E OLG 2903, 2905 – *Gebrauchtwagenvermittlung*.
474 BGH WuW/E BGH 1965, 1966 = NJW 1984, 1116 – *Gemeinsamer Anzeigenteil*.
475 Vgl. OLG Hamburg WuW/E OLG 2704, 2705 – *Tchibo-Norddeutsches Werbefernsehen*.
476 OLG Stuttgart WuW/E OLG 3560, 3561 – *Internationale Ehevermittlung*.
477 OLG Schleswig NJW 1977, 1886, 1886 f.
478 OLG Schleswig NJW 1977, 1886, 1887.
479 *Markert*, in: Immenga/Mestmäcker, § 19 GWB Rn. 158; a.A. OLG Karlsruhe WuW/E OLG 1973, 1974 f. – *Billigpreisanzeige*; vgl. auch KG WuW/E OLG 2903, 2904 ff. – *Gebrauchtwagenvermittlung*; LG Dortmund NJW 1973, 2212, 2213 (Inserentensperre zu Lasten eines konkurrierenden Reisebüros).
480 KG WuW/E OLG 1507, 1512 – *Chemische Grundstoffe II*; *Markert*, in: Immenga/Mestmäcker, § 19 GWB Rn. 163; anders wohl OLG Stuttgart WuW/E OLG 2700, 2702 f. – *Modelleisenbahnen*.

eines sachgerechten Maßstabes gleichmäßig zu beliefern.⁴⁸¹ Allerdings können Abnehmer, die bereits über vertraglich vereinbarte Lieferansprüche verfügen, gegenüber neuen Kunden im Zuge der Repartierung in einem gewissen Rahmen bevorzugt behandelt werden.⁴⁸² Bei der Interessenabwägung kann insoweit berücksichtigt werden, ob eine Kürzung des Lieferumfangs bei diesen Unternehmen zu einer erheblichen Beeinträchtigung der Wettbewerbsfähigkeit führt.⁴⁸³ Eine solche muss auch der Normadressat nicht in Kauf nehmen, falls er selbst in gleicher Weise auf die nachgefragten, aber nicht in dem benötigten Umfang verfügbaren Produkte angewiesen ist. Deshalb ist es ihm gestattet, in dem zur Erhaltung seiner Wettbewerbsfähigkeit erforderlichen Umfang, den eigenen Bedarf vorrangig zu decken.⁴⁸⁴ Im Allgemeinen ist dem Normadressaten bei der Umsetzung der Repartierung ein gewisser **Handlungsspielraum** zuzubilligen.⁴⁸⁵ Dies ergibt sich bereits aus der Notwendigkeit einer Abwägung der unterschiedlichen Interessen der Beteiligten.

Da die **konkrete Ausgestaltung der Repartierung** vom Einzelfall und dem Ergebnis der jeweiligen Interessenabwägung abhängig ist, verbieten sich insoweit generalisierende Vorgaben. Sachgerecht kann ein Modus sein, der eine Ausschreibung des zur Verfügung stehenden Liefervolumens vorsieht⁴⁸⁶ oder eine Repartierung entsprechend den früheren Bezugsmengen der belieferten Abnehmer.⁴⁸⁷ Allerdings ist dies nur dann praktikabel, wenn keine neuen Nachfrager auftreten. Anderenfalls muss der tatsächliche Bedarf solcher Abnehmer vom Normadressaten geschätzt und bei der anteiligen Verteilung des zur Verfügung stehenden Liefervolumens berücksichtigt werden. Der Normadressat kann sich dabei auf die Auswertung der ihm zur Verfügung stehenden Daten beschränken. Soweit ihm von den Abnehmern keine konkreten Angaben zu den (möglicherweise über einen längeren Zeitraum gestreckten) Liefervolumina gemacht werden, ist er nicht verpflichtet, eigene Nachforschungen anzustellen. Unabhängig davon trifft das marktbeherrschende Un-

130

---

481 KG WuW/E OLG 3957, 3962 f. – *Straß*; *Markert*, in: Immenga/Mestmäcker, § 19 GWB Rn. 163.
482 OLG Stuttgart WuW/E OLG 2700, 2702 f. – *Modelleisenbahnen*; vgl. auch OLG Celle WuW/E OLG 3897, 3899 – *Kunstmesse*; *Markert*, in: Immenga/Mestmäcker, § 19 GWB Rn. 164.
483 KG WuW/E OLG 1499, 1504 – *AGIP II*.
484 KG WuW/E OLG 3957, 3962 – *Straß*; *Markert*, in: Immenga/Mestmäcker, § 19 GWB Rn. 164.
485 *Markert*, in: Immenga/Mestmäcker, § 19 GWB Rn. 164.
486 Vgl. zu den Parallelfällen bei der Vergabe von Gewerbeflächen an Schilderpräger BGH WuW/E DE-R 1724 Rn. 13 = GRUR 2006, 608 – *Hinweis auf konkurrierende Schilderpräger*; DE-R 201, 205 = NJW 1998, 3778, 3780 – *Schilderpräger im Landratsamt*.
487 KG WuW/E OLG 1507, 1513 – *Chemische Grundstoffe II*; *Markert*, in: Immenga/Mestmäcker, § 19 GWB Rn. 164.

ternehmen keine Verpflichtung, zur Beseitigung der Mangellage eigene Produktionskapazitäten auf- oder auszubauen oder Deckungskäufe bei Dritten zu tätigen.[488] Eine Abstimmung mit anderen Lieferanten verbietet sich schon im Hinblick auf § 1 GWB.[489]

(gg) Lizenzverweigerung

131 Ein weiterer Anwendungsfall der Geschäftsverweigerung ist die Lizenzverweigerung. Dabei geht es um die Verweigerung von **Lizenzen an Immaterialgüterrechten**. Insoweit ist zunächst zu bedenken, dass die Innehabung eines Immaterialgüterrechts nicht per se eine marktbeherrschende Stellung begründet (dazu bereits § 18 Rdn. 53). Vielmehr befinden sich auch immaterialgüterrechtlich geschützte Produkte zumeist im Wettbewerb mit anderen Produkten. Die Marktbeherrschung ist also im Einzelfall festzustellen. Sie kann etwa darauf beruhen, dass eine Standardisierungsorganisation oder ein Industrieverband[490] ein geschütztes Produkt zu einem **Industriestandard** erklärt hat **oder** sich das Produkt zu einem **de facto-Standard** entwickelt hat.

132 Im Übrigen ist zu unterscheiden: Auf der einen Seite (**1. Fallgruppe**) stehen die Fälle, in denen der Normadressat bereits anderweitig Lizenzen vergeben hat und diese nun anderen (gleichartigen) Unternehmen vorenthält. Diesen gleichzustellen sind Sachverhalte, in denen der Normadressat gegenüber einer Standardisierungsorganisation oder den Marktteilnehmern seine Bereitschaft zur Erteilung von Lizenzen erklärt hat, diese dann aber verweigert. In allen genannten Fällen hat der Normadressat bezogen auf die Erteilung von Lizenzen einen Geschäftsverkehr eröffnet und muss sich daher als marktbeherrschendes Unternehmen an seinem Vorverhalten festhalten lassen. Es handelt sich um »klassische« Anwendungsfälle des § 19 Abs. 2 Nr. 1 GWB. Auf der anderen Seite (**2. Fallgruppe**) stehen die davon abzugrenzenden Fallgestaltungen, in denen der Normadressat noch nie Lizenzen vergeben hat und auch nicht bereit ist, dies künftig zu tun. Unter diesen Umständen macht der Normadressat legitimerweise von dem Charakter der Immaterialgüterrechte als Ausschließlichkeitsrechte Gebrauch. Wie bereits eingangs ausgeführt (s. Rdn. 110), setzt das Marktmachtmissbrauchsverbot freilich implizit einen Geschäftsverkehr voraus, da nur dann ein marktbezogener Missbrauch denkbar ist. Fehlt es daran, weil der Normadressat überhaupt nicht die Absicht hat, Lizenzen an andere Unternehmen zu erteilen, liegt im eigentlichen Sinn kein Anwendungsfall von § 19 Abs. 2 Nr. 1 vor. Ein Eingriff in die Betätigungsfreiheit des (marktbeherrschenden) Rechtsinhabers bedarf insoweit einer ge-

---

488 *Markert*, in: Immenga/Mestmäcker, § 19 GWB Rn. 163.
489 *Markert*, in: Immenga/Mestmäcker, § 19 GWB Rn. 164.
490 Vgl. BGHZ 160, 67 = WuW/E BGH 1329 – *Standard-Spundfass II*.

steigerten Rechtfertigung. Diese Fälle ähneln den von § 19 Abs. 2 Nr. 4 GWB erfassten Sachverhalten, die dadurch gekennzeichnet sind, dass ein Zugang zu wesentlichen Einrichtungen (Netzen, Infrastruktureinrichtungen) begehrt wird. Sie werden daher im Zusammenhang mit § 19 Abs. 2 Nr. 4 GWB behandelt (s. Rdn. 166 ff.).

Liegt ein Sachverhalt vor, welcher der **1. Fallgruppe** (s. Rdn. 132) zuzuordnen ist, greift der **Grundsatz der Gleichbehandlung.** Der Normadressat muss gleichartige Unternehmen im Hinblick auf die Lizenzvergabe gleich behandeln. Missbräuchlich wäre insbesondere eine Differenzierung zwischen in- und ausländischen Lizenzsuchern, sofern sie sachlich nicht begründbar ist.[491] Die Versagung von Lizenzen an EU-Ausländer müsste sich insbesondere an den Wertungen der EU-Grundfreiheiten messen lassen. 133

(c) Konstruktive Weigerung

Eine missbräuchliche Geschäftsverweigerung kann auch dann vorliegen, wenn das marktbeherrschende Unternehmen die Geschäftsverbindung nicht von vornherein per se verweigert, sondern dem von der Vertragsbeziehung abhängigen Vertragspetenten **unannehmbare Vertragsbedingungen** stellt, so dass es deshalb nicht zu einem Vertragsabschluss kommt (sog. konstruktive Weigerung).[492] Im Ergebnis kann es für die Beurteilung des Marktverhaltens nämlich keinen Unterschied machen, ob der Normadressat den Vertragswunsch des Petenten ohne weiteres ablehnt oder ob die von dem Marktbeherrscher offerierten Vertragsbedingungen dermaßen unangemessen sind, dass das missbrauchsbetroffene Unternehmen darauf unter keinen Umständen eingehen kann. Der Missbrauchstatbestand kann daher von dem marktbeherrschenden Unternehmen nicht dadurch umgangen werden, dass anstelle einer vordergründigen Vertragsverweigerung das Mittel der Vertragsgestaltung gewählt wird, um ein anderes Unternehmen vom Güterverkehr abzuschneiden. Die Marktverhaltensverantwortung eines marktbeherrschenden Unternehmens kann damit nicht nur zu einer Einschränkung der Vertragsabschlussfreiheit führen, sondern auch zu einer Einschränkung der Vertragsgestaltungsfreiheit. Insoweit gilt nämlich der Grundsatz, dass die aus einem missbräuchlichen Verhalten unter Umständen resultierende Verpflichtung zur Eingehung einer Geschäftsverbindung sinnlos ist, wenn sie für den Vertragspetenten aufgrund 134

---

491 Vgl. auch *Markert*, in: Immenga/Mestmäcker, GWB, § 19 GWB Rn. 165.
492 Vgl. zu Art. 102 AEUV EuGH Slg. 1974, 409, Tz. 17 – *Sacchi*; Komm., ABl. 2001 Nr. L 331/40, Tz. 141 – *Deutsche Post AG II*; ABl. 1999 Nr. L 95/1, Tz. 553 – *Trans Atlantic Conference Agreement*; COMP/39316 Tz. 32 – *Gaz de France*; s. auch Prioritätenmitteilung, ABl. 2009 Nr. C 45/7, Tz. 79 (dort werden unter den Begriff der konstruktiven Weigerung auch die Fälle einer unangemessenen Verzögerung der Lieferung gefasst).

der von dem Marktbeherrscher gestellten Vertragsbedingungen wirtschaftlich uninteressant erscheinen muss.

135 Probleme bereitet in den Fällen der konstruktiven Geschäftsverweigerung naturgemäß die Feststellung, unter welchen **Voraussetzungen** von unangemessenen Vertragsbedingungen auszugehen ist. Das kann letztlich nur im Einzelfall festgestellt werden, da es einen generalisierenden Maßstab aufgrund der unterschiedlichen Interessen, die in die Abwägung einzuführen sind, nicht gibt. Die Grenze zum Missbrauch wird häufig nur in eindeutigen Fällen überschritten sein, da es regelmäßig nicht nur ganz bestimmte, allein angemessene Vertragsbedingungen gibt, sondern einen Korridor, in dem sich aus wettbewerbsrechtlicher Sicht (noch) angemessene Vertragsergebnisse einstellen. Zu bedenken ist nämlich, dass selbst im Falle der Auferlegung diskriminierender Vertragsbedingungen ein Anspruch auf **Gleichbehandlung** mit anderen Vertragspartnern des marktbeherrschenden Unternehmens nur insoweit besteht, als die für die Ausgestaltung der Vertragsbedingungen relevanten Vertragsumstände auch tatsächlich vergleichbar sind. Gleichbehandlung bedeutet insoweit **nicht automatisch**, dass **identische Vertragsbedingungen** zu gewähren sind.

(d) Verzögerungstaktik

136 Einer Geschäftsverweigerung steht es überdies gleich, wenn ein marktbeherrschendes Unternehmen auf das Vertragsabschlussbegehren eines anderen Unternehmens nur hinhaltend reagiert, indem die Aufnahme von **Vertragsverhandlungen** zwar zugesagt, diese dann aber nur zögerlich oder überhaupt nicht betrieben werden, so dass es letztlich innerhalb überschaubarer Zeit, die normalerweise für derartige Verhandlungen zu veranschlagen ist, nicht zu einem Vertragsabschluss kommt.[493] Ein derartiges Verhalten kommt einer Geschäftsverweigerung gleich, da der Vertragspetent angesichts der Möglichkeit, dass die Verhandlungen am Ende doch scheitern, nicht sicher sein kann, zu einem Vertragsabschluss zu kommen. Der missbräuchliche Charakter des Verhaltens wird umso offensichtlicher, wenn der Marktbeherrscher die hinhaltende Verhandlungsführung mit Elementen einer konstruktiven Weigerung wie beispielsweise der Forderung überhöhter Entgelte kombiniert.[494] Zudem liegt gegebenenfalls eine im Rahmen der Interessenabwägung mittelbar zu berücksichtigende Schädigung der Endverbraucher vor, soweit diese die Pro-

---

493 S. zu Art. 102 AEUV Komm., COMP/39315 Tz. 52 – *ENI*.
494 Vgl. zu Art. 102 AEUV EuG Slg. 1991, II-1439, Tz. 99 – *Hilti/Kommission*; Komm., ABl. 1988 Nr. L 65/19, Tz. 78 – *Eurofix-Bauco/Hilti*.

dukte des Marktbeherrschers infolge der Verzögerungstaktik für längere Zeit zu überhöhten Preisen erwerben müssen.[495]

(e) Geschäftsabbruch

Der Abbruch einer bestehenden Geschäftsverbindung durch ein marktbeherrschendes Unternehmen hat aus Sicht des davon betroffenen Unternehmens regelmäßig einschneidende Folgen, da andere **Bezugs- oder Absatzalternativen** entweder nicht oder nicht in dem gewünschten Umfang zur Verfügung stehen. Entsprechendes kann für den Ausschluss eines Unternehmens aus einem Verband gelten, wenn das Unternehmen zur Durchführung des Geschäftsbetriebs auf dessen Leistungen angewiesen ist.[496] 137

Besonders prekär ist die Situation, wenn das vom Geschäftsabbruch betroffene Unternehmen seine **Geschäftstätigkeit** langjährig **auf den Marktbeherrscher ausgerichtet** hat,[497] etwa im Rahmen der Einbindung in ein Vertriebssystem, oder wenn eine zeitlich befristete Geschäftsverbindung unerwartet nicht verlängert wird.[498] Auf der anderen Seite kann auch marktbeherrschenden Unternehmen im Grundsatz nicht verwehrt werden, ihre geschäftlichen Verhältnisse so zu ordnen, wie sie es für wirtschaftlich sinnvoll halten. Damit ist selbst ein Geschäftsabbruch nicht von vornherein ausgeschlossen.[499] Freilich hat dieser zumeist gravierendere Folgen als beispielsweise eine Ungleichbehandlung und bedarf daher einer besonderen sachlichen Rechtfertigung.[500] Jedenfalls muss das sachliche Interesse des Marktbeherrschers an einem Abbruch der Geschäftsbeziehung das Interesse des betroffenen Unternehmens an einer Fortsetzung der Geschäftsverbindung und damit das Interesse der Allgemeinheit an einer Offenhaltung der Märkte in weit stärkerem Maße überwiegen als das in den zuvor behandelten Fallgruppen vorauszusetzen ist.[501] In der Rechtssache *United Brands* hat der EuGH in diesem Sinne den 138

---

495 *Nothhelfer*, S. 99.
496 Zu derartigen Fallgestaltungen BGH WuW/E BGH 1495, 1496 f. – *Autorufgenossenschaft*; OLG München WuW/E DE-R 1749, 1751 ff. – *Telefonrufsäulen*; WuW/E OLG 1473, 1475 – *Reformhaus-Genossenschaft*.
497 Dazu auch Komm., Prioritätenmitteilung, ABl. 2009 Nr. C 45/7, Tz. 75.
498 Vgl. BGH WuW/E BGH 2491, 2494 = GRUR 1988, 642, 644 – *Opel-Blitz*; Ebenroth/Abt EWS 1993, 81, 85; *Fuchs/Möschel*, in: Immenga/Mestmäcker, EUWbR, Art. 102 AEUV Rn. 311.
499 NJW 2016, 2504 – *Jaguar-Vertragswerkstatt*.
500 S. dazu auch EuGH Slg. 1978, 207, Tz. 184/194 – *United Brands*; Slg. 2008, I-7319, Tz. 34 – *GlaxoSmithKline AEVE*.
501 I.d.S. auch Komm., Komm., COMP/37.792 Tz. 578 – *Microsoft*; *Fuchs/Möschel*, in: Immenga/Mestmäcker, EUWbR, Art. 102 AEUV Rn. 312; s. auch Komm., Prioritätenmitteilung, ABl. ABl. 2009 Nr. C 45/7, Tz. 84; a.A. *O'Donoghue/Padilla*, S. 461.

§ 19 GWB   Verbotenes Verhalten von marktbeherrschenden Unternehmen

Grundsatz formuliert, dass ein Unternehmen mit beherrschender Stellung »seine Lieferungen an einen langjährigen Kunden, dessen Geschäftsgebahren den Gebräuchen des Handels entspricht, nicht einstellen darf, wenn die Bestellungen dieses Kunden in keiner Weise anomal sind«.[502] Es lässt sich sogar der Grundsatz formulieren, dass ein marktbeherrschendes Unternehmen, das einen bestimmten Markt bisher dominiert hat, diesen ohne Rücksicht auf vorhandene Abnehmer nicht ohne Weiteres aufgeben darf. Das gilt umso mehr, wenn (potenzielle) Wettbewerber aufgrund bestehender **Schutzrechte** des Marktbeherrschers keine Möglichkeit hatten, in den Markt einzutreten.[503]

139   Wie bereits (Rdn. 137 f.) angedeutet, lässt sich ein Geschäftsabbruch durch ein marktbeherrschendes Unternehmen nur im Ausnahmefall **rechtfertigen**. Zur Rechtfertigung des Geschäftsabbruchs geeignet sind insbesondere **wirtschaftliche, funktionale und verhaltensbedingte Gründe**,[504] wobei eine randscharfe Abgrenzung nicht immer möglich ist. Im Übrigen ist stets ergänzend auch das **Zeitmoment** in Betracht zu ziehen. Regelmäßig wird es missbräuchlich sein, eine Geschäftsverbindung von heute auf morgen zu beenden, wenn die für den Abbruch sprechenden Gründe nicht wirklich gravierend sind. Das gilt insbesondere für langjährige Geschäftsbeziehungen.

140   Ein **wirtschaftlicher Grund** für einen Geschäftsabbruch kann bei einer strukturellen Veränderung des Vertriebssystems gegeben sein. Auch marktbeherrschende Unternehmen sind grundsätzlich nicht gehindert, ihre **Vertriebsorganisation** so aufzubauen, wie sie es für wirtschaftlich sinnvoll und vernünftig halten, und die dafür erforderlichen Maßnahmen zu ergreifen. Sie können daher bestimmen, ob sie ihre Produkte in Eigenregie (über Verkaufsfilialen oder Tochtergesellschaften) oder unter Einschaltung externer Absatzmittler (Eigenhändler, Handelsvertreter, Kommissionsagenten, Franchisenehmer etc.) vertreiben wollen.[505] Der Umstand der Marktbeherrschung schließt zudem nicht aus, dass ein bestehendes Vertriebssystem **nachträglich umgebaut** wird (**Systemwechsel**). Auch dies ist Ausdruck der unternehmerischen Freiheit.[506] Ansonsten könnte ein marktbeherrschendes Unternehmen gezwungen sein, im Laufe der Zeit unwirtschaftlich gewordene Strukturen beizubehalten. Denk-

---

502 EuGH Slg. 1978, 207, Tz. 182/183 – *United Brands*.
503 EuGH, Slg. 1988, 6039, Tz. 18 – *CICRA u.a./Renault*; Slg. 1988, 6211, Tz. 9 – *Volvo/Veng*.
504 Im Ergebnis ebenso (dort allerdings nur Differenzierung nach wirtschaftlichen und technischen Umständen) *Nothhelfer*, The leverage theory im europäischen Wettbewerbsrecht, 2006, S. 92.
505 Dazu auch *Markert*, in: Immenga/Mestmäcker, § 19 GWB Rn. 148; *Ebenroth/Abt* EWS 1993, 81, 96 ff.
506 BGH WuW/E BGH 2360, 2366 = GRUR 1987, 393, 397 – *Freundschaftswerbung*.

bar ist daher beispielsweise ein Übergang vom Direktvertrieb zum Vertrieb über den Großhandel,[507] vom Vertrieb über den Großhandel zum Vertrieb nur über Einzelhändler[508] oder vom Vertrieb über externe Absatzmittler zur Direktvermarktung an Endverbraucher.[509] Ein Bestandsschutz für externe Absatzmittler im Sinne einer dauerhaften Teilhabe am Vertriebssystem wäre mit dem Gedanken des Wettbewerbsschutzes unvereinbar.[510] Allerdings ist es jeweils erforderlich, den von der Umstellung betroffenen externen Absatzmittlern eine angemessene Umstellungsfrist zu gewähren, damit sie sich auf die veränderten Gegebenheiten einstellen können.[511] Von den Fällen eines vollständigen »Systemwechsels« zu unterscheiden sind diejenigen Fälle, in denen sich ein marktbeherrschendes Unternehmen entschließt, seine **Vertriebsorganisation zu verkleinern**, indem die Geschäftsbeziehung zu bisherigen externen Absatzmittlern abgebrochen wird. Da unter diesen Umständen nicht alle Absatzmittler von der Restrukturierung betroffen sind, sondern nur einzelne, bedarf der Geschäftsabbruch einer besonderen Rechtfertigung. Es müssen sachliche, objektiv nachprüfbare Gründe erkennbar sein, weshalb gerade die Geschäftsbeziehung zu diesen Unternehmen abgebrochen wird. Wenn die Vertriebsorganisation erheblich verkleinert werden soll, kann nicht willkürlich einzelnen Vertriebspartnern gekündigt werden; vielmehr ist die Auswahl anhand vorgegebener, sachlich gebotener Kenngrößen zu treffen. Dabei kann etwa auch der Grad der Abhängigkeit des Vertriebspartners von dem marktbeherrschenden Unternehmen eine Rolle spielen.[512] Ein Sachkriterium, das eine Verkleinerung der Vertriebsorganisation ermöglicht, kann etwa die Vorgabe eines Mindestumsatzes sein, nicht jedoch eine rein quantitative Selektion.[513] Jedenfalls ist auch in diesen Fällen den betroffenen Absatzmittlern eine angemessene Umstellungsfrist einzuräumen.[514] Entsprechendes gilt, wenn der Marktbeherrscher die Verarbeitung bisher an Abnehmer gelieferter **Vorprodukte** nunmehr in Eigenregie durchführen oder sich bisher von Dritten durchgeführte **Hilfstätigkeiten** vorbehalten will und aus diesem Grund die Geschäftsverbindung zu den bisherigen Vertragspartnern abbricht.

---

507 BGH WuW/E DE-R 134, 136 f. = GRUR 1998, 1049, 1051 – *Bahnhofsbuchhandel*.
508 KG WuW/E OLG 3288, 3290 – *Rohrnetzarmaturen*.
509 BGH WuW/E BGH 2360, 2366 = GRUR 1987, 393, 397 – *Freundschaftswerbung*.
510 BGH WuW/E BGH 2491, 2495 = GRUR 1988, 642, 644 – *Opel-Blitz* (kein seinseitiger »Sozialschutz«).
511 BGH WuW/E DE-R 3549 Rn. 22 = NJW 2012, 2110, 2112 – *Werbeanzeigen*; WuW/E BGH 2360, 2366 = GRUR 1987, 393, 397 – *Freundschaftswerbung*.
512 NJW 2016, 2504 – *Jaguar-Vertragswerkstatt*; NZKart 2015, 535 Rn. 59 – *Porsche-Tuning*; WuW/E DE-R 357, 359 = NJW-RR 2000, 773 – *Feuerwehrgeräte*.
513 NJW 2016, 2504 – *Jaguar-Vertragswerkstatt*.
514 NJW 2016, 2504 – *Jaguar-Vertragswerkstatt*; WuW/E BGH 2983, 2988 = GRUR 1995, 765, 768 – *Kfz-Vertragshändler*.

§ 19 GWB *Verbotenes Verhalten von marktbeherrschenden Unternehmen*

141 Die bloße Tatsache, dass das marktbeherrschende Unternehmen mit seinen Abnehmern in einem **Konkurrenzverhältnis** steht oder die Begründung eines derartigen Konkurrenzverhältnisses bevorsteht, kann für sich genommen einen Geschäftsabbruch nicht rechtfertigen.[515] Keine tragfähige Begründung für einen Geschäftsabbruch stellt regelmäßig auch der Hinweis auf **Druckmaßnahmen anderer Abnehmer** dar. Denkbar ist etwa, dass sich Facheinzelhändler auf diese Weise gegen die Belieferung von preisaktiven SB-Märkten wehren. Ein derartiges Verhalten kommt einem Aufruf zum Boykott bestimmter Abnehmer gleich und ist deshalb schon vor dem Hintergrund von § 21 Abs. 1 GWB inakzeptabel. Würde der Normadressat derartigem Druck nachgeben und die Geschäftsbeziehung zu einem aktuellen Abnehmer abbrechen, käme es zudem zu einer Kollision mit dem Schutzzweck des § 19 Abs. 2 Nr. 1 GWB, weil ein Geschäftsabbruch mit dem Ziel der allseitigen Offenhaltung der Märkte nicht vereinbar wäre. Dem Interesse des Normadressaten an einem Geschäftsabbruch könnte allenfalls dann der Vorrang einzuräumen sein, wenn es ansonsten zu einer Existenzgefährdung des marktbeherrschenden Unternehmens käme.[516] Einzelne Umsatzeinbußen reichen insoweit nicht aus.[517]

142 Ein weiterer denkbarer und auch abwägungsfähiger Grund für einen Geschäftsabbruch ist die **finanzielle Unzuverlässigkeit** des Vertragspartners, wenn diese sich nachteilig auf den Geschäftsbetrieb des marktbehrrschenden Unternehmens auswirkt. Das Risiko **anderweitiger wirtschaftlicher Nachteile** aus einer bestehenden Geschäftsverbindung wird der Marktbeherrscher in der Regel tragen müssen, soweit diese sich als Folge des üblichen Geschäftsbetriebs ergeben. In der Rechtssache *GlaxoSmithKline AEVE* hat der EuGH der Sache nach eine Lieferverweigerung gegenüber Großhändlern, die im Parallelexport tätig sind, wegen des unterschiedlichen Preisniveaus in den Mitgliedstaaten als gerechtfertigt angesehen, wenn die Bestellungen das »normale«

---

515 Vgl. BGH WuW/E BGH 2341, 2342 f. – *Taxi-Genossenschaft*; OLG München, WuW/E OLG 1473, 1475 – *Reformhaus-Genossenschaft* (jeweils zum Ausschluss eines Mitglieds aus einer Vereinigung, um Wettbewerb zwischen den Mitgliedern als Anbieter der über die Vereinigung bezogen Waren zu unterbinden); zu Art. 102 AEUV auch Komm., ABl. 1987 Nr. L 286/36, Tz. 19 f. – *BBI/Boosey & Hawkes*; *Fuchs/Möschel*, in: Immenga/Mestmäcker, EUWbR, Art. 102 AEUV Rn. 316.

516 *Markert*, in: Immenga/Mestmäcker, § 19 GWB Rn. 156.

517 I.d.S. auch *Markert*, in: Immenga/Mestmäcker, § 19 GWB Rn. 156; anders tendenziell der BGH, soweit er die Vermeidung von (konkret belegten) Umsatzeinbußen als schützenswert anerkennt, vgl. BGH WuW/E BGH 2351, 2359 = GRUR 1987, 459, 463 – *Belieferungsunwürdige Verkaufsstätten II* (Gefahr erheblicher Vermögensnachteile); WuW/E BGH 1885, 1888 = GRUR 1981, 917, 918 – *Sportschuhe*; enger wohl BGH WuW/E BGH 2145, 2146 f. – *Nordmende*.

Maß übersteigen.[518] Die Entscheidung kann freilich nicht verallgemeinert werden, da sie durch die besonderen Verhältnisse auf den Arzneimittelmärkten in den Mitgliedstaaten geprägt ist.

Das bloße Interesse des marktbeherrschenden Unternehmens, **Effizienzvorteile** zu realisieren, wird im Übrigen für sich genommen einen Geschäftsabbruch niemals rechtfertigen können. Jedenfalls kann dieses Argument im Falle eines Geschäftsabbruchs noch weit weniger gehört werden als bei einer anfänglichen Geschäftsverweigerung. Dort mag immerhin der Aspekt eine Rolle spielen, das Vertriebssystem möglichst effizient auszugestalten, um Vorleistungen auf dem beherrschten Markt refinanzieren zu können. 143

Wirtschaftliche Gründe liegen im Übrigen auch vor, wenn es dem marktbeherrschenden Unternehmen in **Krisenzeiten** wegen höherer Gewalt (Naturereignisse, Streiks etc.), aufgrund Arbeitskräftemangels oder Rohstoffknappheit nicht möglich ist, alle bisherigen Abnehmer zu beliefern. Freilich darf auch in solchen Fällen eine Geschäftsbeziehung nicht willkürlich abgebrochen werden. Vielmehr ist der Marktbeherrscher verpflichtet, seine verfügbare Kapazität zu repartieren (dazu näher Rdn. 129 f.). 144

Funktionale Gründe für einen Geschäftsabbruch, die im Rahmen einer Interessenabwägung abwägungsfähig sind, mögen sich im Einzelfall daraus ergeben, dass das von dem marktbeherrschenden Unternehmen angebotene Produkt besonders **beratungsintensiv** ist[519] oder dem Abnehmer des Marktbeherrschers besondere **technische Fertigkeiten** (Kundendienst etc.) abverlangt. Können diese Anforderungen von dem Abnehmer nicht (mehr) erbracht werden, mag dies einen Geschäftsabbruch rechtfertigen,[520] wenn sich das funktionale Defizit nicht auf andere Weise abstellen lässt. Funktionale Kriterien, die herangezogen werden, um über die Teilhabe eines Unternehmens an einem selektiven Vertriebssystem zu entscheiden, können nicht ohne Weiteres zur Begründung eines Geschäftsabbruchs gegenüber Unternehmen außerhalb des Vertriebssystems (z.B. unabhängige Servicebetriebe) herangezogen werden.[521] 145

In die Interessenabwägung sind zu Gunsten des marktbeherrschenden Unternehmens gegebenenfalls auch **verhaltensbedingte Gründe** in der Person des Vertragspartners einzubeziehen. So kann die **Zuverlässigkeit** des Vertragspartners eine Rolle spielen.[522] Zu denken ist im Übrigen an vertragswidrige, 146

---

518 EuGH Slg. 2008, I-7319, Tz. 72 ff. – *GlaxoSmithKline AEVE*.
519 BGH WuW/E BGH 1671, 1679 = GRUR 1983, 396, 398 – *Modellbauartikel III*.
520 BGH WuW/E BGH 2589, 2590 = GRUR 1989, 701, 702 – *Frankiermaschinen*.
521 Komm., ABl. 1978 Nr. L 22/23, 32 f. – *Hugin/Liptons*.
522 BGHZ 101, 72, 84 = WuW/E BGH 2399, 2405, – *Krankentransporte*.

wettbewerbswidrige[523] oder gar strafbare Handlungen, die das **Vertrauensverhältnis** zwischen den Parteien zerstören, wie beispielsweise Unregelmäßigkeiten bei der Abrechnung.[524] Freilich dürfen diese Handlungen nicht schon länger zurückliegen[525] oder gar vom Normadressaten geduldet worden sein.[526] Soweit der Marktbeherrscher seinen Vertragspartnern ein **Wettbewerbsverbot** (s. Rdn. 67 ff.) oder andere **Vertriebs- und Verwendungsbindungen** (s. Rdn. 60 ff.) auferlegt hat, ist zunächst in Betracht zu ziehen, ob diese ihrerseits missbräuchlich sind. Nur wenn das im Ausnahmefall nicht der Fall ist, kann eine Hinwegsetzung über das Wettbewerbsverbot seitens des Vertragspartners als verhaltensbedingter Grund für einen Geschäftsabbruch in die Interessenabwägung einbezogen werden. Ein verhaltensbezogener Aspekt für einen Geschäftsabbruch kann auch sein, dass sich ein Vertriebspartner des marktbeherrschenden Unternehmens unabhängig von einem Wettbewerbsverbot nicht hinreichend um den Produktabsatz bemüht, sondern seine Absatzmittlertätigkeit auf Produkte von Wettbewerbern des Marktbeherrschers konzentriert oder für diese wirbt.[527] Zu bedenken ist freilich, dass nur integrierte Vertriebssysteme, wie der Handelsvertretervertrieb oder das Subordinations-Franchising, eine dezidierte **Interessenwahrungspflicht** des Absatzmittlers kennen. Jenseits dessen sind bloße Vertragshändler, die in der Regel eine Auswahl konkurrierender Produkte führen, nicht zu besonderen Absatzbemühungen verpflichtet und damit auch nicht gehalten, den Absatz einzelner Produkte (des Marktbeherrschers) in stärkerem Maße zu fördern als den anderer, im Wettbewerb dazu stehender Produkte.[528] Im Zweifel ist es aus der Warte des Wettbewerbsschutzes sogar zu begrüßen, wenn diese Absatzmittler sich (auch) für Produkte von Konkurrenten des Marktbeherrschers einsetzen. Dem entsprechend kann auch ein **preisaktives Verhalten** für sich genommen keinen verhaltensbedingten Geschäftsabbruch rechtfertigen,[529] sondern allenfalls dann, wenn zusätzliche Gründe hinzutreten wie etwa eine nachhaltige

---

523 Vgl. BGH WuW/E BGH 2491, 2494 = GRUR 1988, 642, 644 f. – *Opel-Blitz* (nichtberechtigte Verwendung von Marken); BGH WuW/E BGH 2535, 2541 = NJW-RR 1989, 485, 486 f. – *Lüsterbehangsteine*.
524 BGH WuW/E BGH 1423, 1425 = NJW 1976, 2302 – *Sehhilfen* (Urkundenfälschung und Betrugshandlungen).
525 BGH WuW/E BGH 1423, 1425 = NJW 1976 2302, 2303 – *Sehhilfen*; OLG Düsseldorf WuW/E OLG 2167, 2169 – *Nordmende*.
526 *Markert*, in: Immenga/Mestmäcker, § 19 GWB Rn. 169.
527 BGH WuW/E BGH 1629, 1631 f. = GRUR 1980, 125, 128 – *Modellbauartikel II*.
528 S. zu Art. 102 AEUV auch EuGH Slg. 1978, 207, Tz. 184/194 – *United Brands*; undeutlich *Fuchs/Möschel*, in: Immenga/Mestmäcker, EUWbR, Art. 102 AEUV Rn. 316.
529 Vgl. BGHZ 97, 317, 329 = WuW/E BGH 2238, 2246 – *EH-Partnervertrag*; WuW/E BGH 1671, 1679 = GRUR 1983, 396, 398 – *Modellbauartikel III*; WuW/E BGH 1391, 1406 = NJW 1976, 801, 803 – *Rossignol*; OLG Stuttgart

und nicht hinzunehmende Beschädigung des **goodwill** der gehandelten Produkte.[530] Wenn dem marktbeherrschenden Unternehmen insoweit verhaltensbedingte Gründe für einen Geschäftsabbruch nicht zur Seite stehen, mag das Verhalten des Absatzmittlers dazu Anlass geben, eine Änderung der Absatzorganisation aus wirtschaftlichen Gründen in Betracht zu ziehen.[531] Bei verhaltensbedingten Gründen, die aktuell einen Geschäftsabbruch rechtfertigen, ist im Übrigen stets deren **Verhältnismäßigkeit** im Auge zu behalten. Unverhältnismäßig ist daher regelmäßig ein dauerhafter Abbruch der Geschäftsbeziehung,[532] zumal dann, wenn der Normadressat für das Verhalten des betroffenen Unternehmens mitursächlich war.[533]

(3) Verweigerung des Zugangs zu wesentlichen Einrichtungen (»essential facilities«; § 19 Abs. 2 Nr. 4 GWB)

(a) Allgemeines

Eine besondere Fallgruppe der Geschäftsverweigerung bilden die Sachverhalte, die durch die Verweigerung des Zugangs zu sog. **wesentlichen Einrichtungen** gekennzeichnet sind. Der deutsche Gesetzgeber versucht diese Sachverhalte mit der Vorschrift des § 19 Abs. 2 Nr. 4 GWB zu erfassen, die freilich die aus der US-amerikanischen Rechtspraxis[534] bekannte Bezeichnung »wesentliche Einrichtung« (»essential facilities«) nicht verwendet, sondern auf die Verweigerung des Zugangs zu **Netzen** oder **anderen Infrastruktureinrichtungen** abstellt (dazu Rdn. 153 ff.). Das ändert jedoch nichts an der Grundproblematik, die dadurch gekennzeichnet ist, dass ein marktbeherrschendes Unternehmen in Folge der Beherrschung einer Infrastruktureinrichtung iwS (sog. bottleneck resources) in der Lage ist, den Wettbewerb auf vor- oder nachgelagerten Marktstufen durch Verweigerung des Zugangs zu einer derartigen Einrichtung zu beeinträchtigen oder zu unterbinden, wenn (potenzielle) Wettbewerber auf den Zugang angewiesen sind, um überhaupt auf dem Markt tätig sein zu können. Auf den ersten Blick ähneln diese Sachverhalte den bereits behandelten Fällen der Geschäftsverweigerung (dazu Rdn. 107 ff.), so dass die besondere Ausgestaltung der Fallgruppe als weiteres Regelbeispiel über-

147

WuW/E OLG 3343, 3344 – *Skibindungen; Markert*, in: Immenga/Mestmäcker, § 19 GWB Rn. 170.
530 BGH WuW/E BGH 1391, 1306 = NJW 1976, 801, 803 – *Rossignol*.
531 I.d.S. offenbar zu Art. 102 AEUV Komm., ABl. 1987 Nr. L 286/36, Tz. 19 – *BBI/Boosey & Hawkes*.
532 BGH WuW/E BGH 1423, 1425 = NJW 1976, 2302 – *Sehhilfen*; KG WuW/E OLG 2213, 2214 – *Haushaltsnähmaschinen*; OLG Düsseldorf WuW/E OLG 2167, 2169 – *Nordmende*.
533 KG WuW/E OLG 2213, 2214 – *Haushaltsnähmaschinen*; OLG Karlsruhe WuW/E OLG 2217 2221 – *Allkauf-Saba*.
534 Dazu eingehend *Fuchs/Möschel*, in: Immenga/Mestmäcker, § 19 Rn. 296 ff.

flüssig erscheinen könnte. Bei näherer Betrachtung wird jedoch deutlich, dass es zwischen den »klassischen« Fällen der Geschäftsverweigerung und der Verweigerung des Zugangs zu wesentlichen Einrichtungen einen entscheidenden Unterschied gibt: während die Geschäftsverweigerungs-Fälle dadurch gekennzeichnet sind, dass der Normadressat bereits einen Geschäftsverkehr im Hinblick auf die nachgefragte Leistung eröffnet hat, in diesem aber bestimmte Nachfrager behindert oder ungleich behandelt, fehlt es in den Fällen des § 19 Abs. 2 Nr. 4 GWB gerade an einer schon bestehenden **Geschäftseröffnung** seitens des marktbeherrschenden Unternehmens. Vielmehr sind die Fälle gerade dadurch gekennzeichnet, dass sich der Normadressat die Nutzung »seiner« Infrastruktureinrichtung vorbehält, nicht zuletzt um dadurch Wettbewerber von einem abgeleiteten Markt fernzuhalten. Daraus ergibt sich das Erfordernis, diese Sachverhalte in § 19 Abs. 2 Nr. 4 GWB eigens zu verankern. Der Umstand, dass das Missbrauchsverbot des § 19 GWB in allen anderen Fällen an einer bestimmten (aktuellen) Geschäftstätigkeit des Normadressaten ansetzt, zeigt freilich auch, dass die Vorschrift in ihrem Regelungsumfeld ein Fremdkörper ist. Der Sache nach wird mit der Vorschrift weniger ein wettbewerbsbezogener, sondern ein regulatorischer Zweck verfolgt. Das wird durch die Entstehungsgeschichte der Norm bestätigt.

148 Die Vorschrift des § 19 Abs. 2 Nr. 4 GWB ist durch die **6. Novelle 1998** als § 19 Abs. 4 Nr. 4 in das GWB inkorporiert worden (dazu auch Vor §§ 18 bis 20 Rdn. 6). Sie ist als Reaktion auf die seinerzeit beginnende **De-Regulierung von leitungsgebundenen Wirtschaftsbereichen** zu verstehen. Dem Gesetzgeber kam es darauf an, den Zugang zu solchen Einrichtungen zu ermöglichen, die wie Netze den Charakter eines natürlichen Monopols haben, wobei § 19 Abs. 4 Nr. 4 GWB 1998 (jetzt § 19 Abs. 2 Nr. 4 GWB) als »flexible und zukunftsgerichtete Norm« über alle Branchen hinweg den Zugang zu Netzstrukturen ermöglichen sollte.[535] Ziel war es insoweit auch, einer möglichen Rechtszersplitterung durch eine Vielzahl sektorspezifischer Regelungen entgegenzuwirken.[536] Der heutige Gesetzeswortlaut, der sich auf Netze und andere Infrastruktureinrichtungen bezieht, hat seinen Ursprung in einem vom Bundesrat in den seinerzeitigen Gesetzgebungsprozess eingebrachten Vorschlag.[537] Dagegen stellte der vorhergehende Regierungsentwurf noch ausschließlich auf den Zugang zu »wesentlichen Einrichtungen« ab.[538] Dieser Begriff war als Oberbegriff für Netze und andere Infrastruktureinrichtungen zusätzlich auch

---

535 BRat, Stellungnahme zu dem Entwurf eines Sechsten Gesetzes zur Änderung des Gesetzes gegen Wettbewerbsbeschränkungen, BT-Drucks. 13/9720, S. 71, 73.
536 Vgl. auch *Fuchs/Möschel*, in: Immenga/Mestmäcker, § 19 GWB Rn. 308.
537 S. BRat, Stellungnahme zu dem Entwurf eines Sechsten Gesetzes zur Änderung des Gesetzes gegen Wettbewerbsbeschränkungen, BT-Drucks. 13/9720, S. 71, 73.
538 BReg., Entwurf eines Sechsten Gesetzes zur Änderung des Gesetzes gegen Wettbewerbsbeschränkungen, BT-Drucks. 13/9720, S. 30, 51.

noch im Vorschlag des Bundesrates enthalten, ist dann jedoch vom BT-Ausschuss für Wirtschaft, auf den die endgültige Gesetzesfassung zurückgeht, gestrichen worden.[539] Der Regierungsentwurf nahm im Hinblick auf den Begriff der »wesentlichen Einrichtung« im Übrigen auch ausdrücklich Bezug auf die seinerzeit vorliegende, diesbezügliche **Entscheidungspraxis von Kommission und EuGH** zu Art. 86 EGV (jetzt Art. 102 AEUV).[540] Der spätere Verzicht auf die Übernahme des Begriffs in den Gesetzestext kann freilich nicht dahingehend verstanden werden, dass sich der deutsche Gesetzgeber damit bewusst von der europäischen Rechtspraxis (näher dazu Art. 102 AEUV Rn. 175 ff.) absetzen wollte, zumal von wesentlichen Einrichtungen (als Oberbegriff für Netze und andere Infrastruktureinrichtungen) in den Gesetzesmaterialien weiterhin die Rede ist.[541] Die Beschränkung der Gesetzesfassung auf Netze und andere Infrastruktureinrichtungen erklärt sich vielmehr daraus, dass der **Norm** eine **möglichst restriktive Fassung** gegeben werden sollte. Insbesondere wollte man verhindern, dass über § 19 Abs. 2 Nr. 4 GWB Ansprüche auf Nutzung gewerblicher Schutzrechte begründet werden können.[542] Zum Unionsrecht besteht insoweit ein Unterschied, als die Zugangssachverhalte in Art. 102 AEUV nicht ausdrücklich angesprochen sind. Der EuGH kann daher in seiner Rechtsprechung wesentlich »offener« mit dem Begriff der wesentlichen Einrichtung umgehen, was sich insbesondere im Hinblick auf die (sinngemäße) Einbeziehung von gewerblichen Schutzrechten erweist.[543]

Das ursprüngliche Ziel, mit § 19 Abs. 2 Nr. 4 GWB eine Regelung für den Zugang zu Netzen und Infrastruktureinrichtungen zu schaffen, die **sektorspezifische Vorschriften** überflüssig macht, ist weitgehend gescheitert. Dies zeigen die zahlreichen Parallelvorschriften für bestimmte Regulierungsbereiche (vgl. nur §§ 13 AEG, 9 BADV, 20 EnWG, 28 f. PostG, 19 und 21 TKG), die teils parallel anwendbar sind, teils § 19 GWB verdrängen (näher dazu Rdn. 207 ff.). Aus diesem Grunde ist die praktische Bedeutung von § 19 Abs. 2 Nr. 4 GWB eher gering. Das spiegelt sich auch in der Entscheidungspraxis wider.

149

---

539 Beschlussempfehlung und Bericht des BT-Ausschusses für Wirtschaft zu dem Entwurf eines Sechsten Gesetzes zur Änderung des Gesetzes gegen Wettbewerbsbeschränkungen, BT-Drucks. 13/10633, S. 60, 65.

540 BReg., Entwurf eines Sechsten Gesetzes zur Änderung des Gesetzes gegen Wettbewerbsbeschränkungen, BT-Drucks. 13/9720, S. 7, 30, 51 f.

541 Beschlussempfehlung und Bericht des BT-Ausschusses für Wirtschaft zu dem Entwurf eines Sechsten Gesetzes zur Änderung des Gesetzes gegen Wettbewerbsbeschränkungen, BT-Drucks. 13/10633, S. 60, 65.

542 Beschlussempfehlung und Bericht des BT-Ausschusses für Wirtschaft zu dem Entwurf eines Sechsten Gesetzes zur Änderung des Gesetzes gegen Wettbewerbsbeschränkungen, BT-Drucks. 13/10633, S. 60, 72.

543 Vgl. auch *Fuchs/Möschel*, in: Immenga/Mestmäcker, GWB, § 19 GWB Rn. 318.

(b) Normzweck

150 Die Vorschrift des § 19 Abs. 2 Nr. 4 zielt ähnlich wie Abs. 2 Nr. 1 GWB darauf ab, die von Geschäftsverweigerung betroffenen Unternehmen vor einer Behinderung und Ausbeutung zu schützen. Dieser Individualschutz steht freilich nicht im Vordergrund. Vielmehr geht es zunächst einmal darum, überhaupt erst einen Markt zu (er)öffnen, auf dem die betroffenen Unternehmen tätig werden und mit dem Normadressaten in Wettbewerb treten können. Es geht also um eine – dem Missbrauchsverbot an sich fremde – Marktstrukturkorrektur.[544] Im Vordergrund steht insoweit der **Schutz des Wettbewerbs als Institution**.[545] Dafür wird das marktbeherrschende Unternehmen in Dienst genommen. Da es insoweit seine eigene Ressourcen für Wettbewerber zur Verfügung stellen muss, handelt es sich um einen besonders schwerwiegenden Eingriff in die Wettbewerbsfreiheit, aber auch in die Eigentums- und Berufausübungsfreiheit. Dieser bedarf einer besonderen Rechtfertigung, die über die Anforderungen von § 19 Abs. 2 Nr. 1 GWB hinausgeht.[546] Nur so kann erreicht werden, dass es nicht zu Anreizverlusten bei potenziellen Inhabern von wesentlichen Einrichtungen und zu einer Behinderung des technischen Fortschritts kommt.[547] Die Grundrechtskonformität des Eingriffs wird letztlich auch dadurch hergestellt, dass der Zugang zu Netzen und anderen Infrastruktureinrichtungen nur gegen ein angemessenes Entgelt gewährt werden muss.[548]

(c) Voraussetzungen

151 Wie sich aus dem Wortlaut von § 19 Abs. 2 Nr. 4 ergibt, wird ein Zugangsanspruch (1.) nur durch die Weigerung des Normadressaten ausgelöst (dazu Rdn. 153), einen (2.) Zugang (dazu Rdn. 154) zu (3.) eigenen Netzen oder anderen Infrastruktureinrichtungen (dazu Rdn. 155 ff.) zu gewähren. Zudem ist es (4.) erforderlich, dass ein wettbewerbsbegründender Marktzugang auf vor- oder nachgelagerten Märkten ohne die Mitbenutzung nicht möglich ist (dazu Rdn. 160). Das marktbeherrschende Unternehmen kann den Zugang (5.) verweigern, wenn es nachweist, dass die Mitbenutzung aus betriebsbedingten oder sonstigen Gründen nicht möglich oder nicht zumutbar ist (dazu Rdn. 161 ff.). Im Übrigen ist es nur dann zur Gewährung eines Zugangs verpflichtet, wenn

---

544 S. auch *Hohmann*, S. 130 ff.; zust. *Fuchs/Möschel*, in: Immenga/Mestmäcker, § 19 GWB Rn. 301, 307 (»verhaltensgebundene Strukturkontrolle«).
545 *Fuchs/Möschel*, in: Immenga/Mestmäcker, § 19 GWB Rn. 306.
546 A.A. zu Art. 102 AEUV *Mestmäcker/Schweitzer* § 19 Rn. 66, 449 f.; *Fuchs/Möschel*, in: Immenga/Mestmäcker, EUWbR, Art. 102 AEUV Rn. 331, 337.
547 *v. Wallenberg*, K&R 1999, 152, 155; zu § 19 GWB auch *Fuchs/Möschel*, in: Immenga/Mestmäcker, § 19 GWB Rn. 305.
548 *Fuchs/Möschel*, in: Immenga/Mestmäcker, § 19 GWB Rn. 307.

der Zugangspetent bereit ist, dafür ein angemessenes Entgelt zu zahlen (dazu Rdn. 164).

Normadressaten von § 19 Abs. 2 Nr. 4 GWB sind **marktbeherrschende Unternehmen** (zur Marktbeherrschung § 18 Rdn. 6 ff.). Nicht ganz klar ist freilich, auf welchem Markt die Marktbeherrschung bestehen muss. Das Gesetz geht offenbar davon aus, dass zwei Märkte existieren, nämlich der Markt für den Zugang zur Infrastruktureinrichtung und ein davon abgeleiteter Markt auf einer vor- oder nachgelagerten Marktstufe, auf dem ein anderes Unternehmen, das Zugang begehrt, tätig werden will. Allerdings kann, wie bereits Rdn. 147 ausgeführt, bezogen auf den Zugangsmarkt solange nicht von einem »Markt« gesprochen werden, bis der Normadressat den Zugang erstmals eröffnet.[549] Die Vorschrift des § 19 Abs. 2 Nr. 4 GWB hat daher überhaupt nur dann einen sachlichen Anwendungsbereich, wenn man annimmt, dass der Gesetzgeber bezogen auf den Zugangsmarkt von einem »hypothetischen Markt« ausgeht.[550] Die Existenz des Zugangsmarkts wird also gewissermaßen fingiert. Daran schließt sich die Frage an, ob die Marktbeherrschung des Normadressaten auf dem Zugangsmarkt oder dem abgeleiteten Markt erforderlich ist. Der Normwortlaut ist insoweit nicht eindeutig. Zum Teil wird vertreten, es komme auf die Marktbeherrschung auf dem Zugangsmarkt an;[551] andere stellen auf den abgeleiteten Markt ab,[552] wiederum andere halten es für ausreichend, wenn die Marktbeherrschung entweder auf dem **Zugangsmarkt** oder dem abgeleiteten Markt vorliegt.[553] Vorzugswürdig ist die Auffassung, die allein auf den Zugangsmarkt abstellt. Gegen diese Sichtweise könnte freilich angeführt werden, dass damit die bloße Innehabung eines Netzes oder einer anderen Infrastruktureinrichtung, welche die Marktbeherrschung auf dem Zugangsmarkt be-

152

---

549 *Markert*, in: FS Mestmäcker, 1996, S. 661, 670; *Venit/Kallaugther*, in: 1994 Fordham Intst., S. 315, 339; *Wiedemann*, in: Handbuch des Wettbewerbsrechts § 23 Rn. 10; vgl. auch *Dreher*, DB 1999, 833, 835.
550 I.d.S. auch BKartA WuW/E DE-V 253, 256 – Puttgarden; *Lutz*, RdE 1999, 102, 106; *Weyer*, AG 1999, 257, 261; *Fuchs/Möschel*, in: Immenga/Mestmäcker, § 19 GWB Rn. 316; *Wolf*, in: MünchKommKartR, § 19 GWB Rn. 146 (potentieller Primärmarkt).
551 BGHZ 163, 296, 304 f. = WuW/E DE/R 1520, 1524; OLG Koblenz WuW/E DE-R 3727, 3730 = NZKart 2013, 164 – Nürburgring-Nordschleife; *Bunte*, WuW 1997, 302, 314; *Lutz*, RdE 1999, 102, 106 f.; *Schwintowski*, WuW 1999, 842, 850 f.; *Weyer*, in: FK-GWB § 19 Rn. 1041, 1048; *ders.*, AG 1999, 257, 261; *Wolf*, in: MünchKommKartR, § 19 GWB Rn. 147.
552 *Dreher*, DB 1999, 833, 835; *Haus*, WuW 1999, 1190, 1191; *v. Wallenberg*, K&R 1999, 152, 155; *Fuchs/Möschel*, in: Immenga/Mestmäcker, § 19 GWB Rn. 315 (mit der Ausnahme, dass auf den Zugangsmarkt abzustellen sei, wenn tatsächliche Marktprozesse auf dem abgeleiteten Markt fehlen; a.a.O. Rn. 316).
553 *Bechtold*, GWB, § 19 GWB Rn. 72; *Nothdurft*, in: Langen/Bunte § 19 GWB Rn. 335.

gründet, stets mit dem Merkmal der Marktbeherrschung zusammenfällt, so dass dieses im Grunde überflüssig wird.[554] Richtig ist auch, dass es nach dem Schutzzweck der Norm maßgeblich auf die Gewährleistung von Wettbewerb auf dem abgeleiteten Markt ankommt, was für eine Beherrschung dieses Marktes sprechen könnte.[555] Diese Argumente wären durchgreifend, wenn es sich bei § 19 Abs. 2 Nr. 4 GWB um eine originär wettbewerbsrechtliche Vorschrift handeln würde. Mit der Vorschrift wird allerdings, wie bereits dargelegt, ein primär regulatorischer Zweck verfolgt, wodurch sie ein Fremdkörper im Umfeld des § 19 Abs. 2 GWB ist. Folgt man dieser Sichtweise, dann geht es gerade darum, die durch Innehabung der wesentlichen Einrichtung begründete Marktmacht zu brechen.[556] Insoweit kann es nur auf die Marktmacht auf dem Zugangsmarkt ankommen. Der Missbrauch liegt gerade darin, dass der Normadressat im Falle des § 19 Abs. 2 Nr. 4 GWB seine Marktmacht auf dem Zugangsmarkt ausnutzt, um damit (potenzielle) Wettbewerber auf abgeleiteten Märkten zu behindern, unter Umständen auch dazu, seine Marktstellung auf dem abgeleiteten Markt zu verfestigen.[557]

153 Eine auf die Zugangsgewährung bezogene **Weigerung** des Normadressaten liegt nicht nur dann vor, wenn der Zugang zu der wesentlichen Einrichtung insgesamt verweigert wird, sondern nach dem Normwortlaut (»gegen angemessenes Entgelt«) auch dann, wenn der Zugang zwar in Aussicht gestellt wird, aber nur zu unangemessenen Bedingungen.[558] Die Verhältnisse ähneln damit denen der konstruktiven Weigerung bei der allgemeinen Geschäftsverweigerung (dazu Rdn. 134 f.). Mit dem Zugangsbegehren des Petenten entsteht ein gesetzliches Schuldverhältnis zwischen dem Normadressaten und dem Zugangspetenten. Aufgrunddessen ist der Normadressat verpflichtet, mit dem Petenten in Verhandlungen über die Gewährung des Zugangs einzutreten.[559]

154 Die Weigerung des Normadressaten muss sich auf den **Zugang** zu einem Netz oder einer anderen Intrastruktureinrichtung beziehen. Sie setzt also ein entsprechendes Zugangsbegehren des »anderen« Unternehmens voraus, da das Missbrauchsverbot überhaupt nur dann aktualisiert wird. Von einem Zugangsbegehren kann nur dann die Rede sein, wenn es nicht nur auf die (abstrakte) Öffnung von Netzen und Infrastruktureinrichtungen abzielt, sondern auf deren (konkrete) Mitbenutzung, wobei jede sachgemäße Form der Mit-

---

554 *Fuchs/Möschel*, in: Immenga/Mestmäcker, § 19 GWB Rn. 315.
555 *Fuchs/Möschel*, in: Immenga/Mestmäcker, § 19 GWB Rn. 315.
556 Vgl. auch BGHZ 163, 296, 304 f. = WuW/E DE/R 1520, 1524.
557 *Wolf*, in: MünchKommKartR, § 19 GWB Rn. 147.
558 BGHZ 152, 84, 91 ff. = WuW/E DE-R 977, 982 f. – *Fährhafen Puttgarden*; *Fuchs/Möschel*, in: Immenga/Mestmäcker, § 19 GWB Rn. 343; *Nothdurft*, in: Langen/Bunte, § 19 GWB Rn. 346.
559 Vgl. auch *Fuchs/Möschel*, in: Immenga/Mestmäcker, § 19 Rn. 343.

benutzung in Betracht kommt. Diese muss nicht zwingend mit der vom Normadressaten praktizierten Nutzung übereinstimmen.[560] Da der Zugang zu der wesentlichen Einrichtung den Marktzugang auf einem abgeleiteten Markt ermöglichen soll, wird jedoch zu fordern sein, dass die Mitbenutzung in irgendeiner Weise dafür relevant ist.

Das Zugangsbegehren muss sich auf »**eigene**« Netze und andere Infrastruktureinrichtungen des Normadressaten beziehen. Insoweit ist entsprechend dem Schutzzweck des GWB keine sachenrechtliche Betrachtung angezeigt, sondern eine wirtschaftliche Betrachtungsweise. Maßgebend ist, dass der Normadressat wie ein Eigentümer über das Zugangsobjekt verfügen kann, insbesondere also über die Einrichtung frei verfügen kann.[561]

155

Nicht ganz klar ist, welche Zugangsobjekte unter § 19 Abs. 2 Nr. 4 GWB fallen. Der Gesetzgeber umschreibt die Zugangsobjekte mit den Begriffen »**Netze**« und »**andere Infrastruktureinrichtungen**«, ohne eine nähere Begriffsbestimmung vorzunehmen. Diese fehlt nicht nur im Gesetz, sondern lässt sich auch den Gesetzesmaterialien nicht entnehmen. Wie bereits ausgeführt (dazu Rdn. 148), wurde im Gesetzgebungsprozess der ursprünglich gewählte Begriff der »wesentlichen Einrichtung« durch die Begriffe »Netze« und »andere Infrastruktureinrichtungen« ersetzt. Dies geschah offenbar, um eine großzügige Interpretation des Begriffs »wesentliche Einrichtung«, insbesondere eine Einbeziehung gewerblicher Schutzrechte in den sachlichen Anwendungsbereich der Norm zu verhindern.[562] Auf der anderen Seite sollen nach dem Willen des Gesetzgebers auch die Begriffe »Netze« und »andere Infrastruktureinrichtungen« einer gewissen flexiblen Anwendung der Vorschrift nicht entgegenstehen. Dies dürfte dahingehend zu verstehen sein, dass die Verwendung der Begriffe auch eine Anwendung des Gesetzes auf neue, noch unbekannte Sachverhalte ermöglichen soll.[563] Letzten Endes handelt es sich um Rechtsbegriffe, die einer normzweckgerechten Auslegung bedürfen.

156

Wie sich aus dem Gesetzeswortlaut (»Zugang zu (…) Netzen oder anderen Infrastruktureinrichtungen«) ergibt, wird der Begriff »Infrastruktureinrichtung« vom Gesetzgeber als **Oberbegriff** verwendet, so dass »Netze« nur ein Beispiel für andere denkbare Infrastruktureinrichtungen sind. Gleichwohl er-

157

---

560 I.d.S. auch *Fuchs/Möschel*, in: Immenga/Mestmäcker, § 19 GWB Rn. 321.
561 *Fuchs/Möschel*, in: Immenga/Mesmäcker, GWB, § 19 GWB Rn. 325.
562 Beschlussempfehlung und Bericht des BT-Ausschusses für Wirtschaft zu dem Entwurf eines Sechsten Gesetzes zur Änderung des Gesetzes gegen Wettbewerbsbeschränkungen, BT-Drucks. 13/10633, S. 60, 72.
563 Vgl. BRat, Stellungnahme zu dem Entwurf eines Sechsten Gesetzes zur Änderung des Gesetzes gegen Wettbewerbsbeschränkungen, BT-Drucks. 13/9720, S. 71, 73: »flexible und zukunftsgerichtete Norm«.

möglicht das Beispiel des Netzes eine inhaltliche Annäherung an den Sinngehalt des Begriffs »Infrastruktureinrichtung«. Es geht um Fazilitäten, die dazu bestimmt sind, Produktions- oder Dienstleistungsprozesse (oder allgemein: Wirtschaftsprozesse) zu ermöglichen. In diesem Sinne ist es zutreffend, wenn gesagt wird, Infrastruktureinrichtungen dienten als »Unterbau« und erfüllten eine »Basisfunktion«.[564] Es handelt sich um **Hilfsmittel** für die Erbringung von Leistungen. »Hilfsmittel« in diesem Sinne können sowohl **materielle als auch virtuelle Einrichtungen** sein, aber (nach Sinn und Zweck) auch **mit solchen Einrichtungen zu erbringende Dienstleistungen**,[565] die benötigt werden, um andere Produkte (Waren oder Dienstleistungen) am Markt zu platzieren. Nach dem Regelungsansatz von § 19 Abs. 2 Nr. 4 GWB fallen unter den Begriff der Infrastruktureinrichtungen freilich nur innerbetriebliche Ressourcen des Normadressaten.[566] Das ergibt sich schon aus dem Regelungszusammenhang.[567] Nicht weiterführend ist es dagegen, wenn zum Teil, wie auch schon in den Gesetzesmaterialien,[568] auf den Charakter von Infrastruktureinrichtungen als **natürliches Monopol** abgestellt wird.[569] Damit wird der Anwendungsbereich der Vorschrift von vornherein unnötig verengt. Zudem führt dies zu einer nicht sachgerechten Verknüpfung mit dem Erfordernis der Marktbeherrschung. Nicht jedes natürliche Monopol muss eine Infrastruktureinrichtung sein und umgekehrt. Nach anderer Ansicht[570] ist unter Infrastruktureinrichtungen die Gesamtheit aller Einrichtungen zu verstehen, die eine entfernungsüberwindende Transport- oder raumintegrierende Logistikfunktion besitzen. Das ist freilich zu eng, weil diese Definition nicht in der Lage ist, die mit Infrastruktureinrichtungen zu erbringenden Dienstleistungen sinnvoll zu erfassen und zudem auf virtuelle Einrichtungen nicht passt.[571]

158 Das **Begriffsverständnis der Infrastruktureinrichtung** ist nach den vorstehenden Überlegungen relativ weit. Selbstverständlich bedeutet dies nicht, dass der Zugang zu den davon erfassten Einrichtungen und davon abgeleiteten Dienstleistungen ohne Weiteres zu eröffnen ist. Das ist nach dem Wortlaut von § 19 Abs. 2 Nr. 4 GWB nur der Fall, wenn weitere einschränkende Voraussetzungen erfüllt sind (dazu Rdn. 160). Vor diesem Hintergrund ist die nachfol-

---

564 I.d.S. *Dreher*, DB 1999, 832, 834; *Wiedemann*, in: Handbuch des Kartellrechts, § 23 Rn. 68; *Bechtold*, GWB, § 19 GWB Rn. 69.
565 *Nothdurft*, in: Langen/Bunte, § 19 GWB Rn. 344.
566 Dazu auch *Markert*, WuW 1995, 560, 561.
567 Anders offenbar *Fuchs/Möschel*, in: Immenga/Mestmäcker, § 19 GWB Rn. 318.
568 BRat, Stellungnahme zum Entwurf eines Sechsten Gesetzes zur Änderung des Gesetzes gegen Wettbewerbsbeschränkungen, BT-Drucks. 13/9720, S. 71, 74.
569 *v. Wallenberg*, K&R 1999, 152, 154.
570 *Hohmann*, S. 205 f.; *Fuchs/Möschel*, in: Immenga/Mestmäcker, § 19 GWB Rn. 319.
571 Zu deshalb erforderlichen Korrekturüberlegungen *Fuchs/Möschel*, in: Immenga/Mestmäcker, § 19 GWB Rn. 319, 322.

gende (beispielhafte) Auflistung möglicher Infrastruktureinrichtungen zu sehen. Wie sich bereits aus der Entscheidungspraxis ergibt, kommen als »Hilfsmittel« zur Hervorbringung von Wirtschaftsprozessen insbesondere materielle Einrichtungen wie Fährhäfen,[572] Flughäfen, Bahnhöfe[573] und Sportstätten,[574] aber auch Produktionsanlagen,[575] Lagerhallen und Vertriebseinrichtungen[576] sowie Energie-,[577] Telekommunikations-, Breitbandkabel-, Wasser- oder Abwassernetze in Betracht. Entsprechendes gilt für virtuelle Einrichtungen wie Internet-Handelsplattformen und -Suchmaschinen[578] oder Buchungs- und Reservierungssysteme.[579] Dagegen können gewerbliche Schutzrechte und das Urheberrecht, aber auch andere Rechte[580] schon vom Wortsinn her nicht als Einrichtungen qualifiziert werden. Entsprechendes gilt für Daten und Informationen.[581] Eine Einbeziehung von Daten und Informationen könnte im Übrigen dazu führen, dass Schutzgegenstände gewerblicher Schutzrechte auf diesem Weg gleichwohl in den Anwendungsbereich von § 19 Abs. 2 Nr. 4 GWB einbezogen werden.

Ein Zugang zu Infrastruktureinrichtungen wird über § 19 Abs. 2 Nr. 4 GWB **nur zu bestehenden Einrichtungen** eröffnet. Die Nutzungseinräumung bezieht sich auf Einrichtungen, so wie sie stehen und liegen. In der Entscheidungspraxis zu § 19 Abs. 2 Nr. 4 GWB findet sich der Hinweis, mit dem Zugangsanspruch sei kein Anspruch auf Wesensänderungen an der Einrichtung verbunden.[582] Ob damit andererseits geringfügige **Umbau- oder Anpas-**

159

---

572 BGH WuW/E DE-R 977, 979 – *Fährhafen Puttgarden*; BKartA WuW/E DE-V 253, 255 – *Puttgarden*.
573 *Nothdurft*, in: Langen/Bunte, § 19 GWB Rn. 344.
574 OLG Koblenz WuW/E DE-R 3727, 3741 = NZKart 2013, 164 – *Nürburgring-Nordschleife*.
575 *Dreher*, DB 1999, 833, 834; a.A. *Bechtold*, GWB, § 19 GWB Rn. 69; *Fuchs/Möschel*, in: Immenga/Mestmäcker, § 19 GWB Rn. 321.
576 *Fuchs/Möschel*, in: Immenga/Mestmäcker, § 19 GWB Rn. 321; a.A. wohl *Wiedemann*, in: Handbuch des Kartellrechts, § 23 Rn. 68 (zu Kühltruhen).
577 LG Dortmund WuW/E DE-R 565, 566 = GRUR-RR 2001, 43, 44 – *Gashandel*; BKartA WuW/E DE-V 149, 151 – *Berliner Stromdurchleitung*.
578 *Fuchs/Möschel*, in: Immenga/Mestmäcker, § 19 GWB Rn. 322; a.A. *Kersting/Dworschak* NZKart 2013, 46, 48.
579 *Fuchs/Möschel*, in: Immenga/Mestmäcker, § 19 GWB Rn. 324; *Nothdurft*, in: Langen/Bunte, § 19 GWB Rn. 344; offen gelassen von OLG Hamburg WuW/E DE-R 1076, 1077 ff. – *Online-Ticketshop*.
580 Vgl. zu Übertragungsrechten für Großveranstaltungen *Körber/Zagouras*, WuW 2004, 1144, 1151 ff.
581 A.A. KG WuW/E DE-R 1321, 1324 – *Gera-Rostock* (Fahrplanauskunft); *Fuchs/Möschel*, in: Immenga/Mestmäcker, § 19 GWB Rn. 322; *Nothdurft*, in: Langen/Bunte, § 19 GWB Rn. 344.
582 OLG Düsseldorf WuW/E DE-R 2941, 2944 – *Fährhafen Puttgarden II*; BKartA WuW/E DE-V 253, 258 – *Puttgarden*.

§ 19 GWB *Verbotenes Verhalten von marktbeherrschenden Unternehmen*

sungsmaßnahmen verlangt werden können,[583] erscheint freilich zweifelhaft.[584] Richtigerweise trägt dafür der Zugangspetent das wirtschaftliche Risiko, da der Zugangsanspruch nach Sinn und Zweck auf den Bestand der Einrichtung beschränkt ist, so wie sie vom Normadressaten auch selbst genutzt wird. Fehlt es an einer hinreichenden Kapazität für die Mitbenutzung, kann dies zum Ausschluss des Zugangsrechts führen (dazu Rdn. 162).

160 Ein Zugangsanspruch besteht nach § 19 Abs. 2 Nr. 4 GWB nur, wenn dem Zugangspetenten ohne die Mitbenutzung der Infrastruktureinrichtung ein **wettbewerbsbegründender Marktzugang** auf vor- oder nachgelagerten Märkten aus rechtlichen oder tatsächlichen Gründen nicht möglich ist. In diesem Sinne muss die Infrastruktureinrichtung für den Petenten »wesentlich« sein. Das kann angesichts des erheblichen Eingriffs in die wirtschaftliche Betätigungsfreiheit des Normadressaten nicht schon dann der Fall sein, wenn der Zugang zu den Ressourcen des marktbeherrschenden Unternehmens es dem Petenten lediglich erleichtert, auf dem abgeleiteten Markt zu reüssieren. Vielmehr muss der Zugang ansonsten überhaupt »nicht möglich« sein. Das setzt zunächst voraus, dass der Zugangspetent außer Stande ist selbst eine entsprechende Infrastruktureinrichtung zu schaffen. Dafür können rechtliche und tatsächliche Gründe ausschlaggebend sein (**fehlende Duplizierbarkeit**).[585] Es dürfen dem Petenten aber auch keine anderen Mittel zur Verfügung stehen, um den Marktzutritt zu erreichen. Mit anderen Worten muss es – wiederum aus rechtlichen oder tatsächlichen Gründen – **ausgeschlossen** sein, dass die **Infrastruktureinrichtung substituierbar** ist.[586] Maßgebend ist insoweit, dass bei objektiver Betrachtung[587] kein anderes (drittes) Unternehmen in der Lage wäre, in den abgeleiteten Markt einzutreten.[588] In der Norm angelegt ist insoweit eine **Prognosebetrachtung**.[589] Einzubeziehen ist dabei das gesamte Marktumfeld,[590] aus dem sich wiederum die im Gesetz genannten rechtlichen oder tatsächlichen Gründe für die fehlende Duplizierbarkeit und Substituierbarkeit der Einrichtung ergeben können. In **rechtlicher Hinsicht** kommen Genehmigungserfordernisse in Betracht, die etwa aus gewerberechtlichen, baurecht-

---

583 I.d.S. im Hinblick auf Maßnahmen zur Schaffung und Freilegung von Kapazitäten *Hohmann*, S. 291 ff.; *Fuchs/Möschel*, in: Immenga/Mestmäcker, § 19 GWB Rn. 333; *Wolf*, in: MünchKommKartR, § 19 GWB Rn. 167.
584 Ebenso *Wiedemann*, in: Handbuch des Kartellrechts, § 23 Rn. 70, 70a.
585 *Nothdurft*, in: Langen/Bunte § 19 GWB Rn. 349.
586 *Fuchs/Möschel*, in: Immenga/Mestmäcker, § 19 GWB Rn. 326.
587 Dazu BKartA WuW/E DE-V 149, 152 – *Berliner Stromdurchleitung*.
588 *Dreher*, DB 1999, 833, 835; *v. Wallenberg* K&R 1999, 152, 156; *Wiedemann*, in: Handbuch des Kartellrechts, § 23 Rn. 70; *Fuchs/Möschel*, in: Immenga/Mestmäcker, § 19 GWB Rn. 327.
589 BGH WuW/E DE-R 3831 Rn. 29 = NJW 2013, 1095 – *Fährhafen Puttgarden II*; *Nothdurft*, in: Langen/Bunte, § 19 GWB Rn. 350.
590 *Fuchs/Möschel*, in: Immenga/Mestmäcker, § 19 GWB Rn. 328.

lichen oder umweltrechtlichen Vorschriften resultieren können, soweit sich aus ihnen dauerhafte Hindernisse für den Marktzutritt ergeben.[591] **Tatsächliche Gründe** können sich daraus ergeben, dass eine Infrastruktureinrichtung aus physischen, technischen oder wirtschaftlichen Gründen weder duplizierbar noch substituierbar ist, wobei freilich gerade bei wirtschaftlichen Gesichtspunkten ein sehr strenger Maßstab anzulegen ist.[592] Die Prognose wird unter Umständen erleichtert, wenn anzunehmen ist, dass Konkurrenten des Zugangspetenten auch ohne Mitbenutzung der Infrastruktur demnächst in den Markt eintreten werden. Denkbar ist auch eine zeitliche Befristung des Zugangs, sofern zum Zeitpunkt der Geltendmachung noch Gründe für die fehlende Substituier- und Duplizierbarkeit vorliegen, diese aber in absehbarer Zeit mit einiger Wahrscheinlichkeit fortfallen.[593] Fehlt es nach dem zuvor Gesagten an der Duplizier- und Substituierbarkeit der Infrastruktureinrichtung, kommt ein Zugangsanspruch dem Grunde nach nur in Betracht, wenn dieser **wettbewerbsbegründend** ist. Dies bedeutet, dass durch den Marktzutritt des Zugangspetenten ein Wettbewerbsverhältnis zu dem Zugangspetenten entstehen muss. Das ist der Fall, wenn der Normadressat ohnehin schon auf dem abgeleiteten Markt tätig ist, aber auch dann, wenn er jedenfalls als potenzieller Wettbewerber des Zugangspetenten in Betracht kommt. Ist beides zu verneinen, scheidet ein Zugang zu Ressourcen des marktbeherrschenden Unternehmens über § 19 Abs. 2 Nr. 4 GWB aus. Ein ersatzweiser Rückgriff auf § 19 Abs. 2 Nr. 1 bzw. Abs. 1 GWB ist ausgeschlossen, wenn man der hier vertretenen Auffassung folgt, dass das allgemeine Behinderungsverbot eine Geschäftseröffnung seitens des Normadressaten voraussetzt, die im Falle der Zugangsverweigerung i.S.v. § 19 Abs. 2 Nr. 4 GWB gerade nicht vorliegt.[594]

Das marktbeherrschende Unternehmen kann den **Zugang verweigern**, wenn es nachweist, dass die Mitbenutzung aus betriebsbedingten oder sonstigen Gründen nicht möglich oder nicht zumutbar ist. Die Zugangsverweigerung ist mithin einer **sachlichen Rechtfertigung** seitens des Normadressaten zugänglich. Damit öffnet sich das Gesetz einer **Interessenabwägung**. Diese weicht im Ausgangspunkt nicht von den allgemein für die Interessenabwägung im Rahmen von § 19 GWB geltenden Grundsätzen ab (dazu Rdn. 15). Allerdings ist zu berücksichtigen, dass die Verhaltensanforderungen an ein marktbeherrschendes Unternehmen im Anwendungsbereich von § 19 Abs. 2 Nr. 4 GWB deutlich höher sind als im sonstigen Kontext von § 19 GWB. Der Norm-

161

---

591 BGH WuW/E DE-R 3821 Rn. 36 = NJW 2013, 1095 – *Fährhafen Puttgarden II*; *Wolf*, in: MünchKommKartR, § 19 GWB Rn. 161.
592 Vgl. auch *Fuchs/Möschel*, in: Immenga/Mestmäcker, § 19 GWB Rn. 327.
593 Vgl. BKartA WuW/E DE-V 149, 157 – *Berliner Stromdurchleitung Fuchs/Möschel*, in: Immenga/Mestmäcker, § 19 GWB Rn. 329; vgl. auch *Schwintowski*, WuW 1999, 842, 852; a.A. v. *Wallenberg*, K&R 1999, 152, 155.
594 A.A. *Fuchs/Möschel*, in: Immenga/Mestmäcker, § 19 GWB Rn. 331.

adressat unterliegt nach § 19 Abs. 2 Nr. 4 GWB einer quasi-regulatorischen Inpflichtnahme, weshalb seine Interessen gegenüber dem Zugangsinteresse des Petenten nur dann höherrangig sind, wenn mehr oder weniger zwingende Gründe gegen eine Mitbenutzung der Ressourcen sprechen. Der Grundsatz, dass kein Wettbewerber verpflichtet ist, einen Konkurrenten zu seinem eigenen Schaden zu fördern,[595] kann daher nicht uneingeschränkt zur Anwendung kommen,[596] so dass beliebige betriebsbedingte oder sonstige Gründe nicht durchgreifen. Allein der Umstand, dass der Normadressat möglicherweise Gewinneinbußen erleidet oder Kunden und Marktanteile an den Zugangspetenten verliert, kommt daher als sachliche Rechtfertigung nicht in Betracht.[597]

162 Als **betriebsbedingte Gründe** zu akzeptieren sind allerdings die drohende Gefahr einer **Störung des Betriebsauflaufs** oder der **Betriebs- und Funktionssicherheit** der Einrichtung.[598] Zu Recht anerkannt als Rechtfertigungsgrund ist die Berufung auf die **fehlende Kapazität** der wesentlichen Einrichtung.[599] Wie bereits Rdn. 159 erläutert, ist der Normadressat zur Schaffung zusätzlicher Kapazitäten nicht verpflichtet. Vielmehr besteht der Zugangsanspruch nur im Rahmen des Ressourcenbestandes. Dabei kann sich der Normadressat im Verhältnis zum Zugangspetenten nicht auf einen Vorrang seiner eigenen Nutzungsinteressen berufen.[600] Diese sollen aufgrund der Inpflichtnahme nach § 19 Abs. 2 Nr. 4 GWB gerade zurücktreten. **Kapazitätsmindernd** zu berücksichtigen sind allerdings vertragliche Verpflichtungen, die der Normadressat zum Zeitpunkt der Geltendmachung des Zugangsanspruchs schon mit Dritten eingegangen ist, es sei denn, der Zugangspetent will selbst diese Dritten beliefern. Dann nämlich wird nur der Lieferant ausgetauscht, ohne dass sich etwas an der Kapazitätsauslastung der Infrastruktureinrichtung ändert.[601] Würde man annehmen, dass bestehende Verpflichtun-

---

595 Vgl. nur BGH WuW/E BGH 2755, 2759 = GRUR 1992, 199, 200 – *Aktionsbeiträge*; ebenso, aber mit Hinweis auf mögliche Einschränkungen BGHZ 128, 17, 38 = WuW/E BGH 2953, 2964 – *Gasdurchleitung*; krit. *Markert*, WuW 1995, 560, 568 ff.
596 *Fuchs/Möschel*, in: Immenga/Mestmäcker, § 19 GWB Rn. 332.
597 Ebenso *Hohmann*, S. 299; *Fuchs/Möschel*, in: Immenga/Mestmäcker, § 19 GWB Rn. 338.
598 *Fuchs/Möschel*, in: Immenga/Mestmäcker, § 19 GWB Rn. 338.
599 Ebenso BGH WuW/E DE-R 3821 Rn. 29 = NJW 2013, 1095 – *Fährhafen Puttgarden II*; *Fuchs/Möschel*, in: Immenga/Mestmäcker, § 19 GWB Rn. 333; *Nothdurft*, in: Langen/Bunte, § 19 GWB Rn. 356; *Wolf*, in: MünchKommKartR, § 19 GWB Rn. 164.
600 *Hohmann*, S. 284 ff.; *Fuchs/Möschel*, in: Immenga/Mestmäcker, § 19 GWB Rn. 334; a.A. *Haus*, WuW 1999, 1190, 1192.
601 Zum Sachverhalt des Kundentausches auch LG Dortmund WuW/E DE-R 565, 566 = GRUR-RR 2001, 43, 44 f. – *Gashandel*; *Fuchs/Möschel*, in: Immenga/Mestmäcker, § 19 GWB Rn. 335.

gen mit Dritten dem Zugangsbegehren des Petenten weichen müssten, wäre dies mit einem schwerwiegenden Eingriff in die Vertrags- und Wettbewerbsfreiheit nicht nur des Normadressaten, sondern auch der betroffenen Dritten verbunden, der sachlich nicht zu rechtfertigen ist.[602] Soweit danach gleichberechtigte Nutzungsinteressen bestehen, diese aber mit der vorhandenen Kapazität nicht bedient werden können, ist eine **Repartierung** vorzunehmen.[603] Es gelten insoweit die bereits Rdn. 129 f. dargelegten Grundsätze.

Neben den betriebsbedingten Gründen lässt § 19 Abs. 2 Nr. 4 GWB auch eine Rechtfertigung aufgrund **sonstiger Gründe** zu. Dabei kommt zunächst die Berufung auf **gesetzliche, insbesondere verfassungsrechtliche Wertungen** in Betracht, die einer Zugangsgewährung entgegenstehen.[604] Wie bereits mehrfach hervorgehoben, ist der wettbewerbsbegründende Zugang zu Ressourcen eines anderen Unternehmens, auch wenn es sich um ein marktbeherrschendes Unternehmen handelt, mit einem erheblichen Eingriff in dessen Vertrags- und Wirtschaftsfreiheit verbunden, der eine andere Qualität hat als in den allgemeinen Fällen der Geschäftsverweigerung.[605] Unter dem Gesichtspunkt der Verhältnismäßigkeit des Eingriffs stellt sich insoweit die Frage, ob dies mit der bloßen Möglichkeit des Marktzutritts durch ein anderes Unternehmen auf dem abgeleiteten Markt gerechtfertigt werden kann. Immerhin ist die Erlangung von Marktmacht als solches nach den im Übrigen für § 19 GWB geltenden Grundsätzen nicht geeignet, einen Missbrauchstatbestand zu begründen. Vor diesem Hintergrund hat der EuGH[606] in seiner Rechtsprechung zu Art. 102 AEUV wiederholt zum Ausdruck gebracht, dass ein Zugang zu wesentlichen Einrichtungen eines Wettbewerbers nur im Ausnahmefall und nur dann gerechtfertigt ist, wenn dadurch auch die Auswahlmöglichkeiten des Verbrauchers auf dem abgeleiteten Markt verbessert werden, nämlich in dem Sinne, dass der Zugangspetent mit einem neuen, qualitativ verbesserten Produkt auf den Markt tritt (dazu näher Art. 102 AEUV Rn. 179). Dieser Ansatz ist in besonderer Weise geeignet, die Verhältnismäßigkeit des Eingriffs in die Handlungs-, Berufsausübungs- und Eigentumsfreiheit des Normadressaten sicherzustellen. Der Normadressat kann sich daher zur Rechtfertigung der Zugangsverweigerung darauf berufen, dass der Zugang zur wesentlichen Einrichtung die Auswahlfreiheit der Verbraucher im vorbenannten Sinne nicht verbessert.[607] Darüber hinaus ist es denkbar, dass **sek-**

163

---

602 *Fuchs/Möschel*, in: Immenga/Mestmäcker, § 19 GWB Rn. 334.
603 *Dreher*, DB 1999, 833, 838; *Wolf*, in: MünchKommKartR, § 19 GWB Rn. 165.
604 *Wolf*, in: MünchKommKartR, § 19 GWB Rn. 162.
605 A.A. *Nothdurft*, in: Langen/Bunte, § 19 GWB Rn. 347.
606 EuGH Slg. 1995, I-743, Tz. 54 – *Magill*; Slg. 2004, I-5039, Tz. 38 – *IMS Health*.
607 Vgl. *Busche*, Privatautonomie und Kontrahierungszwang, 1999, S. 367 ff.; *Stern/Dietlein*, RTkomm 1999, 2, 10; a.A. *Fuchs/Möschel*, in: Immenga/Mestmäcker, § 19 GWB Rn. 338; *Nothdurft*, in: Langen/Bunte, § 19 GWB Rn. 347.

§ 19 GWB   *Verbotenes Verhalten von marktbeherrschenden Unternehmen*

torspezifische Zugangsregelungen auf die Interessenabwägung im Rahmen von § 19 Abs. 2 Nr. 4 GWB ausstrahlen.[608] Zudem kann sich der Normadressat auf Gründe in der **Person des Zugangspetenten** berufen. Soweit kein Zugang gegen Vorkasse begehrt wird, ist die fehlende Kreditwürdigkeit des Petenten ein Grund, der die Ressourcenöffnung unzumutbar erscheinen lässt.[609] Zweifelhaft erscheint dagegen, ob sich der Normadressat gegen einen Zugangsanspruch mit dem Einwand wehren kann, die Infrastruktureinrichtung beruhe auf einer besonders **innovativen Eigenleistung** und müsse daher – zumindest für einen begrenzten Zeitraum – der Eigennutzung vorbehalten bleiben.[610] Insoweit stellt sich die Frage, unter welchen Voraussetzungen von einer »innovativen« Eigenleistung auszugehen ist. Eine Abgrenzung ist kaum zu leisten. Wollte man sich etwa an den Voraussetzungen des Patentschutzes orientieren, könnte dem Normadressaten auch entgegenhalten werden, warum er sich nicht um einen Patentschutz bemüht hat, der jedenfalls nicht mit dem Instrument des § 19 Abs. 2 Nr. 4 GWB angegriffen werden könnte.

164 Der Normadressat ist im Übrigen nur dann zur Gewährung eines Zugangs verpflichtet, wenn der Zugangspetent bereit ist, dafür ein **angemessenes Entgelt** zu zahlen. Dies entspricht den auch ansonsten aus dem Regulierungsrecht bekannten Ansätzen (vgl. nur §§ 13 AEG, 21 Abs. 1 EnWG). Wenn das Gesetz insoweit von einer »angemessenen« und nicht wie etwa in §§ 612 Abs. 2, 632 Abs. 2 BGB von einer »üblichen« Vergütung spricht, ist klar, dass sich die Angemessenheit des Entgelts jedenfalls nicht an einer möglicherweise missbräuchlichen Praxis des Normadressaten orientieren kann. Es bietet sich daher an, für die Bemessung der Entgelthöhe auf die Grundsätze zurückzugreifen, die für den Preishöhenmissbrauch gelten (dazu Rdn. 28 ff.). Freilich wird es häufig schwer fallen, geeignete Vergleichsmärkte für die Ermittlung eines Als-ob-Wettbewerbspreises zu finden.[611] Entweder werden diese angesichts der Einzigartigkeit der Infrastruktur nicht existieren oder selbst durch vermachtete Strukturen geprägt sein. Es bleibt daher nur der Ausweg, die Angemessenheit des Entgelts anhand der für die Mitbenutzung der Infrastruktur entstehenden **Kosten** zu beurteilen,[612] mit allen Unwägbarkeiten, die mit diesem Ansatz zwangsläufig verbunden sind. Auf der anderen Seite handelt es sich um ein im Regulierungsrecht gängiges Konzept, auf das auch deshalb zurückgegriffen werden kann, weil es sich bei § 19 Abs. 2 Nr. 4 GWB

---

608 Dazu *Fuchs/Möschel*, GWB, § 19 GWB Rn. 339 f.
609 *Wolf*, in: MünchKommKartR, § 19 GWB Rn. 160.
610 I.d.S. *Fuchs/Möschel*, in: Immenga/Mestmäcker, § 19 Rn. 337.
611 *Heise*, WuW 2009, 1024, 1029; *Fuchs/Möschel*, in: Immenga/Mestmäcker, § 19 GWB Rn. 344; *Nothdurft*, in: Langen/Bunte, § 19 GWB Rn. 354.
612 So auch bereits die Gesetzesmaterialien; vgl. nur BRat, Stellungnahme zum Entwurf eines Sechsten Gesetzes zur Änderung des Gesetzes gegen Wettbewerbsbeschränkungen, BT-Drucks. 13/9720, S. 71, 74.

im Grunde um eine verkappte Regulierungsvorschrift handelt, die aus dem Rahmen des § 19 GWB herausfällt. Das rechtfertigt auch eine vom »allgemeinen« Preishöhenmissbrauch abweichende Herangehensweise. Die Beurteilung der Angemessenheit des Entgeltes kann sich allerdings nicht an internen Verrechnungspreisen und der zugrundeliegenden Kostenstruktur vertikal integrierter Normadressaten orientieren,[613] auch wenn durch die Gesetzesmaterialien[614] ein entsprechendes Verfahren nahegelegt wird, soweit dort davon die Rede ist, Dritte dürften nicht anders behandelt werden als der Inhaber der wesentlichen Einrichtung sich selbst behandelt. Interne Verrechnungspreise geben nämlich nicht notwendig ein zutreffendes Bild von der tatsächlichen Kostenstruktur ab, da die Kosten konzernintern verlagert sein können.[615] Auch im Übrigen können die Kosten des Normadressaten nicht unbesehen der Entgeltbestimmung zugrundegelegt werden. Vielmehr können nur die Kosten berücksichtigt werden, die den Grundsätzen einer effizienten Leistungserbringung entsprechen.[616] Das entspricht im Übrigen auch der Praxis im Regulierungsrecht (vgl. nur §§ 21 Abs. 2 EnWG, 20 Abs. 1 PostG, 30 Abs. 3 TKG). Die für die Entgelthöhe maßgeblichen Kriterien müssen im Übrigen entsprechend auch auf andere (entgeltrelevante) Zugangsbedingungen angewendet werden, weil sich der Sachverhalt der Zugangsverweigerung auch aus deren Unangemessenheit ergeben kann.[617]

(d) Verhältnis zu § 19 Abs. 1, Abs. 2 Nr. 1 GWB

Wie bereits wiederholt betont, nimmt die Vorschrift des § 19 Abs. 2 Nr. 4 GWB eine Sonderstellung im Kontext des § 19 GWB ein. Sie hat einen regulierungsähnlichen Charakter und ist im Unterschied zu § 19 Abs. 2 Nr. 1 GWB nur auf Fälle anwendbar, in denen der Normadressat zuvor keinen Geschäftsverkehr für die wesentliche Einrichtung eröffnet hat. Aus diesem Grunde ist es entgegen ganz überwiegender Auffassung[618] nicht möglich, zur Begründung eines Zugangsanspruchs parallel § 19 Abs. 2 Nr. 1 GWB oder die Generalklausel des § 19 Abs. 1 GWB heranzuziehen. Fehlt es an einer Geschäftseröffnung seitens des Normadressaten und liegen des weiteren auch ein- 165

---

613 *Nothdurft*, in: Langen/Bunte, § 19 GWB Rn. 354; undeutlich *Fuchs/Möschel*, in: Immenga/Mestmäcker, § 19 GWB Rn. 344.
614 BRat, Stellungnahme zum Entwurf eines Sechsten Gesetzes zur Änderung des Gesetzes gegen Wettbewerbsbeschränkungen, BT-Drucks. 13/9720, S. 71, 74.
615 *Nothdurft*, in: Langen/Bunte, § 19 GWB Rn. 354.
616 *Fuchs/Möschel*, in: Immenga/Mestmäcker, § 19 GWB Rn. 344; *Nothdurft*, in: Langen/Bunte, § 19 GWB Rn. 354; *Wolf*, in: MünchKommKartR, § 19 GWB Rn. 155.
617 *Nothdurft*, in: Langen/Bunte, § 19 GWB Rn. 355.
618 Vgl. nur *Fuchs/Möschel*, in: Immenga/Mestmäcker, § 19 GWB Rn. 352 f.; *Markert*, in: Immenga/Mestmäcker, § 19 GWB Rn. 159; *Nothdurft*, in: Langen/Bunte, § 19 GWB Rn. 337; *Wolf*, in: MünchKommKartR, § 19 GWB Rn. 145, 146.

zelne Voraussetzungen des § 19 Abs. 2 Nr. 4 GWB nicht vor, verbietet sich mithin auch eine »ersatzweise« Heranziehung von § 19 Abs. 1 und Abs. 2 Nr. 1 GWB. Das ist nicht zuletzt für die Beurteilung des »Zugangs« zu Immaterialgüterrechten von Bedeutung (dazu Rdn. 166 ff.).

(4) Verweigerung von Lizenzen an Immaterialgüterrechten

(a) Allgemeines

166 Eine gewisse Verwandtschaft mit den Fällen, in denen Zugang zu einer wesentlichen Einrichtung begehrt wird, weisen die Sachverhalte auf, bei denen ein Petent von dem Inhaber eines Immaterialgüterrechts die Einräumung einer Lizenz begehrt. Ziel dieses Begehrens ist es zumeist, vermittelt über die Schutzrechtslizenz einen **Zugang zu einer geschützten Technik** (Verfahren), **einem geschützten Erzeugnis oder Produkt** zu erlangen, um entweder auf dem originären Markt des Schutzrechtsinhabers oder auf einem abgeleiteten Markt, auf dem der Schutzrechtsinhaber gegebenenfalls auch selbst tätig ist, in den Wettbewerb eintreten zu können. Zumindest in letztgenannter Hinsicht sind die Parallelen zu den essential facilities-Sachverhalten offensichtlich, zumal Immaterialgüterrechte ähnlich wie Infrastruktureinrichtungen »wesentlichen« Charakter für den Zugang zu bestimmten Märkten haben können. Dies mag erklären, weshalb der Zugang zu wesentlichen Einrichtungen und Immaterialgüterrechten in Rechtsprechung und Schrifttum häufig parallel behandelt wird. Das zeigt sich insbesondere dort, wo bei essential facilities-Konstellationen ohne Weiteres Rückgriff auf die Judikatur der Unionsgerichte zur Lizenzierung von Immaterialgüterrechten genommen wird (dazu Art. 102 Rn. 176). Freilich ist es geboten, beide Fallgruppen getrennt zu behandeln. Zum Einen sind Immaterialgüterrechte schon dem Wortsinn nach keine »Netze« und »Infrastruktureinrichtungen« i.S.v. § 19 Abs. 2 Nr. 4 GWB; zum Anderen folgt aus der bloßen **Inhaberschaft an einem Schutzrecht** im Gegensatz zur Verfügungsmacht über eine wesentliche (Infrastruktur-)Einrichtung **noch keine marktbeherrschende Stellung**. Vielmehr bieten Immaterialgüterrechte lediglich das Potenzial, eine wirtschaftliche Machtstellung zu begründen. Die Marktbeherrschung bedarf mithin einer positiven Feststellung. Erleichtert wird diese Feststellung bei **standardessentiellen Schutzrechten**, da der Vorgang der Standardisierung ein Ausweichen der Marktgegenseite auf nicht dem Standard entsprechende Produkte ausschließt. Unter dieser Voraussetzung ist die Schutzrechtsinhaberschaft ausnahmsweise gleichbedeutend mit der Marktbeherrschung auf dem abgeleiteten Markt für Schutzrechtslizenzen.[619] Relevant ist dies insbesondere bei standardessentiel-

---

[619] Komm, AT 39939, Tz. 45 ff. – *Samsung*; AT 39985 Tz. 225 ff. – *Motorola*; *Körber*, S. 33.

len Patenten (SEPs).⁶²⁰ Entsprechendes gilt, wenn sich der vom Schutzrecht erfasste Gegenstand zu einem **De-facto-Standard** entwickelt hat.⁶²¹

Darüber hinaus ist die Weigerung, eine Lizenz zu erteilen, selbst wenn eine Marktbeherrschung vorliegt, als solches noch nicht missbräuchlich. Im Übrigen ist auch bei der Lizenzierung von Immaterialgüterrechten zu unterscheiden: Handelt es sich um eine (willkürliche) Lizenzverweigerung, die nach einer Lizenzerteilung an Dritte erfolgt, liegt ein klassischer Diskriminierungsfall vor, der mit einer essential facilities-Konstellation von vornherein nichts zu tun hat (s. bereits Rdn. 147). Entsprechendes gilt, wenn sich der Schutzrechtsinhaber gegenüber einer Standardisierungsorganisation bereit erklärt hat, Lizenzen jederzeit zu angemessenen Bedingungen (sog. FRAND-Bedingungen) zu erteilen (dazu Art. 102 AEUV Rn. 189 f.). Von Interesse sind im vorliegenden Zusammenhang allein die Fälle, die dadurch gekennzeichnet sind, dass der **Normadressat vor dem Lizenzierungsbegehren** in dieser Hinsicht noch **keinen Geschäftsverkehr eröffnet** hat.

167

Kartellrechtliche Zwangslizenzen im vorbenannten Sinne spielen vornehmlich in der **Rechtspraxis** zu Art. 102 AEUV eine Rolle, wobei der Schwerpunkt im Bereich des Urheberrechts, aber auch des Patentrechts liegt (zu Einzelheiten Art. 102 AEUV Rn. 134, 185). Denkbar, wenngleich weniger praxisrelevant, sind Zwangslizenzen auch bei **Designs** (Geschmacksmustern). Dagegen ist eine Zwangslizenzierung von **Marken** ausgeschlossen, weil sie mit den Markenfunktionen, insbesondere mit der Herkunftsfunktion des geschützten Kennzeichens, nicht vereinbar ist.⁶²²

168

Die Anwendung des Kartellrechts zur Begründung von Zwangslizenzen an Immaterialgüterrechten wird im Übrigen **durch sondergesetzliche Tatbestände**, soweit sie ebenfalls eine Zwangslizenzierung erlauben, **nicht ausgeschlossen**, da die Vorschriften regelmäßig **unterschiedlichen Schutzzwecken** dienen. Das gilt etwa für § 24 PatG.⁶²³ Danach können Zwangslizenzen zur Benutzung einer patentgeschützten Erfindung erteilt werden, wenn das öffentliche Interesse dies gebietet (§ 24 Abs. 1 PatG). Das öffentliche Interesse kann dabei nach dem Schutzzweck der Norm nicht mit dem Interesse an der Funktionsfähigkeit des Wettbewerbs gleichgesetzt werden; insoweit ist das Kartellrecht berufen. Dagegen geht es in § 24 Abs. 1 PatG darum, eine Erfindung für bestimmte Anwendungen verfügbar zu machen. Im Vordergrund steht also das öffentliche Interesse an einer bestimmten Technologie.

169

---

620 BGHZ 160, 67, 73 f. = WuW/E DE-R 1329, 1331 – *Standard-Spundfass*.
621 Komm, COMP D3/38.044 Tz. 180 – *NDC Health/IMS Health*.
622 Vgl. auch *Wolf*, in: MünchKommKartR, Einl. Rn. 1407.
623 BGHZ 160, 67, 72 = WuW/E DE-R 1329, 1330 – *Standard-Spundfass II*.

(b) Einzelheiten

170 Wie bereits Rdn. 166 dargelegt, kommt ein auf § 19 Abs. 2 Nr. 4 GWB gestützter Anspruch auf »Zugang« zu Immaterialgüterrechten nicht in Betracht. Schon dem Wortsinn nach sind Immaterialgüterrechte keine »Netze« oder »andere Infrastruktureinrichtungen«. Auch eine analoge Anwendung der Vorschrift scheitert, weil der Gesetzgeber ausdrücklich verlautbart hat, dass »Ansprüche auf Nutzung fremder gewerblicher Schutzrechte nicht begründet werden sollen«.[624] Damit ist zwar terminologisch das Urheberrecht nicht erfasst. Freilich dürfte es sich insoweit um eine Ungenauigkeit handeln, denn es ist nicht ersichtlich, weshalb gerade das Urheberrecht anders behandelt werden sollte. Dem entsprechend fehlt es bereits an einer planwidrigen Regelungslücke. Überwiegend wird allerdings befürwortet, unter diesen Umständen die **Generalklausel des § 19 Abs. 1 GWB** heranzuziehen.[625] Dies erleichtere auch einen Rückgriff auf die Fallpraxis zu Art. 102 AEUV.[626] Damit werden die Verhältnisse jedoch auf den Kopf gestellt. Ein unbesehener Rückgriff auf die Judikatur zu Art. 102 AEUV muss schon deshalb ausscheiden, weil diese auf ganz anderen normativen Voraussetzungen basiert. Art. 102 AEUV enthält keine dem § 19 Abs. 2 Nr. 4 GWB vergleichbare Vorschrift und ist deshalb für eine Implementierung der essential facilities-Doktrin offener als das GWB. Jedenfalls ist es nicht angängig, den Willen des Gesetzgebers dadurch in sein Gegenteil zu verkehren, indem statt § 19 Abs. 2 Nr. 4 GWB die Generalklausel des § 19 Abs. 1 GWB herangezogen wird.[627] Das muss nach hier vertretener Auffassung auch deshalb ausscheiden, weil § 19 Abs. 2 Nr. 4 GWB einen Sondersachverhalt abschließend regelt. Im Ergebnis bedeutet dies, dass das GWB **de lege lata keine Rechtsgrundlage** für einen Eingriff in Immaterialgüterrechte enthält. Insoweit wäre der Gesetzgeber gefordert, eine abweichende Regelung zu treffen. In der Praxis dürfte dieses »Defizit« des deutschen Rechts allerdings deshalb nur eine untergeordnete Rolle spielen, weil in vielen Fällen ohnehin ein Unionsbezug gegeben sein dürfte, so dass Art. 102 AEUV zur Anwendung kommen kann. Zu Einzelheiten, insbesondere zur Behandlung standardessentieller Schutzrechte und zum Anspruch auf Lizenzierung zu FRAND-Bedingungen vgl. Art. 102 AEUV Rn. 187 ff.

---

[624] Beschlussempfehlung und Bericht des BT-Ausschusses für Wirtschaft zu dem Entwurf eines Sechsten Gesetzes zur Änderung des Gesetzes gegen Wettbewerbsbeschränkungen, BT-Drucks. 13/10633, S. 60, 72.
[625] *Nothdurft*, in: Langen/Bunte, § 19 GWB Rn. 362; *Wolf*, in: MünchKommKartR, § 19 GWB Rn. 145.
[626] *Nothdurft*, in: Langen/Bunte, § 19 GWB Rn. 362.
[627] *Busche*, FS Tilmann, 2003, S. 645, 653 f.; *Fuchs/Möschel*, in: Immenga/Mestmäcker, § 19 GWB Rn. 355.

(5) Kosten-Preis-Schere (»prize squeeze/margin squeeze«)

Zu einer eigenständigen Fallgruppe des Behinderungsmissbrauchs herausgebildet hat sich die sog. Kosten-Preis-Schere[628] (»prize squeeze/margin squeeze«).[629] Dabei handelt es sich um einen aus zwei Elementen zusammengesetzten Tatbestand, der sowohl Berührungspunkte mit dem Preismissbrauch (dazu Rdn. 28 ff.) als auch mit der Kampfpreisunterbietung (§ 20 Rdn. 36 ff.) bzw. dem Verkauf unter Einstandspreis aufweist (dazu Rdn. 97 ff.). Im Kern geht es darum, dass ein vertikal integriertes Unternehmen seine marktbeherrschende Stellung dazu ausnutzt, um Wettbewerber auf einem nachgelagerten Markt, auf dem es ebenfalls tätig ist, zu behindern. Konkret verlangt der Marktbeherrscher auf der einen Seite für eine **Vorleistung**, auf welche die Wettbewerber auf dem nachgelagerten Markt angewiesen sind, einen **überhöhten Preis**; dadurch steigen bei den Wettbewerbern die Kosten für ihr Endprodukt. Parallel dazu setzt das marktbeherrschende Unternehmen auf der anderen Seite den Preis für sein Endprodukt auf dem nachgelagerten Markt derart niedrig fest, dass die **Wettbewerber**, wenn sie in den Preis eintreten, angesichts der hohen Vorleistungskosten keine Gewinne erzielen können.[630] Sie geraten damit in eine Kosten-Preis-Schere, die zu ihrem **Ausscheiden aus dem Markt** führen kann.[631] Selbst wenn die Wettbewerber nämlich ebenso effizient sind wie der Marktbeherrscher (sog. equally efficient competitor-Test[632]), verfügen sie regelmäßig über weniger Finanzkraft und können daher letzten Endes im Wettbewerb nicht bestehen.[633] Das gilt jedenfalls dann, wenn sogar für den potenteren Marktbeherrscher die Gewinnspanne nicht ausreichen würde, um die Kosten für das Endprodukt zu decken.[634]

171

---

628 Verbreitet ist auch die Bezeichnung »Preis-Kosten-Schere«; der Begriff »Kosten-Preis-Schere« verdeutlicht jedoch besser, dass Wettbewerber des Marktbeherrschers aufgrund der hohen Vorleistungskosten und der, wegen der Niedrigpreisstrategie des Normadressaten) begrenzten Preisgestaltungsspielräume einem Schereneffekt unterliegen.
629 Dazu *Colley/Burnside*, European Competition Journal 2006, 185 ff.; *Crocioni*, ECLR 2005, 558 ff.; *Klotz*, MMR 2008, 650 ff.; *Henk-Merten*, Die Kosten-Preis-Schere im Kartellrecht, 2004; *O'Donoghue/Padilla*, S. 303 ff.
630 Zu derartigen Fallgestaltungen EuGH Slg. 2010, I-9555 Tz. 167 – *Deutsche Telekom/Kommission*; Slg. 2011, I-527 Tz. 30 ff. – *TeliaSonera Sverige;* EuG Slg. 2000, II-3755 Tz. 177 ff. – *Industrie des Poudres Sphériques/Kommission*.
631 S. auch Komm., ABl. 2003 Nr. L 263/9, Tz. 108 – *Deutsche Telekom AG*.
632 Dazu Komm., Prioritätenmitteilung, ABl. 2009 Nr. C 45/7, Tz. 80; s. auch EuGH Slg. 2010, I-9555, Tz. 198 ff. – *Deutsche Telekom/Kommission*; Slg. 2011, I-527, Tz. 41 – *TeliaSonera Sverige*; EuG T-336/07, Tz. 188 – *Telefonica*.
633 EuG Slg. 2008, I-477 Tz. 237 – *Deutsche Telekom/Kommission*; Komm., ABl. 2003 Nr. L 263/9, Tz. 102 – *Deutsche Telekom AG*; *Markert*, in: Immenga/Mestmäcker § 19 GWB Rn. 191; *Nothdurft*, in: Langen/Bunte, § 19 GWB Rn. 279.
634 EuGH Slg. 2011, I-527 Tz. 40 ff. – *TeliaSonera Sverige*; Slg. 2010, I-9555 Tz. 198, 201 f. – *Deutsche Telekom/Kommission*; Komm., ABl. 1988 Nr. L 284/41, Tz. 66

172 Der Schwerpunkt des missbräuchlichen Verhaltens des Marktbeherrschers liegt damit nicht im Preismissbrauch (Ausbeutungsmissbrauch), der von der Preisfestsetzung für die Vorleistung ausgeht,[635] sondern in der mit der **Margenbeschneidung** verbundenen Verdrängungswirkung, die mit einer Behinderung der Wettbewerber auf dem nachgelagerten Markt verbunden ist.[636] Insoweit kann kein Zweifel bestehen, dass es sich bei dem Sachverhalt der Kosten-Preis-Schere um einen selbstständig zu erfassenden Fall des Behinderungsmissbrauchs handelt,[637] der infolge der Verkopplung der einzelnen Verhaltenselemente eine eigene Qualität aufweist. Die Beschneidung der Gewinnmargen der Wettbewerber ergibt sich nämlich erst aus dem **Zusammenspiel der Verhaltenselemente auf dem beherrschten und dem nachgelagerten Markt.** Kann die auf der Margenbeschneidung beruhende Verdrängungswirkung nicht nachgewiesen werden, ist es nicht ausgeschlossen, einzelne Verhaltenselemente als Preismissbrauch oder Kampfpreisunterbietung zu erfassen. Auch sind Überschneidungen mit diesen Fallgruppen denkbar. Die Missbräuchlichkeit einer Kosten-Preis-Schere ist freilich – anders als im US-amerikanischen Recht[638] – unabhängig davon zu beurteilen und in keiner Weise davon abhängig, dass die einzelnen Preise für sich genommen missbräuchlich sind.[639]

173 Behinderungen von Wettbewerbern durch eine Kosten-Preis-Schere werden vielfach einen Bezug zu Sachverhalten aufweisen, bei denen es um den **Zugang zu wesentlichen Einrichtungen** (essential facilities) geht, da die Wirkung der Kosten-Preis-Schere nur eintreten kann, wenn die Wettbewerber des Marktbeherrschers nicht auf andere Vorleistungen ausweichen können. Beispielhaft sei insoweit auf die Regelung in § 28 Abs. 2 Nr. 2 TKG verwiesen, die den Sachverhalt der Kosten-Preis-Schere im Zusammenhang mit dem

---

    – *Napier Brown/British Sugar*; ABl. 2003 Nr. L 263/9, Tz. 179 – *Deutsche Telekom AG*.

635 Anders offenbar Komm., ABl. 2003 Nr. L 263/9, Tz. 199 – *Deutsche Telekom AG* (inzident durch Bezugnahme auf Art. 82 lit. a EG); *de Bronett*, in: Wiedemann, § 22 Rn. 51.

636 EuGH Slg. 2010, I-9555 Tz. 177 f., 253 – *Deutsche Telekom/Kommission*; Slg. 2011, I-527 Tz. 30 ff. – *TeliaSonera Sverige*; Slg. 2012, II-000, Tz. 187, 189 – *Telefónica*; s. zum EGKS-Vertrag auch Komm., ABl. 1976 Nr. L 35/6, 6 f. – *National Carbonizing*.

637 EuGH Slg. 2010, I-9555 Tz. 157, 159, 161 – *Deutsche Telekom/Kommission*; EuG Slg. 2008, II-477 Tz. 166 ff. – *Deutsche Telekom/Kommission*; *Henk-Merten*, S. 123 ff., 157 f.; *Fuchs/Möschel*, in: Immenga/Mestmäcker, EUWbR, Art. 102 AEUV Rn. 354, 360, 363; anders wohl noch EuG Slg. 2000, II-3755 Tz. 179 – *Industries des Poudres Sphériques/Kommission*.

638 S. *Pacific Bell Telephone Co. v. Linkline Commiunications, Inc.*, 129 S. Ct. 1109 (2009); dazu *Grimes* ZWeR 2009, 343, 354; *Haus* ZWeR 2009, 356, 364 ff.

639 *Fuchs/Möschel*, in: Immenga/Mestmäcker, EUWbR, Art. 102 AEUV Rn. 363.

Zugang zu Telekommunikationsnetzen aufgreift. Auch in der europäischen Entscheidungspraxis werden häufig Schereneffekte festgestellt, wenn der Zugang zu Netzinfrastrukturen in Frage steht.[640] Sie können freilich auch bei anderen Sachverhalten auftreten. Jedenfalls ist der Nachweis eines missbräuchlichen Verhaltens nicht davon abhängig, dass eine (regulatorische) Verpflichtung zur Erbringung der Vorleistung besteht.[641] Eine etwaige (staatliche) **Regulierung der Infrastrukturen** schließt im Übrigen die Anwendung des Kartellrechts nicht von vornherein aus. Diese bleibt möglich, solange für das marktbeherrschende Unternehmen gleichwohl ein individueller Handlungsspielraum besteht.[642]

Die **deutsche Rechtspraxis** zu Schereneffekten ist wenig ergiebig,[643] obwohl der Sachverhalt der Kosten-Preis-Schere mittlerweile in § 20 Abs. 3 S. 2 Nr. 3 GWB ausdrücklich verankert ist. Dagegen ist die europäische Entscheidungspraxis bereits gefestigt. Verwiesen sei exemplarisch auf die Entscheidung des EuGH in der Rechtssache *TeliaSonera Sverige*.[644] Wegen weiterer Einzelheiten sei daher auf die Erläuterungen zu Art. 102 AEUV verwiesen (dazu Art. 102 AEUV Rn. 193 ff.).

(6) Aufforderung oder Veranlassung zur Vorteilsgewährung (§ 19 Abs. 2 Nr. 5 GWB)

(a) Allgemeines

Einen weiteren Anwendungsfall des Marktmachtmissbrauchs beinhaltet § 19 Abs. 2 Nr. 5 GWB, wonach ein marktbeherrschendes Unternehmen seine Marktstellung nicht dazu ausnutzen darf, andere Unternehmen dazu aufzufordern oder zu veranlassen, ihm ohne sachlich gerechtfertigten Grund Vorteile zu gewähren.

---

640 EuGH Slg. 2010, I-9555 Tz. 167 – *Deutsche Telekom/Kommission*; Slg. 2011, I-527 Tz. 30 ff. – *TeliaSonera Sverige*; EuG Slg. 2008, II-477 Tz. 169 ff., 233 ff. – *Deutsche Telekom/Kommission*; Slg. 2012, II-000, Tz. 187 – *Telefónica*; Komm., ABl. 2003 Nr. L 263/9, Tz. 102 – *Deutsche Telekom AG*; COMP/38784 Tz. 281 ff. – *Telefónica*.
641 EuGH Slg. 2011, I-527 Tz. 49 ff. – *TeliaSonera Sverige*.
642 EuGH Slg. 1997, I-6265, Tz. 34 – *Kommission und Frankreich/Ladbroke Racing*; Slg. 2010, I-9555 Tz. 80 – *Deutsche Telekom/Kommission*; Slg. 2011 I-527 Tz. 49 ff. – *TeliaSonera Sverige*; EuG Slg. 2008, II-477 Tz. 88 – *Deutsche Telekom/Kommission*; zur abweichenden Rechtslage in den USA s. *Pacific Bell Telephone Co. v. Linkline Commiunications, Inc.*, 129 S. Ct. 1109 (2009).
643 Vgl. jedoch BKartA WuW/E DE-V 1769 – *MABEZ-Dienste*.
644 EuGH Slg. 2011, I-527 Tz. 49 ff. – *TeliaSonera Sverige*.

176 Die unter § 19 Abs. 2 Nr. 5 GWB zu rubrizierenden Sachverhalte werden häufig als »**Anzapfen**« bezeichnet. Der Gesetzgeber hat dabei die Fälle der **Ausnutzung von Nachfragemacht** vor Augen gehabt, mit denen Abnehmer versuchen, ihre Lieferanten zur Vorteilsgewährung in Form von Preisen, Rabatten und anderen Vertragskonditionen zu bewegen. Nicht erfasst werden von § 19 Abs. 2 Nr. 5 GWB die Fälle der ungleichen Behandlung von Lieferanten und der Lieferantenpreisdifferenzierung.

177 Die Vorschrift ist durch die **4. GWB-Novelle 1980** in das GWB eingefügt worden, seinerzeit als § 26 Abs. 3 GWB 1980 (vgl. Vor §§ 18 bis 20 Rdn. 7). Ziel war es, eine Schutzlücke zu schließen, da es Schwierigkeiten bereitet, die Fälle des Aufforderns (oder Veranlassens) zur Vorteilsgewährung als Behinderungsmissbrauch zu erfassen.[645]

178 Die Begehungsform des Veranlassens zur Vorteilsgewährung ist freilich erst mit der **7. GWB-Novelle 2005** in die Vorschrift aufgenommen worden, um die Missbrauchsaufsicht zu intensivieren. Der Gesetzgeber meinte, es könne nicht darauf ankommen, ob sich der Bedrängte auf die Gewährung der Vorteile einlasse oder nicht.[646] Im Vermittlungsverfahren zur 7. GWB-Novelle ist zudem der bis dahin im Gesetzestext enthaltene Begriff »Vorzugsbedingungen« durch »Vorteile« ersetzt worden, der nach dem Wortsinn weiter gefasst ist.

179 **Beispiele** für Vorteile sind etwa Sonderrabatte, finanzielle Zuwendungen zu Geschäftseröffnungen und -jubiläen, Eintrittsgelder, Regalmieten und unentgeltliche Dienstleistungen, beispielsweise im Hinblick auf das Warenmanagement. Inwieweit die Gewährung dieser Vorteile missbräuchlich ist, entscheidet sich erst im Rahmen der sachlichen Rechtfertigung.

(b) Normzweck

180 Der Schutzzweck von § 19 Abs. 2 Nr. 5 GWB ist umstritten. Der Gesetzgeber hat diesen offenbar insbesondere im Schutz vor Wettbewerbsverzerrungen auf der Nachfragestufe gesehen. Dies ergibt sich daraus, dass in den Gesetzesmaterialien auf den Beurteilungsmaßstab des heutigen § 19 Abs. 2 Nr. 1 GWB verwiesen wird.[647] Dem entsprechend hat auch der BGH im Anschluss

---

[645] BReg., Begründung zu dem Entwurf eines Vierten Gesetzes zur Änderung des Gesetzes gegen Wettbewerbsbeschränkungen, BT-Drucks. 8/2136, S. 12, 25; vgl. auch *Markert*, in: Immenga/Mestmäcker, § 19 GWB Rn. 366.
[646] BRat, Stellungnahme zu dem Entwurf eines Siebten Gesetzes zur Änderung des Gesetzes gegen Wettbewerbsbeschränkungen, BT-Drucks. 15/3640, S. 73, 74.
[647] BReg., Begründung zu dem Entwurf eines Vierten Gesetzes zur Änderung des Gesetzes gegen Wettbewerbsbeschränkungen, BT-Drucks. 8/2136, S. 12, 25.

an die Regierungsbegründung angenommen, der Normzweck bestehe vorrangig im **Schutz der Wettbewerber des Normadressaten**, und es dahinstehen lassen, ob der Vorschrift »in Ausnahmefällen« auch ein Schutzzweck für das Vertikalverhältnis zwischen Nachfrager und Anbieter beizumessen sei.[648] Diese Sichtweise ist nicht überzeugend. Es erscheint wenig sachgerecht, gerade die Unternehmen (Lieferanten) auf der Marktgegenseite nur ausnahmsweise in den Schutzzweck der Norm einbeziehen zu wollen, die von der Ausbeutung betroffen sind, selbst wenn natürlich das Motiv für die Aufforderung und Veranlassung zur Vorteilsgewährung regelmäßig die Erlangung von Wettbewerbsvorteilen gegenüber den Wettbewerbern auf derselben Marktstufe ist. Damit tritt der **Schutz der Marktgegenseite** aber nicht zurück.[649] Es ist vielmehr davon auszugehen, dass § 19 Abs. 2 Nr. 5 GWB mindestens gleichrangig auch die Marktgegenseite schützt.[650] Die Vorschrift schützt also sowohl vor Behinderungs- als auch vor Ausbeutungsmissbrauch.[651]

(c) **Voraussetzungen**

Normadressaten von § 19 Abs. 2 Nr. 5 GWB sind allein **marktbeherrschende Nachfrager**. Zwar deutet der Wortlaut der Vorschrift (»als Anbieter oder Nachfrager«) darauf hin, dass auch Anbieter als Normadressaten in Betracht kommen. Dagegen spricht jedoch die bereits geschilderte Entstehungsgeschichte der Norm und der darin verlautbarte Regelungshintergrund.[652] Im Hinblick auf die Marktbeherrschung kommt es also auf den jeweiligen Beschaffungsmarkt an.[653]

181

Der Nachfrager muss auf »**andere Unternehmen**« einwirken. Dabei handelt es sich um die auf der Marktgegenseite tätigen Anbieter von Produkten.

182

---

648 BGHZ 152, 97, 112 = WuW/E DE-R 984, 990 – *Konditionenanpassung*.
649 Vgl. auch BReg., Begründung zu dem Entwurf eines Achten Gesetzes zur Änderung des Gesetzes gegen Wettbewerbsbeschränkungen, BT-Drucks. 17/9852, S. 17, 24; Beschlussempfehlung und Bericht des BT-Ausschusses für Wirtschaft und Technologie zu dem Entwurf eines Gesetzes zur Bekämpfung des Preismissbrauchs im Bereich der Energieversorgung und des Lebensmittelhandels, BT-Drucks. 16/7156, S. 8, 16.
650 Für reflexartigen Schutz der Marktgegenseite *Wolf*, in: MünchKommKartR, § 19 GWB Rn. 174.
651 *Köhler*, in: FS Tilmann, 2003, S. 693, 694 f.; *Nothdurft*, in: Langen/Bunte, § 19 GWB Rn. 153; a.A. Schutz der Wettbewerber auf der Nachfragestufe KG WuW/E DE-R 699, 702 f. – *Metro MGE Einkaufs GmbH II*; WuW/E DE-R 367, 368 – *Schulbuchbeschaffung*; *Säcker/Mohr*, WRP 2010, 1, 2; *Markert*, in: Immenga/Mestmäcker, § 19 GWB Rn. 368.
652 *Markert*, in: Immenga/Mestmäcker, § 19 GWB Rn. 370; *Wolf*, in: MünchKommKartR, § 19 GWB Rn. 177.
653 *Säcker/Mohr*, WRP 2010, 1, 3; *Weyer*, in: FK-GWB, § 19 Rn. 36.

Nicht erforderlich ist, dass zwischen den Beteiligten im Zeitpunkt der Einwirkung bereits eine Geschäftsverbindung besteht.[654] Kein anderes Unternehmen sind solche Wirtschaftssubjekte, die mit dem Normadressaten eine wirtschaftliche Einheit bilden.

183 Die Einwirkung auf das andere Unternehmen kann in Form eines (erfolglosen) Aufforderns oder (erfolgreichen) Veranlassens zur Vorteilsgewährung erfolgen. Seit der Einfügung des Merkmals der Aufforderung zur Vorteilsgewährung durch die 7. GWB-Novelle (dazu Rdn. 178) wird somit von der Norm jede Form der Einwirkung auf die Willensentschließung von Anbietern erfasst. Nicht recht klar ist, warum der Gesetzgeber das Veranlassen überhaupt als eigenständiges Verbotsmerkmal beibehalten hat, da dem **Veranlassen** notwendig ein **Auffordern** vorausgeht, so dass dem Merkmal des Veranlassens im Grunde keine eigenständige Bedeutung mehr zukommt. Es ist daher folgerichtig, dass dieses Merkmal im Zuge der 9. GWB-Novelle gestrichen werden soll.[655] Die Aufforderung als Vorfeldhandlung für die spätere Gewährung eines Vorteils muss (wie im Übrigen auch die Veranlassung) zu einer wie auch immer gearteten **Einwirkung auf die Willensentschließung des Anbieters** führen. Das kann ausdrücklich geschehen, aber auch konkludent erfolgen. Da die Einwirkung für die Vorteilsgewährung **kausal** sein muss,[656] kann jedoch nur dann von einer Aufforderung ausgegangen werden, wenn der Adressat sie unter Zugrundelegung eines verobjektivierten Empfängerhorizonts auch als solche verstehen durfte.[657] An einer kausalen Aufforderung fehlt es, wenn der Anbieter ohnehin schon zur Gewährung des Vorteils in dem verlangten Umfang bereit war[658] oder aus rechtlichen Gründen gehalten war, einen entsprechenden Vorteil einzuräumen.[659]

184 Wie sich aus dem Gesetzeswortlaut ersehen lässt, ist es zudem erforderlich, dass der Normadressat seine **Marktstellung** dazu **ausnutzt**, dass ihm sachlich nicht gerechtfertigte Vorteile gewährt werden. Eine **Kausalbeziehung** muss also auch zwischen der marktbeherrschenden Stellung und der ungerechtfertigten **Vorteilsgewährung** bestehen. Mit anderen Worten ist § 19 Abs. 2 Nr. 5 GWB nicht anwendbar, wenn der Vorteil ohne die Marktstellung nicht ge-

---

654 *Markert*, in: Immenga/Mestmäcker, § 19 GWB Rn. 372.
655 Vgl. Art. 1 Nr. 5a des Entwurfes eines Neunten Gesetzes zur Änderung des Gesetzes gegen Wettbewerbsbeschränkungen; dazu Begründung, Umdruck, S. 40, 57.
656 *Wolf*, in: MünchKommKartR, § 19 GWB Rn. 184.
657 *Markert*, in: Immenga/Mestmäcker, § 19 GWB Rn. 373; sehr weitgehend *Nothdurft*, in: Lasngen/Bunte, § 19 GWB Rn. 154 (Aufforderung durch bloße Preisverhandlung oder Vertragsbruch seitens des Nachfragers).
658 *Markert*, in: Immenga/Mestmäcker, § 19 GWB Rn. 374; *Wolf*, in: MünchKommKartR, § 19 GWB Rn. 184.
659 *Wolf*, in: MünchKommKartR, § 19 GWB Rn. 185.

währt worden wäre.[660] Das ist freilich wie im Anwendungsbereich von § 19 Abs. 1 Nr. 1 GWB nicht in dem Sinne zu verstehen, dass der Normadressat seine Marktstellung zielgerichtet einsetzen muss.[661] Vielmehr reicht es aus, wenn diese verstärkend wirkt (normative Kausalität).[662] Der Normadressat muss sich allerdings dessen und der Tatsache, dass der eingeräumte Vorteil sachlich nicht gerechtfertigt ist, bewusst sein.[663] Der Entwurf einer 9. GWB-Novelle sieht vor, dass es nur noch auf die Aufforderung zur Vorteilsgewährung ankommen soll. Damit entfiele das Erfordernis des Ausnutzens der Marktstellung, so dass klargestellt wäre, dass lediglich eine normative Kausalität erforderlich ist.[664]

Nicht eindeutig ist, was unter einem »**Vorteil**« zu verstehen ist. Wie bereits Rdn. 176 ausgeführt, ist dieses Merkmal im Vermittlungsverfahren zur 7. GWB-Novelle anstelle des Begriffs »Vorzugsbedingungen« in die Vorschrift eingefügt worden. Unter »Vorzugsbedingungen« wurden zu Recht solche Bedingungen verstanden, die im Vergleich zu den Bedingungen, die den Wettbewerbern des Normadressaten eingeräumt werden, günstiger sind. Ob dies der Fall ist, lässt sich nur durch einen Vergleich der Bedingungen ermitteln. Aufgrund der Änderung des Wortlauts der Vorschrift wird de lege lata angenommen, es komme auf einen solchen Vergleich nicht mehr an, sondern es reiche aus, wenn die Vorteilsgewährung zu einer objektiven Besserstellung des Normadressaten führe, in dem Sinne, dass er von dem Anbieter durch seine Aufforderung oder Veranlassung zu besseren Bedingungen beliefert werde als ohne ein entsprechendes Verhalten.[665] Dem kann nicht gefolgt werden. Damit würde nämlich der Schutzzweck der Vorschrift einseitig auf den Schutz der Marktgegenseite vor Ausbeutung verengt. Wenn es aber richtig ist, dass § 19 Abs. 2 Nr. 5 GWB zugleich auch dazu dient, eine (mittelbare) Behinderung der Wettbewerber des Normadressaten durch die Vorteilsgewährung zu verhindern, dann kann nicht darauf verzichtet werden, einen **Vergleich mit den Konditionen** anzustellen, **die Wettbewerbern des Normadressaten einge-** 185

---

660 OLG Düsseldorf WuW/E OLG 3613, 3615 f. – *Elternsammelbestellung für Schulbücher.*; *Markert*, in: Immenga/Mestmäcker, § 19 GWB Rn. 375; a.A. *Säcker/Mohr*, WRP 2010, 1, 23.
661 A.A. *Markert*, in: Immenga/Mestmäcker, § 19 GWB Rn. 375.
662 *Köhler*, WRP 2006, 139, 141; *Nothdurft*, in: Langen/Bunte, § 19 GWB Rn. 155; anders wohl OLG Düsseldorf WuW 2016, 23, 26 – *Hochzeitsrabatte*.
663 *Köhler*, WRP 2006, 139, 141; *Markert*, in: Immenga/Mestmäcker, § 19 GWB Rn. 375.
664 Vgl. Art. 1 Nr. 5a des Entwurfes eines Neunten Gesetzes zur Änderung des Gesetzes gegen Wettbewerbsbeschränkungen; dazu Begründung, Umdruck, S. 40, 57.
665 *Köhler*, WRP 2006, 139, 142; *Markert*, in: Immenga/Mestmäcker, § 19 GWB Rn. 376; *Nothdurft*, in: Langen/Bunte, § 19 GWB Rn. 159.

räumt werden.⁶⁶⁶ Ergibt sich insoweit eine Besserstellung des Normadressaten, handelt es sich um einen Vorteil i.S.v. § 19 Abs. 2 Nr. 5 GWB. Vorteil kann insoweit jede Besserstellung in Bezug auf Preise, Rabatte und andere Vertragskonditionen sein.⁶⁶⁷ Diese kann auch auf Drittmärkten eintreten,⁶⁶⁸ soweit davon eine mittelbare Behinderungswirkung im Verhältnis zu den Wettbewerbern des Normadressaten ausgeht.

186   Die Vorteilsgewährung seitens des Anbieters darf **nicht sachlich gerechtfertigt** sein. Die Vorschrift öffnet sich insoweit einer Interessenabwägung. Es gelten die dazu bereits formulierten Grundsätze (dazu Rdn. 15 ff.),⁶⁶⁹ wobei auf die Besonderheiten Rücksicht zu nehmen ist, die bei der missbräuchlichen Ausnutzung von Nachfragemacht bestehen (s. Rdn. 114). Tendenziell führt das zu einer restriktiven Anwendung von § 19 Abs. 2 Nr. 5 GWB.⁶⁷⁰ Sachlich gerechtfertigt sind etwa Mengen- oder Funktionsrabatte.⁶⁷¹ Dagegen fehlt es an einer sachlichen Rechtfertigung regelmäßig, wenn zugleich ein Verstoß gegen § 4 Nr. 4 UWG (= § 4 Nr. 10 UWG a.F.) vorliegt.⁶⁷² Nach dem Entwurf einer 9. GWB-Novelle ist vorgesehen, § 19 Abs. 2 Nr. 5 GWB durch einen Halbsatz zu ergänzen. Danach soll im Hinblick auf die sachliche Rechtfertigung des Handelns berücksichtigt werden, ob die Aufforderung für das andere Unternehmen nachvollziehbar begründet ist und ob der geforderte Vorteil in einem angemessenen Verhältnis zum Grund der Forderung steht. Die Bundesregierung erhofft sich davon mehr Rechtssicherheit.⁶⁷³

(7) Weitere Einzelfälle

187   In gewisser Hinsicht verwandt mit dem schon behandelten Sachverhalt der Kosten-Preis-Schere (dazu Rdn. 171 ff.) sind die unter dem Stichwort »**raising rivals costs**« behandelten Fallgestaltungen. Dabei geht es darum, dass ein marktbeherrschendes Unternehmen bestimmte Kosten, denen ein Wettbewerber nicht ausweichen kann, in missbräuchlicher Weise an diesen weiter-

---

666 Ebenso im Ergebnis *Säcker/Mohr*, WRP 2010, 1, 20; *Wolf*, in: MünchKomm-KartR, § 19 GWB Rn. 182.
667 *Markert*, in: Immenga/Mestmäcker, § 19 GWB Rn. 376.
668 *Markert*, in: Immenga/Mestmäcker, § 19 GWB Rn. 371.
669 Vgl. auch BGHZ 152, 97, 112 f. = WuW/E DE-R 984, 987 – *Konditionenanpassung; Säcker/Mohr*, WRP 2010, 1, 3.
670 *Markert*, in: Immenga/Mestmäcker, § 19 GWB Rn. 379.
671 Vgl. BGHZ 152, 97, 113 = WuW/E DE-R 984, 987 – *Konditionenanpassung*.
672 *Markert*, in: Immenga/Mestmäcker, § 19 GWB Rn. 379.
673 Vgl. Art. 1 Nr. 5a des Entwurfes eines Neunten Gesetzes zur Änderung des Gesetzes gegen Wettbewerbsbeschränkungen; dazu Begründung, Umdruck, S. 40, 57.

gibt, so dass sich dessen Wettbewerbsposition verschlechtert.[674] Ob es sich dabei tatsächlich um eine eigene Fallgruppe handelt oder ob nicht vielmehr ein schlichter Unterfall des Preismissbrauchs vorliegt, mag an dieser Stelle dahinstehen. Jedenfalls sind die betroffenen Wettbewerber durch eine derartige Strategie gezwungen, entweder eine Schmälerung ihrer Gewinnspanne hinzunehmen oder die höheren Kosten auf ihre Kunden umzulegen.[675]

Eine Wettbewerberbehinderung kann zudem von sog. **Best-Price-Klauseln** (Meistbegünstigungsklauseln) ausgehen. Sie sind problematisch, weil sie dem marktbeherrschenden Unternehmen die Möglichkeit einräumen, die Marktstrukturen zu seinen Gunsten zu verfestigen. Ob diese Behinderungswirkung allerdings für einen Marktmachtmissbrauch ausreicht, hängt von den Umständen des Einzelfalls ab (dazu Art. 102 AEUV Rn. 196). 188

Ein Behinderungsmissbrauch liegt auch dann vor, wenn es einem Lizenznehmer in einer Lizenz- oder Know how-Vereinbarung untersagt wird, eigene **Forschungs- und Entwicklungsarbeiten** zu betreiben, um mit dem Lizenzgeber im lizenzfreien Raum in Konkurrenz zu treten.[676] Insoweit ist Wertungskongruenz mit Art. 4 Abs. 1 lit. d VO (EU) Nr. 316/2014 herzustellen. 189

Grundsätzlich nicht als Behinderungsmissbrauch einzustufen ist die **Geltendmachung von Rechten**, die dem marktbeherrschenden Unternehmen als Urheber, Inhaber von gewerblichen Schutzrechten oder als Lizenznehmer an solchen Rechten zustehen. Die bloße Rechtsverfolgung ist nicht allein deshalb missbräuchlich, weil der Rechtsinhaber eine beherrschende Stellung einnimmt (näher dazu Art. 102 AEUV Rn. 198). 190

d) Marktstrukturmissbrauch

Die bloße Innehabung einer marktbeherrschenden Stellung ist zwar an sich nicht missbräuchlich. Kartellrechtlich relevant wird die Marktbeherrschung grundsätzlich erst, wenn Verhaltenselemente hinzutreten, die zu einem Ausbeutungsmissbrauch (dazu Rdn. 27 ff.) oder einem Behinderungsmissbrauch (dazu Rdn. 88 ff.) führen. Das bedeutet allerdings nicht, dass damit eine Verfestigung oder gar weitere Ausdehnung der marktbeherrschenden Stellung ohne Weiteres zulässig wäre. Zu denken ist etwa an den strategischen Aufbau von Unternehmensbeteiligungen[677] oder die Okkupation bisher nicht bedien- 191

---

674 Vgl. BGH WuW/E DE-R 3879 Rn. 38 = NVwZ-RR 2013, 604 – *Gasversorgung Ahrensburg*; BeckRS 2010, 21064 Rn. 35 – *Überlassung von Basisdaten*.
675 BGH WuW/E DE-R 3879 Rn. 38 = NVwZ-RR 2013, 604 – *Gasversorgung Ahrensburg*.
676 *Fuchs/Möschel*, in: Immenga/Mestmäcker, EUWbR, Art. 102 AEUV Rn. 367.
677 S. dazu EuGH, Slg. 1973, 215, Tz. 28 f. – *Continental Can*.

ter Marktsegmente, um die eigene Monopolstellung durch Beeinflussung desselben oder eines vor- oder nachgelagerten (abgeleiteten) Marktes abzusichern oder weiter auszubauen. Schützenswert ist nämlich, wie bereits mehrfach betont, auch der noch bestehende **Restwettbewerb**. Ohne einen Schutz dieses Restwettbewerbs würde das Ziel verfehlt, eine allseitige **Offenhaltung der Märkte** zu gewährleisten (zu Einzelheiten Art. 102 AEUV Rn. 199 ff.).

II. Missbrauch durch freigestellte Kartelle und Preisbinder (§ 19 Abs. 3 GWB)

1. Allgemeines

192 Die Vorschrift des § 19 Abs. 3 GWB ordnet an, dass einzelne voranstehende Bestimmungen des § 19 auch auf freigestellte Kartelle und preisbindende Unternehmen anzuwenden sind. Für freigestellte Kartelle gelten danach § 19 Abs. 1 i.V.m. Abs. 2 Nr. 1 und 5 GWB (§ 19 Abs. 3 S. 1 GWB), für preisbindende Unternehmen § 19 Abs. 1 i.V.m. Abs. 2 Nr. 1 GWB (§ 19 Abs. 3 S. 2 GWB). Die Norm ist im Zuge der 8. GWB-Novelle 2013 geschaffen worden und vereinigt die früheren Tatbestände des § 20 Abs. 1 und Abs. 3 GWB a.F. miteinander, soweit diese sich auf freigestellte Kartelle und Preisbinder bezogen. Die »Umgruppierung« durch die 8. GWB-Novelle brachte insoweit keine inhaltlichen Änderungen, sondern diente allein der besseren Übersichtlichkeit der gesetzlichen Regelung. Der Normzweck ist darin zu sehen, dass von freigestellten Kartellen und preisbindenden Unternehmen eine ähnliche Marktmacht ausgehen kann wie von marktbeherrschenden Unternehmen, weshalb es gerechtfertigt ist, die Normadressaten des § 19 Abs. 3 GWB mit Marktbeherrschern gleichzustellen.[678]

2. Normadressaten

193 Nach § 19 Abs. 3 S. 1 GWB sind Normadressaten zunächst freigestellte Kartelle nach § 2 GWB (Generalklausel), § 3 GWB (Mittelstandskartelle), § 28 Abs. 1 GWB (Landwirtschaft), § 30a GWB (Pressegrosso) und § 31 Abs. 1 Nr. 1, 2, Abs. 4 GWB (Wasserwirtschaft). Wie sich aus dem Wortlaut der Vorschrift ergibt, werden diese nur als Vereinigung erfasst. Dies bedeutet, dass nach der Vorstellung des Gesetzgebers nur die Vereinigung als solche unter das Verbot fällt. Sie muss also selbst die Verbotshandlung begehen. In den sachlichen Anwendungsbereich der Vorschrift fallen diese Kartelle allerdings nur, soweit sich die Verhaltenskoordinierung der Mitglieder gerade auf die von § 19 Abs. 3 GWB geregelten Sachverhalte bezieht, nicht jedoch in Bezug

---

678 *Markert*, in: Immenga/Mestmäcker, § 19 GWB Rn. 389; *Nothdurft*, in: Langen/Bunte, § 19 GWB Rn. 82, 85.

auf ihr weiteres Wettbewerbsverhalten.⁶⁷⁹ Neben dem Kartell können auch einzelne Mitglieder in den Anwendungsbereich von § 19 Abs. 3 S. 1 GWB fallen, wenn sie wie das Kartell handeln, etwa vom Kartell getragene missbräuchliche Verhaltensweisen i.S.v. § 19 Abs. 1, Abs. 2 Nr. 1 und 5 GWB ausführen.⁶⁸⁰ Darüber hinaus ist es denkbar, dass einzelne Kartellmitglieder unabhängig von § 19 Abs. 3 S. 1 GWB Normadressaten von § 19 Abs. 1, Abs. 2 Nr. 2 und 5 GWB sind, wenn sie nämlich selbst die Anwendungsvoraussetzungen erfüllen.

Zu den Normadressaten gehören ferner **preisbindende Unternehmen** nach § 28 Abs. 2 GWB (Landwirtschaft), § 30 Abs. 1 S. 1 GWB (Zeitungen und Zeitschriften) und § 31 Abs. 1 Nr. 3 GWB (Wasserversorger), und zwar unabhängig davon, welche Marktstufe sie gebunden haben. Dies kann die Großhandels- oder die Einzelhandelsstufe sein; es können aber auch beide Stufen sein. Das Verbot des § 19 Abs. 3 S. 2 GWB bezieht sich dabei nach Sinn und Zweck nur auf den der Preisbindung unterliegenden Geschäftsverkehr, nicht auf andere (preisbindungsfreie) Produkte, die der Normadressat gegebenenfalls auch anbietet.⁶⁸¹ In den sachlichen Anwendungsbereich fallen nicht nur die Geschäftsbeziehungen zu den unmittelbar gebundenen Abnehmern (z.B. auf der Einzelhandelsstufe), sondern auch zu Abnehmern auf einer nicht (unmittelbar) einbezogenen Marktstufe (z.B. auf der Großhandelsstufe), wenn die Abnehmer auf dieser Marktstufe verpflichtet sind, ihre Abnehmer (auf der Einzelhandelsstufe) zur Einhaltung der Preisbindung zu verpflichten.⁶⁸² Insoweit ist nämlich im vorbenannten Beispiel auch die Großhandelsstufe Teil des Preisbindungssystems. Entsprechend sind die Fälle zu behandeln, wenn preisbindende Unternehmen andere Unternehmen mit dem Vertrieb der preisgebundenen Produkte betrauen, wie dies im Pressebereich üblich ist.⁶⁸³ Schließlich wird von § 19 Abs. 3 S. 2 GWB auch die Behinderung von Wettbewerbern des preisbindenden Unternehmens erfasst,⁶⁸⁴ soweit die Behinderung auf der mit der Preisbindung zusammenhängenden Machtstellung beruht.⁶⁸⁵

194

---

679 BGH WuW/E BGH 1175, 1179 = GRUR 1972, 44, 46 – *Ostmüller*; *Markert*, in: Immenga/Mestmäcker, § 19 GWB Rn. 387.
680 BGH WuW/E BGH 1175, 1179 = GRUR 1972, 44, 46 – *Ostmüller*; *Loewenheim*, in: Loewenheim/Meessen/Riesenkampff, § 19 GWB Rn. 7; *Nothdurft*, in: Langen/Bunte, § 19 GWB Rn. 83; ähnlich *Markert*, in: Immenga/Mestmäcker, § 19 GWB Rn. 386.
681 BGHZ 49, 90, 93 = WuW/E BGH 886, 888 – *Jägermeister*.
682 BGHZ 49, 90, 93 f. = WuW/E BGH 886, 888 – *Jägermeister*; vgl. auch KG WuW/E OLG 877, 881 – *Zigaretten-Großhandel* (Bindung des Großhandelsabgabepreises).
683 BGH WuW/E DE-R 134, 135 f. = GRUR 1998, 1049, 1050 – *Bahnhofsbuchhandel*.
684 *Nothdurft*, in: Langen/Bunte, § 19 GWB Rn. 88.
685 *Markert*, in: Immenga/Mestmäcker, § 19 GWB Rn. 392.

§ 19 GWB *Verbotenes Verhalten von marktbeherrschenden Unternehmen*

195 Aus der mit § 19 Abs. 3 GWB vorgenommenen Gleichstellung der freigestellten Kartelle und preisbindenden Unternehmen mit marktbeherrschenden Unternehmen ergibt sich, dass eine **besondere Machtstellung** i.S.v. § 19 Abs. 1 GWB **nicht erforderlich** ist.[686] Der Wortlaut von § 19 Abs. 3 GWB, wonach § 19 GWB für die Normadressaten »gilt« ist insoweit missverständlich. Auf der anderen Seite kann die wirtschaftliche Machtstellung der Normadressaten für die im Hinblick auf die sachliche Rechtfertigung des Handelns erforderliche Interessenabwägung durchaus von Bedeutung sein.[687] In diesem Zusammenhang ist bei freigestellten Kartellen gegebenenfalls auch der besondere Freistellungszweck zu berücksichtigen.[688] Im Übrigen müssen die Normadressaten die Voraussetzungen der durch § 19 Abs. 3 GWB in Bezug genommenen Bestimmungen erfüllen. Insoweit kann an dieser Stelle auf die dortigen Erläuterungen verwiesen werden.

C. Rechtsfolgen

I. Allgemeines

196 Die missbräuchliche Ausnutzung einer marktbeherrschenden Stellung ist verboten (§ 19 Abs. 1 GWB). Wie bereits einleitend beschrieben (Rdn. 8), kann die Zuwiderhandlung gegen § 19 GWB sowohl **kartellbehördlich** verfolgt als auch **zivilrechtlich** geltend gemacht werden. Angesichts der tatsächlich begrenzten Ressourcen der Kartellbehörden kommt der zivilrechtlichen Durchsetzung des Kartellrechts erhöhte Bedeutung zu. Die Privatrechtssubjekte fungieren in diesem Sinne als »Funktionäre« der Rechtsordnung.

II. Verwaltungsverfahren

197 Das Bundeskartellamt und die Landeskartellbehörden sind in ihrem Zuständigkeitsbereich (vgl. §§ 48 Abs. 2, 49 Abs. 3, 4 GWB) dazu berufen, entweder von Amts wegen oder aufgrund einer Beschwerde (vgl. § 54 Abs. 1 GWB) diejenigen Maßnahmen zu ergreifen, die zur Abstellung einer Zuwiderhandlung gegen § 19 GWB erforderlich sind.[689] Den Behörden steht insoweit, wie sich aus dem Wortlaut von § 32 GWB (»kann«) ergibt, ein **Aufgreifermessen** zu.[690] Im Falle einer kollektiven Marktbeherrschung ist es entgegen einer in der Rechtsprechung vertretenen Auffassung nicht erforderlich, dass die Kar-

---

686 Vgl. *Markert*, in: Immenga/Mestmäcker, § 19 GWB Rn. 388.
687 *Markert*, in: Immenga/Mestmäcker, § 19 Rn. 388.
688 *Nothdurft*, in: Langen/Bunte, § 19 GWB Rn. 81.
689 Zur Abgrenzung der örtlichen Zuständigkeit bei Marktmachtmissbrauchsverfahren BGHZ 128, 17, 22 = WuW/E BGH 2953, 2955 f. – *Gasdurchleitung*; KG WuW/E OLG 2284, 2286 – *Stadtwerke Frankfurt*.
690 *Fuchs*, in: Immenga/Mestmäcker, § 19 GWB Rn. 66; *Wiedemann*, in: Handbuch des Kartellrechts, § 23 Rn. 74.

tellbehörde gegen alle Oligopolmitglieder vorgeht.⁶⁹¹ Denkbar ist vielmehr, dass in einem »Pilotverfahren« zunächst nur ein führendes Oligopolunternehmen herausgegriffen wird.⁶⁹² Schließlich reicht es auch in materieller Hinsicht aus, wenn der Missbrauchstatbestand von einem Unternehmen »stellvertretend« für das Oligopol verwirklicht wird (dazu bereits § 19 Rdn. 7). Ein **Anspruch auf Tätigwerden** der Kartellbehörden besteht nicht.⁶⁹³ Dies folgt einerseits aus einer möglichen Beeinträchtigung des Opportunitätsprinzips angesichts begrenzter Ressourcen der Kartellbehörden, andererseits daraus, dass geschädigte Dritte ihre Interessen seit Inkrafttreten der 6. GWB-Novelle auf dem Zivilrechtsweg verfolgen können. Zudem besteht seit der 8. GWB-Novelle eine Klagebefugnis für Verbraucherschutzorganisationen (§ 33 Abs. 2 Nr. 2 GWB). Allenfalls ausnahmsweise kommt eine Ermessensreduzierung auf Null in Betracht.⁶⁹⁴

Im Einzelnen kann die Kartellbehörde ein marktbeherrschendes Unternehmen dazu verpflichten, eine **Zuwiderhandlung** gegen § 19 GWB **abzustellen** (§ 32 Abs. 1 GWB) und in diesem Zusammenhang alle erforderlichen **Abhilfemaßnahmen** verhaltensorientierter und (susidiär auch) struktureller Art vorschreiben, die gegenüber der festgestellten Zuwiderhandlung verhältnismäßig und für eine wirksame Abstellung der Zuwiderhandlung erforderlich sind (§ 32 Abs. 2 GWB). Damit ist seit der entsprechenden Neufassung des § 32 GWB durch die 7. GWB-Novelle auch eine »**positive**« **Tenorierung** möglich,⁶⁹⁵ wobei davon allerdings nur mit Zurückhaltung Gebrauch gemacht werden sollte, nämlich dann, wenn der Missbrauch nur durch ein bestimmtes Verhalten des Normadressaten abgestellt werden kann (dazu bereits Rdn. 107). Darüber hinaus können in dringenden Fällen auch **einstweilige Maßnahmen** angeordnet werden (§ 32a GWB). **Verpflichtungszusagen**, die von Unternehmen im Rahmen eines Verfahrens nach § 32 GWB gemacht wurden, können für verbindlich erklärt werden (§ 32b GWB). Bei vorsätzlichem oder fahrlässigem Verstoß gegen § 19 GWB kann die Kartellbehörde die **Abschöpfung des wirtschaftlichen Vorteils** anordnen (§ 34 GWB). Lässt sich ein missbräuchliches Verhalten anhand der bekannten Fakten nicht belegen und besteht inso- 198

---

691 So aber KG WuW/E OLG 2053, 2059, 2060 – *Valium*.
692 *Fuchs*, in: Immenga/Mestmäcker, § 19 GWB Rn. 66.
693 BGHZ 51, 61, 66 f. = WuW/E BGH 995, 998 – *Taxiflüge*; BGH ZIP 2001, 807 = BeckRS 2001, 03311 – *Fachklinik für Herzchirurgie*; *Fuchs*, in: Immenga/Mestmäcker, § 19 GWB Rn. 68; *Rehbinder*, in: Loewenheim/Meessen/Riesenkampff, GWB, § 32 GWB, Rn. 9; *Wiedemann*, in: Handbuch des Kartellrechts, § 23 Rn. 74.
694 *Bornkamm*, in: Langen/Bunte § 32 GWB Rn. 9; *Fuchs*, in: Immenga/Mestmäcker, § 19 GWB Rn. 67.
695 BGHZ 135, 323, 332 = NJW 1997, 3173, 3175 – *Gaspreis*; BGHZ 129, 37, 52 = NJW 1995, 1984, 1897 – *Weiterverteiler*; BGH WuW/E BGH DE-R 1513, 1515 – *Stadtwerke Mainz*; a.A. *Deister*, in: Schulte/Just, § 19 GWB Rn. 166.

§ 19 GWB *Verbotenes Verhalten von marktbeherrschenden Unternehmen*

weit kein Anlass zum Tätigwerden, kann die Behörde entscheiden, dass sie vorbehaltlich neuer Erkenntnisse von ihren **Befugnissen** nach §§ 32, 32a GWB **keinen Gebrauch macht** (§ 32c GWB). Schließlich besteht die Möglichkeit, unabhängig von einem Anfangsverdacht gegen ein bestimmtes Unternehmen eine sog. **Enquêteuntersuchung** durchzuführen, die sich auf bestimmte Wirtschaftszweige oder sektorübergreifend auf bestimmte Arten von Vereinbarungen beziehen kann (§ 32e GWB). Die missbräuchliche Ausnutzung einer marktbeherrschenden Stellung stellt nach § 81 Abs. 2 Nr. 1 GWB zudem eine **Ordnungswidrigkeit** dar, die mit einer **Geldbuße** geahndet werden kann (§ 81 Abs. 4 GWB). Wegen des strafähnlichen Charakters der Vorschrift gelten im Bußgeldverfahren die Vermutungen des § 18 Abs. 4 und 6 GWB nicht (dazu bereits § 18 Rdn. 76, 89).

III. Zivilrecht

199 Die Vorschrift des § 19 GWB enthält wie auch Art. 102 AEUV für sich genommen nur ein **unmittelbar wirkendes Verbot des Marktmachtmissbrauchs**. Welche Konsequenzen sich daraus in zivilrechtlicher Hinsicht ergeben, wird in § 19 GWB nicht explizit geregelt. Insbesondere enthält § 19 GWB **keine Nichtigkeitsfolge**. Die Erklärung dafür ergibt sich daraus, dass § 19 GWB keine rechtsgeschäftlichen Vereinbarungen zum Gegenstand hat, sondern im Wesentlichen tatsächliche Verhaltensweisen.[696] Wirkt sich das missbräuchliche Verhalten rechtsgeschäftlich aus, sind ergänzend die allgemeinen zivilrechtlichen Normen heranzuziehen. Im Einzelnen ergibt sich Folgendes:

200 Die Zuwiderhandlung gegen § 19 GWB begründet einen **Verstoß gegen ein gesetzliches Verbot** (§ 134 BGB);[697] es kann auch ein **sittenwidriges Rechtsgeschäft** i.S.v. § 138 BGB vorliegen.[698] Dies führt regelmäßig zur Nichtigkeit solcher Rechtsgeschäfte, die auf dem missbräuchlichen Verhalten des Normadressaten beruhen,[699] wobei systematisch betrachtet die Rechtsfolge aus § 138 Abs. 1 BGB hinter § 134 BGB zurücktritt, soweit beide Tatbestände verwirklicht sind.[700] Allerdings greift die Nichtigkeitsfolge aus § 134 BGB nur, »wenn sich nicht aus dem Gesetz ein anderes ergibt«. Entscheidend ist, ob sich das Verbot nicht nur gegen den Abschluss des Rechtsgeschäfts wendet, sondern

---

696 *Schroeter/Bartl*, in: v.d. Groeben/Schwarze/Hatje, Art. 102 AEUV Rn. 54.
697 *Bechtold*, GWB, § 19 GWB Rn. 96; *Deister*, in: Schulte/Just, § 19 Rn. 164; *Fuchs*, in: Immenga/Mestmäcker, § 19 GWB Rn. 78.
698 OLG Celle WuW/E OLG 5491, 5493 – *Rückübertragung von Zuckerrübenlieferrechten*; LG München WuW/E LG/AG 501 – *Trabrennkalender* (Kopplungsverpflichtung).
699 I.d.S. auch *Fuchs*, in: Immenga/Mestmäcker, § 19 GWB Rn. 78 f.
700 Näher dazu *Armbrüster*, in: MünchKommBGB, § 138 Rn. 4; s. auch BGHZ 53, 152, 160.

auch gegen seine privatrechtliche Wirksamkeit und damit gegen seinen wirtschaftlichen Erfolg.[701] Insoweit kommt es im jeweiligen Einzelfall darauf an, ob der Schutzzweck des § 19 GWB durch das Eingreifen der Nichtigkeitsfolge verwirklicht werden kann oder nicht. Vor diesem Hintergrund ist regelmäßig von einer **Gesamtnichtigkeit** auszugehen, wenn durch missbräuchliche Vereinbarungen die Handlungsfreiheit anderer Marktbeteiligter zum Beispiel durch Bezugs-, Vertriebs- und Kopplungsvereinbarungen oder Preisbindungen eingeschränkt wird.[702] Das unter Verstoß gegen § 19 GWB Geleistete kann nach § 812 Abs. 1 S. 1 1. Fall BGB zurückgefordert werden, soweit § 817 S. 2 BGB nicht entgegensteht, wie etwa im Fall von § 19 Abs. 2 Nr. 5 GWB.[703]

Unter Umständen ist ein missbräuchliches Rechtsgeschäft, soweit es nicht zu den vorbenannten Fallgestaltungen gehört, auch nur teilweise unwirksam. Im Einzelfall kann es sogar seine Wirksamkeit behalten, soweit dies mit dem Sinn und Zweck des Missbrauchsverbots vereinbar erscheint. Eine **Aufrechterhaltung von missbräuchlichen Rechtsgeschäften** ist etwa dann in Betracht zu ziehen, wenn es sich um Massengeschäfte handelt, deren Rückabwicklung praktisch nicht oder doch nur mit erheblichen Schwierigkeiten durchführbar ist.[704] Das gilt etwa für Verkäufe unter Einstandspreis, die zu einer Verdrängung von Konkurrenten vom Markt führen oder als Marktzutrittssperre wirken. Obwohl die Interessen anderer Marktbeteiligter und der Schutz des Wettbewerbs als Institution hier an sich die Vertragsnichtigkeit gebieten, muss in derartigen Fällen auch die Schutzbedürftigkeit der – häufig gutgläubigen – Vertragspartner des Normadressaten berücksichtigt werden.[705] Die Nichtigkeitsfolge kann auch dann den Schutzzweck von § 19 GWB verfehlen, wenn das inkriminierte Verhalten bei Aufrechterhaltung bestimmter Verträge unter Angleichung anderer Verträge an diese Verträge abgestellt werden kann.[706] Unan-

201

---

701 BGHZ 199, 289 Rn. 102 = WuW/E DE-R 4159 – *Stromnetz Berkenthin*; BGHZ 152, 10, 11 f. = NJW 2002, 3015, 3016.
702 Vgl. auch BGHZ 199, 289 Rn. 104 = WuW/E DE-R 4159 – *Stromnetz Berkenthin* (langjähriger Konzessionsvertrag); OLG Düsseldorf WuW/E DE-R 2522, 2525 – *Schilderprägestelle Bad Salzuflen* (Monopolisierung eines Grundstücks); OLG Saarbrücken WuW/E DE-R 2025, 2028 – *Mietvertrag mit Schilderpräger*; *Markert*, in: Immenga/Mestmäcker, § 19 GWB Rn. 226; a.A. *Weyer*, AG 1999, 257, 258 (Nichtigkeit nur bei deutlichen Verstößen).
703 *Markert*, in: Immenga/Mestmäcker, § 19 GWB Rn. 382.
704 Vgl. zu Art. 102 AEUV *Fuchs/Möschel*, in: Immenga/Mestmäcker, EUWbR, Art. 102 AEUV Rn. 419.
705 Für Vorrang dieser Interessen *Jung*, in: Grabitz/Hilf/Nettesheim, Art. 102 AEUV Rn. 393; ablehnend *Schroeter/Bartl*, in: v.d. Groeben/Schwarze/Hatje, Art. 102 AEUV Rn. 61; offenbar differenzierend *Fuchs/Möschel*, in: Immenga/Mestmäcker, EUWbR, Art. 102 AEUV Rn. 419.
706 BGHZ 199, 289 Rn. 104 = WuW/E DE-R 4159 – *Stromnetz Berkenthin*; *Markert*, in: Immenga/Mestmäcker, § 19 GWB Rn. 226.

gemessen, weil im Hinblick auf die Auswirkungen auf Verträgen mit Dritten unpraktikabel, ist die zivilrechtliche Nichtigkeit eines missbräuchlichen Rechtsgeschäfts auch dann, wenn dieses einen Unternehmenszusammenschluss zum Gegenstand hat.[707] Ist ein Rechtsgeschäft teilbar und handelt es sich bei dem vom Nichtigkeitsgrund nicht betroffenen Teil um ein selbstständiges Rechtsgeschäft, kann ausnahmsweise dessen Aufrechterhaltung in Betracht kommen, wenn der nicht betroffene Teil auch ohne den nichtigen Teil abgeschlossen worden wäre (§ 139 BGB).[708] Schließlich ist als Rechtsfolge auch eine **Anpassung von Vertragsbestimmungen** denkbar.[709] Diese kommt insbesondere in den Fällen einer Preismissbrauchskontrolle in Betracht.[710]

202 Seit Inkrafttreten der 7. GWB-Novelle können **Mitbewerber oder sonstige Marktbeteiligte** auf der Grundlage von § 33 GWB von demjenigen, der gegen § 19 GWB verstößt, die **Beseitigung** der Handlungsfolgen und im Falle der Wiederholungsgefahr auch die **Unterlassung** des missbräuchlichen Verhaltens verlangen (§ 33 Abs. 1 GWB). Überdies trifft den Zuwiderhandelnden bei Verschulden eine Verpflichtung zum **Schadensersatz** (§ 33 Abs. 3 GWB). Die SchadensersatzRL 2014/104/EU,[711] die bis zum 27.12.2016 in nationales Recht umzusetzen ist, soll eine effektive Durchsetzung von Schadensersatzansprüchen gewährleisten.[712] In Deutschland wird die Richtlinie im Rahmen der 9. GWB-Novelle umgesetzt.[713]

---

707 Zu Art. 102 AEUV *Fuchs/Möschel*, in: Immenga/Mestmäcker, EUWbR, Art. 102 AEUV Rn. 421; a.A. *Eilmannsberger/Bien*, in: MünchKommWettbewR, Art. 102 AEUV Rn. 27 f.; *Jung*, in: Grabitz/Hilf/Nettesheim Art. 102 AEUV Rn. 337; undeutlich *Schroeter/Bartl*, in: v.d. Groeben/Schwarze/Hatje, Art. 102 AEUV Rn. 62.
708 Dazu und zur Bedeutung salvatorischer Klauseln *Busche*, in: MünchKommBGB, 7. Aufl. 2015, § 139 Rn. 12 ff.
709 Dazu allgemein *Ellenberger*, in: Palandt, § 134 Rn. 28; *Sack*, in: Staudinger, § 134 Rn. 269 ff.
710 A.A. *Fuchs*, in: Immenga/Mestmäcker, § 19 GWB Rn. 79, plädiert stattdessen für einen Anspruch auf Abschluss eines Vertrages zu wettbewerbsanalogen Preisen gem. § 33 Abs. 3 i.V.m. § 19 GWB (vgl. andererseits aber auch *Fuchs/Möschel*, in: Immenga/Mestmäcker, EUWbR, Art. 102 AEUV Rn. 420).
711 RL 2014/104/EU des Europäischen Parlaments und des Rates v. 26.11.2014 über bestimmte Vorschriften für Schadensersatzklagen nach nationalem Recht wegen Zuwiderhandlungen gegen wettbewerbsrechtliche Bestimmungen der Mitgliedstaaten und der Europäischen Union, ABl. Nr. L 349/1.
712 Dazu *Kersting/Preuß*, Umsetzung der Kartellschadensersatzrichtlinie (2014/104/EU), 2015.
713 Siehe BReg, Art. 1 Nr. 17 des Entwurfes eines Neunten Gesetzes zur Änderung des Gesetzes gegen Wettbewerbsbeschränkungen; dazu Begründung, Umdruck, S. 61 ff.

§ 19 GWB

203 Kann der Verstoß gegen das Marktmachtmissbrauchsverbot im Falle der **Geschäftsverweigerung** nicht anders als durch Abschluss eines bestimmten Rechtsgeschäfts oder dessen Anpassung an bestimmte rechtliche Vorgaben abgestellt werden, hat der Missbrauchsbetroffene einen Anspruch auf Abschluss eines entsprechenden Rechtsgeschäfts.[714] Dabei handelt es sich um eine Erscheinungsform des **besonderen Kontrahierungszwangs** (s. bereits Rdn. 108 ff.).[715] Die rechtsdogmatische Begründung des Kontrahierungszwangs folgt aus der Überlegung, dass der Normadressat zur Beseitigung des Eingriffs in die wettbewerbliche Betätigungsfreiheit des Betroffenen verpflichtet ist.[716] Zuweilen, aber wenig überzeugend, wird der Grund für den Kontrahierungszwang in einem auf Naturalrestitution gerichteten Schadensersatzanspruch[717] oder in einem Unterlassungsanspruch[718] gesehen.

204 Die Vorschrift des § 19 GWB ist zudem **Schutzgesetz i.S.v. § 823 Abs. 2 BGB**, da sie nicht nur den Schutz des Wettbewerbs bezweckt, sondern darüber hinaus auch die Konkurrenten, Handelspartner und Verbraucher vor den negativen Auswirkungen des Marktmachtmissbrauchs bewahren soll (dazu bereits Rdn. 108 f.).[719] Auf der Grundlage von § 823 Abs. 2 BGB i.V.m. § 19 GWB kann der Zuwiderhandelnde daher von dem Verletzten auf Schadensersatz in Anspruch genommen werden. Darüber hinaus besteht gegen den Zuwiderhandelnden **analog § 1004 Abs. 1 BGB** ein verschuldensunabhängiger **Anspruch auf Beseitigung** der Folgen missbräuchlichen Verhaltens und bei Besorgnis weiterer Beeinträchtigungen auf Unterlassung.

---

714 Näher dazu *Busche*, Privatautonomie und Kontrahierungszwang, S. 240 ff., 401.
715 Zu Einzelheiten *Busche*, Privatautonomie und Kontrahierunszwang, 1999, S. 392 ff.
716 *Busche*, Privatautonomie und Kontrahierungszwang, 1999, S. 398; *Kilian*, ZHR 142, 1978, 453, 482; vgl. auch BGHZ 119, 335, 345 f. = WuW/E BGH 2805, 2811 – *Stromeinspeisung I*; BGH WuW/E BGH 3074, 3076 = NJW 1996, 3005, 3005 f. – *Kraft-Wärme-Kopplung*; *Rittner/Dreher/Kulka*, Wettbewerbs- und Kartellrecht, 8. Aufl. 2014, Rn. 1216.
717 Vgl. nur BGHZ 36, 91, 100 = WuW/E BGH 442, 448 – *Gummistrümpfe*; WuW/E BGH 1629, 1634 = GRUR 1980, 125, 128 f. – *Modellbauartikel II*; WuW/E BGH DE-R 206, 208 = GRUR 1999, 276, 278 – *Depotkosmetik*; *Biedermann*, Der Kontrahierungszwang im Anzeigenwesen der Zeitungen, 1987, S. 187; *Traugott*, WuW 1997, 486, 488 ff.; offen gelassen von BGH WuW/E BGH 2491, 2494 = GRUR 1988, 642, 644 – *Opel-Blitz*.
718 *Derleder*, Wirtschaftliche Diskriminierung zwischen Freiheit und Gleichheit, 1967, S. 225; *Möschel*, Recht der Wettbewerbsbeschränkungen, 1983, Rn. 667; *K. Schmidt*, DRiZ 1977, 97, 98.
719 Vgl. auch *Fuchs*, in: Immenga/Mestmäcker, § 19 GWB Rn. 81; zur Schadensersatzhaftung von Kartellteilnehmern gegenüber indirekten Abnehmern BGHZ 190, 145 Rn. 23 f., 62 = WuW/E DE-R 3431 – *ORWI*; zu den Anforderungen an ein Schutzgesetz *Wagner*, in: MünchKommBGB, § 823, Rn. 405 ff.

205 Die **Darlegungs- und Beweislast** trägt grundsätzlich der Betroffene, der Rechte aus § 19 GWB geltend macht,[720] wobei sich der Umfang der Substantiierungspflicht nach den Umständen des Einzelfalls richtet. Diese Verteilung der Darlegungs- und Beweislast gilt auch für das Merkmal der unbilligen Behinderung i.S.v. § 19 Abs. 2 Nr. 1 GWB. Allerdings findet dieser Grundsatz dort seine Grenze, wo Umstände außerhalb des Wirkungskreises des Betroffenen liegen, nämlich im Geschäftsbereich des Normadressaten. Dann ist ausnahmsweise der Normadressat darlegungs- und beweispflichtig, da davon auszugehen ist, dass ihm die Aufklärung ohne Weiteres möglich und zumutbar ist.[721] Entsprechend kann den Normadressaten im Rahmen von § 19 Abs. 2 Nr. 4 GWB eine sekundäre Darlegungslast im Hinblick auf die Angemessenheit des Entgelts treffen.[722] Der Umstand, dass eine Behinderung vorliegt, entfaltet als solcher keine Indizwirkung im Hinblick auf die Missbräuchlichkeit des Handelns,[723] es sei denn, die Behinderung ist ihrer Art nach in der Regel unbillig.[724] Inwieweit eine Ungleichbehandlung i.S.v. § 19 Abs. 2 Nr. 1, 3 GWB sachlich gerechtfertigt ist, hat der Normadressat darzulegen und zu beweisen.[725] Entsprechendes gilt für den nach § 19 Abs. 2 Nr. 4 GWB vom Normadressaten zu führenden Nachweis, dass eine Mitbenutzung der wesentlichen Einrichtung aus betriebsbedingten oder sonstigen Gründen nicht möglich oder nicht zumutbar ist[726] und für die sachliche Rechtfertigung der Vorteilsgewährung i.S.v. § 19 Abs. 2 Nr. 5 GWB.[727]

D. Konkurrenzen

I. Verhältnis zum Unionsrecht

206 Das deutsche Marktmachtmissbrauchsverbot tritt neben die unionsrechtliche Regelung in Art. 102 AEUV. Greifen tatbestandlich sowohl Art. 102 AEUV, was einen Zwischenstaatlichkeitsbezug voraussetzt, als auch § 19 GWB ein,

---

[720] BGHZ 116, 47, 56 f. = WuW/E BGH 2762, 2762 f. – *Amtsanzeiger*; BGHZ 96, 337, 344 = WuW/E BGH 2195, 2198 – *Abwehrblatt II*; WuW/E DE-R 481, 482 = NJW-RR 2000, 1286, 1288 – *Designer-Polstermöbel*.
[721] Vgl. BGHZ 134, 1, 8 f. = WuW/E BGH 3079, 3084 – *Stromeinspeisung II*; OLG Düsseldorf WuW/E DE-R 2806, 2812 – *Trassennutzungsänderung*.
[722] *Bechtold*, GWB, § 19 GWB Rn. 76; *Fuchs/Möschel*, in: Immenga/Mestmäcker, § 19 GWB Rn. 350.
[723] BGHZ 116, 47, 56 f. = WuW/E BGH 2762, 2762 f. – *Amtsanzeiger*.
[724] BGHZ 116, 47, 56 f. = WuW/E BGH 2762, 2762 f. – *Amtsanzeiger*.
[725] Zu § 19 Abs. 2 Nr. 1 GWB BGHZ 116, 47, 56 f. = WuW/E BGH 2762, 2762 f. – *Amtsanzeiger*; WuW/E DE-R 1051, 1054 = NJW-RR 2003, 834, 836 – *Vorleistungspflicht*; WuW/E BGH 2683, 2687 = NJW-RR 1991, 825, 826 – *Zuckerrübenanlieferungsrecht*; zu § 19 Abs. 2 Nr. 3 GWB BGH WuW/E DE-R 375, 377 = GRUR 2000, 163, 165 – *Flugpreisspaltung*.
[726] *Fuchs/Möschel*, in: Immenga/Mestmäcker, § 19 GWB Rn. 350.
[727] *Markert*, in: Immenga/Mestmäcker, § 19 GWB Rn. 383.

sind beide Vorschriften von den Kartellbehörden und Gerichten parallel anzuwenden (Art. 3 Abs. 1 S. 2 VO (EG) Nr. 1/2003/§ 22 Abs. 3 S. 1, 2 GWB). In materiellrechtlicher Hinsicht besteht im Unterschied zum Kartellverbot (dazu Art. 3 Abs. 2 S. 1 VO (EG) Nr. 1/2003/§ 22 Abs. 2 S. 1 GWB) nicht notwendig ein Gleichlauf zwischen dem Unionsrecht und dem nationalen Recht der EU-Mitgliedstaaten. Vielmehr können die Mitgliedstaaten strengere innerstaatliche Regelungen erlassen und anwenden (Art. 3 Abs. 2 S. 2 VO (EG) Nr. 1/2003). Dem entsprechend hat der deutsche Gesetzgeber vorgesehen, dass die Anwendung weitergehender Vorschriften des GWB »unberührt« bleibt (§ 22 Abs. 3 S. 3 GWB). Das Marktmachtmissbrauchsverbot ist damit auf nationale Sachverhalte selbst dann anwendbar, wenn Art. 102 AEUV nicht eingreift, weil das Unionsrecht weniger »streng« ist. Allerdings sind die Wertungsgrundlagen, die hinter dem europäischen und dem deutschen Marktmachtmissbrauchsverbot stehen, weitgehend identisch, weshalb sich im Ergebnis kaum unterschiedliche Ergebnisse einstellen. In der Entscheidungspraxis spiegelt sich dies darin wider, dass häufig nur die Voraussetzungen der deutschen oder europäischen Verbotsnorm geprüft werden, während das Eingreifen der jeweils anderen Norm nur kurz angesprochen wird.[728] Diese zuweilen pragmatische Herangehensweise sollte andererseits nicht den Blick darauf verstellen, dass es in der Entscheidungspraxis im Detail durchaus Unterschiede gibt. Diese nimmt der Gesetzgeber bewusst in Kauf. Die im Zuge der 7. GWB-Novelle 2005 im Regierungsentwurf enthaltene Regelung, in der auch für § 19 GWB der Grundsatz einer europafreundlichen, an den Ergebnissen der europäischen Entscheidungspraxis orientierten Auslegung verankert werden sollte (§ 23 GWB-E 2005[729]), ist im weiteren Gesetzgebungsverfahren und auch später nicht weiterverfolgt worden. Damit ist klar, dass insbesondere wettbewerbspolitische Leitlinien der Kommission, wie sie im Diskussionspapier der GD Wettbewerb zur Anwendung des Art. 82 und in der Prioritätenmitteilung der Kommission[730] zum Ausdruck kommen, für die Auslegung von § 19 GWB nicht verbindlich sind. Andererseits heißt das nicht, dass sich die Interpretation des deutschen Marktmachtmissbrauchsverbots nicht an der europäischen Rechtsentwicklung orientieren darf. Das ist angesichts des offenen Tatbestands von § 19 GWB nicht nur möglich, sondern auch sinnvoll, um keine Divergenzen zwischen der europäi-

---

728 BGHZ 176, 1 Rn. 46 = WuW/E DE-R 2268 – *Soda-Club II* = NJW-RR 2008, 996; BGH WuW/E DE-R 2963 Rn. 43 = = GRUR Int. 2011, 165 – *GSM-Wandler*; WuW/E DE-R 3821 Rn. 42 = NJW 2013, 1095 – *Fährhafen Puttgarden II*.
729 Entwurf eines Siebten Gesetzes zur Änderung des Gesetzes gegen Wettbewerbsbeschränkungen, BT-Drucks. 15/3640, S. 9; dazu Begründung S. 21, 32.
730 ABl. 2009 Nr. C 45/7.

schen und deutschen Wettbewerbsordnung entstehen zu lassen, die dem Projekt eines einheitlichen Binnenmarkts nicht zuträglich wären.[731]

II. Verhältnis zu sektorspezifischen Missbrauchsverboten

207 Wie bereits Rdn. 27, 29 dargelegt, bereitet der Nachweis eines Marktmachtmissbrauchs insbesondere dann besondere Schwierigkeiten, wenn es sich um einen Ausbeutungsmissbrauch in Gestalt eines Preismissbrauchs handelt. Diese Anwendungsdefizite haben den Gesetzgeber bewogen, für besondere Wirtschaftszweige, in denen die Marktverhältnisse zusätzlich durch die Netzgebundenheit des Angebots beeinflusst werden, eine verschärfte Preismissbrauchskontrolle einzuführen. Dies betrifft zum einen **marktbeherrschende Anbieter von Elektrizität und leitungsgebundenem Gas.** Für diese gilt die im Jahr 2007 in Kraft getretene Vorschrift des § 29 GWB,[732] deren zeitlicher Geltungsbereich bis zum 31.12.2017 befristet ist (§ 186 Abs. 1 GWB). Wegen der Einzelheiten sei auf die Kommentierung zu § 29 GWB verwiesen. Wie sich aus § 29 Satz 3 GWB ergibt, bleiben die §§ 19 und 20 GWB unberührt. Sie sind daher neben § 29 GWB anwendbar. Auf missbräuchliche Verhaltensweisen ohne Entgeltbezug sind die §§ 19, 20 GWB selbstverständlich ebenfalls ohne Weiteres anwendbar.[733] Freilich sind die Wertungen des Energierechts bei der Interessenabwägung stets zu berücksichtigen.[734]

208 Ein weiterer Wirtschaftssektor, für den mit der 8. GWB-Novelle 2013 in §§ 31 ff. GWB sektorspezifische Regelungen geschaffen wurden, ist die **Wasserversorgung.** Die Vorschriften haben den nach § 131 Abs. 6 GWB 2005 fortgeltenden § 103 GWB a.F. abgelöst. Nach § 31 Abs. 4 GWB unterliegen demnach auch Wasserversorgungsunternehmen einem besonderen Preismissbrauchsregime (zu Einzelheiten vgl. die Erläuterungen zu §§ 31 ff. GWB). Die Anwendung von § 19 GWB wird durch die sektorspezifischen Regelungen nicht ausgeschlossen (§ 31b Abs. 6 GWB).

---

731 I.d.S. *Wurmnest*, S. 81; *Jaeger*, in: Baur (Hrsg.), Regulierter Wettbewerb in der Energiewirtschaft, 2002, S. 17, 33; *Markert*, WRP 2003, 356, 359; *Säcker/Wolf*, in: MünchKommGWB, § 19 Rn. 8; anders offenbar *Nothdurft*, in: Langen/Bunte, GWB, § 19 GWB Rn. 25.
732 Art. 1 Nr. 4d. Gesetzes zur Bekämpfung von Preismissbrauch im Bereich der Energieversorgung und des Lebensmittelhandels v. 18.12.2007, BGBl. I S. 2966.
733 Vgl. zur Entscheidungspraxis nur BGH WuW/E DE-R 4159, 4170 ff. – *Stromnetz Berkenthin* (Behinderung von Drittbewerbern bei der Vergabe von Konzessionsverträgen); WuW/E DE-R 2581, 2584 – *Neue Trift* (Verlegung von Anschlussleitungen im öffetlichen Straßenraum); WuW/E BGH 3879, 3882 f. – *Gasversorgung Ahrensburg*; OLG München RdE 2014, 82; OLG Schleswig WuW/E DE-R 3746, 3760 ff. (Behinderung bei gemeindlicher Konzesssionsvergabe).
734 BKartA WuW/E DE-V 149, 152 – *Berliner Stromdurchleitung*; *Busche*, FS Baur, 2002, S. 99, 116.

Eine Abstimmung der sachlichen Normanwendungsbereiche ist nicht nur im Verhältnis zu den vorgenannten sektorspezifischen Bestimmungen des GWB erforderlich, sondern auch zu **sektorspezifischem Regulierungsrecht**, das **außerhalb des GWB** kodifiziert ist. Insoweit ist von Bedeutung, dass das Kartellrecht und das Regulierungsrecht **unterschiedliche Schutzzwecke** verfolgen. Während es aus kartellrechtlicher Perspektive um den Schutz der Wettbewerbsfreiheit geht, dient das Regulierungsrecht der Durchsetzung wirtschaftspolitischer Ziele, die sich typischerweise nicht in einer Marktverhaltenskontrolle erschöpfen, sondern auf die Herstellung bestimmter Marktstrukturen gerichtet sind. Angesichts der unterschiedlichen Schutzzwecke liegt es daher nahe, die Marktmachtmissbrauchsvorschriften neben dem Regulierungsrecht anzuwenden, soweit der Gesetzgeber nicht ausdrücklich etwas anderes bestimmt hat. Dem entspricht § 185 Abs. 3 GWB (= § 130 Abs. 3 GWB a.F.), wonach die Vorschriften des **Energiewirtschaftsgesetzes** der Anwendung der §§ 19, 20 und 29 GWB nicht entgegenstehen, soweit in § 111 EnWG keine andere Regelung getroffen ist. Dort ist freilich geregelt, dass die §§ 19, 20 und 29 GWB nicht anzuwenden sind, soweit durch das EnWG oder Rechtsverordnungen, die auf der Grundlage des EnWG erlassen wurden, ausdrücklich abschließende Regelungen getroffen werden (§ 111 Abs. 1 S. 1 EnWG). Nicht ausgeschlossen ist damit allerdings wegen des Anwendungsvorrangs des Unionsrechts ein Rückgriff auf Art. 102 AEUV.[735]

209

Spezifisches Regulierungsrecht für Telekommunikationsnetze enthalten §§ 16 ff. des **Telekommunikationsgesetzes**. Für das Verhältnis zum GWB gelten nach § 2 Abs. 4 S. 1 TKG dieselben Grundsätze wie für die energierechtliche Regulierung. Die Vorschriften des GWB sind anwendbar, soweit durch das TKG keine ausdrücklichen abschließenden Regelungen getroffen werden.[736] Für die Regulierung des Postwesens bestimmt § 2 Abs. 3 **Postgesetz**, dass das Gesetz gegen Wettbewerbsbeschränkungen unberührt bleibt. Dies spricht für eine parallele Anwendbarkeit des GWB und damit auch von § 19 GWB.[737] Entsprechendes gilt für das Verhältnis zum **Allgemeinen Ei-**

210

---

735 Vgl. nur EuGH WuW/E DE-R 1779, 1793 ff. – *Deutsche Telekom/Kommission.*
736 Vgl. auch OLG Düsseldorf WuW/E DE-R 1473, 1474 ff. = GRUR 2005, 697, 699 – *Konsolidierer*; a.A. *Fuchs/Möschel*, in: Immenga/Mestmäcker, § 19 GWB Rn. 361.
737 Vgl. auch OLG Düsseldorf WuW/E DE-R 1473, 1474 = GRUR 2005, 697, 698 – *Konsolidierer*; a.A. im Sinne eines Spezialitätsverhältnisses und insofern den Wortlaut des Gesetzes ignorierend BReg., Begründung zu dem Entwurf eines Postgesetzes, BT-Drucks. 13/7774, S. 17, 19; *Fuchs/Möschel*, in: Immenga/Mestmäcker, § 19 GWB Rn. 364 (»missglückter sprachlicher Versuch des Gesetzgebers ein Spezialitätsverhältnis zum Ausdruck zu bringen«).

senbahngesetz, in dem das Verhältnis zum GWB nicht explizit angesprochen ist.[738]

211 Das kartellrechtliche Marktmachtmissbrauchsverbot (§§ 19, 20 GWB) ist gem. § 69 Abs. 2 Satz 1 SGB V auch auf die **Beschaffungstätigkeit der Krankenkassen** anzuwenden, soweit zum Abschluss der zugrunde liegenden Verträge keine gesetzliche Verpflichtung besteht.[739]

III. Verhältnis zu § 1 GWB

212 Das Verbot des Marktmachtmissbrauchs § 19 GWB und das Verbot wettbewerbsbeschränkender Vereinbarungen i.S.v. § 1 GWB bestehen unabhängig voneinander. Beide Vorschriften haben zwar unterschiedliche Voraussetzungen; damit ist jedoch nicht ausgeschlossen, dass sie in **Idealkonkurrenz** nebeneinander zur Anwendung kommen, wenn der zu erfassende Sachverhalt sowohl Elemente einer zwei- oder mehrseitigen wettbewerbsbeschränkenden Vereinbarung als auch des einseitigen Marktmachtmissbrauchs aufweist.[740]

213 Im Grundsatz kann daher ein Marktmachtmissbrauch selbst dann in Betracht kommen, wenn die parallel vorliegende wettbewerbsbeschränkende Vereinbarung gem. § 2 GWB im Einzelfall oder unter Anwendung einer **Gruppenfreistellungsverordnung** i.S.v. Art. 101 Abs. 3 AEUV freigestellt ist.[741] Dieses bei systematischer Betrachtung konsistente Ergebnis wird jedoch im Rahmen der Rechtsanwendung durch die in den Gruppenfreistellungsverordnungen verankerten Marktanteilsschwellen relativiert. Soweit ein Fall der Marktbeherrschung vorliegt, sind die Marktanteilsschwellen im Regelfall überschritten, so dass eine Freistellung der wettbewerbsbeschränkenden Vereinbarung ausscheidet.

---

738 *Fuchs/Möschel*, in: Immenga/Mestmäcker, § 19 GWB Rn. 360; *Nothdurft*, in: Langen/Bunte, § 19 GWB Rn. 387; a.A. LG Berlin WuW/E DE-R 2561, 2563 – *Eisenbahngesellschaft*.
739 Zur Wettbewerbssituation auf den Gesundheitsmärkten umfassend *Becker/Schweitzer*, in: Verhandlungen des 69. Deutschen Juristentags, Bd. I, 2012, S. B 1 ff.
740 *Markert*, in: Immenga/Mestmäcker, § 19 GWB Rn. 235.
741 Vgl. zu Art. 102 AEUV EuG Slg. 1990, II-309, Tz. 25 – *Tetra Pak I* (zu Art. 85 EWG-V); *Bechtold/Bosch/Brinker*, Art. 102 AEUV Rn. 2; *Eilmannsberger/Bien*, in: MünchKommWettbewR, Art. 102 AEUV Rn. 35; a.A. *Kulka*, FS Rittner, 1991, S. 343, 359.

IV. Verhältnis zur Fusionskontrolle

Wie bereits Rdn. 4 ausgeführt, ist es nicht Aufgabe des Marktmachtmissbrauchsverbots die Begründung marktbeherrschender Stellungen zu verhindern. Der EuGH hat zwar in der Rechtssache **Continental Can** festgestellt, dass Art. 102 AEUV auf Zusammenschlusstatbestände anwendbar ist, weil der Erwerb eines Wettbewerbers einen Machtmissbrauch begründen kann.[742] Der Fokus der Entscheidung liegt freilich auf dem Marktmachtmissbrauch, der sich durch den Zusammenschluss vollzieht. Insoweit kann der Entscheidung die Aussage entnommen werden, dass ein Zusammenschluss mit einem Marktmachtmissbrauch einhergehen kann. Voraussetzung ist immer eine schon vor dem Zusammenschluss bestehende marktbeherrschende Stellung des Erwerbers. Nicht erfasst werden kann mithin eine erst durch den Zusammenschluss entstehende beherrschende Position. Die Bedeutung von § 19 GWB für die Behandlung von Zusammenschlusstatbeständen ist also von vornherein sehr eingeschränkt (vgl. zum Marktstrukturmissbrauch noch Rdn. 191).

214

V. Verhältnis zum Lauterkeitsrecht

Liegen die Voraussetzungen eines Marktmachtmissbrauchs i.S.v. § 19 GWB vor, können damit zugleich Tatbestände des Lauterkeitsrechts verwirklicht sein. In Betracht kommt insoweit bei Behinderungsmissbräuchen die Anwendung von **§ 4 Nr. 4 UWG** (= § 4 Nr. 10 UWG a.F.).[743] Dagegen wird durch einen Verstoß gegen § 19 GWB nicht gleichzeitig ein Rechtsbruch i.S.v. **§ 3a UWG** (= § 4 Nr. 11 UWG a.F.) verwirklicht. Damit nämlich würden die Regelungen zur Sanktionierung kartellrechtlicher Verstöße (§§ 33, 34 GWB) unterlaufen, die einen abschließenden Charakter haben.[744]

215

---

742 EuGH, Slg. 1973, 216, Tz. 25 f. – *Continental Can*.
743 Vgl. auch *Schaffert*, in: MünchKommUWG, 2. Aufl. 2014, § 4 Nr. 11 Rn. 23.
744 BGHZ 166, 154 Rn. 13 ff. = WuW/E DE-R 1779 – *Probeabonnement*; *Köhler*, in: Köhler/Bornkamm, UWG, 34. Aufl. 2016, § 3a UWG Rn. 1.341; *Schaffert*, in: MünchKommUWG, 2. Aufl. 2014, § 4 Nr. 11 Rn. 23.

§ 20 GWB Unternehmen mit relativer oder überlegener Marktmacht

§ 20 Verbotenes Verhalten von Unternehmen mit relativer oder überlegener Marktmacht

(1) § 19 Absatz 1 in Verbindung mit Absatz 2 Nummer 1 gilt auch für Unternehmen und Vereinigungen von Unternehmen, soweit von ihnen kleinere und mittlere Unternehmen als Anbieter oder Nachfrager einer bestimmten Art von Waren oder gewerblichen Leistungen in der Weise abhängig sind, dass ausreichende und zumutbare Möglichkeiten, auf andere Unternehmen auszuweichen, nicht bestehen (relative Marktmacht). Es wird vermutet, dass ein Anbieter einer bestimmten Art von Waren oder gewerblichen Leistungen von einem Nachfrager abhängig im Sinne des Satzes 1 ist, wenn dieser Nachfrager bei ihm zusätzlich zu den verkehrsüblichen Preisnachlässen oder sonstigen Leistungsentgelten regelmäßig besondere Vergünstigungen erlangt, die gleichartigen Nachfragern nicht gewährt werden.

(2) § 19 Absatz 1 in Verbindung mit Absatz 2 Nummer 5 gilt auch für Unternehmen und Vereinigungen von Unternehmen im Verhältnis zu den von ihnen abhängigen Unternehmen.

(3) Unternehmen mit gegenüber kleinen und mittleren Unternehmen überlegener Marktmacht dürfen ihre Marktmacht nicht dazu ausnutzen, solche Wettbewerber unmittelbar oder mittelbar zu behindern. Eine unbillige Behinderung im Sinne des Satzes 1 liegt insbesondere vor, wenn ein Unternehmen
1. Lebensmittel im Sinne des § 2 Absatz 2 des Lebensmittel- und Futtermittelgesetzbuches unter Einstandspreis oder
2. andere Waren oder gewerbliche Leistungen nicht nur gelegentlich unter Einstandspreis oder
3. von kleinen oder mittleren Unternehmen, mit denen es auf dem nachgelagerten Markt beim Vertrieb von Waren oder gewerblichen Leistungen im Wettbewerb steht, für deren Lieferung einen höheren Preis fordert, als es selbst auf diesem Markt

anbietet, es sei denn, dies ist jeweils sachlich gerechtfertigt. Das Anbieten von Lebensmitteln unter Einstandspreis ist sachlich gerechtfertigt, wenn es geeignet ist, den Verderb oder die drohende Unverkäuflichkeit der Waren beim Händler durch rechtzeitigen Verkauf zu verhindern sowie in vergleichbar schwerwiegenden Fällen. Werden Lebensmittel an gemeinnützige Einrichtungen zur Verwendung im Rahmen ihrer Aufgaben abgegeben, liegt keine unbillige Behinderung vor.*

---

* § 20 Absatz 3 gilt gemäß Artikel 2 in Verbindung mit Artikel 7 Satz 2 des Gesetzes vom 26. Juni 2013 (BGBl. I S. 1738) ab 1. Januar 2018 in folgender Fassung:

(4) Ergibt sich auf Grund bestimmter Tatsachen nach allgemeiner Erfahrung der Anschein, dass ein Unternehmen seine Marktmacht im Sinne des Absatzes 3 ausgenutzt hat, so obliegt es diesem Unternehmen, den Anschein zu widerlegen und solche anspruchsbegründenden Umstände aus seinem Geschäftsbereich aufzuklären, deren Aufklärung dem betroffenen Wettbewerber oder einem Verband nach § 33 Absatz 2 nicht möglich, dem in Anspruch genommenen Unternehmen aber leicht möglich und zumutbar ist.

(5) Wirtschafts- und Berufsvereinigungen sowie Gütezeichengemeinschaften dürfen die Aufnahme eines Unternehmens nicht ablehnen, wenn die Ablehnung eine sachlich nicht gerchtfertigte ungleiche Behandlung darstellen und zu einer unbilligen Benachteiligung des Unternehmens im Wettbewerb führen würde.

Übersicht

		Rdn.			Rdn.
A.	Allgemeines	1	bb)	Sortimentsbedingte Abhängigkeit	14
I.	Überblick	1			
II.	Normgenese	3	cc)	Unternehmensbedingte Abhängigkeit	20
B.	Behinderungsmissbrauch durch relative Marktmacht (§ 20 Abs. 1 GWB)	4	dd)	Knappheitsbedingte Abhängigkeit	23
I.	Allgemeines	4	ee)	Nachfragebedingte Abhängigkeit	24
II.	Unternehmen mit relativer Marktmacht	5	e)	Abhängigkeitsvermutung (§ 20 Abs. 1 S. 2 GWB)	25
	1. Begriff	5			
	2. Voraussetzungen	6	C.	Aufforderung oder Veranlassung zur Vorteilsgewährung (§ 20 Abs. 2 GWB)	28
	a) Unternehmen und Vereinigungen von Unternehmen	6			
	b) Kleine und mittlere Unternehmen	7	D.	Behinderung kleiner und mittlerer Unternehmen (§ 20 Abs. 3, 4 GWB)	29
	c) Abhängigkeit	9			
	d) Erscheinungsformen der Abhängigkeit	13	I.	Allgemeines	29
			II.	Normgenese	30
	aa) Überblick	13	III.	Voraussetzungen	31

»(3) Unternehmen mit gegenüber kleinen und mittleren Unternehmen überlegener Marktmacht dürfen ihre Marktmacht nicht dazu ausnutzen, solche Wettbewerber unmittelbar oder mittelbar zu behindern. Eine unbillige Behinderung im Sinne des Satzes 1 liegt insbesondere vor, wenn ein Unternehmen
1. Waren oder gewerbliche Leistungen nicht nur gelegentlich unter Einstandspreis anbietet oder
2. von kleinen oder mittleren Unternehmen, mit denen es auf dem nachgelagerten Markt beim Vertrieb von Waren oder gewerblichen Leistungen im Wettbewerb steht, für deren Lieferung einen höheren Preis fordert, als es selbst auf diesem Markt anbietet, es sei denn, dies ist jeweils sachlich gerechtfertigt.«

§ 20 GWB *Unternehmen mit relativer oder überlegener Marktmacht*

	Rdn.		Rdn.
1. Machtgefälle	31	cc) Andere Waren oder gewerbliche Leistungen (§ 20 Abs. 3 S. 2 Nr. 2 GWB)	45
2. Behinderung	34		
a) Allgemeines	34		
b) Verkauf unter Einstandspreis (§ 20 Abs. 3 S. 2 Nr. 1, 2 GWB)	36	c) Kosten-Preis-Schere (§ 20 Abs. 3 S. 2 Nr. 3 GWB)	47
aa) Überblick	36	IV. Beweisregeln (§ 20 Abs. 4 GWB)	48
bb) Lebensmittel (§ 20 Abs. 3 S. 2 Nr. 1, S. 3, 4 GWB)	42	E. Ablehnung der Aufnahme in Verbände (§ 20 Abs. 5 GWB)	49

Schrifttum

Siehe Schrifttum Vor §§ 18–20 GWB.

A. Allgemeines

I. Überblick

1   Anknüpfungspunkt für die Bestimmung des § 20 GWB ist die Überlegung, dass marktverschließende Effekte nicht nur von marktbeherrschenden Unternehmen (mit absoluter Marktmacht) ausgehen können, sondern auch von Unternehmen und Vereinigungen von Unternehmen, die zwar nicht marktbeherrschend sind, aber eine **vergleichbar starke Machtposition** (marktstarke Unternehmen) haben.[1] Der Regelungsansatz ist damit vergleichbar mit der durch § 19 Abs. 3 GWB erfolgten Erstreckung des Verbots der Behinderung und Ungleichbehandlung auf freigestellte Kartelle und preisbindende Unternehmen.

2   Im Detail wird mit § 20 Abs. 1 GWB das in § 19 Abs. 1, Abs. 2 Nr. 1 GWB entfaltete und für marktbeherrschende Unternehmen geltende Verbot der Behinderung und Diskriminierung auch auf **Unternehmen mit relativer Marktmacht** erstreckt, also solche Unternehmen, von denen bestimmte andere Unternehmen, nämlich kleine und mittlere Unternehmen, in der Weise abhängig sind, dass ihnen zureichende Möglichkeiten fehlen, auf Dritte auszuweichen. Hintergrund der Regelung ist, dass abhängige Unternehmen regelmäßig in besonderer Weise auf die Belieferung durch marktstarke Unternehmen angewiesen sind, um am Markt wettbewerbsfähig zu sein.[2] In diesem Zusammenhang wird das in § 19 Abs. 2 Nr. 5 GWB enthaltene Verbot der Aufforderung und Veranlassung zu einer sachlich nicht gerechtfertigten Vor-

---

[1] BGHZ 81, 322, 328 f. = WuW/E BGH 1829, 1832 – *Original-VW-Ersatzteile II.*
[2] BReg., Begründung zu dem Entwurf eines Fünften Gesetzes zur Änderung des Gesetzes gegen Wettbewerbsbeschränkungen, BT-Drucks. 11/4610, S. 10, 21.

teilsgewährung auch für das Verhältnis von Unternehmen und Vereinigungen von Unternehmen zu den von ihnen abhängigen Unternehmen verfügbar gemacht (§ 20 Abs. 2 GWB). Im Übrigen enthält § 20 GWB mit Absatz 3 eine ergänzende Regelung zum Behinderungsmissbrauch, die allerdings nur **Unternehmen mit** gegenüber kleinen und mittleren Unternehmen **überlegener Marktmacht** betrifft. Regelungsgegenstand sind insoweit Behinderungen im Preiswettbewerb, insbesondere durch Verkäufe unter Einstandspreis. Abgerundet wird das Regelungsprogramm durch § 20 Abs. 5 GWB, der einen Aufnahmezwang für Wirtschafts- und Berufsvereinigungen sowie Gütezeichengemeinschaften begründet, indem ihnen untersagt ist, die Aufnahme von Unternehmen ohne sachlich gerechtfertigten Grund abzulehnen.

II. Normgenese

Die Vorschrift des § 20 GWB, die in früheren Fassungen des GWB in § 26 verortet war, hat im Laufe der Zeit zahlreiche **Änderungen** erfahren (dazu Vor §§ 18 bis 20 Rdn. 7). Besonders hervorzuheben ist die mit der 5. GWB-Novelle 1989 vollzogene Einschränkung des Kreises der Geschützten auf kleine und mittlere Unternehmen. Soweit durch § 20 GWB einzelne Bestimmungen des § 19 GWB auf Unternehmen und Vereinigungen von Unternehmen mit relativer Marktmacht erstreckt werden, stimmt der **Normzweck** des § 20 GWB mit demjenigen von § 19 GWB überein.[3] Es geht also insbesondere um eine allseitige Offenhaltung der Märkte. Die Fokussierung des Schutzes auf kleine und mittlere Unternehmen darf nicht zu der Schlussfolgerung verleiten, damit würden sozial- oder strukturpolitische Ziele verfolgt, auch wenn dies in der Gesetzesbegründung anklingt.[4] Vielmehr wollte der Gesetzgeber offenbar nur deutlich machen, dass Großunternehmen unter den heutigen wirtschaftlichen Gegebenheiten nur eines Basisschutzes bedürfen, der de lege lata durch die Vorschrift des § 19 Abs. 2 Nr. 1 GWB in ausreichender Weise gewährleistet ist. Es sei nämlich davon auszugehen, dass von Großunternehmen, die im Groß- und Einzelhandel tätig sind, im Gegensatz zu kleinen und mittleren Unternehmen ein hinreichender ökonomischer Druck auf Hersteller von Waren ausgehe, der eine Abschneidung vom Geschäftsverkehr wenig wahrscheinlich erscheinen lasse.[5] Die Tatbestandseinschränkung ist seinerzeit freilich kritisch aufgenommen worden.[6] In der Tat lässt sich argumentieren, dass

3

---

3 *Markert*, in: Immenga/Mestmäcker, § 20 GWB Rn. 8.
4 *Markert*, in: Immenga/Mestmäcker, § 20 GWB Rn. 8; vgl. auch BGH WuW/E BGH 2491, 2495 = GRUR 1988, 642, 644 – *Opel Blitz*.
5 BReg., Begründung zu dem Entwurf eines Fünften Gesetzes zur Änderung des Gesetzes gegen Wettbewerbsbeschränkungen, BT-Drucks. 11/4610, S. 10, 21.
6 Vgl. nur *Emmerich*, Die AG 1989, 261, 264 f.; *Martinek*, NJW 1990, 793, 797; *Möschel*, ZRP 1989, 371, 374.

§ 20 GWB — Unternehmen mit relativer oder überlegener Marktmacht

der Wettbewerb nicht deshalb weniger schützenswert ist, nur weil er von großbetrieblichen Handelsformen ausgeht.[7]

B. Behinderungsmissbrauch durch relative Marktmacht (§ 20 Abs. 1 GWB)

I. Allgemeines

4   Wie bereits Rdn. 2 erläutert, wird durch § 20 Abs. 1 GWB das Behinderungs- und Diskriminierungsverbot des § 19 Abs. 2 Nr. 1 GWB auf Unternehmen mit relativer Marktmacht erstreckt. Dies bedeutet, dass die Vorschrift sowohl eine Rechtsgrund- als auch Rechtsfolgenverweisung beinhaltet. Lediglich die Normadressatenstellung bedarf einer gesonderten Feststellung. Die umfassende Inbezugnahme von § 19 Abs. 2 Nr. 1 GWB zeigt, dass sich der Schutzbereich von § 20 Abs. 1 GWB bei Behinderungssachverhalten nicht nur auf die in § 20 Abs. 1 GWB genannten abhängigen Unternehmen erstreckt, sondern auch auf Wettbewerber des Normadressaten, nämlich insoweit, als sich der Einsatz der relativen Marktmacht gegenüber den abhängigen Unternehmen zugleich als Behinderung der Konkurrenten auswirkt.[8] Entsprechendes gilt für Behinderungen nicht abhängiger Dritter, die mit dem Normadressaten nicht in einem Wettbewerbsverhältnis stehen.[9]

II. Unternehmen mit relativer Marktmacht

1. Begriff

5   Der Begriff der relativen Marktmacht, wie er vom Gesetzgeber in § 20 Abs. 2 S. 1 GWB in Form einer **Legaldefinition** verwendet wird, deutet darauf hin, dass damit allein die bilaterale Beziehung der Normadressaten, nämlich Unternehmen und Vereinigungen von Unternehmen, zu einzelnen kleinen und mittleren Unternehmen als Anbietern oder Nachfragern bezeichnet werden soll, soweit nämlich auf das Abhängigkeitsverhältnis dieser Unternehmen zu den Normadressaten Bezug genommen wird. Eine derartige Sichtweise wäre freilich verkürzt, weil sich die relative Marktmacht nicht allein aus dem Verhältnis zu den abhängigen Unternehmen ergibt, sondern auch aus dem Markt-

---

[7] Dazu *Busche*, Privatautonomie und Kontrahierungszwang, 1999, S. 350.
[8] BGHZ 81, 322, 328 = WuW/E BGH 1829, 1832 – *Original-VW-Ersatzteile II*; *Westermann*, in: MünchKommKartR, § 20 GWB Rn. 3; vgl. auch *Markert*, in: Immenga/Mestmäcker, § 20 GWB Rn. 12, der darüber hinaus auch Behinderungen nicht abhängiger und in keinem Wettbewerbsverhältnis mit dem Normadressaten stehender Dritter in den Schutzbereich einbeziehen will, soweit es sich kleine und mittlere Unternehmen handelt; a.A. *Ulmer*, WuW 1980, 474, 486; *Köhler*, Nachfragemacht, 1979, S. 80 ff.
[9] *Markert*, in: Immenga/Mestmäcker, § 20 GWB Rn. 12.

umfeld, nämlich im Hinblick darauf, welche anderen Unternehmen den geschützten Unternehmen noch gegenüber stehen.

2. Voraussetzungen

a) Unternehmen und Vereinigungen von Unternehmen

Adressaten von § 20 Abs. 1 GWB sind Unternehmen und Vereinigungen von Unternehmen. Die Unternehmenseigenschaft bestimmt sich auch im Anwendungsbereich von § 20 GWB nach dem für das gesamte GWB geltenden **funktionalen Unternehmensbegriff** (dazu § 1 Rdn. 38 ff.). Unternehmensvereinigungen sind nach dem Wortlaut der Norm den Unternehmen gleichgestellt. Die gesonderte Erwähnung dieser Vereinigungen macht nur dann Sinn, wenn damit Sachverhalte erfasst werden sollen, in denen die Vereinigungen nicht bereits ihrerseits als Anbieter oder Nachfrager am Markt auftreten. Dann sind sie nämlich selbst Unternehmen im funktionalen Sinne, so dass es ihrer gesonderten Aufführung nicht bedurft hätte. Gemeint sein können daher nur Vereinigungen, die in sonstiger Weise in die Tätigkeit ihrer Mitglieder eingeschaltet sind, etwa als Vermittler der Waren oder gewerblichen Leistungen ihrer Mitglieder oder durch eine sonstige koordinierende Tätigkeit.[10] Der Begriff der **Unternehmensvereinigung** ist damit nach dem Sinn und Zweck der Norm weit zu fassen.[11] Er schließt aber nicht Kartelle ein, da diese mit der 2. GWB-Novelle 1973 aus dem Anwendungsbereich von § 26 Abs. 2 GWB a.F. herausgenommen wurden.[12] Bestätigt wird dieses Ergebnis durch die Vorschrift des § 19 Abs. 3 GWB, die auch nur freigestellte Kartelle dem Verbot der missbräuchlichen Ausnutzung einer marktbeherrschenden Stellung unterwirft.

6

b) Kleine und mittlere Unternehmen

Voraussetzung für das Bestehen relativer Marktmacht ist zunächst, dass **kleine oder mittlere Unternehmen** von den Normadressaten abhängig sind. Wie der Kreis dieser Unternehmen einzugrenzen ist, bereitet Schwierigkeiten. In der Regierungsbegründung wird auf das Begriffsverständnis zu §§ 5b GWB 1989 (Freistellung für Rationalisierungskartelle) und § 5c GWB 1989 (Frei-

7

---

10 *Markert*, in: Immenga/Mestmäcker, § 20 GWB Rn. 13; *Nothdurft*, in: Langen/Bunte, § 20 GWB Rn. 20; *Westermann*, in: MünchKommKartR, § 20 GWB Rn. 14.

11 *Loewenheim*, in: Loewenheim/Meessen/Riesenkampff, § 20 GWB Rn. 6; *Markert*, in: Immenga/Mestmäcker, § 20 GWB Rn. 13 (alle Arten der organisatorischen Zusammenfassung von Unternehmen unabhängig von ihrer Rechtsform).

12 Vgl. dazu BReg., Begründung zu dem Entwurf eines Zweiten Gesetzes zur Änderung des Gesetzes gegen Wettbewerbsbeschränkungen, BT-Drucks. 6/2520, S. 14, 36.

stellung für Einkaufskartelle) verwiesen.[13] Aus Sicht des Gesetzgebers sollte es danach allein auf einen horizontalen Größenvergleich zwischen dem abhängigen Unternehmen und seinen Wettbewerbern ankommen, dagegen nicht auf absolute Größenkriterien.[14] Dagegen hat der BGH in Auseinandersetzung mit den Gesetzesmaterialien eine »schematische« Orientierung an einem horizontalen Größenvergleich jedenfalls für den Fall der **unternehmensbedingten Abhängigkeit** abgelehnt. Es komme insoweit nämlich darauf an, ob das abhängige Unternehmen im Vertikalverhältnis zu dem relativ marktmächtigen Unternehmen über eine ausreichende Größe verfüge, um typischerweise nicht auf den Schutz von § 26 Abs. 2 GWB a.F. (jetzt § 20 Abs. 1 GWB) angewiesen zu sein.[15] Später hat der BGH angemerkt, dass der für eine unternehmensbedingte Abhängigkeit sinnvolle Maßstab eines vertikalen Größenvergleichs nicht ohne weitere Begründung auf den Fall der **nachfragebedingten Abhängigkeit** übertragen werden könne. Hingewiesen wird in diesem Zusammenhang erneut auf die »unter funktionalem Gesichtspunkt notwendige Prüfung der Schutzbedürftigkeit des abhängigen Unternehmens«.[16] Daraus wird abgeleitet, dass der Betrachtung der horizontalen Größenverhältnisse – mit Ausnahme bei der unternehmensbedingten Abhängigkeit – regelmäßig der Vorrang gebühre.[17] Freilich ist auch für die unternehmensbedingte Abhängigkeit – über den vom BGH entschiedenen Einzelfall hinaus – zu hinterfragen, ob ein Vertikalvergleich zielführend ist. Auch bei unternehmensbedingter Abhängigkeit geht es letztlich darum, bestimmte Unternehmen, nämlich solche, die keine kleinen und mittleren Unternehmen sind, an dem Entfaltungsschutz des § 20 Abs. 1 GWB nicht partizipieren zu lassen. Das spricht dafür, auch bei unternehmensbedingter Abhängigkeit nur auf einen Horizontalvergleich abzustellen.

8 Noch nicht gelöst ist damit das Problem, welche **Gesichtspunkte für den Größenvergleich** heranzuziehen sind. Insoweit bietet es sich an, auf den Umsatz, die Zahl der Beschäftigten, die Unternehmenskapazität, das Eigenkapital oder andere für die Marktstruktur aussagekräftige Unternehmensdaten zurückzugreifen.[18] Diese sind im Hinblick auf die Schutzbedürftigkeit des betroffenen Unternehmens zu gewichten. Da dieses Verfahren stark einzelfall-

---

13 BReg., Begründung zu dem Entwurf eines Fünften Gesetzes zur Änderung des Gesetzes gegen Wettbewerbsbeschränkungen, BT-Drucks. 11/4610, S. 10, 22.
14 BReg., Begründung zu dem Entwirf eines Fünften Gesetzes zur Änderung des Gesetzes gegen Wettbewerbsbeschränkungen, BT-Drucks. 11/4610, S. 10, 22; vgl. auch KG WuW/E OLG 4753, 4760 f. – *VW-Leasing*.
15 BGH WuW/E BGH 2875, 2878 f. = GRUR 1993, 592, 593 f. – *Herstellerleasing*.
16 BGHZ 152, 97, 108 = WuW/E DE-R 984, 987 – *Konditionenanpassung*.
17 I.d.S. *Nothdurft*, in: Langen/Bunte, § 20 GWB Rn. 74; *Westermann*, in: MünchKommKartR, § 20 GWB Rn. 17.
18 S. auch *Markert*, in: Immenga/Merstmäcker, GWB, § 20 GWB Rn. 10.

abhängig ist, kann es insoweit **keine absoluten Ober- oder Untergrenzen** geben.[19]

c) **Abhängigkeit**

Der Tatbestand der Abhängigkeit bezeichnet in § 20 Abs. 1 GWB das Verhältnis der Normbegünstigten, also kleineren und mittleren Unternehmen, zu Unternehmen mit relativer Marktmacht auf der Marktgegenseite. De facto besteht auch im Anwendungsbereich von § 19 GWB eine Form von Abhängigkeit, da marktbeherrschende Unternehmen in der Lage sind, einen Markt in der Weise zu dominieren, dass ihnen nicht ausgewichen werden kann. Diese Abhängigkeit bedarf freilich keiner besonderen Feststellung, weil sie »absoluter« Natur ist, nämlich durch die Marktbeherrschung bereits feststeht. Anders liegen die Dinge bei § 20 GWB, weil relative Marktmacht für sich genommen, nicht zu einer wie auch immer gearteten Abhängigkeit von dem Normadressaten führen muss. Diese bedarf vielmehr der konkreten Feststellung. Insoweit ist eine **konkret-individuelle** Betrachtung anhand der **Marktbeziehung** zwischen dem Unternehmen mit relativer Marktmacht auf der einen Seite und dem kleinen oder mittleren Unternehmen auf der anderen Seite vorzunehmen. Nicht maßgebend ist dagegen, ob im Allgemeinen zwischen Unternehmen einer bestimmten Art oder Branche ein Abhängigkeitsverhältnis besteht. Im Übrigen ist es unerheblich, ob zwischen den Unternehmen bereits eine Lieferbeziehung vorhanden ist oder nicht. Anderenfalls könnte sich die marktöffnende Schutzrichtung von § 20 GWB gerade gegenüber **Newcomern** nicht entfalten.[20]

9

Abhängigkeit wird in § 20 Abs. 1 S. 1 GWB dahingehend definiert, dass ein kleines oder mittleres Unternehmen als Anbieter von Waren oder gewerblichen Leistungen in der Weise auf den Normadressaten angewiesen ist, dass **ausreichende oder zumutbare** Möglichkeiten, auf andere Unternehmen auszuweichen, nicht bestehen. Im Gesetz angelegt ist damit, dass das Bestehen oder Nichtbestehen einer **Ausweichmöglichkeit** aus der Perspektive der geschützten kleinen oder mittleren Unternehmen zu beurteilen ist. Dabei ist eine dreistufige Prüfungsfolge vorgegeben. Zunächst ist (1.) festzustellen, ob überhaupt eine **Ausweichmöglichkeit** besteht. Dies beurteilt sich nach den objektiven Verhältnissen auf dem relevanten Markt. Zur Marktabgrenzung

10

---

19 BGHZ 152, 97, 109 f. = WuW/E DE-R 984, 988 – *Konditionenanpassung*; *Markert*, in: Immenga/Mestmäcker, § 20 GWB Rn. 11; *Westermann*, in: MünchKommKartR, § 20 GWB Rn. 16; a.A. *Bechtold*, GWB, § 20 GWB Rn. 10 (Orientierung an bestimmten Umsatzgrößen).
20 *Loewenheim*, in: Loewenheim/Meessen/Riesenkampff, § 20 GWB Rn. 13; *Markert*, in: Immenga/Mestmäcker, § 20 GWB Rn. 25; vgl. auch BGH WuW/E BGH 1620, 1623 = GRUR 1979, 731, 732 – *Revell Plastics*.

können insoweit die Kriterien herangezogen werden, die im Rahmen von § 18 GWB für die sachliche, räumliche und ggf. auch zeitliche Marktabgrenzung bestimmend sind (dazu § 18 Rdn. 8 ff.). Als **ausreichend** sind (2.) solche Ausweichmöglichkeiten auf andere Unternehmen des relevanten Marktes anzusehen, die von den geschützten Unternehmen in wirtschaftlicher Hinsicht in Betracht gezogen werden, wenn eine Geschäftsverbindung mit dem Normadressaten ausscheidet. Schließlich muss es (3.) einem potenziell abhängigen Unternehmen **zumutbar** sein, auf ein anderes Unternehmen auszuweichen. Im ursprünglichen Entwurf zur 2. GWB-Novelle, auf die § 20 Abs. 1 S. 1 GWB zurückgeht, war nur von dem Fehlen »ausreichender« Ausweichmöglichkeiten die Rede.[21] Die Zumutbarkeit der Ausweichmöglichkeit ist erst während der Gesetzesberatungen auf Betreiben des BT-Ausschusses für Wirtschaft in den Gesetzestext aufgenommen worden.[22] Sinn und Zweck war es, den Verbotstatbestand auf die Fälle zwar ausreichender, aber dennoch nicht zumutbarer Ausweichmöglichkeiten auszudehnen.[23] Entscheidend ist damit im Ergebnis, ob die Ausweichmöglichkeit im Einzelfall zumutbar ist.[24] Allgemein wird angenommen, dass das Merkmal »ausreichend« objektiv geprägt ist, während der Begriff »zumutbar« individuelle Besonderheiten der potenziell abhängigen Unternehmen erfasse.[25] Ob eine derartige Abgrenzung sinnvoll ist, erscheint freilich zweifelhaft (dazu Rdn. 11).[26]

11 Im Einzelnen bedeutet dies, dass von einer **Ausweichmöglichkeit** bei objektiver Betrachtung immer dann auszugehen ist, wenn die in Frage stehenden Waren oder gewerblichen Leistungen auf dem relevanten Markt auch von anderen Unternehmen angeboten werden bzw. die Möglichkeit besteht, sie an diese Unternehmen abzusetzen.[27] Das erfordert einerseits, dass für die konkreten Waren und Leistungen tatsächlich Bezugs- und Absatzalternativen zur Verfügung stehen.[28] Andererseits müssen sich die alternativ zur Verfügung stehenden Waren und gewerblichen Leistungen nach ihren Eigenschaften, ihrem

---

21 Vgl. BReg., Entwurf eines Zweiten Gesetzes zur Änderung des Gesetzes gegen Wettbewerbsbeschränkungen, BT-Drucks. 6/2520, S. 8.
22 BT-Ausschuss für Wirtschaft, Unterrichtung zu dem Entwurf eines Zweiten Gesetzes zur Änderung des Gesetzes gegen Wettbewerbsbeschränkungen, BT-Drucks. 7/765, S. 9 f.
23 So auch *Ebenroth/Obermann*, Absatzmittlungsverträge im Spannungsverhältnis zwischen Kartell- und Zivilrecht, 1980, S. 103.
24 *Kouker*, S. 97.
25 S. nur *Loewenheim*, in: Loewenheim/Meessen/Riesenkampff, § 20 GWB Rn. 15, 17; *Markert*, in: Immenga/Mestmäcker, § 20 GWB Rn. 18 f.
26 So auch *Nothdurft*, in: Langen/Bunte, § 20 GWB Rn. 28.
27 Vgl. BGH WuW/E DE-R 1541, 1543 = NJW 2005, 2014, 2015 – *Sparberaterin II*; *Loewenheim*, in: Loewenheim/Meessen/Riesenkampff, § 20 GWB Rn. 14; *Markert*, in: Immenga/Mestmäcker, § 20 GWB Rn. 14.
28 *Markert*, in: Immenga/Mestmäcker, § 20 GWB Rn. 16.

wirtschaftlichen Verwendungszweck und ihrer Preislage so nahe stehen, dass sie für Zwecke der Bedarfsdeckung als austauschbar angesehen werden können. Insoweit verbietet sich eine generalisierende, primär an bestimmten Formen der Abhängigkeit oder Branchenverhältnissen orientierte Betrachtung; es kommt vielmehr auf den jeweiligen Einzelfall an.[29] Dass dabei auch das Marktumfeld in den Blick zu nehmen ist, versteht sich von selbst.[30] Ob die Ausweichmöglichkeit darüber hinaus **ausreichend** ist, entscheidet sich danach, ob sie dem potenziell abhängigen Unternehmen einen hinreichenden wettbewerblichen Handlungsspielraum in dem Sinne eröffnet, dass ein Ausweichen auf andere Unternehmen ohne Inkaufnahme von Wettbewerbsnachteilen möglich ist.[31] Davon ist nicht schon allein deshalb auszugehen, weil auf dem betreffenden Markt neben dem Normadressaten noch eine Anzahl weiterer Anbieter oder Nachfrager tätig ist.[32] Vielmehr kommt es entscheidend auf die Art der Waren oder gewerblichen Dienstleistungen an, die dem mutmaßlichen Abhängigkeitsverhältnis das Gepräge geben. Bei handelsüblichen oder weitgehend homogenen Produkten wird etwa ein eher strengerer Maßstab anzulegen sein als beispielsweise bei heterogenen Waren und gewerblichen Leistungen. Im erstgenannten Fall nimmt die potenzielle Auswahlfreiheit umso schneller ab, je höher die Kostenbelastung aufgrund längerer Beschaffungswege wird. Von dem Fehlen einer ausreichenden Ausweichmöglichkeit wird freilich nicht schon bei nur marginalen Veränderungen der Kostensituation gesprochen werden können,[33] sondern erst dann, wenn das betroffene Unternehmen kostenseitig derart belastet ist, dass seine Konkurrenzfähigkeit in Frage steht. Bei Markenartikeln spielt etwa zudem eine Rolle, welches Ansehen sie beim Publikum genießen.[34] Diese Erwägungen können aus anderer, nämlich individueller Perspektive auch für die Frage eine Rolle spielen, ob die Ausweichmöglichkeit **zumutbar** ist. Darin zeigt sich, dass beide Merkmale, auch wenn das eine (»ausreichend«) eher einen »objektiven«, das andere (»zumutbar«) eher einen »subjektiven« Kern hat, ineinander übergehen.[35] Das gilt auch für ande-

---

29 Vgl. BGH WuW/E DE-R 3967 Rn. 19 = NZKart 2013, 462 – *Rabattstaffel*; a.A. *Markert*, in: Immenga/Mestmäcker, § 20 GWB Rn. 22 ff. (tendenziell objektiv-generalisierende Betrachtungsweise, jedenfalls bei systembedingten Behinderungen und Diskriminierungen); *Nothdurft*, in: Langen/Bunte, § 20 GWB Rn. 46 (zur sortimentsbedingten Abhängigkeit).
30 S. nur BGH WuW/E BGH 2491, 2493 = GRUR 1988, 642, 643 f. – *Opel Blitz*.
31 I.d.S. BGH WuW/E BGH 1620, 1623 = GRUR 1979, 731, 732 – *Revell Plastics*; *Kouker*, S. 106; *Markert*, in: Immenga/Mestmäcker, § 20 GWB Rn. 18.
32 BGH WuW/E BGH 1567, 1568 f. = GRUR 1979, 560, 561 – *Nordmende*; WuW/E BGH 1391, 1394 = NJW 1976, 801, 802 – *Rossignol*; *Markert*, in: Immenga/Mestmäcker, § 20 GWB Rn. 18.
33 *Ebenroth/Obermann*, S. 103; *Kroitzsch*, GRUR 1976, 182, 184.
34 *Markert*, in: Immenga/Mestmäcker, § 20 GWB Rn. 18.
35 S. auch *Busche*, Privatautonomie und Kontrahierungszwang, 1999, S. 340 f.; *Nothdurft*, in: Langen/Bunte, § 20 GWB Rn. 32.

re Gesichtspunkte wie etwa das Fehlen eines (längerfristig) abgesicherten Bezugs oder Absatzes[36] oder das Erfordernis des Ausweichens auf rechtlich zweifelhafte Vertriebskanäle.[37] Letztlich geht es auch bei der Konkretisierung der Zumutbarkeit darum, ob ein Ausweichen auf andere Anbieter zu Wettbewerbsnachteilen führt. Der Umstand, dass eine randscharfe Trennung zwischen den Merkmalen »ausreichend« und »zumutbar« im Hinblick auf die dabei zu berücksichtigenden Umstände im Einzelfall zuweilen Schwierigkeiten bereitet, mag auch erklären, weshalb in der Entscheidungspraxis beide Gesichtspunkte häufig nicht getrennt behandelt werden.[38]

12 Dagegen spielt es für das Bestehen einer Ausweichmöglichkeit keine Rolle, ob sich das seine Abhängigkeit behauptende Unternehmen selbst in diese Lage gebracht hat; dieser Aspekt ist erst in die **Interessenabwägung** einzuführen.[39] Entsprechendes gilt für den Umstand, dass der Normadressat durch die Aufnahme oder den Ausbau von Geschäftsbeziehungen mit der Marktgegenseite möglicherweise selbst von dieser abhängig wird.[40]

d) Erscheinungsformen der Abhängigkeit

aa) Überblick

13 Die von § 20 Abs. 1 S. 1 GWB aufgegriffene **Abhängigkeit** kleiner und mittlerer Unternehmen von Unternehmen mit relativer Marktmacht kann **unterschiedliche Ursachen** haben. Bereits im Gesetzgebungsverfahren zur 2. GWB-Novelle waren der Sache nach drei Erscheinungsformen der Abhängigkeit beschrieben,[41] die später mit den Begriffen sortimentsbedingte, unternehmensbedingte und knappheitsbedingte Abhängigkeit belegt wurden.[42] Im Gesetzeswortlaut klingt dieser Systematisierungsansatz, der noch um die Fallgruppe der nachfragebedingten Abhängigkeit ergänzt werden kann, nicht unmittelbar

---

36 Zu einer derartigen Fallgestaltung OLG Karlsruhe WuW/E OLG 2217, 2219 – *Allkauf-Saba*.
37 S. nur OLG Frankfurt/M. WuW/E BGH 4017, 4019 – *Originalersatzteile für Gabelstapler*; OLG Karlsruhe WuW/E OLG 2085, 2088 – *Multiplex*; dazu auch *Markert*, in: Immenga/Mestmäcker, § 20 GWB Rn. 20.
38 Vgl. etwa BGH WuW/E BGH 2855, 2856 f. = NJW 1993, 1653, 1653 f. – *Flaschenkästen*.
39 *Nothdurft*, in: Langen/Bunte, § 20 GWB Rn. 35; a.A. BGHZ 80, 371, 375 = WuW/E BGH 1805, 1807 – *Privatgleisanschluss*; BGH WuW/E BGH 2855, 2857 = NJW 1993, 1653, 1654 – *Flaschenkästen*; *Markert*, in: Immenga/Mestmäcker, § 20 GWB Rn. 21.
40 So auch *Markert*, in: Immenga/Mestmäcker, § 20 GWB Rn. 27.
41 BT-Ausschuss für Wirtschaft, Unterrichtung zu dem Entwurf eines Zweiten Gesetzes zur Änderung des Gesetzes gegen Wettbewerbsbeschränkungen, BT-Drucks. 7/765, S. 9 f.
42 Statt aller *Fischötter*, WuW 1974, 379, 381 ff.

an. Gleichwohl handelt es sich, solange die Rückbindung an die Norm nicht vernachlässigt wird, um ein legitimes Hilfsmittel, das es ermöglicht, Besonderheiten einzelner Fallgestaltungen zu kategorisieren.

bb) Sortimentsbedingte Abhängigkeit

Wie bereits erwähnt, dient § 20 Abs. 1 S. 1 GWB dem wettbewerblichen Entfaltungsschutz. Im Kontext der sortimentsbezogenen Abhängigkeit bedeutet dies, dass den geschützten Unternehmen der Zugang zu Waren und gewerblichen Leistungen gesichert werden soll, die sie in ihrem Sortiment führen müssen, um als Anbieter dieser Art von Produkten auf dem nachgelagerten Markt wettbewerbsfähig zu sein. Die sortimentsbedingte Abhängigkeit tritt dabei in zwei **Spielarten** auf, nämlich in der Form der Spitzenstellungsabhängigkeit (dazu Rdn. 15 f.) und der Spitzengruppenabhängigkeit (dazu Rdn. 17 f.). Zumeist geht es bei der sortimentsbedingten Abhängigkeit darum, dass ein geschütztes (kleines oder mittleres) Unternehmen zur Gewährleistung seiner Konkurrenzfähigkeit auf die Belieferung mit bestimmten **Markenwaren** angewiesen ist. Das kann mit dem Ansehen dieser Waren beim Publikum zu tun haben, wobei insbesondere der Preis der Waren, deren Qualität und die Bewerbung[43] durch den oder die Normadressaten beim Publikum eine bestimmte Erwartungshaltung auslösen können, auf die der Einzelhandel bei seiner Sortimentspolitik Rücksicht nehmen muss. Entsprechendes gilt für die Großhandelsebene im Verhältnis zum Einzelhandel.[44] Der **Kundenerwartung** kann allerdings keine absolute Bedeutung zukommen. Sie darf nicht dazu führen, dass etablierte Vertriebsformen, die dem Publikum bekannt sind, versteinert werden. Deshalb kann Newcomern, die mit neuen Vertriebskonzepten auf den Markt kommen, eine sortimentsbedingte Abhängigkeit nicht von vornherein abgesprochen werden. 14

Denkbar ist zunächst, dass die betroffenen Unternehmen von einem bestimmten Unternehmen abhängig sind, weil dessen Produkte auf dem relevanten Markt eine Spitzenstellung einnehmen und daher nicht durch Produkte ande- 15

---

43 Vgl. nur BGH WuW/E BGH 2125, 2127 = GRUR 1985, 394, 395 – *Technics*; WuW/E BGH 1793, 1795 = NJW 1981, 2355, 2356 – *SB-Verbrauchermarkt*; WuW/E BGH 1391, 1394 = NJW 1976, 801, 802 – *Rossignol*; KG WuW/E OLG 2213 – *Haushaltsnähmaschinen*; OLG Hamburg WuW/E OLG 4195, 4195 f. – *Märklin*; OLG München WuW/E OLG 2271 – *Carrera*; BKartA WuW/E BKartA 1805, 1806 – *International Harvester*.
44 Zur Bedeutung der Erwartungshaltung des Publikums BGH WuW/E BGH 1629, 1631 = GRUR 1980, 125, 127 – *Modellbauartikel II*; WuW/E BGH 1567, 1568 f. = GRUR 1979, 560, 561 – *Nordmende*; KG WuW/E OLG 3288, 3289 – *Rohrnetzarmaturen*; WuW/E OLG 1581, 1582 – *Provision für Bedienungsfachgroßhandel*; OLG Stuttgart WuW/E OLG 2352, 2352 f. – *Grundig/Südschall*; WuW/E OLG 1889, 1891 f. – *Ferngläser*.

rer Unternehmen ersetzbar sind (**Spitzenstellungsabhängigkeit**). Man kann insoweit auch von einer absoluten Abhängigkeit sprechen. Diese kann auch in der Weise begründet sein, dass eine Abhängigkeit von mehreren Unternehmen nebeneinander besteht, wenn nämlich deren Produkte jeweils für sich genommen für bestimmte Abnehmer, etwa den Sortimentsgroßhandel oder als Vollsortimenter auftretende Einzelhändler, unverzichtbar sind.

16 Für eine Spitzenstellungsabhängigkeit spricht insbesondere eine hohe **Distributionsrate** der Produkte bei den in Betracht kommenden, nämlich auf dem betreffenden Markt miteinander konkurrierenden Händlern.[45] Wenn nämlich alle oder zumindest ein großer Teil dieser Händler das Produkt tatsächlich in ihrem Sortiment führen, ist dies ein Indiz dafür, dass das Unternehmen, das dieses Produkt über die Händler vertreibt, über relative Marktmacht verfügt und damit Normadressat von § 20 Abs. 1 S. 1 GWB ist. Weniger eindeutig ist dagegen der **Marktanteil**, den das Produkt auf dem betreffenden Markt hat.[46] Es mag nämlich durchaus sein, dass dieser im Vergleich zu Konkurrenzprodukten relativ niedrig ist, weil der Hersteller nur ausgewählte Vertriebsmittler beliefert, um dem Produkt dadurch ein Luxusimage zu geben.

17 Von der Spitzenstellungsabhängigkeit abzugrenzen ist die **Spitzengruppenabhängigkeit**, die dadurch gekennzeichnet ist, dass das bei einem Unternehmen nachgefragte Produkt zwar durchaus mit den Produkten anderer Unternehmen austauschbar ist, insoweit also keine absolute Abhängigkeit von einem bestimmten Unternehmen besteht, aber die Alternativprodukte anderer Unternehmen nicht zu konkurrenzfähigen Bedingungen bezogen werden können, entweder weil die Konditionen nicht annehmbar sind oder weil die Belieferung insgesamt verweigert wird. Unter diesen Umständen besteht eine (relative) Abhängigkeit von allen Unternehmen, die Alternativprodukte anbieten und damit zur Spitzengruppe gehören, weil die geschützten Unternehmen zur Gewährleistung ihrer Konkurrenzfähigkeit darauf angewiesen sind, die Alternativprodukte zu führen. Im Falle der Inanspruchnahme der zur Spitzengruppe gehörenden Anbieter muss keine bestimmte Reihenfolge, etwa nach der Höhe der Marktanteile, eingehalten werden. Das geschützte Unternehmen braucht sich also nicht darauf verweisen zu lassen, zunächst ein anderes zur Spitzengruppe gehöriges Unternehmen in Anspruch zu nehmen. Viel-

---

45 BGH WuW/E DE-R 481, 483 f. = NJW-RR 2000, 1286, 1287 – *Designer-Polstermöbel*; WuW/E BGH 1391, 1393 = NJW 1976, 801, 803 – *Rossignol*; KG WuW/E OLG 3288, 3289 – *Rohrnetzarmaturen*; OLG Stuttgart WuW/E OLG 2352, 2353 – *Grundig-Südschall*; *Markert*, in: Immenga/Mestmäcker, § 20 GWB Rn. 31; *Nothdurft*, in: Langen/Bunte, § 20 GWB Rn. 42.
46 *Markert*, in: Immenga/Mestmäcker, § 20 GWB Rn. 31; anders offenbar *Nothdurft*, in: Langen/Bunte, § 20 GWB Rn. 42; vgl. auch BGH WuW/E BGH 1429, 1431 = GRUR 1976, 711, 712 – *Bedienungsgroßhändler*.

mehr hat es die Wahl unter den der Spitzengruppe zuzurechnenden Unternehmen.⁴⁷

Die **Spitzengruppenzugehörigkeit** einzelner Anbieter und damit der Umfang der Abhängigkeit potenziell abhängiger Unternehmen bestimmt sich grundsätzlich nach der **Sortimentsgestaltungspraxis vergleichbarer**, mit dem abhängigen **Unternehmen** in unmittelbarem Wettbewerb stehender Unternehmen auf der Handelsebene.⁴⁸ Maßgebend ist, wie viele Produkte (Marken) das Handelsunternehmen mindestens führen muss, um konkurrenzfähig zu sein. Dadurch wird insbesondere auch der Schutz von Newcomern sichergestellt. Die Spitzengruppenzugehörigkeit orientiert sich insoweit an der Bedeutung der potenziellen Normadressaten (als Hersteller alternativer Produkte) für den Markt. Diese lässt sich im Unterschied zur Spitzenstellungsabhängigkeit weniger an der Distributionsrate messen. Insoweit kommt zum Tragen, dass die Produkte bei der Spitzengruppenabhängigkeit untereinander austauschbar sind,⁴⁹ wodurch die Distributionsrate nur eine begrenzte Aussagekraft hat. Heranzuziehen ist vielmehr primär der **Marktanteil** des jeweiligen Anbieters (Herstellers).⁵⁰ Die Zahl der danach in die Spitzengruppe einzubeziehenden Normadressaten bemisst sich danach, wieviele **Produkte (Marken)** für ein konkurrenzfähiges Händlersortiment **mindestens erforderlich** sind.⁵¹ Zweifelhaft ist, ob darüber hinaus auch weitere Anbieter der Spitzengruppe zugeordnet werden können. Diese Frage stellt sich, wenn zwischen den nach dem Marktanteil an sich einzubeziehenden Unternehmen und weiteren Unternehmen nur **geringe Marktanteilsdifferenzen** bestehen. Es könnte insoweit, zumal Marktanteile keine feststehenden Größen sind, sondern sich aufgrund von Markteinflüssen stets ändern können, willkürlich erscheinen, einzelne Unternehmen der Spitzengruppe zuzurechnen, andere aber nicht. Bedacht werden muss freilich, dass § 20 Abs. 1 GWB gerade nur (besonders) marktstarke Unternehmen erfassen soll, weshalb eine Beschränkung der Spitzengruppe auf die Unternehmen mit den höchsten Marktanteilen nicht sachfremd ist.⁵² Zudem könnte eine andere Handhabung dazu führen, dass ein ab-

18

---

47 BGH WuW/E 1635, 1636 = GRUR 1980, 180, 181 – *Plaza SB-Warenhaus*; WuW/E BGH 1567, 1569 = GRUR 1979, 560, 561 – *Nordmende*; KG WuW/E OLG 2425, 2427 – *Levi's Jeans*; *Loewenheim*, in: Loewenheim/Meessen/Riesenkampff, § 20 GWB Rn. 28.
48 *Markert*, in: Immenga/Mestmäcker, § 20 GWB Rn. 34 f.
49 *Markert*, in: Immenga/Mestmäcker, § 20 GWB Rn. 34.
50 BGH WuW/E BGH 2419, 2420 ff. = GRUR 1988, 159, 162 – *Saba-Primus*; WuW/E BGH 2125, 2127 = GRUR 1985, 394, 395 – *Technics*; WuW/E 1635, 1636 = GRUR 1980, 180, 181 – *Plaza SB-Warenhaus*.
51 *Markert*, in: Immenga/Mestmäcker, § 20 GWB Rn. 34, 36.
52 Für eine Einbeziehung weiterer Anbieter OLG Düsseldorf WuW/E OLG 4692, 4693 – *Installateurverzeichnis*; *Markert*, in: Immenga/Mestmäcker, § 20 GWB Rn. 36.

hängiges Unternehmen Zugriff auf mehr Produkte (Marken) erhielte als seine Konkurrenten. Das schießt aber über das hinter § 20 Abs. 1 GWB stehende Ziel der Herstellung von Konkurrenzfähigkeit hinaus. **Keine Spitzengruppenabhängigkeit** liegt vor, wenn den geschützten Unternehmen die für ihre Konkurrenzfähigkeit erforderlichen Produkte bereits auf anderem Wege zur Verfügung stehen.[53] Das ist dann der Fall, wenn sie sich diese Waren oder gewerblichen Leistungen in ausreichender und zumutbarer Weise über alternative Bezugskanäle beschaffen können.

19 Eine sortimentsbedingte Abhängigkeit im vorbenannten Sinne, sei es in Form der Spitzenstellungsabhängigkeit, sei es in Form der Spitzengruppenabhängigkeit, kommt freilich immer nur dann in Betracht, wenn der vorgeblich abhängige Anbieter seine **Geschäftspolitik** tatsächlich an einem derartigen Konzept ausrichtet.[54] Die Geschäftspolitik wird dabei im Wesentlichen durch die Angebotsstruktur und die Distributionsleistungen im Verhältnis zu dem jeweiligen Kundenkreis bestimmt. Wer beispielsweise seine Geschäftspolitik darauf auslegt, nur mit »namenlosen« Produkten zu handeln, wird nicht behaupten können, in einem Abhängigkeitsverhältnis zu einem Anbieter bestimmter Markenwaren zu stehen. Wer neben namenlosen Produkten auch einzelne Markenwaren offeriert, wird regelmäßig ausreichende Ausweichmöglichkeiten auf andere Markenware haben, wenn das »gesperrte« Produkt mit solcher im Wettbewerb steht. Wer am Markt als Anbieter bekannter Markenwaren auftritt, wird ebenfalls nicht notwendig auf einen bestimmten Markenartikel angewiesen sein, es sei denn, er erhebt den Anspruch, Anbieter aller bekannten Marken (»Vollsortimenter«) zu sein.[55]

cc) Unternehmensbedingte Abhängigkeit

20 Eine unternehmensbedingte Abhängigkeit ist gegeben, wenn ein Unternehmen seine Geschäftspolitik derart auf ein anderes Unternehmen auf der Marktgegenseite ausrichtet, dass ein **Ausweichen** auf ein drittes Unternehmen regelmäßig **nur unter Inkaufnahme gravierender Wettbewerbsnachteile** möglich ist.[56] Das setzt der Sache nach eine bestehende Geschäftsverbindung voraus,

---

53 Vgl. BGH WuW/E DE-R 1203, 1204 = GRUR 2004, 351, 352 – *Depotkosmetik im Internet*; WuW/E BGH 1667, 1669 = GRUR 1979, 560, 561 – *Nordmende*.
54 Dazu auch *Markert*, in: Immenga/Mestmäcker, § 20 GWB Rn. 30.
55 Zu derartigen Fallgestaltungen KG WuW/E OLG 2425, 2427 – *Levi's Jeans*; OLG Koblenz WuW/E OLG 2282, 2283 – *Bitburger Pils*; OLG Stuttgart WuW/E OLG 1889, 1892 – *Ferngläser*.
56 BGH WuW/E BGH 24901, 2493 = GRUR 1988, 642, 643 – *Opel-Blitz*; *Heuchert*, S. 34 ff.; *Markert*, in: Immenga/Mestmäcker, § 20 GWB Rn. 38; *Nothdurft*, in: Langen/Bunte, § 20 GWB Rn. 50; *Westermann*, in: MünchKommKartR, § 20 GWB Rn. 35.

so dass sich Newcomer auf diese Erscheinungsform der Abhängigkeit nicht berufen können. Denkbar sind im Übrigen Überschneidungen zwischen der unternehmensbedingten und der sortimentsbedingten Abhängigkeit.[57]

Rechtstatsächlich liegen der unternehmensbedingten Abhängigkeit abgesehen von den Fällen einer bloßen Bezugs- und Lieferkonzentration häufig langfristig angelegte Absatzmittlungsverhältnisse zu Grunde, wie etwa im Rahmen von Handelsvertreterverträgen[58] und des Franchising,[59] bei Verträgen zwischen Brauereien und Gaststätten oder zwischen Kraftfahrzeugherstellern und ihren Vertragshändlern.[60] Die jeweiligen Absatzmittler präsentieren sich dabei dem Publikum zuweilen nur im Corporate Design des Herstellers, weshalb die Kunden dazu neigen, den Geschäftsbetrieb unter diesen Umständen eher mit dem vertriebenen Produkt (und dem dahinter stehenden Hersteller) und weniger mit der Person des Absatzmittlers zu identifizieren. Dies erschwert es einem Absatzmittler im Falle einer Reorganisation des Absatzmittlungssystems oder einer Kündigung des Absatzmittlungsverhältnisses, den eigenen Geschäftsbetrieb ad hoc auf einen anderen Hersteller umzustellen, zumal damit erhebliche Kosten verbunden sein können. Die Beendigung eines Absatzmittlungsverhältnisses seitens des Herstellers kann daher für den einseitig auf den Hersteller fixierten Vertriebsmittler zur Existenzgefährdung führen, die es unzumutbar erscheinen lässt, ihn auf einen anderen Vertragspartner zu verweisen, und zwar unabhängig davon, ob sich im Hinblick auf die Fortdauer des Absatzmittlungsverhältnisses getätigte Investitionen bereits amortisiert haben oder nicht.[61]

21

Ob ein Fall der unternehmensbedingten Abhängigkeit vorliegt, kann entgegen anderslautender Auffassung[62] nicht im Wege einer objektiv-generalisie-

22

---

57 *Nothdurft*, in: Langen/Bunte, § 20 GWB Rn. 54.
58 *Markert*, in: Immenga/Mestmäcker, § 20 Rn. 39; *Nothdurft*, in: Langen/Bunte Rn. 50; a.A. *Rittner*, WuW 1993, 592, 604 f.
59 Vgl. BGH WuW/E DE-R 2514 Rn. 12 = NJW 2009, 1753 – *Bau und Hobby*; BKartA WuW/E DE-V 1235, 1239 – *Praktiker-Baumärkte*; *Markert*, in: Immenga/Mestmäcker, § 20 GWB Rn. 39; diff. *Billing/Lettl*, WRP 2012, 773, 775 f.
60 Vgl. BGHZ 81, 322 = WuW/E BGH 1781 – *Original-VW-Ersatzteile II*; BGH WuW/E BGH 2983 = GRUR 1995, 765 – *Kfz-Vertragshändler*; BGH WuW/E BGH 2875 = GRUR 1993, 592 – *Herstellerleasing*; WuW/E BGH 2491 = GRUR 1988, 642 – *Opel-Blitz*; WuW/E BGH 1455 ff. = GRUR 1997, 49 – *BMW-Direkthändler*; KG WuW/E OLG 2247 – *Parallellieferteile*; OLG Düsseldorf WuW/E OLG 5105 – *Garantierückabwicklung*; OLG Frankfurt/M WuW/E OLG 4507 – *Auto-Leasing*; OLG Stuttgart WuW/E OLG 2103 f. – *Porsche-Vertragshändler*; BKartA WuW/E BKartA 2459 – *VW-Leasing*.
61 BGH WuW/E BGH 2491, 2493 = GRUR 1988, 642, 643 – *Opel-Blitz*; WuW/E 1455, 1457 = GRUR 1977, 49, 50 – *BMW-Direkthändler*.
62 *Markert*, in: Immenga/Mestmäcker, § 20 GWB Rn. 40.

renden Betrachtung festgestellt werden. Soweit angeführt wird, nur so ließen sich **Systembehinderungen oder -diskriminierungen** zutreffend erfassen,[63] vermag dies nicht zu überzeugen. Vielmehr ist wie auch im Übrigen eine **individuell-konkrete Prüfung** des Einzelfalls geboten.[64] Dabei ist, wie bereits Rdn. 11 ausgeführt, auch das Marktumfeld einzubeziehen, so dass es durchaus möglich ist, marktstrukturelle Gegebenheiten zu berücksichtigen. Systembehinderungen und -diskriminierungen mögen insoweit ein Indiz für eine individuelle Abhängigkeit der in das System einbezogenen Absatzmittler sein. Dennoch muss die individuelle Abhängigkeit positiv festgestellt werden.

dd) Knappheitsbedingte Abhängigkeit

23 Unter einer knappheitsbedingten (synonym: mangelbedingten) Abhängigkeit sind Fallgestaltungen zu verstehen, in denen Liefermöglichkeiten für eine bestimmte Warengattung unvorhergesehen ausfallen, so dass ein Nachfrager von diesen Bezugsquellen abgeschnitten wird und mangels konkurrenzfähiger Alternativen in die Abhängigkeit von einem oder mehreren Lieferanten gerät, soweit diese als Bezugsquelle noch zur Verfügung stehen. Zu denken ist an Mangelsituationen, die in Folge von Wirtschaftsembargen, Streiks oder Naturkatastrophen eintreten.[65] Können die Normadressaten mangels ausreichenden Angebots die Nachfrage der Abnehmer nicht befriedigen, sind sie gegebenenfalls zur **Repartierung** verpflichtet (dazu § 19 Rdn. 129 f.). Im Übrigen ist § 20 Abs. 1 S. 1 GWB selbstverständlich nur dann anwendbar, wenn die Mangelsituation nicht ohnehin zur Folge hat, dass die Normadressaten marktbeherrschend werden.

ee) Nachfragebedingte Abhängigkeit

24 Eine nachfragebedingte Abhängigkeit kommt in Betracht, wenn ein Anbieter von Waren oder gewerblichen Leistungen auf dem relevanten Beschaffungsmarkt keine ausreichenden und zumutbaren Möglichkeiten hat, auf andere Nachfrager auszuweichen und daher auf die Belieferung eines marktstarken Nachfragers angewiesen ist. Im Hinblick auf die Marktabgrenzung gelten dabei die Grundsätze, die bereits allgemein zum Marktmachtmissbrauch dargestellt wurden (dazu § 18 Rdn. 38 f.). **Rechtstatsächlich** kann sich eine nachfragebedingte Abhängigkeit insbesondere im Verhältnis kleiner oder mittlerer Anbieter zu Handelsunternehmen und zur öffentlichen Hand ergeben, soweit

---

63 *Markert*, in: Immenga/Mestmäcker, § 20 GWB Rn. 40.
64 Für die unternehmensbedingte Abhängigkeit auch *Nothdurft*, in: Langen/Bunte, § 20 GWB Rn. 54.
65 Vgl. KG WuW/E OLG 1499, 1500 ff. – *Agip II* (zur Benzinknappheit während der Ölkrise des Jahres 1973).

diese als Nachfrager von Waren und gewerblichen Leistungen auftritt.[66] Relevant sind auch die Fälle, in denen ein Zulieferer seinen Geschäftsbetrieb auf ein bestimmtes Industrieunternehmen ausrichtet (dazu § 18 Rdn. 39). Unter welchen Voraussetzungen ein Nachfrager über **relative Marktmacht** i.S.v. § 20 Abs. 1 S. 1 GWB verfügt, entzieht sich einer generalisierenden Betrachtung, sondern kann nur im Einzelfall bestimmt werden.[67] Regelmäßig wird eine Abhängigkeit vorliegen, wenn der Nachfrager den überwiegenden Teil der Waren und Dienstleistungen des Anbieters abnimmt. Die Schwelle zur relativen Marktmacht kann freilich auch schon bei wesentlich geringeren Abnahmevolumina erreicht sein, wie dies etwa für den Handelsbereich erwogen worden ist.[68] Im Übrigen kann eine Abhängigkeit unabhängig davon, welches Angebotsvolumen ein Nachfrager auf sich vereinigt, auch **goodwill-bedingt** sein, wenn es einem Markenwarenhersteller etwa darauf ankommt, aus Prestigegründen in einem bestimmten Handelssortiment vertreten zu sein.[69]

e) **Abhängigkeitsvermutung (§ 20 Abs. 1 S. 2 GWB)**

Nach § 20 Abs. 1 S. 2 GWB wird vermutet, dass ein Anbieter einer bestimmten Art von Waren oder gewerblichen Leistungen von einem Nachfrager abhängig im Sinne von § 20 Abs. 1 S. 1 GWB ist, wenn dieser Nachfrager bei ihm zusätzlich zu den verkehrsüblichen Preisnachlässen oder sonstigen Leistungsentgelten regelmäßig besondere Vergünstigungen erlangt, die gleichartigen Nachfragern nicht gewährt werden. Hinter dieser Regelung steht die Annahme, dass gerade von relativ marktmächtigen Nachfragern ein (wie auch immer gearteter) besonderer **Druck auf Lieferanten** ausgeht, ihnen **Sondervergünstigungen zu gewähren**, selbst wenn dies sachlich nicht gerechtfertigt

---

66 Vgl. aus der Entscheidungspraxis BGHZ 129, 53 = WuW/E BGH 2990 – *Importarzneimittel* (Arzneimittelgroßhändler als Nachfrager von Arzneien); BGH WuW/E BGH 2919 = GRUR 1994, 526 – *Orthopädisches Schuhwerk* (Sozialversicherungsträger als Nachfrager orthopädischer Hilfsmittel); WuW/E BGH 2665 = NJW-RR 1990, 1256 – *Physikalisch-therapeutische Behandlung* (Krankenkasse als Nachfragerin physikalischer Therapieleistungen); WuW/E BGH 1423 = NJW 1976, 2302 – *Sehhilfen* (Krankenkasse als Nachfragerin medizinischer Hilfsmittel; WuW/E BGH 1142 = GRUR 1971, 171 – *Hamburger Volksbühne* (Theaterverein als Nachfrager von Theaterkarten); OLG Stuttgart WuW/E DE-R 307, 309 – *Medizinische Hilfsmittel*; BKartA WuW/E DE-V 94 – *Metro* (Abhängigkeit von Handelsunternehmen).
67 Vgl. BGH WuW/E DE-R 984, 988 f. = GRUR 2003, 80, 83 – *Konditionenanpassung*; Westermann, in: MünchKommKartR, § 20 GWB Rn. 43.
68 BGH WuW/E DE-R 984, 988 f. = GRUR 2003, 80, 83 – *Konditionenanpassung*.
69 *Köhler*, Nachfragemacht, 1979, S. 69; *Markert*, in: Immenga/Mestmäcker, § 20 GWB Rn. 49; a.A. *Heuchert*, S. 131 f.

ist.[70] Sinn und Zweck der Vermutungsregelung ist es insoweit, den häufig schwierigen Nachweis solcher Vergünstigungen zu erleichtern. In der Praxis spielt sie freilich so gut wie keine Rolle. Letztlich handelt es sich, wie die tatsächliche Entwicklung zeigt, um ein untaugliches Mittel, um die Konzentration der Nachfrage auf wenige Großunternehmen aufzuhalten.[71] Ursprünglich war der Anwendungsbereich der Norm auf das **kartellbehördliche Verfahren** beschränkt. Seit der 5. GWB-Novelle 1989 ist die Abhängigkeitsvermutung auch in **Zivilverfahren** anwendbar.

26 Voraussetzung für das Eingreifen der Vermutung ist, dass seitens eines Lieferanten über verkehrsübliche Preisnachlässe und sonstige Leistungsentgelte hinaus, regelmäßig besondere Vergünstigungen gewährt werden. Der Begriff der »**Vergünstigungen**« wird insoweit ersichtlich als Oberbegriff für »Preisnachlässe« und »Leistungsentgelte« verwendet. Was unter »besonderen« Vergünstigungen zu verstehen ist, erschließt sich nur in Abgrenzung zur **Verkehrsüblichkeit von Preisnachlässen und Leistungsentgelten**. Dabei kann dem Merkmal der Verkehrsüblichkeit freilich nur eine sehr grobe Filterfunktion zukommen. Anderenfalls geriete man in die Gefahr eines Diktats bestimmter Vertragsbedingungen, das dem Grundsatz der Wettbewerbsfreiheit fremd ist. Entsprechend verhält es sich mit der untauglichen Abgrenzung von Leistungs- und Nichtleistungswettbewerb (dazu bereits § 19 Rdn. 15). Verkehrsüblich ist danach alles, was im Verkehr »geübt« wird. Es kommt also nicht darauf an, ob eine bestimmte Praxis bereits über längere Zeit nachweisbar ist. Erst recht nicht geht es um Handelsbräuche, die zudem nicht notwendig wettbewerbskonform sein müssen. Anderenfalls würde die Entwicklung neuer, im Sinne des Wettbewerbsgedankens durchaus erwünschter Entgeltformen behindert. Unter den Begriff der Vergünstigung fallen etwa Rabatte oder Werbekostenzuschüsse (vgl. dazu § 19 Rdn. 52 ff.). Aus der Konkretisierung des Begriffs »Vergünstigung« durch den zuvor genannten Unterfall der »Leistungsentgelte« ergibt sich lediglich, dass die Vergünstigung jeweils in einem Leistungsbezug steht.[72] Mit anderen Worten muss sie im Hinblick auf eine vom Nachfrager erbrachte Leistung eingeräumt werden.[73] Ob es sich um eine »**besondere**«, also nicht »verkehrsübliche« Vergünstigung handelt, ist erst im nächsten Schritt zu prüfen.[74] Auch damit ist freilich noch nicht gesagt, dass diese besondere Vergüns-

---

70 BReg., Begründung zu dem Entwurf eines Vierten Gesetzes zur Änderung des Gesetzes gegen Wettbewerbsbeschränkungen, BT-Drucks. 8/2136, S. 12, 16.
71 Diese Zielsetzung kommt bereits in den Materialien zur 2. GWB-Novelle zum Ausdruck; vgl. Unterrichtung des Ausschusses für Wirtschaft, BT-Drucks. 7/765, S. 4.
72 *Markert*, in: Immenga/Mestmäcker, § 20 GWB Rn. 53.
73 BReg., Begründung zu dem Entwurf eines Vierten Gesetzes zur Änderung des Gesetzes gegen Wettbewerbsbeschränkungen, BT-Drucks. 8/2136, S. 12, 24.
74 Anders offenbar *Köhler*, DB 1982, 313, 316 f.

tigung als missbräuchlich einzustufen ist. Vielmehr ist es zusätzlich erforderlich, dass sie **regelmäßig** gewährt wird. Daher reichen einmalige oder nur über einen kurzen Zeitraum gewährte Vergünstigungen nicht aus, vielmehr müssen diese längerfristig angelegt sein.[75] Die Vergünstigungen dürfen zudem **gleichartigen Unternehmen** nicht gewährt werden. Im Hinblick auf die Gleichartigkeit gelten dabei die zu § 19 GWB entwickelten Grundsätze (dazu § 19 Rdn. 94). Am Ende bedarf es schließlich einer umfassenden Interessenabwägung, die zu einer sachlichen Rechtfertigung der vom Gesetzgeber so genannten »besonderen« Vergünstigungen führen kann.

Die aus § 20 Abs. 1 S. 2 GWB folgende Vermutung ist widerleglich und auch im Übrigen nur schwach. Sie führt ähnlich wie im Falle von § 18 Abs. 4 GWB (dazu § 18 Rdn. 76) nicht zu einer Umkehr der objektiven Beweislast. Vielmehr ist sie im Sinne einer sekundären, den Normadressaten treffenden Darlegungslast zu verstehen. Im Ergebnis zeigt sich, dass die Bestimmung unpraktikabel und damit entbehrlich ist. 27

C. Aufforderung oder Veranlassung zur Vorteilsgewährung (§ 20 Abs. 2 GWB)

Mit der Vorschrift des § 20 Abs. 2 GWB wird der Anwendungsbereich des § 19 Abs. 1, Abs. 2 Nr. 5 GWB auch für Unternehmen und Vereinigungen für Unternehmen erschlossen, die nicht marktbeherrschend sind, sondern im Verhältnis zu den von ihnen abhängigen Unternehmen nur über relative Marktmacht verfügen. Damit ist es auch diesen Unternehmen verboten, ihre Marktmacht dazu auszunutzen, andere Unternehmen, nämlich die abhängigen Unternehmen, zu einer sachlich nicht gerechtfertigten Vorteilsgewährung aufzufordern oder zu veranlassen. Wegen der Einzelheiten kann auf die Erläuterungen zu § 19 GWB verwiesen werden (dazu § 19 Rdn. 175 ff.). Unterschiede ergeben sich allenfalls im Rahmen der sachlichen Rechtfertigung des Verhaltens. Insoweit kann bei der Interessenabwägung zum Tragen kommen, dass die Normadressaten i.S.v. § 20 Abs. 2 GWB nicht marktbeherrschend sind, sondern nur über relative Marktmacht verfügen. 28

D. Behinderung kleiner und mittlerer Unternehmen (§ 20 Abs. 3, 4 GWB)

I. Allgemeines

Die Vorschrift des § 20 Abs. 3 GWB enthält eine weitere Regelung zur Behinderung kleiner und mittlerer Unternehmen und tritt insoweit ergänzend neben § 20 Abs. 1 GWB. Während sich § 20 Abs. 1 GWB durch die Verweisung 29

---

[75] *Nothdurft*, in: Langen/Bunte, § 20 GWB Rn. 71.

§ 20 GWB   Unternehmen mit relativer oder überlegener Marktmacht

auf § 19 Abs. 1 und Abs. 2 Nr. 1 GWB in sachlicher Hinsicht sowohl auf Behinderungen und Ungleichbehandlungen bezieht, aber in personaler Hinsicht eine Einschränkung auf Unternehmen mit relativer Marktmacht enthält, setzt § 20 Abs. 3 GWB voraus, dass die Behinderung von einem **Unternehmen mit überlegener Marktmacht** ausgeht. Erfasst werden sollen mit § 20 Abs. 3 GWB insbesondere Verhaltensweisen, die zu einer Behinderung kleiner und mittlerer Unternehmen im Preiswettbewerb mit marktmächtigen Konkurrenten führen. Das verdeutlichen die in § 20 Abs. 3 S. 2 Nr. 1 bis 3 GWB genannten Regelbeispiele. Die Aufzählung ist freilich nicht abschließend (»insbesondere«), so dass auch andere behindernde Verhaltensweisen, nämlich solche, die unter § 19 Abs. 2 Nr. 1 GWB fallen, als missbräuchlich erfasst werden können. Schutzzweck der Vorschrift ist es letzten Endes, dem Konzentrationsprozess auf den betroffenen Märkten entgegenzuwirken, indem eine möglichst große Unternehmensvielfalt unter den Wettbewerbern gesichert wird.[76] Ergänzt wird die materiellrechtliche Regelung des § 20 Abs. 3 GWB durch die in § 20 Abs. 4 GWB enthaltene Beweiserleichterung.

II. Normgenese

30 Der Regelungsansatz von § 20 Abs. 3 GWB steht in der Tradition der mit der **4. GWB-Novelle** geschaffenen Vorschrift des § 37a Abs. 3 GWB 1980, die es den Kartellbehörden erlaubte, auch »einem Unternehmen, das auf Grund seiner gegenüber kleinen und mittleren Unternehmen überlegenen Marktmacht in der Lage ist, die Marktverhältnisse wesentlich zu beeinflussen, ein Verhalten [zu] untersagen, das diese Wettbewerber unmittelbar oder mittelbar unbillig behindert und geeignet ist, den Wettbewerber nachhaltig zu beeinträchtigen«. Damit sollte eine vermeintliche Schutzlücke im Bereich der horizontalen Behinderung von Wettbewerbern geschlossen werden.[77] Die Vorschrift des § 37a Abs. 3 GWB 1980 ist bereits mit der **5. GWB-Novelle 1989** aufgehoben und in gestraffter Form durch § 26 Abs. 4 GWB 1989 ersetzt worden, wonach es »Unternehmen mit gegenüber kleinen und mittleren Unternehmen überlegener Marktmacht« untersagt war, ihre Marktmacht dazu auszunutzen, »solche Wettbewerber unmittelbar oder mittelbar unbillig zu behindern«. Mit dieser Änderung sollte eine »Tatbestandsbereinigung und Anwendungserleichterung« vollzogen werden.[78] Damit verbunden war eine Umgestaltung der Regelung in eine allseitig wirkende Verbotsnorm, die seither auch zivilrechtlich durchgesetzt werden kann. Schon seinerzeit fokussierte sich das Interesse bei

---

76 Vgl. auch BGHZ 152, 361, 365 f. = WuW/E DE-R 1042, 1043 – *Wal-Mart*.
77 Dazu Beschlussempfehlung und Bericht des BT-Ausschusses für Wirtschaft zu dem Entwurf eines Vierten Gesetzes zur Änderung des Gesetzes gegen Wettbewerbsbeschränkungen, BT-Drucks. 8/3690, S. 22, 29.
78 Vgl. BReg., Begründung zu den Entwurf eines Fünften Gesetzes zur Änderung des Gesetzes gegen Wettbewerbsbeschränkungen, BT-Drucks. 11/4610, S. 10, 23.

der Anwendung der Vorschriften auf die Erfassung von systematischen Untereinstandspreisverkäufen,[79] die auch de lege lata im Vordergrund der Regelung von § 20 Abs. 3 GWB stehen. Diese Vorschrift geht zurück auf die im Rahmen der **6. GWB-Novelle** geschaffene Bestimmung des § 20 Abs. 4 S. 1 GWB 1998, die wiederum an § 26 Abs. 4 GWB 1989 anknüpft, wobei § 20 Abs. 4 GWB um ein Regelbeispiel für das nicht nur gelegentliche Angebot von Waren oder gewerblichen Leistungen unter Einstandspreis (§ 20 Abs. 4 S. 2 GWB 1998) erweitert wurde.[80] Im Folgenden wurde § 20 Abs. 4 GWB 1998 durch das am 22.12.2007 in Kraft getretene **Gesetz zur Bekämpfung von Preismissbrauch im Bereich der Energieversorgung und des Lebensmittelhandels** v. 18.12.2007[81] erneut geändert, indem die de lege lata in § 20 Abs. 3 S. 2 GWB enthaltenen Regelbeispiele in das Gesetz eingefügt wurden.[82] Diese Änderungen waren zunächst bis Ende 2012 befristet, wurden aber mit der am 30.6.2013 in Kraft getretenen **8. GWB-Novelle 2013** wieder übernommen, wobei das Regelbeispiel für den Untereinstandspreisverkauf von Lebensmitteln (§ 20 Abs. 3 S. 2 Nr. 1 GWB 2013) bis Ende 2017 befristet wurde (Art. 7 S. 2 i.V.m. Art. 2 des Achten Gesetzes zur Änderung des Gesetzes gegen Wettbewerbsbeschränkungen v. 28.6.2013, BGBl. I S. 1738). Diese Bestimmung und auch die darauf bezogenen Sätze 3 und 4 von § 20 Abs. 3 GWB 2013 sind damit ab dem 1.1.2018 hinfällig.

III. Voraussetzungen

1. Machtgefälle

Nach § 20 Abs. 3 GWB dürfen **Unternehmen mit gegenüber kleinen und mittleren Wettbewerbern überlegener Marktmacht** diese nicht dazu ausnutzen, die geschützten kleinen und mittleren Unternehmen unmittelbar oder mittelbar unbillig zu behindern. Voraussetzung ist also zunächst, dass im Hinblick auf die Normadressatenstellung eine **überlegene Marktmacht** gegenüber den genannten Wettbewerbern festgestellt werden kann. Überlegene Markt- 31

---

[79] Näher dazu *Markert*, in: Immenga/Mestmäcker, § 20 GWB Rn. 64 ff., 68 ff.
[80] Vgl. BReg., Begründung zu dem Entwurf eines Sechsten Gesetzes zur Änderung des Gesetzes gegen Wettbewerbsbeschränkungen, BT-Drucks. 13/9720, S. 30, 52; BT-Ausschuss für Wirtschaft, Beschlussempfehlung und Bericht zu dem Entwurf eines Sechsten Gesetzes zur Änderung des Gesetzes gegen Wettbewerbsbeschränkungen, BT-Drucks. 13/10633, S. 68, 72.
[81] BGBl. I S. 2266.
[82] Dazu BReg., Begründung zu dem Entwurf eines Gesetzes zur Bekämpfung von Preismissbrauch im Bereich der Energieversorgung und des Lebensmittelhandels, BT-Drucks. 16/5847, S. 9, 10; BT-Ausschuss für Wirtschaft und Technologie, Beschlussempfehlung und Bericht zu dem Entwurf eines Gesetzes zur Bekämpfung von Preismissbrauch im Bereich der Energieversorgung und des Lebensmittelhandels, BT-Drucks. 16/7156, S. 8, 10 f.

macht, die im Hinblick auf einen konkreten (sachlich, räumlich und ggf. auch zeitlich abgegrenzten) Markt bestehen muss (zur Marktabgrenzung § 18 Rdn. 8 ff.),[83] drückt sich konkret darin aus, dass die Normadressaten im Verhältnis zu ihren Wettbewerbern über einen größeren (nicht kontrollierten) Verhaltensspielraum verfügen. Dieser resultiert letztlich aus den Ressourcen, die den Normadressaten zur Verfügung stehen und ihre Überlegenheit im Vergleich zu den geschützten kleinen und mittleren Unternehmen begründen. Im Gesetz angelegt ist also eine vergleichende, individuell-konkrete Betrachtung. Eine überlegene Marktmacht wird also nicht dadurch ausgeschlossen, dass neben dem Normadressaten noch weitere größere Wettbewerber auf dem Markt agieren.[84] Auch diese können individuell-konkret über eine überlegene Marktmacht im Normsinne verfügen. Das Merkmal der überlegenen Marktmacht weist eine gewisse **Verwandtschaft zur überragenden Marktstellung** i.S.v. § 18 Abs. 1 Nr. 3 GWB auf. Zur Konkretisierung der (überragenden) Marktstellung hat der Gesetzgeber in § 18 Abs. 3 GWB bestimmte (nicht abschließende) Kriterien vorgegeben. Diese können entsprechend auch zur Feststellung der überlegenen Marktstellung i.S.v. § 20 Abs. 3 GWB herangezogen werden.[85] Bei der Subsumtion unter das Merkmal der überlegenen Marktmacht ist stets im Blick zu behalten, ob der kleine oder mittlere Wettbewerber, etwa durch die Beteiligung an Einkaufskooperationen oder Werbegemeinschaften oder durch ein qualitativ überragendes Angebot, in der Lage ist, ein Gegengewicht zum Normadressaten zu schaffen, das dessen (unter Anwendung der Kriterien aus § 18 Abs. 3 GWB) nominelle Überlegenheit relativiert.

32 Von § 20 Abs. 3 GWB erfasst werden alle **Unternehmen im funktionalen Sinne**. Dies können auch Vereinigungen von Unternehmen sein, soweit sie selbst unternehmerisch tätig sind. Im Gegensatz zu § 20 Abs. 1 GWB, der Unternehmensvereinigungen ausdrücklich erwähnt, werden dagegen Vereinigungen, die in sonstiger Weise in die Tätigkeit ihrer Mitglieder eingeschaltet sind (s. Rdn. 6), nicht erfasst. Der Wortlaut von § 20 Abs. 3 GWB unterscheidet nicht danach, ob die Normadressaten als Anbieter oder Nachfrager am Markt auftreten.[86]

33 Die überlegene Marktmacht muss sich im Verhältnis zu **kleineren und mittleren Unternehmen** zeigen, die Wettbewerber des Normadressaten sind. Da-

---

83 BGHZ 152, 361, 365 = WuW/E DE-R 1042, 1043 – *Wal-Mart*; BGHZ 151, 274, 282 = WuW/E DE-R 1006, 1008 – *Fernwärme für Börnsen*.
84 BGHZ 152, 361, 366 = WuW/E DE-R 1042 1043 – *Wal-Mart*.
85 OLG Düsseldorf, WuW/E DE-R 829, 831 ff. – *Freie Tankstellen*; *Markert*, in: Immenga/Mestmäcker, § 20 GWB Rn. 82; *Nothdurft*, in: Langen/Bunte, § 20 GWB Rn. 106.
86 KG WuW/E DE-R 380, 381 – *Milchlieferverträge*; *Nothdurft*, in: Langen/Bunte, § 20 GWB Rn. 103, 113.

raus folgt ohne Weiteres, dass Drittmarktbehinderungen von § 20 Abs. 3 GWB im Gegensatz zu § 20 Abs. 1 GWB nicht erfasst werden.[87] Da es im Hinblick auf die überlegene Marktmacht auf eine individuell-konkrete Betrachtung ankommt (s. Rdn. 31), ist das Machtgefälle bezogen auf das jeweils behinderte Unternehmen festzustellen. Für die Frage, ob es sich dabei um ein kleines oder mittleres Unternehmen handelt, ist auf die zu § 20 Abs. 1 S. 1 GWB entwickelten Grundsätze zurückzugreifen (s. Rdn. 7 f.). Aus der Notwendigkeit einer individuell-konkreten Betrachtung ergibt sich im Übrigen auch, dass es nicht darauf ankommt, ob neben dem behinderten Wettbewerber noch andere größere Wettbewerber vorhanden sind; entsprechendes gilt für die Anbieterstruktur als solche.[88]

2. Behinderung

a) Allgemeines

Der Tatbestand der Behinderung in § 20 Abs. 3 GWB entspricht strukturell demjenigen in § 19 Abs. 2 Nr. 1 GWB, mit dem Unterschied, dass § 20 Abs. 3 GWB nur Wettbewerberbehinderungen erfasst. Abgesehen davon können daher alle Verhaltensweisen, die unter § 19 Abs. 2 Nr. 1 GWB fallen, auch als Behinderungen i.S.v. § 20 Abs. 3 GWB erfasst werden.[89] Das ist im Hinblick auf die »Generalklausel« des § 20 Abs. 3 S. 1 GWB von Bedeutung. Wegen der Einzelheiten kann auf die Erläuterungen zu § 19 GWB verwiesen werden (s. § 19 Rdn. 88 ff.). Freilich wird sich das Verhältnis zwischen dem Normadressaten des § 20 Abs. 3 GWB und dem geschützten Wettbewerber häufig so darstellen, dass zugleich eine Abhängigkeit i.S.v. § 20 Abs. 1 GWB besteht, weshalb ein Rückgriff auf § 20 Abs. 3 S. 1 GWB in der Praxis selten sein wird. Im Übrigen bedarf die Feststellung der Unbilligkeit des Handelns wie bei § 19 Abs. 2 Nr. 1 GWB einer umfassenden Interessenabwägung. Das gilt auch für die Regelbeispiele des § 20 Abs. 3 S. 2 GWB.[90] Wegen der Einzelheiten s. § 19 Rdn. 15 ff. Zu berücksichtigen ist allerdings, dass sich die Verwirklichung der Regelbeispiele auf die Interessenabwägung insoweit zu Lasten des Normadressaten auswirkt, als sie nur durch besonders überwiegende Gründe gerechtfertigt sein kann.[91] 34

Die Behinderung muss nach dem Wortlaut von § 20 Abs. 3 S. 1 GWB darauf beruhen, dass der Normadressat seine überlegene Marktmacht »ausnutzt«. Das deutet auf eine Kausalbeziehung zwischen der Marktmacht und dem 35

---

87 *Markert*, in: Immenga/Mestmäcker, § 20 GWB Rn. 78.
88 BGHZ 152, 361, 365 = WuW/E DE-R 1042, 1043 – *Wal-Mart*.
89 *Markert*, in: Immenga/Mestmäcker, § 20 Rn. 86.
90 *Markert*, in: Immenga/Mestmäcker, § 20 Rn. 87.
91 Vgl. auch BGHZ 152, 361, 369 = WuW/E DE-R 1042, 1046 – *Wal-Mart*.

Eintritt der Behinderung hin. Erforderlich ist freilich wie bei § 19 GWB lediglich eine »normative« Kausalität, die im Sinne einer bloßen Auswirkung der Marktmacht auf das Ergebnis der Behinderung zu verstehen ist (vgl. § 19 Rdn. 9). Anders liegen die Dinge im Anwendungsbereich der Regelbeispiele des Satzes 2: dort bedarf es selbst nicht eines Nachweises normativer Kausalität (s. Rdn. 36).

b) Verkauf unter Einstandspreis (§ 20 Abs. 3 S. 2 Nr. 1, 2 GWB)

aa) Überblick

36 Besondere Indizwirkung für eine durch überlegene Marktmacht ausgelöste unbillige Behinderung misst der Gesetzgeber neben dem Sachverhalt der Kosten-Preis-Schere (dazu Rdn. 47) dem Verkauf unter Einstandspreis zu. Dieser wird als Regelbeispiel gleich in zweifacher Weise aufgegriffen, nämlich einerseits für den Verkauf von Lebensmitteln (§ 20 Abs. 3 S. 2 Nr. 1 GWB; dazu Rdn. 42 ff.) und für das Angebot anderer Waren oder gewerblicher Leistungen (§ 20 Abs. 3 S. 2 Nr. 2 GWB; dazu Rdn. 45 f.). Die Indizwirkung dieser Sachverhalte wird durch § 20 Abs. 3 S. 2 Nr. 1, 2 GWB nicht nur aufgegriffen, sondern noch dadurch verstärkt, dass es sich bei den Vorschriften im Hinblick auf die Behinderung um **unwiderlegliche Vermutungen** handelt.[92] Wie bereits Rdn. 35 ausgeführt, ist der Nachweis einer normativen Kausalität zwischen überlegener Marktmacht und Behinderung nicht erforderlich. Das schließt, wie bereits der Normwortlaut zeigt, eine sachliche Rechtfertigung der Behinderung nicht aus.[93]

37 Zur Verwirklichung der Regelbeispiele reicht es aus, wenn die Ware angeboten wird. Der Begriff ist nicht im Sinne von § 145 BGB als bindendes **Angebot** zu verstehen, sondern entsprechend der Zielsetzung des GWB in einem wirtschaftlich-funktionalen Sinne. Daher fällt auch eine invitatio ad offerendum, die mit bloßen Werbemaßnahmen verbunden ist, in den sachlichen Normanwendungsbereich. Jedenfalls kommt es nicht auf einen Vertragsschluss oder gar die Bewirkung der Leistung an. Voraussetzung ist freilich, dass der Anbietende (zu einem späteren Zeitpunkt) selbst Vertragspartner werden will, weshalb reine Vermittlungstätigkeiten, etwa von Handelsvertretern, nicht unter § 20 Abs. 3 S. 2 GWB fallen.[94]

---

92 BGHZ 152, 361, 369 = WuW/E DE-R 1042 (1046) – *Wal-Mart*; *Loewenheim*, in: Loewenheim/Meessen/Riesenkampff, § 20 GWB Rn. 62; *Markert*, in: Immenga/Mestmäcker, § 20 GWB Rn. 89.
93 BGHZ 152, 361, 369 = WuW/E DE-R 1042 (1046) – *Wal-Mart*.
94 *Markert*, in: Immenga/Mestmäcker, GWB, § 20 GWB Rn. 90.

Inhalt der Offerte muss sein, dass Lebensmittel (§ 20 Abs. 3 S. 2 Nr. 1 GWB) bzw. andere Waren oder gewerbliche Leistungen (§ 20 Abs. 3 S. 2 Nr. 2 GWB) **unter Einstandspreis** angeboten werden. Der Begriff »Einstandspreis« weist zunächst darauf hin, dass es um den Preis geht, den ein potenzieller Normadressat, der das Produkt später als Eigenhändler anbietet, an ein anderes Unternehmen (Lieferanten) auf der vorgelagerten Marktstufe zahlt. Dieser Einstandspreis ist individuell-konkret für jedes angebotene Produkt zu bestimmen. Es geht also nicht etwa um Einstandspreise, die üblicherweise für das in Frage stehende Produkt gezahlt werden. Handelt es sich um Produkte, die in einem bestimmten Paket angeboten werden, kommt es für die Bestimmung des Einkaufspreises auf den kalkulierten Gesamtpreis an. Erreicht dieser die Summe der Einkaufspreise der einzelnen Produkte, ist es unschädlich, wenn dabei einzelne Produkte unterhalb des Einkaufspreises kalkuliert wurden.[95] Schließlich ist es unerheblich, ob in den Angebotspreis die Selbstkosten des Anbieters eingegangen sind oder nicht.[96] Der Gesetzeswortlaut stellt allein auf den Einstandspreis ab.

38

Eine Behinderung liegt vor, wenn das Angebot unter Einstandspreis erfolgt. Der Einstandspreis bildet insoweit die Untergrenze für die mögliche Preissetzung. Dieser theoretisch nachvollziehbare Ansatz bereitet in der Praxis deshalb Schwierigkeiten, weil der Begriff des Einstandspreises nur auf den ersten Blick klar erscheint. Eine gesetzliche **Definition fehlt**. Es stellt sich insbesondere die Frage, inwiefern bei der Bestimmung des Einkaufspreises Rabatte, Skonti sowie umsatz- und warenbezogene Vergütungen zu berücksichtigen sind, und zwar nicht nur bezogen auf den konkreten Einkauf, sondern möglicherweise auch über einen längeren Zeitraum, wie beispielsweise Jahresboni, Umsatzvergütungen oder Werbekostenzuschüsse. In den **Gesetzesmaterialien** heißt es, der Begriff des Einstandspreises entziehe sich einer abstrakten, alle Zweifelsfälle erfassenden Definition.[97] Gleichwohl bestehe Klarheit über bestimmte Kernelemente des Begriffs, von denen bei der Rechtsanwendung ausgegangen werden könne. Grundlage sei der Preis der Ware (**Listenpreis**), wovon »**Rabatte, Skonti, umsatzbezogene Vergütungen** (sog. Umsatzboni) und **sonstige warenbezogene Zuwendungen** (z.B. Verkaufsförderungsvergütungen)« abzuziehen seien.[98] Im Übrigen seien nur solche Abzugsposten preismindernd zu berücksichtigen, die »ihren rechtlichen Grund im konkre-

39

---

95 *Markert*, in: Immenga/Mestmäcker, GWB, § 20 GWB Rn. 91.
96 *Loewenheim*, in: Loewenheim/Meessen/Riesenkampff, § 20 GWB Rn. 67.
97 BT-Ausschuss für Wirtschaft, Beschlussempfehlung und Bericht zu dem Entwurf eines Sechsten Gesetzes zur Änderung des Gesetzes gegen Wettbewerbsbeschränkungen, BT-Drucks. 13/10633, S. 72.
98 BT-Ausschuss für Wirtschaft, Beschlussempfehlung und Bericht zu dem Entwurf eines Sechsten Gesetzes zur Änderung des Gesetzes gegen Wettbewerbsbeschränkungen, BT-Drucks. 13/10633, S. 68, 72.

ten Kaufvertrag zwischen Lieferant und Abnehmer haben«, nicht jedoch »(a)llgemeine Preisvorteile, die nicht im Zusammenhang mit bestimmten Produkten stehen«.[99] Entscheidend ist damit, ob ein hinreichender Warenbezug besteht,[100] der dann umsatzanteilig durch Zurechnung zu dem jeweiligen Produkt umzusetzen ist.[101] Trotz dieser Leitlinien führen insbesondere die Fälle zu Problemen, in denen Produkte zu unterschiedlichen Preisen eingekauft und dann zu einem einheitlichen Preis abverkauft werden. Hier liegt es nahe, von einem kalkulatorischen Durchschnittspreis auszugehen.[102] Ein Untereinstandspreisverkauf liegt auch dann vor, wenn durch einen unveränderten Angebotspreis erst im Laufe der Zeit der Einkaufspreis unterschritten wird, weil dieser sich inzwischen erhöht hat. Auch in einem solchen Fall nutzt der Normadressat seine überlegene Marktmacht zu Lasten der geschützten kleinen und mittleren Unternehmen aus.[103] Freilich kann das Verhalten unter bestimmten Voraussetzungen sachlich gerechtfertigt sein (dazu Rdn. 44).

40   Den Schwierigkeiten bei der Feststellung des Einstandspreises soll im Rahmen der **9. GWB-Novelle** dadurch begegnet werden, dass in § 20 Abs. 3 GWB nach Satz 2 ein weiterer Satz 3 eingefügt wird, mit dem der Begriff »Einstandspreis« legal definiert wird: »Einstandspreis im Sinne des Satzes 2 ist der zwischen dem Unternehmen mit überlegener Marktmacht und seinem Lieferanten vereinbarte Preis für die Beschaffung der Ware oder Leistung, auf den allgemein gewährte und im Zeitpunkt des Angebots bereits mit hinreichender Sicherheit feststehende Bezugsvergünstigungen anteilig angerechnet werden, soweit nicht für bestimmte Waren oder Leistungen ausdrücklich etwas anderes vereinbart ist.«[104] Inwieweit das in der Sache tatsächlich weiterführt, muss freilich bezweifelt werden, da auch diese Definition unbestimmte Rechtsbegriffe enthält, die der Konkretisierung bedürfen.

41   Der Verkauf unter Einstandspreis kann **sachlich gerechtfertigt** sein. Insoweit kommt es auf eine Abwägung der Interessen der Beteiligten unter Berücksichtigung der auf die Freiheit des Wettbewerbs gerichteten Zielsetzung des Gesetzes an (dazu bereits § 19 Rdn. 15 ff.). Angesichts des Umstands, dass

---

99 BT-Ausschuss für Wirtschaft, Beschlussempfehlung und Bericht zu dem Entwurf eines Sechsten Gesetzes zur Änderung des Gesetzes gegen Wettbewerbsbeschränkungen, BT-Drucks. 13/10633, S. 68, 72; vgl. auch BKartA WuW/E BKartA, 2245, 2245 f. – *Coop Bremen*.
100 *Loewenheim*, in: Loewenheim/Meessen/Riesenkampff, § 20 GWB Rn. 67; *Markert*, in: Immenga/Mestmäcker, GWB, § 20 GWB Rn. 94.
101 *Loewenheim*, in: Loewenheim/Meessen/Riesenkampff, § 20 GWB Rn. 66.
102 *Markert*, in: Immenga/Mestmäcker, GWB, § 20 GWB Rn. 94.
103 Dazu BGHZ 152, 361, 367 = WuW/E DE-R 1042, 1044 – *Wal Mart*; vgl. auch *Goette*, ZWeR 2003, 135, 147.
104 Art. 1 Nr. 6a des Entwurfs eines Neunten Gesetzes zur Änderung des Gesetzes gegen Wettbewerbsbeschränkungen; dazu Begründung, Umdruck, S. 40, 58.

der Schutz vor einem Behinderungsmissbrauch durch § 20 Abs. 3 S. 2 GWB im Verhältnis zu Satz 1 eine gewisse Verschärfung erfährt, sind dabei die Interessen der geschützten Unternehmen tendenziell überzugewichten.[105] Die Interessen des Normadressaten treten jedoch keineswegs vollständig in den Hintergrund.[106] Zu bedenken ist nämlich, dass es dem Normadressaten unbenommen bleiben muss, auf Marktentwicklungen angemessen zu reagieren,[107] indem ihm etwa auch das Recht zuzugestehen ist, auf Preissenkungen von Wettbewerbern bis zum Eintritt in deren Preise zu reagieren, selbst wenn sein eigener Preis dann ein Untereinstandspreis ist.[108] Zur Rechtfertigung von Verkäufen unter Einstandspreis bei unvorhergesehener Erhöhung des Einstandspreises s. Rdn. 44. Für **Lebensmittel** gelten insgesamt schärfere Anforderungen (dazu Rdn. 44).

bb) Lebensmittel (§ 20 Abs. 3 S. 2 Nr. 1, S. 3, 4 GWB)

Lebensmittel erfahren durch das Gesetz eine gewisse **Sonderbehandlung**. Begrifflich bezieht sich § 20 Abs. 3 S. 2 Nr. 1 GWB auf § 2 Abs. 2 LFBG, der wiederum auf Art. 2 VO (EG) Nr. 178/2002 verweist. Dort ist sowohl eine positive Definition des Begriffs »Lebensmittel« zu finden als auch eine katalogartige Abgrenzung zu Nicht-Lebensmitteln. Zu erklären ist die Sonderstellung dadurch, dass dem Verkauf von Lebensmitteln unter Einstandspreis in der öffentlichen Wahrnehmung seit jeher besondere Aufmerksamkeit geschenkt wird, insbesondere vor dem Hintergrund, dass bestimmte Vertriebsformen (Discounter, Großfilialisten) als preisaktiv gelten und daher unter dem Verdacht stehen, durch ihr Verhalten kleinere Betriebsformen vom Markt zu verdrängen. Freilich ist nicht ersichtlich, dass der Gesetzgeber durch das Verbot des Verkaufs unter Einstandspreis insoweit allzu viel erreicht hat. Es ist daher sachlich nicht zu beanstanden, dass die Regelung des § 20 Abs. 3 S. 2 Nr. 1 GWB und damit auch die daran anknüpfenden Bestimmungen des § 20 Abs. 3 S. 3 und 4 GWB nur noch zeitlich befristet bis zum 31.12.2017 gelten sollen.

42

Im Gegensatz zur Fallgruppe des § 20 Abs. 3 S. 2 Nr. 2 GWB (andere Waren und gewerbliche Leistungen) fallen unter § 20 Abs. 3 S. 2 Nr. 1 GWB alle Angebote unter Einstandspreis, also unabhängig davon, ob sie nicht nur gelegentlich erfolgen. Erfasst werden dabei nach Sinn und Zweck nicht nur **Verkäufe an (private) Endverbraucher**, sondern auch solche an andere Abnehmer, also

43

---

105 *Markert*, in: Immenga/Mestmäcker, § 20 GWB Rn. 99, 108; *Nothdurft*, in: Langen/Bunte, § 20 GWB Rn. 142, 148.
106 I.d.S. *Lettl*, JZ 2003, 662, 664 ff.
107 Ebenso *Markert*, in: Immenga/Mestmäcker, § 20 GWB Rn. 99.
108 *Loewenheim*, in: Loewenheim/Meessen/Riesenkampff, § 20 GWB Rn. 84; *Markert*, in: Immenga/Mestmäcker, § 20 GWB Rn. 103; anders wohl *Bechtold*, § 20 GWB Rn. 38.

etwa **Großverbraucher** wie Restaurants und Großküchen. Dem steht einerseits der Wortlaut nicht entgegen, andererseits spricht auch der Sinn und Zweck der Vorschrift für eine derartige Auslegung. Würden nämlich Großverbraucher nicht erfasst, könnten Normadressaten diesen gegenüber ihren Verhaltensspielraum ausnutzen, um kleine oder mittlere Wettbewerber zu verdrängen. Gerade das aber soll durch die Vorschrift verhindert werden.[109]

44 Trotz des strengen Verbots von Verkäufen unter Einstandspreis im Lebensmittelhandel bleibt eine **sachliche Rechtfertigung** eines derartigen Verhaltens möglich. Das ist schon deshalb erforderlich, weil die verfassungskonforme Ausgestaltung der Vorschrift ansonsten in Frage stünde. Wie sich aus § 20 Abs. 3 S. 3 GWB ergibt, ist es bei **Lebensmitteln** insbesondere möglich, Waren, die dem Verderb oder der sonstigen (drohenden) Unverkäuflichkeit ausgesetzt sind, unter Einstandspreis abzugeben. Da dies nach dem Gesetzeswortlaut möglich ist, um den **Verderb** oder die **drohende Unverkäuflichkeit** beim Händler »zu verhindern«, folgt daraus, dass ein Verderb noch nicht eingetreten sein muss, sondern allenfalls unmittelbar bevorstehen muss. Entsprechend droht Unverkäuflichkeit, wenn etwa ein auf der Ware aufgedrucktes Mindesthaltbarkeitsdatum kurz vor dem Ablauf steht, oder Saisonwaren (z.B. Weihnachts- oder Karnevalsartikel) ab einem bestimmten Zeitpunkt nicht mehr nachgefragt werden. Nicht unbillig ist auch die Abgabe von Lebensmitteln an gemeinnützige Einrichtungen (z.B. der Kranken-, Jugend- und Altenpflege oder an Tafeln zur Unterstützung Bedürftiger), soweit sie an diese zur Verfolgung des Einrichtungszwecks abgegeben werden (§ 20 Abs. 3 S. 4 GWB). Darüber hinaus gehend kommt eine sachliche Rechtfertigung des Verkaufs unter Einstandspreis nur in Fällen in Betracht, die **vergleichbar schwerwiegend** sind wie die in § 20 Abs. 3 S. 3 genannten Sachverhalte des Verderbs oder der drohenden Unverkäuflichkeit. Denkbar ist etwa, dass sich der Einstandspreis des Anbieters unvorhergesehen erhöht, so dass der bis dahin nicht zu beanstandende Verkaufspreis zu einem Untereinstandspreis mutiert, ohne dass der Anbieter in der Lage ist, darauf zeitnah zu reagieren.[110]

cc) Andere Waren oder gewerbliche Leistungen (§ 20 Abs. 3 S. 2 Nr. 2 GWB)

45 Die Vorschrift des § 20 Abs. 3 S. 2 Nr. 2 GWB, die sich auf »andere Waren oder gewerbliche Leistungen« bezieht, enthält gewissermaßen den Grundtatbestand des Verkaufs unter Einstandspreis. Ihr Anwendungsbereich erschließt sich aufgrund der Formulierung des Gesetzes nur in Abgrenzung zu § 20

---

109 *Loewenheim*, in: Loewenheim/Meessen/Riesenkampff, § 20 GWB Rn. 72; a.A. *Bechtold*, GWB, § 20 GWB Rn. 42.
110 BGHZ 152, 361, 374 f. = WuW/E DE-R 1042, 1048 f. – *Wal Mart*.

Abs. 3 S. 2 Nr. 1 GWB. In den sachlichen Anwendungsbereich fallen damit **alle Waren oder gewerblichen Leistungen, die nicht Lebensmittel sind.**

Andere Waren oder gewerbliche Leistungen unterliegen dem Verbot des Angebots unter Einstandspreis nur, wenn dieses »**nicht nur gelegentlich**« erfolgt. Gemeint ist insoweit, dass **kein systematischer Verkauf** unter Einstandspreis vorliegen darf.[111] Zulässig sind daher beispielsweise kurzfristige Sonderangebote, begrenzte Verkaufsaktionen zu Geschäftseröffnungen und -jubiläen oder auch impulsartige Reaktionen auf Konkurrenzangebote.

46

c) Kosten-Preis-Schere (§ 20 Abs. 3 S. 2 Nr. 3 GWB)

Das dritte in § 20 Abs. 3 S. 2 GWB enthaltene Regelbeispiel betrifft den Sachverhalt der Kosten-Preis-Schere. Diese Fallgruppe wurde bereits im Zusammenhang mit der missbräuchlichen Behinderung durch marktbeherrschende Unternehmen dargestellt (s. § 19 Rdn. 171 ff.). Sachlich ergibt sich durch die Erweiterung auf Unternehmen mit überlegener Marktmacht keine Abweichung. Lediglich im Rahmen der Interessenabwägung (dazu § 19 Rdn. 15 ff.) ist ggf. zu berücksichtigen, dass eine mindere Form der Marktbeherrschung vorliegt.

47

IV. Beweisregeln (§ 20 Abs. 4 GWB)

Im Hinblick auf die Darlegungs- und Beweislast gelten im Anwendungsbereich von § 20 Abs. 3 GWB im Grundsatz dieselben Regeln, die auch beim allgemeinen Behinderungsverbot des § 19 Abs. 2 Nr. 1 GWB heranzuziehen sind (dazu § 19 Rdn. 205). Die Vorschrift des § 20 Abs. 4 GWB hat allein die Funktion, etwaigen Beweisschwierigkeiten abzuhelfen, die sich daraus ergeben, dass die für das Vorliegen einer Behinderung an sich darlegungs- und beweisbelastete Partei, in diesem Fall ein kleines oder mittleres Unternehmen, keinen Zugang zu beweiserheblichen Tatsachen außerhalb seines Wirkungskreises hat. Unter diesen Umständen ist es in der Rechtsprechung zu § 19 Abs. 2 Nr. 1 GWB anerkannt, dass der beweisbelasteten Partei **Beweiserleichterungen** zu Teil werden (s. § 19 Rdn. 205). Allein diese hat der Gesetzgeber in § 20 Abs. 4 GWB ausdrücklich kodifiziert. Ergibt sich demnach auf Grund bestimmter Tatsachen nach allgemeiner Erfahrung der Anschein, dass ein Unternehmen seine Marktmacht im Sinne des § 20 Abs. 3 GWB ausgenutzt hat, so obliegt es diesem Unternehmen, also dem potenziellen Normadressaten, den Anschein zu widerlegen und solche anspruchsbegründenden Umstände aus seinem Geschäftsbereich aufzuklären, deren Aufklärung dem betroffenen

48

---

111 S. auch BReg., Begründung zu den Entwurf eines Fünften Gesetzes zur Änderung des Gesetzes gegen Wettbewerbsbeschränkungen, BT-Drucks. 11/4610, S. 10, 23.

Wettbewerber oder einem Verband nach § 33 Abs. 2 nicht möglich, dem in Anspruch genommenen Unternehmen aber leicht möglich und zumutbar ist. Anwendbar ist diese Beweiserleichterung nur im Zivilverfahren, nicht jedoch im Untersagungs- und Ordnungswidrigkeitenverfahren.[112]

E. Ablehnung der Aufnahme in Verbände (§ 20 Abs. 5 GWB)

49 Nach § 20 Abs. 5 GWB dürfen Wirtschafts- und Berufsvereinigungen sowie Gütegemeinschaften die Aufnahme eines Unternehmens nicht ablehnen, wenn die Ablehnung eine sachlich nicht gerechtfertigte ungleiche Behandlung darstellen und zu einer unbilligen Benachteiligung des Unternehmens im Wettbewerb führen würde. Die Fallgruppe wurde bereits im Zusammenhang mit dem Behinderungsmissbrauch durch marktbeherrschende Unternehmen besprochen. Es kann insoweit auf die dortigen Erläuterungen verwiesen werden (s. § 19 Rdn. 121, 137).

50 **Normadressaten** des § 20 Abs. 5 GWB sind lediglich privatrechtlich organisierte, also auf freiwilligem Zusammenschluss beruhende **Wirtschafts- und Berufsvereinigungen**,[113] deren Zweck auf die Wahrnehmung der wirtschaftlichen, berufsständischen und sozialen Interessen ihrer Mitglieder gerichtet ist,[114] sowie **Gütegemeinschaften**, die als Träger von Gütezeichen für Waren und Dienstleistungen einschlägige Qualitätsbedingungen aufgestellt haben. Eine **Aufnahme** in diese Verbände wird **verweigert**, wenn sich der Verband etwa gegen die Mitgliedschaft eines anderen Unternehmens oder seine Aufnahme als Gesellschafter oder Genosse sperrt.[115] Entsprechendes gilt, wenn ein Unternehmen aus einem Verband **ausgeschlossen** wird (s. dazu § 19 Rdn. 137), denn damit ist die Entscheidung verbunden, das Unternehmen nicht wieder aufzunehmen.[116] Eine **sachliche Rechtfertigung** der Aufnahmeverweigerung kann sich beispielsweise daraus ergeben, dass ein Petent die satzungsgemäßen Voraussetzungen für die Aufnahme in den Verband nicht erfüllt.[117] Die Aufnahmebedingungen sind freilich unbeachtlich, wenn sie ih-

---

112 *Loewenheim*, in: Loewenheim/Meessen/Riesenkampff, § 20 GWB Rn. 85; wohl auch *Nothdurft*, in: Langen/Bunte, § 20 GWB Rn. 151.
113 *Markert*, in: Immenga/Mestmäcker, § 20 GWB Rn. 129 f.
114 BGH WuW/E BGH 2191, 2193 – *Schwarzbuntzüchter*; BGH 1725, 1726 f. – *Deutscher Landsser Club*; *Nothdurft*, in: Langen/Bunte, § 20 GWB Rn. 160.
115 *Markert*, in: Immenga/Mestmäcker, § 20 GWB Rn. 138.
116 OLG Karlsruhe WuW/E OLG 4313, 4314 – *Tankuntersuchung*; *Loewenheim*, in: Loewenheim/Meessen/Riesenkampff, § 20 GWB Rn. 96.
117 Vgl. nur OLG Frankfurt/M. WuW/E DE-R 2648 Rn. 20; *Nothdurft*, in: Langen/Bunte, § 20 GWB Rn. 174.

rerseits sachlich nicht gerechtfertigt sind.[118] Überdies muss die Aufnahmeverweigerung zu einer **unbilligen Benachteiligung** des Unternehmens **im Wettbewerb** führen. Dies zeigt, dass bloße gesellschaftliche oder politische Nachteile nicht ausreichen.[119] Letzten Endes kommt es auch insoweit auf eine umfassende Interessenabwägung an (dazu § 19 Rdn. 15 ff.).

---

[118] BGHZ 63, 282, 285 – *Rad- und Kraftfahrerbund*; BGH WuW/E BGH 1725, 1727 f. – *Deutscher Landsser Club*; OLG Frankfurt/M. WuW/E DE-R 2648 Rn. 20.

[119] *Loewenheim*, in: Loewenheim/Meessen/Riesenkampff, § 20 GWB Rn. 101.

§ 21 Boykott, Verbot sonstigen wettbewerbsbeschränkenden Verhaltens

(1) Unternehmen und Vereinigungen von Unternehmen dürfen nicht ein anderes Unternehmen oder Vereinigungen von Unternehmen in der Absicht, bestimmte Unternehmen unbillig zu beeinträchtigen, zu Liefersperren oder Bezugssperren auffordern.

(2) Unternehmen und Vereinigungen von Unternehmen dürfen anderen Unternehmen keine Nachteile androhen oder zufügen und keine Vorteile versprechen oder gewähren, um sie zu einem Verhalten zu veranlassen, das nach folgenden Vorschriften nicht zum Gegenstand einer vertraglichen Bindung gemacht werden darf:
1. nach diesem Gesetz,
2. nach Artikel 101 oder 102 des Vertrages über die Arbeitsweise der Europäischen Union oder
3. nach einer Verfügung der Europäischen Kommission oder der Kartellbehörde, die auf Grund dieses Gesetzes oder auf Grund der Artikel 101 oder 102 des Vertrages über die Arbeitsweise der Europäischen Union ergangen ist.

(3) Unternehmen und Vereinigungen von Unternehmen dürfen andere Unternehmen nicht zwingen,
1. einer Vereinbarung oder einem Beschluss im Sinne der §§ 2, 3 oder 28 Abs. 1 beizutreten oder
2. sich mit anderen Unternehmen im Sinne des § 37 zusammenzuschließen oder
3. in der Absicht, den Wettbewerb zu beschränken, sich im Markt gleichförmig zu verhalten.

(4) Es ist verboten, einem Anderen wirtschaftlichen Nachteil zuzufügen, weil dieser ein Einschreiten der Kartellbehörde beantragt oder angeregt hat.

Übersicht

	Rdn.			Rdn.
A. Überblick	1	IV.	Rechtsfolgen	24
B. § 21 Abs. 1 GWB, Boykottverbot	2		1. Zivilrecht	24
I. Allgemeines	2		2. Verwaltungsrecht	25
II. Objektiver Tatbestand	5	V.	Konkurrenzen	27
1. Beteiligte	5	C.	§ 21 Abs. 2, Veranlassung verbotenen Verhaltens	29
2. Liefer- oder Bezugssperren	10			
3. Auffordern	12	I.	Allgemeines	29
III. Subjektiver Tatbestand	15	II.	Objektiver Tatbestand	30
1. Absicht	16		1. Beteiligte	30
2. Beeinträchtigung	17		2. Zufügen oder Androhen von Nachteilen	31
3. Unbillig	18			

		Rdn.			Rdn.
	3. Versprechen oder Gewähren von Vorteilen	33		3. Zwang zu gleichförmigem Verhalten, Abs. 3 Nr. 3 GWB	47
III.	Subjektiver Tatbestand	34	IV.	Rechtsfolgen	50
IV.	Rechtsfolgen	39	V.	Konkurrenzen	51
V.	Konkurrenzen	40	E.	§ 21 Abs. 4, Nachteilszufügung wegen Einschaltung der Kartellbehörden	
D.	§ 21 Abs. 3, Kartell- und Fusionszwang	41			52
I.	Allgemeines	41	I.	Allgemeines	52
II.	Objektiver Tatbestand	42	II.	Objektiver Tatbestand	53
	1. Beteiligte	42		1. Beteiligte	53
	2. Zwang	43		2. Zufügen eines wirtschaftlichen Nachteils	54
III.	Subjektiver Tatbestand	44			
	1. Kartellzwang, Abs. 3 Nr. 1	45	III.	Subjektiver Tatbestand	55
	2. Fusionszwang, Abs. 3 Nr. 2 GWB	46	IV.	Rechtsfolgen	56

Schrifttum

Bauer/Wrage-Molkenthin, Zum Begriff der Aufforderung in § 26 Abs. 1 GWB, wistra 1988, 247; *dies.*, Die Unbilligkeit der Beeinträchtigung in § 26 Abs. 1 GWB, wistra 1988, 336; *dies.*, Aufforderung zu Liefer- oder Bezugssperren, BB 1989, 1495; *Belke*, Die Geschäftsverweigerung im Recht der Wettbewerbsbeschränkungen, 1966; *ders.*, die vertikalen Wettbewerbsbeschränkungen nach der Kartellgesetznovelle 1973, ZHR 138, 291; *Bergerhoff*, Nötigung und Boykott, 1998; *Degenhart*, Meinungs- und Medienfreiheit in Wirtschaft und Wettbewerb, in: FS Lukes, S. 287; *Delahaye*, Das allgemeine Umgehungsverbot im Kartellrecht, WuW 1987, 877; *Fikentscher*, Die Preisunterbietung nach neuem Wettbewerbsrecht, BB 1958, 201; *Gassner*, Kartellrechtliche Regulierung des GKV-Leistungsmarkts, NZS 2007, 281; *Gutzler*, Gelöste und ungelöste Fragen der Lieferverweigerung, BB 1966, 394; *Hansen*, Zur Unterscheidung von bewusstem Parallelverhalten und abgestimmten Verhaltensweisen in der kartellbehördlichen Praxis, ZHR 136, 52; *Immenga*, Der Vorteilsbegriff des Lockverbotes nach § 25 Abs. 2 GWB, FS Werner, S. 375; *Kartte*, Zum Boykottverbot des § 26 Abs. 1: Persönlicher Schutzbereich, Verbandsboykott, anderweitige Schutzvorschriften, WuW 1961, 170; *Klaue*, Zur Auslegung des § 25 Abs. 1 GWB, ZHR 129, 159; *Kreuzpointner*, Boykottaufrufe durch Verbraucherorganisationen, 1980; *Löhr*, Boykottaufruf und Recht auf freie Meinungsäußerung, WRP 1975, 581; *Markert*, Zum Schutzgesetzcharakter des § 25 Abs. 1 GWB, WRP 1966, 330; *ders.*, Aufforderung zu Liefer- oder Bezugssperren, BB 1989, 921; *Möllers*, Zur Zulässigkeit des Verbraucherboykotts – Brent Spar und Mururoa, NJW 1996, 1374; *Möschel*, Zum Boykott-Tatbestand des § 26 Abs. 1 GWB, in: FS Benisch, S. 339; *Niederleithinger*, Das Umgehungsverbot des § 25 Abs. 1 GWB bei vertikalen Preisempfehlungen, NJW 1964, 1936; *Pescher*, Der äußere Kartellzwang, 1984; *Reuß*, Der sogenannte »Käuferstreik«, AcP 1957, 89; *Roth*, Kartellrechtliche Aspekte der Gesundheitsreform nach deutschem und europäischem Recht, GRUR 2007, 645; *Sandrock*, Der Ausschluß von der Belieferung nach § 25 Abs. 1 GWB, JurA 1970, 48; *ders.*, Die Liefersperre in kartell- und zivilrechtlicher Sicht, JuS 1971, 57; *Sauter*, Androhung und Verhängung einer Liefersperre durch preisempfehlende Unternehmen, NJW 1969, 638; *Schmiedel*, Kontrahierungszwang aus § 25 Abs. 1 GWB?, WRP 1966, 41; *Simmler*, Der wirtschaftliche Boykott als Kartellordnungswidrigkeit und Straftat, 1981; *Spengler*, Boykottprobleme, WuW 1953, 195; *ders.*, Wettbewerbsbeschränkung durch Boykott, DB 1957, 1193; *Tessin*, Ist schon der Versuch einer Kartellabsprache strafbar?, BB 1985, 2283; *Ulmer*, Zur Problematik vertikaler Wettbewerbsbeschränkungen und zum Schutz des intrabrand-Wettbewerbs im GWB, ZHR 130, 164.

§ 21 GWB *Boykott, Verbot sonst. wettbewerbsbeschr. Verhaltens*

A. Überblick

1 § 21 GWB enthält als eine Art »Sammeltatbestand« vier Verbote, welche untereinander keinen systematischen Zusammenhang aufweisen, außer dem Schutz der Entschließungsfreiheit bei wettbewerblich relevantem Verhalten. Es handelt sich um den im früheren Recht in § 26 Abs. 1 GWB a.F. geregelten Boykotttatbestand (§ 21 Abs. 1 GWB), das im früheren § 25 Abs. 2 GWB a.F. geregelte Verbot der Nachteilszufügung bzw. Vorteilsgewährung zwecks Veranlassung eines kartellrechtswidrigen Verhaltens (§ 21 Abs. 2 GWB), das Verbot der Erzwingung eines im Grundsatz kartellrechtlich zulässigen Verhaltens (§ 21 Abs. 3 GWB) sowie um das Verbot der Nachteilszufügung als Sanktion für das Beantragen oder Anregen eines Kartellverfahrens (§ 21 Abs. 4 GWB).

B. § 21 Abs. 1 GWB, Boykottverbot

I. Allgemeines

2 § 21 Abs. 1 GWB regelt das Verbot des Boykotts. Danach ist es Unternehmen und ihren Vereinigungen verboten, andere Unternehmen oder deren Vereinigungen in der Absicht, bestimmte Unternehmen unbillig zu beeinträchtigen, zu Liefersperren oder Bezugssperren aufzufordern. Der Boykott ist ein Unterfall der wettbewerbsfeindlichen Behinderung, war daher im alten Recht systematisch im Zusammenhang mit dem Behinderungsverbot geregelt. Im Gegensatz zu § 20 GWB stellt § 21 Abs. 1 GWB keine besonderen Anforderungen an den Normadressaten, d.h. das Verbot gilt unabhängig von der Marktstellung des betreffenden Unternehmens. Zweck der Vorschrift ist zum einen der Schutz des boykottierten, »verrufenen« Unternehmens, zum anderen der Schutz des Wettbewerbs als Institution auf den Märkten.[1]

3 Der Verstoß gegen das Boykottverbot setzt nicht voraus, dass es aufgrund der Aufforderung zum Boykott tatsächlich zu einer Beeinträchtigung des Wettbewerbs gekommen ist. Das Boykottverbot ist kein Erfolgs-, sondern ein **abstraktes Gefährdungsdelikt**.[2] Den Auffordernden entlastet es nicht, wenn der Adressat der Aufforderung zum Boykott nicht nachkommt. Der sanktionierte Handlungsunwert liegt schon in dem – auch erfolglosen – Versuch einer entsprechenden Beeinflussung. Daher lässt sich das Boykottverbot auch als **verselbständigtes Delikt der versuchten Anstiftung** begreifen.[3]

---

1 *Markert*, in: Immenga/Mestmäcker, § 21 Rn. 2; *Neef/Krauser*, in: MünchKommKartR, § 21 Rn. 1.
2 *Markert*, in: Immenga/Mestmäcker, § 21 Rn. 2; *Rixen*, in: FK-GWB, § 21 Rn. 3.
3 *Markert*, in: Immenga/Mestmäcker, § 21 Rn. 2.

Charakteristisch für den Tatbestand ist das Vorliegen eines **Dreipersonen- Verhältnisses** zwischen demjenigen, der zum Boykott aufruft (**Verrufer**), dem **Adressaten** des Aufrufes sowie demjenigen, der durch den Boykott getroffen werden soll (dem Gesperrten oder **Verrufenen**).[4]

II. Objektiver Tatbestand

1. Beteiligte

Verrufer. Zum Boykott aufrufen muss ein Unternehmen oder eine Vereinigung von Unternehmen. Es gilt der weite Unternehmensbegriff des GWB. Davon erfasst ist **jede Tätigkeit im geschäftlichen Verkehr**.[5] Auf eine Gewinnerzielungsabsicht kommt es nicht an. Auch Angehörige freier Berufe können demnach Unternehmen im Sinne der Vorschrift sein. Juristische Personen des **öffentlichen Rechts** können Unternehmen sein, soweit sie sich wirtschaftlich, also nicht hoheitlich, betätigen.[6] Im Rahmen des europäischen Rechts ist die Unternehmereigenschaft von gesetzlichen Krankenkassen weitgehend in dem Sinne geklärt, dass die Leistungsbeziehungen der Kassen zu ihren Pflichtmitgliedern und den Leistungserbringern nicht wirtschaftlich sind.[7] Für das deutsche Recht ist diese Frage durch § 69 SGB V geregelt. Hiernach findet u.a. § 21 GWB auf gesetzliche Krankenkassen nur entsprechende Anwendung. Ausweislich der Gesetzesbegründung[8] soll mit dieser Regelung dem Umstand Rechnung getragen werden, dass die Krankenkassen beim Abschluss von Verträgen nicht die Begriffsmerkmale erfüllen, die von der Rechtsprechung an ein Unternehmen gestellt werden.[9] Lediglich **rein privates Handeln** fällt nicht in den Anwendungsbereich der Vorschrift. Unter »Vereinigungen von Unternehmen« wird entsprechend weit **jede Form der organisatorischen Zusammenfassung** von Unternehmen verstanden.[10]

---

4 BGH WuW/E DE-R 303, 304 – *Taxi-Krankentransporte*.
5 BGH WuW/E DE-R 303, 304 – *Taxi-Krankentransporte*; *Markert*, in: Immenga/Mestmäcker, § 21 Rn. 8; *Loewenheim*, in: Loewenheim/Meessen/Riesenkampff, § 21 Rn. 5.
6 BGH WuW/E DE-R 303, 304 – *Taxi-Krankentransporte*; OLG Düsseldorf WuW/E OLG 4998, 5000 f. – *Landesapothekerkammer*; OLG Karlsruhe NJW 2009, 2143, 2144 – *Werbeverbot für Repetitorien*.
7 EuGH, Slg. 2004 I – 2493 – *AOK*; EuGH, NJW 2006, 3266 = EuZW 2006, 600 – *FENIN*.
8 Bericht des Ausschusses für Gesundheit, BT-Drucks. 16/4247.
9 Zu den umstrittenen Einzelheiten vgl. *Gassner*, NZS 2007, 281, 282; *Roth*, GRUR 2007, 645 ff.
10 BSG NZS 2002, 424, 425 – *Physiotherapeuten*; *Markert*, in: Immenga/Mestmäcker, § 21 Rn. 9.

§ 21 GWB *Boykott, Verbot sonst. wettbewerbsbeschr. Verhaltens*

6   **Adressat.** Die Aufforderung muss sich an ein anderes Unternehmen oder eine andere Vereinigung von Unternehmen richten, so dass die Aufforderung zum »Käuferstreik« nicht dem Tatbestand unterfällt.[11] Adressat kann nur ein **anderes** Unternehmen sein. Das Merkmal ist nicht erfüllt, wenn Verrufer und Adressat eine **wirtschaftliche Einheit** bilden.[12] Das ist der Fall, wenn sie **organisatorisch** demselben Unternehmen zuzurechnen sind, der Adressat etwa ein weisungsgebundenes oder sonst wie vom Verrufer abhängiges Unternehmen ist.[13] Keine »anderen« Unternehmen sind demnach etwa **Konzernunternehmen** nach § 18 AktG.[14] Darüber hinaus kann auf den Begriff der Verbundenheit im Sinne von § 36 Abs. 2 GWB zurückgegriffen werden. § 36 Abs. 2 GWB findet auf den gesamten Anwendungsbereich des Kartellgesetzes Anwendung.[15] Ist ein Unternehmen gegenüber einem anderen Unternehmen zur Weisung berechtigt (aus Gesetz oder Vertrag), aufgrund dessen der Weisungsgebundene über keine Entschließungsfreiheit mehr verfügt, fehlt es ebenfalls an einem »anderen« Unternehmen. Dies kann z.B. für Handelsvertreter gelten. Das OLG Karlsruhe hat eine solche Einheit zwischen Universität und dem mit der Vermietung universitärer Flächen zu Werbezwecken betrauten Unternehmen verneint.[16]

7   Es stellt sich die Frage, ob auch **Boykottaufforderungen eines Verbandes an seine Mitgliedsunternehmen** vom Tatbestand erfasst sind. Zum Teil wird bei Maßnahmen der verbandsinternen Willensbildung in Anlehnung an die zu Konzernunternehmen vertretene Auffassung das Merkmal des »anderen« Unternehmens verneint.[17] Das Verhältnis der Konzernmutter zu den Konzernunternehmen ist mit dem des Verbandes zu seinen Mitgliedsunternehmen nicht vergleichbar, soweit diese – wie üblich – wirtschaftlich und rechtlich selbständig sind. Es besteht kein Grund, die regelmäßig auf die gesamte Branche ausstrahlenden und daher besonders wirkmächtigen Sperraufforderungen eines Unternehmensverbandes an seine Mitglieder aus dem Anwendungsbereich der Norm herauszunehmen. Daher sind auch Sperraufforderungen des

---

11 *Rixen*, in: FK-GWB, § 21 Rn. 11; zur Behandlung eines solchen Käuferstreiks als Eingriff in den eingerichteten und ausgeübten Gewerbebetrieb nach § 823 Abs. 1 BGB vgl. *Möllers*, NJW 1996, 1374 ff., sowie *Reuß*, AcP 1957, 91 ff.
12 *Neef/Krauser*, in: MünchKommKartR, § 21 Rn. 10.
13 BGH GRUR 1973, 277 – *Registrierkassen*; *Loewenheim*, in: Loewenheim/Meessen/Riesenkampff, § 21 Rn. 6; *Bechtold/Bosch*, § 21 Rn. 3; *Markert*, in: Immenga/Mestmäcker, § 21 Rn. 13.
14 BGH GRUR 1973, 277, 277 – *Registrierkassen*.
15 BGH WuW/E DE-R 2739 – *Entega*.
16 OLG Karlsruhe NJW 2009, 2143.
17 OLG Frankfurt a.M. NJOZ 2008, 3504, 3505 – *Hundezüchterverein*.

Verbandes an seine Mitglieder an »andere« Unternehmen gerichtet.[18] Gewerkschaften sind vom Verbot des § 21 nicht erfasst. Dies gilt nach Auffassung des BKartA aber nur, wenn sie nicht am wirtschaftlichen Verkehr teilnehmen, sondern im Rahmen von Tarifverhandlungen im Interesse ihrer Mitglieder tätig werden.[19] Interessenverbände sind grundsätzlich nicht Gewerkschaften. Sofern die Interessenverbände auch für ihre Mitglieder verbindliche Verhandlungen über Gebühren führen, sind sie insoweit wie ein Arbeitgeberverband nicht Adressat des § 21.

Das Bestehen einer **schuldrechtlichen** Bindung zwischen den Beteiligten schließt eine Qualifizierung als »andere« Unternehmen nicht aus.[20] Im Einzelfall stellt sich aber die Frage, ob die Durchsetzung einer vertraglichen Vereinbarung eine »Aufforderung« darstellt. Der Adressat muss mit dem Verrufenen nicht selbst in Geschäftsbeziehungen stehen. Es reicht aus, wenn er seinerseits veranlasst wird, mit seinen Mitteln auf einen Boykott des Verrufenen durch dessen Lieferanten oder Abnehmer hinzuwirken, sog. »**mehrstufiger Boykott**«.[21]

8

Verrufener. Die Boykottaufforderung muss sich gegen ein **bestimmtes** Unternehmen richten. Das ist der Fall, wenn das Unternehmen dem Adressaten der Aufforderung namentlich genannt wird. Das verrufene Unternehmen ist jedoch auch dann hinreichend bestimmt, wenn der Adressat aufgrund der angegebenen Individualisierungsmerkmale in der Lage ist, das zu boykottierende Unternehmen zu spezifizieren.[22] Insofern genügt also **Bestimmbarkeit**.[23] Einem potentiell unbegrenzten Konkurrentenkreis fehlt es an der Bestimmbarkeit, z.B. bei der Durchsetzung vertraglicher Ausschließlichkeitsbindungen, welche zwangsläufig eine unbestimmte Gruppe anderer Unternehmen von dem Bezug bzw. der Belieferung ausschließen. Dies gilt auch dann, wenn aufgrund der konkreten Marktverhältnisse nur eine kleine Zahl anderer Un-

9

---

18 BKartA v. 23.8.2006 – B 10 148/05, Rz. 476 – DLTB, bestätigt durch OLG Düsseldorf WuW/E DE-R 2003, 2008 – *DLTB*; *Markert*, in: Immenga/Mestmäcker, § 21 Rn. 15.
19 BKartA, Beschluss vom 12.11.2008 – B 2-100/08 »*Milchviehhalter*«.
20 BGH WuW/E [...] so auch *Neef/Krauser*, in: MünchKommKartR, § 21 Rn. 11; *Rixen*, in: FK-GWB, § 21 Rn. 21; *Markert*, in: Immenga/Mestmäcker, § 21 Rn. 14; anders wohl BGH WuW/E DE-R 303, 304 – *Taxi-Krankentransporte*, wonach ein Arzt bei Handeln im Auftrag einer Krankenkasse nicht als »anderes« Unternehmen auftreten soll.
21 BGH GRUR 1984, 461, 462 – *Kundenboykott*.
22 BGH WuW/E 1666, 1668 – *Denkzettel-Aktion*.
23 *Bechtold/Bosch*, § 21 Rn. 6; *Rixen*, in: FK-GWB, § 21 Rn. 26; *Markert*, in: Immenga/Mestmäcker, § 21 Rn. 17; BKartA, Beschluss vom 12.11.2008 – B 2-100/08 »*Milchviehhalter*«.

ternehmen im Markt tätig ist.[24] Sollen ein oder mehrere Unternehmen für den Adressaten erkennbar getroffen werden, ist von Bestimmtheit auszugehen.[25] Aus der Tatsache, dass durch die 4. GWB-Novelle auf Seiten des Verrufenen das Tatbestandsmerkmal »Wettbewerber« durch »Unternehmen« ersetzt wurde, ergibt sich, dass ein Wettbewerbsverhältnis zwischen Verrufer und Verrufenem nicht (mehr) bestehen muss.

2. Liefer- oder Bezugssperren

10 Unter einer **Liefersperre** ist die dauerhafte oder vorübergehende Beendigung bestehender oder die Nichtaufnahme neuer Lieferbeziehungen im Geschäftsverkehr mit Waren oder gewerblichen Leistungen durch den **Lieferanten** zu verstehen.[26] Entsprechend liegt eine **Bezugssperre** vor, wenn die Beendigung oder Nichtaufnahme der Beziehungen von einem **Abnehmer** ausgeht. Entgegen dem allgemeinen Sprachgebrauch können nicht nur materielle Güter, sondern auch Dienstleistungen »geliefert« werden.[27] Die gewerbliche Leistung kann auch in einer gesellschaftsrechtlichen Beteiligung bestehen.[28] Die Sperre kann in zeitlicher und sachlicher Hinsicht begrenzt sein. So ist weder eine dauerhafte noch eine sämtliche Waren erfassende Sperre erforderlich. Unerheblich ist, ob der Verrufene die gewünschte Ware oder gewerbliche Leistung anderweitig beziehen kann.[29]

11 Das Verlangen überhöhter Preise oder Rabatte oder das Beharren auf ungünstigen Geschäftsbedingungen kann eine Sperre im Sinne des Boykotttatbestands darstellen, wenn dem Verlangen eine entsprechende Aufforderung des »Verrufers« vorausgeht und das Verlangen bei wirtschaftlicher Betrachtung wie eine Liefersperre wirkt. Hierbei kann die Abgrenzung zwischen bloß **unwirtschaftlichen Angeboten** und faktischen Liefersperren im Einzelfall Schwierigkeiten bereiten. Eine faktische Liefersperre soll bereits vorliegen, wenn die Angebote wirtschaftlich nicht sinnvoll und daher dem Vertragspartner **unzumutbar** sind.[30] Die Unzumutbarkeit ist als ein unbestimmter Begriff für eine Abgrenzung nicht geeignet. Es ist davon auszugehen, dass die Wettbewerbs-

---

24 Weitergehend *Markert*, in: Immenga/Mestmäcker, § 21 Rn. 18.
25 *Markert*, in: Immenga/Mestmäcker, § 21 Rn. 18.
26 BGH WuW/E 3006, 3008 – *Handelsvertretersperre*; BGH WuW/E DE-R 303, 305 – *Taxi-Krankentransporte*; *Markert*, in: Immenga/Mestmäcker, § 21 Rn. 20.
27 BGH WuW/E 3006, 3008 – *Handelsvertretersperre*; *Bechtold*, § 21 Rn. 4.
28 BGH WuW/E DE-R 395, 397 – *Beteiligungsverbot für Schildpräger*, wobei mit der Aufhebung der Unterscheidung zwischen vertikalen und horizontalen Absprachen der dort entschiedene Sachverhalt ohne Probleme unter § 1 GWB subsumiert werden kann.
29 OLG Celle GRUR-RR 2004, 118, 119 – *Vermietungs-Boykott*.
30 *Markert*, in: Immenga/Mestmäcker, § 21 Rn. 21; *Rixen*, in: FK-GWB, § 21 Rn. 35.

freiheit das Recht der Unternehmen einschließt, die Bedingungen, unter denen sie mit Anderen zu kontrahieren bereit sind, autonom zu bestimmen. Das Verlangen überhöhter Preise oder anderer ungünstiger Geschäftsbedingungen ist in einer Marktwirtschaft nicht per se ein rechtlich missbilligtes Verhalten. Hinzukommen muss daher, dass das Angebot von vornherein nicht ernsthaft auf den Abschluss eines Vertrages gerichtet ist und gewissermaßen nur »zum Schein« abgegeben wird.[31] Ist dies der Fall und beruht das Angebot auf einer Aufforderung eines Dritten, so spricht dies dafür, solche unwirtschaftlichen Angebote als faktische Liefer- oder Bezugssperre anzusehen.

3. Auffordern

Der Verrufer muss zu Liefer- oder Bezugssperren **auffordern.** Darunter ist jeder ernsthafte Versuch zu verstehen, auf die freie Willensentscheidung des Adressaten, mit Dritten Liefer- oder Bezugsbeziehungen aufzunehmen oder zu unterhalten, Einfluss zu nehmen.[32] Daraus ergibt sich zunächst, dass es – im Gegensatz zum früheren Recht (»veranlassen«) – nicht automatisch auf einen Erfolg der Einwirkung ankommt. Es ist mithin unerheblich, ob der Adressat infolge des Beeinflussungsversuchs tatsächlich seine Handelsbeziehungen zu Dritten beschränkt oder einstellt. Eine Beeinflussung im vorgenannten Sinne muss dagegen von vornherein ausscheiden, wenn der Adressat über keinen **Entscheidungsspielraum** verfügt, auf den eingewirkt werden könnte.[33] Ein solcher Entscheidungsspielraum besteht nicht, wenn der Adressat durch Aufnahme oder Unterhaltung der fraglichen Handelsbeziehung gegen ein gesetzliches Verbot oder eine wirksame vertragliche Verpflichtung, oder etwa eine bestehende **Ausschließlichkeitsbindung,** verstoßen würde, oder die Aufforderung im Rahmen eines schuldrechtlich begründeten **Weisungsverhältnisses** erfolgt.[34] Mahnt ein **Dritter** gegenüber einem Hersteller, der mit Abnehmern Ausschließlichkeits-, etwa Vertriebsbindungen vereinbart hat, die Durchsetzung dieser Bindungen gegenüber den Abnehmern an, so liegt hierin nicht automatisch eine Aufforderung zum Boykott, auch wenn der Hersteller die Durchsetzung nur einfordern *kann,* aber nicht einfordern *muss.*[35] Auszugehen ist nach ständiger Rechtsprechung davon, dass die regel-

12

---

31 So auch *Neef/Krauser,* in: MünchKommKartR, § 21 Rn. 14.
32 BGH WuW/E 2137, 2138 – *markt intern/Sanitär-Installation; Markert,* in: Immenga/Mestmäcker, § 21 Rn. 25; *Bechtold/Bosch,* § 21 Rn. 3.
33 *Bechtold,* § 21 Rn. 5; *Markert,* in: Immenga/Mestmäcker, § 21 Rn. 26; *Rixen,* in: FK-GWB, § 21 Rn. 51.
34 OLG Düsseldorf WuW/E DE-R 1455, 1456 f. – *PPK-Entsorgung;* OLG Stuttgart WuW/E DE-R 256, 257 – *Gerüstbau; Nothdurft,* in: Langen/Bunte, § 21 Rn. 31.
35 Hierzu *Markert,* BB 1989, 921, 923.

mäßigen Wirkungen einer Ausschließlichkeitsbindung aus dem Anwendungsbereich des Boykotttatbestands ausgenommen sind. Nach altem Recht folgte dies aus der »Sperrwirkung« der grundsätzlichen Zulässigkeit von vertikalen Vereinbarungen nach § 16 GWB a.F.[36] Mit der Aufhebung der Unterscheidung von vertikalen und horizontalen Absprachen hat sich an der Bewertung nichts Grundlegendes geändert. Sofern eine vertragliche Vereinbarung dem Anwendungsbereich des § 1 GWB, Art. 101 AEUV nicht unterfällt, fehlt es bei der Forderung des geschützten Vertragspartners nach Einhaltung des Vertrages an einem »Auffordern«, sofern es nicht bereits an der Bestimmtheit des Verrufenen (s. Rdn. 9) mangelt. Der mit der vertragsgemäßen Erfüllung des Vertrages notwendigerweise verbundene Ausschluss eines Dritten stellt eine reflexartige Wirkung des zulässigen Vertrages dar. Dasselbe gilt, wenn die vertragliche Vereinbarung nach § 2 GWB, Art. 102 AEUV freigestellt ist. Selbst wenn der Vertrag dem Anwendungsbereich des § 1 GWB, Art. 101 AEUV unterfällt, ohne nach § 2 GWB, Art. 102 AEUV freigestellt zu sein, erfüllt die Aufforderung zur Einhaltung des Vertrages nicht notwendigerweise den Boykotttatbestand. Die Aufforderung beinhaltet begrifflich die Freiheit des Anderen, entsprechend der Aufforderung zu handeln oder dies abzulehnen. Macht der Vertragspartner die Einhaltung eines Vertrages geltend, verfügt der Andere über keine Entschließungsfreiheit, solange die Vertragspartner von der Wirksamkeit des Vertrages ausgehen. In diesem Fall richten sich die Rechtsfolgen ausschließlich nach § 1 GWB, Art. 101 AEUV.

13 **Staatliche Stellen** verfügen im Rahmen einer wirtschaftlichen Betätigung ebenfalls nicht über den erforderlichen Entscheidungsspielraum, da sie gemäß dem Grundsatz der Gesetzmäßigkeit der Verwaltung handeln müssen und sich nicht von sachfremden Erwägungen leiten lassen dürfen.[37] Eine »Aufforderung« an eine staatliche Einrichtung erfüllt daher nicht den Tatbestand des § 21 Abs. 1 GWB. Trifft die Aufforderung einen Adressaten, der zu dem Boykott bereits fest entschlossen ist, so ist sie schon zur Willensbeeinflussung **ungeeignet**.[38] Dasselbe gilt, wenn der Verrufer seiner Forderung keinerlei Nachdruck verleihen kann, weil er von dem Boykottadressaten **wirtschaftlich abhängig** ist, etwa aufgrund einer Monopolstellung.[39] Keine Aufforderung zu einer Bezugssperre stellt es dar, wenn ein Nachfrager aus mehreren angebotenen Waren **autonom auswählt** und seinen Vertragshändler zur Beschaffung nur dieser Ware verpflichtet. Solche **mittelbaren Auswirkungen** der Bezugs-

---

36 BGH WuW/E BGH 1269, 1275 – *Fernost Schifffahrtskonferenz*; BGH WuW/E DE-R 395, 396 – *Beteiligungsverbot für Schilderpräger*.
37 OLG München WuW/E OLG 5711, 5712 – *Postwettannahmestelle*.
38 *Markert*, in: Immenga/Mestmäcker, § 21 Rn. 27; *Rixen*, in: FK-GWB, § 21 Rn. 53; *Bauer/Wrange-Molkenthin*, wistra 1988, 247 ff.
39 OLG München WuW/E OLG 5711, 5712 – *Postwettannahmestelle*.

entscheidung sind selbst dann nicht erfasst, wenn der Nachfrager über erhebliche Marktmacht verfügt.[40]

Die Aufforderung ist von bloßen **Anregungen** abzugrenzen. Diese Abgrenzung kann sich schwierig gestalten, da die Beeinflussung oft auf subtile Weise erfolgt, etwa in Form von »Wünschen«, »Bitten« oder »Empfehlungen« bis hin zu bloßen Tatsachenmitteilungen.[41] Entscheidend für die Abgrenzung ist der **objektive Empfängerhorizont**.[42] Es kommt also darauf an, ob die Erklärung auf einen objektiven Dritten in der Person des Erklärungsempfängers **suggestive Wirkung** haben kann oder haben muss.[43] Hierbei ist die Art und Weise der Mitteilung zu berücksichtigen.[44] Bei bloßen Tatsachenmitteilungen ohne eigene Stellungnahme des Erklärenden ist eine Willensbeeinflussung zumeist nicht beabsichtigt.[45] Die Anregung, das Verhalten eines anderen Unternehmens daraufhin zu prüfen, ob es rechtmäßig ist, stellt keine Aufforderung dar, sondern die Wahrnehmung berechtigter Interessen.[46] Eine Aufforderung kann aber dann vorliegen, wenn Unternehmen, die Geschäftsbeziehungen zu missliebigen anderen Unternehmen aus Protest eingestellt haben, als gute Beispiele präsentiert[47] oder dem Leser eines Branchen-Informationsblattes im Zusammenhang mit Informationen zur Preisgestaltung eines Unternehmens Kontakte zu günstigeren Konkurrenten angeboten werden.[48] In der Empfehlung eines Herstellers, von ihm selbst produzierte Zubehörteile einzusetzen unter gleichzeitigem Hinweis, dass Zubehörteile anderer namentlich genannter Hersteller ebenso verwendet werden können, kann die **versteckte** Aufforderung liegen, solche Zubehörteile nicht von anderen als den genannten Herstellern zu beziehen.[49] Auch rechtliche Hinweise, denen eine beeinflussende Tendenz innewohnt, können versteckte Aufforderungen darstellen.[50] Bestehen zwischen dem Erklärenden und dem Adressaten **gleichgerichtete Interessen**, so kann dies auf eine Aufforderung hindeuten.[51] In jedem Fall muss

---

40 BGH WuW/E 2370, 2372 f. – *importierte Fertigarzneimittel*; *Rixen*, in: FK-GWB, § 21 Rn. 42.
41 *Markert*, in: Immenga/Mestmäcker, § 21 Rn. 30; *Rixen*, in: FK-GWB, § 21 Rn. 41 ff.
42 KG WuW/E OLG 1029, 1031 – *Anzeigensperre*; *Nothdurft*, in: Langen/Bunte, § 21 Rn. 24.
43 BGH GRUR 1984, 461, 462 – *Kundenboykott*.
44 BGH WuW/E 2137, 2138 – *markt intern/Sanitär-Installation*.
45 BGH WuW/E 575, 578 – *Möbelhersteller-Genossenschaft*; KG WuW/E OLG 5299, 5305 – *Schnäppchenführer*.
46 OLG München WuW/E OLG 5711, 5712 – *Boykott Postwettannahmestelle*.
47 BGH WuW/E 2137, 2138 – *markt intern/Sanitär-Installation*.
48 BGH GRUR 1984, 214, 215 – *Copy-Charge*; BGH WuW/E DE-R 487, 490 – *Zahnersatz aus Manila*.
49 OLG Stuttgart GRUR-RR 2003, 21, 22 – *Rohrpressverbindungen*.
50 BKartA v. 20.1.2003 – B 10-206-01I, Rz. 215 – *DSD*.
51 *Nothdurft*, in: Langen/Bunte, § 21 Rn. 25 f.

dem Adressaten die gegen das zu sperrende Unternehmen gerichtete Zielrichtung der Erklärung **erkennbar** sein.[52] **Keine** Aufforderung ist daher die Werbung für das eigene Produkt.[53] Ebenso liegt eine Aufforderung nicht in der Empfehlung eines bestimmten Unternehmens und seiner Produkte, auch wenn sich hieraus gleichzeitig die Empfehlung ableitet, Produkte des nicht empfohlenen Unternehmens nicht zu beziehen.[54]

III. Subjektiver Tatbestand

15 Subjektiv erfordert § 21 Absatz 1 GWB die Absicht unbilliger Beeinträchtigung bestimmter Unternehmen.

1. Absicht

16 Nach hergebrachtem Verständnis bezeichnet »Absicht« ein **zielgerichtetes Wollen**. Nimmt der Handelnde die Beeinträchtigung bloß billigend in Kauf, handelt er also mit **bedingtem Vorsatz**, so genügt dies nicht. Dass der Handelnde neben der Beeinträchtigung noch weitere Zwecke verfolgt, ist hingegen unschädlich, solange nur dieser Zweck nicht vollständig hinter den anderen zurücktritt.[55] **Bezugsobjekt** der Absicht ist die unbillige Beeinträchtigung bestimmter Unternehmen. Bezüglich des normativen Tatbestandsmerkmals der »Unbilligkeit« genügt es, wenn der Täter die Umstände kennt, aus denen sich die Unbilligkeit ergibt.[56] Eine Parallelwertung in der Laiensphäre ist insoweit nicht erforderlich.[57] Beeinträchtigungsabsicht liegt nur dann nicht vor, wenn es dem Auffordernden **allein** um die Gestaltung seines eigenen Absatzes geht.[58]

2. Beeinträchtigung

17 »Beeinträchtigung« bedeutet jede Zufügung eines Nachteils, der sich auf die Stellung des Verrufenen im geschäftlichen Verkehr als Anbieter oder Nachfra-

---

52 BGH WuW/E DE-R 352, 354 – *Kartenlesegerät*; BGH WuW/E DE-R 487, 490 – *Zahnersatz aus Manila*.
53 BGH WuW/E DE-R 352, 354 – *Kartenlesegerät*.
54 BGH WuW/E DE-R 487, 490 – *Zahnersatz aus Manila*.
55 BGH WuW/E 3067, 3072 – *Fremdleasingboykott II*; BGH WuW/E DE-R 303, 307 – *Taxi-Krankentransporte*; *Bechtold/Bosch*, § 21 Rn. 7; *Markert*, in: Immenga/Mestmäcker, § 21 Rn. 34.
56 BKartA, Beschluss vom 12.11.2008 – B 1-100/08 »*Milchviehhalter*«.
57 BGH WuW/E 3067, 3072 – *Fremdleasingboykott II*; BGH WuW/E DE-R 395, 398 – *Beteiligungsverbot für Schilderpräger*; *Markert*, in: Immenga/Mestmäcker, § 21 Rn. 35; anders für die Ahndung des Boykotts als Ordnungswidrigkeit, vgl. OLG Düsseldorf WuW/E DE-R 1381, 1387 – *DSD*.
58 BGH WuW/E 1786, 1786 f. – *ARA*; *Nothdurft*, in: Langen/Bunte, § 21 Rn. 32.

ger von Waren oder gewerblichen Leistungen auswirkt.[59] Verstanden als Verkürzung der Betätigungsmöglichkeiten im Wettbewerb ist die »Beeinträchtigung« damit gleichbedeutend mit der »Behinderung« bei § 20 GWB.[60]

3. Unbillig

Die beabsichtigte Beeinträchtigung muss »unbillig« sein. Die Bestimmung des Inhalts dieses unbestimmten Rechtsbegriffes erfordert eine **Interessenabwägung**, wobei eine Gesamtwürdigung sämtlicher Umstände unter Berücksichtigung der auf die Freiheit des Wettbewerbs gerichteten Zielsetzung des GWB vorzunehmen ist.[61] Der Spielraum für berücksichtigungsfähige Interessen auf Seiten des Boykottieres ist dabei gering.[62] Auf das Bestehen von Ausweichmöglichkeiten des Boykottierten kommt es nicht entscheidend an.[63] Verstößt die Aufforderung gegen die geltende **Rechts- oder Wirtschaftsordnung**, ist für die Berücksichtigung von Interessen des Verrufers von vornherein kein Raum.[64] Dies gilt etwa dann, wenn die Aufforderung gegen Vorschriften des Lauterkeitsrechts verstößt, da eine unlautere Maßnahme niemals »billig« sein kann.[65] Bei Vertikalverträgen mit wettbewerbsbeschränkenden Nebenabreden ist § 1 GWB zu berücksichtigen.[66] Bei Erfüllung des objektiven Tatbestandes ist die Unbilligkeit **indiziert**.[67] Dies folgt daraus, dass der Boykott eine grundsätzlich wettbewerbsfremde Maßnahme ist. Billigkeit der Beeinträchtigung kommt nur bei Vorliegen besonderer Umstände in Betracht, die von dem Verrufer zu beweisen sind.[68]

18

Umstände, die in der Interessenabwägung zugunsten des Verrufers die Unbilligkeit der beabsichtigten Beeinträchtigung ausschließen können, sind vor allem die **Abwehr einer rechtswidrigen Maßnahme**, die **Durchsetzung beste-**

19

---

59 *Markert*, in: Immenga/Mestmäcker, § 21 Rn. 36.
60 *Rixen*, in: FK-GWB, § 21 Rn. 61; *Loewenheim*, in: Loewenheim/Meessen/Riesenkampff, § 21 Rn. 17.
61 BGH WuW/E 2562, 2563 – *markt-intern-Dienst*; *Bechtold/Bosch*, § 21 Rn. 7; *Bauer/Wrage-Molkenthin*, wistra 1988, 336 ff.
62 *Markert*, in: Immenga/Mestmäcker, § 21 Rn. 37.
63 BGH WuW/E DE-R 395, 397 – *Beteiligungsverbot für Schilderpräger*.
64 BGH WuW/E, 3067, 3071 – *Fremdleasingboykott II*; BGH WuW/E DE-R 303, 306 – *Taxi-Krankentransporte*; *Rixen*, in: FK-GWB, § 21 Rn. 62; *Nothdurft*, in: Langen/Bunte, § 21 Rn. 40.
65 H.M., vgl. nur *Markert*, in: Immenga/Mestmäcker, § 21 Rn. 37; dagegen aber *Neef/Krauser*, in: MünchKommKartR, § 21 Rn. 35.
66 LKartB Bayern WuW/E DE-V 1548, 1552 – *Außenwerbeflächen*.
67 H.M., vgl. nur *Markert*, in: Immenga/Mestmäcker, § 21 Rn. 37; *Rixen*, in: FK-GWB, § 21 Rn. 64; BSG NZS 2002, 424, 425 – *Physiotherapeuten*; a.A. *Neef/Krauser*, in: MünchKommKartR, § 21 Rn. 34.
68 OLG Stuttgart GRUR RR 2003, 21, 22 – *Rohrpressverbindungen*.

hender Vertragspflichten sowie die Wahrnehmung berechtigter Interessen.[69]

20 Abwehr einer rechtswidrigen Maßnahme setzt voraus, dass der Verrufene seinerseits rechtswidrig handelt, dem Verrufer andere Mittel der Abhilfe nicht zur Verfügung stehen und die eingesetzte Maßnahme verhältnismäßig ist.[70] Daraus folgt für die Praxis, dass es auf die oftmals schwierigen Fragen im Zusammenhang mit der Rechtswidrigkeit des abgewehrten Verhaltens nicht ankommt, wenn der Boykott schon nicht erforderlich war, z.B. wegen der Möglichkeit einstweiligen Rechtsschutzes.[71] Ist das abgewehrte Verhalten des boykottierten Unternehmens rechtmäßig, so schadet dies nicht, wenn der Verrufer von dessen Rechtswidrigkeit ausgegangen ist und ausgehen durfte.[72] Bei ungeklärter Rechtslage kommt es insoweit darauf an, ob gewichtige Gründe gegen die Rechtsauffassung des Verrufers vorlagen,[73] wobei umgekehrt Zweifel an der Rechtmäßigkeit des Marktverhaltens des verrufenen Unternehmens zugunsten des Verrufers gehen.[74] In jedem Fall ist erforderlich, dass der Verrufer seine Maßnahme mit der Rechtswidrigkeit des Verhaltens der Gegenseite begründet.

21 Dient die Maßnahme des Verrufers der Durchsetzung eines bestehenden vertraglichen Anspruchs, so ist sie regelmäßig nicht unbillig.[75] Dies setzt naturgemäß voraus, dass der Vertrag wirksam ist.[76] Dies gilt auch für vertikale Vereinbarungen mit Ausschließlichkeitsbindungen, sofern diese überhaupt »bestimmte« Unternehmen benachteiligen. Folglich ist die Aufforderung an den Vertragspartner zur Einhaltung seiner eingegangenen Ausschließlichkeitsbindung nicht unbillig, wenn die zugrunde liegende Vereinbarung vom Kartellverbot gemäß den §§ 2, 3 GWB oder Art. 101 Abs. 3 AEUV freigestellt und daher rechtmäßig ist.[77] Deshalb ist auch die Auslistung eines Lieferanten durch eine Einkaufsgemeinschaft oder eine Genossenschaft trotz des hiermit regelmäßig verbundenen Abbruchs der Geschäftsbeziehung durch die angeschlossenen Händler nicht unbillig. Die Sperrwirkung der Freistellung kann jedoch durchbrochen werden, wenn weitere qualifizierende Umstände hinzutreten,

---

69 *Markert*, in: Immenga/Mestmäcker, § 21 Rn. 39; *Rixen*, in: FK-GWB, § 21 Rn. 64.
70 *Markert*, ebd.; KG WuW/E OLG 1029, 1032 – *Anzeigensperre*.
71 LG München ZIP 1988, 60 f. mit zust. Anmerkung *Oehler*, ebd., 61 ff.
72 *Rixen*, in: FK-GWB, § 21 Rn. 73.
73 KG WuW/E OLG 5103, 5105 – *Dire Straits European Tour*.
74 OLG Düsseldorf WuW/E DE-R 1381, 1386 – *DSD*.
75 OLG Düsseldorf WuW/E DE-R 1453, 1455 f. – *PPK-Entsorgung*; OLG Stuttgart WuW/E DE-R 256, 258 – *Gerüstbau*.
76 *Nothdurft*, in: Langen/Bunte, § 21 Rn. 36.
77 BGH WuW/E 2562, 2563 – *markt-intern-Dienst*; BGH WuW/E 1786, 1787 – *ARA*; *Markert*, in: Immenga/Mestmäcker, § 21 Rn. 43; *Rixen*, in: FK-GWB, § 21 Rn. 66.

so bei einer gezielten Beeinträchtigung des Konkurrenten unter dem Deckmantel der Ausschließlichkeitsbindung.[78] Ist die Vereinbarung **rechtswidrig**, handelt der zu ihrer Einhaltung Auffordernde gleichwohl nicht stets unbillig. Dies folgt daraus, dass grundsätzlich jedermann berechtigt ist, gegenüber seinem Vertragspartner einen ihm günstigen Rechtsstandpunkt zu vertreten, die aus dieser Rechtsposition resultierenden Ansprüche zu reklamieren und die gerichtliche Durchsetzung der erhobenen Forderung anzudrohen.[79] Hier kommt es auf die besonderen Umstände des Einzelfalls an. In jedem Fall darf die Aufforderung nur von dem Vertragspartner oder seinem Interessenvertreter, nicht hingegen von **Dritten** ausgehen.[80] Die Unbilligkeit entfällt nicht, wenn nur zu Einzelnen aus einer Mehrzahl von Verrufenen überhaupt Vertragsbeziehungen bestehen.[81]

Bei dem Auffangtatbestand der **Wahrnehmung berechtigter Interessen** handelt es sich nicht um einen klar konturierten Rechtfertigungsgrund, sondern um verschiedene Interessen auf Seiten des Verrufers, denen gemein ist, dass sie sich in der Abwägung gegen die entgegenstehenden Interessen des Boykottierten durchzusetzen vermögen.[82] Erforderlich ist immer, dass die Aufforderung zur Liefersperre ein **notwendiges** und **gebotenes Mittel** zur Erreichung eines **legitimen Zwecks** ist.[83] So kann etwa die Unbilligkeit entfallen, wenn der Verrufer den Adressaten **zutreffend** darauf hinweist, dass Lieferbeziehungen mit Dritten gesetzliche Verbote entgegenstehen[84] oder bei deren Aufnahme für den Adressaten unter Umständen nachteilige Rechtsfolgen drohen.[85] Auch das Interesse an der Sicherung einer bestimmten **Produktqualität** oder gewerbliche **Schutzrechte** können die Unbilligkeit ausschließen,[86] ebenso das für Krankenversicherungen geltende sozialversicherungsrechtliche **Wirtschaftlichkeitsgebot**.[87] Universitäten haben ein berechtigtes Interesse, Werbung von kommerziellen Repetitorien in ihrem Einflussbereich zu verhindern, wenn und soweit durch diese der Eindruck erweckt werden kann, auch aus Sicht der Universität bestünde ein Bedürfnis für eine Ergänzung ihres eigenen Angebots durch solche Unternehmen.[88] **Kein** kartellrechtlich anerken-

22

---

78 *Rixen*, in: FK-GWB, § 21 Rn. 66.
79 OLG Düsseldorf WuW/E DE-R 1453, 1457 – *PPK-Entsorgung*.
80 BGH WuW/E 2562, 2563 – *markt-intern-Dienst*.
81 BGH WuW/E 1666, 1668 – *Denkzettel-Aktion*.
82 *Loewenheim*, in: Loewenheim/Meessen/Riesenkampff, § 21 Rn. 21.
83 KG WuW/E OLG 5299, 5309 – *Schnäppchenführer*; *Markert*, in: Immenga/Mestmäcker, § 21 Rn. 41.
84 *Markert*, in: Immenga/Mestmäcker, § 21 Rn. 41.
85 OLG Düsseldorf WuW/E DE-R 1381, 1383 – *DSD*.
86 BGH GRUR 1963, 142, 150 – *Original-Ersatzteile*.
87 BGH WuW/E DE-R 487, 489 – *Zahnersatz aus Manila*; BGH WuW/E DE-R 303, 306 – *TaxiKrankentransporte*.
88 OLG Karlsruhe NJW 2009, 2143, 2145 – *Werbeverbot für Repetitorien*.

nenswerter Zweck ist das Interesse eines Unternehmens an Schutz vor aufkommendem Wettbewerb, sofern dieser nicht **unfair** ist.[89] Bei Handeln von **Unternehmensverbänden** kann die Unbilligkeit entfallen, wenn das verrufene Unternehmen eine marktbeherrschende Stellung innehat und nur durch gemeinsame Interessenwahrnehmung der verbundenen Unternehmen ein Gegengewicht zu diesen gebildet werden kann.[90] An einer Durchsetzung **gesellschaftspolitischer** Forderungen, etwa nach einem bestimmten Mindestpreis für landwirtschaftliche Erzeugnisse, mit kartellrechtswidrigen Mitteln wie dem Boykott besteht kein berechtigtes Interesse.[91]

23 Der Verrufer kann sich zum Ausschluss der Unbilligkeit einer beabsichtigten Benachteiligung regelmäßig nicht auf die Grundrechte der **Meinungs- und Pressefreiheit** des Art. 5 GG berufen, da deren Schutzbereiche die Meinungsäußerung als Mittel zum Zweck der Förderung privater Wettbewerbsinteressen nicht erfassen.[92] Lediglich bei Verfolgung **außerwirtschaftlicher Zwecke**, etwa der öffentlichen Meinungsbildung über politische, wirtschaftliche, soziale oder kulturelle Belange der Allgemeinheit, verleiht Art. 5 GG dem Anliegen des Verrufers grundsätzlich Vorrang vor den privaten Interessen des Boykottierten.[93] Dies gilt jedoch nur dann, wenn der Aufruf ein **notwendiges** und **angemessenes Mittel** zur Erreichung des Zwecks ist und nicht durch zusätzliche **Machtmittel** flankiert wird.[94] Dies ist verneint worden in den Fällen, in denen Brancheninformationsdienste ihre Abonnenten (in der Regel Einzelhändler) gezielt über geschäftliche, den Interessen des Einzelhandels vermeintlich zuwiderlaufende Entscheidungen bestimmter Hersteller informiert und dies mit der Aufforderung verbunden haben, dieses Verhalten bei ihren eigenen Entscheidungen zu berücksichtigen. Dies gilt selbst dann, wenn die Aufforderung nicht ausdrücklich ausgesprochen wird, sich aber aus dem Kontext und der Form der Berichterstattung aus Sicht der Abonnenten aufdrängt.

IV. Rechtsfolgen

1. Zivilrecht

24 § 21 Abs. 1 GWB enthält ein unmittelbar wirkendes Verbot. Ergeht die Aufforderung ausnahmsweise in Form einer Willenserklärung, ohne dass hiermit

---

89 BGH WuW/E DE-R 395, 398 – *Beteiligungsverbot für Schilderpräger*; OLG Düsseldorf WuW/E DE-R 1381, 1385 – *DSD*.
90 BSG NZS 2002, 424, 425 – *Physiotherapeuten*.
91 BKartA v. 12.11.2008 – B2-100/08, Rz. 55 – *BDM*.
92 BGH GRUR 1984, 461, 463 – *Kundenboykott*; BGH GRUR 1984, 214, 215 – *Copy-Charge*.
93 BVerfG NJW RR 2008, 200, 201; BVerfGE 62, 230, 244 f.; *Markert*, in: Immenga/Mestmäcker § 21 Rn. 42; *Bechtold/Bosch*, § 21 Rn. 10.
94 BVerfG NJW RR 2008, 200, 201; *Löhr*, WRP 1975, 581 ff.

gleichzeitig gegen § 1 GWB, Art. 101 AEUV verstoßen wird, ist diese nach § 134 BGB grundsätzlich nichtig. Darüber hinaus kann der Verrufene sämtliche Ansprüche des § 33 GWB geltend machen, also Beseitigung, Unterlassung und – bei Verschulden des Verrufers – Schadensersatz. Für Ansprüche gegen gesetzliche Krankenversicherer, die auf der entsprechenden Anwendung des § 21 GWB nach § 69 Abs. 2 S. 1 SGB V beruhen, ist die abdrängende Rechtswegzuweisung zu den Sozialgerichten nach § 51 Abs. 2 SGG zu beachten.[95] Der Adressat der Aufforderung verstößt als **notwendiger Teilnehmer** regelmäßig nicht gegen § 21 GWB Abs. 1 GWB und kann daher nicht im Wege der Naturalrestitution auf Lieferung oder Abnahme in Anspruch genommen werden.[96] Etwas anderes kann gelten, wenn der Adressat selbst an dem Boykott mitgewirkt hat, zum Beispiel durch Teilnahme an einem für die Sperre ursächlichen Kartell.[97] Der schädigende Verrufer hat Vorsatz und Fahrlässigkeit zu vertreten. Bei Rechtsirrtümern ist Fahrlässigkeit nur dann zu verneinen, wenn der Verrufer bei Anwendung der im Verkehr erforderlichen Sorgfalt mit einer von seiner eigenen Auffassung abweichenden Beurteilung durch die Gerichte nicht zu rechnen brauchte.[98]

2. Verwaltungsrecht

Die Kartellbehörde kann bei einem Verstoß gegen § 21 Abs. 1 GWB den Verrufer nach § 32 Abs. 1 GWB zur Abstellung des Verhaltens verpflichten, ihm nach § 32 Abs. 2 GWB entsprechende Maßnahmen aufgeben, nach § 32a GWB zeitlich befristete Anordnungen treffen, nach § 32b GWB Verpflichtungszusagen entgegennehmen sowie nach § 32 Abs. 3 GWB eine Feststellungsentscheidung treffen. Des Weiteren kann sie gemäß den §§ 34 und 34a GWB den aus der Maßnahme erlangten wirtschaftlichen Vorteil abschöpfen. Schließlich stellt der schuldhafte Verstoß gegen das Boykottverbot eine Ordnungswidrigkeit dar, die nach § 81 Abs. 3 Nr. 1 GWB geahndet werden kann.

25

Dieselben Befugnisse stehen der Kartellbehörde auch gegenüber **gesetzlichen Krankenkassen** zu, obgleich auf diese § 21 GWB nur »entsprechend« anwendbar ist, § 69 Abs. 2 S. 1 SGB V. Dies folgt daraus, dass § 32 allein an die »Zuwiderhandlung gegen eine Vorschrift dieses Gesetzes« anknüpft, gleichviel, ob die Norm direkt oder entsprechend zur Anwendung gelangt. Die Anordnung der »entsprechenden Anwendbarkeit« dient lediglich dazu, den Anwendungsbereich der §§ 19 bis 21 GWB über »Unternehmen« hinaus auch auf ge-

26

---

95 *Roth*, GRUR 2007, 645, 655.
96 BGHZ 86, 324, 326 – *Familienzeitschrift*; *Markert*, in: Immenga/Mestmäcker, § 21 Rn. 47.
97 BGHZ 86, 324, 326 ff. – *Familienzeitschrift*.
98 *Nothdurft*, in: Langen/Bunte, § 21 Rn. 49.

setzliche Krankenkassen auszudehnen; eine Einschränkung der Rechtsfolgen ist hiermit nicht bezweckt.[99]

V. Konkurrenzen

27 § 21 Abs. 1 GWB kann neben mehreren **Vorschriften des GWB** zur Anwendung kommen. Beruht der Boykott auf einer wettbewerbswidrigen Absprache, kommt § 1 GWB in Betracht. Die Auslistung eines Lieferanten durch eine Einkaufsgemeinschaft stellt keine wettbewerbswidrige Absprache der angeschlossenen Händler dar, sofern sie als selbstständige Händler frei bleiben, mit den ausgelisteten Lieferanten direkte Verträge abzuschließen. Die Befolgung einer Aufforderung stellt nicht automatisch ein abgestimmtes Verhalten dar. Des Weiteren kann der Boykott ein Druckmittel nach § 21 Abs. 2 GWB oder Zwangsmittel nach § 21 Abs. 3 GWB sein. Bei marktbeherrschenden und marktstarken Unternehmen sind §§ 19, 20 GWB neben § 21 Abs. 1 GWB zu beachten.[100]

28 Auch neben Vorschriften **außerhalb des GWB** kann § 21 Abs. 1 GWB anwendbar sein. So kann der Boykott eine **unlautere** »gezielte Behinderung« im Sinne von § 4 Nr. 4 UWG darstellen.[101] Mit entsprechenden lauterkeitsrechtlichen Ansprüchen besteht Anspruchskonkurrenz. Zu beachten ist, dass die Anwendungsbereiche der Vorschriften nicht vollständig deckungsgleich sind: § 4 Nr. 4 UWG setzt die Behinderung eines »Mitbewerbers« und damit ein für § 21 Abs. 1 GWB nicht erforderliches Wettbewerbsverhältnis zwischen Verrufer und Verrufenem voraus. Umgekehrt ist für § 4 Nr. 4 UWG – anders als für § 21 Abs. 1 GWB – nicht erforderlich, dass Verrufer und Adressat des Boykottaufrufs Unternehmen sind.[102] **Bürgerlich-rechtlich** kann der Boykott den Tatbestand der vorsätzlichen sittenwidrigen Schädigung nach § 826 BGB erfüllen. Auch dieser steht zu § 21 Abs. 1 GWB in Anspruchskonkurrenz, setzt jedoch in jedem Fall das Vorliegen eines Schadens voraus. Schließlich kommt ein Eingriff in den eingerichteten und ausgeübten Gewerbebetrieb als »sonstiges Recht« nach § 823 Abs. 1 BGB in Betracht. Dieser Anspruch ist jedoch gegenüber anderen Schadensersatzansprüchen subsidiär.

---

99 *Gassner*, NZS 2007, 281, 285; anders *Roth*, GRUR 2007, 645, 654.
100 BGH WuW/E DE-R 395, 396 – *Beteiligungsverbot für Schilderpräger*.
101 Vgl. hierzu *Köhler*, in: Köhler/Bornkamm, § 4 Rn. 4, 127 ff.
102 *Markert*, in: Immenga/Mestmäcker, § 21 Rn. 49; *Köhler*, in: Köhler/Bornkamm, § 4 Rn. 4, 127 ff.

C. § 21 Abs. 2, Veranlassung verbotenen Verhaltens

I. Allgemeines

§ 21 Abs. 2 GWB ist mit der 8. GWB-Novelle neu gefasst worden. Über die vormalige Regelung hinaus ist nunmehr auch die Veranlassung zu einem nach europäischem Kartellrecht verbotenen Verhalten untersagt. Unternehmen oder deren Vereinigungen dürften auf andere Unternehmen nicht in der Absicht Druck ausüben, sie zu einem Verhalten zu veranlassen, zu dem diese sich aufgrund eines kartellrechtlichen Verbotes nicht wirksam vertraglich verpflichten könnten. Die Vorschrift statuiert damit ein **Umgehungsverbot**.[103] Neben dem **Schutz der Kartellrechtsordnung** dient die Vorschrift dem **Schutz der unternehmerischen Entscheidungsfreiheit**, nicht zuletzt im Interesse der Aufrechterhaltung des Wettbewerbs.[104] Wie bei Abs. 1 ist der Eintritt des erstrebten Erfolges zur Tatbestandsverwirklichung nicht erforderlich, sodass die Tat mit dem Einsatz des Druckmittels vollendet ist.[105] Die praktische Bedeutung von § 21 Abs. 2 GWB ist hoch, wie sich an der großen Anzahl kartellbehördlicher Verfahren zeigen lässt, die auf seiner Grundlage eingeleitet werden.[106] Im Mittelpunkt stand hierbei das Verbot der Preisbindung der II. Hand. Hersteller sollten ihre Händler weder vertraglich binden dürfen noch – durch Vor- oder Nachteile – zu einem bestimmten Preisverhalten veranlassen. Das Verbot richtete sich aber sowohl bei dem Preisbindungsverbot (§ 16 GWB a.F.) wie auch bei dem Umgehungsverbot (§ 25 Abs. 2 GWB a.F.) an den Bindenden bzw. den Vorteil Gewährenden oder Nachteil Zufügenden. Der Adressat der Bindung bzw. des Vorteils/Nachteils war nicht an dem Verstoß beteiligt, so dass ihn insbesondere die Bußgeldfolge nicht traf. Mit der Aufhebung der kartellrechtlichen Unterscheidung in horizontale und vertikale Absprachen ist im Bereich vertikaler Absprachen die Abgrenzung zwischen einem Verstoß gegen § 1 GWB und § 21 Abs. 2 GWB deutlich unklarer geworden. Denn wenn der Empfänger eines Vorteils bzw. Nachteils sich bereit erklärt, das von dem Veranlasser Gewollte (z.B. Einhaltung eines bestimmten von ihm vorgegebenen Preises) umzusetzen, stellt sich dieses Verhalten auf den ersten Blick wie ein abgestimmtes Verhalten im Vertikalverhältnis dar. § 21 Abs. 2 GWB ist aber die auch für § 1 GWB gültige Wertung zu entnehmen, dass das »Opfer« eines Verstoßes gegen Abs. 2 nicht gleichzeitig Täter im Sinne von § 1 GWB sein kann. Wer mit den Mitteln des § 21 Abs. 2 GWB zu einem bestimmten Verhalten veranlasst werden soll, dem fehlt es an dem Abstimmungswillen. Ver-

29

---

103 *Bechtold/Bosch*, § 21 Rn. 12; *Roth*, in: FK-GWB, § 21 Rn. 214.
104 BGH WuW/E 2377, 2377 – *Abwasserbauvorhaben Oberes Aartal*; *Bechtold/Bosch*, § 21 Rn. 12; *Roth*, in: FK-GWB, § 21 Rn. 151.
105 *Markert*, in: Immenga/Mestmäcker, § 21 Rn. 52.
106 *Markert*, in: Immenga/Mestmäcker, § 21 Rn. 53, gibt diese mit 1.100 für den Zeitraum bis 2010 an; *Loewenheim*, in: Loewenheim/Meessen/Riesenkampff, § 21 Rn. 28.

anlassen zu einem bestimmten kartellrechtswidrigen Verhalten durch Druckausübung schließt eine auf freiwilligem Handeln beruhende Abstimmung aus. Diese Abgrenzung wird in dem Beschluss des BKartA v. 25.9.2009[107] nicht hinreichend berücksichtigt und die dort festgestellten, einseitigen Preispflegemaßnahmen werden nur unter dem Aspekt eines Verstoßes gegen § 1 GWB bewertet.

II. Objektiver Tatbestand

1. Beteiligte

30   Der verbotene Druck muss von einem Unternehmen oder einer Vereinigung von Unternehmen gegen andere Unternehmen ausgeübt werden. Ein Dreiecksverhältnis wie bei Abs. 1 ist nicht erforderlich. Die Begriffe »Unternehmen« und »Vereinigung von Unternehmen« sind wie bei Abs. 1 zu verstehen.[108] Es stellt sich die Frage, ob Unternehmen, die sich bereits vertraglich (in freilich unwirksamer Weise) zu dem kartellrechtswidrigen Verhalten **verpflichtet haben,** »andere« Unternehmen im Sinne der Vorschrift sind. Eine Herausnahme dieser Unternehmen aus dem Anwendungsbereich der Norm ist weder nach ihrem Wortlaut noch nach ihrem Zweck geboten. Auch vertraglich gebundene Unternehmen verlieren nicht ihre Selbständigkeit als organisatorische Einheiten, die sie im Verhältnis zu dem Vertragspartner als »andere« Unternehmen erscheinen lässt. Zudem kann auch einem Unternehmen, das sich seiner Entscheidungsfreiheit durch Abschluss einer Kartellvereinbarung in gesetzwidriger Weise begeben hat, nicht dauerhaft der Schutz des Kartellrechts entzogen werden, würde dies doch zu einer faktischen **Perpetuierung** des gesetzwidrigen Zustandes führen. Daher unterfallen sowohl am Kartell beteiligte Unternehmen als auch Außenseiter als »andere Unternehmen« dem Schutz des § 21 Abs. 2 GWB.[109]

2. Zufügen oder Androhen von Nachteilen

31   Absatz 2 verlangt die Androhung oder das Zufügen von Nachteilen durch Unternehmen oder ihre Vereinigungen. Unter einem **Nachteil** versteht man ein vom Adressaten als solches empfundenes Übel, das bei objektiver Betrachtung geeignet ist, seinen Willen zu beeinflussen und ihn zu einem wettbewerbsbeschränkenden Verhalten zu bestimmen.[110] Der Nachteil ist ange-

---

107 B 3-123/08 – *Kontaktpflegemittel.*
108 Vgl. hierzu oben Rdn. 5.
109 So i.E. auch *Roth*, in: FK-GWB, § 21 Rn. 159 ff.
110 KG WuW/E OLG 5053, 5059 – *Einflussnahme auf die Preisgestaltung*; *Bechtold/Bosch*, § 21 Rn. 14; *Markert*, in: Immenga/Mestmäcker, § 21 Rn. 58; *Roth*, in: FK-GWB, § 21 Rn. 163.

droht, wenn das Übel ernstlich in Aussicht gestellt wurde, und **zugefügt**, wenn die negative Einwirkung auf die Güterlage verwirklicht ist.[111] Die Zufügung eines Nachteils gegenüber einem Unternehmen kann gegenüber Anderen unter Umständen eine Drohung enthalten.[112] In der Praxis kommt es auf eine trennscharfe Abgrenzung der Begehungsweisen nicht an, da beide vom Tatbestand erfasst sind.[113] Es ist nicht erforderlich, dass der Nachteil für den Adressaten von besonderem Gewicht ist, solange er nur zur Willensbeeinflussung geeignet ist.[114] Auch muss der Nachteil als solcher **nicht rechtswidrig** sein. Die Rechtswidrigkeit des Verhaltens ergibt sich vielmehr aus dem wettbewerbswidrigen Zweck der Maßnahme.[115] Der Nachteil muss nicht **materieller Natur** sein, sodass auch der Ausschluss aus einem Berufsverband erfasst ist.[116]

Hauptfall der Zufügung oder Androhung von Nachteilen ist der Abbruch oder die Nichtaufnahme von Geschäftsbeziehungen.[117] In der Praxis stehen hier **Liefersperren** im Vordergrund, aber auch Bezugssperren sind denkbar.[118] Die Liefersperre ist zur Willensbeeinflussung nicht geeignet, wenn der Gesperrte die gleiche Ware problemlos und zu ähnlich günstigen Konditionen bei einem anderen Lieferanten erwerben kann.[119]

Den Geschäftspartnern darf nicht die Befugnis genommen werden, eine unterschiedliche Auffassung über bestehende Rechte und Pflichten durch eine gerichtliche Entscheidung klären zu lassen und dementsprechend gerichtliche Schritte »anzudrohen«.[120] Vor diesem Hintergrund ist umstritten, ob auch das **Anhängigmachen eines gerichtlichen Verfahrens** ein Nachteil im Sinne der Vorschrift sein kann. Auszugehen ist im Grundsatz davon, dass in einem Rechtsstaat die Inanspruchnahme gerichtlichen Rechtsschutzes *per* se nicht als verbotene Nachteilszufügung zu qualifizieren ist. Die hiermit verbundene Gefahr, dass Unternehmen aus Furcht vor späteren kartellrechtlichen Sanktionen von einer gerichtlichen Geltendmachung ihrer Forderungen Abstand nähmen, wäre mit der Rechtsweggarantie des Art. 19 Abs. 4 GG unvereinbar.[121]

32

---

111 *Roth*, in: FK-GWB, Rn. 178 f.
112 *Nothdurft*, in: Langen/Bunte, § 21 Rn. 57.
113 *Markert*, in: Immenga/Mestmäcker, § 21 Rn. 61.
114 *Markert*, in: Immenga/Mestmäcker, § 21 Rn. 56.
115 OLG Düsseldorf WuW/E DE-R 1453, 1458 – *PPK-Entsorgungen*; *Bechtold/Bosch*, § 21 Rn. 12; *Roth*, in: FK-GWB, § 21 Rn. 169.
116 BKartA TB 2005/06, S. 169.
117 *Bechtold/Bosch*, § 21 Rn. 14; *Nothdurft*, in: Langen/Bunte, § 21 Rn. 56 f.
118 Zur Abgrenzung zulässiger »Vergeltungssperren« von verbotenen »Willensbeugungssperren« vgl. unten Rdn. 37 f.
119 KG WuW/E OLG 5053, 5059 – *Einflussnahme auf die Preisgestaltung*; *Loewenheim*, in: Loewenheim/Meessen/Riesenkampff, § 21 Rn. 32.
120 BGH WuW/E BGH 1474, 1479 – *Architektenkammer*.
121 So *Neef/Krauser*, in: MünchKommKartR, § 21 Rn. 44.

Eine verbotene Veranlassung kommt dagegen ausnahmslos in Betracht, wenn mit der Forderungsdurchsetzung auch eine Einflussnahme auf Dritte bezweckt ist.[122] Besteht die Forderung **nicht**, ist sie ebenfalls zu einer Willensbeeinflussung grundsätzlich **geeignet**. Durfte der Kläger von dem Bestand der geltend gemachten Forderung ausgehen, handelt er subjektiv regelmäßig nicht mit der erforderlichen Absicht der Herbeiführung eines wettbewerbsbeschränkenden Erfolges. Daher kann das Anhängigmachen eines gerichtlichen Verfahrens ein Nachteil im Sinne von § 21 Abs. 2 GWB nur sein, wenn der geltend gemachte Anspruch erkennbar nicht besteht.[123]

3. Versprechen oder Gewähren von Vorteilen

33 **Vorteil** ist jede beim Adressaten eintretende Verbesserung seiner Lage, die bei objektiver Betrachtung geeignet ist, seinen Willen zu beeinflussen und ihn zu einem wettbewerbsbeschränkenden Verhalten zu bestimmen.[124] Der Vorteil ist **versprochen**, wenn die Verbesserung ernstlich in Aussicht gestellt wurde, und **gewährt**, wenn die Verbesserung eingetreten ist. Das Versprechen oder Gewähren von Vorteilen ist danach **spiegelbildlich** zum Androhen oder Zufügen von Nachteilen zu verstehen.[125] Als Vorteile kommen beispielhaft in Betracht die Gewährung von Rabatten oder anderen Sondervergünstigungen für weiter verkaufende Abnehmer oder die Aufhebung von Liefer- oder Bezugssperren. Der Vorteil muss über dasjenige hinausgehen, was der Adressat als Anteil am Erlös aus dem verbotswidrigen Verhalten erwarten kann, da andernfalls schon die Anstiftung zur Teilnahme an einer wettbewerbsbeschränkenden Vereinbarung ohne Einsatz von Druck- oder Lockmitteln vom Tatbestand erfasst wäre.[126]

III. Subjektiver Tatbestand

34 Das Druck- oder Lockmittel muss zu dem Zweck eingesetzt werden, das andere Unternehmen zu einem Verhalten zu veranlassen, das aufgrund eines bestehenden kartellrechtlichen Verbotes nicht zum Gegenstand einer Vereinba-

---

122 BGH WuW/E BGH 1474, 1479 – *Architektenkammer*; BGH WuW/E BGH 2688, 2692 f. – *Warenproben in Apotheken*; OLG Düsseldorf WuW/E DE-R 1453, 1457 – *PPK-Entsorgung*.
123 Wie hier *Markert*, in: Immenga/Mestmäcker, § 21 Rn. 61; *Schultz*, in: Langen/Bunte, § 21 Rn. 66.
124 *Markert*, in: Immenga/Mestmäcker, § 21 Rn. 64.
125 *Roth*, in: FK-GWB, § 21 Rn. 186; *Loewenheim*, in: Loewenheim/Meessen/Riesenkampff, § 21 Rn. 36.
126 BGH WuW/E 2377, 2378 – *Abwasserbauvorhaben Oberes Aartal*; *Roth*, in: FK-GWB, § 21 Rn. 190; *Tessin*, BB 1985, 2283 ff.; i.E. auch *Markert*, in: Immenga/Mestmäcker, § 21 Rn. 65.

rung zwischen den Unternehmen gemacht werden durfte. Hierin kommt die Rechtsnatur von § 21 Abs. 2 GWB als **Umgehungsverbot** zum Ausdruck.

Aus der finalen Formulierung (»um ... zu«) ergibt sich, dass die Veranlassung zu dem wettbewerbsbeschränkenden Verhalten **beabsichtigt** sein muss, dolus eventualis genügt insoweit nicht.[127] Ließe man bereits das bloße Bewusstsein einer möglichen Beeinflussung genügen, würde dies zu einer Ausweitung des Tatbestandes und damit zu einem ausufernden Kontrahierungszwang führen, der mit der Vertragsfreiheit der Unternehmen nicht vereinbar wäre.[128] Danach ist es etwa zulässig, wenn ein Lieferant zur Erhöhung seiner Abgabepreise die gewährten Mengenrabatte herabsetzt, auch wenn er damit rechnet, dass die bisher durch die Rabatte begünstigten Abnehmer ihre Preise unter Umständen anheben werden.[129] Bezüglich des erstrebten Verhaltens ist Faktenkenntnis hinreichend, ein Bewusstsein des Verbotsverstoßes nicht erforderlich.[130]

35

Das beabsichtigte Verhalten muss, als Gegenstand einer vertraglichen Vereinbarung gedacht, gegen eine Vorschrift des GWB oder eine kartellbehördliche Verfügung verstoßen. Als Verbotsnormen kommen hier die §§ 1, 19 und 20, aber auch Art. 101, 102 AEUV, als Verfügung eine solche nach § 32 Abs. 1 GWB oder nach Art. 101, 102 AEUV in Betracht.[131] Die Vorschriften müssen nicht nur anwendbar sein, sondern auch in concreto zu einem Verbot führen, sodass hier auch die Freistellungstatbestände zu berücksichtigen sind.[132] Zudem muss bei § 1 GWB und Art. 101 AEUV das Erfordernis der Spürbarkeit der Wettbewerbsbeschränkung bzw. der Zwischenstaatlichkeit erfüllt sein.[133]

36

Die Absicht muss darauf gerichtet sein, das wettbewerbsbeschränkende Verhalten **zu veranlassen**. Daran fehlt es, wenn das Druckmittel **allein** zu dem Zweck eingesetzt wird, den Adressaten für ein vergangenes Tun zu sanktionieren. So ist nach h.M. bei den Liefersperren zwischen **endgültigen Vergeltungssperren** und **vorübergehenden Willensbeugungssperren** zu unterscheiden.[134] Erstere dienen dazu, ein von dem Lieferanten missbilligtes Geschehen in der Vergangenheit, etwa die Preisgestaltung des Händlers oder

37

---

127 *Roth*, in: FK-GWB, § 21 Rn. 195 f.; *Loewenheim*, in: Loewenheim/Meessen/Riesenkampff, § 21 Rn. 39.
128 So auch *Benisch*, WRP 1966, 235, 236; *Sandrock*, JurA 1970, 48, 62 f.; anders aber *Gutzler*, BB 1966, 390 ff.
129 Beispiel nach *Niederleithinger*, NJW 1964, 1936, 1939.
130 *Neef/Krauser*, in: MünchKommKartR, § 21 Rn. 51.
131 *Bechtold/Bosch*, § 21 Rn. 13.
132 *Loewenheim*, in: Loewenheim/Meessen/Riesenkampff, § 21 Rn. 42.
133 *Markert*, in: Immenga/Mestmäcker, § 21 Rn. 74.
134 BGH WuW/E 704, 710 – *Saba*; *Markert*, in: Immenga/Mestmäcker, § 21 Rn. 70; *Roth*, in: FK-GWB, § 21 Rn. 199.

bestimmte Verkaufsmodalitäten, zu sanktionieren. Die Liefersperre zielt hier nicht auf eine Verhaltensänderung in der Zukunft, sodass es an der erforderlichen Willensbeeinflussung fehlt. Endgültige **Vergeltungssperren** sind daher vom Tatbestand des § 21 Abs. 2 GWB **nicht erfasst**. Mittels einer **Willensbeugungssperre** soll der Geschäftspartner hingegen zu einer bestimmten Willensbetätigung in der Zukunft, bei § 21 Abs. 2 GWB also zu einem wettbewerbsbeschränkenden Verhalten, veranlasst werden. Dieser Typus der Liefersperre ist seiner Natur nach vorübergehend: Dem Gesperrten wird für den Fall seiner Kooperation die Aufhebung der Sperre in Aussicht gestellt. Vorübergehende **Willensbeugungssperren** werden daher zur Veranlassung eines bestimmten Verhaltens verhängt und sind, sofern auf ein wettbewerbsbeschränkendes Verhalten gerichtet, durch § 21 Abs. 2 GWB **verboten**. Die Unterscheidung stellt auf die Willensrichtung des handelnden Unternehmens **zum Zeitpunkt der Verhängung** der Sperre ab. Daher wird eine ursprünglich als endgültige Vergeltungssperre gedachte Maßnahme nicht nachträglich zu einer Willensbeugungssperre, wenn sich das Unternehmen später zur Wiederaufnahme der Geschäftsbeziehungen entschließt (**Motivwechsel**), wobei auch der umgekehrte Fall denkbar ist.[135] Soll die Sperre den Adressaten sowohl für vergangenes Tun sanktionieren als auch für die Zukunft zu einer Verhaltensänderung anhalten (**Motivbündelung**), ist sie als verbotene Willensbeugungssperre anzusehen.[136]

38 Die Unterscheidung zwischen den beiden Typen von Liefersperren ist zum Teil auf **Kritik** gestoßen.[137] Das Abstellen auf den Zweck der Maßnahme und die damit verbundene Schwerpunktsetzung im subjektiven Tatbestand würden unüberwindbare **Beweisprobleme** schaffen und damit den Missbrauch befördern. Zudem sei in einer Vergeltungssperre gegenüber einem Unternehmen stets auch eine Drohung gegenüber anderen Unternehmen enthalten.[138] Sofern die Vergeltungssperre gegenüber anderen Marktteilnehmern zum Zwecke der Abschreckung kommuniziert wird, liegt hierin ein selbstständiger Verstoß gegen § 21 Abs. 2 GWB. Erlangen Dritte von der Vergeltungssperre nur Kenntnis, fehlt es an einem Androhen oder Zufügen von Nachteilen, selbst wenn im Markt der Eindruck entsteht, das betreffende Unternehmen werde sich in vergleichbaren Fällen ebenso (also mit einer Liefersperre) verhalten. § 21 Abs. 2 GWB erfordert ein konkretes Verhalten mit einer bestimmten Absicht betreffend das zukünftige Verhalten dieses Unternehmens gegenüber einem bestimmten Unternehmen. Die bloße Beendigung eines Vertrages ist Teil der unternehmerischen Handlungsfreiheit und kann nicht als solche ei-

---

135 *Roth*, in: FK-GWB, § 21 Rn. 211 ff.; anders aber *Benisch*, WRP 1966, 235, 238.
136 *Benisch*, WRP 1966, 235, 237.
137 Eingehend dazu *Roth*, in: FK-GWB, § 21 Rn. 200 m.w.N.; *Belke*, ZHR 1973, 291, 298.
138 *Emmerich*, § 28 Rn. 16.

nen Kartellverstoß begründen.¹³⁹ Eine Aufgabe der Unterscheidung würde dazu führen, dass **sämtliche** Liefersperren dem Verbot des Abs. 2 unterfielen.¹⁴⁰ Eine wettbewerbspolitische Notwendigkeit, die ein Verbot auch von Vergeltungssperren erforderlich machte, besteht also nicht. Ein solches Auslegungsergebnis wäre daher nicht verhältnismäßig und mit der grundrechtlich geschützten **negativen Vertragsfreiheit** der Unternehmen nicht zu vereinbaren.¹⁴¹ Die mit der Verlagerung der Prüfung in den subjektiven Tatbestand verbundenen Beweisschwierigkeiten sind hinzunehmen. Dabei kommt in den Varianten des Androhens von Nachteilen oder des Versprechens von Vorteilen nur eine Willensbeugungssperre in Betracht, da hier die Reaktion von einem künftigen Verhalten des Adressaten abhängig gemacht wird.¹⁴² Im Übrigen kommt es auf eine Gesamtwürdigung aller Umstände an.¹⁴³

IV. Rechtsfolgen

39 Die Rechtsfolgen eines Verstoßes gegen § 21 Abs. 2 GWB entsprechen im Wesentlichen denen des Abs. 1.¹⁴⁴ Insofern kann auf die dort gemachten Ausführungen Bezug genommen werden.¹⁴⁵ Eine Besonderheit besteht darin, dass aufgrund des Zweipersonen-Verhältnisses bei einer Liefersperre anders als bei Abs. 1 als Beseitigung der Störung im Wege der Naturalrestitution unter Umständen **Belieferung** verlangt werden kann.¹⁴⁶ Da es für ein auf § 33 GWB gestütztes Schadensersatzverlangen im Gegensatz zur früheren Rechtslage keiner Schutzgesetzverletzung mehr bedarf, kommt es auf die früher umstrittene Einordnung des § 21 Abs. 2 GWB als Schutzgesetz nicht mehr an.¹⁴⁷ Ein solcher **Kontrahierungszwang** setzt aber voraus, dass die Willensbeugungssperre nicht zwischenzeitlich auf eine Vergeltungssperre umgestellt worden ist.¹⁴⁸ Unabhängig von einem Kontrahierungszwang kann ein Anspruch auf Belieferung auch aus einem zwischen den Parteien fortbestehenden Dauerschuldverhältnis folgen, da eine gegen § 21 Abs. 2 GWB verstoßende Kündigung nach § 134 BGB nichtig ist.¹⁴⁹

---

139 BGH WuW/Z DE-R 220, 221 – *Bahnhofsbuchhandel II* (U-Bahn-Buchhandlungen).
140 *Neef/Krauser*, in: MünchKommKartR, § 21 Rn. 53.
141 Zu diesem Gesichtspunkt auch BGH WuW/E 704, 711 – *Saba*.
142 *Markert*, in: Immenga/Mestmäcker, § 21 Rn. 72.
143 Vgl. zur Beweisproblematik ausführlich *Belke*, ZHR 1973, 291, 314 ff.
144 *Bechtold/Bosch*, § 21 Rn. 16; *Markert*, in: Immenga/Mestmäcker, § 21 Rn. 75.
145 Vgl. oben Rn. 24 ff.
146 BGH WuW/E 690, 694 – *Brotkrieg II*; *Bechtold*, § 21 Rn. 16; a.A. *Klaue*, ZHR 129, 159 ff.
147 Ablehnend *Schmiedel*, WRP 1966, 41 ff., bejahend *Markert*, WRP 1966, 330 ff.
148 BGH WuW/E 690, 694 f. – *Brotkrieg II*; *Markert*, in: Immenga/Mestmäcker, § 21 Rn. 79.
149 *Markert*, in: Immenga/Mestmäcker, § 21 Rn. 80.

V. Konkurrenzen

40 § 21 Abs. 2 GWB ist neben §§ 19, 20 GWB anwendbar, soweit marktbeherrschende Unternehmen das Droh- oder Lockmittel einsetzen. Besteht die wettbewerbsbeschränkende Maßnahme, zu welcher der Adressat veranlasst wird, in der Vornahme eines Rechtsgeschäfts mit dem das Mittel anwendenden Unternehmen, so ist dieses wegen Verstoßes gegen § 21 Abs. 2 nichtig.[150]

D. § 21 Abs. 3, Kartell- und Fusionszwang

I. Allgemeines

41 Nach § 21 Abs. 3 GWB dürfen Unternehmen oder deren Vereinigungen andere Unternehmen nicht zum Beitritt zu einem freigestellten Kartell, zur Fusion mit anderen Unternehmen oder zu bewusstem Parallelverhalten am Markt zwingen. Der abschließende Katalog der Nrn. 1–3 enthält ausschließlich Verhaltensweisen, die kartellrechtlich erlaubt bzw. nicht verboten sind (bewusstes Parallelverhalten). Die Rechtswidrigkeit der Maßnahme liegt also nicht in der Herbeiführung eines rechtswidrigen Zwecks, sondern in der **verbotenen Zwangsanwendung** begründet.[151] Damit unterscheidet sich Abs. 3 von Abs. 2 dadurch, dass hier das Mittel, nicht jedoch der Zweck, dort hingegen der Zweck, nicht jedoch das Mittel notwendig rechtswidrig ist.[152] Abs. 3 dient dem Schutz der unternehmerischen Entscheidungsfreiheit vor äußerem Organisationszwang.[153] Der erfolgsorientierte Wortlaut legt nahe, dass – im Gegensatz zu Abs. 1 (»Absicht«) und Abs. 2 (»um zu veranlassen«) – Abs. 3 ein echtes Erfolgsdelikt darstellt, also der Eintritt des Erfolgs als Folge der Zwangsanwendung Voraussetzung für die Verwirklichung des Tatbestands ist. Wie Abs. 1 und 2 normiert auch Abs. 3 kein Erfolgsdelikt, sodass die Tat mit Zwangsanwendung vollendet ist. Die praktische Bedeutung der Vorschrift ist eher gering.[154]

II. Objektiver Tatbestand

1. Beteiligte

42 Der Zwang muss von einem »Unternehmen« oder einer »Unternehmensvereinigung« gegen ein »anderes« Unternehmen gerichtet sein. Die Begriffe sind

---

150 *Markert*, in: Immenga/Mestmäcker, § 21 Rn. 81.
151 *Markert*, in: Immenga/Mestmäcker, § 21 Rn. 82.
152 *Bechtold/Bosch*, § 21 Rn. 17.
153 A.A. *Markert*, in: Immenga/Mestmäcker, § 21 Rn. 82; *Roth*, in: FK-GWB, § 21 Rn. 233; *Loewenheim*, in: Loewenheim/Meessen/Riesenkampff, § 21 Rn. 45.
154 *Markert*, in: Immenga/Mestmäcker, § 21 Rn. 84.

wie bei Abs. 1 und 2 zu verstehen, so dass hier auf oben gemachte Ausführungen verwiesen werden kann.[155]

2. Zwang

Unter **Zwang** versteht man eine Willensbeeinflussung, die eine Willensbetätigung des Betroffenen zwar nicht schlechthin ausschließt, aber so stark ist, dass ihm nach den Grundsätzen wirtschaftlicher Vernunft mit Rücksicht auf die Schwere der angedrohten oder zugefügten Nachteile praktisch keine Alternative zu dem geforderten Verhalten bleibt.[156] Es kommt darauf an, dass dem Handelnden allenfalls formell Alternativen zu dem erzwungenen Verhalten bleiben, denen zu folgen ihm – etwa wegen drohenden Existenzverlusts – nicht zugemutet werden kann. Die **Intensität** der Zwangswirkung muss dabei deutlich höher sein als bei der Anwendung von Druck- oder Lockmitteln nach Abs. 2. Dies ergibt sich daraus, dass dort auch der wettbewerbswidrige Zweck den Verhaltensunwert der Handlung steigert.[157] Das Zwangsmittel muss nicht **rechtswidrig** sein. Auch der Einsatz eines an sich erlaubten Zwangsmittels zu einem der erlaubten Zwecke des Abs. 3 kann rechtswidrig sein. In diesem Fall ergibt sich die Rechtswidrigkeit aus der **Verknüpfung** von Zweck und Mittel.[158]

III. Subjektiver Tatbestand

Abs. 3 enthält einen Katalog von Zwecken, zu deren Erreichung kein Zwang angewandt werden darf. Aus den verwendeten, durchweg **finalen** Formulierungen (»beizutreten«, »sich ... zusammenzuschließen«, »zu verhalten«) ergibt sich, dass es sich bei den Zwecken um Merkmale des subjektiven Tatbestands handelt, hinsichtlich deren Erreichung das Zwang ausübende Unternehmen mit **Absicht** handeln muss.

1. Kartellzwang, Abs. 3 Nr. 1

Bei Nr. 1 ist der Zwang darauf gerichtet, den Adressaten zum Beitritt zu einem nach den §§ 2, 3 oder 28 Abs. 1 GWB vom Kartellverbot freigestellten Kartell zu veranlassen. Geht das Zwang ausübende Unternehmen nicht vom

---

155 Vgl. oben Rdn. 4.
156 *Bechtold/Bosch*, § 21 Rn. 20; ähnlich *Roth*, in: FK-GWB, § 21 Rn. 238; *Neef/Krauser*, in: MünchKommKartR, § 21 Rn. 65.
157 *Roth*, in: FK-GWB, § 21 Rn. 239; *Nothdurft*, in: Langen/Bunte, § 21 Rn. 69.
158 *Neef/Krauser*, in: MünchKommKartR, § 21 Rn. 66; *Markert*, in: Immenga/Mestmäcker, § 21 Rn. 86; missverständlich *Loewenheim*, der auf den »Zweck der Anwendung« der Mittel abstellt, vgl. *ders.*, in: Loewenheim/Meessen/Riesenkampff, § 21 Rn. 48.

Vorliegen der Freistellungsvoraussetzungen aus, so ist nicht **Abs. 3**, sondern **Abs. 2** einschlägig.[159] Erfasst sind sowohl horizontale als auch vertikale Vereinbarungen.[160] Nicht erforderlich ist, dass das Zwang ausübende Unternehmen selbst am Kartell beteiligt ist.[161] Entgegen dem missverständlichen Wortlaut kommt es nicht darauf an, ob bereits ein Kartell besteht, zu dem allein ein »Beitritt« im Wortsinne möglich ist. Auch die Teilnahme am Gründungsvertrag kann aus teleologischen Gründen nicht wirksam erzwungen werden.[162]

2. Fusionszwang, Abs. 3 Nr. 2 GWB

46 Nach Nr. 2 darf der Zwang nicht auf einen Zusammenschluss des Adressaten mit einem anderen Unternehmen gerichtet sein. Was unter einem »Zusammenschluss« zu verstehen ist, bestimmt sich ausweislich des Wortlautes (»im Sinne des § 37«) nur nach § 37 GWB. Danach kommt es nicht darauf an, ob im konkreten Fall die Untersagungsvoraussetzungen erfüllt sind oder die (deutsche) Fusionskontrolle, etwa wegen Über- oder Unterschreitung der Schwellenwerte, überhaupt anwendbar ist.[163] Erfasst ist auch der erzwungene Erwerb oder die Veräußerung von einzelkaufmännischen Unternehmen oder Anteilen an Unternehmen, etwa Aktien.[164] Zwar schließen »sich« hier nicht im Wortsinne Unternehmen zusammen, doch gilt diesbezüglich eine »gesetzliche Fiktion«, die auch den Veräußerer in den Kreis der am Zusammenschluss Beteiligten einbezieht.[165] Lediglich das Unternehmen, dessen Anteile veräußert werden, ist kein tauglicher Adressat des Zwangs, da es auf seine Willensbetätigung beim Zusammenschluss nicht ankommt.[166] Deshalb erfüllt ein feindliches Übernahmeangebot grundsätzlich nicht den Tatbestand der Nr. 2. Dies könnte nur dann anders zu beurteilen sein, wenn das Angebot mit Drohungen für den Fall der Nichtannahme verbunden wird.

3. Zwang zu gleichförmigem Verhalten, Abs. 3 Nr. 3 GWB

47 Nach Nr. 3 darf der Zwang nicht darauf gerichtet sein, den Adressaten zu »gleichförmigem Verhalten im Markt« zu bestimmen. **Gleichförmig** ist ein wettbewerbsbezogenes Verhalten von Konkurrenten, wenn es nicht auf eige-

---

159 *Markert*, in: Immenga/Mestmäcker, § 21 Rn. 88; *Loewenheim*, in: Loewenheim/Meessen/Riesenkampff, § 21 Rn. 50.
160 *Bechtold*, § 21 Rn. 18.
161 *Roth*, in: FK-GWB, § 21 Rn. 246.
162 *Roth*, in: FK-GWB, § 21, Rn. 246.
163 *Bechtold/Bosch*, § 21 Rn. 19; *Markert*, in: Immenga/Mestmäcker, § 21 Rn. 89.
164 *Markert*, in: Immenga/Mestmäcker, § 21 Rn. 89.
165 So zutr. *Nothdurft*, in: Langen/Bunte, § 21 Rn. 88.
166 *Roth*, in: FK-GWB, § 21 Rn. 248; *Bechtold/Bosch*, § 21 Rn. 19.

ner autonomer Entscheidung beruht, sondern am Verhalten anderer Wettbewerber ausgerichtet ist.[167] Charakteristisch für dieses sog. »**bewusste Parallelverhalten**« ist, dass es nicht auf einem Informationsaustausch, einer informellen Absprache oder einer sonstigen Willensübereinstimung der Unternehmen beruht und daher nicht als »abgestimmte Verhaltensweise« im Sinne von § 1 GWB vom Kartellverbot erfasst ist.[168] Die Ausübung von Zwang zur Durchsetzung eines gleichförmigen Verhaltens im Markt unterfällt schon Abs. 2, wenn die Ausübung des Zwangs gegenüber mehreren Unternehmen auf ein abgestimmtes Verhalten der Adressaten des Zwangs gerichtet ist, also auf eine dem Zwang nachfolgende Abstimmung (z.B. bei Ausübung von Zwang gegenüber zwei Wettbewerbern mit dem Ziel, dass sich diese in wettbewerbswidriger Weise abstimmen).[169] Daher haben Abs. 2 und Abs. 3 Nr. 3 **keinen** gemeinsamen Anwendungsbereich, da ein gleichförmiges Verhalten im Sinne von Abs. 3 sich auf ein einseitiges autonomes Verhalten des Adressaten beschränkt. Das angestrebte Verhalten soll hier nach der Vorstellung des Zwang ausübenden Unternehmens gerade ohne vorherige Abstimmung zwischen den Beteiligten erfolgen.

Nr. 3 erfordert zusätzlich die **Absicht, den Wettbewerb zu beschränken**. Der Wortlaut ist missglückt, da er nahe legt, dass die Absicht bei dem Adressaten der Maßnahme, also dem zu gleichförmigem Verhalten gezwungenen Unternehmen vorliegen muss. Tatsächlich soll aber – wie bei Ziffer 1 und 2 – der Adressat vor den Zwang ausübenden Unternehmen geschützt werden. Täter sind also diejenigen Unternehmen, die in wettbewerbsfeindlicher Absicht handeln.[170] Daher muss entgegen dem Wortlaut die Absicht der Wettbewerbsbeschränkung bei dem Zwang ausübenden Unternehmen vorliegen.[171] 48

Anwendungsfälle von Nr. 3 sind etwa das Verlangen, dem Preis eines anderen Unternehmens zum Zwecke der Preisstabilisierung zu folgen.[172] 49

---

167 *Markert*, in: Immenga/Mestmäcker, § 21 Rn. 90.
168 *Nordemann*, in: Loewenheim/Meessen/Riesenkampff, § 1 Rn. 61; *Zimmer*, in: Immenga/Mestmäcker, § 1 Rn. 52; *Hansen*, ZHR 136, 52, 57.
169 So auch *Markert*, in: Immenga/Mestmäcker, § 21 Rn. 90; *Neef/Krauser*, in: MünchKommKartR, § 21 Rn. 72; *Bechtold/Bosch*, § 21 Rn. 19.
170 *Roth*, in: FK-GWB, § 21 Rn. 251.
171 Statt aller *Roth*, in: FK-GWB, § 21 Rn. 250.
172 *Fikentscher*, BB 1958, 201, 211.

IV. Rechtsfolgen

50 Die zivil- und verwaltungsrechtlichen Rechtsfolgen entsprechen denen der Abs. 1 und 2. Insoweit kann auf die entsprechenden Darstellungen verwiesen werden.[173]

V. Konkurrenzen

51 § 21 Abs. 3 GWB ist neben § 1 GWB grundsätzlich nicht anwendbar, es sei denn, die Zwangsausübung erfolgt aufgrund vertraglicher Vereinbarung des Zwang ausübenden Unternehmens mit Dritten. Daneben sind bei marktbeherrschenden Unternehmen §§ 19 Abs. 1, 4 Nr. 1, 20 Abs. 1 GWB zu beachten.[174]

E. § 21 Abs. 4, Nachteilszufügung wegen Einschaltung der Kartellbehörden

I. Allgemeines

52 Nach Abs. 4 ist es verboten, einem Anderen wirtschaftlichen Nachteil zuzufügen, weil dieser ein Einschreiten der Kartellbehörde beantragt oder angeregt hat. Die Norm dient zum einen dem Schutz des Verwaltungs- und Bußgeldverfahrens in Kartellsachen, zum anderen dem Schutz der Person, die das Verfahren angeregt hat.[175] Die **praktische Bedeutung** der Vorschrift ist bisher gering geblieben, wobei eine **präventive Wirkung** möglich ist.[176]

II. Objektiver Tatbestand

1. Beteiligte

53 Das Verbot richtet sich an »Jedermann«. Auf die Unternehmenseigenschaft des Handelnden kommt es nicht an. So kommt als Täter nicht nur das Unternehmen in Betracht, gegen das Ermittlungen eingeleitet werden. Adressat der verbotenen Maßnahme kann ebenfalls jeder sein, also natürliche ebenso wie juristische Personen des privaten und öffentlichen Rechts sowie Personenvereinigungen.[177] Der Adressat muss ein Einschreiten der Kartellbehörde beantragt oder angeregt haben. **Kartellbehörden** sind nur die in § 48 Abs. 1 GWB

---

173 Vgl. oben Rdn. 24 ff.
174 *Neef/Krauser*, in: MünchKommKartR, § 21 Rn. 73.
175 *Bechtold/Bosch*, § 21 Rn. 22; *Markert*, in: Immenga/Mestmäcker, § 21 Rn. 93; *Roth*, in: FK-GWB, § 21 Rn. 303.
176 *Loewenheim*, in: Loewenheim/Meessen/Riesenkampff, § 21 Rn. 56.
177 Vgl. zum Ganzen *Markert*, in: Immenga/Mestmäcker, § 21 Rn. 95.

als solche bezeichneten Behörden, **nicht** also die EU-Kommission. Ein **Einschreiten** der Behörde ist schon bei jeder informellen Prüfung gegeben.[178]

2. Zufügen eines wirtschaftlichen Nachteils

Verletzungshandlung ist das Zufügen eines wirtschaftlichen Nachteils. Nachteil ist jedes vom Adressaten als solches empfundene Übel, wobei es anders als bei Abs. 2 nicht auf seine Eignung zur Willensbeeinflussung ankommt.[179] Der Nachteil muss **wirtschaftlich** sein, ideelle Einbußen genügen nicht. Damit wäre etwa eine Kündigung des Arbeitnehmers wegen eines entsprechenden Hinweises an die Kartellbehörde, nicht hingegen seine innerbetriebliche Umsetzung, sofern diese mit wirtschaftlichen Nachteilen nicht verbunden ist, **kartellrechtlich** verboten. Im Unterschied zu Abs. 2 genügt die Androhung des Nachteils nicht, dieser muss vielmehr **zugefügt** werden.

54

III. Subjektiver Tatbestand

Der Täter muss den Nachteil gerade **deswegen** zufügen, weil der Andere die Kartellbehörde zum Einschreiten animiert hat. Erforderlich ist mithin ein **Vergeltungsmotiv**, dessen Vorliegen nur anhand einer Gesamtschau aller Indizien festgestellt werden kann.[180] Dabei indiziert die Nachteilszufügung aufgrund der Vielzahl möglicher Ursachen **nicht** das Vergeltungsmotiv.

55

IV. Rechtsfolgen

Die Rechtsfolgen eines Verstoßes gegen Abs. 4 entsprechen denen des Abs. 1, sodass auf die entsprechenden Ausführungen verwiesen werden kann.[181]

56

---

[178] *Markert*, in: Immenga/Mestmäcker, § 21 Rn. 97.
[179] *Roth*, in: FK-GWB, § 21 Rn. 304.
[180] *Markert*, in: Immenga/Mestmäcker, § 21 Rn. 98.
[181] Vgl. oben Rdn. 24 f.

§ 22 GWB Verhältnis dieses Gesetzes zu den Art. 101 und 102 AEUV

Dritter Abschnitt Anwendung des europäischen Wettbewerbsrechts

§ 22 Verhältnis dieses Gesetzes zu den Artikeln 101 und 102 des Vertrages über die Arbeitsweise der Europäischen Union

(1) ¹Auf Vereinbarungen zwischen Unternehmen, Beschlüsse von Unternehmensvereinigungen und aufeinander abgestimmte Verhaltensweisen im Sinne des Artikels 101 Absatz 1 des Vertrages über die Arbeitsweise der Europäischen Union, die den Handel zwischen den Mitgliedstaaten der Europäischen Union im Sinne dieser Bestimmung beeinträchtigen können, können auch die Vorschriften dieses Gesetzes angewandt werden. ²Ist dies der Fall, ist daneben gemäß Artikel 3 Absatz 1 Satz 1 der Verordnung (EG) Nr. 1/2003 des Rates vom 16. Dezember 2002 zur Durchführung der in den Artikeln 81 und 82 des Vertrages niedergelegten Wettbewerbsregeln (ABl. EG 2003 Nr. L 1 S. 1) auch Artikels 101 des Vertrages über die Arbeitsweise der Europäischen Union anzuwenden.

(2) ¹Die Anwendung der Vorschriften dieses Gesetzes darf gemäß Artikel 3 Absatz 2 Satz 1 der Verordnung (EG) Nr. 1/2003 nicht zum Verbot von Vereinbarungen zwischen Unternehmen, Beschlüssen von Unternehmensvereinigungen und aufeinander abgestimmten Verhaltensweisen führen, welche zwar den Handel zwischen den Mitgliedstaaten der Europäischen Union zu beeinträchtigen geeignet sind, aber
1. den Wettbewerb im Sinne des Artikels 101 Absatz 1 des Vertrages über die Arbeitsweise der Europäischen Union nicht beschränken oder
2. die Bedingungen des Artikels 101 Absatz 3 des Vertrages über die Arbeitsweise der Europäischen Union erfüllen oder
3. durch eine Verordnung zur Anwendung des Artikels 101 Absatz 3 des Vertrages über die Arbeitsweise der Europäischen Union erfasst sind.

²Die Vorschriften des Zweiten Abschnitts bleiben unberührt. ³In anderen Fällen richtet sich der Vorrang von Artikel 101 des Vertrages über die Arbeitsweise der Europäischen Union nach dem insoweit maßgeblichen Recht der Europäischen Union.

(3) ¹Auf Handlungen, die einen nach Artikel 102 des Vertrages über die Arbeitsweise der Europäischen Union verbotenen Missbrauch darstellen, können auch die Vorschriften dieses Gesetzes angewandt werden. ²Ist dies der Fall, ist daneben gemäß Artikel 3 Absatz 1 Satz 2 der Verordnung (EG) Nr. 1/2003 auch Artikel 102 des Vertrages über die Arbeitsweise der Europäischen Union anzuwenden. ³Die Anwendung weitergehender Vorschriften dieses Gesetzes bleibt unberührt.

(4) ¹Die Absätze 1 bis 3 gelten unbeschadet des Rechts der Europäischen Union nicht, soweit die Vorschriften über die Zusammenschlusskontrolle angewandt werden. ²Vorschriften, die überwiegend ein von den Artikeln

101 und 102 des Vertrages über die Arbeitsweise der Europäischen Union abweichendes Ziel verfolgen, bleiben von den Vorschriften dieses Abschnitts unberührt.

Übersicht

		Rdn.				Rdn.
A.	Vorgeschichte und Kritik	6		3. Keine Freistellung von Art. 101 AEUV durch deutsches Recht (S. 3)		37
B.	Voraussetzungen für die Anwendung der Kollisionsnorm	11				
C.	Die Regelungen im Einzelnen	19	III.	Verhältnis zu Art. 102 AEUV (Abs. 3)		39
I.	Parallele Anwendung von nationalem Recht und Europarecht (Abs. 1)	19	IV.	Ausnahmetatbestände (Abs. 4)		42
II.	Sperrwirkung des Art. 101 (Abs. 2)	28		1. Verhältnis der §§ 35 ff. zu Art. 101, 102 AEUV (S. 1)		43
	1. Grundsatz (S. 1)	29		2. Vorschriften, die überwiegend ein abweichendes Ziel verfolgen (S. 2)		51
	2. Ausnahme für einseitiges wettbewerbsbeschränkendes Verhalten (S. 2)	31	D.	Folgen eines Verstoßes gegen § 22 GWB/Art. 3 VO 1/2003		56

Schrifttum

Bartosch, Von der Freistellung zur Legalausnahme – Der Vorschlag der EG-Kommission für eine neue Verordnung Nr. 17, EuZW 2001, 101; *Bechtold*, Modernisierung des EG-Wettbewerbsrechts: Der Verordnungsentwurf der Kommission zur Umsetzung des Weißbuchs, BB 2000, 2425; *ders.*, Grundlegende Umgestaltung des Kartellrechts: Zum Referentenentwurf der 7. GWB-Novelle, DB 2004, 235; *Glöckner*, Alles bleibt so wie es wird, WRP 2003, 1327; *Harte-Bavendamm/ Kreutzmann*, Neue Entwicklungen in der Beurteilung selektiver Vertriebssysteme, WRP 2003, 682; *Hossenfelder/Lutz*, Die neue Durchführungsverordnung zu den Artikeln 81 und 82 EG-Vertrag, WuW 2003, 118; Monopolkommission, Folgeprobleme der europäischen Kartellverfahrensreform, Sondergutachten 32, Baden-Baden 2001; *Pace*, Die Dezentralisierungspolitik im EG-Kartellrecht, WuW 2004, 301; *Röhling*, Die Zukunft des Kartellverbots in Deutschland nach In-Kraft-Treten der neuen EU-Verfahrensrechtsordnung, GRUR 2003, 1019; *Weitbrecht*, Das neue EG-Kartellverfahrensrecht, EuZW 2003, 69; *Wirtz*, Anwendbarkeit von § 20 GWB auf selektive Vertriebssysteme nach Inkrafttreten der VO 1/2003, WuW 2003, 1039; *Zwiener*, Die Auswirkungen der Verordnung Nr. 1/2003 auf das europäische und deutsche Kartellverfahren, 2005.

Die amtliche Überschrift des § 22 GWB legt nahe, dass es sich um eine Kollisionsnorm handelt, die das Verhältnis des materiellen nationalen Rechts (freilich nicht des Verfahrens) zu den Art. 101, 102 AEUV abschließend regelt. Dieser Eindruck täuscht: § 22 GWB trifft keine eigene Regelung, sondern wiederholt nur weitgehend wortgleich Art. 3 VO 1/2003, der die spiegelbildliche Überschrift »*Verhältnis zwischen den Artikeln 81 und 82 des Vertrags und dem einzelstaatlichen Wettbewerbsrecht*« trägt. Aufgrund der unmittel- 1

§ 22 GWB Verhältnis dieses Gesetzes zu den Art. 101 und 102 AEUV

baren, vorrangigen[1] Anwendbarkeit (Art. 288 Abs. 2 AEUV) einer EU-Verordnung gegenüber dem nationalen Recht wird § 22 GWB stets durch Art. 3 VO 1/2003 verdrängt und hat daher **keinen eigenen Anwendungsbereich**. Die vermeintliche Kollisionsnorm dient daher allenfalls der Klarstellung für den Rechtsanwender. Dies war auch dem Gesetzgeber der 7. GWB-Novelle bewusst.[2] Im Rahmen der mit Wirkung zum 30. Juni 2013 in Kraft getretenen 8. GWB-Novelle wurden die Verweise auf den immerhin seit dem 1. Dezember 2009 in Kraft befindlichen Vertrag von Lissabon aktualisiert, so dass die Regelung zumindest insoweit gegenüber Art. 3 VO 1/2003 (die noch immer Bezug auf Art. 81, 82 EG nimmt) an Klarheit gewonnen hat.

2 Leider schafft § 22 GWB für den Rechtsanwender nur in sehr eingeschränktem Umfang Klarheit: Zum einen ist § 22 GWB enger als Art. 3 VO 1/2003, da er ausschließlich das Verhältnis der Vorschriften des GWB (»dieses Gesetzes«) zum europäischen Wettbewerbsrecht regelt, während **Parallelregelungen für andere Gesetze** fehlen. Die Existenz der Norm verleitet daher zu der fehlerhaften Annahme, dass z.B. in § 298 StGB ein anderer Maßstab für die Wettbewerbswidrigkeit gälte.[3] Aber selbst das Verhältnis zwischen dem GWB und dem europäischen Recht konnte durch die Übernahme des Art. 3 VO 1/2003 nicht vollständig erfasst werden. Der Gesetzgeber beantwortet die weitergehende Frage nach dem **Verhältnis spezifisch deutscher Privilegierungen zum europäischen Recht** in § 22 Abs. 2 S. 3 GWB, indem er dynamisch auf das *»insoweit maßgebliche Recht der Europäischen Union«* verweist, d.h. den Rechtsanwender zu derjenigen europarechtlichen Recherche zwingt, welche die klarstellende Regelung des § 22 GWB vermeiden sollte. Da § 22 GWB zudem nur Art. 3 VO 1/2003 übernimmt, bleibt die für die Praxis wichtige Bindung an Kommissionsentscheidungen (Art. 16 VO 1/2003) ungeregelt.[4]

3 Darüber enthält die deutsche Regelung bewusst eine abweichende Struktur und verwendet andere Ausdrücke als die Verordnung. Soweit aus diesen, noch näher darzustellenden **Detailunterschieden in Wortlaut und Systematik** bei autonomer Auslegung auch inhaltliche Unterschiede folgen würden, wäre die

---

1 EuGH Slg. 1963, 3 – *Van Gend & Loos*; EuGH Slg. 1964, 1254 – *Costa/ENEL*; EuGH Slg. 1978, 629 – *Simmenthal* (Rn. 21/23); EuGH Slg. 1970, 1125 – *Internationale Handelsgesellschaft* (Rn. 3).
2 BegrRegE 7. GWB-Novelle, BT-Drucks. 15/3640 vom 7.6.2004, S. 31.
3 BGH NJW 2012, 3318; BGH NZBau 2004, 513, 514; *Dannecker*, wistra 2004, 361, 362 f.
4 *Rehbinder*, in: Immenga/Mestmäcker, GWB, § 22 Rn. 1; *Loewenheim*, in: Loewenheim/Meessen/Riesenkampff, § 22 GWB Rn. 1; *Klees*, § 4 Rn. 2.

Norm europarechtswidrig.⁵ Wegen des grundsätzlichen Anwendungsvorrangs des Europarechts ist § 22 GWB aber nicht nur europarechtskonform auszulegen;⁶ die Norm findet selbst bei Ergebnisgleichheit keine Anwendung, soweit Art. 3 VO 1/2003 den Sachverhalt bereits unmittelbar (abschließend) erfasst. Indem also der deutsche Gesetzgeber den offenen Verweis auf »*innerstaatliche Vorschriften zur Unterbindung oder Ahndung einseitiger Handlungen von Unternehmen*« in Art. 3 Abs. 2 S. 2 VO 1/2003 abschließend durch die »*Vorschriften des Zweiten Abschnitts*« bestimmen will, gibt er eine bloße Auslegungsempfehlung. Diese ist aber für den Rechtsanwender unverbindlich und im konkreten Konfliktfall für ihn nicht maßgeblich.

Schließlich wäre selbst die wörtliche Übernahme einer Verordnungsregelung im Hinblick auf mögliche spätere Veränderungen bedenklich. Zwar verweist die Norm ausdrücklich auf Art. 3 VO 1/2003 (Abs. 1 S. 2, Abs. 2 S. 1), allerdings kann sich die angegebene Fundstelle im Amtsblatt jederzeit durch eine Neufassung ändern, so dass dieser *statische* **Verweis** keinen Erkenntnisgewinn schafft.⁷ Sollte etwa durch Änderung der VO 1/2003 die konkurrierende Anwendung nationalen Rechts insgesamt ausgeschlossen werden, müsste § 22 GWB mit der neuen Regelung synchronisiert werden. Selbst eine konsolidierte Neubekanntmachung der VO 1/2003 müsste zu einer Änderung der Verweise führen. Diesbezüglich agiert der deutsche Gesetzgeber aber erfahrungsgemäß eher ruhig. Schon die Ersetzung der Art. 81, 82 EG durch Art. 101, 102 AEUV im Normtext erfolgte erst mehr als zwei Jahre nachdem der Vertrag von Lissabon am 1. Dezember 2009 in Kraft getreten war. Nach alledem kann man dem deutschen Rechtsanwender von der Lektüre der Norm nur abraten, zumal ein etwaiger durch sie verursachter Rechtsirrtum weder im Verfahren vor den Kartellbehörden noch im Rahmen von Zivilklagen (§§ 33, 34a GWB) entschuldigend wirkt; die Kenntnis des vorrangigen europäischen Kartellrechts wird dem Rechtsanwender unterstellt.⁸

4

Gleichwohl stellt § 22 GWB für die deutschen Kartellbehörden nach der Konzeption des Gesetzes eine notwendige Ergänzung zur Regelung des § 50 GWB dar: Während die zuletzt genannte Regelung (in Konkretisierung der Art. 5, 35 VO 1/2003) nur die für deren Anwendung **zuständige Behörde** bestimmt, gibt § 22 GWB die von dieser jeweils anzuwendenden Regeln vor. Seit der 7. GWB-Novelle ist die Anwendung von Art. 101, 102 AEUV allen Kartellbehörden übertragen. Das (früher allein zuständige) BKartA trägt wei-

5

---

5 So auch *Schneider*, in: Langen/Bunte, GWB, § 22 Rn. 1; *Rehbinder*, in: Immenga/Mestmäcker, GWB, § 22 Rn. 1.
6 So *Rehbinder*, in: Immenga/Mestmäcker, GWB, § 22 Rn. 4.
7 *Schneider*, in: Langen/Bunte, GWB, § 22 Rn. 6.
8 Vgl. zum insoweit (übermäßig strengen) Maßstab EuGH EuZW 2013, 624 – *Schenker*.

terhin die Verantwortung für die Kommunikation mit der Kommission und die Mitwirkung in grenzüberschreitenden Verfahren (§ 50 Abs. 2 GWB). Allerdings wird ein Sachverhalt, der zwischenstaatliche Bedeutung hat, im Zweifel auch über das Gebiet eines Bundeslandes hinausreichen (§ 48 Abs. 2 GWB), so dass die obersten Landesbehörden das Verfahren in der Regel ohnehin an das BKartA abgeben müssen. Mittelbar wird auch die Staatsanwaltschaft durch die Norm angesprochen, soweit diese (etwa bei Abgabe nach § 82 S. 2 GWB oder Übersendung der Akten, § 69 Abs. 3 f. OWiG) im Bußgeldverfahren mit der Anwendung des GWB befasst ist. Nach dem unmittelbar geltenden Art. 3 VO 1/2003 müssen die Kartellbehörden und die Staatsanwaltschaft bei zwischenstaatlichen Sachverhalten *nur* das europäische Kartellrecht anwenden (siehe auch Erwägungsgrund 8 der VO 1/2003), während die Befugnis zur parallelen Anwendung des GWB allein aus § 22 Abs. 1 GWB folgt. Die Bedeutung des Art. 3 VO 1/2003 und der originären Berücksichtigung europäischen Kartellrechts für deutsche Gerichte findet im GWB selbst keine Erwähnung, folgt aber aus Art. 6 VO 1/2003 bzw. aus dem allgemeinen Prinzip der Europatreue.

A. Vorgeschichte und Kritik

6 **Bis zur 6. GWB-Novelle** regelte § 50 GWB a.F. nur die Zuständigkeit für die Anwendung europäischen Kartellrechts (die damals ausschließlich dem BKartA zugewiesen war), ohne jedoch klarzustellen, wie sich die europäischen Regelungen zu den ebenfalls für das BKartA maßgeblichen nationalen Verboten verhielten. Auch die VO 17/62 schwieg bewusst zu dieser Frage, obgleich die schon damals vorhandene und heute in Art. 103 Abs. 2 lit. e) AEUV befindliche Ermächtigungsgrundlage eine Regelung erlaubt hätte. Dementsprechend war das Verhältnis nationaler und europäischer Kartellverbote bis zum Inkrafttreten der VO 1/2003 umstritten.[9] Der naheliegende Ansatz eines »Nadelöhrprinzips« bzw. einer »Zweischrankentheorie«, bei der in jedem Fall das strengere Recht vorgeht,[10] hatte sich in der Praxis nicht durchgesetzt. Stattdessen nahm der EuGH an, dass nur bei einem »positiv gestaltenden Akt« der Kommission die einheitliche Anwendung des Gemeinschaftsrechts durch widersprechende Akte einzelner Staaten in Frage gestellt werde.[11] Im Übrigen konnten die Mitgliedstaaten aufgrund ihres jeweiligen nationalen Kartellrechts eingreifen, soweit nicht ausnahmsweise diese einzelstaatliche Maßnahme die einheitliche Anwendung des Gemeinschaftsrechts auf dem Binnenmarkt beeinträchtigte. Ob danach freilich eine gemeinschaftliche Erlaubnis im Einzelfall einem mitgliedstaatlichen Verbot entgegenstand, blieb offen. Zudem lag in

---

9 Ausführlich *Ruppelt*, FS Lieberknecht, S. 517; *Schwarze*, JZ 1996, 57 ff.
10 Dazu schon *Koch*, BB 1959, 241 ff.
11 EuGH Slg. 1969, 1, 14 – *Walt Wilhelm*.

einer Vielzahl von Fällen gerade nicht der nach dem EuGH notwendige gestaltende Akt vor; stattdessen setzte die Kommission für den Regelfall auf formlose Verwaltungsschreiben, für die der Vorrang gerade nicht galt.[12]

Der Vorrang des Europarechts war schon bei der **Entstehung der VO 1/2003** ein zentraler Streitpunkt.[13] Primärrechtlich vorgeschrieben ist das Verhältnis der Verbote des AEUV zum nationalen Recht bewusst nicht; die primärrechtliche Ermächtigung für die Regelung des Art. 3 VO 1/2003 wurde seit Inkrafttreten des EWG-Vertrages nicht relevant verändert. Neben dem vom EuGH vertretenen eingeschränkten Vorrangs konkreter Gestaltungsakte wäre daher auch die Nadelöhr-Theorie vertragskonform gewesen. Ihre praktische Rechtfertigung findet die jetzige Lösung freilich in der dezentralen Anwendung des Kartellverbots. Wenn die Mitgliedstaaten Europarecht anwenden, kann man nicht auf einen gestaltenden Akt der Kommission für jeden denkbaren Konfliktfall hoffen. Das Nadelöhrprinzip würde aber die Kosten für eine Tätigkeit im Binnenmarkt erheblich steigern, da die Zustimmung jeder potentiell betroffenen Kartellbehörde eingeholt werden müsste. Insoweit ist das Ziel, die einheitliche Anwendung europäischen Rechts zu gewährleisten (Erwägungsgrund 1 und 8 der VO 1/2003) aus ökonomischen Erwägungen gerechtfertigt. Dennoch hat die Kritik im Entstehungsverfahren der VO 1/2003 jedenfalls teilweise Wirkung entfaltet: Die Ausnahmen für die nationale Fusionskontrolle, die Einschränkungen in Bezug auf Art. 102 AEUV und der Vorbehalt für Vorschriften, die »*überwiegend ein von den Artikeln 81 und 82 des Vertrags abweichendes Ziel verfolgen*« erklären sich aus der Skepsis der Mitgliedstaaten gegenüber dem EU-Kartellrecht.

7

Damit kann man allenfalls die **tatsächlichen Grenzen der einheitlichen Rechtsanwendung** bemängeln. Selbst wenn die nationale Behörde aufgrund von Art. 3 VO 1/2003 bzw. § 22 GWB das europäische Kartellverbot (Art. 101 AEUV) statt nationaler Regelungen anwendet, bedeutet dies nicht etwa, dass sie zwingend zu den gleichen Ergebnissen gelangen muss, wie Behörden oder Gerichte in anderen Mitgliedstaaten oder die EU-Kommission. Selbst die durch Gruppenfreistellungsverordnungen konkretisierte Regelung des Art. 101 Abs. 3 AEUV eröffnet einen weiten Auslegungsspielraum. Jedenfalls bei einem einheitlichen Sachverhalt werden kollidierende Entscheidungen durch den in Art. 16 VO 1/2003 statuierten Vorrang von Entscheidungen der Kommission vermieden.

8

Der Gesetzgeber wollte dem Rechtsanwender ursprünglich mit einem weiteren Hinweisparagraphen ein Signal setzen: Im Regierungsentwurf zur

9

---

12 EuGH Slg. 1980, 2511 – *Lancôme/Etos*.
13 Näher *Schütz*, in: KK-KartR, Einl. VO 1/2003 Rn. 33.

§ 22 GWB   Verhältnis dieses Gesetzes zu den Art. 101 und 102 AEUV

7. GWB-Novelle war ein **§ 23 GWB-E** vorgesehen, der eine »europafreundliche Anwendung« des nationalen Kartellrechts vorschreiben sollte. Konkret sollten die »*Grundsätze des europäischen Wettbewerbsrechts*« bei Auslegung und Anwendung der §§ 1 bis 2 und 19 »*maßgeblich*« zugrunde gelegt werden. Die Regelung ist aus gutem Grund nicht Gesetz geworden. Was denn diese Grundsätze sein sollten (gemeint waren wohl die Leitlinien und Bekanntmachungen der Kommission) und in welchem Umfang diese zu berücksichtigen waren, blieb unklar.

10   Ein letzter Kritikpunkt betrifft schließlich den Umstand, dass zwar die Anwendung europäischen Rechts (durch Art. 3 VO 1/2003) für deutsche Behörden und Gerichte zwingend vorgeschrieben ist, jedoch die **Anwendung des nationalen Kartellverbots** scheinbar in deren Belieben gestellt wird (*»können auch die Vorschriften dieses Gesetzes angewandt werden«*).[14] Schon aus dem Gleichbehandlungsgebot (Art. 3 Abs. 1 GG) und dem Rechtsstaatsprinzip (Art. 20 Abs. 3 GG) folgt aber, dass die Kartellbehörden zur gleichmäßigen Anwendung des Gesetzes verpflichtet sind; erst Recht dürfte ein Richter einen allein auf nationale Regelungen gestützten Anspruch auf Schadensersatz (§ 33 GWB) oder einen Zwangslizenzeinwand[15] nicht unter Hinweis auf die vermeintliche »Kann-Vorschrift« ignorieren. Die Formulierung besagt daher nicht, dass freies Ermessen besteht, sondern unterliegt den allgemeinen rechtsstaatlichen Vorgaben – deutsche Behörden und Gerichte sind selbstverständlich an deutsches Recht gebunden. Schließlich bedeutet auch die Pflicht zur Anwendung europäischen Kartellrechts nicht zwingend, dass die Behörde eine Untersagungsverfügung erlassen muss (siehe § 32 Abs. 1 GWB: »kann«, ebenso § 47 Abs. 1 S. 1 OWiG für die Ahndung durch Bußgelder). Gerechtfertigt ist die Norm primär auch aus dem Gesichtspunkt der Verfahrenseffizienz: Da die deutschen Vorschriften den europäischen Regelungen weitgehend angeglichen sind, kann so eine Doppelbegründung vermieden werden.

B. Voraussetzungen für die Anwendung der Kollisionsnorm

11   Voraussetzung einer Kollisionsnorm ist naturgemäß, dass überhaupt erst einmal **zwei Rechtsordnungen Anwendungen finden können**. Für die Anwendung des deutschen Rechts verlangt § 130 Abs. 2 GWB, dass der zu beurteilende Sachverhalt Inlandsauswirkung hat; vor den Zivilgerichten folgt die Anwendbarkeit des deutschen Kartellrechts aus Art. 6 Abs. 3 Rom II VO. Die europarechtlichen Vorschriften sind nur dann anwendbar, wenn das betroffene Verhalten zwischenstaatliche Bedeutung hat.[16] Damit ist die **Zwi-**

---

14 *Rehbinder*, in: Immenga/Mestmäcker, GWB, § 22 Rn. 5.
15 BGHZ 180, 312 – *Orange Book Standard*; dazu *Körber*, NZKart 2013, 87.
16 EuGH EuZW 2012, 223 – *Toshiba Corporation u.a.* (Rz. 77).

schenstaatlichkeit das Merkmal, dessen Auslegung das anwendbare Recht bestimmt ist. Entgegen Erwartungen in der Literatur[17] ist jedenfalls bislang noch keine Tendenz des EuGH zu vermerken, an dieser Stellschraube zu drehen und dadurch das nationale Recht zurückzudrängen. Freilich ist der Bedarf jedenfalls in Bezug auf Deutschland auch nicht allzu hoch, da die geltenden nationalen Regelungen weitgehend den europäischen ähneln.

Die Kartellbehörden und -gerichte müssen die Frage, ob Zwischenstaatlichkeit vorliegt, **eigenständig beantworten**. Maßstab ist zwar das europäische Primärrecht (Art. 101, 102 AEUV), jedoch sind die nationalen Behörden nicht an die Leitlinien der Kommission[18] gebunden.[19] Damit ist freilich nicht gesagt, dass diese überhaupt keine Bedeutung entfalten – vielmehr sind sie in der Praxis eine zentrale Auslegungshilfe.[20] Im Gerichtsverfahren kann ggf. eine Vorabentscheidung nach Art. 267 AEUV eingeholt werden.[21] Der Kartellbehörde ist dieser Weg versperrt, sie kann allenfalls nach Art. 11 Abs. 5 VO 1/2003 (über das BKartA, § 50 Abs. 2 GWB) die Kommission konsultieren. Im Übrigen geben die Entscheidungen des EuGH einen gewissen Tatbestand vor, wenn sie verlangen, dass »*sich anhand einer Gesamtheit objektiver rechtlicher und tatsächlicher Umstände mit hinreichender Wahrscheinlichkeit voraussehen lässt, dass [eine Vereinbarung] den Warenverkehr zwischen Mitgliedstaaten unmittelbar oder mittelbar, tatsächlich oder potentiell in einem der Erreichung der Ziele eines einheitlichen zwischenstaatlichen Markts nachteiligen Sinne beeinflussen kann*«.[22]

12

Das europäische Wettbewerbsrecht findet zudem nur Anwendung, wenn die Beeinträchtigung des zwischenstaatlichen Handels »*spürbar*« ist.[23] Dabei geht es nicht um die Spürbarkeit der Wettbewerbsbeschränkung,[24] die Tatbestandsmerkmal des Art. 101 Abs. 1 AEUV ist und deren Fehlen auch einem Ein-

13

---

17 *Bechtold*, BB 2000, 2425, 2428.
18 Bekanntmachung der Kommission – Leitlinien über den Begriff der Beeinträchtigung des zwischenstaatlichen Handels in den Artikeln 81 und 82 des Vertrags, Amtsblatt Nr. C 101 vom 27.4.2004 S. 0081.
19 Ausdrücklich EuGH EuZW 2013, 113 – *Expedia*.
20 Näher *Pampel*, EuZW 2005, 11 ff.
21 *De Bronett*, in: Langen/Bunte, GWB, Art. 3 VO 1/2003 Rn. 6.
22 EuGH Slg. 1985, 2545 – *Remia/Kommission*.
23 EuGH Slg. 1966, 282, 303 – *Maschinenbau Ulm*; vgl. auch die nur unverbindlich konkretisierend wirkenden Leitlinien über den Begriff der Beeinträchtigung des zwischenstaatlichen Handels in den Artikeln 81 und 82 des Vertrags, Abl. C 101 vom 27.4.2004.
24 Nur für diese gilt die Bekanntmachung der Kommission über Vereinbarungen von geringer Bedeutung, die den Wettbewerb gemäß Artikel 81 Absatz 1 des Vertrags zur Gründung der Europäischen Gemeinschaft nicht spürbar beschränken (de minimis), Abl. C 368 vom 22.12.2001.

schreiten der nationalen Kartellbehörden nach Art. 3 Abs. 2 S. 1 VO 1/2003 bzw. § 22 Abs. 2 S. 1 GWB entgegensteht. Vielmehr geht es um die Relevanz für den europäischen Binnenmarkt, d.h. spezifisch für den Waren- oder Dienstleistungsverkehr zwischen Mitgliedstaaten. Wirkt sich ein Kartell ausschließlich in einem Mitgliedstaat aus, wird auch der vereinzelte Güterexport nicht den Vorrang von Art. 101 AEUV eröffnen. In diesem Fall findet ausschließlich nationales Kartellrecht (also §§ 1 ff. GWB) Anwendung.[25] Praktische Bedeutung hat dies namentlich bei den nur in Deutschland vorgesehenen Ausnahmetatbeständen, etwa § 3 Abs. 1 GWB oder § 30 GWB.

14 Fehlt es an der Zwischenstaatlichkeit insgesamt oder zumindest an einer spürbaren Beeinträchtigung des Handels zwischen den Mitgliedstaaten findet **ausschließlich nationales Recht** (d.h. das GWB) Anwendung,[26] die Art. 101, 102 AEUV (und damit § 22 GWB) entfalten keine Wirkungen.

15 Liegt demgegenüber eine spürbare Beeinträchtigung des Handels zwischen den Mitgliedstaaten vor, ist nicht erforderlich, dass die **weiteren Voraussetzungen des Art. 101 AEUV** (z.B. die Verursachung einer Wettbewerbsbeschränkung, deren Spürbarkeit oder das Fehlen etwaiger immanenter Tatbestandsbeschränkungen) gegeben sind, um die Anwendung der Kollisionsnorm zu eröffnen. Dies ergibt sich aus § 22 Abs. 2 Nr. 1 GWB (Art. 3 Abs. 2 S. 1 VO 1/2003), wonach das Fehlen des Tatbestandes gerade einem Verbot nach nationalem Kartellrecht entgegenstehen soll. Das europäische Kartellverbot hat daher selbst dann Vorrang, wenn kein Unternehmen im Sinne des Art. 101 Abs. 1 AEUV vorliegt, aber das deutsche Kartellverbot dennoch für anwendbar erklärt wird. Konkret betrifft dies Beschaffungsvorgänge der öffentlichen Hand, soweit diese unter § 130 Abs. 1 GWB fallen.[27] Die europarechtlich vorgegebene Unanwendbarkeit des dortigen Kartellverbots bewirkt daher für zwischenstaatliche Sachverhalte eine Befreiung von nationalen Kartellverboten.

16 Die **Gegenansicht**[28] betont, dass Art. 3 Abs. 2 VO 1/2003 und ihm folgend § 22 Abs. 2 S. 1 GWB nur Verhaltensweisen privilegieren, die »*den Wettbewerb im Sinne des Artikels 81 Absatz 1 des Vertrags nicht einschränken*«, aber gerade voraussetzen, dass »*Vereinbarungen zwischen Unternehmen, Beschlüssen von Unternehmensvereinigungen und aufeinander abgestimmten Verhaltensweisen*« vorliegen. Daraus wird abgeleitet, dass sich das europäi-

---

25 *Schütz*, in: KK-KartR, Art. 3 VO 1/2003, Rn. 13.
26 *Schneider*, in: Langen/Bunte, GWB, § 22 Rn. 19.
27 *Bechtold*, NJW 2007, 3761; *Schütz*, in: KK-KartR, Art. 3 VO 1/2003 Rn. 15; *Weidenbach*, in: Lampe/Niejahr/Kübler, § 22 GWB Rn. 103.
28 *Böge/Bardong*, in: MünchKommKartR, § 22 GWB Rn. 9 f., 17, 54 ff.; *Rehbinder*, in: Immenga/Mestmäcker, GWB, § 22 Rn. 13.

sche Kartellrecht für Aktivitäten von Nichtunternehmen im europarechtlichen Sinne oder Verhaltensweisen, die nicht als Vereinbarung oder Beschluss zu qualifizieren seien, nicht interessiere, bzw. im letzteren Falle ausschließlich die Anwendung von Art. 102 AEUV vorgesehen sei. Zwingend ist diese Überlegung aber nicht, denn sobald eine spürbare Beeinträchtigung des Handels und damit Binnenmarktrelevanz vorliegt, hat die EU nicht nur die rechtliche Kompetenz zur Regulierung, sondern auch ein eminentes Interesse. Die Entscheidung auf europäischer Ebene, bestimmte Aktivitäten aus dem Unternehmensbegriff auszuklammern, soll nicht etwa den Mitgliedstaaten ermöglichen, durch Regulierung ihrerseits den Markt zu verzerren. Vielmehr kann diese Zurückhaltung auch als Billigung gewertet werden; eine Öffnung zugunsten rein nationalen Rechts bedürfte einer ausdrücklichen europarechtlichen Regelung (die es derzeit nicht gibt). Eine Berechtigung der Mitgliedstaaten, strengere Regelungen zu treffen, sieht die VO 1/2003 nämlich ausdrücklich nur für einseitige Verhaltensweisen vor. Eine darüber hinausgehende Öffnung für andere Fälle, in denen der Tatbestand des Art. 101 AEUV nicht verwirklicht ist, ist nicht geboten.

Dem Wortlaut nach regelt § 22 GWB nur das Verhältnis von »*Vorschriften dieses Gesetzes*« zu den Vorschriften des europäischen Kartellrechts. Freilich gibt es **außerhalb des GWB** Normen, die kartellrechtliche Zwecke verfolgen. Auch für diese ist trotz des Fehlens einer § 22 GWB entsprechenden Regelung der Vorrang des Europarechts zu berücksichtigen. Namentlich in der Strafnorm des § 298 StGB darf die »rechtswidrige Absprache« nicht allein aus nationalen Normen geschöpft werden, soweit ein zwischenstaatlicher Sachverhalt betroffen ist. Vielmehr ist insoweit Art. 3 VO 1/2003 zu berücksichtigen.[29] Nach ihrem Erwägungsgrund 8 gilt die Verordnung 1/2003 ebenso für strafrechtliche Sanktionen, soweit diese »*als Mittel dienen, um die für Unternehmen geltenden Wettbewerbsregeln durchzusetzen*«. Es liegt nicht in der Hand des nationalen Gesetzgebers, durch Verlagerung des Regelungsortes Normen vom Vorrang des Europarechts freizustellen. 17

Weiterhin betrifft § 22 GWB nur die **Anwendung der Art. 101, 102 AEUV**. Mittelbar erfasst sie über Art. 101 Abs. 3 AEUV zudem Gruppenfreistellungsverordnungen, die bestimmte Verhaltensweisen privilegieren. Nicht für deutsche Behörden und Gerichte verbindlich sind hingegen Leitlinien und Bekanntmachungen der Kommission.[30] Diese dürfen zwar als Stellungnahmen der Kommission zu streitigen Rechtsfragen berücksichtigt werden; einen europarechtlich vorgeschriebenen Zwang hierzu gibt es jedoch nicht.[31] Erst 18

---

29 *Loewenheim*, in: Loewenheim/Meessen/Riesenkampff, § 22 GWB Rn. 17.
30 *Pampel*, EuZW 2005, 11; *Schweda*, WuW 2004, 1139.
31 *Pampel*, EuZW 2005, 11 ff.

§ 22 GWB *Verhältnis dieses Gesetzes zu den Art. 101 und 102 AEUV*

Recht nicht betroffen ist das Verfahrensrecht – die Zuständigkeit, Organisation, Handlungsbefugnisse und der Ablauf der Entscheidung deutscher Behörden bestimmt sich allein nach deutschem Recht.

C. Die Regelungen im Einzelnen

I. Parallele Anwendung von nationalem Recht und Europarecht (Abs. 1)

19 Solange sich die Ergebnisse des deutschen (§ 1 GWB) und des europäischen (Art. 101 GWB) Kartellverbots decken, ordnet § 22 Abs. 1 GWB die **parallele Anwendung beider Regelungssysteme** an. Anders als in der Fusionskontrolle besteht kein Alternativverhältnis. Ein Verhalten kann materiell sowohl gegen deutsches als auch gegen Europarecht verstoßen (wird aber nur einfach sanktioniert). Das hatte die Kommission in ihrem Vorschlag aus dem Jahr 2000 noch anders geplant; damals war explizit ein »*Ausschluss des Wettbewerbsrechts der Mitgliedstaaten*« vorgesehen.

20 Der Zweck des § 22 Abs. 1 S. 1 GWB besteht zunächst darin, die **Anwendbarkeit des deutschen Kartellrechts** trotz Vorliegen der Voraussetzungen von Art. 101 AEUV zu gewährleisten. Dies ist nämlich durch die VO 1/2003 nicht ausdrücklich vorgeschrieben, so dass der deutsche Gesetzgeber insoweit meinte, ein Wahlrecht auszuüben.[32] Es wäre gesetzgeberisch möglich gewesen, für Fälle mit zwischenstaatlichem Bezug auf die Anwendung des nationalen Kartellrechts zu verzichten und allein Europarecht anzuwenden (also statt des vorgesehenen Anwendungsvorrangs einen Geltungsvorrang zu schaffen). Dieser Weg ist freilich durch Art. 3 Abs. 1 VO 1/2003 nicht wirklich nahegelegt, denn auch diese Vorschrift knüpft (wie § 22 Abs. 1 S. 2 GWB) die Anwendung des europäischen Kartellrechts an die Anwendung des nationalen Kartellverbots durch die einzelstaatlichen Behörden. Würde der nationale Gesetzgeber einen Geltungsvorrang anordnen, würde er damit sprachlich (wenngleich wohl nicht praktisch) die Voraussetzung beseitigen, dass die Wettbewerbsbehörden das einzelstaatliche Wettbewerbsrecht anwenden. Nach Sinn und Zweck der VO 1/2003 würde damit die Pflicht zur Anwendung des Europarechts jedoch trotzdem nicht entfallen.

21 Die **praktische Konsequenz** des § 22 Abs. 1 S. 1 GWB ist höchst begrenzt, wie § 22 Abs. 2 GWB zeigt. Ist das deutsche Kartellrecht strenger als das europäische, darf es nicht angewandt werden; ist es weniger streng, hat die danach bestehende Zulässigkeit des Verhaltens keine Auswirkungen auf das konkurrierende europarechtliche Verbot. Verstößt das Verhalten sowohl gegen europäisches als auch gegen nationales Kartellrecht, wird ebenfalls nur ei-

---

32 BegrRegE 7. GWB-Novelle, BT-Drucks. 15/3640, S. 46; *Rehbinder*, in: Immenga/Mestmäcker, GWB, § 22 Rn. 1.

ne Sanktion durch die Kartellbehörde verhängt, selbst bei der Höhe eines Bußgeldes oder im Schadensersatzprozess hat das doppelte Verbot keine Bedeutung.[33]

§ 22 Abs. 1 S. 2 GWB *verpflichtet* demgegenüber die deutschen Behörden zur **Anwendung des europäischen Rechts**. Anders als § 22 Abs. 1 S. 1 GWB hat diese Regelung tatsächlich eine Bedeutung im Verfahren: Ohne diese Anordnung könnte eine deutsche Behörde sich darauf beschränken, die nationalen Normen anzuwenden und die Verfolgung des europäischen Wettbewerbsrecht der Kommission zu überlassen. Freilich folgt auch diese Pflicht nicht aus der deutschen Regelung im GWB, sondern unmittelbar aus Art. 3 Abs. 1 der VO 1/2003. 22

Konkret müssen also die betroffenen Behörden und Gerichte immer Art. 101 AEUV anwenden, ob sie daneben *zusätzlich* auch § 1 GWB prüfen, ist ihnen (im Rahmen der bereits erörterten rechtsstaatlichen Grenzen) freigestellt.[34] Ausgeschlossen ist allein die **ausschließliche Prüfung von § 1 GWB**. Aufgrund der sprachlichen Übereinstimmung wird freilich in der Praxis des Verwaltungsverfahrens regelmäßig auch §§ 1, 2 GWB angewandt, weil damit kein zusätzlicher Aufwand verbunden ist. Die aus dem Verfahren resultierenden Verfügungen im Sinne der §§ 32 ff. GWB können parallel auf beide Rechtsgrundlagen gestützt werden. 23

Etwas anderes gilt hingegen im **Ordnungswidrigkeitenverfahren**, wo nach herrschender Auffassung trotz § 22 Abs. 1 GWB materielle Subsidiarität des an die Verletzung der deutschen Regelung anknüpfenden § 81 Abs. 2 Nr. 1 GWB gegenüber dem auf das europäische Kartellverbot abstellenden § 81 Abs. 1 GWB angenommen wird.[35] Dementsprechend werden Bußgeldbescheide auch in Fällen paralleler Anwendung von Art. 101 AEUV und § 1 GWB ausschließlich auf die europarechtliche Grundlage gestützt. Praktische Konsequenzen sind damit freilich nicht verbunden, da bei irriger Annahme einer spürbaren Beeinträchtigung des zwischenstaatlichen Handels noch im gerichtlichen Einspruchsverfahren die Rechtsgrundlage des Bußgeldbescheides korrigiert werden kann. 24

---

33 *Raum*, in: Langen/Bunte, GWB, § 81 Rn. 95 (Subsidiarität, da Art. 101 AEUV das zusätzliche Merkmal Zwischenstaatlichkeit beinhaltet); *Dannecker/Biermann*, in: Immenga/Mestmäcker, GWB, § 81 Rn. 32: »Die parallele Anwendung beider Vorschriften hätte nur für den Schuldspruch, nicht dagegen für die Bußgeldbemessung Bedeutung«.
34 BegrRegE 7. GWB-Novelle, BT-Drucks. 15/3640, S. 31, 46; *Loewenheim*, in: Loewenheim/Meessen/Riesenkampff, § 22 GWB Rn. 6; *Bechtold*, § 22 GWB Rn. 5.
35 *Raum*, in: Langen/Bunte, GWB, § 81 Rn. 95; *Dannecker/Biermann*, in: Immenga/Mestmäcker, GWB, § 81 Rn. 32.

25 In **zivilrechtlichen Streitigkeiten** gilt der Beibringungsgrundsatz, so dass das Gericht seine Entscheidung nur auf Art. 101 AEUV stützen darf, wenn der Betroffene eine spürbare Beeinträchtigung des zwischenstaatlichen Handels vorträgt und ggf. beweist. Im Übrigen gewährt § 33 GWB jedoch die gleichen Ansprüche auch bei Verstoß gegen die deutschen Regelungen, so dass der Anreiz für diesbezüglichen Vortrag gering sein dürfte. Inwieweit aus der Rechtsprechung des EuGH zum Schadensersatzanspruch der Betroffenen[36] Erleichterungen gegenüber der Durchsetzung des nationalen Kartellverbots folgen, musste bislang nicht entschieden werden und wird durch die beabsichtigte überschießende Umsetzung der Vorgaben der Kartellschadensersatzrichtlinie[37] wohl auch künftig keine Bedeutung erlangen.

26 Art. 101 AEUV gibt nur den **Prüfungsmaßstab** für die deutschen Behörden bzw. Gerichte vor. Für Zuständigkeit, Verfahren, Sanktionen und Ermittlungen gilt hingegen das deutsche Recht. Danach gilt für die deutschen Behörden insbesondere das Opportunitätsprinzip (§ 32 Abs. 1 GWB, § 47 Abs. 1 S. 1 OWiG). Die zwingende Anwendung des Europarechts bedeutet also nicht etwa auch dessen zwingende Durchsetzung. Ergänzend zum GWB sind bestimmte zwischenstaatliche Aspekte zu berücksichtigen (etwa Art. 11, 12, 15, 16, 22 VO 1/2003); hierzu wird auf die Kommentierung zu § 50 GWB verwiesen.

27 Die Festsetzung verbindlicher Ober- und Untergrenzen für die mitgliedstaatlichen Kartellverbote durch Art. 3 Abs. 1 VO 1/2003 erleichtert die Anwendung **für die Kartellbehörden** und bewirkt damit Effizienzgewinne: Durch die einheitliche materiellrechtliche Prüfungsgrundlage lassen sich Verfahren überhaupt erst grenzüberschreitend verfolgen, wird Amtshilfe ermöglicht (Art. 12 Abs. 2 S. 2 VO 1/2003) und kann ein gemeinsames Netzwerk von Wettbewerbsbehörden (Art. 12 Abs. 1 VO 1/2003) betrieben werden. Für divergierende nationale Rechtsordnungen wäre eine solche Koordination kaum gangbar, wie auch der zunehmende Harmonisierungsdruck im Kapitalmarktrecht[38] illustriert, wo ebenfalls ein Netzwerk der betroffenen Behörden installiert wurde, aber die anwendbaren Vorschriften nur schrittweise harmonisiert worden sind und eine zentrale Durchsetzungsbehörde (die Kommission im Kartellrecht) fehlt.[39] Die Angleichung der nationalen Vorschriften (§§ 1, 2

---

36 EuGH Slg. 2001, I-6297 – *Courage*.
37 Richtlinie 2014/104/EU des Europäischen Parlaments und des Rates vom 26. November 2014 über bestimmte Vorschriften für Schadensersatzklagen nach nationalem Recht wegen Zuwiderhandlungen gegen wettbewerbsrechtliche Bestimmungen, ABl. EU 2014 L 349, 1 ff.
38 *Weber*, EuZW 1992, 561.
39 Kommission, SEGRE-Bericht 1966, 195; Kommission, Financial Services Action Plan, KOM (1999), 232; näher Assmann/Schütze/*Assmann*, § 1 Rn. 51 ff.; Dauses/*Follak*, F. III Rn. 3; *Dier/Fürhoff*, AG 2002, 604 ff.

GWB) an das europäische Kartellverbot des Art. 101 AEUV ermöglicht darüber hinaus die Weiterverwertung von Ermittlungsergebnissen unabhängig von der später angewandten Rechtsgrundlage.

II. Sperrwirkung des Art. 101 (Abs. 2)

§ 22 Abs. 2 S. 1 GWB bestimmt (übereinstimmend mit Art. 3 Abs. 2 S. 1 VO 1/2003), dass das deutsche Recht eine Vereinbarung (etc.) nicht verbieten darf, soweit diese zwar unter Art. 101 AEUV fällt (insb. Zwischenstaatlichkeit und Unternehmereigenschaft gegeben sind), aber nach dieser Vorschrift nicht verboten ist. Ziel der Regelung ist es, ein »*level playing field*« im EU-Binnenmarkt zu schaffen (Erwägungsgrund 8 zur VO 1/2003), d.h. Unternehmen die **grenzüberschreitende Tätigkeit zu erleichtern**, indem einheitliche Anforderungen an Absprachen etc. gestellt werden.

28

1. Grundsatz (S. 1)

§ 22 Abs. 2 S. 1 GWB unterscheidet (wie Art. 3 Abs. 2 VO 1/2003) **drei Fälle:** Zunächst darf die Anwendung des deutschen Kartellrechts nicht dazu führen, dass ein Verhalten verboten wird, das den Wettbewerb im Sinne des Artikels 101 AEUV nicht einschränkt. Hierunter fallen insbesondere die Fälle, in denen es an der »Spürbarkeit« im Sinne der Rechtsprechung zu Art. 101 Abs. 1 AEUV fehlt.[40] Zweitens sollen die Fälle ausgenommen werden, welche die Bedingungen des Artikels 101 Absatz 3 des Vertrags erfüllen. Dies stellt grds. § 2 Abs. 1 GWB sicher, welcher die Generalklausel fast wortgleich übernimmt. Am bedeutsamsten dürfte schließlich die dritte Variante sein, die eine Sanktionierung eines Verhaltens untersagt, das durch eine Verordnung zur Anwendung von Artikel 101 Absatz 3 des Vertrags erfasst ist. Dem entspricht die entsprechende Heranziehung der Gruppenfreistellungsverordnungen nach § 2 Abs. 2 S. 1 GWB, welche auch insoweit einen Gleichlauf gewährleistet. Die Kollisionsfälle, die § 22 Abs. 2 GWB verhindern soll, sind daher bereits weitgehend durch die Anpassung des § 2 GWB an die europäischen Bedingungen auf materiellrechtlicher Ebene ausgeschlossen. Eine saubere Differenzierung zwischen den drei Fällen ist nicht erforderlich und mitunter auch nicht unumstritten. So ist etwa unklar, ob vertikale Höchstpreisbindungen überhaupt unter den Tatbestand des Art. 101 Abs. 1 AEUV fallen oder erst durch die Schirm-GVO freigestellt wurden – letztlich steht in jedem Fall fest, dass sie nach deutschem Recht nicht verboten werden dürfen.

29

Der Wortlaut von § 22 Abs. 2 S. 1 GWB bestimmt in Übereinstimmung mit Art. 3 Abs. 2 S. 1 VO 1/2003, dass die Anwendung »*nicht zum Verbot ... füh-*

30

---

40 Vgl. dazu auch die entsprechenden Leitlinien der Kommission.

ren« darf. Damit ist ein **Anwendungsvorrang**, jedoch kein Geltungsvorrang angeordnet.[41] Der Begriff des Verbots ist dabei weit zu verstehen – er umfasst nicht nur Untersagungsverfügungen, sondern jegliche an die Beurteilung des Verhaltens als Rechtsverstoß anknüpfende Folge, z.B. die Verhängung eines Bußgeldes oder die Anordnung zivilrechtlicher Sanktionen. Gemeint ist, dass das Verhalten als erlaubt zu behandeln ist. Die Kartellbehörden dürfen also weder Untersagungsverfügungen erlassen, noch dürfen Bußgelder verhängt werden. Im Zivilprozess darf den Betroffenen im Sinne von § 33 GWB weder Schadensersatz, noch ein Titel auf Unterlassung zugesprochen werden, ebensowenig kann nach § 34a GWB eine Gewinnabschöpfung erfolgen.[42] Vereinbarungen, die zwar gegen § 1 GWB, nicht aber gegen Art. 101 AEUV verstoßen, sind nicht (insb. nach § 134 BGB) nichtig, sondern wirksam.[43] Einer eigenen Kategorie für diese Form der Verdrängung bedarf es nicht.

2. Ausnahme für einseitiges wettbewerbsbeschränkendes Verhalten (S. 2)

31 Nach Art. 3 Abs. 2 S. 2 VO 1/2003 gilt das Verbot strengeren nationalen Rechts allerdings **nur im Verhältnis der Kartellverbote zueinander**. Unberührt bleiben danach Maßnahmen im Hinblick auf einseitiges wettbewerbsbeschränkendes Verhalten. Der deutsche Gesetzgeber hat versucht, dies durch einen Verweis auf die »*Vorschriften des zweiten Abschnitts*«, d.h. die §§ 19–21 GWB zu konkretisieren.

32 Der Verweis auf die Vorschriften des zweiten Abschnitts ist allerdings **ungenau**. Die Abgrenzung zwischen einseitigem wettbewerbsbeschränkendem Verhalten und Vereinbarungen, Beschlüssen einerseits und abgestimmten Verhaltensweisen andererseits ist nicht nach den deutschen Begrifflichkeiten, sondern autonom anhand der Terminologie des AEUV vorzunehmen.[44] Zuständig für die Abgrenzung ist damit letztlich der EuGH. Dieser tendiert dazu, auch eine unter Zwangseinwirkung getroffene Vereinbarung letztlich unter Art. 101 AEUV zu fassen und weitgehend eine »stillschweigende Zustimmung« anzunehmen.[45]

33 Ist danach ein Verhalten (obschon der Missbrauch einer marktbeherrschenden Stellung im Sinne von Art. 102 AEUV möglich erscheint) nach Ansicht des

---

41 Abweichend *Rehbinder*, in: Immenga/Mestmäcker, GWB, § 22 Rn. 10: bloß »*faktische Verdrängungswirkung*«.
42 *Rehbinder*, in: Immenga/Mestmäcker, GWB, § 22 Rn. 10; *Schneider*, in: Langen/Bunte, GWB, § 22 Rn. 18.
43 Anders *Koenigs*, DB 2003, 755, 758.
44 BT-Drucks. 15/3640, S. 31.
45 EuGH Slg. 2004 I 23, Tz. 96–103 – *Bundesverband der Arzneimittelimporteure/Bayer*.

EuGH ausschließlich unter Art. 101 AEUV zu subsumieren, so darf das deutsche Recht keine strengeren Anforderungen an die Vereinbarung, den Beschluss oder die abgestimmte Verhaltensweise stellen. Der Vorrang des Europarechts gebietet es, ein mit Blick auf Art. 101 AEUV zulässiges Verhalten nicht allein auf Grundlage der §§ 19 ff. GWB zu untersagen. Ein Verbot wäre nur möglich, wenn **neben §§ 19 ff. GWB auch Art. 102 AEUV** erfüllt wäre.[46]

Dem stehen aber durchaus gewichtige **Bedenken** entgegen: Durch diese Auslegung wird Art. 3 Abs. 2 S. 2 VO 1/2003 der Anwendungsbereich weitgehend entzogen, da letztlich nur Fälle übrigbleiben, in denen ausschließlich Art. 102 AEUV verwirklicht ist (und die deshalb nicht unter § 22 Abs. 2 GWB, sondern unter § 22 Abs. 3 GWB fallen würden). Dies kann aber wohl nicht die Intention des Verordnungsgebers gewesen sein. Zudem wird auf den Vorrang von Vorschriften mit anderer Schutzrichtung (§ 22 Abs. 4 S. 2 GWB) verwiesen, da das Missbrauchsverbot auch eine gewisse Nähe zum Lauterkeitsrecht aufweist und die Mitgliedstaaten hier einen breiteren Spielraum benötigten. Daher wird als Alternative vorgeschlagen, auf den Schwerpunkt des Verstoßes abzustellen:[47] Erfolgt die vermeintliche Vereinbarung nur aufgrund von Zwang, läge ein einseitiges Verhalten vor und man dürfte strengeres deutsches Recht (neben Art. 101 AEUV) anwenden. Spielt hingegen die einseitige Maßnahme nur eine untergeordnete Rolle, verbliebe es bei der Grundentscheidung des Art. 3 Abs. 2 S. 1 VO 1/2003 (§ 22 Abs. 2 S. 1 GWB) und das strengere deutsche Recht dürfte nicht angewandt werden.

34

Gerade in den Fällen, in denen eine Abgrenzung schwer fällt, mag die nationale Behörde jedoch geneigt sein, das strengere nationale Recht anzuwenden. Dadurch würde allerdings eine **Schieflage im Binnenmarkt** verursacht – ein einzelner Mitgliedstaat könnte die grenzüberschreitende Tätigkeit von Unternehmen beschränken und dadurch seinerseits den Wettbewerb verzerren. Somit wird man auf § 22 Abs. 2 S. 2 GWB (Art. 3 Abs. 2 S. 2 VO 1/2003) nur rekurrieren dürfen, wenn ausschließlich ein einseitiges Verhalten im Raum steht und sich die vermeintliche Abrede nicht nachweisen lässt. Eine gewisse Korrektur im Rahmen von freigestellten Vereinbarungen kann durch die Missbrauchsaufsicht im Rahmen von Art. 29 Abs. 2 VO 1/2003 erfolgen.[48]

35

Keine Schwierigkeiten bereitet demgegenüber der Fall, dass ein Verhalten auch **auf europäischer Ebene** sowohl an Art. 101 AEUV als auch an Art. 102

36

---

46 In diesem Sinne letztlich wohl *Loewenheim*, in: Loewenheim/Meessen/Riesenkampff, § 22 GWB Rn. 11; *Böge/Bardong*, in: MünchKommKartR, § 22 GWB Rn. 23.
47 *Schneider*, in: Langen/Bunte, GWB, § 22 Rn. 20; *Zuber*, in: Loewenheim/Meessen/Riesenkampff, Art. 3 VO 1/2003 Rn. 10.
48 *Rehbinder*, in: Immenga/Mestmäcker, GWB, § 22 Rn. 16.

§ 22 GWB   Verhältnis dieses Gesetzes zu den Art. 101 und 102 AEUV

AEUV gemessen wird. Dies ist der Fall, wenn das Kartell insgesamt oder einzelne Mitglieder marktbeherrschend sind *und* einseitig Maßnahmen zur Durchsetzung der Verhaltensabstimmung treffen.[49] Soweit auf Primärebene eine doppelte Kontrolle auch anhand des Art. 102 AEUV eröffnet ist, dürfen die Einzelstaaten auf ihre Vorschriften zur Kontrolle einseitiger Maßnahmen zurückgreifen. Erst dann, wenn der Missbrauch nach nationalem Recht gerade im Verstoß gegen Art. 101 AEUV gesehen wird, dieser aber nach Art. 101 Abs. 3 AEUV bzw. aufgrund einer Beschränkung des Art. 101 Abs. 1 AEUV erlaubt ist, greift das Verbot widersprechender nationaler Regelungen.

3. Keine Freistellung von Art. 101 AEUV durch deutsches Recht (S. 3)

37 **Generalklauselartig** bestimmt schließlich § 22 Abs. 2 S. 3 GWB (insoweit über Art. 3 VO 1/2003 hinaus) klarstellend, dass sich der Vorrang von Art. 101 AEUV »*nach dem insoweit maßgeblichen Recht der Europäischen Union*« richtet. Art. 3 VO 1/2003 kennt diese Ausnahme nicht; sie ist jedoch aufgrund ihrer klarstellenden und Art. 3 VO 1/2003 nicht einschränkenden Natur nicht europarechtswidrig. Die missverständliche Formulierung hat praktisch keinen Anwendungsbereich. Sie soll sicherstellen, dass Art. 101 AEUV selbst dann Anwendung durch die deutschen Kartellbehörden findet, wenn das deutsche Kartellverbot die betreffende Verhaltensweise nicht untersagt.[50] Freilich ist dies schon aus der Normenhierarchie selbstverständlich:[51] Da es sich bei Europarecht und nationalem Recht um zwei eigenständige Rechtsordnungen handelt, kann ein Erlaubnistatbestand des nationalen Rechts keinerlei Auswirkungen auf das europarechtliche Verbot haben. Soweit ein Verhalten nach deutschem Kartellrecht erlaubt ist, hat das im Rahmen der Prüfung des daneben anwendbaren europäischen Verbots aus Art. 101 AEUV genauso wenig Relevanz, wie das Fehlen eines Vertrages Ansprüche aus Delikt ausschließen würde. Das europarechtliche Verbot bleibt von der Anwendung des deutschen Rechts unberührt, ein nach Europarecht verbotenes Verhalten bleibt verboten. Es werden also nicht etwa die Regelungen des GWB im europarechtlichen Sinne modifiziert, sondern die deutschen Regeln werden nur nicht durchgesetzt.

38 Die mit § 22 Abs. 2 S. 3 GWB angesprochenen **Tatbestände des § 3 Abs. 1 GWB (für Mittelstandskartelle) oder des § 30 GWB (Preisbindung im Verlagswesen)** gelten ausdrücklich nur für § 1 GWB und gerade nicht für Art. 101 AEUV; der deutsche Gesetzgeber hätte insoweit ohnehin nichts Abweichendes regeln dürfen. Die Regelung kann schließlich auch nicht als

---

49 EuGH Slg. 1979, 461 Tz. 116 – *Hoffmann La Roche*.
50 BT-Drucks. 15/3640, S. 31, 47.
51 Siehe nur EuGH Slg. 2003, I-8055 – *Consorzio Industrie Fiammiferi*.

Merkzettel für den Rechtsanwender gerechtfertigt werden – denn der Wortlaut bringt die intendierte Bedeutung (Anwendungsvorrang des Europarechts in allen zwischenstaatlichen Fällen von Wettbewerbsverstößen, die unter Art. 101 AEUV fallen) allenfalls ansatzweise zum Ausdruck. Das vom Gesetzgeber befürchtete Problem hätte nur auftreten können, wenn die Anwendung des Europarechts ausschließlich auf seiner Anordnung (d.h. auf § 22 GWB) beruhen würde – dann würde nämlich der generelle Vorrang nicht greifen und das Europarecht würde »als deutsches Recht« Anwendung finden.[52] Eigenständige Bedeutung kann die Regelung daher allenfalls nach einer grundlegenden Reform oder gar durch die (nicht zu erwartende) Aufhebung des Art. 3 VO 1/2003 erlangen.

III. Verhältnis zu Art. 102 AEUV (Abs. 3)

§ 22 Abs. 3 S. 1 GWB stellt (wie § 22 Abs. 1 S. 1 GWB für Verstöße gegen Art. 101 AEUV) klar, dass auch bei zwischenstaatlichen Fällen des einseitigen Missbrauchs einer marktbeherrschenden Stellung **das deutsche Recht angewandt werden darf.** Ebenfalls parallel zu § 22 Abs. 1 S. 2 GWB wird sodann eine Pflicht zur Anwendung statuiert (§ 22 Abs. 3 S. 2 GWB). Obgleich eine § 22 Abs. 2 S. 3 GWB entsprechende Regelung fehlt ist damit klar, dass eine deutsche Befreiungsvorschrift nicht dazu führen kann, dass die Anwendung von Art. 102 AEUV unterbleibt.[53] Selbstverständlich ist dies zunächst für ein Einschreiten der Kommission als Kartellbehörde; aufgrund der Trennung der beiden Rechtsordnungen gilt aber auch für die deutschen Kartellbehörden, dass das Europarecht nicht aufgrund deutscher Vorschriften eingeschränkt wird. 39

Wie im Verhältnis von § 1 GWB zu Art. 101 AEUV bestimmt § 22 Abs. 2 GWB auch für das Verhältnis der §§ 19 ff. GWB zu Art. 102 AEUV, dass die **europarechtliche Regelung angewandt werden muss.** Ein Bescheid, der bei einer spürbaren Beeinträchtigung des zwischenstaatlichen Handels, die nach Art. 102 AEUV verboten wäre, ausschließlich auf § 19 GWB gestützt wird, ist also rechtswidrig. Umgekehrt darf aber ein Bescheid, selbst wenn auch gegen § 19 GWB verstoßen wurde, allein auf Art. 102 AEUV gestützt werden. 40

Abweichend von § 22 Abs. 2 GWB ist jedoch das Verhältnis von **strengeren nationalen Vorschriften zum europarechtlichen Missbrauchsverbot** geregelt: Nach § 22 Abs. 3 S. 3 GWB bleiben diese »*unberührt*«. Insbesondere auf Drängen Deutschlands wurde Art. 3 Abs. 2 S. 2 VO 1/2003 so gefasst, dass 41

---

52 Vgl. EuGH WuW/E EU-R 1353 – *Autorità Garante della Concorrenza/ETI*.
53 *Loewenheim*, in: Loewenheim/Meessen/Riesenkampff, § 22 GWB Rn. 11; *Rehbinder*, in: Immenga/Mestmäcker, GWB, § 22 Rn. 19.

die Mitgliedstaaten im Hinblick auf einseitige Wettbewerbsbeschränkungen strengere Maßstäbe anlegen dürfen, als dies europarechtlich vorgeschrieben ist.[54] Faktisch gilt damit eine Zweischrankentheorie (oder Nadelöhrtheorie).[55] Dabei spricht § 22 Abs. 3 S. 3 GWB bewusst allgemein von »*weitergehenden Vorschriften*«. Voraussetzung dafür ist nicht etwa der Missbrauch einer marktbeherrschenden Stellung. Die Befugnis zur weitergehenden Regulierung erfasst vielmehr alle Vorschriften zur »*Unterbindung oder Ahndung einseitiger Handlungen von Unternehmen*«. Nur als Beispiel nennt Erwägungsgrund 8 der VO 1/2003 »*missbräuchliches Verhalten gegenüber wirtschaftlich abhängigen Unternehmen*«. Vor diesem Hintergrund können kartellrechtliche Maßnahmen gegenüber Unternehmen mit bloß relativer Marktmacht nach § 20 GWB und die Verbote des § 21 GWB auch bei zwischenstaatlichen Sachverhalten angewandt werden.[56]

IV. Ausnahmetatbestände (Abs. 4)

42 Zur parallelen Anwendung der Art. 101, 102 AEUV (Abs. 1, Abs. 3) neben dem deutschen Recht und zum grundsätzlichen Ausschluss der Anwendung strengerer nationaler Regelungen neben dem europäischen Kartellverbot (Abs. 2) schafft § 22 Abs. 4 GWB in leicht umformulierter Ausdrucksweise **zwei Ausnahmen**, die sich bereits in Art. 3 Abs. 3 VO 1/2003 finden.

1. Verhältnis der §§ 35 ff. zu Art. 101, 102 AEUV (S. 1)

43 Die Regelung des § 22 Abs. 4 S. 1 GWB (entsprechend Art. 3 Abs. 3 VO 1/2003) ist auf den ersten Blick nur die konsequente Fortschreibung der VO 139/2004, die ebenfalls von einem Ausschluss der Art. 101, 102 AEUV durch die dortigen Vorschriften und einer **strikten Alternativität von europäischer und nationaler Zusammenschlusskontrolle** ausgeht. Allerdings ist die Regelung (entgegen Erwägungsgrund 6 der VO 139/2004, welcher die FKVO als »einziges Instrument« hervorhebt) nachrangig gegenüber den primärrechtlichen Vorgaben und kann daher selbst insoweit die Art. 101, 102 AEUV nicht vollständig verdrängen.

44 Bei **Überschreiten der Schwellenwerte** des Art. 1 Abs. 2, Abs. 3 VO 139/2004 wird die Anwendung des gesamten einzelstaatlichen Kartellrechts (also insb. des GWB) ausgeschlossen (Art. 21 Abs. 3 VO 139/2004). Das bedeutet, dass ein unter die FKVO fallendes Gemeinschaftsunternehmen nicht von den

---

54 *Schwarze/Weitbrecht*, § 3 Rn. 33.
55 *Schütz*, in: KK-KartR, Art. 3 VO 1/2003 Rn. 21; *Böge/Bardong*, in: MünchKomm-KartR, Art. 3 VO 1/2003 Rn. 105 ff.
56 *Weitbrecht*, EuZW 2003, 69, 72.

deutschen Kartellbehörden an § 1 GWB gemessen werden darf.[57] Insoweit ist ein umfassender Vorrang des Gemeinschaftsrechts gewährleistet, der auch durch die Alleinzuständigkeit der Kommission (vorbehaltlich Art. 9, 22 VO 139/2004) abgesichert ist. Durch die Schwellenwerte findet daher in Fällen, die der europäischen Fusionskontrolle unterfallen, das GWB (sowohl §§ 35 ff. GWB als auch §§ 1, 19–21 GWB) keine Anwendung. Damit wird bei großen Zusammenschlüssen ein »One Stop Shop«-System geschaffen durch das eine Mehrfachanmeldung und Überprüfung unterbleiben kann; die Entscheidung erfolgt stattdessen allein auf europäischer Ebene.

Umgekehrt schließt eine Anwendung der §§ 35 ff. GWB eine Überprüfung anhand der Art. 101, 102 AEUV nicht per se aus. Tatsächlich hat die geltende FKVO ihren Ursprung in der **Continental Can-Entscheidung**,[58] welche den Ausbau[59] einer bestehenden marktbeherrschenden Stellung durch Kontrollerwerb als Missbrauch im Sinne von Art. 102 AEUV qualifizierte. Unstreitig findet Art. 101 AEUV auf die Gründung von Gemeinschaftsunternehmen Anwendung.[60] Vor diesem Hintergrund ist jedenfalls nicht offensichtlich, was Art. 3 Abs. 3, 1. HS VO 1/2003 bzw. § 22 Abs. 4 S. 1 GWB aussagen sollen. 45

Die **erste Schwierigkeit** liegt darin, dass der Begriff der »Kontrolle von Unternehmenszusammenschlüssen« bzw. der »Zusammenschlusskontrolle« europarechtlich nicht vorgegeben ist. Eine Anwendung der Maßstäbe der FKVO in der nationalen Fusionskontrolle ist weder vorgeschrieben[61] noch wäre sie zweckmäßig. Denn in der nationalen Fusionskontrolle finden mitunter aus EU-Sicht irrelevante Erwägungen (etwa bei der Pressefusionskontrolle in § 36 Abs. 1 Nr. 3 GWB) Berücksichtigung, die aber im nationalstaatlichen Interesse liegen. Die einheitliche Anwendung und Wirksamkeit des Gemeinschaftsrechts wird dadurch nicht in Frage gestellt. Daher können die Mitgliedstaaten grundsätzlich frei darüber entscheiden, ob sie überhaupt eine Fusionskontrolle auf nationaler Ebene einführen[62] und wie sie diese gestalten. Die Anwendbarkeit des europäischen Kartellrechts kann aber kaum davon abhängen, ob ein Mitgliedstaat eine besondere staatliche Aufsicht unter der Bezeichnung »Zusammenschlusskontrolle« oder »Missbrauchsaufsicht« betreibt. Bei exzessivem Verständnis könnte man nämlich jede Vereinbarung im Sinne des § 1 GWB als »Zusammenschluss« für ein Teilsegment verstehen – die betroffenen 46

---

57 *Zimmer*, in: Immenga/Mestmäcker, GWB, § 1 Rn. 316 f.
58 EuGH Slg. 1973, 215 – *Europemballage*; allgemein *Bechtold*, RIW 1985, 442, 445.
59 Nicht aber die erstmalige Begründung, zu Recht ablehnend etwa *Schütz*, in: KK-KartR, Einl. FKVO Rn. 6; *Bechtold*, RIW 1985, 442, 445.
60 EuGH Slg. 1987, 4487 – *Morris/Rothmans*.
61 Dazu schon BGH WuW/E BGH 3026, 3034 – *Backofenmarkt*; WuW/E DE-R 243 f. – *Pirmasenser Zeitung*; *Brinker*, WuW 1996, 549, 558.
62 Luxemburg hat derzeit etwa keine Zusammenschlusskontrolle.

§ 22 GWB Verhältnis dieses Gesetzes zu den Art. 101 und 102 AEUV

Unternehmen treten insoweit als einheitliche Interessengruppe auf dem Markt auf, haben sich also zusammengeschlossen. Die erfassten Zusammenschlüsse müssen daher jedenfalls typologisch den von der VO 139/2004 geregelten Konstellationen vergleichbar sein. Selbstverständlich ist es dem europäischen Gesetzgeber unbenommen, die Prüfung des Art. 101 AEUV bei der Beurteilung kooperativer Gemeinschaftsunternehmen in die Fusionskontrolle einzubetten (vgl. Art. 2 Abs. 4 VO 134/2004). Damit ist aber nicht die Aussage verbunden, dass durch Genehmigung eines solchen Unternehmens nach §§ 35 ff. GWB und Prüfung nach § 1 GWB eine Anwendung des Art. 101 AEUV unterbleiben kann.[63] Für eine solche Regelung fehlt jegliche Grundlage.[64]

47 Die **zweite Schwierigkeit** ruht darin, dass Art. 101, 102 AEUV Primärrecht sind, während Art. 3 Abs. 3 VO 1/2003 (und erst Recht dessen redundante Wiederholung in § 22 Abs. 4 S. 1 GWB) bloß davon abgeleitete sekundärrechtliche Normen sind. Eine Verordnung kann aber die Anwendung des Vertrages nicht ausschließen, sondern allenfalls die Anwendbarkeit der dort genannten Verfahrensvorschriften.[65] Der Kommission bliebe es danach unbenommen, trotz Genehmigung eines Zusammenschlusses nach Art. 101, 102 AEUV auf primärrechtlicher Grundlage einzuschreiten.[66] Auch in privatrechtlichen Streitigkeiten mit Konkurrenten, Lieferanten oder Abnehmern könnte man überlegen, trotz der §§ 35 ff. GWB möglicherweise auf den primärrechtlich gewährleisteten Anspruch bei Kartellverstößen[67] zu rekurrieren.

48 Gegen diese Ansicht werden im Wesentlichen **drei Argumente** angeführt:[68] Zunächst gäbe es derzeit gar keine Verfahrensnorm, aufgrund derer die Kommission einschreiten könne (da die VO 1/2003 wegen Art. 3 Abs. 3 nicht anwendbar sei). Zudem sei kein praktischer oder rechtlicher Grund ersichtlich, Art. 101, 102 AEUV auf Strukturveränderungen anzuwenden. Schließlich sei die Rechtssicherheit bei Zusammenschlüssen besonders wichtig. Das Fehlen von Verfahrensvorschriften ist freilich im europäischen Recht nur bedingt als Hindernis anzusehen. Denn Art. 101, 102 AEUV tragen ihre Rechtsfolge be-

---

63 In diese Richtung *Rehbinder*, in: Immenga/Mestmäcker, GWB, § 22 Rn. 20.
64 *Böge/Bardong*, in: MünchKommKartR, § 22 GWB Rn. 33; *Schneider*, in: Langen/Bunte, GWB, § 22 Rn. 27; *Bechtold*, § 22 GWB Rn. 18.
65 So zutreffend Monopolkommission, WuW/E DE-V 543 Rn. 222 ff. – *Sondergutachten E. ON/Ruhrgas; Fritzsche*, WuW 2003, 1153; *Baron*, WuW 1997, 547.
66 Jedenfalls im Verhältnis der Fusionskontrollverordnung zu den Art. 101, 102 AEUV *will* sie dies »normalerweise« nicht tun – Ziff. 11a Protokollerklärung vom 19.12.1989, WuW 1990, 240. Für das Verhältnis der Art. 101, 102 AEUV zu der Zusammenschlusskontrolle der Mitgliedstaaten ist damit freilich nichts gesagt.
67 EuGH Slg. 2001, I-6297 – *Courage*.
68 Ausführlich *Schütz*, in: KK-KartR, Art. 3 VO 1/2003 Rn. 26.

reits in sich (»verboten«) – zudem hat die Kommission mit Art. 105 AEUV eine Generalklausel, auf welche sie ihr Handeln stützen dürfte.[69] Generell hat den EuGH schon in der Entscheidung *Continental Can*[70] das Fehlen einer Verfahrensordnung nicht gehindert. Das fehlende praktische Bedürfnis hängt stets von den Regeln der Mitgliedstaaten ab; würde etwa ein Mitgliedstaat im Rahmen seiner Zusammenschlusskontrolle generell alle Gemeinschaftsunternehmen freigeben, kann dies wohl kaum eine Kontrolle anhand von Art. 101 AEUV ausschließen. Der durch den AEUV vorausgesetzte und durch die VO 1/2003 vorangetriebene Binnenmarkt würde nicht funktionieren, wenn bei zwischenstaatlicher Bedeutung nicht zumindest gemeinsame Grundlinien zur Anwendung kämen. Damit verbleibt allein der letzte, allerdings auch gewichtige Kritikpunkt.[71]

Die wahre **Grenze der Konkurrenz der §§ 35 ff. GWB zu den Art. 101, 102 AEUV** kann daher nicht in der Regelung des § 22 GWB (bzw. des Art. 3 Abs. 3 VO 1/2003) gesucht werden. Es geht vielmehr um die allgemeine Frage der Unionstreue: Die Kommission darf nicht ohne Grund in die Angelegenheiten der Mitgliedstaaten eingreifen und muss deren Interessen respektieren, soweit auch der Vertrag dies so vorsieht. Solange die Zusammenschlusskontrolle selbst die Einhaltung der Art. 101, 102 AEUV impliziert, scheidet ein Einschreiten der Kommission aus. Ist die nationale Zusammenschlusskontrolle strenger als die europäischen Vorgaben, stehen Untersagungen wegen Art. 3 Abs. 3 VO 1/2003 im Einklang mit Europarecht. Ein echter Vorrang der Zusammenschlusskontrolle (unter Ausschluss der Art. 101, 102 AEUV) besteht daher nur dort, wo Art. 101, 102 AEUV gar nicht betroffen sind – also in dem Bereich, in dem auch die VO 139/2004 auf Art. 308 AEUV gestützt werden musste (und nicht nur im Rahmen von Art. 103 AEUV das Kartellverbot konkretisierte). Soweit ausnahmsweise ein mit Art. 101 AEUV oder Art. 102 AEUV unvereinbarer Zusammenschluss durch einen Mitgliedstaat zugelassen wird, fehlt ein schutzwürdiges Vertrauen der beteiligten Unternehmen und eine Untersagung aufgrund der Art. 101 f. AEUV ist möglich. 49

Bei kooperativen Gemeinschaftsunternehmen[72] findet schon auf nationaler Ebene neben §§ 35 ff. GWB auch § 1 GWB Anwendung. Dann ist es selbstverständlich,[73] dass für die Kontrolle nach § 1 GWB gem. § 22 Abs. 1 S. 1 50

---

69 In diesem Sinne EuGH Slg. 1989, 803, 848 – *Ahmet Saeed Flugreisen*.
70 EuGH Slg. 1973, 215 – *Europemballage*; allgemein *Bechtold*, RIW 1985, 442, 445.
71 Zur Problematik *Basedow*, EuZW 2003, 44.
72 BGHZ 96, 69 ff. – *Mischwerke*; BGH WuW/E DE-R 711 ff. – *Ost-Fleisch*.
73 Art. 21 Abs. 1 VO 139/2004 schließt »*Gemeinschaftsunternehmen, die keine gemeinschaftsweite Bedeutung haben und die Koordinierung des Wettbewerbsverhaltens unabhängig bleibender Unternehmen bezwecken oder bewirken*« von der Anwendung der EU-Fusionskontrollverordnung aus; dies betrifft allerdings nicht

§ 22 GWB Verhältnis dieses Gesetzes zu den Art. 101 und 102 AEUV

GWB auch die Einhaltung von Art. 101 AEUV zu prüfen ist. Insoweit ist bereits auf nationaler Ebene die Unterscheidung zwischen Zusammenschlusskontrolle und Kartellverbot keineswegs trennscharf. Würde man in diesen Fällen aber die Entscheidung nach §§ 35 ff. GWB von jeglichen europarechtlichen Erwägungen freistellen, wäre bereits die nationale Einheit der Rechtsordnung in Frage gestellt. Daher ist auch bei der nationalen Zusammenschlusskontrolle darauf zu achten, dass die volle Wirksamkeit des europäischen Wettbewerbsrechts nicht (im Sinne der »Walt Wilhelm«-Entscheidung[74]) unterlaufen wird.[75]

2. Vorschriften, die überwiegend ein abweichendes Ziel verfolgen (S. 2)

51 Die Regelung des § 22 Abs. 4 S. 2 GWB ist einerseits **redundant**, andererseits **im GWB falsch platziert**. Denn die Aufgabe der Wettbewerbsbehörden ist es gerade, den Wettbewerb zu regulieren. Der Umstand, dass das Kartellrecht keine Bündelungswirkung (etwa für Fragen des Lizenzrechts, des lauteren Wettbewerbs, des Sozialrechts, etc.) entfaltet, liegt auf der Hand und bedurfte keine Regelung an dieser Stelle. Dies gilt freilich auch für die entsprechenden Ausführungen in Art. 3 Abs. 3 a.E. VO 1/2003.

52 Das für die Abgrenzung maßgebliche Ziel der Art. 101, 102 AEUV ist nach Erwägungsgrund 9 der VO 1/2003 der **Schutz des Wettbewerbs auf dem jeweiligen Markt**. Einem anderen Zweck dienen daher alle Normen, die keinerlei Bezug zum Schutz des Wettbewerbs als Institution aufweisen. Anders als in Art. 21 Abs. 4 VO 139/2004 werden leider die damit gemeinten Interessen allerdings im Verordnungstext selbst nicht genannt.

Erwägungsgrund 9 VO 1/2003 nennt immerhin Vorschriften »*mit denen unlautere Handelspraktiken – unabhängig davon, ob diese einseitig ergriffen oder vertraglich vereinbart wurden – untersagt oder geahndet werden*«. Damit sind die Vorschriften des **Lauterkeitsrechts und des Markenrechts** scheinbar umfassend von der Regelung des Art. 3 VO 1/2003 freigestellt, können also auch ein danach erlaubtes Verhalten verbieten.[76] Dahinter steht die Überlegung, dass das Lauterkeitsrecht nur das Verhalten auf dem Markt, nicht hingegen den Markt als solchen betrifft. Freilich mag im Einzelfall doch ein kartellrechtlicher Bezug gegeben sein, insbesondere die Fälle des § 4 Nr. 4 UWG (Behinderung) und § 3a UWG (Rechtsbruch) weisen eine stark marktbezogene Komponente auf, da letztlich Marktzugangsschranken und die Chancengleichheit betroffen sind. Immerhin wurde sogar der Benrather Tankstellen-

---

das Verhältnis der nationalen Fusionskontrolle zu den primärrechtlichen Verbotstatbeständen.
74 EuGH Slg. 1969, 1, 14 – *Walt Wilhelm*.
75 Tendenziell ebenso *Böge/Bardong*, in: MünchKommKartR, § 22 GWB Rn. 33.
76 BegrRegE, BT-Drucks. 15/3640, S. 32, 47; *Bechtold*, § 22 GWB Rn. 19.

fall[77] über das Lauterkeitsrecht gelöst. Eine pauschale Freistellung des Lauterkeitsrechts von den Vorgaben des europäischen Kartellrechts wäre daher keinesfalls zulässig. Die im Erwägungsgrund selbst genannte Einschränkung, dass lauterkeitsrechtliche Regelungen »die tatsächlichen oder vermuteten Wirkungen solcher Handlungen auf den Wettbewerb auf dem Markt unberücksichtigt« lassen, deckt sich mit dem in § 1 S. 2 UWG nur als mittelbare Folge dargestellten Schutz unverfälschten Wettbewerbs als Allgemeininteresse.

Ebenfalls vorbehalten bleiben die **Vorschriften des besonderen Regulierungsrechts**, namentlich im TKG, EnWG oder PostG. Auch diese betreffen offensichtlich das Verhältnis von Marktteilnehmern zueinander, dienen aber nicht dem Schutz des Wettbewerbs als Institution, wie auch die europarechtlichen Vorgaben in diesen Spezialsektoren zeigen.[78] Es geht dort einerseits um Daseinsvorsorge, andererseits um das Aufbrechen bereits bestehender marktbeherrschender Stellungen. Dem Gesetzgeber steht es aber nicht frei, Sonderfelder der Regulierung zu eröffnen. Sonst könnte er auf diesem Umweg die einheitliche Anwendung des Kartellverbots und damit letztlich den Binnenmarkt unterwandern.[79] 53

Umgekehrt stellt Erwägungsgrund 8 a.E. klar, dass »*Rechtsvorschriften, mit denen natürlichen Personen strafrechtliche Sanktionen auferlegt werden,*« von der VO 1/2003 unberührt bleiben, »*außer wenn solche Sanktionen als Mittel dienen, um die für Unternehmen geltenden Wettbewerbsregeln durchzusetzen*«. Damit wäre etwa **§ 289 StGB** eine Norm, welche gerade nicht überwiegend ein abweichendes Ziel verfolgt. 54

Unzulässig ist die Anwendung nationalen Rechts schließlich immer dann, wenn dadurch der Binnenmarkt beeinträchtigt würde; es gilt also der **allgemeine Grundsatz der Gemeinschaftstreue** und der daraus folgenden gemeinschaftskonformen Auslegung. Soweit also eine nationale Regelung in Widerspruch etwa zu Dienstleistungs- und Niederlassungsfreiheit bestimmte Märkte Sonderregelungen unterwirft, können die entsprechenden Normen auch nicht als Rechtfertigung für einen Kartellverstoß herangezogen werden. Erst Recht steht es den Mitgliedstaaten nicht frei, nach Belieben die Anwendung der Art. 101, 102 AEUV für einzelne Branchen abzubedingen. 55

---

77 RGZ 134, 342.
78 *Zuber*, in: Loewenheim/Meessen/Riesenkampff, Art. 3 VO 1/2003 Rn. 22; *Böge/Bardong*, in: MünchKommKartR, Art. 3 VO 1/2003 Rn. 28 f.; *Schütz*, in: KK-KartR, Art. 3 Vo 1/2003 Rn. 27.
79 *Bechtold*, BB 2000, 2425, 2429.

D. Folgen eines Verstoßes gegen § 22 GWB/Art. 3 VO 1/2003

56 Wendet eine nationale Kartellbehörde entgegen § 22 Abs. 1 GWB die Art. 101, 102 AEUV nicht an, kann die **Kommission von sich aus** ein Verfahren wegen Verstoßes gegen Art. 101, 102 AEUV eröffnen. Hierdurch entfällt die Zuständigkeit der deutschen Behörden zur Verfolgung auf europarechtlicher Grundlage (Art. 11 Abs. 6 VO 1/2003), indes natürlich nicht die Befugnis aufgrund des GWB. Eine Entscheidung der Kommission hat in jedem Fall Vorrang vor den Entscheidungen der nationalen Behörden (Art. 16 VO 1/2003). Beseitigen die nationalen Behörden entgegenstehende Entscheidungen nicht, kann die Kommission nach Art. 258 AEUV (Vertragsverletzungsverfahren) gegen die Bundesrepublik als Mitgliedstaat vorgehen und durch Zwangsgelder die Korrektur erzwingen.

57 Eine Verfügung einer Kartellbehörde, die auf nationales Kartellrecht gestützt wurde, inhaltlich aber gegen den (anwendbaren) Art. 101 AEUV verstößt, ist **nicht nichtig** im Sinne von § 44 VwVfG, da dieser Mangel nicht »offensichtlich« ist. Auch der effet utile gebietet diese tiefgreifende Rechtsfolge nicht. Allerdings ist die entsprechende Verfügung rechtswidrig und nach § 48 VwVfG **zurückzunehmen**. Das Ermessen der Behörde ist nach der Rechtsprechung des EuGH[80] auf Null reduziert, soweit die Fortgeltung des Verwaltungsakts schlechthin unerträglich ist; dann muss die Behörde den Verwaltungsakt zwingend zurücknehmen, ohne dass die Interessen der Adressaten oder Dritter berücksichtigt werden könnten.

58 Übersieht ein Gericht bei der Entscheidung eines privatrechtlichen Falls mit Bezug zum Wettbewerbsrecht die einschlägigen europarechtlichen Regelungen der Art. 101, 102 AEUV, ändert dies nichts an der **Rechtskraft des Urteils**. Eine Wiederaufnahme des Verfahrens durch Nichtigkeits- oder Restitutionsklage (§§ 579 f. ZPO) scheidet mangels Vorliegen der hierfür abschließend genannten Gründe aus.

59 Soweit die Ergebnisse der tatsächlich erfolgten Anwendung des nationalen Rechts (also von § 1 GWB bzw. § 19 GWB) mit denjenigen übereinstimmen, welche sich auf Grundlage der Art. 101, 102 AEUV ergeben haben, wäre eine Rücknahme von Entscheidungen kaum **zweckmäßig**. Erst Recht ist nicht klar, wie der Adressat der Verfügung dies durchsetzen wollte – denn aus dem reinen Formverstoß lässt sich eine Beschwer kaum herleiten.

60 Die wirksame Anwendung des Europarechts besteht nicht primär in der Nennung der richtigen Rechtsgrundlage, sondern vor allem im **Bewirken der wirtschaftlich avisierten Erfolge**. Insbesondere bei Eingreifen von Verjäh-

---

80 EuGH Slg. 2006, I-8559 Rn. 63 ff.

rungsvorschriften würde dies den kartellwidrig Handelnden möglicherweise sogar zu Unrecht begünstigen. Solange die Entscheidung inhaltlich europarechtskonform ist, bedeutet daher der fehlende Hinweis auf die anwendbaren europarechtlichen Rechtsgrundlagen einen bloßen Ordnungsverstoß, der als solcher nicht die Unwirksamkeit nach sich zieht.[81] Die Gegenauffassung[82] betont hingegen das Rechtsstaatsprinzip, die Pflicht der deutschen Behörden zur Europatreue sowie das Erfordernis einer »Anwendung« des Europarechts. Ersteres übersieht, dass schon im nationalen Verwaltungsverfahren zahlreiche formale Mängel folgenlos bleiben (vgl. nur § 46 VwVfG), was unstreitig mit dem Rechtsstaatsprinzip vereinbar ist;[83] entsprechendes regeln auch die Prozessordnungen für die Geltendmachung von Revisionsgründen (»Relevanzprinzip«). Das zweite Argument überzeugt nicht, da das reine Bewusstmachen der Existenz einer europäischen Regelung durch die Behörde kein Selbstzweck ist. Würde die Durchsetzung der Art. 101, 102 AEUV praktisch aufgeschoben oder gar eine Sanktion ganz unterbleiben, wäre die Regelung sehr viel stärker in Frage gestellt. Dies wäre in jedem Fall mit Europarecht unvereinbar. Zudem ist die Verfahrensökonomie auch ein auf europäischer Ebene gebilligtes und verfolgtes Ziel, so dass die Unbeachtlichkeit des Verstoßes durchaus mit den Grundwertungen des AEUV in Einklang steht. Schließlich ist auch aus dem Wortlaut nicht zwingend zu folgern, dass die richtige Norm genannt werden muss. Soweit die Tatbestandsmerkmale (wie im Regelfall) identisch sind, werden die Voraussetzungen des Europarechts geprüft und damit auch das Kartellverbot »angewandt«. Alles andere wäre **bloßer Formalismus**, insbesondere soweit man mit der dort vertretenen Auffassung die Doppelbegründung selbst dann als zulässig erachtet, wenn das Europarecht eigentlich nicht hätte angewandt werden dürfen.

Unabhängig davon ist die Kartellbehörde selbstverständlich gehalten, in den Gründen die **zutreffenden Rechtsgrundlagen** zu nennen. Sie kann ihre Erwägungen sowohl im Verwaltungsverfahren (§ 45 Abs. 1 Nr. 2, Abs. 2 VwVfG) als auch vor Gericht (analog § 114 S. 2 VwGO) ergänzen.[84] Aufgrund der weitgehenden Angleichung des deutschen und des europäischen Kartellverbots ist hierin jedenfalls keine wesensändernde Umgestaltung zu erblicken.

61

---

81 In diesem Sinne auch *Böge/Bardong*, in: MünchKommKartR, § 22 GWB Rn. 13, 38.
82 *Dalheimer*, in: Dalheimer/Feddersen/Miersch, Art. 3 VO 1/2003 Rn. 5; *Rehbinder*, in: Immenga/Mestmäcker, GWB, § 22 Rn. 8 (anders aber Rn. 10); *de Bronett*, in: Langen/Bunte, GWB, Art. 3 VO 1/2003 Rn. 6.
83 BVerwGE 90, 25, 33; *Baumeister*, Der Beseitigungsanspruch als Fehlerfolge des rechtswidrigen Verwaltungsakts, 2006, 257 ff., 266 ff.
84 *Schneider*, in: Langen/Bunte, GWB, § 22 Rn. 15; *Böge/Bardong*, in: MünchKommKartR, § 22 GWB Rn. 38.

§ 22 GWB Verhältnis dieses Gesetzes zu den Art. 101 und 102 AEUV

62 In **Zweifelsfällen** ist eine behördliche Entscheidung nicht deshalb unwirksam, weil sie zu Unrecht parallel Europarecht geprüft hat, obwohl letztlich die Zwischenstaatlichkeit fehlt, soweit dasselbe Ergebnis (wie im Regelfall) auch allein aus dem deutschen Recht folgen würde.[85]

63 Unproblematisch ist die Rechtslage schließlich bei Mängeln in der Begründung eines **Bußgeldbescheides**: Da im gerichtlichen Verfahren ohnehin über die Tat selbst entschieden wird (§ 71 Abs. 1 OWiG i.V.m. § 411 Abs. 1 StPO), ist die im Bescheid gewählte Rechtsgrundlage irrelevant.[86]

§ 23 (weggefallen)

---

[85] *Rehbinder*, in: Immenga/Mestmäcker, GWB, § 22 Rn. 9; *Bechtold*, § 22 GWB Rn. 6, 7.
[86] *Rehbinder*, in: Immenga/Mestmäcker, GWB, § 22 Rn. 10.

Vierter Abschnitt Wettbewerbsregeln

§ 24 Begriff, Antrag auf Anerkennung

(1) Wirtschafts- und Berufsvereinigungen können für ihren Bereich Wettbewerbsregeln aufstellen.

(2) Wettbewerbsregeln sind Bestimmungen, die das Verhalten von Unternehmen im Wettbewerb regeln zu dem Zweck, einem den Grundsätzen des lauteren oder der Wirksamkeit eines leistungsgerechten Wettbewerbs zuwiderlaufenden Verhalten im Wettbewerb entgegenzuwirken und ein diesen Grundsätzen entsprechendes Verhalten im Wettbewerb anzuregen.

(3) Wirtschafts- und Berufsvereinigungen können bei der Kartellbehörde die Anerkennung von Wettbewerbsregeln beantragen.

(4) Der Antrag auf Anerkennung von Wettbewerbsregeln hat zu enthalten:
1. Name, Rechtsform und Anschrift der Wirtschafts- oder Berufsvereinigung;
2. Name und Anschrift der Person, die sie vertritt;
3. die Angabe des sachlichen und örtlichen Anwendungsbereichs der Wettbewerbsregeln;
4. den Wortlaut der Wettbewerbsregeln.

Dem Antrag sind beizufügen:
1. die Satzung der Wirtschafts- oder Berufsvereinigung;
2. der Nachweis, dass die Wettbewerbsregeln satzungsmäßig aufgestellt sind;
3. eine Aufstellung von außenstehenden Wirtschafts- oder Berufsvereinigungen und Unternehmen der gleichen Wirtschaftsstufe sowie der Lieferanten- und Abnehmervereinigungen und der Bundesorganisationen der beteiligten Wirtschaftsstufen des betreffenden Wirtschaftszweiges.

In dem Antrag dürfen keine unrichtigen oder unvollständigen Angaben gemacht oder benutzt werden, um für den Antragsteller oder einen anderen die Anerkennung einer Wettbewerbsregel zu erschleichen.

(5) Änderungen und Ergänzungen anerkannter Wettbewerbsregeln sind der Kartellbehörde mitzuteilen.

Übersicht

	Rdn.		Rdn.
A. Überblick	1	II. Erweiterung des Anwendungsbereichs	9
B. Rechtsentwicklung	6	III. Konsolidierung der Anwendungspraxis	10
I. Entstehung der Vorschriften	7		

§ 24 GWB Begriff, Antrag auf Anerkennung

	Rdn.		Rdn.
IV. Abschaffung des »Eintragungsverfahrens«	13	I. Bestimmungen	37
V. Neufassung durch die 6. GWB-Novelle	14	II. Regelungsgegenstand	39
VI. Systemwechsel durch die 7. GWB-Novelle	16	**G. Lauterkeitswettbewerbsregeln**	43
		I. Begriff des lauteren Wettbewerbs	43
		II. Verbots- und Förderungsregeln	44
C. Systematische Einordnung	19	**H. Leistungswettbewerbsregeln**	46
I. Verhältnis von Kartell- und Lauterkeitsrecht	19	I. Begriff des leistungsgerechten Wettbewerbs	46
II. Verhältnis zum europäischen Kartellrecht	22	II. Verbots- und Förderungsregeln	52
D. Sinn und Zweck	24	**I. Verfahren zur Aufstellung und Anerkennung (Abs. 3 bis 5)**	54
E. Befugnis zur Aufstellung von Wettbewerbsregeln (Abs. 1)	28	I. Zuständige Behörde	57
I. Allgemeine Befugnis	28	II. Antragsberechtigung	59
II. Wirtschafts- und Berufsvereinigungen	30	III. Antragsgegenstand	60
		IV. Inhalt des Antrages	63
III. Kompetenzkonforme Aufstellung	34	**J. Anwendungspraxis**	66
F. Begriff und Gegenstand von Wettbewerbsregeln (Abs. 2)	37	I. Erste Phase	68
		II. Zweite Phase	69
		III. Dritte Phase	73
		IV. Anerkannte Wettbewerbsregeln	78

Schrifttum

Apostolopoulos, Einige Gedanken zur Auslegung der nationalen Generalklausel im Hinblick auf eine Vollharmonisierung des europäischen Lauterkeitsrechts, WRP 2005, 152; *Baur*, Wettbewerbsregeln und Außenseiter, ZHR 141 (1977), 293; *Bechtold*, Zum Referenten-Entwurf der 6. GWB-Novelle, BB 1997, 1853; *Benckendorff*, Kartellrecht und Werbemaßnahmen, WuW 1952, 800; *ders.*, Inhalt und Eintragung von Wettbewerbsregeln, WuW 1958, 416; *Benisch*, Kooperationsfibel, 4. Aufl. 1973; *ders.*, Wettbewerbsregeln gegen Rabattdiskriminierungen, GRUR 1976, 448; *ders.*, Wettbewerbsverzerrungen und Wettbewerbsregeln, FIW-Schriftenreihe, Bd. 77, 1977, S. 39; *ders.*, Wettbewerbsregeln der »grauen Zone«, WuW 1956, 643; *ders.*, Zur Problematik eines gesetzlichen Schutzes des Leistungswettbewerbs, WuW 1955, 421; *ders.*, Zur Rechtspraxis des Bundeskartellamtes auf dem Gebiete der Wettbewerbsregeln, DB 1963, 953; *Böx*, Typik und Zulässigkeit von Wettbewerbsregeln (§ 28 Abs. 2 GWB), Diss. Göttingen 1974; *Bogner*, Die Praxis der Kartellbehörden und der Gerichte zu den Wettbewerbsregeln, Diss. München 1975; *Borck*, Wertreklame: Leistungs- oder Nichtleistungswettbewerb?, WRP 1976, 285; *Burchardi/Wolf*, Allgemeinverbindlicherklärung von Wettbewerbsregeln aus rechtlicher Sicht, WuW 1977, 743; *Dörinkel*, Wettbewerbsregeln in der Praxis, WuW 1960, 593; *ders.*, Leistungswettbewerb – Rechtsbegriff oder Schlagwort?, DB 1967, 1883; *Fikentscher*, Das Verhältnis von Kartellrecht und Recht des unlauteren Wettbewerbs im deutschen und europäischen Recht, in: FS Hallstein, 1966, S. 127; *Franzen*, Auslegungsfragen im Recht der Wettbewerbsregeln, WuW 1957, 741; *ders.*, Die Wettbewerbsregeln des Markenverbandes – Ergebnisse der Rechtsprechung oder mehr?, WRP 1976, 519; *Freitag*, Der Leistungswettbewerb als rechtliche Denkfigur, Diss. Göttingen 1968; *Fuchs*, Die 7. GWB-Novelle – Grundkonzeption und praktische Bedenken, WRP 2005, 1384; *Gries*, Wettbewerbsregeln – Ungenutzte Chance, MA 1977, 249; *Gleiss/Deringer*, Wettbewerbs- und Ehrenordnungen von Wirtschaftsverbänden, BB 1952, 645; *Günther*, Schutz des Leistungswettbewerbs durch Wettbewerbsregeln, MA 1954, 346; *ders.*, Wettbewerbsregeln – Entwicklung und Möglichkeiten, MA 1969, 170; *Hamm*, Die Bedeutung des leistungsgerechten Wettbewerbs im Rahmen der Wettbewerbsregeln, WuW 1975, 115; *Hartog/Noack*, Die 7. GWB-Novelle, WRP 2005, 1396; *Henner*, Gegenstand und Inhalt von Wettbewerbsregeln, Diss. Würzburg 1962; *Herber*, Leistungswettbewerb und Preisunterbietung, Diss. Köln 1956; *Herrmann*, Interessenverbände und

Wettbewerbsrecht, 1981; *Herschel*, Allgemeinverbindlicherklärung von Wettbewerbsregeln, DB 1978, 1017; *Hinz*, Die »Gemeinsame Erklärung« der Wirtschaftsorganisationen zur Sicherung des Leistungswettbewerbs – eine Selbsthilfeaktion, WRP 1976, 4; *Hönn*, Wettbewerbsregeln und die Wirksamkeit eines leistungsgerechten Wettbewerbs, GRUR 1977, 141; *Kahlenberg*, Novelliertes deutsches Kartellrecht, BB 1998, 1593; *Kartte*, Ein neues Leitbild für die Wettbewerbspolitik, FIW-Schriftenreihe, Bd. 49, 1969; *ders.*, Wettbewerbsregeln und Mittelstandsempfehlungen in der neueren Anwendungspraxis, FIW-Schriftenreihe, Bd. 71, 1975, S. 65; *Kellermann*, Wettbewerbsbeschränkung durch Wettbewerbsregeln, WuW 1965, 551; *ders.*, Fairer Wettbewerb durch Wettbewerbsregeln, in: Zehn Jahre Bundeskartellamt, 1967, S. 61; *Kisseler*, Die Auswirkungen der Gemeinsamen Erklärung zur Sicherung des Leistungswettbewerbs auf die Praxis, WRP 1979, 7; *Koenigs*, Das Gesetz gegen Wettbewerbsbeschränkungen und das Recht des unlauteren Wettbewerbs unter besonderer Berücksichtigung der Wettbewerbsregeln, GRUR 1958, 589; *Kroitzsch*, Die Wettbewerbsregeln in kartell- und wettbewerbsrechtlicher Sicht, GRUR 1965, 589; *ders.*, Wirtschaftspolitische Entscheidungen durch Wettbewerbsregeln oder durch die UWG-Rechtsprechung?, BB 1977, 220; *Kunisch*, Eintragungsfähigkeit, rechtliche und wirtschaftliche Bedeutung von Wettbewerbsregeln gemäß §§ 28 ff. GWB, Diss. Darmstadt 1968; *Lessmann*, Die öffentlichen Aufgaben und Funktionen privatrechtlicher Wirtschaftsverbände, 1976; *Lieberknecht*, Regeln zur Förderung des Leistungswettbewerbs als Wettbewerbsregeln i.S.d. § 28 Abs. 2 GWB, in: FS Philipp Möhring, 1965, S. 67; *Lukes*, Sanktions- und Gerichtsstandsbestimmungen in Wettbewerbsregeln, DB 1968, 427; *Markert*, Modernes Kartellgesetz – aber wie? Bemerkungen zum Referentenentwurf des Bundeswirtschaftsministeriums, ZHR 134 (1970), 208; *Lutz*, Schwerpunkte der 7. GWB-Novelle, WuW 2005, 718; *Mees*, Die Wettbewerbsregeln des GWB: Verbindlichkeit und Bedeutung im Wettbewerbsprozess, GRUR 1981, 878; *Meier*, Verhaltensregeln der Wirtschaft und »Leistungswettbewerb«, WRP 1978, 514; *ders.*, Die Allgemeinverbindlichkeitserklärung von Wettbewerbsregeln – ein Fortschritt?, ZRP 1977, 105; *ders.*, Zur Frage kartellrechtswidriger Wettbewerbsregeln, WRP 1979, 20; *ders.*, Regelungsverantwortung des Staates und Subsidiaritätsprinzip im Wettbewerbsrecht, BB 1983, 1229; *Merkel*, Zum Schutz des Leistungswettbewerbs: Eine Zwischenbilanz, BB 1977, 473; *ders.*, Allgemeinverbindlichkeitserklärung von Wettbewerbsregeln der Wirtschaftsverbände? Einwände und Gegenvorschlag, BB 1977, 473 und 1175; *Mestmäcker*, Der verwaltete Wettbewerb, 1984; *Oehler*, Wettbewerbsregeln als Instrument der Wettbewerbspolitik, Diss. Marburg 1966; *Reimann*, Wettbewerbsregeln der Verbände, WuW 1957, 111; *Reimers*, Die Frage der Eintragungsfähigkeit wettbewerbsbeschränkender Wettbewerbsregeln in der Verwaltungspraxis des Bundeskartellamts, Diss. Hamburg 1969; *Sack*, Die Wettbewerbsregeln nach §§ 28 ff. GWB und das Recht des unlauteren Wettbewerbs, Diss. Tübingen 1969; *ders.*, Der zulässige Inhalt von Wettbewerbsregeln, WuW 1970, 195; *ders.*, Lauterer und leistungsgerechter Wettbewerb durch Wettbewerbsregeln, GRUR 1975, 297; *ders.*, Lauterer und leistungsgerechter Wettbewerb durch Wettbewerbsregeln von Verbänden, §§ 24 ff. GWB, WRP 2001, 595; *Scheel*, Wettbewerbsregeln über Preiswettbewerb, Diss. Kiel 1967; *Schlecht*, Sicherung des Leistungswettbewerbs – ständige Aufgabe der Wettbewerbspolitik, MA 1976, 465; *Schmiedel*, Der »leistungsgerechte Wettbewerb« in der Neufassung des § 28 GWB, WuW 1975, 743; *Schumacher*, Nachfragemacht und Gegengewichtsprinzip, ZHR 140 (1976), 317; *Skiba*, Preisdiskriminierung und die Wettbewerbsregeln des GWB, WuW 1972, 211; *Sosnitza*, Wettbewerbsregeln nach §§ 24 ff. GWB im Lichte der 7. GWB-Novelle und des neuen Lauterkeitsrechts, FS Bechtold, 2006, S. 515; *Ulmer*, Der Begriff »Leistungswettbewerb« und seine Bedeutung für die Anwendung von GWB und UWG-Tatbeständen, GRUR 1877, 565; *Versteyl*, Zur Vereinbarkeit von Wettbewerbsregeln zum Zwecke leistungsgerechten Wettbewerbs mit den rechtspolitischen Grundlagen des geltenden Kartellrechts, Diss. Berlin 1973; *Walde*, Aufstellung und Eintragung der Wettbewerbsregeln in das Register für Wettbewerbsregeln und ihre Rechtsfolgen, Diss. Köln 1963; *Wirtz*, Werberegeln nach § 28 Abs. 2 GWB zur leistungsgerechten Erfolgsverteilung im Wettbewerb, Diss. Frankfurt am Main 1978; *ders.*, Wettbewerbsregeln nach

§ 24 GWB   *Begriff, Antrag auf Anerkennung*

§ 28 Abs. 2 GWB, WRP 1978, 854; *Wolf*, Wettbewerbsregeln – Zweck und System nach dem Gesetz gegen Wettbewerbsbeschränkungen, 1972; *Wolter*, Über die Gestaltung von Wettbewerbsregeln, WRP 1959, 315.

A. Überblick

1   Der vierte Abschnitt des ersten Teils des Gesetzes enthält Vorschriften über sog. »Wettbewerbsregeln«. Nach § 24 Abs. 2 handelt es sich hierbei um Bestimmungen, die das Verhalten von Unternehmen im Wettbewerb regeln. Gemeint sind nicht staatliche Vorschriften in Form von Gesetzen oder Verordnungen, sondern von Privaten geschaffene Richtlinien oder Empfehlungen, die auf ein bestimmtes Verhalten im Wettbewerb gerichtet sind. Nach § 24 Abs. 2 sollen sie entweder einem Verhalten entgegen wirken, das den Grundsätzen des lauteren oder der Wirksamkeit des leistungsgerechten Wettbewerbs zuwider läuft oder ein diesen Grundsätzen entsprechendes Verhalten anregen.

2   Nach § 24 Abs. 1 ist es Wirtschafts- und Berufsvereinigungen ausdrücklich erlaubt, für ihren Bereich Wettbewerbsregeln aufzustellen. Dies bedeutet nicht, dass nicht auch andere Unternehmen oder Unternehmensvereinigungen Richtlinien oder Empfehlungen zu einem bestimmten Verhalten im Wettbewerb aufstellen könnten. Nur Wirtschafts- und Berufsvereinigungen, die Wettbewerbsregeln aufgestellt haben, haben allerdings nach § 24 Abs. 3 die Möglichkeit, bei der zuständigen Kartellbehörde die Anerkennung ihrer Wettbewerbsregeln zu beantragen. Einzelheiten zu Inhalt und Umfang des Antrages sind in § 24 Abs. 4 geregelt. Danach muss der Antragsteller der Kartellbehörde nicht nur im Einzelnen mitteilen, für welche Wettbewerbsregeln er im Einzelnen eine Anerkennung beantragt. Darüber hinaus sind dem Antrag insbesondere Angaben darüber beizufügen, welche außenstehenden Wirtschafts- oder Berufsvereinigungen und Unternehmen von der Anwendung der Wettbewerbsregeln betroffen sein könnten. Die Antragstellung setzt nämlich ein Anerkennungsverfahren in Gang, in dem sich die Betroffenen zu den beabsichtigten Wettbewerbsregeln äußern können.

3   Die Einzelheiten regelt § 25, wonach die Kartellbehörde grundsätzlich anderen Wirtschafts- oder Berufsvereinigungen, Unternehmen, Verbraucherzentralen und anderen öffentlich geförderten Verbraucherverbänden Gelegenheit zur Stellungnahme geben muss. Das Verfahren wird nach § 26 Abs. 1 und 2 durch eine Verfügung abgeschlossen, mit der die Behörde die Wettbewerbsregeln entweder anerkennt oder die Anerkennung ablehnt. Eine Ablehnung ist insbesondere auszusprechen, soweit die angemeldeten Wettbewerbsregeln gegen das Verbot des § 1 verstoßen und nicht nach den §§ 2 und 3 freigestellt sind. Ist dies nicht der Fall und steht den Wettbewerbsregeln auch keine andere Rechtsvorschrift entgegen, muss die Kartellbehörde die Wettbewerbsregeln

anerkennen. Mit der Anerkennung erklärt die Behörde, dass sie von den Befugnissen, die ihr nach dem Sechsten Abschnitt des Gesetzes zustehen, keinen Gebrauch machen wird.

Werden anerkannte Wettbewerbsregeln geändert oder ergänzt, ist dies nach § 24 Abs. 5 der Behörde mitzuteilen. Gleiches gilt nach § 26 Abs. 3 für den Fall, dass anerkannte Wettbewerbsregeln außer Kraft gesetzt werden. Nach § 26 Abs. 4 ist die Kartellbehörde verpflichtet, die einmal verfügte Anerkennung von Wettbewerbsregeln durch Rücknahme oder Widerruf aufzuheben, wenn sie nachträglich feststellt, dass die Voraussetzungen für die Anerkennung nicht vorlagen. Nach § 27 sind anerkannte Wettbewerbsregeln zu veröffentlichen. Gleiches gilt für die Stellung von Anträgen und weitere Verfahrenshandlungen. 4

Die Vorschriften über Wettbewerberegeln bilden eine Besonderheit des deutschen Kartellrechts. Das **europäische Kartellrecht** kennt keine entsprechenden Bestimmungen. Sowohl nach deutschem als auch nach europäischem Recht können sich Wettbewerber verpflichten, bestimmte Regeln im Wettbewerb einzuhalten. Wettbewerbsbeschränkungen sind hiermit nicht zwangsläufig verbunden. Gleichwohl hält der deutsche Gesetzgeber besondere Vorgaben für erforderlich, die neben dem allgemeinen Kartellverbot zur Anwendung kommen. Europarechtlich sind Wettbewerbsregeln allein am Maßstab des Art. 101 AEUV zu messen. 5

B. Rechtsentwicklung

Bis zum Inkrafttreten des GWB enthielt das deutsche Recht keinerlei Vorschriften über Wettbewerbsregeln. Dies hatte seine Ursache darin, dass Kartelle bis zum **Erlass der alliierten Dekartellierungsgesetze** nicht grundsätzlich verboten waren.[1] Da die Vereinbarkeit privatautonom aufgestellter Wettbewerbsregeln mit den Dekartellierungsbestimmungen vielfach streitig war, entwickelte sich nach 1949 eine Praxis des BMWi, nach der unter bestimmten Voraussetzungen **Unbedenklichkeitsbescheinigungen für notifizierte Wettbewerbsregeln** erteilt wurden, wenn sich die Bestimmungen gegen unlauteres Verhalten im Wettbewerb richteten.[2] Das BMWi trat so der vereinzelt vertretenen Auffassung entgegen, dass Wettbewerbsregeln oder Vereinbarungen über ihre Beachtung im Hinblick auf die Dekartellierungsgesetze generell unzulässig waren. 6

---

1 Zur Vorgeschichte der Bestimmungen des GWB ausf. *Immenga*, in: Immenga/Mestmäcker, § 24 Rn. 20 ff.; *Wolf*, Wettbewerbsregeln, S. 8 ff.
2 Vgl. etwa BMWi, WuW 1956, 667; WuW/E BWM 28 – *Kalikoverband*; WuW/E BWM 31 – *Hersteller von Leuchtröhren*; WuW/E BWM 34 – *Baustoffhändlerverband*.

§ 24 GWB Begriff, Antrag auf Anerkennung

I. Entstehung der Vorschriften

7   Trotz der sich entwickelnden Verwaltungspraxis hatte die Bundesregierung in den ersten Entwürfen zum GWB keine Bestimmungen über Wettbewerbsregeln vorgesehen. Erst eine Empfehlung des Bundesrates wies erstmals auf die Notwendigkeit hin, zum Schutz des Leistungswettbewerbs gesetzlichen Vorgaben für Wettbewerbsregeln in das GWB aufzunehmen.[3] Obwohl die Bundesregierung die Empfehlung des Bundesrates anerkannte,[4] wurde die konkrete Formulierung des fünften Abschnitts des ersten Teils des Gesetzes (§§ 28 bis 33 a.F.) erst vom **wirtschaftspolitischen Ausschuss des Bundestages** erarbeitet.[5] Aus diesem Grund fehlt die für die historische Auslegung des Gesetzes in anderen Fällen nicht unwichtige Regierungsbegründung. Jedenfalls ergaben sich im weiteren Verlauf des Gesetzgebungsverfahrens keine Änderungen mehr gegenüber dem Entwurf des Wirtschaftsausschusses, der schließlich von Bundestag und Bundesrat beschlossen wurde.

8   Die ursprüngliche Fassung der Vorschriften über die Wettbewerbsregeln unterschied sich nur punktuell von der heute geltenden Fassung. In formeller Hinsicht war vorgesehen, dass anerkannte Wettbewerbsregeln nach § 28 Abs. 3 i.V.m. § 33 in ein entsprechendes behördliches Register einzutragen waren (»**Eintragungsverfahren**«). In materieller Hinsicht zeichneten sich die Regelungen dadurch aus, dass die Zweckbestimmung in § 28 a.F. auf die »**Grundsätze des lauteren Wettbewerbs**« beschränkt war. Hieraus folgte in der ersten Phase der Anwendung des Gesetzes eine restriktive behördliche und gerichtliche Entscheidungspraxis. Wettbewerbsregeln wurden nur eingetragen, wenn sich die Bestimmungen auf das lautere Verhalten im Wettbewerb bezogen. Ein Verhalten im Wettbewerb, das eine »Tendenz zur Unlauterkeit« erkennen ließ, konnte (schon) nicht Gegenstand eintragungsfähiger Wettbewerbsregeln sein.[6] Wettbewerbsregeln zur Förderung oder Sicherung des Leistungswettbewerbs konnten nur eingetragen werden, wenn sie lauterkeitsbezogen waren.[7] Wettbewerbsregeln sollten also allein der Verwirklichung des lautereren Wettbewerbs dienen, nicht dagegen der Durchsetzung anderweitiger wirtschaftspolitischer Zielsetzungen. Die Anwendungspraxis wurde von der

---

3 BT-Drucks. II/1158, Anhang 2, S. 59, 79; hierzu *Benckendorff*, WuW 1958, 416, 420.
4 BT-Drucks. II/1158, Anhang 3, S. 80, 86 f.
5 Vgl. Bericht des Abg. *Ellbrächter*, BT-Drucks. II/3644, S. 30.
6 Vgl. BKartA, WuW/E BKartA 98 – *Kohleneinzelhandel*; WuW/E BKartA 301 – *Ziehereien und Kaltwaltwerke*; WuW/E BKartA 512 – *Bauindustrie*; WuW/E BKartA 721 – *Immobilienmakler*; WuW/E BKartA 772 – *Kraftfahrzeughandel*; WuW/E BKartA 815 – *Bauindustrie II*; WuW/E BKartA 905 – *Schälmühlen*.
7 Vgl. insbesondere BKartA, WuW/E BKartA 301, 305 – *Ziehereien und Kaltwalzwerke*.

Rechtsprechung voll bestätigt.[8] Dementsprechend spielten die Vorschriften über die Wettbewerbsregeln zunächst auch nur eine untergeordnete Rolle. In den ersten 15 Jahren ihrer Geltung wurden lediglich etwa zwei Dutzend Regelwerke angemeldet.[9]

II. Erweiterung des Anwendungsbereichs

Angesichts der restriktiven Anwendungspraxis äußerte die Bundesregierung schon früh den Wunsch, den Anwendungsbereich von Wettbewerbsregeln auf der Basis des geltenden Rechts möglichst so auszudehnen, dass sie auch zur Förderung und Sicherung des Leistungswettbewerbs oder zur Verwirklichung strukturpolitischer Ziele dienen könnten.[10] Diese Sicht wurde mit dem Hinweis auf den Sinn und Zweck des GWB begründet, den Wettbewerb insgesamt zu schützen und zu fördern. Hierzu gehöre auch der Schutz wettbewerblicher Strukturen durch die Herstellung und Sicherung von Leistungswettbewerb. Die Vorstellungen der Bundesregierung wurden zunächst vom BKartA[11] und in der Literatur[12] grundsätzlich geteilt, fanden in der gerichtlichen Anwendungspraxis jedoch keine eindeutige Bestätigung.[13] Infolgedessen bemühte sich die Bundesregierung seit dem Ende der 1960er Jahre darum, die gesetzlichen Bestimmungen in ihrem Sinne anzupassen. Erste Überlegungen des BMWi waren bereits im Jahre 1968 bekannt geworden.[14] Sie mündeten in einen Entwurf der Bundesregierung für eine 2. GWB-Novelle aus dem Jahre 1971,[15] der die später verabschiedete Erweiterung des § 28 Abs. 2 a.F. um den Begriff der »Wirksamkeit eines leistungsgerechten Wettbewerbs« enthielt. Die Formulierung der Vorschrift entsprach bereits dem heutigen § 24 Abs. 2.

9

---

8 Vgl. nur KG, WuW/E OLG 703 – *Kraftfahrzeughandel*; WuW/E 756 – *Bauindustrie III*; BGH, WuW/E BGH 451 = BGHZ 36, 105 – *Export ohne WBS*; WuW/E BGH 771 = BGHZ 46, 168 – *Bauindustrie*.
9 Bis 1973 wurden 20 Regelwerke angemeldet; vgl. BKartA, Tätigkeitsbericht 1977, S. 34.
10 Vgl. Antwort auf eine Kleine Anfrage, BT-Drucks. V/1238, S. 1 ff.
11 BKartA, Tätigkeitsbericht 1965, BT-Drucks. V/530, S. 15; zustimmend BReg, BT-Drucks. V/530, S. 3. Nach der Entscheidung des BGH, WuW/E BGH 771, 776 = BGHZ 46, 168 – Bauindustrie änderte das BKartA seine Beurteilung; vgl. Tätigkeitsbericht 1966, BT-Drucks. V/1950, S. 11; BKartA, WuW/E BKartA 1233 – *Markenspirituosen*; WuW/E BKartA 1327 – *Tapetenhandel*.
12 *Benckendorff*, WuW 1958, 421 f.; *Günther*, MA 1969, 170 ff.; *Oehler*, Wettbewerbsregeln, S. 51 f.; *Sack*, WuW 1970, 195, 200 ff.; *ders.*, GRUR 1975, 297, 302; *ders.*, in: Loewenheim/Meessen/Riesenkampff, § 24 Rn. 4 f.; *Versteyl*, Wettbewerbsregeln zum Zwecke leistungsgerechten Wettbewerbs, S. 76 ff.
13 Vgl. nur BGH, WuW/E BGH 771, 776 = BGHZ 46, 168 – *Bauindustrie*, wo die Zulässigkeit einer Berücksichtigung strukturpolitischer Überlegungen offen geblieben war.
14 BMWi, Entwurf einer 2. GWB-Novelle, WRP 1968, 218.
15 BT-Drucks. VI/2520, S. 34.

Die Entwurfsbegründung geht davon aus, dass das GWB den wirksamen und funktionsfähigen Wettbewerb schützt. Dieser werde seiner Aufgabe nur gerecht, wenn insbesondere die Allokationsfunktion nicht dadurch gestört werde, dass Unternehmen **nicht leistungsgerechte Vorteile und Vorsprünge im Wettbewerb einsetzten**. Die Möglichkeit, Wettbewerbsregeln auch zum Schutz und zur Förderung des leistungsgerechten Wettbewerbs aufzustellen, sollte insbesondere **kleinen und mittleren Unternehmen** zugute kommen.

III. Konsolidierung der Anwendungspraxis

10 Nach der gesetzlichen Erweiterung des Anwendungsbereichs nahm die praktische Bedeutung der Wettbewerbsregeln zu. Eine nicht unwesentliche Rolle spielten hierbei auch die Bemühungen der Bundesregierung, die betroffenen Wirtschafts- und Berufsvereinigungen durch **Hinweise und Leitlinien** bei der Konkretisierung des Begriffs des leistungsgerechten Wettbewerbs zu unterstützen. Andernfalls hätte die Gefahr bestanden, dass die gesetzliche Erweiterung des Anwendungsbereichs auf Regeln zur Sicherung und Förderung des Leistungswettbewerbs wegen der Unbestimmtheit der Begriffe leergelaufen wäre. Nicht zuletzt im Interesse des Schutzes kleiner und mittlerer Unternehmen veröffentlichte das **BMWi** bereits im Jahre 1974 einen beispielhaften Katalog von Tatbeständen, die zu Wettbewerbsverzerrungen führen können.[16] In diesem sog. »**Sündenregister**« wurden 25 Tatbestände identifiziert, die den Wettbewerb zu Lasten kleinerer und mittlerer Unternehmen verzerren.

11 Kurze Zeit später konstituierte sich ein Arbeitskreis, zu dem das BMWi die Spitzenverbände der Wirtschaft und der Verbraucher sowie die Gewerkschaften eingeladen hatte. Seine Aufgabe bestand darin, die Beteiligten bei der Verwirklichung des geltenden Kartellrechts zur Selbsthilfe zu motivieren. Im Ergebnis legte der Arbeitskreis im November 1975 die »**Gemeinsame Erklärung der Spitzenverbände der gewerblichen Wirtschaft**« vor, um Wettbewerbsverzerrungen entgegenzutreten.[17] Die Erklärung wurde am 25.6.1984 fortgeschrieben.[18] Sie enthält 19 Tatbestände, in denen wettbewerbsverzerrende Verhaltensweisen beschrieben werden, die den Leistungswettbewerb gefährden.

12 Auf der Grundlage des »Sündenregisters« und der »Gemeinsamen Erklärung« kam es in der Folgezeit zu zahlreichen Anerkennungs- bzw. Eintragungsverfahren. Einen maßgebenden Schritt bildete die Eintragung der **Wettbewerbsregeln des Markenverbandes** für die Markenartikelindustrie.[19] Diese Wettbewerbsregeln sollten insbesondere dazu dienen, Markenwarenhersteller vor

---

16 BMWi, Beispielskatalog vom 17.11.1974, WRP 1975, 24.
17 WRP 1975, 594; WPR 1976, 9.
18 WuW 1984, 712; krit. hierzu *Emmerich*, Kartellrecht, § 11 Ziff. 2.
19 Vgl. BKartA, WuW/E BKartA 1633 ff. – *Markenverband*.

der missbräuchlichen Ausnutzung und Nachfragemacht großer Abnehmer des Handels durch Förderung des leistungsgerechten Wettbewerbs auf der Lieferantenstufe zu schützen.[20] Der Markenverband hat sich für die Übernahme seiner Regeln in anderen Branchen eingesetzt.[21] In der Folgezeit haben über 30 Verbände entsprechende Wettbewerbsregeln anerkennen bzw. eintragen lassen.

IV. Abschaffung des »Eintragungsverfahrens«

Die Führung des Registers für eingetragene Wettbewerbsregeln hatte sich mit der Zeit als aufwändig und ineffizient erwiesen. Das Interesse der beteiligten Wirtschaftskreise an einer Einsicht in das Register war gering gewesen.[22] Mit dem »Gesetz zur Bereinigung wirtschaftsrechtlicher Vorschriften« vom 24. Februar 1985[23] wurde daher das bisherige »Eintragungsverfahren« abgeschafft. Wettbewerbsregeln waren nun nicht mehr in ein entsprechendes behördliches Register einzutragen. Zugleich wurde das bisherige Eintragungsverfahren durch das auch dem geltenden Recht zugrunde liegenden »**Anerkennungsverfahren**« (§ 28 Abs. 3 a.F.) ersetzt. Die Eintragung in das behördliche Register wurde durch die Pflicht der Kartellbehörde ersetzt, auf Anfrage **Auskunft über anerkannte Wettbewerbsregeln** zu erteilen (§ 33 a.F.). Mit der späteren Einführung der Pflicht zur Veröffentlichung anerkannter Wettbewerbsregeln (§ 27 Abs. 1 n.F.) durch die 7. GWB-Novelle wurde die Pflicht zur Auskunftserteilung auf diejenigen Wettbewerbsregeln beschränkt, die nicht veröffentlichungspflichtig waren (§ 27 Abs. 5 n.F.). Die materiellen Kriterien für die Beurteilung von Wettbewerbsregeln blieben von der Umstellung des Eintragungsverfahrens auf das Anerkennungsverfahren unberührt.[24]

V. Neufassung durch die 6. GWB-Novelle

Mit der 6. GWB-Novelle wurden die Vorschriften über Wettbewerbsregeln vom fünften Abschnitt des ersten Teils des Gesetzes (§§ 28 bis 33 a.F.) in den vierten Abschnitt verschoben und neu nummeriert (§§ 24 bis 27 n.F.). Zugleich erfolgte eine **redaktionelle Überarbeitung**. Der bisherige § 28 a.F. wurde mit unwesentlichen Änderungen in § 24 n.F. übernommen. § 30 a.F. ging in die Regelung des § 25 n.F. über. §§ 29 und 31 a.F. wurde durch § 26 n.F. abgelöst, wobei § 26 Abs. 1 n.F. zunächst klarstellt, dass die Anerkennung von Wettbewerbsregeln durch Verfügung der Kartellbehörde erfolgt. § 26 Abs. 2 n.F. bringt zum Ausdruck, dass die Befreiung von den Verboten der

---

20 BKartA, Tätigkeitsbericht 1977, S. 34.
21 Vgl. *Timme*, in: MünchKommKartR, § 24 Rn. 8.
22 Vgl. Bericht des Wirtschaftsausschusses, BT-Drucks. 10/2579, II.
23 BGBl. 1985 I, S. 457.
24 Vgl. *Immenga*, in: Immenga/Mestmäcker, § 24 Rn. 27.

§§ 1 und 22 a.F. im Ermessen der Kartellbehörde steht, während ein Verstoß gegen andere Rechtsvorschriften zwingend die Ablehnung der Anerkennung nach sich zieht. § 27 übernimmt mit unwesentlichen Anpassungen die Regelung der früheren §§ 32 und 33 a.F. Die zuvor ausschließlich im Bußgeldtatbestand des § 38 Abs. 1 Nr. 7 a.F. verankerte Verpflichtung, im Zusammenhang mit dem Antrag auf Anerkennung von Wettbewerbsregeln keine unrichtigen oder unvollständigen Angaben zu machen, wurde in § 24 Abs. 4 Satz 3 übernommen. An die Stelle des früheren Tatbestandes trat der neue **Bußgeldtatbestand des § 81 Abs. 1 Nr. 2 n.F.**, wonach (lediglich) unrichtige Angaben ordnungswidrig waren.

15 Ausweislich der Begründung zum Gesetzentwurf der Bundesregierung sollte mit der redaktionellen Überarbeitung des Abschnitts über die Wettbewerbsregeln **keine Änderung des materiellen Gehalts** der Vorschriften verbunden werden. Es sollte lediglich deutlicher als bisher zum Ausdruck gebracht werden, dass sich die Anerkennung von Wettbewerbsregeln auf zwei Fallgruppen beziehen kann, für die verschiedene Maßstäbe gelten. Zum einen besteht eine Rechtskontrolle, soweit Wettbewerbsregeln Bestimmungen enthalten, die gegen das UWG und seine Nebengesetze verstoßen. Liegt hier ein Verstoß vor, muss die Kartellbehörde die Anerkennung ablehnen. Steht eine Wettbewerbsregel hingegen im Widerspruch zu § 1 GWB, kann die Kartellbehörde die Anerkennung im Rahmen einer Ermessensentscheidung gleichwohl aussprechen.[25]

VI. Systemwechsel durch die 7. GWB-Novelle

16 Im Zuge der Anpassung des deutschen Kartellrechts an das europäische Recht durch die 7. GWB-Novelle war auch eine **Änderung des Systems der Anerkennung** von Wettbewerbsregeln erforderlich. In dem durch das europäische Recht vorgegebenen »System der Legalausnahme« war für eine Anerkennung von Wettbewerbsregeln mit konstitutiver Wirkung kein Raum mehr. Andernfalls hätte sich in diesem Bereich das frühere System der Anmelde- und Genehmigungspflicht wettbewerbsbeschränkender Vereinbarungen fortgesetzt. Vor diesem Hintergrund war es konsequent, zunächst auch die **Aufhebung der §§ 24 bis 27** zu erwägen. Im Ergebnis hat der Gesetzgeber zwar erkannt, dass den Vorschriften über Wettbewerbsregeln nur eine begrenzte praktische Bedeutung zukommt. Für die Beibehaltung sprach allerdings, dass sie nach wie vor als wichtiges Instrument zum Interessenausgleich gerade zwischen auf verschiedenen Marktstufen tätigen Unternehmen galten. Zugleich komme ihnen eine wichtige Funktion im Hinblick auf den Verbraucherschutz zu,

---

25 BT-Drucks. 13/9729, S. 38.

nicht zuletzt aufgrund der Möglichkeit der Kartellbehörden, auch Vorschriften außerhalb des Kartellrechts in die Prüfung einzubeziehen.[26]

Auch bei Berücksichtigung dieser Grundsätze war der **Umfang der Änderungen der §§ 24 bis 27** im Gesetzgebungsverfahren **nicht unumstritten**. So hatte etwa der Bundesrat gefordert, den Unternehmen und Verbänden die Aufstellung von Wettbewerbsregeln generell freizustellen und lediglich eine Veröffentlichungspflicht mit der Möglichkeit einer Verfahrenseinleitung durch die Kartellbehörde vorzusehen. Die Beibehaltung der »Anerkennung« wecke unter Umständen falsche Vorstellungen über die Wirkung der Entscheidung der Kartellbehörde. Wenn der Eindruck entstehe, dass die Anerkennung mit einer Freistellung vom Kartellverbot verbunden sei, laufe die Beibehaltung des Anerkennungsverfahrens auf einen Bruch mit dem System der Legalausnahme hinaus.[27] Die **Bundesregierung** ist diesem Vorschlag nicht gefolgt. Die Anerkennung entfalte keine konstitutive Wirkung und enthalte keine verbindliche Feststellung über die Rechtmäßigkeit.[28] Entsprechend dieser Grundsätze wurden die §§ 24 bis 27 **punktuell fortgeschrieben**. § 26 Abs. 1 a.F. wurde durch den heutigen Satz 2 ergänzt. § 26 Abs. 2 wurde dahingehend geändert, dass eine Anerkennung von Wettbewerbsregeln, die gegen § 1 verstoßen, ohne nach §§ 2 und 3 freigestellt zu sein, ausgeschlossen ist. Damit entfällt die bislang gegebene Freistellungsmöglichkeit vom Verbot der §§ 1 und 22 a.F. durch die Kartellbehörde. Darüber hinaus wurde mit der Ausnahme des § 25 Satz 2 die Stellung der Verbraucherzentralen und Verbraucherverbände gestärkt und mit der Änderung des § 27 eine allgemeine Veröffentlichungspflicht anerkannter Wettbewerbsregeln eingeführt. Der **Bußgeldtatbestand** des § 81 Abs. 1 Nr. 2 a.F. wurde durch den neuen § 81 Abs. 3 Nr. 3 n.F. abgelöst.

Die **8. GWB-Novelle** ließ das System der Wettbewerbsregeln unberührt. Forderungen im Vorfeld des Gesetzgebungsvorhabens, wonach die Regelungen etwa aus Gründen des Bürokratieabbaus insgesamt wegfallen sollten, wurden weder von der Bundesregierung noch im parlamentarischen Verfahren aufgegriffen.[29] Nach dem Referentenentwurf für die 9. GWB-Novelle sollen die Regelungen – von einer redaktionellen Anpassung in § 26 Abs. 1 abgesehen – unverändert bleiben.

17

18

---

26 BT-Drucks. 15/3640, S. 12.
27 Vgl. BT-Drucks. 15/3640, S. 75 f.
28 Vgl. BT-Drucks. 15/3640, S. 87.
29 Vgl. BKartA, Stellungnahme zum Referentenentwurf für die 8. GWB-Novelle vom 30.11.2011, S. 23.

C. Systematische Einordnung

I. Verhältnis von Kartell- und Lauterkeitsrecht

19 Die Bestimmungen über Wettbewerbsregeln liegen an einer **Schnittstelle zwischen GWB und UWG**. Beide Gesetze bezwecken den Schutz der Wettbewerbsordnung durch einzelne Tatbestände, bei deren Anwendung auf ein bestimmtes wettbewerbliches Verhalten es durchaus einmal zu Überschneidungen kommen kann. Ein Boykott verstößt u.U. sowohl gegen § 21 Abs. 1 GWB als auch gegen §§ 3, 4 UWG. Die gesetzlichen Bestimmungen verfolgen allerdings **unterschiedliche Zielsetzungen**: Das GWB schützt den Wettbewerb vor Beschränkungen, das UWG schützt Wettbewerber vor unlauterem Verhalten. GWB und UWG können also selbständig nebeneinander angewendet werden.[30]

20 Um **Widersprüche** zu **vermeiden**, muss die Auslegung und Anwendung der Vorschriften auf die Wertungen des jeweils anderen Gesetzes Bezug nehmen. So ist beispielsweise anerkannt, dass der Unlauterkeitsbegriff des UWB im Hinblick auf die grundsätzliche Wettbewerbsfreiheit nicht überspannt werden darf.[31] Umgekehrt bezieht sich der vom GWB bezweckte Schutz des Wettbewerbs als Institution nur auf den Wettbewerb, der nach den Maßstäben des UWG als lauterer Wettbewerb qualifiziert werden kann. »Wettbewerbsbeschränkende« Abreden, die auf die Vermeidung unlauterer Verhaltensweisen gerichtet sind, verstoßen daher nicht gegen das Kartellverbot des § 1.[32]

21 Die Vorschriften über die Wettbewerbsregeln sind Ausdruck der **Wechselwirkungen** zwischen GWB und UWG. § 24 erlaubt ausdrücklich, dass Private Vereinbarungen treffen, die auf ihr Verhalten im Wettbewerb gerichtet sind, sofern diese **Vereinbarungen auf den lauteren oder leistungsgerechten Wettbewerb gerichtet** sind. Die Vorschrift stellt klar, dass die Wertungen des UWG und seiner Nebengesetze bei der Anwendung des GWB zu berücksichtigen sind. Umgekehrt verdeutlicht § 26, dass der **lautere Wettbewerb seine Grenze in den allgemeinen Verboten des GWB findet**. Die Ablehnung angemeldeter Wettbewerbsregeln ist nämlich auszusprechen, wenn diese gegen das Verbot des § 1 verstoßen und nicht nach den §§ 2 und 3 freigestellt sind.

---

30 Vgl. *Timme*, in: MünchKommKartR, § 24 Rn. 4; *Hellmann/Schütt*, in: FK-GWB, § 24 Rn. 4.
31 *Timme*, in: MünchKommKartR, § 24 Rn. 4.
32 Ganz h.M.; vgl. BGHZ 36, 105, 111; GRUR 1952, 582; *Timme*, in: MünchKommKartR, § 24 Rn. 4; *Hellmann/Schütt*, in: FK-GWB, § 25 Rn. 4.

II. Verhältnis zum europäischen Kartellrecht

Das europäische Kartellrecht kennt keine besonderen Bestimmungen über Wettbewerbsregeln. Allerdings schützt Art. 101 AEUV ebenso wie § 1 auch nur den **lauteren und leistungsgerechten Wettbewerb**. Durch Vereinbarung, Beschluss oder abgestimmtes Verhalten aufgestellte und angewandte Wettbewerbsregeln, die lediglich dem Ausschluss unlauteren Verhaltens dienen, verstoßen nicht gegen das Kartellverbot des europäischen Rechts. Die nationale Kartellbehörde muss daher bei ihrer Prüfung und Anerkennung angemeldeter Wettbewerbsregeln stets auch Art. 101 AEUV beachten. 22

Fraglich ist, nach welchem Maßstab die Beurteilung erfolgt, ob ein durch Wettbewerbsregeln bestimmtes Verhalten lauter oder unlauter ist. Grundsätzlich hat das europäische Recht die Regelung dieser Frage bisher den Mitgliedstaaten überlassen. Hieraus folgt allerdings nicht, dass der einzelne Mitgliedstaat durch die Qualifikation bestimmter Verhaltensweisen den **Anwendungsbereich des europäischen Kartellverbots einschränken oder ausweiten** könnte. Auch der kleinste gemeinsame Nenner verschiedener mitgliedstaatlicher Regelungen oder ein »Bewertungsdurchschnitt« kann nicht maßgeblich sein.[33] Vielmehr ist letztlich eine an den Zielen des Unionsrechts orientierte Beurteilung vorzunehmen, die die verschiedenen einzelstaatlichen Wertungen angemessen berücksichtigt.[34] Die so bestimmte Reichweite des Art. 101 AEUV entscheidet letztlich darüber, ob die deutsche Kartellbehörde Wettbewerbsregeln zum Schutz des lauteren Wettbewerbs anerkennen darf oder nicht.[35] 23

D. Sinn und Zweck

Die systematische Einordnung der Vorschriften über die Wettbewerbsregeln liefert Anhaltspunkte für die Bestimmung des Normzwecks. Die Möglichkeit der Anerkennung von Wettbewerbsregeln trägt zunächst zur **praktischen Konkordanz verschiedener Regelungsmaterien** bei, die – in unterschiedlicher Ausprägung – die Ordnung der Wirtschaft durch Wettbewerb zum Gegenstand haben. Der Gesetzgeber stellt damit klar, dass GWB und UWG trotz ihrer unterschiedliche Zielsetzungen widerspruchsfrei nebeneinander anzuwenden sind. 24

Neben dieser allgemeinen Zielsetzung lässt sich den Vorschriften der Anspruch des Gesetzgebers entnehmen, die **Lauterkeit des Wettbewerbs** auch im Rahmen des GWB zu schützen, indem einzelnen Wirtschaftszweigen eine 25

---

33 Vgl. EuGH, Slg. 1969, 1, 14 – *Walt Wilhelm/Bundeskartellamt*.
34 *Schröter*, in: Schröter/Jakob/Mederer, Art. 81 EG Rn. 16.
35 *Lübbig*, in: Wiedemann, § 8 Rn. 215 m.w.N. zur Kommissionspraxis.

Handhabe gegeben wird, unlauteres Verhalten im Wettbewerb weitgehend auszuschließen. Die Erweiterung des Anwendungsbereichs des § 28 a.F. durch die zweite GWB-Novelle hat zudem ergeben, dass der Gesetzgeber neben der Lauterkeit des Wettbewerbs auch den **Schutz des Leistungswettbewerbs** in den Blick genommen hat.[36] Dieser Schritt war nach der Gesetzesbegründung nicht zuletzt durch ein besonderes Schutzbedürfnis bei kleinen und mittleren Unternehmen motiviert.[37] Insofern dienen die Vorschriften über die Wettbewerbsregeln auch dem **Mittelstandsschutz**.

26 Schließlich verfolgt der Gesetzgeber mit dem (früheren) Eintragungs- bzw. dem (heutigen) Anerkennungsverfahren auch das Ziel der **Erhöhung von Transparenz und Klarheit** im Wirtschaftsleben. Beides dient nicht zuletzt der **Rechtssicherheit**.[38] Die Aufstellung von Wettbewerbsregeln ermöglicht es den Wirtschafts- und Berufsvereinigungen, die gelegentlich unübersichtlichen gesetzlichen Vorgaben, denen ihre Mitgliedsunternehmen unterliegen, in eine branchentypische kaufmännische Sprache zu übersetzen.[39] Wo die Grenze zwischen lauterem und unlauterem Verhalten nicht eindeutig erkennbar ist, können allgemein gehaltene Regelungen konkretisiert werden. Insofern trägt die Aufstellung von Wettbewerbsregeln zur **Rechtsfortbildung** bei,[40] auch wenn hier zu beachten ist, dass es sich bei Wettbewerbsregeln nicht um bindende Normen, sondern lediglich um Richtlinien und Empfehlungen der Wirtschafts- und Berufsvereinigungen handelt.

27 Der Zweck der Vorschriften über Wettbewerbsregeln, Transparenz, Klarheit und Rechtssicherheit im Wirtschaftsleben zu erhöhen, ist durch die **Umstellung des Anerkennungsverfahrens** auf das System der Legalausnahme etwas relativiert worden.[41] Mit der früheren konstitutiven Anerkennung von Wettbewerbsregeln war es möglich, bestimmte Regeln über das Verhalten im Wettbewerb verbindlich vom Kartellverbot freizustellen. Die jetzt mit der Verfügung nach § 26 Abs. 1 verbundene Erklärung der Kartellbehörde, von den ihr nach dem Sechsten Abschnitt des Gesetzes zustehenden Befugnissen keinen Gebrauch zu machen, schafft nur noch eine vorläufige Klarheit und

---

36 Vgl. BT-Drucks. VI/2520, S. 15.
37 Vgl. BT-Drucks. VI/2520, S. 34 f.
38 Vgl. *Bechtold/Bosch*, GWB, § 24 Rn. 2.
39 Vgl. *Timme*, in: MünchKommKartR, § 24 Rn. 1; *Sack*, in: Loewenheim/Meessen/Riesenkampff, § 24 Rn. 28.
40 Ein Beispiel bilden die Wettbewerbsregeln des Markenverbandes, die die Rechtsprechung zu der Frage beeinflusst haben, wann Werbemaßnahmen nach § 1 UWG a.F. (heute §§ 3, 4 UWG) unzulässige Behinderungen darstellen; vgl. hierzu BKartA, WuW/E BKartA 1633 – *Markenverband*; BGH, WuW/E BGH 1466, 1477 – *Eintrittsgeld*; *Bechtold/Bosch*, GWB, § 24 Rn. 4.
41 So auch BGH, WuW/E DE-R 1779, 17891 – *Probeabonnement*.

Sicherheit. Im Gegenzug ist durch die Regierungsbegründung zur 7. GWB-Novelle unterstrichen worden, dass Wettbewerbsregeln nach wie vor als wichtiges **Instrument zum Interessenausgleich** gerade zwischen auf verschiedenen Marktstufen tätigen Unternehmen angesehen werden, denen zugleich eine wichtige Funktion im Hinblick auf den **Verbraucherschutz** zukomme.[42]

E. Befugnis zur Aufstellung von Wettbewerbsregeln (Abs. 1)

I. Allgemeine Befugnis

§ 24 Abs. 1 bestimmt dem Wortlaut nach, dass (nur) Wirtschafts- und Berufsvereinigungen für ihren Bereich Wettbewerbsregeln aufstellen können. Ob Unternehmen außerhalb derartiger Vereinigungen oder andere Vereinigungen und Verbände ebenfalls Wettbewerbsregeln aufstellen dürfen, wird im Gesetz nicht geregelt. Hieraus könnte sich ergeben, dass der Gesetzgeber das **Recht zur Aufstellung von Wettbewerbsregeln** auf die in der Vorschrift ausdrücklich genannten Vereinigungen beschränken wollte mit der Folge, dass die Aufstellung von Wettbewerbsregeln **außerhalb von Wirtschafts- oder Berufsvereinigungen unzulässig** wäre. Eine solche restriktive Auslegung lässt sich bereits mit dem Wortlaut des § 24 Abs. 1 nicht vereinbaren. Die Vorschrift enthält kein Verbot, sondern eine Erlaubnis. Der systematische Zusammenhang verdeutlicht dies: Nach den §§ 24 bis 27 haben Wirtschafts- oder Berufsvereinigungen die Möglichkeit, die Anerkennung von Wettbewerbsregeln bei der Kartellbehörde zu beantragen. Insofern ergibt sich aus § 24 Abs. 1 eine formale Beschränkung des Rechts zur Antragstellung. Eine materielle Beschränkung des Rechts zur Aufstellung von Wettbewerbsregeln ist hiermit nicht verbunden.[43] Nicht zuletzt würde eine restriktive Auslegung auch den Sinn und Zweck der Vorschriften verfehlen, wonach die Aufstellung von Wettbewerbsregeln auch dann der Erhöhung von Transparenz und Klarheit im Wirtschaftsleben dient, wenn sie nicht von Wirtschafts- oder Berufsvereinigungen aufgestellt worden sind.

28

Im Ergebnis ist daher festzuhalten, dass die Befugnis zur Aufstellung von Wettbewerbsregeln nicht auf Wirtschafts- oder Berufsvereinigungen beschränkt ist. **Jedermann** kann **Regeln** darüber aufstellen, welches **Verhalten im Wettbewerb** aus seiner Sicht erlaubt oder verboten, lauter oder unlauter ist. bzw. geboten oder verboten ist, so lange er hiermit nicht gegen das Kartellverbot oder andere gesetzliche Bestimmungen verstößt. Den Wirtschafts- und Berufsvereinigungen ist es allerdings vorbehalten, einen Antrag auf Aner-

29

---

42 BT-Drucks. 15/3640, S. 12; ebenso *Timme*, in: MünchKommKartR, § 24 Rn. 2.
43 So die ganz h.M., vgl. nur *Immenga*, in: Immenga/Mestmäcker, § 24 Rn. 87; ähnlich BGH, WuW/E BGH 456 – *Export ohne WBS*; *Sack*, GRUR 1975, 297, 305 ff.; *Hönn*, GRUR 1977, 141, 146 f.

kennung bei der zuständigen Kartellbehörde zu stellen.[44] Der damit verbundene Vorteil für Wirtschafts- und Berufsvereinigungen wird jedoch durch die Abschaffung der Freistellungsmöglichkeit des § 26 Abs. 2 relativiert.

II. Wirtschafts- und Berufsvereinigungen

30 Der Begriff der Wirtschafts- und Berufsvereinigungen ist identisch mit dem Begriff in **§ 20 Abs. 6**, wonach »Wirtschafts- und Berufsvereinigungen ... die Aufnahme eines Unternehmens nicht ablehnen [dürfen], wenn die Ablehnung eine sachlich nicht gerechtfertigte ungleiche Behandlung darstellen und zu einer unbilligen Benachteiligung des Unternehmens im Wettbewerb führen würde.« Wirtschafts- und Berufsvereinigungen sind Vereinigungen von Unternehmen bzw. Unternehmensverbände, die die **wirtschaftlichen oder beruflichen Interessen ihrer Mitglieder** gegenüber der Öffentlichkeit, staatlichen Stellen und anderen Wirtschaftszweigen wahrnehmen.[45] Schon die Verwendung des Begriffspaares deutet darauf hin, dass die Befugnis zur Aufstellung von Wettbewerbsregeln einer **denkbar großen Zahl von Vereinigungen** zukommen soll. Der Gesetzgeber verwendet das Begriffspaar, um zu verhindern, dass der Kreis der Antragsteller ungewollt reduziert wird, weil bestimmte Vereinigungen (etwa aus dem Dienstleistungsbereich) nicht als »Wirtschaftsvereinigung« anzusehen sind. Da die Begriffe Wirtschafts- und Berufsvereinigung gemeinsam verwendet werden, kommt es im Einzelfall auf die genaue Einordnung nicht an.

31 Die **Rechtsform** der Wirtschafts- oder Berufsvereinigung ist für die Wahrnehmung der Rechte nach §§ 24 ff. unerheblich. Die Vorschriften erfassen daher nicht nur privatrechtlich organisierte Vereinigungen, sondern insbesondere **auch Körperschaften des öffentlichen Rechts** wie etwa Industrie- und Handelskammern.[46] Insofern geht der Anwendungsbereich der §§ 24 ff. über denjenigen des § 20 Abs. 6 hinaus.[47] Der dort geregelte Aufnahmezwang gilt für Industrie- und Handelskammern nicht, weil die Voraussetzungen der Aufnahme dort öffentlich-rechtlich geregelt sind.

32 Der umfassende Begriff der Wirtschafts- und Berufsvereinigung bedeutet, dass die Rechte der §§ 24 ff. nicht auf Vereinigungen beschränkt sind, deren Mitgliederkreis sich aus einzelnen Unternehmen oder den Unternehmen einer Wirtschaftsstufe rekrutiert. Auch **Dach- oder Spitzenverbände**, die die Inte-

---

44 Ebenso *Sack*, in: Loewenheim/Meessen/Riesenkampff, § 24 Rn. 17; *Immenga*, in: Immenga/Mestmäcker, § 24 Rn. 87.
45 Vgl. *Bechtold/Bosch*, GWB, § 24 Rn. 5.
46 Vgl. *Sack*, in: Loewenheim/Meessen/Riesenkampff, § 24 Rn. 11 und 15; *Immenga*, in: Immenga/Mestmäcker, § 24 Rn. 90.
47 Vgl. *Immenga*, in: Immenga/Mestmäcker, § 24 Rn. 89.

ressen anderer Verbände bündeln, können von der Befugnis zur Aufstellung und Anmeldung von Wettbewerbsregeln Gebrauch machen. Gleiches gilt, wenn die Vereinigung die Interessen von Mitgliedsunternehmen oder -verbänden vertritt, die auf **unterschiedlichen Wirtschaftsstufen** tätig sind. Auch sie können Wettbewerbsregeln aufstellen, selbst wenn diese das Verhalten der Mitglieder auf den verschiedenen Wirtschaftsstufen in unterschiedlicher Weise betreffen.[48]

Fraglich ist, ob von einer antragstellenden Wirtschafts- oder Berufsvereinigung verlangt werden darf, dass sie die Interessen eines Wirtschaftszweiges oder einer Wirtschaftsstufe **repräsentativ** vertritt. Im Hinblick auf das umfassende Verständnis des Begriffs der Wirtschafts- und Berufsvereinigung dürften hier **keine strengen Anforderungen** zu stellen sein.[49] Auch das BKartA hat die Aufstellung und Anmeldung von Wettbewerbsregeln durch Vereinigungen als zulässig angesehen, die nicht einen gesamten Wirtschaftszweig vertraten, sondern lediglich die Förderung der Interessen ihrer Mitglieder zum Ziel hatten.[50]

33

III. Kompetenzkonforme Aufstellung

Antragsberechtigte Wirtschafts- oder Berufsvereinigungen müssen zur Aufstellung von Wettbewerbsregeln durch ihre Satzung ermächtigt sein. Die Aufstellung von Wettbewerbsregeln muss also in den **Zuständigkeitsbereich der Vereinigung** fallen, so wie er sich aus der Satzung ergibt.[51] Dies folgt bereits aus dem Wortlaut des § 24 Abs. 1, wonach den Vereinigungen die Befugnis zur Aufstellung von Wettbewerbsregeln ausdrücklich »für ihren Bereich« eingeräumt wird. Nach § 24 Abs. 4 Satz 2 Nr. 1 und 2 besteht daher die Pflicht, dem Antrag auf Anerkennung die Satzung der Vereinigung beizufügen und einen Nachweis zu erbringen, dass die Wettbewerbsregeln satzungsgemäß aufgestellt worden sind.

34

Der **Zuständigkeitsbereich** der Wirtschafts- oder Berufsvereinigung ist **sachlich und räumlich begrenzt**. In sachlicher Hinsicht geht es um die Interessenvertretung auf einem bestimmten Sachgebiet. In räumlicher Hinsicht geht

35

---

48 Vgl. BKartA, WuW/E BKartA 1111, 1113 – *Automatenindustrie*; *Sack*, in: Loewenheim/Meessen/Riesenkampff, § 24 Rn. 14; *Immenga*, in: Immenga/Mestmäcker, § 24 Rn. 93.
49 Ähnlich *Sack*, in: Loewenheim/Meessen/Riesenkampff, § 24 Rn. 12 f.
50 Vgl. *Immenga*, in: Immenga/Mestmäcker, § 24 Rn. 89 (unter Verweis auf die Vorauflage, die ihrerseits auf unveröffentlichte Entscheidungen des BKartA Bezug nimmt).
51 Ebenso *Sack*, in: Loewenheim/Meessen/Riesenkampff, § 24 Rn. 13.

§ 24 GWB *Begriff, Antrag auf Anerkennung*

es um die geografische Ausdehnung der Verbandsaktivitäten.[52] Bei der Aufstellung von Wettbewerbsregeln muss der Verband also darauf achten, dass der sachliche und räumliche Bezug gewahrt bleibt.

36 An die »Aufstellung« der Wettbewerbsregeln sind keine besonderen Anforderungen zu stellen. Wettbewerbsregeln müssen **in schriftlicher Form** aufgestellt werden. Andernfalls könnten sie dem Antrag nicht »im Wortlaut« beigefügt werden, was nach § 24 Abs. 4 Satz 1 Nr. 3 notwendig ist. Es ist nicht erforderlich, dass die aufstellende Wirtschafts- oder Berufsvereinigung ihre Wettbewerbsregeln bis in die einzelne Formulierung hinein selbst entwickelt. Die **Übernahme von Wettbewerbsregeln anderer Wirtschafts- oder Berufsvereinigungen** ist ohne weiteres zulässig.[53]

F. Begriff und Gegenstand von Wettbewerbsregeln (Abs. 2)

I. Bestimmungen

37 Nach § 24 Abs. 2 sind Wettbewerbsregeln Bestimmungen, die das Verhalten von Unternehmen im Wettbewerb regeln. Bestimmungen sind **abstrakt-generell formulierte Regeln**, die sich auf das Verhalten im Wettbewerb beziehen. Es kann sich sowohl um **Gebote** als auch um **Verbote** handeln, d.h. es kann geregelt werden, welches Verhalten im Wettbewerb zulässig oder unzulässig ist. Aus § 24 Abs. 1, wonach Wettbewerbsregeln von Wirtschafts- und Berufsvereinigungen aufgestellt werden, ergibt sich, dass es sich hier nicht um hoheitliche Regelungen handelt. Wettbewerbsregeln enthalten vielmehr **von Privaten geschaffene Normen**, die eine gewisse Verbindlichkeit beanspruchen.

38 Fraglich ist, ob auch **unverbindliche Empfehlungen** in den Kreis der Wettbewerbsregeln einbezogen werden dürfen.[54] Mit dem in § 24 Abs. 2 verwendeten Begriff der »Bestimmungen, die das Verhalten von Unternehmen regeln«, dürfte dies nicht vereinbar sein.[55] Andererseits steht es einer Wirtschafts- oder Berufsvereinigung frei, einzelne Regeln und unverbindliche Empfehlungen in ein einheitliches Dokument aufzunehmen. Letztlich ist für jede einzelne Klausel eines Regelwerks zu prüfen, ob es sich um eine Wettbewerbs-»Regel« (mit Anspruch auf Verbindlichkeit) oder um eine (unverbindliche) Empfehlung handelt. Letztere ist von der Anerkennungsentscheidung jedenfalls dann mit

---

52 Vgl. *Immenga*, in: Immenga/Mestmäcker, § 24 Rn. 88 f.
53 Ebenso *Immenga*, in: Immenga/Mestmäcker, § 24 Rn. 94.
54 So *Wirtz*, Werberegeln, S. 34.
55 So *Bechtold/Bosch*, GWB, § 24 Rn. 4.

umfasst, wenn sie zur Auslegung der eigentlichen Bestimmungen herangezogen werden kann.[56]

II. Regelungsgegenstand

Nach § 24 Abs. 2 kann Gegenstand von Wettbewerbsregeln jedes Verhalten von Unternehmen im Wettbewerb sein, sofern die Regeln den Zweck verfolgen, einem den Grundsätzen des lauteren oder der Wirksamkeit eines leistungsgerechten Wettbewerbs zuwiderlaufenden Verhalten entgegenzuwirken oder ein diesen Grundsätzen entsprechendes Verhalten im Wettbewerb anzuregen. Die aufgestellten Regeln müssen also zunächst einen **Bezug zum Marktverhalten** ihrer Adressaten aufweisen.[57] Fraglich ist, ob hiermit eine Beschränkung der Regeln auf das Verhalten von Unternehmen verbunden ist, die auf einer Wirtschaftsstufe stehen, oder ob sich die Regeln auch auf das Verhalten von Unternehmen auf vor- und nachgelagerten Märkten beziehen dürfen. Für eine Beschränkung der Wettbewerbsregeln auf das **horizontale wettbewerbliche Verhalten** spricht der vom Gesetzgeber verwendete Begriff des »Verhaltens von Unternehmen im Wettbewerb«.[58] Im Ergebnis dürfte dies allerdings zu eng sein. Auch das Verhalten von Unternehmen im Verhältnis zur vor- oder nachgelagerten Wirtschaftsstufen kann eine Wettbewerbsbeschränkung darstellen, so dass auch Regeln zum **vertikalen wettbewerblichen Verhalten** Gegenstand von Wettbewerbsregeln sein können.

39

Fraglich ist, ob sich die aufgestellten Regeln **unmittelbar und direkt** auf das Marktverhalten beziehen müssen, oder ob es auch ausreicht, wenn es sich um Regelungen handelt, die das Marktverhalten ihrer Adressaten **mittelbar oder indirekt** beeinflussen. Im Interesse der mit der Anerkennung von Wettbewerbsregeln verfolgten Erhöhung von Transparenz und Klarheit im Wirtschaftsleben ist es geboten, nicht nur unmittelbar das Marktverhalten betreffende Regeln als Wettbewerbsregeln anzusehen, sondern auch und gerade solche Regeln einzubeziehen, aus denen sich »Reflexe« auf das Marktverhalten der Unternehmen ergeben können.[59] Beispiele hierfür sind **wettbewerbsneutrale Bestimmungen**, also etwa Regeln ohne Lauterkeitsbezug.[60] Selbst Bestimmungen über innerbetriebliche Maßnahmen oder Regeln mit arbeits- oder tarifvertragsrechtlichen Bezügen können als Wettbewerbsregeln anzuse-

40

---

56 Vgl. BKartA, WuW/E BKartA 1633, 1635 – *Markenverband*.
57 Vgl. BGH, WuW/E BGH 771 – *Bauindustrie*; Hönn, GRUR 1977, 141, 142; *Immenga*, in: Immenga/Mestmäcker, § 24 Rn. 51; *Sack*, in: Loewenheim/Meessen/Riesenkampff, § 24 Rn. 31; *Timme*, in: MünchKommKartR, § 24 Rn. 16.
58 Ebenso *Sack*, in: Loewenheim/Meessen/Riesenkampff, § 24 Rn. 31.
59 Vgl. *Bechtold/Bosch*, GWB, § 24 Rn. 4.
60 Vgl. *Sack*, in: Loewenheim/Meessen/Riesenkampff, § 24 Rn. 25.

hen sein.⁶¹ Diese finden sich im Rahmen umfangreicherer Regelwerke häufig in Hilfsvorschriften oder Präambeln, die über die Motive zur Aufstellung von Wettbewerbsregeln Auskunft geben.⁶²

41 Schließlich ist der Gegenstand von Wettbewerbsregeln durch den **Zweck der Bestimmungen** eingeschränkt. Es muss sich bei Wettbewerbsregeln immer um Bestimmungen handeln, die darauf gerichtet sind, einem den Grundsätzen des lauteren oder der Wirksamkeit eines leistungsgerechten Wettbewerbs zuwiderlaufenden Verhalten im Wettbewerb entgegenzuwirken oder ein diesen Grundsätzen entsprechendes Verhalten anzuregen.⁶³ Der Gesetzgeber unterteilt hier zunächst in **Verbotsregeln** (»entgegenzuwirken«) und **Förderungsregeln** (»anzuregen«),⁶⁴ wobei die Übergänge fließend und Regeln auch doppelfunktional sein können.⁶⁵ Verbots- und Förderungsregeln können sich jeweils entweder auf die **Lauterkeit** oder auf die **Leistungsgerechtigkeit** des Wettbewerbs beziehen.⁶⁶ Maßgeblich für das Verständnis einer Bestimmung ist stets ihr objektiver Zweck, wie er sich aus Wortlaut und dessen Auslegung ergibt.⁶⁷ Die subjektive Vorstellung der antragstellenden Wirtschafts- oder Berufsvereinigung oder der handelnden Personen ist lediglich im Rahmen der Auslegung heranzuziehen.

42 Der Wortlaut des § 24 Abs. 2 (»entgegenzuwirken« *und* »anzuregen«) könnte bei restriktiver Betrachtung darauf hindeuten, dass die Annahme von Wettbewerbsregeln voraussetze, dass **Verbotsregeln und Förderungsregeln kumulativ** vorliegen müssten. Dies würde allerdings zu weit gehen, weil Regeln, die sich auf das Verbot unlauteren oder ansonsten gesetzwidrigen Verhaltens beschränkten (Verbotsregeln), unzulässig wären, wenn sie nicht auch Anregungen zu lauterem Verhalten geben (Förderungsregeln). Die Entstehungsgeschichte sowie Sinn und Zweck von Wettbewerbsregeln würden durch diese restriktive Betrachtung konterkariert, weil gerade Verbotsregeln, an deren Schaffung der Gesetzgeber ein besonderes Interesse hatte, die Anerkennung

---

61 So h.M., vgl. nur *Timme*, in: MünchKommKartR, § 24 Rn. 16.
62 Vgl. etwa BKartA, WuW/E BKartA 1523 – *Elektroleuchten*.
63 Die Verfolgung anderer Zwecke schließt die Anerkennung als Wettbewerbsregeln aus, sofern nicht zugleich einer der in § 24 Abs. 2 genannten Zwecke verfolgt wird; vgl. *Schultz*, in: Langen/Bunte, § 24 Rn. 7 f.
64 Ähnlich *Wolf*, Wettbewerbsregeln, S. 129 ff., der von »Verbots-« und »Vorbeugeregeln« spricht, sowie *Hönn*, GRUR 1977, 141 f., der zwischen »Negativ-« und »Positivregeln« differenziert.
65 So *Immenga*, in: Immenga/Mestmäcker, § 24 Rn. 57 f.
66 Vgl. *Hönn*, GRUR 1977, 141, 142; *Sack*, in: Loewenheim/Meessen/Riesenkampff, § 24 Rn. 20 f.; *Timme*, in: MünchKommKartR, § 24 Rn. 17.
67 *Benckendorff*, WuW 1958, 420; *Immenga*, in: Immenga/Mestmäcker, § 24 Rn. 56; ähnlich BGH, WuW/E BGH 771 – *Bauindustrie*.

als Wettbewerbsregeln versagt bliebe. Nicht zuletzt bestätigt auch die Verwaltungspraxis des BKartA, dass Verbots- und Förderungsregeln selbständig nebeneinander stehen können und das »und« in § 24 Abs. 2 als »oder« zu verstehen ist.[68]

G. Lauterkeitswettbewerbsregeln

I. Begriff des lauteren Wettbewerbs

Die Formulierung des § 24 Abs. 2 knüpft mit den »Grundsätzen des lauteren Wettbewerbs« an das gesamte **Recht des unlauteren Wettbewerbs** an.[69] Insbesondere ergeben sich aus der Verwendung des positiven Begriffs »lauter« in § 24 Abs. 2 im Unterschied zum negativen Begriff »unlauter« in § 3 UWG keine Unterschiede.[70] Lauter ist ein Verhalten, das nicht unlauter ist und umgekehrt. Es handelt sich in beiden Fällen um anerkannte Begriffe des allgemeinen Wettbewerbsrechts, die ihren Sinn und Inhalt aus dem **Gebot der guten Sitten** und der **Beachtung der wettbewerbsrechtlichen Vorschriften** erhalten. Das Recht des unlauteren Wettbewerbs ergibt sich aus dem UWG und seinen Nebengesetzen, den hierzu erlassenen Rechtsverordnungen sowie sonstigen gesetzlichen Tatbeständen mit wettbewerbsrechtlichem Einschlag.[71] Für das Anerkennungsverfahren nach §§ 24 ff. bedeutet dies, dass die Kartellbehörde prüfen muss ob die angemeldete Wettbewerbsregel ein wettbewerbliches Verhalten betrifft, dass nach Maßgabe der genannten lauterkeitsrechtlichen Vorschriften rechtmäßig oder rechtswidrig ist.

43

II. Verbots- und Förderungsregeln

Bei **Wettbewerbsregeln mit Lauterkeitsbezug** kann es sich um Bestimmungen handeln, die einem den Grundsätzen des lauteren Wettbewerbs zuwiderlaufenden Verhalten entgegenwirken sollen (Verbotsregeln). Diese sind **jedenfalls zulässig**, wenn sie ein Verhalten zum Gegenstand haben, dessen

44

---

68 So die ganz h.M.; vgl. BGH, WuW/E BGH 771 – *Bauindustrie*; *Reimers*, Eintragungsfähigkeit wettbewerbsbeschränkender Wettbewerbsregeln, S. 216, 220; *Immenga*, in: Immenga/Mestmäcker, § 24 Rn. 59; *Timme*, in: MünchKommKartR, § 24 Rn. 17.
69 Vgl. BKartA, WuW/E BKartA 96, 98 – *Kohleneinzelhandel*, WuW/E BKartA 301, 304 – *Ziehereien und Kaltwalzwerke*; WuW/E BKartA 602, 612 – *Kraftfahrzeughandel*; *Sack*, in: Loewenheim/Meessen/Riesenkampff, § 24 Rn. 32 ff.; *Timme*, in: MünchKommKartR, § 24 Rn. 18.
70 Vgl. *Schultz*, in: Langen/Bunte, § 24 Rn. 11; anders die frühere Theorie vom kartellrechtlichen Lauterkeitsbegriff; vgl. hierzu *Sack*, in: Loewenheim/Meessen/Riesenkampff, § 24 Rn. 41 f.
71 Vgl. *Bechtold/Bosch*, GWB, § 24 Rn. 6; *Wolf*, Wettbewerbsregeln, S. 7 ff.

§ 24 GWB *Begriff, Antrag auf Anerkennung*

Unlauterkeit und Rechtswidrigkeit sich aus einer gesetzlichen Vorschrift des Lauterkeitsrechts oder der hierzu ergangenen Rechtsprechung ergibt. Derartige Wettbewerbsregeln können eine **gesetzliche Bestimmung wiedergeben**[72] oder auf sie verweisen.[73] Sie können aber auch Erläuterungen enthalten oder Begriffe der gesetzlichen Vorschrift definieren oder – ggf. branchenbezogen – konkretisieren.[74]

Verbotsregeln mit Lauterkeitsbezug können darüber hinaus auch dann zulässig sein, wenn sie ein Verhalten zum Gegenstand haben, dessen Unlauterkeit und Rechtswidrigkeit sich nicht eindeutig aus gesetzlichen Vorschriften ergibt. Da die Grenze zwischen unlauterem und lauterem Verhalten oft fließend und die Anwendung des Lauterkeitsrechts stark einzelfallbezogen ist, existiert hier eine »Grauzone«, in der **Wettbewerbsregeln zur Klärung von Streitfragen** und damit zur Rechtsfortbildung beitragen können.[75] Früher war streitig, ob Wettbewerbsregeln, die ein in diese »Grauzone« fallenden Verhalten betreffen, stets (und bereits deshalb) anerkennungsfähig sind, weil sie zur Klärung der Zulässigkeit dieses Verhaltens beitragen. Dies entspricht der Forderung der Vertreter der sog. »**Drei-Zonen-Theorie**«, nach der es zwischen dem lauteren Wettbewerb (»weiße Zone«) und dem unlauteren Wettbewerb (»schwarze Zone«) eine Zwischenzone geben soll. In diese fallen alle Verhaltensweisen, die von den Teilnehmern am Wirtschaftsleben als unfair angesehen werden, obwohl sie nicht unlauter sind.[76] Dieser Betrachtungsweise steht die sog. »**Zwei-Zonen-Theorie**« entgegen, nach der wettbewerbliches Verhalten entweder lauter oder unlauter ist, so dass für eine Anerkennung von Wettbewerbsregeln, die ein Verhalten in der »Grauzone« betreffen, kein Raum sein kann.[77] Im Hinblick auf den fließenden Übergang zwischen lauterem und unlauterem Verhalten tragen Wettbewerbsregeln zur Klärung von Streitfragen und damit zur Rechtsfortbildung bei. Es ist allerdings in jedem Einzelfall von der Kartellbehörde zu prüfen, ob eine Wettbewerbsregel als Verbotsregel mit Lauterkeitsbezug zulässig ist oder nicht.[78]

---

72 Vgl. *Schultz*, in: Langen/Bunte, § 24 Rn. 13.
73 Vgl. BKartA, WuW/E BKartA 904 – *Schälmühlen*; WuW/E BKartA 611 – *Kraftfahrzeughandel*.
74 Vgl. BKartA, WuW/E BKartA – *Kohleneinzelhandel*; *Schultz*, in: Langen/Bunte, § 24 Rn. 13; *Timme*, in: MünchKommKartR, § 24 Rn. 22 f.
75 Vgl. *Schultz*, in: Langen/Bunte, § 24 Rn. 12; *Timme*, in: MünchKommKartR, § 24 Rn. 24.
76 Vgl. etwa *Benisch*, WuW 1956, 643, 647 f.; *Dörinkel*, WuW 1960, 593, 596; *Franzen*, BB 1963, 528.
77 So *Schultz*, in: Langen/Bunte, § 24 Rn. 12; *Kroitzsch*, GRUR 1965, 12, 13; *Sack*, BB 1970, 1511, 1513; *ders.*, in: Loewenheim/Meessen/Riesenkampff, § 24 Rn. 38 ff.; *Timme*, in: MünchKommKartR, § 24 Rn. 24.
78 Vgl. *Immenga*, in: Immenga/Mestmäcker, § 24 Rn. 70.

Wettbewerbsregeln mit Lauterkeitsbezug liegen auch dann vor, wenn sie dazu bestimmt sind, ein den Grundsätzen des lauteren Wettbewerbs entsprechendes Verhalten anzuregen (Förderungsregeln). Sie sind stets zulässig, wenn sie sich auf ein Verhalten beziehen, dessen Lauterkeit bzw. Rechtmäßigkeit sich aus den gesetzlichen Vorschriften des Lauterkeitsrechts ergibt. Ebenfalls zulässig sind **Förderungsregeln**, die sich auf ein Verhalten beziehen, das **über den lauterkeitsrechtlichen Mindeststandard hinausgeht** oder ein Verhalten zum Gegenstand hat, das in die »Grauzone« fällt. Auch durch Förderungsregeln können Wirtschafts- oder Berufsvereinigungen zur Klärung von Streitfragen beitragen. 45

H. Leistungswettbewerbsregeln

I. Begriff des leistungsgerechten Wettbewerbs

Die Formulierung des § 24 Abs. 2 knüpft mit der »Wirksamkeit eines leistungsgerechten Wettbewerbs« an die kontroverse **Diskussion** an, die **im Vorfeld der 2. GWB-Novelle** geführt wurde.[79] Es ging um die Frage, ob Wettbewerbsregeln zum Schutz des Leistungswettbewerbs nur zulässig waren, solange sie einen Lauterkeitsbezug aufwiesen, oder ob Wettbewerbsregeln unabhängig hiervon eingetragen bzw. anerkannt werden konnten.[80] Im Gesetzgebungsverfahren wurden die Begriffe **leistungsgerechter Wettbewerb** und **Leistungswettbewerb** synonym verwandt. Sie sollten verdeutlichen, dass der Wettbewerb die jeweils beste Leistung hervorbringen soll.[81] Dies ist nur möglich, wenn die Wettbewerbsfunktionen nicht dadurch gestört werden, dass einzelne Wettbewerber nicht leistungsgerechte Vorsprünge erzielen, indem sie nicht marktkonforme Mittel einsetzen. 46

Das BKartA bezeichnet ein Verhalten als »**leistungsfremd**«, wenn es nicht den vom Wettbewerb erwarteten und erwünschten Funktionen entspricht, also nicht der Durchsetzung der besseren Leistungen mit marktkonformen Mitteln dient, sondern Marktteilnehmer an der Leistungserbringung hindert oder den Leistungsvergleich außer Kraft setzt. Wenn nicht mehr Preiswürdigkeit, Qualität oder andere leistungsbezogene Merkmale den Ausschlag für die Ergebnisse des Wettbewerbs geben, fehlt es am Leistungswettbewerb.[82] Demgegenüber ist ein Marktverhalten »**leistungsgerecht**«, bei dem Vorteile einzelner Wettbewerber allein auf einer mit marktkonformen Mitteln erzielten Überlegenheit der angebotenen Leistungen beruhen. Letztlich ist der Begriff 47

---

79 Hierzu *Schultz*, in: Langen/Bunte, § 24 Rn. 21; *Timme*, in: MünchKommKartR, § 24 Rn. 27 f.
80 Vgl. *Bechtold/Bosch*, GWB, § 24 Rn. 3.
81 BT-Drucks. 6/2520, S. 34.
82 Vgl. BKartA, WuW/E BKartA 1633 – *Markenverband*.

des leistungsgerechten Wettbewerbs anhand des Einzelfalls (und ggf. in Form typisierter Fallgruppen) zu definieren.

48 Bereits die **Begründung zum Regierungsentwurf** zur 2. GWB-Novelle nennt Beispiele für ein Marktverhalten, das im Einzelfall als nicht leistungsgerecht angesehen werden kann. Hierzu gehört es etwa, wenn Marktmacht nicht zur Intensivierung des Wettbewerbs durch das Hervorbringen immer besserer Leistungen eingesetzt wird, sondern zur Monopolisierung des Marktes. Ebenfalls als nicht leistungsgerecht wird ein Verdrängungswettbewerb unter Einsatz von Gewinnen aus anderweitiger Geschäftstätigkeit oder die Gewährung von Treuerabatten durch marktstarke Unternehmen angesehen.

49 Weitere Beispiele für nicht leistungsgerechtes Marktverhalten ergeben sich aus dem im Jahre 1974 veröffentlichten Beispielskatalog des BMWi, dem sog. »**Sündenregister**«.[83] Es definiert Tatbestände, die im Einzelfall zu Wettbewerbsverzerrungen führen können. Die Erklärung hat folgenden Wortlaut: *»Diese Zusammenstellung enthält – unabhängig von einer rechtlichen Wertung – Beispiele für Praktiken, bei denen es zu Wettbewerbsverzerrungen kommen kann. Sie will in erster Linie solche Wettbewerbsverzerrungen erfassen, die – ohne positive preispolitische Wirkungen – zu machtbedingten Einkommensverteilungen führen. Durch Anwendung solcher Praktiken werden direkt kleine und mittlere Unternehmen auf der Marktgegenseite betroffen, indirekt aber auch kleine und mittlere Wettbewerber, die sich bei ihren Lieferanten oder Abnehmern entsprechende Vorteile nicht verschaffen können. Die erwähnten Praktiken sind keine Wesensmerkmale bestimmter Einkaufs- oder Vertriebssysteme, so dass ihre Vermeidung die erwünschte Vielfalt der Formen und Methoden des Einkaufs oder Verkaufs unberührt lässt. Einige Praktiken, insbesondere die verschiedenen Arten von Funktions- und Risikoverlagerungen, erscheinen nicht schlechthin problematisch, sondern nur insoweit, als diese Leistungen den Lieferanten oder Abnehmern einseitig abverlangt werden. Tatbestände, bei denen es zu Wettbewerbsverzerrungen kommen kann:*
1. Eintrittsgelder für Erstaufträge
2. Regalmieten
3. Werbekostenzuschüsse
4. Sonderleistungen bei Neueröffnungen
5. Verlagerung der Regalpflege
6. Verlagerung der Preisauszeichnung
7. Inventurhilfe
8. Listungsgebühren
9. Deckungsbeiträge für Umsatzausfälle
10. Darlehen zu nicht marktgerechten Bedingungen

---

[83] BMWi, Beispielskatalog vom 17.11.1974, WRP 1975, 24; vgl. hierzu o. Rdn. 10.

11. Investitionszuschüsse
12. Beteiligung an Geschäftseinrichtungen
13. Buß- und Strafgelder
14. Fordern eines »Bündels« von Sonderleistungen mittels Fragebögen
15. Preisfallklausel
16. Jederzeitige Kontrolle des Abnehmers im Betrieb des Herstellers
17. Rabattkumulierung
18. Nachträgliche Erhöhung der vereinbarten Rückvergütungssätze für die Umsatzprämie
19. Besonders lange Zahlungsziele
20. Abwälzung von Kosten organisatorischer Betriebsumstellungen auf Lieferanten
21. Lieferverpflichtungen in ungewisser Höhe
22. Ausschluss der Kreditsicherung durch Forderungsabtretung
23. Gespaltener Abonnementspreis
24. Gespaltener Anzeigenpreis
25. Kostenlose Werbeexemplare über einen längeren Zeitraum«

Anhaltspunkte für leistungsfremde Verhaltensweisen im Wettbewerb enthält die »**Gemeinsame Erklärung der Spitzenverbände der gewerblichen Wirtschaft**« aus dem Jahre 1975,[84] die im Jahre 1984 fortgeschrieben wurde.[85] Sie enthält 19 Tatbestände, in denen wettbewerbsverzerrende Verhaltensweisen beschrieben werden, die den Leistungswettbewerb gefährden. Sie hat folgenden Wortlaut: 50

»*Die Spitzenorganisationen und weitere Verbände der gewerblichen Wirtschaft haben die Initiative des Bundeswirtschaftsministers aufgegriffen, Wettbewerbsverzerrungen in der Wirtschaft entgegenzutreten. Die folgende Zusammenstellung hat das Ziel, im Wege der Selbsthilfe der Wirtschaft Störungen des Leistungswettbewerbs zu vermeiden und zu verhindern. Die soll – unabhängig von einer rechtlichen Wertung – durch Aufzählung wettbewerbsverzerrender Verhaltensweisen geschehen, die sich z.Z. besonders störend bemerkbar machen. Die Aufzählung erhebt keinen Anspruch auf Vollständigkeit und kann im Bedarfsfalle geändert, ergänzt und fortentwickelt werden. Leistungsbezogene Rabatte sind nicht Gegenstand dieser Erklärung. Das natürliche Spannungsverhältnis zwischen den verschiedenen Marktstufen wird dabei ebenso anerkannt wie die Vielfalt der Formen und Methoden des Einkaufs und des Vertriebs. Zur Sicherung der marktwirtschaftlichen Ordnung müssen alle Beteiligten dazu beitragen, dass der Wettbewerb mit der Hauptleistung (z.B. Qualität, Preise und leistungsbezogene Rabatte) gegenüber einem übersteigerten Nebenleistungswettbewerb den ihm gebührenden Vorrang erhält*

---

84 WRP 1975, 594; WPR 1976, 9.
85 WuW 1984, 712; vgl. hierzu o. Rdn. 11.

§ 24 GWB Begriff, Antrag auf Anerkennung

und dass Wettbewerbsverzerrungen und Störungen des Leistungswettbewerbs sowie dadurch bewirkte nicht leistungsbedingte Strukturveränderungen vermieden werden. Die Unternehmen und die Organisationen der gewerblichen Wirtschaft werden aufgerufen, diese Grundsätze in der Praxis zu verwirklichen.

Störungen des Leistungswettbewerbs treten nicht nur im Wettbewerb privater Unternehmen auf, sondern werden auch durch die öffentliche Hand als Auftraggeber und Abnehmer verursacht. Die Organisationen der gewerblichen Wirtschaft appellieren deshalb an die öffentliche Hand, auch im Bereich des öffentlichen Auftragswesens, insbesondere im Bauwesen, entsprechende Grundsätze zur Sicherung eines leistungsgerechten Wettbewerbs anzuwenden.

Nach gemeinsamer Auffassung gefährden folgende Verhaltensweisen den Leistungswettbewerb:

1. *Das Anbieten, Fordern oder Gewähren von Geldbeträgen oder sonstigen Sonderleistungen wie z.B. Eintrittsgeldern, Listungsgebühren, Automationskostenbeteiligungen, Investitions- oder Einrichtungszuschüssen anlässlich von Neueröffnungen, von Verwaltungskostenzuschüssen und von Darlehen zu nichtmarktgerechten Bedingungen für die Erteilung von Erstaufträgen oder die Aufnahme bzw. die Aufrechterhaltung von Geschäftsbeziehungen, wenn und soweit diese Sonderleistungen nicht ausschließlich zur Abgeltung besonderer Mehraufwendungen dienen, die dem Abnehmer durch die Einführung oder Abnahme der jeweiligen Erzeugnisse entstehen. Wettbewerbswidrig ist es in jedem Fall, solche Sonderleistungen mit der Auflage zu verbinden, die Geschäftsbeziehungen mit anderen Lieferanten oder Abnehmern vergleichbarer Erzeugnisse nicht aufzunehmen oder abzubrechen.*

2. *Das Anbieten, Fordern oder Gewähren einer Zahlung von Regal-, Schaufenster- oder sonstige Platzmieten an den Abnehmer. Nicht darunter fällt es, wenn der Abnehmer beim Vertrieb nur als Vertreter oder Kommissionär des Lieferanten tätig wird (z.B. Rack-Jobber-System).*

3. *Das Anbieten, Fordern oder Gewähren von Werbekostenzuschüssen für einzelne Abnehmer (z.B. Verbundwerbung), ohne dass dafür eine angemessene spezifische Gegenleistung erbracht wird. Eine spezifische Gegenleistung ist die besondere Förderung der Ware eines Lieferanten z.B. durch Hervorhebung in Katalogen, Odersätzen, Zeitungsanzeigen, Werbeflächen, Schaufenstern, Regalen und sonstigen Werbeträgern.*

4. *Das Anbieten, Fordern oder die Übernahme der unentgeltlichen Auszeichnung jedes einzelnen Artikels mit dem Verkaufspreis des jeweiligen Abnehmers durch den Lieferanten oder für ihn tätige Dritte.*

5. *Die Anforderung oder Bereitstellung von Arbeitskräften des Lieferanten oder der für ihn tätigen Handelsvertreter ohne Entgelt für die Mitwirkung im Geschäftsbetrieb des Abnehmers, insbesondere im Verkauf oder bei der Inventur. Darunter fallen nicht im Geschäftsbetrieb des Abnehmers tätige Propagandisten des Lieferanten, die als solche eindeutig ge-*

kennzeichnet sind und die ausschließlich Ware des Lieferanten anbieten oder verkaufen.

6. Die einseitige nachträgliche Festsetzung oder Durchsetzung von Deckungsbeiträgen für die Nichterreichung bestimmter Umsatzgrößen. Ausgehandelte Vertragsänderungen bleiben unberührt.
7. Die einseitige nachträgliche Festsetzung oder Durchsetzung günstigerer Vertragsbedingungen, wie z.B. eine Erhöhung der vereinbarten Umsatzsteuerrückvergütung, eine Gewährung vertraglich nicht vereinbarter sog. »Treuerabatte« oder Inanspruchnahme längerer Zahlungsziele unter Beibehaltung derselben Skontosätze.
8. Die einseitige nachträgliche Festsetzung oder Durchsetzung von Preiszuschlägen, insbesondere sog. Krisen- und Teuerungszuschläge, sowie der nachträgliche Übergang zur Rechnungserteilung zu Tagespreisen. Das gleiche gilt für Preisabschläge. Ausgehandelte Vertragsänderungen bleiben unberührt.
9. Die Verleitung zum Bruch des Handelsvertretungsvertrages oder die bewusste Ausnutzung eines solchen Vertragsbruchs, um die im Preis enthaltene Provision des für den Lieferanten tätigen Handelsvertreters ganz oder teilweise als Sonderleistung zu fordern, anzubieten oder zu gewähren.
10. Die Forderung des Abnehmers nach Qualitätskontrollen im Produktionsbereich des Herstellers, wenn diese Kontrollen nicht aufgrund der besonderen Gestaltung des Geschäftsverhältnisses zwischen den Parteien oder aus anderen sachlichen Gründen gerechtfertigt sind. Ungerechtfertigt ist es, den Abschluss von Verträgen von der Beantwortung von Fragen abhängig zu machen, die Betriebsgeheimnisse oder Betriebsinterna betreffen und durch den Vertragszweck nicht sachlich gerechtfertigt sind.
11. Die Beeinträchtigung der Dispositionsfreiheit von Abnehmern durch folgende Maßnahmen:
    a) Verteilung von Gut- oder Wertscheinen durch Lieferanten, die vom Verbraucher beim Einzelhandel eingelöst werden sollen; dies gilt nicht, wenn solche Sonderaktionen im Einvernehmen zwischen Lieferanten und Abnehmern erfolgen;
    b) Werbeaktionen von Lieferanten, die bei Verbrauchern den Eindruck eines ermäßigten Preises hervorrufen, obwohl der Lieferant seine Bedingungen nicht geändert hat;
    c) Abgabe von Display-Artikeln mit überwiegendem Zweitnutzen, welche dem Abnehmer nur dem Schein nach zur vorteilhaften Darbietung einer Ware zur Verfügung gestellt werden, tatsächlich aber für den persönlichen Bedarf eines Abnehmers bestimmt sind.
12. Die Beeinflussung von gewerblichen Abnehmern oder deren Mitarbeitern dadurch, dass für sie Preisausschreiben oder Reisen veranstaltet, Gewinne ausgelöst, Display-Artikeln mit Zweitnutzen, Prämien oder sonstige geldwerte Vorteile durch den Lieferanten gewährt werden, um Bestellungen oder eine bevorzugte Behandlung ihrer Erzeugnisse herbeizuführen oder

den Verkauf von Erzeugnissen anderer Lieferanten zu unterbinden oder zu beeinträchtigen.
13. Anforderungen der Lieferanten an die Sortimentsgestaltung, Vorratshaltung oder Präsentation der Warte als Voraussetzung für die Belieferung, soweit dadurch die Abnehmer in ihrer Dispositionsfreiheit unbillig eingeschränkt werden.
14. Die Irreführung über die Maßgeblichkeit von Preis- und Rabattlisten.
15. Die Spreizung der Rabatte in einer Weise, die in keinem Zusammenhang mit den Abnahmeleistungen steht.
16. Die Beschränkung der Gewährung bestimmter Rabattarten ausschließlich auf marktstarke Abnehmer, obwohl die vergüteten Leistungen oder Risiken auch von kleineren Abnehmern übernommen werden.
17. Das Anbieten, Fordern oder Gewähren von Rabatten oder Vergütungen, die nicht der Abgeltung tatsächlich erbrachter Leistungen dienen, sondern lediglich der Verschleierung von Preisvorteilen.
18. Das Anbieten, Fordern oder Gewähren eines Skontos (Vergütung für vorzeitige Zahlung), obwohl die Zahlung nicht innerhalb der vereinbarten Fristen vor Fälligkeit erfolgt.
19. Die Behinderung von Wettbewerbern dadurch, dass Waren an den letzten Verbraucher systematisch und ohne sachlich gerechtfertigten Grund unter dem Einstandspreis angeboten werden.«

51 Obwohl weder das Sündenregister noch die Gemeinsame Erklärung rechtlich verbindlich sind, haben sie eine **erhebliche Bedeutung für die Anwendungspraxis** erlangt. Die Berücksichtigung schlichter Meinungsäußerungen des BMWi oder der Spitzenverbände der gewerblichen Wirtschaft in Verwaltungspraxis und Rechtsprechung ist nicht ganz unproblematisch, weil sie der Exekutive **faktische Normsetzungsmöglichkeiten** eröffnet, für die diese nicht demokratisch legitimiert ist. Diese Kritik verkennt allerdings, dass die im Sündenregister und der Gemeinsamen Erklärung enthaltenen Beispielstatbestände lediglich Indizwirkung entfalten und der eigentlichen Prüfung durch die Kartellbehörde im Anerkennungsverfahren keineswegs vorgreifen. Jedenfalls zeigen die genannten Beispielstatbestände, dass für die **Beurteilung der Leistungsgerechtigkeit des Marktverhaltens** nicht nur ein Vergleich der angebotenen Leistungen maßgeblich ist, sondern dass es insbesondere auch auf die Art und Weise ankommt, in der die Leistungen erbracht werden.

II. Verbots- und Förderungsregeln

52 Bei **Wettbewerbsregeln zur Sicherung der Leistungsgerechtigkeit** kann es sich um Bestimmungen handeln, die einem der Wirksamkeit eines leistungsgerechten Wettbewerbs zuwiderlaufenden Verhalten entgegenwirken (Verbotsregeln) oder ein diesen Grundsätzen entsprechendes Verhalten im Wett-

bewerb anregen sollen (Förderungsregeln). Hieraus folgt, dass Wettbewerbsregeln nicht zulässig sind, wenn die Wirksamkeit des Wettbewerbs negativ beeinträchtigt wird.[86] Hauptanwendungsgebiet von »Leistungswettbewerbsregeln« sind Grundsätze über ein angemessenes Verhältnis von Leistung und Gegenleistung.[87] **Verbotsregeln** zur Sicherung der Leistungsgerechtigkeit können direkt an die o.g. Beispielstatbestände anknüpfen und entsprechende Verbote vorsehen. Bestimmungen, die diesen Verhaltensweisen entgegen wirken, sind grundsätzlich geeignet, die Wirksamkeit eines leistungsgerechten Wettbewerbs zu erhalten. Für **Förderungsregeln** ergeben sich zwei Ansatzpunkte: Sie können entweder darauf gerichtet sein, den Vergleich konkurrierender Leistungen zu erleichtern. Oder sie können darauf hinwirken, dass Leistungsvorteile nicht durch leistungsfremde oder nicht marktkonforme Verhaltensweisen erreicht werden.

In der Praxis kann es zwischen Leistungswettbewerbsregeln und Lauterkeitswettbewerbsregeln durchaus zu **Überschneidungen** kommen. Die Zulässigkeitsprüfung muss hier zunächst an Hand der Lauterkeitstatbestände erfolgen. Erst wenn diese Prüfung zu einem negativen Ergebnis führt, kann die Frage der Leistungsgerechtigkeit beurteilt werden. 53

I. Verfahren zur Aufstellung und Anerkennung (Abs. 3 bis 5)

§ 24 Abs. 3 bis 5 treffen **Regelungen zum Verfahren** zur Aufstellung und Anerkennung von Wettbewerbsregeln. Die Vorschriften werden durch die Bestimmungen der §§ 25 bis 27 ergänzt. **§ 24 Abs. 3 normiert den Grundsatz**, dass Wirtschafts- und Berufsvereinigungen bei der zuständigen Kartellbehörde die Anerkennung von Wettbewerbsregeln beantragen können. Einzelheiten zu **Inhalt und Umfang des Antrages** sind in § 24 Abs. 4 geregelt. Danach muss der Antragsteller der Kartellbehörde nicht nur im Einzelnen mitteilen, für welche Wettbewerbsregeln er eine Anerkennung beantragt. Darüber hinaus sind dem Antrag insbesondere Angaben darüber beizufügen, welche außenstehenden Wirtschafts- oder Berufsvereinigungen und Unternehmen von der Anwendung der Wettbewerbsregeln betroffen sein könnten. 54

Die Antragstellung setzt ein **Anerkennungsverfahren** in Gang, in dem sich die Betroffenen zu den beabsichtigten Wettbewerbsregeln äußern können. Die Einzelheiten regelt § 25, wonach die Kartellbehörde grundsätzlich anderen Wirtschafts- oder Berufsvereinigungen, Unternehmen, Verbraucherzentralen und anderen öffentlich geförderten Verbraucherverbänden Gelegenheit zur Stellungnahme geben muss. Das **Verfahren** wird nach § 26 Abs. 1 und 2 55

---

86 Vgl. *Immenga*, in: Immenga/Mestmäcker, § 24 Rn. 78.
87 *Bechtold/Bosch*, GWB, § 25 Rn. 9.

durch eine Verfügung abgeschlossen, mit der die Behörde die Wettbewerbsregeln entweder anerkennt oder die Anerkennung ablehnt.

56 Die **Änderung oder Ergänzung anerkannter Wettbewerbsregeln** ist nach § 24 Abs. 5 der Behörde mitzuteilen. Gleiches gilt nach § 26 Abs. 3 für den Fall, dass anerkannte Wettbewerbsregeln außer Kraft gesetzt werden. Nach § 26 Abs. 4 ist die Kartellbehörde verpflichtet, die einmal verfügte Anerkennung von Wettbewerbsregeln durch **Rücknahme oder Widerruf** aufzuheben, wenn sie nachträglich feststellt, dass die Voraussetzungen für die Anerkennung nicht vorlagen. Nach § 27 sind anerkannte **Wettbewerbsregeln zu veröffentlichen.** Gleiches gilt für die Stellung von Anträgen und weitere Verfahrenshandlungen.

I. Zuständige Behörde

57 Nach § 24 Abs. 3 kann die Anerkennung von Wettbewerbsregeln bei »der Kartellbehörde« beantragt werden. Über den Antrag entscheidet nach § 26 Abs. 1 »die Kartellbehörde«. Welche Behörde im Einzelfall zuständig ist, bestimmt sich nach § 48 Abs. 2: Reicht die Wirkung angemeldeter Wettbewerbsregeln über das Gebiet eines Bundeslandes hinaus, liegt die **Zuständigkeit beim BKartA.** Dies ist der Fall, wenn der die Wettbewerbsregeln aufstellenden Vereinigung Unternehmen angehören, die nicht nur in einem Bundesland tätig sind. Andernfalls liegt die **Zuständigkeit bei der Landeskartellbehörde.**

58 Die Zuständigkeit für die Anerkennung von Wettbewerbsregeln **innerhalb der Kartellbehörde** ist gesetzlich nicht geregelt. In der Praxis des BKartA besteht eine branchenspezifische Zuständigkeitsverteilung. Die Anerkennung von Wettbewerbsregeln erfolgt durch die Beschlussabteilung, in deren Zuständigkeitsbereich die betroffene Branche liegt.

II. Antragsberechtigung

59 Das Recht, einen Antrag auf Anerkennung von Wettbewerbsregeln zu stellen, steht nur **Wirtschafts- und Berufsvereinigungen** zu. Nach § 24 Abs. 3 »können« diese die Anerkennung von Wettbewerbsregeln beantragen. Eine **Pflicht besteht nicht,** auch wenn es aus Gründen der Rechtssicherheit sinnvoll sein kann, die Anerkennung zu beantragen. Mit der Stellung eines Antrages erwirbt der Antragsteller die Eigenschaft als **Verfahrensbeteiligter** im Kartellverwaltungsverfahren nach § 54 Abs. 2 Nr. 1.

III. Antragsgegenstand

60 Gegenstand eines Anerkennungsantrages sind zunächst **erstmals aufgestellte Wettbewerbsregeln.** Nach § 24 Abs. 2 handelt es sich um sämtliche abstrakt-

generell formulierten Bestimmungen, die das Verhalten von Unternehmen im Wettbewerb regeln. Im Hinblick darauf, dass auch **unverbindliche Empfehlungen** in den Kreis der Wettbewerbsregeln einbezogen werden dürfen, sofern diese zur Auslegung der eigentlichen Bestimmungen herangezogen werden können,[88] bilden die jeweils zusammenhängenden Regelwerke den Antragsgegenstand.

Neben den erstmals aufgestellten Wettbewerbsregeln können nach § 24 Abs. 5 auch **Änderungen und Ergänzungen anerkannter Wettbewerbsregeln** Gegenstand eines Verfahrens sein. Änderungen oder Ergänzungen liegen insbesondere dann vor, wenn anerkannte Wettbewerbsregeln materiell verändert werden. Rein redaktionelle Modifikationen sind hier nicht erfasst. Im Falle inhaltlicher Änderungen oder Ergänzungen besteht die Pflicht, sie der zuständigen Kartellbehörde mitzuteilen. Hierbei handelt es sich allerdings um eine **bloße Ordnungsvorschrift**, deren Verletzung keine Sanktionen auslöst.[89] 61

Gegenstand eines Verfahrens kann schließlich auch die **Außerkraftsetzung anerkannter Wettbewerbsregeln** sein. § 26 Abs. 3 verpflichtet Wirtschafts- und Berufsvereinigungen, deren Wettbewerbsregeln von der Behörde anerkannt worden sind, zu einer entsprechenden Mitteilung. 62

IV. Inhalt des Antrages

§ 24 Abs. 4 bestimmt den Inhalt des Antrages auf Anerkennung von Wettbewerbsregeln. Neben dem **Namen**, der **Rechtsform** und der **Anschrift der antragstellenden Wirtschafts- oder Berufsvereinigung** und dem Namen und der Anschrift der sie vertretenden natürlichen Person muss der Antrag insbesondere den konkreten **Wortlaut der anzuerkennenden Wettbewerbsregeln** enthalten. Auch wenn sich deren Anwendungsbereich aus dem Wortlaut ergibt, muss der Antrag ausdrückliche Angaben zum **sachlichen und örtlichen Anwendungsbereich** enthalten. Erforderlich ist ferner der Nachweis, dass die Wettbewerbsregeln entsprechend der – ebenfalls vorzulegenden – **Satzung** der Wirtschafts- oder Berufsvereinigung aufgestellt worden sind. 63

Da in dem Verfahren auf Anerkennung von Wettbewerbsregeln die Prüfung des Textes durch die Behörde eine maßgebliche Rolle spielt, ist es in der Praxis üblich, hierüber vor und/oder nach Antragstellung **Gespräche mit den zuständigen Behördenvertretern** (im Falle der Zuständigkeit des BKartA also der zuständigen Beschlussabteilung) zu führen. Insbesondere Vorgespräche 64

---

88 Vgl. BKartA, WuW/E BKartA 1633, 1635 – *Markenverband*.
89 Ebenso *Immenga*, in: Immenga/Mestmäcker, § 24 Rn. 95 f.

über den zulässigen Inhalt und Wortlaut der Wettbewerbsregeln tragen in der Praxis regelmäßig dazu bei, spätere Auseinandersetzungen über die Anerkennung der Wettbewerbsregeln zu vermeiden. Gleichwohl kann die Behörde **Ermittlungen** anstellen und möglicherweise betroffenen anderen Wirtschafts- oder Berufsvereinigungen oder anderen Unternehmen die Gelegenheit geben, sich zum Antrag auf Anerkennung zu äußern. Hierzu ist in § 24 Abs. 3 vorgesehen, dass der Antrag entsprechende **Aufstellungen über potentiell Betroffene** enthalten muss. Im Einzelnen muss der Antragsteller daher eine Aufstellung von außenstehenden Wirtschafts- oder Berufsvereinigungen ebenso vorlegen wie Informationen über Unternehmen der gleichen Wirtschaftsstufe sowie der Lieferanten- und Abnehmervereinigungen und der jeweiligen Bundesorganisationen.

65 Nach § 24 Abs. 4 Satz 3 darf der Antrag **keine unrichtigen oder unvollständigen Angaben** enthalten, um für den Antragsteller oder einen anderen die Anerkennung einer Wettbewerbsregel zu erschleichen. § 24 Abs. 4 S. 3 begründet also eine besondere **Wahrheitspflicht**.[90] Ein Verstoß ist nach § 81 Abs. 3 Nr. 3 bußgeldbewehrt und kann zur Rücknahme der Anerkennung nach § 26 Abs. 4 führen.

J. Anwendungspraxis

66 Bei Wettbewerbsregeln handelt es sich um private Bestimmungen über das Marktverhalten von Unternehmen. Da keine Pflicht besteht, einen Antrag auf Anerkennung dieser Regeln bei der Kartellbehörde zu stellen, lässt sich nicht abschließend angeben, wie viele derartige Regelungen aufgestellt worden sind bzw. ob sie in der Praxis wirksam werden.[91] Dies gilt auch deshalb, weil sie nicht durchgängig als »Wettbewerbsregeln« bezeichnet werden, sondern unter Titeln wie »Werberegeln«, »Werberichtlinien«, »Verhaltensregeln«, »Code of Conduct«, »Wettbewerbsgrundsätze«, »Leitfaden« o.ä. Verwendung finden.[92] Seit Inkrafttreten der gesetzlichen Vorschriften über Wettbewerbsregeln sind **von den Kartellbehörden ca. 100 Regelwerke anerkannt** bzw. eingetragen worden.[93] Auskunft über den Stand der eingetragenen bzw. anerkannten Wettbewerbsregeln gibt der Tätigkeitsbericht des BKartA.

67 In der praktischen Anwendung der Vorschriften über die Wettbewerbsregeln lassen sich **drei Phasen** unterscheiden. In den ersten Jahren nach **Inkrafttreten des GWB** wurde das Instrument der Anmeldung von Wettbewerbsregeln nur sehr zögerlich genutzt (erste Phase). Nach Inkrafttreten der **2. GWB-No-**

---

90 *Schultz*, in: Langen/Bunte, § 24 Rn. 28.
91 *Baur*, ZHR 141 (1977), 293, 297; *Timme*, in: MünchKommKartR, § 24 Rn. 6.
92 Vgl. *Sosnitza*, FS Bechtold, S. 515.
93 *Timme*, in: MünchKommKartR, § 24 Rn. 6.

velle kam es zu einer gewissen Belebung (zweite Phase), die sich – wohl bedingt durch die zunehmende **Liberalisierung des Lauterkeitsrechts** und die **Abschaffung der konstitutiven Freistellung** im Zuge der 7. GWB-Novelle – später wieder deutlich abgeschwächt hat (dritte Phase). Das Institut der Wettbewerbsregeln spielt heute keine nennenswerte Rolle mehr.

I. Erste Phase

Die Anwendung der Vorschriften über Wettbewerbsregeln zeichnete sich zunächst durch eine **restriktive Praxis** aus. Demzufolge wurden nur wenige Regelwerke angemeldet: Bis zum Inkrafttreten der 2. GWB-Novelle wurden vom Bundeskartellamt 16 Wettbewerbsregeln anerkannt und eingetragen; weitere sieben Eintragungen erfolgten durch die Landeskartellbehörden.[94] Nur eine einzige Entscheidung des BKartA[95] war Gegenstand eines Beschwerde- und Rechtsbeschwerdeverfahrens, das zu einer höchstrichterlichen Entscheidung führte.[96]

68

II. Zweite Phase

Nach Inkrafttreten der 2. GWB-Novelle wurde die Zulassung von Wettbewerbsregeln **zunehmend großzügiger** gehandhabt. Demzufolge erhöhte sich die Zahl der Anmeldungen. Inzwischen sind ca. 100 Regelwerke aufgestellt und eingetragen bzw. anerkannt worden. Dies war nicht zuletzt darauf zurückzuführen, dass neben den »Lauterkeitswettbewerbsregeln« nunmehr auch die »Leistungswettbewerbsregeln« anerkennungsfähig waren. Eine Pilotfunktion nahmen die **Wettbewerbsregeln des Markenverbandes für die Markenartikelindustrie** ein, die Gegenstand einer Entscheidung des BKartA aus dem Jahre 1976 waren.[97] Über 30 Verbände haben diese Wettbewerbsregeln nahezu wörtlich übernommen.[98] Sie haben folgenden Wortlaut:[99]

69

Zur Förderung eine leistungsgerechten Wettbewerbs und seiner Sicherung gegen wettbewerbsfremde Praktiken hat der Markenverband für die Markenartikelindustrie die nachfolgenden Verhaltensgrundsätze aufgestellt. Sie sollen auch dazu beitragen, den Missbrauch von Marktmacht gegenüber Mitbewerbern und Marktbeteiligten anderer Wirtschaftsstufen zu verhindern. Als selbstordnende Maßnahmen dienen sie zugleich dem Schutz des Verbrauchers.

---

94 Vgl. BKartA, Tätigkeitsbericht 1977, S. 34.
95 BKartA, WuW/E BKartA 590 – *Bauindustrie*.
96 BGH, WuW/E BGH 2095 – *Bauindustrie*.
97 Vgl. hierzu BKartA, WuW/E BKartzA 1633 – *Markenverband*.
98 *Immenga*, in: Immenga/Mestmäcker, § 24 Rn. 105.
99 Die Wettbewerbsregeln des Markenverbandes sind auch abgedruckt bei Immenga/Mestmäcker (Vorauflage), § 24 Rn. 80.

§ 24 GWB Begriff, Antrag auf Anerkennung

1. Verhalten bei Anzapfversuchen. Hersteller verstoßen gegen die Grundsätze eines leistungsgerechten Wettbewerbs, wenn sie sich von ihren Abnehmern »anzapfen« lassen, d.h. der Forderung nach zusätzlichen Leistungen ohne Gegenleistung entsprechen, die nicht unmittelbar mit dem Warenverkauf verbunden sind und zu deren Durchsetzung in offener oder verdeckter Form Druck ausgeübt wird. Unter den Voraussetzungen des Satzes 1 lassen sich als Beispiele für Leistungen, die ungeachtet ihrer jeweiligen Bezeichnung wettbewerbsfremd sind, nennen: Eintrittsgelder zur Anbahnung und Zahlungen zur Erhaltung oder Erweiterung der Geschäftsbeziehung, Leistungsgebühren, Investitionsbeiträge, Einrichtungszuschüsse, Automationskostenbeteiligungen, Zuwendungen zu Jubiläen u.a., Ausgleich für Schäden und Umsatzausfall im eigenen Risikobereich, übersteigerte Werbegeschenke, Barzahlungen statt handelsüblicher Werbepräsente.

2. Freiwillige Sonderleistungen; Platzmiete. Ebenso ist es wettbewerbswidrig, wenn Hersteller zur Eröffnung oder Förderung einer Geschäftsbeziehung ihren Abnehmern aus freien Stücken Zuwendungen ohne Gegenleistung anbieten oder gewähren, die geeignet sind, geschäftliche Entscheidungen unsachlich zu beeinflussen. Insbesondere ist das Anbieten oder Gewähren von Schaufenster-, Regal- oder sonstiger Platzmiete wettbewerbswidrig.

3. Sonderprämien. Hersteller verstoßen gegen die guten Sitten im Wettbewerb, wenn sie die Mitarbeiter ihrer Abnehmer oder diese selbst unsachlich beeinflussen, indem sie Preisausschreiben oder Reisen veranstalten, Gewinne ausspielen, Prämien oder sonstige geldwerte Vorteile gewähren, um Bestellungen oder eine besondere Behandlung ihrer Erzeugnisse herbeizuführen oder den Verkauf von Erzeugnissen anderer Lieferanten zu unterbinden oder zu beeinträchtigen.

4. Arbeitskräfte der Industrie in Diensten des Handels. Die unentgeltliche Bereitstellung von Arbeitskräften des Lieferanten für die Mitwirkung im Geschäftsbetrieb des Abnehmers, insbesondere im Verkauf oder bei der Inventur, verstößt grundsätzlich gegen die Zugabeverordnung. Dies gilt nicht für die Tätigkeit von im Geschäftsbetrieb des Abnehmers tätigen Propagandisten des Lieferanten, die als solche eindeutig gekennzeichnet sind und die ausschließlich Ware dieses Lieferanten anbieten oder verkaufen. Zulässig ist ferner der Einsatz von Herstellerpersonal im Handelsbetrieb, soweit dies für die ordnungsgemäße Produktionsbetreuung (z.B. Frische-Kontrolle und – Gewährleistung) unabweisbar ist. Unzulässig ist dagegen die Übernahme der unentgeltlichen Auszeichnung jedes einzelnen Artikels mit dem Verkaufspreis des jeweiligen Abnehmers durch den Lieferanten oder für ihn tätige Dritte.

5. Display-Artikel mit Zweitnutzen. Sog. Display-Artikel mit überwiegendem Zweitnutzen, d.h. Gegenstände, die nur dem Scheine nach der vorteilhaften Lieferung oder Darbietung eines Markenartikels dienen, in Wirklichkeit jedoch dem Abnehmer oder seinen Mitarbeitern für den persönlichen Bedarf zugewendet werden, dürfen vom Hersteller nicht angeboten oder gewährt werden.

6. Mondpreise. Vom Hersteller unverbindlich empfohlene Preise für Markenwaren dürfen keine Phantasiegrößen sein, sondern müssen nach Marktbeob-

achtung tatsächlich erzielte oder voraussichtlich erzielbare marktgerechte Verbraucherpreise sein.

7. Mogelpackungen. Fertigpackungen, die der Hersteller in den Verkehr bringt, dürfen unbeschadet technisch notwendiger oder sonst zulässiger Ausnahmen nicht durch ein Missverhältnis zwischen Packungsgröße und Fassungsvermögen eine größere Füllmenge vortäuschen, als sie tatsächlich enthalten.

8. Delkredere. Vergütungen für eine Delkredere-Übernahme dürfen nur gewährt werden, wenn dafür der tatsächliche Vorteil einer zusätzlichen Haftungsgrundlage geboten wird.

Das BKartA hat in seiner Entscheidung zunächst klargestellt, dass es sich bei der **Präambel** lediglich um eine **Hilfe zur Auslegung** der nachfolgenden Wettbewerbsregeln handele, nicht dagegen um eine Regel selbst.[100] Die Beurteilung der einzelnen Tatbestände ist kennzeichnend für den Standpunkt des BKartA in der Anwendungspraxis der zweiten Phase. Inhaltlich ist diese Praxis von einer kritischen Beurteilung preisrelevanter Wettbewerbsregeln geprägt. **Regelwerke ohne Bezug zur Preisgestaltung** oder Preiswerbung waren geringeren Bedenken ausgesetzt. **Maßnahmen gegen Anzapfversuche** (vgl. Ziff. 1 der Wettbewerbsregeln des Markenverbandes) waren daher im Hinblick auf die Förderung des leistungsgerechten Wettbewerbs grundsätzlich zulässig.[101] Gleiches galt für Regeln zu **freiwilligen Sonderleistungen** oder zur **Platzmiete** (Ziff. 2 der Wettbewerbsregeln des Markenverbandes), weil Zuwendungen ohne Gegenleistung prinzipiell als unlauter angesehen wurden.[102] Wettbewerbsregeln, die die Gewährung von **Sonderprämien an Mitarbeiter** der Abnehmer oder an die Abnehmer selbst betrafen (vgl. Ziff. 3 der Wettbewerbsregeln des Markenverbandes) waren ebenfalls zulässig, weil derartige Prämien zu einer unsachlichen Beeinflussung des Händlers bzw. seines Personals führten.[103] Zur **unentgeltlichen Stellung von Arbeitskräften** (vgl. Ziff. 4 der Wettbewerbsregeln des Markenverbandes) hatte sich das BKartA bereits in anderem Zusammenhang geäußert.[104] Auch die übrigen Regeln wurden im Hinblick auf den Schutz von Lauterkeit und Leistungsgerechtigkeit des Wettbewerbs akzeptiert.

Wettbewerbsregeln, die sich auf **Preisgestaltung oder Preiswerbung** als wichtigsten Parameter des Marktverhaltens bezogen, beurteilte das BKartA

---

100 BKartA, WuW/E BKartA 1633 – *Markenverband*; vgl. hierzu o. Rdn. 41.
101 BKartA, WuW/E BKartA 1633 – *Markenverband*.
102 BKartA, WuW/E BKartA 1633 – *Markenverband*.
103 BKartA, WuW/E BKartA 1633 – *Markenverband*.
104 BKartA, WuW/E BKartA 1233, 1238 f. *Markenspirituosen*; daran anknüpfend WuW/E BKartA 1633 – *Markenverband*.

ungleich kritischer.[105] Schon der bloße Eindruck, dass durch die Aufstellung von Wettbewerbsregeln Einfluss auf die Preisgestaltung genommen werden könnte, führte im Einzelfall zur Beanstandung.[106] Die Verpflichtung, vor der Abgabe von Angeboten eine **Vorkalkulation** vorzunehmen war nach anfänglicher Unsicherheit in der Beurteilung durch das BKartA im Ergebnis als unzulässig anzusehen.[107] Gleiches galt für das Verbot, **Leistungen unter Selbstkosten** anzubieten[108] oder **Preisunterbietungen** zu unterlassen.[109]

72 Als **zulässig** wurden Wettbewerbsregeln allenfalls unter besonderen Umständen angesehen, etwa wenn sich die Vornahme einer Vorkalkulation nicht verbindlich vorgeschrieben, sondern nur angeregt oder wenn ein Verbot planmäßiger und gezielter Preisunterbietungen ausgesprochen wurde.[110] Grundsätzlich anerkennungsfähig waren auch Klauseln, mit denen die Grundsätze der **Preisklarheit und Preiswahrheit** festgeschrieben werden sollten.[111] Die Pflicht zur **Führung von Preislisten** wurde nur akzeptiert, wenn dies in der betreffenden Branche aus kaufmännischen oder technischen Gründen üblich war.[112] Anerkennungsfähig war – im Hinblick auf Preisklarheit und Preiswahrheit – auch das Gebot zur Preislistentreue.[113]

III. Dritte Phase

73 Mit der **Abschaffung der konstitutiven Freistellungsentscheidung** durch die 7. GWB-Novelle[114] ist die Anwendungspraxis **formal** in eine neue Phase eingetreten. Sie ist dadurch gekennzeichnet, dass die Vorschriften über Wettbewerbsregeln zunehmend an Bedeutung verlieren. Auch der BGH hat be-

---

105 Vgl. *Sack*, in: Loewenheim/Meessen/Riesenkampff, § 24 Rn. 77.
106 Vgl. etwa BKartA, WuW/E BKartA 96, – *Kohleneinzelhandel*, WuW/E BKartA 587 – *Bauindustrie*, WuW/E BKartA 1327, 1342 – *Tapetenhandel*.
107 Vgl. BKartA, WuW/E BKartA 312 – *Ziehereien und Kaltwalzwerke*; WuW/E BKartA 610 – *Kraftfahrzeughandel*; WuW/E BKartA 903 – *Schälmühlenindustrie*; WuW/E 591 – *Bauindustrie*; BGH, WuW/E BGH 770 – *Bauindustrie*.
108 Vgl. BKartA, WuW/E BKartA 100 – *Kohleneinzelhandel*, WuW/E BKartA 903 – *Schälmühlenindustrie*; WuW/E 1091 – *Büromaschinen*; WuW/E 587 – *Bauindustrie*; WuW/E 1118 – *Lackindustrie*; WuW/E 1166 – *Hefeindustrie*; WuW/E 1328 – *Tapetenhandel*.
109 Vgl. BKartA, WuW/E BKartA 587 – *Bauindustrie*.
110 Vgl. BKartA, WuW/E BKartA 97 – *Kohleneinzelhandel*, WuW/E BKartA 903 – *Schälmühlenindustrie*.
111 Vgl. BKartA, WuW/E BKartA 97 – *Kohleneinzelhandel*; ähnlich BGH, WuW/E BGH 779 – *Bauindustrie*.
112 Vgl. BKartA, WuW/E BKartA 99 – *Kohleneinzelhandel*; WuW/E BKartA 308 – *Ziehereien und Kaltwalzwerke*; WuW/E BKartA 906 – *Schälmühlen*.
113 Vgl. BKartA, WuW/E BKartA 303, 309 *Ziehereien und Kaltwalzwerke*; WuW/E BKartA 906 – *Schälmühlen*.
114 Vgl. hierzu o. Rdn. 17 ff.

reits darauf hingewiesen, dass den Wettbewerbsregeln heute nur noch eine **begrenzte Bedeutung** zukommt, die sich auf eine Indizwirkung für Fragen der Unlauterkeit und auf die aus § 26 Abs. 1 Satz 2 resultierende Selbstbindung der Kartellbehörde beschränkt.

Materiell ist diese Phase bereits mit der seit Mitte der neunziger Jahre des letzten Jahrhunderts eingeleiteten **Liberalisierung des Lauterkeitsrechts** hin zu mehr Wettbewerbsfreiheit eingeleitet worden.[115] Ausgangspunkt war die Novelle des UWG aus dem Jahre 1994,[116] die zur Aufhebung des Verbots der Werbung mit mengenmäßigen Beschränkungen (§ 6d UWG a.F.) und des Verbots der Werbung mit Eigenpreisvergleichen (§ 6e UWG a.F.) führte. Nachdem der BGH im Jahre 1998 im Hinblick auf die entsprechende EG-Richtlinie aus dem Jahre 1997[117] zur **Zulässigkeit der vergleichenden Werbung** Stellung genommen hatte,[118] erließ der deutsche Gesetzgeber im Jahr 2000 erstmals Vorschriften über die Zulässigkeit der vergleichenden Werbung (§§ 2, 3 Satz 2 und 4 Abs. 1 Satz 2 UWG).[119] Im Jahre 2001 wurden das **Rabattgesetz** und die **Zugabeverordnung** ersatzlos abgeschafft,[120] und mit der **UWG-Novelle aus dem Jahre 2004** wurden weitere lauterkeitsrechtliche Sondertatbestände aufgehoben:[121] So wurde das Sonderveranstaltungsrecht (§§ 7, 8 UWG a.F.) gestrichen und durch Konkretisierungen des Tatbestands der Irreführung (§§ 5 Abs. 4 und 5 UWG n.F.) ersetzt. Die verbliebenen abstrakten Gefährdungsdelikte des Konkurswarenverkaufs (§ 6 UWG a.F.), der Hersteller- und Großhändlerwerbung (§ 6a UWG a.F.) und des Kaufscheinhandels (§ 6b UWG a.F.) wurden gestrichen.

74

Vor diesem Hintergrund dürfte eine ganze Reihe auf der Basis der früheren Rechtslage **anerkannter Wettbewerbsregeln heute überholt** sein.[122] Zugleich müsste die künftige Anerkennungspraxis den geänderten lauterkeitsrechtlichen Wertungen Rechnung tragen. Materiell betrifft dies beispielsweise in Wettbewerbsregeln enthaltene Vorschriften über die Unzulässigkeit der Gewährung von **Rabatten**. Soweit sich dort ausdrückliche Bezugnahmen auf das – abgeschaffte – Rabattgesetz finden oder den dortigen Wertungen ver-

75

---

115 Hierzu ausf. *Sosnitza*, FS Bechtold, S. 515, 520 f.
116 Gesetz zur Änderung des Gesetzes gegen den unlauteren Wettbewerb vom 25.7.1994, BGBl. I, S. 1738.
117 Richtlinie 97/55/EG des Europäischen Parlaments und des Rates vom 6. Oktober 1997 zur Änderung der Richtlinie 84/450/EWG über irreführende Werbung zwecks Einbeziehung der vergleichenden Werbung, ABl. 1997 L 290, S. 18.
118 BGHZ 138, 55 = GRUR 1998, 824 – *Testpreis-Angebote*.
119 Gesetz zur vergleichenden Werbung und zur Änderung wettbewerbsrechtlicher Vorschriften vom 1.9.2000, BGBl. I, S. 1374.
120 Gesetz vom 23.7.2001; BGBl. I, S. 1661 und 1663.
121 BGBl. 2004 I, S. 1414.
122 Vgl. nur *Sosnitza*, FS Bechtold, S. 515, 522.

gleichbare Maßstäbe über die Zulässigkeit von Preisnachlässen, Sonderrabatten, Barzahlungsnachlässen o.ä. aufgestellt werden,[123] dürften derartige Wettbewerbsregeln nunmehr hinfällig sein. Gleiches gilt für Wettbewerbsregeln über **Zugaben**, die auf die Zugabeverordnung verweisen oder branchenspezifische Einzelregelungen enthalten.[124] Zahlreiche Wettbewerbsregeln beziehen sich hinsichtlich der Vorschriften über **Sonderveranstaltungen und Sonderangebote** ausdrücklich auf die §§ 7 ff. UWG a.F.,[125] mit deren Wegfall sich die lauterkeitsrechtliche Bewertung grundlegend geändert hat. Gleiches gilt nicht zuletzt auch für Vorgaben über die **Zulässigkeit der vergleichenden Werbung**. Verbotsnormen im Rahmen von Wettbewerbsregeln, die auf der Basis der früheren Rechtsprechung geschaffen worden sind, dürften nicht mehr länger aufrecht zu erhalten sein. Dies gilt etwa für die Regel, dass vergleichende Werbung nur zulässig ist, wenn hierfür ein hinreichender Anlass besteht.[126] Nachdem der BGH die Zulässigkeit der vergleichenden Werbung grundsätzlich anerkannt[127] und der Gesetzgeber dies im UWG nachvollzogen hat (vgl. § 2 UWG a.F.),[128] ist für derartige Verbandsregelungen kein Raum mehr.

76 Größere Beachtung haben in jüngster Zeit die **Wettbewerbsregeln des Verbandes Deutscher Zeitungsverleger (VDZ)** für den Vertrieb abonnierbarer Publikumszeitschriften erlangt. In der letztlich anerkannten Fassung haben sie folgenden Wortlaut:
1. Allgemeine Grundsätze der Werbung. Zeitschriftenverlage haben beim Vertrieb von Publikumszeitschriften alles zu vermeiden, was das Ansehen des Zeitschriftenverlagswesens in der Öffentlichkeit herabsetzt. Sie respektieren und wahren die verfassungsrechtlichen Grundlagen der Informations- und

---

123 Sosnitza, FS Bechtold, S. 515, 522, verweist beispielhaft u.a. auf die Wettbewerbsregeln des Bundes Deutscher Fliesengeschäfte, Landesverband »Rheinland-Westfalen« (dort § 2 Nr. 4), BAnz. Nr. 115 vom 20.6.1962.
124 Sosnitza, FS Bechtold, S. 515, 522 f., verweist beispielhaft u.a. auf die Wettbewerbsregeln des Deutschen Brauer-Bundes e.V. (dort § 3 Abs. 1), BAnz. Nr. 52 vom 15.3.1978.
125 Sosnitza, FS Bechtold, S. 515, 524, verweist beispielhaft auf die Wettbewerbsregeln des Gesamtverbandes Büromaschinen, Büromöbel und Organisationsmittel e.V. (dort § 10), BAnz. Nr. 84 vom 25.8.1966.
126 Sosnitza, FS Bechtold, S. 515, 522 f., verweist beispielhaft u.a. auf die Wettbewerbsregeln des Deutschen Brauer-Bundes e.V. (dort § 5 Abs. 2), BAnz. Nr. 52 vom 15.3.1978.
127 BGHZ 138, 55 = GRUR 1998, 824 – *Testpreis-Angebote*, im Anschluss an die Entwicklung des Gemeinschaftsrechts, vgl. Richtlinie 97/55/EG des Europäischen Parlaments und des Rates vom 6. Oktober 1997 zur Änderung der Richtlinie 84/450/EWG über irreführende Werbung zwecks Einbeziehung der vergleichenden Werbung, ABl. 1997 L 290, S. 18.
128 Gesetz zur vergleichenden Werbung und zur Änderung wettbewerbsrechtlicher Vorschriften vom 1.9.2000, BGBl. I, S. 1374.

Pressefreiheit. In diesem Sinne sind ihnen insbesondere Werbepraktiken untersagt, die das Bewusstsein der Leser für die Werthaltigkeit der redaktionellen Leistung in Frage stellen oder die gesetzlichen Grundlagen der Preisbindung missachten. Diese Regeln dienen der Wahrung der Lauterkeit und der Sicherung eines leistungsgerechten Wettbewerbs im Pressevertrieb. Die nachfolgenden Bestimmungen gelten für solche Titel, bei denen ein signifikanter Teil über den Einzelhandel vertrieben wird.
*2. **Werbeexemplare**. Werbeexemplare sind Zeitschriften, die unentgeltlich zur Erprobung geliefert oder verteilt werden, um die Empfänger als Käufer zu gewinnen. Die Verbreitung von Werbeexemplaren darf nicht zu einer Marktverstopfung führen. Die Dauer von kostenlosen Probelieferungen an denselben Empfänger darf in der Regel nicht über mehr als drei Ausgaben erfolgen. Zwischen zwei Werbelieferungen muss ein zeitlicher Abstand von mindestens drei Monaten liegen.*
*3. **Probeabonnements**. Kurzabonnements zu Erprobungszwecken (»Probeabonnements«) sind zulässig, wenn sie zeitlich auf maximal drei Monate begrenzt sind und nicht mehr als 35 Prozent unter dem kumulierten Einzelheftpreis liegen. Derartige Probeabonnements sind nicht beliebig oft wiederholbar; sie dürfen nur in ein reguläres Abonnement führen, wenn dies jederzeit kündbar ist.*
*4. **Werbegeschenke bei Werbeexemplaren und Probeabonnements**. Sachgeschenke als Belohnung für die Bereitschaft zur Erprobung (»Werbegeschenke«) müssen in einem angemessenen Verhältnis zum Erprobungsaufwand stehen.*
*5. **Studentenabonnements, Mitarbeiterexemplare, Mengennachlässe**. Verbilligte Abonnements für Studierende, Zivildienstleistende und Wehrpflichtige sind zulässig, wenn die Voraussetzungen nachgewiesen werden. In diesem Fall ist eine regelmäßige Überprüfung der Berechtigung erforderlich. Verbilligte Schülerabonnements sollen nur bei einer eigenen Haushaltsführung des Schülers abgeschlossen werden. Ebenfalls zulässig sind Mitarbeiterexemplare sowie Mengennachlässe für Großabnehmer, wenn diese die Zeitschriften für ihren Gewerbebetrieb nutzen.*
*6. **Vermittlungsprämien**. Prämien können für die Vermittlung neuer Abonnenten durch dritte Personen gewährt werden (»Vermittlungsprämien«). Der Wert der Vermittlungsprämie darf keine unlauteren Anreize schaffen und insbesondere nicht zu einer unangemessenen Kommerzialisierung der Privatsphäre führen. Er darf deshalb in der Regel den Bezugspreis des Abonnements für den Verpflichtungszeitraum nicht überschreiten, wobei folgende absolute Obergrenzen Anwendung finden:*
bei Zeitschriftentiteln mit wöchentlicher Erscheinungsweise:
– der Bezugspreis eines Jahresabonnements,
bei Zeitschriftentiteln mit vierzehntäglicher Erscheinungsweise:
– der Bezugspreis für ein Abonnement von 18 Monaten Laufdauer,

bei Zeitschriftentiteln mit monatlicher Erscheinungsweise:
– *der Bezugspreis eines Zweijahres-Abonnements.*
7. Abschlussprämien. Bei der Abonnementswerbung können ausschließlich Sachprämien als Gegenleistung für den Willen des Abonnenten zur Bezugsbindung (»Abschlussprämien«) gewährt werden. Der Wert der Abschlussprämie darf in der Regel 25 Prozent des Bezugspreises des Abonnements für den Verpflichtungszeitraum nicht überschreiten. Eine Abschlussprämie im Wert bis zu zehn Euro ist in jedem Fall zulässig. Für jederzeit kündbare Abonnements wird eine Erstverpflichtungsdauer von einem halben Jahr angenommen.

77 Im Anerkennungsverfahren waren insbesondere die Regeln über Probeabonnements und Werbegeschenke streitig gewesen, die das BKartA unter dem Gesichtspunkt der **missbräuchlichen Preisbindung** als unzulässig angesehen hatte. Die Gewährung von Einkaufsgutscheinen oder Bargeld als Prämie komme einem Preisnachlass gleich, der letztlich den Einzelhandelspreis um mehr als 15 % unterschreite.[129] Die Wettbewerbsregeln waren zudem Gegenstand verschiedener Gerichtsentscheidungen, die sich mit den Folgen von Regelverstößen befassten.[130]

IV. Anerkannte Wettbewerbsregeln

78 Über den aktuellen Stand der anerkannten Wettbewerbsregeln wird jeweils in den Tätigkeitsberichten des BKartA berichtet. Anerkannt wurden bislang Wettbewerbsregeln im Bereich der **Bauwirtschaft** (Hauptverband der Deutschen Bauindustrie e.V., Fachverband Hausschornsteinbau e.V.), der **Chemischen Industrie** (Verband der Lackindustrie e.V., Bundesverband der Pharmazeutischen Industrie e.V., Industrieverband Körperpflege- und Waschmittel e.V., Bundesverband für Tiergesundheit e.V., Industrieverband Putz- und Pflegemittel e.V., Verband Forschender Arzneimittelhersteller e.V.), des **Druck- und Verlagsgewerbes** (Börsenverein des Deutschen Buchhandels e.V., Bundesverband Deutscher Zeitungsverleger e.V., Verband Deutscher Zeitschriftenverleger e.V., Verband Deutscher Adressbuchverleger e.V.), der **Elektroindustrie** (Zentralverband der Elektrotechnischen Industrie e.V., Fachverband Elektroleuchten im Zentralverband der Elektrotechnischen Industrie e.V., International Association of Pacemaker Manufacturers), des **Ernährungsgewerbes** (Markenverband e.V., Bundesverband der Hersteller von Lebensmitteln für besondere Ernährungszwecke e.V., Bundesverband der Deutschen Feinkostindustrie e.V., Verband der Suppenindustrie e.V., Bundes-

---

[129] BKartA, Beschluss vom 30.3.2004 (unveröffentlicht); zit. n. Hellmann/Schütt, in: FK-GWB, § 24 Rn. 51.
[130] Vgl. nur BGH, WRP 2006, 1113; OLG Düsseldorf, AfP 2004, 274; OLG Düsseldorf, NJW 2004, 2100.

verband der obst- und gemüseverarbeitenden Industrie e.V., Verband der deutschen Sauerkonserven.-Industrie e.V., Verband der deutschen Fruchtsaft-Industrie e.V., Bundesverband der Deutschen Süßwaren-Industrie e.V., Milchindustrie-Verband e.V., Bundesverband Molkerei-Produkte e.V., Deutscher Brauer-Bund e.V., Bundesverband der Deutschen Spirituosen-Industrie e.V., Verband Deutscher Sektkellereien e.V., Verband Deutscher Mineralbrunnen e.V., Verband der Deutschen Essig-Industrie e.V., Fachverband der Gewürzindustrie e.V., Verband der Deutschen Senfindustrie e.V., Bundesverband der kartoffelverarbeitenden Industrie e.V., Industrieverband Heimtierbedarf e.V.), des **Glasgewerbes und der Keramik** (Industrieverband Keramische Fliesen + Platten e.V.), des **Groß- und Einzelhandels** (Deutscher Verband Flüssiggas e.V., Bundesverband des Deutschen Farbengroßhandels e.V., Fachverband des Deutschen Tapetenhandels e.V., Bundesverband des Groß- und Außenhandels mit Molkereiprodukten e.V., Bundesverband des Deutschen Bier- und Getränkefachgroßhandels e.V., Gesamtverband Büromaschinen, Büromöbel, Organisationsmittel e.V., Bundesverband des Deutschen Wein- und Spritousenhandels e.V., Arbeitsgemeinschaft Abonnementwerbung; Bundesverband Ring Deutscher Makler e.V., Verband Deutscher Makler für Grundbesitz und Finanzierungen e.V., Vereinigung der Kosmetischen Einfuhrfirmen e.V.), der **Gummi- und Kunststoffwaren** (Gesamtverband der Kunststoffverarbeitenden Industrie e.V.), des **Kreditgewerbes** (Zentraler Kreditausschuss, Bundesverband der Deutschen Volksbanken und Raiffeisenbanken), des **Maschinenbaus** (Verband der Deutschen Automaten-Industrie e.V.), der **Medizintechnik** (Ärztliches Qualitätslabor e.V., Verband der Deutschen Photographischen Industrie e.V.), der **Metallerzeugung und -verarbeitung** (Wirtschaftsvereinigung Ziehereien und Kaltwalzwerke, Industrieverband Hausgeräte im Fachverband Metallwaren und verwandte Industrien e.V.), der **Mineralölverarbeitung** (Mineralölwirtschaftsverband e.V.) sowie des **Papiergewerbes** (Vereinigung Hygiene-Papiere im Verband Deutscher Papierfabriken e.V.).

§ 25 GWB Stellungnahme Dritter

§ 25 Stellungnahme Dritter

Die Die Kartellbehörde hat nichtbeteiligten Unternehmen der gleichen Wirtschaftsstufe, Wirtschafts- und Berufsvereinigungen der durch die Wettbewerbsregeln betroffenen Lieferanten und Abnehmer sowie den Bundesorganisationen der beteiligten Wirtschaftsstufen Gelegenheit zur Stellungnahme zu geben. Gleiches gilt für Verbraucherzentralen und andere Verbraucherverbände, die mit öffentlichen Mitteln gefördert werden, wenn die Interessen der Verbraucher erheblich berührt sind. Die Kartellbehörde kann eine öffentliche mündliche Verhandlung über den Antrag auf Anerkennung durchführen, in der es jedermann freisteht, Einwendungen gegen die Anerkennung zu erheben.

Übersicht

		Rdn.			Rdn.
A.	Überblick	1	C.	Öffentliche mündliche Verhandlung (S. 3)	11
B.	Anhörungsverfahren (S. 1 und 2)	3			

Schrifttum

Siehe Schrifttum zu § 24.

A. Überblick

1 § 25 verpflichtet die zuständige Kartellbehörde, im Rahmen des Verfahrens auf Anerkennung von Wettbewerbsregeln ein **besonderes Anhörungsverfahren** durchzuführen. Nach § 25 Satz 1 sollen die an der antragstellenden Wirtschafts- und Berufsvereinigung nicht **beteiligten Unternehmen der gleichen Wirtschaftsstufe, die Wirtschafts- und Berufsvereinigungen** der betroffenen **Lieferanten und Abnehmer** sowie die Bundesorganisationen der beteiligten Wirtschaftsstufen Gelegenheit erhalten, sich zu der beantragten Anerkennung zu äußern. Diese Vorschrift entspricht wörtlich dem bis zur 6. GWB-Novelle geltenden § 30 a.F. und dem bis zur 7. GWB-Novelle geltenden § 25 a.F. Mit der 7. GWB-Novelle wurde § 25 Satz 2 neu eingefügt, wonach die Kartellbehörde auch **Verbraucherzentralen** und sonstigen mit öffentlichen Mitteln geförderten **Verbraucherverbänden** Gelegenheit zur Stellungnahme geben muss, wenn die Interessen der Verbraucher durch die beantragte Anerkennung erheblich berührt werden. Der aus dem früheren § 25 Satz 2 a.F. bzw. § 30 a.F. übernommene § 25 Satz 3 der Vorschrift sieht schließlich vor, dass die Kartellbehörde eine im Verfahren auf Anerkennung eine **öffentliche mündliche Verhandlung** durchführen kann, in der es jedermann freisteht, Einwendungen gegen die Anerkennung zu erheben.

Die Vorschriften stellen eine **Erweiterung** der allgemeinen verwaltungsverfahrensrechtlichen Vorschriften (§ 28 VwVfG) und der Vorschriften des Kartellverwaltungsverfahrens (§ 56) über die Anhörung dar, wonach das Recht zur Anhörung und die Beteiligung an einer mündlichen Verhandlung den Verfahrensbeteiligten vorbehalten ist. Es ist daher konsequent, dass die Beteiligung an dem besonderen Anhörungsverfahren des § 25 **keine Beteiligtenstellung** begründet. Insoweit bleibt es bei den allgemeinen Regeln über die Verfahrensbeteiligung insbesondere aufgrund einer Beiladung nach § 54 Abs. 2 Nr. 3.

B. Anhörungsverfahren (S. 1 und 2)

Der Kreis derjenigen, denen im Rahmen des Anhörungsverfahrens nach § 25 Satz 1 die Gelegenheit zur Stellungnahme einzuräumen ist, ist weit gefasst. Dies erklärt sich durch den Umstand, dass Wettbewerbsregeln im Allgemeinen Geltung für eine gesamte Branche beanspruchen. Demnach ist der Kreis der potentiell Betroffenen groß. Das Verfahren ist daher vom **Grundsatz der Öffentlichkeit** geprägt.[1]

Beteiligt an der Anhörung sind zunächst die **nichtbeteiligten Unternehmen der gleichen Wirtschaftsstufe.** Hier handelt es sich um Unternehmen, die zwar auf der gleichen Wirtschaftsstufe tätig sind wie die Mitgliedsunternehmen des Wirtschafts- und Berufsverbandes, der die Anerkennung der Wettbewerbsregeln beantragt hat, dem Verband selbst aber nicht angehören (»**Außenseiter**«). Weitere Unternehmen sind nicht anzuhören. Das Gesetz sieht allerdings die Anhörung weiterer **Unternehmensvereinigungen** vor. So sollen zunächst Wirtschafts- und Berufsvereinigungen der durch die Wettbewerbsregeln betroffenen **Lieferanten und Abnehmer** Gelegenheit zur Stellungnahme erhalten. Hier handelt es sich um Verbände von Unternehmen der vor- oder nachgelagerten Wirtschaftsstufe. Schließlich erstreckt sich das Anhörungsrecht auf die **Bundesorganisationen** der Verbände aller beteiligten Wirtschaftsstufen.[2]

Seit der 7. GWB-Novelle ist die Kartellbehörde zudem verpflichtet, **Verbraucherzentralen** und sonstigen mit öffentlichen Mitteln geförderten **Verbraucherverbänden** Gelegenheit zur Stellungnahme zu geben.[3] Insoweit erweitert § 25 Satz 2 den Kreis der Anhörungsberechtigten. Die Anhörung steht hier allerdings unter dem Vorbehalt, dass die **Interessen der Verbraucher erheb-**

---

1 Vgl. *Timme*, in: MünchKommKartR, § 25 Rn. 3.
2 Hierzu insgesamt *Immenga*, in: Immenga/Mestmäcker, § 25 Rn. 2 ff.; *Hellmann/Schütt*, in: FK-GWB, § 25 Rn. 2; *Timme*, in: MünchKommKartR, § 25 Rn. 6 f.
3 Hierzu insgesamt *Immenga*, in: Immenga/Mestmäcker, § 25 Rn. 6; *Timme*, in: MünchKommKartR, § 25 Rn. 8.

§ 25 GWB *Stellungnahme Dritter*

lich betroffen sind. Ob dies der Fall ist, ist von der Kartellbehörde festzustellen. Nach den Vorstellungen des Gesetzgebers sollen die Verbraucherverbände regelmäßig beteiligt werden, wenn sich die verfahrensgegenständlichen Wettbewerbsregeln auf eine Vielzahl von Verbrauchern auswirken können. Die Anhörung der Verbraucherverbände dürfte notwendig sein, wenn Wettbewerbsregeln auf einer Wirtschaftsstufe aufgestellt werden, auf der (auch) Verbraucher beteiligt sind. Insgesamt soll so der »oftmals erheblichen verbraucherpolitischen Bedeutung von Wettbewerbsregeln« Rechnung getragen werden.[4]

6 Weder § 25 Satz 1 noch die allgemeine Vorschrift über die Anhörung Beteiligter des § 56 Abs. 1 schreibt vor, **in welcher Form** die Gelegenheit zur Stellungnahme gegeben werden muss. Einen Anhaltspunkt liefert § 24 Abs. 4 Satz 2 Nr. 3, wonach dem Anerkennungsantrag eine Aufstellung der betroffenen Verbände und Unternehmen beizufügen ist. Dies deutet darauf hin, dass die Kartellbehörde diese über die Antragstellung informieren und um eine entsprechende – i.d.R. **schriftliche** – Stellungnahme bitten muss.[5] Eine Aufstellung über die ggf. zu beteiligenden Verbraucherverbände muss hingegen nicht vorgelegt werden. Hier muss die Kartellbehörde selbst entscheiden, welcher Verband im Verfahren anzuhören ist.[6]

7 Umstritten ist, ob die Kartellbehörde gehalten ist, sämtliche betroffen Unternehmen und Verbände (einschließlich der Verbraucherverbände) **individuell zu informieren**[7] oder ob es für eine ordnungsgemäße Anhörung ausreicht, den Umstand der Antragstellung nach § 27 Abs. 2 Nr. 1 **öffentlich bekannt zu machen** und im Rahmen dieser Bekanntmachung zur Stellungnahme aufzufordern.[8] Die Vorschrift selbst schweigt hierzu. Für eine individuelle Information spricht, dass der Kartellbehörde die Einzelaufforderung dadurch erleichtert wird, dass nach § 24 Abs. 4 S. 2 Nr. 3 dem Anerkennungsantrag eine Aufstellung der betroffenen Verbände und Unternehmen beizufügen ist. Diesen sei kaum zuzumuten, sich regelmäßig im Bundesanzeiger oder im elektronischen Bundesanzeiger über entsprechende Bekanntmachungen der Kartellbehörden zu informieren. Hinzu komme, dass der Gesetzgeber in § 25 nicht auf die Bekanntmachung nach § 27 Abs. 2 verweise.[9] Im Interesse der Effi-

---

4 BT-Drucks. 441/04, S. 82; vgl. *Sack*, in: Loewenheim/Meessen/Riesenkampff, § 25 Rn. 1.
5 *Hellmann/Schütt*, in: FK, § 25 Rn. 5.
6 *Bechtold/Bosch*, GWB, § 25 Rn. 2.
7 So *Hellmann/Schütt*, in: FK-GWB, § 25 Rn. 5; *Immenga*, in: Immenga/Mestmäcker, § 25 Rn. 7 f.; *Timme*, in: MünchKommKartR, § 25 Rn. 9.
8 So *Bechtold/Bosch*, GWB, § 25 Rn. 2; *Sack*, in: Loewenheim/Meessen/Riesenkampff, § 25 Rn. 2.
9 Zu diesen Begründungsansätzen ausf. *Hellmann/Schütt*, in: FK-GWB, § 25 Rn. 5.

zienz des Anerkennungsverfahrens ist die individuelle Information der anzuhörenden Unternehmen und Verbände dennoch nicht sachgerecht.

Die im Rahmen der Antragstellung einzureichende Aufstellung kann unvollständig oder fehlerhaft sein. Auch den nicht enthaltenen Unternehmen oder Verbänden steht das Recht zur Stellungnahme zu.[10] Offen ist zudem, wie mit Stellungnahmen zu verfahren ist, die von Unternehmen oder Verbänden eingereicht werden, die nicht individuell informiert worden sind. Auch von einer generellen Unzumutbarkeit, sich anhand des Bundesanzeigers über amtliche Bekanntmachungen zu informieren, kann nicht ohne weiteres ausgegangen werden. Die Kartellbehörde genügt ihrer Pflicht zur Anhörung nach § 25 Satz 1 und 2 also dadurch, dass sie den betroffenen Unternehmen und Verbänden mit der Bekanntmachung nach § 27 Abs. 2 Nr. 1 Gelegenheit zur Stellungnahme einräumt. Praktisch wird sie darüber hinaus eine Einzelaufforderung an diejenigen Unternehmen und Verbände richten, an deren Stellungnahme sie zur Beurteilung des jeweiligen Falles besonders interessiert ist. 8

Die Behörde kann in der Einzelaufforderung oder in der Bekanntmachung eine **Frist zur Stellungnahme** setzen. Die eingegangenen Stellungnahmen sind für die Anerkennungsentscheidung unverbindlich. Eine besondere, über die allgemeine **Begründungspflicht** für kartellbehördliche Entscheidungen nach § 61 Abs. 1 hinausgehende Verpflichtung, sich mit allen einzelnen Aspekten der eingegangenen Stellungnahmen im Einzelnen zu befassen, besteht nicht. **Mängel des Anhörungsverfahrens** beeinflussen nicht die Wirksamkeit der Anerkennungsentscheidung.[11] 9

Schließlich ergibt sich aus der Beteiligung an dem besonderen Anhörungsverfahren des § 25 **keine Beteiligtenstellung** derjenigen Unternehmen oder Verbände, die Stellungnahme eingereicht haben (oder einreichen könnten). § 25 stellt eine Erweiterung der allgemeinen verwaltungsverfahrensrechtlichen Vorschriften (§ 28 VwVfG) und der Vorschriften des Kartellverwaltungsverfahrens (§ 56) über die Anhörung dar, wonach das Recht zur Anhörung und die Beteiligung an einer mündlichen Verhandlung den Verfahrensbeteiligten vorbehalten ist. Es ist daher konsequent, die Verfahrensbeteiligung nach den allgemeinen Regeln (insbesondere über die Beiladung nach § 54 Abs. 2 Nr. 3) zu beurteilen.[12] Hier kann sich die Beteiligteneigenschaft aber auch daraus er- 10

---

10 Vgl. *Sack*, in: Loewenheim/Meessen/Riesenkampff, § 25 Rn. 1.
11 *Sack*, in: Loewenheim/Meessen/Riesenkampff, § 25 Rn. 2; *Timme*, in: MünchKommKartR, § 25 Rn. 10.
12 Vgl. BGH, WuW/E BGH 767, 777 – *Bauindustrie*; BGH NJW 1968, 1723 = GRUR 1968, 710, 711 – *Fahrlehrer-Verband*; BKartA, Tätigkeitsbericht 1968, S. 71; *Hellmann/Schütt*, in: FK-GWB, § 25 Rn. 7; ebenso *Timme*, in: MünchKommKartR, § 25 Rn. 12.

geben, dass die wirtschaftlichen Belange der anzuhörenden Unternehmen und Verbände in erheblichem Maße betroffen sind.[13] Erfolgt eine Beiladung, ist der Beigeladene nach § 63 Abs. 2 i.V.m. § 54 Abs. 2 Nr. 3 auch beschwerdeberechtigt.

C. Öffentliche mündliche Verhandlung (S. 3)

11 Über das Anhörungsverfahren nach § 25 Satz 1 hinaus eröffnet § 25 Satz 3 der Kartellbehörde die Möglichkeit, eine öffentliche mündliche Verhandlung über den Antrag auf Anerkennung durchzuführen. Anders als nach § 25 Satz 1 und 2 ist der Kreis derjenigen, die sich hier zum Antrag äußern können, nicht beschränkt.[14] »Jedermann« ist berechtigt, Einwendungen gegen die Anerkennung zu erheben.

12 Die Vorschrift knüpft an die allgemeine Vorschrift über die mündliche Verhandlung in § 56 Abs. 3 an, die hier ergänzend heranzuziehen ist. Ob eine öffentliche mündliche Verhandlung durchgeführt wird oder nicht, steht im **Ermessen** der Behörde. Die Anberaumung des **Termins** ist nach § 27 Abs. 2 Nr. 2 im Bundesanzeiger bekannt zu machen. Der Teilnehmerkreis ist nicht beschränkt. Aus der Beteiligung an der öffentlichen mündlichen Verhandlung ergibt sich **keine Verfahrensbeteiligung** der Teilnehmer, sofern diese nicht nach den allgemeinen Regeln gegeben ist.

---

13 Vgl. OLG Düsseldorf, WuW/E DR-R 1545 – *VDZ-Wettbewerbsregeln*.
14 *Schultz*, in: Langen/Bunte, § 25 Rn. 2.

§ 26 Anerkennung

(1) Die Anerkennung erfolgt durch Verfügung der Kartellbehörde. Sie hat zum Inhalt, dass die Kartellbehörde von den ihr nach dem Sechsten Abschnitt zustehenden Befugnissen keinen Gebrauch machen wird.

(2) Soweit eine Wettbewerbsregel gegen das Verbot des § 1 verstößt und nicht nach den §§ 2 und 3 freigestellt ist oder andere Bestimmungen dieses Gesetzes, des Gesetzes gegen den unlauteren Wettbewerb oder eine andere Rechtsvorschrift verletzt, hat die Kartellbehörde den Antrag auf Anerkennung abzulehnen.

(3) Wirtschafts- und Berufsvereinigungen haben die Außerkraftsetzung von ihnen aufgestellter, anerkannter Wettbewerbsregeln der Kartellbehörde mitzuteilen.

(4) Die Kartellbehörde hat die Anerkennung zurückzunehmen oder zu widerrufen, wenn sie nachträglich feststellt, dass die Voraussetzungen für die Ablehnung der Anerkennung nach Absatz 2 vorliegen.

Übersicht

	Rdn.			Rdn.
A. Überblick	1	C.	Mitteilung über die Außerkraftsetzung (Abs. 3)	21
B. Entscheidung über Anerkennung (Abs. 1 und 2)	5	D.	Aufhebung der Anerkennung (Abs. 4)	23
I. Voraussetzungen	6	E.	Rechtsschutz	27
II. Rechtsfolgen	10	F.	Übergangsvorschrift des § 131 Abs. 3 a.F.	30
III. Teilanerkennung und Nebenbestimmungen	14			
IV. Mittelbare Wirkungen	16			

Schrifttum

Siehe Schrifttum zu § 24.

A. Überblick

§ 26 Abs. 1 S. 1 stellt klar, dass die Anerkennung von Wettbewerbsregeln durch **Verfügung der Kartellbehörde** erfolgt. Der im Zuge der 7. GWB-Novelle eingefügte Satz 2 beschränkt den Inhalt der Verfügung auf die Zusicherung, dass die Kartellbehörde von den Befugnissen, die ihr nach dem Sechsten Abschnitt des Gesetzes (nach der 9. GWB-Novelle: »nach Kapitel 6«) zustehen, keinen Gebrauch machen wird. Verstößt eine Wettbewerbsregel gegen das Verbot des § 1, ohne nach den §§ 2 und 3 freigestellt zu sein, oder liegt ein Verstoß gegen andere Rechtsvorschriften vor, ist die Kartellbehörde nach § 26 Abs. 2 verpflichtet, die Anerkennung zu versagen und den Antrag abzu-

1

§ 26 GWB *Anerkennung*

lehnen. In Betracht kommen insbesondere andere Bestimmungen des GWB, des UWG oder seiner Nebengesetze.

2 § 26 Abs. 1 S. 1 entspricht dem bis zur 7. GWB-Novelle geltenden § 26 Abs. 1 a.F. § 26 Abs. 2 führt die Vorgängervorschrift des § 26 Abs. 2 Satz 2 a.F. fort. Der in § 26 Abs. 2 Satz 1 a.F. enthaltene Freistellungstatbestand konnte im Zuge der mit der Novelle verfolgten **Umstellung auf das »System der Legalausnahme«** ohne Administrativfreistellung nicht beibehalten werden. Nach der früheren Fassung der Vorschrift konnte die Kartellbehörde Wettbewerbsregeln, die unter die §§ 1 oder 22 Abs. 1 a.F. fielen, nach pflichtgemäßem Ermessen von diesen Verboten freistellen. Nach der Neufassung des § 26 Abs. 1 und 2 kann die Anerkennung eine **Freistellung nicht mehr konstitutiv** bewirken. Die Anerkennungsentscheidung hat nach § 26 Abs. 1 Satz 2 nunmehr lediglich zum Inhalt, dass die Kartellbehörde von den ihr nach dem Sechsten Abschnitt des Gesetzes zustehenden Befugnissen keinen Gebrauch machen wird. In der Sache entspricht dies der **Untätigkeitsentscheidung des § 32c**. Statt der früher möglichen Freistellung ergeht nunmehr lediglich eine nicht allgemeinverbindliche Untätigkeitsverfügung. Infolgedessen ist zu befürchten, dass die ohnehin begrenzte Bedeutung des Instituts der Wettbewerbsregeln weiter abnehmen wird.[1] Hierzu trägt nicht zuletzt bei, dass Anerkennungen aus der Zeit vor Inkrafttreten der 7. AEG-Novelle nach der Übergangsregelung des § 131 Abs. 3 zeitlich bis zum 31.12.2007 begrenzt waren.[2]

3 Im Zuge des Gesetzgebungsverfahrens zur 7. GWB-Novelle war die **Beibehaltung des Begriffs der »Anerkennung«** als Bruch im »System der Legalausnahme« kritisiert worden. Es entstehe der unzutreffende Eindruck einer konstitutiven Wirkung der Eintragung.[3] Der Gesetzgeber hat sich letztlich für die weitgehende Anknüpfung an die bisherige Konzeption und deren systemkonforme Anpassung entschieden. Auch im neuen System sei mit der Anerkennung die **Prüfung in Form einer Rechtskontrolle** verbunden, was die Rechtssicherheit für die betroffenen Verkehrskreise erhöhe. Zugleich stelle die neue Fassung von § 26 Abs. 1 und 2 klar, dass mit der **Anerkennung keine konstitutive Entscheidung** über die Rechtmäßigkeit der Wettbewerbsregeln verbunden sei.[4]

---

1 Vgl. *Hellmann/Schütt*, in: FK-GWB, § 26 Rn. 1; ähnlich *Schultz*, in: Langen/Bunte, § 26 Rn. 3, der Frage nach der ersatzlosen Streichen aufwirft; vgl. hiergegen aber die Bundesregierung, BT-Drucks. 15/3640, S. 48.
2 Vgl. *Bechtold/Bosch*, GWB, § 26 Rn. 1 und 9.
3 Vgl. BR-Drucks. 441/04, S. 7; hierzu *Timme*, in: MünchKommKartR, § 26 Rn. 5.
4 Vgl. BT-Drucks. 15/3640, S. 87; hierzu *Timme*, in: MünchKommKartR, § 26 Rn. 6.

Neben den grundlegenden Bestimmungen über die Anerkennungsverfügung enthält § 26 in Abs. 3 eine Regelung, wonach Wirtschafts- und Berufsvereinigungen die **Außerkraftsetzung anerkannter Wettbewerbsregeln** der Kartellbehörde mitteilen müssen. Nach § 26 Abs. 4 ist die Kartellbehörde verpflichtet, die einmal verfügte Anerkennung von Wettbewerbsregeln durch **Rücknahme oder Widerruf** aufzuheben, wenn sie nachträglich feststellt, dass die Voraussetzungen für die Anerkennung nicht vorlagen.

B. Entscheidung über Anerkennung (Abs. 1 und 2)

Nach § 26 Abs. 1 S. 1 erfolgt die Anerkennung von Wettbewerbsregeln durch Verfügung der Kartellbehörde. Welche Behörde zuständig ist, bestimmt sich nach § 48 Abs. 2. Im Übrigen unterliegt die Verfügung den formellen Voraussetzungen des § 61. Anders als die Untätigkeitsverfügung nach § 32c steht die Anerkennung nicht im Ermessen der Behörde. Sie ist vielmehr **zur Anerkennung der Wettbewerbsregeln verpflichtet**, wenn die Voraussetzungen den nach § 24 Abs. 2 zulässigen Inhalt haben und die Voraussetzungen des § 26 Abs. 2 erfüllt sind. § 26 Abs. 2 vermittelt also **ein subjektives Recht auf Anerkennung** zulässiger Wettbewerbsregeln. Als »Kehrseite« der Verpflichtung der Behörde ist anerkannt, dass den antragstellenden Wirtschafts- und Berufsvereinigungen ein rechtlich durchsetzbarer **Anspruch auf Anerkennung** ihrer Wettbewerbsregeln zusteht, wenn die gesetzlichen Voraussetzungen erfüllt sind.[5]

I. Voraussetzungen

Hat die anzuerkennende Wettbewerbsregel einen nach § 24 Abs. 2 zulässigen Inhalt,[6] hängt die Anerkennung vor allem davon ab, ob die Wettbewerbsregel das **Kartellverbot des § 1** verletzt, ohne nach §§ 2 und 3 freigestellt zu sein. Außerdem darf die Wettbewerbsregel nicht formell oder materiell gegen andere **Bestimmungen des GBW, des UWG und seiner Nebengesetze oder gegen sonstige Rechtsvorschriften** verstoßen. Prüfungsmaßstab sind hier sämtliche Gesetze im materiellen Sinne, also hoheitliche Anordnungen, die in abstrakt-genereller Form für eine unbestimmte Vielzahl von Personen verbindliche Regelungen treffen. Neben formellen Gesetzen kommen **auch Rechtsverordnungen und Satzungen** oder andere Rechtsakte von Trägern öffentlicher Gewalt in Betracht. Die Hervorhebung des GWB und des UWG in § 26 Abs. 2 bedeutet nicht, dass anderen Rechtsvorschriften eine geringere Bedeutung zukommt. Vielmehr liegt gerade hier der Schwerpunkt der Prüfung. Ver-

---

5 Ebenso *Immenga*, in: Immenga/Mestmäcker, § 26 Rn. 7 f.
6 Fehlt es bereits daran, ist die Anerkennung ebenfalls abzulehnen; vgl. BGH, WuW/E BGH 767 – *Bauindustrie*.

§ 26 GWB *Anerkennung*

stöße gegen das UWG kommen demgegenüber praktisch nur selten vor. Insbesondere verstoßen Wettbewerbsregeln, die weitergehende Anforderungen an das Wettbewerbsverhalten der Unternehmen stellen, nicht gegen das Wettbewerbsrecht.[7] Wird ein **Rechtsverstoß** festgestellt, muss die Kartellbehörde die **Anerkennung der Wettbewerbsregel verweigern**.

7 Im Unterschied zur Rechtslage bis zur 7. GWB-Novelle ist mit der Anerkennung von Wettbewerbsregeln **keine Freistellung vom Kartellverbot** mehr verbunden. Liegt ein Verstoß gegen das Kartellverbot vor, kommt es für die Anerkennungsfähigkeit allein darauf an, ob sich eine Freistellung aus den §§ 2 und 3 ergibt. Fehlt es daran, ist die Anerkennung zu versagen. Insbesondere erfolgt **keine Abwägung** zwischen den Nachteilen einer gegen das Kartellverbot verstoßenden Wettbewerbsregel und den Vorteilen, die sich ggf. für die Lauterkeit des Wettbewerbs ergeben würden, wenn die Wettbewerbsregel gleichwohl anerkannt würde.[8] Die Anerkennung einer gegen das Kartellverbot des § 1 verstoßenden Wettbewerbsregel kommt also auch dann nicht in Betracht, wenn sie der Förderung der Lauterkeit des Wettbewerbs dient.

8 Umstritten ist, ob die Feststellung von Verstößen gegen das GWB, das UWG und seine Nebengesetze und gegen sonstige Rechtsvorschriften stets mit derselben **Prüfungsintensität** erfolgen muss. Die Frage wird teilweise bejaht.[9] Tatsächlich lässt der Wortlaut des § 26 Abs. 2 für Differenzierungen keinen ausdrücklichen Spielraum. Hier ist allerdings zu berücksichtigen, dass Wettbewerbsregeln ihrem Sinn und Zweck nach gerade dazu dienen sollen, die wettbewerbsrechtlich nur allgemein geregelten Bereiche des Wirtschaftslebens mit detaillierten Vorschriften weiter auszufüllen. Häufig werden hier **Regelungen in Grauzonen** getroffen, bei denen das Risiko eines Rechtsverstoßes nicht auszuschließen ist. Vor diesem Hintergrund dürfen die Anforderungen an die Prüfungsintensität von Wettbewerbsregeln **im Hinblick auf wettbewerbsrechtliche Vorschriften** keine überzogenen Anforderungen gestellt werden. Die Ablehnung der Anerkennung ist in diesem Bereich nur vertretbar, wenn ein Rechtsverstoß offensichtlich und nicht mit guten Gründen zu rechtfertigen ist. Insofern gilt die Faustformel »**in dubio pro Anerkennung**«.[10]

---

7 Vgl. *Sack*, WuW 1970, 201; *Schultz*, in: Langen/Bunte, § 26 Rn. 4.
8 Vgl. § 26 Abs. 2 Satz 1 a.F., wonach bei Wettbewerbsregeln, die gegen §§ 1 und 22 a.F. verstießen, eine Entscheidung »nach pflichtgemäßem Ermessen« zu treffen war; vgl. hierzu *Sack*, in: Loewenheim/Meessen/Riesenkampff, § 26 Rn. 12; *Hellmann/Schütt*, in: FK-GWB, § 26 Rn. 4.
9 *Sack*, in: Loewenheim/Meessen/Riesenkampff, § 26 Rn. 116; *Hellmann/Schütt*, in: FK-GWB, § 26 Rn. 5.
10 Ebenso *Bechtold/Bosch*, GWB, § 26 Rn. 4.

Bei **Verstößen gegen sonstige Rechtsvorschriften** lässt sich nach Sinn und Zweck der Vorschriften der Wettbewerbsregeln eine solche Einschränkung nicht begründen. Hier muss bereits die Möglichkeit eines Rechtsverstoßes zur Ablehnung der Anerkennung führen.[11] Jedenfalls hat die Kartellbehörde bei der Prüfung der Rechtmäßigkeit oder Rechtswidrigkeit einer Wettbewerbsregel neben den in Betracht kommenden Rechtsnormen auch die jeweilige Anwendungspraxis und ggf. einschlägige **Entscheidungen der Rechtsprechung** zu berücksichtigen.[12] In diesem Zusammenhang gelten die allgemeinen Regeln über die **Verteilung der Beweislast**. Im Falle eines Verstoßes gegen das Kartellverbot hat also die Behörde darzulegen und zu beweisen, dass eine Wettbewerbsregel die Voraussetzungen des § 1 erfüllt. Die Beweislast für das Vorliegen der Freistellungsvoraussetzungen liegt hingegen bei den Wirtschafts- und Berufsvereinigungen, die den Antrag auf Anerkennung der Wettbewerbsregel gestellt haben.[13]

9

II. Rechtsfolgen

Die Anerkennungsentscheidung nach § 26 Abs. 1 S. 1 bleibt in ihren Wirkungen hinter der früheren konstitutiven Freistellung zurück. Inhalt der Verfügung der Kartellbehörde ist nach § 26 Abs. 1 S. 2 lediglich, dass die Kartellbehörde von den ihr nach dem Sechsten Abschnitt des Gesetzes zustehenden Befugnissen keinen Gebrauch machen wird. In der Sache entspricht dies der **Untätigkeitsentscheidung des § 32c**. Ebenso wie bei der Entscheidung nach § 32c handelt es sich bei der Anerkennung nach § 26 Abs. 1 Satz 2 daher um eine **behördliche Zusicherung**, einen bestimmten Verwaltungsakt nicht zu erlassen. Im Einzelnen geht es um Verfügungen nach §§ 32 oder 32a. Die Zusicherung nach § 26 Abs. 1 S. 2 entspricht der im allgemeinen Verwaltungsrecht vorgesehenen Zusicherung nach § 38 Abs. 1 S. 1, 2. Alt. VwVfG.

10

Aus dem Charakter der Anerkennungsverfügung nach § 26 Abs. 1 S. 2 als Zusicherung ergibt sich, dass die Entscheidung nur für die Kartellbehörde selbst, nicht aber für andere Behörden oder Gerichte bindend ist. Auch wenn Wettbewerbsregeln also nach § 26 Abs. 1 anerkannt sind, steht dies anderweitigen behördlichen oder gerichtlichen Entscheidungen nicht entgegen, mit denen die Regeln beanstandet werden. Die Anerkennung verleiht den Wettbewerbsregeln keine Rechtsnormqualität.[14] Die rechtliche Bedeutung der Entscheidung nach § 26 Abs. 1 beschränkt sich vielmehr auf eine **Selbstbindung der Kartellbehörde**, die bei unveränderter Sachlage die Verabschiedung der anerkannten Wettbewerbsregeln nicht mehr als Kartellverstoß nach § 1 verfolgen

11

---

11 Ebenso *Bechtold/Bosch*, GWB, § 26 Rn. 4.
12 *Hellmann/Schütt*, in: FK-GWB, § 26 Rn. 5.
13 Ebenso *Bechtold/Bosch*, GWB, § 26 Rn. 4.
14 Vgl. *Timme*, in: MünchKommKartR, § 26 Rn. 9.

kann.¹⁵ Dies betrifft auch die Befugnis zur Einleitung von Bußgeldverfahren nach §§ 81 ff.¹⁶

12   Der BGH geht offenbar davon aus, dass eine Selbstbindung der Verwaltung nur bei »unveränderter Sachlage« besteht. Teilweise wird daher die Auffassung vertreten, dass **nachträgliche neue Erkenntnisse** die Selbstbindung der Kartellbehörde entfallen lassen.¹⁷ Ebenso wie bei der Untätigkeitsentscheidung nach § 32c, die ausdrücklich »vorbehaltlich neuer Erkenntnisse« ergeht, sei auch die Bindungswirkung der Anerkennungsentscheidung nach § 26 Abs. 1 beschränkt. Der Vorbehalt des § 32c gelte »sinngemäß« auch im Rahmen des § 26 Abs. 1. Die Kartellbehörde könnte danach das Verfahren über die Anerkennung von Wettbewerbsregeln jederzeit wieder aufnehmen, wenn neue Erkenntnisse vorliegen, die zu einer **anderen Beurteilung des Sachverhalts** führen. Insofern käme nicht nur eine nachträgliche Änderung der tatsächlichen Verhältnisse in Betracht. Neue Erkenntnisse lägen auch dann schon vor, wenn Umstände bekannt werden, von denen die Kartellbehörde bei Erlass der Entscheidung keine Kenntnis hatte.

13   Einer derart minimalen Bindungswirkung der Anerkennungsentscheidung steht bereits der Wortlaut des § 26 Abs. 1 entgegen. Ein der Formulierung des § 32c vergleichbarer Vorbehalt ist dort gerade nicht vorgesehen. Dass es sich hier nicht um ein Versehen des Gesetzgebers handeln kann, wird durch die **systematische Einordnung der Vorschrift** bestätigt. Ein Recht, das Verfahren jederzeit wieder aufzugreifen, stünde im Widerspruch zu der in § 26 Abs. 4 ausdrücklich geregelten **Verpflichtung zur Rücknahme oder zum Widerruf** der Anerkennungsentscheidung in den Fällen, in denen die Kartellbehörde nachträglich feststellt, dass die Voraussetzungen für eine Ablehnung der Anerkennung vorliegen. Diese Vorschrift wäre bedeutungslos, wenn die Kartellbehörde bereits bei Vorliegen neuer Erkenntnisse nicht mehr an ihre Anerkennungsentscheidung gebunden wäre. Erst mit der Rücknahme oder dem Widerruf selbst entfallen die Wirkungen der Anerkennung. Bis zu diesem Zeitpunkt ist es unerheblich, ob die Wettbewerbsregeln die Voraussetzungen der §§ 24 Abs. 2 und 26 Abs. 2 erfüllen, ob sie auf Grund unvollständiger oder unrichtiger Tatsachen oder rechtsfehlerhaft anerkannt worden sind.¹⁸

---

15 Vgl. BGH, WuW/E DE-R 1779, 1782 – *Probeabonnement* = WRP 2006, 1113, 1115; hierzu *Immenga*, in: Immenga/Mestmäcker, § 26 Rn. 6.
16 *Immenga*, in: Immenga/Mestmäcker, § 26 Rn. 22.
17 So *Bechtold/Bosch*, GWB, § 26 Rn. 5.
18 Ebenso *Hellmann/Schütt*, in: FK-GWB, § 26 Rn. 8.

III. Teilanerkennung und Nebenbestimmungen

In den Vorschriften über die Wettbewerbsregeln ist nicht ausdrücklich geregelt, ob die Kartellbehörde die Befugnis hat, ihre Entscheidung über die Anerkennung gegenständlich auf einzelne Wettbewerbsregeln zu beschränken. Dies ist im Hinblick auf den **Grundsatz der Verhältnismäßigkeit** zu bejahen. Wenn Wettbewerbsregeln nur zum Teil anerkennungsfähige Klauseln enthalten, stellt teilweise Anerkennung gegenüber der vollständigen Ablehnung jedenfalls das mildere Mittel dar. Die Kartellbehörde darf die **Anerkennung also teilweise aussprechen**, soweit die Wettbewerbsregeln anerkennungsfähig sind. Sie darf sie auch **teilweise versagen**, soweit einzelne Regelungen nicht den Anforderungen des § 26 Abs. 2 entsprechen. Die Teilanerkennung ist in der Praxis üblich, wenn der Anerkennungsantrag nicht im Laufe des Verfahrens entsprechend abgeändert wurde.[19]

14

In der Praxis war umstritten, ob die Anerkennungsentscheidung mit **Bedingungen oder Auflagen** versehen werden kann. Die ursprüngliche Praxis des BKartA, die Anerkennung mit Berichtsauflagen zu verbinden,[20] ist infolge einer entgegenstehenden Entscheidung des BGH aufgegeben worden.[21] Damit steht fest, dass es für Bedingungen und Auflagen einer besonderen **gesetzlichen Ermächtigung** bedarf, die bisher nicht geschaffen wurde.[22] Der BGH hat auch klargestellt, dass § 59 nicht als Rechtsgrundlage in Betracht kommt, um Wirtschafts- und Berufsvereinigungen zur laufenden Berichterstattung über die Anwendung ihrer Wettbewerbsregeln zu verpflichten.[23] Heute besteht Einigkeit darüber, dass die Anerkennung einer an sich unzulässigen Wettbewerbsregel **nicht durch Auflagen »anerkennungsfähig«** gemacht werden kann, weil es sich bei der Anerkennungsentscheidung nicht um eine Ermessensentscheidung handelt.[24] Das BKartA hat die betroffenen Wirtschafts- und Berufsvereinigungen darauf hingewiesen, dass aus alten Verfügungen hinsichtlich der Auflagen keine Rechte mehr hergeleitet werden.[25]

15

---

19 Vgl. *Bechtold/Bosch*, GWB, § 26 Rn. 6; *Sack*, in: Loewenheim/Meessen/Riesenkampff, § 26 Rn. 4.
20 Vgl. nur BKartA, WuW/E BKartA 1165 *Hefeindustrie*, WuW/E BKartA 1327 *Tapetenindustrie* und WuW/E BKartA 1633, 1642 *Markenverband*.
21 BGH, WuW/E BGH 2095, 2096 f. *Wettbewerbsregeln* = BGHZ 91, 178.
22 Ebenso *Schultz*, in: Langen/Bunte, § 26 Rn. 6.
23 BGH, WuW/E BGH 2095, 2096 f. – *Wettbewerbsregeln*; ebenso vgl. *Bechtold/Bosch*, GWB, § 26 Rn. 6.
24 *Schultz*, in: Langen/Bunte, § 26 Rn. 6; *Bechtold/Bosch*, GWB, § 26 Rn. 6.
25 Vgl. BKartA, Tätigkeitsbericht 1983/84, S. 36, 45; hierzu *Hellmann/Schütt*, in: FK-GWB, § 26 Rn. 26.

IV. Mittelbare Wirkungen

16 Von der Frage der Selbstbindung der Kartellbehörde bzw. der Bindungswirkung einer Anerkennungsentscheidung für andere Gerichte oder Behörden ist die Frage zu unterscheiden, ob und ggf. welche mittelbaren Wirkungen die Anerkennung von Wettbewerbsregeln entfaltet. Anerkannte Wettbewerbsregeln stellen keine Rechtsnormen dar.[26] Es besteht Einigkeit, dass die Anerkennung keine »**Allgemeinverbindlichkeitserklärung**« der Wettbewerbsregeln bedeutet.[27] Entsprechende Überlegungen[28] wurden nicht zuletzt aufgrund verfassungsrechtlicher Bedenken verworfen.[29] Für Unternehmen, die in einer Branche zwar tätig sind, der antragstellenden Wirtschafts- und Berufsvereinigung aber nicht angehören (»**Außenseiter**«), kommt eine Verbindlichkeit anerkannter Wettbewerbsregeln daher nicht in Betracht.[30] Die Frage der mittelbaren Wirkung anerkannter Wettbewerbsregeln lässt sich allenfalls für die **Mitglieder der Wirtschafts- und Berufsvereinigung** diskutieren, die die Anerkennung beantragt hat.

17 Selbst für die Mitglieder der antragstellenden Berufs- oder Wirtschaftsvereinigung sind die anerkannten Wettbewerbsregeln nicht ohne weiteres verbindlich. Die Mitglieder der Vereinigung können die **Verbindlichkeit** allerdings vereinbaren. Die Vereinbarung kann durch individuelle **Verträge, Verbandsbeschlüsse oder die Verbandssatzung** herbeigeführt werden.[31] In diesem Fall hängt die Verbindlichkeit der Wettbewerbsregeln von der behördlichen Anerkennung nicht mehr entscheidend ab, da die Anerkennung von Wettbewerbsregeln nicht zwingend ist.

18 Offen ist, ob die Verbindlichkeit von Wettbewerbsregeln innerhalb eines Verbandes auch durch **Mehrheitsbeschluss** herbeigeführt werden kann. Das BKartA hatte hierzu schon früh Bedenken angemeldet.[32] Heute besteht Ei-

---

26 Vgl. *Timme*, in: MünchKommKartR, § 26 Rn. 9.
27 *Kellermann*, in: Immenga/Mestmäcker, § 26 Rn. 42.
28 Vgl. hierzu *Baur*, ZHR 141 (1977), 293 ff.; *Benisch*, Wettbewerbsverzerrungen und Wettbewerbsregeln, FIW-Schriftenreihe, Bd. 77, 1977, S. 39, 50 f.; *Meier*, ZRP 1977, 105; *Merkel*, BB 1977, 473, 474; *ders.*, BB 1977, 1175, 1176.
29 Vgl. BKartA, Tätigkeitsbericht 1977, S. 34 f.; Monopolkommission, Sondergutachten VII, Tz. 238, 242; *Hönn*, GRUR 1977, 147; *Baur*, ZHR 141 (1977), 293 ff., 305.
30 Allg. Ansicht, vgl. *Hellmann/Schütt*, in: FK-GWB, § 26 Rn. 18.
31 Vgl. *Immenga*, in: Immenga/Mestmäcker, § 26 Rn. 25; *Hellmann/Schütt*, in: FK-GWB, § 26 Rn. 10.
32 BKartA, Tätigkeitsbericht 1959, S. 52; das BKartA hat diesen Standpunkt offenbar später relativiert, als es die Eintragung der Wettbewerbsregeln der Arbeitsgemeinschaft Abonnentenwerbung e.V. beschlossen hat, obwohl diese auf einem Mehrheitsbeschluss der Antragstellerin beruhten; vgl. BKartA, Beschluss vom 20.5.1981, unveröffentlicht, zit. nach Immenga/Mestmäcker (Vorauflage), § 26 Rn. 23.

nigkeit darüber, dass eine generelle Unzulässigkeit von Mehrheitsbeschlüssen nicht gerechtfertigt wäre.[33] Maßgeblich dürfte vielmehr sein, ob das für die Beurteilung der Rechtmäßigkeit einschlägige Verbands- bzw. **Satzungsrecht des jeweiligen Verbandes** Mehrheitsentscheidungen zulässt. Erst wenn diese Frage bejaht wird, ist zu prüfen, ob **Vorschriften des GWB** einer entsprechenden Beschlussfassung im Einzelfall entgegenstehen.

Ob Mehrheitsbeschlüsse nach dem Verbandsrecht der antragstellenden Wirtschafts- und Berufsvereinigung zulässig sind und welche Rechtsfolgen sich hieraus ergeben, hängt von der **Organisation der Vereinigung** ab. Der in §§ 24 ff. zugrunde gelegte Begriff der Wirtschafts- und Berufsvereinigung ist nicht an eine bestimmte Rechtsform gebunden. Typischerweise handelt es sich hier aber um **körperschaftlich organisierte Verbände**. Die Beschlussfassung der Mitglieder erfolgt nach dem Mehrheitsprinzip. Ermächtigt die Satzung dazu, durch Mehrheitsbeschluss über die Verbindlichkeit von Wettbewerbsregeln zu entscheiden, liegen die verbandsrechtlichen Voraussetzungen für die Verbindlichkeit ohne Weiteres vor. Andernfalls, d.h. wenn die Satzung keine entsprechende Ermächtigung enthält, kann diese grundsätzlich durch einen satzungsändernden Beschluss geschaffen werden.[34] 19

Liegt ein verbandsrechtlich zulässiger (Mehrheits-)Beschluss vor, stehen der Verbindlichkeit der Wettbewerbsregeln **keine kartellrechtlichen Gründe entgegen**. Bedenken ergeben sich weder aus § 21 Abs. 3 Nr. 1 noch aus § 20 Abs. 6 oder aus § 1. **§ 21 Abs. 3 Nr. 1** verbietet es Unternehmen und Unternehmensvereinigungen, andere Unternehmen zu zwingen, einer Vereinigung oder einem Beschluss i.S.d. §§ 2, 3 oder 28 Abs. 1 beizutreten. Dieser Unterfall des **Boykottatbestandes** ist bereits vom Wortlaut her nicht einschlägig, wenn ein Verband einen Mehrheitsbeschluss über die Verbindlichkeit von Wettbewerbsregeln fällt. Durch diesen Beschluss wird kein Mitgliedsunternehmen (erneut) zum Verbandsbeitritt gezwungen.[35] Gleiches gilt für **§ 20 Abs. 6**, wonach Wirtschafts- und Berufsvereinigungen die Aufnahme eines Unternehmens nicht ablehnen dürfen. Die Vorschrift gewährt nur einen **Anspruch auf Zulassung zu einem Verband** in der durch das Verbandsrecht und die Verbandsbeschlüsse konkretisierten Ausprägung.[36] Schließlich steht 20

---

33 Vgl. BKartA, Beschluss vom 20.5.1981, a.a.O.; *Hellmann/Schütt*, in: FK-GWB, § 26 Rn. 11 ff.
34 Grenzen ergeben sich allenfalls in dem – im Zusammenhang mit der Aufstellung von Wettbewerbsregeln theoretischen – Fall, dass Mitgliedern unabsehbare und unzumutbare Pflichten auferlegt werden; vgl. zum Ganzen *Immenga*, in: Immenga/Mestmäcker, § 26 Rn. 32; *Hellmann/Schütt*, in: FK-GWB, § 26 Rn. 12 f.
35 Ebenso *Hellmann/Schütt*, in: FK-GWB, § 26 Rn. 15.
36 Ebenso *Immenga*, in: Immenga/Mestmäcker, § 26 Rn. 28; *Hellmann/Schütt*, in: FK-GWB, § 26 Rn. 16.

§ 26 GWB *Anerkennung*

auch § 1 einem Mehrheitsbeschluss über die Verbindlichkeit der Wettbewerbsregeln nicht entgegen. Mit deren Anerkennung ist sichergestellt, dass **kein Verstoß gegen das Kartellverbot** vorliegt. Beschlüsse des Verbandes über die Verbindlichkeit von Wettbewerbsregeln, die nicht gegen das Kartellverbot verstoßen, können ihrerseits nicht verbotswidrig sein.[37]

C. Mitteilung über die Außerkraftsetzung (Abs. 3)

21   § 26 Abs. 3 verpflichtet Wirtschafts- und Berufsvereinigungen, der Kartellbehörde die Außerkraftsetzung anerkannter Wettbewerbsregeln mitzuteilen. Die Mitteilung kann formlos erfolgen. Außerkraftsetzung bedeutet die Aufhebung der Wettbewerbsregeln durch einen *actus contrarius*, d.h. durch einen dem Aufstellungsakt gleichwertigen Akt. Die schlichte Nicht-Anwendung oder das allmähliche Nicht-mehr-Beachten der Wettbewerbsregeln ist keine Außerkraftsetzung. Die Mitteilungspflicht wird so noch nicht ausgelöst.[38]

22   Eine Missachtung dieser Verpflichtung stellt **keine Ordnungswidrigkeit** dar. Es kann daher kein Bußgeld verhängt werden. Auch andere Sanktionen sind nicht vorgesehen.[39] Gleichwohl kann die Kartellbehörde die Mitteilung im Wege des **Verwaltungszwangs** (vgl. §§ 6 ff. VwVG) durchsetzen. Sie kann also z.B. ein Zwangsgeld androhen und festsetzen, um die Normadressaten zur Erfüllung ihrer öffentlich-rechtlichen Verpflichtung zur Mitteilung anzuhalten.[40]

D. Aufhebung der Anerkennung (Abs. 4)

23   Wird nachträglich festgestellt, dass die Voraussetzungen für eine Ablehnung der Anerkennung vorliegen, muss die Kartellbehörde die Anerkennung der Wettbewerbsregeln aufheben. Bei der Aufhebungsentscheidung steht der Behörde **kein Ermessen** zu. Die **Pflicht zur Aufhebung** betrifft einerseits den Fall, dass die tatsächlichen Voraussetzungen **schon im Zeitpunkt der Anerkennungsentscheidung** nicht vorlagen. Andererseits können sich die rechtlichen Voraussetzungen der Anerkennung auch **nachträglich geändert** haben. Unerheblich ist, ob die antragstellende Wirtschafts- und Berufsvereinigung den Sachverhalt unzutreffend dargelegt hat oder dieser von der Kartellbehörde nicht zutreffend ermittelt wurde.[41] Auch eine **geänderte Rechtslage** oder

---

37 Ebenso *Hellmann/Schütt*, in: FK-GWB, § 26 Rn. 17.
38 Zum Ganzen *Bechtold/Bosch*, GWB, § 26 Rn. 7.
39 Vgl. *Immenga*, in: Immenga/Mestmäcker, § 26 Rn. 41; *Hellmann/Schütt*, in: FK-GWB, § 26 Rn. 28.
40 Vgl. BKartA, WuW/E BKartA 425, 432; WuW/E BKartA 1270, 1272; *Timme*, in: MünchKommKartR, § 26 Rn. 12.
41 Vgl. *Timme*, in: MünchKommKartR, § 26 Rn. 15.

Rechtsauffassung berechtigt bzw. verpflichtet die Kartellbehörde zur Aufhebung der Anerkennung.[42] Die Regelungen über die Aufhebung sollen die Kartellbehörde dazu veranlassen, auch nach der Anerkennung weiterhin zu beobachten, ob die Wettbewerbsregeln evtl. abzulehnen wären.[43]

Bei der Aufhebung nach § 26 Abs. 4 ist zu unterscheiden zwischen der **Rücknahme**, die einen von Anfang an rechtswidrigen Verwaltungsakt betrifft, und dem **Widerruf**, der sich auf eine zunächst rechtmäßige Anerkennung bezieht, die später aufgrund veränderter Umstände rechtswidrig geworden ist. Der Wortlaut des § 26 Abs. 4 knüpft insofern an die Terminologie der §§ 48, 49 VwVfG an, wonach ein rechtswidriger Verwaltungsakt zurückgenommen und ein rechtmäßiger Verwaltungsakt widerrufen werden kann. Eine Anwendung der Vorschriften des VwVfG über die Aufhebung von Verwaltungsakten scheidet allerdings aus, da § 26 Abs. 4 die Voraussetzungen der Aufhebung als lex specialis regelt.[44]

24

Gleichwohl ist bei der Rücknahme oder dem Widerruf einer Anerkennungsentscheidung der – auch in den §§ 48, 49 VwVfG verankerte – allgemeine **Grundsatz des Vertrauensschutzes** zu berücksichtigen.[45] Danach ist im Einzelfall zwischen dem **öffentlichen Aufhebungsinteresse** einerseits und dem Interesse der Wirtschafts- und Berufsvereinigung an der Aufrechterhaltung der Anerkennung andererseits abzuwägen. Für das **Interesse der Vereinigung an der Aufrechterhaltung** kommt es darauf an, ob die Vereinigung im Vertrauen auf den Bestand der Anerkennung entsprechende Maßnahmen ergriffen hat. Der Umstand, dass die Kartellbehörde weder bei der Anerkennung noch bei der Aufhebung eine Ermessensentscheidung zu treffen hat, deutet darauf hin, dass das öffentliche Interesse an der Aufhebung einer Anerkennung grundsätzlich höher zu bewerten ist.

25

Mit dem Erlass der **Aufhebungsentscheidung endet die Selbstbindung** der Kartellbehörde mit der Folge, dass diese Maßnahmen nach §§ 32, 32a ergreifen kann. Die Auffassung, wonach Rücknahme oder Widerruf lediglich deklaratorische Wirkung zukämen,[46] ist daher unzutreffend. Für Dritte hat die Aufhebung keine unmittelbaren Auswirkungen.

26

---

42 Vgl. BGH, WuW/E BGH 1717, 1721 – *Haus- und Hofkanalguss*; WuW/E BGH 1758 ff. – *Schleifscheiben und Schleifkörper*; *Schultz*, in: Langen/Bunte, § 26 Rn. 6.
43 Vgl. *Timme*, in: MünchKommKartR, § 26 Rn. 14.
44 Vgl. BGHZ 91, 178, 181 ff. – *Abonnentenwerbung*; ebenso *Timme*, in: MünchKommKartR, § 26 Rn. 14; *Sack*, in: Loewenheim/Meessen/Riesenkampff, § 26 Rn. 39; *Sosnitza*, FS Bechtold, S. 520, 525 m.w.N.
45 Vgl. allgemein BVerwGE 19, 188, BGHZ 77, 366; BGH WuW/E BGH 1758 ff. – *Schleifscheiben und Schleifkörper*; *Timme*, in: MünchKommKartR, § 26 Rn. 17.
46 So *Sack*, in: Loewenheim/Meessen/Riesenkampff, § 26 Rn. 13.

E. Rechtsschutz

27 Für den Rechtsschutz gegen Entscheidungen der Kartellbehörde im Anerkennungs- und im Aufhebungsverfahren gelten die §§ 63 ff. und die §§ 74 ff. Dies ist nicht zuletzt Ausdruck des Umstandes, dass § 26 Abs. 2 i.d.F. der 7. GWB-Novelle (entgegen der nicht ganz eindeutigen Fassung des früheren Wortlauts dieser Vorschrift) ein **subjektives Recht auf Anerkennung von Wettbewerbsregeln** gewährt, wenn die Anerkennungsvoraussetzungen vorliegen.[47] Lehnt die Behörde die **Anerkennung** von Wettbewerbsregeln gleichwohl (teilweise) ab, hat die antragstellende Wirtschafts- und Berufsvereinigung das Rechtsmittel der **Beschwerde**. Zuständig ist das für den Sitz der Kartellbehörde zuständige Oberlandesgericht. Gegen die Beschwerdeentscheidung ist die **Rechtsbeschwerde** (bzw. die Nichtzulassungsbeschwerde) zum BGH statthaft. Unternehmen außerhalb der antragstellenden Vereinigung können die Anerkennung nur angreifen, wenn sie gemäß § 63 Abs. 2 i.V.m. § 54 Abs. 2 Nr. 3 als **Beigeladene** am Verfahren beteiligt waren.[48] Das Beschwerderecht steht einem Beiladungspetenten auch dann zu, wenn er die subjektiven Beiladungsvoraussetzungen erfüllt und sein Beiladungsantrag aus Gründen der Verfahrensökonomie abgelehnt worden ist. Zusätzliche Voraussetzung ist allerdings, dass er durch die Hauptsacheentscheidung unmittelbar und individuell betroffen ist.[49] Über den Wortlaut des § 67 hinaus ist im Beschwerdeverfahren auch die Wirtschafts- und Berufsvereinigung beteiligt, die den Antrag auf Anerkennung gestellt hatte.[50]

28 Im Verfahren über die **Aufhebung** anerkannter Wettbewerbsregeln steht der betroffenen Wirtschafts- und Berufsvereinigung sowie den sonst am Verfahren Beteiligten ebenfalls das Recht zur Beschwerde und zur Rechtsbeschwerde zu. Hier gilt die Besonderheit, dass der **Beschwerde** nach § 62 Abs. 1 Nr. 2 **aufschiebende Wirkung** zukommt.

29 Haben Dritte durch Eingaben bei der zuständigen Behörde die Aufhebung anerkannter Wettbewerbsregeln betrieben und kommt die Behörde zu dem Ergebnis, dass die Voraussetzungen für eine Aufhebung nicht vorliegen, sind hiergegen keine Rechtsmittel gegeben. Die Dritten haben insbesondere kein Antragsrecht und können die Tätigkeit der Kartellbehörde nicht erzwingen.[51]

---

[47] Vgl. hierzu *Immenga*, in: Immenga/Mestmäcker, § 26 Rn. 7 f.
[48] Vgl. *Hellmann/Schütt*, in: FK-GWB, § 26 Rn. 27.
[49] Vgl. hierzu BGH, Urteil vom 7.11.2006, KZR 37/05.
[50] Vgl. hierzu BGH, WuW/E BGH 767 – *Bauindustrie*; KG WuW/E OLG 755, 756 – *Bauindustrie*; ebenso *Timme*, in: MünchKommKartR, § 26 Rn. 20.
[51] Vgl. hierzu *Immenga*, in: Immenga/Mestmäcker, § 26 Rn. 66.

F. Übergangsvorschrift des § 131 Abs. 3 a.F.

Nach der bis zur 7. GWB-Novelle geltenden Fassung erlaubte § 26 den Erlass konstitutiver Freistellungsentscheidungen. Nach dem früheren § 133 Abs. 3 i.d.F. der **7. GWB-Novelle** wurden derartige **Entscheidungen in ihrer am 30.6.2005 geltenden Fassung** am 31.12.2007 unwirksam. Hierzu war die Auffassung begründet worden, dass sich die automatische Unwirksamkeit allein auf Entscheidungen bezog, die **materiell eine Freistellung vom Kartellverbot** enthielten.[52] Der Wortlaut der Übergangsvorschrift enthielt keine entsprechende Differenzierung. Vieles sprach also dafür, dass Anerkennungsentscheidungen auch über den Stichtag des 31.12.2007 hinaus wirksam geblieben sind, wenn sie materiell unbedenklich waren.

30

Mit der **8. GWB-Novelle** wurde die Übergangsregelung des § 131 Abs. 3 a.F. ersatzlos gestrichen.

31

---

52 *Bechtold*, GWB, § 26 Rn. 9; *Immenga*, in: Immenga/Mestmäcker, § 26 Rn. 67 f.

§ 27 Veröffentlichung von Wettbewerbsregeln, Bekanntmachungen

(1) Anerkannte Wettbewerbsregeln sind im Bundesanzeiger zu veröffentlichen.

(2) Im Bundesanzeiger sind bekannt zu machen
1. die Anträge nach § 24 Abs. 3;
2. die Anberaumung von Terminen zur mündlichen Verhandlung nach § 25 Satz 3;
3. die Anerkennung von Wettbewerbsregeln, ihrer Änderungen und Ergänzungen;
4. die Ablehnung der Anerkennung nach § 26 Abs. 2, die Rücknahme oder der Widerruf der Anerkennung von Wettbewerbsregeln nach § 26 Abs. 4.

(3) Mit der Bekanntmachung der Anträge nach Absatz 2 Nr. 1 ist darauf hinzuweisen, dass die Wettbewerbsregeln, deren Anerkennung beantragt ist, bei der Kartellbehörde zur öffentlichen Einsichtnahme ausgelegt sind.

(4) Soweit die Anträge nach Absatz 2 Nr. 1 zur Anerkennung führen, genügt für die Bekanntmachung der Anerkennung eine Bezugnahme auf die Bekanntmachung der Anträge.

(5) Die Kartellbehörde erteilt zu anerkannten Wettbewerbsregeln, die nicht nach Absatz 1 veröffentlicht worden sind, auf Anfrage Auskunft über die Angaben nach § 24 Abs. 4 Satz 1.

Übersicht

	Rdn.		Rdn.
A. Veröffentlichungspflicht (Abs. 1)	1	C. Auskunft über Alt-Wettbewerbsregeln (Abs. 5)	9
B. Bekanntmachungspflichten (Abs. 2 bis 4)	5		

Schrifttum

Siehe Schrifttum zu § 24.

A. Veröffentlichungspflicht (Abs. 1)

1 § 27 Abs. 1 regelt eine Veröffentlichungspflicht für **anerkannte Wettbewerbsregeln**. Sie sind im Bundesanzeiger oder im elektronischen Bundesanzeiger zu veröffentlichen. Die Veröffentlichungspflicht erstreckt sich auf den **vollen Wortlaut** der Wettbewerbsregeln.

§ 27 GWB Veröffentlichung von Wettbewerbsregeln, Bekanntmachungen

Die Regelung ist mit der 7. GWB-Novelle geschaffen worden und tritt an die Stelle des früheren Auskunftsrechts. Nach § 27 Abs. 1 a.F. war die Kartellbehörde verpflichtet, auf Anfrage Auskunft über die Angaben nach § 24 Abs. 4 Satz 1 a.F., also den Pflichtangaben im Rahmen der Antragstellung, zu erteilen. Die Veröffentlichungspflicht gilt nur für Wettbewerbsregeln, die seit Inkrafttreten der neuen Vorschrift anerkannt worden sind. Für Wettbewerbsregeln, deren Anerkennung bereits früher erfolgt war, besteht nunmehr ein Auskunftsrecht nach dem neuen § 27 Abs. 5. Das Auskunftsrecht des § 27 Abs. 1 a.F. war seinerseits im Gegenzug für die **Abschaffung des früheren Registers** für Wettbewerbsregeln im Jahre 1985[1] entstanden. Damals sollte jedermann ohne Rücksicht auf ein besonderes Interesse entsprechende **Auskünfte** einholen können. Diese Rechtslage war als unnötig kompliziert empfunden worden[2] und wurde daher im Zuge der 7. GWB-Novelle durch eine allgemeine Veröffentlichungspflicht ersetzt.

2

Die Regelung trägt dem besonderen öffentlichen Interesse an der Veröffentlichung von Wettbewerbsregeln bzw. dem **Informationsbedürfnis der Marktteilnehmer** Rechnung.[3] Anerkannte Wettbewerbsregeln sind regelmäßig nicht nur für die Mitglieder der aufstellenden Wirtschafts- und Berufsvereinigung, sondern auch für Dritte von Bedeutung. Dies gilt insbesondere für Unternehmen der Marktgegenseite.[4]

3

Unklar ist, wer **Adressat der Veröffentlichungspflicht** ist. § 27 Abs. 1 trifft hierzu keine ausdrückliche Regelung. In Abgrenzung zu der in § 27 Abs. 2 geregelten (behördlichen) Bekanntmachung dürfte sich aber ergeben, dass die Veröffentlichung von Wettbewerbsregeln derjenigen **Wirtschafts- oder Berufsvereinigung** obliegt, die den Antrag auf Anerkennung gestellt hat. Andernfalls würde die gesonderte Pflicht zur Bekanntmachung der Anerkennung nach § 27 Abs. 2 Nr. 3 keinen Sinn ergeben.[5] Letztere trifft die Behörde, die die Anerkennung ausgesprochen hat. Die **Veröffentlichung der Wettbewerbsregeln** selbst erfolgt **durch den Antragsteller**. Unterbleibt die Veröffentlichung, hat die Kartellbehörde auf Anfrage Auskunft zu erteilen.[6]

4

---

1 Vgl. Gesetz zur Bereinigung wirtschaftsrechtlicher Vorschriften vom 22.2.1985, BGBl. I, S. 457.
2 Vgl. *Bechtold/Bosch*, GWB, § 27 Rn. 1.
3 BR-Drucks. 442/04, S. 83; vgl. *Timme*, in: MünchKommKartR, § 27 Rn. 1.
4 Vgl. *Hellmann/Schütt*, in: FK, § 27 Rn. 1.
5 Auf die andernfalls nicht erklärbare Redundanz der Pflicht zur Bekanntmachung der Anerkennung nach § 27 Abs. 2 Nr. 3 neben der Pflicht zur Veröffentlichung nach § 27 Abs. 1 verweist auch *Sack*, in: Loewenheim/Meessen/Riesenkampff, § 27 Rn. 5.
6 So *Schultz*, in: Langen/Bunte, § 27 Rn. 1.

§ 27 GWB Veröffentlichung von Wettbewerbsregeln, Bekanntmachungen

B. Bekanntmachungspflichten (Abs. 2 bis 4)

5   Darüber hinaus ordnet der Gesetzgeber in § 27 Abs. 2 eine Reihe von Bekanntmachungspflichten an, die sich auf **einzelne Verfahrenshandlungen** beziehen. So sind die Stellung von Anträgen nach § 24 Abs. 3, die Anberaumung öffentlicher mündlicher Verhandlungen nach § 25 Satz 3, die Anerkennung der verfahrensgegenständlichen Wettbewerbsregeln bzw. ihre Ablehnung sowie ihre Änderung, Ergänzung, ihre Rücknahme und ihr Widerruf – ebenfalls im Bundesanzeiger oder im elektronischen Bundesanzeiger – bekannt zu machen. Wird ein Antrag bekannt gemacht, ist nach § 27 Abs. 3 darauf hinzuweisen, dass die verfahrensgegenständlichen Wettbewerbsregeln bei der Kartellbehörde zur **öffentlichen Einsichtnahme** ausliegen. Führt ein Antrag zur Anerkennung, genügt es nach § 27 Abs. 4 für die Bekanntmachung der Anerkennung, wenn auf die Bekanntmachung des Antrages Bezug genommen wird.

6   Die Regelung der Bekanntmachungspflichten ist im Zuge der Novellierung des GWB nur unwesentlich verändert worden. Die zuletzt eingefügte zusätzliche **Möglichkeit zur elektronischen Bekanntmachung** entspricht dem Bedürfnis nach Nutzung neuer Informations- und Kommunikationstechnologien.[7] Ebenso wie die allgemeine Veröffentlichungspflicht dienen auch die Bekanntmachungspflichten dazu, dem **Informationsbedürfnis der Marktteilnehmer** Rechnung zu tragen.[8]

7   Obwohl der Anerkennungsantrag nach § 24 Abs. 4 S. 1 Nr. 4 auch den Wortlaut der anzuerkennenden Wettbewerbsregeln enthalten muss, besteht im Rahmen des § 27 Abs. 2 Nr. 1 **keine Verpflichtung**, den vollen Wortlaut der **anzuerkennenden Wettbewerbsregeln** bereits bei der Antragstellung bekannt zu machen.[9] Dies ergibt sich aus einem Umkehrschluss zu § 27 Abs. 3. Die dort geregelte Möglichkeit zur öffentlichen Einsichtnahme bei der Kartellbehörde wäre hinfällig, wenn bereits mit dem Antrag eine vollständige Veröffentlichung erfolgen müsste.[10] Die Pflicht zur Veröffentlichung gilt vielmehr nach § 27 Abs. 1 nur für anerkannte Wettbewerbsregeln. Mit der Anerkennung erlischt die Pflicht zur Auslage nach § 27 Abs. 3.

8   Der **Zeitpunkt der Bekanntmachung** ist in § 27 Abs. 2 nicht geregelt. Im Hinblick auf den Sinn und Zweck der Bekanntmachungspflichten dürfte es

---

7 Vgl. BT-Drucks. 15/3640, S. 48; *Timme*, in: MünchKommKartR, § 27 Rn. 2.
8 Vgl. *Bechtold/Bosch*, GWB, § 27 Rn. 2.
9 Zur abweichenden Praxis der Kartellbehörden: *Immenga*, in: Immenga/Mestmäcker, § 27 Rn. 2.
10 Ebenso *Bechtold/Bosch*, GWB, § 27 Rn. 2; *Hellmann/Schütt*, in: FK-GWB, § 27 Rn. 2.

geboten sein, dass die Bekanntmachungen so rechtzeitig vorgenommen werden, dass z.B. die interessierten Marktteilnehmer die Möglichkeit haben, im Rahmen des Anerkennungsverfahrens die in § 25 vorgesehenen Stellungnahmen abzugeben.

C. Auskunft über Alt-Wettbewerbsregeln (Abs. 5)

Die bei Inkrafttreten der 7. GWB-Novelle bereits anerkannten Wettbewerbsregeln fallen nicht unter die Veröffentlichungspflicht nach § 27 Abs. 1. Für diese (Alt-)Wettbewerbsregeln bleibt es nach § 27 Abs. 5 bei der aus § 27 Abs. 1 a.F. übernommenen **Auskunftspflicht der Kartellbehörden**. Insoweit wollte der Gesetzgeber am früheren Rechtszustand nichts ändern.[11]

9

Die Kartellbehörde ist verpflichtet, zu anerkannten Wettbewerbsregeln, die nicht veröffentlicht worden sind, auf Anfrage Auskunft über die Angaben nach § 24 Abs. 4 S. 1 zu erteilen. Die Vorschrift gibt **jedermann** das Recht, Auskunft zu verlangen. Die Geltendmachung eines bestimmten Interesses ist hierfür nicht erforderlich. Die Auskunft ist auf den notwendigen Inhalt des Anerkennungsantrages beschränkt. Dies schließt allerdings den **vollen Wortlaut der Wettbewerbsregeln** ein.[12] Die Behörde kann ihre Auskunft auf die Übersendung von Kopien beschränken. Sie ist nicht gebührenpflichtig nach § 80 Abs. 4 Nr. 1 GWB.[13]

10

---

11 Vgl. BT-Drucks. 15/3640, S. 48; *Timme*, in: MünchKommKartR, § 27 Rn. 4.
12 Ebenso *Bechtold/Bosch*, GWB, § 27 Rn. 3; *Hellmann/Schütt*, in: FK-GWB, § 27 Rn. 4; *Sack*, in: Loewenheim/Meessen/Riesenkampff, § 27 Rn. 3.
13 *Sack*, in: Loewenheim/Meessen/Riesenkampff, § 27 Rn. 8.

Fünfter Abschnitt Sonderregeln für bestimmte Wirtschaftsbereiche

§ 28 Landwirtschaft*

(1) § 1 gilt nicht für Vereinbarungen von landwirtschaftlichen Erzeugerbetrieben sowie für Vereinbarungen und Beschlüsse von Vereinigungen von landwirtschaftlichen Erzeugerbetrieben und Vereinigungen von solchen Erzeugervereinigungen über
1. die Erzeugung oder den Absatz landwirtschaftlicher Erzeugnisse oder
2. die Benutzung gemeinschaftlicher Einrichtungen für die Lagerung, Be- oder Verarbeitung landwirtschaftlicher Erzeugnisse,

sofern sie keine Preisbindung enthalten und den Wettbewerb nicht ausschließen. Als landwirtschaftliche Erzeugerbetriebe gelten auch Pflanzen- und Tierzuchtbetriebe und die auf der Stufe dieser Betriebe tätigen Unternehmen.

(2) Für vertikale Preisbindungen, die die Sortierung, Kennzeichnung oder Verpackung von landwirtschaftlichen Erzeugnissen betreffen, gilt § 1 nicht.

(3) Landwirtschaftliche Erzeugnisse sind die in Anhang I des Vertrages über die Arbeitsweise der Europäischen Union aufgeführten Erzeugnisse sowie die durch Be- oder Verarbeitung dieser Erzeugnisse gewonnenen Waren, deren Be- oder Verarbeitung durch landwirtschaftliche Erzeugerbetriebe oder ihre Vereinigungen durchgeführt zu werden pflegt.

Übersicht

		Rdn.			Rdn.
A.	Inhaltsüberblick	1		4. Streit um die Verfassungsmäßigkeit	61
B.	Stellung im GWB	18			
C.	Entstehung	30	VI.	§ 75-E 1955	65
I.	Vorgeschichte 1914 bis 1945	31	VII.	Dekartellisierungsrecht im Konflikt mit dem Genossenschafts- und Agrarmarktrecht	74
II.	Dekartellisierungsrecht von 1947	37			
III.	Kartellgesetzentwurf von 1949	41			
IV.	Agrarkartellrecht der USA	44	VIII.	Aktualität der Problemlage	84
V.	§ 75-E 1952	47		1. Milchsektor als Beispiel	86
	1. Zeitgenössischer Hintergrund	48		2. Milchlieferstreik 2008	90
	2. Inhalt	50		3. Instrument eines privaten Milchinterventionsfonds	91
	3. Genese und parlamentarische Beratung	55		4. Französische Milchpreisempfehlung	93

---

* Die Kommentierung gibt allein die persönliche Ansicht des Verfassers wieder und ist zugleich die Drittauflage der 2013 in Erstauflage und 2015 in Zweitauflage unter dem Titel »Agrarkartellrecht – Kommentar zu § 28 GWB und seinen EU-rechtlichen Bezügen« erschienenen Vorabveröffentlichung.

	Rdn.
5. Diskussion über die Stärkung der Zusammenarbeit 2008/09	96
6. Milchsektoruntersuchung des BKartA 2008 bis 2012	99
7. Bewertung von Milchpreisinformationssystemen	102
8. Milchpaket 2012 und Milchpreiseinbruch ab 2014	104
9. Milchbezogene Diskussion in der Schweiz als Vergleich	108
IX. Entwicklung des § 100 GWB 1957 zum heutigen § 28	112
1. 4. GWB-Novelle	113
2. 6. GWB-Novelle	114
3. 7. GWB-Novelle	120
X. Ausblick	121
D. Verhältnis zum EU-Agrarkartellrecht	**125**
I. Konzeption des Art. 42 AEUV	126
II. Dreistufigkeit des EU-Agrarkartellrechts	131
III. Agrarmarktvorbehalt als erste Stufe	144
IV. Inhalt des EU-Agrarorganisationenrechts	156
1. Entwicklung	157
2. Systematik der Verordnung (EU) Nr. 1308/2013	168
3. Besondere Bündelungsobergrenzen	186
4. Weitere Regelungen in der Verordnung (EU) Nr. 1308/2013	193
5. Verfahren bei Branchenverbänden	198
6. Krisenermächtigung des Art. 222 VO (EU) Nr. 1308/2013	202
7. GMO Fisch	205
V. Erzeugerbetriebsvorbehalt als zweite Stufe	208
1. Entstehung und Inhalt des Art. 209 VO (EU) Nr. 1308/2013	209
2. Genossenschaften als Bezugspunkt	212
3. Art. 209 Abs. 1 Unterabs. 1 VO (EU) Nr. 1308/2013	221
4. Art. 209 Abs. 1 Unterabs. 2 VO (EU) Nr. 1308/2013	224
5. Art. 209 Abs. 1 Unterabs. 3 VO (EU) Nr. 1308/2013	230

	Rdn.
6. Art. 209 Abs. 2 VO (EU) Nr. 1308/2013	233
7. Reichweite des Art. 209 VO (EU) Nr. 1308/2013	236
VI. Überlagerung des § 28 bei zwischenstaatlichen Sachverhalten	243
VII. Fehlende Kollisionsregelung	247
E. Die einzelnen Tatbestände	**254**
I. Erzeugerbetriebsvorbehalt (Abs. 1 Satz 1)	255
1. Erfasster Personenkreis	256
2. Erfasste Verhaltensweisen	279
3. Vergleich mit Art. 209 Abs. 1 VO (EU) Nr. 1308/2013	286
4. Erzeugung und Absatz	290
5. Benutzung gemeinschaftlicher Einrichtungen	296
6. Verbot der Preisbindung	299
7. Verbot des Wettbewerbsausschlusses	318
II. Pflanzen- und Tierzucht (Abs. 1 Satz 2)	325
1. Pflanzenzucht	326
2. Tierzucht	327
3. Erforderlichkeit der Bestimmung	328
4. Schutzrechte und GWB	329
III. Sortierung, Kennzeichnung und Verpackung (Abs. 2)	331
1. Entstehung	332
2. Reichweite der Freistellung	334
3. Verhältnis zum Handelsklassenrecht	337
4. Verhältnis zum EU-Recht	339
IV. Definition der landwirtschaftlichen Erzeugnisse (Abs. 3)	343
F. Vorgehende oder ergänzende Bestimmungen	**355**
I. § 11 MarktStrG	358
1. Anwendungsbereich	360
2. Anerkennung	364
3. Kartellausnahme	368
4. MEG Milch Board	384
5. Verhältnis zum EU-Kartellrecht	388
II. § 5 AgrarMSG	389
III. § 40 BWaldG	399
IV. § 29 TierZG	414
V. Deutsches Agrarmarktrecht	422
G. Abdruck des Anhangs I des AEUV	**426**

§ 28 GWB Landwirtschaft

Schrifttum

Ackermann/Roth, Anwendung der Europäischen Wettbewerbsregeln auf Genossenschaftssatzungen, ZfgGW 1997, 287; *Baade/Fendt*, Die deutsche Landwirtschaft im Ringen um den Agrarmarkt Europas, 1971; *Barfuss*, Landwirtschaft und Kartellgesetz, in: FS für Holzer, 2007, S. 193 ff.; *Bendel/Reuter*, Kommentar zum Marktstrukturgesetz, o.J. (1971); *Bick*, Landwirtschaftliche Erzeugnisse und landwirtschaftliche Genossenschaften im Gesetz gegen Wettbewerbsbeschränkungen, WuW 1953, 417; *Biedenkopf/Steindorff*, Gesetz gegen Wettbewerbsbeschränkungen, 1957; BKartA, Ausnahmebereiche des Kartellrechts – Stand und Perspektiven der 7. GWB-Novelle, Diskussionspapier vom 29.9.2003 (abrufbar über die Internetseite des BKartA); dass., Sektoruntersuchung Milch – Zwischenbericht, 2009; dass., Sektoruntersuchung Milch – Endbericht, 2011; dass., Sektoruntersuchung Lebensmitteleinzelhandel, 2014; BMELF (Hrsg.), Marktintegration und agrarpolitisch relevante Tätigkeit der Genossenschaften, 1967; dass., Der Wissenschaftliche Beirat beim BMELF – Sammelband der Gutachten von 1949 bis 1974, 1975; *Böneker*, Rechtliche Fragen der Gemüseanbauverträge, einer Erscheinungsform der vertikalen Integration, Diss. 1968; *Boettcher*, Ziele und Problematik des Marktstrukturgesetzes, HJWG 10 (1965), 202; *Both*, Agrarunternehmensrecht, 2000; *Büttner*, Wettbewerbsrecht für die Landwirtschaft im Gemeinsamen Markt, RdL 1965, 1; *Busse*, MOG-Handkommentar, 2007; *ders.*, Das Bestimmtheitsgebot des Art. 80 Abs. 1 Satz 2 GG bei der normativen Durchführung von EG-Recht, in: GS für Bleckmann, 2007, S. 1 ff.; *ders.*, Zu Entstehung und Inhalt der Verordnung (EG) Nr. 1234/2007 über eine gemeinsame Organisation der Agrarmärkte (Einheitliche GMO), JAR VIII (2008), 3; *ders.*, Das Milchkontingentierungsrecht der Schweiz im Lichte der EU-Milchquotenregelung, in: Norer (Hrsg.), Milchkontingentierungsrecht zwischen Aufhebung und Transformation, 2009, S. 1 ff.; *ders.*, Erzeugerorganisationen und Branchenverbände im EU-Agrarmarktrecht – Ein kurzer Abriss ihrer Entwicklung vor dem Hintergrund der deutschen Rechtslage, Agrarrecht Jahrbuch 2011, 107; *ders.*, Die Entwicklung der Milchquotenregelung vor dem Hintergrund des Milchmarktrechts – zugleich ein Beitrag zu allgemeinen Rechtsproblemen von Quotenregelungen, Agrarrecht Jahrbuch 2012, 149; *ders.*, Das neue deutsche Agrarmarktstrukturgesetz 2013, JAR XII (2013), 27 ff.; *ders.*, Das Recht der anerkannten Agrarorganisationen – Kommentar, Rechtstexte, Materialien, 2014; *ders.*, Anerkennungsfähigkeit von Erzeugerorganisationen nach der AgrarMSV, jurisPR-AgrarR 6/2014, Anm. 1; *ders.*, Die Verordnung über die gemeinsame Organisation der Agrarmärkte von ihrer Entstehung 2007 bis zu ihrem Neuerlass 2013, ZfZ 2014, 113; *ders.*, § 25: Agrarrecht, in: Schulze/Zuleeg/Kadelbach (Hrsg.), Europarecht – Handbuch für die deutsche Rechtspraxis, 3. Aufl. 2015, S. 1431 ff.; *ders.*, Das neue Agrarmarktrecht der GAP-Reform 2014/15 – Zur Ablösung der Verordnung (EG) Nr. 1234/2007 durch die Verordnung (EU) Nr. 1308/2013, AUR 2015, 321; *ders.*, Die Stellung der Molkereigenossenschaften um Agrarkartellrecht, WuW 2016, 154; *ders.*, Sonderrechtlicher und funktionalrechtlicher Ansatz im agrarrechtlichen Widerstreit – Ein Beitrag zur agrarrechtlichen Systembildung, 2016; *ders./Haarstrich*, Agrarförderrecht einschließlich EU-Primärrecht, EU-Kartellrecht und EU-Gerichtsbarkeit, 2012; *Buxbaum*, Alternativen zum freien Wettbewerb? – Der Fall des Mühlenkartells, ZHR 131 (1968), 97; *Chauve/Parera/Renckens*, Agriculture, Food and Competition Law: Moving the Borders, Journal of European Competition Law & Practice 2014, 304; *Deppe*, Genossenschaften des Lebensmitteleinzelhandels und Kartellverbot, 1967; *Deringer*, Verordnung Nr. 26 des Rates vom 4.4.1962, WuW 1964, 797; *Deselaers*, Züchtervereinigungen zwischen Kartell- und Tierzuchtrecht, AgrarR 1981, 279; *ders.*, Das DFB-Urteil – Auswirkungen auf die Traberzucht?, AgrarR 1998, 201; Deutscher Bundestag/Bundesrat (Hrsg.), Dokumentation der Kommission von Bundestag und Bundesrat zur Modernisierung der bundesstaatlichen Ordnung, Zur Sache 1/2005; *Ditges/Ehle*, Rechtswidrigkeit des »Genossenschaftsprivilegs« in Art. 2 Abs. 1 VO Nr. 26 über die Anwendung der EWG-Wettbewerbsregeln auf landwirtschaftliche Erzeugnisse, AWD 1963, 300; *ders.*, Ausnahmen vom Kartellverbot des EWG-Vertrages – Insbesondere Ratsverordnung Nr. 26, in: Möhring/Nipperdey (Hrsg.), Aktuelle Probleme des EWG-Kartellrechts, 1966, S. 1 ff.;

ders., Die geplante Erzeugergemeinschaft in der EWG, AWD 1970, 489; *Dobroschke*, Zur Verfassungsmäßigkeit des § 100 Abs. 1 und 4 GWB (Art. 3 Abs. 1 GG), WuW 1967, 713; DRV, Erfolgreiche Genossenschaften – Ideen und Strategien, 2008; *Eberle*, Das erlaubte Erzeugerkartell nach § 100 Abs. 1 GWB, Diss. Münster 1965; *Ebert*, Genossenschaftsrecht auf internationaler Ebene, Bd. 1, 1966; *Ehle*, Verfassungsrechtliche und kartellrechtliche Beurteilung der Erzeugerorganisationen, AWD 1967, 47; *Eisele*, Marktverbände und Wettbewerb in der Agrarwirtschaft – Eine vergleichende Analyse der Marktstrukturpolitik in der Bundesrepublik Deutschland und in Frankreich, 1978; *Elisseieff*, Die Genossenschaften und die Regulierung des Milchmarktes in den Vereinigten Staaten, ZfgGW 1953, 186; *Ellinghaus*, Ist § 75 des Entwurfs eines Gesetzes gegen Wettbewerbsbeschränkungen mit dem Grundgesetz vereinbar?, 1957; *Engel*, Aufbau und Tätigkeiten der vertikalen Marktverbände für Agrarprodukte in den Niederlanden, BüL 42 (1964), 356; Europäische Kommission, Zweiter Bericht über die Wettbewerbspolitik, 1973; *dies.*, Competition rules applicable to cooperation agreements between farmers in the dairy sector, Arbeitspapier vom 16.2.2010 (abrufbar über die Internetseite der Europäischen Kommission); *Fahr*, Die Rationalisierung im ländlichen Genossenschaftswesen auf Grund des Notprogramms vom 31.3.1928, 1931; *Feldmann*, Kartelle, Trusts und Monopole im Verhältnis zur Handels- und Gewerbefreiheit, 1931; *Frenz*, Agrarwettbewerbsrecht, AUR 2010, 193; *ders.*, Europäisches Kartellrecht, 2. Aufl. 2015; *Fricke*, Die landwirtschaftliche Produktionsgenossenschaft, 1976; *Frietema*, Wesen und Bedeutung der landwirtschaftlichen Genossenschaften in West-Europa, ZfgGW 1954, 216; *Frisch/Sacksofsky*, Die Angebotskonzentration im deutschen Lebensmitteleinzelhandel und die Probleme ihrer kartellrechtlichen Erfassung, 1993; *Gabriel*, Landwirtschaft und Wettbewerbsordnung, o.J. (1954); *ders.*, Machtausgleich durch genossenschaftliche Abwehrkartelle?, WuW 1954, 599; *Giesen/Besgen*, Öffentliche Forstdienstleistungen und Wettbewerbsrecht, AgrarR 1998, 329; *Gladosch*, Genossenschaftswesen und Kartellgesetz, ZfgGW 1953, 18; *Gleiss*, Gutachten zu §§ 75 und 75a des Entwurfs eines Gesetzes gegen Wettbewerbsbeschränkungen, o.J. (1952); *ders.*, Das Kartellstrafverfahren gegen die bayerischen Geflügelzüchter, NJW 1952, 54; *ders./Zipfel*, Landwirtschaft und Kartellrecht – Die Marktordnung in der Milchwirtschaft nach geltendem und künftigem Recht, 1. Aufl. 1955; *ders./Zipfel*, Die Marktordnung in der Milchwirtschaft nach geltendem und künftigem Kartellrecht, WuW 1955, 639; *ders./Hirsch*, Landwirtschaftliche Erzeugnisse und EWG-Kartellrecht, AWD 1962, 159; *ders./Kleinmann*, Anpassung der Begriffe »landwirtschaftliche Erzeugnisse« und »Erzeugerbetriebe« im deutschen Kartellgesetz (§ 100 GWB) an das europäische Recht (VO 26 des Rates), NJW 1970, 1485; *ders./Wolff*, Kartellrechtliche Aspekte des neuen Verordnungsvorschlags über landwirtschaftliche Erzeugergemeinschaften – Zugleich ein Beitrag zur Auslegung von Art. 2 VO 26/62, WuW 1971, 310; *Goeman/von Gruben/Sotzeck*, Marktstrukturgesetz und Absatzfondsgesetz – zwei neue Initiativen zur Ausrichtung der deutschen Agrarmarktpolitik, BüL 47 (1969), 283; *Götz*, Recht der Wirtschaftssubventionen, 1966; *Grages*, Die Lieferrechte der Zuckerrübenanbauer, 1989; *von der Groeben*, Deutschland und Europa in einem unruhigen Jahrhundert, 1995; *Großfeld/Noelle*, Harmonisierung der Rechtsgrundlagen für die Genossenschaften in der EG, in: Boettcher (Hrsg.), Die Genossenschaften im Wettbewerb der Ideen – eine europäische Herausforderung, 1985, S. 118 ff.; *Groteloh*, Die Sektoruntersuchung Milch und wettbewerbsrechtliche Gestaltungsoptionen, AUR 2010, 129; *ders.*, Europäisches Marktordnungsrecht, in: Dombert/Witt (Hrsg.), Münchener Anwaltshandbuch Agrarrecht, 2011, S. 965 ff.; *Großfeld/Noelle*, Harmonisierung der Rechtsgrundlagen für die Genossenschaften in der Europäischen Gemeinschaft, in: Boettcher (Hrsg.), Die Genossenschaften im Wettbewerb der Ideen – eine europäische Herausforderung, 1985, S. 118 ff.; *Gruber*, Wettbewerb in der Landwirtschaft, OZK 2009, 132 und 188; *Günther*, Entwurf eines deutschen Gesetzes gegen Wettbewerbsbeschränkungen, WuW 1951, 17; *ders.*, Gesetz gegen Wettbewerbsbeschränkungen – Stand der Verhandlungen mit der Alliierten Hohen Kommission über den deutschen Entwurf, WuW 1952, 281; *Hamann*, Genossenschaftliche Zusammenschlüsse und Kartellverbot, WuW 1952, 209; *ders.*, Die Behandlung landwirtschaftlicher Genossenschaften im Kar-

§ 28 GWB   Landwirtschaft

tellgesetzentwurf und der Gleichheitsgrundsatz, WuW 1952, 883; *ders.*, Rechtsstaat und Wirtschaftslenkung, 1953; *ders.*, Die ernährungswirtschaftlichen Marktordnungsentwürfe und das Grundgesetz, WuW 1955, 79; *Hamm,* Wettbewerbswirkungen genossenschaftlicher Empfehlungen, ZfgGW 1973, 212; *Hanf/Kühl,* Genossenschaften im Wandel der deutschen Agrar- und Ernährungswirtschaft, BüL 86 (2008), 162; *Hausmann/Würdinger,* Die rechtliche und wirtschaftliche Bedeutung des deutschen Sherman Act, MDR 1947, 174; *Haussmann,* Das Dilemma eines deutschen Antitrustgesetzes, 1955; *Hautzenberg,* Die Reform des europäischen Milchmarkts aus rechtlicher Sicht, Agrarrecht Jahrbuch 2011, 91; *Heilmeier,* Die Kapitalverfassung der Europäischen Genossenschaft, EuZW 2010, 887; *Heinrich,* Stellung der Landwirtschaft und der landwirtschaftlichen Genossenschaften im Entwurf eines Gesetzes gegen Wettbewerbsbeschränkungen, o.J. (1952); *ders.*, Landwirtschaft und Kartellgesetz, Deutsche Bauernkorrespondenz 5/1952, 3; *ders.*, Zum Kartellgesetz-Entwurf, Deutsche Bauern-Korrespondenz 12/1952, 3; *ders.*, Landwirtschaft und Kartellgesetzgebung, Deutsche Bauern-Korrespondenz 22/1952, 2; *ders.*, Die Landwirtschaft im Kartellrecht, o.J. (1953); *Henjes,* Zur Freistellung vom Kartellverbot des Art. 85 EWG-Vertrag für Vereinigungen landwirtschaftlicher Erzeugerbetriebe und ihrer Vereinigungen, in: FS für Büttner, 1986, S. 49 ff.; *Heynen,* Allgemeinverbindlicherklärungen nach europäischen Marktordnungsrecht, 1985; *Himmelmann,* Das Kartellrecht und die Pferdewette, AgrarR 1998, 206; *Huber,* Wirtschaftsverwaltungsrecht, 2. Aufl., Bd. 1, 1953; *ders.*, Grundgesetz und vertikale Preisbindung, 1968; *Hüttenberger,* Zur Kartellgesetzgebung der Bundesrepublik 1949–1957, VfZ 1976, 287; *van Hulle,* Die landwirtschaftlichen Genossenschaften im Aufbau der europäischen Landwirtschaft, ZfgGW 1967, 151; *Hunger,* Die Behandlung der landwirtschaftlichen Genossenschaften im Anti-Trust-Recht der USA, Diss. Erlangen 1956; Ifo-Institut für Wirtschaftsforschung (Hrsg.), Die Paritätsforderung für die westdeutsche Landwirtschaft – Zusammenfassende Darstellung des Problems und Verfahrens, 1952; *Isay/Tschierschky,* Kartellverordnung, 1925; *Isay,* Die Geschichte der Kartellgesetzgebungen, 1955; *Kamberg,* Wirtschaftliche Maßnahmen und Erfahrungen – Die amerikanische Anti-Trust-Gesetzgebung, Beilage zum BAnz. Nr. 6 v. 11.1.1955; *Kirchstein,* Die kartellrechtliche Bedeutung der Verordnung Nr. 159/66/EWG vom 25.10.1966, DB 1967; *Klein/Seraphim,* Genossenschaften und »Kartellgesetz«-Entwurf, 1953; *Kling/Thomas,* Kartellrecht, 2. Aufl. 2016; *Klose/Orf,* Forstrecht, 2. Aufl. 1998; *Köpl,* Anmerkung zum Urteil des Verwaltungsgerichts Würzburg vom 13.3.2014 und allgemein zur Problematik der Anwendung des neuen Agrarmarktstrukturrechts auf Erzeugerorganisationen, AUR 2014, 356; *Kopplin,* Marktstellung und Marktentwicklung landwirtschaftlicher Genossenschaften, 1982; *Krimphove,* Brauchen wir die Europäische Genossenschaft?, EuZW 2010, 892; *Lachaud,* Die Erzeugergemeinschaften und das zwischenberufliche Getreidemarktamt als Beispiel für die Organisation der Agrarmärkte in Frankreich, AgrarR 1975, Beilage 1, 13; *Lehnich,* Die Wettbewerbsbeschränkung – Eine Grundlegung, 1956; *ders.*, Gesetz gegen Wettbewerbsbeschränkungen, 1958; *Leßmann/Würtenberger,* Deutsches und europäisches Sortenschutzrecht – Handbuch, 2. Aufl. 2009; *Lettl,* Rechtsgutachten zur kartellrechtlichen Beurteilung von Preisverhandlungen zwischen den Unternehmen des Lebensmitteleinzelhandels und den Lieferanten am Beispiel von Milchprodukten, o.J. (2016; abrufbar über die Internetseite des DBV); *Liebing,* Die für Unternehmen des Agrarsektors geltenden Wettbewerbsregelungen innerhalb der EWG, Diss. Köln 1965; *Liefmann,* Kartelle und Trusts und die Weiterbildung der volkswirtschaftlichen Organisation, 5. Aufl. 1922; *Linnewedel,* Das Erzeugungs- und Absatzkartell in der Land- und Fischwirtschaft dargestellt am Beispiel der Seefisch-Absatz-Gesellschaft mbH und der Hochseefischerei-Fangvereinbarung, Diss. Göttingen 1965; *Lockhart,* Das landwirtschaftliche Genossenschaftswesen in der Europäischen Wirtschaftsgemeinschaft, 1967; *Lohner/Sielaff,* Forstwirtschaftliche Zusammenschlüsse – Rechtsformen und steuerliche Grundlagen, 2009; *Lohse,* Agrarkartellrecht, in: Härtel (Hrsg.), Handbuch des Fachanwalts Agrarrecht, 2012, S. 198 ff.; *Mahlmann,* Genossenschaftsrecht und Wettbewerbsordnung, 1971; *Marmulla/Brault,* Europäische Integration und Agrarwirtschaft, 1958; *Martínez,* Landwirtschaft und Wettbewerbsrecht – Bestandsaufnahme und Perspektiven,

EuZW 2010, 368; *Massenbach*, Das Marktstruktur- und Absatzfondsrecht – Der europäische Vorschlag und die deutschen Gesetze aus wirtschafts- und verfassungsrechtlicher Sicht, Diss. Göttingen 1972; *Meyer-Cording*, Zur heutigen Situation im Antitrustrecht – Eindrücke von einer Studienreise nach den USA, Beilage zum BAnz. Nr. 193 vom 7.10.1954; *Mögele/Erlbacher* (Hrsg.), Single Common Market Organisation – Article-by-Article Commentary of the Legal Framework for Agricultural Markets in the European Union, 2011; *Möhring*, Lizenzverträge über Pflanzenzüchtungen in kartellrechtlicher Sicht, in: FS Hefermehl, 1971, S. 139 ff.; Monopolkommission, Sondergutachten 14: Die Konzentration im Lebensmitteleinzelhandel, 1985; dies., Sondergutachten 22: Zusammenschlussvorhaben der BayWa Aktiengesellschaft und der WLZ Raiffeisen Aktiengesellschaft, 1992; *Morley*, Nationale Gesetze des Wettbewerbs: Die Stellung der Gesellschaften landwirtschaftlicher Erzeuger, im Besonderen landwirtschaftlicher Genossenschaften, 1984; *Neef*, Kartellrecht, 2008; *Neumeyer*, Genossenschaften im US-Antitrustrecht, WuW 1952, 390; *ders.*, Die Sonderstellung der landwirtschaftlichen Genossenschaften im amerikanischen Antitrustrecht, ZfgGW 1953, 41; *Ohm*, Landwirtschaft, Landhandel und Kartellgesetz, WuW 1954, 790; *Ortlieb*, Die Genossenschaften als Element einer neuen Wirtschaftsordnung, in: *ders.* (Hrsg.), Wirtschaftsordnung und Wirtschaftspolitik ohne Dogma, 1954, S. 209 ff.; *Pabsch*, Die ländlichen Genossenschaften in der Verbundwirtschaft, BüL 41 (1963), 44 und 283; *Paulick*, Der Entwurf eines Gesetzes gegen Wettbewerbsbeschränkungen und das landwirtschaftliche Genossenschaftswesen, ZfgGW 1953, 30; *Pelhak/Wüst*, Aktuelle Rechtsprobleme des Marktstrukturgesetzes aus bayerischer Sicht, AgrarR 1975, 123; *dies.*, Zulässigkeit der Rechtsform des eingetragenen Vereins für Erzeugergemeinschaften, AgrarR 1975, 161; *Petry*, Die Wettbewerbsbeschränkung in der Landwirtschaft nach nationalem und europäischem Wettbewerbsrecht, Diss. Hohenheim 1974; *Puvogel*, Der Weg zum Landwirtschaftsgesetz, 1957; *Rasch*, Wettbewerbsbeschränkungen – Kartell- und Monopolrecht, 1957; *Recke/Sotzeck*, Marktstrukturgesetz, o.J. (1971); *Remmert*, Gesetz Nr. 56 – Text und Erläuterungen, 1947; *von Renthe gen. Fink*, Neue Bereichsausnahme zum GWB – Bemerkungen zu § 11 MarktStrG, WuW 1969, 441; *Rowedder*, Kartellrecht, 1954; *Sandrock*, Grundbegriffe des GWB, 1968; *ders.*, Kartellrecht und Genossenschaften, 1976; *Schopen*, Die vertikale Integration in der Landwirtschaft, 1966; *Schroer*, Rechtsformen der Zusammenarbeit landwirtschaftlicher sowie fischwirtschaftlicher Erzeuger untereinander und mit ihren Marktpartnern nach dem Marktstrukturgesetz, Diss. Münster 1971; *Schubert*, Die rechtlichen Grenzen genossenschaftlicher Verbundwirtschaft, ZfgGW 1967, 55; *Schulte*, Die Genossenschaften und Kartellrecht, in: Helios/Strieder (Hrsg.), Beck'sches Handbuch der Genossenschaften, 2009, S. 668 ff.; *Schulze/Hoeren* (Hrsg.), Dokumente zum Europäischen Recht, Bd. 3: Kartellrecht (bis 1957), 2000; *Schulze* (Hrsg.), Europäische Genossenschaft (SCE) – Handbuch, 2004; *Schulze-Hagen*, Die landwirtschaftlichen Zusammenschlüsse nach deutschem und europäischem Wettbewerbsrecht, 1977; *Schweizer/Woeller*, Die Änderungen in der Bereichsausnahme des § 28 GWB durch die Siebte Novelle zum GWB, AUR 2007, 285; *Seraphim*, Die Bedeutung des Genossenschaftswesens im Rahmen der deutschen Agrarpolitik, 1950; *ders.*, Die marktordnerischen Funktionen der landwirtschaftlichen Absatzgenossenschaften, ZfgGW 1951, 87; *ders.* (Hrsg.), Der Entwurf eines Gesetzes gegen Wettbewerbsbeschränkungen und das landwirtschaftliche Genossenschaftswesen, o.J. (1952); *ders.* (Hrsg.), Genossenschaften und »Kartellgesetz«-Entwurf, o.J. (1953); *Sichtermann* (Hrsg.), Das Marktstrukturgesetz, 2. Aufl. 1971; *Strecker/Roller/Saft/Schuch*, Die Landwirtschaft und ihre Marktpartner – Neue Formen der Zusammenarbeit, 1963; *Thomas*, Bundeswaldgesetz, 2. Aufl. 2015; Verwaltung für Wirtschaft des Vereinigten Wirtschaftsgebietes, Entwurf zu einem Gesetz zur Sicherung des Leistungswettbewerbes, 1949; United States General Accounting Office, Dairy Cooperatives: Role and Effects of the Capper-Volstead Antitrust Exemption, 1990; *Wagner*, Die Diskussion über ein Gesetz gegen Wettbewerbsbeschränkungen in Westdeutschland nach 1945, 1956; *Weber*, Inwiefern sind Genossenschaften (konkurrierende) Marktverbände besonderer Art?, S. 96 f., in: Boettcher (Hrsg.), Geschichte, Struktur und Politik der genossenschaftlichen Wirtschafts- und Marktverbände, 1965, S. 93 ff.; *Wehrle*, Deutsches Ge-

§ 28 GWB *Landwirtschaft*

nossenschaftswesen, 1937; *Wendler*, Die wirtschaftliche Bedeutung der Bereichsausnahme für die Landwirtschaft im GWB, 1977; *Werner*, Wettbewerb und Landwirtschaft, Ordo 17 (1966), 291; *Westermann*, Genossenschaften und deutsche staatliche Kartellpolitik der Gegenwart in rechtlicher Sicht, ZfgGW 1954, 297; *ders.*, Landwirtschaft und Kartellgesetz, o.J. (1955); *ders.*, Einkaufszusammenschlüsse und Kartellgesetzentwurf, 1956; *ders.*, Die Marktintegration als Rechtsproblem, in: BüL/Sonderheft 183: Marktintegration und agrarpolitisch relevante Tätigkeit der Genossenschaften, 1967, S. 27 ff.; *Winkler*, The Effect of European and National Competition Law on the Agricultural Sector, General Report of Commission II of the XXII European Congress of Agricultural Law, 21.–25.10.2003, o.J.; *Zoeteweij-Turhan*, The Role of Producer Organizations on the Dairy Market, 2012; *Zühlke*, Wesen und Bedeutung des Marktstrukturgesetzes, RdL 1970, 281.

A. Inhaltsüberblick

1   § 28 wird weithin als Bereichsausnahme für die Landwirtschaft oder Genossenschaftsprivileg bezeichnet und war bis zur 8. GWB-Novelle 2013 die einzige im GWB verbliebene Bestimmung im Fünften Abschnitt des GWB »Sonderregeln für bestimmte Wirtschaftsbereiche«, die einen gesamten Wirtschaftsbereich mehr als punktuell erfasste. So sind 2005 mit der 7. GWB-Novelle die vormaligen Sonderbestimmungen der §§ 29 bis 31 betreffend die Kreditwirtschaft, die Versicherungswirtschaft, die Urheberrechtsverwertungsgesellschaften und den Sport gestrichen worden. §§ 29 und 30 regeln Zeitungen und Zeitschriften sowie – nach § 131 Abs. 7 bis zum 31.12.2017 zeitlich befristet – die Energiewirtschaft nur jeweils unter einem bestimmten Aspekt (vertikale Preisbindung bzw. Marktmissbrauch). Erst die 8. GWB-Novelle hat mit der teilweisen Befreiung der Wasserversorgungsunternehmen von § 1 durch die neuen §§ 31 bis 31b, deren Inhalt sich seit der 6. GWB-Novelle bereits in der Übergangsbestimmung des § 131 Abs. 6 befand, erneut einen Wirtschaftsbereich im Fünften Abschnitt weitreichend von einer Grundbestimmung des GWB freigestellt.

2   Der Kerngehalt des § 28 ist zwar so alt wie das GWB selbst und Gegenstand einer umfangreicheren rechtlichen Literatur. Näher betrachtet ist sein genauer Inhalt trotzdem nicht leicht zu fassen. Vor allem wird er seit 1962 in erheblichem Umfang von EU-Recht überlagert und sachlich mitbestimmt, ohne dass dieser Umstand in der Vorschrift hinreichend zum Ausdruck kommt. Um § 28 kommentieren zu können, sind daher sowohl seine Entstehungsgeschichte als auch das einschlägige EU-Recht zu betrachten. Daneben bringen Bedeutung und Einordnung des § 28 innerhalb des GWB Hinweise für seine Auslegung mit sich.

3   Folglich sollen nach einer Kurzbeschreibung des Inhaltes von § 28 (Rdn. 4 ff.) zunächst seine Stellung im GWB (Rdn. 18 ff.), seine Entstehung (Rdn. 30 ff.) und das Agrarkartellrecht der EU (Rdn. 125 ff.) betrachtet werden, bevor eine

Kommentierung der einzelnen Tatbestände des § 28 vorgenommen wird (Rdn. 254 ff.). Ergänzend ist auf drei weitere deutsche landwirtschaftsbezogene Kartellnormen in Gestalt des § 5 des Gesetzes zur Weiterentwicklung der Marktstruktur im Agrarbereich (Agrarmarktstrukturgesetz; AgrarMSG),[1] des § 40 des Gesetzes zur Erhaltung des Waldes und zur Förderung der Forstwirtschaft (Bundeswaldgesetz; BWaldG)[2] und des § 29 Tierzuchtgesetz (TierZG)[3] einzugehen sowie das noch in geringem Umfang bestehende deutsche Agrarmarktrecht zu betrachten (Rdn. 355 ff.). Sofern im Weiteren vom Agrarkartellrecht gesprochen wird, sind damit die kartellrechtlichen Sonderbestimmungen für den Agrarbereich gemeint.[4] Das so verstandene Agrarkartellrecht wird teilweise als Agrarkartellrecht im engeren Sinne bezeichnet, um anschließend von einem Agrarkartellrecht im weiteren Sinne zu sprechen, das sämtliche Normen des Kartellrechts umfassen soll, die im Bereich der Landwirtschaft Bedeutung entfalten können.[5]

Hintergrund der in § 28 für den Bereich der »landwirtschaftlichen Erzeugerbetriebe« normierten Ausnahme vom Kartellverbot des § 1[6] ist das Ziel, die Marktmacht der landwirtschaftlichen Urerzeugung gegenüber den nachgelagerten Verarbeitungs- und Handelsstufen zu stärken, soweit nicht Verarbeitung und Handel durch die landwirtschaftlichen Erzeugerbetriebe selbst wahrgenommen werden. Dahinter steht die Annahme, dass die landwirtschaftliche Urerzeugung nicht nur gegenüber ihren Abnehmern, sondern auch gegenüber anderen Wirtschaftsbereichen eine grundsätzlich schwächere Position besitzt und mithin einer gewissen staatlichen Unterstützung bedarf. Empirischer Ausgangspunkt dieser Annahme ist die sogenannte Preisschere zwischen der Landwirtschaft und der sonstigen Wirtschaft. Während gesamtwirtschaftlich betrachtet der Wert landwirtschaftlicher Produkte immer weiter abnimmt, steigt der Wert anderer Produkte sowie der Dienstleistungen. So betrug der Anteil der Landwirtschaft einschließlich Forstwirtschaft und Fischerei an der inländischen Bruttowertschöpfung 2014 nur noch 0,7 Prozent. Die durchschnittlichen Ausgaben für Lebensmittel in Deutschland an den privaten Konsumausgaben gingen von 43,5 Prozent (1950) über 14,8 Prozent (2000) auf 13,5 Prozent (2014) zurück. Zugleich hat in dieser Zeit ein enormer Struktur-

4

---

1 BGBl. I 2013, S. 917.
2 BGBl. I 1975 S. 1037.
3 BGBl. I 2006 S. 3294.
4 S. näher zur agrarrechtlichen Sonderrechtstheorie *Busse*, Sonderrechtlicher und funktionalrechtlicher Ansatz im agrarrechtlichen Widerstreit – Ein Beitrag zur agrarrechtlichen Systembildung, 2016.
5 Vgl. etwa *Petry*, Die Wettbewerbsbeschränkung in der Landwirtschaft nach nationalem und europäischem Wettbewerbsrecht, Diss. Hohenheim 1974, S. 3.
6 Im Folgenden wird in Bezug auf § 1 vereinfachend vom Kartellverbot gesprochen, obwohl § 1 nicht nur Kartelle im eigentlichen Sinne, sondern jegliche »wettbewerbsbeschränkende Vereinbarungen« erfasst.

wandel im landwirtschaftlichen Bereich stattgefunden. Der Anteil der Landwirtschaft an der Zahl der Erwerbstätigen sank von 29,2 Prozent (1950) auf 1,5 Prozent (2014). Die Anzahl der landwirtschaftlichen Betriebe hat sich allein von 1975 bis 2003 von 1,04 Mio. auf 421.000 Betriebe mehr als halbiert und lag 2013 bei 260.100 Betrieben.[7]

5   Ohne diesen Strukturwandel, der sich weiterhin fortsetzt, könnten größere Teile der Landwirtschaft nicht mehr rentabel produzieren. Neben einer erheblichen Leistungssteigerung und Technisierung hat sich die durchschnittliche Betriebsgröße in Deutschland zwischen 1950 und 2003 von 7 ha auf 43,6 ha versechsfacht und wurde 2013 mit 64 ha angegeben. Auch der Strukturwandel konnte jedoch die Grundnachteile der Landwirtschaft gegenüber anderen Wirtschaftszweigen nicht beseitigen. Erstens ist der inländische Bedarf an Nahrungsmitteln prinzipiell nicht steigerungsfähig und droht angesichts einer tendenziell schrumpfenden Bevölkerung eher zurückzugehen. Zweitens ist die Landwirtschaft stark witterungsabhängig und ortsgebunden. Drittens lässt sich die Erzeugung landwirtschaftlicher Produkte in der Regel nicht kurzfristig den jeweiligen Marktgegebenheiten anpassen. Viertens sind historisch und soziologisch erklärbare Betriebsstrukturen, die sich vor allem in dem nach wie vor weit verbreiteten Festhalten an so genannten Familienbetrieben äußern, vorhanden.[8]

6   Gesetzgeberischer Ausdruck des beschriebenen Ausgangspunktes – der auch unter dem Begriff der Paritätsforderung diskutiert wird[9] – ist nach wie vor das Landwirtschaftsgesetz des Bundes vom 5.9.1955 (BLwG),[10] dessen § 1 besagt: »Um der Landwirtschaft die Teilhabe an der fortschreitenden Entwicklung der deutschen Volkswirtschaft ... zu sichern, ist die Landwirtschaft mit den Mitteln der allgemeinen Wirtschafts- und Agrarpolitik ... in den Stand zu setzen, die für sie bestehenden Natur bedingten und wirtschaftlichen Nachteile gegenüber anderen Wirtschaftsbereichen auszugleichen und ihre Produktivität zu steigern.« Wie aus der ausführlichen Dokumentation der Entstehungsgeschichte des BLwG als »Paritätsgesetz« durch *Puvogel*[11] deutlich wird, bestand allerdings kaum eine Verknüpfung mit der zeitgleich ausgetra-

---

7   Vgl. die jährlichen Statistischen Jahrbücher des BMEL und zu weiteren Vergleichen *Busse*, § 25: Agrarrecht, Rn. 99 ff., in: Schulze/Zuleeg/Kadelbach (Hrsg.), Europarecht – Handbuch für die deutsche Rechtspraxis, 3. Aufl. 2015, S. 1431 ff.
8   Vgl. aus der umfangreichen Literatur besonders prägnant *Werner*, Wettbewerb und Landwirtschaft, Ordo 17 (1966), 291 (296 ff.).
9   Vgl. etwa zeithistorisch Ifo-Institut für Wirtschaftsforschung (Hrsg.), Die Paritätsforderung für die westdeutsche Landwirtschaft – Zusammenfassende Darstellung des Problems und Verfahrens, 1952.
10 BGBl. I 1955 S. 565.
11 *Puvogel*, Der Weg zum Landwirtschaftsgesetz, 1957.

genen Kontroverse um das GWB und die darin vorgesehene kartellrechtliche Ausnahmeregelung für die Landwirtschaft. Es wurde im Gegenteil versucht, zwischen beiden Bereichen eine Verbindung zu verneinen, wie etwa der Deutsche Bauernverband (DBV) Anfang 1955 betonte: »Dagegen entbehrt die gelegentlich auftauchende Behauptung, dass die Einigung [über das BLwG] mit der Zustimmung zu den industriellen Forderungen zum Kartellgesetz ›erkauft‹ worden sei, jeder Grundlage ... Daher hat auch bei den Verhandlungen über das geplante landwirtschaftliche Grundgesetz« – als das das BLwG teilweise verstanden wurde – »die Kartellfrage nicht die geringste Rolle gespielt.«[12]

2007 konnten Überlegungen des damaligen Bundeslandwirtschaftsministers, das BLwG als überholt aufzuheben, nicht durchdringen.[13] Es kam lediglich durch eine Änderung des § 4 BLwG[14] zu einer Verlängerung der Berichtsperiode des Agrarberichts der Bundesregierung von einem Jahr auf vier Jahre. Zugleich wurde die Bundesregierung aufgefordert, eine Ausweitung des BLwG zu einem Landwirtschaftsgesetzbuch zu prüfen.[15] In dem entsprechenden Prüfbericht der Bundesregierung finden sich die von einer Arbeitsgruppe der Agrarministerkonferenz erstellten »Eckpunkte für eine Modernisierung des Landwirtschaftsgesetzes«. Darin hebt § 1 Abs. 1-E hervor, dass die Landwirtschaft »weit mehr als andere Wirtschaftszweige von natürlichen Gegebenheiten abhängig ist«.[16] Auch anderen Stellen der vorgeschlagenen Eckpunkte lässt sich entnehmen, dass die Natur und strukturell bedingte Benachteiligung der Landwirtschaft gegenüber der sonstigen Wirtschaft als fortbestehend angesehen wird.

Zur Verbesserung ihrer Situation erhalten die Landwirte eine staatliche Förderung, die sich im Laufe der Zeit von einem Preisstützungssystem über erzeugnisbezogene Prämien in Form so genannter Direktzahlungen zu einem Betriebsfördersystem entwickelt hat.[17] Daneben existieren weiterhin einige klassische Agrarmarktmaßnahmen wie beispielsweise Erzeugnis bezogene Interventionen. Zusätzlich bestehen Agrarstrukturbeihilfen, deren Bedeutung in den letzten zwei Jahrzehnten zugenommen hat und die allmählich in eine allgemeine Förderung des ländlichen Raums übergehen.[18] Das Ziel einer »Verbesserung der Agrarstruktur« hat durch den 1969 eingefügten Art. 91a

---

12 Zitiert nach: *Puvogel*, a.a.O., S. 106.
13 Vgl. AGRA-Europe 14/2007, Länderberichte, S. 4 (5), und BT-PlPr. 16/123 v. 8.11.2007, S. 12935.
14 BGBl. I 2007 S. 2936.
15 Vgl. näher BT-Drucks. 16/6737 v. 18.10.2007, S. 9 f.
16 BT-Drucks. 16/9161 v. 9.5.2008, S. 5.
17 Vgl. näher *Busse* (Fn. 7), Rn. 104 ff.
18 Vgl. *Busse* (Fn. 7), Rn. 264 ff.

Abs. 1 Nr. 3 GG – seit 2006 Art. 91a Abs. 1 Nr. 2 GG – verfassungsrechtliche Anerkennung gefunden. Eine 2005 im Rahmen der Föderalismusreform I erwogene Streichung dieser Bestimmung[19] ist nicht vorgenommen worden. Auf diese Weise wurde die Bestimmung indirekt bestätigt. Soweit im Rahmen des öffentlich-rechtlichen Agrarrechts der Staat selbst unmittelbar in den Markt eingreift und beispielsweise durch Außenhandels- und Interventionsstellen kartellähnliche Handlungsformen nutzt, unterfällt eine solche staatliche Tätigkeit nach wohl allgemeiner Ansicht nicht dem Kartellrecht, da nicht private Akteure mit entsprechender Handlungsfreiheit auf dem Markt agieren. *Lohse* etwa stellt diesen Grundsatz an den Beginn ihrer Ausführungen zum Agrarkartellrecht im weiteren Sinne: »[Die] Regelungen [der öffentlich-rechtlichen Regulierung im Agrarbereich] haben Vorrang vor dem Kartellrecht, so dass es nur insoweit Anwendung finden kann, als neben dem regulierten Wettbewerb noch freier Wettbewerb besteht. Ist dies der Fall, findet das allgemeine Kartellrecht jedoch Anwendung.«[20]

9   Eine Mittelstellung zwischen Agrarmarkt und Agrarstruktur nimmt das AgrarMSG ein, das 2013 das 1969 erlassene Gesetz zur Anpassung der landwirtschaftlichen Erzeugung an die Erfordernisse des Marktes (Marktstrukturgesetz – MarktStrG) abgelöst hat. Das MarktStrG erging ursprünglich, um die deutsche Landwirtschaft für die Teilnahme an dem Gemeinsamen Agrarmarkt der damaligen EWG und nunmehrigen EU zu stärken. Instrument dazu war die staatliche Begünstigung von privaten Erzeugerorganisationen, die von landwirtschaftlichen Betrieben gebildet wurden. Das AgrarMSG setzt diese Begünstigung unter verändertem Vorzeichen fort (vgl. näher Rdn. 358 ff.). Der Staat steht dadurch der Bündelung von landwirtschaftlichen Erzeugerstrukturen positiv gegenüber. In allgemeiner Form ist dieser Grundgedanke im Genossenschaftsgesetz (GenG) enthalten. So sind viele Formen der landwirtschaftlichen Kooperation eingetragene Genossenschaften. Der Deutsche Raiffeisenverband (DRV) als größter agrarbezogener genossenschaftlicher Dachverband gab für 2014 die Zahl der von ihm erfassten Raiffeisen-Genossenschaften mit 2.316 an. Näher aufgegliedert handelt es sich dabei unter anderem um 765 Agrargenossenschaften, 169 Winzergenossenschaften, 225 Milchgenossenschaften, 92 Vieh-, Fleisch- und Zuchtgenossenschaften, 88 Obst-, Gemüse- und Gartenbaugenossenschaften, 293 Bezugs- und Absatzgenossenschaften sowie 125 Kreditgenossenschaften mit Warengeschäft.[21]

---

19 Vgl. zur damaligen Diskussion Deutscher Bundestag/Bundesrat (Hrsg.), Dokumentation der Kommission von Bundestag und Bundesrat zur Modernisierung der bundesstaatlichen Ordnung, Zur Sache 1/2005, S. 544 ff.
20 *Lohse*, Abschnitt 9: Agrarkartellrecht, Rn. 1, in: Härtel (Hrsg.), Handbuch des Fachanwalts Agrarrecht, 2012, S. 198 ff.
21 DRV, Geschäftsbericht 2014 – Ausblick 2015, 2014, S. 9; s. auch *ders.*, Erfolgreiche Genossenschaften – Ideen und Strategien, 2008, S. 4, *Holthaus/Lehnhoff*, in: Lang/

Da weder das GWB noch das GenG Genossenschaften generell vom Kartell- 10
verbot ausnehmen, ist die Einstufung einer Genossenschaft als ein dem GWB
unterfallendes Kartell nach heute allgemeiner Ansicht prinzipiell möglich. Zu
§ 1 entschied der BGH 1973 grundlegend: »Die Anwendung des § 1 ist nicht
etwa deshalb ausgeschlossen, weil die hier in Frage stehende Verpflichtung
nach dem GenG als zulässig zu erachten ist ... Entscheidend ist allein, ob die
Vereinbarung über die Gründung der Genossenschaft oder das Statut geeignet
sind, die Marktverhältnisse durch Beschränkung des Wettbewerbs zu beeinflussen ...«[22] Gemäß § 1 Abs. 1 GenG liegt eine eingetragene Genossenschaft
in Form einer – so der Langtitel des GenG – Erwerbs- oder Wirtschafts-
genossenschaft vor, wenn ihr »Zweck darauf gerichtet ist, den Erwerb oder
die Wirtschaft ihrer Mitglieder ... durch gemeinschaftlichen Geschäftsbetrieb
zu fördern«. Bis 2006 erwähnte § 1 Abs. 1 Nr. 3 und 6 GenG sogar ausdrücklich landwirtschaftliche Erzeugnisse und landwirtschaftliche Betriebe. Zur
Aufhebung der »Aufzählung einzelner Genossenschaftsarten« bemerkte die
amtliche Begründung, dass diese »teilweise überholt ist und für deren Fortbestand in aktualisierter Form kein Bedürfnis besteht. Dies gilt auch für die
Produktivgenossenschaft, da diese unstreitig der Definition des § 1 Abs. 1
entspricht.«[23] Eine Rechtsänderung sollte damit nicht verbunden sein.

Weidmüller, Einf., Rn. 4, GenG, 38. Aufl. 2016, und für 1988, 2. Aufl. 1992, § 28
Rn. 7; vgl. aus der umfangreichen Literatur zu Genossenschaften und sonstigen kooperativen Zusammenschlüssen und Verhaltensformen im Agrarbereich chronolo-
gisch etwa: *Pabsch*, Die ländlichen Genossenschaften in der Verbundwirtschaft,
BüL 41 (1963), 44 und 283; *Strecker/Roller/Saft/Schuch*, Die Landwirtschaft und ihre Marktpartner – Neue Formen der Zusammenarbeit, 1963; BMELF (Hrsg.),
Marktintegration und agrarpolitisch relevante Tätigkeit der Genossenschaften, 1967;
Fricke, Die landwirtschaftliche Produktionsgenossenschaft, 1976; *Kopplin*, Marktstellung und Marktentwicklung landwirtschaftlicher Genossenschaften, 1982 (mit
eingehendem statistischen Zahlenmaterial, aus dem sich der zahlenmäßige Rückgang
der landwirtschaftlichen Genossenschaften zu Gunsten einer stetigen Vergrößerung
anderweitiger Genossenschaften ergibt; s. etwa zur staatlichen Förderung dieser
Entwicklung vor 1945 *Fahr*, Die Rationalisierung im ländlichen Genossenschaftswesen auf Grund des Notprogramms vom 31.3.1928, 1931); *Hanf/Kühl*, Genossenschaften im Wandel der deutschen Agrar- und Ernährungswirtschaft, BüL 86 (2008),
162. Einen guten Einblick in die verschiedenen landwirtschaftlichen Kooperationsformen geben *Schulze-Hagen*, Die landwirtschaftlichen Zusammenschlüsse nach
deutschem und europäischem Wettbewerbsrecht, 1977, S. 9 ff., und *Wendler*, Die
wirtschaftliche Bedeutung der Bereichsausnahme für die Landwirtschaft im GWB,
1977, S. 75 ff.

22 BGH, WuW/E BGH 1313 (1315) – *Stromversorgungsgenossenschaft*; entsprechend
aus dem Agrarbereich ohne nähere Diskussion BGH, BGHZ 33, 259 (260 ff.) –
Molkereigenossenschaft, und BGHZ 41, 271 (277 ff.) – *Werkmilchabzug*; s. eingehender *Mahlmann*, Genossenschaftsrecht und Wettbewerbsordnung, 1971, S. 5 ff.,
sowie *Sandrock*, Kartellrecht und Genossenschaften, 1976.

23 BT-Drucks. 16/1025 v. 23.3.2006, S. 81.

§ 28 GWB *Landwirtschaft*

11 Der Zusammenhang zwischen einer landwirtschaftlichen Genossenschaft und einer »wettbewerbsbeschränkenden Vereinbarung« im Sinne des § 1 GWB ist demnach leicht herstellbar. Unstreitig dürfte insofern sein, dass Genossenschaften nicht generell als Kartell angesehen werden können, sondern – wie bei jeder unternehmerischen Zusammenarbeit – jeweils eine Einzelfallprüfung erforderlich ist, wie bereits der Ausschuss für Wirtschaftspolitik des Deutschen Bundestages im Rahmen der Beratungen über das GWB 1957 feststellte.[24] Um den traditionsreichen und bedeutenden genossenschaftlichen Ansatz im landwirtschaftlichen Bereich nicht durch das Kartellrecht in Gestalt des allgemeinen Kartellverbots zu gefährden, bedarf es folglich einer Ausnahmeregelung für die Landwirtschaft. *Lehnich* bemerkte 1956 rückblickend zur Entstehung des deutschen Kartellrechts, »dass bei der Schaffung [der Kartellverordnung von 1923] der Gegensatz zwischen Kartellen und Genossenschaften den gedanklichen Ausgangspunkt gebildet hat«.[25] So wurde zeitgleich eine genossenschaftliche Einigungsstelle für kartellrechtliche Streitigkeiten zwischen Genossenschaften gegründet. Teilweise wird der Kern des Genossenschaftswesens zudem als aus demselben Gedanken wie der des Kartellrechts entspringend angesehen. Auf diese Weise können sich schwache Marktteilnehmer mittels Genossenschaften bündeln, um gegenüber vor allem auf der Abnehmerseite stärkeren Marktteilnehmern eine bessere Position einzunehmen und auf diese Weise einen funktionierenden Wettbewerb herzustellen.[26] Vor diesem Hintergrund erscheint die Ansicht von *Buth*, die Ausnahmeregelung

---

24 BT-Drucks. 2/3644 v. 22.6.1957, Anlage, S. 15. Der Bereich GenG und Kartellrecht wurde in den Kommentaren zum GenG lange Zeit nur fragmentarisch behandelt. In dem gegenwärtig ältesten Kommentar findet sich erst seit 2005 ein ausführlicherer Abschnitt; vgl. *Lang/Weidmüller*, GenG, 34. Aufl. 2005, Einf., Rn. 8 ff., und in der aktuellen Aufl. 2016 *Holthaus/Lehnhoff* (Fn. 21), Einf., Rn. 26 ff. Etwas früher setzte die Entwicklung bei *Meyer/Meulenbergh/Beuthien*, GenG, 12. Aufl. 1983, § 1, Rn. 64 ff., und aktuell *Beuthien*, 15. Aufl. 2011, § 1, Rn. 143 ff., ein, wobei dort allerdings anders als bei *Lang/Weidmüller* der Agrarbereich nicht näher betrachtet wird; vgl. auch den Überblick von *Schulte*, Die Genossenschaften und Kartellrecht, in: Helios/Strieder (Hrsg.), Beck'sches Handbuch der Genossenschaften, 2009, S. 668 ff.
25 *Lehnich*, Die Wettbewerbsbeschränkung, 1956, S. 334.
26 Vgl. etwa eingehend *Ebert*, Genossenschaftsrecht auf internationaler Ebene, Bd. 1, 1966, S. 606 ff., sowie *Feldmann*, Kartelle, Trusts und Monopole im Verhältnis zur Handels- und Gewerbefreiheit, 1931, S. 18, *Ortlieb*, Die Genossenschaften als Element einer neuen Wirtschaftsordnung, S. 210, in: *ders.* (Hrsg.), Wirtschaftsordnung und Wirtschaftspolitik ohne Dogma, 1954, S. 209 ff., und *Seraphim*, Die Bedeutung des Genossenschaftswesens im Rahmen der deutschen Agrarpolitik, 1950, S. 27; a.A. beispielsweise *Weber*, Inwiefern sind Genossenschaften (konkurrierende) Marktverbände besonderer Art?, S. 96 f., in: Boettcher (Hrsg.), Geschichte, Struktur und Politik der genossenschaftlichen Wirtschafts- und Marktverbände, 1965, S. 93 ff., und *Mahlmann* (Fn. 22), S. 45 ff.

solle »der Landwirtschaft Reaktionsmöglichkeiten auf verändertes Marktgeschehen geben«,[27] zu eng.

§ 28 nimmt folglich in Bezug auf landwirtschaftliche Erzeugnisse die Erzeugung, den Absatz sowie die Benutzung gemeinsamer Einrichtungen für die Lagerung, Bearbeitung und Verarbeitung von dem Kartellverbot des § 1 aus, soweit derartige Tätigkeiten auf landwirtschaftliche Erzeugerbetriebe zurückgehen, keine Preisbindung entsteht und der Wettbewerb nicht ausgeschlossen wird (Abs. 1 Satz 1 Nr. 1 und 2). Im Hinblick auf die Sortierung, Kennzeichnung und Verpackung darf eine vertikale Preisbindung vorgesehen werden (Abs. 2). Für die Definition der landwirtschaftlichen Erzeugnisse wird auf das EU-Recht verwiesen (Abs. 3 Alt. 1), wobei durch die Einbeziehung von Pflanzen- und Tierzuchtbetrieben (Abs. 1 Satz 2) sowie die typischerweise in einem landwirtschaftlichen Betrieb durch Be- und Verarbeitung gewonnenen Erzeugnisse (Abs. 3 Alt. 2) ein weiter Anwendungsbereich gewählt wird. Bei Abs. 1 und 2 handelt es sich um Legalausnahmen, da für die betroffenen Unternehmen das Kartellverbot des § 1 bereits ohne eine einzelfallbezogene behördliche Feststellung unanwendbar ist und mithin die Freistellung von Gesetzes wegen eingreift.[28]

12

Wie bereits aus dieser Kurzbeschreibung deutlich wird, begünstigt § 28 nicht nur landwirtschaftliche Genossenschaften, sondern die von ihm umrissene Zusammenarbeit landwirtschaftlicher Erzeugerbetriebe ungeachtet der Rechtsform, in der die Zusammenarbeit stattfindet. Mithin ist die geläufige Bezeichnung als Genossenschaftsprivileg, die auf den maßgeblichen Entstehungsgrund der Bestimmung und einen ihrer Hauptanwendungsbereiche Bezug nimmt, zu eng. Umgekehrt erweist sich die ebenfalls oft verwendete Bezeichnung als landwirtschaftliche Bereichsausnahme[29] als zu weit, da weder jegliches Geschehen in der Landwirtschaft erfasst wird noch das GWB in seiner Gesamtheit keine Anwendung findet. Präziser ist als Kurzbezeichnung der Begriff des Vorbehalts zu Gunsten landwirtschaftlicher Erzeugerbetriebe (Erzeugerbetriebsvorbehalt), der daher im Weiteren verwendet werden soll.

13

Die Vermeidung des Begriffs der Bereichsausnahme hilft auch, die generelle Regel, dass Ausnahmen eng auszulegen sind, auf § 28 nicht strikt anzuwen-

14

---

27 *Buth*, in: Loewenheim/Meessen/Riesenkampff, § 28 Rn. 2.
28 Wohl allg. Meinung, vgl. schon früh *Eberle*, Das erlaubte Erzeugerkartell nach § 100 Abs. 1 GWB, Diss. Münster 1965, S. 34.
29 So etwa *Brück*, in: MünchKommKartR, § 28 Rn. 1: »Die Landwirtschaft ist damit die einzige noch im GWB verbliebene echte Bereichsausnahme.« In Rn. 5 spricht er allerdings davon, dass es sich »nicht um eine echte Ausnahme vom Anwendungsbereich des GWB« handele.

den.³⁰ Zu Recht heißt die Überschrift des Fünften Abschnittes nicht »Ausnahmeregelungen«, sondern »Sonderregeln für bestimmte Wirtschaftsbereiche«, wie auch die amtliche Begründung zur 6. GWB-Novelle, die diese Abschnittsüberschrift eingeführt hat, betont: »Dadurch wird auch gesetzessystematisch klargestellt, dass es sich bei diesen Sonderregeln nicht um echte ›Ausnahmen‹ vom Anwendungsbereich des GWB, sondern um inhaltlich eng begrenzte Spezialregelungen handelt, die wegen der Besonderheiten einzelner Wirtschaftsbereiche – noch – notwendig sind.«³¹ § 28 ist mithin primär ausgehend von seinem Wortlaut nach Sinn und Zweck sowie mit seiner Entstehungsgeschichte als Hintergrund auszulegen. Soweit allerdings hinsichtlich der jeweils diskutierten Einzelfrage keine sachliche Rechtfertigung für eine die Landwirtschaft privilegierende Auslegung zu finden ist, kann entsprechend dem Grundgedanken des GWB von dem Vorrang der Wettbewerbsfreiheit ausgegangen werden.

15   Der Ansicht von *Buth*, die Überführung des § 100 GWB 1957 in § 28 habe zu einer »verbesserten Ausgangsposition« geführt, da nun keine Ausnahmeregelung, sondern eine »Sonderregelung« vorliege,³² ist nicht zu folgen. Denn Abs. 1 Satz 1 war jeweils gleich – »§ 1 findet keine Anwendung auf ...« bzw. »§ 1 gilt nicht für ...« – formuliert. Auch in der Abschnittsüberschrift zu § 100 GWB 1957 fand sich das Wort »Ausnahmen« nicht. Mithin besteht qualitativ kein Unterschied zwischen beiden Bestimmungen. Zudem war die Anmeldepflicht des § 100 Abs. 1 Satz 2 GWB 1957 nach allgemeiner Ansicht für die Anwendbarkeit der Begünstigung des § 100 GWB 1957 nicht konstitutiv. Folglich lag entgegen *Buth* schon hinsichtlich des § 100 GWB 1957 nicht ein widerlegbares »grundsätzliches Verbot«, sondern eine generelle Erlaubnis vor. Davon zu trennen ist die Frage, wer die Beweislast für das Vorliegen der Voraussetzungen des Erzeugerbetriebsvorbehalts trägt. Bei kartellrechtlichen Maßnahmen dürften die Voraussetzungen von Amts wegen zu prüfen sein, wobei der jeweils konkret betroffenen Person eine Mitwirkungspflicht obliegt.

16   Als Gesetzgebungskompetenz des Bundes ist für § 28 die allgemeine Kartellrechtskompetenz des Art. 74 Abs. 1 Nr. 16 GG heranzuziehen. Denn wenn –

---

30 So entsprechend zum EU-Agrarkartellrecht *Büttner*, Wettbewerbsrecht für die Landwirtschaft im Gemeinsamen Markt, RdL 1965, 1 (5); nicht ganz eindeutig BGH, WuW/E BGH 1548 (1550 f.) – *Butaris*, wonach zwar »Ausnahmebestimmungen« zum allgemeinen Kartellverbot wie § 100 Abs. 8 GWB 1957 »regelmäßig einer analogen Anwendung nicht zugänglich sind«, anschließend jedoch eine analoge Anwendung vom BGH vorgenommen wird (vgl. näher zu dieser Entscheidung Rdn. 119).
31 BT-Drucks. 13/9720 v. 29.1.1998, S. 38.
32 *Buth*, in: Loewenheim/Meessen/Riesenkampff, § 28 Rn. 5.

so der Wortlaut der Nr. 16 – zur »Verhütung des Missbrauchs wirtschaftlicher Machtstellung« die Landwirtschaft generell in das GWB einbezogen wird, so sind Sonderbestimmungen zu dieser allgemeinen Einbeziehung eine damit sachlich eng verbundene Regelung, die erst durch die allgemeine Einbeziehung bedingt wird. Zwar soll § 28 zugleich die Nachteile der Landwirtschaft gegenüber anderen Wirtschaftszweigen ausgleichen und fördert dadurch indirekt die Landwirtschaft. Eine »Förderung der land- und forstwirtschaftlichen Erzeugung« im Sinne der benachbarten Norm des Art. 74 Abs. 1 Nr. 17 GG meint jedoch primär eine Förderung durch ein aktives staatliches Handeln und ist daher in Bezug auf die im Kontext des GWB primär zivilrechtlich ausgerichtete Begünstigung des § 28 nicht vorrangig.

Von Beginn an fand der Erzeugerbetriebsvorhalt mittels der Definition der landwirtschaftlichen Erzeugnisse auch auf Fischereierzeugnisse Anwendung. Diese Einbeziehung, die bereits im ersten Regierungsentwurf vorgesehen war, wurde soweit ersichtlich nicht näher diskutiert. Dies mag daran gelegen haben, dass die wirtschaftliche Bedeutung der Fischereiwirtschaft gegenüber der Landwirtschaft nachrangig ist und die meisten der für eine Notwendigkeit der landwirtschaftlichen Kartellausnahme angeführten Gründe auch auf die Fischereiwirtschaft zutreffen.[33] Umfasst werden sowohl Erzeugnisse der Binnen- als auch der Küsten- und Hochseefischerei. Im Weiteren wird daher dieser Bereich mit betrachtet. 17

B. Stellung im GWB

Trotz seines relativ einfachen Grundgedankens wirft die Stellung des § 28 im GWB eine Reihe von Fragen auf. Insbesondere die Einbindung des § 28 in die mit der 7. GWB-Novelle geschaffene neue Struktur des GWB ist nicht vollständig gelungen. Bezogen auf das GWB ist der einzige Regelungsinhalt des § 28, für bestimmte Fallgestaltungen eine Ausnahme von § 1 vorzunehmen. Die Marktmissbrauchsregelung der §§ 19 ff. und die Fusionskontrollregelung der §§ 35 ff. werden hingegen von § 28 nicht berührt.[34] Eine schon bisher nach ganz herrschender Meinung nicht mögliche analoge Anwendung 18

---

33 Vgl. *Linnewedel*, Das Erzeugungs- und Absatzkartell in der Land- und Fischwirtschaft dargestellt am Beispiel der Seefisch-Absatz-Gesellschaft mbH und der Hochseefischerei-Fangvereinbarung, Diss. Köln 1965, S. 4 f.
34 Die Fusionskontrolle tangiert das zur Umgehung des § 1 angeführte Beispiel von *Westermann*, Die Marktintegration als Rechtsproblem, in: BüL/Sonderheft 183: Marktintegration und agrarpolitisch relevante Tätigkeit der Genossenschaften, 1967, S. 27 ff. (33 f.), dass alle landwirtschaftlichen Genossenschaften – örtliche, regionale und zentrale – zu einer einzigen Zentralgenossenschaft fusionieren.

der Ausnahmeregelung auf die Missbrauchsaufsicht und Fusionskontrolle[35] ergab sich für die Missbrauchsaufsicht bereits aus der bis zur 7. GWB-Novelle vorhandenen eigenständigen agrarbezogenen Missbrauchsregelung bzw. späteren expliziten Verweisung (vgl. Rdn. 119) und ist durch die 7. GWB-Novelle bestätigt worden, da diese den Anwendungsbereich des § 28 nicht auf die Regelungen über die Missbrauchsaufsicht und Fusionskontrolle der §§ 19 ff. und 35 ff. erstreckt hat.

19 Eine Bestärkung findet dieser Schluss in dem Umstand, dass im Bereich der Missbrauchsaufsicht erstens § 19 Abs. 3 Satz 1 den Anwendungsbereich des § 19 Abs. 1 »in Verbindung mit« Abs. 2 Nr. 1 und 5 auf »Vereinigungen von miteinander in Wettbewerb stehenden Unternehmen im Sinne« des § 28 Abs. 1 sowie zweitens § 19 Abs. 3 Satz 2 den Anwendungsbereich des § 19 Abs. 1 »in Verbindung mit« Abs. 2 Nr. 1 auf »Unternehmen, die Preise« nach § 28 Abs. 2 »binden«, erstrecken. Denn würde die Missbrauchsaufsicht nicht anwendbar sein, wäre zu erwarten, dass sich diese beiden Anwendbarkeitserklärungen nicht nur auf Vereinigungen von landwirtschaftlichen Erzeugerbetrieben einschließlich deren Vereinigungen, sondern auf jegliche Form der von § 28 Abs. 1 erfassten Zusammenarbeit landwirtschaftlicher Erzeugerbetriebe beziehen. Folglich geht § 19 davon aus, dass für marktbeherrschende Unternehmen im Sinne des § 18 die Missbrauchsregelung bereits Anwendung findet, und will daher die Verbote lediglich auf Handlungen von Vereinigungen im Sinne des § 28 Abs. 1 und 2, die nicht marktbeherrschend sind, erweitern. § 20 Abs. 2 bezieht im Rahmen des Verweises auf § 19 Abs. 4 ebenfalls »Vereinigungen von Unternehmen« im Sinne des § 28 Abs. 1 mit ein. Beide Erweiterungen sind teleologisch dahingehend einzuschränken, dass sie nur Vereinigungen betreffen, die ohne § 28 Abs. 1 dem Kartellverbot des § 1 unterfallen würden, da ansonsten Verhaltensweisen erfasst wären, die dem GWB in allen anderen Wirtschaftsbereichen nicht unterstünden. Ergänzend untersagt § 21 Abs. 3 Nr. 1 den Zwang, »einer Vereinbarung oder einem Beschluss im Sinne« des § 28 Abs. 1 »beizutreten«, womit nur ein privatwirtschaftlicher Zwang gemeint sein kann.

---

35 Vgl. aktuell etwa *Schweizer*, in: Immenga/Mestmäcker, § 28 Rn. 103 f. und 108, sowie *Brück*, in: MünchKommKartR, § 28 Rn. 50; so auch in einem Bericht der Bundesregierung zu den GWB-Ausnahmebereichen, BT-Drucks. 7/3206 v. 4.2.1975, S. 11; aus der Rspr. BGH, BGHZ 33, 259 (261 f.) – *Molkereigenossenschaft*, und darauf aufbauend BGHZ 41, 271 (277 f.) – *Werkmilchabzug*. Instruktiv ist *Schubert*, Die rechtlichen Grenzen genossenschaftlicher Verbundwirtschaft, ZfgGW 1967, 55. Bei *Brück*, a.a.O., Rn. 50 ff., *Lohse* (Fn. 20), Rn. 150 ff., und *Schweizer*, a.a.O., Rn. 103 ff., finden sich überblicksartige Darstellungen der Anwendung der Missbrauchs- und Fusionskontrollbestimmungen auf den Agrarbereich.

Der Passus »in Verbindung mit« in § 19 Abs. 3 bedeutet, dass lediglich das 20
Diskriminierungsverbot des § 19 Abs. 2 Nr. 1 bzw. das Verbot der Vorteilsgewährung des § 19 Abs. 2 Nr. 5 als spezielle Ausformungen der Missbrauchsregelung von der Erstreckung erfasst werden, wie auch die amtliche Begründung zur 8. GWB-Novelle, die die Missbrauchsaufsicht neu gefasst hat, nahelegt: »Inhaltlich entspricht [die Neufassung] der bisher bestehenden Gesetzeslage nach § 20 Abs. 1.«[36] Inwieweit diese Erstreckung sachlich gerechtfertigt ist, kann vorliegend nicht diskutiert werden. Der Gedanke dahinter ist, dass im Landwirtschaftsbereich freigestellte Kartelle als für den Wettbewerb ähnlich problematisch wie marktbeherrschende Unternehmen angesehen werden. Die frühere Bestimmung des § 104 GWB 1957 war insofern deutlicher, da sie in Abs. 1 die eigenständig in Abs. 2 geregelte Missbrauchsaufsicht auf Verhaltensweisen für anwendbar erklärte, die »einen Missbrauch der durch Freistellung von den Vorschriften dieses Gesetzes erlangten Stellung am Markt darstellen«. Auch § 31 enthält in seinen Abs. 3 und 4 explizite Regelungen zur Missbrauchsaufsicht.

Für eine nähere Betrachtung der Anwendung der Missbrauchsregelung und 21
der Fusionskontrolle im Bereich der Landwirtschaft ist auf die Einzelkommentierung der entsprechenden GWB-Bestimmungen zu verweisen (vgl. als Beispiel für einen landwirtschaftsbezogenen Boykottaufruf Rdn. 90). Inwieweit sich dabei horizontale Aspekte ergeben und ob § 28 eine generelle landwirtschaftsfreundliche Tendenz des GWB entnommen werden kann, die sich in einer entsprechenden Entscheidungspraxis niederschlägt, bedürfte einer näheren Untersuchung. Bedeutung entfaltet letztere Frage etwa bei der Diskussion, ob durch die Anwendung von sonstigen Bestimmungen des GWB die Wirkung des § 28 gezielt oder als ungewollter Nebeneffekt abgeschwächt werden darf. Hinsichtlich des EU-Agrarmarktrechts hat das BKartA beispielsweise für den Fischereibereich betont, dass es »bei Ausübung der Missbrauchsaufsicht die Erwägungsgründe der EG-Fischmarktordnung berücksichtigen« wird.[37]

Buth ist der Ansicht, dass der Gesetzgeber den landwirtschaftlichen Bereich 22
im Rahmen der Fusionskontrollregelung hätte besonders beachten sollen, und fordert daher eine entsprechende ungeschriebene Berücksichtigung.[38] In den Tätigkeitsberichten (TB) des BKartA finden sich Ausführungen zu zahlreichen Fusionskontrollverfahren im Bereich landwirtschaftlicher Produkte.[39] Die von 1958 bis 1978 einjährigen und seit 1979/80 zweijährigen TB des

---

36 BT-Drucks. 17/9852 v. 31.5.2012, S. 23.
37 BKartA, TB 1973, BT-Drucks. 7/2250 v. 14.6.1974, S. 105.
38 *Buth*, in: Loewenheim/Meessen/Riesenkampff, § 28 Rn. 45.
39 Vgl. als jüngere Gerichtsentscheidung BGH, WuW/E BGH 3037 – *Raiffeisen*, zum Zusammenschluss zweier landwirtschaftlicher Hauptgenossenschaften.

BKartA sind vorliegend von besonderem Interesse, da sie in zwei getrennten Abschnitten – unter wechselnden Überschriften – die Land-, Forst- und Fischereiwirtschaft sowie die Ernährungswirtschaft behandeln, wobei der zweitgenannte Abschnitt regelmäßig umfangreicher ist.[40]

23 Zu beachten ist, dass es keiner Heranziehung des § 28 bedarf, wenn bereits die Prüfung des § 1 ergibt, dass – etwa mangels Spürbarkeit – keine gegen § 1 verstoßende Vereinbarung vorliegt.[41] Hierin liegt ein wesentlicher Unterschied zur Systematik des EU-Kartellrechts, da dort kraft der EU-primärrechtlichen Regelung des Art. 42 AEUV genau umgekehrt das allgemeine Kartellrecht erst anwendbar ist, wenn keine Sonderbestimmung aus dem Agrarbereich greift (vgl. Rdn. 126). Eine zumeist unterschwellige Streitfrage im deutschen Kartellrecht ist allerdings, ob eine Freistellung nach § 2 – vor allem eine Begünstigung im Rahmen der für die Landwirtschaft besonders relevanten so genannten Mittelstandskartelle im Sinne des § 3 – einer Freistellung nach § 28 vorgeht. Da es sich bei § 28 um eine sektorspezifische und damit gegenüber §§ 2 und 3 speziellere Kartellfreistellung handelt, spricht viel dafür, § 28 vorrangig anzuwenden. Ist auf Grund der Besonderheiten des Landwirtschaftssektors eine Freistellung nach § 28 gegeben, bedarf es demnach keiner Prüfung mehr, ob die horizontal angelegten Ausnahmen der §§ 2 und 3 gegeben sind.[42] Nur auf diese Weise wird auch ein Gleichklang zum EU-Kartellrecht erreicht, da dort die Agrarkartellausnahmen ebenfalls horizontalen Ausnahmen wie etwa den Gruppenfreistellungsverordnungen, die § 2 Abs. 2 im Rahmen des § 2 Abs. 1 für entsprechend anwendbar erklärt, vorgehen (vgl. Rdn. 143). Ist eine Freistellung nach § 28 zu verneinen, kann allerdings anschließend auf die Ausnahmen der §§ 2 und 3 zurückgegriffen werden, da keine Anhaltspunkte dafür ersichtlich sind, dass § 28 als eine in diesem Punkt abschließende Regelung zu verstehen ist, die für §§ 2 und 3 keinen Raum mehr lässt.

24 Insgesamt ist hinsichtlich §§ 1 bis 3 zu berücksichtigen, dass Art. 101 Abs. 1 AEUV ein Verbot für Kartelle, die »den Handel zwischen den Mitgliedstaaten

---

40 Für die Zwecke der vorliegenden Kommentierung wurden die Berichte vor allem im Hinblick auf den erstgenannten Abschnitt, der die die Bereichsausnahme berührenden Verfahren des BKartA erwähnt, systematisch ausgewertet.
41 So ebenfalls BKartA, Ausnahmebereiche des Kartellrechts – Stand und Perspektiven der 7. GWB-Novelle, Diskussionspapier v. 29.9.2003, S. 28 (abrufbar über die Internetseite des BKartA).
42 Für die Ansicht von *Groteloh*, Die Sektoruntersuchung Milch und wettbewerbsrechtliche Gestaltungsoptionen, AUR 2010, 129 (131), dass das »Nichtvorliegen der Voraussetzungen des § 2 Abs. 1 GWB intendiert …, dass auch die Voraussetzungen des § 28 nicht vorliegen«, lässt sich keine Begründung finden. Die bloße Existenz der Regelung des § 28 spricht vielmehr schon gegen einen solchen Schluss.

zu beeinträchtigen geeignet sind und eine Verhinderung, Einschränkung oder Verfälschung des Wettbewerbs innerhalb des Binnenmarktes bezwecken oder bewirken«, enthält. Art. 101 Abs. 1 AEUV ist unmittelbar anwendbar und verdrängt daher grundsätzlich §§ 1 bis 3, soweit sie zu einem von Art. 101 Abs. 1 AEUV abweichenden Ergebnis kommen. Die auf Art. 103 AEUV gestützte Ratsverordnung (EG) Nr. 1/2003 formuliert dieses Ergebnis in ihrem Art. 3 Abs. 1 Satz 1 etwas unglücklich dahingehend, dass die Mitgliedstaaten in den von Art. 101 Abs. 1 AEUV erfassten Fallkonstellationen neben ihrem nationalen Recht auch Art. 101 Abs. 1 AEUV anzuwenden haben.[43] Gemeint ist damit zugleich der Anwendungsvorrang des Art. 101 Abs. 1 AEUV. Ist nach § 1 ein Kartell erlaubt und nach Art. 101 Abs. 1 AEUV verboten, führt der Anwendungsvorrang des Art. 101 Abs. 1 AEUV zum Verbot des Kartells. Ist umgekehrt ein Kartell nach Art. 101 Abs. 1 AEUV erlaubt und nach § 1 verboten, ergibt der Anwendungsvorrang, dass das Kartell nicht auf der Grundlage des § 1 verboten werden darf. Letzteres regelt Art. 3 Abs. 2 Satz 1 VO (EG) Nr. 1/2003 noch einmal klarstellend, indem er normiert, dass in einem solchen Fall die Art. 101 Abs. 1 AEUV im Umkehrschluss entnehmbare Anordnung, dass die fragliche Kartellvereinbarung erlaubt ist, vorgeht.

Den Anwendungsvorrang des Art. 101 Abs. 1 AEUV formuliert auch – nicht leicht verständlich – § 22 Abs. 1 und 2 Satz 1 in größtenteils wörtlicher Wiederholung des Art. 3 Abs. 1 Satz 1 und Abs. 2 Satz 1 VO (EG) Nr. 1/2003. § 22 Abs. 1 Satz 1 ist dabei angesichts des Wortlautes des § 1, der die von Art. 101 Abs. 1 AEUV geregelten Sachverhalte mit umfasst, wohl überflüssig. § 22 Abs. 1 Satz 2 und Abs. 2 Satz 1 könnte sogar EU-rechtswidrig sein, weil dort unmittelbar geltendes EU-Recht wiederholt wird, obwohl nach der Rechtsprechung des EuGH eine Wiederholung derartigen EU-Rechts im nationalen Recht untersagt ist.[44]

25

Bezogen auf § 28 bedeutet die dargestellte Rechtslage, dass im Falle eines nach Art. 101 AEUV nicht verbotenen landwirtschaftsbezogenen Kartells gemäß Art. 3 Abs. 2 Satz 1 VO (EG) Nr. 1/2003 und dem wiederholenden § 22 Abs. 2 Satz 1 das Verbot des § 1 nicht greift und daher kein Rückgriff auf die Freistellung gemäß § 28 erforderlich ist. Spricht umgekehrt § 1 kein Kartellverbot aus und ergibt sich aus Art. 101 Abs. 1 AEUV das Gegenteil, greift die

26

---

43 Im Weiteren werden ausschließlich die einschlägigen Bestimmungen des AEUV genannt, selbst wenn EU-Rechtstexte noch auf den EG-Vertrag gestützt sind oder Bestimmungen des EG-Vertrages in Bezug nehmen. So sind in den meisten Fällen – auch bei der Verordnung (EG) Nr. 1/2003 – solche Bezugnahmen noch nicht aktualisiert.

44 Sehr kritisch zur Konzeption des § 22 auch *Schneider*, in: Langen/Bunte, § 22, Rn. 1; skeptisch ebenfalls *Rehbinder*, in: Immenga/Mestmäcker, § 22, Rn. 1: »nur in begrenztem Umfang gelungen«.

in § 28 enthaltene Freistellung ebenfalls nicht ein, da sie sich nur auf § 1 bezieht.

27 Soweit § 1 und Art. 101 Abs. 1 AEUV zum selben Ergebnis kommen, ist nach § 22 Abs. 1 Satz 1 in Verbindung mit § 1 dem Rechtsanwender freigestellt, ob er auf § 1 oder Art. 101 Abs. 1 AEUV zurückgreift. Ergeben beide Normen kein Kartellverbot, bedarf es der Ausnahmeregelung des § 28 nicht. Ist hingegen ein Kartellverbot gegeben, führt das Offenlassen, welche Norm anzuwenden ist, zu dem Problem, dass nur bei der Anwendung des § 1 die Ausnahmeregelung des § 28 greift. Wird hingegen Art. 101 Abs. 1 AEUV angewandt, geht § 28 ins Leere. Im Ergebnis bleibt diese unterschiedliche Rechtsanwendungsfolge allerdings ohne Konsequenzen, da ein Eingreifen des § 28 dazu führen würde, dass kein Kartellverbot gegeben ist und dadurch ein von Art. 101 Abs. 1 AEUV abweichendes Ergebnis vorliegt. Da nach Art. 3 Abs. 1 Satz 1 VO (EG) Nr. 1/2003 und der wiederholenden Regelung des § 22 Abs. 1 Satz 1 in einem solchen Fall Art. 101 Abs. 1 AEUV vorgeht und folglich § 1 unanwendbar ist, wäre über diesen Umweg § 28 ebenfalls unanwendbar.

28 Diese Überlegungen zu den vier denkbaren Konkurrenzsituationen[45] sind Ausdruck eines unzulänglichen Aufbaues des neu strukturierten GWB. Anders als der Titel des § 22 suggeriert, regelt § 22 kein »Verhältnis« des GWB zum EU-Kartellrecht, sondern den Anwendungsbereich des GWB. Rechtssystematisch ist es jedoch üblich, den Anwendungsbereich eines Gesetzes an seinem Beginn zu regeln und zudem so zu normieren, dass nicht alternativ zwei Normen Anwendung finden. Auf diese Weise wäre das nationale Kartellverbot, auf das § 28 rekurriert, bereits von vornherein entsprechend eingeschränkt und damit die beschriebene komplexe Situation schon im Ansatz vermieden worden.

29 Ein noch größeres Problem ist allerdings, dass das gesamte GWB keinen Bezug auf die landwirtschaftliche Kartellspezialnorm des Art. 42 AEUV und das zugehörige EU-Durchführungsrecht nimmt. Dieses EU-Agrarkartellrecht enthält zum Teil Regelungen, die Art. 101 Abs. 1 AEUV für nicht anwendbar erklären. Solche Konstellationen, die einen Hauptanwendungsbereich des § 28 bei Kartellen mit zwischenstaatlicher Wirkung darstellen, werden von der Kollisionsregelung des § 22 nicht erfasst, so dass das Verhältnis des GWB zum EU-Agrarkartellrecht ungeklärt bleibt. Dies ist schon deshalb verwunderlich, weil die amtliche Begründung zur 7. GWB-Novelle darauf hinweist, dass die einzig damals im GWB verbliebene weitreichende Ausnahmeregelung ihre Exis-

---

45 Vgl. die entspr. Vorgehensweise bei *Schulze-Hagen* (Fn. 21), S. 213 ff., zu der damaligen Rechtslage.

tenz dem EU-Agrarkartellrecht verdankt.⁴⁶ Wäre auf die teilweise überflüssigen und teils unter dem Gesichtspunkt des Wiederholungsverbotes fragwürdigen Bestimmungen des § 22 Abs. 1 und Abs. 2 Satz 1 verzichtet worden, hätte diese Regelungslücke vermieden werden können, da dann die Regelung der Kollision zwischen deutschem und EU-Kartellrecht und damit auch dem EU-Agrarkartellrecht allein dem unmittelbar anwendbaren EU-Recht überlassen worden wäre. Durch die im Hinblick auf die Nichterwähnung des EU-Agrarkartellrechts unvollständige Regelung des § 22 stellt sich die Frage, wie die Auswirkungen des unmittelbar anwendbaren EU-Agrarkartellrechts mit dem Wortlaut und der Systematik des GWB in Einklang zu bringen sind. Zu dieser auch praktisch bedeutsamen Frage soll nach der überblickhaften Darstellung des EU-Agrarkartellrechts zurückgekehrt werden (vgl. Rdn. 247 ff.).⁴⁷

C. Entstehung

Wird die Entstehung des § 28 betrachtet, so stellte sich in Deutschland das Problem des Verhältnisses eines allgemeinen Kartellverbots zum Landwirtschaftsbereich bis 1945 nicht. Denn anders als vor allem in den USA, in denen 1890 mit dem Sherman Act die Gesetzgebung gegen Kartelle begann, stand Deutschland regierungsseitig Kartellen prinzipiell positiv gegenüber. 30

I. Vorgeschichte 1914 bis 1945

Während des Ersten Weltkrieges kam es im Rahmen der allgemeinen Nahrungsmittelbewirtschaftung zu staatlichen und halbstaatlichen kartellartigen Zusammenschlüssen im Landwirtschaftsbereich, die vom Kriegsernährungsamt – aus dem 1919 das Reichslandwirtschaftsministerium hervorging – gesteuert wurden. Als die Kriegsbewirtschaftung in einem mehrjährigen Prozess weitgehend wieder abgebaut war, erging die so genannte Kartellverordnung vom 2.11.1923 (KartellV 1923),⁴⁸ die jedoch nur den Marktmissbrauch regelte und damit Kartelle nicht verbot. Die Kartellverordnung fand ohne Unterschied auch auf den landwirtschaftlichen Bereich Anwendung, wie etwa *Isay/* 31

---

46 BT-Drucks. 15/3640 v. 7.6.2004, S. 33.
47 In den Kommentierungen des § 28 wird der Zusammenhang mit § 22 regelmäßig nicht erörtert. Gleiches gilt für *Schweizer/Woeller*, Die Änderungen in der Bereichsausnahme des § 28 GWB durch die Siebte Novelle zum GWB, AUR 2007, 285. Deren positives Fazit zur 7. GWB-Novelle – S. 288: »Im Ergebnis sind die Interessen einer privilegierten Behandlung des Agrarsektors und die einer effektiven Wettbewerbskontrolle ausgewogen und angemessen umgesetzt worden, um das deutsche Recht auch in diesem Bereich für den europäischen Wettbewerb zu stärken.« – ist daher zu hinterfragen.
48 RGBl. I 1923 S. 1067.

Tschierschky 1925 feststellten: »Gleichgültig ist ferner der Gegenstand des Unternehmens. Verbände von Urproduzenten (Land- und Forstwirtschaft, Bergbau) unterliegen genauso den Vorschriften der Verordnung wie Verbände der Industrie ...«[49] Dafür sprach auch, dass § 16 KartellV 1923 das Reichslandwirtschaftsministerium für Fragen der KartellV in dessen Geschäftsbereich anstelle des Reichswirtschaftsministeriums für zuständig befand. § 19 KartellV 1923 klärte zugleich, dass die KartellV 1923 für staatlich angeordnete Verbände und staatlich festgelegte Geschäftsbedingungen und Preisfestsetzungen nicht galt. Eine grundsätzlich uneingeschränkte Gültigkeit des Kartellrechts im Landwirtschaftsbereich besteht in Bezug auf die Missbrauchsaufsicht – dem Zweck der KartellV 1923 – auch heute noch fort.

32 Der Grund, warum sich die Kartelldiskussion in der damaligen Zeit vorwiegend an den industriellen Kartellen entzündete, lag daran, dass im Bereich der landwirtschaftlichen Urerzeugung und dortigen Primärverarbeitung – der auch noch einige Zeit nach 1945 einen der Hauptwirtschaftszweige darstellte – nur wenige Kartelle größeren Umfangs existierten. *Liefmann* erläuterte dazu 1922 in seiner handbuchartigen Darstellung des Kartellrechts: »Verhältnismäßig am geringsten ist die Entwicklung der Kartelle in der Landwirtschaft. Nur in der Zucker- und Spiritusindustrie ist es zu großen Kartellbildungen gekommen. Sie wurden wesentlich erleichtert durch die Steuergesetzgebung ... Sonst aber liegen die Verhältnisse für Kartelle in der Landwirtschaft nicht günstig. Die große Zahl der Betriebe, die Verschiedenheit ihres Umfangs, die verschiedene Art ihrer Produktion und der Produktionskosten, die Zerstreutheit der Produktionsstätten erschweren die Kartellbildung. Da ferner die landwirtschaftlichen Betriebe in der Regel nicht ein Produkt, sondern eine zusammenhängende Reihe von Produkten auf den Markt bringen, so ist oft die Konkurrenz nicht regelmäßig zwischen denselben Betrieben auftretend. Auch ist die Menge der zu verkaufenden Produkte häufig sehr schwankend und durch Vereinbarungen oft gar nicht beeinflussbar. Trotz alledem zeitigen ungünstige Verhältnisse in der Landwirtschaft mancherlei Versuche, durch Zusammenschluss sich günstigere Absatzbedingungen zu schaffen. Die außerordentliche Entwicklung des landwirtschaftlichen Genossenschaftswesen hat nicht selten zu Organisationen geführt, welche einen gewissen monopolistischen Charakter tragen ...«[50]

---

49 *Isay/Tschierschky*, Kartellverordnung, 1925, S. 128; dort, S. 21 ff., auch zu der beschriebenen Vorgeschichte. Das KartellG, Entscheidung v. 18.12.1931, KR 1932, 171, schloss ebenfalls eine Molkereigenossenschaft mit dieser Begründung nicht aus dem Anwendungsbereich der KartellV 1923 aus.
50 *Liefmann*, Kartelle und Trusts und die Weiterbildung der volkswirtschaftlichen Organisation, 5. Aufl. 1922, S. 30; vgl. eingehend zu »Kartellen in der Landwirtschaft« *Passow*, Kartelle, 1930, S. 47 ff., mit umfangreichen Nachw. und beispielhaft

Die Einschätzung von *Liefmann* ist im Kern nach wie vor aktuell. Die strukturelle Entwicklung hin zu größeren landwirtschaftlichen Betrieben, die Rationalisierung der Erzeugung und die Spezialisierung der Betriebe begünstigen zwar eine Kartellbildung. Die naturbedingten Besonderheiten der Landwirtschaft bestehen jedoch fort. Größere Kartelle sind damit weiterhin vor allem auf der ersten Verarbeitungsstufe zu erwarten. Im Bereich der Urerzeugung bildet auch heute noch die staatlicherseits begünstigte Erzeugergenossenschaft das primäre Instrument eines Zusammenschlusses. Insofern führen die Besonderheiten des Landwirtschaftssektors zu einer geringen Kartellneigung und gleichzeitig zu einer staatlichen Unterstützung von Zusammenschlüssen, um die Marktmacht der Erzeugerseite zu stärken. 33

Denn solange keine Mangelsituation hinsichtlich landwirtschaftlicher Erzeugnisse eintritt, bilden sich die Preise für landwirtschaftliche Erzeugnisse schon seit langem in der Regel auf der Abnehmerseite. So hat die Monopolkommission 1984 festgestellt: »Zwischenzeitlich ist ein grundlegender Wandel im Lebensmittelbereich eingetreten, der ... dazu tendiert, ... eine zunehmende Zahl von Herstellern zum ›verlängerten Arm des Handels‹ zu machen.«[51] Das BKartA kam in seinem Bericht zur Sektoruntersuchung Lebensmitteleinzelhandel von 2014 zu dem Ergebnis, dass die fünf größten Lebensmitteleinzelhandelsketten in Deutschland den »Großteil der Gesamtnachfrage« in den Beschaffungsmärkten für signifikante Lebensmittelgruppen auf sich vereinen. Dieser Konzentration stünde eine ebenfalls beträchtliche Konzentration auf der Herstellerseite für verarbeitete Lebensmittel gegenüber.[52] Die Urproduktion weist hingegen keine damit einhergehende durchgängige Konzentration auf, so dass sie das schwächste Glied in der Kette bildet. *Chauve/Parera/Renckens* haben 2014 im Rahmen einer EU-weiten Betrachtung angemerkt: »Primary/agricultural producers form the least concentrated level in the food supply chain.«[53] 34

---

zu der kartellartig organisierten Milchwirtschaft in der Schweiz *Feldmann* (Fn. 26), S. 33 ff.
51 Monopolkommission, Sondergutachten 14: Die Konzentration im Lebensmitteleinzelhandel, 1985, S. 90; s. zur Reaktion der Bundesregierung auf das Sondergutachten BKartA, TB 1985/86, BT-Drucks. 11/554 v. 25.6.1987, S. IV ff.
52 BKartA, Sektoruntersuchung Lebensmitteleinzelhandel, 2014, S. 400 f.; s. auch die für den DBV durchgeführte Untersuchung von *Lettl*, Rechtsgutachten zur kartellrechtlichen Beurteilung von Preisverhandlungen zwischen den Unternehmen des Lebensmitteleinzelhandels und den Lieferanten am Beispiel von Milchprodukten, o.J. (2016; abrufbar über die Internetseite des DBV), mit Vorschlägen zur Änderung des GWB.
53 *Chauve/Parera/Renckens*, Agriculture, Food and Competition Law: Moving the Borders, Journal of European Competition Law & Practice 2014, 304 (304).

35 Daher ist eine entscheidende Frage für die Sondernormen des Agrarkartellrechts und folglich für § 28, in welchem Umfang über die Urproduktion hinaus eine Privilegierung gewünscht wird. Begünstigt werden sollen generell nur die landwirtschaftlichen Urerzeugungsbetriebe, nicht aber die so genannte Nahrungsmittelindustrie – d.h. die mit industrieller Technik vorgenommene Weiterverarbeitung der Urprodukte –, der Groß- und Einzelhandel mit Nahrungsmitteln[54] sowie die Weiterverarbeitung von landwirtschaftlichen Erzeugnissen zu nahrungsmittelfremden Produkten. *Pabsch* benutzt das Bild der Verbundkette, die »mit der Zusammenfassung der atomisierten Einzelangebote landwirtschaftlicher Erzeugnisse beginnt und [in der] die zusammengefassten Warenpartien sodann erst über eine oder mehrere Marktstufen – oft unter gleichzeitiger Be- und Verarbeitung – zum Endverbraucher fließen«.[55] Auf das schwierige Abgrenzungsproblem zwischen Urerzeugung und Verarbeitung – das sich in allgemeiner Form für den gesamten Landwirtschaftstitel des AEUV stellt[56] – ist im Rahmen der Einzelkommentierung des § 28 einzugehen. Zugleich bildet es einen wesentlichen Punkt bei der Frage, ob und in welchem Umfang § 28 über das EU-Agrarkartellrecht hinausgeht und insofern mit ihm vereinbar ist.

36 Nach 1923 wurden einige der während des Ersten Weltkriegs entwickelten Marktordnungsinstrumente im Landwirtschaftsbereich wieder eingesetzt. So entstand etwa 1930 zur staatlichen Ein- und Ausfuhrlenkung und damit zur Preisstabilisierung die Reichsmaisstelle. Das Milchgesetz vom 31.7.1930 (MilchG)[57] sah in seinen §§ 37 ff. »Maßnahmen zur planmäßigen Ordnung der Milchwirtschaft« vor.[58] 1931 schloss sich ein zwangsweiser Zusammenschluss der Zuckerindustrie an. Kurz nach der Generalermächtigung des Zwangskar-

---

54 Vgl. dazu etwa *Deppe*, Genossenschaften des Lebensmitteleinzelhandels und Kartellverbot, 1967, *Frisch/Sacksofsky*, Die Angebotskonzentration im deutschen Lebensmitteleinzelhandel und die Probleme ihrer kartellrechtlichen Erfassung, 1993, sowie die jahrzehntelange Diskussion um ein Verbot des Verkaufs von Lebensmitteln unter Einstandspreis, die Ende 2007 zu einer bis Ende 2012 befristeten Verschärfung des damaligen Verbotes durch § 20 Abs. 4 Satz 2 Nr. 1 und Satz 3 und 4 geführt hat. Die amtliche Begründung, BT-Drucks. 16/5847, S. 9 f., erläuterte dazu: »Der Lebensmitteleinzelhandel ist von einem scharfen und teilweise ruinösen Preiskampf geprägt. Insbesondere die großen Lebensmittelunternehmen verfügen durch die hohe Konzentration über eine erhebliche Nachfragemacht gegenüber den vielfach deutlich geringer konzentrierten Herstellern.« Mit der 8. GWB-Novelle ist die Befristung der Verschärfung bis Ende 2017 verlängert worden; vgl. dazu BT-Drucks. 17/9852 v. 31.5.2012, S. 36.
55 *Pabsch* (Fn. 21), S. 285.
56 Vgl. *Busse*, in: Lenz/Borchardt Art. 38 AEUV, Rn. 12 ff.
57 RGBl. I 1930 S. 421.
58 Vgl. näher *Busse*, Die Entwicklung der Milchquotenregelung vor dem Hintergrund des Milchmarktrechts – zugleich ein Beitrag zu allgemeinen Rechtsproblemen von Quotenregelungen, Agrarrecht Jahrbuch 2012, 149 (152 ff.).

tellgesetzes vom 15.7.1933,[59] gemäß dessen § 9 das Reichslandwirtschaftsministerium für den Landwirtschaftsbereich zuständig war, erfolgte gestützt auf das Reichsnährstandsgesetz vom 13.9.1933[60] eine Zwangskartellisierung des Landwirtschaftssektors. In relativ kurzer Zeit wurden sämtliche landwirtschaftlichen Erzeugnisse von ihrer Urproduktion bis zur ersten Verarbeitungsstufe erfasst und die Nahrungsmittel produzierenden und -verarbeitenden Unternehmen einer staatlichen Steuerung unterworfen, wobei zu Beginn eine Erprobung unterschiedlicher Organisationsformen geschah.[61] Im Milchbereich etwa schuf eine zugleich auf dem Reichsnährstandsgesetz und einem geänderten § 38 MilchG basierende Verordnung vom 27.3.1934[62] zunächst einen »Zusammenschluss der deutschen Milchwirtschaft«, bevor die weitere Eingliederung in den Reichsnährstand erfolgte. Die landwirtschaftlichen Genossenschaften wurden in den Reichsnährstand integriert und zu dessen »wirksamen Werkzeugen«.[63] Ab 1939 erfolgte eine Einbeziehung des Reichsnährstandes und damit aller von ihm erfassten Unternehmen in die allgemeinen Kriegsbewirtschaftungsmaßnahmen, so dass faktisch eine staatliche Vollkartellisierung des Agrarbereichs vorlag.

II. Dekartellisierungsrecht von 1947

1945 behielten die Alliierten auf Grund der Nahrungsmittelkrise das Bewirtschaftungssystem zunächst bei. Erst nach und nach wurden die Zwangsbewirtschaftung und die Zwangskartellisierung aufgehoben. Um die monopolartig aufgebaute deutsche Wirtschaft, die einer der Hauptträger des NS-Regimes und des Zweiten Weltkrieges gewesen war, zu »zerschlagen«, erließen die Westalliierten die so genannte Dekartellisierungsgesetzgebung, die ein grundsätzliches Verbot von Kartellen nach amerikanischem Vorbild einschloss. Damit stellte sich erstmals die Frage, wie im Rahmen eines allgemeinen Kartellverbots die Landwirtschaft zu behandeln ist. In allen drei Zonen fanden sich in den Kartellnormen – Militärregierungsgesetz Nr. 56 (MRG Nr. 56) vom 28.1.1947 (amerikanische Zone), Verordnung Nr. 78 (VO Nr. 78) vom 28.1.1947 (britische Zone) sowie Verordnung Nr. 96 (VO Nr. 96) vom 13.6.1947 (französische Zone) – keine Sonderbestimmungen für die Landwirtschaft,[64] was allerdings angesichts der damals noch anhaltenden Zwangs-

37

---

59 RGBl. I 1933 S. 488.
60 RGBl. I 1933 S. 626.
61 Vgl. zu dem komplizierten Marktordnungsrecht des Reichsnährstandes *Merkel*, Die Marktordnung und ihr Recht, 1942, S. 7 ff.
62 RGBl. I 1934 S. 259.
63 So *Wehrle*, Deutsches Genossenschaftswesen, 1937, S. 80.
64 Vgl. die Zusammenstellung von *Rowedder*, Kartellrecht, 1954, S. 5 ff., und zum weitgehenden Leerlaufen der Kartellbestimmungen im engeren Sinne *Rasch*, Wettbewerbsbeschränkungen – Kartell- und Monopolrecht, 1. Aufl. 1957, S. 5 f.

bewirtschaftung mit Lebensmitteln und des damit vorgehenden öffentlichen Wirtschaftsrechts nicht verwunderlich war.

38 Der 1947 erschienene Kommentar von *Remmert* zum amerikanischen MRG Nr. 56 ging auf den Landwirtschaftssektor nicht gesondert ein.[65] Allerdings fand sich in ihm die Anordnung 13-121 der amerikanischen Militärregierung abgedruckt, die »Richtlinien für Genossenschaften« enthielt und betonte: »Es entspricht der Politik der Militärregierung, die Errichtung von Genossenschaften zu fördern, soweit sie im Einklang mit den nachstehenden demokratischen Richtlinien gegründet sind …«[66] In Buchstabe i der Richtlinien wurde jedoch ausgeführt, dass Genossenschaften »allen Bestimmungen« des MRG Nr. 56 »unterworfen« sind,[67] was bedeutete, dass das Kartellverbot auch auf Genossenschaften Anwendung finden sollte.

39 Darin setzte sich zugleich die Rechtsprechung des RG zur grundsätzlichen Anwendbarkeit der KartellV 1923 auf Genossenschaften fort. So hatte das RG 1936 in prinzipieller Weise entschieden: »Es kann aber auch das Rechtsverhältnis der eingetragenen Genossenschaft zu ihren Genossen als solchen über die im Gesetz selbst festgelegten genossenschaftlichen Pflichten hinaus durch Einführung weiterer solcher Pflichten dahin ausgestaltet werden, dass diese Sonderpflichten … die Genossenschaft selbst zu einem Kartell … machen.« Das von der beklagten Genossenschaft vorgetragene Argument, dass »der genossenschaftliche Zusammenschluss an sich notwendig eine Marktbeeinflussung im weiteren Sinne mit sich bringe« und insofern nicht dem KartellG unterfallen könne, wies das RG – dessen Rechtsprechung der BGH später fortführen sollte (vgl. bereits Rdn. 10) – als unzutreffend zurück.

40 In diesem Zusammenhang bezeichnete das RG die KartellV 1923 als ein gegenüber dem GenG »vorrangiges Sondergesetz«. War nach den damals gel-

---

65 *Remmert*, Gesetz Nr. 56 – Text und Erläuterungen, 1947. Gleiches galt für die ausführliche Darstellung der Dekartellisierungsgesetzgebung bei *Huber*, Wirtschaftsverwaltungsrecht, 2. Aufl., Bd. 1, 1953, S. 335 ff.
66 S. etwa auch die Bekanntmachung v. 12.2.1946 über die Gründung von Genossenschaften im britischen Kontrollgebiet Deutschlands, ABl. MilitärReg. Deutschland (Britisches Kontrollgebiet) 1946, 208, nach deren Ziff. 4 Nr. I den Genossenschaften ein »uneingeschränktes Zusammenwirken« erlaubt war.
67 *Remmert* (Fn. 65), S. 19 (20); vgl. zu dem Problem einer grundsätzlich denkbaren unterschiedlichen Auslegung der drei westalliierten Dekartellisierungsakte *Hausmann/Würdinger*, Die rechtliche und wirtschaftliche Bedeutung des deutschen Sherman Act, MDR 1947, 174. Nach *Westermann*, Einkaufszusammenschlüsse und Kartellgesetzentwurf, 1956, S. 33, habe sich aus der Anordnung 13-121 »eindeutig« ergeben, »dass die Genossenschaften, die den dort aufgestellten Voraussetzungen entsprechen, nach amerikanischer Auffassung keine verbotenen Kartelle … sind«.

tenden kartellrechtlichen Vorschriften eine Auflösung der Kartellbindung erforderlich, konnte gemäß dem RG das entsprechende Genossenschaftsverhältnis innerhalb der kürzesten nach dem GenG möglichen Frist – d.h. auch entgegen einer in der Genossenschaftssatzung enthaltenen längeren Frist – außerordentlich gekündigt werden.[68] Zuvor hatte das RG die Anwendung der KartellV 1923 auf gesellschaftsrechtliche Binnenbeziehungen einer genossenschaftsähnlichen GmbH, die eine Fabrik zur Zuckerherstellung aus Zuckerrüben betrieb, mit dem in § 1 KartellV 1923 hineingelesenen Tatbestandsmerkmal der Marktbeeinflussungsabsicht abgelehnt, da sich die KartellV 1923 nur gegen den Missbrauch wirtschaftlicher Machtstellungen richte.[69]

III. Kartellgesetzentwurf von 1949

Mitte 1949 legte eine Sachverständigenkommission *Erhard* als damaligem Direktor der Wirtschaftsverwaltung des Vereinigten Wirtschaftsgebietes den Entwurf eines Gesetzes zur Sicherung des Leistungswettbewerbs[70] vor, mit dem der Reigen der Kartellgesetzentwürfe und damit das bis 1957 dauernde Ringen um ein deutsches Kartellgesetz begann. So hatten sich die Westalliierten in Punkt II Buchstabe b des Besatzungsstatuts vom 10.4.1949[71] die Befugnis zur »Dekartellisierung« vorbehalten und der Bundesrepublik Deutschland diese Befugnis durch Punkt IV nur übertragen, soweit die deutsche Gesetzgebung mit den »Entscheidungen und Maßnahmen« der Besatzungsbehörden übereinstimmig war. Im Petersberger Abkommen vom 22.11.1949[72] versprach *Adenauer* in Punkt V Folgendes: »Auf dem Gebiet der Dekartellisierung und zur Beseitigung monopolistischer Tendenzen wird die Bundesregierung gesetzgeberische Maßnahmen treffen, die den von der Hohen Kommission auf Grund des [Punkt II Buchstabe b Besatzungsstatut] erlassenen Entscheidungen entsprechen.« 41

Gemäß der sich daraus ergebenden Tendenz, das westalliierte Kartellrecht grundsätzlich zu übernehmen, erfasste der genannte Entwurf von 1949 die Landwirtschaft in ihrer Gesamtheit und ohne Ausnahmebestimmungen, indem § 2 Abs. 1 Satz 2 »landwirtschaftliche Betriebe« ausdrücklich als »Unternehmen« bezeichnete und sich zu landwirtschaftlichen Unternehmen keine Sonderregelungen fanden. Die amtliche Begründung erläuterte dazu, dass die 42

---

68 RGZ 151, 139 (143 ff.); entsprechend bereits ohne nähere Diskussion der Frage 1931 das KartellG (vgl. Fn. 49).
69 RGZ 128, 1 (11).
70 Verwaltung für Wirtschaft des Vereinigten Wirtschaftsgebietes, Entwurf zu einem Gesetz zur Sicherung des Leistungswettbewerbes, 1949, S. 5 ff.
71 ABl. AHK 1949, 13.
72 Abgedruckt etwa in: Auswärtiges Amt (Hrsg.), Die Auswärtige Politik der Bundesrepublik Deutschland, 1972, S. 158 ff.

Anwendung des Gesetzes »ohne Rücksicht darauf, auf welchem Wirtschaftsgebiet sich [die Unternehmen] betätigen«, erfolge.[73] Vor diesem Hintergrund kann der einleitenden Bemerkung in einer 1954 erschienenen Schrift von *Gabriel*, »[e]s verstehe sich von selbst, dass ein deutsches Gesetz gegen Wettbewerbsbeschränkungen ... für die Landwirtschaft gewisse Ausnahmen vom Kartellverbot vorsehen würde«,[74] nicht uneingeschränkt zugestimmt werden.

43   In der ausführlichen und mit Dokumenten belegten Darstellung von *Günther* zu der Folgediskussion bis 1952 tauchte der Gedanke einer Ausnahmeregelung für die Landwirtschaft erstmals im Rahmen der amtlichen »Richtlinien für den Entwurf eines Gesetzes gegen Wettbewerbsbeschränkungen« vom Mai 1950 auf, indem dort unter Ziff. 16 »Anwendungsbereich des Gesetzes« ausgeführt wurde: »Ausnahmen von diesem Gesetz sind nur auf Grund von Bundesgesetzen zulässig. In Betracht kommen: ... Landwirtschaft.«[75] Ein Grund für diese zunächst zögerliche Einstellung gegenüber einer agrarbezogenen Sonderbestimmung war, dass nach den Vorgaben der Westalliierten bei der Schaffung eines deutschen Kartellgesetzes das Kapitel der Havanna-Charta vom 24.3.1948 zu »einschränkenden Handelspraktiken« zu beachten war[76] und in den dortigen Art. 46 ff. die Landwirtschaft nicht ausgenommen wurde.[77]

IV. Agrarkartellrecht der USA

44   Der Entwurf von 1949 hatte allerdings eine Debatte innerhalb der Landwirtschaft über die kartellrechtliche Behandlung des Agrarbereichs in dem zu schaffenden deutschen Kartellgesetz ausgelöst. Da eine der Kernfragen der deutschen Kartelldiskussion war, in welchem Umfang den vor allem US-amerikanischen Vorstellungen von einer Kartellgesetzgebung gefolgt werden sollte, kam es zu einer näheren Betrachtung des in den USA geltenden Kartell-

---

73 Verwaltung für Wirtschaft des Vereinigten Wirtschaftsgebietes (Fn. 70), S. 37.
74 *Gabriel*, Landwirtschaft und Wettbewerbsordnung, o.J. (1954), S. 5.
75 Abgedruckt bei *Günther*, Entwurf eines deutschen Gesetzes gegen Wettbewerbsbeschränkungen, WuW 1951, 17 (40).
76 Vgl. Ziff. 3 der Mitteilung der Militärregierung BICO/Memo (49) 30 v. 9.4.1949, Wirtschaftsrats-Drucks. 1949/1093.
77 Abgedruckt etwa in WuW 1953, 244, wobei allerdings berücksichtigt werden muss, dass zeitgleich im Rahmen der VN über eine internationale Organisation der Agrarmärkte beraten wurde und die Havanna-Charta mit Art. 55 ff. ein Kapitel zu internationalen »Grundstoffabkommen« besaß sowie in Art. 20 Abs. 2 Buchstabe c »Erzeugnisse der Landwirtschaft und der Fischerei« von der Beseitigung mengenmäßiger Beschränkungen ausnahm. Dieser Kontext bedürfte einer näheren Beleuchtung (vgl. etwa zu dem »Druck zu Gunsten des Abschlusses staatlicher Kartelle« im Agrarbereich während der Verhandlungen zur Havanna-Charta *Groß*, Welthandel von morgen, 1950, S. 104 f.).

rechtssystems. Im Bundeswirtschaftsministerium wurde eine entsprechende Studienkommission unter der Leitung von *Böhm* eingesetzt, die Mitte 1950 einen eingehenden Studienbesuch in den USA durchführte. Sie stellte fest, dass ein eigenes Agrarkartellrecht in Form von neun Ausnahmegesetzen zum allgemeinen Kartellverbot bestand. Diese Erkenntnis war für Kartellrechtler nicht neu, erfuhr jedoch durch die Veröffentlichung des Berichtes über den Studienbesuch als Beilage zum Bundesanzeiger Ende 1950[78] allgemeine Verbreitung.

Auf das komplexe und im Einzelnen umstrittene Verhältnis der US-amerikanischen Agrarbestimmungen zum dortigen allgemeinen Kartellrecht kann hier nicht näher eingegangen werden. Nur skizzenhaft sei bemerkt, dass seit dem Beginn der parlamentarischen Diskussion um ein allgemeines Kartellverbot, die letztlich zum Sherman Act von 1890 führte, die Anwendung strikter Kartellverbote auf landwirtschaftliche Genossenschaften umstritten war. Das Anliegen der Landwirtschaft, für landwirtschaftliche Genossenschaften eine Ausnahme im Sherman Act vorzusehen, war jedoch erfolglos geblieben.[79] Als daher auch landwirtschaftliche Genossenschaften in das Visier des allgemeinen Kartellverbotes gerieten und sich eine Verbotsrechtsprechung zu entwickeln begann, kam es in Sect. 6 Satz 2 des auf dem Sherman Act aufbauenden Clayton Act von 1914 doch zu einer entsprechenden expliziten gesetzlichen Ausnahme für landwirtschaftliche Organisationen: »Nothing contained in the antitrust laws shall be construed to forbid the existence and operation of ... agricultural ... organizations, instituted for the purposes of mutual help, and not having capital stock or conducted for profit, or to forbid or restrain individual members of such organizations from lawfully carrying out the legitimite objectives thereof ...«[80]

45

Nachdem der Capper-Volstead-Act von 1921 landwirtschaftliche Genossenschaften ausdrücklich für gesetzmäßig erklärt hatte und diesen gemeinsame Verkaufsstellen erlaubte, dauerte es fast zwanzig Jahre, bis eine Sonderstellung landwirtschaftlicher – und fischwirtschaftlicher – Organisationen im Rahmen des Sherman Act höchstrichterlich anerkannt war.[81] Zudem wurden

46

---

78 Vorläufiger Bericht der deutschen Kommission zum Studium von Kartell- und Monopolfragen in den Vereinigten Staaten, Beilage zum BAnz. Nr. 250 v. 29.12.1950.
79 Vgl. *Zoeteweij-Turhan*, The Role of Producer Organizations on the Dairy Market, 2012, S. 131 f., m.w.N.
80 Zitiert nach *Lapp* (Hrsg.), Important Federal Laws, 1917, S. 225 ff. (227).
81 Vgl. näher *Neumeyer*, Genossenschaften im US-Antitrustrecht, WuW 1952, 390 (390 ff.), und teilweise identisch *ders.*, Die Sonderstellung der landwirtschaftlichen Genossenschaften im amerikanischen Antitrustrecht, ZfgGW 1953, 41. Eine eingehende Untersuchung unter Berücksichtigung der damaligen deutschen und amerikanischen Literatur existiert von *Hunger*, Die Behandlung der landwirtschaftli-

im Rahmen der Politik des so genannten New Deal vergleichbar mit der Entwicklung in Europa die Agrarmärkte in den USA öffentlich-rechtlich überformt, so dass die Kartellfrage stärker in den Hintergrund trat.[82] Soweit das Agrarmarktrecht nicht eingriff, bestand allerdings nach wie vor ein grundsätzliches Kartellverbot, zu dessen Durchbrechung es einer staatlichen Regelung bedurfte, wobei vielfach nur die Möglichkeit einer Freistellung durch eine Anordnung des zuständigen Ministeriums vorgesehen war.[83]

V. § 75-E 1952

47 Vor dem skizzierten Hintergrund erschien eine Sonderstellung der landwirtschaftlichen Urerzeugung in dem von der Bundesrepublik Deutschland zu schaffenden Kartellgesetz anders als zunächst wohl amtlicherseits angenommen mit den Vorstellungen der Westalliierten nicht grundsätzlich unvereinbar.

1. Zeitgenössischer Hintergrund

48 Zudem musste berücksichtigt werden, dass sich eine wiedererstarkte deutsche Landwirtschaft bald in Konkurrenz zur Landwirtschaft vor allem der anderen europäischen Staaten befinden würde und dort die landwirtschaftlichen Genossenschaften oder vergleichbare Organisationsformen größtenteils ebenfalls

---

chen Genossenschaften im Anti-Trust-Recht der USA, Diss. Erlangen 1956. Als einen Anlass für seine Untersuchung nennt *Hunger*, S. 7, »das in der Debatte um [§ 75-E 1955] die mehr als sechzigjährige Praxis des amerikanischen Anti-Trust-Rechts in widersprechender Weise von Anhängern und Gegnern [des Entwurfs] bemüht wird«. Bei *Hunger* finden sich im Anhang die wichtigsten Bestimmungen des Agrarkartellrechts der USA abgedruckt; s. für eine Fallstudie United States General Accounting Office, Dairy Cooperatives: Role and Effects of the Capper-Volstead Antitrust Exemption, 1990.

82 Einen Einblick in die damaligen Schnittstellen etwa des Milchmarktrechts zum Kartellrecht gibt *Elisseieff*, Die Genossenschaften und die Regulierung des Milchmarktes in den Vereinigten Staaten, ZfgGW 1953, 186; s. auch die Entscheidung eines amerikanischen Berufungsgerichts zur Zulässigkeit einer Preisbindung zwischen einer Milchgenossenschaft und ihren Abnehmern, WuW 1952, 270.

83 Vgl. auch *Meyer-Cording*, Zur heutigen Situation im Antitrustrecht – Eindrücke von einer Studienreise nach den USA, Beilage zum BAnz. Nr. 193 vom 7.10.1954, 1 (5): »Die Antitrustdivision ist jedoch mit Erfolg vorgegangen, wenn der Bereich der Ausnahmegesetzgebung überschritten wurde ...« Eine Zusammenfassung der Rechtslage findet sich zudem bei *Kamberg*, Wirtschaftliche Maßnahmen und Erfahrungen – Die amerikanische Anti-Trust-Gesetzgebung, Beilage zum BAnz. Nr. 6 v. 11.1.1955, 1 (5), der die damalige Anzahl dortiger landwirtschaftlicher Genossenschaften mit 10.000 angab.

eine Sonderstellung gegenüber industriellen Vereinigungen innehatten.[84] Insofern hätte ein auch für die landwirtschaftliche Urerzeugung geltendes striktes Kartellverbot die deutsche Landwirtschaft gegenüber ihrer europäischen Konkurrenz geschwächt. Zugleich wurden seit 1950 Verhandlungen über einen europäischen Zusammenschluss im Landwirtschaftsbereich geführt, die 1952 bis 1954 in eine zunächst intensiv geführte Regierungskonferenz über die Gründung einer Agrar-Union mündeten.[85] Als Konsequenz fand sich in dem ersten Regierungsentwurf eines GWB, der 1952 dem Bundesrat zugeleitet wurde, mit § 75 (§ 75-E 1952) eine Sonderregelung für die Landwirtschaft,[86] die in dem Fünften Teil »Anwendungsbereich des Gesetzes« enthalten war und in wesentlichen Grundzügen schon dem späteren § 100 GWB 1957 und heutigen § 28 entsprach.

Die dahingehenden Wünsche der landwirtschaftlichen Interessenverbände waren dabei durch die allgemeine politische Entwicklung der Westintegration der Bundesrepublik Deutschland begünstigt worden, die dazu führte, dass die Westalliierten von ihrer strikten Dekartellisierungsforderung allmählich Abstand nahmen.[87] Zugleich entstanden ab 1950 die deutschen Marktordnungsgesetze im Agrarbereich, die die Kriegsbewirtschaftung sowie das zugehörige westalliierte Nachkriegsrecht ablösten und dazu zwangen, ihr Verhältnis zum allgemeinen Kartellrecht klarzustellen. So hatte sich in der ab 1948 geführten kurzen Debatte um die Gestaltung des deutschen Agrarmarktes nicht – wie bei der Entstehung des GWB – der ordoliberale Gedanke, sondern – wie in vielen anderen Staaten und vor allem unter Hinweis auf die Agrarmarktpolitik der USA – die Konstruktion eines im Kern staatlich gesteuerten Marktordnungssystems durchgesetzt. In dem dafür wesentlichen Gutachten des die Agrarministerialverwaltung beratenden Ausschusses für landwirtschaftliche Marktordnung vom 1.3.1950 wurde insofern vorgeschlagen, als Träger der Marktorganisation Selbstverwaltungskörperschaften öffentlich-rechtlicher Natur zu schaffen, da rein privatrechtliche Verbände »zwangsläufig vor Schwierigkeiten mit der Kartellgesetzgebung stehen«.[88]

49

---

84 Vgl. dazu *Frietema*, Wesen und Bedeutung der landwirtschaftlichen Genossenschaften in West-Europa, ZfgGW 1954, 216.
85 Vgl. näher *Busse*, Zu Entstehung und Inhalt der Verordnung (EG) Nr. 1234/2007 über eine gemeinsame Organisation der Agrarmärkte (Einheitliche GMO), JAR VIII (2008), 3 (4 ff.), m.w.N.
86 Mit Blick auf solche Sonderregelungen sprach *Isay*, Die Geschichte der Kartellgesetzgebungen, 1955, S. 75, davon, dass »diese Gesetzestechnik mit dem amerikanischen Recht ... übereinstimmt«.
87 Vgl. allg. *Hüttenberger*, Zur Kartellgesetzgebung der Bundesrepublik 1949–1957, VfZ 1976, 287 (291 ff.).
88 Ausschuss für landwirtschaftliche Marktordnung, Gutachten v. 1.3.1950, S. 83 f., in: BMELF (Hrsg.), Der Wissenschaftliche Beirat beim BMELF – Sammelband der Gutachten von 1949 bis 1974, 1975, S. 46 ff.

2. Inhalt

50 Soweit es der Verfasser zu überblicken vermag, ist die Genese des § 75-E 1952 bis hin zum späteren § 100 GWB 1957 bislang noch nicht mit Hilfe der amtlichen Akten rekonstruiert und als Ganzes dargestellt worden.[89] Daher lassen sich gegenwärtig nur die veröffentlichten parlamentarischen Beratungen 1952 bis 1957 für eine Skizzierung heranziehen. Eine solche Skizzierung ist auch heute noch für das Grundverständnis des § 28 und damit für seine Auslegung hilfreich.

51 Bereits in dem Antrag der SPD von Anfang 1950, mit dem die Bundesregierung aufgefordert wurde, den Entwurf eines Gesetzes gegen den Missbrauch wirtschaftlicher Macht vorzulegen, wurde das Erfordernis betont, dass durch das Gesetz nicht »wirtschaftsordnende Funktionen gestört werden und solche Organisationsformen, die der Leistungssteigerung oder den Zwecken einer guten und preiswerten Versorgung der Bevölkerung mit Gütern des täglichen Bedarfs dienen, eine Behinderung erfahren«.[90] § 75-E 1952 nahm solchen Gedanken folgend in seinen Abs. 1 und 2 landwirtschaftliche Erzeugerbetriebe und ihre Vereinigungen weitgehend von dem Verbot wettbewerbsbeschränkender Vereinbarungen aus, wobei bis auf den Bereich mindestens einjähriger Lieferverträge keine »Preisfestsetzung« erfolgen durfte[91] und nach Abs. 3 Beschlüsse von Erzeugervereinigungen mindestens mit einer Zweidrittelmehrheit getroffen werden mussten. Umfasst fanden sich nach Abs. 4 landwirtschaftliche Erzeugnisse und »durch Jagd oder Fischerei gewonnene Erzeugnisse«. Abs. 5 erklärte das gesamte GWB für nicht anwendbar, soweit die damaligen Marktordnungsgesetze im Agrarbereich eine nach dem GWB »verbotene Wettbewerbsbeschränkung zulassen«.

52 Die amtliche Begründung führte dazu unter der Überschrift »Wirtschaftsbereiche mit unvollständigem Wettbewerb« zunächst in allgemeiner Form aus: »In der Land- und Forstwirtschaft ist zwar ebenfalls der Marktpreis außerhalb der Geltungsbereiche der Marktregelungsgesetze das entscheidende Datum. Die Länge der Produktionsdauer aber und die Ungewissheit des Produktionserfolges ermöglichen der Land- und Forstwirtschaft nur in sehr be-

---

89 Vgl. für einen Kurzüberblick über die GWB-Entwürfe von 1948 bis 1952, die Haltung der Westalliierten und den Gang der parlamentarischen Beratungen den Generalbericht des MdB *Hellwig* in der Anlage, S. 2 ff., zur BT-Drucks. 2/3644 v. 22.6.1957. Die Landwirtschaft erfährt dort – ebenso wie bei *Hüttenberger* (Fn. 87) – keine besondere Erwähnung. Merkwürdigerweise geht auch *Kluge*, Vierzig Jahre Agrarpolitik in der Bundesrepublik Deutschland, Bd. 1, 1989, auf das GWB nicht ein.
90 BT-Drucks. 1/405 v. 18.1.1950.
91 Vgl. zur zeitgleichen Diskussion in den USA, ob die rule of reason auch auf die bis dahin als »per se unreasonable« angesehenen Preisabreden angewendet werden soll, *Meyer-Cording* (Fn. 83), S. 2.

schränktem Umfange, ihre Entschlüsse, d.h. die Entschlüsse des einzelnen Marktbeteiligten, nach diesem Preise auszurichten. Es hat sich gezeigt, dass in der Landwirtschaft das Absinken der Agrarpreise, jedenfalls im bäuerlichen Bereich – in der Bundesrepublik sind etwa 90 Prozent aller landwirtschaftlichen Betriebe im wesentlichen kleinbäuerliche Betriebe mit einer Nutzfläche von weniger als 20 ha – nicht eine den marktwirtschaftlichen Gesetzen entsprechende Erzeugungseinschränkung, sondern gerade eine Steigerung des Angebots herbeigeführt hat, um die Preiseinbuße durch ein gesteigertes Angebot einkommensmäßig einzuholen. Hierdurch entsteht beim Abschluss der Produktionsperiode die Gefahr eines Überangebots gleichartiger Erzeugnisse mit der Folge eines übermäßigen Preisdrucks, ohne dass in der Zwischenzeit die Dispositionen der Einzelnen geändert werden können.«

Weiter hieß es in der Begründung: »Das der gewerblichen Wirtschaft zur Verfügung stehende Mittel der Produktionsumstellung ist dem Landwirt durch die Bodenverhältnisse, die geographische Lage, die klimatischen und sonstigen natürlichen Bedingungen nur innerhalb enger Grenzen möglich. Die Stellung der landwirtschaftlichen Erzeugung ist aus diesen Gründen innerhalb der Marktwirtschaft eine wesentlich andere als die der gewerblichen Wirtschaft. Der bäuerlichen Erzeugung fehlen überwiegend die entsprechenden Reaktionen auf die sich ständig verändernden Situationen des Marktgeschehens. Angesichts der sich aus dem Risiko von Missernten infolge Witterungseinflüssen ergebenden Unsicherheitsfaktoren hat die Funktion des Preises als eines Steuerungselementes des Marktablaufs für einen erheblichen Teil der landwirtschaftlichen Produktion keine Geltung. Die Marktstabilisierung durch vom Staat vorgenommene oder geförderte Maßnahmen wird notwendig.«[92]   53

Diese Begründung trägt prinzipiell auch heute noch. Lediglich die konkrete Ausgestaltung der Ausnahmeregelung für die Landwirtschaft hat im Laufe der Zeit einige Änderungen erfahren. Die Einzelbegründung zu § 75-E 1952 betonte zunächst den Vorrang der Marktordnungsgesetze und die »engen Grenzen« der zusätzlichen Ausnahmen des § 75-E 1952. Abs. 1 und Abs. 2 Nr. 2 fanden sich mit dem Leitbild der »langfristigen Abnehmerverträge über die Lieferung oder Verwertung bestimmter landwirtschaftlicher Erzeugnisse« erläutert, die vielfach »Ausschließlichkeitsverpflichtungen« enthalten, um den Erzeugern Planungssicherheit für »ihren Anbau in der nächsten Anbauperiode« zu geben. Zu der allgemeinen Freistellung des Abs. 2 Nr. 1 über die Erzeugung und den Absatz wurde ausgeführt, dass dadurch »insbesondere alle Erzeugergenossenschaften von dem Gesetz freigestellt [werden], soweit überhaupt im Einzelfall die Satzung oder die Beschlüsse derartiger Genossen-   54

---

[92] BT-Drucks. 1/3462 v. 13.6.1952, S. 16 f.

schaften Kartellcharakter haben sollten; das Gleiche gilt für Zusammenschlüsse in Form eines rechtsfähigen oder nichtrechtsfähigen Vereins«. Zudem erfolgt die Klarstellung, dass die Regelungen über den Machtmissbrauch auf den Agrarbereich uneingeschränkt anwendbar sind.[93]

3. Genese und parlamentarische Beratung

55 Zur Genese dieses Entwurfs bemerkte der für den DBV tätige *Heinrich* 1952 nach der wie dargestellt unzutreffenden Aussage, die KartellV 1923 habe den landwirtschaftlichen Bereich nicht erfasst, und dem zutreffenden Hinweis auf die Sondergesetzgebung der USA, dass es 1951 »durch Bemühungen des [DBV] wenigstens gelungen [war], eine auch vom Bundeswirtschaftsministerium gebilligte Ausnahmeregelung zu Gunsten der Landwirtschaft zu erreichen, die etwa dem Inhalt des Agricultural Adjustment Act [der USA] entsprach. Gelegentlich der Verhandlungen der Bundesregierung mit der Alliierten Hohen Kommission kam es jedoch dann zu dem [Entwurf von 1952].«[94] So sah der Kabinettsentwurf vom 25.5.1951 in seinem § 72 eine generelle Ausnahme von »Verträgen und Beschlüssen« im Agrarbereich vor, »soweit sie die Billigung der obersten Landesbehörden oder des [BMELF] gefunden haben«.[95] Die Alliierte Hohe Kommission verlangte anschließend Einschränkungen hinsichtlich der sehr weiten landwirtschaftlichen Ausnahmeregelung,[96] die zu den darauf folgenden Kabinettsentwürfen vom 22.2.1952 und 2.5.1952 sowie letzlich zu der dem Bundesrat zugeleiteten Fassung der Regelung führten.

56 Zuvor war vom Bundeswirtschaftsministerium die Forderung des Bundeslandwirtschaftsministeriums, die »berufsständischen Organisationen und die Marktverbände« ebenfalls in die Ausnahmeregelung einzubeziehen, abgelehnt worden.[97] Der Bundesrat – dem Votum seines Agrarausschusses folgend – begehrte in seiner Stellungnahme zu § 75-E 1952,[98] jegliche »satzungsmäßigen Rechtsbeziehungen einer eingetragenen Genossenschaft zu ihren Mitgliedern« ausdrücklich auszunehmen und der Kartellbehörde zu gestatten, die Anwendung dieser Bestimmung auf genossenschaftsähnliche Zusammenschlüsse auszudehnen. So müssten auch die Beziehungen zwischen Erzeuger-

---

93 A.a.O., S. 50 f.
94 *Heinrich*, Landwirtschaft und Kartellgesetz, Deutsche Bauern-Korrespondenz 5/1952, 3 (5).
95 Zitiert nach *Wendler* (Fn. 21), S. 33.
96 *Günther*, Gesetz gegen Wettbewerbsbeschränkungen – Stand der Verhandlungen mit der Alliierten Hohen Kommission über den deutschen Entwurf, WuW 1952, 281 (281 f.).
97 Vgl. *Günther* (Fn. 75), S. 33 f.
98 BT-Drucks. 1/3462 v. 13.6.1952, S. 64 f.

und Absatzgenossenschaften erfasst werden. In diesem Zusammenhang veränderte der Bundesrat den horizontal formulierten Vorschlag der Bundesregierung dahingehend, dass eingetragene Genossenschaften und vergleichbare nicht eingetragene Genossenschaften erfasst wurden. Das damit verfolgte Ziel, den gesamten landwirtschaftlichen Genossenschaftsbereich freizustellen, führte allerdings gleichzeitig dazu, dass sämtliche nicht genossenschaftlichen Vereinbarungen nicht mehr begünstigt wurden.

Weiter wollte der Bundesrat das in Abs. 2 Nr. 1 vorgesehene Verbot der Preisfestsetzung streichen, da nur so eine »gleichmäßige Erzeugung und Versorgung« erreicht werden könne. Entsprechendes forderte auch *Lübke* als damaliger Landwirtschaftsminister von Nordrhein-Westfalen, da »die Möglichkeit einer Preisbildung in der Absatzrichtung ... wesentliche Voraussetzung für das Gelingen seines Agrarprogrammes sei«.[99] Im Oktober 1952 betonte *Lübke*, »es werde ihm immer ein Geheimnis bleiben, wie man [angesichts der] Verhandlungen über eine Grüne Union Europas [und dem] hochgezüchteten Genossenschaftswesen in den Nachbarländern ... einen solchen Entwurf vorlegen konnte«.[100] Das Erfordernis der Zweidrittelmehrheit sollte nach dem Bundesrat ebenfalls entfallen. Zudem schlug der Bundesrat vor, Abs. 4 und 5 in einen neuen § 75a-E 1952 auszugliedern und dabei die durch »Be- oder Verarbeitung hergestellten Nahrungs-, Genuss- und Futtermittel« nach dem Vorbild des Handelsklassengesetzes (HKG) zusätzlich aufzunehmen sowie den zentralen Begriff des landwirtschaftlichen Erzeugerbetriebs legal zu definieren. 57

Die Bundesregierung stimmte diesen Bundesratsvorschlägen zu.[101] Der GWB-Entwurf 1952 und damit auch dessen § 75 zum Landwirtschaftsbereich wurden in Teil II Art. 1 des Generalvertrages vom 26.5.1952 wie folgt in Bezug genommen: »Bis ein Bundesgesetz gegen Wettbewerbsbeschränkungen in Kraft tritt, das den entscheidenden Bestimmungen des von der Bundesregierung dem Bundesrat zugeleiteten Gesetzentwurfs ... entspricht, bleiben die [alliierten Dekartellisierungsvorschriften] in Kraft.«[102] Der Generalvertrag 58

---

99 Zitiert nach *Wagner*, Die Diskussion über ein Gesetz gegen Wettbewerbsbeschränkungen in Westdeutschland nach 1945, 1956, S. 27; vgl. auch, Deutsche Bauern-Korrespondenz 10/1952, 3 (4), die parallele Forderung des Wirtschaftsausschusses, die landwirtschaftlichen Bezugs- und Absatzgenossenschaften auszunehmen.
100 *Lübke*, Deutsche Bauern-Korrespondenz 20/1952, 8.
101 BT-Drucks. 1/3462 v. 13.6.1952, S. 66 f.
102 Abgedruckt in WuW 1952, 663. Im Rahmen der Pariser Verträge 1954, mit denen für die Bundesrepublik Deutschland an die Stelle des EVG-Vertrages der Beitritt zur NATO trat und damit die Westintegration endgültig vollzogen wurde, entfiel die Bestimmung. Stattdessen erfolgte ein Notenwechsel dieses Inhalts, BGBl. 1955 II S. 482 f.

sollte in Ergänzung des Deutschlandvertrages vom 26.5.1952 unter anderem die Beendigung der westalliierten Besatzung regeln, trat jedoch zunächst auf Grund des Scheiterns des Vertrages über die Europäische Verteidigungsgemeinschaft (EVG) nicht in Kraft.

59 MdB *Etzel* erwähnte die vom Bundesrat gewünschten erheblichen Erweiterungen zur Illustration seiner Kritik an dem Konzept eines Verbotsgesetzes, das damals im Widerstreit mit einem bloßen Verbot des Missbrauchs wirtschaftlicher Machtstellung stand, indem er im Rahmen der ersten Lesung des GWB-Entwurfs 1952 ausführte: »Es ist nicht so sehr zu beanstanden, dass ... der Bundesrat in seinen Änderungsvorschlägen zu den §§ 75 und 76 das gesamte land- und forstwirtschaftliche Genossenschaftswesen in Erzeugung, Absatz und sogar Be- und Verarbeitung land- und forstwirtschaftlicher Produkte einschließlich der Möglichkeit von Preisabreden ... ausnehmen will; aber es ist die Tatsache unbefriedigend, dass das generelle Verbot zu sachlich berechtigten oder gebotenen, in der Auswahl jedoch notwendigerweise willkürlichen Befreiungen Anlass gibt oder zwingt.« Anschließend äußerte *Etzel* einen Punkt, der bis 1957 einen wesentlichen Diskussionspunkt bezüglich der landwirtschaftsbezogenen Ausnahmeregelung bilden sollte: »Hier ergeben sich im Hinblick auf Art. 3 Abs. 1 GG gewichtige verfassungsrechtliche Bedenken.«[103]

60 Nach Ansicht von MdB *Stegner* nahm § 75-E 1952 »die ganze Landwirtschaft aus der Kartellgesetzgebung heraus. Wir wissen zwar, dass die Landwirtschaft besonderen volkswirtschaftlichen Grundsätzen unterliegt, aber wir laufen bei einer totalen Verbotsgesetzgebung die Gefahr, dass die Gleichgewichtigkeit zwischen Industrie, Handel und Landwirtschaft, die ja aufeinander abgestimmt sein müssen, gestört wird ... Ich betone wieder: ich habe nichts gegen das Genossenschaftswesen in der Landwirtschaft; nur wird man dafür Sorge tragen müssen, dass die Parallelorganisationen privater, also nicht genossenschaftlicher Art keiner Wettbewerbsbehinderung unterliegen.«[104] Auf diese Weise wurde die landwirtschaftsbezogene Ausnahmeregelung zugleich zu einem Spielball des wirtschaftspolitischen Streites, ob einem Verbotsgesetz mit zahlreichen Ausnahmen ein Missbrauchsgesetz ohne Ausnahmen vorzuziehen sei. Um diesem Streit zu entgehen, schlug *Haussmann* vor, alle besonders zu behandelnden Sektoren – zu denen er auch die Landwirtschaft zählte – aus dem allgemeinen Kartellgesetz auszunehmen und später in Spezialgesetzen zu regeln.[105] Sein Verweis darauf, dass eine solche Vorgehensweise dem Vorbild

---

103 BT-PlPr. 1/220, S. 9755.
104 A.a.O., S. 9761.
105 *Haussmann*, Das Dilemma eines deutschen Antitrustgesetzes, 1955, S. 30 f.; vgl. auch die entsprechende Forderung von *Wagner* (Fn. 99), S. 73, die »Wirtschaftsbereiche mit unvollständigem Wettbewerb« und damit auch den Landwirtschafts-

der USA entspreche, traf allerdings für die Landwirtschaft nicht vollständig zu. Zudem besitzt die formale Ausgliederung der Ausnahmen in Spezialgesetze lediglich »kosmetischen« Charakter.

4. Streit um die Verfassungsmäßigkeit

In der Folgezeit ließen sowohl die landwirtschaftliche Seite als auch die gewerbliche und industrielle Seite mehrere Gutachten zu den von *Etzel* und *Stegner* angesprochenen Fragen ausarbeiten. Die Gegner der Ausnahmeregelung kamen dabei vor allem aus Unternehmenskreisen, die mit den landwirtschaftlichen Genossenschaften bereits konkurrierten oder eine durch die Existenz der Ausnahmeregelung entstehende Konkurrenz befürchteten. Neben reinen Nahrungsmittelherstellern betraf dies vor allem auf den Lebensmittelhandel, der durch den Einschluss des Absatzes in die Ausnahmeregelung eine generelle Vereinnahmung des Handelsbereichs durch die Genossenschaften aufkommen sah. *Hamann* verneinte 1952 die Vereinbarkeit der Privilegierung landwirtschaftlicher Genossenschaften mit dem Gleichheitsgrundsatz.[106] Auch *Gleiss* in einem für den Gesamtverband des Deutschen Groß- und Einzelhandels verfassten Gutachten sowie *Bick* äußerten 1952 bzw. 1953 dahingehende Bedenken.[107] Im Rahmen der zeitgleich geführten Debatte um eine Reform des GenG wiederholte 1954 der Gesamtverband seine Ansicht und bekundete: »[§§ 75 und 75a des Entwurf bedeuten] eine Übertragung der gesamten wirtschaftlichen Macht in die Hand einer Interessengruppe, die Möglichkeit der Schaffung von Erfassungsmonopolen für die landwirtschaftlichen Erzeugnisse (Reichsnährstand!) ... und Gefahr eines Markt- und Preisdiktats durch die landwirtschaftlichen Genossenschaften gegenüber dem Verbraucher.« Vor allem unter diesem – ersichtlich überspitzten – Aspekt forderte der Gesamtverband eine ausdrückliche gesetzliche Beschränkung der landwirtschaftlichen Genossenschaften im GenG auf das Prinzip der Selbsthilfe.[108]

---

sektor aus dem GWB »auszuklammern und in Spezialgesetzen« zu regeln, um »eine uferlose Ausdehnung der ›Ausnahmen‹« zu vermeiden.

106 *Hamann*, Die Behandlung landwirtschaftlicher Genossenschaften im Kartellgesetzentwurf und der Gleichheitsgrundsatz, WuW 1952, 883 (888 f.). Später sah *ders.*, Die ernährungswirtschaftlichen Marktordungsentwürfe und das Grundgesetz, WuW 1955, 79, die Agrarmarktgesetze ebenfalls als verfassungswidrig an.

107 *Gleiss*, Gutachten zu §§ 75 und 75a des Entwurfs eines Gesetzes gegen Wettbewerbsbeschränkungen, o.J. (1952), der sogar die wie beschrieben wohl nicht bestehende Gefahr artikulierte, dass die Westalliierten deswegen dem GWB die Zustimmung verweigern könnten; *Bick*, Landwirtschaftliche Erzeugnisse und landwirtschaftliche Genossenschaften im Gesetz gegen Wettbewerbsbeschränkungen, WuW 1953, 417 (427).

108 Schreiben v. 10.2.1954, abgedruckt in BMJ (Hrsg.), Zur Reform des Genossenschaftsrechts – Referate und Materialien, Bd. 1, 1956.

62 1955 bemerkten *Gleiss/Zipfel* in Bezug auf Milchabsatzgenossenschaften: »Diese Markt- und Preisautonomie der Landwirtschaft, die auf diese Weise den Paritätspreis durchsetzen will, ist sachlich nicht zu rechtfertigen. Sie steht im Widerspruch zum Milch- und Fettgesetz, das den Marktausgleich als hoheitliche Aufgabe betrachtet, zu den Prinzipien einer sozialen Marktwirtschaft, die eine einseitig orientierte Marktregulierung verbieten, und verstößt gegen den in Art. 3 GG anerkannten Grundsatz der Gleichheit vor dem Gesetz, da sie eine unterschiedliche Behandlung der Genossenschaften und des privaten Handels bedeutet, den landwirtschaftlichen Genossenschaften zu einer Monopolstellung verhilft, die freien Händlern in ihren Wettbewerbsmöglichkeiten beschränkt und ihnen damit erheblichen Schaden zufügt.«[109] Der Bundesverband der Deutschen Industrie (BDI) schrieb 1956 an den Wirtschaftsausschuss des Deutschen Bundestages, es »befremde, dass einige an dem Gesetz mitberatenden Ausschüsse ... wie ... der Ausschuss für Ernährung, Landwirtschaft und Forsten für die ihrer Zuständigkeit unterliegenden Wirtschaftszweige eine ... weitgehende Befreiung vorgeschlagen haben, während der Wirtschaftspolitische Ausschuss für die übrige Wirtschaft die Regierungsvorlage noch verschärft hat«.[110]

63 *Ellinghaus* äußerte in einem 1957 für das Institut für Handelsfragen erstellten Gutachten ebenfalls verfassungsrechtliche Bedenken.[111] Demgegenüber sah *Heinrich* 1952 – in Auseinandersetzung insbesondere mit dem Gutachten von *Gleiss* – die Sonderbestimmungen zur Landwirtschaft im Rahmen einer ausführlichen Würdigung als gerechtfertigt an[112] und forderte im Gegenteil eine Streichung des Verbots der Preisfestsetzung: »Diese Einschränkung ist wirklichkeitsfremd und macht die Ausnahme vom Kartellverbot wertlos.«[113] Zu-

---

109 *Gleiss/Zipfel*, Die Marktordnung in der Milchwirtschaft nach geltendem und künftigem Kartellrecht, WuW 1955, 639 (644); ähnlich *dies.*, Landwirtschaft und Kartellrecht – Die Marktordnung in der Milchwirtschaft nach geltendem und künftigem Recht, 1. Aufl. 1955, S. 49, allerdings mit folgender Einschränkung: »Die Freistellung der örtlichen Milch- oder Molkereigenossenschaften im Verhältnis zu ihren Mitgliedern vom Kartellrecht im Sinne des Regierungsentwurfs lässt sich rechtfertigen.«
110 Abgedruckt in WuW 1956, 670 (670).
111 *Ellinghaus*, Ist § 75 des Entwurfs eines Gesetzes gegen Wettbewerbsbeschränkungen mit dem Grundgesetz vereinbar?, 1957, S. 26. Später erneuerte *Dobroschke*, Zur Verfassungsmäßigkeit des § 100 Abs. 1 und 4 GWB (Art. 3 Abs. 1 GG), WuW 1967, 713, die Bedenken, ohne allerdings auf die bereits vorliegende Literatur zu der Frage näher einzugehen.
112 *Heinrich*, Die Landwirtschaft im Kartellrecht, o.J. (1953); zuvor bereits wohl *ders.*, Markt-Gleichgewicht und Kartellgesetz, Deutsche Bauern-Korrespondenz 11/1952, 2.
113 *Heinrich*, Zum Kartellgesetz-Entwurf, Deutsche Bauern-Korrespondenz 12/1952, 3 (7).

dem meinte er, dass das Gutachten »das Schreckgespenst einer ›Bundeszentralgenossenschaft‹ an die Wand [malt], die die gesamte Organisation der landwirtschaftlichen Genossenschaften in sich vereinigt und satzungsgemäß derart bindet, dass die ganze westdeutsche Landwirtschaft ... ein einziger Monopolbetrieb wird, der dem deutschen Volk die Preise diktiert ...«[114] Nach ihm »werden den landwirtschaftlichen Erzeugern durch die für sie bestimmten Vorschriften des [§ 75-E 1952] keine neuen Rechte eingeräumt, sondern es werden nur die Folgerungen aus der Tatsache gezogen, dass die Landwirtschaft zu dem Bereich des unvollkommenen Wettbewerbs gehört«.[115] In Bezug auf das Diskriminierungsverbot wurde von *Paulick* und *Westermann* in Gutachten für das nordrhein-westfälische Landwirtschaftsministerium bzw. den DRV die Ansicht von *Heinrich* geteilt.[116] Bis heute hat wohl kein Gericht einen Verstoß der landwirtschaftlichen Ausnahmeregelung gegen den Gleichheitsgrundsatz des Art. 3 Abs. 1 GG angenommen. In den aktuellen Kommentierungen zu § 28 wird diese Ansicht denn auch nicht mehr vertreten.[117]

Eine recht umfassende Analyse der damaligen Diskussion bot 1954 *Gabriel*, der selbst einen vermittelnden Standpunkt einnahm, indem er eine Privilegierung landwirtschaftlicher Genossenschaften in dem Umfang, wie sie § 75-E 1952 vorsah, begrüßte und zugleich die vom Bundesrat vorgeschlagenen Erweiterungen ablehnte.[118] Aus seiner Analyse wird zugleich die damalige Kontroverse innerhalb des Genossenschaftswesens deutlich. Denn die nichtland-

64

---

114 *Heinrich*, Landwirtschaft und Kartellgesetzgebung, Deutsche Bauern-Korrespondenz 22/1952, 2 (2).
115 *Heinrich*, Stellung der Landwirtschaft und der landwirtschaftlichen Genossenschaften im Entwurf eines Gesetzes gegen Wettbewerbsbeschränkungen, o.J. (1952), S. 5 f.
116 *Paulick*, Der Entwurf eines Gesetzes gegen Wettbewerbsbeschränkungen und das landwirtschaftliche Genossenschaftswesen, ZfgGW 1953, 30 (40); *ders.*, in: Seraphim (Hrsg.), Der Entwurf eines Gesetzes gegen Wettbewerbsbeschränkungen und das landwirtschaftliche Genossenschaftswesen, o.J. (1952), S. 29 ff.; *Westermann*, Landwirtschaft und Kartellgesetz, o.J. (1955). Beide haben auch entsprechend an einem für die Deutsche Genossenschaftskasse erstellten Gutachten mitgewirkt (*Seraphim* [Hrsg.], Genossenschaften und »Kartellgesetz«-Entwurf, o.J. [1953], S. 64 ff. und 110 ff.).
117 Vgl. etwa *Schweizer*, in: Immenga/Mestmäcker, § 28 Rn. 13. Das BVerwG, RdL 1965, 134 (135), hat zu einer mit dem BLwG in Verbindung gebrachten Subventionsgewährung an landwirtschaftliche Genossenschaften geäußert, dass die Begünstigung dieser Genossenschaften gegenüber gewerblichen Lagerhaltern nicht verfassungswidrig ist.
118 *Gabriel* (Fn. 74), S. 5 ff.; skeptischer *ders.*, Machtausgleich durch genossenschaftliche Abwehrkartelle?, WuW 1954, 599, und als Entgegnung darauf *Ohm*, Landwirtschaft, Landhandel und Kartellgesetz, WuW 1954, 790. Die erstgenannte Schrift von *Gabriel* wurde in der Sitzung des Wirtschaftsausschusses des Bundesrates v. 14.5.1954 ausweislich des Sitzungsprotokolls, S. 13, verteilt.

wirtschaftlichen Genossenschaften fühlten sich durch die geplante Begünstigung für landwirtschaftliche Genossenschaften diskriminiert und plädierten daher für eine Streichung des § 75-E 1952 oder dessen Erweiterung auf sämtliche Genossenschaften. Auf diese Kontroverse, die auch heute noch gelegentlich aufkommt, kann hier lediglich hingewiesen werden.[119]

VI. § 75-E 1955

65 Trotz offensichtlicher Fehler – so wurde etwa vom Bundesrat moniert, dass § 75 Abs. 5-E 1952 das Vieh- und Fleischgesetz (Vieh- und FleischG) entgegen der amtlichen Begründung von 1952 nicht erwähnte – brachte die Bundesregierung den in der ersten Legislaturperiode nur noch in den Ausschüssen teilweise erörterten GWB-Entwurf Anfang 1955 unverändert in den Deutschen Bundestag ein.[120] Die beiden im Laufe der nachfolgenden intensiven Debatte vorgelegten GWB-Alternativentwürfe – die so genannten *Höcherl*- und *Böhm*-Entwürfe[121] – sahen keine Sonderbestimmungen für die Landwirtschaft vor. In seinem 1957 vorgelegten Bericht schlug der federführende Ausschuss für Wirtschaftspolitik zahlreiche Detailänderungen des § 75-E 1955 vor,[122] die zum Teil an die Vorschläge des Bundesrates von 1952 anknüpften. Demgegenüber hatte der Bundesrat in seiner Stellungnahme zum Entwurf von 1955 bis auf einen Punkt seine Vorschläge von 1952 nicht wiederholt, was daran lag, dass zwischen dem Agrarausschuss und dem federführendem Wirtschaftsausschuss keine Einigkeit über die vorzuschlagenden Änderungen mehr hergestellt werden konnte.[123]

66 So lehnte der Wirtschaftsausschuss die Vorschläge des Agrarausschusses, »kartellmäßige Bindungen innerhalb der Zentralgenossenschaften zuzulassen« und das Preisfestsetzungsverbot zu streichen, ab und änderte insofern seine 1952 eingenommene Haltung.[124] In der zugehörigen Debatte des Bun-

---

119 Vgl. etwa *Gladosch*, Genossenschaftswesen und Kartellgesetz, ZfgGW 1953, 18; *Westermann*, Genossenschaften und deutsche staatliche Kartellpolitik der Gegenwart in rechtlicher Sicht, ZfgGW 1954, 297.
120 BT-Drucks. 2/1158 v. 22.1.1955; abgedruckt etwa auch bei *Biedenkopf/Steindorff*, Gesetz gegen Wettbewerbsbeschränkungen, 1957, S. 128 ff.
121 BT-Drucks. 2/1253 v. 11.3.1955 und 2/1269 v. 16.3.1955.
122 BT-Drucks. 2/3644 v. 22.6.1957, S. 59 ff.; vgl. dazu auch die Beschreibung von *Lehnich*, Gesetz gegen Wettbewerbsbeschränkungen, 1958, S. 40 ff.
123 Vgl. die Gegenüberstellung der Vorschläge beider Ausschüsse nebst Begründungen in dem Protokoll der Sitzung des Wirtschaftsausschusses v. 13.5.1954, S. 51 ff.
124 A.a.O., S. 56. Das Bundeslandwirtschaftsministerium hatte zuvor versucht, eine Genehmigung des Bundeskabinetts dafür zu erhalten, im Bundestag für eine Abschwächung des Preisfestsetzungsverbots einzutreten. Das Bundeswirtschaftsministerium verweigerte seine Zustimmung unter Hinweis darauf, dass dadurch

desrates wies *Peters* auf diesen Widerspruch hin und betonte zu Gunsten des Agrarausschussvorschlages: »Die Ausnahmeklauseln [des § 75-E 1955] lassen nicht eindeutig erkennen, ob das Mittel, mit dem die Landwirtschaft schon seit vielen Jahrzehnten ihre Marktschwäche aus eigener Kraft zu überwinden versucht hat – der Zusammenschluss in ländlichen Genossenschaften –, durch das Kartellgesetz lahm gelegt werden soll oder nicht.« Zugleich nahm *Peters* bereits auf die »kommende europäische Integration auch auf landwirtschaftlichem Gebiete« und die damit verbundene Notwendigkeit, das deutsche landwirtschaftliche Genossenschaftswesen zu stärken, Bezug.[125]

Die horizontale Befreiung mindestens einjähriger Lieferverträge von dem Preisfestsetzungsverbot wurde im Bundestag gestrichen. An ihre Stelle trat die Privilegierung von sämtlichen Verträgen über Sortierung, Kennzeichnung und Verpackung landwirtschaftlicher Erzeugnisse sowie von Saatgutabsatzverträgen durch eine Befreiung von dem im GWB enthaltenen grundsätzlichen Verbot der Preisbindung zweiter Hand. Zugleich fand sich eine allgemeine Befreiung der Absatzebene sowie gemeinschaftlicher Einrichtungen für die Lagerung, Bearbeitung und Verarbeitung landwirtschaftlicher Erzeugnisse vom Kartellverbot. Begrenzt wurde letztere Befreiungsvorschrift durch die Pflicht, alle einschlägigen Verträge und Beschlüsse anzumelden, sowie durch ein Verbot, Preise zu binden und den Wettbewerb auszuschließen.

67

Während die Bestimmung zur Zweidrittelmehrheit ersatzlos entfiel, erfolgte die vom Bundesrat vormals gewünschte Einbeziehung der Verarbeitungserzeugnisse, jedoch eingeschränkt auf die Verarbeitung durch Erzeugerbetriebe und auf Vorschlag des Agrarausschusses nach Maßgabe einer bundesratszustimmungspflichtigen Rechtsverordnung. Ausgenommen waren nun allerdings Jagderzeugnisse. Der Erzeugerbetrieb fand sich legaldefiniert und um Pflanzenzuchtbetriebe erweitert. Neu aufgenommen wurde vom Bundesrat der Bereich der forstwirtschaftlichen Erzeugerbetriebe. Das Vieh- und FleischG ergänzte die vom Bundesrat aktualisierte Liste der dem GWB insgesamt vorgehenden Agrarmarktordnungsgesetze.

68

Zudem schlug der Bundesrat einen neuen § 77b vor, der für sämtliche Ausnahmeregelungen und damit auch für die nach § 75-E 1955 freigestellten landwirtschaftliche Kartelle eine Missbrauchsaufsicht anordnete. Denn während

69

---

faktisch der Regierungsentwurf abgeändert würde (vgl. *Weber* [Hrsg.], Die Kabinettsprotokolle der Bundesregierung – Kabinettsausschuss für Wirtschaft, Bd. 2: 1954–1955, 2000, S. 278, Anm. 4).

125 BR-PlPr. 123/1954 v. 21.5.1954, S. 140 ff. Der Feststellung von *Schulte* (Fn. 24), Rn. 2, dass »die Politik in der Endphase der Verabschiedung des Kartellgesetzes 1957/58 das damals ›Genossenschaftsproblem‹ genannte Phänomen entdeckte«, kann daher in dieser Pauschalität nicht gefolgt werden.

§ 6-E 1955 für die in §§ 2 bis 5-E 1955 freigestellten Kartelle die in § 17-E 1955 enthaltene Missbrauchsaufsicht gegenüber marktbeherrschenden Unternehmen für »sinngemäß« anwendbar erklärte, sah der Regierungsentwurf keine vergleichbare Bestimmung für die in §§ 73-E 1955 ff. freigestellten Kartelle vor. Darin erblickte der Bundesrat eine Regelungslücke: »Die Befreiung von § 1 kann keine Freiheit zu Missbräuchen beinhalten.«[126] Denn nach § 17-E 1955 konnte die Missbrauchsaufsicht auf ein nicht marktbeherrschendes Kartell nicht angewendet werden. Die Bundesregierung stimmte dem mit der Maßgabe zu, dass das vom Bundesrat intendierte Ermessen für die Kartellbehörden entfällt.[127]

70 Ebenfalls auf dieser Linie lag der Vorschlag des Bundesrates für einen neuen § 77c, der durch einen Verweis auf § 8-E 1955 in den Fällen des § 75-E 1955 ein fristloses Kündigungsrecht aus den dort näher bezeichneten wichtigen Gründen einräumte, um einen »Missbrauch« der Freistellung zu verhindern.[128] Auch dies bejahte die Bundesregierung. Der Ausschuss für Wirtschaftspolitik folgte den beiden Anliegen und erarbeitete entsprechende Neuformulierungen, wobei er den kündigungsbezogenen Verweis des vorgeschlagenen § 77c um Verweise auf die Sicherheitenverwertungsvorschrift des § 9-E 1955 und das Schriftformerfordernis des § 27-E 1955 erweiterte.[129]

71 In der zugehörigen Begründung des Ausschusses wurde hinsichtlich der allgemeinen Ausnahme für die Landwirtschaft die Regierungsbegründung in Kurzform wiedergegeben,[130] wobei der Ausschuss zu Beginn der Einzelbegründung etwas zu überspitzt feststellte, dass »das betriebs- und marktwirtschaftliche Geschehen innerhalb der Landwirtschaft durch [die genannten] Gegebenheiten weitgehend außerhalb der sonst geltenden ökonomischen Gesetze steht« und »die deutsche Landwirtschaft insbesondere in ihrem Genossenschaftswesen wirksame Instrumente der Selbsthilfe gegen die freie, ihrer Eigengesetzlichkeit überlassene Konkurrenzwirtschaft gefunden hat«.[131] Während auf das damals demnächst in Kraft tretende allgemeine Kartellrecht der EWG bereits hingewiesen wurde, fand sich die agrarkartellrechtliche Sonderbestimmung des Art. 42 EWGV nicht erwähnt.[132] Paralleles ist für die Darstellung des Kartellrechts der USA festzustellen.[133] Zu dem teilweise vor-

---

126 BT-Drucks. 2/3644 v. 22.6.1957, S. 79.
127 A.a.O., S. 80.
128 A.a.O.
129 BT-Drucks. 2/3644 v. 22.6.1957, Anlage, S. 46 f. und 64.
130 A.a.O., S. 8 f.; abgedruckt ist der Ausschussbericht etwa bei *Biedenkopf/Steindorff* (Fn. 120), S. 143 ff.
131 A.a.O., S. 42.
132 A.a.O., S. 10.
133 A.a.O., S. 10 f.

getragenen Verstoß der einzelnen Ausnahmeregelungen gegen Art. 3 Abs. 1 GG führte der Ausschuss aus, dass ihm »nichts anderes übrig [bleibt], als die Darlegungen der Verschiedenheit der zu regelnden Sachverhalte entgegenzunehmen« und auf die »Sachberichte des wirtschaftspolitischen Ausschusses zu den Vorschriften über die Ausnahmebereiche« Bezug zu nehmen.[134] Trotz entsprechender Bemühungen gelang es dem Ausschuss nicht, »eine gemeinsame Formulierung« – der Ausschuss sprach von »gewissermaßen einer Generalklausel« – für alle vorgesehenen Ausnahmebereiche zu finden.[135]

In der Einzelbegründung zu § 75 benannte der Ausschuss – als Berichterstatter fungierte insofern MdB *Lange*, der sich auf die Empfehlungen des Agrarausschusses[136] stützen konnte – zunächst stichwortartig die besondere Situation der Landwirtschaft. Die Genossenschaften fanden sich darauf aufbauend als »wirksame Instrumente der Selbsthilfe gegen die freie, ihrer Eigengesetzlichkeit überlassene Konkurrenzwirtschaft« charakterisiert, die insofern »uneingeschränkt bejaht« wurden. Zugleich herrschte Einigkeit, dass die Genossenschaften als Ergänzung der Agrarmarktordnung des Staates dienen, ohne jedoch »Instrumente der Marktordnung als Institution« zu werden. Die Ausnahmeregelung soll daher nicht »zu einer Vervollständigung der Marktordnung« führen.[137] Diese Bemerkung ist vor dem Hintergrund der Befürchtung zu sehen, dass die Genossenschaften die Ausnahmeregelung zu einer eigenen Wirtschaftslenkung nutzen könnten, wie sie es nach 1945 ansatzweise versucht hatten. Insofern vermochten sich auch die weitergehenden Vorstellungen von *Lübke*, der offensichtlich beabsichtigte, die landwirtschaftlichen Genossenschaften in seine vom 1955 erlassenen BLwG und dem darauf aufbauenden Grünen Plan geprägte Agrarmarktkonzeption zu integrieren, nicht durchzusetzen.[138] Der Ausschuss für Wirtschaftspolitik betonte jedenfalls

72

---

134 A.a.O., S. 12.
135 A.a.O., S. 39; eine entsprechende Forderung fand sich etwa auch bei *Arndt*, Kartelle und Ordnungspolitik, HJWGP 1 (1958), 85 (95).
136 Dieser Ausschuss hielt vier Sitzungen und acht Unterausschusssitzungen ab, vgl. BT-Drucks. 2/3644 v. 22.6.1957, Anlage, S. 2. Seine Beschlussvorschläge v. 7.6.1956 finden sich in WuW 1956, 668, abgedruckt.
137 Vgl. dazu näher *Seraphim*, Die marktordnerischen Funktionen der landwirtschaftlichen Absatzgenossenschaften, ZfgGW 1951, 87, der unter anderem, S. 97, prüft, »in welchen Richtungen und bis zu welchem Grade speziell die Genossenschaften Funktionen der Ordnung des Marktes zu erfüllen in der Lage sind«. *Eberle* (Fn. 28), S. 40 ff., weist zu Recht darauf hin, dass Erzeugergenossenschaften naturgemäß nicht den von einer staatlichen Agrarmarktordnung herzustellenden Interessenausgleich zwischen angemessenen Erzeugerpreisen und angemessenen Verbraucherpreisen leisten können.
138 Vgl. *Lübke*, Die Funktionen der ländlichen Genossenschaften in der deutschen Agrarpolitik der Gegenwart und der Zukunft, ZfgGW 1954, 205 (209 ff.), und das bereits in Fn. 100 nachgewiesene Zitat.

wie erwähnt, dass »genossenschaftliche Zusammenschlüsse« grundsätzlich unter das Kartellverbot des § 1 fallen können und »für eine Sonderregelung zu Gunsten von Genossenschaften keine Notwendigkeit gesehen« wurde.

73 Auf die umfangreichen Erläuterungen des Ausschusses zu den verschiedenen Absätzen ist im Rahmen der Kommentierung der einzelnen Tatbestände des § 28 zurückzukommen. Im Laufe der zweiten und dritten Lesung wurden die Vorschläge des Ausschusses inhaltlich unverändert übernommen.[139] Nach einer redaktionellen Neunummerierung der Paragraphen des GWB traten die Ausnahmeregelung für die Landwirtschaft als § 100 GWB, die ergänzende Missbrauchsaufsicht als § 104 GWB und die Verweise auf das Sonderkündigungsrecht, die Sicherheitenverwertungsbestimmung sowie das Schriftformerfordernis als § 105 am 27.10.1957 in Kraft.

VII. Dekartellisierungsrecht im Konflikt mit dem Genossenschafts- und Agrarmarktrecht

74 Erst mit diesem Inkrafttreten wurde der seit Erlass des westalliierten Dekartellisierungsrechts unklare Rechtszustand im Verhältnis zum Agrarmarktrecht beseitigt. Symptomatisch war etwa ein Urteil des LG Hamburg vom 6.3.1952, in dem der Geschäftsführer einer zentralen Absatzgenossenschaft für Butter und Eier wegen Verstoßes gegen die britische VO Nr. 78 verurteilt wurde.[140] Die Absatzgenossenschaft handelte nicht nur im Auftrag von privaten Molkereien, sondern auch für die amtliche deutsche Einfuhr- und Vorratsstelle im Milchbereich. 1951 wurde durch eine marktordnungsrechtliche Verordnung der amtliche Höchstpreis für Butter neu festgesetzt. Diese Festsetzung teilte die Genossenschaft den Molkereien zugleich mit dem Butterankaufpreis der Einfuhr- und Vorratsstelle mit. Daneben forderte sie die Molkereien auf, den amtlichen Höchstpreis nicht zu unterbieten, um die staatliche Politik zur Stabilisierung der Butterpreise nicht zu unterlaufen.

75 Auf den Vorwurf, er habe ein Preiskartell bilden wollen und damit gegen die britische VO Nr. 78 verstoßen, entgegnete der Geschäftsführer, dass der mit der Verordnung vorgegebene Höchstpreis auf der Basis der Mindesterzeu-

---

139 Der Antrag im Rahmen der zweiten Lesung, die Saatgutabsatzverträge auszunehmen, fand keine Mehrheit, BT-PlPr. 222/1957 v. 3.7.1957, S. 13174 f. So verwies MdB *Lücker* darauf, S. 13175, dass der Ausschuss für Wirtschaftspolitik bereits die weitergehende Formulierung des Agrarausschusses auf vertikale Bindungen beschränkt habe.
140 WuW 1952, 649; vgl. zustimmend und mit weiteren Hintergründen *Gabriel* (Fn. 74), S. 23 ff., und zu der auf die westalliierte Dekartellisierungsgesetze bezogenen Rechtsprechung im Bereich der Landwirtschaft auch *Hunger* (Fn. 81), S. 2 ff.

gungskosten berechnet worden sei und ihn das Bundeslandwirtschaftsministerium angewiesen habe, die Höchstpreise als Richtpreise einzuhalten. Insofern habe er die ihm nun vorgeworfene Rechtswidrigkeit seines Handelns nicht erkennen können, zumal ihm nicht bewusst gewesen sei, dass die westalliierte Kartellgesetzgebung auf die Landwirtschaft Anwendung finde. Zudem müsse er auch die Interessen des Bundes in Form der von ihm vertretenen Einfuhr- und Vorratsstelle berücksichtigen. So sei dem Bund daran gelegen, einen Preiszusammenbruch im Buttermarkt und die damit verbundene kostenträchtige Intervention der Einfuhr- und Vorratsstelle in Form von Butterankäufen zu vermeiden.

Das LG Hamburg stellte zunächst fest, dass die britische VO Nr. 78 mangels einer entsprechenden Ausnahmebestimmung auf die Landwirtschaft Anwendung fand. Zu der Butterhöchstpreisverordnung führte es aus, dass der Bund bewusst einen freien Preismarkt nach unten hin habe belassen wollen, da er sonst einen Festpreis angeordnet hätte. Weiterhin nahm das LG Hamburg auch einen Verstoß gegen die Preisbindungsverordnung vom 23.11.1940[141] an, da eine Preisbindung erster Hand vorliege, die nicht vom vormaligen Reichskommissar für die Preisbildung oder den von ihm ermächtigten Preisbildungsstellen genehmigt worden sei, und von einer Weitergeltung dieser Verordnung ausgegangen werden müsse. Ein möglicher Irrtum des Geschäftsführers über die Rechtswidrigkeit wurde als unerheblich eingestuft. Der BGH bestätigte mit Urteil vom 15.12.1953 die Ausführungen zur britischen VO Nr. 78.[142] Er befasste sich sogar mit dem 1950 publizierten Bericht der in die USA entsandten Studienkommission und stellte darauf gestützt fest, dass nach dem Agrarkartellrecht der USA Preismanipulationen nicht erlaubt seien. Die Verurteilung wegen Verstoßes gegen die Preisbindungsverordnung hob er allerdings auf, da die britische VO Nr. 78 das deutsche Preisrecht prinzipiell beseitigt hatte.

Der damalige Präsident des DBV und DRV *Hermes* stellte mit Blick auf diese Rechtsprechung 1952 entrüstet fest: »Außerdem sind wir der Überzeugung, dass die Märkte in Ergänzung der staatlichen Maßnahmen auch durch eine innere Ordnung gestützt werden müssen. Hier liegt ein weites Feld in erster Linie für Selbsthilfemaßnahmen ... Das hat gar nichts mit einer einseitigen Marktbeherrschung zu tun, wie sie durch eine wohlverstandene Kartellgesetzgebung bekämpft werden muss ... Es geht nicht an, dass Vertreter unserer Berufsorganisation strafrechtlich verfolgt werden, weil sie eine Politik treiben, die der offiziellen Politik der Bundesregierung entspricht ... Hier sind Persönlichkeiten bestraft oder mit Strafen bedroht worden, die nichts anderes ge-

---

141 RGBl. I 1940 S. 1573.
142 WuW 1954, 271.

tan haben, als ihren Mitgliedern das Einhalten von Preisen zu empfehlen, die amtlicherseits als die Von-Bis-Preise der betreffenden Waren festgelegt worden sind ... Selbstverständlich sind ... die Zusammenschlüsse der landwirtschaftlichen Genossenschaften als vornehmlichste Träger der landwirtschaftlichen Marktordnung von den Bindungen des Kartellgesetzes freizustellen.«[143]

78   In einem Urteil vom 21.10.1952 weitete das AG Hamburg die Rechtsprechung sogar aus, indem es eine in der Satzung derselben Genossenschaft enthaltene Bestimmung, nach der sämtliche von den Genossen hergestellte Butter an die Genossenschaft abzuliefern war, als Verstoß gegen die britische VO Nr. 78 wertete und die Bestimmung im Genossenschaftsregister löschte. Zur Erstfassung des Milch- und Fettgesetzes vom 26.2.1951 (Milch- und FettG)[144] führte es aus, dass »trotz bestehender Ablieferungspflichten der Wettbewerb soweit wie möglich aufrecht erhalten werden soll«. Die Bitte des Geschäftsführers, auf das Inkrafttreten der Sonderregelung zur Landwirtschaft in dem von der Bundesregierung eingebrachten GWB-Entwurf 1952 zu warten, wies das LG Hamburg als rechtlich nicht relevant zurück.[145]

79   Auf diese Weise setzte das LG Hamburg mit der so genannten Andienungspflicht einen zentralen Punkt des landwirtschaftlichen Genossenschaftsrechts außer Kraft. Eine nähere Betrachtung solcher genossenschaftlichen Satzungsbestimmungen nahm 1952 *Hamann* vor, der insbesondere Zwangsbenutzungsklauseln, Preisabreden, Kundenzuteilungen und Bezugspflichten für unzulässig hielt.[146] *Heinrich* sprach diesbezüglich warnend davon, dass die westalliierten Dekartellisierungsgesetze geeignet seien, »die auf einer hundertjährigen Tradition beruhende Wirtschaftsweise der landwirtschaftlichen Genossenschaften lahm zu legen«.[147]

80   In einem Urteil vom 18.6.1952 hatte das LG Braunschweig die Preisabsprache von fünf Molkereien im Schulmilchbereich als Verstoß gegen die britische VO Nr. 78 gewertet und letztere zum öffentlichen Agrarmarktrecht wie folgt abgegrenzt: »Die Ernährungswirtschaft ist bereits durch viele Gesetze und

---

143 *Hermes*, Erhaltung des Bauernstandes – Rede auf dem Deutschen Bauerntag vom Juli 1952, Deutsche Bauernkorrespondenz 13-14/1952, 4 (5).
144 BGBl. I 1951 S. 135.
145 WuW 1952, 928; vgl. entsprechend auch die 1952 trotz des zur Verteidigung vorgebrachten § 75-E 1952 erfolgte Beanstandung einer Andienungspflicht in der etwa 25 Jahre alten Satzung einer Butterabsatzgenossenschaft durch die Kartellstelle des niedersächsischen Wirtschaftsministeriums, WuW 1952, 855.
146 *Hamann*, Genossenschaftliche Zusammenschlüsse und Kartellverbot, WuW 1952, 209; vgl. zu dem dahinter stehenden rechtspolitischen Ansatz *Hamann*, Rechtsstaat und Wirtschaftslenkung, 1953.
147 *Heinrich* (Fn. 114), S. 6.

Verordnungen den übrigen Produktionszweigen gegenüber bevorzugt. Wenn diese Bestimmungen nicht zu einer einseitigen Begünstigung der Landwirtschaft und der mit ihr zusammenhängenden gewerblichen Betriebe auf Kosten der Verbraucher führen sollen, ist die Aufrechterhaltung des freien Wettbewerbs im Rahmen der verbleibenden Grenzen ganz besonders wichtig. Das erkennt auch der deutsche Entwurf eines Gesetzes gegen Wettbewerbsbeschränkungen an.«[148] Mit Urteil vom 5.3.1952 bestätigte der BGH das Urteil des LG Braunschweig und führte ergänzend aus, dass die »Gesetze über die Milchwirtschaft« nur die allgemeine Versorgung, nicht aber »besondere soziale Bestrebungen einer Stadtverwaltung« betreffen.[149]

Nicht unwichtig für diese Rechtsprechung war der so genannte Münchener Kükenfall, in dem das Amerikanische Gericht der Alliierten Hohen Kommission (5. Bezirk) mit Urteil vom 5.10.1951 ausführlich zum Sinn und Zweck des amerikanischen MRG Nr. 56 Stellung bezogen hatte. Dabei ging es um eine Preisabsprache bayerischer Brütereien und sonstiger Kükenzuchtbetriebe. Das Gericht erklärte zunächst, dass die in den »Statuten der angeklagten Verbände niedergelegte Förderung der Geflügelzucht in Bayern lobenswert« sei. Das MRG Nr. 56 erlaube dem Gericht jedoch nicht, für »vernünftig« angesehene Preisabsprachen zu gestatten. Folglich verneinte das Gericht die Anwendbarkeit der aus der amerikanischen Rechtsprechung zum allgemeinen Kartellrecht bekannten so genannten rule of reason.

In dem Urteil wurde weiterhin davon ausgegangen, dass genossenschaftliche landwirtschaftliche Organisationen mangels einer entsprechenden Ausnahmeregelung dem MRG Nr. 56 unterliegen. Für eine Anerkennung der Preisabsprachen im Geflügelsektor hätte – so das Gericht – daher das Gesetz geändert oder zumindest eine staatliche Ausnahmegenehmigung erteilt werden müssen, wobei allerdings eine Durchbrechung des MRG Nr. 56 den bayerischen Behörden nicht gestattet sei. Infolgedessen erstreckte das Gericht seinen Schuldspruch auch auf zwei Beamte des bayerischen Landwirtschaftsministeriums. Im Übrigen erklärte das Gericht, das MRG Nr. 56 sei entsprechend dem Kartellrecht der USA auszulegen und zog dafür die einschlägige amerikanische Rechtsprechung und Literatur heran.[150] Eine solche Vorgehensweise war in der deutschen Kartellrechtsliteratur und vor deutschen Gerichten jedoch umstritten.

---

148 WuW 1952, 805 (807).
149 BGHSt 4, 94 (97 und 99); vgl. auch BGH, WuW 1955, 118 (120), wonach die Vereinbarung eines Höchsthändlerrabattes durch die Spitzenverbände der Hefeindustrie gegen die »Dekartellisierungsvorschriften« verstieß.
150 WuW 1951, 122; vgl. dazu die Besprechung von *Gleiss*, NJW 1952, 54, und die Forderung in der WuW 1952, 357, darauf gestützt gegen Mindestpreisvereinbarungen in der Hochseefischerei vorzugehen.

83 Noch 1956 stellte das BVerwG[151] im Einklang mit dem BGH[152] fest, dass das westalliierte Dekartellisierungsrecht weiterhin in Kraft war. Zu der Frage, ob das Milch- und FettG gegen dieses Recht verstieß, führte das BVerwG aus, dass das Milch- und FettG den Wettbewerb zu Gunsten staatlicher Marktregelungen ausschließe und daher von diesem Recht nicht erfasst werden könne, da das Dekartellisierungsrecht nur auf Verhaltensweisen in einem wettbewerbsrelevanten Raum Anwendung finde (vgl. bereits Rdn. 8). Vereinzelt sind landwirtschaftsbezogene Kartelle allerdings auch im Gegenteil auf der Grundlage des westalliierten Dekartellisierungsrechts gestattet worden. Ein Beispiel ist eine am 23.4.1956 durch das Bundeswirtschaftsministerium ausgesprochene befristete Erlaubnis zu Gunsten der Allgäuer Emmentaler Exportkartell GmbH mit der Begründung, dass »die ausländischen Exporteure von Emmentaler Käse weitgehend kartellisiert sind«.[153]

VIII. Aktualität der Problemlage

84 Insgesamt betrachtet sind die skizzierten Kartellverfahren vor dem Inkrafttreten des GWB 1957 Anschauungsmaterial dafür, was tendenziell geschehen könnte, wenn der Erzeugerbetriebsvorbehalt aufgehoben würde und als Folge das allgemeine Kartellrecht uneingeschränkte Anwendung fände. Die beschriebene Rechtsprechung berührt insbesondere zwei zentrale und nach wie vor aktuelle Fragen des Agrarkartellrechts. Zum einen ist bedeutsam, in welchem Umfang die Zusammenarbeit landwirtschaftlicher Betriebe und insbesondere das landwirtschaftliche Genossenschaftswesen durch das Agrarkartellrecht begünstigt werden sollen. Zum anderen bleibt fortlaufend zu klären, wo die Grenze zwischen dem öffentlichen Agrarmarktrecht und dem privatrechtlich ausgerichteten Agrarkartellrecht verläuft.

85 Beide Fragen drängen erneut in den Vordergrund, da beginnend mit der 1991/92 vorgenommenen Reform der Gemeinsamen Agrarpolitik der EU (GAP) das EU-Agrarmarktrecht und entsprechend das deutsche Durchfüh-

---

151 BVerwGE 4, 95 (96 f.).
152 BGH, NJW 1956, 959 (959) – *Preisabsprache im Brotbereich*, unter ausdrücklicher Darstellung der in Rn. 53 beschriebenen Entwicklung.
153 Abgedruckt in WuW 1956, 419; s. auch die staatliche Initiierung von privaten Preisabsprachen im Holzbereich, BAnz. 1951, Nr. 192 v. 1.10.1951, S. 2, und die Ministererlaubnis zur Bildung eines noch 1953 von den Westalliierten abgelehnten Mühlenkartells, BAnz. 1955, Nr. 220 v. 12.11.1955, S. 3, die durch eine Ministererlaubnis v. 15.7.1969, WuW/E BWM 135, befristet verlängert wurde, um »einen Eingriff des Gesetzgebers zu vermeiden«. *Buxbaum*, Alternativen zum freien Wettbewerb? – Der Fall des Mühlenkartells, ZHR 131 (1968), 97, hat den Mühlenfall eingehend betrachtet und damit zugleich eines der wenigen Beispiele einer näheren Untersuchung eines staatlich begünstigten Kartells im Agrarbereich nach 1945 geliefert.

rungsrecht in einem nun über zwei Jahrzehnte währenden Prozess weitgehend abgebaut wurden, um Agrarprodukte nach und nach dem freien Wettbewerb auszusetzen. In einer Art Gegenbewegung wurde das Agrarkartellrecht zu Gunsten der Urerzeugungsseite ausgebaut, um den Agrarurerzeugern die Möglichkeit zu geben, ein Gegengewicht zu der stark konzentrierten Verarbeitungs- und Handelsseite zu bilden. Diese Entwicklung vollzog sich vor allem auf EU-Ebene und insbesondere im Bereich der Anerkennung von Erzeugerorganisationen und damit einhergehend in dem zugehörigen deutschen Durchführungsrecht, während § 28 davon bislang noch nicht unmittelbar erfasst wurde. Allerdings ist § 28 mittelbar tangiert, da zu klären ist, in welchem Umfang § 28 auch bei nicht zwischenstaatlichen Sachverhalten von EU-Agrarkartellrecht überlagert wird und ob er an die neuen EU-rechtlichen Normen anzupassen ist.

1. Milchsektor als Beispiel

Eine zentrale Rolle bei der jüngeren Diskussion um die Fortentwicklung des Agrarkartellrechts spielte und spielt der Milchbereich.[154] Im Rahmen der seit 1970 bestehenden EU-Milchmarktordnung war der EU-Rohmilchpreis jahrzehntelang relativ konstant. Einhergehend mit der Rückführung des Interventionssystems und Außenschutzes der EU im Milchbereich begann der EU-Rohmilchpreis dem Weltmarkt für die wichtigsten Milchhandelsprodukte folgend stärker zu schwanken. Als es 2008/09 nach einer Milchpreishochphase zu einem massiven Preisrückgang auf dem Weltmilchmarkt kam, sank auch der EU-Rohmilchpreis auf ein niedriges Niveau, was viele Milcherzeugungsbetriebe in der EU in existentielle Schwierigkeiten brachte. Zugleich wurde die seit 1984 bestehende EU-Milchquotenregelung gelockert, um deren für den 1.4.2015 vorgesehenes Auslaufen vorzubereiten. Diese Situation führte zu Überlegungen, wie der EU-Milchmarkt besser stabilisiert werden kann, ohne wieder auf die tradierten staatlichen Marktinstrumente, die für die Wettbewerbsfähigkeit der EU-Milchwirtschaft auf dem Weltmilchmarkt nicht von Vorteil waren, zurückzugreifen. 86

Bereits 2007 hatte sich in Bayern eine deutschlandweit agierende Milcherzeugergemeinschaft (MEG) unter dem Namen MEG Milch Board gebildet, die von Bayern als Erzeugergemeinschaft im Sinne des damaligen MarktStrG anerkannt wurde (vgl. näher Rdn. 384 ff.). Das MEG Milch Board zielt darauf ab, einen von ihm als betriebswirtschaftlich angemessen angesehenen Mindestabnahmepreis für Rohmilch im gesamten Bundesgebiet durchzusetzen. Hinter dem MEG Milch Board steht der Bund Deutscher Milchviehhalter (BDM), 87

---

[154] Vgl. eingehend *Busse*, Die Stellung der Molkereigenossenschaften im Agrarkartellrecht, WuW 2016, 154 (156 ff.).

dessen – auf EU-Ebene durch das von ihm wesentlich initiierte European Milk Board (EMB) ebenfalls vertretene – Forderung es ist, die Milcherzeuger staatlicherseits zu ermächtigen, eine Milchquotenregelung in privater Hand fortzuführen. Das diesem Zweck dienende Mengenmanagementmodell ist im Laufe der Zeit mehrfach vom BDM modifiziert worden.

88 Die eingetretene Entwicklung lässt die 1956 geäußerte These von *Wagner*, dass eine »vernünftige Lösung des Kartellproblems der Landwirtschaft nur im Einklang« mit einem »differenzierten Abbau des Agrarprotektionismus gefunden werden« könne,[155] in dieser Schlichtheit fragwürdig erscheinen. Denn wie am Beispiel des Milchbereichs zu beobachten ist, tritt im Gegenteil mit dem Abbau des »Agrarprotektionismus« das Ungleichgewicht zwischen der Urerzeugung und den nachgelagerten Stufen noch weit deutlicher in den Vordergrund. So versuchen die Milcherzeuger – wie bereits als allgemeiner struktureller Nachteil der Landwirtschaft in der amtlichen Begründung zum GWB-Entwurf von 1952 ausgeführt wurde – in Phasen von Rohmilchtiefpreisen den Preisverlust durch eine Ausweitung ihrer Produktion zu kompensieren und belasten damit den Milchmarkt noch mehr.

89 Der Rohmilchpreis ließe sich zwar durch eine Erhöhung der Endverbraucherpreise für Milcherzeugnisse durch den Lebensmitteleinzelhandel stützen. Der Lebensmitteleinzelhandel nutzt jedoch genau entgegengesetzt das Überangebot regelmäßig zur Senkung der Endverbraucherpreise. Diese Situation hält solange an, bis sich entweder die Milchproduktion durch Ausscheiden von Milcherzeugern vermindert oder die weltweite Nachfrage nach Milcherzeugnissen steigt. Das skizzierte Marktgeschehen scheint allein durch staatliche Eingriffe in den Milchmarkt durchbrechbar. Allerdings hätte angesichts eines verringerten EU-Außenschutzes eine erneute staatlich initiierte Produktionsbeschränkung anders als bei der vormaligen Milchquotenregelung den verstärkten Einfluss des Weltmilchmarktes zu beachten.

2. Milchlieferstreik 2008

90 Die 2008/09 entstandene Lage im Milchbereich brachte mehrere kartellrechtliche Fragen mit sich. So organisierte etwa der BMD im Mai/Juni 2008 bundesweit einen Milchlieferboykott, dem eine beträchtliche Anzahl von Milcherzeugern nachkam. Dabei stellte sich die Frage, ob der BDM in kartellrechtlich unzulässiger Weise zu dem Boykott aufgerufen hatte. Das BKartA leitete diesbezüglich ein Prüfverfahren in Form eines Kartellverwaltungsverfahrens unter zeitgleichem Verzicht auf ein Bußgeldverfahren ein.[156] Mit Beschluss

---

155 *Wagner* (Fn. 99), S. 28.
156 Vgl. Dow Jones Agrar & Ernährung 117/2008, S. 2, und 119/2008, S. 1.

vom 12.11.2008 stellte das BKartA einen Verstoß gegen § 21 Abs. 1 fest.[157] Der vom BDM vorgetragenen Selbsteinstufung als gewerkschaftsähnliche Organisation, die zu Lieferstreiks berechtigt sei,[158] folgte das BKartA dabei nicht. Das OLG Düsseldorf bestätigte mit Urteil vom 9.9.2009 den BKartA-Beschluss.[159] Eine Nichtzulassungsbeschwerde wies der BGH mit Beschluss vom 8.6.2010 wegen Fehlens eines Zulassungsgrundes zurück.[160] Gestützt auf den Beschluss des BKartA erging am 16.11.2010 ein Urteil des OLG Dresden, durch das einige Beteiligte, die eine Molkereizufahrt blockiert oder dazu aufgerufen hatten, zur Leistung von Schadensersatz gegenüber der Molkerei verurteilt wurden.[161]

3. Instrument eines privaten Milchinterventionsfonds

91 Auf der Verarbeiterseite kam demgegenüber die Überlegung auf, ob Marktspitzen im Milchbereich mit Hilfe eines privat finanzierten und von den Milcherzeugern bzw. der Molkereiwirtschaft getragenen Milchinterventionsfonds ausgeglichen werden könnten. Entsprechend stellt sich die Frage, ob ein solcher Fonds kartellrechtlich zulässig ist. Insofern kann wiederum auf einen Rechtsstreit vor Inkrafttreten des GWB verwiesen werden. 1952 war von Bauernverbandsseite ein Krisenfonds für die Milchwirtschaft gegründet worden. Eine staatsanwaltliche Anklageschrift vom 1.7.1954 stufte die Beteiligung der Molkereizentrale Bayern an diesem Fonds als Verstoß gegen das amerikanische Gesetz Nr. 56 ein. Auf Grund des Straffreiheitsgesetzes 1954,[162] mit dem nach dessen § 1 die »durch Kriegs- oder Nachkriegsereignisse geschaffenen außergewöhnlichen Verhältnisse bereinigt« werden sollten, wurde das Strafverfahren trotz Bejahung eines Kartellverstoßes eingestellt.[163]

92 Mit Schreiben vom 4.4.1956 rügte jedoch das Bundeswirtschaftsministerium einen vom DBV 1955 initiierten privatrechtlichen Milchförderungsfonds als Verstoß gegen das westalliierte Dekartellisierungsrecht.[164] Dieser Fonds

---

157 BKartA, WuW/E DE-V 1679; vgl. auch BKartA, TB 2007/08, BT-Drucks. 16/13500 v. 22.6.2009, S. 23; unzutreffend die Bemerkung von *Chauve/Parera/Renckens* (Fn. 53), S. 309, es habe sich um ein Kartell gehandelt.
158 S. in diese Richtung auch 1953 *Heinrich* (Fn. 112), S. 15, der Kartellvereinbarungen zwischen Landwirten mit dem »Lohnkartell« der in Gewerkschaften zusammengeschlossenen Arbeitnehmer verglich.
159 OLG Düsseldorf, LRE 59, 259.
160 BGH, GuT 2010, 263.
161 OLG Dresden, Urt. v. 16.11.2010, Az. 9 U 765/10 – *juris*; ebenso vorgehend LG Bautzen, Urt. v. 30.4.2010, Az. 3 O 599/08 (n.v.), und nachgehend BGH, Beschl. v. 11.1.2012, Az. VI ZR 322/10 – *juris*.
162 BGBl. I 1954 S. 203.
163 Vgl. zur Anklageschrift und zur Einstellung WuW 1955, 129.
164 WuW 1956, 352.

speiste sich aus freiwilligen Beiträgen der Milcherzeuger und diente unter anderem dazu, private Marktinterventionen zum Schutz gegen Preisschwankungen und damit zur Preisstützung vorzunehmen.[165] Eine Bilanz zum 31.12.1960 wies als Ausgaben unter anderem Buttereinlagerung, Frachtzuschüsse für übergebietlichen Butterabsatz, Butterwerbung und Stützung des Milchpulvermarktes in Höhe von insgesamt knapp 5 Mio. DM sowie eine Rückstellung für die Stützung des Emmentaler Käsemarktes aus.[166] Während *Büntig* vertrat, dass das öffentliche Milchmarktrecht Interventionen im Milchmarkt staatlichen Stellen vorbehält und der Milchförderungsfonds in unzulässiger Weise eine Konkurrenz für die staatliche Einfuhr- und Vorratsstelle darstellte,[167] verwies der DBV darauf, dass der landwirtschaftlichen Selbsthilfe Vorrang vor staatlicher Intervention einzuräumen und der Fonds daher rechtmäßig sei.[168] Offenbar überstand der Milchförderungsfonds das Kartellverfahren. Jedoch leitete die Europäische Kommission 1982 ein erneutes Kartellverfahren ein, das 1984 im Hinblick auf die von dem Fonds gewährten Exportbeihilfen zu einer Verbotsverfügung führte.[169]

4. Französische Milchpreisempfehlung

93 Allerdings ist die Europäische Kommission nicht immer stringent in ihrer Vorgehensweise und vor allem zögerlich, staatlicherseits initiierte Marktverbände einer strengen Prüfung zu unterziehen. Ein Beispiel für diesen Graubereich ist die im Juni 2008 von der französischen Wettbewerbsaufsicht ausgesprochene Forderung, die seit 1997 durch ein Interprofessionelles Zentrum der Milchwirtschaft (CNIEL) vorgenommene vierteljährliche Empfehlung zu Milcherzeugerpreisen einzustellen. Beim CNIEL handelt es sich um eine

---

165 Vgl. die Richtlinien des DBV für die Aufbringung und Verwendung der Mittel des Milchförderungsfonds v. 1.1.1955, abgedruckt in der Deutschen Bauern-Korrespondenz 4/1955, S. 6. Neben Güte- und Absatzfördermaßnahmen waren nach Ziff. II Nr. 3 Buchstabe b die Mittel »zur Finanzierung der Vorratshaltung von Milcherzeugnissen durch die Molkereizentralen und die Milch-, Fett- und Eierkontor-GmbH in Hamburg, soweit die Vorratshaltung sich im Rahmen der diesen Stellen obliegenden berufsständischen Marktordnungsaufgaben hält«, zu verwenden.
166 Abgedruckt in der Deutschen Bauern-Korrespondenz 13/1961, S. 150.
167 *Büntig*, Kartellrechtliche Würdigung des »*Milchförderfonds*«, WuW 1956, 406.
168 Zitiert a.a.O., S. 413. In der Schweiz bildet der Vorrang der Selbsthilfe einen in Art. 103 Satz 1 Bundesverfassung normierten Grundsatz.
169 Europäische Kommission, Entsch. v. 7.12.1984, ABl. EG 1985 Nr. L 35 S. 42 – *Milchförderungsfonds*; vgl. auch, Entsch. v. 26.11.1986, ABl. EG Nr. L 348 S. 50 (59) – *Meldoc*, die Untersagung einer Absprache niederländischer Milchverarbeiter, da versucht worden sei, »einen privatwirtschaftlichen Interventionsmechanismus zu schaffen, der sich von den in der [GMO Milch] vorgesehenen Interventionsmaßnahmen erheblich unterscheidet«.

Branchenorganisation im Milchbereich, der Milcherzeuger und Molkereien angehören und die seit 1974 im französischen code rural gesetzlich verankert ist. Seine Tätigkeit wurde offenbar bis dahin von der Europäischen Kommission toleriert. Nachdem das CNIEL der französischen Wettbewerbsaufsicht gefolgt war, kam es zu Protesten der französischen Milchwirtschaft.[170]

Um weiteren kartellrechtlichen Bedenken aus dem Weg zu gehen, wurde daraufhin im Dezember 2008 Art. L. 632-14 in den code rural eingefügt, der das CNIEL ermächtigt, Indikatoren für die Entwicklung des Milchmarktes zu verkünden. Zugleich dürfen die regionalen Untergliederungen des CNIEL regionale Preisentwicklungen feststellen. Sämtliche Wirtschaftsbeteiligten sollen anschließend ihr Vertragsverhalten nach diesen festgestellten Daten ausrichten.[171] Diese als »juristischer Trick« bezeichnete Regelung[172] wurde zwar gesetzlich vom französischen Kartellrecht freigestellt. Da jedoch Frankreich weit geltende preisrelevante Indikatoren Mitgliedstaaten übergreifende Wirkung besitzen, findet das EU-Kartellrecht Anwendung. Eine Befreiung nach dem EU-Agrarkartellrecht scheidet aus, da das CNIEL auf der Abnehmerseite auch nicht genossenschaftlich organisierte Molkereien erfasst. Insofern dürfte eine nach allgemeinem EU-Kartellrecht verbotene Preisempfehlung vorliegen.

94

Falls alternativ die Regelung als halbstaatliche Marktmaßnahme angesehen wird, lag ein Verstoß gegen die EU-Milchmarktordnung vor, da nach dieser den Mitgliedstaaten ein Eingreifen in das Preisgeschehen untersagt ist. Denn wenn jeder Mitgliedstaat seine eigene Milchpreispolitik betreiben würde, könnte der Milchmarkt nicht im Rahmen der GAP zentral von der EU gesteuert werden. Zudem käme es durch solche unterschiedliche Milchmarktpolitiken zu Wettbewerbsverzerrungen zwischen den Mitgliedstaaten und folglich zu einer Beeinträchtigung der auf dem EU-Binnenmarkt tätigen Unternehmen. Die französische Wettbewerbsaufsicht stufte daher die Regelung im November 2009 als Kartellrechtsverstoß ein und bemängelte, bei ihrem Erlass nicht beteiligt gewesen zu sein.[173] Als Alternative wurde die Stärkung

95

---

170 Vgl. Agra-Europe 34/2008, Länderberichte, S. 10 f.
171 Vgl. dazu Agra-Europe 23/2009, Länderberichte, S. 3 f.
172 Vgl. näher *Scharnhölz*, Einig darin, uneins zu sein, Elite 3/2009, 58.
173 Vgl. Agra-Europe 47/2009, Länderberichte, S. 11; entsprechend das BKartA, Sektoruntersuchung Milch – Zwischenbericht, 2009, S. 5 f., und wohl auch *Martínez*, Landwirtschaft und Wettbewerbsrecht – Bestandsaufnahme und Perspektiven, EuZW 2010, 368 (373), der zudem bezogen auf landwirtschaftliche Branchenorganisationen vertritt, dass ein »System vertikaler Preisabsprachen jenseits einzelner landwirtschaftlicher Sektoren« wegen Verstoßes gegen grundlegende Prinzipien des allgemeinen EU-Kartellrechts nicht auf Art. 42 AEUV gestützt werden könnte.

von Erzeugerorganisationen vorgeschlagen. Dessen ungeachtet galt die französische Regelung weiter, ohne dass die Europäische Kommission eingriff. Nach monatelangem Streit kam es im August 2010 innerhalb des CNIEL zu einer erneuerten Milchpreisempfehlung, die sich eng an dem deutschen Milchpreis orientierte, nachdem die vorherige höhere Empfehlung nicht eingehalten worden war.[174]

5. Diskussion über die Stärkung der Zusammenarbeit 2008/09

96 Die Hauptstoßrichtung der milchmarktpolitischen Diskussion lag allerdings weder in einem erneuerten staatlichen oder halbstaatlichen Mengenbegrenzungssystem noch in einer privat getragenen Milchmarktintervention oder einer staatlichen Intervention in den Milchpreis, sondern in Überlegungen, wie die Milcherzeugerseite die vorhandenen Freistellungen im Agrarkartellrecht besser nutzen kann und ob darüber hinaus noch weitergehendere Freistellungen gewährt werden sollten. Bereits 2007 hatte der DRV mit Blick insbesondere auf die Fusionskontrolle im Agrarbereich gefordert, das »Kartellrecht an das Marktgeschehen anzupassen«.[175] In dem Abschlusspapier des »Runden Tisches Milch« als Treffen von Vertretern aller Marktbeteiligten unter der Leitung des BMEL 2008 fand sich ein Abschnitt »Stärkung der Marktstellung der Anbieterseite«, der mit Folgendem endete: »Die Politik sieht in diesem Prozess ihre Aufgabe darin, sicherzustellen, dass die vom Wettbewerbs- und Kartellrecht eröffneten Möglichkeiten ausreichen, um den besonderen Gegebenheiten des Milchmarktes im Hinblick auf die schwierige Marktposition der Anbieterseite für die Zukunft deutlich besser Rechnung tragen zu können.«[176] Zuvor hatte allerdings das BKartA – vermutlich mit Blick auf die Geschehnisse in Frankreich – davor »gewarnt«, »auf dem Milchgipfel mit Bauern und Agrarminister ... Maßnahmen zu beschließen, die mit dem Kartellrecht kollidieren [wie etwa] Preiserhöhungen über künstliche Verknappungen ...«[177]

97 Bundeskanzlerin *Merkel* betonte 2008 auf dem Deutschen Bauerntag, »dass die Landwirtschaft alles daran setzen muss, ihren Machteinfluss ... durch gemeinschaftliches Agieren in dieser Kette von Anbietern, Ernährungswirtschaft und der bestehenden Verflechtung zu stärken«.[178] Der DBV reagierte auf diese Entwicklungen mit der Forderung, das Kartellrecht dahingehend

---

174 Vgl. Agra-Europe 34/2010, Länderberichte, S. 10 f.
175 DRV, Presseerklärung v. 14.6.2007 (abrufbar über die Internetseite des DRV).
176 BMELV, Eine leistungsstarke Milchwirtschaft in Deutschland sichern, 29.7.2008, S. 6 f.
177 Vgl. Dow Jones Agrar & Ernährung 119/2008, S. 1.
178 Rede vor dem Deutschen Bauerntag v. 1.7.2008 (abrufbar über die Internetseite des Bundeskanzleramtes).

anzupassen, »dass Molkereien und Milchwirtschaft besser als Anbietergemeinschaften auftreten können«.[179] In einer Antwort auf eine Kleine Anfrage führte die Bundesregierung 2008 aus, sie »prüfe derzeit, ob die sich aus [den Instrumentarien des GWB] ergebenden Möglichkeiten ausreichen, um den besonderen Gegebenheiten des Milchmarktes, insbesondere im Hinblick auf die schwierige Marktposition der Anbieterseite gegenüber dem Lebensmitteleinzelhandel, für die Zukunft besser Rechnung tragen zu können«.[180]

Zu dem mit dem Lieferboykott verfolgten Ziel des BDM, einen »bundesweiten Einheitspreis von mindestens 43 Cent/kg Milch« zu erreichen, bemerkte das BKartA in seinem Beschluss zum Lieferboykott, dass »eine flächendeckende Kartellisierung über alle Marktstufen (Milchviehhalter, Molkereien und Handel) hinweg« keine »kartellrechtskonforme Kooperation« darstelle.[181] In einer Antwort auf eine Kleine Anfrage von 2009 betonte die Bundesregierung, dass »schon gegenwärtig landwirtschaftliche Erzeugerbetriebe eine kartellrechtliche Bereichsausnahme ... zu kartellartigen Vereinbarungen nutzen [können], die anderen Wirtschaftszweigen nicht gestattet sind ... Soweit eine erhebliche Bündelung des Milchangebotes der Milcherzeuger in Deutschland verwirklicht werden soll, bedürfte es ... auf Grund der über Deutschland hinausgehenden Wirkung ... einer Änderung des EU-Agrarkartellrechts.«[182]

98

6. Milchsektoruntersuchung des BKartA 2008 bis 2012

Im Juni 2008 leitete das BKartA eine Milchsektoruntersuchung nach § 32e ein. In einem im Dezember 2009 vorgelegten Zwischenbericht erläuterte es zur Zielsetzung der Untersuchung unter anderem, dass deren Ergebnisse »zum Beispiel als Grundlage für eine Erörterung der Notwendigkeit kartellbehördlicher Verfahren oder sogar gesetzgeberischer Eingriffe dienen« könnten. Anschließend wurden in dem Zwischenbericht verschiedene Aspekte des Milchmarktes beleuchtet und Gelegenheit zur Stellungnahme gegeben. Deutlich hieß es allerdings bereits zum Konzept des BDM: »Die von verschiedenen Seiten vorgeschlagenen Möglichkeiten zur Erhöhung der Milchauszah-

99

---

179 Vgl. Dow Jones Agrar & Ernährung 119/2008, S. 2.
180 Kleine Anfrage »Milcherzeuger und Produzenten stärken, Konzernmacht im Einzelhandel beschränken«, BT-Drucks. 16/9893 v. 2.7.2008, S. 4; ähnlich auch 2009 auf den gesamten Landwirtschaftssektor bezogen der Beschl. des Bundesrates »Unterstützung der Landwirtschaft bei der Bewältigung der Auswirkungen der Wirtschaftskrise«, BR-Drucks. 534/09 (Beschl.). v. 10.7.2009, dem das BKartA in seinem Fallbericht zu zwei Fusionsfreigaben im Molkereibereich entgegentrat (Fallbericht zu den Entsch. v. 27.7.2009 und 3.8.2009, Az. 82-88/09 und 82-92/09, S. 3 ff.; abrufbar über die Internetseite des BKartA).
181 BKartA (Fn. 157), Rn. 53.
182 Kleine Anfrage »Zur Milchpolitik der Bundesregierung«, BT-Drucks. 16/13323 v. 10.6.2009, S. 3.

lungspreise, wie etwa ein bundeseinheitlicher Basispreis, marktstufenübergreifende oder politisch moderierte Preisvereinbarungen, sind weder mit deutschem noch mit europäischem Kartellrecht zu vereinbaren.«[183]

100 Seine kritische Sichtweise setzte das BKartA in dem Endbericht von 2012 fort. Als wettbewerbsrechtlich bedenklich ordnete es vor allem »langfristige Lieferbeziehungen in Kombination mit vollständigen Andienungspflichten« ein. Jedoch erkannte das BKartA zugleich an: »Die Art und Weise der Berechnung des Milchgeldes im Rahmen von genossenschaftlich organisierten Molkereien kann kartellrechtlich nicht beanstandet werden, sofern sie auf verbindlichen Vorgaben des Genossenschaftsrechts beruht.«[184] Weite Teile des Endberichts widmete das BKartA der Missbrauchsaufsicht und der Fusionskontrolle. Die Ausführungen zu § 28 und zum spezielleren § 11 MarktStrG waren demgegenüber relativ kurz gehalten.

101 Allgemein betonte das BKartA, dass es »keinerlei Befugnis [habe], im Rahmen seiner Fallpraxis ›Strukturpolitik‹ zu betreiben oder eine Änderung der für die Landwirtschaft geltenden nationalen oder europäischen Vorschriften zu erzwingen oder sich gar über diese hinwegzusetzen«. Seine kartellpolitische Auffassung brachte das BKartA allerdings gleichwohl zum Ausdruck: »Die Bemühungen um die Stärkung der Stellung der [Milcherzeuger] dürfen im Ergebnis nicht zu einer umfassenden Kartellierung der Erzeugerstufe auf regionalen Märkten für die Rohmilcherfassung führen … Das [MarktStrG] bietet den Erzeugern bereits jetzt die Möglichkeit, in größerem Ausmaß Angebotskartelle zu bilden. Das [BKartA] hält es für verfehlt, im Wege einer europäischen Regelung die Erweiterung der Freistellung vom nationalen und europäischen Kartellverbot zu beschließen, ohne dass die bereits bisher bestehenden Freistellungsmöglichkeiten hinreichend genutzt werden.«[185]

7. Bewertung von Milchpreisinformationssystemen

102 Das BKartA betrachtete zudem im Endbericht zur Sektoruntersuchung Milch und parallel in einer gesonderten Entscheidung vom 12.5.2011[186] privatwirt-

---

183 BKartA (Fn. 173), S. 135.
184 BKartA, Sektoruntersuchung Milch – Endbericht, 2012, S. 11; s. eingehend zu diesen Thesen *Busse* (Fn. 154), S. 160 ff.
185 BKartA, a.a.O., S. 12 f.; ebenso schon BKartA, TB 2009/10, BT-Drucks. 17/6640 v. 20.7.2011, S. 63: »Allerdings sieht es das [BKartA] mit Sorge, dass die Europäische Kommission beabsichtigt, weiter reichende Ausnahmetatbestände zugunsten der Landwirtschaft im europäischen Recht zu verankern.«
186 BKartA, Entsch. v. 12.5.2011, Az. B2 – 118/10 (abrufbar über die Internetseite des BKartA); vgl. auch BKartA TB 2011/12, BT-Drucks. 17/13675 v. 29.5.2013, S. 55.

schaftliche Milchpreisinformationssysteme näher. In der Entscheidung, die konkret nur den »Milchpreisspiegel« der privaten Agrarmarkt Informations-Gesellschaft (AMI) betraf, jedoch allgemeine Leitlinien für den Milchbereich aufstellte, ging das BKartA ohne nähere Erläuterung davon aus, dass jegliche Marktinformationssysteme unabhängig von ihrem Initiator gegen das Kartellverbot verstoßen können. Damit erfasste das BKartA auch Milchpreisvergleiche, die in der landwirtschaftlichen Fachpresse auf Grund von frei zugänglichen Informationen veröffentlicht werden. Nach dem BKartA dürfen Daten, die mit einzelnen Unternehmen verknüpft sind und als identifizierende Daten bezeichnet werden, nur publiziert werden, wenn sie mindestens sechs Monate alt sind. Für nicht identifizierende jüngere Daten seien konkrete Vorgaben – etwa Erfassung von mindestens fünf Molkereien – einzuhalten.

Im Endbericht nahm das BKartA zusätzlich an, dass die Teilnahme von Unternehmen an einem gesetzlich vorgeschriebenen Milchdatenmeldesystem – so existiert ausgehend vor allem von EU-Recht das Marktordnungswaren-Meldegesetz,[187] das auch den Milchbereich erfasst, sowie eine im Milch- und Fettgesetz geregelte amtliche Preisnotierung für Butter und Käse – grundsätzlich einen Verstoß gegen das Kartellverbot darstellen kann.[188] An diesem Punkt überschritt das BKartA die Grenze des Kartellrechts, das prinzipiell nicht den Bereich des staatlichen Agrarmarktrechts erfasst. Ist eine bestimmte Preismeldung und Preisveröffentlichung durch das Agrarmarktrecht vorgeschrieben und gegebenenfalls die Nichtvornahme sogar bußgeldbewehrt, kann der auf die Privatwirtschaft abzielende § 1 nicht angewendet werden. Wohl daher relativierte das BKartA an späterer Stelle seine Ansicht wieder, äußerte allerdings zugleich, dass es »einer Ausweitung der derzeit bestehenden nationalen bzw. europäischen Meldepflichten grundsätzlich skeptisch« gegenüber stehe.[189] Ebenfalls nicht anwendbar ist § 1, soweit § 28 oder vergleichbares EU-Recht einen Austausch auf Milch bezogener Daten zwischen Marktbeteiligten gestatten.

8. Milchpaket 2012 und Milchpreiseinbruch ab 2014

Angesichts der Milchmarktkrise 2008/09 und des kommenden Auslaufens der EU-Milchquotenregelung setzte die Europäische Kommission im Oktober 2009 eine von den Mitgliedstaaten bestückte Hochrangige Expertengruppe Milch (High Level Expert Group Milk; HLG Milch) ein, die »mittel- und langfristige Maßnahmen für den Milchsektor erörtern sollte«. In zehn Sitzun-

---

187 Derzeit geltend in der Fassung der Neubekanntmachung v. 26.11.2008, BGBl. I 2008 S. 2260.
188 BKartA (Fn. 184), S. 55.
189 BKartA (Fn. 184), S. 65.

§ 28 GWB   *Landwirtschaft*

gen und mehreren Anhörungen von Marktbeteiligten erarbeitete die HLG Milch Handlungsempfehlungen zu sieben Themenbereichen, die sie im Juni 2010 förmlich beschloss. Unter anderem schlug sie vor, die »kollektive Verhandlungsmacht der Erzeuger« zu stärken und Branchenverbände im Milchbereich vorzusehen.[190] Im Dezember 2010 legte die Europäische Kommission darauf gestützt einen Legislativvorschlag vor, der beinhaltete, Milcherzeugerorganisationen und deren Vereinigungen eine staatliche Anerkennung zu verleihen und damit eine Kartellbefreiung für kollektive Preisverhandlungen über Rohmilch zu verbinden. Auch Branchenorganisationen im Milchbereich sollten anerkennungsfähig werden, allerdings selbst keine Preise verhandeln können.[191]

105 Nach einjähriger Verhandlung einigten sich Rat, Europäisches Parlament und Europäische Kommission auf entsprechende Änderungen des EU-Agrarmarktrechts. Die betreffende Verordnung (EU) Nr. 261/2012[192] stellte die erste politisch bedeutsame Verordnung im Agrarbereich dar, die im Rahmen des neuen Gesetzgebungsverfahrens des Vertrages von Lissabon erging und bei der eine Verständigung zwischen Rat und Europäischem Parlament in einem informellen Trilogverfahren gelang.[193] Das BKartA meinte zu diesem so genannten EU-Milchpaket: »Das [BKartA] steht einzelnen Regelungen des Milchpakets kritisch gegenüber. Aus wettbewerbsrechtlicher Sicht sind insbesondere die hohen Schwellenwerte, bis zu denen Erzeugergemeinschaften auf der Grundlage des Milchpakets anerkannt werden können, zu kritisieren. Das Milchpaket sieht überwiegend eine einheitliche Regelung für alle Mitgliedstaaten der Europäischen Union vor und trägt damit dem Umstand, dass

---

190 HLG Milch, Zusammenfassung der Empfehlungen der HLG Milch v. 15.6.2010 (abrufbar über die Internetseite der Europäischen Kommission). Abrufbar ist ebenfalls der zugrunde liegende Bericht (Report of the HLG Milk v. 15.6.2010) und ein Großteil der bei der HLG Milch eingereichten Stellungnahmen (darunter mehrere Arbeitspapiere der Generaldirektion Wettbewerb zum Agrarkartellrecht im Milchbereich); s. auch die – allerdings recht oberflächliche – Untersuchung von *Gerbramdy/de Vries*, Agricultural Policy and EU Competition Law – Possibilities and Limits for Self-Regulation in the Dairy Sector, 2011.
191 KOM (2010) 728 v. 9.12.2010 (abrufbar über die Internetseite der Europäischen Kommission); vgl. dazu *Hautzenberg*, Die Reform des europäischen Milchmarkts aus rechtlicher Sicht, Agrarrecht Jahrbuch 2011, 91 (96 ff.). Als Alternative hat das EMB am 8.7.2010 den auf Art. 101 AEUV gestützten Entwurf einer »Gruppenfreistellungsverordnung für Milcherzeuger im Europäischen Wettbewerbsrecht« veröffentlicht (abrufbar über die Internetseite des BDM). Diesbezüglich stellt sich die Frage, ob im Agrarbereich nicht Art. 101 AEUV, sondern vielmehr Art. 42 AEUV für Gruppenfreistellungen als einer Ausnahmeanordnung heranzuziehen ist.
192 ABl. EU Nr. L 94 S. 38.
193 Unzutreffend daher *Chauve/Parera/Renckens* (Fn. 53), S. 310, wonach allein der Rat der Gesetzgeber des EU-Milchpakets gewesen sei.

die realen Marktbedingungen in den einzelnen Mitgliedstaaten und in verschiedenen Regionen stark divergieren, nicht ausreichend Rechnung.«[194] Wäre allerdings keine »einheitliche Regelung« vereinbart worden, hätte die Gefahr bestanden, dass einzelne Mitgliedstaaten im nationalen Recht vorangeschritten wären und dadurch den EU-Binnenmarkt im Milchbereich beeinträchtigt hätten. Die Regelungen des EU-Milchpakets haben bei der GAP-Reform 2014/15 als Vorbild gedient, um derartige Instrumente in anderen Erzeugnisbereichen einzuführen, so dass eine Horizontalisierung des EU-Milchpakets eingetreten ist.[195]

Noch während die neuen EU-Regelungen in den Mitgliedstaaten erstmals angewandt wurden, setzte ab Anfang 2014 ein erneuter Rückgang des EU-Rohmilchpreises ein. 2008/09 hatte sich der Milchpreis nach dem Preiseinbruch rasch erholt und sogar einen neuen Höchststand erreicht. Der abermalige Rückgang, der auch 2016 noch anhält, erweist sich demgegenüber als problematischer. Denn er trifft mit dem Ende der EU-Milchquotenregelung zusammen, so dass es keine staatliche Produktionsbeschränkung mehr gibt.[196] Parallel zum Ende der staatlichen Beschränkung hätten eigentlich die Milchverarbeiter zusammen mit den Milcherzeugern Milchmengenmanagementsysteme aufbauen müssen, da es nur eine Frage der Zeit war, bis wieder eine zyklische Schwankung am Weltmilchmarkt – diesmal vor allem bedingt durch eine schwächere chinesische Wirtschaft, das Embargo Russlands gegenüber EU-Milchprodukten und eine weltweit gestiegene Milcherzeugung – eintrat.

Derartige Vorkehrungen, die rechtlich ohne Weiteres möglich gewesen wären, sind jedoch nicht getroffen worden. Hierin erblickt der BDM eine strukturelle Schwäche des Milchgenossenschaftswesens und möchte daher die traditionellen Verarbeitungsgenossenschaften im Milchbereich zu Gunsten von Milchlieferorganisationen auflösen. Das BKartA schloss sich dieser Kritik teilweise an und plädierte dafür, die regelmäßige Vollandienungspflicht einzuschränken. Im April 2016 hat es ein Verwaltungsverfahren gegen die Deutsche Milchkontor GmbH (DMK) und die dahinter stehende gleichnamige Milchgenossenschaft eingeleitet, um deren Milchanlieferungssystem und Milchpreisbildung zu untersuchen.[197] Allerdings erläutert das BKartA nicht, wie eine Aufsplittung der Liefermenge eines Milcherzeugers in der Praxis funktionieren soll

---

194 BKartA, TB 2011/12, BT-Drucks. 17/13675 v. 29.5.2013, S. 53.
195 *Von Rintelen*, in: Grabitz/Hilf/Nettesheim, Art. 42 AEUV, Rn. 4, spricht insofern von einer »Aufwertung der kartellrechtlichen Sondervorschriften«.
196 Unzutreffend *Holthaus/Lehnhoff* (Fn. 21), dass »Molkereigenossenschaften seit Anfang 2015 keiner Marktordnung mehr unterliegen«, da die Milchmarktordnung nicht nur aus der Milchquotenregelung bestand.
197 BKartA, Pressemitteilung »Bundeskartellamt überprüft Lieferbedingungen der Molkereien« v. 21.4.2016 (abrufbar über die Internetseite des BKartA).

und dadurch die Milchmengenproblematik gelöst werden kann. Im Gegenteil scheinen die gegenwärtigen strukturellen Probleme eher durch eine verbesserte Zusammenarbeit zwischen Milcherzeugern und Milchverarbeitern in Angriff genommen werden zu können.[198] In der EU wird dies ähnlich gesehen, da in Form befristeter Krisenmaßnahmen den Milcherzeugerorganisationen und Milchbranchenverbänden im April 2016 gestattet wurde, im Wege einer besonderen Kartellausnahme auf freiwilliger Basis eine Mengenplanung vorzunehmen (vgl. Rdn. 203 f.).

9. Milchbezogene Diskussion in der Schweiz als Vergleich

108　Dass in die Krisenmaßnahmen auch anerkannte Branchenverbände, die in Deutschland keine Tradition im Agrarbereich besitzen und bislang nicht bestehen, mit einbezogen wurden, liegt unter anderem daran, dass in Frankreich mit dem CNIEL ein solcher auf Milch bezogener Branchenverband existiert. Allerdings ist es schwierig, angesichts divergierender Interessen der in einem Branchenverband vertretenen Mitglieder der Milchwertschöpfungskette einvernehmliche Beschlüsse im Produktions- und Vermarktungsbereich zu fassen, wie das Beispiel der Schweiz anschaulich belegt. So hat die Schweiz vor die 2009 erfolgte Aufhebung ihres staatlichen Milchkontingentsystems eine Übergangsphase geschaltet, die von 2006 bis 2009 reichte und das staatliche System mit einem privatwirtschaftlichen Mengenmanagement verband. Auch nach 2009 besteht in der Schweiz die Möglichkeit fort, privatwirtschaftliche Maßnahmen in gewissem Umfang für allgemeinverbindlich zu erklären.[199] Zudem sind Ausnahmen von dem ebenfalls in der Schweiz geltenden allgemeinen Kartellverbot für diejenigen Organisationen, die das private Mengenmanagement tragen, vorgesehen.[200]

109　2009 hat sich eine auf Art. 8 des schweizerischen Bundesgesetzes über die Landwirtschaft (SchweizLwG) gestützte Branchenorganisation Milch (BO Milch) gegründet, die von den Produzenten über die Verarbeiter bis zum Handel reicht. Die BO Milch führt selbst keine Preisverhandlungen, sondern beschloss 2009 lediglich einen unverbindlichen Milchrichtpreis und ein relativ

---

198　Vgl. näher *Busse* (Fn. 154), S. 162 ff.
199　Vgl. näher *Busse*, Das Milchkontingentierungsrecht der Schweiz im Lichte der EU-Milchquotenregelung, S. 64 ff., in: Norer (Hrsg.), Milchkontingentierungsrecht zwischen Aufhebung und Transformation, 2009, S. 8 ff.
200　Vgl. *Busse*, a.a.O., S. 67; s. auch *Richli*, Rechtliche Aspekte der Milchquoten in der Schweiz und zukünftige Entwicklungen, S. 179 ff., in: Norer (Fn. 199), S. 169 ff., und allg. *ders.*, Behindert das Kartellrecht den Zusammenschluss bäuerlicher Produzenten?, Diskussionspapier der Universität Luzern vom 11.10.2007 (abrufbar über die Internetseite der Schweizerischen Vereinigung für Industrie und Landwirtschaft).

komplexes System »zur Mengenführung«. Letzteres System wurde auf Antrag der BO Milch vom schweizerischen Bundesrat am 17.2.2010 gestützt auf Art. 9 Abs. 1 SchweizLwG und befristet auf ein Jahr für allgemeinverbindlich erklärt und dadurch auf Nichtmitglieder der BO Milch ausgedehnt.[201] Das »Mengenführungsmodell«, mit dem Milcherzeuger, die eine festgelegte Höchstmenge überschritten haben, sanktioniert werden sollten, kam jedoch auf Grund einer breiten Ablehnung innerhalb der Branche und rechtlichen Zweifeln wegen einer ungenügenden Datengrundlage nicht zur Umsetzung. So hat insbesondere die in der BO Milch vertretene Verarbeitungs- und Handelsseite an einem höheren Rohmilchpreis aus verschiedenen Gründen kein großes Interesse.

Daher beschloss die BO Milch im Oktober 2010, eine Milchpreisdifferenzierung je nach Verwendung der Rohmilch sowie eine Umlage zur Finanzierung eines Milchinterventionsfonds einzuführen, der Exporte im Milchbereich unterstützen soll. Im Mai 2011 kamen ein Standardrohmilchvertrag und eine weitere Umlage hinzu, die zum Export des Butterüberschusses zu verwenden war und insbesondere von Milcherzeugern, die über ihre vereinbarten Milchmengen hinaus produzieren, getragen werden sollte. Die BO Milch strebte für die Standardverträge, die die Milchpreisdifferenzierung einschließen, sowie die Umlagen wiederum eine Allgemeinverbindlichkeit an.[202] Die Vereinigung der Schweizer Milchproduzenten (SMP) als wichtiges Mitglied der BO Milch auf der Erzeugerseite widersetzte sich daraufhin der Abkehr von einem halbstaatlichen Mengensteuerungssystem. Der die SMP unterstützende Nationalrat *Aebi* brachte einen Antrag zur Allgemeinverbindlichkeitserklärung eines von der SMP entworfenen Mengensteuerungssystems, das die Wiedereinführung des Milchquotensystems bedeutet hätte, in den Nationalrat ein.[203]

110

Der Nationalrat stimmte zwar dem *Aebi*-Antrag im Oktober 2010 zu. Sowohl der schweizerische Bundesrat als auch der Wirtschaftsausschuss des Ständerates lehnten jedoch den *Aebi*-Antrag im Frühjahr 2011 ab und schlugen stattdessen die von der BO Milch beabsichtigte Allgemeinverbindlichkeitserklärung ihrer neuen Beschlüsse vor. Entsprechend stellte die BO Milch im Mai 2011 einen Antrag auf Allgemeinverbindlichkeitserklärung.[204] Diese

111

---

201 Vgl. BO Milch, Gesuch um Ausdehnung von Selbsthilfemaßnahmen der BO Milch v. 1.12.2009 (abrufbar über die Internetseite des schweizerischen Bundesamtes für Landwirtschaft [BLW]).
202 Vgl. hierzu und zum Folgenden die Internetseite der BO Milch.
203 Schweizerische Bundesversammlung, Geschäftszeichen 10.3472: Motion »Mengensteuerung für marktgerechte Milchmengen« v. 16.6.2010 (dort auch zu den folgenden Angaben).
204 Vgl. BO Milch, Gesuch um Ausdehnung von Selbsthilfemaßnahmen der BO Milch v. 5.5.2011 (abrufbar über die Internetseite des BLW).

Erklärung wurde für zwei Jahre ausgesprochen, umfasste jedoch nicht die Butterexportumlage, da insofern einige Mitglieder der BO Milch den entsprechenden Beschluss der BO Milch gerichtlich angefochten hatten. Zudem beschloss die SMP für Ende 2012 den Austritt aus der BO Milch, was nach der Zusage einer vergrößerten Vertretung der SMP im Vorstand der BO Milch wieder zurückgenommen wurde. 2013 erklärte der schweizerische Bundesrat die Standardverträge und die Milchpreisdifferenzierung zwei weitere Jahre lang für allgemeinverbindlich. 2015 verlängerte der Bundesrat diese Erklärung erneut um zwei Jahre und erklärte auch einen Beschluss der BO Milch, Nichtmitglieder an der Finanzierung von »Kommunikationsmaßnahmen« zu beteiligen, befristet auf zwei Jahre für allgemeinverbindlich.[205] Letztlich zeigt sich an der Entwicklung in der Schweiz, welch schwieriges Unterfangen es ist, über ein staatlich anerkanntes Kartell in Form eines Branchenverbandes mit Hilfe von Allgemeinverbindlichkeitserklärungen Agrarmarktpolitik zu betreiben.

IX. Entwicklung des § 100 GWB 1957 zum heutigen § 28

112 Wird die Entwicklung des § 100 GWB 1957 hin zum heutigen § 28 betrachtet, so wurde zunächst die in § 100 Abs. 5 Nr. 2 GWB 1957 vorgesehene Festlegung der unter § 100 GWB 1957 fallenden Be- und Verarbeitungserzeugnisse mit der Verordnung über die Benennung von Waren als landwirtschaftliche Erzeugnisse im Sinne des GWB vom 29.10.1960[206] – allgemein als Benennungsverordnung bezeichnet – vorgenommen[207] und in der Folgezeit mehrfach geändert. 1975 legte die Bundesregierung auf Grund einer entsprechenden parlamentarischen Forderung einen »Bericht über die Ausnahmebereiche des [GWB]« vor, in dem der Agrarbereich 33 Ziffern einnahm.[208] Als Fazit stellte die Bundesregierung fest: »Im Bereich der Land- und Forstwirtschaft habe sich [nach dem Bekunden der Bundesländer] die Ausnahmeregelung insgesamt gesehen bewährt.« In dem Bericht wurden zudem »Spezialisierung von Betrieben« und »Konzentration des Angebots« auf die »Kartellvergünstigung« des GWB und des MarktStrG zurückgeführt, ohne allerdings zugleich »eine generelle Aussage über die Auswirkungen auf den Wettbewerb« machen zu können.[209] Bis 1980 erfolgten nur redaktionelle Änderungen des § 100 GWB 1957, indem die Fundstellen der deutschen Marktordnungsgeset-

---

205 Vgl. BO Milch, Gesuch um Ausdehnung der Gütligkeit des Standardvertrages und der Segmentierung auf Nichtmitglieder der BO Milch v. 3.6.2015 (abrufbar über die Internetseite des BLW).
206 BGBl. I 1960 S. 837.
207 Vgl. dazu die ausführliche amtliche Begründung, BR-Drucks. 240/60 v. 27.7.1960.
208 BT-Drucks. 7/3206 v. 4.2.1975, S. 10 ff.
209 A.a.O., S. 16.

ze in Abs. 8 angepasst und 1968 die Ablösung des Saatgutgesetzes durch das Saatgutverkehrsgesetz in Abs. 3 nachvollzogen wurden.[210]

1. 4. GWB-Novelle

Die 4. GWB-Novelle vom 24.9.1980[211] nahm erstmals eine inhaltliche Änderung der Ausnahmeregelung vor. In § 100 Abs. 3 GWB 1957 wurde die Ausnahme vom allgemeinen Preisbindungsverbot des § 15 GWB 1957 auf Zuchtunternehmen und Züchtervereinigungen in Bezug auf Tiere, die »zur Vermehrung in einem mehrstufigen Zuchtverfahren bestimmt sind«, erstreckt und infolgedessen Abs. 3 in zwei Nummern aufgegliedert. Entsprechend erfolgte eine Ergänzung der Definition des Erzeugerbetriebes in § 100 Abs. 6 Satz 2 GWB 1957 um Tierzuchtbetriebe und damit zugleich eine Erweiterung der Freistellung des § 100 Abs. 1 GWB 1957 auf derartige Betriebe. Bis 1998 kam es nur zu weiteren redaktionellen Anpassungen von Gesetzesfundstellen, so dass die Bestimmung vierzig Jahre lang kaum verändert blieb.

113

2. 6. GWB-Novelle

Mit der 6. GWB-Novelle vom 26.6.1998[212] wurden dann mehrere inhaltliche Änderungen sowie zugleich eine redaktionelle Verschiebung des § 100 GWB 1957 in den nunmehrigen § 28 und damit in den auch heute noch so betitelten Abschnitt »Sonderregeln für bestimmte Wirtschaftsbereiche« vorgenommen. In diesem Zusammenhang führte die amtliche Begründung allgemein aus: »Die bisher in § 100 geregelte weitreichende und im Wesentlichen mit dem EG-Recht übereinstimmende Ausnahmeregelung für die Land- und Forstwirtschaft wurde unter dem Aspekt der Stärkung des Wettbewerbsprinzips überprüft; sie wird nunmehr in § 29« – in der verabschiedeten Fassung § 28 – »geregelt. Angesichts der besonderen Bedingungen, denen die Erzeugung und der Absatz landwirtschaftlicher Produkte nach wie vor unterworfen sind, und wegen der geltenden EG-rechtlichen Sonderregelungen in [Art. 36 EG] und der [Verordnung Nr. 26] kommt eine uneingeschränkte Anwendung des GWB in diesem Bereich nicht in Betracht. Die Vorschriften über die Landwirtschaft bleiben deshalb in der Substanz weitgehend erhalten. Sie werden jedoch vereinfacht und an die neuen Vorschriften in den §§ 1 ff. angepasst.«[213]

114

Die inhaltlichen Änderungen bezogen sich zunächst auf eine redaktionelle Aufgliederung des § 100 Abs. 1 GWB 1957 in § 28 Abs. 1 Nr. 1 und 2 und seiner Zusammenfassung in zwei Sätzen. Als dritter Satz wurde die in § 100

115

---

210 BGBl. I 1968 S. 444.
211 BGBl. I 1980 S. 1761.
212 BGBl. I 1998 S. 2521.
213 BT-Drucks. 13/9720 v. 29.1.1998, S. 40.

Abs. 6 Satz 2 GWB 1957 enthaltene ergänzende Definition der Pflanzen- und Tierzuchtbetriebe als Erzeugerbetriebe angefügt, während die nach der Neufassung wohl überflüssige Ausgangsdefinition des § 100 Abs. 6 Satz 1 GWB 1957 entfallen konnte. Denn es sei – so die amtliche Begründung – »zweifelsfrei, dass unter landwirtschaftlichen Erzeugerbetrieben im Sinne der kartellrechtlichen Sonderbestimmung nur solche Betriebe zu verstehen sind, die die Urprodukte (Grunderzeugnisse) des [Anhangs I zum EG-Vertrag] erzeugen oder gewinnen«.[214] § 100 Abs. 2 GWB 1957 über die Befreiung vom Preisbindungsverbot im Sortierungs-, Kennzeichnungs- und Verpackungsbereich wurde redaktionell überarbeitet in § 28 Abs. 2 übernommen.

116 Des Weiteren kam es zu einer inhaltlichen Überführung der Freistellung des § 100 Abs. 3 Nr. 2 GWB 1957 vom Preisbindungsverbot im Bereich der Tierzucht in § 23a TierZG (vgl. Rdn. 414 ff.), da diese Freistellung »zur Aufrechterhaltung des Schweinezuchtprogramms weiterhin erforderlich« sei.[215] Die Überführung und die vorgenommenen sprachlichen Umformulierungen sollten die geltende Rechtslage nicht ändern.[216] In ähnlicher Weise erfolgte »wegen des Sachzusammenhangs« die inhaltliche Integrierung des forstbezogenen § 100 Abs. 7 GWB 1957 in § 40 BWaldG (vgl. Rdn. 399 ff.), ohne auch diesbezüglich die geltende Rechtslage ändern zu wollen.[217] So sei die forstbezogene Regelung – wie die amtliche Begründung weiter ausführte – »aus Gründen der Klarstellung und Verwaltungsvereinfachung weiterhin erforderlich«.[218] Dadurch wurden die Sonderregelungen zum Tierzucht- und Forstbereich aus dem GWB ausgegliedert, wobei die Ausgliederung nicht vollständig erfolgte, da zugleich die Freistellung der Tierzuchtbetriebe in § 28 Abs. 1 fortbestand.

117 Die parallele Preisbindungsfreistellung in § 100 Abs. 3 Nr. 1 GWB 1957 für den Saatgutbereich fand sich hingegen ersatzlos aufgehoben. Begründet wurde dies damit, dass diese Freistellung »praktisch kaum noch Bedeutung« habe und Preisbindungen nach Art. 81 Abs. 1 EG – jetzt Art. 101 AEUV – »generell verboten« seien.[219] Warum allerdings zugleich im Tierzuchtbereich die Freistellung vom Preisbindungsverbot aufrechterhalten werden konnte, wurde nicht erläutert. Ebenfalls nicht begründet fand sich, warum die Freistellung der Tierzuchtbetriebe in § 28 Abs. 1 beibehalten wurde. Entgegen *Hootz*[220] hat 1998 eine Überführung von Regelungen des § 100 GWB 1957 in das MarktStrG nicht stattgefunden. Insgesamt erscheint die Konzeption, die die-

---

214 A.a.O., S. 41.
215 A.a.O.
216 A.a.O., S. 70.
217 A.a.O.
218 A.a.O., S. 41.
219 A.a.O., S. 40.
220 *Hootz*, in: GK, § 28 Rn. 1.

sen doch beträchtlichen Änderungen zugrunde liegt, mangels entsprechender Erläuterungen nicht vollständig nachvollziehbar.

Die umfangreiche Ausnahme des § 100 Abs. 4 GWB 1957 von der nach § 18 GWB 1957 bestehenden Möglichkeit, Waren- und Dienstleistungsverträge, die die »wirtschaftliche Bewegungsfreiheit der Beteiligten unbillig einschränken«, für unwirksam zu erklären, entfiel ebenfalls. Amtlicherseits wurde dies damit begründet, dass § 18 inzwischen entschärft worden sei und daher bei seiner Anwendung »die Besonderheiten der Landwirtschaft ausreichend berücksichtigt werden können«.[221] Die in § 100 Abs. 5 GBW 1957 normierte Eigendefinition der landwirtschaftlichen Erzeugnisse fand sich durch einen – allerdings nicht vollständig identischen – Verweis auf die Definition der landwirtschaftlichen Erzeugnisse im EG-Vertrag ersetzt (vgl. zu den damit verbundenen Problemen Rdn. 343 ff.). Dadurch konnte die auf den vormaligen § 100 Abs. 5 Nr. 2 GWB 1957 gestützte Benennungsverordnung (vgl. Rdn. 112) aufgehoben werden, was allerdings erst 2006 geschah.[222]   118

Schließlich wurde auch der zu Gunsten der deutschen Marktordnungsgesetze bestehende Vorbehalt des § 100 Abs. 8 GWB 1957 ersatzlos gestrichen, da sich – so die amtliche Begründung – der Vorrang bereits aus »allgemeinen Rechtsgrundsätzen« ergebe. Die von der Rechtsprechung bestätigte analoge Anwendung des Vorbehalts auf das EU-Agrarmarktrecht[223] erschließe sich ebenfalls aus allgemeinen Rechtsgrundsätzen.[224] Die in § 104 GWB 1957 enthaltene Sonderregelung über die Missbrauchsaufsicht wurde wegen der neuen horizontalen Bestimmung des § 12 Abs. 1 über die Missbrauchsaufsicht als überflüssig angesehen und folglich durch einen bloßen Verweis auf § 12 Abs. 1 ersetzt. Nach der amtlichen Begründung sollte damit keine »inhaltliche Änderung« verbunden sein.[225] Gemäß der folgenden GWB-Neubekanntmachung vom 26.8.1998[226] trat der so geänderte § 28 am 1.1.1999 in Kraft.   119

---

221 BT-Drucks. 13/9720 v. 29.1.1998, S. 41.
222 BGBl. I 2006 S. 894.
223 Vgl. 1978 BGH, WuW/E BGH 1548 (1550 f.) – *Butaris*. Weil die Vorbehaltsklausel in Bezug auf das Schriftformerfordernis wegen der Rückausnahme des § 105 GWB 1957 keine Anwendung fand, griff 1982 der BGH, WuW/E BGH 1963 (1964) – Butterreinfett, unmittelbar auf die Vorrangwirkung des EU-Rechts zurück.
224 BT-Drucks. 13/9720 v. 29.1.1998, S. 41.
225 A.a.O., S. 53.
226 BGBl. I 1998 S. 2546.

3. 7. GWB-Novelle

120 Die 7. GWB-Novelle vom 7.7.2005[227] reduzierte den Wortlaut des § 28 noch weiter. Die Anmeldepflicht des § 28 Abs. 1 Satz 2 GWB 1999 wurde ersatzlos gestrichen. Die amtliche Begründung führte dazu das »neue System der Legalausnahme« an, nach dem Anmeldungen generell nicht mehr erforderlich sind.[228] Da die vertikale Preisbindung durch die Novellierung des GWB in die Generalklausel des § 1 integriert wurde, bedurfte die entsprechende Freistellung des § 28 Abs. 2 GWB 1999 für die Sortierung, Kennzeichnung und Verpackung landwirtschaftlicher Erzeugnisse einer entsprechenden redaktionellen Anpassung.[229] Der Verweis des § 28 Abs. 3 GWB 1999 auf die Definition der landwirtschaftlichen Erzeugnisse im EG-Vertrag wurde mit mehrjähriger Verspätung an die Amsterdamer Fassung des EG-Vertrages von 1997 angepasst. Die ersatzlose Aufhebung des Verweises in § 28 Abs. 4 GWB 1999 auf die Missbrauchsaufsicht fand sich amtlicherseits mit dem Fortfall der konstitutiven Freistellungsentscheidungen begründet.[230] Insgesamt unterstrich die amtliche Begründung zu den 2005 vorgenommenen Änderungen der landwirtschaftlichen Ausnahmeregelung: »Die Ausnahmeregeln für die Landwirtschaft entsprechen im Wesentlichen den im europäischen Recht geltenden Ausnahmeregelungen (Verordnung 26/62). Sie werden für die nationalen Sachverhalte beibehalten und an die neuen Vorschriften dieses Gesetzes angepasst.«[231] Die 8. GWB-Novelle vom 26.6.2013[232] hat lediglich die nach dem Inkrafttreten des Vertrags von Lissabon am 1.12.2009 erforderliche Ersetzung des in § 28 Abs. 3 enthaltenen Verweises auf Anhang I des EG-Vertrages durch den Verweis auf den gleichlautenden Anhang I des AEUV vorgenommen.

X. Ausblick

121 Der damit gegenwärtig in der Fassung der Neubekanntmachung des GWB vom 26.6.2013[233] geltende § 28 ist mit seinen drei Absätzen, vier Sätzen und 128 Wörtern gegenüber der bislang längsten Fassung der Ausnahmeregelung für die Landwirtschaft, die von 1980 bis 1998 in Kraft war, deutlich geschrumpft. So besaß die Fassung von 1980 mit ihren acht Absätzen, zwölf Sätzen und 438 Wörtern den dreifachen Umfang. Dabei ist allerdings zu be-

---

227 BGBl. I 2005 S. 1954.
228 BT-Drucks. 15/3640 v. 7.6.2004, S. 48.
229 Die Anpassung des § 28 Abs. 2 GWB 1999 ist entgegen *Schweizer*, in: Immenga/Mestmäcker, § 28 Rn. 8, nicht der Grund für die Aufhebung der §§ 14 bis 18 ff. GWB 1999 gewesen, da sich letztere nicht speziell auf die Landwirtschaft bezogen haben.
230 BT-Drucks. 15/3640 v. 7.6.2004, S. 48.
231 A.a.O.
232 BGBl. I 2013 S. 1738.
233 BGBl. I 2013 S. 1750, 3245.

achten, dass zwei Bestimmungen mit 107 Wörtern in andere Gesetze überführt wurden.

Schulze-Hagen kam 1977 im Rahmen der bislang letzten Studie, die das gesamte Agrarkartellrecht aus juristischer Sicht betrachtete,[234] zu dem Ergebnis, dass § 28 als »Wohltat« angesehen werden kann, da dadurch »kein nennenswertes Hindernis für rationalisierende, produktions- und absatzfördernde Absprachen oder Praktiken« bestehe.[235] Das BKartA betonte 2003 in einem Diskussionspapier zu den Ausnahmebereichen des Kartellrechts, dass die Ausnahmetatbestände des GWB und damit auch der landwirtschaftliche Erzeugerbetriebsvorbehalt im Hinblick auf ihre fortbestehende Berechtigung ständig zu überprüfen seien.[236] Entsprechend der allgemeinen Tendenz des BKartA, Ausnahmeregelungen im GWB und außerhalb des GWB möglichst zu vermeiden, führte es zu § 28 aus: »[Trotz der regelmäßig angeführten Gründe für die Bereichsausnahme des § 28] wird die praktische Bedeutung des § 28 ebenso wie die des Art. 2 Abs. 1 VO Nr. 26 vermutlich auch weiterhin sehr gering bleiben. Damit steht insgesamt das Bedürfnis nach einem Ausnahmebereich – in Deutschland ebenso wie in Europa – in Frage.«[237] Warum die Bedeutung gering sein soll, erläuterte das BKartA allerdings nicht. Zwar gab es die kleine Zahl offizieller Prüfverfahren beim BKartA an, stellte jedoch zugleich fest, dass zu vermuten sei, dass »noch weitere dem BKartA nicht bekannte Verfahren und Beschlüsse bestehen«.[238]

122

Jestaedt geht offenbar von einer größeren Bedeutung aus: »Trotz aller den Ausnahmebereich begründenden Besonderheiten ist diese rechtliche Situation höchst ungeeignet, den Landwirten unternehmerisches Denken und den Sinn für entsprechendes Handeln zu vermitteln.«[239] *Frenz* sieht im Landwirtschaftsbereich »regelmäßig die Wettbewerbsvorschriften mit sektorspezi-

123

---

234 Zuvor 1965 zeitgleich *Eberle* (Fn. 28) und *Linnewedel* (Fn. 33). Bei den Diss. von *Petry* (Fn. 5; 1974), *Wendler* (Fn. 21; 1977) und *Eisele*, Marktverbände und Wettbewerb in der Agrarwirtschaft, 1978, handelt es sich um wirtschaftswissenschaftliche Dissertationen, allerdings vor allem bei *Petry* mit einem erheblichen juristischen Schwerpunkt. Eine aktuelle Studie, die vor allem die Praxis des BKartA und der Europäischen Kommission vertiefend darstellt und kritisch bewertet, ist ein Desiderat.
235 *Schulze-Hagen* (Fn. 21), S. 250 f.
236 BKartA (Fn. 41), S. 1.
237 A.a.O., S. 29.
238 A.a.O., S. 28. *Both*, Agrarunternehmensrecht, 2000, S. 185, vertrat die Ansicht, dass § 28 »grundsätzlich entbehrlich erscheint«, da die »durch landwirtschaftliche Betriebe und deren Vereinigungen getroffene Absprachen i.d.R. ... nicht als kollektive Verträge iSd § 1 GWB angesehen werden«.
239 *Jestaedt*, in: Langen/Bunte, § 28 Rn. 3.

fischen Modifikationen eingreifen«.²⁴⁰ *Martínez* meint, dass »das Wettbewerbsrecht im Landwirtschaftssektor weitgehend in einem ruhenden Zustand« sei.²⁴¹ *Lohse* stuft hingegen die Privilegierung als einen »überkommenen Anachronismus« ein, der »abgeschafft gehöre«, da die allgemeinen kartellrechtlichen Regeln mit unter anderem der Begünstigung von Mittelstandskartellen ausreichend seien.²⁴² Für eine Gesamtwürdigung der bisherigen Bedeutung der sowohl im EU-Recht als auch im deutschen Recht enthaltenen kartellrechtlichen Vorbehalte zu Gunsten der Landwirtschaft bedürfte es einer eingehenden Untersuchung, die auch die agrarökonomischen Verhältnisse einbezieht und die Praxis der landwirtschaftlichen Erzeugerzusammenschlüsse einschließlich der Genossenschaften der letzten sechzig Jahre in Deutschland und der EU beleuchtet. Dabei wären zugleich neuere Entwicklungen wie der fortgeschrittene Abbau des EU-Agrarmarktrechts und der damit verbundene verstärkte Einfluss des Weltagrarmarktes zu berücksichtigen.

124 2012 hat die Monopolkommission § 28 wohlwollend und für »spezialgesetzlich überformte Wirtschaftsbereiche« als vorbildhaft charakterisiert: »Die Sondervorschriften für die Landwirtschaft zeigen beispielhaft die ausdrückliche Beschränkung von Ausnahmen vom Kartellverbot auf das für die Erreichung des verfolgten Zwecks notwendige Mindestmaß.«²⁴³ Das BKartA bemerkte Mitte 2011: »In der Landwirtschaft herrschen seit jeher besondere Wettbewerbsbedingungen. Die Märkte sind stark kapazitäts- und mengengesteuert, die Produktion ist häufig witterungsabhängig. Zudem geraten einzelne Wirtschaftszweige auf Grund geänderter Nachfragebedingungen und der zunehmend auf eine Liberalisierung zielenden Reformen der europäischen und nationalen Agrarmarktordnungen unter Druck, die hierfür erforderlichen Strukturanpassungen durchzuführen.«²⁴⁴ Die im letzten Jahrzehnt geführte Diskussion über kartellrechtliche Fragen im Milchbereich, das EU-Milchpaket von 2012 einschließlich seiner 2013 erfolgten Umsetzung in Deutschland, die tiefgreifende Debatte im Zuge der 2013 beschlossenen GAP-Reform 2014/15 über die Rolle staatlich anerkannter Agrarorganisationen und die seit 2014 erneut aufgeflammte Erörterung im Milchbereich haben das Agrarkartellrecht bereits erheblich wiederbelebt.²⁴⁵ Es ist derzeit nicht unwahrschein-

---

240 *Frenz*, Agrarwettbewerbsrecht, AUR 2010, 193 (195); nur kurz auf das Agrarkartellrecht eingehend *ders.*, Europäisches Kartellrecht, 2. Aufl. 2015, S. 91 f.
241 *Martínez* (Fn. 173), S. 373.
242 *Lohse* (Fn. 20), Rn. 186 f.
243 Monopolkommission, 19. Hauptgutachten 2010/2011, BT-Drucks. 17/10365 v. 20.7.2012, S. 216.
244 BKartA, TB 2010/11, BT-Drucks. 17/6640 v. 20.7.2011, S. 63.
245 Die Behauptung des BKartA, TB 2013/14, BT-Drucks. 18/5210 v. 15.6.2014, S. 48, es seien in Deutschland seit »der Umsetzung der Agrarmarktordnung« in Form der Verordnung (EU) Nr. 1308/2013 »neue Erzeugerorganisationen entstanden, die zum Teil eine erhebliche Größe erlangt haben«, dürfte sich nicht belegen las-

lich, dass es vor allem auf EU-Ebene noch vor dem Beginn der Verhandlungen über die Gestaltung der GAP von 2021–2027 zu agrarkartellrechtlichen Gesetzesinitiativen kommt.

D. Verhältnis zum EU-Agrarkartellrecht

Um das Verhältnis und vor allem die Wechselwirkungen zwischen § 28 und dem EU-Agrarkartellrecht betrachten zu können, ist ein näheres Verständnis des EU-Agrarkartellrechts erforderlich. 125

I. Konzeption des Art. 42 AEUV

Den Ausgangspunkt für ein solches Verständnis bildet die Konzeption des Art. 42 AEUV, auf dem das Sekundäragrarkartellrecht der EU beruht. Art. 42 Unterabs. 1 AEUV besagt, dass das gesamte EU-Kartellrecht auf »die Produktion landwirtschaftlicher Erzeugnisse und den Handel mit diesen« nur anzuwenden ist, soweit der Rat der EU unter »Berücksichtigung der Ziele« der GAP eine solche Anwendung beschließt.[246] Es besteht mithin eine Legalaus- 126

---

    sen. Im Gegenteil nimmt die Anzahl der Erzeugerorganisationen einhergehend mit dem Rückgang der Zahl landwirtschaftlicher Betriebe tendenziell beständig ab.

246 Vgl. die Kommentierung des Verfassers zu Art. 42 AEUV, in: Lenz/Borchardt, die der vorliegenden Skizzierung des EU-Agrarkartellrechts als Ausgangspunkt dient und die primärrechtlichen Probleme im Einzelnen erläutert. Kommentierungen zu Art. 42 AEUV existieren ferner von *Bittner* (Schwarze), *Geiger/Khan/Kotzur*, *Kopp* (Streinz), *Lorenzmeier* (Vedder/Heintschel von Heinegg), *von Rintelen* (Grabitz/Hilf/Nettesheim), *van Rijn* (von der Groeben/Schwarze/Hatje) und *Thiele* (Calliess/Ruffert) sowie zum vormaligen Art. 36 EG von *Kau* (Hailbronner/Wilms). Darstellungen des EU-Agrarkartellrechts finden sich zudem bei *de Bronett* (Schulte/Just bzw. *Wiedemann*), *Buth* (Loewenheim/Meessen/Riesenkampff), *Erhart/Krauser* (MünchKommKartR), *Jestaedt* (Langen/Bunte), *Lohse* (Härtel), *Nägele* (Frankfurter Kommentar), *Papadias* (Korah, mit Nachweisen zur englischen und französischen Literatur) *Schröter* (von der Groeben/Schwarze/Hatje bzw. Schröter/Jakob/Mederer) und *Schweizer* (Immenga/Mestmäcker); s. zudem aus österreichischer Sicht *Gruber*, Wettbewerb in der Landwirtschaft, HÖZK 2009, 132 und 188. Grundlegend war und ist immer noch Deutsche Gesellschaft für Agrarrecht (DGAR), Die kartellrechtliche Sonderregelung für die Landwirtschaft im EWG-Recht, 1970, als Schlussbericht des Ausschusses für Agrarkartellrecht der DGAR. Ausgangspunkt des Berichtes war ein Generalreferat mit Thesen von *Büttner* (vgl. den in Fn. 30 angeführten Aufsatz von *Büttner*), die ergänzt um Stellungnahmen aus anderen Mitgliedstaaten auf dem Europäischen Agrarrechtskongress 1967 in Bad Godesberg wie im Bericht wiedergegeben zum Teil äußert kontrovers diskutiert wurden. 2003 kam es im Comité Européen de Droit Rural (CEDR) zu einer erneuten Behandlung des Agrarkartellrechts (vgl. *Winkler*, The Effect of European and National Competition Law on the Agricultural Sector, General Report of Commission II of the XXII European Congress of Agricultural Law,

nahme, die lediglich durch eine gesetzgeberische Anordnung durchbrochen werden kann.[247] Auf Grund des Art. 38 Abs. 1 Unterabs. 2 Satz 2 AEUV, der für das gesamte Agrarkapitel des AEUV Erzeugnisse der Fischerei landwirtschaftlichen Erzeugnissen gleichsetzt, findet Art. 42 AEUV nicht nur auf landwirtschaftliche Erzeugnisse, sondern auch auf Fischereierzeugnisse Anwendung. Dem entspricht, dass Anhang I des AEUV, den Art. 38 Abs. 3 AEUV in Bezug nimmt, ebenfalls derartige Erzeugnisse umfasst.[248]

127 Parallel zu § 28 ist für das Verständnis des Art. 42 AEUV seine Entstehungsgeschichte bedeutsam und soll daher kurz skizziert werden. Der Landwirtschaftstitel des AEUV, dessen Bestandteil Art. 42 AEUV ist, war bei der Ausarbeitung des damaligen EWG-Vertrages 1955/56 als Ganzes umstritten.[249] So bestand teilweise die Ansicht, dass der Agrarbereich staatlicherseits besonders schutzbedürftig sei und daher nicht in den zu errichtenden Binnenmarkt einbezogen werden dürfe. Denn ein grundsätzlich freier Wettbewerb und Warenverkehr würden die Landwirtschaft erheblich benachteiligen. Daher müssten die größtenteils protektionistischen Systeme in den einzelnen Mitgliedstaaten beibehalten werden. Insofern wiederholte sich die Diskussion um die Ausgestaltung des Agrarmarktes in Deutschland (vgl. Rdn. 48 ff.), die ab 1951 zu den deutschen Marktordnungsgesetzen geführt hatte und einen Ausgleich zwischen Marktwirtschaft und staatlicher Agrarmarktsteuerung suchte.

128 *Marmulla/Brault* beschrieben die damalige Situation wie folgt: »Für alle sechs Mitgliedstaaten besteht das Problem, dass der Anteil der Landwirtschaft am Sozialprodukt erheblich geringer ist als ihr Anteil an der Gesamtbevölkerung. Das Pro-Kopf-Einkommen ist in der Landwirtschaft also niedriger als in der übrigen Wirtschaft. Über diese Erkenntnis könnte man sich vielleicht hinwegsetzen, wenn es sich um einen Berufszweig handeln würde, der seine ungünstige Lage selbst verschuldet hat, oder dessen Erhaltung auf Grund der technischen oder wirtschaftlichen Entwicklung nicht mehr gerechtfertigt ist. Beides trifft aber auf die Landwirtschaft nicht zu.«[250] Die Fischereiwirtschaft

---

21.–25.10.2003, o.J.). Allgemeine Ausführungen zum Agrarkartellrecht finden sich zudem in Europäische Kommission, Zweiter Bericht über die Wettbewerbspolitik, 1973, S. 78 ff. In den späteren Berichten ist der Agrarkartellbereich anders als in den TBen des BKartA nicht mehr systematisch erfasst worden.

247 Vgl. auch *Ackermann/Roth*, Anwendung der Europäischen Wettbewerbsregeln auf Genossenschaftssatzungen, ZfgGW 1997, 287 (291), nach denen der EuGH von einem »echten Ausnahmebereich« ausgeht.

248 Vgl. näher *Busse*, in: Lenz/Borchardt, Art. 38 AEUV, Rn. 15 f., und *Busse/Weis*, in: Lenz/Borchardt, Anhang zu Art. 38 bis 44 AEUV: Die Gemeinsame Fischereipolitik, Rn. 1 ff.

249 Vgl. *Busse* (Fn. 85), S. 6 ff.

250 *Marmulla/Brault*, Europäische Integration und Agrarwirtschaft, 1958, S. 141, mit einer anschließenden ausführlichen Analyse.

sah sich in der damaligen Diskussion als ein entsprechend benachteiligter Wirtschaftsbereich eingestuft.

Als Kompromiss der sechs damaligen Verhandlungs- und späteren Mitgliedstaaten wurde der Agrarmarkt einschließlich der Fischerei zwar in den Binnenmarkt einbezogen, jedoch dem Rat der EU und damit den Mitgliedstaaten die Möglichkeit gegeben, weitgehende Sonderregelungen bis hin zu einer »gemeinsamen Organisation der Agrarmärkte« zu schaffen. Ein Ausdruck dieses Grundgedankens ist der in Art. 42 Unterabs. 1 AEUV enthaltene Vorbehalt, die Anwendung der primärrechtlichen Wettbewerbsvorschriften und damit auch des Kartellverbots von einem gesonderten Beschluss des Rates der EU abhängig zu machen.[251] Bis auf die 1997 durch den Vertrag von Amsterdam vorgenommene Umnummerierung von Art. 42 EGV in Art. 36 EG und die durch den Vertrag von Lissabon 2009 erfolgte Verschiebung in Art. 42 AEUV ist dieser Landwirtschaftsvorbehalt seit Inkrafttreten der Bestimmung 1958 nicht geändert worden. Auch der gescheiterte EVV hatte mit Art. III-230 Abs. 1 EVV eine inhaltlich gleichlautende Bestimmung vorgesehen. 129

Für den Zweck der vorliegenden Kommentierung sollen im Weiteren vorrangig die Auswirkungen des Art. 42 Unterabs. 1 AEUV auf Art. 101 AEUV betrachtet werden, da § 28 allein das Kartellverbot betrifft. Soweit Art. 42 Unterabs. 1 AEUV die Missbrauchsaufsicht und die Fusionskontrolle berührt, ist daher auf die Kommentierung der einschlägigen Bestimmungen zur Missbrauchsaufsicht und Fusionskontrolle zu verweisen. Auch auf die Frage, inwiefern sich die in Art. 101 Abs. 3 AEUV enthaltene Möglichkeit der Freistellung bestimmter Vereinbarungsgruppen grundsätzlich für den landwirtschaftlichen Bereich eignet – so dürfte im Bereich der landwirtschaftlichen Erzeuger- und Absatzgenossenschaften oftmals eine »Verbesserung der Warenerzeugung oder -verteilung« und damit eine der begünstigten Konstellationen gegeben sein –,[252] kann vorliegend nicht näher eingegangen werden. 130

---

251 Der vormalige Art. 42 EWGV ist erst relativ spät in den Vertragsentwurf aufgenommen worden. So schweigt etwa der so genannte *Spaak*-Bericht v. 21.4.1956, abgedruckt in: Marmulla/Brault (Fn. 250), S. 428 ff., als wichtigster Zwischenbericht der Vertragsverhandlungen, der die Landwirtschaft ausführlich behandelt, vollständig zu diesem Punkt (vgl. zur Chronologie der Verhandlungen über den Landwirtschaftstitel des EWG-Vertrages *Busse* [Fn. 85], S. 6 ff.). In einem deutschen Arbeitsdokument v. 28.6.1956 tauchte im Rahmen der Skizzierung des Wettbewerbstitels die Überlegung auf, dass die Europäische Kommission Ausnahmen vom Kartellverbot für die Landwirtschaft vorsehen kann (abgedruckt in: *Schulze/Hoeren* [Hrsg.], Dokumente zum Europäischen Recht, Bd. 1: Gründungsverträge, 1999, S. 851 ff. [864]). Nach *Papadias*, in: Korah, § 15.03, Anm. 2, ging der Wortlaut des Art. 42 EWGV auf einen deutschen Vorschlag zurück.
252 Vgl. dazu bereits früh *Marmulla/Brault* (Fn. 250), S. 215 f.

II. Dreistufigkeit des EU-Agrarkartellrechts

131 Zu Beginn herrschte große Unsicherheit über die Handhabung des Landwirtschaftsvorbehaltes, wie sich etwa der Anlage 1 des Berichts des Zweiten Arbeitsausschusses auf der für die GAP grundlegenden Konferenz von Stresa 1958 entnehmen lässt.[253] Das Problem war und ist Bestandteil der allgemeinen Frage, wie eine staatlicherseits mittels Eingriffsinstrumenten vorgenommene Organisation der Agrarmärkte mit dem Wettbewerbskapitel des AEUV in Einklang zu bringen ist. Für *Marmulla/Brault* war noch zweifelhaft, ob »die Vielzahl häufig recht kleiner und gesamtwirtschaftlich unbedeutender landwirtschaftlicher Betriebe« »Unternehmer« im Sinne des Art. 101 AEUV sind und damit überhaupt in den Anwendungsbereich des Art. 42 AEUV fallen können. Größere Genossenschaften könnten zudem eine »einzelstaatliche Marktorganisation« darstellen. Letztlich sahen *Marmulla/Brault* allerdings mit Blick auf die Genossenschaften eine »möglichst frühzeitige Anwendung des Kartellverbots auf die Landwirtschaft [für die GAP] als durchaus zweckdienlich« an.[254]

132 1962 begann die Ausgestaltung der im EWG-Vertrag nur rudimentär geregelten GAP durch Sekundärrecht. Zu diesem Zweck wurde nach und nach ein System so genannter Gemeinsamer Marktorganisationen (GMOen) errichtet, die im Laufe der Zeit fast sämtliche Agrarerzeugnisse umfassten und immer noch umfassen. Auf diese Weise steuerte die öffentliche Hand den Agrarmarkt in der EU weitgehend, wobei allerdings anders als etwa in Deutschland mit dem von 1933 bis 1945 existierenden Reichsnährstand keine landwirtschaftlichen Zwangskartelle geschaffen oder wie in der DDR die landwirtschaftlichen Betriebe verstaatlicht wurden, sondern die Steuerung im Wesentlichen durch Richtpreise und Beihilfen erfolgte. Folglich stellte sich die nach Art. 42 Unterabs. 1 AEUV vom Rat der EU zu entscheidende Frage, ob und falls ja, inwieweit das Kartellverbot auch für den Bereich der Landwirtschaft Geltung entfalten sollte. So nennt etwa Art. 40 Abs. 1 Unterabs. 2 Buchstabe a AEUV ausdrücklich »gemeinsame Wettbewerbsregeln« als ein Instrument der zu schaffenden GAP und lässt damit ein eigenständiges EU-rechtliches Agrarwettbewerbssystem zu.

133 Zwar war von Beginn an unstreitig, dass die allgemeinen Wettbewerbsregeln des AEUV und damit auch die Anordnung ihrer Gültigkeit durch einen auf Art. 42 AEUV gestützten Verweis nicht auf die agrarmarktsteuernden Instrumente der EU und ihrer Mitgliedstaaten anzuwenden sind. Ein EU-rechtlich

---

253 Abgedruckt in: Europäische Kommission (Hrsg.), Dokumente der Landwirtschaftskonferenz der Mitgliedstaaten der EWG in Stresa vom 3.–12.7.1958, 1959, S. 204 ff.; s. dort, S. 192 ff., auch zu den Meinungsverschiedenheiten.
254 *Marmulla/Brault* (Fn. 250), S. 215 f.

angeordneter Ankauf eines bestimmten Agrarerzeugnisses durch staatliche Interventionsstellen oder die Festsetzung von EU-weit geltenden Mindestpreisen kann mithin nicht gegen das Kartellverbot oder andere Wettbewerbsbestimmungen verstoßen. Derartige Marktordnungssysteme nutzen allerdings nicht nur Interventionen durch staatliche Stellen. Zum Teil bedienen sie sich auch privater Stellen, wenn etwa einer privaten Erzeugervereinigung Beihilfen zur Durchführung von Marktrückkäufen zu festgesetzten Preisen gewährt werden. Zudem können private Erzeugervereinigungen Beihilfen zur Erhaltung oder Verbesserung ihrer Tätigkeiten erhalten, um auf diese Weise die Marktmacht auf Erzeugerseite zu stärken. Insofern bedarf es einer genaueren kartellrechtlichen Abgrenzung solcher Markt- und Strukturmaßnahmen zum Bereich staatlicher Markttätigkeit.

Sieht eine Agrarmarktbestimmung die Möglichkeit der staatlichen Regelung einer bestimmten Frage, die die Beziehungen zwischen Erzeugern und Abnehmern betrifft, zwar vor, ist eine solche Regelung jedoch weder von der Europäischen Kommission noch von dem betreffenden Mitgliedstaat erlassen worden, bleibt es bei der Anwendung des nationalen Zivilrechts und damit auch des Kartellrechts, soweit dadurch nicht den staatlichen Agrarmarktzielen zuwider gehandelt wird, wie der EuGH für die so genannten Zuckerrübenlieferrechte entschieden hat.[255] Hinsichtlich dieser Lieferrechte existieren zwar Regelungen über die Zuweisung der Lieferrechte – auch Zuckerquoten genannt – durch den Staat an die Zuckerfabriken, nicht jedoch konkrete Bestimmungen zur Aufteilung des jeweils einer konkreten Zuckerfabrik zugewiesenen Lieferrechts durch die Fabrik an die einzelnen Zuckerrübenproduzenten. Insofern ist streitig geworden, ob nach der Erstzuteilung der Lieferrechte an die Produzenten ein Anspruch eines neuen Produzenten auf Teilhabe an dem Lieferrecht der Zuckerfabrik besteht. Der BGH hat für die Frage, ob ein Kontrahierungszwang besteht, auf die Missbrauchsregeln des allgemeinen Kartellrechts zurückgegriffen.[256]

134

Das Problem der Abgrenzung zwischen Agrarmarkt- und Agrarkartellrecht kam bereits bei der Erarbeitung und Beratung der ersten Kartellverordnung des Rates, die 1962 als Verordnung Nr. 17[257] in Kraft trat, auf. Für Deutschland war damals besonders darauf zu achten, dass die 1957 im GWB als § 100 wirksam gewordene Ausnahmeregelung so wenig wie möglich tangiert wur-

135

---

255 EuGH, Rs. C-134/92 – *Mörlins*, Slg. 1993, I-6017 (6043, Ziff. 17).
256 BGH, WuW/E BGH 2683 (2684 ff.) – *Zuckerrübenanlieferungsrechte* = BGH-EWiR § 26 GWB 1/91, 473 *(Röhling)*; s. eingehender *Grages*, Die Lieferrechte der Zuckerrübenanbauer, 1989, S. 154 ff.
257 ABl. EG 1962 S. 204.

de. Daher gab die deutsche Delegation zu dem im Oktober 1960 vorgelegten Verordnungsvorschlag der Europäischen Kommission[258] Folgendes zu bedenken: »Welche Verpflichtungen legt die Verordnung für Kartelle derjenigen Wirtschaftszweige fest, für die nach dem GWB eine Sonderregelung gilt, z.B. Verträge ... der Landwirtschaft ...?«[259]

136 Die Europäische Kommission entgegnete darauf: »Maßgebend ist die Regelung nach dem [AEUV]; für die Landwirtschaft gilt nach [Art. 42 AEUV] die Kartellverordnung nicht.«[260] Anschließend kam es im Wirtschafts- und Sozialausschuss (WSA) zu einer näheren Diskussion der Frage. Der damalige Berichterstatter *Malterre* führte aus: »Als zweites sei Einigkeit über den Anwendungsbereich der Verordnung erzielt worden. Im Falle der Landwirtschaft vertrete die fachliche Gruppe einstimmig die Ansicht, dass Art. [101 ff. AEUV] diesen Sektor angesichts der Bestimmungen des Art. [42 AEUV] nicht direkt beträfen. Wenn die [im Entwurf vorliegende und zu diskutierende] Stellungnahme [des WSA] dennoch einige Bemerkungen zu diesem Sektor enthalte, so beruhe dies darauf, dass die fachliche Gruppe sich die Anliegen der Vertreter der Landwirtschaft zu Eigen gemacht habe. Diese hätten befürchtet, dass auf der Grundlage des Art. [42 AEUV] die allgemeinen Wettbewerbsregeln vom Rat für anwendbar erklärt würden, und es daher für klug und vorsichtig gehalten, bereits jetzt auf die Notwendigkeit hinzuweisen, gewisse Formen des Zusammenschlusses und der Zusammenarbeit beizubehalten.«[261]

137 Als Ergebnis der Beratungen formulierte die Stellungnahme des WSA vom 28.3.1961: »[Falls der Rat, gestützt auf Art. 42 AEUV, Art. 101 und 102 AEUV als auf den Landwirtschaftsbereich für anwendbar bestimmt], sollte die erste Verordnung für nicht anwendbar erklärt werden auf die Selbsthilfeabkommen oder -maßnahmen der Landwirte sowie auf die Vereinigungen von Landwirten oder die Zusammenschlüsse dieser Vereinigungen, sofern diese sich mit der Produktion oder dem Verkauf landwirtschaftlicher Erzeugnisse sowie der Benutzung gemeinsamer Einrichtungen zum Zwecke der Einlagerung, Behandlung, Verpackung oder Verarbeitung landwirtschaftlicher Erzeugnisse befas-

---

258 IV/KOM (60) 158 endg. v. 28.10.1960, abgedruckt in: *Schulze/Hoeren* (Hrsg.), Dokumente zum Europäischen Recht, Bd. 3: Kartellrecht (bis 1957), S. 337 ff.
259 Vermerk des Bundeswirtschaftsministeriums v. 3.10.1960, S. 322, abgedruckt in: *Schulze/Hoeren* (Fn. 258), S. 319 ff.
260 A.a.O.
261 Bericht über die Beratungen des Wirtschafts- und Sozialausschusses über die am 8.12.1960 vom [Rat] beantragte Stellungnahme zu der »Ersten Durchführungsverordnung zu den [Art. 101 und 102 AEUV]« v. 29.3.1961, S. 393, abgedruckt in: *Schulze/Hoeren* (Fn. 258), S. 381 ff.

sen.«²⁶² Dieser vom WSA geforderte Vorbehalt besaß erhebliche Ähnlichkeiten zu dem damaligen § 100 GWB 1957 und heutigen § 28. In der Aussprache über den Bericht von *Malterre* hatte *Canonge* für den Agrarbereich noch einmal auf die »gegenüber der Industrie ungünstigere Lage der Landwirtschaft« hingewiesen und das Problem des Verhältnisses zum staatlichen Agrarmarktlenkungsrecht hervorgehoben: »Folglich führe die Prüfung der Wettbewerbsregeln zuweilen zu Diskussionen über Bestimmungen, die von den Behörden zur Durchführung der Agrarpolitik angenommen worden seien.«²⁶³

Zugleich wurde allerdings auch versucht, die Streichung der in dem Stellungnahmeentwurf des WSA geforderten weitgehenden Freistellung der Landwirtschaft zu erreichen, was an die einige Jahre zuvor geführte wettbewerbspolitische Diskussion über § 75-E 1952, aus dem § 100 GWB 1957 hervorging, erinnert: »*[De Koster]* erläuterte, das Problem der Anwendung der Wettbewerbsregelungen auf die Landwirtschaft müsse sehr vorsichtig erwogen werden. Wenn man auch der Landwirtschaft die Möglichkeit geben müsse, sich mit Hilfe von Genossenschaften zu verteidigen, und wenn man die Bemühungen der kleineren Genossenschaften um eine stärkere Position unterstützen müsse, dürfte man doch nicht vergessen, dass gewisse landwirtschaftliche Genossenschaften zu großen Industrieunternehmen oder Handelsorganisationen angewachsen seien. In den Niederlanden beispielsweise kontrollierten einige von ihnen bis zu fünfzig Prozent oder mehr der Produktion eines Erzeugnisses.«²⁶⁴ **138**

Rehwinkel entgegnete darauf für die Landwirtschaftsseite, »dass man die Landwirte hinreichend auf die Notwendigkeit von Zusammenschlüssen hingewiesen habe, um dadurch der Regelung einiger ihrer Probleme näher zu kommen. Ein Genossenschaftssystem würde zwar nicht die Lösung aller Schwierigkeiten der Landwirtschaft bieten, denn man müsse auf diesem Sektor den Wettbewerb zwischen [den Verkäufen der Urerzeugnisse] und weiterverarbeitender Industrie zumindest im gleichen, wenn nicht sogar in stärkerem Maße als in anderen Wirtschaftszweigen erhalten. Angesichts der Eigenart der landwirtschaftlichen Produktion sei jedoch die Bildung von Genossenschaften geboten.« Zudem wies *Rehwinkel* darauf hin, dass der vorgesehene Text noch nicht alle Fallkonstellationen hinreichend erwähne, die Landwirtschaftsseite mit ihm jedoch als Kompromiss einverstanden sei. In der anschließenden Diskussion hielt der WSA an dem vorliegenden Textvorschlag und späteren Bestandteil seiner Stellungnahme zum Verordnungsent- **139**

---

262 Stellungnahme des Wirtschafts- und Sozialausschusses zu der »Ersten Durchführungsverordnung nach den [Art. 81 und 82 EG] v. 28.3.1961, S. 371 f., abgedruckt in: *Schulze/Hoeren* (Fn. 258), S. 368 ff.
263 Bericht v. 29.3.1961 (Fn. 261), S. 428 f.
264 A.a.O., S. 438 f.

wurf fest.²⁶⁵ Das Europäische Parlament ging demgegenüber nicht so weit, sondern forderte lediglich, für einzelne Wirtschaftszweige »besondere Regelungen« auf Grundlage von Vorschlägen der Europäischen Kommission zu erlassen.²⁶⁶

140 Der Rat folgte dem Vorschlag des WSA nicht und erließ die Verordnung Nr. 17 ohne Erwähnung der Landwirtschaft. Da er die Verordnung jedoch nicht zugleich auf Art. 42 AEUV stützte, war damit noch keine Entscheidung über die kartellrechtliche Behandlung der Landwirtschaft gefallen. Diese Vorgehensweise beruhte unter anderem darauf, dass die Europäische Kommission in zeitlichem Zusammenhang und vor dem Hintergrund ihrer Vorschläge für die ersten GMOen einen auf Art. 42 AEUV gestützten einschlägigen Verordnungsvorschlag – aus dem 1962 die Verordnung Nr. 26 hervorging – vorgelegt hatte.²⁶⁷ Daher erfolgten die Beratungen im Rat ebenfalls in getrennter Weise.²⁶⁸

141 Ihre prinzipielle Unterstützung für die genossenschaftliche Idee ließ die Europäische Kommission früh deutlich erkennen. So hieß es bereits in dem Ausgangsvorschlag für die ersten GMOen: »Ein gut funktionierendes Genossenschaftswesen kann wesentlich mithelfen, die Produktions- und Einkommensgrundlagen ... in der Landwirtschaft zu verbessern ... Durch die genossenschaftliche Entwicklung und die Einschaltung von dazu geeigneten Genossenschaften kann die vertikale Integration der Landwirtschaft günstig beeinflusst werden.«²⁶⁹ In der Literatur wurde zudem angemerkt, dass sich die traditionellen Ziele landwirtschaftlicher Genossenschaften in den für die GAP formulierten Ziele des Art. 39 Abs. 1 AEUV wiederfinden, zugleich allerdings eingeschränkt, dass die Genossenschaften in den einzelnen Mitglied-

---

265 A.a.O., S. 439.
266 Stellungnahme des Europäischen Parlaments v. 15.11.1961, ABl. EG 1961 S. 1410.
267 VI/KOM (60) 160 endg. v. 29.11.1960; *von der Groeben*, Deutschland und Europa in einem unruhigen Jahrhundert, 1995, S. 345 f., beschreibt, wie eine Zustimmung Frankreichs zur Verordnung Nr. 17 durch ein Entgegenkommen gegenüber den französischen Vorstellungen einer staatsinterventionistischen GAP erreicht werden konnte.
268 Leider enthält die Dokumentation von *Schulze/Hoeren* (Fn. 258) keine Dokumente zur Beratung der ersten Agrarkartellverordnung. Auch die Darstellung von *Hambloch*, Europäische Integration und Wettbewerbspolitik – Die Frühphase der EWG, 2009, spart den Agrarbereich fast vollständig aus.
269 VI/KOM (60) 105 endg. v. 30.6.1960, Teil II, S. 17; vgl. zeitgenössisch *Schopen*, Die vertikale Integration in der Landwirtschaft, 1966.

staaten typischerweise eine nationale oder sogar nur regionale Sichtweise einnehmen.[270]

Ein mit § 28 vergleichbarer Vorbehalt zu Gunsten landwirtschaftlicher Erzeugerbetriebe war allerdings in dem Kommissionsentwurf für die Verordnung Nr. 26 noch nicht enthalten. Auch fand er sich vom Europäischen Parlament nicht explizit für die Verordnung gefordert,[271] so dass sich offenbar sein Landwirtschaftsausschuss insofern gegenüber dem Plenum nicht hatte durchsetzen können.[272] Augenscheinlich kam der Vorbehalt erst durch die Beratungen im Rat in die Verordnung.[273] Auf eine Anfrage des MdEP *Deringer* vom 28.6.1962, wann die Europäische Kommission die vom Europäischen Parlament geforderten Vorschläge betreffend Sonderregelungen für bestimmte Wirtschaftszweige unterbreiten würden, konnte diese in ihrer Antwort vom 1.8.1962 für den Bereich der Landwirtschaft schon auf die am 4.4.1962 erlassene Verordnung Nr. 26[274] hinweisen,[275] die einen weitgehend wörtlich mit § 100 GWB 1957 übereinstimmenden Vorbehalt zu Gunsten der Zusammenarbeit landwirtschaftlicher Betriebe enthielt. Die Verordnung Nr. 26 war der Startpunkt für ein umfangreiches agrarkartellrechtliches System, das sich nach und nach im EU-Agrarsekundärrecht entfaltete.

142

---

270 *Van Hulle*, Die landwirtschaftlichen Genossenschaften im Aufbau der europäischen Landwirtschaft, ZfgGW 1967, 151 (153 f.), der auch die bereits 1959 erfolgte Gründung des zusammen mit COPA (Comité des Organisations Professionelles Agricoles) immer noch bestehenden COGECA (Comité Général de la Coopération Agricole) als europäische Interessenvertretung der nationalen landwirtschaftlichen Genossenschaften nennt.
271 Vgl. die Stellungnahme des Europäischen Parlaments v. 14.2.1961, ABl. EG S. 361. Insofern ist die gelegentlich anzutreffende Bemerkung, der Erzeugerbetriebsvorbehalt gehe auf eine Anregung des Europäischen Parlaments zurück (vgl. etwa EuGH, Rs. C-319/93 u.a. – Dijkstra, Slg. 1995, I-4471 [4506, Ziff. 18]: »auf Antrag des Europäischen Parlaments hinzugefügt«), nicht ganz nachvollziehbar.
272 Vgl. *Deringer*, WuW 1964, 797 (800), mit der Anführung des einschlägigen Berichts, Dok. 107/6, von MdEP *Schmidt* als Berichterstatter für die Verordnung Nr. 26 im Landwirtschaftsausschuss und dessen Anfrage v. 22.11.1961, ABl. EG S. 1637, ob die Europäische Kommission bereit sei, der »Stellung der landwirtschaftlichen Genossenschaften ... besonders Rechnung zu tragen«, auf die die Europäische Kommission in ihrer Antwort v. 15.11.1961 unter Verweis auf die laufenden Ratsberatungen nicht einging.
273 Nach *Deringer* (Fn. 272), S. 805, wurde der Erzeugerbetriebsvorbehalt aufgenommen, um im Hinblick auf Art. 2 Abs. 1 Satz 1 VO Nr. 26 Rechtsunsicherheiten über den Umfang der Einbeziehung von Genossenschaft zu vermeiden und den Ermessensspielraum der Europäischen Kommission einzugrenzen.
274 ABl. 1962 S. 993.
275 Vgl. ABl. EG 1962 S. 2134.

143 Im Ergebnis entwickelte sich ausgehend von dem allgemeinen Landwirtschaftsvorbehalt des Art. 42 AEUV ein dreigestuftes agrarkartellrechtliches System, das auch heute noch besteht. Auf der ersten Stufe sind alle Regelungen des EU-Agrarmarktsystems vom allgemeinen Kartellrecht ausgenommen, um die Funktionsweise des gemeinsamen Agrarmarktes nicht zu gefährden (Agrarmarktvorbehalt). Die zweite Stufe beinhaltet einen mit § 28 vergleichbaren Vorbehalt, der die Zusammenarbeit landwirtschaftlicher Betriebe und deren Vereinigungen von Art. 101 AEUV freistellt, soweit die Zusammenarbeit nicht bereits von einem Instrument des EU-Agrarmarktsystems erfasst wird und daher schon auf der ersten Stufe freigestellt ist (Erzeugerbetriebsvorbehalt).[276] Nur wenn keine dieser beiden Stufen eingreift, gilt das allgemeine EU-Kartellrecht. Wie im deutschen Recht umschließt diese Geltung des allgemeinen Kartellrechts, dass in ihm vorhandene Privilegierungen ebenfalls anwendbar sind. Mithin ist in einem konkreten Fall aus dem landwirtschaftlichen Bereich bezüglich der Frage, ob das EU-Kartellrecht ein Kartellverbot enthält, in Gestalt von drei Stufen zu prüfen, ob – in dieser Reihenfolge – der Agrarmarktvorbehalt als erste Stufe, der Erzeugerbetriebsvorbehalt als zweite Stufe oder eine Ausnahme im allgemeinen EU-Kartellrecht als dritte Stufe vom allgemeinen EU-Kartellverbot befreit.[277]

III. Agrarmarktvorbehalt als erste Stufe

144 Der Agrarmarktvorbehalt hat eine gewisse Entwicklung durchlaufen. Die Verordnung Nr. 26 erging vor dem Hintergrund, dass die GMOen nach und nach entstanden und folglich erst allmählich ein Agrarmarktvorbehalt erforderlich wurde. Daher ordnete Art. 1 VO Nr. 26 zunächst generalklauselartig für sämtliche von dem Landwirtschaftstitel des AEUV erfassten Erzeugnisse die Anwendung des Art. 101 Abs. 1 AEUV an. Den somit als vorläufig gedachten Charakter des Art. 1 VO Nr. 26 betonte auch Erwägungsgrund 2 VO Nr. 26, demzufolge durch die Verordnung Nr. 26 »die Praktiken, die den Grundsätzen des Gemeinsamen Marktes zuwiderlaufen und die Verwirklichung der Ziele des [Art. 39 AEUV] beeinträchtigen, beseitigt und die Voraussetzungen für eine spätere, der Entwicklung der [GAP] angepasste Wettbewerbsregelung geschaffen werden«. Die anschließend in Kraft gesetzten

---

276 Vgl. auch *Erhart/Krauser*, in: MünchKommKartR, SB Landwirtschaft, Rn. 37: »Erzeuger-, nicht Genossenschaftsprivileg«.
277 Angesichts dieses komplexen und noch näher zu beschreibenden Systems des EU-Agrarkartellrechts erscheint die nur pauschal begründete Ansicht von *de Bronett*, in: Schulte/Just, Art. 101 AEUV, Rn. 134, dass eine Streichung des Art. 42 AEUV – und damit einhergehend des gesamten auf ihn gestützten umfangreichen EU-Agrarkartellrechts – »die tatsächliche Rechtslage nicht ändern würde«, da sich über Art. 101 Abs. 3 AEUV dasselbe Ergebnis erreichen lasse, nicht nachvollziehbar.

GMOen weisen für die jeweils von ihnen erfassten Erzeugnisbereiche vergleichbare Anwendungsbestimmungen auf, nahmen jedoch zugleich die in ihnen enthaltenen Agrarmarktregelungen von der betreffenden Anwendungsbestimmung wieder aus.

Beispielsweise sahen die GMO Obst und Gemüse sowie die GMO Fischereierzeugnisse und Erzeugnisse der Aquakultur (GMO Fisch) die Unterstützung von Erzeugerorganisationen als eines ihrer wesentlichen Steuerungsinstrumente vor, deren Entstehung und Entfaltung nicht durch das allgemeine Kartellverbot behindert werden sollte.[278] Auch in der GMO Zucker fanden sich im Rahmen eines komplexen Steuerungssystems des Zuckermarktes, das unter anderem Branchenvereinbarungen und Preisabsprachen kannte, erhebliche Wettbewerbseinschränkungen.[279] Letztlich enthielt jede GMO ihr spezifisches agrarmarktrelevantes Instrumentarium, das vom allgemeinen EU-Kartellrecht freigestellt war. Nach der Errichtung des umfangreichen Systems der GMOen entfaltete Art. 1 VO Nr. 26 nur noch für die wenigen Erzeugnisse, die – wie etwa Kartoffeln – nicht durch eine GMO abgedeckt waren Wirkung.

145

Als zwischen 2007 und 2009 die 21 Agrarmarkt bezogenen GMOen zur so genannten Einheitlichen Gemeinsamen Agrarmarktorganisation (EGMO) in Gestalt der Verordnung (EG) Nr. 1234/2007[280] nach und nach zusammenge-

146

---

278 Vgl. zu dem Beginn dieser Entwicklung *Kirchstein*, Die kartellrechtliche Bedeutung der Verordnung Nr. 159/66/EWG vom 25.10.1966, DB 1967, 69, der zu dem Ergebnis, S. 71, kam, dass die Regelung im Bereich der ersten GMO Obst und Gemüse über Erzeugerorganisationen erstens »als lex posterior und als lex specialis Art. 1 VO Nr. 26 vorgeht« und zweitens, soweit sie über die landwirtschaftliche Bereichsausnahme des GWB hinausging, auch Vorrang gegenüber Verbotsvorschriften des GWB besaß. *Ehle*, Verfassungsrechtliche und kartellrechtliche Beurteilung der Erzeugerorganisationen, AWD 1967, 47, sah den Agrarhandel im Bereich Obst und Gemüse durch die Regelung als ohne Rechtfertigung diskriminiert an und vertrat daher die Nichtigkeit der Verordnung Nr. 159/66/EWG.
279 Soweit die Reichweite dieser Wettbewerbsbeschränkungen überschritten wurde, griff das allgemeine Kartellrecht, wie an dem 2014 vom BKartA mit Bußgeldern beendeten Verfahren gegen drei deutsche Zuckerhersteller deutlich wird; vgl. für eine Beschreibung des Verfahrens BKartA, TB 2013/14, BT-Drucks. 18/5210 v. 15.6.2014, S. 50 f., wo es abschließend heißt: »Die bebußten Unternehmen haben sich das europäische Quotenregime, die Mindestpreisregulierung und die hieraus resultierende hohe Markttransparenz für ihre Abstimmung zunutze gemacht und auch noch den Restwettbewerb beschränkt.«
280 ABl. EU Nr. L 299 S. 1; vgl. ausführlich zur Entstehung der Verordnung (EG) Nr. 1234/2007 *Busse* (Fn. 85), S. 1 ff., und für eine Kommentierung *Mögele/Erlbacher* (Hrsg.), Single Common Market Organisation, 2011. Dass die Verordnung (EG) Nr. 1234/2007 nur eine Zusammenfassung vorangegangener Bestimmungen darstellte und damit zugleich die einzelnen GMOen nicht mehr existierten, übersehen *Kling/Thomas*, Kartellrecht, 2. Aufl. 2016, S. 37 f., bei ihrer Beschreibung.

fasst wurden, kam es zur Zusammenführung der auf die einzelnen GMOen verteilten Anwendungs- und Vorbehaltsbestimmungen in Art. 175 VO (EG) Nr. 1234/2007. Dort hieß es, dass das allgemeine EU-Kartellrecht nur »vorbehaltlich anders lautender Bestimmungen dieser Verordnung« galt.[281] Auch die drei GMO-ähnlichen Regelungen für Ethylalkohol landwirtschaftlichen Ursprungs, Bienenzuchterzeugnisse und Seidenraupen fanden sich durch Art. 1 Abs. 3 VO (EG) Nr. 1234/2007 in dieses System integriert und damit von dem Agrarmarktvorbehalt des Art. 175 VO (EG) Nr. 1234/2007 erfasst. Außen vor stand lediglich noch die nicht den landwirtschaftlichen Bereich im eigentlichen Sinne berührende, aber auf Grund des Art. 38 Abs. 1 Unterabs. 2 AEUV ebenfalls auf den Landwirtschaftstitel des AEUV gestützte GMO Fisch, die auch heute noch als separater Rechtsakt normiert ist und aktuell in Form der Verordnung (EG) Nr. 1379/2013[282] fortbesteht. Als Ergebnis dieser Fortführung des bisherigen Konzeptes war das allgemeine EU-Kartellrecht auf sämtliche wettbewerbsbeschränkende Regelungen, die sich im Rahmen der durch die Verordnung (EG) Nr. 1234/2007 und des zugehörigen Durchführungsrechts normierten EU-Agrarmarktordnung fanden, nicht anwendbar.[283] Dies ist letztlich nur ein Ausdruck dessen, dass im Bereich des öffentlich-rechtlichen Agrarmarktrechts für eine Anwendung des allgemeinen

---

281 Wie *Lohse* (Fn. 20), Rn. 7, Anm. 16 f., zu ihrer Wortlaut und Systematik des Art. 42 AEUV i.V.m. Art. 175 VO (EG) Nr. 1234/2007 widersprechenden Ansicht kommt, Art. 175 VO (EG) Nr. 1234/2007 stelle lediglich »klar«, dass Art. 101 und 102 AEUV Anwendung finden, erläutert sie dort nicht näher. Später, Rn. 27, meint sie, Art. 42 AEUV »modifiziere« die »Anwendung des Kartellverbots (Art. 101 AEUV)«. In Rn. 38 vertritt sie, die »europäische Bereichsausnahme« sei nur anwendbar, wenn ein Verbot nach Art. 101 Abs. 1 AEUV vorliege. Art. 175 VO (EG) Nr. 1234/2007 gebot jedoch im Sinne der von Art. 42 AEUV vorgegebenen Systematik, zunächst die Ausnahmen, die das Agrarkartellrecht hinsichtlich der Anwendung des Art. 42 AEUV enthielt, zu prüfen. Erst wenn keine dieser Ausnahmen erfüllt war, durfte auf das allgemeine Kartellrecht zurückgegriffen werden.
282 ABl. EU Nr. L 354 S. 1.
283 Im Ergebnis ähnlich *von Rintelen*, in: Grabitz/Hilf/Nettesheim, Stand 2012, Art. 42 AEUV, Rn. 43 ff., der wie vorliegend vertrat, dass nicht nur Art. 176 ff. VO (EG) Nr. 1234/2007, sondern auch alle anderen Bestimmungen der Verordnung (EG) Nr. 1234/2007 kartellrechtsrelevante Vorschriften enthalten konnten, da ansonsten die »Bestimmungen der einheitlichen GMO, etwa die Bestimmungen über Erzeugerorganisationen und Branchenverbände, nicht ihre volle Wirksamkeit entfalten könnten«. Allerdings ging er nicht von einer Kartellfreistellung im Rahmen der Verordnung (EG) Nr. 1234/2007, sondern von der Pflicht, die Bestimmungen im Rahmen »der Prüfung des Art. 101 Abs. 1 AEUV – oder ggf. des nationalen Kartellrechts – mit zu berücksichtigen«, aus. Als Begründung dieser vom Wortlaut des Art. 175 VO (EG) Nr. 1234/2007 abweichenden Ansicht führte er lediglich eine nicht näher erläuterte Missbrauchsgefahr an; wiederholend *von Rintelen*, in: Mögele/Erlbacher (Fn. 280), pre Art. 122–127, Rn. 21 ff., und dem folgend *Erlbacher*, ebenda, Art. 175, Rn. 7 ff.

Kartellrechts nur soweit Raum bleibt, wie das Agrarmarktrecht Wettbewerb zulassen möchte (vgl. Rdn. 8).

Der Wortlaut der Verordnung Nr. 26 war 44 Jahre prinzipiell unverändert gültig und ist 2006 ohne ersichtlichen Grund[284] durch die inhaltlich unverändert gehaltene Verordnung (EG) Nr. 1184/2006[285] ersetzt worden. Nachdem Art. 175 VO (EG) Nr. 1234/2007 die einzelnen vormals in den GMOen enthaltenen Anwendungsbestimmungen ersetzt hatte, wurde zeitgleich die Doppelung dieser Anwendungsanordnung in Art. 1 VO (EG) Nr. 1184/2006 aufgehoben. Zu diesem Zweck nahm der neugefasste Art. 1 VO (EG) Nr. 1184/2006 die von der Verordnung (EG) Nr. 1234/2007 erfassten Erzeugnisse aus dem Anwendungsbereich der Verordnung (EG) Nr. 1184/2006 heraus. Die zugleich in Art. 1a VO (EG) Nr. 1184/2006 verschobene Anwendungsanordnung betraf dadurch nur noch die wenigen von der Verordnung (EG) Nr. 1234/2007 nicht erfassten landwirtschaftlichen Anhang-I-Erzeugnisse sowie die in Anhang I genannten Erzeugnisse der Fischerei und Aquakultur.[286] Zwecks Übersichtlichkeit wäre es sinnvoll gewesen, den Inhalt der Verordnung (EG) Nr. 1184/2006 für die landwirtschaftlichen Anhang-I-Erzeugnisse in die Verordnung (EG) Nr. 1234/2007 und für die fischbezogenen Anhang-I-Erzeugnisse in die GMO Fisch zu integrieren und dadurch Art. 1a VO (EG) Nr. 1184/2006 überflüssig werden zu lassen.[287]

147

Ende 2013 ist die Verordnung (EG) Nr. 1234/2007 im Rahmen der GAP-Reform 2014/15 durch die Verordnung (EU) Nr. 1308/2013,[288] die als GMO bezeichnet wird und ab 1.1.2014 gilt, abgelöst worden. Dabei wurden die kartellrelevanten Bestimmungen modifiziert, ohne jedoch ihre seit 1962 entwickelte Dreistufigkeit grundlegend zu ändern. Die Bestimmung der Anwendung des

148

---

284 Vgl. *Busse*, Das Bestimmtheitsgebot des Art. 80 Abs. 1 Satz 2 GG bei der normativen Durchführung von EG-Recht, S. 19, Anm. 35, in: GS für Bleckmann, 2007, S. 1 ff.
285 ABl. EU Nr. L 214 S. 7.
286 Unzutreffend die Darstellung von *Bechtold/Bosch/Brinker*, EU-Kartellrecht, 3. Aufl. 2014, Einl., Rn. 20: So ist das EU-Agrarkartellrecht nicht auf Art. 103 Abs. 2 Buchstabe c AEUV, sondern auf den von ihnen nicht erwähnten Art. 42 AEUV gestützt. Später, Art. 101 AEUV, Rn. 4, findet sich zwar Art. 42 AEUV genannt, dafür treten, Art. 103 AEUV, Rn. 14, andere Ungenauigkeiten auf, indem etwa von der nach wie vor bestehenden Gültigkeit der Verordnung Nr. 26 ausgegangen wird. *De Bronett*, in: Wiedemann, Landwirtschaftliche Erzeugnisse, Rn. 1, erwähnt nur die Verordnung (EG) Nr. 1184/2006, nicht aber die Verordnung (EG) Nr. 1234/2007.
287 Vgl. bereits *Busse* (Fn. 85), S. 29.
288 ABl. EU Nr. L 347 S. 671; vgl. zur Entwicklung der EGMO zwischen 2007 und 2013 *Busse*, Die Verordnung über die gemeinsame Organisation der Agrarmärkte von ihrer Entstehung 2007 bis zu ihrer Ablösung 2013, ZfZ 2014, 113 (113 ff.).

§ 28 GWB *Landwirtschaft*

allgemeinen Kartellrechts auf den Agrarbereich ist zusammen mit dem Vorbehalt zu Gunsten des in der GMO enthaltenen Agrarmarktrechts in Art. 206 Unterabs. 1 VO (EU) Nr. 1308/2013 enthalten: »Sofern diese Verordnung nichts anderes bestimmt, finden gemäß [Art.] 42 AEUV die [Art.] 101 bis 106 AEUV und die entsprechenden Durchführungsbestimmungen vorbehaltlich der [Art.] 207 bis 210 dieser Verordnung auf alle von [Art. 101 Abs. 1 und Art. 102 AEUV] genannten Vereinbarungen, Beschlüsse und Verhaltensweisen bezüglich der Produktion landwirtschaftlicher Erzeugnisse und des Handels mit diesen Erzeugnissen Anwendung.« Die ebenfalls 2013 reformierte GMO Fisch kennt mit Art. 40 VO (EU) Nr. 1379/2013 eine Art. 206 Unterabs. 1 VO (EU) Nr. 1308/2013 teilweise nachgestaltete Anwendbarkeitsbestimmung.

149 Anders als zuvor Art. 175 VO (EG) Nr. 1234/2007 ist Art. 206 Unterabs. 1 VO (EU) Nr. 1308/2013 zwar nicht mehr explizit auf die von der Verordnung (EU) Nr. 1308/2013 erfassten Agrarerzeugnisse beschränkt. Eine solche Beschränkung ergibt sich jedoch aus dem in Art. 1 Abs. 1 VO (EU) Nr. 1308/2013 definierten Anwendungsbereich der Verordnung (EU) Nr. 1308/2013, der alle Anhang-I-Erzeugnisse mit Ausnahme der Fisch- und Aquakulturerzeugnisse einschließt.[289] Für jede kartellbezogene Frage im Zusammenhang mit einem Anhang-I-Erzeugnis ist daher zu prüfen, ob die für den konkreten Fall einschlägigen Bestimmungen des Agrarmarktrechts der Verordnung (EU) Nr. 1308/2013 und des zugehörigen EU-Sekundärrechts unter den Agrarmarktvorbehalt fallen, indem sie ein kartellrechtsrelevantes Geschehen gestatten.[290]

150 In dieser Hinsicht existieren zwei unterschiedliche Konstellationen. Erstens können bestimmte agrarmarktbezogene Sachverhalte explizit von der Anwendung des Art. 101 AEUV freigestellt sein. Derartige Regelungen sind eher selten. Zumeist liegen zweitens implizite Freistellungen vor. Beide Arten von Freistellungen dienen der Unterstützung konkreter Agrarmarktmaßnahmen. Regelmäßig handelt es sich bei ihnen um unechte Legalausnahmen, da die jeweilige Freistellung zwar nicht von einer gesonderten behördlichen Feststellung abhängt, jedoch oft nur die Folge einer zuvor von einem Mitgliedstaat getroffenen und EU-rechtlich vorgesehenen Verwaltungsentscheidung ist und

---

289 Unzutreffend *Buth*, in: Loewenheim/Meessen/Riesenkampff, Landwirtschaft, Rn. 38, die Verordnung (EU) Nr. 1308/2013 finde auf Kartoffeln keine Anwendung; s. zur Erfassung von Kartoffeln Art. 1 Abs. 2 Buchstabe × in Verbindung mit Teil XXIV Abschnitt 2 VO (EU) Nr. 1308/2013.
290 Die pauschale Bemerkung von *Meessen/Kersting*, in: Loewenheim/Meessen/Riesenkampff, Einf., Rn. 126, es werde »für die Produkte der ersten Verarbeitungsstufe die Anwendung des Kartellrechts durch planwirtschaftliches Marktordnungsrecht ... verdrängt«, wird dem aktuellen Stand der GAP nicht gerecht.

folglich zumindest indirekt von einer Entscheidung staatlicher Stellen abhängt.

Ein prägnantes Beispiel für eine implizite Freistellung sind neben dem noch darzustellenden System anerkannter Agrarorganisationen die in Art. 125 und 127 VO (EU) Nr. 1308/2013 geregelten Branchenvereinbarungen im Zuckerbereich. Dieses Agrarmarktinstrument bestand schon zuvor in Art. 50 VO (EG) Nr. 1234/2007. Nach Art. 125 Abs. 1 VO (EU) Nr. 1308/2013 müssen die Zuckerrüben- und Zuckerrohrerzeuger mit den Zuckerunternehmen eine »schriftliche Branchenvereinbarung« abschließen, wobei sich diese beiden Vertragspartnergruppen durch entsprechende »Organisationen« vertreten lassen können. Solche »Organisationen« finden sich in Form von durch die Mitgliedstaaten anerkannten »Verkäuferverbänden« und »Unternehmensverbänden« in Art. 125 Abs. 2 in Verbindung mit Anhang II Teil II Abschnitt A Nr. 6 VO (EU) Nr. 1308/2013 näher ausgestaltet. Bis zum Auslaufen der Zuckerquotenregelung zum 1.10.2017 gelten für den Inhalt der Branchenvereinbarungen die in Art. 127 in Verbindung mit Anhang XI VO (EU) Nr. 1308/2013 festgelegten »Kaufbedingungen«. Ab dem 1.10.2017 sind die in Art. 125 Abs. 3 in Verbindung mit Anhang X normierten »Kaufbedingungen« anzuwenden.

151

Die Branchenvereinbarungen haben gemäß Art. 125 Abs. 1 VO (EU) Nr. 1308/2013 »Bedingungen für den Kauf von Zuckerrüben und Zuckerrohr, einschließlich der Lieferverträge vor der Aussaat«, zu enthalten. Folglich umfassen die Branchenvereinbarungen sowohl allgemeine Parameter für den Abschluss der Lieferverträge als auch die zwischen den Beteiligten an der Branchenvereinbarung abgeschlossenen Lieferverträge selbst.[291] In den traditionell vor der jeweiligen Zuckerrübenkampagne abgeschlossenen Lieferverträgen zwischen den Erzeugern und Verarbeitern werden typischerweise die anzuliefernden Zuckerrübenmengen und die dafür zu zahlenden Kaufpreise festgelegt. So nimmt auch Art. 127 Abs. 4 VO (EU) Nr. 1308/2013 diese Mengen und Preise in Bezug. Entsprechend ordnet Anhang X VO (EU) Nr. 1308/2013 unter anderem die Festlegung dieser beiden »Kaufbedingungen« an.

152

Da zu der vorliegend dargestellten Interpretation des in Art. 206 Unterabs. 1 VO (EU) Nr. 1308/2013 enthaltenen Agrarmarktvorbehalts eine abweichende Literaturmeinung existiert, soll die Bestimmung noch etwas eingehender betrachtet werden. So vertritt *von Rintelen* in Fortführung seiner Ansicht zu

153

---

[291] Dass nicht nur die Festlegung allgemeiner Bedingungen für die Lieferverträge gemeint ist, ergibt sich daraus, dass es »einschließlich der Lieferverträge« und nicht »einschließlich für die Lieferverträge« heißt (so auch die englische und französische Sprachfassung). Außerdem wäre ansonsten die gesonderte Erwähnung der Lieferverträge überflüssig.

der Vorgängerbestimmung, dass Art. 206 Unterabs. 1 VO (EU) Nr. 1306/2013 unbeachtlich sei.[292] Eine solche vollständige Negierung verstößt nicht nur – was *von Rintelen* selbst einräumt – gegen den Wortlaut der Bestimmung, sondern ist auch weder mit ihrer Entstehungsgeschichte und Systematik noch mit ihrem Sinn und Zweck vereinbar. Der allgemeine Vorbehalt zu Gunsten des Agrarmarktrechts besteht seit Jahrzehnten und ist ein wesentliches Element der EU-Agrarmarktordnung. Die von *von Rintelen* vorgeschlagene Lösung, jede Vorschrift der EU-Agrarmarktordnung unmittelbar am allgemeinen EU-Kartellrecht zu messen und dabei die Ziele der EU-Agrarmarktordnung einfließen zu lassen, widerspricht Art. 42 AEUV, der genau das Gegenteil bezweckt.

154 Von seiner systematischen Stellung her steht Art. 206 Unterabs. 1 VO (EU) Nr. 1308/2013 am Beginn des wettbewerbsbezogenen Abschnittes der Verordnung (EU) Nr. 1308/2013. Dieser Abschnitt wiederum befindet sich am Ende der Verordnung (EU) Nr. 1308/2013. Dadurch wird deutlich, dass sich der Vorbehalt auf das gesamte in den vorhergehenden Abschnitten geregelte EU-Agrarmarktrecht bezieht. Dafür spricht zudem, dass Art. 206 Unterabs. 1 VO (EU) Nr. 1308/2013 neben dem allgemeinen Vorbehalt noch einen besonderen Vorbehalt für die im wettbewerbsbezogenen Abschnitt selbst vorhandenen Sondernormen beinhaltet. Außerdem wäre es widersinnig, umfangreiche kartellrechtsrelevante Befugnisse zum Beispiel für Erzeugerorganisationen in Art. 152 ff. VO (EU) Nr. 1308/2013 in Form von Angebotsbündelungen zu regeln, um anschließend die Erzeugerorganisationen einer Kartellverbotsprüfung nach allgemeinem EU-Kartellrecht zu unterziehen. Diesen Widerspruch hebt *von Rintelen* selber hervor. Sein einziges auf die Verordnung (EU) Nr. 1308/2013 unmittelbar bezogenes Argument ist wie schon hinsichtlich der Vorgängerbestimmung, dass ansonsten eine »missbräuchliche Anwendung einzelner Bestimmungen der GMO 2013« drohen würde. Mit einer nicht näher begründeten Missbrauchsgefahr lässt sich jedoch nicht die vollständige Nichtanwendung einer Norm begründen.

155 Auf Grund der pauschalen Erfassung aller landwirtschaftlichen Anhang-I-Erzeugnisse durch die Verordnung (EU) Nr. 1308/2013 und des kurz darauf erfolgten Inkrafttretens der novellierten GMO Fisch in Gestalt der Verordnung (EU) Nr. 1379/2013 stellt sich die Frage, ob die Verordnung (EG) Nr. 1184/2006 noch einen Anwendungsbereich besitzt.[293] Es wäre insofern

---

292 *Von Rintelen*, in: Grabitz/Hilf/Nettesheim, Art. 42 AEUV, Rn. 42 ff.
293 Verneinend *Erhart/Krauser*, in: MünchKommKartR, SB Landwirtschaft, Rn. 9, und *von Rintelen*, in: Grabitz/Hilf/Nettesheim, Art. 42 AEUV, Rn. 15; überholt die Feststellung von *van Rijn*, in: von der Groeben/Schwarze/Hatje, Art. 42 AEUV, Rn. 4, die Verordnung (EG) Nr. 1184/2006 umfasse sämtliche Fischereierzeugnisse.

zu überprüfen, ob die Verordnung (EU) Nr. 1379/2013 alle Anhang-I-Erzeugnisse der Fischerei und Aquakultur einbezieht. Sollte dies der Fall sein, vermag die Verordnung (EG) Nr. 1184/2006 zu entfallen. Aber selbst wenn noch ein geringfügiger Anwendungsbereich bestehen sollte, könnten die fehlenden Erzeugnisse parallel zur Verordnung (EU) Nr. 1308/2013 für Kartell- und Beihilfezwecke in die Verordnung (EU) Nr. 1379/2013 integriert werden.

IV. Inhalt des EU-Agrarorganisationenrechts

Da die relativ ausdifferenzierten Regelungen über anerkannte Agrarorganisationen, die abgekürzt als Agrarorganisationenrecht bezeichnet werden können, ein wichtiges Beispiel für den Agrarmarktvorbehalt darstellen und eng mit dem deutschen Agrarkartellrecht verflochten sind, sollen sie näher beschrieben werden.

156

1. Entwicklung

1967 legte die Europäische Kommission einen Legislativvorschlag für eine »Verordnung betreffend die landwirtschaftlichen Erzeugerorganisationen und ihre Vereinigungen« vor,[294] mit der interne Vereinbarungen und Beschlüsse von landwirtschaftlichen Erzeugerorganisationen und vor allem von deren Vereinigungen, soweit die Vereinbarungen und Beschlüsse sich auf die in einem Verordnungsanhang genannten Agrarerzeugnisse bezogen, pauschal vom allgemeinen EU-rechtlichen Kartellverbot und bei rein nationalen Verhaltensweisen auch von nationalen Kartellverboten freigestellt werden sollten. Die darunter fallenden Erzeugerorganisationen waren nach EU-rechtlich vorgegebenen Kriterien von den Mitgliedstaaten anzuerkennen und der Europäischen Kommission zur jährlichen Veröffentlichung zu melden.

157

Erwägungsgrund 2 führte zu diesem Konzept aus, dass »die Konzentration des Angebots und die Anpassung der landwirtschaftlichen Erzeugung an die Markterfordernisse durch die Landwirte gefördert werden muss«. Um eine zu starke Kartellisierung zu vermeiden, wollte die Europäische Kommission erzeugnisbezogene Höchstprozentsätze festlegen, bis zu denen ein Zusammenschluss möglich war. Zudem sollten die Mitgliedstaaten unter Freistellung von dem allgemeinen Verbot staatlicher Beihilfen die Erlaubnis erhalten, in den ersten Jahren nach der Anerkennung einer Erzeugerorganisation diese durch näher bestimmte Beihilfen zu fördern. Das Europäische Parlament war mit dem Vorschlag grundsätzlich einverstanden. Es forderte jedoch zugleich, ihn noch weiter zu fassen, indem prinzipiell sämtliche landwirtschaftlichen

158

---

294 ABl. EG 1967 S. 757.

Erzeugnisse einbezogen werden sollten und ab dem Ende der Übergangsphase eine EU-Finanzierung der Erzeugerorganisationen vorzusehen sei.[295]

159 Der Rat vermochte dem weitreichenden Kommissionsansatz nicht zu folgen, zumal der Vorschlag keine Bestimmung zu seinem Verhältnis gegenüber der bereits vorhandenen horizontalen Agrarkartellverordnung Nr. 26 enthielt. 1970 unterbreitete die Europäische Kommission daher einen modifizierten Vorschlag,[296] der keine Kartellausnahme mehr vorsah. Als Begründung verwies die Europäische Kommission darauf, dass sie die in dem Vorschlag von 1967 vorgesehene Beschränkung auf Erzeugerorganisationen, die einen bestimmten Prozentsatz des Marktanteils an dem jeweiligen Erzeugnis nicht überschreiten, gestrichen habe und es ohne eine solche Beschränkung »gefährlich gewesen wäre, zugunsten von Erzeugergemeinschaften, die eine beträchtliche wirtschaftliche Tätigkeit erreichen können, eine gesetzliche Ausnahme von [Art. 101 AEUV] vorzusehen«. Daher erscheine es besser, die allgemeinen Regelungen der Verordnung Nr. 26 anzuwenden, um die Tätigkeit anerkannter Erzeugergemeinschaften zu überwachen, zumal die Erzeugergemeinschaften die »Ausnahmebestimmung« des Art. 2 VO Nr. 26 »in Anspruch nehmen könnten«.[297]

160 Nach mehrjähriger Beratung führte dieser modifizierte Vorschlag zur Verordnung (EWG) Nr. 1360/78 betreffend die Erzeugergemeinschaften und ihre Vereinigungen,[298] die die Konzeption des Kommissionsvorschlags erheblich einschränkte, indem sie die mitgliedstaatliche Anerkennung von Erzeugergemeinschaften nur noch für bestimmte Produkte in Belgien, Frankreich und Italien zum Zwecke einer finanziellen Unterstützung durch die EU vorsah. Aus dem horizontalen Kommissionsansatz war damit eine produkt- und regionenbeschränkte EU-Förderung geworden. Im Laufe der Jahre wurden weitere Produkte sowie zusätzliche Mitgliedstaaten, zu denen Deutschland allerdings nicht gehörte, aufgenommen.

---

295 Entschließung v. 25.1.1968, ABl. EG 1968 Nr. C 10 S. 61; zustimmend ebenfalls die Stellungnahme des WSA v. 28.9.1967, ABl. EG 1968 Nr. C 1 S. 10.
296 ABl. EG 1970 Nr. C 70 S. 31; beide Vorschläge vergleichend *Ditges*, Die geplante Erzeugergemeinschaft in der EWG, AWD 1970, 489, und *Gleiss/Wolff*, Kartellrechtliche Aspekte des neuen Verordnungsvorschlags über landwirtschaftliche Erzeugergemeinschaften – Zugleich ein Beitrag zur Auslegung von Art. 2 VO 26/62, WuW 1971, 310; ausführlich diskutiert auch von *Schulze-Hagen* (Fn. 21), S. 182 ff.
297 A.a.O., S. 33.
298 ABl. EG Nr. L 166 S. 1.

1997 folgte eine Ablösung durch die gleichnamige und gleichstrukturierte 161
Verordnung (EG) Nr. 952/97,[299] die jedoch bereits im Rahmen der 1999 neu
erlassenen Agrarstrukturverordnung (EG) Nr. 1257/1999[300] ersatzlos aufgehoben wurde.[301] Der Grund für die Aufhebung lag darin, dass im Laufe der
Zeit in mehreren GMOen sektorspezifische Regelungen über Erzeugerorganisationen entstanden waren und die Abgrenzung zur Verordnung (EG)
Nr. 952/97 unklar wurde. Erwägungsgrund 44 Satz 1 der Verordnung (EG)
Nr. 1257/1999 fasste diesen Hintergrund wie folgt zusammen: »Angesichts
der Beihilfen für Erzeugerorganisationen und ihre Vereinigungen im Rahmen
[von GMOen] scheint eine spezifische Beihilfe für Erzeugergemeinschaften
im Rahmen der Entwicklung des ländlichen Raums nicht mehr erforderlich.«

Den Ausgangspunkt der sektorspezifischen Regelungen hatte schon sehr früh 162
die Verordnung Nr. 159/66 für den Bereich Obst und Gemüse gebildet,[302] in
der nach niederländischem Vorbild Erzeugerorganisationen sogar den Mittelpunkt der Marktordnung darstellen sollten.[303] Der Legislativvorschlag der
Europäischen Kommission von 1967 für eine horizontale Regelung knüpfte
insofern daran an. Das Modell im Obst- und Gemüsebereich wurde 1970 für
den Fischbereich wiederholt, konnte sich jedoch anschließend nicht für weitere Erzeugnissektoren durchsetzen. Denn die Bereiche Obst und Gemüse
sowie Fisch sind durch die Notwendigkeit, die Erzeugnisse schnell zu verbrauchen und damit zu vermarkten, bestimmt, während in den anderen Erzeugnisbereichen in großem Umfang haltbare Verarbeitungsprodukte – etwa
Magermilchpulver – hergestellt werden können, die sich für eine durch staatliche Stellen durchgeführte Intervention eignen. Die folgenden Regelungen
zu Erzeugerorganisationen – 1971 Hopfen, 1976 Seidenraupen, 1978 Olivenöl
und Tafeloliven, 1981 Baumwolle, 1993 Bananen (2006 wieder aufgehoben)
und 1999 Wein – sahen daher prinzipiell keine mit den Bereichen Obst und
Gemüse sowie Fisch vergleichbaren Markteingriffsbefugnisse für anerkannte
Erzeugerorganisationen vor.

2007 kam es in der Verordnung (EG) Nr. 1234/2007 zu einem umfangreichen 163
Kapitel betreffend »Erzeugerorganisationen, Branchenverbänden [und]
Marktteilnehmerorganisationen«, in dem bis auf den Bereich der GMO Fisch
sämtliche in den vorherigen einzelnen GMOen enthaltenen Vorschriften, die
sich auf anerkannte Erzeugerorganisationen, anerkannte Vereinigungen von

---

299 ABl. EG Nr. L 142 S. 30.
300 ABl. EG Nr. L 160 S. 80.
301 Die Aufhebung übersieht *Buth*, in: Loewenheim/Meessen/Riesenkampff, Landwirtschaft, Rn. 20.
302 ABl. EG 1966 S. 3286.
303 Vgl. näher *Zoeteweij-Turhan* (Fn. 79), S. 122 ff.

Erzeugerorganiationen und anerkannte Branchenverbände bezogen, aufgegangen sind.³⁰⁴ Zusammenfassend lassen sich die drei Organisationsformen als Agrarorganisationen bezeichnen. Art. 122 ff. VO (EG) Nr. 1234/2007 enthielten neben speziellen Regelungen für die Bereiche Hopfen, Obst und Gemüse, Olivenöl und Tafeloliven, Seidenraupen, Tabak und Wein mit Art. 124 Abs. 1 die Klarstellung – so auch ausdrücklich Erwägungsgrund 64 VO (EG) Nr. 1234/2007 –, dass diese speziellen Regelungen nicht den Gegenschluss zulassen, dass den Mitgliedstaaten die Anerkennung von Agrarorganisationen in anderen Bereichen untersagt ist, sofern die Anerkennung »im Einklang mit dem Gemeinschaftsrecht« steht. Damit wurde die in Deutschland seit Erlass des MarktStrG 1969 bestehende langjährige Anerkennungspraxis (vgl. Rdn. 359 ff.) abgesichert.

164 Ergänzend entstand zugehöriges erzeugnisspezifisches Durchführungsrecht der Europäischen Kommission.³⁰⁵ Ein Beispiel ist die 1972 erstmals erlassene und derzeit als Verordnung (EG) Nr. 1299/2007 über die Anerkennung von Erzeugerorganisationen auf dem Hopfensektor³⁰⁶ geltende Kommissionsdurchführungsverordnung. Voraussetzung für eine Anerkennung sind nach Art. 1 Abs. 2 Unterabs. 1 Buchstabe b unter anderem »gemeinsame Regeln für die Erzeugung und die erste Vermarktungsstufe«, wobei nach Unterabs. 2 die erste Vermarktungsstufe den »Verkauf des Hopfens ... an den Großhandel oder an die Hopfen be- oder verarbeitenden Unternehmen« umfasst. Unterabs. 1 Buchstabe i grenzt ein, dass die Erzeugerorganisation »keine beherrschende Stellung in der Gemeinschaft einnehmen« darf.

165 Wie schon aus diesem Beispiel erkennbar, entfalten die Agrarorganisationen gemäß ihrem agrarmarktrechtlichen Auftrag kartellrechtsrelevante Tätigkeiten. Allgemein liegt ein Hauptzweck der staatlichen Anerkennung von Erzeugerorganisationen und deren Vereinigungen darin, eine Bündelung der Marktmacht der Erzeuger vorzunehmen. So werden etwa im Bereich Obst und Gemüse schon seit langem allgemeine Verkaufsregeln und eine Andienungspflicht vorgesehen.³⁰⁷ Typischerweise betreiben Erzeugerorganisatio-

---

304 Vgl. eingehend *Busse*, Erzeugerorganisationen und Branchenverbände im EU-Agrarmarktrecht – Ein kurzer Abriss ihrer Entwicklung vor dem Hintergrund der deutschen Rechtslage, Agrarrecht Jahrbuch 2011, 107, die Kommentierung der entsprechenden Bestimmungen bei *Mögele/Erlbacher* (Fn. 280), und die Zusammenstellung des gesamten EU-Rechts zu Agrarorganisationen mit entsprechender Einführung bei *Busse*, Das Recht der anerkannten Agrarorganisationen, 2014.
305 S. die Darstellung der einzelnen Erzeugnisbereiche bei *Busse* (Fn. 304 – Erzeugerorganisationen), S. 114 ff.
306 ABl. EU Nr. L 289 S. 4.
307 Illustrativ Europäische Kommission, Entsch. v. 2.12.1977, ABl. 1978 Nr. L 21 S. 23 – *Blumenkohl*, in der betont wird, dass zwar die kartellartige Organisation

nen und deren Vereinigungen Preis- und Mengenabsprachen und dienen zum Austausch von Marktinformationen. Diese Zielsetzungen finden sich daher in Art. 152 Abs. 1 Buchstabe c VO (EU) Nr. 1308/2013 wieder. Die kartellrechtliche Freistellung der Agrarorganisationen erfolgte bis zur Verordnung (EG) Nr. 1234/2007 über den Agrarmarktvorbehalt in denjenigen GMOen, in denen sich Regelungen über Agrarorganisationen fanden. Eine gesonderte Anordnung der Freistellung bezüglich Agrarorganisationen wurde für nicht erforderlich gehalten und hätte zudem die beschriebene Stufensystematik gestört. Nach der Zusammenfassung der Regelungen zu Agrarorganisationen in Art. 122 ff. VO (EG) Nr. 1234/2007 unterfielen mithin die Regelungen zu Agrarorganisationen als Bestandteil der EU-Agrarmarktordnung dem allgemeinen Agrarmarktvorbehalt des Art. 175 VO (EG) Nr. 1234/2007.

Der EuGH hat diese Systematik 2003 in einer Grundsatzentscheidung bestätigt, die zu einem Vorgehen der britischen Kartellbehörde gegen ein Milchpreiskartell erging. Großbritannien durfte nach seinem Beitritt 1973 seine staatlichen Milk Marketing Boards, die ab 1933 gebildet worden waren und eine Monopolstellung für den Binnen- und Außenhandel im Milchbereich besaßen, zunächst beibehalten. Durch die Verordnung (EWG) Nr. 1421/78[308] wurden der Tätigkeit der Boards enge EU-rechtliche Grenzen gesetzt, wodurch sie faktisch nur noch Erzeugerorganisationen darstellten. Generelle Einschränkungen waren nach Art. 1 Abs. 3 Buchstabe a VO (EWG) Nr. 1421/78, dass das Funktionieren der GMO Milch nicht gefährdet wurde und »nur in dem unbedingt notwendigen Umfang der Wettbewerb in der Landwirtschaft beeinträchtigt« werden durfte. Der EuGH befand, dass nur in dem Maße, in dem eine GMO Wettbewerb zulässt, die Wettbewerbsbehörden tätig werden können. Als Beispiel nannte er die »Beseitigung einer Wettbewerbsverzerrung«, die »aus dem Missbrauch der Machtstellung einer Agrarkooperative auf dem nationalen Markt entstanden ist«.[309]

166

Lediglich für den speziellen Bereich der staatlich anerkannten Branchenverbände sahen Art. 176a bis 179 VO (EG) Nr. 1234/2007 bezüglich der von Art. 122 ff. VO (EG) Nr. 1234/2007 insofern erfassten Sektoren Obst und

167

---

des Blumenkohlhandels im nördlichen Frankreich auf Seiten der betreffenden Erzeugerorganisationen durch die GMO Obst und Gemüse abgedeckt war, jedoch ein sich daran anschließendes Händlerkartell dadurch nicht gestattet wurde.

308 ABl. EG Nr. L 171 S. 12 mit der Durchführungsverordnung (EWG) Nr. 1565/79, ABl. EG Nr. L 188 S. 29; s. insgesamt zur entsprechenden Entwicklung in Großbritannien *Zoeteweij-Turhan* (Fn. 79), S. 146 ff.

309 EuGH, Rs. C-137/00 – *Milk Marque*, Slg. 2003, I-7975 (8032, Ziff. 64). Gegenwärtig ist ein explizit die Frage nach dem Verhältnis der Art. 122 ff. zu Art. 176 VO (EG) Nr. 1234/2007 stellendes EuGH-Vorabentscheidungsverfahren anhängig (Rs. C-671/15 – APVE; ABl. EU 2016 Nr. C 90 S. 7).

Gemüse, Tabak sowie Milch eine ausdrückliche Freistellung vom Kartellverbot vor, die allerdings mit einem Anzeigeverfahren bei der Europäischen Kommission verknüpft war und wohl deshalb zu der expliziten Regelung geführt hatte. Von dieser Sonderregelung ausgenommen waren die in Art. 123 Abs. 3 VO (EG) Nr. 1234/2007 für die Mitgliedstaaten fakultativ vorgesehenen Branchenverbände im Weinsektor, so dass für Branchenverbände in diesem Sektor nur der Agrarmarktvorbehalt des Art. 175 VO (EG) Nr. 1234/2007 griff. Bei den Branchenvereinbarungen im Zuckersektor handelte es sich hingegen nicht um staatlich anerkannte Agrarorganisationen.

2. Systematik der Verordnung (EU) Nr. 1308/2013

168 Die Verordnung (EU) Nr. 1308/2013 hat die hinsichtlich ihrer Klarheit durchaus verbesserungswürdigen Bestimmungen der Verordnung (EG) Nr. 1234/2007 zum Verhältnis von Agrarorganisationenrecht und Agrarkartellrecht nicht nur größtenteils unverändert übernommen, sondern noch weitere Unklarheiten hinzugefügt. Die Regelungen zur Anerkennung von Agrarorganisationen sind nunmehr in Art. 152 bis 175 VO (EU) Nr. 1308/2013 enthalten, die im Unterschied zur Verordnung (EG) Nr. 1234/2007 für grundsätzlich alle von der Verordnung (EU) Nr. 1308/2013 erfassten Erzeugnissektoren gelten. Der mitgliedstaatliche Freiraum zur Ausgestaltung der Anerkennungsregeln ist mithin im Vergleich zur Verordnung (EG) Nr. 1234/2007 wesentlich eingeschränkt worden. Letztlich ist nach fast fünfzig Jahren das schon 1967 von der Europäischen Kommission vorgeschlagene Konzept (vgl. Rdn. 157 ff.) verwirklicht worden. Nur für einige wenige Sektoren kennen Art. 159 bis 163 VO (EU) Nr. 1308/2013 noch gewisse Sonderbestimmungen.

169 Zudem sind die mit der Änderungsverordnung (EU) Nr. 261/2012 in die Verordnung (EG) Nr. 1234/2007 eingefügten Regelungen des EU-Milchpakets (vgl. Rdn. 105) regelmäßig gesondert normiert, um dem politischen Anliegen Rechnung zu tragen, diese Regelungen unverändert in die Verordnung (EU) Nr. 1308/2013 zu überführen. Inhaltlich besteht jedoch zu den horizontalen Bestimmungen kaum ein Unterschied, da ihnen die Regelungen des EU-Milchpakets zumeist als Vorbild gedient haben. Auch sind die Regelungen des EU-Milchpakets doch in einigen Punkten geändert und ergänzt worden, da nicht alle horizontalen Bestimmungen – etwa die Vorschrift zur Auslagerung der Produktion und die Bestimmungen zur Allgemeinverbindlichkeit – einen Vorbehalt für den Milchbereich enthalten. Die im EU-Milchpaket normierte Befristung der Milch spezifischen Bestimmungen bis zum 30.6.2020 ist durch Art. 232 Abs. 2 VO (EU) Nr. 1308/2013 übernommen worden. Treten die Regelungen außer Kraft, sind die horizontalen Bestimmungen anwendbar, so dass faktisch das EU-Milchpaket größtenteils fortgeführt werden wird. Nur soweit keine horizontale Bestimmung vorhanden ist, erlischt die Milch bezogene Regelung vollständig. Gemäß Art. 225 VO (EU) Nr. 1308/2013 hat

die Europäische Kommission im Anschluss an einen bereits 2014 erstatteten ersten Bericht zur Funktionsweise des EU-Milchpakets[310] bis zum 31.12.2018 einen zweiten derartigen Bericht vorzulegen, den sie allerdings angesichts der schwierigen Milchmarktlage schon 2016 präsentieren möchte.

Gemäß dem Agrarmarktvorbehalt des Art. 206 Unterabs. 1 VO (EU) Nr. 1308/2013 ist das allgemeine EU-Kartellrecht nach wie vor nicht auf anerkannte Agrarorganisationen anwendbar, soweit Art. 152 ff. VO (EU) Nr. 1308/2013 kartellrechtsrelevante Bestimmungen enthalten. Für gemäß der Verordnung (EU) Nr. 1308/2013 anerkannte Erzeugerorganisationen und anerkannte Vereinigungen von Erzeugerorganisationen kennt allerdings Art. 209 Abs. 1 Unterabs. 2 VO (EU) Nr. 1308/2013 eine zusätzliche Freistellung, die in der vorherigen Verordnung (EG) Nr. 1234/2007 nicht vorhanden war. Sie ist in den tradierten Erzeugerbetriebsvorbehalt integriert und bezieht sich folglich nur auf das Kartellverbot des Art. 101 AEUV. Mithin ist das Verhältnis dieser neuen Freistellungsbestimmung zu der Agrarmarktfreistellung des Art. 206 Unterabs. 1 VO (EU) Nr. 1308/2013 zu klären. **170**

Die Entstehungsgeschichte der Verordnung (EU) Nr. 1308/2013 liefert einige wichtige Hinweise für diese Fragestellung und ist daher kurz zu skizzieren.[311] Der im Oktober 2011 von der Europäischen Kommission vorgelegte Legislativvorschlag für eine Ablöseverordnung zur Verordnung (EG) Nr. 1234/2007[312] sah ursprünglich vor, Art. 122 ff. VO (EG) Nr. 1234/2007 nicht nur neu zu fassen und dabei die Anerkennung von Agrarorganisationen in allen Sektoren einheitlich durch EU-Recht zu regeln, sondern die Mitgliedstaaten zur Anerkennung von Agrarorganisationen zu verpflichten. Zudem sollte auf EU-Gesetzesebene lediglich eine Rahmenregelung geschaffen werden, die die Europäische Kommission umfangreich ermächtigt hätte, alle näheren Bestimmungen zu Agrarorganisationen – vor allem die Anerkennungsvoraussetzungen – in Form von Delegations- und Durchführungsrecht zu erlassen. **171**

Dahinter stand der Ansatz, die Agrarorganisationen zu einem wesentliches Rückgrat der EU-Agrarmarktorganisation werden zu lassen, indem sie mit Interventionsbefugnissen und EU-Haushaltsmitteln ausstattbar in den Agrarmarkt eingreifen können. Auf diese Weise wäre an die Stelle des bislang staatlichen Interventionssystems, das nach und nach auf ein so genanntes Sicherheitsnetz für Marktkrisen reduziert worden ist, teilweise ein halbstaatliches **172**

---

310 Europäische Kommission, Bericht über die Entwicklung der Lage auf dem Milchmarkt und die Funktionsweise der Vorschriften des »Milchpakets«, KOM (2014) 354 endg. v. 13.6.2014.
311 Vgl. eingehender *Busse* (Fn. 304 – Das Recht der anerkannten Agrarorganisationen), Einführung, Rn. 107 ff.
312 KOM (2011) 626 endg. v. 12.10.2011.

System der Steuerung des Agrarmarktes mittels staatlich anerkannter Erzeugerzusammenschlüsse und Branchenverbände getreten. Die marktliberal eingestellten Mitgliedstaaten, zu denen auch Deutschland gehört, lehnten diesen Ansatz ab, während er von Frankreich und vor allem den südeuropäischen Mitgliedstaaten, deren Vorstellungen insofern den Legislativvorschlag der Europäischen Kommission geprägt hatten, verfochten wurde. Bereits 2008 war von Frankreich ein Memorandum vorgelegt worden, in dem die Ausdehnung der Regelungen zu Erzeugerorganisationen und Branchenverbänden »along the lines of the existing provisions ... in the fruit and vegetables sector« gefordert wurde. Als Grund gab Frankreich unter anderem an, dass für die nicht explizit im EU-Recht geregelten Sektoren unklar sei, welche Wettbewerbsregelungen für die betreffenden Agrarorganisationen gelten würden.[313]

173 Vor dem Hintergrund der für die Europäische Kommission weitreichend geplanten Befugnisse und den dadurch sehr groben Anerkennungsregelungen fügte die Europäische Kommission die anerkannten Erzeugerorganisationen und deren Vereinigungen in den Erzeugerbetriebsvorbehalt ein. Offenbar erhoffte sie sich dadurch eine Zustimmung der EU-Gesetzgebungsorgane zu ihrem Gesamtkonzept. Da die Europäische Kommission jedoch zugleich den Vorbehalt erster Stufe unverändert fortführen wollte, wurden die Vorbehalte erster und zweiter Stufe inhaltlich vermischt und folglich ihr Verhältnis zueinander unklar. Besonders widersprüchlich war dabei, dass die Europäische Kommission als neues allgemeines Anerkennungskriterium für Erzeugerorganisationen das Verbot einer marktbeherrschenden Stellung einführen wollte und zugleich durch die Einfügung der anerkannten Erzeugerorganisationen in den Erzeugerbetriebsvorbehalt ein Wettbewerbsausschlussverbot gelten sollte.[314] Denn eine Erzeugerorganisation, die keine marktbeherrschende Stellung besitzt, kann nicht gleichzeitig den Wettbewerb ausschließen.

---

313 Frankreich, Memorandum to encourage a responsible Organisation of Agrifood Sectors in the Interest of Farmers and Consumers, Rats-Dok. 5745/08 v. 25.1.2008, S. 4 (abrufbar über die Internetseite des Rates der EU); s. dazu *Zoeteweij-Turhan* (Fn. 79), S. 167 ff., die zugleich, S. 156 ff., das französische Agrarkartellrecht insgesamt näher skizziert und zutreffend darauf hinweist, S. 166, Anm. 614, dass Erzeugerorganisationen und die französischen Interprofessionen unterschiedliche Strukturen aufweisen. Allerdings übergeht sie die Parallele zu den EU-rechtlich vorgesehenen Branchenverbänden im Bereich Obst und Gemüse, die gemäß Art. 123 Abs. 3 VO (EG) Nr. 1234/2007 von den Mitgliedstaaten auf einen entsprechenden Antrag eines solchen Verbandes hin zwingend anzuerkennen waren.
314 Unzutreffend *Chauve/Parera/Renckens* (Fn. 53), S. 310, wonach die Europäische Kommission »had made no proposal to change competition rules«.

Die widersprüchliche Vorgehensweise im Legislativvorschlag der Europäischen Kommission führte zu kontroversen Beratungen[315] und letztlich zur Streichung des neu vorgesehenen Anerkennungskriteriums. Zudem wurden umfangreiche Bestimmungen zu den Befugnissen von Agrarorganisationen aufgenommen, so dass das Ausgangskonzept der Europäischen Kommission eine wesentliche Veränderung erfuhr. Leider wurde die damit eigentlich überflüssige Einfügung der anerkannten Erzeugerorganisationen und deren Vereinigungen in den Erzeugerbetriebsvorbehalt nicht gestrichen, da dieser Vorbehalt nun lediglich als zusätzliche Absicherung der Kartellfreistellung für anerkannte Erzeugerorganisationen und damit nicht als einengend gegenüber den weitreichend gewollten Befugnissen solcher Erzeugerorganisationen verstanden wurde. Spuren dieser misslungenen Entstehung, die eng mit der komplexen Verhandlungshistorie der Verordnung (EU) Nr. 1308/2013 zusammenhängt, finden sich auch in Art. 207 und 208 VO (EU) Nr. 1308/2013. Denn beide Normen definieren mit dem »relevanten Markt« und der »beherrschenden Stellung« Begriffe unter ausdrücklicher Bezugnahme der Nutzung dieser Begriffe in dem Kapitel »Vorschriften für Unternehmen«, die in diesem Kapitel jedoch nicht vorkommen[316] und daher überflüssig sind.[317] Es handelt sich um Begleitbestimmungen zu Artikelvorschlägen, die nicht in die Schlussfassung der Verordnung (EU) Nr. 1308/2013 eingegangen sind.

174

Folglich spricht viel dafür, dass es sich bei der zusätzlichen Freistellungsbestimmung um einen redaktionellen Fehler handelt. Die Bestimmung sollte nach dem Willen der beiden EU-Gesetzgebungsorgane lediglich klarstellen, dass anerkannte Erzeugerorganisationen und Vereinigungen ebenfalls von Art. 101 AEUV freigestellt sind. Nicht beabsichtigt war hingegen, die in den neuen Bestimmungen zu den Tätigkeiten von Erzeugerorganisationen und deren Vereinigungen bewusst vorgenommene Ausweitung der kartellrechtlichen Freistellung durch eine darauf ersichtlich nicht abgestimmte Eingrenzung im allgemeinen Wettbewerbsrechtsabschnitt der Verordnung (EU) Nr. 1308/2013 zu konterkarieren.

175

---

315 Vgl. etwa die Pressemitteilung über die Sitzung des EU-Agrarrates v. 22./23.10.2012 (abrufbar über die Internetseite der EU) und den zugehörigen Fragenkatalog der Ratspräsidentschaft, Rats-Dok. 14994/12 v. 17.10.2012 (abrufbar ebenda); s. auch die Darstellung der Entstehungsgeschichte bei *Busse*, Das neue Agrarmarktrecht der GAP-Reform 2014/15 – Zur Ablösung der Verordnung (EG) Nr. 1234/2007 durch die Verordnung (EU) Nr. 1308/2013, AUR 2015, 321 (321 ff.).
316 So auch *von Rintelen*, in: Grabitz/Hilf/Nettesheim, Art. 42 AEUV, Rn. 16.
317 Offenbar a.A. *Buth*, in: Loewenheim/Meessen/Riesenkampff, Landwirtschaft, Rn. 22 f.

176 Würde demgegenüber vertreten, dass nur Art. 209 VO (EU) Nr. 1308/2013 die kartellrechtliche Freistellung von anerkannten Erzeugerorganisationen und deren Vereinigungen enthielte, entstünde eine erhebliche Anzahl von Widersprüchlichkeiten. Beispielsweise fordert Art. 209 Abs. 1 Unterabs. 3 VO (EU) Nr. 1308/2013, dass der Wettbewerb nicht ausgeschlossen werden darf. Art. 149, 169, 170 und 171 VO (EU) Nr. 1308/2013 regeln jedoch für bestimmte Erzeugnisbereiche feste Bündelungsobergrenzen, die offenbar nicht durch das pauschale Kriterium des Verbots eines Wettbewerbsausschlusses verdrängt werden sollen. Denn zur Aufrechterhaltung des Wettbewerbs enthalten diese vier Bestimmungen für speziell aufgeführte Konstellationen Eingriffsbefugnisse zu Gunsten der Kartellbehörden. Schon allein diese Regelung besonderer kartellrechtlicher Eingriffsbefugnisse spricht gegen die Überlegung, dass ausschließlich Art. 209 VO (EU) Nr. 1308/2013 genuin kartellrechtliche Vorschriften und damit allein die gewünschte kartellrechtliche Freistellung für anerkannte Erzeugerorganisationen und deren Vereinigungen enthält.

177 Ferner ist nach Art. 152 Abs. 1 Buchstabe c Punkt ii VO (EU) Nr. 1308/2013 ein explizites Ziel von Erzeugerorganisationen, das Angebot ihrer Mitglieder zu bündeln und eine gemeinsame Vermarktung vorzunehmen. Für den Sektor Obst und Gemüse bestimmt Art. 160 Unterabs. 2 VO (EU) Nr. 1308/2013 sogar, dass jeder »beigetretene Erzeuger« seine »gesamte betreffende Erzeugung über die Erzeugerorganisation abzusetzen« hat. Gemäß Art. 26 der Durchführungsverordnung (EG) Nr. 543/2011[318] muss daher im Sektor Obst und Gemüse die »Haupttätigkeit« der Erzeugerorganisation »die Bündelung des Angebots und die Vermarktung der Erzeugnisse ihrer Mitglieder« sein. Wird eine Erzeugerorganisation mit diesem Bündelungsziel auf der Grundlage der Art. 152 ff. VO (EU) Nr. 1308/2013 anerkannt, erscheint es wenig plausibel, darin nicht auch unmittelbar eine Kartellbefreiung zu sehen. Genau diese unmittelbare Verbindung zwischen den einzelnen Agrarmarktinstrumenten und der Unanwendbarkeit des allgemeinen Kartellrechts ist der Zweck des in Art. 206 Unterabs. 1 VO (EU) Nr. 1308/2013 enthaltenen Agrarmarktvorbehaltes.

178 Zu berücksichtigen ist zudem, dass eine weitere allgemeine Grenze der Freistellung des Art. 209 Abs. 1 VO (EU) Nr. 1308/2013 in dessen Unterabs. 2 enthalten ist. Danach dürfen die Ziele der GAP, die in Art. 39 AEUV niedergelegt sind, nicht verletzt werden. Allgemein anerkannt ist, dass der EU-Gesetzgeber die Ziele der GAP im EU-Sekundärrecht auszuformen hat.[319] Eine solche Ausformung ist mit der Vorschrift des Art. 152 Abs. 1 Buchstabe c VO

---

318 ABl. EU Nr. L 157 S. 1.
319 Vgl. näher *Busse*, in: Lenz/Borchardt, Art. 39 AEUV, Rn. 1 ff.

(EU) Nr. 1308/2013, welche Ziele die Erzeugerorganisationen zu verfolgen haben, geschehen. Mithin wäre es nicht sinnvoll, neben dieser Ausformung noch ein allgemeines Verbot, dass eine Erzeugerorganisation die Ziele der GAP nicht verletzen darf, zu regeln. Schließlich ist darauf hinzuweisen, dass Art. 152 ff. VO (EU) Nr. 1308/2013 auf eine generelle Geltung hin angelegt sind und damit auch dem nationalen Kartellrecht vorgehen, während Art. 209 VO (EU) Nr. 1308/2013 nur vom EU-Kartellverbot befreit (vgl. Rdn. 252).

Um der gegebenen Situation angemessen Rechnung zu tragen, liegt die Lösung wohl darin, Art. 152 ff. VO (EU) Nr. 1308/2013 gemäß dem Agrarmarktvorbehalt des Art. 206 Unterabs. 1 VO (EU) Nr. 1308/2007 – sowie ebenfalls dem lex-specialis-Grundsatz – uneingeschränkt in kartellrechtlicher Hinsicht anzuwenden[320] und Art. 209 VO (EU) Nr. 1308/2013 als eine diesbezügliche Auffangvorschrift anzusehen. Die in Art. 209 VO (EU) Nr. 1308/2013 für anerkannte Erzeugerorganisationen und deren Vereinigungen normierten kartellrechtlichen Grenzen kommen demnach zum Zuge, wenn in den anderweitigen Bestimmungen über die jeweils betroffene Erzeugerorganisation oder Vereinigung keine spezielle Regelung enthalten ist. Auf diese Weise kann vor allem die Grenze des Wettbewerbsausschlusses greifen, soweit nicht für einen bestimmten Erzeugnisbereich besondere Grenzen, die in der konkreten Situation angewendet werden können, geregelt sind.

179

Die durch Art. 152 und 156 VO (EU) Nr. 1308/2013 vorgenommene Erstreckung der Anerkennungsregelungen für Erzeugerorganisationen und deren Vereinigungen auf alle Erzeugnissektoren lässt eine zwar zuvor bereits vorhandene, jedoch nunmehr gravierendere Unstimmigkeit hervortreten. So besteht das Konzept der Kartellausnahme des § 28 und des parallelen Art. 209 Abs. 1 Unterabs. 2 VO (EU) Nr. 1308/2013 darin, dass Betriebe der landwirtschaftlichen Urerzeugung kartellrechtlich begünstigt werden. Daher bezieht sich der jeweilige Ausnahmetatbestand auf »landwirtschaftliche Erzeugerbetriebe« und deren Vereinigungen. Entsprechend sind die speziellen Kartellausnahmen des § 5 AgrarMSG und des § 40 BWaldG konzipiert (vgl. Rdn. 392 und 404).

180

Art. 152 und darauf aufbauend Art. 156 VO (EU) Nr. 1308/2013 stellen hingegen den »Erzeuger« in den Mittelpunkt. Anders war beispielsweise Art. 122 Unterabs. 1 Buchstabe a Punkt iii VO (EG) Nr. 1234/2007 für den Bereich Obst und Gemüse ausgerichtet, da es sich danach um »Landwirte« handeln musste, »die eines oder mehrere Erzeugnisse dieses Sektors ... anbauen«. Auch bei den dort in den Punkten i und iv genannten Hopfen und Seidenraupen waren die Urerzeugung und folglich der urerzeugende Betrieb Anknüp-

181

---

320 So wohl auch *van Rijn*, in: von der Groeben/Schwarze/Hatje, Art. 42 AEUV, Rn. 4.

fungspunkt. Hingegen standen bei den in Punkt ii und Unterabs. 3 aufgeführten Produkten Olivenöl und Wein Verarbeitungserzeugnisse im Vordergrund. Der in Punkt iiia angeführte Sektor Milch und Milcherzeugnisse umfasste ebenfalls nicht nur Rohmilch, sondern auch Verarbeitungserzeugnisse aus Milch und ging damit über den Urerzeugungsbetrieb hinaus.

182 Demnach könnten sich nach dem Wortlaut des Art. 152 Abs. 1 VO (EU) Nr. 1308/2013 in Sektoren, die nur oder zumindest auch Verarbeitungserzeugnisse umfassen, reine Verarbeitungsbetriebe zu Erzeugerorganisationen und zugehörigen Vereinigungen von Erzeugerorganisationen zusammenschließen. Jedenfalls für den Milchbereich kann bezweifelt werden, ob dies tatsächlich gewollt ist. So lassen die Erwägungsgründe der Änderungsverordnung (EU) Nr. 261/2012 und die übrigen Bestimmungen dieser Verordnung – vor allem diejenigen über die besondere Kartellfreistellung für Verhandlungen über Rohmilch und über die Bedingungen für Rohmilchlieferverträge – erkennen, dass nur Erzeuger von Rohmilch begünstigt werden sollen. Dieser wichtige Punkt ist bislang noch nicht geklärt.

183 Für das in der Verordnung (EU) Nr. 1308/2013 enthaltene System der staatlichen Anerkennung von Agrarorganisationen ist weiterhin wichtig, dass es für die jeweiligen Agrarorganisationen auf dem Prinzip der Freiwilligkeit beruht. Unterschiedlich geregelt ist lediglich für die verschiedenen Erzeugnissektoren, ob die Mitgliedstaaten die Möglichkeit einer Anerkennung für ihr Hoheitsgebiet vorsehen müssen. Das Prinzip der Freiwilligkeit bringt es mit sich, dass daraus kein faktischer Zwang entstehen darf, indem ohne eine Anerkennung jegliche Möglichkeit einer Kartellfreistellung versagt wird. Entscheidet sich eine Agrarorganisation dafür, keine Anerkennung zu beantragen, unterfällt sie daher dem allgemeinen Agrarkartellrecht, in dessen Rahmen zu prüfen ist, ob eine sonstige Kartellfreistellung eingreift.

184 Wird eine im EU-Recht vorgesehene Anerkennung einer Agrarorganisation durch einen Mitgliedstaat ausgesprochen, bedeutet dies nicht, dass die für die Anerkennung notwendigen Regeln der jeweiligen Agrarorganisation zu staatlichen Regelungen werden. In dem von der Anerkennung abgedeckten Handlungsbereich sind die Agrarorganisationen allerdings durch die Bindungswirkung des Anerkennungsbescheides vor einem Eingreifen der Kartellbehörden geschützt, soweit das EU-Agrarkartellrecht nicht ausdrücklich ein solches Eingreifen vorsieht. Ist eine Kartellbehörde der Ansicht, dass eine kartellrechtsrelevante Anerkennungsvoraussetzung nicht mehr erfüllt wird, kann sie ihre Erkenntnisse der Anerkennungsbehörde übermitteln, die anschließend die Aufhebung der Anerkennung zu prüfen hat.

185 Je nach der Ausgestaltung des Anerkennungsrechts vermag die Bindungswirkung über das Kartellverbot hinaus auch den Bereich der Missbrauchsaufsicht

zu erfassen, wie sich aus dem umfassend formulierten Agrarmarktvorbehalt des Art. 206 Unterabs. 1 VO (EU) Nr. 1308/2013, der sich auf das gesamte allgemeine EU-Kartellrecht bezieht, ergibt.[321] Grundsätzlich dürfte allerdings die Missbrauchsaufsicht anwendbar sein, da keine Anhaltspunkte dafür bestehen, dass die Verordnung (EU) Nr. 1308/2013 missbräuchliche Verhaltensweisen von Agrarorganisationen generell zulassen möchte.[322] Art. 210 Abs. 4 Buchstabe e VO (EG) Nr. 1308/2013 statuiert beispielsweise ausdrücklich für Branchenverbände, dass die Handlungen von Branchenverbänden nicht »zu Diskriminierungen« führen dürfen. Auch an anderen Stellen in der Verordnung (EU) Nr. 1308/2013 finden sich vereinzelt Regelungen, die Aspekte der kartellrechtlichen Missbrauchsaufsicht berühren.

3. Besondere Bündelungsobergrenzen

Neben den Vorschriften über die Anerkennung von Agrarorganisationen existieren in der Verordnung (EU) Nr. 1308/2013 noch eine Reihe weiterer Regelungen zu Agrarorganisationen. Bereits erwähnt wurden die besonderen Bündelungsobergrenzen, die sich nach dem Vorbild der beibehaltenen Bestimmung aus dem EU-Milchpaket für die Bereiche Olivenöl, Rindfleisch und bestimmte Kulturpflanzen finden. Wird beispielhaft die Bestimmung zum Milchbereich betrachtet, so gestattet Art. 149 VO (EU) Nr. 1308/2013 – systematisch an unzutreffender Stelle außerhalb des Agrarorganisationenkapitels geregelt – für Verhandlungen über Rohmilchlieferungen durch anerkannte Erzeugerorganisationen und ihre Vereinigungen eine Rohmilchbündelung von bis zu 3,5 Prozent der EU-Milcherzeugung und kumulativ von 33 Prozent der Milcherzeugung des jeweiligen Mitgliedstaates. Durch diese starre Obergrenze wird von dem Obergrenzenkonzept des Art. 209 VO (EU) Nr. 1308/2013 abgewichen, das bezogen auf den jeweils relevanten Markt, der zumeist regionaler Art ist, den Ausschluss des Wettbewerbs normiert. Die besonderen Obergrenzen im Milchbereich sind vorjahresbezogen. Um ihre Einhaltung prüfen zu können, veröffentlicht die Europäische Kommission im Amtsblatt der EU jedes Jahr die entsprechenden Daten des Vorjahres auf der Grundlage von Meldungen

---

[321] Dieser Punkt wird regelmäßig nicht gesehen und damit nicht diskutiert; a.A. etwa mit pauschaler Begründung *Erlbacher*, Art. 176, Rn. 2, in: Mögele/Erlbacher (Fn. 280), und *Groteloh*, Europäisches Marktordnungsrecht, S. 980, in: Dombert/Witt (Hrsg.), Münchener Anwaltshandbuch Agrarrecht, 2011, S. 965 ff.; ohne Begründung a.A. auch *Lohse* (Fn. 20), Rn. 2: »ohne sondergesetzliche Einschränkung«.
[322] Vgl. BKartA, TB 1973, BT-Drucks. 7/2250 v. 14.6.1974, S. 105, das die Missbrauchsaufsicht gemäß dem GWB nach der Anerkennung der Seefisch-Absatz-Gesellschaft als Erzeugerorganisation im Sinne der GMO Fisch als weiterhin anwendbar ansah.

der Mitgliedstaaten.[323] Die Delegierte Verordnung (EU) Nr. 880/2012[324] und die Durchführungsverordnung (EU) Nr. 511/2012[325] ergänzen Art. 149 VO (EU) Nr. 1308/2013 in vor allem verfahrensbezogener Hinsicht.

187 Die Milch betreffende Bündelungsbestimmung geht nationalem Kartellrecht vor. Um sie in Deutschland durchführen zu können, war entsprechendes nationales Recht zu schaffen (vgl. Rdn. 389 ff.).[326] Vergleichbar mit der Anerkennung ist auch die spezielle Kartellbefreiung des Art. 149 VO (EU) Nr. 1308/2013 für die Erzeugerzusammenschlüsse fakultativ. Lässt sich ein Erzeugerzusammenschluss nicht anerkennen, erfüllt nicht die Voraussetzungen des Art. 149 VO (EU) Nr. 1308/2013 oder gibt die in Art. 149 Abs. 2 Buchstabe f VO (EU) Nr. 1308/2013 vorgesehene Meldung, dass er über eine bestimmte Rohmilchmenge verhandelt, nicht ab, unterfällt er dem sonstigen Agrarkartellrecht, d.h. kann durch Art. 209 Abs. 1 VO (EU) Nr. 1308/2013, § 28 GWB oder § 5 AgrarMSG freigestellt sein.

188 So war das Ziel des EU-Milchpakets, für die Milcherzeuger zusätzliche Zusammenschlussmöglichkeiten zu schaffen, nicht aber, die schon vorhandenen Kartellfreistellungen einzuschränken. Dies betont auch Erwägungsgrund 14 der Milchpaketverordnung (EG) Nr. 261/2012, der unter anderem in Satz 4 darauf hinweist, dass »für anerkannte Erzeugerorganisationen – Genossenschaften inbegriffen –« die besondere Bündelungsbestimmung nicht gilt, sofern sie »die gesamte von ihren Mitgliedern angelieferte Rohmilch verarbeiten«. Denn eine Milch verarbeitende Genossenschaft kann sich als Erzeugerorganisation im Sinne des Art. 152 VO (EU) Nr. 1308/2013 anerkennen lassen, verhandelt jedoch nicht für ihre Mitglieder über den Verkauf von Rohmilch an einen Dritten. Würde solchen Erzeugerorganisationen mangels Erfassung durch Art. 149 VO (EU) Nr. 1308/2013 die Anwendung der sonstigen Kartellfreistellungen versagt, wären sie erheblich benachteiligt.

189 Art. 206 Unterabs. 2 VO (EU) Nr. 1308/2013 enthält die vor dem Hintergrund der allgemeinen Unionstreue deklaratorische Vorschrift, dass die Wett-

---

323 Vgl. erstmalig 2012 die Produktionsdaten von 2011, ABl. EU 2012 Nr. C 296 S. 1.
324 ABl. EU Nr. L 263 S. 8.
325 ABl. EU Nr. L 156 S. 39.
326 Darauf wies auch das BKartA (Fn. 184), S. 79, hin, wobei es allerdings von der unzutreffenden Annahme ausging, dass das EU-Milchpaket nur auf zwischenstaatliche Sachverhalte Anwendung fand: »Der deutsche Gesetzgeber wird vermutlich die Regelung des europäischen Milchpakets zum Anlass nehmen, das [MarktStrG] zu reformieren und zumindest einige Teile des Milchpakets in das deutsche Gesetz zu übernehmen. Insoweit wären die Regelungen des Milchpakets dann auch ohne zwischenstaatlichen Bezug anwendbar.«

bewerbsbehörden der EU und der Mitgliedstaaten »eng zusammenarbeiten«. Nach Art. 206 Unterabs. 3 VO (EU) Nr. 1308/2013 darf die Europäische Kommission »gegebenenfalls Leitlinien zur Unterstützung der nationalen Wettbewerbsbehörden sowie der Unternehmen« veröffentlichen. Diese Bestimmung, die wohl versehentlich den alleinigen Gegenstand der Überschrift von Art. 206 VO (EU) Nr. 1308/2013 bildet, ist offenbar ebenfalls nur deklaratorisch.[327] Denn der Erlass von »Leitlinien« in Form unverbindlicher Kommissionsempfehlungen, wie sie Art. 288 Unterabs. 5 AEUV generell als Handlungsmöglichkeit für die EU-Organe und Art. 292 Satz 4 AEUV speziell für die Europäische Kommission vorsehen, bedarf nach wohl allgemeiner Ansicht keiner ausdrücklichen rechtlichen Gestattung durch den EU-Gesetzgeber.

Sollte die Bestimmung hingegen als konstitutiv verstanden werden, so dürfte die Europäische Kommission hinsichtlich der Verordnung (EU) Nr. 1308/2013 nur in dem von Art. 206 Unterabs. 3 VO (EU) Nr. 1308/2013 umrissenen Bereich solche Leitlinien aufstellen, da sie an anderer Stelle in der Verordnung (EU) Nr. 1308/2013 nicht erwähnt werden. Ausweislich der Überschrift und der inhaltlichen Verbindung zu Unterabs. 2 beziehen sich die Leitlinien auf die »Anwendung der Wettbewerbsregeln im Agrarbereich«. Mit »Wettbewerbsregeln« sind Art. 101 ff. AEUV gemeint, was bedeutet, dass die Bereiche der Verordnung (EU) Nr. 1308/2013, in denen Art. 101 ff. AEUV unanwendbar sind, nicht erfasst würden.

190

Die Europäische Kommission vertritt eine deklaratorische Bedeutung, da sie mit ihren »Leitlinien für die Anwendung der besonderen Vorschriften der Artikel 169, 170 und 171 der GMO-Verordnung für den Olivenöl-, den Rindfleisch- und den Kulturpflanzensektor«, die am 22.12.2015 im Amtsblatt der EU veröffentlicht wurden,[328] zur Auslegung von Bestimmungen Stellung bezogen hat, die außerhalb des Anwendungsbereichs der Art. 101 ff. AEUV stehen. Obwohl der Milch bezogene Art. 149 VO (EU) Nr. 1308/2013 das Vorbild für Art. 169 bis 171 VO (EU) Nr. 1308/2013 war, wird diese Bestimmung in den Leitlinien nicht behandelt. Die Leitlinien sind über die Auslegung der drei betroffenen Artikel hinaus von Interesse, da sie eingangs eine Darstellung des EU-Agrarkartellrechts beinhalten, die ebenfalls von der vorliegend vertretenen Dreistufigkeit ausgeht. So wird in Ziff. 32 die wettbewerbsrechtliche Freistellung der in Art. 169 bis 171 VO (EU) Nr. 1308/2013 geregelten Ver-

191

---

327 So auch *von Rintelen*, in: Grabitz/Hilf/Nettesheim, Art. 42 AEUV, Rn. 36.
328 ABl. EU Nr. C 431 S. 1. Über die Internetseite der Europäischen Kommission sind Diskussionsmaterialien zu den Leitlinien abrufbar, die vor allem aus dem öffentlichen Konsultationsprozess stammen. *Lettl* (Fn. 52), S. 62, übersieht, dass den Leitlinien Bestimmungen der Verordnung (EU) Nr. 1308/2013 zugrunde liegen und übergeht daher bei seiner Anregung, »ein ähnliches Vorgehen im Bereich der Milch« zu unternehmen, Art. 149 VO (EU) Nr. 1308/2013.

haltensweisen von anerkannten Erzeugerorganisationen explizit aus dem Agrarmarktvorbehalt des Art. 206 Unterabs. 1 und nicht dem Erzeugerbetriebsvorbehalt des Art. 209 Abs. 1 Unterabs. 2 VO (EU) Nr. 1308/2013 abgeleitet. In dem nach Ziff. 50 enthaltenen Schaubild über die Prüfung derartiger Verhaltensweisen, in Ziff. 95 sowie in den Flussdiagrammen der Annexe 1 und 2 wird die Dreistufigkeit noch einmal bestätigt. Ziff. 54 enthält entsprechend der vorliegend vertretenen Ansicht die Aussage, dass im Fall einer nicht anerkannten Erzeugerorganisation Art. 209 VO (EU) Nr. 1308/2013 anwendbar ist.

192 Was die Auslegung der drei behandelten Artikel angeht, so greift sie teilweise auf die Interpretation der Anerkennungskriterien – beispielsweise hinsichtlich der Frage, ob Nichterzeuger mitgliedschaftsfähig sind (Ziff. 56) und Drittprodukte unter die Tätigkeit einer anerkannten Erzeugerorganisationen fallen können (Ziff. 59 ff.) – über. Ferner ist problematisch, dass in Ziff. 72 ff. davon ausgegangen wird, die jeweils von Art. 169 bis 171 VO (EU) Nr. 1308/2013 vorausgesetzten »voraussichtlichen erheblichen Effizienzgewinne« zur Inanspruchnahme der besonderen Kartellbefreiung[329] dürften nicht in der bloßen Bündelung der Vermarktung liegen. Folglich wären die alleinige Steigerung der Verhandlungsmacht und dadurch das Erreichen eines höheren Verkaufserlöses als wesentliches Ziel der staatlichen Anerkennung von Erzeugerorganisationen zur Inanspruchnahme der Verhandlungsartikel nicht für die Erfüllung des Kriteriums ausreichend, obwohl dieses Ziel auch in Erwägungsgrund 139 Satz 1 VO (EU) Nr. 1308/2013 als alleiniger Zweck der Verhandlungsartikel hervorgehoben und in den Artikeln jeweils als eine Möglichkeit von Effizienzgewinnen der »gemeinsame Vertrieb« genannt wird. Der Milch bezogene Art. 149 VO (EU) Nr. 1308/2013 kennt im Übrigen das Kriterium des Effizienzgewinns nicht.

4. Weitere Regelungen in der Verordnung (EU) Nr. 1308/2013

193 Von den weiteren kartellrechtsrelevanten Regelungen zu Agrarorganisationen ist zunächst die in Art. 164 f. VO (EU) Nr. 1308/2013 für die Mitgliedstaaten enthaltene Möglichkeit, »Vereinbarungen, Beschlüsse oder aufeinander abgestimmte Verhaltensweisen« einer Agrarorganisation für Nichtmitglieder für allgemeinverbindlich zu erklären und die Nichtmitglieder an der Finanzierung der für allgemeinverbindlich erklärten Maßnahmen zwangsweise zu beteiligen, zu erwähnen.[330] Die Allgemeinverbindlichkeitserklärung muss befristet sein

---

329 *Chauve/Parera/Renckens* (Fn. 53), S. 310, bezeichnen diese Voraussetzung als »paradigma shift in the discussions of the agricultural world about competition rules«.
330 Zuvor existierte die Allgemeinverbindlichkeitserklärung nur für bestimmte Erzeugnissektoren. Vorreiter war der Sektor Obst und Gemüse mit zuletzt Art. 125f,

und einen der in Art. 164 Abs. 4 Unterabs. 1 VO (EU) Nr. 1308/2013 geregelten Sachbereiche betreffen. Zudem sind die in Art. 164 Abs. 3 VO (EU) Nr. 1308/2013 normierten Mindestvorgaben an die Repräsentativität der Agrarorganisation einzuhalten. Die für allgemeinverbindlich erklärten Regeln einer Agrarorganisation nähern sich dadurch einem staatlichen Charakter an, da der Staat sie sich durch die Erstreckung auf Unternehmen, die nicht Mitglied der jeweiligen Agrarorganisation sind, zu Eigen macht.[331]

Entsprechend hat der EuGH die Allgemeinverbindlichkeitserklärung von landwirtschaftlichen Erzeugerabsprachen nicht am Kartellrecht, sondern an den Bestimmungen des EU-Agrarmarktrechts gemessen.[332] Die betreffende Erklärung ist nach Art. 164 Abs. 5 VO (EU) Nr. 1308/2013 vom Mitgliedstaat in einem amtlichen Publikationsorgan zu veröffentlichen und nach Art. 164 Abs. 6 VO (EU) Nr. 1308/2013 der Europäischen Kommission mitzuteilen.[333] Gemäß Art. 164 Abs. 4 Unterabs. 2 VO (EU) Nr. 1308/2013 dürfen sich die für allgemeinverbindlich erklärten Regeln »nicht nachteilig auf die anderen Marktteilnehmer in dem betreffenden Mitgliedstaat oder der Union auswirken« und »nicht im Widerspruch zum geltenden Unionsrecht und nationalen Recht stehen«. Zudem sind durch eine entsprechende Bezugnahme solche kartellrechtsrelevante Auswirkungen, wie sie Art. 210 Abs. 4 VO (EU) Nr. 1308/2013 für Branchenverbände allgemein untersagt, verboten. Anders als zuvor etwa mit Art. 125h VO (EG) Nr. 1234/2007 existiert jedoch keine explizite Vorschrift mehr, dass die Europäische Kommission bei Vorliegen be-

194

125j und 125l VO (EG) Nr. 1234/2007; vgl. zur Entstehung dieser Bestimmungen ausführlich *Heynen*, Allgemeinverbindlicherklärungen nach europäischem Marktordnungsrecht, 1985, der sie maßgeblich auf das französische Agrarmarktrecht ab 1960 zurückführt und zugleich, S. 33 ff., die jahrelangen Bemühungen in Frankreich, durch immer weitere Änderungs- und Ergänzungsgesetze dem Instrument der Allgemeinverbindlichkeitserklärung zu einem praktischen Durchbruch zu verhelfen, darstellt. Eine Ausnahme, S. 34, bildete der Milchbereich, für den allerdings 1974 erst eine besondere gesetzliche Grundlage über eine Interprofessionelle Organisation geschaffen werden musste.

331 Für die agrarrechtliche Allgemeinverbindlichkeitserklärung in der Schweiz stellt *Zoeteweij-Turhan* (Fn. 79), S. 229, fest: »The result of such a decision is that these measures become instruments of public law ...«

332 EuGH, Rs. 212/87 – *Unilec*, Slg. 1988, 5075 (5094, Ziff. 10 ff.); in diese Richtung auch *Heynen* (Fn. 330), S. 108 f. Mitgliedstaatliche Allgemeinverbindlichkeitserklärungen ohne eine EU-agrarmarktrechtliche Ermächtigung misst *Heynen*, S. 62 ff., hingegen außer an dem AEUV und dem EU-Agrarmarktrecht auch an der Verordnung Nr. 26 als Richtschnur für die Zulässigkeit mitgliedstaatlicher Beeinflussungen des Agrarmarktes.

333 Im Bereich Obst und Gemüse musste früher die Europäische Kommission die ihr mitgeteilten allgemeinverbindlichen Regeln im Amtsblatt der EU veröffentlichen, vgl. etwa ABl. EU 2007 Nr. C 277 S. 8.

stimmter Umstände die Aufhebung der mitgliedstaatlichen Allgemeinverbindlichkeitserklärung verlangen kann.

195 Die Europäische Kommission darf des Weiteren gemäß Art. 166 VO (EU) Nr. 1308/2013 »Maßnahmen zur besseren Anpassung an die Marktnachfrage mit Ausnahme von Maßnahmen zur Rücknahme vom Markt« unter Berücksichtigung bestimmter Ziele fördern, soweit diese Maßnahmen durch anerkannte Agrarorganisationen durchgeführt werden. Art. 150 und 172 VO (EU) Nr. 1308/2013 enthalten die Option für die Mitgliedstaaten, eine »Steuerung des Angebots« bei Käse und Schinken durch Erzeugerorganisationen zu ermöglichen, soweit es sich um Erzeugnisse handelt, die über eine geschützte Ursprungsbezeichnung oder eine geschützte geografische Angabe verfügen. Die Option für die Mitgliedstaaten, auf der Grundlage der Art. 148 und 168 VO (EU) Nr. 1308/2013, die Vertragsbeziehungen zwischen Erzeugerbetrieben und Abnehmerunternehmen zu gestalten, knüpft hingegen nicht an Agrarorganisationen an und ist mithin bezüglich Art. 168 VO (EU) Nr. 1308/2013 an einer systematisch unzutreffenden Stelle verortet. Schließlich ist noch Art. 155 VO (EU) Nr. 1308/2013 zu nennen, der die Mitgliedstaaten ermächtigt, Erzeugerorganisationen und deren Vereinigungen die Auslagerung ihrer Tätigkeiten mit Ausnahme der Erzeugung unter engen Voraussetzungen zu gestatten, sofern die Europäische Kommission die dafür in Frage kommenden Erzeugnisbereiche festlegt. Letzteres ist mit der Delegierten Verordnung (EU) Nr. 2016/232[334] geschehen, indem für alle Erzeugnissektoren der Verordnung (EU) Nr. 1308/2013 die Auslagerung erlaubt wird.

196 Um die skizzierten Befugnisse von Agrarorganisationen wurde im Rahmen der Beratungen der GAP-Reform 2014/15 zu einem erheblichen Teil heftig gerungen. In dieser Diskussion um die Reichweite der EU-rechtlichen Regelungen zu Agrarorganisationen spiegelt sich die Kontroverse wider, ob die Marktfreiheit, die durch eine schon weit fortgeschrittene, aber immer noch nicht vollständig abgeschlossene Liberalisierung des EU-Agrarmarktes entstanden ist, dem Wettbewerb überlassen oder durch neuartige staatliche Eingriffe reguliert werden soll.[335] Würden die Bestimmungen zu Agrarorganisationen nicht EU-rechtlich vereinheitlicht, käme die – latent schon vorhandene – Gefahr auf, dass die Mitgliedstaaten diese Organisationstypen kartellrechtlich unterschiedlich stark begünstigen und dadurch eine Beeinträchtigung des Agrarbinnenmarktes verursacht wird.[336] Daher bestand weitgehender Konsens, die Regelungen der Verordnung (EG) Nr. 1234/2007 betreffend Agrar-

---

334 ABl. EU Nr. L 44 S. 1.
335 Vgl. für den teilweisen Umbau des Marktordnungsrechts hin zu einem auf die Marktstruktur ausgerichteten System im Zuge der zahlreichen Änderungsverordnungen zur Verordnung (EG) Nr. 1234/2007 *Busse* (Fn. 288), S. 124 ff.
336 Ebenso *Zoeteweij-Turhan* (Fn. 79), S. 189.

organisationen zu einem möglichst einheitlichen Rahmen für alle Erzeugnissektoren auszubauen.

Uneinigkeit herrschte allerdings darin, ob die Agrarorganisationen entsprechend dem jahrzehntelang bewährten Modell nur mit einer Kartellfreistellung ausgestattet werden sollten oder ob ihnen darüber hinaus – wie schon seit geraumer Zeit in den Sektoren Obst und Gemüse sowie Fisch – Instrumente zur Steuerung des Agrarmarktes in Form von Allgemeinverbindlichkeitserklärungen, Mengenregulierungen und Marktrücknahmen, die zum Teil mit EU-Mitteln subventioniert werden, zur Verfügung zu stellen sind.[337] Die Regelungen der Verordnung (EU) Nr. 1308/2013 können insofern als ein Kompromiss betrachtet werden, der zwar die Freiwilligkeit für die Mitgliedstaaten bei der Anerkennung von Agrarorganisationen betont, jedoch ein nicht geringes Gerüst von mit den Agrarorganisationen verbundenen Markteingriffsinstrumente vorsieht, dessen Wirksamkeit sich allerdings noch erweisen muss.

197

5. Verfahren bei Branchenverbänden

Wie schon in der Verordnung (EG) Nr. 1234/2007 ist für anerkannte Branchenverbände eine zusätzliche Freistellungsbestimmung vorhanden. So besagt Art. 210 Abs. 1 VO (EU) Nr. 1308/2013, dass das Kartellverbot nicht »für Vereinbarungen, Beschlüsse und abgestimmte Verhaltensweisen von gemäß [Art. 157 VO (EU) Nr. 1308/2013] anerkannten Branchenverbänden«, die sich im Rahmen der für anerkannte Branchenverbände festgelegten Zielsetzungen halten, gilt, sofern der kartellrechtliche Rahmen des Art. 210 Abs. 4 VO (EG) Nr. 1308/2013 eingehalten wird. Im Unterschied zu der Regelung des Art. 209 Abs. 1 Unterabs. 2 VO (EU) Nr. 1308/2013 knüpft hieran allerdings entsprechend der Vorgängerregelung ein gesondertes Verfahren bei der Europäischen Kommission an. So sind nach Art. 210 Abs. 2 VO (EU) Nr. 1308/2013 kartellrechtsrelevante Tätigkeiten eines anerkannten Branchenverbandes der Europäischen Kommission mitzuteilen.

198

Nimmt die Europäische Kommission einen Verstoß einer mitgeteilten Tätigkeit gegen »die Unionsvorschriften« an, hat sie diesen innerhalb von zwei

199

---

[337] Das Europäische Parlament war in seinem Datin-Bericht vom Juli 2012 mehrheitlich für einen marktregulatorischen Ansatz, wozu das BKartA TB 2011/12, BT-Drucks. 17/13675 v. 29.5.2013, S. 53, meinte: »Die Änderungsanträge des [Europäischen Parlaments] zielen fast ausnahmslos darauf ab, Absprachen auf Ebene der Erzeuger zu ermöglichen und marktstufenübergreifende Branchenverbände abzusichern. Für die Erzeuger bestehen schon heute sowohl auf nationaler als auch auf europäischer Ebene diverse kartellrechtlich zulässige Möglichkeiten für effizienzsteigernde Kooperationen oder sogar Freistellungen vom Kartellverbot. Bedarf für eine Erweiterung derartiger Regelungen besteht nicht.«

Monaten »festzustellen«. Mit »den Unionsvorschriften« sind offenbar die Bestimmungen der Verordnung (EU) Nr. 1308/2013 über anerkannte Branchenverbände gemeint. Die »Feststellung« dürfte gegenüber dem mitteilenden Brachenverband zu erfolgen haben und rechtsmittelfähig sein. Stellt die Europäische Kommission innerhalb der Zweimonatsfrist keinen Verstoß fest, gelten die mitgeteilten Tätigkeiten als mit dem Agrarorganisationenrecht vereinbar.[338]

200 Hieran sind auch die nationalen Kartellbehörden gebunden. Damit die Europäische Kommission diese strikte Rechtsfolge im Falle neuer Erkenntnisse durchbrechen kann, gestattet ihr Art. 210 Abs. 5 Unterabs. 1 VO (EU) Nr. 1308/2013, nach Ablauf der Zweimonatsfrist Art. 101 AEUV für anwendbar zu erklären. Die Anwendbarkeitserklärung hat gemäß Art. 210 Abs. 5 Unterabs. 2 VO (EU) Nr. 1308/2013 aus Gründen des Vertrauensschutzes ex nunc zu erfolgen, sofern nicht im Rahmen der Mitteilung falsche Angaben gemacht wurden oder »die Ausnahmeregelung des Absatzes 1 missbräuchlich in Anspruch genommen« worden ist. Letztere Einschränkung vermengt das Kartellverbot mit der Missbrauchsaufsicht. Durch die Anwendbarkeitserklärung steht allerdings noch kein Kartellrechtsverstoß fest. Denn es kann eine an Art. 101 Abs. 1 AEUV anknüpfende Befreiung nach allgemeinem Kartellrecht gegeben sein, so dass im Ergebnis EU-Recht nicht verletzt wird.

201 Problematisch ist der Umstand, dass Art. 210 Abs. 2 VO (EU) Nr. 1308/2013 einen bereits anerkannten Branchenverband voraussetzt. Besser wäre es, wenn die Satzung eines Branchenverbandes mit den darin enthaltenen Zielsetzungen und Tätigkeiten des Branchenverbandes vor einer Anerkennung von der Europäischen Kommission auf seine Konformität mit den in Art. 210 Abs. 4 VO (EU) Nr. 1308/2013 enthaltenen kartellrechtlichen Grenzen geprüft würde. Für den Sektor Obst und Gemüse kannte zuvor Art. 125k Abs. 1 Buchstabe e VO (EG) Nr. 1234/2007 eine entsprechende Verbindung, da er als eine Anerkennungsvoraussetzung statuierte, dass sich der Branchenverband »nicht an Vereinbarungen, Beschlüssen oder aufeinander abgestimmten Verhaltensweisen nach [Art. 176a Abs. 4 VO (EG) Nr. 1234/2007] beteiligt«. Art. 125k Abs. 5 VO (EG) Nr. 1234/2007 ergänzte, dass die Anerkennung als »Erlaubnis zur Durchführung der Tätigkeiten nach [Art. 123 Abs. 3 Buchstabe VO (EG) Nr. 1234/2007] vorbehaltlich der Bestimmungen der [Verordnung (EG) Nr. 1234/2007 gilt]«. Es ist mithin zu überlegen, ob vor der mitgliedstaatli-

---

338 So auch *von Rintelen*, in: Grabitz/Hilf/Nettesheim, Art. 42 AEUV, Rn. 40. Gemäß der Europäischen Kommission (Fn. 310), S. 10, ist bis Juni 2014 eine Mitteilung erfolgt, und zwar »eines französischen Branchenverbandes, die insbesondere die Verbreitung bestimmter Marktinformationen und Wirtschaftsindikatoren betrifft« und offenbar nicht beanstandet wurde.

chen Anerkennung eines Branchenverbandes dessen Satzung der Europäischen Kommission übermittelt wird, damit diese bereits vorab prüfen kann, ob die Satzung eine Tätigkeit gestattet, der Art. 210 Abs. 4 VO (EU) Nr. 1308/2013 entgegensteht.

6. Krisenermächtigung des Art. 222 VO (EU) Nr. 1308/2013

Im Rahmen der Neugestaltung der Ermächtigungen für die Europäische Kommission, bei Krisen auf dem EU-Agrarmarkt Abhilfemaßnahmen zu treffen, wurde Art. 222 VO (EU) Nr. 1308/2013 eingeführt. Die Europäische Kommission ist dadurch befugt, »während schwerer Ungleichgewichte auf den Märkten« Durchführungsrechtsakte zu erlassen, nach denen Agrarorganisationen eine zusätzliche Freistellung von Art. 101 AEUV erhalten. Die betreffenden »Beschlüsse und Vereinbarungen« dürfen »das ordnungsgemäße Funktionieren des Binnenmarktes nicht unterminieren« und müssen »strikt darauf abzielen, den betreffenden Sektor zu stabilisieren«. Die Sachbereiche, für die eine derartige Freistellung erfolgen kann, sind in Art. 222 Abs. 1 Unterabs. 1 VO (EU) Nr. 1308/2013 abschließend aufgelistet. Nach Art. 222 Abs. 2 VO (EU) Nr. 1308/2013 muss die Europäische Kommission zuvor die Standardinterventionsmaßnahmen durchgeführt haben. Art. 222 Abs. 3 VO (EU) Nr. 1308/2013 befristet die Freistellung auf höchstens sechs Monate, wobei die Europäische Kommission diesen Zeitraum einmalig um sechs Monate verlängern kann.

202

Anlässlich des ab 2014 eingetretenen Milchpreisrückganges hat die Europäische Kommission nach Aktivierung der Interventionsstandardmaßnahmen erstmalig im April 2016 die Möglichkeit des Art. 222 VO (EU) Nr. 1308/2013 genutzt. Mit Art. 1 der Durchführungsverordnung (EU) Nr. 2016/559[339] wurde anerkannten Agrarorganisationen im Milchbereich gestattet, für sechs Monate »freiwillige gemeinsame Vereinbarungen und gemeinsame Beschlüsse über die Planung der zu erzeugenden Milchmenge zu schließen bzw. zu fassen«.[340] Nach Art. 2 VO (EU) Nr. 2016/559 obliegt es dem Mitgliedstaat, die Einhaltung der in Art. 222 Abs. 1 Unterabs. 1 VO (EU) Nr. 1308/2013 enthaltenen allgemeinen Restriktionen zu überwachen. Art. 4 VO (EU) Nr. 2016/559 regelt ein Meldeverfahren.

203

Um das Ziel der Maßnahme, das in einer möglichst umfassenden Milchmengenreduktion besteht, zu erreichen, beschloss die Europäische Kommission

204

---

339 ABl. EU Nr. L 96 S. 20.
340 Die Einschätzung von *Erhart/Krauser*, in: MünchKommKartR, SB Landwirtschaft, Rn. 53, die Anwendung des Art. 222 VO (EU) Nr. 1308/2013 bleibe – wohl mit Blick auf die EHEC-Krise – »auf Extremfälle wie etwa existenzbedrohende Tier- oder Pflanzenseuchen begrenzt«, hat sich mithin nicht bewahrheitet.

gestützt auf die Krisenermächtigung des Art. 219 VO (EU) Nr. 1308/2013 mit Art. 1 der Delegierten Verordnung (EU) Nr. 2016/558[341] zugleich, die Freistellung auf »Genossenschaften und andere Formen von Erzeugerorganisationen« auszudehnen. Da die anerkannten und nicht anerkannten Erzeugerorganisationen und deren Vereinigungen bereits nach Art. 152, 156 und 209 VO (EU) Nr. 1308/2013 die Möglichkeit einer gemeinsamen Milchmengenplanung besitzen, ist der wesentliche Effekt dieser Krisenmaßnahmen, anerkannten Branchenverbänden, die nach Art. 210 Abs. 4 VO (EU) Nr. 1308/2013 eigentlich nicht aktiv am Marktgeschehen teilhaben dürfen, eine solche Teilhabe in Form von Mengenabsprachen zu gestatten. Ungelöst ist allerdings die Frage, was mit eventuellen Verboten von Mengenabsprachen auf nationaler Ebene geschehen soll, falls die jeweilige Absprache mangels Mitgliedstaaten übergreifender Wirkung nicht unter Art. 101 Abs. 1 AEUV fällt und damit die Freistellung durch die Kommissionsverordnungen nicht greift. Um die GAP nicht zu beeinträchtigen, dürften die Mitgliedstaaten verpflichtet sein, solche Verbote nicht anzuwenden.

7. GMO Fisch

205   In der GMO Fisch existiert ein dem landwirtschaftlichen Bereich nachgestaltetes Vorschriftensystem zu Agrarorganisationen. Art. 6 ff. VO (EU) Nr. 1379/2013 regeln die staatliche Anerkennung von Erzeugerorganisationen, deren Vereinigungen und Branchenverbänden. Art. 22 ff. VO (EU) Nr. 1379/2013 beinhalten Bestimmungen zur Allgemeinverbindlichkeitserklärung. Wie bei der Verordnung (EU) Nr. 1308/2013 knüpfen an die Anerkennung von Agrarorganisationen Markteingriffsmaßnahmen an. So sehen Art. 28 ff. VO (EU) Nr. 1379/2013 für Erzeugerorganisationen zwingende »Produktions- und Vermarktungspläne« vor. Art. 30 ff. VO (EU Nr. 1379/2013 kennen einen »Lagerhaltungsmechanismus« durch Erzeugerorganisationen. Art. 41 VO (EU) Nr. 1379/2013 nimmt »Vereinbarungen, Beschlüsse und Verhaltensweisen« von Erzeugerorganisationen und Branchenverbänden von der das allgemeine Kartellrecht für anwendbar erklärenden Bestimmung des Art. 40 VO (EU) Nr. 1379/2013 aus, soweit bestimmte kartellrechtliche Grenzen nicht überschritten werden. Gemeint sind wohl nur solche kartellrechtsrelevanten Tätigkeiten, die den Begriffsbestimmungen in Art. 6 Abs. 1 bzw. Art. 11 VO (EU) Nr. 1379/2013 mit den daran anknüpfenden Voraussetzungen entsprechen. Über den Verweis des Art. 9 Abs. 2 VO (EU) Nr. 1379/2013 sind auch Vereinigungen von anerkannten Erzeugerorganisationen von der Freistellung des Art. 41 Abs. 1 VO (EU) Nr. 1379/2013 erfasst.

---

341 ABl. EU Nr. L 96 S. 18.

Wie sich das Verhältnis dieser Kartellbefreiungen zu den Bestimmungen der Art. 6 ff. VO (EU) Nr. 1379/2013 über Agrarorganisationen genau verhält, ist nicht vollständig klar. So ordnet etwa Art. 16 Abs. 1 Buchstabe h VO (EU) Nr. 1379/2013 als Voraussetzung für die Anerkennung eines Branchenverbandes pauschal die Geltung der in Art. 40 VO (EU) Nr. 1379/2013 in Bezug genommenen »Wettbewerbsregeln« an. Von diesem Verweis dürfte auch der Befreiungstatbestand des Art. 41 Abs. 2 VO (EU) Nr. 1379/2013 eingeschlossen sein, da insofern die »Wettbewerbsregeln« nicht gelten. Allerdings lässt sich zum Zeitpunkt, zu dem die Anerkennung ausgesprochen wird, nicht feststellen, ob der Branchenverband zukünftig die Grenzen der Wettbewerbsregeln einhalten wird. 206

Nicht einfach ist auch das Verhältnis der Kartellvorschriften zu den Bestimmungen über die Allgemeinverbindlichkeitserklärung der Regeln von Branchenverbänden. So setzt etwa Art. 23 Abs. 1 Buchstabe a VO (EU) Nr. 1379/2013 voraus, dass der Branchenverband eine gebietsbezogene Marktstellung von mindestens 67 Prozent besitzt. Nach Art. 25 Abs. 2 VO (EU) Nr. 1379/2013 obliegt es der Europäischen Kommission, die Allgemeinverbindlichkeitserklärung zu genehmigen, wobei sie nach dem dortigen Buchstaben b sicherstellen muss, dass die Kartellvorschriften der Art. 40 f. VO (EU) Nr. 1379/2013 eingehalten werden. Entsprechend der vorliegend für das Verhältnis der Anerkennungsregeln zum Kartellrechtskapitel der Verordnung (EU) Nr. 1308/2013 dargestellten Ansicht (vgl. Rdn. 170 ff.) lässt sich die Grundregel aufstellen, dass die Anerkennungsbestimmungen und sonstigen Vorschriften zur Tätigkeit von Erzeugerorganisationen, deren Vereinigungen und Branchenverbänden in der Verordnung (EU) Nr. 1379/2013 bereits eine implizite Kartellbefreiung enthalten und Art. 41 Abs. 1 und 2 VO (EU) Nr. 1379/2013 als Auffangtatbestand dient, soweit keine speziellere Regelung vorliegt. 207

V. Erzeugerbetriebsvorbehalt als zweite Stufe

Der bislang beschriebenen ersten Stufe des EU-Agrarkartellrechts in Form des Agrarmarktvorbehalts ist eine Erläuterung der zweiten Stufe in Gestalt des agrarkartellrechtlichen Vorbehalts zu Gunsten von Zusammenschlüssen landwirtschaftlicher Erzeugerbetriebe hinzuzufügen, um das Bild zu komplettieren. 208

1. Entstehung und Inhalt des Art. 209 VO (EU) Nr. 1308/2013

Diese zweite Stufe ist in dem schon mehrfach erwähnten Art. 209 VO (EU) Nr. 1308/2013 enthalten. Der Vorgänger dieser Bestimmung war Art. 176 VO (EG) Nr. 1234/2007, der seinerseits Art. 2 VO (EG) Nr. 1184/2006 abgelöst hat, der wiederum aus Art. 2 VO Nr. 26 hervorgegangen ist. Dieser Art. 2 VO Nr. 26 enthielt eine horizontale Befreiungsvorschrift von Art. 101 AEUV, 209 die bestimmte Typen von »Vereinbarungen, Beschlüssen und Verhaltensweisen«, welche für die Weiterentwicklung des EU-Agrarmarktes als bedeutsam angesehen wurden, erfasste und § 100 GWB 1957 nachgebildet war.[342] Soweit der Vorbehalt zu Gunsten derartiger Handlungsweisen in Art. 41 VO (EU) Nr. 1379/2013 parallel gehalten ist, lässt sich die folgende Betrachtung auf ihn übertragen.

210 Art. 209 Abs. 1 VO (EU) Nr. 1308/2013 als Kern der Bestimmung lautet in seinen drei Unterabsätzen wie folgt: »[Art. 101 Abs. 1 AEUV] findet keine Anwendung auf die in [Art. 206] genannten Vereinbarungen, Beschlüsse und Verhaltensweisen, die zur Verwirklichung der Ziele des [Art. 39 AEUV] notwendig sind. [Art. 101 Abs. 1 AEUV] findet keine Anwendung auf Vereinbarungen, Beschlüsse und aufeinander abgestimmte Verhaltensweisen von landwirtschaftlichen Erzeugerbetrieben, Vereinigungen von landwirtschaftlichen Erzeugerbetrieben oder Vereinigungen dieser Erzeugervereinigungen oder gemäß [Art. 152] anerkannten Erzeugerorganisationen oder gemäß [Art. 156] anerkannten Vereinigungen von Erzeugerorganisationen, soweit sie die Erzeugung oder den Absatz landwirtschaftlicher Erzeugnisse oder die Benutzung gemeinschaftlicher Einrichtungen für die Lagerung, Be- oder Verarbeitung landwirtschaftlicher Erzeugnisse betreffen, es sei denn, dass dadurch die Ziele des [Art. 39 AEUV] gefährdet werden. Dieser Absatz gilt nicht für Vereinbarungen, Beschlüsse und aufeinander abgestimmte Verhaltensweisen, die zu einer Preisbindung verpflichten oder durch die der Wettbewerb ausgeschlossen wird.«

211 Für die wenigen von der vormaligen Verordnung (EG) Nr. 1234/2007 nicht erfassten Anhang-I-Erzeugnisse war die mit dem Art. 176 Abs. 1 VO (EG) Nr. 1234/2007 wortgleiche Bestimmung des Art. 2 Abs. 1 VO (EG) Nr. 1184/2006 anzuwenden. Parallel zu § 28 (vgl. Rdn. 18 ff.) wurde wohl fast einhellig vertreten, dass Art. 176 Abs. 1 VO (EG) Nr. 1234/2007 und Art. 2 Abs. 1 Nr. 26 nicht analog auf die Missbrauchsaufsicht und die Fusionskontrolle anwendbar waren.[343] Für den mit diesen beiden Artikeln inhaltlich weitgehend

---

342 Art. 2 VO Nr. 26 ist gelegentlich kommentiert worden; vgl. *Deringer* (Fn. 272), *Erhart* (Münchener Kommentar, 1. Aufl. 2007/08), *Hootz*, in: Gleiss/Hirsch, Kommentar zum EWG-Kartellrecht, 3. Aufl. 1978, S. 626 ff., und *Schweizer*, in: Immenga/Mestmäcker; ausführlich dargestellt auch bei *Schulze-Hagen* (Fn. 21), S. 137 ff. Art. 176 VO (EG) Nr. 1234/2007 hat *Erlbacher*, in: Mögele/Erlbacher (Fn. 280), erläutert. Kommentierungen der Art. 2 VO (EG) Nr. 1184/2006 und Art. 209 VO (EU) Nr. 1308/2013 existieren soweit ersichtlich nicht. Entgegen *Gruber* (Fn. 246), S. 138, Anm. 105, bedurfte es keiner zusätzlichen Bezugnahme des Art. 176 Abs. 1 VO (EG) Nr. 1234/2007 auf Art. 101 Abs. 3 AEUV, da letztere Bestimmung nur Ausnahmen von Art. 101 Abs. 1 AEUV regelt.
343 Vgl. *Busse*, in: Lenz/Borchardt, Art. 42 AEUV, Rn. 5, mit weit. Nachw. So hat etwa die Europäische Kommission, Entsch. v. 9.3.1999, ABl. EG Nr. L 20 S. 1 – *Da-*

identischen Art. 209 VO (EU) Nr. 1308/2013 bestehen keine Anhaltspunkte für eine abweichende Auslegung.

2. Genossenschaften als Bezugspunkt

Der EU-rechtliche Erzeugerbetriebsvorbehalt in Art. 209 Abs. 1 Unterabs. 2 VO (EU) Nr. 1308/2013 – von *Gleiss/Hirsch* als »schwerfällig formuliert« und mit »erheblichen Unklarheiten« behaftet kritisiert[344] – erinnert nicht von ungefähr an § 28 Abs. 1 Satz 1.[345] Denn wie beschrieben (vgl. Rdn. 127 ff.) hatte sich bei der Schaffung des Landwirtschaftstitels im EWG-Vertrag die bereits einige Jahre zuvor in Deutschland geführte kartellrechtliche Diskussion über die Behandlung der Landwirtschaft wiederholt. Dabei setzte sich die Erkenntnis durch, dass nicht nur ein Agrarmarktvorbehalt erforderlich war, sondern auch die Urerzeugerseite eine explizite kartellrechtliche Begünstigung erhalten sollte. Die genaue Ausgestaltung dieser Begünstigung war allerdings zwischen den Mitgliedstaaten umstritten.

212

Drei der damaligen sechs Mitgliedstaaten kannten eine ausdifferenzierte Selbstorganisation der Landwirtschaft.[346] Während diese in Deutschland mit den Genossenschaften und der zugehörigen Kartellfreistellung rein privatrechtlich ausgestaltet war, existierte in den Niederlanden mit dem Wirtschaftsorganisationsgesetz von 1950 als Grundlage für die landwirtschaftlichen Productschappen und in Frankreich mit den Agrarorientierungsgesetzen von 1960/62 als Ausgangspunkt für landwirtschaftliche Erzeuger- und Branchenvereinbarungen ein öffentlich-rechtlich beeinflusstes System. *Baade/Fendt* sahen sich daher zu folgender etwas überspitzter Bemerkung veranlasst: »Durch [die Ausnahmen der Verordnung Nr. 26] wurden die in den einzelnen Partnerländern bestehenden horizontalen und vertikalen Marktverbände, die in ihrer Struktur und Aufgabenstellung nach stark voneinander abweichen, legalisiert.«[347]

213

---

nish Crown, die Fusion zweier dänischer Schlachtgenossenschaften ohne Erwähnung des Art. 42 AEUV anhand des allgemeinen EU-Fusionskontrollrechts geprüft.
344 *Gleiss/Hirsch*, Kartellrechtliche Aspekte des neuen Verordnungsvorschlags über landwirtschaftliche Erzeugergemeinschaften – Zugleich ein Beitrag zur Auslegung von Art. 2 VO 26/62, WuW 1971, 310 (311).
345 *Ventura*, Principes de Droit Agraire Communautaire, 1967, S. 146, spricht davon, dass die EU-Bestimmung das deutsche Recht »fast buchstabengenau wiederholt«.
346 Vgl. hierzu und zum Folgenden *Liebing*, Die für Unternehmen des Agrarsektors geltenden Wettbewerbsregelungen innerhalb der EWG, Diss. 1965, S. 64 ff.
347 *Baade/Fendt*, Die deutsche Landwirtschaft im Ringen um den Agrarmarkt Europas, 1971, S. 91.

214 Deutschland sollte sich im Zuge der Vorbereitung auf den gemeinsamen Agrarmarkt bewusst gegen ein solches System entscheiden, indem es mit dem MarktStrG und dem AbsFondsG 1969 den Weg der privatwirtschaftlichen Zusammenarbeit fortsetzte. 1964 stellte *Engel* dazu fest, dass eine »vollständige Kopie des niederländischen Systems schon allein aus politischen Erwägungen kaum denkbar ist«, da die Produktschappen in großen Teilen auf die in der deutschen Besatzungszeit nach dem Vorbild des Reichsnährstandes errichtete Organisation zurückgingen und zudem »im Gegensatz zu der Antikartellpolitik der Bundesrepublik« stehen. Zugleich wies *Engel* bereits auf das erhebliche Konfliktpotential derartiger Systeme mit der GAP hin.[348] So musste das niederländische System damals teilweise zurückgeführt werden, wie auch später die in Großbritannien in verschiedenen Erzeugnissektoren existierenden halbstaatlichen Marketing Boards nach einer Übergangszeit endeten (vgl. Rdn. 166).

215 In den Verhandlungen über die Verordnung Nr. 26 stuften die Niederlande und Frankreich ihre Systeme als Bestandteile nationaler Marktordnungen ein und sahen sich daher durch den in Art. 2 Abs. 1 Satz 1 VO Nr. 26 enthaltenen Vorbehalt zu Gunsten des nationalen Agrarmarktrechts abgesichert. Deutschland befürchtete eine Benachteiligung des deutschen landwirtschaftlichen Genossenschaftssystems und drängte daher auf die Aufnahme eines im Vorschlag der Europäischen Kommission ursprünglich nicht vorgesehenen Erzeugerbetriebsvorbehalts.[349] Die Struktur des § 28 Abs. 1 Satz 1 dürfte folglich bei der Formulierung dieser Bestimmung, die als Art. 2 Abs. 1 Satz 2 VO Nr. 26 eingefügt wurde, eine nicht unwesentliche Hilfestellung geleistet haben, zumal der damalige Wettbewerbskommissar mit *von der Groeben* ein deutscher Jurist war. Erwägungsgrund 4 VO Nr. 26 betonte insofern, dass Vereinigungen von landwirtschaftlichen Erzeugerbetrieben »besondere Aufmerksamkeit verdienen«. Zu Gute kam Deutschland, dass alle damaligen sechs Mitgliedstaaten ungeachtet ihrer öffentlich-rechtlichen Spezialregelungen genossenschaftsähnliche Strukturen kannten[350] und folglich später sogar eine entspre-

---

348 *Engel*, Aufbau und Tätigkeiten der vertikalen Marktverbände für Agrarprodukte in den Niederlanden, BüL 42 (1964), 356 (389 f.).
349 Nach *Büttner* (Fn. 30), S. 3, erfolgte dessen Aufnahme auf deutsche Initiative und in Nachbildung des § 100 Abs. 1 GWB 1957; so auch *Henjes*, Zur Freistellung vom Kartellverbot des Art. 85 EWG-Vertrag für Vereinigungen landwirtschaftlicher Erzeugerbetriebe und ihrer Vereinigungen, S. 57, in: FS für Büttner, 1986, S. 49 ff.: »auf Drängen« Deutschlands; ohne Nachweis ebenso *Zoeteweij-Turhan* (Fn. 79), S. 118: »The third sentence of Article 2(1) … has been inserted … under German pressure in the European Parliament.«
350 Vgl. zu der äußerst komplexen Entwicklung in Frankreich allg. *Eisele* (Fn. 234), S. 89 ff., und spezieller *Lachaud*, Die Erzeugergemeinschaften und das zwischenberufliche Getreidemarktamt als Beispiel für die Organisation der Agrarmärkte in Frankreich, AgrarR 1975, Beilage 1, 13, jew. m.w.N.

chende Rechtsharmonisierung des nationalen Genossenschaftsrechts in Betracht gezogen wurde.[351]

Bis heute ist zwar eine solche Harmonisierung nicht vorgenommen worden. Allerdings verstärkten sich ab 1980 die Überlegungen, als neue EU-weite Rechtsform eine Europäische Genossenschaft zu normieren.[352] Nachdem die EU 1992 einen entsprechenden Legislativvorschlag unterbreitet hatte, kam es zehn Jahre später mit der Verordnung (EG) Nr. 1435/2003 über das Statut der Europäischen Genossenschaft (SCE)[353] zu dessen Verwirklichung. Als Rechtsgrundlage wurde die allgemeine Ergänzungskompetenz des Art. 308 EG – inzwischen Art. 352 AEUV – gewählt und vom EuGH 2006 bestätigt. Denn entgegen der Ansicht des Europäischen Parlaments und der Europäischen Kommission gleicht die SCE nicht das Genossenschaftsrecht der Mitgliedstaaten an, sondern »verfolgt vielmehr das Ziel, eine neue Genossenschaftsform zu schaffen, die die nationalen Rechtsformen überlagert«.[354] Wie seit 2006 das GenG (vgl. Rdn. 10) nimmt die Verordnung (EG) Nr. 1435/2003 den von ihr miterfassten Landwirtschaftsbereich nicht besonders in Bezug. 216

Zum Kartellrecht heißt es in Erwägungsgrund 16 VO (EG) Nr. 1435/2003, dass der Bereich des Wettbewerbsrechts nicht berührt wird und insoweit »die Rechtsvorschriften der Mitgliedstaaten und das Gemeinschaftsrecht gelten«. Bislang bestehen nur sehr wenige SCE.[355] Teilweise wird vertreten, dass die SCE überflüssig sei.[356] Die Existenz der SCE ist allerdings zumindest ein Beleg dafür, dass die EU die Rechtsform der Genossenschaft als sinnvoll erachtet. Erwägungsgrund 7 VO (EG) Nr. 1435/2003 führt dazu aus, dass für die SCE »besondere und andere Funktionsprinzipien als für andere Wirtschaftssubjekte gelten«. Nach Art. 1 Abs. 3 Satz 1 VO (EG) Nr. 1435/2003 ist »Hauptzweck der SCE, den Bedarf ihrer Mitglieder zu decken und/oder deren wirtschaftliche und/oder soziale Tätigkeit zu fördern; sie tut dies ins- 217

---

351 Vgl. dazu im Auftrag der Europäischen Kommission *Lockhart*, Das landwirtschaftliche Genossenschaftswesen in der Europäischen Wirtschaftsgemeinschaft, 1967 (Studien Reihe Landwirtschaft Nr. 21), sowie *van Hulle* (Fn. 270), S. 162 f.
352 Vgl. *Großfeld/Noelle*, Harmonisierung der Rechtsgrundlagen für die Genossenschaften in der Europäischen Gemeinschaft, in: Boettcher (Hrsg.), Die Genossenschaften im Wettbewerb der Ideen – eine europäische Herausforderung, 1985, S. 118 ff., m.w.N.
353 ABl. EG Nr. L 207 S. 1; vgl. dazu Schulze (Hrsg.), Europäische Genossenschaft (SCE) – Handbuch, 2004.
354 EuGH, Rs. C-436/03 – *Europäisches Parlament/Rat*, Slg. 2006, I-3754 (3768, Ziff. 44).
355 Vgl. *Heilmeier*, Die Kapitalverfassung der Europäischen Genossenschaft, EuZW 2010, 887 (887), der mit Stand 28.8.2010 vierzehn SCE angeführt hat.
356 So *Krimphove*, Brauchen wir die Europäische Genossenschaft?, EuZW 2010, 892 (897), m.w.N.

besondere durch den Abschluss von Vereinbarungen mit ihren Mitgliedern über die Lieferung von Waren oder die Erbringung von Dienstleistungen oder die Durchführung von Arbeiten im Rahmen der Tätigkeiten, die die SCE ausübt oder ausüben lässt.«

218 Wie vielfältig der Bereich Landwirtschaft und Kartellrecht in den europäischen Staaten geregelt ist, zeigt eine Studie von 1984. So wird etwa in Finnland die Agrarurproduktion vom allgemeinen Kartellrecht ausgenommen und in Österreich durch § 2 Abs. 2 Nr. 3 des österreichischen Kartellgesetzes 2005 (ÖstKartG 2005) das Genossenschaftsrecht als vorrangig angesehen.[357] Daneben existiert mit § 2 Abs. 2 Nr. 5 ÖstKartG 2005 allerdings eine weitere Ausnahme, die fast wörtlich mit § 28 übereinstimmt und der offensichtlich § 28 als Vorbild diente.[358]

219 Das EuG hat sich 1992 ausführlich mit der Frage beschäftigt, ob landwirtschaftlichen Genossenschaften, die nicht in den Anwendungsbereich der Verordnung Nr. 26 fallen, eine Sonderrolle im allgemeinen EU-Kartellrecht zukommt. Nach dem EuG stellen derartige Genossenschaften Unternehmen dar, die grundsätzlich Art. 101 Abs. 1 AEUV unterliegen und keine besondere Rolle im allgemeinen EU-Kartellrecht beanspruchen können. So seien beispielsweise ausschließliche Lieferpflichten nicht mit dem »Grundsatz der ›Genossenschaftstreue‹« zu rechtfertigen.[359] Schon 1981 hatte der EuGH vergleichbar mit der Rechtslage in Deutschland entschieden, dass Genossenschaften prinzipiell unter Art. 101 AEUV fallen können.[360] Gleiches stellte das EuG 2006 ergänzend für Landwirte und landwirtschaftliche Berufsvereinigungen fest.[361] Die EU-Gerichte nehmen folglich landwirtschaftliche Genossenschaften nicht generell vom Kartellrecht aus, vertreten allerdings entsprechend dem Duktus des Art. 42 AEUV eine landwirtschaftsfreundliche

---

357 *Morley*, Nationale Gesetze des Wettbewerbs: Die Stellung der Gesellschaften landwirtschaftlicher Erzeuger, im Besonderen landwirtschaftlicher Genossenschaften, 1984, S. 20 ff.; ähnlich ein Kartellgesetzentwurf von Südafrika, WuW 1953, 252, nach der das Kartellgesetz nicht anwendbar ist, wenn es »verhindert, dass … eine Genossenschaft oder eine andere Körperschaft von Produzenten landwirtschaftlicher Erzeugnisse die Produktion oder Verteilung unverarbeiteter landwirtschaftlicher Erzeugnisse regelt«.
358 Diesen Zusammenhang nennt *Barfuss*, Landwirtschaft und Kartellgesetz, S. 193, in: Norer (Hrsg.), FS für Holzer, 2007, S. 193 ff., nicht; anders *Gruber* (Fn. 246), S. 193: »offensichtlich aus dem deutschen Wettbewerbsrecht«. Die pauschale zusätzliche Befreiung des § 2 Abs. 2 Nr. 5 ÖstKartG hält *Gruber*, S. 195 f., mit zahlr. Nachw., für überflüssig.
359 EuG, Rs. T-61/89 – *Dansk Pelsdyravlerforening*, Slg. 1992, II-1931 (1952 ff., Ziff. 50 ff. und 100).
360 EuGH, Rs. 61/80 – *Coöperatieve Stremsel*, Slg. 1981, 851 (867, Ziff. 12).
361 EuG, Rs. T-217/03 u. T-245/03 – *FNCBV*, Slg. 2006, II-4987 (5018, Ziff. 48 ff.).

Haltung und widmen sich daher vor allem der Frage, ob die konkret im Streit stehenden Satzungsbestimmungen der Genossenschaft dem Zweck der GAP zuwiderlaufen und den Wettbewerb damit unnötig einschränken.[362]

Die weitgehende Wortgleichheit zwischen § 28 Abs. 1 Satz 1 und dem entsprechenden EU-Recht lässt Auslegungsvergleiche zu. Dabei kann allerdings die deutsche Rechtspraxis nicht auf das EU-Recht übertragen werden, da letzteres EU-rechtsautonom auszulegen ist. Umgekehrt ist jedoch – obwohl das EU-Recht zeitlich und sogar nach dem Vorbild des deutschen Rechts entstanden ist – eine rechtsvergleichende Betrachtung möglich und angesichts der seit der 7. GWB-Novelle 2005 gewollten weitgehenden Übereinstimmung des deutschen Kartellrechts mit dem EU-Kartellrecht (vgl. Rdn. 120) sogar regelrecht geboten. Entsprechend wird bei der späteren Kommentierung der Einzeltatbestände des § 28 verfahren. 220

3. Art. 209 Abs. 1 Unterabs. 1 VO (EU) Nr. 1308/2013

Hervorzuheben ist zunächst, dass sich der Ausnahmetatbestand des Art. 209 Abs. 1 Unterabs. 1 VO (EU) Nr. 1308/2013 – Notwendigkeit der Verwirklichung der Ziele der GAP – nicht in § 28 wiederfindet. Dieser Ausnahmetatbestand bezieht sich nicht nur auf Handlungen landwirtschaftlicher Erzeugerbetriebe und deren Vereinigungen, sondern auf Verhaltensweisen jeglichen Ursprungs. Rechtssystematisch bildet er eine Ergänzung zu dem Agrarmarktvorbehalt des Art. 206 Unterabs. 1 VO (EU) Nr. 1308/2013, indem er für die nicht im EU-Agrarmarktrecht konkretisierten Konstellationen einer Verwirklichung der GAP-Ziele ebenfalls einen Vorbehalt statuiert. Solche Konstellationen sind angesichts des umfassenden Ausbaus der GAP durch das ausdifferenzierte EU-Agrarmarktrecht eher selten.[363] 221

Der vormals in Art. 176 Abs. 1 Unterabs. 1 VO (EG) Nr. 1234/2007 enthaltene und nicht in Art. 209 VO (EU) Nr. 1308/2013 übernommene Ausnahmetatbestand der Verwirklichung einer einzelstaatlichen Marktordnung stellte 222

---

362 Vgl. die Darstellung bei *Lohse* (Fn. 20), Rn. 68 ff. *Lohses* Ansicht, Rn. 72, die EU-Gerichte würden sich insofern »nicht auf gesichertem Boden« bewegen, mag daran liegen, dass sie das allgemeine Kartellrecht entgegen dem Wortlaut des Art. 42 AEUV auf den Agrarbereich für grundsätzlich anwendbar hält (vgl. Fn. 281), während die EU-Gerichte zutreffend von dem agrarnahen Ansatz des Art. 42 AEUV ausgehen.
363 Vgl. für eine ausführliche Prüfung dieser Alternative mit entspr. Nachw. Europäische Kommission, Entsch. v. 2.4.2003 – *Viandes bovines*, ABl. EG Nr. L 209 S. 12 (35 ff., Ziff. 138 ff.), bestätigt durch EuG (Fn. 361), S. 5066 ff., Ziff. 197 ff.; s. auch die ausführliche Wiedergabe der Fallpraxis bei *Lohse* (Fn. 20), Rn. 47 ff.

demgegenüber keine Abweichung von § 28 dar,[364] da Bestimmungen einer deutschen Agrarmarktordnung als leges speciales § 28 auch ohne ausdrückliche Anordnung vorgehen und zudem vormals eine entsprechende Anordnung in § 28 vorhanden war (vgl. Rdn. 119). Hierbei handelt es sich gleichfalls rechtssystematisch um eine Ergänzung des allgemeinen Agrarmarktvorbehalts, da sich dieser nur auf EU-Recht bezog und folglich eine Erweiterung auf nationale Marktordnungen geboten erschien, soweit solche Marktordnungen durch die GAP noch gestattet waren.

223 In dem wohl einzigen von der Europäischen Kommission entschiedenen Fall der Verwirklichung einer einzelstaatlichen Marktordnung ging es um marktregulierende Beschlüsse und Vereinbarungen von französischen Erzeugergemeinschaften und Wirtschaftsausschüssen, die Frühkartoffeln betrafen und vom französischen Landwirtschaftsministerium auf der Grundlage französischen Agrarmarktrechts genehmigt worden waren. Auf Antrag Frankreichs erklärte die Europäische Kommission, dass nach Art. 2 Abs. 1 VO Nr. 26 das allgemeine Kartellverbot darauf nicht anwendbar war. Den Hintergrund dieser Entscheidung bildete, dass Frühkartoffeln von keiner der damaligen GMOen erfasst wurden und folglich ausnahmsweise Raum für eine einzelstaatliche Marktordnung verblieben war. Interessanterweise sprach die Europäische Kommission entgegen Art. 2 Abs. 2 VO Nr. 26 keine Feststellung, sondern eine förmliche Unanwendbarkeitserklärung aus.[365]

4. Art. 209 Abs. 1 Unterabs. 2 VO (EU) Nr. 1308/2013

224 Der Ausnahmetatbestand des Art. 209 Abs. 1 Unterabs. 1 VO (EU) Nr. 1308/2013 wird in Art. 209 Abs. 1 Unterabs. 2 VO (EU) Nr. 1308/2013 negativ wiederholt, indem durch den Erzeugerbetriebsvorbehalt die Ziele der GAP nicht gefährdet werden dürfen. In der Entscheidungspraxis der Europäischen Kommission ist dieser Prüfungspunkt zumeist ausschlaggebend gewesen. So vertritt die Europäische Kommission – und ihr folgend der EuGH –, dass bei dem Verstoß einer an sich nach Art. 209 Abs. 1 Unterabs. 2 VO (EU) Nr. 1308/2013 begünstigten Vereinbarung gegen eine Bestimmung oder auch nur gegen den Sinn und Zweck einer GMO die Begünstigung entfällt. Letztlich wird damit der Vorrang der staatlichen Agrarmarktsteuerung erreicht.

225 Als Beispiel sei eine Unvereinbarkeitserklärung der Europäischen Kommission in Bezug auf Absprachen belgischer Zuckerunternehmen, mit denen außerhalb von Belgien hergestellter Zucker vom belgischen Markt ferngehalten

---

[364] A.A. ohne Begründung *Schweizer*, in: Immenga/Mestmäcker, § 28 Rn. 98.
[365] Europäische Kommission, Entsch. v. 18.12.1987, ABl. EG 1988 Nr. L 59 S. 25 (29) – *Frühkartoffeln*.

werden sollte, angeführt. Dort wird unter anderem bemerkt, dass »die Stabilisierung der Märkte und Einkommen im Rahmen der [GMO Zucker] durch die Festsetzung von Zuckerquoten und Mindestpreisen erfolgt, ohne dass es einer Lieferpriorität für inländische Erzeuger bedarf«. Daher verstießen die getroffenen Absprachen über die Vereitelung der Einfuhr nichtbelgischer Zuckererzeugnisse gegen die GAP.[366]

Angesichts dieser gedanklichen Kohärenz des Art. 209 Abs. 1 Unterabs. 2 VO (EU) Nr. 1308/2013 zu Art. 209 Abs. 1 Unterabs. 1 VO (EU) Nr. 1308/2013 ist der seit Erlass der Verordnung Nr. 26 ausgetragene Streit, ob der Erzeugerbetriebsvorbehalt des Art. 209 Abs. 1 Unterabs. 2 VO (EU) Nr. 1308/2013 einen eigenständigen Ausnahmetatbestand darstellt oder als Unterfall der Ausnahme des Art. 209 Abs. 1 Unterabs. 1 VO (EU) Nr. 1308/2013 anzusehen ist, von nicht allzu weittragender Bedeutung. Der Streit hat sich an dem Wort »insbesondere« entzündet, mit dem seit 1962 der Erzeugerbetriebsvorbehalt begann und das noch in Art. 176 Abs. 1 Unterabs. 2 VO (EG) Nr. 1234/2007 enthalten war, da auf diese Weise ein Stufenverhältnis zu Art. 176 Abs. 1 Unterabs. 1 VO (EG) Nr. 1234/2007 impliziert wurde. Durch die Nichtübernahme des Wortes »insbesondere« in Art. 209 Abs. 1 Unterabs. 2 VO (EU) Nr. 1308/2013 ist ein wichtiger Ansatzpunkt für den Meinungsstreit entfallen.

226

Dessen ungeachtet ist jedoch das Verhältnis beider Ausnahmetatbestände zueinander nach wie vor von gewissem Interesse. Nach Ansicht des Verfassers existiert ein Stufenverhältnis dergestalt, dass der Erzeugerbetriebsvorbehalt als generell zur Verfolgung der Ziele des Art. 39 AEUV notwendig angesehen wird. Zugleich stellt jedoch die besondere Ausformung dieses Erzeugerbetriebsvorbehalts eine lex specialis zu der allgemeinen Rückausnahme des Art. 209 Abs. 1 Unterabs. 1 VO (EU) Nr. 1308/2013 dar, so dass nicht das von der Europäischen Kommission eng ausgelegte Wort »notwendig« des Art. 209 Abs. 1 Unterabs. 1 VO (EU) Nr. 1308/2013 als zusätzliches Kriterium in den Erzeugerbetriebsvorbehalt hineingelesen werden kann.[367] Demzufolge hat 1995 der EuGH die Eigenständigkeit des Erzeugerbetriebsvor-

227

---

366 Europäische Kommission, Entsch. v. 19.12.1989, ABl. EG Nr. L 31 S. 32 (43) – *Zuckerrüben*.
367 Diese Zusammenhänge übersieht *Zoeteweij-Turhan* (Fn. 79), S. 118 f., bei ihrer Kritik an der Ansicht des Verfassers. Die von *Lohse* (Fn. 20), Rn. 65, für das Wort »insbesondere« gebotene Erklärung, dass in Art. 176 Abs. 1 Unterabs. 2 VO (EG) Nr. 1234/2007 die Bezugnahme auf Anhang-I-Erzeugnisse fehle und insofern auf Art. 175 und 176 Abs. 1 Unterabs. 1 VO (EG) Nr. 1234/2007 verwiesen werden solle, überzeugt nicht, da auch dort nicht auf den Anhang I des AEUV Bezug genommen wurde. Die Verordnung (EG) Nr. 1234/2007 galt für die von ihr in Art. 1 VO (EG) Nr. 1234/2007 aufgeführten Erzeugnisse, was Art. 175 VO (EG) Nr. 1234/2007 (»unter diese Verordnung fallende Erzeugnisse«) bestätigte.

behalts betont und entschieden, dass ein Hineinlesen der Voraussetzungen des – später gleichlautenden – Art. 176 Abs. 1 Unterabs. 1 VO (EG) Nr. 1234/2007 in Art. 176 Abs. 1 Unterabs. 2 VO (EG) Nr. 1234/2007 nicht dem dezidierten Willen des Verordnungsgebers, »die landwirtschaftlichen Genossenschaften zu schützen«, entsprechen würde.[368] Eine Gefährdung der Ziele der GAP im Sinne des Art. 209 Abs. 1 Unterabs. 2 VO (EU) Nr. 1308/2013 dürfte mithin nur dann gegeben sein, wenn die Umsetzung einer unter den Erzeugerbetriebsvorbehalt fallenden Absprache gegen eine konkrete Regelung der GAP verstößt.

228 Generalanwalt *Tesauro* hatte in seinen zugehörigen Schlussanträgen entsprechend bemerkt, dass »die Gründung einer Genossenschaft für die Verarbeitung oder Behandlung landwirtschaftlicher Erzeugnisse eine Form der Zusammenarbeit zwischen Unternehmen verwirklicht, die sowohl vom nationalen Gesetzgeber als auch von den Gemeinschaftsbehörden mit Wohlwollen gesehen wird, da sie einen Faktor zur Modernisierung und Rationalisierung des Agrarsektors darstellt und letztlich zur Wirtschaftlichkeit der Unternehmen und zur Schaffung eines echten und wirksamen Wettbewerbs zwischen diesen beiträgt«. Grundsätzlich sind daher im Rahmen von Genossenschaften nach *Tesauro* weder eine Andienungspflicht noch ein Austrittsgeld unter kartellrechtlichen Gesichtspunkten zu beanstanden, wobei letzteres allerdings verhältnismäßig zu sein hat und nicht zu einer Art Zwangsmitgliedschaft führen darf.[369]

229 In Parallele zu der im Rahmen der Entstehung des § 28 geführten Auseinandersetzung (vgl. Rdn. 61 ff.) griff die gewerbliche Wirtschaft einschließlich der Ernährungswirtschaft die EU-rechtliche Ausnahmebestimmung mit dem Argument an, sie enthalte eine diskriminierende Begünstigung der agrarischen Urproduktion.[370] Vier Verbände des Ernährungshandels erhoben sogar unmittelbar nach Erlass der Verordnung Nr. 26 eine Klage vor dem EuGH auf Nichtigerklärung des Art. 2 Abs. 1 VO Nr. 26. Der EuGH wies die Klage 1962 als unzulässig ab, da die Kläger nicht individuell betroffen seien.[371] In

---

368 EuGH, Rs. C-319/93 u.a. – *Dijkstra*, Slg. 1995, I-4471 (4506 f., Ziff. 15 ff.). Die Praxis der Europäischen Kommission war zuvor uneinheitlich gewesen und hatte oft beide Positionen hilfsweise geprüft.
369 Schlussanträge v. 12.9.1995 in der Rs. C-319/93 u.a. (Fn. 368), S. 4489 f., Ziff. 30, und S. 4494, Ziff. 38.
370 Vgl. *Ventura* (Fn. 345), S. 146.
371 EuGH, Rs. 19 bis 22/62 – *Fédération Nationale* u.a., Slg. 1962, 1008 (1022); s. dazu die Urteilsanmerkung von *Ehle*, NJW 1963, 782, und die Aufbereitung der Argumente des von *Ditges* vertretenen Zentralverbandes des Deutschen Getreide-, Futter- und Düngemittelhandels als einen der damaligen Kläger bei *Ditges/Ehle*, Rechtswidrigkeit des »Genossenschaftsprivilegs« in Art. 2 Abs. 1 VO Nr. 26 über die Anwendung der EWG-Wettbewerbsregeln auf landwirtschaftliche Erzeugnis-

seiner späteren Rechtsprechung folgte der EuGH der vorgetragenen Argumentation auch in materiell-rechtlicher Hinsicht nicht, indem er die Bestimmung beständig ohne primärrechtliche Bedenken anwandte.

5. Art. 209 Abs. 1 Unterabs. 3 VO (EU) Nr. 1308/2013

Angesichts der auch vom EuGH herangezogenen Entstehungsgeschichte des EU-rechtlichen Erzeugerbetriebsvorbehalts liegt es nahe, trotz des Gebotes der autonomen Auslegung des EU-Rechts die in Art. 209 Abs. 1 Unterabs. 3 VO (EU) Nr. 1308/2013 enthaltenen und mit § 28 Abs. 1 Satz 1 fast wortgleichen Eingrenzungskriterien des Verbots der Preisbindung und des Wettbewerbsausschlusses parallel zu § 28 Abs. 1 Satz 1 auszulegen. Demgemäß bezieht sich das Preisbindungsverbot nur auf das Verbot der Preisbindung zweiter Hand (vgl. Rdn. 299 ff.). Da allerdings bei diesem Kriterium der im deutschen Recht vorhandene systematische Zusammenhang zu anderen Preisbindungsvorschriften fehlt, wird das Kriterium regelmäßig weitgreifender interpretiert. Der wohl herrschenden Ansicht erscheint es jedoch geboten, wie bei der überwiegenden Meinung zu § 28 Abs. 1 Satz 1 eine teleologische Reduktion dahingehend vorzunehmen, dass ein gemeinsamer Übernahme- und Verkaufspreis nicht als Verstoß gegen das Preisbindungsverbot anzusehen ist.[372]

230

Eine andere Auffassung wäre auch nicht mit der vom EuGH bestätigten Zielrichtung, dass die in Art. 209 Abs. 1 Unterabs. 2 VO (EU) Nr. 1308/2013 enthaltene Kartellausnahme ein ordnungsgemäßes Funktionieren des Genossenschaftsmodells im landwirtschaftlichen Bereich gewährleisten soll,[373] vereinbar. So erwähnt Art. 209 Abs. 1 Unterabs. 2 VO (EU) Nr. 1308/2013 aus-

231

---

se, AWD 1963, 300; wiederholend *Ditges*, Ausnahmen vom Kartellverbot des EWG-Vertrages – Insbesondere Ratsverordnung Nr. 26, in: Möhring/Nipperdey (Hrsg.), Aktuelle Probleme des EWG-Kartellrechts, 1966, S. 1 ff. (5 ff.).

372 Vgl. etwa *Buth*, in: Loewenheim/Meessen/Riesenkampff, Landwirtschaft, Rn. 65, mit weit. Nachw.; a.A. ohne nähere Begründung Europäische Kommission, Competition rules applicable to cooperation agreements between farmers in the dairy sector, Arbeitspapier v. 16.2.2010, S. 12 (s. zur Abrufbarkeit im Internet Fn. 190). Der Verweis von *Erhart/Krauser*, in: MünchKommKartR, SB Landwirtschaft, Rn. 34, auf andere Sprachfassungen hilft nicht weiter, da auch in diesen Sprachfassungen die von dem Preisbindungsverbot erfassten Ebenen nicht explizit angesprochen werden.

373 1995 hat der EuGH, Rs. C-399/93 – *Oude Luttikhus* u.a., Slg. 1995, I-4520 (4529, Ziff. 27 und 31), zwar ausgeführt, das eine Vereinbarung »nicht den Preis« betreffen darf, dies jedoch nicht näher erläutert, sondern lediglich eine wörtliche Aufzählung der in Art. 2 Abs. 1 Satz 2 VO Nr. 26 enthaltenen Kriterien vorgenommen. Entgegen *Hautzenberg* (Fn. 191), S. 99, ist vom EuGH die Anwendung des Art. 2 Abs. 1 Satz 2 VO Nr. 26 in dem konkreten Fall nicht verneint worden.

drücklich als eine der begünstigten Tätigkeiten den »Absatz landwirtschaftlicher Erzeugnisse«, was einen gemeinsamen Verkaufspreis impliziert. Das EuG hat 2009 für die EU-rechtlich vorgesehene Anerkennung von Erzeugerorganisationen im Bereich Obst und Gemüse betont, dass der Verkauf zu einem von der Erzeugerorganisation festgesetzten Preis (»de fixer le prix de vente de la production«) ein notwendiger Bestandteil sei, da ansonsten der vom EU-Recht gewollte Bündelungseffekt nicht eintrete.[374]

232 Das Verbot des Wettbewerbsausschlusses ist von dem Verbot einer marktbeherrschenden Stellung abzugrenzen, so wie es Art. 102 Satz 1 AEUV enthält und in Art. 208 VO (EU) Nr. 1308/2013 definiert wird. Folglich ist die Grenze eines Wettbewerbsausschlusses weit oberhalb einer marktbeherrschenden Stellung zu verorten (vgl. Rdn. 318 ff.). Durch die ausdrückliche Aufnahme anerkannter Erzeugerorganisationen und ihrer Vereinigungen in Art. 209 Abs. 1 Unterabs. 2 VO (EU) Nr. 1308/2013 sowie die gleichzeitige Streichung der bezüglich einzelner Erzeugnissektoren dem Verbot des Wettbewerbsausschlusses abweichenden Anerkennungsvoraussetzungen für Erzeugerorganisationen – etwa in Art. 125b Abs. 1 Buchstabe g VO (EU) Nr. 1234/2007 für den Sektor Obst und Gemüse – wird nach der vorliegend vertretenen Auffassung (vgl. Rdn. 179) erreicht, dass das Kriterium des Wettbewerbsausschlusses auch für anerkannte Erzeugerorganisationen und deren Vereinigungen gilt, soweit im EU-Agrarorganisationenrecht keine speziellere Vorschrift besteht. Bestätigt wird diese Sichtweise durch Art. 149 Abs. 6 VO (EU) Nr. 1308/2013, der für Rohmilchverhandlungen durch anerkannte Erzeugerorganisationen ein Tätigwerden der zuständigen Wettbewerbsbehörde ermöglicht, »wenn sie dies als erforderlich erachtet, um den Wettbewerb aufrecht zu erhalten ...« Die englische Sprachfassung nutzt sogar noch deutlicher die Terminologie des Art. 209 Abs. 1 Unterabs. 3 VO (EU) Nr. 1308/2013: »in order to prevent competition to be excluded«. Art. 169 bis 171 VO (EU) Nr. 1308/2013 enthalten in ihrem jeweiligen Abs. 5 Unterabs. 1 gleichlautende Bestimmungen mit Eingriffsbefugnissen.

Der EuGH hat es vielmehr dem vorlegenden nationalen Gericht überlassen, den Einzelfall auf der Grundlage der Auslegung des EuGH zu prüfen.

374 EuG, Urt. v. 30.9.2009, Rs. T-432/07 – *Frankreich/Kommission*, Ziff. 54 (nicht in der amtlichen Slg. und nur in französischer Sprache; abrufbar über die Internetseite des EuGH). Hintergrund war, dass Art. 125a Abs. 1 Buchstabe c VO (EG) Nr. 1234/2007 für den Bereich Obst und Gemüse eine grundsätzliche Vollandienungspflicht vorsah und insofern mit dem MarktStrG vergleichbar war. Ob das Urteil allerdings in seinen daran anknüpfenden Schlussfolgerungen zur konkreten Ausgestaltung die Marktmacht der Erzeugerorganisation nicht überschätzt, bedürfte einer näheren Betrachtung.

6. Art. 209 Abs. 2 VO (EU) Nr. 1308/2013

Nach Art. 176 Abs. 2 VO (EG) Nr. 1234/2007 war für die »Feststellung«, ob eine der in dem jeweiligen Abs. 1 genannten Organisationsformen die dort genannten Voraussetzungen für eine Freistellung vom Kartellverbot erfüllt, »ausschließlich« die Europäische Kommission zuständig. Vor ihrer jeweiligen auf Antrag eines Mitgliedstaates oder von Amts wegen zu treffenden Entscheidung – als Beschluss im Sinne des Art. 288 Unterabs. 4 AEUV – hatte sie die Mitgliedstaaten und die betroffenen Unternehmen anzuhören. Zur Begründung der Alleinzuständigkeit der Europäischen Kommission führte Erwägungsgrund 86 VO (EG) Nr. 1234/2007 aus, dass damit »sowohl eine Fehlentwicklung der GAP verhindert als auch die Rechtssicherheit und eine Diskriminierungen ausschließende Behandlung der beteiligten Unternehmen gewährleistet« werden sollten. Nach Art. 176 Abs. 3 VO (EG) Nr. 1234/2007 erfolgte die Veröffentlichung der jeweiligen Kommissionsentscheidung »unter Angabe der Beteiligten und des wesentlichen Inhalts der Entscheidung«. Mithin konnte die förmliche Feststellung, dass ein bestimmtes Unternehmen die Freistellungsvoraussetzungen erfüllt, nicht durch eine mitgliedstaatliche Behörde vorgenommen und damit auch nicht durch ein mitgliedstaatliches Gericht ausgeurteilt werden. Hingegen war die Feststellung der Nichterfüllung der Freistellungsvoraussetzungen nicht der Europäischen Kommission vorbehalten.[375] Art. 2 Abs. 2 und 3 VO (EG) Nr. 1184/2006 enthält diese Feststellungsbefugnis der Europäischen Kommission nach wie vor.

Die dazu vertretene Ansicht *von Rintelens*, dass der mit der Verordnung (EG) Nr. 1/2003 vorgenommene Systemwechsel, die Prüfung auch des EU-Kartellrechts zunächst den nationalen Behörden zu überlassen, keine Übernahme in das EU-Agrarkartellrecht gefunden hat,[376] erscheint nicht vollständig zutreffend. Denn der vormalige Art. 176 Abs. 2 VO (EG) Nr. 1234/2007 führte zu einem ähnlichen Ergebnis wie Art. 5 Unterabs. 2 und Art. 10 VO (EG) Nr. 1/2003. Zwar oblag nach Art. 176 Abs. 2 VO (EG) Nr. 1234/2007 die Entscheidung darüber, dass Art. 101 AEUV – insbesondere wegen Vorliegens einer Ausnahme nach Art. 101 Abs. 3 AEUV – nicht anwendbar ist, allein der Europäischen Kommission, wie der EuGH 2011 bestätigt hat.[377] *Ries* hat – zu überspitzt – bemerkt, dass die Europäische Kommission dadurch »das so

---

375 EuGH, Rs. C-319/93 u.a. – *Dijkstra*, Slg. 1995, I-4471 (4508 ff., Ziff. 25 ff.). Insofern ist die gegenteilige Ansicht von *Wiedemann/de Bronett*, Landwirtschaftliche Erzeugnisse, Rn. 5 f., mitsamt dem Verweis auf die Rs. Dijkstra unzutreffend, zumal *de Bronett* später, Rn. 9, selbst die Rs. zutreffend beschreibt; vgl. auch die eingehendere Erörterung der Verfahrensfragen bei *Lohse* (Fn. 20), Rn. 116 ff.
376 *von Rintelen*, in: Grabitz/Hilf/Nettesheim, Stand 2012, Art. 42 AEUV, Rn. 36.
377 EuGH, Rs. C-375/09 – *Tele2 Polska*, WuW/E EU-R 2105, Ziff. 23 f.

genannte Genossenschaftsprivileg zunichte machen« kann.[378] Eine zum EU-Agrarkartellrecht ergangene Entscheidung der Europäischen Kommission war nur durch den EuGH überprüfbar, wie der in Art. 176 Abs. 2 VO (EG) Nr. 1234/2007 enthaltene Passus, dass die Entscheidung der Europäischen Kommission »vorbehaltlich der Nachprüfung durch den Gerichtshof« ergeht, deklaratorisch regelte. Dessen ungeachtet handelte es sich jedoch – parallel bei § 28 (vgl. Rdn. 12) – um eine Legalausnahme, da die Feststellung der Europäischen Kommission nur den Rechtszustand festhielt und daher nicht mit einer Genehmigung gleichzusetzen war.[379] Diese Interpretation des vorherigen Rechtszustandes, der mit Art. 2 Abs. 2 und 3 VO (EG) Nr. 1184/2006 ohne praktische Wirkung noch fortbesteht, ist durch Art. 209 Abs. 2 Unterabs. 1 VO (EU) Nr. 1308/2013 bestätigt worden, der nun ausdrücklich anordnet, dass die Ausnahmetatbestände des Abs. 1 »ohne eine vorherige Entscheidung« anwendbar sind.[380]

235 Wer für die Entscheidung über die Ausnahmetatbestände zuständig ist, wird im Gegensatz zur vorherigen Rechtslage offen gelassen. Dies dürfte sich nach allgemeinem Kartellrecht richten, so dass bei der Prüfung des Art. 101 Abs. 1 AEUV durch nationale oder EU-Kartellbehörden die Ausnahmetatbestände von Amts wegen zu berücksichtigen sind. Art. 209 Abs. 2 Unterabs. 2 Satz 1 VO (EU) Nr. 1308/2013 regelt klarstellend, dass die Beweislast für einen Verstoß gegen Art. 101 Abs. 1 AEUV der jeweiligen Kartellbehörde obliegt. Art. 209 Abs. 2 Unterabs. 2 Satz 2 VO (EU) Nr. 1308/2013 ordnet an, dass bei der Prüfung der Ausnahmetatbestände nicht die Kartellbehörde, sondern derjenige, der sich auf den jeweiligen Tatbestand beruft, dessen Voraussetzungen nachweisen muss. Nach dem Wortlaut der Bestimmung betrifft dies auch die Rückausnahmen etwa des Art. 209 Abs. 1 Unterabs. 2 VO (EU) Nr. 1308/2013, dass die Ziele des Art. 39 AEUV nicht gefährdet werden. Systematisch müsste allerdings die Darlegungslast für die Rückausnahmen wiederum bei der Kartellbehörde liegen, zumal fraglich ist, wie beispielsweise ei-

---

378 *Ries*, Die Rechtsfragen der Agrarpolitik, S. 163, in: Gustav-Stresemann-Institut (Hrsg.), Einführung in die Rechtsfragen der europäischen Integration, 1969, S. 155 ff.
379 So bereits früh BKartA, TB 1962, BT-Drucks. 4/1220 v. 30.4.1963, S. 60, *Gleiss/Hirsch*, Landwirtschaftliche Erzeugnisse und EWG-Kartellrecht, AWD 1962, 159 (160), und *Deringer* (Fn. 272), S. 802; ebenso *Liebing* (Fn. 346), S. 141 ff., mit näherer Diskussion der Gegenansicht; unzutreffend *Chauve/Parera/Renckens* (Fn. 53), S. 311, dass jede Inanspruchnahme des Erzeugerbetriebsvorbehalts einer vorherigen Genehmigung der Europäischen Kommission erfordert hätte.
380 Wie hier *Erhart/Krauser*, in: MünchKommKartR, SB Landwirtschaft, Rn. 42; a.A. ohne Begründung *van Rijn*, in: von der Groeben/Schwarze/Hatje, Art. 42 AEUV, Rn. 7: »keine unmittelbare Wirkung«; unzutreffend *Kling/Thomas* (Fn. 280), S. 38, die von der »ausschließlichen Zuständigkeit« der Europäischen Kommission zur Feststellung eines Verstoßes gegen die GAP ausgehen.

ne lokale Erzeugerorganisation, die nur aus wenigen Erzeugern besteht, einen solchen Nachweis führen soll.

7. Reichweite des Art. 209 VO (EU) Nr. 1308/2013

Da Art. 209 Abs. 1 Unterabs. 1 und 2 VO (EU) Nr. 1308/2013 allein auf Art. 101 Abs. 1 AEUV Bezug nimmt, ist davon auszugehen, dass er nur von Art. 101 Abs. 1 AEUV erfasste Sachverhalte regeln soll. Mithin gilt er lediglich für Sachverhalte, die die Zwischenstaatlichkeitsklausel erfüllen, wie ebenfalls Art. 42 AEUV als seine Rechtsgrundlage nahelegt. Dies dürfte neben rein innerstaatlichen Vereinbarungen mit Wirkungen, die andere Mitgliedstaaten betreffen, auch der Fall sein, wenn eine Mitgliedstaaten übergreifende Vereinbarung vorliegt.[381] Zudem hat die Europäische Kommission Vereinbarungen zwischen Unternehmen in einem Mitgliedstaat und einem Drittstaat gemäß diesem Maßstab geprüft.[382] Alle drei Konstellationen stellen nur eine Vermutungsregelung dar, so dass es für die Frage der Erfüllung der Zwischenstaatlichkeitsklausel auf eine Würdigung des Einzelfalls ankommt.[383]

236

Nach Auffassung der Europäischen Kommission zu dem bis 2013 bestehenden Recht war der Anwendungsbereich noch weiter einzuschränken, indem die Europäische Kommission die Formulierung »aus einem Mitgliedstaat« in Art. 176 Abs. 1 Unterabs. 2 VO (EG) Nr. 1234/2007 bzw. Art. 2 Abs. 1 Unterabs. 2 VO (EG) Nr. 1184/2006 wörtlich nahm und daher Vereinbarungen zwischen Betrieben oder Vereinigungen aus mehr als einem Mitgliedstaat als vom Erzeugerbetriebsvorbehalt nicht erfasst ansah.[384] Eine gewichtige Gegenansicht wies jedoch zu Recht darauf hin, dass die Bestimmung extensiver auszulegen war, da ansonsten jegliche eine Binnengrenze überschreitende Vereinbarung ausgenommen geblieben wäre. Dies könne nicht gewollt sein, da ansonsten das gegenüber dem nationalen Recht auf weiterreichende Wirkung abzielende EU-Agrarkartellrecht Vereinbarungen mit solch weiterreichender

237

---

381 Vgl. als Beispiel eine Absprache der wichtigsten Weißzuckerhersteller der EU im Bereich des Ausschreibungsverfahrens für EU-Zuckerausfuhrerstattungen, die von der Europäischen Kommission, Entsch. v. 2.1.1973, ABl. EG Nr. L 140 S. 17 (42 ff.) – *Europäische Zuckerindustrie*, nach Prüfung der Verordnung Nr. 26 untersagt wurde.
382 Vgl. eine Absprache französischer und taiwanesischer Pilzkonservenhersteller über die Belieferung des deutschen Marktes, die von der Europäischen Kommission, Entsch. v. 8.1.1975, ABl. EG Nr. L 29 S. 26 – *Pilzkonserven*, untersagt wurde.
383 Vgl. etwa EuGH, Rs. C-295/04 u.a. – *Manfredi*, Slg. 2006, I-6619 (6656 f., Ziff. 42 ff.), m.w.N.
384 Europäische Kommission, Entsch. v. 30.7.1992, ABl. EG Nr. L 246 S. 37 (44) – *Scottish Salmon Board*; so auch OLG Oldenburg, RdL 1998, 123 (124) – *Molkereigenossenschaft*.

Wirkung nicht erfasst hätte. Zudem konnte die Bestimmung so gelesen werden, dass sie lediglich den Ausschluss von Organisationen aus Drittstaaten regeln wollte.[385] Auf Grund der Streichung der Eingrenzung in Art. 209 Abs. 1 Unterabs. 2 VO (EU) Nr. 1308/2013 steht inzwischen fest, dass auch eine Mitgliedstaaten übergreifende Zusammenarbeit von Erzeugerbetrieben und Vereinigungen eingeschlossen wird.[386]

238 Die von Art. 209 VO (EU) Nr. 1308/2013 nicht erfassten rein nationalen Sachverhalte sind wie im allgemeinen Kartellrecht nach nationalem Kartellrecht zu beurteilen. Mit Blick auf die Konstellation der Verwirklichung der GAP-Ziele erscheint auch die entgegengesetzte Ansicht vertretbar.[387] Denn es liegt im Interesse der EU, zur Verwirklichung eines einheitlichen Agrarbinnenmarktes auch bei rein nationalen Sachverhalten ein Kartellverbot zu vermeiden. Neben dem indikativen Wortlaut der Vorgängerregelungen des Art. 209 VO (EU) Nr. 1308/2013 sprach bis 2013 dagegen, dass dann die Europäische Kommission sämtliche dieser Verhaltensweisen hätte exklusiv prüfen müssen. Nunmehr ist allerdings durch Art. 209 Abs. 2 VO (EU) Nr. 1308/2013 diese Exklusivprüfung aufgehoben und die Prüfung indirekt den nach allgemeinem Kartellrecht zuständigen Kartellbehörden zugewiesen.

239 Die ausdrückliche Erwähnung der anerkannten Erzeugerorganisationen und Vereinigungen verschärft zudem noch die Frage. Denn eine Befreiung lediglich von Art. 101 Abs. 1 AEUV, nicht jedoch bei rein nationalen Sachverhal-

---

385 So etwa *de Bronett*, in: Wiedemann, Landwirtschaftliche Erzeugnisse, Rn. 24 f.; *Buth*, in: Loewenheim/Meessen/Riesenkampff, Landwirtschaft, Rn. 56; *Gruber* (Fn. 246), S. 191; *Lohse* (Fn. 20), Rn. 88. *Erlbacher*, in: Mögele/Erlbacher (Fn. 280), Art. 176, Rn. 14, bemerkt: »[T]his condition seems somewhat outdated in an integrated market ...« *Erlbachers* Ansicht, a.a.O., dass das Kriterium bislang nicht praktisch geworden sei, übersieht die in Fn. 382 angeführte Praxis. Schon früh hat *Schulze-Hagen* (Fn. 21), S. 161 ff., eine von der Europäischen Kommission abweichende Ansicht nach einer ausführlichen Darstellung und Diskussion vertreten.
386 Diese Rechtsänderung wird von *Brück*, in: MünchKommKartR, § 28 Rn. 17, bei seiner Bemerkung, dass die »Beteiligung eines Erzeugerbetriebs aus einem anderen Mitgliedstaat ... den Verlust der nationalen und der EU-rechtlichen Privilegierung zur Folge« habe, übersehen so wie er insgesamt ein unzutreffendes Gewicht auf die Verordnung (EG) Nr. 1184/2006 legt, obwohl *Erhart/Krauser*, in: MünchKommKartR, SB Landwirtschaft, Rn. 9 ff., zutreffend darlegen, dass diese Verordnung seit 1.1.2014 vollständig durch die Verordnung (EU) Nr. 1308/2013 verdrängt worden ist und schon zuvor die Verordnung (EG) Nr. 1234/2007 eine weitgehende Verdrängung bewirkte.
387 In diese Richtung ohne nähere Erörterung OLG Oldenburg, RdL 1998, 123 (124) – *Molkereigenossenschaft*, da trotz der offensichtlichen Nichterfüllung der Zwischenstaatlichkeitsklausel auch die spürbare Beeinträchtigung des Wettbewerbs im Sinne des Art. 101 Abs. 1 AEUV geprüft wird.

ten von einem nationalen Kartellverbot würde zu Wertungswidersprüchen und vor allem zu einer Behinderung der effektiven Ausübung der vom EU-Agrarmarktrecht gewollten Tätigkeiten von anerkannten Erzeugerorganisationen und Vereinigungen führen. Zwar richtet sich nach der vorliegend vertretenen Ansicht die kartellrechtliche Stellung von anerkannten Erzeugerorganisationen und Vereinigungen vorrangig nach dem Agrarmarktvorbehalt des Art. 206 Unterabs. 1 VO (EU) Nr. 1308/2013. Der Wertungswiderspruch entsteht jedoch ebenfalls bei einer lediglich subsidiären Anwendung des Art. 209 VO (EU) Nr. 1308/2013. Auch ist zu beachten, dass die Mitgliedstaaten die Wirksamkeit des EU-Agrarmarktrechts nicht behindern dürfen.

Falls eine Freistellung nach Art. 209 Abs. 1 VO (EU) Nr. 1308/2013 greift, kann ein Verbot nach nationalem Kartellrecht keine Anwendung finden. Dafür lässt sich neben der Systematik des allgemeinen EU-Kartellrechts (vgl. Rdn. 26) anführen, dass Art. 209 Abs. 1 VO (EU) Nr. 1308/2013 als einen Befreiungstatbestand Vereinbarungen vom Kartellverbot ausschließt, die zur Verwirklichung der GAP-Ziele »notwendig« sind. Damit muss zumindest im Bereich von Kartellen mit Mitgliedstaaten übergreifender Wirkung ausgeschlossen sein, eine zur Verwirklichung der GAP erforderliche Vereinbarung durch nationales Kartellrecht zu verbieten und auf diese Weise die Verwirklichung der GAP punktuell in Frage zu stellen. So hat auch der EuGH generell gefordert, dass bei der Anwendung nationalen Kartellrechts im Landwirtschaftsbereich die Ziele der GAP angemessen beachtet werden müssen.[388] *Winkler* meint: »It is self-evident that national competition law is not applicable if Common Market Organizations of the EC provide for restraints of competition ... If the national law relating to the organizations of markets, contains restrictions on competition which are legal under Community law ..., such restrictions don't need further authorization by cartel law ...«[389] 240

Ein solches Konkurrenzproblem wird sich allerdings in der deutschen Praxis kaum stellen, weil § 28 und die agrarkartellrechtlichen Spezialbestimmungen in anderen deutschen Gesetzen (vgl. Rdn. 54 ff.) insgesamt betrachtet prinzipiell keine engere, sondern eine teilweise über Art. 209 Abs. 1 VO (EU) Nr. 1308/2013 hinausgehende Kartellbefreiung vorsehen. So entsprach insbesondere nach der 6. GWB-Novelle 1998 § 28 Abs. 1 Satz 1 weitgehend wörtlich Art. 176 Abs. 1 Unterabs. 2 VO (EG) Nr. 1234/2007. Es existierten lediglich kleinere Abweichungen des § 28 Abs. 1 Satz 1 gegenüber dem EU-Agrarkartellrecht. Diese Parallelität besteht auch hinsichtlich Art. 209 Abs. 1 241

---

388 EuGH, Rs. C-137/00 – *Milk Marque*, Slg. 2003, I-7975 (8032, Ziff. 63).
389 *Winkler*, The Effect of European and National Competition Law on the Agricultural Sector, General Report of Commission II of the XXII European Congress of Agricultural Law, 21.–25.10.2003, o.J., S. 12.

Unterabs. 2 VO (EU Nr. 1308/2013 weitgehend fort. Auf die Unterschiede wird im Rahmen der Kommentierung der einzelnen Tatbestände des § 28 Abs. 1 Satz 1 eingegangen. Gleiches gilt für die etwas umfangreicheren Abweichungen der § 28 Abs. 1 Satz 2, Abs. 2 und Abs. 3 vom EU-Agrarkartellrecht.

242 Der Ansicht von *de Bronett*, dass Art. 176 VO (EG) Nr. 1234/2006 – *de Bronett* spricht insofern noch von der gleichlautenden Vorgängernorm des Art. 2 VO (EG) Nr. 1184/2006 – keine Bedeutung mehr zukomme, weil eine Befreiung regelmäßig schon im Rahmen des Art. 1 Abs. 2 VO (EG) Nr. 1/2003 in Verbindung mit Art. 101 Abs. 3 AEUV erfolge und dadurch die Möglichkeit einer Freistellung nach Art. 176 VO (EG) Nr. 1234/2007 nicht mehr gegeben sei,[390] ist weder für diese Norm noch für Art. 209 VO (EU) Nr. 1308/2013 zu folgen. Denn die von *de Bronett* genannten beiden Bestimmungen des allgemeinen Kartellrechts sind genau umgekehrt nicht anwendbar, soweit eine Befreiung nach dem EU-Agrarkartellrecht eingreift.[391] Paralleles gilt entgegen *de Bronett* auch für das Verhältnis von § 28 zu einer Freistellung nach § 2 Abs. 1 (vgl. Rdn. 23). Zudem erläutert *de Bronett* nicht, worin die nach seiner Ansicht erforderliche »angemessene Beteiligung der Verbraucher« im Sinne des Art. 101 Abs. 3 AEUV bzw. § 2 Abs. 1 bestehen soll. Nach wohl allgemeiner Ansicht schließt umgekehrt die Verneinung einer agrarspezifischen Kartellausnahme die Anwendung der Ausnahmen des Art. 101 Abs. 3 AEUV nicht aus.[392]

VI. Überlagerung des § 28 bei zwischenstaatlichen Sachverhalten

243 Soweit § 28 bei zwischenstaatlichen Sachverhalten Freistellungen vom Kartellverbot über die Freistellungen des EU-Agrarkartellrechts hinaus vorsieht, ist die Zulässigkeit einer solchen Freistellung am allgemeinen EU-Kartellrecht zu messen, wie auch § 22 Abs. 1 zu entnehmen ist. Daraus folgt, dass deutsche Behörden oder Gerichte in solchen Fällen nicht eine Freistellung nach § 28 unter Offenlassen der Frage einer Freistellung nach dem EU-Agrar-

---

390 *De Bronett*, in: Wiedemann, Landwirtschaftliche Erzeugnisse, Rn. 2; ebenso *Groteloh* (Fn. 321), S. 980, und *Lohse* (Fn. 20), Rn. 38, die zugleich, Rn. 27, vertritt, Art. 42 AEUV »modifiziere« die »Anwendung des Kartellverbots (Art. 101 AEUV)«. In diese Richtung tendiert auch *Buth*, in: Loewenheim/Meessen/Riesenkampff, Landwirtschaft, Rn. 75, die von einer »parallelen« Anwendbarkeit ausgeht.
391 So auch der EuGH, Rs. C-319/93 u.a. – *Dijkstra*, Slg. 1995, I-4471 (4508, Ziff. 24), indem er als Prüfungsreihenfolge für eine agrarbezogene Vereinbarung Art. 81 Abs. 1 EG, Art. 2 VO Nr. 26 und Art. 81 Abs. 3 EG vorgab; entsprechend bereits *Liebing* (Fn. 346), S. 147, der Art. 2 VO Nr. 26 als »spezielleren Tatbestand« einstuft.
392 Vgl. nur *Lohse* (Fn. 20), Rn. 11: »[weder] ersetzt noch verdrängt«.

kartellrecht – etwa nach Art. 209 Abs. 1 VO (EU) Nr. 1308/2013 – annehmen und aussprechen dürfen. Als das EU-Agrarkartellrecht noch eine Alleinentscheidungsbefugnis der Europäischen Kommission vorsah, hat der EuGH dazu geraten, das Verfahren in dem betreffenden Mitgliedstaat auszusetzen und eine Entscheidung der Europäischen Kommission einzuholen.[393] Bei Erfüllung der Zwischenstaatlichkeitsklausel enthält § 28 mithin keinen eigenständigen Regelungsgehalt und ist insofern streng genommen wohl überflüssig.

Soweit sich bei zwischenstaatlichen Sachverhalten eine Freistellung nach § 28 im Rahmen einer EU-agrarkartellrechtlichen Freistellung bewegt, besitzt § 28 ebenfalls keinen eigenständigen Regelungsgehalt. Eine solche EU-agrarkartellrechtliche Freistellung vermag in zwei Konstellationen vorzukommen. Zum einen kann eine auf Art. 42 AEUV gestützte EU-rechtliche Anordnung der Anwendung des allgemeinen EU-Kartellrechts fehlen, so dass eine gemäß Art. 42 AEUV primärrechtlich angeordnete Freistellung vorliegt. Zum anderen ist ausgehend von Art. 42 AEUV eine Freistellung im EU-Sekundärrecht möglich.[394] 244

Entsprechende Feststellungen hat auch das BKartA allgemein bezüglich der Ausnahmebereiche des GWB vorgenommen. Daran knüpft es die Frage der Berechtigung von Ausnahmetatbeständen, die nur noch bei rein nationalen Sachverhalten Anwendung finden und im Vergleich zu den zwischenstaatlichen Sachverhalten »zu einer eher willkürlichen Ungleichbehandlung führen« können, an.[395] Den ebenfalls horizontalen und in diesem Zusammenhang zu ergänzenden Aspekt, dass auch das EU-Recht Ausnahmen enthalten kann und in solchen Fällen gerade zur Vermeidung der vom BKartA angeführten Ungleichbehandlung Parallelausnahmen im nationalen Recht angebracht erscheinen, erwähnt das BKartA allerdings nicht. 245

Dieses Problem der Ungleichbehandlung führt zu der Überlegung, das nationale Agrarkartellrecht im Wege eines EU-Rechtsharmonisierungsaktes anzugleichen und dabei das EU-Agrarkartellrecht als Leitlinie zu nutzen, um für die landwirtschaftlichen Akteure Chancengleichheit im Agrarbinnenmarkt herzustellen. Denn selbst wenn keine unmittelbare grenzüberschreitende Wirkung vorliegt bzw. nachgewiesen werden kann und somit eine Anwendung 246

---

393 EuGH, Rs. C-319/93 u.a. – *Dijkstra*, Slg. 1995, I-4471 (4510). Fraglich ist, ob ein nationales Gericht einen Antrag bei der Europäischen Kommission stellen konnte, da Art. 176 Abs. 2 Unterabs. 2 VO (EG) Nr. 1234/2007 von dem »Antrag einer zuständigen Behörde eines Mitgliedstaats« sprach.
394 Unzutreffend daher die Annahme von *Neef*, Kartellrecht, 2008, S. 58, dass bei einer Freistellung vom Kartellverbot durch EU-Agrarkartellrecht »§ 28 als nationale Regelung autonom Freistellungen vorsehen kann«.
395 BKartA (Fn. 41), S. 2.

des einheitlich geltenden EU-Agrarkartellrechts ausscheidet, beeinflussen unterschiedliche nationale Kartellfreistellungen tendenziell die Wettbewerbssituation im Agrarbinnenmarkt. Gerade in einem so tiefgehend EU-rechtlich regulierten Bereich wie der GAP mit ihrer generellen Ausschaltung nationaler Agrarmarktordnungen erscheint es widersprüchlich, teilweise nationale Wettbewerbsregeln beizubehalten. Die Rechtsprechung des EuGH, dass nationale Wettbewerbsregeln die GAP nicht behindern dürfen, und der in Art. 209 Abs. 1 VO (EU) Nr. 1308/2013 gleich doppelt formulierte Vorrang der GAP-Ziele im Kartellrecht sind Ausdruck des skizzierten Zwiespalts. *Büttner* hat deswegen schon 1965 gefordert, die nationalen agrarkartellrechtlichen Bestimmungen an das EU-Agrarkartellrecht anzupassen.[396] Mit den im Rahmen der GAP-Reform 2014/15 geschaffenen horizontalen Regelungen zu Agrarorganisationen, die auch für rein nationale Sachverhalte Wirkung entfalten, wird in diese Richtung gegangen (vgl. Rdn. 168 ff.).

VII. Fehlende Kollisionsregelung

247 Die Überlagerung des § 28 bei zwischenstaatlichen Sachverhalten durch EU-agrarkartellrechtliche Vorschriften wirft mit Blick auf § 22 Fragen auf. Denn § 22 regelt im Verhältnis zwischen GWB und allgemeinem EU-Kartellrecht, welches Recht jeweils anwendbar ist. Insofern müsste § 28 in vergleichbarer Weise regeln, wann das in dieser Norm enthaltene deutsche Agrarkartellrecht und wann das EU-Agrarkartellrecht anwendbar ist. Obwohl § 28 Abs. 3 für die Definition der landwirtschaftlichen Erzeugnisse auf EU-Recht verweist und es damit in Bezug nimmt, schweigt § 28 zu dieser Anwendungsfrage. Da sich § 22 nur auf Art. 101 und 102 AEUV sowie das zugehörige allgemeine EU-Kartellsekundärrecht bezieht, hilft auch die Regelungssystematik des § 22 nicht weiter, soweit das EU-Agrarkartellrecht die Unanwendbarkeit der Art. 101 und 102 AEUV anordnet.

248 Insbesondere § 22 Abs. 2 Satz 3 regelt die Frage nicht, da dort nur der Vorrang des Art. 101 AEUV gegenüber dem deutschen Recht, nicht jedoch der entsprechende Vorrang von EU-Sekundärrecht, das auf Art. 42 AEUV gestützt ist, behandelt wird. Art. 3 VO (EG) Nr. 1/2003 führt ebenfalls keine Klärung herbei, da diese Verordnung lediglich auf Art. 103 AEUV, nicht jedoch auf Art. 42 AEUV gestützt ist und damit kein EU-Agrarkartellrecht darstellt. Zudem verhindert Art. 209 VO (EG) Nr. 1308/2013 die Anwendung des Art. 101 AEUV und folglich ebenfalls die Anwendung des zugehörigen allgemeinen EU-Sekundärkartellrechts, wie auch der Erwähnung der zur An-

---

396 *Büttner* (Fn. 30), S. 10: »vordringliche Aufgabe der gemeinsamen Landwirtschaftspolitik«.

wendung der Art. 101 bis 106 AEUV ergangenen »Durchführungsbestimmungen« in Art. 206 Unterabs. 1 VO (EU) Nr. 1308/2013 zu entnehmen ist.

Gegen diese Kritik ließe sich einwenden, dass es sich bei dem vorrangigen EU-Agrarkartellrecht um Spezialrecht des EU-Agrarmarktes handelt, dessen Vorrang sich bereits aus dem lex-specialis-Grundsatz ergibt. Entsprechend hat auch die amtliche Begründung zur Streichung des vormaligen § 100 Abs. 8 GWB, der den Vorrang der deutschen Agrarmarktgesetzgebung anordnete und analog auf die EU-Agrarmarktgesetzgebung Anwendung fand, argumentiert (vgl. Rdn. 119). Im Hinblick auf Art. 209 Abs. 1 Unterabs. 2 VO (EG) Nr. 1308/2013 greift jedoch diese Argumentation nicht, da es sich bei dieser Bestimmung nicht um Agrarmarktrecht im eigentlichen Sinne, sondern um eine mit § 28 vergleichbare horizontale Kartellausnahmeregelung handelt. Mithin steht das Verhältnis zweier Sonderregelungen – § 28 und Art. 209 Abs. 1 VO (EU) Nr. 1308/2013 – im Vordergrund. 249

Schließlich existierte beginnend mit § 19 KartellV 1923 bis 1998 eine Tradition, das Verhältnis zwischen Kartellrecht und öffentlich-rechtlichem Marktrecht klarzustellen. Wie die Skizzierung der Rechtsprechung zum unklaren Verhältnis zwischen dem Agrarmarktrecht und dem westalliierten Dekartellisierungsrecht (vgl. Rdn. 74 ff.) zeigt, besteht offenbar ein Bedürfnis für eine entsprechende Klarstellung, das zu § 100 Abs. 8 GWB 1957 geführt hat. Zu wenig differenziert wurde bei § 100 Abs. 8 GWB 1957 allerdings zwischen zwei Konstellationen. So enthält das öffentlich-rechtliche Agrarmarktrecht zwei Arten von Regelungen. Zum einen findet sich der Agrarmarkt durch direkt wirkende Preisvorschriften und marktordnende Befugnisse öffentlich-rechtlicher Stellen bzw. entsprechend Beliehener geregelt. Derartige Normen können das GWB nicht berühren (vgl. Rdn. 8) und stellen daher auch keine »vorrangigen« Regelungen im Sinne des § 100 Abs. 8 GWB 1957 dar.[397] 250

Zum anderen ordnet das öffentlich-rechtliche Agrarmarktrecht die Zulässigkeit privater Vereinbarungen – etwa über Preise oder Absatzweisen – an. Hierbei handelt es sich um Spezialregelungen zum GWB, die damit dem GWB – unabhängig davon, ob sie zeitlich vor oder nach dem GWB erlassen worden sind – vorgehen. Durch den pauschalen Verweis auf die deutschen Marktordnungsgesetze und die analoge Anwendung dieses Verweises auf das EU-Agrarmarktrecht erfasste der vormalige § 100 Abs. 8 GWB undifferenziert 251

---

397 Vgl. BKartA, TB 1961, BT-Drucks. 4/378 v. 30.4.1962, S. 50, zu der damaligen staatlichen Einfuhr- und Vorratsstelle für Getreide und Futtermittel, die das BKartA als »Lenkungsorgan« des Bundeslandwirtschaftsministeriums, das nicht den Unternehmensbegriff des GWB erfüllte, ansah; s. zur Einstufung einer Allgemeinverbindlichkeitserklärung als staatliche Maßnahme durch den EuGH Fn. 332.

beide Konstellationen, was allerdings faktisch zu keinen Problemen führte. Der Agrarmarktvorbehalt des Art. 206 Unterabs. 1 VO (EU) Nr. 1308/2013 ist demgegenüber anders gestaltet, da er nicht im Wege einer Ausnahme die Unanwendbarkeit des allgemeinen Kartellrechts regelt, sondern bereits die grundsätzliche Geltung dieses Rechts verhindert.[398]

252 Betroffen ist in diesem Zusammenhang auch das Verhältnis des § 28 und des GWB insgesamt zu den kartellrechtsrelevanten EU-Agrarmarktregelungen, wie sie sich vor allem in der Verordnung (EU) Nr. 1308/2013 finden. Während die Regelungen der Art. 209 und 210 VO (EU) Nr. 1308/2013 nur die Unanwendbarkeit des Art. 101 AEUV anordnen und damit das nationale Kartellrecht, soweit es Vereinbarungen mit Auswirkungen allein in einem Mitgliedstaat regelt, zumindest nicht ausdrücklich erfassen, sind beispielsweise die Regelungen zu anerkannten Agrarorganisationen und zu Branchenvereinbarungen im Zuckersektor (vgl. Rdn. 151 f.) nicht lediglich auf Art. 101 AEUV bezogen formuliert. Damit stehen sie der Anwendung jeglichen nationalen Kartellrechts entgegen, falls durch solches Recht der Zweck dieser Regelungen vereitelt wird. Soweit sie über § 28 hinausgehen, ist folglich kraft unmittelbaren Vorrangs des EU-Rechts etwa das Kartellverbot des § 1 unanwendbar. Diese Bereiche bedürften noch einer genaueren Betrachtung. Sie sind allerdings zugleich ein weiteres Indiz dafür, dass der Regelungsansatz des § 22 noch nicht vollständig ausgereift ist. Dass Verwirrung entsteht, zeigt etwa der Umstand, dass *Brück* das EU-Agrarkartellrecht in der Gliederung seiner Kommentierung als »Spezialregelung« zu § 28 einordnet und damit das Verhältnis beider Normen zueinander auf den Kopf stellt.[399]

253 Nach hiesiger Ansicht gebietet die Anpassung des nationalen Rechts an das EU-Recht, dass Widersprüche zum EU-Recht durch die erforderliche Aufhebung bzw. explizite Einschränkung des nationalen Rechts beseitigt werden. Insofern ist eine bloße Anwendung des Grundsatzes, dass unmittelbar anwendbares EU-Recht nationalem Recht vorgeht, oder alternativ eine Bezugnahme auf die lex-specialis- oder lex-posterior-Regel nicht ausreichend.[400] Folglich sollte in das GWB ein unmittelbarer oder zumindest mittelbarer Hinweis auf das dem GWB vorrangige EU-Agrarkartellrecht aufgenommen werden. Bis dahin bleibt nur, ungeachtet des Wortlauts der jeweils einschlägigen Bestimmung des GWB in jedem agrarbezogenen Einzelfall zu prüfen, ob vorrangig anzuwendendes EU-Agrarkartellrecht besteht.

---

398 Auf diesen Unterschied zu den Kartellausnahmen weisen auch *Erhart/Krauser*, in: MünchKommKartR, SB Landwirtschaft, Rn. 13, hin.
399 *Brück*, in: MünchKommKartR, § 28, vor Rn. 1; zutreffend demgegenüber *Hootz*, in: GK, § 28, vor Rn. 1: »Überlagerung durch andere Normen«.
400 So aber *Kirchstein* (Fn. 278), S. 71 f.

E. Die einzelnen Tatbestände

Vor dem Hintergrund der beschriebenen Entwicklung hin zum derzeitigen § 28 und dem dargelegten EU-rechtlichen Kontext sollen nun die einzelnen Tatbestände des § 28 unter Berücksichtigung der – nicht besonders umfangreichen – Spruchpraxis der Kartellbehörden und Gerichte sowie der Literatur betrachtet werden. Dabei wird ein besonderes Gewicht auf die Entstehungsgeschichte des jeweiligen Tatbestandes einschließlich seiner Zielsetzung gelegt.[401]

I. Erzeugerbetriebsvorbehalt (Abs. 1 Satz 1)

Der in Abs. 1 Satz 1 enthaltene Erzeugerbetriebsvorbehalt als Kernbestimmung des § 28 ist leicht verschachtelt formuliert und dadurch etwas unübersichtlich geraten. Durch den Erzeugerbetriebsvorbehalt in Verbindung mit der weitreichenden Definition der landwirtschaftlichen Erzeugnisse in Abs. 3 (vgl. Rdn. 343 ff.) und ergänzt um die Erweiterung des Satzes 2 (vgl. Rdn. 325 ff.) wird tendenziell das Ziel angestrebt, ausgehend von dem landwirtschaftlichen Erzeugerbetrieb den gesamten Agrarurerzeugungsbereich und die damit eng verbundenen Agrarverarbeitungs- und Agrarabsatzaspekte von § 1 freizustellen.

1. Erfasster Personenkreis

In personeller Hinsicht wird die ganze Bandbreite denkbarer Erzeugerstrukturen erfasst. So führt der einleitende Halbsatz des Satzes 1 drei aufeinander aufbauende Ebenen an. Die erste Ebene bilden durch die Nennung der »Vereinbarungen von landwirtschaftlichen Erzeugerbetrieben« die Erzeugerbetrie-

---

[401] Von den zahlreichen Kommentatoren des § 28 seien genannt: *Bechtold* (1. bis 7. Aufl. 1993 bis 2013), *Bosch* (Bechtold/Bosch, 8. Aufl. 2015), *Buth*, in: Loewenheim/Meessen/Riesenkampff, 1. bis 3. Aufl. 2006 bis 2016), *Brück*, in: MünchKommKartR, 1. Aufl. 2007 und 2. Aufl. 2015, *Ebel* (Kartellrecht, 1999), *Freiherr von Gamm* (1. Aufl. 1979 und 2. Aufl. 1990), *Gleiss/Hootz* (GK, 3. Aufl. 1974), *Harms* (Langen/Bunte, 8. Aufl. 1998), *Hennig* (Langen/Bunte, 7. Aufl. 1994), *Hootz* (GK, 4. Aufl. 1985 und 5. Aufl. 2001), *Immenga/Winkler,* (Immenga/Mestmäcker, 1. Aufl. 1981; parallel *Winkler*, Kartellrecht, in: Götz/Kroeschell/Winkler [Hrsg.], Handwörterbuch des Agrarrechts, Bd. II, 1982, Sp. 2 ff.), *Jestaedt* (Langen/Bunte, 9. bis 12. Aufl. 2001 bis 2014), *Just* (Schulte/Just, 1. Aufl. 2012 und 2. Aufl. 2016), *Langen* (Langen/Bunte, 1. bis 3. Aufl. 1957/58), *Nägele* (Frankfurter Kommentar, 2006), *Müller/Gries* (1958), *Niederleithinger/Schmidt* (Langen/Bunte, 5. Aufl. 1977 und mit *Ritter* 6. Aufl. 1982), *Rasch* (1. und 2. Aufl. 1957/58 und mit *Westrick* 3. Aufl. 1966), *Schreven* (Rasch/Westrick/Loewenheim, 4. Aufl. 1981), *Schweizer* (Immenga/Mestmäcker, 4. Aufl. 2007 und 5. Aufl. 2014), *Winkler* (Immenga/Mestmäcker, 2. Aufl. 1992 und 3. Aufl. 2001) sowie *Zipfel* (GK, 1. Aufl. 1958 und 2. Aufl. 1963).

be. Die zweite Ebene stellen die Vereinigungen von Erzeugerbetrieben dar, indem »Vereinbarungen und Beschlüsse von Vereinigungen von landwirtschaftlichen Erzeugerbetrieben« genannt werden. Als dritte Ebene finden sich »Vereinbarungen und Beschlüsse von Vereinigungen von landwirtschaftlichen Erzeugervereinigungen« und damit die Vereinigungen von Erzeugervereinigungen erfasst. Regelmäßig dürfte es sich bei dieser dritten Ebene um Dachverbände von Erzeugervereinigungen handeln. Folglich reicht in personeller Hinsicht die Begünstigung von Erzeugerbetrieben über deren Vereinigungen bis hin zu Vereinigungen von Vereinigungen und damit sehr weit.

257 Was die Definition des landwirtschaftlichen Erzeugerbetriebes betrifft, so wurde zwar die Legaldefinition des »Erzeugerbetriebes« – gemeint war ebenfalls der landwirtschaftliche Erzeugerbetrieb – im vormaligen § 100 Abs. 6 GWB 1957 durch die 6. GWB-Novelle 1998 aufgehoben (vgl. Rdn. 115). Da diese Definition jedoch lediglich besagte, dass ein solcher Betrieb ein Betrieb ist, der landwirtschaftliche Erzeugnisse »erzeugt oder gewinnt«, besaß sie keinen eigenen materiellen Gehalt. Auch im EU-Agrarprimärrecht existiert keine Definition des landwirtschaftlichen Erzeugerbetriebes oder auch nur des Betriebes.

258 Im GWB und allgemeinen EU-Kartellrecht ist der Begriff des Betriebes ungewöhnlich, da generell von Unternehmen gesprochen wird. Selbst § 28 kommt nicht ohne diesen Begriff aus, wie Abs. 1 Satz 2 zeigt. Nach Ansicht des Verfassers begegnet es keinen Einwänden, vorliegend Betrieb mit Unternehmen gleichzusetzen. So sah auch der Änderungsvorschlag des Europäischen Parlaments zu dem ersten Legislativvorschlag der Europäischen Kommission für eine horizontale Verordnung zu landwirtschaftlichen Erzeugergemeinschaften (vgl. Rdn. 157) folgende Erzeugerdefinition vor: »Erzeuger: jedes Unternehmen, das sich im Bereich der Gemeinschaft mit der Erzeugung eines oder mehrerer Erzeugnisse der Landwirtschaft befasst ...«[402] Erfasst werden soll folglich jegliche wirtschaftliche Betätigungsart gleich in welcher Rechtsform, sofern es sich um eine landwirtschaftliche Betätigung handelt, die darin besteht, landwirtschaftliche Erzeugnisse im Sinne des Abs. 3 zu produzieren.

259 Im EU-Sekundäragrarkartellrecht wird in Art. 209 Abs. 1 Unterabs. 2 VO (EU) Nr. 1308/2013 ebenfalls der Begriff des »landwirtschaftlichen Erzeugerbetriebes« genutzt, ohne dass er sich in der Verordnung (EU) Nr. 1308/2013 legaldefiniert findet. Gleiches gilt für die ergänzende Verordnung (EG) Nr. 1184/2006. Allerdings definiert Art. 3 Abs. 3 VO (EU) Nr. 1308/2013 den Begriff des »Betriebes«, indem er auf die Begriffsbestimmungen in der EU-

---

402 ABl. EG 1968 Nr. C 10 S. 61 (63).

Betriebsförderregelung, die derzeit in der Verordnung (EU) Nr. 1307/2013[403] normiert ist, verweist. Ein Rückgriff auf diese Definition könnte auch für die Auslegung des Abs. 1 Satz 1 Bedeutung entfalten. Die Definition des Betriebes in Art. 4 Abs. 1 Buchstabe b VO (EU) Nr. 1307/2013 lautet: »die Gesamtheit der für landwirtschaftliche Tätigkeiten genutzten und vom Betriebsinhaber verwalteten Einheiten, die sich im Gebiet desselben Mitgliedstaates befinden«. Zur damit erforderlichen Begriffsbestimmung der »landwirtschaftlichen Tätigkeit« heißt es in Art. 4 Abs. 1 Buchstabe c VO (EU) Nr. 1307/2013: »i) die Erzeugung, die Zucht oder der Anbau landwirtschaftlicher Erzeugnisse, einschließlich Ernten, Melken, Zucht von Tieren und Haltung von Tieren für landwirtschaftliche Zwecke, ii) die Erhaltung von Flächen in einem Zustand, der sie ohne über die in der Landwirtschaft üblichen Methoden oder Maschinen hinausgehende Vorbereitungsmaßnahmen für die Beweidung oder den Anbau geeignet macht ...«

Für ein Heranziehen dieser sehr weiten Begriffsbestimmungen spricht, dass die 6. GWB-Novelle zugleich mit der Streichung der Legaldefinition des Erzeugerbetriebes den Wortlaut des Abs. 1 Satz 1 Halbsatz 1 weitgehend an den Wortlaut des damals geltenden Art. 2 Abs. 1 Satz 1 VO Nr. 26 angepasst hatte und dadurch erstmals der Begriff des landwirtschaftlichen Erzeugerbetriebes aus dem EU-Sekundäragrarkartellrecht in § 28 übernommen wurde. Damals existierte allerdings noch nicht die nun bestehende Verbindung zu Begriffsbestimmungen des EU-Direktzahlungsrechts. Gegen eine Anwendung dieser Begriffsbestimmungen lässt sich anführen, dass in der Verordnung (EU) Nr. 1308/2013 nur auf die Begriffsbestimmung des Betriebes, jedoch nicht auf eine solche des landwirtschaftlichen Erzeugerbetriebes verwiesen wird, da eine solche Begriffsbestimmung im EU-Betriebsförderrecht nicht vorhanden ist.[404] Zudem erfüllen die zitierten Begriffsbestimmungen der EU-Betriebsförderregelung eine andere Funktion. Mit ihnen wird zum einen sichergestellt, dass die landwirtschaftlichen Produktionseinheiten einer Person jeweils in einem Mitgliedstaat zu einer prämienrelevanten Einheit zusammengefasst werden. Zum anderen soll erreicht werden, dass nur Betriebe, die eine – sehr niedrig angesetzte – Mindestschwelle landwirtschaftlicher Betätigung einhalten, die Betriebsförderprämie erhalten. Im Agrarkartellrecht geht es demgegenüber allein um den Anknüpfungspunkt für eine Kartellfreistellung, wobei Mitgliedstaaten übergreifende Betriebe nicht künstlich auf einen Betrieb je Mitgliedstaat aufgespalten werden, sondern gerade auch eine den zwischenstaatlichen Handel beeinflussende Betriebsorganisation erfasst werden soll.

260

---

403 ABl. EU Nr. L 347 S. 608.
404 Dies übersieht *Erlbacher*, in: Mögele/Erlbacher (Fn. 280), Art. 176, Rn. 12.

Folglich ist eine autonome Definition des landwirtschaftlichen Erzeugerbetriebes vorzunehmen.⁴⁰⁵

261 Im Unterschied zu der im Rahmen des Abs. 3 auftretenden Frage, ob ein Erzeugnis typischerweise von einem landwirtschaftlichen Betrieb be- oder verarbeitet wird, kommt es bei Abs. 1 Satz 1 nicht darauf an, ob die landwirtschaftlichen Erzeugnisse in einer bestimmten Menge oder auf eine bestimmte Weise produziert werden. Auch die Betriebsgröße und damit zugleich die Unterscheidung zwischen Haupterwerbs- und Nebenerwerbsbetrieben sind nicht relevant.⁴⁰⁶ Nach wohl allgemeiner Ansicht muss der jeweils in Frage stehende Betrieb zudem nicht das Bild eines typischen landwirtschaftlichen Betriebes erfüllen, zumal dieses Bild nicht statisch ist, sondern einem zeitlichen Wandel unterliegt⁴⁰⁷ Eine Hofstelle ist demnach nicht erforderlich.⁴⁰⁸ Der durch den in Abs. 3 Alt. 1 enthaltenen Verweis auf Anhang I des AEUV erfolgte Einschluss von einigen Be- und Verarbeitungserzeugnissen unter Verzicht auf die Voraussetzung, dass die Be- oder Verarbeitung typischerweise in einem landwirtschaftlichen Erzeugerbetrieb erfolgt, indiziert – im Unterschied zu der vor der Einfügung dieses Verweises kontrovers diskutierten Rechtslage – bereits, dass eine industriell durchgeführte Be- oder Verarbeitungsweise für sich genommen noch nicht das Vorhandensein eines landwirtschaftlichen Erzeugerbetriebes im Sinne des Abs. 1 Satz 1 ausschließt.⁴⁰⁹

262 Allerdings muss zugleich eine Urerzeugung vorgenommen werden, da ansonsten der Bezugspunkt zur landwirtschaftlichen Urerzeugung als maßgeblicher Grund für die Ausnahmeregelung (vgl. Rdn. 52 f.) fehlen würde.⁴¹⁰ Die Ausschussbegründung von 1957 betonte zur Aufnahme des vormaligen § 100

---

405 Für das EU-Agrarkartellrecht ebenso *Erhart/Krauser*, in: MünchKommKartR, SB Landwirtschaft, Rn. 31; a.A. ohne nähere Diskussion *von Rintelen*, in: Grabitz/Hilf/Nettesheim, Art. 42 AEUV, Rn. 26.
406 A.A. ohne Begründung *Hootz*, in: GK, § 28 Rn. 7, nach dem »ein landwirtschaftlicher Nebenbetrieb eines Gewerbebetriebes nicht privilegiert« sein soll.
407 Vgl. etwa BKartA, TB 1969, BT-Drucks. 6/950 v. 11.6.1970, S. 90, und *Hootz*, in: GK, § 28 Rn. 5.
408 A.A. war etwa *Zipfel*, in: GK, 2. Aufl. 1963, § 100 GWB 1957, Rn. 64: »Vorhandensein von landwirtschaftlichen Grundstücken und einer zu ihrer Bestellung geeigneten Hofstelle (Wohnhaus mit Wirtschaftsgebäuden oder Wirtschaftsräumen), von der aus die Grundstücke im Rahmen eines einheitlichen Betriebes bewirtschaftet werden«. Dabei berief er sich unter anderem auf die Ausschussbegründung, BT-Drucks. 2/3644 v. 22.6.1957, Anlage, S. 44, zur Aufnahme der Pflanzenzuchtbetriebe, wo es hieß: »Wenn sie selbst auch in der Regel nicht über Grundbesitz verfügen ...«.
409 So auch *Buth*, in: Loewenheim/Meessen/Riesenkampff, § 28 Rn. 9: »gleichgültig, ob [die Betriebe] in der reinen Land[wirtschaft] oder gewerblich tätig sind«.
410 So etwa auch *Buth*, in: Loewenheim/Meessen/Riesenkampff, § 28 Rn. 10, und für Art. 176 Abs. 1 Unterabs. 2 VO (EG) Nr. 1234/2007 *Lohse* (Fn. 20), Rn. 76.

Abs. 6 GWB 1957: »[Ansonsten könnte] es zweifelhaft sein, ob unter [Erzeugerbetrieben] in jedem Falle nur landwirtschaftliche Erzeugerbetriebe oder möglicherweise auch andere, zum Beispiel mit der Verarbeitung von landwirtschaftlichen Erzeugnissen beschäftigte Betriebe zu verstehen sind.«[411] Entsprechend schwingt in dem Begriff des landwirtschaftlichen Erzeugerbetriebes die Voraussetzung der Urerzeugung bereits mit. So bemerkte auch die amtliche Begründung zur 6. GWB-Novelle, dass es »zweifelsfrei« sei, »dass unter landwirtschaftlichen Erzeugerbetrieben im Sinne der kartellrechtlichen Sonderbestimmung nur solche Betriebe zu verstehen sind, die Urprodukte ... erzeugen oder gewinnen«.[412]

Die Überlegung des KG, Zuckerfabriken, die Zucker aus Zuckerrüben herstellen, als landwirtschaftliche Erzeugerbetriebe einzuordnen, da Abs. 3 Alt. 1 in Verbindung mit Anhang I des AEUV jeglichen Zucker erfasst,[413] ist daher zweifelhaft. Denn Abs. 3 soll den Kreis der erfassten Erzeugnisse beschreiben, nicht jedoch den in Abs. 1 enthaltenen Begriff des landwirtschaftlichen Erzeugerbetriebes erweitern. Abs. 3 setzt inzident voraus, dass die Be- und Verarbeitung eine für den landwirtschaftlichen Erzeugerbetrieb zusätzliche Tätigkeit darstellt. Die Herstellung allein von Be- oder Verarbeitungserzeugnissen im Sinne des Abs. 3 durch die landwirtschaftlichen Erzeugerbetriebe reicht mithin nicht aus. Der BGH hat daher 1982 die Anwendbarkeit des Erzeugerbetriebsvorbehalts auf eine so genannte Privatmolkerei – d.h. eine nicht genossenschaftlich von ihren Mitgliedern getragene Molkerei – verneint, da die Privatmolkerei mit keinem Urerzeugungsbetrieb verbunden war.[414]

263

Gedanklich ist mithin zwischen der Urerzeugung der landwirtschaftlichen Betriebe als Ausgangspunkt der Bereichsausnahme und der Be- und Verarbeitung der so gewonnenen Urerzeugnisse zu unterscheiden. Eine nach Abs. 1 Satz 1 freigestellte Vereinbarung kann sich darin erschöpfen, gemeinsam Urproduktion zu betreiben oder die urerzeugten Produkte gemeinsam zu vermarkten. Beides darf auch miteinander verknüpft werden. Dabei ist es gleichgültig, ob für den gemeinsamen Bereich eine weitere Rechtsperson – von Abs. 1 Satz 1 als Vereinigung umschrieben – gegründet wird oder die Zusammenarbeit lediglich durch gemeinsame Absprachen erfolgt. Der ebenfalls von Abs. 1 Satz 1 erfasste Aspekt der Be- und Verarbeitung knüpft hieran an. Liegen von den beteiligten landwirtschaftlichen Betrieben urerzeugte Produkte vor, wird gleichfalls deren Be- und Verarbeitung im Rahmen der Definition des Abs. 3 freigestellt. Auch hierbei ist es nicht relevant, ob die Be- und Ver-

264

---

411 BT-Drucks. 2/3644 v. 22.6.1957, Anlage, S. 43.
412 BT-Drucks. 13/9720 v. 29.1.1998, S. 41.
413 KG WuW/E DE-R 816 (818) – *Rübenzucker*; ebenso bereits BKartA, WuW/E DE-V 103 (104 f.) – *Rübenzucker*.
414 BGH, WuW/E BGH 1977 (1979) – *Privatmolkerei*.

arbeitung durch die landwirtschaftlichen Betriebe selbst erfolgt und damit die Zusammenarbeit lediglich der gemeinsamen Vermarktung dient oder der Zweck der Vereinbarung darin liegt, die urerzeugten Produkte gemeinsam zu verarbeiten und anschließend gebündelt zu vermarkten oder wieder an die landwirtschaftlichen Betriebe zur Vermarktung zurückzugeben. Die Zusammenarbeit landwirtschaftlicher Betriebe ist insofern traditionell vielfältig und soll durch § 28 in ihrer Gesamtheit erfasst werden.

265 Die Unsicherheit des KG und stellenweise in der Literatur kommt aus zweierlei Richtungen. Zum einen wird nicht ausreichend beachtet, dass die Nennung der Be- und Verarbeitung in Abs. 1 Satz 1 Nr. 2 und Abs. 3 lediglich sicherstellen will, dass entsprechende Tätigkeiten durch landwirtschaftliche Erzeugerbetriebe und vor allem durch ihre Zusammenschlüsse wie etwa Verarbeitungsgenossenschaften die Freistellung nicht ausschließen.[415] Diese Wertschöpfungsstufe soll im Sinne der Begünstigung der Landwirtschaft mit eingebunden werden, da die Be- und Verarbeitung oftmals typisch für die dem Landwirtschaftsbereich zugeordnete Tätigkeiten sind, wie auch Abs. 3 durch die Verwendung eines entsprechenden Eingrenzungskriteriums verdeutlicht. Zum anderen ist trotz des Gleichklangs im Wortlaut die parallele Freistellung im EU-Recht nicht völlig eindeutig und wird daher unterschiedlich verstanden. So haben beispielsweise bereits 1971 *Gleiss/Kleinmann* eine diesbezügliche Anpassung des deutschen Rechts an die EU-Rechtslage gefordert, um »willkürliche« Unterschiede zu vermeiden.[416]

266 Eine solche Denkrichtung hat ihren Grund darin, dass Art. 42 Unterabs. 1 AEUV als primärrechtliche Grundlage die »Produktion landwirtschaftlicher Erzeugnisse und den Handel mit diesen« erfasst, um den Agrarsektor in seiner Gesamtheit schützen zu können. Art. 38 Abs. 3 AEUV bezieht mittels des Anhangs I zum AEUV teilweise Verarbeitungserzeugnisse in die GAP mit ein, ohne zugleich ein mit Abs. 3 vergleichbares Eingrenzungskriterium zu verwenden. Diese weite Konzeption nimmt Art. 206 Unterabs. 1 VO (EU) Nr. 1308/2013 auf. Dass Art. 209 Abs. 1 Unterabs. 2 VO (EU) Nr. 1308/2013 mit Hilfe der am deutschen Agrarkartellrecht orientierten Bezugnahme auf die landwirtschaftlichen Erzeugerbetriebe für die dortige Kartellfreistellung eine engere Konzeption verfolgt, mag deshalb fraglich erscheinen. Derselbe Punkt spiegelt sich in dem nicht eindeutigen Bezugspunkt des »Erzeugers« für das System der staatlichen Anerkennung von Erzeugerorganisationen und deren Vereinigungen in Art. 152 ff. VO (EU) Nr. 1308/2013 (vgl. Rdn. 180 ff.)

---

415 So wohl auch *Buth*, in: Loewenheim/Meessen/Riesenkampff, § 28 Rn. 10.
416 *Gleiss/Kleinmann*, Anpassung der Begriffe »landwirtschaftliche Erzeugnisse« und »Erzeugerbetriebe« im deutschen Kartellgesetz (§ 100 GWB) an das europäische Recht (VO 26 des Rates), NJW 1970, 1485, 1486 f.

wider. Trotzdem sollte an der hier vertretenen – insofern engeren – Auslegung des § 28 und entsprechend auch des EU-Agrarkartellrechts[417] festgehalten werden, da bei einer extensiven Auslegung in einem immer weiter liberalisierten EU-Agrarmarkt letztlich ein Infragestellen der Freistellung droht.

Konsequenterweise reicht es nicht aus, dass bei einem Be- und Verarbeitungsbetrieb die Urerzeugung lediglich eine Alibifunktion hat, um in den Genuss der Freistellung zu kommen. Folglich ist zu fordern, dass der jeweilige Betrieb in nennenswerten Umfang Urerzeugung betreibt.[418] Die Be- oder Verarbeitung darf mit anderen Worten nicht derart im Vordergrund stehen, dass der jeweilige Betrieb in Bezug auf die Be- oder Verarbeitung eher einem Unternehmen der industriellen Nahrungsmittelherstellung als einem landwirtschaftlichen Betrieb gleicht,[419] wobei im Zweifel eine Einzelfallbetrachtung orientiert am Sinn und Zweck des § 28 erforderlich ist. Besteht ein Betrieb aus einem potentiell unter die Bereichsausnahme fallenden und einem anderen Teil, können die Betriebsteile – entsprechend etwa der Umsatzsteuerpauschalierung bei landwirtschaftlichen Betrieben – getrennt behandelt werden.[420]

267

Weitgehend unabhängig von der konkret vertretenen Ansicht zur Urerzeugungsfrage existiert eine Reihe seit Jahrzehnten diskutierter Abgrenzungsprobleme. Prinzipielle Einigkeit besteht darin, dass nur selbst erzeugte oder selbst hergestellte landwirtschaftliche Erzeugnisse unter die Bereichsausnahme fallen. Um die missbräuchliche Inanspruchnahme der erzeugungsbezogenen Bereichsausnahme zu verhindern, sind fremderzeugte Produkte mithin grundsätzlich nicht erfasst.[421] Für die Ebene der Erzeugerbetriebe bedeutet dies beispielsweise, dass Vereinbarungen über den Verkauf von Erzeugnissen,

268

---

417 So auch – allerdings nicht ganz deutlich – *Buth*, in: Loewenheim/Meessen/Riesenkampff, Landwirtschaft, Rn. 52 ff.
418 Entsprechend ohne nähere Begründung *Hootz*, in: GK, § 28 Rn. 7.
419 Unter Verweis auf die Einkommensteuer-Richtlinien verlangt *Schweizer*, in: Immenga/Mestmäcker, § 28 Rn. 20, dass die landwirtschaftliche Betätigung nicht nur die »untergeordnete Bedeutung einer Hilfstätigkeit« haben darf.
420 So auch *Schweizer*, in: Immenga/Mestmäcker, § 28 Rn. 19 f., der bei einer Untrennbarkeit auf die überwiegende Betriebsart abstellt; unklar *Hootz*, in: GK, § 28 Rn. 7, der einerseits für eine Trennung eintritt, andererseits bei einem Überwiegen der landwirtschaftlichen Urerzeugung im Erscheinungsbild eines konkreten Betriebes (Erzeugerbetrieb mit angeschlossener Mühle) den Betrieb insgesamt als unter die Ausnahmeregelung fallend ansieht und insofern das – allerdings im Hinblick auf den genauen Umfang der Freistellung unklare – Beispiel in dem Bericht der Bundesregierung von 1975 zu den GWB-Ausnahmebereichen, BT-Drucks. 7/3206 v. 4.2.1975, S. 15, Ziff. 48, wiedergibt; auf *Hootz* verweisend ähnlich unklar *Buth*, in: Loewenheim/Meessen/Riesenkampff, § 28 Rn. 9.
421 So auch allg. BKartA (Fn. 184), S. 76, und konkret zu nicht selbst erzeugtem Saatgut dass., TB 1962, BT-Drucks. 4/1220 v. 30.4.1963, S. 62.

§ 28 GWB *Landwirtschaft*

die nicht von den an der Vereinbarung beteiligten Erzeugerbetrieben stammen, nicht freigestellt sind. Hinsichtlich der Ebene der Vereinigungen von Erzeugerbetrieben folgt aus der Prämisse, dass lediglich die von den beteiligten Betrieben erzeugten Erzeugnisse von Vereinbarungen der Betriebe betroffen sein dürfen.[422]

269 *Hootz* möchte generell Ausnahmen zulassen, wenn sich die eigenen Erzeugnisse und die zugekauften Erzeugnisse nicht trennen lassen, wie er am Beispiel eines Imkers mit zugekauftem Honig erläutert.[423] Dabei ist jedoch zu differenzieren. Handelt es sich um zugekauften Honig als Endprodukt – Verkauf von Honiggläsern mehrerer Hersteller –, sind nur Vereinbarungen über den Honig aus eigener Produktion begünstigt. Allerdings führt der gleichzeitige Verkauf fremder Produkte – oft zur so genannten Sortimentsergänzung – nicht dazu, dass die Privilegierung auch für die Eigenerzeugnisse entfällt. Ansonsten würde die gewollte Selbstvermarktung landwirtschaftlicher Produkte, die zum Erhalt einer eigenständigen Wirtschaftsmacht auf der Urerzeugungsseite beitragen soll, erheblich geschwächt.

270 Soweit der Imker hingegen fremden Honig zwecks Verarbeitung zukauft und anschließend den Honig aus beiden Quellen mischt, wird ein schwieriges Diskussionsfeld betreten, da in einem solchen Fall eine Trennung beider Bereiche nicht mehr möglich ist. Das BKartA hat 2010 angemerkt: »Aus Sicht des [BKartA] ist … die Frage ungeklärt, ob bereits die Erfassung von Rohmilch durch Erzeuger, die nicht Mitglied der Genossenschaft sind, oder der Zukauf von Rohmilch oder Zwischenprodukten durch andere Molkereien dazu führt, dass die Freistellung von § 1 GWB entfällt.«[424] *Schweizer* etwa verlangt, dass die Rohstoffmenge »überwiegend im eigenen Hauptbetrieb erzeugt wird«.[425] Unterschieden werden kann in dieser Frage zwischen dem Hinzuwerb einerseits des gleichen Rohstoffs und andererseits von Erzeugnisbestandteilen, die das Haupterzeugnis – etwa bei Jogurt, Zucker oder Früchten – ergänzen. Ergänzende Bestandteile werden regelmäßig nicht in demselben Betrieb wie das Haupterzeugnis produziert. Zum Teil finden sie sich auch in der EU überhaupt nicht oder nicht in ausreichenden Mengen erzeugt. Daher stellen derartige ergänzende Bestandteile eine Produktion aus eigener Urerzeugung regelmäßig nicht in Frage.

---

422 Im Rahmen der Anerkennungsvoraussetzungen für Erzeugerorganisationen können hierzu explizite Ausnahmeregelungen bestehen. So gestattet Art. 26 Abs. 1 VO (EU) Nr. 543/2011 (ABl. EU Nr. L 157 S. 1), im Bereich Obst und Gemüse, dass – vereinfacht dargestellt – bis zu 49 Prozent Erzeugnisse von der Erzeugerorganisation »verkauft« werden können, die von Nichtmitgliedern stammen.
423 *Hootz*, in: GK, § 28 Rn. 7.
424 BKartA (Fn. 184), S. 76.
425 *Schweizer*, in: Immenga/Mestmäcker, § 28 Rn. 20.

In dem vom BKartA angesprochenen Rohmilchfall handelt es sich hingegen 271
um das gleiche Erzeugnis, das für die Produktion hinzugekauft wird. Die
Gründe für einen solchen Zukauf können höchst unterschiedlich sein. Sie reichen von der Absicht, den Umsatz zu erhöhen, über den Ausgleich von – beispielsweise durch Tierkrankheiten bei Mitgliedern entstandenen unplanmäßigen – Fehlmengen bis hin zur Auslastung bestehender Produktionsanlagen,
die ansonsten unrentabel wären. Das Versagen der Privilegierung schon bei
kleinen Fremdmengen würde der bereits bei Erlass des GWB 1957 vorhandenen Lebenswirklichkeit nicht gerecht werden. Wäre etwa einer von Milcherzeugern getragenen Molkerei der Ausgleich von saisonalen Mengenschwankungen durch den Rohmilchzukauf von Nichtmitgliedern, Milchhändlern
oder anderen Molkereien untersagt, entstünde ihr gegenüber anderen Molkereien ein gravierender Nachteil. Ziel des Abs. 1 Satz 1 ist es jedoch, die marktüblichen Verarbeitungen von landwirtschaftlichen Urerzeugnissen, die Landwirte gemeinsam durchführen, zu unterstützen. Folglich muss zumindest ein
Zukauf in dem Umfang gestattet sein, in dem er für einen ordnungsgemäßen
Geschäftsbetrieb im Rahmen der Produktion landwirtschaftlicher Erzeugnisse erforderlich ist.[426]

Wie bei den landwirtschaftlichen Erzeugerbetrieben besitzt die Rechtsform 272
der von diesen Betrieben gebildeten Vereinigungen und deren Dachvereinigungen keine Relevanz. Sie kann daher von der Gesellschaft bürgerlichen
Rechts über die Genossenschaft bis hin zu einer GmbH und jeglicher anderen
Rechtsform reichen.[427] Dafür spricht insbesondere auch die Entstehungsgeschichte (vgl. Rdn. 48 ff.). Klärungsbedürftig ist allerdings, ob derartige Vereinigungen nur aus landwirtschaftlichen Erzeugerbetrieben bestehen dürfen.
Dieser Punkt wird ebenfalls seit Jahrzehnten kontrovers erörtert. Das Idealbild des Abs. 1 Satz 1 ist sicherlich der Zusammenschluss nur von Urerzeugungsbetrieben, die aus eigener Kraft ihre Erzeugnisse unmittelbar oder in

---

426 So auch die Zielrichtung der Europäischen Kommission in Ziff. 59 ff. ihrer Leitlinien zu Art. 169 bis 171 VO (EU) Nr. 1308/2013 (Fn. 328), wonach in diesen besonderen Fällen anerkannten Erzeugerorganisationen und deren Vereinigungen der Zukauf von bis zu 25 Prozent der Erzeugung eines Jahres und in Ausnahmesituationen – etwa im Falle besonderer Witterungsbedingungen oder Seuchen – noch mehr gestattet sei. Zugleich betont sie, dass »der Kauf von Erzeugnissen bei Nichtmitgliedern (d.h. auf dem Markt) nicht zur Haupttätigkeit einer Erzeugerorganisation werden« darf.
427 Nach *Schweizer*, in: Immenga/Mestmäcker, § 28 Rn. 22, sollen auch öffentlich-rechtliche Körperschaften wie etwa Landwirtschaftskammern als landwirtschaftliche Erzeugervereinigungen angesehen werden können; a.A. *Liebing* (Fn. 346), S. 36. Unklar ist die Ansicht von *de Bronett*, in: Wiedemann, Landwirtschaftliche Erzeugnisse, Rn. 23, Kapitalgesellschaften würden nur begünstigt, »wenn sie einen wesentlichen Beitrag zum Bestand ihrer Gesellschafter als landwirtschaftliche Betriebe leisten«.

§ 28 GWB *Landwirtschaft*

verarbeiteten Zustand gemeinsam vermarkten. Doch auch diesbezüglich ist die schon 1957 bestehende Lebenswirklichkeit eine andere. Erzeugervereinigungen werden regelmäßig durch finanzielle Einlagen ihrer Mitglieder getragen. Stellt ein Mitglied seinen landwirtschaftlichen Betrieb ein oder überträgt seinen Betrieb auf einen Dritten, bleibt er in vielen Fällen weiterhin Mitglied der Erzeugervereinigung, sei es aus Gründen der Tradition oder der Kapitalanlage. Die Erzeugervereinigung besitzt daran ein Interesse, da sie ansonsten den betreffenden Geschäftsanteil auszahlen müsste. Zudem mag ihr die Erfahrung des betreffenden Mitglieds nützlich sein. Auch kann es vorkommen, dass ein Kapitalgeber oder ein Zulieferer ohne Betrieb Mitglied wird.

273 Da sich die Befreiung von § 1 auf den Zusammenschluss landwirtschaftlicher Betriebe bezieht, indem die Zusammenarbeit bei der Produktion, Verarbeitung und Vermarktung von Erzeugnissen gestattet wird, ist die Mitgliedschaft von Nichtinhabern landwirtschaftlicher Betriebe als grundsätzlich zulässig anzusehen, da diese im Regelfall von dem Privileg nicht unmittelbar profitieren können.[428] *Zipfel* möchte insofern darauf abstellen, »ob dadurch der Gesamtcharakter als landwirtschaftliche Selbsthilfeorganisation nicht geändert wird«.[429] Da ein solch spezifisches Merkmal während der parlamentarischen Beratungen der Bereichsausnahme nicht durchdringen konnte (vgl. Rdn. 61), bietet der Wortlaut allerdings keine Anhaltspunkte dafür. Zwar stellte die Begründung des Ausschusses für Wirtschaftspolitik die Funktion der Selbsthilfe in den Vordergrund, grenzte diese jedoch nur von einer privaten bzw. halbstaatlichen Marktordnung ab (vgl. Rdn. 72). Auch das BKartA betont die doppelte Funktion der »freigestellten Erzeugerkartelle« als »Selbsthilfe und Ordnungsfaktoren am Markt«.[430] Zudem wäre ein derartiges Kriterium sehr vage. Folglich sollte für die Frage der Nichtmitglieder ein konkreteres Kriterium als Grenze dienen. Geeignet erscheint die Maßgabe, dass die nicht erzeugenden Mitglieder die Erzeugervereinigung nicht dominieren dürfen. Die jeweilige

---

[428] Die Frage findet sich regelmäßig nicht vertieft diskutiert; ähnlich wie vorliegend *Dobroschke* (Fn. 111), S. 714, und *Klusak*, Koreferat zu Westermann, in: BüL/Sonderheft 183 (Fn. 34), S. 40 ff. (44); grundsätzlich ablehnend 1962 KRT, WuW/E KRT 45, und 1972 BKartA, WuW/E BKartA 1389 (1392) – *Butter-Exportkontor*, sowie *Groteloh* (Fn. 321), S. 981; entgegen *Hootz*, in: GK, § 28 Rn. 10, hat 1982 der BGH, WuW/E BGH 1977 (1979) – *Privatmolkerei*, die Frage ausdrücklich offen gelassen. Unklar ist *Jestaedt*, in: Langen/Bunte, § 28 Rn. 13, der zwar die Privilegierung einer »gemischten Vereinigung« ablehnt, jedoch insofern nur von »anderen Unternehmen« spricht und damit nicht näher auf die Art der anderweitigen Mitglieder eingeht; ähnlich zum vormaligen Art. 176 Abs. 1 Unterabs. 2 VO (EG) Nr. 1234/2007 *Lohse* (Fn. 20), Rn. 79, allerdings mit umgekehrtem Ergebnis, während sie, Rn. 132, zu Abs. 1 Satz 1 die Frage offen lässt.

[429] *Zipfel*, in: GK, 2. Aufl. 1963, § 100 GWB 1957, Rn. 9; dem folgend *Gleiss-Hootz*, in: GK, 3. Aufl. 1974, § 100 GWB 1957, Rn. 9.

[430] BKartA, TB 1961, BT-Drucks. 4/378 v. 30.4.1962, S. 49 f.

Vereinbarung muss daher dafür Sorge tragen, dass die wesentlichen Entscheidungen für die Zusammenarbeit nur von den Urerzeugern getroffen werden.

Ob die Aufnahme eines Interessenverbandes die Privilegierung beseitigt, ist besonders umstritten.[431] Da ein Interessenverband keinen ähnlichen sachlichen Grund wie ein ehemaliges Mitglied oder ein Kapitalgeber vorweisen kann und zudem die Gefahr einer missbräuchlichen Ausnutzung der Freistellung auf Grund der im Interessenverband vorhandenen Marktinformationen gegeben ist, dürfte die Möglichkeit der Mitgliedschaft eines Interessenverbandes prinzipiell abzulehnen sein.

274

Die Europäische Kommission hat das parallel lautende EU-Recht lange Zeit generell restriktiv ausgelegt.[432] Insbesondere sah sie die treuhänderische Wahrnehmung der Interessen von Erzeugerbetrieben durch Wirtschaftsverbände als kartellrechtlich nicht privilegiert an.[433] In jüngerer Zeit scheint sich jedoch ein gewisser Wandel abzuzeichnen. So hat die Europäische Kommission für anerkannte Erzeugerorganisationen im Bereich Obst und Gemüse durch Art. 30 VO (EU) Nr. 543/2011 die »Mitgliedschaft von Nichterzeugern« im Sinne der vorliegend vertretenen Linie näher geregelt. Nach Art. 30 Abs. 3 Satz 1 dürfen solche Mitglieder nicht »bei den Anerkennungskriterien berücksichtigt werden« und nicht »die von der Union finanzierten Maßnahmen direkt in Anspruch nehmen«. Zudem verweist Art. 30 Abs. 2 auf die Maßgabe des Art. 125a Abs. 3 Buchstabe c VO (EG) Nr. 1234/2007 und nunmehrigen Art. 153 Abs. 2 Buchstabe c VO (EU) Nr. 1308/2013, wonach »den zusammengeschlossenen Erzeugern die demokratische Kontrolle ihrer Organisation« möglich sein muss. Auf solche Eingrenzungskriterien zielt auch Ziff. 56 der Leitlinien der Europäischen Kommission zu Art. 169 bis 171 VO (EU) Nr. 1308/2013[434] ab.

275

Ist eine Person Mitglied, deren Mitgliedschaft nach den dargelegten Maßstäben unzulässig ist, entfällt nach wohl allgemeiner Ansicht und im Unterschied zu

276

---

431 Bejahend ohne Begründung *Hootz*, in: GK, § 28 Rn. 10, sowie BKartA, TB 1971, BT-Drucks. 6/3570 v. 19.6.1972, S. 85 f.; verneinend 1962 in Bezug auf »sonstige Mitglieder« LG Hamburg, WuW/E LG/AG 214 (216) – *Butter*; entgegen *Hootz*, a.a.O., hat *Dobroschke* (Fn. 111), dazu keine Stellung bezogen.
432 Vgl. nur Europäische Kommission, Entsch. v. 25.7.1974, ABl. EG Nr. L 237 S. 16 (20) – *Frubo*, zu einer Obst- und Gemüsehändlerauktion und Entsch. v. 26.11.1986, ABl. EG Nr. L 348 S. 50 (60) – *Meldoc*, zu einer Kartellabsprache, an der neben fünf landwirtschaftlichen Genossenschaften eine Nichtgenossenschaft beteiligt war.
433 Europäische Kommission, Entsch. v. 7.12.1984, ABl. EG 1985 Nr. L 35 S. 42 – *Milchförderungsfonds*; dagegen aus Sicht des DBV *Henjes* (Fn. 349), S. 60 ff., allerdings ohne Diskussion der vorliegenden Aspekte.
434 Vgl. Rdn. 191.

der Konstellation, dass fremde Erzeugnisse mit vermarktet werden, die Privilegierung des Abs. 1 Satz 1 insgesamt.[435] Soweit allein im Aufsichtsrat oder Vorstand der jeweiligen Vereinigung Personen sitzen, die nicht über einen landwirtschaftlichen Erzeugerbetrieb verfügen, dürfte dies nach wohl allgemeiner Ansicht bezüglich der Privilegierung unschädlich sein, wie auch das BKartA 1960 entschieden hat.[436] Allerdings äußerte es 2012 im Endbericht der Sektoruntersuchung Milch Bedenken, ohne diese eingehender zu begründen: »In einer sehr weit zurückliegenden Entscheidung hatte das [BKartA] zwar eine Ausnahme für Vorstandsmitglieder einer Molkerei, die ihrerseits keine aktiven Erzeuger mehr sind, anerkannt. Ob diese Sicht heute noch als zutreffend betrachtet werden würde und ob dann zugleich eine Konstellation erfasst wäre, bei der ein nicht unerheblicher Teil als inaktive Mitglieder weiter der genossenschaftlich organisierten Molkerei angehört, hält das [BKartA] für zweifelhaft.«[437]

277 Für die Ebene der Vereinigung von Erzeugervereinigungen können die vorliegend vertretenen Maßstäbe entsprechend angewendet werden. Die Mitgliedschaft einer nicht erzeugenden Vereinigung oder einer Nichtvereinigung ist demnach nicht grundsätzlich ausgeschlossen, sofern die dargelegten Kriterien erfüllt sind und kein Interessenverband beteiligt ist. Soweit es sich um einen Erzeuger handelt, der nicht als Vereinigung im Sinne des Abs. 1 Satz 1 anzusehen ist, erscheint allerdings eine Mitgliedschaft generell unangemessen. Denn dann würde das klare Stufenmodell des Abs. 1 Satz 1 durchbrochen. So soll der Erzeugerbetrieb zunächst Mitglied in einer Vereinigung sein, um eine Bündelung auf unterster Ebene zu erreichen. Handelt es sich um ein Unternehmen der reinen Verarbeitung, das keine Vereinigung im Sinne des Abs. 1 Satz 1 darstellt, ist ebenfalls die von Abs. 1 Satz 1 vorausgesetzte Kette unterbrochen, wie der BGH in dem Fall der Privatmolkerei entschieden hat (vgl. Rdn. 263).

278 Da § 28 keine räumlichen Grenzen erkennen lässt, schadet die Beteiligung eines ausländischen Erzeugerbetriebes bzw. einer ausländischen Erzeugervereinigung nicht. Falls dieser Betrieb bzw. diese Vereinigung den Sitz in einem anderen EU-Mitgliedstaat hat, dürfte allerdings die Vermutung für eine zwischenstaatliche Wirkung der Vereinbarung bestehen, wodurch das EU-Agrarkartellrecht an die Stelle des § 28 treten kann. Auch die räumliche Erstreckung innerhalb Deutschlands ist nicht relevant. Eine Vereinigung darf daher bundesweite Bedeutung besitzen.[438]

---

435 S. etwa *Jestaedt*, in: Langen/Bunte, § 28 Rn. 13.
436 BKartA, TB 1960, BT-Drucks. 1/2734 v. 5.5.1961, S. 34.
437 BKartA (Fn. 184), S. 75.
438 So auch *Linnewedel* (Fn. 33), S. 16 ff.

2. Erfasste Verhaltensweisen

Umfasst werden sowohl horizontale als auch vertikale Vereinbarungen, wie sich aus der zusätzlichen Erwähnung von Beschlüssen in Bezug auf Vereinigungen und deren Zusammenschlüsse ergibt. Denn während sich die Vereinbarungen durch das Wort »von« primär auf Vereinbarungen zwischen den jeweils genannten Personen beziehen und damit horizontal angelegt sind, weisen Beschlüsse in einem vertikalen Sinne nicht nur auf interne Verhaltensweisen gegenüber Mitgliedern, sondern auch auf Verhaltensweisen mit externer Wirkung gegenüber Nichtmitgliedern hin. Genannt seien in letzterer Hinsicht etwa Ausschließlichkeitsklauseln. Auf den Streit über die genaue Abgrenzung beider Vereinbarungsarten, der für die Auslegung des Abs. 2 noch eine Rolle spielt, kann hier nicht näher eingegangen werden.[439] So lässt sich eine Genossenschaft zugleich als vertikale und horizontale Vereinbarung ansehen. Denn es handelt sich um einen horizontalen Zusammenschluss von Erzeugerbetrieben, der im Falle etwa einer Andienungspflicht zudem eine vertikale Beziehung regelt.

279

Bis zur 7. GWB-Novelle war die Erstreckung des Abs. 1 Satz 1 auf vertikale Vereinbarungen umstritten.[440] Dagegen sprachen die damalige Systematik des GWB, die nach herrschender Ansicht zwischen horizontalen und vertikalen Verhaltensweisen unterschied, sowie die amtliche Begründung, die im Zusammenhang mit Abs. 1 lediglich »horizontale Kartellverträge« nannte. Nach der durch die 7. GWB-Novelle vorgenommenen Anpassung der Systematik des GWB an das allgemeine EU-Kartellrecht und den Folgeänderungen in § 28 erstreckt sich nun jedoch § 1 und damit auch Abs. 1 Satz 1 ebenfalls auf vertikale Vereinbarungen.[441] Dafür lässt sich zudem die ausdrückliche Erwähnung vertikaler Preisbindungen in Abs. 2 anführen.

280

---

439 Vgl. etwa *Böneker*, Rechtliche Fragen der Gemüseanbauverträge, einer Erscheinungsform der vertikalen Integration, Diss. 1968, S. 5, der eine exakte Abgrenzung für nicht möglich hält; s. eingehend *Sandrock*, Grundbegriffe des GWB, 1968, S. 395 ff.
440 Vgl. die Darstellung bei *Hootz*, in: GK, § 28 Rn. 33.
441 So für § 1 BT-Drucks. 15/3640 v. 7.6.2004, S. 23. Dieser Zusammenhang wird teilweise übersehen. *Bosch*, in: Bechtold/Bosch, § 28 Rn. 7, spricht noch 2015 hinsichtlich Abs. 1 Satz 1 von der Privilegierung horizontaler Vereinbarungen und interpretiert die Bestimmung im Weiteren entsprechend. Auch *Nägele*, in: FK-GWB, § 28 Rn. 42, führt in Bezug auf Abs. 1 Satz 1 nur horizontale Vereinbarungen an, obwohl er eingangs, Rn. 18, zutreffend bemerkt, dass die Freistellung seit 2005 auch vertikale Vereinbarungen betrifft; wie hier hingegen *Buth*, in: Loewenheim/Meessen/Ringkampff, § 28 Rn. 2 und 14, sowie *Schweizer*, in: Immenga/Mestmäcker, § 28 Rn. 8 und 40.

281 Für Verwirrung sorgt teilweise, dass es »Vereinbarungen von ...« und nicht »Vereinbarungen zwischen ...« heißt. Daraus zu schließen, dass jeweils nur auf einer Seite ein landwirtschaftlicher Betrieb bzw. eine landwirtschaftliche Erzeugervereinigung stehen muss und als Vertragspartner jeglicher Dritter in Betracht kommt,[442] ist jedoch mit Sinn und Zweck des § 28 nicht vereinbar.[443] Es sollen lediglich Verhaltensweisen von landwirtschaftlicher Seite und damit nicht von dritter Seite erfasst werden. Zudem würde ansonsten die nach allgemeinem Sprachgebrauch regelmäßig erfolgende Benennung des Vereinbarungspartners fehlen. Auch ist der vormalige systematische Zusammenhang des Abs. 1 Satz 1 mit § 100 Abs. 4 GWB 1957, in dem Drittunternehmen als Vertragspartner explizit aufgeführt waren, zu berücksichtigen.

282 Angesichts der weiten Formulierung des Abs. 1 Satz 1 sind nicht nur durch Vereinigungen vorgenommene Vereinbarungen, die die jeweils eigenen Mitglieder betreffen, zulässig. So können Vereinigungen auch untereinander Vereinbarungen abschließen, die beispielsweise einheitliche Bedingungen für den Absatz der von ihren Mitgliederbetrieben erzeugten oder von der Vereinigung daraus hergestellten Erzeugnisse beinhalten. Eine solche Vereinbarung betrifft nicht allein die eigenen Mitglieder, sondern ebenfalls die Mitglieder des Vereinbarungspartners. Auf eine derartige Möglichkeit weist auch die Ausschussbegründung durch die Anführung von »Verträgen« zwischen »Eiererfassungs- und -absatzzentralen«, die geschlossen werden, um »gewisse Eierüberhänge nur an eine gemeinsame übergeordnete Stelle (zum Beispiel Eierkontor Hamburg) abzuführen«,[444] deutlich hin.

283 Eine teleologische Einschränkung der gesamten Bereichsausnahme dergestalt, dass nur Vereinbarungen im Sinne einer landwirtschaftlichen Selbsthilfe erfasst werden,[445] wurde bereits für die Frage der Nichtmitglieder abgelehnt (vgl. Rdn. 273). Aus welchen Motiven heraus die Vereinbarungen geschlossen werden, ist daher ebenso irrelevant wie ihre Wahrnehmung in der Öffentlichkeit. Es kommt mithin allein darauf an, ob sich die jeweilige Vereinbarung an die rein objektiv zu bestimmenden Grenzen des § 28 hält. Da eine Anwendung des § 1 kein förmliches Kartell, sondern lediglich eine dort genannte wettbewerbsbeschränkende Verhaltensweise voraussetzt, ist für eine Anwendung des Abs. 1 Satz 1 das Vorliegen eines Kartells im eigentlichen Sinne ebenfalls nicht erforderlich.

284 Angesichts des umfassenden Duktus des Abs. 1 Satz 1 kann mit der in dieser Hinsicht wohl ganz herrschenden Ansicht davon ausgegangen werden, dass

---

442 So wohl *Büttner* (Fn. 30), S. 3.
443 So auch KG, WuW/E DE-R 816 (819) – *Rübenzucker*.
444 BT-Drucks. 2/3644 v. 22.6.1957, Anlage, S. 42.
445 In diese Richtung *Hootz*, in: GK, § 28 Rn. 3.

die Nennung von Vereinbarungen und Beschlüssen nur beispielhaft ist, d.h. im Gleichklang mit § 1 grundsätzlich jegliche wettbewerbsbeschränkende Verhaltensweise – gegebenenfalls auch lediglich eine Empfehlung – erfasst wird.[446] § 2 Abs. 2 Nr. 5 Satz 1 ÖstKart 2005 ist diesbezüglich eindeutiger, indem es ausdrücklich »Vereinbarungen, Beschlüsse und Verhaltensweisen von landwirtschaftlichen Erzeugerbetrieben« anführt und diese Aufzählung auch auf Vereinigungen sowie deren Vereinigungen erstreckt. Der Ansatz im allgemeinen EU-Kartellrecht ist insofern gleichfalls sehr weitreichend. So kann – wie der EuGH 2008 bekräftigt hat – »der Austausch von Informationen zwischen Wettbewerbern« ausreichen, »wenn er den Grad der Ungewissheit über das fragliche Marktgeschehen verringert oder beseitigt und dadurch zu einer Beschränkung des Wettbewerbs zwischen den Unternehmen führt«.[447]

Seit dem Entfallen des Schriftformerfordernisses im Rahmen der 6. GWB-Novelle 1998 bedarf die jeweilige Verhaltensweise nach allgemeiner Ansicht keiner schriftlichen Fixierung mehr. Ebenfalls unstreitig ist wohl für die jetzige Fassung des Abs. 1 Satz 1, dass auch bloße abgestimmte Verhaltensweisen privilegierungstauglich sind. Inwieweit die jeweilige Verhaltensweise für die Betroffenen rechtsgültig ist, richtet sich nach dem jeweils einschlägigen Beschlussrecht (etwa dem GenG und zugehörigem Genossenschaftsstatut) sowie dem allgemeinen Vertragsrecht. Im Einzelfall kann auch eine eigentlich rechtsungültige Verhaltensweise wettbewerbsbeschränkenden Charakter besitzen. Maßgeblich ist allein, ob der Tatbestand des § 1 gegeben ist. Soweit der Tatbestand erfüllt ist, fällt die jeweilige Verhaltensweise grundsätzlich zugleich in den Anwendungsbereich des Abs. 1 Satz 1. 285

3. Vergleich mit Art. 209 Abs. 1 VO (EU) Nr. 1308/2013

Werden Abs. 1 Satz 1 und Art. 209 Abs. 1 VO (EU) Nr. 1308/2013 miteinander verglichen, fallen einige wenige Diskrepanzen auf, die kurz zu behandeln sind. So führt Abs. 1 Satz 1 erstens nur Vereinbarungen und Beschlüsse, nicht jedoch »Verhaltensweisen« auf. Dieser Unterschied ist seit der durch die 6. GWB-Novelle zur Anpassung an die Terminologie des Art. 101 AEUV erfolgten Aufnahme der »aufeinander abgestimmten Verhaltensweisen« in § 1 besonders auffällig. Es ist wohl davon auszugehen, dass es sich um ein Redaktionsversehen handelt und daher Verhaltensweisen von Abs. 1 Satz 1 mitumfasst sind (vgl. Rdn. 279).[448] 286

---

446 Vgl. nur *Jestaedt*, in: Langen/Bunte, § 28 Rn. 15; für die Rechtslage vor 2005 a.A. etwa *Linnewedel* (Fn. 33), S. 25, der eine rechtsverbindliche Abmachung verlangt.
447 EuGH, Urt. v. 4.6.2008, Rs. C-8/08 – *T-Mobile Netherlands*, Ziff. 35.
448 So auch *Nägele*, in: FK-GWB, § 28 Rn. 24.

287 Art. 209 Abs. 1 Unterabs. 2 VO (EU) Nr. 1308/2013 bezieht zweitens Beschlüsse auch auf landwirtschaftliche Erzeugerbetriebe, während Abs. 1 Satz 1 in Bezug auf solche Betriebe nur Vereinbarungen nennt. Auch hierbei kann davon ausgegangen werden, dass kein inhaltlicher Unterschied gewollt ist. Vermutlich wurden die Beschlüsse nicht aufgeführt, weil ein einzelner landwirtschaftlicher Erzeugerbetrieb regelmäßig keine Beschlüsse fasst, die kartellrechtlich relevant sind. Allerdings zeigt sich dabei, dass die nicht wörtliche Übernahme des EU-Rechts – auch wenn sie wie vorliegend nach deutscher Rechtssystematik oder Sprache als sinnvoll anzusehen sein mag – eigentlich überflüssige Interpretationsfragen mit sich bringt.

288 Drittens führt Abs. 1 Satz 1 anders als Art. 209 Abs. 1 Unterabs. 1 und 2 VO (EU) Nr. 1308/2013 nicht die Ziele des Art. 39 AEUV als Kriterium an. Dieses Kriterium geht damit über die Kartellausnahme des Abs. 1 Satz 1 vor allem dadurch hinaus, dass es sowohl bei einer Verwirklichung der Ziele der GAP als auch bei der Gefährdung dieser Ziele keiner weiteren Prüfung der jeweiligen Vereinbarung bedarf, sondern eine Befreiung bzw. ein Verbot vorliegt. Vergleichend betrachtet besteht insofern vom Wortlaut her eine Lücke in Abs. 1 Satz 1. Diese ist allerdings nicht weiter bedeutsam, da sich eine Gefährdung der Ziele des Art. 39 AEUV regelmäßig dann ergeben dürfte, wenn die Vereinbarung gegen das EU-Agrarmarktrecht verstößt. In einem solchen Fall geht entweder das EU-Agrarmarktrecht § 28 vor. Oder es handelt sich um eine Vereinbarung mit grenzüberschreitender Bedeutung, hinsichtlich derer § 28 auf Grund der Vorrangigkeit des EU-Agrarkartellrechts keine Anwendung findet. Die Notwendigkeit einer Vereinbarung zur Verwirklichung der Ziele der GAP dürfte in der Praxis kaum vorkommen bzw. sich nachweisen lassen.

289 Zwei bislang bestehende weitere Unterschiede sind durch die Ablösung des vormaligen Art. 176 (EG) Nr. 1234/2007 hingegen entfallen. So beschränkte dessen Abs. 1 Unterabs. 2 im Unterschied zu Abs. 1 Satz 1 die Handlungen auf Vereinigungen »aus einem Mitgliedstaat«. Dieser Unterschied war allerdings nicht sehr gravierend, da kartellrechtsrelevante Verhaltensweisen, die sich auf mehr als einen Mitgliedstaat beziehen, auf Grund der damit regelmäßig verbundenen zwischenstaatlichen Wirkung primär an den Regelungen des vorrangig anzuwendenden EU-Kartellrechts und damit zugleich des EU-Agrarkartellrechts zu messen sein dürften. Des Weiteren kannte Art. 176 Abs. 1 Unterabs. 1 VO (EG) Nr. 1234/2007 den Befreiungsgrund des Vorliegens eines »wesentlichen Bestandteils einer nationalen Marktordnung«. Diesbezüglich lag wohl keine Lücke in Abs. 1 Satz 1 vor, da die wesentlichen Bestandteile einer deutschen Marktordnung in dem jeweiligen Marktordnungsgesetz geregelt sein würden und eine solche Regelung als lex specialis zu § 28 eingestuft werden müsste.

4. Erzeugung und Absatz

Abs. 1 Satz 1 Nr. 1 nennt als ersten freigestellten Bereich »die Erzeugung oder den Absatz« landwirtschaftlicher Erzeugnisse. Wie sich aus dem Wort »oder« ergibt, müssen nicht beide Alternativen zugleich betroffen sein. Die Ausschussbegründung führte zu Nr. 1 aus, dass dadurch »die einzelnen landwirtschaftlichen Erzeuger zum Beispiel hinsichtlich des Umfanges der Bestellung oder der Pflege und Ernte eines bestimmten landwirtschaftlichen Erzeugnisses gewissen Vorschriften unterworfen sein [können]. Weiterhin kann eine Genossenschaft für den Absatz eine so genannte Andienungspflicht ... beschließen. Zu nennen wären im Rahmen der vertraglichen Andienungspflicht oder des Absatzzwanges beispielsweise die Winzergenossenschaften oder die Versteigerungsgenossenschaften für Obst und Gemüse ...«

290

Zudem sei auch für die »erst- und zweistufigen Vereinigungen von Erzeugerbetrieben das Recht zum Abschluss [von] Kartellverträgen« vorgesehen und »auch den Vereinigungen zweiter Stufe die Möglichkeit, für ihren Bezirk entsprechende autonome Beschlüsse zu fassen, nicht vorenthalten ... Vereinigungen von Erzeugervereinigungen wären zum Beispiel Eiereinkaufs- und -absatzzentralen, denen es nicht verwehrt werden soll, die zu ihrem Bezirk gehörenden Eiersammelstellen zu verpflichten, ihnen gewisse Eiermengen anzudienen. Ebenso wäre es zum Beispiel denkbar, dass solche Eiererfassungs- und absatzzentralen untereinander Verträge dahingehend schließen, dass sie sich verpflichten, gewisse Eierüberhänge nur an eine gemeinsame übergeordnete Stelle (zum Beispiel Eierkontor Hamburg) abzuführen.«[449] Diese Erläuterungen bestätigen, dass eine allzu enge Auslegung der Bestimmung nicht in Betracht kommt. Selbst Vereinbarungen von Absatzzentralen untereinander – etwa zur Marktabgrenzung oder zum Produktsortiment – sind daher grundsätzlich gestattet.[450]

291

Hinsichtlich der Erzeugung wird vor allem die Art und Weise der Erzeugung sowie der Umgang mit den erzeugten Produkten bis zum Ende des Erzeugungsvorgangs erfasst. Auch quantitative oder qualitative Erzeugungsbegrenzungen fallen darunter.[451] Was die für die Erzeugung erforderlichen Produk-

292

---

449 BT-Drucks. 2/3644 v. 22.6.1957, Anlage, S. 42; vgl. instruktiv die Übersicht über den Aufbau der genossenschaftlichen Zusammenschlüsse in der Landwirtschaft, in: Bundesamt für gewerbliche Wirtschaft, Bericht über das Ergebnis einer Untersuchung der Konzentration der Wirtschaft, BT-Drucks. IV/2320 v. 5.6.1964, S. 272.
450 Vgl. zu »Vereinbarungen zwischen genossenschaftlichen Vermarktungsunternehmen« *Westermann* (Fn. 34), S. 33 f.
451 Etwa die vorzeitige Schlachtung von Legehennen zur Vermeidung einer Eierüberproduktion, vgl. BKartA, TB 1972, BT-Drucks. 7/986 v. 5.9.1973, S. 86, oder eine Vereinbarung zur Senkung der Hähnchenproduktion, BKartA, TB 1974, BT-Drucks. 7/3791, S. 79, die »lediglich der Marktentlastung diene«.

tionsmittel betrifft, so ist zur Vermeidung von Missbräuchen darauf zu achten, dass diese nach wohl allgemeiner Ansicht nur dann unter die Privilegierung fallen, wenn sie – wie etwa bei einem bestimmten Saatgut – genuiner Bestandteil der gewollten Erzeugung sind.[452] Ansonsten sind Vereinbarungen über Produktionsmittel wie Arbeitsgeräte, Ackerflächen, Weideflächen, Futtermittel, Düngemittel und Pflanzenschutzmittel – etwa deren Bezug von einer bestimmten Person – nicht privilegiert.[453] So hat das BKartA horizontale Absprachen von Geflügelmästern bzw. Schweinemästern über den Bezug von Futtermitteln beanstandet[454] (vgl. zur Nichterfassung von Produktionshilfsmitteln durch Abs. 3 Rdn. 344). Ob eine Vereinbarung über eine bestimmte Verwendung der Produktionsmittel noch zur Erzeugung gehört, wird mehrheitlich bejaht.[455] Dem ist zuzustimmen, wie das Beispiel des Ökolandbaus zeigt, bei dem es unter anderem maßgeblich auf Art und Umfang der Verwendung von Pflanzenschutz- und Düngemitteln ankommt.

293 Wirtschaftlich bedeutsamer als Vereinbarungen über die Erzeugung dürften Vereinbarungen über den Absatz sein. Darunter fallen vor allem Vereinbarungen über die Art und Weise des Absatzes sowie den Umfang des Absatzes. Auch der Nichtabsatz bis hin zur Vernichtung von Erzeugnissen kann erfasst sein. Ein wichtiges Mittel ist – wie die amtliche Begründung hervorhebt (vgl. Rdn. 290) – dabei die Andienungspflicht, d.h. die Pflicht, die produzierten Erzeugnisse einer bestimmten Stelle – sei es einer gemeinsam getragenen Vereinigung oder einer Drittorganisation – zum Erwerb anzubieten, und spiegelbildlich dazu die Abnahmepflicht einer gemeinsamen Vereinigung. In diesen Kontext gehört ebenfalls die Vereinbarung von gemeinsamen Lieferbedingungen.[456] Auch der Rückabsatz, d.h. die Pflicht der Mitglieder einer Vereinigung, die von ihnen an die Vereinigung gelieferten Erzeugnisse nur von dieser

---

452 So für eine Vereinbarung über die Verwendung von Saatgut im Gartenbaubereich BKartA, TB 1962, BT-Drucks. 4/1220 v. 30.4.1962, S. 62, da »die Verwendung eines bestimmen Saatguts unmittelbar die Erzeugung betrifft«.
453 Vgl. etwa *Schubert* (Fn. 35), S. 63, und *Schulze-Hagen* (Fn. 21), S. 44. Zur Illustration der Bedeutung der Frage sei auf die Beschreibung der Tätigkeitsfelder und regional marktbeherrschenden Position der beiden von Agrargenossenschaften getragenen Unternehmen BayWa (Bayerische Warenvermittlung) AG und WLZ Raiffeisen AG in dem 1992 erstatteten Sondergutachten 22 der Monopolkommission verwiesen. Die Monopolkommission bestätigte im Kern die Gründe für die Untersagung der Fusion beider Unternehmen durch das BKartA und empfahl daher dem Bundeswirtschaftsminister, keine Ausnahmegenehmigung zu erteilen.
454 BKartA, TB 1968, BT-Drucks. 5/4236 v. 23.5.1969, S. 79; TB 1969, BT-Drucks. 6/950 v. 11.6.1970, S. 90.
455 Vgl. *Brück*, in: MünchKommKartR, § 28 Rn. 26, sowie *Hootz*, in: GK, § 28 Rn. 17, mit entspr. Nachw.; a.A. ohne nähere Begründung *Petry* (Fn. 5), S. 63.
456 Vgl. BKartA, TB 1966, BT-Drucks. 5/1950 v. 12.7.1967, S. 63; TB 1968, BT-Drucks. 5/4236 v. 23.5.1969, S. 79; TB 1970, BT-Drucks. 6/2380 v. 28.6.1971, S. 86.

Vereinigung – gegebenenfalls in verarbeiteter Form – zu beziehen, kann eingeschlossen sein.[457]

Wie bereits dargestellt wurde, sind Vereinbarungen über nicht selbst erzeugte Produkte und damit auch über importierte Produkte[458] nicht begünstigt, da dadurch der Bereich der eigenen Urerzeugung verlassen wird. Folglich scheidet der – zum Teil auch genossenschaftlich organisierte – Groß- und Einzelhandel mit Lebensmitteln zumeist aus, da regelmäßig nicht mit lediglich von den Mitgliedern des jeweiligen Unternehmens urerzeugten Produkten gehandelt wird. Das BKartA hat im Übrigen immer wieder darauf hingewiesen, dass im Rahmen der uneingeschränkt anwendbaren Missbrauchsaufsicht insbesondere bei Absatzvereinbarungen Grenzen bestehen.[459] Die Privilegierung soll der landwirtschaftlichen Urerzeugung helfen, deren Natur gegebenen und strukturell bedingten Nachteile auszugleichen, nicht jedoch gestatten, darüber hinaus den Markt nach Belieben zu manipulieren, selbst wenn in der konkreten Situation der Wettbewerb noch nicht ausgeschlossen wird. 294

Ob Nr. 1 mit Erzeugung auch die Herstellung von landwirtschaftlichen Erzeugnissen durch Be- oder Verarbeitung im Sinne des Abs. 3 erfasst und damit bezüglich solcher Erzeugnisse auch Absatzvereinbarungen gestattet sind, ist nicht ganz klar. Das Wort »Erzeugung« in Verbindung mit der gesonderten Anführung der Be- und Verarbeitung in Nr. 2 spricht zunächst dagegen. Bei einer solchen Auslegung würden jedoch Absatzvereinbarungen über derartige Erzeugnisse von einem wesentlichen Teil der Privilegierung ausgeschlossen sein, da Nr. 2 lediglich die Benutzung gemeinschaftlicher Einrichtungen zur Be- oder Verarbeitung betrifft. Angesichts der umfassenden Definition landwirtschaftlicher Erzeugnisse in Abs. 3 und dem damit verbundenen gesetzgeberischen Willen, die in Abs. 3 angeführten Be- und Verarbeitungserzeugnisse grundsätzlich dem gesamten § 28 unterfallen zu lassen, spricht folglich mehr dafür, auch Be- und Verarbeitungserzeugnisse unter Nr. 1 zu subsumieren. 295

5. Benutzung gemeinschaftlicher Einrichtungen

Zu Abs. 1 Satz 1 Nr. 2, der Vereinbarungen zur Benutzung gemeinschaftlicher Einrichtungen für die Lagerung, Bearbeitung und Verarbeitung landwirt- 296

---

[457] BKartA, TB 1968, BT-Drucks. 5/4236 v. 23.5.1969, S. 80, betreffend Magermilchpulver zu Fütterungszwecken.
[458] So BKartA, TB 1965, BT-Drucks. 5/530 v. 21.4.1966, S. 57, betreffend eine Vereinbarung zu Butterimporten.
[459] Vgl. für das Beispiel der Seefischerei-Absatzgesellschaft die Darstellung bei *Hootz*, GK, § 28 Rn. 22, mit entspr. Nachw. sowie zu einem Zuckervertriebskartell BKartA, WuW/E DE-V 103, 103 ff. – *Rübenzucker*.

schaftlicher Erzeugnisse betrifft, bemerkte die Ausschussbegründung, dass eine Genossenschaft »zur rationellen Ausnutzung etwa vorhandener gemeinschaftlicher Einrichtungen nunmehr auch einen Benutzungszwang bei der Lagerung oder bei der Be- oder Verarbeitung landwirtschaftlicher Erzeugnisse beschließen [kann]«. »Zur Gruppe des Benutzungszwanges« zählen nach der Begründung »etwa die Getreidetrocknungsgenossenschaft, die Saatgutreinigungsgenossenschaft, die Obstlagerungsgenossenschaft oder der genossenschaftliche Maschineneinsatz«.[460] Gemeinsame Einrichtungen von Erzeugerbetrieben sind oft die einzige Möglichkeit für diese Betriebe, selbst über kostspielige Maschinen sowie Lagerungsmöglichkeiten und Verarbeitungsgerätschaften zu verfügen. Die Einrichtung muss dem Wortlaut gemäß eine gemeinschaftliche Einrichtung sein, d.h. sie hat den betreffenden Erzeugern gemeinsam zur Verfügung zu stehen. Ob sie im Eigentum der Erzeuger bzw. der Erzeugervereinigung steht oder lediglich gemietet oder gepachtet wird, ist nicht relevant. Der Terminus »gemeinschaftlich« ist daher nicht im Sinne etwa einer Gemeinschaft im Sinne des BGB, sondern rechtsuntechnisch auszulegen.

297 Der Begriff der Lagerung unterliegt ebenfalls einem solch weiten Verständnis und umgreift damit auch die mit der Lagerung verbundenen Hilfsgeschäfte. Auf den Zweck der Lagerung – etwa Lagerung zum unmittelbaren Absatz, in Erwartung besserer Preise, zur Preisstabilisierung oder zur Vernichtung – kommt es nach allgemeiner Ansicht nicht an. Die gesonderte Anführung der Nutzung von Einrichtungen zur Lagerung in Nr. 2 bestätigt, dass Produktionsmittel im Sinne einer »Produktionseinrichtung« grundsätzlich nicht von Nr. 1 erfasst werden.

298 Die Frage, ob Nr. 2 nur die Herstellung landwirtschaftlicher Be- und Verarbeitungserzeugnisse im Sinne des Abs. 3 meint, ist zu bejahen, da ansonsten ein systematischer Bruch in § 28 entstehen würde. Entgegen *Hootz*, der zwar wie hier die nicht unter Abs. 3 fallende Erzeugnisse ebenfalls ausschließen möchte, jedoch abweichend von Abs. 3 unter Be- und Verarbeitung im Sinne der Nr. 2 zudem jegliches Behandeln eines landwirtschaftlichen Erzeugnisses und damit auch die bloße Erhaltung bzw. Verbesserung der Urerzeugnisse versteht,[461] kann letzteres entweder unter einen weit ausgelegten Lagerungsbegriff oder unter ein in Nr. 1 ungeschriebenes Bindeglied zwischen Erzeugung und Absatz gefasst werden.[462] Nach Ansicht des Verfassers sind beide Nummern generell als Einheit in dem Sinne zu verstehen, dass der gesamte Prozess von der Erzeugung über die Be- und Verarbeitung bis hin zum Absatz erfasst wird. Insofern sollten nicht spitzfindig Lücken in beide Nummern

---

460 BT-Drucks. 2/3644 v. 22.6.1957, Anlage, S. 43.
461 *Hootz*, in: GK, § 28 Rn. 31, mit weit. Nachw.
462 A.A. *Nägele*, in: FK-GWB, § 28 Rn. 35.

– beispielsweise, dass eine Vereinbarung über die Nutzung einer gemeinschaftlichen Einrichtung zur Lagerung von Saatgut mangels Anführung der Erzeugung in Nr. 2 nicht möglich sei – hineingelesen werden. Insgesamt könnte eine abstraktere Umschreibung des von Abs. 1 Satz 1 Gewollten im Normtext Unklarheiten beseitigen.

6. Verbot der Preisbindung

Das Verbot der Preisbindung war im Erstentwurf des GWB noch nicht vollumfänglich enthalten und in den Parlamentsberatungen umstritten (vgl. Rdn. 57 ff.). Als Kompromiss entstand die auch heute noch in Abs. 2 enthaltene punktuelle Freistellung vom Preisbindungsverbot. Die Ausschussbegründung bemerkte dazu: »Eine uneingeschränkte Freistellung der Landwirtschaft vom Preisbindungsverbot ... entbehrt ... der inneren Berechtigung. Insbesondere würde das [in] der Regierungsvorlage den landwirtschaftlichen Erzeugern gegebene Recht, die Durchführung solcher Vertikalverträge auch noch durch horizontale Vereinbarungen zu untermauern, zu einer volkswirtschaftlich nicht vertretbaren und auch nicht erwünschten privaten Preispolitik der Landwirtschaft führen müssen. Preisbindungen zweiter Hand sind – außer bei landwirtschaftlichen Markenwaren – bisher auch nicht üblich gewesen.«[463]

299

Diese Erläuterungen sind angesichts der anschließend zahlreich entstandenen Streitfragen zumindest auf den ersten Blick nicht sehr ergiebig.[464] Deutlich wird allerdings aus ihnen, dass sich die landwirtschaftlichen Erzeugerpreise – soweit keine staatlichen Interventionsregelungen bestehen – grundsätzlich auf dem freien Markt bilden sollen. Zur Auslegung des Verbotsmerkmals können generell die Kommentierungen zu dem in Art. 101 Abs. 1 Buchstabe a Alt. 1 AEUV enthaltenen Verbot der »unmittelbaren oder mittelbaren Festsetzung der An- oder Verkaufspreise«, das als Regelbeispiel für einen Verstoß gegen Art. 101 Abs. 1 AEUV und damit zugleich gegen § 1 normiert ist, herangezogen werden. Auch die Kommentierungen zu dem Verbot der Preisbindung in Art. 2 Abs. 1 Satz 2 VO Nr. 26 und Art. 176 Abs. 1 Unterabs. 2 VO (EG) Nr. 1234/2007 als Vorgängernormen zu Art. 209 Abs. 1 Unterabs. 2 VO (EU) Nr. 1308/2013 – Rechtsprechung liegt insofern wohl nicht vor – sind heranziehbar, weisen allerdings identische Diskussionen auf. Grundsätzlich sind zwei Fragenkomplexe zu unterscheiden. Zunächst ist zu klären, welche Handlungen von dem Preisbindungsverbot umfasst sind. Anschließend ist die Reichweite des Verbots der Preisbindung in der Vermarktungskette näher zu betrachten.

300

---

463 BT-Drucks. 2/3644 v. 22.6.1957, Anlage, S. 43.
464 Die wohl umfangreichste Diskussion der einzelnen Fragen findet sich bei *Linnewedel* (Fn. 33), S. 20 ff.

301 Preiskartelle stellen die Urform des Kartells dar und sind daher in all ihren Ausprägungen durch das allgemeine Kartellverbot erfasst. Genannt seien beispielsweise Mindestpreise, Fixpreise und Höchstpreise. Untersagt sind nicht nur förmliche Preisabsprachen, sondern jegliche Vereinbarungen über das Preisgeschehen. Ob es sich um eine explizit vereinbarte Preisabsprache oder eine durch wirtschaftlichen Zwang indirekt und gewollt herbeigeführte Preisbindung handelt, ist mithin ohne Bedeutung.[465] Zu Preisbindungen gehören ebenfalls Vereinbarungen über Preisbestandteile.[466] So hat das BKartA eine Vereinbarung der Verbände des Fischhandels, bei jedem Verkauf von Frischfisch auf den Rechnungsbetrag ein Prozent aufzuschlagen, um daraus einen Werbefonds für Frischfisch zu speisen, als Preisbestandteil beanstandet.[467] Da § 1 seit der 7. GWB-Novelle sowohl vertikale als auch horizontale Preisabsprachen umfasst, erstreckt sich Abs. 1 Satz 1 ebenfalls auf beide Arten von Vereinbarungen (vgl. Rdn. 280).[468]

302 Ob bloße Preisempfehlungen[469] erfasst werden, war bis zur 7. GWB-Novelle nicht ganz klar. Das BKartA verneinte unter Verweis auf die damalige Nichtanwendung des § 1 auf Preisempfehlungen diese Frage und maß folglich Preisempfehlungen allein an den Regelungen der Missbrauchsaufsicht,[470] allerdings mit dem ausdrücklichen Hinweis darauf, dass »privilegierten Erzeu-

---

465 Vgl. zu letzterem ebenso *Hootz*, in: GK, § 28 Rn. 43 ff., mit entspr. Nachw.
466 Näher *Hootz*, in: GK, § 28 Rn. 48.
467 BKartA, TB 1968, BT-Drucks. 5/4236 v. 23.5.1969, S. 81; ebenso BKartA, TB 1967, BT-Drucks. 5/2841 v. 11.4.1968, S. 79, zu einem Preisaufschlag in Verbindung mit einem Gütekontrolle, der darauf gerichtet war, das Preisniveau von ostdeutschem Honig auf das höhere Preisniveau des westdeutschen Honigs zu heben.
468 Herrschende Ansicht, vgl. nur *Schweizer*, in: Immenga/Schweizer, § 28 Rn. 40. Unter zutreffender Inbezugnahme des einschlägigen EU-Rechts so schon zur Rechtslage vor 2005 ausführlich *Gleiss/Wolff* (Fn. 296), S. 314 ff.; entspr. auch *Eberle* (Fn. 28), S. 72 ff., und *Schulze-Hagen* (Fn. 21), S. 46 ff., mit näherer Diskussion der damaligen Gegenansicht. Für die jetzige Rechtslage a.A. ohne Begründung *Jestaedt*, Langen/Bunte, § 28 Rn. 21, unter Verweis auf *Bechtold*, 7. Aufl. 2013, der jedoch auf die Bedeutung der Änderung des § 1 nicht einging. Auch das BKartA (Fn. 173), S. 50, sah 2009 unter alleinigem Hinweis auf Abs. 2 nur »horizontale Preisabsprachen« als erfasst an.
469 Vgl. dazu *Hamm*, Wettbewerbswirkungen genossenschaftlicher Empfehlungen, ZfgGW 1973, 212.
470 Vgl. die Darstellung bei *Hootz*, in: GK, § 28 Rn. 34 f., mit entspr. Nachw.; s. dazu den 1973 erstmals im Rahmen des damaligen § 38a entstandenen § 23 Abs. 2 Satz 2 GWB 1998, der in den Begriff der Markenwaren, bei denen eine unverbindliche Preisempfehlung unter bestimmten Voraussetzungen gestattet war, landwirtschaftliche Erzeugnisse – auch mit »geringfügigen naturbedingten Qualitätsschwankungen« – ausdrücklich mit einbezog; vgl. zu einem Verfahren wegen verbotener Preisempfehlungen auf dem Schweinemarkt BKartA, TB 1997/98, BT-Drucks. 14/1139 v. 25.6.1999, S. 78.

gerbetrieben und ihren Vereinigungen nicht erlaubt ist, Preise durch Verträge oder Beschlüsse zu binden«.[471] So genannte Vorwärtsnotierungen durch private Notierungskommissionen bzw. Preisfindungsstellen sah das BKartA generell als ordnungswidrige Preisempfehlung an.[472] Nach der Angleichung des GWB an das allgemeine EU-Kartellrecht fallen Preisempfehlungen jedoch direkt unter § 1.[473] Entsprechend ist nun Abs. 1 Satz 1 auszulegen.

Während die erfassten Handlungen inzwischen weitgehend unstreitig sein dürften, ist die Frage, welche Stufen in der Vermarktungskette von dem Verbot der Preisbindung in Abs. 1 Satz 1 gemeint sind, teilweise kontrovers. Auslegungsleitlinie hat die in der amtlichen Begründung deutlich zum Ausdruck kommende Absicht des Erzeugerbetriebsvorbehalts zu sein, eine Stärkung der grundsätzlich marktschwächeren Erzeugerseite gegenüber der Nachfrageseite zu erreichen. Davon ausgehend wäre ein umfassendes Preisbindungsverbot widersprüchlich. Denn es ist gerade der Preis der landwirtschaftlichen Urerzeugnisse, in dem sich die Schwäche der Erzeugerseite ausdrückt. Auch dürfte eine weitreichende Preisbindung bei landwirtschaftlichen Massenprodukten gegenüber der Nachfrageseite ohnehin nicht durchsetzbar sein, solange die Binnenmarktproduktion eines bestimmten Produktes die Nachfrage übersteigt. 303

Zudem entstünde das kaum lösbare Problem, dass vor allem die in Abs. 1 Satz 1 Nr. 1 genannten Verhaltensweise der Absatzvereinbarung generell auf die Erzielung eines möglichst hohen Preises ausgerichtet ist. In abgeschwächter Form gilt dies auch für die anderen durch Nr. 1 und 2 privilegierten Verhaltensweisen. Damit müssen, um nicht diesen Bestimmungen ihren Sinn zu nehmen, Preissteuerungen durch die vorgesehenen Verhaltensweisen erlaubt sein, wie auch die wohl ganz herrschende Meinung annimmt. Schon 1962 ging daher das LG Hamburg nicht von einem absoluten Verbot aus: »Eine ausdehnende Auslegung der Bestimmung ..., wonach damit auch Fälle getroffen werden sollen, die zwar keine unmittelbare Preisbindung betreffen, aber dennoch mittelbar die Genossen in eine größere Abhängigkeit zur Zentralgenossenschaft bringen, würde dem gesetzgeberischen Sinn ... widersprechen.«[474] 304

Das entscheidende Indiz, was mit dem Verbot der Preisbindung gemeint war, findet sich in der zitierten Ausschussbegründung. Dort wird das Verbot der Preisbindung damit begründet, dass ansonsten über die durch Abs. 2 zulässige vertikale Preisbindung zweiter Hand noch die Möglichkeit horizontaler Ab- 305

---

471 BKartA, TB 1963, BT-Drucks. 4/2370 v. 19.6.1964, S. 59.
472 BKartA, TB 1977, BT-Drucks. 8/1925 v. 16.6.1978, S. 79.
473 So BT-Drucks. 15/3640 v. 7.6.2004, S. 28; ebenso etwa *Schweizer*, in: Immenga/Mestmäcker, § 28 Rn. 42.
474 LG Hamburg, WuW/E LG/AG 214 (216) – *Butter*.

sprachen über die Preisbindung zweiter Hand hinzukäme. Es könnte mithin nicht nur die einzelne Erzeugervereinigung oder eine Vereinigung von Erzeugervereinigungen für die von ihr verkauften Produkte eine Preisbindung zweiter Hand mit ihren Abnehmern vereinbaren, sondern es wäre den Erzeugervereinigungen oder deren Vereinigungen möglich, untereinander abzusprechen, dass für bestimmte Produkte eine Preisbindung zweiter Hand zu vereinbaren ist.

306 Dass Abs. 1 Satz 1 folglich nur die Preisbindung zweiter Hand meint, fügt sich zugleich nahtlos in die Systematik des GWB 1957 ein. Denn die Preisbindung zweiter Hand war nicht im Ersten Abschnitt des GWB, sondern separat im Zweiten Abschnitt des GWB 1957 geregelt.[475] § 17 GWB 1957, der die Befugnisse der Kartellbehörden im Bereich der §§ 15 und 16 GWB 1957 normierte, verwendete mehrfach das im Rahmen des Ersten Abschnitts nicht benutzte Wort »Preisbindung«. § 16 Abs. 3 GWB 1957 befand ausdrücklich, dass landwirtschaftliche Erzeugnisse von § 16 GWB 1957 erfasst waren. Die damals in § 100 GWB 1957 geregelte landwirtschaftsbezogene Freistellung nahm in Abs. 2, der dem heutigen Abs. 2 entspricht, für die Erlaubnis bestimmter vertikaler Preisbindungen zweiter Hand explizit auf § 15 GWB 1957 Bezug.

307 Gleiches galt für die bis 1998 vorhandene Freistellung in § 100 Abs. 3 GWB 1957 für Saatgutverträge, wo sich sogar die Preisbindung zweiter Hand ausdrücklich umschrieben fand: »soweit Erzeugerbetriebe oder Vereinigungen von Erzeugerbetrieben die Abnehmer von Saatgut ... rechtlich oder wirtschaftlich binden, bei der Weiterveräußerung bestimmte Preise zu vereinbaren oder ihren Abnehmern die gleiche Bindung bis zur Weiterveräußerung an den letzten Verbraucher aufzuerlegen«. Parallel formuliert ist immer noch § 29 TierZG, der durch die 6. GWB-Novelle von § 100 Abs. 3 GWB 1957 in das TierZG verschoben wurde (vgl. Rdn. 116) und mit »Befreiung vom Preisbindungsverbot« betitelt ist. Da § 15 GWB 1957 nur vertikale Preisbindungen erfassen sollte, während § 1 GWB 1957 auf horizontale Preisbindungen in Form von Preiskartellen Anwendung fand, hätte die pauschale Freistellung von § 1 durch Abs. 1 Satz 1 zur Folge gehabt, dass horizontale Preisbindungen zweiter Hand erlaubt gewesen wären. Daher sollte mit dem – insofern etwas unglücklich formulierten – Verbot der Preisbindung in Abs. 1 Satz 1 diese Folge aus den in der zitierten Ausschussbegründung dargelegten Gründen als zu weitgreifend ausgeschlossen werden.

---

475 Vgl. zeitgenössisch zu Inhalt und Entstehungsgeschichte etwa *Huber*, Grundgesetz und vertikale Preisbindung, 1968, mit weit. Nachw.; s. für ein aktuelles Beispiel einer Preisbindung zweiter Hand, gegen die die österreichische Kartellbehörde vorgegangen ist, *Chauve/Parera/Renckens* (Fn. 53), S. 308.

Durch die zwischenzeitlich eingetretene Änderung der Systematik des GWB, wonach § 1 sowohl vertikale als auch horizontale Preisbindungen erfasst, ist der beschriebene systematische Zusammenhang teilweise verloren gegangen. Es besteht jedoch kein Anhaltspunkt dafür, dass die Bedeutung des Verbots der Preisbindung in Abs. 1 Satz 1 geändert werden sollte. Im Gegenteil wird mittels der Ersetzung des vormals in Abs. 2 enthaltenen Verweises auf den so nicht mehr existierenden § 15 GWB 1957 durch »vertikale Preisbindungen« deutlich, dass der Gesetzgeber an dem alleinigen Ausschluss von Preisbindungen zweiter Hand keine Änderung herbeiführen wollte. So betonen vor allem die Begründungen zur 6. und 7. GWB-Novelle, dass lediglich Anpassungen an die Änderungen der allgemeinen Bestimmungen im GWB, nicht jedoch inhaltliche Änderungen beabsichtigt waren (vgl. Rdn. 114 ff.). Folglich stellt Abs. 1 Satz 1 von allen Preisbindungen, die von § 1 erfasst sind, frei, sofern es sich nicht um Preisbindungen zweiter Hand handelt. Unter Preisbindungen zweiter Hand fallen primär Vereinbarungen, dass die Abnehmer von Produkten der an der Zusammenarbeit beteiligten Erzeugerbetriebe bei der Weiterveräußerung dieser Produkte unmittelbar oder mittelbar einen bestimmten Preis einzuhalten haben.

308

Folglich begünstigt Abs. 1 Satz 1 grundsätzlich sämtliche Arten von Preisabsprachen. Neben bindenden Preisabsprachen kann es sich auch um solche unverbindlicher Natur handeln. So vertritt etwa ebenfalls *Buth*, dass Erzeugervereinigungen »jederzeit unverbindliche Preisempfehlungen aussprechen« können.[476] Dementsprechend ist gleichfalls nicht relevant, ob die Erzeugnisse der Erzeugervereinigung angedient oder von den Mitgliedern der Vereinigung selbst vermarktet werden.[477] Da der Wortlaut des Abs. 1 Satz 1 keinen Anhaltspunkt dafür bietet, dass für Vereinbarungen auf Erzeugerebene einerseits und Vereinbarungen auf der Ebene von Erzeugerorganisationen und deren Dachverbänden andererseits Unterschiedliches gelten soll, ist auch letzteren eine Preisfestsetzung sowohl gegenüber ihren Mitgliedern als auch gegenüber ihren Abnehmern in dem beschriebenen Rahmen möglich.[478]

309

Während die vorliegend vertretene Ansicht den Weg einer dem GWB selbst entnommenen Begriffsbestimmung der Preisbindung beschreitet, kommt die ganz herrschende Ansicht im Wege einer teleologischen Reduktion des von ihr wörtlich verstandenen Begriffs der Preisbindung zu weitgehend gleichen Ergebnissen. So wird erstens vertreten, dass das Verbot der Preisbindung nicht die interne Festsetzung von Ankaufspreisen einer Erzeugervereinigung gegen-

310

---

476 *Buth*, in: Loewenheim/Meessen/Riesenkampff, § 28 Rn. 24.
477 A.A. BKartA, TB 1959, BT-Drucks. 3/1795 v. 13.4.1960, S. 32.
478 A.A. ohne Begründung *Rinck*, Wirtschaftsrecht, 4. Aufl. 1974, S. 314: »Preisabsprachen zwischen den Genossenschaften sind niemals zulässig.«

über ihren Mitgliedern erfasst. Argumentiert wird in dieser Hinsicht vor allem damit, dass es sich lediglich um die interne Willensbildung der jeweiligen Vereinigung handele.[479]

311 Dieses Argument überzeugt nicht recht, da im Rahmen des § 1 nicht darauf abgestellt wird, in welcher Form die verbotenen Verhaltensweisen vorgenommen werden. Alternativ wird darauf verwiesen, dass ohne die Festlegung einheitlicher Übernahmepreise für die angedienten Erzeugnisse eine Erzeugergenossenschaft – zum Beispiel eine Molkereigenossenschaft – nicht funktionstüchtig sei.[480] Dafür lässt sich auch die amtliche Begründung anführen, in der Andienungspflichten und Einkaufsorganisationen ausdrücklich als zulässig erwähnt werden und die zugleich das weiterhin mögliche Funktionieren der damals bestehenden Genossenschaftstypen betont (vgl. Rdn. 290 f.). Unter Nichtdiskussion dieser Argumente vertritt *Nägele* demgegenüber ein Verbot der »Festsetzung von Ankaufspreisen innerhalb der Erzeugervereinigung gegenüber ihren Mitgliedern«, da sich dieses ansonsten »auch auf die Verkaufspreise und damit auf den Außenwettbewerb im Verhältnis zum Verbraucher« auswirke.[481]

312 Da die zitierte Begründung zugleich Absatzgenossenschaften erwähnt, kann ihr auch die Zulässigkeit der Festlegung von Verkaufspreisen für die angedienten Erzeugnisse der Mitglieder einer Erzeugervereinigung entnommen werden. Denn ohne eine solche Möglichkeit wäre eine Erzeugergenossenschaft ebenfalls nicht funktionstüchtig.[482] Das KG ist diesem Argument beigetreten, indem es in seiner Rübenzucker-Entscheidung von 2001, die bis

---

479 So etwa *Hootz*, in: GK, § 28 Rn. 37 ff., sowie *Linnewedel* (Fn. 33), S. 23 f., und *Schulze-Hagen* (Fn. 21), S. 53 f., mit dem zusätzlichen Argument, dass bei einer fehlenden Andienungspflicht mit Absatz nur der Absatz gegenüber der »nächsten Handelsstufe« gemeint sei. Wirtschaftlich betrachtet setzen jedoch die einzelnen Erzeuger ihre Produkte gegenüber der Erzeugerorganisation unabhängig davon ab, ob eine Andienungspflicht besteht.
480 Vgl. etwa *de Bronett*, in: Wiedemann, Landwirtschaftliche Erzeugnisse, Rn. 27: »zwangsläufige Ausnahme«; früh bereits *Klein/Seraphim*, Genossenschaften und »Kartellgesetz«-Entwurf, 1953, S. 111 f.
481 *Nägele*, in: FK-GWB, § 28 Rn. 48; in diese Richtung eventuell auch OLG Oldenburg, RdL 1998, 123 (123) – Molkereigenossenschaft: »ohne horizontale Preisbindung«. Ohne Diskussion der herrschenden Ansicht hat die Monopolkommission (Fn. 243), S. 216, zu § 28 festgestellt: »Insbesondere bleiben horizontale Absprachen verboten, soweit sie Preise betreffen ...« Dies sollte jedoch offenbar nur den Wortlaut umschreiben.
482 So *de Bronett*, in: Wiedemann, Landwirtschaftliche Erzeugnisse, Rn. 28, und *Brück*, in: MünchKommKartR, § 28 Rn. 30: »Es gehört zum Sinn und Zweck des nach § 28 Abs. 1 erlaubten Gemeinschaftsverkaufs, dass dieser zu einheitlichen Preisen erfolgt.«

heute die Leitentscheidung zu dieser Frage darstellt, entschieden hat, dass der
»Gemeinschaftsverkauf« durch eine »gemeinsame Vertriebsstelle« landwirtschaftlicher Erzeugerbetriebe »wesensmäßig« sei und daher kein Verstoß gegen das Preisbindungsverbot vorliege.[483] Auch diesbezüglich ist *Nägele* konsequenterweise anderer Ansicht, führt allerdings zur Begründung nur an, dass dadurch »Sinn und Zweck der Zulassung des gemeinsamen Absatzes nicht beeinträchtigt« werden, da schon der gemeinsame Absatz zu »Rationalisierungseffekten« führe.[484]

Lohse hat sich *Nägele* mit ähnlich pauschaler Begründung sowohl für Abs. 1 Satz 1 als auch für Art. 176 Abs. 1 Unterabs. 2 VO (EG) Nr. 1234/2007 unter vollständiger Ausblendung der Entstehungsgeschichte angeschlossen.[485] So soll nach ihr die Begünstigung des gemeinsamen Absatzes lediglich bezwecken, das »Angebot an die Marktlage anzupassen«. »Preisstabilität« sei dadurch zu erreichen, dass »das Angebot verknappt« werde. Zu dem Argument der ganz herrschenden Ansicht, dass es für eine Absatzgenossenschaft wesensmäßig ist, einen gemeinsamen Verkaufspreis festzulegen, meint sie: »Diese Frage stellen, heißt sie verneinen.« Denn es würde im Regelfall kein Verstoß gegen das allgemeine Kartellverbot vorliegen.[486] Lediglich für »Produktionsgenossenschaften« macht *Lohse* eine Ausnahme.

313

Linnewedel unterscheidet demgegenüber zwischen zulässigen einheitlichen Preisen und unzulässigen festgelegten Preisen, da die Vereinbarung einheitlicher Preise im Sinne einer gemeinsamen Preisgestaltung den konkreten Preis

314

---

483 KG WuW/E DE-R 816 (819) – *Rübenzucker*; s. auch *Schulze-Hagen* (Fn. 21), S. 55: »natürliche und unvermeidliche Folge«; die Rübenzucker-Entscheidung ohne nähere Begründung ablehnend *Pohlmann*, EWiR 2002, 161 (162); vgl. zudem KG, WuW/E OLG 3124 (3125 ff.) – Milchaustauschfuttermittel, wonach ein Preisaufschlag einer Molkereigenossenschaft auf die angelieferte Rohmilch bei gleichzeitiger Abnahme des von ihr erzeugten Milchaustauschfuttermittels nicht grundsätzlich untersagt, sondern lediglich einer Missbrauchsprüfung unterzogen wurde.
484 *Nägele*, in: FK-GWB, § 28 Rn. 47.
485 *Lohse* (Fn. 20), Rn. 91 ff. und 138.
486 Die von *Lohse* (Fn. 20), Rn. 91, Anm. 264, für ihre Ansicht angeführte Entscheidung des BKartA, TB 1964, S. 46, ist nicht zwingend. So spart *Lohse* in ihrer ansonsten wörtlichen Wiedergabe des TB zwei wesentliche Punkte aus. Das BKartA hatte nicht über einen Zusammenschluss von Kartoffelerzeugern, sondern über eine Vereinbarung zwischen Kartoffelerzeugern und Kartoffelhändlern zu entscheiden. Dazu stellte es fest, dass eine Vereinbarung, an dem der Handel beteiligt ist, nicht unter § 28 fällt. Lediglich hilfsweise wies das BKartA darauf hin, dass auch eine verbotene »Preisbindung« vorlag. Dies lässt sich unter Berücksichtigung der Betonung, es sei die »Einhaltung straffer Preise« vereinbart worden, auch so lesen, dass die beteiligten Erzeuger mit Hilfe des Handels eine Preisbindung zweiter Hand durchsetzen wollten.

noch nicht festlege.[487] Diese Differenzierung erscheint jedoch künstlich. Denn eine gemeinsame Preisgestaltung kann sich nur dann ergeben, wenn sich die Einzelpreise an ihr orientieren. Selbst wenn der Preis für unterschiedliche Partien nicht in gleicher Höhe festgesetzt wird, ergibt sich für die jeweilige Partie, soweit sie aus den Erzeugnissen mehrerer Erzeugerbetriebe besteht, ein festgelegter Preis.

315 Untersagt ist nach wohl herrschender Meinung lediglich, die Preisfestsetzung auf Verkäufe von Erzeugnissen, die nicht von Mitgliedern stammen, auszudehnen. Dies ergibt sich allerdings bereits daraus, dass nur die von der Vereinbarung betroffenen landwirtschaftlichen Urerzeugungsbetriebe durch Abs. 1 Satz 1 erfasst werden (vgl. Rdn. 262) und folglich auch nur deren Erzeugnisse in den Bereich der Privilegierung gelangen. Im Extremfall lässt sich für ein bestimmtes Erzeugnis die unmittelbare Mitgliedschaft aller Erzeuger in einer einzigen Erzeugervereinigung oder die mittelbare Mitgliedschaft aller Erzeuger im Rahmen eines Dachverbandes sämtlicher einschlägigen Erzeugervereinigungen denken.[488] Auf diese Weise könnten sowohl die Ankaufs- als auch die Verkaufsseite von einheitlichen Preisen geprägt sein. Die Grenze bildet insofern allein der Ausschluss des Wettbewerbs und bei einer dann wohl zumeist anzunehmenden grenzüberschreitenden Wirkung die Grenzen des EU-Kartellrechts, soweit nicht das EU-Agrarkartellrecht von diesen Grenzen freistellt.

316 Um das sich daraus ergebende weitreichende Ergebnis wieder etwas einzuschränken, wird teilweise gefordert, dass ein bestimmter Maßstab an die vereinigungsinterne Willensbildung anzulegen ist.[489] So hat etwa das BKartA angenommen, dass Preisbeschlüsse nicht durch Gesellschafterbeschlüsse, die die Ausführungsorgane binden, zustande kommen dürfen.[490] Für derartige Beschränkungen bietet Abs. 1 Satz 1 jedoch keinen Anknüpfungspunkt. Die Ablehnung von bestimmten Mehrheitserfordernissen bei Beschlüssen von Vereinigungen im Rahmen der parlamentarischen Beratungen (vgl. Rdn. 68) spricht ebenfalls dagegen. Damit ist vergleichbar zu § 1 die Frage, wie das Ergebnis der Preisbindung im Rahmen einer begünstigten Vereinigung zustande

---

487 *Linnewedel* (Fn. 33), S. 29 ff.; dem folgend *Schweizer*, in: Immenga/Mestmäcker, § 28 Rn. 49 f.
488 *Eberle* (Fn. 28), S. 48, spricht insofern von einem »totalen Monopol«, das zwar »theoretisch vorstellbar sein« mag, nach allgemeiner wirtschaftlicher Erfahrung »jedoch selten zustande kommt und nie von Dauer ist«.
489 Vgl. die Darstellung bei *Hootz*, in: GK, § 28 Rn. 37 ff.
490 BKartA, TB 1960, BT-Drucks. 3/2734 v. 5.5.1961, S. 35, wonach die Preisfestsetzung »selbständig und unabhängig von Weisungen und Empfehlungen anderer Organe der Erzeugervereinigung« vorgenommen werden muss; ähnlich TB 1971, BT-Drucks. 6/3570 v. 19.6.1972, S. 86.

gekommen ist, nicht relevant.⁴⁹¹ Letztlich ist ungeachtet der konkreten Auslegung des in Abs. 1 Satz 1 enthaltenen Preisbindungsverbots sein Anwendungsbereich nach ganz herrschender Ansicht sehr eingeschränkt. *Hootz* weist zudem zutreffend darauf hin,⁴⁹² dass für nach dem MarktStrG anerkannte Erzeugergemeinschaften gemäß § 11 MarktStrG das Preisbindungsverbot mangels Erwähnung per se nicht galt (vgl. Rdn. 374). § 5 AgrarMSG als Nachfolgebestimmung hat daran festgehalten.

Wie bei anderen Kartellvereinbarungen richtet sich im Falle einer untersagten Verhaltensweise, die zu einer nur punktuellen Nichtigkeit der Vereinbarung nach § 134 BGB führt, die Möglichkeit bzw. vertragliche Pflicht der Aufrechterhaltung der Vereinbarung im Übrigen gemäß wohl allgemeiner Ansicht nach § 139 BGB. Sollte eine missbräuchliche Ausnutzung der erlaubten preisbezogenen Verhaltensweisen vorliegen, greift die Missbrauchsaufsicht. So hat etwa das BKartA die von einem Absatzkartell festgesetzten Mindestpreise für Hochseefische grundsätzlich als von Abs. 1 Satz 1 gedeckt angesehen, jedoch eine konkrete Erhöhung der Mindestpreise im Rahmen der Missbrauchsaufsicht beanstandet, da sich daraus Folgen ergeben hätten, die auf eine »gleichsam private Marktordnung« hinausgelaufen wären.⁴⁹³ Sobald die von § 28 gewollte Privilegierung der Land- und Fischwirtschaft ausgenutzt wird, um eine Beschränkung des Wettbewerbs, die über das für eine funktionierende Erzeuger- oder Absatzvereinigung erforderliche Maß hinausgeht, zu erreichen, bietet sich daher als Korrektiv ein Einschreiten im Rahmen der allgemeinen Missbrauchsaufsicht an. 317

7. Verbot des Wettbewerbsausschlusses

Wann das einschränkende Merkmal des Verbotes eines Wettbewerbsausschlusses im Sinne des Abs. 1 Satz 1 gegeben ist, lässt sich nicht einfach beantworten. Das Merkmal wurde erst im Rahmen der Ausschussberatungen aufgenommen und in der zugehörigen Ausschussbegründung noch nicht einmal erwähnt.⁴⁹⁴ Ausgangspunkt der Auslegung hat nach Ansicht des Verfassers der Zustand eines ungehinderten Wettbewerbs zu sein, d.h. der Zustand, der vorläge, wenn alle Anbieter des betroffenen Erzeugnisses untereinander gegenüber den Nachfragern in einem Wettbewerb stünden. Ist der Wettbewerb bereits beschränkt, so ist davon ausgehend zu prüfen, ob durch die betreffen- 318

---

491 So auch *Buth*, in: Loewenheim/Meessen/Riesenkampff, § 28 Rn. 25, *Hootz*, in: GK, § 28 Rn. 39, und *Linnewedel* (Fn. 33), S. 36 f.
492 *Hootz*, in: GK, § 28 Rn. 39.
493 Vgl. *Tolksdorf*, Entscheidungen über wettbewerbsbeschränkende Maßnahmen der Hochseefischerei in Deutschland und England, WuW 1968, 743 (744).
494 BT-Drucks. 2/3644 v. 22.6.1957, Anlage, S. 42 f.

de Verhaltensweise der noch vorhandene Wettbewerb noch weiter eingeschränkt oder die schon vorhandene Beschränkung gefestigt wird.[495]

319 Zudem ist nach wohl allgemeiner Ansicht der Ausschluss des Wettbewerbs nicht wörtlich zu nehmen, da ansonsten ein einziger nicht gebundener Anbieter ausreichen könnte, um das Vorliegen des Merkmals zu verneinen. Umgekehrt ist eine marktbeherrschende Stellung im Sinne des § 19 nach ganz überwiegender Ansicht noch nicht ausreichend, wie sich aus der Verwendung der unterschiedlichen Formulierungen ergibt.[496] Es kommt vielmehr darauf an, ob der freie Wettbewerb derart beeinflusst ist, dass von einem echten Leistungswettbewerb nicht mehr gesprochen werden kann. Gemeint ist damit sowohl der Wettbewerb zwischen Urerzeugungsbetrieben und Erstabnehmern als auch zwischen Erstabnehmern und Zweitabnehmern.[497] *Hootz* stellt diese Sichtweise als allgemeine Meinung dar und ergänzt, dass die Grenze überschritten ist, wenn »das Marktverhalten der Konkurrenten das des Hauptanbieters wegen seines Übergewichts nicht mehr beeinflussen kann und wo das Konkurrenzangebot zu gering ist, [als] dass für den Nachfrager eine echte Wahlmöglichkeit besteht«.[498] Der für die jeweils vorzunehmende Betrachtung relevante Markt bestimmt sich nach allgemeinen kartellrechtlichen Grundsätzen. Prinzipiell dürfte jede Erzeugnisart einen eigenen sachlich relevanten Markt bilden. So hat der BGH Zuckerrüben als einen gegenüber anderen Feldfrüchten eigenen Markt angesehen[499] und das BKartA getrennte Märkte für Industrie-, Haushalts- und Flüssigzucker vertreten.[500] Am Beispiel des Fischsektors ist von *Linnewedel* zutreffend darauf hingewiesen worden, dass sich der relevante Markt je nach Vermarktungsstufe der betroffenen Erzeugnisse ändern kann.[501]

---

495 So auch *Petry* (Fn. 5), S. 83.
496 A.A. ohne Begründung BKartA (Fn. 184), S. 77, da es sich vorbehält, »die Frage des Wettbewerbsausschlusses unter Bezug auf den kartellrechtlichen Marktbeherrschungsbegriff des § 19 GWB zu prüfen«.
497 Entsprechend *Linnewedel* (Fn. 33), S. 50 f., der allerdings hinsichtlich der Frage des Wettbewerbsausschlusses beide Wettbewerbsstufen als Gesamtheit betrachten möchte. Das GWB ist jedoch generell darauf ausgerichtet, den Wettbewerb auf allen Stufen herzustellen. Entgegen *Linnewedel* ist Abs. 1 Satz 1 nicht zu entnehmen, dass der Wettbewerb auf einer Stufe ganz ausgeschlossen sein darf.
498 *Hootz*, in: GK, § 28 Rn. 52, mit entspr. Nachw.
499 BGH, WuW/E BGH 2683 (2685) – *Zuckerrübenanlieferungsrecht*; s. auch KG, WuW/E OLG 5364 (5370 ff.) – *HaGE Kiel*.
500 BKartA, WuW/E DE-103 (104) – *Rübenzucker*; s. auch zu der Kontroverse zwischen BKartA und KG über den räumlich relevanten Markt KG, WuW/E DE-R 816 (820 f.) – *Rübenzucker*; vgl. ebenfalls BKartA, WuW/E DE-V 1591 (1012 ff.) – *Loose/Poelmeyer*, zur Eigenständigkeit des Sauermilchkäsemarktes.
501 *Linnewedel* (Fn. 33), S. 51 f.

Repräsentieren die ihre Verhaltensweise abstimmenden Anbieter mehr als 90 Prozent des Angebots, dürfte in der Regel von einem Ausschluss des Wettbewerbs ausgegangen werden. Umgekehrt erscheint eine Bündelung von bis zu 70 Prozent des Angebotes zumeist noch nicht geeignet, den Wettbewerb auszuschließen. Diese beiden Vermutungsregeln sind allerdings im konkreten Fall widerlegbar. Dazwischen – d.h. bei einem Bündelungsgrad zwischen 70 und 90 Prozent – kann nicht auf eine Vermutungsregel zurückgegriffen werden. Es kommt folglich allein auf die Würdigung des Einzelfalles an.[502] Unzulässig ist beispielsweise, dass Erzeugervereinigungen ihre Absatzgebiete derart voneinander abgrenzen, dass in dem Absatzgebiet der einzelnen Erzeugervereinigung ein Wettbewerb ausgeschlossen wird.[503] Importierte Erzeugnisse sind von der Würdigung der Angebotslage nicht ausgeschlossen.[504]

320

Nach wohl allgemeiner Ansicht können die Mitglieder der jeweils betrachteten Erzeugervereinigung als mit ihr konkurrierende Anbieter angesehen werden, wenn sie – etwa mangels einer Andienungspflicht – als selbständige Verkäufer auftreten[505] und keine sonstigen Bindungen gegenüber der Erzeugervereinigung bestehen. Nach dem BKartA ist es möglich, einen nur vorübergehenden Ausschluss des Wettbewerbs außer Betracht zu lassen.[506] Insgesamt ist davon auszugehen, dass das Kriterium des Wettbewerbsausschlusses – das gemäß § 3 Abs. 1 Nr. 8 und § 11 Abs. 4 MarktStrG anders als das Kriterium des Preisbindungsverbotes auch für nach dem MarktStrG anerkannte Erzeugergemeinschaften galt und nach dem gegenwärtigen § 4 Abs. 2 AgrarMSG auf alle Agrarorganisationen Anwendung findet – angesichts der inzwischen erfolgten weitgehenden Aufhebung der Marktinterventionsmechanismen im EU-Agrarmarktrecht an Bedeutung gewinnen könnte. Denn solange durch staatliche Maßnahmen ein stabiles und relativ hohes Erzeugnispreisniveau im Agrarbereich gewährleistet war, ist es in den regulierten Bereichen regelmäßig nicht zu größeren wettbewerbsbezogenen Auseinandersetzungen gekommen. Das sich seit der Marktliberalisierung einstellende Preisgefüge mit erheblichen – vor allem durch den Weltagrarmarkt bedingten – Preisschwankungen

321

---

502 So bis auf die 70-Prozent-Regel tendenziell auch *Hootz*, in: GK, § 28 Rn. 53 ff., mit näheren Nachw. und Erläuterungen, wie die Würdigung im Einzelfall vorgenommen werden kann; ähnlich wie hier *Buth*, in: Loewenheim/Meessen/Riesenkampff, § 28 Rn. 27, und *Nägele*, in: FK-GWB, § 28 Rn. 49, der allerdings einem Restwettbewerb von 33 Prozent (Eindrittel) statt 30 Prozent eine »Indizwirkung« entnimmt und dafür auf § 19 Abs. 3 Nr. 2 verweist. *Linnewedel* (Fn. 33), S. 53, geht hingegen wie vorliegend von 30 Prozent aus.
503 BKartA, TB 1969, BT-Drucks. 6/950 v. 11.6.1970, S. 90.
504 So auch *Hootz*, in: GK, § 28 Rn. 53. Daher meint *Klusak* (Fn. 428), S. 44, dass das Kriterium »auch in Zukunft kaum gegeben sein wird«.
505 Vgl. *Hootz*, a.a.O., mit entspr. Nachw.
506 BKartA, TB 1960, BT-Drucks. 1/2734 v. 5.5.1961, S. 35.

löst Anreize aus, durch privatrechtliche Vereinbarungen in den Agrarmarkt steuernd einzugreifen (vgl. zum Milchmarkt Rdn. 86 ff.).

322 Als Leitentscheidung für die Frage des Wettbewerbsausschlusses ist wiederum der Beschluss des KG vom 10.10.2001 im Rübenzuckerfall zu nennen, in dem das KG entgegen dem BKartA keinen Ausschluss des Wettbewerbs annahm und soweit ersichtlich erstmalig gerichtlicherseits zu der Kontroverse in der Literatur Stellung bezog.[507] Nach dem KG bedeutet die »Begriffswahl des Gesetzgebers«, dass verglichen mit dem Kriterium einer marktbeherrschenden Stellung »das Gesetz sehr viel höhere Konzentrationen von Marktmacht noch in Kauf nimmt«. Daher könnten »Konzentrationsgrade in der Größenordnung der Marktbeherrschungsvermutung (§ 19 Abs. 3) nicht als tragfähige Indizien in Betracht kommen«. Das BKartA hatte demgegenüber das Kriterium im Wesentlichen mit einer marktbeherrschenden Stellung gleichgesetzt, jedoch zu diesem Zweck eher rechtspolitisch argumentiert. So seien die einschlägigen anderslautenden Literaturmeinungen »zum größten Teil nur kursorisch und zum Teil interessengeprägt« und die »Erwartungen der Landwirtschaft ..., auf Dauer von den Auswirkungen der Marktwirtschaft verschont zu bleiben«, nicht mehr berechtigt.[508]

323 Zudem wies das KG für den konkreten Fall nach einer Skizzierung der EU-Zuckerquotenregelung noch auf Folgendes hin: »Das Geschehen auf den Zuckermärkten steht somit in deutlicher Diskrepanz zum Idealbild einer nach dem Wettbewerbsprinzip funktionierenden Marktwirtschaft. Es ist zu berücksichtigen, dass kartellrechtliche Eingriffe auf derart regulierten Märkten unter Umständen nur geeignet sind, den Restwettbewerb unbedeutend zu fördern, während sie für die betroffenen Unternehmen einschneidende Auswirkungen wie den behördlich aufgezwungenen Verlust der unternehmerischen Eigenständigkeit nach sich ziehen können. Der alles staatliche Handeln beherrschende Grundsatz der Verhältnismäßigkeit muss deshalb hier gesteigerte Beachtung finden.« Anders als das BKartA hat damit das KG den grundlegenden Einfluss des EU-Agrarmarktrechts auf Verhaltensweisen im Agrarmarktbereich berücksichtigt. Der Staat kann nicht auf der einen Seite gravierend in den Agrarmarkt eingreifen und auf der anderen Seite dieses Eingreifen bei der kartellrechtlichen Würdigung eines unternehmerischen Verhaltens, das auf das

---

507 KG, WuW/E DE-R 816 (819 ff.) – *Rübenzucker*.
508 BKartA, WuW/E DE-R 103 (105) – *Rübenzucker*. *Lohse* (Fn. 20), Rn. 99 und 141 f., möchte offenbar dem BKartA folgen – sie sieht das Kriterium bei einem »gemeinsamen Marktanteil von mehr als 50 Prozent (und erst recht von mehr als 80 Prozent)« für erfüllt an –, nennt allerdings als einziges Argument, dass aus »systematischen Gründen« ein Gleichklang mit § 2 GWB bzw. Art. 101 Abs. 3 AEUV erfolgen sollte.

staatliche Eingreifen reagiert und teilweise aus betriebswirtschaftlichen Gründen sogar reagieren muss, außer Acht lassen.

Das Kriterium des Verbots des Wettbewerbsausschlusses ist vom Missbrauchsverbot abzugrenzen. Erreicht eine Vereinbarung landwirtschaftlicher Erzeugerbetriebe nicht die Grenze des Wettbewerbsausschlusses, ist sie – sofern die weiteren Voraussetzungen des § 28 vorliegen – im Rahmen des § 1 zulässig. Den Wettbewerb tangierende Regelungen etwa in der Satzung von Verarbeitungsgenossenschaften können dann nur im Rahmen der Missbrauchsaufsicht (vgl. Rdn. 18 ff.) beanstandet werden. So hat das BKartA in seiner Sektoruntersuchung Milch die bestehenden Praktiken zu »Vertragslaufzeiten, Kündigungsfristen und Andienungspflichten« am Maßstab der Missbrauchsbestimmungen gemessen,[509] ohne allerdings konkrete Verstöße festzustellen. In diese Richtung geht offenbar auch das im April 2016 vom BKartA eingeleitete Milchkartellverfahren, soweit es sich gegen nach Abs. 1 Satz 1 privilegierte Erzeugervereinigungen richtet. Denn mit ihm soll dem »Verdacht nachgegangen werden, dass die landwirtschaftlichen Erzeuger durch ein bundesweites Netz von Verträgen mit langen Laufzeiten in ihren wettbewerblichen Handlungsmöglichkeiten eingeschränkt werden und der Rohmilch-Markt so gegen neue Molkereien abgeschottet wird«.[510]

324

II. Pflanzen- und Tierzucht (Abs. 1 Satz 2)

Abs. 1 Satz 2 regelt, dass als landwirtschaftliche Erzeugerbetriebe im Sinne des Abs. 1 Satz 1 auch »Pflanzen- und Tierzuchtbetriebe und die auf der Stufe dieser Betriebe tätigen Unternehmen« gelten. Während die Pflanzenzuchtbetriebe und die auf ihrer Stufe tätigen Unternehmen bereits 1957 aufgenommen wurden, kamen die Tierzuchtbetriebe und die auf ihrer Stufe tätigen Unternehmen erst im Rahmen der 4. GWB-Novelle 1980 hinzu.

325

1. Pflanzenzucht

Die Aufnahme der Pflanzenzuchtbetriebe ist im Zusammenhang mit der vom Agrarausschuss vorgeschlagenen Einfügung des § 100 Abs. 6 GWB 1957, der eine Definition der in § 100 Abs. 1 Satz 1 GWB 1957 genannten Erzeugerbetriebe vorsah, zu betrachten. Der Ausschuss für Wirtschaftspolitik erläuterte dazu: »[Ansonsten könnte] es zweifelhaft sein, ob unter [Erzeugerbetrieben] in jedem Falle nur landwirtschaftliche Erzeugerbetriebe oder möglicherweise

326

---

509 BKartA (Fn. 184), S. 32 ff. Insofern ist die Darstellung von *Lohse* (Fn. 20), Rn. 140, die die kritische Sicht des BKartA zu »Lieferbeziehungen« im Milchbereich als Frage des Abs. 1 Satz 1 behandelt, irreführend. Zudem erläutert sie nicht, an welches Tatbestandsmerkmal des Abs. 1 Satz 1 angeknüpft werden soll.
510 BKartA (Fn. 197).

auch andere, zum Beispiel mit der Verarbeitung von landwirtschaftlichen Erzeugnissen beschäftigte Betriebe zu verstehen sind. Unter den auf der Stufe der Pflanzenzuchtbetriebe tätigen Unternehmen sind die so genannten VO- und VV-Firmen (Vermehrer-Organisations- und Vermehrer-Vertragsfirmen) zu verstehen. Ihre Tätigkeit besteht darin, dass sie auf Grund von Verträgen mit Pflanzenzüchtern einerseits und Saatbaubetrieben andererseits Saatgut vermehren und in Verkehr bringen. Wenn sie selbst auch in der Regel nicht über Grundbesitz verfügen, so gleicht ihre Tätigkeit durch ihre vertragliche Organisations- und Anbauberatung der eines Erzeugerbetriebes so sehr, dass eine Gleichstellung mit ihm gerechtfertigt erscheint.«[511] Parallel wurden Saatgutverträge durch § 100 Abs. 3 GWB 1957 vom Verbot der »rechtlichen oder wirtschaftlichen« Preisbindung zweiter Hand freigestellt.

2. Tierzucht

327 Die 1980 erfolgte Ergänzung um die Tierzuchtbetriebe, mit der eine tierzuchtbezogene Erweiterung der Freistellung vom Preisbindungsverbot des § 100 Abs. 3 GWB 1957 einherging, wurde mit einer erforderlichen Gleichstellung auf Grund des Fortschritts der Zuchtmethoden begründet (vgl. Rdn. 113). Die Freistellung vom Preisbindungsverbot ist 1998 unter Berufung auf den Sachzusammenhang in § 29 TierZG überführt worden, während die entsprechende Freistellung für den Saatgutbereich als nach der amtlichen Begründung mit dem EU-Recht grundsätzlich nicht mehr vereinbar gestrichen wurde (vgl. Rdn. 117 und zu § 29 TierZG Rdn. 414 ff.).

3. Erforderlichkeit der Bestimmung

328 Da zumindest seit der 1998 vorgenommenen Verweisung auf Anhang I des EG-Vertrages – jetzt Anhang I des AEUV – Pflanzenzüchtungen und landwirtschaftliche Zuchtnutztiere unter den Begriff der landwirtschaftlichen Erzeugnisse und damit die solche Erzeugnisse herstellenden Betriebe unter den Begriff der landwirtschaftlichen Erzeugerbetriebe fallen, ist die gesonderte Erwähnung der Pflanzen- und Tierzuchtbetriebe in Abs. 1 Satz 2 wohl nicht mehr erforderlich.[512] Gleiches gilt für die ergänzend in Abs. 1 Satz 2 genannten Unternehmen, die die Züchtungen vermehren und diese Vermehrungen

---

511 BT-Drucks. 2/3644 v. 22.6.1957, Anlage, S. 43 f.
512 Ebenso *Nägele*, in: FK-GWB, § 28 Rn. 27; a.A. *Hootz*, in: GK, § 28, Rn, 8, der allerdings offenbar davon ausgeht, dass Anhang I des AEGV nur »Urprodukte« umfasst; auf die Problematik im Einzelnen nicht eingehend *Brück*, in: MünchKommKartR, § 28 Rn. 13, *Buth*, in: Loewenheim/Meessen/Riesenkampff, § 28 Rn. 11, und *Schweizer*, in: Immenga/Mestmäcker, § 28 Rn. 21.

absetzen.⁵¹³ Nicht landwirtschaftlich genutzte Zuchttiere – etwa Rennpferde – dürften hingegen nicht von Abs. 1 Satz 2 erfasst werden. Dafür spricht zum einen der enge Sachzusammenhang des § 28 mit der Landwirtschaft und zum anderen, dass auch Anhang I des AEUV tendenziell nur landwirtschaftliche Nutztiere einbeziehen möchte, wie ebenfalls dem Sachzusammenhang sowie der Erwähnung der »Viehzucht« in Art. 38 Abs. 1 Unterabs. 2 Satz 2 AEUV entnommen werden kann. Nach dem EuG fallen Pelzfelle nicht unter Anhang I des AEUV,⁵¹⁴ so dass damit auch Pelztiere und folglich die Pelztierzucht nicht von Abs. 1 Satz 2 erfasst sein dürften.

4. Schutzrechte und GWB

Die Erwähnung der Pflanzenschutzbetriebe weist zugleich auf eine Problematik, die inzwischen im GWB nicht mehr ausdrücklich geregelt ist, hin. So enthielt das GWB neben der 1998 gestrichenen Freistellung vom Preisbindungsverbot für Saatgut bis zur 7. GWB-Novelle 2005 in §§ 20 f. GWB 1957 bzw. §§ 17 f. GWB 1998 Sonderregelungen für den Bereich gesetzlicher Sortenschutzrechte, amtlich zugelassenen Saatguts und nicht besonders gesetzlich geschützter Pflanzenzüchtungen. Auf diese Weise wurde das Spannungsverhältnis zwischen den monopolartigen Schutzrechten und dem GWB zumindest teilweise normiert und damit geklärt. Die amtliche Begründung zur 6. GWB-Novelle erläuterte zu der Streichung, dass eine Anpassung an das EU-Technologie-Transferrecht erforderlich sei und die Bestimmungen »in der Vergangenheit für das BKartA keine große Bedeutung gehabt« hätten.⁵¹⁵ Durch die auf Grund der Angleichung an das EU-Kartellrecht 2005 vorgenommene Aufhebung der bis dahin im GWB enthaltenen Trennung zwischen Kartellverträgen im engeren Sinne und sonstigen wettbewerbsbeschränkenden Verträgen, die unter den normierten Voraussetzungen grundsätzlich erlaubt waren, fielen auch §§ 17 f. GWB 1998 ersatzlos weg.⁵¹⁶

329

---

513 Ebenso *Nägele*, a.a.O. Rinderzuchtverbände waren mehrfach Gegenstand von BKartA-Verfahren, vgl. BKartA, TB 2001/02, BT-Drucks. 15/1226 v. 27.6.2003, S. 123; s. auch BGH, BGHZ 42, 318 – *Rinderbesamung I*, und WuW/E BGH 863 – *Rinderbesamung II*, zu der Frage eines missbräuchlichen Verhaltens einer Rinderbesamungsgenossenschaft in Bezug auf besamende Tierärzte.
514 EuG, Rs. T-61/89 – *Dansk Pelsdyravlerforening*, Slg. 1992, II-1931 (1947, Ziff. 37).
515 BT-Drucks. 13/9720 v. 29.1.1998, S. 35.
516 *Schweizer*, in: Immenga/Mestmäcker, § 28 Rn. 117, meint, dass die Streichung »keine größere praktische Relevanz« habe, »da der Markt für sortenschutzrechtlich geschütztes Pflanzenmaterial fast ausschließlich im zwischenstaatlichen Bereich stattfindet«; instruktiv *Möhring*, Lizenzverträge über Pflanzenzüchtungen in kartellrechtlicher Sicht, in: FS Hefermehl, 1971, S. 139 ff.

330 Entsprechende Vereinbarungen sind daher nunmehr allein am allgemeinen Kartellrecht zu messen, sofern nicht entweder der Erzeugerbetriebsvorbehalt des Abs. 1 oder Art. 209 Unterabs. 2 VO (EU) Nr. 1308/2013 einschlägig ist oder das Sortenschutz-, Saatgut- oder Pflanzenzüchtungsrecht vorrangige Regelungen enthält.[517] Solche vorrangigen Regelungen müssen dabei nicht immer explizit sein, sondern können sich auch indirekt im Wege einer am Sinn und Zweck orientierten Auslegung der jeweils einschlägigen Norm ergeben. Hingewiesen sei etwa auf die Ratsverordnung (EG) Nr. 2100/94 über den gemeinschaftlichen Sortenschutz,[518] die in Art. 13 Abs. 8 generalklauselartig bestimmt, dass »die Ausübung der Rechte aus dem gemeinschaftlichen Sortenschutz keine Bestimmungen verletzen darf«, die »zur Sicherung des Wettbewerbs, des Handels und der landwirtschaftlichen Erzeugung erlassen wurden«. Eine entsprechende Regelung findet sich in § 10a Abs. 4 Satz 2 SortenschutzG.[519]

III. Sortierung, Kennzeichnung und Verpackung (Abs. 2)

331 Abs. 2 enthält eine über Abs. 1 hinausgehende Ausnahme von § 1 für »vertikale Preisbindungen, die die Sortierung, Kennzeichnung oder Verpackung von landwirtschaftlichen Erzeugnissen betreffen«. Wie bei Abs. 1 Satz 1 ist mit Preisbindung die Preisbindung zweiter Hand gemeint, die Abs. 1 Satz 1 aus der allgemeinen Freistellung ausklammert, um sie der Spezialregelung des Abs. 2 zu überlassen (vgl. Rdn. 299 ff.). Für den Begriff der landwirtschaftlichen Erzeugnisse ist wie bei Abs. 1 Satz 1 auf Abs. 3 zu verweisen. Anders als bei Abs. 1 werden durch die Ausnahme nicht nur landwirtschaftliche Erzeugerbetriebe und deren Zusammenschlüsse, sondern nach wohl allgemeiner Ansicht Unternehmen jeglicher Art begünstigt. Dieser Unterschied zu Abs. 1 liegt darin begründet, dass sich vertikale Preisbindungen regelmäßig über die gesamte Vermarktungskette erstrecken und daher eine Begrenzung nur auf die Erzeugerebene nicht sinnvoll wäre. Bezüglich Sortierung, Kennzeichnung

---

517 Vgl. die Bemerkung des BKartA, TB 2001/02, BT-Drucks. 15/1226 v. 27.6.2003, S. 124, im Zusammenhang mit einer angeordneten Systematik der Zahlung von Nachbaugebühren: »Weitergehende Forderungen nach mehr Wettbewerb bei den Nachbaugebühren sind auf Grund der gesetzlichen Vorgaben ... nicht durchzusetzen.«

518 ABl. EG Nr. L 227 S. 1.

519 So auch *Schweizer*, in: Immenga/Mestmäcker, § 28 Rn. 118: »§ 10a Abs. 4 Satz 2 SortenschutzG ist als lex specialis gegenüber § 1 anzusehen ...«; grundlegend zu dem Verhältnis zwischen Sortenschutzrecht und EU-Kartellrecht EuGH, Rs. 258/78 – *Nungesser*, Slg. 1982, 2015; vgl. auch die knappe Darstellung des Verhältnisses von Sortenschutzrecht und Kartellrecht bei *Leßmann/Würtenberger*, Deutsches und europäisches Sortenschutzrecht – Handbuch, 2. Aufl. 2009, S. 132 ff., und kritisch zu dieser Darstellung die Rezension von *Busse*, AUR 2009, Heft 12, Umschlags. 3.

und Verpackung gestattet folglich Abs. 2 den in Abs. 1 genannten Unternehmen Preisbindungen zweiter Hand und erweitert daher Abs. 1. Zudem erlaubt Abs. 2 über den Unternehmenskreis des Abs. 1 hinaus allen anderen Unternehmen derartige Preisbindungen.[520]

1. Entstehung

Abs. 2 lässt sich auf die Beratungen des Ausschusses für Wirtschaftspolitik im Rahmen der zweiten Einbringung des GWB zurückführen, dem die im Regierungsentwurf enthaltene allgemeine Freistellung vom Verbot der Preisbindung zweiter Hand zu weit ging: »Damit ist ... einem berechtigten Anliegen der Landwirtschaft ausreichend Genüge getan, insofern, als ein landwirtschaftlicher Erzeuger, der seine Ware – etwa Qualitätsäpfel – in besonderer Güte und Aufmachung auf den Markt zu bringen gewillt und in der Lage ist, nicht anonym bleibt, sondern bis zum Einzelhändler und letzten Verbraucher individuell durchdringen kann.«[521]

332

Im Rahmen der 6. GWB-Novelle 1998 wurde die Regelung des Abs. 2 mit folgender Begründung beibehalten: »Trotz der bestehenden Vielzahl von nationalen und EG-rechtlichen Vorschriften über die Sortierung, Kennzeichnung oder Verpackung landwirtschaftlicher Erzeugnisse gibt es in der Praxis einen erheblichen Bedarf für eine Freistellung von der Konditionenbindung ... Dies gilt insbesondere für Vereinbarungen, die es kleineren landwirtschaftlichen Erzeugern ermöglichen, dem Letztverbraucher die Herkunft ihrer Produkte aufzuzeigen.«[522] Bis zur 7. GWB-Novelle 2005 befreite Abs. 2 auch von vertikalen Vereinbarungen über Geschäftsbedingungen. Die amtliche Begründung zur 7. GWB-Novelle ist insofern unscharf, da sie von der »Beibehaltung der bisher geltenden materiellen Rechtslage« spricht, ohne die Streichung zu erläutern.[523] Entgegen *Lohse* unterlief dem Gesetzgeber bei der 6. GWB-Novelle mit der Ersetzung des Verweises auf den vormaligen § 15 GWB 1957 durch »vertikale Preisbindungen« kein Irrtum.[524] Denn wie dargestellt war von Beginn an die Preisbindung zweiter Hand gemeint, die üblicherweise im Zusammenhang mit der Festlegung bestimmter Konditionen für den Weiterverkauf erfolgt.

333

---

520 So etwa auch *Brück*, in: MünchKommKartR, § 28 Rn. 35, mit folgender Erläuterung: »Zweck der Vorschrift ist es, dem Endverbraucher die Herkunft landwirtschaftlicher Produkte aufzuzeigen.«
521 BT-Drucks. 2/3644 v. 22.6.1957, Anlage, S. 43.
522 BT-Drucks. 13/9720 v. 29.1.1998, S. 53.
523 BT-Drucks. 15/3640 v. 7.6.2004, S. 48.
524 *Lohse* (Fn. 20), Rn. 36 und 147.

2. Reichweite der Freistellung

334 Entsprechend dem Anwendungsbereich des Abs. 1 Satz 1, der insofern dem Anwendungsbereich des § 1 folgt, sind nicht nur vertikale Preisbindungen zweiter Hand, sondern als Minus auch Preisempfehlungen solchen Inhalts umfasst (vgl. Rdn. 302). Eine analoge Anwendung auf horizontale Preisbindungen und Preisempfehlungen zweiter Hand ist hingegen nicht möglich, wie sich aus dem ausdrücklichen Wortlaut und der Entstehungsgeschichte ergibt (vgl. Rdn. 299). Dafür spricht auch die durch Abs. 2 vorgenommene explizite Herausnahme bestimmter Preisbindungen aus dem Anwendungsbereich des Abs. 1 Satz 1.

335 Angesichts der zitierten amtlichen Begründung zur Streichung der Geschäftsbedingungen ist unklar, ob Geschäftsbedingungen weiterhin miterfasst sind. Ausweislich der klaren Wortlautes von Abs. 2 dürfte dies nur der Fall sein, wenn mittels der betreffenden Geschäftsbedingungen indirekt eine Preisbindung zweiter Hand erfolgt. Denn ansonsten müssten über die Konstellaton der Preisbindung und damit den Wortlaut hinaus sämtliche vertikalen Absprachen, die die drei in Abs. 2 genannten Bereiche betreffen, von § 1 freigestellt werden. Hiergegen lässt sich allerdings einwenden, dass Preisabsprachen eine der intensivsten Formen der Absprache darstellen. Insofern könnte im Wege eines Erst-Recht-Schlusses vertreten werden, dass Abs. 2 auch alle anderen Absprachen zu den drei dort genannten Bereichen erfasst.

336 Nach *Hootz* können außerpreisliche Absprachen im Sachbereich des Abs. 2 über Abs. 1 von § 1 freigestellt sein.[525] Diese Feststellung bedarf allerdings der Ergänzung, dass Abs. 1 nur die Ebene der Erzeugerbetriebe und deren Zusammenschlüsse umfasst. Lediglich in diesem Bereich sind daher außerpreisliche Absprachen möglich, und zwar auch nur, soweit Abs. 1 Satz 1 Nr. 1 und 2 reicht. Ist keine Freistellung über Abs. 1 oder 2 gegeben, kann eine Freistellung von § 1 nach §§ 2 oder 3 möglich sein. *Hootz* bemerkt zudem entgegen der amtlichen Begründung von 1998 (vgl. Rdn. 333), dass Abs. 2 »keine große Bedeutung« zukomme und »wohl eher vorsorglich« aufgenommen wurde.[526] § 19 Abs. 3 erklärt ausdrücklich das Verbot der Diskriminierung und der unbilligen Behinderung auf Preisbindungen nach Abs. 2 für anwendbar. Gleiches gilt gemäß § 20 Abs. 2 für die ohne sachlichen Grund vorgenommene Vorteilsgewährung im Sinne des § 19 Abs. 4. Das Verbot des Boykotts und des sonstigen wettbewerbsbeschränkenden Verhaltens nach § 21 Abs. 1, 2 und 4 ist auf Grund der unternehmensunspezifischen Ausgestaltung dieser Bestimmungen auch ohne explizite Erstreckung auf Abs. 2 im Bereich des Abs. 2 anwendbar.

---

525 *Hootz*, in: GK, § 28 Rn. 94.
526 *Hootz*, a.a.O.

3. Verhältnis zum Handelsklassenrecht

Die Sortierung, Kennzeichnung und Verpackung besitzt für landwirtschaftliche Erzeugnisse eine besondere Bedeutung. Denn bei landwirtschaftlichen Erzeugnissen handelt es sich regelmäßig um Massenprodukte, die auf Grund ihrer natürlichen Beschaffenheit oftmals äußerlich keine großen Unterschiede aufweisen. Um Güteunterschiede herauszustellen und für den Verbraucher kenntlich zu machen, sind eine Sortierung nach Güteklassen sowie die zugehörige Kennzeichnung und Verpackung wesentlich. Daher bestehen für zahlreiche landwirtschaftliche Erzeugnisse seit langem staatlich vorgegebene Güteklassen und entsprechende Kennzeichnungs- und Verpackungsvorschriften. Neben vielen produktspezifischen Bestimmungen entstand 1951 das horizontal angelegte und auch heute noch existierende HKG.

337

Ab 1962 sind die deutschen Bestimmungen weitgehend durch EU-rechtliche Gütebestimmungen ersetzt worden. In den letzten Jahren ist allerdings ein verstärkter Trend zum Abbau derartiger Bestimmungen, die der Verbraucherinformation, der Herstellungs-, Transport- und Verkaufsrationalisierung sowie damit zugleich der Absatzförderung dienen, zu verzeichnen. Neben diesen marktordnungsrechtlichen Gütebestimmungen gilt das allgemeine und besondere deutsche und EU-rechtliche Lebensmittelrecht, dessen Zielsetzungen vor allem der Gesundheitsschutz und der wirtschaftliche Verbraucherschutz sind. Soweit solche staatlichen Bestimmungen bestehen – insofern bedarf es jeweils einer Einzelfallprüfung –, ist für eine Anwendung des auf privatrechtliche Vereinbarungen abzielenden GWB nach wohl allgemeiner Ansicht kein Raum.[527] Daher ist in solchen Fällen auch nicht die Anwendung der Ausnahmebestimmung des diesen Vorrang nicht erwähnenden Abs. 2 erforderlich.

338

4. Verhältnis zum EU-Recht

Soweit Abs. 2 einschlägig ist, bleibt die Vereinbarung der danach freigestellte Vereinbarung mit EU-Recht zu prüfen. Falls das allgemeine EU-Kartellrecht sie im Falle einer Vereinbarung mit zwischenstaatlicher Wirkung nicht freistellt, ist § 1 gemäß § 22 Abs. 1 Satz 2 unanwendbar und folglich die Freistellung des Abs. 2 leerlaufend. Schwieriger ist die Rechtslage bei der Erfassung derartiger Vereinbarungen durch das EU-Agrarmarktrecht (vgl. allgemein Rdn. 243 ff.). Ordnet das EU-Agrarmarktrecht unmittelbar solche Preisbindungen an, ist nach Art. 206 Unterabs. 1 VO (EU) Nr. 1308/2013 das all-

339

---

527 Vgl. nur *Hootz*, a.a.O. Angesichts des stetigen Wandels der einschlägigen Bestimmungen und ihres nach wie vor beträchtlichen Umfangs wird an dieser Stelle auf eine Darstellung verzichtet; s. zum Agrarmarktrecht 2015 *Busse* (Fn. 7), Rn. 194 ff., und für eine Darstellung mit Stand 2000 *Hootz*, a.a.O., Rn. 99 ff.

gemeine EU-Kartellrecht nicht anwendbar. Zugleich wird das deutsche Kartellrecht durch das unmittelbar anwendbare EU-Agrarmarktrecht verdrängt, so dass im Ergebnis Abs. 2 ebenfalls unanwendbar ist.

340 Sieht das EU-Agrarmarktrecht nur die Möglichkeit privater Vereinbarungen unter bestimmten Umständen vor, muss der jeweilige Normtatbestand näher geprüft werden. Ist der Normtatbestand erfüllt, gilt dasselbe wie bei einer unmittelbaren Regelung durch das EU-Agrarmarktrecht. Ist der Tatbestand nicht gegeben, bedarf es einer Prüfung, ob die jeweilige Regelung abschließend ist und damit über sie hinausgehende Preisbindungen grundsätzlich verboten sind. Ist letzteres der Fall, wird sowohl das deutsche als auch das EU-Kartellrecht verdrängt.

341 Als Beispiel sei die nach Art. 164 Abs. 1 VO (EU) Nr. 1308/2013 mögliche Allgemeinverbindlichkeitserklärung von Regeln anerkannter Agrarorganisationen angeführt (vgl. Rdn. 193 f.). Gemäß Art. 164 Abs. 4 Buchstabe d und k VO (EU) Nr. 1308/2011 gehören »Vermarktungsvorschriften« sowie »die Definition von Mindestqualitätsnormen und von Mindestnormen für die Verpackung und Aufmachung« zu den einschlägigen Regeln. In ähnlicher Weise lässt Art. 176 Abs. 1 Unterabs. 1 VO (EU) Nr. 1308/2013 für den Weinbereich die Festlegung von »Vermarktungsregeln« durch die »Erzeugermitgliedstaaten« zu.

342 Die Freistellung nach Art. 209 Abs. 1 Unterabs. 1 VO (EU) Nr. 1308/2013 dürfte hingegen prinzipiell ausscheiden, da solche Vereinbarungen für die Verwirklichung der Ziele der GAP kaum unabdingbar seien werden. Die zu Abs. 1 Satz 1 weitgehend parallele Freistellung des Art. 209 Abs. 1 Unterabs. 2 VO (EU) Nr. 1308/2013 ist ebenfalls nicht heranziehbar, da von ihr vertikale Preisbindungen der in Abs. 2 genannten Art generell nicht erfasst werden. Insgesamt ist zu konstatieren, dass der komplexe EU-rechtliche Kontext in Abs. 2 nicht thematisiert wird.

IV. Definition der landwirtschaftlichen Erzeugnisse (Abs. 3)

343 Die für die Anwendung des § 28 grundlegende Definition der landwirtschaftlichen Erzeugnisse in Abs. 3 ist hinsichtlich des in Alt. 1 enthaltenen Verweises auf Anhang I des AEUV (unter Rdn. 426 abgedruckt) – bis 2009 inhaltsgleich Anlage I zum EG-Vertrag – auf den ersten Blick eindeutig und nicht auslegungsfähig. Der Verweis ist mit dem Anwendungsbereich der Agrarkartellrechtskompetenz des EU-Gesetzgebers nach Art. 42 Abs. 1 in Verbindung mit Art. 38 Abs. 3 AEUV – der der Aufzählung in Art. 38 Abs. 1 Unterabs. 2

AEUV nach ganz herrschender Ansicht vorgeht[528] – deckungsgleich. Soweit keine spezielle EU-rechtliche Bestimmung existiert, durch die der Anwendungsbereich des Anhangs I des AEUV modifiziert wird, ist Anhang I für das EU-Recht und damit auch für Abs. 3 Alt. 1 abschließend.

Nach der Rechtsprechung des EuGH umfasst Anhang I erstens nicht die bei der Herstellung der dort genannten Erzeugnisse hinzugezogenen Hilfsstoffe wie beispielsweise Lab sowie zweitens keine landwirtschaftsbezogenen Urerzeugnisse, die Anhang I nicht explizit nennt. Zu letzteren zählen etwa Baumwolle, Holz, Seide und Tierhäute.[529] Die EU hat solche so genannten Nicht-Anhang-I-Erzeugnisse zum Teil im Wege einer Annexregelung zu Art. 43 AEUV oder der Anwendung der Ergänzungskompetenz des Art. 352 AEUV in die GAP einbezogen.[530] Für diese Erzeugnisse mögen daher agrarkartellrechtsrelevante Bestimmungen im EU-Recht existieren, für die § 28 kein ausdrückliches Gegenstück bietet. 344

Vor diesem Hintergrund ist zu fragen, ob bezüglich derartiger Nicht-Anhang-I-Erzeugnisse nicht doch Abs. 3 Alt. 1 eingreifen kann. Soweit die betreffenden Erzeugnisse von der EU in den Anwendungsbereich des EU-Agrarkartellrechts einbezogen worden sind, lässt sich vertreten, dass Abs. 3 Alt. 1 auf sie ebenfalls anwendbar ist. Denn wie dargestellt sollte der Verweis des Abs. 3 Alt. 1 die Parallelität zum EU-Agrarrecht herstellen (vgl. Rdn. 120). Reine Hilfsmittel zur Produktion landwirtschaftlicher Erzeugnisse – etwa Pflanzenschutzmittel – werden in keinem Fall von Anhang I erfasst, wie der EuGH 1994 klargestellt hat.[531] 345

Über den Anhang I hinaus definiert Abs. 3 Alt. 2 als landwirtschaftliche Erzeugnisse zusätzlich »die durch Be- oder Verarbeitung [von Anhang-I-Erzeugnissen] gewonnenen Waren, deren Be- oder Verarbeitung durch landwirtschaftliche Erzeugerbetriebe oder ihre Vereinigungen durchgeführt zu werden pflegt«. Diese Erweiterung ist 1957 und daher noch ohne Bezugnahme auf das EU-Recht durch den Ausschuss für Wirtschaftspolitik vorgenommen worden (vgl. Rdn. 68). Da »bisher zweifelhaft sein konnte, ob [unter den Begriff der landwirtschaftlichen Erzeugnisse] nur die reinen unveränderten Urerzeugnisse fallen sollten oder auch schon das eine oder andere Erzeugnis, das schon eine gewisse erste Be- oder Verarbeitung durchgemacht hat«, schlug der Ausschuss zugleich – »um allen in diesem Zusammenhang etwa auftretenden Zweifelsfragen enthoben zu sein« – vor, mittels einer Verord- 346

---

528 Vgl. *Busse*, in: Lenz/Borchardt, Art. 38 AEUV, Rn. 17, mit weit. Nachw.
529 Vgl. *Busse*, a.a.O., Rn. 22.
530 *Busse*, in: Lenz/Borchardt, Art. 43 AEUV, Rn. 9.
531 EuGH, Urt. v. 15.12.1994, Rs. C-250/92 – *DLG*, Slg. 1994, I-5641 (5685, Ziff. 23).

nungsermächtigung die entsprechenden zusätzlichen Erzeugnisse abschließend gesetzlich zu bestimmen.[532]

347 Zu der im Rahmen der 6. GWB-Novelle 1998 vorgenommenen Streichung der Verordnungsermächtigung führte die amtliche Begründung aus: »[Dadurch] wird die Möglichkeit geschaffen, auch Produktinnovationen in diesem Bereich angemessen zu berücksichtigen ... (wie z.B. Fruchtjoghurt).«[533] Gemeint war damit offenbar, dass bei einer Produktinnovation nicht erst die Benennungsverordnung angepasst werden musste. Denn schon unter dem Regime der Benennungsverordnungen konnten Produktinnovationen erfasst werden. In dem Verzicht auf Anpassungen der Benennungsverordnung wurde zugleich eine »erhebliche Verwaltungsvereinfachung«[534] gesehen. Diesen Vorteilen steht jedoch für die durchführende Verwaltung und die betroffenen Unternehmen eine Rechtsunsicherheit hinsichtlich der zusätzlich erfassten Erzeugnisse der Be- und Verarbeitung gegenüber.

348 Merkwürdig ist, dass die 1960 erlassene Benennungsverordnung erst 2006 aufgehoben wurde (vgl. Rdn. 118). Da durch die Aufhebung einer Verordnungsermächtigung die zugehörige Rechtsverordnung nicht ungültig wird, sondern bis zu ihrer Aufhebung grundsätzlich weiter Bestand hat, stellte sich von 1998 bis 2006 die Frage, in welchem Verhältnis der abschließende Charakter der Benennungsverordnung zu Abs. 3 Alt. 2 stand. Da ausweislich der zitierten amtlichen Begründung der Anwendungsbereich der Definition erweitert werden sollte, kann wohl davon ausgegangen werden, dass zwar alle von der Benennungsverordnung erfassten Erzeugnisse weiterhin unter Abs. 3 Alt. 2 fielen, allerdings daneben weitere in der Benennungsverordnung nicht aufgeführten Be- und Verarbeitungserzeugnisse von Abs. 3 Alt. 2 erfasst sein konnten. Nach der Aufhebung der Benennungsverordnung lässt sich hingegen deren Inhalt nur noch als Indiz für eine Erfassung, jedoch nicht mehr als eine konstitutive Erfassung ansehen. Führt die Auslegung des Abs. 3 Alt. 2 zu dem Ergebnis, dass ein vormals von der Benennungsverordnung erfasstes Erzeugnis nicht unter die allein anzuwendende Definition des Abs. 3 fällt, lässt sich dieses Erzeugnis nicht mehr unter den Anwendungsbereich des Abs. 3 und damit des § 28 fassen.

349 Die in Abs. 3 Alt. 2 enthaltene Erweiterung besitzt zwar in Art. 38 Abs. 1 Unterabs 2 Satz 2 AEUV eine gewisse Parallele, da dort mit landwirtschaftlichen Erzeugnissen »in unmittelbaren Zusammenhang stehende Erzeugnisse der ersten Verarbeitungsstufe« erwähnt sind. Diese Parallele ist jedoch weit-

---

532 BT-Drucks. 2/3644 v. 22.6.1957, Anlage, S. 43.
533 BT-Drucks. 13/9720 v. 29.1.1998, S. 53.
534 A.a.O.

gehend bedeutungslos, weil wie skizziert die Definition des Art. 38 Abs. 1 Unterabs. 2 Satz 2 AEUV auf Grund der Verdrängung durch den Verweis des Art. 38 Abs. 3 AEUV auf Anhang I keine Relevanz entfaltet. Der Anhang I führt sowohl Erzeugnisse der ersten Verarbeitungsstufe als auch weiterer Verarbeitungsstufen – etwa raffinierte Öle und Margarine – an. Mithin ist die pauschale gesonderte Nennung der Be- und Verarbeitungserzeugnisse in Abs. 3 Alt. 2 irreführend, da sie den unzutreffenden Gegenschluss zulässt, dass Anhang I keine solchen Erzeugnisse aufführt.[535]

Auslegungsbedürftig ist, welche Be- und Verarbeitungen von Abs. 3 Alt. 2 umfasst werden. Der Passus »durchgeführt zu werden pflegt« impliziert, dass es auf die jeweilige erzeugnisspezifische Praxis ankommt. Diese Praxis kann im Laufe der Zeit einem Wandel unterliegen. So mag etwa erst technischer Fortschritt dazu führen, dass landwirtschaftliche Erzeugerbetriebe in die Lage versetzt werden, ein bestimmtes Erzeugnis selbst zu verarbeiten. Für eine konkrete Fallgestaltung ist daher die zum Zeitpunkt der Fallgestaltung aktuelle Praxis zu ermitteln.[536] 350

Angesichts der zitierten Ausschussbegründung fällt jegliche Veränderung eines landwirtschaftlichen Erzeugnisses unter Abs. 3 Alt. 2, wobei allerdings nach Ansicht des Verfassers ein nach der Verkehrsanschauung neues Erzeugnis entstehen muss, wie auch der Praxis der vormaligen Benennungsverordnung zu entnehmen ist. Wird ein Erzeugnis lediglich etwa im Falle von Äpfeln oder anderem Obst gereinigt oder im Falle von Getreide zwecks Lagerung bis zum Verkauf getrocknet, bleibt aber ansonsten unverändert, fällt es bereits unter Abs. 3 Alt. 1 und bedarf daher keiner gesonderten Erfassung durch Abs. 3 Alt. 2 mehr. 351

Einigkeit besteht wohl darin, dass es nicht erforderlich ist, dass das betreffende Erzeugnis ausschließlich durch Be- oder Verarbeitung in landwirtschaftlichen Erzeugerbetrieben oder deren Vereinigungen entsteht. Schon die amtli- 352

---

535 Unzutreffend die Feststellung von *Hootz*, in: GK, § 28 Rn. 126, dass in Anhang I genannte Be- und Verarbeitungserzeugnisse, die nicht von der Be- und Verarbeitungsklausel des Abs. 3 erfasst werden, nicht unter § 28 fallen. Denn Abs. 3 nimmt die Anhang-I-Erzeugnisse unabhängig von ihrer Be- oder Verarbeitung in Bezug; wie hier BKartA (Fn. 41), S. 24, Anm. 64. In jedem Fall zu weit geht die Bemerkung von *Kling/Thomas* (Fn. 280), S. 551, Anm. 25, jedes aus Anhang-I-Erzeugnissen hergestellte Produkt sei ein landwirtschaftliches Erzeugnis im Sinne des Abs. 3. *Buth*, in: Loewenheim/Meessen/Riesenkampff, Landwirtschaft, Rn. 14, möchte durch eine analoge Anwendung des Abs. 3 Alt. 2 den Anwendungsbereich des EU-Agrarkartellrechts erweitern.
536 Vgl. dazu ausführlich *Pabsch* (Fn. 21), S. 298 f.; a.A. *Gruber* (Fn. 246), S. 195, der nicht auf die »Üblichkeit«, sondern auf die »Schutzwürdigkeit« der Tätigkeit abstellt.

che Begründung zum Ersterlass der Benennungsverordnung ging davon aus, dass das Erzeugnis auch zugleich von anderen Unternehmen hergestellt werden kann: »Der Sprachgebrauch verbindet mit dem Begriff ›durchgeführt zu werden pflegt‹ die Vorstellung, dass ein bestimmter Vorgang die Regel bildet und Abweichungen davon Ausnahmen sind. Gleichbedeutend wäre vielleicht der Begriff ›üblicherweise durchgeführt wird‹.«[537] Anschließend wurden in der Begründung die Marktanteile der Be- oder Verarbeitung in landwirtschaftlichen Erzeugerbetrieben an den von dem Entwurf der Benennungsverordnung erfassten Erzeugnisse angegeben, die damals zwischen 70 und 90 Prozent lagen. *Hootz* nimmt diese Argumentation auf und ist der Ansicht, dass der genannte untere Prozentsatz als Richtschnur für einen Mindestmarktanteil dienen kann.[538]

353 Alternativ ist auch eine Heranziehung der Auslegung des Art. 38 Abs. 1 Unterabs. 2 Satz 2 AEUV denkbar. Für die dort angeführten Erzeugnisse der ersten Verarbeitungsstufe wird gefordert, dass zwischen dem Erzeugnis der Urproduktion und dem Verarbeitungserzeugnis ein offenkundiges wirtschaftliches Zuordnungsverhältnis besteht. Ein solches existiert nicht mehr, wenn der landwirtschaftliche Ausgangsstoff als Kostenfaktor für die Herstellung des Verarbeitungserzeugnisses nur noch eine untergeordnete Rolle spielt oder sich das Herstellungsverfahren als so komplex erweist, dass ein Zusammenhang mit dem Urerzeugnis nicht mehr erkennbar ist.[539] Für eine derartige Auslegung spricht zum einen, dass die amtliche Begründung zur 7. GWB-Novelle die wesentliche Übereinstimmung des überarbeiteten § 28 mit dem EU-Recht betont. Zum anderen dient § 28 dem Schutz des Landwirtschaftssektors. Gehen landwirtschaftliche Betriebe und vor allem deren Vereinigungen über das allgemeine Bild dieses Sektors hinaus und stellen industriell gefertigte und komplex strukturierte Nahrungsmittel her, so treten sie mit einem potentiellen Wettbewerbsvorteil der sonstigen Wirtschaft auf einem Feld, das nicht mehr zu dem Schutzziel des § 28 gehört, gegenüber. Es kommt daher zwar nicht darauf an, ob die Be- oder Verarbeitung mit handwerklichen oder industriellen Methoden erfolgt und ob sie auf einer Hofstelle durchgeführt wird.[540] Das Herstellungsverfahren selbst kann jedoch nach der vorliegend vertretenen Auffassung nicht vollständig ausgeblendet werden.

354 Die nicht von Anhang I erfassten Be- und Verarbeitungserzeugnisse werden regelmäßig vom Recht der GAP nicht geregelt und können häufig mangels einer primärrechtlichen Ermächtigung auch nicht im Rahmen der GAP geregelt werden. Insofern geht die Definition des Abs. 3 und folglich ebenfalls die da-

---

537 BR-Drucks. 240/60 v. 27.7.1960, S. 2.
538 *Hootz*, in: GK, § 28 Rn. 126.
539 *Busse*, in: Lenz/Borchardt, Art. 38 AEUV, Rn. 13 f.
540 So auch *Nägele*, in: FK-GWB, § 28 Rn. 26.

rauf aufbauenden Regelungen der Abs. 1 und 2 über den Anwendungsbereich des EU-Agrarkartellrechts hinaus. Soweit der zwischenstaatliche Handel berührt ist, besteht mithin in diesem Bereich kein EU-agrarkartellrechtliches Gegenstück. Insbesondere die Erzeugerbetriebsvorbehalte des Art. 209 Abs. 1 Unterabs. 2 VO (EU) Nr. 1308/2013 und Abs. 1 Satz 1 sind demnach nicht deckungsgleich. Die Freistellung des Abs. 1 Satz 1 ist in diesem Punkt EU-rechtlich bedenklich. Denn auf die überschießend erfassten Erzeugnisse findet im zwischenstaatlichen Bereich grundsätzlich das allgemeine EU-Kartellrecht mit der Folge Anwendung, dass eine Freistellung vom Kartellverbot nur möglich ist, wenn sie im allgemeinen EU-Kartellrecht vorgesehen ist. Allerdings wird teilweise angenommen, dass die überschießende Tendenz kaum Relevanz besitze, da »in der Regel die Voraussetzungen des Art. 101 Abs. 3 AEUV erfüllt« seien.[541]

F. Vorgehende oder ergänzende Bestimmungen

Die Bundesregierung hat 1975 angemerkt, dass »die Ausnahmevorschrift des [§ 28] in ihrer Bedeutung seit Verabschiedung des [GWB] im Jahre 1957 durch weitergehende Ausnahmeregelungen erheblich eingeschränkt worden« sei.[542] Diese Anmerkung ist dahingehend zu ergänzen, dass § 28 auch schon »eingeschränkt« wird, wenn eine inhaltlich gleichweit reichende Spezialregelung vorliegt. Folglich ist zwischen zwei Konstellationen zu unterscheiden. § 28 wird teils von vorrangig anzuwendendem Kartellrecht verdrängt und teils durch überschießende Bestimmungen erweitert. Wird diesbezüglich zunächst das deutsche Recht betrachtet, so geht § 5 AgrarMSG als lex-specialis-Bestimmung § 28 vor und erweitert dabei zugleich dessen Regelungsgehalt. § 29 TierZG enthält lediglich eine Erweiterung des § 28.

355

§ 40 BWaldG steht streng genommen mit § 28 seit 1998 nicht mehr in Zusammenhang und ist daher als eine nur ergänzende Regelung einzustufen. Im deutschen Agrarmarktrecht sind – soweit es über die Durchführung von EU-Recht hinausgeht – bis auf Erzeugnisgütevorschriften prinzipiell keine Bestimmungen mehr vorhanden, die das Agrarkartellrecht tangieren. Was den Bereich des EU-Rechts betrifft, so geht das horizontale EU-Agrarkartellrecht im Falle der Erfüllung der Zwischenstaatlichkeitsklausel § 28 vor, während sektorspezifisches EU-Agrarkartellrecht in Form zumeist von Agrarmarktrecht regelmäßig auch bei rein nationalen Sachverhalten gegenüber § 28 vorrangig ist (vgl. Rdn. 243 ff.).

356

---

541 Lohse (Fn. 20), Rn. 20.
542 Bericht der Bundesregierung (Fn. 420), S. 10.

§ 28 GWB Landwirtschaft

357 Möglicherweise wäre es sinnvoll, in Anlehnung an den vormaligen § 100 GWB 1957, der im Wege einer Aufzählung den Vorrang der deutschen Agrarmarktgesetze anordnete, auf dasjenige deutsche Agrarkartellrecht, das § 28 vorgeht oder ergänzt, in § 28 oder an anderer Stelle des GWB hinzuweisen. So benennt etwa § 130 Abs. 3 für den Bereich der Energiewirtschaft die in § 111 Energiewirtschaftsgesetz (EnWG) enthaltenen Ausnahmen vom GWB. Auch das EU-Agrarrecht verwendet mittels des in Art. 206 Unterabs. 1 VO (EU) Nr. 1308/2013 formulierten Agrarmarktvorbehalts eine solche Regelungstechnik. Auf das parallele Problem der Nichtnennung des § 28 vorgehenden EU-Agrarkartell- und EU-Agrarmarktrechts im GWB wurde schon eingegangen (vgl. Rdn. 247 ff.).

I. § 11 MarktStrG

358 Die Kartellausnahme des § 5 AgrarMSG muss vor dem Hintergrund des MarktStrG als Vorgängergesetz zum AgrarMSG und der dort in § 11 enthaltenen Kartellausnahme gesehen werden. Da zum AgrarMSG und der zugehörigen Verordnung zur Weiterentwicklung der Marktstruktur im Agrarbereich (Agrarmarktstrukturverordnung – AgrarMSV) vom 15.11.2013[543] bislang kaum Praxis besteht, ist bei seiner Anwendung und Auslegung die Praxis zu dem in wesentlichen Punkten inhaltlich ähnlichen MarktStrG heranzuziehen. Daher werden vorliegend zunächst das MarktStrG und insbesondere dessen § 11 betrachtet.

359 Das MarktStrG erging 1969 zur Stärkung der Wettbewerbsfähigkeit der deutschen Landwirtschaft im EU-Agrarbinnenmarkt. Sein Erlass war seit 1964 gefordert worden und stand in zeitlichem Zusammenhang mit der sich seit 1960 entwickelnden französischen Agrargesetzgebung über landwirtschaftliche Organisationen (vgl. Rdn. 214) sowie dem Legislativvorschlag der Europäischen Kommission für eine horizontale Erzeugerorganisationsregelung von 1967 (vgl. Rdn. 157 ff.). Die Formulierung der Kartellausnahme des § 11 MarktStrG lehnte sich eng an § 28 an. *Recke/Sotzeck* bemerkten 1971 zum MarktStrG: »Produzierte [die deutsche Landwirtschaft] bislang für einen Markt, der durch einen erheblichen Zuschussbedarf gekennzeichnet war, so muss sie sich nunmehr in Konkurrenz mit der Landwirtschaft der EWG-Mitgliedstaaten behaupten. Die EWG-Mitgliedstaaten sind überwiegend traditionelle Agrarexportländer; sie verfügen seit langem über für den Agrarexport erforderliche organisatorische Einrichtungen ... Die Notwendigkeit für das [MarktStrG] ergibt sich ferner aus der sich außerordentlich schnell vollziehenden Umstrukturierung des Ernährungsgewerbes und des Lebensmitteleinzelhandels in der Bundesrepublik Deutschland. Diese hat dazu geführt, dass

---

543 BGBl. I 2013 S. 3998.

eine konzentrierte Nachfrage nach landwirtschaftlichen Erzeugnissen auf eine unzureichende Angebotsstruktur trifft.«[544]

1. Anwendungsbereich

Hauptregelungsbereich des MarktStrG waren »Erzeugergemeinschaften«, die in § 1 Abs. 1 MarktStrG als »Zusammenschlüsse von Inhabern landwirtschaftlicher oder fischwirtschaftlicher Betriebe, die gemeinsam das Ziel verfolgen, die Erzeugung und den Absatz den Erfordernissen des Marktes anzupassen«, definiert wurden. Während das Begriffspaar Erzeugung und Absatz § 28 Abs. 1 Satz 1 Nr. 1 wiederholte und entsprechend auszulegen war sowie der Begriff des landwirtschaftlichen Betriebes mit dem des landwirtschaftlichen Erzeugerbetriebes in § 28 identisch gewesen sein dürfte,[545] bezog zum einen § 1 Abs. 1 MarktStrG anders als § 28 fischwirtschaftliche Betriebe nicht indirekt über die Definition der landwirtschaftlichen Erzeugnisse, sondern ausdrücklich ein. Zum anderen sprach § 1 Abs. 1 MarktStrG nicht wie § 28 Abs. 1 Satz 1 von einer Vereinigung von Betrieben, sondern von Erzeugergemeinschaften als dem Zusammenschluss der Inhaber von Betrieben. Letztlich waren diese beiden Unterschiede jedoch nur redaktioneller Art.

360

Holz wurde nicht vom MarktStrG, sondern von dem 1969 zeitgleich erlassenen ForstWZG erfasst, dessen Regelungen seit 1975 im BWaldG fortgeführt werden (vgl. Rdn. 399 ff.). Zudem bestand eine politische Verknüpfung des MarktStrG mit dem ebenfalls 1969 verabschiedeten und 2011 aufgehobenen Absatzfondsgesetz (AbsFondsG; vgl. Fn. 647): »AbsFondsG und MarktStrG stehen zueinander in engem Zusammenhang. Es nutzt wenig, die großen Mengen bester Erzeugnisse zu produzieren, diese müssen auch günstig verkauft werden. Andererseits ist die beste Verkaufsförderaktion vergeblich, wenn die dadurch geweckte Nachfrage nicht überall das angepriesene Erzeugnis am Markt vorfinden.«[546]

361

Wie auch § 28 verwies § 1 Abs. 2 MarktStrG für seinen Anwendungsbereich auf eine gesetzliche Aufzählung landwirtschaftlicher Erzeugnisse. § 28 Abs. 3 Halbsatz 1 nutzt dafür inzwischen Anhang I des AEUV. § 1 Abs. 2 MarktStrG

362

---

544 *Recke/Sotzeck*, Marktstrukturgesetz, o.J. (1971), S. 9; s. ausführlich zur damaligen Diskussion *Boettcher*, Ziele und Problematik des Marktstrukturgesetzes, HJWG 10 (1965), 202, 202 ff.
545 Zu letzterem ohne Begründung a.A. *Schroer*, Rechtsformen der Zusammenarbeit landwirtschaftlicher sowie fischwirtschaftlicher Erzeuger untereinander und mit ihren Marktpartnern nach dem Marktstrukturgesetz, Diss. Münster 1971, S. 156.
546 *Goeman/von Gruben/Sotzeck*, Marktstrukturgesetz und Absatzfondsgesetz – zwei neue Initiativen zur Ausrichtung der deutschen Agrarmarktpolitik, BüL 47 (1969), 283 (296).

verwendete hingegen noch die vormals in § 100 Abs. 3 GWB 1957 enthaltene Regelungstechnik einer Aufzählung im deutschen Recht, die in Form des Anhangs zum MarktStrG erfolgte und durch Rechtsverordnungen mit Zustimmung des Bundesrates erweitert werden konnte.[547] Die Regelungstechnik in § 100 Abs. 3 GWB 1957 bezog sich allerdings nur auf solche Erzeugnisse, die landwirtschaftliche Erzeugerbetriebe durch Be- oder Verarbeitung landwirtschaftlicher Erzeugnisse herzustellen pflegen. Demgegenüber erfasste § 1 Abs. 2 MarktStrG alle von dem MarktStrG tangierten Erzeugnisse. Insbesondere seit der Umstellung des § 28 Abs. 3 auf den Anhang-I-Verweis bot es sich an, den Anwendungsbereich des MarktStrG entsprechend festzulegen.[548]

363 Gegenstand des MarktStrG waren nicht nur Erzeugergemeinschaften, sondern nach § 1 Abs. 3 MarktStrG auch deren Vereinigungen, soweit sie »die Anwendung einheitlicher Erzeugungs- und Qualitätsregeln fördern« sowie – das Ziel des § 1 Abs. 1 MarktStrG für Erzeugergemeinschaften insofern aufgreifend – »durch Unterrichtung und Beratung der Erzeugergemeinschaften auf die Anpassung der Erzeugung an die Erfordernisse des Marktes hinwirken«. Zudem konnten die Vereinigungen »auch den Absatz der Erzeugnisse, die Gegenstand der Tätigkeit ihrer Erzeugergemeinschaften sind, auf dem Markt koordinieren« und – in Rückgriff auf § 28 Abs. 1 Satz 1 Nr. 2 – »im Einvernehmen mit ihren Erzeugergemeinschaften die Lagerung sowie die marktgerechte Aufbereitung und Verpackung der vorgenannten Erzeugnisse übernehmen«.

2. Anerkennung

364 Ein großer Unterschied zu § 28 war, dass Erzeugergemeinschaften und deren Vereinigungen nur vom MarktStrG erfasst wurden, wenn sie eine staatliche Anerkennung besaßen, wie es etwa in § 2 Abs. 1 MarktStrG zum Ausdruck kam. Das Instrument der Anerkennung war 1969 dem deutschen Recht im Agrarbereich nicht völlig neu. So hatten schon zuvor die »Grundsätze zu § 38 des [MilchG 1930]«, die Bestandteil der Ersten Verordnung zur Ausführung des MilchG vom 15.5.1931[549] waren, eingehend Verfahren und Kriterien für Zusammenschlüsse im Milchbereich geregelt. Punkt III Abs. 5 dieser damaligen Grundsätze stellte dabei kartellrechtliche Grenzen – Gefährdung der Gesamtwirtschaft oder des Gemeinwohls sowie unbillige Einschränkung der

---

547 Auf diese wohl bewusst gewählte Parallele zum GWB 1957 weisen auch *Recke/Sotzeck* (Fn. 544), S. 23, hin.
548 Vgl. zu diesem Problem *Petry* (Fn. 5), S. 131 f. und 142, sowie *Schulze-Hagen* (Fn. 21), S. 99 f., der unter Hinweis auf die gewollte weitergehende Freistellung des § 11 MarktStrG diesen pauschal auf alle von § 28 erfassten Erzeugnisse anwenden wollte, sich aber zugleich für eine formale Angleichung aussprach.
549 RGBl. I 1931 S. 215.

wirtschaftlichen Bewegungsfreiheit – auf. In dem Gutachten des Ausschusses für landwirtschaftliche Marktordnung vom 1.3.1950 plädierte ein Teil des Ausschusses dafür, keine rein staatliche Marktordnung, sondern – falls für den betreffenden Erzeugnissektor erforderlich und von den Beteiligten gewünscht – eine »Marktordnung durch Selbstverwaltung« vorzusehen, wobei auf das Instrument der englischen Markting Boards verwiesen wurde. Gesetzliche Regelungen sollten nur zurückhaltend erlassen werden: »Ein allgemeines Rahmengesetz erscheint nur insoweit nützlich, als es Normen über das Verfahren zur Bildung einer Marktorganisation, über die Grenzen der Aufgaben und Befugnisse und über die Mittel der Staatsaufsicht aufstellt.«[550]

Da der Bund die Durchführung des MarktStrG nicht an sich gezogen hatte, oblag dessen Durchführung und damit auch der Erlass des Anerkennungsaktes den Bundesländern. Erzeugergemeinschaften und deren Vereinigungen im Sinne des MarktStrG gleichgestellt waren gemäß § 2 Abs. 2 MarktStrG – vereinfacht dargestellt – nach EU-Recht anerkannte »Erzeugergemeinschaften, Erzeugerorganisationen und Vereinigungen von solchen«. Auch deren Anerkennung geschah im Regelfall durch die Bundesländer, da die EU selbst keine Anerkennungen vornimmt. Die Anerkennung hatte insofern gemäß den im EU-Recht genannten Voraussetzungen zu erfolgen, während sich die Anerkennung nach dem MarktStrG nicht nach den in § 1 MarktStrG angeführten pauschalen Kriterien, sondern den in §§ 3 und 4 MarktStrG detailliert aufgeführten konkreten Anerkennungsvoraussetzungen richtete. 365

§ 7 MarktStrG regelte, dass eine im EU-Recht vorgesehene Anerkennung nur nach dem einschlägigen EU-Recht erfolgte und eine Anerkennung nach EU-Recht die Anerkennung nach dem MarktStrG erlöschen ließ. In welchem Verhältnis die Regelungen des MarktStrG allgemein zu einschlägigem EU-Recht standen – ob etwa bereits die Möglichkeit einer Anerkennung gemäß EU-Recht nach MarktStrG schon bestehende Anerkennungen überlagerte –, war allerdings nicht konkreter normiert.[551] Eine von einem Bundesland ausgesprochene Anerkennung galt bundesweit, soweit sie nicht auf bestimmte Bundesländer beschränkt wurde.[552] 366

Unabhängig davon, ob die anerkannte Erzeugergemeinschaft oder Vereinigung über eine eigene Rechtsfähigkeit verfügte, erhielt sie diese in jedem Fall 367

---

550 Ausschuss für landwirtschaftliche Marktordnung (Fn. 88), S. 84.
551 Vgl. näher *Busse* (Fn. 304 – Erzeugerorganisationen), S. 131 ff.
552 Vgl. zu letzterem BKartA, TB 1976, BT-Drucks. 8/704, S. 89: »Daher würden Preisregelungen [der auf bestimmte Bundesländer beschränkten Erzeugergemeinschaft] durch die Herausgabe von Preislisten für andere Bundesländer gegen § 1 verstoßen.«

durch die Anerkennung.⁵⁵³ Sollte eine Erzeugergemeinschaft für eine »Gruppe verwandter Erzeugnisse« im Sinne des § 3 Abs. 1 Nr. 3 Buchstabe a MarktStrG gebildet werden, war auf eine Reihe von Durchführungsverordnungen zum MarktStrG zurückzugreifen, die gestützt auf § 3 Abs. 3 MarktStrG die entsprechenden Gruppen abschließend definierten und Mindesterzeugungsmengen festlegten. Von den insgesamt 22 seit 1969 erlassenen Durchführungsverordnungen waren zum Zeitpunkt der Aufhebung des gesamten Durchführungsrechts zum MarktStrG durch § 24 AgrarMSV noch achtzehn in Kraft, die § 24 AgrarMSV auflistet.

3. Kartellausnahme

368 Die in §§ 3 und 4 MarktStrG genannten Voraussetzungen – etwa die in § 3 Abs. 3 Buchstabe d Satz 2 MarktStrG geforderte Andienungspflicht bzw. der ersatzweise vorgesehene »Verkauf nach gemeinsamen Verkaufsregeln« – wiesen bereits auf kartellartige Beschränkungen hin. *Petry* bemerkte dazu: »Eine Erzeugergemeinschaft, welche die Anerkennung ... erlangen will, ist kraft Gesetzes verpflichtet, wettbewerbsbeschränkende Bestimmungen in ihre Satzung aufzunehmen.«⁵⁵⁴ Aus einer erfolgten Anerkennung konnte daher bereits geschlossen werden, dass der jeweils anerkannten Organisation kartellrechtsrelevante Verhaltensweisen gestattet waren. Ähnlich wie mit Art. 209 Abs. 1 Unterabs. 2 VO (EU) Nr. 1308/2013 erfolgte eine ausdrückliche kartellrechtliche Freistellung jedoch noch einmal durch eine gesonderte Bestimmung, die in § 11 MarktStrG enthalten war:

369 »(1) § 1 [GWB] findet keine Anwendung auf Beschlüsse einer anerkannten Erzeugergemeinschaft im Sinne dieses Gesetzes, soweit sie die Erzeugnisse betreffen, die satzungsgemäß Gegenstand ihrer Tätigkeit sind. (2) Eine anerkannte Vereinigung von Erzeugergemeinschaften im Sinne dieses Gesetzes darf ihre Mitglieder bei der Preisbildung beraten und zu diesem Zweck gegenüber ihren Mitgliedern Preisempfehlungen aussprechen. (3) Im Übrigen bleiben die Vorschriften des [GWB] unberührt.« Zu EU-rechtlich anerkannten Erzeugerorganisationen und deren Vereinigungen ergänzte Absatz 4 in Parallele zu § 2 Abs. 2 MarktStrG: »Die Abs. 1 bis 3 gelten sinngemäß auch für Erzeugergemeinschaften, Erzeugerorganisationen und Vereinigungen von solchen, die auf Grund von [EU-Recht] gebildet oder anerkannt sind, soweit sie den Wettbewerb auf dem Markt nicht ausschließen, soweit ihre Ziele denen von Erzeugergemeinschaften oder Vereinigungen von Erzeugergemein-

---

553 So BayObLG, RdL 1974, 208 (209) – *MarktStrG*; vgl. zu diesem Problemkreis auch *Pelhak/Wüst*, Zulässigkeit der Rechtsform des eingetragenen Vereins für Erzeugergemeinschaften, AgrarR 1975, 161.
554 *Petry* (Fn. 5), S. 134.

schaften im Sinne dieses Gesetzes entsprechen und soweit es sich um Tätigkeiten handelt, die Erzeugergemeinschaften oder Vereinigungen von Erzeugergemeinschaften nach diesem Gesetz übernehmen dürfen.« Anders als bei Art. 209 Abs. 1 Unterabs. 2 VO (EU) Nr. 1308/2013 wurde mithin die Freistellung mit den satzungsmäßigen Aufgaben verknüpft.

Die Kartellausnahme des § 11 Abs. 1 MarktStrG für Erzeugergemeinschaften war – wie schon für parallele EU-rechtliche Konstellationen beschrieben (vgl. Rdn. 234) – eine unechte Legalausnahme. Dass erst § 11 MarktStrG die kartellrechtliche Freistellung enthalten sollte, ergab sich auch aus seiner Entstehungsgeschichte. So sah der ursprüngliche Fraktionsentwurf der SPD zum MarktStrG vor, das GWB pauschal »auf den Anwendungsbereich« des MarktStrG nicht anzuwenden.[555] In den Ausschussberatungen wurde jedoch »eine solche Regelung als nicht praktikabel« angesehen und daher eine »differenzierte Regelung« verfasst.[556] 370

Die Ansicht von *Lohse*, das MarktStrG sei als eine »öffentlich-rechtliche Regulierung« einzustufen, die »Vorrang vor dem Kartellrecht« habe,[557] übersieht, dass § 11 MarktStrG selbst Kartellrecht darstellt. Zugleich hinkt die von ihr vorgenommene Gleichstellung von EU-Agrarmarktrecht und »deutschen Marktordnungsgesetzen« auf der Seite und dem MarktStrG auf der anderen Seite,[558] da das MarktStrG nicht den Agrarmarkt im klassischen Sinne »regulieren« wollte. Nach Ansicht des Verfassers ist die Einordnung als Kartellrecht nicht davon abhängig, ob die jeweils fragliche Regelung im GWB erfolgt. Es kommt vielmehr auf ihren materiellen Gehalt an. Wird der freie Wettbewerb nicht durch einen Eingriff staatlicher Stellen in den Markt, sondern durch Verhaltensvorgaben für private Unternehmen beeinflusst und dadurch vom GWB abgewichen, dürfte die Bestimmung im Regelfall Kartellrecht im materiellen Sinne darstellen. Bei § 11 MarktStrG kam noch hinzu, dass explizit auf das GWB Bezug genommen wurde und die Anerkennung für die Unternehmen freiwillig war. 371

Das MarktStrG verfolgte die Stärkung von Erzeugergemeinschaften durch zwei Instrumente. Zum einen war mit der Anerkennung die Möglichkeit ei- 372

---

555 BT-Drucks. 5/1544 v. 14.3.1967, S. 4; so schon der erste Entwurf der SPD-Fraktion, BT-Drucks. 4/2822 v. 8.12.1964, S. 4, während der Entwurf der FDP-Fraktion, BT-Drucks. 4/3209 v. 18.3.1965, keinerlei GWB-bezogene Vorschrift kannte. Der Entwurf der CDU/CSU-Fraktion, BT-Drucks. 4/3244 v. 25.3.1965, S. 5, wollte zwar inhaltlich wie der Entwurf der SPD-Fraktion vorgehen, jedoch die GWB-Befreiung im GWB vornehmen.
556 BT-Drucks. 5/3772 v. 16.1.1969, S. 4.
557 *Lohse* (Fn. 20), Rn. 1.
558 A.a.O.

ner staatlichen Förderung nach §§ 5 und 6 MarktStrG verbunden. Zum anderen griff automatisch die Freistellung des § 11 MarktStrG. Zwar ließ sich einwenden, dass § 11 MarktStrG im Kern überflüssig war, da regelmäßig eine nach dem MarktStrG oder EU-Agrarmarktrecht anerkannte Erzeugergemeinschaft die Voraussetzungen der Freistellung nach § 28 Abs. 1 Satz 1 erfüllt haben dürfte. So hat etwa das OLG Oldenburg 1998 eine offenbar nach dem MarktStrG anerkannte Erzeugergemeinschaft gemäß § 28 als freigestellt angesehen und in diesem Zusammenhang lediglich ergänzend auf § 3 MarktStrG verwiesen.[559] Allerdings hat das OLG Oldenburg möglicherweise die Sonderregelung des § 11 MarktStrG übersehen.

373 Vorteilhaft war jedoch, dass durch die staatliche Anerkennung bereits die Frage geklärt wurde, ob der persönliche Anwendungsbereich des § 28 Abs. 1 Satz 1 eröffnet war. Dadurch bestand für die jeweilige Erzeugergemeinschaft in diesem Punkt Rechtssicherheit. Zudem ging § 11 Abs. 1 MarktStrG über § 28 hinaus, da er pauschal sämtliche Beschlüsse einer Erzeugergemeinschaft, die die ihr satzungsgemäß unterfallenden landwirtschaftlichen Erzeugnisse betrafen, von § 1 freistellte. Eine mit § 28 Abs. 1 Satz 1 vergleichbare Begrenzung auf bestimmte Beschlussbereiche fand sich nicht. So hieß es in der Begründung des federführenden Agrarausschusses: »Damit ist also die Erzeugergemeinschaft allgemein von dem Verbot, die Erzeugung oder die Marktverhältnisse für den Verkehr mit Waren durch Beschränkung des Wettbewerbs zu beeinflussen, befreit; sie kann also insbesondere ... die Märkte örtlich, zeitlich oder nach Warengruppen aufteilen oder dergleichen.«[560] Allerdings beschränkten die detaillierten Anerkennungsvoraussetzungen der §§ 3 und 4 MarktStrG indirekt mögliche kartellrechtsrelevante Beschlüsse einer anerkannten Erzeugergemeinschaft.

374 Schließlich fehlte das in § 28 Abs. 1 Satz 1 enthaltene Verbot der Preisbindung, wie auch die Ausschussbegründung betont: »[Die Erzeugergemeinschaft] kann also insbesondere Preisbindungen für ihre Mitglieder herbeiführen ...«[561] Entsprechend hat das BKartA festgestellt, dass das MarktStrG über § 28 Abs. 1 Satz 1 hinausging, indem anerkannte Erzeugergemeinschaften die Preise durch Beschlüsse binden durften.[562] Nicht ganz klar erschien, ob der Begriff des Beschlusses wörtlich zu nehmen war und sich damit die in § 28 Abs. 1 Satz 1 zusätzlich genannten Vereinbarungen einer Erzeugervereinigung mit einer anderen Erzeugervereinigung nicht mit umfasst fanden. Dafür sprachen die wohl bewusst vorgenommene Abweichung von der Fas-

---

559 OLG Oldenburg, RdL 1998, 123 (124) – *Molkereigenossenschaft*.
560 BT-Drucks. 5/3772 v. 16.1.1969, S. 5.
561 A.a.O.
562 BKartA (Fn. 173), S. 52 f.

sung des damaligen § 100 GWB 1957[563] sowie der Passus »gegenüber ihren Mitgliedern« in der soeben zitierten Ausschussbegründung, wie verschiedentlich angemerkt wurde.[564] Allerdings konnte die Lücke durch einen Rückgriff auf § 28 Abs. 1 Satz 1 geschlossen werden, der subsidiär anwendbar blieb, wie auch § 11 Abs. 3 MarktStrG explizit anordnete.

Die Ausschussbegründung ist ein weiteres Indiz für die vorliegend vertretene Auffassung, dass mit dem Verbot der Preisbindung in § 28 Abs. 1 Satz 1 nur die Preisbindung zweiter Hand gemeint ist (vgl. Rdn. 303 ff.). Denn der Passus »Preisbindung für ihre Mitglieder« weist auf die Konstellation hin, dass die Erzeugervereinigung anstelle ihrer Mitglieder beim Verkauf der betreffenden Erzeugnisse eine Preisbindung vorsieht, die den Käufer für den Weiterverlauf bindet. Hätte der Ausschuss hingegen vorrangig die Festlegung eines gemeinsamen Absatzpreises gemeint, wäre eine Erläuterung unter Bezugnahme auf den gemeinsamen Absatz zu erwarten gewesen. Folglich sah der Ausschuss offenbar nur bezüglich der Preisbindung zweiter Hand die Notwendigkeit, den Umfang der Kartellfreistellung besonders zu begründen. Diese Begründung war notwendig, da insofern über die bereits nach § 28 Abs. 1 Satz 1 erfolgte Freistellung der betroffenen Erzeugervereinigungen hinausgegangen wurde.

Für eine solche Auffassung kann auch angeführt werden, dass wie bei § 28 Abs. 1 Satz 1 die Beschreibung der Tätigkeitsbereiche der erfassten Erzeugerzusammenschlüsse im MarktStrG bereits voraussetzte, dass die Festlegung gemeinsamer Verkaufspreise umfasst war. So basiert die in § 3 Abs. 1 Nr. 3 Buchstabe d Satz 1 MarktStrG statuierte Pflicht der Mitglieder einer Erzeugergemeinschaft, »ihre sämtlichen zur Veräußerung bestimmten Erzeugnisse, die Gegenstand der Tätigkeit der Erzeugergemeinschaft sind, durch diese zum Verkauf anbieten zu lassen«, auf einem Gemeinschaftsverkauf. Soweit die Erzeugergemeinschaft gemäß § 3 Abs. 1 Nr. 3 Buchstabe d Satz 2 Halbsatz 1 MarktStrG von dieser so genannten Vollandienungspflicht ganz oder teilweise befreite, bestimmte Halbsatz 2, dass »insoweit der Verkauf nach gemeinsamen Verkaufsregeln erfolgen soll«.

Der ursprüngliche Hauptzweck des MarktStrG war allerdings, über § 28 Abs. 1 Satz 1 hinaus mittels einer staatlichen Anerkennung die Basis dafür zu schaffen, finanzielle Förderungen des Staates zu gewähren. Nur in dem kleinen Punkt der Preisbindung zweiter Hand war folglich ein Hinausgehen über § 28 Abs. 1 Satz 1 beabsichtigt. Dies beruhte darauf, dass die Förderung pri-

---

563 So *Schroer* (Fn. 545), S. 157 f.
564 So *Schulze-Hagen* (Fn. 21), S. 90, der zugleich davon ausgeht, dass dieses Ergebnis »optisch« gewollt war. Auch *Recke/Sotzeck* (Fn. 544), S. 87, vertreten, dass nur Beschlüsse mit Wirkung »innerhalb der Erzeugergemeinschaften« gemeint sind.

mär auf die Hebung der Qualität der Erzeugnisse abzielte, um insofern gegenüber anderen damaligen EU-Mitgliedstaaten aufzuschließen, wie das noch vor der Andienungspflicht in § 3 Abs. 1 Nr. 3 Buchstabe b MarktStrG geregelte zwingende Ziel, »bestimmte Erzeugungs- und Qualitätsregeln einzuhalten«, und die in § 3 Abs. 1 Nr. 3 Buchstabe c MarktStrG enthaltene korrespondierende »Pflicht der Erzeugergemeinschaft, die Einhaltung der Erzeugungs- und Qualitätsregeln zu überwachen«, deutlich werden ließen. Ein wichtiges Element, um aus qualitativ verbesserten und von einer bestimmten Erzeugergemeinschaft stammenden Erzeugnissen einen Preisvorteil auf dem jeweiligen Erzeugnismarkt generieren zu können, ist die Preisbindung zweiter Hand. Entsprechend beschrieb *Zühlke* 1970 die Zielsetzung des MarktStrG wie folgt: »[Die Einrichtung von Erzeugergemeinschaften kann] einen guten Beitrag leisten, das Qualitätsniveau anzuheben, das Angebot zu bündeln, die Zusammenarbeit mit dem vermarktenden Bereich zu verbessern und damit die Absatzposition der ... Land- und Ernährungswirtschaft zu stärken.«[565]

378   Das Verbot des Wettbewerbsausschlusses fand sich zwar nicht in § 11 Abs. 1 MarktStrG aufgenommen, war jedoch als Anerkennungsvoraussetzung in § 3 Abs. 1 Nr. 8 MarktStrG normiert und dürfte wie in § 28 Abs. 1 Nr. 1 auszulegen sein. Die Ausschussbegründung bemerkte dazu: »Der mitberatende Wirtschaftsausschuss hatte zunächst im Hinblick auf die Rechtsprechung der Gerichte erwogen, die Formulierung ... insofern schärfer zu fassen, als das Bestehenbleiben eines wesentlichen Wettbewerbs zur Voraussetzung für die Anerkennung von Erzeugergemeinschaften bzw. von Vereinigungen von Erzeugergemeinschaften gemacht werden sollte. Wegen der besonderen Struktur des Agrarmarktes aber (teilweise starkes Übergewicht der Nachfrage) hat der Wirtschaftsausschuss davon abgesehen. Er wünschte jedoch dagegen klarzustellen, dass ein unwesentlicher Rest von Wettbewerb jedoch nicht ausreicht, um die Voraussetzungen der §§ 3 und 4 zu erfüllen.«[566] Dies fügt sich in die vorliegende vertretene und der herrschenden Meinung folgenden Auffassung zur Auslegung des entsprechenden Kriteriums in § 28 Abs. 1 Satz 1 (vgl. Rdn. 318 ff.) ein.

379   § 11 Abs. 2 MarktStrG gestattete Vereinigungen von Erzeugergemeinschaften, ihre Mitglieder – d.h. die ihr angeschlossenen Erzeugergemeinschaften – »bei der Preisbildung zu beraten und zu diesem Zweck gegenüber ihren Mitgliedern Preisempfehlungen auszusprechen«.[567] Insofern reichte die Privilegierung nicht an § 28 Abs. 1 Satz 1 heran, was daran lag, dass § 1 Abs. 3 MarktStrG als Zielsetzungen der Vereinigungen nicht den gemeinsamen Ab-

---

565 *Zühlke*, Wesen und Bedeutung des Marktstrukturgesetzes, RdL 1970, 281 (281).
566 BT-Drucks. 5/3772 v. 16.1.1969, S. 2.
567 Vgl. dazu BKartA, TB 1969, BT-Drucks. 6/950 v. 11.6.1970, S. 89.

satz, sondern im Wesentlichen die Hebung der Qualität durch einheitliche Anforderungen sowie die Beratung vorsah. Auch die Ausschussbegründung betonte die eingeschränkte Funktion der Vereinigungen im Rahmen des MarktStrG: »Die Funktionen der Vereinigungen sind abschließend ausgezählt; weitere Aufgaben, insbesondere der Verkauf selbst, können ihnen also nicht übertragen werden.«[568] Wollte die Vereinigung darüber hinausgehen, konnte sie dafür zwar keine Anerkennung beantragen, sich jedoch auf § 28 Abs. 1 Satz 1 berufen.[569] Ein mit der allgemeinen Bereichsausnahme gleichlaufender Anwendungsbereich war offenbar politisch nicht erreichbar. So haben *Recke/Sotzeck* bemerkt, dass faktisch doch eine Preisfestsetzung gestattet sei, weil »kaum anzunehmen ist, dass eine Erzeugergemeinschaft sich nicht nach den Preisempfehlungen ihrer Vereinigung richten wird«. Die insofern zurückhaltende Gestaltung des MarktStrG sei gegenüber einer ausdrücklichen Freistellung die »›elegantere‹ Lösung« und vermeide eine »politisch-psychologisch unerwünschte weite Ausnahme für die Landwirtschaft auf dem Gebiet des Kartellrechts«.[570]

Insgesamt ist festzuhalten, dass das MarktStrG für anerkannte Erzeugergemeinschaften und deren Vereinigungen § 28 nicht in toto verdrängen wollte. § 28 blieb, wie die wohl ganz herrschende Meinung vertrat, subsidiär anwendbar.[571] Denn ansonsten wären Erzeugergemeinschaften und deren Vereinigungen punktuell schlechter als von § 28 Abs. 1 Satz 1 erfasste Zusammenschlüsse gestellt gewesen, was der privilegierenden Wirkung des MarktStrG offensichtlich entgegengestanden hätte. Das BKartA hat wie bei § 28 die Missbrauchsaufsicht uneingeschränkt im Bereich der nach dem MarktStrG anerkannten Erzeugergemeinschaften und Vereinigungen angewandt.[572] Dafür herangezogen werden konnte zum einen der enge Wortlaut des § 11 Abs. 3 MarktStrG und zum anderen die in dieser Hinsicht ausdrückliche Ausschussbegründung zu § 11 MarktStrG: »§ 104 GWB [1957] über die Missbrauchsaufsicht gilt auch hier. Es ist selbstverständlich, dass Erzeugergemeinschaften und Vereinigungen der Missbrauchsaufsicht, die auch bei allen übrigen Kartellbefreiungen in der Landwirtschaft und der gewerblichen Wirtschaft gilt, unterworfen werden mussten.«[573]

380

---

568 BT-Drucks. 5/3772 v. 16.1.1969, S. 2.
569 So auch BKartA, TB 1970, BT-Drucks. 6/2380 v. 28.6.1971, S. 86, das bezüglich der Freistellung einer Vereinigung von Genossenschaften deutscher Kutterfischer für den Bereich des Absatzes auf § 100 Abs. 1 GWB 1957 und ergänzend zur Preisbildung und Preisempfehlung auf das MarktStrG verwies; entspr. *Schulze-Hagen* (Fn. 21), S. 98.
570 *Recke/Sotzeck* (Fn. 544), S. 89.
571 Vgl. die nähere Diskussion bei *Schulze-Hagen* (Fn. 21), S. 86 ff.
572 Vgl. etwa BKartA, TB 1973, BT-Drucks. 7/2250 v. 14.6.1974, S. 105.
573 BT-Drucks. 5/3772 v. 16.1.1969, S. 5.

381 Um zu gewährleisten, dass die im MarktStrG vorgesehenen Begünstigungen von Erzeugergemeinschaften und deren Vereinigungen jederzeit zu Recht gewährt wurden, unterlagen nach § 3 Abs. 4 bzw. § 4 Abs. 2 MarktStrG die anerkannten Zusammenschlüsse einer andauernden staatlichen Überprüfung durch das anerkennende Bundesland dahingehend, ob die Anerkennungsvoraussetzungen eingehalten wurden. Fiel die Überprüfung negativ aus, war die Anerkennung – gegebenenfalls ex tunc, wie sich auch aus § 5 Abs. 5 Satz 2 MarktStrG ergab – zu widerrufen. Zwar fand sich § 3 Abs. 4 MarktStrG als Ermessensvorschrift ausgestaltet. Worin das Ermessen liegen könnte, wurde jedoch nicht näher deutlich. Es ließ sich allerdings beispielsweise an ein Ermessen im Hinblick auf den Zeitpunkt des Wirksamwerdens des Widerrufs und die Möglichkeit von Auflagen anstelle eines Widerrufs denken.[574] Angesichts der abschließenden Formulierung der genannten Widerrufsvorschriften und eines fehlenden Verweises auf das VwVfG war ein Rückgriff auf §§ 48 ff. des VwVfG des jeweiligen Bundeslandes wohl nicht möglich. Die Zuständigkeit der Landesanerkennungsbehörde beschränkte sich auf die Anerkennung und die damit verbundene Kontrolle der Einhaltung der Anerkennungsvoraussetzungen. Die Zuständigkeit für die Frage, ob die Grenzen der kartellrechtlichen Freistellung des § 11 MarktStrG eingehalten wurden, sowie für die Missbrauchsaufsicht lag demgegenüber bei den Kartellbehörden.

382 Parallel zu der im EU-Recht vorgesehenen Anerkennung von Agrarorganisationen (vgl. Rdn. 184) war es den Kartellbehörden nicht möglich, sich über die Rechtswirkungen eines Anerkennungsbescheides hinwegzusetzen.[575] Insbesondere der Ausschluss des Wettbewerbes, der ein Anerkennungskriterium darstellte, konnte daher nicht zu einem auf § 1 gestützten Eingreifen der Kartellbehörde gegen der jeweiligen Erzeugerorganisation oder Vereinigung führen, solange nicht der Anerkennungsbescheid aufgehoben war. Ansonsten hätte sich der Staat widersprüchlich verhalten. *Recke/Sotzeck* sprachen insofern von einem »Nachteil«, der durch »rechtzeitige Fühlungnahme beider Dienststellen« zu beheben sei.[576] *Petry* wies darauf hin, dass es insbesondere

---

574 Vgl. eingehender *Massenbach*, Das Marktstruktur- und Absatzfondsrecht – Der europäische Vorschlag und die deutschen Gesetze aus wirtschafts- und verfassungsrechtlicher Sicht, Diss. Göttingen 1972, S. 120 ff. Die Ansicht von *Petry* (Fn. 5), S. 152, es bestehe selbst dann ein Ermessen, wenn der Wettbewerb ausgeschlossen wird und damit ein wesentliches Anerkennungskriterium nicht erfüllt ist, dürfte zu weit gehen.
575 Vgl. entsprechend *Bendel/Reuter*, Kommentar zum Marktstrukturgesetz, o.J. (1971), § 11, Rn. 4.
576 *Recke/Sotzeck* (Fn. 544), S. 89.

bei der Prüfung des nicht in § 11 MarktStrG enthaltenen Kriteriums des Wettbewerbsausschlusses zu einem Konflikt zwischen beiden Behörden kommen konnte.[577]

Das BKartA hat für den Milchbereich in diesem Punkt ohne Begründung eine andere Ansicht angedeutet: »Die Genehmigung von Milcherzeugergemeinschaften erfolgt durch die jeweils örtlich zuständigen Landesbehörden. Das [BKartA] hat hier keine Zuständigkeiten und ist in den Anerkennungsprozess weder formell noch informell eingebunden. Allerdings behält sich das [BKartA] die kartellrechtliche Überprüfung der Aktivitäten auch anerkannter Erzeugergemeinschaften vor, sofern und soweit diese auf einem regionalen Markt eine erhebliche Menge der zur Verfügung stehenden Rohmilch gebündelt haben. Soweit die zuständige Landesbehörde die Anerkennung beispielsweise in den Fällen, in denen der Wettbewerb ausgeschlossen wird, nicht widerruft, kann das [BKartA] europäisches Recht anwenden, soweit die dort vorgeschriebenen Eingriffsvoraussetzungen erfüllt sind. Zudem spricht nach Auffassung des [BKartA] Einiges dafür, dass auch das GWB anwendbar wäre, wenn die Privilegierungsvoraussetzungen für Erzeugerorganisationen nicht (mehr) vorliegen.«[578] 383

4. MEG Milch Board

Mit dem MarktStrG waren weitere Rechtsfragen verbunden, auf die an dieser Stelle jedoch nicht näher eingegangen werden kann. Insofern ist auf die – allerdings größtenteils recht alte – Literatur zum MarktStrG zu verweisen.[579] Angesichts der zahlreichen Gemeinsamkeiten zwischen § 11 MarktStrG und § 28 waren im Zweifelsfall beide Bestimmungen grundsätzlich parallel auszulegen.[580] Bedenken gegen die Vereinbarkeit der Bevorzugung landwirtschaftlicher Betriebe gegenüber vor allem Betrieben der sonstigen Wirtschaft 384

---

577 *Petry* (Fn. 5), S. 154.
578 BKartA (Fn. 184), S. 78.
579 *Bendel/Reuter* (Fn. 574); *Massenbach* (Fn. 573); *Pelhak/Wüst*, Aktuelle Rechtsprobleme des Marktstrukturgesetzes aus bayerischer Sicht, AgrarR 1975, 123; *Recke/Sotzeck* (Fn. 544); *Schroer* (Fn. 545); *Sichtermann* (Hrsg.), Das Marktstrukturgesetz, 1. Aufl. 1969 und 2. Aufl. 1971; kaum ergiebig *von Renthe gen. Fink*, Neue Bereichsausnahme zum GWB – Bemerkungen zu § 11 MarktStrG, WuW 1969, 441.
580 Vgl. etwa zu den Fragen, ob der Verkauf von Dritterzeugnissen erfasst wird und eine Pflicht zur Verwendung bestimmter Produktionsmittel ausgesprochen werden darf, *Petry* (Fn. 5), S. 132 und 134 f.

mit Art. 3 Abs. 1 GG[581] haben sich wie bei § 28 (vgl. Rdn. 59 ff.) nicht durchsetzen können.[582]

385 Als Beispiel einer aktuelleren Kontroverse, die mit § 11 MarktStrG zusammenhing, sei auf das Bestreben des BDM, mit Hilfe des 2007 von ihm initiierten MEG Milch Board einen deutschlandweit einheitlichen Mindestabnahmepreis auf Ebene der Milcherzeugungsbetriebe zu erreichen,[583] kurz eingegangen. Bei dem MEG Milch Board handelt es sich um eine nach dem MarktStrG von dem zuständigen Bundesland anerkannte Erzeugergemeinschaft. Ob diese Anerkennung rechtlich möglich war, wird kontrovers beurteilt. So sollen nach § 2 Abs. 1 Satz 2 Buchstabe b der Satzung des MEG Milch Board gemeinsame Verkaufsregeln in Bezug auf die Verwertung der Milch des Milch Board getroffen werden.[584] Um über diese Verkaufsregeln den gewünschten bundesweiten Mindestabnahmepreis durchzusetzen, müssten die deutschen Milcherzeuger zu einem Großteil Mitglieder des MEG Milch Board werden. Weil § 3 Abs. 1 Nr. 3 Buchstabe d Halbsatz 1 MarktStrG eine Andienungspflicht gegenüber der Erzeugergemeinschaft – und damit verbunden eine Abnahmepflicht der Erzeugergemeinschaft – vorsah, hätten neu beitretende Milcherzeuger ihre zumeist bestehenden Mitgliedschaft in ihren bisherigen Erzeugergemeinschaften kündigen müssen, da nicht gleichzeitig eine Andienungspflicht bei zwei Erzeugergemeinschaften bestehen kann. Das MEG Milch Board besitzt jedoch nicht die Kapazitäten, bundesweit Milch zu vermarkten, sondern soll im Wesentlichen nur als Instrument zur Durchsetzung eines bundesweit einheitlichen Mindestpreisniveaus für Rohmilch dienen.[585]

---

581 Vgl. etwa *Götz*, Recht der Wirtschaftssubventionen, 1966, S. 270 f., der in Bezug auf »die verlassungsrechtlichen Bedenken gegen das [1964 vom DBV] vorgeschlagene [MarktStrG]« feststellte: »Die öffentliche begünstigende Bevorzugung landwirtschaftlicher Genossenschaften vor den Unternehmen und Genossenschaften des gewerblichen Mittelstandes ist verfassungswidrig; sie verstößt gegen Gleichheitsgebot und Sozialstaatsprinzip.«
582 Vgl. die ausführliche Diskussion bei *Massenbach* (Fn. 574), S. 194 ff., zu den in Frage kommenden Diskriminierungskonstellationen.
583 Vgl. MEG Milch Board, Die MEG Milch Board w.V. – Was macht den Unterschied? (abrufbar über die Internetseite des MEG Milch Board). Zuvor hatte das BKartA, TB 2007/08, BT-Drucks. 16/13500 v. 22.6.2009, S. 37, ein »Basismilchpreisprojekt« des BDM als einen nicht freistellungsfähigen Verstoß gegen § 1 eingestuft (s. auch Rdn. 99 ff.).
584 Satzung des MEG Milch Board (abrufbar ebenda).
585 *Fendt*, Einführung, S. 24, in: Sichtermann (Fn. 579), 2. Aufl. 1971, S. 5 ff., äußerte früh skeptisch in Bezug auf das MarktStrG, »dass allzu weit gespannte Hoffnungen auf eine Stabilisierung der Märkte und insbesondere die Durchsetzung einer aktiven Preispolitik unrealistisch sind ... Mammutgesellschaften [in Form] sehr großer Erzeugergemeinschaften [werden] es vermutlich besonders schwer haben, für ihre Tätigkeit einen gemeinsamen Nenner zu finden.«; ähnlich 1969 *Goeman/*

Daher sieht § 49 Abs. 1 Satz 1 der Satzung vor, dass »Neumitglieder von der 386
Andienungspflicht ... vollständig befreit sind«. Zugleich haben sie nach § 49
Abs. 2 der Satzung »die gemeinsamen Verkaufsregeln, soweit rechtlich zulässig, einzuhalten«. Zwar normierte § 3 Abs. 1 Nr. 3 Buchstabe d Halbsatz 2
MarktStrG, dass die Andienungspflicht entfallen und durch gemeinsame Verkaufsregeln ersetzt werden kann. Ob hiermit jedoch die gleichzeitige Mitgliedschaft in zwei nach dem MarktStrG anerkannten Erzeugergemeinschaften für
dasselbe Erzeugnis ermöglicht werden sollte, kann bezweifelt werden.[586] Primär war wohl der Fall gemeint, dass entweder von Erzeugern eine teilweise Direktvermarktung vorgenommen wird und insofern im Einzelfall eine Freistellung von der Andienungspflicht erfolgen kann oder Erzeuger für einen Teil
ihrer Erzeugnisse einen für sie vorteilhafteren besonderen Vermarktungsweg
– etwa Belieferung einer Molkerei, die einen speziellen Käse herstellt – beschreiben.[587] So betonte auch die Ausschussbegründung als Ziel, »dass neben
bestehenden Absatzformen je nach den regionalen oder den sich aus den
landwirtschaftlichen Erzeugnissen selbst ergebenden Verschiedenheiten neue
Absatzformen entwickelt werden können«.[588]

Eingewendet wurde auch, dass das MarktStrG auf eine regionale, nicht jedoch 387
bundesweite Bündelung eines Erzeugnisses auf Erzeugerebene abzielte. Dafür
sprach, dass durch eine anerkannte Erzeugergemeinschaft der Wettbewerb
nicht ausgeschlossen werden durfte. Das BKartA hat folglich zu der Milchbündelungsabsicht des MEG Milch Board bemerkt: »Eine erhebliche Bündelung wäre jedoch auch unter Berücksichtigung des MarktStrG nicht mehr
vom Kartellverbot des GWB ausgenommen, da dadurch der Wettbewerb auf

---

von Gruben/Sotzeck (Fn. 546), S. 296, die vor einer »Überschätzung der Kartellpräferenzen« warnen.
586 Ablehnend *Pelhak/Wüst* (Fn. 579), S. 124; vgl. aus der Diskussion zum MEG Milch Board Genossenschaftsverband Bayern, Information an die Milcherzeuger zum Milch Board w.V. v. 26.9.2007 (abrufbar über die Internetseite des Genossenschaftsverbandes Bayern), und Milchindustrie-Verband (MIV), Milcherzeugergemeinschaft Milch Board w.V. – Fragen und Antworten, 2007 (abrufbar über die Internetseite des MIV). Das zuständige bayerische Landwirtschaftsministerium hat das MEG Milch Board nur mit verschiedenen Auflagen anerkannt (vgl. im Einzelnen Pressemitteilung des Ministeriums Nr. 259 v. 20.9.2007), zu denen auch gehört, dass eventuelle gemeinsame Verkaufsregeln »für Doppelmitglieder rechtlich nicht verbindlich sind«; vgl. dazu auch BKartA (Fn. 157), S. 66.
587 So der Fall des BKartA, TB 1974, BT-Drucks. 7/3791, S. 79, in dem einige Mitglieder einer Erzeugergemeinschaft für Frostfische »konzernmäßig« mit Fischverarbeitungsbetrieben verbunden waren und das BKartA der Erzeugergemeinschaft unter Diskriminierungsgesichtspunkten untersagt hatte, diese Betriebe im Rahmen eines Rückkaufsrechts der Mitglieder zu vergünstigten Preisen zu beliefern. Daraufhin nahm die Erzeugerorganisation die betreffenden Mitglieder ganz oder teilweise von der Andienungspflicht aus.
588 BT-Drucks. 5/3772 v. 16.1.1969, S. 3.

dem Absatzmarkt für Rohmilch ausgeschaltet würde. Bereits eine Bündelung, die wesentliche Teile des Bundesgebietes erfasst, ist darüber hinaus mit hoher Wahrscheinlichkeit nicht mit [Art. 101 AEUV] vereinbar.«[589] Eine echte Bündelung findet allerdings nicht statt, da das MEG Milch Board im Wesentlichen nur eine Preisempfehlung für nicht von ihr vermarktete Milch abgibt. Auch die besondere Kartellausnahme des Art. 149 VO (EU) Nr. 1308/2013 greift nicht, da deren Abs. 1 voraussetzt, dass die anerkannte Erzeugerorganisation »im Namen der ihr angehörenden Landwirte« über deren Rohmilch Absatzverträge aushandelt.

5. Verhältnis zum EU-Kartellrecht

388 Letztere Bemerkungen weisen auf den generellen Vorrang des EU-Agrarkartellrechts gegenüber dem MarktStrG hin, obwohl wie bei § 28 eine ausdrückliche Kollisionsregelung im deutschen Recht fehlte. Eine Erzeugervereinigung, die die Vermarktung eines bestimmten Erzeugnisses in Deutschland weitgehend bündelt, dürfte regelmäßig die Zwischenstaatlichkeitsklausel des Art. 101 Abs. 1 AEUV erfüllen.[590] In einem solchen Fall trat an die Stelle des § 11 Abs. 1 MarktStrG das EU-Agrarkartellrecht bzw. das EU-Agrarmarktrecht, soweit dort Bestimmungen zu Erzeugergemeinschaften für bestimmte Erzeugnisse enthalten waren.

II. § 5 AgrarMSG

389 Das AgrarMSG hat zwar 2013 den Grundgedanken des MarktStrG – staatliche Anerkennung von Erzeugerzusammenschlüssen mit einer Kartellbefreiung – weitergeführt. Um die 2012 neu entstandenen EU-Regelungen zu Agrarorganisationen im Milchbereich (vgl. Rdn. 104 ff.) in Deutschland durchführen zu können, bedurfte es jedoch einer durchgehenden Änderung des MarktStrG. Der Änderungsbedarf erwies sich dabei als vielschichtig. Erstens war das MarktStrG nicht auf die Durchführung von EU-rechtlichen Bestimmungen über die Anerkennung von Agrarorganisationen ausgerichtet, wie § 7 Abs. 1 MarktStrG sogar explizit besagte. Zweitens stimmten die Anerkennungsvoraussetzungen des MarktStrG für Erzeugerorganisationen und deren Vereinigungen im Milchbereich nicht vollständig mit denen des EU-Rechts überein. Drittens erfasste das MarktStrG die Anerkennung von Branchenverbänden nicht. Viertens ließ die besondere Kartellausnahme des Art. 126c VO (EG) Nr. 1234/2007 für Vereinigungen im Milchbereich Preis-

---

589 BKartA (Fn. 157), S. 66; ähnlich dass., Schr. v. 30.3.2009, Az. B 2 – 19/08, an das Unternehmen Milch (abrufbar über die Internetseite des Unternehmen Milch).
590 Das BKartA (Fn. 589), S. 2, hat 2009 bemerkt, dass es »erforderlichenfalls auch die Europarechtskonformität des MarktStrG als solches [prüft].«

vereinbarungen zu und ging damit über die Kartellfreistellung des § 11 Abs. 2 MarktStrG hinaus, wie das BKartA feststellte: »Danach können auch Vereinigungen von Erzeugergemeinschaften Preisverhandlungen führen.«[591]

Fünftens waren ergänzende Verfahrensbestimmungen im deutschen Recht für die Durchführung des Art. 126c VO (EG) Nr. 1234/2007 zu schaffen, für deren Erlass das MarktStrG keine ausreichende Grundlage bot. Hinzu kam sechstens unabhängig vom EU-Milchpaket der Umstand, dass die Förderbestimmungen des MarktStrG als sein eigentlicher Entstehungsgrund aufgehoben werden mussten, da sie schon seit längerem durch die Förderleitlinien, die die Bundesländer im Rahmen des auf Art. 91a Abs. 1 Nr. 1 in Verbindung mit Abs. 2 GG basierenden Gesetzes über die Gemeinschaftsaufgabe »Verbesserung der Agrarstruktur und des Küstenschutzes«[592] erlassen, überlagert waren. Vor diesem Hintergrund bemerkte das BKartA Anfang 2012: »Der deutsche Gesetzgeber wird vermutlich die Regelung des europäischen Milchpakets zum Anlass nehmen, das [MarktStrG] zu reformieren ...«[593]

390

Im September 2012 brachte daher die Bundesregierung den Entwurf eines AgrarMSG in das parlamentarische Verfahren ein,[594] mit dem das MarktStrG in dem skizzierten Sinne abgelöst werden sollte. Der Bundesrat begrüßte im November 2012 den Entwurf und forderte lediglich, die Verordnungsermächtigung zur Regelung der Zusammenarbeit zwischen Anerkennungs- und Kartellbehörden zu streichen.[595] Die Bundesregierung widersprach dem unter Hinweis vor allem darauf, dass Vorsorge für die Durchführung entsprechenden EU-Rechts getroffen werden müsse. Zudem seien »einzelne Anerkennungsvoraussetzungen kartellrechtlich geprägt. Die Möglichkeit, bei der Bewertung eine Zusammenarbeit zwischen Anerkennungsbehörden und Kartellbehörden vorzusehen, um eventuelle unterschiedliche Bewertungen bereits im Vorfeld der Anerkennung diskutieren und ausräumen zu können, sollte nicht generell im Voraus ausgeschlossen werden.«[596] Im Dezember 2012 beschloss der Bundestag den Entwurf unverändert, so dass das AgrarMSG am 25.4.2013 in Kraft treten konnte.[597] Ein wesentlicher Bestandteil des Reformvorhabens war die anschließende Ersetzung des Durchführungsrechts zum

391

---

591 BKartA (Fn. 184), S. 78.
592 BGBl. I 1969, S. 1573; Neubekanntmachung v. 21.7.1988, BGBl. I 1988, S. 1055.
593 BKartA (Fn. 184), S. 79.
594 BT-Drucks. 17/11294 v. 5.11.2012 (Art. 1 des Gesetzes zur Änderung agrarmarktrechtlicher Bestimmungen).
595 BT-Drucks. 17/11294 v. 5.11.2012, S. 18.
596 BT-Drucks. 17/11354 v. 6.11.2012, S, 1.
597 S. für eine ausführlichere Beschreibung der Konzeption des AgrarMSG *Busse*, Das neue deutsche Agrarmarktstrukturgesetz 2013, JAR XII (2013), 27.

MarktStrG durch die AgrarMSV, die zugleich das AgrarMSG in zahlreichen Punkten ergänzte und am 29.11.2013 in Kraft trat.[598]

392 Die kartellrechtliche Relevanz des AgrarMSG betont bereits dessen § 1 Abs. 1 Nr. 2, der die »Freistellung vom Kartellverbot« für anerkannte Agrarorganisationen als ein Ziel des AgrarMSG hervorhebt. § 5 Abs. 1 Satz 1 AgrarMSG ersetzt die aufgefächterten Befreiungstatbestände des § 11 Abs. 1, 2 und 4 MarktStrG wie folgt: »Für Tätigkeiten, die eine Agrarorganisation in dem von ihrer Anerkennung umfassten Bereich vornimmt und die dem Agrarorganisationenrecht entsprechen, gilt [§ 1 GWB] nicht.« Wie zuvor § 11 Abs. 3 MarktStrG stellt § 5 Abs. 1 Satz 2 AgrarMSG klar: »Im Übrigen bleiben die Vorschriften des [GWB] unberührt.« Damit haben erstmals Branchenverbände eine explizite kartellrechtliche Freistellung erhalten, sofern sie nach den gesetzlichen Voraussetzungen anerkannt sind. *Brück* führt dazu aus: »Die normale Verbandsarbeit war bisher im Agrarsektor schon innerhalb der kartellrechtlichen Grenzen zulässig. Die Möglichkeit der Anerkennung von Branchenverbänden ... eröffnet diesen aber die Möglichkeit, ihr Dienstleistungsangebot in marktrelevanten Bereichen auszuweiten, ohne dabei in kartellrechtliche Schwierigkeiten zu geraten.«[599]

393 § 5 Abs. 2 AgrarMSG ergänzt die Freistellung um drei Verordnungsermächtigungen. Nach Nr. 1 kann der Informationsaustausch zwischen Anerkennungsbehörden und Kartellbehörden geregelt werden. Nr. 2 erlaubt, das Ruhen oder den Widerruf der Anerkennung für Fälle vorzusehen, in denen »eine Agrarorganisation gegen eine anwendbare Bestimmung des Kartellrechts verstößt«. Nr. 3 ermächtigt, »soweit das Unionsrecht für bestimmte Agrarorganisationen besondere Kartellbestimmungen vorsieht, die zur Durchführung dieser Bestimmungen erforderlichen Anforderungen sowie das Verfahren zu regeln«.

394 Wie zuvor schon im MarktStrG verbietet § 4 Abs. 2 AgrarMSG einer Agrarorganisation, »in dem von der Anerkennung umfassten Bereich den Wettbewerb auszuschließen«.[600] Auf diese Weise wird zugleich eine wichtige in

---

598 Eine Beschreibung der Entstehungsgeschichte des AgrarMSG und der AgrarMSV unter Abdruck der parlamentarischen Unterlagen sowie eine Kommentierung beider Rechtsakte finden sich bei *Busse* (Fn. 304 – Das Recht der anerkannten Agrarorganisationen).
599 *Brück*, in: MünchKommKartR, § 28 Rn. 42; vgl. näher zum zulässigen Tätigkeitskreis von anerkannten Branchenverbänden *Busse* (Fn. 304 – Das Recht der anerkannten Agrarorganisationen), § 12 AgrarMSV, Rn. 1 ff.
600 Diese Bestimmung übersieht *Buth*, in: Loewenheim/Meessen/Riesenkampff, § 28 Rn. 39. Ihre dort ebenfalls geäußerte Annahme, dass das Preisbindungsverbot des Abs. 1 Satz 1 gelte, findet keinen Anhaltspunkt im AgrarMSG und widerspricht zudem dem Inhalt der Vorgängerbestimmung.

Art. 209 Abs. 1 Unterabs. 3 VO (EU) Nr. 1308/2013 enthaltene Einschränkung der Freistellung gespiegelt. Da das Verbot des Wettbewerbsausschlusses in der Bestimmung des AgrarMSG zu den Anerkennungsvoraussetzungen enthalten ist, handelt es sich um eine derartige Voraussetzung. Verstößt eine Agrarorganisation gegen das Verbot, ist ihr mithin die Anerkennung zu entziehen, wie § 5 Abs. 1 AgrarMSV zu entnehmen ist. Wie bereits die Vorgängerbestimmung enthält § 5 AgrarMSG kein Verbot der Preisbindung für anerkannte Erzeugerorganisationen, wobei dies nun auf alle anerkannten Agrarorganisationen erweitert wird. Diese Erweiterung dürfte allerdings nur für anerkannte Vereinigungen von Bedeutung sein, da anerkannte Branchenverbände ohnehin grundsätzlich nicht am Markt tätig werden dürfen. § 6 AgrarMSG schafft ein als Agrarorganisationenregister benanntes Register, in dem öffentlich zugänglich alle Agrarorganisationen mit dem Datum der Anerkennung, dem von ihnen jeweils erfassten Erzeugnisbereich und ihrer Anschrift zu verzeichnen sind. Dieses Register wird von der Bundesanstalt für Ernährung und Landwirtschaft auf der Grundlage von Informationen der Bundesländer geführt und kann auf deren Internetseite abgerufen werden. § 2 Abs. 1 AgrarMSG knüpft an § 28 Abs. 3 GWB an, indem das AgrarMSG grundsätzlich für alle Anhang-I-Erzeugnisse gilt. Die konkrete Ausgestaltung der einzelnen Erzeugnisbereiche, für die eine Anerkennung ausgesprochen werden kann, nimmt die AgrarMSV vor.

Mit der AgrarMSV wurden zugleich die in § 5 Abs. 2 AgrarMSG enthaltenen Verordnungsermächtigungen genutzt. § 5 Abs. 2 AgrarMSV gestattet, eine Anerkennung zu widerrufen, wenn »fortgesetzt ein schwerer Rechtsverstoß« außerhalb des Bereichs der Anerkennungsvoraussetzungen begangen wird. Gemäß der amtlichen Begründung gehört hierzu unter anderem ein Verstoß im »Bereich des Kartellrechts«.[601] Nach § 6 AgrarMSV hat die Kartellbehörde die zuständige Anerkennungsbehörde über laufende und abgeschlossene Verfahren, die anerkannte Agrarorganisationen betreffen, zu unterrichten. §§ 15 und 16 AgrarMSV regeln in Durchführung des Art. 126c VO (EG) Nr. 1234/2007 – jetzt Art. 149 VO (EU) Nr. 1308/2013 – und des zugehörigen Kommissionsrechts Einzelheiten der besonderen Kartellbefreiung im Milchsektor (vgl. Rdn. 184).[602] § 12 Abs. 3 AgrarMSV untersagt in Entsprechung zu Art. 176a Abs. 4 VO (EG) Nr. 1234/2007 – nunmehr Art. 210 Abs. 4 VO (EU) Nr. 1308/2013 – Branchenverbänden mehrere Tätigkeiten und Verhal-

395

---

601 BR-Drucks. 666/13 v. 30.8.2013, S. 38.
602 S. rechtsvergleichend § 16 Abs. 1 Satz 3 der österreichischen Erzeuger-Rahmenbedingungen-Verordnung v. 3.11.2015 (BGBl. II Nr. 326/2015), wonach die österreichische Agrarmarktbehörde Benachrichtigungen im Sinne des Art. 149 Abs. 2 Buchstabe f VO (EU) Nr. 1308/2013 an die österreichische Kartellbehörde weiterleitet. In Teilen hat das deutsche Agrarorganisationenrecht dem österreichischen Recht als Vorbild gedient.

tensweisen, die kartellrechtlich besonderes relevant sind. Soweit das EU-Agrarmarktrecht spezielle Regelungen mit kartellrechtlichen Auswirkungen zu Agrarorganisationen enthält, geht es dem kartellrechtlichen Vorschriften der AgrarMSG und der AgrarMSV vor. Ist die Zwischenstaatlichkeitsklausel erfüllt, ist gegenüber § 5 AgrarMSG vorrangig das EU-Kartellrecht anzuwenden, sofern dessen Anwendung im EU-Agrarrecht angeordnet wird. Hinsichtlich der Anerkennungsvoraussetzungen findet sich in § 1 Abs. 2 AgrarMSV eine ausdrückliche EU-Vorbehaltsklausel, die derzeit greift, um die Kohärenz zwischen der Verordnung (EU) Nr. 1308/2013 und der an sie noch nicht angepassten AgrarMSV herzustellen.

396 Nach der Übergangsbestimmung des § 11 AgrarMSG in Verbindung mit § 23 Abs. 3 AgrarMSV gelten für alle am 24.4.2013 anerkannten Agrarorganisationen die Anerkennungsvoraussetzungen des MarktStrG bis zum 29.5.2015 weiter, soweit EU-Recht zu anerkannten Agrarorganisationen nicht entgegensteht. § 23 Abs. 1 AgrarMSV nutzt die Übergangsbestimmungen der Art. 154 Abs. 2, Art. 156 Abs. 1 Unterabs. 2 und Art. 158 Abs. 2 VO (EU) Nr. 1308/2013, um die vor dem 1.1.2014 anerkannten Agrarorganisationen als Agrarorganisationen im Sinne der Verordnung (EU) Nr. 1308/2013 fortzuführen. Erfüllen solche Agrarorganisationen nicht alle EU-rechtlichen Anerkennungsvoraussetzungen, ist ihre Anerkennung gemäß Art. 154 Abs. 3, Art. 156 Abs. 1 Unterabs. 2 und Art. 158 Abs. 3 VO (EU) Nr. 1308/2013 ab dem 1.1.2015 erloschen, was die Anerkennungsbehörde durch Bescheid festzustellen hat.

397 Das VG Würzburg hat 2014 gestützt auf das AgrarMSG und die AgrarMSV die Ablehnung eines bereits 2009 gestellten und seitdem mit der Anerkennungsbehörde intensiv diskuierten Antrag auf Anerkennung einer Erzeugerorganisation bestätigt, da die eingereichte Satzung wegen unter anderem der Mitgliedschaft von Nichterzeugern, die maßgeblichen Einfluss auf die interne Preisgestaltung haben sollten, nicht den Anerkennungsvoraussetzungen entsprach. Dabei betonte das VG Würzburg insbesondere als ein maßgebliches Ziel von Erzeugerorganisationen, »dass sich die Erzeuger zusammenschließen, der Handelsseite gegenüber geschlossen auftreten und ihre Agrarerzeugnisse durch die Erzeugerorganisation zum Verkauf anbieten lassen. Damit wird das Angebot und dessen Vermarktung gebündelt.«[603]

---

603 VG Würzburg, Urt. v. 13.3.2014, Az. W 3 K 12.636, AUR 2014, 353 (354 f.); vgl. dazu *Busse*, Anerkennungsfähigkeit von Erzeugerorganisationen nach der AgrarMSV, jurisPR-AgrarR 6/2014, Anm. 1, und *Köpl*, Anmerkung zum Urteil des Verwaltungsgerichts Würzburg vom 13.3.2014 und allgemein zur Problematik der Anwendung des neuen Agrarmarktstrukturrechts auf Erzeugerorganisationen, AUR 2014, 356.

Im Januar 2016 ist das AgrarMSG um § 5a ergänzt worden,[604] der Verordnungsermächtigungen zur Durchführung von Rechtsakten der Europäischen Kommission, die auf Art. 222 VO (EU) Nr. 1308/2013 gestützt sind (vgl. Rdn. 202 ff.), enthält. Insbesondere bedarf es in solchen Fällen der Bestimmung der für die Durchführung zuständigen Behörden und der Festlegung von Meldepflichten. Allerdings hat sich bereits anlässlich des ersten Anwendungsfalles ergeben, dass § 5a AgrarMSG zu eng gefasst ist, da die Europäische Kommission die Anwendung des Art. 222 VO (EU) Nr. 1308/2013 auch auf nicht anerkannte Erzeugervereinigungen erstreckt hat (vgl. Rdn. 204). Folglich soll mit einem im April 2016 begonnen Gesetzgebungsverfahren der Anwendungsbereich des § 5a AgrarMSG und damit zugleich auch des gesamten AgrarMSG entsprechend erweitert werden.[605] Auch eine zugehörige Änderung der AgrarMSV befindet sich seit Mai 2016 im Verordnungsgebungsverfahren.[606]

398

III. § 40 BWaldG

Das BWaldG enthält in §§ 15 bis 39 umfangreiche Bestimmungen zu »forstwirtschaftlichen Zusammenschlüssen«.[607] Darunter fallen Forstbetriebsgemeinschaften, Forstbetriebsverbände und Forstwirtschaftliche Vereinigungen. Während Forstbetriebsgemeinschaften und Forstwirtschaftliche Vereinigungen juristische Personen des Privatrechts sind, die der staatlichen Anerkennung bedürfen, handelt es sich bei Forstbetriebsverbänden um Körperschaften des öffentlichen Rechts. Hinzu kommen noch nach »landesrechtlichen Vorschriften« bestehende »Zusammenschlüsse in der Forstwirtschaft«. Mit Hilfe dieser vielfältigen Organisationsformen soll der zumeist erheblich verstreute Waldbesitz regional zusammengefasst werden, um dadurch die Ziele des BWaldG besser erreichen zu können. Zu den Zielen gehören gemäß § 1 BWaldG, den Wald wegen seiner im Einzelnen dort aufgezählten allgemeinnützigen Funktionen zu erhalten und »seine ordnungsgemäße Bewirtschaftung nachhaltig zu sichern«, »die Fortwirtschaft zu fördern« sowie »einen Ausgleich zwischen den Interessen der Allgemeinheit und den Belangen der Waldbesitzer herbeizuführen«. Gemäß § 41 BWaldG können – parallel zum Konzept des vormaligen MarktStrG – forstwirtschaftliche Zusammenschlüsse staatliche Zuwendungen erhalten.

399

Insofern bildet das BWaldG eine gewisse nationale Waldmarktordnung, die an die Förderung der Erzeugerorganisationen im EU-Agrarmarktrecht und an das Holz nicht erfassende MarktStrG und nunmehrige AgrarMSG erin-

400

---

604 BGBl. 2016 I S. 52.
605 BT-Drucks. 18/8235 v. 26.4.2016.
606 BR-Drucks. 222/16 v. 3.5.2016.
607 S. allg. dazu *Lohner/Sielaff*, Forstwirtschaftliche Zusammenschlüsse – Rechtsformen und steuerliche Grundlagen, 2009, S. 5 ff.

nert. Diese Ähnlichkeit ist nicht erstaunlich, da die erstmalige Regelung dieser Materien im Forstbereich 1969 in Form des Gesetzes über forstwirtschaftliche Zusammenschlüsse (ForstWZG)[608] erfolgte und dieses ForstWZG als Gegenstück zum zeitgleich erlassenen MarktStrG konzipiert war. Anschließend wurde 1975 der Inhalt des ForstWZG in das breiter angelegte BWaldG[609] übernommen.

401 Das Urerzeugnis Holz fällt als Nicht-Anhang-I-Erzeugnis nicht in den primären Anwendungsbereich der GAP. Die EU hat lediglich ergänzend zur GAP einige Bestimmungen vor allem im Bereich des Agrarstrukturrechts erlassen.[610] Daher existiert keine EU-Marktordnung für Holz. Die Mitgliedstaaten können folglich diesen Bereich in ihrem nationalen Recht grundsätzlich regeln. Als Nicht-Anhang-I-Erzeugnis untersteht Holz auch nicht dem EU-Agrarkartellrecht.[611] Mithin findet auf den Holzsektor prinzipiell das allgemeine EU-Kartellrecht Anwendung, soweit nicht ausnahmsweise ausdrückliches oder inzident vorgehendes EU-Fachrecht vorhanden ist. Da Holz insofern ebenfalls nicht von § 28 Abs. 3 und damit von der Freistellung des Abs. 1 erfasst wird, ist bei rein nationalen Sachverhalten parallel zum EU-Recht prinzipiell das allgemeine deutsche Kartellrecht anzuwenden. Dabei ist allerdings § 40 BWaldG zu beachten, der mit »Befreiung von Vorschriften des [GWB]« überschrieben ist.

402 Von einer »Spezialregelung« des § 40 BWaldG zu § 28 kann demnach nicht gesprochen werden.[612] Die Behandlung des § 40 BWaldG im Rahmen einiger aktueller Kommentierungen zu § 28 ist historisch zu erklären, da die Bestimmung in Bezug auf »Vereinigungen forstwirtschaftlicher Erzeugerbetriebe« bis 1998 als Abs. 7 Bestandteil des vormaligen § 100 GWB 1957 war (vgl. Rdn. 116). Weil die Regelung der forstwirtschaftlichen Zusammenschlüsse erst 1969 entstanden ist, kam 1957 noch nicht die Frage auf, ob die Integrierung der Bestimmung in ein Fachgesetz gegenüber der Einstellung in das GWB – wie es die amtliche Begründung zur 6. GWB-Novelle sieht – sachgerechter ist. Der 1975 aus § 26 ForstWZG übernommene § 40 BWaldG stellte

---

608 BGBl. I 1969 S. 1542.
609 BGBl. I 1975 S. 1073.
610 Vgl. *Busse*, in: Lenz/Borchardt, Art. 38 AEUV, Rn. 20. Das BWaldG verfährt ähnlich, indem in § 41 Abs. 4 für die finanzielle Beteiligung des Bundes an der Förderung auf das Gesetz über die Gemeinschaftsaufgabe »Verbesserung der Agrarstruktur und des Küstenschutzes« (GAK-Gesetz) verwiesen wird.
611 Vgl. so EuGH, Rs. C-346/03 u. C-529/03 – *Atzeni*, Slg. 2006, I-1875 (1943, Ziff. 43), zu der parallelen Frage der unmittelbaren Anwendbarkeit des Verbotes staatlicher Beihilfen auf forstwirtschaftliche Erzeugnisse.
612 So aber *Brück*, in: MünchKommKartR, § 28, vor Rn. 1, und *Nägele*, in: FK-GWB, § 28, vor Rn. 1.

zwar die nach dem BWaldG anerkannten forstwirtschaftlichen Zusammenschlüsse frei, überließ die Frage der Freistellung von nicht anerkannten Vereinigungen forstwirtschaftlicher Erzeugerbetriebe jedoch weiterhin § 100 Abs. 7 GWB 1957. Bezüglich dieser Trennung führte die amtliche Begründung zu § 26 ForstWZG aus, dass die Bestimmung aus einem der Entwürfe des MarktStrG »sinngemäß übernommen« worden sei. Die nur eingeschränkte Freistellung des § 100 GWB 1957 habe sich – so die Begründung zur inhaltlichen Fortführung des § 26 ForstWZG weiter – als »bisher sehr hemmend ausgewirkt«. Die Einschränkung würde es »unmöglich machen, den mit [dem ForstWZG] verfolgten Gesetzeszweck zu erreichen«.[613]

Holz wird zudem oft entgegen der dargestellten rechtlichen Einordnung als mit den Agrarsektor in sachlicher Hinsicht eng verbunden angesehen und dadurch eine Sachnähe zum Bereich der in § 28 geregelten landwirtschaftlichen Erzeugnisse hergestellt. Allerdings differenzierte schon der erste Regierungsentwurf des GWB von 1952 zwischen landwirtschaftlichen und forstwirtschaftlichen Erzeugnissen, nahm allerdings zugleich die Regelung beider Erzeugnisarten in einem Satz vor.[614] Erst in den späteren Parlamentsberatungen wurde die Notwendigkeit gesehen, die kartellbezogene Regelung beider Erzeugnisarten punktuell unterschiedlich auszugestalten und als Folge in getrennten Absätzen zu normieren.[615]

403

§ 40 Abs. 1 Satz 1 BWaldG ist § 28 Abs. 1 Satz 1 Nr. 1 von der Grundkonstruktion her nachgebildet: »§ 1 [GWB] findet keine Anwendung auf Beschlüsse von Vereinigungen forstwirtschaftlicher Erzeugerbetriebe, von anerkannten Forstbetriebsgemeinschaften, von Forstbetriebsverbänden und von Forstwirtschaftlichen Vereinigungen, soweit sie die forstwirtschaftliche Erzeugung und den Absatz von Forsterzeugnissen betreffen.« Satz 2 erweitert diese Freistellung auf »nach Landesrecht gebildete öffentlich-rechtliche Waldwirtschaftsgenossenschaften und ähnliche Zusammenschlüsse in der Forstwirtschaft, sofern sie einen wesentlichen Wettbewerb auf den Holzmarkt bestehen lassen«. Eine mit § 28 Abs. 1 Satz 1 Nr. 2 vergleichbare Freistellung der Benutzung gemeinschaftlicher Einrichtungen fehlt dabei. § 40 Abs. 2 BWaldG gestattet – ähnlich dem § 11 Abs. 2 MarktStrG – anerkannten Forstwirtschaftlichen Vereinigungen, »ihre Mitglieder bei der Preisbildung zu beraten und zu diesem Zweck Preisempfehlungen auszusprechen«. § 40 Abs. 4 BWaldG definiert den in § 40 Abs. 1 Satz 1 BWaldG verwendeten Begriff der Vereinigung forstwirtschaftlicher Erzeugerbetriebe als Vereinigungen, »deren Wirkungskreis

404

---

613 BT-Drucks. 5/4231 v. 20.5.1969, S. 21.
614 BT-Drucks. 1/3462 v. 14.6.1952, S. 13.
615 Vgl. BT-Drucks. 2/3644 v. 22.6.1957, Anlage, S. 44. Schon früh stellte das BKartA, TB 1959, BT-Drucks. 3/1795 v. 13.4.1960, S. 32, fest, dass Holz nicht als landwirtschaftliches Erzeugnis im Sinne des § 100 Abs. 5 GWB 1957 anzusehen war.

nicht wesentlich über das Gebiet einer Gemarkung oder einer Gemeinde hinausgeht und die zur gemeinschaftlichen Durchführung forstbetrieblicher Maßnahmen gebildet werden oder gebildet worden sind«.

405 Nach dem auf den ersten Blick nur deklaratorischen § 40 Abs. 3 BWaldG findet im Übrigen das GWB – etwa die Missbrauchsaufsicht – parallel zu der Situation bei § 28 uneingeschränkte Anwendung, wobei sich jedoch die Frage stellt, ob sonstige Vorschriften des BWaldG über die einzelnen forstwirtschaftlichen Zusammenschlüsse dem GWB vorgehen können. Die amtliche Begründung ging davon aus, dass § 40 BWaldG insgesamt nur der »Klarstellung« dient (vgl. Rdn. 116). Gemeint ist damit wohl, dass die Regelungen über die forstwirtschaftlichen Zusammenschlüsse bereits grundsätzlich eine entsprechende Freistellung vom GWB implizieren. Eine ähnlich gelagerte Frage stellt sich für das Verhältnis des Art. 209 VO (EU) Nr. 1308/2013 zu den Bestimmungen des EU-Agrarmarktrechts (vgl. Rdn. 170 ff.).[616]

406 Anders als bei § 28 taucht in § 40 BWaldG eine größere Anzahl verschiedener Organisationsformen auf, die für Außenstehende zunächst schwer nachvollziehbar sind.[617] Interessanterweise finden sich im Unterschied zu § 28 Vereinbarungen zwischen Erzeugerbetrieben nicht erfasst. Eingeschlossen ist lediglich die nächsthöhere Ebene der Vereinigung und sonstigen institutionalisierten Zusammenarbeit von Erzeugerbetrieben, wobei verglichen mit dem weiter gefassten § 28 eine Eingrenzung auf deren »Beschlüsse« erfolgt. Soweit es nicht um besonders nach dem BWaldG ausgestaltete Vereinigungen handelt, waren bis 2010 prinzipiell nur Vereinigungen erfasst, die die örtliche Ebene umschlossen. Durch die 2010 erfolgte Erstreckung des Abs. 1 Satz 1 auf Forstwirtschaftliche Vereinigungen[618] ist diese Begrenzung entfallen. Denn Forstwirtschaftliche Vereinigungen sind nach § 37 Abs. 1 BWaldG »privatrechtliche Zusammenschlüsse« der anderen Organisationsformen, ohne dass dabei eine räumliche Grenze in Form einer örtlichen Ebene gilt.

407 Zugleich wurden die Aufgaben der Forstwirtschaftlichen Vereinigung durch einen neuen § 37 Abs. 2 Nr. 4 BWaldG um die »Vermarktung der Erzeugnisse ihrer Mitglieder« erweitert. Auf diese Weise können die Forstwirtschaftlichen Vereinigungen von einer Beratungs- und Unterstützungsorganisation zu ei-

---

616 Derartige Unklarheiten sind keine Eigenarten des Agrarkartellrechts, wie die Darstellung der Bereiche Energie, Telekommunikation, Post und Verkehr von *Kling/Thomas* (Fn. 280), S. 553 ff., zeigt, die, S. 563, bemerken: »Diese Dichotomie schadet der Einheit der Rechtsordnung und damit der Rechtssicherheit.«
617 Vgl. näher *Klose/Orf*, Forstrecht, 2. Aufl. 1998, ohne allerdings anschließend vertieft auf § 40 BWaldG einzugehen. *Thomas*, Bundeswaldgesetz, 2. Aufl. 2015, S. 405 ff., bringt ebenfalls keine vertiefte Kommentierung.
618 BGBl. I 2010 S. 1050.

nem Absatzkartell im Holzbereich umgewandelt werden. Die amtliche Begründung führt zur Rechtfertigung dieser Erweiterung aus: »Die Beschränkung der Aufgaben der Forstwirtschaftlichen Vereinigungen entspricht nicht mehr vollständig den heutigen Anforderungen. Die Aufgabenerweiterung durch die Ergänzung des § 37 Abs. 2 BWaldG ist eine Folge der Strukturentwicklung auf der Abnehmerseite, da der Kleinprivatwald gezwungen ist, der Konzentration der aufnehmenden Hand zu folgen. Die vorgesehene Änderung hat lediglich eine Verwaltungsvereinfachung und Aufwandreduzierung auf Seiten des Waldbesitzes und der Behörden zur Folge. Sie bietet dabei gleichzeitig die Möglichkeit, die gewachsenen – und bei den Waldbesitzern anerkannten – Strukturen fortzuführen und wirkungsvoll weiter zu entwickeln.«[619]

Da nur § 40 Abs. 1 Satz 2 BWaldG das Kriterium des Fortbestehens eines wesentlichen Wettbewerbs nennt, könnte daraus geschlossen werden, das dieses einschränkende Kriterium – anders als bei § 28 Abs. 1 Satz 1 mit dem allerdings weitergehenden Kriterium des Wettbewerbsausschlusses – auf die in § 40 Abs. 1 Satz 1 BWaldG genannten Verhaltensweisen keine Anwendung findet. Ein Verbot der Preisbindung ist im Unterschied zu § 28 Abs. 1 Satz 1 nicht vorhanden. Insofern liegt eine zu § 5 Abs. 1 AgrarMSG parallele Rechtslage vor (vgl. Rdn. 394). Vergleichbar mit dem vormaligen § 11 Abs. 2 MarktStrG gestattet § 40 Abs. 2 BWaldG den Forstwirtschaftlichen Vereinigungen die Preisberatung und Preisempfehlung gegenüber ihren Mitgliedern. Klärungsbedürftig ist jedoch, warum im Unterschied zur einstigen Systematik des § 11 MarktStrG die Forstwirtschaftlichen Vereinigungen nicht nur in § 40 Abs. 2 BWaldG, sondern auch in § 40 Abs. 1 BWaldG genannt werden.

408

Daraus ließe sich ableiten, dass im Unterschied zu den anderen in § 40 Abs. 1 BWaldG genannten Organisationsformen für Forstwirtschaftliche Vereinigungen ein Verbot anderweitiger Preisvereinbarungen gilt. Dagegen ist allerdings anzuführen, dass die Forstwirtschaftlichen Vereinigungen bis 2010 in § 40 Abs. 1 BWaldG nicht angeführt waren und daher für diese nicht die allgemeine Freistellung des § 40 Abs. 1 BWaldG, sondern nur die Freistellung des § 40 Abs. 2 BWaldG galt. § 40 Abs. 2 BWaldG stellte insofern keine Erweiterung des § 40 Abs. 1 BWaldG dar, sondern war davon getrennt zu sehen. So betonte auch die amtliche Begründung zu § 26 Abs. 2 ForstWZG an erster Stelle, dass sich die Bestimmung auf Forstwirtschaftliche Vereinigungen bezieht und nannte solche Vereinigungen im Rahmen der Begründung zu § 26 Abs. 1 ForstWZG nicht.[620] Zu dieser damaligen Differenzierung passt, dass

409

---

619 BT-Drucks. 17/1220 v. 24.3.2010, S. 7. Ausgangspunkt war ein Gesetzesentwurf des Bundesrates, BR-Drucks. 45/09 v. 14.1.2009.
620 BT-Drucks. 5/4231 v. 20.5.1969, S. 21.

§ 17 Nr. 2 BWaldG für die Forstbetriebsgemeinschaften und § 21 Abs. 2 Satz 1 BWaldG für die Forstbetriebsverbände als eine Aufgabe den »Absatz des Holzes und sonstiger Forstprodukte« vorsehen, während für Forstwirtschaftliche Vereinigungen bis 2010 eine solche Absatzaufgabe nicht ausdrücklich geregelt war.

410 Durch die Erweiterung des § 37 Abs. 2 Nr. 4 BWaldG um die Aufgabe der Holzvermarktung bei Forstwirtschaftlichen Vereinigungen hat sich diese Situation jedoch geändert. Konsequenterweise wurden daher die Forstwirtschaftlichen Vereinigungen in § 40 Abs. 1 Satz 1 BWaldG aufgenommen. Die dazu im Widerspruch stehende Nichtstreichung des § 40 Abs. 2 BWaldG kann als Redaktionsversehen gewertet werden. So heißt es auch in der Begründung zu der erst im ELV-Ausschuss des Deutschen Bundestages vorgenommenen Ergänzung des § 40 BWaldG: »Durch die Änderung des § 40 sollen Kooperationen kleiner privater Waldbesitzer gegenüber den konzentrierten Abnehmern der Holzindustrie ermöglicht werden sowie deren Selbständigkeit und Trennung von Staatsforsten gefördert werden. Es handelt sich um eine Folgeänderung aus der veränderten Aufgabenstellung der Forstwirtschaftlichen Vereinigung durch die Änderung des § 37 Abs. 2.«[621] Wird dieser Auffassung nicht gefolgt, bleibt nur, für Forstwirtschaftliche Vereinigungen weiterhin eine Beschränkung im Sinne des § 40 Abs. 2 BWaldG anzunehmen und davon die in § 37 Abs. 2 Nr. 4 BWaldG genannte Vermarktungsaufgabe auszuklammern.

411 Von einer weiteren Betrachtung der Kartellausnahme des § 40 BWaldG muss an dieser Stelle abgesehen werden. Hingewiesen sei nur erstens auf die Frage der Definition der Forsterzeugnisse, bei der sich im Hinblick auf Forstnebenerzeugnisse wie Beeren und Pilze sowie der Abgrenzung zum Gartenbau teilweise ähnliche Abgrenzungsprobleme wie bei der Definition der Be- und Verarbeitungserzeugnisse im Sinne des § 28 Abs. 3 (vgl. Rdn. 346 ff.) stellen,[622] und zweitens auf die Schwierigkeit, ob durch die alleinige Nennung von Beschlüssen alle sonstigen Verhaltensweisen und insbesondere vertragliche Vereinbarungen zwischen den privilegierten Personen bewusst nicht eingeschlossen sind.[623] Angesichts der mit § 28 grundsätzlich vergleichbaren Kartellausnahme des § 40 BWaldG für den Holzbereich ist *Brücks* pauschale

---

621 BT-Drucks. 17/2184 v. 16.6.2010, S. 10.
622 Vgl. dazu etwa *Jestaedt*, in: Langen/Bunte, § 28 Rn. 29. Erzeugnisse von Forstbaumschulen dürften keine Forsterzeugnisse, sondern Erzeugnisse des Gartenbaus, die unter Anhang I des AEUV (»lebende Pflanzen«) fallen, sein (so bereits früh zu § 100 GWB 1957 BKartA, TB 1960, BT-Drucks. 3/2734 v. 5.5.1961, S. 34); s. auch die Einordnung einer Baumschule als landwirtschaftlichen Betrieb im Sinne des Agrarzivilrechts durch den BGH, BGHZ 24, 169 (171 ff.).
623 So *Jestaedt*, in: Langen/Bunte, § 28 Rn. 28, ohne Diskussion.

Bemerkung, dass das GWB mit Ausnahme der Landwirtschaft als einziger noch »verbliebene echte Bereichsausnahme« für »alle anderen Wirtschaftsbereiche weitgehend uneingeschränkt« gelte,[624] nicht zutreffend, zumal im Fünften Abschnitt des GWB und mit § 111 EnWG weitere Beschränkungen des GWB bestehen.

Seit einiger Zeit bestehen Bestrebungen, die Kartellausnahmen im BWaldG abermals zu erweitern. Hintergrund sind wie schon bei der Novellierung 2010 die Verfahren des BKartA gegen staatliche Forstverwaltungen. So hatte das BKartA seit 2003 vor allem die Vermarktungsstrukturen bezüglich Rundholz eingehend untersucht und ein Untersagungsverfahren eingeleitet.[625] 2008 kam es zu einer vorläufigen Beendigung des Verfahrens durch Verpflichtungszusagen der betroffenen Bundesländer nach § 32b.[626] Mit den Auswirkungen der Verpflichtungszusagen war das BKartA allerdings nicht zufrieden und kündigte eine »systematische Evaluierung« an.[627] Daraufhin sind die Verpflichtungszusagen wieder zurückgenommen worden.[628] 2015 erließ das BKartA eine Untersagungsverfügung gegen Baden-Württemberg, da es unter anderem die Grenzen des § 40 BWaldG als nicht eingehalten ansah.[629]

412

Im Februar 2016 legte Rheinland-Pfalz als ebenfalls betroffenes Bundesland im Bundesrat einen Gesetzesentwurf[630] vor, nach dem durch einen neuen § 46 BWaldG bestimmte Tätigkeiten staatlicher Forstverwaltungen als nach § 2 freigestellt normiert werden. Das Problem, dass – so das BKartA – wegen der wirtschaftlichen Bedeutung des Sachverhaltes Art. 101 AEUV die Freistellungen des BWaldG überlagerte, soll dadurch gelöst werden, dass § 46 BWaldG zugleich eine Vermutungsregel für die Erfüllung der Ausnahme des Art. 101 Abs. 3 AEUV enthält. Die Bundesregierung hat einen ebenfalls in diese Richtung gehenden Gesetzesentwurf erstellt, der sich gegenwärtig im Anhörungs-

413

---

624 *Brück*, in: MünchKommKartR, § 28 Rn. 1.
625 Vgl. BKartA, TB 2003/04, BT-Drucks. 15/5790 v. 22.6.2005, S. 81, und TB 2005/06, BT-Drucks. 16/5710 v. 15.6.2007, S. 68 f., sowie zusammenfassend Monopolkommission, 18. Hauptgutachten 2008/09, BT-Drucks. 17/2600 v. 22.7.2010, S. 209 ff.; s. auch das Verfahren betreffend nicht kostendeckender Angebote staatlicher Forstverwaltungen für die Erbringung von Forstdienstleistungen, BKartA, TB 2005/06, BT-Drucks. 16/5710 v. 15.6.2007, S. 69, und dazu näher *Giesen/Besgen*, Öffentliche Forstdienstleistungen und Wettbewerbsrecht, AgrarR 1998, 329, und Monopolkommission, a.a.O., S. 211 ff.
626 BKartA, TB 2009/10, BT-Drucks. 17/6640 v. 20.7.2011, S. 73.
627 BKartA, TB 2011/12, BT-Drucks. 17/13675 v. 29.5.2013, S. 63 f.
628 BKartA, TB 2013/14, BT-Drucks. 18/5210 v. 15.6.2014, S. 62.
629 BKartA, Beschluss v. 9.7.2015, Az. B 1 – 72/12 (abrufbar über die Internetseite des BKartA).
630 BR-Drucks. 92/16 v. 19.2.2016; s. auch BT-Drucks. 18/2876 v. 15.10.2014 und BT-Drucks. 18/3578 v. 17.12.2014.

verfahren befindet.⁶³¹ Die DGAR hat in einer Stellungnahme die auf Art. 101 Abs. 3 AEUV bezogene Vermutungsregel als wirkungslos eingestuft, da der deutsche Gesetzgeber nicht EU-Recht abändern könne. Zudem sei das Verhältnis zwischen § 40 BWaldG und dem neuen § 46 BWaldG unklar.⁶³²

IV. § 29 TierZG

414 § 29 TierZG enthält unter der Überschrift »Befreiung vom Preisbindungsverbot nach dem [GWB]« eine punktuelle Freistellung von § 1 GWB: »Nach [dem TierZG] anerkannte Zuchtorganisationen dürfen Abnehmer von Tieren, die zur Vermehrung in einem mehrstufigen Zuchtverfahren bestimmt sind, rechtlich oder wirtschaftlich binden, bei der Weiterveräußerung bestimmte Preise zu vereinbaren oder ihren Abnehmern die gleiche Bindung bei der Weiterveräußerung aufzuerlegen. § 1 des [GWB] gilt insoweit nicht. Im Übrigen blieben die Vorschriften des [GWB] unberührt.« Bis zur 6. GWB-Novelle 1998 fand sich diese Freistellung in § 100 Abs. 3 Nr. 2 GWB 1957, wurde parallel zu der Vorgehensweise bezüglich der forstbezogenen Freistellung nach der amtlichen Begründung wegen des »Sachzusammenhangs« in § 23a TierZG überführt (vgl. Rdn. 116) und sah sich im Rahmen des Neuerlasses des TierZG 2006⁶³³ in § 29 TierZG – was gelegentlich übersehen wird⁶³⁴ – umnummeriert.

415 1980 erfolgte im Rahmen der 4. GWB-Novelle die Einfügung dieser Preisbindungsfreistellung (vgl. Rdn. 113), um eine Benachteiligung der Tierzuchtbetriebe gegenüber den seit 1957 entsprechend begünstigten Saatgutbetrieben auszugleichen. So heißt es in der amtlichen Begründung: »Dadurch wird eine Gleichbehandlung der mehrstufigen Tierzucht mit der Pflanzenzucht sichergestellt. Die Gleichbehandlung ist gerechtfertigt, weil im Bereich der Tierzucht mittlerweile ähnliche Zuchtmethoden entwickelt worden sind wie im Bereich der Pflanzenzucht.«⁶³⁵ Mit der Streichung der Freistellung der Saatgutbetriebe durch die 6. GWB-Novelle 1998 (vgl. Rdn. 117) ist nun allerdings die umgekehrte Situation eingetreten, indem die Tierzucht gegenüber der Pflanzenzucht günstiger gestellt ist.

416 Der Begriff der Zuchtorganisationen wird in § 2 Nr. 1 TierZG als Züchtervereinigung und Zuchtunternehmen legaldefiniert. Eine Züchtervereinigung ist nach § 2 Nr. 2 TierZG »ein körperschaftlicher Zusammenschluss von Züchtern zur Förderung der Tierzucht, der ein Zuchtbuch oder ein Zuchtregister führt und ein Zuchtprogramm durchführt«. Nach § 2 Nr. 3 TierZG stellt ein

---

631 Abrufbar über die Internetseite der DGAR.
632 DGAR, Stellungnahme v. 8.3.2016, AUR 2016, 136 (136 f.).
633 BGBl. I S. 3294.
634 Etwa von *Brück*, in: MünchKommKartR, § 28 Rn. 38.
635 BT-Drucks. 8/2136 v. 27.9.1978, S. 31.

Zuchtunternehmen »einen Betrieb oder einen vertraglichen Verbund von Betrieben, der ein Kreuzungszuchtprogramm zur Züchtung auf Kombinationseignung von Zuchtlinien in der Schweinezucht durchführt«, dar. Die amtliche Begründung zur 6. GWB-Novelle 1998 betonte die Bedeutung der Ausnahmeregelung für die Schweinezuchtbetriebe (vgl. Rdn. 116). Die amtliche Begründung zur Neufassung des TierZG 2006 wiederholte dies: »Die Regelung trägt den besonderen Bedingungen eines mehrstufigen Zuchtverfahrens Rechnung, das insbesondere bei Zuchtorganisationen in der Schweinezucht verwendet wird.«[636]

Die Formulierung des § 29 TierZG gleicht der in § 30 GWB enthaltenen Freistellung von der Preisbindung im Zeitungen- und Zeitschriftenbereich. Dies liegt daran, dass die 1957 als Vorbild für den Befreiungstatbestand im Tierzuchtbereich dienende Freistellung der Saatgutbetriebe 1957 parallel zu der gleichzeitig geschaffenen Freistellung im Pressebereich formuliert wurde. Aus dieser Entstehungsgeschichte ergibt sich, dass – wie schon seine ausführliche inhaltliche Ausgestaltung nahelegt – § 29 Satz 1 TierZG nur auf die vertikale Preisbindung zweiter Hand anzuwenden ist,[637] obwohl das Wort »vertikal« im Unterschied zu § 28 Abs. 2 und § 30 Abs. 1 Satz 1 GWB dort nicht auftaucht. Da dieses Wort jedoch in das GWB erst im Rahmen der 7. GWB-Novelle im Zusammenhang mit der damaligen Änderung der Systematik des § 1 GWB aufgenommen wurde, ist bezüglich seines Fehlens in § 29 Satz 1 TierZG von einem Redaktionsversehen auszugehen. Dafür spricht auch die amtliche Begründung, die hinsichtlich § 29 TierZG die »redaktionelle Anpassung an die Neuregelung der vertikalen Wettbewerbsbeschränkungen« betont.[638] Wie bei § 28 Abs. 2 GWB (vgl. Rdn. 334) sind im Wege eines Erst-Recht-Schlusses vertikale Preisempfehlungen mit umfasst.[639]

417

Soweit die jeweilige Zuchtorganisation die Voraussetzungen des § 28 Abs. 1 Satz 1 erfüllt, ist die Freistellung anwendbar, wie sich auch aus dem deklaratorischen § 29 Satz 3 TierZG ergibt. Insofern gilt dieselbe Systematik wie bezüglich § 28 Abs. 1 Satz 1 und Abs. 2. Da Anhang I des AEUV pauschal »lebende Tiere« erfasst, umschließt er ebenfalls Zuchttiere. Ob damit auch Tiere, die keine landwirtschaftlichen Nutztiere darstellen, gemeint sind, kann bezüglich des TierZG dahingestellt bleiben, da § 1 TierZG den Anwendungsbereich des TierZG und damit auch des § 29 TierZG auf abschließend aufgezählte Tierarten beschränkt, bei denen es sich jeweils um landwirtschaftliche Nutztiere (Rinder, Büffel, Schweine, Schafe, Ziegen sowie Hauspferde und Hausesel einschließlich deren Kreuzungen) handelt.

418

---

636 BT-Drucks. 16/2292 v. 21.7.2006, S. 41.
637 So auch *Schweizer*, in: Immenga/Mestmäcker, § 28 Rn. 88.
638 BT-Drucks. 15/3640 v. 7.6.2004, S. 71.
639 Ebenso *Schweizer*, in: Immenga/Mestmäcker, § 28 Rn. 88.

419 Liegt ein zwischenstaatlicher Sachverhalt vor, ist nach Art. 206 Unterabs. 1 VO (EU) Nr. 1308/2013 der Anwendungsbereich des allgemeinen EU-Kartellrechts eröffnet. Denn die Anwendungsanordnung bezieht sich nach Art. 1 Abs. 1 Buchstabe u in Verbindung mit Anhang I Teil XXIV VO (EU) Nr. 1308/2013 auch auf Zuchttiere. Dies bedeutet zugleich, dass der auf Art. 101 Abs. 1 AEUV bezogene Erzeugerbetriebsvorbehalt des Art. 209 Abs. 1 VO (EU) Nr. 1308/2013 anwendbar ist. Soweit ersichtlich wird die Anwendung der Art. 206 ff. VO (EU) Nr. 1308/2013 auch nicht generell durch spezielles EU-Agrarmarktrecht verdrängt. Als Folge ist § 29 TierZG lediglich für rein nationale Sachverhalte einschlägig.

420 Nach wohl allgemeiner Ansicht ist die Freistellung des § 29 Satz 1 und 2 TierZG allein auf Tiere anwendbar, die zur Züchtung selbst bestimmt sind. Tiere, die von Zuchttieren nicht zu Züchtungszwecken, sondern zu jeglichen anderen Zwecken – vor allem zu Ernährungs-, Sport- und Freizeitzwecken – gewonnen werden, sind daher nicht erfasst. Entsprechend erläutert die amtliche Begründung: »Die Freistellung ist ausdrücklich beschränkt auf zur Vermehrung bestimmte Tiere. Zum Verbrauch bestimmte Tiere unterliegen weiterhin dem Preisbindungsverbot ...«[640] Die amtliche Begründung zur 6. GWB-Novelle bestätigte noch einmal: »Zum Verbrauch bestimmte Tiere (Schlachttiere) unterliegen derzeit und künftig dem Preisbindungsverbot des GWB.«[641] Angesichts der klaren Wortlauts und der Zuchttierdefinition des § 2 Nr. 11 TierZG ebenfalls nicht mit eingeschlossen wird sonstiges im TierZG geregeltes Zuchtmaterial wie Samen, Eizellen und Embryonen.

421 Vergleichbar mit § 40 BWaldG (vgl. Rdn. 406) ist § 29 TierZG eine Annexbestimmung zu Vorschriften über bestimmte gesetzlich geregelte Organisationsformen, mit deren Hilfe auch Interessen der Allgemeinheit – festgelegt in § 1 Abs. 2 TierZG – verfolgt werden. Im Unterschied zum BWaldG sind allerdings die Voraussetzungen für die Anerkennung der Organisationen im EU-Recht geregelt, wie sich aus § 3 Abs. 1 in Verbindung mit Anlage 1 Spalte 2 TierZG ergibt. Über § 29 TierZG hinaus können sich – ähnlich wie im allgemeinen Agrarmarktrecht – weitere inzidente Wettbewerbsbeschränkungen aus dem TierZG ergeben. *Deselaers* führt dazu aus, dass das TierZG nicht wie das GWB Beschränkungen des Wettbewerbs verhindern will, sondern solche Beschränkungen einen »wesentlichen Bestandteil im System des Tierzuchtrechts« darstellen, wie er näher dargelegt.[642]

---

640 BT-Drucks. 8/2136 v. 27.9.1978, S. 31.
641 BT-Drucks. 13/9720 v. 29.1.1998, S. 70.
642 *Deselaers*, Züchtervereinigungen zwischen Kartell- und Tierzuchtrecht, AgrarR 1981, 279 (279 f.); s. zu zwei Einzelfragen *ders.*, Das DFB-Urteil – Auswirkungen auf die Traberzucht?, AgrarR 1998, 201, und *Himmelmann*, Das Kartellrecht und die Pferdewette, AgrarR 1998, 206.

V. Deutsches Agrarmarktrecht

422 Von dem ab 1950 entstandenen umfangreichen deutschen Agrarmarktrecht[643] sind gegenwärtig vor allem auf Grund der Ablösung durch das EU-Agrarmarktrecht nur noch kleinere Bereiche übrig geblieben, die vorliegend auf eine Vorrangregelung gegenüber § 28 hin zu betrachten sind. Soweit das deutsche Agrarmarktrecht nur der Durchführung von EU-Agrarmarktrecht dient, beruhen in ihnen enthaltene mögliche kartellrechtsrelevante Bestimmungen auf einer EU-rechtlicher Grundlage, die dem GWB grundsätzlich vorgeht. Dazu zählen das 1972 entstandene Gesetz zur Durchführung der Gemeinsamen Marktorganisationen und der Direktzahlungen (Marktorganisationsgesetz; MOG) sowie das 1984 dem Vorbild des MOG nachgebildete Seefischereigesetz, die beide allein der Durchführung des EU-Agrarmarkt- bzw. EU-Fischereirechts dienen. Gleiches gilt für das Hopfengesetz.

423 Das Fleischgesetz (FlG), das 2008 das vormalige Vieh- und Fleischgesetz (Vieh- und FleischG) abgelöst hat, enthält ebenso wie das HKG und das Milch- und Margaringesetz öffentlich-rechtliche Vermarktungsbestimmungen, deren Verhältnis zu Abs. 2 bereits dargestellt wurde (vgl. Rdn. 337 ff.). Das Milch- und Fettgesetz sieht zwar umfangreichere Vorschriften zur zwangsweisen Ausgestaltung der Beziehungen zwischen Molkereien und Milcherzeugern sowie Ermächtigungen für Preisregelungen vor (vgl. zum Milchgesetz von 1930 als Vorläuferregelung Rdn. 36), die jedoch grundsätzlich durch die EU-Milchmarktordnung überlagert werden.[644] Das Weingesetz als gegenwärtig umfangreichste sektorspezifische Agrarmarktregelung im deutschen Recht besteht im Wesentlichen aus Vermarktungsbestimmungen und Vorschriften zur Durchführung des EU-Agrarmarktrechts.

424 Insgesamt lässt sich festhalten, dass anders als zur Zeit der Entstehung des GWB das deutsche Agrarmarktrecht für den Bereich des GWB kaum noch eine Rolle spielt.[645] Die pauschale Feststellung von *Bosch* 2015, dass die deut-

---

643 Vgl. *Busse* (Fn. 7), Rn. 194 ff.
644 Dies übersieht *Nägele*, in: FK-GWB, § 28 Rn. 73; ebenso fehlgehend *Buth*, in: Loewenheim/Meessen/Riesenkampff, § 28 Rn. 38, wonach die entsprechenden Bestimmungen des Milch- und Fettgesetzes »zwischenzeitlich durch europäische Verordnungen weitgehend marktordnungsrechtlich strukturiert und harmonisiert« seien.
645 Trotz der insofern geringen Rolle besteht entgegen *Lohse* (Fn. 20), Rn. 23, eine Parallele zu dem »Konflikt zwischen europäischem Kartellrecht und dem Marktordnungsrecht der Mitgliedstaaten«. Unklar ist, was *Jestaedt*, in: Langen/Bunte, § 28 Rn. 3, damit meint, dass das GWB »zu Gunsten der Landwirtschaft nicht nur durch die Marktordnungsgesetze, sondern auch durch andere nationale Agrargesetze eingeschränkt« werde. Auch seine Bemerkung, a.a.O., es gebe keinen »absoluten Vorrang des EU-Rechts« vor dem deutschen Agrarrecht, bleibt

schen »landwirtschaftlichen Marktordnungsgesetze, nämlich das GetreideG, das ZuckerG, das Milch- und FettG sowie das Vieh- und FleischG mit ihren öffentlich-rechtlichen Wettbewerbsbeschränkungen dem GWB vorgehen«, berücksichtigt nicht, dass das Getreidegesetz und das Zuckergesetz bereits 1994 aufgehoben wurden und das FlG 2008 das Vieh- und FleischG abgelöst hat.[646] Die Annahme von *Bosch*, es bestünden im deutschen Agrarmarktordnungsrecht noch nennenswerte Überlagerungen des GWB, beruht insofern auf einer unzutreffenden Beschreibung der deutschen Gesetzeslage.

425 Was öffentlich-rechtlich angeordnete Sonderabgaben im Agrarbereich, die von Erzeugern oder den zugehörigen Flaschenhalsbetrieben erhoben werden und der Finanzierung von Maßnahmen zu Gunsten des gesamten Agrarbereichs oder einen bestimmten Erzeugnissektors dienen,[647] betrifft, so unterliegt die Anordnung derartiger Abgaben und die Gründung der zugehörigen Abgabenverwaltung nicht dem GWB, da es sich insofern um ein Instrument der öffentlichen Rechts handelt. Hinsichtlich der Maßnahmendurchführung ist zu unterscheiden, ob das öffentliche Recht bestimmte Maßnahmen anordnet oder die Wahl der Maßnahmen der jeweils durchführenden Einrichtung überlässt. Nur in letzterem Fall findet sich grundsätzlich der Anwendungsbereich des GWB eröffnet, wobei allerdings die Zielrichtung der Sonderabga-

---

im Unklaren. Denn handelt es sich um einen Fall mit zwischenstaatlicher Wirkung, so geht das EU-Kartellrecht immer vor. EU-rechtliche Bestimmungen im Agrarmarktbereich besitzen sogar in jeglicher Fallkonstellation Vorrangwirkung.

646 *Bosch*, in: Bechtold/Bosch, § 28 Rn. 1. Auch an mehreren anderen Stellen ist die dortige Kommentierung des § 28 nicht konzise genug (vgl. entsprechend bereits zu der von *Bechtold* mitverfassten Kommentierung des EU-Agrarkartellrechts Fn. 286). Zu nennen ist etwa, Rn. 2, die seit der 3. Aufl. 2002 fehlgehende Annahme, die Ausnahmeregelung für die Landwirtschaft befinde sich in § 29 GWB, was wohl daran liegt, dass *Bechtold* die Überarbeitung der Kommentierung des § 28 vor allem mit der BR-Drucks. zur 6. GWB-Novelle, in der § 28 noch § 29 war, bestritten hat. Überholt ist, Rn. 10, auch die offenbar noch auf auf Verordnung (EG) Nr. 1234/2007 zurückgehende Abgrenzung zwischen der Verordnung (EG) Nr. 1308/2013 und der Verordnung (EG) Nr. 1184/2006.

647 Das BVerfG hat 2009 entschieden, dass der zentrale Fonds zur Absatzförderung der deutschen Land- und Ernährungswirtschaft sowie der Holzabsatzfonds in ihrer Aufgabenstellung verfassungswidrig sind (Urt. v. 3.2.2009, BVerfGE 122, 316; Beschl. v. 12.5.2009, BVerfGE 123, 132). AbsFondsG und HolzAbsFondsG wurden daraufhin durch Gesetz v. 25.5.2011 (BGBl. I 2011 S. 950) vorbehaltlich ihrer Abwicklung aufgehoben. Als weitere Sonderabgaben sind die im Rahmen des Deutschen Weinfonds erhobene Abgabe sowie die Umlage nach § 22 Milch- und FettG zu nennen. Die auf §§ 37 ff. WeinG gestützte Weinabgabe hat das BVerfG 2014 für rechtmäßig befunden (Urt. v. 6.5.2014, BVerfGE 136, 194). Auch die Milchumlage ist durch die Instanzgerichte als rechtmäßig eingestuft worden (vgl. *Busse/Haarstrich*, Agrarförderrecht, 2012, S. 53).

be zu beachten ist. Ist die durchführende Einrichtung eine öffentlich-rechtliche Körperschaft, bedarf es zudem einer Heranziehung der allgemeinen Diskussion über die kartellrechtliche Beurteilung von Tätigkeiten öffentlich-rechtlicher Personen, d.h. vor allem der Frage ihrer Einordnung als dem GWB unterfallende Unternehmen im Sinne des § 1.

G. Abdruck des Anhangs I des AEUV

Liste zu Artikel 38 des Vertrages über die Arbeitsweise der Europäischen Union   426

– 1 –	– 2 –
Nummer des Brüsseler Zolltarifschemas	Warenbezeichnung
Kapitel 1	Lebende Tiere
Kapitel 2	Fleisch und genießbarer Schlachtabfall
Kapitel 3	Fische, Krebstiere und Weichtiere
Kapitel 4	Milch und Milcherzeugnisse, Vogeleier; natürlicher Honig
Kapitel 5	
05.04	Därme, Blasen und Mägen von anderen Tieren als Fischen, ganz oder geteilt
05.15	Waren tierischen Ursprungs, anderweit weder genannt noch inbegriffen; nicht lebende Tiere des Kapitels 1 oder 3, ungenießbar
Kapitel 6	Lebende Pflanzen und Waren des Blumenhandels
Kapitel 7	Gemüse, Pflanzen, Wurzeln und Knollen, die zu Ernährungszwecken verwendet werden
Kapitel 8	Genießbare Früchte, Schalen von Zitrusfrüchten oder von Melonen
Kapitel 9	Kaffee, Tee und Gewürze, ausgenommen Mate (Position 09.03)
Kapitel 10	Getreide
Kapitel 11	Müllereierzeugnisse, Malz; Stärke; Kleber, Inulin
Kapitel 12	Ölsaaten und ölhaltige Früchte; verschiedene Samen und Früchte; Pflanzen zum Gewerbe- oder Heilgebrauch, Stroh und Futter
Kapitel 13	
ex 13.03	Pektin
Kapitel 15	
15.01	Schweineschmalz; Geflügelfett, ausgepresst oder ausgeschmolzen

15.02	Talg von Rindern, Schafen oder Ziegen, roh oder ausgeschmolzen, einschließlich Premier Jus
15.03	Schmalzstearin; Oleostearin; Schmalzöl, Oleomargarine und Talgöl, weder emulgiert, vermischt noch anders verarbeitet
15.04	Fette und Öle von Fischen oder Meeressäugetieren, auch raffiniert
15.07	Fette pflanzliche Öle, flüssig oder fest, roh, gereinigt oder raffiniert
15.12	Tierische und pflanzliche Fette und Öle, gehärtet, auch raffiniert, jedoch nicht weiter verarbeitet
15.13	Margarine, Kunstspeisefett und andere genießbare verarbeitete Fette
15.17	Rückstände aus der Verarbeitung von Fettstoffen oder von tierischen oder pflanzlichen Wachsen
Kapitel 16	Zubereitungen von Fleisch, Fischen, Krebstieren und Weichtieren
Kapitel 17	
17.01	Rüben- und Rohrzucker, fest
17.02	Andere Zucker; Sirupe; Kunsthonig, auch mit natürlichem Honig vermischt; Zucker und Melassen, karamellisiert
17.03	Melassen, auch entfärbt
17.05 [1]	Zucker, Sirupe und Melassen, aromatisiert oder gefärbt (einschließlich Vanille- und Vanillinzucker), ausgenommen Fruchtsäfte mit beliebigem Zusatz von Zucker
Kapitel 18	
18.01	Kakaobohnen, auch Bruch, roh oder geröstet
18.02	Kakaoschalen, Kakaohäutchen und anderer Kakaoabfall
Kapitel 20	Zubereitungen von Gemüse, Küchenkräutern, Früchten und anderen Pflanzen oder Pflanzenteilen
Kapitel 22	
22.04	Traubenmost, teilweise vergoren, auch ohne Alkohol stummgemacht
22.05	Wein aus frischen Weintrauben; mit Alkohol stummgemachter Most aus frischen Weintrauben
22.07	Apfelwein, Birnenwein, Met und andere gegorene Getränke
ex 22.08 [1] ex 22.09 [1]	Äthylalkohol und Sprit, vergällt und unvergällt, mit einem beliebigen Äthylalkoholgehalt, hergestellt aus landwirtschaftlichen Erzeugnissen, die in Anhang I aufgeführt sind (ausgenommen Branntwein, Likör und andere alkoholische Getränke, zusammengesetzte alkoholische Zubereitungen – Essenzen – zur Herstellung von Getränken)
ex 22.10 [1]	Speiseessig

Kapitel 23	Rückstände und Abfälle der Lebensmittelindustrie; zubereitetes Futter
Kapitel 24	
24.01	Tabak, unverarbeitet; Tabakabfälle
Kapitel 45	
45.01	Naturkork, unbearbeitet, und Korkabfälle; Korkschrot, Korkmehl
Kapitel 54	
54.01	Flachs, roh, geröstet, geschwungen, gehechelt oder anders bearbeitet, jedoch nicht versponnen; Werg und Abfälle (einschließlich Reißspinnstoff)
Kapitel 57	
57.01	Hanf (Cannabis sativa), roh, geröstet, geschwungen, gehechelt oder anders bearbeitet, jedoch nicht versponnen; Werg und Abfälle (einschließlich Reißspinnstoff)

§ 29 GWB *Energiewirtschaft*

§ 29 Energiewirtschaft

Einem Unternehmen ist es verboten, als Anbieter von Elektrizität oder leitungsgebundenem Gas (Versorgungsunternehmen) auf einem Markt, auf dem es allein oder zusammen mit anderen Versorgungsunternehmen eine marktbeherrschende Stellung hat, diese Stellung missbräuchlich auszunutzen, indem es

1. Entgelte oder sonstige Geschäftsbedingungen fordert, die ungünstiger sind als diejenigen anderer Versorgungsunternehmen oder von Unternehmen auf vergleichbaren Märkten, es sei denn, das Versorgungsunternehmen weist nach, dass die Abweichung sachlich gerechtfertigt ist, wobei die Umkehr der Darlegungs- und Beweislast nur in Verfahren vor den Kartellbehörden gilt, oder
2. Entgelte fordert, die die Kosten in unangemessener Weise überschreiten.

Kosten, die sich ihrem Umfang nach im Wettbewerb nicht einstellen würden, dürfen bei der Feststellung eines Missbrauchs im Sinne des Satzes 1 nicht berücksichtigt werden. Die §§ 19 und 20 bleiben unberührt.

Übersicht

	Rdn.			Rdn.
A. Vorbemerkung	1		(1) Räumliche Marktabgrenzung	15
B. Gesetzgebungsverfahren	2		(2) Sachliche Marktabgrenzung im Strommarkt	17
C. Vereinbarkeit mit den Grundsätzen des freien Warenverkehrs (Art. 28 AEUV)	3		bb) Gasmärkte	21
D. Verhältnis der Preismissbrauchsaufsicht nach § 29 GWB zur Überprüfung der Endpreise gemäß § 315 BGB	4		(1) Sachliche Abgrenzung auf den Gasmärkten	21
E. Verhältnis der Preismissbrauchsaufsicht nach § 29 GWB zu regulatorischen Preisbestimmungsvorschriften	7		(2) Räumliche Marktabgrenzung	25
			b) Marktbeherrschung auf den Strommärkten	27
F. Tatbestandsvoraussetzungen	12	II.	Missbräuchliches Verhalten	37
I. Adressat	12		1. Ziffer 1	39
1. Unternehmen	12		2. Ziffer 2	63
2. Marktbeherrschende Stellung	14	G.	Beweislast	70
a) Marktabgrenzung	15	H.	Rechtsfolgen	71
aa) Strommärkte	15	I.	Befristung	73

Schrifttum

Ehrike, Die Vereinbarkeit des geplanten § 29 GWB n.F. mit den Warenverkehrsvorschriften des EG-Vertrags, EuZW 2007, 717; *Engelsing*, Konzepte der Preismissbrauchsaufsicht im Energiesektor, ZNER 2003, 111; *Engelsing*, Kostenkontrolle und Erlösvergleich bei Netzentgelten, RdE 2003, 249; *Haus/Jansen*, Zum Preismissbrauch marktbeherrschender Unternehmen nach dem Urteil des Bundesgerichtshofs im Fall Stadtwerke Mainz, ZWeR 1/2006, 77; *Henk-Merten*, Die Kosten-Preis-Schere im Kartellrecht, FIW Schriftenreihe, (2004) Heft 200; *Jungbluth/Borchert*, Möglichkeiten der Strompreisbeeinflussung im oligopolistischen Markt, ZNER 2008, 314; *Markert*, Die Preishöhenkontrolle der Strom- und Gaspreise nach dem neuen § 29 GWB, ZNER 2007, 365; *Metzger*, Energiepreise auf dem Prüfstand: Zur Entgeltkontrolle nach Energie-, Kartell- und Vertragsrecht, ZHR 172 (2008), 458; *Säcker*, Zum Verhältnis von § 315 BGB zu §§ 19 GWB, 29 RegE GWB – Konsequenzen aus den Entscheidungen des Achten Senats des Bundesgerichtshofes vom 28.3. und 13.6.2007, ZNER 2007, 114; von *Weizsäcker*, Die vorgeschlagene Novellierung des Kartellrechts und der Großhandelsmarkt für Strom, ET (2007) Heft 1/2, 30.

A. Vorbemerkung

§ 29 GWB ist mit dem Gesetz zur Bekämpfung von Preismissbrauch im Bereich der Energieversorgung und des Lebensmittelhandels vom 18.12.2007[1] in das Gesetz gegen Wettbewerbsbeschränkungen eingefügt worden. Ursprünglich hatte der Gesetzgeber mit der Liberalisierung der Energiemärkte im Jahr 1998 durch das Gesetz zur Neuregelung des Energiewirtschaftsrechts[2] das Ziel verfolgt, die nicht durch natürliche Monopole gekennzeichneten Märkte der leitungsgebundenen Energie (Erzeugung und Vertrieb von Strom und Gas) dem Wettbewerb zu öffnen und auf den so geöffneten Märkten dem Wettbewerb Vorrang vor einer Regulierung einzuräumen. Die Aufsicht über die Endkundenpreise gemäß den Vorschriften der BTO-Elt wurde abgeschafft, und das GWB beschränkte sich auf die allgemeine Missbrauchsaufsicht gemäß § 19 GWB. Nach infolge der Marktliberalisierung zunächst fallenden Preisen stiegen die Endkundenpreise ab etwa 2005 wieder stark an, wobei ein nicht unerheblicher Teil des Preisanstiegs auf Steuererhöhungen (Stromsteuer) und Erhöhungen der regulierten Netzentgelte (einschließlich der Steigerung der Einspeisevergütungen nach EEG) beruhte. Mit Rücksicht hierauf und entgegen Bedenken aus der Wissenschaft[3] und der Monopolkommission[4] sah sich der Gesetzgeber veranlasst, mit § 29 GWB eine zunächst bis Ende 2013 befristete spezielle Missbrauchsvorschrift in das GWB einzufügen. Die Vorschrift knüpft vom Wortlaut her an die vormalige Vorschrift des § 103 Abs. 5 GWB[5] an, bewegt sich aber in einem weitgehend veränderten wett-

1

---

1 BGBl. I 2007, 2966.
2 Vom 24.4.1998 (BGBl I 1998, 730).
3 *von Weizsäcker*, ET 2007, 30 ff.; *Möschel*, Stellungnahme für den Wirtschaftsausschuss (Ausschuss Drucks. 16 (9) 830,3).
4 Sondergutachten Nr. 47 vom 22.3.2007.
5 § 103 Abs. 5 GWB hatte folgenden Wortlaut: »*In den Fällen des Abs. 1* [freigestellte Verträge] *kann die Kartellbehörde unter Berücksichtigung von Sinn und Zweck der Freistellung, insbesondere der Zielsetzung einer möglichst sicheren und preiswürdigen Versorgung, die in Abs. 6 bezeichneten Maßnahmen treffen,*
   1. soweit die Verträge oder die Art ihrer Durchführung einen Missbrauch der durch die Freistellung erlangten Stellung im Markt darstellen [...].
   Ein Missbrauch liegt insbesondere vor, wenn [...].

bewerblichen Umfeld: Anders als in Zeiten der Geltung des § 103 Abs. 5 GWB gibt es keine natürlichen regionalen/lokalen Monopole im Bereich der Strom- und Gasversorgung mehr, da die früher die Monopole absichernden Demarkationsverträge nicht mehr zulässig sind und mit der gesetzlich vorgeschriebenen und geregelten Durchleitung von Strom und Gas jeder Lieferant/Händler jeden Endkunden (gewerbliche und private Endverbraucher) erreichen kann. Zum anderen unterliegen die Netzentgelte einer staatlichen Aufsicht gemäß den Bestimmungen des Energiewirtschaftsgesetzes sowie der hierzu erlassenen Durchführungsbestimmungen und sind damit einer kartellrechtlichen Missbrauchsaufsicht entzogen. Eine kartellrechtliche Missbrauchsaufsicht kann sich somit nur auf die Erzeugung bzw. den Bezug sowie den Vertrieb beschränken. Die Kosten des Vertriebs machen ca. 3 % des Strompreises aus, die Kosten der Erzeugung ca. 20 %. Berücksichtigt man ferner, dass die Gas- und Strompreise im Falle von Erhöhungen aufgrund entsprechender Preisgleitklauseln in den Verträgen einer zivilrechtlichen Überprüfung gemäß § 315 BGB unterliegen, bleibt der wettbewerbspolitische Zweck der Vorschrift umstritten. Dies gilt umso mehr, als sich auf der Grundlage der Marktabgrenzung des Bundeskartellamts der denkbare Anwendungsbereich der Vorschrift weitgehend eingeschränkt hat (s. Rdn. 14 ff.). Vor dem Hintergrund der Marktentwicklung hätte es daher nahegelegen, die Vorschrift auslaufen zu lassen und der wettbewerblichen Entwicklung Vorrang einzuräumen. § 19 GWB bietet ausreichende Möglichkeiten, missbräuchlichem Verhalten zu begegnen. Diesen Weg ist der Gesetzgeber nicht gegangen, sondern hat mit der 8. GWB-Novelle die Geltungsdauer der Vorschrift bis zum 31.12.2017 verlängert (§ 131 Abs. 1 GWB).

B. Gesetzgebungsverfahren

2 Der Referenten-Entwurf zum Gesetz zur Bekämpfung von Preismissbrauchsaufsicht im Bereich der Energieversorgung und des Lebensmittelhandels vom 9.11.2006[6] sah eine in weiten Teilen der letztlich verabschiedeten Fassung gleichlautende Formulierung vor. Der Regierungsentwurf wurde am 25.4.2007 verabschiedet.[7] In drei wesentlichen Punkten unterscheidet sich die verabschiedete Fassung des Gesetzes von Referenten- und Regierungsentwurf. Zum einen sahen die Entwürfe eine Umkehr der Beweislast für die sachliche Rechtfertigung von Preisunterschieden sowohl für das Amtsverfahren als auch für das Zivilverfahren vor. Während die Umkehr der Beweislast für das

---

2. ein Versorgungunternehmen ungünstigere Preise oder Geschäftsbedingungen fordert als gleichartige Versorgungsunternehmen, es sei denn, das Versorgungsunternehmen weist nach, dass der Unterschied auf abweichenden Umständen beruht, die ihm nicht zurechenbar sind; [...].«

6 Nicht veröffentlicht.
7 BT-Drucks. 278/07; BT-Drucks. 16/5847.

Amtsverfahren angesichts des weiterhin geltenden Amtsermittlungsgrundsatzes hinnehmbar erschien, hätte eine Beweislastumkehr im Zivilverfahren bei festgestellten Preisunterschieden faktisch zu einem per se-Verbot geführt. Da die Netzentgelte nicht Gegenstand der Überprüfung im Rahmen von § 29 GWB sein können, die Kosten des Vertriebs marginal sind (Rdn. 1) hätte ein Unternehmen Preisunterschiede im Einzelfall nur unter Hinweis auf unterschiedliche Erzeugungskosten bzw. Kosten der Energiebeschaffung rechtfertigen können. Dies wäre aber nur möglich unter Bezug auf entsprechende Kostenstrukturen des Vergleichsunternehmens, welche üblicherweise nicht allgemein bekannt sind. Der Beweis unterschiedlicher Strombeschaffungskosten als rechtfertigender Grund für Preisunterschiede wäre im Zivilverfahren somit nicht zu führen gewesen. Daher hat der Gesetzgeber von einer Umkehr im Zivilverfahren abgesehen (Wirtschaftsausschuss des Bundestages).[8] Die zweite Veränderung gegenüber dem Referentenentwurf betrifft den Gegenstand der Prüfung. Der Gesetzentwurf sah nicht nur eine Überprüfung der Entgelte, sondern auch eine Überprüfung einzelner Entgeltbestandteile vor. Das Gesetz beschränkt die Überprüfung auf die Entgelte, also auf den vom Endverbraucher geforderten Preis. Schließlich war in früheren Fassungen des Gesetzentwurfs vorgesehen, dass auch Abweichungen, welche nicht erheblich sind, Gegenstand der besonderen Missbrauchskontrolle sein konnten.[9] Hiermit wollte der Entwurf eine im Rahmen des § 19 GWB durch die Rechtsprechung anerkannte Beschränkung für die Feststellung missbräuchlichen Verhaltens für die spezielle Missbrauchsaufsicht des § 29 GWB ausschließen, wonach wegen des mit dem Missbrauchsvorwurf verbundenen Unwerturteils nur eine »erhebliche« Abweichung den Vorwurf eines Missbrauchs rechtfertigt.[10] Diese Ausweitung der speziellen Missbrauchskontrolle ist im Verlauf des Gesetzgebungsverfahrens schon im Rahmen des Regierungsentwurfs gestrichen worden.[11]

C. Vereinbarkeit mit den Grundsätzen des freien Warenverkehrs (Art. 28 AEUV)

In seiner Wirkung führt § 29 GWB faktisch zu einer Höchstpreisbindung. Ein inländischer Strom- oder Gaslieferant ist nur dann marktbeherrschend, wenn er Marktbestimmungsmacht besitzt, also letztlich in der Lage ist, den Marktpreis alleine oder gemeinsam mit anderen Anbietern (Oligopol) zu beeinflussen. Die von einem Normadressaten geforderten Preise sind daher per definitionem die höchsten im Markt erzielbaren Preise. Wird in Verfolgung eines

3

---

8 Beschlussempfehlung vom 14.11.2007, BT-Drucks. 16/7156.
9 Hiernach enthielt Ziffer 1 folgenden Einschub nach »vergleichbaren Märkten«: »auch wenn die Abweichung nicht erheblich ist«.
10 Vgl. hierzu *Nothdurft*, in: Langen/Bunte, § 19 Rn. 121 ff.
11 Ausführlich zur Entstehungsgeschichte: *Baron*, in: FK-GWB, § 29 Rn. 11 ff.

nach § 29 GWB verbotenen Verhaltens durch die Kartellbehörde ein bestimmter Preis als Höchstpreis verfügt, bildet dieser Preis gleichzeitig die im Markt für alle Marktteilnehmer erzielbare Preisobergrenze.[12] Diese Wirkung ist bei Bestimmungen hinzunehmen, welche – wie der allgemeine Missbrauchstatbestand des § 19 GWB – auf die Verhinderung missbräuchlichen Verhaltens zielen. Da Ziffer 1 nach Streichung des Erheblichkeitszusatzes in ihrer Wirkung über § 19 GWB nicht hinausgeht, bestehen gegen Ziffer 1 des § 19 GWB keine grundlegenden europarechtlichen Bedenken. Ziffer 2 beinhaltet ein Gewinnbegrenzungskonzept, wobei der angemessene Gewinn nicht abstrakt wie in einem Als-ob-Wettbewerbsmodell festgelegt wird, sondern unternehmensindividuell. Da aber auch nach der Systematik der Ziffer 2 der so ermittelte Preis wie ein Höchstpreis wirkt, behindert dies den freien Warenverkehr, wenn ein ausländisches Unternehmen einerseits zu höheren Kosten erzeugt, andererseits bei dem Export nach Deutschland aufgrund der staatlich verfügten Höchstpreise (§ 29 GWB ist eine unmittelbar wirkende Verbotsnorm) kostendeckende Preise nicht erzielen kann. Ein zwingendes Erfordernis für diese Beschränkung des freien Warenverkehrs im Sinne der *Cassis*-Rechtsprechung des EuGH ist nicht erkennbar ebenso wenig eine Rechtfertigung aus Art. 30 AEUV, wie Müller-Graff[13] näher dargelegt hat.[14] Die Unvereinbarkeit mit europäischem Recht kann im Einzelfall durch eine europarechtskonforme Auslegung der Vorschrift im Rahmen des Tatbestandsmerkmals »Unangemessenheit der Überschreitung« vermieden werden.

D. Verhältnis der Preismissbrauchsaufsicht nach § 29 GWB zur Überprüfung der Endpreise gemäß § 315 BGB

4   Es entspricht gefestigter Rechtsprechung, dass einseitige Erhöhungen von Strom- und Gaspreisen durch den Energieversorger auf der Grundlage entsprechender Anpassungsklauseln in den Verträgen der Überprüfung gemäß § 315 BGB unterliegen.[15] Die Energieversorgungsunternehmen bleiben hiernach verpflichtet, die kostenmäßigen Gründe für eine Erhöhung der Preise im Einzelnen darzulegen und zu beweisen. Im gerichtlichen Verfahren wird im Streitfall ein Sachverständiger die Richtigkeit der Kostenansätze und deren Angemessenheit prüfen, dessen Prüfungsergebnisse werden sodann Grundlage für die gerichtliche Entscheidung über die Billigkeit der Preiserhöhung. Vor dem Hintergrund einer derartigen Detailprüfung stellt sich erstens die Frage, ob daneben Platz bleibt für eine spezifische Preismissbrauchsaufsicht, und zweitens, ob die Überprüfung der Preise durch die Zivilgerichte gemäß

---

12 Zu diesen Wirkungen ausführlich: *Ehricke*, EuZW 2007, 717, 718.
13 FS für Hirsch, 273.
14 Vgl. auch *Ehricke*, EuZW 2007/717; a.A. *Markert*, ZNER, 2007, 365.
15 Vgl. BGH NJW-RR 92, 183; BGH NJW 2009, 502; BGH NJW 2011, 50.

§ 315 BGB zu anderen Ergebnissen führen kann als die Prüfung gemäß § 29 GWB.

Grundsätzlich bestehen die Überprüfungen der Preise nach § 29 GWB und § 315 BGB parallel nebeneinander. Dies ist für den Bereich der Netzentgelte entschieden[16] und gilt erst recht für die nicht regulierten Entgelte.[17] Die Kartellbehörde soll von Amts wegen gegen Unternehmen tätig werden können und zwar unbeeinflusst davon, ob parallel in einzelnen Zivilstreitigkeiten die Preisgestaltung eines Unternehmens überprüft wird. Dem entspricht, dass die Kartellbehörde Verfügungen gegen ein Unternehmen erlassen kann, welche Wirkung für alle Kunden dieses Unternehmens hat, während sich das Gerichtsverfahren stets nur auf einen Einzelfall beziehen kann. Das Zivilgericht überprüft im Rahmen von § 315 BGB nur die Kostenansätze des Unternehmens, vergleicht insbesondere nicht, wie in Ziffer 1 des § 29 GWB vorgesehen, die Entgelte des so geprüften Unternehmens mit denen eines anderen Unternehmens. Dementsprechend erlaubt Ziffer 1 einen von den Kosten losgelösten Vergleich verschiedener Unternehmen und knüpft das Verbot ausschließlich an diesen Vergleich. Dies lässt eine parallele Anwendung von § 29 Ziffer 1 GWB und § 315 BGB zu. Hierbei ist aber zu beachten, dass die Missbrauchsaufsicht nicht dazu führen darf, dass das Versorgungsunternehmen kostendeckende Preise nicht mehr erwirtschaften kann.[18] Das Vergleichsmarktkonzept wird somit begrenzt durch eine kostenorientierte Betrachtung, wobei nur Kosten anerkannt werden, welche angemessen sind. Hier treffen sich also die Wertungen der Missbrauchskontrolle und des § 315 BGB. Noch deutlicher wird diese Parallelität bei Ziffer 2, die unmittelbar an die Kosten des untersuchten Unternehmens anknüpft. Um widersprüchliche Ergebnisse nach § 29 GWB einerseits und § 315 BGB andererseits auszuschließen, sind daher grundsätzlich § 315 BGB und § 29 Abs. 1 Ziffer 2 GWB hinsichtlich der Angemessenheit einerseits und der Billigkeit andererseits einheitlich auszulegen.[19] Gelangt ein Gericht zu der Feststellung, dass ein bestimmter Preis im Sinne von § 315 BGB der Billigkeit entspricht, so kann allenfalls wegen falscher tatsächlicher Kostenansätze im Zivilverfahren die Kartellbehörde in dem Kartellverwaltungsverfahren zu einem anderen Ergebnis gelangen. Bewertungsunterschiede über die Frage der Angemessenheit bzw. der Billigkeit rechtfertigen keine abweichende kartellbehördliche Entscheidung, da mit der zivilgerichtlichen Entscheidung feststeht, dass sich das Unternehmen für seine Preisgestaltung im Rahmen eines betriebswirtschaftlich vertretbaren Ansatzes

---

16 BGH RdE 2012, 382.
17 *Baron*, in: FK-GWB, § 29 Rn. 47.
18 BGH WuW/E DE-R 375 – »*Flugpreisspaltung*«; BGH WuW/E DE-R 1513, 1519 […] »*Stadtwerke Mainz*«.
19 *Säcker*, ZNER 2007, 114, 115; *Kühne*, RdE 2005, 241 ff.; a.A. *Lücke*, in: Langen/Bunte, § 29 Rn. 54.

bewegt hat. Dies ist kartellrechtlich im Rahmen eines Preismissbrauchsverfahrens hinzunehmen (vgl. im Einzelnen Rdn. 61). Umgekehrt ist eine Überprüfung der Billigkeit der Preise durch die Zivilgerichte gemäß § 315 BGB nicht ausgeschlossen, selbst wenn die Kartellbehörde eine Entscheidung getroffen hat.

6   Allerdings erhöht sich für den die Unbilligkeit behauptenden Kunden die Darlegungslast, wenn das betroffene Unternehmen eine entsprechende kartellbehördliche Verfügung ordnungsgemäß umgesetzt hat bzw. die Kartellbehörde nach Prüfung zu dem Ergebnis gelangt ist, kein Verfahren einzuleiten bzw. ein laufendes Verfahren einzustellen. Hieraus ergibt sich für § 315 BGB eine Indizwirkung hinsichtlich der Angemessenheit.

E. Verhältnis der Preismissbrauchsaufsicht nach § 29 GWB zu regulatorischen Preisbestimmungsvorschriften

7   Der energierechtliche Ordnungsrahmen ist stark geprägt durch die Entgeltregulierung im Netzbetrieb. Hierbei ist der rein kostenorientierte Ansatz durch eine Anreizregulierung ersetzt worden. Die NetzentgeltVO enthält detaillierte Vorgaben für die Kalkulation der Netzentgelte. Eine Übertragung dieses regulatorischen Rahmens auf die Überprüfung der Preisgestaltung nach § 29 Abs. 1 Ziffer 2 GWB ist aus verschiedenen Gründen ausgeschlossen:[20] Der Übertragung der kalkulatorischen Ansätze der Netzregulierung steht nicht entgegen, dass in Ziffer 2 nur die Gesamtkosten gemeint sind und eine einzelkostenbezogene Prüfung nicht vorgesehen ist. Diese Aussage trifft zwar für Ziffer 2 zu, würde aber Satz 2 des § 29 unberücksichtigt lassen, wonach Kosten, die sich ihrem Umfang nach im Wettbewerb nicht einstellen würden, nicht zu berücksichtigen sind. Will man diesem Satz einen Sinn beimessen, kann er sich nur auf Einzelkosten beziehen und nicht etwa ebenfalls auf die Gesamtkosten, denn ob sich Gesamtkosten im Wettbewerb einstellen würden, ist gerade Gegenstand der Prüfung nach Ziffer 2.

8   Eine Übertragung der Kalkulationsansätze der Netzentgeltverordnungen auf – insbesondere – die Erzeugung, ist jedoch nur dann gerechtfertigt, wenn die dort verordneten Grundsätze einer allgemeinen betriebswirtschaftlichen Grundüberzeugung, wie Kosten und Verzinsung in einem Wettbewerbsmarkt zu kalkulieren sind, entsprechen. Dies ist aber ganz offensichtlich weder im Allgemeinen, also für alle Industriezweige, noch speziell für die Energiemärkte der Fall.

---

20 A.A. *Markert*, in: MünchKommKartR, § 29 Rn. 51; ebenso wohl *Bruhn*, in: Berliner Kommentar zum Energierecht, § 29 Rn. 78; *Bechtold*, § 29 Rn. 17; *Baron*, in: FK-GWB, § 29 Rn. 107; *Lücke*, in: Langen/Bunte, § 29 Rn. 57.

Mit den Netzentgeltverordnungen hat der Verordnungsgeber an verschiedenen Stellen Wertentscheidungen getroffen. Diese mögen für die Netzbetreiber tragbar sein, weil das Interesse der Netzbetreiber an einer freien Kalkulation ihrer Entgelte in einem Spannungsverhältnis zu dem Interesse des Gesetzgebers, den Absatzmarkt für Wettbewerb zu öffnen, steht und die Netzmärkte durch natürliche Monopole geprägt sind. Dies rechtfertigt die Einschränkung der unternehmerischen Handlungsfreiheit des Netzbetreibers. Dies mag auch deswegen hinzunehmen sein, weil es alle Netzbetreiber gleichermaßen trifft. Ganz offensichtlich sind aber auf die Preisstellung im Absatzmarkt nicht übertragbar Wertentscheidungen, die spezifisch für die Netzentgeltregulierung getroffen wurden. Dies betrifft etwa die Frage der Eigenkapitalausstattung von Unternehmen, also die sogenannte 40 %-Kappungsgrenze bei der Eigenkapitalverzinsung, oder das Verbot der Abschreibung unter Null auch dann, wenn ein zwischenzeitlicher Eigentümerwechsel bei Anlagegütern stattgefunden hat und der Erwerber einen höheren Preis als den kalkulatorischen Restwert der Anlage entrichtet hat. Ebenso sind die Festlegung der Eigenkapitalzinssätze, welche im Netzbetrieb typischerweise ganz andere Risiken widerspiegeln als im Erzeugungs- und Vertriebsmarkt, die Festlegung der der kalkulatorischen Abschreibung zugrundeliegenden Nutzungsdauern oder bestimmte Vorgaben zur Berechnung der Tagesneuwerte nicht auf eine kartellrechtliche Kostenkontrolle übertragbar.

9

Es handelt sich bei der Netzentgeltregulierung somit um ein speziell für den Netzbereich geschaffenes Regelwerk. Der Gesetzgeber hat bewusst die Entscheidung getroffen, nur den Netzbetrieb, nicht die Energiebeschaffung und Energievertrieb der Regulierung zu unterwerfen. Andere als bei dem Netzbetreiber ist eine Rechtfertigung der Einschränkung der unternehmerischen Handlungsfreiheit durch starre regulatorische Vorgaben zur Kalkulation der Preise nicht erkennbar. Insoweit muss es bei dem Grundsatz bleiben, dass eine kostenorientierte Regulierung einschließlich eines spezifizierten Kostenkalkulationsregimes einen weitreichenden Eingriff in die grundrechtlichen Freiheiten der Unternehmen darstellt, der allenfalls im Bereich natürlicher Monopole gerechtfertigt ist. Dementsprechend findet sich auch in den Gesetzesmaterialien kein Hinweis, dass im Rahmen des § 29 GWB die kalkulatorischen Grundsätze der Netzentgeltregulierung Anwendung finden sollen.

10

Eine Übertragung der Grundsätze der Netzentgeltregulierung auf § 29 Ziffer 2 wirft darüber hinaus das Problem auf, dass – anders als bei den Netzen – Adressat des § 29 GWB lediglich marktbeherrschende Unternehmen sind, also nicht sämtliche Anbieter im Markt betroffen sind.

11

F. Tatbestandsvoraussetzungen

I. Adressat

1. Unternehmen

12 Adressaten des Verbots sind Unternehmen. Hier gilt der kartellrechtliche Unternehmensbegriff, d.h. entscheidend ist die unternehmerische Tätigkeit unabhängig davon, in welcher Rechtsform das Unternehmen betrieben wird. Das Unternehmen muss weiter als Anbieter von Elektrizität oder leitungsgebundenem Gas auftreten. Hiermit ist – entgegen verschiedenen Ansätzen zur 8. GWB-Novelle – die Fernwärme weiter von der Sondermissbrauchsaufsicht des § 29 GWB ausgeschlossen. Die Aufsicht bezieht sich nur auf Erdgas, nicht auf Flüssiggas, da Flüssiggas zum überwiegenden Teil mit Tankwagen in die lokalen Tanks geliefert wird und daher nicht leitungsgebunden ist. Selbst bei Anlieferung von Flüssiggas durch Leitungen findet § 29 GWB keine Anwendung.[21] Es würde eine nicht gerechtfertigte Ungleichbehandlung vorliegen, bei einer Anlieferung mit Tankwagen Flüssiggas nicht der Kontrolle zu unterwerfen, bei der Anlieferung über eine Pipeline aber der spezifischen Missbrauchsaufsicht des § 29 GWB. Leitungsgebunden ist unter Berücksichtigung der Zielsetzung des Gesetzes, die über große Netzsysteme vertriebene Energie einer verschärften Kontrolle zu unterwerfen, dahingehend auszulegen, dass hierunter nur Gas fällt, welches über ein System verschiedener Netz- und Druckebenen vertrieben wird. Es gibt somit eine direkte Korrelation zwischen Netzregulierung und Adressatenkreis, wonach nur Anbieter von Gas, welches durch ein reguliertes Netz fließt, der spezifischen Missbrauchskontrolle des § 29 GWB unterfallen.

13 Ferner muss es sich bei dem untersuchten Unternehmen um ein Versorgungsunternehmen handeln. Dieser Begriff ist in Satz 1 legaldefiniert und enger als der des Energieversorgungsunternehmens. Er schließt Netzbetreiber aus dem Adressatenkreis aus, da sie selbst nicht Strom und Gas anbieten.[22] Dass die Netzbetreiber Strom aus erneuerbaren Energien, welcher zwangseingespeist wird, verkaufen, macht sie nicht zum Anbieter im Sinne der Vorschrift. Der Gesetzgeber wollte erkennbar nur die Versorgung dritter Endverbraucher der besonderen Missbrauchsaufsicht unterwerfen.

---

21 *Baron*, in: FK-GWB, § 29 Rn. 16 unter Hinweis auf die Entstehungsgeschichte; a.A., *Markert*, in: MünchKommKartR, § 29 Rn. 19, wobei im Ergebnis diese Frage nicht relevant werden dürfte, da es im Flüssiggasmarkt an der Marktbeherrschung fehlen dürfte.

22 *Baron*, in: FK-GWB, § 29 Rn. 34.

2. Marktbeherrschende Stellung

Entscheidendes Kriterium für die Normadressateneigenschaft ist die marktbeherrschende Stellung. Diese marktbeherrschende Stellung muss auf dem Markt bestehen, auf dem das untersuchte Unternehmen Anbieter von Strom oder Gas ist. Eine marktbeherrschende Stellung als Nachfrager von Strom oder Gas reicht ebenso wenig aus wie eine marktbeherrschende Stellung auf einem Drittmarkt.[23] Die Prüfung des Bestehens einer marktbeherrschenden Stellung erfolgt gemäß § 18 GWB in zwei Schritten: In einem ersten Schritt ist der sachlich und räumlich relevante Markt abzugrenzen, um sodann die Frage zu prüfen, ob auf den solchermaßen abgegrenzten Märkten das untersuchte Unternehmen über eine marktbeherrschende Stellung verfügt. Dabei kommt auf den Energiemärkten der räumlichen Marktabgrenzung eine entscheidende Bedeutung zu.

a) Marktabgrenzung

aa) Strommärkte

(1) Räumliche Marktabgrenzung

Wegen der früheren Demarkation der Versorgungsgebiete haben sich angestammte Versorgungsgebiete über die Liberalisierung hinaus erhalten. Regional verfügen die örtlichen Versorgungsunternehmen im Bereich der Versorgung von Privatkunden nach wie vor über hohe Marktanteile, welche häufig deutlich über den Vermutungsschwellen des § 18 GWB liegen. Eine am reinen Marktergebnis orientierte Betrachtungsweise ließe unberücksichtigt, dass in einem liberalisierten Markt dem Letztverbraucher bundesweit tätige Anbieter zur Verfügung stehen. Wenn Letztverbraucher aus Gründen der Bequemlichkeit den Lieferanten trotz relativ höherer Preise nicht wechseln, ändert dies nichts daran, dass alle Anbieter in den relevanten Markt einzubeziehen sind, welche bei verständiger Würdigung aus Sicht der angesprochenen Verbraucher als Anbieter von Strom in Betracht kommen.

Dieser Marktentwicklung entsprechend grenzt das BKartA inzwischen die Strommärkte grundsätzlich bundesweit, im Erstabsatzmarkt darüber hinaus unter Einschluss von Österreich ab.[24] Lediglich die Grundversorgung soll nach Auffassung des BKartA weiterhin im regionalen Markt erfolgen. Daran ist zunächst richtig, dass die Kunden als solche auf einen Bezug bei dem Grundversorger, also in der Regel dem lokalen Anbieter angewiesen sind.

---

23 *Baron*, in: FK-GWB, § 29 Rn. 62; *Lücke*, in: Langen/Bunte, § 29 Rn. 11.
24 BKartA, TB 2009/2010, BT-Drucks. 17/6640, 113 unter Bezug auf die Ergebnisse der Sektoruntersuchung; BKartA, Beschluss vom 27.7.2011, B 8 – 94/11, Rn. 36 ff. – »RWE/Stadtwerke Unna«.

Dies spricht für Marktbeherrschung. Beruht aber die Grundversorgung auf der freien Entscheidung des Kunden, also nicht auf einer wirtschaftlichen Notlage, bleibt ihm die Möglichkeit eines Anbieterwechsels. Dass er von dieser Möglichkeit keinen Gebrauch macht, rechtfertigt grundsätzlich keine engere Marktabgrenzung, da das Versorgungsunternehmen bei seinem unternehmerischen Verhalten Rücksicht nehmen muss auf die alternative Möglichkeit des Kunden und er daher in der Ausübung unkontrollierter wettbewerblicher Verhaltensspielräume eingeschränkt ist. Die Versorgung von Heizstromkunden stellt nach Praxis des Amtes regionale Märkte dar.[25]

(2) Sachliche Marktabgrenzung im Strommarkt

17 Seit dem Eschwege-Verfahren[26] grenzt das BKartA auf dem Strommarkt fünf Märkte ab. Der Markt für den Erstabsatz von Strom ist in der Sache der Erzeugermarkt, der die Erzeugung in den inländischen Kraftwerken und den Import abzüglich etwaiger Exporte umfasst. Begründet hat das Amt diesen Markt erstmalig im Rahmen des Beschwerdeverfahrens »Eschwege«.[27] Das BKartA wollte mit dieser entgegen dem Bedarfsmarktkonzept auf Anbietersicht abstellenden Marktabgrenzung insbesondere dem Umstand Rechnung tragen, dass Strom nicht speicherbar ist und daher die jeweils erzeugte Strommenge marktbestimmend ist, also unabhängig von Kapazitäten, welche möglicherweise parallel zur tatsächlichen Erzeugung über die Börse am Markt angeboten werden. Völlig ausgeblendet wird hierbei der Stromhandel, welcher nicht nur eine Mittlerrolle spielt, sondern die im Markt angebotenen Kapazitäten zu strukturierten Produkten zusammenfasst und damit zusätzlich wertschöpfend tätig wird. Die Frage, ob mit Rücksicht hierauf zumindest ein weiterer Markt für den Handel mit Strom gebildet werden muss, ist für die Anwendung des § 29 GWB nicht relevant, da das Bestehen einer marktbeherrschenden Stellung auf einem solchermaßen abgegrenzten Markt nicht erkennbar ist.

18 Der Absatz an Kunden mit registrierender Leistungsmessung (RLM-Kunden) ist bundesweit abzugrenzen, so dass das Bestehen einer marktbeherrschenden Stellung angesichts der Vielzahl von Anbietern und relativ geringer Marktanteile der einzelnen Anbieter ausscheidet.[28] Demgegenüber geht das BKartA davon aus, dass die Marktverhältnisse auf dem Erstabsatzmarkt auch die Marktverhältnisse auf dem RLM-Kunden-Markt bestimmen und somit eine

---

25 BKartA, Beschluss vom 19.3.2012, B 10 – 16/09, Rn. 19 »*Entega*«.
26 Erstmalig im Verlauf des Beschwerdeverfahrens, vgl. OLG Düsseldorf vom 6.6.2007 WuW/E DE-R 2094, 2096 »*Stadtwerke Eschwege*«.
27 Vgl. BGH vom 11.11.2008, WuW/E DE-R 2451.
28 A.A. *Lücke*, in: Langen/Bunte, § 29 Rn. 12; *Becker/Blau*, in: Recht der Energiewirtschaft, § 29 Rn. 30.

Marktbeherrschung auf dem vorgelagerten Markt auf den nachgelagerten Markt durchschlägt.[29] Dieser Ansatz lässt unberücksichtigt, dass beim Absatz an RLM-Kunden nicht lediglich die Produkte aus der vorgelagerten Marktstufe weitergereicht werden, sondern die Marktteilnehmer, welche RLM-Kunden beliefern, Strom von verschiedenen Anbietern (Erzeugern, EEG-Strom, Industriekraftwerke, Import) beziehen und als Strommix vertreiben, also eine eigene Wertschöpfungsstufe bilden.

Der Markt für den Absatz an Kunden mit Belieferung nach Standardlastprofilen (SLP-Kunden) ist vor dem Hintergrund integrierter Netze, eines funktionierenden Durchleitungsregimes mit für alle Lieferanten an jeder Lieferstelle identischem Netznutzungsentgelt (keine Transportkostenunterschiede) bundesweit abzugrenzen. Wegen der Vielzahl von Anbietern und der jeweils geringen Marktanteile scheidet eine Anwendung des § 29 GWB auf diesem Markt aus. 19

Der Markt für die Belieferung von Heizstromkunden bildet nach Auffassung des BKartA einen eigenen sachlichen Markt, welcher lokal abzugrenzen ist. Das BKartA hat zwar durch eine Vielzahl von Missbrauchsverfahren, welche nach marktöffnenden Zusagen eingestellt worden sind, die Rahmenbedingungen für die Heizstromversorgung verbessert, sieht aber kurzfristig keine Grundlage für eine Änderung seiner Auffassung zur räumlichen Marktabgrenzung.[30] Hieraus folgt, dass der örtliche Anbieter in der Regel über eine marktbeherrschende Stellung verfügt und somit dem Anwendungsbereich des § 29 GWB unterliegt. Unbefriedigend ist hierbei, dass Heizstrom der Missbrauchsaufsicht unterliegt, nicht aber Fernwärme, obwohl beide Energieträger demselben Zweck, nämlich der Erzeugung von Wärme für den Haushalt dienen. Da eine sachliche Rechtfertigung für diese unterschiedliche Behandlung nicht ersichtlich ist, verstößt die Einbeziehung des Heizstroms in den Anwendungsbereich des § 29 GWB gegen Art. 3 GG, soweit die Missbrauchsaufsicht nach § 29 GWB über die allgemeine Missbrauchsaufsicht nach § 19 GWB hinausgeht, also insbesondere im Bereich der Ziffer 2 des § 29 GWB. 20

bb) Gasmärkte

(1) Sachliche Abgrenzung auf den Gasmärkten

Erdgas wird nur in geringen Mengen in Deutschland gefördert (ca. 13 % des Erdgasverbrauchs).[31] Der Inlandsmarkt ist daher geprägt von Großhandels- 21

---

29 Bestätigt durch BGH WuW/E D-ER 2451, 2460 »*E.ON/Stadtwerke Eschwege*«.
30 BKartA, Beschluss vom 19.3.2012, B 10-16/09, »*Entega*«; Bericht Heizstrom, Januar 2011.
31 BKartA, Beschluss vom 31.1.2012, B 8-116/12 – »*Gazprom/VNG*«, Rn. 32.

unternehmen, welche Erdgas bei ausländischen Erzeugern einkaufen und im Inland an Weiterverteiler sowie Endkunden (Industrie, Haushaltskunden) liefern. Die Aufgabe des Importeurs übernahmen hierbei früher die Ferngasgesellschaften, welche nicht nur über entsprechende Lieferverträge mit den großen Förderunternehmen aus Russland, Norwegen, Niederlande und UK verfügten, sondern gleichzeitig mit hohen Investitionen in den 60iger Jahren ein Gasleitungsnetz in Deutschland errichtet haben, um das Gas innerhalb von Deutschland zu vertreiben. Im Zuge der mit der Liberalisierung des Gasmarktes verbundenen Regulierung der Netze haben die Ferngasgesellschaften teilweise ihre Netze an Dritte verkauft, teilweise Beteiligungen an ihren Netzgesellschaften an Dritte abgegeben. Unabhängig hiervon steht – wie im Strommarkt – das Gasnetz jedem Lieferanten zur Durchleitung von Gas an jeden beliebigen Kunden zur Verfügung. Dies hat zur Folge, dass die ausländischen Erzeuger selbst auf dem inländischen Markt als Anbieter auftreten. In der Regel verfügen die ausländischen Erzeuger über Leitungssysteme, über welche das Erdgas an die inländische Grenze transportiert wird. Teilweise sind die Erzeuger zudem über Tochtergesellschaften oder Beteiligungsgesellschaften an inländischen Transportleitungen auf der Ferngasebene beteiligt. In Verbindung mit einem gesetzlich detailliert geregelten Durchleitungsregime erreichen die ausländischen Erzeuger somit jeden potentiellen Kunden. Als direkt beliefernde Unternehmen verfügen sie damit über einen wettbewerblichen Vorteil gegenüber den von ihnen belieferten Ferngasgesellschaften, da die mit ihnen als Lieferanten vereinbarten Preise die mögliche Untergrenze des Angebotspreises der Ferngasgesellschaften darstellen, während der Erzeuger selbst in der Lage ist, kalkulatorisch auf der Grundlage von Deckungsbeiträgen anzubieten und damit in direktem Wettbewerb die Ferngasgesellschaften zu unterbieten (price squeezing). Es ist daher sachgerecht, einen eigenen Markt für den Erstabsatz von Gas (analog dem Strommarkt) zu bilden.[32]

22 Das BKartA unterscheidet nicht zwischen hochkalorischem H-Gas und niedrigkalorischem L-Gas,[33] obwohl die beiden Gassorten wegen ihrer unterschiedlichen Kalorik technisch funktional nicht austauschbar sind. Als Begründung stützt sich die Behörde darauf, dass aufgrund der Durchleitungsregeln die beiden Gassorten virtuell austauschbar sind. Diese Marktabgrenzung ist mit dem für die Marktabgrenzung relevanten Bedarfsmarktkonzept nicht vereinbar. Unabhängig von der mangelnden Austauschbarkeit wegen der Unterschiede in technisch funktionaler Hinsicht, sind H- und L-Gas auch wirtschaftlich nicht miteinander austauschbar. H-Gas und L-Gas werden über getrennte Leitungssysteme zum endverbrauchenden Kunden transportiert. Die Anlagen der Kunden (Kraftwerke, Industrie- und Gewerbekunden, pri-

---

32 BKartA, Beschluss vom 6.7.2009, WuW/E DE-V 1780, 1785 – »EnBW/EWE«.
33 BKartA, Beschluss vom 23.10.2014 – »EWE/VNG«, BA S. 28 f.

vate Endverbraucher) sind auf den Einsatz einer bestimmten Gasqualität ausgerichtet. Die Umstellung eines L-Gas-Gebietes auf H-Gas würde wirtschaftlich unrentable Umrüstungskosten erfordern. Auch bezugsseitig besteht wegen der physikalisch-technischen Unterschiede ein getrennter Bedarf nach H-Gas und L-Gas. Die Ferngasgesellschaften haben mit den Erzeugern (upstream) separate Bezugsverträge über H-Gas einerseits und L-Gas andererseits abgeschlossen. Dementsprechend verfügt jeder Erzeuger auch nur über eine bestimmte Gasqualität. Lieferanten von L-Gas sind im Wesentlichen die Erzeuger in den Niederlanden und im Inland, während H-Gas im Wesentlichen aus Norwegen, Dänemark und Russland stammt. Da H- und L-Gas im Verbrauch nicht kompatibel sind, sondern jede Verbrauchsstelle technisch auf den Verbrauch der einen oder anderen Gasqualität ausgerichtet ist, haben die Ferngasgesellschaften ihrerseits mit ihren Abnehmern (downstream) jeweils Verträge über die Belieferung mit der spezifisch benötigten Gasqualität abgeschlossen, so dass der bezugsseitigen Beschränkung auf eine der beiden Gasqualitäten eine absatzseitige Lieferverpflichtung entspricht. Auch wenn aufgrund des aktuellen Durchleitungsregimes im Inland die verschiedenen Gasqualitäten virtuell austauschbar sind, wirkt sich diese Bildung virtueller Märkte auf der Absatzseite im Inland bezugsseitig nicht so aus, dass dies die Annahme eines einheitlichen Marktes auf der Beschaffungsseite bzw. auf der Absatzseite rechtfertigen würde. Hiervon gehen auch die Vorschriften über den Netzzugang indirekt aus. Gemäß § 9 Abs. 3 GasNZV besteht die Möglichkeit der Einschränkung der Buchbarkeit bzw. freien Zuordenbarkeit von Ein- und Ausspeisekapazitäten. Das (virtuelle) System der Konvertierung von H-Gas in L-Gas und umgekehrt ist auf den Absatz von Erdgas durch die verschiedenen Handelspartner im deutschen Markt ausgelegt und auf den Bezug von Erdgas von exportierenden Erzeugerunternehmen nicht übertragbar. Es besteht auch keine Verpflichtung der ausländischen Erzeuger, statt des vertraglich vereinbarten H-Gases L-Gas zu liefern und umgekehrt. Zudem wird für die »virtuelle« Umwandlung auf den Saldo ein sogenanntes Konvertierungsentgelt erhoben. Die Höhe des Konvertierungsentgelts lässt es als ausgeschlossen erscheinen, dass auf der Ferngashandelsstufe nennenswerte Mengen der einen Gasqualität (virtuell) in Marktgebiete, welche mit der anderen Gasqualität versorgt werden müssen, geliefert werden. Das Konvertierungsentgeltsystem ist in erster Linie zu dem Zweck geschaffen, den Handel auf der Letztverbraucherstufe zu erleichtern und durch das System der Saldierung möglichst geringe Mengen unter Ansatz des Konvertierungsentgelts abrechnen zu müssen. Weder aus Sicht der importierenden Ferngasgesellschaften noch der exportierenden Erzeuger handelt es sich um ein auf große Produzentenmengen ausgelegtes tragfähiges Konzept.[34]

---

[34] So auch die Kommission in der Entscheidung vom 14.11.2006, COMP/M.4180 – »*GdF Suéz*« Rn. 64 ff.

23 Vor dem Hintergrund der Marktöffnung und der Trennung von Netz und Vertrieb ist eine weitere sachliche Aufteilung des Handelsmarktes nach verschiedenen Netzstufen nicht sachgerecht. Überregionale Ferngasunternehmen und regionale Ferngasunternehmen lassen sich ebenso wenig voneinander abgrenzen wie lokale Weiterverteiler. In früherer Praxis hat das BKartA gleichwohl eigene Märkte für die Erstabsatzstufe der Ferngasgesellschaften (welche es in dieser Form nicht mehr gibt) an regionale Ferngasgesellschaften gebildet und für den Handel der regionalen Ferngasgesellschaften an lokale Weiterverteiler. Jeder Weiterverteiler ist ohne weiteres in der Lage, seinen Bedarf an Erdgas unmittelbar zu decken. Es gibt somit keine spezifische Nachfrage nach Lieferung von Erdgas auf einer bestimmten Handelsstufe mehr. Auch wenn Ferngasgesellschaften im Rahmen ihres Handelsgeschäfts ihren Handelskunden ein Portfoliomanagement anbieten, handelt es sich um keine spezifische Dienstleistung, welche die Bildung eines eigenen Marktes rechtfertigt. Die Handelskunden können diese Form des Portfoliomanagements entweder selbst erbringen oder bei jedem anderen Anbieter von Erdgas auf der Erzeuger- oder Handelsstufe nachfragen. Diesen Marktverhältnissen hat das BKartA in der Entscheidung vom 23.10.2014) Rechnung getragen und geht nunmehr – wie im Strommarkt – von überregionalen Gas-Großhandelsmärkten aus.[35]

24 Von der Handelsstufe zu trennen ist die Letztverbraucherstufe, auf welcher Kunden mit registrierender Leistungsmessung (sogenannte RLM-Kunden) und Kunden mit Standardlastprofil (sogenannte SLP-Kunden) tätig sind. Beide Kundengruppen bilden in der Praxis des Amtes jeweils eigene Märkte. Dies ist gerechtfertigt, wo Letztabnehmer Erdgas für die Herstellung von Produkten (Prozesswärme) einsetzen, da ihre Nachfrage (Lieferung großer Mengen während der Produktionszeit über das gesamte Jahr) sich erheblich von der eines typischen Haushaltskunden (gleichmäßige Belieferung kleiner Mengen mit Tagesschwankungen und Unterschieden im Sommer und Winter) unterscheidet. Dies drückt sich in der Regel in unterschiedlichen Mengen- und Preisangeboten aus. Dies unterscheidet Industriekunden mit Prozesswärmebedarf und Kunden mit Heizungswärmebedarf, rechtfertigt aber eher eine Unterscheidung des Letztverbrauchermarktes nach Verwendungszweck als nach registrierender Leistungsmessung und Standardlastprofil. Die Abnahmestruktur eines Standardlastprofilkunden unterscheidet sich nicht so erheblich von der eines Industriekunden, welcher den Gasbedarf zur Wärmeerzeugung einsetzt, da Standardlastprofile und die entsprechend hinterlegten Preise versuchen, das tatsächliche Verbraucherverhalten bestmöglich nachzubilden. Der Umstand, dass RLM-Kunden größere Mengen abnehmen, rechtfertigt nicht die Bildung eines eigenen Marktes.

---

35 BKartA, Beschluss vom 23.10.2014 – »EWE/VNG«, Rn. 79.

(2) Räumliche Marktabgrenzung

Die Liberalisierung der Gasmärkte ist stufenweise erfolgt. Das ursprünglich von Gasversorgungsunternehmen praktizierte Einzelbuchungsmodell wurde zum 1. Oktober 2007 durch ein Zweivertragsmodell ersetzt. Dieses ermöglichte innerhalb eines Marktgebietes Einspeisung und Entnahme durch nur noch zwei Verträge, nämlich durch einen Einspeisevertrag am Entry-Punkt und einen Ausspeisevertrag am Exit-Punkt. Dies »Durchleitung« von Gas wurde in der Folgezeit zusätzlich erleichtert durch eine deutliche Verringerung der Marktgebiete von ursprünglich 28 (1. Mai 2006) auf zwei (1. Oktober 2011), nämlich Gaspool und NetConnect. Trotz dieser mit diesen Maßnahmen verbundenen weitgehenden Marktöffnung und der Erleichterung des Marktzutritts Dritter hat das BKartA ursprünglich an einer engen räumlichen Marktabgrenzung im Gasmarkt festgehalten und die Märkte weiterhin netzbezogen abgegrenzt. Dies kann aus verschiedenen Gründen nicht mehr überzeugen: Zum einen ist ein Teil der Fernleitungsnetze an Dritte verkauft, so dass das Handelsunternehmen mangels Eigentümerstellung hinsichtlich des Netzes über keinerlei wettbewerbliche Vorteile in der Verteilung mehr verfügt (unabhängig davon, dass schon vor dem Verkauf der Netze ein diskriminierungsfreier Zugang zum Netz zu regulierten Preisen wettbewerbliche Vorteile ausschloss). Zum anderen kann wegen des Funktionierens der Durchleitung und des verfügbaren Angebots von beliebigen Mengen Erdgas an den grenznahen Übergabepunkten jeder Weiterverteiler seinen Bezug überregional decken. Selbst wenn man den Ferngashandel als eigenen Markt zugrunde legen wollte, wäre er bundesweit abzugrenzen. In dem Beschluss »Gazprom« hat das BKartA offengelassen, ob an einer marktgebietsbezogenen Abgrenzung des Marktes für die Belieferung von regionalen Ferngasgesellschaften und Weiterverteilern festzuhalten ist,[36] und in der Entscheidung »EWE/VNG« dieses Konzept einer marktgebietsbezogenen Marktabgrenzung zugunsten eines mindestens bundesweiten Marktes aufgegeben.[37]

Dasselbe gilt für die Versorgung von RLM-Kunden. Selbst die SLP-Kunden können ihren Gasbedarf bei einer Vielzahl bundesweit tätiger Anbieter decken. Eine Abhängigkeit von ihrem örtlichen Anbieter besteht nicht. Der Umstand, dass trotz Wechselmöglichkeit – möglicherweise aus Bequemlichkeit, möglicherweise, weil der lokale Anbieter der günstigste Anbieter ist – die Kunden den Anbieter nicht wechseln, rechtfertigt nicht die Bildung eigener lokaler Märkte, da für die Annahme eines einheitlichen Marktes die Möglichkeit eines anderweitigen Bezugs ausreicht, sofern dem nicht Transportkostenunterschiede entgegenstehen. Transportkostenunterschiede (Durchleitungsentgelte) spielen in dem liberalisierten Gasmarkt keine Rolle mehr. Aus diesem Grund

---
36 BKartA, Beschluss vom 31.1.2012 – »*Gazprom*«.
37 BKartA, Beschluss vom 23.10.2014 – *EWE/VNG*, Rn. 110.

wäre es auch nicht gerechtfertigt, einen eigenen Markt für die Grundversorgung mit Erdgas zu bilden, da jeder grundversorgte Kunde in die Sonderkundenversorgung wechseln kann. Soweit aus wirtschaftlichen Gründen ein solcher Wechsel nicht möglich ist, scheidet die Annahme eines auf diese Kundengruppe beschränkten Marktes aus, da die Wettbewerbsverhältnisse gegenüber diesen nicht wechselfähigen Kunden bestimmt werden durch den Wettbewerb der gesamten Kundengruppe gegenüber, d.h. ein Anbieter verhält sich wettbewerblich gegenüber allen grundversorgten Kunden einheitlich. Da der größere Teil dieser Kundengruppe wechselfähig ist, verfügt der Anbieter auch gegenüber der kleineren, nicht wechselfähigen Gruppe grundversorgter Kunden über keine unkontrollierten Marktverhaltensspielräume, was jedenfalls das Bestehen einer marktbeherrschenden Stellung ausschließt.

b) Marktbeherrschung auf den Strommärkten

27 In einem zweiten Schritt ist festzustellen, ob auf den so abgegrenzten sachlich und räumlich relevanten Märkten eine marktbeherrschende Stellung eines Unternehmens allein (Alleinmarktbeherrschung) oder gemeinsam mit anderen Unternehmen (Oligopol) besteht. Maßstab hierfür ist § 18 GWB.

28 Das BKartA hat in der Vergangenheit auf dem Erstabsatzmarkt für Strom das Bestehen eines marktbeherrschenden Oligopols angenommen.[38] Für den Bereich der Fusionskontrolle ist das BKartA in seiner Auffassung durch den BGH bestätigt worden.[39] Maßgeblich für diese Feststellung war neben der Homogenität des Produktes Strom und der Nichtlagerfähigkeit von Strom (sieht man von geringen Pumpspeicherkraftwerkskapazitäten ab) der Anteil der im Oligopol verbundenen Unternehmen an inländischen Erzeugungskapazitäten und die vertikale Verflechtung der beiden größten Stromerzeuger mit auf nachgelagerten Marktstufen tätigen Unternehmen (Regionalverteiler, Stadtwerke) sowie strukturelle Verbindungen zwischen beiden Unternehmen.

29 In der Sektoruntersuchung »Strom«[40] hat das BKartA für die Feststellung von Einzelmarktbeherrschung (ausgehend von der These, dass mehrere Unternehmen parallel einzelmarktbeherrschend sein können[41]) einen neuen Ansatz verfolgt, nämlich den der Pivotalität. Hiernach ist marktbeherrschend, dessen am Markt verfügbaren Erzeugungskapazitäten nicht ersetzbar sind. Das Konzept der Pivotanalyse geht davon aus, dass ein Unternehmen privotal ist, wenn die Nachfrage nach einem bestimmten Gut nicht vollständig durch die übrigen konkurrierenden Anbieter gedeckt werden kann. Es wird also für

---

38 BKartA, Beschluss vom 12.9.2003, WuW/E DE-V823 – »Eschwege«.
39 BGH, Beschluss vom 11.11.2008, WuW/E DE-R 2451 – »Eschwege«.
40 Sektoruntersuchung Stromerzeugung/Stromgroßhandel, Januar 2011, S. 96 ff.
41 Vgl. Sektoruntersuchung, S. 96.

die Zwecke der Untersuchung unterstellt, dass die Lieferungen eines Anbieters vollständig ausfallen. Die Pivotanalyse basiert auf Vergleich von Angebotskapazitäten relativ zur Nachfrage und geht dabei über eine reine Marktanteilsbetrachtung hinaus. Ein Anbieter ist pivotal in einem Zeitraum, wenn er ein »unvermeidbarer Handelspartner« ist. Bemessungsgrundlage ist in der Praxis des Amtes der »residual supply index (RSI)«.[42] Hierbei handelt es sich um den Anteil der Nachfrage, der durch die Kapazität der Konkurrenten des untersuchten Unternehmens gedeckt werden kann. Wenn der RSI >100 % ist (wenn also der Bedarf durch die Kapazität der Konkurrenten vollständig gedeckt ist), besteht keine Pivotalität des untersuchten Unternehmens, ist der RSI <100 %, liegt Abhängigkeit vor.

Beispiel 1: Die Last beträgt 100 TWh/a. Das untersuchte Unternehmen hat eine Kapazität von 20, die konkurrierenden Unternehmen eine Kapazität von 90. Der RSI würde in diesem Fall 90/100, also 90 % betragen. Das untersuchte Unternehmen wäre in diesem Fall pivotal.

30

Beispiel 2: Die Last beträgt 60 TWh/a. Auch in diesem Fall hat das untersuchte Unternehmen eine Kapazität von 20, während die konkurrierenden Unternehmen eine Kapazität von 90 haben. In diesem Fall wäre der RSI 90/60, läge also bei 150 %, so dass in diesem Fall das untersuchte Unternehmen nicht pivotal wäre.

Nach Auffassung des BKartA besteht eine tatsächliche Vermutung, dass ein Unternehmen individuell marktbeherrschend ist, wenn der RSI in mehr als 5 % der Stunden unter 1,0 (= 100 %) liegt. Diese Vermutung soll widerlegbar sein.[43] Auf der Grundlage entsprechend ermittelter Daten für die Jahre 2007 und 2008 nimmt das BKartA eine parallele Einzelmarktbeherrschung von RWE, E.ON, Vattenfall und – jedenfalls für das Jahr 2007 – EnBW an.[44]

31

Im Ausgangspunkt ist die These einer Marktbeherrschung aufgrund der Pivotalität mit dem Wortlaut des § 18 Abs. 1 GWB allenfalls dann vereinbar, wenn die Pivotalität zu unterschiedlichen Zeiten besteht. In diesem Fall würde es sich in der Sache um eine Marktbeherrschung in einem bestimmten zeitlich relevanten Markt handeln, nicht um eine parallele Marktbeherrschung. Der Ansatz des BKartA geht aber weiter und will auch Sachverhalte erfassen, bei denen verschiedene Erzeuger in denselben Zeiträumen pivotal sind. Eine solche Auslegung ist im Wortlaut des § 18 GWB nicht angelegt und führt zu einer systematischen Vermischung von Einzelmarktbeherrschung und Oligo-

---

42 Zum alternativen Konzept des »pivotal supplier index« (PSI), vgl. Sektoruntersuchung, S. 97.
43 Sektoruntersuchung, S. 106.
44 Sektoruntersuchung, S. 113.

poltatbestand. Mehrere Unternehmen sind entweder in ihrer Gesamtheit keinem wesentlichen Wettbewerb ausgesetzt und zwischen ihnen besteht auch kein wesentlicher Wettbewerb, dann bilden sie ein Oligopol, oder ein einzelnes Unternehmen verfügt gegenüber den übrigen Marktteilnehmern über entsprechende Marktmacht, dann ist es alleinbeherrschend. Mit der These von der parallelen Marktbeherrschung wird das Tatbestandsmerkmal des Fehlens wesentlichen Binnen- und Außenwettbewerbs aufgegeben.

32 Bedenken gegen die Pivotanalyse bestehen zudem gegen die Berechnung der für die Bestimmung der Pivotalität hinreichend im Markt verfügbaren Kapazitäten. So werden bei der Berechnung der inländischen Kapazitäten sämtliche Erzeugungseinheiten berücksichtigt, welche dem Markt zur Verfügung stehen, während hinsichtlich des Imports nicht auf die im Ausland vorhandenen technisch verfügbaren Kapazitäten, sondern auf die Höchstlast der Importe, also auf die tatsächlichen Lieferungen abgestellt wird. Bei der Berechnung des RSI lässt das BKartA die Kapazitäten in EEG-Anlagen unberücksichtigt mit der Begründung, diese Kapazitäten würden außerhalb eines wettbewerblichen Marktes nach dem EEG in das Netz eingespeist. Die Kapazitäten aus EEG-Anlagen stehen dem Markt aber zur Verfügung und werden auch tatsächlich eingesetzt. Auch wenn diese Kapazitäten zu festen Preisen in die Netze der Netzbetreiber eingespeist werden, werden sie letztlich über die Börse am Markt eingesetzt und wirken bei der Preisbildung mit. Sie sind somit geeignet, die wettbewerblichen Verhaltensspielräume der Betreiber konventioneller Kraftwerke zu begrenzen, da sie im Rahmen der merit order die teuersten Kapazitäten ersetzen (und somit geeignet sind, einen Wettbewerb der konventionell erzeugten Mengen um eine günstigere Position in der merit order auszulösen). Dies rechtfertigt grundsätzlich die Einbeziehung dieser Kapazitäten in den Markt bei der Berechnung des RSI.[45] Es kommt hinzu, dass für die Frage, ob eine bestimmte Kapazität dem Markt zur Verfügung steht, nicht relevant ist, ob dies zu wettbewerbsentsprechenden Bedingungen erfolgt, da im Mittelpunkt der Pivotanalyse nur die Frage steht, ob genügend Kapazitäten zur Verfügung stehen, auf welche die Nachfragerseite ausweichen kann und nicht, ob diese Kapazitäten im Wettbewerb mit den vorhandenen Kapazitäten eingesetzt werden. Umstritten ist ferner in der Wirtschaftswissenschaft, ob ein Unternehmen mit einem RSI von 1,0 schon unverzichtbar ist, da seine Kapazitäten zwar die Nachfrage decken, aber nicht übersteigen, so dass ein Bedarf bei den übrigen Marktteilnehmern gedeckt werden kann. Die Pivotanalyse ist zudem sehr statisch und lässt unberücksichtigt, dass ein An-

---

[45] Im Monitoringbericht 20/2 der BNetzA und des BKartA 2012 wird anerkannt, dass die EEG-Kapazitäten die Marktmacht der großen vier Erzeuger begrenzen, vgl. Monitoringbericht 20/2, S. 17; scheinbar in Widerspruch hierzu BKartA, Beschluss vom 27.11.2011 – 38-94/11 – »RWE/Stadt Unna«, Rn. 48, 58.

bieter beim Angebot von »unverzichtbaren« Kapazitäten Rücksicht nehmen muss auf die Einsatzfähigkeit von Kapazitäten, welche in anderen Zeiträumen verzichtbar sind, in denen also die Nachfrage auf andere Anbieter ausweichen kann. Der Anbieter wird bei wirtschaftlich vernünftigem Verhalten wettbewerbliche Verhaltensspielräume bei der Vermarktung unverzichtbarer Kapazitäten nicht ausnutzen, wenn er davon ausgehen muss, dass die marktmachtbedingten Vorteile die Nachteile in Zeiten des Angebots verzichtbarer Kapazitäten nicht übersteigen. Der Pivotansatz des BKartA lässt unberücksichtigt, dass auf der Zeitschiene pivotale und nicht pivotale Zeiten ständig wechseln, so dass die Nachfrage auf nicht marktkonformes Verhalten in pivotalen Zeiten mit entsprechenden Vergeltungsmaßnahmen in nicht pivotalen Zeiten reagieren kann. Erschwerend kommt hinzu, dass für die Anbieter nicht vorhersehbar ist, wann ihre Kapazitäten pivotal sind. Dies ist nicht nur wegen der Form des Angebots der Kapazitäten im Markt (über die EEX-Börse nach merit order) kaum möglich, sondern insbesondere deshalb auch nicht, weil vorher nicht bekannt ist, in welchem Umfang EEG-Strom zu einem bestimmten Zeitpunkt in das Netz eingespeist und damit als Kapazität zur Verfügung steht. Die Pivotanalyse kommt daher allenfalls dann zu nachvollziehbaren Ergebnissen, wenn Pivotalität über lange Zeiträume hinweg besteht und dies für die Erzeuger transparent und vorhersehbar ist. Die Unverzichtbarkeit muss in der Größenordnung der Vermutung des § 18 Abs. 4 GWB liegen. Hiermit ist unvereinbar die These des BKartA, wonach ein Unternehmen bereits pivotal ist, wenn der RSI in nur 5 % der Jahresstunden einen RSI von 1 und weniger erreicht. Dies impliziert, dass dieses Unternehmen in den übrigen 95 % der Jahresnutzungsstunden als Anbieter verzichtbar ist.

Die Feststellungen der Sektoruntersuchung zu den Märkten aus den Jahren 2007 und 2008 sind vor dem Hintergrund tiefgreifender Veränderungen als Folge der »Energiewende« für aktuelle Feststellungen zur Marktbeherrschung im Rahmen des § 29 GWB nicht mehr heranzuziehen. 33

Im Bereich der Grundversorgung gehen die Kartellbehörden konsequenterweise davon aus, dass die lokalen Anbieter kraft Gesetzes Monopolist und damit Normadressat des § 29 GWB sind. 34

Für Heizstrom haben sich noch keine bundesweit einheitlichen Standardlastprofile herausgebildet, so dass Heizstromkunden nach wie vor von der Belieferung durch ihre lokalen Anbieter angewiesen sind. Diese sind somit marktbeherrschend und Normadressat des § 29 GWB.[46] 35

---

46 BKartA, Beschluss vom 19.3.2012, IB 10 -16/09 – »*Entega*«.

36 Auf den übrigen sachlich und räumlich relevanten Märkten – Belieferung von Letztverbrauchern (RLM und SLP-Kunden) – ist angesichts der Vielzahl von Anbietern das Bestehen marktbeherrschender Stellungen nicht erkennbar.

II. Missbräuchliches Verhalten

37 Das Gesetz unterscheidet zwei Missbrauchstatbestände: Zum einen das Fordern von Entgelten oder sonstigen Geschäftsbedingungen, welche ungünstiger sind als diejenigen anderer Versorgungsunternehmen oder von Unternehmen auf vergleichbaren Märkten (Ziffer 1), zum anderen das Fordern von Entgelten, welche die Kosten in unangemessener Weise überschreiten (Ziffer 2).

38 Grundsätzlich stehen beide Tatbestände alternativ nebeneinander.[47] Ziffer 2 sperrt aber insoweit die Anwendung der Ziffer 1, als bei positiver Feststellung, dass die geforderten Entgelte die Kosten nicht in unangemessener Weise überschreiten, die Feststellung eines Missbrauchs nach dem Vergleichsmarktkonzept ausgeschlossen ist. Dies ergibt sich aus der ständigen Rechtsprechung, dass ein Unternehmen nicht gezwungen werden kann, seine Leistungen unter kostendeckenden Preisen anzubieten.[48] Wird nachgewiesen, dass die Entgelte die Kosten im Sinne von Ziffer 2 nicht unangemessen übersteigen, schließt dies nicht nur Ziffer 2 tatbestandlich aus, sondern stellt gleichzeitig eine Rechtfertigung im Sinne von Ziffer 1 dar.

1. Ziffer 1

39 Das Vergleichsmarktkonzept der Ziffer 1 unterscheidet sich von dem Regeltatbestand des § 19 Abs. 4 Ziffer 2 insbesondere dadurch, dass auf das Als-ob-Wettbewerb-Konzept verzichtet wird (es wird also nicht gefordert, dass die Entgelte von den Entgelten abweichen, welche sich bei wirksamem Wettbewerb ergeben würden). Zum einen ist in Ziffer 1 klargestellt, dass nicht nur Versorgungsunternehmen in den Vergleich einbezogen werden können, zum anderen wird auf das Erfordernis, dass auf dem Vergleichsmarkt wirksamer Wettbewerb herrschen muss, verzichtet. Es kann also auch mit Märkten verglichen werden, auf denen kein wirksamer Wettbewerb herrscht.

40 Der Begriff »Versorgungsunternehmen« ist in Satz 1 gesetzlich definiert. Grundsätzlich umfasst der Begriff sowohl Gas- wie auch Elektrizitätsversorgungsunternehmen. Ob bei Verfahren gegen Gasversorgungsunternehmen ein Vergleich mit Elektrizitätsversorgungsunternehmen zulässig ist und umge-

---

47 *Körber*, in: Immenga/Mestmäcker, § 29 Rn. 71.
48 BGH Beschluss vom 22.7.1999, WuW/E DE-R 375 – »*Flugpreisspaltung*«.

kehrt, ist eine eher theoretische Frage, da es sich in jedem Fall um Unternehmen auf vergleichbaren Märkten handelt.

Vergleichbar sind Märkte, wenn sie in ihren ökonomischen und politischen Rahmenbedingungen mit dem untersuchten Unternehmen so weitgehende Übereinstimmungen aufweisen, dass es gerechtfertigt ist, die auf diesem Markt festgestellten Bedingungen als Vergleichsmaßstab heranzuziehen. Dies können andere räumlich relevante Märkte in demselben sachlich relevanten Markt sein (z.B. wenn man mit dem BKartA räumlich eigenständige Märkte der Grundversorgung für Strom und Gas annimmt). Als Vergleichsmaßstab können grundsätzlich auch ausländische Strom- oder Gasmärkte dienen. Der Vergleich mit auf ausländischen Märkten tätigen Unternehmen setzt aber eine sorgfältige Prüfung der Vergleichbarkeit der politischen Rahmenbedingungen voraus. Werden beispielsweise in einem anderen Mitgliedstaat der EU die Entgelte der Versorgungsunternehmen staatlich geregelt, scheidet ein Vergleich von vornherein aus. Dasselbe gilt, wenn die Erzeugung in dem zum Vergleich herangezogenen Markt subventioniert wird oder aufgrund nationaler Umweltvorschriften die Erzeugung niedrigere Kosten verursacht. Derartige strukturelle Unterschiede lassen sich nicht durch Zu- und Abschläge ausgleichen, sondern schließen einen Vergleich im Ansatz aus. Da zudem die Ermittlung der relevanten Marktdaten im Ausland durch nationale Behörden oder Gerichte erschwert ist, kommen ausländische Unternehmen in der Praxis nur ausnahmsweise als Vergleichsunternehmen in Betracht.

41

Ein Vergleich mit Unternehmen, welche auf anderen sachlich relevanten Märkten tätig sind, ist theoretisch nicht ausgeschlossen. Im Hauptanwendungsfall der Ziffer 1, dem Vergleich der Entgelte, fehlt es aber in der Regel an einer gemeinsamen Basis für einen Vergleich. Es gibt keine verlässliche Grundlage für eine Umrechnung der Entgelte verschiedener Produkte auf eine vergleichbare Einheit. Dies ist nur anders im Wärmemarkt, da dort ein Vergleich der verschiedenen Wärmeanbieter (Gas, Heizöl, Strom, Fernwärme) über die Umrechnung in die einheitliche Einheit von Kalorien möglich ist. Überdies erfordert ein solcher Vergleich mit anderen sachlich relevanten Märkten eine sorgfältige Prüfung der ökonomischen Rahmenbedingungen und deren Auswirkungen auf die Vergleichbarkeit. Die gesetzliche Verpflichtung zur Versorgung mit einem nicht lagerfähigen Produkt (Strom) stellt eine Besonderheit der Strom- und Gasmärkte dar, welche einen Vergleich mit einer beliebigen homogenen anderweitigen Ware ausschließt. Teilweise wird daher vertreten, dass nur ein Preisvergleich mit funktionsgleichen, d.h. auf dem gleichen sachlich relevanten Markt tätigen Versorgungsunternehmen aussagekräftig ist.[49]

42

---

49 *Markert*, in: MünchKommKartR, 2. Auflage, § 29 Rn. 37.

43 Mit dem Wort »ungünstiger« stellt das Gesetz auf einen Vergleich ab. Ein Vergleich ist begrifflich nur möglich, wenn die Vergleichsobjekte vergleichbar sind oder jedenfalls – gegebenenfalls im Wege einer anerkannten Methode – vergleichbar gemacht werden können. Wollte man hingegen die Frage der Vergleichbarkeit in das Tatbestandsmerkmal der Rechtfertigung verlagern,[50] würde dem untersuchten Unternehmen, sofern die Amtsermittlungen zu keinem Ergebnis führen,[51] der Beweis aufgebürdet, den es mangels geeigneter Basis für einen Vergleich nicht führen kann. Dies wäre verfassungsrechtlich im Hinblick auf die durch Art. 14, 12 GG geschützte Preissetzungsfreiheit bedenklich.[52]

44 Da Gas zum größten Teil zur Erzeugung von Heizwärme eingesetzt wird, ist ein Vergleich mit anderen Wärmeträgern (Heizöl, Fernwärme, Heizstrom) möglich.

45 Ein In-sich-Vergleich – Vergleich der Entgelte des untersuchten Unternehmens auf der Zeitschiene – scheitert daran, dass es an einem anderen Versorgungsunternehmen fehlt. Dies schließt einen Missbrauch gemäß § 19 Abs. 2 Nr. 2 GWB nicht aus (vgl. auch § 29 Satz 3 GWB). Im Sinne von § 36 Abs. 2 GWB verbundene Unternehmen gelten als ein Unternehmen und können daher ebenfalls für einen Vergleich nicht herangezogen werden. Da nach inzwischen gefestigter Rechtsprechung die Verbundklausel des § 36 Abs. 2 GWB für das gesamte GWB gilt,[53] hat dies zur Folge, dass ein konzerninterner Vergleich für § 29 GWB nicht ausreicht, wobei im Falle eines konzerninternen Abweichens der Entgelte die Anwendung des § 19 GWB eröffnet bleibt.

46 Gegenstand des Vergleichs sind die Entgelte oder die sonstigen Geschäftsbedingungen. Dies ist identisch mit § 19 Abs. 4 Nr. 2 und 3 GWB.

47 Das Vergleichsmarktkonzept der Ziffer 1 setzt das Fordern von Entgelten voraus, die ungünstiger sind als die anderer Versorgungsunternehmen. Gegenstand der Prüfung sind also Entgelte. Dies sind die Preise, zu denen das marktbeherrschende Unternehmen seine Leistungen im Markt anbietet. Dies kann begrifflich nur der Endpreis sein: Bietet der Lieferant zu einem All-inclusive-Preis, also einschließlich aller Abgaben, an, so kann »gefordertes Entgelt« nur

---

50 So wohl *Körber*, in: Immenga/Mestmäcker, 5. Auflage, § 29 Rn. 97, wobei die insoweit in Bezug genommene Gesetzesbegründung hierfür nichts hergibt, Reg. Begr. BT-Drucks. 16/5847, 11.
51 S. Rdn. 2.
52 Monopolkommission, Sondergutachten 47 »Preiskontrollen in Energiewirtschaft und Handel? Zur Novellierung des GWB«, vom 22.3.2007, Tz. 11 ff.
53 Für § 19 GWB, BGH vom 23.6.2009, WuW/E DE-R 2739, 2741 »*Entega I*«; für § 1 GWB: BGH WuW/E DE-R 3861, 3874 »*Grauzement*«.

dieser Preis sein. Diese Sichtweise entspricht der gefestigten Rechtsprechung zu § 19 GWB. Wettbewerblich beruht dieses Ergebnis auf der Erwägung, dass aus Marktsicht die einzelnen Elemente einer Preis-Kalkulation ohne Bedeutung sind und dass der Markt letztlich einzig an dem Ergebnis, also dem Endpreis, interessiert ist.

Das BKartA verfolgt zu Ziffer 1 einen hiervon abweichenden Ansatz. Das BKartA wendet in einem ersten Schritt eine Subtraktionsmethode an und zieht von dem Endpreis drei Kostenpositionen ab: Die Netzentgelte, die Konzessionsabgabe und die Erdgassteuer. Erst diese bereinigten Preise vergleicht das BKartA mit dem ebenso bereinigten Preis der anderen Anbieter. Das BKartA begründet dies damit, dass von einem Anbieter nicht beeinflussbare Kostenpositionen zum Zwecke der Herstellung der Vergleichbarkeit in Abzug gebracht werden müssen. 48

Die Rechtsprechung ist zu § 19 GWB einen anderen Weg gegangen. Sie hat den geforderten Endpreis der Vergleichsunternehmen gegeneinandergestellt und – im Falle einer Differenz – in einem zweiten Schritt geprüft, ob strukturelle Unterschiede bestehen. Etwaigen strukturellen Unterschieden wurde durch Zu- und Abschläge Rechnung getragen. Sie hat also nicht auf beiden Seiten des Vergleichs Kostenelemente herausgerechnet, um sodann einen – quasi bereinigten – Vergleichspreis festzustellen, sondern dem untersuchten Preis Zu- bzw. Abschläge hinzugefügt. Dies entspricht dem Wortlaut der Ziffer 1, wonach – ebenso wie bei § 19 – die geforderten Entgelte ungünstiger sein müssen als die des Vergleichsunternehmens. Ein missbräuchliches Verhalten scheidet somit aus, wenn der Preis des untersuchten Unternehmens den des Vergleichsunternehmens nicht überschreitet. Dies folgt aus dem dem Vergleichsmarktkonzept zugrundeliegenden Ziel, durch Vergleich mit einem im Wettbewerb gebildeten Preis einen wettbewerbsanalogen Preis zu finden. In einem Wettbewerbsmarkt kann aber der Vorwurf eines missbräuchlichen Verhaltens nicht erhoben werden, solange das Preisniveau des untersuchten Unternehmens dem des Wettbewerbsmarktes entspricht. Dies gilt selbst dann, wenn das marktbeherrschende Unternehmen eine günstigere Kostenstruktur aufweist als das Vergleichsunternehmen. Es ist nicht zwingend, dass im Wettbewerb ein Unternehmen nur deshalb seine Preise senkt, weil es günstiger als der Markt produziert. Diese Feststellung, dass einzelne Kostenbestandteile nicht Gegenstand der Untersuchung nach Ziffer 1 sind und dementsprechend bei der Festsetzung des Vergleichspreises nicht herausgerechnet werden können, wird gestützt durch die Entstehungsgeschichte des § 29 GWB. Nach dem ursprünglichen Entwurf sollten Gegenstand des Vergleichs nicht nur das geforderte Entgelt, sondern auch die Entgeltbestandteile sein. Ungeachtet der Tatsache, dass es bei einem All-inclusive-Preis keine Entgeltbestandteile im engeren Sinne gibt, sondern allenfalls Kostenelemente, ist diese Regelung letztlich nicht Gesetz geworden. 49

50 Eine Korrektur der Endpreise bereits auf der Stufe der Herstellung der Vergleichbarkeit würde zudem die systematische Grenze zwischen den Ziffer 1 und Ziffer 2 des § 29 verwischen. Ziffer 1 verfolgt das Vergleichsmarktkonzept zur Feststellung eines wettbewerbsanalogen Preises, Ziffer 2 einen kostenorientierten Ansatz. Der Ziffer 1 liegt die Vorstellung zugrunde, dass eine Preisüberhöhung am ehesten dadurch festgestellt werden kann, dass ein bestimmter Preis mit einem Preis verglichen wird, der sich anderweitig im Markt gebildet hat. Der Ziffer 1 ist also eine kostenorientierte Sichtweise fremd. Diese Schwierigkeiten hat der Gesetzgeber erkannt und neben das Vergleichsmarktkonzept mit Ziffer 2 das kostenorientierte Konzept gestellt. Beide Konzepte stehen nebeneinander. Mit dem Herausrechnen einzelner Kostenelemente würde das Vergleichsmarktkonzept mit Elementen des kostenorientierten Konzeptes vermengt.

51 Letztlich wird mit der Subtraktionsmethode der Vergleich auf die Bezugskosten beschränkt, da die Kosten des Vertriebs marginal sind. Die Subtraktionsmethode wäre nur dann vertretbar, wenn das Vergleichsunternehmen ebenso wie das untersuchte Unternehmen nicht nur berechtigt, sondern verpflichtet wäre, die in Abzug gebrachten Kosten dem Endkunden in Rechnung zu stellen. Denn in diesem Fall könnte man argumentieren, dass es sich aus Sicht des Vertriebsunternehmens um nicht beeinflussbare, weiter zu belastende Kosten handelt. Dies trifft aber weder für die Netzentgelte, noch für Konzessionsabgabe oder Erdgassteuer zu. Für ein im Wettbewerb agierendes Unternehmen stellt sich in erster Linie die Frage, zu welchen Bedingungen es sein Produkt am Markt absetzen kann. Ob es letztlich hierbei seine Kosten ganz oder teilweise deckt, hängt von den konkreten Marktbedingungen ab. Hiervon ist speziell für die Erdgassteuer das BKartA in der Vergangenheit ausgegangen und hat in den 80er Jahren gegen verschiedene Gasversorger ein Missbrauchsverfahren wegen Einpreisung der Erdgassteuer eingeleitet,[54] d.h. das Amt ging im Rahmen dieser Verfahren davon aus, dass in einem Wettbewerbsmarkt eine Einpreisung der Erdgassteuer nicht hätte durchgesetzt werden können. Konsequenterweise muss dies für alle Kostenpositionen des Versorgungsunternehmens gelten.

52 Abgesehen davon ist die Annahme, die Differenzen der verglichenen Versorger bei Konzessionsabgabe und Netzentgelten reflektierten strukturelle Unterschiede zwischen Versorgungsgebieten, zu pauschal. Für die Konzessionsabgabe ist dies ganz offensichtlich dann unzutreffend, wenn der Versorger noch in der Hand der Gebietskörperschaft ist, die Nutznießerin der Konzessionsabgabe ist. In diesem Fall nämlich sind Konzessionsabgabe der Gebietskörperschaft und Unternehmensgewinn des Versorgers als Einheit zu be-

---

54 Vgl. Monopolkommission, Hauptgutachten 8, Tz. 500 ff.

trachten, denn beide Erlöse fließen letztlich der Kommune zu. Aus Sicht der Kommune kann es sinnvoll sein, auf steuerpflichtigen Unternehmensgewinn zu verzichten und statt dessen entsprechende Einnahmen über die Konzessionsabgabe zu generieren. Die Subtraktionsmethode ignoriert diese Wechselwirkung mit der Folge, dass kommunale Versorger den Missbrauchsvorwurf vermeiden können, indem sie ihre Erlöse über Konzessionsabgaben statt über Gewinne ausschütten.

Komplizierter liegt der Fall bei den Netzentgelten. Hier beruft sich die Kartellbehörde auf die Vorschrift des § 111 Abs. 3 EnWG, um ihre Subtraktionsmethode zu rechtfertigen. Nach dieser Vorschrift sind in Verfahren der Kartellbehörden, die Preise von Energieversorgungsunternehmen für die Belieferung von Letztverbrauchern zum Gegenstand haben, die tatsächlich oder kalkulatorisch in die Bepreisung einbezogenen Netzzugangsentgelte als rechtmäßig zugrunde zu legen. Dem Wortlaut nach scheinen die Voraussetzungen bei Verfahren nach § 29 GWB erfüllt: Es handelt sich um Verfahren der Kartellbehörde. Diese haben die Preise von Energieversorgungsunternehmen zum Gegenstand. Bei der Abzugsmethode bleibt aber unberücksichtigt, dass es sich ausschließlich um eine Schutzvorschrift zugunsten der untersuchten Unternehmen handelt. Ihnen soll nicht zum Missbrauchsvorwurf gemacht werden können, wenn sie die regulatorisch festgesetzten Netzentgelte in ihre Endkundenpreiskalkulation einstellen. Dieser Schutzcharakter wird nun gleichsam gegen sie gewendet, indem der Endpreis des Vergleichsunternehmens um die Netzentgelte gekürzt wird, selbst wenn diese überhöht sind. Hieraus folgt, dass § 111 Abs. 3 EnWG nur den Fall erfasst, in dem das untersuchte Unternehmen deshalb zu hohe Preise hat, weil die Netzentgelte höher sind als die des Vergleichsunternehmens, nicht aber für den Fall gilt, dass das Vergleichsunternehmen höhere Netzentgelte hat, während die Endkundenpreise des untersuchten Unternehmens unter Vergleichsaspekten bei Einbeziehung der Netzentgelte nicht zu beanstanden sind. 53

Den mit dem Missbrauchsvorwurf konfrontierten Unternehmen werden mit der Subtraktionsmethode Einwände abgeschnitten, die ihnen aber offen stehen müssen, wenn der Vergleich mit integrierten Versorgern stattfindet: 54

Erstens wird der Einwand ausgeschlossen, dass das genehmigte Netzentgelt, das der integrierte Netzbetrieb des Vergleichsversorgers erhebt, deutlich auskömmlicher ist und möglicherweise bestehende Ineffizienzen nicht aufgedeckt wurden. Es geht also um den Einwand, dass die Kosten des Netzbetriebs nicht als stets und in vollem Umfang strukturell bedingt angesehen werden können. Dies hat nicht nur mit unterschiedlichen Zuständigkeiten zu tun und mit Bewertungsspielräumen bei der Kalkulation der Netzentgelte. Die Regulierungsbehörde hat selbst eingeräumt, dass sie »aufgrund der Vielzahl von Antragstellern« gehalten war, »Prüfungsschwerpunkte zu bilden und verschie- 55 ne Kostenpositionen nicht im Sinne einer detaillierten Unternehmensprüfung kontrolliert wurden«. Gerade weil man der kostenorientierten Entgeltregulierung keine umfassende Effizienzkontrolle zutraute, hat der Gesetzgeber ihre Ablösung durch die Anreizregulierung vorgesehen und unterwirft im Vorfeld die Unternehmen einem Effizienzvergleich. Mit der Subtraktionsmethode wird der integrierte Versorger begünstigt, der wegen bestehender Ineffizienzen höhere Netzentgelte hat.

56 Zweitens ist es verfahrensrechtlich bedenklich, dem mit dem Missbrauchsvorwurf konfrontierten Unternehmen das Ergebnis eines Netzentgeltgenehmigungsverfahrens eines Dritten vorzuhalten, an dem es selbst nicht beteiligt war und auch nicht beteiligt sein konnte. Die Subtraktionsmethode lässt drittens speziell im Gassektor den Substitutionswettbewerb zur Heizölversorgung systematisch unberücksichtigt. Die Kartellbehörden haben jahrzehntelang das Prinzip des anlegbaren Preises zum Ausgangspunkt der Missbrauchsprüfung genommen, und die Verträge mit den Endkunden enthielten bislang auf den Wärmemarkt abstellende Anpassungsklauseln. Spätestens im Vergleich zu den Preisen einer Heizölversorgung kann die Höhe der Netzentgelte ebenso wenig ausgeblendet werden wie die Konzessionsabgabe. Aus Sicht der Marktgegenseite ist es nämlich gleichgültig, wie sich der Gasversorgungspreis aus Transportkosten einerseits und weiteren Kosten andererseits zusammensetzt, wenn er ihn mit den Preisen einer Heizölversorgung vergleicht.

57 Der Subtraktionsansatz kann methodisch auch nicht mit Satz 2 des § 29 GWB gerechtfertigt werden. Nach Satz 2 dürfen Kosten, die sich ihrem Umfang nach im Wettbewerb nicht einstellen würden, bei der Feststellung eines Missbrauchs im Sinne des Satzes 1 nicht berücksichtigt werden. So lässt sich bei unterschiedlichen Beschaffungskosten die Frage stellen, ob diese Unterschiede auch im Wettbewerb entstanden wären. Hierbei stellt sich in systematischer Hinsicht in erster Linie die Frage, ob Satz 2 auf der Stufe der Feststellung der zu vergleichenden Preise oder bei der zu prüfenden sachlichen Rechtfertigung von Preisunterschieden zu berücksichtigen ist. Der »geforderte Preis« wird zwar auf der Basis von Kosten kalkuliert, der Preis ist aber nicht die einfache Summe von Einzelkosten. Kosten sind also nicht »Bestandteil« des Preises, sondern in erster Linie betriebswirtschaftliche Indikatoren für die Preisbildung. Liegt der Marktpreis über den Kosten, wird das Unternehmen für sein Produkt einen höheren Preis verlangen. Liegt der Marktpreis unter seinen Kosten, wird das Unternehmen prüfen, ob es das Produkt unter seinen Kosten anbietet. Somit verbietet sich rein systematisch eine Berücksichtigung von Satz 2 des § 29 bei der Festlegung des Vergleichspreises. Satz 2 erlangt damit im Rahmen von Ziffer 1 nur Bedeutung im Rahmen der sachlichen Rechtfertigung. Einem Unternehmen ist nach Ziffer 1 – ähnlich wie schon bei § 19 – der Einwand nicht abgeschnitten, dass seine Kostenstruktur ungünstiger ist

als die des Vergleichsunternehmens. Dies entspricht der ständigen Rechtsprechung, wonach es selbst einem marktbeherrschenden Unternehmen nicht zumutbar ist, unterhalb seiner Kosten seine Produkte anzubieten. Lediglich kostendeckende Preise sind sachlich gerechtfertigt. Hierbei hat die Rechtsprechung aber gleichzeitig entschieden, dass dies nur für solche Kosten gilt, welche sich auch unter Wettbewerbsbedingungen einstellen würden. Durch Ineffizienzen verursachte Kosten waren somit schon immer als rechtfertigender Umstand von Preisunterschieden ausgeschlossen. Dieser Grundsatz wird mit Satz 2 auch für das Vergleichsmarktkonzept der Ziffer 1 festgeschrieben. Ineffizienzen sind auf der 2. Stufe, also bei der Frage der Rechtfertigung zu berücksichtigen, setzen aber zunächst die Feststellung relevanter Preisunterschiede voraus. Fehlt es an einem relevanten Preisunterschied, gibt es für eine Prüfung einzelner Kostenpositionen keinen Raum.

Bei relevanten Unterschieden ist in einem zweiten Schritt zu prüfen, ob die unterschiedlichen Beschaffungskosten den festgestellten Preisabstand rechtfertigen. Dies setzt in erster Linie voraus, dass die Beschaffungsbedingungen und die Konditionen im Einzelnen vergleichbar sind, denn nur dann kann dem untersuchten Anbieter zum Vorwurf gemacht werden, er habe nicht marktgerechte Verträge abgeschlossen, also schlecht verhandelt. Ein bloßer Stichtagsvergleich oder der Vergleich eines kurzfristigen Preises mit einem langfristigen Preis würde nicht dem Umstand gerecht, dass es sich bei der Beschaffung von Strom und Gas um Geschäfte auf einem sehr volatilen Markt handelt. Ein kleiner Abnehmer wird überdies typischerweise eher einen Lieferanten finden, der zur Abgabe eines Festpreisangebots für einen relativ kurzen Zeitraum bereit ist, als ein großer Weiterverteiler. Dies kann – kurzfristig betrachtet – zu unterschiedlichen Beschaffungskosten führen, langfristig betrachtet können die Preisabstände unter Risikoaspekten gerechtfertigt sein. Wer zu Festpreisen kontrahiert, läuft Gefahr, dass zum Lieferzeitpunkt der Marktpreis günstiger ist, er also zu teuer eingekauft hat. Dieses Risiko erkauft er sich durch die Chance, unter dem zukünftigen Marktpreis einzukaufen und daher eine höhere Marge zu erzielen. Risikoadjustiert erhält er somit eine höhere Verzinsung seines eingesetzten Kapitals, wenn seine Erwartung höherer Marktpreise im Lieferzeitpunkt zutrifft. Die Vereinbarung einer Preisgleitklausel sichert vor Risiken, nimmt aber gleichzeitig Chancen, so dass konsequenterweise die risikoadjustierte Verzinsung seines eingesetzten Kapitals niedriger ausfällt. Beide Verhaltensweisen führen je nach Marktpreisentwicklung zu unterschiedlichen Ergebnissen, sind aber betriebswirtschaftlich und damit wettbewerblich beide rational und nicht ineffizient. Wichtig ist auch der Zeitpunkt des Abschlusses des Bezugsvertrages, da insbesondere in einem volatilen Markt Unterschiede in den Preisen zu verschiedenen Zeitpunkten unvermeidbar und nicht vorwerfbar sind. Unsicherheiten in der Bewertung solcher struktureller Unterschiede in der Beschaffung ist durch einen Unsicherheitszuschlag Rechnung zu tragen.

59 Bleibt ein nicht begründbarer Preisabstand zwischen den Vergleichsunternehmen, stellt sich als nächste Frage, ob jeglicher Preisabstand für die Feststellung eines Missbrauchsvorwurfs ausreicht oder ob ein quantitatives Element hinzutreten muss. Die Rechtsprechung hat einerseits zu § 19 GWB schon sehr früh entschieden, dass der Missbrauchsvorwurf ein Unwerturteil beinhaltet und ein solches Unwerturteil nur gerechtfertigt ist, wenn der untersuchte Preis erheblich von dem Vergleichspreis abweicht.[55] Andererseits hat der BGH[56] zur früheren energiespezifischen Preismissbrauchsbestimmung des § 103 GWB a.F. festgestellt, dass wegen der Monopolsituation auf dem Strommarkt ein Erheblichkeitszuschlag nicht gerechtfertigt ist. Es mag zwar nicht unmittelbar einleuchten, weshalb das Unwerturteil in einem Monopolmarkt anders ausfallen sollte als in einem Wettbewerbsmarkt; der BGH hat jedoch in der »Stadtwerke Mainz«-Entscheidung[57] klargestellt, dass nach Aufhebung des § 103 GWB die zu § 19 GWB entwickelte Rechtsprechung zur Erheblichkeit auch in einem Monopolmarkt – dort ging es um die auf GWB gestützte Kontrolle der Netzentgelte – Gültigkeit hat. § 29 GWB unterscheidet sich in seiner Konzeption nicht von der allgemeinen Missbrauchsvorschrift des § 19 GWB, so dass kein Grund ersichtlich ist, im Rahmen des § 29 GWB auf die vormalige Rechtsprechung zu § 103 GWB zurückzugreifen. Gegen die Anwendung der alten § 103-Rechtsprechung spricht, dass es sich bei dem im Rahmen von § 29 GWB untersuchten Markt nicht um einen Monopolmarkt handelt, so dass der Begründungsansatz des BGH zur Verweigerung eines Erheblichkeitszuschlages auf die Fallgestaltungen des § 29 GWB nicht übertragbar ist. Schließlich zeigt die Entstehungsgeschichte, dass der Gesetzgeber einen Erheblichkeitszuschlag nicht grundsätzlich ausschließen wollte: Entgegen dem Referentenentwurf, wonach die Abweichung »nicht erheblich« zu sein brauchte, enthält das Gesetz keine entsprechende Einschränkung für die Prüfung der Preise.[58]

60 Steht fest, dass die geforderten Entgelte ungünstiger sind, kann das betroffene Unternehmen den Einwand der sachlichen Rechtfertigung erheben. Auch wenn Ziffer 1 eine Vergleichbarkeit der Unternehmen (wohl aber der Entgelte, siehe oben Rdn. 42) auf der tatbestandlichen Ebene nicht erfordert, können die strukturellen Unterschiede zwischen den Vergleichsunternehmen nicht unberücksichtigt bleiben. Entsprechend dem Ansatz in § 19 GWB ist den Unterschieden durch Zu- und Abschläge im Rahmen der Prüfung, ob eine bestimmte Abweichung sachlich gerechtfertigt ist, Rechnung zu tragen. Im Rahmen des § 103 GWB a.F. wurde unterschieden zwischen strukturellen Unterschieden (Abnahmestruktur, Versorgungsdichte, Abnehmerstruktur, d.h. z.B. wenig Industriekunden) und unternehmensindividuellen Gegeben-

---

55 Vgl. *Nothdurft*, in: Langen/Bunte, Rn. 121 m.N.
56 BGH WuW/E BGH 2967 – »*Schwäbisch Hall*«.
57 BGH WuW/E DE-R 1513 – »*Stadtwerke Mainz*«.
58 A.A. *Markert*, in: MünchKommKartR, § 29 Rn. 42.

heiten (Umständen, welche von den Unternehmen individuell beeinflussbar sind).[59] Dieser Ansatz wird teilweise auch für § 29 Ziffer 1 GWB vertreten, während nach anderer Ansicht[60] diese Unterscheidung im Rahmen von § 29 GWB nicht gelten soll mit der Begründung, § 29 GWB enthalte – im Gegensatz zu § 103 GWB a.F. – keinen Bezug auf nicht zurechenbare Kosten. Es stellt sich aber die Frage, ob sich die unternehmensindividuellen Kosten, welche den Unterschied der Entgelte begründen, bei wirksamem Wettbewerb eingestellt hätten (Satz 2), so dass die Praxis zu § 103 GWB a.F. und § 19 Abs. 4 GWB mit ihrer Unterscheidung weitgehend mit der Bewertung nach Satz 2 gleichlaufen dürfte. Es sind kaum Fälle vorstellbar, in denen entsprechend der Praxis zu § 19 GWB bestimmte unternehmensindividuelle Gründe nicht zur Rechtfertigung herangezogen werden können, welche nicht gleichzeitig auch die Voraussetzungen des § 29 Satz 2 GWB erfüllen.

Ob ein preisbildender Faktor unternehmensindividuell ist, also nicht entlastend, rechtfertigend wirkt, lässt sich nur im Einzelfall feststellen. Hierbei ist zu berücksichtigen, dass die Unternehmen über einen unternehmerischen Entscheidungsspielraum hinsichtlich zu treffender unternehmerischer Entscheidungen verfügen. Ist eine bestimmte Entscheidung im Zeitpunkt, in dem sie getroffen wird, vertretbar und stellt sie sich später als betriebswirtschaftlich nicht sinnvoll heraus, bleibt der hieraus folgende Unterschied in den Entgelten sachlich gerechtfertigt. Ein Unternehmen ist deshalb nicht gezwungen, Kosten aus Investitionen, welche sich nach der »Energiewende« als nutzlos herausstellen, bei der Preiskalkulation unberücksichtigt zu lassen, mit der Begründung, dass auch in einem Wettbewerbsmarkt Investitionen, welche sich nachträglich als im Markt nicht einsetzbar erweisen, zu Lasten des Ergebnisses abgeschrieben werden. Eine solche Verpflichtung ist mit dem von der Rechtsprechung des BGH[61] auch im Bereich der Versorgungswirtschaft zugelassenen Einwand der individuellen Kostenunterdeckung nicht vereinbar. Konzerninterne Kosten (z.B. Bezugskosten) wirken preisunterschiedrechtfertigend, wenn sie im Zeitpunkt der Bezugsentscheidung dem Marktpreis entsprechen. Sinken die Bezugspreise im Markt, kann dies einem längerfristig gebundenen Konzernunternehmen nicht angelastet werden. Das BKartA hat für den Gassektor die Kosten eines langfristigen Bezugs mit den Kosten eines kurzfristigen Bezugs verglichen. Dies ist nicht sachgerecht, da im Voraus nicht feststellbar ist, ob die Kette kurzfristiger Bezugsverträge auf Dauer günstiger ist als ein einziger langfristiger Liefervertrag. Entscheidet sich ein Unternehmen mit unternehmerisch vertretbarer Begründung für einen Langfristvertrag oder umgekehrt,

61

---

59 *Markert*, in: MünchKommKartR, § 29. Rn. 36; *Lücke*, in: Langen/Bunte, § 29 Rn. 32.
60 *Braun*, in: Langen/Bunte, Anhang zu § 31 – Energiewirtschaft, Rn. 310.
61 BGHZ 142, 239, 250 »*Flugpreisspaltung*«; *Wolf*, in: MünchKommKartR, § 19, Rn. 34.

so ist dies für die Zwecke der Prüfung nach § 29 GWB selbst dann hinzunehmen, wenn sich im Nachgang die Entscheidung als unternehmerisch falsch erweist.

62 Ob letztlich ein Preisunterschied sachlich gerechtfertigt ist, entscheidet sich im Rahmen einer umfassenden Interessenabwägung unter Berücksichtigung der auf die Freiheit des Wettbewerbs gerichteten Zielsetzung des Gesetzes.[62] Neben der unternehmerischen Freiheit des Unternehmens einerseits ist auf der anderen Seite das Interesse der Nachfrage an preisgünstiger Versorgung zu berücksichtigen, wobei – anders als in den früheren Monopolmärkten – in die Interessenabwägung einzustellen ist, dass sich jeder Abnehmer den als missbräuchlich empfundenen Entgelten durch einen Wechsel des Anbieters entziehen kann.

2. Ziffer 2

63 Ziffer 2 verfolgt ein anderes Konzept der Feststellung eines wettbewerbsanalogen Preises, nämlich das der Gewinnbegrenzung. Hierbei geht der Gesetzgeber von der These aus, es ließe sich behördlicherseits eine Marge festlegen, welche einer im Wettbewerb gebildeten Marge zumindest nahekommt. Kernfrage bei der Feststellung, ob die Entgelte die Kosten in unangemessener Weise überschreiten, ist einmal die Bestimmung der Kosten und zum anderen die Feststellung der Unangemessenheit der Überschreitung.

64 Die Bestimmung der Kosten bereitet keine Schwierigkeiten, soweit dem entsprechende Mittelabflüsse gegenüberstehen. Die Schwierigkeiten beginnen aber schon bei der Frage, ob Opportunitätskosten als Kosten anzuerkennen sind. In der Vergangenheit diskutiertes Beispiel sind die kostenlos zugeteilten CO_2-Zertifikate. Hier hat sich im Grundsatz die Auffassung durchgesetzt, dass es sich um Kosten im betriebswirtschaftlichen Sinne handelt, welche bei der Preisbildung zu berücksichtigen sind. Dasselbe muss gelten für eingelagerte Brennstoffe: Deren Kosten bemessen sich nicht nach den historischen Anschaffungskosten, sondern nach den Kosten im Zeitpunkt des Verbrauchs. Sind die Preise für den betreffenden Brennstoff zwischen Anschaffung und Verbrauch gestiegen oder verfügt der Erzeuger über eigene Brennstoffvorkommen (Braunkohle, Steinkohle), würde der Kraftwerksbetreiber den Brennstoff am Markt verkaufen, wenn die aus dem erzeugten Strom erzielbaren Preise nicht mindestens die Kosten für die Beschaffung des Brennstoffs im Zeitpunkt des Einsatzes decken. Das BKartA vertritt zwar nicht im Grundsatz, aber in der

---

62 Ständige Rechtsprechung zu § 19, vgl. BGH WuW/E DE-R 3145 – »*Entega II*«; BGH WuW/E BGH 2953, 2964 – »*Gasdurchleitung*«; § 19, Rn. [...]; BGH WuW/E DE-R 2841, 2852 – »*Wasserpreise Wetzlar*«.

rechtlichen Konsequenz zu den Opportunitätskosten eine abweichende Auffassung und möchte in einer Art Interessenabwägung derartige Opportunitätskosten nur teilweise in Ansatz bringen. Der Gesetzgeber hat in der Gesetzesbegründung auf die anerkannten betriebswirtschaftlichen Methoden zur Kostenfestlegung verwiesen und darüber hinaus auf das mit dem EnWG verfolgte Ziel einer preisgünstigen Versorgung, die Frage also letztlich nicht entschieden.

Besondere Schwierigkeiten bereiten die kalkulatorischen Kosten, also die bei der Kostenermittlung in Ansatz zu bringenden Aufwendungen für in der Vergangenheit errichtete Anlagen, insbesondere also Erzeugungsanlagen sowie die kalkulatorischen Zinsen. Im Bereich der Netze hat der Gesetz- und Verordnungsgeber mit StromNEV und GasNEV gesetzgeberische Regelungen getroffen. Derartige Regelungen fehlen für § 29 GWB und die Regeln der NetzentgeltVO'en sind auf § 29 GWB weder direkt noch analog anwendbar (vgl. Rdn. 7 ff.). 65

Gemäß Satz 2 sind Kosten, welche sich im Wettbewerb nicht einstellen würden, bei der Feststellung eines Missbrauchs nicht zu berücksichtigen. Satz 2 bezieht sich systematisch auf beide Alternativen des Satzes 1, hat aber für jede Alternative eine unterschiedliche Funktion. In Ziffer 1 ist auf der Vergleichsebene kein Raum für eine kostenbezogene Betrachtung, da hier ausschließlich die Entgeltseite Prüfungsgegenstand ist. Allerdings bleibt dem untersuchten Unternehmen der Einwand der Kostenunterdeckung. Hiernach darf auch ein marktbeherrschendes Unternehmen im Wege der Missbrauchsaufsicht nicht dazu gezwungen werden, seine Preise auf ein nichtkostendeckendes Niveau zu senken.[63] Preise, welche lediglich die Kosten decken, sind stets sachlich gerechtfertigt. Gleichzeitig hat aber die Rechtsprechung schon im Rahmen von § 19 Abs. 4 GWB entschieden, dass bei dem Einwand der Kostendeckung Kostenbestandteile, welche im Wettbewerb nicht an den Endkunden weiterbelastet werden könnten, unberücksichtigt bleiben.[64] Dieser Ansatz der Rechtsprechung zu § 19 Abs. 4 GWB hat seinen Niederschlag gefunden in Satz 2 des § 29 GWB. 66

Unmittelbare Bedeutung auf der Tatbestandsebene hat Satz 2 für den Missbrauchstatbestand der Ziffer 2. Bei der Feststellung, ob die Entgelte die Kosten überschreiten, bleiben Kosten, welches sich im Wettbewerb nicht einstellen würden, unberücksichtigt. Zum Vergleich können – anders als bei Ziffer 1 – sämtliche Unternehmen herangezogen werden, welche vergleichbare Kos- 67

---

63 *Markert*, in: MünchKommKartR, § 29 Rn. 42.
64 BGHZ 142, 239, 249 – »*Flugpreisspaltung*«; kritisch: *Wolf*, in: MünchKommKartR, § 19, Rn. 142; BGHZ 59, 42 – »*Stromtarif*«.

ten aufweisen. Soweit mit den Kosten von auf anderen Märkten tätigen Unternehmen verglichen werden soll, ist zu prüfen, ob die Grundlage für die Kostenentstehung identisch ist. Personalkosten z.B. können sektorspezifisch wegen unterschiedlicher Tarifverträge deutlich voneinander abweichen. Dem Wortlaut nach bedarf es aber nicht zwingend eines Vergleichs mit anderen Unternehmen; es bedarf aber in jedem Fall der Feststellung eines nicht wettbewerbsanalogen Verhaltens durch zu hohe Kosten. Diese Feststellung wird nicht ohne Vergleich mit anderen Unternehmen getroffen werden können. Dies ist in § 19 Abs. 4 Ziffer 2 GWB angelegt, wonach zwar einerseits abstrakt das »Als-ob-Wettbewerbsprinzip« zum Ausgangspunkt der Feststellung eines Missbrauchs gemacht wird, dieses aber in dem 2. Halbsatz durch das Vergleichsmarktprinzip konkretisiert wird. Die vom Verhalten anderer Unternehmen gänzlich losgelöste Feststellung, dass bestimmte Kosten dem Grunde oder ihrer Höhe nach bei wirksamem Wettbewerb nicht entstehen würden, würde ein Vielzahl von Wertungen voraussetzen, welche sinnvoll nur im Vergleich zu anderen Unternehmen getroffen werden können. Eigene Wertungen ohne Ansatzpunkte im Verhalten anderer Unternehmen im Markt sind den Kartellbehörden verschlossen, da es allgemein gültige betriebswirtschaftliche Modelle über angemessene Kosten nicht gibt.

68 Die Entgelte müssen die Kosten in »unangemessener« Weise überschreiten. Mit diesem Tatbestandsmerkmal wird somit die Erzielung eines angemessenen Gewinns dem Missbrauchsvorwurf entzogen. Dies hat – wie in Rdn. 38 ausgeführt – gleichzeitig eine Sperrwirkung im Hinblick auf Ziffer 1. Eine angemessene Überschreitung ist daher zugelassen. Eine andere Regelung wäre auch wegen Eingriffs in die unternehmerische Handlungsfreiheit verfassungsrechtlich nicht zulässig. Der Begriff der Angemessenheit ist gesetzlich nicht bestimmt. Die bloße Überschreitung der variablen Kosten ist nicht unangemessen.[65]

69 Was angemessen ist, bestimmt sich nach dem, was der Markt an Verzinsung des eingesetzten Kapitals erwartet. Es handelt sich somit nicht um eine feststehende, sondern um eine in zeitlicher Hinsicht variable Größe. In Zeiten einer grundlegenden Veränderung des ordnungspolitischen Rahmen durch die »Energiewende« ist ein Investment in den Energiemarkt deutlich mehr risikobehaftet als in Zeiten, in denen die rechtlichen Rahmenbedingungen staatlich festgelegt sind. Der Investor erwartet daher risikoadjustiert eine höhere Verzinsung seines Kapitals als in anderen Branchen. Diese Einschätzung ist auf der Zeitschiene Veränderungen unterworfen. Den Unternehmen ist ein Beurteilungsspielraum bei der Einschätzung einzuräumen, welche Verzinsung der Markt erwartet, damit in das Unternehmen und damit in den Markt investiert

---

65 *Just*, in: KartellR, § 29 Rn. 39; *Bechtold/Bosch*, § 29 Rn. 18.

wird. Ein Vergleich der Verzinsung des eingesetzten Kapitals mit anderen Versorgungsunternehmen ist nur möglich, wenn das Vergleichsunternehmen in gleicher Weise wie das untersuchte Unternehmen am Kapitalmarkt agiert. Kommunale Unternehmen eignen sich daher in der Regel nicht als Vergleich für Unternehmen, welche an der Börse gelistet sind, da kommunalpolitische Erwägungen Grund für eine niedrigere Verzinsung und hieraus folgende niedrigere Preise sein können und kommunale Anteilseigner möglicherweise eine andere Renditeerwartung als institutionelle Anleger haben. Im europäischen Recht, wo das Gewinnbegrenzungskonzept erstmalig angewandt worden ist,[66] war eine Überschreitung der Kosten von 30 % bis 40 % als unangemessen angesehen worden.

G. Beweislast

Im Kartellverwaltungsverfahren obliegt den Unternehmen die Beweislast für die sachliche Rechtfertigung der Abweichung. Diese Umkehr der Beweislast entbindet aber die Kartellbehörde nicht von ihrer Pflicht, im Rahmen des Amtsermittlungsgrundsatzes den gesamten Sachverhalt mit den ihr zur Verfügung stehenden Möglichkeiten aufzuklären, insbesondere Auskünfte bei Wettbewerbern über die Marktverhältnisse einzuholen. Die Kartellbehörde ist hierbei verpflichtet, sämtlichen ernsthaften Hinweisen auf die Abweichung rechtfertigende Umstände nachzugehen. Nur dann, wenn trotz vollständiger Aufklärung des Sachverhalts ein sachlicher Grund für die Abweichung nicht erkennbar ist, geht die mangelnde Aufklärbarkeit zu Lasten des untersuchten Unternehmens. Die Umkehr der Beweislast gilt somit nur für den Fall des »non liquet«. Im Zivilverfahren gilt die Beweislastumkehr nicht. Insoweit enthielt der Gesetzentwurf noch eine andere Regelung. Im Zivilprozess hätte aber eine Beweislastumkehr dem betroffenen Unternehmen einen nicht zu führenden Beweis auferlegt. Anders als im Verwaltungsverfahren besteht im Zivilverfahren für die wegen missbräuchlichen Verhaltens beklagte Partei keinerlei prozessuale Möglichkeit, die Gründe für eine Abweichung aufzuklären, da es sich im Zweifelsfall um Umstände handelt, die nicht im Wissen des betroffenen Unternehmens stehen und bei denen es sich im Regelfall um Geschäftsgeheimnisse eines Dritten handelt (z.B. sachliche Rechtfertigung, einer Abweichung wegen ungünstigerer Beschaffungskosten). 70

H. Rechtsfolgen

Die Rechtsfolgen eines Verstoßes gegen § 29 GWB richten sich nach den §§ 32 ff. In erster Linie wird eine Abstellungsverfügung in Betracht kommen. 71

---

66 Vgl. *Eilmansberger/Bien*, in: Münchener Kommentar, Art. 102 Rn. 199 ff. m. Nachweisen.

Diese schließt die Anordnung einer Rückerstattung der aus dem Verstoß erwirtschafteten Vorteile ein (§ 32 Abs. 2 a)). Hiervon macht das BKartA in auf § 19 GWB gestützten Missbrauchsverfahren regelmäßig Gebrauch. Rückerstattung setzt begrifflich eine Erstattung an die Personen voraus, welche die überhöhten Entgelte gezahlt haben. Dies trifft im Massenkundengeschäft der Energieversorgung wegen einer Vielzahl zwischenzeitlicher Kundenwechsel und -umzüge auf tatsächliche Schwierigkeiten. Diese tatsächlichen Schwierigkeiten in der Umsetzung würden es aber nicht rechtfertigen, dem Unternehmen aufzugeben, an den im Zeitpunkt der Entscheidung bestehenden Kundenkreis eine bestimmte Summe zu erstatten. Dies ist mit dem Wortlaut des § 32 Abs. 2 a) nicht vereinbar und würde Kunden in den Vorteil der Erstattung gelangen lassen, welche von dem missbräuchlichen Verhalten des Energieunternehmens nicht betroffen waren. Der Kartellbehörde bleibt daher nur der Weg, die Rückerstattung an die unmittelbar betroffenen Kunden anzuordnen und – soweit eine Erstattung wegen zwischenzeitlichen Umzugs oder Anbieterwechsels ausscheidet – eine Vorteilsabschöpfung nach § 34 GWB vorzunehmen.

72 Im zivilrechtlichen Schadensersatzverfahren ist das Gericht an die Feststellungen der Kartellbehörde in einer bestandskräftigen Abstellungsverfügung gebunden (§ 33 Abs. 4 GWB).

I. Befristung

73 Die Vorschrift ist nach dem 31.12.2017 nicht mehr anzuwenden (§ 131 Abs. 1 GWB). Dies gilt auch für in diesem Zeitpunkt bereits eingeleitete Kartellverwaltungsverfahren, da die Kartellbehörde eine in die Zukunft gerichtete Unterlassungsverfügung nicht mehr auf § 29 GWB stützen könnte. Nicht eindeutig ist nach dem Wortlaut, wie sich die Befristung der Vorschrift auf Zivilverfahren auswirkt, welche vor oder nach dem 31.12.2017 wegen vor dem Stichtag begangener Verstöße anhängig gemacht worden sind. Da § 29 GWB ein Verbot enthält, gilt es bis zum 31.12.2017. Verstöße gegen dieses Verbot lösen entsprechende Rechtsfolgen für das betroffene Unternehmen aus. Dasselbe gilt, falls die Kartellbehörde wegen eines Verstoßes gegen § 29 GWB ein Verfahren mit dem Ziel der Vorteilsabschöpfung führt oder ein Bußgeldverfahren (§ 81 Abs. 2 Ziffer 1) einleitet, sofern die Verstöße vor dem 31.12.2017 begangen worden sind.

§ 30 Preisbindung bei Zeitungen und Zeitschriften

(1) § 1 gilt nicht für vertikale Preisbindungen, durch die ein Unternehmen, das Zeitungen oder Zeitschriften herstellt, die Abnehmer dieser Erzeugnisse rechtlich oder wirtschaftlich bindet, bei der Weiterveräußerung bestimmte Preise zu vereinbaren oder ihren Abnehmern die gleiche Bindung bis zur Weiterveräußerung an den letzten Verbraucher aufzuerlegen. Zu Zeitungen und Zeitschriften zählen auch Produkte, die Zeitungen oder Zeitschriften reproduzieren oder substituieren und bei Würdigung der Gesamtumstände als überwiegend verlagstypisch anzusehen sind, sowie kombinierte Produkte, bei denen eine Zeitung oder eine Zeitschrift im Vordergrund steht.

(2) Vereinbarungen der in Absatz 1 bezeichneten Art sind, soweit sie Preise und Preisbestandteile betreffen, schriftlich abzufassen. Es genügt, wenn die Beteiligten Urkunden unterzeichnen, die auf eine Preisliste oder auf Preismitteilungen Bezug nehmen. § 126 Abs. 2 des Bürgerlichen Gesetzbuchs findet keine Anwendung.

(2a) § 1 gilt nicht für Branchenvereinbarungen zwischen Vereinigungen von Unternehmen, die nach Absatz 1 Preise für Zeitungen oder Zeitschriften binden (Presseverlage), einerseits und Vereinigungen von deren Abnehmern, die im Preis gebundene Zeitungen und Zeitschriften mit Remissionsrecht beziehen und mit Remissionsrecht an Letztveräußerer verkaufen (Presse-Grossisten), andererseits für die von diesen Vereinigungen jeweils vertretenen Unternehmen, soweit in diesen Branchenvereinbarungen der flächendeckende und diskriminierungsfreie Vertrieb von Zeitungs- und Zeitschriftensortimenten durch die Presse-Grossisten, insbesondere dessen Voraussetzungen und dessen Vergütungen sowie die dadurch abgegoltenen Leistungen geregelt sind. Insoweit sind die in Satz 1 genannten Vereinigungen und die von ihnen jeweils vertretenen Presseverlage und Presse-Grossisten zur Sicherstellung eines flächendeckenden und diskriminierungsfreien Vertriebs von Zeitungen und Zeitschriften im stationären Einzelhandel im Sinne von Artikel 106 Absatz 2 des Vertrages über die Arbeitsweise der Europäischen Union mit Dienstleistungen von allgemeinem wirtschaftlichem Interesse betraut. Die §§ 19 und 20 bleiben unberührt.

(3) Das Bundeskartellamt kann von Amts wegen oder auf Antrag eines gebundenen Abnehmers die Preisbindung für unwirksam erklären und die Anwendung einer neuen gleichartigen Preisbindung verbieten, wenn
1. die Preisbindung missbräuchlich gehandhabt wird oder
2. die Preisbindung oder ihre Verbindung mit anderen Wettbewerbsbeschränkungen geeignet ist, die gebundenen Waren zu verteuern oder ein Sinken ihrer Preise zu verhindern oder ihre Erzeugung oder ihren Absatz zu beschränken.

§ 30 GWB Preisbindung bei Zeitungen und Zeitschriften

Soweit eine Branchenvereinbarung nach Absatz 2a einen Missbrauch der Freistellung darstellt, kann das Bundeskartellamt diese ganz oder teilweise für unwirksam erklären.

Übersicht

		Rdn.			Rdn.
A.	**Grundlagen**	1	V.	Vereinbarkeit mit Art. 101 AEUV	45
I.	Charakteristika des Pressevertriebs	1	C.	**Presse-Grosso**	46
	1. Presse-Grosso	2	I.	Freistellungssystematik	47
	2. Herausforderung Digitalisierung	8		1. Ausgangspunkte der Regelung	47
II.	Normstruktur	11		2. Freistellungslösung	51
	1. Vertikale Preisbindung	11		3. Kompetenzrechtliche Bedenken	52
	2. Presse-Grosso	12	II.	Voraussetzungen der Freistellung	53
	3. Missbrauchsregeln	14		1. Branchenvereinbarung	53
III.	Normzweck	15		2. Beteiligte	57
	1. Vertikale Preisbindung	15		3. Muss-Inhalte	60
	2. Presse-Grosso	16	III.	Europarechtliche Absicherung	64
	3. Kritik	17		1. Verstoß gegen Art. 101 AEUV	64
B.	**Vertikale Preisbindung**	23		2. Art. 106 AEUV	67
I.	Produkte	23		3. Kritik	72
	1. Zeitungen und Zeitschriften	23	IV.	Missbrauch	75
	2. Reproduktionen und Substitute	24	D.	**Ausblick: 9. GWB-Novelle**	80
	3. Kombinierte Produkte	26	I.	Regierungsenwurf 2016	81
II.	Beteiligte	27	II.	Normzweck	82
III.	Vereinbarung	28	III.	Norminhalt im Einzelnen	84
	1. Sammelrevers	28		1. Adressaten	84
	2. Pflichten	29		2. Verlagswirtschaftliche Zusammenarbeit	86
	3. Bestimmte Preise	30		3. Ausnahme für redaktionelle Tätigkeit	87
	4. Form	33		4. Stärkung der wirtschaftlichen Basis	88
IV.	Missbrauchsaufsicht	35		5. Sonstiges	89
	1. Lückenhaftigkeit	36			
	2. Zweigleisiger Vertrieb	40			
	3. Grundlose Verteuerung	41			
	4. Zivilrechtliche Folgen	42			

Schrifttum

Alexander, Die Probeabonnement-Entscheidung des BGH – Schnittbereich kartellrechtlicher, lauterkeitsrechtlicher und medienrechtlicher Aspekte, ZWeR 2007, 239; *Alexander*, Preisbindungen von Zeitungen und Zeitschriften. Die kartellrechtliche Zulässigkeit nach deutschem, österreichischem und europäischem Recht, GRUR Int 2010, 803 ff.; *Ascherfeld*, Presse-Grosso und Europarecht, 1999; *Bach*, Gescheiterte Selbstregulierung im Pressegrosso, NJW 2012, 728 ff.; *Bach*, Kartellrechtliche Absicherung des Presse-Grosso-Systems, NJW 2016, 1630 ff.; *Bechtold*, »Keine Ware wie jede andere«, in: dnv (Der Neue Vertrieb) (Hg.), 50 Jahre Presse-Grosso, 2000, S. 387 ff.; *Bechtold*, Zu den pressespezifischen Änderungen der 8. GWB-Novelle, ZWeR 2013, 387 ff.; *Brummund*, Struktur und Organisation des Pressevertriebs, 2006; *Bunte*, Die Angriffe gegen das Regionalprinzip der Sparkassen im Lichte des BGH-Urteils vom 6.10.2015, WM 2016, 905 ff.; *Emmerich*, Das Presseprivileg des § 30 Abs. 2a GWB – ein Fall des Art. 106 Abs. 2 AEUV?, in: Festschrift Manfred Dauses, 2014, S. 77 ff.; *Freytag/Gerlinger*, Kombinationsangebote im Pressemarkt, WRP 2004, 537 ff.; *Haus*, Rauschen im Blätterwald – Zur Auslegung des § 30 Abs. 2a GWB, WuW 2014, 830 ff.; *Hennemann*, Kartellrechtskonformität des Presse-Grossos,

NZKart 2016, 160 ff.; *Hess*, Buchpreisbindung für E-Books?, AfP 2011, 223 ff.; *Huppertz*, Die Buchpreisbindung nach nationalem und europäischem Wettbewerbsrecht, GRUR 1998, 988 ff.; *Kaiser*, Das Recht des Presse-Grosso, 1979; *Kessler*, Was lange währt, wird endlich gut?, WRP 2013, 1116; *Kraska*, Verlag oder Presse-Grosso: Wem gehören die Vertriebsdaten?, 2006; *Kröner*, Probeabonnements im Pressevertrieb – ein Preisbindungsmissbrauch?, WRP 2003, 1149 ff.; *Kühling*, Kartellrechtliche Befreiung und Betrauung des Presse-Grossos in der GWB-Novelle, ZUM 2013, 18 ff.; *Mann/Smid*, Pressevertriebsrecht, 2008; *Paal*, Presse-Grosso auf dem Prüfstand, AfP 2012, 1; *Paschke*, Kartellrechtsnovelle für Pressegrosso ohne Kompetenzgrundlage, AfP 2012, 501 ff.; *Raible*, Die Erweiterung der kartellrechtlichen Freistellung im Pressevertrieb, in: Bien (Hg.), Das deutsche Kartellrecht nach der 8. GWB-Novelle, 2013, S. 209 ff.; *Richter*, Comment on »Central Negotiating Mandate«, IIC 2016, 373 ff.; *Schwarze*, Zur Zulässigkeit der neuen Regelung über das Presse-Grosso in § 30 Abs. 2a GWB, NZKart 2013, 270 ff.; *Soppe*, Von »Add-Ons«, »Gadgets« und »Covermounts« im Pressevertriebsrecht – preisbindungsrechtliche Überlegungen, WRP 2005, 565 ff.; *Soppe/Just*, Die Zulässigkeit des zentralen Verhandlungsmandats für das Presse-Grosso, AfP 2016, 115 ff.; *Ulmer*, Kartellverbot und außerökonomische Rechtfertigung, 2014; *von Wallenberg*, Probleme der Presseverlage – Der Schlüssel für die Lösung liegt in Brüssel, MMR 2014, 577 ff.; *Waldenberger*, Preisbindung bei Zeitungen und Zeitschriften: Der neue § 15 GWB, NJW 2002, 2914 ff.; *Wallenfels/Russ*, Buchpreisbindungsgesetz, 6. Aufl. 2012.

A. Grundlagen

I. Charakteristika des Pressevertriebs

Gegenstand von § 30 GWB ist die Privilegierung des Vertriebs von Presseprodukten, namentlich Zeitungen und Zeitschriften. Ökonomisch weist dieser Wirtschaftsbereich einige Besonderheiten beim Vertrieb auf, die teilweise historisch gewachsen sind. Sie würden für sich genommen noch keine besondere Behandlung im GWB legitimieren. Hinzu kommt jedoch rechtlich die Bedeutung von Zeitungen und Zeitschriften für die Meinungsbildung in der Demokratie. Mit Blick auf die Verwirklichungsfunktion für die verfassungsrechtlich geschützte Pressefreiheit (Art. 5 Abs. 1 Satz 2 GG) kommt dem Pressevertrieb demnach eine besondere Rolle zu.[1] Eine Privilegierung des Pressevertriebs im Wettbewerb ist wohl nicht rechtlich geboten. Ob sie sinnvoll ist, kann hier dahinstehen. Diese Fragen sind rechtspolitisch einstweilen geklärt. 1

1. Presse-Grosso

Ein gewichtiger Teil des Pressevertriebs in der Bundesrepublik Deutschland ist traditionell in einem abgestuften System aus Pressegroß- und Einzelhandel (Presse-Grosso) organisiert.[2] Großhändler (Grossisten) beziehen die verschie- 2

---

1 Für Verlage BVerfG, Urt. v. 6.10.1959, 1 BvL 118/53, BVerfGE 10, 118, 121; für Grossisten BVerfG, Urt. v. 13.1.1988, 1 BvR 1548/82, BVerfGE 77, 346, 354; näher *Paschke*, AfP 2012, 501, 505.
2 Vgl. ausführlich *Mann/Smid*, Pressevertriebsrecht, 2008, 6 ff.; vgl. *Bremer/Hackl*, in: MünchKommKartR, § 30 Rn. 5.

denen Presseprodukte von den Verlagen und liefern diese an Einzelhändler weiter. Die Einzelhändler, also Buchhandlungen, Supermärkte, Kioske, Tankstellen und andere, verkaufen die Produkte dann als »Letztveräußerer« an die individuellen Leser. Es gibt sowohl Verlagsgrossisten, also Großhändler, an denen Verlagsgesellschaften beteiligt sind, als auch unabhängige Grossisten.

3   Die Anfänge des Grosso-Systems reichen zurück bis in die 1920er-Jahre, als Verlage damit begannen, ihre Presseerzeugnisse von Großhändlern in fest zugeschnittenen Gebieten vertreiben zu lassen.[3] Während anfangs zumeist noch Wettbewerb zwischen den Grossisten um die Verlage herrschte, entwickelte sich ab den 1950er-Jahren das noch heute vorherrschende Modell des Monopol-Grosso, bei dem Grossisten in ihrem jeweiligen Vertriebsgebiet sämtliche Presseprodukte aller Verlage vertreiben. Seltener ist das sogenannte Doppel-Grosso, wobei in einem Gebiet miteinander konkurrierende Großhändler jeweils unterschiedliche Produkte der Verlage vertreiben.

4   Die Grundzüge des heute praktizierten Grosso-Vertriebssystems sind in der »Gemeinsamen Erklärung«[4] des Bundesverbands Deutscher Zeitungsverleger (BDZV), des Verbands Deutscher Zeitschriftenverleger (VDZ) und des Bundesverbands Presse-Grosso festgelegt. Nach Ansicht der Verbände sind folgende »Essentials« für das Funktionieren des Grosso-Systems unabdingbar:
   – **Dispositionsrecht:** Die Verlage haben das Recht, den Grossisten das Sortiment sowie die Liefermengen weitgehend vorzugeben. Die Grossisten sind zur Abnahme der Presseprodukte verpflichtet. Gegenüber dem Einzelhandel üben die Grossisten ihrerseits ein Dispositionsrecht aus.
   – **Remissionsrecht:** Mit dem Dispositionsrecht korrespondiert das Recht der Grossisten und des Einzelhandels, nicht verkaufte Mengen an die Verlage zum Einkaufspreis zurückzugeben. Das Vertriebsrisiko liegt damit im Ergebnis nicht beim Handel, sondern bei den Verlagen. Das Remissionsrecht ist im Gesetz als konstitutives Merkmal des Presse-Grosso-Systems anerkannt (vgl. § 30 Abs. 2a Satz 1).
   – **Preisbindung:** Die Verlage sind berechtigt, den Grossisten sowie dem Einzelhandel die Verkaufspreise für ihre Zeitungen und Zeitschriften vorzugeben. Diese vertikale Preisbindung ist das wesentliche wettbewerbsbeschränkende Element des Vertriebssystems, das in § 30 Abs. 1 Satz 1 thematisiert wird.
   – **Verwendungsbindung:** Die Grossisten dürfen die ihnen überlassenen Zeitungen und Zeitschriften nur zu den von den Verlagen jeweils festgelegten Zwecken verwenden.

---

3 Vgl. ausführlich *Kaiser*, Das Recht des Presse-Grosso, 1979, S. 26 ff.
4 Gemeinsame Erklärung, abrufbar unter http://www.pressegrosso.de/branche/gemeinsame-erklaerung.html.

- **Neutralitätsverpflichtung auf Grosso-Ebene:** Die Grossisten sind verpflichtet, sämtliche Verlage und Presseprodukte gleich zu behandeln. Exklusivitätsvereinbarungen mit einzelnen Verlagen oder hinsichtlich einzelner Produkte sind ausgeschlossen.

Zudem ist nach Ansicht der beteiligten Verbände die **gebietsbezogene Alleinauslieferung** »die effiziente Konsequenz dieser Essentials, um die Aufgabe der flächendeckenden Presseversorgung im Einzelhandel logistisch und wirtschaftlich durch die Grossisten sicherstellen zu können.«[5] Das Monopol-Grosso soll damit das Standardmodell der Vertriebsstruktur sein. Mit dieser Thematik befasst sich § 30 Abs. 2a.

Im Jahr 2015 gab es nach Darstellung des Bundesverbands Presse-Grosso in der Bundesrepublik Deutschland 54 Pressegroßhändler, davon 42 unabhängige und zwölf Verlagsgrossisten.[6] Von den 69 Grosso-Gebieten waren 67 nach dem Prinzip des Monopol-Grossos aufgebaut, nur in zwei Gebieten (Hamburg und das ehemalige West-Berlin) gab es eine Doppelbelieferung durch zwei Grossisten. Insgesamt wurden durch das Grosso-System 110.776 Einzelhandelsverkaufsstellen mit einem durchschnittlichen Präsenzsortiment von ca. 1850 Titeln beliefert. Die Remissionsquote betrug mengenmäßig 41,36 % und wertmäßig 49,46 %.

Neben dem Grosso-System gibt es in der Bundesrepublik Deutschlang eine Reihe weiterer Vertriebswege für Zeitungen und Zeitschriften. Zu nennen sind insbesondere der Bahnhofsbuchhandel, das verlagseigene Abonnementgeschäft, der werbende Buch- und Zeitschriftenhandel (also vor allem sog. Buchclubs und Haustürwerber für Zeitschriften) sowie Lesezirkel.[7] Rund die Hälfte aller vertriebenen Presseprodukte entfällt auf den Pressegroßhandel, die andere Hälfte auf einen der alternativen Vertriebswege.[8]

---

5 Gemeinsame Erklärung, abrufbar unter http://www.pressegrosso.de/branche/gemeinsame-erklaerung.html.
6 Bundesverband Presse-Grosso, Presse-Grosso in Zahlen 2015, abrufbar unter http://www.pressegrosso.de/branche/branchendaten.html.
7 Zu diesen Vertriebswegen im Einzelnen *Mann/Smid*, Pressevertriebsrecht, 2008, 18 ff.
8 So BKartA, 23.11.2011, B 6-39/11 – *Pressevertrieb Köln*, (Fallbericht). Siehe auch http://www.pressegrosso.de/branche/allgemeines.html.

2. Herausforderung Digitalisierung

8 Die Pressebranche befindet sich in einer existenziellen Bedeutungskrise.[9] Die Printauflagen von Zeitungen und Zeitschriften sinken seit Jahren, ebenso die Anzeigenerlöse. Diese Entwicklung hat schon vor Aufkommen des Internets begonnen. Durch die **digitale Transformation** der Wirtschaft wurde der Abwärtstrend aber nochmals beschleunigt. Immer mehr Menschen nutzen das Internet als maßgebliche Informations- und Unterhaltungsquelle. Die Mediennutzung wird individueller und granularer – einzelne interessante Artikel werden nachgefragt, gelesen und geteilt, nicht ein vorgegebenes Komplettpaket an Inhalten. Suchmaschinen oder soziale Netzwerke übernehmen die Kuratierung der Inhalte, die früher Kernkompetenz der Zeitungen und Zeitschriften war.

9 Gleichzeitig bietet die Digitalisierung auch Chancen für Wachstum.[10] Die Kosten für Druck und Vertrieb einer herkömmlichen Zeitung oder Zeitschrift entfallen auf dem digitalen Vertriebsweg. Gleichzeitig steigt die Zahlungsbereitschaft der Leser für journalistische Inhalte im Internet. Auf die veränderten Konsumpräferenzen der Internetnutzer abgestimmte Angebote können so neue Einnahmequellen generieren. Die reine Überführung der Printausgabe in ein ePaper ist dabei nur der erste Schritt. Einige Verlage experimentieren mit abgestuften Bezahlmodellen (Paywalls, Tagespässe, Einzelzahlung), die parallel zum Vollabonnement (Print oder Online) angeboten werden. Die Kooperation mit Aggregatoren wie Blendle und Facebook Instant Articles wird immer wichtiger. Auf den Trend zur mobilen Nachrichtennutzung wird mit der Bereitstellung von passgenauen und nutzerfreundlichen Smartphone- und Tablet-Apps reagiert.

10 In jedem Fall erhöht die Digitalisierung den **Innovationsdruck** auf die traditionellen Player im Pressemarkt. Verlage und ihre Vertriebshändler verlieren ihre traditionellen Vorrangstellungen bei der Verbreitung von Information und Unterhaltung. Sie müssen daher ihre bestehenden Angebote laufend anpassen,

---

9 Instruktiv zum Folgenden BMWi, Monitoring zu ausgewählten wirtschaftlichen Eckdaten der Kultur- und Kreativwirtschaft 2014, abrufbar unter http://www.kultur-kreativ-wirtschaft.de/KuK/Navigation/Mediathek/publikationen.html; *Varian*, the economics of the newspaper business, abrufbar unter http://www.journalismfestival.com/news/hal-varian-on-the-economics-of-the-newspaper-business; aus. Zeitungssicht FAZ vom 10.8.2014, In eigener Sache, abrufbar unter http://www.faz.net/-gqe-7sjys.

10 Genaue Zahlen bei Bitkom Research, Digitalisierung der Medien, 2016, Zusammenfassung abrufbar unter https://www.bitkom.org/Presse/Anhaenge-an-PIs/2016/Juni/Bitkom-Charts-PK-Digitalisierung-der-Medien-22-06-2016-final.pdf; BDZV/Schickler, Trends der Zeitungsbranche 2016, abrufbar unter https://www.bdzv.de/nachrichten-und-service/presse/downloadcenter.

neue Geschäftsmodelle entwickeln und neue Produkte auf den Markt bringen. Gelingt es den Verlagen nicht, angemessen auf diese Herausforderung zu reagieren, werden sie weiter an Bedeutung verlieren und innovativere Unternehmen werden ihre Rolle einnehmen. Die Norm des § 30 ist für diesen Anpassungsprozess der gesetzgeberische Rahmen zugunsten der Traditionsunternehmen der Branche.

II. Normstruktur

1. Vertikale Preisbindung

§ 30 Abs. 1, Abs. 2 und Abs. 3 Satz 1 GWB betreffen die vertikale Preisbindung von Zeitungen und Zeitschriften. § 30 Abs. 1 Satz 1 GWB statuiert ein gesetzliches Privileg für solche Preisbindungsvereinbarungen, indem er sie von der Anwendung des Kartellverbots in § 1 GWB ausnimmt. In Satz 2 wird der Begriff der Zeitungen und Zeitschriften erweitert. § 30 Abs. 2 GWB bestimmt besondere Formvorschriften für derartige Vereinbarungen, nämlich Schriftlichkeit für Preisvereinbarungen (Satz 1), jedenfalls aber die Unterzeichnung einer auf Preislisten verweisenden Urkunde (Satz 2). Gemäß Satz 3 gilt § 126 Abs. 2 BGB, der bestimmte Unterschriftsformalia vorsieht, nicht. 11

Die Regelungen entsprechen inhaltlich dem bis zur 7. GWB-Novelle 2005 geltenden § 15 GWB. Ursprünglich behandelte § 15 GWB zudem auch die Buchpreisbindung, die mit dem »Gesetz zur Regelung der Preisbindung bei Verlagserzeugnissen«[11] vom 2.9.2002 in das Buchpreisbindungsgesetz[12] überführt wurde.[13]

2. Presse-Grosso

§ 30 Abs. 2a, Abs. 3 Satz 2 GWB behandeln wettbewerbsbeschränkende Vereinbarungen im Rahmen des Presse-Grosso-Vertriebssystems über die vertikale Preisbindung hinaus. § 30 Abs. 2a Satz 1 GWB nimmt diese Vereinbarungen vom Kartellverbot des § 1 GWB aus, soweit die Absprachen den diskriminierungsfreien und flächendeckenden Vertrieb von Zeitungen und Zeitschriften regeln. Satz 2 erklärt, dass die Beteiligten insoweit mit einer Dienstleistung von allgemeinem wirtschaftlichen Interesse im Sinne von Art. 106 Abs. 2 AEUV betraut sind. Satz 3 erklärt, dass §§ 19 und 20 GWB weiterhin anwendbar sind. 12

---

11 BGBl. 2002 I, 3448.
12 Siehe dazu etwa *Wallenfels/Russ*, BuchPrG.
13 Ausführlich zur Gesetzgebungsgeschichte *Emmerich*, in: Immenga/Mestmäcker, § 30 Rn. 1 ff.

13 Die Regelungen wurden im Zuge der 8. GWB-Novelle 2013 eingefügt. Anlass für die Neuregelungen waren mehrere Gerichtsentscheidungen, die die Zulässigkeit des in der Bundesrepublik traditionell praktizierten Presse-Grosso-Vertriebssystems in Zweifel stellten.[14] Bis dahin hatte keine derartige Ausnahmeregel existiert.

3. Missbrauchsregeln

14 § 30 Abs. 3 GWB sieht vor, dass die Privilegien, die in Abs. 1 und 2a ausgesprochen werden, einer eigenen Missbrauchsaufsicht unterworfen werden. § 30 Abs. 3 Satz 1 GWB unterstellt die Vereinbarungen zur vertikalen Preisbindung einer speziellen Missbrauchsaufsicht durch das Bundeskartellamt. § 30 Abs. 3 Satz 2 GWB erstreckt die Missbrauchskontrolle durch das Bundeskartellamt auf Abreden zum Presse-Grosso.

III. Normzweck

1. Vertikale Preisbindung

15 Die Zulässigkeit der vertikalen Preisbindung von Zeitungen und Zeitschriften soll einen leistungsfähigen Pressemarkt in Deutschland sichern und die Rolle von Presseerzeugnissen als Kulturgut und Kulturmedium fördern. Der Staat sei verfassungsrechtlich verpflichtet, die Pressefreiheit zu schützen.[15] Das Preisbindungsprivileg diene in erster Linie dazu, die sogenannte Überallerhältlichkeit von Presseerzeugnissen zur Meinungsbildung zu sichern.[16]

2. Presse-Grosso

16 Die Einführung von § 30 Abs. 2a, Abs. 3 Satz 2 GWB hatte zum Ziel, »das seit Jahren bewährte Presse-Grosso-Vertriebssystem, das wesentlich zur Überallerhältlichkeit von Pressetiteln und zu einem diskriminierungsfreien Zugang insbesondere auch von Titeln mit kleineren Auflagen zum Lesermarkt beiträgt, kartellrechtlich abzusichern.«[17]

---

14 BGH WuW/E DE-R 3446 ff. – *Grossistenkündigung*; LG Köln WuW/E DE-R 3532 ff. – *Zentrales Verhandlungsmonopol des Bundesverbands Presse-Grosso*.
15 Vgl. Begründung zu Art. 2 Gesetz zur Regelung der Preisbindung bei Verlagserzeugnissen, BR-Drucks. 334/02, 26; *Bremer/Hackl*, in: MünchKommKartR, § 30 Rn. 2.
16 BR-Drucks. 334/02, 26; vgl. BVerfGE 77, 346, 354 f.
17 BT-Drucks. 17/11053, 24.

3. Kritik

Der Normzweck von § 30 GWB steht außerhalb der üblichen Wettbewerbsorientierung des GWB. Der Schutzzweck des Gesetzes, nämlich den Wettbewerb zu sichern, wird ergänzt durch ein außerwettbewerbliches Ziel. An dieser **Ausnahme vom Universalitätsprinzip**, also der branchenübergreifenden Anwendung des Kartellrechts in allen Wirtschaftsbereichen, entzündet sich Kritik. Das Gewähren einer Ausnahme vom Normzweck durch die Legislative führt zu rechtlichen Verwerfungen, da die einheitliche Dogmatik des Wettbewerbsschutzes relativiert wird. Sie führt politisch dazu, dass Begehrlichkeiten in anderen Bereichen geweckt werden, sodass das Wettbewerbsprinzip als Grundprinzip der Marktwirtschaft ausgehöhlt wird. Rechtlich bedeutsam ist auch, dass hier eine Gruppe von Unternehmen Vorteile erhält, die andere Gruppen nicht erhalten. Die Kosten dieser Vorteile tragen andere Gruppen von Marktteilnehmern. Es findet also eine staatliche Umverteilung statt, die mit Nichtdiskriminierungsgrundsätzen nur schwer zu vereinbaren ist. Die Ausnahme ist überdies ökonomisch zweifelhaft, da zumindest nach wettbewerbsökonomischer Auffassung Preisabsprachen und Gebietsaufteilungen zu Ineffizienzen führen, insbesondere zu höheren Preisen, geringerer Innovation, mittelfristig auch zu Erstarrungen, die bei Fortentwicklungen leicht angreifbar sind.

17

Das in § 1 verankerte Wettbewerbsprinzip steht jedoch nicht außerhalb der Rechtsordnung. Zum einen finden die Regelungskompetenzen des deutschen Gesetzgebers eine Grenze im europäischen Recht, das tendenziell eine strengere Wettbewerbsaufsicht vorsieht. Dies hat sich insbesondere in § 30 Abs. 2a GWB niedergeschlagen. Zum anderen sind die **Grundrechte** zu beachten. Kritikern des Wettbewerbsprinzips ist zuzugeben, dass dieses in der deutschen (nicht aber ohne weiteres in der europäischen) Normhierarchie mit den Grundrechten in Einklang zu bringen ist, was im Regelfall natürlich auch kein Problem darstellt. Wird ein Konflikt zwischen Wettbewerbsprinzip und Grundrechten gesehen, kann dieser eigentlich nur in der Bedrohung einer garantierten Institution durch den Wettbewerb gesehen werden. Ein Konflikt ist mit den Freiheitsrechten im Grundgesetz nicht in einer Form denkbar, die ein gesetzgeberisches Einschreiten verlangen würde. Nicht gänzlich unvorstellbar ist aber, dass eine Institution zusammenbräche, würde sie dem Wettbewerb ausgesetzt – würden etwa der Schutz von Ehe und Familie unter den Druck ökonomischen Wettbewerbs geraten, könnte ein gesetzgeberisches Eingreifen geboten sein. Ähnlich schätzt es der Gesetzgeber offenkundig für die Presse ein, die institutionellen Schutz genießt. Die Definition von Presse ist begrifflich im Grundgesetz eindeutig auf Zeitungen und Zeitschriften festgelegt, auch wenn die Presse als solche an Bedeutung für die Meinungsbildung verliert. Es handelt sich nicht um eine allgemeine Privilegierung von Medienunternehmen. Eine solche Aussonderung von Druckerzeugnissen ist hinnehmbar, weil

18

seit Jahrhunderten die Meinungsbildung über diese Medien erfolgte. Im Digitalzeitalter ist sie berechtigt, weil sie eine Art Rückfalloption gegenüber einfacher zu manipulierenden Digitalmedien darstellt: Die Produktion von Zeitungen ist auch in dem (unwahrscheinlichen) Fall einer Monopolisierung von Meinungsmacht in digitalen Netzen möglich. Für diesen Fall (respektive in Vorsorge darauf) werden über § 30 GWB Basisstrukturen der Informationsverteilung gesichert.

19 § 30 GWB kann daher nur über die **institutionelle Garantie der Pressefreiheit** gerechtfertigt werden. Die Norm ist folglich einfachgesetzliche Konkretisierung eines grundgesetzlichen Regelungsauftrags. Das bringt aber keine Freistellung vom Rechtfertigungsdruck für den Gesetzgeber mit sich.

20 Vielmehr muss in der praktischen Anwendung der **Ausnahmecharakter** der Norm unterstrichen werden. § 30 GWB ist folglich eng auszulegen. In Zweifelsfällen ist nach dem eigentlichen Telos der Norm zu fragen, nämlich ob eine Privilegierung der Presseunternehmen wirklich erforderlich ist, um die Presse als solche zu sichern. Ein solcher Nachweis dürfte ökonomisch schwer zu erbringen sein.

21 Im Übrigen ist die Kritik an § 30, soweit dieser etablierte Rechtssätze enthält, der Rechtspolitik zuzuordnen. In Auseinandersetzungen zu § 30 empfiehlt sich freilich stets die Klarstellung, dass es sich um eine Ausnahmenorm handelt, die nur über die Garantie der Pressefreiheit gerechtfertigt werden kann.

22 Eine grundsätzlich andere Bewertung ergibt sich, wenn § 30 als gesetzgeberische Konkretisierung von § 2 GWB gewertet würde, also als Norm, die den Parteien die Bürde der Selbstveranlagung abnimmt. Dann müsste die Preisbindung zu einem Effizienzgewinn führen, der an die Verbraucher weitergegeben wird, die Preisbindung müsste unerlässlich sein und der Wettbewerb dürfte nicht völlig ausgeschlossen sein. Eine solche Rechtfertigungslinie stößt allerdings an Grenzen, da zumindest die Preisbindung und das Gebietsmonopol Kernbeschränkungen wären, die nicht unerlässlich wären. Zudem wird für die jeweiligen Gebiete der Wettbewerb bei einem Alleinvertriebsrecht des jeweiligen Gebietsgrossisten ausgeschaltet.

B. Vertikale Preisbindung

I. Produkte

1. Zeitungen und Zeitschriften

23 § 30 GWB regelt die vertragliche Preisbindung von Zeitungen und Zeitschriften. In Abgrenzung zu den nicht mehr erfassten Büchern handelt es sich dabei

um Druckwerke, die periodisch erscheinen.[18] Zudem muss danach unterschieden werden, ob die fraglichen Produkte üblicherweise über den Pressehandel oder im Abonnement vertrieben werden oder im Buchhandel. Zeitungen und Zeitschriften werden im Allgemeinen danach unterteilt, ob sie fortlaufend nach Art eines Tagebuchs über Tagesereignisse berichten (Zeitungen) oder ob sie einzelne Themen oder Interessensgebiete herausgreifen und aufarbeiten.[19] Eine trennscharfe Abgrenzung nach diesen Kriterien ist schwierig.[20] Auch eine Differenzierung nach der Relevanz einer Zeitung oder Zeitschrift für den Prozess der demokratischen Meinungsbildung gelingt nicht. Im Ergebnis ist die definitive Einordnung eines Presseprodukts als Tages-, Wochen- oder Monatspublikation, als Zeitung oder Zeitschrift, als politisches Organ oder als Special-Interest-Medium allerdings auch entbehrlich, da § 30 GWB alle Kategorien unterschiedslos behandelt.[21]

2. Reproduktionen und Substitute

Weiterhin erfasst § 30 gem. Abs. 1 Satz 2 Presseprodukte, die Zeitungen und Zeitschriften reproduzieren und substituieren. Um eine Reproduktion handelt es sich, wenn der Text nicht durch Drucktechnik vervielfältigt wird, sondern mittels anderer Verfahren, etwa auf graphische, photomechanische oder digitale Weise.[22] Ein Substitut liegt vor, wenn die herkömmliche Papierform einer Zeitung oder Zeitschrift durch eine andere Ausgabeform ersetzt wird, etwa bei Veröffentlichung auf einem Datenträger oder im Internet.[23] Die Frage der Substituierbarkeit bemisst sich nach Ansicht des BGH danach, ob das in Rede stehende Presseprodukt geeignet ist, die auf eine gedruckte Zeitung oder Zeitschrift gerichtete Nachfrage ganz oder teilweise zu befriedigen.[24] Dies ist der Fall, wenn das betreffende Medium in gleichem Maße Lesestoff

24

---

18 Vgl. zum Begriff der Zeitungen und Zeitschriften *Emmerich*, in: Immenga/Mestmäcker, § 30 Rn. 22; *Bremer/Hackl*, in: MünchKommKartR, § 30 Rn. 35; *Nordemann*, in: Loewenheim/Meessen/Riesenkampff, § 30 Rn. 12.
19 *Emmerich*, in: Immenga/Mestmäcker, § 30 Rn. 22a; *Thoma*, in: Berg/Mäsch, GWB, § 30 Rn. 10 ff.
20 Siehe aber den Bericht des Office of Fair Trading, Newspaper and magazine distribution in the United Kingdom, Sept. 2009, OFT1121, abrufbar unter http://webarchive.nationalarchives.gov.uk/20130302152935/http://www.oft.gov.uk/shared_oft/business_leaflets/general/oft1121.pdf.
21 *Bremer/Hackl*, in: MünchKommKartR, § 30 Rn. 35; *Alexander*, GRUR Int 2010, 803, 804.
22 *Emmerich*, in: Immenga/Mestmäcker, § 30 Rn. 24; *Bremer/Hackl*, in: MünchKommKartR, § 30 Rn. 36; *Bahr*, in: Langen/Bunte, § 30 Rn. 19.
23 *Emmerich*, in: Immenga/Mestmäcker, § 30 Rn. 24; *Bremer/Hackl*, in: MünchKommKartR, § 30 Rn. 37; *Bahr*, in: Langen/Bunte, § 30 Rn. 20.
24 BGH WuW/E BGH 3128, 3133 – *NJW auf CD-Rom*.

enthält, wie es in gewöhnlichen Zeitungen und Zeitschriften der Fall ist.[25] Es muss demnach in jedem Fall schriftlich verfasst und lesbar sein.[26] Unerheblich ist dagegen, ob auch eine gedruckte Version des Presseerzeugnisses vorliegt.[27]

25 Reproduktionen und Substitute fallen allerdings nur dann unter § 30 GWB, wenn sie bei Würdigung der Gesamtumstände als **überwiegend verlagstypisch** anzusehen sind. Sinn dieser Einschränkung ist, das Preisbindungsprivileg nicht zu weit über das traditionelle Ausmaß hinaus auszudehnen.[28] Der Begriff »Verlag« leitet sich nach Auffassung des Börsenvereins des Deutschen Buchhandels vom »vorlegen« ab und weist damit auf die Finanzierung hin: das Vorlegen oder Vorfinanzieren eines Geldbetrags für Autoren, deren Werke damit hergestellt und verbreitet werden können.[29] Diese Deutung lässt auch das Wörterbuch der Brüder *Grimm* zu: »heute hat sich verlag besonders im buchhandel festgesetzt, wo es das verlegen, das hingeben der kosten für die herstellung und vertreibung des buches, übernahme des aufwandes für herstellung eines druckwerkes bedeutet«.[30] Der Fokus wird damit auf Vorfinanzierung und Vertrieb von Schriften gelegt. Verlagstypisch ist es, Autoren Geld zu zahlen, und im Gegenzug ihre Texte zu verbreiten. Dabei handeln Verlage mit auf Papier gedruckten Werken. Das ist jedenfalls für Verlage nach dem klassischen Begriffsverständnis typisch. § 30 GWB soll gerade den besonderen Vertriebsverhältnissen in der Pressebranche Rechnung tragen. Überwiegend verlagstypisch sind Presseprodukte deshalb nur dann, wenn ihr Vertriebsweg im Wesentlichen dem herkömmlichen Vertriebsweg für Zeitungen und Zeitschriften entspricht, also der Auslieferung von Text-Zusammenstellungen in Papierform an Verkaufsstellen.[31]

Strittig ist, ob auch **Online-Ausgaben und ePapers** als überwiegend verlagstypisch angesehen werden können.[32] Zum Teil wird vertreten, dass diese stets als verlagstypisch anzusehen seien und damit unter § 30 GWB fielen.[33] Andere wollen Online-Ausgaben und ePapers zumindest dann als überwie-

---

25 BGH WuW/E BGH 3128, 3133 – *NJW auf CD-Rom*.
26 *Huppertz*, GRUR 1998, 988, 990; *Bremer/Hackl*, in: MünchKommKartR, § 30 Rn. 37.
27 *Emmerich*, in: Immenga/Mestmäcker, § 30 Rn. 24; *Huppertz*, GRUR 1998, 988, 990; zweifelnd *Bremer/Hackl*, in: MünchKommKartR, § 30 Rn. 37.
28 *Bremer/Hackl*, in: MünchKommKartR, § 30 Rn. 38.
29 Börsenverein des Deutschen Buchhandels, Was Verlage leisten, abrufbar unter http://www.boersenverein.de/de/portal/Was_Verlage_leisten/228163.
30 *Grimm/Grimm*, Deutsches Wörterbuch (1854 ff.), Stichwort Verlag.
31 *Waldenberger*, NJW 2002, 2914, 1918; vgl. auch *Nordemann*, in: Loewenheim/Meessen/Riesenkampff, § 30 Rn. 14 ff.; *Bahr*, in: Langen/Bunte, § 30 Rn. 18 ff.
32 BGH WuW/E BGH 3128, 3133 – *NJW auf CD-Rom* schneidet die Thematik an, lässt sie allerdings im Ergebnis offen.
33 *Emmerich*, in: Immenga/Mestmäcker, § 30 Rn. 24.

gend verlagstypisch einordnen, wenn die betreffende Zeitung oder Zeitschrift auch in Printform erscheint.[34] Richtigerweise sind Online-Ausgaben und ePapers nicht als verlagstypisch im Sinne des § 30 GWB anzusehen.[35] Die digitale Verbreitung von journalistischen Inhalten unterscheidet sich nämlich grundlegend vom herkömmlichen Pressevertrieb. Das traditionelle Grosso-System ist gekennzeichnet vom mit dem Preisbindungsrecht der Verlage korrespondierenden Remissionsrecht der Grossisten und des Einzelhandels. Im Rahmen des Online-Vertriebs ist ein solches Remissionsrecht jedoch gegenstandslos, weil es überhaupt keine überzähligen Kopien zu remittieren gibt. Auch fehlt es bei Netzmedien häufig an der typischen Vorfinanzierungsbeziehung zwischen Verleger und Autor. Der Verbreitungsweg ist papierlos. Nicht ohne Grund bezeichnet sich ein Websitebetreiber typischerweise nicht als Verlag.

3. Kombinierte Produkte

Auch kombinierte Produkte können der Preisbindung nach § 30 GWB unterworfen werden, solange eine Zeitung oder Zeitschrift im Vordergrund stehen. Entscheidend ist danach, ob das kombinierte Produkt sich nach Ankündigung, Aufmachung und Vertriebsweg insgesamt noch als Presseerzeugnis darstellt.[36] Unerheblich ist, ob das Kombinationsprodukt den Inhalt des Presseerzeugnisses ergänzt oder nur den Zweck hat, dessen Attraktivität zu steigern.[37] Im Rahmen einer **Gesamtbeurteilung** der konkreten Umstände muss ermittelt werden, ob aus der Sicht des Endverbrauchers das Presseerzeugnis oder das Kombinationsprodukt im Vordergrund steht.[38] Anhaltspunkte können etwa die optische Dominanz in der Aufbereitung, Ankündigung oder auch das Wertverhältnis zwischen beiden Produkten sein.[39] Feste Wertgrenzen verbieten sich aber, insbesondere bei einmaligen **Zugabeaktionen**.[40] Teilweise wird auch auf den überwiegenden Informationsgehalt abgestellt.[41] Beispiele sind Zeitschriften, denen – quasi als Kundenbindungs- oder Lesergewinnungsmaßnahme – eine Musik-CD oder ein Spielzeug beigefügt sind. Wird die Zeitschrift als Beigabe zu einem wesentlich höherwertigen Produkt abgegeben, etwa ein Einrichtungsmagazin beim Kauf eines Schranks, fällt die Preisbindung weg. Anders wäre es zu beurteilen, wenn eine Zeitung mit einer Tasse Kaffee kom-

26

---

34 *Nordemann*, in: Loewenheim/Meessen/Riesenkampff, § 30 Rn. 16; *Bremer/Hackl*, in: MünchKommKartR, § 30 Rn. 38.
35 So auch *Hess*, AfP 2011, 223, 226.
36 BGH WUW/E DE-R 1604, 1607 – *Zeitschrift mit Sonnenbrille*.
37 BGH WUW/E DE-R 1604, 1606 f. – *Zeitschrift mit Sonnenbrille*.
38 *Freytag/Gerlinger*, WRP 2004, 537, 540; *Bahr*, in: Langen/Bunte, § 30 Rn. 22; *Bremer/Hackl*, in: MünchKommKartR, § 30 Rn. 42.
39 *Soppe*, WRP 2005, 565, 567; *Nordemann*, in: Loewenheim/Meessen/Riesenkampff, GWB, § 30 Rn. 19.
40 Vgl. *Steinbeck*, Anm. zu BGH, 22.9.2005, Az. I ZR 28/03, GRUR 2006, 161, 164.
41 *Bahr*, in: Langen/Bunte, § 30 Rn. 22.

biniert vertrieben wird. Bei der Abonnement-Kombination von gedruckter Zeitschrift und ergänzender Online-App gilt die Preisbindung, da bislang in der Regel weiterhin das Print-Produkt das Hauptprodukt darstellt.

II. Beteiligte

27 Unternehmen, die Zeitungen und Zeitschriften herstellen sind die Verlage (in- oder ausländisch), die die Presseprodukte finanzieren, verantworten, verlegen und herstellen.[42] Nicht preisbindungsberechtigt sind dagegen reine Druckereien, Importeure und sonstige Händler.[43] Abnehmer sind dagegen alle Händler, Grossisten wie Einzelhändler, nicht aber die Endabnehmer.[44]

III. Vereinbarung

1. Sammelrevers

28 Üblicherweise wird die Preisbindung zwischen Verlag und Abnehmer in einem Rahmenvertrag vereinbart, der für sämtliche zukünftigen Lieferungen gilt. Solche Rahmenverträge werden auch Revers genannt. Werden die Preisbindungsverpflichtungen eines Händlers gegenüber mehreren Verlagen in einem Dokument zusammengefasst, spricht man von einem Sammelrevers. In der Praxis wurden einzelne, rechtlich selbstständige Preisbindungen immer wieder zur technischen Vereinfachung und zur Abwicklung über einen gemeinsamen **Preisbindungstreuhänder** in Sammelrevers gebündelt.[45] Dieses Verfahren ist heute nur noch bei Fachzeitschriften üblich.[46]

Bedenklich an dieser Konstellation ist das latente Potential für Koordination im horizontalen Verhältnis zwischen den Verlagen.[47] § 30 GWB privilegiert nur vertikale Vereinbarungen, horizontale Absprachen dagegen unterfallen weiterhin § 1 GWB und Art. 101 AEUV. Über den Weg der vertikalen Preisbindung darf es nicht zu horizontalen Vereinbarungen im Sinne eines »**hub and spoke**« kommen.

---

[42] *Bremer/Hackl*, in: MünchKommKartR, § 30 Rn. 43; vgl. BKartA, TB 1970, (= BT-Drucks. VI/2380), 82.
[43] *Bahr*, in: Langen/Bunte, § 30 Rn. 14; *Emmerich*, in: Immenga/Mestmäcker, § 30 Rn. 32; vgl. BKartA, TB 1970, (= BT-Drucks. VI/2380), 82.
[44] *Bahr*, in: Langen/Bunte, § 30 Rn. 15; *Emmerich*, in: Immenga/Mestmäcker, § 30 Rn. 34.
[45] *Bremer/Hackl*, in: MünchKommKartR, § 30 Rn. 46.
[46] Bechtold/*Bosch*, GWB, § 30 Rn. 17.
[47] Sehr kritisch *Emmerich*, in: Immenga/Mestmäcker, § 30 Rn. 45; vgl. *Bremer/Hackl*, in: MünchKommKartR, § 30 Rn. 45.

2. Pflichten

Die Preisbindungsvereinbarung verpflichtet den Abnehmer, die bezogenen Zeitungen und Zeitschriften nur zu einem bestimmten Preis weiterzuverkaufen. Durch die Verpflichtung des Abnehmers, die Preisbindung weiterzugeben, kann eine Preisbindung über mehrere Handelsstufen erreicht werden.[48] Dem steht keine einklagbare Pflicht des Verlages gegenüber, die Preisbindung aufrechtzuerhalten.[49] Eine solche Verpflichtung würde die Abnehmer in die Lage versetzen, anderen Abnehmern mittelbar über die Verlage ihre Verkaufspreise festzuschreiben. Dies käme einer horizontalen Preisabsprache gleich, die § 30 GWB nicht privilegieren soll.

3. Bestimmte Preise

§ 30 GWB spricht von der Vereinbarung »bestimmter Preise«. Das können grundsätzlich **Brutto- oder Nettopreise** unter Ausweisung der Umsatzsteuer sein.[50] Das Bundeskartellamt ging davon aus, dass eine Festsetzung von Nettopreisen zuzüglich der »jeweiligen Mehrwertsteuer« nicht bestimmt genug sei.[51] Diese Ansicht wird überwiegend als zu formalistisch abgelehnt, da im Falle einer Steuererhöhung gleichwohl feststeht, dass der gebundene Preis zu einem Zeitpunkt für sämtliche Abnehmer festgesetzt ist.[52]

Auch die Festlegung von **Höchst- und Mindestpreisen** dürfte zulässig sein.[53] Hierfür spricht zum einen, dass derartige »Margentarife« zu einer Wettbewerbsbelebung führen dürften. Weiterhin ließe sich dieses Verständnis in Einklang mit den Vorgaben in Art. 4 lit. a Vertikal-GVO[54] bringen. Danach gilt das prinzipielle Verbot der Preisbindung »unbeschadet der Möglichkeit des Anbieters (...), Höchstverkaufspreise festzusetzen«.

---

48 *Nordemann*, in: Loewenheim/Meessen/Riesenkampff, § 30 Rn. 29; *Bremer/Hackl*, in: MünchKommKartR, § 30 Rn. 47.
49 BGH WuW/E DE-R 1779 – *Probeabonnement* verneint einen solchen Anspruch im Ergebnis. Ebenso *Emmerich*, in: Immenga/Mestmäcker, § 30 Rn. 50; *Bremer/Hackl*, in: MünchKommKartR, § 30 Rn. 49; *Bahr*, in: Langen/Bunte, § 30 Rn. 25; a.A. *Nordemann*, in: Loewenheim/Meessen/Riesenkampff, § 30 Rn. 20.
50 Bekanntmachung BKartA, WuW 1968, 106.
51 Bekanntmachung BKartA, WuW 1968, 106, 107.
52 *Emmerich*, in: Immenga/Mestmäcker, § 30 Rn. 85; *Bremer/Hackl*, in: MünchKommKartR, § 30 Rn. 54; *Bahr*, in: Langen/Bunte, § 30 Rn. 44.
53 Bejahend nach alter Rechtslage für den Fall des Weiterverkaufs über Automaten BGH, 8.7.1970, KVR 1/70, BGHZ 54, 227 – *Zigaretten-Automaten*; ebenso *Emmerich*, in: Immenga/Mestmäcker, § 30 Rn. 86 f.; *Bahr*, in: Langen/Bunte, § 30 Rn. 30; *Nordemann*, in: Loewenheim/Meessen/Riesenkampff, § 30 Rn. 26; a.A. *Bremer/Hackl*, in: MünchKommKartR, § 30 Rn. 56.
54 ABl. EG 2010 Nr. L 102/1.

32 Den Verlagen steht es prinzipiell auch frei, den Abnehmern **Rabatte** zu verbieten beziehungsweise zu erlauben und in letzterem Fall genau festzulegen.[55] Dies wird beispielsweise auch im aktuellen Fachzeitschriften-Sammelrevers[56] so gehandhabt. Regional unterschiedliche Preise erscheinen allerdings bedenklich im Hinblick auf das gesetzgeberische Ziel, die Meinungsbildung sämtlichen Bürgern zu denselben Bedingungen zu ermöglichen.[57]

4. Form

33 § 30 Abs. 2 GWB ordnet für Preisbindungsvereinbarungen, soweit sie Preise und Preisbestandteile betreffen, **Schriftform** an. Hintergrund dieser Regelung ist, dem Bundeskartellamt die Missbrauchsaufsicht über Preisbindungsvereinbarungen zu erleichtern.[58] Die Anforderungen an die Schriftform richten sich nach § 126 BGB, sodass die allgemeinen Grundsätze dieser Norm maßgeblich sind. Eine Erleichterung sieht § 30 Abs. 2 Satz 3 GWB vor, wonach § 126 Abs. 2 BGB nicht anwendbar ist. Somit müssen die Vertragsparteien nicht auf derselben Urkunde unterzeichnen. Zudem reicht es nach § 30 Abs. 2 Satz 2 GWB zur Wahrung der Schriftform aus, wenn in der Urkunde auf Preislisten und Preismitteilungen Bezug genommen wird.[59]

34 Ein schriftlich geschlossener Vertrag, der ausgelaufen ist, wird nicht durch schlichtes Weiterpraktizieren wirksam.[60] Konkludentes Handeln genügt also auch bei Vorliegen eines einst geltenden Vertrags nicht.

IV. Missbrauchsaufsicht

35 § 30 Abs. 3 GWB erlaubt dem Bundeskartellamt eine Korrektur der durch § 30 Abs. 1 GWB grundsätzlich erlaubten Preisbindung. Das Bundeskartellamt kann eine Preisbindungsvereinbarung in zwei Fällen für unwirksam erklären, namentlich 1. bei missbräuchlicher Handhabung der Preisbindung und 2. soweit die Preisbindung geeignet ist, die preisgebundenen Zeitungen und Zeitschriften grundlos zu verteuern beziehungsweise ihre Erzeugung

---

55 Einzelheiten bei *Emmerich*, in: Immenga/Mestmäcker, § 30 Rn. 88 ff.; *Nordemann*, in: Loewenheim/Meessen/Riesenkampff, § 30 Rn. 43.
56 Vertragsstrafenvereinbarung und Fachzeitschriften-Sammelrevers, abrufbar unter http://www.boersenverein.de/sixcms/media.php/976/Sammelrevers.pdf.
57 *Bremer/Hackl*, in: MünchKommKartR, § 30 Rn. 58.
58 *Emmerich*, in: Immenga/Mestmäcker, § 30 Rn. 61; *Thoma*, in: Berg/Mäsch, Deutsches u. Europäisches Kartellrecht, § 30 GWB Rn. 32.
59 Ausführlich zum Formerfordernis *Emmerich*, in: Immenga/Mestmäcker, § 30 Rn. 57 ff.; Bechtold/*Bosch*, GWB, § 30 Rn. 20.
60 OLG Celle, 11.2.2010, Az. 13 U 92/09, WuW/E DE-R 2853 – *Presse-Grosso-Vertrieb*.

oder Absatz zu beschränken. In jüngerer Zeit sind keine Verfahren in dieser Hinsicht bekannt geworden.

1. Lückenhaftigkeit

Ein Preisbindungssystem wird insbesondere dann missbräuchlich gehandhabt, wenn es lückenhaft (geworden) ist.[61] In diesem Fall erlangen diejenigen Händler, die den festgesetzten Preis unterbieten, einen vom Gesetzgeber nicht gewollten Wettbewerbsvorteil gegenüber den Händlern, die sich vertragstreu verhalten.[62]

36

Ein Preisbindungssystem muss **gedanklich und tatsächlich lückenlos** aufgebaut sein.[63] Gedankliche Lückenlosigkeit setzt voraus, dass der Preisbinder sein Vertriebssystem so organisiert hat, dass jeder zur Einhaltung der festgesetzten Preise beziehungsweise zur Weitergabe der Preisbindung verpflichtet ist.[64] Es muss somit zumindest theoretisch ausgeschlossen sein, dass die preisgebundenen Presseerzeugnisse auf Vertriebswege gelangen, die keiner Preisbindung unterliegen. Die Lückenlosigkeit bezieht sich jeweils nur auf den betroffenen Markt. Eine lückenhafte Preisbindung auf einem anderen, deutlich abgrenzbaren Markt ist unschädlich.

37

Im Hinblick auf Online-Ausgaben und ePapers von auch in gedruckter Form erhältlichen Zeitungen und Zeitschriften könnte das Erfordernis der gedanklichen Lückenlosigkeit ernsthaft gefährdet sein. Verneint man, wie hier, die Preisbindungsfähigkeit von Online-Ausgaben und ePapers, muss man zu dem Ergebnis kommen, dass die Preisbindung eines auch online erscheinenden Presseerzeugnisses bereits gedanklich lückenhaft ist.[65] Zu einem anderen Ergebnis käme man dann nur, wenn man in dem Vertrieb von Printausgaben einerseits und dem Online-Vertrieb andererseits zwei separate, klar abgrenzbare Märkte sieht.[66]

38

Tatsächlich lückenlos ist ein Preisbindungssystem dann, wenn es im Wesentlichen, von einzelnen Ausreißern abgesehen, von den gebundenen Abnehmern

39

---

61 Vgl. BKartA, TB 1978, 84.
62 *Bremer/Hackl*, in: MünchKommKartR, § 30 Rn. 81; *Bahr*, in: Langen/Bunte, § 30 Rn. 151.
63 Zu diesem Erfordernis ausführlich *Emmerich*, in: Immenga/Mestmäcker, § 30 Rn. 103 ff.; *Bremer/Hackl*, in: MünchKommKartR, § 30 Rn. 50 ff.; *Bahr*, in: Langen/Bunte, § 30 Rn. 73 ff.; *Huppertz*, GRUR 1998, 988, 991; RGZ 133, 226.
64 Vgl. *Bahr*, in: Langen/Bunte, § 30 Rn. 75; *Bechtold/Bosch*, GWB, § 30 Rn. 23.
65 So auch die Schlussfolgerung von *Bremer/Hackl*, in: MünchKommKartR, § 30 Rn. 38, die deshalb von der Preisbindungsfähigkeit ausgehen.
66 So *Hess*, AfP 2011, 223, 226.

eingehalten wird.[67] Der Preisbinder ist also gehalten, die Einhaltung des Systems zu überwachen und einzuschreiten, sobald ihm Verstöße bekannt werden.

2. Zweigleisiger Vertrieb

40 Einen Sonderfall der lückenhaften Preisbindung stellt die Fallgruppe des zweigleisigen Vertriebs dar. Ein Vertrieb ist zweigleisig, wenn ein Verlag dasselbe Presseerzeugnis in (zumindest fast) gleicher Ausstattung zu unterschiedlichen Preisen vertreibt oder vertreiben lässt. Typischer Anwendungsfall ist der häufig zu beobachtende Preisabstand zwischen dem Einzelhandelspreis und dem in der Regel niedrigerem **Abonnementpreis**.[68] Das Bundeskartellamt ging ursprünglich von einer Missbräuchlichkeit aus, wenn zwischen dem Einzelhandelspreis und dem Abonnementpreis eine Differenz von über 15 % lag.[69] Später setzte es bei bis zu dreimonatigen Probeabonnements die Missbrauchsgrenze bei einer Differenz von 35 % gegenüber dem regulären Abonnementpreis.[70] Der BGH hält sogar **Probeabonnements** mit einer Preisdifferenz von über 40 % für zulässig.[71] Die entscheidende Weichenstellung liegt in diesen Konstellationen in der Frage, ob man in dem Einzelverkauf und dem Vertrieb über Abonnements zwei verschiedene, abgrenzbare Märkte annehmen kann.[72]

3. Grundlose Verteuerung

41 Dieser besondere Unterfall der Missbrauchsaufsicht soll verhindern, dass ein flächendeckend praktiziertes Preisbindungssystem zu einer Erstarrung des Wettbewerbs führt.[73] In der Praxis spielte dieser Tatbestand bislang jedoch eine untergeordnete Rolle. Unwirksamkeitserklärungen sind nur in extremen Ausnahmefällen ausgesprochen worden.[74]

4. Zivilrechtliche Folgen

42 Hat das Bundeskartellamt nach § 30 Abs. 3 GWB die Unwirksamkeit einer Preisbindungsvereinbarung ausgesprochen, besteht ein kartellrechtlicher Un-

---

67 *Bechtold/Bosch*, GWB, § 30 Rn. 23; *Nordemann*, in: Loewenheim/Meessen/Riesenkampff, KartellR, GWB, § 30 Rn. 62.
68 So bereits BKartA, TB 1987/1988, S. 33.
69 BKartA, TB 1987/88, 94.
70 BKartA, 10.1.2002, B5-93/01 (nicht veröffentlicht).
71 BGH WuW/E DE-R 1779 Rn. 31 ff. – *Probeabonnement*.
72 So BKartA, 10.1.2002, B5-93/01 (nicht veröffentlicht); *Bremer/Hackl*, in: MünchKommKartR, § 30 Rn. 85, 88; *Emmerich*, in: Immenga/Mestmäcker, § 30 Rn. 126; *Kröner*, WRP 2003, 1149, 1152.
73 BT-Drucks. 2/1158, 36 f.
74 Vgl. *Bremer/Hackl*, in: MünchKommKartR, § 30 Rn. 85, 96.

terlassungsanspruch nach § 33 Abs. 1, Abs. 3, wenn der Preisbinder gegen diese Verfügung verstößt. Eine missbräuchliche Handhabung der Preisbindung ohne kartellbehördliche Verfügung nach § 30 Abs. 3 löst hingegen keine kartellrechtlichen Ansprüche aus.[75]

Im Falle einer missbräuchlichen Handhabung der Preisbindung, insbesondere bei Lückenhaftigkeit kann der Abnehmer allerdings den aus § 242 BGB hergeleiteten Einwand der unzulässigen Rechtsausübung erheben.[76] Dem vertragstreuen Abnehmer ist ein Festhalten an das Preisbindungssystem dann nicht mehr zumutbar. Er kann insofern auf Feststellung klagen, dass er nicht mehr an die Preisbindungsvereinbarung gebunden ist.[77] 43

Schließlich kommen noch allgemeine vertragsrechtliche Ansprüche in Betracht. Den Preisbinder treffen gegenüber seinen Abnehmern gewisse **Rücksichtnahmepflichten**. So darf er speziell nichts unternehmen, was ohne Not seine Preisbindung untergräbt und seinen vertragstreuen Händlern Schwierigkeiten bereiten kann.[78] Alleine die Einführung eines besonders günstigen Probeabonnements reicht für die Annahme einer solchen Pflichtverletzung allerdings nicht aus.[79] 44
Kartellrechtliche Schadensersatzansprüche sind denkbar.

V. Vereinbarkeit mit Art. 101 AEUV

Insoweit von einer Beeinträchtigung des zwischenstaatlichen Handels ausgegangen werden kann, stellt sich die Frage nach der Vereinbarkeit von § 30 Abs. 1 GWB mit Art. 101 AEUV. Die EU-Kommission hatte 1999 die Gelegenheit, sich mit einem ähnlich ausgestalteten Preisbindungssystem für Zeitungen und Zeitschriften in Belgien zu befassen.[80] Die Kommission kam hier zu dem Ergebnis, dass die Preisbindungsvereinbarungen nach Art. 101 Abs. 3 AEUV **freistellungsfähig** seien. Entscheidend war für sie hierbei das Zusammenspiel von Preisbindungsrecht und Remissionsrecht. Diese Kombination gewährleiste die umfassende Versorgung der gesamten Bevölkerung mit einem ausgewogenen Sortiment an Zeitungen und Zeitschriften. Darin wurde also eine Effizienz im Sinne der Freistellung gesehen. Würde allerdings eines 45

---

75 BGH WuW/E DE-R 1779 Rn. 22 – *Probeabonnement*.
76 Ausführlich *Bremer/Hackl*, in: MünchKommKartR, § 30 Rn. 50 ff.
77 Vgl. OLG Frankfurt WuW/E OLG 3609; *Emmerich*, in: Immenga/Mestmäcker, § 30.
78 BGH WuW/E DE-R 1779 Rn. 30 – *Probeabonnement*.
79 BGH WuW/E DE-R 1779 Rn. 33 – *Probeabonnement*. Zur Frage, wann besonders günstige Abonnementangebote eine vertragliche Pflichtverletzung der Verlage begründen vgl. etwa *Alexander*, ZWeR 2007, 239, 248 ff.
80 KOM, XXIX. Bericht über die Wettbewerbspolitik, 1999, 181 f.

dieser beiden Charakteristika wegfallen, wäre der Vorteil für die Verbraucher in Gefahr. Ohne das Remissionsrecht würden die Einzelhändler ihr Sortiment auf gut verkäufliche Titel beschränken. Ohne das Preisbindungsrecht wäre die Möglichkeit zur Remission für die Verlage nicht tragbar. Infolgedessen würde die Pressevielfalt erheblich beeinträchtigt.

C. Presse-Grosso

46 § 30 Abs. 2b GWB enthält eine Freistellung für das zentrale Verhandlungsmandat des Presse-Grosso. Die Norm trat zum 30.6.2013 mit der 8. GWB-Novelle in Kraft und soll Branchenvereinbarungen im Presse-Großhandel gesetzlich absichern und damit kartellrechtsfest machen.

I. Freistellungssystematik

1. Ausgangspunkte der Regelung

47 Das Presse-Grosso-System ist historisch gewachsen als **Vertriebsnetz mit Gebietsaufteilungen**. Es steht gemäß einer älteren Entscheidung des Bundesverfassungsgerichts als Ausfluss der Pressefreiheit unter besonderem Schutz.[81] Voraussetzung dafür ist, dass es sich um eine »selbständig ausgeübte, nicht unmittelbar die Herstellung von Presseerzeugnissen betreffende Hilfstätigkeit« handelt, die »typischerweise pressebezogen ist, in enger organisatorischer Bindung an die Presse erfolgt, für das Funktionieren einer freien Presse notwendig ist«.

48 Das nicht einfache Geschäft des Zeitungsvertriebs, das im Kartellrecht zuweilen ja sogar als essential facility diskutiert (aber abgelehnt) wurde,[82] steht vor der Herausforderung, dass Zeitungen und Zeitschriften aktuell zugestellt werden müssen. Eine schnelle Zustellung, die zudem alle Winkel der Republik erreicht, ist nur mit ausgefeilter Logistik zu leisten. Das Kräfteverhältnis zwischen Inhalteanbietern (also den Verlagen) und Vertrieb (also den Grossisten) wird durch die Branchenvereinbarungen jeweils ausgelotet. Die Verlage dürfen Preise binden und über die Abnahme disponieren, ihre Produkte werden flächendeckend und neutral vertrieben. Im Gegenzug erhalten die Grossisten Remissionsrechte und Gebietsmonopole. Der so erzielte »deal« muss sich zunächst für die Beteiligten lohnen, was sich gerade bei Erschütterungen wie den durch die Digitalisierung ausgelösten Veränderungen wandeln kann. Die Branchenabsprache darf aber auch das allgemeine Interesse am unverfälschten Wettbewerb nicht verletzen und so Konsumenten schädigen.

---

81 BVerfG, 13.1.1988, Az. 1 BvR 1548/82, NJW 1988, 1833.
82 EuGH, 26.11.1998, Rs. C-7/97, K&R 1999, 81 – *Oscar Bronner*.

Das jahrzehntelang praktizierte System wurde durch die Bauer Media Group 49
in Frage gestellt, die ab 2009 – mit Auslaufen einer seit 2003 geltenden Branchenvereinbarung – die Monopolstellung der Grossisten angriff. Zunächst wurden dazu zwei Grossistenverträge gekündigt. In den betroffenen Gebieten übernahm eine Bauer-Tochtergesellschaft den Vertrieb. Die Kündigungen wurden gerichtlich für wirksam erklärt.[83] Der Branchenverband der Presse-Grossisten, der für die Grossisten das zentrale Verhandlungsmandat wahrnimmt, machte daraufhin die Rücknahme der Kündigungen zur Voraussetzung für weitere Verhandlungen mit Bauer; die einzelnen Pressegrossisten lehnten individuelle Verhandlungen mit Bauer ab. Bauer verlangte daraufhin gerichtlich Unterlassung der einheitlichen Aushandlung von Konditionen durch den Branchenverband wegen Verstoßes gegen Art. 101 AEUV. Das LG Köln gab dieser Klage statt,[84] sodass die Wettbewerbswidrigkeit des historisch gewachsenen Systems festgestellt war.

Auf diese Entscheidung reagierte der Gesetzgeber mit der Verabschiedung 50
von § 30 Abs. 2a GWB, der ausdrücklich das Kölner Urteil revidieren sollte.[85] Die Norm wurde sodann in der Berufungsinstanz einer Prüfung durch das OLG Düsseldorf unterzogen. Dieses gelangte zu der Auffassung, dass § 30 Abs. 2a GWB nicht den Anforderungen des Art. 106 AEUV genügt. Eine wirksame Betrauung der Presse-Grossisten mit einer Dienstleistung von allgemeinem wirtschaftlichen Interesse liege nicht vor. Folglich könne das nationale Recht die europarechtlichen Regeln nicht abdingen; Art. 101 AEUV gelte weiterhin.[86] Mit Entscheidung vom 6.10.2015 revidierte der Kartellsenat des BGH diese Einschätzung und hob die Entscheidung der Vorinstanz auf.[87] Die Klage von Bauer wurde abgewiesen, das Presse-Grosso-System in bestehender Form gebilligt. § 30 Abs. 2a GWB entfaltet damit Geltung und schützt die Branchenvereinbarung zum Presse-Grosso damit gegen ein Vorgehen aus Kartellrecht, wenn die Voraussetzungen erfüllt sind.

2. Freistellungslösung

Der Gesetzgeber hat sich für eine Ausnahme von der Anwendung des Kar- 51
tellrechts entschieden. Es liegt damit ein echter **Sondertatbestand** vor, der – anders als bei § 30 Abs. 1 GWB – sogar europarechtsfest ausgestaltet worden ist. Somit ist weder § 1 GWB auf Vereinbarungen anzuwenden, die die Voraussetzungen der Norm erfüllen, noch Art. 101 AEUV. Es handelt sich um

---

83 BGH GRUR 2012, 84 – *Grossistenkündigung*; OLG Celle WuW/E DE-R 2853 – *Presse-Grosso Vertrieb*.
84 LG Köln, 14.2.2012, Az. 88 O (Kart) 17/11, WuW/E DE-R 3532.
85 BT-Drucks. 17/11053, S. 18.
86 OLG Düsseldorf, 26.2.2014, Az. VI-U (Kart) 7/12, WuW/E DE-R 4242.
87 BGH, 6.10.2015, Az. KZR 17/14, WuW 2016, 133 – *Presse-Grosso*.

eine Ausnahme vom Universalitätsgedanken des Kartellrechts (siehe schon oben). Denkbar gewesen wäre auch, die Wettbewerbsbeschränkung über § 2 GWB/Art. 101 Abs. 3 AEUV zu rechtfertigen. Der Gesetzgeber hat sich aber für die Ausnahmelösung entschieden, was eine besonders enge Auslegung der Begriffe nach sich ziehen muss.

3. Kompetenzrechtliche Bedenken

52 Teilweise wird angenommen, dass der Bundesgesetzgeber keine Kompetenz zum Erlass einer Regelung wie in § 30 Abs. 2a GWB hat, da die Sicherung der Medienvielfalt Ländersache ist.[88] Da das Kartellrecht aber der Gesetzgebungskompetenz des Bundes unterfällt, ist eine Ausnahmeregelung vom Kartellrecht auch entsprechend von der diesbezüglichen Bundeskompetenz gedeckt.

II. Voraussetzungen der Freistellung

1. Branchenvereinbarung

53 Eine Freistellung setzt voraus, dass eine Branchenvereinbarung vorliegt. Damit ist eine Absprache gemeint, die für die gesamte Branche gilt oder zumindest den Anspruch erhebt, die gesamte Branche zu erfassen. Der Begriff der Vereinbarung ist formaler zu verstehen als in § 1 GWB, da eine rechtssichere und für Behörden und Gerichte nachprüfbare Gestaltung des Vertriebs nach den Gestaltungskriterien der Norm (flächendeckender und diskriminierungsfreier Vertrieb) erfolgen muss. So ist, auch wenn es anders als in Abs. 2 für Abs. 1 nicht ausdrücklich festgelegt ist, **Schriftlichkeit** zu fordern.

54 Wird die Vereinbarung in ihrem Anwendungsbereich immer stärker ausgehöhlt (etwa durch Ausnahme weiterer Vertriebsstellen neben den Bahnhofsbuchhandlungen und Lesezirkeln), fällt der Charakter als Branchenvereinbarung weg.

55 An das Merkmal der **Branchenvereinbarung** dürfen aber nicht zu hohe Anforderungen gestellt werden: Die negative Vereinigungsfreiheit erlaubt es Verlagen und Grossisten, nicht Mitglieder einer Vereinigung zu werden, die sie bei den Vertriebsverhandlungen vertreten will. Ist ein Unternehmen nicht Mitglied, kann es auch nicht gebunden werden; eine Erstreckung auf Nicht-Mitglieder findet nicht statt. Die Branchenvereinbarungen können also nur soweit Geltung beanspruchen, wie die beteiligten Vereinigungen Mitglieder haben. Repräsentieren die Vereinigungen nur noch wenige Mitglieder oder nicht mehr wenigstens einige repräsentative Mitglieder, entfällt der Charakter als Branchenvereinbarung. Die Mitgliedsunternehmen können sich durch ihr Aus-

---

88 *Paschke*, AfP 2012, 501 ff.

scheiden also vom herkömmlichen Presse-Grosso-System lösen. Je mehr Unternehmen das tun, desto bedrohter ist die Ausnahme nach Abs. 2a.

Denkbar sind **konkurrierende Branchenvereinbarungen** verschiedener Verbände.[89] Die in Wettbewerb stehenden Vereinbarungen können aber nur dann Branchenvereinbarungen sein, wenn sie allen Unternehmen grundsätzlich offen stehen und wenn sie einen gewissen Allvertretungsanspruch haben und diesen auch faktisch spiegeln. Eine Vereinbarung nur für einen Verlag oder nur für Titel aus einer bestimmten Nische genügt für die Legalausnahme nicht. Sollten sich aber beispielsweise mehrere Grossistenverbände bilden, könnten diese – soweit jeder von ihnen allen Unternehmen grundsätzlich offen steht und jeder von ihnen auch eine gewichtige Anzahl von Branchenunternehmen vertritt – im Wettbewerb zueinander Branchenvereinbarungen abschließen. Dass dies möglich sein muss, liegt schon darin begründet, dass andernfalls der Gesetzgeber den aktuell tätigen Verbänden ein Vertretungsmonopol zusichern würde. Das wäre mit dem Schutzzweck des Wettbewerbs schwerlich zu vereinbaren. Die Verbesserung aktueller Konditionen wäre also durch die Etablierung von konkurrierenden Vereinbarungen möglich.

56

2. Beteiligte

Die Vereinbarung ist zu schließen zwischen Unternehmensvereinigungen, die Preisbinder von Zeitungen und Zeitschriften (also Presseverlage) vertreten, sowie den Vereinigungen, die remissionsberechtigte Zwischenhändler von Zeitungen und Zeitschriften (also Pressegrossisten) vertreten. Die Norm enthält Legaldefinitionen für Verlage und Grossisten. Auf Verlagsseite sind solche Organisationen derzeit der Bundesverband Deutscher Zeitungsverleger (BDZV), der Verband Deutscher Lokalzeitungen (VDL) und der Verband Deutscher Zeitschriftenverleger (VDZ). Auf Grossistenseite ist der Bundesverband Deutscher Buch-, Zeitungs- und Zeitschriftengrossisten (Bundesverband Presse-Grosso) derzeit tätig.

57

Der Gesetzgeber hat das Merkmal des Dispositionsrechts – anders als das Remissionsrecht – nicht ausdrücklich in den Tatbestand aufgenommen.[90]

58

Bahnhofs- und Flughafenbuchhändler sowie Lesezirkel beziehen direkt von den Verlagen ohne Einschaltung von Zwischenhändlern. Für sie gilt die Norm nicht.

59

---

89 A.A. *Nordemann*, in: Loewenheim/Meessen/Riesenkampff, GWB, § 30 Rn. 118.
90 Für eine Berücksichtigung als ungeschriebenes Tatbestandsmerkmal *Nordemann*, in: Loewenheim/Meessen/Riesenkampff, GWB, § 30 Rn. 113.

3. Muss-Inhalte

60 § 30 Abs. 2a GWB schreibt als Voraussetzung für die Freistellung einen Muss-Inhalt der Vereinbarung vor. Diese muss Voraussetzungen, Leistungen und Vergütung für den flächendeckenden, diskriminierungsfreien Vertrieb von Zeitungen und Zeitschriften enthalten. Die Freistellung greift nicht, wenn das Ziel des flächendeckenden, diskriminierungsfreien Vertriebs nicht mehr erreicht wird und wenn die Voraussetzungen dafür nicht in den Vertragsbedingungen enthalten sind (etwa weil die Ziele durch eine Marktlösung erreicht werden und keiner Vereinbarung mehr bedürfen).

61 Ein flächendeckender Vertrieb ist gegeben, wenn in ganz Deutschland Zeitungen und Zeitschriften aktuell erhältlich sind. Hier geht es, der Gesetzesbegründung zufolge, um die »Überallerhältlichkeit von Pressetiteln«.[91]

62 **Diskriminierungsfrei** ist der Vertrieb, wenn gerade auch kleinere Verlage Zugang zu dem Vertriebsnetz haben und auch weniger auflagenstarke Titel nicht in diskriminierender Form vertrieben werden.[92] Für den Vertrieb gilt gerade ein Neutralitätsgebot. So ist es unzulässig, wenn in den Vertriebsbedingungen festgelegt ist, dass bestimmte Verlage größere Gewinnspannen haben dürfen als andere oder bestimmte Titel besser platziert werden müssen als andere. Eine solche Zielrichtung verfolgte die Bauer Media Group mit ihren ursprünglichen Aktivitäten. In einem freien Markt hätte Bauer bessere Konditionen für seine auflagenstarken Titel im Verhältnis zu Konkurrenztiteln aus schwächeren Verlagen durchsetzen können, ohne dass darin notwendig ein Missbrauch von Marktmacht gelegen hätte.

63 Die Vereinbarung muss Regelungen enthalten, die **Leistung und Gegenleistung** für die Erreichung dieses Ziels konkretisieren. Dies ist schon deshalb erforderlich, da andernfalls die europarechtliche Privilegierung entfallen muss. Genau bestimmt werden muss daher in den Verträgen, was die Grossisten zu leisten haben, insbesondere müssen sie einen flächendeckenden und diskriminierungsfreien Vertrieb garantieren und auch Maßnahmen benennen, um dies zu gewährleisten. Dabei muss nicht jedes Detail dargestellt werden (auch um den Wettbewerb um die beste Lösung des Ausgangsproblems nicht zu ersticken). Erkennbar werden muss aber die Ernsthaftigkeit der Leistungserbringung und ein diesbezüglicher Bindungswille, der letztlich eine Vollstreckung aus dem Vertrag heraus ermöglichen würde. Im Gegenzug ist die Gegenleistung der Verlage zu benennen. Hierfür gilt entsprechend, dass die Leistungen auf Verlagsseite, insbesondere auch das Remissionsrecht, die Vergütung und

---

91 BT-Drucks. 17/11053, S. 24; 17/12679, S. 3.
92 BT-Drucks. 17/11053, S. 24; 17/12679, S. 3.

die Anerkennung des Alleinvertriebsrechts explizit geregelt werden.[93] Die Vereinbarung genügt nur dann den Anforderungen, wenn sich aus ihrer Lektüre allein – ohne Hinzuziehung des historischen Kontexts – in der Gesamtschau ein System des Presse-Grosso nachvollziehen lässt, das funktionsfähig ist und die Anforderung des Betrauungsakts erfüllt. Sind diese Voraussetzungen nicht gegeben, entfällt der Schutz des § 30 Abs. 2a GWB. Eine Verpflichtung, eine solche Vereinbarung abzuschließen, besteht für die Beteiligten nicht.[94]

III. Europarechtliche Absicherung

1. Verstoß gegen Art. 101 AEUV

LG Köln und OLG Düsseldorf stellten in ihren Entscheidungen zum Presse-Grosso fest, dass das bislang praktizierte System einen Verstoß gegen Art. 101 Abs. 1 AEUV darstellt.[95] Die Aufteilung des deutschen Liefergebiets in Gebietsmonopole stelle eine Wettbewerbsbeschränkung dar, auch wenn nur der potentielle Wettbewerb unterbunden werde.[96] Dadurch werde, so zumindest das LG Köln, der zwischenstaatliche Handel beeinträchtigt.[97] Beide Gerichte gelangten auch zu der Auffassung, dass eine Freistellung nach Art. 101 Abs. 3 AEUV nicht möglich sei, da keine Effizienzvorteile erkennbar seien und der Wettbewerb auf Grossistenebene gänzlich ausgeschlossen werde.[98]

Der BGH beurteilte das bisherige System weniger streng. Es sei weder der aktuelle noch der potentielle Wettbewerb durch die Beschränkung betroffen.[99] Die Frage der Freistellung ließ der BGH offen, da er die Ausnahme des § 30 Abs. 2a GWB anerkannte.[100]

Bei einer branchenweit organisierten Aufteilung des gesamten Bundesgebiets in Regionalmonopole durch zentral koordinierte Verhandlungen ist richtigerweise ohne Zweifel eine **Wettbewerbsbeschränkung** anzunehmen, die in dieser Form kaum freistellungsfähig sein dürfte.

---

93 Vgl. *Emmerich*, in: Immenga/Mestmäcker, § 30 Rn. 158.
94 *Hennemann*, NZKart 2016, 160, 166.
95 OLG Düsseldorf, 26.2.2014, Az. VI-U (Kart) 7/12, WuW/E DE-R 4242; LG Köln, 14.2.2012, Az. 88 O (Kart) 17/11, WuW/E DE-R 3532.
96 OLG Düsseldorf WuW/E DE-R 4242 Rn. 35 ff.; LG Köln WuW/E DE-R 3532 Rn. 110 ff.
97 LG Köln WuW/E DE-R 3532 Rn. 92.
98 OLG Düsseldorf WuW/E DE-R 4242 Rn. 68 ff.; LG Köln WuW/E DE-R 3532 Rn. 148 ff.
99 BGH WuW/E DE-R 3532 Rn. 17.
100 BGH WuW/E DE-R 3532 Rn. 17; zustimmend *Bach*, NJW 2016, 1630 (1632).

2. Art. 106 AEUV

67 Auch der Gesetzgeber ging davon aus, dass das Presse-Grosso-System gegen Art. 101 AEUV verstößt, da andernfalls der Rückgriff auf eine Betrauung mit einer Dienstleistung von allgemeinem wirtschaftlichen Interesse nicht erforderlich geworden wäre.

68 Der BGH hat dieses gesetzgeberische Vorgehen (ohne Vorlage zum EuGH)[101] gebilligt. Im flächendeckenden und neutralen Vertrieb liege eine Dienstleistung von allgemeinem wirtschaftlichen Interesse. Das OLG Düsseldorf hatte dies in der Vorinstanz noch offen gelassen.[102] Der BGH meint in Ausübung von richterlicher Zurückhaltung, die Mitgliedsstaaten hätten ein **weites Ermessen**, eine Überprüfung finde nur mit Blick auf »offenkundige Fehler« statt.[103]

69 Mit § 30 Abs. 2a GWB ist nach BGH auch ein wirksamer **Betrauungsakt** gegeben.[104] Der obligatorische Charakter der Betrauung komme hinreichend zum Ausdruck. Das OLG Düsseldorf hatte hingegen keine wirksame Betrauung erkannt.[105] Für eine solche fehle es an der Aufgabenübertragung. Die Grossisten würden nicht verpflichtet, die Aufrechterhaltung der Pressevielfalt auch dann zu sichern, wenn diese im Einzelfall unrentabel werde. Zudem sei die Betrauung durch den Abschluss der Branchenvereinbarung bedingt, was eine nicht zulässige Einschränkung sei, der flächendeckende Vertrieb dürfe bei einer Betrauung nicht in das Belieben der Grossisten gestellt werden.

70 Der BGH hat auch bejaht, dass ohne Betrauung die besondere Aufgabe wegen der Anwendung von Art. 101 AEUV bedroht werden könnte.[106] Hier habe der Gesetzgeber einen Einschätzungsspielraum, da die Prüfung von Art. 101 AEUV komplex sei. Es sei angesichts fehlender Erfahrungen mit einem wettbewerblich strukturierten Pressevertrieb kaum möglich, ein Alternativszenario zu entwickeln.[107] Das OLG Düsseldorf hat von einer solchen Tradierung nicht-wettbewerblicher Marktmodelle abgesehen.

---

101 Kritisch daher *Richter*, IIC 2016, 373, 381; *Bach*, NJW 2016, 1630, 1633.
102 OLG Düsseldorf WuW/E DE-R 4242 Rn. 91 ff.
103 BGH WuW/E DE-R 3532 Rn. 20 ff. Eindeutig *Bach*, NJW 2016, 1630, 1633. Zu den Auswirkungen für die Anwendung von Art. 106 AEUV auf die Finanzbranche siehe *Bunte*, WM 2016, 905.
104 BGH WuW/E DE-R 3532 Rn. 28 ff.
105 OLG Düsseldorf WuW/E DE-R 4242 Rn. 95 ff.
106 BGH WuW/E DE-R 3532 Rn. 41 ff.
107 BGH WuW/E DE-R 3532 Rn. 62; vgl. *Bach*, NJW 2016, 1630 (1632).

Schließlich hat der BGH verneint, dass es durch die Ausnahme zu einer Beeinträchtigung des Handelsverkehrs in der Union kommt, da ausschließlich deutsche Presseprodukte betroffen seien.[108]

3. Kritik

Die Urteile von BGH und OLG Düsseldorf wurden in der Literatur stark diskutiert, insbesondere mit Blick auf die Voraussetzungen für eine Betrauung nach Art. 106 Abs. 2 AEUV.[109] Die Schaffung eines sicheren Hafens für ein offenkundig nicht-wettbewerbskonformes Geschäftsmodell über den europäischen Weg zeugt von besonderem politischen Entgegenkommen für die Branchen.[110] Mit derartigen Ausnahmen, die bislang fast nur auf die Infrastruktursektoren Energie, Telekommunikation oder Verkehr beschränkt waren, öffnet der Gesetzgeber das **Einfallstor** für immer weitere Ausnahmen.[111]

Zwar mag zutreffen, was *Bechtold* als Vertreter der Presse-Grossisten einst so formulierte, dass die Presse »keine Ware wie jede andere, der Pressevertrieb dementsprechend kein Vertrieb wie jeder andere« sei.[112] Doch erstens wird eine solche Feststellung auch für viele andere Produkte und Vertriebsformen Geltung beanspruchen können. Zweitens geht es zu weit, aus der besonderen verfassungsrechtlichen Stellung der Presse zugleich schließen zu wollen, dass alle damit in Zusammenhang stehende wirtschaftliche Betätigungsformen (etwa der Vertrieb) vom Wettbewerb ausgenommen werden müssen. Hier wäre stärker zu differenzieren, welche Notwendigkeiten im Detail bestehen, um die institutionelle Garantie der Presse nicht leerlaufen zu lassen. Andernfalls kommt es zur Einrichtung einer Komfortzone, die letztlich zu Erstarrungen und Fehlentwicklungen führen wird, die für die Presse insgesamt wiederum schädlich sein wird.[113] Dass im digitalen Zeitalter andere Informationswege zur Verfügung stehen als früher, sei nur der Vollständigkeit halber erwähnt.[114]

---

108 BGH WuW/E DE-R 3532 Rn. 66 f.; vgl. *Bechtold*, GWB, § 30 Rn. 47.
109 Vgl. kritisch *Richter*, IIC 2016, 373; *Emmerich*, in: Immenga/Mestmäcker, § 30 Rn. 166; *ders.*, in: Festschrift Dauses, 2014, 77 ff.; *Kessler*, WRP 2013, 1116, 1119; *Paschke*, AfP 2012, 501 ff.; eher positiv *Soppe/Just*, AfP 2016, 115 ff.; *Hennemann*, NZKart 2016, 160; *Bechtold*, ZWeR 2013, 387, 400; *Haus*, WuW 2014, 830, 836; *Kühling*, ZUM 2013, 18, 20; *Raible*, in: Bien, Das deutsche Kartellrecht nach der 8. GWB-Novelle, 2013, S. 229 ff.; vgl. zweifelnd *Thoma*, in: Berg/Mäsch, GWB, § 30 Rn. 38 f.; *Bahr*, in: Langen/Bunte, § 30 Rn. 130 f.
110 Kritisch dazu *von Wallenberg*, MMR 2014, 577 (580).
111 Vgl. *von Wallenberg*, MMR 2014, 577 (580).
112 *Bechtold*, in: dnv, 50 Jahre Presse-Grosso, 2000, S. 182.
113 Vgl. *Alexander/Dörig*, Anm. zu BGH, 6.10.2015, Az. KZR 17/14, GRUR 2016, 304, 310; *von Wallenberg*, MMR 2014, 577 (579).
114 Vgl. *von Wallenberg*, MMR 2014, 577 (579).

74 Mit seiner Entscheidung hat der BGH aber insoweit Klarheit geschaffen.[115] Ohne neue tatsächliche oder rechtliche Aspekte ist eine weitere Diskussion folglich müßig.

IV. Missbrauch

75 Die praktische Relevanz der Norm liegt insbesondere darin, die Grenzen der Anerkennung des Presse-Grosso zu ziehen. Dieses ist nur unter den oben genannten Voraussetzungen von der Anwendung des Kartellverbots ausgenommen. Ob diese Grenzen im Einzelfall eingehalten wurden, wird zu prüfen sein.

76 Darüber hinaus weisen § 30 Abs. 2a Satz 3 GWB und § 30 Abs. 3 Satz 2 GWB auf die Möglichkeit hin, dass eine missbräuchliche Handhabung vorliegen kann. § 30 Abs. 3 Satz 2 GWB ermöglicht dem Bundeskartellamt, den Vorteil des Abs. 2a ganz oder teilweise zu entziehen, soweit die Branchenvereinbarung einen Missbrauch der Freistellung darstellt. Denkbar wäre etwa, dass unter dem Mantel der Branchenvereinbarung nach Abs. 2a weitergehende Wettbewerbsbeschränkungen (z.B. Preisabsprachen im Horizontalverhältnis) vorgenommen werden. Missbräuchlich wäre die Handhabung auch, wenn weitere Produkte außer Zeitungen und Zeitschriften unter die Vereinbarung gezogen würden.

77 § 30 Abs. 2a Satz 3 GWB weist darauf hin, dass das Missbrauchsverbot (§§ 19, 20 GWB) weiterhin gilt. Die Privilegierung bezieht sich also nur auf das zentrale Verhandlungsmandat der Unternehmen für die Festlegung der Voraussetzungen des flächendeckenden und diskriminierungsfreien Vertriebs. Sowohl die Verbände, die durch Abs. 2a privilegiert werden, als auch die preisbindenden Unternehmen sind gemäß § 19 Abs. 3 GWB **Normadressaten** der Missbrauchstatbestände, soweit sie nicht ohnehin marktbeherrschend sind. Die Presse-Grossisten dürften in ihren jeweiligen Vertriebsgebieten stets marktbeherrschend sein, da die Märkte regional abgegrenzt werden. Sie dürfen deshalb in ihren Vertriebsgebieten die von ihnen abhängigen Nachfrager (die Verlage und die Letztveräußerer) nicht in unbilliger Weise behindern oder diskriminieren. Die Verbände dürfen ebenfalls nicht diskriminierend oder behindernd tätig werden, etwa indem sie Unternehmen nicht aufnehmen, ausbeuterische oder diskriminierende Mitgliedsgebühren fordern oder Nicht-Mitglieder behindern. Einzelne Presseverlage können ebenfalls über erhebliche Marktmacht verfügen, die sie gegenüber der Marktgegenseite ausspielen könnten. Auch hierfür gelten die Regeln der §§ 19, 20 GWB ohne Rücksicht auf ihre besondere Stellung nach § 30 Abs. 2a GWB.

---

115 Vgl. *Bach*, NJW 2016, 1630 (1633).

Als unzulässiger Missbrauch von Marktmacht wurde es bewertet, dass Pressegrossisten sich an einem »**Top-100-Siegel**« der Bauer Media Group beteiligten.[116] Dieses Siegel wurde für »Deutschlands umsatzstärkste Zeitschriften im Einzelverkauf« vergeben und fungierte als Signal an den Einzelhandel, welche Titel besonders umsatzstark sind und daher besonders im Verkauf herausgestellt werden sollten (etwa durch Vollansicht der Cover im Verkaufsregal). Das LG Hamburg sah darin einen Verstoß gegen die Neutralitätspflicht der Grossisten. Es bejahte daher einen Verstoß wegen sachlich nicht gerechtfertigter Ungleichbehandlung gegen § 20 GWB. Das zugrundeliegende Ranking hielt das Gericht für verfälschend und nicht für ausreichend, um eine sachliche Rechtfertigung darzustellen. Es komme durch das Siegel zudem zu einer unbilligen Behinderung derjenigen Verlage, die sich nicht an dem Siegel beteiligten und deren Zeitschriften daher zurückgesetzt würden. Das Verfahren richtete sich konkret gegen die Bauer Media Group, die als Störerin anstelle der Grossisten in Anspruch genommen wurde.

78

In den ersten Verfahren zwischen Bauer und Pressegrossisten ging es um den Missbrauch von Marktmacht durch Bauer, nachdem Bauer zwei Grossisten gekündigt hatte und den Vertrieb in den betroffenen Gebieten durch eine **Konzerntochter** erledigen ließ. Die Grossisten verlangten hier weiterhin ausschließliche Belieferung. Der BGH – wie schon die Vorinstanzen[117] – lehnte diesen Antrag ab.[118] Zwar sei Bauer als preisbindendes Unternehmen Normadressat. Es sei aber nicht missbräuchlich, ein konzerneigenes Unternehmen zu beauftragen und dafür den bestehenden Vertrag mit einem Fremd-Grossisten zu kündigen. In obiter dictae stellte der BGH aber auch klar, dass das Missbrauchsverbot ernst zu nehmen sei: Zum einen dürften Verlage die Grossisten nicht mit Kündigungsdrohungen unter Druck setzen, um bessere Konditionen zu erzwingen.[119] Zum anderen dürften die neu in den Markt eintretenden Grosso-Unternehmen (hier: die Bauer-Tochter) die Einzelhändler nicht ungebührlich bedrängen.[120] Das Missbrauchsverbot soll also Schlagkraft behalten.

79

D. Ausblick: 9. GWB-Novelle

In der 9. GWB-Novelle ist die Einführung einer Norm geplant, die als § 30 Abs. 2b Eingang ins Gesetz finden soll. § 30 GWB wird dann überschrieben mit »Presse«, um die drei unterschiedlichen Blöcke zu umfassen. Geregelt

80

---

116 LG Hamburg, 26.4.2010, Az. 315 O 99/10, AfP 2010, 234.
117 OLG Celle WuW/E DE-R 2853 – *Presse-Grosso-Vertrieb*; OLG Schleswig, 28.1.2010, Az. 16 U (Kart) 55/09, AfP 2010, 139.
118 BGH, 24.10.2011, Az. KZR 7/10, WuW/E DE-R 3446 – *Grossistenkündigung*.
119 BGH WuW/E DE-R 3446 Rn. 42.
120 BGH WuW/E DE-R 3446 Rn. 51.

§ 30 GWB Preisbindung bei Zeitungen und Zeitschriften

wird neben der Preisbindung und dem Pressegrosso dann die betriebswirtschaftliche Kooperation von Verlagen.

I. Regierungsentwurf 2016

81 Im Regierungsentwurf ist folgender § 30 Abs. 2b vorgesehen:
»§ 1 gilt nicht für Vereinbarungen zwischen Zeitungs- oder Zeitschriftenverlagen über eine verlagswirtschaftliche Zusammenarbeit, soweit die Vereinbarung den Beteiligten ermöglicht, ihre wirtschaftliche Basis für den intermedialen Wettbewerb zu stärken. Satz 1 gilt nicht für eine Zusammenarbeit im redaktionellen Bereich. Die Unternehmen haben auf Antrag einen Anspruch auf eine Entscheidung der Kartellbehörde nach § 32c, wenn
1. bei einer Vereinbarung nach Satz 1 die Voraussetzungen für ein Verbot nach Artikel 101 Absatz 1 des Vertrages über die Arbeitsweise der Europäischen Union nach den der Kartellbehörde vorliegenden Erkenntnissen nicht gegeben sind und
2. die Antragsteller ein erhebliches rechtliches und wirtschaftliches Interesse an dieser Entscheidung haben.
Die §§ 19 und 20 bleiben unberührt.«
Vorgesehen ist zudem ein Absatz 4 mit folgendem Wortlaut:
»Das Bundesministerium für Wirtschaft und Energie berichtet den gesetzgebenden Körperschaften nach Ablauf von fünf Jahren nach Inkrafttreten der Regelung in Absatz 2b und Absatz 3 Satz 2 über die Erfahrungen mit der Vorschrift.«
In Absatz 3 Satz wird nach der Angabe »Absatz 2a« eingefügt:
»oder eine Vereinbarung nach Absatz 2b«.
In § 186 wird ein Absatz 6 eingefügt mit folgendem Wortlaut:
»§ 30 Absatz 2b findet nur Anwendung auf Vereinbarungen, die nach dem [Tag des Inkrafttretens des Gesetzes] und vor dem 31. Dezember 2027 wirksam geworden sind.

II. Normzweck

82 Mit der Norm soll ein Auftrag aus dem Koalitionsvertrag umgesetzt werden. In diesem war vorgesehen, dass das Kartellrecht reformiert werden soll, um Verlagen die betriebswirtschaftliche – nicht die redaktionelle – Zusammenarbeit zu ermöglichen. Damit soll die Pressevielfalt »im Umbruch der digitalen Medienlandschaft« gesichert werden.[121]

83 Die Norm wird – wie § 30 GWB insgesamt – jetzt interpretiert als Abwehrnorm zugunsten der Presseverlage gegen die Herausforderungen der digitalen

---

121 Koalitionsvertrag CDU, CSU, SPD, 18. Legislaturperiode, 2013, S. 13.

Wirtschaft. In eine ähnliche Richtung gingen bereits die Änderungen zur Pressefusionskontrolle in der 8. GWB-Novelle und das Leistungsschutzrecht für Presseverleger in § 87f UrhG. Dieses ist bislang weitgehend wirkungslos geblieben, da kein zwingender Vergütungsanspruch im Gesetz entstand und auch aus Kartellrecht nicht begründet werden konnte.[122] Rechtspolitisch mag bezweifelt werden, dass derartige Interventionen des deutschen Gesetzgebers den Strukturwandel der Medienlandschaft zugunsten der Presse beeinflussen können.[123] Das Ziel ist, den Erlösrückgang aufzufangen, der entsteht, weil weniger Anzeigen geschaltet werden und weniger Leser die Produkte erwerben.[124] Dazu dürfen Verlage, deren Vereinbarungen nicht dem europäischen Kartellrecht unterfallen, künftig etwa Preise absprechen, Informationen austauschen, Zwangsbelegungen für Werbekunden vorsehen oder Marktaufteilungen vornehmen.

III. Norminhalt im Einzelnen

1. Adressaten

Die Norm richtet sich nur an Zeitschriften- und Zeitungsverlage, nicht etwa an Vertriebsunternehmen. Die beteiligten Unternehmen müssen schwerpunktmäßig im Verlagsgeschäft tätig sein. Hier ist auf die Legaldefinition in § 30 Abs. 2a GWB zurückzugreifen. Die Norm soll ausweislich des Regierungsentwurfs vor allem kleineren und mittleren Unternehmen zugute kommen. Dies ist insofern plausibel, als bei größeren Unternehmen häufiger der Anwendungsbereich des europäischen Rechts eröffnet sein wird. Anders als bei § 30 Abs. 2a statuiert Abs. 2b keine Ausnahme von Art. 101 AEUV über den Weg des Art. 106 AEUV. Art. 101 AEUV bleibt also anwendbar, sodass Kooperationen von Verlagen, die in spürbarer Weise den grenzüberschreitenden Handel beeinträchtigen könnten, weiterhin verboten sein könnten. Das (recht vage) Merkmal des zwischenstaatlichen Handels wird also zum entscheidenen Tatbestandsmerkmal aufgewertet, das darüber entscheiden kann, ob ein Kartell mit einer Geldbuße wegen Verstoßes gegen Art. 101 AEUV geahndet wird, oder ob Art. 101 AEUV nicht anwendbar ist. Dann kann das Kartell als verlagswirtschaftliche Kooperation durchgeführt werden, da § 1 GWB nicht anwendbar ist.

84

---

122 BKartA, 8.9.2015, Az. B6-126/14, WuW 2016, 38 – *Google/VG Media*; LG Berlin, 19.2.2016, Az. 92 O 5/14 Kart, WuW 2016, 382 – *Google Snippets*.
123 Vgl. *von Wallenberg*, MMR 2014, 577 ff.; *Podszun*, WRP 2016, Heft 1, I.
124 Vgl. Entwurf eines Neunten Gesetzes zur Änderung des Gesetzes gegen Wettbewerbsbeschränkungen (Regierungsentwurf) v. 28.9.2016, S. 59.

85 Profitieren sollen sowohl der klassische Printbereich als auch die »Internetpresse«.[125] Was mit Internetpresse gemeint ist, ist unklar. Wenn der Begriff »Presse« nicht völlig entwertet werden soll, kann diese Erweiterung nur für die direkte Umsetzung von Printprodukten in Onlinemedien gelten, also etwa die Online-Ausgabe einer Tageszeitung. Wenn diese Ausgabe auch eigene redaktionelle Anteile enthält, die sich so nicht in der Papierfassung finden, kann eine Privilegierung nur gerechtfertigt werden, wenn ein ganz enger Nexus zum Printprodukt besteht und dieses insgesamt gefördert wird. Andernfalls könnte unter dem Deckmantel einer Verlagsaktivität eine weitreichende Absprache von Online-Unternehmen erfolgen.

2. Verlagswirtschaftliche Zusammenarbeit

86 Falls § 30 Abs. 2b GWB in der Form des Regierungsentwurfs in Kraft tritt, wird eine Ausnahme von § 1 GWB für die betriebswirtschaftliche Zusammenarbeit von Verlagen statuiert. Umfasst sind dann insbesondere die Zusammenarbeit bei Anzeigen und Werbung, beim Vertrieb, bei Zustellung, Herstellung oder Nachfrage nach Vorprodukten. So könnten z.B. gemeinsame Vermarktungsmodelle für Anzeigen in Zeitungen entwickelt werden (etwa in Form eines deutschlandweiten Belegungsangebots für Lokalzeitungen unter Absprache der Preise und Bedingungen) oder gemeinsame Content-Management-Systeme für Internetmedien entwickelt werden.

3. Ausnahme für redaktionelle Tätigkeit

87 Die redaktionelle Tätigkeit ist ausgenommen. Es darf also – wohl aus Gründen der publizistischen Vielfalt – nicht zur Zusammenlegung von Redaktionen kommen. Fraglich ist, ob zwei journalistisch getrennte Redaktionen gemeinsame Infrastrukturen nutzen könnten (z.B. ein gemeinsames Hauptstadtbüro unter gemeinsamer Anmietung der Räume und Beschaffung der Computer oder des Sekretariatspersonals). Angesichts der Überschneidungen, des Ausnahmecharakters der Vorschrift und des wichtigen Schutzes der Meinungsvielfalt dürfte die Ausnahme in solchen Fällen eher nicht greifen. Geringfügige Rückkopplungseffekte von verlagswirtschaftlicher Kooperation auf redaktionelle Tätigkeit werden sich nicht vermeiden lassen. Hier muss allerdings die Presse schon im eigenen Interesse am Erhalt der Norm besondere Zurückhaltung wahren. Auf entsprechende Effekte wird im Rahmen der Norm-Evaluation sowie in der Amtspraxis des BKartA zu achten sein.

---

125 Regierungsentwurf, S. 59.

4. Stärkung der wirtschaftlichen Basis

Nur solche Kooperationen sind von der Ausnahme erfasst, die die wirtschaftliche Basis für den intermedialen Wettbewerb stärken. Damit wird die Schutzrichtung der Norm bestärkt (die vor diesem Hintergrund zeitlich in ihrer Geltung befristet werden sollte). Diese Voraussetzung ist jedoch kaum gerichtlich prüfbar: Sobald ein Unternehmen entscheidet, dass eine Kooperation wirtschaftlich sinnvoll ist, muss ein Gericht diese Einschätzung akzeptieren. Ob der erwirtschaftete Profit direkt in den Erhalt des Pressegeschäfts fließt, oder anderweitig verwendet wird (z.B. an die Anteilseigner ausgeschüttet wird), wird sich kaum je richtig abgrenzen lassen. Denkbar ist aber eine Evidenzkontrolle, wenn etwa ein Verlag die Erlöse in einen gänzlich anderen Geschäftszweig umleitet. Der Hinweis auf die wirtschaftlichen Grundlagen für den intermedialen Wettbewerb ist auch eine Absicherung gegen Wünsche aus anderen Branchen, ähnliche Privilegierungen zu erhalten. Der Regierungsentwurf deutet in seiner Begründung aber an, dass dem Tatbestandsmerkmal »Stärkung für den intermedialen Wettbewerb« keine eigenständige Bedeutung zuzumessen ist.[126]

88

5. Sonstiges

Nach Satz 3 erhalten die Presseverlage einen Anspruch auf Entscheidung der Kartellbehörde, dass kein Anlass zum Tätigwerden besteht, wenn nach Auffassung der Kartellbehörde kein Verstoß gegen Art. 101 AEUV vorliegt. Für das deutsche Recht ist eine solche Entscheidung nicht geboten, da die Ausnahme ohnehin greift. Da § 30 Abs. 2b GWB das europäische Recht jedoch nicht derogieren könnte, wäre insofern eine § 32c-Entscheidung denkbar und hilfreich – auch mit Blick auf die faktische Ausstrahlungswirkung für Gerichte und die Europäische Kommission. Erforderlich ist für diesen Anspruch ein erhebliches rechtliches oder wirtschaftliches Interesse, das z.B. durch die hohen Investitionen nachgewiesen würde. Dass das Bundeskartellamt damit in die Rolle gerät, die Verlage bei der Vereinbarung von Wettbewerbsbeschränkungen bis hin zu Preiskartellen quasi beraten zu müssen, ist ein ordnungspolitischer Affront. Hier wird geradezu der Gärtner zum Bock gemacht.

89

Vorgesehen ist, wie für die anderen Normen des § 30 GWB, dass das Missbrauchsverbot anwendbar bleibt. Zudem soll die neue Regelung nach fünf Jahren evaluiert werden. Gemäß der Regelung in § 186 Abs. 6, die erst im Regierungsentwurf eingefügt wurde und im Referentenentwurf nicht enthalten war, wird die Geltungsdauer der Norm befristet. Wettbewerbsbeschränkungen der Presseverlage werden bis 31.12.2027 vom Verbot des § 1 GWB ausgenommen. Klargestellt wird zudem, dass die Privilegierung nur Kooperatio-

90

---

126 Regierungsentwurf, S. 59.

§ 30 GWB *Preisbindung bei Zeitungen und Zeitschriften*

nen erfasst, die nach Inkrafttreten der Novelle vereinbart wurden. Durch die Novelle kommt es also nicht zur Legalisierung bereits bestehender Kartelle.

91   Die Norm dürfte bei Inkrafttreten auf die Zusammenschlusskontrolle ausstrahlen. Wenn Verlage sogar ihre Preise absprechen dürfen, weil § 30 Abs. 2b GWB dies zulässt, wäre es widersinnig, den nächsten Schritt, die gesellschaftsrechtliche Integration in den Konzern, mit den selben strengen Maßstäben zu messen wie früher.

Vorbemerkung zu §§ 31–31b

Übersicht

		Rdn.			Rdn.
A.	**Gesetzgebungshistorie**	2	**II.**	Allgemeine Missbrauchsaufsicht nach § 19 GWB anwendbar	26
I.	GWB 1957: Freistellung der Versorgungswirtschaft	2	**III.**	Gebührenrecht	27
II.	4. GWB-Novelle 1980: Verschärfung der Missbrauchsaufsicht	3		1. Bisherige Rechtslage	27
III.	6. GWB-Novelle: Fortgeltungsanordnung	4		a) Kartellrechtliche Vollgeltung: Kartellrecht immer auf Gebühren anwendbar	28
IV.	8. GWB-Novelle 2013: Reinkorporation	5		b) Kriterium der »Austauschbarkeit«	29
V.	Ergebnisse	6		c) Differenzierende Lösung	30
B.	**Besonderheiten der Wasserwirtschaft**	7		2. Aktuelle Rechtslage	36
I.	Wasserversorgung als öffentliche Aufgabe der Daseinsvorsorge	9		a) § 130 Abs. 1 Satz 2 GWB als deklaratorische Feststellung	36
II.	Strukturelle Besonderheiten gegenüber anderen leitungsgebundenen Sektoren	14		b) Offene Fragen	37
	1. Hoher Fixkostenanteil	15		aa) Anwendungsbereich	38
	2. Anlagenbedingt geringe Anpassungsfähigkeit	16		bb) Rekommunalisierung	39
	3. Kein Netzverbund	17		(1) Rekommunalisierung und Anwendbarkeit des Kartellrechts	42
	4. Kostenrelevanz von Leitungsdurchmesser und -länge	19		(2) Rekommunalisierung während eines laufenden Kartellverfahrens	43
	5. Folgen	20			
	a) Notwendigkeit dynamischer Betrachtung	20		(3) Wahl einer unzulässigen Rekommunalisierungsstruktur	45
	b) Notwendigkeit dreidimensionaler Betrachtung (Länge und Durchmesser)	23		(4) Scheinrekommunalisierung	46
C.	**Verhältnis zu anderen Vorschriften**	24		cc) Öffentlich-rechtlich determinierte Preise	47
I.	EU-Recht nicht anwendbar	25			

Schrifttum

Bauer, Zukunftsthema »Rekommunalisierung«, DÖV 2012, 329; *Bartsch*, Technische, natürliche und rechtliche Einflussfaktoren auf betriebliche Kennzahlen von Wasserversorgungsunternehmen, Bonn 2007; *Besche*, Wasser und Wettbewerb – Möglichkeiten und Grenzen einer Öffnung des Wassermarktes, Frankfurt 2004; Bundeskartellamt (BKartA), Bericht über die großstädtische Trinkwasserversorgung in Deutschland, Juni 2016; *Breuer*, Wasserpreise und Kartellrecht, NVwZ 2009, 1249; *Brömmelmeyer*, Der Einfluss des Kartellrechts auf die Wasserwirtschaft, ZögU 4/2011, 415; *Brüning*, »Flucht in das öffentliche Recht?!« – Zum kartellrechtlichen Zugriff auf öffentlich-rechtliche Abgaben in der kommunalen Ver- und Entsorgungswirtschaft, ZfW 2012, 1; *ders.*, Rechtswege zur Abwehr kartellbehördlicher Maßnahmen für Verwaltungsträger, NVwZ 2011, 985; *ders.*, (Re-)Kommunalisierung von Aufgaben aus privater Hand – Maßstäbe und Grenzen, VerwArch 100 (2009), 453; *Bürger/Herbold*, Flucht der Wasserversorger ins Gebührenrecht und die 8. GWB-Novelle, NVwZ 2012, 1217; *Collin*, Privatisierung und Etatisierung als komplementäre Gestaltungsprozesse, JZ 2011, 274; *Daiber*, Wasserversorgung und Vergleichsmarktkonzept, NJW

2013, 1990; *ders.*, Für wirksame Kontrolle der Wasserpreise durch die Kartellbehörde, WuW 2010, 1141; *ders.*, Wasserversorgung – Branche im Wettbewerb, GewArch 2004, 107; *ders.*, Wasserpreise und Kartellrecht, WuW 2000, 352; *Decker*, Preismissbrauchskontrolle über Wasserversorgungsunternehmen, WuW 1999, 967; *Fälsch/Geyler/Lautenschläger/Holländer*, Abbildung regionaler Unterschiede bei der Trinkwasserbereitstellung, IR 2010, 284; *Faulhaber/Growitsch/Oelmann/Schielein/Wetzel*, Gutachten zur Sicherstellung eines sachgerechten Nachweises zur Ermittlung der Kosten einer rationellen Betriebsführung in der Wasserversorgung (Gesamtkosten), 2014; *Gawel*, Entgeltkontrolle in der Wasserwirtschaft zwischen Wettbewerbsrecht und Kommunalabgabenrecht – eine komparative Leistungsfähigkeitsanalyse, ZfW 1/2013, 13; *Gussone*, Kartellrechtliche Wasserpreiskontrolle, IR 2012, 299 u. IR 2013, 10; *ders.*, Die 8. GWB-Novelle und ihre Bedeutung für die Energie- und Versorgungswirtschaft, EnWZ 2012, 13; *ders.*, Die Kontrolle von Wasserentgelten oder die Frage, wer prüft was, IR 2011, 209; *Gussone/Heymann*, Verschärfte Missbrauchsaufsicht über die Energie- und Wasserwirtschaft; in: Bien (Hrsg.), Das deutsche Kartellrecht nach der 8. GWB-Novelle, Baden-Baden 2013, 233; *Gussone/Siebeck*, OLG Düsseldorf: Bestätigung der Preissenkungsverfügung des BKartA gegen Berliner Wasserbetriebe, IR 2014, 115; *Grave/Klauß*, 8. GWB-Novelle: Fortentwicklung von Fusionskontrolle und Bußgeldverfahren, GRUR-Prax 2012, 524; *Hellmigk/Pelka*, Was ändert sich durch die 8. GWB-Novelle für die Energie-, Wasser- und Fernwärmewirtschaft?, RdE 2013, 1; *Heidecker*, Aktuelle Fragen der Preismissbrauchsaufsicht über Unternehmen der öffentlichen Trinkwasserversorgung, Frankfurt a.M. 2012; *Hellriegel/Schmitt*, Mehr Wettbewerb in der Wasserwirtschaft? IR 2011, 294; *dies.*, Das Verhältnis des Kartellrechts zu weiteren Entgeltmaßstäben für Wasserpreise: Billigkeit (§ 315 BGB), Gebühren- und Tarifrecht, IR 2010, 276; *Holländer*, Trinkwasserpreise in Deutschland – Welche Faktoren begründen regionale Unterschiede?, 2008; *Kahl*, Die Privatisierung der Wasserversorgung, GewArch 2007, 441; *Klaue*, Einige Bemerkungen zum neuen Wettbewerbsrecht für die Wasserwirtschaft, in: Festgabe für Hans-Peter Schwintowsky, Baden-Baden 2012, 103; *ders.*, Einige Bemerkungen zur kartellrechtlichen Missbrauchsaufsicht in der Wasserwirtschaft, ZNER 2010, 233; *Krajewski*, Grundstrukturen des Rechts öffentlicher Dienstleistungen, Berlin 2011; *Kühling*, Wettbewerb und Regulierung jetzt auch in der Wasserwirtschaft?, DVBl. 2010, 205; *Kuhn*, Preishöhenmissbrauch (excessive pricing) im deutschen und europäischen Kartellrecht, WuW 2006, 578; *Lindt/Schielein*, »Rationelle Betriebsführung« in § 31 IV Nr. 3 GWB n.F. – Versuch einer Auslegung, IR 2013, 125; *dies.*, Verbraucherschutz in der Wasserversorgung – wie hilfreich ist die bisherige Rechtsprechung zur Missbrauchsaufsicht? VersorgW 2009, 273; *Lotze/Reinhardt*, Die kartellrechtliche Missbrauchskontrolle bei Wasserpreisen, NJW 2009, 3273; *Lutz/Gauggel*, Wasserpreise in Bayern aus kartellrechtlicher Sicht, GewArch 2000, 414; *Markert*, Wasserpreise und Kartellrecht, N&R 2009, 118; *Podszun*, 8. GWB-Novelle: Neuerungen im deutschen Kartellrecht, GWR 2013, 329; *Pöcherstorfer*, Daseinsvorsorge und Marktöffnung durch Gemeinschaftsrecht – auch in der Wasserwirtschaft?, ZUR 2003, 184; *Reinhardt*, Flucht oder Vertreibung: Die kommunalen Wasserversorger zwischen öffentlichem und privatem Recht, UPR 2011, 87; *ders.*, Die kartellrechtliche Kontrolle der Wasserpreise aus rechtswissenschaftlicher Sicht, LKV 2010, 145; *ders.*, Öffentliche Abgaben unter Kartellkontrolle? – Zum Verhältnis der neueren BGH-Rechtsprechung und der verwaltungsgerichtlichen Gebührenkontrolle, LKV 2010, 296; *Reif*, Preiskalkulation privater Wasserversorgungsunternehmen, Bonn 2002; *Ritzenhoff*, Die kartellrechtliche Wasserpreiskontrolle nach »Wasserpreise Wetzlar« WRP 2010, 734; *Säcker*, Die kartellrechtliche Missbrauchskontrolle über Wasserpreise und Wassergebühren, NJW 2012, 1105; *Salzwedel*, Die Wasserwirtschaft im Spannungsfeld zwischen water industry und Daseinsvorsorge, in: Dolde (Hrsg.), Umweltrecht im Wandel, Berlin 2001, 613; *Schleich/Hillenbrand*, Determinants of Residential Water Demand in Germany, Fraunhofer ISI, Working Paper Sustainability and Innovation No. S 3/2007; *Schmidt/Weck*, Kartellrechtliche Effizienzkontrolle kommunaler Gebühren nach der 8. GWB-Novelle – ein Schlag ins Wasser?, NZKart 2013, 343; *Schröder*, Wirtschaftsaufsicht über Wasserwerke, LKV 2008, 203; *Soyez/Berg*, Preiskontrolle und Vergleichsmarktkonzept in der Wasserversorgungswirtschaft, WuW 2006, 726; *Thiel*, Die Senkung von Wasserpreisen im Rahmen von privatrechtlichen Entgelten durch das Bundeskartellamt – zugleich eine Besprechung von OLG Düsseldorf, B. v. 24.2.2014 – VI-2 Kart 4/12, Der Gemeindehaushalt 2014, 162; *Wackerbauer*, Die deutsche Wasserwirtschaft im europäischen Vergleich, ZögU 2011, 431; *Wolf*, Zu den verfassungsrechtlichen Grenzen für eine kartellrechtliche Kontrolle von Gebühren, WuW 2013, 246; *ders.*, Kartellrechtliche Grenzen der öffentlich-rechtlichen Gebührenerhebung, NZKart 2013, 17; *ders.*, Unternehmensbegriff, Zuständigkeit der Kartellämter und Rechtsweg bei öffentlich-rechtlichen Leistungsbeziehungen, BB 2011, 648; *Wolfers/Wollenschläger*, Rechtliche, betriebswirtschaftliche und technische Grundlagen der kartellrechtlichen Wasserpreiskontrolle, EnWZ 2013, 71; *dies.*, Kartellrechtliche Kontrolle von Gebühren?, WuW 2013, 237; *dies.*, Gebühren- und Kartellrecht: Was gilt? – Zu den verfassungsrechtlichen Grenzen kartellrechtlicher Rechtsfortbildung, DVBl 2012, 273; Zum Ganzen; *dies.*, Rekommunalisierung der Wasserversorgung, in: Ipsen (Hrsg.), Rekommunalisierung von Versorgungsleistungen?, Göttingen 2012, S. 97 ff.; *dies.*, Wasserpreiskontrolle: Welcher Rechtsschutz verbleibt nach dem Beschluss des OLG Düsseldorf v. 24.2.2014?, EnWZ 2014, 261.

Das GWB enthält in den §§ 31–31b Sonderregelungen für die Wasserwirtschaft. Die Wasserwirtschaft ist ein von zahlreichen technischen und ökonomischen Besonderheiten geprägter Sektor der leitungsgebundenen Versorgungswirtschaft. Diese sektorspezifischen Besonderheiten prägen die gesetzgeberische Konzeption (hierzu A.) und sind deshalb bei der Auslegung der Vorschriften zur kartellrechtlichen Missbrauchskontrolle von Wasserpreisen zu beachten (hierzu B.). 1

A. Gesetzgebungshistorie

I. GWB 1957: Freistellung der Versorgungswirtschaft

Das GWB nahm bereits in seiner Ursprungsfassung von 1957 bestimmte Vertragstypen der leitungsgebundenen Versorgungswirtschaft (Elektrizität, Gas, Wasser) von der Anwendung der allgemeinen kartellrechtlichen Vorschriften aus. Das Kartellrecht sollte nach dem ersten Regierungsentwurf in diesem Bereich zunächst gar keine Anwendung finden. Erst auf Vorschlag des Bundesrates[1] wurden diese Vertragstypen im Gegenzug für die Nichtgeltung der allgemeinen kartellrechtlichen Vorschriften einem besonderen Missbrauchsregime unterstellt. Diese gemeinhin als *Freistellung* bezeichnete Sonderregelung für spezifische Bereiche der öffentlichen Daseinsvorsorge erfolgte einerseits wegen der »Eigenart von Erzeugung und Verbrauch«[2] in der leitungsgebundenen Versorgungswirtschaft, andererseits weil in diesem Bereich des naturgemäß »unvollständigen Wettbewerbs« eine »Erzwingung des Wettbewerbs undurchführbar«[3] sei (natürliches Monopol). Schon in der Ur- 2

---

1 Anlage 2 zu BT-Drucks. 2/1158, S. 79.
2 BT-Drucks. 2/1158, S. 57.
3 BT-Drucks. 2/1158, S. 22.

sprungsfassung des GWB wird die doppelte Finalität der wasserwirtschaftlichen Sonderregelung erkennbar, die sowohl den technischen und ökonomischen Eigenheiten der Sachmaterie als auch der genuin wettbewerbsrechtlichen Besonderheit einer natürlichen Monopolsituation Rechnung trägt. Der Gesetzgeber des GWB von 1957 hielt diese Besonderheiten noch für derart gewichtig, dass die Sonderregelungen ursprünglich nur vorübergehend und bis zu einer umfassenden fachrechtlichen Regelung gelten sollten.[4]

II. 4. GWB-Novelle 1980: Verschärfung der Missbrauchsaufsicht

3 Mit der 4. GWB-Novelle wurde die Missbrauchsaufsicht im Bereich der leitungsgebundenen Versorgungswirtschaft wesentlich verschärft. Einerseits wurde der bislang nur generalklauselartige Missbrauchstatbestand durch Einfügung der bis heute in § 31 Abs. 4 Nr. 1–2 GWB fortgeltenden Regelbeispiele konkretisiert. Andererseits wurde die Missbrauchsaufsicht aus ihrer strengen Bindung an die Freistellung gelöst und durch den neu eingefügten § 103 Abs. 7 GWB 1980 ausdrücklich auch auf den Fall des Missbrauchs einer marktbeherrschenden Stellung ausgedehnt. Damit wurde die Missbrauchsaufsicht über Wasserpreise der allgemeinen Missbrauchsaufsicht angenähert und wie diese zum »notwendigen Korrektiv für eine durch Wettbewerb nicht wirksam kontrollierte Marktstellung« erklärt.[5] Damit sollten »nach Möglichkeit« auch in »monopolistisch strukturierten Bereichen der Versorgungswirtschaft Wettbewerbsgesichtspunkte […] zum Tragen kommen«.

III. 6. GWB-Novelle: Fortgeltungsanordnung

4 Nachdem zwischenzeitlich aus europarechtlichen Gründen die Freistellung für Elektrizität und Gas durch das Gesetz zur Neuregelung des Energiewirtschaftsrechts zum 25.4.1998[6] entfallen war, schuf die 6. GWB-Novelle in § 131 Abs. 8 GWB 1998 für die Wasserwirtschaft eine Übergangsregelung. Wegen der unklaren Auswirkungen auf die Fachgesetze sollte das bisherige Regelungsregime zunächst fortgelten.[7] Diese rechtstechnisch missglückte Weitergeltungsanordnung einer im GWB selbst nicht mehr enthaltenen Vorschrift nebst aller darin in Bezug genommenen Vorschriften war ausdrücklich nur als Provisorium bis zu einer endgültigen Aufhebung der Freistellungsregelung auch für den Bereich der Wasserversorgung gedacht. Nach dem Entfallen der Freistellungsregelungen sollte es dann endgültig zu der schon 1957 angedachten umfassenden fachgesetzlichen Regelung kommen.[8]

---

4 BT-Drucks. 2/3644, S. 45.
5 BT-Drucks. 8/2136, S. 33.
6 BGBl. I 1998, 730.
7 BT-Drucks. 13/9720, S. 70.
8 BT-Drucks. 13/9720, S. 70.

IV. 8. GWB-Novelle 2013: Reinkorporation

Mit der 8. GWB-Novelle wurde die rechtstechnisch unübersichtliche Fortgeltungsanordnung des § 130 GWB aufgegeben und die Missbrauchsaufsicht über die Wasserwirtschaft in das GWB reinkorporiert. Auf den ersten Blick systematisch sinnvoll[9] wurden die bisherigen Regelungen in den 5. Abschnitt der Sonderregelungen für bestimmte Wirtschaftsbereiche eingepasst. Der Gesetzgeber verfolgte dabei materiell keine Änderungsabsicht.[10] Auf Intervention des Wirtschaftsausschusses des Bundesrates wurde der Missbrauchstatbestand mit der Kostenkontrolle des § 31 Abs. 4 Nr. 3 GWB um eine weitere Konkretisierung ergänzt. Auch der Gesetzgeber der 8. GWB-Novelle hat das besondere Missbrauchsregime als »notwendiges Korrektiv für den fehlenden Wettbewerb im Wassersektor« begriffen.[11] Die besondere, nach Ansicht des Gesetzgebers »verschärfte« Missbrauchsaufsicht im Bereich der Wasserwirtschaft soll so der »effektiven staatlichen Kontrolle der Entgelte« dienen.[12]

V. Ergebnisse

Die Gesetzgebungshistorie verdeutlicht zwei Dinge: Zum einen, dass die technischen, ökonomischen und wettbewerbsrechtlichen Eigenheiten der Wasserwirtschaft für den Gesetzgeber von großer Bedeutung waren. Zum anderen wird deutlich, dass mit dem Begriff *Freistellung* bzw. *Freistellungsaufsicht* der kartellrechtliche Zugriff auf den Wassersektor nur unzureichend beschrieben würde: Handelte es sich zwar im Ausgangspunkt in der Tat noch um eine Freistellung bestimmter Vertragstypen von den allgemeinen Missbrauchsregeln zusammen mit einer dazu streng reziproken, eigens ausgestalteten Aufsicht über den Missbrauch *der Freistellung*, so wurde diese gesetzgeberische Konzeption im Laufe der Zeit erkennbar durch die Vorstellung von einer *bereichsspezifischen Sonderregelung* der Missbrauchsaufsicht abgelöst. Bis zur 8. GWB-Novelle wollte der Gesetzgeber deshalb das als Übergangsregelung konzipierte kartellrechtliche Regelungsregime noch durch eine genuin fachgesetzliche Regelung ersetzen. Diese Absicht scheint mit der 8. GWB-Novelle von 2013 vorerst aufgegeben. Die besondere Problematik einer Anwendung kartellrechtlicher Normen auf eine Sachmaterie von komplexer Eigengesetzlichkeit bleibt damit unverändert. Sie stellt eine der großen Herausforderungen in der praktischen Anwendung der kartellrechtlichen Missbrauchsvorschriften auf die Wasserwirtschaft dar.

---

9 So auch *Bechtold/Bosch*, § 31 Rn. 2, der allerdings die Reihenfolge innerhalb des 5. Abschnitts moniert.
10 BT-Drucks. 17/9852, S. 25.
11 BT-Drucks. 17/9852, S. 25.
12 BT-Drucks. 17/9852, S. 25.

B. Besonderheiten der Wasserwirtschaft

7 Die bisherige (übersichtliche) Rechtsprechungspraxis zu der kartellrechtlichen Kontrolle von Wasserpreisen geht im Wesentlichen von einer Übertragbarkeit der im Strom- und Gasbereich ergangenen Leitentscheidungen aus.[13] Die im Folgenden näher zu skizzierenden Besonderheiten der Wasserwirtschaft sind in den wenigen Entscheidungen bisher nicht hinreichend in den Blick genommen worden. Dabei macht schon die Gesetzgebungsgeschichte deutlich, dass der Gesetzgeber die bereichsspezifischen Sonderregelungen der §§ 31–31b GWB gerade wegen der besonderen »*Bedingungen und Strukturen in der Wasserwirtschaft*« geschaffen hat.[14] Diese gesetzgeberische Grundentscheidung findet nunmehr gesetzessystematisch nicht nur in der Einpassung in die sektorspezifischen Regelungen des 5. Abschnitts ihren Ausdruck, sondern auch darin, dass der Anwendungsbereich des besonderen Aufsichtsregimes der §§ 31–31b GWB mit der Freistellung in § 31 Abs. 1 GWB nicht kongruent ist. Über § 31b Abs. 5 GWB finden §§ 31, 31b Abs. 3 GWB nämlich auch bei einer marktbeherrschenden Stellung im Bereich der Wasserwirtschaft Anwendung, ohne dass es insofern einer Freistellung bedürfte. Ratio der §§ 31–31b GWB ist daher nicht (länger) die Freistellung, sondern die *sektorspezifischen Besonderheiten* der Wasserwirtschaft.

8 Eine sachgemäße Anwendung der §§ 31–31b GWB hat daher diese besonderen Bedingungen und Strukturen im Wege der Auslegung zu berücksichtigen.[15] Das gilt umso mehr, als andernfalls die kartellrechtliche Kontrolle nicht in der Lage wäre, den mit der Missbrauchsaufsicht bezweckten Verbraucherschutz zu gewährleisten. Dabei verbietet sich insbesondere eine unbesehene Anwendung vermeintlich allgemeiner kartellrechtlicher Grundsätze. Vielmehr kann eine Übertragung nur unter Berücksichtigung der bereichsspezifischen Besonderheiten und insbesondere mit Blick auf die fachrechtlichen Wertungen des Wasserrechts erfolgen.[16] Nur so kann dem Grundgedanken der gesetzlichen Konzeption, dass die §§ 31–31b GWB *sektorspezifisches Sonderkartellrecht* sind, hinreichend Rechnung getragen werden.

---

13 Siehe z.B. unbesehene Anwendung des Metermengenwerts als Vergleichskriterium für die Wasserwirtschaft in BGHZ 184, 168 ff. – *Wasserpreise Wetzlar*. Paradigmatisch aus der Kommentarliteratur *Reif/Daiber*, in: MünchKommKartR, § 31 Rn. 63.
14 BT-Drucks. 17/9852, S. 25.
15 S. dazu ausführlich § 31 Rdn. 26.
16 Vgl. *Schmidt-Aßmann*, Das allgemeine Verwaltungsrecht als Ordnungsidee, 2006, S. 207.

I. Wasserversorgung als öffentliche Aufgabe der Daseinsvorsorge

Die öffentliche Wasserversorgung ist nach § 50 Abs. 1 WHG eine Aufgabe der Daseinsvorsorge. Anders als die rein private Bereitstellung eines beliebigen Marktgutes ist die öffentliche Versorgung mit Wasser damit ein Belang des Allgemeinwohls. Darin kommt paradigmatisch die doppelte öffentlich-rechtliche Bindung im Bereich der Wasserversorgung zum Ausdruck.[17] So ist einerseits schon das sachliche Kontrollsubstrat selbst – das Wasser – öffentlich-rechtlich determiniert. Zusätzlich wird in § 50 Abs. 1 WHG die Wasserversorgung bundesgesetzlich als Kernaufgabe der kommunalen Selbstverwaltung festgeschrieben. Damit ist auch die Form der Aufgabenwahrnehmung in besonders kartellrechtsrelevanter Weise öffentlich-rechtlich überlagert.

9

Grundsätzlich folgt schon aus Art. 28 Abs. 2 GG das Recht der kommunalen Gebietskörperschaften, in ihrem Hoheitsgebiet die öffentliche Versorgung mit Wasser durchzuführen.[18] Dabei gewährleistet die Garantie der kommunalen Selbstverwaltung aus Art. 28 Abs. 2 GG jedoch nicht nur das Recht, eine Aufgabe überhaupt durchzuführen, sondern einen umfassenden Gestaltungs- und Abwägungsspielraum hinsichtlich der konkreten Aufgabendurchführung.[19] Die Gemeinde ist ferner im Rahmen ihrer verfassungskräftig verbürgten *Organisationshoheit* befugt, die Angelegenheiten ihrer inneren Verwaltungsorganisation nach ihrem eigenen Ermessen einzurichten.[20] Daraus folgt vorbehaltlich landesgesetzlicher Bestimmungen eine Wahlfreiheit der Gemeinde, wie und in welcher Rechts- und Organisationsform sie ihre Aufgabe wahrnimmt.

10

Diese verfassungsrechtlichen Verbürgungen dürfen kartellrechtlich nicht unterlaufen werden.[21] Auch wenn die Kommune sich zu ihrer Durchführung privatrechtlicher Organisationsformen oder, soweit landesrechtlich zulässig, privater Dritter bedient und damit der kartellrechtlichen Kontrolle unterliegt, sind die Belange der Daseinsvorsorge zu berücksichtigen. Im Rahmen des Vergleichsmarktkonzepts des § 31 Abs. 4 Nr. 2 GWB etwa dürfen zulässige kommunale Entscheidungen z.B. für eine nachhaltige Versorgungssicherheit, für eine bestimmte Wasserqualität im Rahmen der wasserrechtlichen Vorgaben u.Ä. nicht kartellrechtlich unterminiert werden.[22] Sie können nicht deshalb unzulässig sein, weil ein Vergleichsunternehmen innerhalb des fachtech-

11

---

17 BVerfGE 58, 300; BVerwG NVwZ 1999, 870, 874; *Sieder/Zeitler/Gößl*, WHG, § 50 Rn. 19.
18 BVerfG NJW 1990, 1783; BVerwG NVwZ 1984, 378.
19 *Breuer*, NVwZ 2009, 1249, 1252 f.
20 BVerfGE 98, 218; E 107, 1; BVerwG NVwZ 2006, 1404.
21 *Giesberts/Reinhardt/Hasche*, Umweltrecht, WHG, § 50 Rn. 6.
22 *Giesberts/Reinhardt/Hasche*, Umweltrecht, WHG, § 50 Rn. 6.

nischen und wasserrechtlich zulässigen Spielraumes eine andere, kostengünstigere Sicherheitsphilosophie verfolgt. Die kartellrechtliche Missbrauchskontrolle darf öffentliche Wasserversorger nicht dazu zwingen, mehrdimensional ausgerichtete Entscheidungsspielräume einseitig zu Gunsten einer Kosteneffizienz auszuüben. Im Ergebnis bedeutet dies, dass die Ausübung eines öffentlich-rechtlich eingeräumten Spielraums, z.B. im Bereich der Versorgungssicherheit oder Wasserqualität, kartellrechtlich anerkannt werden muss, indem hierauf zurückzuführende Preisunterschiede gerechtfertigt sind.

12 Die gelegentlich anzutreffende Vorstellung, die öffentlich-rechtliche Determination der Wasserversorgung diene dem Schutz einer verbraucherfeindlichen Monopolistenenklave, ist unzutreffend. Sie verkennt die wesenhaft demokratische Funktion der verfassungskräftig verbürgten kommunalen Selbstverwaltung.[23] Im öffentlichen Status der Wasserversorgung als Aufgabe der Daseinsvorsorge (§ 50 WHG) kommt das demokratische Eigenrecht zur Geltung, bei einem öffentlichen Gut nicht nur dieses selbst einer umfassenden fachrechtlichen Normierung zu unterstellen, sondern auch den Modus seiner Distribution öffentlich, d.h. im Rahmen lokaler Selbstverwaltung auszugestalten. Das führt nicht zu einer Freiheit von jeglicher Kontrolle. Im Gegenteil unterliegen die Gemeinden ihrerseits zum einen speziellen Gesetzen, nämlich in Gemeindeordnungen sowie dem Gebührenrecht, deren Einhaltung rechtlich durch die Kommunalaufsicht sichergestellt wird, zum anderen unterliegen sie der allgemeinsten und schärfsten Kontrolle, die ein demokratisches Gemeinwesen kennt, nämlich der Wahl. Mit beiden Kontrollsträngen geht zugleich eine besondere Form der Legitimität der kommunalen Entscheidungen im Bereich der Wasserversorgung einher.

13 Der kartellrechtliche Regelungszweck einer möglichst effektiven Entgeltkontrolle[24] steht so jedenfalls im Ausgangspunkt in einem gewissen Spannungsverhältnis zur multifunktionalen Ausrichtung der Daseinsvorsorge, die neben einer preisgünstigen Versorgung zugleich ökologischen, strukturpolitischen und anderen Zwecken der örtlichen Gemeinschaft dienen kann. Dieses Spannungsverhältnis kann weder einseitig durch die Nichtanwendung des Kartellrechts noch dadurch aufgelöst werden, dass die wasser- und kommunalrechtlichen Wertungen kartellrechtlich vollständig ausgeblendet werden. Vielmehr sind Friktionen zwischen beiden Rechtsgebieten im Wege einer harmonisierenden Auslegung zu vermeiden. Ein solches Vorgehen entspricht am ehesten der gesetzgeberischen Entscheidung der 8. GWB-Novelle, zugunsten eines sektorspezifischen Sonderkartellrechts auf eine umfassende fachgesetzliche

---

23 *Di Fabio*, Verfassungsrechtliche Grenzen der Bundeskartellaufsicht im Bereich der kommunalen Daseinsvorsorge, Gutachten 2013, S. 61.
24 BT-Drucks. 17/9852, S. 25.

Regelung zu verzichten. Der vom Gesetzgeber geschaffene und immer wieder angepasste Rechtsrahmen ist dementsprechend durchaus offen für die Berücksichtigung der besonderen öffentlich-rechtlichen Überformung der Wasserversorgung. Sie findet ihren Ausdruck z.B. in den Ermessensdirektiven des § 31b Abs. 4 GWB, die ausdrücklich das Regelungsziel einer preisgünstigen *und* sicheren Wasserversorgung vorsehen sowie in dem kartellrechtlichen Ausnahmetatbestand des § 31 Abs. 5 GWB, wonach eine Durchleitungsverweigerung aus hygienischen Gründen keinen Missbrauch darstellen kann. Die öffentlich-rechtliche Überformung ist aber auch prozedural abgesichert, z.B. in der fachbehördlichen Abstimmungspflicht des § 31b Abs. 2 GWB.[25] Hier kommt der Wille des Gesetzgebers zum Ausdruck, den fachrechtlichen Gesichtspunkten auch im Kartellverfahren ausreichend Gehör zu verschaffen.

II. Strukturelle Besonderheiten gegenüber anderen leitungsgebundenen Sektoren

Die Strukturbedingungen der Wasserversorgung sind von zahlreichen technischen und ökonomischen Besonderheiten geprägt, die sie von anderen leitungsgebundenen Sektoren der Versorgungswirtschaft, insbesondere der Stromversorgung, aber auch der Gaswirtschaft, signifikant unterscheiden.[26] Davon sollen die folgenden vier Besonderheiten exemplarisch hervorgehoben werden (s. 1 bis 4). Diese Besonderheiten haben Auswirkungen auf die Anwendung der kartellrechtlichen Missbrauchsvorschriften (s. 5). 14

1. Hoher Fixkostenanteil

Die Wasserversorgung ist durch einen besonders hohen Fixkostenanteil geprägt, der annähernd 80 % der Gesamtkosten ausmacht.[27] Anders als im Bereich der Stromversorgung werden Wasserbeschaffung und Wasserverteilung regelmäßig von demselben Unternehmen durchgeführt. Zu diesem Zweck müssen technisch aufwändige und damit kapitalintensive Anlagen auf allen Stufen des Produktions- und Verteilungsprozesses (Gewinnung, Aufbereitung, Speicherung, Druckhaltung, Verteilung) betrieben und unterhalten wer- 15

---

25 Vgl. Schriftlicher Bericht des Ausschusses für Wirtschaftspolitik über den Entwurf eines Gesetzes gegen Wettbewerbsbeschränkungen – Drucksachen 3644, 1158 – S. 46: Das Benehmenserfordernis wurde eingeführt, um eine »sorgfältige Abwägung aller Interessen« und eine »Abstimmung mit den Bedürfnissen einer einheitlichen [...] Wasserwirtschaftspolitik« sicherzustellen.
26 Zum Ganzen *Wolfers/Wollenschläger*, EnWZ 2013, 72; *Berendes/Frenz/Müggenborg*, WHG § 50 Rn. 73 ff.
27 *Holländer*, Trinkwasserpreise in Deutschland, S. 16 f. m.w.N.; *Reif*, Preiskalkulation privater Wasserversorgungsunternehmen, S. 63 f.

den.[28] Diese hohe Anlagenintensität der Wasserversorgung spiegelt sich in hohen Kapitalkosten wider, insbesondere in Form von Abschreibungen und Zinsen. Dabei weisen die Kapitalkosten der einzelnen Wasserversorger große Unterschiede auf, weil regional unterschiedliche geologische und hydrologische Randbedingungen die Kosten für Wasserbeschaffung und -verteilung stark divergieren lassen. Eine derart weitreichende Abhängigkeit der Kapitalkosten von örtlichen Randbedingungen besteht weder in der Strom- noch in der Gasversorgung.

2. Anlagenbedingt geringe Anpassungsfähigkeit

16 Die Anlagen der Wasserwirtschaft für Gewinnung, Aufbereitung, Speicherung, Druckhaltung und Verteilung sind langfristig konzipierte Infrastruktursysteme.[29] Anlagenbestand und Leitungsnetz sind typischerweise gegenüber kurzfristigen Änderungen der Rahmenbedingungen nur wenig anpassungsfähig. So vollzieht sich bei der in der Wasserbranche üblichen durchschnittlichen jährlichen Rohrnetzerneuerungsquote von nur etwa 1 % eine vollständige Erneuerung des Leitungsnetzes erst in einem Zeitraum von circa 100 Jahren. Investitionen beeinflussen somit über einen langen Zeitraum die Kostenstruktur des Versorgungsunternehmens. Die Wasserversorgung hat, wie es in der Branche heißt, ein »langes Gedächtnis«.

3. Kein Netzverbund

17 Anders als im Bereich der übrigen leitungsgebundenen Infrastruktursektoren steht einem Wasserversorger kein Netzverbund zur Verfügung. Die verschiedenen Wasserverteilnetze der einzelnen Versorger sind aus rechtlichen (Grundsatz der ortsnahen Wasserversorgung, § 50 Abs. 2 Satz 1 WHG) und tatsächlichen (insbesondere hygienischen) Gründen untereinander nicht zu einem Verbundnetz zusammengeschlossen. Ein Wasserversorger kann daher weder überschüssige Mengen absetzen, noch im Bedarfsfalle fehlende Mengen zukaufen.

18 Daraus ergeben sich in der Konsequenz zwei wichtige strukturelle Besonderheiten der Wasserwirtschaft: Zum einen führt ein Verbrauchsrückgang zwangsläufig zu einer geringeren Anlagenauslastung, weil die überschüssigen Mengen nicht anderweitig abgesetzt werden können und eine infrastrukturelle Anpassung der Anlagen nur sehr langsam erfolgen kann.[30] Damit kommt es aufgrund der hohen Fixkosten[31] der Wasserversorgung zu höheren Kosten

---

28 *Holländer*, a.a.O., S. 15 Fn. 10; *Reif*, a.a.O., S. 61 ff.; *Kotulla*, WHG, § 50 Rn. 6 ff.
29 *Fälsch/Geyler/Lautenschläger/Holländer*, IR 2010, 284, 286.
30 S. dazu o. Rdn. 16.
31 S. dazu o. Rdn. 15.

pro Kubikmeter Wasserabsatz (»spezifische Kosten«). Bei einem Verbrauchsrückgang gehen die Gesamtkosten des Wasserversorgers also nur geringfügig zurück; dagegen kommt es zu einem überproportionalen Anstieg der spezifischen Kosten. Zum anderen zwingt der fehlende Netzverbund dazu, die Planungen am maximalen Bedarf nebst einem Sicherheitszuschlag zu orientieren (sog. Bemessungsspitze), um eine Unterversorgung zu vermeiden, weil im Bedarfsfall fehlende Mengen nicht einfach aus einem Nachbarnetz bzw. überregionalen Verbundnetz ins eigene Versorgungsgebiet geleitet werden können. Jeder Versorger muss also selbst durch wiederum kostenintensive Vorhaltung entsprechender Anlagen den maximalen Bedarf am Spitzentag zur Spitzenstunde abdecken können.

4. Kostenrelevanz von Leitungsdurchmesser und -länge

Da Wasser nicht kompressibel ist, erfordern größere Mengen – anders als bei der Stromversorgung und Gaswirtschaft, wo sich die durchzuleitenden Mengen nur marginal auf die Leitungsdurchmesser auswirken – notwendig größere Leitungen. Der Leitungsdurchmesser ist ein erheblicher Kostenfaktor. Die Baukosten für Rohrleitungen und in besonderem Maße die Tiefbaukosten werden insofern in der Wasserbranche nicht nur durch die verbauten Längen, sondern in erheblichem Umfang auch durch den Leitungsdurchmesser bestimmt. Der Rohrumfang wiederum hängt von den durchzuleitenden Wassermengen ab, die entsprechend dem Bemessungsspitzenbedarf[32] ermittelt werden. Man spricht deshalb wegen dieser Besonderheit auch von der Dreidimensionalität des Wasserleitungsnetzes.

19

5. Folgen

a) Notwendigkeit dynamischer Betrachtung

Die spezifischen Kapitalkosten im Bereich der Wasserversorgung hängen nicht ausschließlich von den aktuellen Gegebenheiten, sondern in erheblichem Maße auch von vergangenen Umständen und Investitionsentscheidungen ab. Daraus ergibt sich die Notwendigkeit einer *dynamischen Betrachtung*.

20

Dies darf indes nicht dahingehend missverstanden werden, dass in der Vergangenheit liegende Investitionsentscheidungen stets als Rechtfertigungsgrund für Preisabweichungen herangezogen werden dürften. Dies gilt insbesondere dann, wenn das Unternehmen unter Ausnutzung seiner Monopolstellung er-

21

---

32 S. dazu o. Rdn. 18.

forderliche Investitionen unterlassen oder ineffektiv durchgeführt hat.[33] In einem solchen Fall wäre es unzulässig, vergangene Investitionsentscheidungen als Rechtfertigungsgrund für die aktuelle Kostensituation heranzuziehen.

22 Die Vergangenheit muss aber bei der aktuellen Preiskontrolle mit berücksichtigt werden. Hat ein Versorgungsunternehmen nämlich in der Vergangenheit Entscheidungen getroffen, die bei der gebotenen *ex ante*-Betrachtung als betriebswirtschaftlich und wassertechnisch richtig und sachgerecht anzusehen sind, die also auch jedes andere Versorgungsunternehmen getroffen hätte, und ergeben sich aus diesen Entscheidungen (z.B. aufgrund eines von dem Unternehmen nicht zu vertretenden Rückgangs der Anlagenauslastung) nachteilige Auswirkungen auf die aktuelle Kostenstruktur, so sind diese Nachteile als Rechtfertigungsgrund anzuerkennen. Es ist nämlich nicht Ziel des Kartellrechts, die Folgen wirtschaftlich richtiger Entscheidungen in der Vergangenheit nachträglich als missbräuchliches Marktverhalten zu qualifizieren.

b) Notwendigkeit dreidimensionaler Betrachtung (Länge und Durchmesser)

23 Wegen der Dreidimensionalität des Wassernetzes[34] kann bei der Wahl des Vergleichsmaßstabs im Rahmen der Vergleichsmarktmethode (§ 31 Abs. 4 Nr. 2 GWB) anders als im Bereich der Stromwirtschaft bei der Kontrolle von Wasserversorgern nicht ausschließlich auf solche Kriterien zurückgegriffen werden, die einseitig auf die Länge des Leitungsnetzes abstellen. Vielmehr muss die wasserspezifische Dreidimensionalität des Leitungsnetzes, die in erheblichem Maße Einfluss auf die Kosten eines Wasserversorgers hat, auch bei der Wahl der Vergleichskriterien und im Rahmen der Rechtfertigung Berücksichtigung finden.[35]

C. Verhältnis zu anderen Vorschriften

24 Der Anwendungsbereich der sektorspezifischen Missbrauchsaufsicht über die Wasserwirtschaft ist nach drei Seiten zu präzisieren. Zunächst ist das Verhältnis zum europäischen Kartellrecht zu bestimmen, zweitens das Verhältnis zur allgemeinen Missbrauchsaufsicht des § 19 GWB, schließlich muss der Anwendungsbereich des Kartellrechts gegenüber dem öffentlich-rechtlichen Gebührenrecht abgegrenzt werden.

---

33 BGHZ 184, 168, 183 f. – *Wasserpreise Wetzlar*.
34 S. dazu o. Rdn. 19.
35 S. dazu ausführlich § 31 Rdn. 45 f., ergänzend 57 ff.

I. EU-Recht nicht anwendbar

Die Wasserversorgung unterliegt nach Art. 102 AEUV dann europäischem Wettbewerbsrecht, wenn der betreffende Wasserversorger ein Unternehmen mit einer marktbeherrschenden Stellung auf dem Binnenmarkt oder einem wesentlichen Teil desselben ist, ohne der Ausnahmeregelung des Art. 106 Abs. 2 AEUV zu unterfallen. Die Frage nach der Geltung des europäischen Wettbewerbsrechts ist auch deshalb von besonderer praktischer Bedeutung, weil nach der 8. GWB-Novelle die kartellrechtlichen Missbrauchsvorschriften gem. § 130 Abs. 1 Satz 2 GWB auf Gebühren keine Anwendung finden. Aufgrund des Vorranges des Europarechts[36] könnte dieser Ausschluss unbeachtlich sein, wenn das Europarecht eine Kontrolle von Wassergebühren zwingend vorschreiben würde. Dies ist allerdings nicht der Fall.

25

Die Wasserversorger sind zwar Unternehmen i.S.d. Art 102 AEUV.[37] Allerdings scheitert die Anwendung der Art. 102 ff. AEUV daran, dass ein lokal agierendes Wasserversorgungsunternehmen keine marktbeherrschende Stellung *auf dem Binnenmarkt* oder einem wesentlichen Teil desselben einnimmt. Bei einem Monopol wie im Bereich der Wasserversorgung ist zwar ohne weiteres von einer *beherrschenden* Stellung im Sinne des Art. 102 Abs. 1 AEUV auszugehen.[38] Das Innehaben einer beherrschenden Stellung allein genügt indes nicht, um die kartellrechtliche Preiskontrolle gemäß Art. 102 AEUV auszulösen. Vielmehr muss sich die beherrschende Stellung auf den Binnenmarkt oder einen wesentlichen Teil davon erstrecken. Maßgeblich ist dabei weniger die Größe als die qualitative Bedeutung des Versorgungsgebiets.[39] Nach der Rechtsprechung des EuGH ist jedenfalls das gesamte Staatsgebiet eines Mitgliedstaates ein wesentlicher Teil des Binnenmarktes.[40] Eine beherrschende Stellung, die sich nur auf ein Teilgebiet eines Mitgliedstaates erstreckt, genügt

---

36 St. Rspr. seit EuGH, Rs. 6/64, Slg. 1964, 1251, 1269 f. – *Costa/ENEL*.
37 Der funktionale Unternehmensbegriff des EuGH umfasst »jede eine wirtschaftliche Tätigkeit ausübende Einheit, unabhängig von ihrer Rechtsform und der Art ihrer Finanzierung.« (EuGH, Rs. C-437/09, Slg. 2011, I-00973 Rn. 42 – *AG2R*; EuGH, Rs. C-41/90, Slg. 1991, I-1979 Rn. 21 ff. – *Höfner und Elsner*; Rs. C-218/00, Slg. 2002, I-691 Rn. 22 – *Cisal*). Der Begriff der wirtschaftlichen Tätigkeit dient dabei vor allem der Abgrenzung von der Ausübung hoheitlicher Befugnisse, auf die Art. 101 ff. AEUV keine Anwendung finden. Eine wirtschaftliche Tätigkeit liegt insofern vor, wenn die Art der Tätigkeit nicht immer und notwendigerweise durch staatliche Einheiten, sondern auch durch rein Private erbracht werden kann (EuGH, Rs. C-475/99, Slg. 2001, I-8089, Rn. 20 – *Ambulanz Glöckner*).
38 EuGH, Rs. 22/78, Slg. 1979, 1869, Rn. 9 ff. – *Hugin/Kommission*; Dass das Monopol gesetzlich begründet wurde, ist insoweit unschädlich, Rs. C-343/95, Slg. 1997, I-1547 Rn. 16 ff. – *Cali u.a.*
39 *Jung*, in: Callies/Ruffert, EUV/AEUV, Art. 102 AEUV Rn. 22.
40 EuGH, Rs. C-7/97, Slg. 1998, I-7791 Rn. 35 f. – *Mediaprint*; Rs. 247/86, Slg. 1988, 5987 Rn. 18 – *Alsatel*.

hingegen nicht.⁴¹ Ein regional begrenzter Markt ist schließlich auch dann wesentlicher Teil des Binnenmarktes, wenn er gleichsam als Eingangstor für Leistungen aus anderen Mitgliedstaaten dient.⁴² Wegen des fehlenden Netzverbundes sind die natürlichen Monopole der Wasserversorger von vornherein lokal umgrenzt: Sie erstrecken sich weder auf den europäischen Binnenmarkt als Ganzes noch auf einen wesentlichen Teil desselben. Die marktbeherrschende Stellung und ihre Bedeutung im Bereich der Wasserversorgung sind damit strikt regional begrenzt, ohne doch zugleich eine funktionale Bedeutung als Eingangstor für andere Leistungen zu erhalten. Ihre zweifellos bestehende Marktmacht können die Wasserversorger nicht außerhalb ihres Versorgungsgebiets ausnutzen. Das europäische Kartellrecht ist damit nicht anwendbar.⁴³

II. Allgemeine Missbrauchsaufsicht nach § 19 GWB anwendbar

26 Die allgemeine Missbrauchsaufsicht nach § 19 GWB ist neben §§ 31–31b GWB anwendbar.⁴⁴ Dies war bei § 103 GWB a.F. umstritten,⁴⁵ ist jetzt aber durch § 31b Abs. 6 GWB klargestellt. Für das Verhältnis der beiden Missbrauchsregime zueinander gilt dabei: Während § 19 GWB weiterreichende (nämlich insbesondere rückwirkende) Eingriffe erlaubt, macht es diese zugleich von strengeren Voraussetzungen abhängig. Insbesondere kommt dem Kartellamt bei § 19 GWB nicht die Beweislastumkehr des § 30 Abs. 4 Nr. 2 GWB zugute, die den betroffenen Wasserversorgern den Nachweis rechtfertigender Umstände auferlegt. Darüber hinaus ist § 19 GWB anders als § 30 GWB als Verbotsgesetz ausgestaltet, was insbesondere im Rahmen der Haftung nach § 33 Abs. 3 GWB Bedeutung erlangt und über § 134 BGB die Nichtigkeit zivilrechtlicher Verträge begründen kann. Rechtsbehelfe haben keine aufschiebende Wirkung. Beide Normen haben einen selbstständigen Regelungsbereich.⁴⁶

---

41 Anders ist die Sachlage nur dann zu beurteilen, wenn sich die beherrschende Stellung – etwa durch Absprachen über die Aufteilung der regionalen Märkte im Staatsgebiet eines Mitgliedstaates – über den regionalen Markt hinaus auswirkt; vgl. EuGH, Rs. 247/86, Slg. 1988, 5987 Rn. 18 ff. – *Alsatel*.
42 Aus diesen Erwägungen hat der EuGH etwa den Hafen von Genua als wesentlichen Teil des Binnenmarktes qualifiziert, vgl. EuGH, C-179/90, Slg. 1991, I-5889 Rn. 15 – *Porto di Genova*.
43 Im Ergebnis ebenso *Klaue*, in: Immenga/Mestmäcker, § 31 Rn. 45 u. Rn. 86.
44 S. dazu im Einzelnen § 31b Rdn. 26.
45 Vorauflage *Reif*, in: MünchKommKartR, § 131 Rn. 79, 86 m.w.N. zur Diskussion.
46 BGHZ 184, 168, 175 – *Wasserpreise Wetzlar*.

III. Gebührenrecht

1. Bisherige Rechtslage

Vor der 8. GWB-Novelle war das Verhältnis der kartellrechtlichen Preiskontrolle zum allgemeinen Gebührenrecht umstritten. Zwar war in der kartellrechtlichen Literatur seit Jahrzehnten der Grundsatz anerkannt, dass Gebühren ausschließlich an den öffentlich-rechtlichen Vorgaben des jeweiligen Kommunalabgabengesetzes zu prüfen sind.[47] Eine kartellrechtliche Preismissbrauchskontrolle von Wassergebühren schied damit aus. In der Sache *Niederbarnim*[48] hatte der BGH jedoch in einem obiter dictum gefragt, ob der Grundsatz der Nichtanwendbarkeit des Kartellrechts auf öffentlich-rechtliche Gebühren dann eine Durchbrechung erfahren müsse, wenn »die öffentlich-rechtliche und privatrechtliche Ausgestaltung der Leistungsbeziehung – wie im Fall der Wasserversorgung – weitgehend austauschbar« sei. Er ließ diese Frage zwar formal offen, lieferte jedoch mit dem Topos der Austauschbarkeit der Leistungsbeziehungen zugleich einen Argumentationsansatz für eine kartellrechtliche Kontrolle von Wassergebühren.[49] Zur Frage einer Ausdehnung der kartellrechtlichen Preismissbrauchsaufsicht wurden in der sich anschließenden Diskussion im Wesentlichen drei Positionen vertreten. Diese Diskussion ist auch mit der Einführung von § 130 Abs. 1 Satz 2 GWB nicht gegenstandslos geworden, weil sich aus ihr wichtige Argumente für die zum Teil noch immer ungeklärten Fragen nach den Grenzen des Anwendungsbereichs dieser Vorschrift ergeben.[50] Deshalb soll der vor der 8. GWB-Novelle vorzufindende Meinungsstand nachfolgend kurz dargestellt werden:

27

a) Kartellrechtliche Vollgeltung: Kartellrecht immer auf Gebühren anwendbar

In ihrem Hauptgutachten 2008/2009 vertrat die Monopolkommission, allerdings ohne nähere Begründung, die These, die kartellrechtliche Missbrauchskontrolle finde auch auf Wassergebühren Anwendung, und zwar uneingeschränkt.[51] Auch sonst gewannen in der Folge der *Niederbarnim*-Ent-

28

---

47 *Brand*, in: FK-GWB, § 131 Rn. 33.
48 BGH NJW 2012, 1150, 1151.
49 Mit Beschluss vom 19.6.2012, Az: KVZ 53/11, hatte der Bundesgerichtshof die Rechtsbeschwerde gegen eine Entscheidung des OLG Frankfurt vom 20.9.2011, Az: 11 W 24/11, unter ausdrücklicher Bezugnahme auf die Entscheidung »Niederbarnim« zugelassen und damit die Diskussion um die Reichweite der kartellrechtlichen Missbrauchskontrolle weiter befeuert. Dieses Verfahren wurde jedoch durch Antragsrücknahme hinfällig und durch Beschluss vom 4.12.2012, Az: KVR 49/12, eingestellt.
50 S. dazu u. Rdn. 37 f.
51 Monopolkommission, Hauptgutachten 2008/2009, BT-Drucks. 17/2600, S. 51.

scheidung zunehmend Stimmen an Gewicht, die, zumeist ergebnisorientiert und unter Ausblendung der verfassungsrechtlichen Implikationen eine generelle Erstreckung der kartellrechtlichen Missbrauchskontrolle auf Wassergebühren befürworteten.[52]

b) Kriterium der »Austauschbarkeit«

29 Das obiter dictum des BGH war für manche Literaturstimme Anlass für einen »differenzierenden Ansatz«.[53] Eine Anwendung des Kartellrechts auf Gebühren käme demnach nur dann in Betracht, wenn öffentlich-rechtliche und privatrechtliche Ausgestaltung der Leistungsbeziehung – wie im Fall der Wasserversorgung – »weitgehend austauschbar« sind. Die Austauschbarkeit der Leistungsbeziehungen war danach das vermeintliche Kriterium für die kartellrechtliche Kontrolle von Gebühren und müsste bei Wassergebühren eigentlich zur Anwendbarkeit des Kartellrechts führen. Bei näherer Betrachtung ist der Topos der Austauschbarkeit aber eine bloße Leerformel. Bei der Austauschbarkeit der Leistungsbeziehungen handelt es sich nämlich mitnichten – wie der BGH zu unterstellen scheint – um eine Besonderheit der Wasserversorgung. Vielmehr ist dieser Befund paradigmatisch für den gesamten Bereich der öffentlich-rechtlichen Leistungsverwaltung (also auch z.B. für die Abfallentsorgung, den Betrieb von Schwimmbädern oder anderen Sporteinrichtungen usw.). Als Ausfluss ihrer Organisationswahlfreiheit haben die Kommunen ein Wahlrecht, die Leistungsbeziehungen der öffentlichen Daseinsvorsorge öffentlich-rechtlich oder privatrechtlich auszugestalten.[54] Bei folgerichtiger Anwendung unterläge der gesamte Bereich der öffentlichen Leistungsverwaltung der kartellrechtlichen Kontrolle. Das für die öffentlich-rechtliche Ausgestaltung einschlägige Gebührenrecht, das seinerseits ein in sich geschlossenes Missbrauchskontrollsystem bildet,[55] würde so unterlaufen. Folge des *Niederbarnim*-Kriteriums wäre nicht die vom BGH angedeutete ausnahmsweise Durchbrechung eines weiterhin geltenden Grundsatzes, son-

---

52 *Wolf*, WuW 2013, 246; *ders.*, NZKart 2013, 237; *ders.*, BB 2011, 648. *Bechtold/Bosch*, § 31 Rn. 31 nennt dies sogar – vor der 8. GWB-Novelle – die h.M; in diese Richtung auch OLG Düsseldorf, B. v. 24.2.2014, Az.: VI-2 Kart 4/12 (V), S. 11 f. des Umdrucks, allerdings mit dem Hinweis, dass die Niederbarnim-Rechtsprechung des BGH durch die 8. GWB-Novelle, »namentlich § 31b GWB n.F. in Verbindung mit § 130 Abs. 1 S. 2 GWB, überholt sein kann«.
53 Eine differenzierende Position vertrat auch *Säcker*, NJW 2012, 1105, der die Anwendbarkeit des Kartellrechts als Folgefrage zur vorgelagerten Problematik versteht, ob die von einer Gemeinde gewählte öffentlich-rechtliche Struktur der Aufgabenwahrnehmung zulässig ist. Säcker bedient sich zu diesem Zweck der nicht unproblematischen Unterscheidung zwischen echter und nur scheinbarer Kommunalisierung (s. dazu ausführlich u. Rdn. 38 ff., insb. Rdn. 45).
54 So schon BGHZ 38, 49, 50.
55 Dazu ausführlich u. Rdn. 34.

dern seine Aufhebung. Dem Austauschbarkeitskriterium kommt damit keinerlei Unterscheidungskraft zu.

c) Differenzierende Lösung

Traditionell wird in der kartellrechtlichen Literatur eine Erstreckung der Preismissbrauchsaufsicht auf Gebühren und damit eine Doppelkontrolle öffentlich-rechtlicher Gebühren abgelehnt. Gebühren sind nach dieser Auffassung ausschließlich anhand der einschlägigen öffentlich-rechtlichen Vorgaben zu prüfen.[56] Für diese differenzierende Ansicht sprechen drei zentrale Überlegungen, die auch für die aktuelle Diskussion (z.B. im Zusammenhang mit Rekommunalisierungen) von Bedeutung sind: 30

Eine Erstreckung der kartellrechtlichen Preismissbrauchskontrolle auf Gebühren ist erstens verfassungsrechtlich unzulässig. Denn dem Bundesgesetzgeber fehlt eine entsprechende *Gesetzgebungskompetenz*.[57] Die Vorschriften über die kartellrechtliche Preismissbrauchskontrolle ergehen aufgrund von Art. 74 Abs. 1 Nr. 16 GG (»*Verhütung des Missbrauchs wirtschaftlicher Machtstellung*«). Eine *entstehungsgeschichtliche* Auslegung dieses Kompetenztitels zeigt, dass eine Erstreckung der kartellrechtlichen Preismissbrauchsvorschriften auf Gebühren sich nicht auf diesen Kompetenztitel stützen ließe.[58] Der Verfassungsgeber hatte dem Kompetenztitel »Verhütung des Missbrauchs wirtschaftlicher Machtstellung« das bis dahin in Gesetzgebung, Rechtsprechung und Literatur übliche Verständnis zugrunde gelegt.[59] Dem Verfassungsgeber war dabei bewusst, dass neben dem Kartellrecht öffentlich-rechtliche Abgabengesetze bestehen, in denen Voraussetzungen und Grenzen der 31

---

56 *Brand*, in: FK-GWB, § 131 Rn. 33.
57 *Di Fabio*, Verfassungsrechtliche Grenzen der Bundeskartellaufsicht im Bereich der kommunalen Daseinsvorsorge, Gutachten 2013, S. 46 ff.
58 Bei der Auslegung der Kompetenznormen des Grundgesetzes ist dabei der *historischen* Interpretation anhand der Entstehungsgeschichte erhöhte Bedeutung beizumessen (BVerfGE 106, 62, 105). Das gilt insbesondere für die Auslegung des Art. 74 GG, da der Verfassungsgeber hierin in hohem Maße tradierte Begriffe verwendet und deren herkömmliches Verständnis dem Gesetzeswortlaut zugrunde gelegt hat (BVerfGE 109, 190, 213).
59 Die Formulierung des Kompetenztitels geht wörtlich auf die Verordnung der Reichsregierung gegen »Missbrauch wirtschaftlicher Machtstellungen« vom 2.11.1923, die sogenannte Kartellverordnung, zurück, die ihrerseits auf einer gefestigten Rechtsprechung des Reichsgerichtes zum Schutz der Verbraucher vor Monopolen beruhte (insbesondere RGZ 134, 342, 347). Dementsprechend sah schon § 19 der Kartellverordnung ausdrücklich eine Ausnahme für öffentlich-rechtlich geregelte Abgabenregime vor, weil »man der Auffassung gewesen ist, dass die im Wege des Aufsichtsrechts gegebene Einwirkungsmöglichkeit genügt, um Missbräuchen vorzubeugen« (*Lehnich/Fischer*, Das Deutsche Kartellgesetz, 1924, S. 99).

Abgabenerhebung spezialgesetzlich geregelt waren.[60] Das bis dahin in Gesetzgebung, Rechtsprechung und Literatur überkommene Begriffsverständnis, das der Verfassungsgeber sich ausdrücklich zu eigen machte, ging von einer *Ausschließlichkeit* der öffentlich-rechtlichen *oder* kartellrechtlichen Missbrauchskontrolle aus. Auf öffentlich-rechtlich determinierte Entgelte sollte das Kartellrecht gerade keine Anwendung finden. Dieses Verständnis war auch für die weitere Rechtsentwicklung noch immer maßgeblich, die vom gesetzgeberischen Bewusstsein einer strikten Alternativität zwischen kartellrechtlichem und öffentlich-rechtlichem Kontrollregime geprägt ist.[61]

32 Dieses Ergebnis wird durch die *teleologische* Auslegung der Norm untermauert. Im Zentrum steht dabei der Begriff »Missbrauch« in Art. 74 Abs. 1 Nr. 16 GG. Missbrauch ist eine Ausübung wirtschaftlicher Macht, die »vom normalen, von der Rechtsordnung gebilligten Gebrauch abweicht und eine entartete Machtausübung darstellt.«[62] Aus dieser gegenständlichen Begrenzung des verfassungsrechtlichen Kompetenztitels auf die »Verhütung missbräuchlichen Verhaltens« folgt, dass die Anwendung des Kartellrechts auf Gebühren voraussetzen würde, die im Einklang mit den Kommunalabgabengesetzen der Länder erhobenen, der kommunalabgabenrechtlichen Kontrolle unterliegenden Gebühren als Ergebnis einer missbräuchlichen, d.h. anormalen, von der Rechtsordnung abweichenden Machtausübung anzusehen. Das allerdings ist nicht der Fall, wenn Kommunen unter Ausübung ihres verfassungsrechtlich verbürgten Selbstverwaltungsrechts aus Art. 28 Abs. 2 GG eine öffentlich-rechtliche Ausgestaltung der Wasserversorgung wählen, sich einem öffentlich-rechtlichen Kontrollregime für Wasserentgelte unterstellen und die Vorgaben einhalten. Damit ist dies gerade nicht eine anormale, von der Rechtsordnung abweichende Machtausübung, sondern der Normalfall einer demokratisch legitimierten Rechtssetzung. Das gilt jedenfalls solange, wie die betreffenden Landesgesetze den verfassungsrechtlichen Anforderungen an die öffentlich-rechtliche Entgeltgestaltung entsprechen und die Kommunen diese Vorgaben beachten. Darüber zu befinden, ist jedoch nicht Sache des Kartellrechts und damit auch nicht der Kartellbehörden. Wo es ein mit geltendem Landesrecht sowie Verfassungsrecht vereinbares öffentlich-rechtliches Kontrollregime von Wasserentgelten gibt, gibt es keinen »Missbrauch« i.S.v. Art. 74 Abs. 1 Nr. 16

---

60 Siehe etwa *Stocken*, Das Recht der Gebühren nach dem preußischen Kommunalabgabengesetz, 1913, S. 1 und 5 f.
61 Dies kommt beispielhaft in der Gesetzesbegründung zur 6. GWB-Novelle von 1998 zum Ausdruck: »[...] Darüber hinaus findet das Kartellrecht ohnehin in den zahlreichen Fällen keine Anwendung, in denen die Versorgung von Endverbrauchern öffentlich-rechtlich ausgestaltet ist« (BT-Drucks. 13/9720, S. 70).
62 *Maunz*, in: ders./Dürig, GG, Art. 74 Rn. 191; *Münch/Kunig*, GG, Art. 74 Rn. 74; *Jarass/Pieroth*, GG, Art. 74, Rn. 40; *Dreier/Stettner*, GG, Art. 74 Rn. 78.

GG und bedarf es daneben keiner zusätzlichen kartellrechtlichen Missbrauchskontrolle.

Eine Erstreckung der kartellrechtlichen Kontrolle auf Gebühren würde zweitens in unzulässiger Weise in die Organisationswahlfreiheit der Kommunen als Bestandteil der *kommunalen Selbstverwaltungsgarantie* des Art. 28 Abs. 2 GG eingreifen. Die Verwaltung kann grundsätzlich frei darüber entscheiden, in welcher Organisations- und Handlungsform sie ihre Verwaltungsaufgaben, darunter auch die Wasserversorgung, wahrnehmen will.[63] Entscheidet sie sich für eine öffentlich-rechtliche Rechtsform, kann sie wiederum zwischen einer zivilrechtlichen und einer öffentlich-rechtlichen Ausgestaltung der Leistungsbeziehungen zum Endabnehmer wählen.[64] Die Anwendung des Kartellrechts auf Gebühren würde dieses Wahlrecht insofern verkürzen, als sich im Konfliktfall wegen Art. 31 GG die kartellrechtlichen Maßstäbe gegenüber dem nur landesgesetzlich verankerten bzw. auf Satzungsgrundlage erlassenen kommunalen Gebührenrecht durchsetzen würden. Die erhebliche Bedeutung der Organisationswahlfreiheit wird in Gänze erst vor dem Hintergrund der Bedeutung der Gemeinden selbst verständlich: Die Kommunen sind Selbstverwaltungseinheiten und als solche wesentlicher Teil des demokratischen Rechtsstaats. Jede Organisationsform ist letztlich nur Instrument des in der Kommunalwahl mitentscheidenden (und mitkontrollierenden) Bürgers vor Ort. Der Eingriff in den Schutzbereich des Art. 28 Abs. 2 GG ist auch nicht durch den Gesetzesvorbehalt in Art. 28 Abs. 2 GG gerechtfertigt: Formell fehlt es dem Bund schon an einer Gesetzgebungskompetenz (s.o.), um die Anwendung des Kartellrechts auf Gebühren auszudehnen. Materiell wäre ein Eingriff wegen der besonderen Bedeutung der kommunalen Selbstverwaltungsgarantie und der konkreten Eingriffsintensität wohl unverhältnismäßig.[65] Mit der Entscheidung für eine öffentlich-rechtliche Abrechnung kann die Kommune daher im Ergebnis gleichzeitig über die abschließende und ausschließliche Geltung des kommunalen Gebührenrechts entscheiden. Dies hat der Bundesgesetzgeber mit der 8. GWB-Novelle ausdrücklich klargestellt. Gemäß § 130 Abs. 1 Satz 2 GWB finden die §§ 19, 20 und 31b Abs. 5 keine Anwendung auf öffentlich-rechtliche Gebühren und Beiträge. Hierbei folgte er der Beschlussempfehlung des Bundesrates. Dieser war der Ansicht, dass für eine kartellrechtliche Prüfung kein Raum sei, da sich aus dem kommunal-

---

63 Vgl. aus der zahlreichen Rspr. nur BGHZ 9, 145; Z 115, 311; BVerwGE 5, 325; E 94, 229.
64 *Burgi*, Kommunalrecht, § 17 Rn. 73; für den Schutz der Organisationshoheit durch Art. 28 Abs. 2 GG vgl. nur BVerfGE 98, 218; E 107, 1; BVerwG NVwZ 2006, 1404.
65 *Wolfers/Wollenschläger*, WuW 2013, 243 ff.

abgabenrechtlichen Kostendeckungsprinzip bereits Limitierungen hinsichtlich der Gebührenhöhe ergäben.[66]

34 Das *Gebührenrecht* stellt drittens selbst rechtlich ausreichende Mechanismen für eine sinnvolle Begrenzung der Gebühren in der Wasserversorgung bereit. Es bildet ein eigenes, in sich geschlossenes *Missbrauchskontrollregime*. Die sinnvolle Begrenzung der Gebühren nach oben wie nach unten wird namentlich gewährleistet durch die verfassungsrechtlich ableitbaren Prinzipien der Äquivalenz und der Kostendeckung, den Gleichbehandlungsgrundsatz sowie das Sozialstaatsgebot des Art. 20 Abs. 1 GG. Dabei ist zu beachten, dass das öffentliche Gebührenrecht neben dem Schutz des Verbrauchers vor Kosteninneffizienz auch dem Substanzschutz der öffentlichen Einrichtungen dient sowie die Beachtung sozialer und ökologischer Belange gewährleistet. Auch hier zeigt sich wiederum das Spannungsverhältnis des auf eine möglichst effektive Entgeltkontrolle konzentrierten Kartellrechts zu den weiteren Zwecken demokratischer Selbstverwaltung im öffentlichen Raum.[67] Das öffentliche Gebührenrecht als eigenes Kontrollinstrument der Wassergebührenhöhe ist dabei anders als das Kartellrecht nicht nur dem Wettbewerbsgedanken verpflichtet. Es bedient sich vielmehr einer Kostenkontrolle, die es erlaubt, den potentiell multifunktionalen Zwecken der Daseinsvorsorge besser gerecht zu werden als das monofunktional auf Preiseffektivität ausgerichtete Kartellrecht.

35 Das Kartellrecht war damit schon nach der bisherigen Rechtslage richtigerweise nicht auf öffentlich-rechtlich erhobene Wassergebühren anwendbar. Dies ist für das Verständnis der aktuellen Rechtslage von zentraler Bedeutung:

2. Aktuelle Rechtslage

a) § 130 Abs. 1 Satz 2 GWB als deklaratorische Feststellung

36 § 130 GWB enthält nun die – nach richtiger Ansicht nur deklaratorische – Feststellung der Nichtanwendbarkeit des Kartellrechts auf öffentlich-rechtliche Gebühren und Beiträge. Die Begründung des Bundesrates weist insofern zutreffend darauf hin, dass das GWB nur für die kartellrechtliche Kontrolle der Entgelte privater Unternehmen gelte, nicht aber bei durch landesrecht-

---

[66] BR-Drucks. 641/1/12, S. 6; der in BT-Drucks. 17/9852, S. 53 geäußerten Ansicht der Bundesregierung, dass keine Ausnahme von der Anwendbarkeit der GWB-Normen normiert werden solle, ist der Bundesgesetzgeber damit ausdrücklich nicht gefolgt.

[67] S. bereits o. Rdn. 9 ff., insb. Rdn. 13; ausführlich dazu *Reinhardt*, LKV 2010, 296, 299 ff.

liche Vorschriften bestimmten Gebühren und Beiträgen. Das Gebührenrecht enthalte mit dem Kostendeckungsgrundsatz ein eigenes, selbstständiges Kontrollregime, so dass für eine kartellrechtliche Prüfung kein Raum mehr sei.[68] Dieser Ausschluss der kartellrechtlichen Missbrauchsaufsicht durch § 130 Abs. 1 Satz 2 GWB ist auch europarechtlich zulässig.[69]

b) Offene Fragen

Auch nach der klarstellenden Regelung des § 130 Abs. 1 Satz 2 GWB verbleiben offene Fragen nach den Grenzen des Anwendungsbereichs von § 130 Abs. 1 Satz 2 GWB (aa). Daneben ergeben sich eine Reihe von Fragen im Zuge der gegenwärtigen Rekommunalisierungstendenzen in der Wasserwirtschaft (bb). Es ist ferner nicht abschließend geklärt, ob das Kartellrecht bei Entgelten Anwendung finden kann, die zwar formal als privatrechtlicher Preis erhoben werden, materiell aber weitgehend öffentlich-rechtlich determiniert sind (cc). 37

aa) Anwendungsbereich

Seinem Wortlaut nach gilt der Ausschlusstatbestand des § 130 Abs. 1 Satz 2 GWB nur für die Missbrauchskontrolle nach §§ 19, 20, 31b Abs. 5 GWB, d.h. für die Kontrolle aufgrund einer marktbeherrschenden Stellung. Die Missbrauchsaufsicht nach § 31 Abs. 3 GWB, die an die Freistellung nach § 31 Abs. 1 GWB anknüpft, wäre so weiterhin anwendbar. Es handelt sich dabei jedoch erkennbar um ein Redaktionsversehen.[70] Die Gesetzesbegründung lässt keinen Grund erkennen, warum zwischen den beiden Tatbeständen der Missbrauchsaufsicht unterschieden werden sollte; sie geht außerdem ersichtlich von einem generellen Ausschluss der Anwendbarkeit der kartellrechtlichen Missbrauchskontrolle im Bereich öffentlicher Gebühren und Beiträge aus. Eine Unterscheidung wäre im Übrigen vor dem Hintergrund der gesetzgeberischen Entscheidung für ein einheitliches sektorspezifisches Kartellrecht auch in der Sache systemwidrig. 38

bb) Rekommunalisierung

Die Rekommunalisierung als *actus contrarius* zur Privatisierung öffentlicher Aufgaben zeichnet sich durch die gleiche typologische Vielfalt aus wie der 39

---

68 BR-Drucks. 176/12 S. 19.
69 S.o. Rdn. 25; zweifelnd dennoch *Klaue*, in: Immenga/Mestmäcker, 31 Rn. 12.
70 So *Bechtold/Bosch*, §§ 31, Rn, 31 und 130 Rn. 13 und i.E. auch *Coenen/Haucap*, WuW 2014, 356, 357 f.; a.A. *Schmidt/Weck*, NZKart 2013, 343, 345.

Privatisierungsbegriff.[71] Versteht man Privatisierung in Übereinstimmung mit dem dreigliedrigen Privatisierungsbegriff als Summe aller Vorgänge, welche die Übertragung von ursprünglich durch die öffentliche Hand wahrgenommenen Aufgaben auf Private (*materielle Privatisierung*), die Einschaltung Privater in die Aufgabenerledigung (*funktionale Privatisierung*) oder die Überführung in eine privatrechtliche Organisationsform (*Organisationsprivatisierung*) zum Gegenstand haben,[72] so bezieht sich umgekehrt der Begriff Rekommunalisierung auf die Übertragung einer Aufgabe auf die öffentliche Hand (*materielle Rekommunalisierung*), die Einbindung der öffentlichen Hand in die Aufgabenerledigung (*funktionale Rekommunalisierung*) bzw. die Überführung in eine öffentlich-rechtliche Organisationsform *(Organisationsrekommunalisierung).*

40 Noch vor wenigen Jahren entsprach es im Hinblick »auf die vorherrschende Privatisierungs- und Deregulierungseuphorie nicht dem Zeitgeist, sich mit staatlichen Rückholoptionen für privatisierte Aufgaben zu befassen«.[73] Ein Motivbündel aus haushaltspolitischen (Erschließung von Einnahmequellen), sozialpolitischen (Erhaltung von Arbeitsplätzen), kommunalpolitischen (Rückbesinnung auf das Leitbild öffentlicher Daseinsvorsorge, Rückgewinnung kommunaler Steuerungsoptionen) und umweltpolitischen Erwägungen, unterstützt noch durch eine im Zuge der Finanzkrise aufkeimende grundsätzliche Skepsis gegenüber privaten Akteuren, hat viele Gemeinden jedoch veranlasst, eine Rekommunalisierung ihrer Wasserversorgung zu prüfen.[74] Seit der verstärkten kartellrechtlichen Kontrolle der Wassertarife ist ein weiteres Rekommunalisierungsmotiv hinzugetreten:[75] Die Entscheidung für die ausschließliche Geltung eines öffentlich-rechtlichen Kontrollregimes, das im Gegensatz zu dem horizontalen kartellrechtlichen Vergleichsmarktkonzept als vertikale Kostenkontrolle konzipiert und in weiterem Umfang als das Kartellrecht auf die Kontrolle öffentlicher Aufgabenwahrnehmung zugeschnitten ist.[76]

---

71 Zur Vielgestaltigkeit des Privatisierungsbegriffes *Schoch*, DVBl. 1994, 962 ff.; *Di Fabio*, JZ 1999, 585 ff.; *Burgi*, Funktionale Privatisierung, 1999; *Gramm*, Privatisierung und notwendige Staatsaufgaben, 2001; *Kämmerer*, Privatisierung, 2001.
72 So etwa *Durner*, VerwArch 96 (2005), 18, 23; *Tettinger*, NWVBl 2005, 1, 2 m.w.N.
73 *Wollenschläger*, Effektive staatliche Rückholoptionen bei gesellschaftlicher Schlechterfüllung, 2006, S. 1.
74 *Bauer*, DÖV 2012, 329 ff.; *Collin*, JZ 2011, 274 ff.; *Libbe/Hanke*, Der Gemeindehaushalt, 2011, 108 ff.; *Brüning*, VerwArch 100 (2009), 435 ff. Vgl. zum Ganzen *Wolfers/Wollenschläger*, in: Ipsen (Hrsg.), Rekommunalisierung von Versorgungsleistungen?, S. 97 ff.
75 So auch *Thiel*, Der Gemeindehaushalt 2014, 162.
76 *Breuer*, NVwZ 2009, 1249, 1252; *Wolfers/Wollenschläger*, in: Ipsen (Hrsg.), Rekommunalisierung von Versorgungsleistungen, S. 97 ff.

Hier stellen sich im Wesentlichen vier Fragen- und Problemkomplexe: 41

(1) Rekommunalisierung und Anwendbarkeit des Kartellrechts

Die Reichweite des Kartellrechts ist als Vorfrage entscheidend dafür, ob und 42
in welchem Umfang die mit der Rekommunalisierung verfolgten politischen Zwecke erreicht werden können. § 130 GWB stellt nun unmissverständlich klar, dass das Kartellrecht auf öffentliche Gebühren keine Anwendung findet. Damit gilt im Ausgangspunkt, dass eine Rekommunalisierung die Anwendbarkeit des Kartellrechts ausschließt, sofern damit eine öffentlich-rechtliche Ausgestaltung der Entgelterhebung verbunden ist.[77]

(2) Rekommunalisierung während eines laufenden Kartellverfahrens

Damit ist allerdings die Frage, ob die Nichtanwendbarkeit des Kartellrechts 43
auch dann gilt, wenn die öffentlich-rechtliche Ausgestaltung der Rechtsbeziehungen *während* eines laufenden Kartellverfahrens gewählt wurde, noch nicht beantwortet. Es wäre nämlich theoretisch denkbar, die Fortgeltung des Kartellrechts im Sinne einer kartellrechtlichen Anknüpfungs-Lösung und zur Vermeidung von Missbrauchsfällen immer dann zu bejahen, wenn ein innerer Zusammenhang zwischen einer laufenden kartellrechtlichen Missbrauchskontrolle und der Rekommunalisierung besteht. Eine solche kommunalpolitische Entscheidung für die Geltung des Gebührenrechts wird dabei z.T. – in Anlehnung an das die Grundrechtsbindung im Verwaltungsprivatrecht charakterisierende Verdikt einer »Flucht ins Privatrecht«[78] – als rechtlich unzulässige »Flucht ins Gebührenrecht« stigmatisiert.[79]

Wann nach dieser Auffassung eine unzulässige Flucht ins Gebührenrecht 44
vorliegen soll, ist nicht ganz klar. Sie könnte einmal in der *bewussten* Rekommunalisierung liegen, wenn die Einführung einer öffentlich-rechtlichen Abrechnung mit dem alleinigen Ziel erfolgt, die Anwendbarkeit des Kartellrechts auszuschließen (*Motivzusammenhang*). Ein solches Abstellen auf den Motivzusammenhang übersieht jedoch, dass das Motiv der Rekommunalisierung für die Bewertung ihrer Rechtmäßigkeit und der Wirksamkeit der von

---

77 Im Ausgangspunkt ähnlich *Berg/Mäsch/Thoma*, Deutsches und Europ. Kartellrecht, § 31 GWB Rn. 6, sie halten die »Grenze des Zulässigen« jedoch für überschritten, wenn »die Wahl des öffentlichen Rechts allein und willkürlich dazu dient, dem Endverbraucher den Schutz vor missbräuchlichen Verhaltensweisen zu entziehen.« Diese Einschränkung kann allerdings schon deshalb nicht überzeugen, weil sie den Kerngehalt des kommunalen Organisationsformenwahlrechts verkennt.
78 *Maurer*, Allgemeines Verwaltungsrecht, § 3, Rn. 35 ff.
79 *Wolf*, BB 2011, 648 ff.; *Säcker*, NJW 2012, 1105 ff.

ihr ausgelösten Rechtsfolgen irrelevant ist. Eine solche Auffassung wäre mit dem verfassungsrechtlich verbürgten Grundsatz der Organisationsformenwahlfreiheit[80] der Kommune nicht vereinbar. Denn es entspricht einem allgemeinen staatsorganisationsrechtlichen Grundsatz, dass die einer kommunalen Organisationsentscheidung zu Grunde liegenden Motive grundsätzlich nicht justitiabel sind.[81] Da ein Abstellen auf die den kommunalen Organisationsakten zu Grunde liegende Motive also schon aus diesem Grund verfassungsrechtlich unzulässig ist (und auch kaum rechtssicher durchgeführt werden könnte), müsste sich eine entsprechende Differenzierung an äußeren Umständen orientieren. Es ist jedoch nicht ohne Weiteres ersichtlich, worin dann noch der durch das Verdikt der Flucht ins Gebührenrecht suggerierte Missbrauch der kommunalen Organisationshoheit bestehen sollte. Ein Zusammenhang könnte also wohl nur im Sinne schlichter zeitlicher Koinzidenz immer dann vermutet werden, wenn im Zeitpunkt der Rekommunalisierungsentscheidung bereits ein kartellrechtliches Missbrauchsverfahren eröffnet wurde *(zeitlicher Zusammenhang)*. Hier sind jedoch letztlich dieselben verfassungsrechtlichen Erwägungen maßgeblich, die schon oben gegen die Anwendung des Kartellrechts geltend gemacht wurden.[82] Die bloße Einleitung eines Kartellverfahrens kann die Ausübung verfassungsrechtlich verbürgter Kompetenzen und damit die demokratisch legitimierte Entscheidungsfindung nicht hindern. Der Einwand einer unzulässigen »Flucht ins Gebührenrecht« ist nicht mehr als eine rechtspolitische Kampfklausel, mit welcher verfassungsrechtlich den Ländern und Kommunen zuerkannte Kompetenzen unterminiert werden sollen. Mit der Anwendung geltenden Rechts hat er kaum etwas zu tun: Es gibt kein allgemeines kartellrechtliches Umgehungsverbot.[83] Auch die Rekommunalisierung während eines laufenden Kartellverfahrens schließt die Anwendung des Kartellrechts daher aus.

(3) Wahl einer unzulässigen Rekommunalisierungsstruktur

45   Auch aus einer möglichen Rechtswidrigkeit der neuen Rekommunalisierungsstruktur lässt sich richtigerweise nichts für eine »kartellrechtliche Reservekompetenz« ableiten.[84] Zwar hat das OVG Thüringen rechtskräftig entschieden, dass ein öffentlich-rechtlicher Aufgabenträger über ausreichendes Personal verfügen muss, um die inhaltliche Zurechnung der Abgabenbeschei-

---

80 BVerfGE 38, 252, 278 ff.; E 52, 95, 117; E 78, 331, 341; E 83, 363, 383; BVerwGE 92, 56, 62 f.; BVerwG DVBl. 1969, 552, 553; BVerwG MDR 1976, 874; BVerwG NJW 1990, 134.
81 BVerfGE 91, 228, 239, 241.
82 S. ausführlich Rdn. 31 ff.
83 *Bechtold/Bosch*, Einführung, Rn. 89.
84 Anders aber *Säcker*, NJW 2012, 1105.

de zum Hoheitsträger sicherzustellen.⁸⁵ Er darf mithin kein bloßer *Hoheitstorso* sein. Liegen die Voraussetzungen für eine solche Zurechnung nicht vor, so sind die erlassen Gebührenbescheide formell rechtswidrig und damit anfechtbar. Die Rechtswidrigkeit löst indes keine kartellrechtliche Reservekompetenz aus. Denn die in diesem Zusammenhang aufgeworfenen Fragen sind originär öffentlich-rechtlicher Natur und deshalb von Verwaltungsgerichten innerhalb des öffentlich-rechtlichen Rechtsschutzsystems zu entscheiden. Die Einhaltung verwaltungsrechtlicher Vorgaben ist nach der verfassungsrechtlichen Ordnung in die Hände der Verwaltungsgerichte gelegt und nicht den Kartellgerichten überantwortet.⁸⁶ Anders liegt der Fall nur dann, wenn die Rekommunalisierung nicht nur rechtswidrig, sondern insgesamt unwirksam ist. Dann aber wäre das Kartellrecht bei Lichte besehen nicht trotz der Rekommunalisierung anwendbar, sondern seine Anwendung wäre nie wirksam ausgeschlossen worden.

(4) Scheinrekommunalisierung

Drittens schließlich könnte sich eine kartellrechtliche Reservekompetenz ergeben, wenn die Rekommunalisierung nur zum Schein durchgeführt wird.⁸⁷ Der Terminus der Scheinrekommunalisierung verdeckt jedoch die eigentlichen Rechtsfragen und ist insofern irreführend. Zunächst ist die vermeintliche oder wirkliche Scheinhaftigkeit der Rekommunalisierung eine Frage der Rechtmäßigkeit der im Zuge der Rekommunalisierung gewählten Organisationsform. Soweit die Scheinhaftigkeit zu deren Rechtswidrigkeit oder gar Unwirksamkeit führen sollte (was eine genuin öffentlich-rechtliche, hier nicht näher zu behandelnde Frage darstellt), gelten die vorgenannten Erwägungen entsprechend. In allen anderen denkbaren Konstellationen betrifft das Schlagwort der Scheinrekommunalisierung jedoch lediglich den Versuch, gegen den unmissverständlichen Wortlaut von § 130 Abs. 1 Satz 2 GWB den Anwendungsbereich des Kartellrechts auf öffentlich-rechtliche Gebühren auszudehnen. Das ist auch materiell aus den oben genannten Gründen abzulehnen.⁸⁸

46

cc) Öffentlich-rechtlich determinierte Preise

In einigen Bundesländern sind nicht nur Gebühren, sondern auch Wasser*preise* durch landesgesetzliche Kalkulationsvorgaben weitgehend öffentlich-rechtlich determiniert. So enthält etwa § 16 des Berliner Betriebe-Gesetzes (BerlBG) für die Festsetzung des formal privatrechtlichen *Wasserpreises* eine Reihe detail-

47

---

85 OVG Thüringen, Urt. v. 14.12.2009, Az. 4 KO 482/09; bestätigt durch BVerwGE 140, 246, 249 f.
86 OLG Frankfurt, Beschl. v. 20.9.2011, Az 11 W 24/11.
87 *Säcker*, NJW 2012, 1105, 1109.
88 Vgl. Rdn. 31 ff.; Rdn. 43 ff.

lierter Vorgaben, die materiell den einschlägigen Bestimmungen der Kommunalabgabengesetze für die Erhebung von *Gebühren*, z.T. bis in den Wortlaut hinein, entsprechen (Kostendeckungsgrundsatz, Ansatzfähigkeit kalkulatorischer Kosten, etc.). Ähnliche Regelungen für die *Preis*berechnung bestehen auch in Rheinland-Pfalz.[89]

48 Auf den ersten Blick scheinen hier die kartellrechtlichen Vorschriften Anwendung zu finden. Denn wenn § 130 Abs. 1 Satz 2 GWB die Anwendung des Kartellrechts nur für öffentliche Gebühren und Beiträge ausschließen will, so scheint daraus ohne Weiteres e contrario zu folgen, dass die kartellrechtliche Preismissbrauchskontrolle bei privatrechtlichen Preisen anwendbar bleibt. Dieser Argumentation folgend schließt auch das OLG Düsseldorf im Kartellverfahren gegen die Berliner Wasserbetriebe aus der privatrechtlichen Ausgestaltung der Leistungsbeziehungen zu den Wasserkunden auf die Anwendbarkeit des GWB-Kartellrechts.[90]

49 Diese Auslegung zwingt jedoch in der Folge zu einer Reihe verfassungsrechtlich ausgesprochen bedenklicher Annahmen. Um die kartellrechtliche Preismissbrauchsaufsicht überhaupt wirksam durchführen zu können, muss nämlich dem Wasserversorger zugleich auf der Rechtfertigungsebene die Möglichkeit verwehrt sein, sich auf die landesgesetzlichen Vorgaben als ihn belastende Sonderumstände zu berufen. Das kann nach der Rechtfertigungssystematik des § 31 Abs. 4 Nr. 2 GWB überhaupt nur gelingen, wenn man die landesgesetzlichen Vorgaben als dem Wasserversorger zurechenbare Umstände betrachtet. In Anlehnung an den kartellrechtlichen Konzerngedanken des § 36 Abs. 2 GWB ist das Bundeskartellamt im Verfahren gegen die Berliner Wasserbetriebe denn auch von einer *Zurechnungsgemeinschaft* zwischen Wasserversorger und Landesgesetzgeber ausgegangen.[91] Der Erlass preisrechtlicher Kalkulationsvorgaben sei nur der Form nach hoheitliche Tätigkeit, die in Wahrheit eine unternehmerische Betätigung des Gesetzgebers darstelle, die dem Wasserversorger trotz ihrer hoheitlichen Form zurechenbar bleibe.[92]

50 Diese Argumentation verkennt nicht nur den formellen Gesetzesbegriff der Verfassungsordnung, der es ausschließt, hinter der vermeintlich bloßen Gesetzesform auf eine »eigentlich« gegebene Handlungsform hoheitlicher Tätigkeit abzustellen.[93] Es gibt schlichtweg kein »nur der Form nach« gesetzgeberi-

---

89 § 7 Abs. 9 KAG Rheinland-Pfalz.
90 OLG Düsseldorf, B. v. 24.2.2014, Az.: VI-2 Kart 4/12 (V), S. 9 des Umdrucks.
91 Verfügung des Bundeskartellamts gegen die Berliner Wasserbetriebe, Beschl. v. 4.6.2012, Az. B 8 – 40/10, S. 28 ff.
92 A.a.O., S. 28; so auch OLG Düsseldorf, B. v. 24.2.2014, Az.: VI-2 Kart 4/12 (V), S. 18 d. Umdrucks.
93 *Starck*, Gesetzesbegriff des Grundgesetzes, 1970, S. 157 ff.

sches Handeln. Ebenso wenig wie ein Verwaltungsgericht ein Gesetz mit der Begründung aufheben kann, es handele sich der Sache nach doch um einen Verwaltungsakt, können die Kartellbehörden den Bereich zulässiger kartellrechtlicher Preismissbrauchsaufsicht auf die Gesetzgebung mit der Begründung erstrecken, es sei hier der Sache nach eine wirtschaftliche Betätigung gegeben.

Im Ergebnis führt die Rechtsauffassung des Bundeskartellamts damit zu einer kartellrechtlichen Kontrolle des Gesetzgebers. Damit werden die normativen Entscheidungen eines unmittelbar demokratisch legitimierten Organs im Namen der Preiseffektivität der Kontrolle durch eine demokratisch nur mittelbar legitimierte Behörde unterworfen. Diese Annahme verstößt nicht nur gegen das Demokratieprinzip aus Art. 20 Abs. 2 GG, sondern auch gegen den im Rechtsstaatsprinzip des Art. 20 Abs. 3 GG verankerten Gewaltenteilungsgrundsatz.[94] 51

Daneben sprechen aber weitere gewichtige Gründe dafür, bei öffentlich-rechtlich determinierten Preisen ebenso wie bei öffentlich-rechtlichen Gebühren[95] von der Nichtanwendbarkeit des Kartellrechts auszugehen. 52

Formell ist es fraglich, ob dem Bund überhaupt eine Gesetzgebungskompetenz zukommt, um die Anwendung des Kartellrechts auf öffentlich-rechtlich determinierte Preise zu erstrecken. Die historische und teleologische Auslegung des für das Kartellrecht maßgeblichen Kompetenztitels des Art. 74 Abs. 1 Nr. 16 GG ergibt, dass der Verfassungsgeber bei Erlass des Grundgesetzes einerseits von einer strikten Alternativität zwischen öffentlichem Gebührenrecht und Kartellrecht ausging und andererseits den Anwendungsbereich zulässiger kartellrechtlicher Regelungen über den Begriff des Missbrauchs wirtschaftlicher Macht bestimmte.[96] Die Länder sind unstreitig befugt, als Annexkompetenz zu ihrer fachrechtlichen Kompetenz im Bereich des Wasserrechts auch preisrechtliche Kalkulationsvorgaben zu erlassen.[97] Besteht jedoch mit den öffentlich-rechtlichen Preisvorgaben ein in sich geschlossenes öffentlich-rechtliches Kontrollregime, ist nach der Logik des Art. 74 Abs. 1 Nr. 16 GG ein Missbrauch ausgeschlossen. Innerhalb des föderalen Kompetenzgefüges kann es in der Regel keine doppelte Zuständigkeit zur Regelung derselben Sachmaterie geben.[98] Damit dürfte dem Bundesgesetzgeber bei verständiger Auslegung des Art. 74 Abs. 1 Nr. 16 GG schon die Gesetzgebungskompetenz für eine 53

---

94 Ebenso *Gussone/Siebeck*, IR 2014, 115, 116 f.
95 Zur in der Sache ähnlich gelagerten Diskussion s. die Argumente vor Erlass des § 130 Abs. 2 o. Rdn. 27 ff.
96 S. ausführlich o. Rdn. 31 ff.
97 BVerfGE 26, 338, 388.
98 *Korioth*, in: Maunz/Dürig, GG, Art. 31 Rn. 1.

Erstreckung des Anwendungsbereichs auf öffentlich-rechtlich determinierte Preise fehlen.[99]

54 *Materiell* würde eine Erstreckung der kartellrechtlichen Kontrolle auf öffentlich-rechtlich determinierte Preise zu einer parallelen Anwendung des Kartellrechts neben den unstreitig anwendbaren öffentlich-rechtlichen Kalkulationsvorgaben und damit zu einer *Doppelkontrolle* führen. Eine solche Doppelkontrolle unterwirft die Wasserversorger potentiell inkongruenten Anforderungen. Während die kartellrechtliche Vergleichsmarktkontrolle primär auf die Vergleichsunternehmen ausgerichtet ist, ist das Gebührenrecht als öffentlich-rechtliche Kostenkontrolle ausgestaltet.[100] Eine Doppelkontrolle anhand inkonsistenter Prüfungsmaßstäbe ist nicht nur rechtsstaatlich bedenklich, sie widerspricht auch der erklärten Absicht des Verfassungsgebers, der von der strikten Alternativität je in sich geschlossener Kontrollregime ausging. Diese Ansicht wird auch entstehungsgeschichtlich gestützt durch die Begründung des Bundesrates, auf dessen Intervention hin § 130 Abs. 2 GWB während des Gesetzgebungsverfahrens zur 8. GWB-Novelle erst eingefügt wurde. Grund für den Ausschluss der Anwendbarkeit des Kartellrechts im Bereich öffentlich-rechtlicher Gebühren war demnach die eigene landesrechtliche Ausgestaltung der Entgelterhebung nach Maßgabe des Prinzips der Kostendeckung.[101] Gerade diese Maßstäbe gelten jedoch in Berlin und Rheinland-Pfalz nicht nur für die öffentlich-rechtlich erhobenen Gebühren, sondern auch für die formell privatrechtlichen Preise. Eine kartellrechtliche Differenzierung zwischen Gebühren einerseits und Preisen andererseits, deren Erhebung indes materiell landesrechtlich exakt wie die einer Gebühr determiniert ist, erscheint wenig sinnvoll. Schon der Gesetzgeber der 4. GWB-Novelle hatte demgegenüber den Grundsatz aufgestellt, eine Anwendung des Kartellrechts scheide aus, soweit ein Verhalten durch staatliche Vorschriften zwingend vorgeschrieben oder behördlich genehmigt sei.[102] Beides ist aber bei öffentlich-rechtlich determinierten Preisen in der Regel der Fall.[103]

55 Aus der hier vorgeschlagenen Auslegung ergibt sich auch keineswegs, dass bei formell privatrechtlichen, in der Sache aber öffentlich-rechtlich determi-

---

99 Abweichend mit formalrechtlicher Argumentation OLG Düsseldorf, B. v. 24.2.2014, Az.: VI-2 Kart 4/12 (V), S. 21 des Umdrucks.
100 Zu diesem Argument s. schon ausführlich o. Rdn. 34.
101 BR-Drucks. 176/12, S. 19.
102 BT-Drucks. 8/2136, S. 33.
103 Anders das OLG Düsseldorf, B. v. 24.2.2014, Az.: VI-2 Kart 4/12 (V), S. 20 des Umdrucks: Das Gericht ist der Ansicht, eine Doppelkontrolle finde gerade nicht statt, da eine Gemeinde nur wie jeder andere Adressat kartellrechtlicher Verbote die Vorschriften des GWB zu beachten habe, wenn sie sich bei der Erfüllung der Aufgaben kommunaler Selbstverwaltung privatrechtlicher Mittel bediene.

nierten Preisen den Verbrauchern kein effektiver Rechtsschutz zu Gebote steht. Zwar sind in diesem Fall die Verwaltungsgerichte mangels einer öffentlich-rechtlichen Streitigkeit nicht zur Entscheidung berufen, den Verbrauchern steht jedoch der Weg zu den Zivilgerichten offen. Dort kann die privatrechtliche Preisgestaltung nach § 315 BGB anhand der bestehenden öffentlich-rechtlichen Kalkulationsvorgaben umfassend überprüft werden, was in Berlin auch geschieht. Dabei trägt nach der zivilgerichtlichen Rechtsprechung das Wasserversorgungsunternehmen die Darlegungs- und Beweislast dafür, dass die Kalkulation der Preise mit den öffentlich-rechtlichen Tarifvorgaben übereinstimmt.[104] Insofern kommt es zu keiner Rechtsschutzlücke. Vielmehr stellt § 315 BGB eine vollumfängliche Prüfung der Wasserpreise sicher.[105]

So spricht viel dafür, den Begriff der Beiträge und Gebühren in § 130 Abs. 1 Satz 2 GWB nach Sinn und Zweck der Vorschrift nicht nur auf Abgaben im formell gebührenrechtlichen Sinn zu begrenzen, sondern wie es die Begründung des Bundesrates auch nahelegt,[106] als *öffentlich-rechtlich determiniert* zu verstehen.[107]

56

---

104 Vgl. für Berlin KG, U. v. 15.2.2005, Az.: 7 U 140/04.
105 Abweichend OLG Düsseldorf, B. v. 24.2.2014, Az.: VI-2 Kart 4/12 (V), S. 10 des Umdrucks: Dem Gericht zufolge träte eine »verbraucherschutzfeindliche Situation« ein, wenn das GWB auf öffentlich-determinierte Preise keine Anwendung fände. Dieser eher rechtspolitische Einwand verkennt aber die Existenz einer nach der Rechtsprechung dem Kartellrecht gleichwertigen zivilgerichtlichen Billigkeitskontrolle.
106 BR-Drucks. 176/12, S. 19.
107 So auch *Di Fabio*, Verfassungsrechtliche Grenzen der Bundeskartellaufsicht im Bereich der kommunalen Daseinsvorsorge, Gutachten 2013, S. 75; *Wolfers/Wollenschläger*, EnWZ 2014, 261, 262 f.

§ 31 GWB Verträge der Wasserwirtschaft

§ 31 Verträge der Wasserwirtschaft

(1) Das Verbot wettbewerbsbeschränkender Vereinbarungen nach § 1 gilt nicht für Verträge von Unternehmen der öffentlichen Versorgung mit Wasser (Wasserversorgungsunternehmen) mit
1. anderen Wasserversorgungsunternehmen oder mit Gebietskörperschaften, soweit sich damit ein Vertragsbeteiligter verpflichtet, in einem bestimmten Gebiet eine öffentliche Wasserversorgung über feste Leitungswege zu unterlassen;
2. Gebietskörperschaften, soweit sich damit eine Gebietskörperschaft verpflichtet, die Verlegung und den Betrieb von Leitungen auf oder unter öffentlichen Wegen für eine bestehende oder beabsichtigte unmittelbare öffentliche Wasserversorgung von Letztverbrauchern im Gebiet der Gebietskörperschaft ausschließlich einem Versorgungsunternehmen zu gestatten;
3. Wasserversorgungsunternehmen der Verteilungsstufe, soweit sich damit ein Wasserversorgungsunternehmen der Verteilungsstufe verpflichtet, seine Abnehmer mit Wasser über feste Leitungswege nicht zu ungünstigeren Preisen oder Bedingungen zu versorgen, als sie das zuliefernde Wasserversorgungsunternehmen seinen vergleichbaren Abnehmern gewährt;
4. anderen Wasserversorgungsunternehmen, soweit sie zu dem Zweck abgeschlossen sind, bestimmte Versorgungsleistungen über feste Leitungswege einem oder mehreren Versorgungsunternehmen ausschließlich zur Durchführung der öffentlichen Versorgung zur Verfügung zu stellen.

(2) Verträge nach Absatz 1 sowie ihre Änderungen und Ergänzungen bedürfen der Schriftform.

(3) Durch Verträge nach Absatz 1 oder die Art ihrer Durchführung darf die durch die Freistellung von den Vorschriften dieses Gesetzes erlangte Stellung im Markt nicht missbraucht werden.

(4) Ein Missbrauch liegt insbesondere vor, wenn
1. das Marktverhalten eines Wasserversorgungsunternehmens den Grundsätzen zuwiderläuft, die für das Marktverhalten von Unternehmen bei wirksamem Wettbewerb bestimmend sind, oder
2. ein Wasserversorgungsunternehmen von seinen Abnehmern ungünstigere Preise oder Geschäftsbedingungen fordert als gleichartige Wasserversorgungsunternehmen, es sei denn, das Wasserversorgungsunternehmen weist nach, dass der Unterschied auf abweichenden Umständen beruht, die ihm nicht zurechenbar sind, oder

3. ein Wasserversorgungsunternehmen Entgelte fordert, die die Kosten in unangemessener Weise überschreiten; anzuerkennen sind die Kosten, die bei einer rationellen Betriebsführung anfallen.

(5) Ein Missbrauch liegt nicht vor, wenn ein Wasserversorgungsunternehmen sich insbesondere aus technischen oder hygienischen Gründen weigert, mit einem anderen Unternehmen Verträge über die Einspeisung von Wasser in sein Versorgungsnetz abzuschließen, und eine damit verbundene Entnahme (Durchleitung) verweigert.

Übersicht

		Rdn.				Rdn.
A.	Freistellungsvoraussetzungen, § 31 Abs. 1 und 2 GWB	1		(1)	Kriterien der Vergleichsgruppenbildung	43
I.	Freistellungstatbestände § 31 Abs. 1 GWB	1		(2)	Ausgleich durch Zu- und Abschläge	47
	1. Überblick	1		bb)	Vergleichsgegenstand: Ungünstigere Preise oder Geschäftsbedingungen	49
	2. Demarkationsverträge, Nr. 1	4				
	3. Konzessionsverträge, Nr. 2	7				
	4. Nicht-Diskriminierungsklausel, Nr. 3	10		(1)	Regelfall: Tarifvergleich	50
	5. Verbundklausel, Nr. 4	13		(2)	Zulässigkeit einer »Abgabenbereinigung«	53
II.	Schriftform, § 31 Abs. 2 GWB	15				
B.	Missbrauchstatbestand, § 31 Abs. 3 und 4 GWB	19	c)	Rechtfertigung		55
I.	Normstruktur	19	aa)	Abweichender Umstand (Objektiver Strukturnachteil)		57
II.	Generalklausel: § 31 Abs. 3 GWB	22				
	1. Anknüpfungspunkt: Freistellung oder Marktstellung	23		(1)	Anlagenauslastung	59
	a) Freistellungsmissbrauch, § 31 Abs. 3 GWB	24		(2)	Wasserbeschaffung (Eigenförderung und Fremdbezug)	60
	b) Marktstellungsmissbrauch, § 31 Abs. 3 GWB i.V.m. § 31b Abs. 5 GWB	25		(3)	Wasserverteilung	63
				(4)	Landesspezifische Vorgaben	66
	2. Tatbestand: Generalklausel	26				
III.	Konkretisierungen: § 31 Abs. 4 GWB	28		(5)	Insbesondere: Landesgesetzliche Kalkulationsvorgaben	67
	1. Allgemeiner Ausbeutungsmissbrauch: Grundsätzeverstoß, Nr. 1	29		(6)	Nicht rechtfertigungsfähige Umstände	69
	2. Besonderer Ausbeutungsmissbrauch: Vergleichsmarktkonzept, Nr. 2	35	bb)	Mehrkosten in konkreter Höhe		70
	a) Vergleichsmarktkonzept als Monopolpreisvergleich: das theoretische Konzept der Vergleichsmarktkontrolle	35	cc)	Kausalität		72
			dd)	Keine Zurechenbarkeit		73
	b) Tatbestand	40	ee)	Einzelfragen		79
	aa) Vergleichsgruppe: Gleichartige Versorgungsunternehmen	41		(1)	Darlegungs- und Beweislast	79
				(2)	Gesamtsaldierung, Vorteilsausgleichung, Überlappungseffekte	83

§ 31 GWB Verträge der Wasserwirtschaft

		Rdn.			Rdn.
	(3) Tarifgestaltungsspielraum und unternehmerische Spielräume	86		(1) Regulierungsrecht	103
				(2) Hypothetische Wettbewerbskosten	105
	(4) Kostendeckung als Untergrenze	88		(3) Preisbildungsfaktoren	106
	(5) Beurteilungsspielraum und Kontrolldichte	90		cc) Einzelne Kostenpositionen	108
				(1) Betriebskosten	108
d)	Sicherheits- und Erheblichkeitszuschlag	91		(2) Kalkulatorische Kosten	109
3.	Besonderer Ausbeutungsmissbrauch: Kostenkontrolle, Nr. 3	94		(3) Fehlgeschlagene Investitionen	110
a)	Zur Konzeption der Kostenkontrolle	94		(4) Nicht rationelle Betriebsführung	111
b)	Preisüberhöhung	97	d)	Sicherheits-/Erheblichkeitszuschlag	112
c)	Anerkennung der Kosten rationeller Betriebsführung	100	IV.	Ausnahmetatbestand: Durchleitungsverweigerung, Abs. 5	113
aa)	Allgemeines	101			
bb)	Rationelle Betriebsführung	102			

Schrifttum

Siehe Schrifttum Vor §§ 31–31b.

A. Freistellungsvoraussetzungen, § 31 Abs. 1 und 2 GWB

I. Freistellungstatbestände § 31 Abs. 1 GWB

1. Überblick

1   Abs. 1 enthält für drei Vertragstypen (Nr. 1, 2 und 4) und eine Vertragsklausel (Nr. 3) eine gesetzliche Ausnahmeregelung vom Verbot des § 1 GWB. Nr. 1 stellt Demarkationsverträge von dem Verbot des § 1 GWB frei, Nr. 2 Konzessionsverträge, Nr. 4 regelt die Freistellung von Verbundverträgen. Nr. 3 wiederum stellt die Verpflichtung zur Nicht-Diskriminierung in Verträgen zwischen Wasserversorgungsunternehmen der Verteilungsstufe frei.[1]

2   Grundvoraussetzung ist in allen Fällen, dass der betreffende Vertrag (ohne die Freistellung) unter § 1 GWB fallen würde und nicht nach § 2 GWB von dem Kartellverbot freigestellt ist. Vorrangig ist also die Frage zu prüfen, ob der betreffende Vertrag eine Wettbewerbsbeschränkung bezweckt oder be-

---

[1] Hinsichtlich der Kommentierungen ist neben den aktuellen Kommentierungen auf die Darstellungen zu § 103 GWB in der Fassung des Gesetzes bis zur 6. GWB-Novelle zu verweisen, vgl. etwa *Klaue*, in: Immenga/Mestmäcker, GWB, 1. Aufl. 1981; *Jestaedt*, in: Langen/Bunte, Kartellrecht, 7. Aufl. 1994.

wirkt. Häufig dürften Verträgen zwischen Wasserversorgungsunternehmen arbeitsteilige Arbeitsgemeinschaften (s. Fn. 2) zugrunde liegen, welche nicht wettbewerbsbeschränkend sind.

Aus Gründen des Vorrangs des Gemeinschaftsrechts bleibt Art. 101 AEUV uneingeschränkt auf Verträge zwischen Wasserversorgungsunternehmen anwendbar. Im Einzelfall stellt sich aber die Frage, ob durch Vereinbarungen zwischen Wasserversorgungsunternehmen der zwischenstaatliche Handel betroffen ist. Dies ist in der Regel ausgeschlossen bei Verträgen zwischen kleineren Wasserversorgungsunternehmen, da sie nicht marktabschottend wirken. Demarkationsverträge zwischen großen Wasserversorgungsunternehmen, aber auch Verträge zwischen Wasserversorgungsunternehmen in grenznahen Bereichen können zur Abschottung des deutschen Marktes gegenüber anderen mitgliedstaatlichen Märkten führen und damit geeignet sein, den zwischenstaatlichen Handel in spürbarer Weise zu beeinträchtigen. Voraussetzung ist aber auch in diesen Fällen, dass keine technischen Gründe der grenzüberschreitenden Wasserversorgung entgegenstehen. Dies ist der Fall, wenn die Leitungssysteme von Wasserversorgungsunternehmen aus verschiedenen Mitgliedstaaten keine Verbindungen untereinander aufweisen und solche Verbindungen aus technischen oder wirtschaftlichen Gründen sinnvollerweise auch nicht errichtet werden.[2] Dies unterscheidet die wettbewerbliche Ausgangslage der Wasserwirtschaft grundsätzlich von den Strom- und Gasmärkten, da dort durch Fernleitungsnetze und Höchstspannungsleitungen die Netze aus unterschiedlichen Mitgliedstaaten physisch verbunden sind und daher über die Regelungen von Einspeisung und Ausspeisung ein europaweiter Handel möglich ist. In der Wasserwirtschaft könnte ein solches System jedenfalls dann, wenn eine physische Verbindung zwischen den Versorgungsnetzen nicht besteht, nicht stattfinden.

2. Demarkationsverträge, Nr. 1

Durch einen Demarkationsvertrag verpflichtet sich ein Wasserversorgungsunternehmen oder eine Gebietskörperschaft, in einem bestimmten Gebiet eine eigene Wasserversorgung zu unterlassen. Hierbei handelt es sich um eine unmittelbare selbstständige Demarkation, wenn beide Vertragspartner außerhalb der Demarkation keine Vertragspartner sind. Diese Vereinbarung stellt eine klassische räumliche Marktaufteilung dar.[3] Wird die Demarkation im Rahmen eines Lieferverhältnisses vereinbart, liegt eine unmittelbare unselbstständige Demarkationsvereinbarung vor. Im Bereich der Strom- und Gasver-

---

2 Arbeitsgemeinschaftsgedanke, vgl. hierzu *Zimmer*, in: Immenga,/Mestmäcker, § 1 Rn. 252 ff.
3 *Klaue*, in: Immenga/Mestmäcker, § 31 Rn. 21.

sorgung waren darüber hinaus Verträge zwischen Vorlieferanten über die Aufteilung der Belieferung bestimmter Abnehmer (Weiterverteiler) weit verbreitet. Sofern zwischen ihnen keine Lieferbeziehung besteht, handelt es sich um eine selbstständige Demarkation, welche zudem nur mittelbar, nämlich über die Abnehmer der Vertragspartner, die Interessengebiete demarkiert. Im Sinne des § 1 GWB liegt einer solchen Demarkation eine kundenbezogene Marktaufteilung zugrunde. Wenngleich sich diese Form der Marktaufteilung nicht auf ein bestimmtes Gebiet bezieht, liegt dieser Form der Demarkation mittelbar eine auch marktbezogene Vereinbarung zugrunde, so dass derartige Vereinbarungen freigestellt sind.[4] Besteht eine Lieferbeziehung zwischen den Vertragspartnern, im Rahmen derer auch die kundenbezogene Aufteilung geregelt wird, spricht man von einer unselbstständigen mittelbaren Demarkation.

5 Voraussetzung für eine Demarkationsvereinbarung ist nicht notwendigerweise, dass sich beide Vertragspartner zur Unterlassung der Belieferung des Versorgungsgebietes des anderen Vertragspartners verpflichten. Es genügt, wenn sich nur ein Vertragspartner verpflichtet. In der Regel dürfte es sich hierbei um Demarkationen im Rahmen von Lieferverträgen handeln, wonach sich der Vorlieferant verpflichtet, im Versorgungsgebiet seines abnehmenden Weiterverteilerkunden keine Endabnehmer zu beliefern. In diesen Fällen ist in besonderem Maße zu prüfen, ob die Regelung überhaupt in den Anwendungsbereich des § 1 GWB fällt oder nur der Verfolgung des im Übrigen kartellrechtsneutralen Vertrages dient. Dies dürfte insbesondere der Fall sein bei Klauseln, mit denen sich der Lieferant gegenüber seinen Abnehmern verpflichtet, in deren Absatzgebiet keine Kunden zu beliefern. Aufgrund seiner Vorlieferantenstellung könnte der Lieferant anderenfalls ohne weiteres die Kunden zu günstigeren Preisen beliefern. Dieses wettbewerbliche Verhalten seines Vorlieferanten zu unterbinden, liegt im berechtigten Interesse des Abnehmers.[5] Ob im Anschluss an die mit der 7. GWB-Novelle aufgegebene Unterscheidung zwischen horizontalen und vertikalen Vereinbarungen das berechtigte Interesse ausreicht, um den Tatbestand des § 1 GWB auszuschließen, wird wohl zu verneinen sein.[6] In den meisten Fällen wird die Beschränkung aber notwendig sein, um die Investition des Abnehmers in den Markt hinreichend zu schützen. Ob der Notwendigkeit einer Vertragsklausel eine tatbestandsausschließende Bedeutung zukommt, bleibt in Rechtsprechung und Literatur unklar.[7] In Betracht zu ziehen ist aber eine Freistellung nach § 2 GWB, ggf. in Verbindung mit der VertikalGVO (wobei die Anwendbarkeit der VertikalGVO häufig an der 30 %-Marktanteilsgrenze scheitern dürfte).

---

4 *Klaue*, in: Immenga/Mestmäcker, § 31 Rn. 22.
5 *Klaue*, in: Immenga/Mestmäcker, § 103 Rn. 14, 15.
6 Vgl. *Zimmer*, in: Immenga/Mestmäcker, § 1 Rn. 338 ff.
7 *Zimmer*, in: Immenga/Mestmäcker, § 1 Rn. 340.

Grenzmengenabkommen (Unterlassen der Belieferung bestimmter Kunden ab einer bestimmten Absatzmenge) unterfallen § 1 GWB,[8] sind aber jedenfalls dann nach Nr. 1 freigestellt, wenn sie sich auf ein bestimmtes Gebiet beziehen.[9]

3. Konzessionsverträge, Nr. 2

Mit dem Konzessionsvertrag räumt die Gebietskörperschaft einem Wasserversorgungsunternehmen das ausschließliche Recht ein, auf den öffentlichen Wegen und Straßen Leitungen zur unmittelbaren öffentlichen Wasserversorgung von Letztverbrauchern zu verlegen. Das Recht muss ausschließlich sein. Nicht ausschließliche Vereinbarungen würden von vornherein nicht in den Anwendungsbereich des § 1 GWB fallen. Das Recht der Gestattung muss sich auf die unmittelbare Versorgung beziehen. Eine lediglich mittelbare Versorgung (z.B. Wegerecht zur Durchleitung an andere Versorger) würde nicht ausreichen. Der Grund für die Privilegierung liegt darin, dass das Versorgungsunternehmen einen Versorgungsauftrag erfüllt, indem es sämtliche Letztverbraucher selbst mit Wasser versorgt. Für die Frage der Unmittelbarkeit ist auf die Konzernzugehörigkeit (§ 36 Abs. 2 GWB) abzustellen. Verträge zwischen der Gebietskörperschaft und den eigenen Wasserbetrieben unterfallen nicht dem § 1 GWB (Konzernprivileg).[10] Die Aufteilung des Wasserversorgungsunternehmens in eine Vertriebsgesellschaft, welche den Vertrag mit den Endverbrauchern abschließt, und eine Besitzgesellschaft, welche das Leitungsnetz betreibt, ist nicht schädlich. Werden die Leitungsnetze auf einen Dritten übertragen (z.B. Sale & Lease-Back), bleibt die Unmittelbarkeit der Versorgung unberührt, sofern sich der Leasinggeber (= Konzessionsnehmer) das uneingeschränkte Betriebsrecht über das Leitungsnetz vorbehält und das Leitungsnetz nach Ablauf des Leasingvertrages wieder an den Leasinggeber/Konzessionsnehmer zurückfällt.

Die Wasserversorgung muss im Zeitpunkt des Abschlusses des Vertrages bereits bestehen oder jedenfalls beabsichtigt sein. Die Absicht muss sich darauf beziehen, vorhandene oder zukünftige Letztverbraucher an das Netz anzuschließen und zu versorgen. Die Absicht muss nicht so konkret sein, dass der Anschluss unmittelbar bevorsteht, soweit es sich um neu anzuschließende Letztverbraucher handelt, so dass sich der Konzessionsvertrag auch auf bislang nicht erschlossene Baugebiete einer Gebietskörperschaft beziehen kann. Der Konzessionsvertrag muss sich nicht zwingend auf das gesamte Gebiet der Gebietskörperschaft beziehen. Dies ergibt sich daraus, dass Abs. 1 von

---

8 BGH WuW/E 1405 – *Grenzmengenabkommen*.
9 *Bechtold/Bosch*, GWB, § 31 Rn. 6; *Klaue*, in: Immenga/Mestmäcker, § 31 Rn. 23; *Reif/Daiber*, in: MünchKommKartR, § 31 Rn. 74.
10 *Bechtold/Bosch*, GWB, § 31 Rn. 8.

Wasserversorgungsunternehmen im Plural spricht, also mehrere parallele Verträge nicht von vornherein ausschließt.

9 Anders als im Bereich der Gas- und Elektrizitätsversorgung (§ 46 EnWG) sieht § 31 weder eine Pflicht zur Ausschreibung noch eine Befristung der Konzessionsverträge vor. Die Befristung gemäß § 103a GWB a.F. galt auch nur für Elektrizität und Gas. Eine Pflicht zur Ausschreibung kann sich aber aus dem Missbrauchsverbot (§ 19 GWB) herleiten. Da es sich in der Regel im Bereich der Wasserversorgung um lokale, auf das jeweilige Wasserversorgungsnetz beschränkte Märkte handelt, sind die Gebietskörperschaften häufig Normadressat des § 19 GWB, wenn der Abschluss eines neuen Konzessionsvertrages ansteht. Das Verbot der Behinderung und des Missbrauchs einer marktbeherrschenden Stellung zwingt die Gebietskörperschaft im Zweifel dazu, den Vertrag öffentlich auszuschreiben und nach objektiven Kriterien über die Vergabe zu entscheiden. Mangels Befristungsregelung im Gesetz besteht bei automatischen Verlängerungsklauseln keine Pflicht zur Ausschreibung und dementsprechend auch keine Verpflichtung der Gebietskörperschaft, den Vertrag zum Ende der vertraglichen Laufzeit durch Kündigung zu beenden, um damit die Voraussetzungen für eine Neuausschreibung zu schaffen.

4. Nicht-Diskriminierungsklausel, Nr. 3

10 Nr. 3 bezieht sich – anders als die Nummern 1, 2 und 4 – nicht auf Verträge, sondern auf eine bestimmte Vertragsklausel in bestehenden Lieferverträgen. Mit dieser Klausel verpflichtet sich der Weiterverteiler gegenüber seinen Vorlieferanten, seine Abnehmer nicht zu ungünstigeren Preisen und Bedingungen zu beliefern als der Vorlieferant (im direkten Absatz) seine vergleichbaren Abnehmer. Klassischer Fall ist die Höchstpreisbindung, welche allerdings auch schon europarechtlich nicht als Wettbewerbsbeschränkung angesehen wird (VertikalGVO). Gebunden wird der lokale Weiterverteiler, nicht aber dessen Vorlieferant. Dies ergibt sich aus dem Bezug des Vergleichs auf die Preise und Bedingungen des »zuliefernden« Wasserversorgungsunternehmens, bei dem es sich zwingend um den Vorlieferanten handelt. Hintergrund dieser Freistellung ist das Interesse der Letztverbraucher, keine wirtschaftlichen Nachteile daraus zu erleiden, dass lokal in den Vertrieb des Wassers in der Regel in der Form der Gebietskörperschaft eine weitere Marktstufe eingeschaltet ist. Zudem liegt es nahe, ein missbräuchliches Verhalten anzunehmen, wenn der lokale Weiterverteiler ungünstigere Preise oder Bedingungen fordert als sein Vorlieferant im Direktvertrieb.[11] Aus dieser Beschränkung der Klausel auf die Verpflichtung des weiterverteilenden Wasserversorgungsunternehmens gegen-

---

11 Vgl. BGHZ 163, 282 – *Stadtwerke Mainz*; BGHZ 129, 37 – *Weiterverteiler*.

über seinem Vorlieferanten folgt gleichzeitig, dass eine Verpflichtung des Weiterverteilers, keine günstigeren Preise oder Bedingungen zu verlangen, ebenso wenig freigestellt ist wie eine Gleichpreisigkeitsklausel, auch wenn faktisch das Verbot ungünstigerer Preise oder Bedingungen häufig zu einer Gleichpreisigkeit führen wird (eine entsprechende Absprache würde einen nicht freigestellten Verstoß gegen § 1 GWB darstellen). Auch eine Meistbegünstigungsklausel, wonach sich der Vorlieferant verpflichtet, seine Abnehmer zu den jeweils günstigsten Preisen und Bedingungen zu beliefern, unterfällt nach insoweit einhelliger Auffassung nicht der Freistellung.[12] Allerdings dürfte sich eine Verpflichtung zur Belieferung zu Preisen und zu Konditionen, die denen der Direktbelieferung vergleichbar sind, in den meisten Fällen aus dem Missbrauchsverbot ableiten (§ 19 Abs. 2 Nr. 3 GWB), da der Vorlieferant in der Regel Normadressat des § 19 GWB sein dürfte.

Voraussetzung für die Freistellung ist lediglich, dass die Abnehmer vergleichbar sind. Der Gesetzgeber verwendet hier einen anderen Begriff als in §§ 19, 20 GWB, wo auf die Gleichartigkeit abgestellt wird. Da auf der anderen Seite auf die sachliche Rechtfertigung als ein die Diskriminierung ausschließendes Tatbestandsmerkmal verzichtet wird, liegt es nahe, im Rahmen der Vergleichbarkeit gemäß Nr. 3 strukturelle Unterschiede zwischen Abnehmern durch Zu- und Abschläge zu berücksichtigen.[13] Diese Einschränkung der Freistellung auf vergleichbare Abnehmer ist bei der Formulierung der entsprechenden Vertragsklausel zu beachten. Ein uneingeschränktes Verbot der Belieferung aller Abnehmer, selbst wenn sie nicht vergleichbar sind, zu ungünstigeren Konditionen würde über die gesetzliche Freistellung hinausgehen und wäre unwirksam. Sofern der Vertrag eine salvatorische Klausel enthält, dürfte eine geltungserhaltende Reduktion (in dem Sinne, dass das Verbot der Ungleichbehandlung nur gegenüber vergleichbaren Abnehmern gilt) in Betracht kommen. Ein besonderes, aus dem Kartellrecht folgendes öffentliches Interesse an einer endgültigen Unwirksamkeit der Klausel besteht nicht, da in den meisten Anwendungsfällen die Klausel auch ohne Beschränkung auf vergleichbare Abnehmer der wettbewerblichen Zielsetzung des Gesetzes entspricht (weil die Abnehmer, ggf. unter Berücksichtigung struktureller Unterschiede, in der Regel vergleichbar sind).

11

Die Beweislast für die Vergleichbarkeit trägt im Zivilverfahren der Vorlieferant und im Verwaltungsverfahren die Kartellbehörde, da es sich um ein den Tatbestand einschränkendes negatives Merkmal handelt und der Weiterverteil-

12

---

12 Vgl. *Klaue*, in: Immenga/Mestmäcker, § 31 Rn. 32; *Jestaedt*, in: Langen/Bunte, Kartellrecht, § 103 Rn. 17.
13 BGHZ 59, 42, 45 ff. – *Stromtarif*, a.A. *Klaue*, in: Immenga/Mestmäcker, § 31 Rn. 33.

ler den Beweis, dass die Abnehmer des Vorlieferanten nicht vergleichbar sind, nicht führen könnte.

5. Verbundklausel, Nr. 4

13 Mit Nummer 4 wird nicht ein bestimmter Vertragstyp von dem Kartellverbot freigestellt, sondern die Verfolgung eines gemeinsamen Zwecks durch mehrere Wasserversorgungsunternehmen. Von der Konzeption her handelte es sich um eine »lex Ruhrgas«, um die Zusammenarbeit der früheren Gesellschafter (Gas- und Mineralölgesellschaften) in der Ruhrgas beim Vertrieb des von ihnen geförderten Erdgases kartellrechtlich auf eine gesicherte Grundlage zu stellen, also um eine Spezialbestimmung im Bereich der Gasversorgung. Im Bereich der Wasserversorgung ist der Anwendungsbereich sehr beschränkt. Selbst bei einer Zusammenarbeit verschiedener Wasserversorgungsunternehmen in den Zweckverbänden oder beispielsweise dem gemeinsamen Betrieb von Talsperren wird es häufig an einem aktuellen oder potentiellen Wettbewerbsverhältnis der beteiligten Unternehmen untereinander fehlen, da ein Betrieb der Wassertalsperren durch einzelne kommunale Wasserversorgungsunternehmen aus wirtschaftlichen Gründen in der Regel nicht in Betracht kommen wird und die Leitungssysteme der beteiligten Wasserversorgungsunternehmen in den meisten Fällen nicht in einer Weise verbunden sind, dass eine Belieferung des Gebietes des anderen im Wege einer »Durchleitung« erfolgen könnte.[14]

14 Die Zusammenarbeit darf sich nur auf die Wasserversorgung als Versorgungsleistung beziehen. Der weite Wortlaut – insoweit übernommen aus § 103 GWB a.F., der sich auch auf Strom und Gas bezog – ist einengend auszulegen.

II. Schriftform, § 31 Abs. 2 GWB

15 Zur Sicherstellung der Vollständigkeit der bei der Kartellbehörde gemäß § 31a GWB anzumeldenden Verträge (Behördenpublizität)[15] verlangt Abs. 2 für Verträge nach Abs. 1 sowie ihre Änderungen und Ergänzungen die Einhaltung der Schriftform. Hinsichtlich des Schriftformerfordernisses ist in erster Linie auf die umfangreiche Rechtsprechung zu § 34 GWB a.F. (aufgehoben durch die 6. GWB-Novelle 1998) zurückzugreifen. § 34 GWB a.F. verwies auf § 126 Abs. 1 BGB, nicht aber auf die Verpflichtung des Abs. 2, wonach die Unterzeichnung der Parteien auf derselben Urkunde zu erfolgen hatte.

---

14 Vgl. hierzu auch *Reif/Daiber*, in: MünchKommKartR, § 31 Rn. 93.
15 *Henning*, in: Langen/Bunte, § 34 Rn. 2.

Da § 31 Abs. 2 GWB – anders als § 105 a.F. GWB – nicht direkt Bezug nimmt auf § 34 GWB a.F., stellt sich die Frage, ob nunmehr auch § 126 Abs. 2 BGB bei Verträgen nach Abs. 1 zu beachten ist.[16] Die Gesetzesmaterialien verweisen für die Schriftform auf § 105 GWB a.F., so dass davon auszugehen ist, dass insoweit nur auf § 126 Abs. 1 BGB verwiesen werden sollte.

Schriftform erfordert, dass sämtliche vertragliche Regelungen – also nicht nur die dem § 1 GWB unterfallenden Klauseln – in einer einheitlichen Urkunde erfasst sind. Die Verträge müssen von allen beteiligten Parteien eigenhändig unterschrieben sein (§ 126 Abs. 1 BGB) oder mittels eines vom Notar beglaubigten Handzeichens. Sofern in den Verträgen auf Anlagen Bezug genommen wird, sind sie mit der Vertragsurkunde entweder zu verbinden, oder im Hauptvertrag sind die Anlagen konkret zu benennen (»Dieser Vertrag enthält folgende Anlagen [...]«). Ebenso ist in den Anlagen selbst Bezug zu nehmen auf den Hauptvertrag (»Anlage X zum Vertrag vom [...]«). Die Anlagen müssen in diesem Fall (keine Verbindung mit der Haupturkunde) ebenfalls unterschrieben werden. Fehlt es an einer solchen Verbindung, ist die Schriftform nicht gewahrt und der Vertrag unwirksam.[17]

Spätere Änderungen oder Ergänzungen führen selbst dann nicht zu einer bestätigenden Wiederholung des unwirksamen Rechtsgeschäfts, wenn bei der Änderung oder Ergänzung die für den Ursprungsvertrag gebotene Form beachtet wird, es sei denn, beide Vertragspartner waren sich der rechtlichen Unsicherheit hinsichtlich der Wirksamkeit des Vertrages bewusst und haben zwecks Ausräumung rechtlicher Zweifel das Rechtsgeschäft im Rahmen der Änderung/Ergänzung bestätigt (§ 141 BGB).[18] Dies ist aus Gründen der Rechtssicherheit und Beweisbarkeit vorzugswürdig im Vertrag selbst festzuhalten.

Änderungen und Ergänzungen bedürfen ebenfalls der Schriftform. Hierbei ist aber nicht erforderlich, eine neue, alle Regelungen umfassende Urkunde zu verfassen. Es genügt, wenn die Änderungen selbst bzw. die Ergänzung der Schriftform genügt und auf den ursprünglichen Hauptvertrag Bezug genommen wird. Sofern Anlagen in Bezug genommen werden, gilt dasselbe wie unter Rdn. 16 Ausgeführte.

---

16 So *Bechtold/Bosch*, GWB, § 31 Rn. 11 für nach dem 31.12.2012 abgeschlossene Verträge.
17 *Bornkamm*, in: Langen/Bunte, Anhang zu § 34a Rn. 10 m.w.N.
18 *Bornkamm*, in: Langen/Bunte, Anhang zu § 34a Rn. 10.

B. Missbrauchstatbestand, § 31 Abs. 3 und 4 GWB

I. Normstruktur

19 § 31 Abs. 3 und 4 GWB enthalten die zentralen Vorschriften für die Missbrauchsaufsicht im Bereich der Wasserwirtschaft: § 31 Abs. 3 GWB normiert in der Form einer Generalklausel den materiellen Missbrauchstatbestand, der zusammen mit der Eingriffsermächtigung in § 31b Abs. 3 GWB die kartellrechtliche Missbrauchsaufsicht über die Wasserwirtschaft begründet. § 31 Abs. 4 GWB konkretisiert die Generalklausel durch drei Regelbeispiele.

20 § 31 Abs. 3 GWB erfasst dabei zunächst nur den Missbrauch einer durch die Freistellung bestimmter Vertragstypen nach Abs. 1 erlangten Marktstellung (*Freistellungsmissbrauch*). § 31b Abs. 5 GWB erstreckt den Anwendungsbereich jedoch auf den praktisch bedeutenderen Fall einer marktbeherrschenden Stellung (*Marktstellungsmissbrauch*). Diese rechtstechnisch etwas missglückte Normstruktur ist ein Relikt der Gesetzgebungsgeschichte, die die besondere Missbrauchsaufsicht über die Wasserwirtschaft zunächst streng an die Befreiung von den allgemeinen kartellrechtlichen Normen band und erst später zu einem besonderen sektorspezifischen Missbrauchsregime erweiterte.[19]

21 Der Missbrauchstatbestand des § 31 Abs. 3 GWB ist nicht als gesetzliches Verbot ausgestaltet.[20] Die besondere Missbrauchsaufsicht des § 31 GWB ermächtigt daher (anders als § 19 GWB[21]) nicht zu rückwirkenden Eingriffen. Ein Verstoß begründet insofern, wie sich aus § 81 Abs. 2 Nr. 2 lit. a GWB ergibt, auch weder eine Ordnungswidrigkeit, noch lässt er Ansprüche nach §§ 33 oder 34 GWB entstehen. Diese Ausgestaltung entspricht der Vorgängernorm des § 103 GWB 1990 und unterscheidet § 31 GWB von der allgemeinen Missbrauchsaufsicht des § 19 GWB.

II. Generalklausel: § 31 Abs. 3 GWB

22 Der Tatbestand der kartellrechtlichen Missbrauchsaufsicht über die Wasserwirtschaft setzt sich aus drei Teilelementen zusammen: einem kartellrechtlichen Anknüpfungspunkt (hierzu 1), dem eigentlichen Missbrauchstatbestand (hierzu 2) und der formellen Handlungsermächtigung an die Kartellbehörden (hierzu § 31b GWB).

---

19 S. dazu ausführlich Vor §§ 31–31b Rdn. 1 ff.
20 *Bechtold/Bosch*, GWB, § 31 Rn. 14.
21 S. dazu § 31b Rdn. 21.

1. Anknüpfungspunkt: Freistellung oder Marktstellung

Kartellrechtlicher Anknüpfungspunkt für die Prüfung der Wasserpreise ist entweder die Freistellung nach Abs. 1 (häufig auch als rechtliches Monopol bezeichnet) oder eine marktbeherrschende Stellung nach § 18 GWB (faktisches oder natürliches Monopol). Beide Anknüpfungspunkte sind parallel anwendbar.[22] Die Gleichstellung rechtlicher und faktischer Monopole soll verhindern, dass Unternehmen durch den Verzicht auf eine Freistellung nach Abs. 1 kartellrechtlich privilegiert werden.[23]

a) Freistellungsmissbrauch, § 31 Abs. 3 GWB

Die Freistellung nach Abs. 1 eröffnet ohne weiteres den unmittelbaren Anwendungsbereich der kartellrechtlichen Missbrauchsaufsicht. Auf eine marktbeherrschende Stellung kommt es insoweit nicht an. Eine Kausalität zwischen Freistellung und Missbrauch ist nicht erforderlich.[24]

b) Marktstellungsmissbrauch, § 31 Abs. 3 GWB i.V.m. § 31b Abs. 5 GWB

Daneben ist die kartellrechtliche Missbrauchsaufsicht auch bei einer marktbeherrschenden Stellung anwendbar. Eine marktbeherrschende Stellung setzt dabei nach der Legaldefinition des § 18 GWB das Fehlen einer Wettbewerbssituation auf dem betroffenen Markt voraus. Der zugehörige Markt wird sachlich und räumlich nach dem *Bedarfsmarktkonzept* bestimmt.[25] Der »Wassermarkt«, also der Markt für die öffentliche Trinkwasserversorgung, wird in der kartellbehördlichen Praxis weit verstanden. Ausgegrenzt werden lediglich nicht leitungsgebundenes Trinkwasser (Mineral- und Tafelwasser), Brauchwasser (d.h. Wasser ohne Trinkwasserqualität) und Trinkwasser an Weiterverteiler. Räumlich ergeben sich die Grenzen aus der Reichweite des jeweiligen Trinkwasserversorgungsnetzes. Im Bereich der Wasserversorgung besteht eine *natürliche* Monopolsituation auf der Endverteilerstufe, weil es keine parallelen Leitungsnetze gibt und der Bau zusätzlicher Netze weder beabsichtigt noch ökonomisch sinnvoll ist.[26] Auch eine in anderen Netzwirtschaften mög-

---

22 *Reif/Daiber*, in: MünchKommKartR, § 31b Rn. 16.
23 BGHZ 184, 168, 173, 174 – *Wasserpreise Wetzlar*.
24 BGHZ 135, 323, 333 – *Gaspreis*; *Bechtold/Bosch*, GWB, § 31 Rn. 15; *Reif/Daiber*, in: MünchKommKartR, § 31 Rn. 119, 99.
25 Danach kommt es in ständiger Rechtsprechung auf eine funktionelle Betrachtung anhand der Austauschbarkeit aus Abnehmersicht an, »nach welcher dem relevanten Markt diejenigen Produkte zuzurechnen sind, die aus der Sicht der Abnehmer nach Eigenschaft, Verwendungszweck und Preislage zur Deckung eines bestimmten Bedarfs austauschbar sind«, s. BGHZ 131, 107, 110 – *Backofenmarkt*.
26 Zum Problem der Zwischenhandels- und Weiterverteilerstufe s. ausführlich *Reif/Daiber*, in: MünchKommKartR, § 31 Rn. 126 ff.

liche Durchleitung fremder Netzinhalte kommt in der Trinkwasserversorgung schon aufgrund des fehlenden Netzverbundes nicht in Betracht und wäre auch ökonomisch nicht vertretbar.[27] Ein Wasserversorgungsunternehmen verfügt daher in seinem Versorgungsgebiet über eine marktbeherrschende Stellung. Somit kommt es auf das Vorliegen von Freistellungsverträgen bei der praktischen Anwendung von § 31 Abs. 3 GWB regelmäßig nicht an.

2. Tatbestand: Generalklausel

26 Die Generalklausel verbietet den Missbrauch der durch Freistellung nach Abs. 1 erlangten Stellung *durch die Verträge oder die Art ihrer Durchführung*. Trotz dieser auf den Freistellungsmissbrauch nach Abs. 1 zugeschnittenen Formulierung handelt es sich wegen der Erstreckung auf den Fall der marktbeherrschenden Stellung durch § 31b Abs. 5 GWB in der Sache um ein *allgemeines Missbrauchsverbot im Bereich der Wasserwirtschaft*. Das GWB verwendet den Missbrauchsbegriff nicht einheitlich. Er ist jeweils tatbestandsspezifisch nach Sinn und Zweck des Kartellverbots und im Bereich der Wasserversorgung zugleich nach Sinn und Zweck der Freistellung auszulegen.[28] Grund der Freistellung sind die technischen, ökonomischen und wettbewerbsrechtlichen Besonderheiten der Wasserversorgung.[29] Bei der Auslegung der kartellrechtlichen Generalklausel sind also die Besonderheiten der Wasserwirtschaft zu beachten. Sie sind Grund für die sektorspezifischen Sonderregelungen und müssen daher auch für deren Auslegung maßgeblich sein (*Grundsatz der gegenstandsadäquaten Auslegung*). Dieser Grundsatz hat eine doppelte Bedeutung: Zum einen sind bereits auf der Ebene der Sachverhaltserfassung die technischen Besonderheiten der Wasserwirtschaft durch adäquate Messgrößen abzubilden. Eine effektive kartellrechtliche Kontrolle von Wasserpreisen kann nur dann erreicht werden, wenn das Unwerturteil der Generalklausel und der ihr nachfolgenden Konkretisierungen die Besonderheiten der Wasserwirtschaft zutreffend abbildet. Dieser Hinweis ist deshalb von Bedeutung, weil die Vorgängernorm des § 103 GWB a.F. noch Strom-, Gas- und Wasserwirtschaft gleichermaßen erfasste und so zu einer unbesehenen Übertragung der nur für einzelne Sektoren entwickelten Messgrößen und Kriterienkataloge verleitete. Zum anderen muss bei der Normauslegung im engeren Sinne, insbesondere bei der Frage nach Rechtfertigungsgründen, berücksichtigt werden, welchen besonderen Sachzwängen ein Sektor unterliegt und wie sich bestimmte sektorspezifische Sachverhalte auf die Kosten des Versorgungsunternehmens auswirken.[30]

---

27 S. Vor §§ 31–31b Rdn. 17.
28 BGHZ 59, 42, 45 – *Stromtarif*.
29 S. Vor §§ 31–31b Rdn. 1 sowie Vor §§ 31–31b Rdn. 6 ff. u. 14 ff.
30 S. dazu u. Rdn. 57 ff.

Die Generalklausel ist begriffsnotwendig nicht abschließend.[31] Der BGH hat dabei festgestellt, dass nicht erst ein besonderes Verhalten den Missbrauch begründet, sondern schon die Inanspruchnahme der Freistellung selbst einen Missbrauch darstellen kann, soweit die mit der Freistellung verfolgten Zwecke objektiv verfehlt werden.[32] Bislang hat die Rechtsprechung jedoch vorwiegend auf die gesetzlichen Konkretisierungen der Generalklausel durch die folgenden Regelbeispiele des § 31 Abs. 4 GWB (bzw. seiner Vorgängernorm) zurückgegriffen. Zu einer Aufstellung darüber hinausgehender konkreter Maßstäbe zur Anwendung der Generalklausel ist es nicht gekommen.[33] Die Generalklausel hat daher in der Praxis bislang kaum eigenständige Bedeutung erlangt. 27

III. Konkretisierungen: § 31 Abs. 4 GWB

Das allgemeine Missbrauchsverbot wird durch drei gesetzliche Konkretisierungen für die Praxis handhabbar gemacht: den Grundsätzeverstoß nach Nr. 1, das Vergleichsmarktkonzept der Nr. 2 und die Kostenkontrolle nach Nr. 3. 28

1. Allgemeiner Ausbeutungsmissbrauch: Grundsätzeverstoß, Nr. 1

Am wenigsten Klarheit bringt dabei der sog. Grundsätzeverstoß des § 31 Abs. 4 Nr. 1 GWB, der das Marktverhalten eines Wasserversorgers dann zum Missbrauch erklärt, wenn es den bei wirksam bestehendem Wettbewerb für ein Unternehmen bestimmenden Grundsätzen zuwiderläuft. Nach der gesetzgeberischen Intention sollen so auch in natürlichen Monopolmärkten Wettbewerbsgesichtspunkte *nach Möglichkeit* zum Tragen kommen.[34] 29

Jede Auslegung dieses Regelbeispiels steht vor dem Problem, dass die Kontrolle anhand eines *hypothetisch wettbewerbsanalogen Verhaltens* (»als-ob-Wettbewerb«) einen Maßstab zum Prüfstein erhebt, der sich jenseits abstrakter und damit schwer handhabbarer Gemeinplätze kaum fassen lässt.[35] Was 30

---

31 BGHZ 129, 37, 44 – *Weiterverteiler.*
32 BGH WuW/E BGH 1269, 1271 – *Fernost-Schifffahrtskonferenz*; BGHZ 99, 1, 7 – *Mischguthersteller*; BGH WuW/E BGH 655, 656 f. – *Zeitgleiche Summenmessung.*
33 *Reif/Daiber*, in: MünchKommKartR, § 31 Rn. 142.
34 BT-Drucks. 8/2136, S. 33.
35 Vgl. etwa die Formulierung in der Sache BGH NJW 2012, 3243, 3244 – *Wasserpreise Calw*: »Dabei kann auf den Erfahrungssatz zurückgegriffen werden, dass das marktbeherrschende Unternehmen, wäre es wirksamem Wettbewerb ausgesetzt, die Ausübung seines Preisgestaltungsspielraums maßgeblich davon abhängig machen würde, welchen Erlös es erzielen müsste, um die bei Ausschöpfung von Rationalisierungsreserven zu erwartenden Kosten zu decken und eine möglichst hohe Rendite zu erwirtschaften, andererseits aber zu verhindern, dass Kunden wegen

wettbewerbsorientierte Grundsätze im konkreten Fall bedeuten, lässt sich ohne Wettbewerb eben nicht vorhersagen. Darin liegt gerade das Spezifikum einer am Prinzip des Wettbewerbs ausgerichteten Wirtschaftsordnung gegenüber jeder Planwirtschaft. Die gesetzgeberische Absicht, einen natürlich monopolistischen, d.h. gerade nicht wettbewerblichen Markt,»nach Möglichkeit« wie einen wettbewerblichen Markt zu ordnen, ist schon im Ausgangspunkt nicht möglich. Der BGH hat denn auch ausgeführt, bei (der identischen Vorgängernorm der) Nr. 1 gehe es nicht darum, Missbräuche durch gedankliche Simulierung von Wettbewerbsverhältnissen zu ermitteln.[36] Vielmehr dient die Missbrauchsaufsicht im Bereich der natürlichen Monopole nur dazu, den fehlenden Wettbewerb durch ein Aufsichtsinstrument zu kompensieren.[37]

31 Die kartellrechtliche Prüfung am Maßstab eines hypothetischen Wettbewerbs hat darum bei Lichte betrachtet nur zwei Möglichkeiten – entweder einen realen Vergleichsmarkt als Maßstab heranzuziehen oder auf eine an Rationalitätsgesichtspunkten orientierte Kostenkontrolle zurückzugreifen. Beide Alternativen sind jedoch bereits speziell in Nr. 2 und Nr. 3 geregelt. Für § 31 Abs. 4 Nr. 1 GWB scheint so kein praktischer Anwendungsbereich zu verbleiben. In der Literatur ist das Regelbeispiel des Grundsätzeverstoßes darum gar als Fremdkörper bezeichnet worden.[38]

32 Die Kartellbehörden hatten im Rahmen der Vorgängernorm § 103 GWB a.F. zeitweilig versucht, die Höhe der (Gas-)preise neben Nr. 2 auch am Maßstab eines hypothetischen Wettbewerbsverhaltens nach Nr. 1 zu messen.[39] Dieser Ansatz wurde vom BGH jedoch zu Recht ausdrücklich zurückgewiesen.[40] Für eine Preiskontrolle nach Nr. 1 bleibt wegen Nr. 2 kein Raum.

33 Der Grundsätzeverstoß erlangt allerdings dennoch einen eigenständigen, wenn auch praktisch nicht sonderlich bedeutsamen Anwendungsbereich. Nr. 1 zielt nämlich anders als die Ergebniskontrolle in Nr. 2 und Nr. 3 auf eine *Verhaltenskontrolle*.[41] Danach liegt ein Missbrauch vor, wenn ein Wasserversorgungsunternehmen sich *im Allgemeinen* nicht von denselben *Grundsätzen* leiten

---

zu hoher Preise zu einem Wettbewerber abwandern.« Dieser Satz ist so richtig wie er für die praktische Rechtsanwendung wenig aussagt.
36 BGHZ 129, 37, LS 2 – *Weiterverteiler*.
37 BGHZ 129, 37, 44 – *Weiterverteiler*.
38 *Möschel*, Recht der Wettbewerbsbeschränkungen, 1983, Rn. 1041; *Reif/Daiber*, in: MünchKommKartR, § 31 Rn. 145.
39 WuW/E LKartB 297 – *Stadtgaspreise Potsdam*; WuW/E LKartB 345 – *Gaspreisvergleich*.
40 BGHZ 129, 37, 45 – *Weiterverteiler*; vom Bundeskartellamt aufgenommen in WuW/E BKartA 2843, 2847.
41 BGHZ 129, 37, 45 – *Weiterverteiler*.

lässt wie ein Unternehmen, das einem wirksamen Wettbewerb ausgesetzt ist.[42] Der Gesetzgeber hatte bei Erlass vor allem zwei Fallkonstellationen im Blick: Einmal wollte er ein Marktverhalten unterbunden wissen, bei dem Geschäftsbedingungen in Sonderabnehmerverträgen von Versorgungsunternehmen in willkürlicher Weise zu Lasten des Abnehmers ausgestaltet werden, indem wirtschaftliche Risiken einseitig auf den Abnehmer abgewälzt werden. Daneben sollte die Nr. 1 in Fällen herangezogen werden, in denen es durch die Tarifgestaltung zu einer unzulässigen Quersubventionierung kommt, indem Wasserpreise zum Nachteil der Abnehmer »in der Weise kalkuliert sind, dass Kosten, die jeweils in einem anderen Geschäftsbereich entstehen, Grundlage der Preisgestaltung des Versorgungsunternehmens sind.«[43]

Für die Verhaltenskontrolle existieren darüber hinaus praktisch kaum verwertbare Maßstäbe.[44] Zwar wird in der Literatur unter wechselnden Formulierungen ein markttypisches Verhalten durch das umfassende Bemühen um Rationalisierung gekennzeichnet.[45] Damit ist für den Einzelfall jedoch kaum etwas gewonnen. Es ist daher davon auszugehen, dass der Verhaltensmissbrauch der Nr. 1 nur für die vom Gesetzgeber ausdrücklich angedachten Fallkonstellationen von Bedeutung ist. Darüber hinaus wird die kartellrechtliche Missbrauchsaufsicht über die Wasserwirtschaft in der Praxis regelmäßig allein auf das Vergleichsmarktkonzept (Nr. 2) und die Kostenkontrolle (Nr. 3) zurückgreifen.

34

2. Besonderer Ausbeutungsmissbrauch: Vergleichsmarktkonzept, Nr. 2

a) Vergleichsmarktkonzept als Monopolpreisvergleich: das theoretische Konzept der Vergleichsmarktkontrolle

Das Vergleichsmarktkonzept bildet in der bisherigen Praxis den wichtigsten Anwendungsfall der kartellrechtlichen Missbrauchsaufsicht über die Wasserversorgung. Das Vergleichsmarktkonzept ist dabei nach zwei Seiten abzugrenzen. Das Vergleichsmarktkonzept orientiert sich einerseits nicht am Gedanken einer Gewinnbegrenzung.[46] Die Gewinnhöhe allein stellt daher keinen verlässlichen Indikator für einen Missbrauch dar.[47] Es misst die Wasserpreise andererseits auch nicht an den Ergebnissen eines hypothetischen Wettbewerbs. Ver-

35

---

42 BGHZ 129, 37, 45 – *Weiterverteiler*.
43 BT-Drucks. 8/2136, S. 33.
44 So auch *Reif/Daiber*, in: MünchKommKartR, § 31 Rn. 194.
45 *Klaue*, in: Immenga/Mestmäcker, § 31 Rn. 53; *Reif/Daiber*, in: MünchKommKartR, § 31 Rn. 146.
46 Dazu BGHZ 68, 23, 34 – *Valium I*.
47 BGHZ 68, 23, 34 – *Valium I*, Z 76, 142 – *Valium II*, die einschlägige Passage ist nicht in der amtlichen Sammlung abgedruckt, s. daher Juris Rn. 42; unerheblich deshalb die Ausführungen des OLG Düsseldorf, B. v. 24.2.2014, Az.: VI-2 Kart

gleichsmaßstab ist nicht ein hypothetischer Wettbewerbspreis, sondern der Preis gleichartiger Versorgungsunternehmen in anderen Versorgungsgebieten. Es handelt sich damit um einen horizontalen Preisvergleich unter Monopolisten. Darin unterscheidet sich § 31 Abs. 4 Nr. 2 GWB von der allgemeinen Missbrauchsaufsicht des § 19 GWB. Dort ist das Vergleichsmarktkonzept nur die Methode zur Bestimmung eines marktanalogen Preises.

36 Vergleichsgegenstand ist dabei jedoch nur im Ausgangspunkt der von den Vergleichsunternehmen erhobene Preis. Dieser Preis ist in einem weiteren Schritt durch Zu- und Abschläge so zu bereinigen, dass die realen Preise trotz der bestehenden strukturellen Besonderheiten des jeweiligen Versorgungsgebiets vergleichbar werden. Diese Bereinigung ist von den Kartellbehörden vorzunehmen.[48] Anschließend obliegt es dem Wasserversorger, verbleibende Preisdifferenzen zu rechtfertigen. Er kann sich zu diesem Zweck nach der Konzeption des Gesetzes nur auf solche Umstände berufen, die jeder Wasserversorger seiner Preisberechnung gleichermaßen zugrunde zu legen hätte. Solche objektiven Strukturbedingungen des Versorgungsgebietes bleiben also, indem sie rechtfertigende Wirkung entfalten, im Ergebnis für den Preisvergleich außer Betracht.[49] Damit soll es nach der Grundkonzeption der Vergleichsmarktkontrolle zu einem Vergleich der Preise kommen, die berechnet würden, wenn man die bestehenden Strukturunterschiede der monopolistischen Versorgungsgebiete hinwegdenkt. Es handelt sich dabei letztlich um einen Vergleich *fiktiver Monopolistenpreise* für ein idealtypisch vereinheitlichtes Versorgungsgebiet.

37 Das theoretische Konzept der Vergleichsmarktkontrolle, Missbräuche im Wege eines fiktiven Preisvergleichs unter Monopolisten zu bestimmen, ist im Bereich der Wasserversorgung nicht ohne praktische Schwierigkeiten. Das Vergleichsmarktkonzept zwingt zunächst dazu, gröbere Raster anzulegen, da es anders als der Kostenprüfungsansatz nicht darauf ausgelegt ist, die einzelnen Kostenpositionen eines Unternehmens zu berücksichtigen, sondern auf den Vergleich mit anderen Unternehmen angewiesen ist.[50] In der Logik der Berechnung eines fiktiven Monopolistenpreises liegt es, strukturelle Unterschiede durch Zu- und Abschläge auszugleichen. Ein solcher Ausgleich ist jedoch in weiten Bereichen der wasserwirtschaftlichen Strukturbedingungen nur unzureichend möglich. Er setzt nämlich voraus, dass sich die strukturellen Unterschiede überhaupt in *Kennzahlen* abbilden und damit *quantifizieren* lassen. Das ist jedoch vielfach nicht der Fall. So ist es z.B. für den Bereich der Was-

---

4/12 (V), S. 48 ff. des Umdrucks zu den Jahresüberschüssen des Versorgungsunternehmens.
48 S. ausführlich Rdn. 47 ff.
49 BGHZ 59, 42, 47 – *Stromtarif*; Z 184, 168, 180 – *Wasserpreise Wetzlar*.
50 *Lindt/Schielein*, IR 2014, 4, 6.

sergewinnung nicht möglich, die unterschiedlichen Produktionsbedingungen in Kennzahlen abzubilden. Eine Wassergewinnung aus Talsperren etwa ist mit einer Wassergewinnung aus Grundwasser genauso wenig vergleichbar wie mit einer Versorgung durch Alpenwasser. Auch in der Wasserverteilung ist es vielfach nicht möglich, Unterschiede mit Hilfe von Kennzahlen auszudrücken und zu quantifizieren. So ist auch die Annahme von Landeskartellbehörden, es bestehe eine lineare Beziehung zwischen Metermengenwert und Wasserverteilkosten, durch zahlreiche Studien widerlegt worden.[51]

Neben diesem Problem der fehlenden Normier- und Quantifizierbarkeit von Strukturbedingungen weist das Konzept der Vergleichsmarktkontrolle eine weitere Schwierigkeit auf, die in der bisherigen kartellbehördlichen Praxis nicht immer hinreichend zu Bewusstsein gekommen ist. In die Preisbildung der Wasserversorger gehen neben den Betriebskosten auch die *Kapitalkosten* ein.[52] Kapitalkosten sind diejenigen Kosten, die einem Unternehmen dadurch entstehen, dass es für die Erfüllung der Wasserversorgung ein aufwändiges Anlagevermögen vorhalten und mit Fremd- oder Eigenkapital finanzieren muss. Kapitalkosten finden insbesondere über Abschreibungen und Zinsen Eingang in die Wasserpreiskalkulation.[53] Dabei steht es den Wasserversorgern im Rahmen der gesetzlichen Vorgaben frei, zwischen unterschiedlichen Kostenfindungsprinzipien (Leitsätze für die Ermittlung aufgrund von Selbstkosten [LSP], Kommunalabgabengesetze oder Aufwandsdeckung nach HGB) zu wählen. Sie können darüber hinaus auf der Aktivseite der Bilanz über die Abschreibungsdauer und bei Erneuerungsmaßnahmen über die Aktivierungsquote die Verteilung der Kapitalkosten auf der Zeitachse in unterschiedlicher Weise vornehmen. Kurze Abschreibungsdauern führen z.B. zu einer punktuell hohen, aber zeitlich kürzeren Belastung. Eine hohe Aktivierungsquote dagegen entlastet den aktuellen Tarif, führt aber zu höheren Belastungen in der Zukunft. Auf lange Sicht gleichen sich die Unterschiede aus; die Gesamtbelastung des Verbrauchers ist auch bei unterschiedlichen Abschreibungsdauern und Aktivierungsquoten im Grundsatz identisch. Das bisher praktizierte Vergleichsmarktkonzept unterwirft jedoch nur die *gegenwärtigen* Preise einer kartellrechtlichen Kontrolle. Aufgrund der Ausblendung des Zeithorizonts besteht damit die Gefahr, dass eine tatsächlich bestehende Preisüberhöhung nicht als solche erkannt wird bzw. umgekehrt eine Preisüberhöhung auch dort suggeriert wird, wo es *in der Zeit* real zu keiner erhöhten Preisbelastung der Verbraucher kommt.

38

---

51 *Lindt/Schielein*, Versorgungswirtschaft 2009, 273, 274; *Bartsch*, Technische, natürliche und rechtliche Einflussfaktoren auf betriebliche Kennzahlen von Wasserversorgungsunternehmen, S. 91; zum Metermengenwert s. ausführlich Rdn. 44 ff.
52 Vgl. zum Problem der Substanzerhaltung *Gussone*, IR 2013, 10, 12.
53 Siehe hierzu auch Rdn. 70.

39 Für dieses Problem sind indes Lösungswege möglich. So könnte der punktuelle Preisvergleich z.B. durch eine wasserspezifisch dynamische Betrachtung um einen Zeitspannenvergleich ergänzt werden. Es wäre weiterhin möglich, nur solche Unternehmen in die Vergleichsgruppenauswahl einzubeziehen, die eine ähnliche Struktur im Bereich ihrer Kapitalkosten aufweisen. Schließlich könnte im Zuge einer Standardisierung und Typisierung der Kapitalkosten durch eine – aus dem Energiebereich bekannte – *Kostennormierung*[54] eine bessere Vergleichbarkeit erzielt werden. In der kartellbehördlichen Praxis wird diese Frage bislang nicht ausreichend aufgegriffen. Dies ist bedenklich, weil hier die Ausübung zulässiger Spielräume unternehmerischer Freiheit, die im Ergebnis zu keiner Mehrbelastung der Kunden führt, kartellrechtlich pönalisiert wird. Da die betroffenen Unternehmen nicht über die für eine Kostennormierung erforderlichen Informationen verfügen, kann eine solche Standardisierung der Kapitalkosten nur durch die Kartellbehörden erfolgen.

b) Tatbestand

40 Der Tatbestand des Vergleichsmarktkonzepts in § 31 Abs. 4 Nr. 2 GWB setzt voraus, dass das betroffene Wasserversorgungsunternehmen ungünstigere Preise oder Geschäftsbedingungen (bb) als gleichartige Unternehmen (aa) gefordert hat.

aa) Vergleichsgruppe: Gleichartige Versorgungsunternehmen

41 Der Vergleich hat nach dem Gesetzeswortlaut zwischen *gleichartigen* Unternehmen stattzufinden. Dem Kriterium der Gleichartigkeit kommt dabei nach nunmehr gefestigter Rechtsprechung lediglich die Funktion einer *groben* Sichtung zu.[55] Es sind keine überhöhten Anforderungen an die Gleichartigkeit der Vergleichsunternehmen zu stellen.[56] Gleichartigkeit liegt nur dann nicht vor, wenn Unterschiede von solcher Art bestehen, dass sich ein Vergleich von vornherein verbietet.[57] Der BGH hat das Kriterium der Gleichartigkeit in einer Reihe von Entscheidungen weiter konkretisiert. Demnach kann für den Vergleich

---

54 Denkbar wäre etwa wie im Bereich der GasNEV/StromNEV einen Effizienzvergleich mit standardisierten Kapitalkosten durchzuführen oder ein technisches Anlagenregister einzuführen.
55 BGHZ 129, 37, 46 – *Weiterverteiler* unter Hinweis auf BT-Drucks. 8/2135, S. 33; ebenso OLG Düsseldorf, B. v. 24.2.2014, Az.: VI-2 Kart 4/12 (V), S. 25 d. Umdrucks.
56 BGHZ 184, 168, 175 f. – *Wasserpreise Wetzlar*.
57 So die tautologische Formulierung in BGHZ 184, 168, 175 – *Wasserpreise Wetzlar*.

auch ein einziges Unternehmen genügen.[58] Das Vergleichsunternehmen muss nicht notwendig derselben Marktstufe angehören wie das der kartellrechtlichen Prüfung unterliegende Unternehmen.[59] Für die Gleichartigkeit kommt es auf die Perspektive eines Abnehmers an.[60] Die Maßgeblichkeit der Abnehmerperspektive folgt aus dem oben skizzierten Kompensationsgedanken: Bestünde ein wirksamer Wettbewerb, wäre letztlich die Kundenperspektive dafür entscheidend, ob ein bestimmtes Marktverhalten sich durchsetzen kann.[61] Dabei sind nur solche Unternehmen zu berücksichtigen, deren Preise nicht künstlich niedrig gehalten werden oder die keine sachgerechten Leistungen erbringen.[62] Als Vergleichsunternehmen scheiden daher Wasserversorger aus, die keine kostendeckenden Preise erheben[63] oder Quersubventionierungen[64] vornehmen.

Diese weite Auslegung des Begriffs der Gleichartigkeit ist ursprünglich für den Bereich der Strom- und Gaswirtschaft entwickelt worden.[65] Der BGH hat sie ungeachtet der wasserwirtschaftlichen Besonderheiten auch auf den Bereich der Wasserversorgung übertragen.[66] Dies bedeutet aber nicht, dass die Kartellbehörde bei der Auswahl der Vergleichsunternehmen die sachlichen Besonderheiten in der Wasserversorgung ausblenden dürfte. Im Gegenteil ist die Behörde bei der Konkretisierung des Vergleichsmarktkonzeptes verpflichtet, sachgerechte, den Besonderheiten der jeweiligen Infrastruktur genügende Maßstäbe zu erarbeiten und anzuwenden.[67] Dies hat zwei Konsequenzen: Zum einen sind im Rahmen einer groben Sichtung bei der Vergleichsgruppenbildung *wasserwirtschaftlich aussagekräftige* Kriterien zu Grunde zu legen (hierzu (1)). Zum anderen sind verbleibende, für die Kartellbehörde erkennbare Unterschiede durch sachgerechte *Zu- und Abschläge* auszugleichen (hierzu (2)). Ein Verstoß gegen einen dieser beiden Grundsätze führt zur Rechtswidrigkeit der Verfügung. Zwar kommt der Kartellbehörde

42

---

58 BGHZ 129, 37, 48 – *Weiterverteiler*; Z 163, 282, 291 – *Stadtwerke Mainz*.
59 BGHZ 129, 37, 47 – *Weiterverteiler*; Z 163, 282, 292 – *Stadtwerke Mainz*.
60 BGHZ 129, 37, 46 – *Weiterverteiler*.
61 BGHZ 129, 37, 46 – *Weiterverteiler*.
62 BGH WuW/E BGH 22309, 2311 – *Glockenheide*.
63 BGHZ 184, 168, 186 – *Wasserpreise Wetzlar*.
64 BGHZ 163, 282, 294 – *Stadtwerke Mainz*.
65 BGHZ 129, 37 – *Weiterverteiler*.
66 BGHZ 184, 168 – *Wasserpreise Wetzlar*; kritisch hierzu *Decker*, WuW 1999, 967, 972.
67 *Schmidt-Aßmann*, Das allgemeine Verwaltungsrecht als Ordnungsidee, S. 207; auch *Loewenheim/Meessen/Riesenkampff/Zuber*, Kartellrecht, § 131 GWB Rn. 14 verweist auf die Gesetzesbegründung BT-Drucks. 8/2136, die auf S. 33 ausdrücklich ausführt: »Im Rahmen des Vergleichs wird die Kartellbehörde in erster Linie auf solche Unternehmen abstellen, deren Beschaffungs-, Erzeugungs- und Vertriebssituation im wesentlichen [sic] ähnlich gelagert sind.«

bei der Vergleichsgruppenbildung nach dem erklärten Willen des Gesetzgebers ein *Beurteilungsspielraum* zu.[68] Daraus folgt jedoch nicht die Freiheit von jeder gerichtlichen Kontrolle.[69] Vielmehr sind die in der Rechtsprechung der Verwaltungsgerichte erarbeiteten Grundsätze der Beurteilungsfehlerlehre heranzuziehen: Danach ist eine kartellbehördliche Auswahl dann rechtsfehlerhaft, wenn sie den Zweck der Ermächtigungsgrundlage verfehlt, insbesondere also wenn sie etwa die Besonderheiten der Wasserwirtschaft schon im Ansatz verkannt hat oder nicht alle ihr zur Verfügung stehenden Informationen in die Beurteilung einbezieht.

(1) Kriterien der Vergleichsgruppenbildung

43 Die Gleichartigkeit potentieller Vergleichsunternehmen muss in der Praxis durch wasserwirtschaftlich aussagekräftige Vergleichsparameter bestimmt werden. Der BGH hat einige zulässige Vergleichskriterien für eine *kumulative Anwendung* benannt: Metermengenwert (MMW), Abnehmerdichte, Anzahl der versorgten Einwohner, nutzbare Wasserabgabe, Abgabestruktur (Haushalts-, Kleingewerbekunden, Gesamterträge).[70] Der BGH hat klargestellt, dass diese Aufzählung nicht abschließend ist und weitere sachgerechte Kriterien anzuwenden seien.[71]

44 Dennoch spielt ein Kriterium, nämlich der *Metermengenwert* (MMW), insbesondere in der Praxis des Bundeskartellamts eine besonders herausgehobene Rolle. Die gegen die Berliner Wasserbetriebe erlassene Verfügung ist nahezu ausschließlich auf den Metermengenwert gestützt.[72] Dieser gibt den Gesamtabsatz bezogen auf einen Kilometer Wasserversorgungsnetz in einem bestimmten Jahr an. Die Kartellbehörden sind der Auffassung, dass ein hoher Metermengenwert Ausdruck günstiger Verteilbedingungen ist. Denn bei einem hohen Metermengenwert entfallen auf den einzelnen Leitungskilometer hohe Wassermengen, so dass sich die Kapital- und Betriebskosten für die Anlagen auf hohe Wassermengen verteilen und damit die spezifischen Verteilkosten als Kosten pro abgegebenem Kubikmeter Wasser sinken.[73]

---

68 BT-Drucks. 8/2136, S. 33.
69 BVerfG DVBl. 2010, 250, 251; *Erbguth*, Allgemeines Verwaltungsrecht, § 14 Rn. 27 m.w.N.
70 BGHZ 184, 168, 176 ff. – *Wasserpreise Wetzlar*.
71 BGHZ 184, 168, 177 – *Wasserpreise Wetzlar*.
72 Missbrauchsverfügung des Bundeskartellamts v. 4.6.2012, Az.: B 8 – 40/10, S. 53 ff.
73 So auch OLG Düsseldorf, Beschluss v. 24.2.2014, Az.: VI-2 Kart 4/12 (V), Umdruck S. 35.

Zu der besonderen Fokussierung auf den Metermengenwert ist Folgendes 45
anzumerken: Der MMW ist für den Bereich der Strom- und Gaswirtschaft
entwickelt worden. Hier stellt er ein geeignetes und aussagekräftiges Vergleichskriterium dar. Allerdings gilt das nicht in gleichem Umfang für die
Wasserwirtschaft. Anders als Strom und Gas ist Wasser nämlich nicht kompressibel. Daher muss neben der reinen Länge des Leitungsnetzes, das der
Metermengenwert erfasst, auch die Netzauslastung und damit das Rohrnetzvolumen in die Betrachtung einbezogen werden.[74] Die Netzauslastung kann
zu diesem Zweck durch den sog. *Volumenteilerwert* abgebildet werden. Der
Volumenteilerwert gibt das pro Jahr eingespeiste Trinkwasservolumen (in m^3)
im Verhältnis zum Rohrnetzvolumen (ebenfalls in m^3) an. Er ist damit ein Indikator für die Netzauslastung. Im Bereich der Wasserversorgung kann ein
Vergleich der Versorgungsbedingungen also nur sinnvoll erfolgen, wenn sowohl das Rohrnetzvolumen (*Notwendigkeit dreidimensionaler Betrachtung*[75])
als auch die vergangene Absatzentwicklung einbezogen werden (*Notwendigkeit einer dynamischen Betrachtung*[76]). Beide Kenngrößen sind leicht zu ermitteln und werden von den Kartellbehörden bei den Vergleichsunternehmen
auch tatsächlich abgefragt.[77] Hinzu kommt, dass die Wasserverteilkosten noch
durch zahlreiche weitere, nicht im Metermengenwert abgebildete Strukturbedingungen beeinflusst werden, wie z.B. die vorhandenen Bodenklassen, die
erforderliche Verlegtiefe, Grundwasserstände etc.

Aus diesen Besonderheiten der Wasserwirtschaft folgt für die Praxis, dass der 46
MMW im Bereich der Wasserversorgung nur in Kombination mit anderen
Kriterien herangezogen werden darf. Die Annahme einer Linearität zwischen
Wasserverteilkosten und Metermengenwert ist in jedem Fall unzutreffend.[78]

---

74 Dies verkennt das OLG Düsseldorf, Beschluss v. 24.2.2014, Az.: VI-2 Kart 4/12 (V), Umdruck S. 34, wenn es meint, dass es »für die Feststellung der Gleichartigkeit nicht darauf ankomme«, ob der Metermengenwert geeignet sei, »Aussagen zur notwendigen Kapazität des Trinkwasserversorgungssystems zu machen«.
75 S. dazu ausführlich Vor §§ 31–31b Rdn. 19 u. 23.
76 S. dazu ausführlich Vor §§ 31–31b Rdn. 20 ff.
77 Unzutreffend deshalb OLG Düsseldorf, Beschluss v. 24.2.2014, Az.: VI-2 Kart 4/12 (V), Umdruck S. 39: »Insbesondere ist es nicht notwendig, Vergleichskriterien zu berücksichtigen, bei denen die Ermittlung der notwendigen Vergleichsdaten umfangreiche Untersuchungen und Kostenkalkulationen seitens der Kartellbehörde erforderlich macht (…), wie dies für die Ermittlung des Volumenverteilwertes notwendig wäre.«
78 Siehe hierzu bereits in Rdn. 37; auch *Faulhaber/Growitsch/Oelmann/Schielein/Wetzel*, Gutachten zur Sicherstellung eines sachgerechten Nachweises zur Ermittlung der Kosten einer rationellen Betriebsführung in der Wasserversorgung (Gesamtkosten), S. 26, halten die Aussage des MMW für »statistisch nicht besonders signifikant, sodass einer Überbewertung des Merkmals kritisch begegnet werden muss«.

(2) Ausgleich durch Zu- und Abschläge

47 Ist im Rahmen einer groben Sichtung auf Grundlage zutreffender Vergleichskriterien eine Gruppe potentieller Vergleichsunternehmen ausgewählt worden, sind in einem zweiten Schritt die bestehenden Strukturunterschiede durch *Zu- und Abschläge auszugleichen.*[79] Denn »Voraussetzung für die Tragfähigkeit des angestellten Entgeltvergleichs ist, dass durch Zu- und Abschläge auf die für die unterschiedlich strukturierten Gebiete ermittelten Zahlen eine Vergleichbarkeit der erzielten Entgelte herbeigeführt wird. Dann ist gewährleistet, dass Verzerrungen ausgeschaltet werden, die vor allem durch die Unterschiede in der Marktstruktur entstehen können, und dass der Preis ermittelt wird, den das zum Vergleich herangezogene Unternehmen in Rechnung stellen müsste, wenn es an Stelle der Betroffenen in deren Versorgungsgebiet die Dienstleistung erbringen würde.«[80] Ohne Zu- und Abschläge ist eine Vergleichsgruppenbildung somit grundsätzlich unzulässig, es sei denn, es lägen identische Versorgungsunternehmen vor.[81] Eine solche strukturelle Identität ist aber aufgrund der Vielgestaltigkeit der relevanten Strukturbedingungen in der Wasserwirtschaft nahezu ausgeschlossen. Das OLG Düsseldorf hat die Bedeutung der Zu- und Abschlagsrechnung in seiner Entscheidung über die Berliner Wassertarife in nicht unbedenklicher Weise relativiert.[82] Eine Zu- und Abschlagsbildung sei nur erforderlich, wenn bei einer objektiven Gesamtschau aller Vergleichskriterien ein *erhebliches* Abweichen bei *mehreren Vergleichskriterien* vorliege. Damit wird der differenzierten Zu- und Abschlagsbildung der Landeskartellbehörden eine Absage erteilt, ohne ein praktisch handhabbares Konzept zu liefern. Wann nämlich ein erhebliches Abweichen hinsichtlich welcher Kriterien vorliegen soll, wird nicht näher spezifiziert. In Wahrheit räumt das OLG Düsseldorf den Kartellbehörden mit seinem Beschluss vom 24.2.2014 nunmehr auch bei der Zu- und Abschlagsrechnung ein weites, gerichtlich nur eingeschränkt überprüfbares Ermessen ein. Dies ist rechtlich indes nur schwer mit dem Vergleichsmarktkonzept und der dieses konkretisierenden bisherigen Rechtsprechung in Einklang zu bringen. Denn das Erfordernis *einer Zu- und*

---

[79] BGHZ 59, 42, 45 – *Stromtarif*; Z 68, 23, 33 – *Valium I*; Z 76, 142, 150 – *Valium II*; WuW/E BGH 2309, 2311 – *Glockenheide*; Z 184, 168, 177 – *Wasserpreise Wetzlar*.

[80] Verfügung der Hessischen Landeskartellbehörde gegen Enwag (Wetzlar II), v. 23.12.2010, Rn. 217 unter Verweis auf die Entscheidungen des BGH in den Sachen Z 59, 42 – *Stromtarif*, Z 68, 23 – *Valium I*, Z 76, 142 – *Valium II*, WuW/E BGH 2309 – *Glockenheide*, Z 184, 168 – *Wasserpreise Wetzlar*.

[81] In diese Richtung aber die Verfügung des Bundeskartellamts gegen die Berliner Wasserbetriebe, Beschl. v. 4.6.2012, Az. B 8 – 40/10, S. 37 ff.; a.A. auch *Kleinlein/Schubert*, NJW 2014, 3191, 3196: bei Heranziehung mehrerer Vergleichsunternehmen, die mit dem betroffenen Unternehmen strukturell vergleichbar sind, halten sie Zu- oder Abschläge für entbehrlich.

[82] OLG Düsseldorf, B. v. 24.2.2014, Az.: VI-2 Kart 4/12 (V), S. 39 ff. des Umdrucks.

Abschlagsbildung soll nach der gesetzlichen Konzeption der Vergleichsmarktmethode gerade ein *Korrelat für das weite Ermessen der Kartellbehörden* bei der Auswahl der Vergleichsgruppe darstellen. Dieses Korrelat wird indes entwertet, wenn den Kartellbehörden auch bei der Zu- und Abschlagsrechnung gerichtlich nur begrenzt nachprüfbare Spielräume eingeräumt werden.

Die Zu- und Abschlagsbildung im Rahmen der den Kartellbehörden vorliegenden Daten ist richtigerweise eine Frage der Vergleichsgruppenbildung, nicht der Rechtfertigung. Nur die Kartellbehörden verfügen durch ihre regelmäßig sehr umfassenden Erhebungen über die nötigen Daten für eine solche umfassende Gesamtbetrachtung.[83] Auf einer zweiten Stufe ist es Sache des Unternehmens, nachdem die objektiv im Rahmen der üblicherweise abgefragten Daten erkennbaren Vor- und Nachteile berücksichtigt wurden, verbleibende Preisunterschiede zu rechtfertigen. Durch die Zu- und Abschlagsbildung wird auch nicht die Beweislastentscheidung und damit die Systematik des § 31 Abs. 4 Nr. 2 GWB unterlaufen. Vielmehr kommt in diesem zweistufigen Vorgehen der rechtsstaatliche Gedanke zum Ausdruck, dem Unternehmen keinen Beweis über Sachverhalte aufzugeben, die gänzlich außerhalb seiner Sphäre liegen.[84]

48

bb) Vergleichsgegenstand: Ungünstigere Preise oder Geschäftsbedingungen

§ 31 Abs. 4 Nr. 2 GWB bestimmt zum Gegenstand des Vergleichs die Preise oder Geschäftsbedingungen des Wasserversorgungsunternehmens.

49

(1) Regelfall: Tarifvergleich

Für einen Vergleich der Preise ist als Ausgangs- und Regelfall auf typische und repräsentative Abnehmersituationen abzustellen (*Tarifvergleich*).[85] Ein Missbrauch liegt demnach vor, wenn in *wirtschaftlich bedeutungsvollen* Tarifgruppen ohne Rechtfertigung ein gegenüber gleichartigen Versorgungsunternehmen höherer Preis verlangt wird.[86] Dabei genügt es, wenn bereits inner-

50

---

83 So auch die Hessischen Landeskartellbehörde in der Verfügung gegen Enwag (Wetzlar II), v. 23.12.2010, Rn. 220: »Die notwendige Zu- und Abschlagsrechnung hat grundsätzlich die Kartellbehörde aufgrund eigener Ermittlungen vorzunehmen.«
84 Vgl. dazu ausführlich u. Rdn. 80 f. sowie *Wolfers/Wollenschläger*, EnWZ 2014, 261, 264.
85 BGHZ 59, 42 – *Stromtarif*; WuW/E BGH 1195, 1198 – *Vertragloser Zustand*; BGHZ 184, 168 – *Wasserpreise Wetzlar*.
86 BGHZ 59, 42, 50 – *Stromtarif*; Z 184, 168 – *Wasserpreise Wetzlar*.

halb einer einzelnen Tarifkonstellation eine Schlechterstellung vorliegt,[87] weil der Schutzzweck der kartellrechtlichen Missbrauchsaufsicht auch den Schutz eines einzelnen Abnehmers umfasst.[88] Die Auswahl repräsentativer Abnahmefälle lässt sich dabei nicht ohne weiteres schematisieren.[89] Dabei sind jedoch solche Tarifgruppen vom Vergleich von vornherein ausgeschlossen, die nicht einmal die Selbstkosten des Vergleichsunternehmens decken.[90] Der BGH hat entschieden, dass bei einem Tarifvergleich die Geschäftsbedingungen nicht ergänzend berücksichtigt werden müssen.[91]

51 Das Bundeskartellamt hat abweichend von diesem Standardfall des Tarifvergleichs auch auf einen Vergleich der mit dem Endkundenumsatz durchschnittlich erzielten Erlöse zurückgegriffen (*Erlösvergleich*).[92] Dies ist nicht unproblematisch. Zunächst weicht dieses Vorgehen vom Wortlaut des § 31 Abs. 4 Nr. 2 GWB ab, der ausdrücklich von Preisen spricht.[93] Die abrechnungsneutrale Erlösbetrachtung steht zudem systematisch im Widerspruch zu der abrechnungsspezifischen Differenzierung zwischen Preis und Gebühr in § 130 Abs. 1 Satz 2 GWB.

52 Die Rechtsprechung hat einen Erlösvergleich allerdings im Rahmen des § 19 GWB zunächst für die Sonderkonstellation eines Netznutzungsentgelts für die Durchleitung von Elektrizität gebilligt[94] und im Falle der BWB nun auch auf die Wasserpreiskontrolle (im Rahmen des § 31 GWB) ausgedehnt.[95]

(2) Zulässigkeit einer »Abgabenbereinigung«

53 Die Übertragung der zu § 19 GWB ergangenen Rechtsprechung zur Zulässigkeit eines Erlösvergleichs darf jedoch nicht dazu führen, dass einem Wasserversorger durch den Erlösvergleich potentielle Rechtfertigungsgründe abgeschnitten werden. Hierum geht es bei der Frage nach der Zulässigkeit eines *abgabenbereinigten* Erlösvergleichs. Bei einem solchen Vorgehen werden die Durchschnittserlöse nicht nur um Steuern, sondern auch um Abgaben bereinigt. Wird hier unterschiedslos sowohl um Abgaben bereinigt, deren Erhe-

---

87 BGH WuW/E BGH 655, 658 – *Zeitgleiche Summenmessung*; WuW/E BGH 1195, 1198 – *Vertragloser Zustand*.
88 BGHZ 135, 323, 331 f. – *Gaspreis*.
89 *Soyez/Berg*, WuW 2006, 726, 729.
90 Z 184, 168, 186 – *Wasserpreise Wetzlar*.
91 BGHZ 129, 37, 48 – *Weiterverteiler*; Z 184, 168, 178 – *Wasserpreise Wetzlar*.
92 Verfügung des Bundeskartellamts gegen die Berliner Wasserbetriebe, Beschl. v. 4.6.2012, Az. B 8 – 40/10, S. 82 ff.
93 Unbedenklich ist dies aber nach Ansicht des OLG Düsseldorf, B. v. 24.2.2014, Az.: VI-2 Kart 4/12 (V), S. 42 des Umdrucks.
94 BGHZ 129, 37 – *Weiterverteiler*; Z 283, 289 ff. – *Stadtwerke Mainz*.
95 OLG Düsseldorf, B. v. 24.2.2014, Az.: VI-2 Kart 4/12 (V), S. 41 f. des Umdrucks.

bung dem Wasserversorger zurechenbar ist, wie auch um solche Abgaben, die nicht zugerechnet werden können, würde das zu einer unzulässigen Verkürzung der Rechtfertigungsmöglichkeiten führen. Für eine Bereinigung der Preise muss daher in jedem Fall gelten, dass die differenzierte Rechtfertigungssystematik des Vergleichsmarktkonzepts, das zwischen solchen Umständen, die das Unternehmen zu vertreten hat, und solchen Umständen, die es nicht zu vertreten hat, unterscheidet, nicht unterlaufen werden darf. Landesrechtliche Abgaben wie Grundwasserentnahmeabgabe oder Straßennutzungsgebühr stehen außerhalb des Einflussbereichs eines Wasserversorgungsunternehmens und sind diesem daher nicht zurechenbar. Nimmt man dagegen mit einem Teil der Literatur an, dass Konzessionsabgaben regelmäßig individuell ausgehandelt worden und insofern dem Wasserversorger zurechenbar sind,[96] scheidet eine unterschiedslose Bereinigung aus.[97]

Die Abgabenbereinigung ist unabhängig von dieser Rechtfertigungsthematik deshalb unzulässig, weil sie gegen die gesetzgeberische Intention der Missbrauchsaufsicht verstößt. Die Missbrauchsaufsicht hat »die Zielsetzung einer möglichst sicheren und preiswürdigen Versorgung«.[98] Sie verfolgt also den Schutz der Verbraucher vor einem Missbrauch der Marktmacht des jeweiligen Monopolisten durch überhöhte Preise. Aus Verbrauchersicht kommt es nicht darauf an, welches Element des Wasserpreises zu einem im Vergleich mit anderen Wasserversorgern höheren Preis führt. Es kommt lediglich darauf an, mit welchem Endpreis der Verbraucher belastet wird.[99] 54

c) Rechtfertigung

Ergibt der auf Tatbestandsebene vorzunehmende Vergleich, dass der betreffende Wasserversorger ungünstigere Preise oder Geschäftsbedingungen fordert, so liegt ein Missbrauch erst vor, wenn und soweit diese Unterschiede nicht gerechtfertigt sind. Ungünstigere Preise oder Geschäftsbedingungen sind nach ständiger Rechtsprechung dann gerechtfertigt, »wenn sie auf Kostenfaktoren beruhen, die auch jedes andere Unternehmen in der Situation des 55

---

96 Zur Diskussion s.u. Rdn. 66.
97 A.A. OLG Düsseldorf, B. v. 24.2.2014, Az.: VI-2 Kart 4/12 (V), S. 43 f. des Umdrucks: Das Gericht argumentiert, dass in wirtschaftlicher Hinsicht Sondernutzungsgebühren nichts anderes als gesetzlich fixierte Konzessionsabgaben seien. Die rechtliche Problematik eines Abschneidens von Rechtfertigungsgründen und der Widerspruch zur differenzierten Regelungssystematik des Vergleichsmarktkonzeptes wird demgegenüber nicht thematisiert.
98 BT-Drucks. 8/2136, S. 33.
99 A.A. *Kleinlein/Schubert*, NJW 2014, 3191, 3196: sie sind der Ansicht, die Bereinigung um »durchlaufende Posten« verbessere die Vergleichbarkeit der Erlöse.

betroffenen vorfinden würde und nicht beeinflussen könnte.«[100] Der Wasserversorger hat also nachzuweisen, dass der festgestellte Preisunterschied auf abweichenden Umständen beruht, die ihm nicht *zurechenbar* sind. Aus diesem Leitsatz der Rechtsprechung ergibt sich für die Praxis ein vierstufiges Prüfungsprogramm:

56 Erstens muss der Wasserversorger einen gegenüber den Vergleichsunternehmen abweichenden Umstand (objektiver Strukturnachteil) nachweisen. Zweitens müssen ihm hieraus Mehrkosten erwachsen. Diese Mehrkosten müssen drittens einerseits durch den abweichenden Umstand verursacht sein und andererseits noch in der Preisberechnung fortwirken (Doppelkausalität in Grund und Höhe). Schließlich darf viertens dieser Kausalzusammenhang dem Unternehmen nicht zurechenbar, insbesondere nicht durch eine rationale Betriebsführung vermeidbar sein (Unabweisbarkeit der Kosten).[101]

aa) Abweichender Umstand (Objektiver Strukturnachteil)

57 Rechtfertigungsfähig sind nach ständiger Rechtsprechung alle *strukturellen*, nicht unternehmensindividuellen Umstände.[102] Das sind zunächst die objektiven Strukturmerkmale des Versorgungsgebietes, welche die Beschaffung, Erzeugung und Verteilung des Wassers prägen und »unabhängig von dem jeweiligen Betreiber bestehen und die sich daher auch bei wirksamem Wettbewerb preiserhöhend auswirken«.[103] Sie müssten von jedem Unternehmen in der Kalkulation zugrunde gelegt werden und beruhen darum nicht auf individueller unternehmerischer Entschließung.[104] Preisunterschiede können jedoch nicht nur durch die Struktur des Versorgungsgebiets selbst gerechtfertigt werden, sondern darüber hinaus durch alle »Faktoren, mit denen jeder Anbieter in diesem Gebiet konfrontiert wäre«.[105] Ungünstigere strukturelle Versorgungsbedingungen sind dafür nur ein, wenn auch wichtiges, Beispiel.[106]

58 In der Rechtfertigungsprüfung ist für jeden geltend gemachten Umstand gesondert zu untersuchen, ob er dem Grunde nach einen zur Rechtfertigung geeigneten abweichenden Umstand darstellt. Eine Rechtfertigung kann auf allen Stufen der Wasserversorgung stattfinden, vom Rohwasserschutz über die

---

100 BGHZ 184, 168, 179 f. – *Wasserpreise Wetzlar*.
101 BGHZ 184, 168, 184 – *Wasserpreise Wetzlar*.
102 St. Rspr. BGHZ 59, 42, 47 – *Stromtarif*; WuW/E BGH 2309, 2311 – *Glockenheide*; Z 129, 37, 48 – *Weiterverteiler*; Z 135, 323, 330 – *Gaspreis*; Z 142, 239, 249 – *Flugpreisspaltung*; Z 163, 282, 293 – *Stadtwerke Mainz*.
103 BGH WuW/E BGH 2309, 2313 – *Glockenheide*.
104 BGHZ 184, 168, 180 – *Wasserpreise Wetzlar*.
105 BGHZ 163, 282, 293 – *Stadtwerke Mainz*.
106 BGHZ 184, 168, 186 – *Wasserpreise Wetzlar*.

Wassergewinnung und -aufbereitung bis hin zur Wasserverteilung. Die im Folgenden skizzierten Rechtfertigungsgründe sind daher *nicht abschließend*.

(1) Anlagenauslastung

Werden die Anlagen eines Wasserversorgungsunternehmens durchschnittlich geringer in Anspruch genommen als bei einem Vergleichsunternehmen, verteilt sich der in der Wasserwirtschaft typischerweise hohe Fixkostenanteil[107] auf eine geringere Absatzmenge und führt damit zu höheren spezifischen Kosten. Anders als im Bereich der Stromversorgung können überschüssige Kapazitäten in der Trinkwasserproduktion wegen des fehlenden Netzverbunds nicht einfach an Dritte weitergegeben werden. Der Rechtfertigungsgrund geringerer Anlagenauslastung ist dem Grunde nach in Rechtsprechung und kartellbehördlicher Praxis anerkannt, soweit die geringere Auslastung auf nicht zurechenbaren Umständen beruht, wie z.B. bei einem demographisch bedingten Verbrauchsrückgang (Bevölkerungsrückgang) oder im Falle einer Deindustrialisierung. Soweit eine geringe Anlagenauslastung auf einem Rückgang des durchschnittlichen Pro-Kopf-Verbrauches beruht, bedarf das Vorliegen eines Strukturnachteils einer genaueren Prüfung. Zunächst ist zu beachten, dass der Verbrauchsrückgang ein allgemeines Phänomen in der Wasserbranche darstellt.[108] Es muss sich hier also um einen atypisch hohen Verbrauchsrückgang handeln, der sich von dem allgemeinen, durch wassersparende Armaturen und steigendes Umweltbewusstsein ausgelösten Trend unterscheidet. Ansonsten liegt schon kein Strukturnachteil vor. Die Atypizität des Verbrauchsrückgangs ist in Bezug auf die Vergleichsunternehmen zu bestimmen. Darüber hinaus stellt sich die Frage, ob ein Verbrauchsrückgang dem Unternehmen zurechenbar ist. Dabei kann nicht pauschal davon ausgegangen werden, Verbrauchsrückgänge seien dem Wasserversorger allein schon infolge seiner überhöhten Preise zurechenbar. Denn anders als die Nachfrage nach gewöhnlichen Verbrauchsgütern ist die Wassernachfrage als elementares Lebensbedürfnis nicht preiselastisch, d.h. hohe Preise führen nicht zwangsläufig zu einer sinkenden Nachfrage.[109]

59

---

107 Dazu Vor §§ 31–31b Rdn. 15.
108 Vgl. ATT u.a. (Hrsg.), Profile of the German Water Sector 2011, S. 39; abrufbar über bdew-Homepage: http://www.bdew.de/internet.nsf/id/9F6D4ED10B74BCAEC12579570033822C/$file/111129_Profile_german_water_2011_long_.pdf (abgerufen am 21.3.2016); vgl. auch Umweltbundesamt, Daten zur Wasserwirtschaft, öffentliche Wasserversorgung, abrufbar unter http://www.umweltbundesamt.de/daten/wasserwirtschaft/oeffentliche-wasserversorgung, Überschrift »Sinkender Trinkwasserverbrauch, geringere Verluste« (abgerufen am 21.3.2016).
109 Vgl. *Schleich/Hillenbrand*, Determinants of Residential Water Demand in Germany, Fraunhofer ISI, Working Paper Sustainability and Innovation No. S 3/2007.

(2) Wasserbeschaffung (Eigenförderung und Fremdbezug)

60　Im Umfeld der Wasserbeschaffung (Eigenförderung und Fremdbezug) sind alle Umstände zur Rechtfertigung geeignet, die einen Wasserversorger mit höheren Kosten für den *Grundwasserschutz*, die *Wassergewinnung* und die *Wasseraufbereitung* belasten. Solche Umstände sind im hohen Maße von den geographischen, geologischen und hydrologischen Besonderheiten des jeweiligen Versorgungsgebiets abhängig.

61　In Deutschland wird Trinkwasser überwiegend als Grund- oder Quellwasser gewonnen. Die Verfügbarkeit von Grundwasser gilt als das »entscheidende Privileg« in der Wasserversorgung. Umgekehrt stellt das Nichtvorhandensein von ausreichendem Grundwasser und das damit verbundene Erfordernis, Trinkwasser aus Oberflächenwasser (z.B. Talsperren) zu gewinnen, einen Strukturnachteil dar.[110] Denn aufgrund der besonderen Sensibilität von Oberflächenwasser und der damit verbundenen Anforderungen an den Rohwasserschutz und die Wasseraufbereitung ist die Wasserbeschaffung aus Oberflächenwasser regelmäßig aufwändiger und damit kostenintensiver als die Förderung von Grundwasser. Aber auch innerhalb derselben Bezugsquelle können erhebliche strukturelle Unterschiede bestehen. So kann sich z.B. die Qualität des geförderten Grundwassers aufgrund der naturräumlichen Bedingungen unterscheiden.

62　Als Rechtfertigungsgrund können beispielsweise Aufwendungen für Rohwasserschutz, Bodenverunreinigungen durch Altlasten, eine hohe Siedlungsdichte, bestehende Grundwasserverunreinigungen oder ein geringes Wasseraufkommen in Betracht kommen. Schließlich können auch höhere Fremdbezugskosten einen Rechtfertigungsgrund darstellen.

(3) Wasserverteilung

63　Auf der Ebene der Wasserverteilung sind insbesondere eine ungünstigere Topographie (z.B. Höhenunterschiede) und nachteilige geologische Randbedingungen (Bodenstruktur, Klüftigkeit, natürliche Hindernisse wie Wasserläufe oder infrastrukturbezogene Hindernisse, die aufwändige Querungen erforderlich machen) zur Rechtfertigung ungünstigerer Preise geeignet,[111] soweit

---

110　Z.B. *Engler/Siehlow/Marschke*, Empirische Analyse, Preise und Gebühren für Trinkwasser, wwt 9/2010, S. 50 (54): »Die Variable Anteil Grund- und Quellwasser (-0,3588**) liefert den höchsten Erklärungsbeitrag im Modell, (…). *Grund und Quellwasser bedarf weniger Aufbereitung als Oberflächenwasser und bietet somit einen Qualitätsvorteil, der sich in den Kosten und letztendlich im Preis abzeichnet.*

111　BGHZ 184, 168, 184 – *Wasserpreise Wetzlar*; s. auch BKartA, Bericht über die großstädtische Trinkwasserversorgung in Deutschland, Juni 2016, S. 97.

sich daraus höhere Kosten für Transportleitungen und andere Anlagen oder die Erforderlichkeit einer besonderen Bauweise dieser Anlagen (z.B. einer größeren Verlegtiefe der Leitungsrohre) ergeben. Die unterschiedlichen Randbedingungen führen in erster Linie zu erhöhten Baukosten. Sie können aber auch an anderer Stelle Zusatzkosten verursachen. So führt z.b. eine besondere Klüftigkeit des Bodens, etwa aufgrund von hohen Fels- oder Dolinenanteilen, dazu, dass aus den Leitungen austretendes Wasser schneller abfließen kann. Kommt es im Wasserverteilungsnetz zu Leckagen, so wird das austretende Wasser unterirdisch abgeleitet, ohne dass Schäden an der Oberfläche sichtbar würden. Deshalb können in solchen Fällen Leckagen oftmals erst spät entdeckt werden, d.h. erst dann, wenn bereits größere Mengen Wasser im Boden versickert sind. Hier beruht der Kostennachteil also auf besonders hohen Wasserverlustraten pro Schadensfall und wirkt sich damit kostenmäßig bei der Wasserbeschaffung aus. Daneben können auch siedlungsstrukturelle Besonderheiten (Versorgungs- und Abnehmerdichte) die Wasserverteilung erschweren und damit kostenerhöhend wirken.

Auch soweit ein Wasserversorger in geringerem Maße Baukostenzuschüsse (§ 9 AVBWasserV) oder Hausanschlusskostenerstattungen (§ 10 AVBWasserV) von seinen Endkunden verlangt als ein Vergleichsunternehmen und die verbleibenden Kosten über den Wasserpreis einkalkuliert, stellt dies grundsätzlich einen rechtfertigungsfähigen Umstand dar.[112] 64

Insgesamt zeigt sich, dass die Kosten für die Wasserverteilung von zahlreichen nicht zu beeinflussenden Faktoren abhängen. Diese sind im Rahmen der Vergleichsgruppenbildung und Rechtfertigung zu beachten. Ein bloßes Abstellen auf den Metermengenwert wird der Komplexität der Wasserverteilung demgegenüber nicht gerecht. 65

(4) Landesspezifische Vorgaben

Landesspezifische Vorgaben stellen einen zur Rechtfertigung geeigneten abweichenden Umstand dar, soweit sie zu einer erhöhten Kostenbelastung führen. Das kann insbesondere bei Abgabenbelastungen (z.B. Wasserentnahmeentgelt, Talsperrenentnehmerbeitrag, Sondernutzungsgebühren etc.) der Fall sein. Allerdings stellt sich die Frage, ob auch die sog. Konzessionsabgabe (KA) einen nicht zurechenbaren Umstand darstellt. Im Ausgangspunkt ist unstreitig, dass die KA keine Abgabe im eigentlichen Sinne darstellt, sondern ein privatrechtlich vereinbartes Entgelt für das Recht zur Belieferung der Endkunden mit Wasser und zur Nutzung der öffentlichen Straßen und Plätze für Leitun- 66

---

112 BGHZ 184, 168, 181 f. – *Wasserpreise Wetzlar*.

gen.¹¹³ Daraus wird gefolgert, die KA beruhe als vereinbartes Entgelt auf einer unternehmensindividuellen Entscheidung und sei daher generell zurechenbar.¹¹⁴ Dafür spricht auch, dass die Konzessionsabgabenanordnung¹¹⁵ nur einen Höchstbetrag vorgibt und damit Spielräume bei den Vertragspartnern lässt. Allerdings ist auch zu berücksichtigen, dass die KA in der Praxis regelmäßig nicht verhandelbar ist und von den Gemeinden aufgrund der natürlichen Monopolstruktur der Versorgungsgebiete vielfach einseitig festgesetzt werden kann. Dies spricht gegen die Zurechenbarkeit von Konzessionsabgaben.¹¹⁶

(5) Insbesondere: Landesgesetzliche Kalkulationsvorgaben

67 Ein ähnliches Problem wie bei landesspezifischen Abgaben besteht, soweit in einzelnen Bundesländern der Landesgesetzgeber Vorgaben für den Ansatz der kalkulatorischen Kosten erlassen hat. Solche Kalkulationsvorgaben sind auch für Betriebe mit öffentlicher Beteiligung keine bloße Eigentümerentscheidung, sondern eine genuin legislative Handlung, die allein nach den (landes-)verfassungsrechtlichen Vorschriften zu beurteilen ist. Sie können dem Wasserversorger daher nicht einfach in Anwendung des kartellrechtlichen Konzerngedankens zugerechnet werden.¹¹⁷

68 Das gilt im Übrigen auch in Stadtstaaten, bei denen kommunale und Landesebene zusammenfallen. Selbst wenn dort der Wasserversorger in kommunaler Hand ist, sind diesem landesgesetzliche Vorgaben als genuine Rechtssetzungsakte nicht zurechenbar. Dagegen ist das Bundeskartellamt, in Anlehnung an den kartellrechtlichen Konzerngedanken des § 36 Abs. 2 GWB, im Verfahren

---

113 BGHZ 132, 198, 201.
114 Verfügung der Landeskartellbehörde Hessen gegen die Mainova, v. 12.12.2007, Rn. 115. Trotz dieser Rechtsauffassung wurde das Konzessionsentgelt dann dennoch im Rahmen des Ermessens berücksichtigt.
115 Vgl. § 2 der Anordnung über die Zulässigkeit von Konzessionsabgaben der Unternehmen und Betriebe zur Versorgung mit Elektrizität, Gas und Wasser von Gemeinden und Gemeindeverbänden vom 4.3.1941.
116 *Reif/Daiber*, in: MünchKommKartR, § 31 Rn. 285 f.; *Soyez/Berg*, WuW 2006, 726, 733.
117 A.A. OLG Düsseldorf, B. v. 24.2.2014, Az.: VI-2 Kart 4/12 (V), S. 53 u. S. 66 des Umdrucks: auch landesrechtliche Kalkulationsvorgaben seien dem Wasserversorger nach dem Rechtsgedanken des § 36 Abs. 2 GWB kartellrechtlich zurechenbar. Das OLG unterscheidet nicht zwischen den verschiedenen (verfassungsrechtlichen) Rollen des Landes Berlin: als Anteilseigner/Anstaltsträger, Tarifgenehmigungsbehörde und Rechtsaufsicht einerseits sowie als Gesetzgeber andererseits. Seine Einordnung von Gesetzgebung als der kartellrechtlichen Aufsicht unterliegendes Handeln läuft auf eine kartellrechtliche Kontrolle des Gesetzgebers hinaus. Dies verstößt gegen den Gewaltenteilungsgrundsatz, was in dem Beschluss verkannt wird.

gegen die Berliner Wasserbetriebe von einer *Zurechnungsgemeinschaft* zwischen Wasserversorger und Landesgesetzgeber ausgegangen.[118] Der Erlass preisrechtlicher Kalkulationsvorgaben sei nur der Form nach hoheitliche Tätigkeit, in Wahrheit stelle sie eine unternehmerische Betätigung des Gesetzgebers dar, die dem Wasserversorger trotz ihrer hoheitlichen Form zurechenbar bleibe.[119] Aus verfassungsrechtlichen Gründen kann es jedoch eine solche Zurechnungsgemeinschaft zwischen Wasserversorger und Landesgesetzgeber nicht geben.[120] Gesetzgeberische Akte sind von unternehmerischen Entscheidungen nicht nur wesensverschieden, vielmehr ist ein Abstellen auf eine vermeintlich eigentliche Qualität des Gesetzes generell unzulässig. Im demokratischen Gefüge des Grundgesetzes darf es im Ergebnis nicht zu einer Kontrolle des Gesetzgebers durch eine nachgeordnete Behörde kommen.

(6) Nicht rechtfertigungsfähige Umstände

Nicht anerkannt sind demgegenüber die folgenden Umstände, die regelmäßig unternehmensindividueller Art sind und damit für eine Rechtfertigung schon dem Grunde nach ausscheiden: 69
- Größe, Finanzkraft, Ressourcen und Umsatz der Vergleichsunternehmen[121]
- Unterschiede bei Eigenkapital und Fremdkapitalkosten,[122] soweit nicht durch außergewöhnliche Umstände, wie etwa einen Renditeverzicht, eine Ausnahme begründet wird[123]
- ein gegenwärtiger Investitionsbedarf; es besteht nämlich kein Schutz bei Unterlassung oder ineffektiver Durchführung in der Vergangenheit erforderlicher Investitionen.[124] Etwas anderes gilt freilich dann, wenn der Investitionsbedarf auf nicht zurechenbare Umstände zurückzuführen ist.

bb) Mehrkosten in konkreter Höhe

Wird das Vorliegen eines objektiven Strukturnachteils dem Grunde nach bejaht, muss der Wasserversorger nachweisen, dass ihm aus diesem objektiven Strukturnachteil Mehrkosten in konkreter Höhe entstanden sind. An diesen 70

---

118 Verfügung des Bundeskartellamts gegen die Berliner Wasserbetriebe, Beschl. v. 4.6.2012, Az. B 8 – 40/10, S. 28 ff. Dazu schon Einl. Rn. 48, bestätigt durch OLG Düsseldorf, B. v. 24.2.2014, Az.: VI-2 Kart 4/12 (V), S. 53 und S. 66 des Umdrucks.
119 A.a.O., S. 28.
120 S. dazu ausführlich Einl. Rn. 49 ff.
121 BGHZ 163, 282, 293 f. – *Stadtwerke Mainz*.
122 BGHZ 59, 42, 47 f. – *Stromtarif*; Z 184, 168, 182 – *Wasserpreise Wetzlar*.
123 BGH WuW/E 2309, 2311 – *Glockenheide*; BGHZ 1184, 168, 182 – *Wasserpreise Wetzlar*; *Daiber*, NJW 2013, 1990, 1992.
124 BGHZ 184, 168, 185 – *Wasserpreise Wetzlar*.

Nachweis dürfen keine zu geringen Anforderungen gestellt werden.[125] Zur Substantiierung muss der Nachweis in der Regel nach Kostenarten differenziert und auf einzelne Kostenstellen aufgeschlüsselt erbracht werden (Kostenstellennachweis).[126] Dabei ist zu beachten, dass Mehrkosten nicht nur auf der Ebene der *Betriebskosten* entstehen können, sondern auch und sogar in erster Linie als Kapitalkosten.[127] Aufgrund der Anlagenintensität belaufen sich die Kapitalkosten (Abschreibungen und Verzinsung) in der Wasserwirtschaft auf circa 80 % der Gesamtkosten.[128] Insbesondere im Bereich der Wasserbeschaffung und Wasserverteilung führen Strukturnachteile zu einem höheren Investitionsbedarf und damit zu einem höheren Anlagevermögen. Ein hohes Anlagevermögen führt zu erhöhten Kapitalkosten. Denn die Höhe des Anlagevermögens bildet die Basis für Abschreibungen und Verzinsung.

71 Die für eine Kostenstelle ausgewiesenen Kosten sind jedoch nicht automatisch gleichbedeutend mit den *Mehr*kosten des betroffenen Wasserversorgers gegenüber den Vergleichsunternehmen. Denn auch den Vergleichsunternehmen erwachsen für die vorzuhaltende Funktion (z.B. Wasserverteilung oder -beschaffung) Kosten. Zur Berechnung der spezifischen Mehrkosten bestehen im Grundsatz zwei Möglichkeiten: Einmal kann versucht werden, die Strukturunterschiede durch *Kennzahlen* abzubilden. Eine solche Methode ist zu wählen, wenn und soweit die aus den Strukturunterschieden resultierenden Mehrkosten durch Kennzahlen ermittelt werden können.[129] In diesem Sinne gehen die Landeskartellbehörden etwa von einem linearen Zusammenhang zwischen Verteilkosten und dem Metermengenwert aus.[130] Auch für den Bereich der Bodenbeschaffenheit ist es denkbar, unterschiedliche Grabungsbedingungen durch Erschwernisfaktoren auszudrücken. Im Bereich der Wasserverteilung besteht darüber hinaus die Möglichkeit, über eine Musterbaustelle die Kostenwirkung der Strukturunterschiede zu simulieren. Es gibt jedoch andere Strukturbedingungen, die sich einer Abbildung mittels Kennzahlen entziehen. Dies gilt für den Bereich der Wassergewinnung. Beispielsweise kann die Notwendigkeit, Talsperren zur Wassergewinnung zu unterhalten, kaum in sinnvoll quantifizierbarer Weise ins Verhältnis zur Grundwassergewinnung gesetzt werden. Hier existieren keine geeigneten Kennzahlen. Ein Ausweis der Mehrkosten kann hier nur über einen *Ist-Kosten-Vergleich* erfolgen. Ein solcher Ist-Kosten-Vergleich stellt das betroffene Unternehmen vielfach vor das Problem, dass die Kosten der Vergleichsunternehmen nicht bekannt sind und

---

125 BGHZ 184, 168, 185 – *Wasserpreise Wetzlar*.
126 BGHZ 184, 168, 185 – *Wasserpreise Wetzlar*.
127 Zum Begriff s.o. Rdn. 38.
128 *Holländer*, Trinkwasserpreise in Deutschland, 2008, S. 16 f.
129 So auch *Daiber*, NJW 2013, 1990, 1992.
130 Zur Kritik siehe bereits o. Rdn. 37.

demnach eine Quantifizierung nicht möglich ist. Dem kann nur durch eine sinnvolle Beweislaststufung begegnet werden.[131]

cc) Kausalität

Diese konkret bezifferten Mehrkosten müssen einerseits durch den Strukturnachteil verursacht sein und andererseits noch in der Preisberechnung fortwirken (Doppelkausalität in Grund und Höhe). Für diesen Nachweis sind die Mehrkosten regelmäßig in Euro/m³ Wasserabsatzmenge (spezifische Kosten) anzugeben. 72

dd) Keine Zurechenbarkeit

Schließlich ist viertens zu prüfen, ob die geltend gemachten Mehrkosten im konkreten Fall nicht zurechenbar sind. Nicht zurechenbar sind dabei solche Umstände, die struktureller, nicht unternehmensindividueller Art sind.[132] Das bedeutet, dass sie nicht auf individueller unternehmerischer Entschließung beruhen dürfen.[133] Als unternehmerische Entschließung ist dabei auch die Unterlassung erforderlicher Investitionen oder Rationalisierungsmaßnahmen anzusehen. Umgekehrt ist daher solange von einer Zurechenbarkeit auszugehen, wie nicht alle *zumutbaren Rationalisierungsreserven* ausgeschöpft wurden.[134] Kosten, die durch eine *rationelle Betriebsführung*[135] vermieden werden könnten, sind nicht unabweisbar und damit zurechenbar. Es darf insofern zu keinem Bestandsschutz für monopolbedingte Ineffizienzen oder Preisüberhöhungstendenzen kommen.[136] 73

Die Ausschöpfung bestehender Rationalisierungsreserven muss den Wasserversorgern *zumutbar* sein. Bei der Auslegung des Begriffs der Zumutbarkeit ist zu beachten, dass die öffentliche Wasserversorgung eine Aufgabe der kommunalen Daseinsvorsorge ist. Sie wird von der Garantie der kommunalen Selbstverwaltung in Art. 28 Abs. 2 GG geschützt.[137] Diese verfassungsrechtlichen Verbürgungen dürfen kartellrechtlich nicht unterlaufen werden.[138] Trifft eine Kommune daher eine nach kommunal- und fachrechtlichen Maßstäben 74

---

131 S. dazu Rdn. 79 ff.
132 St. Rspr. BGHZ 59, 42, 47 – *Stromtarif*; WuW/E BGH 2309, 2311 – *Glockenheide*; Z 129, 37, 48 – *Weiterverteiler*; Z 135, 323, 330 – *Gaspreis*; Z 142, 239, 249 – *Flugpreisspaltung*; Z 163, 282, 293 – *Stadtwerke Mainz*.
133 BGHZ 184, 168, 180 – *Wasserpreise Wetzlar*.
134 BGHZ 142, 239, 248 – *Flugpreisspaltung*; Z 184, 168, 184 – *Wasserpreise Wetzlar*.
135 Dazu ausführlich u. Rn. 85 ff.
136 BGHZ 59, 42, 47 f. – *Stromtarif*; Z 129, 37, 49 f. – *Weiterverteiler*; Z 184, 168, 180, 185 – *Wasserpreise Wetzlar*.
137 S. dazu ausführlich Vor §§ 31–31b Rdn. 9, Rdn. 33.
138 *Giesberts/Reinhardt/Hasche*, Umweltrecht, WHG, § 50 Rn. 6.

zulässige Entscheidung, etwa für eine besonders nachhaltige Versorgungssicherheit oder für eine besonders hohe Wasserqualität, so darf diese Entscheidung nicht kartellrechtlich unterminiert werden.[139] Solche Entscheidungen *innerhalb des gemeindlichen und fachrechtlichen Gestaltungsspielraums* sind also nicht deshalb kartellrechtswidrig, weil ein Vergleichsunternehmen eine andere, kostengünstigere Sicherheitsphilosophie verfolgt. Die kartellrechtliche Missbrauchskontrolle darf öffentliche Wasserversorger nicht dazu zwingen, die ihnen zugewiesenen mehrdimensional ausgerichteten Entscheidungsspielräume einseitig zu Gunsten der Kosteneffizienz auszuüben. Gleiches muss aber auch jenseits der kommunalen Selbstverwaltungsgarantie für private Wasserversorgungsunternehmen gelten. Denn auch diese haben bei der Erfüllung der Wasserversorgungsaufgabe unternehmerische Spielräume, die sie in die eine oder andere Richtung ausüben können.[140] So gibt es z.B. hinsichtlich der Frage, wie viele Versorgungsstandorte für eine sichere und nachhaltige Wasserversorgung erforderlich sind, nicht eine richtige Entscheidung. Gleiches gilt auch für die bei der Wasseraufbereitung anzulegenden Qualitätskriterien. Es gibt hier eine *Bandbreite fachlich zulässiger Entscheidungen*. Gerade deshalb hat der Gesetzgeber in § 31b Abs. 2 GWB die Regelung beibehalten, dass die Kartellbehörde im Benehmen mit der zuständigen Fachbehörde handelt.[141] Bewegt sich der Wasserversorger innerhalb dieser Bandbreite, so kann die Unabweisbarkeit der hieraus resultierenden Kosten nicht mit dem Argument, es gebe eine andere, kostengünstigere Alternative, in Frage gestellt werden. Vielmehr ist allein die zulässigerweise gewählte Variante auf ihre Effizienz hin zu überprüfen. Dies zeigt auch eine Parallele zu der in § 31 Abs. 4 Nr. 3 GWB geregelten Kostenkontrolle. Für die Kostenkontrolle hat der Gesetzgeber in der Gesetzesbegründung zur 8. GWB-Novelle ausdrücklich klargestellt, dass Qualitätskriterien und die Nachhaltigkeit der Gewässerbewirtschaftung in die Prüfung miteinbezogen werden müssen.[142] Wenn diese Kriterien aber im Rahmen der Kostenkontrolle als zulässige unternehmerische Entscheidungen des Wasserversorgers anerkannt werden, dann müssen sie auch bei der Anwendung des Vergleichsmarktkonzeptes anerkannt werden. Ansonsten käme es zu nicht hinnehmbaren Wertungswidersprüchen zwischen Vergleichsmarktkonzept und Kostenkontrolle. Dies

---

139 *Giesberts/Reinhardt/Hasche*, Umweltrecht, WHG, § 50 Rn. 6.
140 Unzutreffend deshalb OLG Düsseldorf, B. v. 24.2.2014, Az.: VI-2 Kart 4/12 (V), S. 14 des Umdrucks: Das Gericht geht davon aus, dass alle unternehmerischen Spielräume zur Beachtung des Kartellrechts ausgenutzt werden müssten.
141 BT-Drucks. 17/9852, S. 25 f.: Laut Gesetzesbegründung wurde das Benehmenserfordernis auch in der 8. GWB-Novelle übernommen, um sicherzustellen, »dass neben ökonomischen auch sonstige Gesichtspunkte und Prinzipien, insbesondere des Umwelt- und Gesundheitsschutzes, der Sicherung der Trinkwasserqualität […] sowie der Versorgungssicherheit, hinreichend berücksichtigt werden.«
142 BR-Drucks. 176/12, S. 9; siehe auch unter Rn. 77.

wäre auch systematisch nicht akzeptabel, da Kostenkontrolle und Vergleichsmarktkonzept als Regelbeispiele den in § 31 Abs. 3 GWB enthaltenen allgemeinen Missbrauchstatbestand konkretisieren. Die Grundsatzfrage, wie aus fachlicher Sicht bei Qualitätsanforderungen, Nachhaltigkeit und Versorgungssicherheit bestehende Spielräume kartellrechtlich zu behandeln sind, muss einheitlich beantwortet werden.

Aus alledem folgt, dass sich der kartellrechtliche Rationalitätsbegriff im Bereich der Wasserversorgung nicht allein an einer möglichst preisgünstigen Versorgung, sondern gleichberechtigt auch an der Einhaltung von Qualitätsanforderungen, Nachhaltigkeit und Versorgungssicherheit zu orientieren hat. Dies verdeutlicht im Übrigen auch § 31b Abs. 4 GWB. Im Ergebnis bedeutet dies, dass Preisunterschiede gerechtfertigt sind, solange und soweit sie ausschließlich auf der Ausübung dieses Spielraums beruhen. Bedient sich die Kommune zur Aufgabenerledigung eines privaten Dritten, kann wegen des Grundsatzes der kommunalen Organisationswahlfreiheit nichts anderes gelten. Auch hier müssen die Gesichtspunkte von Versorgungssicherheit und Versorgungsqualität Berücksichtigung finden. 75

Der Grundsatz der *rationellen Betriebsführung* gilt für den gesamten Bereich der Betriebskosten. Die operative Betriebsführung ist danach so einzurichten, dass für die im kommunal- und fachrechtlichen Rahmen zulässigen Versorgungsentscheidungen ein möglichst geringer Mitteleinsatz aufzubringen ist. 76

Für den Bereich der Kapitalkosten ist ein solcher Effizienzmaßstab jedoch nur für den Umfang des Anlagenbestandes, also die Kapitalbasis sinnvoll. Das bedeutet z.B., dass ein Versorgungsunternehmen seinen Anlagenbestand kontinuierlich an die aktuelle Versorgungssituation anpassen muss. Ein Versorgungsunternehmen muss also auf einen Verbrauchsrückgang so gut wie möglich reagieren. Aufgrund der Langlebigkeit der Anlagengüter sind die Reaktionsmöglichkeiten allerdings nur begrenzt. Die Frage der Effizienz und Rationalität der Kapitalbasis ist stets aus *ex ante*-Sicht zu beurteilen. Deshalb ist eine auf einer zutreffenden Prognose beruhende Investitionsentscheidung auch dann kartellrechtlich nicht zu beanstanden, wenn sich die Investition im Nachhinein aufgrund einer von der Prognose abweichenden Entwicklung als nicht erforderlich erweisen sollte.[143] Die aus der Maßnahme resultierenden 77

---

143 *Faulhaber/Growitsch/Oelmann/Schielein/Wetzel*, Gutachten zur Sicherstellung eines sachgerechten Nachweises zur Ermittlung der Kosten einer rationellen Betriebsführung in der Wasserversorgung (Gesamtkosten), S. 16, mit der Begründung, dass dem Unternehmen sonst zukünftig Liquidität fehle und ein investitionsfeindliches Verhalten zu befürchten wäre (»Hold-Up-Problematik«); a.A. wohl *Bunte*, in: Langen/Bunte, Kartellrecht, § 31 Rn. 47: seiner Ansicht ist auch die Frage von Bedeutung, ob in der Vergangenheit Rationalisierungsmöglichkei-

Kosten sind voll anzuerkennen. Eine Effizienzkontrolle kann auch im Hinblick auf die Höhe der Investitionen erfolgen. So muss z.B. nachgewiesen werden, dass die Baukosten auf Marktpreisen beruhen.

78 Neben der Kapitalbasis sind weitere Faktoren für die Höhe der Kapitalkosten maßgeblich. Hierzu zählen z.B. der zu Grunde gelegte Zinssatz, die Eigenkapital- und Aktivierungsquote sowie die Abschreibungsmethode. Für diese Faktoren ist der Maßstab der rationellen Betriebsführung allerdings kein geeigneter Kontrollmechanismus. Denn welcher Zinssatz kartellrechtlich zulässig ist bzw. welche Eigenkapitalquote angesetzt werden darf, lässt sich nicht auf Grundlage des operativ ausgerichteten Konzepts rationeller Betriebsführung beantworten. Die Antwort hierauf gibt vielmehr das Vergleichsmarktkonzept selbst. So ist bei der Bewertung, ob der angelegte Zinssatz, die Höhe der Eigenkapitalquote oder die Abschreibungsmethode zulässig ist, im Einklang mit dem Grundgedanken des Vergleichsmarktkonzepts auf die *Branchenüblichkeit* des gewählten Kostenansatzes abzustellen. Kapitalkosten, die auch von den Vergleichsunternehmen in dieser Weise angesetzt werden oder branchenüblich sind, sind kartellrechtlich im Rahmen der Vergleichsmarktkontrolle anzuerkennen. Branchenüblich sind im Bereich der Wasserversorgung insbesondere eine Abschreibung nach dem Wiederbeschaffungszeitwert (WBZW) und eine angemessene Eigenkapitalverzinsung. Für deren Höhe können aufgrund der funktionalen Vergleichbarkeit Anleihen beim Gebührenrecht genommen werden.[144] Zur Sicherung der Gleichartigkeit bedarf es u.E. einer Normierung der Kapitalkosten. Hier ist die kartellrechtliche Praxis noch unterentwickelt.

ee) Einzelfragen

(1) Darlegungs- und Beweislast

79 Die Verteilung der Darlegungs- und Beweislast ist von entscheidender Bedeutung für die praktische Durchführung der Missbrauchsaufsicht. Im kartellgerichtlichen Verfahren hat das Beschwerdegericht nach § 70 Abs. 1 GWB den Sachverhalt von Amts wegen zu erforschen. Es gibt daher im Ausgangspunkt im kartellgerichtlichen Verfahren keine *formelle* Darlegungs- und Beweislast. Der Amtsermittlungsgrundsatz verpflichtet das Beschwerdegericht jedoch weder, den Sachverhalt anstelle der Behörde erstmals aufzuklären, noch eine völlig unzureichende Sachverhaltsausforschung durch eigene Er-

---

ten ausgeschöpft worden sind; dabei dürfe aber nicht zeitlich unbegrenzt, sondern nur »für einen überschaubaren Zeitraum, aus dem die ›Altlasten‹ herrühren,« in die Vergangenheit zurückgeprüft werden.

144 *Driehaus/Brüning*, Kommunalabgabenrecht, § 6 Rn. 148 ff. m.w.N.

mittlungen zu ergänzen.[145] Vom Amtsermittlungsgrundsatz unberührt bleibt die *materielle* Beweislast, d.h. die Frage, zu wessen Lasten sich eine non liquet-Situation auswirkt. Hier gilt im Grundsatz, dass die Kartellbehörde beim Erlass von Missbrauchsverfügungen die volle *materielle* Beweislast für das Vorliegen der Eingriffsvoraussetzungen trifft.[146] Lässt sich nicht nachweisen, dass der Tatbestand des kartellrechtlichen Missbrauchs tatsächlich erfüllt ist, ist die Verfügung rechtswidrig und aufzuheben. § 31 Abs. 4 Nr. 2 GWB ordnet jedoch für das Vergleichsmarktkonzept abweichend von diesem Grundsatz auf der Ebene der Rechtfertigung einen Übergang der *Darlegungs- und Beweislast* auf das Wasserversorgungsunternehmen an. Durch die gesetzliche Beweislastentscheidung wird der Amtsermittlungsgrundsatz partiell durchbrochen und dem Wasserversorger nicht nur die materielle Beweislast zugewiesen, sondern auch eine formelle Darlegungs- und Beweislast aufgegeben.[147] Das betroffene Wasserversorgungsunternehmen hat daher nachzuweisen, dass und in welcher Höhe seine Preise durch gegenüber den Vergleichsunternehmen abweichende Umstände bedingt sind, die ihm nicht zurechenbar sind.[148] Für die Ebene des Tatbestandes im engeren Sinn verbleibt es dagegen bei der materiellen Beweislast der Kartellbehörden.[149] Dies gilt insbesondere für das Erfordernis einer Zu- und Abschlagsbildung bei der Vergleichsgruppenbildung.

Die Darlegungs- und Beweislast des betroffenen Unternehmens für das Vorliegen von Rechtfertigungsgründen gilt nicht uneingeschränkt. Ein Wasserversorger benötigt für den Nachweis nachteiliger Umstände Informationen über die strukturellen Eigenheiten der Vergleichsunternehmen. Diese Umstände und ihre Kostenwirkung sind dem betroffenen Unternehmen vielfach unbekannt. Es handelt sich um Informationen und Daten, die gänzlich außerhalb der Sphäre des beweisbelasteten Versorgungsunternehmens liegen können (*sphärenfremde Umstände*).[150] Dieses Problem hat auch der BGH gesehen, jedoch mangels Entscheidungserheblichkeit einstweilen offen gelassen.[151]

80

Richtigerweise ist hier aus rechtsstaatlichen Gründen eine Modifikation der gesetzlich angeordneten Beweislastverteilung geboten. Die Beweislast kann nur so weit reichen, wie dem Unternehmen die Darlegung und der Nachweis

81

---

145 Dazu ausführlich *Bechtold/Bosch*, GWB, § 70 Rn. 2 ff.
146 KG WuW/E OLG 1321, 1323 – *Zahnbürsten*; OLG München WuW/E OLG 5713, 5724 – *Gaspreis*; *Schmidt*, in: Immenga/Mestmäcker, GWB, § 57 Rn. 12.
147 *Bechtold/Bosch*, GWB, § 70 Rn. 6.
148 *Bunte*, in: Langen/Bunte, Kartellrecht, § 31 Rn. 39, Rn. 45.
149 *Reif/Daiber*, in: MünchKommKartR, § 31 Rn. 157; *Decker*, WuW 1999, 967, 970.
150 BGHZ 184, 168, 185 – *Wasserpreise Wetzlar*.
151 KG WuW/E OLG 1321, 1323 – *Zahnbürsten*; OLG München WuW/E OLG 5713, 5724 – *Gaspreis*; *Steinbarth*, in: Schulte/Just, Kartellrecht Kommentar, § 31 Rn. 36.

möglich sind. Dies ist nach den Grundsätzen der gestuften Beweislastverteilung nur bei solchen Umständen der Fall, die das Unternehmen entweder in zumutbarer Weise aufklären kann oder die in seiner Sphäre liegen.[152] Ist der beweisbelasteten Partei dagegen die Substantiierung entweder unmöglich oder unzumutbar, während die andere Partei – also die Kartellbehörde – alle wesentlichen Tatsachen kennt oder diese mit zumutbarem Aufwand in Erfahrung bringen kann, so kommt die primär beweisbelastete Partei ihrer Darlegungs- und Beweislast auch durch ein solches Vorbringen nach, das unter gewöhnlichen Umständen als unsubstantiiert zurückgewiesen würde. Im Gegenzug trifft die an sich nicht beweisbelastete Partei dann eine sog. *sekundäre Darlegungs- und Beweislast*. Kommt die Gegenpartei dieser sekundären Darlegungs- und Beweislast nicht nach, greift eine Geständnisfiktion analog § 138 Abs. 3 ZPO.[153] Diese Grundsätze über die sekundäre Darlegungslast sind ein allgemeines Institut des Prozessrechts und daher auch im kartellverwaltungsgerichtlichen Verfahren anwendbar.[154] Daraus folgt, dass das beweisbelastete Unternehmen im Rahmen der Rechtfertigung alle Umstände, die in seine Sphäre fallen, also insbesondere seine eigene Kosten- und Versorgungsstruktur, substantiiert darzulegen und ggf. Beweis darüber zu erbringen hat. Betriebsabläufe, Kostenpositionen und -zerschlüsselungen eines Vergleichsunternehmens oder die objektiven Strukturmerkmale eines anderen Versorgungsgebietes dagegen liegen regelmäßig außerhalb der Sphäre des beweisbelasteten Versorgungsunternehmens. Hier genügt der Wasserversorger seiner Darlegungs- und Beweislast, wenn er sein Vorbringen im Rahmen öffentlich zugänglicher oder ihm vorliegender Informationen oder Benchmarkingergebnisse hinreichend plausibel macht. Der Kartellbehörde obliegt es dann, diesen Vortrag substantiiert zu widerlegen.[155]

---

152 So i.E. auch *Reinhardt*, LKV 2010, 145, 151; *Breuer*, NVwZ 2009, 1249, 1254. Ebenso zum insoweit gleichlautenden § 29 GWB *Baron*, in: Frankfurter Kommentar zum Kartellrecht, § 29 Rn. 110 f.; *Danner/Theobald/Gleave/Judith*, Energierecht, GWB, § 29 Rn. 64.
153 BGH NJW 1986, 3193, 3194; *Prütting*, in: MünchKommZPO, § 286 Rn. 103.
154 BGHZ 86, 23, 29; Z 100, 190, 195, Z 120, 320, 327; NJW 1999, 717; NJW-RR 2002, 1309; *Prütting*, in: MünchKommZPO, § 286 Rn. 103 m.w.N.
155 So jüngst auch das BKartA, Bericht über die großstädtische Trinkwasserversorgung in Deutschland, Juni 2016, S. 89. A.A. OLG Düsseldorf, B. v. 24.2.2014, Az.: VI-2 Kart 4/12 (V), S. 59 des Umdrucks: Das Gericht hält es für erforderlich, dass der betroffene Wasserversorger nicht nur seine eigenen Bedingungen darlegt, sondern auch eine Gesamtschau der strukturellen Bedingungen der Vergleichsunternehmen vornimmt. Wie dies von dem betroffenen Unternehmen ohne Kenntnis der Versorgungsbedingungen und Kostenstruktur der Vergleichsunternehmen praktisch geleistet werden kann, wird nicht thematisiert; siehe zur Kritik hieran auch *Gussone/Siebeck*, IR 2014, 115, 116; *Wolfers/Wollenschläger*, EnWZ 2014, 261, 266 f.

Aus der Darlegungs- und Beweislast folgt umgekehrt zugleich das Recht des 82
betroffenen Unternehmens, den Beweis auch führen zu dürfen. So obliegt der
Nachweis der richtigen Quantifizierungsmethode primär der beweisbelasteten Partei. Das Gericht darf sich demgegenüber nicht auf eine Prüfung der
Vertretbarkeit der kartellbehördlichen Missbrauchsverfügung beschränken,
sondern hat den Vortrag des Unternehmens vollumfänglich zu prüfen.[156]

(2) Gesamtsaldierung, Vorteilsausgleichung, Überlappungseffekte

Fraglich ist, ob auf Rechtfertigungsebene eine Gesamtsaldierung aller struktur- 83
bedingten Vor- und Nachteile stattfinden muss.[157] Richtigerweise ist die umfassende Gesamtsaldierung auf der Ebene der Vergleichsgruppenbildung durch
Zu- und Abschläge vorzunehmen. Auf der Rechtfertigungsebene lässt der eindeutige Wortlaut keinen Raum für eine Gesamtsaldierung.

Dem betroffenen Unternehmen wäre eine solche Gesamtverrechnung aller 84
strukturellen Vor- und Nachteile mangels Kenntnis der Strukturbedingungen
bei den Vergleichsunternehmen auch kaum möglich. Deshalb ist nur innerhalb eines einzelnen zur Rechtfertigung geltend gemachten Strukturnachteils
eine Saldierung vorzunehmen. Zwar hat das Unternehmen etwaige Vorteile innerhalb eines Rechtfertigungsgrundes in die Berechnung der konkreten Mehrkosten einzubeziehen. Die Gesamtsaldierung aller Vor- und Nachteile zwischen dem betroffenen Unternehmen und den Vergleichsunternehmen ist
demgegenüber nicht erforderlich.[158]

Von der Gesamtsaldierung und der internen Vorteilsausgleichung zu unter- 85
scheiden ist das Problem der Vermeidung etwaiger Überlappungseffekte: Bei
der Kostenwirkung einzelner Strukturnachteile gibt es Überschneidungen.
Solche Überlappungseffekte sind vom Wasserversorger in den Grenzen des tatsächlich Möglichen und Zumutbaren im Rahmen seines Vortrags rechnerisch
zu berücksichtigen.

(3) Tarifgestaltungsspielraum und unternehmerische Spielräume

Den Wasserversorgern steht ein Tarifgestaltungsspielraum zu.[159] Das bedeu- 86
tet, dass es ihnen im Rahmen der gesetzlichen Grenzen freisteht, bestimmte

---

156 S. dazu im Einzelnen u. Rdn. 90.
157 So OLG Düsseldorf, Beschluss v. 24.2.2014, Az.: VI-2 Kart 4/12 (V), Umdruck S. 59.
158 BGHZ 184, 168, 186 – *Wasserpreise Wetzlar*. Unzutreffend deshalb OLG Düsseldorf, Beschluss v. 24.2.2014, Az.: VI-2 Kart 4/12 (V), Umdruck S. 59.
159 BGHZ 135, 323, 331 f. – *Gaspreis*; BGHZ 184, 168, 181 f. – *Wasserpreise Wetzlar*.

Kostenpositionen in betriebswirtschaftlich unterschiedlicher Weise anzusetzen. Die Ausübung dieses Tarifgestaltungsspielraums begründet für sich keinen selbstständigen Rechtfertigungsgrund. Allerdings dürfen dem Wasserversorger durch eine zulässige Ausübung seines Tarifgestaltungsspielraums auch keine Rechtfertigungsgründe abgeschnitten werden.

Verlangt etwa ein Wasserversorger niedrigere Baukostenzuschüsse (§ 9 AVBWasserV) oder Hausanschlusskostenerstattungen (§ 10 AVBWasserV) von seinen Endkunden als ein Vergleichsunternehmen, darf er die verbleibenden Kosten dann über den Wasserpreis einkalkulieren.[160] Auch die Entscheidung zwischen gleichermaßen zulässigen Ansätzen im Bereich der Kapitalkosten darf zu keiner Verkürzung von Rechtfertigungsmöglichkeiten führen.

87 In gleicher Weise ist die zulässige Ausübung unternehmerischer Spielräume z.B. bei der Versorgungs- und Nachhaltigkeitsstrategie oder bei der Definition von Qualitätskriterien kartellrechtlich anzuerkennen.[161]

(4) Kostendeckung als Untergrenze

88 Nach der Rechtsprechung des BGH kann auch beim Vergleichsmarktkonzept nach Nr. 2 jedenfalls dann kein Missbrauch vorliegen, wenn die Preise die Selbstkosten nach Ausschöpfung aller Rationalisierungsreserven nicht überschreiten.[162] Wörtlich heißt es: »Dieses Unwerturteil [scil. des Missbrauchsvorwurfs] ist jedenfalls dann nicht gerechtfertigt, wenn das marktbeherrschende Unternehmen auch bei ordnungsgemäßer Zuordnung der bei ihm entstehenden Kosten und bei Ausschöpfung etwaiger Rationalisierungsreserven [...] lediglich Einnahmen erzielt, die die Selbstkosten nicht decken. Denn auch ein marktbeherrschendes Unternehmen kann im Wege der Preismissbrauchsaufsicht nicht dazu gezwungen werden, entweder seine Leistung zu nicht einmal kostendeckenden Preisen anzubieten oder sich aus dem Wettbewerb gänzlich zurückzuziehen.«

89 Diese Passage wirft die mit Blick auf die Abgrenzung der beiden Regelbeispiele des § 31 Abs. 4 GWB nicht unproblematische Frage auf, ob innerhalb des Vergleichsmarktkonzepts zugleich auch eine implizite Kostenkontrolle durchgeführt werden muss.[163] Eine solche Doppelkontrolle kann jedoch systematisch nicht überzeugen. Richtigerweise wird durch diese Formulierung keine eigenständige Kostenkontrolle in das Vergleichsmarktkonzept imple-

---

160 BGHZ 184, 168, 181 f. – *Wasserpreise Wetzlar*.
161 S. hierzu ausführlich unter Rdn. 74.
162 BGHZ 142, 239, 246 f. – *Flugpreisspaltung*; Z 184, 168, 186 – *Wasserpreise Wetzlar*.
163 S. die Nachweise zur Diskussion bei *Reif/Daiber*, in: MünchKommKartR, § 31 Rn. 290 f.

mentiert. Im Gegensatz zur Kostenkontrolle des § 31 Abs. 4 Nr. 3 GWB, die auf eine umfassende Kontrolle *aller* Preisbildungsfaktoren abzielt und in deren Rahmen auch kalkulatorische Kosten anerkennungsfähig sind, stellt der Grundsatz der Kostendeckung im Rahmen des Vergleichsmarktkonzeptes nur ein Korrektiv dar, durch das die Substanz des Unternehmens geschützt werden soll. Ein Unternehmen darf kartellrechtlich nicht aus dem Markt gedrängt oder zu einer auf Dauer ruinösen Preispolitik verpflichtet werden. Es spricht einiges dafür, dass die Kosten im Sinne dieser Formulierung nur dem handelsrechtlichen Aufwandsbegriff entsprechen und keine Eigenkapitalverzinsung oder die in der Wasserbranche üblichen Abschreibungen nach dem Wiederbeschaffungszeitwert enthalten.[164]

(5) Beurteilungsspielraum und Kontrolldichte

Die Kartellbehörden haben anders als auf Ebene der Vergleichsgruppenbildung keinen Beurteilungsspielraum hinsichtlich der Frage, ob und in welcher Höhe rechtfertigende Umstände vorliegen. Ein Beurteilungsspielraum der Verwaltung liegt nur dann vor, wenn der *Gesetzgeber* der Behörde eine Letztentscheidungsbefugnis *ausdrücklich* zugewiesen hat.[165] Eine solche Ermächtigung ergibt sich weder explizit aus der Gesetzesbegründung noch kann sie implizit der materiellen Zuweisung der Beweislast entnommen werden. Auch aus der Komplexität des Regelungsbereiches lässt sich keine letztverbindliche Entscheidungsbefugnis des Bundeskartellamts ableiten. Denn es gibt keinen allgemeinen Rechtssatz, wonach bei komplexen Sachverhalten und Entscheidungszusammenhängen eine behördliche Letztentscheidungsbefugnis bestünde.[166] Das Gericht hat die vom Wasserversorger geltend gemachten Rechtfertigungsgründe deshalb vollumfänglich zu prüfen, insbesondere darf es sich nicht auf eine Prüfung der Vertretbarkeit der kartellbehördlichen Verfügung beschränken. Räumt das Gesetz dem Unternehmen das Recht ein, sich durch den Nachweis nicht zurechenbarer Umstände zu rechtfertigen, muss dieser Nachweis voll justiziabel sein. Auch soweit der Wasserversorger andere Quantifizierungsmethoden als die Kartellbehörde anwendet, muss das Gericht deren Validität prüfen. Sieht sich das Gericht hierzu nicht in der Lage, muss es ggf. einen Sachverständigen bestellen.

90

d) Sicherheits- und Erheblichkeitszuschlag

Beruht die Vergleichsgruppenbildung zum Teil auf unsicheren Tatsachen, nur annäherungsweise präzisen Berechnungsmethoden oder Schätzungen, sind

91

---

164 Vgl. *Daiber*, NJW 2013, 1990, 1992.
165 Grundlegend dazu BVerfGE 15, 275, 282.
166 BVerfGE 88, 40, 58.

diese methodischen und tatsächlichen Unwägbarkeiten bei der Bestimmung des Vergleichsmaßstabs durch einen *Sicherheitszuschlag* auszugleichen. Eine Vergleichsgruppenbildung, die überwiegend auf Schätzungen beruht, ist dagegen insgesamt unzulässig und kann auch nicht durch einen Sicherheitszuschlag ausgeglichen werden.[167] Die Höhe des Sicherheitszuschlags hängt von der Verlässlichkeit der konkret gewählten Berechnungsmethode ab.[168]

92 Der Sicherheitszuschlag ist strikt vom *Erheblichkeitszuschlag* zu unterscheiden.[169] Die Dogmatik des Erheblichkeitszuschlages ist im Rahmen von § 19 Abs. 4 a.F. GWB entwickelt worden. Hier liegt nach gefestigter höchstrichterlicher Rechtsprechung ein Missbrauch wegen des damit ausgesprochenen Unwerturteils nur dann vor, wenn ein *erheblicher Abstand zu den – bereits unter Berücksichtigung des Sicherheitszuschlages gebildeten – Vergleichspreisen* vorliegt.[170] Anders als der Sicherheitszuschlag dient der kumulativ zu berücksichtigende Erheblichkeitszuschlag also nicht dem Ausgleich von Unsicherheiten, sondern zur Begründung des Missbrauchsvorwurfs.[171] Diese gefestigte höchstrichterliche Rechtsprechung entspricht dem Willen des Gesetzgebers, der einen Missbrauch erst bei einer »spürbaren oder erheblichen« Überschreitung begründet wissen wollte.[172]

93 Fraglich ist, ob der bei § 19 GWB zwingend gebotene Erheblichkeitszuschlag auf § 31 GWB übertragen werden kann. Bei der Vorgängernorm § 103 GWB a.F. wurde ein Erheblichkeitszuschlag von der Rechtsprechung zunächst abgelehnt.[173] Der BGH hat jedoch in der Sache *Stadtwerke Mainz* die seinerzeit tragenden Gründe für nicht länger maßgeblich gehalten und den Erheblichkeitszuschlag, jedenfalls bei § 19 GWB, auch bei einer natürlichen Monopolsi-

---

167 BGHZ 76, 142, 150 – *Valium II*; Z 163, 282, 293 – *Stadtwerke Mainz*.
168 BGHZ 68, 23, 33 – *Valium I*; Z 76, 142, 150 – *Valium II*; Z 163, 282, 295 – *Stadtwerke Mainz*; BGH NJW 2012, 3243, 3244 – *Wasserpreise Calw*.
169 BGHZ 68, 23, 36 f. – *Valium I*; Z 142, 239, 252 – *Flugpreisspaltung*; Z 163, 282, 295 – *Stadtwerke Mainz*; WuW/E DE-R 3145, 3156 – *Entega II*; BGH NJW 2012, 3243, 3245 – *Wasserpreise Calw*; *Götting*, in: Loewenheim/Meessen/Riesenkampff, Kartellrecht, § 19 Rn. 77; *Bechtold/Bosch*, GWB, § 31 Rn. 24.
170 BGHZ 163, 282, 295 – *Stadtwerke Mainz*; dogmatisch bedenklich deshalb OLG Düsseldorf, Beschluss v. 24.2.2014, Az.: VI-2 Kart 4/12 (V), Umdruck S. 70, wo der Erheblichkeitszuschlag mit dem Argument eines bereits gewährten Sicherheitszuschlages auf 0 % abgesenkt wird; hierzu auch *Wolfers/Wollenschläger*, EnWZ 2014, 261, 267.
171 BGHZ 68, 23, 36 f. – *Valium I*; Z 142, 239, 252 – *Flugpreisspaltung*; Z 163, 282, 295 – *Stadtwerke Mainz*; WuW/E DE-R 3145, 3156 – *Entega II*; BGH NJW 2012, 3243, 3245 – *Wasserpreise Calw*.
172 BT-Drucks. 8/3690, S. 25.
173 BGHZ 129, 37, 49 – *Weiterverteiler*.

tuation für anwendbar gehalten.¹⁷⁴ Gegen eine Übertragung dieser Rechtsprechung auf § 31 GWB spricht, dass § 31 GWB anders als § 19 Abs. 2 GWB nicht als Verbotsgesetz ausgestaltet ist. Gleichwohl liegt ihm der Missbrauchsbegriff und das mit ihm verbundene Unwerturteil zugrunde. Insofern kann mit Recht bezweifelt werden, ob es einen Sachgrund für die Ungleichbehandlung eines Missbrauchs nach § 19 GWB und eines solchen nach § 31 GWB gibt. Jedenfalls dann, wenn § 31 GWB aufgrund einer marktbeherrschenden Stellung und nicht aufgrund der Freistellung nach Abs. 1 Anwendung findet, sind solche Gründe kaum ersichtlich.¹⁷⁵ Insofern überzeugt es jedenfalls im Ausgangspunkt, dass der BGH in seiner jüngsten Entscheidung in der Sache *Wasserpreise Calw II* von einer Übertragbarkeit auf § 31 Abs. 3 und 4 GWB ausgeht.¹⁷⁶ Der Erheblichkeitszuschlag ist so zu bemessen, dass seine Überschreitung *das besondere Unwerturteil des Missbrauchsvorwurfs* rechtfertigt. Zu diesem Zweck sind alle Umstände des Einzelfalls heranzuziehen.¹⁷⁷ Die nach den Gesamtumständen zu beurteilende Schwere des Vorwurfs hängt deshalb nicht zuletzt auch davon ab, inwieweit der Verstoß gegen ein gesetzliches Verbot für das betroffene Unternehmen objektiv erkennbar war. Dabei ist zu beachten, dass es im Bereich der Wasserwirtschaft aufgrund der großen Unterschiede in den natürlichen Rahmenbedingungen im Einzelfall sehr schwer sein kann, eine kartellrechtlich relevante Preisüberhöhung festzustellen. Dazu sind in der Regel umfangreiche Daten zu erheben und auszuwerten, die dem betroffenen Wasserversorger selbst vielfach nicht zur Verfügung stehen. Nach diesen Grundsätzen kann sich im Einzelfall ein Erheblichkeitszuschlag von circa 5 % ergeben. Nach aktueller Rechtsprechung des BGH in der Sache *Wasserpreise Calw II* kann demgegenüber ein Zuschlag von 3 % oder weniger ausreichen. Dieses Ergebnis rührt daher, dass der BGH den Erheblichkeitszuschlag von der Spürbarkeit des Kartellrechtsverstoßes abkoppelt und allein auf eine sogenannte rechtliche Erheblichkeit abstellt.¹⁷⁸ Damit wird nicht nur die Schutzfunktion des Erheblichkeitszuschlags in der Sache entwertet, sondern auch die nach Auffassung des BGH (eigentlich) erforderliche Gesamtbetrachtung unterlaufen.

---

174 BGHZ 163, 282, 295 f. – *Stadtwerke Mainz*; BGH NJW 2012, 3243, 3245 – *Wasserpreise Calw*.
175 So auch *Bechtold/Bosch*, GWB, § 31 Rn. 24.
176 BGH NJW 2015, 3643, 3647 – *Wasserpreise Calw II*. A.A. OLG Düsseldorf, Beschluss v. 24.2.2014, Az.: VI-2 Kart 4/12 (V) S. 69 des Umdrucks; zweifelnd auch *Bunte*, in: Langen/Bunte, Kartellrecht, § 31 Rn. 51, unter Verweis auf die frühere Rechtsprechung des BGH in Strompreis Schwäbisch Hall, WuW/E BGH 2967, 2974: Es bestehe kein Grund, Versorgungsunternehmen, die in ihrem Versorgungsgebiet in Ausnutzung der Freistellung eine Monopolstellung besitzen, durch entsprechende Auslegung des Missbrauchsbegriffs eine gewisse Bandbreite für ihre Preise oberhalb der Preise des Vergleichsunternehmens zuzugestehen.
177 So ausdrücklich BGHZ 68, 23, 37 – *Valium I*; BGH NJW 2012, 3243, 3245 – *Wasserpreise Calw*; BGH NJW 2015, 3643, 3648 – *Wasserpreise Calw II*.
178 Enger: *Wasserpreise Calw*; BGH NJW 2015, 3643, 3648 – *Wasserpreise Calw II*.

3. Besonderer Ausbeutungsmissbrauch: Kostenkontrolle, Nr. 3

a) Zur Konzeption der Kostenkontrolle

94 Mit der 8. GWB-Novelle hat der Gesetzgeber den Missbrauchstatbestand des § 31 Abs. 3, 4 GWB um ein weiteres Regelbeispiel erweitert und mit § 31 Abs. 4 Nr. 3 GWB erstmals für den Bereich der Wasserwirtschaft eine Kostenkontrolle kodifiziert. Neben die horizontale Kontrolle mittels eines Monopolpreisvergleichs tritt damit nun eine vertikale Kontrolle der unternehmensspezifischen Preisbildungsfaktoren als eigenständige Missbrauchsalternative. § 31 Abs. 4 Nr. 3 GWB geht (noch ohne 2. Hs.) auf eine Stellungnahme des BRates zurück. Danach sollte durch die Einführung einer reinen Kostenkontrolle der partiellen Praxisuntauglichkeit des Vergleichsmarktkonzeptes in der Wasserwirtschaft abgeholfen werden.[179] Für das systematische Verhältnis zu Nr. 2 gilt dabei: Während Nr. 2 den Wasserversorger an einem fiktiven Monopolistenpreis misst und damit seine Kalkulation einer nur mittelbaren Kontrolle unterwirft, erlaubt Nr. 3 die unmittelbare Prüfung der Preisbildung. Für die praktische Rechtsanwendung wird vor allem die unterschiedliche *Beweislastverteilung* von Bedeutung sein. Während der Wasserversorger beim Vergleichsmarktkonzept nach Nr. 2 vollen Beweis für eine Rechtfertigung durch abweichende, nicht zurechenbare Umstände zu erbringen hat, treffen ihn bei der Kostenkontrolle nach Nr. 3 im Rahmen der kartellbehördlichen Amtsermittlung lediglich Mitwirkungspflichten nach § 59 GWB.[180] Die Behörde darf sich nicht darauf beschränken, eine etwaig bestehende Kalkulation in Zweifel zu ziehen, sondern muss durch eigene Erhebungen, nötigenfalls durch Sachverständigengutachten, die maßgebliche Grundlage ihres Missbrauchsvorwurfs erhärten.[181] Andernfalls ist die Verfügung schon aus diesem Grunde aufzuheben.

95 § 31 Abs. 4 Nr. 3 GWB entspricht in doppelter Weise der gesetzgeberischen Leitvorstellung eines sektorspezifischen Sonderkartellrechts. Eine vertikale Kontrolle der Preisbildungsfaktoren erlaubt eine bessere Berücksichtigung der wasserwirtschaftlichen Besonderheiten, als dies bei der horizontalen Ver-

---

[179] BR-Drucks. 176/12, S. 8.
[180] BGH NJW 2012, 3243, 3244 – *Wasserpreise Calw*; BGH NJW 2015, 3643, 3645 – *Wasserpreise Calw II*. Verweigert der Wasserversorger eine derartige Mitwirkung, soll dies im Rahmen der freien Beweiswürdigung des Kartellamts zu Lasten des Unternehmens berücksichtigt werden können, a.a.O., S. 3645. Gegen diese Auffassung ist allerdings einzuwenden, dass ein Unternehmen aus kartellrechtlicher Perspektive nicht zu einer Kalkulation gehalten ist und ihm somit aus einer fehlenden Kalkulation keine Nachteile entstehen dürfen, vgl. OLG Stuttgart ZNER 2013, 614 – *Wasserpreise Calw II*; die relevante Passage ist nicht abgedruckt, s. Entscheidungsumdruck, S. 10 f.
[181] OLG Stuttgart ZNER 2013, 614 – *Wasspreise Calw II*; die relevante Passage ist nicht abgedruckt, s. Entscheidungsumdruck, S. 53.

gleichsmarktkontrolle der Fall ist. Denn bei der vertikalen Kostenkontrolle sind die Preisbildungsfaktoren des betroffenen Unternehmens selbst Gegenstand der kartellrechtlichen Prüfung. Die Kostenkontrolle ist daher eher als das Vergleichsmarktkonzept geeignet, den *diversifizierten Versorgungsgebieten* im Bereich der Wasserwirtschaft Rechnung zu tragen.[182] Dabei sollen ausweislich der Gesetzesbegründung insbesondere auch Qualitätskriterien und die Nachhaltigkeit der Gewässerbewirtschaftung in die Kostenkontrolle einbezogen werden.[183]

Die gesetzliche Vorgabe einer Prüfung der Preisbildung am Maßstab rationeller Betriebsführung hat darüber hinaus Ähnlichkeit mit der abgabenrechtlichen Prüfung der zulässigen Höhe einer Gebühr.[184] Der in den Kommunalabgabengesetzen der Länder festgeschriebene Kostendeckungsgrundsatz verpflichtet die Kommunen, ihre Gebühren so zu bemessen, dass sie die Kosten der Leistungserbringung decken.[185] Die Kosten sind zu diesem Zweck nach betriebswirtschaftlichen Grundsätzen anzusetzen. Zulässig sind dabei nur solche Kostenpositionen, die nach dem Gebot von Wirtschaftlichkeit und Sparsamkeit erforderlich sind.[186] Das Gebührenrecht berücksichtigt so gleichermaßen Rationalitätsgesichtspunkte wie den multipolaren Gestaltungsspielraum der Kommunen im Bereich der Daseinsvorsorge. Die Kostenkontrolle erlaubt durch ihre strukturelle Ähnlichkeit zum Gebührenrecht insofern auch normativ dem kommunalen Gestaltungsspielraum im Bereich der Daseinsvorsorge eher Rechnung zu tragen als das Vergleichsmarktkonzept.

96

b) Preisüberhöhung

Ein Missbrauch i.S.d. § 30 Abs. 4 Nr. 3 GWB setzt nach dem Wortlaut eine unangemessene Differenz zwischen Entgelten und Kosten voraus (Preisüberhöhung). Gegenstand der Missbrauchskontrolle scheinen damit auf den ersten Blick nicht die Kosten, sondern deren unangemessene Überschreitung zu sein.[187] Für die Bestimmung des Maßstabs der Unangemessenheit enthält das Gesetz aber keine weiteren Kriterien.

97

---

182 S. dazu Vor §§ 31–31b Rdn. 34.
183 BR-Drucks. 176/12, S. 9.
184 Darauf weist zu Recht hin *Gussone*, IR 2011, 290, 294.
185 *Driehaus/Brüning*, Kommunalabgabenrecht, § 6 Rn. 22 ff.
186 *Driehaus/Brüning*, Kommunalabgabenrecht, § 6 Rn. 71.
187 So *Bechtold/Bosch*, GWB, § 31 Rn. 26 unter Verwendung eines verengten Kostenbegriffs, der weder Abschreibungen noch Investitionen umfassen soll.

§ 31 GWB Verträge der Wasserwirtschaft

98 Die gesetzliche Formulierung ist unscharf und missverständlich.[188] In den Entgelten spiegeln sich regelmäßig die Kosten des Wasserversorgungsunternehmens wider. Die Kalkulation des Wasserpreises beruht nicht darauf, dass den vom Unternehmen angesetzten Kosten ein etwaiger Gewinnzuschlag hinzu addiert würde, der dann auf seine Angemessenheit hin überprüft werden könnte.[189] Ein zutreffender Kostenbegriff bildet vielmehr *alle* Preisbestandteile umfassend ab. Kosten sind nicht nur die laufenden Betriebskosten, sondern auch die kalkulatorischen Kosten, insbesondere also die Kapitalkosten, zu denen mit der Verzinsung des Eigenkapitals (kalkulatorischer Zinssatz) auch die »Gewinnpositionen« eines Wasserversorgers gehören. Es geht bei der Kostenkontrolle damit ausschließlich um die Frage, ob die im Tarif angesetzten Kosten unangemessen sind, weil z.B. beim Ansatz der Kapitalkosten überhöhte »Gewinnmargen« erzielt werden können.

99 Das gilt zunächst dann, wenn der betreffende Wasserversorger eine Kalkulation vorgenommen hat. Aus der grundsätzlichen Konzeption der Kostenkontrolle als einer reinen *Ergebniskontrolle*[190] folgt jedoch, dass auch bei Fehlen einer Kalkulation keine anderen Maßstäbe gelten können. Auch dann, wenn die Wassertarife auf keiner expliziten Kalkulation beruhen, sind ausschließlich die *Kosten* des Versorgungsunternehmens Gegenstand der kartellrechtlichen Kontrolle. Hier hat das Kartellamt aufgrund der Beweislastverteilung in § 31 Abs. 4 Nr. 3 GWB die erforderlichen Daten abzufragen und eine Kalkulation aufzustellen. Dies gilt nicht nur für die betrieblichen Kosten, die als betrieblicher Aufwand aus der Gewinn- und Verlustrechnung des Unternehmens entnommen werden können, sondern auch für die Kapitalkosten, die auf Grundlage des betriebsnotwendigen Anlagevermögens rekonstruiert und normiert werden können. Das Gesetz enthält damit bei Lichte betrachtet mit dem Grundsatz der rationellen Betriebsführung keinen lückenhaften Prüfungsmaßstab, neben den noch eine weitere Prüfung der Unangemessenheit zu treten hätte. Vielmehr ist das Kriterium der rationellen Betriebsführung umfassender und abschließender Prüfungsmaßstab der kartellrechtlichen Kostenkontrolle. Ein Wasserpreis ist daher immer dann missbräuchlich, wenn er die Kosten

---

188 Dem Gesetzgeber ging es darum, die Entscheidung des BGH in der Sache *Wasserpreise Calw* umzusetzen. Dort aber bestimmt der BGH gerade keinen Maßstab zur Prüfung einer unangemessenen Überschreitung, sondern nimmt ausschließlich eine Kontrolle der Preisbildungsfaktoren, d.h. der Kostenkalkulation des Wasserpreises vor. Die Gesetzesbegründung spricht folgerichtig ausschließlich von einer Kontrolle der *Kosten*, s. BT-Drucks. 17/11053, S. 24.
189 Zur Methodik der Preiskalkulation vgl. *Verband kommunaler Unternehmen (VKU)*, Leitfaden zur Wasserpreiskalkulation, 2012.
190 BGH NJW 2012, 3243, 3244 – *Wasserpreise Calw*; BGH NJW 2015, 3643, 3644 – *Wasserpreise Calw II*.

überschreitet, die nach den Grundsätzen einer rationellen Betriebsführung ansatzfähig sind.

c) Anerkennung der Kosten rationeller Betriebsführung

Anzuerkennen sind nach dem Wortlaut des § 31 Abs. 4 Nr. 3, 2. Hs. GWB alle Kosten einer rationellen Betriebsführung. Für die praktische Anwendung der Kostenkontrolle ist damit entscheidend, den abstrakten Begriff der rationellen Betriebsführung handhabbar zu machen.

aa) Allgemeines

Die Rechtsprechung operiert verschiedentlich mit dem Begriff der rationellen Betriebsführung, enthält sich jedoch bislang einer Definition.[191] Im Ausgangspunkt besteht Einigkeit, dass dem Unternehmen eine *Einschätzungsprärogative* bei der Aufstellung seiner Kostenpositionen (z.B. bei Zuschlüsselungen) zukommt.[192] Die Kontrolle des Gerichts ist auf greifbare Fehlbewertungen beschränkt.[193] Eine solche Fehlbewertung liegt nur vor, wenn dem Ansatz des Unternehmens *ein deutlicher Überhang an Plausibilität* bescheinigt werden muss.[194] Das ist dann der Fall, wenn der Kostenansatz des Unternehmens wasserwirtschaftlich *nicht mehr vertretbar* ist.[195] Herrscht über die wasserwirtschaftliche Vertretbarkeit einer einzelnen Kostenposition Unklarheit, hat das Gericht ggf. einen Sachverständigen beizuziehen.[196] Entscheidend ist dabei allein die objektiv unangemessene Kostenüberhöhung. Auf das Fehlen einer Kalkulationsgrundlage kommt es nicht an, sie führt nicht zu Missbrauch.[197] Es handelt sich damit um eine reine *Ergebniskontrolle*.[198]

---

191 BGHZ 184, 168, 184 – *Wasserpreise Wetzlar*.
192 OLG Stuttgart ZNER 2013, 614 – *Wasserpreise Calw II*; die relevante Passage ist nicht abgedruckt, s. Entscheidungsumdruck, S. 14, 42.
193 A.a.O., S. 20.
194 A.a.O., S. 17.
195 A.a.O., S. 27.
196 Dies gilt jedoch nur, soweit von der Behörde überhaupt in zureichendem Maß Ermittlungen durchgeführt wurden. Der im kartellgerichtlichen Verfahren geltende Amtsermittlungsgrundsatz rechtfertigt keine Verlagerung umfassender Grunderhebungen zum Sachverhalt in die Beschwerdeinstanz, so ausdrücklich das OLG Stuttgart, ebd., S. 48 f.
197 A.a.O., S. 10.
198 BGH NJW 2012, 3243, 3244 – *Wasserpreise Calw*; BGH NJW 2015, 3643, 3644 – *Wasserpreise Calw II*.

bb) Rationelle Betriebsführung

102 Rationell ist eine Betriebsführung, wenn der Versorger die im Rahmen des Kommunal- und Fachrechts zulässigerweise getroffenen Entscheidungen mit einem möglichst geringen Mitteleinsatz umsetzt.[199] Die rationelle Betriebsführung verpflichtet die Wasserversorger also zu einer möglichst effizienten Aufgaben*durchführung*. Sie bildet aber keinen Maßstab für die Abwägung zwischen den, wie § 31b Abs. 4 GWB klarstellt, grundsätzlich gleichrangigen Zielen von Versorgungssicherheit, Preisgünstigkeit, den wasserrechtlichen Fachwertungen und der Wahrung des kommunalen Gestaltungsspielraums. Die Rechtsprechung zu § 19 GWB hat einige Anhaltspunkte zur normativen Konkretisierung des Maßstabes rationeller Betriebsführung erarbeitet.[200] Auch die Literatur hat bereits Diskussionsansätze beigesteuert.[201] Durch die Einfügung des Hs. 2 wollte der Wirtschaftsausschuss diese in der Entscheidung des BGH in der Sache *Wasserpreise Calw* aufgestellten Grundsätze auch für die Wasserwirtschaft umsetzen.[202] Daher ist jedenfalls im Grundsatz von der zu § 19 GWB ergangenen Rechtsprechung auszugehen.

(1) Regulierungsrecht

103 Das Regulierungsrecht bildet nach der Rechtsprechung eine zulässige Einstiegsgröße der Kostenkontrolle:[203]

---

[199] Ähnlich *Faulhaber/Growitsch/Oelmann/Schielein/Wetzel*, Gutachten zur Sicherstellung eines sachgerechten Nachweises zur Ermittlung der Kosten einer rationellen Betriebsführung in der Wasserversorgung (Gesamtkosten), S. 5, die diejenigen Kosten für rationell halten, die für ein »optimales Betriebsergebnis der Wasserversorgung« anfallen.

[200] So hat der BGH in der Entscheidung BGHZ 142, 239, 247 ff. – *Flugpreisspaltung* – es im Rahmen des § 19 Abs. 1 GWB für ausschlaggebend gehalten, ob das Unternehmen die ihm entstehenden Kosten ordnungsgemäß zuordnet und etwaige Rationalisierungsreserven ausschöpft. Hierbei sei das Unternehmen bei der Darlegung seiner Kostenstruktur mitwirkungspflichtig, da nur so sichergestellt werden könne, dass bei der Beurteilung nur auf objektive, für jeden anderen Anbieter gleichermaßen wirksam werdende, nicht dagegen auf in diesem Zusammenhang unbeachtliche unternehmensindividuelle Umstände abgestellt werde.

[201] *Faulhaber/Growitsch/Oelmann/Schielein/Wetzel*, Gutachten zur Sicherstellung eines sachgerechten Nachweises zur Ermittlung der Kosten einer rationellen Betriebsführung in der Wasserversorgung (Gesamtkosten).

[202] BT-Drucks. 17/11053, S. 24. Eine solche Übertragung ist nicht unproblematisch, denn die Entscheidung in der Sache *Wasserpreise Calw* ist zu § 19 Abs. 4 Nr. 2 (jetzt Abs. 2 Nr. 2) GWB ergangen. Dort ist die Kostenkontrolle eine *Methode* zur Ermittlung des hypothetischen Wettbewerbspreises. Bei § 30 GWB ist Kontrollmaßstab jedoch ausdrücklich nicht ein gedanklich simulierter, insofern hypothetischer Wettbewerbspreis, vgl. dazu BGHZ 129, 37, LS 2 – *Weiterverteiler*.

[203] BGH NJW 2012, 3243 – *Wasserpreise Calw* gegen die Vorinstanz OLG Stuttgart, WuW/E DE-R 3389 – *Wasserpreise Calw I*, umgesetzt dann in der Entscheidung

– Die StromNEV/GasNEV enthalten in den §§ 5 ff. detaillierte Regelungen zu einzelnen Kostenpositionen. Generell sind sie dem Maßstab eines effizienten und strukturell vergleichbaren Netzbetreibers verpflichtet, § 4 Abs. 1 StromNEV/GasNEV.
– § 21 Abs. 1 Nr. 1 PostG, § 3 Abs. 2 PEntgV stellen für die Genehmigung der Entgelte im Bereich der Post auf die für die einzelne Dienstleistung entfallenden Kosten bei effizienter Leistungsbereitstellung ab. Dazu zählen auch langfristige zusätzliche Kosten der Leistungsbereitstellung und ein angemessener Zuschlag für leistungsmengenneutrale Gemeinkosten (jeweils einschließlich eines dem unternehmerischen Risiko angemessenen Gewinnzuschlags), § 3 Abs. 2 PEntgV. Dabei sind unternehmerische Entscheidungen hinsichtlich des Dienstleistungsangebots zu berücksichtigen, § 3 Abs. 1 Satz 2 PEntgV. Die Kosten sind auf der Grundlage allgemein anerkannter betriebswirtschaftlicher Grundsätze zu berechnen, § 3 Abs. 3 Satz 1 PEntgV. Daneben können jedoch auch die Kosten vergleichbarer Unternehmen als zulässige Vergleichsgröße herangezogen werden, § 3 Abs. 3 Satz 2 PEntgV. Diese Kostenberechnung wird gerichtlich auf ihre *Richtigkeit* und *Erforderlichkeit* geprüft.[204]
– § 12 Abs. 2 Satz 1 der 2007 außer Kraft getretenen BTOElt sah vor, dass eine Preisgenehmigung nur erteilt wird, soweit das Elektrizitätsversorgungsunternehmen nachweist, dass entsprechende Preise in Anbetracht der gesamten Kosten- und Erlöslage bei elektrizitätswirtschaftlich rationeller Betriebsführung erforderlich sind, § 12 Abs. 2 Satz 1 BTOElt. Eine rationelle Betriebsführung war danach gegeben bei Nutzung aller technischen, organisatorischen und personellen Möglichkeiten zur Erzielung eines optimalen Betriebsergebnisses nach dem jeweiligen Stand der Erkenntnis in der Elektrizitätswirtschaft. Dafür wurde auf die Sorgfalt eines ordentlichen Stromkaufmanns abgestellt.[205]

Die Übertragbarkeit dieser regulierungsrechtlichen Maßstäbe ist jedoch nicht unproblematisch:[206] Während das Regulierungsrecht ein präventives Preiskontrollverfahren darstellt, ist die kartellrechtliche Missbrauchskontrolle repressiv. Daneben bestehen erhebliche Strukturunterschiede zwischen Energie- und Wasserwirtschaft.[207] Soweit das Regulierungsrecht zum Teil auch auf

---

OLG Stuttgart, ZNER 2013, 614 – *Wasserpreise Calw II.* Zuletzt BGH NJW 2015, 3643, 3645 – *Wasserpreise Calw II.*
204 BVerwG NVwZ 2013, 1418, 1421.
205 *Danner/Theobald/Weigt*, Energierecht, BTOElt, § 12 Rn. 21.
206 Kritisch hierzu *Gussone*, EnWZ 2012, 13, 18; *Daiber* NJW 2013, 1990, 1993.
207 Deshalb folgern auch *Faulhaber/Growitsch/Oelmann/Schielein/Wetzel*, Gutachten zur Sicherstellung eines sachgerechten Nachweises zur Ermittlung der Kosten einer rationellen Betriebsführung in der Wasserversorgung (Gesamtkosten), S. 5, dass ein »sektor-spezifischer, also am Bedarf der Wasserversorgung ausgerichteter

Vergleichsunternehmen abstellt, ist das angesichts der Unterscheidung der Kostenkontrolle (Nr. 3) vom Vergleichsmarktkonzept (Nr. 2) systematisch bedenklich.

(2) Hypothetische Wettbewerbskosten

105 Zur Konkretisierung des Maßstabs rationeller Betriebsführung wird zum Teil auch eine Orientierung am Maßstab hypothetischer Wettbewerbskosten[208] oder sogar analog zu § 31 Abs. 4 Nr. 2 GWB die Ermittlung eines Vergleichsmarktpreises[209] vorgeschlagen. Der BGH greift zu diesem Zweck auf den Erfahrungssatz zurück, dass ein Unternehmen die Ausübung seines Preisgestaltungsspielraums maßgeblich davon abhängig machen werde, welchen Erlös es erzielen müsste, um die bei Ausschöpfung von Rationalisierungsreserven zu erwartenden Kosten zu decken und eine möglichst hohe Rendite zu erwirtschaften, andererseits aber zu verhindern, dass Kunden wegen zu hoher Preise zu einem Wettbewerber abwandern.[210] Diese Konkretisierungsvorschläge sind jedoch systematisch angesichts von § 31 Abs. 4 Nr. 2 wenig befriedigend. Richtigerweise kommt daher den hypothetischen Wettbewerbskosten höchstens eine Indizfunktion zu.

(3) Preisbildungsfaktoren

106 Eine echte Kostenkontrolle hat demgegenüber vor allem eine Kontrolle der Preisbildungsfaktoren vorzunehmen. Eine solche Kontrolle muss durch Aufstellung eines Kanons dem Grunde nach zulässiger Kostenelemente operationalisiert werden.[211] Dabei kann jedenfalls im Ausgangspunkt auf die einschlägigen Regeln der Technik[212] und andere Selbstregulierungsmaßnahmen der Wasserbranche zurückgegriffen werden.[213] Die Rechtsprechung verweist zu-

---

Maßstab« anzulegen sei, ebenso S. 20. Auch nach dem BGH verbietet sich eine »vollständige Übernahme und Anpassung [der StromNEV/GasNEV] im Hinblick auf die Besonderheiten der Wasserwirtschaft«, BGH NJW 2015, 3643, 3645 – *Wasserpreise Calw II*.

208 *Lindt/Schielein*, IR 2013, 125, 128.
209 *Bechtold/Bosch*, GWB, § 31 Rn. 27.
210 BGHZ 163, 282, 291, 294 – *Stadtwerke Mainz*; BGH NJW 2012, 3243, 3244 – *Wasserpreise Calw*.
211 So im Ansatz *Lindt/Schielein*, IR 2013, 125, 127 f.
212 *Faulhaber/Growitsch/Oelmann/Schielein/Wetzel*, Gutachten zur Sicherstellung eines sachgerechten Nachweises zur Ermittlung der Kosten einer rationellen Betriebsführung in der Wasserversorgung (Gesamtkosten), S. 19: Ein Unternehmen, das die allgemein anerkannten Regeln der Technik umsetzt, darf dadurch keinen Nachteil erleiden.
213 *Lindt/Schielein*, IR 2013, 125, 127. Vgl. hierzu *Verband kommunaler Unternehmen (VKU)*, Leitfaden zur Wasserpreiskalkulation, 2012.

dem (wenig aussagekräftig) auf die einschlägigen und ggf. weiterzuent-
wickelnden ökonomischen Theorien.²¹⁴

Für jede einzelne Kostenposition ist gesondert zu prüfen, ob sie dem Erfor- 107
dernis einer rationellen Betriebsführung genügt. Dabei hat aufgrund der Be-
weislastverteilung²¹⁵ das Kartellamt darzulegen und ggf. zu beweisen, dass
der nach der Rechtsprechung im Ausgangspunkt zugrunde zu legende Kostenansatz des Wasserversorgers unplausibel, d.h. *wasserwirtschaftlich nicht
vertretbar* ist.

cc) Einzelne Kostenpositionen

(1) Betriebskosten

Der Maßstab der rationellen Betriebsführung findet vollumfänglich Anwen- 108
dung auf alle Kostenpositionen im Bereich der Betriebskosten. Für nicht vom
Wasserversorger selbst erbrachte Leistungen (Fremdleistungen) gilt dabei,
dass sie jedenfalls bei Vergabe nach einer öffentlichen Ausschreibung vertretbar sind.²¹⁶ Für Eigenleistungen des Wasserversorgers ist diese Frage ggf.
durch Sachverständige zu beantworten.

(2) Kalkulatorische Kosten

Für die kalkulatorischen Kosten, insbesondere die Kapitalkosten, gilt der 109
Maßstab rationeller Betriebsführung jedenfalls soweit, wie es um die Abschrei-
bungsbasis geht, d.h. um die Frage, welche Anlagen ein Unternehmen zur Erfüllung seiner Versorgungsaufgaben vertretbarerweise vorhalten darf und ob
die Anschaffung zur Marktpreisen erfolgte. Bei der Frage, inwieweit Mittel
durch Eigen- oder Fremdkapital zu beschaffen sind, bei der Frage nach der zulässigen Höhe des kalkulatorischen Zinssatzes oder der zulässigen Abschreibungsmethode bietet der Maßstab rationeller Betriebsführung jedoch nicht ohne Weiteres einen Anhaltspunkt. Die Höhe des kalkulatorischen Zinssatzes
oder der richtigen Abschreibungsmethode ist keine Frage der Rationalität.
Hier können jedoch wegen der strukturellen Vergleichbarkeit zur Kostenkontrolle Anleihen beim Gebührenrecht genommen werden.²¹⁷

---

214 BGH NJW 2012, 3243, 3244 – *Wasserpreise Calw*; BGH NJW 2015, 3643, 3645
 – *Wasserpreise Calw II*.
215 Die Beweislastverteilung hat dabei entscheidende Bedeutung für den Ausgang des
 Verfahrens, vgl. *Faulhaber/Growitsch/Oelmann/Schielein/Wetzel*, Gutachten zur
 Sicherstellung eines sachgerechten Nachweises zur Ermittlung der Kosten einer rationellen Betriebsführung in der Wasserversorgung (Gesamtkosten), S. 41 f.
216 *Lindt/Schielein*, IR 2013, 125, 128.
217 S. schon o. Rdn. 78 und die Nachweise dort.

(3) Fehlgeschlagene Investitionen

110 Wurden in der Vergangenheit Investitionen durchgeführt, die sich *ex post* als Fehlschlag erwiesen haben, sind solche Investitionen anhand einer *ex ante*-Betrachtung zu bewerten.[218] Waren solche Investitionen zum Zeitpunkt, als sie getätigt wurden, als betriebswirtschaftlich und wassertechnisch richtig und sachgerecht anzusehen, d.h. wären sie auch durch jedes andere Versorgungsunternehmen in derselben Lage so getroffen worden, sind die Fortwirkungen solcher fehlgeschlagenen Investitionen in der aktuellen Kostenstruktur als Kosten rationeller Betriebsführung anzuerkennen. Das gilt jedenfalls solange, wie seit der Erkennbarkeit des Fehlschlags alle zumutbaren Bemühungen zur Folgenlinderung unternommen wurden.[219] Es kann nicht Ziel des Kartellrechts sein, die Folgen *ex ante* wirtschaftlich richtiger Entscheidungen der Vergangenheit nachträglich als ein missbräuchliches Marktverhalten zu qualifizieren.

(4) Nicht rationelle Betriebsführung

111 War der Fehlschlag einer Investition bereits *ex ante* erkennbar, oder ist es sonst in der Vergangenheit des Wasserversorgers zu einer Betriebsführung gekommen, stellt sich die Frage, wie lange eine solche vergangene nicht rationelle Betriebsführung dem Wasserversorger zur Last fällt. Der BGH ist in der Sache *Wasserpreise Wetzlar* (zu § 31 Abs. 4 Nr. 2 GWB) von einer unbegrenzten Fortwirkung einer in der Vergangenheit irrationellen Betriebsführung ausgegangen.[220] Dagegen wird zum Teil gefordert, die Fortwirkung in der Vergangenheit nicht ausgeschöpfter Rationalisierungspotentiale auf 10 Jahre zu begrenzen.[221]

d) Sicherheits-/Erheblichkeitszuschlag

112 Wird die Kostenkontrolle auf unsicherer Tatsachengrundlage vorgenommen oder ergibt sich sonst eine methodische oder tatsächliche Unsicherheit bei der Feststellung der Preisbildungsfaktoren, ist diese Unsicherheit durch einen *Sicherheitszuschlag* auszugleichen.[222] Daneben ist, ähnlich wie bei § 31 Abs. 4 Nr. 2 GWB, zu überlegen, ob der bei § 19 GWB zwingend erforderliche *Er-*

---

218 S. dazu Vor §§ 31–31b Rdn. 22.
219 *Faulhaber/Growitsch/Oelmann/Schielein/Wetzel*, Gutachten zur Sicherstellung eines sachgerechten Nachweises zur Ermittlung der Kosten einer rationellen Betriebsführung in der Wasserversorgung (Gesamtkosten), S. 16.
220 BGHZ 184, 168, 183 – *Wasserpreise Wetzlar*.
221 *Bechtold/Bosch*, GWB, § 31 Rn. 27 a.E.
222 BGH NJW 2012, 3243, 3244 – *Wasserpreise Calw*; dazu schon o. Rdn. 73.

heblichkeitszuschlag auch auf die Kostenkontrolle übertragen werden kann.²²³

IV. Ausnahmetatbestand: Durchleitungsverweigerung, Abs. 5

§ 31 Abs. 5 GWB nimmt einen besonderen Fall vom Missbrauchsbegriff aus. Wenn sich ein Wasserversorgungsunternehmen *insbesondere* aus technischen oder hygienischen Gründen weigert, mit einem anderen Unternehmen Verträge über *die* Einspeisung von Wasser in sein Versorgungsnetz abzuschließen, und eine damit verbundene Entnahme (Durchleitung) verweigert, liegt kein Missbrauch vor. Wie der Wortlaut »insbesondere« nahelegt, ist § 31 Abs. 5 GWB nicht abschließend. Praktisch wird man den aufgezählten Gesichtspunkten Technik und Hygiene mindestens gleichgewichtige Gründe verlangen müssen.²²⁴ Um Regelungswidersprüche zu vermeiden, muss § 31 Abs. 5 GWB zudem auch im Anwendungsbereich des § 19 Abs. 2 Nr. 4 GWB gelten.²²⁵

113

---

223 S. die ausführliche Diskussion o. Rdn. 93.
224 *Bechtold/Bosch*, GWB, § 31 Rn. 32.
225 *Bechtold/Bosch*, GWB, § 31 Rn. 32.

§ 31a GWB Wasserwirtschaft, Meldepflicht

§ 31a Wasserwirtschaft, Meldepflicht

(1) Verträge nach § 31 Absatz 1 Nummer 1, 2 und 4 sowie ihre Änderungen und Ergänzungen bedürfen zu ihrer Wirksamkeit der vollständigen Anmeldung bei der Kartellbehörde. Bei der Anmeldung sind für jedes beteiligte Unternehmen anzugeben:
1. Firma oder sonstige Bezeichnung,
2. Ort der Niederlassung oder Sitz,
3. Rechtsform und Anschrift sowie
4. Name und Anschrift des bestellten Vertreters oder des sonstigen Bevollmächtigten, bei juristischen Personen des gesetzlichen Vertreters.

(2) Die Beendigung oder Aufhebung der in § 31 Absatz 1 Nummer 1, 2 und 4 genannten Verträge ist der Kartellbehörde mitzuteilen.

Übersicht

	Rdn.		Rdn.
A. Anmeldepflicht, Abs. 1	1	B. Mitteilung der Aufhebung oder Beendigung des Vertrages, Abs. 2	9

Schrifttum

Siehe Schrifttum Vor §§ 31–31b.

A. Anmeldepflicht, Abs. 1

1 § 31a ist mit der 8. GWB-Novelle neu in das Gesetz aufgenommen worden. Gegenüber der Vorgängervorschrift wurde die Anmeldepflicht im Hinblick auf das Erfordernis der Vollständigkeit der Anmeldung erweitert.

2 Mit der Pflicht zur Anmeldung der freigestellten Verträge bei der Kartellbehörde soll den Kartellbehörden die Möglichkeit eröffnet werden, die Verträge inhaltlich auf ihre Vereinbarkeit mit dem Kartellrecht zu prüfen. Gleichzeitig dient die Anmeldepflicht, wie sich aus § 31b GWB ergibt, dazu, eine – eingeschränkte – Öffentlichkeit über den Inhalt der abgeschlossenen Verträge herzustellen.

3 Die Anmeldung bei der Kartellbehörde muss vollständig sein, d.h. sie muss neben den Pflichtangaben gemäß Abs. 1 die wettbewerbsbeschränkenden Teile der Vereinbarung enthalten.

4 Die Landeskartellbehörde Bayern ist der Auffassung, dass jedenfalls die wettbewerbsbeschränkenden Klauseln im Wortlaut angemeldet werden müssen. Ferner ist aus § 31b Abs. 2 GWB der Schluss zu ziehen, dass die Angaben,

über welche die Kartellbehörde Dritten gegenüber Auskunft zu erteilen hat, ebenfalls aus der Anmeldung ersichtlich sein müssen.¹ Die Landeskartellbehörde Brandenburg fordert darüber hinaus die Vorlage des gesamten Vertrages.² Dies entspricht nicht der Rechtsprechung zu § 103 GWB a.F. und ist aus dem Tatbestandsmerkmal der »Vollständigkeit« nicht zwingend ableitbar, da sich auch § 103 Abs. 3 GWB a.F. mit dem Verweis auf § 9 a.F. GWB auf die Verträge bezog und nicht auf einzelne wettbewerbsbeschränkende Vereinbarungen.³

Der Schutz von Geschäftsgeheimnissen hat gegenüber dem Interesse der Kartellbehörde an der Offenlegung der wettbewerbsbeschränkenden Inhalte gegenüber Dritten zurückzutreten. Eine Offenlegung von Geschäftsgeheimnissen gegenüber Dritten sieht § 31b Abs. 1 Nr. 2 GWB ausdrücklich nicht vor. Die Anmeldung muss bei der Kartellbehörde erfolgen. Dies sind die Landeskartellbehörden, wenn die wettbewerbsbeschränkenden Wirkungen der Vereinbarung über die Grenzen eines Bundeslandes nicht hinausgehen. Hat im Einzelfall eine vertragliche Regelung bundesländerübergreifende Wirkung (z.B. in Versorgungsgebieten entlang den Grenzen von zwei Bundesländern), ist das Bundeskartellamt zuständig. 5

Die Anmeldung ist Voraussetzung für die Wirksamkeit der Verträge. Wird nicht der vollständige Vertragstext zum Gegenstand der Anmeldung gemacht, sondern in Übereinstimmung mit der hier vertretenen Auffassung – nur die wettbewerbsbeschränkenden Klauseln – enthält der Vertrag aber weitere freigestellte wettbewerbsbeschränkende Vereinbarungen, welche nicht angemeldet worden sind, ist der Vertrag mangels vollständiger Anmeldung nicht wirksam. 6

Fehlt es an einer vollständigen Anmeldung, ist die Vereinbarung nicht vom Kartellverbot freigestellt. Dies führt grundsätzlich zur Unwirksamkeit der Verträge. Da aber begriffsnotwendig die Anmeldung stets erst nach Abschluss der Verträge erfolgen kann, kann es sich nur um eine schwebende Unwirksamkeit handeln. Mit der Anmeldung wird der Vertrag ex tunc wirksam. Das Gesetz sieht für die Anmeldung auch keine Frist vor, so dass eine Anmeldung zu jedem Zeitpunkt nachgeholt werden kann. Wegen der rückwirkenden Hei- 7

---

1 Bekanntmachung des Bayerischen Staatsministeriums für Wirtschaft und Technologie vom 19.8.2013 – www.verwaltungsservice.bayern.de/dokumente/leistung/626978461464.
2 Bekanntmachung der Landeskartellbehörde Brandenburg, Februar 2014; *Bechtold/Bosch*, § 31b Rn. 1.
3 BGH WuW/E 1049, 1050 – *Überlandwerk I* (unter Hinweis auf die insoweit »einhellige« Ansicht, u.a. BKartA, TB 1960, 38).

§ 31a GWB Wasserwirtschaft, Meldepflicht

lung der Unwirksamkeit kann auch der Bußgeldtatbestand des § 81 Abs. 2 Nr. 1 GWB nicht verwirklicht werden.[4]

8   Die Anmeldung ist gebührenpflichtig (§ 80 Abs. 1 Nr. 1 GWB). Das Gesetz enthält keine Bestimmung, wer die Anmeldung vorzunehmen hat. Die Anmeldung durch ein beteiligtes Unternehmen reicht daher aus.

B. Mitteilung der Aufhebung oder Beendigung des Vertrages, Abs. 2

9   Gemäß Abs. 2 bedarf auch die Aufhebung oder Beendigung der Mitteilung an die Kartellbehörde. Die Kartellbehörde soll auf diese Weise jederzeit ein vollständiges Bild über die in ihrem Zuständigkeitsbereich vereinbarten wettbewerbsbeschränkenden Abreden behalten. Der Verstoß gegen diese Mitteilungspflicht bleibt rechtsfolgenlos. Die Kartellbehörde kann gegebenenfalls mit Auskunftsverlangen gemäß § 59 GWB Auskunft über den Vertragsstand fordern, sofern hinreichende Anhaltspunkte dafür vorliegen, dass der Vertrag zwischenzeitlich aufgehoben oder beendet wurde.

---

[4] So auch *Jestaedt*, in: Langen/Bunte, § 103 Rn. 71; a.A *Bechtold/Bosch*, § 31, Rn. 2, der den Tatbestand des § 81 Abs. 2 Nr. 1 als verwirklicht ansieht; *Bunte*, in: Langen/Bunte § 31a Rn. 10.

§ 31b Wasserwirtschaft, Aufgaben und Befugnisse der Kartellbehörde, Sanktionen

(1) Die Kartellbehörde erteilt zu den nach § 31 Absatz 1 Nummer 1, 2 und 4 freigestellten Verträgen auf Anfrage Auskunft über
1. Angaben nach § 31a und
2. den wesentlichen Inhalt der Verträge und Beschlüsse, insbesondere Angaben über den Zweck, über die beabsichtigten Maßnahmen und über Geltungsdauer, Kündigung, Rücktritt und Austritt.

(2) Die Kartellbehörde erlässt Verfügungen nach diesem Gesetz, die die öffentliche Versorgung mit Wasser über feste Leitungswege betreffen, im Benehmen mit der Fachaufsichtsbehörde.

(3) Die Kartellbehörde kann in Fällen des Missbrauchs nach § 31 Absatz 3
1. die beteiligten Unternehmen verpflichten, einen beanstandeten Missbrauch abzustellen,
2. die beteiligten Unternehmen verpflichten, die Verträge oder Beschlüsse zu ändern, oder
3. die Verträge und Beschlüsse für unwirksam erklären.

(4) Bei einer Entscheidung über eine Maßnahme nach Absatz 3 berücksichtigt die Kartellbehörde Sinn und Zweck der Freistellung und insbesondere das Ziel einer möglichst sicheren und preisgünstigen Versorgung.

(5) Absatz 3 gilt entsprechend, soweit ein Wasserversorgungsunternehmen eine marktbeherrschende Stellung innehat.

(6) § 19 bleibt unberührt.

Übersicht

		Rdn.
A.	Überblick	1
B.	Auskunftspflicht der Kartellbehörden, Abs. 1	2
C.	Benehmen mit der Fachaufsichtsbehörde, Abs. 2	5
I.	Verfahrensrechtliche Sicherung des sektorspezifischen Sonderkartellrechts	5
II.	Voraussetzungen der Benehmenspflicht	7
	1. Kartellrechtliche Verfügung	8
	2. Verfügungsgegenstand: Öffentliche Wasserversorgung über feste Leitungswege	9
III.	Rechtsfolgen	10

		Rdn.
	1. Pflicht zum Benehmen mit der Fachaufsichtsbehörde	10
	a) Zuständige Fachaufsichtsbehörde	10
	b) Zeitpunkt des Ins-Benehmen-Setzens	13
	c) Inhaltliche Bedeutung des Begriffs »Benehmen«	14
	2. Fehlerfolgensystem	15
	a) Fall 1: Fachaufsichtsbehörde wird angehört, Kartellamt weicht ab	16
	b) Fall 2: Unterlassene Anhörung einer zu beteiligenden Fachaufsichtsbehörde	17

§ 31b GWB *Wasserwirtschaft, Aufgaben der Kartellbehörde, Sanktionen*

		Rdn.			Rdn.
	c) Fall 3: Verweigerte oder unterlassene Mitwirkung durch die Fachaufsichtsbehörde	18	III.	Änderungsverfügung und Unwirksamkeitserklärung, Abs. 3 Nr. 2, 3	24
			IV.	Ermessensdirektiven, Abs. 4	25
D.	Missbrauchsverfügung, Abs. 3–6	19	V.	Verhältnis zur allgemeinen Missbrauchsaufsicht nach § 19 Abs. 6 GWB	26
I.	Anwendungsbereich	19			
II.	Abstellungsverfügung, Abs. 3 Nr. 1	20			

Schrifttum

Siehe Schrifttum Vor §§ 31–31b.

A. Überblick

1 § 31b GWB komplettiert das sektorspezifische Sonderkartellrecht für die Wasserwirtschaft in formeller Hinsicht. Er regelt die wesentlichen Verfahrensfragen der kartellrechtlichen Missbrauchsaufsicht über die Wasserwirtschaft und setzt die materiell-rechtlichen Wertungen des Missbrauchstatbestandes des § 31 Abs. 3 und 4 GWB verfahrensrechtlich um:[1] Er enthält in Abs. 3 die formelle Ermächtigungsgrundlage, die es der Kartellbehörde erlaubt, gegen einen Missbrauch nach § 31 GWB vorzugehen. Diese Eingriffsermächtigung wird prozedural in Abs. 2 durch eine Benehmenspflicht und durch Ermessensdirektiven in Abs. 4 näher ausgestaltet.

B. Auskunftspflicht der Kartellbehörden, Abs. 1

2 § 31b Abs. 1 GWB statuiert eine Auskunftspflicht der Kartellbehörden im Rahmen der Freistellung bestimmter Vertragstypen von der Anwendbarkeit des Kartellrechts.[2] Werden Verträge der in § 31 Abs. 1 Nummern 1, 2 und 4 GWB genannten Art geschlossen oder geändert, bedürfen sie zu ihrer Wirksamkeit nach § 31a GWB der Anmeldung bei der zuständigen Kartellbehörde. Die Auskunftspflicht nach § 31b Abs. 1 GWB korreliert dabei mit der Anmeldepflicht nach § 31a Abs. 1 GWB.[3] Die Kartellbehörde hat nur über solche Verträge Auskunft zu erteilen, die auch der Anmeldepflicht unterliegen. Beide Instrumentarien dienen der Effektivität der kartellrechtlichen Missbrauchsaufsicht.[4]

3 Gegenstand der Auskunftspflicht sind nur die in Nr. 1 und Nr. 2 enumerativ aufgeführten Informationen. Die Aufzählung ist abschließend. Darüber hi-

---

1 *Bechtold/Bosch*, GWB, § 31b Rn. 1.
2 S. dazu ausführlich *Bechtold/Bosch*, GWB, § 31b Rn. 2.
3 *Bechtold/Bosch*, GWB, § 31b Rn. 2.
4 BT-Drucks. 17/9852, S. 25.

nausgehende Auskünfte darf die Kartellbehörde nicht erteilen. Auch hinsichtlich der Art der Informationserteilungen hat sie keine weitere Befugnis als die Erteilung einer Auskunft, d.h. die regelmäßig schriftliche Weitergabe der betreffenden Information. Sie darf insbesondere keine Einsicht in die genannten Verträge gewähren.

Auskunftsberechtigt ist grundsätzlich jede natürliche oder juristische Person. Ein berechtigtes Interesse an der Auskunftserteilung ist nicht erforderlich.[5] Für die Auskunft erhebt die Behörde nach § 80 Abs. 2 Nr. 4 GWB eine Gebühr.

4

C. Benehmen mit der Fachaufsichtsbehörde, Abs. 2

I. Verfahrensrechtliche Sicherung des sektorspezifischen Sonderkartellrechts

Nach § 31b Abs. 2 GWB hat sich die handelnde Kartellbehörde vor Erlass einer kartellrechtlichen Verfügung mit der Fachaufsichtsbehörde ins Benehmen zu setzen. Ausweislich der Gesetzesbegründung bezweckt die Beibehaltung der verwaltungsverfahrensrechtlichen Mitwirkungsregelung des § 31b Abs. 2 GWB, dass über die ohnehin bestehende Rechts- und Gesetzesbindung der handelnden Kartellbehörde hinaus »neben ökonomischen auch sonstige Gesichtspunkte und Prinzipien, insbesondere des Umwelt- und Gesundheitsschutzes, der Sicherung der Trinkwasserqualität (einschließlich rechtlich verbindlicher Minimierungsgebote und Verpflichtungen zur Einhaltung der allgemein anerkannten Regeln der Technik) sowie der Versorgungssicherheit, hinreichend berücksichtigt werden.«[6]

5

Die übrigen Spezialregelungen für bestimmte Wirtschaftszweige des fünften Abschnitts (§§ 28 ff. GWB) enthalten keine vergleichbare Regelung. Darin erweist sich erneut die besondere Bedeutung von Fachgesichtspunkten bei der Anwendung des Kartellrechts auf die Wasserwirtschaft.

6

II. Voraussetzungen der Benehmenspflicht

Die Benehmenspflicht setzt eine kartellrechtliche Verfügung betreffend die öffentliche Versorgung mit Wasser über feste Leitungswege voraus.

7

---

5 BT-Drucks. 17/9852, S. 25.
6 BT-Drucks. 17/9852, S. 25 f.; BR-Drucks. 176/12, S. 32.

§ 31b GWB *Wasserwirtschaft, Aufgaben der Kartellbehörde, Sanktionen*

1. Kartellrechtliche Verfügung

8   Die Benehmenspflicht wird dem Wortlaut nach ausgelöst durch Verfügungen nach diesem Gesetz. Dies sind nicht nur die verfahrensabschließenden Verfügungen der besonderen Missbrauchsaufsicht nach § 31 Abs. 3, Abs. 5 GWB, sondern auch Verfügungen im Rahmen der allgemeinen Missbrauchskontrolle, soweit sie die Wasserversorgung betreffen. Auch diese dürfen nur nach vorheriger Abstimmung mit der Fachaufsichtsbehörde ergehen. Erfasst werden deshalb auch Verfügungen nach §§ 32 Abs. 1, 19 GWB. Nur so kann der Gesetzeszweck einer umfassenden Berücksichtigung sektorspezifischer Besonderheiten erreicht werden.

2. Verfügungsgegenstand: Öffentliche Wasserversorgung über feste Leitungswege

9   Die Verfügung muss die öffentliche Versorgung mit Wasser über feste Leitungswege betreffen. Der Verfügungsinhalt ist demnach nur gegenständlich eingegrenzt. Daraus folgt, dass nicht nur Verfügungen gegenüber dem Wasserversorgungsunternehmen erfasst werden, das Gegenstand einer kartellrechtlichen Missbrauchsprüfung ist, sondern jede Verfügung, also auch Verfügungen gegenüber Dritten, insbesondere Auskunftsverfügungen nach § 59 GWB.[7]

III. Rechtsfolgen

1. Pflicht zum Benehmen mit der Fachaufsichtsbehörde

a) Zuständige Fachaufsichtsbehörde

10 Soll eine Verfügung der genannten Art erlassen werden, hat sich die Kartellbehörde mit der »Fachaufsichtsbehörde« ins Benehmen zu setzen. Das ist ein Blankettverweis auf die Behörden, die nach Landesrecht für die *von der kartellrechtlichen Verfügung betroffenen Bereiche* als Fachaufsichtsbehörden zuständig sind.

11 Zunächst muss deshalb geklärt werden, welche Sachbereiche von der kartellrechtlichen Verfügung überhaupt berührt werden. Sind z.B. Fragen der Rohwassergewinnung, der Versorgungssicherheit oder des Umweltschutzes betroffen, so liegt die Fachaufsicht regelmäßig bei den Umweltministerien der Länder[8] mit den jeweils nachgeordneten Behörden.[9] Geht es demgegenüber um Fragen der Trinkwasserqualität oder des Gesundheitsschutzes, so sind die Geschäftsbereiche der Landesgesundheitsministerien mit nachgeordneten Be-

---

[7] *Bechtold/Bosch*, GWB, § 31b Rn. 10.
[8] *Reif/Daiber*, in: MünchKommKartR, § 31b GWB, Rn. 5.
[9] *Brand*, in: FK-GWB, § 131 Rn. 45.

hörden betroffen. Geht es um beide Fragenkomplexe, so sind beide Fachministerien ins Benehmen zu setzen. Wenn wie z.B. in Nordrhein-Westfalen sowohl der Vollzug des Wasserrechts als auch der Trinkwasserverordnung nach der Zuständigkeitsverteilung in den Geschäftsbereich eines Ministeriums fällt (Ministerium für Klimaschutz, Umwelt, Landwirtschaft, Natur- und Verbraucherschutz), so ist stets dieses Ministerium als zuständige Fachaufsichtsbehörde ins Benehmen zu setzen. Ist das Wasserversorgungsunternehmen, an das sich die Verfügung richten soll, in verschiedenen Bundesländern tätig, hat die Kartellbehörde sich mit allen örtlich zuständigen Fachaufsichtsbehörden ins Benehmen zu setzen.

Die so ermittelte zuständige Fachaufsichtsbehörde muss bei Ausübung ihrer Mitwirkungsbefugnis die für die Umsetzung der fachrechtlichen Vorgaben zuständigen Behörden einbinden. Denn regelmäßig verfügen nur diese über das erforderliche Fachwissen hinsichtlich Versorgungssicherheit und Nachhaltigkeit bzw. Trinkwasserqualität im Versorgungsgebiet des betroffenen Unternehmens. Welche Behörden dabei im Einzelnen einzubinden sind, hängt – genauso wie die Ermittlung der zuständigen Fachaufsichtsbehörde – vom Inhalt der Verfügung und den fachlichen Schwerpunkten des bisherigen Verfahrens ab. Liegen diese auf Aspekten des Trinkwasserschutzes, so sind regelmäßig die Gesundheitsämter einzubeziehen, bei Fragen des Umweltschutzes und der Rohwassergewinnung die (unteren) Wasserbehörden usw. 12

b) Zeitpunkt des Ins-Benehmen-Setzens

Der Wortlaut von § 31b Abs. 2 GWB enthält keine detaillierten Vorgaben zum Zeitpunkt des Ins-Benehmen-Setzens. Er gibt lediglich vor, dass die Einbindung vor Erlass der Verfügung stattfinden muss. Aus Sinn und Zweck der Benehmensregelung folgt jedoch darüber hinausgehend, dass die Beteiligung der Fachaufsichtsbehörde so früh wie möglich, jedenfalls aber vor einer endgültigen Festlegung der Kartellbehörden erfolgen muss. Nur so kann verfahrensrechtlich sichergestellt werden, dass der Sachverstand der Fachaufsichtsbehörde auch tatsächlich in die Entscheidungsfindung einfließt. Deshalb wäre z.B. eine Beteiligung erst nach (oder mit) Übersendung des behördlichen Abmahnungsschreibens deutlich zu spät. Denn zu diesem Zeitpunkt steht der Inhalt der Verfügung bereits fest; die Abmahnung ist nämlich der Entwurf der regelmäßig mit dem Abmahnungsschreiben identischen Verfügung. 13

c) Inhaltliche Bedeutung des Begriffs »Benehmen«

Nach allgemeinen verwaltungsrechtlichen Grundsätzen ist Benehmen eine verfahrensrechtliche Pflicht zur Beteiligung einer anderen Behörde und fachlichen Berücksichtigung ihrer Aussage. Das Benehmenserfordernis stellt dabei ein schwächeres Mitwirkungserfordernis dar als etwa ein Einvernehmen 14 oder die Zustimmung, verlangt aber eine stärkere Einbindung der anderen Behörde als ein bloßes Anhörungserfordernis.[10] Es begründet neben einer Pflicht zur Anhörung und zur Prüfung sowie Berücksichtigung der geäußerten Auffassung der beteiligten Behörde auch die Pflicht, eine Abweichung von der wasserfachlichen Ansicht der ins Benehmen gesetzten Behörde in der Verfügung zu begründen. Es wird jedoch keine Pflicht begründet, im Einverständnis mit der beteiligten Fachaufsichtsbehörde zu handeln.[11]

2. Fehlerfolgensystem

15 Für die Frage nach den Folgen einer unterbliebenen oder fehlerhaften Wahrnehmung der Benehmenspflicht durch die handelnde Kartellbehörde sind drei Fallkonstellationen zu unterscheiden:

a) Fall 1: Fachaufsichtsbehörde wird angehört, Kartellamt weicht ab

16 Eine während der Anhörung geäußerte Auffassung der Fachaufsichtsbehörde ist für die Kartellbehörde als solche nicht bindend. Die Kartellbehörde kann also, wenn sie die Auffassung der Fachaufsichtsbehörde aus fachlicher Sicht nicht für zutreffend hält, von dieser Ansicht abweichen. Sie muss indes eine materiell von der Fachbehörde abweichende Auffassung, z.B. in Fragen der Wasserqualität oder Versorgungssicherheit, qualifiziert begründen. Denn der Zweck des § 31b Abs. 2 GWB besteht gerade darin, die von der Fachaufsichtsbehörde vorgetragenen wasserfachlichen Aspekte in Preismissbrauchsverfahren und für die Entscheidung der Kartellbehörde zu berücksichtigen.[12]

b) Fall 2: Unterlassene Anhörung einer zu beteiligenden Fachaufsichtsbehörde

17 Wird die Anhörung einer Fachaufsichtsbehörde, deren Zuständigkeitsbereich durch die Verfügung berührt wird, gänzlich unterlassen, ist die betreffende Verfügung ohne das erforderliche Benehmen ergangen und damit verfahrensfehlerhaft. Der Verfahrensfehler kann nach allgemeinem Verwaltungsverfahrensrecht durch Nachholung geheilt werden, § 45 Abs. 1 Nr. 5 VwVfG. Eine Unbeachtlichkeit des Verfahrensfehlers nach § 46 VwVfG kommt dagegen grundsätzlich nicht in Betracht. Zwar ist ein Verfahrensfehler nach § 46 VwVfG unbeachtlich, wenn offensichtlich ist, dass der Fehler die Entscheidung in der Sache nicht beeinflusst hat. Allerdings steht der Erlass einer Miss-

---

10 *Bunte*, in: Langen/Bunte, § 31b Rn. 4; a.A. *Bechtold/Bosch*, GWB, 7. Aufl., § 31b Rn. 10.
11 VG Gelsenkirchen, Beschl. v. 31.7.2008 – Az: 4 L 764/08.
12 Zu den Fehlerfolgen s. Rdn. 16. Allerdings kommt bei unterlassener Begründung eine Unbeachtlichkeit des Verfahrensfehlers nach § 46 VwVfG in Betracht.

brauchsverfügung im Ermessen der Kartellbehörde. Bei Ermessensentscheidungen ist im Regelfall nicht auszuschließen, dass die Behörde bei Beachtung des Verfahrensrechts eine andere Entscheidung getroffen hätte. Deshalb ist der Verstoß gegen die Benehmenspflicht gemäß § 46 VwVfG grundsätzlich relevant.[13]

c) Fall 3: Verweigerte oder unterlassene Mitwirkung durch die Fachaufsichtsbehörde

Schließlich ist an den Fall zu denken, dass die zuständige Fachaufsichtsbehörde die Mitwirkung verweigert bzw. auch nach Aufforderung durch die handelnde Kartellbehörde untätig bleibt. In diesem Fall ist die Kartellbehörde ihrer Verfahrenspflicht nachgekommen. 18

D. Missbrauchsverfügung, Abs. 3–6

I. Anwendungsbereich

§ 31b Abs. 3 GWB gilt als Befugnisnorm unmittelbar nur für den Freistellungsmissbrauch nach § 31 Abs. 3 GWB. Über § 31b Abs. 5 GWB wird jedoch auch der praktisch bedeutsamere Fall des Missbrauchs einer marktbeherrschenden Stellung erfasst. § 31b Abs. 3 GWB enthält so einheitlich die formelle Eingriffsermächtigung für die besondere kartellrechtliche Missbrauchsaufsicht im Bereich der Wasserwirtschaft. Er stellt zu diesem Zweck drei verschiedene Aufsichtsinstrumentarien bereit: die Abstellungsverfügung (Nr. 1), die Änderungsverfügung (Nr. 2) und die Unwirksamkeitserklärung (Nr. 3). 19

II. Abstellungsverfügung, Abs. 3 Nr. 1

Die Kartellbehörde kann einem missbräuchlich handelnden Wasserversorgungsunternehmen aufgeben, das missbräuchliche Verhalten abzustellen. Diese Ermächtigung zum Erlass einer Abstellungsverfügung entspricht der nahezu identischen Befugnis der Kartellbehörden im Rahmen der allgemeinen Missbrauchsaufsicht nach § 32 Abs. 1 GWB.[14] Gegenstand einer Abstellungsverfügung nach Nr. 1 kann nur ein missbräuchliches Verhalten sein, das ent- 20

---

13 *Kopp/Ramsauer*, VwVfG, § 46 Rn. 32 m.w.N. in Fn. 66; anders kann dies zu beurteilen sein, wenn sich der Fehler nachweislich nicht auf die Entscheidung ausgewirkt haben kann, weil etwa der Ermessensspielraum auf Null reduziert war, vgl. *Kopp/Ramsauer*, VwVfG, § 46 Rn. 34 a.E. Eine derartige Ermessensreduzierung kommt bei einer kartellrechtlichen Missbrauchsverfügung praktisch jedoch nicht in Betracht.
14 Für Einzelheiten s. darum § 32 Rdn. 7 ff.

weder noch andauert oder unmittelbar bevorsteht, d.h. mit dessen Eintritt ohne Weiteres zu rechnen ist.

21 § 31b Abs. 3 GWB ist dabei ausschließlich Ermächtigungsgrundlage für ein kartellbehördliches Vorgehen. Er enthält kein gesetzliches Verbot.[15] Verfügungen nach Nr. 1 wirken nur *ex nunc*.[16] Eine *rückwirkende* Erstattung missbräuchlich erlangter Vorteile nach § 32 Abs. 2a GWB scheidet damit aus. Ein Vorgehen nach dieser Vorschrift ist nur im Rahmen der allgemeinen Missbrauchsaufsicht nach § 19 GWB möglich.[17]

22 Unterschiedlich beurteilt wird die Frage, ob eine Rückzahlung für vergangene, noch nicht abgerechnete Zeiträume auf der Grundlage von § 31b Abs. 3 Nr. 1 GWB angeordnet werden kann. Die Hessische Landeskartellbehörde hat ein solches Vorgehen unter Berufung auf die Entscheidung des BGH in der Sache *Glockenheide* für möglich gehalten.[18] Der vom BGH entschiedene Fall betraf jedoch die Sonderkonstellation eines Fernwärmelieferungsvertrages, bei dem der Preis anders als im Bereich der Wasserversorgung immer erst bei Abschluss der Abrechnungsperiode feststeht. Für die Wasserversorgung hat das OLG Düsseldorf dagegen die Auffassung vertreten, dass bei einer im Laufe des Jahres erlassenen Preissenkungsverfügung, die ab Jahresbeginn gelten solle, eine im Rahmen des § 103 Abs. 5 Satz 2 Nr. 2 GWB 1990 [nun: §§ 31b, 31] unzulässige Rückwirkung vorliegen dürfte. Denn hier werde der Preis, den der Letztverbraucher zu zahlen habe, nicht erst mit der Jahresabrechnung am Ende des Jahres, sondern bereits vor Beginn des Bezugszeitraums festgelegt.[19] Die Konstellation der BGH-Entscheidung ist daher nicht übertragbar.[20] Nach der Gesetzessystematik scheidet damit eine Rückwirkung im Rahmen der besonderen Missbrauchsaufsicht insgesamt aus.

23 Eine etwaig eingelegte Beschwerde gegen eine Abstellungsverfügung hat aufschiebende Wirkung, § 64 Abs. 1 Nr. 2 GWB. Der Anordnung ist darum erst dann Folge zu leisten, wenn sie in Bestandskraft erwachsen ist oder die sofortige Vollziehbarkeit nach § 65 Abs. 1 GWB angeordnet wurde.[21] Erst ab diesem Zeitpunkt besteht die Möglichkeit einer Vorteilsabschöpfung nach § 34

---

15 BGHZ 184, 168, 188 f. – *Wasserpreise Wetzlar*.
16 BGHZ 184, 168, 188 f. – *Wasserpreise Wetzlar*.
17 S. bereits Vor §§ 31–31b Rdn. 26.
18 Verfügung der Landeskartellbehörde Hessen gegen Enwag (Wetzlar II), v. 23.12.2010, Rn. 293.
19 OLG Düsseldorf, B. v. 24.2.2014, Az.: VI-2 Kart 4/12 (V), S. 71 f. des Umdrucks.
20 *Bechtold/Bosch*, § 31b GWB, Rn. 6.
21 Zur aufschiebenden Wirkung s. auch unter Rdn. 28.

GWB. Die vorherige Nichtbeachtung der Verfügung stellt demgegenüber keinen Verstoß gegen die Verfügung i.S. von § 34 Abs. 1 GWB dar.[22]

III. Änderungsverfügung und Unwirksamkeitserklärung, Abs. 3 Nr. 2, 3

Die Befugnis der Kartellbehörden wird durch Nr. 2 und 3 dahin erweitert, bei einem Freistellungsmissbrauch den betroffenen Wasserversorgern eine Änderung des zugrundeliegenden Vertrages aufzugeben oder den Vertrag für unwirksam zu erklären. Diese Befugnisse haben bislang *keine praktische Bedeutung* erlangt.[23]

24

IV. Ermessensdirektiven, Abs. 4

§ 31b Abs. 3 GWB räumt den Kartellbehörden bei der kartellrechtlichen Missbrauchsaufsicht ein Ermessen ein. Dieses Ermessen ist nach Sinn und Zweck der Ermächtigungsgrundlage auszuüben. Im Falle des praktisch bedeutsamen Marktstellungsmissbrauchs sind dabei zunächst die in § 31b Abs. 4 GWB ausdrücklich genannten Regelungsziele einer sicheren und preisgünstigen Versorgung zu berücksichtigen. Der Wortlaut macht deutlich, dass die beiden Regelungsziele einer sicheren *und* preisgünstigen Versorgung gleichwertig sind. Weder kann ein Wasserversorger erhebliche Preisüberhöhungen durch marginale Qualitätsverbesserungen rechtfertigen, noch kann es zu einer Effizienzsteigerung um jeden Preis kommen. Wie der Wortlaut »insbesondere« erkennbar macht, sind die beispielhaft genannten Ziele einer sicheren und preisgünstigen Versorgung nicht abschließend. Auch die übrigen gesetzlichen Vorgaben zur Wasserversorgung (z.B. Qualität, Nachhaltigkeit, Versorgungssicherheit) sind von den Kartellbehörden deshalb im Rahmen ihrer pflichtgemäßen Ermessensausübung zu beachten, also insbesondere die fachrechtlichen Vorgaben des Wasserrechts, außerdem die kommunale Selbstverwaltungsgarantie des Art. 28 Abs. 2 GG.[24] Im Falle des Freistellungsmissbrauchs hat die Kartellbehörde zusätzlich Sinn und Zweck der Freistellung zu berücksichtigen.[25]

25

---

22 *Bechtold/Bosch*, § 31b GWB, Rn. 4; a.A: *Rehbinder*, in: Loewenheim/Meessen/Riesenkampff, § 34 GWB Rn. 2.
23 *Bechtold/Bosch*, § 31b GWB Rn. 7.
24 Vgl. hierzu Vor §§ 31–31b Rdn. 10 ff., § 31 Rdn. 74 f., Rdn. 102.
25 Vgl. hierzu Vor §§ 31–31b Rdn. 2 ff.

V. Verhältnis zur allgemeinen Missbrauchsaufsicht nach § 19 Abs. 6 GWB

26 Die allgemeine Missbrauchsaufsicht nach § 19 GWB ist neben §§ 31–31b GWB anwendbar.[26] War dies für die Vorgängernorm § 103 GWB a.F. noch umstritten,[27] ist die parallele Anwendbarkeit von allgemeiner und sektorspezifischer Missbrauchsaufsicht jetzt durch § 31b Abs. 6 GWB klargestellt. Für das Verhältnis der beiden Missbrauchsregime zueinander gilt dabei im Grundsatz: Die allgemeine Missbrauchsaufsicht stellt die weiterreichenden Eingriffsermächtigungen zur Verfügung, macht diese aber von strengeren Voraussetzungen abhängig. Beide Normen haben daher einen *selbstständigen Regelungsbereich*.[28]

27 Auf Tatbestandsebene kommt dem Kartellamt bei § 19 GWB insbesondere nicht die Beweislastumkehr des § 31 Abs. 4 Nr. 2 GWB zugute, die den betroffenen Wasserversorgern den Nachweis rechtfertigender Umstände auferlegt. Auf der Ebene der Rechtsfolgen ist § 19 GWB anders als § 31 GWB[29] als Verbotsgesetz ausgestaltet. Deshalb kann ein nach § 19 GWB missbräuchlich handelndes Unternehmen unmittelbar Unterlassungs- und Ersatzansprüchen nach § 33 Abs. 3 GWB ausgesetzt sein. § 19 GWB kann über § 134 BGB die Nichtigkeit zivilrechtlicher Verträge begründen. Eine Abstellungsverfügung nach §§ 19, 32 GWB kann zudem mit einer Anordnung der Rückerstattung missbräuchlich erwirtschafteter Vorteile nach § 32 Abs. 2a GWB oder einer Vorteilsabschöpfung nach § 34 GWB verbunden werden. Ein Missbrauch nach § 19 GWB ermöglicht also auch rückwirkende Verfügungen.[30] Diese Rückwirkungsmöglichkeit unterliegt jedoch gesetzlichen Begrenzungen. Die Rückerstattungsanordnung nach § 32 Abs. 2a GWB wurde erst durch die 7. GWB-Novelle 2005 geschaffen, sie gilt daher aus Vertrauensschutzgründen nicht für Altfälle vor 2005. Weitere zeitliche Begrenzungen für Rückerstattungsanordnungen sind gesetzlich nicht ausdrücklich vorgesehen. Die Rückerstattung muss aber unter rechtsstaatlichen Gesichtspunkten, insbesondere aufgrund des Verhältnismäßigkeitsgrundsatzes über den Ausschluss der Altfälle hinaus zeitlich begrenzt werden. Aufgrund der funktionalen Äquivalenz von Vorteilsabschöpfung und Rückerstattung sowie in Anbetracht der gesetzlichen Verschränkung dieser beiden Instrumente (vgl. § 34 Abs. 2 Satz 1 Nr. 4 GWB und § 34 Abs. 2 Satz 2 Nr. 2 GWB) ist es sachge-

---

26 Dazu schon Vor §§ 31–31b Rdn. 26.
27 Vorauflage *Reif*, in: MünchKommKartR, § 131 Rn. 79, 86 m.w.N. zur Diskussion.
28 BGHZ 184, 168, 175 – *Wasserpreise Wetzlar*.
29 A.A. *Klaue*, in: Immenga/Mestmäcker, § 31 GWB Rn. 41: auch § 31 Abs. 3 GWB normiere ein gesetzliches Verbot.
30 So auch OLG Düsseldorf, B. v. 24.2.2014, Az.: VI-2 Kart 4/12 (V), S. 69 des Umdrucks.

recht, die für die Vorteilsabschöpfung ausdrücklich in § 34 Abs. 5 GWB geregelte zeitliche Begrenzung auch für Rückerstattungsanordnungen anzuwenden. Beide Maßnahmen können deshalb nur innerhalb einer Frist von fünf Jahren seit Beendigung des Missbrauchs und nur für einen Zeitraum von maximal fünf Jahren angeordnet werden, § 34 Abs. 5 GWB.

Schließlich unterscheiden sich allgemeine und besondere Missbrauchsaufsicht hinsichtlich der Wirkungen etwaiger Rechtsbehelfe. Die Beschwerde gegen eine im Rahmen der besonderen Missbrauchsaufsicht ergangene Verfügung hat nach § 64 Abs. 1 Nr. 2 GWB aufschiebende Wirkung. Im Rahmen der allgemeinen Missbrauchsaufsicht gilt das dagegen nur dann, wenn mit der Abstellungsverfügung zugleich eine Rückerstattungsanordnung nach § 32 Abs. 2a GWB oder eine Vorteilsabschöpfung nach § 34 GWB verbunden wurde. Im Übrigen hat hier die Beschwerde keine aufschiebende Wirkung. 28

Vor § 32 GWB *Vorbemerkung*

Sechster Abschnitt Befugnisse der Kartellbehörden, Sanktionen

Vorbemerkung zu § 32

Übersicht

		Rdn.			Rdn.
A.	Regelungsgegenstand	1	C.	Neuartige Handlungsformen	12
B.	Anknüpfungspunkte der Auslegung	2	D.	«More Economic Approach« und optimierte Befugnisausübung	14
I.	Europäisches Recht	3	E.	Paradigmenwechsel	17
II.	Verfassungs- und Verwaltungsrecht	4	F.	Öffentlichkeitsarbeit und Competition Advocacy	20
III.	Unternehmensrecht	7	I.	Fallbezogene Öffentlichkeitsarbeit	21
IV.	Fusionskontrolle	9	II.	Sonstige Competition Advocacy	27
V.	Privatautonomie	11			

Schrifttum

Badura, Wirtschaftsverfassung und Wirtschaftsverwaltung, 4. Auflage, Tübingen 2011; *Badura*, Staatsrecht, 6. Auflage, München 2015; *Becker/Hossenfelder*, Einführung in das neue Kartellrecht, München 2006; *Boehme-Neßler*, Die Öffentlichkeit als Richter? – Litigation-PR als Herausforderung für das Recht, ZRP 2009, 228; *Bundeskartellamt*, Das Wettbewerbsprinzip als Leitlinie für Gesetzgebung und staatliches Handeln, Dokumentation der XII. Internationalen Kartellkonferenz, 2005; *Dreher/Thomas*, Die Beschränkung der Vertragsabschlussfreiheit durch kartellbehördliche Verfügung – Behördliche Wettbewerbsbeteiligungsverbote für Energielieferverträge?, NJW 2008, 1557 ff.; *Fehling/Kastner/Wahrendorf* (Hg.), Verwaltungsrecht, Handkommentar, Baden-Baden, 4. Auflage 2016; *Fikentscher*, Die Freiheit und ihr Paradox, Gräfelfing 1997; *Hjelmeng*, Competition Law Remedies: Striving for Coherence or Finding New Ways?, CMLR 50 (2013) 1007 ff.; *Hoffmann-Riem/Schmidt-Aßmann/Voßkuhle* (Hg.), Grundlagen des Verwaltungsrechts, Bände I–III, München, 2. Auflage 2012/13; *Kahlenberg/Hempel*, Identifizierende Pressemitteilungen des Bundeskartellamts bei der Einleitung von Untersagungsverfahren, WuW 2006, 127 ff.; *Knack/Henneke* (Hg.), Verwaltungsverfahrensgesetz, 10. Auflage, Köln u.a. 2014; *Lorz*, Neue Vorgaben für die Öffentlichkeitsarbeit der Justiz?, NJW 2005, 2657 ff.; *Lutz*, Schwerpunkte der 7. GWB-Novelle, WuW 2005, 718 ff.; *Mundt*, Zur Öffentlichkeitsarbeit des Bundeskartellamtes, NZKart 2016, 145; *Paal/Kumkar*, Zur Öffentlichkeitsarbeit des Bundeskartellamtes, NZKart 2015, 366 ff.; *Podszun*, 50 Jahre Bundeskartellamt: Welche Zukunft hat das Wettbewerbsprinzip?, ZRP 2007, 269 ff.; *Podszun*, Paradigmenwechsel in der kartellbehördlichen Befugnisausübung: Grundlagen, Gefahren, Grenzen, ZWeR 2012, 48 ff.; *K. Schmidt*, Umdenken im Kartellverfahrensrecht!, BB 2003, 1237 ff.; *Sewczyk*, Identifizierende Pressemitteilungen bei der Einleitung von Untersagungsverfahren, WuW 2006, 244 ff.; *Voet van Vormizeele*, Kartellrecht und Verfassungsrecht, NZKart 2013, 386 ff.; *von Wallenberg*, Der gesetzliche Auftrag der Monopolkommission auf dem Prüfstand, WuW 2008, 646 ff.

A. Regelungsgegenstand

1 §§ 32–32d und 34 GWB verleihen den Kartellbehörden Befugnisse für die Anwendung der Normen zum Kartell- und Missbrauchsverbot. Niedergelegt sind damit die **Entscheidungsformen**, die das behördliche Handeln im kar-

tellrechtlichen Verwaltungsverfahren haben kann. Die Befugnisse des Fusionskontrollverfahrens sowie das Bußgeldrecht sind gesondert geregelt. § 32e GWB gibt den Kartellbehörden die Befugnis zu Sektoruntersuchungen, was systematisch in den Kontext der Ermittlungsbefugnisse, nicht der Entscheidungsbefugnisse gehört. §§ 33 und 34a GWB enthalten Vorschriften für die private Geltendmachung von Kartellrechtsverstößen, die zivilrechtliche Nichtigkeit ergibt sich aus § 134 BGB. In der vorliegenden Form sind die §§ 32 ff. GWB erst seit der 7. Novelle 2005 Bestandteil des GWB, die 8. Novelle 2013 brachte wiederum kleinere Änderungen mit sich.[1] Die 9. GWB-Novelle sieht – von winzigen redaktionellen Änderungen abgesehen – keine Veränderungen für §§ 32–32e vor.[2] Der Befugniskatalog ist gegenüber früheren Fassungen erweitert und ausdifferenziert worden. Die Befugnisausübung ist der formale Eingriff in den Freiheitsbereich von Unternehmen, deren Betätigungsfreiheit grundrechtlich geschützt ist. Die **grund- und verfassungsrechtlichen Bindungen** staatlichen Handelns sind für die Wahrnehmung der Befugnisse zentral. In ökonomischer Hinsicht muss sich die Befugnisausübung als »Output« behördlichen Tätigwerdens einer **Kosten-Nutzen-Analyse** unterwerfen: Wird unternehmerisches Fehlverhalten effektiv sanktioniert, ohne dass dadurch Kosten entstehen, die den Nutzen deutlich übersteigen?

B. Anknüpfungspunkte der Auslegung

Viele Fragen der Befugnisausübung harren noch der gerichtlichen Durchdringung. Bei der Auslegung sind fünf wichtige Einflüsse zu beachten.

2

I. Europäisches Recht

Die verwaltungsrechtlichen Normen entsprechen weitgehend den Vorschriften des europäischen Rechts (vgl. **Art. 7, 8, 9, 5, 29 und 17 VO 1/2003**). Die europäische Praxis kann zur Auslegung herangezogen werden, zumal sich der deutsche Gesetzgeber auf die europäischen Normen ausdrücklich beruft.[3] Dafür sprechen zwei weitere Gründe: Zum einen müssen nationale Kartellbehörden Art. 101 und 102 AEUV effektiv anwenden (Gebot des »effet utile«). Zum anderen müssen sie im immer enger geknüpften Netz der europäi-

3

---

1 Zur früheren Rechtslage siehe *Emmerich*, in: Immenga/Mestmäcker, GWB, § 32 Rn. 1 ff.; *Bornkamm*, in: Langen/Bunte, GWB, § 32 Rn. 3 f.
2 Gemäß dem Entwurf der Bundesregierung vom 28.9.2016 wird die Überschrift von Kapitel 6 neu gefasst in: »Befugnisse der Kartellbehörden, Schadensersatz und Vorteilsabschöpfung«. In § 32 Abs. 1 wird »dieses Gesetzes« durch »dieses Teils« ersetzt; in § 32e »dieses Gesetzes« durch »der Vorschriften dieses Teils«. Inhaltliche Änderungen sind damit nicht verbunden.
3 RegBegr., BT-Drucks. 17/9852, S. 26; RegBegr., BT-Drucks. 15/3640, S. 22.

schen Wettbewerbsbehörden über **gleichwertige Handlungsmöglichkeiten** mit anderen Behörden und der Kommission verfügen.[4]

II. Verfassungs- und Verwaltungsrecht

4 In der Befugnisausübung manifestiert sich der kartellbehördliche Eingriff in das **Grundrecht** auf freie unternehmerische Entfaltung, das durch Art. 2 Abs. 1 GG und Art. 12 und 14 GG geschützt ist.[5] Bei der Anwendung europäischen Rechts sind die nationalen Behörden an die **Grundrechte-Charta der EU** gebunden (siehe Art. 51 GRCh). In der GRCh sind insbesondere Art. 16 (Unternehmerische Freiheit), Art. 17 (Eigentumsschutz einschließlich Schutz des Geistigen Eigentums in Abs. 2) sowie die rechtsstaatlichen Grundsätze, die sich aus den Art. 41 ff. GRCh ergeben, für die Befugnisausübung von Belang. Hier ist auch das »Recht auf eine gute Verwaltung« (Art. 41) verankert, demzufolge Behörden unparteiisch, gerecht und in angemessener Frist entscheiden sollen. Das umfasst gem. Art. 41 Abs. 2 insbesondere die Ansprüche auf rechtliches Gehör, Zugang zu den Akten (und gem. Art. 42 zu allen Dokumenten) sowie auf eine Begründung. Entsprechend der Judikatur des EuGH zu bußgeldrechtlichen Sanktionen[6] ist auch für die übrigen Verwaltungssanktionen eine stärkere Forderung nach der Berücksichtigung der Grundrechte zu erwarten. Für das Bußgeldverfahren ist der starke Einfluss der Grundrechtsbindung auch vom BKartA sichtbar anerkannt.[7]

5 Für die Auslegung der Befugnisse ist die Bindung an diese Grundsätze von zentraler Bedeutung. Der Behörde muss stets bewusst sein, dass ihre Pflicht zur Wettbewerbssicherung im konkreten Fall die Beschneidung der Freiheit eines Einzelnen mit sich bringt. Dies hat zur Folge, dass die Grundrechte sowie die verfassungsrechtlichen **Rechtmäßigkeitsgebote** (z.B. Willkürverbot, Verhältnismäßigkeitsgrundsatz, pflichtgemäße Ermessensausübung) zu beachten sind.[8] In der Praxis ist vor allem das Gebot der **Verhältnismäßigkeit** von Bedeutung: Die staatliche Regelung muss ein legitimes Ziel verfol-

---

4 *Lutz*, WuW 2005, 718, 725. Zur Prägung des Verwaltungshandelns durch das europäische Recht siehe *Hoffmann-Riem/Schmidt-Aßmann/Voßkuhle*, Grundlagen des Verwaltungsrechts, § 33 Rn. 81 ff.
5 Vgl. *Di Fabio*, in: Maunz/Dürig/Herzog/Scholz, Art. 2 Rn. 76 ff.; *Badura*, Wirtschaftsverfassung und Wirtschaftsverwaltung, S. 22 ff.
6 Siehe etwa EuGH WuW/E EU-R 3104 – *Guardian Industries*; EuGH WuW 2016, 178 – *Galp Energía España*. Umfassend *Thanos*, Die Reichweite der Grundrechte im EU-Kartellverfahrensrecht (2015).
7 Bundeskartellamt, Zwischenbericht zum Expertenkreis Kartellsanktionenrecht, 12.1.2015, S. 5 ff.
8 *Pitschas*, in: Hoffmann-Riem/Schmidt-Aßmann/Voßkuhle, Grundlagen des Verwaltungsrechts, § 42 Rn. 74 ff.; *Clausen*, in: Knack/Henneke, Verwaltungsverfahrensgesetz, Vor § 9 Rn. 26 ff.

gen, geeignet, erforderlich (mildestes Mittel) und angemessen sein.[9] Eine hohe Eingriffsintensität setzt einen entsprechend eindeutigen und schwerwiegenden Verstoß gegen das Recht voraus. Der Grundrechtsschutz steht zuweilen im Spannungsfeld zur Verfahrens- und Regelungseffizienz.[10]

Zahlreiche Normen des Kartellverwaltungsrechts weisen Parallelen zum allgemeinen Verwaltungsrecht auf, wie es im **VwVfG** niedergelegt ist. Bei aller Europäisierung sind die nationalen Kartellbehörden in erster Linie deutsche Verwaltungsbehörden, die im vertikalen Verwaltungsaufbau eingebunden sind. Dies wird in der Praxis der Landeskartellbehörden deutlich, gilt aber auch für das Bundeskartellamt. Insbesondere Lücken des Kartellverwaltungsrechts und allgemeine Prinzipien des Verwaltungshandelns sind mit den Erkenntnissen des Verfassungs- sowie des allgemeinen Verwaltungsrechts auszufüllen.

III. Unternehmensrecht

Kartellbehördliche Verfügungen richten sich ausschließlich an Unternehmen und Unternehmensverbände, das Kartellrecht ist hier Teil des Wirtschaftsverwaltungsrechts. Regelmäßig sind große Unternehmen betroffen. **Rahmensetzung für Unternehmen** verlangt eindeutige, beständige und rasche Entscheidungen, damit Investitionssicherheit gewährleistet ist. Unternehmensinterne Organisation, gesellschaftsrechtliche Pflichten, ökonomische Rahmendaten, globale Marktzusammenhänge und der Reputationsschaden für Unternehmen müssen nicht nur bei der Ausfüllung der materiellen Tatbestände berücksichtigt werden, sondern auch bei der Handhabung der Befugnisse. Sanktionen, die das Marktverhalten oder die Struktur des Unternehmens betreffen, setzen gezielte mikro- und makroökonomische Kenntnisse voraus. Kartellbehördliche Verfügungen dürfen nicht so weit gehen, dass Unternehmen in eine Krise getrieben werden oder Abschreckungseffekte (»chilling effects«) für künftige Wettbewerbsvorstöße entstehen.

Dies setzt ein Agieren der Behörden auf Augenhöhe mit den Unternehmen voraus, was wiederum eine entsprechende Ausstattung der Behörden mit ökonomischem, juristischem und technischem Sachverstand erforderlich macht.

IV. Fusionskontrolle

Die Kartellbehörden haben größere Erfahrungen mit ausdifferenzierten Befugnissen in der Fusionskontrolle als in Kartell- und Missbrauchsverfahren.

---

9 *Pitschas*, in: Hoffmann-Riem/Schmidt-Aßmann/Voßkuhle, Grundlagen des Verwaltungsrechts, § 42 Rn. 107 ff. Vgl. *Voet van Vormizeele*, NZKart 2013, 386.
10 *Schwarz*, in: Fehling/Kastner/Wahrendorf, Verwaltungsrecht, Einl. VwVfG Rn. 113 f.

Die mit Fusionen gesammelten Erfahrungen[11] werden von den Beschlussabteilungen des Bundeskartellamts auch auf die Anwendung des Kartell- und Missbrauchsverbots übertragen, insbesondere im Hinblick auf **strukturelle Maßnahmen** oder die Überwachung der Auflagenerfüllung.

10 Die Analyse der Wirkungen von Abhilfemaßnahmen bei Fusionen sollte allerdings auch für ausdifferenzierte Maßnahmen im sonstigen Kartellrecht skeptisch stimmen: Die angestrebten Ziele wurden häufig nicht erreicht.[12]

V. Privatautonomie

11 Kartellbehördliche Verfügungen haben das Ziel, private Handlungsspielräume und damit den freien Wettbewerb zu sichern. Die Kartellbehörden dürfen also keinen marktgestaltenden, regulierenden Anspruch erheben,[13] sondern sind der Privatautonomie und damit dem »Entdeckungsverfahren Wettbewerb« (*Hayek*) verpflichtet. Die Befugnisnormen verkörpern insofern das dem Kartellrecht zugrunde liegende »Freiheitsparadox«.[14] An ihrer Auslegung entscheidet sich, wie stark der Staat Freiheiten beschneiden darf, um Freiheiten zu sichern. Aus dem Paradox folgt, dass kartellbehördliche Verwaltungsakte nicht besondere Gemeinwohlziele (z.B. Umweltschutz, Arbeitsplatzsicherung) verfolgen dürfen, sondern nur das allgemeine Interesse an der wettbewerblichen Ordnung. Folglich müssen die Grenzen in GG und GRCh für staatliche Interventionen besonders genau beachtet werden, da ein Abwägungsmoment fehlt.[15] Ziel der Befugnisausübung muss die Erweiterung von Freiheitsräumen der Marktteilnehmer sein. Bei der Auslegung von Befugnisnormen ist daher zu erwägen, welche Mittel adäquat sind, um den Marktteilnehmern die autonome Koordination ihrer wirtschaftlichen Tätigkeiten zu ermöglichen. Die Behörde muss mit Annahmen über die Vorstellungen der Marktteilnehmer von Wirtschaft äußerst zurückhaltend sein und darf sich kein Wissen anmaßen oder »die eine richtige Lösung« vorgeben. Die Gestaltung der Märkte bleibt originäre Aufgabe der Marktteilnehmer.

C. Neuartige Handlungsformen

12 Das Subordinationsverhältnis zwischen Behörde und Rechtsunterworfenem ist in den vergangenen Jahren einem **moderneren Verwaltungsverständnis**

---

[11] Siehe die Übersicht bei *Schulte*, Handbuch Fusionskontrolle, S. 198 ff.
[12] Vgl. *Budzinski*, in: Drexl/Kerber/Podszun, Competition Policy and the Economic Approach, S. 111 ff. m.w.N.
[13] Vgl. *Badura*, Wirtschaftsverfassung und Wirtschaftsverwaltung, S. 271 f.
[14] *Fikentscher*, Die Freiheit und ihr Paradox.
[15] Vgl. *Badura*, Staatsrecht, G Rn. 19; *Masing*, in: Hoffmann-Riem/Schmidt-Aßmann/Voßkuhle, Grundlagen des Verwaltungsrechts, § 7 Rn. 37 ff.

gewichen, die klassischen Entscheidungsformen haben sich aufgelöst.[16] Im GWB wurde dieser von Kartellbehörden und Gerichten vorangetriebenen Entwicklung durch die 7. und 8. GWB-Novelle Rechnung getragen.[17]

Stärker als bislang kooperieren die Verwaltung und der Rechtsunterworfene.[18] Dadurch gelingen sachnähere und in der Regel angemessene Entscheidungen. Im Kartellrecht ist der **Trend zur Kooperation** bei der Verhandlung über Gebotsverfügungen (§ 32 Abs. 2 GWB) und bei Verpflichtungszusagen (§ 32b GWB) erkennbar. Die **Anerkennung informeller Verfahren** hat insbesondere in § 32c GWB Niederschlag gefunden. Auch außerhalb des gesetzlich gesteckten Rahmens der Befugnisnormen werden die Kartellbehörden aktiv, etwa mittels Pressemitteilungen (vgl. Rdn. 20). Die Befugnisse sind stärker als früher auf eine **Zukunftsorientierung**, also das Ermöglichen von Wettbewerb, als auf die Ahndung früheren Verhaltens ausgerichtet, wie etwa § 32 Abs. 2 GWB, § 32b GWB und § 32e GWB zeigen. Hier vollzieht sich ein Wechsel von der ex-post- zur **ex-ante-Perspektive**. Schließlich bedeutet die Stärkung der zivilen Rechtsdurchsetzung, insbesondere über § 33 GWB, dass die Behörden ihren bisherigen Alleinvertretungsanspruch verlieren. Dadurch gewinnen sie neue Freiheiten, müssen aber auch Aspekte wie die Bindungswirkung ihrer Entscheidungen und die zunehmende Prägung des Kartellrechts durch Gerichte berücksichtigen. Hier wird zum Teil eine bessere Koordinierung der verschiedenen Maßnahmen gefordert.[19] Das muss aber in einer komplexen Ökonomie mit zahlreichen Akteuren Wunschdenken bleiben.

D. «More Economic Approach» und optimierte Befugnisausübung

Die viel diskutierte Ökonomisierung des Kartellrechts unter dem Stichwort des »more economic approach« lässt sich auch für die Befugnisausübung fruchtbar machen.[20] Hervorzuheben sind drei Aspekte: Effizienzanalyse, Prioritätensetzung und Verbraucherorientierung.

Die von den Wirtschaftswissenschaften propagierte **Auswirkungsanalyse** ist auf die behördliche Befugnisausübung anzuwenden: Behörden gehen dazu über, den Einsatz ihrer Ressourcen effizient zu gestalten und für ein erkanntes Problem einen optimierten **Mix von Handlungsformen** (einschließlich der

---

16 *Badura*, Staatsrecht, G Rn. 21. Vgl. *Marx*, Konsensuales Kartellverfahrensrecht (i.E.); *Hjelming*, CMLR 50 (2013) 1007 ff.
17 Vgl. *K. Schmidt*, BB 2003, 1237 ff.
18 *Bauer*, in: Hoffmann-Riem/Schmidt-Aßmann/Voßkuhle, Grundlagen des Verwaltungsrechts, § 36 Rn. 8 ff.
19 *Hjelming*, CMLR 50 (2013) 1007, 1030 f.
20 Vgl. *Kerber/Schwalbe*, in: MünchKommKartellR, Einl. Rn. 624 ff.; *Hjelmeng*, CMLR 50 (2013) 1007 ff.

privaten Rechtsdurchsetzung) zu entdecken.[21] Dies schließt ein **Monitoring** von Entscheidungen ein. Zu untersuchen sind die Auswirkungen konkreter behördlicher Eingriffe auf die jeweiligen Unternehmen, Märkte, übrigen Marktteilnehmer, den Wettbewerb und die Volkswirtschaft insgesamt. Dementsprechend müssen nicht nur für die materielle Prüfung, sondern auch für die Abhilfemaßnahmen der Behörde Szenarien und kontrafaktische Szenarien (»counterfactuals«) geprüft werden. Die Tendenz, das Verwaltungshandeln zu optimieren und neben der puren Gesetzmäßigkeit weitere Aspekte guter Verwaltung zu berücksichtigen, ist nicht auf das Kartellrecht beschränkt.[22] *Pitschas* identifiziert als **Maßstäbe für gutes Verwaltungshandeln** neben der Rechtmäßigkeit folgende Punkte: Effizienz- und Gemeinwohlbindung, Zeitrichtigkeit (Verfahrenseffizienz), Effektivität (Implementationstauglichkeit), Risikoangemessenheit, Akzeptabilität, Flexibilität und Innovationsoffenheit.[23] Eine umfassende Berücksichtigung solcher Maßstäbe bleibt zwar Desiderat. Im Kartellrecht gibt es jedoch erste Entwicklungen zu einer optimierten Befugnisausübung, nicht zuletzt beeinflusst durch die Ökonomisierung der materiellen Normen. Für die Befugnisausübung spielen dabei auch Erkenntnisse der »behavioural studies«, etwa der Verbraucherverhaltensforschung, eine zunehmende Rolle.

16 Die Ziel-Diskussion, die mit der Förderung eines »more economic approach« angestoßen wurde, schlägt sich vor allem im **Aufgreifermessen** nieder. Durch den Wegfall des Freistellungsregimes und Anpassungen im Fusionskontrollrecht (2. Inlandsumsatzschwelle) sind bei den Kartellbehörden Kapazitäten frei geworden, die zu einer stärkeren **Prioritätensetzung** und damit einer neuen größeren Bedeutung des Aufgreifermessens führen. Wer die Maximierung der Konsumentenwohlfahrt als Ziel des Kartellrechts betrachtet, muss von seinen Befugnissen anders Gebrauch machen, als wenn das Ziel der Wettbewerbsfreiheit angestrebt wird. Auch die Maßnahmen verändern sich je nach Ziel: Eine höhere **Verbraucherorientierung** führt zu stärkeren Eingriffen in das Marktgeschehen, da die wirtschaftlichen Bewegungen bewusster gelenkt werden sollen. Dies verlangt den Behörden eine Marktgestaltung ab, die nur denkbar ist aufgrund von Erfahrungen mit der Regulierung. Die notwendig stärkeren, aber dennoch grundsätzlich wettbewerbsfreundlichen Eingriffe der Regulierungsbehörden, etwa bei der Entgeltregulierung, beeinflussen so auch die Kartellbehörden.

---

21 Vgl. *Hoffmann-Riem/Schmidt-Aßmann/Voßkuhle*, Grundlagen des Verwaltungsrechts, § 33 Rn. 21 ff.; *Bumke*, in: ebd., § 35 Rn. 35; *Michael*, in: ebd. § 41; *Clausen*, in: Knack/Henneke, Verwaltungsverfahrensgesetz, Vor § 9 Rn. 17 ff.
22 Vgl. *Pitschas*, in: Hoffmann-Riem/Schmidt-Aßmann/Voßkuhle, Grundlagen des Verwaltungsrechts, § 42.
23 *Pitschas*, in: Hoffmann-Riem/Schmidt-Aßmann/Voßkuhle, Grundlagen des Verwaltungsrechts, § 42 Rn. 67 ff.

E. Paradigmenwechsel

In der Gesamtschau verdichten sich gesetzgeberische Reformen, der Wandel der öffentlichen Aufgabenerfüllung und die Ökonomisierung des Kartellrechts zu einem Paradigmenwechsel:[24] Kartellbehörden haben neue, **differenziertere Möglichkeiten**, den Wettbewerb zu prägen. Sie sind nicht mehr darauf beschränkt, allein rückwirkend zu sanktionieren, sondern arbeiten zukunfts- und auswirkungsorientiert. Dabei nehmen sie eine Feinsteuerung über Nebenbestimmungen, Zusagen oder Gebote vor.[25] Mit Hilfe der Ökonomie werden Abhilfemaßnahmen auf Branchen und Verhaltensweisen passgenau abgestimmt. Verbraucherschutz wird zu einer Triebfeder der Ermessensausübung und der Entscheidungsgestaltung. Geachtet wird auf einen effizienten Mix von Handlungsformen. Reine Untersagungsverfügungen und Bußgeld-Entscheidungen treten demgegenüber in den Hintergrund.

17

Dieser Paradigmenwechsel ist nicht ohne **Risiko**. Leicht droht der Übergang von der effektiven Wettbewerbssicherung zum anmaßenden Marktdesign.

18

Das **Bundeskartellamt** hat seine Bereitschaft gezeigt, diese europäisch angetriebene Modernisierung mitzugehen.[26] Als frühe Leitentscheidungen nach der 7. GWB-Novelle sind Fälle wie *Langfristige Gaslieferverträge* (Eingriff in Vertragsgestaltung durch Gebotsverfügung oder durch Zusagenentscheidung),[27] *Soda-Club* (Vorgabe weit reichender Maßnahmen für ein Geschäftsmodell)[28] oder *Hintermauerziegelkartell* (kein Anlass zum Tätigwerden)[29] zu nennen. Die **Landeskartellbehörde** Niedersachsen hat mit der Entscheidung *Stadtwerke Uelzen* (Erstattung von überhöhten Gaspreisen an Verbraucher) belegt, dass auch die Landeskartellbehörden zu neuartigen Maßnahmen greifen und hat damit die Gesetzesnovellierung in der 8. GWB-Novelle angeregt.[30] Sektoruntersuchungen, die eine präventive Wettbewerbssteuerung ermöglichen, wurden sowohl vom Bundeskartellamt als auch von Landeskartellbehörden durchgeführt.

19

---

24 Umfassend *Podszun*, ZWeR 2012, 48 ff.
25 Kritisch: *Dreher/Thomas*, NJW 2008, 1557, 1558; *Podszun*, ZWeR 2012, 48, 68 ff.
26 *Becker/Hossenfelder*, Einführung in das neue Kartellrecht, Rn. 35, schreiben, die Reform der Befugnisausübung mit der 7. GWB-Novelle »könnte als verändertes Verständnis der Tätigkeit der Kartellbehörden interpretiert werden«. Die Autoren sind leitende Mitarbeiter des Bundeskartellamts.
27 Vgl. BGH WuW/E DE-R 1049 ff. – *Gaslieferverträge* (Gebotsverfügung); BKartA WuW/E DE-V 1431 ff. (Zusagenentscheidung).
28 Vgl. BGH WuW/E DE-R 2268 ff. – *Soda Club II*.
29 BKartA WuW/E DE-V 1142 ff. – *Hintermauerziegelkartell*.
30 Vgl. BGH WuW/E DE-R 2538, 2540 – *Stadtwerke Uelzen*.

F. Öffentlichkeitsarbeit und Competition Advocacy

20 Neben die ausdrücklich normierten Befugnisse tritt als zusätzliche Befugnis der Behörde die Möglichkeit der Öffentlichkeitsarbeit. Diese entfaltet teilweise erhebliche Wirkung, auch wenn die deutschen Kartellbehörden auf diesem Spielfeld zurückhaltend agieren. Eine unmittelbare **gesetzliche Grundlage** für die Information der Öffentlichkeit über Verfahren und Ansichten der Kartellbehörde gab es bislang – bedauerlicherweise[31] – nicht. Die 9. GWB-Novelle 2017 bringt insofern aber eine Änderung. In § 53 Abs. 4 des Regierungsentwurfs vom 28.9.2016 ist eine Klarstellung vorgesehen. Die Norm lautet: *»Das Bundeskartellamt kann der Öffentlichkeit auch fortlaufend über seine Tätigkeit sowie über die Lage und Entwicklung auf seinem Aufgabengebiet berichten.«*

Zu unterscheiden sind zwei Arten von sog. »Competition Advocacy«, also dem »Werben für den Wettbewerb«: die Öffentlichkeitsarbeit in konkreten Fällen und das »Lobbying« für den Wettbewerb bezüglich allgemeiner Entwicklungen oder legislatorischer Projekte.

I. Fallbezogene Öffentlichkeitsarbeit

21 Die Kartellbehörden haben eine Pflicht und ein Recht, die Öffentlichkeit über Verfahren zu informieren.[32] Dies ergibt sich nicht nur aus § 53 GWB (Tätigkeitsbericht) und künftig nach § 53 Abs. 4 Regierungsentwurf zum GWB 2017, sondern auch aus § 1 Informationsfreiheitsgesetz und aus verfassungsrechtlichen Normen (Informationsfreiheit, Rechtsstaats- und insbesondere Demokratiegebot).[33] Der **Informationsanspruch** der Öffentlichkeit ist gerade bei kartellrechtlichen Fällen hoch zu gewichten: Die Entwicklung der wichtigsten Unternehmen und die volkswirtschaftliche Situation sind von überragender Bedeutung für die gesamte Bevölkerung.

22 Vertretbar erscheint darüber hinaus, dass die Behörden nicht nur eine Pflicht, sondern auch ein **Recht zur fallbezogenen Öffentlichkeitsarbeit** haben.[34] Ein solches ist erforderlich, um mit den medial professionell agierenden Unternehmen auf Augenhöhe bleiben zu können.[35] Jedenfalls muss sich die Behörde durch eigene Pressearbeit gegen fehlerhafte Darstellungen von Unternehmen bezüglich der konkreten Fallarbeit wehren können. Das OLG

---

31 *Podszun*, ZRP 2007, 268, 272.
32 Vgl. *Sewczyk*, WuW 2006, 244 ff.; *Mundt*, NZKart 2016, 145; kritischer: *Kahlenberg/Hempel*, WuW 2006, 127 ff.; *Paal/Kumkar*, NZKart 2015, 366 ff.
33 *Gusy*, in: Hoffmann-Riem/Schmidt-Aßmann/Voßkuhle, Grundlagen des Verwaltungsrechts, § 23 Rn. 95; *Sewczyk*, WuW 2006, 244, 245.
34 Vgl. *Gusy*, in: Hoffmann-Riem/Schmidt-Aßmann/Voßkuhle, Grundlagen des Verwaltungsrechts, § 23 Rn. 97.
35 Vgl. *Boehme-Neßler*, ZRP 2009, 228 ff.

Düsseldorf hat ausdrücklich anerkannt, dass das erhebliche Informationsinteresse der Öffentlichkeit verlangt, dass das Bundeskartellamt in laufenden Verfahren seinen Standpunkt im Rahmen von Pressekonferenzen und -erklärungen darlegen kann.[36] Diesen Gedanken greift auch die Begründung zur 9. GWB-Novelle auf.[37]

Ein solches Recht lässt sich, soweit eine gesetzliche Regelung noch nicht ergangen ist, als **Annexkompetenz** konstruieren,[38] es erfährt im Kartellrecht Verstärkung durch den erweiterten Befugniskatalog: Instrumente wie Gebotsverfügungen oder Sektoruntersuchungen könnten so ausgelegt werden, dass die Pressearbeit als milderes oder begleitendes Mittel zur Verfügung vom Gesetzgeber anerkannt wird, zumal regelmäßig die Transparenz über die rechtlichen Vorgaben wichtig für die Marktteilnehmer ist. 23

Grenzen der Öffentlichkeitsarbeit des Amtes ergeben sich aus dem Gebot inhaltlicher Richtigkeit, dem Gebot der Sachlichkeit und der Neutralität staatlicher Öffentlichkeitsarbeit.[39] Die Wirkung von Veröffentlichungen ist mit Blick auf mögliche Grundrechtseingriffe zu erwägen. Eine **Vorabinformation** an die betroffenen Unternehmen oder deren **Anhörung** dürften im normalen Geschäftsbetrieb entbehrlich sein, es sei denn, dass eine ganz erhebliche Berührung von Unternehmensinteressen stattfindet. Die Grundsätze über die strafrechtliche Verdachtsberichterstattung, bei der es ja stets um natürliche Personen geht, denen eine Straftat vorgeworfen wird, gilt für Unternehmen, denen bestenfalls eine Ordnungswidrigkeit zur Last gelegt wird, nicht.[40] **Geschäfts- und Betriebsgeheimnisse** sind zu schützen (§ 30 VwVfG).[41] Das Verfahren als solches ist kein Geschäftsgeheimnis, insbesondere mit Blick auf die Bedeutung von kartellrechtlichen Verfahren. Die Behörde darf daher auch einzelne Unternehmen benennen, gegen die sie ermittelt, solange sie korrekt darstellt, dass eine Entscheidung noch nicht getroffen worden ist oder ein Beschluss noch nicht rechtskräftig ist.[42] Dies gilt zumindest, wenn insofern ein 24

---

36 OLG Düsseldorf, Beschl. v. 16.9.2009, Az. Kart 1/09, BeckRS 2009, 27348, Ziff. II.3.
37 Gesetzentwurf der Bundesregierung eines Neunten Gesetzes zur Änderung des Gesetzes gegen Wettbewerbsbeschränkungen vom 28.9.2016, S. 94.
38 *Gusy*, in: Hoffmann-Riem/Schmidt-Aßmann/Voßkuhle, Grundlagen des Verwaltungsrechts, § 23 Rn. 98.
39 *Gusy*, in: Hoffmann-Riem/Schmidt-Aßmann/Voßkuhle, Grundlagen des Verwaltungsrechts, § 23 Rn. 109.
40 OLG Düsseldorf, 9.10.2014, Az. VI-Kart 5/14 (V), WuW/E DE-R 4537 – *Unternehmenspersönlichkeitsrechte*.
41 *Kahlenberg/Hempel*, WuW 2006, 127, 129.
42 OLG Düsseldorf, 9.10.2014, Az. VI-Kart 5/14 (V), WuW/E DE-R 4537 – *Unternehmenspersönlichkeitsrechte*.

Endverbraucher-Interesse besteht. Eine Verpflichtung, bis zum rechtskräftigen Abschluss eines Verfahrens mit einer Mitteilung zu warten, besteht nicht und würde der modernen Medien- und Verwaltungsdemokratie auch nicht gerecht.

25 Klagen von Unternehmen gegen die Pressearbeit von Behörden sind nur in den engen Grenzen der **Amtshaftung** nach § 839 BGB und der *Osho*-Rechtsprechung möglich.[43] Rechtsschutz gegen eine Presseeklärung der Kartellbehörde ist im Rahmen einer einstweiligen Anordnung aber nach § 64 GWB denkbar, zuständig ist dann das Kartellgericht (im Fall des Bundeskartellamts das OLG Düsseldorf).[44]

26 In der Praxis läuft die Öffentlichkeitsarbeit zwar meist über eine Pressestelle, jedoch nicht ohne **Einbindung** der zuständigen Fallbearbeiter. Da Unternehmen mit diesen ohnehin in Kontakt sind, sollten die Unternehmen die Öffentlichkeitsarbeit der Behörde mit den Fallbearbeitern thematisieren und eventuell bestehende Bedenken vortragen.

II. Sonstige Competition Advocacy

27 Internationaler Standard ist, dass Kartellbehörden sich nicht nur auf die konkrete Anwendung kartellrechtlicher Normen beschränken, sondern auch als **Lobby für den Wettbewerb** auftreten, also »Competition Advocacy« betreiben. Dies geschieht durch allgemeine Information der Öffentlichkeit über Wettbewerb und Wettbewerbsbeschränkungen, durch die Warnung vor wettbewerblichen Fehlentwicklungen und die Beratung anderer Institutionen (etwa des Gesetzgebers) bei Themen mit Wettbewerbs-Komponenten. Alle drei Möglichkeiten werden vom Bundeskartellamt bereits ausgeschöpft, wenn auch zurückhaltend.[45] Das Amt muss darauf achten, sich durch solche Aktivitäten nicht für konkrete Fälle zu präjudizieren, keine Geschäftsgeheimnisse preiszugeben und streng wettbewerbliche Maßstäbe anzulegen. Unternehmen können von diesen Beratungsprozessen zwar faktisch stark betroffen sein, es handelt sich aber meist um Vorgänge der **internen** Meinungsbildung, die einer Steuerung und Anfechtung kaum zugänglich sind.

---

43 Vgl. BVerfGE 105, 279 = NJW 2002, 2626 – *Osho*. Siehe auch *Lorz*, NJW 2005, 2657 ff.

44 OLG Düsseldorf, 9.10.2014, Az. VI-Kart 5/14 (V), WuW/E DE-R 4537 – *Unternehmenspersönlichkeitsrechte*.

45 Bundeskartellamt, Das Wettbewerbsprinzip als Leitlinie für Gesetzgebung und staatliches Handeln, Dokumentation der XII. Internationalen Kartellkonferenz, 2005; vgl. *Podszun*, ZRP 2007, 269, 272.

Die 2009 gewählte Bundesregierung hatte für eine GWB-**Novelle** zudem angekündigt, das Recht des Bundeskartellamts zur Stellungnahme in Gesetzgebungsverfahren zu stärken (**»wettbewerbliche Folgenabschätzung«**).[46] Sollen Stellungnahmen des Kartellamts von Bedeutung sein, muss das Amt sich zur Wettbewerbslage allgemein äußern dürfen und nicht nur zu Wettbewerbsbeschränkungen im Sinne des GWB. Hier wäre ein Überschneidungsbereich mit der Monopolkommission entstanden.[47] Eine konkrete Umsetzung eines solchen Rechts ist aber auch bislang ausgeblieben. Die in § 53 Abs. 4 vorgesehene Regelung im Rahmen der 9. GWB-Novelle stellt nun aber immerhin klar, dass das Amt »zur Lage und Entwicklung auf seinem Aufgabengebiet« berichten darf.

28

---

46 Koalitionsvertrag von CDU, CSU, FDP, 17. Legislaturperiode, 2009, Zeile 464.
47 Vgl. zur Rolle der Monopolkommission *von Wallenberg*, WuW 2008, 646.

§ 32 GWB *Abstellung und nachträgliche Feststellung*

§ 32 Abstellung und nachträgliche Feststellung von Zuwiderhandlungen

(1) Die Kartellbehörde kann Unternehmen oder Vereinigungen von Unternehmen verpflichten, eine Zuwiderhandlung gegen eine Vorschrift dieses Gesetzes oder gegen Artikel 101 oder 102 des Vertrages über die Arbeitsweise der Europäischen Union abzustellen.

(2) Sie kann ihnen hierzu alle erforderlichen Abhilfemaßnahmen verhaltensorientierter oder struktureller Art vorschreiben, die gegenüber der festgestellten Zuwiderhandlung verhältnismäßig und für eine wirksame Abstellung der Zuwiderhandlung erforderlich sind. Abhilfemaßnahmen struktureller Art können nur in Ermangelung einer verhaltensorientierten Abhilfemaßnahme von gleicher Wirksamkeit festgelegt werden, oder wenn letztere im Vergleich zu Abhilfemaßnahmen struktureller Art mit einer größeren Belastung für die beteiligten Unternehmen verbunden wäre.

(2a) In der Abstellungsverfügung kann die Kartellbehörde eine Rückerstattung der aus dem kartellrechtswidrigen Verhalten erwirtschafteten Vorteile anordnen. Die in den erwirtschafteten Vorteilen enthaltenen Zinsvorteile können geschätzt werden. Nach Ablauf der in der Abstellungsverfügung bestimmten Frist für die Rückerstattung sind die bis zu diesem Zeitpunkt erwirtschafteten Vorteile entsprechend § 288 Absatz 1 Satz 2 und § 289 Satz 1 des Bürgerlichen Gesetzbuchs zu verzinsen.

(3) Soweit ein berechtigtes Interesse besteht, kann die Kartellbehörde auch eine Zuwiderhandlung feststellen, nachdem diese beendet ist.

Übersicht

	Rdn.		Rdn.
A. Grundlagen	1	b) Vertriebs- und Beschaffungssysteme	34
I. Grundgedanken der Regelung	1	c) Gesellschaftsrechtliche Änderungen	36
II. Praktische Bedeutung	2		
III. Entstehungsgeschichte	3	d) Aufklärung von Marktteilnehmern	40
IV. Rechtliche Einordnung	4		
V. Kernfragen	6	e) Zugang zu wesentlichen Einrichtungen	41
B. Normstruktur	7		
I. Voraussetzungen	7	4. Erstattung von Vorteilen	43
1. Abstellungsverfügung	7	5. Nachträgliche Feststellung	51
a) Inhalt	8	II. Verfassungsrechtliche Anforderungen	54
b) Zeitpunkt	9		
c) Begehungsgefahr	11	1. Bestimmtheit	55
2. Gebotsverfügung	18	2. Verhältnismäßigkeit	59
a) Maßnahmen zur Abstellung	19	III. Rechtsfolgen	69
b) Strukturelle Maßnahmen	20	C. Verfahren	73
c) Verhaltensorientierte Maßnahmen	25	I. Zuständigkeit, Verfahrensablauf und internationale Einbindung	73
3. Fallgruppen	28		
a) Vertragsgestaltung	29	II. Aufgreifermessen	75

	Rdn.			Rdn.
1. Tätigwerden auf Beschwerde	76	III.	Konkurrenzen	82
2. Tätigwerden von Amts wegen	77	D.	Rechtsschutz	83
3. Pflicht zur Entscheidung?	79			

Schrifttum

Baumgart/Rasbach/Rudolph, Eine brisante Mischung – Erste Erfahrungen mit § 29 GWB im Zusammenspiel mit §§ 32 und 64 f. GWB, in: Baur/Sandrock/Scholtka/Shapira (Hg.), Festschrift für Gunther Kühne zum 70. Geburtstag, Frankfurt am Main 2009; *Bien*, Erleichterungen des privaten Rechtsschutzes im Kartellrecht durch die 8. GWB-Novelle, ZWeR 2013, 448 ff.; *Canenbley/Steinvorth*, Effective Enforcement of Competition Law: Is There a Solution to the Conflict Between Leniency Programmes and Private DamagesActions?, JECLAP 2011, 315 ff.; *Dreher/Thomas*, Die Beschränkung der Vertragsabschlussfreiheit durch kartellbehördliche Verfügung – Behördliche Wettbewerbsbeteiligungsverbote für Energielieferverträge?, NJW 2008, 1557 ff.; *Fehling/Kastner/Störmer* (Hg.), Verwaltungsrecht, Handkommentar, 3. Auflage, Baden-Baden 2013; *Fikentscher*, Die Freiheit und ihr Paradox, Gräfelfing 1997; *Fuchs*, Die Anordnung von Wiedergutmachungszahlungen als Inhalt kartellbehördlicher Abstellungsverfügungen nach § 32 GWB?, ZWeR 2009, 176 ff.; *Hoffmann-Riem/Schmidt-Aßmann/Voßkuhle* (Hg.), Grundlagen des Verwaltungsrechts, Bände I–III, 2. Auflage, München 2012/13; *Kapp*, Abschaffung des Private Enforcement bei Hardcore-Kartellen, in: Festschrift für Wernhard Möschel, Baden-Baden 2011, S. 319 ff.; *Keßler*, Die Zulässigkeit von Wiedergutmachungsverfügungen gem. § 32 Abs. 2 GWB – grundsätzliche Bemerkungen zu einem obiter dictum, in: Joost/Oetker/Paschke (Hg.), Festschrift für Franz Jürgen Säcker zum 70. Geburtstag, München 2011; *Knack/Henneke* (Hg.), Verwaltungsverfahrensgesetz, 10. Auflage, Köln u.a. 2014; *Müller*, Entflechtung und Deregulierung, Berlin 2004; *Ostendorf*, Probleme bei der zivilrechtlichen Umsetzung kartellrechtlicher Beseitigungspflichten im Fall von Preisdiskriminierungen marktbeherrschender Unternehmen, NZKart 2013, 320 ff.; *Podszun*, A Sparkling Decision: Property Rights And Competition Law in A German Abuse Case, ECLR 2007, 695 ff.; *Podszun*, Paradigmenwechsel in der kartellbehördlichen Befugnisausübung, ZWeR 2012, 48 ff.; *Reher/Haellmigk*, Die kartellrechtliche Rückzahlungsverpflichtung »nach § 32 Abs. 2 GWB«, WuW 2010, 513 ff.; *Schlichter*, Die Beseitigung von Konzentration in der Wirtschaft durch Unternehmensentflechtung als Verfassungsfrage, Münster 1983; *Scholz*, Entflechtung und Verfassung, Baden-Baden 1981; *Schulte* (Hg.), Handbuch Fusionskontrolle, München, 2. Auflage 2010; *Thomas*, Kartellrechtsfragen der Untersagung langfristiger Gaslieferverträge, RdE 2007, 11 ff.; *Vu Ngoc*, Entflechtung nach Art. 7 Abs. 1 VO Nr. 1/2003, Regensburg 2007; *Zapfe/Mecke*, Evaluierung der Beschlüsse zu langfristigen Gaslieferverträgen, WuW 2011, 944.

A. Grundlagen

I. Grundgedanken der Regelung

§ 32 GWB enthält vier Regelungen für die Befugnisausübung der Kartellbehörden. Absatz 1 verleiht der Behörde die Befugnis zur **Abstellungsverfügung** (sog. negative Tenorierung). Die Behörde kann demnach anordnen, dass ein bestimmtes Verhalten, das gegen Kartellrecht verstößt, zu beenden ist. 1

Absatz 2 geht darüber hinaus und verleiht der Behörde zusätzlich die Befugnis, den Adressaten der Abstellungsverfügung konkrete Maßnahmen aufzugeben, damit der Kartellrechtsverstoß umfassend behoben wird (sog. positive Tenorierung). Die Norm präzisiert, dass für die Behörde sowohl verhaltensorientierte als auch strukturelle Maßnahmen in Betracht kommen und betont zugleich, dass solche **Gebotsverfügungen** stets verhältnismäßig sein müssen. Absatz 2a ermächtigt die Behörden, Unternehmen zur Rückerstattung von überhöhten Preisen an die Verbraucher zu verpflichten. Absatz 3 schließlich verleiht die Befugnis zur nachträglichen **Feststellung** von Zuwiderhandlungen bei entsprechendem berechtigten Interesse.

II. Praktische Bedeutung

2 Abstellungs- und Gebotsverfügung sind das Grundhandwerkszeug der Kartellbehörde in jedem Fall des Verstoßes gegen das Kartell- und das Missbrauchsverbot. Die Anwendung von Absatz 2a scheint eine Ausnahme für ganz bestimmte Konstellationen zu bleiben. Die Feststellungsverfügung nach Absatz 3 ist demgegenüber selten. Insbesondere die Ausgestaltung der Gebotsverfügungen ist von erheblicher Bedeutung und führt zunehmend zu gerichtlichen Auseinandersetzungen.

III. Entstehungsgeschichte

3 § 32 GWB ist in dieser Form erst mit der 7. GWB-Novelle 2005 ins Gesetz gekommen. Zuvor hatten Kartellbehörden nur die Möglichkeit der Untersagungsverfügung. Neu war insbesondere also die Gebotsverfügung nach Absatz 2, die nach europäischem Vorbild (Art. 7 S. 2 VO 1/2003) gestaltet wurde. Der Gesetzgeber hat mit der Erweiterung der Befugnisse und der Ausdehnung auf alle Tatbestände zum Ausdruck gebracht, dass er ein differenzierteres und effektiveres Eingreifen der Kartellbehörden anstrebt. Hinzu trat das Motiv der Angleichung ans europäische Recht – die Befugnisse gelten gerade auch für die Durchsetzung von Art. 101 und 102 AEUV durch die nationalen Behörden und müssen daher dem Effektivitätsgrundsatz des Europarechts genügen. Hier bot sich eine Kopie der Kommissionsbefugnisse folglich an. Im Zuge der 8. GWB-Novelle wurde der Wortlaut von Absatz 2 schließlich an die Formulierung in Art. 7 S. 2 VO 1/2003 angepasst. Dies sollte nach dem Willen des Gesetzgebers zu einer vollständigen Angleichung der Befugnisse und zur Klärung von Auslegungsfragen beitragen.[1] Neu eingefügt wurde 2013 der Absatz 2a, der für die bis daher nur richterrechtlich anerkannte und nicht unumstrittenen Rückerstattungsverpflichtungen eine ausdrückliche gesetzliche Grund-

---

[1] RegBegr., BT-Drucks. 17/9852, S. 26.

lage schafft.² Die zeitweise erwogene³ ausdrückliche Aufnahme einer echten Entflechtungsbefugnis (die insbesondere nach der Finanzkrise im Zusammenhang mit Unternehmen diskutiert wurde, die »too big to fail« sind, sodann noch einmal mit Bezug auf große US-amerikanische Internet-Unternehmen) ist vorerst unterblieben.

IV. Rechtliche Einordnung

Die europarechtliche Entsprechung findet sich in **Art. 7 VO 1/2003**, der ebenfalls Abstellungs-, Gebots- und nachträgliche Feststellungsverfügung vorsieht. Es ergeben sich mehrere Abweichungen: Die europäische Regelung stellt das (ohnehin selbstverständliche) Beschwerderecht aller interessierten Personen klar. Das berechtigte Interesse bei der Feststellung muss nach Art. 7 Abs. 1 S. 4 ein solches der Kommission sein, während das deutsche Recht dies offen hält. Absatz 2 erwähnt nun auch wie die europäische Regelung ausdrücklich die Art der Abhilfemaßnahmen. Diese können verhaltensorientierter oder struktureller Art sein, wobei die strukturellen Eingriffe gemäß Absatz 2 Satz 2 nur subsidiär zur Anwendung kommen. Vor der 8. GWB-Novelle fehlte eine solche ausdrückliche Erwähnung struktureller Maßnahmen im GWB.

Die Verfügungen sind **Verwaltungsakte**, auf Normen des allgemeinen Verwaltungsverfahrensrechts kann daher Bezug genommen werden. Der verfassungsrechtliche Rahmen ist stets zu beachten (Verhältnismäßigkeit), insbesondere bei Gebotsverfügungen, da es regelmäßig zu erheblichen Eingriffen in die Grundrechte der Unternehmen bzw. ihrer Eigentümer kommt. Eingriffe in Grundrechte Dritter sind von § 32 nicht gedeckt. Bei mittelbaren Beeinträchtigungen Dritter durch eine Abstellungsverfügung, die unvermeidbar sein werden, stellen sich schwierige Fragen. Dritten die gerichtliche Kontrolle der Abstellungsverfügung zu verweigern, kann allerdings keine Lösung sein.⁴ Im sonstigen Verwaltungsrecht sind Abstellungsverfügungen nicht ungewöhnlich. Gebotsverfügungen hingegen sind seltener. Sie kommen zum einen im Regulierungsrecht häufig vor. Dies deutet bereits auf das Spannungsfeld von Gebotsverfügungen mit der autonomen privatrechtlichen Gestaltung der Unternehmensverhältnisse hin (Problem des anmaßenden Marktdesigns). Zum anderen gibt es Gebotsverfügungen im Bereich der Gefahrenabwehr. Anders als bei der Gefahrenabwehr kommt es im Kartellrecht regelmäßig nicht zur Ersatzvornahme.

---

2 RegBegr., BT-Drucks. 17/9852, S. 26.
3 Koalitionsvertrag von CDU, CSU und FDP, 17. Legislaturperiode, 2009, Zeile 460.
4 Vgl. OLG Düsseldorf, Az. VI-Kart 1/13 (V), NZKart 2014, 514.

V. Kernfragen

6 In der Praxis ist insbesondere umstritten, welche Maßnahmen die Kartellbehörde im Rahmen von § 32 Abs. 2 GWB aufgeben darf (Verhältnismäßigkeit verhaltensorientierter und struktureller Eingriffe, Zulässigkeit von Rückerstattungsverpflichtungen). Zwar hat die 8. GWB-Novelle hier zugunsten der Behörden etwas Klarheit geschaffen. Die Eingriffe müssen aber weiterhin stets verhältnismäßig sein und die Grundrechte der Betroffenen achten (ggf. auch die Grundrechte der Grundrechte-Charta, vgl. Art. 51 GRCh). Weiterhin stellt sich die Frage, wie bestimmt die Verfügungen sein müssen und ob aktuell eine Begehungsgefahr vorliegt. Die Effektivität der Maßnahmen bleibt in erster Linie eine ökonomische, nicht juristische Frage.

B. Normstruktur

I. Voraussetzungen

1. Abstellungsverfügung

7 Die Abstellungsverfügung nach § 32 Abs. 1 GWB setzt eine Zuwiderhandlung gegen Art. 101 oder 102 AEUV oder »gegen eine Vorschrift dieses Gesetzes«[5] (§§ 1, 19–21, 29 GWB) voraus. Im Rahmen der Fusionskontrolle gibt es vorrangige Befugnisse. Die Verfügung ist deklaratorischer Natur, da ein kartellrechtswidriges Verhalten ohnehin nichtig ist.[6] Eine Untersagung bleibt auch weiterhin, nach Wegfall des Anmeldeverfahrens möglich, auch wenn § 32 GWB missverständlich[7] von Abstellungsverfügungen spricht.[8]

a) Inhalt

8 Die Abstellungsverfügung stellt eine **Zuwiderhandlung** gegen das Kartellrecht (einschließlich des europäischen Kartellrechts) fest und ordnet die Abstellung bzw. Untersagung an. Nicht erforderlich ist, dass die Zuwiderhandlung in jedem Detail beschrieben wird. Es genügt aber auch nicht, dass lediglich implizit aus den Gründen hervorgeht, welches Verhalten genau abgestellt werden muss.[9] Der genaue Konkretisierungsgrad ergibt sich aus der Art der Zuwiderhandlung. Bei einem Kartell wird die Formulierung weniger detailliert bleiben können als bei einem komplexen Maßnahmenbündel, das einen Missbrauch konstituiert. Die Kenntnis der Verfügung muss die Unter-

---

5 Im Zuge der 9. GWB-Novelle soll – als redaktionelle Korrektur – umformuliert werden: »gegen eine Vorschrift dieses Teils«.
6 *Bechtold/Bosch*, § 32 Rn. 8.
7 Vgl. *Bornkamm*, in: Langen/Bunte, GWB, § 32 Rn. 3.
8 Zum Begriff vgl. *Bornkamm*, in: Langen/Bunte, GWB, § 32 Rn. 3.
9 Etwas weitgehend *Bornkamm*, in: Langen/Bunte, GWB, § 32 Rn. 48.

nehmensverantwortlichen in die Lage versetzen, sich künftig ohne Risiko rechtstreu verhalten zu können. Jedenfalls muss die Verfügung bestimmt genug sein (dazu unten, Rdn. 55). Auf ein Verschulden kommt es im Rahmen der Abstellungsverfügung nicht an. Die deutschen Kartellbehörden können im Tenor einer Verfügung keinen Verstoß einer *gesetzlichen* Bestimmung gegen europäisches Kartellrecht feststellen, da das deutsche Kartellverfahrensrecht nur Unternehmen als Adressaten einer Verfügung kennt.[10]

b) Zeitpunkt

Das Verhalten muss im Zeitpunkt des Erlasses der Verfügung kartellrechtswidrig sein.[11] Eine **nachträgliche Änderung** der Begründung rettet eine Verfügung nicht, wenn die Begründung zum Erlasszeitpunkt nicht greift. Davon zu unterscheiden ist jedoch das zulässige Nachschieben von Gründen seitens der Kartellbehörde im gerichtlichen Verfahren. So die Gründe schon beim Erlass der Verfügung vorlagen, aber noch nicht von der Behörde vorgetragen wurden, können sie grundsätzlich nachgeschoben werden, soweit es nicht zu einer Wesensänderung der Verfügung oder zu unzumutbaren Beeinträchtigungen der Verteidigungsmöglichkeiten des betroffenen Unternehmens kommt.[12]

9

Die Verfügung steht unter dem Vorbehalt gleichbleibender Umstände, etwa hinsichtlich einer marktbeherrschenden Stellung. Bei Änderung der Umstände hat die Behörde die Verfügung zurückzunehmen gem. §§ 48, 49 VwVfG.[13] Befristungen entschärfen das Problem fälschlich fortgeltender Verfügungen.

10

c) Begehungsgefahr

Eine Verfügung kann nur erlassen werden, wenn das rechtswidrige Verhalten bevorsteht, stattfindet oder noch andauert. Die Grenzen der Begehungsgefahr sind umstritten. Das Verhalten findet aktuell statt, wenn es am Markt praktiziert wird, etwa indem eine Absprache durchgesetzt oder ein Vertrag abgeschlossen wird. Die Begehungsgefahr ist für jeden einzelnen Adressaten gesondert zu belegen.[14]

11

---

10 BGH WuW/E DE-R 2408, 2419 – *Lottoblock*.
11 Vgl. *Bornkamm*, in: Langen/Bunte, GWB, § 32 Rn. 19; *Rehbinder*, in: Loewenheim/Meessen/Riesenkampff, § 32 Rn. 7.
12 *Emmenegger*, in: Fehling/Kastner/Störmer, Verwaltungsrecht, § 113 VwGO Rn. 34 ff.
13 Vgl. BGH WuW/E DE-R 2679, 2687 – *Langfristige Gaslieferverträge*.
14 OLG Düsseldorf, Beschl. v. 8.6.2007, Az. VI-Kart 15/06 (V), Tz. 112, vgl. WuW/E DE-R 2003 ff. (Tz. nicht abgedruckt).

§ 32 GWB Abstellung und nachträgliche Feststellung

12 Nicht geklärt ist, ab welchem Zeitpunkt die Kartellbehörde bei Vorbereitungshandlungen einschreiten kann, wann also eine hinreichende Begehungsgefahr besteht. Die Rechtsprechung verwendet die Formel: »wenn unter Abschätzung des voraussichtlichen Verlaufs die **ernste Sorge einer drohenden Zuwiderhandlung** begründet ist«.[15] Einerseits besteht das Interesse, frühzeitig Wettbewerbsbeschränkungen zu verhindern und den Unternehmen Rechtssicherheit zu geben, andererseits darf eine Behörde nicht voreilig Geschäftsvorstöße abwürgen oder ohne echten Nachweis Verfügungen treffen.

13 Die Rechtsprechung bejahte eine Begehungsgefahr grundsätzlich, wenn eine Vereinbarung (sei es unter dem alten Freistellungsregime[16] oder als Teil eines Zusammenschlusses[17]) bei der Behörde angemeldet wurde. Angesichts der jetzt fehlenden **Anmeldung**, die in der Praxis bestenfalls durch eine Sondierung ersetzt wird, muss die Kartellbehörde nunmehr in kritischen Fällen genauer darlegen, welchen Geschehensverlauf sie erwartet.

14 Im Fall *Zentralvermarktung*[18] um die gemeinsame Ausschreibung von Fußballübertragungsrechten verweigerte das Bundeskartellamt eine Untersagungsverfügung mit der Begründung, eine Verfügung könne wegen der erforderlichen hinreichenden Erstbegehungsgefahr erst erlassen werden, wenn Ausschreibung und Zuschlag erfolgt seien. Das OLG Düsseldorf hielt eine Untersagung bereits in dem Zeitpunkt für möglich, in dem die Deutsche Fußball-Liga kommunizierte, ein bestimmtes Vermarktungsmodell ausschreiben zu wollen.[19]

15 Ob *noch* Begehungsgefahr vorliegt, entscheidet sich daran, ob ein Verstoß in der **Vergangenheit** abgeschlossen wurde, oder ob er noch in die Zukunft wirkt. Diese Problematik ist durch die Möglichkeit der nachträglichen Feststellung gem. § 32 Abs. 3 GWB entschärft, auch wenn dieser höhere Anforderungen und geringere Sanktionen bietet. Der BGH hat in der Entscheidung *Lottoblock* den Fortbestand einer Zuwiderhandlung großzügig bejaht.[20] Bei ernsthafter **Wiederholungsgefahr** ist eine Untersagungsverfügung möglich.[21] Für die Beurteilung der Wiederholungsgefahr wird auch das Verhalten des

---

15 BGH WuW/E DE-R 2408, 2417 – *Lottoblock*; OLG Düsseldorf, Beschl. v. 16.9.2009, Az. Kart 1/09, BeckRS 2009, 27348, Ziff. B.I.1.a unter Verweis auf *Bornkamm*, in: Langen/Bunte, GWB, § 32 Rn. 18 und BGH WuW/E DE-R 711, 718 – *Ost-Fleisch*.
16 BGH, WuW/E BGH 2313, 2314 – *Baumarkt-Statistik*.
17 BGH WuW/E BGH 1474, 1481 – *Ost-Fleisch*.
18 OLG Düsseldorf, Beschl. v. 16.9.2009, Az. Kart 1/09, BeckRS 2009, 27348.
19 OLG Düsseldorf, Beschl. v. 16.9.2009, Az. Kart 1/09, BeckRS 2009, 27348, Ziff. B.I.1.a.
20 BGH WuW/E DE-R 2408, 2417 – *Lottoblock*.
21 Anders aber OLG Düsseldorf WuW/E DE-R 2003, 2009.

Unternehmens nach der Tat berücksichtigt, z.B. die Einsicht in die Zuwiderhandlung. In *Lottoblock II* hat der BGH noch einmal klargestellt, dass für den Erlass einer Verfügung nach § 32 Begehungsgefahr genügt, die sich regelmäßig aus einer Verletzung in der Vergangenheit ergibt.[22] Wiederholungsgefahr und Begehungsgefahr sind aber nicht gleichzusetzen mit der andauernden Begehung des Verstoßes. Kommt es auf die tatsächliche Begehung an (etwa wegen der Schadensberechnung), ist die Fortdauer des Verstoßes positiv festzustellen. In diesem Zusammenhang kann die Abstellungsverfügung der Kartellbehörde eine »Zäsur« darstellen, da grundsätzlich davon ausgegangen werden kann, dass sich Unternehmen solchen Verfügungen auch beugen. Letztlich bleibt die Frage, ob die Abstellungsverfügung solche Zäsur-Wirkung für das Begehen des Kartellrechtsverstoßes entfaltete, aber Frage des Einzelfalls.[23]

Handelt es sich bei der Zuwiderhandlung jedoch um ein Verhalten, das nur anlässlich eines **einmaligen** in der Vergangenheit abgeschlossenen Vorgangs stattfand (z.B. missbräuchliches Verlangen von Konditionsanpassungen anlässlich einer Unternehmensübernahme), ist die Behörde auf die Feststellungsverfügung verwiesen.[24] Dies gilt auch, wenn eine abgeschlossene Verhaltensweise nur noch nachwirkt, da die Abstellungsverfügung auf die Änderung eines Verhaltens gerichtet ist. 16

Will ein Unternehmen die Untersagungsverfügung vermeiden, muss es sich von dem Verhalten distanzieren und so die Begehungsgefahr ausschließen. Hier sind eine eindeutige, rechtlich bindende **Selbstverpflichtungserklärung**, die Einstellung aller Maßnahmen, die kartellrechtswidriges Verhalten begünstigen, Rücknahme- und Beseitigungsaktivitäten sowie weitergehende Umsetzungsmaßnahmen (z.B. Compliance) erforderlich. Die Rechtsprechung ist diesbezüglich streng.[25] 17

2. Gebotsverfügung

Gemäß § 32 Abs. 2 GWB hat die Kartellbehörde die Befugnis, den Unternehmen, die gegen Kartellrecht verstoßen haben, verhaltensorientierte oder strukturelle Abhilfemaßnahmen aufzugeben. Es geht um eine »**positive Tenorierung**«: Die Kartellbehörde schreibt Marktteilnehmern konkrete Verhaltensweisen vor. Angesichts der Erheblichkeit dieses Eingriffs in die Privatautonomie hat der Gesetzgeber im Gesetzestext die Wahrung der Verhältnis- 18

---

22 BGH, Urt. v. 12.7.2016, Az. KZR 25/14, Rz. 18 – *Lottoblock II*.
23 BGH, Urt. v. 12.7.2016, Az. KZR 25/14, Rz. 35 ff. – *Lottoblock II*.
24 Vgl. BGH WuW/E DE-R 984, 986 – *Konditionenanpassung*.
25 Vgl. OLG Düsseldorf WuW/E DE-R 2197 f.; OLG Düsseldorf WuW/E DE-R 2003, 2009.

mäßigkeit betont. Der BGH hat den Kartellbehörden aber weitgehende **Spielräume** eröffnet.

a) Maßnahmen zur Abstellung

19 Die Maßnahmen müssen darauf gerichtet sein, eine kartellrechtliche Zuwiderhandlung abzustellen. Der Gesetzeswortlaut ist ambivalent: Einerseits legt er nahe, dass es in erster Linie um die Beendigung eines andauernden rechtswidrigen Zustands geht. Andererseits, gerade bei moderner Interpretation der Befugnisse, ist der Norm in den Begriffen »Maßnahmen« und »wirksamen« auch eine **Zukunftsorientierung** inhärent (vgl. schon Vor § 32 Rdn. 13). Gerade die Bezugnahme auf den festgestellten Verstoß im letzten Teil der Norm macht aber deutlich, dass ein **enger Konnex** zwischen Verstoß und Maßnahme vorliegen muss. Eine Kompensationsmaßnahme in einem anderen Feld als dem des Verstoßes ist von der Befugnis nicht gedeckt. Die Kartellbehörde kann beispielsweise nicht verlangen, Geschäfte mit Wettbewerbern zu Produkt X abzuschließen, wenn der Vorwurf sich auf eine Marktabschottung bei Produkt Y bezog. Der BGH geht davon aus, dass Gebotsverfügungen **Prognosecharakter** innewohnt. Er betont damit die zukünftige Wettbewerbsermöglichung gegenüber der Abstellung vergangenen Fehlverhaltens. Unsicherheiten, die naturgemäß mit einer Prognose verbunden sind, sind hinnehmbar.[26]

b) Strukturelle Maßnahmen

20 Strukturelle Maßnahmen sind solche, mit denen Eingriffe in die **Unternehmenssubstanz** veranlasst werden, also die Unternehmensstruktur auf behördliche Weisung hin zu ändern ist. Eingegriffen wird in den personellen, sachlichen oder vermögensrechtlichen Bestand.[27] Dies können der Verkauf von Unternehmensteilen (z.B. Produktionsstätten), die Abgabe von Eigentumsrechten (z.B. Patenten) oder die komplette Zerschlagung sein. In der Fusionskontrolle haben die Behörden Erfahrungen mit strukturellen Abhilfemaßnahmen gesammelt. Diese Erfahrungen prägen die Gestaltung der Gebotsverfügungen.[28]

21 Mit der Fassung von Absatz 2 ist klargestellt, dass strukturelle Maßnahmen möglich sind, aber zugleich verhaltensorientierte Maßnahmen vorrangig greifen.[29] Verhaltensorientierte Maßnahmen sind regelmäßig, aber nicht per se das mildere Mittel. Eine strukturelle Maßnahme wäre dann unverhältnismäßig.

---

26 BGH WuW/E DE-R 2679, 2684 – *Langfristige Gaslieferverträge*.
27 *Vu Ngoc*, Entflechtungen nach Art. 7 Abs. 1 VO 1/2003, S. 7.
28 Siehe die Übersicht bei *Schulte*, Handbuch Fusionskontrolle, S. 181 ff.
29 So schon vor der Novellierung BGH WuW/E DE-R 2361, 2363 – *Nord-KS/Xella*.

Die **Verhältnismäßigkeit** ist gem. Abs. 2 Satz 2 gesondert zu begründen. Allerdings sind strukturelle und verhaltensorientierte Maßnahmen im Einzelfall schwer abzugrenzen.[30] Im Einzelfall kann sich eine strukturelle Maßnahme als angemessen erweisen, etwa wenn bei einem gravierenden Verstoß der Effekt einer strukturellen Maßnahme nur durch ein kompliziertes Bündel mehrerer, aufwändiger Verhaltensvorgaben zu erreichen wäre, die zudem noch dauernder Kontrolle unterliegen müssten.[31] Wird eine strukturelle Maßnahme verfügt, ist zu begründen, inwiefern gerade die Struktur den Kartellrechtsverstoß herbeigeführt hat. Fälle, in denen Unternehmensstrukturen Missbräuche geradezu mit sich bringen, sind äußerst selten. Strukturelle Maßnahmen sind, auch wegen der erheblichen rechtlichen Risiken, daher eher im Einverständnis mit den Unternehmen nach § 32b herbeizuführen als durch eine Gebotsverfügung. Im Bereich **Walzasphalt** hat das Bundeskartellamt auch deutlich gemacht, dass es ganz ohne Entscheidung gravierende Umstrukturierungen durchsetzen kann. Auf Basis einer Sektoruntersuchung wurden 104 Entflechtungsverfahren eingeleitet.[32] Das Amt hat in diesen Fällen jedoch keine förmlichen Entscheidungen getroffen, sondern die Unternehmen aufgefordert, kartellrechtskonforme Entflechtungen vorzunehmen. Dies ist umfassend geschehen.

Strukturelle Zwänge sind möglicherweise in **Ausnahmefällen** denkbar, wenn etwa eine Akquisition unterhalb der Fusionskontrollschwellen (z.B. Lizenzerwerb) sich als missbräuchlich, weil endgültig marktverschließend darstellt, oder wenn satzungsgemäß Informationsrechte vorgesehen sind (z.B. über ein Aufsichtsratsmandat). Auch die Entflechtung eines Gemeinschaftsunternehmens (§ 1 GWB) kommt in Betracht.[33] Sind Investitionen getätigt worden, die aufgrund behördlicher Verfügung aufgegeben werden müssen, ist seitens der Behörden sicherzustellen, dass eine Kompensation erfolgt (typischerweise durch einen Verkauf am Markt). 22

Verfassungsrechtlich berührt eine **Entflechtung** die Art. 14 sowie 2, 3, 9 und 12 GG bzw. die entsprechenden Normen der GRCh. Zum Teil wird eine komplette Entflechtung (und zum Teil auch schon eine gesetzliche Befugnis zur Entflechtung) für verfassungswidrig gehalten.[34] Hier müsste aber genauer nach der konkreten Maßnahme differenziert werden. Kommt es zu einer ech- 23

---

30 *Dreher/Thomas*, NJW 2008, 1557, 1558.
31 Vgl. *Keßler*, in: MünchKommKartR, GWB, § 32 Rn. 60.
32 BKartA, Entflechtung von Gemeinschaftsunternehmen im Bereich Walzasphalt, Az. B1-100/12, Juli 2015. Dazu *Bischke*, NZG 2015, 1150.
33 Vgl. BGH WuW/E DE-R 2361 ff. – *Nord-KS/Xella*.
34 So etwa *Müller*, Entflechtung und Deregulierung, S. 207; kritisch auch *Vu Ngoc*, Entflechtungen nach Art. 7 Abs. 1 VO 1/2003; jew. m.w.N. Vgl. schon *Scholz*, Entflechtung und Verfassung; *Schlichter*, Die Beseitigung von Konzentration in der Wirtschaft durch Unternehmensentflechtung als Verfassungsfrage.

ten Unternehmenszerschlagung sind an Verhältnismäßigkeit, Bestimmtheit und eine verfassungskonforme Ausgestaltung der behördlichen Verfügung allerhöchste Anforderungen zu stellen. Als Mindestmaßstab dienen die Grundsätze, die für Enteignungen entwickelt wurden. Zudem sind die Verfahrensgrundrechte zu berücksichtigen.

24   Käme es zu einer **Neuregelung der Entflechtung** wären die verfassungsrechtlichen Grenzen und die Pflicht zur Kompensation zu beachten. Für die Fälle, die gelegentlich in der Öffentlichkeit diskutiert werden, stellt sich aber wohl eher die Frage, ob es nicht eines neuen materiellen Tatbestands statt einer neuen Befugnisnorm bedarf (etwa in Anlehnung an den US-amerikanischen Tatbestand der Monopolisierung).

c) Verhaltensorientierte Maßnahmen

25   Die Behörde kann dem Unternehmen eine bestimmte Verhaltensweise vorschreiben. Die Verhaltensweise muss sich direkt auf den Verstoß beziehen und diesen stoppen oder anhaltende Folgen beseitigen.

26   Problematisch sind Maßnahmen für **zukünftiges Ersatzverhalten** am Markt, etwa indem Vorgaben für die Vertragsgestaltung gemacht werden, wenn die bisherige Vertragspraxis als rechtswidrig erkannt wurde. Die Behörde soll hier dem Entdeckungsverfahren des Marktes über die rechtlich zulässigen Möglichkeiten den Vorrang lassen; sie ist grundsätzlich auf die ex-post-Kontrolle verwiesen. Die Behörde wird regelmäßig nicht in der Lage sein, ein einziges rechtmäßiges Verhalten zu identifizieren. Im Einzelfall sind aber Vorgaben auch im Interesse des betroffenen Unternehmens. Dann kann ausnahmsweise pragmatisch vorzugehen sein. Orientierung bieten dann andere im Kartellrecht gefundene Gestaltungen (auch hinsichtlich »gegriffener Größen«). Ist etwa ein Zeitraum zu bestimmen, kann man sich an die Regeln für Wettbewerbsverbote anlehnen.

27   Für die Unternehmen stellt sich die Schwierigkeit, behördliche Verfügungen zivilrechtlich umsetzen zu müssen.[35] Dies kann komplex sein; zur Sicherstellung der Kartellrechtskonformität ist ggf. eine Abstimmung mit der Behörde zu suchen.

3. Fallgruppen

28   In der kartellbehördlichen Praxis sind verschiedene Konstellationen sichtbar geworden:

---

35 Vgl. *Ostendorf*, NZKart 2013, 320 ff.

a) Vertragsgestaltung

Wenn Verträge gegen Kartellrecht verstoßen, kann die Behörde die bestehenden Verträge auflösen und Vorgaben für die zukünftige Vertragsgestaltung machen. Dies dient zwar der Rechtssicherheit der Unternehmen, bedeutet aber einen **Verlust privatautonomer Gestaltungsmacht**. Grundsätzlich steht es den Unternehmen frei, kartellrechtskonforme Lösungen zu finden. Daher muss sich die Behörde darauf beschränken, Verbote auszusprechen und nur solche positiven Vorgaben zu setzen, ohne die mit Sicherheit ein Verstoß vorliegen würde. Das ist insbesondere bei Zuwiderhandlungen denkbar, die gerade Kern des neu auszuhandelnden Vertrags sind. Darüber hinaus gehende Vorgaben überschreiten rasch die Grenzen zur aktiven Marktregulierung.[36]

29

Ohne Bedenken kann die Behörde einen Dreiklang von **Feststellung, Untersagung und Entfernung** verfügen. So wird sie bei Kartellrechtsverstößen, die in Verträgen liegen, regelmäßig feststellen, dass ein Kartellrechtsverstoß in der jeweiligen Vertragsnorm vorliegt, sie kann untersagen, solche Klauseln zukünftig zu verwenden und vorgeben, dass entsprechende Klauseln aus den bestehenden Verträgen zu entfernen sind.[37] So hat das Bundeskartellamt Versicherungsunternehmen verpflichtet, bestimmte Verträge zum nächstmöglichen Zeitpunkt zu kündigen und bei Neuverträgen keine Mehrjahresverträge zu schließen.[38] Die Landeskartellbehörde Bayern hat einem Stadtwerk untersagt, »Vertragsvereinbarungen mit Außenwerbeunternehmen zu treffen, die es den Außenwerbeunternehmen untersagen, (…) Werbung von Wettbewerbern (…) zu platzieren.«[39]

30

Die Maßnahmen der Untersagung der Verwendung und Löschung aus den Verträgen sind geeignet, notwendig und angemessen, da sie die für Parteien notwendige Rechtssicherheit schaffen. Das gilt insbesondere auch für die **ausdrückliche Entfernung von Klauseln aus Verträgen**, wenn nur ein Vertragspartner Adressat des Entscheids ist. So wird Transparenz für die andere Seite geschaffen (etwa Hotels im Fall einer Hotelbuchungsplattform, die unzulässige Bestpreisklauseln verwendet). Dabei ist zu berücksichtigen, dass ggf. die Umstellung der AGB nicht genügt und Kündigungen ausgesprochen werden müssen.[40] Für die Änderung der Verträge, die die Zustimmung der Gegenseite bedarf, ist eine **Frist** vorzusehen. In einem Hotelportal-Fall räumte

31

---

36 *Dreher/Thomas*, NJW 2008, 1557.
37 So etwa BKartA, 22.12.2015, Az. B9-121/13 – *Booking.com*.
38 BKartA WuW/E DE-V 1459 ff. – *Wirtschaftsprüferhaftpflicht*.
39 Landeskartellbehörde Bayern, Entsch. v. 6.12.2007, Az. W/2-5551d6/22/14.
40 Vgl. BKartA, 22.12.2015, Az. B9-121/13, Rn. 338 – *Booking.com*.

das BKartA für die Umstellung einer Vielzahl von Verträgen etwa fünf Wochen Zeit ein.[41]

32 Das Bundeskartellamt hat im Fall *Langfristige Gaslieferverträge* – nach dem Scheitern einer Verhandlungslösung – für den Abschluss von Neuverträgen **detaillierte Vorgaben für einzelne Vertragsparameter** gemacht, nämlich maximale Laufzeiten, Liefermengen und Markt-Abdeckungsgrade vorgegeben. Der BGH hat diesen Eingriff unter Berufung auf die hohe Marktkonzentration, die erheblichen strukturellen Vorteile des Unternehmens und das problematische Vorverhalten gebilligt.[42] Wesentlich war allerdings eine Befristung der Vorgaben.[43] Ähnlich stark sind die Vorgaben für das Land Baden-Württemberg im Bereich der Holzwirtschaft ausgefallen.[44] Der Ermessensentscheidung lag in diesem Fall ein zurückgezogenes Zusagenangebot der Betroffenen zugrunde, an dem sich das Amt bei der Gestaltung seiner Verfügung orientierte.[45] In solchen Fällen wird es nicht möglich sein, jedes Detail genau zu legitimieren. Wesentlich ist aber, dass die tragenden Erwägungen sichtbar werden, warum eine bestimmte Größe gegriffen wurde (z.B. eine Schwelle von 100 ha Waldbesitz im *Rundholz*-Verfahren).

33 Noch weitergehend ist die **konkrete Vorgabe von Preisen**. Im Fall *Berliner Wasserbetriebe* hat das OLG Düsseldorf die Verfügung des BKartA bestätigt, dass das betroffene Unternehmen seine Trinkwasserpreise rückwirkend um 18 % abzusenken hat.[46] Zudem wurden Jahreshöchsterlöse je Kubikmeter vorgegeben. Eine Prüfung der Verhältnismäßigkeit der Anordnung nahm das OLG nicht vor, ihm genügte die Prüfung des materiellen Verstoßes. Der Fall betraf ein rechtliches und tatsächliches Monopol. Das BKartA selbst wollte mit der – wohl auch aus Sicht der Beschlussabteilung – tiefgreifenden Vorgabe eine »klare Zäsur in der Preisgestaltung« erreichen.[47] Die Erkenntnisse aus diesem Verfahren dürften auf andere Verfahren, in denen nicht die langjährige Preisüberhöhung eines Monopolisten in Rede steht, nur sehr vorsichtig zu übertragen sein.

---

41 BKartA, 22.12.2015, Az. B9-121/13, Rn. 340 – *Booking.com*.
42 BGH WuW/E DE-R 2679, 2683 ff. – *Langfristige Gaslieferverträge*. Kritisch *Thomas*, RdE 2007, 11 ff.; *Dreher/Thomas*, NJW 2008, 1557 ff.
43 BGH WuW/E DE-R 2679, 2688 – *Langfristige Gaslieferverträge*.
44 BKartA, 9.7.2015, Az. B1-72/12 – *Rundholz*.
45 BKartA, 9.7.2015, Az. B1-72/12, Rn. 497 – *Rundholz*.
46 OLG Düsseldorf, 24.2.2014, Az. VI-2 Kart 4/12 (U), WuW/E DE-R 4189 – *Berliner Wasserbetriebe*. Die Beschwerde zum BGH (Az. KVR 29/14) wurde zurückgenommen.
47 BKartA, 4.6.2012, Az. B8-40/10, Rn. 469.

b) Vertriebs- und Beschaffungssysteme

Mehrere weitere Fälle betreffen Vertriebssysteme und Geschäftsmodelle. So hat das Bundeskartellamt in *Soda Club* ein zweistufiges Geschäftsmodell detailliert analysiert und zur Abstellung der festgestellten Kartellrechtswidrigkeit **tiefgreifende Änderungen** am Geschäftsmodell verlangt.[48] Entsprechend wurde im Fall einer gemeinsamen Glasrecyclinggesellschaft verschiedener Glas-Hersteller die gemeinsame Beschaffung von Altglas untersagt. Das Amt hat hier einer Verhaltensmaßnahme (Stopp der gemeinsamen Beschaffung) den Vorzug vor einer strukturellen Maßnahme (Auflösung des Gesellschaftsvertrags) gegeben.[49] 34

Im Fall der Merck KGaA hat das BKartA ein **diskriminierendes Vertriebssystem** für Laborchemikalien untersagt. Das Amt untersagte zunächst die weitere Durchführung des Vertrages und verpflichtete Merck, auch andere Unternehmen direkt und diskriminierungsfrei zu beliefern.[50] Merck führte daraufhin ein Rabattsystem für die betreffenden Chemikalien ein. Aus Sicht des Bundeskartellamts verfolgte Merck damit das Ziel, das Verbot der Exklusivbelieferung zu umgehen. Es verpflichtete Merck daher erneut, das Rabattsystem diskriminierungsfrei auszugestalten.[51] Konkret verlangte es, dass Merck das Rabattsystem entweder vollständig aufgebe oder rückwirkend dergestalt ändere, dass der Unterschied zwischen dem niedrigsten und dem höchsten erreichbaren Jahresumsatzbonus nicht mehr als sieben Prozentpunkte betrage. Das OLG Düsseldorf hob die Alternative (7 %-Differenz) auf und verschärfte den Ausspruch des Amtes – es bestehe kein legitimes Interesse an einer solchen Rabattstaffelung.[52] 35

c) Gesellschaftsrechtliche Änderungen

Als strukturelle Maßnahme können die Behörden Veränderungen der gesellschaftsrechtlichen Struktur vornehmen. 36

Im Fall *Nord-KS/Xella* hat der BGH die Zulassung der Rechtsbeschwerde mangels klärungsbedürftiger Rechtsfragen verweigert.[53] Das Bundeskartell- 37

---

48 Vgl. BGHZ 176, 1 = WuW/E DE-R 2268, 2277 – *Soda Club II*; s.a. Podszun, ECLR 2007, 695 ff.
49 BKartA, Beschl. v. 31.5.2007, Az. B4-1006/06.
50 BKartA WuW/E DE-V 1790 ff. – *Merck KGaA*.
51 BKartA, Entscheidung vom 19.5.2011, Az. B3-139/10 – *Merck KGaA*, abrufbar auf der Homepage www.bundeskartellamt.de.
52 OLG Düsseldorf, 21.12.2011, Az. VI-Kart 5/11 (V), NZKart 2013, 462; die Verfügung selbst war nicht Gegenstand des nachfolgenden BGH-Verfahrens, BGH, 12.7.2013, Az. KVR 11/12, WuW/E DE-R 3967 – *Rabattstaffel*.
53 BGH WuW/E DE-R 2361 ff. – *Nord-KS/Xella*.

amt hatte in dem Fall u.a. das **Ausscheiden eines Gesellschafters aus einem kooperativen Gemeinschaftsunternehmen** verfügt.[54] Dem GU war ein Verstoß gegen den durch § 1 GWB geschützten Geheimwettbewerb vorgeworfen worden, da drei wichtige Wettbewerber als Gesellschafter gemeinsam entschieden. Bei der Auswahl des auszuscheidenden Gesellschafters wurde der stärkste der in dem GU versammelten Wettbewerber ausgesucht. Das OLG Düsseldorf hatte in dem Fall mildere Mittel erwogen, z.B. die Reduzierung der Beteiligung des Betroffenen auf eine reine Kapitalbeteiligung.[55] Die Gerichte drückten gegenüber strukturellen Abhilfemaßnahmen in der *Xella*-Sache deutliche Skepsis aus. Diese seien, so der BGH, subsidiär und könnten nur angeordnet werden, wenn keine verhaltensbezogenen Maßnahmen gleicher Wirksamkeit zur Verfügung stünden oder wenn die verhaltensorientierten Maßnahmen ein beteiligtes Unternehmen stärker belasten würden.[56]

38 Das Bundeskartellamt hat in seinem 2012 veröffentlichten Abschlussbericht zur Sektoruntersuchung Walzasphalt deutlich gemacht, dass es, falls erforderlich, auch vor der Anordnung struktureller Maßnahmen nicht zurückscheut.[57]

39 Im Anschluss an *Nord-KS/Xella* hat das Bundeskartellamt im Fall **Chemikalienhandel** festgestellt, dass der Gesellschaftsvertrag eines Gemeinschaftsunternehmens gegen § 1 GWB und Art. 101 AEUV verstößt und die weitere Durchführung des Gesellschaftsvertrages untersagt.[58] Dagegen legten die betroffenen Unternehmen Beschwerde ein. Das OLG Düsseldorf hat ihren Anträgen, die aufschiebende Wirkung der Beschwerde anzuordnen, stattgegeben, weil die sofortige Vollziehung mit einer unbilligen Härte für die Beteiligten verbunden wäre.[59]

d) Aufklärung von Marktteilnehmern

40 Im Fall *Soda Club* wurde ein Unternehmen verpflichtet, einen bestimmten **Text auf seinem Produkt** aufzubringen.[60] Die Verpflichtung erstreckte sich nicht nur darauf, den bisherigen Text der neuen Rechtslage nach der Kartellamtsentscheidung anzupassen. Darüber hinaus war in einer vorgegebenen Schriftgröße darauf hinzuweisen, dass auch Wettbewerber die Leistungen erbringen dürfen, von denen sie durch den Missbrauch des Marktbeherrschers

---

54 BKartA WuW/E DE-V 1277 ff. – *Nord-KS/Xella*.
55 OLG Düsseldorf WuW/E DE-R 2081 ff.
56 BGH WuW/E DE-R 2361, 2363 – *Nord-KS/Xella*.
57 BKartA, B1-33/10, Sektoruntersuchung Walzasphalt, September 2012, Rn. 245 ff., abrufbar auf der Homepage www.bundeskartellamt.de.
58 BKartA WuW/E DE-V 1915 ff. – *Chemikalienhandel*.
59 OLG Düsseldorf WuW/E DE-R 3993 ff. – *Chemikalienhandel II*.
60 BGHZ 176, 1 = WuW/E DE-R 2268, 2278 f. – *Soda Club II*.

bislang abgeschnitten waren. Der BGH sah in dem Hinweis einen Beitrag zur wirksamen Abstellung des Versuchs, da sich bei den Endverbrauchern und auch den Kleinunternehmern, die als Wettbewerber in Frage kamen, die Rechtsansicht des Marktbeherrschers verfestigt hatte. Der Hinweis wurde vom BGH zeitlich befristet.

Das BKartA legt auch in anderen Fällen Wert darauf, Transparenz über die veränderte Rechtslage für die übrigen Marktteilnehmer zu schaffen.[61]

e) Zugang zu wesentlichen Einrichtungen

Verpflichtet die Behörde den Eigentümer einer wesentlichen Einrichtung i.S.d. § 19 Abs. 4 Nr. 4 GWB zur **Zugangsgewährung**, wird sie zunächst die Rechtswidrigkeit der Zugangsverweigerung feststellen und den Marktbeherrscher zu **Vertragsverhandlungen** verpflichten. Bleiben diese ohne (zumutbares) Ergebnis für das Unternehmen, das Zugang fordert, kann die Behörde notfalls auch unmittelbar Zugang gewähren.[62] Die Frage des **angemessenen Entgelts** ist dann ggf. Gegenstand einer neuen Missbrauchsverfügung, wobei die Vorgaben besonders problematisch sind, da selten nur eine einzige Fallgestaltung möglich ist. Mit einer allgemeinen Formulierung (»zu angemessenen Bedingungen«) ist dem Antragsteller aber nicht zu helfen. Hier haben die *Puttgarden*-Rechtsprechung und die frühere Rechtsprechung zu Netzentgelten mit strenger Kontrolle der kartellbehördlichen Entscheidungen und daraus folgenden langwierigen Verfahren das Schwert des Missbrauchsverbots stumpf gemacht.[63]

41

Im Fall *Fährhafen Puttgarden II* hat sich das Bundeskartellamt nicht auf die Verpflichtung zu Vertragsverhandlungen beschränkt.[64] Stattdessen hat es den Beteiligten klare Vorgaben für das Erreichen einer Verhandlungslösung gemacht. Die Vorgaben betrafen den Gegenstand der Verhandlung sowie deren Ablauf, inklusive einer eng gesetzten Frist. Durch diese formalen Vorgaben wurden die Parteien wirksam dazu angehalten, rasch eine Lösung zu finden. Inhaltlich waren sie in Bezug auf das Verhandlungsergebnis im Wesentlichen frei. Eine Bevormundung der Parteien durch Vorschreiben von konkreten Zugangsbedingungen wurde gerade vermieden. Die Entscheidung stellt so ein

42

---

61 Vgl. BKartA, 22.12.2015, Az. B9-121/13, Rn. 325, 338 – *Booking.com*; BKartA, 9.7.2015, Az. B1-72/12, Rn. 515 ff. – *Rundholz*.
62 Vgl. *Emmerich*, in: Immenga/Mestmäcker, GWB, § 32 Rn. 45.
63 BGHZ 152, 84 = WuW/E DE-R 977 – *Fährhafen Puttgarden*; BGH WuW/E DE-R 703 – *Puttgarden II*; BGH WUW/E DE-R 1513 – *Stadtwerke Mainz*; OLG Düsseldorf WUW/E DE-R 1239; OLG Düsseldorf ZNER 2003, 134; OLG Düsseldorf ZNER 2003, 247; OLG Düsseldorf ZNER 2003, 254.
64 BGH WuW/E 3821 ff. – *Fährhafen Puttgarden II*.

Positivbeispiel für eine zukunkftsorientierte, aber zurückhaltende Befugnisausübung durch das Bundeskartellamt dar.[65]

4. Erstattung von Vorteilen

43 Mit Einführung des Absatzes 2a hat der Gesetzgeber zum Zwecke der Klarstellung eine **explizite Rechtsgrundlage** für die Rückerstattung von kartellrechtswidrig erlangten Vorteilen geschaffen.[66] Ob die Kartellbehörden eine solche Rückerstattung allein aufgrund von Absatz 2 a.F. anordnen können, wurde zuvor zum Teil kontrovers diskutiert.[67] Das Bundeskartellamt hatte schon vor der Gesetzesänderung in Anlehnung an ein obiter dictum des BGH[68] die Erstattung von Vorteilen an Verbraucher als Beseitigungsmaßnahme i.S.d. § 32 Abs. 2 GWB angesehen und Energieversorgungsunternehmen verpflichtet, die Vorteile aus missbräuchlich überhöhten Entgelten zurückzuerstatten.[69] Teilweise hatte das Amt sich solche Maßnahmen vorbehalten[70] oder sie zumindest angedroht, was die betroffenen Unternehmen ihrerseits durch Zusagen abgewendet haben.[71] Kurz vor der Novellierung hatte der BGH eine Rückerstattungsverfügung der Landeskartellbehörde Baden-Württemberg bestätigt.[72]

44 Die Erstattung von Vorteilen durch amtliche Anordnung hat zwei **grundlegende Probleme**: Zum einen muss der Zusammenhang zwischen Kartellrechtsverstoß und Vorteilen hergestellt werden. Die Vorteilserstattung ist das Spiegelbild zur vorherigen kartellrechtswidrigen Bereicherung. Zum anderen muss ausgestaltet werden, wie und in welcher Höhe Vorteile an wen zurückerstattet werden müssen. Das Amt steht hier regelmäßig vor denselben Problemen wie ein Gericht, das über **Schadensersatz** zu befinden hat. Wegen der besseren Möglichkeiten der Amtsermittlung wird daher bereits vorgeschlagen, § 32 Abs. 2a als Alternative zur privaten Rechtsdurchsetzung von Schadensersatz zu etablieren.[73] In der Tat ist fraglich, warum angesichts der För-

---

[65] Vgl. *Podszun*, ZWeR 2012, 48, 55 f.
[66] RegBegr., BT-Drucks. 17/9852, S. 26.
[67] Umfassend *Fuchs*, ZWeR 2009, 176 ff. Dafür: *Bornkamm*, in: Langen/Bunte, GWB, § 32 Rn. 54 m.w.N.; dagegen: *Bechtold*, § 32 Rn. 14 Vorauflage; *Markert*, in: MünchKommKartR, GWB, § 29 Rn. 61 alte Auflage; differenziert: *Keßler*, in: MünchKommKartR, GWB, § 32 Rn. 62 ff.
[68] BGH WuW/E DE-R 2538, 2540 – *Stadtwerke Uelzen*.
[69] BKartA WuE/E DE-V 1803 ff. – *GAG Ahrensburg*; BKartA, 19.3.2012, Az. B10-16/09 – *Entega*.
[70] BKartA, Entscheidung vom 4.6.2012, Az. B8-40/10 – *Berliner Wasserbetriebe*.
[71] *Baumgart/Rasbach/Rudolph*, FS Kühne, S. 39 f.
[72] BGH WuW/E DE-R 3632, 3636 f. – *Wasserpreise Calw*.
[73] Vgl. weitgehend *Kapp*, FS Möschel, S. 331 ff.; *Canenbley/Steinvorth*, JECLAP 2011, 315 ff.

derung der privaten Rechtsdurchsetzung eine konkurrierende Kompetenz der Behörden besteht, die im Prinzip alle Schadensersatzklagen durch intensive Nutzung von § 32 Abs. 2a obsolet machen könnten.[74] Sind die Vorteile erstattet, fehlt einer Schadensersatzklage das Rechtsschutzbedürfnis. Die Erstattungsbefugnis ist nicht abhängig vom Willen der Kunden und setzt kein Verschulden voraus. Will man das Verschuldenserfordernis in § 33 Abs. 3, § 34 und die zivilprozessuale Dispositionsmaxime nicht unterlaufen,[75] muss die Nutzung von § 32 Abs. 2a auf wenige Konstellationen begrenzt werden.

Anwendung findet § 32 Abs. 2a im Einklang mit dieser Überlegung typischerweise **bei Ausbeutungsmissbräuchen in Dauerschuldverhältnissen**,[76] bei denen Streuschäden entstanden sind, die andernfalls nicht geltend gemacht würden. Es muss sich also um Preismissbrauchsverfahren handeln, etwa solche nach § 29. Typischerweise werden die Kunden in solchen Fällen regelmäßig keine Ausweichmöglichkeit haben. Andernfalls wäre das Ermessen des Amtes im Zweifel falsch ausgeübt.[77] Bei Ausbeutungsmissbräuchen entspricht die Preisüberhöhung dem erstatteten Entgelt unmittelbar. Bei Behinderungsmissbräuchen gilt dies nicht in gleicher Weise, da der Missbrauch nur mittelbar auf die Preise einwirkt. In einem solchen Fall ist der exakte Geschehensverlauf nachzuweisen. Eine Erstattung der Vorteile kommt dann nur bei einer nachweisbaren Schadensentwicklung in Betracht. 45

In der Verfügung muss durch eine sog. »**no repeated game**«-**Klausel** sichergestellt werden, dass sich die betroffenen Unternehmen die auszukehrenden Erlöse nicht durch Preisaufschläge wieder zurückholen.[78] Dies wird vom BKartA in der Folge auch überprüft.[79] 46

Eine Rückerstattung kommt nur in Betracht, wenn die geschädigten **Abnehmer identifizierbar** sind und Vertragsbeziehungen bestehen, innerhalb derer eine Rückabwicklung möglich ist. Dies ist z.B. bei Energie-, Wasserversorgungs- und Telekommunikationsverträgen der Fall. Wettbewerbspolitisch misslich ist, dass durch die Verpflichtung zur Rückerstattung der Täter aus Kundensicht (bei entsprechendem Marketing) zum Wohltäter wird, der Geld 47

---

74 Vgl. *Bien*, ZWeR 2013, 448 ff. m.w.N.
75 Vgl. (noch zur alten Rechtslage) *Fuchs*, ZWeR 2009, 176, 183 ff.; *Reher/Haellmigk*, WuW 2010, 513, 520; ähnlich *Baumgart/Rasbach/Rudolph*, FS Kühne, S. 41 ff.; a.A. *Keßler*, FS Säcker, 771, 781 f.; differenzierend *Jaeger*, in: Frankfurter Kommentar, GWB, § 32 Rn. 35a.
76 Ebenso *Keßler*, WRP 2015, 929 ff.
77 Vgl. BKartA, 19.3.2012, Az. B10-16/09, Rn. 107 – *Entega*.
78 Vgl. *Körber*, in: Immenga/Mestmäcker, GWB, § 29 Rn. 24.
79 Vgl. die Gaspreis-Verfahren BKartA, Fallbericht vom 29.8.2009 zu den Verfahren B10-16/08 bis B10-56/08, abrufbar auf der Website bundeskartellamt.de.

zurückerstattet, was die für den Wettbewerb wichtige Wechselbereitschaft unterminiert. Für die Durchführung ist eine Frist zu setzen (im Entega-Verfahren beispielsweise drei Monate).[80]

48 Absatz 2a Satz 2 sieht die Möglichkeit einer Schätzung der in den wirtschaftlichen Vorteilen enthaltenen **Zinsvorteile** vor, mit denen die Unternehmen wirtschaften konnten.[81] Durch die Schätzung soll verhindert werden, dass auf die komplexe Frage der Bemessung der Zinsvorteile zu viele Ermittlungsressourcen verwendet werden.[82] In der Praxis bietet sich eine Orientierung an den Zinsregelungen in § 288 BGB an.

49 Dies sieht auch Absatz 2a Satz 3 für die Zeit nach Ablauf der in der Abstellungsverfügung bestimmten Frist vor. Hier kommt es dann zu einer **Pauschalierung der Verzinsung** wie im Falle des Verzugs mit Verbraucherbeteiligung (§ 288 BGB). Dadurch werden die Rückerstattungsbegünstigten so gestellt, als hätten sie selbst als Verbraucher die Rückerstattung gefordert.[83]

50 Eine wichtige Weichenstellung enthält § 64 Abs. 1 Nr. 2 GWB, wonach Beschwerden gegen Verfügungen nach Absatz 2a **aufschiebende Wirkung** entfalten. Ohne diese Regelung könnten betroffene Unternehmen kaum effektiv Rechtsschutz in Anspruch nehmen, da sie im Falle der sofortigen Vollziehbarkeit die den Kunden einmal zurückerstattenden Gelder faktisch kaum wieder zurückfordern könnten, auch im Falle einer erfolgreichen Beschwerde.

5. Nachträgliche Feststellung

51 Nach § 32 Abs. 3 GWB ist die nachträgliche Feststellung einer Zuwiderhandlung gegen das Kartellrecht möglich, wenn die Zuwiderhandlung **beendet**[84] ist. Damit hat die Behörde ein Instrument, um sich auch ex post noch mit einem Verhalten befassen zu können. Die Feststellung zieht bei einem neuerlichen Verstoß keine Bußgeldsanktion nach sich (vgl. § 82 Abs. 2 Nr. 2a GWB), sie entfaltet aber nach § 33 Abs. 4 GWB immerhin zivilrechtliche Bindungswirkung für Schadensersatzansprüche auf Grund des festgestellten Verstoßes. Eine Untersagungsverfügung und eine Feststellungsverfügung schließen sich aus.[85]

---

80 BKartA, 19.3.2012, Az. B10-16/09, Rn. 112 – *Entega*.
81 Vgl. BKartA, 19.3.2012, Az. B10-16/09, Rn. 114 f. – *Entega*.
82 RegBegr., BT-Drucks. 17/9852, S. 27.
83 RegBegr., BT-Drucks. 17/9852, S. 27.
84 Dazu *Fuchs*, ZWeR 2009, 176, 183.
85 Vgl. OLG Frankfurt, Beschl. v. 19.8.2008, Az. 11 W 23/07 (Kart), Tz. 82 ff.; vgl. WuW/E DE-R 2526, 2530 – *Wasserversorgung Wetzlar* (nur teilw. abgedruckt).

Erforderlich ist ein **berechtigtes Interesse**. Die Norm erklärt dabei nicht, auf wessen Interessen abzustellen ist. Das lässt einen breiten Spielraum, da sowohl die Interessen der Behörde, als auch öffentliche Interessen oder abgeleitete private Interessen berücksichtigt werden können. So kann die Behörde eine nachträgliche Feststellung treffen, wenn sie die Rechtslage klarstellen will.[86] Es genügt auch ein Interesse, die Geltendmachung privater Interessen mittels der Bindungswirkung zu stützen.[87] Denkbar ist ein öffentliches Interesse an der Feststellung der Kartellrechtswidrigkeit, wenn das Verhalten öffentliches Aufsehen erregt hat oder grundsätzliche wettbewerbliche Bedeutung hat.[88] Die Feststellung kann von der Behörde auch als Signal an eine gesamte Branche benutzt werden.[89] Das berechtigte Interesse wurde vom BGH in einem Franchise-Fall wegen der Weitergeltung des Franchise-Systems insgesamt auch ohne die beanstandeten Klauseln bejaht.[90]

52

Eine nachträgliche Feststellung ist insbesondere dann wahrscheinlich, wenn eine allgemeine, **abstrakte Wiederholungsgefahr** besteht.[91] Diese kann sich z.B. so äußern, dass die betroffenen Unternehmen nicht von kartellrechtswidrigen Rechtsansichten abrücken[92] oder in der Vergangenheit immer wieder ähnliche Fälle vorgetragen wurden.[93] Besteht bei einem Unternehmen konkrete, ernsthafte Wiederholungsgefahr ist die Untersagungsverfügung nach § 32 Abs. 1 GWB angemessen, da sie auch die Bußgelddrohung enthält.

53

II. Verfassungsrechtliche Anforderungen

Die Verfügungen müssen die allgemeinen verfassungsrechtlichen Anforderungen erfüllen. Untersagung, Gebot und Feststellung stehen dabei in pflichtgemäßem **Ermessen** der Behörden. Sie sind über die Ausübung des Ermessens Rechenschaft schuldig. Dies erfolgt häufig in formelhaften Wiederholungen. Die Gerichte haben diese Art der Begründung bislang nicht beanstandet. Über die Ermessensdarlegungen hinaus müssen die Verfügungen insbesondere hinreichend bestimmt und verhältnismäßig sein. Verhältnismäßigkeit bedeutet, dass die Maßnahme geeignet, erforderlich und angemessen ist.

54

---

86 Vgl. BKartA WuW/E DE-V 1679, 1688 – *Milchpreisoffensive*; BKartA WuW/E DE-V 1481, 1486 – *Netto Marken-Discount*; Bechtold/Bosch, § 32 Rn. 24.
87 *Bornkamm*, in: Langen/Bunte, GWB, § 32 Rn. 61; Bechtold/Bosch, § 32 Rn. 24; kritisch: *Rehbinder*, in: Loewenheim/Meessen/Riesenkampff, § 32 Rn. 19.
88 BKartA, 3.7.2014, Az. B2-58/09, Rn. 71, 75 – *Edeka Konditionenforderungen*.
89 So für den Verkauf unter Einstandspreis BKartA WuW/E DE-V 1481, 1486 – *Netto Marken-Discount*.
90 BGH WuW/E DE-R 2514, 2515.
91 Anders aber OLG Düsseldorf WuW/E DE-R 2003, 2009 – *Lottoblock*.
92 Vgl. OLG Düsseldorf WuW/E DE-R 2003, 2009 – *Lottoblock*; BKartA WuW/E DE-V 1679, 1688 – *Milchpreisoffensive*.
93 BKartA, 3.7.2014, Az. B2-58/09, Rn. 71, 75 – *Edeka Konditionenforderungen*.

§ 32 GWB Abstellung und nachträgliche Feststellung

1. Bestimmtheit

55 Nach § 37 Abs. 1 VwVfG muss ein Verwaltungsakt hinreichend bestimmt sein. Dieses Bestimmtheitsgebot gilt auch für die kartellbehördliche Befugnisausübung: Aus der Verfügung muss sich für den Adressaten ohne Zweifel ergeben, welches Verhalten er zu unterlassen hat (Untersagungsverfügung) und welche konkreten Maßnahmen er zu ergreifen hat (Gebotsverfügung). Angesichts drohender Vollstreckung und der Bußgelddrohung muss für jedermann erkennbar sein, wie er sein Verhalten ausrichten muss, um nicht von staatlichen Sanktionen betroffen zu sein.[94] Grundsätzlich ist der **Tenor der Entscheidung** maßgeblich. Angesichts der Komplexität kartellrechtlicher Fälle kann aber auch die Begründung zur Konkretisierung herangezogen werden.[95] Erforderlich ist aber eine eindeutige **Bestimmbarkeit**.[96]

56 Auch bei den Anforderungen an die Bestimmtheit tritt die Spannung zwischen kartellbehördlicher Effektivität und privatautonomer Marktgestaltung auf: Je bestimmter die Maßnahme ist, desto größer ist der Autonomieverlust im Wettbewerb. Insofern dürfen die Anforderungen an die Bestimmtheit nicht überspannt werden, wenn sich die Kartellbehörde bemüht, den Unternehmen noch Entscheidungsspielräume zu belassen.[97] Zu unterscheiden ist die Vorgabe des zu erreichenden Erfolgs (**Zielbestimmtheit**) und des anzuwendenden Mittels (**Mittelbestimmtheit**). Während das Ziel der Verfügung eindeutig bestimmt werden muss, kann dem Adressaten die Wahl des Mittels offen gelassen werden, wenn die Gefahr der Zielumgehung über das Mittel besonders groß ist.[98] Besonders delikat ist dies bei der Regelung von Entgelten, etwa für die Mitbenutzung von Infrastruktureinrichtungen.[99]

57 Als **bestimmt genug** wurden etwa folgende Verfügungen angesehen: Vertragsabschluss zu »angemessenen Preisen/Konditionen«;[100] Vertragsabschluss zu »großhandelsüblichen Bedingungen«;[101] Preisgrenze oberhalb derer alle Preise

---

94 BGHZ 176, 1 = WuW/E DE-R 2268, 2277 – *Soda Club II*. Vgl. *Henneke*, in: Knack/Henneke, Verwaltungsverfahrensgesetz, § 37 Rn. 5.
95 BGHZ 176, 1 = WuW/E DE-R 2268, 2277 – *Soda Club II*. *Bornkamm*, in: Langen/Bunte, GWB, § 32 Rn. 48; *Rehbinder*, in: Loewenheim/Meessen/Riesenkampff, § 32 Rn. 11.
96 BGH WuW/E DE-R 2679, 2681 f. – *Langfristige Gaslieferverträge*.
97 Vgl. *Bornkamm*, in: Langen/Bunte, GWB, § 32 Rn. 49.
98 Vgl. *Henneke*, in: Knack/Henneke, Verwaltungsverfahrensgesetz, § 37 Rn. 17 f.; *Schwarz*, in: Fehling/Kastner/Störmer, Verwaltungsrecht, § 37 VwVfG Rn. 20, jew. m.w.N.
99 Vgl. die *Puttgarden*-Rechtsprechung: BGHZ 152, 84 = WuW/E DE-R 977, 980; BGH WuW/E DE-R 703, 705 f.
100 BGHZ 128, 17 = WuW/E BGH 2953, 2957 – *Gasdurchleitung*.
101 BGHZ 129, 53 = WuW/E BGH 2990, 2992 – *Importarzneimittel*.

missbräuchlich sind;[102] Bestimmung einer maximalen Lieferquote in Prozent vom tatsächlichen Bedarf des Abnehmers;[103] Untersagung eines in der Begründung näher dargestellten Vertriebssystems.[104]

Als **zu unbestimmt** wurde die Verfügung angesehen, »unter oder zum jeweiligen Einkaufspreis« zu verkaufen.[105] Zu unbestimmt war es, in der Verfügung darauf abzustellen, ob ein bestimmtes Verhalten »lautere Werbung im Sinne des UWG« sei,[106] sowie eine Gesamtsumme als Erlösobergrenze zu benennen, ohne klarzustellen, welche Erlöse überhaupt Eingang in die Berechnung finden.[107]

58

2. Verhältnismäßigkeit

Die Behörde hat stets zu prüfen, ob die Maßnahme verhältnismäßig ist. Dies ist insbesondere im Rahmen der Gebotsverfügungen zu beachten, zumal das Gesetz darauf ausdrücklich hinweist und somit einen besonderen **Rechtfertigungszwang** schafft.[108] Bei positiver Tenorierung muss die Entscheidung zwingend Angaben zur Verhältnismäßigkeit der Maßnahme enthalten.

59

Eine Maßnahme ist, im Einklang mit dem allgemeinen Verwaltungsrecht, verhältnismäßig, wenn sie **geeignet** ist, den Verstoß abzustellen, wenn sie **erforderlich** ist (also kein milderes Mittel gegeben ist) und wenn sie **angemessen** ist.[109]

60

Die Verhältnismäßigkeit lässt sich daraus erkennen, dass die Behörde die **Eignung** der vorgesehenen Maßnahme darlegt. Hier sind die konkreten Erwartungen der durch die Maßnahme veränderten Marktsituation darzustellen.

61

Die Behörde sollte in der Entscheidung zudem **mildere Mittel** erwägen, die entweder nicht geeignet oder belastender sind.[110] Sie hat dabei das den Adres-

62

---

102 BGH WuW/E DE-R 1513, 1515 – *Stadtwerke Mainz*; a.A. noch Vorinstanz OLG Düsseldorf WuW/E DE-R 1439 ff.
103 BGH WuW/E DE-R 2679, 2681 f. – *Langfristige Gaslieferverträge*.
104 BGHZ 176, 1 = WuW/E DE-R 2268, 2278 – *Soda Club II*.
105 BGH WuW/E BGH 2073, 2075 – *Kaufmarkt*.
106 BGH WuW/E DE-R 195, 196 – *Apothekerkammer*.
107 OLG Düsseldorf, WuW/E DE-R 1239, 1242 – *TEAG*.
108 Vgl. OLG Düsseldorf, WuW/E DE-R 1339, 1342 – *TEAG*; OLG Karlsruhe WuW/E DE-R 2213 – *Belieferungsanspruch*; Rehbinder, in: Loewenheim/Meessen/Riesenkampff, § 32 Rn. 15.
109 Vgl. *Henneke*, in: Knack/Henneke, Verwaltungsverfahrensgesetz, § 40 Rn. 57 ff.; *Pitschas*, in: Hoffmann-Riem/Schmidt-Aßmann/Voßkuhle, Grundlagen des Verwaltungsrechts, § 42 Rn. 107 ff.
110 Vgl. OLG Düsseldorf WuW/E DE-R 2081, 2085 f. – *Kalksandsteinwerk*.

saten am wenigsten belastende Mittel zu wählen. Als belastend gilt in erster Linie die Beeinträchtigung der Entscheidungsfreiheit des Unternehmens im Wettbewerb. So kann etwa bei einem Preismissbrauch eine Preisobergrenze genügen statt der Festsetzung konkreter Preise.[111] Bei einem Belieferungsstreit kann das Gebot zu Verhandlungen genügen statt das Gebot zur Belieferung. Als mildere Mittel sind insbesondere auch rechtlich abgeschwächte Formen zu bedenken, etwa Verbote statt Gebote[112] oder aufschiebende Bedingungen.[113] Die milderen Mittel müssen aber genauso gut geeignet sein, den Verstoß abzustellen.[114]

63 Eine besondere Herausforderung ist die verhältnismäßige Gestaltung von **Gebotsverfügungen in dynamischen Märkten**. Geeignet ist eine Maßnahme nur, wenn sie den Verstoß abstellt. Die Marktentwicklung kann aber über den Verstoß rasch hinweg gehen. Wenn hier dennoch eine Entscheidung ergeht, muss die Behörde abwägen, wie weit sie den Gestaltungsspielraum des Unternehmens einschränkt. Die Sanktion sollte dann in erster Linie darauf abzielen, den Markt strukturell offen für Markteintritte zu halten statt eine genaue Verhaltens- oder Ergebniskorrektur vorzunehmen. Eine solche ist in dynamischen Märkten nämlich dann nicht erforderlich.

64 Für die **Angemessenheit** (oder: Verhältnismäßigkeit im engeren Sinne) sind die Belastung durch die Maßnahme für das betroffene Unternehmen und der begangene Kartellrechtsverstoß in seiner Schwere, Intensität und Dauer miteinander abzuwägen: Je gravierender die Zuwiderhandlung, desto belastender darf die Maßnahme ausfallen. Die Entscheidungsautonomie der Marktteilnehmer als für den künftigen Wettbewerb konstitutives Merkmal bleibt bei dieser Abwägung immer von besonderem Gewicht. Geschützt ist dabei für die Zukunft gerade auch die Handlungsfreiheit der Unternehmen, die in der Vergangenheit kartellrechtswidrig gehandelt haben. Möglich ist aber beispielsweise die Festlegung einer »Missbrauchsgrenze«.[115] Bei der Abwägung sind auch legitime Interessen Dritter einzustellen. Diese (etwa Vertragspartner oder Kunden) sollten durch eine Maßnahme der Behörde möglichst nur wenig tangiert werden.

65 Angemessen ist eine Maßnahme, wenn die **konkrete Abwägung nachvollziehbar** ist. Die Behörde muss erkennen lassen, dass sie sich der Bürde für das Unternehmen bewusst ist, sie kann aber die Wertigkeit der Marktverzerrung dagegen stellen. Das Bundeskartellamt hat im Fall *Soda Club* vom BGH

---

111 *Fuchs*, ZWeR 2009, 176, 199.
112 *Rehbinder*, in: Loewenheim/Meessen/Riesenkampff, § 32 Rn. 15.
113 *Bornkamm*, in: Langen/Bunte, GWB, § 32 Rn. 41.
114 BGHZ 176, 1 = WuW/E DE-R 2268, 2278 – *Soda Club II*.
115 BGH WuW/E DE-R 1513, 1516 – *Stadtwerke Mainz*.

unbeanstandet festgestellt, dass ein Unternehmen bei Aufgabe seines missbräuchlichen Verhaltens naturgemäß finanzielle Verluste erleide. Dies sei hinzunehmen.[116] In der Verhältnismäßigkeitsargumentation kann dies also nur eine untergeordnete Rolle spielen. Wichtiger als ein finanzieller Verlust des Betroffenen wiegt dessen Einschränkung der Handlungsfreiheit.

Wichtiges Element der Verhältnismäßigkeit kann eine zeitliche **Befristung** der Maßnahme sein.[117] Bei verhaltensorientierten Maßnahmen ist nur schwer vorstellbar, dass eine Verfügung für alle Zeiten vom Unternehmen beachtet werden muss, da sich Marktverhältnisse ändern. Angelehnt an den Prognosezeitraum der Fusionskontrolle dürfte regelmäßig eine Befristung auf 3–5 Jahre ausreichen. Das gilt zum Beispiel bei Maßnahmen zur Aufklärung der Marktgegenseite oder komplexe Bestandteile eines Vertriebssystems. 66

Eine **Umstellungsfrist** hingegen ist nicht unbedingt zu gewähren, wenn dadurch der rechtswidrige Zustand perpetuiert würde. Insbesondere können nichtige, weil kartellrechtswidrige Verträge nicht zur Vermeidung von unbilligen Härten fortgeführt werden.[118] Dem Unternehmen ist es zumutbar, wenn es immer wieder die Kartellrechtskonformität seines Verhaltens prüfen muss, etwa durch regelmäßige Überwachung der gelieferten Mengen, wenn nur bis zu einer bestimmten Menge geliefert werden darf.[119] Die stete kartellrechtliche Compliance zählt inzwischen zur guten Unternehmensführung und darf von Unternehmen erwartet werden. Wenn sie durch bisherige Verstöße hier verschärften Pflichten unterliegen, haben die Unternehmen sich das selbst zuzuschreiben. Eine kurze Umstellungsfrist für Verträge ist aber mit Rücksicht auf die internen Geschäftsabläufe und die Rechtssicherheit der Vertragspartner ggf. erforderlich.[120] 67

In einzelnen Fällen nimmt das BKartA eine nachträgliche **Evaluation** der Maßnahmen vor.[121] Dies ist zu begrüßen, damit transparenter wird, welche positiven und negativen Wirkungen staatliche Interventionen haben können. 68

---

116 BKartA, Entsch. v. 9.2.2006, Az. B3-39/03, Rz. 132 – *Soda Club*; vgl. WuW/E DE-V 1177 (hier zitierte Passage nicht abgedruckt).
117 BGHZ 176, 1 = WuW/E DE-R 2268, 2278 – *Soda Club II*.
118 BGH WuW/E DE-R 2035, 2045 – *Lotto im Internet*.
119 BGH WuW/E DE-R 2679, 2682 – *Langfristige Gaslieferverträge*.
120 BKartA, 22.12.2015, Az. B9-121/13, Rn. 340 – *Booking.com*.
121 Zum Beispiel BKartA, Bericht über die Evaluierung der Beschlüsse zu langfristigen Gaslieferverträgen, 15.6.2010, abrufbar auf der Website www.bundeskartellamt.de. Dazu *Zapfe/Mecke*, WuW 2011, 944 ff.

III. Rechtsfolgen

69 Die Untersagungsverfügung enthält eine **deklaratorische** Feststellung der Nichtigkeit. Die Gebotsverfügung enthält eine Verpflichtung zur Vornahme bestimmter Maßnahmen. Die Untersagungsverfügung nach § 32 Abs. 1 GWB (und nur diese) zieht die Bußgelddrohung des § 81 Abs. 2 Nr. 2a GWB nach sich.

70 Die Formulierung der Verfügung ist dahingehend auszulegen, welche **Ansprüche Dritter** durch sie begründet werden. Die Verwendung der Formulierung »Dritte dürfen ...« bedeutet dabei nicht notwendig, dass der Dritte einen durchsetzbaren Anspruch erhält. Es kann sich auch um eine bloß positiv gewendete Feststellung des Verstoßes handeln.[122]

71 **Zivilrechtlich** bindet die Verfügung gem. § 33 Abs. 4 S. 1 GWB die Gerichte in Schadensersatzprozessen an die Feststellung des Verstoßes (aber nicht an andere Elemente wie Schaden oder Verschulden[123]). Ein Schadensersatzanspruch kann sich gem. § 33 Abs. 1 GWB auch aus dem Verstoß gegen eine Verfügung der Kartellbehörde ergeben. Noch weitergehend wird Tatbestandswirkung angenommen, wenn ein Richter über denselben Gegenstand zu entscheiden hat, der Gegenstand einer bestandskräftigen Kartellverwaltungsentscheidung ist.[124] Dafür findet sich im Gesetz allerdings keine Grundlage.[125] In der Praxis dürfte es hier kaum zu Konflikten kommen. Der BGH hat darauf hingewiesen, dass sich die zeitliche Dauer eines Kartellrechtsverstoßes im Rahmen einer Entscheidung nach § 32 nicht immer zwingend aus der Entscheidung ergibt.[126] Insoweit ist dann keine Bindungswirkung gegeben.

72 Gemäß § 80 Abs. 1 Nr. 2, Abs. 2 Nr. 2 GWB werden **Gebühren** von bis zu 25.000 Euro für alle Verfahren nach § 32 GWB erhoben.

C. Verfahren

I. Zuständigkeit, Verfahrensablauf und internationale Einbindung

73 Das Verfahren richtet sich nach den Verfahrensvorschriften des GWB, §§ 54 ff. Die Zuständigkeit der Behörden ist nach § 48 GWB abzugrenzen. Im Verfahrensverlauf ist insbesondere eine Abmahnung erforderlich (§ 56 Abs. 1 GWB), sodass das rechtliche Gehör gewährt werden kann. Die Entscheidung ist zu be-

---

122 BGHZ 176, 1 = WuW/E DE-R 2268, 2278 – *Soda Club II*.
123 *Keßler*, in: MünchKommKartR, GWB, § 32 Rn. 19.
124 *Bornkamm*, in: Langen/Bunte, GWB, § 32 Rn. 64; *Emmerich*, in: Immenga/Mestmäcker, GWB, § 32 Rn. 22.
125 Ebenso *Keßler*, in: MünchKommKartR, GWB, § 32 Rn. 17.
126 BGH, Urt. v. 12.7.2016, Az. KZR 25/14, Rz. 18 – *Lottoblock II*.

gründen,¹²⁷ mit einer Rechtsbehelfsbelehrung zu versehen, zuzustellen und bekanntzumachen (§§ 61, 62 GWB).

Ob eine **Abstimmung mit der Kommission oder anderen europäischen Behörden** vor einer Entscheidung gesucht werden muss, richtet sich nach den Vorschriften der VO 1/2003 und den internen Regeln des European Competition Networks (ECN). Ein drittschützender Anspruch besteht bei der Verletzung solcher Normen nicht.¹²⁸ In grenzüberschreitenden Fällen ist ein konzertiertes Vorgehen der Wettbewerbsbehörden jedoch sinnvoll, sodass es nicht zu widerstrebenden Sanktionen kommt oder Verfügungen, die schwer in Einklang miteinander zu bringen sind. Soweit im Ausland bereits Verfügungen getroffen wurden, ist deren Wirkung für den deutschen Markt in Betracht zu ziehen.

74

II. Aufgreifermessen

Die **Verfahrenseinleitung** steht im pflichtgemäßen Ermessen der Behörde.¹²⁹ Diese wird auf Anregung eines Beschwerdeführers oder von Amts wegen tätig. Aspekte der Ermessensübung sind in der Entscheidung gemäß § 61 Abs. 1 S. 1 GWB i.V.m. § 39 Abs. 1 S. 3 VwVfG darzulegen.¹³⁰ Ausdruck des Ermessens sind **Selbstbindungen** der Behörden, von Seiten des Bundeskartellamts etwa die Bagatellbekanntmachung¹³¹ und das Merkblatt für die Kooperation kleinerer und mittlerer Unternehmen.¹³²

75

1. Tätigwerden auf Beschwerde

Zur Beschwerde ist jedermann befugt. Das Bundeskartellamt verzichtet, anders als die Kommission, auf ein Beschwerdeformular. Die Entwicklung von schriftlich niedergelegten »best practices« zum Umgang mit Beschwerden und den Beschwerdeführern (Quellenschutz, Akteneinsicht, Antwortlaufzeiten usw.) sind ein Desiderat. Das Vorliegen von Beschwerden ist ein wichtiger Anhaltspunkt für die Behörden, um die Verfahrenseinleitung zu rechtfertigen.

76

---

127 Die Begründungsanforderungen richten sich nach § 39 Abs. 1 S. 2 und 3 VwVfG: »In der Begründung sind die wesentlichen tatsächlichen und rechtlichen Gründe mitzuteilen, die die Behörde zu ihrer Entscheidung bewogen haben. Die Begründung von Ermessensentscheidungen soll auch die Gesichtspunkte erkennen lassen, von denen die Behörde bei der Ausübung ihres Ermessens ausgegangen ist.«
128 Vgl. BKartA, 22.12.2015, Az. B9-121/13, Rn. 329 ff. – *Booking.com*.
129 BGHZ 169, 370 = WuW/E DE-R 1857, 1859 f. – *pepcom* m.w.N.
130 Vgl. *Bechtold/Bosch*, § 32 Rn. 5; *Bornkamm*, in: Langen/Bunte, GWB, § 32 Rn. 10; *Henneke*, in: Knack/Henneke, Verwaltungsverfahrensgesetz, § 39 Rn. 30.
131 BKartA, Bagatellbekanntmachung, Nr. 18/2007, WuW 2007, 369.
132 BKartA, KMU-Merkblatt, 2007, abrufbar auf www.bundeskartellamt.de.

§ 32 GWB *Abstellung und nachträgliche Feststellung*

Die Behörde kann allerdings auch eine Verfahrenseinleitung mit Hinweis auf eine effektivere Geltendmachung auf dem Zivilrechtsweg ablehnen.[133]

2. Tätigwerden von Amts wegen

77 Wird die Behörde von Amts wegen tätig (etwa aufgrund von Informationen von anderen Behörden), muss sie ihr **Ermessen** darlegen können. Zwar gibt die Rechtsprechung den Behörden einen weiten Spielraum, allerdings verlangt sie durchaus, dass Überlegungen zum Ermessen überhaupt stattfinden.[134] Selbst wenn die Verfolgung von Kartellrechtsverstößen immer im öffentlichen Interesse ist,[135] machen das weite Aufgreifermessen und die Vielzahl der Fälle doch eine Entscheidung der Kartellbehörden über ihre Prioritäten unausweichlich. Dies gilt insbesondere, da die Einführung der Legalausnahme die Abarbeitung von Fällen aus dem Eingangskorb obsolet gemacht hat. Anders als andere Kartellbehörden benennt das Bundeskartellamt solche **Prioritäten** nur selten. Wichtige Faktoren, die das Aufgreifen eines Falles rechtfertigen und die behördliche Prioritätensetzung leiten sollten, sind die volkswirtschaftliche Bedeutung eines Falls, die von einem Verhalten ausgehenden Beeinträchtigungen für die Wettbewerbsfreiheit und die Verbraucher, sowie die Erfolgsaussichten des Tätigwerdens.

78 Die Einleitung eines Verwaltungsverfahrens ist auch abzuwägen mit der alternativen Einleitung eines Ordnungswidrigkeitenverfahrens. Ein Verfahren nach § 32 GWB bietet sich dabei insbesondere bei unklarer Rechtslage an sowie bei der Erforderlichkeit unternehmerischer Kooperation.

3. Pflicht zur Entscheidung?

79 Das OLG Düsseldorf hat jedem Beschwerdeführer einen Anspruch auf ermessensfehlerfreie Entscheidung über seinen Antrag auf Einleitung eines Verfahrens zuerkannt.[136] Die Behörde trifft aber grundsätzlich keine Pflicht, in einem Fall tätig zu werden oder eine Entscheidung zu treffen.[137] Ein solcher Anspruch wäre nur gegeben, wenn eine Ermessensreduzierung auf Null vor-

---

133 OLG Düsseldorf, Beschl. v. 16.3.2005, Az. VI-Kart 31/04; BGHZ 169, 370 = WuW/E DE-R 1857, 1859 f. – *pepcom*.
134 Vgl. BGHZ 142, 239 ff. = WuW/E DE-R 375, 380 – *Flugpreisspaltung*.
135 *Emmerich*, in: Immenga/Mestmäcker, GWB, § 32 Rn. 14 folgert daraus die Entbehrlichkeit gesonderter Ausführungen zum Ermessen.
136 OLG Düsseldorf, Beschl. v. 16.3.2005, Az. VI-Kart 31/04.
137 BGHZ 169, 370 = WuW/E DE-R 1857, 1859 f. – *pepcom*; *Rehbinder*, in: Loewenheim/Meessen/Riesenkampff, § 32 Rn. 8; *Bornkamm*, in: Langen/Bunte, GWB, § 32 Rn. 9 jew. m.w.N.

läge. Eine solche ist theoretisch denkbar, wenn die drohende Gefahr nicht anders als durch behördliches Handeln abwendbar ist.[138]

Unternehmen können sich gegen die Untätigkeit der Behörde kaum wehren, auch wenn sie der Zustand der Nicht-Entscheidung belastet, da sie grundsätzlich darauf beschränkt sind, eine Entscheidung im Nachhinein anzufechten (**nachträglicher Rechtsschutz**). Eine vorbeugende Unterlassungsbeschwerde oder eine allgemeine Feststellungsbeschwerde werden von den Gerichten nicht anerkannt. Das OLG Düsseldorf hat weder im Fall *Zentralvermarktung*, als das Bundeskartellamt eine Entscheidung mit Hinweis auf mangelnde Begehungsgefahr ablehnte,[139] noch in einem Fall, in dem das Amt vorübergehend ein Kartellverfahren »ruhend gestellt« hatte,[140] ein berechtigtes Interesse an einer Erweiterung des Rechtsschutzsystems anerkannt. Der BGH hat auch im Hinblick auf eine drohende Veröffentlichung durch das Bundeskartellamt eine vorbeugende Unterlassungsbeschwerde abgelehnt.[141] Der lückenlose Rechtsschutz (Art. 19 Abs. 4 GG) gilt durch das etablierte System von Klagemöglichkeiten als gewährleistet. 80

Die zum Teil lange **Verfahrensdauer** stellt für alle Betroffenen ein Ärgernis dar. Unternehmen und ihre Anwälte können durch zügige Kooperation und informelle Hinweise auf die Dringlichkeit Entscheidungen in der Praxis regelmäßig stark beschleunigen. Der Gesetzgeber hat mit der Regelung in § 32a Abs. 2 S. 2 GWB deutlich gemacht, dass er den Abschluss eines Hauptsacheverfahrens innerhalb von einem Jahr für den Regelfall hält. 81

III. Konkurrenzen

Das Verwaltungsverfahren ist parallel, aber nicht in einem identischen Verfahren zum **Bußgeldverfahren** möglich.[142] Das Bußgeldverfahren muss wegen der gesonderten Rechte der Betroffenen als solches ausgewiesen werden. Bei einem Übergang vom Verwaltungs- zum Bußgeldverfahren müssen insbesondere die Verteidigungsrechte gewahrt bleiben.[143] Mehrere Verwaltungsverfahren wegen Kartellsachen sind parallel durchführbar, sie können auch zusammengefasst werden, es ergeht dann eine einheitliche Verfügung. Die Kombination mit einem Fusionskontrollverfahren, etwa bei Gemeinschaftsunternehmen, ist möglich, die Verfahrensvorschriften beider Rechtsinstru- 82

---

138 *Emmerich*, in: Immenga/Mestmäcker, GWB, § 32 Rn. 15; *Rehbinder*, in: Loewenheim/Meessen/Riesenkampff, § 32 Rn. 8.
139 OLG Düsseldorf, Beschl. v. 16.9.2009, Az. Kart 1/09, BeckRS 2009, 27348.
140 OLG Düsseldorf, WuW/E DE-R 1585.
141 BGH GRUR 1992, 470.
142 *Rehbinder*, in: Loewenheim/Meessen/Riesenkampff, § 32 Rn. 5.
143 Weniger vorsichtig *Keßler*, in: MünchKommKartR, GWB, § 32 Rn. 15.

mente sind dann aber zu wahren. Der BGH hat bei Begründung auf beiden Pfeilern (§ 1 und § 36 GWB) nur eine Untersagung gesehen.[144] Ggf. sind aber zwei gesonderte Verfügungen auszusprechen.[145]

D. Rechtsschutz

83 Gegen die Verfügung ist die **Beschwerde** gem. § 63 Abs. 1 GWB möglich. Dritte haben keinen Anspruch auf Tätigwerden und nach Ansicht des OLG Düsseldorf nicht einmal Anspruch auf Anfechtung der Verfügung, wenn sie nicht unmittelbar beschwert sind.[146] Möglich ist auch eine Teilaufhebung der Verfügung. Die Beschwerde hat seit Abschaffung von § 64 Abs. 1 Nr. 1 GWB keine aufschiebende Wirkung mehr. Die Betroffenen müssen also, um sich effektiv zur Wehr setzen zu können, zunächst die Anordnung der aufschiebenden Wirkung (§ 65 Abs. 3 GWB) beantragen. Gem. § 64 Abs. 1 Nr. 2 hat eine Beschwerde gegen eine Anordnung nach § 32 Abs. 2a aufschiebende Wirkung.

84 Der BGH hat in einem Fall eine **Umdeutung** der Verfügung vorgenommen, da die spezifische energiekartellrechtliche Rechtsgrundlage weggefallen war und die Sachmaterie dem allgemeinen Kartellrecht unterworfen wurde.[147]

85 Die Untätigkeit der Behörde begründet grundsätzlich keinen **Vertrauensschutz**, da es sich bestenfalls um eine Ermessensausübung handelt. Allerdings kann die Duldung, je nachdem welchen Ausdruck sie erfahren hat, bei der Veranlassung konkreter Maßnahmen zu berücksichtigen sein. So wurde früher in entsprechenden Fällen eine Auslauffrist gewährt. Der BGH war hier jedoch streng und verlangte eine Vertrauensbetätigung: Die Betroffenen hätten im Vertrauen auf die Duldung in die Zukunft gerichtete Maßnahmen treffen müssen, der Nachteil, der dadurch entsteht, dass diese Maßnahmen nun nicht mehr durchgeführt werden können, müsste unzumutbar sein.[148]

---

144 Vgl. BGH WuW DE-R 711 – *Ost-Fleisch*.
145 Vgl. *Bornkamm*, in: Langen/Bunte, GWB, § 32 Rn. 63.
146 Vgl. OLG Düsseldorf, Urt. v. 17.9.2014, Az. VI-Kart 1/13 (V), Rz. 32 ff.
147 BGH WuW/E DE-R 399 – *Verbundnetz*.
148 BGH WuW/E DE-R 2035, 2045 – *Lotto im Internet*; BGHZ 114, 40 = WuW/E BGH 2697, 2705 f. – *Golden Toast*.

§ 32a Einstweilige Maßnahmen

(1) Die Kartellbehörde kann in dringenden Fällen, wenn die Gefahr eines ernsten, nicht wieder gutzumachenden Schadens für den Wettbewerb besteht, von Amts wegen einstweilige Maßnahmen anordnen.

(2) Die Anordnung gemäß Absatz 1 ist zu befristen. Die Frist kann verlängert werden. Sie soll insgesamt ein Jahr nicht überschreiten.

Übersicht

	Rdn.			Rdn.
A. Grundlagen	1		2. Zuwiderhandlung	10
I. Grundgedanke der Regelung	1		3. Dringlichkeit	13
II. Praktische Bedeutung	2		4. Beispiele	15
III. Entstehungsgeschichte	3	III.	Entscheidung	17
IV. Rechtliche Einordnung	4		1. Anordnung	18
V. Kernfragen	7		2. Maßnahme	19
B. Normstruktur	8		3. Befristung	21
I. Ausgangspunkt	8	IV.	Rechtsfolgen	24
II. Voraussetzungen	9	C.	Verfahren	26
1. Hauptsacheverfahren	9	D.	Rechtsschutz	27

Schrifttum

Siehe Schrifttum zu § 32 GWB sowie: *Karl/Reichelt*, Die Änderungen des Gesetzes gegen Wettbewerbsbeschränkungen durch die 7. GWB-Novelle, DB 2005, 1436 ff.; *Nordsjo*, Regulation 1/2003: Power of the Commission to Adopt Interim Measures, ECLR 2006, 299 ff.; *Varona/Gonzalez Durantes*, Interim Measures in Competition Cases before the European Commission and the Courts, ECLR 2002, 512 ff.

A. Grundlagen

I. Grundgedanke der Regelung

§ 32a GWB verleiht der Kartellbehörde die Befugnis, in dringenden Fällen einstweilige Anordnungen zu treffen. Damit ist es den Behörden möglich, für die Dauer des Hauptsacheverfahrens vorläufig den Wettbewerb sichernde Maßnahmen zu treffen. 1

II. Praktische Bedeutung

Die Norm hat geringe praktische Bedeutung. Früher hat die Kartellbehörde nur gelegentlich Entscheidungen nach den Vorgängernormen (§ 60 GWB 2

1999, davor § 56 GWB a.F.) getroffen.[1] Auch die Europäische Kommission hat bisher selten von ihrer entsprechenden Befugnis Gebrauch gemacht.[2] Im Zuge einer aktiveren, stärker zukunftsgerichteten Befugnisausübung (vgl. Vor § 32 Rdn. 13) ist eine aktive Nutzung von § 32a GWB denkbar. Die Monopolkommission hat eine stärkere Nutzung einstweiliger Möglichkeiten gerade mit Blick auf Wettbewerbsverzerrungen in dynamischen Branchen empfohlen.[3] Allerdings haben die Behörden eine **Beschleunigung des Hauptsacheverfahrens** meist selbst in der Hand. Da Entscheidungen in der Hauptsache heute regelmäßig sofort vollziehbar sind, sind Maßnahmen nach § 32a GWB gegebenenfalls verzichtbar. Die Hürden für eine Anordnung nach § 32a GWB sind hoch.

III. Entstehungsgeschichte

3   Die Norm ist seit der 7. GWB-Novelle 2005 Bestandteil des GWB. Zuvor waren einstweilige Maßnahmen über § 60 GWB a.F. möglich. § 60 GWB hat jetzt einen veränderten Anwendungsbereich (siehe unten). Die Fassung von § 32a GWB ist an Art. 8 VO 1/2003 angelehnt, erwähnt aber die prima-facie-Nachweisbarkeit der Zuwiderhandlung nicht und gibt zugunsten der betroffenen Unternehmen eine Soll-Befristung von einem Jahr vor.[4]

IV. Rechtliche Einordnung

4   Unmittelbares Vorbild der Regelung ist **Art. 8 VO 1/2003**.[5]

5   Ein enger Zusammenhang besteht zudem mit **§ 60 GWB**, in dem früher die einstweiligen Maßnahmen geregelt waren. § 60 GWB ist jetzt lex specialis für einstweilige Maßnahmen in der Fusionskontrolle, bei Prüfung der Wettbewerbsregeln nach § 26 GWB, für die Preisbindung nach § 30 GWB und die Vorteilsabschöpfung nach § 34 GWB. Die Ausgestaltung beider Normen ist trotz des abweichenden Wortlauts identisch.[6] Eine Abgrenzung ist dennoch zwingend erforderlich, wie das OLG Düsseldorf deutlich gemacht hat. Eine

---

1 Vgl. KG WuW/E OLG 803 ff. – *Filtertüten*; KG WuW/E OLG 1548 ff. – *SABA*; KG WuW/E OLG 1983 ff. – *Rama-Mädchen*; OLG München WuW/E OLG 4990 – *Herr der Gezeiten*; BGH GRUR 2001, 367 – *Einspeisesperre*.
2 Vgl. *Varona/Gonzalez Durantes*, ECLR 2002, 512 ff.; *Nordsjo*, ECLR 2006, 299, 307.
3 Monopolkommission, Sondergutachten 68: Wettbewerbspolitik: Herausforderung digitale Märkte, 2015, Tz. 510.
4 RegBegr. BT-Drucks. 15/3640, S. 51.
5 RegBegr. BT-Drucks. 15/3640, S. 51. Zu dessen Auslegung siehe *Nordsjo*, ECLR 2006, 299 ff.
6 Vgl. *Klose*, in: Wiedemann, § 51 Rn. 26.

Maßnahme, die im Zusammenhang mit einem Fusionskontrollverfahren steht, kann nicht auf § 32a gestützt werden.[7]

Die Befugnis von Behörden zur einstweiligen Regelung von Zuständen bei drohender Gefahr ist typischer Bestandteil des Ordnungsrechts. Bei aller Parallelität zum allgemeinen Verwaltungsrecht darf aber nicht die Privatautonomie als Regelungskern des Wettbewerbsrechts übersehen werden. In der Anwendung des § 32a GWB ist daher eine strikte Verhältnismäßigkeitsprüfung durchzuführen.

V. Kernfragen

Diskutiert wird insbesondere, welche Beweisanforderungen an die Kartellbehörde zu stellen sind, welche Interessen sie zu berücksichtigen hat und wie intensiv einstweilige Maßnahmen eingreifen dürfen.

B. Normstruktur

I. Ausgangspunkt

Die Kartellbehörde bedarf einer Befugnis zur einstweiligen Regelung von Sachverhalten, um die Gefahr abwenden zu können, dass während der zuweilen langen Dauer des Hauptsacheverfahrens die dynamischen Marktprozesse in wettbewerbsschädigender Weise weiter laufen. Eine Verfügung nach § 32a GWB zielt darauf, die Schaffung von neuen Marktstrukturen zu stoppen, bevor eine endgültige Entscheidung über die Rechtswidrigkeit des Vorgehens getroffen werden kann. Einstweilige Maßnahmen sichern vorübergehend die **Wettbewerbsstruktur**. Diesem wettbewerbspolitischen Bedürfnis steht die Gefahr gegenüber, dass ohne vertiefte Prüfung Unternehmen Vorgaben gemacht werden, die diese in ihrer freien Entfaltung am Markt hindern.

II. Voraussetzungen

1. Hauptsacheverfahren

Zur einstweiligen Regelung eines Sachverhalts muss zugleich ein Hauptsacheverfahren eingeleitet werden.[8] Erforderlich ist lediglich eine Verfahrenseinleitung, an die keine besonderen Anforderungen gestellt werden. Die Eröffnung des Verfahrens wegen einstweiliger Maßnahmen kann nicht ohne weiteres als

---

7 OLG Düsseldorf, 3.12.2015, Az. VI-Kart 1/15 (V), WuW 2016, 81.
8 *Rehbinder*, in: Loewenheim/Meessen/Riesenkampff, § 32a Rn. 2; *Bornkamm*, in: Langen/Bunte, GWB, § 32a Rn. 3; *Bach*, in: Immenga/Mestmäcker, GWB, § 32a Rn. 4.

§ 32a GWB *Einstweilige Maßnahmen*

Verfahrenseinleitung in der Hauptsache gedeutet werden.[9] Nach Erlass einer Verfügung in der Hauptsache tritt die Möglichkeit des Sofortvollzugs an die Stelle des § 32a GWB. Im Hauptsacheverfahren kann wiederum auf die einstweilige Anordnung verwiesen werden, wie der BGH beispielsweise mit Blick auf eine förmliche Zustellung entschieden hat.[10]

2. Zuwiderhandlung

10 Es muss eine Zuwiderhandlung gegen Kartellrecht vorliegen oder unmittelbar bevorstehen. Die Norm bezieht sich auf Verstöße gegen §§ 1, 19–21, 29 GWB und Art. 101, 102 AEUV.

11 Der **Nachweis** der Zuwiderhandlung ist nicht vollumfänglich zu erbringen. Wie sicher sich die Kartellbehörde bezüglich des Vorliegens einer Zuwiderhandlung sein muss, ist umstritten. Erforderlich ist mindestens, dass sich die Behörde mit dem Sachverhalt – wenn auch kurz – befasst hat, sie kann keine Entscheidung bloß »auf Zuruf« treffen.[11] Der Maßstab des Art. 8 VO 1/2003 (**prima-facie-Nachweis**) kann trotz der fehlenden Übernahme ins deutsche Recht schon wegen der Geltung von § 32a GWB auch für Art. 101 und 102 übernommen werden.[12] Ein Nachweis ist prima facie erbracht, wenn bei erstem Anschein und nach den für entsprechende Konstellationen typischen Erfahrungen das Ereignis eintritt. Erforderlich ist also eine Betrachtung des Sachverhalts und ein Abgleich des vermuteten Geschehensverlaufs mit typisierten Erfahrungssätzen. Hierzu muss die Behörde ökonomische Prozesse im Markt antizipieren, wobei **Simulationen** eine Hilfe sein können. Das Verfahren lässt sich als summarische Prüfung umschreiben. Die Prüfung muss ergeben, dass aller Wahrscheinlichkeit nach eine Untersagungsverfügung in der Hauptsache rechtmäßig wäre.[13] Generalisierende Formeln helfen aber ohnehin nicht weiter, da auch die Eilbedürftigkeit des Handelns, die Zugänglichkeit von Informationen und der erwartete Schaden im konkreten Fall gewichtige Aspekte sind.

---

9 OLG Düsseldorf, 3.12.2015, Az. VI-Kart 1/15 (V), WuW 2016, 81. Großzügiger *Bechtold/Bosch*, § 32a Rn. 3; *Bach*, in: Immenga/Mestmäcker, GWB, § 32a Rn. 4.
10 BGH, 15.12.2015, Az. KVZ 45/15, WuW 2016, 137.
11 Vgl. auch die Anforderungen in OLG Düsseldorf, 3.12.2015, Az. VI-Kart 1/15 (V), WuW 2016, 81 für eine Anordnung nach § 60.
12 *Bach*, in: Immenga/Mestmäcker, GWB, § 32a Rn. 5, a.A. *Rehbinder*, in: Loewenheim/Meessen/Riesenkampff, § 32a Rn. 3.
13 Vgl. *Rehbinder*, in: Loewenheim/Meessen/Riesenkampff, § 32a Rn. 3; *Keßler*, in: MünchKommKartR, GWB, § 32a Rn. 10.

Eine Regelung ist nur dann gerechtfertigt, wenn die Zuwiderhandlung unmittelbar bevorsteht. Die Begehungsgefahr muss in hohem Maße konkretisiert sein.

12

3. Dringlichkeit

Die einstweilige Regelung ist nur bei besonderer Dringlichkeit berechtigt, d.h. wenn die unmittelbare Gefahr eines ernsten, nicht wieder gutzumachenden Schadens besteht. Mit dieser Wortwahl stellt der Gesetzgeber **hohe Anforderungen**. Gedacht ist an Ausnahmefälle, in denen nur ein sofortiges Einschreiten eine strukturelle Wettbewerbsverschlechterung aufhalten kann. **Schutzrichtung** ist ausdrücklich »der Wettbewerb«. Damit distanziert sich der Gesetzgeber von einer Ausrichtung zugunsten von Verbrauchern oder Wettbewerbern – diese werden nur reflexartig geschützt. Im Mittelpunkt steht die Aufrechterhaltung des Wettbewerbs als grundlegendem Koordinationsmechanismus.[14] Dies bedeutet, dass eine rein verbrauchergeleitete Motivation für einstweilige Maßnahmen nicht genügt, wenn nicht eine Strukturverschlechterung droht. So könnte § 32a GWB nicht darauf gestützt werden, dass die Behörde die Entstehung von Streuschäden verhindern will, die später nicht mehr effizient eingeklagt werden könnten.

13

Dies grenzt die denkbaren Fälle ein, in denen ein ernster, nicht wieder gutzumachender Schaden angenommen werden kann. Als **Schaden** gilt die Beschränkung des Wettbewerbs, also die Einschränkung der Handlungsfreiheit der betroffenen Unternehmen durch rechtliche oder faktische Entwicklungen. Der Schadensbegriff umfasst aber auch volkswirtschaftliche Aspekte (Wohlfahrtsverlust). Nicht wieder gutzumachen ist ein Schaden, wenn er nicht durch die Verfügung in der Hauptsache ausgeglichen werden kann. Ernsthaft ist ein Schaden, wenn er im Hinblick auf seine Schwere, Intensität und Dauer sowie bei Betrachtung der konkreten Auswirkungen auf die Marktteilnehmer über eine bloß spürbare Beeinträchtigung hinausgeht. Der Schaden muss den Wettbewerb und die an ihm Teilnehmenden so treffen, dass das Geschehen einen *erheblich* abweichenden Verlauf von einem wettbewerblichen Vergleichsmarkt zeigen würde. Zu denken ist insbesondere an die Abschottung von Märkten, die durch faktische Maßnahmen bewirkt werden kann. Ist ein Markt erst einmal abgeschottet und für einen Anbieter monopolisiert, ist der Schaden für den Wettbewerb als erheblich anzusehen.

14

---

14 Vgl. *Bechtold/Bosch*, § 32a Rn. 6.

4. Beispiele

15 Nach altem Recht hatte eine Landeskartellbehörde den Betreiber eines Kabelnetzes mit Hilfe einer einstweiligen Anordnung verpflichtet, das Sendesignal eines Fernsehsenders in sein Netz einzuspeisen. Die Anordnung war auf eine Woche befristet.[15] Für diesen Fall, wie auch für Fälle der unterlassenen Belieferung,[16] hätte sich der Zivilrechtsweg angeboten. Weitere Fälle betrafen die einstweilige Untersagung der Durchführung einer vom Bundeskartellamt für missbräuchlich gehaltenen Rabatt-Aktion bis zum Abschluss des Verfahrens[17] sowie die einstweilige Untersagung einer Preisbindung nach Beschwerde-Einlegung.[18]

16 Anlass zur einstweiligen Regelung kann bestehen, wenn das ersichtlich missbräuchliche Verhalten eines marktbeherrschenden Unternehmens zum **Ausscheiden eines Wettbewerbers** nach dem anderen führt und ein Wiedereintritt in den Markt nach der Hauptsacheentscheidung unrealistisch ist, etwa wegen hoher Marktzutrittsschranken. Geschützt wird auch bei solchen Anordnungen nicht der einzelne Wettbewerber, sondern der Wettbewerb. Dies kann gerade auch in sich dynamisch entwickelnden Branchen wichtig sein. Wenn etwa bei einem Plattformmarkt der **Wettbewerb um den Markt** der entscheidende ist, kann eine einstweilige Anordnung die Offenheit des Marktes eine Zeitlang sichern.

Sachverhalte mit einer starken **zeitlichen Komponente** (saisonale Produkte, Zugang zu einer Messe, Kartellrechtsverstöße bei Veranstaltungen, z.B. missbräuchliche Handhabung der Eintrittskartenvergabe) können Gegenstand einer Anordnung sein.[19]

III. Entscheidung

17 Die Entscheidung ergeht als Verwaltungsakt und ordnet eine einstweilige Maßnahme an. Sie steht im pflichtgemäßen **Ermessen** der Behörde, die sowohl über ein Aufgreif-, als auch ein Verfahrens- und Auswahlermessen verfügt. Ein Anspruch auf eine bestimmte Entscheidung besteht daher grundsätzlich, wie bei § 32 GWB, nicht.

---

[15] BGH GRUR 2001, 367 f. – *Einspeisesperre*.
[16] Vgl. KG WuW/E OLG 1548 ff. – *SABA*; OLG München WuW/E OLG 4990 ff. – *Herr der Gezeiten*.
[17] KG WuW/E OLG 1983 ff. – *Rama-Mädchen*.
[18] KG WuW/E OLG 803 ff. – *Filtertüten*.
[19] OLG Düsseldorf WuW/E OLG 3335 – *Inter-Mailand-Spiel*.

1. Anordnung

Die Entscheidung enthält die Anordnung einer Maßnahme. Diese Anordnung muss hinreichend bestimmt sein (§ 37 Abs. 1 VwVfG), d.h. der Adressat muss unmittelbar identifizieren können, wie er der Anordnung Folge leisten kann.

2. Maßnahme

Die Maßnahme darf die **Hauptsache-Entscheidung nicht vorwegnehmen**, ist durch diese begrenzt und muss verhältnismäßig sein. Dies bedeutet, dass die Kartellbehörde keine endgültige, unumkehrbare Regelung treffen darf, welche die Hauptsache faktisch präjudiziert.[20] Die Behörde ist stattdessen auf **Sicherungsmaßnahmen** beschränkt, die den ungehinderten dynamischen Geschehenslauf des Marktes so lenken, dass keine irreparable Schädigung des Wettbewerbs eintritt.

Hieraus wird gefolgert, dass nur negative Tenorierungen möglich sind und **strukturelle Maßnahmen** unzulässig sind.[21] Das ist der Norm indes nicht zu entnehmen, da in der Hauptsache auch eine Entscheidung nach § 32 Abs. 2 GWB gefällt werden kann. Je nach Einzelfall kann zur Sicherung des Wettbewerbs auch positiv tenoriert werden oder eine vorläufige Maßnahme vorgesehen werden, die einem strukturellen Eingriff ähnelt (z.B. Niederlegung der Kontrollrechte, Zwangslizenz). Allerdings steigen mit der Intensität des Eingriffs die Anforderungen an die Rechtfertigung und insbesondere die Verhältnismäßigkeit. Die Maßnahme muss geeignet sein, den Schadenseintritt zu verhindern, sie muss dazu das mildeste verfügbare Mittel sein und ihre Auswirkungen müssen in angemessenem Verhältnis zum möglichen Schaden und zu den Belastungen der Betroffenen stehen. Für diese **Verhältnismäßigkeitsprüfung** (Eignung, Erforderlichkeit, Angemessenheit) kann auf die Ausführungen zu § 32 GWB verwiesen werden. Auch hier gilt, dass Aspekte der Zuwiderhandlung und des drohenden Schadens (volkswirtschaftliche Bedeutung, Unumkehrbarkeit, Verbraucherschaden, Unrechtsgehalt usw.) die Abhilfemöglichkeiten beeinflussen. Handelt es sich wirklich um eine rein vorläufige, wieder rückgängig zu machende Anordnung in einem ersichtlich gravierenden Fall, sind nicht zu hohe Anforderungen zu stellen, um das Instrument des § 32a GWB nicht leerlaufen zu lassen. Die Möglichkeit des betroffenen Unternehmens, nach der Entscheidung in der Hauptsache **Schadensersatz** für unrechtmäßige Maßnahmen zu verlangen, kann in der Verhältnismäßigkeitsabwägung keine Rolle spielen, solange die Amtshaftung nur in derart engen Grenzen bejaht wird, wie dies derzeit der Fall ist.

---

20 Vgl. *Bach*, in: Immenga/Mestmäcker, GWB, § 32a Rn. 18.
21 *Karl/Reichelt*, DB 2005, 1436, 1440; *Bechtold/Bosch*, § 32a Rn. 2; *Bornkamm*, in: Langen/Bunte, GWB, § 32a Rn. 4.

3. Befristung

21 Die Anordnung ist zu befristen. Der deutsche Gesetzgeber hat als Soll-Vorschrift eine maximale Frist von einem Jahr vorgesehen. Damit betont er die Vorläufigkeit der Maßnahme und seine eigene Skepsis gegenüber dem Instrument der einstweilen Anordnung. Ggf. ist die Verfügung bereits vor Ablauf der Frist aufzuheben. Die Frist kann aber auch verlängert werden. Der Gesetzgeber geht davon aus, dass die Kartellbehörde innerhalb von einem Jahr in einem dringenden Fall eine **Entscheidung in der Hauptsache** herbeiführen kann.[22]

22 In der Literatur wird diskutiert, die Behörde solle regelmäßig eine Frist von vier (nach anderer Ansicht sechs bis neun) Monaten setzen und ggf. verlängern.[23] Der Vergleich mit der **Vier-Monats-Frist** der Fusionskontrolle hinkt, da die betroffenen Unternehmen bei einem geplanten Zusammenschluss ein Interesse an zügiger Bearbeitung haben und dementsprechend kooperieren, was bei Kartell- und Missbrauchsfällen nicht der Fall ist. Hier muss die Kartellbehörde von Fall zu Fall entscheiden.

23 Soll die Frist über ein Jahr hinaus verlängert werden, ist zu begründen, warum das Hauptsacheverfahren noch nicht abgeschlossen werden konnte.[24]

IV. Rechtsfolgen

24 Die Anordnung bindet die Adressaten. Ein Verstoß gegen die Anordnung ist gem. § 81 Abs. 2 Nr. 2a GWB **bußgeldbewehrt**. Die Behörde kann die Maßnahme gem. §§ 86a GWB, 9 ff. VwVG durchsetzen.

Eine zivilrechtliche Bindungswirkung nach § 33 GWB scheidet aus, da keine bestandskräftige Feststellung über eine Zuwiderhandlung getroffen wird.

25 Gem. §§ 80 Abs. 1 Nr. 2, Abs. 2 Nr. 6d GWB werden Gebühren in Höhe von maximal einem Fünftel der Gebühr für die Hauptsache, also 5.000 Euro, erhoben.

C. Verfahren

26 Die Entscheidung ergeht in einem Verwaltungsverfahren, auf das §§ 54 ff. GWB anzuwenden sind. Die Behörde hat ein **Aufgreifermessen**, sodass nur bei einer kaum vorstellbaren Ermessensreduzierung auf Null ein Anspruch

---

22 RegBegr. BT-Drucks. 15/3640, S. 34.
23 Vgl. *Bach*, in: Immenga/Mestmäcker, GWB, § 32a Rn. 23; *Bornkamm*, in: Langen/Bunte, GWB, § 32a Rn. 5.
24 *Bechtold/Bosch*, § 32a Rn. 10; *Bach*, in: Immenga/Mestmäcker, GWB, § 32a Rn. 25.

auf Einschreiten besteht. Grundsätzlich ist dem Betroffenen rechtliches Gehör zu gewähren, dies kann im Einzelfall wegen der Dringlichkeit nachgeholt werden.[25] In der Praxis ist ein derart dringlicher Fall, dass eine **Anhörung** unmöglich ist, nicht denkbar, immerhin geht es im Kartellrecht nicht um die Rettung von Leib und Leben. Die Anhörung kann aber knapp ausfallen und muss keine mündliche Anhörung bei Anwesenheit von Unternehmensvertretern sein. Das OLG Düsseldorf hat auch eine telefonische Unterrichtung ohne Herausgabe der im Amt bis dahin vorliegenden »Manuskripte« für unzulässig gehalten.[26] Im Rahmen der Anhörung kann es für ein Unternehmen ratsam sein, die Verfügung durch die Zusage bestimmter Maßnahmen abzuwenden.[27] Die Behörde wird im Zweifel zu Verhandlungen bereit sein und eine einvernehmliche Lösung dem Instrument des § 32a GWB vorziehen. Die Verfügung ist zu begründen, mit einer Rechtsbehelfsbelehung zu versehen, zuzustellen und bekanntzumachen (§§ 61, 62 GWB), soweit die Dringlichkeit dies im Einzelnen erlaubt.

D. Rechtsschutz

Gegen die Verfügung ist die **Beschwerde** nach § 63 GWB möglich. Diese entfaltet keine aufschiebende Wirkung, sodass nur der Antrag nach § 65 Abs. 3 GWB sofortige Abhilfe verschafft. Die betroffenen Unternehmen können unter den strengen Voraussetzungen der Amtshaftung auch Schadensersatz nach § 839 BGB verlangen, wenn die einstweilige Anordnung rechtswidrig war. 27

---

25 Ebenso *Bechtold/Bosch*, § 32a Rn. 11; a.A. *Rehbinder*, in: Loewenheim/Meessen/Riesenkampff, § 32a Rn. 6; *Bach*, in: Immenga/Mestmäcker, GWB, § 32a Rn. 31.
26 OLG Düsseldorf, 3.12.2015, Az. VI-Kart 1/15 (V), WuW 2016, 81.
27 Vgl. *Nordsjo*, ECLR 2006, 299, 307.

§ 32b GWB Verpflichtungszusagen

§ 32b Verpflichtungszusagen

(1) Bieten Unternehmen im Rahmen eines Verfahrens nach § 30 Absatz 3, § 31b Absatz 3 oder § 32 an, Verpflichtungen einzugehen, die geeignet sind, die ihnen von der Kartellbehörde nach vorläufiger Beurteilung mitgeteilten Bedenken auszuräumen, so kann die Kartellbehörde für diese Unternehmen die Verpflichtungszusagen durch Verfügung für bindend erklären. Die Verfügung hat zum Inhalt, dass die Kartellbehörde vorbehaltlich des Absatzes 2 von ihren Befugnissen nach den § 30 Absatz 3, § 31b Absatz 3, §§ 32 und 32a keinen Gebrauch machen wird. Sie kann befristet werden.

(2) Die Kartellbehörde kann die Verfügung nach Absatz 1 aufheben und das Verfahren wieder aufnehmen, wenn
1. sich die tatsächlichen Verhältnisse in einem für die Verfügung wesentlichen Punkt nachträglich geändert haben
2. die beteiligten Unternehmen ihre Verpflichtungen nicht einhalten oder
3. die Verfügung auf unvollständigen, unrichtigen oder irreführenden Angaben der Parteien beruht.

Übersicht

	Rdn.			Rdn.
A. Grundlagen	1		e) Transparenzvorgaben	39
I. Grundgedanke der Regelung	1	III.	Entscheidung	40
II. Praktische Bedeutung	2		1. Verbindlicherklärung und	
III. Entstehungsgeschichte	3		Verzicht auf Maßnahmen	41
IV. Rechtliche Einordnung	5		2. Vorbehalte	43
V. Kernfragen	8		3. Begründung und Veröffent-	
B. **Normstruktur**	9		lichung	45
I. Ausgangspunkt	9	IV.	Rechtsfolgen	48
II. Voraussetzungen	12	V.	Aufhebung und Wiederaufnahme	
1. Verfahren nach §§ 30 Abs. 3, 31b Abs. 3 oder 32 GWB	12		(Abs. 2)	53
			1. Allgemeines	53
2. Mitteilung vorläufiger Bedenken	14		2. Änderung von Tatsachen	54
3. Angebot geeigneter Verpflichtungen	18		3. Nicht-Einhaltung	55
			4. Fehlerhafte Angaben	56
4. Verhältnismäßigkeit	22	C.	**Verfahren**	57
5. Beispiele	27	I.	Ermessen	57
a) Kompensationsmaßnahmen	28	II.	Verfahrensablauf	60
b) Verzicht auf vertragliche Regeln	31	III.	Markttest	61
		D.	**Rechtsschutz**	63
c) Vorgaben für den Vertragsabschluss	35	I.	Möglichkeiten der Adressaten	63
		II.	Möglichkeiten Dritter	65
d) Vermarktungsvorgaben	37			

Schrifttum

Bechtold/Buntscheck, Die 7. GWB-Novelle und die Entwicklung des deutschen Kartellrechts 2003 bis 2005, NJW 2005, 2966 ff.; *Bergmann*, Praktische Fragen im Zusammenhang mit Zusagenentscheidungen nach Art. 9 Abs. 1 VO 1/2003, WuW 2014, 467 ff.; *Bornkamm*, Die Verpflichtungszusage nach § 32b GWB, in: Brinker/Scheuing/Stockmann (Hrsg.): Festschrift Rainer Bechtold, München 2006, S. 45 ff.; *Busse/Leopold*, Entscheidungen über Verpflichtungszusagen nach Art. 9 VO (EG) Nr. 1/2003, WuW 2005, 146 ff.; *Ehricke*, Die Doppelmacht der Kommission in Wettbewerbssachen – ein Plädoyer für die Etablierung einer eigenständigen und unabhängigen EG-Wettbewerbsbehörde, WuW 2008, 411; *Fehling/Kastner/Störmer* (Hrsg.), Verwaltungsrecht, Handkommentar, 4. Aufl., Baden-Baden 2016; *Fuchs*, Die 7. GWB-Novelle – Grundkonzeption und praktische Konsequenzen, WRP 2005, 1384 ff.; *Hartog/Noack*, Die 7. GWB-Novelle, WRP 2005, 1396 ff.; *Hirsch*, Anwendung der Kartellverfahrensordnung (EG) Nr. 1/2003 durch nationale Gerichte, ZWeR 2003, 233 ff.; *Hjelmeng*, Competition Law Remedies: Striving for Coherence or Finding New Ways?, CML Rev. 2013, 117 ff.; *Hoffmann-Riem/Schmidt-Aßmann/Voßkuhle* (Hrsg.), Grundlagen des Verwaltungsrechts, Bände I–III, 2. Aufl., München 2012/13; *Karl/Reichelt*, Die Änderungen des Gesetzes gegen Wettbewerbsbeschränkungen durch die 7. GWB-Novelle, DB 2005, 1436 ff.; *Klees*, Das Instrument der Zusagenentscheidung und der Fall »E.ON« – Ein (weiterer) Sündenfall, WuW 2009, 374 ff.; *Knack/Henneke* (Hrsg.), Verwaltungsverfahrensgesetz, 10. Aufl., Köln 2014; *Lotze/Smolinski*, Zum Akteneinsichtsrecht Dritter nach Abschluss von Verpflichtungszusagen, WuW 2015, 494 ff.; *Marx*, Konsensuales Kartellverfahrensrecht (i.E.); *Podszun*, Paradigmenwechsel in der kartellbehördlichen Befugnisausübung: Grundlagen, Gefahren, Grenzen, ZWeR 2012, 48 ff.; *Polster/Petschko*, Nach Microsoft und E.ON: Auf dem Weg zur Strukturpolitik durch die Europäische Missbrauchskontrolle?, ÖZK 2010, 108 ff.; *K. Schmidt*, Umdenken im Kartellverfahrensrecht! – Gedanken zur Europäischen VO Nr. 1/2003, BB 2003, 1237 ff.; *Schulte* (Hrsg.), Handbuch Fusionskontrolle, 2. Aufl., Köln 2010; *Wagner-Von Papp*, Best and Even Better Practices in the European Commitment Procedure after Alrosa: The Dangers of Abandoning the ›Struggle for Competition Law‹, CML Rev. 2012, 929 ff.; *Wiedemann*, Auf der Suche nach der verlorenen Rechtssicherheit – Eine Zwischenbilanz zwei Jahre nach Inkrafttreten der EG-Kartellverfahrens-Verordnung Nr. 1/2003, in: Brinker/Scheuing/Stockmann (Hrsg.): Festschrift Rainer Bechtold, München 2006, S. 627 ff.; *Wolter*, Hohe Belastungen für Gasversorgungsunternehmen – Zur analogen Anwendbarkeit der §§ 119 ff. BGB auf Verpflichtungszusagen nach § 32b Abs 1 GWB, RdE 2009, 247 ff.

A. Grundlagen

I. Grundgedanke der Regelung

§ 32b verleiht der Kartellbehörde die Befugnis, ein Verfahren einvernehmlich mit den betroffenen Unternehmen zu beenden. Dazu erklärt die Behörde Abhilfemaßnahmen, die die Unternehmen selbst anbieten, für verbindlich und erklärt im Gegenzug ihren Verzicht auf Verfügungen nach §§ 32 und 32a GWB bzw. § 30 (Presse) und § 31b (Wasserwirtschaft). Ein Kartellrechtsverstoß wird nicht festgestellt, es bleibt bei der Mitteilung vorläufiger Bedenken. 1

II. Praktische Bedeutung

Die praktische Bedeutung ist hoch. Unternehmen versuchen regelmäßig in Kartell- und Missbrauchsverfahren, Verfügungen durch das Angebot von Zusagen abzuwenden. Die Kartellbehörden lassen sich im Zuge einer zukunftsorientierten und stärker kooperativen Befugnisausübung auch darauf ein. Das 2

Bundeskartellamt hat zahlreiche wichtige Fälle mit entsprechenden Zusagen gelöst.

III. Entstehungsgeschichte

3 § 32b GWB wurde mit der 7. GWB-Novelle 2005 ins Gesetz integriert. Die Norm ist Art. 9 VO 1/2003 nachgebildet.[1] Es besteht ein Zusammenhang mit dem Wechsel zum System der Legalausnahme: Die Möglichkeit für Unternehmen, über Verpflichtungszusagen eine Verfügung abzuwenden, trägt ihrem Bedürfnis Rechnung, die Rechtslage im Zusammenspiel mit der Behörde zu klären und rasch **Rechtssicherheit** für weitere Investitionen zu erlangen. So wird der Wegfall der Möglichkeit, vorab bei der Behörde eine Freistellung zu erwirken, teilweise kompensiert. Angeknüpft wird damit auch an die Freistellung unter Auflagen.[2]

4 Vor Einführung von § 32b GWB wurden Vergleiche zwischen Unternehmen und Kartellbehörde nur informell geschlossen. Dieses Verfahren verliert mit der Einführung von § 32b GWB seine Berechtigung.

IV. Rechtliche Einordnung

5 Neben der europarechtlichen Parallele in **Art. 9 VO 1/2003** gibt es auch im deutschen Kartellrecht Parallelen zu **§ 32c GWB** sowie zur Freigabe eines Zusammenschlusses unter Auflagen (**§ 40 Abs. 3 GWB**). Wegen der großen Erfahrung der Kartellbehörden mit Zusagen in der Fusionskontrollpraxis wird eine Annäherung beider Verfahrensarten samt den dabei typischen Zusagen erwartet.[3]

6 Das Vorgehen erinnert an den für den Zivilprozess typischen **Vergleich** und den Deal im Strafrecht, unterscheidet sich von Ersterem aber durch die unterschiedliche Rolle der Parteien, von Letzterem durch seine Zukunftsorientierung. Eine **Kontrollinstanz**, wie sie beim Prozessvergleich (§ 278 Abs. 6 ZPO) und beim Deal (§ 257c StPO) das protokollierende Gericht einnimmt, fehlt.[4] Das Zusagenverfahren ist daher anfällig für problematische Absprachen zu Lasten Dritter.

---

[1] RegBegr. BT-Drucks. 15/3640, S. 34, 51.
[2] *Bechtold/Buntscheck*, NJW 2005, 2968; vgl. auch *Wiedemann*, in: FS Bechtold, S. 627, 636.
[3] *Immenga*, in: Lange, Rn. 1480; siehe die Übersicht bei *Schulte*, Handbuch Fusionskontrolle, S. 198 ff.
[4] *Klees*, WuW 2009, 374, 382 befürwortet eine gerichtliche Instanz zur Annahme der Zusagen. Das würde eine Diskussion über die Stellung der Kartellbehörden in ihrer

Im allgemeinen Verwaltungsrecht knüpft die Norm an den mitwirkungsbedürftigen Verwaltungsakt[5] und an öffentlich-rechtliche Verträge (§§ 54 ff. VwVfG) an. Der Verwaltungsakt entspricht § 32b GWB eher, da das **konsensuale Element** hinter der letztlich **hoheitlichen Entscheidung** zurücktritt.[6] Konsequent ist § 32b Abs. 2 GWB als Wiederaufnahme, nicht als Kündigung ausgestaltet. Öffentlich-rechtliche Verträge werden auch für das Kartellverfahren nicht durch § 32b GWB ausgeschlossen,[7] sie haben aber keine praktische Bedeutung.

7

V. Kernfragen

In der Praxis wird insbesondere um die Eignung der angebotenen Zusagen, um Verfahrensfragen (etwa wie lange Angebote noch unterbreitet werden können) und um den Rechtsschutz gegen Entscheidungen nach § 32b GWB gestritten.

8

B. Normstruktur

I. Ausgangspunkt

§ 32b GWB ist eine Norm, die sich von der klassischen Konfrontationsstellung im Verwaltungsverfahren löst und eine kooperative, zukunftsorientierte Lösung fördern soll, die beiden Seiten (Behörde und Unternehmen) gerecht wird und die Bürde des formellen Verfahrens lindert.[8] Die Lösung eines Verfahrens über § 32b GWB erspart der Behörde im Idealfall **Durchsetzungsprobleme** und beiden Seiten langwierige juristische Auseinandersetzungen. Durch die **Kooperation** kann das Verfahren (vermeintlich)[9] rasch abgeschlossen werden. Für das Unternehmen zahlt sich aus, dass es nicht zur positiven Feststellung eines Kartellrechtsverstoßes kommt und Auflagen beeinflusst werden können.[10]

9

Zwitterstellung von »anklagender« und »entscheidender« Behörde erforderlich machen.
5 Vgl. *Henneke*, in: Knack/Henneke, Verwaltungsverfahrensgesetz, § 35 Rn. 169 ff.; *Bumke*, in: Hoffmann-Riem/Schmidt-Aßmann/Voßkuhle, Grundlagen des Verwaltungsrechts, § 35 Rn. 68 f.
6 *K. Schmidt*, BB 2003, 1237, 1242; *Bornkamm*, in: FS Bechtold, S. 45, 47; *Kling/Thomas*, § 21 Rn. 16; vgl. *Bach*, in: Immenga/Mestmäcker, GWB, § 32b Rn. 5; *Fehling*, in: Fehling/Kastner/Störmer, Verwaltungsrecht, § 54 VwVfG Rn. 31.
7 Vgl. RegBegr. BT-Drucks. 15/3640, S. 34.
8 Vgl. *K. Schmidt*, BB 2003, 1237, 1242; *Marx*, Konsensuales Kartellverfahrensrecht.
9 Diese Erwartung trifft zumindest für das europäische Verfahren in Art. 9-Fällen nicht zu, vgl. *Marx*, Konsensuales Kartellverfahrensrecht.
10 Vgl. *Keßler*, in: MünchKommKartR, GWB, § 32b Rn. 4.

10 Problematisch ist, dass den Interessen sonstiger Marktteilnehmer weniger Rechnung getragen wird. Rechtsstaatlich **bedenklich** ist, dass die Feststellung eines Gesetzesverstoßes nicht erforderlich ist und Unternehmen dennoch mit einigem Druck seitens der Behörde zur Akzeptanz von Verhaltens- oder Strukturänderungen getrieben werden können.[11] Zugleich besteht eine **Missbrauchsgefahr** seitens der Unternehmen, die aufgrund ihres internen Informationsvorsprungs die Behörde möglicherweise mit Zusagen abspeisen, die nicht ausreichend sind. Da Zusagenentscheidungen nur begrenzt gerichtlich überprüfbar sind, findet eine **richterliche Kontrolle** in manchen Bereichen der Kartellrechtsanwendung nur noch sehr eingeschränkt statt. Das ist eine rechtsstaatlich bedenkliche Tendenz.

11 Insgesamt ist die Anwendung von § 32b GWB im Zuge einer modernisierten Befugnisausübung (dazu Vor § 32 Rdn. 13) als effizient, weniger belastend und zukunftsorientiert zu bewerten, auch wenn die hohen Erwartungen in schnelle und effektive Verfahrensführung nicht komplett erfüllt wurden. Die genannten Vor- und Nachteile sind bei der Auslegung sowie bei der Ermessensentscheidung der Behörde zu berücksichtigen, ob sie Zusagen akzeptiert.[12] Die Gerichte sind bereit, vor dem Hintergrund dieser Aspekte der Behörde bei der Anwendung von § 32b GWB einen Beurteilungsspielraum zuzubilligen.[13]

II. Voraussetzungen

1. Verfahren nach §§ 30 Abs. 3, 31b Abs. 3 oder 32 GWB

12 § 32b GWB stellt den Abschluss eines Verfahrens dar, das zunächst nach § 32 GWB oder als Verfahren wegen Missbräuchen im privilegierten Pressebereich (§ 30 Abs. 3) oder in der Wasserwirtschaft (§ 31b Abs. 3) geführt wird.[14] Erforderlich ist die **Einleitung** eines Verfahrens nach § 30 Abs. 3 oder wegen Verstoßes gegen §§ 1, 19–21, 29, 31 Abs. 3 GWB oder Art. 101, 102 AEUV. Eine solche Verfahrenseinleitung ist in der Praxis meist die Mitteilung an die Betroffenen, dass ein Verfahren gegen sie wegen bestimmter Punkte geführt wird. Dies kann – muss aber nicht – die Mitteilung der Beschwerdepunkte

---

11 Vgl. *K. Schmidt*, BB 2003, 1237, 1242; *Wiedemann*, in: FS Bechtold, S. 627, 635; *Klose*, in: Wiedemann, § 51 Rn. 32; *Klees*, WuW 2009, 374, 377; *Bach*, in: Immenga/Mestmäcker, GWB, § 32b Rn. 5.
12 *Klees*, WuW 2009, 374, 376.
13 *Hirsch*, ZWeR 2003, 233, 252; *Rehbinder*, in: Loewenheim/Meessen/Riesenkampff/Kersting/Meyer-Lindemann, GWB, § 32b Rn. 9.
14 *Bornkamm*, in: FS Bechtold, S. 45, 47 f.; *Klose*, in: Wiedemann, § 51 Rn. 33.

sein. Nicht in Betracht kommt § 32b GWB, wenn die Behörde ein Bußgeldverfahren durchführt.[15]

Gut geeignet ist das Verfahren für **Folgeverfahren**, wenn bereits ein Musterentscheid nach § 32 vorliegt (und womöglich schon gerichtlich bestätigt ist)[16] oder eine ältere Entscheidung nachjustiert wird.[17]

2. Mitteilung vorläufiger Bedenken

Im Zuge des Verfahrens muss die Behörde zu der vorläufigen Einschätzung gelangen, dass ein Verstoß gegen Kartellrecht vorliegt. Der Wortlaut »**Bedenken**« erinnert zwar an das im europäischen Verfahren typische »statement of objections«, eine vollumfängliche Abmahnung, die einer Entscheidung nahe kommt, kann aber nicht gemeint sein, da sonst das Ziel des Abschlusses nach § 32b GWB, die Schnelligkeit, völlig verloren ginge.[18] Es genügt demnach, wenn die Kartellbehörde sich eine vorläufige Meinung gebildet hat. Dazu muss sie den Sachverhalt weitgehend aufklären. Eine vollständige **Sachverhaltsaufklärung** ist nicht erforderlich, es genügt, dass die für eine Zuwiderhandlung tragenden Tatbestandsmerkmale ausgefüllt werden können. Andere Ansichten[19] gehen am Zweck des § 32b GWB vorbei, da gerade die Sachverhaltsermittlung besonders langwierig sein kann. Wenn ein Unternehmen meint, zu seinen Gunsten sei noch nicht ausermittelt, kann es ohne weiteres die entsprechenden Fakten nachreichen oder von Zusageangeboten absehen.

Die **rechtliche Würdigung** des Sachverhalts kann gleichfalls vorläufiger Natur sein. Wie das Zivilgericht beim Vergleich, so erspart sich die Kartellbehörde bei der Zusagenentscheidung die umfassende rechtliche Würdigung, also das Abfassen einer vollständigen Entscheidung. Aus der vorläufigen Beurteilung von Sach- und Rechtslage muss sich aber ein Einschreiten der Kartellbehörde rechtfertigen, es muss also mit hoher Wahrscheinlichkeit – wenn sich die Einschätzungen bestätigen – eine Untersagungsverfügung im Raum ste-

---

15 RegBegr. BT-Drucks. 15/3640, S. 34; *Bornkamm*, in: FS Bechtold, S. 45, 48; differenziert *Bach*, in: Immenga/Mestmäcker, GWB, § 32b Rn. 9.
16 So lag es in den Verfahren um langfristige Gaslieferverträge, die in Folge des E.on-Musterverfahrens durchgeführt wurden, siehe unten B.II.5.
17 So etwa in der Zusagenentscheidung *SodaStream* (BKartA, 22.1.2015, Az. B3-164/13), die an frühere konfrontative Entscheidungen gegen das Unternehmen anknüpft.
18 Vgl. *Wiedemann*, in: FS Bechtold, S. 627, 635; *Bornkamm*, in: Langen/Bunte, GWB, § 32b Rn. 5.
19 *Klose*, in: Wiedemann, § 51 Rn. 34; wie hier: *Rehbinder*, in: Loewenheim/Meessen/Riesenkampff/Kersting/Meyer-Lindemann, GWB, § 32b Rn. 5.

hen. Die Kartellbehörde muss die Lage so differenziert prüfen, dass nicht die Gefahr eines behördlichen Missbrauchs der Befugnis besteht.

16 Die Mitteilung der Bedenken muss so **bestimmt** sein, dass das Unternehmen sinnvolle Zusagen anbieten kann. Dazu wird die Behörde regelmäßig schriftlich ihre Bedenken niederlegen und konkrete Vertragsklauseln oder Verhaltensweisen als problematisch benennen. In der Praxis gibt die Behörde meist Hinweise, welche Zusagenangebote möglicherweise erfolgreich wären. Unternehmen sollten hierzu das Gespräch mit den zuständigen Berichterstattern suchen. Bei den Verhandlungen mit der Beschlussabteilung über geeignete Zusagen ist zu berücksichtigen, dass »Geheimverhandlungen« nicht möglich sind, sondern – im Interesse sonstiger Beteiligter – ggf. Protokolle zu fertigen sind.[20]

17 Dass der Gesetzgeber auf die Mitteilung vorläufiger Bedenken abstellt, bedeutet, dass er **bei sicherer Feststellung** von Verstößen eine Untersagungsverfügung erwartet.[21] Eine Entscheidung nach § 32b scheidet demnach aus, wenn die Behörde einen Kartellrechtsverstoß für erwiesen hält.

3. Angebot geeigneter Verpflichtungen

18 Das Unternehmen, das Adressat einer Verfügung nach § 32 GWB werden würde, kann geeignete Verpflichtungen anbieten, die die Bedenken ausräumen würden. Als Verpflichtungen kommen alle Abhilfemaßnahmen in Betracht, die auch Gegenstand der Verfügungen nach §§ 32 und 32a GWB sein könnten. Da das Angebot vom Unternehmen ausgeht, spricht im Prinzip nichts gegen Zusagenangebote, die über das hinausgehen, was im Rahmen einer Gebotsverfügung möglich gewesen wäre.[22] Auch **strukturelle Maßnahmen** sind grundsätzlich möglich.[23] Zum Schutz des Unternehmens selbst und zum Schutz Dritter muss die Behörde aber dennoch eine Prüfung vornehmen. Als Teil des Zusagenpakets kann auch eine Verhaltensänderung des Unternehmens vor Erreichen der Entscheidung nach § 32b GWB gewertet werden,

---

20 Vgl. OLG Düsseldorf, Beschl. v. 12.7.2016, Az. Kart-3/16, Rz. 80 – *Ministererlaubnis Edeka*.
21 Ebenso für Entscheidungen nach Art. 9 VO 1/2003 *Busse/Leopold*, WuW 2005, 146, 150 f.
22 Vgl. *K. Schmidt*, BB 2003, 1237, 1242; *Busse/Leopold*, WuW 2005, 146, 148; a.A. *Bechtold*, § 32b Rn. 4; *Klees*, WuW 2009, 374, 380; *Rehbinder*, in: Loewenheim/Meessen/Riesenkampff/Kersting/Meyer-Lindemann, GWB, § 32b Rn. 7.
23 Ebenso *Bach*, in: Immenga/Mestmäcker, GWB, § 32b Rn. 17; kritisch *Keßler*, in: MünchKommKartR, GWB, § 32b Rn. 14.

wenn die Verhaltensänderung auf die Verfahrenseinleitung durch die Kartellbehörde zurückgeht.[24]

Die angebotenen Zusagen müssen so hinreichend **bestimmt** sein, dass sie für die Behörde und Marktteilnehmer überprüfbar sind (monitoring). 19

Die Verpflichtungen müssen einen **Konnex** zu den Bedenken haben und gerade zu deren Abstellung dienen. Abzulehnen sind Vergleichsvorschläge, wenn sie die zentralen Bedenken nicht ausräumen können und die Wettbewerbsbeschränkung aufrechterhalten oder wenn sie einen unzumutbaren Kontroll- und Regelungsaufwand in der Praxis nach sich ziehen.[25] Sie müssen »in angemessener Relation zu den zentralen Streitpunkten des Verfahrens« stehen.[26] Die Behörde darf sich nicht eine Zuwiderhandlung »abkaufen« lassen durch Zugeständnisse in einem anderen wettbewerblich problematischen Bereich.[27] Berücksichtigt werden müssen die Auswirkungen auf andere Marktteilnehmer.[28] 20

Das Gesetz trifft keine Aussage darüber, bis zu welchem **Zeitpunkt** ein Unternehmen noch Zusagen anbieten kann und inwieweit die Behörde Zusagenangebote berücksichtigen muss. Grundsätzlich kann ein Unternehmen bis zum Erlass der Verfügung Zusagenangebote vorlegen.[29] In der Praxis versuchen Unternehmen teilweise mit Zusagenangeboten und Nachbesserungen derselben eine Entscheidung der Behörde zu verzögern. Die Akzeptanz von Zusagen steht im pflichtgemäßen Ermessen der Behörde (siehe unten). Ernst gemeinte Zusagenvorschläge sind daher zumindest summarisch zu prüfen. Sobald aber Vorschläge nur noch einer **Verzögerungstaktik** dienen, kann die Behörde diesen Weg versperren und eine Untersagung aussprechen. Sie kann die Unternehmen auch mit Fristsetzung zur Abgabe eines maximalen Zusagenangebots auffordern. 21

4. Verhältnismäßigkeit

Die Behörde muss auch die **Verhältnismäßigkeit** prüfen.[30] Verhältnismäßigkeit meint, dass die Zusagen geeignet sein müssen, den Verstoß abzustellen 22

---

24 Vgl. BKartA WuW/E DE-V 1704, 1705 – *RheinEnergie*.
25 Vgl. BKartA WuW/E DE-V 1177, 1190 – *Soda Club*.
26 BKartA WuW/E DE-V 1495, 1498 – *RWE-CO^2-Emissionshandel*.
27 Vgl. *Ehricke*, WuW 2008, 411; *Klees*, WuW 2009, 374, 382.
28 Nur so ist das *Alrosa*-Urteil zu verstehen, vgl. EuG WuW/E EU-R 1283, 1289 – *Alrosa*.
29 *Bach*, in: Immenga/Mestmäcker, GWB, § 32b Rn. 13.
30 Vgl. EuG WuW/E EU-R 1283, 1285 f. – *Alrosa*. Zustimmend *Klees*, WuW 2009, 374, 379; *Klose*, in: Wiedemann, § 51 Rn. 36.

oder zu beheben (Eignung); es darf kein milderes Mittel zur Verfügung stehen (Erforderlichkeit) und die Zusagen müssen mit Blick auf die Schwere des Verstoßes und die Belastung für das Unternehmen auch angemessen sein (Verhältnismäßigkeit im engeren Sinn).

23 Die **Eignung** der Zusagen muss von der Behörde beurteilt werden. Geeignet sind solche Verpflichtungen, die den wettbewerblichen Verstoß abstellen und nachhaltig beseitigen. Sie sollte dazu einen Markttest durchführen und andere Marktteilnehmer zur Eignung der Zusagen befragen (dazu unten).

24 Wenn **mildere Mittel** zur Verfügung stehen, um den Bedenken abzuhelfen (z.B. eine kürzere Dauer der Verpflichtung, eine geringere Begrenzung des Aktionsradius oder eine stärker marktorientierte, weniger behördlich vorgegebene Verhandlungslösung), sind diese vorrangig. Auch hier muss die Behörde prüfen, selbst wenn die betroffenen Unternehmen die Erforderlichkeit bejahen, da es immer noch sein kann, dass die konkrete Zusage negative Wirkungen für Dritte entfaltet.

25 Die Behörde darf keine Zusagen akzeptieren, die für den vermuteten Verstoß unangemessen sind, selbst wenn die Unternehmen dies selbst vorschlagen. **Unangemessen** ist eine Zusage, die für das Unternehmen oder andere Marktteilnehmer so belastend ist, dass der Wettbewerbsverstoß demgegenüber zurücktritt. Diese Prüfung dient zum einen dem Schutz des anbietenden Unternehmens, zum anderen auch weiteren Marktteilnehmern und dem Wettbewerb allgemein, da die komplexen Auswirkungen einzelner Maßnahmen kaum je ganz erfasst werden können. Mit dieser Prüfung findet eine Selbstkontrolle der Verwaltung statt, die mit dem Zusagenverfahren Anreize für Unternehmen setzen kann, die möglicherweise die Behörde verführen, über das eigentliche Ziel hinauszuschießen. Diese Gefahr ist durch die Sanktion der Rückerstattung in § 32 Abs. 2a noch größer geworden, da dadurch für das Unternehmen ggf. noch mehr auf dem Spiel steht.

26 Zuzugestehen ist, dass die Prüfung der Verhältnismäßigkeit angesichts der Vorläufigkeit der Bedenken und des gestrafften Verfahrens nicht mit der gleichen Schärfe erfolgen kann wie in einem weniger kooperativen Verfahren. Es ist aber in jedem Fall erforderlich, in der Entscheidung Angaben zur Verhältnismäßigkeit zu machen.

5. Beispiele

27 In der Kartellamtspraxis sind verschiedene Arten von Verpflichtungen akzeptiert worden.

a) Kompensationsmaßnahmen

In einem Gaspreis-Missbrauchsverfahren nach § 29 GWB gegen das Unternehmen RheinEnergie hat das Bundeskartellamt als Verpflichtungszusage akzeptiert, dass das Unternehmen seinen Privat- und Kleingewerbekunden **Gutschriften** gewährt, um in der Vergangenheit entstandene Schäden wegen überhöhter Preise auszugleichen.[31] Das Amt stellte auch in Rechnung, dass das Unternehmen **bereits während des Verfahrens** Gasbezugskostensteigerungen nicht an die Kunden weitergegeben hatte.

Im Bereich Heizstrom hat das Bundeskartellamt eine große Anzahl von Missbrauchsverfahren durch die Verbindlicherklärung von Verpflichtungszusagen beendet. Gegenstand der Verpflichtungszusagen war in jedem Fall ein Kompensationselement für die betroffenen Kunden, sei es in Form einer **Rückerstattung** überhöhter Entgelte,[32] eines Verzichts auf nachweislich veranlasste Preiserhöhungen[33] oder einer Kombination beider Maßnahmen.[34] Soweit ersichtlich, kam es nur in einem einzigen Verfahren zu einer Entscheidung nach § 32 GWB, welche deutlich später erging und ebenfalls eine Rückzahlungsverpflichtung für das betroffene Unternehmen enthielt.[35]

Das Bundeskartellamt hat es genügen lassen, einen Preismissbrauch in der Vergangenheit durch **Gutschriftgewährung oder Preissenkung in der Zukunft** auszugleichen.[36] Die Verpflichtungen sind aber in erster Linie in ihrer Funktion für den Wettbewerb zu werten, nicht als konkrete Kompensationsmaßnahmen für individualisierte Abnehmer.[37] Hierfür ist mit § 32 Abs. 2a ein passenderes Instrument vorhanden.

---

[31] BKartA WuW/E DE-V 1704, 1705 – *RheinEnergie*. Dafür *Bornkamm*, in: FS Bechtold, S. 45, 53.

[32] BKartA, 29.10.2010, Az. B10-17/09 – *Envia*; BKartA, 29.10.2010, Az. B10-18/09 – *EWR*; BKartA, 29.10.2010, Az. B10-21/09 – *Pfalzwerke*; BKartA, 29.10.2010, Az. B10-22/09 – *RWE Vertrieb*; BKartA, 29.10.2010, Az. B10-24/09 – *SÜWAG*.

[33] BKartA, 11.11.2010, Az. B10 – 13/09 – *E.ON. Mitte*; BKartA, 11.11.2010, Az. B10 – 14/09 – *E.ON. Thüringer Energie*; BKartA, 11.11.2010, B10 – 15/09 – *E.ON. Westfalen-Weser*; BKartA, 29.10.2010, Az. B10-26/09 – *WEMAG*; BKartA, 29.10.2010, Az. B10-29/09 – *NEW*; BKartA, 29.10.2010, Az. B10-38/09 – *Überlandwerke Fulda*; BKartA, 29.10.2010, Az. B10-50/09 – *EWE*.

[34] BKartA, 26.9.2011, Az. B10-31/10 – *Städtische Werke Aktiengesellschaft*.

[35] BKartA, 19.3.2012, Az. B10 – 16/09 – *Entega Vertrieb GmbH & Co. KG*.

[36] Vgl. BKartA WuW/E DE-V 1704, 1705 – *RheinEnergie*; ebenso BKartA, 15.10.2015, Az. B8-34/13 – *Stadtwerke Leipzig*. Vgl. für Wasserentgelte BKartA, 8.5.2012, Az. B8-159/11 – *Stadtwerke Mainz*. Dass dieser Ausgleich möglicherweise zu einer erhöhten Kundenbindung beim Marktbeherrscher führt, ist kritisiert worden, stellt aber in erster Linie ein Problem des § 29 GWB dar.

[37] Vgl. BKartA WuW/E DE-V 1495, 1498 – *RWE-CO^2-Emissionshandel*.

b) Verzicht auf vertragliche Regeln

31 Das Bundeskartellamt hat in einem Fall, in dem es Mengenübertragungsverträge zwischen Anbietern von Müllentsorgungssystemen als Verstoß gegen Art. 101 AEUV ansah, die Zusage akzeptiert, die Mengenübertragungsverträge einzustellen und keine neuen abzuschließen.[38] In dem Verfahren war insbesondere die Spürbarkeit einzelner Vereinbarungen offen geblieben. Das Verpflichtungsangebot ging auf eine Anregung des Amtes zurück. Ähnlich ist das Amt bei den Händlerentgelten bei ec-cash vorgegangen. Die Verpflichtungszusagen der Banken bezogen sich hier im Wesentlichen darauf, das gemeinsame Vertragswerk aufzugeben.[39]

32 Ein Fall im Energiesektor zeigt das **Zusammenspiel der Befugnisnormen** der §§ 32 ff. GWB: Ausgangspunkt war die Sektoruntersuchung »Kapazitätssituation in den deutschen Gasfernleitungsnetzen« des Bundeskartellamts nach § 32e GWB.[40] Hierbei stieß das Amt auf Klauseln in Gaslieferverträgen, die bestimmte Mindestabnahmemengen in Verbindung mit Weiterverkaufsverboten enthielten. Im Nachgang dazu dehnte das Amt seine Untersuchung auch auf den Stromsektor aus und eröffnete Kartellverwaltungsverfahren gegen eine Reihe von Gas- und Stromversorgern. Die Unternehmen verpflichteten sich daraufhin, auf die Ausübung der Klauseln zu verzichten.[41]

33 Bei derartigen Konstellationen entspricht die Verpflichtungszusage im Prinzip einer klassischen Abstellungsverfügung mit dem Unterschied, dass der Verstoß gegen Kartellrecht nur vorläufig gesehen wird und eine Untersagungsentscheidung wegen der freiwilligen Mitarbeit der Unternehmen abgewendet wird. Das **gestalterische Element** der Verpflichtungszusage kommt nicht zum Tragen.

---

38 BKartA WuW/E DE-V 1689 f. – *Mengenübertragungsvertrag*.
39 BKartA, 8.4.2014, Az. B4-9/11 – *ec-cash*.
40 BKartA, B10-7/09, Sektoruntersuchung Gasfernleitungsnetze, Dezember 2009.
41 BKartA, 5.7.2010, Az. B10-44/09 – *EWE*; BKartA, 5.7.2010; Az. B10-45/09 – *Erdgas Münster*; BKartA, 5.7.2010, Az. B10-47/09 – *WINGAS*; BKartA, 5.7.2010, Az. B10-48/09 – *RWE*; BKartA, 5.7.2010, Az. B10-10/10 – *ENTEGA Vertrieb*; BKartA, 5.7.2010, Az. B10-11/10 – *SWM*; BKartA, 26.7.2010, Az. B10-12/10 – *RheinEnergie*; BKartA, 19.7.2010, AZ. B10-13/10 – *Stadtwerke Leipzig*; BKartA, 5.7.2010, Az. B10-14/10 – *Stadtwerke Hannover*; BKartA, 19.7.2010, Az. B10-18/10 – *N-ERGIE*; BKartA, 5.7.2010, Az. B10-19/10, *Stadtwerke Kiel*; BKartA, 5.7.2010, Az. B10-20/10 – *Köthen Energie*; BKartA, 29.10.2010, Az. B10-21/10 – *EnBW Vertrieb*; BKartA, 6.10.2010, Az. B10-22/10 – *EnBW Gas*; BKartA, 6.10.2010, Az. B10-23/10 – *EnBW Ostwürttemberg DonauRieß*; BKartA, 6.10.2010, Az. B10-24/10 – *Erdgas Südwest*; BKartA, 29.10.2010, Az. B10-25/10 – *Stadtwerke Düsseldorf*.

Ein Sonderfall war die Verpflichtung bei einem wettbewerbsbeschränkenden **Gemeinschaftsunternehmen**, auf den gemeinsamen Vertrieb zu verzichten und die Produktionskapazitäten des GU zu beschränken.[42]

34

c) Vorgaben für den Vertragsabschluss

Einige der Verfahren wegen langfristiger Gasversorgungsverträge schloss das Bundeskartellamt mit Zusagenentscheidungen ab.[43] Die Zusagen orientierten sich hier an den Vorgaben des nach § 32 GWB abgeschlossenen **Musterverfahrens** gegen E.on,[44] die Behörde kam den zusagewilligen Unternehmen aber geringfügig entgegen.[45] In dem Musterverfahren war E.on auferlegt worden, Verträge nur noch mit einer bestimmten Laufzeit und einer bestimmten Bedarfsdeckung zu schließen. Zum Zeitpunkt der Einigung hatte das OLG Düsseldorf bereits im vorläufigen Rechtsschutz die Gebotsverfügung aus dem E.on-Verfahren für rechtmäßig erklärt.[46]

35

Im Verfahren um die Errichtung eines Konsortiums für mobilen Rundfunk akzeptierte das Bundeskartellamt Zusagen von drei großen Mobilfunkanbietern, auf **Kopplungen** im Vertrag zu verzichten.[47] Mit einer Gemeinde einigte sich das BKartA auf die Zusage, einen Konzessionsvertrag für die Wegenutzung zur Energieversorgung aufzuheben und ein neues, kartellrechtskonformes **Vergabeverfahren** gemäß den Leitlinien des Amtes durchzuführen.[48] Ein Apothekerverband verpflichtete sich, auf bestimmte Maßnahmen bei **Preisverhandlungen** zu verzichten.[49] Eine Ärztegenossenschaft verpflichtete sich zu **Satzungsänderungen**.[50]

36

d) Vermarktungsvorgaben

In einem Verfahren, das den Vorwurf von Marktmachtmissbrauch beim CO^2-Emissionshandel betraf, erklärte das Bundeskartellamt eine Verpflichtungszusage für bindend, die für den Zeitraum von drei Jahren die Versteigerung bestimmter Stromprodukte vorsah.[51] Die Produkt-Details waren in der Zusage genau aufgeführt. Hier erwies sich der Vorteil gegenüber einer Unter-

37

---

42 BKartA, 21.12.2015, Az. B3-93/15 – *Carbo*.
43 BKartA WuW/E DE-V 1431 ff.
44 BKartA WuW/E DE-V 1147 ff. – *Langfristige Gaslieferverträge*.
45 Vgl. BKartA WuW/E DE-V 1431, 1433.
46 OLG Düsseldorf WuW/E DE-R 1757; nachgehend in der Hauptsache OLG Düsseldorf WuW/E DE-R 2197; BGH WuW/E DE-R 2679.
47 BKartA WuW/E DE-V 1623 ff. – *MBS (Kooperationsvertrag)*.
48 BKartA, 2.12.2013, Az. B8-180/11 – *Gemeinde Cölbe*.
49 BKartA, 29.9.2014, Az. B3-123/11 – *Blutzuckerteststreifen*.
50 BKartA, 1.7.2013, Az. B3-11/13-2 – *Augenärztegenossenschaft*.
51 BKartA WuW/E DE-V 1495 ff. – *RWE-CO²-Emissionshandel*.

§ 32b GWB *Verpflichtungszusagen*

sagungsverfügung auch darin, dass eine derart **detaillierte Vorgabe** als Gebotsverfügung nach § 32 Abs. 2 GWB schwierig vermittelbar gewesen wäre. Die Behörde hätte die Details offen lassen müssen, was zwar im Sinne der Koordinationsfunktion des Marktes gewesen wäre, aber die Gefahr mit sich gebracht hätte, dass keine effektive Abhilfe geschaffen worden wäre.

38 Aufgrund von Verpflichtungszusagen eingestellt wurde zwei Mal nacheinander das Verfahren zur **Zentralvermarktung** der Medienrechte der Fußball-Bundesliga und der 2. Bundesliga.[52] Die Verpflichtungszusagen schreiben für eine bestimmte Zeitdauer auf detaillierte Art und Weise die Vermarktung der Senderechte in verschiedenen Paketen fest. Eine derartige Ausdifferenzierung der angebotenen Vermarktungspakete, insbesondere im Hinblick auf die verschiedenen Szenarien für eine Highlight-Berichterstattung im Free-TV, wäre im Rahmen einer Gebotsverfügung nach § 32 Abs. 2 GWB nicht möglich gewesen; ist als kartellbehördliche Maßnahme auch eher ungewöhnlich.

In einem Kartellverwaltungsverfahren wegen wettbewerbswidriger Absprachen bei der Verschlüsselung ihrer digitalen Free-TV-Programme haben sich die Fernsehsendergruppen ProSiebenSat.1 und RTL gegenüber dem Bundeskartellamt verpflichtet, ihre digitalen SD-Programmsignale auf den Übertragungswegen künftig unverschlüsselt zu verbreiten und die **unverschlüsselte Verbreitung** für 10 Jahre aufrecht zu erhalten.[53]

e) Transparenzvorgaben

39 In einigen Fällen verpflichteten sich die Unternehmen zur **Information anderer Marktteilnehmer** und somit zur Schaffung von Transparenz. So sagte das Unternehmen SodaStream zu, an Verbraucher gerichtete Texte (z.B. auf den Nachfüllpatronen für Trinkwassersprudler) für fünf Jahre lang den Vorgaben des BKartA anzupassen und ggf. neue Texte auch vorzulegen.[54] Die Stadtwerke Leipzig verpflichteten sich, ihre Preisgestaltung auf transparente Weise zu veröffentlichen.[55] Ein Apothekerverband verpflichtete sich, die mit dem BKartA ausgehandelten Änderungen auch an die Mitglieder entsprechend zu kommunizieren.[56]

---

52 BKartA, 12.1.2012, Az. B6-114/10 sowie 11.4.2016, Az. B6-32/15 – *Bundesliga Zentralvermarktung*.
53 BKartA, 27.12.2012, Az. B7-22/07 – *TV-Grundverschlüsselung*.
54 BKartA, 22.1.2015, Az. B3-164/13 – *SodaStream*.
55 BKartA, 15.10.2015, Az. B8-34/13 – *Stadtwerke Leipzig*.
56 BKartA, 29.9.2014, Az. B3-123/11 – *Blutzuckerteststreifen*.

III. Entscheidung

In der Entscheidung nach § 32b GWB muss die Behörde ihre wettbewerblichen Bedenken schildern, die Verpflichtungszusagen darlegen, Eignung, Erforderlichkeit und Verhältnismäßigkeit dieser Zusagen erörtern und Ermessenserwägungen anstellen. Die Zusagen werden dann unter Verweis auf § 32b GWB für bindend erklärt. Die Entscheidung muss begründet und veröffentlicht werden.

1. Verbindlicherklärung und Verzicht auf Maßnahmen

Mit der Entscheidung werden die Zusagen für verbindlich erklärt. Dies bedeutet, dass die Entscheidung ein durchsetzbarer Verwaltungsakt ist, in dem einem Rechtsunterworfenen bestimmte Verhaltensweisen auferlegt werden. Die Zusagen müssen bestimmt sein und entsprechend im Tenor aufgeführt werden, da beim Verstoß gegen die Verpflichtungen ein Bußgeld droht (§ 81 Abs. 2 Nr. 2a).

Zugleich erklärt die Behörde, auf Maßnahmen nach §§ 32 und 32a GWB in dieser Sache zu verzichten und das bislang geführte Verfahren einzustellen. Um den genauen Umfang des Verzichts zu bestimmen, ist der erfasste Sachverhalt in der Entscheidung eindeutig zu identifizieren. Der Verzicht stellt eine **Selbstbindung** der Behörde dar, gegen die sie nicht ohne Aufhebung der Entscheidung handeln kann.

2. Vorbehalte

Die Entscheidung kann befristet werden, § 32b Abs. 1 S. 3 GWB. Die Behörde gibt damit zu erkennen, dass sie sich nur bis zu einem bestimmten Zeitpunkt als gebunden betrachtet. Mit dem Wegfall der behördlichen Bindung endet dann allerdings auch die Gegenleistung des Unternehmens, nämlich die Verpflichtung. Das Bundeskartellamt hat beispielsweise in einem Fall eine **Befristung** von viereinhalb Jahren vorgesehen,[57] in einem anderen von fünf Jahren.[58] Die betroffenen Unternehmen sollten in jedem Fall auf eine Befristung drängen, um nicht für alle Zeiten bestimmter Verhaltensmöglichkeiten beraubt zu sein.

In die Entscheidung kann der gesetzlich vorgesehene Vorbehalt nach § 32b Abs. 2 GWB aufgenommen werden, auch wenn dies nicht notwendig ist, da dieses Recht ohnehin besteht. Es können weitere Vorbehalte, Kündigungsrechte oder Bedingungen gesetzt werden.

---

57 BKartA WuW/E DE-V 1689, 1690 – *Mengenübertragungsvertrag*.
58 BKartA, 22.1.2015, Az. B3-164/13 – *SodaStream*.

3. Begründung und Veröffentlichung

45 Die Entscheidung muss gem. § 61 begründet, mit einer Rechtsmittelbelehrung versehen und zugestellt werden. Die **Begründung** muss dabei die tragenden tatsächlichen und rechtlichen Erwägungen erkennen lassen. Darzulegen sind insbesondere der beanstandete Sachverhalt, die vorläufigen rechtlichen Bedenken, die Verpflichtungszusagen und ihre Eignung, Erforderlichkeit und Angemessenheit.

46 Die Entscheidung ist gem. § 62 zu veröffentlichen. In komplexen Fällen werden die Zusagen als Anhang zu den Entscheidungen veröffentlicht. Die gelegentliche Praxis, Verpflichtungszusagen gar nicht in der Entscheidung abzudrucken, genügt den Anforderungen des § 62 nicht. Die Verpflichtungszusagen sind Teil der Tenorierung und müssen daher – ggf. um **Geschäftsgeheimnisse** bereinigt – veröffentlicht werden.

47 Öffentlich-rechtliche Verträge bleiben neben § 32b GWB möglich.

IV. Rechtsfolgen

48 Die Entscheidung enthält eine Selbstbindung der Behörde. Andere Behörden und Gerichte sind nicht gebunden. Verfügungen seitens der Behörde nach §§ 32 und 32a GWB sind anschließend unzulässig.

49 Die Verpflichtungen können mit **Verwaltungszwang** (§§ 86a GWB, 9 ff. VwVG) durchgesetzt werden, sie sind zudem nach § 81 Abs. 2 Nr. 2a GWB bußgeldbewehrt. Gemäß § 80 Abs. 1 S. 2 Nr. 2, Abs. 2 S. 2 Nr. 2 GWB wird eine Gebühr von bis zu 25.000 Euro für die Entscheidung erhoben. Diese kann im Einzelfall bis auf das Doppelte erhöht werden.[59]

50 **Dritte** können durch die Entscheidung nicht unmittelbar gebunden, wohl aber mittelbar betroffen sein. Ihnen steht ggf. ein Beschwerderecht zu (siehe unten D.).

51 Im **Zivilprozess** entfaltet eine Zusagenentscheidung keine Bindungswirkung für Schadensersatzprozesse, da gerade keine Feststellung einer Zuwiderhandlung getroffen wird (vgl. § 33 Abs. 4 GWB).[60] Nicht einmal Indizwirkung wird der Entscheidung zugestanden.[61] Dass kein Verstoß festgestellt wurde,

---

[59] So in BKartA WuW/E DE-V 1495 – *RWE-CO^2-Emissionshandel* (nicht abgedruckt, Ziff. 29 der Entscheidung).
[60] *Bornkamm*, in: FS Bechtold, S. 45, 55.
[61] *Fuchs*, WRP 2005, 1384, 1390.

kann die Behörde ausdrücklich in ihre Entscheidung aufnehmen.[62] Aus Gründen der Rechtsklarheit sollte die Behörde in Verfahren nach § 32b GWB eine Festlegung stets unterlassen, da eine endgültige Entscheidung nicht vom Gesetzeswortlaut gedeckt ist. Zur Vorbereitung eines Schadensersatzprozesses ist trotz mangelnder Bindungswirkung aber Akteneinsicht in die Akten eines § 32b-Verfahrens zu gewähren.[63]

Dritte können sich auf § 33 Abs. 1 GWB berufen, wenn das gebundene Unternehmen gegen die Verfügung (und damit seine eigene Verpflichtung) verstößt.[64]

V. Aufhebung und Wiederaufnahme (Abs. 2)

1. Allgemeines

Die Verfügung erlischt nicht automatisch, wenn sich die Grundlage der Verfügung ändert. Die Kartellbehörde kann aber nach Abs. 2 die Verfügung aufheben und das Verfahren wieder aufnehmen. Mit der Aufhebung erlöschen sowohl die Selbstbindung der Behörde als auch die Verpflichtung der Unternehmen. Voraussetzung ist ein Aufhebungsgrund. Das Aufhebungsverfahren folgt den allgemeinen Regeln (insb. Anhörung). Die in Ziff. 1–3 aufgeführten Aufhebungsgründe sind **abschließend**. Eine weitergehende Aufhebungsmöglichkeit wird vom Bundeskartellamt für möglich gehalten, das in einer Entscheidung tenorierte: »Der Widerruf dieser Verfügung bleibt vorbehalten.«[65] Das dürfte in dieser Allgemeinheit, ohne nähere Ausgestaltung, zweifelhaft sein. Die Regelung in § 32b GWB ist nämlich lex specialis zu §§ 48 ff. VwVfG.[66] Bei einer so einfachen Widerrufsmöglichkeit wird das Ziel verfehlt, Rechtssicherheit zu schaffen. Die Verfügung nach § 32b GWB dient nämlich – auch wenn sie nur auf vorläufigen Einschätzungen beruht – durchaus der abschließenden Klärung der Lage. Sie ersetzt historisch betrachtet teilweise die Freistellung.

2. Änderung von Tatsachen

Die Verfügung kann aufgehoben werden, wenn sich die Tatsachengrundlage in einem wesentlichen Punkt geändert hat. Der neue Sachverhalt müsste zu einer anderen rechtlichen Beurteilung führen als der zugrunde gelegte Sachverhalt. Eine Änderung der Rechtsprechung stellt keine Tatsachenänderung

---

62 Vgl. BKartA WuW/E DE-V 1689, 1690 – *Mengenübertragungsvertrag*.
63 BGH WuW/E DE-R 4883 – *Trinkwasserpreise*.
64 *Bornkamm*, in: FS Bechtold, S. 45, 55 f.
65 BKartA WuW/E DE-V 1495 – *RWE-CO^2-Emissionshandel*.
66 *Karl/Reichelt*, DB 2005, 1436, 1442; *Immenga*, in: Lange, Rn. 1509.

dar. Die Behörde kann zur Klarstellung bereits in der Entscheidung Entwicklungen aufführen, die sie als Tatsachenänderung im Sinne von Abs. 2 Nr. 1 ansieht.[67] Dies erhöht die Rechtssicherheit für die betroffenen Unternehmen.

3. Nicht-Einhaltung

55   Die Verfügung kann aufgehoben werden, wenn die beteiligten Unternehmen ihre Verpflichtungen nicht einhalten. Zu Großzügigkeit, wie teilweise gefordert,[68] besteht kein Anlass, immerhin handelt es sich um einen bußgeldbewehrten Verstoß gegen eine Verfügung. In der Praxis wird die Behörde zunächst abmahnen.

4. Fehlerhafte Angaben

56   Wenn die Unternehmen fehlerhafte Angaben gemacht haben (unvollständig, unrichtig oder irreführend) kann die Verfügung aufgehoben werden. Die fehlerhaften Angaben müssen kausal für einen entscheidungserheblichen Punkt der Verfügung sein (»beruht«). Eine darüber hinausgehende Sanktionierung falscher Angaben gibt es im GWB nur für Antworten auf formale Auskunftsverlangen nach § 59 GWB (vgl. § 81 Abs. 2 Nr. 6 GWB).

C. Verfahren

I. Ermessen

57   Die Entscheidung nach § 32b GWB steht im pflichtgemäßen Ermessen der Behörde. Dies bedeutet, dass für ernstgemeinte Zusagenvorschläge zumindest eine **Prüfungspflicht** besteht. Das Amt hat aber **keine Annahmepflicht**. Dies gilt selbst dann, wenn die Zusagen mit Blick auf den Verstoß geeignet, erforderlich und angemessen sind. Die Behörde kann dann trotzdem eine Untersagungsverfügung nach § 32 treffen, wenn sie dadurch die Rechtslage mit weiterer Signalwirkung klarstellen will oder eine anfechtbare Entscheidung herbeiführen möchte.[69] Sie hat sich dabei vom Schutzzweck des GWB leiten zu lassen. Es ist dann nicht ermessensfehlerhaft, eine Präzedenzentscheidung herbeizuführen, wenn dadurch für den betroffenen Markt Klarheit geschaffen wird. Ein Ermessensfehler liegt auch nicht darin, dass ein einzelnes Unternehmen sich einer Untersagungsverfügung unterwerfen muss, während andere Unternehmen evtl. im Anschluss mit Zusagen das Verfahren beenden können.

---

67 Vgl. BKartA WuW/E DE-V 1623, 1632 ff. – *MBS (Kooperationsvertrag)*.
68 Vgl. *Bach*, in: Immenga/Mestmäcker, GWB, § 32b Rn. 32.
69 OLG Düsseldorf, 9.1.2015, Az. VI Kart 1/14 (V), Rn. 130 ff. – *Bestpreisklausel*.

Das gilt zumindest dann, wenn das besonders belastete Unternehmen Marktführer ist.[70]

Für die Annahme von Zusagen spricht aus Sicht der Behörde insbesondere die **Verfahrensökonomie**, also die rasche Beendigung eines ansonsten möglicherweise aufwändigen Verfahrens mit langwierigen gerichtlichen Auseinandersetzungen.[71] Eine Pflicht, Zusagenangebote zu akzeptieren, besteht selbst dann nicht, wenn die Behörde zur Unterbreitung von Angeboten aufgefordert hat und diese objektiv geeignet sind, solange die Behörde auch Ermessenserwägungen in die andere Richtung anstellt.[72] Die Behörde muss das »Heft des Handelns«[73] in der Hand behalten, da es sich eben nicht um eine gütliche Einigung handelt, sondern letztlich doch um einen Verwaltungsakt.

58

Das Verfahren kann sich gegen **mehrere beteiligte Unternehmen** richten. Hier kann es zu abweichenden Entscheidungen kommen, etwa Untersagungsverfügungen einerseits und Zusagenentscheidungen andererseits. Hier muss in der Beratungspraxis mit entsprechenden Strategien anderer Unternehmen gerechnet werden. Die Behörde wiederum hat auf eine Gleichbehandlung der Betroffenen zu achten[74] und muss ein Gesamtpaket schnüren, das den unterschiedlichen Verantwortungsteilen gerecht wird. Ausgeschlossen ist eine Ungleichbehandlung der im selben Verfahren betroffenen Unternehmen aber nicht, wenn alle die gleiche Chance auf Abgabe einer Verpflichtungserklärung erhalten haben.[75]

59

II. Verfahrensablauf

Für eine Entscheidung nach § 32b wird das nach §§ 32 und 32a bzw. §§ 30, 31b eingeleitete Verfahren fortgeführt und damit abgeschlossen. Ein eigenes Verfahren wird nicht angestrengt. Allerdings sind die Unternehmen bezüglich der § 32b-Entscheidung anzuhören, sie befinden sich wegen ihrer Zusagenangebote aber ohnehin in stetem Kontakt mit den Behörden. Insbesondere kann die Behörde informell signalisieren, welche Ausgestaltung der Angebote sie sich wünscht. Aus der Praxis ist bekannt, dass das Bundeskartellamt teilweise auch selbst Vorschläge für Verpflichtungszusagen vorlegt und Unternehmen

60

---

70 Vgl. OLG Düsseldorf, 9.1.2015, Az. VI Kart 1/14 (V), Rn. 133 f. – *Bestpreisklausel*.
71 Vgl. BKartA WuW/E DE-V 1689, 1690 – *Mengenübertragungsvertrag*; WuW/E DE-V 1704, 1710 – *RheinEnergie*.
72 Ähnlich *Bornkamm*, in: FS Bechtold, S. 45, 51.
73 *Bornkamm*, in: Langen/Bunte, GWB, § 32b Rn. 16.
74 Vgl. *Rehbinder*, in: Loewenheim/Meessen/Riesenkampff/Kersting/Meyer-Lindemann, GWB, § 32b Rn. 10; *Keßler*, in: MünchKommKartR, GWB, § 32b Rn. 19.
75 Ebenso für Art. 9 VO 1/2003 *Busse/Leopold*, WuW 2005, 146, 152.

mit Fristsetzung auffordert, diese als Angebot zu unterbreiten.[76] Dieses Vorgehen befördert allerdings die problematische Tendenz, Unternehmen zu Zusagen zu verleiten und behördliches »Marktdesign« vorzusehen. Bei informellen Gesprächen ist auf die Protokollierung und die faire Verfahrensführung zu achten. Dies ist ein Gebot der fairen Verfahrensführung gegenüber anderen Beteiligten.[77]

III. Markttest

61 Vor Annahme werden die Angebote von der Behörde anderen Marktteilnehmern zur Stellungnahme vorgelegt, damit diese die Eignung beurteilen. Die Behörde muss sich hinsichtlich des ausgewählten **Personenkreises** nicht auf die Beigeladenen beschränken. Bei der Vorlage hat die Behörde insbesondere auf die Geheimhaltung von Geschäftsgeheimnissen zu achten. Zugleich muss es im Markttest aber möglich sein, die Zusagen zu beurteilen, die Akteure müssen also ausreichend Informationen erhalten. Trotz entgegen stehender Bedenken von Marktteilnehmern kann die Behörde die Verpflichtungszusagen für bindend erklären, da sie diesbezüglich eine eigene Entscheidung trifft.[78]

62 Die Durchführung einer **öffentlichen Anhörung** steht im Ermessen der Kartellbehörde, die das Verfahrensermessen innehat.[79] Eine solche Anhörung, die im europäischen Verfahrensrecht üblicher ist als im deutschen, kann angesichts der begrenzten gerichtlichen Überprüfungsmöglichkeiten in wegweisenden Fällen sinnvoll sein.

D. Rechtsschutz

I. Möglichkeiten der Adressaten

63 **Adressaten** der Entscheidung nach § 32b GWB können die Verfügung anfechten, da es sich formal um einen belastenden Verwaltungsakt handelt (§ 63 GWB).[80] Allerdings wird das betroffene Unternehmen nur selten eine Klage anstrengen wollen und nur selten gute Klagegründe haben. Denkbar ist ein Erfolg insbesondere bei Abweichungen der Behörde vom Vereinbarten.[81] Eine abweichende Rechtsansicht hingegen kann nicht im Klagewege geltend gemacht werden, da das Unternehmen keine Pflicht hatte, ein Zusagenangebot zu

---

76 *Hartog/Noack*, WRP 2005, 1396, 1402.
77 OLG Düsseldorf, Beschl. v. 12.7.2016, Az. Kart-3/16, Rz. 80 – *Ministererlaubnis Edeka*.
78 So etwa in BKartA WuW/E DE-V 1623, 1634 – *MBS (Kooperationsvertrag)*.
79 BKartA WuW/E DE-V 1623 – *MBS (Kooperationsvertrag)* (nicht abgedruckt, Ziff. 41 der Entscheidung).
80 Vgl. auch *Wolter*, RdE 2009, 247 ff.
81 Vgl. für Art. 9 VO 1/2003 *Busse/Leopold*, WuW 2005, 146, 154.

machen und die Vermeidung von Rechtsstreitigkeiten gerade Ziel des § 32b GWB ist. Divergieren die Meinungen von Unternehmen und Behörden, ist die Auseinandersetzung über eine Verfügung nach § 32 GWB zu suchen.[82] Die Behörde darf das Anfechtungsrecht, das aus Art. 19 Abs. 4 GG rührt, nicht durch Androhung von Sanktionen in Frage stellen.[83]

Eine **Kündigung**, vergleichbar der Regelung in § 60 VwVfG, ist vom Gesetzgeber nicht vorgesehen. Für eine Analogie fehlen sowohl die Vergleichbarkeit (da es sich nicht um einen Vertrag handelt) als auch eine Regelungslücke.[84] Zur Auflösung der Verpflichtung ist nämlich die **Wiederaufnahme** nach § 32b Abs. 2 GWB vorgesehen, sodass der Betroffene zunächst den Kontakt mit der Behörde suchen muss und Antrag auf Aufhebung stellen muss. Dieser kann nicht nur auf Ziff. 1 des Abs. 2 fußen, sondern auch auf Ziff. 2 (wenn sich das Unternehmen willentlich den Verpflichtungen nicht mehr unterwerfen will) und auf Ziff. 3, wenn das Unternehmen erkennt, dass es fehlerhafte Angaben gemacht hat. Die Behörde hat die Entscheidung im pflichtgemäßen Ermessen zu treffen, das hier stärker reduziert sein kann, da die Aufhebung der Verfügung für den Betroffenen die einzige Möglichkeit ist, sich von der belastenden Maßnahme zu lösen. Die Kontaktaufnahme mit der Behörde wird regelmäßiger günstiger sein als eine gerichtliche Klärung. Ein Kündigungsrecht kann allerdings ausdrücklich vereinbart und im Tenor aufgenommen werden.[85]

64

II. Möglichkeiten Dritter

Die Frage, ob auch **Dritte** eine Verpflichtungszusagenentscheidung anfechten können, kann hohe Praxisrelevanz entfalten, da Dritte durch die im bilateralen Verfahren ausgehandelten Verpflichtungszusagen belastet werden können. Dies gilt insbesondere dann, wenn der Markttest unzureichend durchgeführt wurde oder Bedenken nicht gewürdigt wurden. So können etwa die Verpflichtungszusagen der Deutschen Fußball-Liga hinsichtlich der Zentralvermarktung der Fußballrechte massive Auswirkungen für die Fernsehsender entfalten.

65

---

82 Ebenso *Bach*, in: Immenga/Mestmäcker, GWB, § 32b Rn. 36; *Bornkamm*, in: FS Bechtold, 45, 57; a.A. *Klose*, in: Wiedemann, § 51 Rn. 46.
83 Problematisch daher BKartA WuW/E DE-V 1495 – *RWE-CO^2-Emissionshandel* (nicht abgedruckt, Ziff. 30 der Verfügung, Androhung des Widerrufs der Verfügung für den Fall der Klageerhebung).
84 *Mäsch*, in: Berg/Mäsch, Deutsches und Europäisches Kartellrecht, § 32b Rn. 10. A.A. *Keßler*, in: MünchKommKartR, GWB, § 32b Rn. 26; *Bach*, in: Immenga/Mestmäcker, GWB, § 32b Rn. 23.
85 *Keßler*, in: MünchKommKartR, GWB, § 32b Rn. 23, 27; *Klose*, in: Wiedemann, § 51 Rn. 45.

66 Die Leitentscheidung für das europäische Recht der Verpflichtungszusagen (Art. 9 VO 1/2003) ist die *Alrosa*-Entscheidung des Europäischen Gerichtshofs. Die Kommission hatte eine Verpflichtungszusage von Alrosa-Abnehmer DeBeers für verbindlich erklärt, die DeBeers jegliche Geschäftsverbindungen zu Alrosa verboten hätte. Das Gericht erster Instanz hielt dies für unverhältnismäßig und gestand Alrosa als unmittelbar betroffenem Unternehmen auch weitgehende Anhörungsrechte zu.[86] Der Gerichtshof hingegen kam zum entgegengesetzten Ergebnis und hob das Urteil auf.[87] Er konnte keine Rechtsverletzung von Alrosa erkennen, da Alrosa in dem Missbrauchsverfahren gegen DeBeers nicht unmittelbar betroffen sein könne. Zwar müsse auch im Rahmen von Verpflichtungszusagen nach Art. 9 VO 1/2003 eine Verhältnismäßigkeitsprüfung stattfinden, diese müsse aber nicht den strengen Anforderungen nach Art. 7 VO 1/2003 genügen. Die gerichtliche Nachprüfung beschränke sich dabei auf die Prüfung, ob die Beurteilung, zu der die Kommission gelangt ist, offensichtlich fehlerhaft war.

67 Diese restriktive Linie des EuGH hat das OLG Düsseldorf in einer Entscheidung zum TV-Markt nachvollzogen.[88] Demnach ist die Beschwerde gegen eine Verpflichtungszusagenentscheidung durch Dritte durchaus möglich. Die Beschwerdemöglichkeit solle Dritte davor schützen, in wirtschaftlichen Gestaltungsspielräumen übermäßig eingeschränkt zu werden. Dies setze für die Zulässigkeit der Klage aber eine **materielle Beschwer** voraus, die nur vorliege, wenn der Dritte in eigenen Rechten verletzt sei oder in seinem eigenen unternehmerischen und wettbewerblichen Betätigungsfeld auf dem relevanten Markt nachteilig betroffen sei.[89] Im konkreten Fall hatte ein Kabelnetzbetreiber gegen eine Verpflichtungszusage von Fernsehsendern geklagt, dass diese ihr Signal zehn Jahre lang unverschlüsselt senden würden. Darin sah das OLG keine Beschwer, u.a. da alle Wettbewerber gleichermaßen betroffen seien und privatautonome Umsetzungsakte erforderlich seien, aber nicht direkt in geschützte Rechtspositionen (etwa das Eigentum) eingegriffen werde. Diese Linie sollte keine zu hohen Hürden aufbauen. Bei einem Verfahren, in dem Behörde und Unternehmen miteinander eine Absprache treffen, kann ein gewisses Maß an Kontrolle nicht schaden. Das gebietet die Rechtsstaatlichkeit, gerade wenn betroffene Dritte das Verfahren anstoßen. Stellt ein Gericht die Rechtswidrigkeit des Verfahrens oder der Zusagen fest, sind Schadensersatzforderungen betroffener Dritter denkbar, ggf. auch gegen die Behörde.

---

86 EuG, Urteil vom 11.7.2007, Rs. T-170/06, Slg. 2007, II-2601 – *Alrosa/Kommission*.
87 EuGH, Urteil vom 29.6.2010, Rs. C-441/07 P, Slg. 2010, I-5949 – *Kommission/Alrosa*.
88 OLG Düsseldorf, 17.9.2014, Az. VI Kart 1/14 (V), NZKart 2014, 514.
89 OLG Düsseldorf, 17.9.2014, Az. VI Kart 1/14 (V), NZKart 2014, 514, Rn. 20.

Wer Schadensersatz quasi als »follow up« zu einer § 32b-Entscheidung geltend machen will, hat – trotz der fehlenden Bindungswirkung einer Entscheidung nach § 32b – ein Recht auf Akteneinsicht.[90] Dieses Recht folgt jedoch nicht direkt aus §§ 13, 29 VwVfG, § 1 IFG, § 72 GWB bzw. § 406e Abs. 1 StPO. Der Dritte kann hier weder auf die Beiziehung der Akte im Zivilprozess noch auf das IFG verwiesen werden. Ihm steht ein Anspruch auf ermessensfehlerfreie Entscheidung der Behörde über das außerhalb des Anwendungsbereichs von § 29 VwVfG liegende und im pflichtgemäßen Ermessen der Behörde (§ 40 VwVfG) stehende Akteneinsichtsrecht zu. Dabei muss die Behörde die berechtigten Interessen des Dritten würdigen und ggf. auf Geschäftsgeheimnisse der Betroffenen achten. Dass es sich um eine § 32b-Entscheidung handelt, spielt aber keine Rolle, da auch aus einer solchen wichtige Informationen zur Geltendmachung von Schadensersatz gezogen werden können.

68

---

90 BGH WuW/DE-R 4883 – *Trinkwasserpreise*; kritisch (zur Vorinstanz): *Lotze/Smolinski*, WuW 2015, 494.

§ 32c Kein Anlass zum Tätigwerden

Sind die Voraussetzungen für ein Verbot nach den §§ 1, 19 bis 21 und 29, nach Artikel 101 Abs. 1 oder Artikel 102 des Vertrages über die Arbeitsweise der Europäischen Union nach den der Kartellbehörde vorliegenden Erkenntnissen nicht gegeben, so kann sie entscheiden, dass für sie kein Anlass besteht, tätig zu werden. Die Entscheidung hat zum Inhalt, dass die Kartellbehörde vorbehaltlich neuer Erkenntnisse von ihren Befugnissen nach den §§ 32 und 32a keinen Gebrauch machen wird. Sie hat keine Freistellung von einem Verbot im Sinne des Satzes 1 zum Inhalt.

Übersicht

	Rdn.		Rdn.
A. Grundlagen	1	b) Offenlassen von Fragen	12
I. Grundgedanke der Regelung	1	2. Antrag	15
II. Praktische Bedeutung	2	3. Ermessensausübung der Kartellbehörde	18
III. Entstehungsgeschichte	3		
IV. Rechtliche Einordnung	4	III. Entscheidung	21
V. Kernfragen	7	IV. Wirkung der Entscheidung	28
B. Normstruktur	8	V. Wiederaufgreifen	30
I. Ausgangspunkt	8	**C. Verfahren**	34
II. Voraussetzungen	10	**D. Rechtsschutz**	35
1. Kein Kartellrechtsverstoß	10	**E. Anwendungsfälle**	38
a) Umfang der Prüfungspflicht	11	**Anhang: Informelle Verfahren**	45

Schrifttum

Birk, Gebühren für die Erteilung von verbindlichen Auskünften der Finanzverwaltung, NJW 2007, 1325 ff.; *Bundeskartellamt*, Merkblatt über Kooperationsmöglichkeiten für kleinere und mittlere Unternehmen, März 2007, abrufbar auf der Homepage www.bundeskartellamt.de; *de Maizière*, Die Praxis der informellen Verfahren beim Bundeskartellamt, Bonn 1986; *Engelhoven/Meinhold-Heerlein*, Antragstellung nach § 32c GWB – Erhöhung der Rechtssicherheit für Unternehmen, WuW 2014, 575 ff.; *Fehling/Kastner/Störmer* (Hg.), Verwaltungsrecht, Handkommentar, 4. Auflage, Baden-Baden 2016; *Fuchs*, Die 7. GWB-Novelle – Grundkonzeption und praktische Konsequenzen, WRP 2005, 1384 ff.; *Hill*, Verfahrensermessen der Verwaltung, NVwZ 1985, 449; *Hoffmann-Riem/Schmidt-Aßmann/Voßkuhle* (Hg.), Grundlagen des Verwaltungsrechts, Bände I-III, 2. Auflage, München 2012/13; *Karl/Reichelt*, Die Änderungen des Gesetzes gegen Wettbewerbsbeschränkungen durch die 7. GWB-Novelle, DB 2005, 1436 ff.; *Knack/Henneke* (Hg.), Verwaltungsverfahrensgesetz, 10. Aufl., Köln u.a. 2014; *Kopp/Ramsauer*, VwVfG, 16. Aufl. München 2015; *Landeskartellbehörde Bayern*, Verwaltungsgrundsätze, Bekanntmachung des Bayerischen Staatsministeriums für Wirtschaft, Infrastruktur, Verkehr und Technologie Nr. 5571, Bayerischer Staatsanzeiger Nr. 31, S. 4 vom 5.8.2005; *Podszun*, Paradigmenwechsel in der kartellbehördlichen Befugnisausübung: Grundlagen, Gefahren, Grenzen, ZWeR 2012, 48 ff.; *Stelkens/Bonk/Sachs* (Hg.), Verwaltungsverfahrensgesetz, 8. Auflage, München 2014; *Wiedemann*, Auf der Suche nach der verlorenen Rechtssicherheit – Eine Zwischenbilanz zwei Jahre nach Inkrafttreten der EG-Kartellverfahrens-Verordnung Nr. 1/2003, in: Brinker/Scheuring/Stockmann (Hg.), Recht und Wettbewerb, Festschrift Rainer Bechtold, München 2006, S. 627 ff.; *Wienbracke*, Gebühr für verbindliche Auskunft (§ 89 III-V AO) verfassungsgemäß?, NVwZ 2007, 749 ff.

A. Grundlagen

I. Grundgedanke der Regelung

Die Kartellbehörde erklärt mit Hilfe von § 32c GWB, bezüglich eines bestimmten Verhaltens nicht einzuschreiten. Dies führt zu einer Selbstbindung der Behörde und strahlt auf Gerichte und andere Behörden aus. Betroffene Unternehmen erhalten dadurch Rechtssicherheit, was angesichts der Unsicherheiten der Selbsteinschätzung bedeutsam ist.[1]

II. Praktische Bedeutung

Die Norm hat mittlere praktische Bedeutung. Seit Einführung der Norm 2005 hat das Bundeskartellamt, soweit bekannt, nur in wenigen Fällen von der Befugnis Gebrauch gemacht.[2] Die Dunkelziffer dürfte allerdings größer sein. Entscheidungen der Landeskartellbehörden zu § 32c GWB sind nicht bekannt. Das Auslaufen der Regelung in § 3 Abs. 2 GWB zum 30.6.2009 hat die Bedeutung weiter gemindert. Die Norm hatte den Mitgliedern eines Mittelstandskartells einen Anspruch auf eine Entscheidung nach § 32c GWB gegeben. Die 9. GWB-Novelle sieht nun wiederum einen Anspruch auf eine § 32c-Entscheidung für Presseverlage in § 30 Abs. 2b S. 3 RegE vor.

III. Entstehungsgeschichte

Die Norm wurde mit der 7. GWB-Novelle 2005 eingeführt. § 32c GWB war als Trostpflaster für den Wechsel zum System der Legalausnahme gedacht: Die Möglichkeit mildert den Verlust der **Rechtssicherheit** ab, den Unternehmen hinnehmen müssen, wenn sie die Kartellrechtskonformität ihres Tuns selbst einschätzen müssen und nicht mehr auf Einzelfreistellungen oder wenigstens »comfort letters« vertrauen können. Von Unternehmensvertretern wurde die Einführung des § 32c GWB begrüßt.

IV. Rechtliche Einordnung

Europarechtlich knüpft die Norm an **Art. 5 S. 3 VO 1/2003** an, der den nationalen Behörden eine entsprechende Befugnis bei der Anwendung von Art. 101 und 102 AEUV gibt. Die Kommission selbst hat eine weitergehende Befugnis in Art. 10 VO 1/2003. Demnach kann sie feststellen, dass ein Verhal-

---

1 Vgl. *Engelhoven/Meinhold-Heerlein*, WuW 2014, 575, 576.
2 Bundeskartellamt, WuW/E DE-V 1142 – *Hintermauerziegelkartell*; Entscheidungen vom 9.12.2008, Az. B7-73/08 – *2G National Roaming*; vom 6.8.2009, Az. B7-11/09 – *MABEZ-Dienste*; vom 14.1.2011, Az. B8-95/10 – *Tank und Rast*; sowie vom 8.9.2015, Az. B6-126/14 – *Leistungsschutzrecht für Presseverleger* jeweils abrufbar auf der Homepage www.bundeskartellamt.de; siehe i.Ü. unten E.

ten nicht gegen Art. 101 oder 102 AEUV verstößt. Diese sog. »große Positiventscheidung« hat, anders als die »kleine Positiventscheidung« nach § 32c, verbindliche Wirkung für Gerichte und andere Behörden (str.).[3]

5 Verwaltungsrechtlich ist die Entscheidung, dass kein Anlass zum Tätigwerden besteht, mit einer **Zusicherung** (§ 38 I 1 Alt. 2 VwVfG) zu vergleichen.[4]

6 Im GWB gab es nach § 3 Abs. 2 einen eigenen Anspruch auf eine Entscheidung nach § 32c bei **Mittelstandskartellen** im Sinne des § 3 Abs. 1 GWB. Die Regelung ist jedoch zum 30.6.2009 außer Kraft getreten. Einen Anspruch auf eine § 32c-Entscheidung haben nach § 30 Abs. 2b S. 3 ReGE mit der 9. GWB-Novelle Presseverlage für ihre Zusammenarbeit. Eine parallele Regelung zu § 32c enthält § 26 GWB für die Anerkennung von Wettbewerbsregeln.

V. Kernfragen

7 Die für die Praxis entscheidenden Fragen sind, in welchen Fällen die Kartellbehörde einem Antrag auf Entscheidung nach § 32c GWB entsprechen sollte, welche Punkte die Parteien dazu vortragen sollten und wie weitgehend die Kartellbehörde den Sachverhalt prüfen muss. Verfahrensrechtlich ist die Entscheidung nach § 32c GWB von einer unverbindlichen Auskunft der Behörde zu unterscheiden.

B. Normstruktur

I. Ausgangspunkt

8 Behördliches Aufgreifermessen im Bereich des Kartellrechts führt zu Rechtsunsicherheit für Unternehmen, insbesondere wenn diese keine Möglichkeit haben, die Vereinbarkeit ihres Verhaltens mit dem Kartellrecht behördlich bestätigt zu bekommen.[5] Die durch § 32c GWB eingeräumte Befugnis soll hier Abhilfe schaffen. Normzweck ist demnach die Schaffung von **Rechtssicherheit** für Unternehmen. Doch die rechtliche Wirkung einer Entscheidung ist begrenzt, sie schwebt zwischen schlichter Untätigkeit, informeller Äußerung und großer Positiventscheidung durch die Kommission. Lediglich eine **Selbstbindung** der Kartellbehörde wird erreicht, aber auch diese steht unter dem Vorbehalt neuer Erkenntnisse. Dennoch ist § 32c GWB in seiner **Wirkung** nicht zu unterschätzen: Wenn eine Behörde, insbesondere das Bundeskartell-

---

3 *Sura*, in: Langen/Bunte, Europäisches Kartellrecht, Art. 10 VO 1/2003 Rn. 8 m.w.N.
4 RegBegr., BT-Drucks. 15/3640, S. 52.
5 Vgl. *Wiedemann*, in: FS Bechtold, S. 627 ff.; *Engelhoven/Meinhold-Heerlein*, WuW 2014, 575, 576.

amt, ein Verhalten für hinnehmbar hält, werden andere Behörden und Zivilgerichte zögern, anders zu entscheiden.[6] Auch die Kommission wird angesichts der engen Zusammenarbeit die Entscheidung anerkennen, auf die sie im Vorfeld ohnehin Einfluss genommen hat. In dieser faktischen Bindungswirkung liegt die Essenz der Befugnis. Die Behörde selbst wird sich nämlich bereits durch die in der Praxis häufigen informellen Auskünfte gebunden fühlen. Durch eine Entscheidung in Form von § 32c dokumentiert sie ihre Auffassung mit Verbindlichkeit. Diese hohe Prägekraft lässt die Behörden in der Praxis zurückhaltend agieren. Sie haben keinen echten Anreiz, eine Entscheidung nach § 32c GWB zu treffen. Allerdings kann ein öffentliches Interesse an der Entscheidung und der Auslegung des Kartellrechts neben das individuelle Unternehmensinteresse an einer Entscheidung nach § 32c GWB treten.[7] Für Unternehmen gilt es zu bedenken, dass eine Entscheidung nach § 32c GWB nicht immer allein positive Wirkungen zeitigen muss.[8]

Der Zusammenhang mit § 3 GWB legt nahe, dass in erster Linie die **mittelständische Wirtschaft** von solchen Entscheidungen profitieren soll.[9] Das ist aber keineswegs zwingend und wird in der Praxis auch anders gehandhabt.[10]

II. Voraussetzungen

1. Kein Kartellrechtsverstoß

Die Norm setzt voraus, dass kein Verstoß gegen §§ 1, 19 bis 21, 29 GWB oder Art. 101, 102 AEUV vorliegt. Der Prüfungsumfang erfasst, systematisch selbstverständlich, auch eine Freistellung nach § 2 GWB oder Art. 101 Abs. 3 AEUV.[11]

a) Umfang der Prüfungspflicht

Der Umfang der Prüfungspflicht ist strittig: Zum Teil wird vertreten, dass eine summarische Prüfung genügt.[12] Das Bundeskartellamt hat in seinen bisherigen Entscheidungen die Sachverhalte sehr genau erfasst und fundiert rechtlich gewürdigt. Dieses Vorgehen ist richtig: Der Normzweck würde verfehlt,

---

6 Vgl. *Engelhoven/Meinhold-Heerlein*, WuW 2014, 575, 582 f.
7 Vgl. *Bach*, in: Immenga/Mestmäcker, GWB, § 32c Rn. 3.
8 Dazu unten E.
9 Vgl. RegBegr., BT-Drucks. 15/3640, S. 34.
10 Zwei Entscheidungen nach § 32c GWB betrafen die *Deutsche Telekom AG*, eine erging zugunsten von *Google*.
11 RegBegr., BT-Drucks. 15/3640, S. 52; *Karl/Reichelt*, DB 2005, 1436, 1440.
12 *Rehbinder*, in: Loewenheim/Meessen/Riesenkampff, GWB, § 32c Rn. 3; *Bechtold*, § 32c Rn. 4; a.A.: *Bach*, in: Immenga/Mestmäcker, GWB, § 32c Rn. 11.

wenn die Entscheidung keinen Bestand hätte, sei es, dass neue Erkenntnisse vorliegen oder das Verhalten anders bewertet wird.

b) Offenlassen von Fragen

12 Der Normzweck verlangt eine eindeutige Entscheidung, dass kein Kartellrechtsverstoß vorliegt, der Anlass zum Tätigwerden gibt.[13] Das bedeutet, dass das Amt entweder zu dem Schluss kommt, dass **kein Kartellrechtsverstoß** vorliegt, **oder** dass es deutlich macht, dass es trotz Vorliegens eines Verstoßes von seinem **Aufgreifermessen** keinen Gebrauch macht. Andernfalls könnte § 32c GWB keine Wirkung entfalten. Entgegen seiner sonstigen Neigung, Fragen offen zu lassen, hat das Bundeskartellamt in den ergangenen Entscheidungen sich weitgehend auf die rechtliche Würdigung festgelegt.[14] Abgewichen davon ist das Amt jedoch in der Entscheidung *Leistungsschutzrecht für Presseverleger*. Hier wurden wesentliche Aspekte (Marktabgrenzung, marktbeherrschende Stellung von Google) offen gelassen, zum Missbrauch wurde lediglich festgestellt, dass ein solcher »mit hoher Wahrscheinlichkeit« nicht gegeben sei.[15] Es ist sehr zweifelhaft, ob das für § 32c genügt, da damit zum einen die Bindungswirkung minimiert wird, zum anderen die angestrebte Orientierungsfunktion gerade nicht gewährt wird. In einem Fall, den das Amt von Amts wegen mit ausführlicher Begründung nach § 32c entscheidet, kann es sich auch schwerlich darauf berufen, dass kein öffentliches Interesse an dem Fall besteht, sodass es ihr Aufgreifermessen nicht ausüben würde.

13 Der Wortlaut der Norm stützt diese Auffassung, da von einem Fehlen der Voraussetzungen die Rede ist und gerade nicht – wie in § 32b – auf eine vorläufige Beurteilung abgestellt wird.[16]

14 Die Einschränkung »nach den der Kartellbehörde vorliegenden Erkenntnissen« kann daher nur in Grenzfällen Bedeutung entwickeln und kann sich lediglich auf tatsächliche Aspekte, nicht aber die rechtliche Analyse beziehen: Der **Amtsermittlungsgrundsatz** (§ 24 VwVfG) gilt auch in diesem Verfahren

---

13 Ebenso wohl *Bach*, in: Immenga/Mestmäcker, GWB, § 32c Rn. 8; a.A. *Bechtold*, § 32c Rn. 4; *Klose*, in: Wiedemann, § 51 Rn. 47.

14 Im Fall *Hintermauerziegelkartell* wurde ein Verstoß gegen § 1 GWB verneint. In *MABEZ-Dienste* wurde eine Prognoseentscheidung mit eindeutiger rechtlicher Bewertung getroffen. In *2G National Roaming* war der streitige Vertrag zwischenzeitlich gekündigt worden, sodass eine Entscheidung unterblieb. Auch in *Tank und Rast* und in *Leistungsschutzrecht für Presseverleger* hat das Bundeskartellamt eindeutige Entscheidungen getroffen.

15 Bundeskartellamt, 8.9.2015, Az. B6-126/14, Rn. 116, 146 – *Leistungsschutzrecht für Presseverleger*.

16 Wie hier *Mäsch*, in: Berg/Mäsch, Deutsches und Europäisches Kartellrecht, § 32c Rn. 4.

und bedeutet für die Behörde, dass sie grundsätzlich sämtliche Informationen zusammen tragen und verifizieren muss.[17] Bestenfalls in einzelnen Details, etwa bei Unverhältnismäßigkeit der Informationsgewinnung oder **Restzweifeln**, kann sich die Behörde auf die Formulierung des § 32c berufen und ihr Aufklärungsermessen etwas großzügiger auslegen.[18] Dass auf diese Tatsachen das Recht richtig anzuwenden ist, versteht sich von selbst (Art. 20 Abs. 3 GG); auch bei einer summarischen Prüfung muss die Rechtslage zutreffend geprüft werden. Irreführend ist lediglich die gesetzgeberische Überschrift (»kein Anlass zum Tätigwerden«). Der Begriff »Anlass« suggeriert eine Abwägungsfreiheit der Behörde, die der Normtext selbst nicht hergibt.[19]

2. Antrag

Ein Antrag auf Entscheidung nach § 32c ist nicht erforderlich.[20] Die Kartellbehörde kann, etwa wenn sie von sich aus oder auf Beschwerde hin ein Verhalten überprüft, zur Klarstellung eine Entscheidung von Amts wegen treffen.

Ein Antragsteller sollte in eigenem Interesse möglichst genau den Sachverhalt schildern und eine erste eigene rechtliche Würdigung vornehmen. Je detaillierter die Darlegung, desto weniger kann sich eine Behörde später auf »neue Erkenntnisse« stützen.[21] Der Antrag sollte **Merkblättern** des Bundeskartellamts[22] und der bayerischen Landeskartellbehörde[23] zufolge die folgenden Punkte umfassen: Nennung aller beteiligten Unternehmen, der Unternehmensgrößen/Umsätze, der Gesellschafter und der weiteren Beteiligungen; detaillierte Angaben über das relevante Verhalten (z.B. Vorlage der Kooperationsvereinbarung); rechtlicher und wirtschaftlicher Hintergrund des Verhaltens; Darstellung der betroffenen Märkte mit Umsätzen, Marktvolumina und Marktanteilen sowie Angabe der Wettbewerber und Nachfrager; Angaben zur Wirkung des Verhaltens auf den Wettbewerb, etwa Darlegung von Rationalisierungsgewinnen durch eine Zusammenarbeit. Die Ausführungen zur Wirkung sollten die Voraussetzungen einer Freistellung nach § 2 GWB

---

17 Irreführend *Keßler*, in: MünchKommKartR, GWB, § 32c Rn. 3.
18 Vgl. *Kallerhoff*, in: Stelkens/Bonk/Sachs, Verwaltungsverfahrensgesetz, § 24 Rn. 26 ff.; *Hill*, NVwZ 1985, 449, 453.
19 Zu weitgehend *Bechtold*, § 32c Rn. 4 (kein Verfolgungsinteresse da »objektiv unzulässige Tätigkeit im öffentlichen Interesse«).
20 Bundeskartellamt, 8.9.2015, Az. B6-126/14, Rn. 238 – *Leistungsschutzrecht für Presseverleger*; dass., Tätigkeitsbericht 2005/2006, BT-Drucks. 16/5710, S. 11; *Kling/Thomas*, § 21 Rn. 19.
21 Bundeskartellamt, KMU-Merkblatt, Rn. 45. Siehe auch *Engelhoven/Meinhold-Heerlein*, WuW 2014, 575, 585.
22 Bundeskartellamt, KMU-Merkblatt, Rn. 45.
23 Landeskartellbehörde Bayern, Verwaltungsgrundsätze, Ziff. 1.1.

bzw. Art. 101 Abs. 3 AEUV abdecken. Erwartet wird zudem eine eigene rechtliche Würdigung der Parteien, inklusive Ausführungen zur Zwischenstaatlichkeit des Verhaltens. Hier empfiehlt es sich, Erkenntnisse und Dokumente aus dem Prozess der Selbsteinschätzung einzubringen.

17 Der Antrag sollte darüber hinaus insbesondere darlegen, warum die Behörde eine Entscheidung nach § 32c GWB treffen sollte (siehe im Folgenden).

3. Ermessensausübung der Kartellbehörde

18 Ob die Behörde eine Entscheidung nach § 32c trifft, steht in ihrem Ermessen. Eine Ermessensreduzierung auf Null ist kaum vorstellbar.[24] Auch eine Pflicht aus Art. 3 GG (**Gleichbehandlung**) wird sich in der Praxis kaum ergeben. Einen Anspruch auf Entscheidung gibt es seit Wegfall von § 3 Abs. 2 GWB nicht mehr. Dieser hatte ein erhebliches rechtliches oder wirtschaftliches Interesse der betroffenen Unternehmen verlangt, eine Voraussetzung, auf die in § 32c GWB verzichtet werden konnte, da die Norm keinen Anspruch gibt. Die Messlatte liegt entsprechend hoch. Der in § 30 Abs. 2b des Regierungsentwurfs zur 9. GWB-Novelle vorgesehene Anspruch enthält auch die Formulierung, dass die Antragsteller ein erhebliches rechtliches oder wirtschaftliches Interesse vortragen müssen. Eine hohe Zahl von Entscheidungen nach § 32c GWB wäre widersinnig: Nach der Einführung der Legalausnahme kann das Freistellungssystem nicht durch die Hintertür des § 32c GWB wieder eingeführt werden. Beteiligte können zur Ermessensausübung in jeder Hinsicht Stellung nehmen – entweder, um eine Entscheidung herbeizuführen, aber auch um eine Entscheidung zu verhindern. Letzteres empfiehlt sich insbesondere, wenn die 32c-Entscheidung zivilgerichtliche Verfahren in – aus Sicht einer Partei – nachteiliger Weise prägen kann.[25]

19 Die Landeskartellbehörde Bayern hat (in Bezug auf § 3 GWB a.F.) als Voraussetzung formuliert, das Interesse der Unternehmen an einem Antrag müsse »das übliche Interesse an Rechtssicherheit und Vermeidung von Fehlinvestitionen« übersteigen. Im Antrag sollten Unternehmen insbesondere auf die folgenden **Aspekte** hinweisen, die das Ermessen der Behörde beeinflussen: Neuartigkeit des Sachverhalts; Fehlen gesicherter Kartellrechtspraxis zu der entsprechenden Konstellation; Eignung des Falles, als Musterfall zu dienen; Abhängigkeit erheblicher Investitionen oder langfristiger Bindungen von der rechtlichen Beurteilung; geringer Ermittlungsaufwand.[26] In den vom Bundes-

---

24 Vgl. aber *Kling/Thomas*, § 21 Rn. 21.
25 So die Situation in BKartA, 8.9.2015, Az. B6-126/14, vgl. Rn. 230 ff. – *Leistungsschutzrecht für Presseverleger*.
26 Vgl. Bundeskartellamt, KMU-Merkblatt, Rn. 44; Landeskartellbehörde Bayern, Verwaltungsgrundsätze, Ziff. 1.1.

kartellamt offiziell nach § 32c GWB entschiedenen Fällen hat das Amt folgende Erwägungen angeführt, die es veranlasst haben, sich zu binden: Auslegungsbedürftigkeit eines bislang ungeklärten Rechtsbegriffs mit Bedeutung für eine Vielzahl von Mittelstandskartellen,[27] Entwicklung von Grundsätzen zu einer zunehmend wichtiger werdenden Fallgruppe des Missbrauchsrechts (Preis-Kosten-Schere),[28] Beurteilung einer Abrede zur gemeinsamen Nutzung von Netz-Infrastrukturen im Telekommunikationssektor mit Bedeutung über den Einzelfall hinaus,[29] öffentliches Interesse an Rechtsklarheit und -sicherheit in einem wirtschaftlich bedeutenden Markt.[30] Zusätzlich wurde in zwei der genannten Fälle auf die Bedeutung für die betroffenen Parteien abgestellt.[31] In dem zwischen den Beteiligten und in der Öffentlichkeit heftig diskutierten Fall des Leistungsschutzrechts für Presseverleger verwies das Amt auf die »massiven Auseinandersetzungen« und die zahlreichen Eingaben ans Amt, um seine Positionierung mit einer 32c-Entscheidung zu legitimieren.[32]

Während das Amt in anderen Fällen häufig die Einleitung eines Verfahrens ablehnt mit Hinweis auf die **Möglichkeit zivilgerichtlicher Klärung**, hat es dieses Argument in der Entscheidung zum Leistungsschutzrecht nicht für durchgreifend gehalten.[33] Die Zweigleisigkeit von öffentlicher und privater Durchsetzung im Kartellrecht sei so vom Gesetzgeber angelegt. Das Amt wolle im öffentlichen Interesse auch »Leitplanken« für das Verhalten von Suchmaschinen-Betreibern setzen und Orientierung für entsprechende Fälle bieten. In der konkreten Entscheidung wurde daher der Fall zum Anlass genommen, allgemeine Aussagen zu digitalen Plattform-Konstellationen zu treffen. Die **Neuartigkeit** der aufgeworfenen Fragen und deren **Bedeutung über den Einzelfall hinaus** können als wichtigste Aspekte für das Ermessen angesehen werden. Faktisch erhält sich das Amt so die Definitionshoheit im Wettbewerb mit Zivilgerichten. Die Alternative dazu, die sich bei einem bereits laufenden

20

---

27 Bundeskartellamt, WuW/E DE-V 1142, 1143 – *Hintermauerziegelkartell*.
28 Bundeskartellamt, 6.8.2009, Az. B7-11/09, Rn. 69 – *MABEZ-Dienste*, abrufbar auf der Homepage www.bundeskartellamt.de.
29 Bundeskartellamt, 9.12.2008, Az. B7-73/08, Rn. 38 – *2G National Roaming*, abrufbar auf der Homepage www.bundeskartellamt.de.
30 Bundeskartellamt, Entscheidung vom 14.1.2011, Az. B8-95/10, S. 46 f. – *Tank und Rast*, abrufbar auf der Homepage www.bundeskartellamt.de.
31 Bundeskartellamt, 6.8.2009, Az. B7-11/09, Rn. 70 – *MABEZ-Dienste*, sowie 9.12.2008, Az. B7-73/08, Rn. 38 – *2G National Roaming*, beide abrufbar auf der Homepage www.bundeskartellamt.de. Andererseits Bundeskartellamt, WuW/E DE-V 1135, 1141 – *MSV*.
32 Bundeskartellamt, 8.9.2015, Az. B6-126/14, Rn. 229 – *Leistungsschutzrecht für Presseverleger*.
33 Bundeskartellamt, 8.9.2015, Az. B6-126/14, Rn. 230 ff. – *Leistungsschutzrecht für Presseverleger*.

Verfahren anbietet, ist die Stellungnahme als amicus curiae gem. § 90 Abs. 2 mit Veröffentlichung des Schriftsatzes.

Das Bundeskartellamt hat mindestens in zwei Fällen **Anträge abgelehnt**: In einem Fall sah das Amt nicht die Möglichkeit, mit einer Entscheidung dauerhafte Rechtssicherheit zu erzielen, da an einer Kooperation immer neue Partner beteiligt gewesen wären, sodass stets eine erneute Prüfung hätte erfolgen müssen.[34] In einem weiteren Fall wurde die Entscheidung mit der Begründung abgelehnt, es handele sich nicht um einen neuartigen Sachverhalt mit Bedeutung über den Einzelfall hinaus.[35]

III. Entscheidung

21 Die Entscheidung ergeht als Verfügung i.S.d. § 61 GWB.[36] Zu den Wirkungen s.u. IV.

22 Die **Förmlichkeit** der Entscheidung (Schriftform, Verfügungscharakter, Berufung auf § 32c) erhebt den Fall des § 32c über den der bloß unverbindlichen Auskunft (dazu unten, Rdn. 45 ff.) hinaus. **Abgrenzungsschwierigkeiten** stellen sich im Hinblick auf die Selbstbindung. Wenn eine Behörde nur eine Auskunft erteilt, etwa Tatsachen mitteilt oder unverbindlich eine Rechtsauffassung darstellt, hat dies nicht die gleiche Wirkung wie eine die Behörde bindende Erklärung nach § 32c GWB. Entscheidend ist, dass aus der Entscheidung ein Bindungs- und Regelungswille hervorgeht, der auf die Rechtsfolge des § 32c GWB (Verfahrensbeendigung mit Selbstbindung) hinweist.[37] Dies wird meist durch die Förmlichkeiten des § 61 GWB sichergestellt: Die Entscheidung ist zu begründen, mit einer Rechtsbehelfsbelehrung zu versehen und zuzustellen. Sie kann mit Nebenbestimmungen versehen werden[38] und enthält den Zusatz »vorbehaltlich neuer Erkenntnisse«.

23 Die Verfügung (auch im Fall der Ablehnung eines Antrags auf § 32c-Entscheidung) muss in jedem Fall ausreichend begründet werden.[39] Die **Begründung** kann kurz ausfallen, sollte aber im Sinne des Zwecks der Norm die Grundzüge der kartellamtlichen Erwägungen erkennen lassen, damit Rechtssicherheit er-

---

34 Bundeskartellamt, Tätigkeitsbericht 2005/2006, BT-Drucks. 16/13500, S. 101.
35 Bundeskartellamt, WuW/E DE-V 1135, 1141 – *MSV*.
36 Landeskartellbehörde Bayern, Verwaltungsgrundsätze, Ziff. 1.3.
37 Vgl. *Schwarz*, in: Fehling/Kastner/Störmer, Verwaltungsrecht, § 38 VwVfG Rn. 8 ff.; *Henneke*, in: Knack/Henneke, Verwaltungsverfahrensgesetz, § 38 Rn. 5 ff.; *Kopp/Ramsauer*, VwVfG, § 38 VwVfG Rn. 7 ff.
38 Vgl. *Stelkens*/Bonk/Sachs, Verwaltungsverfahrensgesetz, § 38 Rn. 26; auch eine Befristung ist denkbar, da dies die Rechtssicherheit gegenüber der unbestimmteren »Vorbehaltlichkeit« erhöht, a.A. *Bach*, in: Immenga/Mestmäcker, GWB, § 32c Rn. 16.
39 *Engelhoven/Meinhold-Heerlein*, WuW 2014, 575, 580 f.

langt werden kann und eine Beschwerde gegen die Entscheidung sinnvoll möglich ist.

Eine **Bekanntmachung** kann erfolgen (§ 62 S. 2 GWB). Davon sollte die Behörde unbedingt Gebrauch machen,[40] um über den Einzelfall hinaus Orientierung zu schaffen, die Gleichbehandlung der Unternehmen einer Branche zu wahren und kritische Stimmen zuzulassen, die möglicherweise in dem nicht ganz so strikten Verfahren überhört wurden. Nur dann kann auch das »System von Leitentscheidungen«[41] erstellt werden, von dem in der Praxis allerdings noch ohnehin keine Rede sein kann.

24

Für die **Tenorierung** ist wichtig, dass die Verhaltensweise genau bezeichnet wird. Das Bundeskartellamt hat in den bisherigen Entscheidungen vor allem auf vorgelegte Verträge verwiesen.[42] Das ist wenig hilfreich, da dies eine detaillierte Entscheidungsanalyse voraussetzt und die über den Einzelfall hinaus gehenden Grundzüge nicht ohne weiteres ersichtlich werden. Sowohl Sachverhalt als auch die Gründe und die über den Einzelfall hinaus weisenden Prinzipien müssen aus der Entscheidung hervorgehen.[43]

25

In Bezug auf den Inhalt der Entscheidung hat der EuGH klargestellt, dass Art. 5 S. 3 VO 1/2003 dahingehend auszulegen ist, dass er den nationalen Kartellbehörden nicht erlaubt, festzustellen, dass ein **Verstoß gegen europäisches Kartellrecht** nicht vorliegt, auch wenn sie im Rahmen des Verfahrens zu diesem Ergebnis kommt. Die Möglichkeit einer solchen »negativen Feststellung« bleibt allein der Kommission vorbehalten.[44]

26

Für die Entscheidung werden moderate **Gebühren** gem. § 80 Abs. 1 Nr. 2, Abs. 2 Nr. 3 GWB fällig. In anderen Rechtsgebieten ist die Gebührenpflichtigkeit solcher Auskünfte insbesondere der Höhe nach umstritten.[45] Wenn kein Antrag gestellt wurde, fehlt es am Kostenschuldner (§ 80 Abs. 6 Nr. 2 GWB), sodass keine Gebühren zu erheben sind. In einem Fall hat das Bun-

27

---

40 *Klose*, in: Wiedemann, § 51 Rn. 53. Ähnlich *Karl/Reichelt*, DB 2005, 1436, 1443.
41 *Engelhoven/Meinhold-Heerlein*, WuW 2014, 575, 580.
42 Siehe Entscheidungen vom 6.8.2009, Az. B7-11/09 – *MABEZ-Dienste*, vom 9.12.2008, Az. B7-73/08 – *2G National Roaming*, sowie vom vom 14.1.2011, Az. B8-95/10 – *Tank und Rast*, jeweils abrufbar auf der Homepage www.bundeskartellamt.de; sowie WuW/E DE-V 1142 – *Hintermauerziegelkartell*.
43 Vgl. *Keßler*, in: MünchKommKartR, GWB, § 32c Rn. 19.
44 EuGH, Urteil vom 3.5.2011, Rs. C-375/09, Rn. 29 – *Prezes Urzędu Ochrony Konkurencji i Konsumentów gegen Tele2 Polska sp. z o.o., jetzt Netia SA*.
45 Vgl. *Birk*, NJW 2007, 1325 ff.; *Wienbracke*, NVwZ 2007, 749 ff.

deskartellamt konsequent auf die Erhebung von Gebühren verzichtet.[46] Hier war ein Verfahren aufgrund einer Beschwerde eingeleitet worden und offenbar ohne Antrag der Begünstigten mit einer Entscheidung nach § 32c GWB abgeschlossen worden. In einem anderen Fall wurde sogar auf die Erhebung von Gebühren verzichtet, obwohl das Verfahren durch einen Antrag der Betroffenen eingeleitet wurde.[47]

IV. Wirkung der Entscheidung

28 Die Verfügung führt zu einer **Selbstbindung** der Verwaltung: Die Kartellbehörde bindet sich, nicht gegen die im Tenor beschriebene Verhaltensweise vorzugehen, es sei denn, dass neue Erkenntnisse vorliegen. Nach Satz 3 liegt keine bindende Freistellung vor. Die Entscheidung ist als »Unbedenklichkeitsbescheinigung«,[48] »Negativattest«,[49] »kleine Positiventscheidung«[50] oder »Nichttätigkeitsverfügung«[51] bezeichnet worden. Die Regierungsbegründung ordnet die Entscheidung vergleichbar einer Zusicherung im Sinne von § 38 VwVfG ein.[52] Es wird also die verpflichtende Zusage gegeben, keinen Verwaltungsakt zu erlassen. Schreitet die Behörde gleichwohl ein, ist eine Anfechtung möglich.[53]

29 Die Entscheidung bindet der Regierungsbegründung zufolge **Dritte** (Kommission, andere Behörden, Gerichte) nicht.[54] Gegenüber der in § 33 Abs. 4 GWB grundsätzlich normierten Bindungswirkung lässt sich das mit § 32c S. 3 GWB und der Beschränkung der Befugnis »für sie« (also die Kartellbehörde) erklären. Die faktischen Wirkungen einer solchen Entscheidung reichen aber erheblich weiter (siehe oben Rdn. 8). Insbesondere wird in anderen Verfahren etwa bei der Sanktionierung (Bußgelder) oder der Verschuldensprüfung der Ausgang der kartellbehördlichen Prüfung zu berücksichtigen sein.[55]

---

46 Bundeskartellamt, Entscheidung vom 6.8.2009, Az. B7-11/09 – *MABEZ-Dienste*, anders aber noch in der Entscheidung vom 9.12.2008, Az. B7-73/08 – *2G National Roaming*; beide abrufbar auf der Homepage www.bundeskartellamt.de.
47 Bundeskartellamt, Entscheidung vom 14.1.2011, Az. B8-95/10 – *Tank und Rast*, abrufbar auf der Homepage www.bundeskartellamt.de.
48 *Fuchs*, WRP 2005, 1384, 1389.
49 Landeskartellbehörde Bayern, Verwaltungsgrundsätze; *Keßler*, in: MünchKommKartR, GWB, § 32c Rn. 1.
50 *Wiedemann*, in: FS Bechtold, S. 638.
51 *Wallenberg*, S. 221.
52 RegBegr., BT-Drucks. 15/3640, S. 52.
53 *Henneke*, in: Knack/Henneke, Verwaltungsverfahrensgesetz, § 38 Rn. 11, 38.
54 RegBegr., BT-Drucks. 15/3640, S. 52; vgl. *Bornkamm*, in: Langen/Bunte, GWB, § 32c Rn. 12; *Keßler*, in: MünchKommKartR, GWB, § 32c Rn. 14.
55 Vgl. *Klose*, in: Wiedemann, § 51 Rn. 50.

V. Wiederaufgreifen

Beim **Vorliegen »neuer Erkenntnisse«** verliert die Zusage ihre Wirkung. Die Kartellbehörde kann dann entgegen ihrer früheren Zusage einschreiten, ohne rechtswidrig zu handeln. Die Verfahrenseinleitung setzt nicht voraus, dass zuvor die Entscheidung nach § 32c aufgehoben wird.[56]

30

Beim Wiederaufgreifen ist bei der Ermessensausübung der **Vertrauensschutz** zu berücksichtigen. Die Behörde muss darlegen, warum die neuen Erkenntnisse so erheblich sind, dass eine Entscheidung entgegen der Verfügung nach § 32c erforderlich ist. Sie muss zudem den Unternehmen die praktische Möglichkeit einräumen, ihr Verhalten an die neue Lage anzupassen.[57] Dies setzt zumindest eine formlose Mitteilung voraus, dass sich die Behörde nicht mehr gebunden fühlt. Die sofortige Durchführung eines Untersagungsverfahrens wäre sonst unverhältnismäßig. Die Erklärung der Behörde ist ggf. anzupassen.[58]

31

Neue Erkenntnisse können tatsächlicher oder rechtlicher Natur sein. Einen Anhaltspunkt, welche Fälle gemeint sein könnten, bieten § 32b Abs. 2 GWB sowie § 38 Abs. 3 VwVfG. Die Erkenntnisse müssen so erheblich sein, dass sie bei Zugrundelegung eine andere Entscheidung zur Folge hätten.[59] Für die Antragsteller empfiehlt es sich, möglichst alle bekannten Tatsachen in die Entscheidung einzubringen, um die Verfügung änderungsfest zu machen.

32

Umstritten ist, wie mit der **Änderung von Rechtsauffassungen** umzugehen ist. Ändert die Behörde ihre eigene Auffassung, genügt dies nicht – sonst würde die Zusicherung entwertet. Auch eine Änderung der höchstrichterlichen Rechtsprechung genügt wohl wegen der Einzelfallbindung der Rechtsprechung nicht.[60] Gesetzgeberische Veränderungen hingegen sind neue Erkenntnisse. Als solche sind auch die zwingend zu beachtenden Vorgaben der europäischen Organe im Rahmen von Art. 101 und 102 AEUV.

33

---

56 *Bach*, in: Immenga/Mestmäcker, GWB, § 32c Rn. 19; *Schwarz*, in: Fehling/Kastner/Störmer, Verwaltungsrecht, § 38 Rn. 55; a.A. *Bechtold*, § 32c Rn. 6, der schon vor Einleitung eines neuen Prüfverfahrens die Aufhebung der Entscheidung nach § 32c verlangt.
57 *Rehbinder*, in: Loewenheim/Meessen/Riesenkampff, GWB, § 32c Rn. 9, 11; *Keßler*, in: MünchKommKartR, GWB, § 32c Rn. 18. Kritisch *Mäsch*, in: Berg/Mäsch, Deutsches und Europäisches Kartellrecht, § 32c Rn. 27.
58 *Schwarz*, in: Fehling/Kastner/Störmer, Verwaltungsrecht, § 38 Rn. 56.
59 *Mäsch*, in: Berg/Mäsch, Deutsches und Europäisches Kartellrecht, § 32c Rn. 23 f.; *Schwarz*, in: Fehling/Kastner/Störmer, Verwaltungsrecht, § 38 Rn. 52; *Henneke*, in: Knack/Henneke, Verwaltungsverfahrensgesetz, § 38 Rn. 33.
60 *Keßler*, in: MünchKommKartR, GWB, § 32c Rn. 15; anders *Bechtold*, § 32c Rn. 7.

C. Verfahren

34 Die Entscheidung ergeht in einem Verfahren nach §§ 54 ff. GWB, sodass das Recht auf **Anhörungen**, die Beteiligung Dritter durch **Beiladung** und die **Einbindung anderer Behörden** zu beachten sind. Eine Mitwirkungspflicht der Betroffenen besteht nicht,[61] solange die Behörde nicht von ihren besonderen Ermittlungsbefugnissen Gebrauch macht. Ein Antragsteller ist gut beraten, wenn er mitwirkt. Für sonstige betroffene Unternehmen, etwa bei Entscheidungen auf Initiative der Behörde, kann sich das anders darstellen. Für Verfahrens- und Formfehler können die allgemeinen Vorschriften des Verwaltungsrechts herangezogen werden (§ 45 VwVfG).[62]

D. Rechtsschutz

35 Ein **Anspruch** auf die Entscheidung nach § 32c GWB besteht – nach Auslaufen der Regelung in § 3 Abs. 2 GWB – nur noch im Fall des § 30 Abs. 2b des Regierungsentwurfs zur 9. GWB-Novelle, soweit dieser Gesetz wird. Die Entscheidung steht im Übrigen im pflichtgemäßen Ermessen der Behörde, eine Ermessensreduzierung auf Null ist kaum denkbar, sodass eine Klage auf Verpflichtung der Behörde regelmäßig scheitern muss.

36 Eine **Beschwerde gegen die** Verfügung durch einen Antragsteller ist kaum vorstellbar, wenn die beantragte Entscheidung gewährt wird. Denkbar ist vor allem die Anfechtung von Nebenbestimmungen oder der Gebührenhöhe. Einzelne Aspekte der Begründung (etwa Freistellung nach § 2 GWB, nicht schon kein Verstoß gegen § 1 GWB) sind einem Rechtsbehelf regelmäßig nicht zugänglich. Geht die Behörde trotz entgegenstehender § 32c-Entscheidung gegen ein Unternehmen vor sowie bei der Aufhebung der Entscheidung, ist die Beschwerde möglich. Für einen Schadensausgleich bei Aufhebung der Verfügung dürfte regelmäßig kein Grund gegeben sein.[63]

37 **Dritte** können gegen die Verfügung Beschwerde einlegen, so wie sie auch gegen andere Entscheidungen der Behörden vorgehen können.[64] Sie müssten aber eine Ermessensreduzierung der Behörde nachweisen, was regelmäßig nicht gelingen dürfte.[65] Im Übrigen fehlt ihnen oft die Beschwer.[66] Die Anfechtung von Entscheidungen nach § 32c GWB würde zu einer Verpflich-

---

61 *Bach*, in: Immenga/Mestmäcker, GWB, § 32c Rn. 9; a.A. *Keßler*, in: MünchKommKartR, GWB, § 32c Rn. 3.
62 Vgl. *Henneke*, in: Knack/Henneke, Verwaltungsverfahrensgesetz, § 38 Rn. 28.
63 Vgl. *Schwarz*, in: Fehling/Kastner/Störmer, Verwaltungsrecht, § 38 Rn. 57.
64 A.A. *Mäsch*, in: Berg/Mäsch, Deutsches und Europäisches Kartellrecht, § 32c Rn. 36.
65 Grundsätzlich ablehnend *Keßler*, in: MünchKommKartR, GWB, § 32c Rn. 5.
66 *Wallenberg*, Rn. 557; *Bornkamm*, in: Langen/Bunte, GWB, § 32c Rn. 15.

tungsklage durch die Hintertür führen. Dritte sind daher auf den Zivilrechtsweg verwiesen, wenn sie in der Sache Ansprüche geltend machen wollen.

E. Anwendungsfälle

Das Bundeskartellamt hat in zwei Fällen Entscheidungen nach § 32c GWB abgelehnt (siehe B.II.3). Die Entscheidungen, in denen eine Unbedenklichkeitsbestätigung gewährt wurde, betrafen u.a. ein mittelständisches Rationalisierungskartell im Baustoffbereich sowie zwei ökonomisch komplexe Fälle aus dem Bereich der Telekommunikation.

38

Im Fall *Hintermauerziegelkartell*,[67] der nach § 3 GWB behandelt wurde, ging es um die Frage, ob europäisches Recht auf ein Kartell kleinerer und mittlerer Unternehmen anzuwenden sei und wann ein mittelständisches Kartell spürbar ist. Diese Fragen wurden 2005 als wegweisend für Mittelstandskartelle angesehen, insbesondere sollte auch im Hinblick auf die Anwendung von § 3 GWB Klarheit geschaffen werden.

39

Im Fall *2G National Roaming*[68] wurde ein Vertrag von *T-Mobile* und *O2* über Zusammenarbeit und Abgrenzung bei der Nutzung der jeweiligen Mobilfunknetze durch Roaming geprüft. Der Fall ging auf eine Beschwerde von *O2* zurück, während des Untersagungsverfahrens schlossen die Unternehmen sodann eine Ergänzungsvereinbarung, die das Amt dazu veranlasste, keinen Anlass zum Tätigwerden mehr zu sehen. Hier hat das Amt die Erkenntnisse aus dem Roaming-Verfahren offenbar öffentlich dokumentieren und damit Signale für den Abschluss weiterer Vereinbarungen geben wollen. Eine Entscheidung nach § 32 Abs. 3 GWB wäre ebenfalls denkbar gewesen.

40

Der Fall *MABEZ-Dienste*[69] betrifft die Frage, ob die *Deutsche Telekom* mit einer Preis-Kosten-Schere bei Vorleistungen zu Telefondiensten im Zusammenhang mit Fernsehgewinnspielen operiert. Ein Wettbewerber auf Dienstleistungsebene hatte sich beschwert. Das Amt kam zu dem Ergebnis, dass keine Preis-Kosten-Schere wahrscheinlich ist. Durch die Entscheidung wurden Erwägungen des Amtes zur Normadressateneigenschaft der *Deutschen Telekom* und zur Prüfung bei Preis-Kosten-Scheren offen gelegt.

41

---

67 Bundeskartellamt, WuW/E DE-V 1142 – *Hintermauerziegelkartell*.
68 Bundeskartellamt, Entscheidung vom 9.12.2008, Az. B7-73/08 – *2G National Roaming*; abrufbar auf der Homepage www.bundeskartellamt.de.
69 Bundeskartellamt, Entscheidung vom 6.8.2009, Az. B7-11/09 – *MABEZ-Dienste*, abrufbar auf der Homepage www.bundeskartellamt.de.

42 Im Fall *Tank und Rast*[70] ging es um die Neuregelung von Vergabekriterien für Belieferungs- und Vertriebsrechte für Kraftstoffe an Bundesautobahntankstellen. Die Betroffene Autobahn Tank & Rast GmbH hatte das Verfahren wegen brancheninterner Bedenken und nach Vorgesprächen mit dem Bundeskartellamt selbst in Gang gebracht. Im Laufe des Verfahrens erklärte sie sich zu Änderungen ihres neuen Konzeptes bereit. Das Amt sah die Betroffene zwar als Adressatin der Missbrauchsbestimmungen an, sah jedoch keinen Anlass zum Einschreiten.

43 Im Fall *Leistungsschutzrecht für Presseverleger*[71] hat das Amt von Amts wegen eine § 32c-Entscheidung getroffen, um Orientierung für die »massiven Auseinandersetzungen« der Presseverleger mit Google zu geben und einige »Leitplanken« für das Verhalten von Suchmaschinenbetreibern gesetzt. Die Normadresseneigenschaft von Google wurde sowohl hinsichtlich Marktabgrenzung als auch Marktbeherrschung offengelassen. Hinsichtlich eines Missbrauchs stellte die Beschlussabteilung fest, dass dieser »mit hoher Wahrscheinlichkeit« nicht vorliege. Diese Offenhaltung der Entscheidung relativiert die Bindungswirkung der Entscheidung und die gerade angestrebte Orientierungsfunktion. Hier lässt sich bezweifeln, ob eine § 32c-Entscheidung überhaupt auf derart unsicherer Basis ergehen darf.

44 An den Fällen zeigt sich, dass die Entscheidung nach § 32c GWB durchaus **zweischneidig** sein kann: Selbst wenn im Ergebnis die Kartellbehörde nicht einschreitet, kann sie in der Begründung doch Feststellungen von erheblichem Gewicht und zum Nachteil der Betroffenen treffen (etwa zur Marktmacht eines Unternehmens oder zum Verstoß gegen das Kartellverbot, der dann nur unter § 2 GWB fällt). Auch insofern muss ein Antrag überlegt sein.

Anhang: Informelle Verfahren

45 Neben formellen Entscheidungen nach §§ 32 ff. GWB tritt die informelle Tätigkeit der Kartellbehörden.[72]

46 Grundsätzlich sind die Behörden für informelle Anfragen offen. Das Bundeskartellamt schreibt am Ende seines Merkblatts für kleinere und mittlere Unternehmen: Es »besteht (weiterhin) die Möglichkeit, sich informell an das

---

70 Bundeskartellamt, Entscheidung vom 14.1.2011, Az. B8-95/10 – *Tank und Rast*, abrufbar auf der Homepage www.bundeskartellamt.de.
71 Bundeskartellamt, Entscheidung vom 8.9.2015, Az. B6-126/14 – *Leistungsschutzrecht für Presseverleger*, abrufbar auf der Homepage www.bundeskartellamt.de.
72 Grundlegend *de Maizière*, Die Praxis der informellen Verfahren; allgemein *Fehling*, in: Hoffmann-Riem/Schmidt-Aßmann/Voßkuhle, Grundlagen des Verwaltungsrechts, § 38; vgl. auch *Engelhoven/Meinhold-Heerlein*, WuW 2014, 575, 582.

Bundeskartellamt zu wenden und um eine kartellrechtliche Einschätzung der Kooperation nachzusuchen. In diesem Fall sollte die schriftliche Anfrage der beteiligten Unternehmen eine umfassende Sachverhaltsschilderung unter Beifügung der Kooperationsvereinbarung und eine eigene umfassende kartellrechtliche Würdigung enthalten. Sofern sich keine Anhaltspunkte für ein wettbewerbswidriges Verhalten ergeben, kann das Bundeskartellamt dann in Ausübung seines Aufgreifermessens im Rahmen von § 32 GWB von einer vertieften Prüfung absehen und dies den betroffenen Unternehmen mitteilen.«[73] Die Landeskartellbehörden sind im Kontakt häufig noch unternehmensfreundlicher und übernehmen eine **Quasi-Beratungsfunktion** gegenüber ansässigen Unternehmen. Je bedeutsamer die zivilrechtliche Durchsetzung des Kartellrechts wird, desto unbedeutender werden behördliche Auskünfte, die nicht nach außen dokumentiert werden.

Einen bemerkenswerten Fall der informellen Tätigkeit stellt das **Positionspapier** zum Glasfaserausbau dar, das das Bundeskartellamt im Jahr 2010 vorgelegt hat.[74] Hierin skizziert es seine wettbewerbsrechtlichen Grundsätze für die Kooperation der Deutschen Telekom AG mit Wettbewerbern beim Breitbandausbau. Hintergrund dessen war, dass die Bundesregierung das Bundeskartellamt im Rahmen ihrer Breitbandstrategie aufgefordert hatte, seine Positionen zu diesem Themenkomplex zu verallgemeinern. Festzuhalten bleibt allerdings, dass dieses Vorgehen – ohne dass es eine gesetzliche Grundlage oder ein förmliches Verfahren gegeben hätte – zu einer **faktisch präjudiziellen Wirkung** für die potentielle vertragliche Lösungssuche der Parteien geführt hat. Die Möglichkeit, im Rahmen des Entstehungsprozesses rechtliches Gehör zu erlangen oder gegen einzelne Festlegungen des Positionspapiers Rechtsschutz in Anspruch zu nehmen, werden stark verkürzt.[75]

47

Ein **Anspruch** auf informelle Auskunft besteht grundsätzlich nicht, kann sich aber ausnahmsweise aus dem Gleichbehandlungsgebot und ähnlichen Normen ergeben.[76]

48

Die Kartellbehörden werden zunehmend die schriftliche Vorlage von Dokumenten verlangen, da mündliche oder telefonische Auskünfte wenig belastbar sind. Im Zweifel wird die Kartellbehörde auch informelle Gespräche mit Wettbewerbern oder Abnehmern des Anfragenden führen, andernfalls ist eine Äußerung zu Sachfragen kaum möglich. Rechtsansichten können informell dis-

49

---

73 Bundeskartellamt, KMU-Merkblatt, Rn. 46 a.E.
74 Bundeskartellamt, Hinweise zur wettbewerbsrechtlichen Bewertung von Kooperationen beim Glasfaserausbau in Deutschland, abrufbar auf der Homepage www.bundeskartellamt.de.
75 Vgl. *Podszun*, ZWeR 2012, 48, 61.
76 Vgl. *Keßler*, in: MünchKommKartR, GWB, § 32c Rn. 11.

kutiert werden, wie es auch im Rahmen von Konferenzen geschieht. Sobald die informellen Gespräche eine gewisse Tragweite erhalten und die Gefahr besteht, dass bestimmte Akteure im Markt durch die informellen Gespräche schlechter gestellt werden könnten als andere, ist – mit Blick auf die Ausführungen des OLG Düsseldorf im Ministererlaubnis-Verfahren Edeka/Kaiser's Tengelmann – eine Dokumentation der Gespräche zu fordern.[77] Andernfalls kann der Eindruck der Besorgnis der Befangenheit entstehen. Auf solche Dokumente kann dann ggf. auch im Rahmen von Transparenzanfragen (IFG, Akteneinsicht usw.) zugegriffen werden. Bedenken wegen möglicher Befangenheit und erhöhte Transparenzanforderungen schränken den Spielraum für informelle Verfahren erheblich ein.

50 Eine Tücke des informellen Verfahrens liegt in den häufigen Missverständnissen über den **Grad der Selbstbindung**. Die Abgrenzung zur Erklärung nach § 32c GWB kann im Einzelfall heikel sein (siehe oben, Rdn. 22), nur im Fall des förmlichen § 32c GWB tritt aber eine rechtliche Selbstbindung ein. Neben der rechtlichen Bindung ist auch die psychologische Bindung der Berichterstatter in den Behörden an ihre Aussagen nicht zu unterschätzen. Hier kann es schnell zu atmosphärischen Störungen mit Behördenmitarbeitern kommen, die äußerst nachteilig sind.

51 Zwar tritt durch informelle Auskünfte regelmäßig keine Bindungswirkung ein, der BGH hat aber ausdrücklich auf den dadurch entstehenden **Vertrauensschutz** hingewiesen.[78] Für die Kartellbehörde kommt eine informelle Auskunft damit einer faktischen Selbstbindung sehr nahe.[79] Zu verlangen ist in entsprechenden Fällen mindestens ein Hinweis auf die geänderte Auffassung, der mit einer Umstellungsfrist verbunden werden kann.[80]

52 **Gebühren** können bei unverbindlichen Auskünften mangels Anspruchsgrundlage nicht erhoben werden.

---

77 OLG Düsseldorf, Beschl. v. 12.7.2016, Az. Kart-3/16, Rz. 80 – *Ministererlaubnis Edeka*.
78 BGH NJW 1991, 3152, 3155 – *Golden Toast*.
79 *Bornkamm*, in: Langen/Bunte, GWB, § 32c Rn. 13.
80 Vgl. *Keßler*, in: MünchKommKartR, GWB, § 32c Rn. 13.

§ 32d Entzug der Freistellung

Haben Vereinbarungen, Beschlüsse von Unternehmensvereinigungen oder aufeinander abgestimmte Verhaltensweisen, die unter eine Gruppenfreistellungsverordnung fallen, in einem Einzelfall Wirkungen, die mit § 2 Abs. 1 oder mit Artikel 101 Abs. 3 des Vertrages über die Arbeitsweise der Europäischen Union unvereinbar sind und auf einem Gebiet im Inland auftreten, das alle Merkmale eines gesonderten räumlichen Marktes aufweist, so kann die Kartellbehörde den Rechtsvorteil der Gruppenfreistellung in diesem Gebiet entziehen.

Übersicht

		Rdn.			Rdn.
A.	Grundlagen	1	1.	Anwendungsbereich einer GVO	9
I.	Grundgedanke der Regelung	1	2.	Unvereinbarkeit im Einzelfall	10
II.	Praktische Bedeutung	2	3.	Gesonderter Inlandsmarkt	11
III.	Entstehungsgeschichte	3	4.	Vertrauensschutz	12
IV.	Rechtliche Einordnung	4	III.	Entscheidung	13
	1. Europarecht	4	IV.	Rechtsfolgen	16
	2. Verfassungsrecht	5		1. Wegfall der Freistellung	16
	3. Verwaltungsrecht	6		2. Bindungswirkung	17
V.	Kernfragen	7	C.	Verfahren	18
B.	Normstruktur	8	D.	Rechtsschutz	21
I.	Ausgangspunkt	8	E.	Anwendungsfälle	22
II.	Voraussetzungen	9			

Schrifttum

Bechtold, EG-Gruppenfreistellungsverordnungen – eine Zwischenbilanz, EWS 2001, 49; *Bechtold,* Modernisierung des EG-Wettbewerbsrechts: Der Verordnungs-Entwurf der Kommission zur Umsetzung des Weißbuchs, BB 2000, 2425; *Bullinger,* Vertrauensschutz im deutschen Verwaltungsrecht in historisch-kritischer Sicht, JZ 2000, 905; *de Bronett,* Der Entzug des Vorteils der Anwendung einer Gruppenfreistellung durch nationale Behörden, WuW 1999, 825; *Ehricke/ Blask,* Dynamischer Verweis auf Gruppenfreistellungsverordnungen im neuen GWB?, JZ 2003, 722; *Eilmansberger,* Zum Vorschlag der Kommission für eine Reform des Kartellvollzugs, JZ 2001, 365; *Fehling/Kastner/Störmer* (Hg.), Verwaltungsrecht, Handkommentar, 4. Aufl., Baden-Baden 2016; *Frenz,* Grundrechtlicher Vertrauensschutz – nicht nur ein allgemeiner Rechtsgrundsatz, EuR 2008, 468; *Fuchs,* Die Gruppenfreistellungsverordnung als Instrument der europäischen Wettbewerbspolitik im System der Legalausnahme, ZWeR 2005, 1; *Hoffmann-Riem/Schmidt-Aßmann/ Voßkuhle* (Hg.), Grundlagen des Verwaltungsrechts, Bände I–III, 2. Aufl., München 2012/13; *Knack/Henneke* (Hg.), Verwaltungsverfahrensgesetz, 10. Aufl., Köln 2014; *Lampert/Niejahr/Kübler/Weidenbach,* EG-KartellVO, Heidelberg 2004; *Meyer,* Salto rückwärts im Kartellrecht, WRP 2004, 1456; *Schöler,* Die Reform des Europäischen Kartellverfahrensrechts durch die Verordnung (EG) Nr. 1/2003, Frankfurt/Main 2004; *Wagner,* Der Systemwechsel im EG-Kartellrecht – Gruppenfreistellungen und Übergangsproblematik, WRP 2003, 1369.

§ 32d GWB *Entzug der Freistellung*

A. Grundlagen
I. Grundgedanke der Regelung

1 § 32d GWB verleiht der Kartellbehörde die Befugnis, die durch eine Gruppenfreistellungsverordnung gewährte Freistellung vom Kartellverbot im Einzelfall zu entziehen. Voraussetzung ist, dass sich das Verhalten bei einer Einzelfallprüfung nach Art. 101 Abs. 3 AEUV bzw. § 2 GWB als nicht freistellungsfähig erweist. Es handelt sich damit um ein Instrument zur Feinsteuerung der Ausnahmen vom Kartellverbot für das deutsche Territorium. Für das europäische Recht ist Art. 29 VO 1/2003 maßgeblich.

II. Praktische Bedeutung

2 Die praktische Bedeutung der Norm ist **gering**. Soweit ersichtlich gibt es keine deutschen und nur wenige europäische Anwendungsfälle. Die GVOen bleiben unangetastet, da nur auf Basis von Art. 29 VO 1/2003 bzw. § 32d GWB Vorteile, die nach GVOen gewährt werden, entzogen werden können. Die geringe praktische Bedeutung kann sowohl als Beleg für die Passgenauigkeit der GVOen gedeutet werden als auch für deren faktische Macht: eine Konstellation, der einer GVO zugeordnet werden kann, wird nur selten einer Einzelfallprüfung unterzogen. In einem Fall nahm die Beschlussabteilung vom Entzug des Vorteils der GVO Abstand, da festgestellt wurde, dass der Marktanteil des betroffenen Unternehmens über 30 % lag und somit die Vertikal-GVO ohnehin nicht anwendbar war.[1]

III. Entstehungsgeschichte

3 § 32d GWB ist durch die 7. GWB-Novelle 2005 ins Gesetz eingefügt worden und spiegelt die Übernahme der GVOen ins deutsche Recht über § 2 GWB. Insofern ist sie konsequent, wenn auch nicht »notwendig«,[2] da sich der Gesetzgeber auch hätte entschließen können, Randunschärfen hinzunehmen. Die § 32d GWB zugedachte Funktion, **deutsche Besonderheiten** bei der pauschalen Übernahme der GVOen in den Blick zu nehmen,[3] wurde in der Praxis nicht ausgefüllt. Ähnlichkeit besteht zu § 12 GWB a.F. und § 16 GWB a.F. Für die Auslegung der Befugnisnormen ist aber wegen des mit der 7. GWB-Novelle einhergehenden Paradigmenwechsels das europäische Recht wichtiger als das frühere deutsche Recht.

---

[1] BKartA WuW/E DE-V 1953 Rn. 269 – *HRS-Bestpreisklauseln*.
[2] So aber *Bach*, in: Immenga/Mestmäcker, GWB, § 32d Rn. 2.
[3] Vgl. *Fuchs*, Stellungnahme im BT-Ausschuss für Wirtschaft und Arbeit, Ausschussdrucksache 15(9)1354, S. 47.

IV. Rechtliche Einordnung

1. Europarecht

§ 32d GWB ist die deutsche Parallelnorm zu **Art. 29 VO 1/2003**. Dessen Absatz 1 gibt eine entsprechende Befugnis der Europäischen Kommission. Absatz 2 verleiht die Befugnis nationalen Kartellbehörden, soweit das Verhalten nicht von Art. 101 Abs. 3 AEUV, aber durch eine Gruppenfreistellungsverordnung gedeckt ist. Die Formulierungen entsprechen sich. § 32d GWB hat wegen Art. 29 Abs. 2 VO 1/2003 teilweise nur deklaratorischen Charakter[4] und entfaltet nur in den Fällen eigene Wirkungen, die unterhalb der Schwelle der **Zwischenstaatlichkeit** bleiben. Wie Art. 29 VO 1/2003 ist § 32d GWB eine Folgenorm zum Instrument der Freistellungstechnik über Verordnungen. Die Befugnis ist bei Anwendung der GVOen zu beachten.[5]

2. Verfassungsrecht

Die Norm knüpft in ihrem Kerngehalt an die Inkorporation der Gruppenfreistellungsverordnungen ins deutsche Recht an, die über § 2 Abs. 2 GWB erfolgt ist. Verfassungspolitisch ist diese **dynamische Verweisung** des deutschen Gesetzgebers auf aktuelle und zukünftige Normen des europäischen Rechts bemerkenswert, begibt sich doch der Gesetzgeber seiner eigenen Gestaltungskompetenz zugunsten eines anderen Gesetzgebers. Dies wird verfassungsrechtlich trotz Demokratieprinzip, Gewaltenteilung und Bestimmtheitsgebot für unbedenklich gehalten.[6] Zu verlangen ist aber die Einhaltung hoher Maßstäbe bezüglich der Transparenz und der Verfahrensvorschriften.[7]

3. Verwaltungsrecht

Der Entzug der Freistellung stellt sich als **Rücknahme** eines durch eine Norm gewährten Vorteils für den Betroffenen dar. Der Vergleich mit Art. 48, 49 VwVfG (die sich allerdings auf die Rücknahme bzw. den Widerruf eines durch Verwaltungsakt gewährten Vorteils beziehen) liegt nahe und legt einen deutlichen Unterschied offen: In § 32d GWB fehlen Erwägungen zum Vertrauensschutz. Da der **Vertrauensschutz**[8] aber allgemeiner Rechtsgrundsatz

---

4 RegBegr., BT-Drucks. 15/3640, S. 52.
5 *Lampert/Niejahr/Kübler/Weidenbach*, EG-KartellVO, Art. 29 Rn. 583.
6 Vgl. *Ehricke/Blask*, JZ 2003, 722, 729; *Fuchs*, in: Immenga/Mestmäcker, GWB, § 2 Rn. 233 f.; *Nordemann*, in: Loewenheim/Meessen/Riesenkampff/Kersting/Meyer-Lindemann, GWB, § 2 Rn. 22; *Bunte*, in: Langen/Bunte, GWB, § 2 Rn. 66 f.; ebenso *Klindt*, DVBl. 1998, 373.
7 Vgl. *Ehricke/Blask*, JZ 2003, 722 ff.
8 Dazu *Bullinger*, JZ 1999, 905; *Frenz*, EuR 2008, 468; *Pitschas*, in: Hoffmann-Riem/Schmidt-Aßmann/Voßkuhle, Grundlagen des Verwaltungsrechts, § 42 Rn. 95 ff.

ist, wird er zumindest in der Ermessensentscheidung der Kartellbehörde eine Rolle spielen müssen.

V. Kernfragen

7   Sollte ein entsprechender Fall geprüft werden, dürften die räumliche Marktabgrenzung und der Nachweis, dass keine Freistellung vorliegt, die größten Probleme aufwerfen. Verfahrensrechtlich sind insbesondere das Ermessen der Kartellbehörde und deren Beweislast zu berücksichtigen.

B. Normstruktur

I. Ausgangspunkt

8   Die Regelung in § 32d GWB basiert auf dem Problem, dass es Fälle geben kann, in denen eine GVO eine Ausnahme vom Kartellverbot gewährt, die eigentlich nicht gerechtfertigt ist. GVOen konkretisieren Art. 101 Abs. 3 AEUV für Gruppen von Fällen, sie pauschalieren dabei notwendigerweise. Grundsätzlich ist davon auszugehen, dass jedes einzelne Verhalten, das von einer GVO erfasst ist, auch einer Einzelfallprüfung nach Art. 101 Abs. 3 AEUV standhalten würde. Ist dies ausnahmsweise nicht der Fall, gilt der durch die GVO verliehene Vorteil trotzdem: die Freistellung durch die GVO wirkt konstitutiv.[9] Dieses **Auseinanderfallen von materiellem Recht und formeller Freistellung** löst § 32d GWB auf. § 32d GWB gibt den Behörden die Möglichkeit, dennoch eine Einzelfallprüfung vorzunehmen und den Rechtsvorteil gegebenenfalls zu entziehen. Die behördliche Entscheidung im konkreten Fall tritt dann an die Stelle der generalisierenden Freistellung. Der Kartellbehörde wird so ermöglicht, die notwendig pauschalierende Wirkung einer Norm (hier: einer GVO) im konkreten Fall zu revidieren. Die Norm dient der behördlichen Aufsicht bei der Überdehnung des Freistellungstatbestands. Es handelt sich nicht um eine »Missbrauchsaufsicht«,[10] da der Vorteil durch die GVO von den Unternehmen nicht erschlichen wird. Sie geraten mit ihren Verhaltensweisen nolens volens unter den Schirm der GVO.

II. Voraussetzungen

1. Anwendungsbereich einer GVO

9   Es muss ein Verhalten (Vereinbarung, Beschluss, abgestimmte Verhaltensweise wie in § 1 GWB) vorliegen, das in den Anwendungsbereich einer GVO

---

[9] *Fuchs*, ZWeR 2005, 1, 10 ff., 29 m.w.N.; a.A. *Schöler*, Reform, S. 122, 162.
[10] So aber *Rehbinder*, in: Loewenheim/Meessen/Riesenkampff/Kersting/Meyer-Lindemann, GWB, § 32d Rn. 4.

fällt und das grundsätzlich durch diese freigestellt ist. Art. 29 VO 1/2003 gilt nur für GVOen der Kommission, nicht für solche des Rates (die es im Verkehrsbereich gibt). Im deutschen Recht ist diese Unterscheidung nicht zu finden, vgl. § 2 GWB. Soweit § 32d GWB originär anwendbar ist, ist die Unterscheidung irrelevant. Allerdings sind die besonderen Abhilfemechanismen in den Rats-GVO ggf. zu berücksichtigen.[11]

2. Unvereinbarkeit im Einzelfall

Das Verhalten muss gegen Art. 101 Abs. 1 AEUV bzw. § 1 GWB verstoßen und dürfte einer **Einzelfall-Prüfung** auf die Freistellungsfähigkeit hin nach Art. 101 Abs. 3 AEUV bzw. § 2 GWB nicht standhalten. Der deutsche Gesetzgeber spricht, im Unterschied zum europäischen (»bestimmter Fall«), vom Einzelfall und unterstreicht damit den Ausnahmecharakter dieser Konstellation. Die Behörde muss die vier Voraussetzungen der Freistellung prüfen. Ist auch nur eine nicht erfüllt, kann die Freistellung entzogen werden. Regelmäßig wird die Behörde versuchen, sich auf das Fehlen mehrerer Voraussetzungen zu stützen. 10

3. Gesonderter Inlandsmarkt

Es muss ein **räumlich abgrenzbarer Markt im mitgliedsstaatlichen Territorium** gegeben sein. Dies ist eine wesentliche Beschränkung des Anwendungsbereichs von § 32d GWB und sichert den Vorrang von Art. 29 VO 1/2003 (und damit die Zuständigkeit der Kommission) ab. Das Verhalten muss sich auf einem gesonderten räumlichen Markt auswirken, der in den Grenzen des Inlands bleibt. Dies kann das gesamte Gebiet des Mitgliedsstaats sein, wenn keine grenzüberschreitenden Wirkungen vorliegen. Das dürfte praktisch **selten** der Fall sein. Es kommt daher vor allem ein regionaler Markt in Betracht. Wesentlich ist, dass der Markt eigenständig abzugrenzen ist. Das kann auch der Fall sein, wenn das zu Grunde liegende Verhalten sich auf mehreren regionalen Märkten in verschiedenen Ländern einheitlich auswirkt. Bei Zwischenstaatlichkeit wäre eine Zuständigkeit nach Art. 29 VO 1/2003 zu begründen, nicht nach § 32d GWB. Ein Entzug nur für das eigene Territorium ist nicht möglich.[12] Die gesetzliche Formulierung »gesonderter räumlicher Markt« knüpft an Art. 9 FKVO an. Die Marktabgrenzung folgt also den im europäischen und deutschen Recht üblichen Verfahren.[13] 11

---

11 Vgl. *Klees*, § 3 Rn. 31; siehe auch *Bach*, in: Immenga/Mestmäcker, GWB, § 32d Rn. 5.
12 *Wagner*, WRP 2003, 1369, 1380.
13 Vgl. insbesondere die Bekanntmachung der Kommission über die Definition des relevanten Marktes, ABl. C 372 vom 9.12.1997, S. 5 ff.

4. Vertrauensschutz

12 Beim Entzug von Vorteilen durch Verwaltungsakte ist der Vertrauensschutz als Ausfluss des Rechtsstaatsprinzips stets zu berücksichtigen, selbst wenn in der Norm keine spezifischen Regelungen zum Vertrauensschutz vorgesehen sind.[14] Dies kann zwar nicht dazu führen, dass der Kartellrechtsverstoß fortgesetzt werden darf. Je nach Sachlage sind aber Umstellungsfristen zu gewähren.

III. Entscheidung

13 In der Entscheidung wird der **Entzug** der Freistellung ausgesprochen. Dies wird sinnvoll mit der Feststellung kombiniert, dass das Verhalten gegen das Kartellverbot verstößt und abzustellen ist.[15] Die genaue Bezeichnung der Verhaltensweisen und – für die nationale Kartellbehörde – die Bezeichnung des räumlichen Gebiets, für das die Freistellung entzogen wird, sind wesentlich. Die Kommission hat den Entzug im Fall *Langnese-Iglo* unter Bezugnahme auf die Feststellung des Verstoßes im voran gehenden Artikel so **tenoriert**:

14 »Artikel 2: Soweit die in Artikel 1 genannten Vereinbarungen die Voraussetzungen für die Gruppenfreistellung aufgrund der Verordnung (EWG) Nr. 1984/83 erfüllen, wird ihnen hiermit der Vorteil der Anwendung dieser Verordnung entzogen.«[16]

15 Die Entscheidung über den Entzug kann mit einer **Nebenbestimmung** versehen werden, etwa indem eine Bedingung gesetzt wird.[17] Die Entscheidung ist nach § 61 GWB zu begründen, mit Rechtsbelehrung zu versehen, zuzustellen und nach § 62 GWB bekannt zu machen. Die Unternehmen müssen der Kartellbehörde zudem die **Kosten** des Verfahrens ersetzen, § 80 Abs. 1 S. 2 Nr. 2, Abs. 2 S. 2 Nr. 2 GWB.

IV. Rechtsfolgen

1. Wegfall der Freistellung

16 Die Entscheidung führt zum Wegfall der Freistellung. Sie hat rechtsgestaltende, konstitutive Wirkung und hebt daher die Wirkung der GVO im Einzelfall

---

14 BVerfGE 59, 128, 163 ff. Vgl. Fehling/*Kastner*/Störmer, Verwaltungsrecht, § 48 VwVfG Rn. 7; *Peuker*, in: Knack/Henneke, Verwaltungsverfahrensgesetz, § 48 Rn. 23.
15 *Keßler*, in: MünchKommKartR, GWB, § 32d Rn. 15.
16 Kom. ABl. 1993 L 183/19.
17 Vgl. Kom. ABl. 1992 L 66/1 – *Eco System/Peugeot*, Rn. 34.

auf.[18] Die Wirkung der Entscheidung ist auf das gesonderte räumliche Gebiet beschränkt (maximal also das Gebiet des Mitgliedsstaats) und wirkt nicht weitergehend, selbst wenn das Verhalten andernorts ähnliche Wirkungen zeitigt. Die Freistellung entfällt aus rechtssystematischen Gründen nur ex nunc.[19]

2. Bindungswirkung

Die Entscheidung bindet die **Zivilgerichte** im In- und Ausland bezüglich des inländischen Territoriums.[20] Dies ergibt sich nicht nur aus § 33 Abs. 4 S. 1 GWB für die Feststellung des Verstoßes für deutsche Gerichte im Rahmen von Schadensersatzklagen, sondern auch aus der rechtsgestaltenden Wirkung der Verfügung, die den Vorteil der GVO entzieht. Mit dem Entzug der Freistellung gelten die Rechtsfolgen des Verstoßes gegen das Kartellverbot, insbesondere sind die Vereinbarungen nichtig.

17

C. Verfahren

Das Verfahren richtet sich nach §§ 54 ff. GWB. Die Initiative kann von Amts wegen ergriffen werden, Dritte können einen Entzug anregen. Art. 29 Abs. 1 VO 1/2003 erwähnt ausdrücklich beide Wege. Die Kartellbehörde verfügt über ein Ermessen. Spielräume bestehen in erster Linie beim Aufgreifermessen.[21] Etwas anderes ergibt sich auch nicht daraus, dass die Kartellbehörde eine ausschließliche Zuständigkeit für den Entzug des Rechtsvorteils hat.[22] Entscheidet sich die Kartellbehörde für ein Verfahren, ist bei Feststellung eines Verstoßes gegen das Kartellverbot eine **Ermessensreduzierung** anzunehmen. Die Behörde kann einen Verstoß gegen Art. 101 AEUV (= Art. 81 EG) bzw. § 1 GWB nicht ignorieren, wenn sie ihn einmal festgestellt hat. In dem Verfahren ist eine Abhilfe durch Zusagen denkbar.

18

Die **Beweislast** für die Unvereinbarkeit des Verhaltens mit Art. 101 Abs. 3 AEUV (= Art. 81 Abs. 3 EG) bzw. § 2 GWB liegt trotz der Beweislastkehr in Art. 2 S. 2 VO 1/2003 bei der Kartellbehörde.[23] Die GVO soll gerade eine entsprechende Vermutung zugunsten der Unternehmen entfalten. Dieser Sinn

19

---

18 *Bechtold*, BB 2000, 2425, 2427; *Wagner*, WRP 2003, 1369, 1380; *Klose*, in: Wiedemann, § 51 Rn. 57; *Fuchs*, ZWeR 2005, 1, 10 ff., 29.
19 *Klees*, § 3 Rn. 43; *Bach*, in: Immenga/Mestmäcker, GWB, § 32d Rn. 22; *Keßler*, in: MünchKommKartR, GWB, § 32d Rn. 17; *Fuchs*, ZWeR 2005, 1, 28.
20 Ebenso *Mäsch*, in: Berg/Mäsch, Deutsches und Europäisches Kartellrecht, § 32d Rn. 12.
21 Vgl. *Fuchs*, ZWeR 2005, 1, 27.
22 Vgl. aber zum alten Recht EuG Slg. 1992, II-2223, Rn. 75 – *Automec II*.
23 Ebenso *Bach*, in: Immenga/Mestmäcker, GWB, § 32d Rn. 15; *Bechtold*, Rn. 2; *Klose*, in: Wiedemann, § 51 Rn. 57; *Klees*, § 3 Rn. 36; *Meyer*, WRP 2004, 1456, 1462.

würde auf den Kopf gestellt, müssten die Unternehmen auf Verlangen der Kartellbehörde detailliert die Voraussetzungen der Freistellung nachweisen.

20 Die **Zuständigkeit** der Kartellbehörde richtet sich nach § 48 GWB. Grundsätzlich könnten also auch die Landeskartellbehörden tätig werden. Wegen des engen Zusammenhangs mit europäischem Recht (GVOen, Art. 29 VO 1/2003) dürfte das Bundeskartellamt jedoch meist besser geeignet sein. Dies gilt insbesondere, wenn die Kompetenz nach § 32d GWB in Konkurrenz zu der in Art. 29 Abs. 2 VO 1/2003 steht und die Kommission gleichfalls die Zuständigkeit beanspruchen und nach Art. 11 Abs. 6 VO 1/2003 durchsetzen könnte. Über die formalen Mechanismen der VO 1/2003 hinaus ist eine enge Abstimmung mit der Kommission zu suchen, wenn eine nationale Behörde einen durch GVO gewährten Vorteil entziehen will.[24]

D. Rechtsschutz

21 Unternehmen, denen der Rechtsvorteil entzogen wird, können die Entscheidung nach §§ 63 ff. GWB anfechten. Aufschiebende Wirkung wird durch die Beschwerde nicht erreicht (vgl. § 64 GWB). Eine Beschwerde kann auch von Dritten erhoben werden, jedoch ist zu beachten, dass ein Anspruch Dritter auf Entzug der Freistellung regelmäßig nicht bestehen dürfte.

E. Anwendungsfälle

22 Im deutschen Recht ist bisher § 32d GWB nicht angewendet worden. Damit hat das Bundeskartellamt bislang auf die Möglichkeit verzichtet, GVOen zu hinterfragen.[25] Erwogen wurde die Anwendung in einem Bestpreisklausel-Fall eines Online-Portals.[26] Das Amt verzichtete auf den Entzug, da die GVO wegen zu hoher Marktanteile ohnehin keine Anwendung fand. Der Fall war wegen der Neuartigkeit der Fallgestaltung (Bestpreisklauseln bei Vermittlungsplattformen) besonders strittig. Die Kommission hatte in Einzelfällen mit dem Entzug der Freistellung zu tun. So wurde in *Langnese-Iglo* der Vorteil der GVO entzogen.[27] In *Eco System/Peugeot* hat die Kommission den Entzug der Freistellung von einer Bedingung abhängig gemacht.[28] In *Tetra Pak I* wendeten die Parteien einen Entzug der Freistellung während des Verfahrens

---

24 Zutreffend *Bach*, in: Immenga/Mestmäcker, GWB, § 32d Rn. 16; vgl. *Keßler*, in: MünchKommKartR, GWB, § 32d Rn. 16.
25 Vgl. *Meyer*, WRP 2004, 1456, 1462.
26 BKartA WuW/E DE-V 1953 Rn. 267 ff. – *HRS-Bestpreisklausel*.
27 Kom. ABl. 1993 L 183/19, bestätigt durch EuG Slg. 1995, II-1533 und EuGH, Slg. 1998, I-5609.
28 Kom. ABl. 1992 L 66/1.

ab.²⁹ In *CMB* wurde das Verhältnis des Entzugs der Freistellung und des Verstoßes gegen das Missbrauchsverbot thematisiert.³⁰

Die Zurückhaltung ist sowohl aus Gründen der Gewaltenteilung als auch wettbewerbspolitisch begrüßenswert: So wird das Vertrauen in die GVOen nicht erschüttert, die gerade in Zeiten der Selbsteinschätzung das Ziel verfolgen, Rechtssicherheit zu schaffen. Bedeutsame wettbewerbliche Beeinträchtigungen dürften nur in den wenigsten Fällen ohne Sanktion bleiben.

23

---

29 Kom. ABl. 1988 L 272/27 = WuW/E EV 1359.
30 EuG Slg. 1996, II-1201, Rn. 188–190.

§ 32e GWB Untersuchungen einzelner Wirtschaftszweige

§ 32e Untersuchungen einzelner Wirtschaftszweige und einzelner Arten von Vereinbarungen

(1) Lassen starre Preise oder andere Umstände vermuten, dass der Wettbewerb im Inland möglicherweise eingeschränkt oder verfälscht ist, können das Bundeskartellamt und die obersten Landesbehörden die Untersuchung eines bestimmten Wirtschaftszweiges oder – Sektor übergreifend – einer bestimmten Art von Vereinbarungen durchführen.

(2) ¹Im Rahmen dieser Untersuchung können das Bundeskartellamt und die obersten Landesbehörden die zur Anwendung dieses Gesetzes oder des Artikels 101 oder 102 des Vertrages über die Arbeitsweise der Europäischen Union erforderlichen Ermittlungen durchführen. ²Sie können dabei von den betreffenden Unternehmen und Vereinigungen Auskünfte verlangen, insbesondere die Unterrichtung über sämtliche Vereinbarungen, Beschlüsse und aufeinander abgestimmte Verhaltensweisen.

(3) Das Bundeskartellamt und die obersten Landesbehörden können einen Bericht über die Ergebnisse der Untersuchung nach Absatz 1 veröffentlichen und Dritte um Stellungnahme bitten.

(4) § 49 Absatz 1 sowie die §§ 57, 59 und 61 gelten entsprechend.

Übersicht

		Rdn.			Rdn.
A.	**Grundlagen**	1		3. Zweckbeschränkung	23
I.	Grundgedanke der Regelung	1	III.	Entscheidung	24
II.	Praktische Bedeutung	2	IV.	Ermittlungen	29
III.	Entstehungsgeschichte	3		1. Befugnisse	29
IV.	Rechtliche Einordnung	6		2. Verhältnismäßigkeit	31
V.	Kernfragen	9		3. Pflichten der Unternehmen	39
B.	**Normstruktur**	10	V.	Auswertung der Erkenntnisse	42
I.	Ausgangspunkt	10	C.	**Verfahren**	49
II.	Voraussetzungen	13	D.	**Rechtsschutz**	50
	1. Anfangsverdacht	13	E.	**Anwendungsfälle**	57
	2. Untersuchungsgegenstand	20			

Schrifttum

Badtke/Vahrenholt, Kollektive Marktbeherrschung im Kraftstoffmarkt?, ZWeR 2012, 272 ff.; *Bischke/Brack*, Untersagung im Anschluss an Sektoruntersuchung, NZG 2009, 657; *Brindöpke/Mross*, Die Sektorenuntersuchung der Europäischen Kommission im Pharmasektor – ihre praktische Bedeutung, PharmR 2008, 268 ff.; *Dreher*, Das Versicherungskartellrecht nach der Sektorenuntersuchung der EG-Kommission zu den Unternehmensversicherungen, VersR 2008, 15; *Grave/Trafkowski*, Sektoruntersuchungen durch die Kartellbehörden – Rechtsgrundlagen, Ermittlungsbefugnisse und Konsequenzen, RdE 2005, 209 ff.; *Fuchs*, Die 7. GWB-Novelle – Grundkonzeption und praktische Konsequenzen, WRP 2005, 1384 ff.; *Gildhoff*, Sektoruntersuchungen: Zulässigkeitsvoraussetzungen und Rechtsschutz, WuW 2013, 716 ff.; *Haucap/Heimeshoff/Thor-*

wart/Wey, Die Sektoruntersuchung des Bundeskartellamts zur Nachfragemacht im Lebensmitteleinzelhandel, WuW 2015, 605 ff.; *Hauck*, Die Sektoruntersuchung »Außenwerbung« des Bundeskartellamts, ZWeR 2010, 164; *Lademann*, Zur Nachfragemacht von Unternehmen des Lebensmitteleinzelhandels, WuW 2015, 761 ff.; *Linsmeier*, Sektoruntersuchungen im europäischen Strom- und Gasmarkt, ET 2005, 712 ff.; *Müller-Feldhammer*, Das Gemeinschaftsunternehmen auf dem Prüfstand, WuW 2015, 133; *Podszun*, 50 Jahre Bundeskartellamt: Welche Zukunft hat das Wettbewerbsprinzip?, ZRP 2007, 269 ff.; *Seeliger/Vasbender*, Die Sektorenuntersuchung der Europäischen Kommission im Retail-Bankgeschäft und bei Unternehmensversicherungen – Ihre praktische Bedeutung, WM 2006, 311 ff.; *Steinberg*, Auskunftsersuchen nach § 93 AO und »Rasterfahndung« seitens der Steuerfahndung, DStR 2008, 1718 ff.; *Sule/Schnichels*, Die Untersuchung des pharmazeutischen Wirtschaftszweigs durch die Kommission, EuZW 2009, 129.

A. Grundlagen

I. Grundgedanke der Regelung

§ 32e GWB räumt den Kartellbehörden die Befugnis zu weitreichenden Ermittlungen auch ohne konkrete Verdachtsmomente gegen die betroffenen Unternehmen ein. Damit dehnt § 32e GWB die Ermittlungsbefugnisse der Kartellbehörden aus. Gegenstand der Untersuchungen können die Verhaltensweisen ganzer Branchen oder branchenübergreifend spezielle Arten von Verhaltensweisen sein. So können die Behörden einen Sektor durchleuchten und die wettbewerbliche Situation erfassen. Die Ergebnisse der Sektoruntersuchungen werden in Berichten dargestellt, die wiederum Ausgangspunkt weiterer Maßnahmen sein können. 1

II. Praktische Bedeutung

Nach anfänglicher Zurückhaltung hat das Bundeskartellamt das Instrument der Sektoruntersuchung für sich entdeckt und zahlreiche Branchen nach § 32e GWB durchleuchtet. Die Ergebnisse dieser Untersuchungen werden als wichtige Informationsquellen angesehen und in Folgeverfahren herangezogen. Die Landeskartellbehörden haben sich teilweise für Energiemarktuntersuchungen auf § 32e GWB gestützt. Die praktische Relevanz von Sektoruntersuchungen steigt mit der immer besseren Auswertbarkeit von Daten. In Sektoruntersuchungen können Informationen gesammelt werden, die sodann ausgewertet werden können. Durch ein »Screening« können Hinweise auf Kartellrechtsverstöße elektronisch ermittelt werden. 2

III. Entstehungsgeschichte

Die Norm wurde mit der 7. GWB-Novelle 2005 eingeführt. Ihr rechtspolitischer Hintergrund ist der Wechsel vom System der Einzelfreistellung zum System der **Legalausnahme**. Bis 2005 meldeten Unternehmen Vereinbarungen mit dem Ziel der Freistellung bei den Kartellbehörden an. Dadurch waren 3 die Behörden über Branchenpraktiken gut informiert. Die Möglichkeit der Sektoruntersuchung soll den **Wegfall des Anmeldeerfordernisses** auffangen und den Behörden Einblicke in Branchenpraktiken ermöglichen.[1] Zudem sollen bei Sektoruntersuchungen Missstände aufgedeckt werden, die aus Furcht vor Repressalien den Behörden nur ohne Benennung der Übeltäter bekannt gemacht werden (»**Ross-und-Reiter-Problematik**«).[2] Es ist zweifelhaft, ob diese Ziele erreicht werden. Die Untersuchung einer ganzen Branche, um einen einzelnen Täter aufzuspüren, könnte unverhältnismäßig sein.[3] Von Unternehmensvertretern wurde die Regelung als »Überreglementierung« abgelehnt.[4]

4   Im Gesetzgebungsverfahren war umstritten, ob die Befugnis zu Sektoruntersuchungen allen Kartellbehörden (also auch den **Landeskartellbehörden**) zustehen sollte.[5] Die gewählte Fassung schließt die Landeskartellbehörden ein. Dies ist wegen deren Zuständigkeit für einige regionale Märkte der Daseinsvorsorge sinnvoll.[6]

5   Umstritten war, ob eine besondere Betonung der Untersuchungsrechte gegenüber **öffentlich-rechtlichen Unternehmen** erfolgen sollte. Hintergrund war, dass die Bundesländer insbesondere eine Sektoruntersuchung in der öffentlich-rechtlich geprägten Energiewirtschaft vor Augen hatten. Der Vorschlag setzte sich nicht durch. Er wäre wegen § 130 Abs. 1 GWB überflüssig gewesen.[7]

IV. Rechtliche Einordnung

6   Die Norm hat eine Entsprechung in **Art. 17 VO 1/2003**. Einzelne Abweichungen in der Formulierung dienen laut ausdrücklicher Klarstellung in der Regierungsbegründung »der besseren Verständlichkeit. Eine inhaltliche Abweichung ist nicht bezweckt.«[8] Das sog. Enquete-Recht der deutschen Behörden geht auf dieses europäische Vorbild zurück, das wiederum Art. 12 der früher geltenden VO 17/62 nachgebildet ist.[9]

---

1 Vgl. RegBegr., BT-Drucks. 15/3640, S. 29, 34.
2 RegBegr., BT-Drucks. 15/3640, S. 35.
3 *Bach*, in: Immenga/Mestmäcker, GWB, § 32e Rn. 8; *Fuchs*, WRP 2005, 1384, 1390.
4 Vgl. Ausschuss-Anhörung, dokumentiert in BT-Drucks. 15/5049, S. 42.
5 Vgl. einerseits Bundesrat, BT-Drucks. 15/3640, S. 77, andererseits Bundesregierung, BT-Drucks., 15/3640, S. 88.
6 A.A. *Bornkamm*, in: Langen/Bunte, GWB, § 32e Rn. 1.
7 Vgl. einerseits Bundesrat, BT-Drucks. 15/3640, S. 77, andererseits Bundesregierung, BT-Drucks., 15/3640, S. 88.
8 RegBegr., BT-Drucks. 15/3640, S. 52.
9 Vgl. *Sura*, in: Langen/Bunte, Europ. KartR, Art. 17 VO 1/2003 Rn. 1.

Im deutschen Recht gab es eine solche Regelung zuvor nicht. Vergleichbar sind die wettbewerbspolitischen **Gutachten der Monopolkommission** (§ 44 GWB) und die **Monitoringberichte**, die das Amt gemeinsam mit der Bundesnetzagentur erstellt (§§ 48 Abs. 3, 53 Abs. 3 GWB). Die neue Befugnis entspricht der veränderten Rolle der nationalen Kartellbehörden – neben die Fall-Bearbeitung treten die »competition advocacy« und die umfassende wettbewerbliche Durchdringung von Branchen.[10] Eine Verwandtschaft der Sektoruntersuchungen, die darauf ausgerichtet sind, die Situation auf Märkten zu erfassen, besteht mit den **Markttransparenzstellen**. Stärker rechtlich geprägt sind andere **Arbeitspapiere** des Bundeskartellamts.[11]

7

Systematisch wäre die Norm besser im Zusammenhang mit den Ermittlungs- und Verfahrensbestimmungen angesiedelt, da Kern der Vorschrift die Erweiterung der Ermittlungsbefugnisse ist.
Ermittlungen ohne konkreten Anfangsverdacht gegen den Betroffenen (**Vorfeldermittlungen**) sind auch in anderen Rechtsgebieten bekannt (vgl. § 69 Abs. 10 EnWG, § 208 I Nr. 3 AO), aber regelmäßig rechtsstaatlich umstritten. Die einzelnen Ermittlungsmaßnahmen müssen besonders genau am Maßstab der Verhältnismäßigkeit gemessen werden, da ja nicht einmal ein konkreter Verdacht vorliegen muss.[12]

8

V. Kernfragen

Einige grundlegende Verfahrensfragen wurden durch eine Entscheidung des OLG Düsseldorf (vorläufig) geklärt.[13] In der Praxis ist nun insbesondere umstritten, wie weit die kartellbehördlichen Ermittlungsbefugnisse im Einzelfall reichen und wie Erkenntnisse aus Sektoruntersuchungen verwertet werden können. In der Literatur ist zudem strittig, in welchen Fällen die Kartellbehörden eine Sektoruntersuchung überhaupt durchführen dürfen.

9

B. Normstruktur

I. Ausgangspunkt

Mit Einführung der Legalausnahme entstand die Sorge, dass die Kartellbehörden ihren häufig gerühmten Überblick über die wettbewerbliche Situation in den von ihnen zu kontrollierenden Branchen verlieren. Das Anmeldeerfordernis nach altem Recht hatte hier zu einzelnen Verhaltensweisen Einblicke

10

---

10 *Podszun*, ZRP 2007, 269, 271.
11 Etwa BKartA, Arbeitspapier: Marktmacht von Plattformen und Netzwerken, 2016.
12 Vgl. *Steinberg*, DStR 2008, 1718, 1724.
13 OLG Düsseldorf WuW/E DE-R 1993.

gegeben, die weiter reichten als das, was über Fusionskontrollanmeldungen den Kartellbehörden zur Kenntnis kam. Die Möglichkeit zu Sektoruntersuchungen sollte dies kompensieren und es der Behörde erlauben, »sich einen umfassenden Überblick über bestimmte wettbewerblich problematische Märkte oder Vertragstypen«[14] zu verschaffen.

11   Das Instrument passt zu der neuen Tendenz einer proaktiven Befugnisausübung: Die Kartellbehörde handelt heute eher **zukunftsorientiert** und präventiv, sie versucht, wettbewerbliche Fehlentwicklungen frühzeitig zu korrigieren. Nicht mehr der Eingangskorb entscheidet über die Auswahl der Fälle, sondern die Prioritätensetzung der Behörde.[15] Die Sektoruntersuchung ist ein passendes Instrument, da sie auf autonomer Prioritätensetzung der Behörde basiert. Die Durchführung einer Sektoruntersuchung bedeutet für die durchführende Beschlussabteilung schon angesichts des schlichten Aktenumfangs automatisch eine **Schwerpunktsetzung**.

12   Das Bundeskartellamt macht von diesem Instrument Gebrauch und durchleuchtet konsequent Sektoren, die für problematisch gehalten werden. Wettbewerbspolitisch ist diese Art vorausblickender Wettbewerbsaufsicht zu begrüßen. Ihre Kehrseite ist die Belastung für die betroffenen Unternehmen. **Ohne konkreten Verdacht** können die Kartellbehörden Informationen abfragen. Dies geschieht in der Praxis mit umfangreichen Fragebögen, die Bürokratiekosten verursachen. Zudem besteht die Gefahr, dass die Enquete zu einer »fishing expedition« ausartet, also einer rechtsstaatlich bedenklichen Ausforschung. Demgegenüber steht ein öffentliches Interesse an größerer Transparenz im Wirtschaftsleben.

II. Voraussetzungen

1. Anfangsverdacht

13   Eine Untersuchung ist möglich, wenn »starre Preise oder andere Umstände vermuten« lassen, »dass der Wettbewerb im Inland möglicherweise eingeschränkt oder verfälscht ist«. Ein konkreter Anfangsverdacht ist nicht erforderlich. Insbesondere muss nicht schon der Anschein eines Verstoßes gegen das Kartellverbot oder das Missbrauchsverbot durch ein bestimmtes Unternehmen gegeben sein.[16] Es genügt die *Vermutung*, dass *möglicherweise* ein Verstoß vorliegt. Damit ist die **Schwelle zur Befugnisausübung niedrig**. Schon in der Regierungsbegründung wird auf den Willen des Bundeskartellamts abgestellt,

---

14 RegBegr., BT-Drucks. 15/3640, S. 29.
15 Vgl. *Podszun*, ZRP 2007, 269, 271.
16 OLG Düsseldorf, 4.8.2010, Az. VI-2 Kart 8/09 (V), Rn. 34.

sich einen **Marktüberblick** zu verschaffen.[17] Der BGH hat die Enquete als »bloße Marktermittlung außerhalb konkreter Verwaltungsverfahren« qualifiziert.[18] Die gesetzliche Formulierung, die Regierungsbegründung und die Bekräftigung durch den BGH lassen wenig Raum für eine striktere Interpretation eines Eingriffskriteriums: Die Kartellbehörden haben praktisch freie Hand. Sie müssen allerdings irgendeinen konkreten Hinweis vorlegen können. Hier kommen insbesondere Beschwerden von Marktteilnehmern, ökonomische Daten oder Erkenntnisse aus voran gehenden Einzelverfahren in Betracht. Die bloße öffentliche Erregung über eine Branche genügt nicht, wenn sie nicht substantiiert ist.

Eine Sektoruntersuchung scheidet aus, wenn **keine Anhaltspunkte** für eine Wettbewerbsbeschränkung vorliegen. Das lässt sich möglicherweise argumentieren, wenn Prüfungen kurz vor Einleitung der Untersuchung (etwa Fusionskontrolle, Gutachten der Monopolkommission, Untersuchung der Europäischen Kommission) keinerlei Hinweise auf wettbewerbliche Fehlentwicklungen ergeben haben. 14

Das OLG Düsseldorf hat zwar in einer Entscheidung das Vorliegen konkreter Verdachtsmomente verlangt.[19] Gleichzeitig hat es der Kartellbehörde einen weiten **Beurteilungsspielraum** zugebilligt. So ließ es einen einzelnen Vertikalvertrag mit langer Laufzeit und eine anwaltliche Eingabe genügen, um die Untersuchung einer kompletten Branche zu rechtfertigen. In einer anderen Entscheidung reichten aufgrund der besonderen Marktstruktur als idealtypischer Monopolmarkt bereits Beschwerden von Verbrauchern aus.[20] Auch das OLG Stuttgart hat einen weiten Spielraum der Kartellbehörden angenommen.[21] Eine Sektoruntersuchung sei nur dann rechtswidrig, wenn die Annahme einer Wettbewerbsbeschränkung nicht vertretbar sei, also nur »ins Blaue« hinein unternommen wird und »unter keinem plausiblen Gesichtspunkt gerechtfertigt« werden kann.[22] Im Stuttgarter Fall hatte eine Gaspreisabfrage erhebliche Preisunterschiede der marktbeherrschenden regionalen Versorger ergeben. 15

»**Starre Preise**« liegen vor, wenn Unternehmen in der Preisentwicklung nicht flexibel auf Angebots- und Nachfrageveränderungen reagieren, sich also nicht anpassen müssen. Als »andere Umstände« kommen alle Aspekte in Betracht, 16

---

17 RegBegr., BT-Drucks. 15/3640, S. 29.
18 BGH WuW/E DE-R 2055, 2057 – *Auskunftsverlangen*.
19 OLG Düsseldorf WuW/E DE-R 1993.
20 OLG Düsseldorf, 4.8.2010, Az. VI-2 Kart 8/09, Rn. 35 f.
21 OLG Stuttgart ZNER 2006, 350.
22 *Rehbinder*, in: Loewenheim/Meessen/Riesenkampff/Kersting/Meyer-Lindemann, § 32e GWB Rn. 3 f.

die auf eine wettbewerblich problematische Situation hindeuten können, etwa vergleichsweise hoch erscheinende Preise, ein Anstieg der Konzentration, eine Erhöhung der Marktzutrittsschranken oder ein Erlahmen der Innovationskraft einer Branche. Indiz für wettbewerbliche Probleme können insbesondere substantiierte Beschwerden von Verbrauchern oder anderen Marktteilnehmern sein.

17 Die Auswirkungen auf den Wettbewerb müssen im **Inland** spürbar sein. Die Sektoruntersuchung ist ausdrücklich als regionales bzw. nationales Instrument gedacht. Ausgeschlossen ist insbesondere eine Auslandsenquete. So wird verhindert, dass die Sektoruntersuchung industriepolitisch missbraucht wird. Gleichzeitig wird an die Beschränkung der Ermittlungsbefugnisse auf das nationale Territorium und die bessere Stellung der Kommission erinnert. Konstellationen, die von grenzüberschreitenden Wirkungen geprägt sind oder auf europaweiten Märkten spielen, können mit der Sektoruntersuchung – anders als insbesondere im Rahmen der Fusionskontrolle – nicht erfasst werden.[23] Es ist aber nicht erforderlich, dass ein »gesonderter« nationaler Markt vorliegt.[24] Eine Sektoruntersuchung kann auch vorgenommen werden, wenn der räumliche Markt das deutsche Territorium überschreitet.

18 Ist nur ein Markt in einem Bundesland betroffen, ist gem. § 32e Abs. 4 i.V.m. § 49 die **Landeskartellbehörde** zuständig.

19 Zur Darlegung der Umstände in der Begründung siehe B.III.

2. Untersuchungsgegenstand

20 Die Sektoruntersuchung bedarf eines **klar identifizierbaren Untersuchungsgegenstands**, der von der Behörde festgelegt wird. Der Untersuchungsgegenstand ist mit der Verfahrenseröffnung nach außen zu dokumentieren. Das Thema darf nicht uferlos sein. Die Untersuchung bezieht sich auf *einen* näher bestimmten Wirtschaftszweig oder – branchenübergreifend – auf bestimmte Arten von Vereinbarungen. Die Kartellbehörde spezifiziert, gebunden an ihr Ermessen, den Kreis der »betreffenden Unternehmen« nach § 32e Abs. 2 S. 2 GWB. Unternehmen, die nicht der jeweiligen Branche zuzuordnen sind, können befragt werden, jedoch ist die Verhältnismäßigkeitsprüfung bei Maßnahmen ihnen gegenüber strenger.

21 Die genaue Bezeichnung des Untersuchungsgegenstands dient damit der **Beschränkung des Adressatenkreises** der Untersuchung. Die Bezeichnung muss

---

23 *Bechtold/Bosch*, § 32e Rn. 2.
24 *Mäsch*, in: Berg/Mäsch, Deutsches und Europäisches Kartellrecht, § 32e Rn. 5 f.

so genau sein, dass unmittelbar einsichtig ist, wer zum Kreis der »betreffenden Unternehmen« gehört. Als Ansatzpunkt für eine Brancheneinteilung bietet sich der NACE-Code an.[25] Der Begriff der Branche ist weiter als der des relevanten Marktes.[26]

Arten von Vereinbarungen können branchenübergreifend untersucht werden. Auch hier wird die Behörde aber den Kreis der betroffenen Unternehmen eingrenzen müssen. Die Vereinbarungen sind anhand ihrer charakteristischen Merkmale zu beschreiben, von denen eines einen Bezug zum Kartellrecht herstellen muss.[27] Denkbar wäre etwa eine Untersuchung von Höchstpreisbindungen durch Hersteller von Konsumgütern. Bei einem ergebnisoffenen Bericht versteht sich von selbst, dass es anfangs Randunschärfen in den Bezeichnungen geben wird. Diese sind hinzunehmen. 22

3. Zweckbeschränkung

Die Sektoruntersuchung dient nicht nur der konkreten Vorbereitung von Verfahren wegen Verstoßes gegen die Normen des Kartellrechts. Sie kann auch genutzt werden, um der Kartellbehörde einen **Marktüberblick** zu verschaffen und wettbewerbspolitische Maßnahmen vorzubereiten.[28] Eine andere Auslegung würde das Instrument entwerten, da eine branchenweite Untersuchung in vielen Fällen wohl unangemessen wäre, wenn es nur darum ginge, ein konkretes Verfahren »an Land zu ziehen«. Das Erfordernis des Anfangsverdachts bei üblichen Ermittlungen könnte damit auch völlig ausgehöhlt werden. Zudem ist zweifelhaft, ob es der Kartellbehörde tatsächlich gelingen kann, im Rahmen einer breit angelegten allgemeinen Enquete deutliche Hinweise zu finden. Eine Beschränkung des Zwecks der Sektoruntersuchung ist der Formulierung »zur Anwendung dieses Gesetzes« in Abs. 2 nicht zu entnehmen, da sich diese Wendung lediglich auf den Ermittlungsumfang bezieht, nicht aber auf die Voraussetzungen der Untersuchungseinleitung. Die Durchsetzung der Wettbewerbsregeln erschöpft sich im Übrigen nach modernem Verwaltungsverständnis und im Zuge erweiterter »competition advocacy« nicht mehr in der bloßen Verfügung. Für die hier vertretene Auffassung spricht auch die Gesetzesbegründung mit ihrer Betonung des Ausgleiches des Transparenzverlusts.[29] 23

---

25 Siehe VO (EG) Nr. 1893/2006 zur Aufstellung der statistischen Systematik der Wirtschaftszweige NACE Revision 2.
26 *Bechtold/Bosch*, § 32e Rn. 2.
27 *Bach*, in: Immenga/Mestmäcker, GWB, § 32e Rn. 21.
28 Ähnlich OLG Düsseldorf WuW/E DE-R 1993, 1997; a.A. *Bach*, in: Immenga/Mestmäcker, GWB, § 32e Rn. 3, 13.
29 RegBegr., BT-Drucks. 15/3640, S. 34.

III. Entscheidung

24 Die Entscheidung der Kartellbehörde, eine Sektoruntersuchung einzuleiten, setzt nach Auffassung des OLG Düsseldorf **keinen förmlichen Eröffnungsbeschluss** voraus.[30] Diese Meinung wird von der Literatur nicht geteilt.[31]

25 Vom Gesetz wird ein Einleitungsbeschluss nicht verlangt. Historische Argumente sprechen gegen die Notwendigkeit eines förmlichen Beschlusses, da er in der Vorbildregelung Art. 12 VO 17/62 noch enthalten war. Es gibt auch kein Rechtsschutzbedürfnis für einen Eröffnungsbeschluss, da dieser mangels individueller Beschwer nicht unmittelbar anfechtbar wäre.[32] Wie in den übrigen kartellbehördlichen Verwaltungsverfahren ist auch die Entscheidung für eine Sektoruntersuchung ein **behördeninterner Prozess**.[33] Dieser wird erst durch konkrete nach außen gerichtete Maßnahmen sichtbar – erst dann besteht auch die Notwendigkeit einer Rechtfertigung durch die Behörde. Die Gründe für die Einleitung einer Untersuchung sind inzident zu prüfen, wenn konkrete Maßnahmen gegen Unternehmen angefochten werden.[34] Um diesen Zweck erfüllen zu können, muss verlangt werden, dass mit der ersten konkreten Maßnahme eine **Darstellung** durch die Behörde erfolgt, die den Kontext dieser Maßnahme bestimmt. Es muss daher eine Darstellung geben, aus der die genaue Bezeichnung des Untersuchungsgegenstands, die abstrakte Bezeichnung der betroffenen Unternehmen und die Begründung der Untersuchung hervorgehen.

26 Die Behörde muss konkrete Verfügungen **begründen** (§ 61 Abs. 1 GWB). Dazu sind jedenfalls beim ersten Mal auch die Voraussetzungen für die Einleitung der Untersuchung nach § 32e darzulegen unter Nennung der konkreten Aspekte, die Wettbewerbsbeschränkungen möglich erscheinen lassen. Auch der Untersuchungsgegenstand und der Kreis der Betroffenen müssen genauer bezeichnet werden. Bloß pauschale, formelhafte Darlegungen genügen nicht: es muss beurteilt werden können, ob eine Enquete in einem bestimmten Ausmaß gerechtfertigt ist. Die Behörde kann nicht nach Belieben Untersuchungen einleiten, sondern muss die – nicht allzu strengen – Voraussetzungen von § 32e einhalten und diese auch so begründen, dass eine Überprüfung möglich

---

30 OLG Düsseldorf, WuW/E DE-R 1993, 1994; OLG Düsseldorf, 4.8.2010, Az. VI-2 Kart 8/09 (V), Rn. 27 ff. Ebenso Bundeskartellamt, Sektoruntersuchung Kraftstoffe, Zwischenbericht Juni 2009, S. 7; *Gildhoff*, WuW 2013, 716, 717.
31 *Bechtold/Bosch*, § 32e Rn. 6; *Bach*, in: Immenga/Mestmäcker, GWB, § 32e Rn. 27; *Bornkamm*, in: Langen/Bunte, GWB, § 32e Rn. 7; *Keßler*, in: MünchKommKartR, GWB, § 32e Rn. 2.
32 OLG Düsseldorf, WuW/E DE-R 1993, 1995 f.
33 Vgl. *Bechtold/Bosch*, § 54 Rn. 2.
34 *Bornkamm*, in: Langen/Bunte, GWB, § 32e Rn. 8; *Bach*, in: Immenga/Mestmäcker, GWB, § 32e Rn. 30; *Keßler*, in: MünchKommKartR, GWB, § 32e Rn. 2.

ist. Da eine Sektoruntersuchung weitreichende Belastungen für die Unternehmen mit sich bringen kann (zunächst durch Ermittlungshandlungen, dann durch die Folgerungen aus den gewonnenen Erkenntnissen) und keine Pflicht von Unternehmen besteht, sich von einer staatlichen Stelle ohne weiteres durchleuchten zu lassen, verlangt die Verhältnismäßigkeitsprüfung schon auf Stufe der Entscheidung über die Enquete eine korrekte **Ermessensausübung**. Auch wenn die Behörde einen »weiten Beurteilungsspielraum« hat, darf sie keine Untersuchungen »ins Blaue hinein« eröffnen.[35]

27 Die Kartellbehörde muss daher belastbare, **konkrete Anhaltspunkte** für ihre Vermutung benennen. So hat sich das OLG Düsseldorf nicht mit der Begründung begnügt, das Bundeskartellamt habe »Hinweise darauf erhalten, dass Vereinbarungen zwischen Außenwerbunternehmen und Kommunen auf dem Angebotsmarkt für Außenwerbeflächen möglicherweise den Wettbewerb auf dem nachgelagerten Außenwerbemarkt beeinträchtigen und gegen § 1 GWB und Art. 101 AEUV (= Art. 81 EG) verstoßen könnten«.[36] Das **Nachreichen einer Begründung** kann den Begründungsmangel bis zum Abschluss des gerichtlichen Verfahrens heilen (§ 45 Abs. 1 Nr. 2 VwVfG).[37]

28 Es entspricht guter Praxis, wenn die Behörde in Veröffentlichungen darauf hinweist, dass ein konkreter Verdacht gegen die betroffenen Unternehmen nicht zwingend vorliegt.

IV. Ermittlungen

1. Befugnisse

29 Im Zuge einer Enquete hat die Kartellbehörde die Befugnis, die erforderlichen Ermittlungen anzustrengen (Abs. 2 S. 1) und Auskünfte zu verlangen (Abs. 2 S. 2). Verwiesen wird in Abs. 4 auf die Regeln in § 57 GWB (Ermittlungen, Beweiserhebung), § 59 GWB (Auskunftsverlangen, Durchsuchungen) sowie § 61 GWB (Verfahrensabschluss). Ausgenommen ist insbesondere § 58 GWB (Beschlagnahme), was **Durchsuchungen** praktisch schwierig werden lässt.[38] Einstweilige Anordnungen nach § 60 sind von der Verweisung nicht erfasst, was sich dadurch erklärt, dass die Sektoruntersuchung noch nicht auf ein konkretes Verfügungsziel gerichtet ist.

---

35 OLG Stuttgart, ZNER 2006, 350; *Gildhoff*, WuW 2013, 716, 718.
36 OLG Düsseldorf, WuW/E DE-R 1993, 1996.
37 OLG Düsseldorf, WuW/E DE-R 1993, 1997.
38 *Bechtold/Bosch*, § 32e Rn. 7.

30 Im Regelfall arbeitet die Kartellbehörde mit formlosen oder ggf. förmlichen **Auskunftsverlangen**. Die Ermittlungsmaßnahmen sind zu begründen (§ 59 Abs. 6 S. 2, Abs. 7 S. 2, § 61 GWB).

2. Verhältnismäßigkeit

31 Die Kartellbehörden müssen die Verhältnismäßigkeit ihrer Ermittlungsmaßnahmen prüfen. Dabei ist die niedrigere Voraussetzungsschwelle für Sektoruntersuchungen zu berücksichtigen. Je geringer die Hürden für die Untersuchung, desto weniger belastend müssen die Ermittlungen für die Betroffenen sein. Dies verlangt einen Spagat: Da die Informationen gerade umfassend sein sollen (vgl. im Wortlaut: »sämtliche«) und die Vorkenntnisse geringer sind als sonst, liegt es nahe, viele Daten und Informationen abzufragen. Das allerdings bedeutet einen hohen **administrativen Aufwand** für die Unternehmen. Grundsätzlich gilt, dass von Unternehmen, gegen die nicht einmal ein konkreter Verdacht einer wettbewerbsbeschränkenden Verhaltensweise vorliegt, weniger Aufwand zu verlangen ist als von Unternehmen, gegen die bereits Verdachtsmomente bestehen.

32 Die Verhältnismäßigkeitsprüfung setzt voraus, dass die konkrete Ermittlungsmaßnahme geeignet ist (**Eignung**), kein milderes Mittel zur Informationsbeschaffung vorhanden ist (**Erforderlichkeit**) und die Maßnahme mit Blick auf den erwarteten Ertrag und den Eingriff beim betroffenen Unternehmen angemessen ist (**Verhältnismäßigkeit im engeren Sinn**).

33 Messbarer Ausdruck der Verhältnismäßigkeitsprüfung ist die Begründung der konkreten Abfrage. Hier darf sich die Kartellbehörde nicht mit pauschalen Hinweisen begnügen. Sie muss im Einzelfall darlegen, wieso die konkrete Maßnahme geeignet ist, bestimmte Erkenntnisse zu verschaffen, dass es kein milderes Mittel gibt, um die Erkenntnisse zu erlangen und wie hoch sie den Ermittlungsaufwand für die Unternehmen einschätzt und welche Erkenntnisse sie konkret im Hinblick auf Wettbewerbsbeschränkungen erwartet. Dies setzt voraus, dass sich die Behörde mit der Branche insgesamt, der Organisation der Unternehmen sowie mit der Strategie ihrer Ermittlungen schon in frühem Stadium auseinander setzt (**Ermittlungskonzept**). Das OLG Düsseldorf hat zwar wiederholt betont, auch »erhebliche Belastungen« seien hinzunehmen.[39] Das dürfte in dieser Pauschalität allerdings zu weit gehen. »Erhebliche Belastungen« für Unternehmen durch behördliche Ermittlungen, die nicht einmal einen konkreten Anfangsverdacht als Grundlage haben, sind unverhältnismäßig. Richtigerweise muss danach differenziert werden, ob ein konkreter Verdacht

---

39 OLG Düsseldorf, WuW/E DE-R 1993, 1998; OLG Düsseldorf, WuW/E DE-R 1861, 1864; vgl. *Klaue*, in: Immenga/Mestmäcker, GWB, § 59 Rn. 21.

gegen den Adressaten besteht. Weitere Aspekte, die in die Abwägung einfließen müssen, sind die Unternehmensgröße und -bedeutung, die Verfügbarkeit von Daten, die Intensität möglicher Verletzungen und die Bedeutung einer möglichen Wettbewerbsbeschränkung für Volkswirtschaft, Gesamtwohlfahrt und Verbraucher. Das Ermittlungskonzept muss sich auch daran messen lassen, ob es ökonomisch sinnvolle Prüfungsschritte vorsieht.[40] So kann beispielsweise von Unternehmen nicht verlangt werden, Informationen zu beschaffen, die im Unternehmen nicht vorliegen oder nicht ohne weiteres abgerufen werden können. Auch die Aufbereitung von Informationen in behördenfreundlicher Form ist nicht Aufgabe von Unternehmen im Rahmen einer Sektoruntersuchung.

Als **mildere Maßnahmen** können ggf. Stichproben statt Gesamtauswertungen genügen, Musterverträge statt sämtlicher Verträge,[41] Schätzungen statt exakter Daten, die Erfassung der wesentlichen statt aller Marktverhältnisse, Auskunftsverlangen statt Durchsuchungen, die Schonung kleinerer Unternehmen oder die Befragung des Verbands oder von Marktforschungsinstituten statt die Befragung der Unternehmen direkt. 34

Aufwand für das Unternehmen und die Behörde dürfen nicht so groß werden, dass im Verhältnis zu den erhofften Erkenntnissen eine volkswirtschaftliche Kosten-Nutzen-Abwägung negativ ausfällt. Zu weit geht es, wenn Unternehmen für eine Sektoruntersuchung eigens neues Personal einstellen müssen oder der normale Geschäftsbetrieb beeinträchtigt wird. Bei kleineren und mittleren Unternehmen, die möglicherweise keine eigenen Rechtsabteilungen oder entsprechende Inhouse-Abteilungen haben, sind die Belastungsgrenzen schneller erreicht als bei Großunternehmen, Marktführern oder Branchenverbänden. 35

Die **Fristen** zur Beantwortung von Auskunftsverlangen sind bei Sektoruntersuchungen länger anzusetzen als im Rahmen individueller Verfahren. Vorgeschlagen wird eine Mindestzeit für die Beantwortung von sechs Wochen.[42] Pauschale Regeln verbieten sich aber. 36

---

40 Vgl. beispielhaft die Diskussion von Nachfragemacht-Abfragen bei *Haucap/Heimeshoff/Thorwart/Wey*, WuW 2015, 605 ff. und *Lademann*, WuW 2015, 761 ff.
41 *Linsmeier*, ET 2005, 712, 715; *Bach*, in: Immenga/Mestmäcker, GWB, § 32e Rn. 40.
42 Vgl. *Bach*, in: Immenga/Mestmäcker, GWB, § 32e Rn. 40, der meint, für eine Fristsetzung unter zwei Monaten bestehe regelmäßig kein Anlass. Sollten konzerneinheitliche Antworten verlangt werden, müsse die Dauer entsprechend verlängert werden.

37 Die Verhältnismäßigkeit ist auch im Hinblick auf die **behördlichen Ressourcen** zu bestimmen. Die Durchleuchtung eines ganzen Sektors kann zu unüberschaubaren Datenmengen führen. Die Kartellbehörde muss in ihrem Ermittlungskonzept auch darauf eingehen, welche Ressourcen sie zur Verfügung hat und inwieweit sie selbst in der Lage ist, in zeitlich angemessener Form (d.h. ohne dass die Daten veralten) einen Bericht zu erstellen.

38 Die **Europäische Kommission** hat die Sektoruntersuchung Pharma mit **Durchsuchungen** statt Auskunftsersuchen begonnen, um alle wichtigen, als vertraulich eingestuften Informationen zu erhalten.[43] Das Bundeskartellamt könnte nach § 32e Abs. 4 i.V.m. § 59 Abs. 4 durchsuchen. Hierfür müsste bei einer Sektoruntersuchung aber ein noch erheblich höherer Begründungsaufwand betrieben werden als bei einer Durchsuchung, die sich aufgrund konkreter Verdachtsmomente gegen ein bestimmtes Unternehmen richtet.

3. Pflichten der Unternehmen

39 Die Unternehmen sind verpflichtet, die erforderlichen Auskünfte zu erteilen, sie haben also eine **Kooperationspflicht**.[44] Allerdings besteht gem. § 59 Abs. 5 ausdrücklich das Recht der Auskunftsverweigerung, wenn durch die Aussage straf- oder ordnungswidrigkeitenrechtliche Verfolgung droht.

40 **Falsche Auskünfte** von Unternehmen im Rahmen einer Sektoruntersuchung können gem. §§ 32e Abs. 4, 59 Abs. 2, 81 Abs. 2 Nr. 6, Abs. 4 S. 5 GWB mit einer Geldbuße in Höhe von maximal 100.000 Euro belegt werden. Unternehmensvertretern ist schon wegen ihrer eigenen Haftung Sorgfalt bei der Beantwortung von Fragen zu raten.

41 Die Sektoruntersuchung ist eine Chance, einer einflussreichen Behörde die Funktionsweise des Marktes zu erklären. Empfohlen wird, Sektoruntersuchungen mindestens genauso ernst zu nehmen wie echte Kartell- oder Missbrauchsverfahren. Dies bedeutet, dass bei Beginn einer Sektoruntersuchung Unternehmen ihre Strategie beraten sollten. Zu erwägen ist, eine anstehende Sektoruntersuchung für Compliance-Maßnahmen oder **Leniency-Anträge** zu nutzen.[45] Bei der Beantwortung der Fragen ist auch daran zu denken, **Geschäftsgeheimnisse** möglichst früh als solche zu kennzeichnen, damit sie nicht versehentlich durch Einsichtnahme bei der Behörde anderen zugänglich werden.

---

43 *Brindöpke/Mross*, PharmR 2008, 268, 271.
44 *Bornkamm*, in: Langen/Bunte, GWB, § 32e Rn. 9.
45 *Seeliger/Vasbender*, WM 2006, 311, 315.

V. Auswertung der Erkenntnisse

Die Ergebnisse der Untersuchung können gem. Abs. 3 in einem **Untersuchungsbericht** von der Kartellbehörde dargelegt und veröffentlicht werden. Das Gesetz weist ausdrücklich auf das bei der Generaldirektion Wettbewerb etablierte System hin, Stellungnahmen Dritter einzuholen. Eine Veröffentlichung im Bundesanzeiger ist von der Verweisung (§ 62) nicht erfasst.

42

Die Erkenntnisse aus der Untersuchung können unmittelbar für weitere Verwaltungsverfahren verwendet werden.[46] Die **Vorbereitung weiterer Maßnahmen** ist gerade Zweck der Sektoruntersuchung. Rechtsstaatliche Bedenken stehen dem nicht entgegen. So wird die Untersagung des Zusammenschlussvorhabens *Total/OMV* auf die Erkenntnisse des Bundeskartellamts aus der Sektoruntersuchung Kraftstoffe zurückgeführt.[47] Auch in anderen Verfahren können die Untersuchungsergebnisse als Argumentationsmaterial verwendet werden (in einem konkreten Fall des OLG Düsseldorf beispielsweise zur Frage, ob ein Auskunftsverlangen in einem konkreten Fall unter Hinzuziehung des Berichts zur Sektoruntersuchung gerechtfertigt ist).[48]

43

Auch die durch Annahme von Verpflichtungszusagen beendeten Kartellverwaltungsverfahren gegen eine Reihe von Gas- und Stromversorgern[49] wurden wegen Erkenntnissen eingeleitet, die im Rahmen der Sektoruntersuchung »Kapazitätssituation in den deutschen Gasfernleitungsnetzen«[50] gewonnen worden waren.

44

Die erhobenen Daten können aber nicht in **Ordnungswidrigkeitenverfahren** verwendet werden. Dies verstieße gegen das rechtsstaatliche Prinzip des »nemo tenetur«: Den Unternehmen können nicht in einem nach strafrechtlichen Prinzipien geführten Verfahren Angaben entgegen gehalten werden, die sie im Rah-

45

---

46 Str. Vgl. *Bach*, in: Immenga/Mestmäcker, GWB, § 32e Rn. 44 ff.
47 *Bischke/Brack*, NZG 2009, 657.
48 OLG Düsseldorf, WuW/E DE-R 3799, 3802.
49 BKartA, 5.7.2010, Az. B10-44/09 – *EWE*; BKartA, 5.7.2010; Az. B10-45/09 – *Erdgas Münster*; BKartA, 5.7.2010, Az. B10-47/09 – *WINGAS*; BKartA, 5.7.2010, Az. B10-48/09 – *RWE*; BKartA, 5.7.2010, Az. B10-10/10 – *ENTEGA Vertrieb*; BKartA, 5.7.2010, Az. B10-11/10 – *SWM*; BKartA, 26.7.2010, Az. B10-12/10 – *RheinEnergie*; BKartA, 19.7.2010, AZ. B10-13/10 – *Stadtwerke Leipzig*; BKartA, 5.7.2010, Az. B10-14/10 – *Stadtwerke Hannover*; BKartA, 19.7.2010, Az. B10-18/10 – *N-ERGIE*; BKartA, 5.7.2010, Az. B10-19/10, *Stadtwerke Kiel*; BKartA, 5.7.2010, Az. B10-20/10 – *Köthen Energie*; BKartA, 29.10.2010, Az. B10-21/10 – *EnBW Vertrieb*; BKartA, 6.10.2010, Az. B10-22/10 – *EnBW Gas*; BKartA, 6.10.2010, Az. B10-23/10 – *EnBW Ostwürttemberg DonauRieß*; BKartA, 6.10.2010, Az. B10-24/10 – *Erdgas Südwest*; BKartA, 29.10.2010, Az. B10-25/10 – *Stadtwerke Düsseldorf*.
50 BKartA, B10-7/09, Sektoruntersuchung Gasfernleitungsnetze, Dezember 2009.

men eines kooperativen Verwaltungsverfahrens gemacht haben.[51] Werden seitens der Unternehmen in Kenntnis des Auskunftsverweigerungsrechts (§ 59 Abs. 5 GWB) dennoch Aussagen im Verwaltungsverfahren gemacht, ist denkbar, diese auch in einem Bußgeldverfahren gegen sie zu verwenden. Allgemeine Informationen, z.B. über die Marktverhältnisse, können für Ordnungswidrigkeitenverfahren verwendet werden.

46 Private können sich – etwa **für Schadensersatzprozesse** – auf die Erkenntnisse der Sektoruntersuchung stützen und auch Akteneinsicht erhalten.[52]

47 Der **Aussagewert** der Erkenntnisse der Untersuchung ist im Einzelfall eventuell zu relativieren. Der BGH hat mit Bezug auf Ergebnisse einer Sektoruntersuchung der Kommission eine »vor allem in den Auskünften der Marktteilnehmer begründete Ungenauigkeit der Marktdatenerhebung« angenommen, hat allerdings auch akzeptiert, dass »die Größenordnung der Marktstrukturen zutreffend wiedergegeben« worden sei.[53]

48 Der Aussagewert der Erkenntnisse ist auch mit Blick auf eine denkbare Anmaßung von Wissen zu relativieren: Der Marktüberblick könnte dazu verleiten, ein **Marktdesign** zu versuchen, also seitens der Behörde genauere Vorgaben als in nicht untersuchten Märkten zu machen. Starke behördliche Interventionen würden aber auch in einem genau durchleuchteten Markt das »Entdeckungsverfahren Wettbewerb« ausbremsen und Gefahr laufen, unverhältnismäßig zu sein.

C. Verfahren

49 Die Sektoruntersuchung findet im Rahmen des Verfahrens nach §§ 54 ff. GWB statt. Verfahrensmäßig sind Auskunftsersuchen in diesem Rahmen denen nach § 59 GWB gleich gestellt, wie der BGH ausdrücklich für die Energiewirtschafts-Enquete klar gestellt hat.[54] Neben dem Versand von Fragebögen werden auch Anhörungen durchgeführt.

---

51 Vgl. *Bechtold/Bosch*, § 32e Rn. 8; *Bach*, in: Immenga/Mestmäcker, GWB, § 32e Rn. 47; *Mäsch*, in: Berg/Mäsch, Deutsches und Europäisches Kartellrecht, § 32e Rn. 27.
52 Vgl. *Mäsch*, in: Berg/Mäsch, Deutsches und Europäisches Kartellrecht, § 32e Rn. 28.
53 BGH NJW-RR 2009, 264, 267.
54 BGH WuW/E DE-R 2055, 2059.

D. Rechtsschutz

Gegen die **Entscheidung für eine Sektoruntersuchung** als solche besteht kein Rechtsschutz, da einzelnen Unternehmen hier regelmäßig die Beschwer fehlen dürfte, es sei denn, die Behörde würde das Instrument des § 32e GWB benutzen, um ohne konkreten Anfangsverdacht gegen ein einzelnes Unternehmen vorzugehen. Das wäre von der Befugnis nicht gedeckt.[55]

50

Gegen einzelne **Verfügungen** im Rahmen der Untersuchung, insbesondere Auskunftsverlangen, ist Rechtsschutz gegeben. Hier kommt ein Antrag auf Anordnung der aufschiebenden Wirkung (§ 65 Abs. 3 S. 3 GWB) in Betracht. Im Übrigen gilt das Gleiche wie für Auskunftsverlangen nach § 59 GWB im Rahmen eines konkreten Verfahrens.[56]

51

Fraglich ist, ob sich im **Untersuchungsbericht** ausdrücklich genannte Unternehmen gegen darin vorgenommene kartellrechtliche Bewertungen wehren können. Eine Anfechtungsbeschwerde scheidet in jedem Fall aus, da der Bericht mangels Regelungswirkung kein Verwaltungsakt i.S.v. § 35 VwVfG ist.[57] Allenfalls kommt eine allgemeine Leistungsbeschwerde, gerichtet auf Unterlassen bzw. Widerruf einzelner Aussagen, in Betracht, wobei auch dieser Weg nur in Ausnahmefällen erfolgversprechend sein wird.[58]

52

Im Bereich **Walzasphalt** wurden auf Basis der Sektoruntersuchung mehrere Entflechtungsverfahren initiiert, die quasi zu einer umfassenden »Marktstrukturkontrolle« führten.[59] Ein relevanter, beschwerdefähiger Eingriff in die Unternehmensstruktur liegt aber erst in der konkreten Entflechtungsverfügung nach § 32 Abs. 2, nicht schon in der Veröffentlichung des Untersuchungsberichts nach § 32e. Dies gilt auch dann, wenn in diesem Bericht bereits ein Prüfkonzept festgelegt wird und »auf die betroffenen Unternehmen unmittelbar Druck ausgeübt [wird], aus den Folgerungen der Sektoruntersuchung Konsequenzen zu ziehen, indem das Amt auf der Grundlage einer erweiterten Typologie angeblich bedenklicher Konstellationen Fristen zur Beseitigung angeblich kartellrechtswidriger Strukturen setzt, bei deren Nichteinhaltung das Amt mit der Einleitung auch kartellrechtlicher Bußgeldverfahren droht.«[60] Rechtlich genügt eine solche (faktische) »Drohkulisse« nicht, um eine unmittelbare materielle Beschwer der Unternehmen anzunehmen.

53

---

55 *Fuchs*, WRP 2005, 1384, 1390.
56 BGH WuW/E DE-R 2055, 2059.
57 *Gildhoff*, WuW 2013, 716, 723.
58 Vgl. *Gildhoff*, WuW 2013, 716, 724, der einen Vergleich mit der Rechtsprechung zu hoheitlichen Warnungen (bsp. vor Jugendsekten) vornimmt.
59 BKartA, Sektoruntersuchung Walzasphalt, 2012. Kritisch *Müller-Feldhammer*, WuW 2015, 133, 142.
60 *Müller-Feldhammer*, WuW 2015, 133, 142.

§ 32e GWB *Untersuchungen einzelner Wirtschaftszweige*

54 Rechtsschutz besteht gegen die **Veröffentlichung von Geschäftsgeheimnissen**. Um dem vorzubeugen, sollte in der Praxis sofort mit Preisgabe der Information deutlich gemacht werden, dass diese Information als Geschäftsgeheimnis angesehen wird.

55 Gegen die **Verwertung** einzelner Aussagen oder Dokumente, die im Rahmen der Untersuchung von den Behörden erlangt wurden, kann Beschwerde erhoben werden, wenn die Verwendung unzulässig ist (z.B. in Bußgeldverfahren).

56 Ein Anspruch auf eine **Klarstellung**, dass kein konkreter Verdacht gegen ein einzelnes, von einer Sektoruntersuchung betroffenes Unternehmen vorliegt, ist bestenfalls in krassen Ausnahmefällen denkbar. Hier wäre an Ansprüche der Amtshaftung zu denken.

E. Anwendungsfälle

57 Das **Bundeskartellamt** hat zwischen Einführung der Sektoruntersuchung 2005 und dem Zeitpunkt des Redaktionsschlusses dieses Bands zehn Sektoruntersuchungen abgeschlossen und weitere eingeleitet. Diese betrafen Nachfragemacht im Lebensmitteleinzelhandel, Duale Systeme, Walzasphalt, Fernwärme, Erdgas, Milch, Kraftstoffe, Stromerzeugung, Stromgroßhandel, Heizstrom und Außenwerbung. Das Instrument wird also in völlig unterschiedlichen Sektoren angewendet. Untersuchungen, die sich übergreifend auf bestimmte Arten von Vereinbarungen beziehen, sind nicht ersichtlich. Das Amt veröffentlicht regelmäßig Zwischen- und Abschlussberichte, lädt ggf. zur Stellungnahme ein und würdigt diese Stellungnahmen. Alle Informationen finden sich auf der Website des BKartA.[61]

58 Beispielhaft sei die (besonders umfangreiche) Sektoruntersuchung Kraftstoffe in ihrem **Ablauf** skizziert: Die Untersuchung wurde im Mai 2008 wegen Hinweisen aus einem Fusionskontrollverfahren und Verbraucherbeschwerden durch erste Auskunftsersuchen eingeleitet. Im Juli 2009 erging ein knapp fünfzigseitiger Zwischenbericht, in dem das Amt auch das weitere Vorgehen skizzierte. Im Mai 2011 wurde ein 287-seitiger Abschlussbericht vorgelegt, zu dem Stellungnahmen entgegengenommen wurden. Während des kompletten Zeitraums wurden an die Unternehmen des Sektors Auskunftsersuchen gerichtet. Die Mineralölwirtschaft beauftragte zudem zwei Gutachter.

---

[61] Siehe http://www.bundeskartellamt.de/DE/Wirtschaftsbereiche/Sektoruntersuchungen/sektoruntersuchungen_node.html.

Landeskartellbehörden[62] haben **Gaspreise** von Tarifkunden mit Hilfe von § 32e GWB untersucht.[63] In Thüringen ergab die Veröffentlichung der Ergebnisse keine Verdachtsmomente für Ausbeutungsmissbrauch, führte aber dazu, dass die Unternehmen von sich aus Preise senken mussten, nachdem das Preisniveau transparent geworden war. Die Landeskartellbehörde verzichtete auf eine förmliche Verfahrenseinleitung, »da Unternehmen mit der Untersuchung ihrer Beschaffungssituation einverstanden waren.«[64] Eine entsprechende Untersuchung der Landeskartellbehörde Baden-Württemberg war Gegenstand einer Entscheidung des OLG Stuttgart.[65]

59

Auch die **Europäische Kommission** hat auf Basis von Art. 17 VO 1/2003 mehrere Sektoruntersuchungen durchgeführt.[66]

60

Auskunftsverlangen im Rahmen von Sektoruntersuchungen waren unmittelbar Themen zweier OLG-Entscheidungen im einstweiligen Rechtsschutz.[67]

61

Die Berichte haben für die jeweiligen Branchen zum Teil gravierende **praktische Folgen**. Vorgelegt wurde über ein Jahr nach Eröffnung der Untersuchung z.B. ein »Zwischenbericht« für den Kraftstoffe-Bereich.[68] Der Zwischenbericht enthielt eine konzise Marktanalyse, die ein deutlich vertieftes Verständnis der Strukturen offenbart, was sich sodann in einer veränderten Marktabgrenzung in einem Untersagungsfall niedergeschlagen hat.[69] Die Sektoruntersuchung Fernwärme führte zu einem Erlösvergleich verschiedener Unternehmen, was zur Folge hatte, dass gegen einzelne Unternehmen Verfahren wegen Ausbeutungsmissbräuchen eingeleitet wurden.[70] Die für einen

62

---

62 Zur Abgrenzung der Befugnisse zwischen Bundeskartellamt und Landeskartellbehörden verweist Abs. 4 auf § 49.
63 Landeskartellbehörde, Wirtschaftsministerium Thüringen, Gasmarktuntersuchung 2008, siehe www.thueringen.de/de/tmwta/energie/energierecht/1/.
64 Landeskartellbehörde, Wirtschaftsministerium Thüringen, Präsentation vom 15.4.2009: »Landeskartellbehörde Energie Gaspreisuntersuchung für den Zeitraum vom 1.7.2007 bis zum 31.12.2008«, dort Folien 3 und 4, abrufbar unter www.thueringen.de/imperia/md/content/tmwta/energie/gasmarktuntersuchung_gesch__tzt.pdf.
65 OLG Stuttgart ZNER 2006, 350.
66 Siehe etwa *Grave/Trafkowski*, RdE 2005, 209 ff. (Energie); *Linsmeier*, ET 2005, 712 ff. (Energie); *Dreher*, VersR 2008, 15 ff. (Unternehmensversicherungen); *Seeliger/Vasbender*, WM 2006, 311 ff. (Retailbanking und Unternehmensversicherungen); *Brindöpke/Mross*, PharmR 2008, 268 ff. (Pharma); *Sule/Schnichels*, EuZW 2009, 129 ff. (Pharma).
67 OLG Düsseldorf WuW/E DE-R 1993; OLG Stuttgart ZNER 2006, 350.
68 Bundeskartellamt, Sektoruntersuchung Kraftstoffe, Zwischenbericht Juni 2009.
69 Bundeskartellamt, 29.4.2009, Az. B8-175/08 – *Total/OMV*, vgl. *Bischke/Brack*, NZG 2009, 657; *Badtke/Vahrenholt*, ZWeR 2012, 272 ff.
70 Vgl. etwa BKartA, 15.10.2015, Az. B8-34/13, Rn. 3 – *Stadtwerke Leipzig*.

§ 32e GWB   *Untersuchungen einzelner Wirtschaftszweige*

Erlösvergleich relevanten Informationen wurden also durch eine Sektoruntersuchung abgefischt. Die Untersuchung zur Nachfragemacht im Lebensmitteleinzelhandel führte dazu, dass schon parallel zur noch laufenden Sektoruntersuchung ein Verfahren eingeleitet wurde.[71] Später wurden Erkenntnisse für den Untersagungsfall *Edeka/Kaiser's Tengelmann* genutzt.[72]

---

71 BKartA, 3.7.2014, Az. B2-58/09 – *Anzapfverbot*.
72 BKartA, 3.12.2014, Az. B2-96/14 – *Edeka/Kaiser's Tengelmann*.

§ 33 Unterlassungsanspruch, Schadensersatzpflicht

(1) Wer gegen eine Vorschrift dieses Gesetzes, gegen Artikel 101 oder 102 des Vertrages über die Arbeitsweise der Europäischen Union oder eine Verfügung der Kartellbehörde verstößt, ist dem Betroffenen zur Beseitigung und bei Wiederholungsgefahr zur Unterlassung verpflichtet. Der Anspruch auf Unterlassung besteht bereits dann, wenn eine Zuwiderhandlung droht. Betroffen ist, wer als Mitbewerber oder sonstiger Marktbeteiligter durch den Verstoß beeinträchtigt ist.

(2) Die Ansprüche aus Absatz 1 können auch geltend gemacht werden von
1. rechtsfähigen Verbänden zur Förderung gewerblicher oder selbständiger beruflicher Interessen, wenn ihnen eine erhebliche Zahl von betroffenen Unternehmen im Sinne des Absatzes 1 Satz 3 angehört und sie insbesondere nach ihrer personellen, sachlichen und finanziellen Ausstattung imstande sind, ihre satzungsmäßigen Aufgaben der Verfolgung gewerblicher oder selbständiger beruflicher Interessen tatsächlich wahrzunehmen;
2. Einrichtungen, die nachweisen, dass sie eingetragen sind in
   a) die Liste qualifizierter Einrichtungen nach § 4 des Unterlassungsklagengesetzes oder
   b) das Verzeichnis der Europäischen Kommission nach Artikel 4 Absatz 3 der Richtlinie 2009/22/EG des Europäischen Parlaments und des Rates vom 23. April 2009 über Unterlassungsklagen zum Schutz der Verbraucherinteressen (ABl. L 110 vom 1.5.2009, S. 30) in der jeweils geltenden Fassung.

(3) Wer einen Verstoß nach Absatz 1 vorsätzlich oder fahrlässig begeht, ist zum Ersatz des daraus entstehenden Schadens verpflichtet. Wird eine Ware oder Dienstleistung zu einem überteuerten Preis bezogen, so ist der Schaden nicht deshalb ausgeschlossen, weil die Ware oder Dienstleistung weiterveräußert wurde. Bei der Entscheidung über den Umfang des Schadens nach § 287 der Zivilprozessordnung kann insbesondere der anteilige Gewinn, den das Unternehmen durch den Verstoß erlangt hat, berücksichtigt werden. Geldschulden nach Satz 1 hat das Unternehmen ab Eintritt des Schadens zu verzinsen. Die §§ 288 und 289 Satz 1 des Bürgerlichen Gesetzbuchs finden entsprechende Anwendung.

(4) Wird wegen eines Verstoßes gegen eine Vorschrift dieses Gesetzes oder gegen die Artikel 101 oder 102 des Vertrages über die Arbeitsweise der Europäischen Union Schadensersatz gefordert, ist das Gericht an die Feststellung des Verstoßes gebunden, wie sie in einer bestandskräftigen Entscheidung der Kartellbehörde, der Europäischen Kommission oder der Wettbewerbsbehörde oder des als solche handelnden Gerichts in einem an-

§ 33 GWB *Unterlassungsanspruch, Schadensersatzpflicht*

deren Mitgliedstaat der Europäischen Union getroffen wurde. Das Gleiche gilt für entsprechende Feststellungen in rechtskräftigen Gerichtsentscheidungen, die infolge der Anfechtung von Entscheidungen nach Satz 1 ergangen sind. Entsprechend Artikel 16 Abs. 1 Satz 4 der Verordnung (EG) Nr. 1/2003 gilt diese Verpflichtung unbeschadet der Rechte und Pflichten nach Artikel 267 des Vertrages über die Arbeitsweise der Europäischen Union.

(5) Die Verjährung eines Schadensersatzanspruchs nach Absatz 3 wird gehemmt, wenn ein Verfahren eingeleitet wird
1. von der Kartellbehörde wegen eines Verstoßes im Sinne des Absatzes 1 oder
2. von der Europäischen Kommission oder der Wettbewerbsbehörde eines anderen Mitgliedstaats der Europäischen Union wegen eines Verstoßes gegen die Artikel 101 oder 102 des Vertrages über die Arbeitsweise der Europäischen Union.

§ 204 Abs. 2 des Bürgerlichen Gesetzbuchs gilt entsprechend.

Übersicht

	Rdn.		Rdn.
A. Grundlagen	1	c) Erweiterung des Kreises aktivlegitimierter Verbände	36
I. Normzweck	1	IV. Regelungsübersicht	38
II. EU-rechtliche Vorgaben	6	B. Gemeinsame Merkmale der zivilrechtlichen Anspruchsgrundlagen	40
1. *Courage*-Entscheidung des EuGH	8	I. Kartellrechtsverstoß des Anspruchsgegners (§ 33 Abs. 1, 3 GWB)	41
2. Die Kartellschadensersatzrichtlinie	13	1. Verstoß gegen Vorschriften des GWB	42
a) Für § 33 GWB wesentlicher Inhalt der Kartellschadensersatzrichtlinie	16	2. Verstoß gegen Art. 101, 102 AEUV	48
b) Vorwirkung der Kartellschadensersatzrichtlinie?	18	3. Verstoß gegen Verfügungen der Kartellbehörden	49
c) Folgen der Kartellschadensersatzrichtlinie für die Praxis kartellrechtlicher Schadensersatzklagen	24	4. Anspruchsgegner/Passivlegitimation	58
III. Genese des § 33 GWB n.F., 7./8. GWB-Novelle	27	a) Natürliche Personen ohne Unternehmenseigenschaft	60
1. Anspruchsgrundlagen des Kartellzivilrechts vor der 7. GWB-Novelle	27	b) Muttergesellschaften	64
2. Wichtige Diskussionen im Gesetzgebungsverfahren der 7./8. GWB-Novelle	30	II. Begriff des Betroffenen (§ 33 Abs. 1 GWB)	70
		1. Allgemeines	70
a) Diskussion über Schutzgesetzerfordernis in der 7. GWB-Novelle	31	a) Schutzgesetzerfordernis, Entfall	74
		b) Beeinträchtigung eines Mitbewerbers oder sonstigen Marktbeteiligten	83
b) Diskussion über Ausschluss der *passing-on defense* in der 7. GWB-Novelle	34	c) Mittelbare Beeinträchtigung und Problem der evtl. Mehrfachhaftung	86

		Rdn.			Rdn.
aa)	Spannungsverhältnis bzgl. Zulassung bzw. Ausschluss der *passing-on defense*	86	d)	»Betroffener« des Verstoßes gegen kartellbehördliche Verfügung	149
bb)	Differierende Ansichten	89	III.	Kausalität	152
cc)	Neue BGH-Rechtsprechung, Kritik	96	1.	Äquivalenz- und Adäquanztheorie	156
dd)	Bestimmungen der Kartellschadensersatzrichtlinie zur mittelbaren Beeinträchtigung	101	2.	Schutzzweckzusammenhang	158
			IV.	Widerrechtlichkeit	162
			C.	Der Beseitigungs- und/oder Unterlassungsanspruch nach § 33 Abs. 1, 2 GWB	163
ee)	Mögliche Eingrenzung der Anspruchsberechtigung mittelbarer Betroffener	110	I.	Übersicht zu den Anspruchsvoraussetzungen und Rechtsfolgen	163
			II.	Aktivlegitimation	165
2. Einzelne Fallkonstellationen des Betroffenseins		114	1.	»Betroffener« i.S.v. § 33 Abs. 1 GWB	167
a)	»Betroffener« des Verstoßes gegen das Kartellverbot (§ 1 GWB; Art 101 AEUV)	114	2.	»Verbandsklage« nach § 33 Abs. 2 Nr. 1 GWB	169
aa)	»Außenstehende« aktuelle/potentielle Wettbewerber	115	3.	Klagebefugnis der (qualifizierten) Einrichtungen nach § 33 Abs. 2 Nr. 2 GWB	174
bb)	Beteiligte der wettbewerbsbeschränkenden Abstimmungen	119	4.	Sammelklagen	183
			III.	Anspruchsinhalt	184
			IV.	Verjährung	188
cc)	Unmittelbare Abnehmer und Lieferanten	128	D.	Der Schadensersatzanspruch nach § 33 Abs. 3 GWB	191
dd)	Mittelbare Abnehmer und Lieferanten	130	I.	Übersicht zu den Anspruchsvoraussetzungen und Rechtsfolgen	191
b)	»Betroffener« missbräuchlichen Verhaltens gemäß §§ 19, 20, 29 GWB und Art. 102 AEUV	131	II.	Aktivlegitimation	193
			III.	Verschulden	197
			1.	Fahrlässigkeit, allgemein	199
aa)	»Betroffener« des Missbrauchs i.S.v. §§ 19, 29 GWB und Art. 102 AEUV	131	2.	Fahrlässigkeit, anwaltliche Beratung und Freistellungsvoraussetzungen	201
bb)	»Betroffener« des verbotenen Verhaltens nach § 20 GWB	139	3.	Fahrlässigkeit, Bedeutung eines Kartellrechts-Compliance-Programms	204
c)	»Betroffener« anderer Kartellrechtsverletzungen	143	IV.	Schaden, Anspruchshöhe und Vorteilsausgleichung	212
aa)	»Betroffener« des Boykottverbots und des Verbots sonstigen wettbewerbsbeschränkenden Verhaltens nach § 21 GWB	143	1.	Schadensberechnung nach der Differenzhypothese	212
			2.	Schadensvermutung, Schadenspauschalierungen	221
			3.	Berücksichtigung des Gewinns im Rahmen der Schadensschätzung (§ 33 Abs. 3 Satz 3 GWB)	225
			4.	Besondere Schadenspositionen	229
			a)	»Lost-sales«- Effekte	229
			b)	»Preisschirmeffekte«	231
bb)	»Betroffener« des Verstoßes gegen fusionskontrollrechtliche Vorschriften	146	5.	Folgen einer Weiterveräußerung (§ 33 Abs. 3 Satz 2 GWB; Vorteilsausgleichung)	234
			a)	»Passing-on defense«	234

§ 33 GWB Unterlassungsanspruch, Schadensersatzpflicht

		Rdn.			Rdn.
	b) Mehrfachbelastung und deren Vermeidung	247	1.	Gesamtschuldnerische Haftung und diesbezügliche Privilegierungen	292
	6. Anrechnung des Mitverschuldens nach § 254 BGB	252		a) Privilegierung von KMU	294
	7. Prozessuales, insbesondere Offenlegung von Beweismitteln	254		b) Privilegierung von Kronzeugen	296
V.	Verzinsung (§ 33 Abs. 3 Satz 4, 5 GWB)	263		c) Wirkung von Vergleichen einzelner Gesamtschuldner	301
VI.	»Follow on«-Klagen, Bindungswirkung (§ 33 Abs. 4 GWB)	266	2.	Verjährung von Regressansprüchen	304
VII.	Verjährung (§ 33 Abs. 5 GWB)	273		a) Der Ausgleichsanspruch nach § 426 Abs. 1 BGB	306
	1. Dauer der Verjährung	279			
	2. Hemmung der Verjährung	282		b) Der Regressanspruch nach § 426 Abs. 2 BGB	314
VIII.	Gesamtschuld	292			

Schrifttum

Ahrens (Hrsg.), Der Wettbewerbsprozess, 2009; *Alexander*, Kollektiver Rechtsschutz im Zivilrecht und Zivilprozessrecht, JuS 2009, 590; *Alexander*, Schadensersatz und Abschöpfung im Lauterkeits- und Kartellrecht, 2010; *Arens*, Dogmatik und Praxis der Schadensschätzung, ZZP 1975, 1; *Bechtold*, GWB, 1. Aufl., 1993; *ders.*, Grundlegende Umgestaltung des Kartellrechts: Zum Referentenentwurf der 7. GWB-Novelle, DB 2004, 235; *Beninca*, Schadensersatzansprüche von Kunden eines Kartells? Besprechung der Entscheidung OLG Karlsruhe vom 28.1.2004, WuW 2004, 604; *Bergmann/Fiedler*, Anspruchsberechtigung indirekter Abnehmer und Passing-on defense: Private Kartellrechtsdurchsetzung in Deutschland, BB 2012, 206; *Berrisch/Burianski*, Kartellrechtliche Schadensersatzansprüche nach der 7. GWB-Novelle, WuW 2005, 878; *Bernhard*, Schadensberechnung im Kartellzivilrecht vor und nach dem »Praktischen Leitfaden« der Europäischen Kommission, NZKart 2013, 488; *Bien*, Überlegungen zu einer haftungsrechtlichen Privilegierung des Kartellkronzeugen, EuZW 2011, 889; *Bien/Harke*, Neues Recht für alte Fälle? Der intertemporale Anwendungsbereich der Verjährungshemmung gemäß § 33 Abs. 5 GWB 2005, ZWeR 2013, 312; *Bischke/Brack*, Neuere Entwicklungen im Kartellrecht, NZG 2016, 99; *Bornkamm*, Cui malo? Wem schaden Kartelle?, GRUR 2010, 501; *Bürger*, Die Haftung der Konzernmutter für Kartellrechtsverstöße ihrer Tochter nach deutschem Recht, WuW 2011, 130; *Brinker*, Kartellrecht vor Gericht, NZKart 2014, 333; *Brinker/Balssen*, Von Crehan zu Manfredi – Grundlage eines kartellrechtlichen Schadensersatzanspruches für »jedermann«, in: FS Bechtold, 2006, S. 69; *Brömmelmeyer*, Die Ermittlung des Kartellschadens nach der Kartellschadensersatzrichtlinie 2014/104/EU, NZKart 2016, 2; *Büdenbender*, Verfassungsrechtliche Bedenken gegen die 4. Kartellgesetznovelle, BB 1978, 1073; *Bues/Fritzsche*, EU erlässt Kartellschadensersatzrichtlinie – Kommt jetzt die Klageflut?, DB 2014, 2881; *Bulst*, Internationale Zuständigkeit, anwendbares Recht und Schadensberechnung im Kartelldeliktsrecht, EWS 2004, 403; *ders.*, Schadensersatzansprüche der Marktgegenseite im Kartellrecht – Zur Schadensabwälzung nach deutschem, europäischem und US-amerikanischem Recht, 2006; *ders.*, Private Kartellrechtsdurchsetzung nach der 7. GWB-Novelle: Unbeabsichtigte Rechtsschutzbeschränkungen durch die Hintertür?, EWS 2004, 62; *ders.*, Private Kartellrechtsdurchsetzung durch die Marktgegenseite – deutsche Gerichte auf Kollisionskurs zum EuGH, NJW 2004, 2201; *ders.*, Das ORWI-Urteil des Bundesgerichtshofs im Lichte des Unionsrechts, ZWeR 2012, 70; *Bundeskartellamt*, Private Kartellrechtsdurchsetzung – Stand, Probleme, Perspektiven (Diskussionspapier) 2005; *Bürger/Aran*, Verjährung des § 33 Abs. 3 GWB bei follow-on Schadensersatzklagen de lege lata und die lege ferenda, NZKart 2014, 423; *von Busekist/Hein*, Der IDW PS 980 und die allgemeinen rechtlichen Mindestanforderungen an ein wirksames Compliance Management System (1) – Grundlagen, Kultur und Ziele,

CCZ 2012, 41; *Canaris*, Die Feststellung von Lücken im Gesetz, 2. Auflage 1983; *Coppik/Haucap*, Die Behandlung von Preisschirmeffekten bei der Bestimmung von Kartellschäden und Mehrerlösen, WuW 2016, 50; *Dittrich*, Der passing-on-Einwand und die Anspruchsberechtigung indirekter Abnehmer eines Kartells, GRUR 2009, 123; *Dittrich*, Kartellrecht: Spezialgebiet der Compliance-Arbeit, CCZ 2015, 209; *Dreher*, Die persönliche Außenhaftung von Geschäftsleitern auf Schadensersatz bei Kartellrechtsverstößen, WuW 2009, 133; *Dreher*, EuGH, 5.6.2014 – Rs C-557/12: Haftung von Kartellanten für Preisschirmeffekte bei Kartellaußenseitern (»Kone u.a.«), EWiR 2014, 499; *Drexl*, Wettbewerbsverfassung, in: v. Bogdandy, Europäisches Verfassungsrecht 2003, 747; *Drexl/Cande Gallega/Enchelmaier/Mackenrodt/Podszun*, Comments of the Max Planck Institute for Intellectual Property, Competition and Tax Law on the White Paper, by the Directorate-General for Competition of April 2008 on Damages, Actions for Breach of the EC Antitrust Rules, IIC 2008, 799; *Dubow*, The Passing On Defence: An Economist's Perspective, ECLR 2003, 238; *Dworschak/Maritzen*, Einsicht – der erste Schritt zur Besserung? Zur Akteneinsicht in Kronzeugendokumente nach dem Donau Chemie-Urteil des EuGH, WuW 2013, 829; *Eden*, Persönliche Schadensersatzhaftung von Managern gegenüber Kartellgeschädigten, 2013; *Eden*, Haften Geschäftsführer persönlich gegenüber Kartellgeschädigten auf Schadensersatz?, WuW 2014, 792; *Europäische Kommission*, Grünbuch: Schadensersatzklagen wegen Verletzung des EU-Wettbewerbsrechts, KOM(2005) 672 endgültig, *Europäische Kommission*, Weißbuch: Schadensersatzklagen wegen Verletzung des EU-Wettbewerbsrechts, KOM (2008) 165 endgültig; *Fabisch*, Managerhaftung für Kartellverstöße, ZWeR 2013, 91; *Fezer/Büscher*, UWG, § 8 Rn. 195 ff.; *Fikentscher*, Horizontale Wettbewerbsbeschränkungen und Verträge mit Dritten, BB 1956, 793; *Flume*, Verbotene Preisabsprachen und Einzelvertrag, WuW 1956, 457; *Fritzsche*, Der Beseitigungsanspruch im Kartellrecht nach der 7. GWB-Novelle – Zugleich ein Beitrag zur Dogmatik des quasi-negatorischen Beseitigungsanspruchs, WRP 2006, 42; *Fritzsche*, Jedermann kann – Anmerkungen zum Kone-Urteil des EuGH (Rs. C-557/12) zum Schadensersatz bei kartellbedingt eintretenden Preisschirmeffekten –, NZKart 2014, 428; *Fritzsche/Klöppner/Schmidt*, Die Praxis der privaten Kartellrechtsdurchsetzung in Deutschland, Teil 1, NZKart 2016, 412; *Fuchs*, Die 7. GWB-Novelle – Grundkonzeption und praktische Konsequenzen, WRP 2005, 1384; *ders.*, Unter dem Schirm und im Schatten des Kartells. Überlegungen zur Reichweite der Schadensersatzhaftung bei Preisschirm- und Mengeneffekten außerhalb der Vertriebsketten der Kartellmitglieder, in: FS Bornkamm 2014, S. 159; *Galle*, Der Anscheinsbeweis in Schadensersatzfolgeklagen – Stand und Perspektiven, NZKart 2016, 214; *Gottwald*, Schadenszurechnung und Schadensschätzung, 1979; *Görner*, Die Anspruchsberechtigung der Marktbeteiligten nach § 33 GWB, 2007; *Grünberger*, Bindungswirkung kartellbehördlicher Entscheidungen, in: Möschel/Bien, Kartellrechtsdurchsetzung durch private Schadensersatzklagen, 2010, S. 134; *Hanau*, Die Kausalität der Pflichtwidrigkeit, 1971; *Hartmann-Rüppel/Schrader*, Es regnet Preiserhöhungen – Wie Preisschirme auch Unbeteiligte schädigen können, ZWeR 2014, 300; *Haucap/Stühmeier*, Wie hoch sind die durch Kartelle verursachten Schäden: Antworten aus Sicht der Wirtschaftstheorie, WuW 2008, 413; *Haus*, Die Entscheidung des BGH im Fall Calciumcarbid – (nicht nur) Regeln für den Innenregress bei gesamtschuldnerischer Bußgeldhaftung, Konzern 2015, 114; *Haus/Serafimova*, Neues Schadensersatzrecht für Kartellverstöße – die EU-Richtlinie über Schadensersatzklagen, BB 2014, 2883; *Hempel*, Privater Rechtsschutz im deutschen Kartellrecht nach der 7. GWB-Novelle, WuW 2004, 362; *Hempel*, War da nicht noch etwas? – Zum kollektiven Rechtsschutz im Kartellrecht, NZKart 2013, 494; *Hoffmann*, Kartellrechtliche Streitverkündung bei Schadensabwälzung – Ein Vorschlag zur Umsetzung von Art. 15 der KartellschadensersatzRL, NZKart 2016, 9; *Hoffmann/Schneider*, Die Verjährung unter der Karstellschadensersatzrichtlinie, WuW 2016, 102; *von Hülsen/Kasten*, Passivlegitimation von Konzernen im Kartell-Schadensersatzprozess? – Gedanken zur Umsetzung der Kartellschadensersatzrichtlinie 2014/104/EU, NZKart 2015, 296; *Hüschelrath/Leheyda/Müller/Veith*, Schadensermittlung und Schadensersatz bei Hardcore-Kartellen, 2012; *Inderst/Thomas*, Schadensersatz bei Kartellverstößen, 2014; *In-*

§ 33 GWB *Unterlassungsanspruch, Schadensersatzpflicht*

derst/*Maier-Rigaud*, Preisschirmeffekte, WuW 2014, 1043; *Jungbluth*, Zum Stand der Umsetzung der Schadensersatzrichtlinie in deutsches Recht, L&A-Wettbewerbstag 2016, Vortrag vom 14. Januar 2016; *Jungbluth*, 9. GWB-Novelle: Stand des Gesetzgebungsverfahren, 44. FIW-Seminar, Vortrag vom 16. Juni 2016; *Kahlenberg/Haellmigk*, Referentenentwurf der 7. GWB-Novelle: Tiefgreifende Änderung des deutschen Kartellrechts, BB 2004, 389; *Kahlenberg/Heim*, Referentenentwurf der 9. GWB-Novelle: Mehr Effizienz für die private und behördliche Rechtsdurchsetzung, BB 2016, 1863; *Kamann/Ohlhoff*, Gesamtgläubigerschaft als Lösung des Passing-On-Problems?, ZWeR 2010, 303; *Kersting*, Perspektiven der privaten Rechtsdurchsetzung im Kartellrecht, ZWeR 2008, 252; *Kersting*, Anmerkung zur Entscheidung des EuGH vom 6.6.2013 (C-536/11; JZ 2013, 734) – Zur Akteneinsicht Dritter in Kartellverfahren, JZ 2013, 737; *Kersting*, Die neue Kartellschadensersatzrichtlinie zur privaten Rechtsdurchsetzung im Kartellrecht, WuW 2014, 564; *Kersting/Preuß*, Umsetzung der Kartellschadensersatzrichtlinie (2014/104/EU). Ein Gesetzgebungsvorschlag aus der Wissenschaft, Baden-Baden 2015; *Kersting/Preuß*, Umsetzung der Kartellschadensersatzrichtlinie durch die 9. GWB-Novelle, WuW 2016, 394; *Kießling*, Neues zur Schadensabwälzung, GRUR 2009, 733; *Kirchhoff*, Das ORWI-Urteil des Bundesgerichtshofs, WuW 2012, 927; *Kirchhoff*, Offenlegung von Dokumenten und Mehrfachinanspruchnahme, WuW 2015, 952; *Kleinlein/Schubert*, Die Auslobung als Möglichkeit zur Ausschaltung der Passing-on-Defence, WuW 2012, 345; *Koch*, Kartellrechtliche Schadensersatzansprüche mittelbar betroffener Marktteilnehmer nach § 33 GWB n.F., WuW 2005, 1210; *Koch*, Rechtsdurchsetzung im Kartellrecht: Public vs. private enforcement, JZ 2013, 390; *Köhler*, Kartellverbot und Schadensersatz, GRUR 2004, 99; *Krohs/Behling*, Compliance bei kartellrechtlichen E-Searches, ZRFC 2012, 28; *Krüger*, Öffentliche und private Durchsetzung des Kartellverbots von Art. 81 EG, Diss. Hamburg 2007; *Krüger*, Die haftungsrechtliche Privilegierung des Kronzeugen im Außen- und Innenverhältnis gemäß dem Richtlinienvorschlag der Kommission, NZKart 2013, 483; *Krüger*, Kartellregress, 2010; *Kühne/Woitz*, Die neue EU-Kartellschadensersatzrichtlinie: »Follow-on«-Klagen auf Schadensersatz werden gefährlicher, DB 2015, 1028; *Kühnen/Kizil*, Vollzugsverbot und Zivilrechtsschutz, ZWeR 2010, 268; *Lettl*, Der Schadensersatzanspruch gemäß § 823 Abs. 2 BGB i.V. mit Art. 81 Abs. 1 EG, ZHR 2003, 473; *ders.*, Haftungsausfüllende Kausalität für einen Schadensersatzanspruch wegen Verstoßes gegen Art. 101 AEUV, § 1 GWB, insbesondere beim sog. »umbrella pricing«, WUW 2014, 1032; *Liebs*, Wettbewerbsbeschränkende Vertriebsverträge und unerlaubte Handlung, 1973; *Linder*, Privatklage und Schadensersatz im Kartellrecht, 1980; *Linsmeier/Dittrich*, Compliance-Defence im Kartellrecht, NZKart 2014, 485; *Lübbig*, Die zivilprozessuale Durchsetzung etwaiger Schadensansprüche durch die Abnehmer eines kartellbefangenen Produktes, WRP 2004, 1254; *Lübbig/Mallmann*, Zivilprozessuale Folgen des ORWI-Urteils des BGH zur kartellrechtlichen »Passing-on-Defence«, WRP 2012, 166; *Mäger*, Eltern haften für ihre Kinder?!, NZKart 2015, 329; *Makatsch Mir*, Die neue EU-Richtlinie zu Kartellschadensersatzklagen – Angst vor der eigenen »Courage«?, EuZW 2015, 7; *Meeßen*, Der Anspruch auf Schadensersatz bei Verstößen gegen EU-Kartellrecht – Konturen eines Europäischen Kartelldeliktsrechts?, 2011; *Meyer*, Die Bindung der Zivilgerichte an Entscheidungen im Kartellverwaltungsrechtsweg – der neue § 33 IV GWB auf dem Prüfstand, GRUR 2006, 27; *Mobley*, Private Antitrust Litigation, 2015; *Monopolkommission*, Das allgemeine Wettbewerbsrecht in der Siebten GWB-Novelle, Sondergutachten, 2004; *Müller-Laube*, Der private Rechtsschutz gegen unzulässige Beschränkungen des Wettbewerbs und missbräuchliche Ausübung von Marktmacht im deutschen Kartellrecht, 1980; *Ostendorf*, Probleme bei der zivilrechtlichen Umsetzung kartellrechtlicher Beseitigungspflichten im Fall von Preisdiskriminierungen marktbeherrschender Unternehmen, NZKart 2013, 320; *Pauer*, Schadensersatzansprüche aufgrund von »Preisschirmeffekten« bei Kartellverstößen, WUW 2015, 14; *Petrasincu*, Verjährung des Gesamtschuldnerregresses wegen Kartellschadensersatzansprüchen, NZKart 2014, 437; *Petrasincu*, Kartellschadensersatz nach dem Referentenentwurf der 9. GWB-Novelle, WuW 2016, 330; *Pipoh*, Umsetzung der Kartellschadensersatzrichtlinie (2014/104/EU) in das deutsche Recht – Bericht zum Forum Unternehmensrecht vom

22.2.2016 in Düsseldorf, NZKart 2016, 226; *Pohlmann*, Verjährung nach der EU-Richtlinie 2014/104/EU zum Kartellschadensersatz, WRP 2015, 546; *Pustlauk*, Couragiert gegen Kartelle?: Die EU-Richtlinie zu Schadensersatz bei Kartellverstößen, EWerK 2015, 10; *Reich*, The »Courage« doctrine: encouraging or discouraging compensation for antitrust injuries?, CMLR 2005, 35; *Röhling*, Die passing-on defense im deutschen Recht unter Berücksichtigung des europäischen, US-amerikanischen und britischen Rechts, in: FS Huber 2006, S. 1117; *Roth*, Das Kartellrechtsdelikt in der 7. GWB-Novelle, in: FS Huber, S. 1133; *ders.*, Schadensersatzanspruch des indirekten Abnehmers von Kartellteilnehmern, EuZW 2012, 100; *ders.*, Neues EU-Richtlinie erleichtert künftig Schadensersatzklagen bei Verstößen gegen das Kartellrecht, GWR 2015, 73; *Rust*, Kartellverstoß und Gesamtschuld – Bestandsaufnahme und Ausblick, NZKart 2015, 502; *Scheidtmann*, Schadensersatzansprüche gegen eine Muttergesellschaft wegen Verstößen einer Tochtergesellschaft gegen Europäisches Kartellrecht, WRP 2010, 499; *Schliesky*, Die Vorwirkungen von gemeinschaftsrechtlichen Kartellschadensersatzrichtlinien, DVBl 2003, 631; *Schmidt*, Tagungsbericht vom Forum Kartellrecht 2016 in Münster: Die Umsetzung der Kartellschadensersatzrichtlinie – Ausblick auf die 9. GWB-Novelle, NZKart 2016, 126; *K. Schmidt*, Kartellprivatrecht – Zivilrechtswissenschaft und Kartellrechtswissenschaft: Herrin und Magd? Magd und Herrin? ZWeR 2010, 15; *Schnitzler*, Vorwirkungen der Kartellschadensersatzrichtlinie, WuW 2015, 992, 1003; *Schnelle*, Die Aufteilung von Bußgeldern im Konzern, WuW 2015, 332; *Schütt*, Individualrechtsschutz nach der 7. GWB-Novelle – Anmerkungen zum Regierungsentwurf vom 12.8.2004, WuW 2004, 1124; *Schweitzer*, Die neue Kartellschadensersatzrichtlinie für wettbewerbsrechtliche Schadensersatzklagen, NZKart 2014, 335; *Soyez*, Aufzugs- und Fahrtreppenkartell – Schadensersatzansprüche der öffentlichen Hand, KommJur 2010, 41; *Soyez*, Die Verjährungshemmung gem. § 33 Abs. 5 GWB, WuW 2014, 937; *Stauber/Schaper*, Die Kartellschadensersatzrichtlinie – Handlungsbedarf für den deutschen Gesetzgeber?, NZKart 2014, 346; *Steindorff*, Gesetzgeberische Möglichkeiten zur verbesserten Durchsetzung des GWB, ZHR 1974, 504; *Stöber*, Schadensersatzhaftung für Preisschirmeffekte bei Verstößen gegen deutsches oder europäisches Kartellrecht, EuZW 2014, 257; *Twele*, Die Haftung des Vorstands für Kartellverstöße, 2013; *Ulmer*, Die neuen Vorschriften gegen Diskriminierung und unbillige Behinderung (§ 26 Abs. 2 S. 3 und Abs. 3, § 37a Abs. 3 GWB), WuW 1980, 477; *Wagner-von Papp*, Der Richtlinienentwurf zu kartellrechtlichen Schadenersatzklagen, EWS 2009, 445; *Weitbrecht*, Die Umsetzung der EU-Schadensersatzrichtlinie. Eine Chance für den Rechtsstandort Deutschland, WuW 2015, 959; *Weyer*, Schadensersatzansprüche gegen Private kraft Gemeinschaftsrecht, ZEuP 2003, 318; *Weidenbach/Saller*, Das Weißbuch der Europäischen Kommission zu kartellrechtlichen Schadenersatzklagen, BB 2008, 1020; *Wiedemann*, Richterliche Rechtsfortbildung, NJW 2014, 2407; *de Wolf*, Kollidierende Pflichten: Zwischen Schutz von E-Mails und Compliance im Unternehmen, NZA 2010, 1206; *Zetzsche*, »Jedermann« ist jedermann! – Zum Schadensersatz des Aktionärs einer durch Missbrauch einer marktbeherrschenden Stellung geschädigten AG, WuW 2016, 65; *Zöttl*, Anmerkungen zu EuGH, Urteil vom 5.6.2014 – C-557/12, EuZW 2014, 588.

A. Grundlagen

I. Normzweck

Die §§ 33 ff. GWB sind Teil des Kartellzivilrechts und regeln die private Kartellrechtsdurchsetzung. Dabei bildet § 34 GWB eine Besonderheit; er beinhaltet die Vorteilsabschöpfung durch die Kartellbehörde. 1

§ 33 GWB *Unterlassungsanspruch, Schadensersatzpflicht*

2   Das Kartellzivilrecht betrifft die Anwendung des Kartellrechts in Zivilstreitigkeiten, insbesondere die Berufung auf die Nichtigkeit von Verträgen nach Art. 101 Abs. 2 AEUV bzw. § 134 BGB als Einwendung sowie die private Kartellrechtsdurchsetzung durch die in § 33 GWB statuierten Beseitigungs-, Unterlassungs- und Schadensersatzansprüche. Daneben haben nach § 34a GWB private Verbände zur Förderung gewerblicher oder selbständiger beruflicher Interessen einen Anspruch auf Vorteilsabschöpfung an den Bundeshaushalt.

3   Zivilrechtliche Unterlassungs- und Schadensersatzansprüche bestanden seit Inkrafttreten des GWB 1957. Sie dienten seit jeher – neben der zivilrechtlichen Kompensation – der Flankierung der behördlichen Kartellrechtsdurchsetzung. In der jüngeren Vergangenheit wurde die Flankierungsfunktion durch gemeinschaftsrechtliche Vorgaben gestärkt. Die EU-Kartellverfahrensordnung (VO Nr. 1/2003) sowie – für das nationale Recht – die 7. GWB-Novelle haben das System der Legalausnahme eingeführt. Damit war das Anmeldeverfahren nach Art. 4 und 5 VO/EWG Nr. 17/62 für abgestimmte Verhaltensweisen, die in den Genuss einer Freistellung nach dem heutigen Art. 101 Abs. 3 AEUV kommen sollten, entfallen. Ähnlich entfielen im nationalen Recht die Regeln über Widerspruchs- und Erlaubniskartelle der §§ 2–7 GWB a.F. und das Anmeldeverfahren nach § 9 GWB a.F. Dies entlastet die Kartellbehörden. Das Weniger an administrativer Kontrolle sollte allerdings nach der Begründung des Regierungsentwurfs zur 7. GWB-Novelle durch eine Aufwertung der zivilrechtlichen Sanktionen kompensiert werden.[1] Laut der Begründung sollte die »Abschreckungswirkung« der zivilrechtlichen Sanktionen verstärkt werden.

4   Weitere Auswirkungen auf die nationale zivilrechtliche Kartellrechtsdurchsetzung hatte die Rechtsprechung des EuGH. Der EuGH entschied im Urteil *Courage gegen Crehan*, dass zur vollen praktischen Wirksamkeit des Art. 101 AEUV vor den nationalen Gerichten jedermann zur Geltendmachung eines Schadensersatzanspruchs in der Lage sein muss, der Opfer einer Zuwiderhandlung gegen das Kartellverbot geworden ist.[2] Bedeutung und Reichweite der EuGH-Aussagen sind im Einzelnen sehr umstritten. Teilweise wurden die Aussagen als Ausdruck der aus dem angelsächsischen Recht bekannten Rechtsfigur eines »Individualanspruchs« verstanden, d.h. eines Anspruchs, der nicht in erster Linie dem Einzelnen, sondern der effektiven Durchsetzung eines institutionellen Zieles dient.[3]

---

1 BT-Drucks. 15/3640, 35; vgl. auch *Monopolkommission*, Das allgemeine Wettbewerbsrecht in der Siebten GWB-Novelle, Sondergutachten, S. 19, Rn. 35.
2 EuGH, Urt. v. 20.9.2001 – C-453/99, Slg. 2001, I-6297, Rn. 25–28 – *Courage gegen Crehan*.
3 *Drexl*, in: v. Bogdandy, Europäisches Verfassungsrecht, S. 747, 771–776.

Der Gesetzgeber der 7. GWB-Novelle hat aber bei der »Überarbeitung« der   5
zivilrechtlichen Ansprüche, insbesondere des Schadensersatzanspruchs gemäß
§ 33 Abs. 3 GWB – neben der Kompensationsfunktion und der möglichen
Flankierung der behördlichen Durchsetzung – keine eigenständige Straffunktion im Auge gehabt. Eine solche Zielrichtung zivilrechtlicher (Schadensersatz-)Ansprüche wäre dem deutschen Recht, wie auch den meisten anderen
europäischen Rechtsordnungen, fremd. Hätte der Gesetzgeber einen zivilrechtlichen Bestrafungsmechanismus schaffen wollen, hätte er dies klar und
deutlich zum Ausdruck bringen müssen. Hingegen lässt sich der Begründung
des Regierungsentwurfs – vor allem dem Verweis auf den erweiterten Kreis
der Anspruchsberechtigten und die erleichterte Durchsetzbarkeit von Schadensersatzansprüchen[4] – entnehmen, dass der Gesetzgeber nicht durch zivilrechtliche »Strafen«, sondern durch eine wirksamere zivilrechtliche Kompensation den »Kartelltäter« abschrecken, ihm insbesondere die Aussicht auf
dauerhafte Vorteile seines Verhaltens vereiteln wollte. So heißt es in der Begründung: »[Die Abschreckungswirkung von Schadensersatzansprüchen] beruht […] darauf, dass der ›Täter‹ keine oder nur geringe Chancen sieht, dass
er einen Gewinn, den er aus dem Kartellrechtsverstoß erlangt hat, dauerhaft
behalten kann.«[5] Mithin ist Normzweck des § 33 Abs. 3 GWB nicht die über
einen tatsächlichen Schadensausgleich hinausgehende Bestrafung des »Kartelltäters«.

II. EU-rechtliche Vorgaben

Anders als in den Fällen der materiellen Verbotsnormen und der Regelungen   6
zum kartellbehördlichen Verfahren der Europäischen Kommission existieren
zur privaten Kartellrechtsdurchsetzung keine unmittelbar anwendbaren EU-rechtlichen Vorschriften. Auch ist kein Unionsgericht für die Zuerkennung
von kartellzivilrechtlichen (Schadensersatz-)Ansprüchen zuständig. Es ist
letztlich Sache des innerstaatlichen Rechts, die »Modalitäten« der zivilrechtlichen Anspruchsdurchsetzung wegen Verstoßes gegen EU-Wettbewerbsrecht
(und/oder gegen nationales Wettbewerbsrecht) festzulegen.

Die »Modalitäten« müssen allerdings bestimmten Prinzipien genügen. Die   7
Gerichte der Mitgliedstaaten sind berufen, dem EU-Wettbewerbsrecht in zivilrechtlichen Streitigkeiten zur Durchsetzung zu verhelfen. Dabei wird das
jeweilige nationale Prozessrecht angewendet. Hinsichtlich EU-rechtlicher
Vorgaben ist neben dem Urteil *Courage gegen Crehan*,[6] das auf Vorlage des
Court of Appeal (*England & Wales*) erging, die bis zum 27. Dezember 2016

---

4 BT-Drucks. 15/3640, 35 f.
5 BT-Drucks. 15/3640, 36.
6 EuGH, Urt. v. 20.9.2001 – C-453/99, Slg. 2001, I-6297 – *Courage gegen Crehan*.

umzusetzende sog. Kartellschadensersatzrichtlinie besonders relevant. In dem Urteil *Courage gegen Crehan* äußerte sich der EuGH zur Bedeutung des EU-Rechts für die Möglichkeit, nach nationalem Recht Schadensersatz wegen Kartellrechtsverstößen zu verlangen. Die Richtlinie 2014/104/EU des Europäischen Parlaments und des Rates vom 26. November 2014 über bestimmte Vorschriften für Schadensersatzklagen nach nationalem Recht wegen Zuwiderhandlungen gegen wettbewerbsrechtliche Bestimmungen der Mitgliedstaaten und der Europäischen Union (»die Kartellschadensersatzrichtlinie«) wurde am 26. November 2014 unterzeichnet und am 5. Dezember 2014 im Amtsblatt der Europäischen Union veröffentlicht.[7]

1. *Courage*-Entscheidung des EuGH

8   In *Courage gegen Crehan* argumentierte der EuGH, aufgrund des *effet utile* des EU-Wettbewerbsrechts (Effektivitätsgrundsatz) dürfe das nationale Recht einen Schadensersatzanspruch wegen Verletzung des Art. 101 AEUV (damals: Art. 85 EG) für keinen Betroffenen unmöglich machen – auch im Falle der Beteiligung des Betroffenen an der fraglichen Vereinbarung. Allgemein müsse das nationale Schadensersatzrecht zwecks EU-Kartellrechtsdurchsetzung dem Effektivitäts- und dem Äquivalenzgrundsatz genügen. Das Urteil hat eine kontroverse Diskussion zu Reichweite und Bedeutung der EU-rechtskonformen Auslegung nationalen Deliktrechts hervorgerufen.[8]

9   Der EuGH stellte insbesondere pauschal fest, dass »ein Einzelner berechtigt ist, sich auf einen Verstoß gegen Artikel 85 Absatz 1 EG-Vertrag zu berufen, auch wenn er Partei eines Vertrages ist, der den Wettbewerb im Sinne dieser Vorschrift beschränken oder verfälschen kann«.[9] Laut EuGH gebietet die volle Wirksamkeit des EU-Kartellrechts, dass *jedermann* Ersatz des ihm aus einem Kartellverstoß entstandenen Schadens verlangen kann.

10 Im Wortlaut der Entscheidung *Courage gegen Crehan* differenzierte der EUGH nicht zwischen vertikalen und horizontalen Vereinbarungen. Tatsächlich ging es aber in der Entscheidung des EuGH nur um ein vertikales Verhältnis mit deutlichem Machtgefälle, kein Verhältnis zwischen Wettbewerbern. Die Entscheidung betraf eine Alleinbezugsvereinbarung für Bier, die ein Wirt im Rahmen eines Gaststättenpachtvertrages abgeschlossen hatte und die dem Lieferanten überhöhte Preise zubilligte. Gegen die Erstreckung der *Courage*-Rechtsprechung auf horizontale Verhältnisse spricht insbesondere, dass

---

[7] ABl. EU Nr. L 349/1.
[8] *Lettl*, ZHR 2003, 473; *Bulst*, NJW 2004, 2201; *Lübbig*, WRP 2004, 1254, 1256, 1258.
[9] EuGH, Urt. v. 20.9.2001 – C-453/99, Slg. 2001, I-6297, Rn. 24 – *Courage gegen Crehan*.

im Vertikalverhältnis für gewöhnlich ein Machtgefälle herrscht, so dass einer der Beteiligten sich klar in einer »Opferposition« befindet, wohingegen im Horizontalverhältnis regelmäßig gleich oder ähnlich starke Partner in Eigenverantwortung Kartellabsprachen eingehen.[10] Auch angesichts der EuGH-Entscheidung bleibt daher fraglich, ob im Falle einer Verletzung des Art. 101 Abs. 1 AEUV die nationalen Rechtsvorschriften den an (horizontalen) Kartellen beteiligten Wettbewerbern wirklich die Möglichkeit zubilligen müssen, Schadensersatzansprüche geltend zu machen.[11]

Die EU-rechtlichen Vorgaben der Entscheidung *Courage gegen Crehan*[12] können bei der Prüfung der Kausalität und des (fehlenden) Schutzzweckzusammenhangs[13] eine Rolle spielen.[14] Prüft man im Rahmen der haftungsbegründenden Kausalität, ob gerade der Eingriff beim Betroffenen unter den Schutzzweck der verletzten Norm fällt, ist zu bedenken, dass nationales Recht einen Anspruch wegen Verletzung der Art. 101, 102 AEUV nicht von vornherein ausschließen darf. Jedoch möchte auch das EU-Recht zivilrechtliche Ansprüche nur solchen Dritten gewähren, bei denen das wettbewerbswidrige Verhalten zurechenbar einen Nachteil hervorgerufen hat.[15] Damit schließt die EuGH-Rechtsprechung eine (in gewissem Umfang einengende) Auslegung des Begriffs des Betroffenen – wie er in § 33 Abs. 1 GWB n.F. Eingang gefunden hat (»Marktbeteiligter«) – unter Berücksichtigung des Gedankens des Schutzzweckzusammenhangs nicht aus.[16]

11

Das Urteil in Sachen *Courage gegen Crehan* ist auch für weitere Voraussetzungen der kartellzivilrechtlichen (Schadensersatz-)Ansprüche relevant, so z.B. für die Prüfung des Mitverschuldens (§ 254 BGB): Nach dem EuGH muss das eigene Verschulden des Anspruchstellers am rechtswidrigen Verhalten berücksichtigt werden. Das Gemeinschaftsrecht hindere die innerstaatlichen Gerichte nicht, »dafür Sorge zu tragen, dass der Schutz der gemeinschaftsrechtlich gewährleisteten Rechte nicht zu einer ungerechtfertigten Bereicherung der Anspruchsberechtigten führt«.[17] Demnach kann das schuldhafte Mitwirken des Anspruchstellers zur Reduktion oder sogar zum Ausschluss des zivil-

12

---

10 Vgl. *Bornkamm*, in: Langen/Bunte, § 33 Rn. 32–34.
11 Siehe hierzu im Einzelnen unten Rdn. 119 ff.
12 EuGH, Urt. v. 20.9.2001 – C-453/99, Slg. 2001, I-6297 – *Courage gegen Crehan*.
13 Siehe hierzu im Einzelnen unten Rdn. 152 ff.
14 EuGH, Urt. v. 20.9.2001 – C-453/99, Slg. 2001, I-6297, Rn. 24 ff. – *Courage gegen Crehan*.
15 EuGH, Urt. v. 20.9.2001 – C-453/99, Slg. 2001, I-6297, Rn. 31 ff. – *Courage gegen Crehan*.
16 Zum Schutzzweckzusammenhang siehe unten Rdn. 158 ff.
17 EuGH, Urt. v. 20.9.2001 – C-453/99, Slg. 2001, I-6297, Rn. 30 – *Courage gegen Crehan*.

rechtlichen (Schadensersatz-)Anspruchs führen.[18] Dies würde im deutschen Recht jedenfalls über § 254 BGB erreicht, kann unabhängig davon aber bereits bei der Anspruchsberechtigung oder der Zurechenbarkeit (Schutzzweckzusammenhang) eine Rolle spielen. Indiziell für den Grad des »Mitverschuldens« sind laut EuGH insbesondere die wirtschaftliche Macht und die Verhandlungsstärke des Anspruchstellers.[19]

2. Die Kartellschadensersatzrichtlinie

13 Die Kartellschadensersatzrichtlinie macht den Mitgliedstaaten gewisse Vorgaben hinsichtlich der Ausgestaltung sowohl des materiellen Kartellschadensersatzrechts als auch hinsichtlich des Verfahrens und der dabei auftretenden Beweis- und Verjährungsfragen. Ihr sachlicher Anwendungsbereich erstreckt sich – neben Verstößen gegen Art. 101 und 102 AEUV – auch auf Verstöße gegen nationales Wettbewerbsrecht, soweit dieses nach Art. 3 Abs. 1 der Verordnung neben den Art. 101 und 102 AEUV parallel anwendbar ist.[20] Dagegen sind rein nationale Sachverhalte nicht erfasst.[21] Es bleibt dem nationalen Gesetzgeber jedoch vorbehalten, den Anwendungsbereich der Umsetzungsvorschriften auch auf solche Sachverhalte zu erweitern.

14 Die Kartellschadensersatzrichtlinie macht in ihrem Art. 22 bestimmte Vorgaben zu ihrem zeitlichen Anwendungsbereich. Danach haben die Mitgliedstaaten zu gewährleisten, dass die Vorschriften, die sie erlassen, um den materiell-rechtlichen Vorschriften der Kartellschadensersatzrichtlinie zu entsprechen, nicht rückwirkend gelten, sondern erst für solche Schadensersatzklagen, die nach dem 27. Dezember 2016 vor einem nationalen Gericht erhoben werden.[22] Andere nationale Umsetzungsvorschriften dürfen nicht für Schadensersatzklagen gelten, die vor dem 26. Dezember 2014 bei einem nationalen Gericht erhoben wurden.[23]

15 Es ist festzuhalten, dass das deutsche Recht – anders als die Rechtsordnungen der meisten Mitgliedstaaten – bereits eine Vielzahl von Regelungen enthält, die in der Schadensersatzrichtlinie vorgesehen sind.[24] Dazu gehören beispiels-

---

18 EuGH, Urt. v. 20.9.2001 – C-453/99, Slg. 2001, I-6297, Rn. 25–35 – *Courage gegen Crehan*; vgl. auch *Bornkamm*, in: Langen/Bunte, § 33 Rn. 106.
19 EuGH, Urt. v. 20.9.2001 – C-453/99, Slg. 2001, I-6297, Rn. 32 f. – *Courage gegen Crehan*; zur Prüfung des Mitverschuldens im Rahmen der Anspruchsvoraussetzungen siehe unten Rdn. 252 f.
20 Art. 2 Nr. 1, Nr. 3 Richtlinie.
21 Erwägungsgrund 10.
22 Art. 22 Abs. 1 Richtlinie.
23 Art. 22 Abs. 2 Richtlinie.
24 *Bischke/Brack*, NZG 2016, 99, 99.

weise die Regelungen über die Bindungswirkung rechtskräftiger Entscheidungen von Kartellbehörden und Gerichten (§ 33 Abs. 4 GWB), zur richterlichen Befugnis einer Schadensschätzung (§ 287 ZPO) und zur Weitergabe des Schadens (§ 33 Abs. 3 Satz 3 GWB). Gleichwohl sind einige Änderungen und Ergänzungen im deutschen Recht erforderlich, um sämtliche Vorgaben der Schadensersatzrichtlinie zu erfüllen. Teils wird eine richtlinienkonforme Auslegung Neuinterpretationen unverändert fortbestehender Reglungen des GWB verlangen. Der Stand der Umsetzung der Richtlinienvorgaben bei Drucklegung dieser Kommentierung ergibt sich aus dem Referentenentwurf des Bundesministeriums für Wirtschaft und Energie zur Änderung des Gesetzes gegen Wettbewerbsbeschränkungen (9. GWB-ÄndG) vom 1. Juli 2016, auf den unten in den relevanten Abschnitten näher eingegangen wird.

a) Für § 33 GWB wesentlicher Inhalt der Kartellschadensersatzrichtlinie

Die Kartellschadensersatzrichtlinie sieht im Wesentlichen die folgenden Regelungen vor, welche aus Sicht der Europäischen Kommission vom nationalen Kartellschadensersatzrecht und dem insoweit relevanten Zivilprozessrecht umfasst sein müssen:

- Die zuständigen Gerichte können u.U. die Offenlegung von Beweismitteln – auch durch den Anspruchsgegner – anordnen;[25] dies gilt allerdings insbesondere nicht für Bonusanträge und Einlassungen im Rahmen eines sog. *Settlements*, auch wenn sich diese in den Akten der Kartellbehörde befinden.[26] Für die Nichtbefolgung der Anordnung sollen die Mitgliedstaaten Sanktionen vorsehen.[27] Eine derartig weitgehende Offenlegungspflicht ist dem deutschen Zivilprozessrecht, auch in Kartellzivilverfahren, bislang fremd.[28]
- Rechtskräftige Entscheidungen der Kartellbehörden sollen Bindungswirkung für die Zivilgerichte haben.[29] Dies wird in Deutschland bereits durch § 33 Abs. 4 GWB geregelt.
- Die Verjährung der Schadensersatzansprüche soll nicht vor Ablauf von fünf Jahren ab Bekanntwerden von Schaden und Anspruchsgegner eintreten.[30] Die Verjährung wird durch ein kartellbehördliches Verfahren gehemmt und soll frühestens ein Jahr nach Bestandskraft der behördlichen

16

---

25 Art. 5 Richtlinie.
26 Art. 6 Abs. 6 Richtlinie.
27 Art. 8 Richtlinie.
28 A.A. *Wagner-von Papp*, EWS 2009, 445, 452; der dort erwähnte § 142 ZPO betrifft aber nur die Vorlage von Urkunden, die eine der Parteien bereits in Bezug genommen hat, nicht eine wirklich ausforschende Vorlageanordnung.
29 Art. 9 Richtlinie.
30 Art. 10 Abs. 3 i.V.m. Abs. 2 Richtlinie.

Entscheidung enden.[31] Die allgemeine Verjährungsfrist laut Richtlinienvorschlag würde damit regelmäßig über die Regelung in § 195 i.V.m. § 199 Abs. 1 u. 3 BGB hinausgehen. Die ein Jahr überschießende Hemmungswirkung ginge ebenfalls über die in § 33 Abs. 5 GWB i.V.m. § 204 Abs. 2 BGB festgelegte hinaus.

– Die Schädiger haften gesamtschuldnerisch für alle entstandenen Kartellschäden.[32] Hiervon ausgenommen sind Bonusantragsteller. Diese haften, soweit die anderen Schädiger nicht »ausfallen«, nur gegenüber ihren direkten/indirekten Kunden/Lieferanten, nicht denen der anderen Schädiger.[33] Im Innenverhältnis der Schädiger würde die Haftung des Bonusantragstellers ebenfalls auf den Schaden seiner direkten/indirekten Vertragspartner begrenzt.[34] Die Erleichterung für Bonusantragsteller sieht das deutsche Recht bislang nicht vor. Die Regelungen zum Gesamtschuldnerausgleich in § 426 BGB bedürfen daher zur Vereinbarkeit mit der Kartellschadensersatzrichtlinie zumindest gewisser kartellrechtsspezifischer Ergänzungen.

– Die *passing-on defense* soll dem – insoweit beweisbelasteten – Anspruchsgegner offenstehen.[35] Dies entspricht dem hier nachstehend dargestellten Verständnis des § 33 Abs. 3 Satz 1 GWB i.V.m. den allgemeinen zivilprozessualen Beweislastregeln.

– Mittelbare Abnehmer/Lieferanten sollen aktivlegitimiert sein und von Erleichterungen beim Beweis der Weiterwälzung profitieren.[36] Ersteres entspricht der neuen BGH-Rechtsprechung; letzteres weicht von der allgemeinen zivilprozessualen Beweislastverteilung im deutschen Recht ab.

– Für die Feststellung des Schadensumfangs soll eine gerichtliche Schadensschätzung zulässig sein.[37] Dies stimmt mit der Regelung des § 287 ZPO, ggf. i.V.m. § 33 Abs. 3 Satz 3 GWB überein. Die Vorgabe des Richtlinienvorschlags, dass ein Schaden zu vermuten sei, entspricht trotz des Spielraums der deutschen Gerichte gemäß § 287 Abs. 1 Satz 1 ZPO nicht der deutschen Rechtspraxis. Der Referentenentwurf will dieses Problem durch die Einführung eines neuen § 33a Abs. 2 GWB lösen, der eine Schadensvermutung bei einem bestehenden Kartell statuiert. Auf § 287 ZPO zur Schätzung der Schadenshöhe soll weiterhin in § 33a Abs. 3 GWB-neu verwiesen werden.

– Während »des Verfahrens der einvernehmlichen Streitbeilegung« ist die Verjährung gehemmt.[38] § 203 BGB enthält bereits eine entsprechende Regelung nach der die Verjährung gehemmt ist, wenn zwischen dem Schuldner und

---

31 Art. 10 Abs. 4 Richtlinie.
32 Art. 11 Abs. 1 Richtlinie.
33 Art. 11 Abs. 4 Richtlinie.
34 Art. 11 Abs. 6 Richtlinie.
35 Art. 13 Richtlinie.
36 Art. 14 Abs. 2 Richtlinie.
37 Art. 17 Abs. 1 Richtlinie.
38 Art. 18 Abs. 1 Richtlinie.

dem Gläubiger Verhandlungen über den Anspruch oder die den Anspruch begründenden Umstände schweben, bis der eine oder der andere Teil die Fortsetzung der Verhandlungen verweigert. Die Verjährung tritt frühestens drei Monate nach dem Ende der Hemmung ein. Das deutsche Recht bedarf an dieser Stelle daher keiner Änderung.

Die von der Europäischen Kommission noch im Weißbuch[39] angeführten Vorschläge, eine repräsentative Verbandsklage und eine *Opt-in*-Gruppenklage einzuführen, sind nicht in die Kartellschadensersatzrichtlinie eingeflossen.

b) Vorwirkung der Kartellschadensersatzrichtlinie?

Unter Vorwirkung einer Richtlinie sind die rechtliche Wirksamkeit einer Richtlinie und die daraus folgende Bindung nationaler Staatsorgane an die Kartellschadensersatzrichtlinie nach ihrem Erlass, aber vor dem Ablauf der Umsetzungsfrist bzw. der vollständigen Umsetzung in nationales Recht zu verstehen.[40]

Art. 288 Abs. 3 AEUV räumt den Mitgliedstaaten bei der Umsetzung der Richtlinien ein Ermessen ein, das in erster Linie vom Gesetzgeber ausgeübt werden muss. Die Verpflichtung der Gerichte und Behörden zur richtlinienkonformen Auslegung der innerstaatlichen Gesetze ist insofern subsidiär. Die richtlinienkonforme Auslegung kommt grundsätzlich erst dann in Betracht, wenn die Umsetzungsfrist der Richtlinie abgelaufen ist und ihr Inhalt insgesamt oder im angewendeten Bereich eindeutig ist.[41] Unter gewissen Umständen kann eine Richtlinie aber auch schon während der Umsetzungsfrist Vorwirkungen entfalten.[42]

Nach der Rechtsprechung des EuGH ergibt sich aus Art. 288 Abs. 3 AEUV i.V.m. Art. 4 Abs. 3 EUV [sowie der Kartellschadensersatzrichtlinie] eine Pflicht, während der Umsetzungsfrist den Erlass von Vorschriften zu unterlassen, die geeignet sind, das in der Richtlinie vorgeschriebene Ziel in Frage

---

39 *Europäische Kommission*, Weißbuch, »Schadensersatzklagen wegen Verletzung des EU-Wettbewerbsrechts«, KOM (2008) 165 endgültig.
40 *Schliesky*, DVBl 2003, 631, 633.
41 EuGH, Rs. 212/04, Slg 2006, I-6057, Rn. 115 – *Adelener*; BGH, NJW 2208, 2211 – *Testpreis-Angebot*; EuGH, NJW 1997, 3365, 3367 – *Dorsch Consult*; BGH, GRUR 1993, 825, 826 – *DOS*; *Ruffert*, in: Callies/Ruffert, Art. 288 AEUVRn. 80; *Geismann*, in: v. d. Groeben/Schwarze/Hatje, Europäisches Unionsrecht, Rn. 55.
42 Für eine Pflicht zur richtlinienkonformen Auslegung vor Fristablauf in Ausnahmefällen: *Schroeder*, in: Streinz, EUV/AEUV, Art. 288 Rn. 130.

zu stellen.⁴³ Der Gerichtshof begründet dies mit der Pflicht der Mitgliedstaaten, sicherzustellen, dass das in der Richtlinie vorgeschriebene Ziel bei Ablauf der Frist erreicht werde.⁴⁴ Auch das BVerwG hat sich der Rechtsprechung des Gerichtshofs angeschlossen und schließt aus dem unionsrechtlichen Gebot der Vertragstreue, dass ein Mitgliedstaat bereits vor Ablauf der Umsetzungsfrist verpflichtet sei, die Ziele der Richtlinie nicht zu unterlaufen und durch eigenes Verhalten keine gleichsam vollendeten Tatsachen zu schaffen, die ihm später die Erfüllung der Vertragspflichten unmöglich machen.⁴⁵ Das BVerwG spricht insofern von »vorgezogenen Verhaltenspflichten« der Mitgliedstaaten.⁴⁶ Auch der BGH befürwortet unter gewissen Umständen eine Vorwirkung von Richtlinien in Form des Gebotes einer richtlinienkonformen Auslegung vor Ablauf der Umsetzungsfrist.⁴⁷ Er hebt hervor, dass die möglichst frühzeitige Anpassung an die europäische Rechtsentwicklung an Stelle einer Festschreibung bisheriger (abweichender) Rechtsprechungsgrundsätze im Sinne der EuGH-Rechtsprechung sei, wonach Mitgliedstaaten Maßnahmen zu unterlassen hätten, die von der Zielsetzung einer Richtlinie wegführten.⁴⁸ Über die Anwendung von Generalklauseln sei eine »Öffnung für Wertungen geschaffen, die ihren Ausdruck in anderen Bestimmungen der nationalen oder europäischen Rechtsordnung finden und deren Berücksichtigung im Rahmen der Auslegung dieses Begriffes schon die Einheit der Rechtsordnung gebietet.«⁴⁹ Somit handelt es sich faktisch nicht um eine Pflicht der Mitgliedstaaten zur richtlinienkonformen Auslegung, sondern um eine Pflicht zur Berücksichtigung der Zielsetzung der Richtlinie vor Ablauf der Umsetzungsfrist.⁵⁰

21 Für die Kartellschadensersatzrichtlinie bedeutet dies, dass die nationalen Gesetzgeber während der Umsetzungsfrist bis zum 27. Dezember 2016 das Richtlinienziel zu beachten haben. So sind insbesondere deutsche Gerichte gehalten, in diesem Zeitraum bereits unbestimmte Rechtsbegriffe im Sinne des verbindlichen und bereits recht konkreten Richtlinienziels auszulegen.

---

43 EuGH, EuZW 1998, 167, 170 – *Inter-Environnement Wallonie ASBL/Région Wallone*; vgl. auch: *Ruffert*, in: Callies/Ruffert, Art. 288 AEUV Rn. 24; *Biervert*, in: Schwarze, Art. 288 AEUV Rn. 27; *Nettesheim*, in: Grabitz/Hilf/Nettesheim, Art. 288 AEUV Rn, 118.
44 EuGH, EuZW 1998, 167, 170 – *Inter-Environnement Wallonie ASBL/Région Wallone*.
45 BVerwG, NVwZ 1998, 961, 967 – *Planfeststellung für Ostseeautobahn*; BVerwG, NVwZ *2000, 1171, 1172*; BVerwG, NVwZ 2001, 673, 679.
46 BVerwG, NVwZ 2001, 673, 679.
47 BGH, NJW 1998, 2208, 2211 – *Testpreis-Angebot*; vgl. auch OLG Düsseldorf, EuZW 2015, 157, 157; *Schroeder*, in: Streinz, Art. 288 AEUV Rn. 126.
48 BGH, NJW 1998, 2208, 2211 – *Testpreis-Angebot*.
49 BGH, NJW 1998, 2208, 2212 – *Testpreis-Angebot*: Die anzuwendende Generalklausel war in der genannten Entscheidung § 1 UWG.
50 Vgl. auch *Schliesky*, DVBl 2003, 631, 639.

Dieses richtet sich auf die Gewährleistung der wirksamen Durchsetzung des Rechts auf vollständigen Schadensersatz zugunsten desjenigen, der einen durch eine Zuwiderhandlung eines Unternehmens oder einer Unternehmensvereinigung gegen das Wettbewerbsrecht verursachten Schaden erlitten hat.[51]

Eine Vorwirkung der Kartellschadensersatzrichtlinie kommt insbesondere im Hinblick auf die in der ZPO verankerten Regelungen zur Offenlegung von Beweismitteln in Betracht. Dies gilt insbesondere für § 142 Abs. 1 ZPO, da diese Norm geeignet ist, unter Berücksichtigung der Zielsetzung der Kartellschadensersatzrichtlinie ausgelegt zu werden.[52] Danach kann das Gericht »anordnen, dass eine Partei oder ein Dritter die in ihrem oder seinem Besitz befindlichen Urkunden und sonstigen Unterlagen, auf die sich eine Partei bezogen hat, vorlegt.« § 142 Abs. 1 ZPO wird von der Rechtsprechung bereits im Hinblick auf EU-rechtlich bindende Richtlinienvorgaben und im Lichte völkerrechtlicher Vorgaben differenziert ausgelegt.[53] Art. 5 Abs. 2 der Kartellschadensersatzrichtlinie sieht im Hinblick auf die Offenlegung von Beweismitteln zusätzlich vor, dass sich die Anordnungsmöglichkeit auch auf »relevante Kategorien von Beweismitteln« bezieht, sofern diese »so genau und so präzise wie möglich abgegrenzt sind, wie dies auf der Grundlage der mit zumutbarem Aufwand zugänglichen Tatsachen in der substantiierten Begründung möglich ist.« In diesem Zusammenhang ist aber auch die ebenso inhaltlich unbedingte und hinreichend genaue Vorschrift des Art. 6 Abs. 6 der Kartellschadensersatzrichtlinie zu beachten, die den Schutz der Kornzeugen- und *Settlement*-Erklärungen vor einer Offenlegung bestimmt.[54]

22

Für den Fall, dass die Kartellschadensersatzrichtlinie nicht fristgerecht umgesetzt werden kann, gelten die obigen Ausführungen in gleicher Weise. Eine unmittelbare Wirkung der Kartellschadensersatzrichtlinie kommt allenfalls in vertikaler Richtung, d.h. gegen den Staat in Betracht. So hat der Gerichtshof in seiner Rechtsprechung festgelegt, dass eine Richtlinie eine unmittelbare Wirkung hat, wenn ihre Bestimmungen uneingeschränkt und hinreichend klar und eindeutig sind, wenn der Mitgliedsstaat die Richtlinie nicht fristgerecht umgesetzt hat und er auch keinen Ermessensspielraum hatte.[55] Eine unmittelbare Wirkung zwischen zwei Privaten kommt hingegen nicht in Betracht,[56] da ein Vorteil für den einen mit einem Nachteil für den anderen verbunden

23

---

51 Vgl. Art. 1 Abs. 1 Richtlinie.
52 *Schnitzler*, WuW 2015, 992, 1003.
53 BGH, GRUR Int 2007, 157, 161 – *Restschadstoffentfernung*.
54 Ebenso *Schnitzler*, WuW 2015, 992, 1003.
55 EuGH, Urt. v. 4.12.1974 – C-41/74, Slg. 1974, 1337, 1342, 1347 – *Van Duyn/Home Office*.
56 EuGH, Urt. v. 5.4.1979, Rs. 148/78, Slg. 1979, 1629 – *Ratti*; Urt. v. 26.2.1986, Rs. 152/84, Slg. 1986, 723, 749 – *Marshall I*.

wäre. Allerdings kann der Private, für den die Umsetzung der Richtlinie vorteilhaft gewesen wäre, unter Umständen einen Schadensersatzanspruch gegen den Staat geltend machen.

c) Folgen der Kartellschadensersatzrichtlinie für die Praxis kartellrechtlicher Schadensersatzklagen

24 Durch die Kartellschadensersatzrichtlinie und die daraus resultierenden Umsetzungsmaßnahmen wird die Bedeutung der nationalen Zivilgerichte in Kartellangelegenheiten wachsen.[57] Die durch kartellrechtliche Zivilstreitigkeiten hervorgehobene Stellung der nationalen Gerichte lässt sich auch in Großbritannien beobachten, wo sich beim *Competition Appeal Tribunal* in den letzten Jahren eine entsprechende Zunahme der zivilgerichtlichen Rechtsprechungstätigkeit beobachten lässt.[58] In Großbritannien hat die Law Society of England and Wales, unterstützt durch die britische Regierung, unlängst eine großangelegte Kampagne begonnen, um das englische Rechtssystem und den Gerichtsstandort London weltweit zu vermarkten. Als Folge der Kartellschadensersatzrichtlinie mag es auch zu einer Förderung des Gerichtstandortes Deutschland kommen, der bereits jetzt hinter Großbritannien und neben den Niederlanden als einer der attraktivsten Standorte für Kartellschadensersatzprozesse in Europa gilt.

Die Kartellschadensersatzrichtlinie wird die materiell- wie prozessrechtlichen Unterschiede zwischen den mitgliedstaatlichen Rechtsordnungen bis zu einem gewissen Punkt reduzieren.[59] Für die gesamteuropäische Entwicklung der privaten Kartellrechtsdurchsetzung ist die Kartellschadensersatzrichtlinie daher als vereinheitlichender Rechtsrahmen zu begrüßen.[60] Die Kartellschadensersatzrichtlinie schafft weitgehende EU-einheitliche Regeln[61] und erleichtert dadurch die Rechtsdurchsetzung der Geschädigten von Wettbewerbsverstößen. Zwar hat der EuGH im Jahr 2001 in dem Leiturteil *Courage gegen Crehan*[62] klargestellt, dass es für Betroffene, die einen Kartellschaden erlitten haben, einen individuellen Schadensersatzanspruch unmittelbar aus den EU-Wettbewerbsvorschriften geben müsse und in der Rs. *Manfredi*[63] konkretisiert, dass »jedermann« berechtigt sei, Schäden aus Kartellen geltend zu machen. Jedoch war die Aussicht, in den einzelnen Mitgliedstaaten ent-

---

57 *Brinker*, NZKart 2014, 333, 333.
58 *Brinker*, NZKart 2014, 333, 334.
59 *Brinker*, NZKart 2014, 333, 334.
60 *Haus/Serafimova*, BB 2014, 2883, 2889.
61 *Makatsch/Mir*, EuZW 2015, 7, 13; *Roth*, GWR 2015, 73, 75.
62 EuGH, Urt. v. 20.9.2001 – C-453/99, Slg. 2001, I-6297 Rn. 26 f. – *Courage gegen Crehan*.
63 EuGH, Urt. v. 13.7.2006 – C-295/04, Slg. 2006, I-6619, Rn. 61 – *Manfredi*.

sprechende Ansprüche mit Erfolg geltend zu machen, aus Sicht der Kommission sehr unterschiedlich und im Ergebnis nicht zufriedenstellend.

Allerdings zeigt insbesondere ein Vergleich mit Großbritannien, dass dort in Bezug auf privatrechtliche Kartelldurchsetzung weiterhin fortschrittlichere Regelungen bestehen dürften. Mit Verabschiedung des Consumer Rights Act[64] wird Großbritannien voraussichtlich auch in Zukunft ein bevorzugtes Forum für Kartellrechtsstreitigkeiten bleiben.[65] 25

Zugleich wirft die Kartellschadensersatzrichtlinie verschiedene, für die Praxis bedeutsame Fragen auf, die für Unsicherheit sorgen und möglicherweise schon bald die Gerichte beschäftigen werden. Dazu gehören v.a. die Fragen, unter welchen Voraussetzungen verbundene Unternehmen eventuell zivilrechtlich mithaften sollen und ob Kronzeugen bei der Schadensersatzhaftung nicht auch dann privilegiert werden sollen, wenn ihre Geldbuße nur ermäßigt, ihnen aber nicht komplett erlassen wurde.[66] 26

III. Genese des § 33 GWB n.F., 7./8. GWB-Novelle

1. Anspruchsgrundlagen des Kartellzivilrechts vor der 7. GWB-Novelle

Bei Einführung des GWB 1958 wurde mit § 35 GWB a.F. auch eine spezielle kartellzivilrechtliche Anspruchsgrundlage geschaffen. Diese umfasste auch ein Klagerecht für rechtsfähige Verbände zur Förderung gewerblicher Interessen.[67] 27

Nach § 35 GWB a.F. (später: § 33 GWB a.F.) kam ein Unterlassungs- bzw. Schadensersatzanspruch nur in Betracht, wenn die verletzte Vorschrift bzw. kartellbehördliche Verfügung »den Schutz eines anderen« bezweckte (Schutzgesetzerfordernis). Laut Regierungsentwurf[68] sollten grundsätzlich das Kartellverbot, das Verbot von (vertikalen) Vereinbarungen über Preisgestaltung oder Geschäftsbedingungen (§ 14 GWB a.F.), das Behinderungs- und Diskriminierungsverbot (heute § 20 GWB), das Boykottverbot (heute § 21 GWB) sowie das Empfehlungsverbot Schutzgesetze darstellen. In der Praxis erwies sich die Durchsetzung des Schadensersatzanspruchs wegen Verstoßes gegen das Kartellverbot als schwierig.[69] In Frage stand insbesondere, ob das Kartell- 28

---

64 Online abrufbar unter: http://www.legislation.gov.uk/ukpga/2015/15/contents/enacted/data.htm (zuletzt aufgerufen am 19.5.2016).
65 *Makatsch/Mir*, EuZW 2015, 7, 13.
66 *Kühne/Woitz*, WuW 2015, 1028, 1028.
67 *Emmerich*, in: Immenga/Mestmäcker, § 33 Rn. 5.
68 BT-Drucks. I/3462 und BT-Drucks. II/1158.
69 *Kling/Thomas*, § 21 Rn. 31; *Bechtold*, GWB, § 33 Rn. 1; zusammenfassend: *Emmerich*, in: Immenga/Mestmäcker, § 33 Rn. 3 f.

verbot den Schutz der von einem Kartell betroffenen – klagenden – Kunden bezweckte. In der Rechtsprechung wurde dies verneint, wenn die Kartellabsprache nicht gezielt gegen bestimmte Teile der Abnehmerseite gerichtet war.[70]

29 Die kartellzivilrechtliche Anspruchsgrundlage wurde durch die 6. GWB-Novelle in § 33 GWB verschoben, blieb jedoch im Kern erhalten. Gestrichen wurde § 35 Abs. 2 a.F. GWB, der eine Schadensersatzpflicht ab Zustellung der kartellbehördlichen Verfügung im Falle der späteren Bestandskraft der Verfügung vorsah: Nach Einführung des § 19 GWB (Missbrauch einer marktbeherrschenden Stellung) als Verbotsnorm war die praktische Bedeutung des § 35 Abs. 2 a.F. GWB entfallen. Schadensersatz konnte ohnehin bereits ab Verstoß gegen § 19 GWB verlangt werden.[71] Zudem wurde § 35 Abs. 1 Satz 2 a.F. GWB gestrichen, der einen Anspruch auf billige Entschädigung für einen Nichtvermögensschaden bei Verstoß gegen eine Verfügung nach § 27 a.F. GWB (Anordnung der Kartellbehörde zur Aufnahme in eine Wirtschafts- oder Berufsvereinigung) vorsah. Begründung hierfür war die mangelnde praktische Bedeutung der Vorschrift.[72]

2. Wichtige Diskussionen im Gesetzgebungsverfahren der 7./8. GWB-Novelle

30 Die 7. GWB-Novelle brachte maßgebliche Änderungen des § 33 GWB mit sich. Viele dieser Änderungen wurden durch Einflüsse des Gemeinschaftsrechts begründet. So fordert der EuGH in seinem Urteil in der Sache *Courage gegen Crehan*, dass zwecks voller und praktischer Wirksamkeit des Art. 81 EG [heute: Art. 101 AEUV] grundsätzlich jedermann vor den nationalen Gerichten zur Geltendmachung von Schadensersatz in der Lage sein muss, wenn er Opfer einer Zuwiderhandlung gegen diese Vorschrift geworden ist.[73] Zudem hat das System der Legalausnahme der VO (EG) Nr. 1/2003[74] eine Angleichung des deutschen Rechts an das Europäische Recht bedingt. Laut Begründung zum Regierungsentwurf erforderten die Reduzierung der administrativen Kontrolldichte durch das System der Legalausnahme sowie die Abschaffung des förmlichen Anmeldeverfahrens bei der Kommission eine ef-

---

70 BGHZ 86, 324, 330 – *Familienzeitschrift*; BGH, WuW/E 1643, 1645 – *BMW-Import*; BGH, WuW/E 2451, 2457 – *Cartier-Uhren*; BGH, WuW/E DE-R 206, 207 – *Depotkosmetik*; Bornkamm, in: Langen/Bunte, § 33 Rn. 18.
71 Regierungsbegründung zur 6. GWB-Novelle, BT-Drucks. 13/9720, 55, li. Spalte.
72 *Emmerich*, in: Immenga/Mestmäcker, § 33 Rn. 6.
73 EuGH, Urt. v. 20.9.2001 – C-453/99, Slg. 2001, I-6297, Rn. 25–28 – *Courage gegen Crehan*.
74 ABl. EG Nr. L 1 2003, 1.

fektivere Ergänzung der behördlichen Verfolgung von Kartellrechtsverstößen durch zivilrechtliche Maßnahmen.⁷⁵

Die Änderungen, welche durch die 8. GWB-Novelle in § 33 GWB erfolgt sind, sind Großteils redaktioneller Natur. Allerdings wurde nunmehr die Anspruchsberechtigung qualifizierter Einrichtungen (insbesondere Verbraucherschutzorganisationen) entsprechend § 8 Abs. 3 Nr. 3 UWG in § 33 GWB, nämlich in Abs. 2 Nr. 2 aufgenommen. Diese Erweiterung des Kreises der Anspruchsberechtigten sollte ursprünglich bereits im Rahmen der 7. GWB-Novelle erfolgen.⁷⁶ Begründet wurde dies damals mit dem Hinweis, dass das GWB auch den Verbraucherinteressen diene. Genau dieser Teil des Gesetzentwurfs war jedoch als Ergebnis der Verhandlungen des Vermittlungsausschusses wieder gestrichen worden.⁷⁷ In der 8. GWB-Novelle wurde er angesichts der Überlegungen auf EU-Ebene zur besseren Adressierung von Masse- und Streuschäden der Verbraucher wieder aufgegriffen.⁷⁸

a) Diskussion über Schutzgesetzerfordernis in der 7. GWB-Novelle

Bereits der Referentenentwurf vom 17. Dezember 2003 wollte das Schutzgesetzerfordernis zugunsten einer Anspruchsberechtigung des »Betroffenen« aufgeben.⁷⁹ Für die Anspruchsberechtigung sollte maßgeblich sein, dass »eine konkrete, d.h. insbesondere unmittelbare Betroffenheit« vorlag. Ziel der vorgeschlagenen Gesetzesänderung war, eine Aktivlegitimation von »Abnehmern oder Lieferanten« zu ermöglichen, »selbst wenn sich die Kartellabsprache nicht gezielt gegen diese Abnehmer oder Lieferanten richtet[e]«.⁸⁰

31

Der Regierungsentwurf übernahm zunächst das Schutzgesetzerfordernis aus dem GWB a.F. Allerdings sollte die einschränkende Wirkung des weiterhin erforderlichen Schutzgesetzcharakters – abweichend von der Rechtsprechung bis *dato* – durch die folgende Regelung in § 33 Abs. 1 S. 3 und 4 GWB-RegE abgemildert werden: »Die Artikel 81 und 82 [EG] sowie die Vorschriften des Ersten und Zweiten Abschnitts [d.h. §§ 1 bis 21 GWB] dienen auch dann dem Schutz anderer Marktbeteiligter, wenn sich der Verstoß nicht gezielt gegen diese richtet. Ein Anspruch ist nicht deswegen ausgeschlossen, weil der andere Marktbeteiligte an dem Verstoß mitgewirkt hat.«⁸¹ Zur Begründung der abmildernden Formulierung wurde auf das Urteil des EuGH in der Sache

32

---

75 Regierungsbegründung zur 7. GWB-Novelle, BT-Drucks. 15/3640, 35, li. Spalte.
76 BT-Drucks. 15/3640, 53, re. Spalte.
77 BT-Drucks. 15/5735, 2; vgl. auch Regierungsbegründung zur 8. GWB-Novelle, BT-Drucks. 17/9852, S. 27, re. Spalte.
78 BT-Drucks. 17/9852, S. 27, re. Spalte.
79 § 33 Abs. 1 des RefE vom 17.12.2003.
80 RefE, Begründung, S. 51.
81 BT-Drucks. 15/3640, 10 f.

Courage gegen Crehan verwiesen, dem zufolge »die volle Wirksamkeit des europäischen Kartellverbots [erfordert], dass grundsätzlich ›jedermann‹ Ersatz des Schadens verlangen kann, der ihm durch einen Vertrag, der den Wettbewerb beschränken oder verfälschen kann, oder durch ein entsprechendes Verhalten entstanden ist«.[82] Dementsprechend sollte nunmehr »Abnehmern und Lieferanten bei Kartellverstößen auch dann Schadensersatz [zuzubilligen sein], wenn sich die Kartellabsprache nicht gezielt gegen diese richtet«.[83] Ergänzend wurde darauf hingewiesen, dass »wie schon nach bestehender Rechtslage« auch Endverbraucher anspruchsberechtigt sein könnten – »insbesondere dann, wenn eine Kartellabrede auf der letzten Absatzstufe vorliegt«.[84]

33 Aufgrund der Beschlussempfehlung des Ausschusses für Wirtschaft und Arbeit wurde das Schutzgesetzerfordernis schließlich wieder aus dem Gesetzentwurf gestrichen.[85] Zur Begründung berief sich der Ausschuss auf die Erfordernisse der Entscheidung *Courage gegen Crehan*[86] und die dortige Aussage, »dass jedermann, der durch [einen] Verstoß geschädigt ist, Schadensersatz verlangen kann«.[87] Laut Ausschuss für Wirtschaft und Arbeit »hätte die Beibehaltung des Schutzgesetzerfordernisses dazu führen können, dass der Anwendungsbereich des § 33 Abs. 1 und 2 GWB bei Unterlassungsklagen von Verbraucherschutzverbänden eingeschränkt gewesen wäre«. Worum genau es dem Ausschuss für Wirtschaft und Arbeit hierbei ging, ist unklar. Ausgangspunkt war möglicherweise der Gedanke, dass Verbänden nur dann ein Klagerecht nach § 33 Abs. 2 GWB zusteht, wenn dieses zumindest im Grundsatz auch ihren Mitgliedern zukommen kann. Da aber der Regierungsentwurf davon ausging, dass betroffene Verbraucher auch unter Fortgeltung (aber Abmilderung) des Schutzgesetzerfordernisses anspruchsberechtigt sein können, ist die »Befürchtung« des Ausschusses für Wirtschaft und Arbeit nicht verständlich. Die Unterlassungsklagebefugnis der Verbraucherschutzverbände wurde letztlich – als Folge der Beschlussempfehlung des Vermittlungsausschusses[88] – nicht mit der 7. GWB-Novelle in das Gesetz (§ 33 Abs. 2 GWB) aufgenommen; erst durch die spätere 8. GWB-Novelle wurde eine Anspruchsberechtigung »qualifizierter Einrichtungen« (insbesondere Verbraucherschutzorganisationen) durch § 33 Abs. 2 Nr. 2 GWB eingefügt. Die Überlegungen des Ausschusses für Wirtschaft und Arbeit sind daher gegenstandslos.

---

82 BT-Drucks. 15/3640, 53.
83 BT-Drucks. 15/3640, 35, re. Spalte.
84 BT-Drucks. 15/3640, 53, li. Spalte a.E.
85 BT-Drucks. 15/5049, 16.
86 EuGH, Urt. v. 20.9.2001 – C-453/99, Slg. 2001, I-6297 – *Courage gegen Crehan*.
87 BT-Drucks. 15/5049, 49.
88 BT-Drucks. 15/5735, 2, re. Spalte.

b) Diskussion über Ausschluss der *passing-on defense* in der 7. GWB-Novelle

Passing-on defense bedeutet, dass sich der Schädiger auf eine Schadensminderung beim Betroffenen beruft, weil dieser durch seinerseitige Preiserhöhungen den Schaden auf seine Abnehmer, also die nachgelagerte Marktstufe abgewälzt habe. In einer Reihe von Entscheidungen der Jahre 2003 und 2004 ist die Frage der Zulässigkeit und Einordnung der *passing-on defense* von deutschen Gerichten unterschiedlich beantwortet worden: Das LG Mannheim führte in seiner Entscheidung vom 11. Juli 2003 aus, die Berechnung des Schadens könne nicht bei der Feststellung eines kartellbedingt überhöhten Einkaufspreises stehen bleiben. Vielmehr sei die gesamte weitere wirtschaftliche Entwicklung in die Betrachtung einzubeziehen. Habe die Schadensersatzklägerin die Preisüberhöhungen auf ihre eigenen Kunden abwälzen können, sei ihr von vornherein kein Schaden entstanden.[89] Das OLG Karlsruhe bestätigte das Urteil des LG Mannheim in seiner Entscheidung vom 28. Januar 2004.[90] Das LG Dortmund hat demgegenüber entschieden, die Frage der Abwälzung des überhöhten Einkaufspreises spiele für die Schadensentstehung keine Rolle und sei (erst) im Rahmen einer eventuellen Vorteilsausgleichung relevant.[91]

34

Diese »Auseinandersetzung« in der Rechtsprechung hat wiederum die Diskussion um die 7. GWB-Novelle beeinflusst: Im ersten (Referenten-)Entwurf war die *passing-on defense* ausgeschlossen worden.[92] Im finalen Regierungsentwurf war eine Regelung zur *passing-on defense* nicht (mehr) enthalten.[93] Aus der Gesetzesbegründung ergibt sich, dass die Bundesregierung eine ausdrückliche Regelung nicht für notwendig erachtete, weil ihrer Auffassung nach zum einen die Frage im Rechtsinstitut der Vorteilsausgleichung angesiedelt, zum anderen eine Berücksichtigung der Abwälzung im Rahmen der Vorteilsausgleichung aus dogmatischen Gründen ausgeschlossen sei. Die Lösung des »Problems« sollte demnach der Rechtsprechung überlassen bleiben. Unter dem Eindruck der oben zitierten instanzgerichtlichen Entscheidungen hat

35

---

89 LG Mannheim, GRUR 2004, 182 ff.
90 OLG Karlsruhe, NJW 2004, 2243, 2244: »Die bei der schadensrechtlichen Beurteilung gebotene wirtschaftliche Betrachtungsweise [Hinweis auf BGHZ 98, 212, 217] kann nicht außer Acht lassen, dass der Einkaufspreis im betriebswirtschaftlichen Ablauf nur ein Kostenfaktor ist, der prinzipiell in den Verkaufspreis eingeht und an die nächste Wirtschaftsstufe weitergegeben wird. Für gewöhnlich handelt es sich insoweit um einen neutralen Rechnungsposten. Aus diesem Grund besteht also hier zwischen Nachteil und Vorteil ein unlösbarer innerer Zusammenhang.« – vgl. auch Anm. *Beninca*, WuW 2004, 604.
91 LG Dortmund, WuW/E DE-R, 1352, 1354.
92 Vgl. *Monopolkommission*, Das allgemeine Wettbewerbsrecht in der Siebten GWB-Novelle, Sondergutachten, S. 36, Rn. 66.
93 Gesetzesentwurf der Bundesregierung v. 7. Juni 2004, BT-Drucks. 15/3640.

der Ausschuss für Wirtschaft und Arbeit in den Entwurf der 7. GWB-Novelle (wieder) eine ausdrückliche Regelung eingefügt. Nach dem Bericht des Ausschusses erfolgte dies zwecks Klarstellung, dass die Abwälzung eines überhöhten Preises an eine nachfolgende Marktstufe keine Frage der Schadensentstehung ist,[94] sondern nur im Rahmen der Vorteilsausgleichung bei Schadensersatz wegen Kartellrechtsverstößen in Betracht kommen kann.[95] Der BGH hat mittlerweile zu § 33 BGB a.F. entschieden, dass der Vorteil, der dem Geschädigten aus einer Abwälzung des kartellbedingten Preisaufschlags auf seine Abnehmer erwachse, unter dem Aspekt der Vorteilsausgleichung berücksichtigungsfähig sei; für den Vorteil des Geschädigten sei der Schädiger darlegungs- und beweispflichtig.[96]

c) Erweiterung des Kreises aktivlegitimierter Verbände

36 Durch die 7. GWB-Novelle war zunächst nur solchen Verbänden eine Aktivlegitimation für Beseitigungs- und Unterlassungsansprüche – und über § 34a Abs. 1, der auf § 33 GWB verweist, für Ansprüche auf Vorteilsabschöpfung – eingeräumt worden, deren Mitglieder »Waren oder Dienstleistungen gleicher oder verwandter Art auf demselben Markt vertreiben« (§ 33 Abs. 2 GWB a.F.). Die Aktivlegitimation der sog. »qualifizierten Einrichtungen«, insbesondere der Verbraucherverbände, war zwar noch im Gesetzentwurf der Bundesregierung vorgesehen.[97] Die Einführung einer solchen Aktivlegitimation wurde – soweit ersichtlich – hinsichtlich der Beseitigungs- und Unterlassungsansprüche auch weder in der Stellungnahme des Bundesrates[98] noch im Vermittlungsausschuss in Frage gestellt. Allerdings war der durch Verbände geltend zu machende Anspruch auf Vorteilsabschöpfung gemäß § 34a GWB, welcher in seinem Abs. 1 für den Kreis der Aktivlegitimierten auf § 33 Abs. 2 GWB verweist, in der Diskussion. Aus den Gesprächen im Vermittlungsausschuss ergab sich schließlich, das zwar ein Anspruch der Verbände auf Vorteilsabschöpfung eingeführt wurde, aber – quasi im Gegenzug – die Ausdehnung des Kreises aktivlegitimierter Verbände auch auf die sog. »qualifizierten Einrichtungen« gestrichen wurde.[99]

37 Mit der 8. GWB-Novelle wurde der Kreis anspruchsberechtigter Verbände doch auf sog. »qualifizierte Einrichtungen«, einschließlich Verbraucherverbände, erweitert, und zwar sowohl hinsichtlich der Beseitigungs- und Unter-

---

94 Vgl. LG Mannheim, GRUR 2004, 182, 184 – *Vitaminkartell*; OLG Karlsruhe, WuW/E DE-R, 1229, 1230.
95 BT-Drucks. 15/5049, 49.
96 BGH, WuW/E DE-R 3431, 3441 ff. – *ORWI*.
97 BT-Drucks. 15/3640, 35 f.
98 Vgl. BT-Drucks. 15/3640, 77 f.
99 Vgl. BT-Drucks. 15/5735, 2, Nr. 8 lit. b u. c.

lassungsansprüche des § 33 Abs. 1 GWB als auch hinsichtlich der Ansprüche auf Vorteilsabschöpfung gemäß § 34a Abs. 1 GWB. Erneute Diskussionen hierüber gab es nicht. Grund für die Einführung einer Aktivlegitimation der Verbraucherverbände soll die »Diskussion auf europäischer Ebene über eine Stärkung der privaten Kartellrechtsdurchsetzung«[100] gewesen sein. Angesichts dessen, dass die Europäische Kommission das Thema Sammelklagen sowie anderweitige Klagemöglichkeiten von (Verbraucher-)Verbänden aus ihren Vorschlägen für die Kartellschadensersatzrichtlinie ausgeklammert hat,[101] überzeugt diese Aussage nicht, jedenfalls nicht mehr. Letztlich verblieb allein die Frage, ob ein Anspruch der Verbände auf Vorteilsabschöpfung weiterhin nur im Falle von Vorsatztaten oder verschuldensunabhängig gewährt werden solle, Gegenstand der Diskussion[102] im Gesetzgebungsverfahren und wurde im Sinne einer Beibehaltung des Vorsatzerfordernisses beantwortet.

IV. Regelungsübersicht

§ 33 GWB regelt die Beseitigungs-, Unterlassungs- und Schadensersatzansprüche Privater wegen eines Verstoßes gegen kartellrechtliche Normen (gegen Vorschriften des GWB, die Art. 101, 102 AEUV oder Verfügungen der Kartellbehörde). Infolge der 7. und der 8. GWB-Novelle haben sich insbesondere die folgenden Kernelemente der Vorschrift ergeben: 38
- Die Verletzung der Art. 101, 102 AEUV wurde als Tatbestandsmerkmal aufgenommen, so dass eine einheitliche Anspruchsgrundlage zur zivilrechtlichen Behandlung der »wichtigsten« Verstöße gegen deutsches und europäisches Kartellrecht besteht. Bei Verstößen gegen EU-Kartellrecht muss nicht auf § 823 Abs. 2 BGB zurückgegriffen werden.
- Das Erfordernis einer Schutzgesetzverletzung wurde aufgegeben. Stattdessen kann jeder »Betroffene« Ansprüche wegen einer Verletzung einer Vorschrift des GWB, der Art. 101, 102 AEUV oder einer Verfügung der Kartellbehörde geltend machen.[103]
- § 33 Abs. 1 GWB erwähnt neben dem Unterlassungsanspruch explizit den Beseitigungsanspruch. Dieser war allerdings bereits ohne ausdrückliche Er-

---

100 Begründung zum Regierungsentwurf der 8. GWB-Novelle, BT-Drucks. 17/9852, 27.
101 Vgl. Vorschlag für eine Richtlinie des Europäischen Parlaments und des Rates über bestimmte Vorschriften für Schadensersatzklagen nach einzelstaatlichem Recht wegen Zuwiderhandlungen gegen wettbewerbsrechtliche Bestimmungen der Mitgliedstaaten und der Europäischen Union vom 11. Juni 2013, COM (2013) 404 final, abrufbar unter ec.europa.eu/competition/antitrust/actiondamages/documents.html.
102 Vgl. BT-Drucks. 17/9852, Stellungnahme des Bundesrates, Nr. 14 sowie Gegenäußerung der Bundesregierung, Nr. 14.
103 Zum Begriff des Betroffenen siehe unter Rdn. 70 ff.

wähnung, unter Geltung der alten Gesetzesfassung (vor der 7. GWB-Novelle), praktisch anerkannt.[104]
- § 33 Abs. 2 GWB stellt klar, dass das Klagerecht von Verbänden zur Förderung gewerblicher Interessen dahingehend beschränkt ist, dass diese für eine Aktivlegitimation bestimmte Voraussetzungen erfüllen müssen. So muss eine erhebliche Zahl der ihnen angehörigen Unternehmen zum Kreis der durch den Kartellverstoß Betroffenen zählen; durch die 8. GWB-Novelle ist zudem Verbraucherschutzorganisationen i.S.v. § 8 Abs. 3 Nr. 3 UWG eine Aktivlegitimation eingeräumt worden.

39 Speziell für den Schadensersatzanspruch haben sich aus der 7. und der 8. GWB-Novelle eine Reihe weiterer Kernelemente ergeben:
- Für die Schadensberechnung regelt Satz 2 in § 33 Abs. 3 GWB: »Wird eine Ware oder Dienstleistung zu einem überteuerten Preis bezogen, so ist der Schaden nicht deshalb ausgeschlossen, weil die Ware oder Dienstleitung weiterveräußert wurde«. Hinsichtlich der Bedeutung des Satzes war zunächst unklar, ob er einen Ausschluss der sogenannten *passing-on defense* statuieren oder lediglich klarstellen sollte, dass das Problem der Weiterwälzung überhöhter Preise keine Frage der Schadensentstehung, sondern der Vorteilsausgleichung ist.[105]
- Um eine effektivere Durchsetzung des Schadensersatzanspruchs und auch ein höheres von ihm ausgehendes Abschreckungspotential zu bewirken, sieht § 33 Abs. 3 Satz 4, 5 GWB eine Verzinsung des Schadensersatzanspruchs bereits ab Entstehung des Schadens vor – abweichend von § 288 Satz 1, § 291 Satz 1 BGB (Verzinsung erst mit Verzug bzw. Rechtshängigkeit).
- § 33 Abs. 3 Satz 3 GWB sieht vor, dass das Gericht im Rahmen der Schätzung des Schadensumfangs nach § 287 ZPO den anteiligen Gewinn heranziehen kann, der dem Schädiger aufgrund des Kartellrechtsverstoßes zugeflossen ist.
- § 33 Abs. 4 GWB statuiert eine Bindungswirkung hinsichtlich der Feststellung eines Verstoßes an Entscheidungen der Kommission, der nationalen und der ausländischen mitgliedstaatlichen Kartellbehörden (bzw. Gerichte, die als Kartellbehörden im Ausland handeln) sowie an rechtskräftige Gerichtsentscheidungen, die infolge der Anfechtung solcher Entscheidungen ergangen sind.
- Damit der Geschädigte trotz teilweise langwieriger Verwaltungs- bzw. Ordnungswidrigkeitenverfahren auch in den Genuss dieser Bindungswirkung kommen kann, regelt § 33 Abs. 5 GWB, dass die Verjährung des Schadens-

---

104 *Bechtold*, GWB, § 33 Rn. 12.
105 Zu den Einzelheiten dieser Problematik siehe unten Rdn. 234 ff.

ersatzanspruches bei Einleitung eines kartellbehördlichen Verfahrens gehemmt wird.

B. Gemeinsame Merkmale der zivilrechtlichen Anspruchsgrundlagen

Mit der 7. GWB-Novelle ist das Schutzgesetzerfordernis in § 33 Abs. 1 GWB entfallen. Jede (drohende) Verletzung einer Vorschrift des GWB, der Art. 101, 102 AEUV oder einer Verfügung der Kartellbehörde[106] soll grundsätzlich zu Unterlassung bzw. Beseitigung und (im Falle schuldhafter Verletzung) zu Schadensersatz verpflichten. Der anspruchsberechtigte Personenkreis ist weit, erhält aber durch die Begriffe »Betroffener« (§ 33 Abs. 1 Satz 1) sowie »Mitbewerber« und »sonstiger Marktbeteiligter« (§ 33 Abs. 1 Satz 3) gewisse Konturen. Eine weitere Korrektur kann durch das der Kausalität innewohnende Kriterium des Schutzzweckzusammenhangs stattfinden. Dies ergibt sich aus der für alle Schadensersatzansprüche zu prüfenden Voraussetzung der Kausalität und ist sauber von dem früher durch den Gesetzgeber explizit aufgegebenen Schutzgesetzerfordernis zu unterscheiden.[107]

40

I. Kartellrechtsverstoß des Anspruchsgegners (§ 33 Abs. 1, 3 GWB)

Im Einzelnen können die folgenden Normverstöße und Rechtsverletzungen für das Entstehen von Ansprüchen nach § 33 GWB relevant sein: Verstoß gegen Vorschriften des GWB; Verstoß gegen Art. 101, 102 AEUV; Verstoß gegen Verfügungen der Kartellbehörden.

41

1. Verstoß gegen Vorschriften des GWB

Erste Tatbestandsvariante des § 33 Abs. 1 GWB ist der Verstoß gegen eine Vorschrift des GWB. Relevant sind grundsätzlich alle ausdrücklichen materiellen Verbote sowie anweisende oder befehlende Normen des GWB und solche, die formelle Verbote enthalten. Inwiefern ein Normverstoß tatsächlich von § 33 Abs. 1 GWB erfasst wird, bedarf im Einzelfall einer Prüfung der Kausalität und insbesondere des Schutzzweckzusammenhangs.[108]

42

Nach dem Referentenentwurf zur geplanten 9. GWB-Novelle soll die Formulierung entsprechend der bisherigen Auslegung präzisiert werden, ohne dabei den Regelungsgehalt der Vorschrift zu verändern.[109] So soll der bisherige § 33 Abs. 1 und 2 GWB im neuen § 33 Abs. 1 bis 4 GWB aufgehen. Die bisheri-

43

---

106 Siehe dazu Rdn. 31 ff. und Rdn. 74 ff.
107 Siehe dazu Rdn. 70 ff.
108 Siehe dazu Rdn. 158 ff.
109 Vgl. Referentenentwurf zur 9. GWB-Novelle, S. 54.

ge Formulierung »gegen eine Vorschrift wesentlich dieses Gesetzes« soll durch die Formulierung »gegen eine Vorschrift dieses Teils« ersetzt werden.

44 Zu den relevanten materiellen Verboten des GWB zählen das Verbot wettbewerbsbeschränkender Vereinbarungen (Kartellverbot) gemäß § 1 GWB, das Verbot des Missbrauchs einer marktbeherrschenden Stellung gemäß § 19 GWB, das Diskriminierungsverbot und das Verbot unbilliger Behinderung gemäß § 20 GWB, das Boykottverbot und das Verbot sonstigen wettbewerbsbeschränkenden Verhaltens gemäß § 21 GWB sowie das Verbot des Missbrauchs einer marktbeherrschenden Stellung durch Energieversorgungsunternehmen gemäß § 29 GWB.

45 Prinzipiell kann auch eine Nichtbeachtung anweisender, befehlender oder formelle Verbote aufstellender Normen des GWB einen relevanten Normverstoß darstellen. Insoweit können insbesondere die folgenden Normen von Bedeutung sein:
– § 24 Abs. 4 GWB schreibt vor, dass der Antrag einer Wirtschafts- bzw. Berufsvereinigung auf Anerkennung von Wettbewerbsregeln bestimmte Informationen enthalten muss und der Antragsteller keine falschen oder unvollständigen Angaben machen darf, um die Anerkennung zu erschleichen.
– Nach § 24 Abs. 5 GWB sind Änderungen und Ergänzungen und nach § 26 Abs. 3 GWB die Außerkraftsetzung anerkannter Wettbewerbsregeln der Kartellbehörde mitzuteilen.
– Nach § 30 Abs. 2 GWB müssen Vereinbarungen über die Preisbindung bei Zeitungen und Zeitschriften schriftlich abgefasst werden.
– Auch die Anmelde- und Anzeigepflicht in der Zusammenschlusskontrolle nach § 39 GWB und das Vollzugsverbot vor Freigabe des Zusammenschlussvorhabens gemäß § 41 Abs. 1 GWB kommen als relevante Normen in Betracht.

46 Bei Verletzung von Verfahrens-/Formvorschriften – wie auch des Vollzugsverbotes – dürfte regelmäßig in Frage stehen, ob durch die Normverletzung (zurechenbar) ein Schaden verursacht wurde. Vollzieht ein Erwerber ein freigabefähiges Zusammenschlussvorhaben, ohne dieses zuvor zur Zusammenschlusskontrolle angemeldet oder die Freigabe des Bundeskartellamtes abgewartet zu haben, könnte Dritten ein Vermögensnachteil erwachsen. So setzen die entgegen der Anmeldepflicht bzw. dem Vollzugsverbot zusammen agierenden Unternehmen vielleicht besonders günstige Konditionen bei Lieferanten durch, unterbieten Wettbewerber oder ringen Händlern – auch ohne marktbeherrschende Stellung – vorübergehend höhere Preise ab, womit die Unternehmen zusätzliche Gewinne »einfahren«. Damit bliebe aber zu klären, ob die Entstehung eines solchen Vermögensnachteils vom Schutzzweckzusammen-

hang der verletzten formellen GWB-Vorschrift (Anmeldepflicht, Vollzugsverbot) erfasst wird.[110]

Fraglich ist, ob die Verletzung der an die Kartellbehörden gerichteten Ermächtigungsnormen und Gebote zivilrechtliche Ansprüche – gegen die Kartellbehörde – auslösen kann. Die gleiche Frage stellt sich für die an die öffentlichen Auftraggeber gerichteten Normen zur Regelung des Vergabeverfahrens nach §§ 97 ff. GWB. Es sprechen gewichtige Gründe gegen ein solches Verständnis des § 33 GWB. Ziel der Aufgabe des Schutzgesetzerfordernisses in § 33 Abs. 1 GWB war es, den Kreis der Anspruchs*berechtigten* zu erweitern, insbesondere die von der Rechtsprechung teilweise geforderte Voraussetzung eines zielgerichteten Verstoßes gegen Abnehmer und Lieferanten im Falle von Kartellen (Verstößen gegen § 1 GWB) zu beseitigen. Eine weitere wesentliche Ausweitung der von § 33 Abs. 1 GWB erfassten (verletzten) Normen war nicht beabsichtigt. Würden die an die Kartellbehörden gerichteten Normen von § 33 Abs. 1 GWB erfasst, würde § 33 Abs. 3 GWB zu einem umfassenden Amtshaftungsanspruch in Angelegenheiten des Kartell- und Vergaberechts. Zudem bezeichnet § 33 Abs. 1 Satz 3 GWB Mitbewerber und sonstige Marktbeteiligte als Betroffene eines relevanten Normverstoßes. Dies deutet darauf hin, dass der Anspruchsgegner ebenfalls am Marktgeschehen teilnehmender »Mitbewerber« sein muss, nicht jedoch das Kartellamt oder der Staat als Auftraggeber im Vergabeverfahren.[111] Mit der 9. GWB-Novelle soll nunmehr klargestellt werden, dass nur ein Verstoß »gegen eine Vorschrift dieses Teils« (also der §§ 1–47l GWB) einen Anspruch nach § 33 GWB auslösen kann.

47

2. Verstoß gegen Art. 101, 102 AEUV

Der Verstoß gegen Art. 81, 82 EG (jetzt: Art. 101, 102 AEUV) bildet die zweite Sachverhaltsvariante des § 33 GWB. Während nach alter Rechtslage ein Verstoß gegen die damaligen Art. 81, 82 EG grundsätzlich nur nach § 823 Abs. 2 BGB geltend gemacht werden konnte, ist nunmehr § 33 GWB einheitliche zivilrechtliche Anspruchsgrundlage sowohl für Verstöße gegen Vorschriften des GWB als auch für Verstöße gegen Art. 101, 102 AEUV. Die Schaffung einer solchen einheitlichen kartellzivilrechtlichen Anspruchsgrundlage erscheint vor dem Hintergrund der EuGH-Rechtsprechung[112] naheliegend. Streng genommen wäre es allerdings dafür nicht erforderlich gewe-

48

---

110 Siehe dazu Rdn. 159.
111 Ansprüche gegen die Kartellbehörde richten sich nach dem allgemeinen Amtshaftungsanspruch gemäß § 839 BGB i.V.m. Art. 34 GG. Hinsichtlich eventueller Schadensersatzansprüche gegen öffentliche Auftraggeber wegen Verstoßes gegen die Vergaberegelungen greift insbesondere § 126 GWB ein.
112 EuGH, Urt. v. 20.9.2001 – C-453/99, Slg. 2001, I-6297, Rn. 25–28 – *Courage gegen Crehan*.

sen, dass eine gesonderte kartellrechtliche Anspruchsgrundlage geschaffen bzw. ausgedehnt wird, solange sich auf den Normen des nationalen Rechts ein hinreichender privater Rechtsschutz gegen Kartellrechtsverstöße aufbauen lässt.[113]

3. Verstoß gegen Verfügungen der Kartellbehörden

49 Dritte Tatbestandsvariante des § 33 Abs. 1 GWB ist der Verstoß gegen Verfügungen der Kartellbehörden.

50 Der Begriff Verfügung entspricht dem des § 61 GWB und bezeichnet einen Verwaltungsakt der Kartellbehörde.[114] Relevant können alle Verfügungen sein, deren Nichtbeachtung einem Mitbewerber oder einem sonstigen Marktbeteiligten Schaden zufügen kann.[115] Im Prinzip können dies sowohl die im Kartellrecht eher selten gewordenen konstitutiven oder deklaratorische Verfügungen sein. Hierunter könnte man die (konstitutiven) Unwirksamkeitserklärungen von Preisbindungen nach § 30 Abs. 3 GWB,[116] die (deklaratorischen) Verfügungen nach § 32 GWB,[117] einstweilige Maßnahmen nach § 32a GWB, (konstitutive) Verfügungen zur Verbindlicherklärung von Verpflichtungszusagen nach § 32b GWB, Entzüge von Freistellungen nach § 32d GWB, Untersagungsverfügungen oder die Auferlegung von Bedingungen/Auflagen in der Fusionskontrolle nach §§ 36, 40 GWB, Entflechtungsverfügungen nach § 41 Abs. 3, 4 GWB[118, 119] und einstweilige Anordnungen nach § 60 GWB[120] – sofern sie eine der vorher genannten Verfügungen zum Gegenstand haben – zählen. Inwiefern ein Verstoß gegen die jeweilige Verfügung tatsächlich den geltend gemachten Anspruch nach § 33 Abs. 1 oder Abs. 3 GWB auslöst, ist des Weiteren im Rahmen der Anspruchsberechtigung

---

113 EuGH, Urt. v. 20.9.2001 – C-453/99, Slg. 2001, I-6297, Rn. 25–29 – *Courage gegen Crehan*; *Bornkamm*, in: Langen/Bunte, § 33 Rn. 35; *Roth*, in: FK, § 33 Rn. 11.
114 *Roth*, in: FK, § 33 Rn. 92.
115 Zu den Fragen der Betroffenheit, der Kausalität und des Schutzzweckzusammenhangs siehe Rdn. 70 ff., Rdn. 152 ff. und Rdn. 158 ff.
116 Vgl. *Roth*, in: FK, § 33 Rn. 101; gegen zivilrechtliche Ansprüche in Fällen des § 30 Abs. 3 GWB wegen der insoweit abschließenden Eingriffsbefugnis des Bundeskartellamts: BGH, WuW/E DE-R, 1779, 1780 f.
117 Strittig, siehe unten Rdn. 51 f.
118 Ablehnend noch: *Roth*, in: FK, § 33 Rn. 108; *Emmerich*, in: Immenga/Mestmäcker, 4. Aufl., § 33 Rn. 34 ff. zur alten Rechtslage vor der 7. GWB-Novelle, die die Verletzung einer Schutzgesetzverfügung voraussetzte.
119 Auch dies ist strittig, siehe unten Rdn. 159.
120 Vgl. *Roth*, in: FK, § 33 Rn. 97; *Emmerich*, in: Immenga/Mestmäcker, § 33 Rn. 26.

sowie im Rahmen des Schutzzweckzusammenhangs bei der haftungsbegründenden Kausalität zu prüfen.

Hinsichtlich der Nichtbeachtung von Abstellungsverfügungen nach § 32 GWB wurde zumindest vor der 7. GWB-Novelle von einigen Autoren verneint, dass ein relevanter Verstoß i.S.d. § 33 GWB vorliege.[121] Die Verfügung konkretisiere nur das zugrundeliegende Verbot; eine doppelte Erfassung durch § 33 GWB sei nicht gewollt.[122] Heute vertritt die h.M., dass auch eine Abstellungsverfügung (früher: Untersagungsverfügung) nach § 32 GWB eine Verfügung im Sinne des § 33 GWB ist.[123] Eine Konkretisierung des abstrakten Verbots gemäß GWB sei ein *aliud* diesem gegenüber. Eine bestandskräftige Verfügung habe Bindungswirkung. Diese könne für die zivilrechtlichen Ansprüche nicht fruchtbar gemacht werden, wollte man allein auf die Verletzung des Verbotsgesetzes abstellen.[124] Eine Doppelbelastung des Anspruchsgegners scheide aufgrund des Schadensbegriffs aus. Die gleiche Frage stellt sich nunmehr – nach der 7. GWB-Novelle – auch für Verfügungen nach § 32b GWB (Bindungserklärung von Verpflichtungszusagen), deren Inhalt sich nicht notwendigerweise mit dem Inhalt des verfahrensgegenständlichen Verbotes deckt.

51

In § 33 Abs. 4 GWB ist nunmehr für die Geltendmachung eines Schadensersatzanspruchs (§ 33 Abs. 3 GWB) die Bindungswirkung rechtskräftiger Entscheidungen statuiert. Angesichts dessen erschöpft sich die praktische Bedeutung der Diskussion darin, ob rechtskräftigen behördlichen Entscheidungen auch hinsichtlich der Geltendmachung von Beseitigungs- und Unterlassungsansprüchen i.S.v. § 33 Abs. 1 GWB Bindungswirkung zukommt. Die ausführliche Regelung der Bindungswirkung von Schadensersatzansprüchen in § 33 Abs. 4 GWB n.F. indiziert allerdings, dass der Gesetzgeber für Beseitigungs- und Unterlassungsansprüche eine Bindungswirkung für entbehrlich angesehen hat. Es wäre unverständlich, wenn – über den »Umweg« des § 33 Abs. 1, 3 GWB – für Unterlassungsansprüche die gleiche Bindungswirkung behördlicher Entscheidungen gelten sollte wie sie explizit allein für Schadensersatzansprüche angeordnet wird. Demnach ist die Abstellungsverfügung gemäß § 32 GWB keine Verfügung der Kartellbehörde i.S.v. § 33 Abs. 1 GWB.[125]

52

---

121 Siehe *Emmerich*, in: Immenga/Mestmäcker, 3. Aufl., § 33 Rn. 35 zur alten Rechtslage.
122 *Emmerich*, in: Immenga/Mestmäcker, 3. Aufl., § 33 Rn. 34; a.A. *Roth*, in: FK, § 33 Rn. 93.
123 *Emmerich*, in: Immenga/Mestmäcker, § 33 Rn. 27; *Rehbinder*, in: Loewenheim/Meessen/Riesenkampff, § 33 Rn. 9; *Bornkamm*, in: Langen/Bunte, § 33 Rn. 85.
124 *Roth*, in: FK, § 33 Rn. 93.
125 So auch *Emmerich*, in: Immenga/Mestmäcker, 3. Aufl., § 33 Rn. 38; *Scholz*, in: Müller/Gießler/Scholz, Wirtschaftskommentar GWB, § 35 a.F. Rn. 22a.

§ 33 GWB *Unterlassungsanspruch, Schadensersatzpflicht*

53 Neu ergeben hat sich mit der 7. GWB-Novelle die Frage, ob auch ein Verstoß gegen Verfügungen i.S.v. § 32b GWB, mit denen die Kartellbehörde von den Unternehmen abgegebene Verpflichtungszusagen für bindend erklärt, Verfügungen i.S.d. § 33 Abs. 1 Satz 1, 3. Variante GWB darstellen.[126] Im Unterschied zu den Abstellungsverfügungen nach § 32 GWB kann der Gegenstand der Verfügungen nach § 32b GWB vom Gegenstand der fraglichen materiellen Norm abweichen. Allerdings erschiene es widersprüchlich, Verfügungen nach § 32b GWB, die eben nicht auf einer definitiven Feststellung eines Kartellrechtsverstoßes beruhen, über § 33 Abs. 1 Satz 1, 3. Variante GWB im Kartellzivilverfahren quasi eine Tatbestandswirkung zukommen zu lassen. Sofern die betroffenen Unternehmen in einer Verpflichtungszusage neben den eigentlichen materiellen Verpflichtungen, welche den Kartellverstoß beseitigen sollen, zusätzliche formelle Pflichten eingehen (z.B. um der Kartellbehörde eine Überwachung und Kontrolle zu erleichtern) wäre ohnehin nicht verständlich, dass daraus Rechte/Ansprüche anderer Privater bzw. Unternehmen erwachsen. Dies würde lediglich die Bereitschaft schmälern, derartige »Zusatzpflichten« einzugehen, und dadurch die behördliche Arbeit – entgegen der Zielrichtung der Verpflichtungszusage – erschweren.

54 § 33 Abs. 1 GWB bezieht sich nur auf Verfügungen der Kartellbehörden. Nach § 48 Abs. 1 GWB sind dies »das Bundeskartellamt, das Bundesministerium für Wirtschaft und Technologie und die nach Landesrecht zuständigen obersten Landesbehörden«. Nicht unter den Begriff der Kartellbehörde nach § 48 Abs. 1 GWB fällt die Europäische Kommission. Letzteres ist aber allenfalls für den praktisch weniger bedeutenden Bereich konstitutiver Verfügungen der Kommission von Bedeutung. Die deklaratorischen Verfügungen nach Art. 7 ff. VO 1/2003 können ohnehin – wie die deklaratorischen Verfügungen der deutschen Kartellbehörde nach §§ 32 f. GWB – keine relevanten Verfügungen darstellen. Nach VO 1/2003 kommen als konstitutive Verfügungen (wie z.B. Nachprüfungs- und Auskunftsentscheidungen nach Art. 18 ff. VO 1/2003) solche in Betracht, deren Nichtbeachtung kaum für einen Vermögensschaden Dritter adäquat kausal sein können.[127]

55 Die Rechtmäßigkeit der Verfügung ist keine Anspruchsvoraussetzung. Vielmehr entfaltet eine bestandskräftige Verfügung im Zivilprozess Bindungswirkung.[128]

---

126 Siehe hierzu auch *Rehbinder*, in: Loewenheim/Meessen/Riesenkampff, 2. Aufl., GWB, § 33 Rn. 7.
127 Siehe dazu Rdn. 156 f.
128 *Roth*, in: FK, § 33 Rn. 94. In diese Richtung auch der durch die 4. GWB-Novelle eingefügte § 35 Abs. 2 a.F. GWB, der auf die Unanfechtbarkeit der Verfügung abstellte.

Aus dem Wortlaut des Gesetzes ergibt sich für Fälle des Verstoßes gegen 56
kartellbehördliche Verfügungen nicht, ab wann der zivilrechtliche (Schadens-
ersatz-)Anspruch besteht. Dies ist insbesondere für die Bemessung des
Gesamtschadens und damit für die Höhe des eventuellen Schadensersatzanspruchs von Bedeutung. Umstritten ist, ob der Anspruch erst mit Bestandskraft oder schon rückwirkend mit Vollziehbarkeit[129] oder gar mit Zustellung[130] entsteht, sofern die Verfügung später bestandskräftig geworden war.[131]
Bis zur 4. GWB-Novelle wurde allgemein angenommen, der Anspruch bestünde erst ab Unanfechtbarkeit der Verfügung. Ein Pflichtenverstoß setze voraus,
dass die Verfügung auf jeden Fall befolgt werden müsse und man hiergegen
nicht mehr vorgehen könne.[132] Um eine Sanktionslücke zu schließen, damit
Unternehmen nicht durch Einlegung von Rechtsmitteln ein kartellrechtswidriges Verhalten gefahrlos bis zur Bestandskraft weiterverfolgen können, führte die 4. GWB-Novelle § 35 Abs. 2 a.F. GWB ein. Dieser bestimmte, dass
Schadensersatzansprüche rückwirkend ab Zustellung der Verfügung bestehen,
sofern die Verfügung später bestandskräftig wird. Diese Gesetzesänderung erschien insbesondere deswegen erforderlich, weil zu jener Zeit wichtige kartellrechtliche Vorschriften noch nicht als Verbotsgesetze ausgestaltet waren.
Vielmehr bestand nur eine Ermächtigung der Kartellbehörden zum Einschreiten. Eine Untersagungsverfügung war daher regelmäßig konstitutiv für zivilrechtliche (Schadensersatz-)Ansprüche. Mit der Umwandlung des ehemaligen
§ 22 Abs. 5 a.F. GWB im Rahmen der 6. GWB-Novelle in die Verbotsnorm
des § 19 GWB wurde die Vorschrift des § 35 Abs. 2 GWB a.F. gestrichen.[133]

Dieser Entwicklung ist zu entnehmen, dass nunmehr erst ab Bestandskraft 57
der Verfügung der eventuelle Schaden zu bemessen ist. Praktisch alle materiellen Kartellrechtsverstöße werden heute durch ausdrückliche Verbotsgesetze erfasst. Insoweit sind der Schadensersatzanspruch, sein Entstehen und seine Höhe ohnehin unabhängig vom Zeitpunkt der Bestandskraft einer
diesbezüglichen kartellbehördlichen Verfügung. Soweit aber ein Verstoß gegen kartellbehördliche Verfügungen Schadensersatzansprüche begründen soll,
kann dies nach den obigen Ausführungen ohnehin nur ganz ausnahmsweise

---

129 *Roth*, in: FK, § 33 Rn. 94.
130 *Emmerich*, in: Immenga/Mestmäcker, § 33 Rn. 35.
131 Vgl. hierzu *Emmerich*, in: Immenga/Mestmäcker, § 33 Rn. 35: »Sicher ist nur, daß eine Ersatzpflicht ausscheidet, wenn die kartellbehördliche Verfügung keine Bestandskraft erlangt oder ohne Feststellung nach § 71 Abs. 2 S. 1 für erledigt erklärt wird, weil sie damit in jeder Hinsicht ihre Wirksamkeit einbüßt.«
132 *Bechtold*, GWB, § 35 Rn. 5; *Liebs*, Wettbewerbsbeschränkende Vertriebsverträge und unerlaubte Handlung, S. 119; *Büdenbender*, BB 1978, 1073.
133 Regierungsbegründung zur 6. GWB-Novelle, BR-Drucks. 852/97, 36, 52; *Roth*, in: FK, § 33 Rn. 94.

der Fall sein; auch muss die Bestandskraft der Verfügung abgewartet werden, bevor aus dem Verstoß Schadensersatzansprüche hergeleitet werden können.

Dem lässt sich auch nicht § 33 Abs. 3 Satz 4 GWB entgegenhalten, der für die Verzinsung auf den Zeitpunkt des Schadenseintritts abstellt. Diese Regelung sagt nichts darüber aus, ab wann nach § 33 GWB überhaupt ein relevanter Vermögensnachteil und damit ein Schadenseintritt vorliegen.

4. Anspruchsgegner/Passivlegitimation

58 Passivlegitimiert (tauglicher Anspruchsgegner) ist gemäß § 33 Abs. 1 und 3 GWB, »wer« einen relevanten Verstoß (Kartellrechtsverstoß, Verstoß gegen kartellbehördliche Verfügung) begangen hat. Das kann grundsätzlich nur ein Unternehmen sein. Dabei ist entsprechend den Regeln des deutschen Rechts zur Rechtsfähigkeit der Unternehmensträger tauglicher Anspruchsgegner.[134]

59 Auch die Kartellschadensersatzrichtlinie sieht grundsätzlich nur eine Passivlegitimation von Unternehmen oder Unternehmensvereinigungen in Kartellschadensersatzprozessen vor, die die Zuwiderhandlung gegen das Wettbewerbsrecht begangen haben.[135] Allerdings gewährt die Kartellschadensersatzrichtlinie den Mitgliedstaaten die Möglichkeit, den Schadensersatzanspruch an die Zurechenbarkeit des Verstoßes zu knüpfen.[136] Insofern eröffnet die derzeitige weite Formulierung des § 33 Abs. 1 Satz 1 GWB (»wer ... verstößt«) einen hinreichenden Auslegungsspielraum, um den Erfordernissen der Kartellschadensersatzrichtlinie zu genügen.[137]

a) Natürliche Personen ohne Unternehmenseigenschaft

60 Voraussetzung eines Anspruchs aus § 33 GWB ist, dass der Anspruchsgegner ein Unternehmen im Sinne des kartellrechtlichen Unternehmensbegriffs ist.[138] Die Inanspruchnahme einer natürlichen Person, der keine Unternehmenseigenschaft zukommt, ist nach § 33 GWB nicht möglich. Dies gilt insbesondere für Geschäftsleiter und (leitende) Unternehmensmitarbeiter, die am kartellrechtswidrigen Verhalten des Unternehmens beteiligt waren. Nur ein Unternehmen bzw. eine Unternehmensvereinigung kann »gegen eine Vorschrift dieses Gesetzes, gegen Artikel 101 oder 102 des Vertrages über die Arbeitsweise der Europäischen Union« verstoßen.[139] Natürliche Personen, auch

---

134 *Kling/Thomas*, § 21 Rn. 51; *Scheidtmann*, WRP 2011, 499, 501.
135 Art. 1 Abs. 1, Art. 2 Nr. 3 Richtlinie.
136 Erwägungsgrund 11, Richtlinie.
137 So auch *Stauber/Schaper*, NZKart 2014, 346, 347.
138 OLG Karlsruhe, GRUR-RR 2009, 112, 112 f.
139 *K. Schmidt*, ZWeR 2010, 15, 30.

Manager, sind jedoch keine Unternehmen.[140] Zudem kann sich eine »Verfügung der Kartellbehörde« nur gegen Unternehmen und Unternehmensvereinigungen richten. Denn nach § 54 Abs. 2 Nr. 2 GWB richtet sich ein kartellbehördliches Verfahren gegen »Kartelle, Unternehmen, Wirtschafts- oder Berufsvereinigungen«.

Der im Schrifttum geäußerten Gegenansicht, der zufolge über die ordnungswidrigkeitenrechtliche Zurechnungsnorm des § 9 Abs. 1 OWiG eine direkte Außenhaftung von Geschäftsleitern nach § 33 GWB begründet werden könne,[141] ist nicht zu folgen. § 9 Abs. 1 OWiG gehört zu den allgemeinen Regeln der bußgeldrechtlichen Haftung (allgemeines Ordnungswidrigkeitenrecht). Aus dem GWB, auf das § 33 GWB allein Bezug nimmt, ergibt sich keine Verantwortlichkeit des Geschäftsleiters. Auch bei der unerlaubten Handlung nach § 823 Abs. 2 BGB spielen Zurechnungsnormen des Straf- und Ordnungswidrigkeitenrechts keine Rolle; insbesondere sind diese Zurechnungsnormen bei der Diskussion des (Nicht-)Bestehens eines Schutzgesetzcharakters ohne Bedeutung.[142] Vielmehr kann ein sonst nicht passivlegitimiertes Haftungssubjekt aus unerlaubter Handlung nur dann in Anspruch genommen werden, wenn eine (andere) zivilrechtliche Norm anwendbar ist, welche gesondert die Verantwortlichkeit des Haftungssubjekts begründet, wie z.B. § 831 BGB.

61

Die durch § 9 OWiG vermittelte Verwirklichung des Bußgeldtatbestandes in § 81 GWB kann ebenfalls keinen für § 33 GWB hinreichenden Kartellrechtsverstoß darstellen. Das wäre systemwidrig.[143] § 81 GWB regelt keine kartellrechtlichen Ge- und Verbote, sondern nimmt diese in Bezug. Wie § 33 GWB betrifft § 81 GWB allein die Rechtsfolgenseite. § 33 GWB knüpft zudem Ansprüche nicht an die Verwirklichung eines Ordnungswidrigkeitentatbestandes (was auch und insbesondere einer natürlichen Person ohne Unternehmenseigenschaft möglich ist), sondern an einen Kartellrechtsverstoß (nur einer Person mit Unternehmenseigenschaft möglich). Des Weiteren kann aus der bußgeldrechtlichen Haftung von Geschäftsleitern, wie sie sich in § 81 Abs. 4 Satz 1 u. 2 GWB widerspiegelt, die Gegenansicht nicht begründet werden.[144] Der speziell für natürliche Personen ohne Unternehmenseigenschaft geltende

62

---

140 *Inderst/Thomas*, Schadensersatz bei Kartellverstößen, S. 74.
141 So *Dreher*, WuW 2009, 133, 137.
142 Vgl. *Hager*, in: Staudinger, § 823 Rn. G 41 ff.
143 *Görner*, Die Anspruchsberechtigung der Marktbeteiligten nach § 33 GWB, S. 129; *Inderst/Thomas*, Schadensersatz bei Kartellverstößen, S. 74; *Eden*, Persönliche Schadensersatzhaftung von Managern gegenüber Kartellgeschädigten, S. 103 f.; ders., WuW 2014, 792, 794 f. vgl. auch *Kling/Thomas*, § 21 Rn. 52; *K. Schmidt*, ZWeR 2010, 15, 30.
144 Vgl. jedoch: *Dreher*, WuW 2009, 133, 138 f.

Bußgeldrahmen des § 81 Abs. 4 Satz 1 GWB setzt voraus, dass – nach allgemeinem Ordnungswidrigkeitenrecht – eine Zurechnung gemäß § 9 Abs. 1 OWiG oder ein eigenständiger Verstoß gemäß § 130 OWiG erfolgt ist.

63 Schließlich kann ein Beschluss des Bundeskartellamtes, mit dem einer natürlichen Person eine Geldbuße wegen Verstoßes gegen das Kartellrecht i.V.m. § 9 OWiG auferlegt wird, keine relevante »Verfügung der Kartellbehörde« i.S.v. § 33 GWB darstellen. Unter einer solchen Verfügung sind allein präventive behördliche Anweisungen bzw. Verbote des Kartellverwaltungsrechts zu verstehen. Ein Verstoß gegen den Geldbußenbeschluss könnte im Übrigen allenfalls dann vorliegen, wenn die natürliche Person sich auch zukünftig entgegen der Feststellung aus dem Geldbußenbeschluss verhalten oder sich der Zahlung der Geldbuße widersetzen würde. Ersteres wäre ein eigenständiger Kartellrechtsverstoß; letzterenfalls ließen sich ohnehin für Private keine Ansprüche auf zivilrechtlicher Grundlage herleiten.

b) Muttergesellschaften

64 Entsprechend den Überlegungen in Kartell-Ordnungswidrigkeitenverfahren[145] kann die Frage aufkommen, ob eine Muttergesellschaft unmittelbar als Passivlegitimierte nach § 33 GWB in Betracht kommt, wenn eine Tochtergesellschaft einen Kartellrechtsverstoß begangen hat bzw. begehen könnte und diese nicht als Erfüllungs- und/oder Verrichtungsgehilfe (i.S.v. § 278 bzw. § 831 BGB) der Muttergesellschaft tätig ist. Relevanz hatte diese Frage bislang vor allem bei Verstößen gegen das EU-Kartellrecht, das durchgängig, sowohl in den materiellen Normen (insbesondere Art. 101, 102 AEUV) als auch – anders als das deutsche Recht – in den verfahrensrechtlichen Normen (insbesondere VO 1/2003, FKVO) nicht an Begriffe wie Gesellschaft oder juristische Person, sondern allein an den Begriff Unternehmen (im Sinne einer wirtschaftlichen Einheit, eines Konzerns) anknüpft.

65 Gehen z.B. Art. 101, 102 AEUV bei Fehlverhalten einer bzw. in einer Tochtergesellschaft u.U. von einem Kartellrechtsverstoß des Unternehmens, einschließlich Muttergesellschaften aus, mag man überlegen, ob »Wer« (Passivlegitimierter) im Sinne von § 33 Abs. 1 und 3 GWB auch das Unternehmen im Sinne des EU-Kartellrechts sein kann.

66 In der Diskussion um die Umsetzung der Kartellschadensersatzrichtlinie ist eine Erweiterung der Konzernhaftung für Kartellschadensersatzansprüche dahingehend vorgeschlagen worden, dass Muttergesellschaften zivilrechtlich für Kartellzuwiderhandlungen ihrer Töchter haften. Während im deutschen

---

145 Vgl. EuGH, WuW/E EU-R 1335 – *Akzo Nobel*.

Kartell- und Bußgeldrecht außerhalb spezieller Regelungen wie § 130 OWiG bislang keine akzessorische Haftung der Muttergesellschaft für Zuwiderhandlungen der Töchter vorgesehen war,[146] hat die Entscheidungspraxis im EU-Bußgeldrecht die Rechtsfigur der wirtschaftlichen Einheit entwickelt.[147] Adressat des Kartellverbots ist danach das Unternehmen, nicht aber die juristische Person. Eine Mehrheit rechtlich selbstständiger Gesellschaften kann im kartellrechtlichen Sinn dabei ein Unternehmen bilden, wenn sie zu einer wirtschaftlichen Einheit zusammengefast sind. Eine solche liegt vor, wenn die Tochtergesellschaft trotz eigener Rechtspersönlichkeit ihr Marktverhalten nicht autonom bestimmt, sondern wegen der wirtschaftlichen, organisatorischen und rechtlichen Bindung zwischen beiden Rechtssubjekten im wesentlichen Weisungen der Muttergesellschaft befolgt.[148] Das Konzept der wirtschaftlichen Einheit führt dazu, dass es für die Haftung der Muttergesellschaft meistens ausreicht, wenn sie die Möglichkeit eines bestimmenden Einflusses auf die Konzerngesellschaft hat. Im Fall einer 100-prozentigen Beteiligung wird der Einfluss – in der Praxis kaum widerlegbar – vermutet.[149]

Die Einführung einer entsprechenden Haftung im deutschen Recht wird – unabhängig von der das Zivilrecht betreffenden Kartellschadensersatzrichtlinie – auch vom Bundeskartellamt im Hinblick auf das Bußgeldverfahren verlangt.[150] Der Grund für diese Forderung liegt darin, dass sich in der Vergangenheit mehrfach Kartellbeteiligte durch Umstrukturierungen der Bußgeldhaftung entzogen haben.[151] In diesem Zusammenhang wird gerne auf das sog. Wurstkartell verwiesen, in dem es einzelnen Unternehmen durch Umstrukturierungen (u.a. durch Abspaltung, Ausgliederung, teilweise Vermögensübertragung) gelang, sich der Bußgeldzahlung zu entziehen.[152] 67

Gegen eine Übernahme des europarechtlichen Konzepts jedenfalls in das Kartellzivilrecht sprechen jedoch gewichtige Gründe: Das Konzept wäre im deutschen Schuld- und Haftungsrecht systemwidrig, da es im Widerspruch zum kapitalgesellschaftlichen Trennungsprinzip steht,[153] und außerdem das 68

---

146 *Kling/Thomas*, § 23 Rn. 118; *Rust*, NZKart 2015, 501, 503; *Schnelle*, WuW 2015, 332, 338; *Haus*, Konzern 2015, 114, 119.
147 EuGH, Urt. v. 10.9.2009 – C-97/08 P, Rn. 55, 59 – *Akzo Nobel*, siehe im Einzelnen: *Kling/Thomas*, § 5 Rn. 17, § 9 Rn. 69 ff.
148 *Rust*, NZKart 2015, 502, 503.
149 Vgl. *Dannecker/Biermann*, in: Immenga/Mestmäcker, EU-WettbewerbR, Vorb. Art. 23 Rn. 103 f.; *von Hülsen/Kasten*, NZKart 2015, 296, 296 m.w.N.
150 Vgl. *Bischke/Brack*, NZG 2016, 99, 101.
151 *BKartA*, Tätigkeitsbericht 2013/14, BT-Drucks. 18/5210, S. 13; vgl. auch *Mäger*, NZKart 2015, 329 f.
152 Vgl. Referentenentwurf zur 9. GWB-Novelle, S. 38.
153 BGH, NZG 2004, 38, 40 für den Fall einer Drittwiderspruchsklage nach § 771 ZPO der Ein-Mann-GmbH gegen die Gläubiger ihres Alleingesellschafters; vgl.

stark individualisierende Schuldprinzip sowie der rechtsstaatliche Grundsatz *nulla poene sine lege* entgegenstehen, die das deutsche Straf- und Ordnungswidrigkeitsrecht prägen.[154] Zudem können im deutschen Zivilrecht Anspruchsteller und Anspruchsgegner allein natürliche oder juristische Personen oder anderweitig selbst am Rechtsverkehr teilnehmende Vereinigungen sein, denen insoweit (Teil-)Rechtsfähigkeit zukommt.[155] Dies trifft auf das Unternehmen als solches nicht zu. Gegen eine Passivlegitimation der (obersten) Muttergesellschaft wiederum spricht auch die im deutschen Kartellrecht stärker ausgeprägte Anknüpfung an konkrete Rechtssubjekte statt an das Unternehmen insgesamt.[156] Es ist die Gesellschaft verantwortlich, nicht aber eine wirtschaftliche Einheit oder ein Konzern. Die private Kartellrechtsdurchsetzung richtet sich einstweilen allein nach nationalem Kartellrecht. Sie knüpft im Wesentlichen nicht an den Unternehmensbegriff an, jedenfalls nicht an den i.S.v. § 36 Abs. 2 GWB, der sich nach der Rechtsprechung nicht gegenüber dem gesellschaftsrechtlichen Trennungsprinzip durchsetzen kann.[157] Darüber hinaus betreffen die Fälle, die das Bundeskartellamt dazu veranlasst hat, die Einführung einer Konzernhaftung zu fordern, Fälle, bei denen es um die Rechtsnachfolge bei der Bußgeldhaftung geht. Es wäre daher im Ergebnis angemessener, um etwaige »Umgehungen« vorzubeugen, Regelungen zur Rechtsnachfolge einzuführen, statt eine verschuldensunabhängige Konzernhaftung zu übernehmen.[158]

69 Allerdings macht nach vielfach geäußerter Ansicht die Kartellschadensersatzrichtlinie faktisch die Pflicht zur Übernahme des europäischen Unternehmensbegriffs im Sinne einer »wirtschaftlichen Einheit« in das (kartell-)zivilrechtliche Haftungsrecht verbindlich.[159] Dies geschieht allerdings nicht ausdrücklich, sondern nur zwischen den Zeilen, indem die Kartellschadensersatzrichtlinie den »Rechtsverletzer«, also den Kartellanten, als »Unternehmen oder Unternehmensvereinigung« definiert. Dabei lässt sie die für die Praxis bedeutende Frage offen, ab welchem Ausmaß von gesellschaftlichem Einfluss zwei Unternehmen eine wirtschaftliche Einheit bilden. Die Diskrepanz zwischen dem europäischen Unternehmensbegriff und dem deutschen Recht ist dem Gesetzgeber bekannt, weshalb eine Normierung, gegen wen

---

von Hülsen/Kasten, NZKart 2015, 296, 303 m.w.N; *Bischke/Brack*, NZG 2016, 99, 101.
154 *Rust*, NZKart 2015, 501, 503.
155 *Kling/Thomas*, § 23 Rn. 71.
156 Vgl. für das Kartell-Ordnungswidrigkeitenverfahren: BGH, WuW/E DE-R 3455; OLG Düsseldorf, WuW/E DE-R 2932, 2935.
157 BGH, WM 2009, 1997, 1998.
158 *Bischke/Brack*, NZG 2016, 99, 101.
159 *Jungbluth*, nach: *Pipoh*, NZKart 2016, 226, 226; *Kühne/Woitz*, DB, 1028, 1028; *Kersting*, WuW 2014, 564, 656; *Makatsch/Mir*, EuZW, 2015, 7, 8; *Kersting/Preuß*, WuW 2016, 394, 395.

ein Schadensersatzanspruch in Betracht kommt, regelungsbedürftig wäre. Der deutsche Gesetzgeber belässt es nach dem derzeitigen Stand des Referentenentwurfes dennoch im neuen § 33a GWB bei dem unbestimmten »wer« aus § 33 GWB und nimmt keine explizite Übernahme des europäischen Unternehmensbegriff im Kartellschadensersatzrecht vor. Damit überlässt der Gesetzgeber es der richterlichen Rechtsfortbildung, die entstandene Gesetzeslücke zu schließen.[160] Zusätzlich werden aber im Bußgeldrecht eine Gesamtrechtsnachfolgeregelung und eine Regelung zur wirtschaftlichen Nachfolge, z.B. bei konzernexterner Vermögensübertragung, eingeführt.[161] Der deutsche Lösungsansatz hinsichtlich des Unternehmensbegriffs mag aufgrund der großen praktischen Relevanz im höchsten Maße unbefriedigend sein, ist aber so hinzunehmen; folglich ist die diesbezügliche Rechtsprechung abzuwarten. Zwar ist allgemein eine planwidrige Regelungslücke als Voraussetzung für eine richterliche Rechtsfortbildung anerkannt,[162] allerdings ist weniger die Art der Lücke als die Absicht des Gesetzgebers entscheidend.[163] Ohne Anhaltspunkte, die gegen den Willen des Gesetzgebers zur richterlichen Rechtsfortbildung sprechen, dürfte dessen Schweigen regelmäßig dahingehend zu verstehen sein, dass die Prüfung einer etwaigen Extension der Rechtsnorm dem sie anwendenden Gericht zusteht.[164]

II. Begriff des Betroffenen (§ 33 Abs. 1 GWB)

1. Allgemeines

Anhand des früheren Schutzgesetzmerkmals konnte nicht nur die Anspruchsrelevanz des Gesetzesverstoßes, sondern auch die jeweilige persönliche Anspruchsberechtigung festgemacht bzw. eingegrenzt werden (der Anspruchsteller musste zum geschützten Personenkreis gehören). Seit Inkrafttreten der 7. GWB-Novelle wird in § 33 Abs. 1 Satz 1 GWB allgemein der von dem Verstoß »Betroffene« als Anspruchsberechtigter bezeichnet. Dabei regeln §§ 33, 34a GWB die zivilrechtliche Anspruchsberechtigung aufgrund von Verstößen gegen kartellrechtliche Bestimmungen abschließend.[165]

70

---

160 *Petrasincu*, WuW 2016, 330, 331.
161 Vgl. Referentenentwurf zur 9. GWB-Novelle, § 81 Abs. 3b und c. Die Ausfallhaftung im Übergangszeitraum wird in § 81a GWB-neu dahingehend geregelt, dass ein Haftungsbetrag festgesetzt wird, da aufgrund des Rückwirkungsverbots keine Anwendung der neuen Regelungen auf Kartelltaten möglich ist, die bei Inkrafttreten des Gesetzes bereits beendet sind.
162 Vgl. *Canaris*, Die Feststellung von Lücken im Gesetz, S. 39 ff.
163 *Wiedemann*, NJW 2014, 2407, 2411.
164 *Wiedemann*, NJW 2014, 2407, 2411.
165 BGH, WuW/E DE-R 1779, 1781: Der BGH hebt hervor, dass insbesondere keine lauterkeitsrechtlichen Ansprüche bzw. sich daraus ergebende Anspruchsberechti-

71 Die Anspruchsberechtigung des »Betroffenen« gilt nicht nur für den Beseitigungs- und Unterlassungsanspruch des § 33 Abs. 1 GWB, sondern auch für den Schadensersatzanspruch nach § 33 Abs. 3 GWB.[166] Zwar nennt § 33 Abs. 3 GWB den Betroffenen nicht ausdrücklich als Anspruchsberechtigten. Die Norm spricht unpersönlich allein von der Verpflichtung zum Schadensersatz. Mit Blick auf die Parallelität von Beseitigungs- und Unterlassungsanspruch (§ 33 Abs. 1 GWB) einerseits und Schadensersatzanspruch andererseits soll aber auch in § 33 Abs. 3 GWB (nur) der Betroffene Anspruchsberechtigter sein: § 33 Abs. 3 GWB knüpft an einen »Verstoß nach Absatz 1« an und beschränkt den Schadensersatzanspruch auf die qualifizierten Fälle des vorsätzlichen oder fahrlässigen Verstoßes. Demnach gelten alle Vorgaben des § 33 Abs. 1 GWB hinsichtlich Anspruchsberechtigung und Anspruchsverpflichtung auch als (Mindest-)Vorgaben für Ansprüche nach § 33 Abs. 3 GWB.

72 Der Kreis der Betroffenen ist nicht auf Unternehmen beschränkt. Er umfasst auch Endverbraucher, die – wie insbesondere bei Angebotskartellen – in ihren wirtschaftlichen Interessen beeinträchtigt sind.[167]

73 Gemäß § 33 Abs. 2 GWB tritt neben die Anspruchsberechtigung des »Betroffenen« – unter bestimmten Voraussetzungen – die Anspruchsberechtigung »von rechtsfähigen Verbänden zur Förderung gewerblicher oder selbständiger beruflicher Interessen« (Abs. 2 Nr. 1) und von qualifizierten Einrichtungen (Abs. 2 Nr. 2), insbesondere Verbraucherschutzorganisationen; diese gilt allerdings nur für Beseitigungs- und Unterlassungsansprüche, nicht für Schadensersatzansprüche nach § 33 Abs. 3 GWB (hierzu im Einzelnen im Rahmen der Erläuterungen zum Beseitigungs- und Unterlassungsanspruch[168]).

a) Schutzgesetzerfordernis, Entfall

74 Ein Vergleich der neuen Regelung des § 33 Abs. 1 GWB mit § 33 Satz 1 GWB a.F. und die Überlegungen im Gesetzgebungsverfahren der 7. GWB-Novelle machen erkennbar, in welchem Umfang die 7. GWB-Novelle den Kreis der Anspruchsberechtigten erweitern sollte.

75 Voraussetzung eines Unterlassungs- oder Schadensersatzanspruchs nach § 33 Satz 1 GWB a.F. war, dass die verletzte Vorschrift den Schutz eines Anderen bezweckte (Schutzgesetzerfordernis). Das Schutzgesetzerfordernis in § 33

---

gungen bestehen, wenn sich der Vorwurf der Unlauterkeit allein auf die Verletzung eines kartellrechtlichen Tatbestandes stützt.
166 Ebenso: *Bechtold*, GWB, § 33 Rn. 9, *Lübbig*, in: MünchKommKartR, § 33 Rn. 4.
167 *Bornkamm*, in: Langen/Bunte, § 33 Rn. 35; vgl. auch Regierungsbegründung zur 7. GWB-Novelle, BT-Drucks. 15/3640, 53.
168 Rdn. 165 ff.

Satz 1 GWB a.F. entsprach dem gleichlautenden Begriff in § 823 Abs. 2 BGB. Nach ständiger BGH-Rechtsprechung qualifiziert sich eine Norm als Schutzgesetz, wenn sie – möglicherweise neben dem Schutz der Allgemeinheit – jedenfalls auch dazu dienen soll, »den Einzelnen oder einzelne Personenkreise gegen die Verletzung eines Rechtguts zu schützen.«[169] Es komme nicht auf die Wirkung, sondern auf Sinn und Zweck des Gesetzes und insbesondere darauf an, »ob der Gesetzgeber bei Erlass des Gesetzes gerade einen Rechtschutz, wie er wegen der behaupteten Verletzung in Anspruch genommen wird, zugunsten von Einzelpersonen oder bestimmter Personenkreise gewollt oder doch mitgewollt hat.«[170] Hinreichend soll sein, »dass die Norm auch das Interesse des Einzelnen schützen soll, mag sie auch in erster Linie das Interesse der Allgemeinheit im Auge haben.«[171]

Ein Anspruch nach § 33 Satz 1 GWB a.F. setzte daher voraus, dass die vermeintlich verletzte Vorschrift des GWB oder Verfügung der Kartellbehörde auch dem Individualschutz diente.[172] So waren die §§ 19 und 20 GWB ohne weiteres als Schutzgesetze i.S.v. § 33 GWB a.F. anzusehen.[173] Besondere Fragen in Zusammenhang mit § 33 GWB a.F. ergaben sich bei Kartellverstößen i.e.S., d.h. Verstößen gegen § 1 GWB und gegen den damaligen Art. 81 EG. Verletzungen der letzteren Vorschrift konnten – Schutzgesetzcharakter vorausgesetzt – zwar keinen Anspruch gemäß § 33 Satz 1 GWB a.F., wohl aber nach § 823 Abs. 2 GWB begründen. **76**

Im Grundsatz war anerkannt, dass § 1 GWB und der damalige Art. 81 EG (heute: Art. 101 AEUV) Schutzgesetze i.S.v. § 33 Satz 1 GWB a.F. bzw. § 823 Abs. 2 BGB darstellten. Sowohl § 1 GWB – seit der 6. GWB-Novelle – als auch Art. 81 EG bzw. Art. 101 AEUV sind ausdrücklich als Verbotsgesetze ausgestaltet. Beide Normen begründen unmittelbar im Verhältnis zwischen Rechtssubjekten Rechte und Pflichten, denen vor den nationalen Gerichten Geltung verschafft werden kann.[174] **77**

Umstritten blieb jedoch, welcher Personenkreis vom Schutzbereich des § 1 GWB umfasst war/ist und wer unter Berufung auf § 1 GWB als Anspruchs- **78**

---

169 BGHZ 116, 7, 13; BGHZ 106, 204, 206; BGHZ 103, 197, 199; BGHZ 100, 13, 14 f.; BGHZ 84, 312, 314; BGHZ 66, 388, 390; BGHZ 46, 17, 23; BGHZ 40, 306, 306.
170 BGHZ 116, 7, 13.
171 BGHZ 40, 306, 306; BGHZ 116, 7, 13.
172 BGH, WUW/E BGH 1361, 1364 – *Krankenhaus- Zusatzversicherung*.
173 *Lübbig*, in: MünchKommKartR, § 33 Rn. 40; *Roth*, in: FK, § 33 Rn. 68 ff.
174 EuGH, Slg. 1980, 2481 Rn. 13; EuGH, Slg. 1974, 51, Rn. 15 ff., *BRT/SABAM*; vgl. auch *Emmerich*, in: Immenga/Mestmäcker, § 33 Rn. 12; *Roth*, in: FK, § 33 Rn. 36.

berechtigter nach § 33 Satz 1 GWB a.F. auftreten konnte.[175] Diskutiert wurde insbesondere, ob Lieferanten und Abnehmer der Kartellmitglieder in den persönlichen Schutzbereich des § 1 GWB fielen;[176] umso mehr blieb die Anspruchsberechtigung der lediglich indirekten Abnehmer (d.h. der Kunden bzw. Lieferanten der unmittelbar vom Kartell betroffenen Abnehmer/Lieferanten) unklar.[177] Der BGH war – im Einklang mit der Instanzrechtsprechung[178] – ursprünglich restriktiv und wollte eine Anspruchsberechtigung nur dann zubilligen, wenn sich das Kartell bzw. die Kartellvereinbarung gezielt gegen den Anspruchsteller richtete.[179] In konsequenter Anwendung dieser BGH-Rechtsprechung kam Verbrauchern bei kartellbedingt überhöhten Preisen regelmäßig keine Anspruchsberechtigung zu.[180]

79 Ähnlich äußerte sich der BGH ursprünglich zu Fällen, in denen auf Grundlage eines Verstoßes gegen den damaligen Art. 81 EG der Schadensersatzanspruch unmittelbar auf § 823 Abs. 2 BGB gestützt wurde. Ein Anspruch nach § 823 Abs. 2 BGB verlange, dass die Art. 81 EG verletzende Maßnahme auf die Beeinträchtigung der Wettbewerbsstellung eines bestimmten Wettbewerbers abziele.[181] Der BGH wollte zunächst keine allgemeine Antwort auf die Frage der Qualifikation von Art. 81 EG als Schutzgesetz geben; vielmehr sei dies – wie bei § 1 GWB – hinsichtlich des jeweiligen Anspruchsstellers (Geschädigten) im Einzelfall festzustellen.[182]

---

175 *Emmerich*, in: Immenga/Mestmäcker, § 33 Rn. 22; *Lübbig*, in: MünchKomm-KartR, § 33 Rn. 42; *Bornkamm*, in: Langen/Bunte, § 33 Rn. 25 ff.
176 BGHZ 86, 324, 330 – *Familienzeitschrift*; BGH, WuW/E DE-R 206, 207 – *Depotkosmetik*.
177 *Lübbig*, in: MünchKommKartR, § 33 Rn. 43.
178 Dem BGH fast uneingeschränkt folgend: OLG Karlsruhe, WUW/E DE-R 1229 – *Vitaminpreise*; OLG Düsseldorf, WUW/E OLG 4454 – *Ennepetal-Verlag*; OLG Düsseldorf, WUW/E OLG 4481 – *Schmiedeeisenwaren*; OLG Frankfurt, WUW/E OLG 4475; LG Berlin, WUW/E DE-R 1325 – *Berliner Transportbeton II*; siehe aber: OLG Stuttgart, WUW/E DE-R 161 – *Carpartner II*; bei einer besonderen Fallkonstellation (spezifisches Nachfragekartell) den Schutzgesetzcharakter bejahend: OLG Bremen, WUW/E OLG 4478 – *Versteigerung der Käuferposition*.
179 BGHZ 86, 324, 330; sowie BGH, WUW/E BGH 1985, 1988 – *Familienzeitschrift*.
180 Vgl. BGH, NJW 1999, 2741, 2743.
181 BGH, WUW/E BGH 1643, 1646 – *BMW-Importe*; BGH, WUW/E BGH 2451, 2457 – *Cartier-Uhren*.
182 BGH, WUW/E DE-R 206, 207 – *Depotkosmetik*; vgl. auch BGH, WUW/E BGH 1643, 1645 – *BMW-Importe*; BGH, WUW/E BGH 2451, 2457 – *Cartier-Uhren*.

80 Auch nach dem EuGH-Urteil in der Sache *Courage gegen Crehan*[183] sahen die deutschen Instanzgerichte keinen Anlass, den Kreis der Anspruchsberechtigten i.S.v. § 33 Satz 1 GWB a.F. bzw. § 823 Abs. 2 BGB auszudehnen.[184] Damit blieb der Anwendungsbereich sowohl von § 33 Satz 1 GWB a.F. als auch von § 823 Abs. 2 BGB, insbesondere im Zusammenhang mit Verstößen gegen § 1 GWB und Art. 81 EG bzw. Art. 101 AEUV, vor der 7. GWB-Novelle gering. Was die Qualifikation von § 1 GWB als Schutzgesetz betrifft, spielte lediglich die Anwendung von § 33 Satz 1 GWB auf Kartellrechtsverstöße in individualisierten Vertikalbeziehungen mehrfach eine Rolle.[185] Demgegenüber wurden die §§ 19 und 20 GWB uneingeschränkt als Schutzgesetze i.S.v. § 33 Satz 1 GWB angesehen.[186] Fälle der Anwendung des § 33 Satz 1 GWB waren häufig Lieferverweigerungen und Boykottabsprachen.[187] Erst einige Zeit nach dem Inkrafttreten der 7. GWB-Novelle hat der BGH, unter Anlehnung an die Aussagen des EuGH in *Courage gegen Crehan* entschieden, dass der Schutzbereich des Art. 101 Abs. 1 AEUV i.S.v. § 823 Abs. 2 BGB (und damit wohl ebenso i.S.v. § 33 Satz 1 GWB a.F.) auch dann die Abnehmer der Kartellbeteiligten erfasse, wenn sich die Kartellabsprache nicht gezielt gegen diese Abnehmer richtete.[188]

81 Übereinstimmend mit der EuGH-Entscheidung *Courage gegen Crehan* und *Manfredi*[189] stellt die Kartellschadensersatzrichtlinie klar, dass jeder Kartellgeschädigte das Recht auf vollständigen Schadensersatz hat. Art. 12 Abs. 1 der Kartellschadensersatzrichtlinie regelt ausdrücklich, dass jeder Geschädigte, unabhängig davon, ob dieser unmittelbarer oder mittelbarer Abnehmer eines Rechtsverletzers ist, Schadensersatz fordern kann. Ohne diese Regelung hätte der mittelbare Abnehmer mangels direkter vertraglicher Beziehungen zu dem Schädiger kaum Möglichkeiten, Kompensation zu erlangen.[190] In seiner *Kone*-Entscheidung[191] sprach der EuGH erstmals Personen, die keine

---

183 EuGH, Slg. 2001, I-6297, siehe Rdn. 8 ff.
184 Vgl. LG Mannheim, GRUR 2004, 182 – *Vitaminpreise*; OLG Karlsruhe, NJW 2004, 2243 – *Vitaminpreise*; LG Mainz, NJW-RR 2004, 478 – *Vitaminpreise*; a.A. LG Dortmund, WUW/E DE-R S. 1352, 1353 – *Vitaminpreise*.
185 BGHZ 133, 177, 180 und WUW/E BGH 3074 – *Kraft-Wärme-Kopplung*; BGHZ 86, 324, 330 und WUW/E BGH 1985, 1988 – *Familienzeitschrift*; OLG Karlsruhe, WUW/E OLG 2085, 2091 ff. – *Multiplex*.
186 *Lübbig*, in: MünchKommKartR, § 33 Rn. 40; *Roth*, in: FK, § 33 Rn. 68 ff.
187 BGHZ 133, 177, 180 und WUW/E BGH 3074 – *Kraft-Wärme-Kopplung*; BGH, BGHZ 86, 324, 330 und WUW/E BGH 1985, 1988 – *Familienzeitschrift*; OLG Karlsruhe, WUW/E OLG 2085, 2091 ff. – *Multiplex*.
188 BGH, WuW/E DE-R 3431, 3433 – *ORWI*.
189 EuGH, Urt. v. 20.9.2001 – C-453/99, Slg. 2001, I-6297 – *Courage gegen Crehan*; EuGH, Urt. v. 13.7.2006 – C-295/04, Slg. 2006, I-6619 – *Manfredi*.
190 *Haus/Serafimova*, BB 2014, 2883, 2884.
191 EuGH, WuW/E EU-R 3030 – *Kone*.

Abnehmer der Kartellanten, sondern solche anderer Wettbewerber waren, eine Anspruchsberechtigung zum Ausgleich von Preisschirmeffekten zu. Diese personelle Ausweitung des Kreises der Anspruchsberechtigten beruht auf der in ständiger Rechtsprechung zu Art. 101 AEUV vertretenen »Jedermann«-Formel,[192] deren Übertragbarkeit auch auf Verstöße gegen Art. 102 AEUV anerkannt ist:[193]

82 Die Kartellschadensersatzrichtlinie bildet diese EuGH-Rechtsprechung mit leichten Modifikationen auch an anderer Stelle ab.[194] Nach Art. 3 Abs. 1 der Kartellschadensersatzrichtlinie soll jede natürliche oder juristische Person, die einen durch eine Zuwiderhandlung gegen das Wettbewerbsrecht verursachten Schaden erlitten hat, vollständigen Ersatz verlangen können. Personelle Beschränkungen sucht man dort ebenso vergeblich wie in Art. 1 Abs. 1 zum Geltungsbereich der Kartellschadensersatzrichtlinie, die gewährleisten soll, dass »jeder, der einen durch Zuwiderhandlung [...] gegen das Wettbewerbsrecht verursachten Schaden erlitten hat,« das Recht auf vollständigen Schadensersatz wirksam durchsetzen können soll. Weit definiert auch Art. 2 Nr. 6 der Kartellschadensersatzrichtlinie: »Geschädigter« ist jeder, der einen durch eine Zuwiderhandlung gegen das Wettbewerbsrecht verursachten Schaden erlitten hat. Zum Schutz des Schädigers ist eine Mehrfachinanspruchnahme jedoch ausgeschlossen.[195]

b) Beeinträchtigung eines Mitbewerbers oder sonstigen Marktbeteiligten

83 Nach der Legaldefinition in § 33 Abs. 1 Satz 3 GWB ist als »Betroffener« anzusehen und kann damit anspruchsberechtigt sein, »wer als Mitbewerber oder sonstiger Marktbeteiligter durch den Verstoß beeinträchtigt ist.« »Betroffenheit« setzt zweierlei voraus: erstens muss eine Beeinträchtigung vorliegen; zweitens muss diese einen Marktbeteiligten treffen. Nach dem Wortlaut ist die Anspruchsberechtigung nicht auf Konkurrenten begrenzt.[196]

84 Wie die Kriterien der Beeinträchtigung und des Marktbeteiligten zu verstehen sind, ergibt sich nicht aus dem Gesetzeswortlaut. Die Begriffe können nur unter Betrachtung der Gesetzessystematik, der Normgenese (7. GWB-Novelle) sowie des Telos der zivilrechtlichen Ansprüche und der verletzten Kartellrechtsvorschriften verstanden werden. Fraglich und Gegenstand der Diskussi-

---

192 Zuletzt EuGH, WuW/E EU-R 3030, 3033 – *Kone*.
193 EuGH, Urt. v. 20.9.2001 – C-453/99, Slg. 2001, I-6297, Rn. 23 – *Courage gegen Crehan; Bulst*, in: Langen/Bunte, AEUV, Art. 102 Rn. 391; *Zetzsche*, WuW 2001, 65, 68.
194 *Zetzsche*, WuW 2016, 65, 68.
195 Siehe Absatz zu Passing-on Defense, B. II. 1. c.
196 *Lübbig*, in: MünchKommGWB, § 33 Rn. 56.

on im Schrifttum war zunächst, ob und ggf. unter welchen Voraussetzungen auch mittelbare Abnehmer (wie etwa Verbraucher) bzw. mittelbare Lieferanten des Rechtsverletzers anspruchsberechtigt sein können.[197] Darüber hinaus wurde schon im Zusammenhang mit § 33 GWB a.F. lange Zeit die Anspruchsberechtigung anderer an der Absprache beteiligter Unternehmen diskutiert[198] – etwa des Abnehmers, der über die kartellrechtlich zulässige Zeitspanne hinaus langfristig gebunden wurde. Ersterenfalls stellt sich die Frage nach der Reichweite des Begriffs »Marktbeteiligter«.[199] Letzterenfalls kommt es auf die Auslegung des Begriffs »Beeinträchtigung« an.

Die Frage, ob ein Dritter Schadensersatzansprüche geltend machen kann, stellt sich auch bei Verstößen gegen bloße Verfahrensvorschriften. Die Klärung der Frage ist in diesen Fällen aber richtigerweise allein beim Schutzzweckzusammenhang zu verorten.[200] Auch sonst ist der Schutzzweckzusammenhang (haftungsbegründende Kausalität) genau zu prüfen, will man für einen nicht unmittelbaren Mitbewerber und/oder einen nicht direkten Abnehmer/Lieferanten einen Anspruch nach § 33 Abs. 1, 3 GWB zulassen.[201]

85

c) **Mittelbare Beeinträchtigung und Problem der evtl. Mehrfachhaftung**

aa) **Spannungsverhältnis bzgl. Zulassung bzw. Ausschluss der**
passing-on defense

Die Definition des Begriffs des »Betroffenen« bzw. der »Beeinträchtigung« steht in engem Zusammenhang mit der Frage zu Ausschluss oder Zulassung der *passing-on defense*.[202] Bei der *passing-on defense* beruft sich der Schädiger gegenüber dem Vertragspartner (Abnehmer/Lieferant) darauf, dieser hätte keinen Schaden erlitten, weil er den behaupteten Vermögensnachteil – z.B. durch überhöhte Weiterverkaufspreise – an die nach- bzw. vorgelagerte Produktions- bzw. Vertriebsstufe weitergereicht habe.[203] Wurde aber der kartellbedingt überhöhte Preis an die weiteren Handelsebenen – und schließlich möglicher-

86

---

197 Siehe einerseits (für relativ enge Auslegung): *Hempel*, WuW 2004, 362, 369; *Lübbig*, in: MünchKommKartR, § 33 Rn. 66; *Bechtold*, GWB, § 33 Rn. 11; siehe andererseits (für relativ weite Auslegung): *Bornkamm*, in: Langen/Bunte, § 33 Rn. 36, 52; *Emmerich*, in: Immenga/Mestmäcker, § 33 Rn. 29, 31.
198 *Bornkamm*, in: Langen/Bunte, § 33 Rn. 33; *Lübbig*, in: MünchKommKartR, § 33 Rn. 43; KG WuW/E OLG 1903, 1905 – *Air-Conditioning-Anlagen*.
199 Siehe dazu im Einzelnen unter Rdn. 119 ff.
200 Siehe Rdn. 158 ff.
201 Vgl. Rdn. 86 ff.
202 Vgl. *Bornkamm*, in: Langen/Bunte, § 33 Rn. 41; *Röhling*, FS Huber, S. 1117, 1121.
203 Zur *passing-on defense* und ihrer Einordnung hinsichtlich Schadensentstehung und Vorteilsausgleichung siehe im Detail Rdn. 34 f.

weise an die Verbraucher – weitergegeben, stellt sich auch die Frage, ob diese mittelbaren Abnehmer zivilrechtliche Ansprüche gegen das Kartellmitglied haben. Insbesondere fragt sich, ob aus einem eventuellen Ausschluss der *passing-on defense* des Schädigers ggf. zugleich der grundsätzliche Ausschluss der Ansprüche der mittelbaren Abnehmer folgt.

87 Ursprünglich wollten einige zur effektiven Durchsetzung der kartellrechtlichen Verbotsnormen pauschal ausschließen, dass sich der Schädiger auf eine Weiterreichung kartellbedingt überhöhter Preise berufen kann.[204] Wollte man aber eine »Beeinträchtigung« i.S.v. § 33 Abs. 1 Satz 3 GWB des mittelbaren (End-)Abnehmers anerkennen und gleichzeitig Abs. 3 Satz 2 als (endgültigen) Ausschluss der *passing-on defense* bewerten,[205] würde dies eine Vollkompensation des mittelbaren (End-)Abnehmers und gleichzeitig eine (Über-)Kompensation des unmittelbaren Abnehmers herbeiführen. Der Rechtsverletzer/Schädiger würde dementsprechend »überkompensatorisch« haften. Dies widerspräche der Maxime des deutschen Rechts, Schadensersatzansprüche auf die Kompensation des tatsächlich eingetretenen Schadens zu beschränken.[206] Die Geltendmachung eines Schadensersatzanspruchs soll zwar den Gesamtschaden kompensieren, nicht aber den Rechtsverletzer/Schädiger überkompensatorisch, quasi mit dem Ziel der »Bestrafung« (vgl. die den tatsächlichen Schaden maximal verdreifachenden »*punitive damages*« des US-amerikanischen Kartellrechts) »haften« lassen oder zu einer Bereicherung des Anspruchstellers beitragen (»Bereicherungsverbot«).[207] Dass dies auch der Gesetzgeber der 7. GWB-Novelle so gesehen hat, wird durch die explizite Anordnung der Subsidiarität der Vorteilsabschöpfung in § 34 Abs. 2 GWB (ggf. i.V.m. § 34a Abs. 2 GWB) bestätigt. Nach § 34 Abs. 2 Satz 2 GWB ist einem Unternehmen, das Schadensersatzleistungen wegen eines Kartellrechtsverstoßes erbracht hat, der ggf. zuvor durch Vorteilsabschöpfung bereits entzogene Geldbetrag zurückzuerstatten.

88 Der Gesetzgeber hat im Rahmen der 7. GWB-Novelle zu diesem »Dilemma« nicht Stellung bezogen – trotz Ausdehnung der Aktivlegitimation[208] (Abschaffung des Schutzgesetzerfordernisses) und trotz gleichzeitiger Einfügung

---

204 *Rehbinder*, in: Loewenheim/Meessen/Riesenkampff, 1. Aufl., GWB, § 33 Rn. 40; *Berrisch/Burianski*, WuW 2005, 878, 886.
205 Siehe dazu auch unten Rdn. 234 ff.
206 So auch: *Bornkamm*, GRUR 2010, 501, 504.
207 Siehe insbes. BVerfGE 108, 238 (einstweilige Anordnung gegen Zustellung einer Sammelklage auf Schadensersatz i.H.v. 17 Mrd. US-$); BGH, NJW 1992, 3096, 3103; *Oetker*, in: MünchKommBGB, § 249 Rn. 9; *Schiemann*, in: Staudinger, BGB, Vorbem. §§ 249–254 Rn. 2; vgl. auch Art. 40 Abs. 3 EGBGB.
208 BT-Drucks. 15/5049, 49.

des § 33 Abs. 3 Satz 2 GWB,[209] mit dem er scheinbar zumindest dem Pauschaleinwand der Weiterveräußerung durch den Geschädigten eine Absage erteilen wollte. Entsprechend groß wurde damit nach der 7. GWB-Novelle die Diskussion zum »Themendreieck« mittelbare Beeinträchtigung, *passing-on defense* und (Vermeidung von) Überkompensation.

bb) Differierende Ansichten

Das Spektrum der zur Frage der Anspruchsberechtigung mittelbarer Abnehmer/Lieferanten (und zum Spannungsverhältnis mit der *passing-on defense*) vertretenen Ansichten ist weit: Sehr vereinzelt wird vertreten, den mittelbaren Abnehmern/Lieferanten käme uneingeschränkte Aktivlegitimation zu, obwohl – zugleich – die *passing-on defense* völlig ausgeschlossen sei.[210] Ein Teil der Literatur stellt jedenfalls, unter Berufung auf das EuGH-Urteil zu *Courage gegen Crehan*,[211] in den Mittelpunkt, dass der mittelbare (End-)Abnehmer, wenn er durch kartellbedingt überhöhte Preise des am Kartell nicht beteiligten Zwischenhändlers Schaden erlitten habe, diesen gegenüber dem Kartellmitglied geltend machen könne.[212] Teilweise werden zwar eine Anspruchsberechtigung der mittelbaren Abnehmer/Lieferanten bejaht, aber auch gewisse »Haftungseingrenzungen« vorgeschlagen, um eine Mehrfachhaftung zu vermeiden (so auch Monopolkommission und Bundeskartellamt).[213] Dabei wird insbesondere vertreten, ein (völliger) Ausschluss der *passing-on defense* sei angesichts der Anspruchsberechtigung mittelbarer Abnehmer/Lieferanten nicht zulässig.[214]

89

Bundeskartellamt – kurz nach Inkrafttreten der 7. GWB-Novelle – und Monopolkommission – bereits im Anschluss an die Vorlage des Referentenentwurfs – haben bereits im Vorfeld der 7. GWB-Novelle für eine Anspruchsberechtigung der mittelbaren Abnehmer/Lieferanten argumentiert. Allerdings hat sich das Bundeskartellamt klar gegen eine Mehrfachhaftung ausgesprochen.

90

---

209 BT-Drucks. 15/5049, 49.
210 *Fuchs*, WRP 2005, 1384; *Lettl*, ZHR 2003, 473, 489, 492.
211 EuGH, Urt. v. 20.9.2001 – C-453/99, Slg. 2001, I-6297 – *Courage gegen Crehan*.
212 *Emmerich*, in: Immenga/Mestmäcker, § 33 Rn. 29.
213 Vgl. *Monopolkommission*, Das allgemeine Wettbewerbsrecht in der Siebten GWB-Novelle, Sondergutachten, S. 39, Rn. 74; *Monopolkommission*, 15. Hauptgutachten, 2002/2003, 2004, Rn. 115; *Bulst*, Schadensersatzansprüche der Marktgegenseite im Kartellrecht, S. 286 ff., 321 f.
214 *Beninca*, WuW 2004, 604, 606 ff.; *Röhling*, in: FS Huber, S. 1117, 1130 f.; *Roth*, in: FS Huber, S. 1133, 1159 ff.; *Schütt*, WuW 2004, 1124, 1129; im Ergebnis auch *Bornkamm*, GRUR 2010, 501, 502.

Diese habe Strafcharakter, was dem deutschen Schadensersatzrecht fremd ist.[215]

91 Zur Begründung der Anspruchsberechtigung der mittelbaren Abnehmer/Lieferanten haben Bundeskartellamt und Monopolkommission insbesondere auf das Urteil des EuGH in *Courage gegen Crehan* verwiesen, dem zufolge für die Gewährleistung der vollen Wirksamkeit des Art. 85 EG (jetzt: Art. 101, 102 AEUV) jedermann zur Geltendmachung erlittener Schäden imstande sein müsse.[216] Auf dieses Urteil nahmen auch die Begründung zum Regierungsentwurf[217] sowie die Beschlussempfehlung des Ausschusses für Wirtschaft und Arbeit Bezug.[218] Laut Monopolkommission ist eine Differenzierung zwischen unmittelbaren und mittelbaren Abnehmern nicht sinnvoll. Der Status hänge vom zufälligen Faktor der Vertriebsorganisation ab. Zwischenhändler hätten eventuell kein Klageinteresse, wenn ihnen eine Weiterwälzung des Schadens gelänge.[219] Zur Vermeidung von Mehrfachhaftung solle eine Anrechnung des an die mittelbaren Abnehmer gezahlten Schadensersatzes auf den Anspruch des Direktabnehmers erfolgen.[220] Der Argumentation von Bundeskartellamt und Monopolkommission haben sich einige Stimmen in der Literatur[221] – mit im Detail teils abweichenden Argumenten angeschlossen. Dabei wurde in der Literatur auch darauf verwiesen, der regelmäßige Eintritt eines Schadens des mittelbaren Abnehmers ergebe sich aus der ökonomischen Erkenntnis, dass sich in Wettbewerbsmärkten die Preisbildung an den Kosten orientiere. Es sei daher ökonomisch und juristisch überzeugender, die *passing-on defense* grundsätzlich zuzulassen.[222]

---

215 *Bundeskartellamt*, Private Kartellrechtsdurchsetzung – Stand, Probleme, Perspektiven (Diskussionspapier), S. 11 f. und Fn. 44.
216 BGH a.a.O.; *Monopolkommission*, Das allgemeine Wettbewerbsrecht in der Siebten GWB-Novelle, Sondergutachten, S. 21 f., Rn. 39, S. 38 f., Rn. 71 f.; *Bundeskartellamt*, Private Kartellrechtsdurchsetzung – Stand, Probleme, Perspektiven (Diskussionspapier), S. 8; EuGH, Urt. v. 20.9.2001 – C-453/99, Slg. 2001, I-6297, Rn. 26 f. – *Courage gegen Crehan*.
217 BT-Drucks. 15/3640, 35, 53.
218 BT-Drucks. 15/5049, 49.
219 *Monopolkommission*, Das allgemeine Wettbewerbsrecht in der Siebten GWB-Novelle, Sondergutachten, S. 39, Rn. 73.
220 Siehe *Monopolkommission*, Das allgemeine Wettbewerbsrecht in der Siebten GWB-Novelle, Sondergutachten, S. 39, Rn. 74.
221 Siehe z.B. *Bulst*, Schadensersatzansprüche der Marktgegenseite im Kartellrecht, S. 132 ff., 248 ff., 347 ff.; *ders.*, EWS 2004, 62, 64; *ders.* NJW 2004, 2201; *Fritzsche*, WRP 2006, 42, 46; *Lettl*, ZHR 2003, 473, 481 f., 489; *ders.*, KartR, Rn. 849; *Schütt*, WuW 2004, 1124, 1128.
222 *Röhling*, FS Huber, S. 1117, 1131.

Der BGH hat sich in seiner Entscheidung in Sachen *ORWI* im Wesentlichen 92
zu einer prinzipiellen Anspruchsberechtigung auch mittelbar Geschädigter
und Zulassung der *passing-on defense* als Frage der Vorteilsausgleichung bekannt. Regelmäßig seien die schädlichen Wirkungen eines Kartells nicht auf
die unmittelbare Marktgegenseite beschränkt; häufig könnten Verbraucher
sogar stärker nachteilig berührt sein als Erstabnehmer.[223] Angesichts der Bedeutung des Kartellverbotes für die Wirtschaftsordnung könne den so Betroffenen nicht pauschal die Anspruchsberechtigung verwehrt werden; dies gebiete auch der Schutzgesetzcharakter des Art. 101 Abs. 1 AEUV.[224] Der BGH
verweist zudem auf die Entscheidung des EuGH in *Courage gegen Crehan*[225]
und den dort herangezogenen EU-rechtlichen Effektivitätsgrundsatz (*effet
utile*).[226] Dieser dürfe nicht dahingehend verwendet werden, dass eine Beschränkung auf »klagewillige« Erstabnehmer letztlich wirksamer und durchsetzungsstärker sei. Im Gegenteil seien ein wirklicher Schaden und eine Klagebereitschaft bei den Erstabnehmern nicht immer gewährleistet.[227] Die
Entscheidung des BGH erging zwar nicht zu § 33 GWB in der Fassung der 7.
oder 8. GWB-Novelle, sondern zu einem Anspruch aus § 823 Abs. 2 BGB
i.V.m. Art. 101 Abs. 1 AEUV. Es ist aber nicht erkennbar, dass der BGH zu
§ 33 GWB n.F. anders entscheiden würde. Vielmehr setzt sich der BGH in
der Entscheidung sogar im Einzelnen mit der aus seiner Sicht nicht abschließenden Einschränkung der Vorteilsausgleichung in § 33 Abs. 3 Satz 2 GWB
n.F. auseinander.[228] Dies macht deutlich, dass der BGH auch nach dem GWB
n.F. das Verhältnis von mittelbarer Betroffenheit und *passing-on defense* gleichermaßen bewerten wollte.

Die lange Zeit herrschende Meinung im Schrifttum wollte eine Mehrfachhaftung 93
dadurch vermeiden, dass sie die Anspruchsberechtigung der mittelbaren
Abnehmer verneint.[229] Dies ist eine Argumentationslinie, die ähnlich auch in
der US-amerikanischen Rechtsprechung Anwendung gefunden hat.[230] Teilweise wird mit der Definition des Betroffenenbegriffs in § 33 Abs. 1 GWB ar-

---

223 BGH, WuW/E DE-R 3431, 3435 – *ORWI*.
224 BGH, a.a.O., 3434.
225 EuGH, Slg. 2011, I-6297.
226 EuGH, WuW/E EU-R 1107 – *Montredi*.
227 BGH, WuW/E DE-R 3431, 3436.
228 BGH, a.a.O., 3443.
229 *Bornkamm*, in: Langen/Bunte GWB, 11. Auflage, § 33 Rn. 40; *Brinker/Balssen*, in: FS Bechtold, S. 69, 78 f.; *Dittrich*, GRUR 2009, 123, 126 ff.; *Koch*, WuW 2005, 1210, 1220 f.; *Köhler*, GRUR 2004, 99, 101; *Linder*, Privatklage und Schadensersatz im Kartellrecht, S. 130; *Roth*, in: FK, § 33 Rn. 50, 145 ff.; *Weyer*, ZEuP 2003, 318, 338 ff.
230 *Hanover Shoe Inc. v. United Shoe Machinery Group*, 392 U.S. 481, 490–492 (1968); *Illinois Brick v. Illinois*, 431 U.S. 27 (1977). Siehe hierzu *Roth*, in: FK, § 33 Rn. 144; *Monopolkommission*, Das allgemeine Wettbewerbsrecht in der Siebten

gumentiert. Dieser schließe eine Anspruchsberechtigung der Abnehmer auf den nachgelagerten Absatzstufen aus. »Marktbeteiligter« im Sinne der Legaldefinition in § 33 Abs. 1 Satz 3 GWB könne nur der unmittelbare Abnehmer sein.[231] Verwiesen wird zudem auf § 33 Abs. 3 Satz 2 GWB, dessen Beachtung (keine bzw. eingeschränkte *passing-on* defense) den Ausschluss der Anspruchsberechtigung mittelbarer Abnehmer erfordere.[232] Vereinzelt wird mit einer Parallelwertung zur Drittbeschwerdebefugnis im Fusionskontrollverfahren argumentiert.[233] Dort sollen nur solche Dritte beschwerdebefugt sein, die durch den Zusammenschluss unmittelbar und individuell betroffen sind. Schließlich wird auf den Referentenentwurf vom 17. Dezember 2003 verwiesen.[234] Der Referentenentwurf wollte – wie das spätere Gesetz – das Schutzgesetzerfordernis zugunsten einer Anspruchsberechtigung des »Betroffenen« aufgeben.[235] Die Begründung des Referentenentwurfs sprach ausdrücklich von einer »konkreten, d.h. insbesondere unmittelbaren Betroffenheit«.[236]

94   Den Verweis der Gegenmeinung (die Anspruchsberechtigung mittelbarer Abnehmer bejahend) auf die EuGH-Entscheidung in Sachen *Courage gegen Crehan* bewerten einige Autoren[237] für eine Überinterpretation der Entscheidung. Der EuGH-Entscheidung könne keine definitive Antwort auf das Problem der Anspruchsberechtigung mittelbarer Abnehmer/Lieferanten entnommen werden. Die Aussage des EuGH beschränke sich auf die konkrete Fragestellung des vorlegenden Gerichts, nämlich die Möglichkeit einer Anspruchsberechtigung des an einer (vertikalen) Absprache beteiligten Geschädigten. Zudem wurde das Argument aufgegriffen, gerade die vom EuGH geforderte effektive Kartellrechtsdurchsetzung gebiete eine klare Anspruchszuweisung allein an den unmittelbar betroffenen Abnehmer/Lieferanten.[238] Bei den mittelbaren Abnehmern/Lieferanten würde die »Beeinträchtigung« – wenn es eine gäbe – nur »zersplittert« ankommen.[239] Diese wären daher zu-

---

GWB-Novelle, Sondergutachten, S. 39, Rn. 74; zum Argument der Vermeidung einer Mehrfachhaftung siehe auch *Köhler*, GRUR 2004, 99, 100.
231 *Bornkamm*, in: Langen/Bunte, 11. Auflage, § 33 Rn. 35; nun weiteres Verständnis, *Bornkamm*, in: Langen/Bunte, § 33 Rn. 33.
232 *Dittrich*, GRUR 2009, 123, 127.
233 *Bornkamm*, in: Langen/Bunte, 11. Auflage, § 33 Rn. 38.
234 Zu dieser Argumentation siehe: *Bechtold*, DB 2004, 235, 239; *Kahlenberg/Haellmigk*, BB 2004, 389, 394; *dies.*, BB 2005, 1509, 1514; *Bornkamm*, in: Langen/Bunte, § 33 Rn. 38.
235 § 33 Abs. 1 des RefE vom 17.12.2003.
236 Begr. des RefE, Fassung v. 17.12.2003, S. 51.
237 *Koch*, WuW 2005, 1210, 1220 f.; *Köhler*, GRUR 2004, 99, 101; *Bornkamm*, in: Langen/Bunte, 11. Auflage, § 33 Rn. 36; *Weyer*, ZEuP 2003, 318, 338 ff.
238 *Dittrich*, GRUR 2009, 123, 126 f.
239 *Rehbinder*, in: Loewenheim/Meessen/Riesenkampff, GWB, § 33 Rn. 16; zur zunehmenden »Atomisierung« des Schadens über die Absatzstufen hinweg vgl.

rückhaltender bei der Anspruchsgeltendmachung oder überhaupt nicht über ihren Schaden informiert. Dementsprechend sei eine Aktivlegitimation der mittelbaren Abnehmer/Lieferanten unter dem Gesichtspunkt der »praktischen Wirksamkeit« bzw. des *effet utile* des EG-Kartellrechts gerade nicht geboten und mithin auch nicht durch die EuGH-Entscheidung in der Sache *Courage gegen Crehan* gefordert.[240]

Vermittelnd wurde eine wirtschaftliche Betrachtungsweise der Stellung als unmittelbarer Abnehmer/Lieferant vorgeschlagen. Der geschädigte Erstabnehmer solle nicht schlichtweg nach juristischen Gesichtspunkten definiert werden. Vielmehr komme es darauf an, wer letztlich das wirtschaftliche Risiko der Transaktion trage. Beispielsfälle, in denen sich juristisch und wirtschaftlich betrachtet die Erstabnehmer unterscheiden, sind Handelsvertreterfälle und Kommissionsgeschäfte. In letzteren Fällen würde der Kommissionär die Ware mit einem fest vereinbarten Aufpreis, der der Sache nach eine Provision ist, weiterveräußern; der Kommittent wäre wirtschaftlich betrachtet wie ein Erstabnehmer unmittelbar betroffen. Gleiches solle in der Konstellation gelten, dass Erstabnehmer und Kunde von vornherein vereinbart haben, dass jegliche Preissteigerung im Einkauf unmittelbar an den Kunden weitergegeben wird (sogenannte Cost-Plus-Verträge).[241] 95

cc) Neue BGH-Rechtsprechung, Kritik

Die Entscheidung des BGH, auch mittelbaren Abnehmern bzw. Lieferanten einen Anspruch nach § 33 GWB zu gewähren, kann keine uneingeschränkte Zustimmung erfahren. Der Wortlaut des § 33 Abs. 1 GWB (»Betroffener«) spricht, ebenso wie die Äußerungen im Gesetzgebungsverfahren und normativ-wertende Überlegungen zur Vermeidung einer ausufernden »Haftung«, gegen eine Anspruchsberechtigung mittelbarer Abnehmer/Lieferanten. Auch folgt aus der Formulierung des § 33 Abs. 3 Satz 2 GWB eine Einschränkung der *passing-on defense* jedenfalls gegenüber deren früherer (teilweiser) Praktizierung in der Rechtsprechung.[242] Anstelle einer *passing-on defense*, die nach der von einigen Instanzgerichten geäußerten Ansicht sogar die Frage der Schadensentstehung betreffen konnte,[243] gelten die allgemeinen Regeln des 96

Bornkamm, in: Langen/Bunte, 11. Auflage, § 33 Rn. 40, *ders.*, GRUR 2010, 501, 504, 506.
240 So auch: *Dittrich*, GRUR 2009, 123, 127.
241 *Bornkamm*, in: Langen/Bunte, 11. Auflage, § 33 Rn. 39.
242 Siehe: LG Mannheim, GRUR 2004, 182, 184; – *Vitaminpreise*, bestätigt durch OLG Karlsruhe, WuW/E DE-R 1229, 1231.
243 Vgl. LG Mannheim, GRUR 2004, 182, 184; OLG Karlsruhe, WuW/E DE-R 1229, 1230.

deutschen Schadensersatzrechts, insbesondere die der Vorteilsausgleichung.²⁴⁴

97 Die von der 7. GWB-Novelle angestrebte – begrenzte – Erweiterung des Kreises der Anspruchssteller hat im Wortlaut des § 33 Abs. 1 Satz 3 GWB n.F. Niederschlag gefunden. Der Wortlaut des § 33 Abs. 1 Satz 3 GWB – »Marktbeteiligter« – indiziert, dass der Anspruchsberechtigte grundsätzlich auf dem gleichen sachlichen und räumlichen Markt – sei es als Anbieter (dann: »Mitbewerber«) oder Nachfrager (dann: »*sonstiger* Marktbeteiligter«) – wie der Schädiger tätig sein muss.²⁴⁵ Gleichzeitig hat die 7. GWB-Novelle die Normierung des Schadensersatzanspruchs in § 33 Abs. 3 GWB um die Formulierung ergänzt, ein Schaden sei nicht deswegen ausgeschlossen, »weil die Ware weiterveräußert wurde«. Man mag diese Formulierung als missglückt ansehen.²⁴⁶ Jedenfalls bringt sie zum Ausdruck, dass der Gesetzgeber gegenüber der Handhabung der *passing-on defense* durch Teile der früheren Rechtsprechung²⁴⁷ (vor der 7. GWB-Novelle) gewisse Einschränkungen erreichen wollte. Diese Einschränkungen fordern – zur Vermeidung einer »Überkompensation« – eine Eingrenzung des Begriffs des Betroffenen.

98 Auch aus dem Gesetzgebungsverfahren wird der Wille des Gesetzgebers deutlich, die Anspruchsberechtigung weiterhin eingegrenzt zu halten: Der Referentenentwurf forderte für die Anspruchsberechtigung ausdrücklich eine »konkrete, d.h. insbesondere unmittelbare Betroffenheit«. In den Stellungnahmen im Vorfeld der 7. GWB-Novelle ist allein von der Anspruchsberechtigung der »Abnehmer und Lieferanten« die Rede. Die von der Rechtsprechung auf Grundlage des alten Schutzgesetzerfordernisses teilweise vorgenommene Beschränkung der Aktivlegitimation der (unmittelbaren) »Abnehmer und Lieferanten« sollte beseitigt werden.

99 Soweit im Gesetzgebungsverfahren der 7. GWB-Novelle verschiedentlich die Erforderlichkeit erwähnt wurde, Endverbraucher müssten anspruchsberechtigt sein,²⁴⁸ kann daraus nichts Abweichendes hergeleitet werden: In der Be-

---

244 Siehe dazu im Rahmen der Kommentierung des Schadensersatzanspruchs, Rdn. 234 ff.
245 So auch: *Bornkamm*, in: Langen/Bunte, § 33 Rn. 33; *Lübbig*, in: MünchKomm-KartR, § 33 Rn. 48.
246 So ausdrücklich auch *Röhling*, FS Huber, S. 1117, 1130; zu den sich aus der Formulierung ergebenden Detailfragen siehe unten Rdn. 234 ff. betreffend den eigentlichen Schadensersatzanspruch.
247 LG Mannheim, a.a.O.; OLG Karlsruhe, a.a.O.
248 So z.B. Regierungsbegründung zur 7. GWB-Novelle, BT-Drucks. 15/3640, 53; Stellungnahme von Fuchs, zusammengefasst im Bericht des Abgeordneten Heil, BT-Drucks. 15/5049, 43.

gründung des Regierungsentwurfs heißt es: »Zum Kreis der Anspruchsberechtigten können – wie schon nach bestehender Rechtslage – auch Endverbraucher gehören. Dies gilt insbesondere dann, wenn eine Kartellabrede auf der letzten Absatzstufe vorliegt.«[249] D.h. der Gesetzgeber hatte gerade diejenigen Fälle im Sinn, bei denen wettbewerbsbeschränkende Absprachen zwischen solchen Lieferanten/Verkäufern bestehen, die unmittelbar Endverbraucher beliefern bzw. an diese verkaufen – vor allem Unternehmen des Einzelhandels und Hersteller mit Direktversand oder *factory outlets*. Das Wort »insbesondere« in der Begründung des Regierungsentwurfs zeigt, dass die Ausdehnung der Anspruchsberechtigung auf mittelbare Abnehmer gerade nicht im Fokus stand und dürfte im Kontext des gesamten Gesetzgebungsverfahrens allein darauf hinweisen, dass auch Fälle erfasst sein sollten, in denen zwar die Abrede nicht klar der letzten Absatzstufe zurechenbar war, aber dennoch einer der Beteiligten unmittelbar Endverbraucher beliefert bzw. an diese verkauft.

Schließlich überzeugt der Verweis des BGH auf das EuGH-Urteil *Courage gegen Crehan* und die praktische Wirksamkeit des EU-Kartellrechts nicht.[250] Der BGH argumentiert ausführlich, dass der *effet utile* eine Erweiterung des Kreises der Anspruchsberechtigten verlange, weil die unmittelbaren Abnehmer – z.B. wegen der Möglichkeit der Weiterwälzung des Schadens oder des möglichen Umstandes, dass sie von dem Kartell sogar profitiert hätten (»Cost-Plus-Verträge«) eventuell überhaupt keinen Anreiz zur privaten Durchsetzung des Kartellrechts hätten.[251] Diese Argumentation geht von bloßen Annahmen aus. Ob tatsächlich mittelbare Abnehmer (insbesondere Verbraucher) in einer relevanten Zahl von Fällen »durchsetzungswilliger« sind als die unmittelbaren Abnehmer, ist sehr zweifelhaft. Bei mittelbaren Abnehmern bzw. Lieferanten wird es sich häufig um »Streuschäden« handeln, aus denen sich – angesichts der Schwierigkeiten der Schadensermittlung – kein großer Anreiz zur Geltendmachung ergibt. Häufig wird ohnehin Unwissenheit über die schädigenden Ereignisse bestehen. Die private Durchsetzung des Kartellrechts aus »Verbraucherschutzgründen« wird zudem seit der 8. GWB-Novelle gemäß § 33 Abs. 2 Nr. 2 GWB (Beseitigung, Unterlassung) und durch § 34a Abs. 1 GWB i.V.m. § 33 Abs. 2 Nr. 2 GWB (Vorteilsabschöpfung durch sog. qualifizierte Einrichtungen, insbesondere Verbraucherschutzorganisationen) ermöglicht. Insoweit ist das mit der 7. GWB-Novelle zunächst »zurückgestellte« Verbandsinteresse durch die 8. GWB-Novelle berücksichtigt worden.

100

---

249 Regierungsbegründung zur 7. GWB-Novelle, BT-Drucks. 15/3640, 53, li. Spalte a.E.
250 Vgl. zu der insoweit mangelnden Bedeutung des EuGH-Urteils: *Rehbinder*, in: Loewenheim/Meessen/Riesenkampff, GWB, § 33 Rn. 16.
251 BGH, WuW/E DE-R 3431, 3435 f. – *ORWI*.

dd) Bestimmungen der Kartellschadensersatzrichtlinie zur mittelbaren Beeinträchtigung

101 Die Kartellschadensersatzrichtlinie gibt für die Zukunft klar vor, dass der nationale Gesetzgeber zum einen auch dem mittelbar Betroffenen einen Schadensersatzanspruch einzuräumen hat, und zum anderen, dass dem Beklagten gegen den Anspruch die Einwendung zustehen muss, der Kläger habe den sich aus dem Wettbewerbsverstoß ergebenen Preisaufschlag ganz oder teilweise weitergegeben (*passing-on defense*). Da die Kartellschadensersatzrichtlinie auch Klagen von mittelbaren Abnehmern ermöglichen will, soll durch die Zulassung der passing-on defense der Rechtsverletzer vor einer Mehrfachinanspruchnahme geschützt werden.[252] Die Umsetzung dieser Vorgaben soll nach dem bei Drucklegung dieser Kommentierung vorliegenden Referentenentwurf in § 33c Abs. 1 GWB-neu erfolgen. Satz 1 entspricht dem bisherigen § 33 Abs. 3 Satz 2 GWB. Die Klarstellung in Satz 1, dass im Fall der Abnahme von Waren oder Dienstleistungen zu einem, bedingt durch eine wettbewerbsbeschränkende Vereinbarung oder Verhaltensweise, überhöhten Preis nicht allein der Umstand der Weiterveräußerung dieser Ware oder Dienstleistung durch den Erstabnehmer der Feststellung eines Schadens entgegensteht, wurde bereits mit der 7. GWB-Novelle eingefügt. Der Einwand der Schadensabwälzung ist seit dem *ORWI*-Urteil von der Rechtsprechung anerkannt, sodass Satz 2 insoweit ebenfalls nur der Klarstellung dient.

102 Nationale Gerichte können gem. Art. 12 Abs. 5 der Kartellschadensersatzrichtlinie (§ 33 Abs. 5 GWB-neu) die Höhe der Schadensabwälzung schätzen. Hierfür wird die Kommission Leitlinien herausgeben (Art. 16 der Kartellschadensersatzrichtlinie). Für die Möglichkeit einer Schätzung erscheint die im deutschen Recht bestehende Regelung in § 287 ZPO ausreichend.[253] Nach Art. 14 Abs. 1 der Kartellschadensersatzrichtlinie trägt der mittelbare Abnehmer zwar die Beweislast dafür, dass und gegebenenfalls in welcher Höhe ein kartellbedingter Preisaufschlag auf die nachfolgende Marktstufe abgewälzt wurde. Er kann aber »in angemessener Weise« Offenlegung vom Kläger und von Dritten verlangen. Die Darlegung und der Beweis sollen dem mittelbaren Abnehmer durch die §§ 33g, 89b ff. GWB-neu erleichtert werden.

103 Eine Erleichterung zugunsten der mittelbaren Abnehmer folgt des Weiteren aus der Vermutung des Art. 14 Abs. 2 der Kartellschadensersatzrichtlinie, der nach dem Referentenentwurf durch § 33c Abs. 2 GWB-neu umgesetzt werden soll. Danach wird zugunsten des mittelbaren Abnehmers vermutet, dass überhaupt eine Schadensweitergabe an den mittelbaren Abnehmer stattgefunden hat. Die Vermutung wirkt ausschließlich zugunsten des mittelbarer Ab-

---

252 *Roth*, GWR 2015, 73, 73 f.
253 *Stauber/Schaper*, NZKart 2014, 354, 351.

nehmers, nicht aber zugunsten des Schädigers. Um in den Genuss der Beweisvermutung zu kommen, muss der mittelbare Abnehmer nur nachweisen, dass der Beklagte einen Wettbewerbsverstoß begangen hat, dass dieser zu einem Preisaufschlag beim unmittelbaren Abnehmer geführt hat und dass er, der mittelbare Abnehmer, kartellbetroffene Waren oder Dienstleistungen erworben hat. Die Voraussetzungen dürften nach der aktuellen Sichtweise leicht zu erfüllen sein: Der Wettbewerbsverstoß ergibt sich bei Follow-on Klagen aus der Bußgeldentscheidung, die gemäß Art. 9 der Kartellschadensersatzrichtlinie bindend ist bzw. einen Anscheinsbeweis herbeiführt. Für den Beweis über den Preisaufschlag beim mittelbaren Abnehmer hilft die Vermutung des Art. 17 Abs. 2 der Kartellschadensersatzrichtlinie. Für den mittelbaren Geschädigten bleibt letztlich nur der Nachweis, dass er kartellierte Waren erworben hat.

Zur Widerlegung der Vermutung nach § 33c Abs. 2 GWB-neu soll gemäß Abs. 3 und auf der Grundlage des Art. 14 Abs. 2 der Kartellschadensersatzrichtlinie ausreichen, dass der Schädiger oder seine unmittelbaren Abnehmer Umstände glaubhaft machen, die geeignet sind, die vermutete Annahme zu erschüttern. Der Beweis des Gegenteils ist nicht erforderlich. 104

Da der Richtlinientext auf Englisch verhandelt wurde, war in Deutschland nicht ganz klar, ob die Umsetzung als Vermutung erfolgen müsse,[254] oder ob auch eine Umsetzung als Anscheinsbeweis möglich wäre. 105

Die Vermutung für die Schadensabwälzung gemäß Art. 14 Abs. 2 der Kartellschadensersatzrichtlinie stärkt die Position des mittelbaren Klägers.[255] Trotz der grundsätzlichen Stärkung mittelbaren Abnehmer wird es aber auch in Zukunft zu praktischen Hürden bei der Anspruchsdurchsetzung kommen.[256] Mangels Einblick in die Preiskalkulation des direkten Abnehmers hat es der unmittelbare Abnehmer schwer, den Preisaufschlag genau zu beziffern und so den Schadensnachweis zu führen.[257] Darüber hinaus kommt es bei mittelbaren Abnehmern oft zu kleineren Streuschäden, deren Geltendmachung sich wirtschaftlich nicht lohnt. Da die Kartellschadensersatzrichtlinie keine Sammelklagen einführt, wird dieses Thema auch mit Umsetzung der Kartellschadensersatzrichtlinie bestehen bleiben. Um dem Effekt entgegenzuwirken, dass der Schaden beim Letztabnehmer regelmäßig relativ gering ist und deshalb ein geringer Klageanreiz besteht, kommen zwei Instrumente in Betracht: Zum einen die Einführung eines Klageregisters, zum anderen die Etablierung 106

---

254 Vgl. Erwägungsgrund 41.
255 *Kersting/Preuß*, WuW 2016, 394, 397.
256 *Makatsch/Mir*, EuZW 2015, 7, 12.
257 *Schweitzer*, NZKart 2014, 335, 339; *Makatsch/Mir*, EuZW 2015, 7, 12.

einer Verbraucherverbändemusterfeststellungsklage.[258] Diese haben jedoch keinen Eingang in den Referentenentwurf zur 9. GWB-Novelle gefunden.

107 Aufgrund der aufgezeigten Schwächen der Regelungen der Kartellschadensersatzrichtlinie steigt die Gefahr, dass in Zukunft eher weniger Schadensersatzansprüche durchgesetzt werden. Statt einer Stärkung des mittelbaren Abnehmers und einer Schwächung der Position des unmittelbaren Abnehmers, was letztlich dazu führt, dass sich der Schadensnachweis für beide schwierig gestaltet, wäre es sinnvoller gewesen, die *passing-on defense* nur für begrenzte Fallgruppen zuzulassen.[259] Konsequenterweise sollte dann auch die Anspruchsberechtigung der mittelbaren Abnehmer nur für diese bestimmten und zu definierenden Fallgruppen gelten. Die Vorgaben der Kartellschadensersatzrichtlinie bringen zudem den Schädiger in eine problematische »Sandwich«-Position:[260] Auf der einen Seite sieht sie keine umfassende Vermutung für die *passing-on defense* an die weiteren Marktstufen vor und will dem Schädiger insoweit den vollen Beweis aufbürden. Legt der indirekte Abnehmer jedoch den Preisaufschlag auf der vorgelagerten Marktstufe dar und hat er solche Waren erworben, gilt die Beweiserleichterung des Art. 14 Abs. 2 der Kartellschadensersatzrichtlinie. Diese Konstellation geht deutlich über die BGH-Rechtsprechung in der *ORWI-Entscheidung* hinaus, wonach die indirekten Abnehmer »die Darlegungs- und Beweislast dafür [tragen], dass kartellbedingte Preiserhöhungen auf sie abgewälzt worden sind.«[261] Die Kartellschadensersatzrichtlinie erfordert insoweit eine (gesetzliche) Korrektur dieser Rechtsprechung.

108 Um einer möglichen Mehrfachinanspruchnahme vorzubeugen, bieten sich verschiedene Herangehensweisen an. In seiner *ORWI*-Entscheidung deutete der BGH an, man könne die Mehrfachinanspruchnahme durch eine Streitverkündung mit der Bindungswirkung nach § 74 Abs. 3 i.V.m. § 68 ZPO verhindern.[262] Doch nach den Beweisregeln der Kartellschadensersatzrichtlinie ist dieser Weg nun verschlossen. Angenommen der indirekte Abnehmer verklagt den Kartellteilnehmer, der daraufhin dem direkten Abnehmer den Streit verkündet: Für den Fall, dass der indirekte Abnehmer den Prozess lediglich aufgrund der Weiterwälzungsvermutung gewinnt, die Weiterwälzung aber nicht erwiesen ist, nützt die Bindungswirkung der Streitverkündung dem Kartellteilnehmer im Folgeprozess gegen den direkten Abnehmer nichts. Denn anders als bei erwiesener Weiterwälzung steht bei lediglich unwiderlegter Wei-

---

258 Jungbluth und Kubik, Vorträge Forum Unternehmensrecht, 22.2.2016, nach: *Pipoh*, NZKart 2016, 226, 227.
259 Vgl. *Staebe*, in: Schulte/Just, GWB, § 33 Rn. 42; *Makatsch/Mir*, EuZW 2015, 7, 12.
260 *Haus/Serafimova*, BB 2014, 2883, 2885.
261 BGH, WuW/E DE-R 3431, 3444 – *ORWI*.
262 BGH, WuW/E DE-R 3431, 3444 – *ORWI*.

terwälzungsvermutung nicht fest, dass der direkte Abnehmer keinen Schaden hat. Im Gegenteil bleibt der Kartellteilnehmer auch im Folgeprozess für die Weiterwälzung beweispflichtig. Er kann – trotz Streitverkündung im Vorprozess – auch den Folgeprozess aufgrund der Beweislastverteilung verlieren.

Im umgekehrten Fall, also wenn der Kartellteilnehmer im Prozess mit dem direkten Abnehmer dem indirekten Abnehmer den Streit verkündet, gilt das gleiche. Wird unterstellt, eine Schadensweiterwälzung kann nicht nachgewiesen werden, so erhält der direkte Abnehmer vollen Schadensersatz. Zulasten des im Folgeprozess beweispflichtigen indirekten Abnehmers ist nur festgestellt, dass eine Weiterwälzung nicht erwiesen ist. Trotzdem greift für den indirekten Abnehmer aber die Weiterwälzungsvermutung des Art. 14 Abs. 2 der Kartellschadensersatzrichtlinie. Die Interventionswirkung aus dem Vorprozess reicht nicht zur Glaubhaftmachung fehlender Weiterwälzung.[263]

109

ee) Mögliche Eingrenzung der Anspruchsberechtigung mittelbarer Betroffener

Bei der Frage einer Einschränkung der Anspruchsberechtigung mittelbarer Betroffener ist die Rechtsprechung des EuGH zu beachten, die auch in der Kartellschadensersatzrichtlinie zum Ausdruck kommt. Nach den EuGH-Urteilen *Courage gegen Crehan*[264] und *Manfredi*[265] sind nicht nur direkte Abnehmer, sondern auch Abnehmer auf weiteren Vertriebsstufen (sog. mittelbare Abnehmer) anspruchsberechtigt. Nach Verabschiedung der Kartellschadensersatzrichtlinie hat sich der europarechtlich gesicherte Kreis der Anspruchsberechtigten noch einmal erweitert, indem der EuGH in *Kone*[266] erstmals Personen, die keine Abnehmer der Kartellanten, sondern solche anderer Wettbewerbern waren, eine Anspruchsberechtigung zum Ausgleich von Preisschirmeffekten zusprach.

110

Für eine solche weite Auslegung sprechen die Bestimmungen der Kartellschadensersatzrichtlinie: Weder in Art. 3 Abs. 1 der Kartellschadensersatzrichtlinie, nach dem jede natürliche oder juristische Person, die einen durch eine Zuwiderhandlung gegen das Wettbewerbsrecht verursachten Schaden erlitten hat, vollständigen Ersatz verlangen kann, noch im weiteren Richtlinientext finden sich personelle Beschränkungen. Nach Art. 11 Abs. 2 der Kartellschadensersatzrichtlinie ist der Ersatzanspruch gegen kleine und mittlere Unternehmen auf Ansprüche unmittelbarer und mittelbarer Abnehmer beschränkt. Dies gilt »unbeschadet des Rechts auf vollständigen Schadensersatz nach

111

---

263 *Kirchhoff*, WuW 2015, 952, 956.
264 EuGH, Urt. v. 20.9.2001 – C-453/99, Slg. 2001, I-6297 – *Courage gegen Crehan*.
265 EuGH, Urt. v. 13.7.2006 – C-295/04, Slg. 2006, I-6619 – *Manfredi*.
266 EuGH, WuW/E DE-R EU-R 3030 – *Kone*.

Art. 3«, der folglich einem weiteren Personenkreis zugestanden wird. Abs. 5 bestimmt, dass bei anderen Geschädigten als unmittelbaren und mittelbaren Abnehmern und Lieferanten der Schaden anhand der relativen Verantwortung des Schädigers bestimmt wird. Als solche »andere Geschädigten« könnten die (unmittelbaren) Wettbewerber angesehen werden. Eine großzügige Handhabung der Anspruchsberechtigung lässt sich auch aus Art. 2 Nr. 4 der Kartellschadensersatzrichtlinie entnehmen, wonach Zessionare Ansprüche der Zedenten geltend machen dürfen.[267]

112 Geht man infolge der neuen BGH-Rechtsprechung[268] und der Kartellschadensersatzrichtlinie von einer grundsätzlich möglichen Anspruchsberechtigung auch mittelbarer Abnehmer bzw. Lieferanten aus, ist zu erwägen, ob neben die (weit auszulegende) Anspruchsberechtigung zumindest ein weiteres, den »persönlichen Anwendungsbereich« des Anspruchs aus § 33 GWB umgrenzendes Tatbestandsmerkmal treten muss.[269] Eine Anspruchsberechtigung auch der entfernteren Marktstufen (mittelbare Abnehmer/Lieferanten) würde nämlich bei konsequenter, uneingeschränkter Anwendung – ähnlich wie die uneingeschränkte Kausalitätsprüfung nach der »*conditio sine qua non*«-Formel – die Gefahr der Uferlosigkeit bergen. Soweit man zivilrechtliche (Schadensersatz-)Ansprüche mittelbarer Abnehmer/Lieferanten grundsätzlich zulässt, könnte im Hinblick auf deren Anspruchsberechtigung eine wertende Einschränkung erforderlich sein, um einerseits dem Schutzzweck insbesondere des § 1 GWB bzw. des Art. 101 AEUV gerecht zu werden, andererseits die Ansprüche nicht – unter Missachtung der Maxime lediglich kompensatorischer Haftung – ins Unermessliche auszudehnen. Der BGH spricht in seiner Leitentscheidung lediglich davon, dass eine »allgemeine Beschränkung des Kreises der Anspruchsberechtigten auf direkte Abnehmer«[270] ausscheiden müsse. Ausdrücklich lässt der aber BGH offen, ob Korrekturmechanismen eingreifen können.

113 In Fällen der Anspruchsgeltendmachung durch entfernte, vermeintlich Betroffene kann es am Schutzzweckzusammenhang im Rahmen der Haftungszurechnungs- bzw. Kausalitätsprüfung fehlen.[271] Dieser Ansatz fügt sich in die »Normkonstruktion« des BGH ein, der die Kausalitätsprüfung als Korrekturmechanismus gegenüber der grundsätzlichen Anspruchsberechtigung mittelbar Betroffener zulassen will.[272]

---

267 Vgl. *Kersting/Preuß*, Umsetzung der Kartellschadensersatzrichtlinie, S. 42 f.
268 BGH, WuW/E DE-R 3431.
269 In diesem Sinne auch: *Bechtold*, GWB, § 33 Rn. 13.
270 BGH, WuW/E DE-R 3431, 3436.
271 Siehe unter B III 2.
272 Vgl. BGH, WuW/E DE-R 3431, 3435; so auch OLG Düsseldorf, Urt. v. 2.7.2014 VI U (Kart) 22/13 – *Telegate/Telekom*.

2. Einzelne Fallkonstellationen des Betroffenseins

a) »Betroffener« des Verstoßes gegen das Kartellverbot (§ 1 GWB; Art 101 AEUV)

Mit der Aufgabe des Schutzgesetzerfordernisses in § 33 GWB durch die 7. GWB-Novelle, der Leitentscheidung des EuGH in *Courage gegen Crehan* sowie der Umsetzung der Kartellschadensersatzrichtlinie muss teilweise neu definiert werden, wer zu dem (tendenziell erweiterten) Kreis der Anspruchsberechtigten infolge von Verstößen gegen § 1 GWB bzw. Art. 101 AEUV zu zählen ist.

114

aa) »Außenstehende« aktuelle/potentielle Wettbewerber

Die »außenstehenden«, d.h. nicht-beteiligten Wettbewerber der gegen das Kartellverbot verstoßenden Unternehmen können »Betroffene« sein. Ein (aktueller/potentieller) Wettbewerber soll nach der Rechtsprechung aktivlegitimiert sein, wenn der Verletzungserfolg in der Errichtung von Marktzutrittsschranken für diesen Wettbewerber bestand und mithin seine wirtschaftlichen Interessen beeinträchtigt wurden.[273] Diese Rechtsprechung entwickelte sich bereits zu § 1 GWB in der Fassung der 6. GWB-Novelle, als § 33 Satz 1 GWB noch eine Schutzgesetzverletzung verlangte.

115

Eine Beeinträchtigung kann darüber hinaus darin liegen, dass infolge der durch das (horizontale) Kartell gewonnenen wirtschaftlichen Macht bzw. Vorteile die (außenstehenden) Mitbewerber erhöhtem (Wettbewerbs-)Druck ausgesetzt werden.[274] Wettbewerbsvorsprünge der Kartellanten, durch welche die Mitbewerber beeinträchtigt werden, können im Prinzip durch alle Arten von horizontalen Vereinbarungen hervorgerufen werden, wenn diese unter Verstoß gegen §§ 1, 2 GWB bzw. Art. 101 Abs. 1 u. 3 AEUV zu einem wirtschaftlichen Vorsprung der Beteiligten führen, der nicht auf eigener Leistung (Selbständigkeitspostulat), sondern auf der verbotenen Zusammenarbeit beruht.

116

Soweit Ansprüche wegen einer wettbewerbswidrigen vertikalen Absprache begehrt werden, kommt ebenfalls eine Anspruchsberechtigung der Wettbewerber in Frage.[275] Dabei ist zwischen Wettbewerbern der Vertragspartei auf der höheren Marktstufe (insbesondere Hersteller) und solchen der Vertragspartei auf der niedrigeren Marktstufe (insbesondere Weiterverkäufer) zu

117

---

273 Siehe z.B. BGH WuW/E BGH 1361, 1364 – *Krankenhaus-Zusatzversicherung*; BGH, WuW/E BGH 1985, 1988 – *Familienzeitschrift*. Siehe hierzu ferner *Bornkamm*, in: Langen/Bunte, § 33 Rn. 30.
274 *Bornkamm*, in: Langen/Bunte, § 33 Rn. 30; vgl. auch *Topel*, in: Wiedemann, Kartellrecht, § 50 Rn. 87.
275 *Topel*, in: Wiedemann, Kartellrecht, § 50 Rn. 94.

unterscheiden. Wettbewerber auf der höheren Marktstufe können Schaden erleiden, wenn ihnen durch Bezugsbindungen der Abnehmer Absatzmöglichkeiten verschlossen werden.[276] Wettbewerber auf der nachgelagerten Marktstufe können durch Alleinbelieferungsbindungen oder Alleinvertriebsbindungen des Lieferanten und/oder Vertriebsbindungen des Abnehmers (die Waren nur an bestimmte Kunden zu verkaufen) vom Bezug von Waren ausgeschlossen werden.[277]

118 Die Rechtsprechung hat eine Anspruchsberechtigung von Wettbewerbern auf der höheren Marktstufe auch bei Mindestpreisbindungen bejaht.[278] Auf den ersten Blick ist nicht ersichtlich, welcher Schaden den Wettbewerbern durch erhöhte Preise von Konkurrenzprodukten entstehen könnte.[279] Laut Rechtsprechung schützt das Gesetz die Wettbewerber auch davor, dass sich ihre Konkurrenten die Vorteile von Preisbindungen verschaffen.[280] Ein solcher Vorteil des Anspruchsgegners, der zumindest längerfristig zu einem Schaden beim Wettbewerber führen mag, soll im Einzelfall darin liegen, dass sich der Anspruchsgegner durch die Preisbindungen ein Markenimage aufbauen kann, welches der rechtstreue Wettbewerber nur durch die kostenintensivere Etablierung eines selektiven Vertriebssystems erreicht.[281]

bb) Beteiligte der wettbewerbsbeschränkenden Abstimmungen

119 Ob auch die an der Absprache beteiligten Unternehmen anspruchsberechtigt sein können (gegenüber den anderen Kartellmitgliedern, vor allem in Fällen besonderer Marktstärke oder Anführerschaft), war ursprünglich eine viel diskutierte Frage.

120 Als horizontale Absprachen, welche die Kartellanten letztlich evtl. selber beeinträchtigen, kommen insbesondere Output- und Innovationsbeschränkungen, Wettbewerbsverbote sowie Kunden- und Gebietsschutzklauseln in Betracht. Bei vertikalen Absprachen kann der Hersteller bzw. Lieferant (das auf der höheren Marktstufe stehende Unternehmen) z.B. durch Alleinbelieferungsbindungen (Ausschließlichkeitsbindungen) oder Alleinvertriebsbindun-

---

276 *Bornkamm*, in: Langen/Bunte, § 33 Rn. 44.
277 *Bornkamm*, in: Langen/Bunte, § 33 Rn. 44; *Topel*, in: Wiedemann, Kartellrecht, § 50 Rn. 98.
278 BGHZ 28, 208, 222; WuW/E BGH 1519, 1520 – *4 zum Preis von 3*; WuW/E BGH 2256, 2259 – *Herstellerpreiswerbung*.
279 Vgl. *Bornkamm*, in: Langen/Bunte, § 33 Rn. 45.
280 BGHZ 28, 208, 222 – 4711; WuW/E BGH 1519, 1520 – *4 zum Preis von 3*; WuW/E BGH 2256, 2259 – *Herstellerpreiswerbung*; WuW/E BGH 2819 – *Zinssubvention*.
281 *Bornkamm*, in: Langen/Bunte, § 33 Rn. 45.

gen beeinträchtigt sein (Zwang, nur an bestimmte Abnehmer zu liefern bzw. Technologien zu lizenzieren). Gleiches gilt für direkte Preis- und Konditionenbindungen des Lieferanten in Bezug auf dritte Abnehmer (oder – seltener – in Bezug auf seine Vorlieferanten) und »Meistbegünstigungsklauseln«, denen zufolge der Lieferant für den einem Dritten gewährten günstigeren Preis auch an den Vertragspartner verkaufen muss. Schließlich kann der gebundene Lieferant bzw. Hersteller durch von einem Belieferten auferlegte Gebietsschutzklauseln oder Abnehmerbeschränkungen wirtschaftliche Nachteile erleiden.

Abnehmer können durch Alleinbezugsvereinbarungen in ihren wirtschaftlichen Interessen benachteiligt sein, wenn sie zu überhöhten Preisen oder schlechteren Konditionen ausschließlich vom bindenden Lieferanten beziehen müssen. Gleiches gilt für Mindestbezugsvereinbarungen, die sich aufgrund ihrer Höhe und Dauer *de facto* wie Alleinbezugsvereinbarungen auswirken, sowie für Gesamtbedarfsdeckungsklauseln und langfristige Bedarfsdeckungsklauseln.[282] Denkbar ist auch, dass der Gebundene auf der nachgelagerten Marktstufe durch Konditionen- und Preisbindungen hinsichtlich des Wiederverkaufs gegenüber seinen Kunden Nachteile erleidet, weil er gegenüber seinen Konkurrenten an Wettbewerbsfähigkeit einbüßt und/oder die Produkte nicht zu den für ihn vorteilhaftesten Konditionen absetzen kann. Wirtschaftlich nachteilig für den gebundenen Abnehmer sind schließlich Verwendungsbindungen, in denen ihm auferlegt wird, dieses oder andere Produkte (bzw. Technologien) nur für bestimmte Zwecke zu benutzen. Gleiches gilt für Vertriebsbindungen (z.B. Querlieferungs- oder Sprunglieferungsverbote), wenn also der Abnehmer der Ware diese nur an bestimmte andere Abnehmer weiterverkaufen darf.[283]

121

Während das KG im Falle der Verletzung von § 1 GWB a.F. die Klage eines an der Absprache Beteiligten abgelehnt hatte,[284] hat sich der EuGH bei Verletzung des damaligen Art. 85 EG in der wegweisenden Entscheidung *Courage gegen Crehan*[285] für die grundsätzliche Möglichkeit der Anspruchsberechtigung eines Beteiligten ausgesprochen.[286] Laut EuGH dürfe aufgrund des *effet utile* des EU-Wettbewerbsrechts das nationale Recht einen Schadensersatzanspruch wegen Verletzung des (heutigen) Art. 101 AEUV für keinen

122

---

282 Vgl. zu Gesamtbedarfsdeckungsklauseln und zu langfristigen Bedarfsdeckungen mit bestimmten Gütermengen *Bunte*, in: Langen/Bunte, § 1 Rn. 206.
283 Z.B. Aufrechterhaltung eines selektiven Vertriebssystems, falls dieses nicht nach VO (EU) Nr. 330/2010 freigestellt ist.
284 KG, WuW/E OLG 1903, 1905 – *Air-Conditioning-Anlagen*.
285 Zum Sachverhalt siehe oben (Rdn. 10).
286 EuGH, Urt. v. 20.9.2001 – C-453/99, Slg. 2001, I-6297, Rn. 24–28 – *Courage gegen Crehan*.

Geschädigten von vornherein unmöglich machen – auch bei Teilnahme an der wettbewerbswidrigen Abrede. Der deutsche Gesetzgeber hatte im Vorfeld der 7. GWB-Novelle die EuGH-Entscheidung in Sachen *Courage gegen Crehan* klar im Auge. Dies spricht dafür, dass für vergleichbare Sachverhalte – in der Sache *Courage gegen Crehan* ging es um eine vertikale wettbewerbswidrige Absprache – der Begriff des »Betroffenen« in § 33 Abs. 1 GWB n.F. den selbst an der Absprache Beteiligten miterfasst.[287]

123 Mit der Entscheidung des EuGH ist nicht abschließend geklärt, ob nationale Rechtsvorschriften bei einer Verletzung des Art. 101 AEUV den an einer *horizontalen* Wettbewerbsbeschränkung Beteiligten Schadensersatzklagen ermöglichen müssen. Die EuGH-Entscheidung betraf nur ein vertikales Verhältnis, nicht eines zwischen Wettbewerbern. Gegen die Erfassung horizontaler Abreden spricht, dass in einem Horizontalverhältnis typischerweise kein Machtgefälle herrscht und gleich oder ähnlich starke Partner involviert sind. Der EuGH hob in dem Urteil *Courage gegen Crehan* hervor, dem Gemeinschaftsrecht widerspreche nicht, dass »das innerstaatliche Recht einer Partei, die eine erhebliche Verantwortung für die Wettbewerbsverzerrung trägt, das Recht verwehrt, von ihrem Vertragspartner Schadensersatz zu verlangen«.[288] Da es dem deutschen Gesetzgeber erkennbar darum ging, mit der Abkehr vom Schutzgesetzgesetzerfordernis in der 7. GWB-Novelle allein die Vorgaben des EuGH zu erfüllen,[289] kann daher nicht angenommen werden, das deutsche Recht wolle grundsätzlich auch dem Beteiligten einer horizontalen wettbewerbswidrigen Absprache zivilrechtliche Ansprüche gegen die »Mit-Kartellanten« zubilligen.

124 Dementsprechend sollten im Grundsatz nur Beteiligte an Vertikalvereinbarungen anspruchsberechtigt sein;[290] Kartellbeteiligten im Horizontalverhältnis steht allenfalls bei einem deutlichen Machtgefälle ein Anspruch zu.[291]

125 Abweichendes folgt auch nicht daraus, dass die Legaldefinition des »Betroffenen« in § 33 Abs. 1 Satz 3 GWB – ohne weitere Qualifikation – die Gruppe der »Mitbewerber« nennt. Damit ist nicht ausnahmslos jeder »Mitbewerber« anspruchsberechtigt. Dies sind nur diejenigen, die »als Mitbewerber [...] *beeinträchtigt*« [unsere Hervorhebung] sind. Ein an der wettbewerbswidrigen Absprache beteiligter Mitbewerber ist durch diese nicht beeinträchtigt. Der Mitbewerber, der auf einer Stufe mit dem potentiellen Anspruchsgegner steht,

---

287 Vgl. aber zum eventuellen Mitverschulden unten Rdn. 252 f.
288 EuGH, Urt. v. 20.9.2001 – C-453/99, Slg. 2001, I-6297, Rn. 31 – *Courage gegen Crehan*.
289 BT-Drucks. 15/5049, 49.
290 Vorbehaltlich eines evtl. Mitverschuldens, vgl. Rdn. 252 f.
291 Vgl. *Bornkamm*, in: Langen/Bunte, § 33 Rn. 32 ff.

wird die Absprache grundsätzlich aus freien Stücken und mit der Absicht der Verschaffung eines wettbewerbswidrigen Vorteils eingehen, so dass sich nicht von einer Beeinträchtigung des Mitbewerbers sprechen lässt.[292]

Etwas anderes dürfte schließlich auch nicht aus den Vorgaben der Kartellschadensersatzrichtlinie folgen. Anspruchsinhaber ist danach zwar »jeder« bzw. »jede natürliche oder juristische Person, die einen durch eine Zuwiderhandlung gegen das Wettbewerbsrecht verursachten Schaden erlitten hat« (Art. 1 Abs. 1 Satz 1, Art. 2 Satz 1 der Kartellschadensersatzrichtlinie). Dies entspricht der durch den EuGH geprägten »Jedermann«-Formel.[293] Die Kartellschadensersatzrichtlinie sieht (über die Zuwiderhandlung gegen das Wettbewerbsrecht und einem hierauf beruhenden kausalen Schaden hinaus) keine weiteren Anspruchsvoraussetzungen vor. Theoretisch fallen unter den »Jedermann«-Begriff neben mittelbaren Abnehmern auch Personengruppen, die auf den ersten Blick keinerlei Kontakt zu den Kartellanten haben. Auch könnten Kartellbeteiligte bei Horizontalvereinbarungen unter den »Jedermann«-Begriff fallen. Sie können als sonstige Marktbeteiligte Betroffene i.S.d. § 33 Abs. 1 Satz 1 GWB sein. Allerdings werden in der kartellrechtlichen Praxis vorrangig mittelbare Abnehmer und (mittelbare) Lieferanten als »Jedermann« wahrgenommen.[294] Nach Erwägungsgrund 11 der Kartellschadensersatzrichtlinie dürfen die Mitgliedsstaaten zudem weitere Bedingungen für einen Schadensersatzanspruch festlegen »sofern sie mit der Rechtsprechung des Gerichtshofs, dem Effektivitäts- und Äquivalenzgrundsatz und den Bestimmungen dieser Kartellschadensersatzrichtlinie im Einklang stehen.« Diese Möglichkeit bietet einen Anknüpfungspunkt, um für eine Beschränkung der Anspruchsberechtigung der anderen Kartellteilnehmer zu argumentieren. Als Korrekturmechanismus bietet sich hier der Schutzzweckgedanke an. Es ist zu fragen, ob der Eingriff bei den betroffenen Mitkartellanten tatsächlich vom Schutzweck der Norm erfasst wird.[295]

126

Der Gerichtshof verpflichtet sogar die nationalen Gerichte zur Prüfung des wirtschaftlichen Machtgefälles.[296] Diese Prüfung könnte im deutschen Recht in der Prüfung des Mitverschuldens nach § 254 BGB oder beim Merkmal der Beeinträchtigung verortet werden. Prüft man das wirtschaftliche Machtgefälle erst im Rahmen des Mitverschuldens i.S.v. § 254 BGB, so kommt das Machtgefälle nur bei Schadensersatzansprüchen, nicht bei Beseitigungs- und Unter-

127

---

292 *Rehbinder*, in: Loewenheim/Meessen/Riesenkampff, GWB, § 33 Rn. 14.
293 EuGH, Urt. v. 20.9.2001 – C-453/99, Slg. 2001, I-6297, Rn. 26 – *Courage gegen Crehan*.
294 So auch Haucap, nach: *Schmidt*, NZKart 2016, 126, 127.
295 Näher dazu unter Rdn. 158 ff.
296 EuGH, Urt. v. 20.9.2001 – C-453/99, Slg. 2001, I-6297, Rn. 33. – *Courage gegen Crehan*.

lassungsansprüchen nach § 33 Abs. 1 GWB zum Tragen. Die Ausweitung der Anspruchsberechtigung sollte aber keine Differenzierung hinsichtlich der Reichweite des Beseitigungs- und Unterlassungsanspruchs und der Reichweite des Schadensersatzanspruchs begründen. Es besteht kein Anlass, Privaten die Möglichkeit zivilrechtlicher Beseitigungs- und Unterlassungsansprüche einzuräumen (sieht man einmal von den besonderen Gründen für das Verbandsklagerecht nach § 33 Abs. 2 GWB ab), wenn diesen ohnehin kein ersatzfähiger Schaden entstehen könnte. Daher ist die Frage des wirtschaftlichen Machtgefälles bereits im Rahmen der Anspruchsberechtigung zu klären.

cc) Unmittelbare Abnehmer und Lieferanten

128 Hinsichtlich der Marktgegenseite verlangte die frühere BGH-Rechtsprechung einen individualisierten bzw. zielgerichteten Eingriff, der bei Kartellabsprachen schwer oder überhaupt nicht festzustellen war.[297] Das Merkmal diente der Beschränkung des Kreises der Anspruchsberechtigten gemäß dem Merkmal der Schutzgesetzverletzung. Einige Stimmen in der Literatur forderten lediglich eine unmittelbare Beeinträchtigung, so dass direkte Abnehmer und Lieferanten geschützt waren, Abnehmer und Lieferanten auf entfernteren Marktstufen jedoch nicht.[298] Wiederum andere hielten und halten jede Beschränkung, gerade im Hinblick auf das Urteil des EuGH in Sachen *Courage gegen Crehan*,[299] für nicht sachgerecht.[300] Jedenfalls infolge der Neufassung des § 33 GWB, die das Erfordernis einer Schutzgesetzverletzung zwecks Stärkung der Anspruchsmöglichkeiten von Abnehmern und Lieferanten fallen

---

297 BGH WuW/E BGH 1643, 1645 – *BMW-Importe*; WuW/E BGH 1985, 1988 – *Familienzeitschrift*; WuW/E BGH 2451, 2457 – *Cartier-Uhren*; WuW/E DE-R 206, 207 – *Depotkosmetik*; dem BGH folgend OLG Düsseldorf, WuW/E OLG 4454, 4454 – *Ennepetal-Verlag*; WuW/E OLG 4481, 4483 – *Schmiedeeisenwaren*. Von dieser Rspr. wandten sich jedoch die Instanzgerichte schon früh ab, siehe: OLG Düsseldorf, WuW/E OLG 4182, 4183 – *Delkredere-Übernahme*; WuW/E DE-R 183, 186 – *Berliner Positivliste* (keine Erwähnung des einschränkenden Merkmals); OLG Koblenz, WuW/E Verg 184 – *Feuerlöschgeräte* (keine Erwähnung des einschränkenden Merkmals); OLG Stuttgart, WuW/E DE-R 161, 162 f. – *Carpartner II*; NJW-RR 2000, 193, 197 – *Festbetragsfestsetzung* (allerdings zu Art. 81 Abs. 1 EG).
298 *Roth*, in: FK, § 33 Rn. 50; *Köhler*, GRUR 2004, 99, 101; *Weyer*, ZEuP 2003, 318, 338 ff.; so auch zur neuen Rechtslage: *Bornkamm*, in: Langen/Bunte, 11. Auflage, § 33 Rn. 35 ff.
299 EuGH, Urt. v. 20.9.2001 – C-453/99, Slg. 2001, I-6297 – *Courage gegen Crehan*.
300 *Bulst*, Schadensersatzansprüche der Marktgegenseite im Kartellrecht, S. 132 ff., 248 ff., 347 ff.; *ders.*, EWS 2004, 62, 64; *ders.* NJW 2004, 2201; *Fritzsche* WRP 2006, 42, 46; *Lettl*, ZHR 2003, 473, 481 f., 489; *ders.*, KartR Rn. 849; *Schütt*, WuW 2004, 1124, 1128.

ließ,[301] ist eine zielgerichtete und individualisierte Beeinträchtigung nicht (mehr) erforderlich.

Ein Betroffensein der unmittelbaren Marktgegenseite kann sich bei horizontalen Abreden in verschiedener Weise ergeben – so z.B. durch abredebedingt überhöhte Preise bei Preiskartellen, Gebietsaufteilungen, Outputbeschränkungen oder Wettbewerbsverboten. Output- und Innovationsbeschränkungen (z.B. in Vereinbarungen über gemeinsame Forschung und Entwicklung und in Technologietransfer-Vereinbarungen) können zu Beeinträchtigungen der Versorgungslage führen. Bei Konditionenkartellen können Abnehmer durch nachteilige Geschäftsbedingungen betroffen sein. Umgekehrt können Nachfragekartelle zu wettbewerbswidrigen Preisen (unter Grenzkosten des Lieferanten), nachteiligen Geschäftsbedingungen, Nichtabnahme von Gütern oder gar Marktausschluss der Lieferanten führen. Als vertikale Abreden, durch welche die unmittelbare Marktgegenseite wirtschaftlich betroffen wird, kommen z.B. in Betracht: Preis- und Konditionenbindungen zu Weiterverkaufspreisen oder – praktisch seltener – den Einkaufspreisen der Vorlieferanten. Ähnlich können sich andere Vertikalabreden auswirken, die es dem bindenden Unternehmen erlauben, den Output zu beschränken und die Preise zu erhöhen wie z.B. die Zuteilung von Exklusivgebieten und Beschränkungen des Kundenkreises.

129

dd) Mittelbare Abnehmer und Lieferanten

Bereits oben[302] wurde ausgeführt, dass nach der neueren EuGH-Rechtsprechung und der Kartellschadensersatzrichtlinie sowie deren geplanter Umsetzung in das deutsche Recht auch mittelbare Abnehmer und Lieferanten vom Schutzweck des § 1 GWB bzw. Art. 101 AEUV erfasst werden müssen.

130

b) »Betroffener« missbräuchlichen Verhaltens gemäß §§ 19, 20, 29 GWB und Art. 102 AEUV

aa) »Betroffener« des Missbrauchs i.S.v. §§ 19, 29 GWB und Art. 102 AEUV

Bei der Eingrenzung der »Betroffenen« missbräuchlichen Verhaltens ist zwischen Behinderungs- und Ausbeutungsmissbrauch zu unterscheiden. Durch den Behinderungsmissbrauch (§ 19 Abs. 1 sowie Abs. 2 Nrn. 1, 4 und 5 GWB sowie Art. 102 AEUV) werden die Wettbewerbsmöglichkeiten anderer (regel-

131

---

301 Regierungsbegründung zur 7. GWB-Novelle, BT-Drucks. 15/3640, 35; *Monopolkommission*, Das allgemeine Wettbewerbsrecht in der Siebten GWB-Novelle, Sondergutachten, S. 21, Rn. 38.
302 Unter Rdn. 91 ff. und 101 ff.

mäßig konkurrierender) Unternehmen beeinträchtigt.[303] Der Ausbeutungsmissbrauch (§ 19 Abs. 1 und Abs. 2 Nr. 2, § 29 GWB sowie Art. 102 AEUV) benachteiligt direkt die Marktgegenseite durch unangemessene, wettbewerbsfremde Leistungsbeziehungen.[304] Daneben tritt der Missbrauch in der Gestalt der ungerechtfertigten (Preis-)Differenzierung i.S.v. § 19 Abs. 4 Nr. 1 GWB und Art. 102 lit. c AEUV.[305]

132 In den Fällen des allgemeinen Verbots des (Behinderungs-)Missbrauchs in § 19 Abs. 1 GWB und Art. 102 AEUV sowie der Beeinträchtigung von Wettbewerbsmöglichkeiten nach § 19 Abs. 2 Nr. 1 Alt. 1 GWB sind die direkt beeinträchtigten Unternehmen unmittelbare Betroffene i.S.v. § 33 Abs. 1 GWB.[306] Die Beeinträchtigung kann entweder direkt durch eine Einschränkung der Wettbewerbsmöglichkeiten als auch indirekt dadurch erfolgen, dass das marktmächtige Unternehmen sich oder Dritten Wettbewerbsvorteile gegenüber den Betroffenen verschafft.[307] Als unmittelbar betroffene Unternehmen kommen insbesondere die (potentiellen) Mitbewerber auf dem beherrschten Markt in Betracht.[308]

133 Behinderungsmissbrauch kann sich auch gegen Unternehmen richten, die auf vor- oder nachgelagerten Märkten aktiv sind.[309] Soweit Auswirkungen auf bestimmte Drittmärkte überhaupt zu einer relevanten Betroffenheit führen können,[310] ist stets die Kausalität zwischen der Marktbeherrschung und den Missbrauchsauswirkungen auf den jeweiligen Drittmarkt zu prüfen.[311] Bei einem Behinderungsmissbrauch in der Gestalt der Netz- bzw. Infrastruktur-Zugangsverweigerung (gemäß § 19 Abs. 2 Nr. 4 GWB)[312] können die auf einem vor- oder nachgelagerten Markt befindlichen (potentiellen) Wettbewerber des Marktbeherrschers betroffene Unternehmen sein.[313]

134 Das missbräuchliche Verhalten muss nicht zwangsläufig auf dem beherrschten Markt erfolgen. Auch Marktbeteiligte, die nur auf Drittmärkten tätig sind,

---

303 Vgl. *Weyer*, in: FK, § 19 Rn. 832.
304 *Schultz*, in: Langen/Bunte, § 19 Rn. 92 f.; *Weyer*, in: FK, § 19 Rn. 833.
305 Vom BGH als Sonderfall des Ausbeutungsmissbrauchs angesehen; vgl. BGH, WuW/E DE-R 375, 377 – *Flugpreisspaltung*.
306 *Bornkamm*, in: Langen/Bunte, § 33 Rn. 51.
307 *Weyer*, in: FK, § 19 Rn. 855.
308 *Weyer*, in: FK, § 19 Rn. 842; 848; *Schultz*, in: Langen/Bunte, § 19 Rn. 133.
309 *Weyer*, in: FK, § 19 Rn. 842, Rn. 848–850; *Schultz*, in: Langen/Bunte, § 19 Rn. 133.
310 Siehe dazu oben Rdn. 110 ff.
311 *Schultz*, in: Langen/Bunte, § 19 Rn. 133.
312 Siehe hierzu *Weyer*, in: FK, § 19 Rn. 1030–1069; *Schultz*, in: Langen/Bunte, § 19 Rn. 151–175.
313 Vgl. *Weyer*, in: FK, § 19 Rn. 849.

dürften entgegen der früheren Rechtsprechung des BGH zu § 20 Abs. 1 GWB[314] nunmehr als Betroffene erfasst sein, wenn ein Unternehmen seine Marktmacht missbräuchlich auf dem nicht beherrschten Drittmarkt ausnutzt.[315] Eine eventuelle Änderung seiner diesbezüglichen Rechtsprechung hat der BGH in einer Entscheidung bereits angedeutet.[316]

Behinderungsmissbrauch soll auch vorliegen, wenn aufgrund eines missbräuchlichen Verhaltens des marktmächtigen Unternehmens im Verhältnis zu seinen Abnehmern/Lieferanten für diese nachteilige Folgen im Horizontalverhältnis zu ihren Wettbewerbern eintreten. In diesen Fällen handelt es sich bei den Abnehmern/Lieferanten um die vom Behinderungsmissbrauch betroffenen Unternehmen, obwohl sie selber nicht im Wettbewerb mit dem Marktbeherrscher stehen.[317] Weiterhin können Abnehmer des Marktbeherrschers durch dessen Behinderungsmissbrauch gegenüber seinen Wettbewerbern betroffen sein. Die Beschränkung der Handlungsspielräume der Wettbewerber kann dazu führen, dass der Marktbeherrscher von seinen Abnehmern überhöhte Preise aufgrund mangelnden Wettbewerbs fordern kann. Im Einzelfall dürfte allerdings die Kausalität zwischen der Behinderung Dritter (d.h. der Wettbewerber des Marktbeherrschers) und der hieraus resultierenden Preiserhöhung gegenüber den Abnehmern kaum darzustellen sein. 135

Das Verbot der Vorteilsgewährung ohne sachlichen Grund in § 19 Abs. 2 Nr. 5 GWB gilt für marktbeherrschende und marktstarke Unternehmen – in der Beziehung zu den von ihnen abhängigen Unternehmen, § 20 Abs. 1 Satz 1 GWB – sowie gemäß § 19 Abs. 3 GWB für Mitglieder eines freigestellten Kartells, die als Nachfrager tätig werden.[318] Betroffene können nicht nur die Anbieter auf dem unmittelbar relevanten Markt sein; geschützt sein sollen auch Anbieter auf Drittmärkten, in denen sich die Marktmacht auswirkt.[319] Mit Blick auf den Wortlaut der Norm und die anderen Tatbestände des Be- 136

---

314 BGH, WuW/E BGH 2483, 2489 f. – *Sonderungsverfahren*; BGH, WuW/E DE-R 1011, 1013 – *Wertgutscheine für Asylbewerber*; siehe zur Rspr. des BGH auch *Schultz*, in: Langen/Bunte, § 20 Rn. 119.
315 *Bornkamm*, in: Langen/Bunte, § 33 Rn. 53, 55. Dies gilt z.B. bei Koppelungssachverhalten, siehe *Rixen*, in: FK, § 20 Rn. 31 f. Hierbei ist jedoch ein Bedingungszusammenhang zwischen Marktmacht und beeinträchtigender Wirkung erforderlich, siehe *Rixen*, in: FK, § 20 Rn. 32.
316 BGH, WuW/E DE-R 1283, 1285 – *Der Oberhammer*.
317 *Weyer*, in: FK, § 19 Rn. 849 f.
318 Vgl. *Rixen*, in: FK, § 20 Rn. 293; *Schultz*, in: Langen/Bunte, § 20 Rn. 211–213.
319 Vgl. *Rixen*, in: FK, § 20 Rn. 293; vgl. auch BGH, WuW/E DE-R 984, 990 – *Konditionenanpassung*; a.A. KG, WuW/E DE-R 699, 702 f. – *Metro MGE Einkaufs GmbH*; *Weyer*, in: FK, § 19 Rn. 854; siehe auch *Schultz*, in: Langen/Bunte, § 20 Rn. 208.

§ 33 GWB   *Unterlassungsanspruch, Schadensersatzpflicht*

hinderungsmissbrauchs[320] ist davon auszugehen, dass auch der Schutz der Lieferanten hinsichtlich des Wettbewerbs mit ihren Konkurrenten bezweckt ist, nicht jedoch deren Schutz gegenüber dem Nachfrager im Hinblick auf das Leistungsverhältnis.[321]

137 Hingegen sind dritte Marktbeteiligte, die – anders als die direkten Abnehmer/Lieferanten – nicht unmittelbar in ihren Wettbewerbsmöglichkeiten beschränkt werden, nicht wegen Verletzung des § 19 Abs. 1 oder Abs. 2 Nr. 1 bzw. 4 GWB bzw. Art. 102 AEUV Betroffene i.S.d. § 33 Abs. 1 GWB.[322] Hierzu zählen insbesondere die Abnehmer der unmittelbar in ihren Wettbewerbsmöglichkeiten Beschränkten. Potentielle (weitere) Abnehmer, die aufgrund von Geschäftsverweigerungen oder ähnlich wirkender Behinderungen gegenüber dem unmittelbaren Abnehmer (Ausschließlichkeitsbindungen, insbesondere Vertriebsbindungen, Rabattsysteme, Netzzugangsverweigerungen etc.) letztlich ausgegrenzt sind, können sich nicht auf § 33 Abs. 1 und 3 GWB berufen. Eventuelle Beeinträchtigungen dadurch, dass Anbieter abhandenkommen, resultieren gerade nicht aus einer Transaktion mit dem missbrauchsbefangenen Produkt selber. Nach der hier vertretenen Ansicht können die lediglich mittelbar beeinträchtigten Marktteilnehmer auf vor- oder nachgelagerten Marktstufen nicht Betroffene i.S.d. § 33 Abs. 1 GWB sein. Dies gilt umso mehr für Fälle, in denen ein Dritter Schadensersatzforderungen erwägt, obwohl der Dritte ein anderes Produkt bzw. eine andere Dienstleistung bezieht, die erst mit Hilfe des kartellbefangenen Produkts bzw. der kartellbefangenen Dienstleistung hergestellt wurde.

138 In Fällen des Ausbeutungsmissbrauchs sind zunächst die unmittelbaren Abnehmer und Lieferanten des Marktbeherrschers beeinträchtigt[323] und damit Betroffene i.S.v. § 33 Abs. 1 GWB. So schützen die Tatbestände des § 19 Abs. 2 Nr. 2 GWB (Preis- und Konditionenmissbrauch),[324] des § 29 GWB (Entgeltmissbrauch in der Energiewirtschaft) und des Art. 102 lit. a AEUV unmittelbar die Abnehmer oder bei einem marktbeherrschenden Nachfrager die Lieferanten. Erfasst werden sollen auch Unternehmen auf nicht beherrschten Drittmärkten[325] sowie private Verbraucher.[326] Gleiches gilt für Fälle der

---

320 Vgl. oben Rdn. 132 ff.
321 Nach *Schultz*, in: Langen/Bunte, § 20 Rn. 222 können jedoch Verstöße gegen § 20 Abs. 3 GWB a.F., d.h. § 19 Abs. 2 Nr. 5 GWB n.F. nur ausnahmsweise als Behinderungen gegenüber Unternehmen, die auf der vorgelagerten Marktstufe tätig sind, gewertet werden.
322 A.A. *Bornkamm*, in: Langen/Bunte, § 33 Rn. 51 f.
323 Vgl. *Schultz*, in: Langen/Bunte, § 19 Rn. 92.
324 Siehe hierzu *Weyer*, in: FK, § 19 Rn. 1201–1257; *Schultz*, in: Langen/Bunte, § 19 Rn. 94–113, 120–122.
325 *Weyer*, in: FK, § 19 Rn. 1208.
326 *Weyer*, in: FK, § 19 Rn. 844.

Preis- und Konditionenspaltung nach Art. 102 lit. c AEUV sowie § 19 Abs. 2 Nr. 3 GWB (gegenüber Abnehmern) bzw. § 19 Abs. 1 GWB (gegenüber Lieferanten).[327]

bb) »Betroffener« des verbotenen Verhaltens nach § 20 GWB

Aufgrund der engeren Verzahnung der §§ 19, 20 GWB durch die 8. GWB-Novelle (Definition der Tatbestände in § 19 Abs. 1, 2 GWB; Erweiterung des Kreises der Verbotsadressaten durch § 19 Abs. 3 GWB und § 20 Abs. 1, 2 GWB für bestimmte Tatbestände) gelten die obigen Ausführungen zu § 19 GWB großteils analog bei Herleitung des Verbotes unter Einbeziehung von § 20 Abs. 1, 2 GWB. **139**

Als Konsequenz der Erstreckung des Behinderungs- und Diskriminierungsverbotes auf relativ marktstarke Unternehmen durch § 20 Abs. 1 GWB werden jedenfalls die kleinen oder mittleren Unternehmen geschützt, die als Nachfrager oder Anbieter von dem marktstarken Unternehmen abhängig sind. Strittig ist, ob auch die – u.U. nicht lediglich kleinen oder mittleren – Wettbewerber der relativ marktstarken Unternehmen geschützt sind und somit Betroffene i.S.v. § 33 Abs. 1 GWB sein können. Dies soll jedenfalls dann zutreffen, wenn die Behinderung des Wettbewerbers im Zusammenhang steht mit der Abhängigkeit der kleinen und mittleren Unternehmen vom relativ marktstarken Unternehmen.[328] **140**

Das spezielle Verbot unbilliger Behinderung in § 20 Abs. 3 GWB, und hier insbesondere das Verbot des Unterpreisverkaufs in Satz 2, gilt nur zugunsten relativ kleiner oder mittlerer Wettbewerber des Normadressaten, d.h. es muss ein Horizontalverhältnis vorliegen.[329] Für die Anspruchsberechtigung von Abnehmern oder Lieferanten des behinderten Unternehmens sowie dritter Abnehmer oder Lieferanten des marktstarken Unternehmens gilt bei Verstößen gegen § 20 Abs. 3 GWB das oben Gesagte.[330] **141**

---

327 Siehe hierzu *Weyer*, in: FK, § 19 Rn. 1258–1272; *Schultz*, in: Langen/Bunte, § 19 Rn. 114–118, 120–122.
328 So BKartA, WuW/E BKartA 2459, 2460 – *VW-Leasing*; a.A. *Carlhoff*, in: FK, § 26 a.F. Rn. 202 ff.; *Ulmer*, WuW 1980, 477, 486, die Unternehmen im Horizontalverhältnis generell vom Schutz des § 20 Abs. 2 GWB ausnehmen wollen. *Markert*, in: Immenga/Mestmäcker, § 20 Rn. 45 und *Rixen*, in: FK, § 20 Rn. 112 f. wollen nur Wettbewerber des marktstarken Unternehmens in den Schutzbereich des § 20 Abs. 2 GWB a.F., jetzt § 20 Abs. 1 GWB n.F. einbeziehen, die ebenfalls kleine oder mittlere Unternehmen sind.
329 *Rixen*, in: FK, § 20 Rn. 308.
330 Rdn. 91 ff.

142 Schließlich gilt das an bestimmte Unternehmensvereinigungen (Wirtschafts- und Berufsvereinigungen) gerichtete Verbot der Ablehnung einer Aufnahme nach § 20 Abs. 5 GWB[331] allein zugunsten derjenigen Unternehmen, die sachlich gerechtfertigt einen Aufnahmeantrag stellen.[332] Eine mittelbare Beeinträchtigung der Abnehmer oder Lieferanten des zu Unrecht abgelehnten Unternehmens kommt nicht in Betracht.

c) »Betroffener« anderer Kartellrechtsverletzungen

aa) »Betroffener« des Boykottverbots und des Verbots sonstigen wettbewerbsbeschränkenden Verhaltens nach § 21 GWB

143 Die Norm des § 21 Abs. 1 GWB untersagt Unternehmen und Unternehmensvereinigungen (Aufforderer), andere Unternehmen oder Unternehmensvereinigungen (Adressaten) zu Liefer- oder Bezugssperren in der Absicht aufzufordern, bestimmte dritte Unternehmen unbillig zu beeinträchtigen.[333] Das sog. Boykottverbot des § 21 Abs. 1 GWB gilt unmittelbar dem Schutz dieser dritten Unternehmen. Diese sind als Betroffene anspruchsberechtigt gemäß § 33 Abs. 1 und 3 GWB. Irrelevant ist, ob sie Wettbewerber des Aufforderers sind oder auf anderen Märkten oder Marktstufen agieren.[334] Daneben kommt eine Anspruchsberechtigung der Abnehmer und Lieferanten des boykottierten Unternehmens in Betracht.[335]

144 § 21 Abs. 2 GWB erfasst Fälle, in denen der Anspruchsverpflichtete anderen Unternehmen Nachteile angedroht oder Vorteile versprochen oder gewährt hat, um diese zu einem Verhalten zu veranlassen, das nach dem GWB oder einer Verfügung der Kartellbehörde nicht Gegenstand einer vertraglichen Bindung sein darf. Dem Schutz der Norm unterfallen zunächst die Adressaten der Veranlassung.[336] Auch die Wettbewerber des Verbotsadressaten, deren Wettbewerbsstellung durch den Einsatz der Druck- oder Lockmittel negativ beeinflusst wird, werden vom Schutz des § 21 Abs. 2 GWB erfasst.[337] Allgemein sind diejenigen als Betroffene anzusehen, die im Falle der unmittelbar gegen § 1 GWB verstoßenden Abrede des verbotenen Verhaltens ebenfalls gemäß § 33 Abs. 1 und 3 GWB anspruchsberechtigt wären.

145 Nach § 21 Abs. 3 GWB ist die Ausübung von Zwang verboten, wenn dieser die dort aufgezählten, an und für sich rechtmäßigen Verhaltensweisen betrifft,

---

331 Siehe hierzu *Rixen*, in: FK, § 20 Rn. 384–447.
332 *Rixen*, in: FK, § 20 Rn. 387, 444.
333 Siehe hierzu *Rixen*, in: FK, § 21 Rn. 2–84.
334 *Rixen*, in: FK, § 21 Rn. 24, 80.
335 Vgl. *Bornkamm*, in: Langen/Bunte, § 33 Rn. 62.
336 *Roth*, in: FK, § 21 Rn. 158–162; 228–231.
337 Für die Wettbewerber des Verbotsadressaten siehe: *Roth*, in: FK, § 21 Rn. 228.

die jedoch eine wettbewerbsbeschränkende Wirkung haben können.[338] Geschützt werden soll die Entscheidungsfreiheit der Unternehmen, auf die Zwang ausgeübt wird,[339] so dass diese als Betroffene der Zwangsausübung anzusehen sind.

bb) »Betroffener« des Verstoßes gegen fusionskontrollrechtliche Vorschriften

Im Rahmen der Fusionskontrolle kommen als Auslöser für zivilrechtliche Ansprüche insbesondere Verstöße gegen die Anmelde- und Anzeigepflichten, gegen Untersagungsverfügungen und Bedingungen/Auflagen sowie gegen das Vollzugsverbot in Betracht. Demgegenüber enthält die zentrale materielle Vorschrift, § 36 GWB, kein unmittelbares Gebot oder Verbot für die am Zusammenschluss beteiligten Unternehmen. Die Geltendmachung zivilrechtlicher Ansprüche mit der Begründung, ein freigegebenes und dementsprechend vollzogenes Zusammenschlussvorhaben erfülle in Wahrheit die Untersagungsvoraussetzungen des § 36 Abs. 1 GWB, ist daher ausgeschlossen.[340]

146

Betroffene des Verstoßes gegen die fusionskontrollrechtlichen Pflichten und Verbote sind diejenigen Unternehmen, die durch den Vollzug des Zusammenschlussvorhabens – ohne Anmeldung oder Freigabe bzw. entgegen einer Untersagung oder entgegen eventuellen Auflagen oder Bedingungen – materiell beschwert sind. Die materielle Beschwer alleine ist aber nur eine notwendige, keine hinreichende Bedingung. Das Vorliegen der Untersagungsvoraussetzungen muss nicht nur die Interessen des Anspruchstellers berühren, sondern die Untersagungsvoraussetzungen müssen auch mangels Anmeldung oder mangels Beachtung von Bedingungen den Zusammenschlussbeteiligten entgegengehalten werden können. Es widerspräche dem von den Vorschriften der Zusammenschlusskontrolle angestrebten Ziel der Rechtssicherheit, wenn trotz Unanfechtbarkeit einer kartellbehördlichen Freigabe oder des Verstreichens der behördlichen Untersagungsfristen auf dem Zivilrechtsweg das (ursprüngliche) Bestehen von Untersagungsvoraussetzungen geltend gemacht werden könnte. Soweit die Voraussetzungen für eine Auflösung des Zusammenschlusses durch das Bundeskartellamt nicht vorliegen, fehlt es ohnehin an einem durch den Verstoß zurechenbar verursachten Schaden der Anspruchsteller.[341]

147

Zivilrechtliche Ansprüche unmittelbar wegen Verstoßes gegen die Vorschriften der EU-FusionskontrollVO können nicht aus § 33 GWB hergeleitet wer-

148

---

338 Siehe hierzu *Roth*, in: FK, § 21 Rn. 233–254.
339 *Roth*, in: FK, § 21 Rn. 233, 236.
340 So auch: *Bornkamm*, in: Langen/Bunte, § 33 Rn. 66.
341 Vgl. *Bornkamm*, in: Langen/Bunte, § 33 Rn. 68.

den. § 33 Abs. 1 GWB nennt als anspruchsrelevante Gebots-/Verbotsnormen allgemein die Vorschriften des GWB, im Falle des EU-Kartellrechts nur die Art. 101 und 102 AEUV. Verstöße gegen die EU-FusionskontrollVO könnten daher allenfalls über § 823 Abs. 2 BGB zivilrechtliche Ansprüche auslösen. Hierfür fehlt es jedoch am Schutzgesetzcharakter. Denkbar ist die Geltendmachung zivilrechtlicher Ansprüche gemäß § 33 GWB wegen Verstößen gegen fusionskontrollrechtliche Beschlüsse und Maßnahmen der Europäischen Kommission (siehe dazu sogleich).

d) »Betroffener« des Verstoßes gegen kartellbehördliche Verfügung

149 Betroffener des Verstoßes gegen eine rein deklaratorische kartellbehördliche Verfügung – soweit man einen solchen Verstoß überhaupt als anspruchsbegründend ansieht[342] – ist derjenige, der durch den relevanten Verstoß gegen das GWB bzw. die Art. 101, 102 AEUV beeinträchtigt ist. Auch bei den als konstitutiv zu qualifizierenden Verfügungen zur Bindenderklärung von Verpflichtungszusagen (§ 32b GWB), wollte man einen Verstoß gegen diese – entgegen der oben vertretenen Ansicht[343] – überhaupt als anspruchsbegründend ansehen, kommt eine weitergehende Aktivlegitimation als für den »ursprünglichen« vermeintlichen Kartellrechtsverstoß nicht in Betracht.

150 Im Übrigen kennt das GWB heute konstitutive kartellbehördliche Verfügungen nur noch in der Gestalt der Missbrauchskontrolle über die Preisbindung bei Zeitungen und Zeitschriften (§ 30 Abs. 3 GWB) und in der Fusionskontrolle (Untersagungen sowie Freigaben unter Bedingungen und Auflagen, § 36 Abs. 1 i.V.m. § 40 Abs. 1 bis 3 GWB; siehe den vorstehenden Absatz).

151 Durch einen Verstoß gegen eine Verfügung gemäß § 30 Abs. 3 GWB betroffen ist der gebundene Abnehmer; diesem billigt die Norm für die Missbrauchskontrolle ausdrücklich ein Antragsrecht zu. Zur Frage der Betroffenheit mittelbarer Abnehmer gelten die obigen Ausführungen[344] entsprechend.

III. Kausalität

152 Im Falle der Geltendmachung eines Schadensersatzanspruchs ist unstreitig eine haftungsausfüllende Kausalität zwischen Normverletzung und Schaden erforderlich.

---

342 Siehe oben Rdn. 49 ff.
343 Rdn. 51.
344 Rdn. 86 ff./Rdn. 130.

Die – denklogisch vorgeschaltet zu prüfende – haftungsbegründende Kausalität bezeichnet den Kausalzusammenhang zwischen der Verletzungshandlung und einem Verletzungserfolg. Dies gilt insbesondere im Rahmen des § 823 Abs. 1 BGB. Da aber § 33 Abs. 1 GWB eine Normverletzung voraussetzt, wird teilweise geschlussfolgert, die haftungsbegründende Kausalität zwischen Handlung und Normverletzung wohne bereits der Prüfung der Normverletzung i.S.v. § 33 Abs. 1 GWB inne.[345] Dann käme es praktisch allein auf die haftungsausfüllende Kausalität zwischen Normverletzung und Schaden an. Relevanz hätte dies insbesondere für die Beweislast. Denn bei der haftungsbegründenden Kausalität gilt prozessual § 286 ZPO, wohingegen bei der haftungsausfüllenden Kausalität dem Geschädigten die Beweiserleichterung des § 287 ZPO zugutekommt.

153

Dem wird in Rechtsprechung und Literatur zutreffend widersprochen.[346] Die Normverletzung ersetzt – verglichen mit § 823 Abs. 1 BGB – nicht den gesamten haftungsausfüllenden Tatbestand bestehend aus Verletzungshandlung, Verletzung eines (absolut geschützten) Rechtsguts und (haftungsbegründender) Kausalität. Der Umstand, dass der Verletzungshandlung die Qualität einer Normverletzung zukommt, macht – im Vergleich zu § 823 Abs. 1 BGB – lediglich das Kriterium der Absolutheit entbehrlich. Nicht allein die Verletzung eines absolut geschützten Rechtsgutes, sondern jede Vermögensverletzung stellt einen relevanten Verletzungserfolg dar. Auch bei Anspruchsgrundlagen, welche die Verletzung einer Rechtsnorm erfordern, ist daher eine haftungsbegründende Kausalität zwischen dem Normverstoß und einem Eingriff in das Vermögen (Vermögensverletzung) bzw. in sonstige geschützte Individualinteressen Anspruchsvoraussetzung. Die – nur im Rahmen des § 33 Abs. 3 GWB zu prüfende – haftungsausfüllende Kausalität betrifft demgegenüber das Verhältnis von Eingriff (Vermögensverletzung) und bewertbarem Schaden.[347]

154

Bei der Prüfung der Kausalität zwischen Pflichtverletzung (Verstoß gegen Kartellrechtsnorm oder kartellbehördliche Verfügung) und Vermögensverletzung sind drei Punkte zu betrachten: die Kausalität nach der Äquivalenztheorie, die Kausalität nach der Adäquanztheorie sowie der Schutzzweckzusammenhang.[348]

155

---

345 Vgl. *Arens*, ZZP 1975, 1, 17 ff., 20 ff.; *Gottwald*, Schadenszurechnung und Schadensschätzung, S. 78 ff.; *Hanau*, Die Kausalität der Pflichtwidrigkeit, S. 117 ff., 136 ff.
346 BGH, NJW 1993, 3073, 3075; *Prütting*, in: MünchKommZPO, § 287 Rn. 10.
347 *Roth*, in: FK, § 33 Rn. 152 f.; *Wagner*, in: MünchKommBGB, § 823 Rn. 356; zur Schadensbewertung siehe unten Rdn. 212 ff.
348 Ausführlich zu den Zurechnungskriterien im Allgemeinen: *Schiemann*, in: Staudinger, BGB, § 249 Rn. 8 ff.

1. Äquivalenz- und Adäquanztheorie

156 Die Kausalität zwischen Pflichtverletzung und Vermögenseingriff nach der Äquivalenztheorie richtet sich nach der sogenannten *conditio-sine-qua-non*-Formel. Dieser zufolge ist ein Ereignis (hier: Pflichtverletzung, d.h. Kartellrechtsverstoß oder Verstoß gegen kartellbehördliche Verfügung) für einen Erfolg (hier: den Eingriff in ein geschütztes Vermögensinteresse) ursächlich, wenn das Ereignis nicht hinweggedacht werden kann, ohne dass der Erfolg entfiele.[349]

157 Die Äquivalenztheorie ist zunächst durch die Adäquanztheorie zu korrigieren.[350] Ein Ereignis, also hier eine Pflichtverletzung, ist nicht ursächlich für den Eintritt eines Verletzungserfolgs, wenn der Erfolgseintritt außerhalb aller nach allgemeiner Lebenserfahrung zu beurteilenden Wahrscheinlichkeit liegt. Hierbei ist auf den Standpunkt eines verständigen objektiven Beobachters aus dem Verkehrskreis des Verletzers/Schädigers abzustellen – unter Einschluss der dem Verletzer/Schädiger zusätzlich bekannten Umstände.[351] Für die Begründung von Ansprüchen nach § 33 GWB gelten insoweit keine besonderen Regeln gegenüber der Begründung anderer deliktsrechtlicher bzw. schadensersatzrechtlicher Ansprüche. An der adäquaten Kausalität kann es z.B. fehlen, wenn ein mittelbarer Abnehmer zwar im zeitlichen Zusammenhang mit einer Kartellbeteiligung an den Ursprungslieferanten einen spürbar angestiegenen Preis entrichten muss, dieser aber aufgrund eines Preissetzungsspielraums entstanden ist, den der Zwischenabnehmer bzw. Zwischenlieferant sich durch eigene besondere Leistungen erworben hat.[352]

2. Schutzzweckzusammenhang

158 Bestandteil der Prüfung der haftungsbegründenden Kausalität ist auch der sogenannte Schutzzweckzusammenhang. Diese Prüfung ist zu unterscheiden von dem mit der 7. GWB-Novelle aufgegebenen Erfordernis einer Schutzgesetzverletzung,[353] die zum einen den Kreis der Normen einschränkte, bei deren (drohender) Verletzung Ansprüche aus § 33 GWB geltend gemacht werden können, zum anderen den Kreis der Personen, denen ggf. Ansprüche wegen (drohender) Verletzung bestimmter Normen zustehen können. Das Erfordernis der Schutzgesetzverletzung ist kein Bestandteil der Kausalitätsprüfung – oder allgemeiner: der Prüfung der Haftungszurechnung.

---

349 Vgl. *Roth*, in: FK, § 33 Rn. 109.
350 Vgl. BGH, WuW/E DE-R 3433, 3438.
351 Vgl. hierzu *Roth*, in: FK, § 33 Rn. 110.
352 BGH, WuW/E DE-R 3433, 3439.
353 *Lübbig*, in: MünchKommKartR, § 33 Rn. 29.

Der Schutzzweckzusammenhang betrifft die Frage, ob gerade der konkrete Eingriff beim Betroffenen vom Schutzzweck der Norm erfasst wird. Nach der Schutzzwecklehre ist bei allen auf einem Normverstoß basierenden Ansprüchen zu fragen, ob der konkrete Eingriff in das Vermögen bzw. in sonstige Individualinteressen unter den Schutzzweck der verletzten Norm fällt.[354] So stellt der Verstoß gegen das Vollzugsverbot der Zusammenschlusskontrolle gemäß § 41 Abs. 1 GWB zwar einen gewichtigen Kartellrechtsverstoß dar. Dennoch kann ein anderer, prinzipiell anspruchsberechtigter Marktbeteiligter allein aus einem solchen Verstoß keine zivilrechtlichen Ansprüche gemäß § 33 GWB gegen die Zusammenschlussbeteiligten herleiten.[355] Das Vollzugsverbot dient der Sicherung der präventiven Fusionskontrolle und dabei insbesondere der Vermeidung praktisch schwieriger Auflösungsprozeduren, nicht aber dem (vorübergehenden) Schutz anderer Marktbeteiligter (Wettbewerber, Abnehmer, Lieferanten).[356] Soweit also allein aufgrund eines Verstoßes gegen das Vollzugsverbot – bei einem freigabefähigen Zusammenschluss – anderen Marktbeteiligten überhaupt ein Vermögensnachteil entstehen könnte, wäre dieser jedenfalls nicht vom Schutzzweck des § 41 Abs. 1 GWB erfasst.

159

Das Kriterium des Schutzzweckzusammenhangs kann bedingen, dass Kartellbeteiligte keinen Schadensersatz von anderen, auf der gleichen Marktstufe tätigen, in etwa »gleich starken« Kartellbeteiligten verlangen können. Bei der Korrektur mittels des (fehlenden) Schutzzweckzusammenhangs sind zwar ebenfalls die EU-rechtlichen Vorgaben der Entscheidung *Courage gegen Crehan*[357] zu beachten: Fragt sich, ob gerade der konkrete Eingriff beim Betroffenen unter den Schutzzweck der verletzten Norm fällt, ist zu bedenken, dass nationales Recht einen Anspruch wegen Verletzung der Art. 101, 102 AEUV nicht von vornherein ausschließen darf. Dies hindert jedoch nicht zwingend eine Einengung der Ansprüche nach § 33 GWB durch den Gedanken des Schutzzweckzusammenhangs. Auch das EU-Recht will gemäß der *Courage*-Entscheidung zivilrechtliche Ansprüche nur solchen Dritten gewähren, bei denen das wettbewerbswidrige Verhalten zurechenbar einen Nachteil hervorgerufen

160

---

354 Allgemein zur Schutzzwecklehre im Zusammenhang mit Pflichtverletzungen und Normverstößen: *Schiemann*, in: Staudinger, BGB, § 249 Rn. 31.
355 Ähnlich: *Kühnen/Kizil*, ZWeR 2010, 268, 271 ff.; a.A. wohl *Bechtold*, GWB, § 33 Rn. 6.
356 *Mäger*, in: MünchKommGWB, § 41 Rn. 2; *Kuhn*, in: FK, § 41 Rn. 1 – auch mit Hinweis auf die Gegenansicht des OLG Düsseldorf, WuW/E DE-R 2433, 2434 – *Lotto Rheinland-Pfalz*, dem zufolge das Vollzugsverbot auch der Vermeidung rein vorübergehender wettbewerbsschädlicher Marktstrukturen dient.
357 EuGH, Urt. v. 20.9.2001 – C-453/99, Slg. 2001, I-6297 Rn. 30 ff. – *Courage gegen Crehan*.

hat.³⁵⁸ In seiner *Kone*-Entscheidung³⁵⁹ bejaht der EuGH zwar einen solchen Nachteil grundsätzlich sogar für Abnehmer von Unternehmen, die zwar nicht an einem Kartell beteiligt sind, in Anbetracht der Marktwirkungen des Kartells ihre Preise jedoch höher festsetzen, als sie dies ohne das Kartell getan hätten *(umbrella pricing)*. Allerdings ist hinsichtlich der Beurteilung der in der Entscheidung als Kriterium genannten »hinreichend unmittelbaren Kausalität« ein strenger Maßstab anzulegen.³⁶⁰

161 Obwohl der EuGH selbst keine Kriterien zur Korrektur der Anspruchsberechtigung aufstellt, lässt er eine solche Korrektur für bestimmte Fälle grundsätzlich zu. Das Gemeinschaftsrecht hindere die innerstaatlichen Gerichte nicht, »dafür Sorge zu tragen, dass der Schutz der gemeinschaftsrechtlich gewährleisteten Rechte nicht zu einer ungerechtfertigten Bereicherung der Anspruchsberechtigten führt.«³⁶¹ Ebenso fügt sich die eingrenzende Wirkung des Kriteriums des Schutzzweckzusammenhangs gut in das »Anspruchsgebäude« der neuen BGH-Rechtsprechung und der Kartellschadensersatzrichtlinie ein. Die BGH-Rechtsprechung bejaht zwar im Grundsatz die Anspruchsberechtigung nach § 33 Abs. 1 GWB auch bei sog. mittelbar Betroffenen, will aber die Prüfung des Kausalitätszusammenhangs als Korrekturmechanismus gegen eine ausufernde Haftung zulassen.³⁶² Durch den Schutzzweckzusammenhang wird nicht die grundsätzliche Anspruchsberechtigung infrage gestellt. Vielmehr wird das konkrete Begehren des anspruchsberechtigten »Betroffenen« allein dahin korrigiert, dass er nur wegen Verletzung des von der verletzten Kartellrechtsnorm bzw. kartellbehördlichen Verfügung geschützten Interesses einen Anspruch geltend machen kann.

IV. Widerrechtlichkeit

162 Wie im allgemeinen Zivilrecht muss die Normverletzung nach § 33 Abs. 1 GWB widerrechtlich sein. Eine relevante Pflichtverletzung (Kartellrechtsverstoß oder Verstoß gegen kartellbehördliche Verfügung) indiziert grundsätzlich die Widerrechtlichkeit.³⁶³ Die Widerrechtlichkeit scheidet allerdings aus, wenn die Nichtbeachtung der Norm oder Verfügung ausnahmsweise gerechtfertigt war. Die Rechtfertigung kann sich z.B. aus einem Rechtfertigungsgrund gemäß §§ 227 ff. BGB oder einer rechtfertigenden Einwilligung erge-

---

358 EuGH, Urt. v. 20.9.2001 – C-453/99, Slg. 2001, I-6297, Rn. 31 ff. – *Courage gegen Crehan*.
359 EuGH, WuW/E DE-R EU-R 3030 – *Kone*.
360 *Pauer*, WuW 2015, 14, 24.
361 EuGH, Urt. v. 20.9.2001 – C-453/99, Slg. 2001, I-6297, Rn. 30 – *Courage gegen Crehan*.
362 BGH, WuW/E DE-R 3433, 3437 ff.
363 *Lübbig*, in: MünchKommKartR, § 33 Rn. 30.

ben. Außer in Fällen der gezielten Behinderung oder des gezielten Boykotts (§ 21 Abs. 1 GWB) dürfte es bei Kartellrechtsverletzungen einem einzelnen Betroffenen aber meist an der Disponibilität fehlen, so dass ein Einvernehmen praktisch regelmäßig erst auf der Ebene des Verschuldens bzw. Mitverschuldens (§ 254 BGB) zum Tragen kommt.

C. Der Beseitigungs- und/oder Unterlassungsanspruch nach § 33 Abs. 1, 2 GWB

I. Übersicht zu den Anspruchsvoraussetzungen und Rechtsfolgen

Der Beseitigungs- und/oder Unterlassungsanspruch nach § 33 Abs. 1, 2 GWB besteht unter/mit den folgenden Voraussetzungen bzw. Rechtsfolgen:
- Es steht ein Verstoß des Anspruchsgegners gegen eine Vorschrift des GWB, gegen Art. 101, 102 AEUV oder gegen eine kartellbehördliche Verfügung in Frage.[364]
- Der Anspruchsteller ist entweder konkret Betroffener des Verstoßes, d.h. (§ 33 Abs. 1 Satz 3 GWB) er ist »als Mitbewerber oder sonstiger Marktbeteiligter durch den Verstoß beeinträchtigt«, oder es handelt sich bei dem Anspruchsteller um einen »rechtsfähigen [Verband] zur Förderung gewerblicher oder selbständiger beruflicher Interessen« oder eine (qualifizierte) Einrichtung, welche(r) die weiteren Voraussetzungen des § 33 Abs. 2 GWB Nr. 1 bzw. 2 erfüllt.[365]
- Durch einen tatsächlichen Verstoß wurde ein rechtswidriger Zustand geschaffen, der noch fortbesteht (Voraussetzung des Beseitigungsanspruchs), oder es droht ein (weiterer) rechtswidriger Verstoß.[366]
- Auf ein Verschulden kommt es für den Beseitigungs- oder Unterlassungsanspruch nicht an.
- Der Beseitigungsanspruch ist auf die Abstellung des rechtswidrigen Zustands gerichtet. Der Anspruchsgegner muss eine andauernde Störungsquelle beenden.[367] Der Unterlassungsanspruch ist – vorausschauend – darauf gerichtet, dass der Anspruchsgegner ein zukünftiges (wenn auch möglicherweise unmittelbar bevorstehendes) kartellrechtswidriges Verhalten vermeidet oder – unter bestimmten Voraussetzungen – zwecks Vermeidung eines neuerlich drohenden rechtswidrigen Zustandes eine bestimmte Handlung vornimmt.[368]

163

---

364 Siehe dazu bereits oben Rdn. 41 ff.
365 Siehe dazu im Einzelnen unten Rdn. 174 ff.
366 Voraussetzung des Unterlassungsanspruchs; siehe dazu im Einzelnen unten Rdn. 184 ff.
367 *Lübbig*, in: MünchKommKartR, § 33 Rn. 32; *Emmerich*, in: Immenga/Mestmäcker, § 33 Rn. 53; *Roth*, in: FK, § 33 Rn. 179.
368 Siehe dazu Rdn. 184 ff.

164 Nach der geplanten 9. GWB-Novelle soll der bisherige § 33 Abs. 1 und 2 durch § 33 Abs. 1 bis 4 GWB-neu ersetzt werden, wobei die Regelungen zur besseren Verständlichkeit und Übersichtlichkeit redaktionell überarbeitet und neu gegliedert werden. Die bisherige Formulierung »gegen eine Vorschrift dieses Gesetzes« soll durch die Formulierung »gegen eine Vorschrift dieses Teils« ersetzt werden. Der Regelungsgehalt der Vorschrift soll dadurch nicht verändert werden, sondern nur entsprechend der bisherigen Auslegung präzisiert, wonach nur materiell-rechtliche Verbote des Gesetzes gemeint sind, nicht jedoch verfahrensrechtliche Regelungen oder etwa das in den Teilen 4 bis 6 enthaltene Vergaberecht.[369]

II. Aktivlegitimation

165 Aktivlegitimiert für den Beseitigungs- bzw. Unterlassungsanspruch ist der konkret Betroffene i.S.v. § 33 Abs. 1 GWB und/oder ein abstrakt betroffener »rechtsfähige[r] [Verband] zur Förderung gewerblicher oder selbständiger beruflicher Interessen«, der die weiteren Voraussetzungen des § 33 Abs. 2 Nr. 1 GWB erfüllt, bzw. eine qualifizierte Einrichtung, insbesondere eine Verbraucherschutzorganisation, i.S.v. § 33 Abs. 2 Nr. 2 GWB.

166 Im Übrigen ergeben sich für die genannten Verbände bzw. Einrichtungen zivilrechtlich durchsetzbare Ansprüche nicht nur aus § 33 Abs. 1 GWB, sondern – unter bestimmten Voraussetzungen – auch nach § 34a GWB (Vorteilsabschöpfung durch Verbände).[370] Ansprüche nach § 34a GWB sind auf Herausgabe des wirtschaftlichen Vorteils an den Bundeshaushalt gerichtet.

1. »Betroffener« i.S.v. § 33 Abs. 1 GWB

167 Anspruchsberechtigt ist jeder »Betroffene«. Gemäß § 33 Abs. 1 Satz 3 GWB ist Betroffener, »wer als Mitbewerber oder sonstiger Marktbeteiligter durch den Verstoß beeinträchtigt ist«. Zu den Begriffen des Betroffenen, des Mitbewerbers, des Marktbeteiligten und der Beeinträchtigung i.S.d. § 33 GWB siehe ausführlich oben Rdn. 41 ff.

168 Der Begriff des Betroffenen ersetzt das bis zur 7. GWB-Novelle nicht nur für die Frage des relevanten Gesetzesverstoßes, sondern auch für die Aktivlegitimation maßgebliche Merkmal der Schutzgesetzverletzung. Allerdings ist auch der Begriff des »Betroffenen« nur in Zusammenschau mit der konkreten Pflichtverletzung (Normverstoß bzw. Verstoß gegen kartellbehördliche Verfügung) richtig zu verstehen. Zudem gebietet die allgemein im Schadensrecht

---

[369] Referentenentwurf zur 9. GWB-Novelle, S. 54.
[370] Vgl. hierzu Kommentierung unter § 34a GWB.

geltende Voraussetzung des Schutzzweckzusammenhangs (haftungsbegründende Kausalität) eine Einschränkung der Anspruchsgewährung gegenüber den von der Pflichtverletzung lediglich mittelbar Tangierten.[371]

2. »Verbandsklage« nach § 33 Abs. 2 Nr. 1 GWB

Nach § 33 Abs. 2 Nr. 1 GWB sind unter bestimmten Voraussetzungen auch rechtsfähige Verbände »zur Förderung gewerblicher oder selbständiger beruflicher Interessen« anspruchsberechtigt. Dieses – gegenüber § 33 Satz 2 GWB a.F. – zunächst mit der 7. GWB-Novelle neu formulierte Verbandsklagerecht wurde für Fälle der Masse- und Streuschäden geschaffen.[372]

169

Die Formulierung des § 33 Abs. 1 Satz 2 GWB a.F. entsprach § 13 Abs. 2 Nr. 2 UWG a.F. Den Gesetzesmaterialien [hierzu] ließ sich entnehmen, dass die »Verbandsklage« insbesondere für solche Fälle geschaffen werden sollte, in denen der eigentlich Betroffene wegen einer etwaigen wirtschaftlichen Abhängigkeit nicht gegen den Schädiger vorgehen kann oder vorgehen will.[373] Praktisch erlangte § 33 Satz 2 GWB a.F. kaum Bedeutung.[374] Allerdings blieb die Bedeutung des Verbandsklagerechts auch in der Fassung der 7. GWB-Novelle – im Vergleich zum Verbandsklagerecht nach UWG – gering.[375] Durch die 8. GWB-Novelle wurden allerdings gewisse Formulierungsänderungen vorgenommen, die nunmehr unzweifelhaft auch Verbänden von Unternehmen der Marktgegenseite ein Verbandsklagerecht einräumen sollen.[376]

170

§ 33 Abs. 2 GWB bestimmt eine echte Anspruchsberechtigung (Aktivlegitimation) der rechtsfähigen Verbände, nicht lediglich eine Prozessführungsbefugnis, aufgrund derer die Verbände allein zur Geltendmachung der Ansprüche Dritter in Prozessstandschaft befugt wären. Die rechtsfähigen Verbände sind selber Inhaber des Anspruchs nach § 33 Abs. 2 GWB.[377]

171

Aus dem Wortlaut des § 33 Abs. 2 GWB lassen sich – neben der Voraussetzung der Rechtsfähigkeit des Verbandes – die nachfolgenden vier Voraussetzungen einer Anspruchsberechtigung ableiten: Erstens muss es sich um einen

172

---

371 Siehe auch dazu im Einzelnen Rdn. 110 ff.
372 Regierungsbegründung zur 7. GWB-Novelle, BT-Drucks. 15/3640, 36.
373 Bericht des BT-Ausschusses für Wirtschaftspolitik, BT-Drucks. 12/3644, 31; vgl. auch *Hempel*, WuW 2004, 362, 364.
374 *Lübbig*, in: MünchKommKartR, § 33 Rn. 71; *Roth*, in: FK, § 33 Rn. 183.
375 *Bornkamm*, in: Langen/Bunte, § 33 Rn. 80, *Alexander*, JuS 2009, 590, 594.
376 Regierungsbegründung zur 8. GWB-Novelle, BT-Drucks. 17/9852, 27.
377 Siehe zu der vergleichbaren Frage des § 13 UWG: BGH, NJW-RR 1991, 1138 – Verbandsausstattung; vgl. auch *Büscher*, in: Fezer, UWG, § 8 Rn. 195; siehe auch: *Bornkamm*, in: Langen/Bunte, § 33 Rn. 81; *Lübbig*, in: MünchKommKartR, § 33 Rn. 70.

§ 33 GWB *Unterlassungsanspruch, Schadensersatzpflicht*

Verband »zur Förderung gewerblicher oder selbständiger beruflicher Interessen« handeln; zweitens muss dem Verband »eine erhebliche Zahl von Unternehmen« angehören; drittens muss es sich bei diesen um Betroffene »im Sinne des Absatzes 1 Satz 3« handeln; schließlich – viertens – muss der Verband nach seiner »personellen, sachlichen und finanziellen Ausstattung« imstande sein, die »satzungsmäßigen Aufgaben der Verfolgung gewerblicher oder selbständiger beruflicher Interessen tatsächlich wahrzunehmen«.[378]

173 Ziel der zahlreichen Voraussetzungen ist vor allem, eine Anspruchsberechtigung solcher Verbände zu verhindern, die – wenn auch nicht nach ihrer Satzung, so doch faktisch – allein oder überwiegend auf die Verfolgung unlauteren Wettbewerbs bzw. von Wettbewerbsbeschränkungen abzielen.[379] Hinsichtlich der Voraussetzungen der Anspruchsberechtigung gemäß § 33 Abs. 2 GWB gilt im Einzelnen Folgendes:
- Bei der Voraussetzung der »Rechtsfähigkeit« kommt es nicht auf die konkrete Rechtsform an.[380] Maßgeblich ist allein, dass die Organisationsform »Rechtsfähigkeit« vermittelt. Dies gilt nach der Rechtsprechung des BGH zu § 33 Satz 2 GWB a.F. auch für Körperschaften des öffentlichen Rechts (z.B. berufsständische Kammern).[381]
- Verbände »zur Förderung gewerblicher Interessen«, denen bereits § 33 Satz 2 GWB a.F. eine Anspruchsberechtigung zuerkannt hat, sind nur solche, die auch tatsächlich die Förderung gewerblicher Interessen, u.a. die Bekämpfung von Kartellrechtsverstößen, verfolgen.[382] Aufgrund der Ergänzung »oder selbständiger beruflicher Interessen« sind nunmehr auch Berufsverbände der freien Berufe anspruchsberechtigt.
- Was unter einer »erheblichen Zahl« von (betroffenen) Mitgliedsunternehmen zu verstehen ist, ergibt sich nicht aus dem Gesetz. Dem Gesetz lässt sich allerdings entnehmen, dass es nicht genügt, wenn allein die Gesamtmitgliederzahl erheblich ist. Vielmehr muss gerade die Zahl der Mitglieder, die von dem konkreten Kartellverstoß i.S.v. § 33 Abs. 1 Satz 3 GWB betroffen ist, erheblich sein. Maßstab für die Erheblichkeit dürfte damit eine Kombination aus absoluten Kriterien (nur ein oder zwei betroffene Mitglieder sind jedenfalls nicht ausreichend) und den konkreten Marktverhältnissen (Verhältnis zur Anzahl der insgesamt betroffenen Unternehmen)

---

378 Vgl. noch zur Fassung gemäß der 7. GWB-Novelle: *Görner*, Die Anspruchsberechtigung der Marktbeteiligten nach § 33 GWB, S. 245.
379 Kritisch hierzu: *Topel*, in: Wiedemann, Handbuch Kartellrecht, § 50 Rn. 115 f.
380 *Bornkamm*, in: Langen/Bunte, § 33 Rn. 84.
381 Zur Vorgängerregelung: BGH, NJW 2000, 3426, 3427.
382 *Emmerich*, in: Immenga/Mestmäcker, § 33 Rn. 107.

sein.³⁸³ Der Verband muss im Hinblick auf die Gesamtheit der Betroffenen als »repräsentativ« gelten.³⁸⁴
- Die weitere Voraussetzung, der zufolge es auf die Betroffenheit i.S.v. § 33 Abs. 1 Satz 3 GWB (der erheblichen Zahl von Mitgliedsunternehmen) ankommt, ersetzt seit der 8. GWB-Novelle die ursprüngliche Voraussetzung des Vertriebs von »Waren oder Dienstleistungen gleicher oder verwandter Art auf demselben Markt«. Diese Formulierung der 7. GWB-Novelle sollte die Zahl der anspruchsberechtigten Verbände auf solche zur Vertretung von Brancheninteressen begrenzen. Zwar wurde danach ein aktuelles Wettbewerbsverhältnis auf ein und demselben Markt nicht einheitlich als Erfordernis angesehen. Ein gewisses Wettbewerbsverhältnis musste aber angesichts des Wortlautes zwischen den Verbandsmitgliedern bestehen. Auch sollte erforderlich sein, dass gerade der Anspruchsgegner Wettbewerber der Verbandsmitglieder oder zumindest einer erheblichen Zahl von Verbandsmitgliedern ist, und zwar gerade in dem von dem betroffenen Verstoß betroffenen Tätigkeitsbereich. Ein Verband, der einen Verstoß lediglich im vertikalen Lieferverhältnis zwischen Verbandsmitgliedern und Anspruchsgegner behauptet, sollte laut einer Entscheidung des LG Köln keine Klagebefugnis haben.³⁸⁵ Nach der neuen Formulierung können nunmehr auch Verbände der Marktgegenseite aktivlegitimiert sein.³⁸⁶
- Als vierte Voraussetzung nennt § 33 Abs. 2 GWB, dass die Verbände nach ihrer personellen, sachlichen und finanziellen Ausstattung dazu im Stande sein müssen, ihre satzungsmäßigen Aufgaben der Verfolgung gewerblicher oder selbstständiger beruflicher Interessen tatsächlich wahrzunehmen. Diese Voraussetzung dürfte insbesondere Verbände von der Anspruchsberechtigung ausschließen, die ausschließlich auf die Verfolgung von Wettbewerbsbeschränkungen abzielen. Dadurch können »Ausuferungen« der Verbandsklagemöglichkeiten vermieden werden.
- Bis zur 8. GWB-Novelle galt zudem die separate Voraussetzung, dass der Kartellrechtsverstoß die Interessen der Verbandsmitglieder berührt. Dies war der Fall, wenn die Mitglieder selbst nach § 33 Abs. 1 GWB anspruchsberechtigt waren. Dabei dürfte allerdings weder erforderlich gewesen sein, dass alle Mitglieder anspruchsberechtigt waren, noch konnte ausreichen, dass nur ein Mitglied – eher »zufällig« – anspruchsberechtigt war. Durch die ausdrückliche Formulierung der »Betroffenheit« einer erheblichen An-

---

383 Jedenfalls für eine Berücksichtigung (auch) der konkreten Marktverhältnisse: *Lübbig*, in: MünchKommKartR, § 33 Rn. 72; unter Verweis auf Kommentierung zum UWG: *Fezer/Büscher*, UWG, § 8 Rn. 205; ebenso wohl: *Bornkamm*, in: Langen/Bunte, § 33 Rn. 86; *Bechtold*, GWB, § 33 Rn. 18.
384 *Emmerich*, in: Immenga/Mestmäcker, § 33 Rn. 108.
385 LG Köln, GRUR-RR 2010, 124, 125.
386 BT-Drucks. 17/9852, 27.

zahl von Mitgliedern ist die eigenständige Voraussetzung einer Interessenberührung der Mitglieder entbehrlich geworden.

3. Klagebefugnis der (qualifizierten) Einrichtungen nach § 33 Abs. 2 Nr. 2 GWB

174 Durch § 33 Abs. 2 Nr. 2 GWB sind nunmehr auch die in Nr. 2 abschließend aufgezählten qualifizierten Einrichtungen selbst aktivlegitimiert und werden damit an der privaten Kartellrechtsdurchsetzung beteiligt.[387] Besonders praxisrelevant ist dies für Verbraucherschutzorganisationen.[388] Welche qualifizierten Einrichtungen aktivlegitimiert sind, ergibt sich gemäß § 33 Abs. 2 Nr. 2 lit. a GWB aus einer Liste, die das Bundesamt für Justiz gemäß § 4 Abs. 1 UKlaG oder die Europäischen Kommission gemäß § 33 Abs. 2 Nr. 2 lit. b GWB führt.

175 In die Liste des Bundesamtes für Justiz werden die Einrichtungen aufgenommen, die die Voraussetzungen des § 4 Abs. 2 Satz 1 UKlaG erfüllen. Sodann wird diese jährlich mit dem Stand zum 1. Januar im Bundesanzeiger veröffentlicht und an die Europäische Kommission weitergeleitet.[389] Ebenso wie die Bundesrepublik Deutschland teilen auch die anderen Mitgliedstaaten der EU der Kommission die Liste ihrer qualifizierten Einrichtungen mit, die eine Unterlassungsklage in einem anderen Mitgliedstaat durchführen können. Diese Einrichtungen stellt die Kommission dann in einem Verzeichnis zusammen, welches halbjährlich aktualisiert und im Amtsblatt der Europäischen Gemeinschaften veröffentlicht wird.[390]

176 Die Voraussetzungen des Verbandsklagerechts ergeben sich im Einzelnen zwar aus § 33 Abs. 2 Nr. 2 GWB. Dabei kann im Wesentlichen auf die Praxis zu § 8 Abs. 3 Nr. 2 UWG zurückgegriffen werden, da diese Regelungen der neuen GWB-Regelung wörtlich entspricht und auch in der Begründung des Regierungsentwurfs darauf hingewiesen wurde, dass bei der privaten Kartellrechtsdurchsetzung an das »bewährte Rechtsschutzsystem« aus dem UWG angeknüpft werden solle.[391] Hinsichtlich der Verbraucherzentralen und ande-

---

387 Begründung zum Regierungsentwurf zur 8. GWB-Novelle (BT-Drucks. 176/12, S. 35).
388 *Bechtold*, GWB, § 33 Rn. 16.
389 Online abrufbar unter www.bundesjustizamt.de/nn_2037984/DE/Themen/Buer gerdienste/Verbraucherschutz/Liste__qualifizierter__Einrichtungen,templateId= raw,property=publication File.pdf/Liste_qualifizierter_Einrichtungen.pdf (zuletzt aufgerufen am 2.6.2016).
390 http://europa.eu/legislation_summaries/consumers/protection_of_consumers/l32 024_de.htm.
391 Begründung zum Regierungsentwurf zur 8. GWB-Novelle (BT-Dr 176/12), S. 35, Nr. 16b.

rer Verbraucherschutzverbände, die mit öffentlichen Mitteln subventioniert werden, wird gem. § 4 Abs. 2 Satz 2 UKlaG unwiderleglich vermutet, dass sie die im Folgenden erläuterten Voraussetzungen erfüllen. Nach § 4 Abs. 2 Satz 1 UKlaG bestehen die folgenden Voraussetzungen für eine Listung:

Es muss sich erstens um einen rechtsfähigen Verband handeln. Es muss eine Organisation mit körperschaftlicher Struktur vorliegen. Darüber hinaus muss der Verband Träger von Rechten und Pflichten sein. 177

Zweitens muss der satzungsmäßige Zweck des Verbandes in der Förderung gewerblicher oder selbstständiger beruflicher Interessen der Verbraucher liegen, die durch nicht gewerbsmäßige und nicht nur vorübergehende Aufklärung und Beratung erfolgt. Ob dies der Fall ist, ist anhand der Satzung und der tatsächlichen Tätigkeit des Verbandes zu ermitteln.[392] 178

Drittens muss der Verband tatsächlich in der Lage sein, seine satzungsmäßigen Aufgaben wahrzunehmen. Dies richtet sich nach der personellen, sachlichen und finanziellen Ausstattung des Verbandes. Zur personellen Ausstattung gehören Fachkräfte, die in der Lage sind die Interessen des Verbandes durch z.B. Marktbeobachtung und ggf. rechtzeitige Reaktion effektiv wahrzunehmen. Ebenso notwendig sind eine eigene Geschäftsstelle und eine Geschäftsführung.[393] Durch dieses Erfordernis soll verhindert werden, dass Verbände ihre gesamte Tätigkeit allein durch einen Rechtsanwalt erledigen lassen, für die der Verband als bloßer Gebührenbeschaffer fungiert.[394] Von der sachlichen Ausstattung wird z.B. Büroraum und Büroausstattung wie Schreibwaren, Computer, Internet etc. erfasst, ohne die der Verband seine Aufgaben gar nicht erfüllen kann.[395] Auch muss der Verband über die finanzielle Ausstattung verfügen, ggf. das gesamte Klageverfahren einschließlich gegnerischer Kostenerstattungsansprüche tragen zu können.[396] 179

Viertens muss der Verband andere in seinem Aufgabenbereich tätige Verbände oder mindestens 75 natürliche Personen als Mitglieder verzeichnen. 180

Fünftens muss der Verband seit mindestens einem Jahr bestehen. 181

Als ungeschriebene Voraussetzung tritt schließlich hinzu – neben der Erfüllung der Listungsvoraussetzungen und der tatsächlichen Eintragung in die genannten Listen –, dass der relevante Kartellrechtsverstoß überhaupt Verbrau- 182

---

392 *Hefermehl*, in: Köhler/Bornkamm, UWG, § 8 Rn. 3.34.
393 *Hefermehl*, in: Köhler/Bornkamm, UWG, § 8 Rn. 3.46.
394 *Emmerich*, in: Immenga/Mestmäcker, § 33 Rn. 111.
395 *Hefermehl*, in: Köhler/Bornkamm, UWG, § 8 Rn. 3.47.
396 *Hefermehl*, in: Köhler/Bornkamm, UWG, § 8 Rn. 3.48.

cherinteressen betrifft. Richtet sich der Kartellrechtsverstoß ausschließlich gegen Mitbewerber und lässt nicht die Schlussfolgerung zu, dass ein Verbraucher infolge des Verstoßes einen Nachteil erleidet, muss die Aktivlegitimation der Verbraucherverbände ausscheiden. Dies folgt aus der explizit in der Begründung des Gesetzentwurfs erwähnten »Anknüpfung an das bewährte System des Rechtsschutzes im Gesetz gegen den unlauteren Wettbewerb (UWG)«.[397]

4. Sammelklagen

183 Sammelklagen sind im nationalen deutschen Recht bislang nicht geregelt. Auch die Kartellschadensersatzrichtlinie lässt die zuletzt verstärkt diskutierte Frage nach der Einführung eines einheitlichen Sammelklagesystems zur Zusammenfassung der Klagen von oft zahlreichen verschiedenen Kartellgeschädigten gegen dieselben Kartellanten unangetastet. Diese Frage ist auf europäischer Ebene bislang nur durch eine nicht rechtsverbindliche Empfehlung der Kommission aus dem Jahr 2013 angegangen worden.[398] Darin empfiehlt die Kommission den Mitgliedstaaten Instrumente des kollektiven Rechtsschutzes, die dem Opt-in-Prinzip folgen.[399] Die in der Empfehlung vorgeschlagenen Rechtsakte sind allerdings nicht praktikabel, so dass nicht damit zu rechnen ist, dass die Mitgliedstaaten die Empfehlungen umsetzen.[400] Praktikable Regelungen finden sich allerdings bereits in einigen Mitgliedstaaten. In England etwa sieht die Consumer Rights Bill kartellrechtliche Opt-out-Sammelklagen und -vergleiche vor.[401] Zwar sollen diese Sammelklagen grundsätzlich nur für Geschädigte mit Sitz im Vereinten Königreich gelten. Allerdings sollen ausländische Unternehmen die Möglichkeit bekommen, sich diesen Klagen ebenfalls anschließen zu können (Opt-in).[402] In den Niederlanden ist es möglich, Settlements über Schadensersatz zu treffen, die gerichtlich für alle Geschädigten für verbindlich erklärt werden (mit der Möglichkeit des Opt-out).[403]

III. Anspruchsinhalt

184 Der Anspruch nach § 33 Abs. 1 bzw. 2 GWB ist auf Beseitigung und/oder Unterlassung gerichtet. Die ausdrückliche Formulierung eines Beseitigungsanspruches ist neu. § 33 GWB a.F. sprach lediglich von einer Verpflichtung

---

397 BT-Drucks. 17/9852, 21.
398 Vgl. AblEU 2013 L 201, S. 60.
399 *Hempel*, NZKart 2013, 494, 497.
400 *Makatsch/Mir*, EuZW 2015, 7, 12.
401 *Morony/Jasper*, in: Mobley, Private Antitrust Litigation, S. 40, 47.
402 *Morony/Jasper*, in: Mobley, Private Antitrust Litigation, S. 40, 47.
403 *Smeets/van Emoe/Brehof*, in: Mobley, Private Antitrust Litigation, S. 108, 108.

»zur Unterlassung«. Bis zur 7. GWB-Novelle griff die Rechtsprechung zur Begründung eines Beseitigungsanspruchs auf § 1004 BGB analog zurück.[404]

Der Beseitigungsanspruch ist auf Beendigung einer fortbestehenden Störungsquelle gerichtet. Dies beinhaltet eine gewisse Zukunftsgerichtetheit des Anspruchs[405] im Unterschied zu dem auf Wiederherstellung des hypothetischen gegenwärtigen Zustands (Naturalrestitution) gerichteten Schadensersatzanspruch nach § 33 Abs. 3 GWB. Allerdings kann die eigentlich gegen das Kartellrecht bzw. die kartellbehördliche Verfügung verstoßende Handlung schon längere Zeit zurückliegen (im Unterschied zum Unterlassungsanspruch). Maßgeblich ist, dass es dem Anspruchsteller darum geht, die aktuell noch fortbestehende Störung für die Zukunft aus der Welt zu schaffen.[406] Der Anspruch kann sich daher auch darauf richten, dass der Anspruchsgegner zukünftig ein bestimmtes, den rechtswidrigen Zustand tragendes Verhalten unterlässt.

185

Der Unterlassungsanspruch ist – im Unterschied zum Beseitigungsanspruch – vorausschauend auf die Vermeidung einer Störung gerichtet. Der Unterlassungsanspruch kann geltend gemacht werden, wenn eine Verletzung bereits erfolgt war und Wiederholungsgefahr besteht. Der Anspruch auf Unterlassung kann jedoch nach § 33 Abs. 1 Satz 2 GWB n.F. auch dann geltend gemacht werden, wenn eine Verletzung zwar noch nicht erfolgt ist, aber ein Verstoß gegen das Kartellrecht bzw. eine kartellbehördliche Verfügung droht (vorbeugender Unterlassungsanspruch). Der vorbeugende Unterlassungsanspruch setzt voraus, dass konkrete Anhaltspunkte für das Bevorstehen einer Verletzung vorliegen (Erstbegehungsgefahr).[407]

186

Das erstrebte Vermeiden einer Störung kann sich nach einer Ansicht auch dahingehend konkretisieren, dass der Anspruchsteller eine bestimmte, kartellrechtlich bzw. aufgrund kartellbehördlicher Verfügung gebotene Handlung vornimmt. Nach dieser Ansicht könnte ein Unterlassungsanspruch geltend gemacht werden, wenn einem Unternehmen »untersagt« werden soll, den Zugang zu einer wesentlichen Infrastruktureinrichtung (§ 19 Abs. 4 Nr. 4 GWB) oder die Belieferung mit einem bestimmten Vorprodukt (»Input«) zu verweigern (Handlungsgebot der Zugangs-/Inputgewährung).[408] Richtigerweise dürfte es sich hierbei der Sache nach – grundsätzlich – um einen Beseitigungs-

187

---

404 Herleitung eines Beseitigungsanspruchs aus § 1004 BGB: BGHZ 29, 344; BGH, WuW/E BGH 288 – *Sanifa/Großhändlerverband II*.
405 Vgl. *Lübbig*, in: MünchKommKartR, § 33 Rn. 32 a.E.
406 Vgl. *Bechtold*, GWB, § 33 Rn. 12 f.
407 *Lübbig*, in: MünchKommKartR, § 33 Rn. 33; detailliert zur Erstbegehungsgefahr: *Hefermehl*, in: Köhler/Bornkamm, UWG, § 8 Rn. 1.17 ff.
408 So: *Bornkamm*, in: Langen/Bunte, § 33 Rn. 88.

anspruch handeln. Denn der rechtswidrige Zustand (die Störung) besteht bei Geltendmachung des Anspruchs und dauert fort. Nur wenn bereits Zugang zu der wesentlichen Infrastruktureinrichtung gewährt bzw. »Input« geliefert wird, aber eine Unterbrechung droht, geht es i.e.S. um einen Unterlassungsanspruch. Letztlich ist der konkrete Anspruchsinhalt eine Frage des Einzelfalls und insbesondere abhängig von der Norm bzw. Verfügung, gegen die verstoßen wurde.[409]

IV. Verjährung

188 Anders als bei den Schadensersatzansprüchen nach § 33 Abs. 3 GWB (vgl. § 33 Abs. 5 GWB) gelten für die Beseitigungs- und Unterlassungsansprüche bislang generell die Vorschriften des BGB über die Verjährung und deren Hemmung. Die Ansprüche verjähren nach der Regel des § 195 BGB in drei Jahren, wobei sich der Verjährungsbeginn nach § 199 Abs. 1 BGB (Schluss des Jahres der Anspruchsentstehung bzw. Kenntniserlangung) und die Hemmung nach §§ 203 ff. BGB richten.

189 Zwar ist die Verjährung von Beseitigungs- und Unterlassungsansprüchen – anders als jene von Schadensersatzansprüchen – von der Kartellschadensersatzrichtlinie nicht erfasst, dennoch soll sie nach der geplanten 9. GWB-Novelle entsprechend den Vorgaben der Kartellschadensersatzrichtlinie zusammen mit der Verjährung von Schadensersatzansprüchen angepasst werden.

190 Nach § 33h Abs. 1 GWB-neu soll die Verjährung von drei auf fünf Jahre verlängert werden. Der Verjährungsbeginn soll sich nach § 33h Abs. 2 GWB-neu richten. Danach beginnt die Verjährungsfrist mit dem Schluss des Jahres, in dem der Anspruch entstanden ist, der Anspruchsberechtigte von den den Anspruch begründenden Umständen und davon, dass sich daraus ein Verstoß nach § 33 Abs. 1 GWB ergibt, sowie von der Identität des Rechtsverletzers Kenntnis erlangt hat oder ohne grobe Fahrlässigkeit hätte erlangen müssen und in dem der anspruchsbegründende Verstoß nach § 33 Abs. 1 GWB beendet worden ist.

D. Der Schadensersatzanspruch nach § 33 Abs. 3 GWB

I. Übersicht zu den Anspruchsvoraussetzungen und Rechtsfolgen

191 Der Schadensersatzanspruch nach § 33 Abs. 3 GWB besteht unter/mit folgenden Voraussetzungen bzw. Rechtsfolgen:

---

409 Vgl. hierzu im Einzelnen *Lübbig*, in: MünchKommKartR, § 33 Rn. 34.

- Der Anspruchsgegner hat gegen eine Vorschrift des GWB, gegen Art. 101, 102 AEUV oder gegen eine kartellbehördliche Verfügung verstoßen.[410]
- Der Anspruchsteller ist konkret Betroffener des Verstoßes, d.h. (§ 33 Abs. 1 Satz 3 GWB) er ist »als Mitbewerber oder sonstiger Marktbeteiligter durch den Verstoß beeinträchtigt«; hingegen können Verbände und Einrichtungen i.S.v. § 33 Abs. 2 GWB Schadensersatzansprüche nach § 33 Abs. 3 GWB nicht geltend machen.[411]
- Durch den Kartellrechtsverstoß sind adäquat kausal die Vermögensinteressen des Anspruchstellers beeinträchtigt worden; zudem besteht ein Schutzzweckzusammenhang.[412]
- Der Anspruchsgegner hat widerrechtlich[413] und schuldhaft (vorsätzlich oder fahrlässig, § 276 BGB)[414] gehandelt.
- Der Anspruch ist auf den Ersatz des aus der Beeinträchtigung der Vermögensinteressen erwachsenen Schadens gerichtet.[415]

Der bisherige Regelungsgehalt des § 33 Abs. 3 bis 5 soll gemäß dem Referentenentwurf zur 9. GWB-Novelle an die Vorgaben der Kartellschadensersatzrichtlinie angepasst werden und sich in den §§ 33a bis 33h GWB-neu wiederfinden.[416] Der § 33a Abs. 1 Satz 1 GWB-neu entspricht in seinem Regelungsgehalt dem bisherigen § 33 Abs. 3 Satz 1. § 33a Abs. 3 und 4 GWB-neu entsprechen jeweils dem bisherigen § 33 Abs. 3 Satz 3 bzw. § 33 Abs. 3 Satz 4 und 5.

192

II. Aktivlegitimation

Aktiv legitimiert für den Schadensersatzanspruch ist ausschließlich der konkret Betroffene i.S.v. § 33 Abs. 1 GWB. Rechtsfähigen Verbänden »zur Förderung gewerblicher oder selbstständiger beruflicher Interessen« sowie Verbraucherschutzorganisationen steht ein Schadensersatzanspruch nach § 33 Abs. 3 GWB nicht zu. Ihnen selbst entsteht durch den Kartellrechtsverstoß bzw. den Verstoß gegen die kartellbehördliche Verfügung kein Schaden. Sie können nach der aktuellen Rechtslage[417] auch nicht die Schäden ihrer Mitglieder bzw. der relevanten Verbraucher geltend machen.

193

---

410 Siehe oben Rdn. 41 ff.
411 Siehe unten Rdn. 196.
412 Siehe oben Rdn. 152 ff.
413 Siehe oben Rdn. 162.
414 Siehe nachfolgend Rdn. 197 ff.
415 Siehe unten Rdn. 212 ff.
416 Referentenentwurf zur 9. GWB-Novelle, S. 54.
417 Zu den Reformüberlegungen der Europäischen Kommission siehe A II 2.

194 § 33 Abs. 3 GWB enthält keinen ausdrücklichen Hinweis auf die Aktivlegitimation des Betroffenen oder anderweitig auf den Kreis der Anspruchsberechtigten. Die systematische Stellung – innerhalb des § 33 GWB und nach der Norm, die für den Beseitigungs- und Unterlassungsanspruch die Aktivlegitimation definiert (§ 33 Abs. 1 GWB) – macht deutlich, dass die konkret Betroffenen i.S.v. § 33 Abs. 1 GWB auch den Kreis der zum Schadensersatz Berechtigten darstellen. § 33 Abs. 3 GWB will nicht den Anwendungsbereich erweitern, sondern knüpft die Verpflichtung des Anspruchsgegners zum Schadensersatz an qualifizierte Voraussetzungen (Schaden, Verschulden).

195 Die Regelung zur Aktivlegitimation nach § 33 Abs. 1 Satz 1 i.V.m. Abs. 3 GWB stimmt bereits mit den Vorgaben der Kartellschadensersatzrichtlinie überein. Danach ist aktivilegitimierter Anspruchsinhaber »jede natürliche oder juristische Person, die einen durch eine Zuwiderhandlung gegen das Wettbewerbsrecht verursachten Schaden erlitten hat.«[418] Die Regelung erfasst unmittelbare und mittelbare Abnehmer der Kartellanten,[419] Wettbewerber der Kartellanten sowie durch Preisschirmeffekte geschädigte Abnehmer von Kartellaußenseitern.[420] Daneben deutete Art. 2 Nr. 4 der Kartellschadensersatzrichtlinie darauf hin, dass auch die Ansprüche Dritter geltend gemacht werden können, die im Wege der Rechtsnachfolge erworben wurden.

196 Hinsichtlich der Durchführung von Verfahren des kollektiven Rechtsschutzes ist auf das oben (Rdn. 183) Gesagte zu verweisen.

III. Verschulden

197 Anders als der Beseitigungs- und Unterlassungsanspruch nach § 33 Abs. 1 GWB setzt der Schadensersatzanspruch gemäß § 33 Abs. 3 GWB Verschulden voraus. Erforderlich ist vorsätzliches oder fahrlässiges Handeln (§ 276 Abs. 1 BGB). Vorsätzlich handelt, wer mit Wissen und Wollen gegen das Kartellrecht verstößt und einen Schaden herbeiführt. Das Bewusstsein der Rechtswidrigkeit ist Teil des Vorsatzes (Vorsatztheorie).[421] Besondere Relevanz hat die Frage, ob bei einem vorsätzlichen oder fahrlässigen Handeln von Unternehmensmitarbeitern dem Unternehmensträger (Gesellschaft) oder ob bei einem entsprechenden Handeln durch Mitarbeiter oder Organe einer Tochtergesellschaft der direkten oder der obersten Muttergesellschaft ein Fahrlässigkeitsvorwurf vorgehalten werden kann.

---

418 Art. 3 Abs. 1 Richtlinie.
419 Art. 15 Richtlinie.
420 Vgl. *Stauber/Schaper*, NZKart 2014, 346, 347.
421 Vgl. BGH, WuW/E BGH 3067, 3073 – *Fremdleasingboykott II*; BGH, NJW 1965, 962, 963.

Nach der hier vertretenen Ansicht (siehe unten VI, Rdn. 267) bedarf jedenfalls das Verschulden auch bei sog. Follow-on-Klagen (§ 33 Abs. 4 GWB) gesonderter Feststellung; die in § 33 Abs. 4 GWB normierte Bindungswirkung erfasst insbesondere wegen der differierenden Verschuldensmaßstäbe im Ordnungswidrigkeiten- bzw. EU-Recht einerseits und im Zivilrecht andererseits nur die objektiven Tatbestandsmerkmale bis hin zur Rechtswidrigkeit, nicht aber die Frage des Verschuldens i.S.v. §§ 276, 278 BGB.

1. Fahrlässigkeit, allgemein

Fahrlässig handelt nach § 276 Abs. 2 BGB, »wer die im Verkehr erforderliche Sorgfalt außer Acht lässt.« Der Verstoß gegen das Kartellrecht und die Entstehung eines Schadens müssen für den Anspruchsgegner vorhersehbar und vermeidbar gewesen sein. Ein Anspruch nach § 33 GWB kann sich nach der hier vertretenen Ansicht nur gegen eine Person mit Unternehmenseigenschaft richten. Bei der Geltendmachung des Anspruchs gegen eine juristische Person kommt es auf deren bzw. das dieser zurechenbare Verschulden an. Eine unmittelbare Zurechnung kommt bei § 33 Abs. 3 GWB grundsätzlich nur in den folgenden drei Fallkonstellationen in Frage: (a) unmittelbar kartellrechtswidriges Handeln bzw. Involvierung (auch erkennbar nachlässiges Unterlassen derselben) eines geschäftsführungs- und vertretungsberechtigten Organmitglieds; (b) Kartellrechtsverstoß ergibt sich unmittelbar aus dem Abschluss eines Vertrages, den ein anderer Mitarbeiter in Ausübung einer im Außenverhältnis wirksamen Vertretungsmacht (insbesondere Prokura) im Namen der haftenden Gesellschaft abgeschlossen hat; (c) Kartellrechtsverstoß stellt sich zugleich als Vertragsverletzung dar, so dass eine Zurechnung über § 278 BGB erfolgt. Im Übrigen kommt es darauf an, ob der juristischen Person bzw. ihren geschäftsführungs- und vertretungsberechtigten Organen ein Organisationsverschulden und/oder ein Verschulden hinsichtlich Auswahl, Überwachung und (An-)Leitung zur Last gelegt werden kann.[422]

Ein unverschuldeter Rechtsirrtum beseitigt die Fahrlässigkeit, wenn er nicht selbst wiederum auf Fahrlässigkeit beruht.[423] Nach der Rechtsprechung sind an einen unverschuldeten Rechtsirrtum hohe Anforderungen zu richten.[424] Ein Verschulden soll nur dann nicht gegeben sein, wenn auch bei Anwendung der im Verkehr erforderlichen Sorgfalt der Schädiger nicht mit einer anderen Beurteilung durch die Gerichte rechnen musste. Wer sich erkennbar in einem »Grenzbereich des rechtlich Zulässigen« bewege, »in dem er eine von der ei-

---

422 Vgl. zur Terminologie: *Heinrichs*, in: Palandt, § 31 Rn. 7; *Thomas*, in: Palandt, § 831 Rn. 1.
423 Vgl. *Roth*, in: FK, § 33 Rn. 120 ff.
424 Siehe hierzu: *Fritzsche/Klöppner/Schmidt*, NZKart 2016, 412, 417 f.

genen Einschätzung abweichende Beurteilung der rechtlichen Zulässigkeit« in Betracht ziehen müsse, soll laut Rechtsprechung fahrlässig handeln.[425] Der Schädiger solle das Risiko der zweifelhaften Rechtslage nicht ohne weiteres der anderen Seite zuschieben dürfen.[426]

2. Fahrlässigkeit, anwaltliche Beratung und Freistellungsvoraussetzungen

201 Obgleich der Raum für einen unverschuldeten Rechtsirrtum eng ist, bleibt nach der Rechtsprechung des BGH in bestimmten Sachverhaltskonstellationen, insbesondere in Fällen anwaltlicher Beratung, die Möglichkeit bestehen, einen unverschuldeten Rechtsirrtum einzuwenden. Praktisch bedeutsam ist die Frage des (Kartell-)Rechtsirrtums insbesondere im Zusammenhang mit anwaltlicher Beratung bei Kooperationsprojekten zwischen Wettbewerbern und anderen Fällen von Nicht-Kernbeschränkungen des Wettbewerbs. Mit Inkrafttreten der VO 1/2003 ist in diesen Fällen die kartellrechtliche Selbsteinschätzung der Unternehmen an die Stelle der förmlichen oder »inoffiziellen« Freistellung getreten. Gewisse Fehler in der Selbsteinschätzung können letztlich das Vorliegen eines Rechtsirrtums begründen. Allerdings dürfen die Mitgliedstaaten im Interesse der Wirksamkeit des Unionsrechts an die Verhängung von Bußgeldern keine höheren subjektiven Anforderungen stellen bzw. Bußgelderlass unter leichteren Voraussetzungen gewähren, als dies im Unionsrecht der Fall ist.

202 Der BGH[427] hat bei Vorliegen der folgenden Kriterien in einem Kartell-Ordnungswidrigkeitenverfahren einen unvermeidbaren Verbotsirrtum bejaht. So hat das Unternehmen in dem vom BGH entschiedenen Fall den juristischen Rat zumindest eines im Kartellrecht erfahrenen Anwalts eingeholt und diesem das geplante unternehmerische Handeln genau erläutert. Der Anwalt hat geprüft, ob bzw. unter welchen Voraussetzungen das kartellrechtlich relevante Verhalten rechtmäßig ist und dem Unternehmen zum rechtmäßigen Handeln Verhaltensempfehlungen erteilt, die das Unternehmen im Wesentlichen befolgt hat. Der Anwalt hat seine rechtliche Bewertung und seine Verhaltensempfehlungen begründet, insbesondere unter Heranziehung von Gerichtsentscheidungen. Dem Anwalt sind zwar Wertungsfehler unterlaufen bzw. er hat Besonderheiten der konkreten Fallkonstellation (gegenüber den höchstrichterlich entschiedenen Fällen) nicht erkannt. Dabei erwartet der BGH aber nicht, dass ein juristisch nicht vorgebildeter, verantwortlicher Unternehmens-

---

425 BGH, NJW 1999, 139, 141; für kartellrechtliche Schadensersatzansprüche: OLG Düsseldorf, WuW/E DE-R 2763 – *Postkonsolidierer*.
426 BGH, GRUR 1987, 564, 565.
427 BGH, WuW/E BGH 1891, 1894 – *Ölbrenner II*; vgl. auch BGH, WuW/E BGH 858, 862 – *Konkurrenzfiliale*.

vertreter diese »Ungenauigkeiten« erkennen muss. Die im Kartell-Ordnungswidrigkeitenverfahren vom BGH angewandten Kriterien entsprechen denen, welche die höchstrichterliche Rechtsprechung auch zum zivilrechtlichen unverschuldeten Rechtsirrtum entwickelt hat: sorgfältige Prüfung der Rechtslage, insbesondere durch Einholung von Rechtsrat, sowie sorgfältige Beachtung der (höchstrichterlichen) Rechtsprechung.[428]

Im Jahr 2013 hatte schließlich der EuGH über eine Vorlagefrage des Österreichischen Obersten Gerichtshofes zu befinden.[429] Mit seiner Vorlagefrage ersuchte das Gericht um nähere Angaben zu den subjektiven Voraussetzungen der Verhängung einer Geldbuße gegen ein Unternehmen, das gegen die Wettbewerbsregeln der Union verstoßen hat, insbesondere zu den Auswirkungen eines Irrtums, der auf dem Inhalt eines Rechtsrats eines Anwalts oder einer Entscheidung einer nationalen Wettbewerbsbehörde beruht. Anders als der BGH verneinte der EuGH das Vorliegen eines unvermeidbaren Verbotsirrtums. Zwar stellte der EuGH fest, dass die nationalen Wettbewerbsbehörden ausnahmsweise beschließen können, keine Geldbuße zu verhängen, obwohl ein Unternehmen vorsätzlich oder fahrlässig gegen Art. 101 AEUV verstoßen hat. Dafür ist aber ein besonderer Fall, wie etwa ein entgegenstehender Grundsatz des Unionsrechts (wie der Grundsatz des Vertrauensschutzes), erforderlich.[430] Ohne die Zusicherung der zuständigen Verwaltung, so der EuGH, könne allerdings niemand eine Verletzung des Grundsatzes des Vertrauensschutzes geltend machen.[431] Der Rechtsrat eines Anwalts soll bei einem Unternehmen mithin kein berechtigtes Vertrauen darauf begründen, dass sein Verhalten nicht gegen Art. 101 AEUV verstößt oder nicht zur Verhängung einer Geldbuße führt.[432] Diese Rechtsprechung des EuGH geht über die bisherige Rechtsprechung des BGH hinaus, der im Einzelfall einen unvermeidbaren Verbotsirrtum angenommen hat, wenn sich die Unternehmensleitung auf den Rat erfahrener Anwälte stützte.

3. Fahrlässigkeit, Bedeutung eines Kartellrechts-Compliance-Programms

Die Frage, ob der passivlegitimierten (juristischen) Person ein Verschulden bei Organisation und/oder Auswahl, Überwachung oder (An-)Leitung der konkret handelnden Person zur Last gelegt werden kann, führt – in der aktuellen Terminologie der Betriebswirtschaftslehre – zu der Frage, ob ein wirksames Compliance-System eingerichtet wurde.

---

428 BGH, NJW 2007, 428, 429.
429 EuGH, Urt. v. 18.6.2013 – C-681/11, ZIP 2013, 1297 – *Schenker*.
430 EuGH, Urt. v. 18.6.2013 – C-681/11, ZIP 2013, 1297, 1299 – *Schenker*.
431 Vgl. EuGH, Slg. 2011, I-1655, Rn. 72 – *AJD Tuna*.
432 EuGH, Urt. v. 18.6.2013 – C-681/11, ZIP 2013, 1297, 1299 – *Schenker*.

205 Die Anforderungen an ein Compliance-System werden insbesondere unter dem Gesichtspunkt der Bußgeldhaftung (Unterlassen von Aufsichtsmaßnahmen gemäß § 130 Abs. 1 OWiG) diskutiert. Zivilrechtlich steht vor allem die Vorstandshaftung gemäß § 93 Abs. 2 AktG im Blickpunkt. Bei einer aktiven Tatbeteiligung eines Leitungsorgans folgt die Haftung des Unternehmens für Kartellrechtsverstöße aus §§ 81 GWB, 30 OWiG. Das Bestehen eines Compliance-Programms ändert in diesem Fall de lege lata nichts am »Ob« der Bußgeldhaftung des Unternehmens. Wird der Kartellverstoß dagegen nicht durch ein Leitungsorgan begangen, haftet das Unternehmen nach §§ 30, 130 OWiG nur, wenn eine Aufsichtspflichtverletzung vorliegt. Eine solche ist zu verneinen, wenn das Unternehmen ein wirksames und nachhaltiges Compliance-Programm implementiert hat.[433] Sowohl das Bundeskartellamt als auch die Gerichte erkennen die Möglichkeit einer Enthaftung von Leitungsorganen an und prüfen in diesem Zusammenhang seit jeher den Umfang und die Wirksamkeit von Aufsichtsmaßnahmen, und damit auch von Compliance-Maßnahmen.[434]

206 Mit der Ausdehnung des Anwendungsbereichs des § 33 GWB (Begriff des Betroffenen) und damit auch der Schadensersatzansprüche nach § 33 Abs. 3 GWB rückt nunmehr die Frage der Auswirkungen eines Compliance-Programms auf die verschuldensabhängige Schadensersatzhaftung nach dieser Norm verstärkt in den Fokus. Nach der hier vertretenen Ansicht kommt der Verschuldensfeststellung im Ordnungswidrigkeitenverfahren keine Bindungswirkung im Rahmen von Follow-on-Klagen zu.[435] Auch können bußgeld-

---

[433] *Linsmeier/Dittrich*, NZKart 2014, 485, 486.
[434] Die meisten dieser Entscheidungen des Bundeskartellamts und der Gerichte sind lange vor der aktuellen Compliance-Diskussion ergangen; sie sind aber unverändert aktuell, vgl. BKartA, Entsch. v. 9.12.1997, B 2-21/96, WuW/E DE-V 21 – *Rolli*; BKartA, Entsch. v. 13.11.1998, B 2-21/96, WuW/E DE-V 85 – *Preisetiketten*; BGH, Beschl. v. 1.6.1977, BGH Aktenzeichen KRB376 KRB 3/76, WuW/E BGH 1489 – *Brotindustrie*; KG, Urt. v. 21.1.1981, KG Aktenzeichen KART1280 Kart. 12/80, WuW/E OLG 2476 – *japanische Hifi-Geräte*; BGH, Beschl. v. 24.3.1981, BGH Aktenzeichen KRB480 KRB 4/80, WuW/E BGH 1799 – *Revisionsabteilung*; KG, Urt. v. 21.9.1984, KG Aktenzeichen KARTA2984 Kart. a 29/84, WuW/E OLG 3399 – *Bauvorhaben U-Bahn-Linie 6 – West*; BGH, Beschl. v. 23.4.1985, BGH Aktenzeichen KRB784 KRB 7/84, WuW/E BGH 2148 – *Sportartikelhandel*; BGH, Beschl. v. 21.10.1986, BGH Aktenzeichen KRB586 KRB 5/86, WuW/E BGH 2329 – *Prüfgruppe*; OLG Köln, Urt. v. 20.5.1994, Aktenzeichen SS19394 Ss 193/94 (B) – wistra 1994, 315 – *Verletzung der Aufsichtspflicht*; OLG Düsseldorf, Urt. v. 5.4.2006, VI-2 Kart 5 + 6/05 OWi, WuW/E DE-R 1893 – *Transportbeton*; in der Sache geht es in all diesen Entscheidungen darum, die Anforderungen für eine Enthaftung im Rahmen von § 130 OWiG zu präzisieren; vgl. auch *Kasten*, in: Mäger, Europäisches Kartellrecht, Kap. 2 Rn. 138; *Bechtold*, GWB, § 81 Rn. 70 ff.
[435] Siehe unten VI, Rdn. 267.

rechtliche Zurechnungskriterien wie § 30 OWiG für die zivilrechtliche Haftung keine Rolle spielen. Die Verschuldensfrage und die Auswirkungen eines Compliance-Programms haben dementsprechend in zivilrechtlichen Schadensersatzverfahren nicht lediglich eine theoretische, sondern auch eine praktische Bedeutung. Auch unabhängig von der Frage der Verschuldensfeststellung in Follow-on-Klagen kommt es wegen der prinzipiellen Möglichkeit »isolierter« Schadensersatzklagen auf die Bedeutung von Kartellrechts-Compliance-Programmen auch für den Zivilprozess u.U. wesentlich an.

Im Einzelnen ist die Auswirkung des Bestehens eines (auch kartellrechtsbezogenen) Compliance-Systems bzw. eines Kartellrechts-Compliance-Programms auf das (Nicht-)Vorliegen von Fahrlässigkeit i.S.v. § 276 BGB noch ungeklärt. Einerseits dürfte das gänzliche Fehlen eines Kartellrechts-Compliance-Programms als fahrlässig zu bewerten sein. Andererseits kann von einem Unternehmen bzw. der konkreten Konzern- bzw. Muttergesellschaft nicht gefordert werden, dass es/sie das gesamte Unternehmen abdeckende, umfassende Überwachungsmaßnahmen ergreift, welche gegen datenschutz- oder fernmelderechtliche Vorschriften verstoßen oder die Würde des jeweiligen Mitarbeiters bzw. Arbeitnehmers verletzen. 207

Die Compliance-Bemühungen fußen auf den drei Säulen Prävention, Aufklärung und Reaktion.[436] Der Anspruchsgegner muss dazu eine Reihe von Maßnahmen ergreifen, die in die Bereiche Organisation, Kommunikation/Instruktion und Kontrolle untergliedert werden können.[437] Alle diese Bereiche und das Ausmaß der im Detail erforderlichen Maßnahmen hängen von der kartellrechtlichen Risikogeneigtheit der Unternehmenstätigkeiten bzw. der betroffenen Unternehmensbereiche ab. Damit ist bei Einrichtung und für die laufende Optimierung des Kartellrechts-Compliance-Programms jeweils eine Risikoanalyse erforderlich, in die Aspekte wie die (mikroökonomisch betrachtete) Kollusionsneigung auf den konkreten Märkten, das Auftreten von Vorverstößen, die Mitgliedschaft in Branchenverbänden, Marktanteile (Marktbeherrschung), die Größe und (Un-)Übersichtlichkeit des Unternehmens etc. einfließen.[438] 208

Zum Bereich Organisation zählt die Einrichtung einer Abteilung (oder einer Person), die für Kartellrechts-Compliance verantwortlich ist und die hinreichende Ausstattung dieser Abteilung mit Personal, Zeit, Geld und Weisungsbefugnissen. Dies hängt im Einzelnen von der Größe des Unternehmens bzw. 209

---

436 *Dittrich*, CCZ 2015, 209, 212.
437 Ausführlich: *Abel*, in: Gummert, MünchAnwHdb. Personengesellschaftsrecht, § 27 Rn. 150 ff.
438 Vgl. *von Busekist/Hein*, CCZ 2012, 41, 48.

des betroffenen Unternehmensbereichs ab. In den Bereich Kommunikation/ Instruktion fallen die Herausgabe geeigneter Kartellschadensersatzrichtlinien und die Durchführung von Trainingsmaßnahmen, insbesondere Schulungen. Die Teilnahme an den Schulungen sowie der erlangte Wissensstand müssen überwacht werden.

210 Der schwierigste Bereich betrifft eventuelle Kontrollmechanismen. Die Rechtsprechung zu § 130 Abs. 1 OWiG verlangt ein Mindestmaß an Kontrolle.[439] Das bloße Vertrauen darauf, dass die Mitarbeiter die Instruktionen und Schulungsinhalte beachten, soll nicht genügen. Dies gilt in verstärktem Maße dort, wo es bereits in der Vergangenheit zu Kartellrechtsverstößen und Missachtung von Instruktionen gekommen ist. Eine regelmäßige, systematische Überwachung des Akteninhalts und insbesondere elektronischer Dokumente und Korrespondenz kann in Ausnahmefällen angezeigt sein,[440] ist aber nicht verallgemeinerungsfähig. Dies gilt insbesondere in Anbetracht der Konflikte mit dem Datenschutzrecht, dem TK-Recht und der Mitarbeiterwürde, die sich zumindest bei verdachtsunabhängigen systematischen Kontrollen ergeben können.[441] Demgegenüber wird in vielen Fällen eine Notwendigkeit bestehen, »weichere« Kontrollmechanismen heranzuziehen, wie z.B. gezielte Fragebögen an Mitarbeiter, systematische Belehrungs- und Kontrollgespräche sowie Vorlagepflichten für von Vertragsmustern abweichende Vertragsklauseln.

211 Die Frage der Fahrlässigkeit stellt sich zunächst für die konkrete Gesellschaft (evtl. Tochtergesellschaft), deren Mitarbeiter gehandelt hat. Soll der Anspruch gegen eine Muttergesellschaft gerichtet werden, muss für diese das Vorliegen von Fahrlässigkeit gesondert geklärt werden. Mängel im Kartellrechts-Compliance-Programm des Gesamtkonzerns können möglicherweise dazu führen, dass auch fahrlässiges Verhalten der Muttergesellschaft vorliegt. Allerdings kommt deren Schadensersatzpflicht nur dann in Betracht, wenn sie hinsichtlich des konkreten Kartellrechtsverstoßes und der diesbezüglichen zivilrechtlichen Ansprüche passivlegitimiert ist.[442]

IV. Schaden, Anspruchshöhe und Vorteilsausgleichung

1. Schadensberechnung nach der Differenzhypothese

212 Maßgeblich für Inhalt und Umfang des etwaigen Schadensersatzanspruchs sind §§ 249 bis 252 BGB. Der Geschädigte ist so zu stellen, als ob das schädi-

---

[439] So schon BGH NJW 1973, 1511, 1513; vgl. auch *Rogall*, in: KK-OWiG, § 130 Rn. 40.
[440] Vgl. auch BDSG-E v. 15.12.2010, BT-Drucks. 17/4230, 1.
[441] Vgl. *de Wolf*, NZA 2010, 1206; *Krohs/Behling*, ZRFC 2012, 28.
[442] Siehe oben B.I.4 b, Rdn. 40.

gende Ereignis nicht stattgefunden hätte (hypothetischer gegenwärtiger Zustand). Im Hinblick auf Inhalt und Umfang des so begründeten Schadensersatzanspruchs ergibt sich sowohl aus dem nationalen Recht (§§ 249, 252 BGB) als auch aus der Rechtsprechung des EuGH, dass der Schaden vollständig zu ersetzen ist und dass der Schadensersatzanspruch nicht nur den positiven Schaden, sondern auch den entgangenen Gewinn und die Zahlung von Zinsen umfasst.[443]

Im Hinblick auf den Anspruchsinhalt entsprechen die Regelungen des deutschen Schadensersatzrechts bereits weitgehend den Vorgaben der Kartellschadensersatzrichtlinie.[444] Der Schaden ist auf der Basis der Differenzmethode und unter Beachtung des Bereicherungsverbots zu ermitteln. Dabei müssen die Mitgliedstaaten gewährleisten, dass der Schaden vollständig ersetzt wird, ohne jedoch über den Schadensausgleich hinauszugehen.[445] **213**

Angesichts der Komplexität des Marktgeschehens ist die Herstellung des ohne Verstoß gegen das Kartellrecht bzw. die kartellbehördliche Verfügung (hypothetisch) bestehenden Zustands für den Schädiger regelmäßig nicht möglich, so dass nach § 251 BGB Schadensersatz in Geld zu leisten ist. In diesen Fällen berechnen sich der Umfang des Schadens und damit die Anspruchshöhe gemäß der Differenzhypothese. Danach ist der Schaden die Differenz zwischen der infolge des rechtswidrigen Verhaltens tatsächlich existenten Vermögenslage und der hypothetischen gegenwärtigen Vermögenslage, die ohne das rechtswidrige Verhalten bestehen würde.[446] Dabei wurde im deutschen Recht seit jeher – insbesondere durch die höchstrichterliche Rechtsprechung[447] – die Ansicht vertreten, aus der Differenzhypothese ergebe sich ein Bereicherungsverbot für den Geschädigten. Dieses aus der Differenzhypothese fließende Bereicherungsverbot gehört zum »Kern schadensersatzrechtlichen Denkens auf dem europäischen Kontinent«.[448] **214**

Im Falle eines Verstoßes gegen das Kartellrecht bzw. gegen eine kartellbehördliche Verfügung geht es mithin insbesondere um die Differenz zwischen dem **215**

---

443 EuGH, Urt. v. 6.6.2013 – C-536/11, Rn. 24 – *Donau Chemie*; EuGH, Urt. v. 13.7.2006 – C-295/04, Slg. 2006, I-6619, Rn. 95 – *Manfredi*.
444 Art. 3 Richtlinie; hierzu *Veronese*, JECLAP 2014, Vol. 5, No. 8, 563, 563 f.
445 *Brömmelmeyer*, NZKart 2016, 2, 9.
446 Vgl. *Oetker*, in: MünchKommBGB, § 249 Rn. 18; zur Kritik an der Differenzhypothese vgl. *Mertens*, in: Soergel, BGB, vor § 249 Rn. 43.
447 Vgl. aus neuerer Zeit: BGH, NJW 2005, 2541, 2542; NJW 2004, 2526, 2528 f.; *Oetker*, in: MünchKommBGB, § 249 Rn. 20; *Mertens*, in: Soergel, BGB, vor § 249 Rn. 25.
448 *Schiemann*, in: Staudinger, BGB, Vorbem. §§ 249–254, Rn. 2; BGHZ 118, 312, 338.

(überhöhten) Kartellpreis und dem hypothetischen Wettbewerbspreis.[449] Die Feststellung dieser Differenz gestaltet sich häufig als sehr anspruchsvolle Aufgabe. Schwierigkeiten bereitet vor allem die Ermittlung des hypothetischen Wettbewerbspreises.[450] Das Gericht kann allerdings bei der Entscheidung über den Schadensumfang (und damit letztlich – vorbehaltlich einer möglichen Vorteilsausgleichung – der Anspruchshöhe) von der Befugnis zur »Schadensschätzung« nach § 287 ZPO Gebrauch machen.[451] Eine entsprechende Regelung sieht auch die Kartellschadensersatzrichtlinie in Art. 17 Abs. 1 vor.

216 Für eine Schadensschätzung kommt zunächst die Heranziehung des Vergleichsmarktkonzeptes (Vergleich des Preises auf einem vergleichbaren Markt ohne Kartellverstoß mit dem Preis auf dem Markt mit Kartellverstoß) in Betracht.[452] Die Rechtsprechung hat in der Vergangenheit insbesondere auf zeitliche Vergleichsmärkte zurückgegriffen.[453] Ein Rückgriff auf das kartellrechtliche Vergleichsmarktkonzept muss allerdings zur Ermittlung des hypothetischen Wettbewerbspreises im Rahmen der Schadensberechnung nicht zwingend erforderlich sein.[454] Neben dem Vergleichsmarktkonzept besteht die Möglichkeit einer kostenbasierten Ermittlung des hypothetischen Wettbewerbspreises (Ermittlung der tatsächlichen Kosten und eines hypothetischen, angemessenen Gewinns; »Kostenmodell«[455] bzw. »Cost-plus-margin«-Methode[456]). Ferner kann der hypothetische Wettbewerbspreis durch ein ökonometrisches Simulationsmodell geschätzt werden (»Simulationsmethode«[457]). Hierbei wird die ohne Vorliegen der Pflichtverletzung (Kartellrechtsverstoß; Verstoß gegen kartellbehördliche Verfügung) bestehende Marktsituation simuliert. Insbesondere durch eine Regressionsanalyse wird das Ziel verfolgt, den Einfluss einer Kartellabsprache auf die Preisentwicklung näherungsweise auszublenden. Eine multivariate Regression berücksichtigt eine Mehrzahl von Nachfrage- und Kostenfaktoren, um aus der Vielgestaltigkeit

---

449 LG Dortmund, WuW/E DE-R 1352, 1353; *Bornkamm*, in: Langen/Bunte, § 33 Rn. 93; *Topel*, in: Wiedemann, Handbuch des Kartellrechts, § 50 Rn. 128.
450 Hierzu: *BKartA*, Private Kartellrechtsdurchsetzung – Stand, Probleme, Perspektiven – Diskussionspapier, S. 20 ff.
451 Siehe im Einzelnen unten Rdn. 122 ff.
452 Vgl. *Inderst/Thomas*, Schadensersatz bei Kartellverstößen, S. 141 ff.
453 Vgl. *Krüger*, Öffentliche und private Durchsetzung des Kartellverbots von Art. 81 EG, S. 110.
454 *Bornkamm*, in: Langen/Bunte, § 33 Rn. 158.
455 *BKartA*, Private Kartellrechtsdurchsetzung – Stand, Probleme, Perspektiven, Diskussionspapier, S. 23.
456 *Hüschelrath/Leheyda/Müller/Veith*, Schadensermittlung und Schadensersatz bei Hardcore-Kartellen, S. 98 ff.
457 *BKartA*, Private Kartellrechtsdurchsetzung – Stand, Probleme, Perspektiven, Diskussionspapier, S. 24.

der Preisbildung letztlich soweit wie möglich den Kartelleffekt isolieren zu können.[458]

Alle denkbaren Ansätze zur Ermittlung des hypothetischen Wettbewerbspreises haben gewisse Nachteile: Das Vergleichsmarktkonzept verlangt die Identifizierung eines geeigneten sachlichen, räumlichen oder zeitlichen Vergleichsmarktes; es muss zunächst – vor Feststellung des Wettbewerbspreises auf dem Vergleichsmarkt – der Nachweis erbracht werden, dass der Vergleichsmarkt tatsächlich geeignet, insbesondere strukturell vergleichbar ist; u.U. wird sich auch die Frage stellen, ob der Vergleichsmarkt tatsächlich »kartellfrei« ist bzw. – im Falle eines zeitlichen Vergleichsmarktes – war. Insbesondere die zeitliche Vergleichsmethode, die zwar grundsätzliche Fragen zu Besonderheiten der jeweiligen Industriezweige und Absatzmärkte vermeidet, birgt sowohl in der dem Kartell vorausgehenden als auch in der nachfolgenden Periode Unklarheiten: Ersterenfalls mag das Kartell gerade eine Folge besonders harten Preiswettbewerbs gewesen sein (so dass eine zu hohe Differenz zwischen den verglichenen Preisniveaus festgestellt wird); letzterenfalls könnten »Spätwirkungen« des Kartells die Berechnungsergebnisse verfälschen.[459] Das Kostenmodell erfordert die Festlegung einer hypothetischen Gewinnspanne und verkennt, dass im Wettbewerb nicht zwingend ein – wenn überhaupt, dann zumindest angemessener – Gewinn erzielt werden kann; zudem kann das Kostenmodell nicht ohne weiteres dem Umstand gerecht werden, dass die Kosten des Kartellteilnehmers (aufgrund von Ineffizienzen) überhöht sind.[460] Ökonometrische Simulationen/Regressionen erlauben zwar eine recht präzise Einschätzung, verlangen aber sehr umfangreiche Datensätze.[461] Die Genauigkeit hängt zudem davon ab, wie realistisch die Annahmen über die betroffenen Märkte im »kartellfreien« Zustand sind bzw. sein können. Ob für eine den Voraussetzungen des § 287 ZPO genügende Schadensschätzung ein zwar möglicherweise einigermaßen genaues, jedoch besonders aufwändiges Vorgehen im Wege einer ökonometrischen Regressionsanalyse erforderlich ist oder aber ein Vorgehen anhand z.B. des Vergleichsmarktkonzeptes oder des Kostenmodells ausreichen kann, dürfte eine Frage des Einzelfalles sein. Nur

---

458 Vgl. zur multivariablen Regressionsanalyse in Kartellschadensersatzfällen: *Hüschelrath/Leheyda/Müller/Veith*, Schadensermittlung und Schadensersatz bei Hardcore-Kartellen, S. 245 ff.
459 *Hüschelrath/Leheyda/Müller/Veith*, Schadensermittlung und Schadensersatz bei Hardcore-Kartellen, S. 91; *Inderst/Thomas*, Schadensersatz bei Kartellverstößen, S. 145 f.
460 *Hüschelrath/Leheyda/Müller/Veith*, Schadensermittlung und Schadensersatz bei Hardcore-Kartellen, S. 99 f.; *Inderst/Thomas*, Schadensersatz bei Kartellverstößen, S. 145 f.
461 Ausführlich zu den Vor- und Nachteilen: BKartA, Private Kartellrechtsdurchsetzung – Stand, Probleme, Perspektiven, Diskussionspapier, S. 21 ff.; vgl. auch *Inderst/Thomas*, Schadensersatz bei Kartellverstößen, S. 167 ff., 177.

für den Einzelfall kann das Gericht die konkret verbleibenden Fehlerfaktoren identifizieren und auf dieser Grundlage bestimmte Schätzmethoden als ausreichend oder ungenügend bewerten.

218 In der gerichtlichen Praxis wurden auf der Grundlage des § 287 ZPO bislang unterschiedliche Verfahren zur Ermittlung des Schadensumfangs heran gezogen. Das LG Dortmund nahm als Anknüpfungspunkt für die Schadenschätzung den nach Beendigung des Preiskartells einsetzenden prozentualen Preisverfall an.[462] Das KG Berlin kombinierte eine räumliche und zeitliche Vergleichsmarktanalyse. Es zog die Durchschnittspreise vor und nach Einsetzen des Kartells sowie während des Kartellzeitraums heran und verglich sie mit Preisen für gleiche Produkte auf Märkten außerhalb des räumlichen Geltungsbereichs des Kartells.[463] Das OLG Frankfurt nahm als Grundlage der Schadenschätzung gemäß § 287 ZPO den Vergleich der Preise in der Zeit vor der missbräuchlich erfolgten Preiserhöhung an.[464] Nach dem OLG Düsseldorf hat der Geschädigte zwei Möglichkeiten der Schadensberechnung, nämlich zum einen die abstrakte Methode, die von dem regelmäßigen Verlauf im Geschäftsverkehr ausgeht, dass der Kaufmann gewisse Geschäfte im Rahmen seines Gewerbes tätigt und daraus Gewinn erzielt, und zum anderen die konkrete Methode, bei welcher der Geschädigte nachweist, dass er durch die schädigende Handlung an der Durchführung bestimmter Geschäfte gehindert worden ist und dass ihm wegen der Nichtdurchführbarkeit dieser Geschäfte Gewinn entgangen ist.[465] Im Fall der abstrakten Schadensberechnung ist die volle Gewissheit, dass der Gewinn gezogen worden wäre, nicht erforderlich; vielmehr genügt der Nachweis einer gewissen Wahrscheinlichkeit. Dabei dürfen keine zu strengen Anforderungen gestellt werden; ausreichend, aber auch erforderlich ist der (gegebenenfalls zu beweisende) Vortrag von Ausgangs- und Anknüpfungstatsachen, auf deren Grundlage eine Schätzung möglich ist. Ist hiernach ersichtlich, dass der Gewinn nach dem gewöhnlichen Lauf der Dinge mit Wahrscheinlichkeit erwartet werden konnte, wird vermutet, dass er erzielt worden wäre. Zur Bezifferung der Gewinnerwartungen kann auf eine Marktanalyse zurückgegriffen werden.

219 Die Kartellschadensersatzrichtlinie bringt bezüglich des Schadensumfangs und der Schadensquantifizierung keine Neuerungen. Dieses Problem wird

---

462 LG Dortmund, WuW/E DE-R 1352, 1354 – *Vitaminpreise Dortmund*.
463 KG Berlin, WuW/E DE-R 2773, 2774 – *Berliner Transportbeton*.
464 OLG Frankfurt, WuW/E DE-R 3163, 3167 – *Arzneimittelpreise*.
465 OLG Düsseldorf, Urt. v. 9.4.2014, VI-U (Kart) 10/12, Rn. 105. Allerdings hat der BGH in seinem Urteil vom 12.7.2016 moniert, dass das OLG für die Schadensermittlung und -berechnung erhebliche Umstände unberücksichtigt gelassen habe. Das OLG hat nun erneut zu entscheiden.

von der Kartellschadensersatzrichtlinie zwar erkannt,[466] aber nicht gelöst. Der Geschädigte muss auch in Zukunft seinen Schaden durch Berechnungs- und Schätzgrundlagen umfassend darlegen und die Größenordnung beziffern bzw. einen Mindestbetrag angeben.[467] Eine wesentliche Vereinfachung der Situation des Geschädigten wäre nur mit einer Vermutung, wonach »Kartelle zu einem Preisaufschlag x führen«[468] zu erzielen.[469] Eine ähnliche Regelung existiert in Ungarn.[470] Ob die Kodifikation eines Mindestschadens aber wirklich erstrebenswert ist, ist fraglich. Sie kommt einseitig den Interessen des Klägers zugute; dessen Prozessrisiko sinkt, weil sich die Erfolgsaussichten der Klage auf Schadensersatz jedenfalls in Höhe eines bestimmten Prozentsatzes der Gegenleistung nachhaltig erhöhen. Der Tatrichter würde gedanklich von einem Schaden dieser Höhe ausgehen, selbst wenn der Kläger noch nicht einmal schlüssig die Höhe des Schadens vorgetragen haben sollte.[471] Von fraglichem Nutzen ist der Leitfaden zur Schadensquantifizierung, den die Kommission gemäß Art. 16 der Kartellschadensersatzrichtlinie herausgeben will, da er weder rechtsverbindlich ist noch das größte Problem der kartellgeschädigten Kläger löst, den mangelhaften Zugang zu Beweismitteln und erforderlichen Daten für die Schadensschätzung zu erlangen.[472]

Da Schadensersatz im Grundsatz vorrangig als Naturalrestitution nach § 249 ff. BGB zu leisten ist, muss dieser nicht zwangsläufig in Geld geleistet werden.[473] Schadensersatz kann u.U. in einem bestimmten Verhalten wie z.B. Belieferung oder Aufnahme in ein Vertriebssystem bestehen.

2. Schadensvermutung, Schadenspauschalierungen

Art. 17 Abs. 2 der Kartellschadensersatzrichtlinie verlangt für Kartelle ausdrücklich eine Schadensvermutung (im Referentenentwurf zur 9. GWB-No-

---

466 Siehe Erwägungsgrund 45.
467 OLG Düsseldorf, GRUR-RR 2009, 319, WuW DE-R 2311, 2312 – *Belgisches Kartellklageunternehmen*; *Makatsch/Mir*, EuZW 2015, 7, 8.
468 Vgl. Vorschlag im Impact Assessment Paper der Kommission zur Kartellschadensersatzrichtlinie, SWD (2013) 203 final, Rn. 89.
469 So auch gefordert von *Kersting/Preuß*, Umsetzung der Kartellschadensersatzrichtlinie (2014/104/EU). Ein Gesetzgebungsvorschlag aus der Wissenschaft, S. 58 ff.; *Weitbrecht*, WuW 2015, 959, 967 f.
470 § 88/C des ungarischen Kartellgesetzes i.d.F. v. 23.3.2009 (Gesetz Nr. LVII aus 1996 über unlauteres Marktverhalten und über das Verbot der Wettbewerbsbeschränkung, novelliert durch Gesetz Nr. XIV aus 2009) enthält eine widerlegliche Vermutung für kartellbedingte Preiserhöhungen i.H.v. 10 % für horizontale Hardcore-Kartelle; vgl. *Bernhard*, NZKart 2013, 488, 494.
471 *Brömmelmeyer*, NZKart 2016, 2, 8.
472 *Makatsch/Mir*, EuZW 2015, 7, 8; *Kühne/Woitz*, WuW 2015, 1028, 1029.
473 So auch *Bechtold*, GWB, § 33 Rn. 29.

velle: § 33a Abs. 2 GWB – neu). Durch diese Regelung wird die Beweislast für den Schadenseintritt zu Gunsten des Kartellgeschädigten umgekehrt.[474] Die Kommission begründet dies mit den Erkenntnissen der Oxera-Studie aus 2009, die besagt, dass 9 von 10 Kartellen tatsächlich rechtswidrige Preisaufschläge verursachten.[475]

222 Die deutsche Rechtsprechung hat bislang nur vereinzelt für bestimmte Kartelltypen ausdrücklich Beweiserleichterungen anerkannt, so insbesondere für Quotenkartelle den Anscheinsbeweis einer kartellbedingten Preiserhöhung, weil bei Quotenkartellen Preissenkungen nicht zu Marktanteilsgewinnen führen könnten und Preissteigerungen nicht das Risiko eines Marktanteilsverlustes gegenüberstehe. Als »Kartelle« werden dabei durch horizontale Abstimmungen bezweckte Wettbewerbsbeschränkungen verstanden.[476] Die Vermutung betrifft allerdings nicht auch die Höhe des Schadens. Aus der Vermutungsregelung ergibt sich auch nicht klar, bei wem sich ein Schaden in welcher Form einstellt. Die Zusammenschau mit der Regelung zu den mittelbaren Abnehmern in Art. 14 Abs. 2 der Kartellschadensersatzrichtlinie lässt erkennen, dass die Schadensvermutung nur dem unmittelbaren Abnehmer zugutekommen soll. In der Sache entspräche das dann weitgehend dem in der bisherigen deutschen Rechtsprechung für bestimmte Kartelltypen anerkannten Anscheinsbeweis.[477]

223 Schließlich macht die Kartellschadensersatzrichtlinie nicht deutlich, ob sich die Vermutung lediglich auf einen Schaden durch überhöhte Preise der Kartellanten bezieht oder auch Preisschirmeffekte mitumfasst. Angesichts all dieser Unsicherheiten hängt vieles von der Umsetzung durch den deutschen Gesetzgeber ab. Da der Referentenentwurf zur 9. GWB-Novelle diesbezüglich aber keine Konkretisierung vorgenommen hat, ist es letztlich Sache der Gerichte, die bestehenden Lücken zu schließen. Soweit es die Gesetzeslage nach der Umsetzung der Kartellschadensersatzrichtlinie in nationales Recht zulässt, werden die Gerichte weiterhin auf die bisherige Entscheidungspraxis zurückgreifen, so dass die Rechtsprechung zum Anscheinsbeweis weiterhin von Bedeutung ist.[478]

---

474 *Kahlenberg/Heim*, BB 2016, 1863, 1866.
475 Online abrufbar unter: http://ec.europa.eu/competition/antitrust/actionsdamages/quantification_study.pdf (zuletzt aufgerufen am 19.5.2016).
476 OLG Karlsruhe, NZKart 2014, 366 Rn. 54 f. – *Löschfahrzeuge*; KG, WuW/E DE-R 2773, 2777, BeckRS 2009, 88509 – *Berliner Transportbeton II*; auch BGH, NJW 2007, 3792 Rn. 18 – *SD Papier*.
477 *Galle*, NZKart 2016, 214, 219.
478 *Galle*, NZKart 2016, 214, 220.

Lösgelöst von der Frage einer gesetzlich begründeten Schadenvermutung hatten deutsche Gerichte bereits mehrfach über einen durch AGBs pauschalierten Schadensersatz für einen Kartellrechtsverstoß zu entscheiden.[479] Eine Pauschalierung des Schadensersatzes auf 15 % der Auftragssumme wurde dabei als unwirksam erachtet, wenn nicht nachgewiesen wird, dass im Anwendungsbereich der Geschäftsbedingungen der bei einem Kartellverstoß nach dem gewöhnlichen Lauf der Dinge zu erwartenden Schaden stets bei oder nahe bei 15 % der Auftragssumme liegt.

224

3. Berücksichtigung des Gewinns im Rahmen der Schadensschätzung (§ 33 Abs. 3 Satz 3 GWB)

§ 33 Abs. 3 Satz 3 GWB sieht vor, dass der durch den Verstoß entstandene anteilige Gewinn des Schädigers bei der Schätzung des Schadens nach § 287 ZPO berücksichtigt werden kann.[480]

225

Nach der Formulierung des § 33 Abs. 3 Satz 3 GWB (»Entscheidung über den Umfang des Schadens«) kommt die Berücksichtigung des Gewinns nur dann in Betracht, wenn das »Ob« eines Schadens bereits anderweitig feststeht.[481] Der Gewinn errechnet sich grundsätzlich als Differenz aus den Umsatzerlösen einerseits und den Herstellungskosten für die erbrachten Leistungen sowie den angefallenen Betriebskosten andererseits.[482] Gemeinkosten und sonstige betriebliche Aufwendungen, die auch ohne den Wettbewerbsverstoß angefallen wären, sind nicht abzugsfähig.[483] Im Falle einer Vielzahl von Geschädigten kann nur der anteilige Gewinn aus dem Kartellrechtsverstoß gegenüber dem Geschädigten berücksichtigt werden.[484]

226

Im Referentenentwurf zur 7. GWB-Novelle vom Dezember 2003 fand sich noch ein alternativer, eigenständiger Gewinnherausgabeanspruch zugunsten des Geschädigten.[485] Die später Gesetz gewordene Fassung des § 33 Abs. Abs. 3 Satz 3 GWB, wie sie dann im Regierungsentwurf formuliert wurde,[486] regelt allerdings keinen eigenständigen Gewinnherausgabeanspruch, sondern lässt lediglich den durch den Kartellverstoß erzielten Gewinn als Schätz-

227

---

479 LG Potsdam, Urt. v. 22.10.2014, NZKart 2015, 152 – *Feuerwehrfahrzeug-Kartell*; LG Potsdam, Urt. v. 13.4.2016, NZKart 2016, 240 – *Schienenkartell*.
480 Vgl. Regierungsbegründung zur 7. GWB-Novelle, BT-Drucks. 15/3640, 54; *Monopolkommission*, Das allgemeine Wettbewerbsrecht in der Siebten GWB-Novelle, Sondergutachten, S. 32 f., Rn. 57.
481 Vgl. *Emmerich*, in: Immenga/Mestmäcker, § 33 Rn. 64.
482 Regierungsbegründung zur 7. GWB-Novelle, BT-Drucks. 15/3640, 54.
483 Vgl. *Bornkamm*, in: Langen/Bunte, § 33 Rn. 133 a.E.
484 Regierungsbegründung zur 7. GWB-Novelle, BT-Drucks. 15/3640, 54.
485 Vgl. *Lübbig*, in: MünchKommKartR, § 33 Rn. 110 f.
486 Regierungsbegründung zur 7. GWB-Novelle, BT-Drucks. 15/3640, 54.

grundlage zu.[487] Die Norm sieht nicht vor, dass der (anteilige) Gewinn alleiniger Faktor für die Bemessung bzw. Schätzung der Schadenshöhe sein soll. Vielmehr ist er eines von zahlreichen Kriterien, die in die Schätzung einzubeziehen sind. Regelmäßig ist daher angezeigt, den (anteiligen) Gewinn als Kontrollfaktor den Ergebnissen gegenüberzustellen, welche aufgrund der oben dargestellten Schätzmodelle ermittelt worden sind.

228 Die Regelung des § 33 Abs. 3 Satz 3 GWB lässt als Schätzgrundlage unmittelbar nur den kartellbedingten Mehrgewinn, nicht den gesamten mit den kartellbefangenen Produkten erzielten Gewinn des Schädigers zu. Die in der Literatur vertretene abweichende Ansicht[488] findet keine Stütze im Wortlaut des § 33 Abs. 3 Satz 3 GWB. Die Norm spricht klar von dem Gewinn, den der Schädiger »durch den Verstoß erlangt hat«. Folge des Verstoßes ist aber nicht der gesamte sogenannte Verletzergewinn, sondern nur der kartellbedingte Mehrgewinn des Schädigers.[489] Soweit man annehmen möchte, dass eine Schadensermittlung nur durch Heranziehung des gesamten Verletzergewinns erleichtert würde, weil die Ermittlung des Mehrgewinns auf ähnliche Schwierigkeiten stoßen könnte wie die Ermittlung des hypothetischen Wettbewerbspreises, kann der festgestellte Verletzergewinn – mehr noch als der kartellbedingte Mehrgewinn allenfalls als sehr grober »Richtungsgeber« dienen. D.h. er kann dem Richter lediglich zeigen, dass – bei Zweifeln über verschiedene Berechnungsergebnisse zum hypothetischen Wettbewerbspreis – in Anbetracht der Höhe des gesamten Verletzergewinns eher ein höherer oder niedrigerer Wert für den hypothetischen Wettbewerbspreis naheliegt.[490]

4. Besondere Schadenspositionen

a) »Lost-sales«- Effekte

229 Ein Schaden kann dem Betroffenen auch dadurch entstehen, dass sein Absatz an Dritte geschmälert wird (»Lost-Sales«-Effekt).[491] Dem Betroffenen entgeht Gewinn hinsichtlich der Waren, die wegen des Nachfragerückgangs aufgrund des »Kartellpreises« nicht gekauft wurden.[492]

---

487 Vgl. *Bechtold*, GWB, § 33 Rn. 33.
488 *Bornkamm*, in: Langen/Bunte, § 33 Rn. 133.
489 Wie hier: *Bechtold*, GWB, § 33 Rn. 34.
490 Ähnlich: *Emmerich*, in: Immenga/Mestmäcker, § 33 Rn. 65.
491 *Topel*, in: Wiedemann, Handbuch Kartellrecht, § 50 Rn. 129; *Hüschelrath/Leheyda/Müller/Veith*, Schadensermittlung und Schadensersatz bei Hardcore-Kartellen, S. 104.
492 *Bundeskartellamt*, Private Kartellrechtsdurchsetzung – Stand, Probleme, Perspektiven (Diskussionspapier), S. 21; *Monopolkommission*, Das allgemeine Wettbewerbsrecht in der Siebten GWB-Novelle, Sondergutachten, S. 34, Rn. 62.

Die Monopolkommission hat erwogen, diesen entgangenen Gewinn wie folgt 230
zu berechnen: Zur Schätzung des Vorteils, der aus einer hypothetisch gekauften
Einheit gezogen werden kann, ist davon auszugehen, dass dieser Vorteil größer
ist als der Wettbewerbspreis (da zu diesem die Einheit noch gekauft worden
wäre), aber kleiner als der »Kartellpreis« (da zu diesem die Einheit nicht mehr
gekauft wird). Daher soll das arithmetische Mittel von »Kartellpreis« und Wettbewerbspreis als Schätzwert angesetzt werden. Wenn die Differenz von diesem
Schätzwert und dem Wettbewerbspreis mit der Mengenreduzierung multipliziert wird, erhalte man den entgangenen Gewinn.[493] Das arithmetische Mittel
als Schätzwert ist jedoch ein willkürlicher Wert. Naheliegender erscheint, mit
Hilfe der Nachfragefunktion des Käufers (unter Berücksichtigung ihrer Elastizität) den Bereich zwischen den Punkten Monopolpreis (auf der y-Achse),
Wettbewerbspreis (ebenfalls auf der y-Achse), Schnittpunkt Nachfragefunktion mit Monopolmenge und Schnittpunkt Nachfragefunktion mit Wettbewerbsmenge als gesamte Schadenssumme (aus beiden Posten) zu berechnen.

b) »Preisschirmeffekte«

Bei sog. Preisschirmeffekten (»umbrella pricing«) geht es um Konstellationen, 231
in denen Unternehmen, die nicht an einem Kartell beteiligt sind, in Anbetracht der Marktwirkungen des Kartells ihre Preise höher festsetzen, als sie
dies ohne das Kartell getan hätten.[494] Aus juristischer Sicht von entscheidender Bedeutung ist, dass die Preiserhöhungen durch Kartellaußenseiter nicht
als Trittbrettfahrerverhalten im Sinne eines bewussten Ausbeutemissbrauchs,
sondern als ökonomisch optimale Reaktionen auf Nachfrageänderungen zu
interpretieren sind.[495] Im jüngst ergangenen Urteil *Kone*[496] wurde der EuGH
vom Obersten Österreichischen Gerichtshof mit der Frage befasst ob Schäden die aufgrund des Preisschirmeffekts zustande kommen, zu ersetzen sind,
ob also Art. 101 AEUV dahin auszulegen ist, dass jedermann von Kartellanten den Ersatz auch des Schadens verlangen kann, der ihm durch einen Kartellaußenseiter zugefügt wurde, der im Windschatten der erhöhten Marktpreise seine eigenen Preise für seine Produkte mehr anhebt, als er dies ohne
Kartell getan hätte, so dass der vom Gerichtshof postulierte Effektivitätsgrundsatz einen Zuspruch nach nationalem Recht verlangt.[497] Die Schadensersatzhaftung hat mit der *Kone*-Entscheidung des EuGH eine potenziell erhebliche
Ausweitung erfahren. Der EuGH hat entschieden, dass der Kartellant auch für

---

493 Vgl. *Monopolkommission*, Das allgemeine Wettbewerbsrecht in der Siebten
GWB-Novelle, Sondergutachten, S. 35, Rn. 63.
494 *Wollmann*, in: Jaeger/Pohlmann/Schroeder, FK, E. Österreichisches Kartellrecht,
Rn. 106.
495 *Inderest/Maier-Rigaud*, WuW 2014, 1043, 1045.
496 EuGH, WuW/E DE-R EU-R 3030 – *Kone*.
497 EuGH, WuW/E DE-R EU-R 3030, 3032 – *Kone*.

Schäden haftet, die durch Preisschirmeffekte entstehen, weil am Kartell nicht beteiligte Unternehmen ebenfalls ihre Preise erhöhen (können).[498] Nach *Kone* soll ein Adäquanzzusammenhang, wonach der Preisschirmeffekt für den Kartellant vorhersehbar war, genügen. Dieser wird nicht dadurch in Frage gestellt, dass Kartellaußenseiter eine autonome Preisentscheidung treffen. Denn sie berücksichtigen dabei den kartellierten Marktpreis als einen der wichtigsten Gesichtspunkte. Der Marktpreis stellt einen der wichtigsten Wettbewerbsparameter für die Preisfestsetzung fest, der durch den Kartellverstoß verfälscht ist.[499] Gelinge es einem Kartell, den Preis für ein bestimmtes Produkt künstlich hoch zu setzen, und seien »bestimmte Marktbedingungen, insbesondere hinsichtlich der Art des Produkts oder Größe des von diesem Kartell erfassten Marktes, erfüllt«, so sei nämlich nicht auszuschließen, dass ein Kartellaußenseiter den Preis für sein Angebot höher bestimme, als er dies ohne das Kartell getan hätte.[500] Die Schädigung des Kunden eines Kartellaußenseiters, der sich das *umbrella pricing* zunutze macht, gehöre folglich zu den von den Kartellanten vorhersehbaren Folgen des Kartellverstoßes.[501]

232 Die Anforderungen, die das österreichische Recht an die haftungsausfüllende Kausalität für einen deliktischen Schadensersatzanspruch stellt, entsprechen weitestgehend denen im deutschen Recht, so dass die Aussagen des EuGH ohne weiteres auf die deutsche Rechtslage und insbesondere einen Schadensersatzanspruch nach § 33 Abs. 3 Satz 1 GWB übertragbar sind.[502] Für das Vorliegen eines ursächlichen Zusammengangs zwischen einem Verstoß gegen Art. 101 AEUV, § 1 GWB und dem Schaden einer Person müssen zwei Voraussetzungen erfüllt sein: erstens muss erwiesen sein, dass das Kartell eine bestimmte Folge am Markt haben kann, die zu einem Schadenseintritt führt, und zweitens darf den Kartellanten dies nicht verborgen bleiben.[503] Damit soll der rechtlich relevante vom nur mittelbar kausalen Schaden abgegrenzt werden.[504] Das Auftreten von Preisschirmeffekten in Reaktion auf eine Kartellpreiserhöhung mag zwar intuitiv erscheinen, ist jedoch keine ausnahmslose ökonomische Gesetzmäßigkeit.[505] Dies hängt von vielen Faktoren ab, beispielsweise der Homogenität der Produkte, der Marktabdeckung des Kartells, der Angebotsumstellungsflexibilität des Außenseiters usw.[506]

---

498 Dazu *Stöber*, EuZW 2014, 257, 261; *Dreher*, EWiR 2014, 499, 500; *Hartmann-Rüppel/Schrader*, ZWeR 2014, 300 ff.
499 EuGH, WuW/E DE-R EU-R 3030, 3034 – *Kone*.
500 EuGH, WuW/E DE-R EU-R 3030, 3034 – *Kone*.
501 EuGH, WuW/E DE-R EU-R 3030, 3034 – *Kone*.
502 *Lettl*, WuW 2014, 1032, 1036; *Fritzsche*, NZKart 2014, 428, 430.
503 *Lettl*, WuW 2014, 1032, 1042.
504 *Pauer*, WuW 2015, 14, 17.
505 *Copik/Haucap*, WuW 2016, 50, 55.
506 *Zöttl*, EuZW 2014, 588, 589.

Zu klären gilt weiter, ob auch Preisschirmeffekte auf anderen, benachbarten 233
Märkte – z.B. Substitutions- oder komplementäre Produkte – kartellrechtliche
Schadensersatzansprüche auslösen[507] und, ob bei negativen Mengeneffekten
auf anderen Märkten – z.B. auf Rohstoff- oder Komponentenmärkten – im Gefolge eines Kartells ebenfalls die Voraussetzungen des ursächlichen Zusammenhangs zu bejahen ist.[508]

5. Folgen einer Weiterveräußerung (§ 33 Abs. 3 Satz 2 GWB; Vorteilsausgleichung)

a) »Passing-on defense«

Mit der *passing-on defense* beruft sich der Schädiger darauf, der Schaden sei- 234
nes Abnehmers sei gemindert, da dieser durch seinerseitige Preiserhöhungen
den Schaden auf seine Abnehmer (die nachgelagerte Marktstufe) abgewälzt
habe. Die Bedeutung des § 33 Abs. 3 Satz 2 GWB ist im Detail umstritten.[509]
Dabei ist die Gesetzesfassung des § 33 Abs. 3 Satz 2 GWB ohnehin sprachlich
missglückt: Es ist nicht die Tatsache, dass Waren oder Dienstleistungen weiterveräußert werden, welche die Frage der *passing-on defense* aufwirft. Vielmehr ist es die preisliche Ausgestaltung des Weiterverkaufs, die zur Frage der
passing-on defense führt.

Nach dem Haftungsrecht des BGB bestehen zwei Rechtsinstitute, in die eine 235
Abwälzung des Schadens auf die Abnehmer des Geschädigten eingeordnet
werden könnte: Zum einen kann diese schon beim Tatbestandsmerkmal »Schaden« eine Rolle spielen. Zum anderen kann die Abwälzung als Teil der »Vorteilsausgleichung« angesehen werden. Aus dem Wortlaut des § 33 Abs. 3 Satz 2
GWB ergibt sich nicht eindeutig, ob die Ausschlussregelung die Schadensentstehung oder die Vorteilsausgleichung betrifft. Die Einordnung hat jedoch wesentliche Folgen für die Beweislast. Der Kläger einer Schadensersatzklage hat
das Bestehen und das Ausmaß des Schadens zu beweisen. Demgegenüber ist
der Beklagte beweisbelastet für die Frage, ob sich der Kläger einen Vorteil anrechnen lassen muss.[510] Rechtsstreitigkeiten dürften sich häufig gerade an dieser Beweislastregel entscheiden – zumal in Anbetracht der erheblichen Schwierigkeiten, mit denen der Beweis einer Schadensweiterwälzung verbunden ist.

---

507 *Dreher*, EWiR 2014, 499.
508 Dazu *Fuchs*, in: FS Bornkamm, S. 159, 171 f.
509 Zur grundsätzlichen Normierung von Einschränkungen gegenüber der früheren Praktizierung der *passing-on defense*: siehe schon Rn. 49 ff., insbesondere hinsichtlich der Wechselwirkung mit dem Begriff des »Betroffenen«.
510 *Schiemann*, in: Staudinger, BGB, § 249 Rn. 141; *Oetker*, in: MünchKommBGB, § 249 Rn. 442.

236 In der kartell- und haftungsrechtlichen Literatur haben sich seit jeher für beide Einordnungen Anhänger gefunden. Im Anschluss an eine Ansicht von *Flume*[511] hat insbesondere *Fikentscher* die Auffassung vertreten, bei Abwälzung des Kartellschadens auf die Abnehmer der nachgelagerten Marktstufen fehle es schon an einem Schaden im Sinne des Haftungstatbestandes.[512] Demgegenüber vertreten *Roth*[513] (schon vor der 7. GWB-Novelle), *Bornkamm*[514] und *Emmerich*[515] dass es sich um eine Frage des Vorteilsausgleichs handele.[516] Die letztere Ansicht hat ersichtlich auch der BGH in seiner jüngsten Rechtsprechung (eigentlich noch zu GWB a.F.) zugrunde gelegt, in der er *obiter dictum* die *passing-on defense* auch für § 33 Abs. 3 GWB n.F. nicht ausschließen wollte.[517]

237 Die schadensrechtliche Abwicklung von Kartellen hat auch bedeutende Einschätzungsunterschiede zwischen verschiedenen deutschen Gerichten zu der Frage erkennbar werden lassen, wie die Abwälzung von Preisüberhöhungen zu behandeln ist. Dabei betrafen wesentliche – und wesentlich unterschiedliche – Entscheidungen ein und dasselbe Kartell:[518] In einer Entscheidung vom 11. Juli 2003 lehnte das LG Mannheim die Zuerkennung von Schadensersatz ab.[519] Geklagt hatte ein Unternehmen, das von einem Kartellmitglied Vitamine zur Weiterverarbeitung gekauft hatte. Das Landgericht führte aus, die Berechnung des Schadens könne nicht bei der Feststellung eines kartellbedingt überhöhten Einkaufspreises stehen bleiben; vielmehr sei die gesamte weitere wirtschaftliche Entwicklung in die Betrachtung einzubeziehen. Habe die Klägerin die Preisüberhöhungen auf ihre eigenen Kunden abgewälzt, sei ihr von vornherein kein Schaden entstanden.[520] Der Auffassung des LG Mannheim liegt erkennbar die Vorstellung zu Grunde, dass es sich bei den Einkaufspreisen (Kosten) der dortigen Klägerin um einen »Durchlaufposten« handele, den sie an ihre eigenen Kunden weitergeben könne. Hierbei kann sich das Landgericht auf durchaus beachtliche ökonomische Erwägungen stützen. Da ein Kartell in der Regel nur dann funktioniert, wenn möglichst viele Wettbewerber an ihm beteiligt sind und somit die Kartellpraktizierung zu einer gewissen Marktmacht führt, ist es wahrscheinlich, dass in Fällen, in denen es zu abgestimmten Preiserhöhungen kommt, nahezu alle Abnehmer betroffen sind. In einer solchen Marksituation ist die Weitergabe der Kostenerhöhung durch sämtliche Abnehmer sehr wahrscheinlich, soweit der Downstream-Markt, auf

---

511 *Flume*, WuW 1956, 457, 464.
512 Siehe *Fikentscher*, BB 1956, 793, 798.
513 *Roth*, in: FK, § 33 Rn. 143 ff.
514 *Bornkamm*, GRUR 2010, 501, 503; *Bornkamm*, in: Langen/Bunte, § 33 Rn. 137.
515 *Emmerich*, in: Immenga/Mestmäcker, § 33 Rn. 51.
516 Siehe auch *Köhler*, GRUR 2004, 99.
517 BGH, WuW/E DE-R 3433, 3440.
518 *Vitaminkartell*; siehe Europäische Kommission, ABl. EG 2003 L 6, 1.
519 LG Mannheim, GRUR 2004, 182 ff.
520 LG Mannheim, GRUR 2004, 182 ff.

dem die Kunden des kartellrechtswidrig handelnden Unternehmens selbst als Anbieter auftreten, von Wettbewerb geprägt ist. In durch Wettbewerb geprägten Märkten nähern sich die Preise den Grenzkosten an, so dass eine Kostenerhöhung in solchen Märkten in der Regel auf die nachfolgende Marktstufe abgewälzt wird.[521] Folge der Einordnung der Abwälzungsproblematik beim Schadensbegriff ist, dass die Schadensersatzklägerin dafür als darlegungs- und beweisbelastet angesehen wird, dass ihr diese Abwälzung nicht möglich war. Da die Klägerin dies im konkreten Fall nicht ausreichend dargelegt hatte, wies das Landgericht die Klage ab.[522] Das OLG Karlsruhe bestätigte das Urteil des LG Mannheim in seiner Entscheidung vom 28. Januar 2004.[523] Auch das OLG Karlsruhe verortete die Frage der Abwälzung bei der Schadensfeststellung.[524] Bevor es zu einer Entscheidung über die Nichtzulassungsbeschwerde durch den BGH-Kartellsenat kam, wurde das Verfahren durch Rücknahme der Revision beendet.

Das LG Dortmund entschied demgegenüber, dass die Abwälzung der überhöhten Einkaufspreise eine Frage des Vorteilsausgleichs sei.[525] Die Beklagte – wiederum ein Mitglied des Vitaminkartells – sei darlegungs- und beweisbelastet, dass es zu einer Abwälzung gekommen sei. Aus der Begründung des LG Dortmund wird deutlich, dass eine Zäsur gesehen wird zwischen der Zahlung des (überhöhten) Preises einerseits und der weiteren Entwicklung andererseits.[526] Allerdings deutete das LG Dortmund an, es halte die Beklagte lediglich für verpflichtet, substantiiert darzulegen, dass die Marktverhältnisse eine Erhöhung der Abgabepreise zuließen. Sodann wäre es Sache der Klägerin, zur Entwicklung ihrer Abgabepreise selber vorzutragen. Die Frage, ob bei Kartellverstößen überhaupt eine Vorteilsausgleichung zuzulassen sei, ließ das LG Dortmund offen.[527] 238

Nach vom Bundeskartellamt geäußerter Ansicht besagt § 33 Abs. 3 Satz 2 GWB lediglich, dass es sich bei der Weiterwälzung überhöhter Preise nicht 239

---

521 *Dubow*, ECLR 2003, 239.
522 LG Mannheim, GRUR 2004, 182 ff.
523 OLG Karlsruhe, WuW/DE-R 1229 ff. und insbes.: »Die bei der schadensrechtlichen Beurteilung gebotene wirtschaftliche Betrachtungsweise [Hinweis auf BGHZ 98, 212, 217] kann nicht außer Acht lassen, dass der Einkaufspreis im betriebswirtschaftlichen Ablauf nur ein Kostenfaktor ist, der prinzipiell in den Verkaufspreis eingeht und an die nächste Wirtschaftsstufe weitergegeben wird. Für gewöhnlich handelt es sich insoweit um einen neutralen Rechnungsposten. Aus diesem Grund besteht also hier zwischen Nachteil und Vorteil ein unlösbarer innerer Zusammenhang.« – vgl. auch Anm. *Beninca*, WuW 2004, 604.
524 Kritisch hierzu: *Bulst*, NJW 2004, 2201.
525 LG Dortmund, WuW/DE-R 1352, 1354 mit Anmerkung *Bulst*, EWS 2004, 403.
526 LG Dortmund, WuW/DE-R 1352, 1354.
527 LG Dortmund, WuW/DE-R 1352, 1354.

um eine Frage der Schadensentstehung, sondern der Vorteilsausgleichung handelt; d.h. die Beweislast trifft den Schädiger. Zudem sei ein kategorischer Ausschluss der Vorteilsausgleichung nicht sachgerecht, wenn dem Abnehmer keinerlei Schaden oder Risiko entstanden sei und der Schädiger auch noch Ansprüchen der mittelbaren Abnehmer, d.h. der nachfolgenden Marktstufe, ausgesetzt sei. Außerdem würde ein Ausschluss der *passing on-defense* dem Schadensersatzanspruch einen dem deutschen Schadensersatzrecht fremden, präventiven oder strafenden Charakter verleihen.[528]

240 Nach der Monopolkommission besagt § 33 Abs. 3 Satz 2 GWB hingegen, es gebe keine Vorteilsausgleichung mit Blick auf die Weitergabe des überhöhten Preises an die jeweiligen mittelbaren Abnehmer, d.h. § 33 Abs. 3 Satz 2 GWB schließe die *passing-on defense* aus.[529] Ohne den Ausschluss der *passing-on defense* und im Falle beschränkter Klagemöglichkeiten der Endabnehmer (rechtlich oder faktisch) würde der Schädiger von einem Teil seiner Verpflichtung zum Schadensersatz befreit. Dies wäre mit dem Gedanken der Vorteilsausgleichung nicht vereinbar; der Schädiger dürfe nicht unbillig entlastet werden.[530] Dabei spielten vor allem die faktischen (Beweis-)Schwierigkeiten bei Endabnehmer-Klagen eine gewichtige Rolle.[531]

241 Die oben dargestellte Entwicklung der Rechtsprechung hat die Diskussion um die 7. GWB-Novelle beeinflusst. In einem ersten Entwurf zur Gesetzesnovelle war die *passing-on defense* ausgeschlossen worden.[532] Im endgültigen Gesetzentwurf der Bundesregierung war hingegen eine gesetzliche Regelung der Problematik nicht mehr enthalten.[533] Aus der Begründung ergibt sich, dass die Bundesregierung eine ausdrückliche Regelung nicht für notwendig erachtete, weil ihrer Auffassung nach zum einen die Frage im Rechtsinstitut der Vorteilsausgleichung angesiedelt sei und zum anderen eine Berücksichtigung der Abwälzung im Rahmen der Vorteilsausgleichung aus dogmatischen Gründen ausgeschlossen sei. Die Vorteilsausgleichung entspräche bei Kartellschäden nicht dem Zweck des Schadensersatzes und entlaste den Schädiger

---

528 *Bundeskartellamt*, Private Kartellrechtsdurchsetzung – Stand, Probleme, Perspektiven (Diskussionspapier), S. 11 f. und Fn. 44.
529 *Monopolkommission*, Das allgemeine Wettbewerbsrecht in der Siebten GWB-Novelle, Sondergutachten, S. 36, Rn. 66.
530 *Monopolkommission*, Das allgemeine Wettbewerbsrecht in der Siebten GWB-Novelle, Sondergutachten, S. 37, Rn. 68.
531 Vgl. *Monopolkommission*, Das allgemeine Wettbewerbsrecht in der Siebten GWB-Novelle, Sondergutachten, S. 37 f., Rn. 69 ff. Siehe auch *Europäische Kommission*, Grünbuch »Schadenersatzklagen wegen Verletzung des EU-Wettbewerbsrechts«, KOM(2005) 672 endgültig, 2.4.
532 Vgl. *Monopolkommission*, Das allgemeine Wettbewerbsrecht in der 7. GWB-Novelle, Sondergutachten, S. 36.
533 Regierungsbegründung zur 7. GWB-Novelle, BT-Drucks. 15/3640.

unbillig. Die Lösung des Problems sollte der Rechtsprechung überlassen bleiben.[534]

Nach dem Bericht des Ausschusses für Wirtschaft und Arbeit wurde § 33 Abs. 3 Satz 2 GWB zur Klarstellung eingefügt, dass die Abwälzung eines überhöhten Preises an eine nachfolgende Marktstufe keine Frage der Schadensentstehung,[535] sondern der Vorteilsausgleichung sei. Der Bericht ließ jedoch offen, ob eine Vorteilsausgleichung bei Schadensersatz wegen Kartellrechtsverstößen überhaupt in Betracht kommen kann. Jedenfalls sei der Schädiger für die behauptete Schadensminderung darlegungs- und beweispflichtig. Wichtige Aussage des Berichts ist, dass »*allein* der Umstand der Weiterveräußerung [...] der Feststellung eines Schadens nicht entgegengehalten werden kann« [meine Hervorhebung].[536] Nach der Begründung des Ausschusses für Wirtschaft und Arbeit, dessen diesbezügliche Vorschläge im weiteren Gesetzgebungsverfahren nicht mehr geändert wurden, lässt § 33 Abs. 3 Satz 2 GWB in zweierlei Hinsicht einen gewissen Raum für eine *passing-on defense*: erstens bei der Prüfung der von der Schadensentstehung zu differenzierenden Vorteilsausgleichung – die Formulierung »Schaden [ist] nicht deshalb ausgeschlossen« bezieht sich mithin nur auf die Schadensentstehung; zweitens bei Hinzutreten weiterer Umstände neben die bloße Weiterveräußerung.

242

Damit bleibt die Frage, ob eine solche Vorteilsausgleichung bei Kartellschäden aus normativ-wertenden Gesichtspunkten ausgeschlossen ist – dies deutet die vorgenannte Gesetzesbegründung an – oder ob es dem Beklagten offensteht, sich auf diesen Ausgleich zu berufen. Unzutreffend ist jedenfalls, dass die Anerkennung eines Vorteilsausgleichs mit dem Schutzzweck der kartellrechtlichen Schadensersatznorm unvereinbar wäre: Anders als z.B. im US-amerikanischen Recht ist Schadensersatz wegen Kartellverstößen – angesichts des erheblichen Instrumentariums der Kartellbehörden, kartellrechtswidrige Handlungen zu unterbinden und zu ahnden – nicht vornehmlich am Maßstab einer besseren Verfolgungseffizienz zu messen. Vielmehr hat der Schadensersatzanspruch die Aufgabe, im Bereich des Kartellrechts den Ausgleich von tatsächlich entstandenen Schäden sicherzustellen.[537]

243

---

534 Regierungsbegründung zur 7. GWB-Novelle, BT-Drucks. 15/3640, 35, 54.
535 So LG Mannheim, GRUR 2004, 182, 184 – *Vitaminpreise*; OLG Karlsruhe, WuW/E DE-R 1229, 1230.
536 Beschlussempfehlung und Bericht des Ausschusses für Wirtschaft und Arbeit, v. 9.3.2005, BT-Drucks. 15/5049, 49.
537 Für eine Vereinbarkeit der *passing-on-defense* mit § 33 Abs. 3 Satz 2 GWB auch *Kießling*, GRUR 2009, 733, 739.

244 Angesichts der tatsächlichen Schwierigkeiten, eine Abwälzung des Schadens zu beweisen, mag es rechtspolitisch noch akzeptabel sein, das insoweit bestehende Beweisrisiko dem Schädiger aufzugeben. Die generelle Ablehnung einer Vorteilsausgleichung in Kartellschadensfällen stünde aber im Widerspruch zu den ökonomischen Erkenntnissen, wonach in Wettbewerbsmärkten erhöhte Kosten in der Regel weiterbelastet werden können.

245 Im Ergebnis kann die *passing-on defense* nach der 7. GWB-Novelle – abweichend von der früheren Rechtsprechung des LG Mannheim und des OLG Karlsruhe[538] – nicht mehr als Frage der Schadensentstehung begriffen werden. Dennoch besteht sie als möglicher Teil der Vorteilsausgleichung fort. Diese eingeschränkte Handhabung harmoniert mit der oben[539] vertretenen Ansicht, dass der Betroffenenbegriff des § 33 Abs. 1 GWB zwar einen weiten Kreis möglicher Anspruchsberechtigter zulässt, aber nicht ausufern darf. Eine Überkompensation der durch den Kartellverstoß mehr oder weniger stark Tangierten und damit eine systemwidrige »Doppelbelastung« des Schädigers sind nach deutscher Rechtstradition zu vermeiden. Die nicht hinreichende Beachtung der Schadensabwälzung – unabhängig von der Auslegung des Betroffenenbegriffs – würde das nicht akzeptable Risiko einer Überkompensation des Klägers mit sich bringen. Dies würde in Widerspruch stehen zum »Bereicherungsverbot« des deutschen Schadensersatzrechts.[540]

246 Eine solche Auslegung der *passing-on defense* als Vorteilsausgleichung findet nun auch ihren Niederschlag in der neueren BGH-Rechtsprechung und den Bestimmungen der Kartellschadensersatzrichtlinie. Der BGH hat sich in seiner Entscheidung in Sachen *ORWI* im Wesentlichen zu einer Zulassung der *passing-on defense* als Frage der Vorteilsausgleichung bekannt.[541] Art. 12 Abs. 1 der Kartellschadensersatzrichtlinie stellt ebenfalls klar, dass sowohl unmittelbare als auch nur mittelbare Abnehmer Schadensersatz verlangen können. Nach dem derzeitigen Stand des Referentenentwurfs zur 9. GWB-Novelle findet sich eine entsprechende Regelung in § 33c Abs. 1 GWB-neu.[542]

---

538 LG Mannheim, GRUR 2004, 182, 184 – *Vitaminpreise*; OLG Karlsruhe, WuW/E DE-R 1229, 1230.
539 Oben Rdn. 110 ff.
540 BGHZ 118, 312, 338 ff.; siehe auch: *Schiemann*, in: Staudinger, BGB, Vorbem. §§ 249–254, Rn. 2; *Oetker*, in: MünchKommBGB, § 249 Rn. 20; gegen die passing-on-defense aus ökonomischer Sicht indes *Haucap/Strühmeier*, WuW 2008, 413, die einen Verlust des Anreizes zu privaten Schadensersatzklagen befürchten.
541 BGH, WuW/E DE-R 3431, 3435 – *ORWI*.
542 Vgl. die obigen Ausführungen zur *passing-on-defense*, B. II. 1. c.

b) Mehrfachbelastung und deren Vermeidung

Erkennt man mit dem BGH[543] eine grundsätzliche Anspruchsberechtigung auch der mittelbaren Abnehmer an, sieht sich der passivlegitimierte Kartellteilnehmer für die »Preisüberhöhung« ein und desselben konkreten Produktes möglicherweise zwei Anspruchsstellern gegenüber: dem direkten Abnehmer und dem indirekten Abnehmer, welchem der direkte Abnehmer das kartellbefangene, vom Kartellteilnehmer bezogene Produkt weiterveräußert hat. Von der materiellen Anspruchsstruktur her betrachtet, muss dies nicht zu einer Mehrfachbelastung des Anspruchsgegners führen, da entweder der direkte Abnehmer den erhöhten Preis nicht (bzw. nicht vollständig) weitergeben konnte und daher dem indirekten Abnehmer auch kein Schaden (bzw. kein Schaden in voller Höhe) entstanden ist, oder der überhöhte Preis vollständig oder teilweise zwar vom direkten Abnehmer weitergegeben wurde, der Anspruchsgegner dann aber die *passing-on defense* in Gestalt der Vorteilsausgleichung geltend machen kann.[544]

247

In der Rechtspraxis läuft der Anspruchsgegner jedoch Gefahr, dass er im Prozess gegen den direkten Abnehmer die Vorteilsausgleichung möglicherweise nicht beweisen kann, dem indirekten Abnehmer der Nachweis der Schadenweiterwälzung aber später gelingt.[545] Das theoretisch verfügbare zivilprozessuale Institut der Streitverkündung gemäß § 72 Abs. 1 Alt. 2 ZPO – Anspruchsgegner verkündet im Prozess des direkten Vertragspartners dem indirekten Abnehmer den Streit – kann praktisch daran scheitern, dass die indirekten Abnehmer dem anspruchsbelasteten Kartellteilnehmer und (im Falle von »Laufkundschaft«) eventuell nicht einmal dem direkten Abnehmer (namentlich) bekannt sind.[546] Mit der Umsetzung der Beweisregeln der Kartellschadensersatzrichtlinie wird die Streitverkündung zudem aus folgendem Grund als Möglichkeit zur Vermeidung der Mehrfachinanspruchnahme ausscheiden: Die Kartellschadensersatzrichtlinie sieht keine umfassende Vermutung für die Schadensweiterwälzung an die weiteren Marktstufen vor.[547] Art. 14 Abs. 2 der Kartellschadensersatzrichtlinie ordnet lediglich eine Beweislastumkehr zu Lasten des Kartellanten an, wenn der mittelbare Abnehmer den Preisaufschlag der Kartellanten auf der vorgelagerten Marktstufe darlegt (und ggf. bewiesen) und er kartellbefangene Waren erworben hat. Diese nach Art. 14 Abs. 2 Satz 2 der Kartellschadensersatzrichtlinie widerlegliche Ver-

248

---

543 BGH, WuW/E DE-R 3433, 3434 ff. – *ORWI*.
544 Vgl. zu diesem Zusammenspiel in Folge der BGH-Rechtsprechung: *Bergmann/Fiedler*, BB 2012, 206, 207; *Kirchhoff*, WuW 2012, 927.
545 Vgl. zu dieser Thematik auch BGH, WuW/E DE-R 3431, 3443 f.; *Bergmann/Fiedler*, BB 2012, 206, 207.
546 So auch gesehen von *Kirchhoff*, WuW 2012, 927, 932 f.
547 *Haus/Serafimova*, BB 2014, 2883, 2885.

mutung der Weiterwälzung lässt den Sinn und Zweck der Streitverkündung ins Leere laufen. Bei einer Klage des mittelbaren Abnehmers gegen die Kartellanten käme bislang eine Streitverkündung an den unmittelbaren Abnehmer in Betracht. Im Gegensatz zur erwiesenen Weiterwälzung kann durch die Streitverkündung nunmehr aber nicht als festgestellt gelten, dass der direkte Abnehmer keinen Schaden hat. Im Folgeprozess muss der Kartellant die Weiterwälzung also weiterhin beweisen.[548] Im spiegelbildlichen Fall, in dem der Kartellant zunächst vom unmittelbaren Abnehmer verklagt wird und dem mittelbaren Abnehmer den Streit verkündet, gilt das gleiche. Sofern der Kartellant die Weiterwälzung des Schadens nicht nachzuweisen im Stande ist, wird der unmittelbare Abnehmer vollen Schadensersatz erhalten. Allerdings wird im Hinblick auf den Folgeprozess nur festgestellt, dass eine Weiterwälzung nicht erwiesen ist. Eine Interventionswirkung zur Glaubhaftmachung der fehlenden Weiterwälzung des Schadens im Folgeprozess gibt es gerade nicht. Der indirekte Abnehmer kann wiederum von der Weiterwälzungsvermutung des Art. 14 Abs. 2 der Kartellschadensersatzrichtlinie profitieren.[549]

249 Auch die Verfahrenskonzentration nach § 75 ZPO kann eine mögliche Mehrfachinanspruchnahme nicht völlig vermeiden. Im Falle des § 75 ZPO stellt sich wie bei der Streitverkündung nach § 72 ZPO das Problem der vollständigen Erfassung aller möglichen Gläubiger;[550] Eine weitere Schwierigkeit ist, dass der beklagte Kartellteilnehmer zur Zahlung bereit sein muss, und zwar zur Zahlung des gesamten als Schadensersatz geforderten Betrags.[551] Dies ist auch deshalb problematisch, weil häufig die genaue Anspruchshöhe vorab nicht feststeht und einen der Hauptstreitpunkte zwischen Gläubigern und Schuldner bildet.

250 Auch das teilweise in diesem Zusammenhang diskutierte Institut der Gesamtgläubigerschaft (bestehend aus direkten und indirekten Abnehmern) gemäß § 430 BGB (mit Ausgleichspflicht im Innenverhältnis) hilft nicht weiter. Für die Gesamtgläubigerschaft fehlt es an einer spezifischen gesetzlichen Regelung und an der Einheitlichkeit der zu beanspruchenden Leistung;[552] es geht vielmehr um unterschiedlich zu bemessende und sich entwickelnde Schadensersatzforderungen von Gläubigern mit differierender Beziehung zum Schuldner. Die Ansprüche des indirekten Abnehmers und des direkten Abnehmers

---

548 *Kirchhoff*, WuW 2015, 952, 956.
549 *Kirchhoff*, WuW 2015, 952, 956: Dieser schlägt zur Lösung des Problems eine Fortentwicklung des Gedankens der Verfahrenskonzentration nach § 75 ZPO vor.
550 *Kirchhoff*, WuW 2012, 927, 934; *Winter/Türk*, WuW 2016, 221, 224; *Hoffmann*, NZKart 2016, 9, 12.
551 *Kirchhoff*, WuW 2015, 952, 956.
552 *Bornkamm*, in: Langen/Bunte, § 33 Rn. 103.

schließen sich in Höhe der Schadensweiterwälzung gerade aus. Der Schaden – und damit zugleich der Anspruch – des indirekten Abnehmers entstehen erst infolge des Verhaltens des direkten Abnehmers.[553] De lege lata scheint das deutsche Recht keine abschließende Lösung zu bieten, die einerseits eine Mehrfachbelastung des Schädigers uneingeschränkt vermeidet, andererseits eine vollständige Schadloshaltung der Abnehmer/Geschädigten sicherstellt.

Praktisch ist eine angemessene Ausbalancierung der Schadensersatzansprüche und der hiergegen gerichteten Einwände nur durch einen vorsichtigen Umgang mit den Fragen der Anspruchsberechtigung, der Vorteilsausgleichung bzw. *passing-on defense*, der Schadensschätzung hinsichtlich der indirekten Abnehmer und der diesbezüglichen Beweislastverteilungen möglich. Insoweit sollten die Gerichte – unabhängig von der Anwendbarkeit des § 287 ZPO – mit einer allzu freizügigen Schadensschätzung zurückhaltend sein. Diese würde die Wahrscheinlichkeit abweichender Einschätzungen zur tatsächlichen Schadens-Fortentwicklung im Verhältnis des Kartellteilnehmers zum direkten Abnehmer einerseits und in der Beziehung mit dem indirekten Abnehmer andererseits vergrößern. Dem stets verbleibenden (Rest-)Risiko konfligierender Entscheidungen verschiedener Gerichte könnte dann in vernünftigem Maße mit dem Institut der Streitverkündigung vorgebeugt werden. Von diesem könnte wirksam Gebrauch gemacht werden, wenn man vom direkten Abnehmer eine konkrete Darlegung (wenn auch keine echte Beweisführung – im Widerspruch zu den Regeln der Beweislastverteilung) der Beziehungen zu indirekten Abnehmern und der sich dabei angeblich ergebenden Möglichkeit einer Schadenweiterwälzung verlangt. Soweit die indirekten Abnehmer als »Laufkundschaft« unbekannt geblieben sind, wird es sich in aller Regel um kleinere »Abnahmemengen« und damit vermutlich um bloße, gerichtlich nur höchst selten geltend gemachte »Streuschäden« handeln. 251

6. Anrechnung des Mitverschuldens nach § 254 BGB

Ein etwaiges Mitverschulden des Geschädigten ist nach den allgemeinen zivilrechtlichen Grundsätzen zu berücksichtigen.[554] Die Berücksichtigung des Mitverschuldens im Rahmen des nationalen Rechts ist ausdrücklicher Auftrag des EuGH in seinem Urteil in Sachen *Courage gegen Crehan*.[555] Die anspruchsmindernde oder sogar anspruchsausschließende Wirkung des Mitverschuldens spiegelt sich auch in der Aussage des EuGH wider, die innerstaatlichen Gerichte seien nicht gehindert, »dafür Sorge zu tragen, dass der Schutz 252

---

553 *Kamann/Ohloff*, ZWeR 2010, 303, 315.
554 *Bornkamm*, in: Langen/Bunte, § 33 Rn. 106; *Lübbig*, in: MünchKommKartR, § 33 Rn. 76.
555 EuGH, Urt. v. 20.9.2001 – C-453/99, Slg. 2001, I-6297, Rn. 30 – *Courage gegen Crehan*.

der gemeinschaftsrechtlich gewährleisteten Rechte nicht zu einer ungerechtfertigten Bereicherung der Anspruchsberechtigten führt.«[556]

253 Die diesbezügliche Aussage des EuGH macht deutlich, dass gerade die eigene Beteiligung an einer kartellrechtswidrigen Vereinbarung zwar nicht per-se den Ausschluss der Anspruchsberechtigung nach sich zieht, wohl aber Grund für (eine u.U. sehr wesentliche) Anspruchsminderung bzw. einen Anspruchsausschluss im Rahmen des Mitverschuldens sein kann. Dies dürfte insbesondere für Beteiligte an vertikalen Vereinbarungen zutreffen, die – auch wenn sie in einem gewissen Abhängigkeits- bzw. Unterordnungsverhältnis zum Anspruchsgegner stehen – nicht einmal eine Prüfung offensichtlich kartellrechtswidriger Klauseln für notwendig erachten.

7. Prozessuales, insbesondere Offenlegung von Beweismitteln

254 Da der Erfolg einer prozessualen Rechtsdurchsetzung immer auch eine Frage der Beweisbarkeit und erfolgreichen Beweisführung ist, sehen die Art. 5 ff. der Kartellschadensersatzrichtlinie besondere Regelungen zur Erleichterung bzw. Verbesserung der Beweisführung durch die Geschädigten vor. Sie werden daher an dieser Stelle erörtert. Nach dem derzeitigen Stand des Referentenentwurfes soll ein neuer § 33g Abs. 1 GWB die Vorgaben aus der Richtlinie umsetzen. Weitere verfahrensrechtliche Regelungen sollen sich in §§ 89b bis e GWB-neu wiederfinden.

255 Nach Art. 5 Abs. 1 Satz 1 der Kartellschadensersatzrichtlinie können die Gerichte künftig auf Antrag des Klägers anordnen, dass in Schadensersatzverfahren wegen Kartellrechtsverstößen relevante Beweismittel durch den Beklagten oder einen Dritten offengelegt werden müssen, sofern eine substantiiere Begründung vorliegt, welche den Schadensersatzanspruch stützt. Auch dem Beklagten ist es nach Art. 5 Abs. 1 Satz 2 der Kartellschadensersatzrichtlinie möglich, die Offenlegung von relevanten Beweisen durch den Kläger oder einen Dritten zu beantragen. Damit Anträge zur »Beweisausforschung« vermieden werden, sieht Abs. 2 vor, dass die Beweismittel möglichst genau benannt und abgegrenzt werden, soweit dies mit zumutbarem Aufwand und den zugänglichen Tatsachen möglich ist. Das Gericht hat nach Abs. 3 unter Berücksichtigung der gegenseitigen Interessen den Verhältnismäßigkeitsgrundsatz zu beachten. Dabei sind die Erforderlichkeit der Offenlegung, der Umfang und die Kosten der Offenlegung sowie der Schutz vertraulicher Informationen und beschlagnahmefreier Korrespondenz (Art. 5 Abs. 5 der Kar-

---

556 EuGH, Urt. v. 20.9.2001 – C-453/99, Slg. 2001, I-6297, Rn. 30 – *Courage gegen Crehan*.

tellschadensersatzrichtlinie) zu berücksichtigen. Unerheblich ist jedoch das Interesse des Beklagten, einen Schadensersatzanspruch zu vermeiden.

Nach dem derzeitigen Stand des Referentenentwurfes soll ein neuer § 33g Abs. 1 GWB die Vorgaben aus der Kartellschadensersatzrichtlinie umsetzen. Der Anspruch auf Auskunft und Herausgabe von Beweismitteln soll materiellrechtlich ausgestaltet werden. Die Umsetzung geht somit über die Vorgaben der Kartellschadensersatzrichtlinie hinaus. § 33g Abs. 1 GWB-neu schafft für potentielle Geschädigte einen selbstständigen Rechtsanspruch auf Auskunft und Herausgabe von Beweismitteln, der bereits im Vorfeld eines Schadensersatzrechtsstreits oder von Vergleichsverhandlungen geltend gemacht werden kann.[557] Der Anspruch soll auch für den Beklagten gegenüber dem Anspruchsteller und Dritten greifen (§ 33g Abs. 2 GWB-neu), damit dieser sich gegen den Schadensersatzanspruch nach § 33a Abs. 1 GWB-neu verteidigen kann. Der Anspruch des mutmaßlichen Schädigers auf Auskunftserteilung oder Herausgabe von Beweismitteln entsteht erst, wenn eine Verteidigungssituation hinreichend absehbar ist, also erst mit Rechtshängigkeit einer Klage auf Schadensersatz oder einer Klage auf Erteilung von Auskünften oder Herausgabe von Beweismitteln. Eine solche Verteidigungssituation besteht auch, wenn ein mutmaßlicher Schädiger eine negative Feststellungsklage hinsichtlich eines Schadensersatzanspruchs nach § 33a Absatz 1 GWB erhebt. Aus Gründen der Waffengleichheit ist es geboten, dem mutmaßlichen Schädiger in diesem Fall zu ermöglichen, die zu seiner Verteidigung erforderlichen Informationen und Beweismittel zu erlangen, auch wenn er selbst noch nicht verklagt wurde (Satz 2). Um aber zu gewährleisten, dass von dem Anspruch nach Satz 2 nicht uferlos Gebrauch gemacht werden kann, setzt der Anspruch in diesem Fall voraus, dass der mutmaßliche Schädiger den dem Schadensersatzanspruch zugrundeliegenden Verstoß gegen das Kartellrecht nicht bestreitet. Bei der Abwägung soll es unter anderem eine Verhältnismäßigkeitsprüfung und eine Interessenabwägung erfolgen.[558] Der Maßstab für die Beurteilung der Verhältnismäßigkeit ergibt sich im Wesentlichen aus den Vorgaben des Art. 5 Abs. 3 der Kartellschadensersatzrichtlinie. In § 33g Abs. 3 GWB-neu sollen diese Vorgaben aufgenommen werden.

Darüber hinaus sieht Art. 6 der Kartellschadensersatzrichtlinie vor, dass auch die Offenlegung von Beweisen, die bei einer Wettbewerbsbehörde vorhanden sind, verlangt werden kann. Auch in diesem Fall haben die Gerichte dem Verhältnismäßigkeitsgrundsatz Rechnung zu tragen. Einige Informationen dürfen nur dann herausgegeben werden, wenn die Wettbewerbsbehörden ihr Ver-

---

557 Referentenentwurf zur 9. GWB-Novelle, S. 62.
558 *Jungbluth*, Vortrag, 9. GWB-Novelle: Stand des Gesetzgebungsverfahren, 44. FIW-Seminar, 16. Juni 2016, Präsentation S. 16.

fahren abgeschlossen oder in sonstiger Weise beendet haben (dazu § 33g Abs. 5 GWB-neu). Dazu gehören gemäß Art. 6 Abs. 5 der Kartellschadensersatzrichtlinie unter anderem Informationen, die von Beteiligten im Kartellverfahren erstellt wurden, von Kartellbehörden an diese übermittelt wurden oder zurückgezogene Vergleichsausführungen. Art. 7 der Kartellschadensersatzrichtlinie sieht ferner ein Beweisverwertungsverbot für bestimmte Dokumente vor.

258 Gemäß Art. 6 Abs. 6 und 8 der Kartellschadensersatzrichtlinie, die nach dem Referentenentwurf in § 33g Abs. 4 GWB-neu umgesetzt werden sollen, sind Kronzeugenerklärungen und Vergleichsausführungen von der Auskunft und der Herausgaben von Beweismitteln ausgeschlossen. Von diesem absoluten Schutz der Kronzeugenerklärungen sind nach Satz 2 nur solche Beweismittel und Informationen ausgenommen, die unabhängig von dem wettbewerbsbehördlichen Verfahren vorliegen, ohne dass es darauf ankommt, ob diese in den Akten einer Wettbewerbsbehörde enthalten sind oder nicht. Es handelt sich dabei um sogenannte bereits vorhandene Informationen im Sinne des Art. 2 Nr. 17 der Kartellschadensersatzrichtlinie, die nicht von der Kronzeugenerklärung erfasst sind. Die Erteilung von Auskünften oder die Herausgabe von Beweismitteln, die solche bereits vorhandenen Informationen enthalten, erfolgt nach den allgemeinen Regeln. Insbesondere Beweismittel, die Kronzeugen ihrem Antrag an die Wettbewerbsbehörde beifügen, um ihrer Verpflichtung nach dem Kronzeugenprogramm nachzukommen, können solche bereits vorhandenen Informationen darstellen. Damit solche Beweismittel offengelegt werden, müssen erhöhte Anforderungen erfüllt werden, da bei der Abwägung der Verhältnismäßigkeit auch der Schutz der Effektivität der öffentlichen Kartellverfolgung (Abs. 3 Satz 2 Nr. 4) zu berücksichtigen ist. Im Ergebnis dürfte ein solcher Fall dann vorliegen, wenn die Beweismittel in einem besonderen sachlichen Zusammenhang zu einer Kronzeugenerklärung stehen. Vor allem Anträge auf Auskunftserteilung oder Herausgabe, die die begehrten Beweismittel lediglich als Anlagen zum Kronzeugenantrag bezeichnen, ohne die zu erwartenden Inhalte genauer auszuführen, dürften in der Regel unverhältnismäßig sein.[559] Wenn der Anspruchssteller die Offenlegung gerade solcher Beweismittel fordert, ist es unumgänglich, dass er im konkreten Fall darlegt, inwiefern diese Beweismittel aufgrund der nach seiner Erwartung enthaltenen Informationen zum Nachweis von Voraussetzungen des Schadensersatzanspruchs oder des Schadens erforderlich sind. Insbesondere bei Vorliegen einer Entscheidung mit Bindungswirkung nach § 33b GWB-neu ist der Herausgabe- oder Auskunftsanspruch regelmäßig auf Informationen zur Bestimmung und zum Nachweis des Schadens beschränkt.[560]

---

559 Siehe Referentenentwurf zur 9. GWB-Novelle, S. 64.
560 Siehe Referentenentwurf zur 9. GWB-Novelle, S. 64.

Besonders hervorzuheben ist Art. 8 der Kartellschadensersatzrichtlinie. Diese sieht Sanktionen für den Fall vor, dass die Anordnungen eines Gerichts zur Offenlegung nicht befolgt oder Beweismittel vernichtet werden. Die Sanktionen nach nationalem Recht müssen dabei wirksam, verhältnismäßig und abschreckend sein. Der Referentenentwurf sieht in § 33g Abs. 9 GWB-neu daher einen Schadensersatzanspruch des Anspruchsstellers für den Fall vor, dass der Verpflichtete vorsätzlich oder grob fahrlässig gegen seine Pflichten aus § 33g Abs. 1 oder 2 GWB-neu verstößt. **259**

Die verfahrensrechtlichen Regelungen sollen in § 89b ff. GWB-neu eingefügt werden. Es sind ein Zwischenurteil über den Anspruch nach § 33g Abs. 1 und 2 GWB-neu und eine vereinfachte Geltendmachung der Ansprüche im einstweiligen Rechtsschutzverfahren bei bindender Entscheidung der Wettbewerbsbehörde vorgesehen.[561] § 89c GWB-neu sieht die Offenlegung der Behördenakte vor, wobei interne Kommunikation und Vermerke geschützt werden sollen. Die Herausgabe ist ebenfalls erst nach einer Abwägungsentscheidung möglich. **260**

Zwar stellen die Regelungen der Art. 5 ff. der Kartellschadensersatzrichtlinie grundsätzlich eine Erleichterung und Verbesserung zur Rechtsdurchsetzung durch Geschädigte von Wettbewerbsverstößen dar. Nichtsdestotrotz dürften diese Regelungen Konfliktpotential begründen, da beide Parteien darauf bedacht sein werden, so wenig Beweismaterial wie möglich an die jeweils andere Seite zu liefern.[562] Mögliche Streitpunkte werden sein, ob die geforderten Beweismittel hinreichend konkret benannt sind, oder ob und inwieweit diese vertraulich sind. Diesbezüglich ist es einstweilen denkbar, dass die Landgerichte regional mit unterschiedlicher »Großzügigkeit« verfahren.[563] Darüber hinaus wird das kategorische Offenlegungsverbot für Kronzeugenerklärungen und Vergleichsausführungen kritisch betrachtet.[564] Dadurch könne die Rechtsdurchsetzung vereitelt werden, wenn der Kläger auf genau diese Dokumente angewiesen sei. Zudem werfe ein solcher Ausschluss Fragen über die Vereinbarung mit dem europäischen Primärrecht auf.[565] In der Tat hat der EuGH im Verfahren *Pfleiderer* festgestellt, dass der primärrechtliche Effektivitätsgrundsatz nur dann gewahrt wird, wenn Informationsübermittlungsinteressen in jedem Einzelfall gegen den Schutz der Kronzeugenunterlagen abgewogen **261**

---

561 Wie zuvor.
562 *Roth*, GWR 2015, 73, 75.
563 *Haus/Serafimova*, BB 2014, 2883, 2886.
564 *Makatsch/Mir*, EuZW 2015, 7, 9.
565 *Makatsch/Mir*, EuZW 2015, 7, 9; *Haus/Serafimova*, BB 2014, 2883, 2887; *Pustlauk*, EWeRK 2015, 10, 12 f.

werden.⁵⁶⁶ In *Donau Chemie* hat der EuGH wiederholt, dass nur eine Einzelfallabwägung Art. 101 AEUV wahrt.⁵⁶⁷ Die Entscheidung könnte allerdings auch so zu verstehen sein, dass eine Einzelfallabwägung nur möglich sein musste, solange keine unionseinheitlichen Vorschriften bestanden.⁵⁶⁸ Die Frage, nach der Vereinbarkeit eines absoluten Ausschlusses der Einsichtnahme in Kronzeugenerklärungen mit dem europäischen Primärrecht wird abschließend vom EuGH zu klären sein. Solange müssen die Richtlinienvorgaben in nationales Recht umgesetzt werden. Für die Zulässigkeit des absoluten Offenlegungs- und Verwertungsverbots kann man den hohen Aufwand anführen, der mit einer Einzelfallabwägung durch nationale Gerichte regelmäßig verbunden ist. Zu berücksichtigen ist demgegenüber auch die notorische Beweisnot privater Schadensersatzkläger, die bei geschickt operierenden internationalen Kartellen häufig nicht durch andere Dokumente als eben die Kronzeugenerklärung behoben werden könnte.⁵⁶⁹

262 Art. 5 Abs. 8 der Kartellschadensersatzrichtlinie gibt den Mitgliedstaaten die Möglichkeit, die Offenlegung von Beweismitteln weiter zu regeln als in der Kartellschadensersatzrichtlinie vorgesehen. Solche weitergehenden Regelungen existieren schon heute in Großbritannien und den Niederlanden,⁵⁷⁰ wodurch diese Länder für Kläger besonders attraktiv sind. Nach dem derzeitigen Stand des Referentenentwurfs plant der deutsche Gesetzgeber nicht, von der Möglichkeit des Art. 5 Abs. 8 der Kartellschadensersatzrichtlinie Gebrauch zu machen.

V. Verzinsung (§ 33 Abs. 3 Satz 4, 5 GWB)

263 Gemäß § 33 Abs. 3 Satz 4 GWB ist der Schadensersatzanspruch bereits ab Eintritt des Schadens zu verzinsen. Damit wird der Beginn der Verzinsung gegenüber § 291 Satz 1 BGB (»von dem Eintritt der Rechtshängigkeit an«) vorverlegt. Durch die besondere Verzinsungsregelung des § 33 Abs. 3 Satz 4 GWB sollte dem Umstand Rechnung getragen werden, dass Kartellschäden häufig erst lange Zeit nach dem eigentlichen Kartellverstoß geltend gemacht werden.⁵⁷¹

---

566 EuGH, Urt. v. 14.6.2011 – C-360/09, Slg. 2011 I 5161 Rn. 28 ff. – *Pfeiderer*; kritisch zur Beschränkung der Herausgabe bestimmter Beweismittel durch *Petrasincu*, WuW 2016, 330, 333.
567 EuGH, Urt. v. 6.6.2013 – C-536/11 Rn. 31 – *Donau Chemie*.
568 *Haus/Serafimova*, BB 2014, 2883, 2887.
569 *Schweitzer*, NZKart 2014, 335, 343.
570 Beispielsweise durch pre-action Disclosure-Verfahren, vgl. für Großbritannien Part 31 der Rules of Civil Procedure (CRP) und für die Niederlande Art. 843a des Dutsch Code of Civil Proceedings (DCCP).
571 Vgl. Regierungsbegründung zur 7. GWB-Novelle, BT-Drucks. 15/3640, 54.

Vielfach ist dem Geschädigten das Vorliegen eines Kartellverstoßes und die Tatsache, dass es sich z.B. um einen überhöhten Preis handelt, überhaupt nicht bekannt. Erst durch die kartellbehördlichen Ermittlungen wird er auf die Rechtswidrigkeit des Geschehens aufmerksam. Auch dann möchte der Geschädigte regelmäßig, zur Vermeidung von Beweisschwierigkeiten und zur »Mitnahme« der Erleichterungen des § 33 Abs. 4 GWB, zunächst die Entscheidung der Kartellbehörde bzw. deren Bestandskraft abwarten. § 33 Abs. 3 Satz 4 GWB soll verhindern, dass über die lange Zeit des Abwartens bis zur Klageerhebung der Anspruch des Geschädigten entwertet und der Schädiger bevorteilt wird.[572]

§ 33 Abs. 3 Satz 5 GWB ordnet die entsprechende Geltung der §§ 288, 289 Satz 1 BGB an. D.h. der Verzugszins beträgt fünf Prozentpunkte über dem Basiszinssatz – wie im Falle der Verzinsung nach Rechtshängigkeit gemäß §§ 291, 288 Abs. 1 Satz 2 BGB. Die entsprechende Anwendung des § 288 Abs. 2 BGB – acht Prozentpunkte über dem Basiszinssatz – kommt nicht in Betracht, weil es sich bei den Ansprüchen nach § 33 Abs. 3 GWB um Schadensersatzforderungen, nicht um Entgeltforderungen handelt.[573]

VI. »Follow on«-Klagen, Bindungswirkung (§ 33 Abs. 4 GWB)

Nach § 33 Abs. 4 GWB ist das Zivilgericht an die Feststellung eines Wettbewerbsverstoßes durch eine bestandkräftige Entscheidung der Kartellbehörde, der Kommission oder einer Wettbewerbsbehörde bzw. eines als Wettbewerbsbehörde handelnden Gerichts eines anderen Mitgliedstaats gebunden. Zivilprozessuale Klagen, die sich auf solche Feststellungen stützen, werden demnach als »Follow-on«-Klagen bezeichnet. Bindungswirkung entfaltet auch eine rechtskräftige gerichtliche Entscheidung, die infolge der Anfechtung einer solchen Entscheidung ergangen ist. § 33 Abs. 4 GWB verpflichtet jedoch nicht zur Aussetzung eines bereits begonnenen Klageverfahrens bis zum rechtskräftigen Abschluss des Bußgeldverfahrens, denn die Norm trifft keine Regelung zum Verhältnis zwischen einem noch anhängigen Bußgeldverfahren und der Schadensersatzklage.[574]

Die Bindungswirkung ist auf die Feststellung eines Verstoßes gegen das GWB oder Art. 101, 102 AEUV beschränkt.[575] Von der Bindungswirkung erfasst sind die Feststellungen zu sämtlichen Tatbestandsmerkmalen, deren Verwirklichung den Verstoß begründen und zu denen die Behörde oder das Gericht in seiner Entscheidung Feststellungen getroffen hat. Dazu gehören auch die

---

572 Vgl. Regierungsbegründung zur 7. GWB-Novelle, BT-Drucks. 15/3640, 54.
573 A.A. scheinbar: *Emmerich*, in: Immenga/Mestmäcker, § 33 Rn. 67.
574 OLG Düsseldorf, WuW/E DE-R 1755, 1756 f.
575 Regierungsbegründung zur 7. GWB-Novelle, BT-Drucks. 15/3640, S. 54.

§ 33 GWB *Unterlassungsanspruch, Schadensersatzpflicht*

räumliche und sachliche Marktabgrenzung sowie das zeitliche Ausmaß des Verstoßes. Die Tatbestandswirkung behördlicher oder gerichtlicher Entscheidungen ist räumlich allerdings auf deren Wirkungskreis beschränkt.[576] Die Bindungswirkung betrifft nur den eigentlichen behördlichen Tatvorwurf, d.h. die die Behördenentscheidung tragenden Gründe.[577] Teilweise wird die Bindungswirkung dahingehend verstanden, dass diese lediglich den Tenor und nicht die Gründe und/oder die rechtliche Würdigung der Behörde bzw. des Gerichtes umfasse.[578] Nach der Begründung zum Regierungsentwurf der 7. GWB-Novelle sollte eine inzidente Feststellung des Verstoßes ausreichen.[579] Daraus ergibt sich, dass die Bindungswirkung auch Gründe und Tatsachenfeststellungen erfasst.[580] Die Bindungswirkung erstreckt sich hingegen nicht auf die übrigen Voraussetzungen des Kartellschadensersatzanspruchs, insbesondere nicht auf die haftungsbegründende und die haftungsausfüllende Kausalität.[581] Die Bindungswirkung erfasst auch nicht etwaige in einer Geldbußen- oder Verwaltungsentscheidung enthaltene Aussagen zur Schadensermittlung oder Schadenshöhe.[582] Die Feststellung des »Ob« eines Schadens und ggf. dessen Bemessung bleiben allein Sache des Zivilrichters im Prozess wegen eines Anspruchs gemäß § 33 Abs. 3 GWB. Auch die Feststellung des Verschuldens – dessen Kriterien im Zivilrecht von denen des deutschen und noch mehr des EU-Ordnungswidrigkeitenrechts abweichen – ist nach hier vertretener Ansicht nicht von der Bindungswirkung erfasst.[583]

---

576 Regierungsbegründung zur 7. GWB-Novelle, BT-Drucks. 15/3640, 54; *Monopolkommission*, Das allgemeine Wettbewerbsrecht in der Siebten GWB-Novelle, Sondergutachten, S. 3, Rn. 41.
577 *Emmerich*, in: Immenga/Mestmäcker, § 33 Rn. 96.
578 Ausführlich hierzu: *Meyer*, GRUR 2006, 27, 29 ff.; *Rehbinder*, in: Loewenheim/Meessen/Riesenkampff, GWB, § 33 Rn. 54.
579 Vgl. *Monopolkommission*, Das allgemeine Wettbewerbsrecht in der Siebten GWB-Novelle, Sondergutachten, S. 23, Rn. 42.
580 Für eine Beschränkung auf den Tenor demgegenüber: *Meyer*, GRUR 2006, 27, 29.
581 Regierungsbegründung zur 7. GWB-Novelle, BT-Drucks. 15/3640, S. 54; *Monopolkommission*, Das allgemeine Wettbewerbsrecht in der Siebten GWB-Novelle, Sondergutachten, S. 23, Rn. 41 und S. 23 f., Rn. 43; OLG Düsseldorf, WuW/E DE-R 2363; *Meyer*, GRUR 2006, 27, 28; *Bornkamm*, in: Langen/Bunte, § 33 Rn. 169; *Roth*, in: FS Huber, S. 1134, 1154; *Emmerich*, in: Immenga/Mestmäcker, § 33 Rn. 96; *Bechtold/Bosch*, GWB, § 33 Rn. 42; *Lübbig*, in: MünchKommGWB, § 33 Rn. 116.
582 *Bornkamm*, in: Langen/Bunte, § 33 Rn. 169; *Soyez*, KommJur 2010, 41, 42.
583 Ebenso *Schneider*, in: MünchKommGWB, Art 16 VO 1/2003 Rn. 8; *Bechtold/Bosch/Brinke*, EG-Kartellrecht, Art. 16 VO 1/2003 Rn. 5. A.A. für den Fall eines Bußgeldbescheides *Grünberger*, Bindungswirkung kartellbehördlicher Entscheidungen, S. 134, 160; *Jäger*, in: FK, Art. 16 VO 1/2003 Rn. 12.

Ebenfalls zweifelhaft ist die Bindungswirkung für sämtliche im Bußgeldbescheid enthaltene Sachverhaltsfeststellungen/-behauptungen, die Doppelrelevanz haben. Damit sind solche Sachverhaltsfeststellungen/-behauptungen gemeint, die zum einen konstitutiv für die Schlussfolgerung sind, dass überhaupt ein Verstoß gegen eine kartellrechtliche Verbotsnorm vorliegt, zum anderen aber auch für die zivilgerichtliche Prüfung der Schadensentstehung sowie Fragen der Schadenskausalität und Schadenshöhe Relevanz haben. Dies beinhaltet insbesondere den konkreten Inhalt der behaupteten Absprachen (etwa in bestimmter Höhe oder eine bestimmte Richtung getroffene Preisabsprachen bzw. Preisabstimmungen) und die Dauer des Verstoßes. Hinsichtlich derartiger Tatsachen mit Doppelrelevanz kommen von vornherein nur zwei Wirkweisen der Bindungswirkung in Betracht: Entweder schlägt die Bindungswirkung hinsichtlich dieser Tatsachen auch auf die zivilgerichtliche Prüfung von Schadensentstehung sowie Schadenskausalität und Schadenshöhe durch (dies würde allerdings die im deutschen Haftungsrecht als Ausnahmevorschrift zu verstehende Bindungswirkung übermäßig ausdehnen), oder die Bindungswirkung dieser Tatsachen entfällt auch hinsichtlich der zivilgerichtlichen Prüfung des objektiven Vorliegens eines Kartellverstoßes. Anderenfalls müsste das Gericht bei einer Entscheidung ggf. von einem in sich widersprüchlichen Sachverhalt ausgehen, wenn nämlich ein und dieselbe Tatsache hinsichtlich der Frage des »Ob« eines Verstoßes als nach § 33 Abs. 4 GWB festgestellt gälte, hinsichtlich der Frage beispielsweise der Schadenshöhe oder -kausalität aber nicht dargelegt und/oder bewiesen werden könnte.

268

Der persönliche Anwendungsbereich der Bindungswirkung erfasst nur die Adressaten der jeweiligen Entscheidung, hingegen nicht andere, deren Teilnahme an einem Kartellverstoß in der Entscheidung festgestellt wurde. Nur die Adressaten konnten sich gegen die behördliche Entscheidung gerichtlich zur Wehr setzen.[584] § 33 Abs. 4 GWB würde ansonsten in Konflikt mit dem Anspruch auf rechtliches Gehör nach Art. 103 Abs. 1 GG und/oder der Rechtsweggarantie nach Art. 19 Abs. 4 GG geraten.[585]

269

Es fragt sich, ob Bindungswirkung eintritt, wenn ein Gericht eines Mitgliedsstaats als Wettbewerbsbehörde handelt und die Entscheidung noch anfechtbar ist. Das für behördliche Entscheidungen geltende Erfordernis der Bestandskraft passt nicht auf Gerichtsentscheidungen.[586] Die Entwurfsbegründung stellt klar, dass verwaltungs- oder bußgeldrechtliche Erstentscheidungen ausländischer Gerichte insoweit bestandskräftigen behördlichen Entscheidungen

270

---

584 *Monopolkommission*, Das allgemeine Wettbewerbsrecht in der Siebten GWB-Novelle, Sondergutachten, S. 24, Rn. 44.
585 Vgl. *Bornkamm*, in: Langen/Bunte, § 33 Rn. 146.
586 *Monopolkommission*, Das allgemeine Wettbewerbsrecht in der Siebten GWB-Novelle, Sondergutachten, S. 19, Rn. 35.

gleichgestellt sind.[587] Aufgrund des Vorrangs des Gemeinschaftsrechts kann jedoch im Falle der Anfechtung einer ausländischen gerichtlichen Entscheidung die Vorschrift des Art. 37 VO (EG) 44/2001 Geltung beanspruchen, wonach das inländische Gericht das Verfahren bis zur Klärung der ausländischen Entscheidung aussetzen kann.

271 Zudem müssen wegen des Vorrangs des Gemeinschaftsrechts für gerichtliche Entscheidungen die Anerkennungshindernisse der Art. 34, 35 VO (EG) 44/2001 gelten (offensichtlicher Widerspruch zum *ordre public* des Mitgliedstaats; dem Beklagten wurde kein rechtliches Gehör gewährt; Unvereinbarkeit der ausländischen mit einer inländischen Entscheidung; Unvereinbarkeit der ausländischen Entscheidung mit einer anderen, früheren, anerkennungsfähigen ausländischen Entscheidung; Unzuständigkeit des ausländischen Richters nach VO (EG) 44/2001). Besonders durch Art. 37 Nr. 1 (Unvereinbarkeit mit *ordre public*) und Art. 37 Nr. 2 VO (EG) 44/2001 (mangelnde Gewährung rechtlichen Gehörs) wird eine eventuelle Verletzung des Art. 103 Abs. 1 oder Art. 19 Abs. 4 GG vermieden. Zu diesem Zweck ist zudem gerechtfertigt, die Anerkennungshindernisse des Art. 34 VO (EG) 44/2001 analog auch auf behördliche Entscheidungen anzuwenden. Im Rahmen des Art. 34 Nr. 3, 4 VO (EG) 44/2001 (Kollision mit anderen Entscheidungen) sollten alle Entscheidungen, seien sie behördlich oder gerichtlich, gleich behandelt werden.[588]

272 Im Hinblick auf den Regelungsgehalt des § 33 Abs. 4 GWB ergibt sich bei der Umsetzung der Kartellschadensersatzrichtlinie kein Änderungsbedarf, da dessen Tatbestandswirkung bereits jetzt über die Richtlinienvorgaben[589] hinausgeht. § 33 Abs. 4 GWB erfasst nämlich nicht nur inländische, sondern auch ausländische bestandskräftige Behördenentscheidungen. Der Regelungsgehalt des § 33 Abs. 4 GWB soll nach dem Referentenentwurf zur 9. GWB-Novelle in § 33b GWB-neu aufgenommen werden.

VII. Verjährung (§ 33 Abs. 5 GWB)

273 Neben den allgemeinen Verjährungsregelungen für unerlaubte Handlungen der §§ 195, 199 Abs. 1, 3 BGB gilt für Schadensersatzansprüche nach § 33 Abs. 3 GWB die spezielle Verjährungsregel des § 33 Abs. 5 GWB.

274 Im Hinblick auf die Verjährung von Kartellschadensersatzansprüchen besteht allerdings im Rahmen der Umsetzung der Kartellschadensersatzrichtlinie

---

587 Regierungsbegründung zur 7. GWB-Novelle, BT-Drucks. 15/3640, 54.
588 Vgl. *Monopolkommission*, Das allgemeine Wettbewerbsrecht in der Siebten GWB-Novelle, Sondergutachten, S. 29 ff., Rn. 52 ff.
589 Art. 9 Richtlinie.

nicht unerheblicher Änderungsbedarf des deutschen Gesetzgebers. Dieser betrifft den Verjährungsbeginn, die Verjährungsfrist und die Hemmung der Verjährung. Die Vorgaben der Kartellschadensersatzrichtlinie sollen nach dem Referentenentwurf in einem neuen § 33h GWB umgesetzt werden.

Die Verjährungsfrist darf nach der Kartellschadensersatzrichtlinie nicht vor dem Zeitpunkt beginnen, an dem die Zuwiderhandlung beendet wurde und der Kläger Kenntnis von den anspruchsrelevanten Umständen hatte.[590] Dieser Wortlaut deutet darauf hin, dass bei der Kartellschadensersatzrichtlinie im Gegensatz zur Regelverjährung nach § 195 BGB in objektiver Hinsicht nicht auf die Entstehung des Anspruchs, sondern auf die Beendigung der Zuwiderhandlung abgestellt wird.[591] In Deutschland soll die Neuregelung des Beginns der Verjährung in einem neuen § 33h Abs. 2 GWB-neu erfolgen. Der Kartellschadensersatzrichtlinie folgend soll die Verjährungsfrist erst am Schluss des Jahres beginnen, in dem der Anspruch entstanden ist, der Anspruchsberechtigte sowohl von den anspruchsbegründenden Umständen als auch von der Identität des Rechtsverletzers Kenntnis erlangt hat oder ohne grobe Fahrlässigkeit hätte erlangen müssen und der Verstoß nach § 33 Abs. 1 GWB-neu beendet wurde. Dies gilt insbesondere in den Fällen, in denen es sich um eine dauernde oder fortgesetzte Zuwiderhandlung im Sinne des Art. 25 Abs. 2 Satz 2 der VO 1/2003/EG des Rates vom 16. Dezember 2002 handelt.

Hinsichtlich des subjektiven Elements des Verjährungsbeginns stellt die Kartellschadensersatzrichtlinie auf die Kenntnis bzw. das Kennenmüssen folgender Umstände ab: a) die Kenntnis bzw. das Kennenmüssen des Verhaltens und der Tatsache, dass dieses eine Zuwiderhandlung gegen das Wettbewerbsrecht darstellt, b) die Kenntnis bzw. das Kennenmüssen der Tatsache, dass ihm, dem Anspruchssteller, durch die Zuwiderhandlung gegen das Wettbewerbsrecht ein Schaden entstanden ist, und c) die Kenntnis bzw. das Kennenmüssen der Identität des Rechtsverletzers.[592] § 199 Abs. 1 Nr. 2 BGB knüpft hingegen allgemein an die Kenntnis der den Anspruch begründenden Umstände sowie der Person des Schuldners an. Die beiden Regelungen sind damit nicht vollständig kongruent. Im Gegensatz zur Kartellschadensersatzrichtlinie fordert die bisherige deutsche Verjährungsregelung nicht, dass der Gläubiger den Vorgang rechtlich zutreffend beurteilt.[593] Die Kartellschadensersatzrichtlinie hingegen verlangt, dass der Gläubiger Kenntnis erlangt hat oder zumindest hätte erlangen müssen, dass das Verhalten eine Zuwiderhandlung gegen Wettbewerbsrecht darstellt. Unterschiede in der Praxis dürften sich vornehmlich in Fällen

---

590 Art. 10 Abs. 2 Richtlinie.
591 Vgl. *Pohlmann*, WRP 2015, 546, 548; *Bürger/Aran*, NZKart 2014, 423, 427; *Stauber/Schaper*, NZKart 2014, 346, 349.
592 Art. 10 Abs. 2 Richtlinie.
593 BGH, NJW 2008, 1729, 1732; *Ellenberger*, in: Palandt, § 199 Rn. 27.

ergeben, in denen eine klare Subsumtion auch für einen Rechtskundigen nicht möglich ist, insbesondere bei vertikalen Vereinbarungen (z.B. Ausschließlichkeitsbindungen außerhalb der Vertikal-GVO oder Informationsaustausch), bei horizontaler Zusammenarbeit jenseits des Bereichs der Kernbeschränkungen und bei bestimmten Fällen des Missbrauchs einer marktbeherrschenden Stellung.[594]

277 Fraglich ist auch nach der derzeitigen Rechtslage, wann die erforderliche Kenntnis i.S.d. § 199 Abs. 1 Nr. 2 BGB vorliegt. In der Literatur wird teilweise auf den Zeitpunkt der Veröffentlichung der Pressemitteilung durch das Bundeskartellamt abgestellt.[595] Dagegen wurde unlängst in der instanzgerichtlichen Rechtsprechung für die Kenntnis nach § 199 Abs. 1 Nr. 2 BGB auf den Zeitpunkt der Einsichtnahme oder der Einsichtnahmemöglichkeit in den Bußgeldbescheid des Bundeskartellamtes abgestellt.[596]

278 Die Richtlinienformulierung »Kenntnis vernünftigerweise erwartet werden kann«[597] stellt auf einen niedrigeren Fahrlässigkeitsmaßstab ab, als er derzeit im deutschen Recht vorgesehen ist. § 199 Abs. 1 Nr. 2 BGB verlangt für den Verjährungsbeginn grobe Fahrlässigkeit. Eine Anpassung des nationalen Rechts wird hier nicht erforderlich sein, da die Kartellschadensersatzrichtlinie nur bestimmt, wann die Verjährung frühestens beginnen soll. Sie regelt jedoch nicht, wann sie spätestens beginnt.[598]

1. Dauer der Verjährung

279 Nach Art. 10 Abs. 3 der Kartellschadensersatzrichtlinie muss die Dauer der Verjährungsfrist für Kartell-Schadensersatzklagen mindestens fünf Jahre betragen.[599] Die nach deutschem Recht geltende regelmäßige Verjährungsfrist von drei Jahren zum Jahresende (§ 195 BGB i.V.m. § 199 Abs. 1) muss daher erhöht werden. Dies soll nach dem Referentenentwurf durch Einführung eines neuen § 33h Abs. 1 GWB geschehen.

280 Unklar bleibt nach der Kartellschadensersatzrichtlinie in welchem Rahmen eine Regelung über die praktisch enorm bedeutsame kenntnisunabhängige

---

594 *Pohlmann*, WRP 2015, 546, 549 f.
595 So auch *Stauber/Schaper*, NZKart 2014, 346, 349; a.A. *Kersting*, WuW 2014, 564, 573, der die Bestimmung des Verjährungsbeginns als äußerst problematisch ansieht.
596 LG Nürnberg-Fürth, Urt. v. 28.1.2015, 3 O 10183/13 (bislang nicht veröffentlicht); ähnlich *Soyez*, ZWeR 2011, 407, 420.
597 Art. 10 Abs. 2 sowie Erwägungsgrund 36 Richtlinie.
598 So auch *Pohlmann*, WRP 2015, 546, 550.
599 Art. 10 Abs. 3 Richtlinie.

Verjährung bestehen kann. In der Praxis erstreckt sich die Aufklärung schadensintensiver Kartelle oft über lange Zeiträume, in denen die Frist für Teile der Schadensersatzansprüche der Geschädigten oft bereits abgelaufen ist. Hier wirft vor allem Art. 10 Abs. 2 der Kartellschadensersatzrichtlinie Fragen auf. Dieser bestimmt, dass »die Verjährungsfrist« nicht beginnt, bevor die Zuwiderhandlung beendet wurde und der Kläger von den maßgeblichen Umständen der Zuwiderhandlung Kenntnis erlangt hat bzw. hätte erlangt haben müssen. Wenn man diesen Wortlaut ernst nimmt, ist damit eine kenntnisunabhängige Verjährung von Kartellschadensersatzansprüchen insgesamt ausgeschlossen.[600] Allerdings räumt Erwägungsgrund 36 der Kartellschadensersatzrichtlinie den nationalen Gesetzgebern die Möglichkeit ein, absolute Verjährungsfristen beizubehalten oder zu schaffen, sofern die Dauer dieser Verjährungsfristen die Ausübung des Rechts auf Schadensersatz in voller Höhe nicht praktisch unmöglich macht oder übermäßig erschwert. Dementsprechend bestimmt der nach dem Referentenentwurf geplante § 33h Abs. 3 GWB-neu von der Kenntnis des Anspruchsberechtigten unabhängige Höchstfristen für die Verjährung. Satz 1 regelt, dass die Ansprüche zehn Jahre nach Entstehung des Anspruchs und der Beendigung des Verstoßes verjähren. Damit die Durchsetzung von Schadensersatzansprüchen durch diese Frist nicht übermäßig erschwert wird, beginnt die Frist, wenn der Anspruch auf Schadensersatz entstanden ist und der Verstoß beendet ist. Die Höchstfrist von 30 Jahren nach § 199 Abs. 3 Nr. 1 und 2 BGB soll nach dem Referentenentwurf in einem neuen § 33h Abs. 4 GWB aufgenommen werden. Die Beibehaltung dieser Frist ist zur Sicherung des Rechtsfriedens angemessen, ohne dass die Durchsetzung von Schadensersatzansprüchen dadurch erheblich beeinträchtigt würde.[601]

Nach der Verjährung des Schadensersatzanspruchs aus § 33 Abs. 3 GWB bzw. § 33h Abs. 1 GWB-neu dürfte der deliktsrechtliche Bereicherungsanspruch des § 852 BGB eingreifen, da es sich bei den tatbestandsbegründenden Kartellverstößen um unerlaubte Handlungen handelt. Danach ist der Schädiger dem Betroffenen gemäß den Vorschriften der ungerechtfertigten Bereicherung zur Herausgabe dessen verpflichtet, was er »auf Kosten des Verletzten« erlangt hat. Der Anspruch verjährt nach § 852 Satz 2 BGB erst »in zehn Jahren von seiner Entstehung an«, auch wenn der Gläubiger bereits sehr frühzeitig Kenntnis von der (möglichen) Schadensentstehung erhalten hat.

2. Hemmung der Verjährung

Die Verjährung ist gehemmt, wenn die Kartellbehörde, die Europäische Kommission oder eine ausländische Wettbewerbsbehörde ein Verfahren ein-

---

600 *Kühne/Woitz*, DB 2015, 1028, 1031.
601 Referentenentwurf zur 9. GWB-Novelle, S. 67.

leiten. Sinn der Vorschrift ist zu gewährleisten, dass der Geschädigte in den Genuss der Bindungswirkung nach Abs. 4 kommen kann und zivilrechtliche Ansprüche nach Ablauf eines langwierigen Verfahrens nicht bereits verjährt sind.[602] Es muss sich um ein Verfahren handeln, mit dem ein Pflichtverstoß i.S.d. § 33 Abs. 1 GWB (Verstoß gegen GWB, gegen Art. 101, 102 AEUV oder gegen eine kartellbehördliche Verfügung) behördlich untersucht bzw. verfolgt wird. In den Fällen von Verfahren der Europäischen Kommission oder einer ausländischen Kartellbehörde kommen nur Verfahren wegen eines möglichen Verstoßes gegen Art. 101, 102 AEUV in Betracht.

283 Unklar ist hingegen, wann eine Wettbewerbsbehörde i.S.d. § 33 Abs. 1 GWB »ein Verfahren einleitet.« Ausdrücklich geregelt ist die Verfahrenseinleitung für das EU-Kartellverfahrensrecht in Art. 2 Abs. 1 der VO 773/2004.[603] Danach kann die Europäische Kommission jederzeit die »Einleitung eines Verfahrens« beschließen, wobei dieser Beschluss jedoch zeitlich vor der vorläufigen Beurteilung gemäß Art. 9 Abs. 1 VO 1/2003, vor der Übersendung der Mitteilung der Beschwerdepunkte, vor der Aufforderung an die Parteien, ihr Interesse an der Aufnahme von Vergleichsgesprächen zu bekunden, oder vor dem Datum der Veröffentlichung einer Mitteilung gemäß Art. 27 Abs. 4 VO 773/2004 ergehen kann. Gemäß Art. 2 Abs. 2 bis 4 der VO 773/2004 »kann« die Kommission die Einleitung des Verfahrens in geeigneter Form bekannt machen, von ihren Ermittlungsbefugnissen Gebrauch machen, bevor sie ein Verfahren einleitet, sowie Beschwerden abweisen, ohne ein Verfahren einzuleiten. Daraus ergibt sich, dass es sich bei der Verfahrenseinleitung im Unionsrecht um eine optionale und interne Entscheidung der Europäischen Kommission handelt, die nicht bekannt gemacht werden muss.[604] Zudem ist der genaue Zeitpunkt ihres Erlasses nicht festgelegt.

284 Anders als das europäische Recht kennt das deutsche Kartellverfahrensrecht keine förmliche Verfahrenseinleitung durch einen besonderen Akt.[605] Dabei kann eine formlose »Einleitungsverfügung« sachdienlich sein, um den Verfahrensbeteiligten den Verfahrensbeginn bekannt zu geben.[606] Allerdings ist diese weder eine Verfügung i.S.d. § 61 GWB noch bedarf sie einer Form oder ei-

---

602 Vgl. *Bornkamm*, in: Langen/Bunte, § 33 Rn. 47; *Lübbig*, in: MünchKommKartR, § 33 Rn. 119.
603 Verordnung (EG) Nr. 773/2004 der Kommission vom 7. April 2004 über die Durchführung von Verfahren auf der Grundlage der Artikel 81 und 82 EG-Vertrag durch die Kommission, ABl. Nr. L 123 S. 18.
604 So auch *Soyez*, WuW 2014, 937, 938.
605 *Schneider*, in: Langen/Bunte, § 54 Rn. 1; *Bach*, in: Immenga/Mestmäcker, § 54 Rn. 6; *Bracher*, in: FK, § 54 Rn. 12; *Becker*, in: Loewenheim/Meessen/Riesenkampff, GWB, § 54 Rn. 1; *Bechtold*, GWB, § 54 Rn. 1.
606 *Bach*, in: Immenga/Mestmäcker, § 54 Rn. 6; *Bracher*, in: FK, § 54 Rn. 12.

ner Begründung.⁶⁰⁷ Da die Einleitung eines Verfahrens kein Verwaltungsakt ist, kann sie auch nicht angefochten werden.⁶⁰⁸ Vielmehr richtet sich die Einleitung des Kartellverfahrens nach allgemeinem Verwaltungsverfahrensrecht.

Gemäß § 9 VwVfG ist das Verwaltungsverfahren eine nach außen wirkende Tätigkeit der Behörden, die auf die Prüfung der Voraussetzungen, die Vorbereitung und den Erlass eines Verwaltungsaktes oder auf den Abschluss eines öffentlich-rechtlichen Vertrags gerichtet ist. Mangels einer nach außen wirkenden Tätigkeit erfüllt der Verfahrenseinleitungsbeschluss des Art. 2 Abs. 1 der VO 773/2004 nicht die Voraussetzungen einer Verfahrenseinleitung nach § 9 VwVfG.⁶⁰⁹ Daher ist dem LG Köln in seinem Urteil vom 17. Januar 2013⁶¹⁰ nicht zuzustimmen. Dieses hat für die Verjährungshemmung nach § 33 Abs. 5 GWB allein auf den internen Verfahrenseinleitungsbeschluss der Europäischen Kommission nach Art. 2 Abs. 1 der VO 773/2004 abgestellt,⁶¹¹ obwohl bereits zuvor nach außen erkennbare Ermittlungsmaßnahmen der Europäischen Kommission stattgefunden hatten. Schon aus Gründen der Rechtssicherheit ist ein Festhalten an den Kriterien des § 9 VwVfG vorzugswürdig.⁶¹² Daher bedarf es für die Verjährungshemmung nach § 33 Abs. 5 GWB einer kartellbehördlichen Maßnahme mit Außenwirkung, die eine Verfahrenseinleitung begründen. 285

Die Vorschrift des § 33 Abs. 5 GWB kann nur Geltung haben und die Verjährung hemmen, wenn das Verfahren nach Inkrafttreten der 7. GWB-Novelle 2005 eingeleitet wurde. Es fehlt an der sonst bei Tatbeständen der Verjährungshemmung, die für Altfälle anwendbar sein sollen, üblichen besonderen Tempuswahl bzw. der Regelung durch Übergangsvorschriften.⁶¹³ 286

Im Hinblick auf die Regelung zur Hemmung der Verjährung durch die Einleitung eines Verfahrens einer Wettbewerbsbehörde bedarf es im deutschen Recht nur einer geringfügigen Anpassung. Gemäß der Kartellschadensersatzrichtlinie haben die Mitgliedstaaten zu gewährleisten, dass die Verjährungsfrist für Kartellschadensersatzansprüche gehemmt oder unterbrochen wird, wenn eine Wettbewerbsbehörde Maßnahmen im Hinblick auf eine Untersuchung oder ein Verfahren wegen einer Zuwiderhandlung gegen das Wettbewerbsrecht trifft, auf die sich die Schadensersatzklage bezieht. Die Hem- 287

---

607 *Bach*, in: Immenga/Mestmäcker, § 54 Rn. 6; *Bracher*, in: FK, § 54 Rn. 30; *Soyez*, WuW 2014, 937, 938.
608 *Bracher*, in: FK, § 54 Rn. 30; *Bach*, in: Immenga/Mestmäcker, § 54 Rn. 6.
609 So auch *Soyez*, WuW 2014, 937, 939.
610 LG Köln, Urt. v. 17.1.2013, 88 O 1/11.
611 LG Köln, Urt. v. 17.1.2013, 88 O 1/11, zitiert nach juris: Rn. 121.
612 So auch *Soyez*, WuW 2014, 937, 939.
613 Vgl. *Bien/Harke*, ZWeR 2013, 312.

mung soll nach Art. 10 Abs. 4 der Kartellschadensersatzrichtlinie frühestens ein Jahr, nachdem die Zuwiderhandlungsentscheidung bestandskräftig geworden oder das Verfahren auf andere Weise beendet worden ist, enden.[614] Eine entsprechende Regelung findet sich bereits in § 33 Abs. 5 GWB. Allerdings endet diese Hemmung gemäß § 204 Abs. 2 Satz 1 BGB sechs Monate nach der rechtskräftigen Entscheidung oder anderweitigen Beendigung des eingeleiteten Verfahrens. Ein neuer § 33h Abs. 6 GWB soll daher bestimmen, dass die Hemmung erst ein Jahr nach Beendigung des Verfahrens endet. Dadurch wird insbesondere gewährleistet, dass der Geschädigte nach dem Abschluss eines behördlichen oder gerichtlichen Verfahrens wegen eines Verstoßes genug Zeit hat, um an die erforderlichen Informationen für die Geltendmachung des Schadensersatzanspruchs zu gelangen, für die häufig die Kenntnis der gerichtlichen oder behördlichen Entscheidung der Ausgangspunkt sein wird. Die Hemmungswirkung soll auch auf die Ansprüche auf Unterlassung und Beseitigung nach § 33 Abs. 1 erweitert werden.

288   Für den Beginn der Hemmung wird nicht an die Verfahrenseinleitung angeknüpft, was angesichts des späten Zeitpunkts der formalen Verfahrenseröffnung im europäischen Recht nicht überrascht, sondern an die erste verfahrensrelevante Maßnahme jeder Art. Voraussetzung ist aber, dass es sich um eine Maßnahme »im Hinblick« gerade auf die konkrete Zuwiderhandlung handelt, nicht um eine allgemeine Maßnahme wie eine Sektorenuntersuchung.[615]

289   Im Abs. 7 des neuen § 33h GWB soll geregelt werden, dass der selbständige Ausgleichsanspruch nach § 33d Abs. 2 GWB der als Gesamtschuldner haftenden Schädiger nicht verjährt, bevor der dem Ausgleichsanspruch zu Grunde liegende Schadensersatzanspruch befriedigt wurde und der Ausgleichsanspruch sich dann in einen Zahlungsanspruch gewandelt hat. Diese Regelung stellt sicher, dass die den Schadensersatz an die Geschädigten leistenden Gesamtschuldner im Verhältnis zu den übrigen Gesamtschuldnern angemessen geschützt werden. Gegenseitige Ansprüche der Gesamtschuldner auf Ausgleich nach § 426 Abs. 1 Satz 2 BGB können bisher bereits verjährt sein, wenn der Schadensersatz nach § 33a Abs. 1 GWB-neu bei den Schädigern geltend gemacht wird. Ihre Verjährung beginnt bereits, wenn der Ausgleichsberechtigte Kenntnis von den Umständen hat, die einen Anspruch des Gläubigers im Außenverhältnis gegen den Ausgleichsverpflichteten begründen, von denjenigen Umständen, die einen Anspruch des Gläubigers gegen ihn selbst begründen, sowie von denjenigen Umständen, die das Gesamtschuldverhältnis begründen, und schließlich von den Umständen, die im Innenver-

---

614 Art. 10 Abs. 4 Richtlinie.
615 *Hoffmann/Schneider*, WuW 2016, 102, 107.

hältnis die Ausgleichspflicht begründen.⁶¹⁶ Diese erforderlichen Kenntnisse liegen regelmäßig bereits bei der Begründung des Verstoßes vor und damit oft mehr als 3 Jahre vor der Geltendmachung und Leistung von Schadensersatz. Der Ausgleich unter den Gesamtschuldnern muss deshalb bislang nach § 426 Abs. 2 BGB in Verbindung mit dem an den leistenden Gesamtschuldner übergegangenen Schadensersatzanspruch geltend gemacht werden. Allein durch die Verlagerung des Verjährungsbeginns für den Ausgleichsanspruch auf den Zeitpunkt der Umwandlung von einem Freistellungsanspruch in einen Zahlungsanspruch ist auszuschließen, dass der Geltendmachung bei bestimmten Gesamtschuldnern eine Einwendung oder Einrede gegen den Schadensersatzanspruch entgegensteht, die sich nicht auch der leistende Gesamtschuldner entgegenhalten lassen muss.

Dieser Absatz ist auch anwendbar, wenn der Kronzeuge den Schadensersatzanspruch nach § 33a Abs. 1 GWB-neu gegenüber Geschädigten befriedigt hat, denen er nach Maßgabe des § 33e Abs. 1 Satz 2 GWB-neu nur nachrangig zum Schadensersatz verpflichtet war. 290

Absatz 8 gewährleistet schließlich, dass die Verjährung des Schadensersatzanspruchs nach § 33a Abs. 1 GWB-neu von Geschädigten, die nach Maßgabe des § 33e Abs. 1 Satz 2 GWB-neu nur unter zusätzlichen Voraussetzungen Anspruch auf Schadensersatz gegen den Kronzeugen haben, nicht zu laufen beginnt, bevor auch die zusätzlichen Anspruchsvoraussetzungen nach § 33e Abs. 1 Satz 2 GWB-neu vorliegen. Im Übrigen gelten die Verjährungsvorschriften der Absätze 1 und 3 bis 6 für den Anspruch gegen den Kronzeugen entsprechend. 291

VIII. Gesamtschuld

1. Gesamtschuldnerische Haftung und diesbezügliche Privilegierungen

Kartellbeteiligte Unternehmen haften grundsätzlich gesamtschuldnerisch.⁶¹⁷ Bislang richten sich die Ausgleichs- und Regressansprüche zwischen den Gesamtschuldnern ausschließlich nach den allgemeinen Regeln (§ 426 Abs. 1 und 2 BGB). Aus der Kartellschadensersatzrichtlinie und den daran anknüpfenden Regelungen der 9. GWB-Novelle (gemäß dem bei Drucklegung dieser Kommentierung vorliegenden Referentenentwurf) ergeben sich aber zukünftig einige Privilegierungen und Korrekturen: 292

---

616 BGH, Versäumnisurteil vom 18.6.2009 – VII ZR 167/08 –, BGHZ 181, 310, 317, Rn. 21.
617 Im Referentenentwurf ist eine diesbezügliche Klarstellung in § 33d Abs. 1 GWB-neu vorgesehen.

293 Art. 11 Abs. 5 der Kartellschadensersatzrichtlinie, der nach dem Referentenentwurf durch einen neuen § 33d Abs. 2 umgesetzt werden soll, regelt den Gesamtschuldnerausgleich, der sich grundsätzlich nach der relativen Verantwortlichkeit für den Schaden richtet. Nach § 33d Abs. 2 GWB-neu hängt das Verhältnis, in dem die Gesamtschuldner untereinander haften, von den Umständen ab, insbesondere davon, in welchem Maß sie den Schaden verursacht haben. Nach welchen Kriterien diese relative Verantwortung bestimmt wird, überlässt die Kartellschadensersatzrichtlinie den Mitgliedstaaten, verweist jedoch auf Kriterien wie Umsatz, Marktanteil oder die Rolle im Kartell.[618] Entscheidend ist im Regelfall in erster Linie das Maß der Verursachung. Auf ein etwaiges Verschulden soll es erst in zweiter Linie ankommen.[619] Allerdings werden kleine und mittlere Unternehmen (KMU) sowie Kronzeugen privilegiert. Das deutsche Recht muss hinsichtlich der Privilegierung von KMU und Kronzeugen bei der gesamtschuldnerischen Haftung angepasst werden. Bislang kam es allerdings zugunsten der Erst-Kronzeugen im deutschen Bußgeldverfahren häufig zu einer faktischen Privilegierung, weil es gegen die Erst-Kronzeugen wegen Einstellung des Verfahrens – anders als im EU-Kartellverfahrensrecht – keine bindende Entscheidung gab, an die eine *Follow on*-Klage hätte anknüpfen können.

a) Privilegierung von KMU

294 Nach Art. 11 Abs. 2 der Kartellschadensersatzrichtlinie haftet ein KMU bereits im Außenverhältnis nur gegenüber seinen eigenen Abnehmern, wenn ansonsten bei der Anwendung der allgemeinen Regeln »seine wirtschaftliche Lebensfähigkeit unwiederbringlich bedroht würde« oder »seine Aktiva jeglichen Werts beraubt würden«. Die Umsetzung soll nach dem Referentenentwurf in § 33d Abs. 3 GWB-neu erfolgen. Die Zielgruppe sind sogenannte »echte« KMU, das heißt solche, die während der Gesamtzeit des Verstoßes, nicht nur irgendwann, einen Marktanteil von unter 5 % besaßen. Die Privilegierung gilt nicht für ein KMU, das einen gemeinschaftlichen Kartellrechtsverstoß selber organisiert oder andere Unternehmen zu der Teilnahme daran gezwungen hat, sowie für ein KMU, das kartellrechtlicher Wiederholungstäter ist (Abs. 3 bzw. § 33d Abs. 4 GWB-neu).

295 Die Privilegierung von KMU in der Außenhaftung kann nicht völlig überzeugen, da sie die gesamtschuldnerische Haftung noch komplexer gestaltet, was zu zusätzlichen Prozesskosten und -risiken führt und damit die Anspruchs-

---

[618] Vgl. Erwägungsgrund 37.
[619] So Referentenentwurf zur 9. GWB-Novelle, S. 57.

durchsetzung des Geschädigten übermäßig erschwert.[620] Zudem führt sie zu Ungleichbehandlung und Rechtsunsicherheit. Hinsichtlich der KMU-Privilegierung ist zudem besonders fraglich, wann die wirtschaftliche Leistungsfähigkeit eines Unternehmens tatsächlich gefährdet ist.[621] Eine Konkretisierung, unter welchen Voraussetzungen die Verpflichtung zum regelmäßig gesamtschuldnerischen Schadensersatz nach Abs. 1 die wirtschaftliche Lebensfähigkeit des Unternehmens unwiederbringlich gefährden und seine Aktiva jeden Werts berauben würde, kann aber in gewissem Grade aus der Rechtsprechung des Gerichts der Europäischen Union abgeleitet werden. Danach reicht die bloße Tatsache, dass die Schadensersatzforderung die Insolvenz des ersatzpflichtigen Unternehmens herbeiführen könnte, für die Erfüllung dieser Voraussetzungen nicht aus, da die Insolvenz allein die finanziellen Interessen der Eigentümer berührt, aber nicht notwendigerweise zum Verschwinden des Unternehmens führt. Das Unternehmen kann weiter fortbestehen, insbesondere durch Rekapitalisierung oder durch Übernahme sämtlicher Vermögenswerte durch ein anderes Unternehmen. Erst wenn solche »Rettungsmaßnahmen« unwahrscheinlich oder unmöglich erscheinen, sind die Aktiva jeglichen Wertes beraubt.

b) Privilegierung von Kronzeugen

Die Privilegierung von Kronzeugen besteht gemäß Art. 11 Abs. 4 Satz 1, Abs. 5 Satz 2 der Kartellschadensersatzrichtlinie (§ 33e GWB-neu) aus zwei Vorteilen: Sie haften im Außenverhältnis grundsätzlich nur gegenüber eigenen (unmittelbaren und mittelbaren) Abnehmern und Lieferanten, es sei denn, von anderen Kartellbeteiligten kann kein vollständiger Schadensersatz verlangt werden (§ 33e Abs. 1 GWB-neu). Eine Rückausnahme besteht allerdings, wenn die Schadensersatzansprüche gegen die übrigen Rechtsverletzer verjährt und deshalb nicht mehr durchsetzbar sind; dann haftet der Kronzeuge ebenfalls nicht (§ 33e Abs. 2 GWB-neu). Im Innenverhältnis, d.h. gegenüber seinen Mit-Kartellanten, die vom Geschädigten in Anspruch genommen wurden und nun von dem Kronzeugen einen anteiligen Ausgleich verlangen, haftet der Kronzeuge nicht wie ein gewöhnlicher Kartellant in der Höhe seiner relativen Verantwortung an dem Kartellrechtsverstoß, sondern nur in der Höhe des Schadens, den der Kronzeuge seinen eigenen Abnehmern und Lieferanten zugefügt hat (§ 33e Abs. 3 GWB-neu). Die Privilegierung gilt aber

296

---

620 *Makatsch/Mir*, EuZW 2015, 7, 11, Jungbluth, nach: *Schmidt*, NZKart 2016, 126, 127; *Kersting*, WuW 2014, 564, 567; *Haus/Serafimova*, BB 2014, 2883, 2889; a.A. *Schweitzer*, NZKart 2014, 335, 344; *Jungbluth*, Vortrag, L&A-Wettbewerbstag 2016, Zum Stand der Umsetzung der Schadensersatzrichtlinie in deutsches Recht, 14. Januar 2016, Präsentation, S. 10: »rechtspolitisch fragwürdig«.
621 Vgl. Art. 19 Abs. 2 S. 2 lit. b); *Schweitzer*, NZKart 2014, 335, 344; *Kersting/Preuß*, WuW 2016, 394, 397 f.

sowohl im Außen- als auch im Innenverhältnis nur für den Erst-Kronzeugen, der völlige Bußgeldfreiheit erlangt.[622]

297 Hinsichtlich der Haftungsbeschränkung für Kronzeugen im Innenverhältnis bestimmt Art. 11 Abs. 3 Satz 2 der Kartellschadensersatzrichtlinie (§ 33e Abs. 3 GWB-neu), dass der Ausgleichsbetrag eines Unternehmens, dem der Erlass der Geldbuße zuerkannt wurde, nicht höher sein darf als der Schaden, den die Zuwiderhandlung seinen eigenen unmittelbaren oder mittelbaren verursacht hat. Zur Begründung heißt es in Erwägungsgrund 28, dass dem Kronzeugen eine Schlüsselrolle bei der Aufdeckung von geheimen Kartellen zukomme, wodurch häufig der Schaden gemindert werde, der möglicherweise im Falle einer Fortsetzung der Zuwiderhandlung entstanden wäre. Aus denselben Überlegungen bejahen einige in Deutschland bereits nach geltendem Recht ein Haftungsprivileg des Kronzeugen im Kartellregress mit dem Argument der analogen Anwendung des § 254 Abs. 2 BGB.[623] Die genaue Ausgestaltung des Privilegs war bislang aber unklar.[624]

298 Insgesamt ist die Privilegierung von Kronzeugen im zivilrechtlichen Schadensersatzrecht durchaus sinnvoll, da sie zusammen mit der parallelen Privilegierung des Kronzeugen im Bußgeldverfahren für ein funktionierendes Kronzeugensystem führt.[625] Auch ist begrüßenswert, dass die Ausnahmen von der gesamtschuldnerischen Haftung nach Art. 11 der Kartellschadensersatzrichtlinie allein für das Unternehmen gelten, dem das Bußgeld nach dem anwendbaren Kronzeugenprogramm erlassen worden ist. Dahingegen sind Unternehmen, die der Kartellbehörde weiteres Beweismaterial vorlegen und deren Geldbuße deshalb ermäßigt wird, nicht privilegiert.[626] Zwar sind nachfolgende Kronzeugenanträge für die weitere Sachverhaltsaufklärung hilfreich, aber regelmäßig nicht unerlässlich. Die exklusive Beschränkung auf das Haftungsprivileg des ersten Kronzeugen schützt vor strategischem Missbrauch von Kronzeugenanträgen durch die Kartellanten zulasten von Geschädigten.[627]

---

622 Vgl. Referentenentwurf zur 9. GWB-Novelle, S. 59.
623 *Kersting*, ZWeR 2008, 252, 266; *Dworschak/Maritzen*, WuW 2013, 829, 841 f. a.A. *Bien*, EuZW 2011, 889, 890.
624 *Alexander*, Schadensersatz und Abschöpfung, S. 422 ff.; *Meeßen*, Kartelldeliktsrecht, S. 558 ff. (richterliches Ermessen); *Kersting*, JZ 2013, 737, 739, *ders.*, ZweR 2008, 252, 266 f. und *Koch*, JZ 2013, 390, 393 f. (für alle Kronzeugen im Kartellregress vollständig bzw. entsprechend der ihnen gewährten Bußgeldreduktion freizustellen); dagegen *Dworschak/Maritzen*, WuW 2013, 829, 842 ff. (Privilegierung nur des ersten Kronzeugen).
625 *Kahlenberg/Heim*, BB 2016, 1863, 1867.
626 Vgl. zu dieser Differenzierung die Mitteilung der Kommission über den Erlass und die Ermäßigung von Geldbußen in Kartellsachen, Rn. 8 ff., 23 ff.
627 *Krüger*, NZKart 2013, 483, 486.

Hingegen dürfte die von der Kartellschadensersatzrichtlinie statuierte Ausfallhaftung der Erst-Kronzeugen komplexe Rechtsfragen aufwerfen. Zwar dürfte in erster Linie die Insolvenz der Mitkartellanten des Kronzeugen gemeint sein,[628] wobei offen bleibt, ob der Geschädigte erst jahrelang ein Verfahren gegen alle Mitkartellanten ausfechten – entgegen dem Gläubigerwahlrecht als Grundprinzip der Gesamtschuld sowie zu Lasten der Ressourcen des Justizsystems – und auch gewinnen muss, um dann auf der Ebene der Vollstreckung die Insolvenz aller festzustellen.[629]

299

§ 33e Abs. 2 GWB-neu soll klarstellen, dass die Ausfallhaftung die Konstellation, dass die Klagen gegen die Mitkartellanten wegen Verjährung abgewiesen werden, nicht erfasst. Mit Abs. 2 soll verhindert werden, dass der Kronzeuge für Schadensersatzansprüche haftet, die wegen Verjährung bei anderen Schädigern nicht durchsetzbar sind. Andernfalls bestünde die Gefahr, dass der Kronzeuge wegen der besonderen Voraussetzungen für die Anspruchsentstehung nach § 33e Abs. 1 Satz 2 GWB-neu für bereits verjährte Forderungen gegen die übrigen Gesamtschuldner zum Schadensersatz herangezogen wird.[630] Zwar versucht die Kartellschadensersatzrichtlinie dieser Schwäche durch das Erfordernis einer hinreichend langen Verjährungsfrist entgegenzuwirken, allerdings wirkt die Notwendigkeit, dass der Geschädigte den Nachweis führen muss, von den anderen Kartellbeteiligten keinen vollen Schadensersatz zu erhalten, abschreckend.

300

c) Wirkung von Vergleichen einzelner Gesamtschuldner

In Art. 19 der Kartellschadensersatzrichtlinie ist die Wirkung von Vergleichen auf die gesamtschuldnerische Haftung der Kartellbeteiligten geregelt. Gemäß Abs. 1 reduziert sich der Geschädigtenanspruch um den Anteil des vergleichsbeteiligten Rechtsverletzers am entstandenen Schaden. Der verbleibende Schaden darf grundsätzlich nur gegenüber solchen Kartellbeteiligten geltend gemacht werden, die nicht am Vergleich beteiligt sind. Diese dürfen den vergleichsbeteiligten Rechtsverletzers wiederum nicht in Regress nehmen.[631] Eine in Abs. 3 Satz 1 vorgesehene Ausfallhaftung des vergleichsbeteiligten Rechtsverletzers kann ausgeschlossen werden.[632] Die Umsetzung erfolgt in einem neuen § 33f GWB.

301

---

628 *Krüger*, NZKart 2013, 483, 484.
629 *Kersting/Preuß*, WuW 2016, 394, 398, die eine solche Anforderung für unzumutbar erachten.
630 Vgl. Referentenentwurf zur 9. GWB-Novelle, S. 60.
631 Vgl. Art. 19 Abs. 2 S. 2 der Richtlinie.
632 Vgl. Art. 19 Abs. 3 S. 2 der Richtlinie.

302 Anders als die Privilegierung von KMU und Kronzeugen, ist die Regelung der Kartellschadensersatzrichtlinie zur Wirkung von Vergleichen überzeugend.[633] Sie steigert die Attraktivität von Vergleichen, da der vergleichsbeteiligte Rechtsverletzer von Regressansprüchen anderer Kartellbeteiligter befreit wird. So kann die sekundäre Ersatzpflicht desjenigen Kartellbeteiligten, der am Vergleich beteiligt ist, selbst für den Fall ausgeschlossen werden, dass die verbleibende Forderung bei den übrigen Kartellbeteiligten uneinbringlich ist.

303 Im geltenden deutschen Recht entspricht dem die privatautonome Vereinbarung einer sog. »beschränkten Gesamtwirkung« in Vergleichen von Gläubigern mit einzelnen Gesamtschuldnern.[634] Die herrschende Meinung stellt allerdings nicht immer klare Anforderungen an das Vorliegen einer solchen Vereinbarung und nimmt ggf. eine Einzelwirkung des Vergleichs an, die das Regressrecht der Mitschuldner nicht berührt.[635] Die praktische Bedeutung dieser Regelung ist im deutschen Recht schwer abschätzbar, da aus der Praxis kaum Erfahrungen bekannt sind.[636]

2. Verjährung von Regressansprüchen

304 Im Nachgang an die Inanspruchnahme durch den Kartellgeschädigten stehen die Kartellanten bislang häufig vor der Hürde der Verjährung ihrer gegenseitigen Ansprüche.

305 Hinsichtlich der Verjährung der Ausgleichsansprüche ist zwischen dem originären Ausgleichsanspruch nach § 426 Abs. 1 BGB und dem nach § 426 Abs. 2 BGB übergehenden Anspruch des Gläubigers zu unterscheiden. Im Hinblick auf die Verjährung dieser Ansprüche gilt Folgendes:

a) Der Ausgleichsanspruch nach § 426 Abs. 1 BGB

306 Für den Ausgleichsanspruch nach § 426 Abs. 1 BGB gilt die Regelverjährung von 3 Jahren nach §§ 195, 199 BGB. Diese beginnt mit dem Schluss des Jahres, in dem der Anspruch entstanden ist und der Gläubiger von den den Anspruch begründenden Umständen und der Person des Schuldners Kenntnis erlangt hat oder ohne grobe Fahrlässigkeit erlangen müsste.

307 Der BGH vertritt die Auffassung, dass der Ausgleichsanspruch nach § 426 Abs. 1 BGB nicht erst im Zeitpunkt der Zahlung durch den ausgleichsberech-

---

633 *Makatsch/Mir*, EuZW 2015, 7, 11.
634 Vgl. BGHZ 192, 182, 188; *Böttcher*, in: Ermann, BGB, § 423 Rn. 5 m.w.N.
635 BGHZ 192, 182, 188; *Bydlinski*, in: MünchKommBGB, § 423 Rn. 2 m.w.N.
636 *Jungbluth*, Vortrag, L&A-Wettbewerbstag 2016, Zum Stand der Umsetzung der Schadensersatzrichtlinie in deutsches Recht, 14. Januar 2016, Präsentation, S. 11.

tigten Gesamtschuldner an den Gläubiger, sondern unabhängig von der Ausprägung als Mitwirkungs-, Befreiungs- oder Zahlungsanspruch bereits in dem Augenblick, in dem die Gesamtschuldner dem jeweiligen Geschädigten gegenüber ersatzpflichtig werden, d.h. mit Begründung der Gesamtschuld.[637]

Im Hinblick auf kartellbedingte Schadensersatzansprüche bedeutet dies, dass die an die Gesamtschuld anknüpfenden Ausgleichsansprüche aus § 426 Abs. 1 BGB bereits mit dem Entstehen des Schadenersatzanspruchs des jeweiligen Kartellgeschädigten entstehen.[638] Als Entstehungszeitpunkt des Schadensersatzanspruchs nach § 33 Abs. 3 GWB kommen der Zeitpunkt des Vertragsschlusses mit dem Kartellabnehmer in Betracht, da sich der Gläubiger zu diesem Zeitpunkt bereits zur Zahlung eines kartellbedingt überhöhten Preises verpflichtet, oder der Zeitpunkt der tatsächlichen Zahlung des kartellbedingt überhöhten Kaufpreises.[639]

308

Weiterhin ist für den Beginn der Verjährungsfrist erforderlich, dass der ausgleichssuchende Gesamtschuldner die nach § 199 Abs. 1 BGB erforderliche Kenntnis erlangt hat bzw. ohne grobe Fahrlässigkeit hätte erlangen müssen. Der BGH[640] hat in dieser Hinsicht festgestellt, dass der Verjährungsbeginn für Ausgleichsansprüche erst dann zu laufen beginnt, wenn der ausgleichsberechtigte Gesamtschuldner Kenntnis der folgenden Umstände erlangt hat (bzw. aufgrund grober Fahrlässigkeit nicht erlangt hat): (1) Umstände, die einen Anspruch des Gläubigers gegen den Ausgleichsverpflichteten und gegen die von diesem in Anspruch genommenen Gesamtschuldner begründen, (2) Umstände die das Gesamtschuldverhältnis begründen, sowie (3) Umstände, die im Innenverhältnis eine Ausgleichspflicht begründen.

309

Für die erste Voraussetzung muss sich die für den Verjährungsbeginn erforderliche Kenntnis auf sämtliche anspruchsbegründenden Umstände des § 33 Abs. 3 GWB beziehen, d.h. einen vorsätzlichen oder fahrlässigen Verstoß gegen deutsches oder europäisches Kartellrecht, den Eintritt eines Schadens, sowie die Kausalität zwischen Kartellrechtsverstoß und Schadenseintritt. Für die zweite Voraussetzung ist erforderlich, dass der in Anspruch genommene Gesamtschuldner Kenntnis davon hat, dass er zusammen mit dem Ausgleich fordernden Gesamtschuldner eine unerlaubte Handlungen begangen und hierbei einen Schaden verursacht hat. Im Unterschied zur ersten Vorausset-

310

---

637 BGH, NJW 2010, 60, 61.
638 So auch *Petrasincu*, NZKart 2014, 437, 438.
639 *Bornkamm*, in: Langen/Bunte, § 33 Rn. 132; *Petrasincu*, NZKart 2014, 437, 438; KG Berlin, Urt. v. 1.10.2009, 2 U 17/03 Kart, zitiert nach juris: Rn. 127.
640 BGH, NJW 2010, 60, 61.

zung bedarf es hier zusätzlich einer Kenntnis über die gemeinsame Verantwortlichkeit der Gesamtschuldner.[641]

311 Der BGH hat das dritte Kriterium nicht näher definiert. Der Verjährungsbeginn setzt laut BGH im Allgemeinen Kenntnis über die Umstände, die im Innenverhältnis eine Ausgleichspflicht begründen, voraus. Nach § 426 Abs. 1 BGB ist eine Ausgleichspflicht im Innenverhältnis zumindest im Regelfall bereits aufgrund des Bestehens eines Gesamtschuldverhältnisses gegeben. Insoweit wäre die entsprechende Kenntnis über die eine Ausgleichspflicht begründenden Umstände bereits bei Kenntnis über die das Gesamtschuldverhältnis begründenden Umstände gegeben. Bei einem solchen Verständnis wäre jedoch die vom BGH aufgestellte separate Voraussetzung einer Kenntnis über die eine Ausgleichspflicht im Innenverhältnis begründenden Umstände überflüssig.

312 Das OLG Frankfurt am Main hat daher die Ansicht geäußert, dass eine Kenntnis der Umstände, die im Innenverhältnis eine Ausgleichspflicht begründen, dann vorliegt, wenn der Ausgleichsberechtigte weiß, dass sowohl er als auch der Ausgleichsverpflichtete Pflichtverletzungen begangen haben, derentwegen sie beide in Anspruch genommen werden können, und er weiß, dass er im Innenverhältnis jedenfalls nicht allein für den aus den Pflichtverletzungen resultierenden Schaden aufzukommen hat.[642] In Bezug auf Kartellschadensersatzansprüche wird in der Literatur die Problematik dieser Rechtsprechung aufgezeigt: So würde nach dieser Rechtsprechung die Verjährung bei Ausgleichsansprüchen wegen Kartellschadensersatzansprüchen, die von Kunden eines anderen Gesamtschuldners geltend gemacht werden, überhaupt nicht oder nur sehr spät zu laufen beginnen würde, denn vielfach bestünden Unklarheiten darüber, nach welchen Kriterien die Haftungsquoten bei Kartellverstößen zu bestimmen sind und auch Unklarheiten dazu, ob im Innenverhältnis stets nur die (un)mittelbaren Lieferanten oder auch andere Kartellmitglieder haften müssen.[643] Es wäre nach der genannten Rechtsprechung des OLG Frankfurt also zur Annahme der erforderlichen Kenntnis eine gewisse juristische Wertung erforderlich.

313 Bei unveränderter Anwendung der allgemeinen vom BGH aufgestellten Grundsätze könnte es dazu kommen, dass Ansprüche der Gesamtschuldner nach § 426 Abs. 1 BGB häufig bereits vor Ende der unerlaubten Handlung bzw. zumindest weit vor Geltendmachung von Schadensersatzansprüchen

---

641 *Petrasincu*, NZKart 2014, 437, 439.
642 OLG Frankfurt, BeckRS 2011, 06689.
643 *Petrasincu*, NZKart 2014, 437, 439.

durch die Geschädigten verjähren.⁶⁴⁴ Zudem wäre die Ergreifung von verjährungshemmenden Maßnahmen noch vor Eintritt der Verjährung für die Gesamtschuldner häufig faktisch unmöglich, da sie ansonsten bußgeldbewehrte – und unter Umständen sogar strafbare – Kartellverstöße offenbaren müssten. Im Ergebnis hat die Anwendung der erörterten BGH-Rechtsprechung – anders als die Ansicht des OLG Frankfurt – im Hinblick auf die Verjährung der Ausgleichsansprüche nach § 426 Abs. 1 BGB also zur Folge, dass die Verjährungsfrist regelmäßig sehr früh zu laufen beginnt. Mithin dürfte ein Großteil des Ausgleichsansprüche gegen die anderen Kartellanten bei Kartellen, die sich über mehrere Jahre erstrecken, bereits bei Beendigung des Kartells verjährt sein oder zumindest nach während etwaiger Ermittlungsverfahren der Kartellbehörden verjähren.⁶⁴⁵ Auf den ersten Blick könnte die Rechtsprechung des BGH insoweit zu unbilligen Ergebnissen führen, da Kartellmitglieder faktisch keine Möglichkeit hätten, ihren Ausgleichsanspruch nach § 426 Abs. 1 BGB geltend zu machen oder – zumindest während der Dauer des Kartells – verjährungshemmende Maßnahmen zu ergreifen. Ob man zur Vermeidung eines solchen Ergebnisses erfolgreich wird argumentieren können, dass bei Kartellverstößen aus Billigkeitserwägungen von den allgemeinen Verjährungsgrundsätzen abzuweichen wäre, erscheint allerdings zweifelhaft.⁶⁴⁶ Letztlich bleibt abzuwarten, ob und wie die Gerichte sich zu dieser Frage äußern werden.

b) Der Regressanspruch nach § 426 Abs. 2 BGB

Neben dem Ausgleichsanspruch nach § 426 Abs. 1 BGB steht der ursprüngliche Schadensersatzanspruch des Gläubigers nach § 426 Abs. 2 BGB, der nach Befriedigung des Gläubigers auf den leistenden Gesamtschuldner übergeht. Hier kommt es auf die Verjährung bzw. den Lauf der Verjährungsfrist des ursprünglichen Schadensersatzanspruchs an. Bei Kartellschadensersatzansprüchen nach § 33 Abs. 3 GWB beträgt die Verjährungsfrist nach §§ 195, 199 Abs. 1 BGB drei Jahre ab dem Schluss des Jahres, in dem der Anspruch entstanden ist und der Gläubiger von den Anspruch begründenden Umständen und der Person des Schuldners Kenntnis erlangt oder ohne grobe Fahrlässigkeit erlangen müsste.

314

Zu beachten ist, dass der ausgleichspflichtige Gesamtschuldner dem ausgleichssuchenden Gesamtschuldner gemäß §§ 404, 412 BGB alle Einwendungen entgegenhalten kann, die zur Zeit der Abtretung der Forderung gegen den bisherigen Gläubiger begründet waren. Dies hat zur Folge, dass der

315

---

644 So im Ergebnis auch *Krüger*, Kartellregress, S. 128, der jedoch sogar »regelmäßig« von einem frühen Verjährungsbeginn ausgeht.
645 *Petrasincu*, NZKart 2014, 437, 440 f.
646 *Petrasincu*, NZKart 2014, 437, 440 f.

Übergang der Forderung keine Auswirkungen auf eine bereits eingetretene Verjährung des Schadensersatzanspruchs hat sowie dass eine begonnene Verjährung nicht durch die Zession unterbrochen wird.[647] Der ausgleichsfordernde Gesamtschuldner muss sich auch grundsätzlich für den Verjährungsbeginn die Kenntnis des Kartellgeschädigten zurechnen lassen.[648]

316 Darüber hinaus sind die Möglichkeiten der Gesamtschuldner, verjährungshemmende Maßnahmen im Hinblick auf ihren Anspruch aus § 426 Abs. 2 BGB zu ergreifen, sehr begrenzt. In Betracht käme eine Feststellungsklage. Allerdings soll § 204 Abs. 1 BGB voraussetzen, dass die verjährungshemmende Maßnahme durch den »Berechtigten« vorgenommen wird. Die Klage des Nichtberechtigten soll die Verjährung hingegen nicht hemmen. Grundsätzlich wird der Zessionar erst ab der Abtretung als Berechtigter angesehen.[649] Im Schrifttum ist die Frage der verjährungshemmenden Wirkung der Feststellungsklage des Gesamtschuldners hinsichtlich des Anspruchs aus § 426 Abs. 2 BGB entsprechend umstritten.[650] Rechtsprechung zu der Problematik existiert bislang nicht.

---

647 *Ellenberger*, in: Palandt, § 199 Rn. 26.
648 *Grothe*, in: MünchKommBGB, 6. Aufl. 2012, § 199 Rn. 36.
649 *Ellenberger*, in: Palandt, § 204 Rn. 10.
650 Dagegen *Petrasincu*, NZKart 2014, 437, 441; a.A. allerdings ohne Begründung: *Krüger*, WuW 2012, 6, 11.

§ 34 Vorteilsabschöpfung durch die Kartellbehörde

(1) Hat ein Unternehmen vorsätzlich oder fahrlässig gegen eine Vorschrift dieses Gesetzes, gegen Artikel 101 oder 102 des Vertrages über die Arbeitsweise der Europäischen Union oder eine Verfügung der Kartellbehörde verstoßen und dadurch einen wirtschaftlichen Vorteil erlangt, kann die Kartellbehörde die Abschöpfung des wirtschaftlichen Vorteils anordnen und dem Unternehmen die Zahlung eines entsprechenden Geldbetrags auferlegen.

(2) Absatz 1 gilt nicht, soweit der wirtschaftliche Vorteil abgeschöpft ist durch Schadensersatzleistungen, Festsetzung der Geldbuße, Anordnung des Verfalls oder Rückerstattung. Soweit das Unternehmen Leistungen nach Satz 1 erst nach der Vorteilsabschöpfung erbringt, ist der abgeführte Geldbetrag in Höhe der nachgewiesenen Zahlungen an das Unternehmen zurückzuerstatten.

(3) Wäre die Durchführung der Vorteilsabschöpfung eine unbillige Härte, soll die Anordnung auf einen angemessenen Geldbetrag beschränkt werden oder ganz unterbleiben. Sie soll auch unterbleiben, wenn der wirtschaftliche Vorteil gering ist.

(4) Die Höhe des wirtschaftlichen Vorteils kann geschätzt werden. Der abzuführende Geldbetrag ist zahlenmäßig zu bestimmen.

(5) Die Vorteilsabschöpfung kann nur innerhalb einer Frist von bis zu fünf Jahren seit Beendigung der Zuwiderhandlung und längstens für einen Zeitraum von fünf Jahren angeordnet werden. § 33 Absatz 5 gilt entsprechend.

Übersicht

		Rdn.			Rdn.
A.	Vorbemerkung	1		3. Schätzung der Höhe, § 34 Abs. 4 GWB	16
B.	Voraussetzungen und Rechtsfolgen der Vorteilsabschöpfung	6	III.	Behördliche Ermessensentscheidung	19
I.	Schuldhafter Kartellrechtsverstoß i.S.d. § 34 Abs. 1 GWB	6	C.	Subsidiarität der Vorteilsabschöpfung, § 34 Abs. 2 GWB	24
	1. Kartellrechtsverstoß	7	D.	Zeitliche Beschränkung der Vorteilsabschöpfung gemäß § 34 Abs. 5 GWB	29
	2. Bestandskraft der Verfügung und Beginn des Abschöpfungszeitraums	8	E.	Verhältnis zum EU-Recht	33
	3. Verschulden	10	F.	Steuerliche Abzugsfähigkeit der Vorteilsabschöpfung	36
II.	Abschöpfung des wirtschaftlichen Vorteils	12	G.	Rechtsschutz	39
	1. Ziel des Gesetzgebers	12			
	2. Ermittlung des »wirtschaftlichen Vorteils«	13			

§ 34 GWB *Vorteilsabschöpfung durch die Kartellbehörde*

Schrifttum

Kühnen, Mehrerlös und Vorteilsabschöpfung nach der 7. GWB-Novelle, WuW 2010, 16; *Raum*, Vorteilsabschöpfung im Kartellrecht – Viele Wege zu einem Ziel, in: FS Hirsch, 2008, 301; *Sieme*, Der Gewinnabschöpfungsanspruch nach § 10 UWG und die Vorteilsabschöpfung gem. §§ 34, 34a GWB, Duncker & Humblot Verlag, 2009.

A. Vorbemerkung

1   Durch die 7. GWB-Novelle wurde das Instrument der Mehrerlösabschöpfung des § 34 GWB a.F. durch eine inhaltlich weiter gefasste Vorteilsabschöpfung ersetzt.[1] Die bisherige Mehrerlösabschöpfung knüpfte ausschließlich an den Verstoß gegen eine bestandskräftige Untersagungs- oder Abstellungsverfügung der Kartellbehörde an. Gemäß § 34 GWB ist nunmehr eine umfassende Vorteilsabschöpfung bei jedem schuldhaften Verstoß gegen eine Vorschrift des GWB möglich.

2   Infolge der 8. GWB-Novelle wurde Abs. 2 Satz 1 im Hinblick auf den neu eingeführten § 32 Abs. 2a GWB durch das Merkmal der »Rückerstattung« ergänzt. Auch der Abs. 5 Satz 2 wurde insoweit modifiziert, dass nicht mehr auf den § 81 Abs. 9 GWB, sondern auf § 33 Abs. 5 GWB verwiesen wird. Das ersatzlose Wegfallen des § 131 Abs. 4 GWB a.F., wonach § 34 GWB nur auf Verstöße anzuwenden ist, die nach dem 30. Juni 2005 begangen worden sind, dürfte keine Veränderung der Rechtslage ergeben.[2]

3   Nach § 131 Abs. 4 GWB a.F. war § 34 GWB nur auf Verstöße anwendbar, die nach dem 30. Juni 2005 begangen worden sind. Es wird jedoch vertreten, dass diese Rechtslage trotz Abschaffung der Übergangsregelung fortbesteht.[3]

4   Bei dem kartellbehördlichen Vorgehen auf Grundlage des § 34 GWB handelt es sich um ein verwaltungsrechtliches-, nicht um ein straf- oder bußgeldrechtliches Instrument.[4] Neben den verwaltungsrechtlichen Instrumenten der Abstellungsentscheidung und der einstweiligen Anordnung gemäß §§ 32, 32a GWB und den bußgeldrechtlichen Sanktionen gemäß § 81 GWB wird der Kartellbehörde die Möglichkeit eingeräumt, den wirtschaftlichen Vorteil abzuschöpfen, den die am Kartellverstoß beteiligten Unternehmen durch ihr kartellrechtswidriges Verhalten erlangt haben. Die »Rendite« aus dem Kartellverstoß soll nicht bei den am Verstoß beteiligten Unternehmen verbleiben;

---

1 Vgl. zur Historie des § 34 GWB *Emmerich*, in: Immenga/Mestmäcker, § 34 Rn. 1 ff.
2 *Bechtold*, GWB, § 34 Rn. 2.
3 *Bechtold* a.a.O.
4 Regierungsentwurf zur 7. GWB-Novelle, Begründung, BT-Drucks. 15/3640, 55.

dies gilt insbesondere in Fällen, in denen ein kartellbedingter Schaden durch die Geschädigten wegen praktischer Schwierigkeiten nicht selbst geltend gemacht wird.[5] Diese Überlegung des Gesetzgebers ist vor dem Hintergrund der ebenfalls im Zuge der 7. GWB-Novelle umgesetzten Neufassung der bußgeldrechtlichen Bestimmungen in § 81 GWB zu sehen. Durch diese ist die Bemessung des Bußgeldrahmens am Mehrerlös (»bis zur dreifachen Höhe des durch die Zuwiderhandlung erlangten Mehrerlöses«[6]) zugunsten der fakultativen Mit-Abschöpfung des wirtschaftlichen Vorteils gemäß § 81 Abs. 5 Satz 1 GWB aufgegeben worden.

Im Zusammenhang mit einer durch die Kartellbehörde angeordneten Vorteilsabschöpfung stellt sich in besonderem Maße die Frage nach der steuerlichen Behandlung einer solchen Vorteilsabschöpfung.[7]

B. Voraussetzungen und Rechtsfolgen der Vorteilsabschöpfung

I. Schuldhafter Kartellrechtsverstoß i.S.d. § 34 Abs. 1 GWB

Zwingende Voraussetzung für eine Vorteilsabschöpfung nach Maßgabe dieser Vorschrift ist ein schuldhafter Kartellverstoß. Im Wesentlichen kann hierzu auf die Ausführungen in der Kommentierung zu § 33 GWB verwiesen werden.[8]

1. Kartellrechtsverstoß

Nach dem Willen des Gesetzgebers der 7. GWB-Novelle soll § 34 GWB »alle Verstöße gegen Vorschriften des deutschen oder europäischen Wettbewerbsrechts« erfassen, wobei es insbesondere nicht auf die Frage ankommen soll, ob die verletzte Vorschrift ein Schutzgesetz für Dritte darstellt.[9] Zudem kommt eine Vorteilsabschöpfung gemäß § 34 GWB in Betracht, wenn schuldhaft gegen eine »Verfügung der Kartellbehörde« verstoßen wurde. Gemeint sind damit – wie auch bei § 33 GWB[10] – ausschließlich deutsche Kartellbehörden (vgl. § 48 Abs. 1 GWB). Verfügungen der Kommission werden von der Regelung des § 34 GWB nicht erfasst. Allerdings sind die deutschen Kartellbehörden gemäß Art. 16 Abs. 2 VO 1/2003 an Verfügungen der Kommission gebunden. Liegt somit ein Verstoß gegen die Art. 101, 102 AEUV vor, der durch die EU-Kommission im Wege einer Verfügung festgestellt wurde, muss auch die deut-

---

5 Regierungsentwurf zur 7. GWB-Novelle, Begründung, BT-Drucks. 15/3640, 36.
6 So § 81 Abs. 2 S. 1 GWB a.F.
7 Vgl. hierzu unten Rdn. 36.
8 § 33 Rdn. 74 ff.
9 Regierungsentwurf zur 7. GWB-Novelle, Begründung, BT-Drucks. 15/3640, 55.
10 § 33 Rdn. 54.

sche Kartellbehörde, die über die Vorteilsabschöpfung entscheidet, gemäß Art. 16 Abs. 2 VO 1/2003 von einem Verstoß gegen Art. 101, 102 AEUV ausgehen. Die Nichteinbeziehung der Kommissionsentscheidung in die Vorteilsabschöpfung hat somit praktisch kaum Auswirkungen.[11]

2. Bestandskraft der Verfügung und Beginn des Abschöpfungszeitraums

8   Die Abschöpfung des gesamten, (vermeintlich) unter Verstoß gegen eine Verfügung der Kartellbehörde erlangten, wirtschaftlichen Vorteils stellt eine erhebliche Beeinträchtigung der Kartellbeteiligten dar. Aus Rechtsschutzgesichtspunkten kommt daher eine Vorteilsabschöpfung erst dann in Betracht, wenn feststeht, dass die Verfügung der Kartellbehörde rechtmäßig war bzw. nicht mehr angreifbar, m.a.W. bestandskräftig ist.

9   Hiervon zu trennen ist die Frage, wann der Zeitraum beginnt, der von der Abschöpfung wegen Verstoßes gegen eine kartellbehördliche Verfügung erfasst wird. Grundsätzlich kommt es bei allen Verfügungen zunächst auf den Zeitpunkt des Zugangs der Verfügung an.[12] Soweit bzw. solange allerdings gegen eine konstitutive Verfügung Beschwerde eingelegt wird und dieser gemäß § 64 GWB aufschiebende Wirkung zukommt,[13] kann eine Nichtbeachtung der Verfügung nicht rechtswidrig sein.[14] Der bis zur bestandskräftigen Feststellung der Rechtmäßigkeit unter Nichtbeachtung der Verfügung erzielte Vorteil kann daher nicht wegen Kartellverstoßes abgeschöpft werden. Allerdings kann im Falle einer Abstellungsverfügung nach § 32 die Vorteilsabschöpfung möglicherweise direkt auf den Verstoß gegen die der Verfügung zugrunde liegenden Verbote gestützt werden. Die Situation ist auch anders zu beurteilen, wenn die Verfügung sofort vollziehbar ist. Hier stellt der Verstoß gegen die Verfügung eine rechtswidrige Handlung dar. Die hierbei erzielten Vorteile können von Anfang an abgeschöpft werden.

3. Verschulden

10 Genau wie § 33 Abs. 3 GWB setzt § 34 GWB ein Verschulden i.S.d. § 276 BGB voraus. Ein schuldhafter Kartellrechtsverstoß liegt demnach bereits bei fahrlässigem Handeln im Sinne des § 276 Abs. 2 BGB vor. Ob – wie teilweise

---

11 So auch *Bechtold*, GWB, § 34 Rn. 3 a.E.
12 So auch *Bornkamm*, in: Langen/Bunte, § 34 Rn. 7.
13 *Deichfuss*, in: KK-KartR, § 64 Rn. 7 ff.
14 So auch *Bechtold*, GWB, § 33 Rn. 3, a.E. im Zusammenhang mit Unterlassungs- und Schadensersatzansprüchen. A.A. *Bornkamm*, in: Langen/Bunte, § 34 Rn. 7, wonach es nicht auf die Anordnung der sofortigen Vollziehbarkeit ankommen soll. Vgl. zur Rechtswirkung der Beschwerde *K. Schmidt*, in: Immenga/Mestmäcker, § 64 Rn. 2.

angenommen wird[15] – ein Grund für die bislang eher geringe praktische Relevanz der Abschöpfung tatsächlich darin liegt, dass den Behörden ein Verschuldensnachweis schwer fällt, ist zu bezweifeln.

Für Unternehmen besteht zwar im Grundsatz die Möglichkeit, ihr Verschulden wegen »entschuldbaren Rechtsirrtums« im Hinblick auf die Zulässigkeit des jeweiligen Verhaltens zu verneinen. Gerade im Kartellrecht sind jedoch die Irrtumskriterien bislang sehr restriktiv gehandhabt worden.[16] Insbesondere soll sich der Schädiger nicht darauf berufen dürfen, dass eine Rechtsfrage zum Zeitpunkt des Verstoßes noch nicht geklärt war, solange er die ernsthafte Möglichkeit einer ihm ungünstigen Auslegung erkennen musste.[17] Ein entschuldbarer Rechtsirrtum wird in der Praxis daher nur in Ausnahmefällen anzunehmen sein.[18] Ein solcher Ausnahmefall eines unverschuldeten Rechtsirrtums, bei dem weder ein vorsätzliches noch ein fahrlässiges Verhalten unterstellt werden kann, liegt allerdings dann vor, wenn sich das betroffene Unternehmen im Hinblick auf das Vorliegen eines Freistellungstatbestandes gemäß §§ 2, 3 GWB bzw. Art. 101 Abs. 3 AEUV auf die Ergebnisse umfasender Rechtsgutachten verlassen und daher annehmen durfte, das – später von den Gerichten als rechtswidrig bewertete – Verhalten sei rechtlich zulässig und mit einer anderen Beurteilung durch die Gerichte nicht zu rechnen.[19]

II. Abschöpfung des wirtschaftlichen Vorteils

1. Ziel des Gesetzgebers

Ziel des Gesetzgebers der 7. GWB-Novelle war u.a., die Mehrerlösabschöpfung des § 34 GWB a.F. durch eine inhaltlich weiter gefasste Vorteilsabschöpfung zu ersetzen.[20] Abgeschöpft werden sollen alle wirtschaftlichen Vorteile, die durch einen relevanten Kartellverstoß entstehen. Verhindert werden soll, dass die »Rendite« aus dem Wettbewerbsverstoß bei den am Kartellverstoß beteiligten Unternehmen verbleibt.[21] Nach den Vorstellungen des Gesetzgebers sollen z.B. auch diejenigen wirtschaftlichen Vorteile abgeschöpft werden, die aufgrund der Verbesserung der Marktpositionen der Kartellbeteiligten infolge der kartellrechtswidrigen Beseitigung oder Zurückdrängung von Wettbewer-

---

15 Vgl. *Sieme*, S. 197 f. m.w.N.
16 So auch *Emmerich*, in: Immenga/Mestmäcker, § 34 Rn. 9; vgl. zum allgemeinen Zivilrecht auch *Heinrichs*, in: Palandt, § 276 Rn. 22 f.
17 Siehe hierzu die *Kommentierung* zu § 33 Rdn. 200.
18 Im Übrigen ist hier auf die *Kommentierung* zu § 33 Rdn. 200 zu verweisen.
19 S. hierzu auch *Sieme*, S. 210.
20 Vgl. zur Historie des § 34 GWB ausführlich *Emmerich*, in: Immenga/Mestmäcker, § 34 Rn. 4 ff.
21 Vgl. Regierungsentwurf zur 7. GWB-Novelle, Begründung, BT-Drucks. 15/3640, 36.

bern entstehen.²² Maßstab ist damit nicht der Schaden, der einem Dritten durch das kartellrechtswidrige Verhalten des Abschöpfungsgegners konkret entstanden ist, sondern der vom Kartellbeteiligten tatsächlich erlangte wirtschaftliche Vorteil.

2. Ermittlung des »wirtschaftlichen Vorteils«

13 Der Begriff des »wirtschaftlichen Vorteils« ist anhand der Rechtsgrundsätze auszulegen, die für den gleichlautenden Begriff des »wirtschaftlichen Vorteils« in § 17 Abs. 4 OWiG entwickelt worden sind.²³ Für die Quantifizierung des wirtschaftlichen Vorteils gilt der allgemeine zivilrechtliche Saldierungsgrundsatz.²⁴ Demnach besteht der wirtschaftliche Vorteil in der Differenz zwischen der hypothetischen Vermögenslage ohne den jeweiligen Kartellrechtsverstoß im Vergleich zu der tatsächlichen Vermögenslage, die infolge des Kartellverstoßes tatsächlich entstanden ist. Ausgangsbasis jeder Ermittlung des wirtschaftlichen Vorteils soll ein hypothetischer Marktpreis sein, also ein Marktpreis, der ohne den Kartellverstoß hätte erzielt werden können.²⁵ Ein bloßer zeitlicher Vergleich,²⁶ also ein Vergleich der Situation vor mit derjenigen nach dem Kartellrechtsverstoß, ermöglicht (wie im Falle der Schadensberechnung) keine zutreffende Ermittlung des wirtschaftlichen Vorteils. Hier wird eine der Hauptschwierigkeiten bei der Ermittlung des wirtschaftlichen Vorteils im Zusammenhang mit Preisabsprachen deutlich: Es kommt darauf an, wie viele Einheiten der Kartellbeteiligte zum hypothetischen Marktpreis hätte veräußern können. Je elastischer die Nachfrage auf dem relevanten Markt, umso schwieriger wird sich eine hinreichend genaue Antwort auf diese Frage finden lassen.²⁷

14 Gegenstand einer Abschöpfung kann nur der wirkliche Vorteil sein kann, der auf den Kartellrechtsverstoß zurückzuführen ist. Wird beispielsweise aufgrund eines Kartells ein Verkaufspreis erzielt, der 100 EUR pro Einheit über

---

22 Vgl. Regierungsentwurf zur 7. GWB-Novelle, Begründung, BT-Drucks. 15/3640, 55.
23 Vgl. Regierungsentwurf zur 7. GWB-Novelle, Begründung, BT-Drucks. 15/3640, 55 f., 89.
24 Vgl. Regierungsentwurf zur 7. GWB-Novelle, Begründung, BT-Drucks. 15/3640, 55; *Bechtold*, GWB, § 34 Rn. 4; *Rehbinder*, in: Loewenheim/Meessen/Riesenkampff, § 34 Rn. 3 m.w.N.
25 So auch *Emmerich*, in: Immenga/Mestmäcker, § 34 Rn. 12 ff.; *Raum*, FS Hirsch, S. 301 ff., 303; *Bornkamm*, in: Langen/Bunte, § 34 Rn. 12.
26 BKartA WuW/E BKartA 2005, 2007 – *Behälterglas*. S. hierzu auch *Rehbinder*, in: Loewenheim/Meessen/Riesenkampff, GWB, § 34 Rn. 4 m.w.N.
27 Siehe hierzu *Emmerich*, in: Immenga/Mestmäcker, § 34 Rn. 12 ff.

dem hypothetischen Marktpreis liegt, so sind lediglich die den Marktpreis pro Einheit übersteigenden 100 EUR abzuschöpfen.[28]

Zu einer (abzuschöpfenden) Verbesserung der tatsächlichen Vermögenslage des Kartellbeteiligten trägt in erster Linie der durch den Verstoß erzielte höhere Nettogewinn bei. Hinzu kommt der direkte Vorteil aus der Verbesserung der Marktposition im Sinne einer nachhaltigen Erhöhung des Unternehmenswertes[29] oder im Sinne der Ausschaltung bzw. des Zurückdrängens von Wettbewerbern.[30] Hingegen bleiben mittelbare Vorteile (Anlage oder Reinvestition der erzielten Gewinne), ebenso wie im allgemeinen Ordnungswidrigkeitenrecht, außer Betracht.[31] Ebenfalls im Einklang mit dem allgemeinen Ordnungswidrigkeitenrecht führt der anzuwendende Saldierungsgrundsatz dazu, dass Aufwendungen ebenso wie Steuern bei der Ermittlung der tatsächlichen Vermögenslage zu berücksichtigen sind.[32]

3. Schätzung der Höhe, § 34 Abs. 4 GWB

Aufgrund der erheblichen praktischen Probleme bei der Quantifizierung des wirtschaftlichen Vorteils kann die Behörde den entstandenen wirtschaftlichen Vorteil gemäß § 34 Abs. 4 GWB schätzen.

Für die behördliche Schätzung muss zweifelsfrei feststehen, dass der Kartellbeteiligte überhaupt einen wirtschaftlichen Vorteil erlangt hat.[33] Zwar hat der BGH im Zusammenhang mit der Mehrerlösabschöpfung die These aufgestellt, Kartelle würden letztlich um ihres wirtschaftlichen Vorteils willen gegründet.[34] Gleichwohl kann der Tatrichter bzw. die Behörde nicht pauschal unter Verweis auf diesen Erfahrungssatz von der »erfolgreichen« Erlangung des erstrebten wirtschaftlichen Vorteils ausgehen. Auch die Möglichkeit der Schätzung führt nicht dazu, dass der Nachweis des Bestehens und der Höhe eines wirtschaftlichen Vorteils den Behörden stets in rechtssicherem Maße gelingt.[35]

Die Kartellbehörde hat die Grundlagen ihrer Schätzung in der Entscheidung anzugeben, da diese im Rechtsbeschwerdeverfahren für den Adressaten über-

---

28 Ebenso *Sieme*, S. 218 ff., 228 m.w.N.
29 *Achenbach*, in: FK, § 81 Rn. 298.
30 *Bechtold*, GWB, § 34 Rn. 4 m.w.N.
31 Vgl. hierzu ausführlich *Sieme*, S. 216 f.
32 *Bechtold*, GWB, § 34 Rn. 4 m.w.N.; *Rehbinder*, in: Loewenheim/Meessen/Riesenkampff, GWB, § 34 Rn. 3; *Emmerich*, in: Immenga/Mestmäcker, § 34 Rn. 18.
33 Vgl. so auch *Raum*, in: FS Hirsch, 2008, 301 ff., 303; *Bechtold*, GWB, § 34 Rn. 5 m.w.N.
34 BGH, WuW DE-R 1568 – *Berliner Transportbetonkartell*.
35 Vgl. ausführlich zu den Schwierigkeiten der Ermittlung des abzuschöpfenden Vorteils *Emmerich*, in: Immenga/Mestmäcker, § 34 Rn. 21.

prüfbar sein müssen.[36] Die Schätzungen müssen in jedem Fall auf realistischer Grundlage erfolgen.[37]

III. Behördliche Ermessensentscheidung

19 Bereits der Wortlaut des § 34 Abs. 1 (»*kann*«) macht deutlich, dass es sich bei der verwaltungsrechtlichen Vorteilsabschöpfung um eine Ermessensentscheidung der Kartellbehörde handelt.[38] Die Abschöpfung des wirtschaftlichen Vorteils über § 34 GWB – ebenso wie durch Verhängung einer Geldbuße, die den wirtschaftlichen Vorteil umfasst, oder durch die Anordnung des Verfalls – steht im pflichtgemäßen Aufgreif- und Verfolgungsermessen.[39]

20 Dem Gesetzgeber war dabei bewusst, dass für bestimmte Fälle eine Rechtsdurchsetzungslücke bestehen kann. Diese sollte aber nicht mithilfe einer kartellbehördlichen Abschöpfungsverpflichtung, sondern mithilfe des Rechts der Abschöpfungsforderung durch Verbände gemäß § 34a GWB ausgeglichen werden.[40] Der Kartellbehörde ist folglich nicht nur im Hinblick auf das »Wie« (den Umfang), sondern auch im Hinblick auf das »Ob« ein – gemäß § 71 Abs. 5 GWB gerichtlich überprüfbares – Ermessen eingeräumt.[41] Insbesondere wenn die Ermittlung des wirtschaftlichen Vorteils auf erhebliche tatsächliche Unsicherheiten stößt, kann die Kartellbehörde von einer Vorteilsabschöpfung absehen. Die Kartellbehörde muss also nicht auf einer unsicheren Tatsachengrundlage den vermeintlichen Vorteil abschöpfen.[42]

21 Ein Ermessen hinsichtlich des »Ob« der Vorteilsabschöpfung muss der Kartellbehörde auch im Hinblick auf die Ermöglichung einer Kronzeugen- und Bonusregelung eingeräumt werden. Anderenfalls könnte das mit einem solchen Konzept verfolgte Ziel der Aufdeckung von Kartellen nicht im erwünschten Umfang erreicht werden. Es ist nicht ersichtlich, dass der Gesetzgeber der Möglichkeit einer solchen Regelung entgegenwirken wollte. Das Bundeskartellamt hat sich unter Ausübung seines Ermessens im Rahmen der Bonusregelung 2006[43] dahingehend gebunden, dass es bei Vorliegen der Voraussetzungen für einen Erlass oder eine Reduktion der Geldbuße auf eine Abschöpfung des

---

36 Ebenso *Bechtold*, GWB, § 34 Rn. 5.
37 Ebenso *Bechtold*, GWB, § 34 Rn. 5 a.E.
38 *Bechtold*, GWB, § 34 Rn. 7, 10; *Rehbinder*, in: Loewenheim/Meessen/Riesenkampff, GWB, § 34 Rn. 7; a.A. dagegen *Kühnen*, WuW 2010, 16 ff.
39 Regierungsentwurf zur 7. GWB-Novelle, Begründung, BT-Drucks. 15/3640, 36; vgl. auch *Sieme*, S. 201 f.
40 Regierungsentwurf zur 7. GWB-Novelle, Begründung, BT-Drucks. 15/3640, 36.
41 A.A. *Kühnen*, WuW 2010, 16, 25 f.; *Raum*, FS Hirsch, S. 307 f.
42 Im Ergebnis so auch *Kühnen*, WuW 2010, 26, der allerdings von seltenen Ausnahmefällen ausgeht.
43 BKartA, Bekanntmachung Nr. 9/2006, Rn. 23.

erlangten wirtschaftlichen Vorteils ganz oder zumindest teilweise verzichten wird.

Das Rechtsfolgenermessen der Behörde wird gem. § 34 Abs. 3 Satz 1 GWB insoweit eingeschränkt, als die Vorteilsabschöpfung auf einen angemessenen Geldbetrag reduziert werden oder gänzlich unterbleiben soll, wenn sie eine unbillige Härte für den Adressaten darstellen würde. Eine unbillige Härte wäre vor allem dann anzunehmen, wenn das betroffene Unternehmen sonst vor dem finanziellen Ruin stehen würde.[44] Angesichts der durch die Einführung des Legalausnahmesystems erheblich gestiegenen Rechtsunsicherheit bei der Anwendung von Freistellungstatbeständen liegt aber auch dann eine unbillige Härte vor, wenn der Kartellbeteiligte in Anbetracht einer zweifelhaften Rechtslage nur leicht fahrlässig gegen Kartellrecht verstoßen hat.[45] Jeder der genannten Härtefallumstände kann grundsätzlich für sich alleine die Ermessensreduzierung auslösen; anderenfalls würde die gesetzlich ausdrücklich vorgesehene Härtefallregelung – ohne entsprechende Vorgaben im Normwortlaut – zu eng ausgelegt.[46]

22

Die Vorteilsabschöpfung soll gemäß § 34 Abs. 3 Satz 2 GWB auch dann unterbleiben, wenn sich der wirtschaftliche Vorteil im Bereich der Geringwertigkeit bewegt. In bestimmten Fällen kann die Anordnung ganz unterbleiben.

23

C. Subsidiarität der Vorteilsabschöpfung, § 34 Abs. 2 GWB

Gemäß § 34 Abs. 2 Satz 1 GWB ist die Vorteilsabschöpfung subsidiär gegenüber etwaigen Schadensersatzzahlungen, Verfallszahlungen oder Geldbußen, durch die der wirtschaftliche Vorteil bereits abgeschöpft wurde.[47] Eine Verfallsanordnung kommt im Wesentlichen nur unter den Voraussetzungen des § 29a OWiG in Betracht, ausnahmsweise jedoch auch nach §§ 73 Abs. 3, 73a StGB, wenn zugleich eine Straftat verübt wurde und § 73 Abs. 1 Satz 2 StGB nicht greift.[48] Im Rahmen der 8. GWB-Novelle hat der Gesetzgeber in Anlehnung an den neu eingeführten § 32 Abs. 2a GWB konsequenterweise den Abs. 2 insoweit ergänzt, als dass auch bei einer angeordneten Rückerstattung

24

---

44 Ebenso *Bechtold*, GWB, § 34 Rn. 7; *Rehbinder*, in: Loewenheim/Meessen/Riesenkampff, GWB, § 34 Rn. 7.
45 Zutreffend so auch *Emmerich*, in: Immenga/Mestmäcker, § 34 Rn. 27.
46 A.A. *Sieme*, S. 237 f.
47 Vgl. hierzu *Schöner*, in: KK-KartR, § 81 Rn. 222 ff.; dabei ist zu beachten, dass der Gesetzgeber die Geldbußenverhängung mit Abschöpfungsfunktion eher als Ausnahmefall betrachtet und § 81 Abs. 5 GWB mithin als »Kann-Vorschrift« formuliert hat. Der Normalfall ist die Bußgeldverhängung mit reinem Ahndungszweck.
48 Regierungsentwurf zur 7. GWB-Novelle, Begründung, BT-Drucks. 15/3640, 55.

des wirtschaftlichen Vorteils durch die Kartellbehörde eine Vorteilsabschöpfung i.S.d. Abs. 1 unterbleibt.[49]

25 Die vom Gesetzgeber angeordnete Subsidiarität ist erforderlich, damit Unternehmen keiner finanziellen Doppelbelastung wegen Kartellverstößen ausgesetzt werden. Zugleich wird sichergestellt, dass für die Erfüllung von Ansprüchen der konkret Geschädigten noch Mittel vorhanden sind.

26 Die Vorteilsabschöpfung muss zudem bei anderen zivilrechtlichen, z.B. bereicherungsrechtlichen Rückerstattungsleistungen des Unternehmens an die konkret Geschädigten unterbleiben. Einziges Ziel der Vorteilsabschöpfung ist, einen Verbleib der Kartellrendite bei den Kartellbeteiligten zu vermeiden. Wird dieses Ziel über andere, zivilrechtliche Ansprüche erreicht, besteht – trotz des engen Wortlauts des § 34 Abs. 2 Satz 1 GWB – aus teleologischen Gründen kein Raum für eine behördliche Vorteilsabschöpfung.[50]

27 Erbringt das Unternehmen nach der Abführung des wirtschaftlichen Vorteils Schadensersatzleistungen an den oder die Geschädigten, so ist der von der Behörde abgeschöpfte Geldbetrag zurückzuerstatten. Gleiches muss nach der hier vertretenen Ansicht gelten, wenn das Unternehmen andere zivilrechtliche Ansprüche der Geschädigten, z.B. aus Bereicherungsrecht, befriedigt. Seit Inkrafttreten der 7. GWB-Novelle ist eine rechtskräftige Entscheidung über eine entsprechende Leistungsverpflichtung des Unternehmens nicht erforderlich. Entscheidend ist allein, ob eine Leistung des Unternehmens an den Geschädigten zu dem Zweck erfolgt ist, beim Geschädigten die wirtschaftlichen Folgen des Kartellverstoßes zu beseitigen. Hingegen kann nicht entscheidend sein, ob der Leistung tatsächlich ein Schadensersatzanspruch im Sinne des § 33 GWB zugrunde lag.[51] Sollte beispielsweise im Rahmen von Vergleichsverhandlungen zur Vermeidung eines Schadensersatzprozesses der Kartellbeteiligte zur Leistungserbringung bereit sein, wäre es kaum praktikabel und zielführend, für die Rückerstattung der Vorteilsabschöpfung noch auf der Prüfung zu beharren, ob tatsächlich ein Schadensersatzanspruch vorlag bzw. vorliegt.

28 Ein Erstattungsanspruch besteht schließlich auch, wenn eine Geldbuße unter Einbeziehung des wirtschaftlichen Vorteils verhängt oder der Verfall angeordnet wurde.

---

49 Vgl. hierzu die *Kommentierung* zu § 32 Rdn. 3.
50 A.A. *Sieme*, S. 226 f.; 239 f.
51 So aber *Sieme*, S. 230; ähnlich wohl *Rehbinder*, in: Loewenheim/Meessen/Riesenkampff, § 34 Rn. 9.

D. Zeitliche Beschränkung der Vorteilsabschöpfung gemäß § 34 Abs. 5 GWB

Die Vorteilsabschöpfung ist gemäß § 34 Abs. 5 GWB in zweierlei Hinsicht zeitlich beschränkt: Sie kann nur für einen Zeitraum von bis zu fünf Jahren seit der Beendigung der Zuwiderhandlung angeordnet werden. Zudem kann sie längstens für einen Zeitraum von fünf Jahren angeordnet werden.

29

Die erste Frist betrifft die Frage, bis wann eine Vorteilsabschöpfung noch angeordnet werden kann. Vor der 8. GWB-Novelle sollten entsprechend § 81 Abs. 9 GWB lediglich die Ermittlungshandlungen der Kommission oder der Wettbewerbsbehörden anderer EG-Mitgliedstaaten die Verjährung hemmen, nicht hingegen Ermittlungshandlungen der deutschen Kartellbehörden.[52] Diese Ungleichbehandlung hat der Gesetzgeber beseitigt, indem er nunmehr gemäß Abs. 5 Satz 2 eine entsprechende Anwendung des § 33 Abs. 5 GWB vorsieht. Danach sollen auch die Ermittlungen der nationalen Wettbewerbsbehörden verjährungshemmende Wirkung haben. Hintergrund dieser gesetzgeberischen Entscheidung war, dass eine Vorteilsabschöpfung regelmäßig erst nach rechtskräftigem Abschluss eines Kartellbußgeldverfahrens zweckmäßig ist. Bei aufwendigen und langwierigen Verfahren kann es jedoch vorkommen, dass zu diesem Zeitpunkt die Frist zur Vorteilsabschöpfung bereits abgelaufen ist.[53]

30

Der Zeitraum, während dessen Ermittlungshandlungen laufen, wird in die Verjährungsfrist nicht eingerechnet. In jedem Fall muss die Behörde im Rahmen ihrer Ermessensentscheidung berücksichtigen, wie weit der Fünf-Jahres-Zeitraum bereits verstrichen war, als die europäische bzw. die mitgliedstaatliche Kartellbehörde eigene Ermittlungshandlungen aufgenommen und damit eine Unterbrechung des Fünf-Jahres-Zeitraums herbeigeführt hat.

31

Die zweite Fünf-Jahres-Frist regelt dagegen die Frage, für welchen Zeitraum der wirtschaftliche Vorteil abgeschöpft werden kann. Die Berechnung dieses Höchstzeitraums beginnt mit der Beendigung des Zeitraums, in dem die Zuwiderhandlung noch zu wirtschaftlichen Vorteilen geführt hat. Wenn feststeht, ab wann von der kartellrechtlichen Zuwiderhandlung kein wirtschaftlicher Vorteil mehr ausgegangen ist, kann maximal für den davor liegenden Zeitraum von höchstens fünf Jahren der wirtschaftliche Vorteil des Kartellbeteiligten abgeschöpft werden. Die Kartellbehörde muss selbstverständlich für den gesamten Zeitraum das Vorliegen und die Höhe eines wirtschaftlichen Vorteils nachweisen bzw. auf realistischer Grundlage abschätzen, kann also

32

---

52 Regierungsentwurf zur 7. GWB-Novelle, Begründung, BT-Drucks. 15/3640, 55.
53 Gesetzesentwurf zur 8. GWB-Novelle, Begründung, BT-Drucks. 17/9852, 27.

nicht z.B. pauschal den im letzten Jahr vor Beendigung der Zuwiderhandlung erzielten wirtschaftlichen Vorteil mit fünf Jahren multiplizieren.

E. Verhältnis zum EU-Recht

33 Sofern die Europäische Kommission den erzielten wirtschaftlichen Vorteil bereits aufgrund eines Geldbußenbeschlusses abgeschöpft hat, kommt eine erneute Abschöpfung durch eine deutsche Kartellbehörde nicht in Betracht. Angesichts der Höhen, die die Geldbußen der Kommission in den letzten Jahren erreicht haben, ist sehr zweifelhaft, ob überhaupt ein wirtschaftlicher Vorteil beim Schädiger verblieben ist.[54] In der Begründung des Regierungsentwurfs zur 7. GWB-Novelle wurde allerdings ausgeführt, dass »eine Vorteilsabschöpfung darüber hinaus bei Geldbußen der Kommission, die reinen Ahnungscharakter haben und nicht die Abschöpfung des wirtschaftlichen Vorteils bezwecken, denkbar« ist.[55]

34 Bislang war mangels diesbezüglicher Transparenz der Geldbußenbeschlüsse (früher: Geldbußenentscheidungen) der Europäischen Kommission nicht ersichtlich, ob Geldbußen der Europäischen Kommission auch – und wenn ja, in welcher Höhe – einen Abschöpfungsteil beinhalteten. Eine klare Lösung könnte hier nur eine Verbesserung der Transparenz des Geldbußenverfahrens der Europäischen Kommission schaffen. Bis zu einer kürzlich vom EuGH[56] ergangenen Entscheidung war jedoch fraglich, ob die Kommission einem nationalen Auskunftsbegehren im Hinblick auf die Zusammensetzung einer von ihr verhängten Geldbuße nachkommen muss, um die genaue »Zusammensetzung« der von ihr verhängten Geldbußen aufzuschlüsseln. Der EuGH bejahte schließlich eine solche Pflicht der Kommission.

35 Im Falle eines Geldbußenbeschlusses der Europäischen Kommission muss die Kartellbehörde zur Vermeidung einer doppelten und damit unzulässigen Vorteilsabschöpfung bei ihrer Entscheidung prüfen, ob der Geldbußenbeschluss bereits eine Vorteilabschöpfung beinhaltet. Ist dies der Fall, darf die Behörde nicht erneut die Vorteilsabschöpfung anordnen.

F. Steuerliche Abzugsfähigkeit der Vorteilsabschöpfung

36 Bei der steuerlichen Gewinnermittlung sind gemäß § 4 Abs. 4 EStG alle Aufwendungen als Betriebsausgaben abziehbar, soweit diese durch den Betrieb

---

54 So auch *Klose*, in: Wiedemann, Handbuch Kartellrecht, § 51 Rn. 59.
55 Vgl. Regierungsentwurf zur 7. GWB-Novelle, Begründung, BT-Drucks. 15/3640, 36.
56 Vgl. EuGH, WuW EU-R 1537.

veranlasst sind. Eine betriebliche Veranlassung liegt allgemein dann vor, wenn Aufwendungen in tatsächlichem oder wirtschaftlichem Zusammenhang mit der konkreten Gewinnerzielung stehen.[57] Schon bei einfacher Subsumption unter den Gesetzeswortlaut ist die Vorteilsabschöpfung durch die Kartellbehörde somit abzugsfähig.

Zwar bestimmt die Regelung des § 4 Abs. 5 Satz 1 Nr. 8 EStG, dass Geldbußen, Ordnungsgelder und Verwarnungsgelder, die von einem deutschen Gericht oder einer deutschen Behörde oder von Organen der EG festgesetzt werden, nicht abzugsfähig sind. Die Regelung des § 4 Abs. 5 Satz 1 Nr. 8 Satz 4 EStG enthält wiederum die Rückausnahme, dass unter bestimmten Voraussetzungen auch der Betriebsausgabenabzug einer Geldbuße zulässig ist.[58] Bei der Vorteilsabschöpfung handelt es sich jedoch gerade nicht um eine repressive Geldbuße für einen Kartellverstoß. Vielmehr soll allein der wirtschaftliche Vorteil des Kartellbeteiligten durch ein behördliches Verwaltungsverfahren abgeschöpft werden. Dementsprechend ist das Resultat der behördlichen Vorteilsabschöpfung erst recht steuerlich abzugsfähig.[59]

Die Maßnahmen der Bebußung und der Vorteilsabschöpfung stehen der Kartellbehörde kumulativ zur Verfügung. In der Praxis wird die Kartellbehörde eher der Bebußung zugeneigt sein, da diese für die Behörde einfacher quantifizierbar ist. Für vom BKartA verhängte Geldbußen hat der BGH bereits vor einiger Zeit Klarheit geschaffen, indem er urteilte, dass das BKartA bei einem entstandenen Mehrerlös den Bescheid inhaltlich aufteilen muss, in eine Abschöpfung und eine Buße.[60] Die Oberfinanzdirektion Koblenz geht davon aus, dass die von Organen der EU verhängten Geldbußen zumindest neben einem Ahndungs- auch einen Abschöpfungsteil enthalten. Dem Grunde nach sind damit die Kriterien für einen Betriebsausgabenabzug nach Maßgabe des § 4 Abs. 5 Nr. 8 Satz 1 und 4 EStG erfüllt. Allerdings soll dem Adressaten der Verfügung im Einzelfall die Darlegungs- und Beweislast (der Sache- und der Höhe nach) für den Abschöpfungsteil im jeweils verhängten Bußgeld obliegen.

---

57 *Eilers/Esser-Wellié/Ortmann/Schubert*, Die Unternehmensbesteuerung Ubg 2008, 661.
58 Vgl. hierzu *Eilers/Esser-Wellié/Ortmann/Schubert*, Die Unternehmensbesteuerung Ubg 2008, 661 m.w.N.
59 Für die Geldbuße der deutschen Kartellbehörden hat der BFH bereits entschieden, dass diese auch stets einen Abschöpfungsteil beinhalten und insoweit abzugsfähig sind – vgl. BFH, DStR 1999, 1518.
60 Vgl. hierzu BGH, WuW/E DE-R 1487 – *Steuerfreie Mehrerlösabschöpfung*.

G. Rechtsschutz

39 Das Verfahren der Kartellbehörde im Hinblick auf die Abschöpfung ist ein Verwaltungsverfahren. Demnach findet für die kartellbehördliche Verfügung die Regelung des § 61 GWB Anwendung. Die Vorteilsabschöpfungsverfügung der Behörde kann gemäß §§ 63 ff. GWB angefochten werden. Die Beschwerde gegen die Verfügung hat aufschiebende Wirkung. Soweit es sich um eine Verfügung des BKartA handelt, entscheidet über die Beschwerde das OLG Düsseldorf, § 63 Abs. 4 Satz 1 GWB.

§ 34a Vorteilsabschöpfung durch Verbände

(1) Wer einen Verstoß im Sinne des § 34 Absatz 1 vorsätzlich begeht und hierdurch zu Lasten einer Vielzahl von Abnehmern oder Anbietern einen wirtschaftlichen Vorteil erlangt, kann von den gemäß § 33 Absatz 2 zur Geltendmachung eines Unterlassungsanspruchs Berechtigten auf Herausgabe dieses wirtschaftlichen Vorteils an den Bundeshaushalt in Anspruch genommen werden, soweit nicht die Kartellbehörde die Abschöpfung des wirtschaftlichen Vorteils durch Verhängung einer Geldbuße, durch Verfall, durch Rückerstattung oder nach § 34 Absatz 1 anordnet.

(2) Auf den Anspruch sind Leistungen anzurechnen, die das Unternehmen auf Grund des Verstoßes erbracht hat. § 34 Absatz 2 Satz 2 gilt entsprechend.

(3) Beanspruchen mehrere Gläubiger die Vorteilsabschöpfung, gelten die §§ 428 bis 430 des Bürgerlichen Gesetzbuchs entsprechend.

(4) Die Gläubiger haben dem Bundeskartellamt über die Geltendmachung von Ansprüchen nach Absatz 1 Auskunft zu erteilen. Sie können vom Bundeskartellamt Erstattung der für die Geltendmachung des Anspruchs erforderlichen Aufwendungen verlangen, soweit sie vom Schuldner keinen Ausgleich erlangen können. Der Erstattungsanspruch ist auf die Höhe des an den Bundeshaushalt abgeführten wirtschaftlichen Vorteils beschränkt.

(5) § 33 Absatz 4 und 5 ist entsprechend anzuwenden.

Übersicht

	Rdn.		Rdn.
A. Übersicht	1	IV. Aktivlegitimation gemäß § 33 Abs. 2 GWB	14
B. Anspruchsvoraussetzungen und Rechtsfolgen	5	V. Herausgabe an den Bundeshaushalt	17
I. Vorsätzlicher Kartellverstoß	5	VI. Subsidiarität	20
1. Kartellverstoß i.S.d. § 34 Abs. 1 GWB	5	C. Anrechnung von Leistungen gemäß § 34a Abs. 2	21
2. Vorsatz	6	D. Gesamtgläubigerschaft gemäß § 34a Abs. 3	22
II. Zu Lasten einer Vielzahl von Abnehmern oder Anbietern	8	E. Auskunfts- und Erstattungspflichten gemäß § 34a Abs. 4	23
1. Vielzahl von Abnehmern oder Anbietern	9	F. Kartellbehördliche Entscheidungen sowie Verjährungshemmung gemäß § 34a Abs. 5 GWB	25
2. Zu Lasten	12		
III. Erlangung eines wirtschaftlichen Vorteils durch Kartellverstoß	13	G. Prozessuales	29

Schrifttum

Alexander, Marktsteuerung durch Abschöpfungsansprüche, JZ 2006, 890 ff.; *Glöckner*, Individualschutz und Funktionenschutz in der privaten Durchsetzung des Kartellrechts – Der Zweck heiligt die Mittel nicht; er bestimmt sie, WRP 2007, 490 ff.; *Hefermehl/Köhler/Bornkamm*, UWG, 32. Auflage 2014; *Hempel*, Privater Rechtsschutz im deutschen Kartellrecht nach der 7. GWB-Novelle, WuW 2004, 362 ff.; *Keßler*, Private Enforcement – Zur deliktsrechtlichen Aktualisierung des deutschen und europäischen Kartellrechts im Lichte des Verbraucherschutzes, WRP 2006, 1061 ff.; *Köhler*, Hoheitliche und private Rechtsdurchsetzung am Beispiel der Vorteilsabschöpfung im Kartellrecht, in: FS Schmid, 2006, S. 509 ff.; *Köhler*, Zur Kontrolle der Nachfragemacht nach dem neuen GWB und dem neuen UWG, WRP 2006, 139 ff.; *Sieme*, Die Auslegung des Begriffs »zu Lasten« in § 10 UWG und § 34a GWB, WRP 2009, 914 ff.; *Sieme*, Der Gewinnabschöpfungsanspruch nach § 10 UWG und die Vorteilsabschöpfung gem. §§ 34, 34a GWB, Diss. Münster, 2008.

A. Übersicht

1 Die Regelung des § 34a GWB wurde durch die 7. GWB-Novelle in das GWB eingefügt.[1] Der Gesetzgeber sah durch die Abschaffung des bis dahin geltenden Systems der Administrativfreistellung – zugunsten des Systems der Legalausnahme – das Risiko der Verminderung der behördlichen Kontrolldichte bei wettbewerbsbeschränkenden Verhaltensweisen.[2] § 34a GWB begründet – vergleichbar mit § 10 UWG – einen zivilrechtlichen Anspruch *sui generis*.[3] Vereinzelt wird § 34a GWB als deutsches Gegenstück zur US-amerikanischen *class action* bezeichnet.[4] Der Entwurf der Regelung des § 34a GWB wurde vor ihrem Inkrafttreten sowohl vom Bundesrat[5] als auch von Teilen der Literatur[6] abgelehnt, da sie impraktikabel und durch die Gerichte nicht vernünftig zu handhaben sei. Trotz des letztlich zu vermutenden »Leerlaufens« der Norm sei zu befürchten, dass bei Gericht aufwändige Verfahren auf Grundlage von § 34a GWB durchgeführt werden könnten.[7]

2 Die Regelung des § 34a GWB[8] ist subsidiär zu den Schadensersatzansprüchen gemäß § 33 GWB[9] und zu der behördlichen Vorteilsabschöpfung gemäß § 34 GWB.[10] Der Gesetzgeber hat § 34a GWB inhaltlich an die – für das UWG zum damaligen Zeitpunkt ebenfalls neue – Regelung des § 10 UWG ange-

---

1 Regierungsentwurf zur 7. GWB-Novelle, Begründung, BT-Drucks. 15/3640, 36.
2 Regierungsentwurf zur 7. GWB-Novelle, Begründung, BT-Drucks. 15/3640, 35.
3 S. *Sieme*, S. 200; vgl. auch *Köhler*, FS Schmidt, 509, 512.
4 *Hempel*, WuW 2004, 362, 372.
5 Stellungnahme des Bundesrates vom 9.7.2004 zum Entwurf eines Siebten Gesetzes zur Änderung des Gesetzes gegen Wettbewerbsbeschränkungen, BR-Drucks. 441/04 (Beschluss), 13.
6 *Hempel*, WuW 2004, 362 (372 ff.); *Glöckner*, WRP 2007, 490 (493) a.E.; *Alexander*, JZ 2006, 890, 892 f.
7 Stellungnahme des Bundesrates, a.a.O., S. 13.
8 Regierungsentwurf zur 7. GWB-Novelle, Begründung, BT-Drucks. 15/3640, 36.
9 Vgl. zu möglichen Schadensersatzansprüchen bereits die Ausführungen zu § 33 GWB, siehe dort Rdn. 191 und Rdn. 212 ff.
10 Vgl. hierzu die Ausführungen zu § 34 GWB.

lehnt.[11] Zudem verfolgen § 34a GWB und § 10 UWG das gleiche Ziel. Sie sollen ermöglichen, auch einen Ersatz von »Streuschäden«[12] beanspruchen zu können. Nach bisheriger Rechtslage hatten geschädigte Unternehmen kaum Anreize für die Geltendmachung kleinerer Schäden. Insoweit kann zur Auslegung des § 34a GWB Rückgriff auf die entsprechende Regelung im UWG[13] genommen werden.

Die Einführung einer Vorteilsabschöpfung durch Verbände stellt im Kartellrecht, ähnlich wie im Lauterkeitsrecht die Regelung des § 10 UWG,[14] ein Novum dar. Die Regelung des § 10 UWG ist im Kern derselben Kritik ausgesetzt wie die des § 34a GWB: Die »positive« Wirkung des § 10 UWG wird wohl – ähnlich wie die Regelung des § 34a GWB – alleine im bloßen Bestehen der Norm gesehen. Diese habe durch ihre abschreckende Wirkung auf mögliche Kartellanten rein präventiven Charakter.[15]

Das ersatzlose Wegfallen des § 131 Abs. 4 GWB a.F., wonach § 34 GWB nur auf Verstöße anzuwenden ist, die nach dem 30. Juni 2005 begangen worden sind, dürfte keine Veränderung der Rechtslage ergeben.[16]

B. Anspruchsvoraussetzungen und Rechtsfolgen

I. Vorsätzlicher Kartellverstoß

1. Kartellverstoß i.S.d. § 34 Abs. 1 GWB

Der Anspruch gemäß § 34a GWB knüpft an Verstöße i.S.d. § 34 Abs. 1 GWB an und setzt somit einen Verstoß gegen Vorschriften des GWB, gegen Art. 101 AEUV oder Art. 102 AEUV oder eine Verfügung der Kartellbehörde voraus.[17] Darüber hinaus ist auch der Verweis in § 34a Abs. 5 GWB auf die Regelungen des § 33 Abs. 4 und 5 GWB und die damit verbundene Bindung an Vorentscheidungen insbesondere Europäischer Institutionen (§ 33 Abs. 4

---

11 Gesetzentwurf der Bundesregierung vom 12.8.2004, Entwurf eines Siebten Gesetzes zur Änderung des Gesetzes gegen Wettbewerbsbeschränkungen, BT-Drucks. 15/3640, 55; *Hempel*, WuW 2004, 362, 372.
12 Vgl. zur Begrifflichkeit der Streu- und Bagatellschäden auch *Alexander*, JZ 2006, 890, 895 a.E.
13 Gesetz gegen den unlauteren Wettbewerb in der Fassung der Bekanntmachung vom 3. März 2010, BGBl. I, S. 254.
14 Vgl. *Köhler*, in: Köhler/Bornkamm, UWG, § 10 Rn. 1.
15 Ähnlich *Köhler*, in: Köhler/Bornkamm, UWG, § 10 Rn. 2.
16 *Bechtold*, GWB, § 34 Rn. 2.
17 Siehe Kommentierung zu § 34 Rdn. 7.

GWB) und der Verjährungsunterbrechung bei Einleitung von Ermittlungsverfahren durch andere Kartellbehörden (§ 33 Abs. 5 GWB) zu beachten.[18]

2. Vorsatz

6 Für die Zwecke des § 34a GWB muss der Verstoß – anders als bei § 34 GWB[19] – vorsätzlich erfolgt sein. Da es sich bei § 34a GWB um eine Vorschrift innerhalb des zivilrechtlichen Sanktionssystems[20] handelt, ist auf das Verständnis des Vorsatzbegriffs im Zivilrecht zurückzugreifen. Hiernach ist Vorsatz das Wissen und Wollen der objektiven Tatbestandsmerkmale.[21] Wie im Strafrecht umfasst der Vorsatzbegriff im Zivilrecht auch den bedingten Vorsatz. Bedingt vorsätzlich handelt, werden als möglich erkannten pflichtwidrigen Erfolg billigend in Kauf nimmt.[22] In Abgrenzung hierzu liegt lediglich bewusste Fahrlässigkeit vor, wenn der Handelnde darauf vertraut, der Schaden werde nicht eintreten.[23]

7 In der Praxis dürfte das Vorsatzerfordernis dazu führen, dass der Norm keine große praktische Relevanz zukommt. Einerseits dürfte Vorsatz nur in Fällen sog. Hardcore-Kartellverstöße vorliegen und zu beweisen sein.[24] Andererseits dürfte die Kartellbehörde bei Bekanntwerden von Hardcore-Verstößen bereits von Amts wegen auf der Grundlage des § 34 GWB tätig werden, so dass die Subsidiarität des § 34a GWB eingreift. In der Literatur wird teilweise vertreten, diese eingeschränkte praktische Bedeutung sei vom Gesetzgeber beabsichtigt, um Unternehmen vor ausufernden Belastungen durch private Klagen zu schützen.[25]

Für die Zurechnung des Verhaltens Dritter bei § 34a GWB gelten die allgemeinen zivilrechtlichen Regelungen der §§ 31, 278, 830 Abs. 2 und 831 BGB entsprechend.[26]

---

18 S.u. für Einzelheiten.
19 Vgl. hierzu die Ausführungen zu § 34 GWB.
20 BGH, Entscheidung vom 7.2.2006, GRUR Int 2007, 162, 164.
21 *Grundmann*, in: MünchKommKartR, § 276, Rn. 154 m.w.N.; BGH, NJW 1965, 962, 963.
22 *Heinrichs*, in: Palandt, § 276 Rn. 10 m.w.N.
23 *Heinrichs*, in: Palandt, § 276 Rn. 10 m.w.N.
24 Regierungsentwurf zur 7. GWB-Novelle, Begründung, BT-Drucks. 15/3640, 55; BR-Drucks. 441/04 vom 28.5.2004, 97; vgl. auch *Klose*, in: Wiedemann, Kartellrecht, § 51 Rn. 64, der davon ausgeht, dass bei Hardcore-Verstößen der Vorsatz evident ist.
25 *Köhler*, in: FS Schmidt, 2006, 509, 515.
26 *Sieme*, S. 214.

II. Zu Lasten einer Vielzahl von Abnehmern oder Anbietern

Der (vorsätzliche) Kartellverstoß muss zu Lasten einer Vielzahl von Abnehmern oder Anbietern begangen worden sein. Die Vorschrift zielt auf Masse- bzw. Streuschäden mit »Breitenwirkung«. Es geht um Fallkonstellation, in denen der Kartellbeteiligte durch kartellrechtswidriges Verhalten zulasten einer Vielzahl von Marktteilnehmern einen Vorteil erzielt hat, die Schadenshöhe bei jedem einzelnen Marktteilnehmer jedoch gering ist.[27] Bleibt der Schaden im Bagatellbereich, sieht der Betroffene regelmäßig von einer Rechtsverfolgung ab, weil der Aufwand und die Kosten hierfür in keinem Verhältnis zum Umfang seines Schadens stehen.[28]

1. Vielzahl von Abnehmern oder Anbietern

Abnehmer i.S.d. § 34a GWB sollen nach der Gesetzesbegründung nicht nur die unmittelbaren, sondern vielmehr alle potenziell geschädigten Abnehmer bis hin zum Endabnehmer sein.[29] Bei den von § 34a GWB ebenfalls erfassten Anbietern soll es sich um alle Anbieter auf vorgelagerten Marktstufen bis hin zum Hersteller von Vormaterial handeln.[30] Der Begriff des Abnehmers bzw. Anbieters ist im Falle von § 34a GWB also deutlich weiter als nach dem in der Vergangenheit teilweise geäußerten engeren Verständnis des § 33 GWB. Dies ist in Anbetracht des Gesetzeszwecks zu verstehen, dem zufolge § 34a GWB gerade der Vorteilsabschöpfung im Zusammenhang mit Streuschäden dient.

Ab wann es sich jedoch um eine Vielzahl von Abnehmern i.S.d. § 34a Abs. 1 GWB handelt, ist im Gesetz nicht geregelt. In der Literatur wird teilweise vorgeschlagen, analog zur Kontrolle von Allgemeinen Geschäftsbedingungen nach Maßgabe der §§ 305 ff. BGB die kritische Masse bereits bei drei bis fünf Abnehmern bzw. Anbietern anzusetzen.[31] Nach anderer Ansicht genügt es, wenn sich der Verstoß nicht gezielt gegen einzelne Abnehmer oder Nachfrager richtet, sondern die Betroffenen als Repräsentanten der Marktgegenseite

---

27 Regierungsentwurf zur 7. GWB-Novelle, Begründung, BT-Drucks. 15/3640, 36.
28 BT-Drucks. 15/3640, a.a.O.
29 Regierungsentwurf zur 7. GWB-Novelle, Begründung, BT-Drucks. 15/3640, 56; *Bornkamm*, in: Langen/Bunte, § 34a Rn. 13.
30 Vgl. *Rehbinder*, in: Loewenheim/Meessen/Riesenkampff, § 34a Rn. 4; *Emmerich*, in: Immenga/Mestmäcker, § 34a, Rn. 12; *Bornkamm*, in: Langen/Bunte, § 34a, Rn. 13; *Sieme*, S. 213.
31 *Köhler*, in: FS Schmidt, 2006, 509, 516; *Sieme*, S. 211; vgl. zur zivilrechtlichen AGB-Beurteilung u.a.: *Grüneberg*, in: Palandt, § 305 Rn. 9 m.w.N.

erfasst.³² Ferner wird vorgeschlagen, dass die untere Grenze bei 15 bis 30 Betroffenen liegen³³ oder zumindest eine nicht individualisierbare größere Anzahl von Geschädigten bestehen solle.³⁴

11   Der letztgenannten Ansicht ist zuzustimmen: Ziel des § 34a GWB ist es, auch bei Streuschäden mit Breitenwirkung die Kartellrendite nicht beim Kartellanten zu belassen. § 34a GWB ist jedoch subsidiär zu Schadensersatzansprüchen nach § 33 GWB und zur Vorteilsabschöpfung nach § 34 GWB. § 34a GWB kann daher nur bei Bestehen einer entsprechenden Breitenwirkung eingreifen, die erst bei einer hohen Anzahl von Betroffenen vorliegen kann. Demnach ist eine nicht individualisierbare größere Anzahl von Betroffenen erforderlich, um vom Vorliegen einer Breitenwirkung sprechen zu können.

2. Zu Lasten

12   § 34a GWB setzt einen wirtschaftlichen Vorteil zu Lasten einer Vielzahl von Abnehmern oder Anbietern voraus.³⁵ Dies erfordert eine wirtschaftliche Schlechterstellung, die nur dann besteht, wenn auch von der Entstehung eines zivilrechtlichen Schadens zulasten des Abnehmers bzw. Anbieters gesprochen werden könnte.³⁶ Dies setzt insbesondere ein unangemessenes Auseinanderfallen von Preis und Leistung voraus, das nach allgemeinen zivilrechtlichen Grundsätzen vom Anspruchsinhaber dargelegt und ggf. bewiesen werden muss.³⁷ Wäre mit dem Kartellverstoß die Lage für den Abnehmer bzw. Anbieter die gleiche wie (hypothetisch) ohne Kartellverstoß, so kommen – ganz abgesehen von der Frage der Anspruchsberechtigung gemäß § 33 Abs. 3 GWB – zivilrechtliche Schadensersatzansprüche nicht in Betracht; es besteht dann keine wirtschaftliche Schlechterstellung der Abnehmer bzw. Anbieter und damit keine Grundlage für eine Vorteilsherausgabe.

III. Erlangung eines wirtschaftlichen Vorteils durch Kartellverstoß

13   Durch den Kartellverstoß muss ein wirtschaftlicher Vorteil erlangt worden sein. Für die Quantifizierung des wirtschaftlichen Vorteils gilt der allgemeine

---

32 *Rehbinder*, in: Loewenheim/Meessen/Riesenkampff, § 34a Rn. 4; unter Bezugnahme auf *Emmerich*, in: Immenga/Mestmäcker, § 34a Rn. 12 und die korrespondierende Literatur zu § 10 UWG.
33 *Mäsch*, in: Praxiskommentar zum deutschen und europäischen Kartellrecht, § 34a Rn. 8.
34 *Bechtold*, GWB, § 34a Rn. 4.
35 Vgl. zum Meinungsstand im Hinblick auf § 10 UWG: *Sieme*, WRP 2009, 914 m.w.N.
36 *Sieme*, WRP 2009, 914, 921.
37 Vgl. hierzu *Emmerich*, in: Immenga/Mestmäcker, § 34a Rn. 14 f. auch zu den damit verbundenen Schwierigkeiten bei der Durchsetzung entsprechender Ansprüche.

zivilrechtliche Saldierungsgrundsatz.[38] Demnach besteht der wirtschaftliche Vorteil des Kartellbeteiligten in der Differenz zwischen der hypothetischen Vermögenslage ohne den Kartellverstoß im Vergleich zu der tatsächlichen Vermögenslage, die aufgrund des Kartellverstoßes tatsächlich entstanden ist.[39]

IV. Aktivlegitimation gemäß § 33 Abs. 2 GWB

Den Anspruch auf Vorteilsherausgabe können die gemäß § 33 Abs. 2 GWB zur Geltendmachung eines Unterlassungsanspruchs Berechtigten geltend machen. Aktivlegitimiert sind gemäß Abs. 2 Nr. 1 »rechtsfähige Verbände zur Förderung gewerblicher oder selbständiger beruflicher Interessen, wenn ihnen eine erhebliche Zahl von betroffenen Unternehmen im Sinne des Absatzes 1 Satz 3 angehören und sie insbesondere nach ihrer personellen, sachlichen und finanziellen Ausstattung imstande sind, ihre satzungsmäßigen Aufgaben der Verfolgung gewerblicher oder selbstständiger beruflicher Interessen tatsächlich wahrzunehmen.« Diese Umschreibung entsprach ursprünglich der Regelung in § 8 Abs. 3 Nr. 2 UWG. 14

Gemäß § 34a Abs. 1 GWB sind somit (lediglich) solche Verbände, denen Mitbewerber des kartellrechtswidrig handelnden Unternehmens angehören und deren Interessen vom Kartellverstoß berührt sind, aktivlegitimiert. Dies bedeutet mit anderen Worten, dass Verbände, denen (nur) Unternehmen angehören, die zum Kreis der Abnehmer oder Anbieter (Marktpartner) gehören, nicht anspruchsberechtigt sind. Dies erscheint wenig konsequent, könnten doch die Interessen ihrer Mitgliedsunternehmen in gleichem Maße wie bei den Verbänden der Mitbewerber berührt sein.[40] 15

Darüber hinaus sind aufgrund der Änderung des § 33 Abs. 2 GWB infolge der 8. GWB-Novelle nunmehr auch sog. qualifizierte Einrichtungen (z.B. Verbraucherverbände) i.S.d. § 8 Abs. 3 Nr. 3 UWG aktivlegitimiert.[41] 16

V. Herausgabe an den Bundeshaushalt

Der abgeschöpfte Vorteil fließt nicht dem Vermögen des die Herausgabe beanspruchenden Verbandes zu, sondern dem Bundeshaushalt. Anspruch und Klage sind auf Zahlung unmittelbar an den Bundeshaushalt gerichtet. 17

---

38 Vgl. Regierungsentwurf zur 7. GWB-Novelle, Begründung, BT-Drucks. 15/3640, 55; *Bechtold*, GWB, § 34 Rn. 4; *Rehbinder*, in: Loewenheim/Meessen/Riesenkampff, § 34 Rn. 3 m.w.N.
39 Vgl. § 34 Rdn. 13 ff., auch zu der damit verbundenen Nachweisproblematik.
40 So auch: *Köhler*, in: FS Schmidt, 509, 513.
41 Vgl. hierzu die Kommentierung zu § 33 Rdn. 174 ff.

18 Die Herausgabe des wirtschaftlichen Vorteils an den Bundeshaushalt war zentraler Kritikpunkt des Bundesrates an der Regelung des § 34a GWB. Die Vorschrift laufe praktisch leer, wenn im Falle des Obsiegens des klagenden Verbandes die abgeschöpften Vorteile an den Bundeshaushalt abgeführt werden müssten, der Verband hingegen für den Fall des Unterliegens das volle Kostenrisiko trage.[42] Aus Sicht der Praxis fehlt es an wirtschaftlichen Anreizen für die Verbände, von der Möglichkeit des § 34a GWB Gebrauch zu machen.[43] Auch der Erstattungsanspruch gemäß § 34a Abs. 4 GWB schaffe wenig Anreiz, die Vorteilsherausgabe im Sinne des Wettbewerbsschutzes zu einem effektiven Verbände-Instrumentarium zu machen.[44] Auf der anderen Seite wird so dem Aufkommen von Verbänden vorgebeugt, die nur zum Zwecke der Einnahmeerzielung gegründet werden.[45] Bisher ist – soweit ersichtlich – noch kein Verband auf Grundlage des § 34a GWB vorgegangen. Im Zeitraum 2007/2008 gab es insgesamt nur ein Verfahren der Vorteilsabschöpfung durch das BKartA.[46]

19 Aus dem Regelungszusammenhang des § 34a Abs. 4 Satz 1 und 2 GWB ergibt sich, dass das BKartA für den Empfang der Zahlung zuständig ist.[47]

VI. Subsidiarität

20 Die Vorteilsabschöpfung ist ausgeschlossen, soweit die Kartellbehörde die Abschöpfung des wirtschaftlichen Vorteils durch die Verhängung einer Geldbuße, durch Verfall oder nach § 34 Abs. 1 GWB anordnet oder das Unternehmen bereits Schadensersatzleistungen erbracht hat. Damit hat die Möglichkeit der Vorteilsabschöpfung durch die Kartellbehörden Vorrang vor der Vorteilsabschöpfung durch die Verbände gemäß § 34a GWB. Der Verband, der die Forderung einer Vorteilsherausgabe nach Maßgabe des § 34a GWB erwägt, sollte sich hierüber zuvor mit dem BKartA verständigen, um zu klären, ob das BKartA ebenfalls eine »Abschöpfung« plant. Denn für diesen Fall liefe der Verband Gefahr, dass seine Klage – falls er nicht die Hauptsache für erledigt erklärt – schon aus diesem Grund als unbegründet abgewiesen wird.[48] Erst nach rechtskräftigem Abschluss des Abschöpfungsverfahrens des Ver-

---

42 Stellungnahme des Bundesrates vom 9.7.2004 zum Entwurf eines Siebten Gesetzes zur Änderung des Gesetzes gegen Wettbewerbsbeschränkungen, BR-Drucks. 441/04 (Beschluss), 13.
43 So auch: *Alexander*, JZ 2006, 890, 895.
44 Vgl. auch die *Kommentierung* unter Rdn. 23.
45 So auch: Regierungsentwurf zur 7. GWB-Novelle, Begründung, BT-Drucks. 15/3640, 36.
46 Vgl. TB 2007/2008, BT-Drucks. 16/13500, 187.
47 So auch: *Emmerich*, in: Immenga/Mestmäcker, § 34a Rn. 1.
48 Vgl. *Bechtold*, GWB, § 34a Rn. 6 a.E.; *Köhler*, in: FS Schmidt, 2006, 509, 518.

bandes ist die Kartellbehörde mit der Vorteilsabschöpfung gemäß § 34 GWB in Höhe des durch den Verband konkret abgeschöpften Vorteils präkludiert.[49] Im Rahmen der 8. GWB-Novelle hat der Gesetzgeber in Anlehnung an den neu eingeführten § 32 Abs. 2a GWB konsequenterweise den Abs. 2 insoweit ergänzt, als dass auch bei einer angeordneten Rückerstattung des wirtschaftlichen Vorteils durch die Kartellbehörde eine Vorteilsabschöpfung i.S.d. Abs. 1 unterbleibt.[50]

C. Anrechnung von Leistungen gemäß § 34a Abs. 2

Gemäß § 34a Abs. 2 Satz 1 GWB sind gegenüber dem Anspruch auf Vorteilsherausgabe solche Leistungen anzurechnen, die das Unternehmen auf Grund des Verstoßes erbracht hat. Wie bei § 34 Abs. 2 Satz 1 Alt. 1 GWB sind hiervon jedenfalls individuelle Schadensersatzansprüche gemäß § 33 Abs. 3 GWB erfasst.[51] Entsprechend sind auch Ansprüche aus §§ 823 Abs. 2, 826 BGB sowie vertragliche Schadensersatzansprüche in Anrechnung zu bringen.[52] Ebenfalls zu berücksichtigen sind Nacherfüllungs-, Rückgewähr-, Minderungs- und Bereicherungsansprüche.[53] Nicht abzugsfähig wären hingegen Ausgleichzahlungen des Schuldners an einen Wirtschaftsverband, damit dieser die Geltendmachung des Abschöpfungsanspruchs unterlässt.[54] Auch die im Zusammenhang mit der Zuwiderhandlung vom Schädiger aufgebrachten Kosten für Rechtsstreitigkeiten sind nicht erfasst, um dem Kartellbeteiligten keine Anreize für einen kostenträchtigen Prozess zu geben.[55] Steuern (Umsatz-, Lohn-, Einkommens-, Körperschafts- und Gewerbesteuer) sind hingegen – ebenso wie bei § 34 GWB – voll abzugsfähig.[56]

21

D. Gesamtgläubigerschaft gemäß § 34a Abs. 3

Gemäß § 34a Abs. 3 GWB gelten die §§ 428 bis 430 BGB entsprechend. Daher sind mehrere Verbände als Gesamtgläubiger i.S.d. § 428 Satz 1 BGB zu qualifizieren. Die Ansprüche aller Verbände erlöschen allerdings dann, wenn das Unternehmen den wirtschaftlichen Vorteil an den Bundeshaushalt abgeführt hat.[57]

22

---

49 Vgl. auch: *Bechtold*, GWB, § 34a Rn. 6 a.E.
50 Vgl. hierzu die *Kommentierung* zu § 32 Rdn. 3.
51 Regierungsentwurf zur 7. GWB-Novelle, Begründung, BT-Drucks. 15/3640, 55.
52 Vgl. *Sieme*, S. 222.
53 So auch *Sieme*, S. 222.
54 Vgl. auch: *Köhler*, in: FS Schmidt, 509, 518 f.
55 Regierungsentwurf zur 7. GWB-Novelle, Begründung, BT-Drucks. 15/3640, 56.
56 Vgl. auch: *Sieme*, S. 225.
57 Siehe *Emmerich*, in: Immenga/Mestmäcker, § 34a Rn. 26.

E. Auskunfts- und Erstattungspflichten gemäß § 34a Abs. 4

23 Gemäß § 34a Abs. 4 Satz 1 GWB haben die Gläubiger der Kartellbehörde über die Geltendmachung von Ansprüchen nach § 34a Abs. 1 GWB Auskunft zu erteilen, damit diese Klarheit hat, von wem, wann und wie der Anspruch aus § 34a GWB geltend gemacht wird. Dies soll die Behörde bei der Entscheidung stützen, ob sie ihrerseits noch ein Verfahren nach § 34 GWB einleiten oder sich gemäß § 90 GWB in das zivilgerichtliche Verfahren einschalten möchte.[58] Die »Anhörung« der Kartellbehörde ist deswegen wichtig, weil die Parteien aufgrund der Dispositionsmaxime das Zivilverfahren bestimmen, mithin Herr darüber sind, in welcher Höhe sie Ansprüche gegenüber den Kartellanten gerichtlich geltend machen, oder ob sie das Verfahren einvernehmlich beenden, indem sie sich beispielsweise vergleichen. Nicht ausgeschlossen ist auch, dass sich der Verband den Anspruch »abkaufen« lässt.[59] Für den Fall, dass verbandsseitig nicht (mehr) der gesamte wirtschaftliche Vorteil abgeschöpft werden soll (das Gericht darf nicht mehr zusprechen als beantragt, § 308 Abs. 1 ZPO), kann sich die Kartellbehörde einschalten und darum bemühen, den verbliebenen und damit noch nicht herausgegebenen »Rest« des wirtschaftlichen Vorteils abzuschöpfen. Auch wenn das zivilrechtliche Verfahren rechtskräftig abgeschlossen wurde, besteht für die Kartellbehörde daher die Möglichkeit, einen etwaig noch verbliebenen wirtschaftlichen Vorteil abzuschöpfen. Die Rechtskraft der zivilgerichtlichen Entscheidung erstreckt sich insoweit nicht auf das kartellverwaltungsrechtliche Abschöpfungsverfahren.

24 Nach § 34a Abs. 4 Satz 2 GWB besteht ein subsidiärer Aufwendungsersatzanspruch gegenüber dem BKartA, soweit die Verbände vom Schuldner keinen Ausgleich erlangen können. Entsprechend § 10 Abs. 4 Satz 3 UWG ist der Erstattungsanspruch gemäß § 34a Abs. 4 Satz 3 GWB jedoch auf die Höhe des an den Bundeshaushalt abgeführten Vorteils beschränkt, da andernfalls die Geltendmachung von Ansprüchen nach § 34a GWB durch Verbände und Einrichtungen zu einer finanziellen Belastung des Bundeshaushalts führen würde.[60]

F. Kartellbehördliche Entscheidungen sowie Verjährungshemmung gemäß § 34a Abs. 5 GWB

25 Nach § 34a Abs. 5 GWB sind die §§ 33 Abs. 4 und Abs. 5 GWB entsprechend anzuwenden.

---

58 *Köhler*, in: FS Schmidt, 509, 518.
59 *Köhler*, in: FS Schmidt, 509, 518.
60 Regierungsentwurf zur 7. GWB-Novelle, Begründung, BT-Drucks. 15/3640, 56.

Gemäß § 33 Abs. 4 GWB ist ein Gericht an eine bestandskräftige Entscheidung einer Kartellbehörde gebunden, wenn darin ein Verstoß gegen eine Vorschrift des GWB oder die Art. 101, 102 AEUV festgestellt wurde.[61] 26

Gemäß § 33 Abs. 5 GWB wird die Verjährung eines Schadensersatzanspruchs dadurch gehemmt, dass die Kartellbehörde ein Verfahren wegen des Kartellverstoßes einleitet, wobei die Regelung des § 204 Abs. 2 BGB entsprechend gilt. Nach § 204 Abs. 2 Satz 1 BGB endet die Verjährungshemmung sechs Monate nach der rechtskräftigen Entscheidung oder anderweitigen Beendigung des eingeleiteten Verfahrens. Bei Stillstand des Verfahrens durch Nichtbetreiben tritt gemäß § 204 Abs. 2 Satz 2 BGB an die Stelle der Beendigung des Verfahrens die letzte Verfahrenshandlung der Parteien. Nach § 204 Abs. 2 Satz 3 BGB beginnt die Verjährungshemmung erneut, wenn eine der Parteien das Verfahren weiter betreibt. 27

Grundsätzlich gilt die regelmäßige Verjährungsfrist von drei Jahren nach §§ 195, 199 Abs. 1 und Abs. 4 BGB.[62] Es darf jedoch angezweifelt werden, dass die Regelung des § 34a Abs. 5 GWB im Hinblick auf eine mögliche Verjährungsunterbrechung praktisch überhaupt Anwendung findet, da davon auszugehen ist, dass die Behörde bei einem vorausgehenden Untersagungsverfahren die eigenen Abschöpfungsinstrumente – z.B. die Abschöpfung als Teil der Gesamtgeldbuße – anwenden wird, soweit sie erfolgversprechend sind.[63] 28

G. Prozessuales

Bei der Geltendmachung eines Vorteilsabschöpfungsanspruchs gemäß § 34a GWB handelt es sich um eine zivilrechtliche Streitigkeit, wonach die sachliche Zuständigkeit der Landgerichte gemäß §§ 87 GWB, 71 Abs. 1 GVG gegeben ist. Aufgrund des Sachzusammenhangs mit dem Kartellverstoß, der als unerlaubte Handlung i.S.d. § 32 ZPO zu qualifizieren ist, gilt dessen Regelung zur örtlichen Zuständigkeit auch bei der Geltendmachung eines Anspruchs aus § 34a GWB. 29

---

61 Vgl. die *Kommentierung* zu § 33 Rdn. 266 ff.
62 *Bornkamm*, in: Langen/Bunte, § 34a Rn. 23.
63 So auch: *Sieme*, S. 232.

Stichwortverzeichnis

Die **halbfett** gedruckten Zahlen verweisen auf die Paragraphen, die gewöhnlich gedruckten Zahlen auf die Randnummern.

Abgaben
- Agrarrecht **28** 425
- Bereinigung, Wasserwirtschaft **31** 53 f.

Abgabengesetz, öffentlich-rechtliches
- Verhältnis Kartellrecht **Einl. 31–31b** 30 ff.

Abgestimmte Verhaltensweisen
- Abgrenzung Vereinbarung **1** 155
- Abstimmung **1** 170 *siehe auch dort*
- Abstimmung über den Markt **1** 199 ff.
- abstimmungsgemäßes Marktverhalten **1** 170, 197 ff.
- Abstimmungsverbot **1** 197
- Allgemeinverbindlichkeitserklärung einer Agrarorganisation für Nichtmitglieder **28** 193 f.
- Auffangtatbestand **1** 170
- Auslegungsspielraum **1** 136
- Bedeutung im Inland **1** 169
- Begriff **1** 169, 172 ff.
- Branchenverbände **28** 198
- Darlegungs- und Beweislast **1** 202 ff.
- Dauerdelikt **1** 170
- einseitige Handlungen **1** 136
- Erfolgsqualifikation **1** 170
- Erzeugerbetriebsvorbehalt **28** 209 ff., 286
- europäische Praxis **1** 169
- GMO Fisch **28** 205
- Historie **1** 11, 167 f.
- Informationsaustausch **1** 491
- Mittelstandskartelle **3** 19, 29 ff.
- Parallelverhalten **1** 199 ff.
- passive Teilnahme **1** 177
- Pressemitteilung **1** 181
- Rechtsprechung, Silostellgebühren I **1** 169
- Schadensersatz **1** 403
- Überblick **1** 167 f.
- Unterlassungsanspruch **1** 403
- Ursächlichkeit der Abstimmung **1** 197 f.
- vertikale Verhältnisse **1** 196
- widerlegbare Vermutung **1** 198
- Widerspruch zu Protokoll **1** 177
- Zulässigkeitskriterien einer Preisankündigung **1** 189
- Zweigliedrigkeit des Tatbestandes **1** 170

Abgrenzungsvereinbarung *siehe Vorrechts- und Abgrenzungsvereinbarung*

Abhängigkeit
- Erscheinungsformen **20** 13 ff.
- individuell-konkrete Prüfung, unternehmensbedingte ~ **20** 22
- knappheitsbedingte ~ **20** 23
- Kundenerwartung **20** 14
- langfristig angelegte Absatzmittlungsverhältnisse **20** 20
- Markenwaren **20** 14
- nachfragebedingte ~ **20** 24
- Naturkatastrophe **20** 23
- Repartierung bei knappheitsbedingter ~ **20** 23
- Sondervergünstigungen **20** 25 f.
- sortimentsbedingte ~ **20** 14 ff.
- Spitzengruppenabhängigkeit **20** 17 ff.
- Spitzenstellungsabhängigkeit **20** 15 f.

- Streik 20 23
- Überblick 20 13
- Unternehmen mit relativer/überlegener Marktmacht 20 9 ff.
- unternehmensbedingte ~ 20 20 ff.
- Ursachen 20 13

Abhängigkeitsvermutung
- gleichartige Unternehmen 20 26
- Unternehmen mit relativer/überlegener Marktmacht 20 25 ff.
- Verkehrsüblichkeit von Preisnachlässen und Leistungsentgelten 20 26
- Widerlegung der Vermutung 20 27

Abkauf von Wettbewerb 1 282, 358

Ablehnung der Aufnahme in Verbände 20 49 f.

Absatzkartell 3 13
- Definition des Marktes 3 178 ff.
- Mittelstandskartelle 3 148
- Wettbewerbsbeeinträchtigung 3 152

Absatzmarkt, Zugang 18 65

Absatzmittler
- Abschluss im eigenen/im fremden Namen 1 306
- Franchiseverträge 1 322 ff.
- Handelsvertreter 1 307 ff.
- Kommissionäre 1 320 f.
- Überblick 1 306
- Weisungsrechte des Geschäftsherrn 1 306

Absatzmittlungssystem 19 64

Absatzvereinbarungen 28 293

Absatzzahlen
- Offenlegung 1 584

Abschreckungseffekt
- künftige Wettbewerbsverstöße Vor 32 7

Abschreibungsverbot unter Null 29 9

Abstellung und nachträgliche Feststellung von Zuwiderhandlungen 32 1 ff.

- Anforderungen an Bestimmtheit 32 55 ff.
- Anforderungen an Verhältnismäßigkeit 32 59 ff.
- Angemessenheit 32 64 ff.
- Anwendbarkeit allgemeinen Verwaltungsrechts 32 5
- Aufgreifermessen 32 75
- Aufklärung von Marktteilnehmern 32 40
- Befristungsmöglichkeit 32 66
- Befugnisse der Kartellbehörden, Sanktionen 32 6
- Behördenuntätigkeit 32 80
- Einschreiten bei Vorbereitungshandlungen 32 12
- Entscheidungspflicht 32 79 f.
- Entstehungsgeschichte 32 3
- Erstattung von Vorteilen 32 43 ff.
- Feststellung, Untersagung und Entfernung 32 30
- Gebotsverfügung 32 18 ff. *siehe auch dort*
- gesellschaftsrechtliche Änderungen 32 36 ff.
- grenzüberschreitender Kontext 32 74
- Grundgedanken der Regelung 32 1
- kein Vertrauensschutz bei Untätigkeit 32 85
- Kernfragen 32 6
- Konkurrenzen 32 82
- nachträgliche Feststellung 32 51 ff.
- praktische Bedeutung 32 2
- rechtliche Einordnung 32 4 f.
- Rechtsfolgen 32 69 ff.
- Rechtsfolgen bei nichtvollständiger Anmeldung 32 59 ff.
- Rechtsmittel gegen Verfügungen 32 50
- Rechtsschutz 32 83
- Selbstverpflichtungserklärung 32 17

- Struktur der Norm **32** 7 ff.
- Tätigwerden auf Beschwerde **32** 76
- Tätigwerden von Amts wegen **32** 77 f.
- Untersagungsverfügung **32** 69
- Verfahren **32** 73 ff.
- Verfahrensgebühr **32** 72
- Verfassungsrecht **32** 54 ff.
- Vergleich zur europäischen Regelung **32** 4
- Verhältnismäßigkeit im engeren Sinne **32** 64 ff.
- Vertragsgestaltung **32** 29 ff.
- Vertriebs- und Beschaffungssysteme **32** 34 f.
- Wiederholungsgefahr **32** 53
- Zivilrecht **32** 71
- Zugang zu wesentlichen Einrichtungen **32** 41
- Zuwiderhandlung **32** 8

Abstellungsverfügung
- Begehungsgefahr **32** 11
- Ermächtigung für kartellrechtliches Vorgehen **31b** 21
- Inhalt **32** 8
- kartellrechtliche Verfügung **31b** 20
- Kartellrechtsverstoß des Anspruchsgegners **33** 51
- positive/negative Tenorierung **32** 1
- Rechtsmittel **31b** 23
- Vorteilsabschöpfung **34** 4
- Wirkung **31b** 23
- Zeitpunkt der Kartellrechtswidrigkeit **32** 9 f.

Abstimmung
- Abgrenzung Vereinbarung **1** 173
- allgemeiner Informationsaustausch **1** 179 f.
- Begriff **1** 172 ff.
- Beseitigung wettbewerblicher Risiken **1** 173
- Distanzierungsformen **1** 178
- durch Dritte **1** 190
- einseitige Maßnahmen **1** 172
- europäische Praxis bei Zusammenkünften **1** 176
- gemeinsame Sitzungen/Zusammenkünfte **1** 176 ff.
- generische Kundenschreiben **1** 187
- Kartellwächter **1** 190
- öffentliche Ankündigung **1** 181 ff.
- Selbständigkeitspostulat **1** 172
- Signalling **1** 181 ff.
- sonstige Fälle **1** 190
- Verbandstreffen **1** 176 ff.
- Verhaltensabstimmung **1** 196
- Verlassen der Sitzung **1** 178
- vermittelte Abstimmung **1** 190
- vertikale Verhältnisse **1** 196
- Widerspruch zu Protokoll **1** 177

Abstimmungsgemäßes Marktverhalten
- Abstimmung über den Markt **1** 199 ff.
- Maßstäbe der Rechtsprechung **1** 197 f.
- Oligopol **1** 201
- Parallelverhalten **1** 199 ff.

Abwehr einer rechtswidrigen Maßnahme 21 19 f.

Abwerbeverbot
- Gesellschaftsrecht **1** 302 f.
- Grundsatz der Abwerbefreiheit **1** 302
- Nebenbestimmung zum Hauptvertrag **1** 303
- zeitliche Angemessenheit **1** 303

Administrativfreistellung
- Vorteilsabschöpfung durch Verbände **34a** 1

AEUV
- Abgrenzung AEUV und nationale Regelungen **1** 23 ff.

Aggregation von Daten
- Ausgestaltung von MIV **1** 502

Agrarkartellrecht der USA 28 44 ff.

1565

Agrarmarktstrukturgesetz 28 9
- Entwicklungsgeschichte 28 389
- Ersetzung des Durchführungsrechts zum MarktStrG 28 391
- Freistellung vom Kartellverbot für anerkannte Agrarorganisationen 28 392
- Übergangsbestimmung 28 396
- Verbot des Wettbewerbsausschlusses 28 394
- Verhältnis zu § 28 28 389 ff.
- Verordnungsermächtigungen 28 393
- Weiterführung des Grundgedankens des MarktStrG 28 389
- Widerruf einer Anerkennung 28 395

Agrarmarktvorbehalt
- allgemeiner ~ des Art. 175 VO (EG) Nr. 1234/2007 28 165
- Anwendung des Kartellrechts auf den Agrarbereich 28 148
- Entwicklung 28 144 ff.
- Erörterung abweichender Literatur 28 153 ff.
- EuGH-Rechtsprechung 28 166
- Freistellungen 28 150
- implizite Freistellungen 28 150 f.
- in Kraft setzen von gemeinsamen Marktorganisationen 28 144 ff.
- Verordnung (EG) Nr. 1184/2006 28 147
- Zusammenführung der einzelnen GMOen 28 146

Agrarorganisation *siehe Erzeugergemeinschaft*

Alleinauslieferung
- Presseerzeugnis 30 5

Alleinmarktbeherrschung, Gas
- Marktabgrenzung 29 27

Alleinvertreterklausel 1 318

Allgemeine Geschäftsbedingungen
- Normenvereinbarungen 1 528
- Standardbedingungen 1 537

- Wettbewerbsbeschränkung 1 145

Allgemeinverbindlichkeitserklärung
- Agrarorganisationen 28 193, 197
- Befristung 28 193
- Branchenverbände 28 207
- EuGH-Rechtsprechung 28 194
- Inhalt 28 194
- Sortierung, Kennzeichnung und Verpackung 28 341
- Veröffentlichung 28 194

Amtsermittlungsgrundsatz
- Kartellverwaltungsverfahren 29 70

Amtshaftung
- Grenzen der Öffentlichkeitsarbeit der Kartellbehörde **Vor 32** 25 f.

Anbieter
- Versorgungsunternehmen 29 13

Anbieterbehinderung 19 114

Anerkennung, Wettbewerbsregeln
- Anspruch auf Anerkennung 26 5
- Aufhebung der Anerkennung 26 23 ff.
- Beweislast 26 9
- Bindungswirkungen 26 11 ff.
- Entscheidung über die Anerkennung 26 5 ff.
- Entwicklungsgeschichte 26 2 ff.
- keine Allgemeinverbindlichkeitserklärung 26 16
- mittelbare Wirkungen 26 16 ff.
- nachträgliche neue Erkenntnisse 26 12
- Nebenbestimmungen, Bedingung oder Auflage 26 15
- Prüfungsintensität 26 8
- Rechtsfolgen 26 10 ff.
- Rechtsschutz 26 27 ff.
- Rücknahme-/Widerrufsverpflichtung 26 13
- Teilanerkennung 26 14
- Überblick 26 1 ff.
- Übergangsvorschrift des § 131 a.F. 26 30 f.

- Untätigkeitsentscheidung **26** 10
- Verbindlichkeitsvereinbarung **26** 17 ff.
- Verpflichtung der Kartellbehörde **26** 5
- Voraussetzungen **26** 6 f.
- zu beachtende Rechtsvorschriften **26** 6

Anerkennungsantrag, Wettbewerbsregeln
- Abschaffung des Eintragungsverfahrens **24** 13
- Anerkennungsverfahren **24** 55
- Angaben zum Betroffenenkreis **24** 54
- Antragsberechtigung **24** 59
- Antragsgegenstand **24** 60 ff.
- Antragsteller **24** 54
- Entstehung der Vorschrift **24** 7 f.
- Erweiterung des Anwendungsbereichs **24** 9
- Inhalt des Antrages **24** 63
- Inhalt und Umfang des Antrages **24** 54
- Konsolidierung der Anwendungspraxis **24** 10 ff.
- öffentliche mündliche Verhandlung **25** 11 f.
- Systemwechsel durch die 7. GWB-Novelle **24** 16 f.
- Überblick **24** 1 ff.
- unverbindliche Empfehlungen **24** 60
- Wahrheitspflicht **24** 65
- zuständige Behörde **24** 57 f.

Anerkennungsverfahren, Wettbewerbsregeln
- Außerkraftsetzen anerkannter Regeln **24** 62
- besonderes Anhörungsverfahren **25** 1 *siehe Anhörungsverfahren*
- Gespräche/Vorgespräche mit Behördenvertreter **24** 64
- rechtliches Gehör **24** 55

- Stellungnahme Dritter **25** 1 ff.
- Verfahrensabschluss **24** 55

Anfechtung
- Vorteilsabschöpfungsverfügung **34** 39

Angebotsmarkt
- Bedarfsmarktkonzept **18** 13 ff.
- Marktabgrenzung **18** 8 f.
- räumlich relevanter Markt **18** 34 ff.
- sachlich relevanter Markt **18** 12 ff.

Angebotsumstellungsflexibilität **18** 29

Anhang I des AEUV **28** 426

Anhörungsverfahren
- Bekanntmachungen **25** 7 ff.
- Form der Stellungnahme **25** 6
- Frist zur Stellungnahme **25** 9
- Grundsatz der Öffentlichkeit **25** 3
- keine Beteiligtenstellung **25** 10
- öffentliche mündliche Verhandlung **25** 11 f.
- Teilnameberechtigte **25** 1, 4
- Verbraucherzentralen, Verbraucherverbände **25** 1, 5

Anlagenauslastung
- Wasserwirtschaft **31** 59

Anmeldepflicht **28** 120

Anordnung
- einstweilige Maßnahmen **32a** 18

Anscheinsbeweis
- Wettbewerbsbeschränkung **1** 203

Anspruchsgegner/Passivlegitimation
- Unterlassung/Schadensersatz **33** 59 ff.

Anwaltskammer
- Unternehmensvereinigung **1** 127

Anwendung europäischen Wettbewerbsrechts
- Anwendungsvorrang **22** 30
- Ausnahme für einseitig wettbewerbsbeschränkendes Verhalten **22** 31 ff.

1567

- Ausnahmetatbestände 22 42 ff.
- eigener Anwendungsbereich von § 22 GWB 22 1
- Folgen eines Verstoßes gegen § 22 GWB 22 56
- keine Anwendung nationalen Rechts 22 55
- keine Freistellung von Art. 101 AEUV durch deutsches Recht 22 37 ff.
- Kritik 22 6 ff.
- Ordnungswidrigkeitenverfahren 22 24
- parallele Anwendung zum nationalen Recht 22 19 ff.
- Regelungen im Einzelnen 22 19 ff.
- Sperrwirkung des Art. 101 AEUV 22 28 ff.
- Spürbarkeit einer Beeinträchtigung 22 13
- Verhältnis des §§ 35 ff. zu Art. 101, 102 AEUV 22 43 ff.
- Verhältnis zu Art. 102 AEUV 22 39 ff.
- Voraussetzungen für die Anwendung der Kollisionsnorm 22 11 ff.
- Vorgabe der anzuwendenden Regeln 22 5
- Vorgeschichte 22 6 ff.
- Vorschriften, die überwiegend ein abweichendes Ziel verfolgen 22 51 ff.
- zivilrechtliche Streitigkeiten 22 25

Anzeigenmarkt 18 42

Arbeitgeber
- Unternehmensbegriff 1 78

Arbeitgeberverband
- Unternehmensbegriff 1 78
- Unternehmensvereinigung 1 127

Arbeitnehmer
- Arbeitnehmererfindungen 1 114
- Unternehmensbegriff 1 79 f.
- werkschaffende ~ 1 112

Arbeits- und Bietergemeinschaften
- Baubranche 1 430
- Bauvorhaben Schramberg 1 435
- Begriff der Arbeitsgemeinschaft 1 429
- Begriff der Bietergemeinschaft 1 429
- Charakterisierung 1 429 f.
- Einkaufskooperationen 1 451
- fehlende Marktfähigkeit 1 438 ff.
- Förderung des Wettbewerbs 1 437
- Formen 1 434
- Geheimwettbewerb 1 444
- gemischte Arbeitsgemeinschaften 1 441
- grundsätzliche Zulässigkeit/Unzulässigkeit 1 435
- horizontale/vertikale Kooperation 1 434
- inhaltliche und zeitliche Grenzen 1 442 f.
- Kooperation Ausdruck wirtschaftlich zweckmäßiger Entscheidung 1 437
- Kooperationsspektrum von Arbeitsgemeinschaften 1 432
- Markterschließung 1 430 ff.
- Spürbarkeitskriterium 1 433
- Vergaberecht 1 430
- Verhältnis von ~ 1 430
- Versicherergemeinschaft 1 442
- wettbewerbliche Beurteilung 1 437

Arbeitsmarkt
- wirtschaftliche Tätigkeit 1 77

Arbeitsrecht
- Streikhilfeabkommen 1 376

Areeda-Turner-Formel 19 106

Ärztekammer
- Unternehmensvereinigung 1 127

Aufbaukartell 2 60

Aufforderung zur Vorteilsgewährung
- Allgemeines 19 175 ff.

- Ausnutzung von Nachfragemacht 19 176
- Unternehmen mit relativer Marktmacht 20 28

Aufgreifermessen
- einstweilige Maßnahmen 32a 26
- kein Anlass zum Tätigwerden 32c 12

Aufhebung
- Wettbewerbsregeln 26 23 ff.

Auflage
- Anerkennung von Wettbewerbsregeln 26 15

Aufnahmeverweigerung 19 121

Ausbeutungsmissbrauch
- allgemeiner 31 29 ff.
- Begriff 33 131 ff.
- besonderer 31 35 ff.
- besonderer, Kostenkontrolle 31 94 ff.
- Betroffene 33 138
- Diskriminierung von Handelspartnern 19 81 ff. *siehe auch dort*
- Einzelfälle 19 28 ff.
- Grundsatz 19 27 f.
- Kopplungsgeschäft 19 72
- Preis-/Konditionenmissbrauch 19 28 ff.; 33 138
- Preis-/Konditionenspaltung 19 37 ff.
- Preismissbrauch 19 27
- Rechtsfolgen 19 27
- verbotenes Verhalten von marktbeherrschenden Unternehmen 19 6
- Vertriebs- und Verwendungsbindungen 19 60 ff.
- vor-/nachgelagerte Marktstufen 19 27
- Wettbewerbsverbote 19 67 ff.

Ausfallhaftung
- Kronzeuge 33 300

Ausführungsvertrag
- Begriff 1 398

- Fallbeispiele 1 398
- Rahmenvertrag 1 398
- Reichweite der Nichtigkeitssanktion 1 397 f.

Ausgleichsanspruch
- Ausgestaltung 33 307
- Beginn der Verjährungsfrist 33 309 ff.
- Beginn der Verjährungsfrist, BGH 33 311 ff.
- nach § 426 Abs. 1 BGB 33 305 ff.
- Regressanspruch 33 314 ff.
- selbständiger 33 289

Ausgleichszahlungen 1 461 ff.

Auskunftspflicht, Wasserwirtschaft
- Berechtigte 31b 4
- Gegenstand 31b 3

Auskunftsverlangen
- Sektoruntersuchung 32e 30, 61

Auslieferung wegen Kartellverstoßes
- Auslieferung deutscher Staatsbürger 1 426
- internationaler Haftbefehl 1 424
- Marineschläuche-Kartell 1 424 f.
- Strafbarkeit in beiden Staaten 1 425
- Strafrahmen USA 1 424
- strafrechtliche Sanktionen in der EU 1 424

Ausnahmetatbestand
- Wasserwirtschaft 31 113

Ausschalten des Wettbewerbs 2 78

Ausschließlichkeitsbindungen
- Abgrenzung zu Vertriebs- und Verwendungsbindungen 19 60
- Andienung/Lieferung von Produkten 19 43
- Bedarfsdeckungsklauseln 19 48
- Begriff "Geschäftsbedingungen" 19 44
- Differenzierung zwischen Fachhandel und Online-Handel 19 51
- englische Klauseln 19 49

- Gruppenrabatt 19 55
- Interessenabwägung 19 47
- Intransparenz der Rabattbedingungen 19 55
- Kündigungsbeschränkungen 19 58
- langfristige Verträge 19 58
- Marktinformationssystem 19 59
- Marktmissbrauch 19 45
- Mengenrabatt 19 53 f.
- mittelbare Bedingungen 19 51
- positive Impulse 19 47
- selektive (diskriminierende) Rabatte 19 56
- Treuerabatt 19 55
- unmittelbare Bedingungen 19 48 ff.
- Verwertungsgesellschaft 19 50
- Zahlungen zur Absatzförderung 19 57
- Zweck 19 44

Ausschreibung
- potentielle Wettbewerber 1 220

Außerkraftsetzung
- Wettbewerbsregeln 24 62; 26 21 f.

Ausstellungen, Zugang 19 127
Austauschbarkeit 18 19 ff.

Austauschvertrag
- Wettbewerbsbeschränkung 1 275

Ausweichmöglichkeit der Marktgegenseite 18 73
- Unternehmen mit relativer/überlegener Marktmacht 20 10 f.

Bagatellbekanntmachung 32 75
- Bundeskartellamt 2 140
- Mittelstandskooperationen 3 40 ff.
- Spürbarkeitskriterien 1 262
- Spürbarkeitskriterien, horizontale Wettbewerbsbeschränkungen 1 264
- vertikale Kernbeschränkungen 1 269

Bausektor
- Arbeits- und Bietergemeinschaften 1 430
- Rationalisierung wirtschaftlicher Vorgänge 3 65
- wettbewerbsbeschränkende Dienstbarkeiten 1 352
- Wettbewerbsregeln 24 78

Be- und Verarbeitung
- Benutzung gemeinschaftlicher Einrichtungen 28 298
- Einzelfallbetrachtung 28 267
- Freistellungen 28 264
- landwirtschaftliche Erzeugnisse 28 346 ff.
- Nicht-Anhang-I-Erzeugnisse 28 354

Bedarfsdeckung, private
- Gewinnerzielungsabsicht 1 66
- Nachfragevolumen 1 66
- wirtschaftliche Tätigkeit 1 65 ff.

Bedarfsdeckungsklausel 19 48
Bedarfsmarktkonzept 3 179; 18 8
- Alternativmodelle 18 30 ff.
- Angebotsumstellungsflexibilität 18 29
- Austauschbarkeit der Produkte 18 13 f.
- Drittmarktinteressen 18 14
- heterogene Produkte 18 22, 25
- homogene Produkte 18 20 f., 24
- Kreuzelastizität 18 25
- Kriterien für die funktionale Austauschbarkeit 18 19 ff.
- Leitbild eines verständigen Nachfragers 18 14
- Marktsegmentierung 18 20
- Marktstellungsmissbrauch 31 25
- Modell 18 18
- Preis 18 23 ff.
- Produkteigenschaften 18 20 ff.
- Überblick 18 13 ff.
- Verwendungszweck 18 20 ff.

Beeinträchtigung
- Begriff 1 404
- Unterlassungsanspruch 1 404

Befristung
- freigestellte Vereinbarungen 2 33

Befugnisse der Kartellbehörden, Sanktionen
- Abstellung und nachträgliche Feststellung von Zuwiderhandlungen *siehe dort*
- Auslegung Vor 32 2
- europäisches Recht Vor 32 3
- Fusionskontrolle Vor 32 9 f.
- neuartige Handlungsformen Vor 32 12
- Öffentlichkeitsarbeit und Competition Advocacy Vor 32 20 ff.
- optimierte Befugnisausübung Vor 32 14 ff.
- Paradigmenwechsel Vor 32 17 ff.
- Privatautonomie Vor 32 11
- Rechtmäßigkeitsgebote Vor 32 5
- Regelungsgegenstand Vor 32 1 ff.
- Unternehmensrecht Vor 32 7 f.
- Verfassungs- und Verwaltungsrecht Vor 32 4

Begehungsgefahr
- Grenzen der ~ 32 11
- in Vergangenheit abgeschlossene Zuwiderhandlung 32 15 f.
- Selbstverpflichtungserklärung 32 17

Beherrschung des relevanten Marktes
- Allgemeines 18 46 ff.
- Kriterien und Formen der individuellen Marktbeherrschung 18 51 ff.
- Marktbeherrschungsvermutung 18 74 ff.

Behinderung kleiner und mittlerer Unternehmen
- alle Verhaltensweisen, Generalklausel 20 34
- Allgemeines 20 29
- andere Waren oder gewerbliche Leistungen 20 45 f.
- Ausnutzung der überlegenen Marktmacht 20 35
- Behinderung 20 34 ff.
- Beweisregeln 20 48
- Kosten-Preis-Schere 20 47
- Lebensmittelbereich 20 42 ff.
- Machtgefälle 20 31
- Normgenese 20 30
- Unternehmen im funktionalen Sinne 20 32
- Verkauf unter Einstandspreis 20 36 ff.
- Voraussetzungen 20 31 ff.

Behinderungsmissbrauch
- Aufforderung/Veranlassung zur Vorteilsgewährung 19 175 ff.
- Begriff 19 88; 33 131 ff.
- Begriff der Behinderung 19 91
- Behinderungsverbot 19 89
- bestimmte Art von Waren und Dienstleistungen 19 94
- Betroffene 33 133 ff.
- Diskriminierungsverbot 19 89
- Dritte 33 137
- Einzelfälle 19 97 ff.
- erhebliche Wettbewerbsbeeinträchtigung 19 95
- Free-TV/Pay-TV 19 94
- Geschäftsverkehr 19 95
- Geschäftsverweigerung 19 107 ff.
- gezielte Kampfpreisunterbietung 19 97 ff. *siehe auch dort*
- Gleichartigkeit der Unternehmen 19 94
- Grundsatz 19 88 ff.
- Herausbildung von Fallgruppen 19 96
- horizontale/vertikale Beziehungen 19 88
- Horizontalverhältnis 33 135
- Kausalität 33 133

- konstruktive Weigerung **19** 134 ff.
- Kopplungsgeschäft **19** 72
- Kosten-Preis-Schere **19** 171 ff.
- Lieferantenschutz **33** 136
- Ungleichbehandlung **19** 91 ff.
- unmittelbare/mittelbare Behinderungen **19** 92
- verbotenes Verhalten von marktbeherrschenden Unternehmen **19** 6
- Verweigerung des Zugangs zu wesentlichen Einrichtungen **19** 147 ff. *siehe auch Zugangsverweigerung zu wesentlichen Einrichtungen*
- Verweigerung von Lizenzen an Immaterialgüterrechten **19** 166 ff. *siehe auch Lizenzverweigerung an Immaterialgüterrechten*
- vor- oder nachgelagerter Markt **33** 133
- Vorteilsgewährung ohne sachlichen Grund **33** 136
- zweistufige Prüfung **19** 91

Behinderungsmissbrauch durch relative Marktmacht
- Allgemeines **20** 4 ff.
- Unternehmen mit relativer Marktmacht **20** 5 ff. *siehe auch Unternehmen relativer Marktmacht*

Behinderungsverbot
- Entwicklung **Vor 18–20** 7

Behördenpublizität 31 15

Bekanntmachung
- Pflicht bei Wettbewerbsregeln **27** 5 ff.

Benehmenspflicht
- Begriff **31b** 14
- Fehlerfolgen **31b** 15 ff.
- kartellrechtliche Verfügung **31b** 8
- Pflicht zum Benehmen mit der Fachaufsicht **31b** 10 ff.
- Rechtsfolgen **31b** 10 ff.
- Verfügungsgegenstand **31b** 9

- Voraussetzungen **31b** 7 ff.

Benutzung gemeinschaftlicher Einrichtungen 28 296 ff.

Bereicherungsrecht
- Anspruch bei Kartellverstoß **33** 281
- effet utile **1** 411
- etwas erlangt **1** 408
- Kondiktionsausschlussgründe **1** 409 ff.
- ohne Rechtsgrund **1** 408
- private Kartellrechtsdurchsetzung **1** 408 ff.
- qualifizierte Kenntnis des Leistenden **1** 409

Berufs- und Standesrecht 1 231 ff.

Berufsvereinigung *siehe Wirtschafts- und Berufsvereinigung*

Beschaffungsmarkt, Zugang 18 65

Beschränkungsformen
- Einschränkung, Verhinderung, Verfälschung **1** 237
- Wettbewerbsbeschränkung als gemeinsame Klammer **1** 237

Beschwerde
- Anerkennung-/Aufhebung von Wettbewerbsregeln **26** 27 ff.

Beschwerderecht Dritter
- bei Zusage nach kein Anlass zum Tätigwerden **32c** 37
- Verpflichtungszusagen **32b** 50, 65 ff.

Beseitigungsanspruch
- abgestimmte Verhaltensweisen **1** 403
- Aktivlegitimation **33** 165 ff.
- Anspruchsberechtigung **1** 405
- Anspruchsinhalt **33** 184 ff.
- Anspruchsvoraussetzungen **33** 163 ff.
- Betroffener **33** 167 f.
- Betroffener oder Mitbewerber **33** 163
- Boykottverbot **21** 24

- Brancheninteresse 33 173
- Folgevertrag 1 406
- fortdauernde Störung 1 405
- Klagebefugnis der qualifizierten Einrichtungen 33 174 ff.
- Missbrauch durch freigestellte Kartelle 19 201 ff.
- Mittelstandskartell 3 192
- private Kartellrechtsdurchsetzung 1 405 f.
- rechtlich unverbindliche Vereinbarungen 1 403
- tatsächlicher oder drohender Verstoß 33 163
- Unterschiede, Unterlassungsanspruch 33 186
- Verbandsklage 33 169 ff.
- Verbraucherschutzorganisationen 33 174 ff.
- Verjährung 33 188 ff.
- Verjährungsverlängerung geplant 33 190
- Vermeiden einer Störung 33 187
- Verschulden 1 405
- Ziel des Unterlassungsanspruchs 33 163
- Zukunftsgerichtetheit 33 185

Besondere Schadenspositionen 33 229 ff.

Best-Price-Klauseln 19 188

Bestandsschutz
- Interessenabwägung, missbräuchliche Ausnutzung 19 18

Beteiligung der Verbraucher siehe *Verbraucherbeteiligung*

Betreffende Waren 2 77

Betriebsgeheimnis
- Grenzen der Öffentlichkeitsarbeit der Kartellbehörde **Vor 32** 24

Betroffener
- anderer Kartellrechtsverletzungen 33 143 ff.
- Ausbeutungsmissbrauch 33 138
- Außenstehender 33 115 ff.
- Beeinträchtigung 33 83 ff.
- Behinderungsmissbrauch 33 133 ff.
- bei Fusionskontrolle 33 146 ff.
- bei wettbewerbsbeschränkenden Abstimmungen 33 119 ff.
- Beseitigungsanspruch 33 167 f.
- BGH 33 78 f.
- des verbotenen Verhaltens nach § 20 GWB 33 139 ff.
- Endverbraucher 33 72
- EuGH 33 80
- horizontale Kartellabsprachen 33 120
- missbräuchliches Verhalten 33 131 ff.
- Mitbewerber/sonstiger Marktbeteiligter 33 83 ff.
- mittelbare Abnehmer/Lieferanten 33 130
- neue BGH-Rechtsprechung 33 96
- Preis- und Konditionenmissbrauch 33 138
- Schutzgesetzerfordernis, Entfall 33 74 ff.
- unmittelbare Abnehmer/Lieferanten 33 128 f.
- Unterlassungsanspruch 33 167 f.
- Verbraucherschutzorganisationen 33 73
- Verstoß gegen kartellbehördliche Verfügung 33 149 ff.

Beurteilungsspielraum
- Geldbuße an natürliche Person 33 63
- Sektoruntersuchung 32e 15

Beweiserleichterungen
- Schadensersatzanspruch 33 222

Beweislastumkehr
- Kartellschadensersatzrichtlinie 33 221
- sachliche Rechtfertigung von Preisunterschieden 29 2
- Vergleichsmarktkonzept 31 94

Beweisverwertungsverbot
– Kartellschadensersatzrichtlinie
33 257
Bewirkte Wettbewerbsbeschränkung
– Analyserahmen 1 257
– Arbeitsgemeinschaftsgedanke
1 258
– Begriff 1 257
– Einkaufskooperationen 1 453
– Wirkungsanalyse bei horizontalen Vereinbarungen 1 258
– Wirkungsanalyse bei vertikalen Vereinbarungen 1 259
Bezugsbindung
– geltungserhaltende Reduktion
1 393
Bezugssperre
– Aufforderung des Verrufers
21 12 ff.
– Begriff 21 10
Bezweckte Wettbewerbsbeschränkung
– Begriff 1 246
– Einkaufskooperationen 1 453
– Gefährdungstatbestand 1 241
– Kernbeschränkung 1 241
– Kernbeschränkung in vertikalen Vereinbarungen 1 254 f.
– Kernbeschränkung, horizontal
1 251
– Leitlinien der Kommission 1 246
– Preisvereinbarungen 1 251
– Produktionsbeschränkung 1 252
– Standardbedingungen 1 539
– Wettbewerbsparameter 1 246
BGH
– Anspruchsberechtigter aus § 33 GWB 33 110 ff.
– Aufteilung bei Vorteilsabschöpfung 34 38
– Aussagewert der Sektoruntersuchung 32e 47

– Begehungs-, Wiederholungsgefahr
32 15
– Fusionskontrolle, Strommarkt
29 28
– ORWI-Entscheidung 33 107 f.
– passing-on defense 33 246
– Rückzahlung noch nicht abgerechnete Zeiträume 31b 22
– Untersuchungen einzelner Wirtschaftszweige 32e 13
– unvermeidbarer Verbotsirrtum
33 201 ff.
– Verbandsklage, Rechtsfähigkeit
33 173
– Wasserwirtschaft, Kostendeckung als Untergrenze 31 88
– zweigleisiger Vertrieb 30 40
Bierliefervertrag
– Marktabschottung 1 272
– wettbewerbsbeschränkende Dienstbarkeiten 1 352
Bieterabsprachen, unzulässige
1 423
Bietergemeinschaft *siehe Arbeits- und Bietergemeinschaft*
Bieterverfahren
– Identität der Wettbewerber 1 497
Bindungswirkung, § 33 Abs. 4 GWB
– Aussetzungsmöglichkeit 33 270
– Follow-on Klagen 33 266
– Hemmung der Verjährung
33 282 ff.
– persönlicher Anwendungsbereich
33 269
– Umfang 33 267
– Vorrang des Gemeinschaftsrechts
33 271
Binnenschiffverkehr 2 132
Binnenwettbewerb
– fehlender 18 80 ff.
– Nachweis 18 90
Boykottverbot
– Absicht 21 16

- abstraktes Gefährdungsdelikt 21 3
- Abwehr einer rechtswidrigen Maßnahme 21 19 f.
- Adressat 21 6 ff.
- Allgemeines 21 2 ff.
- Ansprüche gegen gesetzliche Krankenversicherer 21 24
- Aufforderung eines Verbandes 21 7
- Aufforderung, Abgrenzung zur Anregung 21 14
- Aufforderung, Tatbestandsmerkmal 21 12 ff.
- Beeinträchtigung, beabsichtigte 21 17
- Begriff 33 143
- bestehender vertraglicher Anspruch 21 21
- Beteiligte 21 5 ff.
- Bezugssperre 21 10 ff.
- Dreipersonenverhältnis 21 4
- Eingriff in den eingerichteten und ausgeübten Gewerbebetrieb 21 28
- Entscheidungsspielraum des Adressaten 21 12
- Konkurrenzen 21 27 f.
- Liefersperre 21 10 ff.
- Maßnahmen gegen gesetzliche Krankenkasse 21 26
- Meinungsfreiheit 21 23
- objektiver Tatbestand 21 5 ff.
- Pressefreiheit 21 23
- privates Handeln 21 5
- Rabattverlangen 21 11
- Rechtsfertigungsgründe 21 19 ff.
- schuldrechtliche Bindung zwischen den Beteiligten 21 8
- staatliche Stellen 21 13
- subjektiver Tatbestand 21 15 ff.
- überhöhte Preise 21 11
- Unbilligkeit der Beeinträchtigung 21 18 ff.
- Unternehmensbegriff 21 5
- Verrufener 21 9
- Verrufer 21 5
- Verstoß gegen Rechts-/Wirtschaftsordnung 21 18
- verwaltungsrechtliche Rechtsfolgen 21 25 f.
- vorsätzliche sittenwidrige Schädigung 21 28
- Wahrnehmung berechtigter Interessen 21 22
- wettbewerbsbeschränkende Nebenabreden 21 18
- wirtschaftliche Einheit von Verrufer und Adressat 21 6
- zivilrechtliche Rechtsfolgen 21 24
- Zweck der Vorschrift 21 2

Branchenvereinbarung, Presseerzeugnis
- Beteiligung 30 56
- Preisbindungsvereinbarung 30 53 ff.

Branchenvereinbarung/Branchenverbände
- anerkannt 28 201
- GMO Fisch 28 205
- implizite Freistellungen im Agrarbereich 28 151 f.
- kartellrechtliche Freistellung 28 392
- Verfahren bei Freistellung 28 198 ff.
- Verordnung (EG) Nr. 1234/2007, Erzeugergemeinschaften, Branchenverbände 28 163
- Zweimonatsfrist, Feststellung eines Verstoßes durch EU-Kommission 28 193 f.

Buchpreisbindung 30 4
Bund Deutscher Milchviehhalter
- Forderungen 28 87
- gewerkschaftsähnliche Organisation 28 90
- Milchlieferboykott 2008 28 90

Bündeltheorie 1 270

Bundeskartellamt
– Anordnung struktureller Maßnahmen 32 38
– Ausscheidungsverfügung Gesellschafter betreffend 32 37
– Bagatellbekanntmachung 2 140; 32 75
– Bagatellbekanntmachung zu Spürbarkeitskriterien 1 262
– Bindungswirkung im Zivilprozess 29 72
– Darlegungs- und Beweislast 1 202
– diskriminierendes Vertriebssystem 32 35
– Doppelpreissysteme 1 577
– Entscheidung EWE/VNG 29 25
– Entzug der Freistellung, Presseerzeugnis 30 75 f.
– Erstattung von Vorteilen an Verbraucher 32 43
– Fährhafen Puttgarden II 32 42
– Fusionskontrollverfahren im Bereich landwirtschaftlicher Produkte 28 22
– Gasunterschiede 29 22
– Gazprom 29 25
– Horizontal-Leitlinien 2 149
– individuell marktbeherrschend 29 31
– kein Anlass zum Tätigwerden 32c 20
– Konzernhaftung 33 68
– Kritik am Milchpaket 2012 28 105
– landesgesetzliche Kalkulationsvorgaben, Wasserwirtschaft **Einl. 31–31b** 51
– leistungsfremdes Verhalten 24 47 ff.
– Marktabgrenzung 29 16
– Marktüberblick 32e 13
– Mehrfachhaftung 33 90 ff.
– Merkblatt über Kooperationsmöglichkeiten für kleinere und mittlere Unternehmen 3 38
– Milchbündelungsabsicht des MEG Milch Board 28 387
– Milchlieferstreik 2008 28 90
– Milchsektoruntersuchungen 2008–2012 28 99 ff.
– Missbrauch durch freigestellte Kartelle 19 197 f.
– Missbrauchsaufsicht, Pressevertrieb 30 14
– Mittelstandsempfehlungen 3 35
– Ökonomisierung des Kartellrechts **Vor 32** 19
– parallele Einzelmarktbeherrschung 29 31
– Positionspapier Glasfaserbau 32c 47
– Rückerstattung bei Missbrauch 29 71 ff.
– Sektoruntersuchung 32e 57 f.
– subsidiärer Ausgleichsanspruch 34a 24
– Subtraktionsmethode 29 53
– Teerfarben-Kartell 1 9 f.
– Überprüfung der Preisbindungsvereinbarung 30 35
– Umweltschutz, Duldung von Wettbewerbsbeschränkungen 1 373
– Untersagung Gesellschaftsvertragsdurchführung 32 39
– Vergleichsmarktkonzept 29 48
– Verpflichtungszusagen, Heizstrom 32b 29
– vorausblickende Wettbewerbsaufsicht 32e 12
– Vorgaben langfristiger Gaslieferungsverträge 32 32
– Vorteilsabschöpfung durch Verbände 34a 19
– Wasserwirtschaft, Erlösvergleich 31 51
– Weiterwälzungsvermutung 33 239
– Wesentlichkeit der Wettbewerbsbeeinträchtigung 3 162

- Wettbewerbsregeln der Markenartikelindustrie **24** 70
- Zentralvermarktung/Fußball **32** 14
- Zulässigkeit von Marktinformationssystemen **28** 102

Bundeswaldgesetz 28 356
- Definition der Forsterzeugnisse **28** 411
- Erweiterung der Kartellausnahmen **28** 412 f.
- forstwirtschaftliche Zusammenschlüsse, § 40 BWaldG **28** 399 ff.
- Holz, Nicht-Anhang-I-Erzeugnis **28** 401
- Holzvermarktung bei forstwirtschaftlichen Vereinigungen **28** 410
- Missbrauchsaufsicht **28** 405
- Organisationsformen **28** 406
- Preisvereinbarungen **28** 409
- Verhältnis von § 28 zu § 40 BWaldG **28** 402
- Vermarktung der Erzeugnisse **28** 407
- Ziele **28** 399

Bußgeldhaftung
- Compliance-System **33** 205 ff.
- Kronzeugensystem **33** 298

Bußgeldverfahren
- Beweislast bei freigestellten Vereinbarungen **2** 37 f.
- Beweislast, Mittelstandskartell **3** 194
- Darlegungs- und Beweislast **1** 202
- Kartellbehörde **29** 73
- Kartellverstoß, kleinere und mittlere Unternehmen **3** 226
- Mängel in der Bescheidbegründung **22** 63
- Marktbeherrschungsvermutung **18** 76, 89
- Verschulden bei Freistellungen **2** 54
- Verwaltungsverfahren wegen Kartellsachen **32** 82

Clean-Teams
- Abschluss einer Vereinbarung **1** 514
- Vertraulichkeitsvereinbarung **1** 512
- Zusammensetzung **1** 514 f.

CNIEL, Interprofessionelles Zentrum der Milchwirtschaft 28 93 f.

Compliance
- Aufklärung **33** 210
- Fahrlässigkeit **33** 211
- freigestellte Vereinbarungen **2** 30
- Haftung bei Mutter-/Tochtergesellschaft **33** 211
- Prävention **33** 208 f.
- Verschulden **33** 205 ff.

conform letters
- kein Anlass zum Tätigwerden **32c** 3

Cost-Plus-Verträge
- Unterlassung/Schadensersatz **33** 95

Dachverband
- Aufstellung von Wettbewerbsregeln **24** 32

Darlegungs- und Beweislast
- abgestimmte Verhaltensweisen **1** 202 ff.
- Anerkennung von Wettbewerbsregeln **26** 9
- Behinderung kleiner und mittlerer Unternehmen **20** 48
- Beschluss von Unternehmensvereinigungen **1** 202 ff.
- Beweisprobleme, Veranlassung verbotenen Verhaltens **21** 38
- Bußgeldverfahren **2** 37 f.

– im europäischen Kartellrecht für Mittelstandskooperationen **3** 223 ff.
– Kartellverwaltungsverfahren **29** 70
– Marktbeherrschungsvermutung **18** 76, 89
– Missbrauch durch freigestellte Kartelle **19** 205
– Missbrauchsaufsicht, Wasserwirtschaft **31** 79 ff.
– Mittelstandskartell **3** 193 f.
– Privatklagen **2** 39 ff.
– Rechtsgüterabwägung im Rahmen des § 1 GWB **1** 370
– salvatorische Klausel **1** 389
– Vereinbarung **1** 202 ff.
– Verwaltungsverfahren **2** 37 f.

Daseinsvorsorge
– Kostendeckungsgrundsatz **31** 96
– Organisationswahlfreiheit **Einl. 31–31b** 29
– Wasserversorgung **Einl. 31–31b** 9 ff.

Datenraumeinrichtung
– Informationsaustausch bei Unternehmenstransaktionen **1** 512 ff.

Dauerschuldverhältnis
– Nichtigkeitsfolge **1** 390

De-facto Norm
– Standardbedingungen **1** 544

De-minimis-Bekanntmachung
– Spürbarkeit, Mittelstandskartelle **3** 49

Dekartellierungsrecht, alliiertes 1 6

Dekartellisierungsrecht, Landwirtschaft
– im Konflikt mit dem Genossenschafts- und Agrarmarktrecht **28** 74 ff.
– LG Hamburg vom 6.3.1952 **28** 74 f.
– Verstoß durch privatrechtlichen Milchförderungsfond, 1955 **28** 92

– von 1947 **28** 37 ff.
– zur weiteren Geltung, BVerwG und BGH **28** 83

Delkredere
– Wettbewerbsregeln **24** 69 f.

Demarkationsvereinbarung
– Freistellung nach § 31 GWB **31** 4 ff.
– Unzulässigkeit **29** 1
– Voraussetzungen **31** 5

Deutsche Bahn, Unternehmen 1 121

Deutsche Post, Unternehmen 1 121

Deutsches Agrarmarktrecht
– Fleischgesetz **28** 423
– Milch- und Fettgesetz **28** 423
– Sonderabgaben im Agrarbereich **28** 425
– Verhältnis zum EU-Agrarkartellrecht **28** 125 ff.
– Verhältnis zum EU-Agrarmarktrecht **28** 422 ff.
– Verhältnis zum GWB **28** 422 ff.

Dienstbarkeit 1 352

Differenzhypothese
– Schadensersatzanspruch **33** 212

Digitalisierung
– Presseerzeugnis **30** 9 f.

Diskriminierung von Handelspartnern
– Allgemeines **19** 81
– Begriff "Handelspartner" **19** 83
– Einzelfälle **19** 86 f.
– Preisspaltung/Rabattsystem **19** 86
– Sachgründe für eine Differenzierung **19** 85
– Sinn und Zweck **19** 81
– Tochterunternehmen **19** 83
– Voraussetzungen **19** 82 ff.
– wohlfahrtssteigernde Wirkung **19** 87

Diskriminierungsverbot 33 132
– Behinderungsmissbrauch **19** 89

– Betroffener 33 140
– Entwicklung **Vor 18–20** 7
Dispositionsrecht
– Presseerzeugnis 30 4
Dissens
– Zustandekommen der Vereinbarung 1 141
Doppelmitgliedschaft, Genossenschaft 1 297
Doppelpreissystem
– Beschränkung des intrabrand Wettbewerbs 1 577
– Funktions- und Leistungsrabatte 1 578 ff.
– Kernbeschränkung 1 577
– On- und Offline-Vertrieb 1 576
Drei-Zonen-/Zwei-Zonen-Theorie 24 44
Dritter/Dritte
– Erzwingung unangemessener Vertragsbedingungen 19 46
– Informationsaustausch 1 504
– Neutralität 1 504
– Stellungnahme, Wettbewerbsregeln 25 3 ff.
– vermittelte Abstimmung 1 190
Drittmärkte
– Marktbezug 19 22 ff.
Drittschutz
– Marktmissbrauchsentwicklung **Vor 18–20** 5
– Missbrauchsverbot **Vor 18–20** 3
Due-Diligence
– Vorfeld von Unternehmenstransaktionen 1 506
Durchleitung
– Definition 31 113
– Verweigerung, Wasserwirtschaft 31 113

Effizienzgewinn
– Aufbau einer Gegenposition (Aufbaukartell) 2 60
– Begriff 2 55 f.

– beschäftigungspolitische Vorteile 2 61
– Förderung des technischen Fortschritts 2 59
– Geschäftsabbruch 19 143
– interne Ersparnis 2 57
– Kopplungsgeschäft 19 79
– Produktionsvereinbarungen 1 522
– Verbesserung der Warenerzeugung 2 58
Eigenbedarf
– Deckung als wirtschaftliche Tätigkeit 1 66
Eigenkapital
– Ausstattung 29 9
– Verzinsung 29 9
Eigentum
– Eigentumsvorbehalt 1 345
– Wettbewerbsbeschränkung 1 344
Einkaufskooperation
– Arbeitsgemeinschaftsgedanke 1 451
– Beitritt 1 448
– bezweckte vs. bewirkte Wettbewerbsbeschränkung 1 453
– europäisches Recht 1 449
– horizontal 1 448
– Kennzeichen 1 446
– Kooperationsformen 1 446
– Kosteneinsparung 1 452
– Marktschließungsgedanke 1 451 f.
– Mittelstandskartelle 3 14 f., 87 ff.
– öffentliche Hand 1 446
– Rationalisierung wirtschaftlicher Vorgänge 3 91 ff.
– safe harbor: 15 % Marktanteil 1 456 f.
– Spürbarkeitsschwelle und Gegenmacht 1 454
– Sternverträge 1 448
– Verbotsgründe 1 450
– Wertungsgrundlagen 1 449

- wettbewerbspolitische Vorteile
  1 447

Einreden/Einwendungen gegen die Nichtigkeit
- Geltendmachung nach langer Vertragslaufzeit 1 400
- Präklusionsfrist 1 401
- Treu und Glauben 1 400 f.

Einseitig veranlasste Verhalten
- abgestimmte Verhaltensweisen 1 172
- Beitritt zu selektivem Vertriebssystem 1 152
- Einigungsakte 1 148
- europäisches Wettbewerbsrecht 1 146
- Herstellergarantien 1 154
- Kündigung eines Vertriebsvertrages 1 154
- Lieferverweigerungen 1 154
- Maßstäbe für konkludente Vereinbarung 1 146 ff.
- mitwirkungsbedürftige Aufforderungen 1 154 f.
- nachträgliche Zustimmung 1 148
- stillschweigende Einwilligung 1 154
- vorweggenommene Zustimmung 1 150 f.

Einseitige Handlungen
- Begriff 1 30
- strengere innerstaatliche Vorschriften 1 30

Einstandspreis 20 38

Einstweilige Maßnahmen 32a 1 ff.
- Aufgreifermessen 32a 26
- Befristung der Anordnung 32a 21 ff.
- Beispiele 32a 15 f.
- Beweisanforderungen 32a 7
- Bindungswirkung 32a 24
- Bußgeld bei Verstoß 32a 24
- Dringlichkeit 32a 11
- Entscheidung 32a 17 ff.
- Entstehungsgeschichte 32a 3
- Ermessensausübung 32a 17
- Fusionskontrolle 32a 5
- Grundgedanken der Regelung 32a 1
- Hauptsache 32a 9
- keine Vorwegnahme der Hauptsache 32a 19 f.
- Kernfragen 32a 7
- Missbrauch durch freigestellte Kartelle 19 197
- Normstruktur 32a 8 ff.
- praktische Bedeutung 32a 2
- rechtliche Einordnung 32a 4 ff.
- Rechtsfolgen 32a 24
- Rechtsschutz 32a 27
- Schadensbegriff 32a 14
- Sektoruntersuchung 32e 29
- Verfahren 32a 26
- Ziel 32a 1, 8
- Zuwiderhandlung gegen Kartellrecht 32a 10

Eintragungsverfahren
- Abschaffung 24 13
- Wettbewerbsregeln 24 8

Einwilligung
- stillschweigend als Vereinbarung 1 154

Einzelfreistellung
- Mittelstandskooperationen 3 220 ff.

Einzelmarktbeherrschung
- parallele ~ 29 31

Eisenbahn 2 132

Elektronische Medien
- Marktabgrenzung 18 43 f.

Empfehlungen
- Anerkennungsantrag für Wettbewerbsregeln 24 60
- Wettbewerbsregeln 24 38

Empfehlungsverbot
- Beschlüsse von Unternehmensvereinigungen 1 163
- Österreich 1 31

– Schutzlücken nach Aufhebung
1 136
Energieversorgungsunternehmen
29 13
Energiewirtschaft
– Marktabgrenzung 18 45
– Marktzutrittsschranken 18 69
– Missbrauch durch freigestellte Kartelle und sektorspezifische Verbote 19 209
– Preismissbrauch 29 1 ff.
– Umfang der kartellrechtlichen Überprüfung 29 1
– verändertes wettbewerbliches Umfeld 29 1
– Vergleichsmarktkonzept 29 38 ff.
– Vertriebsstufen 18 45
– wettbewerbsbeschränkende Dienstbarkeiten 1 352
England
– kartellrechtliche Opt-out-Sammelklagen 33 196
– Schadensersatz 33 196
Englische Klauseln
– Ausschließlichkeitsbindungen 19 49
– offene englische Klausel 1 343
Enquete *siehe Sektoruntersuchung*
Entgangener Gewinn
– »Lost-Sales«-Effekt 33 230
Entscheidung nach § 32c GWB *siehe kein Anlass zum Tätigwerden*
Entscheidungsautonomie
– allgemeine Geschäftsbedingungen 1 145
– Mustervertrag 1 145
– Veranlassung verbotenen Verhaltens 21 29
– Vereinbarung 1 145
Entscheidungsformen der Kartellbehörden Vor 32 1 ff.
Entscheidungswirkung
– kein Anlass zum Tätigwerden 32c 28 ff.

Entstandener Gewinn
– Berücksichtigung beim Schadensersatz 33 225 ff.
Entzug der Freistellung *siehe Freistellungsentzug*
Equally efficient competitor-Test 19 98
Erbengemeinschaft
– Unternehmensbegriff 1 55
Erdgas
– Deutschland 29 21
– Sondermissbrauchsaufsicht 29 12
Erfindungen 1 114
Erheblichkeitszuschlag
– Vergleichsmarkt, Wasserwirtschaft 31 92 f.
Erlösvergleich
– Wasserwirtschaft, BKartA 31 51
Ermessensentscheidung
– Vorteilsabschöpfung 34 19 ff.
Erreichbarkeit
– Strom und Gas 29 1
Erschöpfungsgrundsatz
– Rechnerprogramm 1 482
– Verbreitungsrecht 1 482
Erstabsatzmarkt 29 18
Erzeugerbetriebe, landwirtschaftliche
– Anwendung auf Fischereierzeugnisse 28 17
– Definition landwirtschaftliche Erzeugnisse 28 118
– Erzeugerbetriebsvorbehalt 28 208 ff.
– europäisches Agrarorganisationenrecht 28 160
– Genossenschaftsprivileg 28 13
– Kartelle vor 1945 28 32
– Pflanzen- und Tierzuchtbetriebe 28 115
Erzeugerbetriebsvorbehalt
– abgestimmte Verhaltensweisen 28 286
– Absatzvereinbarungen 28 293

- Art. 209 Abs. 1 Unterabs. 1 VO (EU) Nr. 1308/2013 28 221 ff.
- Art. 209 Abs. 1 Unterabs. 2 VO (EU) Nr. 1308/2013; keine Gefährdung der Ziele der GAP 28 224 ff.
- Art. 209 Abs. 1 Unterabs. 3 VO (EU) Nr. 1308/2013; Preisbindungsverbot und Wettbewerbsausschluss 28 230 ff.
- Art. 209 Abs. 2 VO (EU) Nr. 1308/2013, Zuständigkeit für die Entscheidung über Ausnahmetatbestand 28 230 ff.
- Begriff des Betriebes 28 258 ff.
- Benutzung gemeinschaftlicher Einrichtungen 28 296 ff.
- Entstehung und Inhalt des Art. 209 VO (EU) Nr. 1308/2013 28 209
- erfasste Verhaltensweisen 28 279 ff.
- erfasster Personenkreis 28 256
- Erzeugung und Absatz 28 290 ff.
- Genossenschaften als Bezugspunkt 28 212 ff.
- horizontale/vertikale Vereinbarungen 28 279
- Lagerung 28 296 ff.
- Missbrauchsverbot 28 324
- Pflanzen- und Tierzuchtbetriebe 28 330
- quantitative und qualitative Erzeugungsbegrenzung 28 292
- Rechtsform des Betriebes 28 272
- Reichweite des Art. 209 VO (EU) Nr. 1308/2013 28 236 ff.
- Saatgutvertrag 28 307
- Tierzucht 28 419
- Überblick 28 255
- Verbot der Preisbindung 28 299 ff.
- Verbot des Wettbewerbsausschlusses 28 318 ff.
- Vereinbarungen über nicht selbst erzeugte Produkte 28 294
- Vereinbarungen über Produktionsmittel 28 292
- Vergleich mit Art. 209 Abs. 1 VO (EU) Nr. 1308/2013 28 286 ff.
- Wettbewerbsausschluss, Leitentscheidung der Rspr. 28 322 f.
- Ziele der gemeinsamen Agrarpolitik 28 288

Erzeugergemeinschaft
- Ablehnung der Anerkennung 28 397
- Aufnahme eines Interessenverbandes 28 274
- ausländischer Erzeugerbetrieb 28 278
- Eiereinkaufs- und -absatzzentralen 28 291
- forstwirtschaftliche Zusammenschlüsse, § 40 BWaldG 28 399 ff., 405
- Freistellung 28 392
- Hauptregelungsbereich des Marktstrukturgesetzes 28 360
- Kartellausnahme, Marktstrukturgesetz 28 368 ff.
- Marktstrukturgesetz 28 360, 363
- MEG Milch Board 28 384 ff.
- Mitglieder/Mitgliedschaft von Nichterzeugern 28 272 ff.
- Obst und Gemüse 28 275
- Preisempfehlungen, Marktstrukturgesetz 28 379
- spezielle Regelungen des EU-Agrarmarktrechts 28 395
- staatliche Förderungen nach Marktstrukturgesetz 28 377
- staatliche Überprüfung bei Begünstigungen 28 381
- Stärkung durch das Marktstrukturgesetz 28 372
- unechte Legalausnahme 28 370
- unverbindliche Preisempfehlungen 28 309
- Vereinigung von ~en 28 277

– Verhältnis von § 28 zum Marktstrukturgesetz **28** 380
– Wettbewerbsausschluss **28** 321
– Zwischenstaatlichkeitsklausel **28** 388

Erzeugnisse, landwirtschaftliche
– Anhang I des AEUV **28** 343
– Be- oder Verarbeitung **28** 261
– Definition **28** 118, 255, 343 ff.
– Ersetzung der deutschen Bestimmungen **28** 338
– Erzeugnisse der ersten Verarbeitungsstufe **28** 349
– Erzeugung durch Be- oder Verarbeitung **28** 295
– Erzeugung oder Absatz **28** 290 ff.
– EuGH zu Anhang I des AEUV **28** 344
– fremderzeugte Produkte **28** 268
– Nicht-Anhang-I-Erzeugnisse **28** 345
– offenkundiges wirtschaftliches Zuordnungsverhältnis **28** 353
– Öle/Margarine **28** 349
– Pflanzenzucht **28** 328
– Produktinnovationen **28** 347
– Sortierung, Kennzeichnung und Verpackung **28** 337
– Tierzucht **28** 328
– Urerzeugung **28** 262
– Waren durch Be- oder Verarbeitung gewonnen **28** 346 ff.
– Zuckerindustrie **28** 263
– Zukauf von Rohmilch **28** 270

Erzwingung unangemessener Vertragsbedingungen siehe *Konditionenmissbrauch*

Eschwege-Verfahren
– Bundeskartellamt **29** 17

Essential facilities 19 110, 147 ff.

EU-Kartellrecht
– Anwendungsvorrang **28** 24 f.
– Interessenabwägung, missbräuchliche Ausnutzung **19** 19

– Missbrauch durch freigestellte Kartelle **19** 206
– Preismissbrauch **19** 31
– Sortierung, Kennzeichnung und Verpackung **28** 339
– Spezialnorm im Landwirtschaftsbereich **28** 29
– Verhältnis zu Landwirtschaft **28** 26
– Verhältnis zu Wettbewerbsregeln **24** 22 f.
– Wettbewerbsregeln **24** 5

EU-Kommission
– Bagatellbekanntmachung zu Spürbarkeitskriterien **1** 262
– Bestimmung kleinere und mittlere Unternehmen **3** 111
– Beurteilungsspielraum, freigestellte Vereinbarungen **2** 35
– Geldbußenbeschluss **34** 33
– Horizontal-Leitlinien **2** 136 ff.
– klarstellende Freistellungsentscheidung **2** 28
– kollektiver Rechtsschutz **33** 183
– Kompetenzen der EU im Hinblick auf §§ 1, 2 GWB **2** 13 ff.
– Krisenermächtigung, EU-Agrarmarkt **28** 202 ff.
– Liste qualifizierter Einrichtungen, Verbandsklagebefugnis **33** 174 f.
– Marktabschottung **1** 270
– Prüfung staatlicherseits initiierte Marktverbände **28** 93
– Sektoruntersuchung **32e** 60
– Sektoruntersuchung, Pharma **32e** 38
– Überschreitung der Ermächtigung, Gruppenfreistellung **2** 97
– Umweltschutzvereinbarung **1** 374
– Verfahren wegen Verstoßes gegen Art. 101, 102 AEUV **22** 56
– Verfahrenseinleitung **33** 283 f.
– Vertikal-Leitlinien **2** 136 ff.

– Wettbewerbsbeeinträchtigung, Mittelstandskartell 3 208
EU-Leitlinien-Zwischenstaatlichkeit
– kleinere und mittlere Unternehmen 3 45
– Regionalkartelle 3 55 f.
EU-Recht
– Anwendung des nationalen Rechts 2 49
– Befugnisse der Kartellbehörden, Sanktionen Vor 32 3
– deckungsgleiche Auslegung, nationales und europäisches Kartellrecht 1 46 ff.
– Durchsetzung des Art. 101 AEUV 2 8
– Fallgruppen 1 428
– Freistellungsentzug 32d 4
– Kompetenzen der EU im Hinblick auf §§ 1, 2 GWB 2 13 ff.
– Preisbindung 30 45
– Sonderstellung des § 3 GWB, Mittelstandskartelle 3 6 ff.
– Verhältnis zum Kartellrecht, § 1 GWB 1 44 ff.
– vertikale Beschränkungen bei Mittelstandskartellen 3 21
– Vorteilsabschöpfung 34 33 ff.
EU-Wettbewerbsrecht
– Anwendung 22 1 ff. *siehe auch Anwendung europäischen Wettbewerbsrechts*
– Beurteilung von Kooperationen kleinerer/mittlerer Unternehmen 3 204
– Beweislastfragen bei Mittelstandskooperationen 3 223 ff.
– Freistellung von Mittelstandskartellen 3 213 ff.
– Mittelstandskartelle 3 201 ff.
– numerische Bestimmung kleinere/mittlere Unternehmen 3 205 ff.
– vom Verbot ausgenommene mittelständische Kooperationen 3 210 ff.
EuGH
– Cassis-Rechtsprechung 29 3
– Einzelfallabwägung 33 261
– Kone-Entscheidung 33 81
– Mitverschuldensanrechnung 33 252 f.
– Schadensberechnung 33 212
– Schadensersatzhaftung 33 231
– Verpflichtungszusagen 32b 66
– wirtschaftlicher Charakter der Nachfrage 1 60
Europäisches Agrarkartellrecht
– Abgrenzung zwischen Agrarmarkt- und Agrarkartellrecht 28 135 ff.
– Agrarmarkt als Binnenmarkt 28 129
– Agrarmarktvorbehalt als erste Stufe 28 144 ff.
– Anwendbarkeit 28 126
– besondere Bündelungsobergrenzen 28 186 ff.
– Dreistufigkeit 28 131 ff.
– Entstehungsgeschichte des Art. 42 AEUV 28 127 ff.
– fehlende Kollisionsregelung 28 247 ff.
– gemeinsame Wettbewerbsregeln 28 132 f.
– Genossenschaften und Kartellverbot 28 131
– GMO Fisch 28 205
– Handhabung des Landwirtschaftsvorbehalts 28 131
– Inhalt des EU-Agrarorganisationenrechts 28 156 ff.
– Konzeption des Art. 42 AEUV 28 126
– Krisenermächtigung des Art. 222 VO (EU) Nr. 1308/2013 28 202 ff.
– Legalausnahme 28 126

- Nutzung als Leitlinien 28 246
- Reform 1991/92 – Fortentwicklung des Kartellrechts 28 85
- Sortierung, Kennzeichnung und Verpackung 28 339
- Steuerung durch Richtpreise/Beilhilfen 28 132
- Stufe 1, Agrarmarktvorbehalt 28 144 ff.
- Stufe 2 – Erzeugerbetriebsvorbehalt 28 208 ff.
- Überlagerung des § 28 bei zwischenstaatlichen Entscheidungen 28 243 ff.
- Verfahren bei Branchenverbänden 28 198 ff.
- Verhältnis zu GWB 28 29
- Verhältnis zur nationalen Landwirtschaftsnorm 28 125 ff.
- Vorrang vor dem Marktstrukturgesetz 28 388
- Zuckerrübenlieferrechte 28 134

Europäisches Agrarorganisationenrecht
- Beispiel für Agrarmarktvorbehalt 28 156
- besondere Bündelungsobergrenzen 28 186 ff.
- drei Organisationsformen 28 163
- Entwicklung 28 157 ff.
- erzeugnisspezifisches Durchführungsrecht 28 164
- GMO Fisch 28 205
- Instrumente zur Steuerung des Agrarmarktes 28 197
- Krisenermächtigung des Art. 222 VO (EU) Nr. 1308/2013 28 202 ff.
- sektorspezifische Regelungen über Erzeugerorganisationen 28 161 f.
- staatliche Anerkennung von Agrarorganisationen 28 183 f.
- Systematik der Verordnung (EU) Nr. 1308/2013 28 168 ff.
- Verfahren bei Branchenverbänden 28 198 ff.
- Verordnung (EG) Nr. 1234/2007, Erzeugergemeinschaften, Branchenverbände 28 163
- Verordnung (EG) Nr. 952/97 28 161
- Verordnung (EWG) Nr. 1360/78, Erzeugergemeinschaften und ihre Vereinigungen 28 160

Ex tunc/ex nunc
- Erwerb eines Geschäftsanteils 1 391
- Nichtanmeldung von Zusammenschlüssen 1 392
- Nichtigkeit wettbewerbsbeschränkender Vereinbarungen und Beschlüsse 1 390 ff.

Exklusivvereinbarung 19 67

Fachaufsicht, Wasserwirtschaft
- abweichende Entscheidung der Kartellbehörde 31b 16
- Benehmensbegriff 31b 14
- Umweltministerien der Länder 31b 11
- unterlassene Anhörung 31b 17
- verweigerte oder unterlassene Mitwirkung 31b 18
- Zeitpunkt des Ins-Benehmen-Setzens 31b 13
- Zuständigkeit 31b 10 ff.

Faktor, preisbildender
- unternehmensindividueller 29 61

Fallgruppen
- Arbeits- und Bietergemeinschaften 1 429 ff.
- Einkaufskooperationen 1 446 ff.
- Gebietsaufteilung 1 464 f.
- Gruppenfreistellungsverordnungen 1 428
- Immaterialgüterrechte 1 465 ff.
- Informationsaustausch 1 490

- inländisches/europäisches Recht 1 428
- Kundenschutz 1 464
- Marktaufteilung 1 464
- Preisabsprachen 1 458 ff.
- Produktionsvereinbarungen 1 520 ff.
- Rechtsbegriffe des § 1 GWB 1 427
- Spezialisierungsvereinbarung 1 520 ff.
- Vereinbarung über Normen und Standardbedingungen 1 527 ff.
- Vermarktungsvereinbarung und gemeinsamer Vertrieb 1 550 ff.
- Verträge mit Verwertungsgesellschaften 1 489

Fehlen wesentlichen Wettbewerbs 18 55

Fehlerhafte Gesellschaft
- Erwerb eines Geschäftsanteils 1 391
- Körperschaften 1 380
- Nichtigkeitsfolge ex tunc/ex nunc 1 390
- Personalgesellschaften 1 381, 383

Fenin-Rechtsprechung
- Unternehmenseigenschaft der Arbeitgeber 1 78
- unternehmerische Nachfrage 1 62
- wirtschaftliche Tätigkeit der öffentlichen Hand 1 116

Fernsehunternehmen
- Zugang zu Werbemedien 19 128

Fernwärme
- Rückzahlung noch nicht abgerechneter Zeiträume 31b 22

Festpreisvereinbarung 1 459

Feststellverfügung 32 2

Finanzinvestoren
- Informationsaustausch bei Unternehmenstransaktionen 1 510

Finanzkraft
- Begriff 18 64
- Marktbeherrschung 18 63 f.

Fischereisektor
- Binnenmarkt 28 129
- Fischereierzeugnis 28 17
- gemeinsame Marktorganisation, GMO Fisch 28 145, 205

Folgevertrag 1 399
- Beseitigungsanspruch 1 406

Follow-on Klagen
- Bindungswirkung 33 266
- faktischen Privilegierung 33 293
- Schadensersatzanspruch 33 198

Förderungsregeln *siehe Verbots- und Förderungsregeln*

Forschung *siehe Wissenschaft und Forschung*

Forschungs- und Entwicklungs-GVO, F&E-GVO
- Anwendungsumfang 2 123
- Freistellung auf Grundlage der Generalklausel des § 2 2 126
- horizontale Kooperationen 2 124
- Kernbeschränkungen 2 125
- Marktanteilsschwelle 2 124
- Technologie-Transfer-GVO 2 120

Forstwirtschaft
- Definition der Forsterzeugnisse 28 411
- inhaltliche Integrierung 28 116
- Marktstrukturgesetz 28 361
- Zusammenschlüsse, BWaldG 28 399 ff. *siehe auch Bundeswaldgesetz*

Fortbestehen von Wettbewerb
- Abwägungskriterium 2 80
- Ausschaltung des Wettbewerbs 2 78
- Ausschluss der Freistellung, § 2 Abs. 1 Nr. 2 GWB 2 76 ff.
- Bestimmung der betreffenden Waren 2 77
- Missbrauch einer marktbeherrschenden Stellung 2 79
- wesentlicher Teil der betroffenen Produkte 2 79

Fortgeltungsanordnung
- Wasserwirtschaft Einl. 31–31b 4

Franchisevertrag
- Ausschließlichkeitsbindungen bei Modeartikeln 1 331
- Beschränkungen zum Schutz des übermittelten Know-Hows 1 324 f.
- Bezugsbindungen des Franchisenehmers 1 330 ff.
- Dienstleistungsfranchising 1 323
- duales Vertriebssystem 1 327
- gemeinsame Werbung 1 557
- Konkurrenzschutzpflicht 1 334
- Konzernprivileg 1 324
- nachvertragliches Wettbewerbsverbot 1 332
- Produktionsfranchising 1 323
- unternehmensbedingte Abhängigkeit 20 20
- vertikale Preisbindung 1 327
- vertikale Vereinbarungen 1 324
- Vertragseinordnung 1 322
- Vertriebsfranchising 1 323
- Wettbewerbsverbote 19 69

FRAND-Selbstverpflichtung 1 532

Französische Milchpreisempfehlung 28 93 ff.

Freiburger Schule 1 5

Freie Berufe
- Begriff 1 84
- Immanenzvorbehalt, Berufsordnung 1 233
- Kammersatzungen 1 232
- Standesrecht und Anwendung des GWB 1 89
- Unternehmensbegriff 1 84 ff.
- unzulässige Verbote in Berufsordnung 1 232
- Wettbewerbsbeschränkungen 1 231 ff.

Freigestellte Vereinbarungen
- Abgrenzungsschwierigkeiten 2 23
- Allgemeines 2 2 ff.
- Anpassung an Art. 101 Abs. 3 AEUV 2 6
- Anwendungsbereich 2 21 ff.
- Aufhebung der Sonderregelungen für vertikale Beschränkungen 2 85
- Auslegung 2 48 ff.
- Ausnahmen von der Anwendung des Europarechts 2 49
- Ausnahmeregelung 2 1
- außerwettbewerbliche Interessen 2 47
- Befristung 2 33
- Bekanntmachungen 2 136 ff.
- Beschränkungen auf Tatbestandsebene, Immanenztheorie 2 86
- Beurteilungsspielraum 2 35
- Beweislast im Verwaltungs- und Bußgeldverfahren 2 37 f.
- Compliance 2 30
- deutsches und europäisches Kartellverbot 2 8 ff.
- Effizienzgewinn 2 55 ff.
- Einschreiten der Kartellbehörde 2 27
- Entstehungsgeschichte 2 4 ff.
- Entzug mit Wirkung für die Zukunft 2 34
- Erteilung einer Ministererlaubnis 2 84
- europäisches Recht 2 1
- Fortbestehen von Wettbewerb 2 76 ff.
- Generalklausel 2 44 ff.
- Gruppenfreistellungsverordnungen 2 87 ff.
- höhere Rechtssicherheit des früheren Systems 2 9
- Immanenztheorie 2 45 f.
- Konkurrenz Vorrang gegenüber der Kooperation 2 3
- Kritik an der Regelung 2 19 f.
- Leitlinien 2 136 ff.
- Modifizierungen durch die 8. GWB-Novelle 2013 2 7

- privatrechtliche Ansprüche **2** 27
- Prognoseentscheidungen **2** 53
- Rechtsfolge der Freistellung **2** 27 ff.
- Selbstfreistellung als Risiko **2** 28
- Spezialisierungskartelle **3** 80
- Übernahme der früheren Entscheidungspraxis **2** 81 ff.
- Überprüfungen **2** 31
- Verhältnis von § 1 zu § 2 GWB **2** 3
- Verhältnis von Abs. 1 zu Abs. 2 **2** 50 f.
- Verhältnis zu Art. 101 Abs. 3 AEUV **2** 48 f.
- Verhältnis zu Art. 101 AEUV **2** 4
- Verhältnismäßigkeit der Beschränkung **2** 68 ff.
- Verschulden **2** 54
- Vollharmonisierung des nationalen/europäischen Wettbewerbsrechts **2** 11
- Voraussetzungen der Freistellung **2** 52 ff.
- zugunsten der Marktgegenseite **2** 62

Freistellung, § 31 GWB
- Nicht-Diskriminierungsklausel **31** 10 ff.
- Schriftform **31** 15 ff.
- Tatbestände **31** 1 ff.
- Verbundklausel **31** 13 f.
- Vergleichbarkeit der Abnehmer **31** 11
- Wasserversorgung **31** 1 ff.

Freistellungsentzug
- Anwendungsfälle **32d** 22 f.
- Beweisanforderungen **32d** 19
- Bindungswirkung **32d** 17
- Einzelfallbetrachtung **32d** 10
- Entscheidung **32d** 13 ff.
- Entstehungsgeschichte **32d** 3
- Grundgedanke der Regelung **32d** 1
- Inlandsmarkt **32d** 11
- Kernfragen **32d** 7
- konstitutive Wirkungsweise **32d** 8
- Nebenbestimmung **32d** 15
- Normstruktur **32d** 8 ff.
- praktische Bedeutung **32d** 2
- rechtliche Einordnung **32d** 4 ff.
- Rechtsschutz **32d** 21
- Rücknahme **32d** 6
- Verfahren **32d** 18 ff.
- Vertrauensschutz **32d** 6, 12
- Voraussetzungen **32d** 9
- Wegfall der Freistellung **32d** 16 f.
- Zuständigkeit der Kartellbehörde **32d** 20

Freistellungsmissbrauch
- Marktstellungsmissbrauch **31b** 19
- Wasserwirtschaft **31** 20, 24

Freistellungsvereinbarung, Presse-Grosso
- Ausweitung auf andere Erzeugnisse **30** 76
- beiderseitige Pflichten **30** 63
- Beteiligte **30** 57 ff.
- BGH **30** 65 ff.
- Branchenvereinbarung **30** 53 ff.
- Inhalt **30** 60 ff.
- Kritik **30** 72 ff.
- vor europäischem Hintergrund **30** 64 ff.
- zentrale Koordination **30** 66
- Ziel **30** 60
- Zugang auch für kleinere Verlage **30** 62

Fünf-Jahres-Frist
- Vorteilsabschöpfung **34** 31 f.

Fusionskontrolle
- Befugnisse der Kartellbehörden, Sanktionen **Vor 32** 9 f.
- einstweilige Maßnahmen **32a** 5
- Erzeugerbetriebsvorbehalt **28** 211
- Landwirtschaft und Fusionskontrollregelungen **28** 18 ff.

– Verfahren im Bereich landwirtschaftlicher Produkte 28 22
– Verhältnis, Marktmachtmissbrauch durch freigestellte Kartelle 19 214
– Verstoß, Betroffener 33 146 ff.
Fusionszwang *siehe Kartell- und Fusionszwang*

Gaslieferungsverträge
– Bundeskartellamt, Vertragsvorgaben 32 32
Gasmarkt
– Liberalisierungsstufen 29 25 f.
– Marktabgrenzung 29 21 ff. *siehe auch dort*
Gasversorgung
– detailliert geregeltes Durchleitungsregime 29 21
– keine lokalen Abhängigkeiten 29 26
GD Wettbewerb
– gezielte Kampfpreisunterbietung 19 105
Gebietsaufteilung 1 464
Gebietsbeschränkung
– Erschöpfung des Verbreitungsrechts, Urheberrecht 1 482
– Urheberrecht 1 482
Gebietskörperschaft
– neuer Konzessionsvertrag 31 9
– Unternehmensbegriff 1 120
Gebietsschutzabreden 1 464
– Ausgleichszahlungen 1 461
– Kollektivmarken 1 477
Gebotsverfügung
– Abstellungsmaßnahmen 32 19
– in dynamischen Märkten 32 63
– strukturelle Maßnahmen 32 20 ff.
– verhaltensorientierte Maßnahmen 32 25
– Verhältnismäßigkeit 32 1
– Verhältnismäßigkeit im engeren Sinne 32 64 ff.

Gebrauchsmuster
– Verhältnis zum Wettbewerbsrecht 1 465
Gebührenrecht
– Verhältnis allgemeines Kartellrecht, Wasserversorgung **Einl. 31–31b** 27 ff.
Gegenkartelle
– Beeinträchtigung des Restwettbewerbs 3 173
– Begriff 3 172
– Freistellung 3 172 f.
– Kartelle in marktschwachen Märkten 3 172 ff.
Gegenmacht
– Einkaufskooperationen 1 454
– Gegenmachtsanalyse im LEH 1 455
Geheimhaltungsverpflichtung
– Markenlizenzvertrag 1 472
Geheimwettbewerb 1 492
Geldbuße
– Missbrauch durch freigestellte Kartelle 19 197
– Ordnungswidrigkeit, § 81 Abs. 2 GWB 1 413
– Transparenz des Beschlusses 34 34
– Verhältnismäßigkeit der Höhe, Mittelstandskartell 3 226
– Vermeidung doppelter Vorteilsabschöpfung 34 35
– Verzinsung 1 414
– Vorteilsabschöpfung durch Verbände 34a 20
Geltendmachung von Rechten 19 190
Geltungserhaltende Reduktion
– Ausscheiden aus Gemeinschaftspraxis 1 394
– Beweislast 1 395
– Gebiets- und Kundenschutzklauseln 1 393
– Markenabgrenzungsvereinbarung 1 393, 396

– nachvertragliches Wettbewerbsverbot 1 394
– räumliche Überschreitung der Grenze des Wettbewerbsverbots 1 394
– salvatorische Klausel 1 395
– überlange Bezugsbindungen 1 393
– Überschreitung der gegenständlichen/sachlichen Grenze 1 393 f.

Gemeinde
– Beispiele zu wirtschaftlicher Tätigkeit 1 120
– Unternehmensbegriff 1 120

Gemeinnützige Organisation
– Unternehmensbegriff 1 54

Gemeinsame Agrarpolitik, GAP
– Agrarmarktvorbehalt als erste Stufe 28 144 ff.
– Bündelungsobergrenzen 28 186 ff.
– Erzeugerbetriebsvorbehalt 28 288
– EU-Agrarorganisationenrecht 28 156 ff.
– GMO Fisch 28 205 ff.
– Holz 28 401
– keine Gefährdung der Ziele der GAP 28 224 ff.
– Krisenermächtigung des Art. 222 VO (EU) Nr. 1308/2013 28 202 ff.
– Notwendigkeit der Verwirklichung der Ziele der GAP 28 221 ff.
– Preisbindungsverbot und Wettbewerbsausschluss 28 230 ff.
– Reichweite der Ausnahmen 28 236 ff.
– Sortierung, Kennzeichnung und Verpackung 28 342
– Systematik der Verordnung (EU) Nr. 1308/2013 28 168 ff.
– weitere Regelungen in der VO (EU) Nr. 1308/2013 28 193 ff.
– Zuständigkeit für die Entscheidung über Ausnahmetatbestände 28 230 ff.

Gemeinsame Erklärung der Spitzenverbände der gewerblichen Wirtschaft 24 50 f.

Gemeinsame Marktorganisationen, GMO 28 144 ff.

Gemeinsamer Zweck
– Historie 1 11

Gemeinschaftsunternehmen (GU)
– beherrschender Einfluss 1 595
– deutsche Begriffsbestimmung 1 588
– Gegenstand der Doppelkontrolle 1 589
– Grundsatz der Doppelkontrolle 1 589
– Gruppeneffekt 1 589
– kartellfreie GU 1 594
– konzentrative und kooperative GU 1 593
– Minderheitsbeteiligung 1 594
– paritätische GU 1 588
– Prüfung eines Verstoßes gegen § 1 GWB 1 592
– Rechtsfolgen 1 595 f.
– Überblick 1 587 f.
– Verhältnis zu Mittelstandskartell 3 197 ff.

Gemeinwohl
– Interessenabwägung, missbräuchliche Ausnutzung 19 18

Generalklausel, § 31 Abs. 3 GWB 31 22 ff.

Genossenschaft
– amerikanische Militärregierung 28 38
– Begriff 28 10
– Benutzung gemeinschaftlicher Einrichtungen 28 296
– besondere Treuepflicht 1 296
– Beurteilung nach dem MRG Nr. 56 28 82
– Einkaufskooperationen 1 446
– Einstufung 28 10

- Erzeugerbetriebsvorbehalt 28 212 ff.
- Kartellgesetz, § 75-E 1955 28 72
- landwirtschaftliche Kooperationsform 28 9
- LG Hamburg vom 6.3.1952 28 74 f.
- Nebenabreden 1 296
- nicht vom Anwendungsbereich der Verordnung Nr. 26 erfasst 28 219
- Normierung einer EU-Genossenschaft 28 216 f.
- Rechtsprechung des RG, KartellV 1923 28 39 f.
- Satzungen 1 296
- Sicherung der Funktionsfähigkeit 1 296
- Taxi, Umleitung von Fahraufträgen 1 297
- Unternehmensbegriff 1 122
- Verbot der Doppelmitgliedschaft 1 297
- Verordnung Nr. 26 28 213 ff.
- wettbewerbsbeschränkende Vereinbarung 28 11
- Wettbewerbsverbote in Satzungen 1 297

Genossenschaftsprivileg
- landwirtschaftliche Erzeugerbetriebe 28 13

Gentlemen Agreements
- Vereinbarung i.S.d. § 1 GWB 1 143

Gesamtgläubigerschaft
- Vorteilsabschöpfung durch Verbände 34a 22

Gesamtschuldnerische Haftung
- bisheriges Recht 33 292
- Entstehung von Ausgleichsansprüchen 33 308
- Kritik bei Privilegierungen 33 295
- künftige Privilegierungen 33 293 ff.

- Regress nach § 426 Abs. 2 BGB 33 314 ff.
- Verjährung von Ausgleichsansprüchen 33 306 ff.
- Verjährung von Regressansprüchen 33 314 ff.
- Wirkung von Vergleichen 33 301 ff.

Geschäftliche Bezeichnung 1 478

Geschäftliche Handlung
- Unternehmensbegriff 1 55

Geschäftsabbruch
- Behinderungsmissbrauch 19 107
- Bezugs- oder Absatzalternativen 19 137
- Diskriminierung von Handelspartnern 19 86
- Druckmaßnahmen anderer Abnehmer 19 141
- finanzielle Unzuverlässigkeit 19 142
- funktionale Gründe 19 145
- Konkurrenzverhältnis 19 141
- Krisenzeiten wegen höherer Gewalt 19 144
- langjährige Ausrichtung auf Marktbeherrscher 19 138
- Realisierung von Effizienzvorteilen 19 143
- Rechtfertigung 19 139
- Veränderung der Vertriebsorganisation 19 140
- verhaltensbedingte Gründe 19 146
- Verhältnismäßigkeitsprüfung bei verhaltensbedingten Gründen 19 146
- wirtschaftlicher Grund 19 140
- Zeitmoment 19 139

Geschäftsanteil, Erwerb
- Grundsätze der fehlerhaften Gesellschaft 1 391

Geschäftsgeheimnis
- Informationsaustausch 1 495
- Sektoruntersuchung 32e 41

Geschäftsverweigerung
- Allgemeines 19 107 ff.
- Diskriminierung von Handelspartnern 19 86
- Geschäftsabbruch 19 107, 137 ff.
- horizontale/vertikale Beziehungen 19 112
- im engen Sinne 19 115 ff.
- Interessenabwägung 19 113
- konstruktive Weigerung 19 107, 134
- Kontrahierungszwang 19 107 ff.
- Missbrauch durch freigestellte Kartelle 19 203
- Nachfrage-/Anbieterbehinderung 19 114
- Prioritätenmitteilung der Kommission 19 111
- Verwehrung des Marktzugangs 19 110
- Verzögerungstaktik 19 107, 136
- zivilrechtliche Grundsätze 19 107

Geschäftsverweigerung im engen Sinne
- Aufnahmeverweigerung 19 121
- Fallgruppen 19 120 ff.
- Lieferverweigerung bei Engpässen 19 129 f.
- Lizenzverweigerung 19 131 ff.
- Motive 19 119
- Nachfragerbehinderung 19 115
- Newcomer 19 118
- potenzieller Wettbewerber 19 118
- Repartierung, Lieferverweigerung bei Engpässen 19 129
- Teilhabe an selektiven Vertriebssystemen 19 122
- Überblick 19 115 ff.
- Vorenthaltung der Geschäftsverbindung 19 117
- wirtschaftliche/funktionale/verhaltensbedingte Gründe 19 119
- Zugang zu Ausstellungen, Messen und Handelsplattformen im Internet 19 127
- Zugang zu Werbemedien 19 128

Gesellschaft bürgerlichen Rechts
- geschäftsführender Gesellschafter 1 301
- Unternehmensvereinigung 1 124
- Wettbewerbsverbote 1 288

Gesellschaftsrecht
- Abwerbeverbote 1 302 f.
- Freistellung nach Vertikal-GVO 1 287
- horizontale Wettbewerbsbeschränkung 1 287
- Partnergesellschaft 1 301
- sonstige Gesellschaften 1 301
- stiller Gesellschafter 1 301
- systematischer Überblick 1 286 f.

Gesellschaftsvertrag, kartellrechtswidrig
- Körperschaften 1 379
- Personalgesellschaften 1 381 ff.

Gesetzgebungskompetenz
- landesgesetzliche Kalkulationsvorgaben, Wasserwirtschaft **Einl. 31–31b** 53

Gesetzliche Krankenkasse
- Boykottverbot 21 26
- Gewinnerzielungsabsicht 1 94
- Missbrauch durch freigestellte Kartelle und sektorspezifische Verbote 19 211
- Unternehmensbegriff 1 90
- wirtschaftliche Tätigkeit 1 93 f.
- Zusatzbeitrag 1 101

Geständnisfiktion
- Missbrauchsaufsicht, Wasserwirtschaft 31 81

Gesundheitswesen
- Entscheidungspraxis zum Gesundheitsschutz 1 372
- Sozialversicherungsträger, wirtschaftliche Tätigkeit 1 90

- Unternehmensbegriff 1 97 f.
- Verbandsvereinbarungen 1 372
- Werbebeschränkungen in der Zigarettenindustrie 1 372

Gewerkschaft
- Unternehmensbegriff 1 82, 226
- Wettbewerbsbeschränkung 1 225

Gewinnbegrenzung
- Preisermittlung 29 63 ff.

Gewinnbeteiligung
- Angemessenheit 2 66
- Zeitraum der Verrechnung 2 66

Gewinnermittlung
- steuerlich, Vorteilsabschöpfung 34 36 ff.

Gewinnerzielungsabsicht
- private Bedarfsdeckung 1 66
- Unternehmensbegriff 1 54

Gewinnspannenbegrenzung 1 524

Gezielte Kampfpreisunterbietung
- Begriff 19 97
- Beurteilung des Gesamtverhaltens 19 102 f.
- Effizienzvorteile 19 102
- equally efficient competitor-Test 19 98
- GD Wettbewerb, Diskussionspapier 19 105
- Gesamtumstände des Preisgebarens 19 106
- Kosten-Preis-Schere 19 104
- Nachweisschwierigkeiten bei Niedrigpreisstrategie 19 99
- Niedrigpreisstrategie 19 98
- Preise oberhalb der durchschnittlichen variablen Kosten 19 101
- Preise unterhalb der durchschnittlichen Gesamtkosten 19 101
- Quersubventionierung 19 98, 103
- sacrifice-Test 19 105
- selektive Preisspaltung 19 104
- US-amerikanischer Ansatz, Areeda-Turner-Formel 19 106
- Zeitmoment 19 103

Gleichförmiges Verhalten 21 47 ff.

Gleichordnungskonzern
- Begriff 1 134
- personelle Verflechtungen 1 134
- wirtschaftliche Einheit 1 134

Graue Klauseln
- Gruppenfreistellungs-VO 2 106

Green data rooms 1 512 ff.

Groß- und Einzelhandel
- Wettbewerbsregeln 24 78

Grundrechte-Charta
- Befugnisse der Kartellbehörden, Sanktionen Vor 32 4

Grundsätzeverstoß
- Missbrauchsvorschrift, Wasserwirtschaft 31 29 ff.

Grundversorgung, Strom
- Marktabgrenzung 29 16 siehe auch Marktabgrenzung, Strom

Gruppenfreistellungsverordnung
- Anwendungsbereich 2 91
- Auslegung 2 14
- Auslegungsumfang 2 96
- dynamische Verweisung, § 2 Abs. 2 S. 1 2 88 ff.
- einzelne Gruppenfreistellungs-VO 2 108 ff.
- entsprechende Anwendung, Auslegung 2 93 ff.
- Entzug der Freistellung 2 107
- Ermächtigungsverordnungen 2 89
- Erteilung einer Ministererlaubnis 2 101
- Fallgruppen 1 428
- Festsetzung eines maximalen Marktanteils 2 103
- Forschung- und Entwicklung 1 428
- Freistellung von Mittelstandskartellen 3 214 ff.
- Indizwirkung für die Anwendung der Generalklausel 2 51
- keine inhaltliche Modifikation einzelner Freigabetatbestände 2 94

- Kfz-GVO 2 121
- Kraftfahrzeugsektor 1 428
- Mittelstandskartelle, vertikale Beschränkungen 3 21
- Prüfung der Generalklausel 2 87
- Rang eines einfachen Gesetzes 2 90
- rechtswidrige ~ 2 97 f.
- Schaffung einer Höchstschwelle 2 104
- schwarze/graue Klauseln 2 106
- Spezialisierungs-GVO 2 127
- Spezialisierungsvereinbarung 1 428
- Struktur der Verordnungen 2 103 ff.
- Tatbestände des GWB a.F. 2 101 f.
- Technologie-Transfer-GVO 2 114 ff.
- Umsatz- und Schwellenwerte 2 95
- Verkehr 2 131 f.
- Versicherungswirtschaft 2 133 ff.
- Vertikal-GVO 2 109 ff.
- vertikale Vereinbarungen 1 428
- vertikale Vereinbarungen, Unterschiede zur GWB a.F. 2 102
- zwischenstaatlicher Handel 2 91

Gütegemeinschaft
- Ablehnung der Aufnahme von Unternehmen 20 49 f.

Gütezeichengemeinschaften 1 477

GWB-Novelle, 9.
- Adressaten 30 84 f.
- Ausblick 30 80 ff.
- Inhalt der Norm 30 84 ff.
- Kritik 30 91
- redaktionelle Tätigkeiten 30 87
- Referentenentwurf 2016 30 82
- Verkauf unter Einstandspreis 20 40
- verlagswirtschaftliche Zusammenarbeit 30 86
- Zweck der Norm 30 82 f.

Haftung
- bei Preisschirmeffekten 33 231
  siehe auch Preisschirmeffekte

Handelsbrauch
- Standardbedingungen 1 538

Handelsplattform im Internet, Zugang 19 127

Handelsvertreter
- Abgrenzung echter/unechter Handelsvertreter 1 310
- Alleinvertreterklauseln 1 318 f.
- echter Handelsvertreter 1 308 f.
- Handelsvertreterprivileg 1 307
- Lagerkosten 1 310
- Leitlinien über vertikale Vereinbarungen 1 310
- Markenzwang 1 318
- Mehrfirmenvertretung 1 312
- Produkt-/Produzentenhaftung 1 310
- Provision 1 310, 317
- Transportkosten 1 310
- unternehmensbedingte Abhängigkeit 20 20
- Werbeaufwendungen 1 310
- Wettbewerbsverbote 19 69

Hardcore-Kartelle 3 50

Harmonisierung
- deckungsgleiche Auslegung 1 46 ff.
- nationale Ausnahmetatbestände 2 12
- nationales und EU-Agrarkartellrecht 28 246
- nationales und europäisches Kartellrecht 1 45
- nationales und europäisches Wettbewerbsrecht 2 11

Hauptsacheverfahren
- einstweilige Maßnahmen 32a 9

Headhunter 1 302

Heizstrom
- eigener Markt 29 20

Herausgabeanspruch
- Beweismittel, Referentenentwurf 33 256

Herstellergarantie 1 154

Historie
- abgestimmte Verhaltensweisen 1 167 f.
- Agrarmarktvorbehalt 28 144
- amerikanisches Gesetz Nr. 56 1 6
- Antrag auf Anerkennung von Wettbewerbsregeln 24 7 f., 14 ff.
- Anwendung europäischen Wettbewerbsrechts 22 6 ff.
- Behinderung kleiner und mittlerer Unternehmen 20 30
- BGH zum Teerfarben-Kartell 1 9
- europäisches Agrarorganisationenrecht 28 157 ff.
- Fehlen der Tatbestandsalternative der abgestimmten Verhaltensweisen 1 11
- Freiburger Schule 1 5
- freigestellte Vereinbarungen 2 5 ff.
- gemeinsamer Zweck 1 11
- Gesetz Nr. 35, Farbenindustrie 1 6
- Inkrafttreten der 6. GWB-Novelle 1 16
- Inkrafttreten der 7. GWB-Novelle 1 17
- Inkrafttreten der 8. GWB-Novelle 1 20
- Inkrafttreten des GWB 1 9
- KartellNotVO von 1930 1 3
- Kartellrecht 1 1 ff.
- Kartellverordnung von 1923 1 3
- Kompetenzen der EU im Hinblick auf §§ 1, 2 GWB 2 13 ff.
- Kritik an der Regelung: freigestellte Vereinbarungen 2 19 f.
- Landwirtschaft, Entwicklung des § 100 GWB zum heutigen 28 28 112 ff.
- Landwirtschaftsregelung, 1914–1945 28 31 ff.
- Landwirtschaftsregelung, § 75-E 1952 28 47 ff.
- Landwirtschaftsregelung, § 75-E 1955 28 65 ff.
- Landwirtschaftsregelung, Dekartellisierungsrecht im Konflikt mit Genossenschafts- und Agrarmarktrecht 28 74 ff.
- Landwirtschaftsregelung, Dekartellisierungsrecht von 1947 28 37 ff.
- Landwirtschaftsregelung, Kartellgesetzentwurf von 1949 28 41 ff.
- Marktbeherrschung 18 1 f.
- Marktmissbrauch **Vor 18–20** 5 ff.
- Marktstrukturgesetz 28 359
- Mittelstandskartelle 3 1
- Nichtigkeit wettbewerbsbeschränkender Vereinbarungen und Beschlüsse 1 385
- Ordoliberalismus 1 5
- Rechtsfolgen 1 378
- sächsisches Holzstoffkartell 1 3
- Veranlassung verbotenen Verhaltens 21 29
- verbotenes Verhalten von marktbeherrschenden Unternehmen 19 2 f.
- verbotenes Verhalten von Unternehmen mit relativer oder überlegener Marktmacht 20 3
- Verbotsprinzip 1 16
- vertikale Vereinbarungen 1 13
- Widerspruchskartelle 1 19

Höchstpreisbindung
- Vertikal-GVO 31 10

Höchstpreisvereinbarung 1 254

Höchstschwelle
- Gruppenfreistellungs-VO 2 104

Holz 28 401 ff.

Holzvermarktung 28 410

Horizontal-Leitlinien 2 136 ff., 146 ff.

- Bedeutung für die Anwendung von §§ 1, 2 GWB 2 143 ff.
- Bundeskartellamt 2 149
- Entscheidungshilfe 2 138
- öffentliche Ankündigungen, Verhaltensabstimmung 1 182
- Standardbedingungen 1 535
- Vorrang vor einer eigenständigen nationalen Auslegung 2 139

Horizontale Vereinbarungen
- Absprachen über Preisbestandteile 1 268
- Aufteilung von Versorgungsquellen 1 268
- Behinderungsmissbrauch 19 88
- Erzeugerbetriebsvorbehalt 28 279
- Freistellung von Mittelstandskartellen 3 217
- Geschäftsverweigerung 19 112
- Markt- oder Kundenaufteilung 1 268
- Marktmissbrauch Vor 18–20 4
- Mittelstandskartelle 3 20
- Preisabsprachen 1 268
- quantitative Spürbarkeitskriterien 1 264
- Reichweite der Nichtigkeitssanktion 1 397
- Wirkungsanalyse bewirkter Wettbewerbsbeschränkungen 1 258

Horizontale Verhaltensabstimmungen 1 196

Identifizierbarkeit
- Informationsaustausch 1 501 f.

Imker 28 269 f.

Immanenztheorie
- freigestellte Vereinbarungen 2 45 f., 86

Immaterialgüterrechte
- Ausschließlichkeitsrecht 1 465
- geschäftliche Bezeichnungen 1 478
- Gütezeichengemeinschaften 1 477
- Kollektivmarken 1 477

- Lizenzverweigerung 19 166 ff.
- Markenabgrenzungsvereinbarung 1 474
- Marktabgrenzung 18 26
- normativer Wettbewerbsbegriff 1 465 f.
- Sortenschutz 1 479
- technische Schutzrechte 1 388
- Urheberrechte und verwandte Rechte 1 480 ff.
- Verhältnis zum Wettbewerbsrecht 1 465 f.
- Vorrechts- und Abgrenzungsvereinbarungen 1 474

Individualschutz 1 37 f.
- Unternehmensbegriff 1 49

Indizienbeweis
- Ausmaß des gleichförmigen Verhaltens 1 206
- Hinzutreten von Zusatzfaktoren 1 207
- marktstrukturelle Bedingungen 1 209
- Wettbewerbsbeschränkung 1 205
- Widerspruch zum wirtschaftlichen Eigeninteresse 1 207

Industrie- und Handelskammer
- Unternehmensvereinigung 1 127

Informationsaustausch
- abgestimmte Verhaltensweisen 1 179 f.
- Absatzmengen 1 496
- Aggregation der Daten 1 502
- Aktualität der Daten 1 498
- allgemein zugängliche Fundstellen 1 499
- Art der Information 1 495
- Art des Erwerbers, Unternehmenskauf 1 509
- Austausch von Preisen, Preisbestandteilen, preisbildenden Faktoren 1 495
- Austausch wettbewerbssensibler Daten 1 490

– Benchmarking 1 491
– Bieterverfahren 1 497
– Due-Diligence 1 506
– Durchschnittspreise 1 496
– Forschungsergebnisse 1 497
– Gehälter der Mitarbeiter 1 516
– Geheimwettbewerb 1 492
– Gesamtbetrachtung 1 493 f.
– Horizontalverhältnis 1 491
– Identifizierbarkeit 1 493, 501 f.
– im Rahmen von Unternehmenstransaktionen 1 506
– Kundenlisten 1 490, 497
– Marktinformationsverfahren (MIV) 1 491
– Marktstruktur und Markteigenschaften 1 503
– Maßstäbe für Einzelfallanalyse 1 495
– Personalthemen 1 516
– Preisankündigung 1 188
– Preise 1 490
– Preismeldestelle 1 491
– Produktionsmengen 1 496
– strategisch relevante Daten 1 495
– Surrogat für Kernbeschränkung 1 493
– typologische Erfassung 1 490 f.
– Verbandstreffen/Tagungen 1 490
– Verfügbarkeit der Daten 1 498
– Wertungsgrundlagen 1 492

Informelle Auskunft
– Grad der Selbstbindung 32c 50
– kein Anspruch 32c 48
– Vertrauensschutz 32c 51

Infrastruktureinrichtung
– Begriff 19 156 ff.
– bestehende Einrichtungen 19 159
– Zugang 19 154 ff.

Institutionenschutz
– Begriff 1 37
– potentielle Unternehmen 1 70
– Spürbarkeit der Wettbewerbsbeschränkung 1 260

– Unternehmensbegriff 1 49

Interessenverband
– Aufnahmeverweigerung 19 121

Internetpresse
– GWB-Novelle 30 85

Juristische Person
– Verzinsung der Geldbuße 1 414

Kalkulationsvorgaben
– Wasserwirtschaft 31 67 f.

Kampfpreisunterbietung, gezielte
  siehe gezielte Kampfpreisunterbietung

Kapitalgesellschaft
– einzelne Gesellschafter 1 294
– Vorstandsmitglieder 1 293
– Wettbewerbsverbot 1 293 f.

Kartell- und Fusionszwang
– Allgemeines 21 41 ff.
– Beteiligte 21 42
– Fusionszwang 21 46
– Konkurrenzen 21 51
– objektiver Tatbestand 21 42
– Rechtsfolgen 21 50
– subjektiver Tatbestand 21 44 ff.
– Veranlassung bei Kartellzwang 21 45
– Zwang 21 43
– Zwang zu gleichförmigem Verhalten 21 47 ff.

Kartellbehörde *siehe auch Landeskartellbehörde*
– Abstell- und Gebotsverfügung 32 2 ff.
– Abstellung und nachträgliche Feststellung von Zuwiderhandlungen 32 1
– Änderungsverfügung, Unwirksamkeitserklärung 31b 24
– Anerkennung von Wettbewerbsregeln 26 1 ff.
– Anerkennungsverfahren, Wettbewerbsregeln 24 57 ff.

1597

- Anmeldung der freigestellten Verträge, Wasserwirtschaft **31a** 2 ff.
- Anwendung europäischen Kartellrechts **2** 8
- Anwendung europäischen Wettbewerbsrechts **22** 27
- Aufhebungsmitteilung, Verträge der Wasserwirtschaft **31a** 9
- Auskunft über Alt-Wettbewerbsregeln **27** 9 f.
- Bedeutung der Leitlinien **2** 138 ff.
- Befugnisse *siehe Befugnisse der Kartellbehörden, Sanktionen*
- behördliche Schätzung, Vorteilsabschöpfung **34** 16 ff.
- Beurteilungsspielraum, freigestellte Vereinbarungen **2** 35
- Bußgeldverfahren **29** 73
- Darlegungs- und Beweislast **1** 202
- Ermessen **31b** 25
- fallbezogene Öffentlichkeitsarbeit **Vor 32** 21 ff.
- Feststellverfügung **32** 2
- Follow-on Klagen **33** 266
- kein Anlass zum Tätigwerden **32c** 1 ff.
- Lobby für den Wettbewerb **Vor 32** 27 f.
- Maßnahmen bei Boykottverbot **21** 25
- Missbrauch durch freigestellte Kartelle **19** 197 f.
- Missbrauchsaufsicht bei Mittelstandskartellen **3** 191
- Mitteilungspflichten, Außerkraftsetzung von Wettbewerbsregeln **26** 22
- Nachteilszufügung wegen Einschaltung der ~ **21** 52 ff.
- Rückerstattung von kartellrechtswidrig erlangten Vorteilen **32** 43 ff.
- Selbstbindung, Anerkennung von Wettbewerbsregeln **26** 11
- Tätigwerden von Amts wegen **29** 5
- Untersagungsverfügung **1** 412
- Verfahren bei Wettbewerbsregeln **24** 3
- Verfügungsadressat **Vor 32** 7
- Vorliegen einer Zwischenstaatlichkeit **22** 12
- Vorschreiben von Abhilfemaßnahmen **1** 412
- Vorteilsabschöpfung **29** 73; **34** 1 ff.
- wirtschaftspolitische Entscheidung **2** 61
- Zusagenentscheidung **32b** 15

Kartellbehörde, Wasserwirtschaft
- Aufhebungsmitteilung **31a** 9
- Auskunftspflicht **31b** 2 ff., 9
- Benehmen mit der Fachaufsicht **31b** 5 *siehe auch Benehmenspflicht*
- Sonderkartellrecht **31b** 5 f.

Kartelle, freigestellte
- Missbrauch **19** 192 ff.

KartellNotVO von 1930 **1** 3

Kartellprivileg
- Tarifverträge **1** 227 f.

Kartellrecht
- Abgrenzung AEUV und nationale Regelungen **1** 23 ff.
- aktuelle Rechtslage, Gebührenrecht **Einl. 31–31b** 36 ff.
- anwendbares Recht bei einseitigem Missbrauch **22** 39
- Anwendbarkeit bei Entgelten **Einl. 31–31b** 37 ff.
- Anwendung auf den Agrarbereich **28** 148
- Anwendung des europäischen Wettbewerbsrechts **22** 1 ff.
- Anwendungsvorrang der AEUV **1** 26
- Auslegung der Gruppenfreistellungsverordnungen **2** 14
- Auslegungsvorrang der AEUV **1** 27

- ausschließliche Anwendung nationalen Rechts **22** 14
- bisheriges Recht, Gebührenrecht **Einl. 31–31b** 27 ff.
- deckungsgleiche Auslegung nationales und EU-Kartellrecht **1** 46 ff.
- Empfehlungsverbot **1** 31
- Energiewirtschaft **29** 1
- Gesetzentwurf von 1949 **28** 41 ff.
- Gesetzgebungshistorie **Einl. 31–31b** 2
- Harmonisierung des nationalen und europäischen Wettbewerbsrechts **2** 11
- Harmonisierungspflicht **1** 45
- historische Entwicklung **1** 1 ff.
- Inkrafttreten der 6. GWB-Novelle **1** 16
- Inkrafttreten der 7. GWB-Novelle **1** 17
- Inkrafttreten der 8. GWB-Novelle **1** 20
- kein erweiterter Vorrang bei einseitigen Handlungen **1** 30
- keine Bündelungswirkung **22** 51
- Kompetenzen der EU im Hinblick auf §§ 1, 2 GWB **2** 13 ff.
- landesgesetzliche Kalkulationsvorgaben, Wasserwirtschaft **Einl. 31–31b** 47 ff.
- Missbrauchsverbot **Vor 18–20** 1
- Nichtanwendbarkeit auf öffentlich-rechtliche Gebühren/Beiträge **Einl. 31–31b** 36 ff.
- Ökonomisierung **Vor 32** 14 ff.
- parallele Anwendung von nationalem Recht und Europarecht **22** 19 ff.
- Stein-Hardenbergsche Reform **1** 3
- Übernahme des westalliierten Kartellrechts **28** 42
- Verhältnis zum Lauterkeitsrecht **24** 19 ff.
- Verhältnis zum Unionsrecht **1** 44 ff.
- Widerspruchskartelle **1** 19

Kartellrecht-Compliance-Programm
- Bedeutung **33** 204 ff. *siehe auch Compliance*

Kartellrechts-Irrtum
- anwaltliche Beratung, Schadensersatz **33** 201 ff.

Kartellrechtsadressatenkreis
- Unterlassung/Schadensersatz **33** 9

Kartellrechtsverstoß
- Boykott *siehe dort*
- sonstiges wettbewerbsbeschränkendes Verhalten *siehe sonstiges Verhalten*
- Vorsatz **34a** 6
- Vorteilsabschöpfung **34** 7
- Vorteilsabschöpfung durch Verbände **34a** 5

Kartellrechtsverstoß des Anspruchsgegners
- Abstellungsverfügung/Untersagungsverfügung **33** 51
- Anspruchsgegner/Passivlegitimation **33** 58 ff.
- Außerkraftsetzung anerkannter Wettbewerbsregeln **33** 45
- Bindungswirkung der Verfügung **33** 55
- Bindungswirkung rechtskräftiger Entscheidungen **33** 52
- europäischer Unternehmensbegriffs **33** 69
- Kartellbehörden im Sinne der Vorschrift **33** 54
- Kartellverbot **33** 44
- materielle Verbote **33** 44
- Muttergesellschaft Passivlegitimation **33** 64 ff.
- natürliche Personen ohne Unternehmenseigenschaft **33** 60 ff.
- relevante Normen **33** 45

- Schutzzweckzusammenhang **33** 42
- Verfügung der Kartellbehörde, Begriff **33** 50
- Verletzung kartellbehördlicher Ermächtigungsnormen **33** 47
- Verletzung von Verfahrens-/Formvorschriften **33** 46
- Verstoß gegen EU-Recht **33** 48
- Verstoß gegen kartellbehördliche Verfügung **33** 49
- Verstoß gegen Vorschriften des GWB **33** 42 ff.
- Wurstkartell **33** 67
- Zeitpunkt für Schadensberechnung **33** 56 f.

Kartellregress *siehe Ausgleichsanspruch; siehe Beseitigungs-/Unterlassungsanspruch; siehe Regressanspruch; siehe Schadensersatzanspruch*

Kartellschadensersatzrichtlinie 33 7 ff.
- Anspruchsberechtigter aus § 33 GWB **33** 110 ff.
- Anspruchsgegner/Passivlegitimation **33** 59 ff.
- Beweisführung **33** 254 ff.
- Beweislastumkehr **33** 221 ff., 248
- Beweisverwertungsverbot **33** 257
- Bindungswirkung **33** 16
- BVerwG **33** 20
- Dauer der Verjährung **33** 279 f.
- EuGH **33** 20
- Follow-on Klagen **33** 103
- Gerichtsstandort Deutschland **33** 24
- Gesamtschuldnerausgleich **33** 16
- Geschädigte **33** 82
- Großbritannien **33** 24 f.
- Haftung verbundener Unternehmen **33** 26
- Haftungsprivilegierung von KMU **33** 294 ff.
- Haftungsprivilegierung von Kronzeugen **33** 297 ff.
- Kone-Entscheidung **33** 81
- Kronzeugen **33** 26
- Kronzeugenerklärungen **33** 258
- mittelbare Beeinträchtigung **33** 101 ff.
- Offenlegung von Beweismitteln **33** 257
- Offenlegung von Beweismitteln, europäische Lösungen **33** 262
- ORWI-Entscheidung **33** 107 f.
- passing-on defense **33** 246
- praktische Bedeutung **33** 24 ff.
- Rechtsvergleich europäischer Regelungen **33** 15
- Richtlinienziel **33** 21
- sachlicher Anwendungsbereich **33** 13
- Sanktionen bei Beweismittelzurückhaltung oder -vernichtung **33** 259
- Schadensumfang **33** 16
- Schadensvermutung **33** 221
- Schwächen der Regelung **33** 107
- Settlements **33** 16
- Umsetzungsermessen **33** 19
- unmittelbare Wirkung **33** 23
- verbesserte Rechtsdurchsetzung des Geschädigten **33** 261
- Verjährung des Schadensersatzanspruchs **33** 189
- Verjährungsbeginn **33** 275
- Verjährungsbeginn, subjektives Element **33** 276 ff.
- Verjährungshemmung für Schadensersatzansprüche **33** 278
- Verjährungsunterbrechung **33** 16
- Vermutung für die Schadensabwälzung **33** 103 ff.
- Vorwirkung **33** 18 ff.
- Weiterwälzungsvermutung **33** 108
- wesentlicher Inhalt **33** 16 ff.

– zeitlicher Anwendungsbereich 33 14
– ZPO-Regelungen 33 22
Kartellverbot
– Kartellrechtsverstoß des Anspruchsgegners 33 44
– nicht vollständiger Anmeldung, Wasserwirtschaftsverträge 31a 7
Kartellverfahren
– allgemeines Verwaltungsrecht 33 284 f.
Kartellverordnung von 1923
– Missbrauchsprinzip 1 3
Kartellverwaltungsverfahren
– Beweislast 29 70
– Parallelen zum VwVfG **Vor 32** 6
Kartellwächter
– abgestimmte Verhaltensweisen 1 190
– Unternehmensbegriff 1 57
Kausalität des Verstoßes
– Pflichtverletzung und Vermögenseingriff 33 156 f.
– Schutzzweckzusammenhang 33 158 ff.
Kein Anlass zum Tätigwerden 32c 1 ff.
– Amtsermittlungsgrundsatz 32c 14
– Änderung von Rechtsauffassungen 32c 33
– Antrag 32c 15 ff.
– Antragsablehnung 32c 20
– Anwendungsbeispiele 32c 38 ff.
– Auswirkungen 32c 44
– Begründung der Entscheidung 32c 23
– Bekanntmachung der Entscheidung 32c 24
– Beschwerderecht Dritter 32c 37
– conform letters 32c 3
– Deutsche Telekom 32c 41
– Entscheidungsauswirkung 32c 28 ff.
– Entscheidungsform 32c 22

– Entscheidungstenor 32c 25
– Entstehungsgeschichte 32c 3
– Ermessen 32c 18 ff.
– Gebühren für Entscheidung 32c 27
– Gleichheitsgrundsatz 32c 18
– informelle Verfahren 32c 45 ff. *siehe auch Informelle Auskunft*
– kein Kartellrechtsverstoß 32c 10
– Mittelstandskartelle 32c 6
– Möglichkeit zivilrechtlicher Klärung 32c 20
– National Roaming 32c 40
– neue Erkenntnisse 32c 32
– Normstruktur 32c 8 f.
– praktische Bedeutung 32c 2
– Presseverleger 32c 43
– rechtliche Einordnung 32c 4
– Rechtsschutz 32c 35 ff.
– Schaffung von Rechtssicherheit 32c 8
– Selbstbindung der Behörde 32c 1
– Tank und Rast 32c 42
– Umfang der Prüfungspflicht 32c 11
– Verfahren 32c 34
– Verstoß gegen europäisches Kartellrecht 32c 26
– Vertrauensschutz 32c 31
– Voraussetzungen 32c 10 ff.
– Wirkungsverlust 32c 30 ff.
– Zusicherung 32c 5
Kernbeschränkung
– bezweckte Wettbewerbsbeschränkung 1 241 ff., 250
– Höchstmengen-/Durchschnittsmengenabsprachen 1 252
– Marktaufteilung 1 464
– Preisvereinbarungen 1 251
– Produktionsbeschränkung 1 252
– Produktionsvereinbarungen 1 524
– qualitative Spürbarkeitskriterien 1 268

– quantitative Spürbarkeitskriterien 1 266
– Quotenabsprachen 1 252
– Spezialisierungs-GVO 2 130
– Technologie-Transfer-GVO 2 118
– Vermarktungsvereinbarung und gemeinsamer Vertrieb 1 554
– vertikal, Bagatellbekanntmachung 1 269
– Vertikalvereinbarungen 1 254 f.
Kfz-GVO
– Anwendungsbereich 2 121 f.
– Freistellung von Mittelstandskartellen 3 216
Kleinstunternehmen 3 111
KMU *siehe Unternehmen, kleine und mittlere*
Kollektiver Rechtsschutz
– Sammelklagen 33 183
Kollektivmarken 1 477
Kommanditist
– de-facto Geschäftsführer 1 292
– erweiterte Informations- und Kontrollrechte 1 291
– umfassende Geschäftsführungsbefugnis 1 291
– Wettbewerbsverbot 1 290
Kommissionär
– Handelsvertreterprivileg 1 320
– Risikoverteilung im Vertrag 1 321
– Wettbewerbsbeschränkung 1 320 f.
Konditionenmissbrauch *siehe auch Preismissbrauch*
– Abgrenzung zum Preismissbrauch 19 42
– Allgemeines 19 41 f.
– Ausbeutungsmissbrauch 33 138
– Ausschließlichkeitsbindungen 19 43 ff. *siehe auch dort*
– Bewertung von sonstigen Geschäftsbedingungen 19 30
– Differenzierung zwischen Fachhandel und Online-Handel 19 51

– Fallgruppen 19 43 ff.
– Kopplungsgeschäft 19 70 ff.
– Nachweis 19 32
– sonstige Geschäftsbedingungen 19 28
– Verhältnis zu Dritten 19 46
– vertragliche Gestaltungsfreiheit 19 41
– Vertriebs- und Verwendungsbindungen 19 60 ff. *siehe auch dort*
– Wettbewerbsverbote 19 67 ff.
Konkretisierungsbefugnis 1 150
Konkurrenzen
– Boykottverbot 21 27 f.
– freigestellte Vereinbarungen 2 3
– Kartell- und Fusionszwang 21 51
– Missbrauch durch freigestellte Kartelle 19 206 ff.
– Mittelstandskartelle 3 195 ff.
– Submissionsbetrug 1 421
– Veranlassung verbotenen Verhaltens 21 40
Konkurrenzschutzklausel
– Miet- und Pachtverträge 1 348 ff.
Konstruktive Weigerung
– Einzelfallprüfung 19 135
– Gleichbehandlungsgrundsatz 19 135
– unannehmbare Vertragsbedingungen 19 134
Kontrahierungszwang 19 107 ff.
Konvertierungsentgelt
– bei Gasen 29 22
Konzern
– Umsatzberechnung von Unternehmen 3 126 ff.
Konzernprivileg
– fehlende Entscheidungsautonomie der Tochtergesellschaft 1 130 ff.
– Franchiseverträge 1 324
– Gleichordnungskonzerne 1 134
– verbundene Unternehmen als Zurechnungssubjekt 1 129 ff.

Konzessionsverträge
- Freistellung nach § 31 GWB 31 7
- Unterschiede zu anderen leitungsgebundenen Sektoren 31 9

Kooperationsformen
- abgestimmte Verhaltensweisen 1 135
- abschließend 1 136
- Beschlüsse von Unternehmensvereinigungen 1 135
- Vereinbarungen zwischen Unternehmen 1 135

Kooperationspflichten
- Sektoruntersuchung 32e 39

Kooperationstrend Vor 32 13

Koopertationsfibel 3 38

Kopplungsgeschäft
- Allgemeines 19 70 ff.
- Angebot unter der Bedingung der Kopplung 19 74
- Angebot von Warengesamtheit 19 77
- Art. 102 Satz 2 AEUV 19 80
- Ausbeutungsmissbrauch 19 72
- Auswirkungen auf die Marktverhältnisse 19 75
- Begriff 19 74
- Behinderungsmissbrauch 19 72
- Effizienzgewinn 19 79
- Einschränkung der Entschließungsfreiheit 19 71
- Leistung durch Dritten 19 74
- Lizenzierung der Nutzung einer Marke 19 79
- Netzwerkeffekt 19 72
- pure/mixed bundling 19 73
- Rechtfertigung 19 78 ff.
- sachlicher Zusammenhang 19 79
- Sicherheitserwägungen 19 79
- Streuwirkung 19 72
- Umsatzsteigerung 19 79
- Vertragsausführung 19 75
- Vertragsinhalt 19 76
- Voraussetzungen 19 74 ff.
- wirtschaftliche Gründe 19 79

Körperschaft
- Anwendbarkeit von § 139 BGB auf die Satzung 1 379
- fehlerhafte Gesellschaft 1 380
- fehlerhafte Strukturänderungen 1 380
- nichtiger Unternehmensgegenstand 1 379
- Satzungsänderungen 1 380
- Satzungsbestimmung als materieller Anknüpfungspunkt 1 379

Kosten-Preis-Schere
- Behinderung kleiner und mittlerer Unternehmen 20 47
- deutsche/europäische Rechtspraxis 19 174
- equally efficient competitor-Test 19 98
- Fallgruppe des Behinderungsmissbrauchs 19 171 ff.
- gezielte Kampfpreisunterbietung 19 104
- hohe Vorleistungskosten 19 171
- Margenbeschneidung 19 172
- Preis-/Konditionenspaltung 19 40
- Zugang zu wesentlichen Einrichtungen 19 173

Kostendeckungsgrundsatz
- betriebswirtschaftliche Grundsätze 31 96
- Daseinsvorsorge 31 96

Kostenkontrolle, Wasserwirtschaft
- Konzeption 31 94 ff.
- Kostenanerkennung 31 100 ff.
- Preisbildungsfaktoren 31 106
- Preisüberhöhung 31 97 ff.
- rationelle Betriebsführung 31 102
- Regulierungsrecht 31 103 f.
- Vergleichsmarktkonzept 31 95
- Wettbewerbskosten, hypothetische 31 105
- Zurechenbarkeit von Mehrkosten 31 73 ff.

Kreuzelastizität **18** 25
Krisenermächtigung des Art. 222 VO (EU) Nr. 1308/2013
– Abhilfemaßnahmen bei Krisen auf dem EU-Agrarmarkt **28** 202 ff.
Kronzeuge
– Ausfallhaftung **33** 300
– Haftung, Innenverhältnis **33** 297
– Haftung, Rückausnahme **33** 296
– Kronzeugen/Bonusprogramm **2** 43
– künftige Privilegierung bei gesamtschuldnerischer Kartellhaftung **33** 293
Kundenaufteilung
– horizontale Vereinbarungen **1** 268
– Kollektivmarken **1** 477
– Vertikalvereinbarungen **1** 254
Kundenschutz 1 464
Kundenschutzklausel
– geltungserhaltende Reduktion **1** 393
Kundenstamm
– Übertragung **1** 282 f.

Ladenschlusszeiten 1 377
Lagerhaltung
– vergemeinschaftet **1** 560
Lagerung 28 296
Landeskartellbehörde
– anmeldepflichtige Klauseln, Wasserwirtschaft **31a** 4
– Sektoruntersuchung **32e** 18
– Sektoruntersuchung, Gaspreis **32e** 59
Landwirtschaft
– Abgrenzung zu § 40 BWaldG **28** 356
– AgrarMSG **28** 9
– Anhang I des AEUV **28** 426
– Ausnahmen vom Kartellverbot **28** 12
– Bedeutung der Norm **28** 122 f.
– Betriebsgröße **28** 5

– Deutsches Agrarmarktrecht **28** 422 ff.
– einzelne Tatbestände **28** 254 ff.
– ergänzende Bestimmungen **28** 355 ff.
– Erzeugerbetriebsvorbehalt **28** 255 ff.
– fehlende Kollisionsregelung **28** 247 ff.
– forstwirtschaftliche Zusammenschlüsse, § 40 BWaldG **28** 399 ff.
– Fusionskontrollregelungen **28** 18 ff.
– gemeinsame Agrarpolitik *siehe dort; siehe auch Europäisches Agrarkartellrecht*
– Genossenschaft als Kooperationsform **28** 9
– Grundnachteile gegenüber anderen Wirtschaftszweigen **28** 5
– inhaltliche Kurzbeschreibung **28** 3 ff.
– Inhaltsüberblick **28** 1 ff.
– Kartellausnahme des § 5 AgrarMSG **28** 358
– Kartellverbot des § 1 GWB **28** 14 ff.
– keine Heranziehung des § 28 **28** 23
– Kennzeichnung **28** 331 ff.
– Kerngehalt der Vorschrift **28** 2
– Marktmissbrauchsregelungen **28** 18 ff.
– Marktstrukturgesetz *siehe dort*
– Milchsektor als Beispiel für die Entwicklung des Kartellrechts **28** 86 ff. *siehe auch Milchwirtschaft*
– Missbrauch durch freigestellte Kartelle **19** 193 ff.
– parallele Auslegung von § 28 und dem Marktstrukturgesetz **28** 384
– Paritätsforderung **28** 6

- Pflanzen- und Tierzuchtbetriebe 28 325 ff.
- Saatgut 28 117
- Sortierung 28 331 ff.
- Spezialnorm des Art. 42 AEUV 28 29
- staatliche Förderung, Agrarmarktmaßnahmen 28 8
- Stärkung der Urerzeugung 28 4
- Stellung des § 28 im GWB 28 18 ff.
- strukturelle Entwicklung 28 30 ff.
- Strukturwandel 28 4 f.
- Tierzuchtgesetz 28 414 ff.
- Verhältnis zu § 5 AgrarMSG 28 389 ff.
- Verhältnis zu Mittelstandskartell 28 23
- Verhältnis zum europäischen Agrarkartellrecht 28 125 ff.
- Verpackung 28 331 ff.
- vorgehende Bestimmungen 28 355 ff.
- Waren und Dienstleistungsverträge 28 118
- Zusammenarbeit landwirtschaftlicher Erzeugerbetriebe 28 13

Landwirtschaft, § 75-E 1952
- amtliche Begründung 28 52 ff.
- Änderungen durch den Bundesrat 28 56 f.
- europäischer Zusammenschluss im Landwirtschaftsbereich 28 48
- Genese und parlamentarische Beratung 28 55 ff.
- Inhalt 28 50 ff.
- Marktordnungsgesetze im Agrarbereich 28 49
- Sonderstellung der landwirtschaftlichen Urerzeugung 28 47
- Streit um die Verfassungsmäßigkeit 28 61 ff.
- veröffentlichte parlamentarische Beratungen von 1952–1957 28 50 ff.
- Vorrang der Marktordnungsgesetze 28 54
- zeitgenössischer Hintergrund 28 48 f.

Landwirtschaft, § 75-E 1955
- Anordnung einer Missbrauchsaufsicht 28 69
- einjährige Lieferverträge 28 67
- fristloses Kündigungsrecht 28 70
- gemeinschaftliche Einrichtungen, landwirtschaftliche Erzeugnisse 28 67
- Genossenschaften 28 72
- Vieh- und Fleischgesetz 28 65

Landwirtschaft, Entwicklung der Norm
- Agrarkartellrecht der USA 28 44 ff.
- Änderungen durch die 4. GWB-Novelle 28 113
- Änderungen durch die 6. GWB-Novelle 28 114 ff.
- Änderungen durch die 7. GWB-Novelle 28 120
- Anmeldepflicht 28 120
- Aufhebung der Zwangsbewirtschaftung 28 37
- Ausblick 28 121 ff.
- Bewährung der Ausnahmeregelungen, 1975 28 112
- Dekartellisierungsrecht von 1947 28 37 ff.
- Ein- und Ausfuhrlenkung, 1930 28 36
- Entstehungsgeschichte der Vorschrift 28 30 ff.
- Entwicklung des § 100 GWB zum heutigen § 28 28 112 ff.
- Forstbereich 28 116

– Grenze zwischen öffentlich/privatrechtlich ausgerichtetem Agrarkartellrecht 28 84 ff.
– Kartellgesetzentwurf von 1949 28 41 ff.
– Milchgesetz von 1930 28 36
– Münchner Kükenfall, 1951 28 81
– Pflanzen- und Tierzuchtbetriebe 28 115
– redaktionelle Änderungen bis 1980 28 112
– Reform 1991/92 – Fortentwicklung des Kartellrechts 28 85
– Regelungen in der amerikanischen/britischen/französischen Zone 28 37
– Tierzucht, Freistellung vom Preisbindungsverbot 28 116
– Umfang der Zusammenarbeit landwirtschaftlicher Betriebe 28 84 ff.
– Vorgeschichte der Regelung, 1914–1945 28 31 ff.
– westalliiertes Kartellrecht 28 42 f.

Landwirtschaftsvorbehalt
– Agrarmarktvorbehalt als erste Stufe 28 144 ff.
– Art. 42 AEUV, dreigestuftes agrarkartellrechtliches System 28 143
– Handhabung 28 131

Lauterkeitsrecht
– Beachtung der Zielsetzung des GWB 1 234
– Begriff des lauteren Wettbewerbs 24 43
– Ergänzung zum Kartellrecht 1 234
– Liberalisierung 1 235
– Liberalisierung und Wettbewerbsrecht 24 73
– Rechtsfolgen 1 378
– Überschneidungen zu Leistungswettbewerbsregeln 24 53
– verbotene vertikale Preisbindungen 1 327

– Verbots- und Förderungsregeln 24 44 f.
– Verhältnis zum Kartellrecht 24 19 ff.
– Verhältnis, Marktmachtmissbrauch durch freigestellte Kartelle 19 215
– Wettbewerbsregeln 24 43 ff.

Lebensmittel
– sachliche Rechtfertigung 20 44
– Sonderbehandlung 20 42

Legalausnahme *siehe auch freigestellte Vereinbarung*
– Begriff 1 35
– europäisches Agrarkartellrecht 28 126
– Inkrafttreten der 7. GWB-Novelle 1 17
– Mittelstandskartelle 3 5
– Nachteile 1 35
– Übernahme mit der 7. GWB-Novelle 1 35
– unechte, Erzeugergemeinschaft 28 370

Leistungswettbewerb
– Begriff des leistungsgerechten Wettbewerbs 24 46
– gemeinsame Erklärung der Spitzenverbände der gewerblichen Wirtschaft, 1975 24 50 f.
– leistungsfremdes Verhalten 24 47 ff.
– Überschneidungen zu Lauterkeitswettbewerbsregeln 24 53
– Verbots- und Förderungsregeln 24 52 f.
– Wettbewerbsregeln 24 46 ff.

Leitlinien *siehe Horizontal-Leitlinien; Vertikal-Leitlinien*

Leitungsverlegungsrecht
– Wasserversorgung, Konzessionsverträge 31 7

Lesermarkt 18 41

Liberalisierung des Gasmarktes 29 25 f.

Liefersperre
- Aufforderung des Verrufers 21 12 ff.
- beabsichtigtes Verhalten 21 35 ff.
- Begriff 21 10
- Beweisprobleme, subjektiver Tatbestand 21 38
- Zufügen/Androhen von Nachteilen 21 31

Liefervertrag
- langfristig, Marktabschottung 1 271

Lieferverweigerung 1 154
Lieferverweigerung bei Engpässen 19 129 f.
Listenprivileg, Sport 1 103
Lizenzverweigerung
- Feststellung der Marktbeherrschung im Einzelfall 19 131
- Grundsatz der Gleichbehandlung 19 133
- Lizenzen an Immaterialgüterrechten 19 131

Lizenzverweigerung an Immaterialgüterrechten
- Abgrenzung zu Zugang zu einer wesentlichen Einrichtung 19 166
- Allgemeines 19 166 ff.
- Design/Marke 19 168
- Einzelheiten 19 170
- Feststellung der Marktbeherrschung im Einzelfall 19 166
- FRAND-Bedingungen 19 170
- kartellrechtliche Zwangslizenzen 19 168 f.
- standardessentielle Schutzrechte 19 170

Lobbyismus
- Unternehmensbegriff 1 57

Lokalkartell 3 54 ff.

Marineschläuche-Kartell 1 424 f.
Markenabgrenzungsvereinbarung
- geltungserhaltende Reduktion 1 393, 396
- Immaterialgüterrechte 1 474
- potentielles Wettbewerbsverhältnis 1 475

Markenlizenzvertrag
- Gebietsbeschränkung 1 469
- Geheimhaltungsverpflichtung 1 472
- Lizenzvermerk 1 470
- Mengenbeschränkung 1 470
- Preisbindungen 1 471
- Qualitätssicherungsklauseln 1 472 f.
- selektives Vertriebssystem 1 473
- Wettbewerbsbeschränkung 1 467

Markenrecht
- Absicherung der Herkunftsfunktion 1 467
- Beschränkungen des Lizenznehmers 1 468
- Markenimage 1 467
- Markenlizenzvertrag 1 469 ff.
- spezifischer Gegenstand 1 467
- Verhältnis zum Wettbewerbsrecht 1 465
- Vorrechts- und Abgrenzungsvereinbarungen 1 474 f.

Markenzwang 1 318
Markt
- europäische Besonderheiten bei Mittelstandskartellen 3 209
- Struktur, Indizienbeweis 1 209

Markt, räumlich relevant
- Grenzen 18 34 ff.
- homogene Wettbewerbsbedingungen 18 35
- Mittelstandskartelle 3 181 ff.
- Nachfragerstruktur 18 35
- Transportfähigkeit/-kosten 18 36

Markt, relevanter
- Bedarfsmarktkonzept 3 179
- Definition des Marktes 3 176 ff.
- Märkte mit unterschiedlicher Absatzdichte 3 186 f.
- Regionalkartelle 3 184 f.
- sachlich relevant, Allgemeines 18 12
- sachlich relevant, Bedarfsmarktkonzept 18 13 ff.
- sachlich relevant, Konzept der Wirtschaftspläne 18 31
- zeitlich relevanter Markt 18 37

Marktabgrenzung
- Angebotselastizität 18 29
- Angebotsmarkt 18 8, 12 ff.
- Anzeigenmarkt 18 42
- Bedarfsmarktkonzept 18 13 ff. *siehe auch dort*
- besondere Wirtschaftsbereiche 18 40 ff.
- elektronische Medien 18 43 f.
- Energie 18 45
- ergänzende Serviceleistungen 18 26
- Konzept der Wirtschaftspläne 18 31
- mangelnde Verfügbarkeit von Produkten 18 27
- Marktbegriff 18 8
- mehrere Marktstufen 18 17
- multifunktional verwendbare Produkte 18 18
- Nachfragemarkt 18 8, 38 ff.
- ökonomische Modelle, more economic approach 18 32 f.
- Online-Plattformen 18 28
- Presse 18 40 ff.
- Qualifizierung als Markt 18 11
- räumlich relevanter Markt 18 34 ff.
- Teilmärkte 18 26
- unterschiedliche Nachfragebedürfnisse 18 17

- Verfügbarkeit von Produkten 18 26
- Vorgang und Feststellung 18 10
- zeitlich relevanter Markt 18 37
- Zeitungen und Zeitschriften 18 41
- zweiseitige Märkte 18 28

Marktabgrenzung, Gas
- räumlich 29 25 f.
- sachlich 29 21 ff.

Marktabgrenzung, Strom
- Erstabsatzmarkt 29 18
- mindestens bundesweiter Markt 29 25
- räumlich 29 15 f.
- sachlich 29 17 ff.
- Strommix 29 18

Marktabschottung
- Bierliefervertrag 1 272
- Bündeltheorie 1 270
- langfristige Lieferverträge 1 271
- Prüfung des Abschottungseffekts 1 270 ff.
- Spürbarkeitskriterien 1 270 ff.
- Tankstellenvertrag 1 272

Marktanteil
- absoluter/relativer Marktanteil 18 59
- Berechnung 18 61
- Eigenverbrauch 18 61
- Einkaufskooperationen 1 456 f.
- Entwicklung 18 62
- Festsetzung bei Gruppenfreistellungs-VO 2 103
- Forschungs- und Entwicklungsvereinbarungen 2 124
- Gesamtwürdigung der Marktverhältnisse 18 59
- Kapazitätsreserven 18 61
- nachstoßender Wettbewerb 18 59
- Spezialisierungs-GVO 2 129
- Spürbarkeitskriterien 1 263 ff., 267
- Technologie-Transfer-GVO 2 117
- überragende Marktstellung 18 58 ff.

- Versicherungssektor **2** 135
- Vertikal-GVO **2** 113
- Wesentlichkeit der Wettbewerbsbeeinträchtigung **3** 162 ff.

Marktanteilsschwelle
- Anhebung, 8. GWB-Novelle 2013 **Vor 18–20** 6
- Beherrschungsvermutung, individuelle Marktbeherrschung **18** 74
- Beherrschungsvermutung, kollektive Marktbeherrschung **18** 88
- überragende Marktstellung **18** 60

Marktaufteilung
- Gebietsschutzabreden **1** 464
- horizontale Vereinbarungen **1** 268
- Kernbeschränkung **1** 464
- Kollektivmarken **1** 477
- räumlich, Demarkationsverträge **31** 4
- Urheberrecht **1** 482
- Vertikalvereinbarungen **1** 254

Marktbeherrschung 29 14 ff. *siehe auch Überragende Marktstellung*
- Allgemeines **18** 1 ff.
- Anhebung der Marktanteilsschwelle, 8. GWB-Novelle 2013 **Vor 18–20** 6
- Ausschlusstatbestand § 130 GWB **Einl. 31–31b** 38
- Begriff **18** 6 f.
- Beherrschung des relevanten Marktes **18** 46 ff. *siehe auch dort*
- bevorzugte Lieferung bei Lieferengpass **19** 57
- Einzelmarkt~ *siehe dort*
- funktionaler Zusammenhang zum missbräuchlichen Verhalten **19** 9
- Gas **29** 27
- Gas, Pivotalität **29** 29
- individuelle Marktbeherrschung **18** 49; **19** 7
- Interessenabwägung bei missbräuchlicher Ausnutzung **19** 15 ff.
- kollektive Marktbeherrschung **18** 49; **19** 7
- Kriterien und Formen der kollektiven Marktbeherrschung **18** 77 ff.
- Marktabgrenzung **18** 8 f.
- Marktmissbrauch **Vor 18–20** 1
- Marktverhaltensverantwortung **18** 46
- Missbrauch durch freigestellte Kartelle **19** 195
- Neufassung, 5. GWB-Novelle 1989 **Vor 18–20** 6
- Normadressat **18** 5
- Normgenese **18** 1 f.
- Normzweck **18** 3 ff.
- öffentliche Hand **18** 5
- Verhaltensspielräume **18** 46 f.
- Vermarktungsvereinbarung und gemeinsamer Vertrieb **1** 555
- Wärme: Heizstrom/Fernwärme **29** 35
- Wasserwirtschaft, Legaldefinition **31** 25
- Zahlungen zur Absatzförderung **19** 57
- Zusammenschlusskontrolle **18** 4

Marktbeherrschung, individuelle
- Abgrenzung zu kollektiver Marktbeherrschung **18** 77
- Allgemeines **18** 51
- faktische Monopole **18** 53
- Fehlen wesentlichen Wettbewerbs **18** 55
- Kriterien und Formen **18** 51 ff.
- Marktbeherrschungsvermutung **18** 74 ff.
- Monopolstellung **18** 52 ff.
- überragende Marktstellung **18** 56 ff. *siehe auch dort*

Marktbeherrschung, kollektive
- Abgrenzung zu individueller Marktbeherrschung **18** 77
- Allgemeines **18** 77
- Außenverhältnis **18** 85 ff.

- Darlegungs- und Beweislast 18 89
- fehlender Binnenwettbewerb 18 80 ff.
- Gesamtbetrachtung der Marktverhältnisse 18 80 ff.
- Gesichtspunkte für Parallelverhalten 18 82
- Marktbeherrschungsvermutung 18 77, 87 ff.
- Markttransparenz 18 82
- Vermutungstatbestände 18 75
- Widerlegung der Vermutung 18 90
- wirksamer Außenwettbewerb 18 90
- wirtschaftliche Einheit 18 77

Marktbeherrschungsvermutung
- Allgemeines 18 74 f., 87
- Darlegungs- und Beweislast 18 76
- Gesamtheit von Unternehmen 18 87
- kollektive Marktbeherrschung 18 77
- Marktanteilsschwelle 18 74, 88
- Vermutungstatbestände 18 75
- Voraussetzung 18 76, 88
- Widerlegung der Vermutung 18 90
- Wirkung 18 76, 89

Marktbestimmungsmacht
- Energiewirtschaft 29 3

Marktbezug
- beherrschter Markt 19 22 ff.
- Drittmärkte 19 22 ff.

Marktdesign
- Sektoruntersuchung 32e 48

Markterschließung
- Arbeits- und Bietergemeinschaften 1 433
- Einkaufskooperationen 1 451 f.
- Vermarktungsvereinbarung und gemeinsamer Vertrieb 1 553

Marktfähigkeit
- fehlende 1 438
- Kooperation marktfähiger/marktunfähiger Unternehmen 1 441

- Markteintritt kaufmännisch unvernünftig 1 440
- Nachfragevolumen 1 438
- subjektive Kriterien 1 439
- unternehmerische Kapazitäten 1 445

Marktinformationssystem
- Ausschließlichkeitsbindungen 19 59
- Verstoß gegen das Kartellrecht 28 102

Marktinformationsverfahren (MIV) 1 491 f. *siehe auch Informationsaustausch*
- Ausgestaltung 1 504 f.
- Auswirkung der Marktstruktur auf die rechtliche Beurteilung 1 503
- neutraler Dritter 1 504
- Organisation 1 504 f.
- Treuhänder 1 504

Marktliberalisierung, Gas 29 25 f.

Marktmacht
- Vermarktungsvereinbarung und gemeinsamer Vertrieb 1 555

Marktmissbrauch
- Ausschließlichkeitsbindungen 19 45
- Entwicklung des Standorts der Vorschriften Vor 18–20 6 ff.
- Erscheinungsformen Vor 18–20 4
- Etablierung als drittschützender Verbotstatbestand Vor 18–20 5
- Landwirtschaft und Marktmissbrauchsregelungen 28 18 ff.
- Normgenese Vor 18–20 5 ff.
- Überblick Vor 18–20 1 f.
- Zwischenstaatlichkeitsbezug Vor 18–20 1

Marktstellungsmissbrauch
- Wasserwirtschaft 31 20, 25

Marktstrukturgesetz
- Änderungsbedarf 28 389
- Anerkennung 28 364 ff.
- Anwendungsbereich 28 359

- Durchführung 28 365
- Entwicklungsgeschichte 28 359
- Erzeugergemeinschaften 28 360
- Erzeugergemeinschaften und deren Vereinigungen 28 363
- Freistellung sämtlicher Beschlüsse einer Erzeugergemeinschaft 28 373
- Holz 28 361
- Kartellausnahme 28 368 ff.
- Landwirtschaft 28 9
- landwirtschaftliche Erzeugnisse 28 362
- MEG Milch Board 28 384 ff.
- Milcherzeugergemeinschaft (MEG) 28 87
- öffentlich-rechtliche Regulierung 28 371
- parallele Auslegung zu § 28 28 384
- Preisbindungsverbot 28 374 f.
- Preisempfehlungen 28 379
- staatliche Förderungen für Erzeugergemeinschaften 28 377
- staatliche Überprüfung, Begünstigungen von Erzeugergemeinschaften 28 381
- Verbot des Wettbewerbsausschlusses 28 378
- Verhältnis zu § 28 28 380
- Verhältnis zum EU-Kartellrecht 28 388
- Vorgängergesetz zum Agrarmarktstrukturgesetz 28 358

Marktstrukturmissbrauch
- Missbrauch einer marktbeherrschenden Stellung 19 191
- verbotenes Verhalten von marktbeherrschenden Unternehmen 19 6

Marktüberblick
- Kartellbehörde, Sektoruntersuchung 32e 23

Marktverhalten
- abstimmungsgemäß 1 197 ff.
- gemeinsame Erklärung der Spitzenverbände der gewerblichen Wirtschaft, 1975 24 50
- gemeinsamer Plan über künftiges Marktverhalten 1 142
- leistungsgerechter Wettbewerb 24 47 ff.
- Sündenregister 24 49

Marktverhaltensverantwortung 18 46

Marktzutrittsschranken
- Energiewirtschaft 18 69
- rechtliche/tatsächliche Zutrittssperren 18 69
- tatsächlicher/potenzieller Wettbewerb 18 71
- überragende Marktstellung 18 68 ff.
- Unterbindung potentiellen Wettbewerbs 18 70

Medienrechte
- Zentralvermarktung 1 561

MEG Milch Board 28 384 ff.

Mehrerlösabschöpfung *siehe Vorteilsabschöpfung*

Mehrfachhaftung
- Unterlassung/Schadensersatz 33 90 ff.

Mehrproduktunternehmen 3 133

Meinungsfreiheit
- Boykottverbot 21 23

Meistbegünstigungsklausel
- keine Freistellung 31 10

Merkblatt über Kooperationsmöglichkeiten für kleinere und mittlere Unternehmen 3 38

Messen, Zugang 19 127

Metermengenwert
- Vergleichsgruppenkriterium 31 44 ff.

Mietvertrag
- Konkurrenzschutzklauseln 1 348 ff.

– schuldrechtliche Nutzungsrechte 1 346 f.
Milcherzeugergemeinschaft (MEG) 28 87
Milchwirtschaft
– amtliche Preisnotierung für Butter und Käse 28 103
– besondere Bündelungsobergrenzen 28 186
– Bewertung von Milchpreisinformationssystemen 28 102 f.
– Bündelungsbestimmungen und nationales Recht 28 187
– bundesweiter Einheitspreis 28 98 ff.
– Deutsches Agrarmarktrecht 28 423
– Diskussion in der Schweiz als Vergleich 28 108 ff.
– Ende der staatlichen Produktionsbeschränkung 28 106 f.
– Entwicklung des EU-Rohmilchpreises 28 86 ff.
– Fortentwicklung des Kartellrechts 28 86 ff.
– französische Milchpreisempfehlung 28 93 ff.
– Handlungsempfehlungen der HLG Milch 28 104
– Instrument eines privaten Milchinterventionsfonds 28 91 f.
– interprofessionelles Zentrum der Milchwirtschaft, CNIEL 28 93 f.
– Kartellverfahren von April 2016, Marktabschottung 28 324
– kollektive Preisverhandlungen über Rohmilch 28 104
– Krisenermächtigung der EU-Kommission 28 202 ff.
– MEG Milch Board 28 384 ff.
– Milchdatenmeldesystem 28 103
– Milcherzeugergemeinschaft (MEG) 28 87
– Milchgesetz von 1930 28 36

– Milchlieferstreik 2008 28 90
– Milchpaket 2012 28 104, 188
– Milchpreisvergleiche 28 102
– Preiseinbruch ab 2014 28 104
– Rohmilchbündelung 28 186 ff.
– Stärkung der Zusammenarbeit 2008/9 28 96 ff.
– Untersuchungen des BKartA 2008–2012 28 99 ff.
– Zukauf von Rohmilch 28 270
Mineralölwirtschaft
– wettbewerbsbeschränkende Dienstbarkeiten 1 352
Ministererlaubnis 2 84, 101
Missbrauch durch freigestellte Kartelle und Preisbinder
– Allgemeines 19 192
– Anpassung von Vertragsbestimmungen 19 201
– Aufrechterhaltung von missbräuchlichen Rechtsgeschäften 19 201
– besondere Machtstellung 19 195
– Darlegungs- und Beweislast 19 205
– Konkurrenzen 19 206 ff.
– Mittelstandskartell 19 193
– Normadressat 19 193 ff.
– Rechtsfolgen 19 196 ff.
– Schutzgesetz 19 204
– Verhältnis zu § 1 GWB 19 212 f.
– Verhältnis zu sektorspezifischen Missbrauchsverboten 19 207 ff.
– Verhältnis zum Lauterkeitsrecht 19 215
– Verhältnis zum Unionsrecht 19 206
– Verhältnis zur Fusionskontrolle 19 214
– Verwaltungsverfahren 19 197 f.
– Zivilrecht 19 199 ff.
Missbrauch einer marktbeherrschenden Stellung
– Allgemeines 19 9 ff.

- Aufforderung/Veranlassung zur Vorteilsgewährung **19** 175 ff.
- Ausbeutungsmissbrauch **19** 27 ff.
- Behinderungsmissbrauch **19** 88 ff.
- Fallgruppen **19** 25 ff.
- Marktbezug **19** 22 ff.
- Marktstrukturmissbrauch **19** 191
- missbräuchliche Ausnutzung **19** 10
- Presse-Grosso **30** 78 f.

Missbräuchliche Ausnutzung
- abwägungsfähige Interessen **19** 18
- Allgemeines **19** 13 f.
- berücksichtigungsfähige Individualinteressen **19** 17
- Bestandsschutz **19** 18
- Fallgruppen **19** 25 ff.
- förderliche Kriterien für Wettbewerb **19** 16
- Gemeinwohlbelange **19** 18
- Gewichtung der Interessen **19** 20
- Indizien **19** 14
- Interessenabwägung **19** 15 ff.
- Konkretisierungsbedarf **19** 10
- Leistungs-/Nichtleistungswettbewerb **19** 13
- Möglichkeit einer Wettbewerbsbeschränkung **19** 21
- Nachschieben von Gründen **19** 20
- Unternehmen mit relativer/überlegener Marktmacht **19** 12
- Verhältnismäßigkeitsgrundsatz **19** 20
- Wertungen des europäischen Kartellrechts **19** 19

Missbräuchliches Verhalten
- Energiewirtschaft **29** 37 ff.
- ungerechtfertigte Preis-Differenzierung **33** 131

Missbrauchsaufsicht
- Energiewirtschaft, Wasserwirtschaft **Einl. 31–31b** 7
- Erzeugerbetriebsvorbehalt **28** 211
- forstwirtschaftliche Zusammenschlüsse, § 40 BWaldG **28** 405
- Landwirtschaft, § 75-E 1955 **28** 69
- Mittelstandskartell **3** 191
- Presseerzeugnis, Bundeskartellamt **30** 14
- Presseerzeugnis, Preisbindung **30** 35 ff.

Missbrauchsaufsicht, Wasserwirtschaft
- Abstellungsverfügung **31b** 20
- allgemeine Missbrauchsaufsicht **Einl. 31–31b** 26
- Anwendungsbereich **Einl. 31–31b** 38
- Darlegungs-/Beweislast **31** 79 ff.
- Durchleitungsverweigerung **31** 113
- einzelne Kostenpositionen **31** 108 ff.
- Ermessen der Kartellbehörde **31b** 25
- Gebührenrecht **Einl. 31–31b** 27 ff.
- Generalklausel **31** 22
- Gesamtsaldierung **31** 85
- Grundsätzliches **Einl. 31–31b** 7 f.
- kartellrechtliche Entgeltkontrolle **Einl. 31–31b** 13
- Kostendeckung als Untergrenze **31** 88
- Kostenkontrolle **31** 106
- Preisüberhöhung **31** 97
- Regulierungsrecht **31** 104
- Rückzahlung noch nicht abgerechneter Zeiträume **31b** 22
- Strukturunterschiede zur Energiewirtschaft **31** 105
- Verhältnis zu anderen Vorschriften **Einl. 31–31b** 24 ff.
- Verschärfung, 4. GWB-Novelle **Einl. 31–31b** 3
- Wasserpreise **31** 99

Missbrauchskontrolle
- Gebührenrecht, Wasserversorgung **Einl. 31–31b 27 ff.**
- Historie **1 13**

Missbrauchsregelung
- Preisbindung, Presserzeugnis **30 14**

Missbrauchstatbestand, § 31 Abs. 3 und 4 GWB 31 19 ff.
- Ausbeutungsmissbrauch, allgemeiner **31 29 ff.**
- Ausbeutungsmissbrauch, besonderer **31 35 ff.**
- Ausgestaltung **31 21**
- Ausnahmetatbestand **31 113**
- nichtrechtfertigungsfähige Umstände **31 69**
- objektiver Strukturnachteil **31 57 ff.**
- Rechtfertigung **31 55 ff.** *siehe auch Rechtfertigung, Wasserwirtschaft*
- Rechtfertigung, Anlagenauslastung **31 59**
- Rechtfertigung, landesgesetzliche Kalkulationsvorgaben **31 67 f.**
- Rechtfertigung, landesspezifische Vorgaben **31 66**
- Rechtfertigung, Wasserbeschaffung **31 60 ff.**
- Rechtfertigung, Wasserverteilung **31 63 ff.**

Missbrauchsverbot
- marktstarke Unternehmen **Vor 18–20 1**
- Normzweck **Vor 18–20 3**
- Zwischenstaatlichkeit **Vor 18–20 1**

Missbrauchsverfahren
- Verpflichtungszusagen **32b 1 ff.**

Missbrauchsvorschrift, Energiewirtschaft
- Als-ob-Wettbewerbsprinzip **29 67**
- Befristung **29 73 ff.**
- Einwand der sachlichen Rechtfertigung **29 60 ff.**
- Einzelfallbetrachtung **29 61**
- Grundsätzliches **29 1**
- Heizstrom/Fernwärme **29 20**
- nicht begründbarer Preisabstand **29 59**
- Rechtsfolgen **29 71 ff.**
- Relation Entgelte/Kosten **29 68**
- Tatbestände **29 37 ff.**
- Vergleichsmarktprinzip **29 67**

Mitbewerber/sonstiger Marktbeteiligter
- Betroffener **33 83 ff.**

Mittel der Wettbewerbsbeschränkung
- abgestimmte Verhaltensweisen **1 167 ff.**
- Beschlüsse von Unternehmensvereinigungen **1 157 ff.**
- Beweis **1 202 ff.**
- Koordinationsformen **1 135 f.**
- Vereinbarungen **1 137 ff.** *siehe auch dort*

Mittelstandsempfehlungen 3 32 ff.

Mittelstandskartelle *siehe auch Unternehmen, kleine und mittlere*
- abgestimmte Verhaltensweisen **3 19, 29 ff.**
- Abgrenzung Vereinbarung und abgestimmte Verhaltensweisen **3 24**
- Absatz- und Vertriebskartelle **3 148**
- Allgemeines **3 1 ff.**
- Änderung bestehender Vereinbarungen/Beschlüsse **3 27 f.**
- Auslegungshilfe zur Freistellung **3 219**
- Ausnahmetatbestand **2 25**
- Ausstrahlungswirkungen **3 16**
- Bedeutung innerhalb des GWB **3 16**

- befristete Ausnahme vom Prinzip der Legalausnahme, § 3 Abs. 2 a.F. 3 227 f.
- Beispielsfälle 3 65 ff.
- Beschaffungs- und Einkaufskooperationen 3 14 f.
- Beschlüsse 3 18 ff., 25
- Beteiligung von Großunternehmen 3 101, 144 f.
- Beweislast 3 193 f.
- De-minimis-Bekanntmachung 3 49
- Einkaufskooperationen 3 87 ff.
- Einzelfreistellung, Verfahren 3 220 ff.
- Entwicklungsgeschichte 3 1
- europäische Besonderheiten: Marktbegriff 3 209
- europäische Besonderheiten: Wettbewerbsbeeinträchtigung 3 208 ff.
- europäisches Recht 3 201 ff.
- fehlender Rationalisierungszweck 3 74 ff.
- Form der Vereinbarung 3 24
- Freistellung nach § 2 GWB 3 31
- Freistellung nach europäischem Recht 3 213 ff.
- Freistellung nach Gruppenfreistellungsverordnungen 3 214 ff.
- Freistellung von Mittelstandskooperationen 3 38 f.
- Gegenkartelle 3 172 ff.
- gemeinschaftliches Profitieren 3 69 ff.
- Gruppenfreistellungsverordnungen 3 21
- horizontal wirkende Beschränkungen 3 20
- horizontale Freistellungsvereinbarungen 3 217
- kapitalintensive Bereiche 3 66
- keine Freistellung von Art. 101 AEUV durch deutsches Recht 22 38
- Konkurrenzen 3 195 ff.
- Kooperation mit Großunternehmen 3 71
- Kooperationen unterhalb der Bagatellbekanntmachung 3 40 ff.
- Kooperationsfibel 3 38
- Kriterien einer zulässigen Beteiligung von Großunternehmen 3 146
- künstliche Verknappung des Angebots 3 75
- Legalausnahme 3 5
- materielle Freistellungsvoraussetzungen 3 17 ff.
- Merkmal "zum Gegenstand haben" 3 94 ff.
- Mischformen – Vereinbarung und Beschluss 3 26
- Missbrauch 19 193 ff.
- Missbrauchsaufsicht 3 191
- Negativvermutung 3 49 f.
- Preiskartell 3 74
- Produktionsstilllegung 3 104 ff.
- Prüfungs- und Entscheidungsanspruch, § 3 Abs. 2 a.F. 3 227 f.
- Rabattvereinbarungen 3 75
- Rationalisierung wirtschaftlicher Vorgänge 3 57 ff.
- räumlich relevanter Markt 3 181 ff.
- rechtliche Funktion 3 3 ff.
- Rechtsfolgen 3 188 ff.
- Rechtspersönlichkeit 3 17
- Regionalkartelle 3 54 ff.
- Sanktionierung von Kartellverstößen 3 226
- Sonderbehandlung 2 23
- Sonderstellung des § 3 GWB 3 6 ff.
- Spezial-Freistellungstatbestand 3 2
- Spezialisierungskartelle 3 77 ff.
- Spezialisierungskartelle mit Rationalisierungswirkung 3 85 ff.

- Spürbarkeit der Kartellabsprache 3 48 ff.
- Steigerung der Nachfragemacht 3 89
- Verbesserung der Wettbewerbsfähigkeit 3 134 ff.
- Verbesserung der Wettbewerbsfähigkeit kleiner/mittlerer Unternehmen 3 107 ff.
- Verbot wesentlicher Beeinträchtigung des Wettbewerbs 3 147 ff. *siehe auch dort*
- verbotenes "europäisches Kartell" 3 43 f.
- Vereinbarungen 3 18 ff., 23 f.
- Verhältnis § 3 zu § 2 GWB 3 195 f.
- Verhältnis § 3 zu Marktbeherrschungstatbeständen 3 200
- Verhältnis § 3 zum Landwirtschaftsbereich 28 23
- Verhältnis § 3 zur Zusammenschlusskontrolle 3 197 ff.
- Verhältnis zu Art. 101 AEUV 3 202 f.
- Verteilung des Rationalisierungserfolges 3 69 ff.
- Vertikal-GVO 3 216
- vertikale Beschränkungen 3 20 f.
- vom europäischen Kartellverbot ausgenommene Kooperationen 3 210 ff.
- Vorliegen eines nach § 1 GWB verbotenen Kartells 3 37 ff.
- Vorschieben der Rationalisierung 3 96
- wesentliche Neuerungen 3 13 ff.
- Zweck der Vorschrift 3 10 ff.
- zwischenbetriebliche Zusammenarbeit 3 96, 100 ff.
- zwischenstaatliche Wirkung der Absprache 3 45 ff.

Mittelstandskooperation
- kartellfreie Kooperation i.S.d. Kooperationsfibel 3 38 f.
- unterhalb der Bagatellbekanntmachung 3 40 ff.

Mitverschulden
- Kartellrechtsverstoß 33 162
- Schadensersatzanspruch 33 197 ff.
- wirtschaftliche Macht/Verhandlungsstärke 33 12

Monopol-Grosso
- Pressevertrieb 30 3

Monopolistenpreise, fiktive 31 36 f.

Monopolkommission
- Vorteilsausgleichung 33 240

Monopolpreisvergleich
- Wasserwirtschaft 31 35 ff.

Monopolstellung
- faktisches Monopol 18 53
- faktisches/natürliches Monopol 31 23
- individuelle Marktbeherrschung 18 52
- Netzmarkt 29 9
- Ursachen 18 53
- Wasserwirtschaft, natürliches Monopol 31 25

More economic Approach 18 32 f.

More Economic Approach Vor 32 14 ff.

Mündliche Verhandlung
- Anerkennungsantrag für Wettbewerbsregeln 25 11 f.

Mustervertrag
- Wettbewerbsbeschränkung 1 145

Nachfrage
- akzessorische ~ 1 59
- Beeinflussungsmöglichkeiten 1 62 f.
- Deckung des Eigenbedarfs 1 59
- Marktfähigkeit 1 438
- Nachfragemacht 1 59
- natürliche Person 1 68

- private Bedarfsdeckung 1 65 ff.
- Unternehmensbegriff 1 59
- Wettbewerb 1 213
- wirtschaftliche Tätigkeit einer Privatperson 1 66
- wirtschaftlicher Charakter 1 60

Nachfragemarkt
- Abgrenzungsgesichtspunkte 18 38
- alternative Absatzkanäle 18 38
- Angebotsumstellungsflexibilität 18 39
- Marktabgrenzung 18 8 f.

Nachfragemittler 18 16

Nachfrager 18 15

Nachfragerbehinderung
- Vertragsabschlussfreiheit 19 116

Nachteil
- wirtschaftlicher 21 54

Nachteilsandrohung
- Androhung 21 31
- Anhängigmachen eines gerichtlichen Verfahrens 21 32
- Liefersperre 21 31
- Nachteilsbegriff 21 31
- Zufügung 21 31

Nachteilszufügung wegen Einschaltung der Kartellbehörde
- Allgemeines 21 52
- Beteiligte 21 53
- objektiver Tatbestand 21 53 f.
- Rechtsfolgen 21 56
- subjektiver Tatbestand 21 55
- wirtschaftlicher Nachteil 21 54

Nachvertragliches Wettbewerbsverbot
- Franchiseverträge 1 332
- geltungserhaltende Reduktion 1 394 f.

Nachweis
- Wettbewerbsbeschränkung 1 204

Naturalrestitution
- Schadensersatz 33 220

Nebenbestimmung
- Freistellungsentzug 32d 15

Nebentätigkeit
- Unternehmensbegriff 1 55

Netzbetreiber
- kein Versorgungsunternehmen 29 13
- Strom aus erneuerbaren Energien 29 13

Netzentgelte
- staatliche Aufsicht 29 1

Netzentgeltregulierung
- Übertragung der kalkulatorischen Grundsätze 29 10 f.

Netzentgeltverordnungen 29 9

Netzmärkte
- natürliche Monopole 29 9

Netzzugang 19 154 ff.

Neutralitätsverpflichtung
- der Grossisten 30 4

Newcomer 3 148
- Abhängigkeit von Unternehmen mit relativer Marktmacht 20 9
- Lieferverweigerung bei Engpässen 19 129

Nichtangriffsabrede 1 474

Nichtigkeit wettbewerbsbeschränkender Vereinbarungen und Beschlüsse
- Bezirkshändlervertrag 1 387
- Dauerschuldverhältnisse 1 390
- Einreden und Einwendungen 1 400 f.
- ex tunc/ex nunc 1 390 ff.
- freigestellte Vereinbarungen 2 32
- geltungserhaltende Reduktion 1 393 ff.
- Gesamt- bzw. Teilnichtigkeit 1 385 ff.
- Historie 1 385
- Kartellrechtswidrigkeit durch Zeitablauf 1 390
- kartellverbotswidrige Satzungsregelung 1 402
- langfristiger Gasliefervertrag 1 387

- objektiv abtrennbarer Rechtsgeschäftsteil 1 386
- Prüfung der Trennbarkeit von Klauseln 1 387
- Rechtsgrundlage 1 385
- Reichweite der Nichtigkeitssanktion 1 386, 397
- salvatorische Klausel 1 387, 389
- Satzungsänderungen 1 402
- unverbindliche Vereinbarungen 1 403
- Verhaltensabstimmung 1 403

Nichtigkeitssanktion, Reichweite
- Ausführungsvertrag 1 397 f.
- Folgevertrag 1 397, 399
- horizontale/vertikale Vereinbarungen 1 397

Nichtzulassungsbeschwerde
- Anerkennung-/Aufhebung von Wettbewerbsregeln 26 27 ff.

Niederlande
- Schadensersatz 33 196

Niedrigpreisstrategie 19 98 ff., 105

Normadressat, Unternehmen
- Nachfrage und Bedarfsdeckung 1 59 ff.
- systematischer Überblick 1 49 ff.
- Unternehmen 1 49 ff.
- Unternehmensvereinigung 1 122 ff.
- unternehmerische Nachfrage 1 59 ff.

Normenvereinbarungen
- Erlaubnisvoraussetzungen 1 530
- FRAND-Selbstverpflichtung 1 532
- Normen aufgrund hoheitlicher Befugnisse 1 527
- Normenbegriff 1 527
- ökonomische Bewertung 1 529
- positive Netzwerkeffekte 1 529
- standardessentielle Patente (SEP) 1 532

- Unterfall: allgemeine Geschäftsbedingungen 1 528
- wettbewerbliche Beurteilung 1 530 f.
- Zulässigkeit 1 529

Nutzungsrechte
- inhaltliche Beschränkung, Urheberrecht 1 485
- Miet- und Pachtverträge 1 346 f.
- Nutzungsüberlassung 1 346
- räumliche Beschränkung, Urheberrecht 1 483
- sachenrechtliche ~ 1 352
- schuldrechtliche ~ 1 346
- wettbewerbsbeschränkende Dienstbarkeiten 1 352
- zeitliche Beschränkung, Urheberrecht 1 484

Obst und Gemüse
- allgemeine Verkaufsregeln/Andienungspflicht 28 165
- Erzeugerorganisation 28 275
- gemeinsame Marktorganisation 28 145
- sektorspezifische Regelungen über Erzeugerorganisationen 28 162

Öffentliche Ankündigung
- Gestaltungsmittel des Leistungswettbewerbs 1 182
- Horizontal-Leitlinien 1 182
- künftige Preiserhöhung 1 181 f.
- private/public announcements 1 183
- zukünftiges Marktverhalten 1 181

Öffentliche Hand
- Abschleppaufträge 1 119
- Bauleistungen im Straßenbau 1 119
- Beispiele zu wirtschaftlicher Leistung 1 119
- Einkaufskooperationen 1 446
- Marktbeherrschung 18 5

– Niederbarnimer Wasserverband
  1 117
– rein hoheitliches Handeln 1 116
– Vertrieb von Sportwetten/Lotterien 1 119
– wirtschaftliche Tätigkeit 1 115
Öffentlichkeitsarbeit
– Kartellbehörde **Vor 32** 21 ff.
– Kartellbehörde, Grenzen
  Vor 32 24
OHG
– Wettbewerbsverbote 1 288
Ökonomisierung
– Befugnisse der Kartellbehörden, Sanktionen **Vor 32** 14 ff.
Oligopol
– abgestimmte Verhaltensweisen
  1 201
– Energiewirtschaft 29 3
– Marktbeherrschung 29 27 ff.
On- und Offline-Vertrieb
– Doppelpreissysteme 1 576
Online-Plattform
– Marktabgrenzung 18 28
Opt-out-Sammelklagen
– England 33 183
Ordnungswidrigkeit
– Ablehnung, z.B. Verbotsirrtum
  2 32
– Anwendung von nationalem und europäischem Recht 22 24
– Beweislast bei freigestellten Vereinbarungen 2 37 f.
– Boykottverbot 21 25
– Bußgeldrahmen 1 413
– Generalprävention 1 413
– Missbrauch durch freigestellte Kartelle 19 197
– Österreich 1 415
– Tatbestandserfüllung 1 413
– Verschulden 1 413
Ordoliberalismus 1 5
Ordre Public
– Begriff 1 363

– Bestandteil, Art. 101 AEUV 1 364
Organisationsprivatisierung
  Einl. 31–31b 39
Organisationswahlfreiheit
– Daseinsvorsorge **Einl. 31–31b** 29
Österreich
– Empfehlungsverbot 1 31
– Historie zum Verbot von Preisabsprachen 1 1 f.
– Kartellgesetz von 1951 1 13
– Kommanditist 1 290
– Ordnungswidrigkeitensystem
  1 415
– Strafbarkeit 1 422
– Verbraucherschutz 1 41

Pachtvertrag
– Anwendung der Maßstäbe zum Unternehmenskauf 1 346 f.
– Konkurrenzschutzklauseln
  1 348 ff.
– Wettbewerbsverbote 1 346 f.
– zeitliche Angemessenheit 1 346 f.
Parallelverhalten
– abgestimmte Verhaltensweisen
  1 199 ff.
– Indizienbeweis 1 205
– Oligopolisten 1 201
Partnergesellschaft 1 301
Passing-on defense
– Schadensersatzanspruch 33 234 ff.
– Unterlassung/Schadensersatz
  33 86 ff.
Patentrecht
– Normenvereinbarungen 1 532
– Patentverletzungsklage gegenüber dem Lizenznutzer 1 533
– Verhältnis zum Wettbewerbsrecht
  1 465
Pauschalierter Schadensersatz
  33 224
Person, natürliche
– Nachfrage als wirtschaftliche Tätigkeit 1 68

– private Vermögensverwaltung
  1 68
– Unternehmensbegriff 1 56
Personalgesellschaft
– Auflösungs-/Ausschlussklage
  1 381
– Einkaufskooperationen 1 446
– Gesellschaftsvertrag, Verstoß gegen
  § 1 GWB 1 382
– Grundlagen 1 381 ff.
– in Vollzug gesetzt 1 381
– inhaltliche Angemessenheit 1 289
– Innengesellschaft fehlerhaft 1 382
– kartellrechtswidrige Außengesellschaft 1 382
– keine Anerkennung kartellrechtswidriger ~ 1 382
– Kommanditist 1 290
– Mängel im Gesellschaftsvertrag
  1 381
– Stellungnahme 1 383
– Wettbewerbsverbote 1 288
Personalthemen
– Informationsaustausch 1 516
Personalvermittler 1 302
Pflanzen- und Tierzucht
– Erforderlichkeit der Bestimmung
  28 328
– Erzeugerbetriebe 28 115
– Pflanzenzucht 28 326
– Saatgut- und Pflanzenzüchtungsrecht 28 330
– Schutzrechte und GWB 28 329 f.
– Sortenschutzrecht 28 330
– Tierzucht 28 327
Pivotalität
– Beispiel 29 30
– Nachteile der Pivotanalyse 29 32
– Strommarkt 29 29
Predatory Pricing *siehe gezielte Kampfpreisunterbietung*
Preis
– Bedarfsmarktkonzept 18 23 ff.

– Durchschnittspreise, Informationsaustausch 1 496
– Listenpreis, Informationsaustausch
  1 495
– Preisliste 24 72
– Vorkalkulation 24 71 f.
– Wettbewerbsregeln 24 69 ff.
Preis-/Konditionenspaltung
– Ausbeutungsmissbrauch 19 37 ff.
– Begriff 19 37
– Fälle der Angebotsmacht 19 37
– gleichartige Abnehmer 19 38
– Kosten-Preis-Schere 19 40
– Markteinführungsphasen 19 38
– Rechtfertigung 19 38
– Sonderkonditionen 19 39
– vergleichbare Märkte (Erst- und Zweitmarkt) 19 38
Preis-Kosten-Schere *siehe Kosten-Preis-Schere*
Preisabsprachen *siehe Preisvereinbarungen*
Preisankündigung
– abgestimmte Verhaltensweisen
  1 181 ff.
– Einführung von Gebühren 1 185
– Rechtsprechung, Containerlinien
  1 184
– Rechtsprechung, Fall KPN 1 185
– Rechtsprechung, Silostellgebühren
  1 188
– Zulässigkeitskriterien 1 189
Preisbestandteil
– horizontale Vereinbarungen 1 268
– Informationsaustausch 1 495
– Preisabsprachen 1 460
Preisbestimmungsvorschriften
  29 7
Preisbildungsfaktoren, Wasserwirtschaft
– Betriebskosten 31 108
– fehlgeschlagene Investitionen
  31 110
– kalkulatorische Kosten 31 109

- Missbrauchsaufsicht 31 106
- nicht rationelle Betriebsführung 31 111
- Sicherheits- und Erheblichkeitszuschlag 31 112

Preisbindende Unternehmen, Missbrauch 19 192 ff.

Preisbindung
- Berechtigte 30 27
- europarechtliche Absicherung 30 64 ff.
- Freistellungsfähigkeit 1 471
- kombinierte Verlagsprodukte 30 26
- Kritik 30 17 ff.
- Landwirtschaft 28 12
- lückenhafter, zweigleisiger Vertrieb 30 40
- Lückenhaftigkeit 30 36 ff.
- Markenlizenzvertrag 1 471
- Missbrauchsaufsicht 30 35 ff.
- Reproduktion/Substitut 30 23 ff.
- Revers/Sammelrevers 30 28
- Sortierung, Kennzeichnung und Verpackung 28 331 ff.
- Vereinbarkeit mit Art. 101 AEUV 30 45
- Verlagswesen, anzuwendendes Recht 22 38
- Vertikal-GVO 2 112
- Zeitungen/Zeitschriften 2 26; 30 1 ff.

Preisbindung zweiter Hand
- Landwirtschaft 28 305 ff.
- Sortierung, Kennzeichnung und Verpackung 28 331

Preisbindungsverbot
- Auslegung des Verbotsmerkmals 28 300
- Auslegung mit Hilfe der Ausschussbegründung 28 305
- eingeschränkter Anwendungsbereich 28 316

- Erzeugerbetriebsvorbehalt 28 230 ff., 299 ff.
- Freistellungen, Tierzucht 28 116
- Marktstrukturgesetz 28 374 f.
- Preisempfehlungen 28 302
- Tierzucht 28 327
- Tierzuchtgesetz 28 414

Preisbindungsvereinbarung
- Ablauf 30 34
- Form 30 33 f.
- Pflichten 30 29 ff.
- Presseerzeugnis, Missbrauch der Freistellung 30 76
- Unwirksamkeitsfolgen 30 42

Preisempfehlung
- Erzeugerbetriebsvorbehalt 28 302
- Erzeugervereinigung 28 309
- Vertikalvereinbarungen 1 254

Preisfeststellung
- Gewinnbegrenzung 29 63 ff.
- kalkulatorische Kosten 29 65
- Opportunitätskosten 29 64
- Personalkosten 29 67
- wettbewerbsanalog/kostenorientiert 29 50

Preisgleitklauseln
- zivilrechtliche Überprüfung/Kartellrecht 29 2

Preisinformationssystem
- Milchwirtschaft 28 102 f.

Preiskartell
- Mittelstandskartell 3 74
- Rationalisierung wirtschaftlicher Vorgänge 3 91 ff.
- Urheberrecht 1 486

Preisliste 1 462

Preismeldeverfahren 1 492

Preismissbrauch
- Abgrenzung zum Konditionenmissbrauch 19 42
- Ausbeutungsmissbrauch 19 27 f.; 33 138
- Begriff des Entgelts 19 28

– Berücksichtigung von Zu- und Abschlägen **19** 35
– BGH **29** 59
– Interessenabwägung **19** 36
– Marktstrukturunterschiede **19** 33
– Maßstab des Als-ob-Wettbewerbs **19** 31
– Missbrauchszuschlag **19** 35
– Nachweis **19** 32
– Preishöhenkontrolle **19** 28
– räumliches Vergleichsmarktkonzept **19** 33
– Rechtfertigung **19** 36
– sachliches Vergleichsmarktkonzept **19** 34
– Überblick **19** 28 ff.
– Unionsrecht **19** 31
– Vergleich von Erlöshöhen **19** 33
– Vergleichsunternehmen **19** 33
– Verpflichtungszusagen **32b** 30
– wettbewerbsgerechter Preis **19** 29
– zeitliches Vergleichsmarktkonzept **19** 32

Preismissbrauchsaufsicht, Energiewirtschaft
– Verhältnis von § 29 GWB zu § 315 BGB **29** 4 ff.

Preisschirmeffekte
– Schadensersatz auf anderen Märkten **33** 233
– Schadensersatzanspruch **33** 231

Preisvereinbarungen
– Ausgleichszahlungen **1** 461 ff.
– Bruttopreise **1** 463
– bundeseinheitlicher Basispreis für Milch **28** 99 f.
– Doppelpreissysteme **1** 576 ff.
– Festpreisvereinbarung **1** 459
– forstwirtschaftliche Zusammenschlüsse, § 40 BWaldG **28** 409
– Gegenstand der Vereinbarung **1** 459
– Grundsatz **1** 458 ff.
– Höchstpreisvereinbarungen **1** 254

– horizontale Absprachen **1** 268
– horizontale Kernbeschränkung **1** 251
– Mindestpreisvereinbarung **1** 459
– Münchner Kükenfall, 1951 **28** 81
– Offenlegung der Absatzzahlen **1** 584
– Preisbestandteile **1** 460
– Preislisten **1** 462
– Rabatte **1** 460
– rechtliche Beurteilung **1** 458
– Reichweite der Nichtigkeitssanktion **1** 397
– Urheberrecht **1** 486 ff.
– vertikale Vereinbarungen **1** 458

Preisvergleich
– frei zugängliche Veröffentlichungen **28** 102

Preisvorgaben
– Bundeskartellamt, Wasser **32** 33

Presse-Grosso
– Bedeutung **30** 2 ff.
– Branchenvereinbarung **30** 53 ff.
– Freistellungslösung **30** 51
– Freistellungssystematik **30** 47 ff.
– Freistellungsvoraussetzungen **30** 53 ff.
– Kartellverbot, Grenze **30** 75
– Missbrauch durch freigestellte Kartelle **19** 193 ff.
– Neutralitätsverpflichtung **30** 4
– Wettbewerbsbeschränkung **30** 12 f.
– Zweck **30** 16

Presseerzeugnis
– Anzeigenmarkt **18** 42
– Lesermarkt **18** 41
– Marktabgrenzung **18** 40 ff.
– Probleme mit der Digitalisierung **30** 8

Pressefreiheit
– verfassungsrechtlich geschützt **30** 1

– Wettbewerbsbeschränkung vor verfassungsrechtlichem Hintergrund 30 17 ff.
Presseverleger
– Kartellrechtsverstoß des Anspruchsgegners 33 45
– Leistungsschutzrecht für ~ **32c** 43
Presseversorgung
– gebietsbezogene Alleinauslieferung 30 5
Pressevertrieb
– Besonderheiten 30 1
– Dispositionsrecht 30 4
– Remissionsrecht 30 4
Price Signalling
– einseitige Handlungen 1 30
Private Announcements 1 183
Private Kartellrechtsdurchsetzung
siehe auch Privatklagen
– bereicherungsrechtliche Rückabwicklung 1 408 ff.
– Beseitigungsanspruch 1 405 f.
– Rechtsfolgen 1 404 ff.
– Schadensersatz 1 407
– Unterlassungsanspruch 1 404
Privatisierung
– funktionale~ **Einl.** 31–31b 39
– materielle ~ **Einl.** 31–31b 39
Privatklagen
– Auswirkungen der Freistellung 2 39 ff.
– Beweislast 2 39 ff.
– Kronzeugen/Bonusprogramm 2 43
Privatperson
– wirtschaftliche Tätigkeit, Nachfrage 1 66
Produkt-AVB
– differenzierte Betrachtung 1 545 ff.
– einfache AVB's 1 541 ff.
– Muster-Produkt-AVB 1 545
Produkteigenschaften
– heterogene Produkte 18 22, 25

– homogene Produkte 18 20 f., 24
Produktionsbeschränkung
– horizontale Kernbeschränkung 1 252
Produktionsstilllegung
– zwischenbetriebliche Zusammenarbeit 3 104 ff.
Produktionsvereinbarungen
– Arbeitsgemeinschaft 1 521
– Arbeitsgemeinschaftsgedanke 1 523
– Effizienzgewinn 1 522
– Erscheinungsformen 1 520
– Gewinnspannenbegrenzung 1 524
– Kernbeschränkung 1 524
– kostendeckender Verkaufspreis 1 524
– Wertungsgrundlagen 1 522
– wettbewerbsbeschränkende Auswirkungen 1 525
– Zuliefervereinbarung als Spezialisierung 1 526
– Zuliefervereinbarungen 1 520

Qualitätssicherungsklausel
– Markenlizenzvertrag 1 472 f.
Quersubventionierung
– gezielte Kampfpreisunterbietung 19 98, 103
Quotenvereinbarung 1 252

Rabatt
– De-minimis-Schwelle 19 47
– Doppelpreissysteme 1 578 ff.
– Einräumung von verhaltensleitenden Rabatten 19 51
– Entzug 1 154
– Gruppenrabatt 19 55
– Intransparenz der Rabattbedingungen 19 55
– Mengenrabatt 19 53 f.
– Preisabsprachen 1 460
– selektive (diskriminierende) Rabatte 19 56

1623

– Treuerabatt **19** 55
– Vereinbarung, Mittelstandskartelle **3** 75
– Verkauf unter Einstandspreis **20** 39
– Verlangen, Boykottverbot **21** 11
– Wettbewerbsregeln **24** 75

Raising Rivals Costs 19 187

Rationalisierung wirtschaftlicher Vorgänge
– Begriffsbestimmung **3** 58
– Beispielsfälle **3** 65 ff.
– Bereiche zur Verbesserung des Aufwand-Ertragsverhältnisses **3** 64
– Einkaufskooperationen **3** 91 ff.
– Entscheidungspraxis **3** 59
– fehlender Rationalisierungszweck **3** 74 ff.
– Forschung und Entwicklung **3** 65
– Gebietsabsprachen **3** 91 ff.
– gemischte Preiskartelle **3** 91 ff.
– Inhalt der Vereinbarung **3** 97
– Kausalität zwischen Zusammenarbeit und Rationalisierung **3** 60 ff.
– Mengenabsprachen **3** 91 ff.
– Organisation einer gemeinsamen Produktion **3** 65
– Spezialisierungskartelle **3** 91 ff.
– Verteilung des Rationalisierungserfolges **3** 69 ff.
– Vorschieben der Rationalisierung **3** 96
– Wortlaut **3** 57
– Zusammenarbeit bei Marketingkonzepten **3** 65
– Zusammenarbeit im Bausektor **3** 65

Rationalitätsbegriff
– Wasserwirtschaft **31** 75

Rationelle Betriebsführung
– Definition **31** 102

– hypothetische Wettbewerbskosten **31** 106
– nicht rationelle Betriebsführung **31** 111
– Preiskalkulation, Wasserwirtschaft **31** 100 ff.

Rechtfertigung, Wasserwirtschaft
– Anlagenauslastung **31** 59
– Einzelfallbetrachtung **31** 79 ff.
– Kausalität **31** 72
– keine Zurechenbarkeit **31** 73 ff.
– landesgesetzliche Kalkulationsvorgaben **31** 67 f.
– landesspezifische Vorgaben **31** 66
– Mehrkosten **31** 70 f.
– Sicherheits- und Erheblichkeitszuschlag **31** 91
– Wasserbeschaffung **31** 60 ff.
– Wasserverteilung **31** 63 ff.

Rechtsanwalt
– Beratung, Kartellrechts-Irrtum **33** 201 ff.

Rechtsbeschwerde
– Anerkennung-/Aufhebung von Wettbewerbsregeln **26** 27 ff.

Rechtsfolge der Freistellung
– Auswirkungen auf Privatklagen **2** 39 ff.
– Beweislast im Verwaltungs- und Bußgeldverfahren **2** 37 f.
– Kronzeugen/Bonusprogramm **2** 43
– Selbstfreistellung als Risiko **2** 28

Rechtsfolgen
– Anerkennung von Wettbewerbsregeln **26** 10 ff.
– Ausbeutungsmissbrauch **19** 27
– Auslieferung wegen Kartellverstoßes **1** 424 ff.
– Boykottverbot, Verwaltungsrecht **21** 25 f.
– Boykottverbot, Zivilrecht **21** 24
– Gemeinschaftsunternehmen **1** 595 f.

– Kartell- und Fusionszwang **21** 50
– kartellrechtswidrige Gesellschaftsverträge **1** 379 ff.
– Missbrauch durch freigestellte Kartelle **19** 197 f.
– Nachteilszufügung wegen Einschaltung der Kartellbehörde **21** 56
– Nichtigkeit wettbewerbsbeschränkender Vereinbarungen und Beschlüsse **1** 385 ff.
– öffentlich-rechtliche Zuwiderhandlung **1** 378
– Ordnungswidrigkeit **1** 413 ff.
– private Kartellrechtsdurchsetzung **1** 404 ff.
– Strafrecht **1** 416 ff.
– Überblick **1** 378
– Veranlassung verbotenen Verhaltens **21** 39
– Verwaltungsverfahren **1** 412
– zivilrechtlicher Verstoß **1** 378
Rechtsgüterabwägung
– Arbeitsrecht **1** 376
– außerwettbewerbliche Rechtsgüter **1** 368
– Beweislast **1** 370
– dogmatische Bewertung **1** 368
– Einordnung der überkommenen Praxis **1** 372 ff.
– Gesundheits- und Umweltschutz **1** 372 ff.
– Selbstbeschränkungsabkommen **1** 375
– soziale/sozialpolitische Belange **1** 377
– systematischer Standort **1** 366
– unionsrechtskonforme Auslegung **1** 371
Rechtsschutz
– Anerkennung-/Aufhebung von Wettbewerbsregeln **26** 27 ff.
– einstweilige Maßnahmen **32a** 27

– nachträglicher, kartellbehördliche Entscheidungen **32** 80
Rechtswidrige Gruppenfreistellungs-VO
– keine Freistellungsfolge **2** 99
– Überschreitung der Ermächtigung **2** 97
– verfassungskonforme Auslegung **2** 100
– Vertrauensschutz **2** 98
Red data rooms 1 512 ff.
Regionalkartell
– europäisches Kartellrecht **3** 54 ff.
– räumlich relevanter Markt **3** 184 f.
Regressanspruch
– nach § 426 Abs. 2 BGB **33** 314 ff.
Regulierungsrecht
– Kostenkontrolle, Wasserwirtschaft **31** 103
– Missbrauchsaufsicht, Wasserwirtschaft **31** 104
Rekommunalisierung
– Anwendbarkeit Kartellrecht **Einl. 31–31b** 39 ff.
– Privatisierung **Einl. 31–31b** 39
– Schein~ **Einl. 31–31b** 46
– Wahl unzulässiger Struktur **Einl. 31–31b** 45
– während Kartellrechtsverfahren **Einl. 31–31b** 43 f.
Remissionsrecht
– Presseerzeugnis **30** 4
Rennpferde 28 328
Repartierung
– knappheitsbedingte/mangelbedingte Abhängigkeit **20** 23
– Lieferverweigerung bei Engpässen **19** 129 f.
– Zugangsverweigerung zu wesentlichen Einrichtungen **19** 162
Reproduktion
– Begriff **30** 24
Restwettbewerb *siehe Fortbestehen von Wettbewerb*

Revers
– Preisbindung 30 28
Risikominimierungsmaßnahmen
– Clean-Teams 1 512 ff.
– Datenräume mit verschiedenen Zutrittsberechtigungen 1 512 ff.
– Informationsaustausch bei Unternehmenstransaktionen 1 512 ff.
Rücknahme
– Wettbewerbsregeln 24 56; 26 13, 24 ff.
Rundfunkunternehmen
– Zugang zu Werbemedien 19 128
Rundschreiben 1 148 ff.

Saatgut 28 117, 307
Sächsisches Holzstoffkartell 1 3
Sacrifice-Test
– gezielte Kampfpreisunterbietung 19 105
Safe Harbor
– Einkaufskooperationen 1 456 f.
– Gruppenfreistellungsverordnungen 2 92
– Vermarktungsvereinbarung und gemeinsamer Vertrieb 1 555
Salvatorische Klausel
– Beweislast 1 389
– Erhaltens- und Ersetzungsklausel 1 389
– geltungserhaltende Reduktion 1 395
– Nichtigkeit wettbewerbsbeschränkender Vereinbarungen und Beschlüsse 1 387
Sammelklagen 33 183
Sammelrevers
– Preisbindung 30 28
Satzungsregelung
– Anerkennung von Wettbewerbsregeln 26 17 ff.
– Bestandsschutz 1 402
– Heilung nach § 242 Abs. 2 AktG 1 402

– Vorteils-/Nachteilsregel 1 402
Schadensersatz
– abgestimmte Verhaltensweisen 1 403
– Ablehnung, z.B. Verbotsirrtum 2 32
– Anspruchsberechtigung 1 407
– Anspruchsvoraussetzungen 33 163 ff.
– Anwendung europäischen Wettbewerbsrechts 22 25
– Äquivalenztheorie, Adäquanztheorie 33 157
– Beschlüsse und Maßnahmen der Europäischen Kommission 33 148
– Beseitigungsanspruch *siehe dort*
– Bezugnahme auf Sektoruntersuchung 32e 46
– Boykottverbot 21 24
– Dritte 33 85 ff.
– England 33 196
– kartellrechtswidrige Klausel 1 388
– Kartellschadensersatzrichtlinie 2 39
– Milchlieferstreik 2008 28 90
– Missbrauch durch freigestellte Kartelle 19 201 ff.
– Mittelstandskartell 3 192
– Mitverschulden 33 162
– Niederlande 33 196
– private Kartellrechtsdurchsetzung 1 407
– rechtlich unverbindliche Vereinbarungen 1 403
– Schadensnachweis 1 407
– Unterlassungsanspruch *siehe dort*
– Veranlassung verbotenen Verhaltens 21 39
– Verschulden 1 407
– Verschulden bei Freistellungen 2 54
– Verstoß gegen kartellbehördliche Verfügung 32 71

- Widerrechtlichkeit der Normverletzung 33 162
Schadensersatzanspruch
- 7. GWB-Novelle 33 30
- Abwälzungsproblematik 33 234 ff.
- Aktivlegitimation 33 193 ff.
- allgemeine Fahrlässigkeit 33 199 ff.
- Anpassung an Kartellschadensersatzrichtlinie 33 192 ff.
- Anrechnung von Mitverschulden 33 252 f.
- Anscheinsbeweis 33 223
- Anspruchsvoraussetzungen 33 191 ff.
- Ausschluss der passing-on defense 33 34 f.
- Beginn der Verjährungshemmung 33 288
- Berücksichtigung des anteiligen Gewinns 33 39
- besondere Schadenspositionen 33 229 ff.
- Betroffener 33 70 ff., 114 ff. *siehe auch dort*
- Beweiserleichterungen 33 222
- Bindungswirkung für Kartellbehörden 33 39
- Dauer der Verjährung 33 279 f.
- Eingrenzung Anspruchsberechtigter 33 110 ff.
- entstandener Gewinn 33 225
- Erweiterung der Aktivlegitimierten 33 36 f.
- Folgen einer Weiterveräußerung 33 234 ff.
- Follow-on Klagen 33 198
- geplante verfahrensrechtliche Regelungen 33 260
- Gesamtgläubigerschaft 33 250
- gesamtschuldnerische Haftung 33 289, 292 ff. *siehe auch dort*
- Haftung bei Mutter-/Tochtergesellschaft 33 211
- Herausgabeanspruch von Beweismitteln, Referentenentwurf 33 256
- hypothetischer gegenwärtiger Zustand 33 212
- hypothetischer Wettbewerbspreis 33 217
- in Geld 33 214
- Individualschutz 33 76
- jede drohende Verletzung 33 40
- kartellbedingter Mehrgewinn 33 228
- Kartellrecht-Compliance-Programm 33 204 ff.
- kartellrechtlicher, Preisbindungsvereinbarung 30 44
- Kartellrechtsverstoß des Anspruchsgegners *siehe dort*
- Kronzeuge 33 290
- Kronzeuge, Rückausnahme 33 296
- »Lost-Sales«-Effekt 33 229 f.
- Mehrfachbelastung 33 247 ff.
- Mehrfachhaftung 33 86 ff.
- mittelbare Beeinträchtigung 33 86 ff.
- Naturalrestitution 33 220
- neuere Kernelemente 33 39 ff.
- nicht-beteiligter Wettbewerber 33 115 ff.
- Offenlegung von Beweismitteln 33 254 ff.
- österreichisches Recht 33 232
- passing-on defense 33 86 ff., 234 ff.
- passiv-legitimiert, Verschulden 33 204
- pauschalierter Schadensersatz 33 224
- Preisschirmeffekte 33 231
- Rechtsfolgen 33 191 ff.
- Regelungsübersicht 33 37 ff.
- Schadensberechnung 33 212 ff.
- Schadensschätzung 33 225 ff.
- Schadensvermutung 33 221 ff.
- Schätzung 33 216

- Schutzgesetzerfordernis in der 7. GWB-Novelle **33** 31 ff.
- selbständiger Ausgleichsanspruch **33** 289
- Umfang **33** 215, 218 f., 226
- unverschuldeter Rechtsirrtum **33** 200
- Verfahrenskonzentration **33** 249
- Vergleichsmarktkonzept **33** 216 ff.
- Verjährung **33** 189, 273 ff.
- Verjährung neu **33** 289 ff.
- Verjährungsregelung **33** 39
- Verschulden **33** 197 ff.
- Verzinsung **33** 263 ff.
- Verzinsung des Schadensersatzanspruchs **33** 39
- Vorsatztheorie **33** 197

Schadensersatzpflicht *siehe auch Unterlassungsanspruch*
- Abschreckungswirkung **33** 5
- Courage-Entscheidung **33** 6 ff.
- Effektivitätsgrundsatz **33** 8
- EU-Vorgaben **33** 6 ff.
- Gesetzesentwicklung **33** 27 ff.
- Kartellrechtsadressatenkreis **33** 9
- Kartellschadensersatzrichtlinie **33** 13 ff.
- Kartellzivilrecht **33** 2
- Mitverschulden **33** 12
- Normzweck **33** 1 ff.

Schadensvermutung 33 221 ff.

Schauspieler
- Unternehmensbegriff **1** 111

Schiedsspruch
- Aufhebung, Verstoß gegen § 1 GWB **1** 364
- keine Privilegierung **1** 365
- Prüfpflicht bei ausländischem Schiedsspruch **1** 363
- Vereinbarkeit mit Art. 101 AEUV **1** 363
- Verweigerung der Anerkennung und Vollstreckung **1** 363 f.
- Vorbehalt des ordre public **1** 363

- wettbewerbsbeschränkende Schiedssprüche **1** 363 ff.

Schifffahrtsunternehmen 2 131

Schirm-GVO 2 109 ff.
- Unternehmenskauf **1** 277

Schwarze Klauseln
- Gruppenfreistellungs-VO **2** 106

Schweiz
- milchbezogene Diskussion als Vergleich **28** 108 ff.

Sektoruntersuchung
- Adressatenkreis **32e** 21
- Anfangsverdacht **32e** 13 ff.
- Auskunftsverlangen **32e** 30, 61
- Auslandsenquete **32e** 17
- Aussagewert der ~ **32e** 47 f.
- Auswertung der Erkenntnisse **32e** 41
- behördenintern **32e** 25
- Beurteilungsspielraum **32e** 15
- BGH **32e** 13
- branchenübergreifende Untersuchung **32e** 22
- Bundeskartellamt **32e** 57 f.
- Bußgeld bei Verstoß **32e** 40
- Entscheidung **32e** 24
- Entstehungsgeschichte **32e** 3 ff.
- Ermessen **32e** 26
- Ermittlungen **32e** 29 *siehe auch Untersuchungsermittlungen*
- Eröffnungsbeschluss **32e** 24
- EU-Kommission **32e** 60
- fishing expedition **32e** 12
- Folgen **32e** 62
- Geschäftsgeheimnisse **32e** 41
- Grundgedanke der Regelung **32e** 1
- Gutachten der Monopolkommission **32e** 7
- Heilung bei Begründungsmangel **32e** 27
- Inlandsbezug **32e** 17
- Kapazität Gas **32e** 44
- kein konkretes Ziel **32e** 29
- Kernfragen **32e** 9

- Kooperationspflichten **32e** 39
- Landeskartellbehörde **32e** 18
- Lebensmitteleinzelhandel **32e** 62
- Marktdesign **32e** 48
- Marktüberblick **32e** 23
- nemo tenetur **32e** 45
- niedrige Befugnisausübungsschwelle **32e** 13
- Normstruktur **32e** 10 ff.
- Pharma, EU-Kommission **32e** 38
- praktische Bedeutung **32e** 2
- rechtliche Einordnung **32e** 6 ff.
- Rechtsschutz **32e** 50 ff.
- starre Preise **32e** 16
- Untersuchungsbericht **32e** 42, 52
- Untersuchungsgegenstand **32e** 20 ff.
- Verfügungsbegründung **32e** 26
- Vorfeldermittlungen **32e** 8
- Wegfall des Anmeldeerfordernisses **32e** 3
- Zweckbeschränkung **32e** 23

Selbständigkeitspostulat
- abgestimmte Verhaltensweisen **1** 172, 200

Selbstbeschränkungsabkommen 1 375

Selbstbindung der Verwaltung
- kein Anlass zum Tätigwerden **32c** 8

Selbstverpflichtungserklärung
- zur Vermeidung der Begehungsgefahr **32** 17

Selektives Vertriebssystem
- Ausschluss bestimmter Vertriebswege **19** 124
- Begriff **19** 122
- Beitritt als Vereinbarung **1** 152
- Geschäftsverweigerung **19** 122 ff.
- Markenlizenzvertrag **1** 473
- quantitative/qualitative Auswahlkriterien **1** 335; **19** 122 f.

Sharing-Economy
- Abgrenzung wirtschaftliche/nicht wirtschaftliche Tätigkeit **1** 66

Sherman-Act 1 1

Sicherheitszuschlag
- Vergleichsmarkt, Wasserwirtschaft **31** 91

Signalling
- Preisankündigung **1** 181 ff.

Sitzungsteilnahme
- abgestimmte Verhaltensweisen **1** 176
- passive Teilnahme **1** 177

Solidaritätsgrundsatz
- wirtschaftliche Tätigkeit **1** 90 f.

Sonderkartellrecht, Wasserwirtschaft
- Sicherung **31b** 5 ff.
- Verhältnis zur allgemeinen Missbrauchsaufsicht **31b** 26 ff.

Sonderkonditionen 19 39

Sonderkundenversorgung
- Wechsel **29** 26

Sondermissbrauchsaufsicht
- Tatbestandsvoraussetzungen **29** 12 ff.

Sonderprämien
- Wettbewerbsregeln **24** 69 f.

Sonderregeln für bestimmte Wirtschaftsbereiche
- inhaltlich eng begrenzte Spezialregelungen **28** 14 f.
- Landwirtschaft **28** 1 ff.

Sonstiges Verhalten
- wettbewerbsbeschränkendes Verhalten **33** 144 f.
- Zwang **33** 145

Sortenschutzrechte
- Bündelung von Vergütungsansprüchen **1** 479
- Definition der Gemeinschaftssorte **1** 479
- Immaterialgüterrechte **1** 479
- kollektive Wahrnehmung **1** 479

- Nachbau **1** 479
- Vermehrungsmaterial **1** 479

Sortierung, Kennzeichnung und Verpackung
- Allgemeinverbindlichkeitsvereinbarung **28** 341
- Definition landwirtschaftliche Erzeugnisse **28** 343 ff.
- Entstehung **28** 332 f.
- Preisbindung zweiter Hand **28** 331
- Reichweite der Freistellung **28** 334 ff.
- Verhältnis zum EU-Recht **28** 339
- Verhältnis zum Handelsklassenrecht **28** 337 f.
- vertikale Preisbindung **28** 331 ff.

Soziale Belange 1 377

Sozialversicherungsträger
- Unternehmensbegriff **1** 90

Sperrwirkung des Art. 101 AEUV
- Ausnahme für einseitig wettbewerbsbeschränkendes Verhalten **22** 31 ff.
- Erleichterung grenzüberschreitender Tätigkeit **22** 28
- Grundsatz **22** 29
- keine Freistellung von Art. 101 AEUV durch deutsches Recht **22** 37 ff.

Spezialisierungs-GVO
- Freistellung von Mittelstandskartellen **3** 217
- gegenseitige Spezialisierung/gemeinsame Produktion **2** 128
- Kernbeschränkungen **2** 130
- Marktanteilsschwelle **2** 129

Spezialisierungskartell
- Abgrenzung Rationalisierung **3** 77
- europarechtliche Vorgaben **3** 82 ff.
- Freistellung nach § 2 GWB **3** 80 ff.
- mit Rationalisierungswirkung **3** 85 ff.

- Rationalisierung wirtschaftlicher Vorgänge **3** 91 ff.
- wettbewerbliche Gefahren **3** 78 ff.

Spezialisierungsvereinbarungen
- Produktionsverzicht **1** 521
- Skaleneffekte **2** 127
- Zuliefervereinbarung als Spezialisierung **1** 526

Spitzengruppenabhängigkeit 20 17 ff.

Spitzenstellungsabhängigkeit 20 15 f.

Spitzenverband
- Aufstellung von Wettbewerbsregeln **24** 32
- gemeinsame Erklärung der gewerblichen Wirtschaft **24** 50 f.

Sportsektor
- Anwendung des Kartellrechts für Sportverbände **1** 353
- Ausnahmen vom Kartellverbot **1** 355
- außergesetzlicher Rechtfertigungstatbestand **1** 354
- Konkurrenz der Profiligen **1** 353 f.
- Listenprivileg **1** 103
- Single-Entity doctrine **1** 562
- Tatbestandsrestriktion **1** 353 ff.
- Unternehmensbegriff **1** 103 f.
- Verfolgung legitimer Zielsetzung **1** 355 ff.
- Walrave-Dona Test **1** 353

Spürbarkeit
- Abstellung auf Marktanteil **1** 263
- allgemeine Grundsätze **1** 260 ff.
- Anwendung europäischen Wettbewerbsrechts **22** 13
- Aufteilung von Versorgungsquellen **1** 268
- Ausschließlichkeitsbindungen **19** 47
- Bagatellbekanntmachung des Bundeskartellamtes und der Kommission **1** 262

- de minimis-Bekanntmachung 1 264
- Eingehung von Arbeits- und Bietergemeinschaft 1 433
- Einkaufskooperationen 1 454
- Gesamtbeurteilung nach der Rechtsprechung 1 261
- horizontale Wettbewerbsbeschränkung 1 264
- Institutionenschutz 1 260
- Kartellabsprache kleiner und mittlerer Unternehmen 3 48 ff.
- keine Spürbarkeit im Bereich Landwirtschaft 28 23
- Kernbeschränkungen 1 266, 268
- kumulative Marktabschottung 1 270 ff.
- Markt- oder Kundenaufteilung 1 268
- Marktanteil 1 267
- qualitative Kriterien 1 261, 267 ff.
- quantitative Kriterien 1 261, 263 ff.
- ungeschriebenes Tatbestandsmerkmal 1 260
- vertikale Wettbewerbsbeschränkung 1 265
- Wettbewerbsrelevanz 1 260

Stadtstaatenbesonderheiten
- Wasserwirtschaft 31 67 f.

Standardbedingungen
- AGB 1 537
- Arbeitsgemeinschaftsgedanke 1 549
- Begriffsbestimmung 1 535 ff.
- bezweckte Wettbewerbsbeschränkung 1 539
- de-facto Norm 1 544
- einfache AVB vs. Produkt-AVB 1 541 ff.
- Gefahrenpotential 1 540
- Handelsbrauch 1 538
- Muster- AVB 1 543
- neue Produkte/Risiken 1 549

- Qualitäten von Sicherheitsvorkehrungen 1 548
- Rechtsunsicherheit bezüglich kartellrechtlicher Zulässigkeit 1 547
- Spezifikationen 1 548
- Umweltschadensversicherung 1 549
- Unverbindlichkeit 1 543
- Versicherungswirtschaft (AVB) 1 535 ff.
- wettbewerbsrechtliche Beurteilung 1 540 ff.

Standardessentielle Patente (SEP) 1 532 f.

Statut der Europäischen Genossenschaft, SCE 28 216 f.

Sternkartelle
- einseitige Handlungen 1 30

Sternvertrag
- Einkaufskooperationen 1 448

Steuerrecht
- Vorteilsabschöpfung 34 5, 36 ff.

Stiller Gesellschafter 1 301

Stilllegungsvereinbarung 1 282

Strafrecht
- Auslieferung wegen Kartellverstoßes 1 424
- Betrug 1 416
- Entkriminalisierung des Kartellrechts 1 416
- Gleichstellung von horizontalen und vertikalen Vereinbarungen 1 416
- Konkurrenzen 1 421, 423
- Submissionsbetrug 1 416 f.
- unzulässige Bieterabsprachen im exekutiven Versteigerungsverfahren 1 423
- vergleichbare Rechtslage in Österreich 1 422

Straßenverkehr 2 132

Streikhilfeabkommen 1 376

Streuschäden
– Vorteilsabschöpfung durch Verbände 34a 9

Strommärkte
– Marktabgrenzung 29 15 ff. *siehe auch dort*
– Oligopol 29 28

Strompreis
– Entgeltüberprüfung 29 2
– Zusammensetzung 29 1

Strukturnachteil
– Missbrauchstatbestand, § 31 Abs. 3 und 4 GWB 31 57 ff.

Submissionsbetrug 1 416 f.

Substitut
– Begriff 30 24

Subtraktionsmethode
– Grenzen 29 55
– Netzentgelte 29 53
– Vergleichsmarkt, Gas 29 51 f.
– Wertung 29 57

Sündenregister
– kleinere und mittlere Unternehmen 24 10
– nicht leistungsgerechtes Marktverhalten 24 49
– rechtliche Verbindlichkeit 24 51

Tagung
– abgestimmte Verhaltensweisen 1 176

Tarifgestaltungsspielraum
– Wasserversorgung 31 86 f.

Tarifvertrag
– Betriebsferien 1 377
– erlaubte Wettbewerbsbeschränkung 1 227
– geschützte Tarifautonomie 1 227 ff.
– horizontales Verhältnis 1 226
– Kartellprivileg 1 227 f.
– Kartellwirkung 1 225
– Ladenöffnungszeiten 1 228
– Ladenschlusszeiten 1 377
– Missbrauch der Tarifautonomie 1 230
– Wettbewerbsbeschränkung 1 226
– Wirtschafts- und Arbeitsbedingungen 1 227 f.

Tatbestandseinschränkungen
– Abkauf von Wettbewerb 1 282
– Absatzmittler 1 306 ff.
– Eigentumsrechte 1 344 ff.
– Gesellschaftsrecht 1 286 ff.
– Grundlagen 1 274
– Notwendigkeit der Wettbewerbsbeschränkung 1 275
– Nutzungsrechte 1 344 ff.
– Rule of Reason 1 274
– Schiedssprüche 1 363 ff.
– Sportsektor 1 353 ff.
– Vergleiche 1 358 ff.
– Wettbewerbsverbote und Unternehmenskauf 1 276 ff.
– Zuliefervereinbarungen 1 342

Technologie-Transfer-GVO
– Forschungs- und Entwicklungsvereinbarungen 2 120
– Freistellung von Nebenabreden 2 116
– Gegenstand der Verordnung 2 115
– Kernbeschränkungen 2 118
– Lizenzvergabe an technischen Schutzrechten 2 114
– Marktanteil 2 117
– Schranken des Art. 5 GVO 2 119

Technologietransfer
– Spezialleitlinien der Kommission 3 212

Teerfarben-Kartell
– abgestimmte Verhaltensweisen 1 167
– ausgeprägtes Gruppenbewusstsein 1 11
– BGH-Rechtsprechung 1 9 f.
– Indizienbeweis 1 206

Stichwortverzeichnis

Telekommunikation
– Missbrauch durch freigestellte Kartelle und sektorspezifische Verbote 19 210
Third Parties Agreement 19 64
Tierzucht *siehe Pflanzen- und Tierzucht*
Tierzuchtgesetz
– abschließende Aufzählung der Tierarten 28 418
– Anwendungsbereich der Freistellung 28 420
– Befreiung vom Preisbindungsverbot 28 414
– Begriff der Zuchtorganisation 28 416
– Entwicklungsgeschichte zur Preisbindungsfreistellung 28 415
– Erzeugerbetriebsvorbehalt 28 419
– Zwischenstaatlichkeit 28 419
Tochterunternehmen
– Konzernprivileg 1 130 f.
– Umsatzberechnung 3 126 ff.
– wettbewerbliche Selbständigkeit 3 126 ff.
– Zurechnungsnorm des § 36 Abs. 2 GWB 3 129
Transport
– vergemeinschaftet 1 559
Trennbarkeit von Vertragsklauseln
– Bezirkshändlervertrag 1 387
– Lizenzvertrag über technische Schutzrechte 1 388
– Prüfung 1 387
– rechtlicher bzw. wirtschaftlicher Zusammenhang 1 387
– salvatorische Klausel 1 387
– synallagmatischer Zusammenhang zwischen den Klauseln 1 387
Treu und Glauben
– Einrede/Einwendung gegen die Nichtigkeitsfolge 1 400 f.

Übernahmeangebot
– Fusionszwang 21 46
Überragende Marktstellung
– Allgemeines 18 56
– Anhaltspunkte 18 57
– Ausweichmöglichkeit der Marktgegenseite 18 73
– Berechnung des Marktanteils 18 61
– Entwurf, 9. GWB-Novelle 18 57
– Finanzkraft 18 63 f.
– gesetzliche genannte Kriterien 18 56
– Kontrolle von Wettbewerbsbedingungen 18 56
– Marktanteil 18 58 ff.
– Marktzutrittsschranken 18 68 ff.
– Überschreitung einer bestimmten Marktanteilsschwelle 18 60
– Umstellungsflexibilität 18 72
– Unternehmensstruktur 18 57
– Verflechtung mit anderen Unternehmen 18 66 f.
– Vergleich zu den Wettbewerbern 18 56
– Zugang zu Beschaffungs- und Absatzmärkten 18 65
Umbrella pricing *siehe Preisschirmeffekte*
Umsatzberechnung
– Mehrproduktunternehmen 3 133
– Sonderfälle 3 125 ff.
Umstellungsflexibilität 18 72
Umweltministerien der Länder
– Fachaufsicht, Wasserwirtschaft 31b 11
Umweltschadensversicherung 1 549
Umweltschutz
– Duldung von Wettbewerbsbeschränkungen 1 373
– EU-Kommission 1 374
– Umweltschutzvereinbarung 1 374

1633

Unerlässlichkeit, keine *siehe Verhältnismäßigkeit der Beschränkung*
Unfallversicherung
– wirtschaftliche Tätigkeit **1** 101
Unterlassung
– Beseitigung *siehe Beseitigungsanspruch*
Unterlassungsanspruch
– 7. GWB-Novelle **33** 30
– abgestimmte Verhaltensweisen **1** 403
– Abschreckungswirkung **33** 5
– Aktivlegitimation **1** 404; **33** 165 ff.
– Anspruchsinhalt **33** 184 ff.
– Anspruchsvoraussetzungen **33** 163 ff.
– Äquivalenztheorie, Adäquanztheorie **33** 157
– Ausschluss, passing-on defense **33** 34 f.
– Berücksichtigung des anteiligen Gewinns **33** 39
– Beschlüsse und Maßnahmen der Europäischen Kommission **33** 148
– Betroffener **33** 70 ff., 114 ff., 167 f.
– Betroffener oder Mitbewerber **33** 163
– Bindungswirkung für Kartellbehörden **33** 39
– Boykottverbot **21** 24
– Brancheninteresse **33** 173
– conditio-sine-qua-non-Formel **33** 156
– Courage-Entscheidung **33** 6 ff.
– Dritte **33** 85
– Effektivitätsgrundsatz **33** 8
– Eingrenzung Anspruchsberechtigter **33** 110 ff.
– Erweiterung der Aktivlegitimierten **33** 36 f.
– EU-Vorgaben **33** 6 ff.
– freigestellte Vereinbarungen **2** 39 ff.
– Gesetzesentwicklung **33** 27 ff.
– Individualschutz **33** 76
– jede drohende Verletzung **33** 40
– kartellrechtlicher ~ **30** 42
– Kartellrechtsadressatenkreis **33** 9
– Kartellrechtsverstoß des Anspruchsgegners *siehe dort*
– Kartellschadensersatzrichtlinie **33** 13 ff.
– Kartellzivilrecht **33** 2
– Kausalität **33** 152 ff.
– Klagebefugnis der qualifizierten Einrichtungen **33** 174 ff.
– Mehrfachhaftung **33** 86 ff.
– Missbrauch durch freigestellte Kartelle **19** 201 ff.
– mittelbare Beeinträchtigung **33** 86 ff.
– Mittelstandskartell **3** 192
– Mitverschulden **33** 12, 162
– neuere Kernelemente **33** 39 ff.
– nicht-beteiligter Wettbewerber **33** 115 ff.
– Normzweck **33** 1 ff.
– passing-on defense **33** 86 ff.
– private Kartellrechtsdurchsetzung **1** 404
– Prüfung der Kausalität **33** 155 *siehe auch Kausalität des Verstoßes*
– rechtlich unverbindliche Vereinbarungen **1** 403
– Regelungsübersicht **33** 37 ff.
– Schadensersatzpflicht *siehe dort*
– Schutzgesetzerfordernis in der 7. GWB-Novelle **33** 31 ff.
– tatsächlicher oder drohender Verstoß **33** 163
– Unterschiede, Beseitigungsanspruch **33** 186
– Verbandsklage **33** 169 ff.
– Verbraucherschutzorganisationen **33** 174 ff.
– Verjährung **33** 188 ff.
– Verjährungsregelung **33** 39

- Verjährungsverlängerung geplant 33 190
- Vermeiden einer Störung 33 187
- Verzinsung des Schadensersatzanspruchs 33 39
- Widerrechtlichkeit der Normverletzung 33 162
- Ziel des Unterlassungsanspruchs 33 163
- Zukunftsgerichtetheit 33 185

Unternehmen
- Entscheidungsautonomie der Parteien 1 145
- Erbengemeinschaft 1 55
- kleine und mittelständische *siehe Mittelstandskartelle; Unternehmen, kleine und mittlere*
- Landwirtschaft 28 258 ff.
- marktstarke Unternehmen 20 1 ff. *siehe auch Unternehmen mit relativer Marktmacht*
- Musikschule/Musiklehrer 1 73
- natürliche Person 1 56
- Normadressat des § 1 GWB 1 49 ff.
- potentielles ~ 1 70 f.
- potentielles, Urheber 1 111
- relatives ~ 1 72 f.
- Unternehmensgrundrechte, Befugnisse der Kartellbehörden Vor 32 4

Unternehmen mit relativer Marktmacht
- Abhängigkeit 20 9 ff.
- Abhängigkeitsvermutung 20 25 ff.
- Ausweichmöglichkeit 20 10 f.
- Begriff 20 5
- Erscheinungsformen der Abhängigkeit 20 13 ff.
- Gesichtspunkte für Größenvergleich 20 8
- Interessenabwägung 20 12
- kleine und mittlere Unternehmen 20 7 f.
- knappheitsbedingte/mangelbedingte Abhängigkeit 20 23
- missbräuchliche Ausnutzung 19 12
- Missbrauchsverbot **Vor 18–20** 1
- nachfragebedingte Abhängigkeit 20 24
- sortimentsbedingte Abhängigkeit 20 14 ff.
- Spitzengruppenabhängigkeit 20 17 ff.
- Spitzenstellungsabhängigkeit 20 15 f.
- Unternehmen 20 6
- unternehmensbedingte Abhängigkeit 20 20 ff.
- verbotenes Verhalten *siehe Verbotenes Verhalten von Unternehmen mit relativer oder überlegener Marktmacht*
- Vereinigungen von Unternehmen 20 6
- Voraussetzungen 20 6 ff.
- Widerlegung der Abhängigkeitsvermutung 20 27

Unternehmen, kleine und mittlere
- Abhängigkeit von Unternehmen mit relativer Marktmacht 20 9 ff.
- Absatz- und Vertriebskartelle 3 148
- absolute Grenze 3 111 ff.
- Arbeitsgemeinschaften 3 67 f.
- Behinderung *siehe Behinderung kleiner und mittlerer Unternehmen*
- Berechnung des Umsatzes von Unternehmen im Konzern 3 126 ff.
- Berücksichtigung der Marktgegenseite 3 117, 120 ff.
- Beteiligung von Großunternehmen 3 144 f.
- Beurteilungskriterien 3 118
- Definition 3 108 ff.
- Einkaufskooperationen 3 87 ff.

- Erhöhung der Werte des Jahresumsatzes 3 112
- EU-Leitlinien-Zwischenstaatlichkeit 3 45
- europarechtliche Besonderheiten 3 204 ff.
- feste Umsatzzahlen 3 111
- Förderung aller beteiligten Unternehmen 3 142 f.
- Kriterien einer zulässigen Beteiligung von Großunternehmen 3 146
- künftige Privilegierung bei gesamtschuldnerischer Kartellhaftung 33 293 ff.
- Mehrproduktunternehmen 3 133
- Merkblatt über Kooperationsmöglichkeiten 3 38
- Mittelstandsempfehlungen 3 32 ff.
- Preiskartell 3 74
- Rechtsfolgen 3 188 ff.
- regionale Geschäftstätigkeit 3 53
- relative Bestimmung 3 115 ff.
- Sanktionierung von Kartellverstößen 3 226
- Schutz, Sündenregister 24 10
- Sonderfälle der Umsatzberechnung 3 125 ff.
- Spürbarkeit der Absprache 3 48 ff.
- Spürbarkeitskriterium 3 109
- strukturbedingte Nachteile 3 12
- Tochterunternehmen 3 126 ff.
- Unternehmen mit relativer/überlegener Marktmacht 20 7 f.
- Unternehmensumsatz 3 116 f.
- Verbesserung der Wettbewerbsfähigkeit 3 107 ff., 134 ff.
- zwischenstaatliche Wirkung der Absprache 3 45 ff.
- Zwischenstaatlichkeit 3 109

Unternehmensbegriff
- Abgrenzung wirtschaftliche/nicht wirtschaftliche Tätigkeit 1 66
- anbietende Tätigkeit auf dem Markt 1 54 ff.
- Arbeitgeber und ihre Verbände 1 78
- Arbeitnehmer und ihre Verbände 1 79 f.
- Arbeitsmarkt und wirtschaftliche Tätigkeit 1 77 ff.
- Besonderheiten 1 77 ff.
- Boykottverbot 21 5
- Definition 1 49 f.
- Deutsche Bahn 1 121
- Deutsche Post AG 1 121
- Deutsche Telekom AG 1 121
- Energiewirtschaft 29 12
- europäische Praxis 1 51
- freie Berufe 1 84 ff.
- gemeinnützige Organisationen 1 54
- Genossenschaft 1 122
- geschäftliche Handlung 1 55
- gesetzliche Krankenkasse 1 90
- Gesundheitswesen: Einzelfälle 1 97 f.
- Gewerkschaften 1 82
- Gewinnerzielungsabsicht 1 54
- Gleichordnungskonzerne 1 134
- Grundstruktur 1 54 ff.
- Handeln der öffentlichen Hand 1 115 ff.
- Kartellwächter 1 57
- Künstler 1 111 ff.
- Nachfrage von Zwischenhändlern 1 59
- Nebentätigkeit 1 55
- potentielle Unternehmen 1 70 f.
- private Bedarfsdeckung 1 65 ff.
- relativer Rechtsbegriff 1 49
- relatives Unternehmen 1 72 f., 77
- Schauspieler 1 111
- selbständige wirtschaftliche Tätigkeit 1 74 ff.
- soziale und ideele Zwecke 1 90 ff.

- Sozialversicherung: Einzelfälle 1 97 f.
- Sozialversicherungsträger 1 90
- Sport 1 103 f.
- Unfallversicherung 1 101
- Unternehmensvereinigung 1 122 ff.
- unternehmerische Nachfrage 1 59 ff.
- Urheber und Verwertungsgesellschaften 1 111 ff.
- verbundene Unternehmen als Zurechnungssubjekt 1 129 ff.
- Verbundklausel nach § 36 Abs. 2 GWB 1 51
- Vermietung/Verpachtung 1 56
- wirtschaftliche Einheit 1 129 ff.
- Wissenschaft, Forschung und Erfindung 1 114

Unternehmensgröße
- Berechnung des Umsatzes von Unternehmen im Konzern 3 126 ff.
- Berücksichtigung der Marktgegenseite 3 120 ff.
- Beurteilungskriterien 3 118
- Definition 3 108 ff.
- feste Umsatzzahlen 3 111
- kleines Unternehmen 3 122
- mittleres Unternehmen 3 121
- Sonderfälle der Umsatzberechnung 3 125 ff.

Unternehmenskauf
- Abkauf von Wettbewerb 1 282
- Angemessenheit des Verbots 1 280
- Anwendbarkeit der Schirm-GVO 1 277
- Art des Erwerbers 1 509
- Erforderlichkeit eines Wettbewerbsverbots 1 279
- horizontale Wettbewerbsbeschränkung 1 277
- Immanenztheorie 1 276
- Immanenztheorie bei Unternehmenstransaktionen 1 508
- Informationsaustausch 1 506
- Informationsaustausch bei Finanzinvestoren 1 510
- Informationsaustausch, Grenze 1 511
- Informationsaustausch, Risikominimierungsmaßnahmen 1 512 ff.
- inhaltliche Grenzen 1 279
- Nebenabredendoktrin als dogmatische Grundlage 1 508
- Qualifikation als Unternehmenskauf 1 278
- Share/Asset Deal 1 278
- Vortäuschung der Transaktionsabsicht 1 511
- zeitlich begrenztes Wettbewerbsverbot 1 276
- Zeitpunkt des Informationsaustausches 1 509 f.
- zulässige Dauer von Wettbewerbsverboten 1 280

Unternehmenstransaktionen *siehe Unternehmenskauf*

Unternehmensvereinigung
- Arbeitgeberverband 1 127
- Ärzte-/Anwaltskammer 1 127
- Aufnahmeverweigerung 19 121
- Begriff 1 123 ff.
- Beispiele 1 127
- Beschlüsse von Unternehmensvereinigungen 1 157 ff.
- Binnenstruktur 1 124
- erweiterte Normadressateneigenschaft 1 122
- nicht rechtsfähiger Verein 1 124
- Normadressat des § 1 GWB 1 49 ff.
- private Nachfrager 1 125
- Unternehmen als Mitglieder 1 125
- Unternehmen mit relativer/überlegener Marktmacht 20 6
- Vereinigung von ~ 1 128
- Verwertungsgesellschaft 1 113

1637

Unternehmensvereinigung, Beschluss
- Abgrenzung von Vereinbarungen 1 157
- Allgemeinverbindlichkeitserklärung einer Agrarorganisation für Nichtmitglieder 28 193 f.
- Anforderungen an Beschluss 1 159 ff.
- Außenwirkung 1 159
- Bindungswirkung 1 159
- Branchenverbände 28 198
- Darlegungs- und Beweislast 1 202 ff.
- Deckung durch Verbandszweck 1 162
- Erzeugerbetriebsvorbehalt 28 209 ff.
- Festsetzung einheitlicher Honorare 1 158
- Gebietsschutz für Mitglieder 1 158
- gemeinsame Marktorganisation, GMO Fisch 28 205
- Inanspruchnahme nicht teilnehmender Mitgliedsunternehmen 1 165
- Mitglieder selbst Unternehmen 1 160
- rechtliche Verbindlichkeit 1 163
- Sanktionen 1 165
- Spürbarkeit des Einflusses 1 163
- Tarifverträge 1 226
- Umgehungsschutz 1 161
- Verhinderung von Umgehungen 1 158
- Zurechnung des Beschlusses 1 165

Untersagungsverfahren
- Verstoß gegen § 1 GWB 1 378

Untersuchungen einzelner Wirtschaftszweige *siehe Sektoruntersuchung*

Untersuchungsermittlungen
- Beantwortungsfrist 32e 36
- Befugnisse 32e 29 f.
- falsche Auskünfte, Bußgeld 32e 40
- mildere Maßnahmen 32e 34
- Pflichten der Unternehmen 32e 39 ff.
- Verhältnismäßigkeit im engeren Sinne 32e 31 ff.

Unverbindliche Vereinbarungen 1 403

Urerzeugung
- Abgrenzung zu Be- und Verarbeitung 28 264
- fremderzeugte Produkte 28 268
- Grund für Ausnahmeregelung 28 262
- Imker 28 269 f.
- nennenswerter Umfang 28 267

Urheber
- angestellte ~, relatives Unternehmen 1 113
- potentielles Unternehmen 1 111

Urheberrecht
- Ausschließlichkeitsrecht 1 465
- Festlegung des räumlichen Marktes 1 483
- Gebietsbeschränkung 1 482
- inhaltliche Beschränkung 1 485
- Preisbestimmungsrecht des Urhebers 1 487
- Preisvereinbarungen 1 486 ff.
- Prinzip einer angemessenen Vergütung 1 488
- Rechtsregime urheberrechtlicher Lizenzverträge 1 481
- TechnologietransferVO 1 480
- Überblick 1 480 f.
- Verbreitungsrecht 1 482
- Vereinbarkeit gemeinsamer Vergütungsregeln mit EU-Recht 1 486
- Verhältnis zum Wettbewerbsrecht 1 465, 480
- zeitliche Beschränkung 1 484

Veranlassung verbotenen Verhaltens
- Absicht **21** 35 ff.
- Allgemeines **21** 29
- Anhängigmachen eines gerichtlichen Verfahrens **21** 32
- Beteiligte **21** 30
- Beweisprobleme, subjektiver Tatbestand **21** 38
- Entwicklungsgeschichte **21** 29
- Forderungsdurchsetzung **21** 32
- Konkurrenzen **21** 40
- Kontrahierungszwang **21** 39
- objektiver Tatbestand **21** 30 ff.
- Rechtsfolgen **21** 39
- subjektiver Tatbestand **21** 34 ff.
- Umgehungsverbot **21** 29
- Vergeltungs-/Willensbeugungssperren **21** 37
- Versprechen oder Gewähren von Vorteilen **21** 33
- Zufügen/Androhen von Nachteilen **21** 31
- Zweck der Vorschrift **21** 29

Veranlassung zur Vorteilsgewährung
- Aufforderung zur Vorteilsgewährung *siehe auch dort*
- Ausnutzung der Marktstellung **19** 184
- Ausschluss einer sachlichen Rechtfertigung **19** 186
- Beispiele für Vorteile **19** 179
- Best-Price-Klauseln **19** 188
- Einwirken auf andere Unternehmen **19** 182 f.
- Einzelfälle **19** 187 ff.
- Entwicklungsgeschichte **19** 177 f.
- Geltendmachung von Rechten **19** 190
- Interessenabwägung **19** 186
- Normadressat **19** 181
- Normzweck **19** 180
- raising rivals costs **19** 187
- Untersagung eigener Forschungs- und Entwicklungsarbeiten **19** 189
- Voraussetzungen **19** 181
- Vorteil **19** 185

Verbandsbeschluss
- Anerkennung von Wettbewerbsregeln **26** 17 ff.

Verbandsklage
- Aktivlegitimation **33** 172
- Branchenintoresse **33** 173
- Listeneintragung **33** 182
- Mitglieder **33** 180
- Rechtsfähigkeit **33** 173, 177
- satzungsgemäße Aufgaben **33** 179
- Verbandszweck **33** 178
- Verbraucherinteressen **33** 181
- zeitliche Komponente **33** 181

Verbandstreffen
- abgestimmte Verhaltensweisen **1** 176 ff.

Verbesserung der Wettbewerbsfähigkeit
- Beispielsfälle **3** 137 f.
- Beteiligung von Großunternehmen **3** 144 f.
- Beziehung zwischen Beschlüssen/Vereinbarung und der Verbesserung **3** 139 ff.
- Definition der Wettbewerbsfähigkeit **3** 135 ff.
- falsche Erwartungen **3** 140
- Fracht-/Lager-/Werbekosten **3** 138
- Kriterien einer zulässigen Beteiligung von Großunternehmen **3** 146
- Merkmal "dazu dienen" **3** 139 ff.
- Notwendigkeit einer Förderung aller beteiligten Unternehmen **3** 142 f.
- Produktionsbereich **3** 138
- Senkung von Unternehmenskosten **3** 137

– Verhältnis zum Rationalisierungserfolg 3 135
– Waren-/Dienstleistungsbereich 3 138

Verbot sonstigen wettbewerbsbeschränkenden Verhaltens
– Boykottverbot 21 2 ff.
– Kartell- und Fusionszwang 21 41 ff.
– Nachteilszufügung wegen Einschaltung der Kartellbehörde 21 52 ff.
– Überblick 21 1
– Veranlassung verbotenen Verhaltens 21 29 ff. *siehe auch dort*

Verbot wesentlicher Beeinträchtigung des Wettbewerbs
– Beeinträchtigung des Wettbewerbs 3 149 ff.
– Definition des Marktes 3 178 ff.
– Märkte mit unterschiedlicher Absatzdichte 3 186 f.
– Marktzutrittschancen, Newcomer 3 148
– Mittelstandskartelle 3 147 ff.
– Regionalkartelle 3 186 f.
– relevanter Markt 3 176 ff.
– Wesentlichkeit 3 153 ff.

Verbot wettbewerbsbeschränkender Vereinbarungen
– Auslegungs- bzw. Anwendungsvorrang 1 23 ff.
– Auslegungsvorrang des Art. 101 AEUV 1 23
– europäisches Kartellrecht 1 23
– Fallgruppen *siehe dort*
– Gesetzessystematik 1 23 ff.
– historische Entwicklung 1 1 ff.
– kein erweiterter Vorrang bei einseitigen Handlungen 1 30
– keine Wettbewerbsbeschränkung nach EU-Recht 1 29
– Kooperationsformen 1 135
– Legalausnahme 1 35

– Marktinformationssystem 28 102
– Nichtigkeitsfolge 1 34
– parallele Anwendungsverpflichtung, AEUV und nationales Kartellrecht 1 25
– Preisvergleich in frei zugänglichen Informationen 28 102
– Regelbeispiele des Art. 101 Abs. 1 AEUV 1 33
– Verbotsgesetz i.S.d. § 134 BGB 1 34
– Wertungsgrundlagen 1 37 ff. *siehe auch dort*

Verbotenes Verhalten von marktbeherrschenden Unternehmen
– Ausbeutungsmissbrauch 19 6
– Behinderungsmissbrauch 19 6
– individuelle/kollektive Marktbeherrschung 19 7
– Marktstrukturmissbrauch 19 6
– Missbrauch einer marktbeherrschenden Stellung 19 9 ff.
– Normadressat 19 6
– Normzweck 19 4 f.
– Rechtsnatur 19 8
– Schutzobjekt 19 4 f.
– Überblick 19 1 ff.
– Umgestaltung mit der 8. GWB-Novelle 19 2 f.

Verbotenes Verhalten von Unternehmen mit relativer oder überlegener Marktmacht
– Ablehnung der Aufnahme in Verbände 20 49 f.
– Allgemeines 20 1 ff.
– Aufforderung oder Veranlassung zur Vorteilsgewährung 20 28
– Behinderung kleiner und mittlerer Unternehmen 20 29 ff.
– Behinderungsmissbrauch 20 4 ff.
– Diskriminierungsverbot 20 2, 4
– Normgenese 20 3
– Überblick 20 1 ff.

Verbots- und Förderungsregeln
- Lauterkeitswettbewerbsregeln 24 44
- Sicherung der Leistungsgerechtigkeit 24 52 f.
- Wettbewerbsregeln 24 41 f.
- Zulässigkeit 24 45

Verbotsgesetz
- Gesamt- bzw. Teilnichtigkeit 1 386 f.
- Verbot wettbewerbsbeschränkender Vereinbarungen 1 34

Verbotsprinzip
- Historie 1 16

Verbraucherbeteiligung
- Angemessenheit der Gewinnbeteiligung 2 66
- Gewinn 2 63
- Maßstab 2 67
- Verbraucherbegriff 2 62
- Weitergabe des Gewinns 2 64 f.
- Zeitraum der Verrechnung 2 66
- zugunsten der Marktgegenseite 2 62

Verbraucherschutz
- Nicht-Diskriminierungsklausel 31 10
- Schutzzweck des § 1 GWB 1 40 ff.
- Verschuldenserfordernis 1 40
- Vorteilsabschöpfung 1 40
- Wettbewerbsregeln 24 27

Verbraucherschutzorganisationen
- Verbandsklage 33 174 ff.

Verbraucherverband
- Anhörungsverfahren, Wettbewerbsregeln 25 1, 5

Verbundene Unternehmen
- beschränkbarer Wettbewerb 1 133
- Unternehmensbegriff 1 129 ff.

Verbundklausel
- Energiewirtschaft 29 45
- Unternehmensbegriff 1 51

Vereinbarung
- Abgrenzung abgestimmte Verhaltensweise 1 155
- Abgrenzung Abstimmung 1 173
- Abgrenzung Unternehmensvereinigungsbeschluss 1 157
- Absatzvereinbarungen 28 293
- Allgemeinverbindlichkeitserklärung einer Agrarorganisation für Nichtmitglieder 28 193 f.
- Änderungen bei Mittelstandskartellen 3 27
- Anerkennung von Wettbewerbsregeln 26 17 ff.
- Annahmefrist 1 139
- Anwendbarkeit der §§ 145 ff. BGB 1 139
- Begriff 1 137
- Bindungswirkung 1 142 ff.
- Branchenverbände 28 198
- Darlegungs- und Beweislast 1 202 ff.
- Einigung über bestimmbares Marktverhalten 1 142 f.
- einseitig veranlasste Verhalten 1 146 ff.
- Entscheidungsautonomie der Parteien 1 145
- Erkennbarkeit der zu koordinierenden Wettbewerbsparameter 1 144
- Erzeugerbetriebsvorbehalt 28 209 ff., 286
- gemeinsame Marktorganisation, GMO Fisch 28 205
- gentlemen agreements 1 143
- inhaltliche Bestimmtheit 1 142 ff.
- Konkretisierungsbefugnis 1 150
- Maßstäbe für konkludente Vereinbarung 1 146 ff.
- Mittelstandskartelle 3 23 f.
- mitwirkungsbedürftige Aufforderungen 1 154 f.
- offener Einigungsmangel 1 141

1641

– öffentlich-rechtliche Verträge
1 138
– Prüfung der Trennbarkeit von
Klauseln 1 387
– Rabattentzug 1 154
– rechtliche/wirtschaftliche Sanktionen 1 143
– Rundschreiben 1 148 ff.
– Verzicht auf den Zugang der Annahmeerklärung 1 139
– Willenseinigung 1 138 ff.
– Zustandekommen 1 139
Verfälschung des Wettbewerbs
1 240
Verfassungsrecht
– kommunale Gebietskörperschaften Einl. 31–31b 10
Verflechtung
– Begriff 18 67
– mit anderen Unternehmen 18 66 f.
Vergaberecht
– Arbeits- und Bietergemeinschaften
1 430
Vergleich
– Abkauf von Wettbewerb 1 358
– Auswirkungen auf gesamtschuldnerische Haftung 33 301 ff.
– Begrenzung der Inhaltsfreiheit
1 361
– Begriff 1 359
– gerichtlich/außergerichtlich 1 358
– pay-for-delay agreements 1 358
– wettbewerbsbeschränkende Vergleiche 1 358 ff.
Vergleichbarkeit
– Begriff, Wärmemarkt 29 41
– Wärmemarkt 29 42
Vergleichende Werbung 24 75
Vergleichsmarkt, Gas
– Bundeskartellamt 29 48
– In-sich-Vergleich 29 45
– Rechtsprechung 29 49
– Subtraktionsmethode 29 51 f.

Vergleichsmarktkonzept
– abgabenbereinigter Erlösvergleich
31 53 f.
– Ausgleich durch Zu- und Abschläge 31 47 f.
– Energiewirtschaft 29 38 ff.
– Kostendeckung als Untergrenze
31 88
– Kostenkontrolle, Wasserwirtschaft
31 95
– Kriterien der Vergleichsgruppen
31 43 ff.
– Schadensersatzanspruch 33 216 ff.
– Sicherheits- und Erheblichkeitszuschlag 31 91 ff.
– Tatbestandsvoraussetzungen
31 41 ff.
– ungünstigere Preise/Geschäftsbedingungen 31 49 ff.
– Voraussetzungen 29 47
– Wasserwirtschaft 31 35 ff.
– zeitlich/räumlich 19 32 f.
– Zulässigkeit einer Abgabenbereinigung 31 53 f.
Vergleichsmarktmethode
– Wasserwirtschaft Einl. 31–31b 23
Vergleichsmarktprinzip
– Missbrauchsvorschrift 29 67
Vergleichspreis
– Wasserwirtschaft 31 35
Vergütung
– Informationsaustausch 1 516
Verhaltensabstimmung siehe abgestimmte Verhaltensweisen
Verhältnismäßigkeit der Beschränkung
– Abwägung aller Umstände des Einzelfalles 2 75
– Alternativen zu der konkreten Vereinbarung 2 72 ff.
– Geeignetheit 2 70
– Überprüfung der einzelnen Klauseln 2 71

– Vereinbarung "vernünftigerweise notwendig" **2** 68
– Verhältnismäßigkeitsgrundsatz **2** 69

Verhältnismäßigkeitsgebot
– Befugnisse der Kartellbehörden, Sanktionen **Vor 32** 5

Verjährung
– Bereicherungsanspruch bei Kartellverstößen **33** 281
– Beseitigungs-/Unterlassungsanspruch **33** 188 ff.
– Hemmung der ~ **33** 282 ff.
– Schadensersatzanspruch **33** 273 ff.
– von Ausgleichsansprüchen **33** 306 ff.
– von Regressansprüchen **33** 314 ff.

Verkauf unter Einstandspreis
– andere Waren oder gewerbliche Leistungen **20** 45 f.
– Angebot der Ware **20** 37
– Begriff "Einstandspreis" **20** 38
– Konkretisierung, 9. GWB-Novelle **20** 40
– Lebensmittel **20** 42 ff.
– Rabatte, Skonti, umsatzbezogene Vergütungen **20** 39
– sachliche Rechtfertigung **20** 41
– Überblick **20** 36 ff.
– unwiderlegbare Vermutung **20** 36

Verkehr
– Gruppenfreistellungsverordnungen **2** 131 f.

Verlag
– Begriff **30** 25

Vermarktungsvereinbarung
– Begriff **1** 550
– gemeinsame Lagerhaltung **1** 560
– gemeinsame Werbung **1** 556
– gemeinsame Werbung zweier Franchisenehmer **1** 557
– gemeinsamer Transport **1** 559
– Marktschließung und Immanenzvorbehalt **1** 553

– Marktmacht und safe harbor **1** 555
– offene/verdeckte Kernbeschränkung **1** 554
– Umfang **1** 550
– vertikale Vereinbarungen **1** 552
– wettbewerbsrechtliche Bewertung **1** 553
– Zentralvermarktung von Medienrechten **1** 561

Vermietung/Verpachtung
– Unternehmensbegriff **1** 56

Veröffentlichung
– Pflicht bei Wettbewerbsregeln **27** 1 ff.

Verordnung (EU) Nr. 1308/2013
– Agrarorganisationen, Freiwilligkeitsprinzip **28** 183
– Allgemeinverbindlichkeitserklärung **28** 193 f.
– besondere Bündelungsobergrenzen **28** 186 ff.
– Entstehungsgeschichte **28** 171
– Erzeugerbetriebsvorbehalt **28** 209 ff.
– keine Gefährdung der Ziele der GAP **28** 224 ff.
– Krisenermächtigung des Art. 222 VO (EU) Nr. 1308/2013 **28** 202 ff.
– Leitlinien zur Unterstützung der nationalen Wettbewerbsbehörden **28** 189
– Maßnahmen zur besseren Anpassung an die Marktnachfrage **28** 195
– Notwendigkeit der Verwirklichung der Ziele der GAP **28** 221 ff.
– Preisbindungsverbot und Wettbewerbsausschluss **28** 230 ff.
– Reichweite der Ausnahmen des Art. 209 VO **28** 236 ff.
– staatliche Anerkennung von Agrarorganisationen **28** 183 f.
– Verfahren bei Branchenverbänden **28** 198 ff.

– Verhältnis von Agrarorganisationenrecht und Agrarkartellrecht **28** 168 ff.
– weitere Regelungen **28** 193 ff.
– Zuständigkeit für die Entscheidung über Ausnahmetatbestände **28** 230 ff.

Verordnung Nr. 26 28 144 ff.
– Genossenschaften **28** 213 ff.

Verpflichtungszusagen
– Alrosa-Entscheidung **32b** 66
– Änderung von Tatsachen **32b** 54
– Angaben, fehlerhafte **32b** 56
– Angebot geeigneter Verpflichtungen **32b** 18 f.
– Aufhebung und Wiederaufnahme **32b** 53 ff.
– Befristung **32b** 43
– Beschwerderecht Dritter **32b** 50, 65 ff.
– eingeschränkte richterliche Kontrolle **32b** 10
– Entscheidung **32b** 40 ff.
– Entstehungsgeschichte **32b** 3 f.
– Ermessen **32b** 57
– EuGH **32b** 66
– geeignete Verpflichtungen **32b** 18
– Geeignetheit **32b** 23 ff.
– Grundgedanke der Regelung **32b** 1
– Gutschriftgewährung **32b** 30
– kein Kartellrechtsverstoß **32b** 9
– Kernfragen **32b** 8
– Kompensationsmaßnahmen **32b** 28 ff.
– Kündigung **32b** 64
– Markttest **32b** 61 f.
– Missbrauchsgefahr **32b** 10
– Mitteilung vorläufiger Bedenken **32b** 14 ff.
– nicht bei Bußgeldverfahren **32b** 12
– Nicht-Einhaltung **32b** 55 f.
– Normstruktur **32b** 9 ff.
– praktische Bedeutung **32b** 2

– rechtliche Einordnung **32b** 5 ff.
– Rechtsfolgen **32b** 48 ff.
– Rechtsschutz **32b** 63 ff.
– richtiger Zeitpunkt **32b** 21
– strukturelle Maßnahmen **32b** 18
– Transparenzvorgaben **32b** 39
– Unangemessenheit **32b** 25
– Verbindlicherklärung **32b** 41 f.
– Verfahren **32b** 12 f., 57 ff.
– Vergleich/Deal **32b** 6
– Verhältnismäßigkeit **32b** 22 ff.
– Vermarktungsvorgaben **32b** 37 f.
– Veröffentlichungspflicht **32b** 46
– Verwaltungszwang **32b** 49
– Verzicht auf vertragliche Regeln **32b** 31 ff.
– Voraussetzungen **32b** 12 ff.
– Vorgaben für den Vertragsabschluss **32b** 35 f.

Verrufener 21 9
Verrufer 21 5
Verschulden
– Compliance-System **33** 205 ff.
– Schadensersatzanspruch **33** 197 ff.
– Vorteilsabschöpfung **34** 10 f.

Versicherungsbedingungen (AVB)
– differenzierte Betrachtung bei Produkt-AVB **1** 545 ff.
– einfache AVB vs. Produkt-AVB **1** 541 ff.
– Haupt-/Nebenleistungen **1** 536
– Muster- AVB **1** 543
– Obliegenheiten der Versicherungsnehmer **1** 546
– primäre/sekundäre Risikobeschreibung **1** 545
– Standardbedingungen **1** 535 ff.

Versicherungssektor
– Arbeits- und Bietergemeinschaften **1** 442
– Bündelung von Risiken **2** 133
– Festsetzung einheitlicher Risikoprämien **2** 134

- Freistellung von Mittelstandskartellen 3 217
- Marktanteilsschwelle 2 135
- unternehmensübergreifende Maßnahmen 2 133

Versorgungsunternehmen
- Begriff 29 40
- Gleichartigkeit 31 41 ff.
- keine Netzbetreiber 29 13
- Legaldefinition 29 13, 40
- Sondermissbrauchsaufsicht 29 13
- Vergleichsgegenstand 31 49 ff.

Versteigerungsverfahren
- unzulässige Bieterabsprachen im exekutiven Versteigerungsverfahren 1 423

Vertikal-GVO
- Freistellung von Mittelstandskartellen 3 216
- Gesellschaftsrecht 1 287
- Marktanteil von 30 % 2 113
- Preisbindungen 2 112
- Schirm-GVO 2 109
- Subsidiarität 2 111
- Vertriebs- und Zuliefervereinbarungen 2 110

Vertikal-Leitlinien 2 136 ff.
- Bedeutung für die Anwendung von §§ 1, 2 GWB 2 143 ff.
- Entscheidungshilfe 2 138
- Vorrang vor einer eigenständigen nationalen Auslegung 2 139

Vertikale Preisbindung
- Pressemarkt 30 11, 15
- Produkte 30 23 ff.

Vertikale Vereinbarungen
- Behinderungsmissbrauch 19 88
- Einzelfreistellung 1 573
- Erzeugerbetriebsvorbehalt 28 279 ff.
- Franchiseverträge 1 324
- Geschäftsverweigerung 19 112
- Gruppenfreistellungs-VO 1 428
- Höchstpreisvereinbarungen 1 254

- Kernbeschränkungen 1 254 f.
- Markt- oder Kundenaufteilung 1 254
- Marktaufteilung 1 464
- Marktmissbrauch **Vor 18–20** 4
- Mittelstandskartelle 3 20 f.
- Preisabsprachen 1 458
- Preisbindung bei Zeitungen und Zeitschriften 2 26
- Preisempfehlungen 1 254
- Reichweite der Nichtigkeitssanktion 1 397
- Spürbarkeitskriterien 1 265
- unverbindliche Preisempfehlung 1 566 ff.
- Verbot Preisbindung der zweiten Hand 1 565
- Vermarktungsvereinbarung und gemeinsamer Vertrieb 1 552
- Wirkungsanalyse bewirkter Wettbewerbsbeschränkungen 1 259

Vertikale Verhaltensabstimmungen 1 196

Vertrag
- Prüfung der Trennbarkeit von Klauseln 1 387
- unannehmbare Vertragsbedingungen 19 134
- Vertragsvorgaben bei Gas, Bundeskartellamt 32 32

Verträge der Wasserwirtschaft 31 1 ff. *siehe auch Kostenkontrolle, Wasserwirtschaft; siehe auch Missbrauchsaufsicht, Wasserwirtschaft; siehe auch Preisbildungsfaktoren, Wasserwirtschaft*
- Anmeldepflicht, widerstreitende Interessen 31a 5
- Aufhebungsmitteilung 31a 9
- freigestellte, Anmeldung 31a 2 ff.
- Gebührenpflicht der Anmeldung 31a 8
- Rechtsfolgen bei nichtvollständiger Anmeldung 31a 7

- Wirksamkeitsvoraussetzung **31a** 6
Vertrauensschutz
- Entscheidung: kein Anlass zum Tätigwerden **32c** 31
- Freistellungsentzug **32d** 6
- informelle Auskunft **32c** 51
- rechtswidrige Gruppenfreistellungs-VO **2** 98

Vertriebs- und Verwendungsbindungen
- Abgrenzung zu Ausschließlichkeitsbindungen **19** 60
- Absatzmittlungssystem **19** 64
- Allgemeines **19** 60
- Einzelfälle **19** 61 ff.
- Fernhaltung von Wettbewerbern vom Ersatzteilmarkt **19** 62
- Fernhaltung von Wettbewerbern vom Primärmarkt **19** 62
- Interessenabwägung **19** 61
- Presseerzeugnis **30** 4
- Rechtssache "Tetra Pak" **19** 63
- vertragliches Preisbindungsrecht **19** 64
- Verwendung von Original-Ersatzteilen **19** 63
- zusätzlicher wirtschaftlicher Druck **19** 65

Vertriebskartell *siehe Absatzkartell*

Vertriebsorganisation
- Veränderung, Geschäftsabbruch **19** 140

Vertriebsvereinbarung
- der Presseerzeuger **30** 4

Verwaltungsverfahren
- Beweislast bei freigestellten Vereinbarungen **2** 37 f.
- Marktbeherrschungsvermutung **18** 76, 89
- Missbrauch durch freigestellte Kartelle **19** 197 f.
- Untersagungsverfügung durch die Kartellbehörde **1** 412

- Vorschreiben von Abhilfemaßnahmen **1** 412

Verwaltungsverständnis
- modernes **Vor 32** 12

Verwendungsbindung *siehe Vertriebs- und Verwendungsbindungen*

Verwertungsgesellschaft
- Ausschließlichkeitsbindungen **19** 50
- Gegenseitigkeitsverträge **1** 489
- Unternehmensbegriff **1** 111 ff.
- Unternehmensvereinigung **1** 113
- Wahrnehmungs-/Abschlusszwang **1** 489

Verzinsung
- Schadensersatzanspruch **33** 266

Verzögerungstaktik
- Behinderungsmissbrauch **19** 107
- Geschäftsverweigerung **19** 136

Vorrechts- und Abgrenzungsvereinbarungen
- Immaterialgüterrechte **1** 474 f.
- rechtliche Einordnung **1** 474

Vorstandsmitglied **1** 293

Vorteils-/Nachteilsregel
- kartellverbotswidrige Satzungsregelung **1** 402

Vorteilsabschöpfung
- Anfechtung **34** 39
- Beginn des Abschöpfungszeitraumes **34** 9
- behördliche Schätzung **34** 16 ff.
- Bestandskraft der Verfügung **34** 8
- BGH, Aufteilung **34** 38
- Ermessensentscheidung **34** 19 ff.
- Ermittlung des wirtschaftlichen Vorteils **34** 13 ff.
- Ermittlungshandlungen **34** 31
- Fünf-Jahres-Zeitraum, Ermessen **34** 31
- Geldbußenbeschluss **34** 33
- Geringwertigkeit **34** 23
- gesetzgeberisches Ziel **34** 11 ff.

– Kartellbehörde 29 71; 34 1 ff.
– Missbrauch durch freigestellte Kartelle 19 197
– Rechtsfolgen der ~ 34 6 ff.
– Rückerstattung 34 2, 27
– Saldierungsgrundsatz 34 15
– schuldhafter Kartellrechtsverstoß 34 7
– steuerliche Abzugsfähigkeit 34 5, 36 ff.
– Subsidiarität 34 24 ff.
– Verbraucherschutz 1 40
– Verhältnis zum EU-Recht 34 33 ff.
– Vermeidung doppelter ~ 34 35
– Verschulden 34 10 f.
– verwaltungsrechtliches Instrument 34 4
– Voraussetzungen 34 6
– Vorbemerkung 34 1 ff.
– wirtschaftlicher Vorteil 34 11
– zeitliche Beschränkung 34 29 ff.
– Zweckmäßigkeit 34 30
– zweite Fünf-Jahres-Frist 34 32

Vorteilsabschöpfung durch Verbände
– Aktivlegitimation 34a 14 ff.
– Anrechnung von Leistungen 34a 21
– Anspruchsvoraussetzungen 34a 5
– Auskunfts- und Erstattungspflicht 34a 23 f.
– Bindungswirkung 34a 5
– Gesamtgläubigerschaft 34a 22
– Hardcore-Kartellverstöße 34a 7
– Herausgabe an den Bundeshaushalt 34a 17 ff.
– kartellbehördliche Entscheidungen 34a 25
– Kartellverstoß zu Lasten einer Vielzahl von Abnehmern/Anbietern 34a 8 ff.
– Prozessuales 34a 29

– Regelung mit präventivem Charakter 34a 3
– Subsidiarität 34a 20
– Übersicht 34a 1
– Verhaltenszurechnung Dritter 34a 7
– Verjährung 34a 27 f.
– vorsätzlicher Verstoß 34a 6 f.
– wirtschaftlicher Vorteil 34a 13

Vorteilsausgleichung
– Schadensersatzanspruch 33 234 ff.
– Vergleich US-amerikanische Regelungen 33 243

Vorteilsgewährung
– Aufforderung oder Veranlassung *siehe Aufforderung zur Vorteilsgewährung; Veranlassung zur Vorteilsgewährung*
– Aufforderung oder Veranlassung, Unternehmen mit relativer Marktmacht 20 28
– Vorteil 19 185
– Vorzugsbedingungen 19 185

Wärmemarkt
– Vergleichbarkeit 29 42

Wasserbeschaffung 31 60 ff.

Wassergebühren Einl. 31–31b 27 ff.

Wasserpreise *siehe auch Missbrauchsaufsicht, Wasserwirtschaft; siehe auch Preisbildungsfaktoren, Wasserwirtschaft*
– Doppelkontrolle Einl. 31–31b 54
– landesgesetzliche Kalkulationsvorgaben Einl. 31–31b 47 ff.
– missbräuchlich 31 99

Wasserversorgung
– allgemeine Missbrauchsaufsicht Einl. 31–31b 26
– Anwendbarkeit Kartellrecht Einl. 31–31b 26 ff.
– Daseinsvorsorge Einl. 31–31b 9 ff.
– Freistellung nach § 31 GWB 31 1 ff.

– Grundsatz der ortsnahen ~
  Einl. 31–31b 17
– kein Netzverbund
  Einl. 31–31b 17 f.
– keine marktbeherrschende Stellung im Binnenmarkt Einl. 31–31b 25
– Kernaufgabe kommunaler Selbstverwaltung Einl. 31–31b 9 ff.
– öffentlich-rechtliche Aufgabe
  Einl. 31–31b 9
– rein regional Einl. 31–31b 25
– Tarifgestaltungsfreiraum 31 86 f.
– Unterversorgung Einl. 31–31b 18
– verfassungsrechtlich geschützt
  Einl. 31–31b 10
– Verträge, EU-Recht 31 3
Wasserverteilung 31 63 ff.
Wasserwirtschaft
– 4. GWB-Novelle Einl. 31–31b 3
– 6. GWB-Novelle Einl. 31–31b 4
– 8. GWB-Novelle Einl. 31–31b 5
– Anlagenbestand, -erneuerung
  Einl. 31–31b 16
– Anmeldepflicht, Gesetzeshistorie
  31a 1 ff.
– Besonderheiten Einl. 31–31b 7 ff.
– Dreidimensionalität des Wassernetzes Einl. 31–31b 23
– Entstehungsgeschichte
  Einl. 31–31b 1 ff.
– EU-Recht nicht anwendbar
  Einl. 31–31b 25
– Gemeindeordnungen, Gebührenrecht Einl. 31–31b 12
– Gesetzgebungshistorie
  Einl. 31–31b 6
– hohe Fixkosten Einl. 31–31b 15
– kaum anpassungsfähig
  Einl. 31–31b 16
– kein Netzverbund
  Einl. 31–31b 17 f.
– Kostenrelevanz Einl. 31–31b 19
– Mehrkosten, objektiver Strukturnachteil 31 70 f.

– Metermengenwert 31 44 ff.
– Missbrauch durch freigestellte Kartelle 19 193 ff.
– Missbrauch durch freigestellte Kartelle und sektorspezifische Verbote 19 208
– natürliche Monopole 31 25
– Preiskontrolle Einl. 31–31b 22
– Rekommunalisierungstendenzen
  Einl. 31–31b 37 ff.
– sektorspezifisches Sonderkartellrecht Einl. 31–31b 8
– Sonderkartellrecht 31b 1 ff.
– Sonderregelungen
  Einl. 31–31b 1 ff.
– Stadtstaatenbesonderheiten
  31 67 f.
– strukturelle Gegebenheiten
  Einl. 31–31b 14
– Tarifvergleich 31 50 ff.
– Unterschiede zu anderen leitungsgebundenen Sektoren
  Einl. 31–31b 14 ff.
– Vergleichsmarktmethode
  Einl. 31–31b 23
Wegfall der Freistellung
– Rechtsfolgen 32d 16 f.
Weiterverteiler
– Nicht-Diskriminierungsklausel
  31 10
Werbemedien, Zugang 19 128
Werbung
– verbleichende 24 75
– vergemeinschaftet 1 556
Wertungsgrundlagen, § 1 GWB
– Auslegungsgrundsätze 1 44 ff.
– Individualschutz 1 37
– Institutionenschutz 1 37
– Schutzgut und Schutzzweck
  1 37 ff.
– Verbrauchschutz 1 40
– Verhältnis zum Unionsrecht
  1 44 ff.

Wesentliche Einrichtung 19 147, 154 ff.
Wesentlichkeit der Wettbewerbsbeeinträchtigung
– Beurteilungskriterien 3 155 f.
– Gesamtschau 3 167 ff.
– gesetzgeberischer Zweck 3 154
– grober Rahmen der Wesentlichkeitsbetrachtung 3 159 f.
– Kartelle in wettbewerbsschwachen Märkten 3 172 ff.
– Marktstruktur 3 170
– qualitative Bestimmung 3 164 ff.
– quantitative Beurteilung nach der Marktanteilsgrenze 3 162 f.
– Verbleich eines wirksamen Wettbewerbs 3 170
– Zutrittschancen Dritter 3 170
Wettbewerb
– aktueller ~ 1 214
– Angebotswettbewerb 1 213
– Anlehnung an Fusionskontrolle 1 219
– Arbeitsmarkt 1 225 ff.
– Ausschaltung des Wettbewerbs 2 78
– Ausschreibungen und potentielle Wettbewerber 1 220
– Beeinträchtigung von Möglichkeiten des ~ 33 131 ff.
– Berufs- und Standesrecht 1 231
– erlaubter Wettbewerb als Schutzgut 1 222 ff.
– Erscheinungsformen 1 211 ff.
– Nachfragewettbewerb 1 213
– potentieller ~ 1 215 ff.
– Prognosezeitraum 1 219
– rechtswidriger Wettbewerb 1 222
– Summe von Handlungsfreiheiten 1 211
– Tarifverträge 1 225 ff.
– unlauterer Wettbewerb 1 234 f.
– verbundene Unternehmen 1 133

– Wahrscheinlichkeitsprognose 1 216 f.
– weite Begriffsauslegung 1 210
Wettbewerbsbeeinträchtigung
– Absatz- und Vertriebskartelle 3 152
– Aufgriffsschwelle des Merkmals 3 150
– BGH-Rechtsprechung 3 151
– europäische Besonderheiten bei der Feststellung 3 208 ff.
– Mittelstandskartelle 3 149
– Wesentlichkeit 3 153 ff.
Wettbewerbsbehörden
– anzuwendendes Recht 1 25
– Verfahrenseinleitung 33 283 f.
Wettbewerbsbeschränkung
– Abgrenzung Lauterkeitsrecht 1 234 f.
– alternative Prüfung von Zweck und Wirkung 1 242
– Anknüpfungspunkt 1 238 f.
– Anlehnung an europäische Maßstäbe 1 241
– Anscheinsbeweis 1 203
– Austauschverträge 1 275
– Beschränkungsformen 1 237 ff. *siehe auch dort*
– bewirkte Wettbewerbsbeschränkung 1 257 ff.
– bezweckte Wettbewerbsbeschränkung 1 246 ff.
– Binnen-/Außenverhältnis der Parteien 1 238 f.
– Darlegungs- und Beweislast 1 202 ff.
– direkter Beweis 1 204
– Energiewirtschaft *siehe Missbrauchsvorschrift, Energiewirtschaft*
– Genossenschaft 1 296 f.
– Gesellschaftsrecht 1 286 ff.
– Indizienbeweis 1 205

- Kammersatzungen, freie Berufe
  1 232
- Markenlizenzvertrag 1 467
- Mittel der Wettbewerbsbeschränkung *siehe dort*
- Notwendigkeit 1 275
- Personalgesellschaften 1 288
- Preisabsprachen 1 458 ff.
- Preisbindung, Presseerzeugnis
  30 4
- Presseerzeugnis, kompetenzrechtliche Bedenken 30 52
- Rechtsfolgen 1 378 ff.
- Rechtsgüterabwägung 1 366 ff.
  siehe auch dort
- Spürbarkeit 1 260 ff.
- staatliche Regulierung 1 145
- systematische Grundlagen
  1 241 ff.
- systematischer Überblick 1 210
- Tatbestandseinschränkungen
  1 274 ff. *siehe auch dort*
- Zweck und Wirkung 1 241 ff.

Wettbewerbsfähigkeit
- Verbesserung *siehe Verbesserung der Wettbewerbsfähigkeit*

Wettbewerbsparameter
- Vereinbarung 1 144

Wettbewerbsrecht
- Verhältnis von Kartell- und Lauterkeitsrecht 24 19 ff.

Wettbewerbsregeln
- Adressat der Veröffentlichungspflicht 27 4
- Änderung 24 4, 56, 61
- Änderung der Rechtslage 26 23
- anerkannte Regeln 24 78
- Anerkennung 26 1 ff.
- Anerkennungsverfahren 24 54 ff.
- Anwendungspraxis 24 66 ff.
- Arbeitskräfte in der Industrie in Diensten des Handels 24 69 f.
- Aufhebungspflicht 26 23
- Aufstellungsbefugnis von Wirtschafts-/Berufsvereinigungen
  24 30 ff.
- Aufstellungsberechtigter 24 2
- Aufstellungsverfahren 24 54 ff.
- Auskunft über Alt-Wettbewerbsregeln 27 9 f.
- Außerkraftsetzen anerkannter Regeln 24 62
- Bauwirtschaft 24 78
- Befugnis zur Aufstellung 24 28 ff.
- Begriff 24 1 f., 37 f.
- Bekanntmachungspflichten
  27 5 ff.
- Bezeichnungsmodalitäten 24 66
- Bezug zum Marktverhalten 24 39
- chemische Industrie 24 78
- Dach-/Spitzenverbände 24 32
- Delkredere 24 69 f.
- Display-Artikel 24 69 f.
- Drei-Zonen-/Zwei-Zonen-Theorie
  24 44
- Druck- und Verlagswesen 24 78
- Eintragungsverfahren 24 8
- Elektroindustrie 24 78
- Ende der Selbstbindung 26 26
- Entwicklungen, 8. und 9. GWB-Novelle 24 18
- Ergänzung 24 4, 56, 61
- Erweiterung des Anwendungsbereichs 24 9
- europäisches Kartellrecht 24 5
- freiwillige Sonderleistungen
  24 69 f.
- gemeinsame, EU-Agrarkartellrecht
  28 132 f.
- Groß- und Einzelhandel 24 78
- horizontales/vertikales Verhalten
  24 39
- Klärung von Streitfragen 24 44
- kompetenzkonforme Aufstellung
  24 34 ff.
- Konsolidierung der Anwendungspraxis 24 10 ff.

- Kreditgewerbe 24 78
- Lauterkeitsbezug 24 44
- leistungsgerechter Wettbewerb 24 47 ff.
- Leistungswettbewerb 24 46 ff.
- Maschinenbau 24 78
- Medizintechnik 24 78
- Mineralölverarbeitung 24 78
- Mitteilung über die Außerkraftsetzung 26 21 f.
- mittelbare/indirekte Beeinflussung 24 40
- Mittelstandsschutz 24 25
- Mogelpackungen 24 69 f.
- Neufassung durch die 6. GWB-Novelle 24 14 f
- Phase 1, restriktive Phase 24 68
- Phase 2, großzügigere Zulassung 24 69
- Phase 3, begrenzte Bedeutung 24 73 ff.
- Pilotfunktion, Markenartikelindustrie 24 69
- Probeabonnement 24 76
- Rabatte 24 75
- Rechtsentwicklung 24 6
- Rechtsfortbildung 24 26
- Rechtsschutz bei Anerkennung/Aufhebung 26 27 ff.
- Regelungsgegenstand 24 39 ff.
- Rücknahme 24 56
- Sinn und Zweck 24 24 ff.
- Sonderangebote 24 75
- Sonderprämien 24 69 f.
- Studentenabonnement 24 76
- Sündenregister 24 49
- systematische Einordnung 24 19 ff.
- Transparenz 24 26
- Überblick 24 1 ff.
- überholt 24 75
- unverbindliche Empfehlungen 24 38

- Verband Deutscher Zeitungsverleger (VDZ) 24 76 f.
- Verbots-/Förderungsregeln 24 41 f.
- Verbraucherschutz 24 27
- vergleichende Werbung 24 75
- Verhalten bei Anzapfversuch 24 69 f.
- Verhältnis zum europäischen Kartellrecht 24 22 f.
- Vermittlungsprämie 24 76
- Veröffentlichung 24 56
- Veröffentlichungspflicht 27 1 ff.
- Verstoß gegen Rechtsvorschriften 26 1
- Vertrauensschutz 26 25
- Werbegeschenke 24 76
- Werbung 24 76
- Widerruf 24 56

Wettbewerbsregeln des Markenverbandes für die Markenartikelindustrie 24 69

Wettbewerbsregeln des Verbandes Deutscher Zeitungsverleger (VDZ) 24 76 f.

Wettbewerbssicherung
- kartellrechtliche Verfügung Vor 32 11
- Preisbindung, Presseerzeugnis 30 17

Wettbewerbsverbot
- Absatzmittlungssystem 19 67
- Ausgestaltungen 19 67
- Franchisesystem 19 69
- Handelsvertretervertrieb 19 69
- Kapitalgesellschaften 1 293 f.
- nachvertraglich *siehe Nachvertragliches Wettbewerbsverbot*
- Unternehmenskauf 1 276 f.
- Wirkung 19 68

Widerruf
- Wettbewerbsregeln 24 56; 26 13, 24 ff.

Widerspruchskartelle 1 19

Wirtschaftliche Tätigkeit
- Abgrenzung nicht wirtschaftliche Tätigkeit 1 66
- Arbeitgeber und ihre Verbände 1 78
- Arbeitnehmer und ihre Verbände 1 79 f.
- einmaliger Marktauftritt 1 55
- einzelne Person 1 56
- freie Berufe 1 84
- gesetzliche Krankenkasse 1 93 f.
- Künstler, Urheber 1 111 ff.
- öffentliche Hand 1 115 ff.
- potentielles Unternehmen 1 70 f.
- private Bedarfsdeckung 1 59, 65 ff.
- relatives Unternehmen 1 72 f.
- selbständige Tätigkeit 1 74 f.
- Solidaritätsgrundsatz 1 90
- Sozialversicherungsträger 1 90
- Unfallversicherung 1 101
- werkschaffende Arbeitnehmer 1 112
- wissenschaftliche Tätigkeit 1 114

Wirtschaftlicher Vorteil
- Vorteilsabschöpfung 34 13 ff.
- Vorteilsabschöpfung durch Verbände 34a 13

Wirtschafts- und Berufsvereinigung
- Ablehnung der Aufnahme von Unternehmen 20 49 f.
- Anhörungsverfahren 25 1
- Antrag auf Anerkennung von Wettbewerbsregeln 24 54
- Antragsberechtigung für Wettbewerbsregeln 24 59
- Aufstellungsbefugnis von Wettbewerbsregeln 24 30 ff.
- Aufstellungsermächtigung, Wettbewerbsregeln 24 34 f.
- Außerkraftsetzen anerkannter Wettbewerbsregeln 26 21 f.
- Begriff 24 30

- Form der Wettbewerbsregeln 24 36
- mittelbare Wirkung anerkannter Wettbewerbsregeln 26 16 ff.
- Rechtsform 24 31
- Wettbewerbsregeln 24 2
- Zuständigkeitsbereich 24 35

Wirtschafts- und Sozialausschuss, WSA
- Abgrenzung zwischen Agrarmarkt- und Agrarkartellrecht 28 136 f.

Wirtschaftszweiguntersuchung
siehe Sektoruntersuchung

Wissenschaft und Forschung
- Definition nach Bundesverfassungsgericht 1 114
- Unternehmensbegriff 1 114
- Untersagung, Behinderungsmissbrauch 19 189
- wirtschaftliche Tätigkeit 1 114

Zeitungen/Zeitschriften
- GWB-Novelle 30 80 ff.
- Marktabgrenzung 18 41
- Missbrauch durch freigestellte Kartelle 19 194 ff.
- Preisbindung 30 1 ff.
- vertikale Preisbindung 2 26
- Vertriebswege 30 7

Zigarettenindustrie
- Werbebeschränkungen 1 372

Zinsen
- Geldbuße bei Ordnungswidrigkeit 1 414

Züchtervereinigung
- Begriff 28 416

Zuckerindustrie
- EU-Agrarkartellrecht 28 134
- gemeinsame Marktorganisation, GMO Zucker 28 145
- implizite Freistellung 28 151 f.
- landwirtschaftliche Erzeugerbetriebe 28 263

- Quotenregelung, Wettbewerbsausschluss **28** 323
- zwangsweiser Zusammenschluss, 1931 **28** 36

Zugang zu Beschaffungs- oder Absatzmärkten 18 65

Zugang zu wesentlichen Einrichtungen
- Behinderungsmissbrauch **19** 110 f.

Zugangsverweigerung zu wesentlichen Einrichtungen
- Allgemeines **19** 147 ff.
- Anpassungsmaßnahmen **19** 159
- Begriff "Infrastruktureinrichtung" **19** 156 ff.
- bestehende Einrichtungen **19** 159
- betriebsbedingte Gründe **19** 162
- Entgeltzahlung **19** 164
- Genehmigungserfordernisse **19** 160
- gesetzliche/verfassungsrechtliche Wertungen **19** 163
- innovative Eigenleistung **19** 163
- Interessenabwägung **19** 161
- Kosten-Preis-Schere **19** 173
- Netzzugang **19** 147, 154
- Normadressat **19** 152
- Normzweck **19** 150
- personenbezogene Gründe **19** 163
- Prognosebetrachtung **19** 160
- Repartierung **19** 162
- sachliche Rechtfertigung **19** 161
- sektorspezifische Zugangsregelungen **19** 163
- Umbaumaßnahmen **19** 159
- Verhältnis zu § 19 Abs. 1, Abs. 2 Nr. 1 GWB **19** 165
- Voraussetzungen **19** 151
- Weigerung des Normadressaten **19** 153
- Zugang zu Infrastruktureinrichtung **19** 147, 154
- Zugangsanspruch **19** 151, 160
- Zugangsbegehren **19** 154 f.
- Zugangsmarkt/abgeleiteter Markt **19** 152

Zuliefervereinbarungen 1 342
- einseitige Spezialisierung **1** 526
- Produktionsvereinbarung **1** 520
- Vertikal-GVO **2** 110

Zusage
- kein Anlass zum Tätigwerden **32c** 1 ff.

Zusammenarbeit, zwischenbetriebliche
- Begriff **3** 100
- Beispielsfälle **3** 103
- kleinere und mittlere Unternehmen **3** 96
- Produktionsstilllegung **3** 104 ff.

Zusammenschluss
- Fusionszwang **21** 46

Zusammenschlusskontrolle
- Alternativität von europäischer und nationaler ~ **22** 43
- Continental Can-Entscheidung **22** 45
- Grenze der Konkurrenz zu den Art. 101, 102 AEUV **22** 49
- Marktbeherrschung **18** 4
- Mittelstandskartelle **3** 197 ff.
- Überschreiten der Schwellenwerte **22** 44

Zuschauermarkt 18 43

Zustimmung
- nachträglich **1** 148
- vorweggenommene **1** 150 f.

Zuwiderhandlung
- gegen Kartellrecht *siehe auch Abstellungsverfügung; siehe auch Gebotsverfügung*
- Nachweis **32a** 11

Zwang
- wettbewerbsbeschränkendes Verhalten **33** 145

Zwangslizenz
- Design/Marke **19** 168

1653

Zwischenbericht
– Sektoruntersuchung **32e** 62
Zwischenhändler
– Nachfrage, Unternehmensbegriff
  1 59
Zwischenstaatlichkeit
– Bündelung von Erzeugnissen, Erzeugergemeinschafen **28** 388
– EU-Leitlinien-Zwischenstaatlichkeit **3** 45

– als negative Anwendungsvoraussetzung **1** 273
– Landwirtschaft **28** 356
– Landwirtschaft, Überlagerung des § 28 **28** 243 ff.
– Marktmissbrauch **Vor 18–20** 1
– Spürbarkeit, Mittelstandskartelle **3** 49
– Tierzucht **28** 419